Mededingingswet

Tekst & Commentaar

TEKST & COMMENTAAR

De tekst van de wetboeken en andere belangrijke wetgeving, voorzien van commentaar

Redactieraad:

T.C. Borman
coördinerend raadadviseur Ministerie van Justitie en Veiligheid

C.J.J.M. Stolker
emeritus hoogleraar burgerlijk recht Universiteit Leiden

W.L. Valk
advocaat-generaal bij de Hoge Raad der Nederlanden

Belangrijkste grondlegger van de serie is J.H. Nieuwenhuis (1944-2015)

Mededingingswet

TEKST & COMMENTAAR

De tekst van de Mededingingswet en de Instellingswet Autoriteit Consument en Markt voorzien van commentaar

Onder redactie van:

M.T.P.J. van Oers
directeur Juridische Zaken ACM

R. Wesseling
advocaat bij Stibbe te Amsterdam en hoogleraar economisch ordeningsrecht Universiteit Amsterdam

Achtste druk

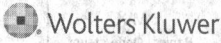

Deventer 2022

Citeerwijze: 'Auteursnaam', in: *T&C Mededingingswet*, art. 1 [citeertitel wet], aant. 1

Ontwerp omslag: Bert Arts BNO

ISBN 978 90 13 16667 5
NUR 827/708

© 2022, Wolters Kluwer Nederland B.V.

Onze klantenservice kunt u bereiken via: www.wolterskluwer.nl/klantenservice. Redactie, auteurs en uitgever houden zich aanbevolen voor opmerkingen en suggesties van gebruikers. Men kan die sturen naar de uitgever, Postbus 23, 7400 GA Deventer, of mailen naar TekstCommentaar@wolterskluwer.com.

Alle rechten in deze uitgave zijn voorbehouden aan Wolters Kluwer Nederland B.V. Niets uit deze uitgave mag worden verveelvoudigd, opgeslagen in een geautomatiseerd gegevensbestand, of openbaar gemaakt, in enige vorm of op enige wijze, hetzij elektronisch, mechanisch, door fotokopieën, opnamen, of enige andere manier, zonder voorafgaande schriftelijke toestemming van Wolters Kluwer Nederland B.V.

Voor zover het maken van kopieën uit deze uitgave is toegestaan op grond van art. 16h t/m 16m Auteurswet jo. Besluit van 27 november 2002, *Stb*. 575, dient men de daarvoor wettelijk verschuldigde vergoeding te voldoen aan de Stichting Reprorecht te Hoofddorp (www.reprorecht.nl).

Hoewel aan de totstandkoming van deze uitgave de uiterste zorg is besteed, aanvaarden de auteur(s), redacteur(en) en Wolters Kluwer Nederland B.V. geen aansprakelijkheid voor eventuele fouten en onvolkomenheden, noch voor gevolgen hiervan.

Op al onze aanbiedingen en overeenkomsten zijn van toepassing de Algemene Voorwaarden van Wolters Kluwer Nederland B.V. Deze kunt u raadplegen via: www.wolterskluwer.nl/algemene-voorwaarden.

Indien Wolters Kluwer Nederland B.V. persoonsgegevens verkrijgt is daarop het privacybeleid van Wolters Kluwer Nederland B.V. van toepassing. Dit is raadpleegbaar via www.wolterskluwer.nl/privacy-cookies.

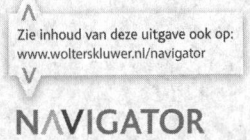

VOORWOORD BIJ DE ACHTSTE DRUK

De titel Tekst & Commentaar Mededingingswet dekt al sinds enkele drukken de lading van deze uitgave niet echt meer. In feite gaat het om commentaar bij de Mededingingswet, de Instellingswet Autoriteit Consument en Markt, de Wet Markt & Overheid en teksten van andere wet- en regelgeving die in de mededingingsrechtelijke praktijk van belang zijn. Eén van de functies van deze uitgave is immers het commentaar op de kern van het Nederlandse mededingingsrecht te combineren met de publicatie van alle wet- en regelgeving die voor toepassing van de mededingingsregels relevant zijn. Zo is het relevante geheel voor gebruikers steeds gemakkelijk toegankelijk, zowel elektronisch als in boekvorm.

Deze achtste druk verschijnt ruwweg twee jaar na het verschijnen van de vorige (zevende) druk. Het mededingingsrecht is in de tussentijd in beweging geweest, met name op het gebied van de ontwikkeling van jurisprudentie over de toepassing van de EU mededingingsregels (bijvoorbeeld *UK Generics* op het gebied van artikel 101 VWEU, *Intel* op het gebied van artikel 102 VWEU en *CK Telecoms* op het gebied van fusiecontrole) en de EU Commissie richtsnoeren en groepsvrijstellingsverordeningen (met name die op het gebied van verticale overeenkomsten). Nieuwe regels en richtsnoeren op het gebied van horizontale overeenkomsten zullen nog volgen. Ook op nationaal niveau stonden ontwikkelingen niet stil. Op het gebied van concentratiecontrole was er een eerste uitspraak in hoogste instantie over een artikel 47-besluit (*PostNL/Sandd*) en nam de ACM sanctiebesluiten met betrekking tot verticale praktijken (*Samsung*) en misbruik van een economische machtspositie (*Leadiant*, *Apple*). Deze zaken zullen de komende tijd ongetwijfeld nog tot interessante rechtspraak leiden. De intentie is aan al deze ontwikkelingen aandacht te blijven besteden in de online publicatie die logischerwijs met kortere tussenpozen wordt bijgewerkt dan de papieren publicatie.

Wij bedanken op deze plek graag de auteurs die voor deze uitgave bereid zijn geweest artikelen van commentaar te voorzien, te weten: W.B. van Bockel, J. Bootsma, P.B. Gaasbeek, T.R. Heideman, E.G.A. Lamboo, S.B. Noë, A.A.J. Pliego Selie, H.B.M. Römkens, C.E. Schillemans en Y. de Vries.

Deze editie gaat wat betreft wetgeving, rechtspraak en vakliteratuur uit van de stand van zaken per 1 augustus 2022. Daarnaast is de publicatie online beschikbaar. Deze wordt tussentijds geactualiseerd.

Hoewel aan deze uitgave grote zorg is besteed, kunnen bij het gebruik daarvan mogelijk fouten en/of tekortkomingen aan het licht komen. Redactie en uitgever stellen het zeer op prijs indien gebruikers hen van gebleken onnauwkeurigheden op de hoogte brengen. Ook overigens houden zij zich aanbevolen voor suggesties die de bruikbaarheid van deze uitgave kunnen verhogen. U kunt schrijven naar de uitgever, Postbus 23, 7400 GA Deventer, of mailen naar TekstCommentaar@wolterskluwer.com.

Amsterdam, augustus 2022
Rein Wesseling & Monique van Oers

AUTEURS

Mr. dr. W.B. van Bockel
Universitair Hoofddocent EU recht, Tilburg University

Mr. J. Bootsma
Advocaat bij Pels Rijcken & Droogleever Fortuijn te Den Haag

Mr. P.B. Gaasbeek
Advocaat bij Coupry te Den Haag

Mr. drs. T.R. Heideman
Senior jurist bij Autoriteit Consument en Markt te Den Haag

Mr. E.G.A. Lamboo
Manager Juridische Zaken, Bezwaar en Beroep bij de Nederlandse Voedsel- en Warenautoriteit te Utrecht

Mr. S.B. Noë
Lid van de Juridische Dienst van de Europese Commissie, Brussel

Mr. A.A.J. Pliego Selie
Advocaat bij bij Freshfields Bruckhaus Deringer LLP te Amsterdam

Mr. H.B.M. Römkens
Senior jurist bij de Autoriteit Consument en Markt te Den Haag

Mr. C.E. Schillemans
Advocaat bij Allen & Overy LLP te Amsterdam

Mr. Y. de Vries
Advocaat bij Allen & Overy LLP te Amsterdam

Registermaker:
Drs. H.D. van der Staak

In geval van vermelding in de voetregel van '*Auteursnaam 1/Auteursnaam 2*' is eerstgenoemde de auteur van het oorspronkelijke commentaar en is de bewerking daarvan overgenomen door laatstgenoemde. In geval gebruik wordt gemaakt van een "&" (dus '*Auteursnaam 1 & Auteursnaam 2*') werken de auteurs samen.

# VERKORTE INHOUDSOPGAVE

(* met commentaar)

Mededingingswet*	1
Instellingswet Autoriteit Consument en Markt*	271
BIJLAGEN	359
Antitrust	361

I ALGEMEEN 363

I.A Materieel 363

<u>EU</u> 363

Bekendmaking 97/C 372/03 inzake de bepaling van de relevante markt voor het gemeenschappelijke mededingingsrecht — 363

Mededeling betreffende overeenkomsten van geringe betekenis die de mededinging niet merkbaar beperken in de zin van artikel 101, lid 1, van het Verdrag betreffende de werking van de Europese Unie (de-minimismededeling) (2014/C2 91/01) — 381

Guidance on restrictions of competition 'by object' for the purpose of defining which agreements may benefit from the De Minimis Notice, 25 juni 2014 — 387

Richtsnoeren betreffende het begrip 'beïnvloeding van de handel' in de artikelen 81 en 82 van het Verdrag (2004/C 101/07) — 401

Richtsnoeren betreffende de toepassing van artikel 81, lid 3, van het EG-Verdrag (2004/C 101/08) — 427

Richtsnoeren 2009/C 45/02 betreffende de handhavingsprioriteiten van de Commissie bij de toepassing van artikel 82 van het EG-Verdrag op onrechtmatig uitsluitingsgedrag door ondernemingen met een machtspositie — 463

<u>Nederland</u> 489

Mededeling richtsnoeren toepassing artikel 6, lid 3, Mededingingswet — 489

Beleidsregel mededinging en duurzaamheid 2016 — 491

Beleidsregel prioritering van handhavingsonderzoeken door de Autoriteit Consument en Markt — 493

Verkorte inhoudsopgave

I.B	Procedureel	497
	EU	497
	Verordening (EG) nr. 1/2003 betreffende de uitvoering van de mededingingsregels van de artikelen 81 en 82 van het Verdrag	497
	Verordening (EG) Nr. 773/2004 betreffende procedures van de Commissie op grond van de artikelen 81 en 82 van het Verdrag	527
	Mededeling 2011/C 308/06 inzake goede praktijken voor procedures op grond van de artikelen 101 en 102 VWEU	543
	Mededeling betreffende de samenwerking binnen het netwerk van mededingingsautoriteiten (2004/C 101/03)	579
	Mededeling betreffende de samenwerking tussen de Commissie en de rechterlijke instanties van de EU-lidstaten bij de toepassing van de artikelen 81 en 82 van het Verdrag (2004/C 101/04)	595
	Mededeling over informeel advies betreffende nieuwe vragen met betrekking tot de artikelen 81 en 82 van het EG-Verdrag die in individuele gevallen rijzen (adviesbrieven) (2004/C 101/06)	611
	Mededeling 2005/C 325/07 betreffende de regels voor toegang tot het dossier van de Commissie overeenkomstig de artikelen 81 en 82 van het EG-Verdrag, de artikelen 53, 54 en 57 van de EER-Overeenkomst en Verordening (EG) nr. 139/2004 van de Raad	617
	Mededeling betreffende de behandeling van klachten door de Commissie op grond van de artikelen 81 en 82 van het Verdrag (2004/C 101/05)	635
	Mededeling 2008/C 167/01 betreffende schikkingsprocedures met het oog op de vaststelling van beschikkingen op grond van de artikelen 7 en 23 van Verordening (EG) nr. 1/2003 van de Raad in kartelzaken	655
	Besluit 2011/695/EU betreffende de functie en het mandaat van de raadadviseur-auditeur in bepaalde mededingingsprocedures	665
	Richtsnoeren voor de berekening van geldboeten (06/C210/02)	681
	Mededeling 2006/C 298/11 betreffende immuniteit tegen geldboeten en vermindering van geldboeten in kartelzaken	687
	Nederland	697
	Besluit doorberekening kosten ACM	697
	Regeling doorberekening kosten ACM	705
	Relatiestatuut ACM en ministers 2015	713
	Regeling gegevensverstrekking ACM 2019	725
	Regeling gegevensuitwisseling ACM en ministers	729
	Boetebeleidsregel ACM 2014	737
	Richtsnoeren vereenvoudigde afdoening van boetezaken ACM	767
	Besluit clementie	773
	Werkwijze informanten ACM 2017	783
	ACM Werkwijze voor onderzoek in digitale gegevens 2014	785
	ACM Werkwijze geheimhoudingsprivilege advocaat 2014	789
	ACM Werkwijze informele zienswijzen	793
	Werkwijze Openbaarmaking ACM	795

Verkorte inhoudsopgave

II	ALGEMENE GROEPSVRIJSTELLINGEN EN RICHTSNOEREN	799

II.A	*Horizontale overeenkomsten*	799
	<u>EU</u>	799
	Verordening (EU) Nr. 1217/2010 betreffende de toepassing van artikel 101, lid 3, van het Verdrag betreffende de werking van de Europese Unie op bepaalde groepen onderzoeks- en ontwikkelingsovereenkomsten	799
	Verordening (EU) Nr. 1218/2010 betreffende de toepassing van artikel 101, lid 3, van het Verdrag betreffende de werking van de Europese Unie op bepaalde groepen specialisatieovereenkomsten	813
	Richtsnoeren 2011/C 11/01 inzake de toepasselijkheid van artikel 101 van het Verdrag betreffende de werking van de Europese Unie op horizontale samenwerkingsovereenkomsten	821
	<u>Nederland</u>	943
	Besluit vrijstellingen samenwerkingsovereenkomsten detailhandel	943
	Beleidsregels combinatieovereenkomsten 2013	947

II.B	*Verticale overeenkomsten*	961
	<u>EU</u>	961
	Verordening (EU) 2022/720 betreffende de toepassing van artikel 101, lid 3, van het Verdrag betreffende de werking van de Europese Unie op groepen verticale overeenkomsten en onderling afgestemde feitelijke gedragingen	961
	Richtsnoeren 2022/C 248/01 inzake verticale beperkingen	975
	Bekendmaking beoordeling toeleveringsovereenkomsten ex artikel 85 Verdrag oprichting EEG	1127
	<u>Nederland</u>	1131
	Besluit vrijstelling branchebeschermingsovereenkomsten	1131

II.C	*Technologieoverdracht*	1133
	Verordening (EU) nr. 316/2014 toepassing artikel 101, lid 3, van het Verdrag betreffende de werking van de Europese Unie op groepen overeenkomsten inzake technologieoverdracht	1133
	Richtsnoeren toepassing artikel 101 Verdrag betreffende de werking van de Europese Unie op overeenkomsten inzake technologieoverdracht (2014/C 89/03)	1145

III	SECTORSPECIFIEKE WET- EN REGELGEVING	1227

III.A	*Landbouw*	1227
	Verordening (EU) Nr. 1308/2013 tot vaststelling van een gemeenschappelijke ordening van de markten voor landbouwproducten	1227

Verkorte inhoudsopgave

	Verordening (EU) Nr. 1379/2013 houdende een gemeenschappelijke marktordening voor visserijproducten en aquacultuurproducten	1461
	Verordening (EG) nr. 1184/2006 inzake de toepassing van bepaalde regels betreffende de mededinging op de voortbrenging van en de handel in bepaalde landbouwproducten	1493
III.B	**Motorvoertuigen**	1497
	Verordening (EU) Nr. 461/2010 betreffende de toepassing van artikel 101, lid 3, van het Verdrag betreffende de werking van de Europese Unie op groepen verticale overeenkomsten en onderling afgestemde feitelijke gedragingen in de motorvoertuigensector	1497
	Aanvullende richtsnoeren 2010/C 138/05 betreffende verticale beperkingen in overeenkomsten voor de verkoop en herstelling van motorvoertuigen en voor de distributie van reserveonderdelen voor motorvoertuigen	1507
III.C	**Vervoer**	1533
	Zeevervoer	1533
	Verordening (EG) Nr. 906/2009 betreffende de toepassing van artikel 81, lid 3, van het Verdrag op bepaalde groepen overeenkomsten, besluiten en onderling afgestemde feitelijke gedragingen tussen lijnvaartondernemingen (consortia)	1533
	Vervoer per spoor, over de weg en binnenwateren	1541
	Verordening (EG) nr. 169/2009 houdende de toepassing van mededingingsregels op het gebied van het vervoer per spoor, over de weg en over de binnenwateren	1541
III.D	**Zorg**	1547
	Richtsnoeren zorggroepen	1547
	Richtsnoeren voor de zorgsector	1579
	Beleidsregel concentraties van zorgaanbieders en zorgverzekeraars	1699
	Besluit tijdelijke verruiming toepassingsbereik concentratietoezicht op ondernemingen die zorg verlenen	1703
	Uitgangspunten toezicht ACM op zorgaanbieders in de eerste lijn	1705
	Concentratiecontrole	1709
I	**Materieel**	1711
	EU	1711
	Verordening (EG) nr. 139/2004 betreffende de controle op concentraties van ondernemingen (EG-concentratieverordening)	1711
	Geconsolideerde mededeling 2008/C 95/01 over bevoegdheidskwesties op grond van Verordening (EG) nr. 139/2004 betreffende de controle op concentraties van ondernemingen	1747

Verkorte inhoudsopgave

Richtsnoeren voor de beoordeling van horizontale fusies op grond van de Verordening van de Raad inzake de controle op concentraties van ondernemingen	1827
Richtsnoeren 2008/C 265/07 voor de beoordeling van niet-horizontale fusies op grond van de Verordening van de Raad inzake de controle op concentraties van ondernemingen	1853
Mededeling 2008/C 267/01 betreffende op grond van Verordening (EG) nr. 139/2004 van de Raad en Verordening (EG) nr. 802/2004 van de Commissie aanvaardbare corrigerende maatregelen	1881
Mededeling 2005/C 56/03 betreffende beperkingen die rechtstreeks verband houden met en noodzakelijk zijn voor de totstandbrenging van concentraties	1933

Nederland 1945
Beleidsregel ACM beoordeling horizontale concentraties 1945
Uitvoeringsregel ACM pensioenfondsen 1947
Richtsnoeren Remedies 2007 1949

II *Procedureel* 1971
EU 1971

Verordening (EG) nr. 802/2004 tot uitvoering van Verordening (EG) nr. 139/2004 van de Raad betreffende de controle op concentraties van ondernemingen	1971
Mededeling 2013/C 366/04 betreffende een vereenvoudigde procedure voor de behandeling van bepaalde concentraties krachtens Verordening (EG) nr. 139/2004	1987
Mededeling 2005/C56/02 betreffende de verwijzing van concentratiezaken	1997

Nederland 2025
Besluit vaststelling formulieren Mededingingswet 2007 2025
ACM Uitvoeringsregel verkorte afdoening 2035
Werkwijze bij concentratiezaken 2037

Trefwoordenregister 2071

INHOUD

	Voorwoord	V
	Auteurs	VII
	Verkorte inhoudsopgave	IX
	Lijst van afkortingen	XXV
	Mededingingswet	1
Hoofdstuk 1	Begripsbepalingen	9
Hoofdstuk 2	De Autoriteit Consument en Markt	23
Hoofdstuk 3	Mededingingsafspraken	25
§ 1	Verbod van mededingingsafspraken	26
§ 2	Uitzondering in verband met het vervullen van bijzondere taken	54
§ 3	Vrijstellingen	56
Hoofdstuk 4	Economische machtsposities	69
§ 1	Verbod van misbruik van economische machtsposities	70
§ 2	Uitzondering in verband met het vervullen van bijzondere taken	81
Hoofdstuk 4A	Financiële transparantie binnen bepaalde ondernemingen	85
Hoofdstuk 4B	Overheden en overheidsbedrijven	91
Hoofdstuk 5	Concentraties	107
§ 1	Begripsbepalingen	110
§ 2	Toepassingsbereik concentratietoezicht	124
§ 3	Melding	135
§ 4	Vergunningen	161
Hoofdstuk 5A	(Vervallen)	174
Hoofdstuk 5B	Gebruik van gegevens door partijen	175
Hoofdstuk 6	Bevoegdheden in het kader van toezicht	177
Hoofdstuk 7	Overtredingen verbod van mededingingsafspraken en verbod van misbruik van een economische machtspositie	183
§ 1	Bestuurlijke boete en last onder dwangsom	184
§ 1A	Boete-immuniteit of boetereductie	214
§ 2	(Vervallen)	215
§ 3	Beschikkingen	215
§ 4	(Vervallen)	218
§ 5	(Vervallen)	218
Hoofdstuk 8	Overige overtredingen	219
§ 1	(Vervallen)	221
§ 1a	Overtreding verplichtingen inzake financiële transparantie	221
§ 1b	(Vervallen)	222

Inhoud

§ 1c	Overtredingen van verplichtingen aangaande overheden en overheidsbedrijven	222
§ 2	Overtredingen concentratietoezicht	223
§ 2a	(Vervallen)	229
§ 2b	Overtreding gebruik van gegevens	229
§ 3	Procedure	229
Hoofdstuk 9	(Vervallen)	231
Hoofdstuk 10	Europese mededingingsregels	233
Hoofdstuk 11	(Vervallen)	259
Hoofdstuk 12	Rechtsbescherming	261
Hoofdstuk 12A	(Vervallen)	263
Hoofdstuk 13	Wijzigingen in andere wetten	265
Hoofdstuk 14	Overgangsbepalingen	267
Hoofdstuk 15	Slotbepalingen	269
	Instellingswet Autoriteit Consument en Markt	**271**
Hoofdstuk 1	Begripsbepalingen	273
Hoofdstuk 2	De Autoriteit Consument en Markt	275
Hoofdstuk 3	Handhaving en openbaarmaking	296
§ 1	Toezicht	303
§ 2	Toezegging	316
§ 3	Sanctionering	320
§ 4	Openbaarmaking	342
Hoofdstuk 3A	Wijziging van andere wetten	350
Hoofdstuk 4	Overgangs- en samenloopbepalingen	351
Hoofdstuk 5	Slotbepalingen	357
	BIJLAGEN	359
	Antitrust	**361**
I	ALGEMEEN	363
I.A	*Materieel*	363
	EU	363

Bekendmaking 97/C 372/03 inzake de bepaling van de relevante markt voor het gemeenschappelijke mededingingsrecht 363

Mededeling 2014/C2 91/01 betreffende overeenkomsten van geringe betekenis die de mededinging niet merkbaar beperken in de zin van artikel 101, lid 1, van het Verdrag betreffende de werking van de Europese Unie (de-minimismededeling) 381

	Guidance on restrictions of competition 'by object' for the purpose of defining which agreements may benefit from the De Minimis Notice	387
	Richtsnoeren betreffende het begrip 'beïnvloeding van de handel' in de artikelen 81 en 82 van het Verdrag (2004/C 101/07)	401
	Richtsnoeren betreffende de toepassing van artikel 81, lid 3, van het EG-Verdrag (2004/C 101/08)	427
	Richtsnoeren 2009/C 45/02 betreffende de handhavingsprioriteiten van de Commissie bij de toepassing van artikel 82 van het EG-Verdrag op onrechtmatig uitsluitingsgedrag door ondernemingen met een machtspositie	463
	Nederland	489
	Mededeling richtsnoeren toepassing artikel 6, lid 3, Mededingingswet	489
	Beleidsregel mededinging en duurzaamheid 2016	491
	Beleidsregel prioritering van handhavingsonderzoeken door de Autoriteit Consument en Markt	493
I.B	Procedureel	497
	EU	497
	Verordening (EG) nr. 1/2003 betreffende de uitvoering van de mededingingsregels van de artikelen 81 en 82 van het Verdrag	497
	Verordening (EG) Nr. 773/2004 betreffende procedures van de Commissie op grond van de artikelen 81 en 82 van het Verdrag	527
	Mededeling 2011/C 308/06 inzake goede praktijken voor procedures op grond van de artikelen 101 en 102 VWEU	543
	Mededeling betreffende de samenwerking binnen het netwerk van mededingingsautoriteiten (2004/C 101/03)	579

Mededeling betreffende de samenwerking tussen de Commissie en de rechterlijke instanties van de EU-lidstaten bij de toepassing van de artikelen 81 en 82 van het Verdrag (2004/C 101/04) 595

Mededeling over informeel advies betreffende nieuwe vragen met betrekking tot de artikelen 81 en 82 van het EG-Verdrag die in individuele gevallen rijzen (adviesbrieven) (2004/C 101/06) 611

Mededeling 2005/C 325/07 betreffende de regels voor toegang tot het dossier van de Commissie overeenkomstig de artikelen 81 en 82 van het EG-Verdrag, de artikelen 53, 54 en 57 van de EER-Overeenkomst en Verordening (EG) nr. 139/2004 van de Raad 617

Mededeling betreffende de behandeling van klachten door de Commissie op grond van de artikelen 81 en 82 van het Verdrag (2004/C 101/05) 635

Mededeling 2008/C 167/01 betreffende schikkingsprocedures met het oog op de vaststelling van beschikkingen op grond van de artikelen 7 en 23 van Verordening (EG) nr. 1/2003 van de Raad in kartelzaken 655

Besluit 2011/695/EU betreffende de functie en het mandaat van de raadadviseur-auditeur in bepaalde mededingingsprocedures 665

Richtsnoeren voor de berekening van geldboeten (06/C210/02) 681

Mededeling 2006/C 298/11 betreffende immuniteit tegen geldboeten en vermindering van geldboeten in kartelzaken 687

<u>Nederland</u> 697

Besluit doorberekening kosten ACM 697

Regeling doorberekening kosten ACM 705

Relatiestatuut ACM en ministers 2015 713

Regeling gegevensverstrekking ACM 2019 725

		Inhoud
	Regeling gegevensuitwisseling ACM en ministers	729
	Boetebeleidsregel ACM 2014	737
	Richtsnoeren vereenvoudigde afdoening van boetezaken ACM	767
	Besluit clementie	773
	Werkwijze informanten ACM 2017	783
	ACM Werkwijze voor onderzoek in digitale gegevens 2014	785
	ACM Werkwijze geheimhoudingsprivilege advocaat 2014	789
	ACM Werkwijze informele zienswijzen	793
	Werkwijze Openbaarmaking ACM	795
II	ALGEMENE GROEPSVRIJSTELLINGEN EN RICHTSNOEREN	799
II.A	*Horizontale overeenkomsten*	799
	EU	799
	Verordening (EU) Nr. 1217/2010 betreffende de toepassing van artikel 101, lid 3, van het Verdrag betreffende de werking van de Europese Unie op bepaalde groepen onderzoeks- en ontwikkelingsovereenkomsten	799
	Verordening (EU) Nr. 1218/2010 betreffende de toepassing van artikel 101, lid 3, van het Verdrag betreffende de werking van de Europese Unie op bepaalde groepen specialisatieovereenkomsten	813
	Richtsnoeren 2011/C 11/01 inzake de toepasselijkheid van artikel 101 van het Verdrag betreffende de werking van de Europese Unie op horizontale samenwerkingsovereenkomsten	821
	Nederland	943
	Besluit vrijstellingen samenwerkingsovereenkomsten detailhandel	943

Inhoud

	Beleidsregels combinatieovereenkomsten 2013	947
II.B	*Verticale overeenkomsten*	961
	EU	961
	Verordening (EU) 2022/720 betreffende de toepassing van artikel 101, lid 3, van het Verdrag betreffende de werking van de Europese Unie op groepen verticale overeenkomsten en onderling afgestemde feitelijke gedragingen	961
	Richtsnoeren 2022/C 248/01 inzake verticale beperkingen	975
	Bekendmaking beoordeling toeleveringsovereenkomsten ex artikel 85 Verdrag oprichting EEG	1127
	Nederland	1131
	Besluit vrijstelling branchebeschermingsovereenkomsten	1131
II.C	*Technologieoverdracht*	1133
	Verordening (EU) nr. 316/2014 toepassing artikel 101, lid 3, van het Verdrag betreffende de werking van de Europese Unie op groepen overeenkomsten inzake technologieoverdracht	1133
	Richtsnoeren toepassing artikel 101 Verdrag betreffende de werking van de Europese Unie op overeenkomsten inzake technologieoverdracht (2014/C 89/03)	1145
III	SECTORSPECIFIEKE WET- EN REGELGEVING	1227
III.A	*Landbouw*	1227
	Verordening (EU) Nr. 1308/2013 tot vaststelling van een gemeenschappelijke ordening van de markten voor landbouwproducten, zoals laatstelijk gewijzigd op 17 december 2013, PbEU L 347 - Deel IV Mededingingsregels	1227

Verordening (EU) Nr. 1379/2013 houdende een gemeenschappelijke marktordening voor visserijproducten en aquacultuurproducten, zoals laatstelijk gewijzigd op 20 mei 2015, PbEU L 133 — 1461

Verordening (EG) nr. 1184/2006 inzake de toepassing van bepaalde regels betreffende de mededinging op de voortbrenging van en de handel in bepaalde landbouwproducten — 1493

III.B *Motorvoertuigen* — 1497

Verordening (EU) Nr. 461/2010 betreffende de toepassing van artikel 101, lid 3, van het Verdrag betreffende de werking van de Europese Unie op groepen verticale overeenkomsten en onderling afgestemde feitelijke gedragingen in de motorvoertuigensector — 1497

Aanvullende richtsnoeren 2010/C 138/05 betreffende verticale beperkingen in overeenkomsten voor de verkoop en herstelling van motorvoertuigen en voor de distributie van reserveonderdelen voor motorvoertuigen — 1507

III.C *Vervoer* — 1533

Zeevervoer — 1533

Verordening (EG) Nr. 906/2009 betreffende de toepassing van artikel 81, lid 3, van het Verdrag op bepaalde groepen overeenkomsten, besluiten en onderling afgestemde feitelijke gedragingen tussen lijnvaartondernemingen (consortia) — 1533

Vervoer per spoor, over de weg en binnenwateren — 1541

Verordening (EG) nr. 169/2009 van de Raad van 26 februari 2009 houdende de toepassing van mededingingsregels op het gebied van het vervoer per spoor, over de weg en over de binnenwateren — 1541

III.D *Zorg* — 1547

Richtsnoeren Zorggroepen — 1547

Richtsnoeren voor de zorgsector — 1579

Inhoud

Beleidsregel concentraties van zorgaanbieders en zorgverzekeraars — 1699

Besluit tijdelijke verruiming toepassingsbereik concentratietoezicht op ondernemingen die zorg verlenen — 1703

Uitgangspunten toezicht ACM op zorgaanbieders in de eerste lijn — 1705

Concentratiecontrole — 1709

I *Materieel* — 1711

EU — 1711

Verordening (EG) nr. 139/2004 betreffende de controle op concentraties van ondernemingen (EG-concentratieverordening) — 1711

Geconsolideerde mededeling 2008/C 95/01 over bevoegdheidskwesties op grond van Verordening (EG) nr. 139/2004 betreffende de controle op concentraties van ondernemingen — 1747

Richtsnoeren voor de beoordeling van horizontale fusies op grond van de Verordening van de Raad inzake de controle op concentraties van ondernemingen — 1827

Richtsnoeren 2008/C 265/07 voor de beoordeling van niet-horizontale fusies op grond van de Verordening van de Raad inzake de controle op concentraties van ondernemingen — 1853

Mededeling 2008/C 267/01 betreffende op grond van Verordening (EG) nr. 139/2004 van de Raad en Verordening (EG) nr. 802/2004 van de Commissie aanvaardbare corrigerende maatregelen — 1881

Mededeling 2005/C 56/03 betreffende beperkingen die rechtstreeks verband houden met en noodzakelijk zijn voor de totstandbrenging van concentraties — 1933

		Inhoud
	Nederland	1945
	Beleidsregel ACM beoordeling horizontale concentraties	1945
	Uitvoeringsregel ACM pensioenfondsen	1947
	Richtsnoeren Remedies 2007	1949
II	*Procedureel*	1971
	EU	1971
	Verordening (EG) nr. 802/2004 tot uitvoering van Verordening (EG) nr. 139/2004 van de Raad betreffende de controle op concentraties van ondernemingen	1971
	Mededeling 2013/C 366/04 betreffende een vereenvoudigde procedure voor de behandeling van bepaalde concentraties krachtens Verordening (EG) nr. 139/2004	1987
	Mededeling 2005/C56/02 betreffende de verwijzing van concentratiezaken	1997
	Nederland	2025
	Besluit vaststelling formulieren Mededingingswet 2007	2025
	ACM Uitvoeringsregel verkorte afdoening	2035
	Werkwijze bij concentratiezaken	2037
	TREFWOORDENREGISTER	2071

LIJST VAN AFKORTINGEN

aant.	aantekening
ABRvS	Afdeling bestuursrechtspraak Raad van State
ACM	Autoriteit Consument en Markt
amvb	algemene maatregel van bestuur
ATW	Algemene termijnenwet
Awb	Algemene wet bestuursrecht
Awbi	Algemene wet op het binnentreden
BES	Bonaire, St. Eustatius, Saba
CA	Consumentenautoriteit
cao	collectieve arbeidsovereenkomst
CBb	College van Beroep voor het bedrijfsleven
Commissie	Commissie van de Europese Gemeenschappen
CRvB	Centrale Raad van Beroep
D-G	directeur-generaal
ECLI	European Case Law Identifier
ECN	European Competition Network
EG-Verdrag	Verdrag tot oprichting van de Europese Gemeenschap
EHRM	Europees Hof voor de Rechten van de Mens
EU-Verdrag	Verdrag betreffende de Europese Unie
Evaluatiewet	wet Wijziging Mededingingswet als gevolg van de evaluatie van die wet
EVRM	Europees Verdrag tot bescherming van de rechten van de mens en de fundamentele vrijheden
EZ	Economische Zaken
Gerecht EU	Gerecht (van de Europese Unie)
GvEA EG	Gerecht van eerste aanleg van de Europese Gemeenschappen
HR	Hoge Raad der Nederlanden
HvJ EG	Hof van Justitie van de Europese Gemeenschappen
HvJ EU	Hof van Justitie van de Europese Unie
jo.	juncto
Jur.	Jurisprudentie van het Hof van Justitie en van het Gerecht van eerste aanleg van de Europese Gemeenschappen
Kaderwet zbo's	Kaderwet zelfstandige bestuursorganen, Stb. 2006, 587
minister	Minister van Economische Zaken, Landbouw en Innovatie
MvA	memorie van antwoord
MvT	memorie van toelichting
Mw	Mededingingswet
NJ	Nederlandse Jurisprudentie
NMa	Nederlandse Mededingsautoriteit

Lijst van afkortingen

NNV	Nota naar aanleiding van het nader verslag Tweede Kamer, vergaderjaar 1995-1996, 24 707, nr. 12
NR	Advies Raad van State en Nader Rapport
NTER	Nederlands Tijdschrift voor Europees Recht
NVII	Nota naar aanleiding van het verslag Tweede Kamer, vergaderjaar 1995-1996, 24 707, nr. 6
NvW	nota van wijziging
NvW 2	tweede nota van wijziging Tweede Kamer, vergaderjaar 1995-1996, 24 707, nr. 7
NZa	Nederlandse Zorgautoriteit
OPTA	Onafhankelijke Post en Telecommunicatie Autoriteit
PbEG	Publicatieblad van de Europese Gemeenschappen
PbEU	Publicatieblad van de Europese Unie
PG	Parlementaire Geschiedenis
raad	raad van bestuur van de Nederlandse Mededingingsautoriteit
Rb.	rechtbank
R-C	Rechter-commissaris
Rv	Wetboek van Burgerlijke Rechtsvordering
RvdW	Rechtspraak van de Week
Stb.	Staatsblad
Stcrt.	Staatscourant
Tw	Telecommunicatiewet
VEU	Verdrag betreffende de Europese Unie
Vo.	Verordening ((E)EG) nr.
VWEU	Verdrag betreffende de werking van de Europese Unie
WED	Wet op de economische delicten
WEM	Wet Economische Mededinging
Wft	Wet op het financieel toezicht
Wmg	Wet marktordening gezondheidszorg
Wob	Wet openbaarheid van bestuur
Woo	Wet open overheid
ZBO	zelfstandig bestuursorgaan

Mededingingswet

Wet van 22 mei 1997, houdende nieuwe regels omtrent de economische mededinging, Stb. 1997, 242, zoals laatstelijk gewijzigd op 23 februari 2022, Stb. 2022, 116 (i.w.tr. 01-08-2022)

Wij Beatrix, bij de gratie Gods, Koningin der Nederlanden, Prinses van Oranje-Nassau, enz. enz. enz.
Allen, die deze zullen zien of horen lezen, saluut! doen te weten:
Alzo Wij in overweging genomen hebben, dat het wenselijk is ter vervanging van de Wet economische mededinging nieuwe regels vast te stellen omtrent mededingingsafspraken en economische machtsposities, alsmede om regels te stellen omtrent toezicht op concentraties van ondernemingen, en daarbij zoveel mogelijk aan te sluiten bij de regels betreffende de mededinging krachtens het Verdrag tot oprichting van de Europese Gemeenschap;
Zo is het, dat Wij, de Raad van State gehoord, en met gemeen overleg der Staten-Generaal, hebben goedgevonden en verstaan, gelijk Wij goedvinden en verstaan bij deze:

[Inleidende opmerkingen]

1. Doel van de Mededingingswet. De in 1998 ingevoerde Mededingingswet (hierna Mw) verving de Wet economische mededinging, die tot dat moment van toepassing was. Het doel van de invoering van de Mw was de intensivering van het mededingingsbeleid. Door het toetsen van concentraties en het opsporen van zowel kartels als misbruik van economische machtsposities worden de ongewenste economische effecten van concurrentiebeperkingen tegengegaan (MvT, p. 9). Het mededingingsbeleid gaat ervan uit dat concurrentie de groei van de economie kan bevorderen en daardoor kan bijdragen aan welvaart. Beperkingen van de concurrentie worden daarom afgewezen, behalve voor zover zij positieve gevolgen voor de welvaart van de samenleving hebben (MvT, p. 21). Sinds 1 juli 2012 is de Mw uitgebreid met regels die concurrentievervalsing vanwege overheden tegengaan, de Wet Markt en Overheid. Naast de generieke van toepassing zijnde regels in de Mw bestaat specifieke mededingingswetgeving voor de telecom-, de energie-, de vervoers-, de zorg- en de financiële sector.

2. Verbodsstelsel. De Mw is gebaseerd op een verbodsstelsel. Bij een verbodsstelsel zijn kartels en andere concurrentiebeperkingen in beginsel verboden. Wordt vastgesteld dat een bepaalde gedraging onder de verbodsnorm valt, dan werkt het verbod ex tunc, met ingang van het moment waarop de gedraging aan de omschrijving voldeed. Onder de voorganger van de Mw, de Wet economische mededinging, gold een misbruikstelsel. Een misbruikstelsel richt zich tot het misbruik maken van concurrentiebeperkende gedragingen. Kenmerkend voor een misbruikstelsel is dat eerst moet worden vastgesteld dat een gedraging als misbruik is te beschouwen en dat dan rechtsgevolgen intreden.

3. Indeling Mededingingswet. De Mededingingswet heeft vijf soorten gedragingen tot onderwerp. De eerste soort heeft betrekking op mededingingsafspraken die de mededinging in Nederland kunnen verhinderen, beperken of vervalsen. De tweede soort gedragingen heeft betrekking op misbruik van economische machtsposities op de Nederlandse markt. Voor deze eerste twee soorten gedragingen geldt een verbodsstelsel met uitzonderingen. De derde soort heeft betrekking op concentraties. Voor deze groep geldt een systeem van preventief concentratietoezicht. Ten vierde gelden voor ondernemingen, waaraan een bijzonder of uitsluitend recht is verleend of die belast zijn met diensten van algemeen economisch belang, regels voor de financiële transparantie. Ten slotte bevat de Mededingingswet gedragsregels die betrekking hebben op economische activiteiten van overheden en overheidsbedrijven. De eerste twee hoofdstukken bevatten respectievelijk de begripsbepalingen (hoofdstuk 1) en de bepalingen betreffende de uitvoeringsinstantie, de Autoriteit Consument en Markt (hoofdstuk 2). In hoofdstuk 3 vindt men het verbod op mededingingsafspraken met de wettelijke uitzondering (art. 6 lid 3), de mogelijkheid van uitzondering in verband met het vervullen van een bijzondere taak (art. 11) en vrijstellingen (art. 12 e.v.). Hoofdstuk 4 bevat het verbod van misbruik van economische machtsposities en de uitzondering daarop. Hoofdstuk 4A bevat regels voor financiële transparantie binnen openbare bedrijven en bedrijven waaraan een bijzonder of exclusief recht is verleend. Hoofdstuk 4B geeft regels voor overheden en overheidsbedrijven. Hoofdstuk 5 geeft regels voor concentraties. De overige hoofdstukken betreffen bevoegdheid tot doorzoeken in het kader van toezicht (hoofdstuk 6), overtredingen van het verbod van mededingingsafspraken en misbruik van machtspositie (hoofdstuk 7), overtredingen van de financiële transparantie en concentratietoezicht (hoofdstuk 8), de decentrale toepassing van de EU-mededingingsregels (hoofdstuk 10), rechtsbescherming (hoofdstuk 12), wijzigingen in andere wetten (hoofdstuk 13), overgangsbepalingen (hoofdstuk 14) en slotbepalingen (hoofdstuk 15).

4. De Autoriteit Consument en Markt. De Autoriteit Consument en Markt (hierna ACM) is sinds 1 april 2013 belast met het toezicht op de naleving van de Mw (zie art. 2 Mw). Voor deze datum was de handhaving toebedeeld aan de Nederlandse Mededingingsautoriteit. ACM is een samenvoeging van de Nederlandse Mededingingsautoriteit (NMa), de Onafhankelijke Post en Telecommunicatie Autoriteit (OPTA) en de Consumentenautoriteit (CA). ACM is een zelfstandig bestuursorgaan. Volgens art. 3 Instellingswet ACM bestaat ACM uit drie leden, onder wie de voorzitter. De Minister van Economische Zaken is verantwoordelijk voor het mededingingsbeleid in het algemeen en heeft de bevoegdheid om algemene aanwijzingen te geven (zie verder het commentaar op hoofdstuk 2, art. 2 en 3). Art. 4, lid 1 kent de Minister van Economische Zaken de bevoegdheid toe om de ACM op te dragen een rapportage uit te brengen inzake de effecten voor de mededinging van voorgenomen of geldende regelgeving of van een voorgenomen of geldend besluit.

5. Handhaving van de Mw. De bestuursrechtelijke handhaving van de Mw door ACM is geregeld in hoofdstuk 6-9. ACM is, op grond van hoofdstuk 10, ook belast met de handhaving van de EU-mededingingsregels binnen de Nederlandse rechtsorde. Overtredingen van de verboden van de Mw kunnen voorts bij de burgerlijke rechter en in arbitrale procedures worden aangevochten. Zulke overtredingen kunnen een onrechtmatige daad op grond van art. 6:162 BW opleveren, indien voldaan is aan de vereisten van schuld en causaal verband, inclusief het relativiteitsbeginsel. Het relativiteitsbeginsel lijkt vooral van belang bij overtreding van het verbod van art. 34 of art. 41 lid 1 Mw. De gelaedeerde kan stopzetting, ongedaanmaking en schadevergoeding eisen (zie verder art. 6, aant. 9). Voorts kan een beroep worden gedaan op de nietigheid van overeenkomsten of besluiten van ondernemersverenigingen krachtens art. 6 lid 1 (zie verder art. 6, aant. 10). In procedures onder art. 6 lid 1 zijn rechters en arbiters bevoegd en gehouden tevens te bezien of de litigieuze overeenkomst op grond van art. 6 lid 3 uitgezonderd kan worden van het in art. 6 lid 1 bedoelde verbod, indien daarop door een partij beroep op wordt gedaan. Zie verder art. 6, aant. 2 en 11.

6. Verhouding tussen Europees en Nederlands mededingingsrecht. a. Uitgangspunt. Het regime van de Mw sluit nauw aan bij de mededingingsregels van de Europese Unie. Kerndefinities en -bepalingen in de wet zijn georiënteerd op art. 101, 102 en 106 VWEU en op Verordening (EG) 1/2003 betreffende de uitvoering van de mededingingsregels van art. 81 en 82 EG-Verdrag (*PbEG* 2003, L 1/1, opgenomen in het onderdeel Bijlagen) (art. 1, aant. 9) en de EG-concentratieverordening (Verordening (EG) 139/2004) betreffende de controle op concentraties van ondernemingen (*PbEU* 2004, L 24/1, opgenomen in het onderdeel Bijlagen) (art. 1, aant. 10). Uitgangspunt is dat de Mw niet strenger en niet soepeler is dan de EU-mededingingsregels. De beschikkingspraktijk van de Europese Commissie en de rechtspraak van het HvJ EU en het Gerecht zijn bepalend voor de toepassing van de Mw (MvT, p. 10). Bij de uitleg van art. 6 Mw dient zoveel mogelijk aansluiting te worden gezocht bij de uitleg van (thans) art. 101 VWEU in de rechtspraak van het HvJ EU (HR 14 juli 2017, ECLI:NL:HR:2017:1354 (*Geborgde dierenarts*)). De nauwe aansluiting van de Mw bij het EU-mededingingsrecht en het systeem van Verordening (EG) 1/2003 leidt ertoe dat binnen de Nederlandse rechtsorde het onderscheid tussen het toepassingsbereik van het Nederlandse en het EU-kartelrecht beperkt is. Dit onderscheid, dat verder wordt besproken onder d, is alleen nog van belang voor de hierna, in onderdeel d, aan te geven gevallen. **b. Toepassing art. 101 en 102 VWEU in de Nederlandse rechtsorde. De beïnvloeding van de handel tussen de lidstaten.** De mededingingsartikelen van het VWEU en de verschillende verordeningen ter uitvoering van deze verdragsartikelen zijn rechtstreeks van toepassing naast de regels van de Mw. Het begrip 'beïnvloeding van de handel tussen de lidstaten' is bepalend voor het toepassingsbereik van het EU-mededingingsrecht. De Europese Commissie heeft in 2004 richtsnoeren gepubliceerd over de uitleg van het criterium (*PbEU* 2004, C 101 van 27 april 2004, p. 81, zie het onderdeel Bijlagen in deze uitgave). Niet is vereist dat interstatelijke handel daadwerkelijk wordt beperkt. Het is voldoende dat het mogelijk is, op basis van een geheel van juridische en feitelijke elementen, met een voldoende mate van waarschijnlijkheid te voorzien dat de overeenkomst of gedraging, al dan niet rechtstreeks, daadwerkelijk of potentieel, de handelsstromen tussen lidstaten kan beïnvloeden. Daarnaast dient de (mogelijke) beïnvloeding 'merkbaar' te zijn. Dit criterium introduceert een kwantitatief bevoegdheidselement: gedragingen vallen buiten art. 101 en 102 VWEU als de betrokken ondernemingen op de relevante markt een zwakke positie hebben. Ten aanzien van afspraken tussen partijen die een gezamenlijk marktaandeel hebben van maximaal 5% en een gezamenlijke omzet van € 40 miljoen of minder wordt door de Commissie vermoed dat deze buiten art. 101 VWEU te vallen, zelfs indien deze ertoe strekken de mededinging te beperken. **c. Gezamenlijke toepassing.** De Europese Commissie is alleen bevoegd indien de handel tussen de lidstaten wordt beïnvloed. Art. 3, lid 1, Verordening (EG) 1/2003 verplicht zowel ACM als de rechter wanneer zij art. 6 en 24 Mw toepassen ook art. 101 en 102 VWEU toe te passen, indien door ter beoordeling voorliggende gedragingen de handel tussen de lidstaten kan worden beïnvloed (zie verder art. 88, aant. 1 en 2). Op grond van art. 3 lid 2 Verordening (EG) 1/2003 mag de toepassing van het kartelverbod in art. 6 Mw niet leiden tot afwijkingen van art. 101 VWEU. Art. 3 lid 2 Verordening (EG) 1/2003 staat op zich wel strengere Nederlandse regels ten aanzien van eenzijdige gedragingen van ondernemingen toe, zoals misbruik van economische machtsposities, maar hier staat het eerdergenoemde uitgangspunt van de Mw een dergelijke afwijking in de weg. Hetzelfde geldt voor art. 106 lid 2 VWEU en art. 11 en 25 Mw, zij het dat de toepassing van art. 25 Mw procedureel verschilt van art. 106 lid 2 VWEU (zie verder art. 25, aant. 3). Door deze gelijkschakeling dienen ACM, de rechter en arbiters het begrip ongunstige beïnvloeding van de handel tussen de lidstaten steeds toe te passen, maar beïnvloedt dit alleen de uitkomst van de beoordeling in die beperkte gevallen waar er verschillen tussen het nationale en het Europese mededingingsrecht zijn (zie hieronder, onderdeel d). Art. 5 Verordening (EG) 1/2003 regelt de bevoegdheid van de ACM voor de toepassing van het EU-mededingingsrecht. Zie verder Hoofdstuk 10, Inleidende opmerkingen. Art. 6 Verordening (EG) 1/2003 regelt de bevoegdheid van de Nederlandse rechter c.q. arbiter. Begint de Europese Commissie een procedure, dan verliest op grond van art. 11 lid 6 Verordening (EG) 1/2003 de ACM (anders dan de nationale rechters) de bevoegdheid om art. 101 en 102 VWEU toe te passen. De rechten en plichten van de ACM, bij de toepassing van het EU-mededingingsrecht zijn in art. 11, 12, 13 en 29 lid 2 Verordening (EG) 1/2003 vastgelegd. Voor de rechter geldt dit voor de verplichtingen op grond van art. 15 en 16 Verordening (EG) 1/2003. **d. Beperkte verschillen in toepassing.** Gelet op de inhoudelijke aansluiting van de Mw bij de Unierechtelijke mededingingsregels zijn verschillen in materiële toepassing van het kartelverbod, het verbod van misbruik van een economische machtspositie en concentratiecontrole, zeer beperkt. Een verschil ten aanzien van het kartelverbod is dat sinds 2011 op grond van art. 7 lid 2 Mw een vrijstelling geldt voor horizontale overeenkomsten met een marktaandeel van minder dan 10%, zie verder art. 7, aant. 3. Voorts gelden voor Nederland enkele aparte groepsvrijstellingen (zie verder art. 15, aant. 2). Op grond van art. 21 Kaderwet zelfstandige bestuursorganen kan de Minister beleidsregels vaststellen met betrekking tot de taakuitoefening door de ACM. Op grond van art. 5 Mw kan de Minister verder beleidsregels vaststellen met betrekking tot de wijze waarop ACM bij toepassing van art. 6 lid 3 Mw andere belangen dan economische belangen in zijn afweging moet betrekken. In 2016 heeft de Minister beleidsregels gegeven inzake de toepassing door de ACM van art. 6 lid 3 Mw bij mededingingsbeperkende afspraken die zijn gemaakt ten behoeve van duurzaamheid (*Stcrt.* 52945). Wat betreft het formele mededingingsrecht geldt dat er geen sprake is van een directe parallellie met het Europese recht (Besluit ACM 25 april 2003, § 130 (*Onderhandse aanbesteding gemeente Scheemda*, zaaknr. 3055)). De bestuursrechtelijke handhaving is geregeld in de Instellingswet ACM en de Algemene wet bestuursrecht.

7. Verhouding Europees en Nederlands recht bij concentraties. Inzake concentratiecontrole worden overlappende bevoegdheden uitgesloten door het principe dat elke concentratie slechts op één niveau wordt getoetst: een concentratie met EU-dimensie wordt door de Europese Commissie getoetst en een concentratie zonder EU-dimensie kan onder de nationale controle vallen. Bevoegdheidsconflicten worden vermeden doordat de bevoegdheden door een duidelijk (kwantitatief) criterium van elkaar worden afgebakend. Wetsconflicten worden uitgesloten doordat hetzelfde criterium bepaalt welk recht van toepassing is. De toetsing van concentraties met een EU-dimensie behoort tot de exclusieve bevoegdheid van de Europese Commissie. De exclusieve bevoegdheid van de Commissie ten aanzien van concentraties met EU-dimensie staat in art. 21 lid 3 EG-concentratieverordening. Concentraties die de omzetdrempels voor de EU-dimensie niet overschrijden worden door ACM aan de hand van de Mw getoetst, indien de Nederlandse omzetdrempels wel worden overschreden (art. 29 Mw). Er is echter in de EG-concentratieverordening (art. 4 lid 4 en art. 9 EG-concentratieverordening) voorzien in de mogelijkheid een concentratie door te kunnen verwijzen naar de nationale mededingingsautoriteit. Ook is het op grond van art. 22 EG-concentratieverordening mogelijk dat de mededingingsautoriteit een zaak doorverwijst naar de Commissie (zie verder de Inleidende opmerkingen bij hoofdstuk 5, aant. 3).

8. Interpretatie van begrippen van de Mededingingswet. Omdat de wet georiënteerd is op art. 101, 102 en 106 VWEU, dienen de erin gebruikte begrippen ook in het licht van de jurisprudentie van het Hof van Justitie (hierna: HvJ) en het Gerecht te worden geïnterpreteerd. Hiervoor is een nauwkeurige bestudering van de jurisprudentie en de beschikkingspraktijk van de Europese Commissie noodzakelijk. Als de rechter of ACM op grond van art. 3 lid 1 Verordening (EG) 1/2003 ook het Europese mededingingsrecht toepast, kan op basis van art. 15 respectievelijk art. 11 Verordening (EG) 1/2003 het oordeel van de Commissie worden ingewonnen. Aangenomen kan worden dat een vergelijkbare mogelijkheid bestaat voor arbiters. De nationale rechter kan met betrekking tot de toepassing en interpretatie van de Europese mededingingsregels ook prejudiciële vragen stellen aan het HvJ. Arbiters kunnen geen prejudiciële vragen stellen aan het HvJ (zie HvJ EG 23 maart 1982, *Jur.* 1982, 1095 (*Nordsee*)). Wel kan de nationale rechter die zijn exequatur aan de arbitrale uitspraak moet geven, prejudiciële vragen stellen (zie HvJ EG 1 juni 1999, C-126/97, *Jur.* 1999, p. I-3055 (*Eco Swiss China Time/Benetton*)). Nationale mededingingsautoriteiten kunnen, indien zij geen onafhankelijk rechtsprekende functie vervullen, geen prejudiciële vragen stellen (C-53/03, *Jur.* 2004, p. I-4609 (*Syfait*)). Verder doet zich de vraag voor of de nationale rechter ook uitleg van de bepalingen van de Mw aan het Hof van Justitie kan vragen. Het HvJ EU heeft zich bevoegd verklaard het Unierecht uit te leggen wanneer dit niet rechtstreeks voor de oplossing van het geding van toepassing is, doch de nationale wetgever bij de omzetting van de bepalingen van een richtlijn besloten heeft, zuiver interne situaties op dezelfde wijze te behandelen als de situaties die onder de richtlijn vallen (HvJ EG 17 juli 1997, C-28/95, *Jur.* 1997, I-4161 (*Leur-Bloem*)). Het HvJ EU heeft ook een vraag van een Oostenrijkse rechter, waarin een interpretatie van art. 82 EG-Verdrag wordt gevraagd maar waar duidelijk werd gesteld dat deze interpretatie nodig was om een nationale bepaling die gelijk is aan art. 82 EG-Verdrag te kunnen uitleggen, ontvankelijk verklaard (HvJ EG 26 november 1998, C-7/97, *Jur.* 1998, p. I-7791 (*Oscar Bronner*)).

9. Rechtskarakter van bekendmakingen van de Europese Commissie. Anders dan bindende besluiten, verordeningen en beschikkingen, hebben bekendmakingen van de Europese Commissie geen binding erga omnes. Zulke bekendmakingen binden noch het Hof van Justitie of het Gerecht noch derden. De Commissie zelf is wel gebonden aan deze beleidsregels en kan er alleen gemotiveerd van afwijken (HvJ EG 24 maart 1993, C-313/90, *Jur.* 1993, p. I-1125 (*CIRFS*); HvJ EU 18 juli 2013, C-501/11 P, r.o. 67 (*Schindler Holding*)). Bekendmakingen van de Commissie creëren voor marktdeelnemers gerechtvaardigde verwachtingen (HvJ EG 28 juni 2005, C-189/02 P, C-202/02 P, C-205-208/02 P en C-213/02 P, *Jur.* 2005, p. I-5425 (*Dansk Rörindustrie e.a./Commissie*)). De bekendmakingen van de Commissie werken niet automatisch door in het Nederlandse mededingingsrecht (HvJ EU 13 december 2012, C-226/11, ECLI:EU:C:2012:795 (*Expedia Inc./Autorité de la concurrence e.a.*)). Gezien echter de nauwe aansluiting van het nationale mededingingsrecht bij de Europese mededingingsregels, zijn de bekendmakingen van de Commissie wel van belang voor het nationale mededingingsrecht. ACM heeft een aantal 'richtsnoeren' uitgegeven dat het beleid van de Commissie, met enige aanpassingen voor de Nederlandse situatie volgt. De richtsnoeren zijn opgesteld op grond van art. 4:81 lid 1 Awb. De richtsnoeren worden door de ACM toegepast als beleidsregels in de zin van art. 1:3 lid 4 Awb. ACM is gebonden aan deze beleidsregels. De bekendmakingen van de Commissie alsmede de richtsnoeren van ACM zijn als bijlagen in deze uitgave opgenomen.

10. Het begrip 'relevante markt' is van essentieel belang voor de toepassing van de Mededingingswet. Voor de toepassing van de belangrijkste bepalingen van de wet is afbakening dan wel omschrijving van de relevante markt nodig. Het belangrijkste doel van de marktafbakening is het op systematische wijze onderkennen van de concurrentiedwang waarmee de betrokken ondernemingen worden geconfronteerd. De mate van gedetailleerdheid is daarbij afhankelijk van hetgeen wordt vereist voor de beoordeling van de gedragingen die het voorwerp van onderzoek vormen. De afbakening van de relevante markt is geen doel op zich, maar een instrument voor de analyse die is vereist voor de toepassing van de mededingingsregels (CBb 23 april 2019, ECLI:NL:CBB:2019:150 (*Taxivervoer regio Rotterdam*)). Dit geldt in het bijzonder voor het verbod van art. 24 met betrekking tot misbruik van machtspositie, aangezien in dat verband het vaststellen van marktmacht bepalend is (zie verder art. 24, aant. 5). Het bepalen van de relevante markt is eveneens noodzakelijk bij de toepassing van het toezicht op concentraties (zie verder art. 37, aant. 3). Voor de toepassing van het kartelverbod van art. 6 lid 1 Mw is het bepalen van de relevante markt nodig om het mededingingsbeperkend effect van overeenkomsten, besluiten en onderling afgestemde feitelijke gedragingen te kunnen vaststellen (zie art. 6, aant. 5 en 6). Een omschrijving van de relevante markt is ook nodig bij een beoordeling op grond van art. 6 lid 3. Volgens onderdeel b van dit artikel dient de betreffende overeenkomst de betrokken ondernemingen niet de mogelijkheid te geven de mededinging voor een wezenlijk deel van de betrokken goederen en diensten uit te schakelen. Dit impliceert aanduiding van de relevante markt. Voor de beantwoording van de vraag of een mededingingsbeperkende overeenkomst een vrijgestelde bagatel vormt op grond van art. 7 lid 2 Mw is afbakening van de relevante markt onontbeerlijk (CBb 23 april 2019, ECLI:NL:CBB:2019:150 (*Taxivervoer regio Rotterdam*)). Ten slotte is het bepalen van de relevante markt nodig bij de toepassing van verschillende groepsvrijstellingen. Zo beperkt art. 3 lid 1 en 2 Verordening (EU) 316/2014 (*PbEU* 2014, L 93, opgenomen in het onderdeel Bijlagen), de mogelijkheid voor toepassing van de desbetreffende groepsvrijstelling tot marktaandelen van 20 respectievelijk 30%. De Europese Commissie heeft in haar Bekendmaking inzake de bepaling van de relevante markt voor het gemeenschappelijke mededingingsrecht (*PbEG* 1997, C 372/03, opgenomen in het onderdeel Bijlagen) aanwijzingen gegeven voor de bepaling van de relevante markt. Deze mededeling is ook voor de toepassingspraktijk onder de Mededingingswet van belang. In civielrechtelijke procedures dient de partij die een mededingingsrechtelijke inbreukvordering instelt voldoende inzicht te geven in de voor de beoordeling essentiële feiten en omstandigheden, zoals een zorgvuldige marktafbakening, de relevante marktstructuur en marktkenmerken, alsmede het daadwerkelijke functioneren van de relevante markt(en) en van het effect daarop van de gestelde inbreuken (HR 21 december 2012, ECLI:NL:HR:2012:BX0345 (*IATA*)). De stellingen van partijen in een mededingingsrechtelijk geding staan op dit punt veelal lijnrecht tegenover elkaar. Bij gebrek aan relevante informatie over de feiten op dit punt kan hierover niet worden beslist en dient in een bodemprocedure nader te worden uitgezocht en vastgesteld (Rb. Gelderland 31 maart 2014, ECLI:NL:RBGEL:2014:3080, r.o. 5.20). In een mededingingsprocedure kunnen verschillende relevante markten relevant zijn. Blijkens HvJ EU 28 februari 2013, C-1/12 (*Ordem dos Técnicos Oficiais de Contas*) kan een besluit van een ondernemersvereniging niet alleen op de markt waarop de leden actief zijn de mededinging verhinderen, beperken of vervalsen in de zin van art. 101 lid 1 VWEU, maar ook op een andere markt waarop deze vereniging zelf een economische activiteit uitoefent (r.o. 44-45). Hetzelfde dient te gelden voor de toepassing van art. 6 Mw (HR 24 januari 2014, ECLI:NL:HR:2014:149, r.o. 4.3 (*Nederlandse Vereniging van Makelaars in Onroerende Goederen*)). Wanneer er nauwe banden bestaan tussen een gedomineerde en een niet-gedomineerde markt, kan een onderneming als gevolg hiervan misbruik van haar machtspositie maken op een van deze markten of beide markten gezamenlijk (Gerecht 6 oktober 1994, T-83/91, ECLI:EU:T:1994:246 (*Tetra Pak*)).

11. Toepassingsbereik van de Mededingingswet. De wet is van toepassing op alle sectoren van de Nederlandse economie. De wet is bovendien van toepassing op alle gedragingen die plaatsvinden op Nederlands grondgebied alsmede in de territoriale zee, de exclusieve economische zone en aan boord van in Nederland geregistreerde schepen en vliegtuigen. Voorts is in navolging van HvJ EG 27 september 1988, gevoegde zaken 89, 104, 114, 116, 117 en 125-127/85, *Jur.* 1988, p. 5193 (*Houtslijp I*), de wet eveneens van toepassing indien aan een afspraak of een misbruik in Nederland uitvoering wordt gegeven ook al is de afspraak of het misbruik gemaakt buiten het Nederlandse grondgebied, de territoriale zee, de exclusieve economische zone of aan boord van niet in Nederland geregistreerde schepen en vliegtuigen of door buiten Nederland gevestigde ondernemingen. Zo is door ACM geconcludeerd dat Duitse en Deense producentenorganisaties (naast de Nederlandse) van Noordzeegarnalen art. 6 Mw hebben overtreden (Besluit ACM 14 januari 2003 (*Garnalen*, zaaknr. 2269)) (zie ook Rb. Rotterdam 19 juli 2006, *LJN* AY4888). De bevoegdheid van ACM gaat echter niet zover dat zij gedragingen en afspraken mag beoordelen waarvan het effect niet doorwerkt op het Nederlandse grondgebied en de gebieden die onder het toepassingsbereik van de Mw vallen (Besluit ACM 4 mei 2000 (*Hoogovens Staal/Ruhrkohle Handel Inter*, zaaknr. 426)). De boetebevoegdheid van ACM op grond van art. 56, lid 1, Mw, alsmede op grond van art. 88 en 89 Mw in samenhang met art. 5 Verordening (EG) 1/2003, bevat voor wat betreft de bij de boeteoplegging in aanmerking te nemen omstandigheden geen territoriale inperking, althans niet binnen de grenzen van de interne markt. Als een overtreding (mede) betrekking heeft op verkopen aan buitenlandse afnemers binnen de EU mag ACM ook de met die activiteiten gegenereerde opbrengst meenemen bij het vaststellen van de boetegrondslag (CBb 24 maart 2016, ECLI:NL:CBB:2016:56 (*Zilveruien*)).

Mededingingswet

12. Openbare orde en ambtshalve toepassing. Is het mededingingsrecht van openbare orde en moet het daarom ambtshalve worden toegepast? In 2009 oordeelde de Hoge Raad dat art. 6 Mw geen recht van openbare orde bevat dat de rechter ambtshalve moet toepassen (HR 16 januari 2009, ECLI:NL:HR:2009:BG3582 (*Gemeente Heerlen/ Whizz Croissanterie*)). Aangenomen dient te worden dat hetzelfde geldt voor art. 24 Mw. In het Europese recht zijn art. 101 en 102 VWEU van openbare orde verklaard (HvJ EG 1 juni 1999, C-126/97, *Jur.* 1999, p. I-3055 (*Eco Swiss China Time/Benetton*); HvJ EG 4 juni 2009, C-8/08, ECLI:EU:C:2009:343 (*T-Mobile Netherlands*); HvJ EG 13 juli 2006, C-295/04-C-298/04, ECLI:EU:C:2006:46 (*Manfredi*)). Dit leidt er volgens het HvJ evenwel niet toe dat de nationale rechter in alle gevallen gehouden is het mededingingsrecht ambtshalve toe te passen. Het HvJ heeft bepaald dat in het geval de nationale rechter ambtshalve een dwingende nationale rechtsregel dient toe te passen, dit ook geldt voor dwingende gemeenschapsregels zoals het mededingingsrecht. Deze verplichting tot ambtshalve toepassing geldt echter niet indien de rechter hierdoor zijn lijdelijkheid zou moeten verzaken door buiten de rechtsstrijd van partijen te treden en zich op andere feiten en omstandigheden te baseren. In dit laatste geval wordt het nationaal procesrecht gerespecteerd (HvJ EG 14 december 1995, C-430/93 en C-431/93, *Jur.* 1995, p. I-4705 (*Van Schijndel*)). In het arrest *Eco Swiss* heeft het HvJ hierop een uitzondering gegeven. Rechters moeten art. 101 VWEU toepassen als zij beslissen over de geldigheid van een arbitraal vonnis; zij kunnen dan prejudiciële vragen aan het HvJ stellen (HvJ EG 1 juni 1999, C-126/97, *Jur.* 1999, p. I-03055 (*Eco Swiss China Time/Benetton*)). Zie tevens art. 6, aant. 10 en art. 24, aant. 8.

HOOFDSTUK 1
Begripsbepalingen

Artikel 1
In deze wet en de daarop berustende bepalingen wordt verstaan onder:
a. Onze Minister: Onze Minister van Economische Zaken en Klimaat;
b. *Autoriteit Consument en Markt:* de Autoriteit Consument en Markt, genoemd in artikel 2, eerste lid, van de Instellingswet Autoriteit Consument en Markt;
c. (vervallen;)
d. Verdrag: het Verdrag betreffende de werking van de Europese Unie;
e. overeenkomst: een overeenkomst in de zin van artikel 101, eerste lid, van het Verdrag;
f. onderneming: een onderneming in de zin van artikel 101, eerste lid, van het Verdrag;
g. ondernemersvereniging: een ondernemersvereniging in de zin van artikel 101, eerste lid, van het Verdrag;
h. onderling afgestemde feitelijke gedragingen: onderling afgestemde feitelijke gedragingen in de zin van artikel 101, eerste lid, van het Verdrag;
i. economische machtspositie: positie van een of meer ondernemingen die hen in staat stelt de instandhouding van een daadwerkelijke mededinging op de Nederlandse markt of een deel daarvan te verhinderen door hun de mogelijkheid te geven zich in belangrijke mate onafhankelijk van hun concurrenten, hun leveranciers, hun afnemers of de eindgebruikers te gedragen;
j. (vervallen;)
k. verordening 1/2003: verordening (EG) nr. 1/2003 van de Raad van de Europese Unie van 16 december 2002 betreffende de uitvoering van de mededingingsregels van de artikelen 101 en 102 van het Verdrag betreffende de werking van de Europese Unie (*PbEG* 2003, L 1);
l. verordening 139/2004: verordening (EG) nr. 139/2004 van de Raad van de Europese Unie van 20 januari 2004 betreffende de controle op concentraties van ondernemingen (*PbEG* L 24);
m. mededingingsverordening: verordening genoemd in de onderdelen k en l;
n. consumentenorganisaties: stichtingen of verenigingen met volledige rechtsbevoegdheid die krachtens hun statuten tot taak hebben het behartigen van de collectieve belangen van consumenten;
o. *richtlijn (EU) 2019/1:* richtlijn (EU) 2019/1 van het Europees Parlement en de Raad van 11 december 2018 tot toekenning van bevoegdheden aan de mededingingsautoriteiten van de lidstaten voor een doeltreffender handhaving en ter waarborging van de goede werking van de interne markt (*PbEU* 2019, L 11).
[11-11-2020, Stb. 9, i.w.tr. 18-02-2021/kamerstukken 35467]

[Algemene opmerkingen]

1. Onze Minister: Onze Minister van Economische Zaken en Klimaat. Anders dan bij de Wet economische mededinging, waarin de handhaving was opgedragen aan de Minister van Economische Zaken en de Minister 'die het mede aangaat' (art. 19 WEM; zie de korte samenvatting van de WEM bij Mededingingswet, Inleidende opmerkingen bij hoofdstuk 14, aant. 2), is in de Mededingingswet de Minister van Economische Zaken en Klimaat de verantwoordelijke bewindspersoon (art. 1 onderdeel a Mw). Dit geldt voor het mededingingsbeleid in het algemeen. Met de omvorming van ACM tot zelfstandig bestuursorgaan geldt dat de minister niet langer verantwoordelijk is voor beslissingen in individuele zaken.

2. De Autoriteit Consument en Markt, genoemd in art. 2 lid 1 Instellingswet. Handhaving en uitvoering van de Mededingingswet vinden op afstand van het politieke beleid plaats door de Autoriteit Consument en Markt (ACM), die de status van een zelfstandig bestuursorgaan heeft (zie Mededingingswet, Inleidende opmerkingen, aant. 4), en de op grond van art. 12a van de instellingswet door deze aangewezen ambtenaren van ACM. Zie onder meer hoofdstuk 2, art. 6 Mw. ACM staat onder leiding van een bestuur, aan wie de meeste administratiefrechtelijke bevoegdheden op grond van de wet en de instellingswet zijn toebedeeld.

3. Verdrag: het Verdrag betreffende de werking van de Europese Unie. Aangenomen moet worden dat wordt gedoeld op – steeds – de laatste versie van het Verdrag die op enig moment voor Nederland in werking is getreden, thans het Verdrag betreffende de werking van de Europese Unie (VWEU), in werking getreden na de inwerkingtreding van het Verdrag van Lissabon. Met de inwerkingtreding van dit verdrag heeft een nieuwe nummering plaatsgevonden van de verdragsartikelen. Art. 101 VWEU was voorheen art. 81 EG en daarvoor art. 85 EEG, art. 102 VWEU was voorheen art. 82 EG en daarvoor art. 86 EEG en art. 106 VWEU was voorheen art. 86 EG en daarvoor art. 90 EEG.

4. Overeenkomst: een overeenkomst in de zin van art. 101 lid 1 van het verdrag. a. Algemeen. Het mededingingsrechtelijke begrip overeenkomst is breed en komt niet noodzakelijkerwijs overeen met de civielrechtelijke definitie. Van een overeenkomst in de zin van art. 101 lid 1 VWEU is sprake wanneer tussen verschillende ondernemingen direct of via een derde consensus bestaat om hun concurrentiegedrag onderling af te stemmen (MvT, p. 11) of zich van een bepaald gedrag te onthouden. Het wezenlijke element van het begrip overeenkomst is het bestaan van een wilsovereenstemming tussen ten minste twee partijen, ongeacht de vorm die daaraan wordt gegeven, voor zover hij de getrouwe weergave van die wilsovereenstemming is (HvJ EG 26 oktober 2000, T-41/96, ECLI:EU:T:2000:242 (*Bayer*) en Gerecht 19 mei 2010, T-18/05, ECLI:EU:T:2010:202 (*IMI e.a.*)). Het volstaat dat de betrokken ondernemingen de gemeenschappelijke wil te kennen hebben gegeven zich op een bepaalde manier op de markt te gedragen (Gerecht 20 april 1999, T-305/94 e.a. (*Limburgse Vinyl Maatschappij*)). **b. Geen vormvereisten/ objectieve maatstaf.** Voor het bestaan van een overeenkomst gelden geen vormvereisten. Zo kan een mondelinge afspraak die niet schriftelijk is bevestigd en gebaseerd is op wederzijds vertrouwen een overeenkomst zijn. Hetzelfde geldt voor een 'gentleman's agreement' (HvJ EG 15 juli 1970, 41/69, ECLI:EU:C:1970:71 (*ACF Chemiefarma*)). Het bestaan van een overeenkomst kan zowel uitdrukkelijk als stilzwijgend blijken uit het gedrag van de partijen. Het begrip 'overeenkomst' omvat in elk geval juridisch bindende overeenkomsten naar burgerlijk recht. Zo zijn afspraken die bedoeld zijn om bij herhaling te worden gebruikt, juridisch bindende overeenkomsten (bijv. leveringsvoorwaarden: Besluit ACM 16 december 1998 (*Van Ditmar Boekenimport*, zaaknr. 450); Besluit ACM 16 december 1998 (*Nilsson & Lamm*, zaaknr. 227), en standaardovereenkomsten: Besluit

ACM 8 september 1998 (*Erasmus Muziekproducties*, zaaknr. 155)). Om een overeenkomst aan te nemen hoeft echter geen sprake te zijn van juridische binding of de mogelijkheid afspraken rechtens af te dwingen. Ondanks het ontbreken van een sanctiemechanisme kan er sprake zijn van een overeenkomst (Besluit ACM 21 april 2004 (*Fietsfabrikanten*, zaaknr. 1615)). Zelfs een conceptovereenkomst valt binnen het toepassingsbereik van de Mw, omdat het een concept is voor een juridisch bindende overeenkomst (Besluit ACM 25 juli 2003 (*Penta Projectontwikkeling*), zaaknr. 3089). Aan het bestaan van de overeenkomst doet niet af dat één van de betrokken partijen toestemt onder druk of in strijd met zijn eigen commerciële belangen (Besluit ACM 29 augustus 2002 (*klager/AUV en Aesculaap*, zaaknr. 2422); bevestigd in CBb 3 juli 2008, *LJN* BD6635). De benaming die aan de overeenkomst wordt gegeven, is niet relevant voor de beoordeling van de inhoud ervan (Besluit ACM 18 december 2003 (*Heijmans en Solétanche Bachy*), zaaknr. 2906).
c. Verschil eenzijdige handeling – overeenkomst. Zuiver eenzijdige handelingen van een onderneming vallen buiten art. 6 en art. 101 VWEU, maar kunnen wel onder art. 24 en art. 102 VWEU worden beoordeeld, op voorwaarde dat de onderneming een economische machtspositie inneemt. Op het eerste gezicht zuiver eenzijdige handelingen van een onderneming kunnen beschouwd worden als overeenkomsten wanneer zij vallen binnen de sfeer van de contractuele betrekkingen die de onderneming onderhoudt, bijvoorbeeld in het kader van een selectief distributienetwerk met haar erkende wederverkopers (HvJ EG 17 september 1985, 25/84 en 26/84, *Jur.* 1985, p. 2725 (*Ford*)) en waarmee deze wederverkopers althans stilzwijgend hebben ingestemd. Alleen in het geval er geen uitdrukkelijke of stilzwijgende medewerking is van een andere onderneming, is er sprake van een zuiver eenzijdige handeling en dus niet van een overeenkomst. Zuiver eenzijdige handelingen en overeenkomsten tussen een onderneming en de overheid (als overheid), bijvoorbeeld een concessie-overeenkomst vallen niet onder het begrip overeenkomst (HvJ EG 4 mei 1988, 30/87, *Jur.* 1988, p. 2479 (*Bodson*)). In geval van eenzijdige handelingen kan er wilsovereenstemming aanwezig zijn als: – er impliciet instemming is met een eenzijdig opgelegd verbod; – er een systeem van controles a-posteriori of sancties aanwezig is; – de instemming kan worden afgeleid uit feitelijke gedragingen (HvJ EG 6 januari 2004, C-2/01 P en C-3/01 P, *Jur.* 2004, p. I-23 (*Bayer*)).

5. Onderneming: een onderneming in de zin van art. 101 lid 1 VWEU. a. Uitgangspunt.
Het aangrijpingspunt voor de toepasselijkheid van het mededingingsrecht vormt het begrip 'onderneming' in art. 101 lid 1 VWEU. Hoewel art. 1 onderdeel e zulks niet vermeldt, geldt dit ook voor de toepassing van art. 102 VWEU. In het EU-mededingingsrecht moet onder het begrip onderneming een economische eenheid worden verstaan, welke vanuit juridisch oogpunt gevormd kan worden door verschillende natuurlijke of rechtspersonen (HvJ EU 20 januari 2011, C-90/09 P, ECLI:EU:C:2011:21 (*General Química e.a.*)). Een onderneming is elke eenheid die een economische activiteit uitoefent, ongeacht haar rechtsvorm of de wijze waarop zij wordt gefinancierd en ongeacht of er sprake is van winstoogmerk (HvJ EG 18 juni 1998, C-35/96, *Jur.* 1998, p. I-3851 (*Commissie/Italiaanse Republiek*) en HvJ EG 23 april 1991, 41/90, *Jur.* 1991, p. I-1979 (*Höfner*)). Ondernemingen kunnen natuurlijke personen of rechtspersonen zijn, private bedrijven of overheidsbedrijven, producenten, distributeurs, dienstverleners en vrijeberoepsbeoefenaren (MvT, p. 10). Een werknemer voert zijn taken uit voor en onder het gezag van de onderneming waarvoor hij werkt en wordt bijgevolg geacht deel uit te maken van de door die onderneming gevormde economische eenheid. Voor de vaststelling van inbreuken op

het mededingingsrecht van de Unie kunnen de eventuele mededingingsverstorende handelingen van een werknemer derhalve worden toegerekend aan de onderneming waarvan hij deel uitmaakt, die in beginsel daarvoor aansprakelijk wordt gehouden (HvJ EU 21 juli 2016, C-542/14, ECLI:EU:C:2016:578 (*VM Remonts*)). **b. Economische activiteit.** Onder economische activiteit wordt iedere activiteit verstaan die bestaat uit het aanbieden van goederen en diensten op een bepaalde markt (HvJ EG 12 september 2000, ECLI:EU:C:2000:428, C-180/98-C-184/98 (*Pavlov*)). Het belangrijkste criterium is of de desbetreffende activiteit, die bestaat uit het aanbieden van goederen of diensten op een bepaalde markt, in concurrentie met andere ondernemingen kan worden uitgeoefend. Prestaties die gewoonlijk tegen vergoeding worden verricht, vormen diensten die als 'economische activiteiten' kunnen worden aangemerkt. Het wezenlijke kenmerk van de vergoeding bestaat hierin dat zij de economische tegenprestatie voor de betrokken prestatie vormt. De openbare of particuliere aard van de entiteit die de betrokken activiteit uitoefent kan geen invloed hebben op het antwoord op de vraag of deze entiteit al dan niet de hoedanigheid van 'onderneming' heeft (HvJ EU 27 juni 2017, C-74/16, r.o. 41-43 (*Congregación de Escuelas Pías Provincia Betania*)). De omstandigheid dat de goederen en diensten zonder winstoogmerk worden aangeboden, belet niet dat de entiteit die deze op de markt aanbiedt, als een onderneming moet worden beschouwd wanneer dit aanbod concurreert met dat van andere marktdeelnemers, die wel winst nastreven (HvJ EG 1 juli 2008, C-49/07, ECLI:EU:C:2008:376 (*MOTOE*)). Voor de vaststelling of ondernemingen daadwerkelijke of potentiële concurrenten zijn, is het niet steeds noodzakelijk de relevante markt af te bakenen. Voldoende is dat vastgesteld kan worden dat de ondernemingen in staat zijn dezelfde activiteiten te verrichten in hetzelfde geografische gebied (Besluit ACM 18 december 2003 (*Heijmans en Solétanche Bachy*), zaaknr. 2906). **c. Activiteiten zonder economisch karakter.** Activiteiten die behoren tot overheidsprerogatieven of van zuiver sociale aard zijn, worden niet aangemerkt als economische activiteiten. Activiteiten in het kader van de uitoefening van bevoegdheden van openbaar gezag hebben geen economisch karakter dat de toepassing van de mededingingsregels van het VWEU rechtvaardigt (HvJ EU 12 juli 2012, C-138/11, r.o. 35-36 (*Compass-Datenbank*); Besluit ACM 21 januari 1999 (*Loke e.a./CBR*), zaaknr. 119). Voor zover een economische activiteit niet van de uitoefening van haar bevoegdheden van openbaar gezag kan worden gescheiden, hangen alle door die instantie verrichte activiteiten samen met de uitoefening van deze bevoegdheden en handelt die overheidsinstantie in zoverre niet als onderneming. Bij die beoordeling dient te worden gelet op de aard en het doel van de activiteiten en de regels waaraan zij zijn onderworpen (CBb 14 mei 2019, ECLI:NL:CBB:2019:204 (*Klic-viewer Kadaster*)). Het handelen van de politie is door ACM terecht als niet-ondernemingshandelen aangemerkt (Rb. Rotterdam 12 januari 2009, *LJN* BG9880 (*Alarm Centrale Nederland*)). Bij de verdeling van (schaarse) publieke rechten, waaronder vergunningen en subsidies is sprake van uitoefening van overheidsprerogatieven (Besluit ACM 27 maart 2019 (*Stichting Platform Tegenwind N33*)). Entiteiten die een taak van zuiver sociale aard uitvoeren, die berust op het beginsel van solidariteit en ieder winstoogmerk mist, zijn geen ondernemingen (HvJ EG 16 maart 2004, C-264/01 e.a., *Jur.* 2004, p. I-2493 (*AOK*)). Het is mogelijk dat private ondernemingen overheidstaken uitvoeren, dergelijke activiteiten vallen niet onder het mededingingsrecht (HvJ EG 18 maart 1997, C-343/95 (*Diego Cali/Servizio Ecologici Porto di Genoa*)). Anderzijds kunnen activiteiten van de overheid aangemerkt worden als ondernemingsactiviteiten. ACM stelde vast dat de verhuur van een steiger door Rijkswaterstaat een economische activiteit vormt (Advies ACM 13 november 2013). De dienst beschermingsbewind voor mensen die hun eigen financiële verantwoordelijkheid niet aankunnen, is een economische activiteit (Besluit ACM 31 oktober 2017, 17/12021). In een zaak betreffende gronduitgifte door de gemeente Castricum had ACM nagelaten te onderzoeken of de activiteiten binnen de sfeer van het economisch verkeer vallen of neerkomen op de uitoefening van overheidsprerogatieven (CBb 15 januari 2008, *LJN* BC1932). Ook activiteiten van een beroepsorganisatie kunnen worden aangemerkt als economische activiteiten wanneer zij optreedt als het regulerend orgaan van een beroep waarvan de uitoefening overigens een economische activiteit is (HvJ EU 18 juli 2013, C-136/12 (*Consiglio nazionale dei geologi*)). **d. Functioneel begrip.** Het begrip onderneming is functioneel van aard. De kwalificatie als activiteit die tot de uitoefening van bevoegdheden van openbaar gezag behoort of als economische activiteit moet voor elke door een bepaalde entiteit uitgeoefende activiteit afzonderlijk gebeuren (HvJ EG 1 juli 2008, C-49/07, ECLI:EU:C:2008:376 (*MOTOE*)). Een entiteit kan derhalve zowel economische als niet-economische activiteiten verrichten en handelt in dat geval alleen als onderneming bij de uitoefening van haar economische activiteiten. **e. Vrije beroepen.** In het geval van vrije beroepsbeoefenaren geldt dat zij worden aangemerkt als onderneming wanneer zij hun beroep als zelfstandige uitoefenen en hun diensten op duurzame wijze en tegen vergoeding leveren en de hiermee verband houdende financiële risico's dragen. Het gegeven dat het een gereglementeerd beroep betreft en de diensten een intellectueel, technisch of specialistisch karakter hebben en worden verricht op persoonlijke en directe grondslag verandert niets aan de aard van de economische activiteit (GvEA EG 30 maart 2000, T-513/93, *Jur.* 2000, p. II-1807 (*CNSD/Commissie*)). Advocaten, en andere vrije beroepsbeoefenaren, worden als ze hun beroep als zelfstandige vrijeberoepsbeoefenaren beoefenen aangemerkt als onderneming, omdat zij aan het economische verkeer deelnemen door het aanbieden van juridische diensten tegen beloning (Besluit ACM 21 februari 2002 (*Engelgeer/Nederlandse Orde van Advocaten*, zaaknr. 560), ACM-richtsnoeren voor de zorgsector § 3.1, opgenomen in het onderdeel Bijlagen in deze uitgave). Als zij in een maatschap winst en verlies delen is de maatschap aan te merken als onderneming. Als zij in een maatschap alleen de kosten delen is de individuele advocaat c.q. vrije beroepsbeoefenaar aan te merken als onderneming. Ook notarissen (Rb. Rotterdam 18 juni 2003, *LJN* AH9702 (*Bredase notarissen*)) en zelfstandige tandtechnici zijn door ACM aangemerkt als onderneming (Besluit ACM 26 april 2004 (*Nederlands Tandtechnisch Genootschap*, zaaknr. 3310)), net als psychotherapeuten en psychologen (Besluit ACM 26 april 2004 (*NIP, LVE, NVP en NVVP*, zaaknr. 3309)). **f. Zelfstandigen zonder personeel.** Zelfstandigen zonder personeel (zzp'ers) kunnen worden aangemerkt als 'onderneming' voor zover zij economische activiteiten verrichten. Bij de beoordeling of zelfstandige remplaçanten als echte 'ondernemingen' in de zin van het recht van de Unie kunnen worden aangemerkt, dient de nationale rechter na te gaan of die remplaçanten zich, ook al zijn zij werkzaam op basis van een overeenkomst van opdracht, niet in een ondergeschiktheidsrelatie met het betrokken orkest bevinden tijdens de duur van de contractuele verhouding en dus, vergeleken met werknemers die hetzelfde werk verrichten, over meer zelfstandigheid en flexibiliteit beschikken voor wat betreft de bepaling van het tijdschema, de plaats en de wijze van uitvoering van de toevertrouwde taken (HvJ EU 4 december 2014, C-413/13, r.o. 37 (*FNV Kunsten*)). De verwijzende rechter oordeelde vervolgens dat remplaçanten dienen te worden aangemerkt als 'schijnzelfstandigen' aangezien hun positie niet verschilt van die van gewone werknemers (Hof Den Haag 1 september 2015, ECLI:NL:GHDHA:2015:2305 (*FNV Kun-*

sten)). ACM hanteert naar aanleiding van het *FNV Kunsten*-arrest als beleid dat zij een activiteit van een zzp'er niet kwalificeert als ondernemingsactiviteit als de zzp'er zich in een situatie bevindt die vergelijkbaar is met die van een werknemer. In dat geval merkt ACM de zelfstandigheid van de zzp'er aan als fictief ('schijnzelfstandige') (zie ACM Leidraad Tariefafspraken zzp'ers). **g. Overige uitzonderingen en grensgevallen.** Werknemersverenigingen voor zover die typisch vakbondswerk verrichten, worden niet aangemerkt als onderneming. Pensioenfondsen voor zover deze, niet tot hun wettelijke taak behorende, nevenactiviteiten verrichten, zijn als ondernemingen te beschouwen (zie ook art. 11 Mw, aant. 2; HvJ EG 21 september 1999, C-67/96, *Jur.* 1999, p. I-5751 (*Albany*)). Niet elke besluit van een ondernemersvereniging dat de handelingsvrijheid van de partijen of van een van hen beperkt valt automatisch onder het verbod van art. 101 VWEU. Bij de toepassing van deze bepaling op een concreet geval moet namelijk in de eerste plaats rekening worden gehouden met de algehele context waarbinnen een besluit van de ondernemersvereniging is genomen of zijn werking ontplooit, en meer in het bijzonder met de doelstellingen daarvan, in casu de noodzakelijke garanties voor de eindgebruikers van de betrokken diensten te bieden. Vervolgens moet worden onderzocht of de mededingingsbeperkende gevolgen ervan inherent zijn aan de nagestreefde doelstellingen (HvJ EU 18 juli 2013, C-136/12 (*Consiglio nazionale dei geologi*)). De Pensioen- en Verzekeringskamer kan wanneer zij uitvoering geeft aan de haar toekomende wettelijke taken en bevoegdheden van algemeen publiek belang als toezichthouder op de verzekeringsmaatschappijen en pensioenfondsen niet worden aangemerkt als een onderneming (Besluit ACM 15 juni 2001 (*Pensioenfonds NIGOCO/Verzekeringskamer*, zaaknr. 2295)). Zorgverzekeraars worden als ondernemingen beschouwd, op basis van art. 122 Zvw. De activiteiten van ziekenfondsen in Duitsland zijn niet van economische aard en ziekenfondsen kunnen in beginsel niet als onderneming worden beschouwd (HvJ EG 16 maart 2004, C-264/01 e.a., *Jur.* 2004, p. I-2493 (*AOK*)). Een ziekenhuis wordt gekwalificeerd als een onderneming (Besluit ACM 5 juni 1998 (*Sophiaziekenhuis*, zaaknr. 165); Besluit ACM 30 maart 2001 (*Monuta/Schieland Ziekenhuis-Matrice*, zaaknr. 1437)). Betaaldvoetbalorganisaties die voetbalwedstrijden organiseren zijn door ACM aangemerkt als een onderneming (Besluit ACM 19 november 2002 (*Eredivisie NV*, gevoegde zaken 18 en 1162)). De exploitatie van gemeentelijke parkeergarages is eveneens een ondernemingsactiviteit (Besluit ACM 26 februari 2017 (*Gem. Veenendaal*)). Het handelen van het Landelijk Meldpunt van de politie werd niet als ondernemingshandelen aangemerkt (Rb. Rotterdam 12 januari 2009, *LJN* BG9880 (*Alarm Centrale Nederland/ACM*)). Salarisadministratiediensten van SVB vormen evenmin een economische activiteit (Besluit ACM 3 december 2018 (*SVB*)). **h. Moeder-dochterverhouding.** Indien een moederonderneming met haar dochteronderneming een economische eenheid vormt, waarbinnen de dochter over geen werkelijke autonomie beschikt om haar gedrag op de markt te bepalen, worden zij aangemerkt als één onderneming (HvJ EG 10 september 2009, ECLI:EU:C:2009:536 (*Akzo*)). Afspraken en onderling afgestemde feitelijke gedragingen tussen een dergelijke moederonderneming en haar dochter ontsnappen aan het mededingingsverbod (GvEA EG 12 januari 1995, T-102/92, *Jur.* 1995, p. II-17 (*Viho*)). Indien een moedermaatschappij (vrijwel) 100% van het kapitaal bezit van haar dochteronderneming die een inbreuk op de mededingingsregels heeft gepleegd kon zij beslissende invloed op het gedrag van deze dochteronderneming uitoefenen en bestaat er in dat geval een weerlegbaar vermoeden dat die moedermaatschappij ook daadwerkelijk dergelijke invloed heeft uitgeoefend en derhalve, tezamen met haar dochteronderneming één onderneming vormt. De Europese Commissie kan de moedermaatschappij vervolgens hoofdelijk aansprakelijk stellen voor de betaling van de aan de dochteronderneming opgelegde geldboete, tenzij de moedermaatschappij afdoende bewijzen overlegt dat haar dochteronderneming zich autonoom gedraagt op de markt (HvJ EU 19 juli 2012, C-628/10 P en C-14/11 P (*Alliance One International*)). Van de Europese Commissie kan niet worden verlangd dat zij, nadat zij heeft aangetoond dat de moedermaatschappij aansprakelijk moet worden gehouden voor de door de dochteronderneming gepleegde inbreuk, het bewijs levert dat geen van de vennootschappen binnen de groep haar marktgedrag zelfstandig bepaalt (HvJ EU 26 november 2013, C-58/12 P, r.o. 57 (*Groupe Gascogne SA*)). Ook bij dochterondernemingen die voor minder dan (vrijwel) 100% in handen zijn van de moeder kan sprake zijn van de situatie dat moeder en dochter één onderneming vormen. In dat geval geldt geen weerlegbaar vermoeden, maar dient door de Europese Commissie te worden bewezen, aan de hand van feitelijk bewijs, dat de moedermaatschappij een beslissende invloed uitoefende op het marktgedrag van de dochter (HvJ EU 12 juni 2012, ECLI:EU:C:2012:356 (*Otis*)). Ook in geval van een *joint venture* waarin twee moedervennootschappen ieder 50% van de aandelen houden, kunnen deze drie entiteiten tezamen één onderneming vormen voor wat betreft toepassing van het kartelverbod, voor zover beide moedermaatschappijen daadwerkelijk beslissend invloed hebben uitgeoefend over de *joint venture*. Dit is volgens het HvJ niet in tegenspraak met de autonomie die ten aanzien van een concentratieve *joint venture* in de zin van art. 3 lid 4 Verordening (EG) 139/2004 wordt verondersteld, omdat zulks niet betekent dat de joint venture ook autonomie kent met betrekking tot het nemen van strategische beslissingen en daarom niet onder beslissende invloed staat van, in de zin van art. 101 VWEU, van haar moedervennootschappen (HvJ EU 26 september 2013, C-172/12 P, ECLI:EU:C:2013:601 (*Dow/DuPont*)). Beslissende invloed kan ook aan de orde zijn bij een minderheidsaandeel van minder dan 50% (HvJ EU 18 januari 2017, ECLI:EU:C:2017:21 (*Toshiba*)). De uitgebreide rechtspraak binnen de EU is gebaseerd op het begrip rechtsgeldige vermoeden van een beslissende invloed. Hierover R. Barents, *SEW* 2017, p. 506-508. Onder het Nederlands recht is een vennootschap in beginsel niet aansprakelijk voor schade veroorzaakt door een andere vennootschap, ook niet indien deze twee vennootschappen tot hetzelfde concern behoren (Rb. Midden-Nederland 20 juli 2016, ECLI:NL:RBMNE:2016:4284 (*EWD*)). Echter: nu het HvJ EU heeft geoordeeld dat de kwestie van de aanwijzing van de entiteit(en) die gehouden is/zijn tot vergoeding van de door een inbreuk op art. 101 VWEU veroorzaakte schade, rechtstreeks wordt geregeld door het Unierecht, almede dat het begrip 'onderneming' een autonoom unierechtelijk begrip is dat in de publieke- en de privaatrechtelijke handhaving van het mededingingsrecht hetzelfde moet worden uitgelegd en centraal staat bij de beoordeling welke entiteit(en) aansprakelijk is/zijn, is voor een beoordeling van de nationaalrechtelijke grondslagen geen plaats meer (Gerechtshof Arnhem-Leeuwarden 26 november 2019, ECLI:NL:GHARL:2019:10165, onder verwijzing naar HvJ EU 14 maart 2019, ECLI:EU:C:2019:204 (*Skanska*)). Zie verder art. 56, aant. 2.

6. Ondernemersvereniging: een ondernemersvereniging in de zin van art. 101 lid 1 van het verdrag. Onder ondernemersvereniging wordt verstaan iedere organisatie die een aantal ondernemingen verenigt. Een ondernemersvereniging kan ook een vereniging van ondernemersverenigingen zijn (Besluit Europese Commissie 7 december 1984 (*Milchförderungsfonds*, zaaknr. IV/28.930)). Voor het bestaan van een ondernemersvereniging is het niet noodzakelijk dat alle leden ondernemers zijn in de zin van art. 1 onderdeel f

Mw (Besluit ACM 21 februari 2002 (*Engelgeer/Nederlandse Orde van Advocaten*, zaaknr. 560)). Een ondernemersvereniging hoeft niet zelf een economische activiteit uit te oefenen om gebonden te zijn aan de mededingingsregels. Zij hoeft niet de juridische vorm van een vereniging aan te nemen en hoeft geen rechtspersoonlijkheid te hebben (MvT, p. 11). Een organisatie die is te karakteriseren als een vereniging van ondernemers kan daarnaast ook zelf als een onderneming optreden. Dit gedrag kan dan onder art. 6 of 24 Mw worden getoetst (Besluit ACM 30 december 1998 (*CVAH e.a./VBA*, zaaknrs. 1028-1030)). In eenzelfde besluit kan de vereniging dan zowel als ondernemersvereniging alsook als onderneming worden gekwalificeerd (Besluit ACM 29 augustus 2002 (*klager/AUV en Aesculaap*, zaaknr. 2422)). Als de overheid zelf de criteria van algemeen belang en de criteria waaraan de regelgeving moet voldoen, vastlegt en bevoegd is corrigerend op te treden, bijvoorbeeld door middel van een vernietigingsbevoegdheid, is er geen sprake van een ondernemersvereniging (HvJ EG 19 februari 2002, 309/99, *Jur.* 2002, p. I-1577, r.o. 68 (*Wouters*)). Een beroepsorganisatie die als rechtsvorm een publiekrechtelijk lichaam is, kan afhankelijk van de activiteiten die het ontplooit, worden aangemerkt als een ondernemersvereniging. Zo is de Nederlandse Orde van Advocaten aangemerkt als een ondernemersvereniging (Besluit ACM 21 februari 2002 (*Engelgeer/Nederlandse Orde van Advocaten*, zaaknr. 560)). Een beroepsorganisatie als de nationale orde van geologen gedraagt zich als een ondernemersvereniging in de zin van art. 101 lid 1 VWEU, wanneer zij gedragsregels als die in het hoofdgeding opstelt (HvJ EU 18 juli 2013, C-136/12, r.o. 44-45 (*Consiglio nazionale dei geologi*)). Zie verder art. 6, aant. 3.

7. Onderling afgestemde feitelijke gedragingen: onderling afgestemde feitelijke gedragingen in de zin van art. 101 lid 1 VWEU. a. Uitgangspunt. Een onderling afgestemde feitelijke gedraging houdt een vorm van coördinatie tussen ondernemingen in die, zonder dat het tot een eigenlijke uitdrukkelijke of stilzwijgende overeenkomst komt, de risico's van de onderlinge concurrentie welbewust vervangt door een feitelijke samenwerking (HvJ EG 14 juli 1972, 48/69, *Jur.* 1972, p. 658 (*Kleurstoffen*)). Het doel van de plaatsing van het begrip 'onderling afgestemde feitelijke gedraging' in art. 101 VWEU naast de begrippen 'overeenkomst' en 'besluit van een ondernemersvereniging' is om verschillende vormen van samenspanning tussen ondernemingen te omvatten die uit subjectief oogpunt van dezelfde aard zijn en alleen verschillen in intensiteit en in de vorm waarin zij zich manifesteren (HvJ EU 22 oktober 2015, C-194/14 P (*AC-Treuhand*)). De criteria coördinatie en samenwerking, die voorwaarden zijn voor onderling afgestemde feitelijke gedragingen, dienen te worden verstaan in het licht van de grondgedachte van de mededingingsvoorschriften van het Verdrag, die inhoudt dat iedere ondernemer zelfstandig moet bepalen welk beleid hij op de gemeenschappelijke markt zal voeren. Deze eis van zelfstandigheid sluit niet uit dat een onderneming zijn beleid zo goed mogelijk aan het vastgestelde of te verwachten gedrag van zijn concurrenten mag aanpassen, maar staat wel onverbiddelijk in de weg aan ieder al dan niet rechtstreeks contact tussen ondernemingen waardoor het marktgedrag van een bestaande of mogelijke concurrent wordt beïnvloed of deze wordt geïnformeerd over beslissingen of afwegingen wat het eigen marktgedrag betreft, wanneer dit contact tot doel of ten gevolge heeft dat mededingingsvoorwaarden ontstaan die niet met de normale voorwaarden van die markt overeenkomen (HvJ EG 4 juni 2009, C-8/08, ECLI:EU:C:2009:343 (*T-Mobile Netherlands*); zie ook HvJ EU 5 december 2013, C-455/11P (*Solvay SA*); Gerecht EU 27 juni 2012, T-448/07 (*YKK*) en 12 april 2013, T-442/08 (*CISAC*)). Ook bij gebreke van een sanctiemechanisme kan sprake zijn van een onderling afgestemde gedraging (Besluit ACM 21 april 2004 (*Fietsfabrikanten*, zaaknr. 1615)). Zie ook Besluit ACM 21 april 2004 (*Fietsfabrikanten*, zaaknr. 1615); Besluit ACM 19 maart 2003 (*OSB*, zaaknr. 2021), Besluit ACM 14 september 2021 (*Samsung*, zaaknr. ACM/20/040569) en Besluit ACM 30 december 2002 (*Mobiele Operators*, zaaknr. 2658). Dit laatste besluit werd vernietigd door Rb. Rotterdam 13 juli 2006, *LJN* AY4035, voor zover dat betrekking heeft op Telfort en Orange, omdat verweerder niet (voldoende) heeft aangetoond dat zij deel hebben genomen aan een onderling afgestemde feitelijke gedraging en derhalve art. 6 Mw en art. 101 VWEU hebben overtreden. **b. Parallel marktgedrag.** Parallel gedrag mag op zichzelf niet met onderling afgestemd feitelijk gedrag worden gelijkgesteld, maar kan daar wel een aanwijzing voor zijn (MvT, p. 11). Bij afwezigheid van direct bewijsmateriaal moet worden nagegaan of dit parallel gedrag niet anders, bijvoorbeeld door de specifieke omstandigheden van de desbetreffende markt kan worden verklaard (HvJ EG 31 maart 1993, C-9/85, *Jur.* 1993, p. I-1307 (*Houtslijp II*)). **c. Causaal verband tussen afstemming en marktgedrag.** Voor onderling afgestemd feitelijk gedrag dient behalve afstemming tussen de concurrenten en een daarop gebaseerd marktgedrag, ook een oorzakelijk verband tussen beide te bestaan. Behoudens door de betrokken ondernemingen te leveren tegenbewijs moet worden vermoed dat de ondernemingen die aan de afstemming deelnemen en op de markt actief blijven, bij de bepaling van hun gedrag op deze markt rekening houden met de informatie die zij met hun concurrenten hebben uitgewisseld. Dit geldt te meer wanneer de afstemming gedurende een lange periode en met een zekere regelmaat plaatsvindt (HvJ EG 4 juni 2009, C-8/08, ECLI:EU:C:2009:343 (*T-Mobile Netherlands*)). Dit bewijsvermoeden vloeit volgens het Hof voort uit art. 101 lid 1 VWEU en maakt bijgevolg onlosmakelijk deel uit van het Unierecht, dat door de nationale rechter moet worden toegepast. Vanwege deze materieelrechtelijke aard valt dit bewijsvermoeden niet binnen het domein van procedurele autonomie van lidstaten. Daarentegen vloeit het antwoord op de vraag of de loutere verzending van een mededeling afdoende kan bewijzen dat de ontvangers ervan op de hoogte waren of noodzakelijkerwijs moesten zijn van de inhoud van die mededeling niet voort uit het begrip 'onderling afgestemde feitelijke gedraging' en is het daar evenmin intrinsiek mee verbonden. Die vraag moet immers worden geacht betrekking te hebben op de beoordeling van de bewijzen en de bewijsstandaard, zodat zij krachtens het beginsel van procedurele autonomie en onder voorbehoud van het gelijkwaardigheids- en het doeltreffendheidsbeginsel een zaak van het nationale recht is (HvJ EU 21 januari 2016, C-74/14, ECLI:EU:C:2016:42 (*E-turas*)). **d. Weerleggen van vermoeden.** Een onderneming kan het vermoeden van haar deelname aan een onderling afgestemde feitelijke gedraging weerleggen door aan te tonen dat zij zich publiekelijk heeft gedistantieerd van die gedraging of dat het die gedraging bij de autoriteiten heeft aangegeven. In gevallen waarin geen sprake is van een heimelijke bijeenkomst zijn dergelijke publieke distantiëring of aangifte niet de enige middelen om dit vermoeden te weerleggen, maar kunnen daartoe ook andere bewijzen worden aangevoerd. In een geval waarin de afstemming plaatsvindt via een platform voor reisbureaus beheerd door een derde, de beheerder van platform, kan niet worden gevergd dat het reisbureau dat de bedoeling heeft om zich te distantiëren, een verklaring aflegt ten overstaan van alle concurrenten die de in het hoofdgeding aan de orde zijnde mededeling hebben ontvangen, aangezien dat bureau feitelijk niet in staat is om die ontvangers te kennen. In die situatie kan de verwijzende rechter aannemen dat een aan de beheerder van het platform gestuurd duidelijk en uitdrukkelijk bezwaar het mogelijk kan maken om dat vermoeden te weerleggen (HvJ EU 21 januari 2016, C-74/14, ECLI:EU:C:2016:42 (*E-turas*)). Een onderneming die gebruikmaakt van diensten kan ook aansprakelijk worden gesteld voor een litigieuze onderling afgestemde feitelijke gedraging indien zij redelijkerwijs kon voorzien dat de dienstverrichter op wie zij een beroep doet, haar commerciële informatie met haar concurrenten zou delen en zij bereid was het risico ervan te aanvaarden (HvJ EU 21 juli 2016, C-542/14, ECLI:EU:C:2016:578 (*VM Remonts*)). Zie ook art. 6, aant. 4 onderdeel d.

8. Economische machtspositie. a. Algemeen. Een economische machtspositie is een positie van een of meer ondernemingen die hen in staat stelt de instandhouding van een daadwerkelijke mededinging op de Nederlandse markt of een deel daarvan te verhinderen door hun de mogelijkheid te geven zich in belangrijke mate onafhankelijk van hun concurrenten, hun leveranciers, hun afnemers of de eindgebruikers te gedragen. Deze definitie is ontleend aan jurisprudentie van het HvJ EG (HvJ EG 14 februari 1978, 27/76, *Jur.* 1978, p. 274-275 (*United Brands*); HvJ EG 13 februari 1979, 85/76, *Jur.* 1979, p. 461 (*Hoffmann-La Roche*); HvJ EG 9 november 1983, 322/81, *Jur.* 1983, p. 3515 e.v. (*Michelin*)). Het begrip 'economische machtspositie' speelt een rol bij hoofdstuk 4 (Misbruik van economische machtsposities) en hoofdstuk 5 (Concentratietoezicht). Op diverse plaatsen in de parlementaire geschiedenis van de wet (bijvoorbeeld MvT, p. 10, p. 57, en — specifiek ten aanzien van het verbod van misbruik van economische machtspositie — p. 71) gaat de wetgever ervan uit dat de (uitleg van de) cruciale verbodsbepalingen van de wet de ontwikkelingen van het EU-recht moet(en) volgen. De Raad van State heeft in zijn advies (*Kamerstukken II* 24707 A) het standpunt ingenomen dat alsdan in de wet, bij de begripsbepalingen, een koppeling met het Verdrag moet worden gemaakt. Op advies van de Raad is vervolgens een definitie, met verwijzing naar het verdrag, opgenomen van de begrippen 'onderneming' en 'onderling afgestemde feitelijke gedragingen' (art. 1 onderdeel f en h) om zulks te reflecteren. Een dergelijke verwijzing is niet opgenomen bij de onderhavige definitie. Desalniettemin moet worden aangenomen dat de EU-jurisprudentie en de EU-beschikkingen- en -beleidspraktijk met betrekking tot het begrip economische machtspositie moeten worden gevolgd. **b. Positie die de mogelijkheid geeft van in belangrijke mate onafhankelijk marktgedrag.** Het begrip economische machtspositie omvat meer dan alleen monopolieposities. De ultieme toets voor de vraag of een economische machtspositie bestaat, ligt in de mate waarin een onderneming zelfstandig haar marktgedrag kan bepalen, zonder zich daarbij te laten leiden door hoe (potentiële) concurrenten of andere relevante partijen, als afnemers, leveranciers en eindgebruikers, zich gedragen (HvJ EG 14 februari 1978, 27/76, *Jur.* 1978, par. 65 (*United Brands*); Mededeling van de Europese Commissie: Richtsnoeren betreffende de handhavingsprioriteiten van de Commissie bij de toepassing van artikel 82 EG-Verdrag op onrechtmatig uitsluitingsgedrag door ondernemingen met een machtspositie; *PbEG* 2009, C45, nr. 10-22; opgenomen in het onderdeel Bijlagen). Voldoende is dat een onderneming de mogelijkheid heeft om zich bij haar marktgedrag in belangrijke mate onafhankelijk te gedragen; in het kader van de definitie van economische machtspositie is het niet nodig dat de onderneming zich ook daadwerkelijk zo gedraagt. Er hoeft geen sprake te zijn van een volledig onafhankelijk marktgedrag. Niet is noodzakelijk dat een onderneming elke mogelijkheid van concurrentie heeft uitgeschakeld (HvJ EG 14 februari 1978, 27/76, ECLI:EU:C:1978:22 (*United Brands*)). Het bestaan van mededinging, hoe levendig ook, op een bepaalde markt sluit het bestaan van een machtspositie op die markt niet uit (Gerecht 30 januari 2007,

T-340/03, ECLI:EU:T:2007:22 (*France Télécom*)). Voor het antwoord op de vraag of op een relevante markt sprake is van een economische machtspositie zijn de marktstructuur, en meer in het bijzonder, de betrokken marktaandelen van belang (MvT, p. 24). **c. Marktaandelen.** Indien het marktaandeel van een onderneming 50% of meer bedraagt is er, behalve door de onderneming te bewijzen uitzonderingen, in beginsel sprake van een economische machtspositie (HvJ EG 3 juli 1991, C-62/86, *Jur.* 1991, p. I-3359 (*AKZO Chemie*); Besluit ACM 22 januari 1998 (*Telegraaf-NOS-HMG*, zaaknr. 1)). Bij grotere marktaandelen wordt het in toenemende mate moeilijk om de uitzondering te bewijzen (GvEA EG 12 december 1991, T-30/89, *Jur.* 1992, p. II-1439 *(Hilti)*; GvEA EG 6 oktober 1994, T-83/91, *Jur.* 1994, p. II-755 (*Tetra Pak*); Besluit ACM 11 augustus 1998 (*Edipress/Audax*, zaaknr. 803); Besluit ACM 22 januari 1998 (*Telegraaf-NOS-HMG*, zaaknr. 1)). Een klein marktaandeel sluit een economische machtspositie in beginsel uit (HvJ EG 25 oktober 1977, 26/76, ECLI:EU:C:1977:167 (*Metro SB-Grossmärkte*); Besluit ACM 28 augustus 1998 (*ECN/KEMA*, zaaknr. 890)). Het enkele feit dat een onderneming, in verhouding tot haar (wat dat betreft dichtstbijzijnde) concurrenten, een ruim driemaal zo groot marktaandeel heeft, leidt nog niet zonder meer tot de conclusie dat sprake is van een economische machtspositie (Besluit ACM 9 oktober 1998 (*ABN AMRO Lease/KPN Autolease*, zaaknr. 1055)). In een dynamische context vormen grote marktaandelen niet noodzakelijkerwijs een aanwijzing van marktmacht. Dat is het geval in een recente sector in volle expansie die door korte innovatiecycli wordt gekenmerkt en waarin grote marktaandelen vluchtig kunnen blijken te zijn (Gerecht 11 december 2013, T-79/12, ECLI:EU:T:2013:635 (*Cisco Systems*)). **d. Andere factoren dan marktaandelen.** Andere factoren dan marktaandeel die relevant zijn voor de beoordeling zijn onder meer de verhouding tussen het marktaandeel van de desbetreffende onderneming en die van haar concurrenten, het bestaan van toetredingsbarrières en kopersmacht (Besluit Europese Commissie 18 juli 2018 (*Google Android*, zaaknr. AT.4009)). Ook is van belang de structuur van de onderneming zelf (bijvoorbeeld de mate van verticale integratie binnen de groep waartoe de onderneming behoort) en de mate waarin zij een concurrentievoorsprong heeft door bijvoorbeeld technologische voorsprong en financiële reserves, vrije productiecapaciteit, toegang tot bepaalde voorzieningen en grondstoffen, en/of het beschikken over absolute of exclusieve rechten. Voorts kan het gedrag van de onderneming, bijvoorbeeld het toepassen van (in verhouding tot andere marktpartijen) zeer hoge of zeer lage prijzen, wijzen op het bestaan van een economische machtspositie (MvT, p. 24). Het moet dan gaan om gedrag dat bij een werkzame mededinging niet voor zou kunnen komen. Het feit dat diensten gratis zijn is een relevante factor voor de beoordeling van de marktmacht, evenals technische of economische beperkingen die gebruikers verhinderen van leverancier te veranderen (Besluit Europese Commissie 18 juli 2018 (*Google Android*, zaaknr. AT.4009); Gerecht 11 december 2013, T-79/12, ECLI:EU:T:2013:635 (*Cisco Systems*)). Op zichzelf zijn de grootte van een onderneming en haar financiële resultaten geen, en zeker geen doorslaggevende, aanwijzingen voor het aannemen van een economische machtspositie (HvJ EG 13 februari 1979, 85/76, *Jur.* 1979, p. 461 (*Hoffmann-La Roche*)). **e. Relevante markt.** Om te bepalen of sprake is van een economische machtspositie moet de relevante markt worden afgebakend (HvJ EG 13 februari 1979, 85/76, *Jur.* 1979, p. 461 (*Hoffmann-La Roche*); zie ook Mededingingswet, Inleidende opmerkingen, aant. 10). Hoe beperkter de relevante markt wordt gedefinieerd, des te eerder kan er van een economische machtspositie op die markt worden gesproken. Het gaat daarbij om een primair economische analyse van de twee dimensies die de marktomvang bepalen: de relevante productmarkt en de relevante geografische markt. De relevante productmarkt omvat in beginsel alle producten en/of diensten die op grond van hun kenmerken, hun prijzen en het gebruik waarvoor zij zijn bestemd, door de consumenten als onderling verwisselbaar of substitueerbaar worden beschouwd (Bekendmaking relevante markt, *PbEG* 1997, C372/03, nr. 7; opgenomen in het onderdeel Bijlagen). Daarbij kan een rol spelen de mate waarin de desbetreffende producten en/of diensten in een constante behoefte voorzien; bij bijvoorbeeld kortlopende 'rages' wordt dus niet snel een economische machtspositie aangenomen (HvJ EG 14 februari 1978, 27/76, *Jur.* 1978, p. 274-275 (*United Brands*)). De relevante geografische markt is het gebied waarbinnen de betrokken ondernemingen een rol spelen in de vraag naar en het aanbod van goederen of diensten, waarbinnen de concurrentieverhoudingen voldoende homogeen zijn en dat van aangrenzende gebieden kan worden onderscheiden doordat daar duidelijk afwijkende concurrentievoorwaarden heersen (*PbEG* 1997, C372, nr. 8). Zeer wel denkbaar is dat een relevante geografische markt beperkt dient te worden tot een bepaald gedeelte van Nederland, bijvoorbeeld op grond van de relevante economische feiten (Besluit ACM 23 december 1998 (*Friesland Coberco Dairy Foods B.V./Zuivelfabriek De Kievit B.V.*, zaaknr. 1132)) of regelgevings- of beleidsverschillen tussen provincies (Besluit ACM 28 oktober 1998 (*PNEM-MEGA Groep N.V./Van Gansewinkel Groep B.V.*, zaaknr. 1004)). Er is geen reden bij de toetsing van overeenkomsten een andere afbakening van de relevante geografische markt te volgen dan die welke is gevolgd voor het concentratietoezicht (HR 18 december 2009, *LJN* BJ9439 (*Prisma*)). Het is denkbaar dat de relevante geografische markt groter is dan Nederland (zie bijvoorbeeld Besluit ACM 28 augustus 1998 (*ECN/KEMA*, zaaknr. 890)). De Commissie hanteert als praktisch criterium voor de bepaling van de relevante markten, of afnemers als gevolg van een hypothetische, geringe (tussen 5 en 10%) duurzame prijsverhoging van de desbetreffende producten en in de betrokken gebieden, zouden overschakelen op gemakkelijk verkrijgbare vervangende producten of op leveranciers die elders zijn gevestigd. Zie de Bekendmaking relevante markt (opgenomen in het onderdeel Bijlagen in deze uitgave) en HvJ EG 2 maart 1994, C-53/92 P, *Jur.* 1994, I-693 (*Hilti*). Bij de bepaling van de relevante productmarkt en relevante geografische markt gaat het om de markt ten tijde van het (vermeende) misbruik van de economische machtspositie (HvJ EG 16 december 1975, 40-48, 50, 54-56, 111, 113-114/73, *Jur.* 1975, p. 2004 (*Suikerunie*)). **f. Collectieve economische machtspositie.** Een economische machtspositie kan ook worden gehouden door twee of meer ondernemingen tezamen. Dan is een collectieve economische machtspositie aan de orde (HvJ EG 27 april 1994, C-392/92, *Jur.* 1994, p. I-1477 (*Almelo/IJsselmij*); C-68/94 en C-30/95, *Jur.* 1998, p. I-1375 (*Kali und Salz*); GvEA EG 6 juni 2002, T-342/99, *Jur.* 2002, p. II-2585 (*Airtours*)). De onafhankelijkheid van de betrokken economische eenheden volstaat niet om uit te sluiten dat zij een collectieve machtspositie kunnen innemen. Van belang is of de betrokken ondernemingen in staat zijn op de markt dezelfde gedragslijn te volgen (GvEA EG 7 oktober 1999, T-228/97 (*Irish sugar*)). Dat kan aan de orde zijn indien aan drie voorwaarden, welke in onderlinge samenhang moeten worden beoordeeld, is voldaan: a. de markt moet voldoende transparant zijn; b. de betreffende ondernemingen moeten voldoende geprikkeld worden om een stilzwijgende afgestemde gemeenschappelijke gedragslijn na te leven; en c. er moet een effectief mechanisme zijn voor afschrikking of vergelding bij niet-naleving van de gemeenschappelijke gedragslijn (GvEA EG 6 juni 2002, T-342/99, *Jur.* 2002, p. II-2585 (*Airtours*); HvJ EG 10 juli 2008, C-413/06 P, Bertelsman (*Impala*); zie ook Gerecht EU 24 november 2011, T-296/09 (*European Federation of Ink*); Hoger beroep HvJ EU 19 september 2013, C-56/12

P). In beginsel moet het gaan om een combinatie van (bijvoorbeeld) parallel marktgedrag met overige gedragingen (HvJ EG 16 december 1975, 40-48, 50, 54-56, 111, 113-114/73, *Jur.* 1975, p. 2004 (*Suikerunie*); HvJ EG 31 maart 1998, C-68/94 en C-30/95, *Jur.* 1998, p. I-1375 (*Kali und Salz*)). De voor een collectieve machtspositie vereiste economische banden worden aanwezig geacht in een geval waarin een sterke onderlinge afhankelijkheid tussen oligopolisten bestaat en zij, gezien de eigenschappen van de markt, in staat zijn elkaars marktgedrag te voorspellen (GvEA EG 25 maart 1999, T-102/96 (*Gencor*)). Dat kan bijvoorbeeld het geval zijn indien twee of meer onafhankelijke ondernemingen tezamen door middel van een overeenkomst (bijvoorbeeld een licentieverhouding) over technologische middelen beschikken of anderszins afspraken maken die hen in staat stellen zich jegens hun concurrenten, hun afnemers en consumenten in belangrijke mate onafhankelijk te gedragen (MvT, p. 25); Commissie 1 april 1992, *PbEG* L 134/1 van 18 mei 1992 (*Frans-Westafrikaanse rederscomités*); Commissie 23 december 1992, *PbEG* L 34/20 van 10 februari 1993 (*CEWAL, COWAC en UKWAL*); Commissie 14 mei 1997, *PbEG* L 258/1 van 22 september 1997 (*Irish Sugar*), en GvEA EG 10 maart 1992, T-68/89 (*SIV e.a./Commissie*), *Jur.* 1992, p. II-1403 (*Vlakglas*). **g. De Nederlandse markt of een deel daarvan.** Een machtspositie valt binnen de toepassingssfeer van de Mw indien deze de Nederlandse markt of een deel daarvan bestrijkt. Anders dan in het Europese recht is het niet nodig dat het gaat om een wezenlijk deel van deze markt. De bagatelbepaling van art. 7 geldt niet voor economische machtsposities. Indien eenmaal is vastgesteld dat een onderneming op een relevante markt een economische machtspositie inneemt, kan eventueel misbruik steeds onder de wet getoetst worden. Onder het concentratietoezicht geldt evenmin een geografische ondergrens. Ook als de betreffende markt ruimer is, sluit dat optreden door ACM of de rechter niet uit. In zo'n geval zijn ACM en de rechter bevoegd op grond van de rechtstreekse werking van art. 101 en 102 VWEU alsmede art. 3 lid 1 Verordening (EG) 1/2003 (Besluit ACM 11 maart 2003 (*Garnalen*, zaaknr. 2269)). Zie over de verhouding van de Mw tot het Europese recht Mededingingswet, Inleidende opmerkingen, aant. 6. **h. Instandhouding van daadwerkelijke mededinging.** Het gaat bij de economische machtspositie, net als bij het kartelverbod van art. 6 Mw, om de instandhouding van een daadwerkelijke mededinging. Zie art. 24, aant. 2. Op die wijze kan ervoor worden zorggedragen dat de goederen- en dienstenmarkten 'dynamisch zijn en scherp reageren op (internationale) ontwikkelingen' (MvT, par. 2.1).

9. Verordening (EG) 1/2003. Op 1 mei 2004 is Verordening (EG) 1/2003 (*PbEG* 2003, L 1/1; opgenomen in het onderdeel Bijlagen) in werking getreden die regels vaststelt inzake uitvoering van art. 101 en 102 VWEU. Deze verordening vervangt Verordening (EEG) 17/62 (*PbEG* 1962, 13/204). De op grond van Verordening (EEG) 17/62 gewezen jurisprudentie blijft en belang. Om de administratieve lasten van de ondernemingen en de werklast van de Europese Commissie te verlichten en de Commissie in staat te stellen zich meer te richten op de opsporing en vervolging van zware overtredingen van de EU-mededingingsregels, is in plaats van een ontheffingensysteem bij de toepassing van de uitzonderingen van art. 101 lid 3 VWEU, gekozen voor een systeem waarbij de uitzonderingen genoemd in art. 101 lid 3 VWEU, rechtstreeks werken. Dit is het zogenaamde systeem van de wettelijke uitzondering. Hierdoor verviel de exclusieve bevoegdheid van de Commissie om te beoordelen of de uitzondering van art. 101 lid 3 VWEU in een specifiek geval van toepassing is. Deze bevoegdheid is 'gedecentraliseerd' en komt nu tevens toe aan nationale rechters, arbiters en de nationale mededingingsautoriteiten.

Mededingingswet, Hfdst. 1

Dit systeem is ook in de Mw gevolgd. Zie art. 6 Mw, aant. 10 en 11. Daarnaast is een vergaande samenwerking tussen de Commissie en de nationale mededingingsautoriteiten van de lidstaten voorzien in art. 11 Verordening (EG) 1/2003. Voorts is een netwerk van Europese mededingingsautoriteiten geïntroduceerd. Ook introduceert de verordening vormen van samenwerking tussen de nationale mededingingsautoriteiten en de Commissie enerzijds en nationale rechterlijke instanties anderzijds. De Commissie heeft in art. 9 Verordening (EG) 1/2003 de bevoegdheid gekregen om toezeggingen, dit zijn maatregelen om een eventuele inbreuk op art. 101 of art. 102 VWEU te beëindigen, van ondernemingen te accepteren om zo de voortzetting van een formele procedure wegens overtreding van art. 101 of art. 102 VWEU te vermijden. Daarnaast zijn de toezichts- en onderzoeksbevoegdheden van de Commissie uitgebreid en zijn de sanctiemogelijkheden bij niet-medewerking verzwaard.

10. Verordening (EG) 139/2004. Op 1 mei 2004 is Verordening (EG) 139/2004 betreffende de controle op concentraties van ondernemingen (*PbEU* 2004, L 24/1; opgenomen in het onderdeel Bijlagen), ook bekend als de concentratieverordening (of 'CoVo') in werking getreden. Deze vervangt Verordening (EEG) 4064/89. Verordening (EG) 139/2004 dient, evenals haar voorgangster, om de vrije mededinging op de Europese markten te waarborgen door een systeem van toezicht vooraf op concentraties van ondernemingen.

11. Mededingingsverordening. Op grond van art. 1 onderdeel m Mw wordt hiermee zowel op Verordening (EG) 1/2003 als op de EG-concentratieverordening gedoeld (zie art. 1, aant. 9 en 10). Bij verwijzing naar een verordening wordt in deze uitgave steeds expliciet aangegeven welke EU-verordening bedoeld wordt.

HOOFDSTUK 2
De Autoriteit Consument en Markt

Artikel 2
De Autoriteit Consument en Markt is belast met het toezicht op de naleving van het bij of krachtens deze wet bepaalde.
[25-06-2014, Stb. 247, i.w.tr. 01-08-2014/kamerstukken 33622]

[Taakomschrijving ACM]

Betekenis. Dit artikel is de algemene bepaling omtrent de taken en bevoegdheden van ACM. De specifieke taken en bevoegdheden worden in de desbetreffende wetten geregeld. ACM kan geen andere wetten handhaven dan die wetten waarin uitdrukkelijk wordt bepaald dat ACM deze dient te handhaven (de gesloten huishouding van een ZBO). De taakomschrijving van ACM is breed: zij verricht de werkzaamheden nodig voor het uitvoeren van de wet. Daarbij gaat het om toezicht en onderzoek aan de ene kant en de bestuursrechtelijke handhavings- en toetsingsprocedures aan de andere. ACM is belast met de uitvoering van de Mededingingswet en voor zover bepaald de Wet oneerlijke handelspraktijken landbouw- en voedselvoorzieningsketen, de Elektriciteitswet 1998, de Gaswet, de Warmtewet, de Wet uitvoering EU-handelingen energie-efficiëntie, de Wet windenergie op zee, de Uitvoeringswet EU-zeehavenverordening, de Wet personenvervoer 2000, de Spoorwegwet, de Wet luchtvaart, de Loodsenwet, de Wet onafhankelijk netbeheer, de Scheepvaartverkeerswet, de Wet op het financieel toezicht, Telecommunicatiewet, de Postwet 2009, de Wet handhaving consumentenbescherming en de Dienstenwet. Daarnaast is ACM belast met de uitvoering van de Wet telecommunicatievoorzieningen BES, de Wet post BES en de Wet elektriciteit en drinkwater BES.

Artikel 3
1. Onze Minister kan de Autoriteit Consument en Markt opdragen werkzaamheden te verrichten in het kader van de uitvoering van regelgeving op het gebied van de mededinging op grond van het Verdrag, voor zover daarin niet reeds bij of krachtens de wet is voorzien, alsmede werkzaamheden op het gebied van de mededinging in verband met andere verdragen of internationale afspraken.
2. Onze Minister kan de Autoriteit Consument en Markt instructies geven met betrekking tot het verrichten van de in het eerste lid bedoelde werkzaamheden, alsmede met betrekking tot het door de Autoriteit Consument en Markt in te nemen standpunt in een adviescomité als bedoeld in artikel 14, tweede lid, van verordening 1/2003 en artikel 19, vierde lid, van verordening 139/2004, met dien verstande dat een instructie inzake een standpunt in een adviescomité geen betrekking heeft op de mededingingsaspecten van een individueel geval.
[25-06-2014, Stb. 247, i.w.tr. 01-08-2014/kamerstukken 33622]

Artikel 4
1. Onze Minister kan, al dan niet op verzoek van een van Onze andere Ministers, de Autoriteit Consument en Markt opdragen een rapportage uit te brengen inzake de effecten voor de mededinging van voorgenomen of geldende regelgeving of van een voorgenomen of een geldend besluit.

2. Het uitbrengen van een rapportage aan een van Onze andere Ministers geschiedt door tussenkomst van Onze Minister.
3. Op verzoek van een of beide Kamers van de Staten-Generaal brengt de Autoriteit Consument en Markt met tussenkomst van Onze Minister een rapportage uit aan de beide Kamers der Staten-Generaal. Onze Minister zendt de rapportage onverwijld naar de beide Kamers der Staten-Generaal. Onze Minister kan de rapportage doen vergezellen van zijn bevindingen.
[25-06-2014, Stb. 247, i.w.tr. 01-08-2014/kamerstukken 33622]

Artikel 5
Beleidsregels met betrekking tot de uitoefening van de in deze wet aan de Autoriteit Consument en Markt toegekende bevoegdheden kunnen betrekking hebben of mede betrekking hebben op de wijze waarop de Autoriteit Consument en Markt bij toepassing van artikel 6, derde lid, andere belangen dan economische belangen in zijn afweging moet betrekken.
[25-06-2014, Stb. 247, i.w.tr. 01-08-2014/kamerstukken 33622]

Artikel 5a
(Vervallen.)
[11-11-2020, Stb. 9, i.w.tr. 18-02-2021/kamerstukken 35467]

HOOFDSTUK 3
Mededingingsafspraken

[Inleidende opmerkingen]

1. Algemeen. Hoofdstuk 3 bevat het verbod van mededingingsbeperkende afspraken tussen ondernemingen. Bij de formulering van dit verbod in art. 6 lid 1 is aangesloten bij art. 101 lid 1 VWEU. Deze verboden worden ook wel aangeduid als het kartelverbod. In dit hoofdstuk zijn tevens diverse wettelijke uitzonderingen op en vrijstellingen van het kartelverbod neergelegd. Wat betreft de wettelijke uitzonderingen is daar in de eerste plaats de 'bagatelvoorziening' van art. 7 Mw. Daarnaast bestaat op grond van art. 6 lid 3 Mw een wettelijke uitzondering indien cumulatief voldaan wordt aan alle in art. 6 lid 3 Mw genoemde voorwaarden (zie art. 6, aant. 12). Ook geldt een uitzondering voor zogenoemde 'nevenrestricties' (art. 10). Ten slotte geldt op grond van art. 11 een geclausuleerde uitzondering voor ondernemingen belast met het beheer van diensten van algemeen economisch belang. Als vrijstellingen gelden de in art. 12, 13, 14 en 16 van het verbod van art. 6 lid 1 ontheven categorieën overeenkomsten. Wettelijke uitzonderingen en vrijstellingen hebben in de praktijk dezelfde functie en betekenis. Categorale vrijstellingen op grond van art. 13 kunnen in een individueel geval worden ingetrokken door ACM, zodat art. 6 lid 1 daarop alsnog van toepassing wordt. Op grond van art. 15 kunnen door de Minister bij algemene maatregel van bestuur aanvullende vrijstellingen worden ingevoerd.

2. Systematiek van beoordeling van een besluit, overeenkomst of gedraging. a. Categorale uitzonderingen en vrijstellingen. Indien een besluit, overeenkomst of onderling afgestemde feitelijke gedraging valt in een categorie van afspraken die expliciet door de wet of uitvoeringsmaatregelen van het kartelverbod zijn vrijgesteld, is zij naar Nederlands recht toegestaan (behoudens de mogelijkheid van toepassing van art. 15). Overeenkomsten die voldoen aan de eisen van de betreffende groepsvrijstelling zijn rechtsgeldig. De conformiteit van overeenkomsten met de groepsvrijstelling staat ter toetsing aan de rechter en ACM (HvJ EG 28 februari 1991, C-234/89, *Jur.* 1991, p. I-935 (*Delimitis*)). De belangrijkste vrijstellingen zijn vermeld bij art. 12 (overeenkomsten die vallen onder een EG-groepsvrijstelling) en art. 13 (doorwerking EG-groepsvrijstelling voor overeenkomsten die de handel tussen lidstaten niet merkbaar kunnen beïnvloeden). Zie daarnaast art. 14 en 16. **b. Bagatel.** Indien een besluit, overeenkomst of onderling afgestemde feitelijke gedraging onder de 'bagatelvoorziening' van art. 7 Mw valt, geldt het verbod van art. 6 lid 1 Mw evenmin (zie art. 7, aant. 2 en 3). Ingevolge art. 9 kan ACM bij beschikking de bagatelvoorziening opzijzetten indien een bepaalde regeling 'gezien de marktverhoudingen op de relevante markt' in aanzienlijke mate afbreuk doet aan de mededinging. Overeenkomsten die niet onder art. 7 vallen, zijn niet automatisch verboden op grond van art. 6 lid 1 Mw. Zie art. 6, aant. 5 en 6 (anders: Rb. Arnhem 19 mei 2004, *LJN* AP3787 (*Van der Sluis/Autobedrijf X VOF*)). **c. Merkbare mededingingsbeperking.** Indien geen vrijstelling of uitzondering in de zin van art. 7, 12, 13, 14 of 16 van toepassing is, dient beoordeeld te worden of het besluit, overeenkomst of onderling afgestemde feitelijke gedraging tot doel of gevolg heeft de mededinging merkbaar te beperken in de zin van art. 6 lid 1 Mw. Indien de betrokken ondernemingen voldoen aan de voorwaarden uit de De Minimis-mededeling van de Europese Commissie zijn de afspraken die zij maken uitgezonderd van art. 101 VWEU (*PbEU* 2014, C 291/01). Deze uitzondering geldt echter niet voor beperkingen naar strekking (zie art. 6, aant. 6). **d. Individuele uitzondering op grond van art. 6 lid 3 Mw/voormalig ontheffingensysteem.** Een niet anderszins vrijgestelde merkbare mededingingsbeperking in de zin van art. 6 lid 1 is alsnog niet verboden indien wordt voldaan aan de cumulatieve voorwaarden voor een individuele uitzondering op grond van art. 6 lid 3. In art. 6 lid 3 Mw zijn dezelfde criteria opgenomen als in de Europese uitzonderingsbepaling art. 101 lid 3 VWEU. Van belang hierbij is dat art. 3 lid 2 Verordening (EG) 1/2003, dat bepaalt dat toepassing van het nationale mededingingsrecht niet mag leiden tot het verbieden van gedragingen die de handel tussen de lidstaten van de Europese Unie ongunstig kunnen beïnvloeden, maar die voldoen aan de voorwaarden van art. 101 lid 3 VWEU. Ondernemingen dienen zelf te beoordelen of de uitzondering geldt. Als gevolg van de inwerkingtreding van Verordening (EG) 1/2003 is de mogelijkheid komen te vervallen een individuele ontheffing te vragen aan ACM. In sommige gevallen geeft ACM nog wel een informele zienswijze. Zie verder art. 6, aant. 11, 12 en 13.

§ 1
Verbod van mededingingsafspraken

Artikel 6
1. Verboden zijn overeenkomsten tussen ondernemingen, besluiten van ondernemersverenigingen en onderling afgestemde feitelijke gedragingen van ondernemingen, die ertoe strekken of ten gevolge hebben dat de mededinging op de Nederlandse markt of een deel daarvan wordt verhinderd, beperkt of vervalst.
2. De krachtens het eerste lid verboden overeenkomsten en besluiten zijn van rechtswege nietig.
3. Het eerste lid geldt niet voor overeenkomsten, besluiten en onderling afgestemde feitelijke gedragingen die bijdragen tot verbetering van de productie of van de distributie of tot bevordering van de technische of economische vooruitgang, mits een billijk aandeel in de daaruit voortvloeiende voordelen de gebruikers ten goede komt, en zonder nochtans aan de betrokken ondernemingen
a. beperkingen op te leggen die voor het bereiken van deze doelstellingen niet onmisbaar zijn, of
b. de mogelijkheid te geven, voor een wezenlijk deel van de betrokken goederen en diensten de mededinging uit te schakelen.
4. Een onderneming of ondernemersvereniging die zich op het derde lid beroept, bewijst dat aan dat lid is voldaan.
[28-06-2007, Stb. 284, i.w.tr. 01-10-2007/kamerstukken 30071]

[Verbod mededingingsafspraken]

1. Algemeen. Art. 6 Mw sluit in zijn geheel aan bij art. 101 VWEU. Het laatste deel van art. 101 lid 1 VWEU, dat bestaat uit voorbeelden van overeenkomsten en gedragingen die gewoonlijk onder het verbod van art. 101 lid 1 VWEU vallen, is niet overgenomen in art. 6 lid 1 Mw. Deze voorbeelden gelden echter naar analogie. Het verbod ziet op mededingingsafspraken ongeacht de verschijningsvorm. Het verbod van het artikel is zowel van toepassing op horizontale als verticale afspraken (MvT, p. 13). Bij de uitleg van art. 6

Mw dient zoveel mogelijk aansluiting te worden gezocht bij de uitleg van (thans) art. 101 VWEU in de rechtspraak van het HvJ EU (HR 14 juli 2017, ECLI:NL:HR:2017:1354 (*Geborgde dierenarts*)). Ten aanzien van het territoriale toepassingsbereik wordt de toepasselijkheid van het verbod mede bepaald door de plaats waar een mededingingsafspraak ten uitvoer wordt gelegd (HvJ EG 27 september 1988, nr. 89, 104, 114, 116, 117, 125-129/85, *Jur.* 1988, p. 5193 (*Houtslijp I*)). Zie ook Mededingingswet, Inleidende opmerkingen, aant. 11.

2. Bewijslast en -maatstaf (lid 1). Op grond van art. 2 van Verordening (EG) nr. 1/2003 geldt dat in alle nationale of Unierechtelijke procedures tot toepassing van art. 101 en 102 VWEU de partij die beweert dat een inbreuk op een van deze artikelen is gepleegd, de bewijslast van die inbreuk dient te dragen. Het is aan de mededingingsautoriteit om nauwkeurig bepaalde en onderling overeenstemmende bewijzen aan te voeren die het bestaan van de overtreding aantonen (CBb 3 juli 2017, ECLI:NL:CBB:2017:204 (*Executieveilingen*)). Het bestaan van een onderling afgestemde feitelijke gedraging of een overeenkomst moet in de meeste gevallen worden afgeleid uit een samenloop van omstandigheden en aanwijzingen die in hun totaliteit beschouwd, bij gebreke van een andere coherente verklaring, het bewijs kunnen leveren dat de mededingingsregels zijn geschonden. Dientengevolge vereist het doeltreffendheidsbeginsel dat het bewijs van een schending van het mededingingsrecht van de Unie niet alleen door middel van rechtstreekse bewijzen kan worden geleverd, maar ook door middel van objectieve en onderling overeenstemmende aanwijzingen (HvJ EU 21 januari 2016, C-74/14, ECLI:EU:C:2016:42 (*E-turas*)). Deelname aan vergaderingen waarin mededingingsbeperkende afspraken worden gemaakt, is, behoudens tegenbewijs, afdoende voor het bewijs van deelname aan die activiteiten (Besluit ACM 21 april 2004 (*Fietsfabrikanten*, zaaknr. 1615) en Besluit ACM 11 maart 2003 (*Garnalen*, zaaknr. 2269); Rb. Rotterdam 20 maart 2014, ECLI:NL:RBROT:2014:2045 (*Zilveruienkartel*)). Met betrekking tot onderling afgestemde feitelijke gedragingen geldt dat ondernemingen die deelnemen aan een afstemming en actief blijven op de markt, worden vermoed, behoudens tegenbewijs, bij de bepaling van hun marktgedrag rekening te houden met de met hun concurrenten uitgewisselde informatie (HvJ EU 4 juni 2009, C-8/08, ECLI:EU:C:2009:343 (*T-Mobile Netherlands*); Besluit ACM 19 maart 2003 (*OSB*, zaaknr. 2021)). Indien een onderneming een beroep doet op het ontbreken van een merkbare beïnvloeding van de mededinging, is het aan deze onderneming om hiervoor het bewijs te leveren (Besluit ACM 30 december 2002 (*Mobiele Operators*, zaaknr. 2658)). In civiele zaken geldt dat degene die zich op het standpunt stelt dat een ander in strijd met het mededingingsrecht handelt, dit dient te onderbouwen met de relevante (economische) feiten en omstandigheden, opdat een voldoende adequaat en gefundeerd (economisch) partijdebat en daaropvolgend rechterlijk oordeel mogelijk worden gemaakt (HR 21 december 2012, ECLI:NL:HR:2012:BX0345 (*IATA*)). Degene die zich beroept op de nietigheidssanctie van art. 6 lid 2 Mw dient tevens te bewijzen dat er sprake is van een merkbare verstoring van de mededinging op de betreffende markt (HR 18 december 2009, *LJN* BJ9439 (*Prisma*), A-G Keus par. 2.5 en met name noot 14 daarbij verwijzend naar HR 16 januari 2009, *NJ* 2009/54, r.o. 3.4). Op grond van art. 161a Rv levert, in een procedure waarin schadevergoeding wordt gevorderd, een onherroepelijk besluit van ACM waarin een inbreuk van art. 6 Mw of art. 24 Mw wordt vastgesteld (en art. 101 respectievelijk art. 102 VWEU wordt toegepast) onweerlegbaar bewijs op van een inbreuk.

3. Vormen van mededingingsafspraken (lid 1). a. Algemeen.

Er zijn drie vormen van mededingingsafspraken: overeenkomsten, onderling afgestemde feitelijke gedragingen en besluiten van ondernemersverenigingen. Hiermee worden verschillende vormen van coördinatie en collusie tussen ondernemingen onder de verbodsbepaling gebracht (HvJ EG 8 juli 1999, C-49/92 P, ECLI:EU:C:1999:356 (*Anic Partecipazioni*)). Het is niet nodig dat de ingestelde vorm van coördinatie en collusie precies wordt gekwalificeerd (HvJ EU 23 november 2006, C-238/05, ECLI:EU:C:2006:734 (*Asnef-Equifax*)). Het is mogelijk dat gedragingen zowel afzonderlijk als gezamenlijk worden gekwalificeerd als overeenkomst of onderling afgestemde feitelijke gedraging (Besluit ACM 25 april 2003 (*Onderhandse aanbesteding door de gemeente Scheemda*), zaaknr. 3055). Een overtreding die aanvangt als een overeenkomst, kan in de loop van de tijd steeds meer karakteristieken gaan vertonen van onderling afgestemd gedrag (Besluit ACM 11 maart 2003 (*Garnalen*), zaaknr. 2269). In Nederlandse jurisprudentie is verder, in navolging van EU-jurisprudentie, geaccepteerd dat een reeks opeenvolgende handelingen of gedragingen, die kan bestaan uit verschillende overeenkomsten en gedragingen die hetzelfde gemeenschappelijke mededingingsbeperkende doel hebben, kan worden aangemerkt als één complexe en voortdurende inbreuk (zie verder hieronder, onderdeel e). **b. Overeenkomsten tussen ondernemingen.** Zie art. 1, aant. 5 en 6. **c. Onderling afgestemde feitelijke gedragingen.** Zie art. 1, aant. 7. **d. Besluiten van ondernemersverenigingen.** Zie voor het begrip 'ondernemersvereniging' art. 1, aant. 6. Besluiten van ondernemersverenigingen kenmerken zich doordat zij zijn gebaseerd op besluiten van organisatorische aard, zoals statuten, huishoudelijke reglementen e.d., en de leden aanzetten tot een gelijkgestemd gedrag. Van een besluit van een ondernemersvereniging kan gesproken worden als het gaat om juridisch bindende beslissingen, beslissingen die niet-bindend zijn, maar wel door de betrokken ondernemingen worden gevolgd en niet-bindende beslissingen die de getrouwe weergave zijn van de wil van de vereniging om het gedrag van de leden te coördineren op de betrokken markt (zie tevens HvJ EU 11 september 2014, zaak C-382/12P, r.o. 76 (*Mastercard*): "de betrokken ondernemingen ... (hebben) hun gedrag door middel van deze besluiten willen coördineren of er minstens mee instemmen dat dit gebeurt, en dat hun gezamenlijke belangen samenvallen met de belangen waarmee bij de vaststelling van deze besluiten rekening wordt gehouden."). Besluiten die strikt juridisch niet verbindend zijn (omdat het aanbevelingen zijn of omdat zij uitgaan van feitelijke verenigingen) maar die door de betrokken ondernemingen worden aanvaard, kunnen derhalve binnen het toepassingsbereik van art. 6 vallen. Een formeel besluit is niet vereist. Van belang is of de ondernemersvereniging of de daarbij aangesloten ondernemingen handelingen verrichten die ertoe strekken of ten gevolge hebben dat de mededinging wordt verhinderd, beperkt of vervalst (Besluit ACM 26 april 2004 (*Nederlands Tandtechnisch Genootschap*, zaaknr. 3310) en Besluit ACM 26 april 2004 (*NIP, LVE, NVP en NVVP*, zaaknr. 3309); het vonnis Rb. Rotterdam 17 juli 2006, *LJN* AY4928 in de laatste zaak behandelde dit punt niet). In de Richtsnoeren Samenwerking Ondernemingen van ACM (opgenomen in het onderdeel Bijlagen in deze uitgave) is door ACM uiteengezet welke besluiten van ondernemersverenigingen onder het verbod van art. 6 Mw vallen. Een ondernemersvereniging mag zijn leden bijstaan, maar mag hierbij de mededinging niet direct of indirect beïnvloeden (Besluit ACM 26 april 2004 (*Nederlands Tandtechnisch Genootschap*, zaaknr. 3310); Besluit ACM 26 april 2004 (*NIP, LVE, NVP en NVVP*, zaaknr. 3309) en Besluit ACM 13 november 2003 (*BOVAG en NCBRM*, zaaknr. 2973)). De eerste twee besluiten werden uiteindelijk door ACM, na uitspraak door het CBb, herroepen

(Besluit ACM 17 maart 2009, zaaknr. 3309/347). Een besluit van een ondernemersvereniging onderscheidt zich formeel van een overeenkomst doordat degenen die door een besluit gebonden zijn niet met de inhoud behoeven te hebben ingestemd (Besluit ACM 27 augustus 1998 (*KNMvD*, zaaknr. 379)). Onder besluit van een ondernemersvereniging valt ook een als vrijblijvend gepresenteerde aanbeveling, indien degenen tot wie deze is gericht te kennen hebben gegeven dat zij die aanbeveling zullen opvolgen, dus als een bindend besluit zullen opvatten (HvJ EG 19 oktober 1980, gevoegde zaken 209-212/78, *Jur.* 1980, p. 3125-3281 (*Fedetab*)). Het is echter voor de kwalificatie van adviezen als besluit niet doorslaggevend in hoeverre de leden van de ondernemersvereniging de adviezen hebben opgevolgd. Het is hierbij niet beslissend of de leden gedwongen zijn de adviezen op te volgen en of dit is gecontroleerd (Besluit ACM 13 november 2003 (*BOVAG en NCBRM*, zaaknr. 2973)). Ook in het geval er geen sprake is van een afdwingbare plicht om een adviestarief op te volgen, is er sprake van een besluit in strijd met art. 6 Mw (Besluit ACM 26 april 2004 (*NIP, LVE, NVP en NVVP*, zaaknr. 3309) en Besluit ACM 29 augustus 2002 (*klager/AUV en Aesculaap*, zaaknr. 2422); het eerste besluit werd vernietigd door de Rb. Rotterdam 17 juli 2006, *LJN* AY4928 omdat ACM niet had bewezen dat de tarieven voldoende kenbaar waren gedurende de gehele periode). Een besluit van een ondernemersvereniging kan ook tot stand zijn gekomen door publicatie door een ondernemersvereniging in een jaarlijkse uitgave van de tarieven en calculatieschema's van een andere vereniging en het toepassen ervan te adviseren (Besluit ACM 29 augustus 2002 (*klager/AUV en Aesculaap*, zaaknr. 2422)). Calculatieschema's, die de mededinging niet beperken als er geen percentages of bedragen zijn opgenomen, beïnvloeden de mededinging niet alleen wanneer de opgenomen percentages of bedragen zien op de totaalprijs, maar ook indien dit tot een deel van de totaalprijs beperkt blijft (Besluit ACM 13 november 2003 (*BOVAG en NCBRM*, zaaknr. 2973)). Een reglement zoals het reglement voor het verkrijgen van opleidingspunten, dat door een beroepsorde zoals de Ordem dos Técnicos Oficiais de Contas is vastgesteld, dient te worden aangemerkt als een besluit van een ondernemingsvereniging in de zin van art. 101 lid 1 VWEU (HvJ EU 28 februari 2013, C-1/12 (*Ordem dos Técnicos Oficiais de Contas*)). Het besluit van brancheveniging FSMI over de verplichte sportkeuring door artsen van deelnemers aan de Alpe d'HuZes-wedstrijd had de strekking het gedrag van haar leden te coördineren (Gerechtshof Arnhem-Leeuwarden 19 april 2016, ECLI:NL:GHARL:2016:3091 (*FSMI-Alpe d'HuZes*)). De modelovereenkomst van de Stichting 'Geborgde Dierenarts' heeft de strekking de mededinging te beperken (Gerechtshof Arnhem-Leeuwarden 8 maart 2016, ECLI:NL:GHARL:2016:1818 (*Geborgde Dierenarts*)). Het doet voor de vraag of er sprake is van een besluit niet ter zake dat de overheid de aanzet ertoe heeft gegeven of dat zij dit besluit achteraf goedkeurt. Een dergelijke overheidsinvloed kan wel van belang zijn bij de vaststelling van de hoogte van de boete (Besluit ACM 11 maart 2003 (*Garnalen*, zaaknr. 2269)). **e. Complexe en voortdurende inbreuk.** Verschillende gedragingen van ondernemingen kunnen tezamen één inbreuk op art. 6 opleveren. Het is mogelijk dat een overtreding van art. 6 of art. 101 VWEU niet alleen voortvloeit uit een op zichzelf staande handeling, maar eveneens uit een reeks handelingen of een voortgezette gedraging, ook al zouden een of meer onderdelen van deze reeks handelingen of van deze voortgezette gedraging ook op zich, afzonderlijk, een overtreding van deze bepalingen kunnen opleveren. Wanneer verschillende handelingen wegens hun gemeenschappelijke doel deel uitmaken van een 'totaalplan' mag ACM de aansprakelijkheid voor die handelingen toerekenen naargelang van de deelname aan de betrokken overtreding in haar geheel. Deze aansprakelijkheid kan zich eveneens uitstrekken over gedragingen waaraan een onderneming zelf niet heeft deelgenomen, indien vast komt te staan dat deze onderneming met haar eigen gedragingen, die een overeenkomst of onderling afgestemde feitelijke gedraging met een mededingingsbeperkend doel in de zin van art. 6 en/of art. 101 VWEU vormden, heeft willen bijdragen aan het bereiken van de gemeenschappelijke doelstellingen van alle deelnemers. Hiervoor is vereist dat de betreffende onderneming kennis had van de overige inbreukmakende gedragingen van de andere deelnemers die plaatsvonden met het oog op de gezamenlijke doelstelling, of deze gedragingen redelijkerwijs kon voorzien en bereid was het risico ervan te aanvaarden (CBb 24 maart 2016, ECLI:NL:CBB:2016:56 (*Zilveruien*)). Het CBb verwees hier naar HvJ EU 6 december 2012, C-441/11 P, ECLI:EU:C:2012:778. Indien hieraan is voldaan, wordt volgens het CBb in de jurisprudentie van het Hof van Justitie ook wel gesproken van een 'enkele en complexe inbreuk' of van een 'enkele complexe en voortdurende inbreuk' (HvJ EU 4 juli 2013, C-287/11 P, ECLI:EU:C:2013:445). Zie ook de uitspraken: CBb 30 oktober 2018, ECLI:NL:CBB:2018:527 (*zeescheepsafval*); CBb 23 oktober 2018, ECLI:NL:CBB:2018:526 (*textielverzorging*); CBb 3 juli 2017, ECLI:NL:CBB:2017:204 (*executieveilingen*) en CBb 14 juli 2016, ECLI:NL:CBB:2016:185; ECLI:NL:CBB:2016:186; ECLI:NL:CBB:2016:187 en ECLI:NL:CBB:2016:188 (*meel*)). De onderneming die zich ervan bewust is dat haar gedragingen onderdeel vormen van de inbreuk is aansprakelijk voor het geheel ook al heeft de betreffende onderneming niet aan alle onderdelen deelgenomen (HvJ EU 6 december 2012, C-441/11 P, ECLI:EU:C:2012:778 (*Commissie/Verhuizingen Coppens*)). Een onderneming die niet aan alle onderdelen heeft deelgenomen is niet aansprakelijk voor de gehele inbreuk (Gerecht 15 december 2016, T-758/14, ECLI:EU:T:2016:737 (*Infineon*)). Met betrekking tot een inbreuk die zich over verschillende jaren uitstrekt staat het feit dat er geen rechtstreeks bewijs is dat een onderneming gedurende een bepaald tijdvak heeft deelgenomen aan deze inbreuk, er niet aan in de weg dat die deelname ook voor dit tijdvak wordt vastgesteld, mits deze vaststelling op objectieve en onderling overeenstemmende aanwijzingen berust. Het feit dat een onderneming zich niet publiekelijk heeft gedistantieerd, vormt een feitelijke situatie die ACM kan aanvoeren als bewijs dat een onderneming het mededingingsverstorende gedrag heeft voortgezet (Rb. Rotterdam 27 juli 2017, ECLI:NL:RBROT:2017:5765 (*leesmappen*)). In geval er in de loop van een periode van enige omvang verschillende heimelijke bijeenkomsten zijn gehouden waaraan de vertegenwoordigers van de betrokken onderneming niet hebben deelgenomen, moet de Commissie haar oordeel echter ook op ander bewijsmateriaal baseren (HvJ EU 17 september 2015, C-634/13P, ECLI:EU:C:2015:614 (*Total Marketing Services*)).

4. Categorieën van mededingingsafspraken (lid 1). In tegenstelling tot art. 101 lid 1 VWEU geeft art. 6 lid 1 Mw geen voorbeelden van beperking van de mededinging. De memorie van toelichting herhaalt de opsomming van art. 101 lid 1 VWEU. Het verbod van dit artikel omvat zowel horizontale als verticale overeenkomsten. Hierover reeds HvJ EG 13 juli 1966, 56 en 58/64, *Jur.* 1966, p. 449 (*Grundig/Consten*). a. **Horizontale overeenkomsten en gedragingen.** Hieronder worden verstaan afspraken tussen elk in hetzelfde stadium van de productie- of distributieketen werkzame ondernemingen, dat wil zeggen ondernemingen die dezelfde economische activiteit uitoefenen. Aan een dergelijke afspraak kan echter ook een onderneming die zelf geen daadwerkelijke of potentiële concurrent is van de andere betrokken ondernemingen. De begrippen 'overeenkomst' en 'onderling afgestemde feitelijke gedraging' vooronderstellen niet een wederzijdse beperking van de handelingsvrijheid op een markt waarop alle partijen aanwezig zijn (HvJ EU 22 oktober 2015, C-194/14 P (*AC-Treuhand*)). Marktverdelingsregelingen, productie- of verkoopregelingen en overeenkomsten die de toetreding van nieuwkomers op de markt reguleren vormen voorbeelden van horizontale overeenkomsten. Andere voorbeelden van horizontale overeenkomsten zijn crisiskartels en *joint ventures*, die veelal samenwerking tussen ondernemingen in hetzelfde stadium van de productie- of distributieketen beogen. Er is geen algemene groepsvrijstelling voor horizontale overeenkomsten. Er zijn wel twee gespecialiseerde groepsvrijstellingen die voornamelijk betrekking hebben op horizontale overeenkomsten: Verordening (EU) 1218/2010 (*PbEU* 2010 L 335/43, zie het onderdeel Bijlagen in deze uitgave) inzake specialisatieovereenkomsten en Verordening (EU) 1217/2010 (*PbEU* 2010 L 1217/36, zie het onderdeel Bijlagen in deze uitgave) voor onderzoeks- en ontwikkelingsovereenkomsten. Zie verder art. 12, aant. 4. De Europese Commissie heeft in 2011 nieuwe richtsnoeren voor horizontale overeenkomsten uitgevaardigd (*PbEU* 2011, C 11/1 met corrigendum C 33/20, zie het onderdeel Bijlagen in deze uitgave). Deze richtsnoeren vormen een aanvulling op Verordening (EU) 1217/2010 en Verordening (EU) 1218/2010. Zij geven algemene beginselen en daarnaast worden een vijftal horizontale overeenkomsten behandeld. ACM heeft Richtsnoeren Samenwerking Ondernemingen gepubliceerd (*Stcrt.* 2005, 67, p. 20-24 en *Stcrt.* 2008, 77, p. 14, zie het onderdeel Bijlagen in deze uitgave). De ACM-richtsnoeren hebben betrekking op onderwerpen die niet in de Commissierichtsnoeren zijn behandeld. *Joint ventures* worden niet als mededingingsbeperkend aangemerkt indien de beoogde samenwerking leidt tot de ontwikkeling van een activiteit waartoe de deelnemende ondernemingen ieder voor zich niet in staat waren geweest. In de *Interpay*-zaak, waarin er sprake was van een coöperatieve joint venture tussen een aantal banken, achtte de ACM de oprichting en instandhouding van het samenwerkingsverband niet in strijd met art. 6 lid 1 Mw (Besluit ACM 28 april 2004 (*Interpay*, zaaknr. 2910)). Het aanvaarden van de statuten van een vereniging, waarvan een onderneming lid wordt, die regels bevatten die betrekking hebben op de onderlinge betrekkingen tussen de leden-dierenartsen, is aangemerkt als een overeenkomst tussen ondernemingen (Besluit ACM 29 augustus 2002 (*klager/AUV en Aesculaap*, zaaknr. 2422)). Overeenkomsten waarbij technologie wordt overgedragen, zullen vaak horizontale overeenkomsten betreffen. Hiervoor is Verordening (EU) 316/2014 (*PbEU* 2014, L 93/17, zie het onderdeel Bijlagen in deze uitgave) bedoeld. Zie verder art. 12, aant. 4. De Europese Commissie heeft bij deze groepsvrijstelling uitvoerige richtsnoeren gepubliceerd (*PbEU* 2014, C 89/3, zie het onderdeel Bijlagen in deze uitgave). **b. Verticale overeenkomsten.** Dit zijn regelingen tussen elk in een verschillend stadium van de productie- of distributieketen werkzame ondernemingen die betrekking hebben op de voorwaarden waaronder de partijen bepaalde producten of diensten kunnen kopen, verkopen of doorverkopen. Het gaat hier met name om verschillende overeenkomsten over distributie: alleenverkoopovereenkomsten, exclusieve afnameovereenkomsten, selectieve distributie en franchise. Voor verticale overeenkomsten is een algemene groepsvrijstelling van toepassing (Verordening (EU) 2022/720, *PbEU* L 134/4, zie het onderdeel Bijlagen in deze uitgave) en één speciale groepsvrijstelling voor auto's (Verordening (EU) 461/2010, *PbEU* L 129/52, zie het onderdeel Bijlagen in deze uitgave). Op grond van art. 12 en 13 Mw geldt de groepsvrijstelling ook voor overeenkomsten in de zin van art. 6 lid 1 Mw (zie verder art. 12, aant. 4 en art. 13, aant. 1). Daarnaast heeft de Europese Commissie richtsnoeren (*PbEU* 2010, C 130/1) uitgevaardigd waarin de beginselen voor de toetsing van verticale overeenkomsten aan art. 101 VWEU uiteen worden gezet (zie het onderdeel Bijlagen in deze uitgave). De Europese Commissie heeft tegelijk met de op 10 mei 2022 gepubliceerde herziene algemene groepsvrijstelling een herziene versie van deze richtsnoeren vastgesteld (C(2022) 3006 final, n.n.g. in *PbEU*). ACM en rechter zijn niet aan deze richtsnoeren gebonden (zie de Inleidende opmerkingen (HvJ EU 13 december 2012, C-226/11, ECLI:EU:C:2012:795 (*Expedia Inc./Autorité de la concurrence e.a.*), maar passen deze in de praktijk, gezien de nauwe aansluiting van art. 6 lid 1 Mw bij art. 101 lid 1 Mw, wel toe (zie ook Mededingingswet, Inleidende opmerkingen, aant. 9). **c. Mengvormen.** Deze worden met name gevormd door agentuurovereenkomsten. Deze overeenkomsten worden behandeld in de Richtsnoeren verticale beperkingen van de Commissie (*PbEU* 2010 C 130/1, zie het onderdeel Bijlagen in deze uitgave). Zuivere agentuurovereenkomsten vallen niet onder het verbod van art. 101 lid 1. Zie par. 13, richtsnoeren verticale overeenkomsten. In HvJ EG 1 oktober 1987 (HvJ EG 1 oktober 1987, 311/85, *Jur.* 1987, p. 3801 (*Vlaamse Reisbureaus*)) werd een collectief tussen touroperators en agenten afgesloten overeenkomst over commissies als een beperking van de mededinging aangemerkt. Collectieve verticale prijsbinding is een horizontale overeenkomst en in beginsel verboden. Zie echter de Wet op de vaste boekenprijs. Het toezicht op de naleving van deze wet valt toe aan het Commissariaat voor de Media. **d. Overeenkomsten over intellectuele eigendomsrechten.** Vanaf het begin van de toepassing van het EU-mededingingsrecht is er gestreden over de vraag of overeenkomsten over intellectuele eigendomsrechten kunnen worden getoetst onder het kartelverbod. Dezelfde vraag is aan de orde met betrekking tot misbruik van machtspositie. Al in het *Grundig-Consten*-arrest bepaalde het HvJ EG (HvJ EG 13 juli 1966, 56 en 58/64, *Jur.* 1966, p. 449), dat art. 34 en 345 VWEU niet iedere invloed van het gemeenschapsrecht op de uitoefening van nationale rechten van industriële eigendom uitsluiten. In een serie latere arresten heeft het HvJ EG deze lijn verder uitgewerkt. Kort gezegd komt deze jurisprudentie erop neer dat het bestaan van het industriële eigendomsrecht wordt gesauveerd onder art. 36 VWEU, maar dat aan de uitoefening ervan beperkingen zijn verboden. De uitzondering van art. 36 VWEU geldt alleen voor het specifieke voorwerp van het recht, dat is het recht de uitvinding, het merk enz. als eerste op de markt te brengen c.q. via licenties op de markt te brengen. Is eenmaal het toestemming van de oorspronkelijke rechthebbende het product op de markt gebracht dan is daarmee zijn recht uitgeput. Verdere beperkingen door de wetgever zijn dan niet toegestaan. Verdere beperkingen door ondernemers opgenomen in overeenkomsten tot overdracht van licenties en merkrechten worden beoordeeld onder het kartelverbod. Het arrest van het HvJ EG 25 februari 1986, 93/83, *Jur.* 1986, p. 611 (*Windsurfing/Commissie*) is voor deze problematiek te zien als een standaardarrest. Verordening (EU) 316/2014 (*PbEU* 2014, L 93/17, zie het onderdeel Bijlagen in deze uitgaven), geeft een groepsvrijstelling voor overeenkomsten over technologieoverdracht. Zie verder art. 12, aant. 4. De Commissie heeft bij deze groepsvrijstelling uitvoerige richtsnoeren gepubliceerd (*PbEU* 2014, C 89/3, zie het onderdeel Bijlagen in deze uitgave).

5. Ertoe strekken of ten gevolge hebben. a. Inleiding. Het kartelverbod van art. 6 lid 1 Mw treft overeenkomsten, onderling afgestemde feitelijke gedragingen en besluiten die ertoe strekken (ook wel: tot doel hebben) of tot gevolg hebben dat de mededinging merkbaar wordt beperkt. Strekking en gevolg zijn geen cumulatieve, maar alternatieve voorwaarden. Wanneer de mededingingsbeperkende strekking van een overeenkomst vaststaat, behoeven dus de gevolgen daarvan voor de mededinging niet te worden onderzocht (HvJ EG 13 juli 1966, 56 en 58/64, *Jur.* 1966, p. 449 (*Grundig-Consten*)). Indien een overeenkomst naar strekking de mededinging niet in voldoende mate ongunstig beïnvloedt, moeten de gevolgen ervan worden onderzocht. In dat laatste geval moeten alle elementen aanwezig zijn waaruit blijkt dat de mededinging daadwerkelijk merkbaar is verhinderd dan wel beperkt of vervalst. Het feit dat het voor de bevoegde autoriteit of rechter, wanneer zij een mededingingsbeperking 'naar strekking' vaststellen, niet langer noodzakelijk is de gevolgen ervan te onderzoeken betekent geenszins dat die autoriteit of rechter niet tot een dergelijk onderzoek mogen overgaan als zij dat wenselijk achten. Die mogelijkheid ontslaat deze autoriteit of rechter niet van de verplichting om, ten eerste, het noodzakelijke bewijs voor dergelijke vaststellingen aan te voeren en, ten tweede, te verduidelijken in welke mate dat bewijs betrekking heeft op de ene of de andere soort beperking die aldus werd vastgesteld (HvJ EG 4 juni 2009, C-8/08, r.o. 43 en 29, *Jur.* 2009, p. I-4529 (*T-Mobile*); HvJ EU 2 april 2020, C-228/18, ECLI:EU:C:2020:265 (*Budapest Bank*)). **b. Ertoe strekken.** Overeenkomsten, onderling afgestemde feitelijke gedragingen en besluiten met een mededingingsbeperkende strekking vormen onder art. 6 lid 1 Mw en art. 101 lid 1 VWEU naar hun aard een merkbare beperking van de mededinging; het concrete gevolg daarvan behoeft niet meer te worden nagegaan (HvJ EU 13 december 2012, C-226/11, ECLI:EU:C:2012:795, *NJ* 2013/253 (*Expedia*); HvJ EU 11 september 2014, C-67/13, ECLI:EU:C:2014:2204 (*Groupement des cartes bancaires*); HR 14 juli 2017, ECLI:NL:HR:2017:1354 (*Geborgde dierenartsen*)). Het feit dat een maatregel wordt geacht een legitiem doel na te streven, sluit niet uit dat die maatregel, gelet op het bestaan van een daarmee nagestreefd ander doel dat daarentegen als onrechtmatig moet worden beschouwd, en gelet op de inhoud en de context van die maatregel, kan worden geacht naar strekking de mededinging te beperken (HvJ EU 2 april 2020, C-228/18, ECLI:EU:C:2020:265 (*Budapest Bank*)). Dat een bepaalde vorm van coördinatie de potentie heeft om de mededinging te beperken, maakt op zichzelf nog niet dat sprake is van een besluit met een mededingingsbeperkende strekking (HR 14 juli 2017, ECLI:NL:HR:2017:1354 (*Geborgde dierenartsen*)). Het begrip 'mededingingsbeperking naar strekking' moet restrictief worden uitgelegd en kan uitsluitend worden toegepast op bepaalde soorten van coördinatie tussen ondernemingen, die de mededinging in die mate nadelig beïnvloeden dat de effecten ervan niet hoeven te worden onderzocht. Bepaalde vormen van coördinatie tussen ondernemingen kunnen immers naar hun aard worden geacht schadelijk te zijn voor de goede werking van de normale mededinging (HvJ EU 11 september 2014, C-67/13, ECLI:EU:C:2014:2204 (*Groupement des cartes bancaires*); HvJ EU 26 november 2015, C-345/14, ECLI:EU:C:2015:784 (*Maxima Latvija*)). Zoals opgemerkt in de Conclusie van A-G Drijber bij HR 14 juli 2017, ECLI:NL:HR:2017:1354 (*Geborgde dierenartsen*), ziet het voorgaande op de vraag *wat* moet worden vastgesteld om te kunnen concluderen dat een afspraak ertoe strekt de mededinging te beperken. De *wijze waarop* de mededingingsbeperkende strekking van een mededingingsregeling kan worden vastgesteld betreft een onderzoek naar de bewoordingen en de doelstellingen ervan, alsook op de economische en juridische context waarvan zij deel uitmaakt. Bij de beoordeling van die context moet ook rekening worden gehouden met de aard van de betrokken goederen of diensten en met de daadwerkelijke voorwaarden voor het functioneren en de structuur van de betrokken markt of markten. Bij het onderzoek naar de vraag of het desbetreffende besluit mededingingsbeperkend is, mag bovendien rekening worden gehouden met de bedoelingen van partijen (in die zin ook: HvJ EU 13 oktober 2011, C-439/09, ECLI:EU:C:2011:649 (*Pierre Fabre Dermo-Cosmétique*); HvJ EU

14 maart 2013, C-32/11, ECLI:EU:C:2013:160, *NJ* 2013/363 (*Allianz*)). Het is niet volledig duidelijk of, en zo ja in welke mate, in het kader van het uitvoeren van dit contextonderzoek een analyse relevant kan zijn van de situatie zoals die zonder de litigieuze overeenkomsten zou zijn geweest (ook wel: *counterfactual*). Het Gerecht heeft overwogen dat een dergelijke analyse nauwer aansluit bij een onderzoek van de gevolgen van de litigieuze overeenkomsten op de markt dan bij een onderzoek of die overeenkomsten in voldoende mate nadelig voor de mededinging waren. Een dergelijk onderzoek van de gevolgen is echter niet vereist in het kader van een analyse van een beperking 'naar strekking' (Gerecht 8 september 2016, T-472/13, ECLI:EU:T:2016:449 (*Lundbeck*), hoger beroep nog aanhangig). Daarentegen heeft het HvJ meer recent overwogen dat, indien de verwijzende rechter zou vaststellen dat er a priori ernstige aanwijzingen zijn dat de MIF-overeenkomst tot een dergelijke opwaartse druk heeft geleid, of op zijn minst tegenstrijdige of dubbelzinnige gegevens op dat punt bestaan, dan mag die rechter deze aanwijzingen niet buiten beschouwing laten bij zijn onderzoek naar het bestaan, in casu, van een beperking 'naar strekking' (HvJ EU 2 april 2020, C-228/18, ECLI:EU:C:2020:265 (*Budapest Bank*)). Dit suggereert dat een vergelijking met de mededingingssituatie in afwezigheid van de litigieuze overeenkomsten onder omstandigheden toch van belang kan zijn. Van een aantal gedragingen wordt door de Europese Commissie aangenomen dat zij ertoe strekken de mededinging te beperken. In de eerste plaats: horizontale prijsafspraken, marktverdeling, quoteringsafspraken, uitvoerverboden, uitwisseling van geïndividualiseerde data betreffende beoogde toekomstige prijzen of volumes en beperkingen aan O&O-afspraken ten aanzien van het gebruik van eigen technologie voor toekomstige O&O. Daarnaast, verticale afspraken die op grond van Verordening (EU) 330/2010 (opgenomen in het onderdeel Bijlagen in deze uitgave) te boek staan als 'hardcore'-beperkingen (zie Guidance on restrictions of competition 'by object' for the purpose of defining which agreements may benefit from the De Minimis Notice C(2014) 4136 final). Exclusieve afnameovereenkomsten worden niet geacht de strekking te hebben de mededinging te beperken (HvJ EG 7 december 2000, C-214/99, *Jur.* 2000, I-11121 (*Neste Markkinointi Oy/Yötuuli Ky e.a.*); Besluit ACM 1 september 2003 (*Waterbedrijf Europoort*, zaaknr. 1941)). Het feit dat de structuur van de markt sterk wordt bepaald door overheidsingrijpen neemt het verboden karakter van afspraken over parallelle importen van geneesmiddelen niet weg (HvJ EG 6 oktober 2009, C-501, 513, 515 en 519/06P). In dit laatste arrest corrigeerde het HvJ de visie van het Gerecht dat de bijzondere structuur van de farmaceutische markt ertoe kan leiden dat het verhinderen van parallelle invoer geen inbreuk is op art. 101 VWEU. Het HvJ onderschreef wel de stelling dat deze structuur een belangrijke factor is voor de vraag of art. 101 lid 3 VWEU van toepassing kan zijn. Door het bestaan van een mededingingsbeperkende strekking afhankelijk te maken van het bewijs dat de overeenkomst nadelen met zich brengt voor de eindgebruikers en door niet het bestaan van een dergelijke strekking vast te stellen ten aanzien van deze overeenkomst, heeft het Gerecht blijk gegeven van een onjuiste rechtsopvatting (HvJ EG 6 oktober 2009, C-501/06P (*Glaxo Smith Kline*)). **c. Ten gevolge hebben.** Afspraken die niet strekken tot een beperking van de mededinging kunnen deze niettemin wel tot gevolg hebben. Dat gevolg hoeft niet te zijn ingetreden. Voldoende is dat het naar alle waarschijnlijkheid zal intreden (HvJ EG 12 december 1967, 23/67, *Jur.* 1967, p. 511 (*Haecht I*)). Het onderzoeken ziet op de gevolgen die de overeenkomst in concreto voor de mededinging heeft. Daartoe moet de mededinging worden bezien binnen het feitelijke kader waarin zij zich zonder deze overeenkomst zou afspelen, teneinde na te gaan welke weerslag de

overeenkomst heeft op de mededingingsparameters, zoals met name de prijs, de hoeveelheid en de kwaliteit van de producten of diensten (HvJ EU 2 april 2020, C-228/18, ECLI:EU:C:2020:265 (*Budapest Bank*)). Dit vergt een feitelijk onderzoek – in de vorm van een marktanalyse – waaraan hoge eisen worden gesteld (HR 3 december 2004, *NJ* 2005/118 (*Spaanse Anjers*)). Zie ook aant. 6 onder c hierna. Dit houdt evenwel niet in dat de positieve en de negatieve gevolgen van de overeenkomst voor de mededinging worden afgewogen, en vormt dus geen toepassing van een *rule of reason* (GvEA EG 2 mei 2006, T-328/03, ECLI:EU:T:2006:116 (*O2 Germany*)).

6. Merkbaarheid van de mededingingsbeperking. a. Algemeen. Het begrip 'merkbaarheid' speelt in het Nederlandse en Europese kartelrecht een rol, maar het begrip heeft niet steeds dezelfde betekenis en is in verleden ook niet steeds eenduidig toegepast door autoriteiten en rechters. Onder art. 101 lid 1 VWEU komt 'merkbaarheid' in de eerste plaats terug in het criterium 'merkbare beïnvloeding van de handel tussen de lidstaten' (zie Mededingingswet, Inleidende opmerkingen, aant. 6). In de tweede plaats is onder art. 101 lid 1 VWEU het begrip 'merkbaarheid' een criterium om vast te stellen of een overeenkomst onder het kartelverbod valt. Het begrip 'merkbaarheid' dient hier te worden opgevat als een interpretatie van het algemene begrip 'verhinderen, beperken of vervalsen' van de mededinging. In dat begrip ligt besloten dat er een waarneembaar effect op de markt moet zijn. Laatstgenoemde voorwaarde van 'merkbaarheid' van een mededingingsbeperking om verboden te zijn, ligt ook besloten in het kartelverbod van art. 6 lid 1 Mw ('Voor de interpretatie van art. 6 Mw is de jurisprudentie van het HvJ met betrekking tot het merkbaarheidsvereiste in het kader van art. 81 lid 1 EG-Verdrag mede richtinggevend', MvT, p. 14). De merkbaarheid van het mededingingseffect bepaalt mede de vraag of optreden van ACM opportuun is (HR 19 september 2003, *LJN* AF8264 (concl. A-G Keus), (*Campina*)). Op welke wijze aangetoond dient te worden dat aan deze voorwaarde van 'merkbaarheid' is voldaan, hangt af van de vraag of een beperking naar strekking of gevolg aan de orde is. **b. Merkbare strekkingsbeperking.** Het HvJ heeft ten aanzien van art. 101 lid 1 VWEU bepaald dat een overeenkomst die de handel tussen lidstaten ongunstig kan beïnvloeden en een mededingingsbeperkende strekking heeft, naar haar aard en los van elk concreet gevolg ervan, een merkbare beperking van de mededinging vormt (HvJ EU 13 december 2012, C-226/11, r.o. 37 (*Expedia*)). Indien derhalve ten aanzien van een overeenkomst of gedraging, die in de sfeer ligt van art. 101 lid 1 VWEU, een mededingingsbeperkende strekking wordt aangetoond, is daarmee tevens de merkbaarheid daarvan gegeven. Nederlandse rechtspraak was niet in lijn met deze jurisprudentie van het HvJ EU (CBb 12 augustus 2010, *LJN* BN3895, r.o. 7.4.1 (*T-Mobile*)). Hof Arnhem-Leeuwarden 22 maart 2013, ECLI:NL:GHARL:2013:BZ5188; Rb. Noord Holland (vzr.) 15 november 2013, ECLI:NL:RBNNE:2013:6991; Rb. Amsterdam 21 augustus 2013, ECLI:NL:RBAMS:2013:6591). Met name het CBb hanteerde bij strekkingsbeperkingen geen onweerlegbaar maar een weerlegbaar vermoeden van merkbaarheid: de merkbaarheid van een strekkingsbeding was in beginsel gegeven, tenzij de partijen bij de overeenkomst een verwaarloosbare positie op de markt hebben (het zogenoemde '*Secon*-criterium', naar: CBb 7 december 2005, ECLI:NL:CBB:2005:AU8309 (*Secon/d-g NMa*)). Inmiddels heeft de HR verduidelijkt dat het Nederlandse mededingingsrecht aansluit bij het *Expedia*-arrest (HR 14 juli 2017, ECLI:NL:HR:2017:1354 (*SGD e.a./Agib*)). Als eenmaal de mededingingsbeperkende strekking vaststaat, is een afzonderlijk merkbaarheidsonderzoek niet meer nodig. Het CBb volgt deze lijn ook (CBb 14 juli

2016, ECLI:NL:CBB:2016:184 (*Meel*); CBb 11 januari 2017, ECLI:NL:CBB:2017:1). De vaststelling van mededingingsbeperkende strekking omvat evenwel een analyse of sprake is van een overeenkomst of gedraging die behoort tot soorten van coördinatie tussen ondernemingen, die de mededinging 'in die mate' of 'zodanig' beïnvloeden dat de effecten ervan niet hoeven te worden onderzocht (zie in die zin Conclusie van A-G De Bock *SGD* bij HR 14 juli 2017, ECLI:NL:HR:2017:1354 (*SGD e.a./Agib*), verwijzend naar HvJ EU 11 september 2014, C-67/13, ECLI:EU:C:2014:2204 (*Groupement des cartes bancaires*)). De geringe omvang van een project tussen niet zwakke partijen ontneemt niet het verboden karakter aan de gedraging, maar wordt alleen meegenomen bij de bepaling van de hoogte van de op te leggen boete (Besluit ACM 14 juni 2004 (*Aanbesteding complex 1731*, zaaknr. 3687)). Ook het feit dat er sprake is van een crisis in een bepaalde sector ontneemt aan een verboden afspraak niet het verboden karakter (Besluit ACM 11 maart 2003 (*Garnalen*, zaaknr. 2269)). **c. Merkbare gevolgbeperking.** Waar in het geval van beperkingen naar strekking de merkbaarheid daarvan is gegeven, dient in het geval van een beperking naar gevolg steeds te worden aangetoond dat de mededingingsbeperking merkbaar is. De beoordeling kan al naar gelang de feitelijke omstandigheden op verschillende manieren plaatsvinden. Soms gebeurt dit aan de hand van de De Minimis bekendmaking van de Europese Commissie (Besluit ACM 13 maart 2003 (*Pirtek Arnhem cs/Pirtek B.V.*, zaaknr. 3068)). Volgens de Commissie is er geen sprake van een merkbare gevolgbeperking indien het marktaandeel van de betrokken ondernemingen niet hoger is dan 10% voor horizontale overeenkomsten en 15% voor verticale overeenkomsten (Mededeling 2014/C291/01 betreffende overeenkomsten van geringe betekenis die de mededinging niet merkbaar beperken in de zin van art. 101, lid 1 VWEU). In andere gevallen slaat ACM deze stap over en vindt de toetsing plaats in het kader van de groepsvrijstelling verticale overeenkomsten, thans Verordening (EU) 330/2010 (*PbEU* 2010, L 102/1, zie het onderdeel Bijlagen in deze uitgave) en de daarbij behorende richtsnoeren inzake verticale beperkingen (*PbEU* 2010, C 130/1, zie het onderdeel Bijlagen in deze uitgave; Besluit ACM 1 september 2003 (*Waterbedrijf Europoort*, zaaknr. 1941)). Soms vindt de toetsing plaats zonder dat wordt gerefereerd aan de beleidsregels van de Commissie (Besluit ACM 20 november 1998 (*ASV Diensten BV*, zaaknr. 681); Besluit ACM 15 september 1999 (*Van Speelautomaten Branche Organisatie*, zaaknr. 277)). Het effect op de mededinging dient te worden vastgesteld aan de hand van een analyse van de economische en juridische context van de overeenkomst. Dit is niet hetzelfde als een afweging van de mededingingsbeperkende tegen de mededingingsbevorderende elementen in de overeenkomst in het licht van de vigerende marktomstandigheden. Die analyse dient plaats te vinden aan de hand van de criteria van art. 6 lid 3 Mw en art. 101 lid 3 VWEU. Er geldt dan ook gelet op de structuur van de verbodsbepaling van art. 101 VWEU (en art. 6 Mw) geen *rule of reason* in de zin van een afweging van concurrentiebeperkende tegenover concurrentiebevorderende elementen (GvEA EG 18 september 2001, T-112/99, *Jur.* 2001, p. II-2459 (*Métropole télévision e.a./Commissie*)). Bij een economische analyse van art. 6 lid 1 Mw of art. 101 lid 1 VWEU, kan een clausule die op het eerste gezicht een bepaalde beperking van de mededinging lijkt te zijn, ontsnappen aan het verbod van art. 101 lid 1 VWEU, indien blijkt dat die clausule noodzakelijk is om een onderneming in staat te stellen zich een plaats te veroveren op een voor haar nieuwe markt (HvJ EG 30 juni 1966, 56/65, *Jur.* 1966, p. 235 (*Technique Minière*); HvJ EG 28 januari 1986, 161/84, *Jur.* 1986, p. 353 (*Pronuptia*); (GvEA EG 2 mei 2006, T-328/03, ECLI:EU:T:2006:116 (*O2 Germany*); HvJ EU 11 september 2014, C-382/12 P (*Mastercard*)). De oprichting en instandhouding van een joint venture kan onder specifieke omstandigheden buiten het verbod van art. 6 lid 1 Mw vallen. Wanneer de structuur van een markt wordt gekenmerkt door een sterk overheersende marktspeler en de barrières om tot de relevante markt toe te treden voor ondernemingen bijzonder hoog zijn, dan kan de toetreding van een nieuwe onderneming tot deze markt in beginsel positieve effecten hebben voor de mededinging (Besluit ACM 19 oktober 1998 (*Interpolis en Cobac*, zaaknr. 21)).

7. Inherente beperkingen/nevenrestricties. Voor sommige overeenkomsten (en besluiten) wordt onderkend dat bepaalde beperkingen van de mededinging noodzakelijk zijn om deze overeenkomsten hun nuttige werking te geven (zie ook art. 10). Dergelijke 'inherente beperkingen' vallen buiten de werking van het kartelverbod. Het gaat hierbij niet om een afweging van de mededingingsbeperkende tegen de mededingingsbevorderende elementen in de overeenkomst in het licht van de vigerende marktomstandigheden. Díe analyse dient plaats te vinden aan de hand van de criteria van art. 6 lid 3 Mw en art. 101 lid 3 VWEU (GvEA EG 18 september 2001, T-112/99, *Jur.* 2001, p. II-2459 (*Métropole télévision e.a./Commissie*)). Een belangrijke eerste categorie van dergelijke restricties wordt gevormd door bepalingen in franchiseovereenkomsten welke noodzakelijk zijn i. ter bescherming van de knowhow van de franchisegever; en ii. de identiteit en reputatie van het franchisenetwerk (HvJ EG 28 januari 1986, 161/84, *Jur.* 1986, p. 353 (*Pronuptia*)). Een andere relevante categorie betreft bepaalde beperkingen verbonden aan een selectief distributiestelsel. Deze vallen buiten het bereik van art. 101 lid 1 VWEU als aan drie eisen is voldaan: ten eerste worden de wederverkopers gekozen op grond van objectieve criteria van kwalitatieve aard die uniform worden vastgesteld voor alle potentiële wederverkopers en zonder discriminatie worden toegepast; ten tweede maken de eigenschappen van het betrokken product een dergelijk distributienetwerk noodzakelijk om de kwaliteit ervan te behouden en het goed gebruik ervan te verzekeren (noodzakelijkheidsvereiste); en ten derde gaan de vastgestelde criteria niet verder dan noodzakelijk is (proportionaliteitsvereiste) (ook wel: de 'Metro-criteria', naar: HvJ 25 oktober 1977, 26/76, ECLI:EU:C:1977:167 (*Metro SB-Grossmärkte*)). Een absoluut verbod tot verkoop via het internet kan niet gerechtvaardigd worden door het prestigieuze karakter van het betreffende product. Een verbod om naar buiten toe kenbaar van platforms van derden voor de verkoop op internet van de contractproducten gebruik te maken is toegelaten, wanneer dat beding ertoe strekt het luxe-imago van bedoelde producten in stand te houden, uniform wordt vastgesteld en zonder discriminatie wordt toegepast alsook evenredig is gelet op het nagestreefde doel (HvJ EU 6 december 2017, ECLI:EU:C:2017:941 (*Coty Germany*); zie ook HvJ EU 13 oktober 2011, C-439/09, ECLI:EU:C:2011:649 (*Pierre Fabre Dermo-Cosmétique*)). Zie voor andere gevallen waarin beperkingen ancillair worden geacht en buiten het kartelverbod vallen bijvoorbeeld: HvJ EG, 27/87, ECLI:EU:C:1988:183 (*Erauw-Jacquery/La Hesbignonne*); HvJ EG 15 december 1994, C-250/92, *Jur.* 1994, p. I-5641 (*Gottrup-Klim*); Besluit ACM 19 oktober 1998 (*Interpolis-Cobac*, zaaknr. 21)). Ook voorschriften van beroeps- en sectororganisaties vallen buiten de toepassing van het kartelverbod, indien deze voorschriften noodzakelijk zijn voor het realiseren van een doelstelling van algemeen belang en niet verder gaan dan noodzakelijk is voor de realisering van die doelstelling (HvJ EG 18 juli 2006, C-519/04P, ECLI:EU:C:2006:492 (*Meca-Medina*); HvJ EU 28 februari 2013, zaak C-1/12, ECLI:EU:C:2013:127 (*Ordem dos Técnicos Oficiais de Contas*) en HvJ EG 19 februari 2002, zaak C-309/99, ECLI:EU:C:2002:98 (*Wouters*)). Verder geldt dat, hoewel een zekere mededingingsbeperkende werking eigen is aan collectieve overeenkomsten tussen werkgevers- en werknemersorganisaties, de verwezenlijking van de met dergelijke overeenkomsten nagestreefde doelstellingen van sociale politiek ernstig zou worden belemmerd indien de sociale partners bij hun gezamenlijke inspanning de werkgelegenheids- en arbeidsvoorwaarden te verbeteren, zich aan art. 101 VWEU moesten houden. Overeenkomsten die in het kader van collectieve onderhandelingen tussen sociale partners worden gesloten en waarvan de doelstellingen betrekking hebben op de sociale politiek, vallen wegens hun doel en aard niet onder het kartelverbod (HvJ EG 21 september 1999, C-115-117/97, *Jur.* 1999, I-06025 (*Brentjens' Handelsonderneming BV*), echter werkgevers mogen buiten de onderhandelingstafel, na afbreking van onderhandelingen met de vakbonden, niet onderling afspraken maken of afstemming zoeken over de lonen en arbeidsvoorwaarden (persbericht ACM 26 november 2021); zie ook de wettelijke uitzondering voor cao-afspraken in art. 16 Mw; zie verder Besluit ACM 24 september 2001 (*ATG/SOOMT*, zaaknr. 1587); Besluit ACM 12 juli 2001 (*Stichting Bevordering Vakbekwaamheid Beroepsgoederenvervoer/SOOB*, zaaknr. 1216) en Besluit ACM 14 december 2000 (*Van Eck Havenservice BV*, zaaknr. 1012)).

8. Toerekening aan (rechts)personen (lid 1). De normadressaten van art. 6 lid 1 Mw zijn 'ondernemingen'. Op grond van art. 1 onderdeel f zijn ondernemingen gedefinieerd als economische entiteiten. Dit betreft een functioneel en economisch begrip. Omdat een boete niet in alle gevallen kan worden opgelegd aan een onderneming in deze zin, moet ACM vaststellen aan welke (rechts)personen de overtreding kan worden toegerekend (CBb 19 maart 2019, ECLI:NL:CBB:2019:121). Dit betreft de (rechts)personen waaraan ACM op grond van art. 56 Mw een bestuurlijke boete en/of een last onder dwangsom kan opleggen. ACM is van mening dat zij bevoegd is om van geval tot geval te bekijken aan welke rechtspersoonlijkheid bezittende eenheid de overtreding het beste kan worden toegerekend. Hierbij dient recht te worden gedaan aan de feitelijke verhoudingen en dient rekening te worden gehouden met de effectiviteit van de handhaving (Besluit ACM 21 april 2004 (*Fietsfabrikanten*, zaaknr. 1615)). In het geval dat een ondernemersvereniging en de bij haar als lid aangesloten ondernemingen deelnemen aan dezelfde inbreuk, kan deze inbreuk zowel worden toegerekend aan de ondernemersvereniging als de leden van deze vereniging. In art. 23 lid 4 Verordening (EG) 1/2003 is bepaald dat een opgelegde boete ook verhaald kan worden op een vereniging (zie verder art. 12 Instellingswet ACM). Zie verder het commentaar op art. 56.

9. Follow-on schadevergoedingsprocedures (lid 1). Overtreding van het kartelverbod van art. 6 lid 1 en art. 101 lid 1 VWEU kan leiden tot een procedure tot schadevergoeding. Daarvoor dient op grond van art. 6:162 BW te zijn voldaan aan een vijftal vereisten, te weten onrechtmatige daad, toerekenbaarheid van de onrechtmatige daad aan de dader, schade, causaal verband tussen de daad en de schade en relativiteit. Bij een zogenaamde 'follow-on' schadevergoedingsprocedure claimt de partij schade die deze stelt te hebben geleden als gevolg van de overtreding. Een dergelijke eis kan volgen op een boetebesluit van de Europese Commissie of de nationale mededingingsautoriteit. Richtlijn 2014/104/EU geeft bepaalde regels voor schadevorderingen volgens het nationale recht wegens inbreuken op de bepalingen van het mededingingsrecht van de lidstaten en van de Europese Unie, *PbEU* 2014, L 349/1. Deze regels zijn ingevoerd bij wet van 25 januari 2017, *Stb.* 2017, 28. Op grond van art. 161a Rv levert, in een procedure waarin schadevergoeding wordt gevorderd, een onherroepelijk besluit van ACM waarin een inbreuk van art. 6 Mw of art. 24 Mw wordt vastgesteld (en art. 101 respectievelijk art. 102 VWEU wordt toegepast) onweerlegbaar bewijs op van een inbreuk. Mede hierdoor staan in 'follow-on' schadevergoedingsprocedure veelal vragen omtrent schade en causaal verband centraal. In de *Liftenzaak* nam het Gerechtshof bij de beoordeling van de vraag of sprake is van condicio sine qua non-verband tot uitgangspunt dat overeenkomsten met (één van) de liftfabrikanten gesloten tijdens de periode dat het kartel werkzaam was, door het kartel zijn beïnvloed, met andere woorden dat voor die overeenkomsten sprake is geweest van een prijsopdrijvend effect ten gevolge van het kartel. Echter, naar aanleiding van de over en weer aangevoerde argumenten (waarbij zo nodig de juistheid van daarbij aangevoerde feiten door de meest gerede partij aannemelijk moet worden gemaakt) en mede in aanmerking genomen de verder beschikbare informatie kan alsnog tot de conclusie worden gekomen dat voormeld uitgangspunt in het concrete geval niet opgaat. Bovendien gaat het voorgaande, zoals daaruit ook blijkt, er wel van uit dat EWD (voor ieder van de zorginstellingen) voldoende feiten en omstandigheden heeft gesteld aan de hand waarvan kan worden vastgesteld dat zij tijdens de periode dat het kartel werkzaam was met (één van) de liftfabrikanten daadwerkelijk één of meer overeenkomsten heeft gesloten (Gerechtshof Arnhem-Leeuwarden 5 februari 2019, ECLI:NL:GHARL:2019:1060 (*EWD/liftenfabrikanten*)). Een karteldeelnemer kan, ingeval van hem schade wordt gevorderd, een beroep doen op het doorberekeningsverweer (*passing-on defence*) indien de directe afnemer de verhoging van de prijs doorberekend heeft aan klanten (HR 8 juli 2016, ECLI:NL:HR:2016:1483 (*TenneT/ABB*)). Dit beginsel is opgenomen in art. 6:193p BW op grond van art. 13 van Richtlijn 2014/104/EU. Benadeelde afnemers kunnen ook schadevergoeding vorderen van leveranciers die weliswaar niet aan het kartel hebben deelgenomen maar daar wel van geprofiteerd hebben: dit is het zogenoemde 'paraplu-effect'. Wel moet vaststaan dat het kartel een dergelijke politiek mogelijk maakte en de betrokken leveranciers daarvan op de hoogte waren (HvJ EU 5 juni 2014, C-557/12, ECLI:EU:C:2014:1317 (*Kone e.a.*)). Nu het HvJ EU heeft geoordeeld dat de kwestie van de aanwijzing van de entiteit(en) die gehouden is/zijn tot vergoeding van de door een inbreuk op art. 101 VWEU veroorzaakte schade, rechtstreeks wordt geregeld door het Unierecht, almede dat het begrip 'onderneming' een autonoom unierechtelijk begrip is dat in de publieke- en de privaatrechtelijke handhaving van het mededingingsrecht hetzelfde moet worden uitgelegd en centraal staat bij de beoordeling welke entiteit(en) aansprakelijk is/zijn, is voor een beoordeling van die nationaalrechtelijke grondslagen geen plaats meer (Gerechtshof Arnhem-Leeuwarden 26 november 2019, ECLI:NL:GHARL:2019:10165, onder verwijzing naar HvJ EU 14 maart 2019, ECLI:EU:C:2019:204 (*Skanska*)).

10. Nietigheid (lid 2). De nietigheid van een (deel van) een overeenkomst of besluit is een mededingingsrechtelijk begrip dat overeenkomt met de civielrechtelijke nietigheid (vgl. art. 3:40 lid 2 eerste zin BW). De nietigheid werkt ex tunc. De bewijslast voor de nietigheid rust op degene die zich op de sanctie van art. 6 lid 2 Mw beroept. Deze dient zo nodig ook de merkbaarheid te stellen c.q. te bewijzen. Er is geen aparte stel- noch bewijsplicht voor degene die zich op het ontbreken ervan beroept (HR 18 december 2009, *LJN* BJ9439 (concl. A-G Keus) (*Prisma*)). Art. 6 is geen bepaling die uitsluitend strekt ter bescherming van één van beide partijen zoals bedoeld in art. 3:40 lid 2 BW, evenmin is art. 3:40 lid 3 BW van toepassing. Daarbij vormt het feit dat eisende partij zelf partij bij de litigieuze overeenkomst was geen belemmering voor het slagen van de actie (HvJ EG 20 september 2001, C-453/99, *Jur.* 2001, I-6297 (*Courage*)). Het Unierecht belet de nationale rechter echter niet om tot het oordeel te komen dat er sprake is van ongerechtvaardigde verrijking. De rechter kan een partij ten aanzien waarvan is vastgesteld dat zij in aanzienlijke mate verantwoordelijk is voor de verstoring van de mededinging, het recht ontzeggen schadevergoeding te vorderen overeenkomstig het beginsel dat een justitiabele niet mag profiteren van zijn eigen onrechtmatig handelen. In dit verband kan de rechter de economische en de juridische context waarin de contractpartijen zich bevinden alsmede de respectievelijke onderhandelingspositie en het respectieve gedrag van beide contractpartijen in aanmerking nemen. Op grond van het uitgangspunt van de Mw is aan te nemen dat deze beginselen ook toepassing dienen te vinden in procedures op grond van de Mw. Het beroep op nietigheid van de overeenkomst leidt op grond van art. 3:41 BW niet zonder meer tot nietigheid van de hele overeenkomst. Voor het EU-recht geldt dat de rechtsgeldigheid van een overeenkomst waarvan clausules in strijd zijn met art. 101 lid 1 moet worden beoordeeld overeenkomstig het nationale recht (HvJ EG 14 december 1983, 319/82, *Jur.* 1983; 4173 (*Société de ventes de ciment*)). De civielrechtelijke gevolgen zijn ter beoordeling van de civiele rechter. ACM is niet bevoegd de nietigheid van een overeenkomst of besluit uit te spreken, maar kan slechts constateren dat deze in strijd is met art. 6 Mw (Besluit ACM 15 januari 2001 (*Texincare en Tevic-Amicon Zorgverzekeraar*, zaaknr. 407) (besluit op bezwaar)). Ook de Europese Commissie heeft deze bevoegdheid niet. Wel kan de nietigheid door arbiters worden vastgesteld. De nietigheid heeft slechts betrekking op die onderdelen van een overeenkomst of besluit die ertoe strekken of ten gevolge hebben dat de mededinging wordt beperkt art. 3:41 BW. De civielrechtelijke nietigheid hoeft er niet toe te leiden dat deze ook gedeelten van de overeenkomst treft die niet tegen art. 101 lid 1 en 3 VWEU indruisen (HvJ EG 30 juni 1966, 56/65, *Jur.* 1966, p. 391 (*STM/Ulm*); HvJ EG 14 december 1983, 319/82, *Jur.* 1983, p. 1627, r.o. 11 (*Ciments et Betons/Kerpen en Kerpen*); zie ook HR 18 december 2009, *LJN* BJ9439, r.o. 2.48 (concl. A-G Keus), (*Prisma*)). De nietigheid van bepaalde onderdelen zal de nietigheid van de gehele overeenkomst dan wel van het gehele besluit met zich mee brengen wanneer zij daarmee een ondeelbare eenheid vormt, art. 3:41 BW. Toepassing van de conversiebepaling (art. 3:42 BW) op een overeenkomst of besluit waarvan een ondeelbaar onderdeel strijdig is met art. 6 Mw lijkt op gespannen voet te staan met het absolute karakter van de mededingingsrechtelijke nietigheid (HvJ EG 2 november 1971, 22/71, *Jur.* 1971, p. 949 (*Béguelin*)). Toepassing van art. 3:42 BW is onverenigbaar met de op uitbanning van ongeoorloofde concurrentiebeperkende overeenkomsten gerichte, in art. 6 lid 2 Mw neergelegde absolute nietigheid (HR 18 december 2009, *LJN* BJ9439, r.o. 3.7.2 (*Prisma*)). Op de civiele rechter rust niet de plicht de nietigheid van art. 6 lid 2 Mw ambtshalve vast te stellen (HR 16 januari 2009, ECLI:NL:HR:2009:BG3582, *NJ* 2009/54 (*Gemeente Heerlen/Whizz*)). De nietigheid van art. 101 lid 2 VWEU is daarentegen van openbare orde in de zin van art. 3:40 lid 1 BW (HvJ EG 1 juni 1999, C-126/97, *Jur.* 1999, p. I-3055 (*Eco Swiss/Benetton*); HvJ EU 4 juni 2009, C-8/08, ECLI:EU:C:2009:343 (*T-Mobile Netherlands*)). Zie verder Mededingingswet, Inleidende opmerkingen, aant. 12.

11. Uitzondering van het verbod van lid 1 (lid 3). a. Algemeen. De bepaling moet door ACM en de rechter worden toegepast indien een onderneming zich er in een procedure op beroept. In art. 6 lid 3 zijn voor toepassing van de uitzondering op het kartelverbod dezelfde criteria opgenomen als in art. 101 lid 3 VWEU. Van belang hierbij is art. 3 lid 2 Verordening (EG) 1/2003, dat bepaalt dat toepassing van het nationale mededingingsrecht niet mag leiden tot het verbieden van overeenkomsten, besluiten van ondernemersverenigingen of onderling afgestemde feitelijke gedragingen die de handel tussen de lidstaten van de Europese Unie ongunstig kunnen beïnvloeden, maar die voldoen aan de voorwaarden van art. 101 lid 3 VWEU. De mogelijkheid om op grond van art. 17 Mw (oud) een ontheffing te verkrijgen van ACM is met de invoering van Verordening (EG) 1/2003 vervallen (zie verder hieronder, onderdeel c). Ondernemingen dienen zelf na te gaan in hoeverre zij de Mededingingswet naleven en voldoen aan cumulatieve voorwaarden voor de wettelijke uitzondering. Als gevolg van deze stelselwijziging is relevante beschikkingenpraktijk sinds 2004 schaars. In sommige gevallen geeft ACM een informele zienswijze (zie verder art. 6, aant. 13). **b. Bewijslast.** Wanneer ACM of een andere partij beweert dat een inbreuk op art. 6 lid 1 Mw is gepleegd, berust de bewijslast bij ACM of die andere partij (zie art. 6, aant. 2). Beroept een onderneming of ondernemersvereniging zich echter op de uitzondering van art. 6 lid 3 Mw, dan dient, zoals ook is bepaald in art. 6 lid 4 Mw die onderneming of die ondernemersvereniging te bewijzen dat aan alle voorwaarden van dat artikellid is voldaan. **c. Voormalig ontheffingensysteem.** In het systeem vóór de inwerkingtreding van Verordening (EG) 1/2003 (dat wil zeggen onder het regime van Verordening (EEG) 17/62) en de daarop gebaseerde initiële Mededingingswet, was er naast de in aant. 2 en 3 genoemde uitzonderingen en de vrijstellingen van het verbod van art. 6 lid 1 Mw, een individuele ontheffingsmogelijkheid, die was neergelegd in art. 17 Mw. De ontheffing moest per geval worden aangevraagd bij ACM. Zie verder art. 1, aant. 9. In het geval er sprake was van een overeenkomst of afspraak, die de handel tussen de lidstaten kon beïnvloeden, was het Europese mededingingsrecht van toepassing en was de Europese Commissie bevoegd. Het ontheffingsverzoek diende dan te worden ingediend bij de Commissie. Met de inwerkingtreding van Verordening (EG) 1/2003 en de wijziging van de Mededingingswet, is op Nederlands en Europees niveau de ontheffingsmogelijkheid geschrapt ten faveure van een wettelijke uitzondering geïntroduceerd. De wetgever heeft ervoor gekozen om met het vervallen van de ontheffingsmogelijkheid per 1 augustus 2004 de in het verleden verleende ontheffingen te laten doorwerken voor de tijd waarvoor zij zijn verleend met een maximum resterende tijd van vijf jaar (art. III A Wet modernisering EG-mededingingsrecht, *Stb.* 2004, 345). Een in het verleden verleende ontheffing die zijn werking heeft verloren, kan echter in de praktijk wel meewegen bij de beoordeling door ACM of de rechter voor de vraag of de uitzondering van art. 6 lid 3 Mw van toepassing is. De mate van zekerheid die ondernemingen hieraan nog kunnen ontlenen zal afhankelijk zijn van de vraag of de omstandigheden sinds de verlening van de vervallen ontheffing zijn gewijzigd en of de onderneming de bij de verlening van de ontheffing opgelegde voorwaarden of beperkingen feitelijk nog steeds in acht neemt.

12. Voorwaarden voor uitzondering (lid 3). a. Algemeen. In dit lid zijn de criteria opgenomen waaraan een mededingingsafspraak dient te voldoen voor de toepassing van de wettelijke uitzondering. Het artikel stelt vier voorwaarden, waarvan de eerste twee positief en de laatste twee negatief zijn geformuleerd. Voor de toepassing van de wettelijke uitzondering moet aan alle voorwaarden cumulatief zijn voldaan. De voorwaarden zijn ontleend aan art. 101 lid 3 VWEU. Omdat de wet niet strenger of soepeler is dan de EU-mededingingsregels, zullen deze voorwaarden met behulp van Europese jurisprudentie en bekendmakingen worden geïnterpreteerd (MvT, p. 67). De Europese Commissie heeft bij de invoering van Verordening (EG) 1/2003 richtsnoeren gepubliceerd voor de toepassing van art. 101 lid 3 VWEU (*PbEU* 2004, C101/97, zie het onderdeel Bijlagen in deze uitgave). Volgens deze richtsnoeren is het doel van de uitzondering om mededingingsbeperkende overeenkomsten die objectieve economische voordelen kunnen opleveren die opwegen tegen de negatieve effecten van de mededingingsbeperking toe te staan. In de richtsnoeren wordt in dat verband gedoeld op efficiëntiewinsten die mededingingsbevorderende effecten opleveren. In hoeverre art. 101 lid 3 VWEU en/of art. 6 lid 3 Mw andere publieke belangen dan mededingingsbelangen een rol kunnen spelen is niet eenduidig. Dit is onder meer relevant bij de beoordeling van zogenoemde 'duurzaamheidsinitiatieven' van ondernemingen (zie hieromtrent nader aant. 13). Hoe ernstiger de mededingingsbeperking is, hoe minder snel deze kan voldoen aan de voorwaarden voor de uitzondering. Echter, geen enkele overeenkomst die de mededinging beperkt, is strikt genomen uitgezonderd van art. 101 lid 3 VWEU (GvEA EG 15 juli 1994, T-17/93, *Jur.* 1994, p. II-595, r.o. 85 (*Mantra*)). In geval van overeenkomsten die ertoe strekken de mededinging te beperken zal de bewijslast echter zwaar zijn. **b. Verbetering van de productie of de distributie of bevordering van de technische of economische vooruitgang**. De eerste voorwaarde schrijft voor dat de mededingingsafspraak moet bijdragen tot verbetering van de productie of de distributie, dan wel tot bevordering van de technische of economische vooruitgang. Deze verbetering of bevordering moet objectief zijn en opwegen tegen de nadelen voor de mededinging die de mededingingsafspraak met zich meebrengt. De verbetering of bevordering mag derhalve niet alleen uit het subjectieve belang van de betrokken ondernemingen bestaan (Besluit ACM 27 augustus 1998 (*Ontheffingsaanvraag KNMvD*, zaaknr. 379)). Volgens de Commissierichtsnoeren is de bedoeling van deze eerste voorwaarde om het soort efficiëntiewinsten te bepalen dat in aanmerking kan worden genomen. De eerste voorwaarde wordt soms ruim uitgelegd, waarbij vaak niet wordt aangegeven of het gaat om een verbetering van de productie of de distributie, dan wel bevordering van de technische of economische vooruitgang. Als verbetering van de productie is bijvoorbeeld aangemerkt de mogelijkheid om op verbeterde wijze nieuwe diensten te kunnen aanbieden (Besluit ACM 20 november 1998 (*ASV Diensten BV*, zaaknr. 681)), de vergroting van de diversiteit van het aanbod en de prikkel om kwalitatief hoogstaande producten te produceren (Besluit ACM 19 april 1999 (*Algemene voorwaarden overeenkomsten PVV/IKB Varkens 1991*, zaaknr. 304)). Het voorkomen van milieuschade kan eveneens aan deze voorwaarde voldoen, aangezien het voorkomen van dergelijke schade doorgaans goedkoper is dan het herstellen ervan (Besluit ACM 18 december 1998 (*Stibat*, zaaknr. 51)). Ook het realiseren van hoogwaardig hergebruik van kunststofleidingsystemen is aangemerkt als bijdrage aan de verbetering van de productie of distributie dan wel de bevordering van technische of economische vooruitgang (Besluit ACM 23 juli 1999 (*Vereniging van Fabrikanten van Kunststofleidingsystemen*, zaaknr. 12)). Gemeenschappelijke reclameacties kunnen onder bepaalde voorwaarden een bijdrage leveren aan de distributie van producten, ook al wordt de concurrentie tussen de deelnemende ondernemingen onderling beperkt (Besluit ACM 19 april 2000 (*Zorg en Zekerheid*, zaaknr. 767)). Blijkens de beschikkingspraktijk kan de eerste voorwaarde ook worden vervuld door de verbetering van de verkeersveiligheid en het terugdringen van de files (Besluit ACM 30 maart 1999 (*Takel en Berging*, zaaknr. 38)) en de verbetering van het woningbestand (Besluit ACM 4 maart 1999 (*Amsterdamse Federatie van Woningcorporaties*, zaaknr. 553)). Ten aanzien van de voorgenomen sluiting van vijf kolencentrales werd de daaruit voortvloeiende geschatte prijsverhoging afgewogen tegen de op basis van schaduwprijzen gewaardeerde milieueffecten in de vorm van emissiebeperking van SO_2, NO_x en fijnstof waarmee een bijdrage kan worden geleverd aan de verbetering van de luchtkwaliteit in Nederland dan wel een besparing worden gerealiseerd ten aanzien van de maatregelen die anders zouden moeten worden getroffen om die verbetering tot stand te brengen (Informele zienswijze ACM (*Sluiting Kolencentrales*)). In de zaak 'Kip van Morgen' hechtte ACM belang aan een economische analyse waarin werd gemeten of de afnemers van kippenvlees bereid zouden zijn een hogere prijs te betalen voor duurzaam kippenvlees. De uitkomst was dat de 'De Kip van Morgen' netto geen voordelen voor de consument opleverde. Daarmee voldeden de duurzaamheidsafspraken op voorhand niet te aan het eerste vrijstellingscriterium (Informele zienswijze ACM, *Kip van Morgen* ACM/DM/2014/206028). Overeenkomsten waarin een verbetering van de technische of economische vooruitgang aan de orde is, vallen onder de groepsvrijstelling technologieoverdracht (zie het onderdeel Bijlagen in deze uitgave) indien het marktaandeel niet meer dan 20% is bij horizontale overeenkomsten en 30% bij verticale overeenkomsten. Zogenaamde 'hardcore'-beperkingen genoemd in art. 4 van de verordening zijn uitgesloten van de vrijstelling. Zie ook de richtsnoeren technologieoverdracht (opgenomen in het onderdeel Bijlagen in deze uitgave). **c. Billijk aandeel voor de gebruikers.** Als tweede voorwaarde geldt dat een billijk aandeel in de uit de mededingingsafspraak voortvloeiende voordelen aan de gebruikers ten goede komt. Het netto-effect van de overeenkomst dient minstens neutraal te zijn uit het oogpunt van de gebruikers die rechtstreeks of onrechtstreeks door de overeenkomst geraakt zijn. Het begrip 'gebruikers' dient ruim te worden geïnterpreteerd en omvat alle rechtstreekse of onrechtstreekse gebruikers van de producten die door de overeenkomst worden gedekt. Negatieve effecten voor de gebruikers op een geografische en productmarkt kunnen doorgaans niet worden gecompenseerd door positieve effecten elders. Het uitgangspunt dat de voordelen de gebruikers minstens moeten compenseren voor de negatieve gevolgen die zij van een afspraak ondervinden geldt niet voor elke individuele gebruiker afzonderlijk maar wel voor de totale groep gebruikers op de relevante markt. Wanneer de mededingingsbeperking leidt tot een prijsstijging, moeten deze gebruikers tezamen bezien worden gecompenseerd door bijvoorbeeld een betere kwaliteit van de betrokken (nieuwe) producten (Richtsnoeren betreffende de toepassing van art. 101 lid 3 VWEU (*PbEU* 2004, C101/97), zie het onderdeel Bijlagen in deze uitgave). Indien de bij de mededingingsafspraak betrokken ondernemingen in voldoende mate bloot staan aan concurrentie, waarborgt dit in beginsel dat een billijk aandeel in de voordelen wordt doorgegeven aan de gebruikers. Er zal dan bijvoorbeeld een lagere prijs gelden voor het product of de dienst of een betere service worden verleend. De afwezigheid van substantiële toetredingsdrempels tot de relevante markten draagt bij aan de concurrentiedruk op de betrokken ondernemingen (Besluit ACM 20 november 1998 (*ASV Diensten BV*, zaaknr. 681)). Een vergelijking van de geschatte prijsverhoging met de op basis van schaduwprijzen gewaardeerde milieueffecten wijst erop dat het van de afspraak te verwachten prijsnadeel voor de elektriciteitsverbruikers aanmerkelijk hoger kan gaan uitvallen dan de waarde die aan de positieve milieueffecten kan worden toegekend. Dit duidt erop dat niet aan de positieve voorwaarden van art. 6 lid 3 Mw resp. art. 101 lid 3 VWEU is voldaan (Informele zienswijze ACM, *Kip van Morgen* ACM/DM/2014/206028; Informele zienswijze ACM (*Sluiting Kolencentrales*)). **d. Noodzakelijkheid.** De derde voorwaarde is dat de mededingingsafspraak geen beperkingen mag bevatten die niet onmisbaar zijn voor het bereiken van de gewenste verbetering of bevordering. Deze voorwaarde impliceert volgens de Commissierichtsnoeren een dubbel onderzoek. In de eerste plaats dient de beperkende overeenkomst op zich redelijkerwijs noodzakelijk te zijn voor het behalen van de efficiëntieverbeteringen. Ten tweede dienen de individuele mededingingsbeperkingen die uit de overeenkomst voortvloeien, eveneens redelijkerwijs noodzakelijk te zijn voor het behalen van de efficiëntieverbeteringen. Indien hetzelfde doel ook met minder restrictieve middelen kan worden bereikt, is niet aan deze derde voorwaarde voldaan (bijvoorbeeld Besluit ACM 9 juli 1999 (Overeenkomst inzake de vergoeding voor het gebruik van eigen zaaizaad en/of pootgoed) (*Nederlandse Vereniging voor Zaaizaad en Pootgoed*, zaaknr. 642)). Ook is niet aan deze voorwaarde voldaan indien bij een coöperatieve joint venture, de activiteiten van het samenwerkingsverband ook door de aandeelhouders zelf zouden kunnen worden uitgevoerd (Besluit ACM 28 april 2004 (*Interpay*, zaaknr. 2910)). Het mislukken van een minder vergaande vorm van samenwerking kan een aanwijzing vormen dat de overeengekomen beperkingen noodzakelijk zijn om de beoogde resultaten te bereiken (Besluit ACM 20 november 1998 (*ASV Diensten BV*, zaaknr. 681)). Niet bepalend is dat een beperking noodzakelijk is om voldoende draagvlak voor de mededingingsafspraak te creëren bij de leden van een branchevereniging. De noodzakelijkheidstoets ziet op objectieve (markt)omstandigheden (Besluit ACM 9 juli 1999 (*Vereniging van Bloemenveilingen in Nederland*, zaaknr. 492)). Territoriale beperkingen zullen in het algemeen niet voldoen aan deze toets. **e. Restconcurrentie.** De vierde voorwaarde is dat de mededingingsafspraak de betrokken ondernemingen niet de mogelijkheid mag geven de mededinging voor een wezenlijk deel van de betrokken goederen en diensten uit te schakelen. Op de relevante markt dient voldoende concurrentie te resteren. Een onderscheid kan worden gemaakt tussen enerzijds de concurrentie tussen de bij de mededingingsafspraak betrokken ondernemingen en anderzijds de concurrentie tussen deze ondernemingen en derden. Indien de mededingingsafspraak de concurrentie tussen de deelnemende ondernemingen uitsluit of in vergaande mate beperkt, is van belang dat voldoende concurrentiedruk uitgaat van ondernemingen die niet bij de mededingingsafspraak zijn aangesloten. Het marktaandeel van de betrokken ondernemingen en het bestaan van toetredingsbelemmeringen zijn in dit verband belangrijke factoren. Wanneer de mededingingsafspraak de concurrentie slechts op één onderdeel uitsluit, terwijl concurrentie op andere concurrentieparameters mogelijk blijft, kan ook nog voldoende restconcurrentie bestaan wanneer een groot deel of zelfs alle ondernemingen op de markt deelnemen aan de mededingingsafspraak (Besluit ACM 18 december 1998 (*Stibat*, zaaknr. 51) en Besluit ACM 19 april 1999 (*Algemene voorwaarden overeenkomsten PVV/IKB Varkens 1991*, zaaknr. 304)). De duurzaamheidsafspraken over 'De Kip van Morgen' zouden er naar verwachting toe leiden dat consumenten vanaf 2020 geen regulier geproduceerd kippenvlees meer zouden kunnen kopen in Nederlandse supermarkten. Consumenten die regulier geproduceerd kippenvlees willen kopen kunnen dan alleen nog terecht bij kleine supermarkten die niet meedoen met deze afspraken en andere verkoopkanalen, zoals poeliers, slagers en markthandelaren. Deze andere verkoopkanalen omvatten maar ongeveer 5% van de markt voor verkoop van kip aan consumenten (Informele zienswijze ACM, *Kip van Morgen* ACM/DM/2014/206028). ACM was in een zaak ten aanzien van een afvalbeheerovereenkomst van mening dat de door te berekenen, kleine heffingen voor recycling van oud papier en karton een sluitende productkringloop (economische en technische vooruitgang) ondersteunden die de consumenten ten goede zou komen. De restconcurrentie op de markten voor nieuw papier en karton als gevolg van de in het leven geroepen financiering van het verwijderingsstelsel werd niet voor een wezenlijk deel uitgeschakeld, aangezien voor concurrentieparameters anders dan de prijs, zoals kwaliteit, duurzaamheid en service, het systeem geen gevolgen had (Besluit ACM 10 december 2003 (*Stichting Papier Recycling Nederland*, zaaknr. 3007)).

13. Andere publieke belangen/duurzaamheidsinitiatieven (lid 3). a. Algemeen. Overeenkomsten, onderling afgestemde gedragingen en besluiten kunnen buiten toepassing van art. 6 lid 1 en art. 101 lid 1 VWEU vallen, indien publieke belangen mededingingsbeperkend gedrag kunnen rechtvaardigen, mits dit noodzakelijk en proportioneel is (HvJ EG 19 februari 2002, zaak C-309/99, ECLI:EU:C:2002:98 (*Wouters*), zie aant. 7). Ten aanzien van de uitzondering van art. 6 lid 3 en art. 101 lid 3 VWEU gold onder het oude systeem van individuele ontheffingen dat bij het afwegen of voldaan wordt aan de vier hiervoor besproken voorwaarden andere beleidsdoelstellingen, bijvoorbeeld op het gebied van milieu, cultuur, sociale politiek, volkshuisvesting en volksgezondheid, een rol konden spelen, maar deze waren ondergeschikt aan de mededingingsrechtelijke afweging. Zo kon de verbetering van de toestand van het milieu, in combinatie met voordelen van economische aard, bijdragen aan de verbetering van de productie of distributie en tot bevordering van de technische en economische vooruitgang (Besluit ACM 18 december 1998 (*Stibat*, zaaknr. 51)). Uit maatschappelijk oogpunt nuttige effecten van non-concurrentiële aard alleen zijn niet voldoende om te voldoen aan de voorwaarden. In de beschikkingspraktijk werd echter vaak een ruime uitleg gegeven aan de voorwaarde dat de mededingingsafspraak dient bij te dragen aan de verbetering van de productie of distributie dan wel de bevordering van de technische en economische vooruitgang. Binnen het sinds 2004 bestaande stelsel waarin ondernemingen zelf dienen te beoordelen of aan de uitzondering is voldaan, heeft de Europese Commissie richtsnoeren gepubliceerd voor de toepassing van art. 101 lid 3 VWEU (*PbEU* 2004, C101/97, zie het onderdeel Bijlagen in deze uitgave). Volgens de richtsnoeren is het doel van de uitzondering om mededingingsbeperkende overeenkomsten toe te staan die objectieve economische voordelen kunnen opleveren welke opwegen tegen de negatieve effecten van de mededingingsbeperking. In de richtsnoeren wordt in dat verband gedoeld op efficiëntiewinsten die mededingingsbevorderende effecten opleveren. In hoeverre daarmee onder art. 101 lid 3 VWEU en het daarop georiënteerde art. 6 lid 3 Mw andere publieke belangen dan mededingingsbelangen een rol kunnen spelen is daarmee niet eenduidig. In de gewijzigde Mw na de omvorming van ACM tot zelfstandig bestuursorgaan blijft het op grond van art. 5 Mw mogelijk dat de minister beleidsregels vaststelt met betrekking tot de wijze waarop ACM andere dan economische belangen moet betrekken in zijn afweging. Zie verder Mededingingswet, Inleidende opmerkingen, aant. 3 onder c en het commentaar op art. 5 Mw. In het systeem van Verordening (EG) 1/2003 wordt een individuele ontheffing, behoudens de in art. 10 Verordening (EG) 1/2003 voorziene uitzondering, niet meer gegeven door de Europese Commissie en ACM. Dit zal de toepassing van dergelijke niet-economische doelstellingen door de rechter bij afwezigheid van een wettelijke aanwijzing moeilijk, hoewel niet onmogelijk maken. De rechter kan voor dit soort vragen ook een beroep doen op de Commissie op grond van art. 15 lid 1 Verordening (EG) 1/2003 of ACM. Partijen kunnen een besluit vragen aan de Commissie op grond van art. 10 Verordening (EG) 1/2003 of een informele zienswijze bij ACM (zie aant. 14). **b. Duurzaamheidsinitiatieven.** Duurzaamheid is een breed, niet eenduidig gedefinieerd begrip. Er worden onderwerpen onder geschaard als milieubescherming, volksgezondheid, 'fair trade'-productie, dierenwelzijn enz. Als afspraken geen betrekking hebben op belangrijke concurrentieparameters (zoals prijs, hoeveelheid en kwaliteit), zullen zij minder snel de mededinging beperken. Een voorbeeld daarvan is het gezamenlijk oprichten van een duurzaamheidskeurmerk (ACM Visiedocument Mededinging & Duurzaamheid). Afspraken tussen ondernemingen die duurzaamheidsonderwerpen raken kunnen echter ook tot strekking of gevolg hebben dat de mededinging merkbaar wordt beperkt in de zin van art. 6 lid 1, bijvoorbeeld omdat deze leiden tot een (verwachte) prijsverhoging voor afnemers (zie Informele zienswijze ACM (*Sluiting Kolencentrales*)). In geval geen andere vrijstelling of uitzondering van toepassing is (met name art. 7 Mw), moet worden beoordeeld of is voldaan aan de voorwaarden voor de uitzondering van art. 6 lid 3 en, indien art. 101 lid 1 VWEU eveneens van toepassing is, van art. 101 lid 3 VWEU. De Commissierichtsnoeren geven niet aan dat andere publieke belangen dan mededingingsbelangen een rol kunnen spelen (zie hiervoor, onderdeel a). Een andere kwestie is in hoeverre als onderdeel van de beoordeling van de mededingingsvoordelen van een duurzaamheidsinitiatief rekening kan worden gehouden met verbeteringen die niet, niet volledig of niet direct ten goede komen van de gebruikers van de betrokken producten of diensten. Dit hangt onder meer samen met de vraag of, en zo ja in welke mate, voordelen van de samenleving als geheel en voor toekomstige generaties kunnen worden meegewogen. In 2016 heeft de Minister hieraan voor ACM nadere invulling gegeven in de Beleidsregel mededinging en duurzaamheid (*Stcrt.* 2016, 52945). ACM heeft tevens meer inzicht gegeven in haar eigen handhavingsprioriteiten op het gebied van duurzaamheidsinitiatieven. ACM kondigt aan niet handhavend op te treden bij maatschappelijk breed gedragen duurzaamheidsafspraken wanneer alle betrokken partijen zoals de overheid, vertegenwoordigers van burgers en bedrijven positief zijn over de afspraken. Bij klachten of signalen over duurzaamheidsafspraken kan ACM een onderzoek starten. Als ACM een probleem ziet met een duurzaamheidsafspraak, zal ACM de betrokken partijen verzoeken om de afspraak aan te passen. Als zij hieraan meewerken, ziet ACM geen reden de samenwerking volledig te beëindigen of om een boete op te leggen aan de betrokken partijen (zie de sectie Duurzaamheid en concurrentie op www.acm.nl). Het is mogelijk een informele zienswijze aan ACM te vragen over voorgenomen duurzaamheidsinitiatieven. Voorbeelden van beoordeelde initiatieven zijn: Informele zienswijze ACM, *Kip van Morgen* ACM/DM/2014/206028; Informele zienswijze ACM, *Sluiting Kolencentrales*; Informele zienswijze ACM, *Verdoofd castreren van biggen*, zaaknr. 6456; Besluit ACM 10 december 2003 (*Stichting Papier Recycling Nederland*, zaaknr. 3007); Afspraken in de kledingbranche over een leefbaar loon in Bangladesh (Beleidsregel Minister, toelichting par. 2.1); Informele zienswijze ACM, *Uniforme CO_2-verrekenprijs bij inkoop- en investeringsbeslissingen regionale netbeheerders*.

14. Informele zienswijze. Door het vervallen van de mogelijkheid van het indienen van een ontheffingsverzoek, is het nu aan de ondernemingen en ondernemingsverenigingen zelf om na te gaan in hoeverre bepaalde afspraken of overeenkomsten voldoen aan de criteria van art. 6 lid 3 Mw. Hierin is nu een belangrijke rol weggelegd voor juridische en economische adviseurs. In beginsel kan ACM niet meer worden gevraagd om te bekijken of de afspraken of overeenkomsten voldoen aan deze criteria. Informele zienswijzen zijn relatief schaars. Een informele zienswijze bindt ACM niet. ACM heeft een Werkwijze informele zienswijzen gepubliceerd (*Stcrt.* 2019, 11177) waarin criteria zijn gesteld voor het in behandeling nemen en honoreren van verzoeken om een informele zienswijze. ACM weegt mee of het een nieuwe, niet hypothetische rechtsvraag betreft. ACM kijkt ook of de overeenkomst of gedraging waarschijnlijk veel voorkomt c.q. de voorliggende vraag breder leeft waardoor een informele zienswijze vanwege strategische signaalwerking noodzakelijk is. Daarnaast weegt ACM mee of het verzoek betrekking heeft op een overeenkomst of gedraging die nog niet is uitgevoerd of is afgesloten. Verder is van belang of met het onderwerp grote economische belangen gemoeid zijn, direct de belangen van veel consumenten worden geraakt en of het een onderwerp is dat hoog op de maatschappelijke agenda staat. Ten slotte geldt, als meer praktisch vereiste, dat ACM op grond van de door verzoeker overlegde informatie in staat moet zijn om een adviesbrief op te stellen. ACM zal dus geen nader feitelijk onderzoek verrichten. Ook stelt ACM informele zienswijzen alleen af te geven, onverlet de toepassing van de criteria, als capaciteitsredenen en prioriteitsstelling dit toelaten. De Mw geeft geen termijnen voor het geven van een informele zienswijze. Daarom moet voor de termijn worden aangesloten bij de redelijke termijn in art. 4:13 Awb. In geval van verzoeken om een informele zienswijze gerelateerd aan concentraties streeft ACM ernaar haar schriftelijke zienswijze binnen twee weken te geven (Werkwijze bij concentratiezaken, opgenomen in het onderdeel Bijlagen in deze uitgave). Voorbeelden van informele zienswijzen zijn: Informele zienswijze ACM 18 november 2004 (*Eredivisie CV-exploitatie uitzendrechten*, zaaknr. 4237); Informele zienswijze ACM 14 januari 2005 (borgingssysteem kwaliteit productie melk (*Royal Friesland Foods*, zaaknr. 4258); Informele zienswijze ACM 30 maart 2005 (*Garnalen*, zaaknr. 4268); Informele zienswijze ACM (*Kip van Morgen* ACM/DM/2014/206028); Informele zienswijze ACM (*Sluiting Kolencentrales*); Informele zienswijze ACM (*Verdoofd castreren van biggen*, zaaknr. 6456)). Zie verder onder het kopje: 'Zienswijze en consultatie' op de website van ACM.

Artikel 7
1. Artikel 6, eerste lid, geldt niet voor overeenkomsten, besluiten en onderling afgestemde feitelijke gedragingen als bedoeld in dat artikel indien:
a. bij de desbetreffende overeenkomst of onderling afgestemde feitelijke gedraging niet meer dan acht ondernemingen betrokken zijn, dan wel bij de desbetreffende ondernemersvereniging niet meer dan acht ondernemingen betrokken zijn, en
b. de gezamenlijke omzet in het voorafgaande kalenderjaar van de bij de desbetreffende overeenkomst of onderling afgestemde feitelijke gedraging betrokken ondernemingen dan wel de gezamenlijke omzet van de bij de desbetreffende ondernemersvereniging betrokken ondernemingen niet hoger is dan:
  1° € 5 500 000, indien daarbij uitsluitend ondernemingen zijn betrokken wier activiteiten zich in hoofdzaak richten op het leveren van goederen;
  2° € 1 100 000, in alle andere gevallen.

2. Onverminderd het eerste lid, geldt artikel 6, eerste lid, voorts niet voor overeenkomsten, besluiten en onderling afgestemde feitelijke gedragingen als bedoeld in dat artikel voor zover daarbij ondernemingen of ondernemersverenigingen betrokken zijn die daadwerkelijke of potentiële concurrenten zijn op een of meer van de relevante markten, indien:
a. het gezamenlijke marktaandeel van de bij de overeenkomst, het besluit of de onderling afgestemde feitelijke gedraging betrokken ondernemingen of ondernemersverenigingen op geen van de relevante markten waarop de overeenkomst, het besluit of de onderling afgestemde feitelijke gedraging van invloed is, groter is dan 10%, en

b. de overeenkomst, het besluit of de onderling afgestemde feitelijke gedraging de handel tussen lidstaten niet op merkbare wijze ongunstig kan beïnvloeden.

3. In geval van afzonderlijke overeenkomsten tussen een onderneming of een ondernemersvereniging en twee of meer andere ondernemingen, die dezelfde strekking hebben, worden voor de toepassing van het eerste lid die overeenkomsten tezamen beschouwd als één overeenkomst.

4. Bij algemene maatregel van bestuur kan worden bepaald, zo nodig onder voorschriften en beperkingen, dat artikel 6, eerste lid, niet van toepassing is op in die maatregel omschreven categorieën van overeenkomsten, besluiten of gedragingen als bedoeld in dat artikel, die in het algemeen vanuit een oogpunt van mededinging van duidelijk ondergeschikte betekenis zijn.

5. Het in het eerste lid, onder a, genoemde aantal en de in het eerste lid, onder b, genoemde bedragen kunnen bij algemene maatregel van bestuur worden gewijzigd.
[24-11-2011, Stb. 569 jo. Stb. 570, i.w.tr. 03-12-2011/kamerstukken 31531]

[Bagatels]

1. Bagatelvoorziening. Doel van de bagatelvoorziening is om mededingingsafspraken van het kartelverbod vrij te stellen die vanwege hun omvang of aard vanuit een oogpunt van het mededingingsbeleid van duidelijk ondergeschikte betekenis zijn. Art. 7 Mw geeft een kwantitatieve ondergrens aan de reikwijdte van het verbod van mededingingsafspraken. In het systeem van de Mededingingswet beïnvloedt een overeenkomst boven de drempel van art. 7 Mw niet automatisch merkbaar de mededinging.

2. Omzetcriterium (lid 1). Art. 7 lid 1 Mw bevat een kwantitatieve uitzondering voor kwantitatieve bagatellen. Dit zijn mededingingsbeperkende overeenkomsten, besluiten of onderling afgestemde feitelijke gedragingen waarbij niet meer dan acht ondernemingen betrokken zijn en (cumulatief) waarvan de totale concernomzet niet meer beloopt dan € 5.500.000 (als het om goederen gaat) dan wel € 1.100.000 (als het om diensten gaat). Bij de regel van lid 1 speelt het marktaandeel geen rol bij de bagatelvrijstelling. Door de gezamenlijke omzet te nemen wordt rekening gehouden met de positie van de betrokken ondernemingen op de desbetreffende markt als geheel, ongeacht of die ondernemingen van min of meer gelijke of van verschillende omvang zijn. Dochterondernemingen worden aangemerkt als onderdeel van de groepsmaatschappij indien zij één economisch geheel vormen. Zie art. 1, aant. 5. Om te voorkomen dat ondernemingen die op regionale en lokale markten bij een bepaalde marktbeheersende mededingingsafspraak zijn aangesloten, zouden worden vrijgesteld omdat hun gezamenlijke omzet onder de gestelde grens ligt, is behalve de omzet ook het gezamenlijke aantal van de aangesloten ondernemingen aan een maximum gebonden (MvT, p. 14-15). Tussen de bagatelcriteria van art. 7 Mw en de criteria voor de werkingssfeer van het concentratietoezicht in art. 29 Mw bestaat geen relatie. Het begrip 'voorafgaande kalenderjaar' heeft betrekking op het kalenderjaar, voorafgaande aan de overeenkomst, het besluit of (het begin van) de gedraging (MvT, p. 61). Het hier gevolgde systeem wijkt op twee punten af van het EU-recht. Ten eerste is de ondergrens van het bereik van de Nederlandse wetgeving als een wettelijke vrijstelling geformuleerd, terwijl dit op EU-niveau door middel van een Bekendmaking van de Europese Commissie is gedaan. Ten tweede geeft art. 7 Mw absolute omzetbedragen terwijl de EU uitgaat van marktaandelen. Zoals hierna uit aant. 3 blijkt, geldt echter voor horizontale overeenkomsten wel een gekwalificeerd marktaandeel. Zie verder Mededingingswet, Inleidende opmerkingen, aant. 3.

3. Marktaandeelcriterium voor horizontale overeenkomsten (lid 2 onderdeel a).

Het in 2011 ingevoegde lid 2, geeft voor horizontale overeenkomsten in tegenstelling tot lid 1, wel een marktaandeel als grens, namelijk 10% (*Kamerstukken* 32664, 2). Tot deze wijziging gold een grens van 5%. Het is aan ACM om te bewijzen dat sprake is van een overtreding van art. 6 Mw. Dit brengt mee dat ACM moet stellen en bij betwisting moet bewijzen dat deze bepaling niet op grond van de toepasselijkheid van art. 7 Mw niet geldt (CBb 10 april 2014, ECLI:NL:CBB:2014:118 (*Boomkwekerijen*)). Voor de beantwoording van de vraag of een overeenkomst voldoet aan de voorwaarden van deze bagatelbepaling is een daarop toegespitste afbakening van de relevante markt onontbeerlijk. De eisen waaraan de afbakening van de relevante markt moet voldoen verschillen aldus naar gelang de omstandigheden van het concrete geval (CBb 23 april 2019, ECLI:NL:CBB:2019:150 (*Taxivervoer regio Rotterdam*)). Voor verticale overeenkomsten, die niet onder deze bepaling vallen, geldt de ruim geformuleerde groepsvrijstelling in Verordening (EU) 330/2010 op grond waarvan overeenkomsten in beginsel van het kartelverbod zijn vrijgesteld indien de gezamenlijke ondernemingen een marktaandeel hebben dat niet hoger ligt dan 30% (zie art. 13 lid 1 en art. 13, aant. 2). En is echter een verschil omdat verticale overeenkomsten volgens Verordening (EU) 330/2010 (opgenomen in het onderdeel Bijlagen in deze uitgave) niet zijn vrijgesteld indien zij zogenaamde 'hardcore' beperkingen zoals prijsafspraken en marktverdelingsafspraken bevatten. Die beperking geldt niet als onderdeel van de uitzondering van art. 7 lid 2 Mw: horizontale 'hardcore'-beperkingen zijn eveneens vrijgesteld. Voor verticale overeenkomsten die onder de uitzondering van art. 7 lid 1 Mw vallen, zijn eveneens 'hardcore'-beperkingen toegelaten. Na de wijziging van art. 7 lid 2 Mw gelden daarom, in strijd met de gangbare opvatting dat verticale overeenkomsten in het algemeen minder schadelijk zijn dan horizontale overeenkomsten, voor verticale overeenkomsten die de handel tussen de lidstaten niet merkbaar beïnvloeden strengere regels dan voor horizontale overeenkomsten.

4. Lid 2 onderdeel a geldt alleen voor NL-kartels (lid 2 onderdeel b).

Blijkens de tekst van art. 7 lid 2 onderdeel b Mw geldt deze vrijstelling alleen voor overeenkomsten, besluiten of onderling afgestemde feitelijke gedragingen die de handel tussen de lidstaten niet op merkbare wijze ongunstig beïnvloeden. Voor de toepassing van deze bepaling is daarmee de vaststelling van beïnvloeding van de handel tussen de lidstaten van belang. De Europese Commissie heeft het begrip 'beïnvloeding van de handel tussen de lidstaten' toegelicht in een aparte mededeling (*PbEU* 2004, C 101 van 27 april 2004, p. 81, zie het onderdeel Bijlagen in deze uitgave). Dit document geeft geen pasklare oplossingen (zie Mededingingswet, Inleidende opmerkingen, aant. 6). Voor horizontale overeenkomsten zijn met name par. 83, 84 en 104 van belang. Horizontale overeenkomsten die rechtstreeks met de invoer en uitvoer verband houden kunnen de handel tussen de lidstaten beïnvloeden. Hetzelfde geldt voor overeenkomsten die marktafschermend werken. Het toepassingsbereik van de vrijstelling van lid 2 onderdeel a is daarom effectief beperkt tot lokale horizontale overeenkomsten die geen daadwerkelijk of potentieel effect hebben op de invoer of de uitvoer.

5. Bundelovereenkomsten (lid 3). Het gaat hier om gevallen van afzonderlijke overeenkomsten tussen een onderneming (of ondernemersvereniging) en twee of meer andere ondernemingen. Deze worden voor de toepassing van het eerste lid als één overeenkomst beschouwd. Deze overeenkomsten afzonderlijk zullen ook onder de grenzen van de bagatelvrijstelling kunnen vallen, en daardoor vrijgesteld zijn van het verbod van art. 6 Mw. Dergelijke stelsels kunnen echter zeer substantiële effecten hebben voor de mededinging op de desbetreffende markt. Daarom bepaalt lid 3 dat het aantal en de omzetten van de bij het gehele stelsel van overeenkomsten betrokken ondernemingen moeten worden samengeteld.

6. Kwalitatieve bagatelcriteria (lid 4). Bij algemene maatregel van bestuur kan een generieke vrijstelling worden verleend aan zogenaamde kwalitatieve bagatellen, dat wil zeggen overeenkomsten die in het algemeen naar hun aard de mededinging slechts in geringe mate beperken. Het gaat bij deze mededingingsafspraken niet primair om het geringe marktaandeel van de aangesloten ondernemingen, maar om het feit dat zij naar hun aard de mededinging slechts in geringe mate beperken. Tevens is in deze bepaling voorzien in de mogelijkheid de vrijstelling aan voorschriften en beperkingen, bijvoorbeeld de omzetgrens, te binden. Ten tijde van de parlementaire behandeling bestonden geen concrete voornemens een dergelijke maatregel tot stand te brengen.

7. Wijziging bagatelcriteria (lid 5). Mocht in de toekomst blijken dat het gekozen niveau van de bagatelcriteria niet meer passend is, dan kan dat bij algemene maatregel van bestuur worden gewijzigd (MvT, p. 16).

Artikel 8
1. De berekening van de omzet, bedoeld in artikel 7, eerste lid, onder b, geschiedt op de voet van het bepaalde in artikel 377, zesde lid, van boek 2 van het Burgerlijk Wetboek voor de netto-omzet.
2. Indien een onderneming behoort tot een groep als bedoeld in artikel 24b van boek 2 van het Burgerlijk Wetboek worden voor de berekening van de omzet van die onderneming de omzetten van alle tot die groep behorende ondernemingen opgeteld. Bij deze berekening worden transacties tussen de tot die groep behorende ondernemingen buiten beschouwing gelaten.
3. Voor de berekening van de gezamenlijke omzet van de betrokken ondernemingen, bedoeld in artikel 7, eerste lid, onder b, worden de transacties tussen die ondernemingen buiten beschouwing gelaten.
[24-11-2011, Stb. 569, i.w.tr. 03-12-2011/kamerstukken 31531]

[Berekening omzet]

1. De berekening van de omzet (lid 1). Voor de berekening van de omzet wordt verwezen naar de daarop betrekking hebbende bepaling met betrekking tot de jaarrekening in het Burgerlijk Wetboek (titel 9 van Boek 2 BW). Dit is een eenduidig criterium dat door een groot deel van het Nederlandse bedrijfsleven wordt toegepast. De terminologie 'op de voet van' beoogt ervoor te zorgen dat ook ondernemingen die, als gevolg van hun rechtsvorm, niet behoeven te voldoen aan de in titel 9 Boek 2 BW bedoelde verplichtingen ten aanzien van de jaarrekening (bijvoorbeeld maatschappen, vennootschappen onder firma en ondernemingen die toebehoren aan natuurlijke personen) de hier voorgeschreven berekening van de omzet hanteren (MvT, p. 62). De omzet heeft betrekking op alle goederen die de betrokkenen produceren of leveren en alle diensten die zij verrichten, ongeacht of zij die omzet in of buiten Nederland realiseren.

2. Groep ondernemingen (lid 2). Wanneer een onderneming behoort tot een groep, worden voor de berekening van de omzet van die onderneming de omzetten van alle tot die groep behorende ondernemingen opgeteld. In dergelijke gevallen wordt rekening gehouden met de omzet van de groep als geheel. Wel blijven voor de berekening van die omzet de transacties tussen de tot dezelfde groep behorende ondernemingen buiten beschouwing. Een groep is een economische eenheid waarin rechtspersonen en vennootschappen organisatorisch zijn verbonden (zie ook art. 2:377 lid 1 BW).

3. Transacties (lid 3). Voor de berekening van de gezamenlijke omzet van de bij een mededingingsafspraak betrokken ondernemingen blijven de transacties tussen die ondernemingen buiten beschouwing. Dat criterium is niet bedoeld als indicatie van de positie van die ondernemingen ten opzichte van elkaar, maar van hun gezamenlijke positie ten opzichte van derde ondernemingen (MvT, p. 16). In de praktijk komt dat erop neer dat, enerzijds, de transacties tussen ondernemingen binnen dezelfde groep buiten beschouwing blijven (zie art. 8, aant. 2). Daarnaast blijven de onderlinge transacties tussen de ondernemingen die bij de mededingingsafspraak betrokken zijn buiten beschouwing.

Artikel 9
1. De Autoriteit Consument en Markt kan op een overeenkomst tussen ondernemingen, een besluit van een ondernemersvereniging of een onderling afgestemde feitelijke gedraging van ondernemingen waarop krachtens artikel 7, eerste, tweede of vierde lid, artikel 6, eerste lid, niet van toepassing is, bij beschikking alsnog artikel 6, eerste lid, van toepassing verklaren, indien die overeenkomst, dat besluit of die gedraging gezien de marktverhoudingen op de relevante markt in aanzienlijke mate afbreuk doet aan de mededinging.
2. Op de voorbereiding van de beschikking is afdeling 3.4 van de Algemene wet bestuursrecht van toepassing.
3. De beschikking treedt niet eerder in werking dan zes weken na de datum van haar terinzagelegging overeenkomstig artikel 3:44, eerste lid, onderdeel a, van de Algemene wet bestuursrecht.
[28-02-2013, Stb. 102, i.w.tr. 01-04-2013/kamerstukken 33186]

[Buitentoepassingverklaring bagatel]

1. Buitentoepassingverklaring bagatel (lid 1). In een concreet geval kan ACM bepalen dat de bagateluitzondering niet van toepassing is. Deze ingrijpende bevoegdheid is slechts bedoeld voor zeer bijzondere omstandigheden. De bagatelcriteria geven niet meer dan een aanwijzing van de marktmacht van de bij een mededingingsafspraak aangesloten ondernemingen. Het kan daarom voorkomen dat een afzonderlijke mededingingsafspraak, hoewel deze beneden de kwantitatieve bagatelgrenzen ligt, niet van duidelijk ondergeschikte betekenis blijkt te zijn. Het gaat dus om gevallen waarin de gekozen uitzonderingscriteria niet voldoende doeltreffend zijn gebleken. Ook een mededingingsafspraak van een type dat is uitgezonderd, omdat het naar zijn aard de mededinging in het algemeen slechts in geringe mate beperkt, kan toch blijken niet van duidelijk ondergeschikte betekenis te zijn. Zo valt niet uit te sluiten dat het aantal en de gezamenlijke omzet van de bij een mededingingsafspraak aangesloten ondernemingen beneden de bagatelgrenzen liggen, maar dat die ondernemingen tezamen een zodanig groot aandeel van de lokale of regionale markt hebben dat zij die beheersen. Ook de ondernemingen die zijn aangesloten bij een mededingingsafspraak van een categorie die is uitgezonderd, kunnen gezamenlijk marktbeheersend zijn (MvT, p. 62-63).

2. Uniforme openbare voorbereidingsprocedure (lid 2 en 3). Het tweede lid bepaalt dat de uniforme openbare voorbereidingsprocedure, zoals geregeld in afdeling 3.4 van de Algemene wet bestuursrecht, van toepassing is op besluiten die op basis van art. 9 lid 1 Mw worden genomen. Op grond daarvan dient ACM in voorkomend geval een ontwerpbesluit ter inzage te leggen en kunnen belanghebbenden daarop hun zienswijzen geven alvorens de besluitvorming wordt gefinaliseerd. De bij de overeenkomst of gedraging betrokken ondernemingen, of in voorkomend geval de bij het besluit betrokken ondernemersvereniging, zullen in ieder geval kwalificeren als belanghebbenden. Denkbaar is eveneens dat derde-belanghebbenden een rol spelen, zoals de aanvrager indien de beschikking op aanvraag wordt genomen. Een beschikking die op basis van art. 9 lid 1 Mw is gegeven, treedt niet eerder in werking dan zes weken na de datum van haar terinzagelegging. Daarmee wordt aan de betrokken ondernemingen de mogelijkheid geboden hun afspraak of hun gedragingen aan te passen (MvT, p. 62-63).

Artikel 10
Artikel 6 geldt niet voor overeenkomsten, besluiten en gedragingen als bedoeld in dat artikel die rechtstreeks verbonden zijn aan een concentratie als bedoeld in artikel 27, en noodzakelijk zijn voor de verwezenlijking van de desbetreffende concentratie.
[22-05-1997, Stb. 242, i.w.tr. 01-01-1998/kamerstukken 24707]

[Uitzondering nevenrestricties]

1. Algemeen. Ingevolge art. 10 Mw geldt een uitzondering op het kartelverbod voor zogenaamde 'nevenrestricties'. De MvT verwees voor de beantwoording van de vraag of er sprake is van dergelijke nevenrestricties en voor de beoordeling daarvan naar de Mededeling van de Commissie betreffende nevenrestricties bij concentraties (*PbEG* 1990, C 203/5). Deze mededeling is in 2005 vervangen door een nieuwe Mededeling (*PbEU* 2005, C 56/24, zie het onderdeel Bijlagen in deze uitgave). De criteria 'rechtstreeks verband' en 'noodzakelijk' zijn objectief van aard; de mening van de partijen die de concentratie tot stand brengen speelt derhalve geen rol. 'Rechtstreeks verband' bestaat indien een restrictie economisch nauw samenhangt met de concentratie zelf. Bij het criterium 'noodzakelijk' is de belangrijkste vraag of en in hoeverre een restrictie nodig is om de concentratie te verwezenlijken. Objectieve noodzaak is aan de orde indien zonder de restrictie de concentratie niet of slechts onder aanzienlijk onzekerder omstandigheden, tegen aanzienlijk hogere kosten, na een merkbaar langere periode of met veel grotere moeilijkheden tot stand had kunnen worden gebracht. Enigszins vergelijkbaar met de leer van de nevenrestricties is de leer van de zogenaamde inherente beperkingen. Volgens deze leer zijn voor sommige overeenkomsten bepaalde beperkingen van de mededinging noodzakelijk om deze overeenkomsten hun nuttige werking te geven. Zij vallen daarmee buiten de werking van het kartelverbod (HvJ EG 28 januari 1986, 161/84, *Jur.* 1986, p. 353 (*Pronuptia*); idem: HvJ EG 15 december 1994, C-250/92, *Jur.* 1994, p. I-5641 (*Gottrup-Klim*); Besluit ACM 19 oktober 1998 (*Interpolis-Cobac*, zaaknr. 21)). Zie verder art. 6, aant. 7.

2. Beoordeling. Ondernemingen dienen in beginsel zelf te beoordelen of een nevenrestrictie in het kader van een concentratie voldoet aan de voorwaarden van art. 10 Mw. Echter kan in geval van meldingsplichtige concentraties aan ACM worden gevraagd om, als onderdeel van de beoordeling van de concentratie, een uitspraak te doen betreffende de vraag of een gestelde nevenrestrictie onder de vrijstelling van art. 10 Mw valt (Besluit vaststelling formulieren Mededingingswet 2007 (*Stb.* 2013, 102), zie het onderdeel Bijlagen in deze uitgave).

3. Non-concurrentiebedingen. Een belangrijke categorie nevenrestricties wordt gevormd door non-concurrentiebedingen. Op grond van par. 19-20 van de Commissiemededeling zijn aan concentraties verbonden niet-concurrentiebedingen slechts gerechtvaardigd wanneer de duur, het geografische toepassingsgebied en de materiële en personele reikwijdte ervan niet verder gaan dan wat redelijkerwijs daartoe noodzakelijk kan worden geacht. Wat betreft de duur zijn niet-concurrentiebedingen volgens de Europese Commissie gerechtvaardigd voor een periode van maximaal drie jaar wanneer de overdracht klantentrouw in de vorm van goodwill en knowhow omvat. Alleen in uitzonderlijke gevallen kunnen langere periodes gerechtvaardigd zijn (Gerechtshof Arnhem-Leeuwarden 25 juli 2017, ECLI:NL:GHARL:2017:6390 (*Thermagas*)). Zie voor een duur van vijf jaar: Gerechtshof Arnhem-Leeuwarden 1 april 2014, ECLI:NL:GHARL:2014:2590; Besluit ACM 16 juni 1998 (*Aviko/Korteweg*, zaaknr. 309); Besluit ACM 5 juni 1998 (*Janssen* e.a., zaaknr. 683); Besluit ACM 29 mei 1998 (*Schouten Products*, zaak 716); Besluit ACM 6 juli 1998 (*Heijmans Industrie*, zaaknr. 809); Besluit ACM 25 september 1998 (*Deli Universal*, zaaknr. 1047); Besluit ACM 23 september 1998 (*UBS Capital*, zaaknr. 1054); Besluit ACM 9 oktober 1998 (*Low & Bonar*, zaaknr. 1069); Besluit ACM 20 november 1998 (*CVC Capital Partners*, zaaknr. 1140). Zie voor de duur van drie jaar: Besluit ACM 29 juli 1998 (*Debitel*, zaaknr. 891). Voor een verbod op het werven van personeel (voor de duur van vijf jaar): Besluit ACM 6 juli 1998 (*Heijmans Industrie*, zaaknr. 809); Besluit ACM 23 september 1998 (*UBS Capital*, zaaknr. 1054). Voor een periode van twee jaar: Besluit ACM 9 oktober 1998 (*Low & Bonar*, zaaknr. 1069). Voor de periode van één jaar: Besluit ACM 29 juli 1998 (*Debitel*, zaaknr. 891). Voor een verbod op het aannemen van personeel (voor een periode van vijf jaar): Besluit ACM 16 juni 1998 (*Imperial Tobacco*, zaaknr. 761); Besluit ACM 23 september 1998 (*UBS Capital*, zaaknr. 1054); Besluit ACM 20 november 1998 (*CVC Capital Partners*, zaaknr. 1140). Gebod concurrerende activiteiten af te stoten: Besluit ACM 9 oktober 1998 (*Low & Bonar*, zaaknr. 1069), exclusieve licentie: Besluit ACM 29 juli 1998 (*Debitel*, zaaknr. 891), voortzetting leveringsrelatie: Besluit ACM 28 oktober 1998 (*PNEM-MEGA Groep N.V./Van Gansewinkel Groep B.V.*, zaaknr. 1004), wederzijds concurrentieverbod moeder – joint venture: Besluit ACM 28 oktober 1998 (*PNEM-MEGA Groep N.V./Van Gansewinkel Groep B.V.*, zaaknr. 1004), niet werken voor voormalige opdrachtgevers: Besluit ACM 6 juli 1998 (*Heijmans Industrie*, zaaknr. 809).

Mededingingswet, Hfdst. 3

§ 2
Uitzondering in verband met het vervullen van bijzondere taken

Artikel 11
Voor overeenkomsten, besluiten en gedragingen als bedoeld in artikel 6, eerste lid, waarbij ten minste een onderneming of ondernemersvereniging betrokken is die bij wettelijk voorschrift of door een bestuursorgaan is belast met het beheer van diensten van algemeen economisch belang, geldt artikel 6, eerste lid, voor zover de toepassing van dat artikel de vervulling van de aan die onderneming of ondernemersvereniging toevertrouwde bijzondere taak niet verhindert.
[22-05-1997, Stb. 242, i.w.tr. 01-01-1998/kamerstukken 24707]

[Uitzondering in verband met bijzondere taken]

1. Algemeen. Voor een juist begrip van het toepassingsbereik van deze bepaling dient eerst te worden vastgesteld dat een bepaalde activiteit een economische activiteit is. Uitoefening van een overheidsprerogatief en activiteiten van een zuiver sociale aard worden niet als economische activiteiten aangemerkt (zie art. 1, aant. 5). Dit artikel heeft betrekking op economische activiteiten die op uitnodiging of last van de overheid worden verricht in het algemeen economisch belang. Dit is veelal in situaties waar de markt volgens de overheid geen voldoende commerciële stimulans opwekt. Indien een onderneming in het kader van dergelijke ondernemingsactiviteiten betrokken is bij een mededingingsbeperkende gedraging in de zin van art. 6 lid 1 Mw, dan is deze gedraging op grond van art. 11 Mw toegestaan indien de onderneming kan aantonen dat deze noodzakelijk is voor de vervulling van de aan die onderneming toevertrouwde taak. De uitzondering is alleen van toepassing indien cumulatief voldaan is aan de in dit artikel vermelde voorwaarden. De uitzondering geldt verder van rechtswege (in tegenstelling tot art. 25 Mw). Niettemin zal de rechter of ACM kunnen toetsen of de toepassing van art. 6 Mw de vervulling van de toevertrouwde bijzondere taak niet verhindert. Zie verder aant. 4. Zij zullen tevens toetsen of de onderneming bij een wettelijk voorschrift of door een bestuursorgaan belast is met een bijzondere taak (Besluit ACM 25 februari 1998 (*Hotel Zuiderduin*, zaaknr. 52)). Deze bepaling sluit aan bij art. 106 lid 2 VWEU en de Europeesrechtelijke beschikkingspraktijk en jurisprudentie betreffende die bepaling dienen als leidraad (MvT, p. 62-63). Een verschil is evenwel dat art. 106 lid 2 VWEU zich niet alleen richt op ondernemingen, maar ook op overheden: nationale overheden mogen geen met art. 101 VWEU strijdige overeenkomsten opleggen, begunstigen dan wel de werking ervan versterken. Zij mogen ook hun eigen regelingen niet het overheidskarakter ontnemen door de verantwoordelijkheid voor het nemen van besluiten tot interventie op het economisch gebied aan particuliere ondernemingen over te dragen (HvJ EG 21 september 1988, 267/88, *Jur.* 1988, p. 4769 (*Van Eyke/Aspa*)). In het *CIF*-arrest bepaalde het hof dat deze norm moet worden toegepast door de nationale rechter en de nationale mededingingsautoriteit d.w.z. ACM (HvJ EG 9 september 2003, nr. C-198/01, *Jur.* 2003, p. I-8055). Het handelen van de Nederlandse overheid zal veelal een effect op de handel tussen de lidstaten hebben en daarmee kunnen worden beoordeeld in het licht van de hiervoor genoemde jurisprudentie van het HvJ EU. Bovendien zal een deel van dit handelen mogelijk onder het bereik van hoofdstuk 4B Overheden en overheidsbedrijven vallen.

2. Onderneming. Van belang is dat er sprake is van een entiteit die een economische activiteit verricht. De ondernemingen, 'belast met het beheer van diensten van algemeen economisch belang', zullen niet altijd openbare bedrijven hoeven te zijn of ondernemingen waaraan de lidstaten bijzondere of uitsluitende rechten hebben verleend. De definitie van onderneming kan speciaal in verhouding met bepaalde overheidstaken moeilijkheden geven. Typische overheidstaken vallen buiten het bereik van de Mededingingswet (HvJ EG 17 februari 1993, C-159/91 en C-160/91, *Jur.* 1993, p. I-637 (*Poucet-Pistre*)) (zie verder art. 1, aant. 5). Hetzelfde geldt op grond van art. 16 Mw voor cao's en overeenkomsten met betrekking tot pensioenfondsen. Zie verder art. 16, aant. 2 en 3.

3. Belast. Dit begrip moet restrictief worden uitgelegd. Ondernemingen (ook particuliere) kunnen enkel onder deze bepaling vallen wanneer zij krachtens een overheidsbesluit met het beheer van diensten van algemeen economisch belang zijn belast. Hetzelfde geldt voor beslissingen van ondernemersverenigingen (HvJ EU 28 februari 2013, C-1/12, ECLI:EU:C:2013:127, *NJ* 2013/284 (*Ordem dos Técnicos Oficiais de Contas*); Gerecht EU 10 december 2014, T-90/11 (*ONP*)). Ondernemingen en verenigingen van ondernemingen waaraan de staat geen enkele taak heeft opgedragen vallen onder het verbod. Ook zij die particuliere belangen beheren, zelfs wanneer het om door de wet beschermde industriële eigendomsrechten gaat (HvJ EG 2 maart 1983, C-7/82, *Jur.* 1983, p. 483 (*GVL*)). Het belast zijn zal in beginsel blijken uit een wettelijk voorschrift of uit een besluit van een bestuursorgaan. Niet helemaal uit te sluiten is dat in zeer bijzondere gevallen zo'n taak, hoewel niet expliciet en als zodanig bij (formeel) besluit opgedragen, ook afgeleid kan worden uit een conglomeraat van regelgeving, overeenkomsten en besluiten. Ook een door de Minister van Economische Zaken verleende concessie die niet op een wettelijke basis is geschied, kan onder deze voorwaarde vallen (HvJ EG 27 april 1994, C-393/92, *Jur.* 1994, p. I-1501 (*Almelo/IJsselmij*)). ACM heeft geoordeeld dat de taak van de Nederlandse Orde van Advocaten, het bevorderen van een behoorlijke uitoefening der praktijk, het behartigen van belangen en het zien op de naleving van de verplichtingen van de advocaten, niet kan worden beschouwd als het beheer van een concrete dienst van algemeen economisch belang (Besluit ACM 21 februari 2002 (*Engelgeer tegen Nederlandse Orde van Advocaten*, zaaknr. 560)). Een gelijke conclusie werd bereikt in Besluit ACM 19 december 2000 (*Gedragscode herstructurering*, zaaknr. 294); Besluit ACM 1 oktober 2001 (*Verwijderingsstructuur elektrisch en elektronisch (tuin)gereedschap*, zaaknr. 1751); Besluit ACM 1 oktober 2001 (*Verwijderingsstructuur warmwaterboilers*, zaaknr. 1752); Besluit ACM 1 oktober 2001 (*Verwijderingsstructuur verwarmingsapparatuur en warmwaterapparatuur*, zaaknr. 1753); Besluit ACM 1 oktober 2001 (*Verwijderingsstructuur elektr(on)ische muziekinstrumenten*, zaaknr. 1755); Besluit ACM 21 december 2001 (*Landelijke Huisartsen Vereniging*, zaaknr. 2513).

4. Dienst van algemeen economisch belang. Het begrip 'diensten van algemeen economisch belang' hoeft niet beperkt uitgelegd te worden, hieronder kan ook bijvoorbeeld ook levering van goederen vallen. Een dergelijke dienst is alleen aanwezig indien de overheid hiervoor een wettelijke, of bestuursrechtelijke opdracht heeft gegeven. In de zaken Besluit ACM 13 december 2000 (*Amicon*, zaaknr. 882); Besluit ACM 18 april 2001 (*Stichting Wit- en Bruingoed*, zaaknr. 1153), was niet aangetoond dat voldaan was aan deze voorwaarde.

5. Vervulling bijzondere taak verhinderen. Aangetoond moet worden dat de mededinging de vervulling van deze bijzondere taak zou verhinderen (Besluit ACM 4 maart 1999 (*Amsterdamse Federatie van Woningcorporaties*, zaaknr. 553); Besluit ACM 13 december 2000 (*Amicon*, zaaknr. 882)). Dit houdt in dat de afwijking van de mededingingsregels zowel noodzakelijk als proportioneel moet zijn. Deze mededingingsbeperkende handelsgedragingen mogen niet verder gaan dan strikt noodzakelijk is en in ieder geval niet de mededinging voor een wezenlijk deel van de betrokken producten en diensten geheel uitschakelen (HvJ EG 27 april 1994, C-393/92, *Jur.* 1994, p. I-1501 (*Almelo/IJsselmij*); Hof Arnhem 22 oktober 1996, 87/280). De onderneming die zich op deze uitzondering beroept, moet aantonen dat aan de voorwaarden voor toepassing van deze bepaling is voldaan (zie hiervoor met name het arrest Hof Arnhem 22 oktober 1996, 34 *CML Rev.* 1997, issue 6, p. 1509-1521 (*Hancher*)). Het is echter niet noodzakelijk dat het financiële evenwicht of de economische levensvatbaarheid van de met een dienst van economisch belang belaste onderneming wordt bedreigd. Voldoende is dat de onderneming de haar toevertrouwde bijzondere taak, zoals die door de haar opgelegde verplichtingen en feitelijke beperkingen wordt afgebakend, niet kan vervullen (HvJ EG 23 oktober 1997, C-157-160/94, *Jur.* 1997, p. I-5699 (*Commissie/Nederland e.a.*)). Dit is het geval indien het geven of de handhaving van de rechten noodzakelijk is om de houder ervan in staat te stellen de hem opgedragen taak van algemeen economisch belang onder economisch aanvaardbare omstandigheden te vervullen (HvJ EG 19 mei 1993, C-320/91, *Jur.* 1993, p. I-2533 (*Corbeau*)). Dat wil zeggen dat de onderneming een in de betreffende branche gebruikelijke winstmarge moet kunnen behalen.

6. Procedure. De uitzondering kan worden ingeroepen op elk moment in procedures voor ACM, of in procedures voor de nationale rechter of arbiters.

§ 3
Vrijstellingen

[Inleidende opmerkingen]

1. Algemeen. Paragraaf 3 van hoofdstuk 3 voorziet in een aantal vrijstellingen van het kartelverbod van art. 6 lid 1 Mw.

2. Inhoud. a. Doorwerking EU-groepsvrijstellingen. Teneinde het fundamentele uitgangspunt dat de wet niet strenger en niet soepeler dient te zijn dan de EU-mededingingsregels (MvT, p. 10; HR 14 oktober 2005, *LJN* AT5542) te verwezenlijken, neemt de wet de in het EU-recht geldende groepsvrijstellingen over. Een overeenkomst, besluit of onderling afgestemde feitelijke gedraging die voldoet aan de materiële voorwaarden van een EU-groepsvrijstelling, is op grond van art. 12 of 13 Mw vrijgesteld van het kartelverbod van art. 6 lid 1 Mw. Art. 12 Mw betreft mededingingsafspraken die onder het toepassingsbereik van art. 101 VWEU vallen omdat zij de handel tussen de lidstaten van de Europese Unie ongunstig kunnen beïnvloeden en de mededinging binnen de interne markt merkbaar beperken. Art. 13 Mw ziet op mededingingsafspraken die niet onder het toepassingsbereik van art. 101 lid 1 VWEU vallen, omdat zij de handel tussen de lidstaten van de Europese Unie niet ongunstig kunnen beïnvloeden of de mededinging op de interne markt niet merkbaar beperken. In beide gevallen geldt dat de betreffende overeenkomst, besluit, of onderling afgestemde feitelijke gedraging is vrijgesteld van het verbod van art. 6 lid 1 Mw wanneer zij voldoet aan de materiële voorwaarden van een EU-groepsvrijstelling. **b. Doorwerking EU-ontheffingen.** Art. 14 Mw bepaalt dat het verbod van art. 6 lid 1 Mw niet van toepassing is op mededingingsafspraken waarvoor de Europese Commissie een individuele ontheffing heeft verleend op grond van art. 101 lid 3 VWEU. **c. Vrijstelling bij algemene maatregel van bestuur.** Art. 15 Mw creëert de bevoegdheid bij amvb te bepalen dat het verbod van art. 6 lid 1 Mw niet geldt voor bepaalde categorieën van mededingingsafspraken die voldoen aan de voorwaarden van art. 6 lid 3 Mw. Het vormt de rechtsbasis voor nationale groepsvrijstellingen. **d. Vrijstelling voor collectieve arbeidsovereenkomsten en pensioenregelingen.** Art. 16 Mw bevat een vrijstelling voor collectieve arbeidsovereenkomsten en collectieve pensioenregelingen. **e. Vrijstellingen elders in de wet.** Naast de in § 3 opgenomen vrijstellingen kent de wet nog verscheidene andere vrijstellingen. De belangrijkste is art. 6 lid 3 Mw, dat een wettelijke uitzondering bevat voor mededingingsafspraken die bijdragen tot verbetering van productie of distributie of tot bevordering van de technische of economische vooruitgang. Andere vrijstellingen zijn art. 7 Mw, dat een 'bagatelbepaling' bevat voor mededingingsafspraken van ondergeschikt belang; art. 10 Mw, dat een vrijstelling voor nevenrestricties bij concentraties geeft; en art. 11 Mw, dat een uitzondering bevat voor ondernemingen belast met het beheer van diensten van algemeen belang.

Artikel 12

Artikel 6, eerste lid, geldt niet voor overeenkomsten tussen ondernemingen, besluiten van ondernemersverenigingen en onderling afgestemde feitelijke gedragingen van ondernemingen waarvoor krachtens een verordening van de Raad van de Europese Unie of een verordening van de Europese Commissie artikel 101, eerste lid, van het Verdrag buiten toepassing is verklaard.

[25-06-2014, Stb. 247, i.w.tr. 01-08-2014/kamerstukken 33622]

[Doorwerking EU-groepsvrijstellingen]

1. Algemeen. Dit artikel regelt samen met art. 13 Mw de doorwerking van EU-groepsvrijstellingen in het nationale mededingingsrecht. Art. 12 Mw betreft overeenkomsten, besluiten en onderling afgestemde gedragingen die onder het toepassingsbereik van art. 101 lid 1 VWEU vallen, dat wil zeggen mededingingsafspraken die de handel tussen lidstaten van de Europese Unie ongunstig kunnen beïnvloeden en de mededinging binnen de interne markt merkbaar beperken. Art. 13 Mw regelt de doorwerking van EU-groepsvrijstellingen ten aanzien van mededingingsafspraken die niet onder het toepassingsbereik van art. 101 lid 1 VWEU vallen, omdat zij de handel tussen lidstaten niet ongunstig kunnen beïnvloeden of de mededinging binnen de interne markt niet merkbaar beperken. Het artikel is in overeenstemming met art. 3 lid 2 Verordening (EG) 1/2003 (*PbEG* 2003, L 1/1, zie het onderdeel Bijlagen in deze uitgave), dat bepaalt dat de toepassing van nationaal mededingingsrecht niet mag leiden tot het verbieden van mededingingsafspraken welke de handel tussen lidstaten kunnen beïnvloeden, maar de mededinging in de zin van art. 101 lid 1 VWEU niet beperken of aan de voorwaarden van art. 101 lid 3 VWEU voldoen.

2. EU-groepsvrijstellingen. a. Het begrip 'groepsvrijstelling'. Het Europese mededingingsrecht kent een aantal zogenaamde groepsvrijstellingen: verordeningen die het verbod van art. 101 lid 1 VWEU buiten toepassing verklaren voor nauwkeurig omschreven categorieën overeenkomsten waarvan mag worden aangenomen dat zij voldoen aan de voorwaarden van art. 101 lid 3 VWEU. **b. Verordening van de Raad of de Commissie.** Groepsvrijstellingen worden in de regel vastgesteld bij verordening van de Europese Commissie. De Europese Commissie ontleent de bevoegdheid groepsvrijstellingen vast te stellen niet rechtstreeks aan het Verdrag betreffende de werking van de Europese Unie, maar aan specifieke machtigingsverordeningen die de Raad van de Europese Unie vaststelt op grond van art. 103 VWEU. In de vervoersector heeft de Raad zelf bij verordening groepsvrijstellingen vastgesteld. In de landbouwsector geldt naast een door de Raad vastgestelde vrijstelling de GMO-verordening (zie aant. 4, onder i) die door het Europees Parlement en de Raad gezamenlijk is vastgesteld op grond van de gewone wetgevingsprocedure van artikel 294. Ook in de visserijsector geldt een dergelijke verordening (zie aant. 4, onder i). Hoewel deze verordeningen strikt genomen niet kunnen worden aangemerkt als een 'verordening van de Raad' valt, gezien het uitgangspunt dat de Mededingingswet niet strenger of soepeler zou moeten zijn dan de EU-mededingingsregels, te verdedigen dat dit begrip ook verordeningen van het Europees Parlement en Raad omvat. **c. Intrekking van EU-groepsvrijstellingen in individuele gevallen.** Op grond van art. 29 lid 1 Verordening (EG) 1/2003 is de Europese Commissie bevoegd een door haar vastgestelde groepsvrijstelling in te trekken, indien zij vaststelt dat in een bepaald geval een overeenkomst, besluit of onderling afgestemde gedraging die onder de groepsvrijstelling valt gevolgen heeft die onverenigbaar zijn met het bepaalde in art. 101 lid 3 VWEU. Daarnaast is ACM op grond van art. 29 lid 2 Verordening (EG) 1/2003 juncto art. 88 van de wet bevoegd om in een bepaald geval een groepsvrijstelling in te trekken indien dergelijke gevolgen zich voordoen in Nederland of in een deel van Nederland en het betreffende grondgebied alle kenmerken van een afzonderlijke geografische markt vertoont. Intrekking van een EU-groepsvrijstelling door de Europese Commissie of ACM brengt met zich mee dat de desbetreffende mededingingsafspraak niet langer kan profiteren van doorwerking op grond van het artikel en dus zowel onder art. 101 VWEU als art. 6 Mw komt te vallen.

3. Rechtskarakter EU-groepsvrijstellingen. Mededingingsafspraken die onder een EU-groepsvrijstelling vallen, zijn van rechtswege vrijgesteld van het verbod van art. 101 lid 1 VWEU en op grond van art. 12 ook van het verbod van art. 6 lid 1. Een overeenkomst die aan de voorwaarden van een groepsvrijstelling voldoet is echter niet vrijgesteld van het verbod op misbruik van machtspositie van art. 102 VWEU en art. 24 Mw (GvEA 10 juli 1990, T-51/89, ECLI:EU:T:1990:41 (*Tetra Pak*)). Het feit dat een overeenkomst niet voldoet aan de voorwaarden van een EU-groepsvrijstelling betekent overigens niet dat sprake is van een verboden mededingingsafspraak. Daarvoor moet steeds worden vastgesteld of de betreffende overeenkomst valt onder het kartelverbod van art. 101 lid 1 VWEU en/of art. 6 lid 1 Mw, en zo ja, of zij voldoet aan de voorwaarden van art. 101 lid 3 VWEU en/of art. 6 lid 3 Mw (vgl. HvJ EG 2 april 2009, C-260/07, ECLI:EU:C:2009:215 (*Pedro IV Servicios*), pt. 68). Een groepsvrijstelling is niet van invloed op de rechten en verplichtingen van derden (HvJ EG 15 februari 1996, C-226/94, ECLI:EU:C:1996:55 (*Grand Garage Albigeois e.a.*)). Vanwege het principiële karakter van het verbod van mededingingsbeperkende afspraken mogen de uitzonderingsbepalingen van een groepsvrijstelling niet extensief worden uitgelegd

(HvJ EG 24 oktober 1995, C-70/93, ECLI:EU:C:1995:344 (*Bayerische Motorwerken*), pt. 28; HvJ EG 2 april 2009, C-260/07, ECLI:EU:C:2009:215 (*Pedro IV Servicios*), pt. 51).

4. Overzicht EU-groepsvrijstellingen. Op het moment waarop de tekst voor deze uitgave werd afgesloten bestonden EU-groepsvrijstellingen voor de volgende categorieën mededingingsafspraken. Zie het onderdeel Bijlagen in deze uitgave. **a. Verticale overeenkomsten.** Bij Verordening (EEG) 19/65 (*PbEG* 1965, 36, p. 533), zoals gewijzigd bij Verordening (EG) 1215/99 (*PbEG* 1999, L 148/1) en Verordening (EG) 1/2003 (*PbEG* 2003, L 1/1), heeft de Raad van de Europese Unie de Europese Commissie gemachtigd groepsvrijstellingen vast te stellen voor bepaalde distributieovereenkomsten en overeenkomsten inzake technologieoverdracht. Op basis van deze verordening heeft de Europese Commissie in Verordening (EU) 2022/720 (*PbEU* 2022, L 134/4, opgenomen in het onderdeel Bijlagen in deze uitgave) een groepsvrijstelling voor verticale overeenkomsten gegeven die van toepassing is tot 31 mei 2034. Een toelichting op deze groepsvrijstelling is te vinden in de Richtsnoeren inzake verticale beperkingen (*PbEU* 2022, C 248/1, opgenomen in het onderdeel Bijlagen in deze uitgave) waarin ook wordt ingegaan op de beoordeling van verticale overeenkomsten die buiten het bereik van de groepsvrijstelling vallen. **b. Motorvoertuigen.** Eveneens op basis van Verordening (EEG) 19/65 van de Raad heeft de Europese Commissie Verordening (EU) 461/2010 (*PbEU* 2010, L 129/52, opgenomen in het onderdeel Bijlagen in deze uitgave) vastgesteld, waarin een groepsvrijstelling voor verticale overeenkomsten in de motorvoertuigensector wordt gegeven. Verordening (EU) 461/2010 is van toepassing tot 31 mei 2023. De Europese Commissie heeft bovendien aanvullende richtsnoeren gegeven betreffende verticale beperkingen in overeenkomsten voor de verkoop en herstelling van motorvoertuigen en voor de distributie van reserveonderdelen voor motorvoertuigen (*PbEU* 2010, C 138/16, opgenomen in het onderdeel Bijlagen in deze uitgave). **c. Technologieoverdracht.** Verordening (EEG) 19/65 van de Raad vormt ook de rechtsbasis voor Verordening (EU) 316/2014 van de Commissie (*PbEU* 2014, L 93/17, opgenomen in het onderdeel Bijlagen in deze uitgave) waarin groepen overeenkomsten inzake technologieoverdracht worden vrijgesteld. Deze groepsvrijstelling geldt tot 30 april 2026. Een toelichting is te vinden in de Mededeling van de Commissie houdende Richtsnoeren toepassing artikel 101 Verdrag betreffende de werking van de Europese Unie op overeenkomsten inzake technologieoverdracht (*PbEU* 2014, C 89/3, opgenomen in het onderdeel Bijlagen in deze uitgave). **d. Specialisatie- en onderzoeks- en ontwikkelingsovereenkomsten.** Op basis van Verordening (EEG) 2821/71 van de Raad (*PbEG* 1971, L 285/46), zoals gewijzigd bij Verordening (EG) 1/2003, heeft de Europese Commissie groepsvrijstellingen vastgesteld voor onderzoeks- en ontwikkelingsovereenkomsten (Verordening (EG) 1217/2010, *PbEU* 2010, L 335/36, opgenomen in het onderdeel Bijlagen in deze uitgave) en specialisatieovereenkomsten (Verordening (EG) 1218/2010, *PbEU* 2010, L 335/43, opgenomen in het onderdeel Bijlagen in deze uitgave). Beide groepsvrijstellingen gelden tot 31 december 2022. De Europese Commissie heeft haar beleid ten aanzien van horizontale samenwerkingsovereenkomsten nader uiteengezet in de Richtsnoeren inzake de toepasselijkheid van art. 101 van het Verdrag betreffende de werking van de Europese Unie op horizontale samenwerkingsovereenkomsten (*PbEU* 2011, C 11/1, rectificatie gepubliceerd in *PbEU* 2011, C 17/22); opgenomen in het onderdeel Bijlagen in deze uitgave. De Commissie werkt aan herziening van beide groepsvrijstellingen en heeft in dat kader in 2019-2020 een eerste openbare raadpleging gehouden. Op 1 maart 2022 is een aanvullende openbare raadpleging gestart. **e. Verzekeringssector.** In de verzekeringssector gold tot

31 maart 2017 op basis van Verordening (EEG) 1534/91 van de Raad (*PbEG* 1991, L 143/1) zoals gewijzigd bij Verordening (EG) 1/2003, op grond van Verordening (EU) 267/2010 (*PbEU* 2010, L 83/1) een groepsvrijstelling voor een aantal mededingingsafspraken. Deze groepsvrijstelling is niet meer verlengd. **f. Luchtvervoer.** Bij Verordening (EG) 487/2009 (*PbEU* 2009 L 148/1) heeft de Raad de Europese Commissie gemachtigd tot vaststelling van een groepsvrijstelling in de sector van het luchtvervoer. Thans geldt echter geen groepsvrijstelling meer in deze sector. **g. Zeevervoer.** De Raad van de Europese Unie heeft bij Verordening (EEG) 479/92 (*PbEG* 1992, L 55/3), zoals gewijzigd bij Verordening (EG) 1/2003, de Europese Commissie gemachtigd tot vaststelling van een groepsvrijstelling voor lijnvaartconsortia. Op basis van deze machtiging heeft de Europese Commissie Verordening (EG) 906/2009 (*PbEU* 2010, L 256/31, opgenomen in het onderdeel Bijlagen in deze uitgave) vastgesteld. De geldigheidsduur van deze groepsvrijstelling is bij Verordening 2020/436 (*PbEU* 2020, L 90/1) verlengd tot 25 april 2024. **h. Vervoer per spoor, over de weg en over de binnenwateren.** Verordening (EG) 169/2009 van de Raad (*PbEU* 2010, L 61/1, opgenomen in het onderdeel Bijlagen in deze uitgave) geeft een wettelijke uitzondering voor technische overeenkomsten en een vrijstelling voor bepaalde overeenkomsten in het kader van de vorming van groepen kleine en middelgrote ondernemingen op het gebied van vervoer per spoor, over de weg en over binnenwateren. **i. Landbouw en visserij.** Voor de landbouwsector gelden specifieke regels die zijn vervat in Verordening (EU) 1308/2013 (*PbEU* 2013, L 347/671, opgenomen in het onderdeel Bijlagen bij deze uitgave), zoals gewijzigd bij Verordening 2017/2393 (*PbEU* 2017, L 350/15), en Verordening (EG) 1184/2006 (*PbEU* 2006, L 214/7). *a. De GMO-verordening.* Verordening (EU) 1308/2013 ("GMO-verordening") stelt een gemeenschappelijke ordening van de markten voor landbouwproducten in en verklaart dat art. 101 en 102 VWEU van toepassing zijn tenzij anders bepaald (art. 206). Art. 152 bepaalt dat in afwijking van art. 101 lid 1 VWEU een erkende producentenorganisatie namens haar leden met betrekking tot de totale productie van die leden of een gedeelte ervan, de productie kan plannen, de productiekosten kan optimaliseren, producten op de markt kan brengen en over contracten voor de levering van landbouwproducten kan onderhandelen. Nationale mededingingsautoriteiten kunnen in individuele gevallen dergelijke activiteiten voor de toekomst verbieden of laten wijzigen, indien zij dit noodzakelijk achten om te voorkomen dat de mededinging wordt uitgesloten of indien zij van oordeel zijn dat de doelstellingen van het gemeenschappelijk landbouwbeleid zoals vermeld in art. 39 VWEU in gevaar worden gebracht. Artikel 209 bepaalt dat artikel 101 lid 1 VWEU niet van toepassing is op overeenkomsten, besluiten en gedragingen die vereist zijn voor de verwezenlijking van de doelstellingen van het gemeenschappelijk landbouwbeleid. Het verbod van artikel 101 lid 1 VWEU is evenmin van toepassing op overeenkomsten, besluiten en onderling afgestemde feitelijke gedragingen van landbouwers of verenigingen van landbouwers ten aanzien van de productie of de verkoop van landbouwproducten of het gebruik van gemeenschappelijke installaties voor het opslaan, behandelen of verwerken van landbouwproducten, tenzij de doelstellingen van artikel 39 VWEU in gevaar worden gebracht of de afspraken de verplichting inhouden identieke prijzen toe te passen of de mededinging uitsluiten (zie over deze vrijstellingen HvJ EU 14 november 2017, C-671/15, ECLI:EU:C:2017:860 (*APVE e.a.*)). Art. 210 bevat een vrijstelling voor bepaalde mededingingsafspraken van erkende brancheorganisaties, die geldt op voorwaarde dat deze afspraken aan de Europese Commissie zijn gemeld en deze niet binnen twee maanden heeft vastgesteld dat de mededingingsafspraken onverenigbaar zijn met EU-voorschriften. Ten slotte geeft

art. 222 de Commissie de bevoegdheid om gedurende perioden van ernstige marktverstoring uitvoeringshandelingen vast te stellen om ervoor te zorgen dat art. 101 lid 1 niet van toepassing is. Bij de wijziging van deze regels in 2017 heeft de Commissie een verklaring afgelegd waarin zij haar zorgen uit over de beperkte mogelijkheden voor haar en de nationale mededingingsautoriteiten om daadwerkelijke mededinging te waarborgen en benadrukt dat de GMO-verordening in overeenstemming met het VWEU moet worden uitgelegd. *b. Verordening 1184/2006.* Verordening (EG) 1184/2006 is de gecodificeerde versie van Verordening 26 inzake de toepassing van bepaalde regels betreffende de mededinging op de voortbrenging van en de handel in landbouwproducten en betreft thans enkel nog producten die niet vallen onder Verordening (EU) 1308/2013. Het praktisch belang van deze verordening is daarom beperkt. *c. Visserij.* Voor visserij- en aquacultuurproducten geldt een gemeenschappelijke marktordening op grond van Verordening (EU) 1379/2013 (*PbEU* 2013, L 354/1, opgenomen in het onderdeel Bijlagen bij deze uitgave). Art. 40 Verordening (EU) 1379/2013 verklaart de mededingingsregels van toepassing in deze sector en art. 41 geeft twee vrijstellingen voor mededingingsafspraken. De eerste vrijstelling betreft mededingingsafspraken die betrekking hebben op de voortbrenging of de verkoop van visserij- en aquacultuurproducten of op het gebruik van gezamenlijke voorzieningen voor de opslag, de behandeling of de verwerking van visserij- en aquacultuurproducten. De tweede vrijstelling betreft mededingingsafspraken van brancheorganisaties.

5. Veranderingen in het EU-recht. De verwijzing naar het EU-recht is dynamisch van aard in die zin dat wijzigingen in de bestaande groepsvrijstellingen en de vaststelling van nieuwe groepsvrijstellingen automatisch in de wet doorwerken. Dit is vooral van belang omdat door de Europese Commissie vastgestelde EU-groepsvrijstellingen steeds voor bepaalde tijd gelden.

Artikel 13

1. Artikel 6, eerste lid, geldt niet voor overeenkomsten tussen ondernemingen, besluiten van ondernemersverenigingen en onderling afgestemde feitelijke gedragingen van ondernemingen die de handel tussen de lid-staten van de Europese Unie niet ongunstig kunnen beïnvloeden of waardoor de mededinging binnen de gemeenschappelijke markt niet wordt verhinderd, beperkt of vervalst doch die, indien dat wel het geval zou zijn, zouden zijn vrijgesteld krachtens een verordening als bedoeld in artikel 12.
2. De Autoriteit Consument en Markt kan op een overeenkomst tussen ondernemingen, een besluit van een ondernemersvereniging of een onderling afgestemde feitelijke gedraging van ondernemingen waarop krachtens het eerste lid artikel 6, eerste lid, niet van toepassing is, bij beschikking alsnog artikel 6, eerste lid, van toepassing verklaren, indien zich omstandigheden voordoen als die welke krachtens de desbetreffende verordening kunnen leiden tot de buitentoepassingverklaring van die verordening.
3. Op de voorbereiding van de beschikking is afdeling 3.4 van de Algemene wet bestuursrecht van toepassing.
4. De beschikking treedt niet eerder in werking dan zes weken na de datum van haar terinzagelegging overeenkomstig artikel 3:44, eerste lid, onderdeel a, van de Algemene wet bestuursrecht.

[25-06-2014, Stb. 247, i.w.tr. 01-08-2014/kamerstukken 33622]

Mededingingswet, Hfdst. 3

[Doorwerking EU-groepsvrijstellingen in nationale gevallen]

1. Algemeen. Dit artikel bevat een vrijstelling voor mededingingsafspraken die niet onder de werkingssfeer van art. 101 lid 1 VWEU vallen omdat zij de handel tussen de lidstaten van de Europese Unie niet ongunstig kunnen beïnvloeden of de mededinging binnen de interne markt niet merkbaar beperken, doch die, indien dat wel het geval was, op grond van een EU-groepsvrijstelling zouden zijn vrijgesteld van het verbod van art. 101 lid 1 VWEU. De doorwerking op grond van dit artikel is geclausuleerd in die zin dat ACM bij beschikking art. 6 lid 1 Mw alsnog van toepassing kan verklaren.

2. Uitgangspunt: doorwerking (lid 1). Mededingingsafspraken kunnen alleen onder de werkingssfeer van art. 101 lid 1 VWEU vallen indien zij de handel tussen de lidstaten merkbaar ongunstig kunnen beïnvloeden en ertoe strekken of tot gevolg hebben dat de mededinging binnen de interne markt (de wet spreekt nog van de gemeenschappelijke markt) merkbaar wordt verhinderd, beperkt of vervalst. Indien één of beide van deze voorwaarden niet wordt vervuld, valt de mededingingsafspraak in kwestie buiten de reikwijdte van art. 101 lid 1 VWEU en daarmee ook buiten de werkingssfeer van de EU-groepsvrijstellingen. Het eerste lid van het artikel bewerkstelligt dat EU-groepsvrijstellingen ook doorwerken ten aanzien van dergelijke mededingingsafspraken (zie bijvoorbeeld Gerechtshof Amsterdam 3 juli 2008, ECLI:NL:GHAMS:2008:BG3736). Vereist is dat die mededingingsafspraken, indien zij onder de werkingssfeer van art. 101 lid 1 VWEU vielen, zouden hebben voldaan aan de materiële voorwaarden van een EU-groepsvrijstelling. Hiermee wordt bereikt dat mededingingsafspraken die wel en niet onder de werkingssfeer van art. 101 VWEU vallen gelijk worden behandeld; de eerste categorie is vrijgesteld op grond van art. 12 Mw, de tweede categorie op grond van dit artikel. Het artikel is met name van belang voor mededingingsafspraken die de handel tussen lidstaten niet ongunstig beïnvloeden (ACM 1999, zaak 1157 (*Millenniumverbond van Verzekeraars*)). De Europese Commissie heeft het begrip 'beïnvloeding van de handel' nader toegelicht in een interpretatieve mededeling (Richtsnoeren betreffende het begrip 'beïnvloeding van de handel' in de artikelen 81 en 82 van het Verdrag (*PbEU* 2004, C 101/07), opgenomen in het onderdeel Bijlagen in deze uitgave). Mededingingsafspraken die niet onder art. 101 lid 1 VWEU vallen omdat zij de mededinging niet merkbaar beperken, zullen doorgaans om die reden ook niet onder art. 6 lid 1 Mw vallen (zie het commentaar op art. 6 Mw). Zie over merkbaarheid de Bekendmaking van de Europese Commissie inzake overeenkomsten van geringe betekenis die de mededinging niet merkbaar beperken in de zin van art. 101 lid 1 VWEU van 25 juni 2014, opgenomen in het onderdeel Bijlagen in deze uitgave.

3. EU-groepsvrijstellingen. Zie over EU-groepsvrijstellingen art. 12 Mw, aant. 2 omtrent EU-groepsvrijstellingen in het algemeen, art. 12 Mw, aant. 3 omtrent het rechtskarakter van EU-groepsvrijstellingen, art. 12 Mw, aant. 4 voor een overzicht van de EU-groepsvrijstellingen en art. 12 Mw, aant. 5 ten aanzien van veranderingen in het EU-recht.

4. Van toepassing verklaring van art. 6 lid 1 Mw (lid 2). Op grond van art. 29 lid 1 Verordening (EG) 1/2003 (*PbEG* 2003, L 1/1, opgenomen in het onderdeel Bijlagen in deze uitgave) is de Europese Commissie bevoegd door haar vastgestelde groepsvrijstellingen in te trekken, indien zij vaststelt dat in een bepaald geval een overeenkomst, besluit of onderling afgestemde gedraging die onder de groepsvrijstelling valt gevolgen heeft die onverenigbaar zijn met het bepaalde in art. 101 lid 3 VWEU. Lid 2 van het artikel kent in het kader van doorwerking van de EU-groepsvrijstellingen in nationale gevallen een vergelijkbare bevoegdheid toe aan de ACM. De ACM kan bij beschikking art. 6 lid 1 Mw alsnog van toepassing verklaren, indien zich omstandigheden voordoen die krachtens de desbetreffende verordening kunnen leiden tot buiten toepassing verklaring van die verordening. Een dergelijke van toepassing verklaring van art. 6 lid 1 Mw moet worden onderscheiden van de intrekking van een EU-groepsvrijstelling door de ACM op grond van art. 29 lid 2 Verordening (EG) 1/2003, welke primair tot gevolg heeft dat het verbod van art. 101 lid 1 VWEU van toepassing wordt, doch vervolgens, via het vervallen van de vrijstelling op grond van art. 12 Mw, ook tot gevolg heeft dat art. 6 lid 1 Mw van toepassing wordt.

5. Uniforme openbare voorbereidingsprocedure (lid 3-4). Lid 3 verklaart de uniforme openbare voorbereidingsprocedure van Afdeling 3.4 van de Algemene wet bestuursrecht (Awb) van toepassing. In het kader van deze procedure legt ACM het ontwerp van de te nemen beschikking, met inbegrip van de stukken die redelijkerwijze nodig zijn voor de beoordeling ervan, ter inzage (art. 3:11 Awb). Van het ontwerp wordt een openbare kennisgeving gedaan (art. 3:12 Awb); daarnaast zendt ACM het ontwerp voorafgaand aan de terinzagelegging toe aan de belanghebbenden aan wie de beschikking zal zijn gericht (art. 3:13 Awb). Alle belanghebbenden kunnen schriftelijk en mondeling hun zienswijze over het ontwerp naar voren brengen. Ingevolge lid 4 treedt de beschikking niet eerder in werking dan zes weken na de datum van de terinzagelegging. Daarmee wordt aan de betrokken onderneming de gelegenheid gegeven hun overeenkomst of gedragingen aan te passen of te beëindigen. De uitgestelde inwerkingtreding heeft geen gevolgen voor de termijn voor indiening van een bezwaar- of beroepschrift; deze termijn vangt aan op de dag na de bekendmaking van de beschikking aan de belanghebbende.

Artikel 14
Artikel 6, eerste lid, geldt niet voor overeenkomsten tussen ondernemingen, besluiten van ondernemersverenigingen en onderling afgestemde feitelijke gedragingen van ondernemingen waarvoor een op grond van artikel 101, derde lid, van het Verdrag verleende ontheffing geldt.
[25-06-2014, Stb. 247, i.w.tr. 01-08-2014/kamerstukken 33622]

[Doorwerking EU-ontheffingen]

1. Algemeen. Dit artikel regelt de doorwerking van individuele ontheffingen die de Europese Commissie heeft gegeven op grond van art. 101 lid 3 VWEU. Verordening 17, van kracht tot 30 april 2004, gaf de Europese Commissie de bevoegdheid om in individuele gevallen, op basis van een daartoe strekkende aanmelding, vast te stellen dat een bepaalde overeenkomst voldeed aan de voorwaarden van art. 81 lid 3 EG-Verdrag (thans art. 101 lid 3 VWEU). Mededingingsafspraken waarvoor een dergelijke ontheffing is verleend, zijn krachtens dit artikel vrijgesteld van het kartelverbod van art. 6 lid 1 en wel zolang als de ontheffing van de Europese Commissie van kracht blijft. Dit strookt met het uitgangspunt dat de wet niet strenger en niet soepeler dient te zijn dan de EU-mededingingsregels (MvT, p. 20). Sinds Verordening (EG) 1/2003 (*PbEU* 2003, L 1/1, opgenomen in het onderdeel Bijlagen in deze uitgave) van toepassing is geworden op

1 mei 2004 geeft de Europese Commissie geen individuele ontheffingen meer af op verzoek van ondernemingen. In uitzonderlijke gevallen kan zij wel op grond van art. 10 Verordening (EG) 1/2003 ambtshalve bij besluit vaststellen dat art. 101 VWEU niet van toepassing is omdat aan de voorwaarden van art. 101 lid 3 VWEU is voldaan, maar een dergelijk besluit is tot op heden nog nooit genomen. Aangezien individuele ontheffingen steeds voor bepaalde tijd werden verstrekt is het praktisch belang van art. 10 Mw dus inmiddels sterk afgenomen.

2. Individuele ontheffingen. Het artikel regelt dat overeenkomsten waarvoor een ontheffing van de Europese Commissie op grond van art. 101 lid 3 VWEU geldt, ook zijn vrijgesteld van het verbod van art. 6 lid 1 Mw. Dit wordt ook voorgeschreven door art. 3 lid 2 Verordening (EG) 1/2003. Verordening 17 voorzag in de mogelijkheid om overeenkomsten aan te melden bij de Europese Commissie ter verkrijging van een ontheffing op grond van art. 101 lid 3 VWEU. De diverse implementatieverordeningen die in de vervoersector golden tot 1 mei 2004 bevatten een vergelijkbare mogelijkheid tot ontheffing van het verbod van art. 101 lid 1 VWEU. Dergelijke ontheffingen werden steeds voor bepaalde tijd verleend. Verordening (EG) 1/2003 (opgenomen in het onderdeel Bijlagen in deze uitgave), heeft de mogelijkheid van individuele ontheffing op grond van art. 101 lid 3 VWEU per 1 mei 2004 afgeschaft in alle sectoren. Voor die datum afgegeven ontheffingen blijven echter van kracht tot de in de beschikking vastgestelde datum, behoudens eventuele intrekking of wijziging (art. 43 Verordening (EG) 1/2003; in de vervoersector art. 36, 38 en 39 Verordening (EG) 1/2003). Ook als een individuele ontheffing niet langer geldig is kan zij toch nog een relevant gegeven vormen bij de beantwoording van de vraag of sprake is van een inbreuk op art. 101 VWEU of art. 6 Mw (HR 21 december 2012, *LJN* BX0345 (*ANVR/IATA*)).

3. Vaststelling van niet-toepasselijkheid (art. 10 Verordening (EG) 1/2003). Ingevolge art. 10 Verordening (EG) 1/2003 kan de Europese Commissie, indien het algemeen belang dit vereist, ambtshalve bij besluit vaststellen dat art. 101 VWEU niet op een overeenkomst, besluit van een ondernemersvereniging of een onderling afgestemde feitelijke gedraging van toepassing is, hetzij omdat niet voldaan is aan de voorwaarden van art. 101 lid 1 VWEU, hetzij omdat aan de voorwaarden van art. 101 lid 3 VWEU is voldaan. Een vaststelling door de Europese Commissie dat art. 101 VWEU niet van toepassing is omdat aan de voorwaarden van art. 101 lid 3 VWEU is voldaan, lijkt zeer sterk op een individuele ontheffing, en daarom mag worden aangenomen dat dit artikel ook in die situatie van toepassing is. Uit art. 3 lid 2 Verordening (EG) 1/2003 volgt bovendien dat art. 6 lid 1 Mw niet mag worden toegepast op mededingingsafspraken die de handel tussen lidstaten kunnen beïnvloeden, maar voldoen aan de voorwaarden van art. 101 lid 3 VWEU. Een vaststelling van de Europese Commissie dat art. 101 VWEU niet van toepassing is op een bepaalde overeenkomst omdat de mededinging niet wordt beperkt in de zin van art. 101 lid 1 VWEU, kan niet als ontheffing worden gezien. Ook in die situatie is echter verdedigbaar dat toepassing van art. 6 lid 1 Mw strijdig zou zijn met art. 3 lid 2 Verordening (EG) 1/2003. Tot op heden heeft de Europese Commissie nog geen besluiten op grond van art. 10 Verordening (EG) 1/2003 genomen.

4. Toezeggingenbesluiten. Op grond van art. 9 Verordening (EG) 1/2003 kan de Europese Commissie, wanneer zij voornemens is een besluit tot beëindiging van een inbreuk te geven en de betrokken ondernemingen toezeggingen doen om aan de bezorgdheden tegemoet te komen die de Commissie hun in haar voorlopige beoordeling te kennen heeft gegeven, bij besluit die toezeggingen verbindend verklaren voor deze ondernemingen. Het besluit kan voor een bepaalde tijd worden gegeven en concludeert dat er niet langer gronden bestaan voor optreden van de Commissie. Volgens punt 13 en 22 van de considerans van Verordening (EG) 1/2003 laten toezeggingsbesluiten de bevoegdheid van nationale mededingingsautoriteiten en rechterlijke instanties om art. 101 VWEU toe te passen en over de zaak te beslissen onverlet. Het kan dus niet worden uitgesloten dat een nationale rechter tot de conclusie komt dat een gedraging die voorwerp van een toezeggingsbesluit is, in strijd is met art. 101 VWEU. Een toezeggingsbesluit kan dus bij de betrokken ondernemingen geen gewettigd vertrouwen wekken dat hun gedrag in overeenstemming is met art. 101 VWEU. Dat betekent echter nog niet dat nationale rechterlijke instanties aan dit soort besluiten kunnen voorbijgaan. Dergelijke handelingen bezitten immers hoe dan ook het karakter van een beslissing. Zowel het beginsel van loyale samenwerking dat is neergelegd in art. 4, lid 3, VEU als de doelstelling van een doeltreffende en eenvormige toepassing van het mededingingsrecht van de Unie verplicht de nationale rechterlijke instanties ertoe om rekening te houden met de voorlopige beoordeling van de Commissie en om die te beschouwen als een aanwijzing, of zelfs als het begin van bewijs, van de mededingingsverstorende aard van de betrokken overeenkomst, getoetst aan artikel 101, lid 1, VWEU (HvJ EU 23 november 2017, C-547/16, ECLI:EU:C:2017:891 (*Gasorba e.a./Repsol Comercial de Productos Petroliferos*), punt 26-29). Aangenomen mag worden dat het zelfde geldt wanneer de ACM of de rechter in voorkomend geval naast art. 101 VWEU ook art. 6 Mw toepast.

Artikel 15

1. Bij algemene maatregel van bestuur kan worden bepaald, zo nodig onder voorschriften en beperkingen, dat artikel 6, eerste lid, niet geldt voor in die maatregel omschreven categorieën van overeenkomsten, besluiten en gedragingen als bedoeld in dat artikel, die bijdragen tot verbetering van de produktie of van de distributie of tot bevordering van de technische of economische vooruitgang, mits een billijk aandeel in de daaruit voortvloeiende voordelen de gebruikers ten goede komt, en zonder nochtans aan de betrokken ondernemingen

a. beperkingen op te leggen die voor het bereiken van deze doelstellingen niet onmisbaar zijn, of
b. de mogelijkheid te geven, voor een wezenlijk deel van de betrokken goederen en diensten de mededinging uit te schakelen.

2. In een algemene maatregel van bestuur als bedoeld in het eerste lid kan worden bepaald dat de Autoriteit Consument en Markt op een overeenkomst, besluit of gedraging waarvoor krachtens die maatregel artikel 6, eerste lid, niet geldt, bij beschikking alsnog artikel 6, eerste lid, van toepassing kan verklaren, indien wordt voldaan aan de in die algemene maatregel van bestuur genoemde vereisten.

3. Op de voorbereiding van de beschikking is afdeling 3.4 van de Algemene wet bestuursrecht van toepassing.

4. De beschikking treedt niet eerder in werking dan zes weken na de datum van haar terinzagelegging overeenkomstig artikel 3:44, eerste lid, onderdeel a, van de Algemene wet bestuursrecht.

[28-02-2013, Stb. 102, i.w.tr. 01-04-2013/kamerstukken 33186]

Mededingingswet, Hfdst. 3

[Vrijstelling bij amvb]

1. Algemeen. Dit artikel voorziet in de mogelijkheid bij amvb bepaalde categorieën mededingingsafspraken vrij te stellen van het verbod van art. 6 lid 1 Mw. Het vormt de rechtsbasis voor nationale groepsvrijstellingen.

2. Voorwaarden voor vrijstelling (lid 1). De vier voorwaarden voor vrijstelling zijn ontleend aan art. 101 lid 3 VWEU en komen overeen met de voorwaarden voor ontheffing ingevolge art. 6 lid 3 Mw (zie het commentaar op art. 6 Mw). Vereist is dat de in de algemene maatregel van bestuur omschreven categorieën mededingingsafspraken in de regel voldoen aan deze voorwaarden. **Huidige vrijstellingen.** Op dit moment gelden twee op basis van het eerste lid vastgestelde vrijstellingen: het Besluit vrijstelling branchebeschermingsovereenkomsten en het Besluit vrijstellingen samenwerkingsovereenkomsten detailhandel (zie het onderdeel Bijlagen in deze uitgave). Tot 1 januari 2009 gold een vrijstelling voor combinatieovereenkomsten. Tegen de achtergrond van de niet-verlenging van deze groepsvrijstelling heeft de Minister van Economische Zaken beleidsregels ten aanzien van combinatieovereenkomsten vastgesteld (Beleidsregels combinatieovereenkomsten 2013, zie het onderdeel Bijlagen in deze uitgave).

3. Intrekking van vrijstelling (lid 2). Het tweede lid voorziet in de mogelijkheid om in de vrijstelling te bepalen dat ACM bevoegd is bij beschikking het verbod van mededingingsafspraken van art. 6 lid 1 Mw alsnog van toepassing te verklaren indien aan bepaalde vereisten wordt voldaan. Deze vereisten zullen van dien aard moeten zijn dat zij het vermoeden wettigen dat niet is voldaan aan de in het eerste lid gestelde voorwaarden. De wetgever heeft alleen in art. 4 Besluit vrijstellingen samenwerkingsovereenkomsten detailhandel voorzien in de mogelijkheid art. 6 lid 1 Mw alsnog van toepassing te verklaren.

4. Procedure in geval van intrekking (lid 3-4). a. Belanghebbenden (lid 3-4). In de eerste plaats is degene tot wie de beschikking zich richt belanghebbende. Denkbaar is dat de beschikking op aanvraag wordt genomen, bijvoorbeeld in het geval van een klacht van een derde. **b. Inwerkingtreding (lid 4).** Een beschikking die op basis van art. 15 lid 1 Mw is gegeven, treedt niet eerder in werking dan zes weken na de datum van haar terinzagelegging. Daarmee wordt aan de betrokken ondernemingen de mogelijkheid geboden hun afspraak of hun gedragingen aan te passen. Zie voor dit geval art. 3:11 en art. 3:12 Awb.

Artikel 16
Artikel 6, eerste lid, geldt niet voor:
a. een collectieve arbeidsovereenkomst als bedoeld in artikel 1, eerste lid, van de Wet op de collectieve arbeidsovereenkomst,
b. een overeenkomst in een bedrijfstak tussen een of meer werkgeversorganisaties en een of meer werknemersorganisaties uitsluitend met betrekking tot pensioen als bedoeld in artikel 1 van de Pensioenwet,
c. een overeenkomst of besluit van een organisatie van beoefenaren van een vrij beroep houdende uitsluitend de deelname aan een beroepspensioenregeling als bedoeld in artikel 1 van de Wet verplichte beroepspensioenregeling, indien overeenkomstig artikel 5 van die wet, met betrekking tot een zodanige regeling een

verzoek is ingediend tot verplichtstelling door Onze Minister van Sociale Zaken en Werkgelegenheid en het verzoek niet is afgewezen.
[06-03-2008, Stb. 95, i.w.tr. 01-04-2008/kamerstukken 31120]

[Vrijstelling voor collectieve arbeidsovereenkomsten en pensioenregelingen]

1. Algemeen. Het artikel bevat een vrijstelling van het verbod van art. 6 lid 1 Mw voor collectieve arbeidsovereenkomsten, bedrijfstakpensioenregelingen en beroepspensioenregelingen. Het artikel is ingevoerd bij de Wet van 28 juni 2007, houdende wijziging van de Mededingingswet als gevolg van de evaluatie van die wet (*Stb.* 2007, 284) en van kracht sinds 1 oktober 2007.

2. Collectieve arbeidsovereenkomsten (onderdeel a). Collectieve arbeidsovereenkomsten leiden tot harmonisatie van de loonkosten van concurrerende ondernemingen. Vooral in sectoren waarin loonkosten een belangrijk deel van de productiekosten vormen kan dit mededingingsbeperkende gevolgen hebben. Algemeen wordt echter aangenomen dat het recht van sociale partners om te onderhandelen en collectieve arbeidsovereenkomsten te sluiten dient te prevaleren boven de mogelijke mededingingsbeperkende gevolgen die daaruit voortvloeien. Zowel het Hof van Justitie EU als ACM heeft dan ook erkend dat overeenkomsten die in het kader van onderhandelingen tussen de sociale partners worden gesloten en die ertoe strekken de werkgelegenheids- en arbeidsvoorwaarden van werknemers te verbeteren, naar hun aard en doel niet onder art. 101 lid 1 VWEU vallen (HvJ EG 21 september 1999, C-67/96, ECLI:EU:C:1999:430 (*Albany*); Besluit ACM van 14 december 2000, 1012 (*Van Eck Havenservice B.V.*)). Art. 16 codificeert deze uitzondering onder verwijzing naar art. 1 Wet CAO. Volgens die bepaling wordt onder collectieve arbeidsovereenkomst verstaan een "overeenkomst, aangegaan door een of meer werkgevers of een of meer verenigingen met volledige rechtsbevoegdheid van werkgevers en een of meer verenigingen met volledige rechtsbevoegdheid van werknemers, waarbij voornamelijk of uitsluitend worden geregeld arbeidsvoorwaarden, bij arbeidsovereenkomsten in acht te nemen. Zij kan ook betreffen aannemingen van werk en overeenkomsten van opdracht." Een cao-bepaling die werkgevers verplicht minimumtarieven te betalen aan zelfstandigen die op basis van een overeenkomst van opdracht hetzelfde werk verrichten als werknemers in loondienst van die werkgevers valt in beginsel onder het verbod van art. 101 lid 1 VWEU en art. 6 lid 1, behalve wanneer die dienstverleners 'schijnzelfstandigen' zijn, dat wil zeggen dienstverleners die zich in een situatie bevinden die vergelijkbaar is met die van die werknemers (HvJ EU 4 december 2014, C-413/13, ECLI:EU:C:2014:2411 (*FNV Kunsten Informatie en Media*)). Anders dan de NMa, de voorloper van de ACM, in 2007 in een visiedocument had vastgesteld, valt de cao voor remplaçanten bij symfonieorkesten die mede minimumtarieven voor zelfstandigen bevat niet onder het verbod van art. 6 lid 1, omdat dergelijke remplaçanten zich in een positie bevinden die vergelijkbaar is met werknemers (Hof Den Haag 1 september 2015, ECLI:NL:GHDHA:2015:2305). De Commissie heeft op 9 december 2021 ook ontwerprichtsnoeren voor collectieve arbeidsovereenkomsten over de arbeidsomstandigheden van zelfstandigen zonder personeel gepubliceerd. Naar verwachting zal in de loop van 2022 een definitieve versie van deze richtsnoeren worden vastgesteld.

3. Bedrijfstakpensioenregelingen (onderdeel b). In de rechtspraak van het Hof van Justitie EU is eveneens erkend dat bedrijfstakpensioenregelingen naar hun aard en doel buiten de werkingssfeer van art. 101 VWEU vallen (HvJ EG 21 september 1999, C-67/96, ECLI:EU:C:1999:430 (*Albany*)). Dergelijke regelingen vallen dus ook buiten de werkingssfeer van art. 6 lid 1. Het artikel codificeert deze uitzondering ten aanzien van collectieve overeenkomsten in een bedrijfstak die uitsluitend betrekking hebben op pensioen als bedoeld in art. 1 Pensioen- en spaarfondsenwet (PSW). Dat artikel omschrijft pensioen als 'ouderdoms-, invaliditeits-, weduwen-, weduwnaars-, partner- en wezenpensioen'. De vrijstelling geldt alleen voor bedrijfstakpensioenfondsen die worden opgericht in het kader van een overeenkomst tussen werkgevers- en werknemersorganisaties. Niet vereist is dat een verzoek wordt gedaan om deelneming in het bedrijfstakpensioenfonds verplicht te stellen (*Kamerstukken II* 2004/05, 30071, 6, p. 13).

4. Beroepspensioenregelingen (onderdeel c). Anders dan ten aanzien van collectieve arbeidsovereenkomsten en bedrijfstakpensioenregelingen heeft het Hof van Justitie EU geoordeeld dat beroepspensioenregelingen niet naar hun aard en doel buiten de werkingssfeer van art. 101 VWEU vallen. Dit betekent dat moet worden nagegaan of een besluit van een organisatie van beoefenaren van een vrij beroep tot verplichte deelname aan een beroepspensioenregeling de mededinging merkbaar beperkt. Dat is volgens de rechtspraak niet zo wanneer de effecten op de markt waarop de betreffende beroepsbeoefenaren hun diensten aanbieden gering zijn, hetgeen het geval zal zijn wanneer de premies voor de pensioenregeling slechts één kostenfactor vormen van de door de beroepsbeoefenaren aangeboden diensten die in vergelijking tot andere kostenposten van relatief geringe betekenis is (HvJ EG 12 september 2000, C-180/98 tot en met C-184/98, ECLI:EU:C:2000:428 (*Pavlov*)). Het artikel gaat een stap verder dan deze rechtspraak en bepaalt dat het verbod van art. 6 lid 1 niet geldt voor een overeenkomst of besluit van een organisatie van beoefenaren van een vrij beroep dat uitsluitend betrekking heeft op deelname aan een beroepspensioenregeling in de zin van de Wet verplichte beroepspensioenregeling, indien overeenkomstig art. 2 Wet verplichte beroepspensioenregeling een verzoek is ingediend tot verplichtstelling en dit verzoek niet is afgewezen. Indien het verzoek door de Minister van Sociale Zaken en Werkgelegenheid wordt afgewezen, geldt de vrijstelling niet meer.

5. Geen andere beperkingen. De vrijstelling is niet bedoeld voor bepalingen in collectieve arbeidsovereenkomsten en pensioenregelingen die naar aard en doel buiten het sociale domein vallen en de mededinging verhinderen, beperken of vervalsen, zoals bepalingen in collectieve arbeidsovereenkomsten of pensioenregelingen die ertoe strekken de productie te beperken. Dergelijke bepalingen kunnen onder het bereik van art. 6 Mw en art. 101 VWEU vallen. Bovendien komen dergelijke bepalingen binnen het huidige beleid van de Minister van Sociale Zaken en Werkgelegenheid niet in aanmerking voor algemeenverbindendverklaring of voor verplichtstelling van het deelnemen daarin (*Kamerstukken II* 2004/05, 30071, 3, p. 12-13).

Artikel 17-23
(Vervallen.)
[30-06-2004, Stb. 345, i.w.tr. 01-08-2004/kamerstukken 29276]

HOOFDSTUK 4
Economische machtsposities

[Inleidende opmerkingen]

1. Algemeen. Hoofdstuk 4 Mw bevat twee artikelen over misbruik van economische machtsposities. Op grond van art. 24 lid 1 Mw is het ondernemingen verboden misbruik te maken van een economische machtspositie. Art. 24 lid 2 Mw bepaalt dat de totstandbrenging van een concentratie als bedoeld in art. 27 Mw niet wordt aangemerkt als het misbruik maken van een economische machtspositie. Art. 25 Mw bepaalt dat ACM op aanvraag kan verklaren dat art. 24 lid 1 Mw niet van toepassing is op een gedraging van een onderneming voor zover art. 24 lid 1 Mw de vervulling van een bij wettelijk voorschrift of door een bestuursorgaan aan een onderneming opgedragen beheer van een dienst van algemeen economisch belang verhindert.

2. VWEU. De artikelen inzake misbruik van economische machtsposities sluiten aan bij de art. 102 en 106 lid 2 VWEU. Beoogd is dat de toepassing van art. 24 Mw in belangrijke mate wordt beïnvloed en bepaald door de beschikkingenpraktijk van de Europese Commissie en de jurisprudentie van het Gerecht EU en het Hof van Justitie (HvJ EU) (MvT, p. 10 en 71). In februari 2009 heeft de Europese Commissie haar 'Richtsnoeren betreffende handhavingsprioriteiten bij de toepassing van artikel 82 EG-Verdrag' (Richtsnoeren handhavingsprioriteiten) gepubliceerd, waarin zij haar benadering ten aanzien van verschillende vormen van uitsluitingsmisbruik toelicht. Op grond van art. 3 lid 2 Verordening (EG) 1/2003 mag lidstaten niet worden belet op hun grondgebied nationale wetten aan te nemen of toe te passen die eenzijdige gedragingen van ondernemingen verbieden of bestraffen en strenger zijn dan het Verdrag. Op grond van art. 3 lid 1 van Verordening (EG) 1/2003 dienen ACM en de Nederlandse rechter ook art. 102 VWEU toe te passen indien zij art. 24 Mw toepassen op door art. 102 VWEU verboden misbruiken (derhalve indien de betrokken gedraging de handel tussen de lidstaten beïnvloedt).

3. Verhouding tot Hoofdstuk 3. a. Cumulatie van het kartelverbod en het verbod op een economische machtspositie. Waar art. 6 Mw zich richt op afspraken en onderling afgestemde feitelijke gedragingen van ondernemingen, heeft art. 24 lid 1 Mw betrekking op zuiver unilaterale gedragingen van ondernemingen. Zuiver unilaterale gedragingen dienen onderscheiden te worden van schijnbaar eenzijdige handelingen die onderdeel vormen van bestaande handelsbetrekkingen en onder het kartelverbod kunnen vallen (HvJ EG 6 januari 2004, C-2/01 P en C-3/01 P (*Bayer*)). Zie art. 1, aant. 4. Een gedraging die in strijd is met het kartelverbod van art. 6 Mw kan niettemin onder omstandigheden tevens misbruik vormen van een economische machtspositie. Dat kan bijvoorbeeld het geval zijn bij marktverdelingsafspraken, collectieve machtsposities, en exclusieve afnameverplichtingen. Deze mogelijke samenloop is erkend in HvJ EG 13 februari 1979, 85/76 *Jur.* 1979, p. 461 (*Hoffmann-La Roche*). Zie ook CBb 17 november 2004, 03/614, 03/621, 03/659, *LJN* AR6034 (*Carglass*). Het gegeven dat onredelijke contractvoorwaarden, bijvoorbeeld excessieve tarieven, in beginsel door de afnemer worden aanvaard, maakt niet dat misbruik niet aan de orde kan zijn. Zie ook *Leadiant* (zaaknr. ACM/20/041239) en *Apple* (zaaknr. ACM/19/035630). **b. Betekenis wettelijke ontheffing of toepasselijkheid groepsvrijstelling.** De omstandigheid dat aan de voorwaarden voor een wettelijke ontheffing is voldaan als bedoeld in art. 6 lid 3 Mw en art. 101 lid 3 VWEU, of een groepsvrijstelling van toepassing is, staat niet in de weg aan de mogelijke toepassing van art. 24 Mw (GvEA EG 10 juli 1990, T-51/89, *Jur.* 1990, p. II-309 (*Tetra Pak Rausing*); zie echter de mogelijkheid van een beroep op efficiëntiewinsten bij uitsluitingsmisbruik onder de Richtsnoeren handhavingsprioriteiten). Het bestaan van een economische machtspositie vermindert evenwel de kansen aanzienlijk dat aan de ontheffingscriteria kan worden voldaan (met name het vereiste dat de mededinging als gevolg van de betrokken overeenkomst niet wordt uitgeschakeld).

4. Verhouding tot Hoofdstuk 5. Cumulatie met de bepalingen van Hoofdstuk 5 Mw (Concentraties) wordt voorkomen door art. 24 lid 2 Mw, op grond waarvan de specifieke artikelen inzake concentratietoezicht prevaleren. Zie over de toepasselijkheid van lid 1, in het licht van de tekst van lid 2, op concentraties die onder de drempels van art. 29 Mw blijven, art. 24, aant. 7.

5. Verhouding tot het civiele recht. Misbruik van een economische machtspositie vormt een onrechtmatige daad in de zin van art. 6:162 BW. Vormen van concurrentiegedrag die op zichzelf niet te kwalificeren zijn als misbruik van een economische machtspositie, kunnen onder omstandigheden niettemin een onrechtmatige daad vormen (Hof 's-Gravenhage 19 december 1985, *NJ* 1988/332 (*Ten Bosch Pers/Sijthoff Pers*)). De Mededingingswet en het civiele recht bestaan naast elkaar. Zie voor de civielrechtelijke gevolgen art. 24, aant. 8.

§ 1
Verbod van misbruik van economische machtsposities

Artikel 24
1. Het is ondernemingen verboden misbruik te maken van een economische machtspositie.
2. Het tot stand brengen van een concentratie als omschreven in artikel 27 wordt niet aangemerkt als het misbruik maken van een economische machtspositie.
[22-05-1997, Stb. 242, i.w.tr. 01-01-1998/kamerstukken 24707]

[Verbod van misbruik van economische machtsposities]

1. Algemeen. Aan het gegeven dat in art. 24 Mw de term 'economische machtspositie' wordt gebruikt in plaats van 'machtspositie' zoals in art. 102 VWEU, kan geen relevantie worden toegekend. De niet-limitatieve voorbeelden van gedragingen die in art. 102 VWEU expliciet worden genoemd, zijn in art. 24 Mw niet overgenomen. Daaruit kan niet worden afgeleid dat die voorbeelden geen betekenis toekomt (MvT, p. 71). De wetgever noemt de volgende, aan art. 102 VWEU ontleende, omstandigheden: a. het rechtstreeks of zijdelings opleggen van onbillijke aan- of verkoopprijzen of van andere onbillijke contractuele voorwaarden; b. het beperken van de productie, de afzet of de technische ontwikkeling, ten nadele van de verbruikers; c. het toepassen ten opzichte van handelspartners van ongelijke voorwaarden bij gelijkwaardige prestaties, hun daarmee nadeel berokkenend bij de mededinging; en d. het feit dat het sluiten van overeenkomsten afhankelijk wordt gesteld van het aanvaarden door de handelspartners van bijkomende prestaties, welke naar hun aard of volgens het handelsgebruik geen verband houden met het onderwerp van deze overeenkomsten. Voor een nadere toelichting op deze en diverse mogelijke andere vormen van misbruik, zie aant. 6.

2. Bescherming van de mededinging. Art. 24 Mw bevat, in tegenstelling tot het kartelverbod van art. 6 Mw, maar overeenkomstig art. 102 VWEU, geen verwijzing naar de beperking of vervalsing van de mededinging als gevolg van de betrokken gedraging(en). Dit betekent niet dat het doel van het kartelverbod fundamenteel anders is dan het doel van het verbod van misbruik van economische machtspositie. Beide verboden beogen hetzelfde, namelijk de instandhouding van de mededinging (HvJ EG 21 februari 1973, 6/72, *Jur.* 1973, p. 254 (*Continental Can*)). **a. Onderzoek naar gevolgen voor de mededinging.** In tegenstelling tot art. 6 Mw, bevat art. 24 Mw geen verwijzing naar het doel of gevolg van de betrokken gedraging. Om misbruik van machtspositie aan te nemen, volstaat het aan te tonen dat de als misbruik aangemerkte gedraging van de onderneming met een machtspositie ingaat tegen de mededinging, of anders gezegd dat de gedraging een beperking van de mededinging tot gevolg heeft of *kan* hebben (CBb 7 oktober 2010, AWB 07/596, *LJN* BN9947 (*CR Delta*)). Indien is aangetoond dat het doel van de gedraging van een onderneming met een machtspositie het beperken van de mededinging is, zal die gedraging eveneens een dergelijk gevolg geacht worden te hebben (GvEA EG 30 september 2003, T-203/01 (*Michelin II*)). Wanneer een onderneming met een machtspositie een handelwijze toepast die erop gericht is een concurrent uit te schakelen, is de omstandigheid dat het nagestreefde doel niet wordt bereikt niet voldoende om misbruik uit te sluiten (HvJ EG 2 april 2009, C-202/07 (*France Télécom*)). In de Richtsnoeren handhavingsprioriteiten lijkt de Europese Commissie een meer op (concreet zich voorgedane dan wel te verwachten) effecten gebaseerde benadering aan te hangen. Door in het onderzoek naar uitsluitingsmisbruik doorgaans te toetsen aan een geschikt nulscenario ('counterfactual'), zal gedrag dat concurrenten niet heeft kunnen schaden en de mededinging niet merkbaar heeft kunnen verstoren, in beginsel niet worden aangemerkt als misbruik. Echter, indien een gedraging enkel belemmeringen voor de mededinging opwerpt en geen efficiëntievoordelen genereert, mag het mededingingsverstorende effect volgens de Europese Commissie worden verondersteld (punt 21 van de Richtsnoeren handhavingsprioriteiten). **b. Rechtvaardiging.** Ofschoon op een onderneming met een economische machtspositie een bijzondere verantwoordelijkheid rust zich te onthouden van mededingingsbeperkende gedragingen, verliest zij niet het recht zich te beschermen tegen aanvallen op haar eigen commerciële belangen. Deze maatregelen dienen evenwel proportioneel te zijn en mogen er niet op zijn gericht de economische machtspositie te versterken of te misbruiken (HvJ EG 14 februari 1978, 27/76, *Jur.* 1976, p. 207 (*United Brands*); GvEA EG 7 oktober 1999, T-228/97, (*Irish Sugar*)). In de praktijk is een scheiding tussen het enerzijds beschermen van de commerciële belangen en het anderzijds versterken van een machtspositie niet altijd goed te maken, bijvoorbeeld indien een onderneming met een machtspositie een incidentele, selectieve, tariefverlaging door wenst te voeren in reactie op de concurrentie teneinde een belangrijke klant te behouden. Een leveringsweigering kan gerechtvaardigd zijn indien betwijfeld kan worden of de afnemer de overeenkomst na zal leven of de reputatie van de leverancier kan schaden (Rb. Utrecht 26 maart 2008, 244737/KG ZA 08-190, (*Cybermedia*)). Voorts kan een leveringsweigering gerechtvaardigd zijn indien levering het legitieme distributiebeleid van de dominante onderneming schaadt. In de Richtsnoeren handhavingsprioriteiten biedt de Europese Commissie aan dominante ondernemingen de mogelijkheid uitsluitingsgedrag te rechtvaardigen op grond van efficiëntiewinsten die opwegen tegen de verstoring van de mededinging. Hiermee lijkt de ratio van art. 101 lid 3 VWEU ingelezen te worden in art. 102. Voor verdere objectieve rechtvaardigingen in het kader van specifieke gedragingen, zie aant. 6.

3. Ondernemingen. Zie voor het begrip 'onderneming' art. 1, aant. 6 onder f. Uit het feit dat art. 24 lid 1 Mw spreekt over de meervoudsvorm 'ondernemingen', dient niet te worden afgeleid dat het steeds moet gaan om meerdere ondernemingen. Ook overheden en overheidsbedrijven kunnen als onderneming optreden. Zie art. 1, aant. 5.

4. Definitie economische machtspositie. Art. 1 onderdeel i Mw definieert 'economische machtspositie' als de 'positie van een of meer ondernemingen die hen in staat stelt de instandhouding van een daadwerkelijke mededinging op de Nederlandse markt of een deel daarvan te verhinderen door hun de mogelijkheid te geven zich in belangrijke mate onafhankelijk van hun concurrenten, hun leveranciers, hun afnemers of de eindgebruikers te gedragen'. Zie Mededingingswet, art. 1, aant. 8.

5. Misbruik. Het nastreven, hebben of langs normale weg ('competing on the merits') versterken van een economische machtspositie is niet in strijd met het mededingingsrecht. Voor misbruik is een objectief bepaalbare schending van het vrije mededingingsregime vereist, waarbij vooral gedacht kan worden aan aantasting van de markt- of mededingingsstructuur, benadeling van concurrenten in hun concurrentiemogelijkheden en van consumenten in de keuzemogelijkheden voor het afnemen van producten of diensten (HvJ EG 13 februari 1979, 85/76, *Jur.* 1979, 461 (*Hoffmann-La Roche*)). Dit begrip van misbruik is ruimer dan misbruik van bevoegdheid in de zin van art. 3:13 BW. De intentie van de betrokken marktpartij kan een rol spelen (zoals bij roofprijzen, ook wel 'predatory pricing' genoemd, zie aant. 9 onder d, waarbij het evenwel niet gaat om een subjectieve intentie maar om een uit objectieve gegevens af te leiden plan). Een oorzakelijk verband tussen het misbruik en de economische machtspositie behoeft niet te bestaan, en evenmin is vereist dat de economische machtspositie het middel voor het misbruik vormt (MvT, p. 26). Ook is niet vereist dat het misbruik plaatsvindt op de markt waar de economische machtspositie bestaat. Denkbaar is dat een onderneming de machtspositie op een bepaalde markt misbruikt op een aanpalende, verwante markt (HvJ EG 14 november 1996, C-333/94 (*Tetra Pak II*); HvJ EG 3 juli 1991, C-62/86, *Jur.* 1991, p. I-3359 (*Akzo*)). De rechtbank Rotterdam stelt strikte eisen aan de verwantschap tussen de gestelde machtspositie op de ene markt en het gestelde misbruik op een andere markt alvorens met dat gestelde misbruik rekening kan worden gehouden bij de toepassing van art. 24 Mw (27 juni 2019, *NS/ACM*, ECLI:NL:RBROT:2019:5089, bevestigd door het CBb, ECLI:NL:CBB:2021:560).

6. Vormen van misbruik. Misbruik van een economische machtspositie kan veel verschillende vormen aannemen. De bij aant. 1 genoemde voorbeelden van gedragingen zijn indicatief bedoeld. De toepassing van art. 24 Mw is casuïstisch. Ook de hieronder genoemde vormen van misbruik zijn niet limitatief, maar geven een overzicht van de meest voorkomende vormen van misbruik. **a. Hoofdcategorieën.** De mogelijke vormen van misbruik kunnen in een aantal hoofdcategorieën worden ingedeeld. Allereerst kan misbruik bestaan uit het uitbuiten van een economische machtspositie ten opzichte van handelspartners en consumenten, zoals het hanteren van onredelijk hoge prijzen, zonder dat daarmee de mededingingsstructuur langdurig behoeft te worden aangetast. Ten tweede kan misbruik juist bestaan uit een min of meer langdurige of substantiële aantasting van de concurrentiestructuur, door bijvoorbeeld structurele vormen van prijsdiscriminatie en leveringsweigering. Ten derde kan misbruik bestaan uit het uitsluiten van concurrentie, bijvoorbeeld door agressief prijsbeleid gericht op het uit de markt drukken van een concurrent. Vormen van misbruik die erop zijn gericht concurrenten uit te sluiten worden doorgaans als 'zeer zware overtredingen' aangemerkt, hetgeen van belang is voor de berekening van de boete (Beleidsregels van de Minister van Economische Zaken van 4 juli 2014, WJZ/14112617, met betrekking tot het opleggen van bestuurlijke boetes door de Autoriteit Consument en Markt (Boetebeleidsregels ACM 2014)). In de praktijk doen zich vaak mengvormen voor, hetgeen ook blijkt uit de hieronder genoemde jurisprudentie en beschikkingen. **b. Onbillijke en/of discriminatoire prijzen of contractvoorwaarden.** *Onbillijk hoge prijzen*. Het hanteren van onbillijk hoge, excessieve, prijzen, dat wil zeggen prijzen die niet in een redelijke verhouding staan tot de economische waarde van de geleverde prestatie (HvJ EG 14 februari 1978, 27/76, *Jur.* 1978, p. 207 (*United Brands*)) vormt misbruik. Er zijn geen limitatieve criteria voor het vaststellen of tarieven al dan niet excessief zijn. Van belang kan zijn of een excessief rendement behaald wordt (Besluit ACM 28 april 2004 (*Interpay*, zaaknr. 2910-700)) of dat het gerealiseerde rendement duurzaam aanzienlijk hoger ligt dan de vermogenskostenvoet (Besluiten ACM 27 september 2005 (*Casema*, zaaknr. 3588 respectievelijk *UPC*, zaaknr. 3528)). Een rendement dat hoger is dan het rendement dat op basis van kostenoriëntatie behaald zou worden is op zichzelf nog geen excessief rendement. Het feit dat gehanteerde tarieven hoger zijn dan een tariefniveau dat nadien op grond van sectorspecifieke regulering wordt opgelegd, volstaat evenmin om misbruik vast te stellen (Rb. Rotterdam 3 juli 2013, *NJF* 2013/382 (*UPC/KPN en T-Mobile*)). Ook kan gelet worden op de prijzen zoals deze berekend worden door aanbieders in een vergelijkbare positie (Besluit ACM 30 november 1998 (*Essers-Telekabel*, zaaknr. 130)), en op de kosten per eenheid product van de afnemer die de aan de orde zijnde tarieven tot gevolg hebben (Besluit ACM 2003, nr. 1 (*Telegraaf/HMG*)). Tevens kan gebruik worden gemaakt van een internationale tariefvergelijking, mits zorgvuldig met cijfermateriaal onderbouwd (Rb. Rotterdam 10 januari 2005, 03/1561, *LJN* AS9459 (*Koninklijke Horeca Nederland/ACM, SENA*)). Het is aan de mededingingsautoriteit of aan eiser het bewijs te leveren van het excessieve karakter van tarieven, ook indien eerder leveringsweigering aan de orde was (CBb 7 mei 2004, 03/131, *LJN* AO9594 (*ACM/HMG*)). In de praktijk blijkt de levering van bewijs voor excessieve tarieven problematisch, zowel voor de eiser in een civiele procedure (Hof Den Haag 1 juni 2010, 105.000.856/01, *LJN* BM6398 (*Havenbedrijf/de oliesector*)) als voor de mededingingsautoriteit (Rb. Rotterdam 27 augustus 2009, 08/2026, *LJN* BJ6328 (*Stichting Commerciële Omroep Exploitatie Zuid-Holland/ACM*)). In *Havenbedrijf/ de oliesector* heeft het Hof Den Haag het belang van de redelijke verhouding tot de economische waarde van de dienst benadrukt, in lijn met de beschikking van de Europese Commissie in *Scandlines Sverige AB v Port of Helsingborg*, COMP/A.36.568/D3. Een licentievergoeding voor diensten waar geen gebruik van is gemaakt, kan ook worden beschouwd als excessief (HvJ EG 16 juli 2009, C-385/07 P (*Der Grüne Punkt*)). In de pharmasector heeft ACM gekeken naar de hoogte van de prijs in combinatie met lage kosten en lage risico's en tot buitensporige rendementen geconcludeerd evenals tot een onbillijke prijs gegeven de eerdere veel lagere prijzen voor het betrokken middel (*Leadiant*, zaaknr. ACM/20/041239). **Discriminerende prijzen.** Het hanteren van discriminerende prijzen ten aanzien van gelijkwaardige marktpartijen kan ook misbruik opleveren. Voor de vraag of partijen en transacties gelijkwaardig zijn, is onderzoek van alle relevante omstandigheden vereist. Zo kan het bestaan van verschillende distributiekanalen een objectieve rechtvaardiging vormen voor het hanteren van verschillende tarieven (CBb 4 april 2006, 05/182, *LJN* AW1972 (*NOLU/Sanoma*)). Evenwel kan een speciale garantieregeling resulterend in hogere prijzen niet zonder meer gerechtvaardigd worden op grond van hogere faillissementsrisico's van een specifieke groep ondernemingen (Rb. Rotterdam 5 januari 2010, 343435/KG ZA 09-1220 (*Turkije-specialisten/SGR*)). Voor het aannemen van misbruik is vereist dat de betrokken marktpartijen door de discriminatie nadeel bij de mededinging ondervinden. Objectieve rechtvaardigingen voor een ongelijke behandeling kunnen zijn gelegen in de noodzaak een aanbod van een concurrent te 'matchen', het verlenen van kortingen die een kostenbesparing voor de onderneming met een economische machtspositie weerspiegelen en in het verleden door de afnemer gelopen investeringsrisico's (Besluit ACM 28 april 2003 (*Superunie tegen Interpay*, zaaknr. 2978/56)). Discriminatie ten aanzien van handelspartners die onderling in een concurrentieverhouding staan, kan als misbruik worden beschouwd zodra het gedrag van de onderneming met een machtspositie, gelet op alle omstandigheden van het concrete geval, tot doel heeft de mededinging tussen deze handelspartners te verstoren. In een dergelijk geval kan niet worden geëist dat bovendien het bewijs wordt geleverd van een kwantificeerbare daadwerkelijke verslechtering van de mededingingspositie van de handelspartners individueel beschouwd (HvJ EG 15 maart 2007, C-95/04 P (*British Airways*)). Wel moet het gaan om discriminatoire voorwaarden die niet slechts een nadeel voor bepaalde ondernemingen opleveren, maar de concurrentieverhoudingen scheeftrekken (Rb. Amsterdam 21 maart 2018, HA ZA 12-1257 (*VBO/Funda*)). Om effect te kunnen hebben op de concurrentiepositie van een marktdeelnemer, dient de prijsdiscriminatie ten minste significante gevolgen te hebben voor de kosten of de winstgevendheid (HvJ EU 19 april 2018, C-525/16 (*MEO*)). **Onbillijke of discriminatoire contractvoorwaarden.** Het opleggen van onbillijke of discriminatoire contractvoorwaarden kan kwalificeren als misbruik. Voorwaarden die niet in een redelijke verhouding staan tot de economische waarde van de geleverde prestatie zijn onbillijk (CBb 22 maart 2007, 05/766, *LJN* BA2598 (*VVV/ACM*)). In *Apple* heeft ACM geoordeeld dat bepaalde voorwaarden die schadelijk zijn voor datingappaanbieders en niet noodzakelijk om kwaliteit, privacy en veiligheid te waarborgen als onbillijk en daarmee als misbruik aan te merken zijn (zaaknr. ACM/19/035630). Het stellen van objectieve kwaliteitseisen is toegestaan, zolang deze niet op discriminatoire wijze worden toegepast (Besluit ACM 1 februari 1999 (*Van Wieringen*, zaaknr. 1060)). Ten zien aanzien van het onderscheid tussen afnemers en een mogelijke rechtvaardiging daarvoor ook. Rb. Utrecht (pres.) 5 november 1998, *KG* 1999/68 (*Bakker/Canal+*). **Koppelverkoop.** Koppelverkoop kan misbruik vormen ('tying') indien de verkoop van het ene product afhankelijk wordt gesteld van de verkoop van een ander product, terwijl de aard van beide producten of het handelsgebruik geen objectieve rechtvaardigingen vormen voor de koppeling. Het koppelende product is het product op de markt waar de machtspositie bestaat, het andere product het gekoppelde product. Door koppelverkoop wordt marktmacht overgeheveld naar de markt van het gekoppelde product. Zie GvEA EG 12 december 1991, T-30/89, *Jur.* 1991, p. II-1439 (*Hilti*); HvJ EG 14 november 1996, C-333/94 P (*Tetra Pak*). De kans op concurrentieverstorende afscherming door koppelverkoop is onder meer groter naarmate technische koppeling tussen afzonderlijke producten alleen tegen een hoge kostprijs kan worden teruggedraaid, er meer afzonderlijke producten zijn gebundeld waarvoor een onderneming een machtspositie heeft, aanbodsubstitutie tussen het koppelende en gekoppelde product wordt vermeden en koppelverkoop kruissubsidiëring mogelijk maakt (punten 51 tot 57 Richtsnoeren handhavingsprioriteiten). Wanneer het koppelende product en het gekoppelde product tot dezelfde productmarkt behoren, kan geen sprake zijn van overheveling van marktmacht (Besluit ACM 20 juli 2007 (*KPN/Kabelbedrijven*, zaaknr. 5702)). Het bundelen van software kan eveneens misbruik opleveren (GvEA EG 17 september 2007, T-201/04 (*Microsoft*)). **c. Structurele prijsdiscriminatie, marktverdeling, leveringsweigering en essentiële faciliteiten.** *Structurele prijsdiscriminatie.* Indien een onderneming met een economische machtspositie discriminatoire tarieven hanteert en daarmee de marktstructuur min of meer duurzaam beïnvloedt, bijvoorbeeld bij ongerechtvaardigde prijsverschillen tussen geografische markten, (HvJ EG 13 juli 1989, 110-241-242/88, *Jur.* 1989, p. 2811 (*SACEM*)), al dan niet als middel om parallelimport tegen te gaan (Commissie EG 19 december 1974, *PbEG* 1975, L 29/14 (*General Motors Continental*)), kan misbruik aan de orde zijn. *Marktverdeling.* Gedragingen van dominante ondernemingen die ertoe leiden dat geografische of productmarkten worden verdeeld, kunnen misbruik van economische machtspositie vormen (HvJ EG 14 februari 1978, 27/76, *Jur.* 1978, p. 207 (*United Brands*)). *Leveringsweigering.* Indien een onderneming met een economische machtspositie op een markt weigert te leveren met mededingingsbeperkende gevolgen, bijvoorbeeld omdat door de weigering de afnemer op de markt van het eindproduct zou kunnen worden uitgeschakeld, kan zulks misbruik vormen (zie onder meer HvJ EG 6 maart 1974, 6-7/73, *Jur.* 1974, 223 (*ICI en Commercial Solvents*)). Er kan ook sprake zijn van 'constructieve weigering' die de vorm aanneemt van het nodeloos vertragen van de levering van de dienst of het product (Hof Amsterdam 12 juni 2012, *LJN* BM1240 (*curator/NVM*)). Voor de vaststelling van misbruik is met name relevant of levering van geweigerde input voor marktpartijen objectief onmisbaar is om daadwerkelijk op de markt te kunnen concurreren (punt 82 Richtsnoeren handhavingsprioriteiten). Misbruik kan ook aan de orde zijn op grond van de zogenoemde 'essential facilities'-doctrine. Indien een onderneming de beschikking heeft over een infrastructuur of faciliteit, zonder welke andere ondernemingen geen producten of diensten kunnen aanbieden aan derden, kan die onderneming onder omstandigheden op grond van art. 24 gedwongen worden die 'essentiële faciliteit' tegen redelijke voorwaarden ter beschikking te stellen (Commissie EG 21 december 1993, *PbEG* 1994, L 15/18 (*Stena Sealink*) en de Commissie-Bekendmaking betreffende de toepassing van de mededingingsregels op overeenkomsten inzake toegang tot de telecommunicatiesector, *PbEG* 1998, C-265/2, par. 87 e.v.). Weigering om concurrenten toe te laten tot een faciliteit of infrastructuur vormt misbruik indien elke mededinging op de markt waarop de verzoeker tot toegang actief is door de weigering wordt uitgesloten, zonder objectieve rechtvaardiging, en de faciliteit onontbeerlijk is voor degene die daartoe toegang wil, in die zin dat er geen reëel of potentieel alternatief voor die faciliteit bestaat (HvJ EG 26 november 1998, C-7/97 (*Bronner*)). Niet is vereist dat er sprake is van twee verschillende markten, zolang er twee verschillende productiestadia kunnen worden aangewezen die verbonden zijn doordat het product in het eerdere stadium een onontbeerlijk element is voor de levering van het product in het latere stadium (HvJ EG 29 april 2004, C-418/01 (*IMS*)). Het vereiste dat de weigering de mededinging volledig kan uitschakelen, wordt in dit verband strikt uitgelegd (Hof Amsterdam 12 juni 2012, *LJN* BM1240 (*curator/NVM*)). Uit *Google Shopping* volgt dat de *Bronner*-criteria zich niet altijd lenen voor toepassing op vermeend machtsmisbruik door grote platformbedrijven (Gerecht EU 10 november 2021, zaak T-612/17). Houders van IE-rechten kunnen, onder uitzonderlijke omstandigheden, gedwongen worden (licentie)rechten aan derden te verlenen (HvJ EG 6 april 1995, C-241-242/91 P, *Jur.* 1995, p. I-743 (*Magill*)). Het weigeren van een licentieverlening vormt in dit verband uitsluitend misbruik indien zulks de introductie van een nieuw product belemmert, waarnaar potentiële vraag bestaat, en elke mededinging op de markt waarop de verzoeker actief is wordt uitgesloten (HvJ EG 29 april 2004, C-418/01 (*IMS*); CBb 15 juli 2004, 03/132, *LJN* AQ1727 (*NOS*)). Onder uitzonderlijke omstandigheden kan ook het weigeren informatie te verstrekken aan concurrenten misbruik vormen (GvEA EG 17 september 2007, T-201/04 (*Microsoft*)). **d. Uit de markt (pogen te) drukken van concurrenten.** *Extreem lage prijzen ('roofprijzen' of 'predatory pricing').* Verkopen met verlies is niet als zodanig verboden. Wel is het verboden door middel van roofprijzen bewust verliezen te lijden die vermeden hadden kunnen worden om op die wijze de markt af te schermen voor daadwerkelijke of potentiële concurrenten, met als doel de eigen marktmacht te versterken of te handhaven en zodoende de gebruikers schade te berokkenen (punt 62 Richtsnoeren handhavingsprioriteiten). Het hanteren van zeer lage prijzen door een onderneming met een economische machtspositie levert eerst misbruik op indien de prijzen beneden de gemiddelde variabele kosten liggen, dan wel indien de prijzen beneden de gemiddelde totale kosten maar boven de gemiddelde variabele kosten liggen en zijn vastgesteld in het kader van een plan een concurrent uit te schakelen (HvJ EG 3 juli 1991, C-62/86, *Jur.* 1991, p. I-3359 (*AKZO*); HvJ EG 14 november 1996, C-333/94 (*Tetra Pak II*)). Voor toepassing van de LRAIC (Long Run Average Incremental Costs) maatstaf uit de Richtsnoeren van de Europese Commissie over art. 102, zie Besluit ACM 15 december 2009 (*Sandd/TNT*, zaaknr. 6207) en punten 24 tot 26 en 66 Richtsnoeren handhavingsprioriteiten. In dit verband is het gerechtvaardigd een vergelijking te maken met een 'even efficiënte concurrent' aangezien het verbod op het maken van misbruik niet ten doel heeft om ervoor te zorgen dat minder efficiënte concurrenten dan de onderneming met een machtspositie aanwezig blijven op de markt (Rb. Rotterdam 26 september 2013, ROT 12/2864, *Sandd/ACM/TNT* en HvJ EU 27 maart 2012, C-209/10 (*Post Danmark*)). Voor misbruik is mogelijk relevant, maar niet vereist dat de gemaakte verliezen in een later stadium moeten kunnen worden goedgemaakt door middel van een prijsverhoging ('recoupment'; HvJ EG 2 april 2009, C-202/07 (*France Télécom*)). Het recht van een onderneming met een machtspositie om haar prijzen aan te passen aan die van de concurrentie is niet absoluut en kan het gebruik van roofprijzen niet rechtvaardigen (HvJ EG 2 april 2009, C-202/07 (*France Télécom*). *Selectief lage prijzen.* Het hanteren van selectief lage prijzen ('selective price cutting') met het oog op het uitsluiten van concurrenten kan misbruik vormen, ook indien deze prijzen op zichzelf geen roofprijzen vormen (HvJ EG 16 maart 2000, C-395/96 en 296/96 (*Compagnie Maritime Belge*); GvEA EG 7 oktober 1999, T-228/97 (*Irish Sugar*)). *Kruissubsidiëring.* Misbruik door het hanteren van te lage prijzen kan eveneens aan de orde zijn bij onder meer overheidsbedrijven die commerciële activiteiten (deels) bekostigen uit inkomsten die zij genereren in de uitvoering van een publieke taak. Zie NV II, *Kamerstukken II* 1996/97 24707, 6, p. 14 en *Handelingen II* 1996/97, 59, p. 4349, alsmede Commissie EG 20 maart 2001, *PbEG* 2001, L 125/27 (*Deutsche Post*). Kruissubsidiëring als zodanig is niet strijdig met de Mededingingswet (Besluit ACM 20 juli 2007 (*KPN/Kabelbedrijven*, zaaknr. 5702)). *Wurgprijzen ('Price Squeeze').* Wurgprijzen kunnen met name voorkomen in de telecommunicatiesector, indien het verschil tussen het tarief dat een infrastructuuraanbieder vraagt voor toegang tot het betrokken netwerk en het tarief dat de infrastructuuraanbieder hanteert op de stroomafwaartse markt, waarop wordt geconcurreerd met de onderneming die toegang verzoekt, niet groot genoeg is om een normale winst te behalen. De onderneming die toegang verzoekt wordt aldus 'gesqueezed'. Voor de vaststelling van wurgprijzen is niet relevant of er een regulatoire verplichting tot leveren bestaat, enkel of het product of de dienst onmisbaar is voor concurrenten (HvJ EU 17 februari 2011, C-52/09 (*TeliaSonera*)). In het latere *Slovak Telekom*-arrest heeft het Gerecht evenwel geoordeeld dat indien de wenselijkheid en noodzaak van toegang is vastgelegd in wettelijke reguleringskaders, er geen noodzaak is onontbeerlijkheid aan te tonen (Gerecht EU 13 december 2018, zaak T-851/14), bevestigd door het Hof (HvJ EU 25 maart 20021, zaak C-165/19 P). Ook tarieven die reeds door de sectorspecifieke toezichthouder zijn goedgekeurd, kunnen later als wurgprijzen worden aangemerkt (HvJ EU 14 oktober 2010, C-280/08 (*Deutsche Telekom*)). De kernvraag bij deze tariefpraktijken is of zij leiden tot uitsluiting van huidige of potentiële, even efficiënte, concurrenten in de zin dat die praktijken het hen moeilijker of zelfs onmogelijk maken de markt te betreden (Gerecht EU 29 maart 2012, T-398/07 (*Spanje*)). **Leveringsweigering.** Het in een lopende relatie door een dominante marktpartij plotsklaps en ongerechtvaardigd stoppen met leveren, teneinde een afnemer of derde als concurrent van de markt te verdrijven, kan misbruik opleveren (Commissie EG 18 juli 1988, *PbEG* 1988, L 284/4 (*British Sugar*)). Ook een weigering tegemoet te komen aan bestellingen van groothandelaren ter voorkoming van parallelexport kan misbruik vormen, tenzij het gaat om 'buitengewone' bestellingen die wezenlijk voor parallelexport zijn bestemd (HvJ EG 16 september 2008, C-468/06 tot C-478/06 (*GlaxoSmithKline*)). **e. (De facto) vergaande bindingen.** Misbruik van economische machtspositie met een structureel effect op de mededingingsstructuur kan voorts aan de orde zijn bij bepalingen die (feitelijk) een vergaande binding van de contractuele wederpartij met zich brengen. De concurrenten van de onderneming met een economische machtspositie kunnen op deze wijze verder worden verzwakt, aangezien zij worden uitgesloten van een mogelijke afnemer, die zich (feitelijk) exclusief gebonden heeft aan de onderneming met een economische machtspositie. Veel van de onderstaande voorbeelden kunnen zowel een overtreding van art. 6 Mw als van art. 24 Mw vormen. Zie in dit verband ook de Commissie Richtsnoeren inzake verticale beperkingen, *PbEU* 2010, C130/1. **Exclusieve afnamebepalingen.** In *Hoffmann-La Roche* oordeelde het HvJ EG dat het een onderneming met een machtspositie is verboden afnemers een exclusieve afnameverplichting op te leggen (HvJ EG 13 februari 1979, 85/76, *Jur.* 1979, p. 461 (*Hoffmann-La Roche*)). In de Richtsnoeren handhavingsprioriteiten geeft de Europese Commissie aan zich te richten op zaken waar te verwachten valt dat afnemers over het geheel genomen niet zullen profiteren van exclusieve afnameverplichtingen, wat met name het geval zal zijn indien er talrijke afnemers zijn en de verplichtingen tezamen ten gevolge hebben dat de toetreding of de uitbreiding van concurrerende ondernemingen wordt belet (punt 33 Richtsnoeren handhavingsprioriteiten). De facto exclusiviteit kan ook misbruik opleveren, bijvoorbeeld wanneer vrieskist-exclusiviteit in feite neerkomt op outlet-exclusiviteit, zie GvEA EG 23 oktober 2003, T-65/98 (*Van den Bergh Foods*) en de Beschikking van het HvJ EG van 28 september 2006, C-552/03 P. **Exclusieve wederverkoop.** Exclusieve wederverkoop kan ook misbruik vormen (zie de zaken *Hachette*, Achtste mededingingsverslag, 95 en *Seita*, Tiende mededingingsverslag, 93). **Concurrentieverbod.** Voorts kan een verbod om concurrerende producten te verkopen misbruik vormen (HvJ EG

16 december 1975, 40-48, 50, 54-56, 111, 113-114/73, *Jur.* 1975, p. 2008 (*Suikerunie*), zie ook de Commissie Richtsnoeren inzake verticale beperkingen, *PbEU* 2010, C130/1). *Engelse clausules.* Tevens kan worden gedacht aan de zogenoemde Engelse clausules, waarbij de afnemer verplicht wordt de dominante leverancier informatie te verschaffen over concurrerende aanbiedingen zodat de leverancier in de gelegenheid wordt gesteld deze te 'matchen'. Zie HvJ EG 13 februari 1979, 85/76, *Jur.* 1979, p. 461 (*Hoffmann-La Roche*). *Getrouwheidskortingen.* Misbruik is ook aan de orde bij bepaalde (cumulatieve) kortingssystemen, de zogenaamde getrouwheidskortingen (HvJ EG 13 februari 1979, 85/76, *Jur.* 1979, p. 461 (*Hoffmann-La Roche*); HvJ EG 16 december 1975, 40-48, 50, 54-56, 111, 113-114/73, *Jur.* 1975, p. 2008 (*Suikerunie*); HvJ EG 15 maart 2007, C-95/04 P (*British Airways*)), met name indien de berekeningsbasis willekeurig is of wanneer het gaat om systemen waarbij de korting van een nieuwe staffel terugwerkt tot eerdere staffels (HvJ EG 9 november 1983, 322/81, *Jur.* 1983, p. 3515 e.v. (*Michelin*)). Kwantumkortingen, waarbij de verleende kortingen kostenbesparingen weerspiegelen en waar de korting uitsluitend over de additionele afgenomen hoeveelheid betrekking heeft, leveren geen misbruik op (zie bijvoorbeeld Besluit ACM 31 december 2003 (*CR Delta*, zaaknr. 3353/79)). Ten aanzien van een kortingsregeling waarin relatief lage kortingspercentages worden gehanteerd, gekoppeld aan een klein aantal staffels, en de toekenning van de kortingen niet afhankelijk gesteld is van individuele inkoopdoelstellingen van afnemers, kan misbruik niet worden aangetoond aan de hand van slechts theoretische overwegingen of berekeningen (Rb. Rotterdam 4 juli 2007, 05/3911, *LJN* BA9164 (*CR Delta*)). Hoe langer de referentieperiode voor de te hanteren korting, hoe sterker het klantenbindend effect geacht wordt te zijn (zie GvEA EG 30 september 2003, T-203/01 (*Michelin II*)). De omstandigheid dat na afscherming van een substantieel deel van de markt er nog ruimte blijft voor een beperkt aantal concurrenten, sluit misbruik door getrouwheidskortingen niet uit (Gerecht EU 9 september 2010, T-155/06 (*Tomra*)). In afwijking van de eerdere opvatting dat misbruik reeds is gegeven indien het doel van een getrouwheidskorting is gelegen in het beperken van de mededinging (GvEA EG 30 september 2003, T-203/01 (*Michelin II*)) lijkt de meer op (concreet zich voorgedane dan wel te verwachten) effecten gebaseerde benadering en het gebruik van een merkbaarheidstoets in de Nederlandse rechtspraak aan terrein te winnen (zie CBb 7 oktober 2010, AWB 07/596, *LJN* BN9947 (*CR Delta*)). Het HvJ EU heeft in *Tomra* evenwel benadrukt dat het toereikend is indien wordt aangetoond dat de betrokken gedragingen een mededingingsbeperkend effect kunnen hebben en dat bij getrouwheidsregelingen met een aanzuigende werking de concrete gevolgen voor concurrenten niet hoeven te worden onderzocht evenmin als de merkbaarheid van de betrokken getrouwheidsregelingen (HvJ EU 19 april 2012, C-549/10P). In het arrest-*Intel* (Gerecht EU 26 januari 2022, zaak T-286/09) oordeelde het Gerecht dat niet kan worden aangenomen dat getrouwheidskortingen in elk geval tot uitsluitingseffecten leiden. Om uitsluitingseffecten te beoordelen moet onderzoek worden gedaan naar de omvang van de machtspositie van de betrokken onderneming, de marktdekking van de betwiste praktijk alsook de duur en de hoogte van de betrokken kortingen, voorwaarden en modaliteiten, alsmede naar het bestaan van een strategie die erop is gericht minstens even efficiënte concurrenten uit te sluiten (HvJ EU 6 september 2017, zaak C-413/14P (*Intel*)). In de Richtsnoeren handhavingsprioriteiten is de methodiek weergegeven die wordt gehanteerd voor het onderzoek naar de mogelijkheid van een getrouwheidskorting om de uitbreiding of de toetreding van even efficiënte concurrenten te verhinderen door het voor hen moeilijker te maken een deel van de behoeften van individuele afne-

mers te leveren (zie punten 22 tot 26 en 40 tot 44 Richtsnoeren handhavingsprioriteiten). Na *Tomra, Intel* en *Post Danmark II* (HvJ EU 6 oktober 2015, C-23/14) is evenwel genoegzaam duidelijk dat een 'even-efficiënte concurrent'-test niet noodzakelijk is, zij het dat indien de toezichthouder deze test in de beoordeling betrekt, wel degelijk acht moet worden geslagen op de argumenten die de betrokken onderneming in dit verband heeft aangedragen (HvJ EU 6 september 2017, C-413/14P). *Lange contractuele binding.* Misbruik kan ook op zichzelf, dus los van de inhoud van de overeenkomst, aan de orde zijn bij een zeer lange contractsduur (HvJ EG 5 oktober 1988, 247/86, *Jur.* 1988, p. 5987 (*Alsatel/ Novasam*)). *Belemmering markttoegang.* Het verstrekken van betalingen aan distributeurs voor het vertragen of belemmeren van de introductie van een concurrerend product, brengt de concurrentie rechtstreeks schade toe en kan misbruik vormen (Commissie EU 13 mei 2009, *PbEU* C-227/07 (*Intel*)). Hetzelfde geldt voor gedragingen van een dominante onderneming die de overstap naar concurrenten van de aan die dominante onderneming verbonden onderneming bemoeilijken (Rb. Midden-Nederland 10 juli 2013, *NJF* 2013/390 (*EMS/Equens*)). f. Misbruik van intellectuele eigendomsrechten. Hierboven is reeds bij de leveringsweigering gewezen op de mogelijkheid dat de weigering om (licentie)rechten te verlenen misbruik kan vormen. De weigering een licentie te verlenen kan op zichzelf geen misbruik vormen, daartoe zijn bijkomende omstandigheden vereist (HvJ EG 5 oktober 1988, 238/87, *Jur.* 1988, p. 6211 (*Volvo*)). Onder omstandigheden kan evenwel het doen ontstaan, en met name het actief inzetten van intellectuele eigendomsrechten door een dominante onderneming, op een wijze waardoor de mededingings- of marktstructuur wordt aangetast, misbruik opleveren (Commissie EG 26 juli 1988, *PbEG* 1988, L 272/27 (*Tetra Pak I, Osram/Airam*); Elfde mededingingsverslag, 76, en *Microsoft*, Vierentwintigste mededingingsverslag, 364-365). Het weigeren een licentie te verlenen dient onderscheiden te worden van het discriminatoir weigeren een licentie te verlenen of het hanteren van discriminatoire licentievoorwaarden. Misbruik van intellectuele eigendom vloeit tevens voort uit het opzettelijk verzwijgen van het bestaan van octrooirechten voorafgaand aan standaardisatie in de industrie en het vervolgens vragen van royalties ('patent ambush'; Commissie EU 9 december 2009, *PbEU* 2009, C-133/13 (*Rambus*)). Een bijzondere categorie mogelijk misbruik betreft de handhaving van octrooien die kunnen worden beschreven als 'standard essential patents' jegens derden die bereid zijn te onderhandelen over licentiëring op basis van voorwaarden die *fair, reasonable and non-discriminatory* zijn ('FRAND') (Commissie EU 29 april 2014, AT.39939 (*Samsung*)). Enkele deelname aan licentieonderhandelingen door een potentiële licentienemer is niet voldoende, er moet een 'daadwerkelijke bereidheid' zijn te goeder trouw te onderhandelen op basis van FRAND voorwaarden (Hof Den Haag 24 december 2019, ECLI:NL:GHDHA:2019:3535 (*Philips/Asus*)). Van misbruik is geen sprake indien de houder van een dergelijke 'standard essential patent' een beroep instelt jegens een vermeende inbreukmaker en de octrooihouder een concreet en schriftelijk FRAND aanbod heeft gedaan terwijl de vermeende inbreukmaker het betrokken octrooi blijft gebruiken en niet te goeder trouw gevolg geeft aan het aanbod (HvJ EU 16 juli 2015, C-170/13 (*Huawei/ZTE*)). **g. Misbruik door gebruik te maken van (juridische) procedures.** Misbruik kan in bijzondere omstandigheden bestaan uit het gebruikmaken van ter beschikking staande procedures ('abuse of government process'). Het starten van een juridische procedure kan in uitzonderlijke gevallen als een misbruik worden beschouwd, namelijk indien de procedure redelijkerwijs niet kan worden beschouwd als een middel ter vrijwaring van rechten maar uitsluitend als een middel om de wederpartij te tergen, en het deel uitmaakt van een plan de mededinging uit te schakelen (GvEA EG 17 juli 1998, T-111/96 (*Promedia*)). Het misleiden van octrooibureaus alsmede het misbruiken van de bestaande octrooiprocedures teneinde de introductie van generieke producten te vertragen en te blokkeren, lijkt onder omstandigheden eveneens misbruik op te kunnen leveren (zie Gerecht EU 1 juli 2010, T-321/05 (*AstraZeneca*)). **h. Misbruik aan de vraagzijde van de markt.** Ook aan de vraagzijde kan een onderneming misbruik van een economische machtspositie maken. Gedacht kan met name worden aan het afdwingen van onredelijk lage prijzen, doch ook andere vormen van misbruik zijn denkbaar. Zie Besluit ACM 11 augustus 1998 (*Edipress/Audax*, zaaknr. 803); HvJ EG 28 maart 1985, 298/83, *Jur.* 1985, p. 1123 (*CICCE*) en *Visiedocument inkoopmacht* van ACM van december 2004, waarin ACM aangeeft dat misbruik van inkoopmacht aannemelijk is indien afgedwongen, eenzijdig opgelegde, voorwaarden tot voordelen voor de onderneming met inkoopmacht leiden die niet aan consumenten worden doorgegeven. Ook uitsluiting kan aan de orde zijn indien de machtige inkoper belemmeringen opwerpt door middel van de afgedwongen voorwaarden. Weigeren om te onderhandelen is op zichzelf geen misbruik.

7. Totstandbrenging concentratie (lid 2). Art. 24 lid 2 bepaalt dat de totstandbrenging van een concentratie als bedoeld in art. 27 Mw geen misbruik van een economische machtspositie vormt. Indien een concentratie onder de drempels van art. 29 Mw blijft, kan de totstandkoming daarvan als zodanig niet worden getoetst onder art. 24 lid 1 Mw. Voor eventuele doorwerking van een vroeg arrest van het HvJ EG 21 februari 1973, 6/72, *Jur.* 1973, p. 215 (*Continental Can*) over het aantasten van de marktstructuur door een dominante onderneming als gevolg van een concentratie, lijkt aldus geen plaats. Uiteraard kunnen handelingen en gedragingen die plaatsvinden ten tijde van of voorafgaand aan, maar los staan van een concentratie, wel worden getoetst onder art. 24 lid 1 Mw.

8. Civielrechtelijke rechtsgevolgen van misbruik van een economische machtspositie. Art. 24 Mw kent, net als art. 102 VWEU, geen expliciete civielrechtelijke sanctie, zoals art. 6 Mw dat wel kent. De civielrechtelijke rechtsgevolgen van een misbruik van een economische machtspositie worden aldus uitsluitend door de algemene bepalingen van het BW geregeld. **a. Strijd met een dwingende wetsbepaling.** Niet is uitgemaakt of het maken van misbruik van een economische machtspositie nietigheid wegens strijd met een dwingende wetsbepaling (art. 3:40 lid 2 BW) met zich brengt. Gezien de ernst van een inbreuk op de vrije mededinging is nietigheid in geval van misbruik van een economische machtspositie wellicht verdedigbaar, zie in dit verband ook MvT, p. 61 (expliciet ten aanzien van art. 6 Mw). Zie evenwel ook HR 22 januari 1999, *NJ* 2000/305 (*Uneto/De Vliert*) waarin de Hoge Raad belang hechtte aan de afwezigheid van een nietigheidssanctie in het aanbestedingsrecht en op die grond een beroep op nietigheid afwees. **b. Strijd met de openbare orde en de goede zeden.** Evenmin is uitgemaakt of nietigheid kan worden aangenomen op grond van strijd met de openbare orde in de zin van art. 3:40 lid 1 BW. De Hoge Raad heeft in HR 21 maart 1997, *NJ* 1998, 207C (*Benetton/Eco Swiss*) aangenomen dat, naar Nederlands recht, een arbitraal vonnis dat in strijd is met het mededingingsrecht in het algemeen niet op die enkele grond strijd met de openbare orde in de zin van art. 1065 lid 1 aanhef en sub e Rv met zich brengt. Het HvJ EG heeft geoordeeld dat een nationale rechter een vordering tot vernietiging van een arbitraal vonnis moet toewijzen wanneer dat vonnis naar zijn oordeel in strijd is met art. 85 (oud) EG-Verdrag en hij volgens de regels van zijn nationale procesrecht een vordering tot vernietiging op grond van strijd met nationale regels van openbare orde moet toewijzen (HvJ EG 1 juni 1999, C-126/97 (*Eco Swiss/Benetton*)). In *Manfredi* heeft het Hof, onder verwijzing naar *Eco Swiss/Benetton*, geoordeeld dat art. 101 en art. 102 VWEU bepalingen van openbare orde zijn die door de nationale rechter ambtshalve moeten worden toegepast (HvJ EG 13 juli 2006, C-295/04 tot C-298/04 (*Manfredi*)). Nadien heeft het Hof benadrukt dat in *Eco Swiss/Benetton* een beoordeling wordt gegeven van de gelijkwaardigheid van behandeling van gronden ontleend aan het nationale recht en gronden ontleend aan het gemeenschapsrecht (HvJ EG 7 juni 2007, C-222/05 tot en met C-225/05 (*Van der Weerd*)), waarna de vraag rees of het Hof er in *Manfredi* niet ten onrechte van uitging dat het EG-mededingingsrecht van Europese openbare orde is. In *T-Mobile* heeft het Hof de mogelijkheid aangegrepen *Manfredi* te bevestigen en zo een einde te maken aan deze discussie (HvJ EG 4 juni 2009, C-8/08 (*T-Mobile*)). Strijd met de goede zeden lijkt niet aan de orde. **c. Gedeeltelijke nietigheid.** Wat betreft de reikwijdte van (ver)nietig(baar)heid, geldt dat in het BW de zogenoemde gedeeltelijke nietigheid uitgangspunt is (art. 3:41 BW), zodat een overeenkomst met daarin een (ver)nietig(bar)e bepaling in beginsel voor het overige overeind blijft. **d. Conversie.** Conversie als bedoeld in art. 3:42 BW is in beginsel denkbaar, bijvoorbeeld in gevallen waar onbillijk hoge prijzen zijn afgedwongen, doch zal in de praktijk niet snel plaatsvinden, omdat een voortdurende overeenkomst tussen partijen, naar verwachting, door de geschilbeslechter juist in dit soort situaties kritisch zal worden bezien, met name indien de benadeelde zulks te kennen geeft (al dan niet door het instellen van een nietigheidsactie). **e. Onverschuldigde betaling en ongerechtvaardigde verrijking.** Een vordering uit onverschuldigde betaling (art. 6:203 e.v. BW) is mogelijk indien de betalingsverplichting nietig is of rechtsgeldig vernietigd wordt. Ook een vordering op grond van ongerechtvaardigde verrijking (art. 6:212 BW) zal in beginsel tot de mogelijkheden behoren. **f. Misbruik van omstandigheden en bedreiging.** Tevens is denkbaar dat een rechtshandeling die het gevolg is van misbruik van economische machtspositie vernietigbaar is op grond van misbruik van omstandigheden, of wellicht zelfs bedreiging, een en ander als bedoeld in art. 3:44 BW. **g. Onrechtmatige daad en schadevergoeding.** Naast (ver)nietig(baar)heid, en de andere hierboven genoemde acties, staan de gelaedeerde onder meer de instrumenten van Titel 3 van Boek 6 BW (onrechtmatige daad) en Afdeling 10 van Titel 1 van Boek 6 BW (schadevergoeding) ter beschikking.

§ 2
Uitzondering in verband met het vervullen van bijzondere taken

Artikel 25
1. Voor zover de toepassing van artikel 24, eerste lid, de vervulling van bij wettelijk voorschrift of door een bestuursorgaan aan een onderneming opgedragen beheer van een dienst van algemeen economisch belang verhindert, kan de Autoriteit Consument en Markt op aanvraag verklaren dat artikel 24, eerste lid, niet van toepassing is op een daarbij aangewezen gedraging.
2. Een beschikking als bedoeld in het eerste lid kan onder beperkingen worden gegeven; aan een beschikking kunnen voorschriften worden verbonden.
[28-02-2013, Stb. 102, i.w.tr. 01-04-2013/kamerstukken 33186]

[Dienst van algemeen economisch belang]

1. Uitzonderingsmogelijkheid (lid 1). Het gaat in dit artikel, in tegenstelling tot art. 11 Mw, niet om een rechtstreeks werkende uitzondering. Voor de inhoudelijke criteria zie de aantekeningen bij art. 11 Mw. Zoals uit aant. 5 hieronder blijkt, is slechts eenmaal een aanvraag inhoudelijk beoordeeld. Dit hangt samen met het feit dat ondernemingen die zich op dit artikel zouden kunnen beroepen al gauw onder het toepassingsbereik van de EU-regels vallen. Bovendien is een aantal specifieke taken te vinden in sectorspecifieke wetgeving.

2. Beperkingen, voorschriften (lid 2). Beperkingen hebben vooral als functie te bereiken, dat de mededingingsafspraak de concurrentie niet meer aan banden legt dan nodig is. Bij voorschriften kan worden gedacht aan verplichtingen tot rapportage aan de ambtelijke dienst van de wijze waarop de overeenkomst wordt toegepast, van wijzigingen in de overeenkomsten of van de partijen daarbij, van wijzigingen in het marktaandeel en omzet enz. De verleende ontheffing kan worden ingetrokken wegens overtreding van de aan de ontheffing verbonden voorschriften of beperkingen.

3. Verhouding met art. 106 lid 2 VWEU. Niet duidelijk is of ondernemingen die met succes een beroep hebben gedaan op een art. 106 lid 2 VWEU-rechtvaardiging, en wier handelen ook onder het toepassingsbereik van de Mededingingswet valt, een aanvraag overeenkomstig het eerste lid bij de ACM moeten indienen. Het beginsel van voorrang van het gemeenschapsrecht zou hier moeten gelden. Niettemin creëert het niet rechtstreeks werkende karakter van art. 25 Mw enige onzekerheid. Onzes inziens kan worden gesteld dat de eis voor een dergelijke aanvraag in strijd is met het EU-recht. Een dergelijke aanvraag is dan ook zeker niet nodig. Indien men voor alle zekerheid toch een dergelijke aanvraag zou willen indienen, kan deze niet worden geweigerd wanneer het om eenzelfde feitencomplex gaat (HvJ EG 13 februari 1969, zaak 14/68, *Jur.* 1969, 1 (*Walt Wilhelm*)). Gaat het echter om een andersoortig feitencomplex dan is de eis voor een aanvraag gerechtvaardigd en kan de raad tot een andere beslissing komen. Verder is het mogelijk dat ingeval de betreffende handelingen de handel tussen de lidstaten raken, de ondernemingen die hebben nagelaten een aanvraag bij ACM in te dienen, zich in procedures voor de rechter of arbiters beroepen op de rechtstreekse werking van art. 106 lid 2 VWEU. De rechter of arbiter zal dan moeten nagaan of aan de toepassingsvoorwaarden van art. 106 lid 2 VWEU is voldaan en bij een positief oordeel de exceptie toewijzen.

4. Procedure. Ondernemingen die gebruik willen maken van de uitzondering moeten bij de ACM een beschikking aanvragen. Een beschikking kan onder beperkingen en met voorschriften worden gegeven en kan ook worden aangevraagd tijdens een op grond van art. 24 Mw aanhangig zijnde procedure worden gedaan (Besluit ACM 26 augustus 1999 (*Hydro Energy BV/Sep*, zaaknr. 650/52) § 120-121).

5. Praktijk. Het aantal beroepen op art. 25 is bijzonder beperkt. Het eerste beroep betrof Besluit ACM 10 september 1998 (*Telegraaf/NOS*, zaaknr. 1). Hierin werd het beroep van de NOS op dit artikel afgewezen. De NOS werd weliswaar aangemerkt als een onderneming waaraan een dienst van algemeen economisch belang is opgedragen maar het verstrekken van programmagegevens aan de omroepen is slechts een neventaak die geringe inkomsten genereert. Het verstrekken van programmagegevens aan de Telegraaf leidde naar het oordeel van ACM er niet toe dat de bijzondere taak werd verhinderd. Een tweede zaak betrof Besluit ACM 26 augustus 1999 (*Hydro Energy/Sep*, zaaknr. 650/52) § 120-121). In deze zaak heeft Sep uiteindelijk geen schriftelijke aanvraag ingediend zodat er geen inhoudelijke beoordeling heeft plaats gevonden. De derde zaak betrof Besluit ACM 1 september 2003 (*Waterbedrijf Europoort*, zaaknr. 1941/61). Aangezien ACM van oordeel was dat er geen schending was van art. 24 Mw kwam zij niet toe aan een inhoudelijke beoordeling van de aanvraag.

HOOFDSTUK 4A
Financiële transparantie binnen bepaalde ondernemingen

[Inleidende opmerkingen]

1. Aanleiding. Hfdst. 4A is in de Mededingingswet opgenomen ter implementatie van Richtlijn 2000/52/EG (*PbEG* 2000, L 193/75, inmiddels vervangen door Richtlijn 2006/111/EG, *PbEU* L 318) betreffende de doorzichtigheid in de financiële betrekkingen tussen lidstaten en openbare bedrijven. In art. 25a Mw zijn de definities opgenomen. In art. 25b Mw zijn de verplichtingen voor de openbare bedrijven opgenomen en in art. 25c en 25d Mw uitzonderingen. Ten slotte wordt in art. 25e en 25f Mw de uitvoering en handhaving geregeld.

2. Doel. De in dit hoofdstuk opgenomen administratieve verplichtingen hebben tot doel te voorkomen dat openbare ondernemingen een concurrentievoorsprong hebben ten opzichte van 'normale' ondernemingen als gevolg van de band die tussen de openbare onderneming en de overheid bestaat. De verplichtingen in dit hoofdstuk moeten het gemakkelijker maken om art. 102 VWEU en art. 24 Mw in deze gevallen in de praktijk goed te kunnen handhaven. Ook voor de toepassing van art. 106 VWEU is doorzichtigheid van de interne financiering van activiteiten van openbare ondernemingen noodzakelijk, zowel in relatie tot art. 102 VWEU en art. 24 Mw als tot art. 107 VWEU.

3. Drinkwaterwet. In art. 4 Drinkwaterwet (*Stb*. 2013, 102) is bepaald dat een drinkwaterbedrijf een uitsluitend recht heeft op de productie en distributie van drinkwater in een door de minister vastgesteld distributiegebied. In art. 7 lid 1 en 2 Drinkwaterwet zijn vervolgens de taken van een drinkwaterbedrijf vastgelegd. Wanneer een drinkwaterbedrijf ook economische activiteiten verricht, bepaalt art. 7 lid 4 Drinkwaterwet, dat art. 25a, aanhef en onderdeel d, en art. 25b Mw van toepassing zijn. Tevens bepaalt dit artikel dat de inkomsten die zijn verkregen ter uitvoering van de voorbehouden taken, enkel mogen worden gebruikt voor de financiering van de economische activiteiten tegen condities die in het normale handelsverkeer gebruikelijk zijn voor de financiering van de desbetreffende economische activiteit. Deze test staat bekend als het 'principe van de particuliere investeerder' dat ook bij de beoordeling van staatssteun door de Europese Commissie wordt gehanteerd.

Artikel 25a
In dit hoofdstuk wordt verstaan onder:
a. richtlijn: richtlijn nr. 2006/111/EG van de Commissie van de Europese Gemeenschappen van 16 november 2006 (PbEG L 318) betreffende de doorzichtigheid in de financiële betrekkingen tussen lidstaten en openbare bedrijven en de financiële doorzichtigheid binnen bepaalde ondernemingen;
b. uitsluitend recht: een recht dat bij wettelijk voorschrift of bij besluit van een bestuursorgaan aan een onderneming wordt verleend, waarbij voor die onderneming het recht wordt voorbehouden om binnen een bepaald geografisch gebied een dienst te verrichten of een activiteit uit te oefenen;

c. bijzonder recht: een recht dat bij wettelijk voorschrift of bij besluit van een bestuursorgaan aan een beperkt aantal ondernemingen wordt verleend en waarbij binnen een bepaald geografisch gebied:
   1° het aantal van deze ondernemingen die een dienst mogen verrichten of een activiteit mogen uitoefenen op een andere wijze dan volgens objectieve, evenredige en niet-discriminerende criteria tot twee of meer wordt beperkt,
   2° verscheidene concurrerende ondernemingen die een dienst mogen verrichten of een activiteit mogen uitoefenen op een andere wijze dan volgens deze criteria worden aangewezen, of
   3° aan een of meer ondernemingen op een andere wijze dan volgens deze criteria voordelen worden toegekend waardoor enige andere onderneming aanzienlijk wordt belemmerd in de mogelijkheid om dezelfde activiteiten binnen hetzelfde geografische gebied onder in wezen gelijkwaardige voorwaarden uit te oefenen;
d. verschillende activiteiten: enerzijds producten of diensten met betrekking tot welke aan een onderneming een bijzonder of uitsluitend recht is verleend, of alle diensten van algemeen economisch belang waarmee een onderneming is belast en, anderzijds, elk ander afzonderlijk product met betrekking tot hetwelk of elke andere afzonderlijke dienst met betrekking tot welke de onderneming werkzaam is.

[06-03-2008, Stb. 95, i.w.tr. 01-04-2008/kamerstukken 31120]

[Definities]

1. Algemeen. Het begrip 'onderneming met bijzondere of uitsluitende rechten' is ontleend aan art. 106 lid 1 VWEU. Deze rechten moeten zijn verleend bij een wetgevend of bestuursrechtelijk besluit. Alle wijzen waarop van overheidswege bijzondere of uitsluitende rechten worden toegekend zijn hierin vervat, variërend van wet in formele zin tot een vergunning van burgemeester en wethouders. In de praktijk gaat de toekenning hiervan veelal gepaard met een plicht. Het onderscheid met gewone rechten is erin gelegen dat het aantal ondernemingen dat over een bijzonder of uitsluitend recht kan beschikken op voorhand is beperkt. Een gewoon recht kan iedereen krijgen die aan de gestelde eisen voldoet. Ondernemingen die beschikken over een bijzonder of uitsluitend recht, beschikken hierdoor over een concurrentievoordeel. De verplichtingen van de richtlijn zijn hierop van toepassing, zonder dat de vraag een rol speelt of door de overheid steun wordt verleend.

2. Uitsluitend recht (onderdeel b). Kenmerkend voor een uitsluitend recht is dat slechts één onderneming binnen een bepaald gebied een activiteit mag uitoefenen. Dit komt neer op het creëren van een monopolist in een bepaald gebied op een bepaalde markt. Onder uitoefenen van een activiteit wordt verstaan iedere wijze (anders dan door middel van het verrichten van diensten) waardoor een onderneming aan het economisch verkeer deelneemt. Er is geen clausule omtrent de wijze van toekenning van het recht opgenomen. Een door middel van een veiling verkregen monopolie blijft dan ook een uitsluitend recht.

3. Bijzonder recht (onderdeel c). Kenmerkend voor een bijzonder recht is dat slechts een (tevoren) beperkt aantal ondernemingen over het recht kan beschikken. Deze bijzondere positie wordt toegekend op een andere wijze dan volgens objectieve, evenredige en niet-discriminerende criteria. Rechten die zijn verkregen na een veiling of openbare aanbesteding zijn geen bijzondere rechten. Wanneer een recht niet beschikbaar is voor anderen door de aard van het onderwerp, dan moet van geval tot geval worden gekeken of er sprake is van een bijzonder recht.

4. Onderneming belast met een dienst van algemeen economisch belang. Deze ondernemingen vallen ook onder hfdst. 4A. Het begrip is ontleend aan art. 106 lid 2 VWEU en voor de invulling moet gekeken worden naar de rechtspraak van het Europese Hof van Justitie en de beschikkingenpraktijk van de Europese Commissie. Daarnaast is een Mededeling van de Commissie verschenen omtrent diensten van algemeen belang (*PbEG* 2001, C 17/04). De verplichtingen van de richtlijn gelden uitsluitend, indien de onderneming ter compensatie van de uitvoering van zijn taak van algemeen economisch belang, overheidssteun ontvangt. Zie ook de *Gids voor de toepassing van de EU-regels inzake staatssteun, overheidsopdrachten en de eengemaakte markt op diensten van algemeen economisch belang* (SWD(2013)53 final/2).

5. Verschillende activiteiten (onderdeel d). De richtlijn schrijft ondernemingen voor in hun administratie een onderscheid te maken tussen enerzijds de activiteiten die zij verricht op grond van zijn uitsluitend of bijzonder recht of taak van algemeen belang en anderzijds overige activiteiten. Wanneer bijvoorbeeld een exclusief recht meerdere activiteiten omvat, behoeven deze activiteiten in beginsel niet te worden uitgesplitst. Doel is om inzicht te verkrijgen in de financiële stromen tussen de voorbehouden activiteiten en de overige activiteiten. Het moet wel degelijk gaan om verschillende activiteiten, zoals blijkt uit het Besluit ACM 10 mei 2007 (*Koninklijke Horeca vs BUMA*, zaaknr. 5169): "Omdat SENA geen 'verschillende activiteiten' in bedoelde zin uitvoert maar alleen activiteiten krachtens een exclusief recht, gelden de in artikel 25b Mw opgenomen verplichtingen niet voor SENA. Onderzoek naar verenigbaarheid met artikel 25a e.v. Mw is dus niet nodig."

Artikel 25b

1. Ondernemingen waaraan overeenkomstig artikel 106, eerste lid, van het Verdrag een bijzonder of uitsluitend recht is verleend of die overeenkomstig artikel 106, tweede lid, van het Verdrag met het beheer van een dienst van algemeen economisch belang zijn belast en met betrekking tot deze dienst in enigerlei vorm compensatie ontvangen, en die verschillende activiteiten uitvoeren, houden een zodanige administratie bij dat:
a. de registratie van de lasten en baten van de verschillende activiteiten gescheiden zijn;
b. alle lasten en baten, op grond van consequent toegepaste en objectief te rechtvaardigen beginselen inzake kostprijsadministratie, correct worden toegerekend;
c. de beginselen inzake kostprijsadministratie volgens welke de administratie wordt gevoerd, duidelijk zijn vastgelegd.

Mededingingswet, Hfdst. 4A

2. De onderneming bewaart de in het eerste lid, onderdelen a, b en c, bedoelde gegevens gedurende vijf jaar, gerekend vanaf het einde van het boekjaar waarop de gegevens betrekking hebben.
[25-06-2014, Stb. 247, i.w.tr. 01-08-2014/kamerstukken 33622]

[**Administratieve verplichting**]

1. Algemeen. Bij het verwoorden van de verplichtingen van Richtlijn 2000/52 is vooral uitgegaan van de Engelse tekst, aangezien de bewoordingen van de Nederlandse vertaling tot misverstanden leidde omtrent de bedoeling van de verplichting (MvT, *Kamerstukken II* 2000/01, 27870, 3, p. 12).

2. Verplichtingen (lid 1). Dit artikellid geeft aan welke administratieve verplichtingen rusten op ondernemingen die onder hoofdstuk 4A vallen. Het komt neer op het voeren van een gescheiden registratie indien de ondernemingen verschillende activiteiten uitoefenen. Onderdeel b en c strekken ertoe inzichtelijk te maken welke lasten en baten met de verschillende activiteiten verband houden en volgens welke methoden deze lasten en baten worden toegerekend. Het staat de onderneming vrij een wijze van toerekening te hanteren, wel moet duidelijk zijn welke beginselen worden toegepast. Uit een besluit van ACM blijkt dat art. 25a aanhef en onderdeel d en art. 25b van toepassing zijn op de eigenaren van drinkwaterbedrijven (Besluit ACM 30 juni 2009 (*Waterleiding Maatschappij Limburg — Evides Industriewater — Evilim Industriewater*, zaaknr. 6366).

Artikel 25c
Artikel 25b, eerste lid, is niet van toepassing op activiteiten die onder de toepassing vallen van specifieke door de Europese Unie vastgestelde bepalingen inzake een gescheiden administratie, andere dan die van de richtlijn.
[25-06-2014, Stb. 247, i.w.tr. 01-08-2014/kamerstukken 33622]

[**Uitzondering**]

Betekenis. Indien de verplichting om een afzonderlijke administratie te voeren al rust op een onderneming op grond van een specifieke Europeesrechtelijke bepaling, is art. 25b lid 1 niet van toepassing. De bewaarplicht van lid 2 geldt wel.

Artikel 25d
1. Artikel 25b, eerste lid, is voorts niet van toepassing op:
a. ondernemingen die diensten verrichten welke de handel tussen lidstaten niet op merkbare wijze ongunstig kunnen beïnvloeden;
b. ondernemingen waarvan de totale nettojaaromzet minder dan € 40 miljoen heeft bedragen gedurende de twee boekjaren voorafgaande aan het boekjaar waarin de onderneming een bijzonder of uitsluitend recht heeft genoten dat overeenkomstig artikel 106, eerste lid, van het Verdrag is verleend of waarin zij is belast met het beheer van een dienst van algemeen economisch belang overeenkomstig artikel 106, tweede lid, van het Verdrag;
c. ondernemingen die voor een redelijke periode met het beheer van een dienst van algemeen economisch belang belast zijn overeenkomstig artikel 106, tweede lid,

van het Verdrag, indien de overheidssteun in enigerlei vorm, waaronder een subsidie, ondersteuning of compensatie, die zij ontvangen, was vastgesteld ingevolge een open, doorzichtige en niet-discriminerende procedure.
2. Voor de toepassing van het eerste lid, onderdeel b, wordt ten aanzien van openbare banken de nettojaaromzet vervangen door een balanstotaal van minder dan € 800 miljoen.
3. Het in het eerste lid, onderdeel b, en het in het tweede lid genoemde bedrag kunnen bij regeling van Onze Minister worden gewijzigd indien de wijziging voortvloeit uit een bindend besluit van een orgaan van de Europese Unie.
[25-06-2014, Stb. 247, i.w.tr. 01-08-2014/kamerstukken 33622]

[Nadere uitzonderingen]

1. Uitzondering (lid 1). De uitzondering van onderdeel a ziet enkel op diensten en niet op goederen. Bij de beoordeling of er al dan niet sprake is van een merkbare beperking van de tussenstaatse handel wordt gekeken naar alle diensten van de onderneming. Onderdeel b bevat een bagatelbepaling. De omzet wordt berekend over alle activiteiten die de onderneming uitoefent. De uitzondering van onderdeel c geldt voor ondernemingen die voor een bepaalde tijd een dienst van algemeen economisch belang uitoefent. De invulling van de term 'redelijke periode' hangt af van het type dienst waarmee de onderneming is belast. Als voorwaarde geldt wel dat de overheidssteun volgens een open, doorzichtige en niet-discriminerende procedure is vastgesteld. De gedachte hierachter is, dat het in deze gevallen aannemelijk is dat de verleende steun verenigbaar is met de regels van staatssteun in het Verdrag betreffende de werking van de Europese Unie.

2. Openbare banken (lid 2). Voor openbare banken geldt een speciale bagatelgrens. Een voorbeeld van een openbare bank is de Bank voor Nederlandse Gemeenten (BNG).

3. Aanpassing (lid 3). Dit artikellid creëert de mogelijkheid om een snelle aanpassing van de Nederlandse regels te realiseren, in bijvoorbeeld het geval dat de Europese Commissie de bagatelgrenzen aanpast.

Artikel 25e
Indien de Europese Commissie verzoekt om terbeschikkingstelling van gegevens als bedoeld in artikel 25b, eerste lid, verstrekt de onderneming die dit aangaat, de Autoriteit Consument en Markt op diens verzoek binnen de door haar gestelde termijn de desbetreffende gegevens. De Autoriteit Consument en Markt doet de gegevens toekomen aan de Europese Commissie.
[25-06-2014, Stb. 247, i.w.tr. 01-08-2014/kamerstukken 33622]

[Verzoek gegevens door Europese Commissie]

Betekenis. Op grond van art. 6 lid 3 Richtlijn 2006/111/EG kan de Commissie de lidstaten verzoeken bepaalde gegevens met betrekking tot de administratie van een bepaalde onderneming te zenden. Dit artikel regelt dat deze gegevens aan ACM worden verstrekt, binnen een gestelde termijn. ACM stelt vervolgens deze gegevens ter beschikking aan de Commissie. Het staat ACM vrij om naar aanleiding van de inhoud van deze gegevens een nader onderzoek in te stellen naar de naleving van de boekhoudkundige verplichtingen van deze titel of naar overtreding van bijvoorbeeld art. 24.

Artikel 25f
Indien de goede uitvoering van de richtlijn dat vereist, kunnen bij regeling van Onze Minister nadere regels worden gesteld inzake de toepassing van dit hoofdstuk.
[28-01-2002, Stb. 71, i.w.tr. 15-02-2002/kamerstukken 27870]

[Nadere regels]

Betekenis. In de toekomst kan de Europese Commissie nadere aanwijzingen geven over de uitvoering van de richtlijnverplichtingen tot het voeren van afzonderlijke administratie. Op basis van dit artikel kan dit bij ministeriële regeling tot stand worden gebracht.

HOOFDSTUK 4B
Overheden en overheidsbedrijven

[Inleidende opmerkingen]

1. Algemeen. De bepalingen van hoofdstuk 4b zijn ingevoegd bij wet van 24 maart 2011, *Stb.* 2011, 162. Zij hebben betrekking op economische activiteiten van overheden en van overheidsbedrijven. De gedragsregels zijn gericht tot het desbetreffende bestuursorgaan van de overheidsorganisatie waarvan de overheidsonderneming deel uitmaakt of dat een (beleidsbepalende) invloed op het overheidsbedrijf heeft. Voor overheden geldt dat dit bestuursorgaan de bestuursrechtelijke verantwoordelijkheid heeft voor alle activiteiten die onder zijn gezag plaatsvinden, ongeacht of de werkzaamheden economisch van aard zijn en of zij al dan niet (direct) voortvloeien uit de publieke taak. De gedragsregel die bevoordeling van overheidsbedrijven verbiedt, is evenzeer gericht tot het bestuursorgaan dat betrokken is bij het desbetreffende overheidsbedrijf (MvT, *Kamerstukken II* 2007/08, 31354, 3, p. 30).

2. Achtergrond en huidig recht. De aanvaarding van deze wet sluit een lange periode van discussie af over de concurrentieverstorende invloed van al dan niet commerciële activiteiten van de overheid (zie Sociaal-Economische Raad: Markt en Overheid, Advies 1999/12; Overheid en markt: het resultaat telt! Voorbereiding bepalend voor succes, Advies 2010/01). In het Nederlandse recht is er geen regel die het uitoefenen van marktactiviteiten door de overheid verbiedt (HR 8 maart 1974, *LJN* AC0240). Concurrentievervalsing door een overheidsonderneming is in beginsel onrechtmatig (Hof Amsterdam 18 februari 1999, *LJN* AD3013). Bovendien vallen overheidsactiviteiten die als ondernemingsactiviteiten worden aangemerkt onder het toepassingsbereik van de Mededingingswet (zie art. 1, aant. 5).

3. EU-recht. Het Europese recht stelt grenzen aan commerciële activiteiten van de overheid en handelen waardoor de concurrentieverhoudingen kunnen worden verstoord. Ten eerste volgt uit de rechtspraak dat activiteiten waarbij de overheid in concurrentie treedt met andere bedrijven als ondernemingsactiviteiten worden aangemerkt en als zodanig onder het toepassingsbereik van de mededingingsregels vallen (HvJ EG 23 april 1991, 41/90 (*Höfner*); zie art. 1, aant. 5). Ten tweede heeft het Hof van Justitie in de rechtspraak over art. 3 lid 1 onderdeel g, art. 10, 81 en 82 EG, thans Protocol nr. 27 betreffende de interne markt en de mededinging bij het Verdrag van Lissabon, art. 4 lid 3 VEU en art. 101 en 102 VWEU (het HvJ EU 11 maart 2011, C-437/09 (*AG2R*), noemt enkel art. 101 VWEU in samenhang met art. 4 lid 3 VEU), normen gesteld aan het handelen van overheden. Volgens deze norm mogen lidstaten geen maatregelen nemen of handhaven die het nuttig effect van de op de ondernemingen toepasselijke mededingingsregels ongedaan kunnen maken. Dit is volgens het Hof van Justitie het geval wanneer een lidstaat het tot stand komen van met art. 101 VWEU strijdige afspraken oplegt of begunstigt dan wel de werking ervan versterkt of aan haar eigen regeling het overheidskarakter ontneemt door de verantwoordelijkheid voor het nemen van besluiten tot interventie op economisch gebied aan particuliere ondernemingen over te dragen (HvJ EG 21 september 1988, C-267/86, r.o. 16 (*Van Eyke/Aspa*)). Een vergelijkbare norm is te vinden in art. 106 lid 1 VWEU. Deze regel valt ten dele samen met de norm van Protocol 27, art. 4 lid 3 VEU en art. 101 en

102 VWEU. Art. 106 lid 1 VWEU heeft betrekking op al het overheidshandelen in strijd met het EU-recht, maar is beperkt tot het handelen in samenhang met ondernemingen waaraan bijzondere of uitsluitende rechten zijn verleend. De norm van Protocol 27, art. 4 lid 3 VEU en art. 101 en 102 VWEU daarentegen heeft alleen betrekking op handelen in strijd met de mededingingsregels, maar geldt ten opzichte van alle ondernemingen. Ten derde biedt art. 106 lid 2 VWEU een geclausuleerde verlichting van het verbod van art. 101 en 102 VWEU, zowel voor de overheid bij het geven van regels voor overheidsondernemingen en ondernemingen met exclusieve of speciale rechten, alsook voor deze ondernemingen indien zij bij het vervullen van hun bijzondere taak worden gehinderd.

4. Verhouding Nederlands – EU-recht. Een norm vergelijkbaar met de norm van Protocol 27 bij het Verdrag van Lissabon, art. 4 lid 3 VEU en art. 101 en 102 VWEU is in de Nederlandse rechtspraak niet erkend (CBb 27 februari 2002, AWB 99/1039 (*Nederland FM en Arrow/Staatssecretaris*)). Handelingen van overheidsbedrijven die in Nederland zijn belast met het beheer van een dienst van algemeen economisch belang en die de handel tussen de lidstaten raken, vallen onder het bereik van art. 106 lid 2 VWEU. Voor het overige vallen zij onder art. 11 en 25 Mw (voor de definitie van overheidsbedrijven zie art. 25g, aant. 2; zie ook art. 25i, aant. 3). Bij het ontbreken van invloed op de tussenstatelijke handel zijn activiteiten van overheidsbedrijven en bestuursorganen, tot aan de inwerkingtreding van de wet, alleen toetsbaar aan de jurisprudentie vermeld onder aant. 2 hiervoor. Verdere met het EU-recht overeenkomende regels waren tot nu toe afwezig. De bepalingen van art. 25i, 25j, 25k en 25l Mw voorzien, ten dele, in deze tot nu toe in het Nederlands recht ontbrekende regels. Het gaat hierbij om specifieke regels voor het Nederlandse mededingingsrecht. Er wordt geen bepaling ingevoerd die het equivalent is van de 'nuttig effect' EU-norm. De laatste blijft beperkt tot situaties die de handel tussen de lidstaten beïnvloeden.

5. Economische activiteit. De feitelijke reikwijdte van de gedragsregels wordt bepaald door het begrip onderneming in art. 1 onder f Mw (zie art. 1, aant. 5). Hiervoor is bepalend of een economische activiteit wordt verricht. Wanneer de activiteit niet van de uitoefening van de bevoegdheden van openbaar gezag kan worden gescheiden, hangen alle door die instantie verrichte activiteiten samen met de uitoefening van deze bevoegdheid en handelt de overheidsinstantie in zoverre niet als onderneming (zie ECLI:NL:CBB:2019:204 over het ter beschikking stellen van de Klic-viewer door het Kadaster). De Stichting Marine Cantine Dienst biedt geen goederen of diensten aan op de markt (Besluit ACM 20 februari 2017, 15.1221.29) en ook straatparkeren is geen economische activiteit in tegenstelling tot slagboomparkeren (ECLI:NL:RBROT:2019:6805).

6. Evaluatie. Op grond van art. III van de Wet van 24 maart 2011 tot wijziging van de Mededingingswet ter invoering van regels inzake ondernemingen die deel uitmaken van een publiekrechtelijke rechtspersoon of die hiermee zijn verbonden (aanpassing Mededingingswet ter invoering van gedragsregels voor de overheid) (*Stb.* 2011, 162) zendt de minister binnen drie jaar na de inwerkingtreding van deze wet, dus op 1 juli 2015 (zie hierna) aan de Staten-Generaal een verslag over de doeltreffendheid en de effecten van deze wet in de praktijk. Ingevolge dit artikel zal de wet binnen drie jaar na inwerkingtreding worden geëvalueerd ten aanzien van de effecten en de doeltreffendheid. Onder meer zal bij de evaluatie het handhavingsregime voor overheidsorganisaties worden betrokken. De termijn is zo gekozen dat rekening wordt gehouden met enerzijds het feit dat sommige bepalingen op grond van art. II van de wet eerst twee jaar na de inwerkingtreding toepassing krijgen, en anderzijds het feit dat de in art. IV opgenomen horizonbepaling een termijn van vijf jaar kent. Deze evaluatie heeft in 2015 plaatsgevonden *Ecorys Bird & Bird*, Evaluatie Wet Markt en Overheid, Eindrapport 6 augustus 2015. Op 3 juni 2016 is de evaluatie, voorzien van een reactie van de minister, naar het parlement gestuurd, *Kamerstukken II* 2015/16, 34487, 1.

7. Inwerkingtreding.
De wet is in werking getreden op 1 juli 2012, *Stb.* 2012, 254. Ingevolge art. II is art. 25i Mw niet van toepassing op activiteiten die voor dat tijdstip werden verricht. Evenmin zijn art. 25j en 25k Mw van toepassing op bepalingen in overeenkomsten die zijn gesloten voor de inwerkingtreding van de wet en die strijd zijn met deze artikelen.

8. Horizonbepaling.
Op grond van art. IV van de wet van 24 maart 2011 vervalt de wet (dat wil zeggen hoofdstuk 4B, art. 25g-25m Mw) vijf jaar na de inwerkingtreding ervan. De door deze wet in de Mededingingswet gewijzigde bepalingen komen alsdan te luiden zoals zij luidden voor het tijdstip van de inwerkingtreding van deze wet en met inachtneming van wijzigingen die na dat tijdstip in werking zijn getreden, tenzij voorafgaand aan het hiervoor bedoelde tijdstip van het vervallen van deze wet bij algemene maatregel van bestuur over de geldingsduur anders is bepaald. De geldigheid van de onderhavige wettelijke bepalingen dient binnen zeven jaar uitdrukkelijk te worden verlengd om te bewerkstelligen dat zij niet vervallen. Bij amvb van 31 januari 2017 (*Stb.* 2017, 34) is de werking van de wet voor het eerst verlengd tot 1 juli 2019, vervolgens tot 1 juli 2021 (*Stb.* 2019, 58) en tot 1 juli 2023 (*Stb.* 2021, 174). Op 1 september 2017 is een wetsvoorstel tot wijziging van onder meer de markt en overheid ter consultatie gepubliceerd en op 7 december 2021 is uiteindelijk een wetsvoorstel tot wijziging van de Markt en overheidbepalingen ingediend bij de Tweede Kamer (*Kamerstukken II* 2021/22, 35985 nr. 1/2).

9. Wetsvoorstel aanpassing wet Markt en Overheid.
Op 7 december 2021 is een voorstel tot wijziging van de wet Markt en Overheid ingediend (*Kamerstukken II* 2021/22, 35985 nr. 1/2). Het wetsvoorstel bestaat uit drie onderdelen: 1) het bestendig maken van de wet Markt en Overheid door het laten vervallen van de horizonbepaling; 2) het verbeteren van het besluitvormingsproces bij algemeen belang besluiten; en 3) een uitzondering van de gedragsregel integrale kostendoorberekening voor het aanbieden van open source software (*Kamerstukken II* 2021/22, 35985, nr. 3, paragraaf 3). In het wetsvoorstel wordt de mogelijkheid voor bestuursorganen om een algemeenbelangbesluit te nemen op grond van artikel 25h lid 7 Mededingingswet nader uitgewerkt. Er worden nadere eisen gesteld aan de totstandkomingsprocedure en de motivering. Verder wordt een verplichte evaluatie na vijf jaar opgenomen, waarbij het bestuursorgaan een algemeenbelangbesluit beoordeelt op doeltreffendheid en gevolgen in de praktijk. Verder wordt in het wetsvoorstel voorgeschreven dat ondernemers actief worden betrokken bij de voorbereiding van het algemeenbelangbesluit door middel van een verplicht voorgeschreven consultatie. Deze consultatie moet zo worden ingericht dat eenieder die zich heeft aangemeld voldoende gelegenheid krijgt zich uit te spreken. De invulling van de motiveringseisen wordt opgenomen in een nog op te stellen amvb waarbij wordt aangesloten bij de vaste jurisprudentie van het CBb (zie artikel 25h, aant. 7) en zijn: 1. beschrijving van de acti-

viteit waarvoor de algemeenbelanguitzondering wordt ingeroepen; 2. beschrijving van het algemeen belang dat met het besluit wordt gediend; 3. duiding van de noodzaak om de algemeenbelanguitzondering in te roepen; 4. beschrijving van de gevolgen van het gebruik van de algemeenbelanguitzondering op ondernemers; 5. afweging van de noodzaak van afwijking van de gedragsregels op grond van het algemeenbelangbesluit enerzijds, tegenover het effect op het ondernemers anderzijds.

Artikel 25g
1. In dit hoofdstuk en de daarop berustende bepalingen wordt verstaan onder overheidsbedrijf:
a. een onderneming met privaatrechtelijke rechtspersoonlijkheid, niet zijnde een personenvennootschap met rechtspersoonlijkheid, waarin een publiekrechtelijke rechtspersoon, al dan niet tezamen met een of meer andere publiekrechtelijke rechtspersonen, in staat is het beleid te bepalen;
b. een onderneming in de vorm van een personenvennootschap, waarin een publiekrechtelijke rechtspersoon deelneemt.

2. Een publiekrechtelijke rechtspersoon is alleen in staat in een onderneming het beleid te bepalen in de zin van het eerste lid, onder a:
a. indien hij, al dan niet tezamen met een of meer andere publiekrechtelijke rechtspersonen, beschikt over de meerderheid van de stemrechten, verbonden aan de door de rechtspersoon van de onderneming uitgegeven aandelen;
b. indien meer dan de helft van de leden van het bestuur of het toezichthoudend orgaan wordt benoemd door een of meer publiekrechtelijke rechtspersonen of door leden of aandeelhouders die een publiekrechtelijke rechtspersoon zijn;
c. indien de onderneming een dochtermaatschappij in de zin van artikel 24a van Boek 2 van het Burgerlijk Wetboek is van een rechtspersoon waarvoor onderdeel a of b van toepassing is; of
d. in andere gevallen, voor zover bij algemene maatregel van bestuur bepaald.
[24-03-2011, Stb. 162, i.w.tr. 01-07-2012/kamerstukken 31354]

[Definities]

1. Algemeen. Lid 1 geeft een omschrijving van een overheidsbedrijf die in essentie overeenkomt met de definitie van openbaar bedrijf die in art. 2 Transparantierichtlijn wordt gegeven (MvT, *Kamerstukken II* 2007/08, 31354, 3, art. 25g). Art. 2b Richtlijn 2006/111/EG geeft geen definitie van het begrip overheidsbedrijf maar van openbaar bedrijf; desalniettemin stemt de definitie inhoudelijk grotendeels overeen.

2. Overheidsondernemingen en overheidsbedrijven (lid 1). De definitie van Richtlijn 2006/111/EG heeft ook betrekking op overheidsondernemingen die deel uitmaken van de overheidsorganisatie (HvJ EG 16 juni 1987, C-118/85 (*Commissie Italië*)), daarom is in dit wetsvoorstel onderscheiden tussen overheidsondernemingen (ondernemingen binnen de overheidsorganisatie) en overheidsbedrijven in de zin van ondernemingen buiten de overheidsorganisatie. Onderdeel a heeft betrekking op overheidsbedrijven met rechtspersoonlijkheid. De beleidsbepalende positie zal in de regel berusten op betrekkingen van het rechtspersonenrecht van Boek 2 BW. Veelal gaat het om kapitaalvennootschappen waarvan de overheidsorganisatie aandeelhouder is of waarmee anderszins vennootschapsrechtelijke betrekkingen worden onderhouden. Overheidsbedrijven kunnen ook de vorm hebben van bijvoorbeeld een stichting in de statuten waarvan is bepaald dat de bestuursleden door een bepaalde overheidsorganisatie worden benoemd. Onderdeel b heeft betrekking op contractuele samenwerkingsvormen. In de praktijk maken overheden hier niet veel gebruik van. Aangenomen mag worden dat bij deze samenwerkingsvormen sprake zal zijn van sterke invloed van de betrokken overheidsorganisatie, alleen al vanwege de aansprakelijkheidsregeling in deze gevallen.

3. Vereiste betrokkenheid van de overheidsorganisatie (lid 2). Onderdeel a heeft betrekking op zeggenschap via stemrechten op aandelen. Daarvan kan sprake zijn omdat de meerderheid van de aandelen in handen van overheidsorganisaties is, maar ook indien de stemrechten zijn verbonden aan preferente aandelen in handen van die organisaties. Onderdeel b heeft betrekking op rechtstreekse benoeming door bestuurders of leden van het toezichthoudend orgaan bij stichtingen (eerste zinsdeel) en op benoeming door leden (bij verenigingen) of aandeelhouders (bij naamloze en besloten vennootschappen). Op grond van onderdeel c gelden dochtermaatschappijen van de hiervoor genoemde overheidsbedrijven ook als overheidsbedrijf. Hiermee wordt bereikt dat de werking van gedragsregels ten aanzien van overheidsbedrijven niet afhankelijk is van de wijze waarop het overheidsbedrijf gestructureerd is (MvT, *Kamerstukken II* 2007/08, 31354, 3).

Artikel 25h
1. Dit hoofdstuk is niet van toepassing op:
a. openbare scholen als bedoeld in artikel 1 van de Wet op het primair onderwijs, artikel 1 van de Wet op de expertisecentra, en artikel 1.1 van de Wet voortgezet onderwijs 2020;
b. openbare instellingen als bedoeld in artikel 1.1.1 van de Wet educatie en beroepsonderwijs;
c. openbare instellingen als bedoeld in artikel 1.1, onder h, van de Wet op het hoger onderwijs en wetenschappelijk onderzoek;
d. de instellingen, bedoeld in artikel 1.5 van de Wet op het hoger onderwijs en wetenschappelijk onderzoek, en de organisaties, bedoeld in artikel 3 van de TNO-wet en in artikel 2 van de Wet op de Nederlandse organisatie voor wetenschappelijk onderzoek;
e. publieke media-instellingen als bedoeld in artikel 1.1 van de Mediawet 2008.

2. Dit hoofdstuk is niet van toepassing op het aanbieden van goederen of diensten door bestuursorganen aan andere bestuursorganen of aan overheidsbedrijven voor zover deze goederen of diensten zijn bestemd voor de uitvoering van een publiekrechtelijke taak.

3. Dit hoofdstuk is niet van toepassing op bestuursorganen als bedoeld in artikel 1.1, eerste lid, onder b, van de Algemene wet bestuursrecht en op bestuursorganen van openbare lichamen van beroep en bedrijf die zijn ingesteld op grond van artikel 134 van de Grondwet.

4. Dit hoofdstuk is niet van toepassing indien het economische activiteiten van een bestuursorgaan betreft ten aanzien waarvan een maatregel is getroffen die naar het oordeel van het bestuursorgaan kan worden aangemerkt als een steunmaatregel die voldoet aan de criteria van artikel 107, eerste lid, van het Verdrag.

5. Dit hoofdstuk is niet van toepassing op economische activiteiten en op een bevoordeling als bedoeld in artikel 25j, welke plaatsvinden respectievelijk plaatsvindt in het algemeen belang.
6. De vaststelling of economische activiteiten of een bevoordeling plaatsvinden respectievelijk plaatsvindt in het algemeen belang geschiedt voor provincies, gemeenten en waterschappen door provinciale staten, de gemeenteraad respectievelijk het algemeen bestuur en voor het Rijk en voor zelfstandige bestuursorganen als bedoeld in artikel 1, onderdeel a, van de Kaderwet zelfstandige bestuursorganen door de minister die het aangaat.
[23-02-2022, Stb. 116, i.w.tr. 01-08-2022/kamerstukken 35946]

[Uitgezonderde instellingen en overheidsbedrijven]

1. Algemeen. In dit artikel wordt de reikwijdte van hoofdstuk 4b Mw nader bepaald. Art. 25h lid 1 Mw maakt een uitzondering voor organisaties waarvoor een sectorspecifiek regime geldt dat vergelijkbaar is met de gedragsregels van dit wetsvoorstel. Dit geldt voor onderwijs-, onderzoek- en omroepinstellingen (MvT, *Kamerstukken II* 2007/08, 31354, 3).

2. 'In house'-activiteiten (lid 2). De gedragsregels zijn overigens evenmin van toepassing op het aanbieden van goederen of diensten binnen de eigen overheidsorganisatie, dat wil zeggen binnen de krachtens publiekrecht ingestelde rechtspersoon waar de onderneming deel van uitmaakt. In dit geval is sprake van zogenaamde 'in house'-activiteiten die ten eigen bate worden verricht. Omdat deze activiteiten niet aan derden, op een markt, worden aangeboden kan niet worden gesproken van economische activiteiten (MvT, *Kamerstukken II* 2007/08, 31354, 3).

3. Aanbestedingsverplichtingen. Art. 25h lid 2 Mw laat de bestaande aanbestedingsverplichtingen voor de overheid die de goederen of diensten afneemt onverlet. Voorkomen moet worden dat de overheden van die goederen of diensten gebruikmaken bij commerciële activiteiten en zodoende aan derden goederen of diensten onder de kostprijs kunnen aanbieden. Om oneerlijke concurrentie te voorkomen is de uitzondering alleen van toepassing gesteld op goederen of diensten die zijn bestemd voor de uitvoering van de publiekrechtelijke taak. Het kan hierbij gaan om interne activiteiten van de overheid of om externe activiteiten die in het publieke domein vallen. Dit betekent dat de gedragsregels onverkort van toepassing zijn indien de goederen of diensten die beschikbaar worden gesteld aan een bestuursorgaan of overheidsbedrijf vervolgens worden gebruikt voor het verrichten van commerciële activiteiten – ook bijvoorbeeld als het gaat om zogenaamde restcapaciteit. In dat geval dienen derhalve de integrale kosten aan het bestuursorgaan of overheidsbedrijf te worden doorberekend.

4. Alleen krachtens publiekrecht ingestelde rechtspersonen (lid 3). Blijkens het derde lid heeft dit hoofdstuk alleen betrekking op overheden in de zin van krachtens publiekrecht ingestelde rechtspersonen. Voor zover het de binnen deze overheidsorganisaties fungerende ondernemingen betreft, wordt in deze toelichting wel gesproken van overheidsondernemingen. Er is sprake van een overheidsonderneming, ongeacht of de overheidsorganisatie de economische activiteiten onderbrengt in een aparte dienst. Dit vloeit voort uit het feit dat in de jurisprudentie van het Hof van Justitie een onderneming wordt aangemerkt als iedere entiteit die een economische activiteit uitoefent, ongeacht rechtsvorm, financiering of winstoogmerk (zie bijvoorbeeld het arrest HvJ EG 23 april 1991, 41/90 (*Höfner*)). Als krachtens publiekrecht ingestelde rechtspersonen worden in het algemeen aangemerkt de openbare lichamen waarvan art. 2:1 lid 1 BW bepaalt dat zij rechtspersoonlijkheid bezitten: de Staat, provincies, gemeenten, waterschappen en andere openbare lichamen waaraan krachtens de Grondwet verordenende bevoegdheid is toegekend (lichamen ingesteld in het kader van de publiekrechtelijke bedrijfsorganisatie) (MvT, *Kamerstukken II* 2007/08, 31354, 3).

5. Steunmaatregelen (lid 4). De regering is van oordeel dat staatssteun niet alleen aan een onderneming buiten de overheid kan worden verleend, maar zich ook kan voordoen indien een overheidsorganisatie economische activiteiten verricht en daar algemene middelen voor ter beschikking stelt. Begunstiging van deze onderneming door de overheid kan ook plaatsvinden als deze overheid en de overheidsonderneming deel uitmaken van dezelfde overheidsorganisatie. Voor een bevestiging van deze zienswijze kan niet worden verwezen naar regelgeving, jurisprudentie of uitspraken van de Europese Commissie. Een bestuursorgaan heeft een eigen verantwoordelijkheid ten aanzien van de naleving van de EU-regels betreffende staatssteun. Van geval tot geval moet het vaststellen of naar verwachting sprake is van staatssteun. De uitzonderingsbepaling impliceert dat dit oordeel van het bestuursorgaan maatgevend is voor de reikwijdte van deze uitzondering. ACM is als toezichthouder inzake de gedragsregels gehouden dit oordeel te volgen (MvT, *Kamerstukken II* 2007/08, 31354, 3). Deze bepaling is een vreemde eend in het bijt. Het toezichthoudend bestuursorgaan dient tevens de staatssteunregels toe te passen en daarmee de wet niet van toepassing te verklaren. Deze uitzondering roept daarom nogal wat vragen op. Waarom wordt de wet niet van toepassing verklaard als er staatssteun aanwezig is, is dat omdat dan bevoordeling gewenst is? Er kan zich de situatie voordoen waarin de overheid heeft aangenomen dat sprake is van staatssteun maar waarin de Commissie tot een andere conclusie komt. Daargelaten het geval dat het Hof van Justitie in beroep tot een andere uitspraak komt, kan dan het bestuursorgaan niet langer van oordeel zijn dat sprake is van een staatssteunmaatregel en zijn de gedragsregels alsnog van toepassing (MvT, *Kamerstukken II* 2007/08, 31354, 3).

6. Activiteiten/bevoordeling in het algemeen belang. Deze bepaling is opgenomen bij het amendement *Ten Hoopen/Vos*. Dit amendement zorgt ervoor dat de autonomie van decentrale overheden bij de behartiging van het algemeen belang volledig gerespecteerd wordt. Decentrale overheden, zoals provinciale staten en gemeenteraden, krijgen zelf onverkort de ruimte om te bepalen of er sprake is van een economische activiteit in het algemeen belang. Indien decentrale overheden of bestuursorganen van het Rijk een economische activiteit als algemeen belang beschouwen is de wet in het geheel niet van toepassing (*Kamerstukken II* 2007/08, 31354, 32, amendement Ten Hoopen/Vos). De bepaling van art. 25h lid 5 Mw zondert activiteiten en bevoordeling uit van de regels van de Wet overheden en overheidsbedrijven. Volgens lid 6 van dit artikel moet de vaststelling of een dergelijke situatie aan de orde is geschieden door de bevoegde instanties, zie hierna aant. 7. Wanneer in een onherroepelijk algemeenbelangbesluit vastligt dat een economische activiteit in het kader van het algemeen belang wordt verricht en vervolgens beleidsregels worden vastgesteld waardoor de omstandigheden veranderen waaronder de overheid deze activiteit verricht, dan is er geen sprake van uitbreiding van het algemeenbelangbesluit dat opnieuw moet worden getoetst aan de Wet Markt en Overheid (ECLI:NL:RBROT:2020:291 (*Beschermingsbewind gemeente Groningen*)).

7. Vaststelling van algemeen belang. De vaststelling of een activiteit in het algemeen belang plaatsvindt, dient te geschieden door provinciale staten indien het activiteiten van provincies betreft, door de gemeenteraad voor activiteiten van gemeenten, het algemeen bestuur van waterschappen en voor het Rijk door het bevoegde ZBO. Hetzelfde geldt voor bevoordeling in het algemeen belang. Een dergelijke vaststelling dient uiteraard voorafgaande aan het verrichten van de activiteit te hebben plaatsgevonden op een voor derden kenbare wijze. Slechts dan is duidelijk dat het aanbieden van activiteiten zonder een integrale kostenberekening geoorloofd is en eventuele gegadigden voor het verrichten van de activiteit bij werving daarmee rekening kunnen houden. Voor de toepassing van deze bepaling kan inspiratie worden gevonden in de criteria die door HvJ EG zijn opgesteld in het arrest *Altmark* (HvJ EG 24 juli 2003, C-280/00, ov. 95). Het CBb heeft op 18 december 2018 twee uitspraken gedaan waarin het toetsingskader van algemeen belang besluiten uiteen is gezet (ECLI:NL:CBB:2018:660 en ECLI:NL:CBB:2018:661). In deze uitspraken bevestigt het CBb dat bestuursorganen over een aanzienlijke beoordelingsruimte beschikken bij het vaststellen of een economische activiteit het algemeen belang dient. De beslissing om vervolgens deze economische activiteit buiten de reikwijdte van de gedragsregels van hoofdstuk 4b Mw te plaatsen, vereist een deugdelijke en daadkrachtige motivering. Hiervoor moet het bestuursorgaan overeenkomstig art. 3:2 Awb allereerst de nodige kennis vergaren omtrent de relevante feiten en de af te wegen belangen (stap 1). Vervolgens toetst de bestuursrechter of het bestuursorgaan zich redelijkerwijs op het standpunt heeft kunnen stellen dat sprake is van een algemeen belang dat door de betreffende economische activiteit wordt gediend (stap 2). Zo'n algemeen belang is er niet wanneer het aanbieden van de economische activiteit beneden de kostprijs niet nodig is om het nagestreefde algemeen belang te dienen. Ten slotte toetst de bestuursrechter of het bestuursorgaan gelet op de betrokken belangen in redelijkheid heeft kunnen besluiten van zijn bevoegdheid gebruik te maken op een wijze waarop hij dat heeft gedaan (stap 3). Daarbij is onder meer van betekenis of het bestuursorgaan in het besluit een prijsstelling heeft opgenomen die ertoe leidt dat enerzijds het beoogde effect daadwerkelijk wordt bereikt en anderzijds het nadeel voor de betrokken ondernemingen zoveel mogelijk wordt beperkt, een termijn aan het besluit heeft verbonden en compensatie heeft aangeboden voor het nadeel dat redelijkerwijs niet ten laste van de betrokken ondernemingen behoort te blijven. Beide zaken stranden in stap 2. Uit de verdere uitspraken volgt dat het CBb hiervoor in elk geval inzicht in de integrale kostprijs van de activiteit verlangt (*Aanloophaven Zeewolde*) en een vergelijking tussen situaties waarin de activiteit wel en niet wordt verricht (*Parkeergarage Hengelo*). Het CBb heeft eenmaal aangenomen dat het algemeen belang besluit het toetsingskader doorstond (ECLI:NL:CBB:2019:294 (*Emmense Parkeergarage*)). In dit geval was er geen reden voor nadeelcompensatie. Op grond van het ingediende wetsvoorstel wijziging Markt en Overheid (zie Inleidende opmerkingen aant. 9) worden de motiveringseisen van het CBb opgenomen en uitgewerkt in een amvb. Een dergelijk algemeen belang besluit kan geen terugwerkende kracht worden toegekend (Besluit ACM 29 mei 2015, 15.0303, m.nt. Kreijger, *M&M* 2015, 160).

Artikel 25i

1. Een bestuursorgaan dat economische activiteiten verricht, brengt de afnemers van een product of dienst ten minste de integrale kosten van dat product of die dienst in rekening.

2. Het eerste lid is niet van toepassing:

a. indien de economische activiteiten strekken ter uitoefening van een bijzonder of uitsluitend recht in de zin van artikel 25a, onder c, respectievelijk b, en reeds voorschriften gelden omtrent de voor de desbetreffende activiteiten in rekening te brengen prijzen;

b. indien de economische activiteiten inhouden het verstrekken van gegevens die het bestuursorgaan heeft verkregen in het kader van de uitoefening van zijn publiekrechtelijke bevoegdheden of het verstrekken van gegevensbestanden die uit de genoemde gegevens zijn samengesteld;

c. op economische activiteiten die worden verricht door een onderneming die belast is met de uitvoering van de Wet sociale werkvoorziening, voor zover op deze activiteiten artikel 5 van die wet van toepassing is.

3. Bij de vaststelling van de integrale kosten, bedoeld in het eerste lid, wordt voor de financiering met vreemd vermogen en met eigen vermogen voor zover dat redelijkerwijs aan de economische activiteiten kan worden toegerekend, een bedrag in aanmerking genomen dat niet lager is dan de lasten die in het normale handelsverkeer gebruikelijk zijn voor de financiering van ondernemingen.

4. Op verzoek van de Autoriteit Consument en Markt toont een bestuursorgaan aan dat het heeft voldaan aan de in het eerste lid bedoelde verplichting.

[28-02-2013, Stb. 102, i.w.tr. 01-04-2013/kamerstukken 33186]

[Integrale kosten]

1. Algemeen (lid 1). Dit artikel bevat de belangrijke gedragsregel dat de integrale kosten van een product of dienst moeten worden doorberekend aan de afnemer. De reden voor de verplichte doorberekening van de integrale kostprijs per economische activiteit is dat een private ondernemer veelal alleen voor een bepaald product of dienst concurrentie van de overheid ondervindt. Bovendien heeft deze benadering voordelen voor de uitoefening van toezicht: indien naar aanleiding van een klacht wordt onderzocht of de verplichting tot kostendoorberekening is overtreden, kan het onderzoek beperkt blijven tot de kosten en baten van de desbetreffende dienst respectievelijk product. Doordat volledige doorberekening van kosten wordt voorgeschreven, ontstaat op de markten waarop in concurrentie wordt getreden met private ondernemers een gelijk speelveld. Het gaat hierbij om doorberekening van alle directe en indirecte kosten. De verplichting om de kosten door te berekenen in de prijzen kan worden toegepast per boekjaar (MvT, *Kamerstukken II* 2007/08, 31354, 3). Een bestuursorgaan kan niet volstaan met het hanteren van marktconforme tarieven. Het artikel verplicht ten minste de integrale kosten door te berekenen (ECLI:NL:RBROT:2019:6805).

2. Berekening. De wijze van berekening van de integrale kostprijs is terug te vinden in het Besluit markt en overheid (*Stb.* 2012, 255). Uit de besluiten van de ACM volgt dat indringend wordt getoetst of daadwerkelijk alle kosten zijn meegenomen bij het bepalen van de integrale kostprijs (zie factsheet: Hoe bereken ik integrale kosten, www.acm.nl).

Alle kosten die samenhangen met de activiteit dienen meegerekend te worden: operationele kosten, afschrijvings- en onderhoudskosten en vermogenskosten. Overheden die economische activiteiten verrichten moeten bewijzen en dus onderbouwen dat alle relevante kosten in rekening worden gebracht. Het CBb onderschrijft deze benadering (ECLI:NL:CBB:2019:233). De integrale kosten van een economische activiteit dienen te worden berekend aan de hand van het kostenveroorzakingsbeginsel. Ook wanneer een infrastructuur al van oudsher aanwezig is en in stand wordt gehouden in verband met het publieke belang, wordt deze infrastructuur aangemerkt als productiemiddel en moeten de kosten deels worden toegerekend aan de economische activiteit. Zelfs de vermogenskosten van water. Wanneer door de overheid randvoorwaarden worden gesteld aan de exploitatie door de onderneming in verband met maatschappelijke doelen, kan de overheid een exploitatievergoeding toekennen. Deze exploitatievergoeding wordt gezien als kostenpost, tenzij de bijdrage een reële vergoeding vertegenwoordigt voor de verplichtingen of voorwaarden die de overheid heeft opgelegd (Besluit ACM, 3 april 2020, *Sportcentra Heumen*). De Rechtbank Rotterdam heeft ten aanzien van een exploitatiebijdrage geoordeeld dat dit een subsidie is voor het laten verrichten van bepaalde, door de overheid wenselijk geachte activiteiten onder de kostprijs. Subsidieverstrekking is geen economische activiteit in de zin van artikel 25i van de Mw en dat geldt derhalve voor het verstrekken van de exploitatiebijdrage (ECLI:NL:RBROT:2021:721). De ACM meent dat een exploitatiebijdrage alleen buiten beschouwing kan worden gelaten als de bijdrage wordt gebruikt voor een specifiek (maatschappelijk) doel. Als dat niet kan worden aangetoond door de overheid, dan is de bijdrage een verkapte korting op de huur en komt in strijd met de eis dat de overheid alle kosten moet doorberekenen. Het CBb volgt deze redenering en oordeelt dat de ACM terecht de exploitatiebijdrage als kostenpost heeft betrokken bij de vaststelling van de integrale kosten van de verhuur van het sportcentrum (ECLI:NL:CBB:2022:507). Relevant acht het CBb het feit dat in de huur, beheer en exploitatieovereenkomst (HEX) uitdrukkelijk is overeengekomen dat de huur, beheer en exploitatie onlosmakelijk met elkaar zijn verbonden en het een algemene bijdrage betreft. Uit de HEX volgt dus niet dat de exploitatiebijdrage enkel is bestemd voor maatschappelijke activiteiten in het sportcentrum. Het CBb geeft nog mee dat uit een voorschrijven van een gescheiden boekhouding kan worden afgeleid dat de bijdrage enkel bestemd is voor maatschappelijke activiteiten, maar daar is hier geen sprake van. Ook heeft de ACM inzicht gegeven hoe om te gaan met situaties waarbij de inkomsten vooraf niet zijn te bepalen. De door te berekenen integrale kosten hoeven niet per definitie gelijk te zijn aan de werkelijke gerealiseerde kosten. Een realistische raming kan ook de basis vormen voor de integrale kosten, zelfs als uit latere berekeningen volgt dat de realisatie hiervan is afgeweken (Besluit ACM, 25 november 2019, *Spoordok*). Dit is van belang voor diensten waarvan de vraag vooraf niet bekend is en de kosten voor een groot deel vaste kosten betreffen.

3. Uitzondering: overheidsorganisatie die beschikt over een uitsluitend of bijzonder recht.
Zie hoofdstuk 4a Mw onder art. 25a Mw, aant. 1-4.

4. Uitzondering: gegevens die de overheidsorganisatie heeft verkregen in het kader van de uitoefening van haar publiekrechtelijke bevoegdheden (lid 2 onderdeel b).
Deze uitzondering strekt ertoe te bewerkstelligen dat het wetsvoorstel markt en overheid

geen belemmering vormt voor de verdere ontwikkeling van het beleid met betrekking tot de beschikbaarheid van overheidsinformatie (MvT, *Kamerstukken II* 2007/08, 31354, 3).

5. Uitzondering: sociale werkvoorziening (lid 2 onderdeel c). Ingevolge art. 5 Wsw 1997 geldt reeds een norm om concurrentieverstoring te voorkomen: voor de door de werknemer geleverde arbeid of voor de ten gevolge daarvan geleverde goederen of diensten dient een vergoeding te worden bedongen die de concurrentieverhoudingen niet onverantwoord mag beïnvloeden. Wanneer deze norm van toepassing is, geldt de gedragsregel in art. 25i Mw niet.

6. Uitzondering: broncode software. In het wetsvoorstel wijziging wet Markt en Overheid (zie Inleidende opmerkingen, aant. 9) wordt voorgesteld een uitzondering op te nemen voor economische activiteiten inhoudende het kosteloos en non-discriminatoir vrijgeven van de broncode van software ten behoeve van gebruik, wijziging of distributie daarvan, over welke broncode en software het bestuursorgaan beschikt in het kader van de uitoefening van zijn publiekrechtelijke bevoegdheden.

7. Vergoeding voor marktrisico (lid 3). Om de ongelijkheid tussen private ondernemingen – die een zeker marktrisico lopen – en overheidsorganisaties – die dat risico van een faillissement niet lopen – te compenseren wordt voorgeschreven dat de overheidsorganisatie bij de berekening van haar prijzen voor economische activiteiten een vergoeding voor het marktrisico in de vorm van een vergoeding voor het gebruik van eigen vermogen in rekening moet brengen (*Kamerstukken II* 2003/04, 29352, 1).

8. Effectief toezicht (lid 4). Met deze bepaling wordt de bewijslast bij het bestuursorgaan gelegd. Het bestuursorgaan kan niet volstaan met het verduidelijken welke kosten in de prijs zijn verdisconteerd, maar dient tevens te onderbouwen dat deze kosten ook alle kosten zijn die voor het desbetreffende product of dienst zijn gemaakt. Dit zal mede kunnen blijken uit de wijze waarop overigens kosten en baten in de administratie zijn geregistreerd. Indien het bestuursorgaan niet of onvoldoende voldoet aan de in lid 4 opgenomen verplichting, kan ACM concluderen dat sprake is van een overtreding van lid 1 en de in art. 70c Mw bedoelde handhavingsmiddelen toepassen (MvT, *Kamerstukken II* 2007/08, 31354, 3). Zie besluit op bezwaar *Jachthaven Heerhugowaard* zoals bevestigd door het CBb (ECLI:NL:CBB:2019:233).

9. Latere inwerkingtreding voor reeds aangegane werkzaamheden. Op grond van art. II van de wet van 24 maart 2011 (*Stb.* 2011, 162) is dit artikel gedurende twee jaar vanaf het tijdstip van inwerkingtreding van deze wet niet van toepassing op economische activiteiten die ook voor dat tijdstip werden verricht. De beoogde regels voor een gelijk speelveld zullen gaan gelden voor alle economische activiteiten die worden verricht door overheidsorganisaties. Gelet op de vele betrokken belangen is een zorgvuldige invoering van de nieuwe regels vereist. Voor de verplichtingen die zijn aangegaan voor de inwerkingtreding van dit wetsvoorstel gelden daarom bepaalde overgangstermijnen. Dit is wenselijk omdat het wetsvoorstel een aantal nieuwe en algemeen geldende gedragsregels tot stand brengt. Bij het aangaan van de genoemde verplichtingen kon daar vanzelfsprekend nog geen rekening mee worden gehouden. Volledige eerbiedigende werking ten aanzien van deze situaties zou echter een te grote inbreuk maken op de doelstelling van een gelijk speelveld. Voor de verschillende overgangsvoorzieningen worden termijnen van één of drie jaar gehanteerd (MvT, *Kamerstukken II* 2007/08, 31354, 3).

Artikel 25j

1. Een bestuursorgaan bevoordeelt niet een overheidsbedrijf, waarbij hij in de zin van artikel 25g, eerste lid, is betrokken, boven andere ondernemingen waarmee dat overheidsbedrijf in concurrentie treedt en kent evenmin een dergelijk overheidsbedrijf anderszins voordelen toe die verder gaan dan in het normale handelsverkeer gebruikelijk is.

2. Als bevoordeling als bedoeld in het eerste lid wordt in ieder geval ook aangemerkt:
a. het toestaan van het gebruik door het overheidsbedrijf van de naam en het beeldmerk van de publiekrechtelijke rechtspersoon van het bestuursorgaan op een wijze waardoor verwarring bij het publiek is te duchten over de herkomst van goederen en diensten;
b. het leveren van goederen aan, het verrichten van diensten voor en het ter beschikking stellen van middelen aan het overheidsbedrijf tegen een vergoeding die lager is dan de integrale kosten.

3. Het eerste lid is niet van toepassing:
a. indien de bevoordeling verband houdt met economische activiteiten ter uitoefening van een bijzonder of uitsluitend recht in de zin van artikel 25a, onder c, respectievelijk b, en reeds voorschriften gelden omtrent de voor de desbetreffende activiteiten in rekening te brengen prijzen;
b. indien naar het oordeel van het bestuursorgaan de bevoordeling kan worden aangemerkt als een steunmaatregel die voldoet aan de criteria van artikel 87, eerste lid, van het Verdrag;
c. op economische activiteiten die worden verricht door een onderneming die belast is met de uitvoering van de Wet sociale werkvoorziening, voor zover op deze activiteiten artikel 5 van die wet van toepassing is.

[29-04-2010, Stb. 208 jo. Stb. 162, i.w.tr. 01-07-2012/kamerstukken 32151]

[Bevoordeling overheidsbedrijf]

1. Algemeen. Dit artikel beoogt te voorkomen dat overheidsbedrijven andere ondernemingen oneerlijke concurrentie kunnen aandoen doordat de overheden die hun beleid kunnen bepalen, hen bepaalde voordelen verschaffen. Op grond van het algemene beginsel dat de bijzondere regeling boven de algemene gaat, geldt het in art. 25j Mw opgenomen bevoordelingsverbod niet indien een van deze sectorale regelingen van toepassing is. Het bevoordelingsverbod betreft elke vorm van bevoordeling. Ondernemers die benadeeld worden door een dergelijke bevoordeling kunnen een vordering wegens onrechtmatige daad instellen, waarbij onder meer kan worden gevraagd om een verbod om in strijd met dit artikel te handelen (MvT, *Kamerstukken II* 2007/08, 31354, 3). Daarnaast zijn dergelijke bepalingen nietig op grond van art. 3:40 lid 2 BW (MvT, *Kamerstukken II* 2007/08, 31354, 3).

2. Toetsingskader. Het bevoordelingsverbod beoogt op dezelfde wijze als het staatssteunverbod van artikel 107 VWEU te voorkomen dat de overheid een bedrijf concurrentievoordelen verschaft voor het verrichten van economische activiteiten. De toets bestaat dan ook uit de drie cumulatieve elementen van het staatssteunverbod (art. 107 lid 1 VWEU): 1) het direct of indirect toekennen van staatsmiddelen; 2) het verschafte voordeel is niet-marktconform; en 3) er is sprake van selectiviteit. Ook niet-financiële steun kan kwalificeren als bevoordeling (Besluit ACM, 21 december 2021, *DVI*).

Artikel 25k
Een bestuursorgaan gebruikt gegevens die hij heeft verkregen in het kader van de uitvoering van zijn publiekrechtelijke bevoegdheden alleen voor economische activiteiten die niet dienen ter uitvoering van de publiekrechtelijke bevoegdheden, indien deze gegevens ook aan derden beschikbaar kunnen worden gesteld.
[24-03-2011, Stb. 162, i.w.tr. 01-07-2012/kamerstukken 31354]

[Gebruik exclusieve gegevens]

1. Auteursrecht derden. Indien derden betrokken zijn geweest bij het opstellen of het verzamelen van de gegevens, zal het auteursrecht dat deze derden daardoor hebben, in ieder geval overgedragen moeten zijn aan de desbetreffende overheidsorganisatie, of moet toestemming verkregen zijn om de gegevens aan (andere) derden ter beschikking te stellen. Als dat niet is gebeurd, kan de overheidsorganisatie de gegevens niet aan derden overdragen (MvT, *Kamerstukken II* 2007/08, 31354, 3).

2. Geheimhoudingsplicht. Ook kan zich de situatie voordoen dat geheimhouding is voorgeschreven in de specifieke regeling op grond waarvan het bijzondere of uitsluitende recht is verleend, of dat deze voortvloeit uit algemene geheimhoudingsbepalingen. Ook kan de Wet bescherming persoonsgegevens in de weg staan aan beschikbaarstelling van de gegevens aan derden. Deze bepaling voorkomt dat er dan een ongelijk speelveld zou ontstaan doordat de overheidsorganisatie in deze gevallen de gegevens toch zou kunnen gebruiken voor commerciële activiteiten, zonder deze aan derden beschikbaar te stellen (MvT, *Kamerstukken II* 2007/08, 31354, 3).

3. Latere inwerkingtreding voor reeds gesloten overeenkomsten. Op grond van art. II van de wet van 24 maart 2011 is dit artikel gedurende twee jaar vanaf het tijdstip van inwerkingtreding van deze wet niet van toepassing op bepalingen in overeenkomsten die zijn gesloten voor het genoemde tijdstip en die in strijd zijn met dat artikel. Deze bepaling betreft de gedragsregel inzake hergebruik van gegevens. Het is denkbaar dat in overeenkomsten die voor de inwerkingtreding van deze bepaling zijn gesloten, over het verstrekken van gegevens aan derden voorschriften voorkomen die een belemmering vormen voor het voldoen aan de vereisten van deze bepaling. Dat is bijvoorbeeld het geval als tegen een bepaalde prijs een exclusieve licentie is verleend. Dergelijke overeenkomsten plegen een tamelijk lange looptijd te hebben. Hiermee is rekening gehouden door ten aanzien van deze gedragsregel een overgangstermijn van twee jaar te kiezen (MvT, *Kamerstukken II* 2007/08, 31354, 3).

Artikel 25l
Indien een bestuursorgaan een publiekrechtelijke bevoegdheid uitoefent ten aanzien van economische activiteiten die door hetzelfde of een ander bestuursorgaan van de desbetreffende publiekrechtelijke rechtspersoon worden verricht, wordt voorkomen

dat dezelfde personen betrokken kunnen zijn bij zowel de uitoefening van de bevoegdheid als bij het verrichten van de economische activiteiten.
[24-03-2011, Stb. 162, i.w.tr. 01-07-2012/kamerstukken 31354]

[Functievermenging]

1. Algemeen. Dit artikel beoogt functievermenging tegen te gaan om te voorkomen dat er (een schijn van) belangenverstrengeling kan ontstaan binnen de overheid, doordat publiekrechtelijke bevoegdheden en economische activiteiten in één persoon verenigd zijn. Voor het (laten) verrichten van bepaalde activiteiten is soms toestemming nodig van een bestuursorgaan in de vorm van vergunningverlening, ontheffing, goedkeuring en dergelijke. Vaak vloeit uit die toestemming voort dat bepaalde economische activiteiten verricht gaan worden.

2. Geen dubbele betrokkenheid. Dit artikel is alleen van toepassing indien sprake is van een 'dubbele betrokkenheid'. De betrokkenheid bij de uitoefening van een publiekrechtelijke bevoegdheid betreft betrokkenheid bij de besluitvorming daarover. Betrokken is zowel degene die het besluit neemt als degene die een (inhoudelijke) bijdrage levert aan de voorbereiding van dat besluit. Betrokkenheid bij het verrichten van economische activiteiten is bijvoorbeeld aan de orde als iemand bevoegd is contracten af te sluiten voor het verrichten van economische activiteiten of zich bezighoudt met de acquisitie daarvan. Daarnaast kan als betrokkene worden aangemerkt degene die daadwerkelijk de economische activiteiten verricht, zoals degene die in het voornoemde voorbeeld een bedrijfshulpverleningsplan opstelt. Deze persoon mag ingevolge deze bepaling niet worden betrokken bij de besluitvorming omtrent de goedkeuring van een bedrijfshulpverleningsprogramma. In deze gevallen zal het desbetreffende bestuursorgaan moeten zorg dragen voor functiescheiding. Dit kan door de desbetreffende activiteit onder te brengen in een andere organisatorische eenheid dan de eenheid of eenheden die is, respectievelijk zijn betrokken bij de voorbereiding van het desbetreffende besluit (MvT, *Kamerstukken II* 2007/08, 31354, 3).

3. Latere inwerkingtreding voor reeds eerder verrichte activiteiten. Op grond van art. II van de wet van 24 maart 2011 is dit artikel gedurende een jaar vanaf het tijdstip van inwerkingtreding van deze wet niet van toepassing op economische activiteiten die ook voor dat tijdstip werden verricht. Deze bepaling geeft een jaar respijt voor lopende economische activiteiten, die mogelijk als gevolg van de in dit artikel voorgeschreven functiescheiding in een andere organisatorische eenheid of bij andere personen moeten worden ondergebracht.

Artikel 25m

1. Bij of krachtens algemene maatregel van bestuur worden nadere regels gesteld inzake de toepassing van de artikelen 25i en 25j.
2. De in het eerste lid bedoelde nadere regels hebben in elk geval betrekking op de kosten die bij de in artikel 25i, eerste lid, bedoelde kostendoorberekening in aanmerking worden genomen en op beginselen voor de toerekening van indirecte kosten.
3. De nadere regels op grond van het eerste lid worden gesteld na overleg met:

a. de Minister van Binnenlandse Zaken en Koninkrijksrelaties voor zover de regels betrekking hebben op gemeenten of provincies, en
b. de Minister van Infrastructuur en Milieu voor zover de regels betrekking hebben op waterschappen.
[22-12-2011, Stb. 19, i.w.tr. 01-07-2012/kamerstukken 32871]

Artikel 25ma
Hoofdstuk 3 van de Instellingswet Autoriteit Consument en Markt is van toepassing op de handhaving van de bepalingen in dit hoofdstuk, met uitzondering van § 2. en de artikelen 12j, 12k, 12l, 12m, eerste lid, onderdelen a en b, en tweede lid, 12o en 12v van dat hoofdstuk.
[23-12-2015, Stb. 22, i.w.tr. 01-07-2016/kamerstukken 34190]

[Schakelbepaling]

Betekenis. Dit artikel is ingevoegd met de stroomlijningswet 2014. De memorie van toelichting op deze wet (*Kamerstukken II* 2012/13, 33622, 3, p. 67) zegt hierover onder het kopje L (toepasselijkheid H3 Instellingswet ACM op handhaving hoofdstuk 4b Mw) het volgende: "Op 1 juli 2012 is hoofdstuk 4b van de Mededingingswet in werking getreden, getiteld Overheden en overheidsbedrijven. Het voorgestelde artikel 25ma van de Mededingingswet heeft tot doel te regelen dat de Instellingswet ACM geen verandering brengt in de wijze waarop de bepalingen van dat hoofdstuk zullen worden gehandhaafd."

HOOFDSTUK 5
Concentraties

[Inleidende opmerkingen]

1. Algemeen. Het hoofdstuk onderwerpt de totstandkoming van bepaalde fusies, overnames en gemeenschappelijke ondernemingen (joint ventures) aan voorafgaand toezicht door ACM. Daarbij is aansluiting gezocht bij het begrippenkader en de materiële beoordelingsnorm van de EG-concentratieverordening (Vo. 139/2004, *PbEU* 2004 L 24/1, opgenomen in het onderdeel Bijlagen), hoewel ook verschillen bestaan.

2. Inhoud. Art. 26-28 Mw omschrijven het begrip 'concentratie', waarna art. 29-31 Mw bepalen welke concentraties zijn onderworpen aan toezicht op grond van de wet. De te doorlopen procedure kan drie fases bevatten: de meldingsfase (art. 34-40 Mw), de vergunningsfase (art. 41-46 Mw) en vervolgens, in bijzondere gevallen, een procedure bij de Minister van Economische Zaken en Klimaat (art. 47-49 Mw). Daarnaast bestaat de mogelijkheid van beroep bij de rechtbank te Rotterdam (art. 7 Bevoegdheidsregeling bestuursrechtspraak) en hoger beroep bij het College van Beroep voor het bedrijfsleven (art. 11 Bevoegdheidsregeling bestuursrechtspraak).

3. Verhouding tot Europees concentratietoezicht. Het hoofdstuk is niet van toepassing op concentraties die binnen de werkingssfeer van de EG-concentratieverordening vallen (art. 21 lid 3 EG-concentratieverordening) (MvT, *Kamerstukken II* 1995/96, 24707, 3, p. 36). Indien de Europese Commissie een concentratie geheel of gedeeltelijk verwijst naar ACM, dan is de wet alsnog van toepassing. Het is ook mogelijk dat een concentratie die binnen de werkingssfeer van de wet valt naar de Europese Commissie wordt verwezen. Het systeem van verwijzingen onder de EG-concentratieverordening wordt uitvoerig toegelicht in de Mededeling van de Commissie betreffende de verwijzing van concentratiezaken (*PbEU* 2005, C 56/2, opgenomen in het onderdeel Bijlagen) en de Mededeling van de Commissie handvatten voor de toepassing van het verwijzingsmechanisme van artikel 22 van de concentratieverordening op bepaalde categorieën zaken (*PbEU* 2021, C113/1, opgenomen in het onderdeel Bijlagen). **a. Verwijzing naar ACM.** De Europese Commissie kan een concentratie die binnen de werkingssfeer van de EG-concentratieverordening valt, op verzoek van een lidstaat of de partijen op wie op grond van art. 4 lid 2 EG-concentratieverordening een meldingsplicht rust, geheel of gedeeltelijk verwijzen naar die lidstaat (art. 9 EG-concentratieverordening). *Verwijzing op verzoek van een lidstaat.* Een verwijzingsverzoek van een lidstaat kan worden ingewilligd ten aanzien van een concentratie die i. in significante mate gevolgen dreigt te hebben voor de mededinging op een markt in die lidstaat welke alle kenmerken van een afzonderlijke markt vertoont, of ii. gevolgen heeft voor de mededinging op een markt in die lidstaat welke alle kenmerken vertoont van een afzonderlijke markt en welke geen wezenlijk deel van de gemeenschappelijke markt vormt (art. 9 lid 2 EG-concentratieverordening). In het eerste geval staat het de Europese Commissie vrij het verzoek in te willigen of de zaak zelf te behandelen; in het tweede geval is zij verplicht het verzoek in te willigen en de zaak te verwijzen (art. 9 lid 3 EG-concentratieverordening). Een verzoek op grond van art. 9 lid 2 EG-concentratieverordening wordt namens de Minister van Economische Zaken en Klimaat ingediend door ACM (Werkwijze bij concentratiezaken, § 160, *Stcrt.*

2021, 43083, opgenomen in het onderdeel Bijlagen). Bij de afweging om een verzoek in te dienen acht ACM van belang of als gevolg van de voorgenomen concentratie (op het eerste gezicht) voornamelijk negatieve effecten te verwachten zijn binnen een Nederlandse markt of kleinere geografische markt(en). Het feit dat ACM reeds bezig is om dezelfde markt(en) te onderzoeken of door eerdere zaken ervaring heeft in die sector kan ook een rol spelen bij de afweging (Werkwijze bij concentratiezaken, § 161; zie bijvoorbeeld persbericht Europese Commissie van 25 juni 2014, inzake UPC Ziggo, IP/14/726). Op een zaak die de Europese Commissie naar ACM heeft verwezen zijn art. 34 e.v. van toepassing. De zaak dient dus aan ACM te worden gemeld en de in art. 37 Mw bedoelde termijn loopt vanaf de ontvangst van de melding (Werkwijze bij concentratiezaken, § 162). In geval van gedeeltelijke verwijzing van een concentratie blijft de Europese Commissie exclusief bevoegd ten aanzien van het gedeelte dat niet is verwezen. Indien de Europese Commissie het niet verwezen gedeelte goedkeurt kan het worden voltrokken mits daarbij binnen de grenzen van de goedkeuringsbeschikking wordt gehandeld (Informele zienswijze ACM van 29 oktober 2010 in zaak 7050). *Verwijzing op verzoek van partijen.* De partijen op wie op grond van art. 4 lid 2 EG-concentratieverordening een meldingsplicht rust kunnen ook gehele of gedeeltelijke verwijzing naar ACM verzoeken. Het verzoek kan alleen worden ingewilligd indien de concentratie in significante mate gevolgen kan hebben voor de mededinging op een markt in Nederland die alle kenmerken van een afzonderlijke markt vertoont. Het verzoek moet worden gedaan voordat melding bij de Europese Commissie heeft plaatsgevonden (art. 4 lid 4 EG-concentratieverordening). **b. Verwijzing naar Europese Commissie.** Een concentratie die niet binnen de werkingssfeer van de EG-concentratieverordening valt, kan op verzoek van een of meer lidstaten of de partijen op wie (indien de EG-concentratieverordening wel van toepassing zou zijn) op grond van art. 4 lid 2 EG-concentratieverordening een meldingsplicht zou rusten, alsnog naar de Europese Commissie worden verwezen. *Verwijzing op verzoek van een of meer lidstaten.* Een of meer lidstaten kunnen de Europese Commissie verzoeken om een concentratie die niet binnen de werkingssfeer van de EG-concentratieverordening valt maar die de handel tussen de lidstaten beïnvloedt en in significante mate gevolgen dreigt te hebben op het grondgebied van de betreffende lidstaat of lidstaten in behandeling te nemen (art. 22 lid 1 EG-concentratieverordening). Voor het doen van een verwijzingsverzoek onder art. 22 lid 1 EG-concentratieverordening is niet vereist dat de lidstaat onder de eigen mededingingsregels bevoegd is om de concentratie te beoordelen (Gerecht EU 13 juli 2022, T-227/21, ECLI:EU:T:2022:447 (*Illumina*)). Een dergelijk verzoek wordt namens de Minister van Economische Zaken en Klimaat ingediend door ACM (Werkwijze bij concentratiezaken, § 155). Indien de Europese Commissie meent dat een concentratie voldoet aan de verwijzingscriteria van art. 22 lid 1 EG-concentratieverordening, kan zij lidstaten uitnodigen om een verzoek onder deze bepaling te doen (art. 22 lid 5 EG-concentratieverordening). Het feit dat een concentratie reeds is voltooid (closing) staat niet in de weg aan een verwijzing onder artikel 22 lid 1 EG-concentratieverordening. De tijd die sinds closing is verlopen, is echter een factor die de Commissie kan laten meewegen wanneer zij beziet of zij haar beoordelingsbevoegdheid uitoefent om een verwijzingsverzoek te accepteren of af te wijzen. Alhoewel zaken op individuele basis worden beoordeeld, zou de Commissie een verwijzing doorgaans niet passend achten indien meer dan zes maanden zijn verstreken sinds de concentratie tot stand is gebracht (Mededeling van de Commissie handvatten voor de toepassing van het verwijzingsmechanisme van artikel 22 van de concentratieverordening op bepaalde categorieën zaken, § 21). *Voorlopige voorziening tegen verwijzing.* Tegen het voornemen van ACM om een concentratie te verwijzen op grond van artikel 22 EG-concentratieverordening, of om zich aan te sluiten bij een dergelijk verzoek van een andere lidstaat, kan een voorlopige voorziening worden gevorderd strekkende tot een verbod om tot het verwijzings- of aansluitingsverzoek over te gaan. De voorzieningenrechter zal een dergelijke vordering doorgaans alleen toewijzen indien het evident is dat aan de voorwaarden voor verwijzing niet is voldaan (Rb. Den Haag 31 maart 2021, ECLI:NL:RBDHA:2021:3128 (*Illumina e.a. t ACM*). *Verwijzing op verzoek van partijen.* Indien een concentratie niet binnen de werkingssfeer van de EG-concentratieverordening valt maar wel vatbaar is voor toetsing onder de nationale mededingingswetgeving van ten minste drie lidstaten, dan kunnen de partijen op wie (indien de EG-concentratieverordening wel van toepassing zou zijn) op grond van art. 4 lid 2 EG-concentratieverordening een meldingsplicht zou rusten, de Europese Commissie middels een gemotiveerde kennisgeving ervan in kennis stellen dat de concentratie door de Europese Commissie dient te worden onderzocht. De kennisgeving moet worden gedaan voordat enige melding heeft plaatsgevonden. Indien geen van de betreffende lidstaten zich daar, binnen 15 werkdagen na ontvangst van de gemotiveerde kennisgeving, tegen verzet, wordt de concentratie geacht een communautaire dimensie te hebben en is de Europese Commissie bevoegd. De concentratie dient dan bij de Europese Commissie te worden gemeld (art. 4 lid 5 EG-concentratieverordening).

4. Samenwerking ACM met andere toezichthouders. Bij de uitoefening van het concentratietoezicht werkt ACM indien nodig samen met andere Nederlandse toezichthouders en met buitenlandse mededingingsautoriteiten. **a. Nederlandse toezichthouders.** Het concentratietoezicht van ACM kan raakvlakken hebben met de werkgebieden van andere Nederlandse toezichthouders. Zo mag een zorgaanbieder met vijftig of meer zorgverleners in dienst niet een concentratie in de zin van de wet tot stand brengen zonder dat voorafgaande goedkeuring van de Nederlandse Zorgautoriteit is verkregen (art. 49a Wet marktordening gezondheidszorg), hetgeen parallel lopende procedures tot gevolg kan hebben. Daarom heeft ACM samenwerkingsprotocollen gesloten met de Nederlandse Zorgautoriteit (Samenwerkingsprotocol tussen de Autoriteit Consument en Markt en de Nederlandse Zorgautoriteit, *Stcrt.* 2015, 583), en met de Nederlandsche Bank (Protocol tussen de Nederlandsche Bank en de Nederlandse Mededingingsautoriteit betreffende concentraties in de financiële sector in noodsituaties, *Stcrt.* 2017, 61542) (zie ook Werkwijze concentratiezaken, § 169-170). Deze protocollen bevatten afspraken ten aanzien van de situaties waarin en de wijze waarop ACM samenwerkt met de betreffende andere toezichthouders. Zie meer in het algemene de Regeling gegevensverstrekking ACM (*Stcrt.* 2019, 51924). **b. Buitenlandse toezichthouders.** ACM vormt met de mededingingsautoriteiten van de andere lidstaten en de Europese Commissie een netwerk dat moet waarborgen dat een zaak, op basis van het in aant. 3 beschreven systeem van verwijzingen, met inachtneming van het subsidiariteitsbeginsel wordt behandeld door de meest geschikte autoriteit, en dat zoveel mogelijk wordt voorkomen dat dezelfde concentratie meervoudig moet worden gemeld of zowel vóór als na melding het voorwerp van een verwijzing is (EG-concentratieverordening, overweging 14). Daarnaast bestaat een netwerk van Europese mededingingsautoriteiten ('European Competition Authorities') waarbinnen informatie-uitwisseling en onderlinge raadpleging plaatsvindt (zie Mededeling verwijzing van concentratiezaken, § 53-58, Werkwijze concentratiezaken, § 165-167).

§ 1
Begripsbepalingen

[Inleidende opmerkingen]

Betekenis. Deze paragraaf omschrijft een aantal sleutelbegrippen van dit hoofdstuk. Art. 26 Mw omschrijft het begrip zeggenschap, art. 27 Mw definieert het begrip concentratie en art. 28 Mw maakt een uitzondering op deze definitie. Aldus omschreven concentraties zijn onderworpen aan preventief toezicht indien zij vallen binnen het toepassingsbereik van dit hoofdstuk zoals omschreven in § 2 (art. 29-31 Mw). Het totstandbrengen van een concentratie wordt niet aangemerkt als misbruik van een economische machtspositie (art. 24 lid 2 Mw), ongeacht of de concentratie al dan niet aan toezicht onderworpen is (zie art. 24 Mw, aant. 7).

Artikel 26
Voor de toepassing van dit hoofdstuk wordt onder zeggenschap verstaan de mogelijkheid om op grond van feitelijke of juridische omstandigheden een beslissende invloed uit te oefenen op de activiteiten van een onderneming.
[22-05-1997, Stb. 242, i.w.tr. 01-01-1998/kamerstukken 24707]

[Zeggenschap]

1. Algemeen. Het artikel definieert het voor art. 27 Mw belangrijke begrip 'zeggenschap' als de mogelijkheid om op grond van feitelijke of juridische omstandigheden een beslissende invloed op de activiteiten van een onderneming uit te oefenen. Deze definitie is ontleend aan art. 3 lid 2 EG-concentratieverordening (zie het onderdeel Bijlagen in deze uitgave). Het gaat om een materiële omschrijving: bepalend zijn de feiten en omstandigheden van het concrete geval (MvT, *Kamerstukken II* 1995/96, 24707, 3, p. 72). Het hoofdstuk over verkrijging van zeggenschap uit de Mededeling van de Commissie over bevoegdheidskwesties (Mededeling Bevoegdheidskwesties, *PbEU* 2008 C 95/1), opgenomen in het onderdeel Bijlagen) is richtinggevend bij de uitleg van het artikel (zie bijvoorbeeld Besluit ACM 13 augustus 2007 (*RTL NL-Radio 538*, zaaknr. 6126)). Van verkrijging van zeggenschap kan ook sprake zijn indien dit niet de uitdrukkelijke wil van de partijen is (Mededeling Bevoegdheidskwesties, § 21).

2. Beslissende invloed. Voor het bestaan van beslissende invloed op de activiteiten van een onderneming is in beginsel voldoende dat strategische beslissingen of beslissingen ter zake van het beleid op lange termijn van de onderneming kunnen worden genomen of geblokkeerd, bijvoorbeeld ter zake van goedkeuring van het bedrijfsplan, belangrijke investeringen, vaststelling van de begroting, ingrijpende wijzigingen in de activiteiten of doelstellingen van de onderneming en het benoemen of ontslaan van bestuurders. Invloed op de dagelijkse gang van zaken is niet vereist (MvT, *Kamerstukken II* 1995/96, 24707, 3, p. 33 en 72, Mededeling Bevoegdheidskwesties, § 67). Voor het bestaan van beslissende invloed is niet vereist dat deze daadwerkelijk wordt uitgeoefend. De mogelijkheid om beslissende invloed uit te oefenen moet echter wel daadwerkelijk kunnen worden benut (GvEA EG 23 februari 2006, T-282/02, ECLI:EU:T:2006:64 (*Cementbouw*); Mededeling Bevoegdheidskwesties, § 16). Indien de onderneming in de vorm van een rechtspersoon wordt gedreven zal de zeggenschap doorgaans af te leiden zijn uit de mogelijkheid om een doorslaggevende invloed uit te oefenen op de samenstelling van het bestuur of andere organen van de rechtspersoon (MvT, *Kamerstukken II* 1995/96, 24707, 3, p. 72). Normaliter zal degene die de meerderheid van de stemrechten heeft over beslissende invloed en daarmee zeggenschap beschikken. Indien een onderneming alle aandelen houdt in een andere onderneming, wordt het bestaan van beslissende invloed in beginsel aangenomen. Dit vermoeden wijkt echter wanneer bij nader onderzoek bijzonderheden blijken die tot een andere conclusie aanleiding geven (Informele zienswijze ACM van 28 april 2009 in zaak 6656). **Vetorechten.** Ook een minderheidsaandeelhouder kan echter over beslissende invloed en daarmee zeggenschap beschikken. Dat is met name het geval indien een minderheidsaandeelhouder in staat is om belangrijke beslissingen betreffende het strategisch commerciële gedrag van de onderneming te blokkeren. Met name van belang zijn vetorechten ten aanzien van de benoeming van leden van besluitvormingsorganen, zoals de directie (Mededeling Bevoegdheidskwesties, § 69, zie bijvoorbeeld Besluit ACM 20 augustus 1998 (*VNU-Geomatic*, zaaknr. 768); informele zienswijze ACM van 3 november 2011 in zaak 7246; de begroting (Mededeling Bevoegdheidskwesties, § 70); belangrijke investeringen (Mededeling Bevoegdheidskwesties, § 71; zie ook Informele zienswijze ACM van 26 juli 2010 in zaak 7004) of, in bepaalde omstandigheden, marktspecifieke beslissingen zoals welke technologie zal worden gebruikt of de ontwikkeling van nieuwe producten (Mededeling Bevoegdheidskwesties, § 72). Slechts een van deze vetorechten kan voldoende zijn om beslissende invloed te verschaffen (Mededeling Bevoegdheidskwesties, § 68). Vetorechten die niet betrekking hebben op een van deze onderwerpen of anderszins op het strategisch commerciële beleid van de onderneming, verschaffen geen zeggenschap (Mededeling Bevoegdheidskwesties, § 73). Zo verschaffen de gebruikelijke rechten ter bescherming van minderheidsaandeelhouders geen zeggenschap (Mededeling Bevoegdheidskwesties, § 66). Dat geldt ook voor vetorechten ten aanzien van beslissingen die in de praktijk zelden voorkomen, zoals beslissingen over buitengewoon omvangrijke investeringen (Mededeling Bevoegdheidskwesties, § 71; Besluit ACM 27 december 2004 (*Agrifirm-Maasmond Westland*, zaaknr. 4204)). **Verschillende vormen van vetorechten.** Vetorechten kunnen voortvloeien uit verschillende juridische of feitelijke omstandigheden. Een aandeelhouder met een belang van 50% is doorgaans in staat om een vetorecht uit te oefenen ten aanzien van belangrijke beslissingen betreffende het strategisch commerciële gedrag van de onderneming (Mededeling Bevoegdheidskwesties, § 58, § 64). Een minderheidsaandeelhouder kan echter ook bij een kleiner belang over een vetorecht beschikken. Bijvoorbeeld indien aan zijn aandelen bijzondere rechten zijn verbonden, of wanneer hij zeer waarschijnlijk een stabiele meerderheid of quorum in de algemene vergadering van aandeelhouders zal verkrijgen omdat het bezit van de overige aandelen versnipperd is en veel van de andere aandeelhouders verstek zullen laten gaan (Gerecht EU 12 december 2012, T-332/09, nog niet gepubliceerd nummer (*Electrabel*)). Of dit het geval is, moet worden vastgesteld op grond van bewijs omtrent de aanwezigheid van aandeelhouders op aandeelhoudersvergaderingen in voorgaande jaren (Mededeling Bevoegdheidskwesties, § 59; Besluit ACM 4 juli 2001 (*UPC-PrimaCom*, zaaknr. 2425); Besluit ACM 13 december 2000 (*ABP-VIB*, zaaknr. 2169)). **Wettelijke of statutaire beperkingen van zeggenschap.** Beperkingen in wetgeving of de statuten ten aanzien van de personen die deel mogen uitmaken van het bestuur sluiten het bestaan van zeggenschap niet uit. Doorslaggevend is of de aandeelhouders de samenstelling van de besluitvormingslichamen kunnen bepalen (GvEA EG 23 februari 2006, T-282/02, *Jur.* 2006, p. II-319 (*Cementbouw*); Mededeling Bevoegdheidskwesties, § 22). Hetzelfde geldt voor wet- en regelgeving die aan de uitoefening van zeggenschap strenge randvoorwaarden stelt (Besluit ACM 31 maart 1998 (*Cadans-Stichting GUO*, zaaknr. 125); GvEA EG 23 februari 2006, nr. T-282/02, *Jur,* 2006, p. II-319 (*Cementbouw*); Mededeling Bevoegdheidskwesties, § 22). De toepasselijkheid van het structuurregime (in de zin van art. 2:153 e.v. BW) doet bijvoorbeeld niet af aan het bestaan van zeggenschap. Hoewel de grootaandeelhouder in een structuurvennootschap wellicht niet de mogelijkheid heeft om beslissende invloed uit te oefenen op de dagelijkse gang van zaken, wordt deze niettemin in staat geacht om beslissende invloed uit te oefenen op het strategische en commerciële beleid dat op de lange termijn wordt gevoerd (Besluit ACM 24 juli 2000 (*Schuitema-A&P,* zaaknr. 1710); Besluit ACM 22 september 2000 (*HIM Furness-PMK Holding,* zaaknr. 2014); Besluit ACM 3 januari 2001 (*Schuitema-Sperwer,* zaaknr. 2198); GvEA EG 23 februari 2006, T-282/02, *Jur.* 2006, p. II-319 (*Cementbouw*)). Een afspraak dat rekening moet worden gehouden met de belangen van de minderheidsaandeelhouders voor zover redelijkerwijs kan worden verlangd staat evenmin in de weg aan het bestaan van beslissende invloed (Besluit ACM 27 augustus 1999 (*PGGM-VGZ-Twaalf Provinciën,* zaaknr. 1414)).

3. Feitelijke of juridische omstandigheden. Art. 3 lid 2 EG-concentratieverordening noemt eigendoms- of gebruiksrechten of overeenkomsten die een beslissende invloed verschaffen op de samenstelling, het stemgedrag of de besluiten van de ondernemingsorganen. **Aandelen en activa.** De meest voorkomende wijze van verkrijgen van zeggenschap is de verwerving van aandelen, eventueel in samenhang met een aandeelhoudersovereenkomst in het geval van gezamenlijke zeggenschap, of de verkrijging van activa (Mededeling Bevoegdheidskwesties, § 17). **Overeenkomsten.** Zeggenschap kan ook door middel van een overeenkomst worden verkregen indien de zeggenschap over het bestuur en de middelen van de onderneming die aldus wordt verkregen vergelijkbaar is met de zeggenschap die wordt verkregen in het geval van een verkrijging van aandelen of activa. Bovendien moet de overeenkomst een zeer lange duur hebben, in beginsel zonder dat deze tussentijds kan worden opgezegd door de partij die de rechten verleent (Mededeling Bevoegdheidskwesties, § 18). Zeggenschap kan bijvoorbeeld voortvloeien uit stemovereenkomsten of contractueel overeengekomen vetorechten. Franchiseovereenkomsten en zuiver financiële overeenkomsten, zoals 'sale-and-lease-back' transacties, verschaffen doorgaans geen zeggenschap (Mededeling Bevoegdheidskwesties, § 19). Het is ook mogelijk om bij overeenkomst afstand te doen van zeggenschap, bijvoorbeeld door vast te leggen dat bepaalde rechten niet zullen worden uitgeoefend (Besluit ACM 4 juli 2001 (*UPC-PrimaCom*, zaaknr. 2425)). **Andere omstandigheden.** In uitzonderlijke omstandigheden kunnen ook zeer belangrijke langlopende leveringsovereenkomsten of kredieten, in combinatie met structurele banden, een economische afhankelijkheidsrelatie en aldus de facto zeggenschap creëren (Mededeling Bevoegdheidskwesties, § 20).

4. Uitsluitende of gezamenlijke zeggenschap. Zeggenschap kan worden onderscheiden in uitsluitende zeggenschap en gezamenlijke zeggenschap. **a. Uitsluitende zeggenschap.** Uitsluitende zeggenschap impliceert dat één persoon of onderneming in staat is om beslissende invloed uit te oefenen over een (andere) onderneming. Er is derhalve sprake van uitsluitende zeggenschap indien een onderneming alleen het strategisch commerciële gedrag van een andere onderneming kan bepalen (Mededeling Bevoegdheidskwesties,

§ 54). Er is echter ook sprake van uitsluitende zeggenschap indien een onderneming weliswaar niet alleen in staat is om het strategisch commerciële gedrag van een andere onderneming te bepalen, maar wel in staat is om beslissingen ten aanzien van het strategisch commerciële beleid te blokkeren. Dit wordt aangeduid als negatieve uitsluitende zeggenschap (Mededeling Bevoegdheidskwesties, § 54). **b. Gezamenlijke zeggenschap.** Gezamenlijke zeggenschap bestaat indien twee of meer ondernemingen of personen in staat zijn om beslissende invloed en daarmee zeggenschap (zie aant. 2) uit te oefenen over een (andere) onderneming, zodat ieder van hen in staat is om een veto uit te spreken over belangrijke beslissingen betreffende het strategisch commerciële gedrag van de onderneming waarin zij zeggenschap hebben en zij elkaar derhalve nodig hebben om dergelijke beslissingen te kunnen nemen (Mededeling Bevoegdheidskwesties, § 62; Besluit ACM 28 oktober 1998 (*PNEM/MEGA-Van Gansewinkel*, zaaknr. 1004)). *Gezamenlijke uitoefening van stemrechten.* Indien vetorechten ontbreken kunnen twee of meer ondernemingen met minderheidsdeelnemingen niettemin gezamenlijke zeggenschap verkrijgen indien deze deelnemingen tezamen het mogelijk maken om beslissende invloed uit te oefenen en de betreffende minderheidsaandeelhouders gezamenlijk zullen optreden bij het uitoefenen van hun stemrechten. Het gezamenlijk optreden dient te blijken uit een juridisch bindende overeenkomst of, bij hoge uitzondering, uit omstandigheden waaruit blijkt dat de betreffende minderheidsaandeelhouders zodanige grote gemeenschappelijke belangen hebben, dat zij bij de uitoefening van hun rechten met betrekking tot de gemeenschappelijke onderneming, niet in strijd met elkaars belangen zullen handelen (Mededeling Bevoegdheidskwesties, § 74-76). Een hoge mate van wederzijdse afhankelijkheid van de moederondernemingen bij het bereiken van de doelstellingen van de gemeenschappelijke onderneming vormt een belangrijke aanwijzing. Zie uitgebreid Mededeling Bevoegdheidskwesties, § 77-79. Het bestaan van sterke gemeenschappelijke belangen wordt waarschijnlijker geacht in het geval van een nieuw opgerichte gemeenschappelijke onderneming dan in het geval van verkrijging van gezamenlijke zeggenschap in een reeds bestaande onderneming (Besluit ACM 14 februari 2000 (*Laurus-Groenwoudt*, zaaknr. 1628)). Indien een juridisch bindende overeenkomst of sterke gemeenschappelijke belangen ontbreken, sluit de mogelijkheid van wisselende coalities van minderheidsaandeelhouders normalerwijze het bestaan van gezamenlijke zeggenschap uit (Mededeling Bevoegdheidskwesties, § 80; Besluit ACM 26 april 2002 (*NUON-Waterbedrijf Gelderland-Waterleiding Maatschappij Overijssel*, zaaknr. 2866); Besluit ACM 10 december 2003 (*Achmea-Interpolis-Univé*, zaaknr. 3793)). *Gemeenschappelijke onderneming.* Indien degenen die gezamenlijk over zeggenschap beschikken zelf ondernemingen zijn, of over zeggenschap in een andere onderneming beschikken, wordt de onderneming waarin zij gezamenlijk zeggenschap hebben als gemeenschappelijke onderneming (joint venture) aangemerkt (zie art. 27, aant. 4). **c. Wijziging aard zeggenschap.** Ook een wijziging in de aard van de zeggenschapsverhoudingen kan onder omstandigheden als een verkrijging van zeggenschap worden aangemerkt. *Van gezamenlijke naar uitsluitende zeggenschap.* Deze situatie doet zich voor als een onderneming die aanvankelijk gezamenlijke zeggenschap met anderen had uitsluitende zeggenschap verkrijgt (Mededeling Bevoegdheidskwesties, § 83; Besluit ACM 15 december 1998 (*KPN-UBN*, zaaknr. 1163); Informele zienswijze ACM van 18 maart 2010 in zaak 6909). *Van uitsluitende naar gezamenlijke zeggenschap.* Omgekeerd is ook sprake van een verkrijging van zeggenschap indien twee of meer ondernemingen gezamenlijke zeggenschap verkrijgen over een onderneming die daarvoor onderworpen was aan uitsluitende zeggenschap (Mededeling Bevoegdheidskwesties, § 85-86). *Wijziging gezamenlijke zeggenschap.* Ook een wijziging in het aantal of de identiteit van de ondernemingen die over gezamenlijke zeggenschap beschikken wordt aangemerkt als een verkrijging van zeggenschap (Mededeling Bevoegdheidskwesties, § 83, 87-88; Besluit ACM 5 maart 1999 (*ABN AMRO Participaties-Humares Beheer*, zaaknr. 1208)). *Van negatieve naar positieve uitsluitende zeggenschap.* Een wijziging van negatieve uitsluitende zeggenschap naar positieve uitsluitende zeggenschap wordt daarentegen niet aangemerkt als een verkrijging van zeggenschap (Mededeling Bevoegdheidskwesties, § 83, Informele zienswijze ACM van 23 mei 2008, geen zaaknummer).

Artikel 27
1. Onder een concentratie wordt verstaan:
   a. het fuseren van twee of meer voorheen van elkaar onafhankelijke ondernemingen;
   b. het direct of indirect verkrijgen van zeggenschap door
      1° een of meer natuurlijke personen of rechtspersonen die reeds zeggenschap over ten minste een onderneming hebben, of
      2° een of meer ondernemingen over een of meer andere ondernemingen of delen daarvan door middel van de verwerving van participaties in het kapitaal of van vermogensbestanddelen, uit hoofde van een overeenkomst of op enige andere wijze.
2. De totstandbrenging van een gemeenschappelijke onderneming die duurzaam alle functies van een zelfstandige economische eenheid vervult, is een concentratie in de zin van het eerste lid, onder b.
[28-06-2007, Stb. 284, i.w.tr. 01-10-2007/kamerstukken 30071]

[Concentratie]

1. Algemeen. Een concentratie is een vorm van samengaan van ondernemingen (zie voor het ondernemingsbegrip art. 1 onderdeel f, aant. 5) die leidt tot een duurzame verandering in de structuur van de betrokken ondernemingen, waardoor deze ten opzichte van elkaar geen zelfstandige marktpartijen meer zijn (MvT, *Kamerstukken II* 1995/96, 24707, 3, p. 31), en de marktstructuur (Mededeling Bevoegdheidskwesties, § 7, 28, opgenomen in het onderdeel Bijlagen). Hierin verschillen concentraties van mededingingsafspraken tussen zelfstandige ondernemingen (MvT, *Kamerstukken II* 1995/96, 24707, 3, p. 31). Het artikel onderscheidt drie soorten concentraties: fusies (lid 1 onderdeel a), verkrijging van zeggenschap (lid 1 onderdeel b) en de totstandbrenging van bepaalde gemeenschappelijke ondernemingen (lid 2). Het artikel is in hoofdlijnen ontleend aan art. 3 lid 1 en lid 4 EG-concentratieverordening (MvT, *Kamerstukken II* 1995/96, 24707, 3, p. 72). **Duurzaamheid.** Voor duurzaamheid is niet vereist dat de structuurverandering van onbeperkte duur is. Ook een overeenkomst die voor bepaalde tijd worden aangegaan kan een concentratie tot gevolg hebben, mits deze overeenkomst verlengbaar is of de duur daarvan voldoende lang is om een duurzame verandering in de zeggenschap over de betreffende ondernemingen tot gevolg te hebben (Mededeling Bevoegdheidskwesties, § 28). In navolging van de Europese Commissie heeft ACM voor duurzaamheid een initiële periode van ten minste drie jaar verlangd (Besluit ACM 20 oktober 1998 (*CVK Kalkzandsteen*, zaaknr. 124); Besluit ACM 9 juli 1998 (*ABN AMRO Projectontwikkeling-Bouwfonds Vastgoed Ont-*

wikkeling, zaaknr. 754); Besluit ACM 13 december 2000 (*Arcorima-Beter horen*, zaaknr. 2210); Besluit ACM 20 februari 2001 (*Gran Dorado-Center Parcs*, zaaknr. 2209)). De in 2007 vastgestelde Mededeling Bevoegdheidskwesties lijkt echter te suggereren dat drie jaar niet voldoende is (zie § 28). **Interne reorganisaties en herstructureringen.** Interne reorganisaties en herstructureringen binnen een groep van ondernemingen (althans economische eenheid, zie art. 1 Mw, aant. 5) vallen niet onder het concentratiebegrip (Mededeling Bevoegdheidskwesties, § 51; Informele zienswijze ACM van 6 september 2013 in zaak 13.0706.15). Zo vormt het door een principaal overnemen van een in zijn onderneming geïntegreerde agent geen concentratie (Besluit ACM 26 maart 1999 (*KPN Telecom-TeleMedia Nederland*, zaaknr. 1259)). **Overheidsondernemingen.** Een verkrijging van zeggenschap door een overheidsonderneming over een andere overheidsonderneming is niet een interne herstructurering maar een concentratie indien deze ondernemingen daarvoor deel uitmaakten van verschillende economische eenheden met autonome beslissingsbevoegdheden (Mededeling Bevoegdheidskwesties, § 52, § 153; Besluit ACM 29 augustus 2005 (*NOS-NOB cross media facilities*, zaaknr. 5059)). Indien deze economische eenheden ook na de transactie hun autonome beslissingsbevoegdheden blijven behouden, is niettemin slechts sprake van een interne herstructurering, ook indien zij onder één holding worden samengebracht (Mededeling Bevoegdheidskwesties, § 52). De prerogatieven van de staat worden niet geacht zeggenschap te verschaffen (Mededeling Bevoegdheidskwesties, § 53).

2. Fusie (lid 1 onderdeel a). Van fusie is in de eerste plaats sprake wanneer twee of meer voorheen onafhankelijke ondernemingen opgaan in een nieuwe onderneming en ophouden te bestaan als afzonderlijke rechtspersonen. Voorts is sprake van fusie wanneer een onderneming door een andere wordt overgenomen, waarbij de overgenomen onderneming opgaat in de overnemende onderneming en ophoudt als afzonderlijke rechtspersoon te bestaan (in de zin van art. 2:309 e.v. BW) (MvT, *Kamerstukken II* 1995/96, 24707, 3, p. 72); Mededeling Bevoegdheidskwesties, § 9; zie bijvoorbeeld Besluit ACM 26 april 2002 (*NUON-Waterbedrijf Gelderland-Waterleiding Maatschappij Overijssel*, zaaknr. 2866)). Daarnaast ziet dit onderdeel op het samengaan van voorheen onafhankelijke ondernemingen in een economische eenheid, terwijl zij als afzonderlijke rechtspersonen blijven bestaan. Daarbij moeten de ondernemingen duurzaam onder één bestuur worden samengebracht (MvT, *Kamerstukken II* 1995/96, 24707, 3, p. 73); Mededeling Bevoegdheidskwesties, § 10. ACM stelt de eis dat een personele unie volledig en duurzaam moet zijn en dat de volledigheid en duurzaamheid moeten zijn geborgd. De personele unie moet betrekking hebben op de organen die bevoegd zijn ten aanzien van de beslissingen die van belang zijn voor het strategische commerciële gedrag van de onderneming. De relevante benoemingsbeslissingen moeten duurzaam gebonden zijn aan regels of bindende afspraken die het voortbestaan van de personele unie waarborgen (informele zienswijze ACM 13 mei 2015, zaaknr. 13.1466.22). Andere relevante factoren zijn bijvoorbeeld interne verrekening van winst en verlies, zoals tussen verschillende ondernemingen binnen een concern, gezamenlijke aansprakelijkheid jegens derden (Mededeling Bevoegdheidskwesties, § 10; Besluit ACM 20 oktober 1998 (*CVK Kalkzandsteen*, zaaknr. 124); onderlinge verdeling van de budgetten en consolidatie van de jaarrekeningen (Besluit ACM 14 maart 2002 (*Sint Antonius Ziekenhuis-Mesos Medisch Centrum*, zaaknr. 2877)).

3. Verkrijging van zeggenschap (lid 1 onderdeel b). Onderdeel b van lid 1 ziet op het verkrijgen van zeggenschap over een of meer ondernemingen of delen daarvan door een of meer andere ondernemingen (lid 1 onderdeel b onder 2) of door een of meer personen met zeggenschap over een andere onderneming (lid 1 onderdeel b onder 1). Verkrijging van een belang dat als zodanig geen zeggenschap geeft is geen concentratie en valt derhalve niet binnen de werkingssfeer van het concentratietoezicht van de wet (Gerecht EU 6 juli 2010, nr. T-411/07, *Jur.* 2010, p. II-3691 (*Aer Lingus*)). **a. Direct of indirect verkrijgen van zeggenschap (lid 1 onderdeel b, aanhef).** De woorden 'direct of indirect' in lid 1 onderdeel b geven aan dat door het gebruik van opdrachtrelaties, stroman-constructies en dochterondernemingen heen moet worden gekeken; bepalend is wie feitelijk bij machte is de zeggenschap uit te oefenen (MvT, *Kamerstukken II* 1995/96, 24707, 3, p. 73); Mededeling Bevoegdheidskwesties, § 13; GvEA EG 23 februari 2006, nr. T-282/02, *Jur.* 2006, p. II-319 (*Cementbouw*)). Het begrip 'zeggenschap' is gedefinieerd in art. 26 Mw. **b. Door een of meer personen of ondernemingen (lid 1 onderdeel b).** De woorden 'een of meer' duiden erop, dat zeggenschap door één persoon of onderneming alleen of door meerdere personen of ondernemingen gezamenlijk kan worden verkregen. Zeggenschap kan ook worden verkregen door 'personen', mits deze reeds uitsluitende of gezamenlijke zeggenschap in ten minste één andere onderneming bezitten. Het begrip 'personen' omvat zowel publiekrechtelijke en privaatrechtelijke lichamen als natuurlijke personen (Mededeling Bevoegdheidskwesties, § 12; Besluit ACM 3 mei 2010 (*Amlin-Staat der Nederlanden*, zaaknr. 6843)). Indien degenen die gezamenlijk zeggenschap verkrijgen geen economische eenheid vormen is sprake van de totstandbrenging van een gemeenschappelijke onderneming die onder lid 2 valt. **c. Gedeelte van onderneming (lid 1 onderdeel b).** Het verkrijgen van zeggenschap over een gedeelte van een onderneming vormt pas een concentratie indien de omzet van dat gedeelte op de markt afzonderlijk kan worden vastgesteld (MvT, *Kamerstukken II* 1995/96, 24707, 3, p. 73); Mededeling Bevoegdheidskwesties, § 24). De aankoop van een bedrijfsmiddel waaraan geen omzet kan worden toegerekend vormt als zodanig geen concentratie. Zo heeft ACM bijvoorbeeld als concentratie aangemerkt de overdracht van een productiefaciliteit met bijbehorende bedrijfsactiviteiten en -middelen, zoals klantenlijsten (Besluit ACM 13 mei 1998 (*Schouten Products-Theeuwes*, zaaknr. 716)); de overdracht van een verzekeringsportefeuille met werknemers en activa (Besluit ACM 29 juni 2004 (*Interpolis-Careon*, zaaknr. 4048)); de overname van huurcontracten van bedrijfspanden en het daar werkzame personeel (Besluit ACM 3 april 2002 (*Laurus-Lidl*, zaaknr. 2818); Besluit ACM 25 juli 2002 (*My Travel-NBBS*, zaaknr. 2943); de overname van samenwerkingsovereenkomsten met zelfstandige filiaalhouders (Besluit ACM 26 september 2001 (*Sperwer-Laurus*, zaaknr. 2668) en de verwerving van exclusieve uitzendrechten (Besluit ACM 13 augustus 2007 (*RTL NL-Radio 538*, zaaknr. 6126)). Het enkel overnemen van werknemers wordt door ACM niet als een concentratie aangemerkt (Informele zienswijze ACM van 27 februari 2008 in zaak 6310). **Klantenbestanden.** De overdracht van een klantenbestand voldoet aan de hiervoor genoemde voorwaarde indien de overdracht leidt tot de overdracht van een onderneming waaraan omzet kan worden toegerekend (Mededeling Bevoegdheidskwesties, § 24; zie bijvoorbeeld Besluit ACM 11 mei 2004 (*DAS Rechtsbijstand-LAR Rechtsbijstand*, zaaknr. 4007)). **Intellectuele eigendomsrechten.** Een transactie die beperkt is tot immateriële activa, zoals merken, octrooien of auteursrechten kan ook een concentratie zijn indien deze activa een onderneming vormen waaraan omzet kan worden toegerekend (Mededeling Bevoegdheidskwesties, § 24). **Licenties.** Een overdracht van licenties voor merken, octrooien of auteursrechten zonder dat daarbij nadere activa worden overgedragen, kan alleen aan deze voorwaarde voldoen indien de licenties exclusief zijn, ten minste in een bepaald geografisch gebied, en de overdracht van de licenties zal resulteren in een overdracht van een omzetgenererende activiteit. Niet-exclusieve licenties voldoen niet aan deze voorwaarde (Mededeling Bevoegdheidskwesties, § 24; Besluit ACM 13 augustus 2007 (*RTL NL-Radio 538*, zaaknr. 6126)). Alleen de overdracht van licenties die voldoende duurzaam zijn kunnen een concentratie vormen (Mededeling Bevoegdheidskwesties, voetnoot 31; Besluit ACM 13 augustus 2007 (*RTL NL-Radio 538*, zaaknr. 6126)). **Outsourcing.** Typerend voor outsourcing is dat een onderneming bepaalde activiteiten die voorheen intern werden verricht uitbesteedt aan een externe dienstverlener. Doorgaans is de uitbesteding van een activiteit aan een derde niet een concentratie en kan het daar ook geen onderdeel van zijn (zie bijvoorbeeld informele zienswijze ACM van 20 februari 2012 in zaak 7361). Dat geldt ook indien deze derde het recht verkrijgt om gebruik te maken van activa of werknemers van de uitbestedende onderneming, mits deze alleen mogen worden gebruikt voor dienstverlening aan de uitbestedende onderneming (Mededeling Bevoegdheidskwesties, § 25). Outsourcing kan echter wel een concentratie vormen indien deze derde activa of werknemers overneemt die tezamen als een onderneming of een deel van een onderneming kunnen worden aangemerkt (zie bijvoorbeeld Besluit ACM 9 april 1999 (*KPN Telecom-Origin/TS&N*, zaaknr. 1288); Besluit ACM 29 april 2004 (*IBM-Delta Lloyd*, zaaknr. 4001); Informele zienswijze ACM van 27 februari 2008 in zaak 6310). Daarvoor is vereist dat deze middelen de verwerver in staat zullen stellen om meteen of binnen een korte periode na de overdracht, ook diensten aan andere partijen dan de uitbesteder te verlenen. Zie uitgebreid Mededeling Bevoegdheidskwesties, § 26-27; Informele zienswijze ACM van 27 februari 2008 in zaak 6310; Informele zienswijze ACM van 5 november 2010 in zaak 7054; informele zienswijze ACM van 20 februari 2012 in zaak 7361. **d. Uit hoofde van een overeenkomst of op enige andere wijze (lid 1 onderdeel b).** Essentieel is dat zeggenschap wordt verkregen. Het maakt niet uit op welke wijze dat gebeurt.

4. Een gemeenschappelijke onderneming die duurzaam alle functies van een zelfstandige economische eenheid vervult (lid 2). De totstandbrenging van een onderneming waarin twee of meer andere ondernemingen gezamenlijk zeggenschap bezitten — door de oprichting van een nieuwe gemeenschappelijke onderneming of de verwerving van gezamenlijke zeggenschap over een bestaande onderneming — vormt een concentratie indien zij aan twee vereisten voldoet: duurzaamheid en zelfstandigheid (MvT, *Kamerstukken II* 1995/96, 24707, 3, p. 33). Gemeenschappelijke ondernemingen die op duurzame wijze alle functies van een zelfstandige economische eenheid vervullen, worden doorgaans aangeduid als volwaardige gemeenschappelijke ondernemingen of 'full function joint ventures'. De totstandbrenging van gemeenschappelijke ondernemingen die niet aan deze twee vereisten voldoet wordt gezien als een samenwerking tussen ondernemingen die aan art. 6 Mw moet worden getoetst. **a. Duurzaamheid.** Bij de oprichting van de gemeenschappelijke onderneming moet het gaan om een blijvende verandering in de structuur van de betrokken ondernemingen; de gemeenschappelijke onderneming moet op duurzame basis werkzaam zijn (Mededeling Bevoegdheidskwesties, § 103). Een voor een korte, aflopende periode opgericht samenwerkingsverband, bijvoorbeeld ter zake van het bouwen van een brug, voldoet doorgaans niet aan dit vereiste (Mededeling Bevoegdheidskwesties, § 104). Indien bepaalde belangrijke beslissingen die essentieel zijn voor het aanvangen van de activiteiten van de gemeenschappelijke onderneming nog genomen moeten worden, is ook niet aan dit vereiste voldaan (Mededeling Bevoegdheidskwesties, § 105). Bepalingen die voorzien in ontbinding van de gemeenschappelijke onderneming indien bepaalde bijzondere omstandigheden intreden, zoals onenigheid tussen de aandeelhouders, doen echter geen afbreuk aan duurzaamheid (Mededeling Bevoegdheidskwesties, § 103). Zie over duurzaamheid ook aant. 1. **b. Zelfstandigheid.** De gemeenschappelijke onderneming dient werkzaam te zijn op een markt en daar alle functies van een zelfstandige economische eenheid te vervullen; die welke andere op die markt werkzame ondernemingen normalerwijze vervullen. Dit geldt zowel voor nieuw op te richten gemeenschappelijke ondernemingen als voor gemeenschappelijke ondernemingen die ontstaan door een overgang van uitsluitende zeggenschap over een bestaande onderneming naar gezamenlijke zeggenschap (HvJ EU 7 september 2017, C-248/16, ECLI:EU:C:2017:643 (*Austria Asphalt*)). *Bestuur.* Zo moet zij een eigen bestuur hebben dat zich wijdt aan de dagelijkse bedrijfsvoering. Volledige bestuurlijke autonomie is niet vereist. Voldoende is dat de gemeenschappelijke onderneming in operationeel opzicht zelfstandig is (Mededeling Bevoegdheidskwesties, § 94; zie bijvoorbeeld Besluit ACM 28 april 1999 (*BVH-Van Rijn-KMB*, zaaknr. 1299); anders: Besluit ACM 28 april 2004 (*Interpay*, zaaknr. 2910); Besluit ACM 10 december 1998 (*Westland-Producenten*, zaaknr. 1073)). *Bedrijfsmiddelen.* De gemeenschappelijke onderneming moet ook over voldoende middelen beschikken, waaronder financiële middelen, personeel en materiële en immateriële activa, om zelfstandig te functioneren (Mededeling Bevoegdheidskwesties, § 94; Besluit ACM 10 december 1998 (*Westland-Producenten*, zaaknr. 1073); Besluit ACM 16 april 2003 (*The Greenery-Fruitmasters 2*, zaaknr. 3230)). Het feit dat het personeel van de gemeenschappelijke onderneming is gedetacheerd door een of meer van de moederondernemingen, doet geen afbreuk aan het zelfstandige karakter mits de detachering slechts voor een opstartperiode geldt of plaatsvindt tegen marktconforme voorwaarden en het de gemeenschappelijke onderneming vrijstaat om eigen personeel aan te trekken (Mededeling Bevoegdheidskwesties, § 94; Besluit ACM 9 juli 1998 (*ABN AMRO Projectontwikkeling-Bouwfonds Vastgoed Ontwikkeling*, zaaknr. 754)). Dezelfde uitgangspunten gelden in beginsel bij de huur van bedrijfsruimte of andere activa van de moederondernemingen (zie bijvoorbeeld Besluit ACM 22 februari 1999 (*AVL-BAG*, zaaknr. 1124)). Ook deelname aan de franchise-formule van een moederonderneming betekent niet zonder meer dat de gemeenschappelijke onderneming niet zelfstandig is (Besluit ACM 9 november 2001 (*Essent-Breman*, zaaknr. 2661)). Een gemeenschappelijke onderneming die slechts een specifieke deelfunctie, zoals onderzoek, productie of marketing, voor haar moederondernemingen vervult, zal niet als zelfstandig worden aangemerkt (MvT, *Kamerstukken II* 1995/96, 24707, 3, p. 33); Mededeling Bevoegdheidskwesties, § 95). Wanneer de gemeenschappelijke onderneming voor belangrijke delen van haar werkzaamheden afhankelijk blijft van de moederondernemingen, bijvoorbeeld doordat deze een wezenlijk deel van of vrijwel alle uitvoerende werkzaamheden voor hun rekening nemen, zal ook niet zijn voldaan aan het vereiste van zelfstandigheid (GvEA EG 4 maart 1999, T-87/96, *Jur.* 1999, p. II-203(*Assicurazioni Generali-Unicredito/Commissie*); Besluit ACM 19 oktober 1998 (*Interpolis & Cobac*, zaaknr. 21); Besluit ACM 22 december 1999 (*Waterbedrijf Europoort-Gemeentelijk Havenbedrijf Rotterdam*, zaaknr. 1676)). Het feit dat de gemeenschappelijke onderneming gebruik maakt van het distributienetwerk van een of meer van de moedermaatschappijen doet aan het bestaan van voldoende zelfstandigheid niet af, mits de betreffende moedermaatschappijen slechts in de hoedanigheid van agent handelen (Mededeling Bevoegdheidskwesties, § 95). **Verkoop aan moederondernemingen.** Een gemeenschappelijke onderneming is niet voldoende zelfstandig indien zij voor een groot deel van haar afzet afhankelijk is van een of meer moederondernemingen. Indien een gemeenschappelijke onderneming ten minste 50% van haar omzet bij derden behaalt, wordt in de regel aangenomen dat zij voldoende zelfstandig is (Mededeling Bevoegdheidskwesties, § 98; Besluit ACM 28 april 1999 (*BVH-Van Rijn-KMB*, zaaknr. 1299); Besluit ACM 11 februari 2000 (*Interpolis en Van Spaendonck-Spint*, zaaknr. 1671)). Indien dat aandeel lager is, dient aan de hand van de omstandigheden van het geval te worden nagegaan of de betreffende transacties met de moederondernemingen op marktconforme voorwaarden tot stand zijn gekomen. Indien dat het geval is, kan alsnog sprake zijn van voldoende zelfstandigheid, mits er duidelijke aanwijzingen zijn dat ten minste 20% van de omzet bij derden is behaald (Mededeling Bevoegdheidskwesties, § 98; Informele zienswijze ACM 7 juli 2010, zaaknr. 6992; informele zienswijze ACM 25 augustus 2015, zaaknr. 15.0735.15). **Inkoop bij moederondernemingen.** Van voldoende zelfstandigheid zal geen sprake zijn indien de gemeenschappelijke onderneming producten of diensten inkoopt bij een of meer moederondernemingen en deze doorverkoopt zonder daar enige waarde aan toe te voegen (Mededeling Bevoegdheidskwesties, § 101, Besluit ACM 29 juni 1999 (*Cummi-us-Wärtsilä*, zaaknr. 1117). Dit is echter anders indien de gemeenschappelijke onderneming een volwaardige handelsmaatschappij is (Mededeling Bevoegdheidskwesties, § 102). ACM is in de regel minder bereid om het bestaan van voldoende zelfstandigheid te aanvaarden naarmate de gemeenschappelijke onderneming meer inkoopt bij de moederondernemingen. Zo achtte ACM een gemeenschappelijke onderneming die 60 à 80% of meer van de door haar te verkopen producten betrekt bij haar moederonderneming niet zelfstandig (Besluit ACM 10 december 1998 (*Westland-Producenten*, zaaknr. 1073)). **Aanloopperiode.** Het feit dat de gemeenschappelijke onderneming slechts gedurende een aanloopperiode voor haar afzet of bevoorrading vrijwel geheel op de moederondernemingen steunt, doet geen afbreuk aan het zelfstandige karakter. Het uitgangspunt is dat een dergelijke aanloopperiode niet langer dient te zijn dan drie jaar (Mededeling Bevoegdheidskwesties, § 97). Omgekeerd geldt dat een gemeenschappelijke onderneming die slechts gedurende een aanloopperiode een aanzienlijk deel van haar omzet bij derden behaalt niet voldoende zelfstandig is (Informele zienswijze ACM 7 juli 2010, zaaknr. 6992). **Sectorspecifieke gebruiken.** Bij de beoordeling of een gemeenschappelijke onderneming voldoende zelfstandig is, houdt ACM doorgaans rekening met hetgeen gebruikelijk is in de betreffende sector (Besluit ACM 29 juni 1999 (*Cummi-us-Wärtsilä*, zaaknr. 1117); Besluit ACM 16 april 2003 (*The Greenery-Fruitmasters 2*, zaaknr. 3230)). **c. Concentratie door wijziging van activiteiten.** Een vergroting van de omvang van de activiteiten van een gemeenschappelijke onderneming is een concentratie indien de gemeenschappelijke onderneming het geheel of een deel van een onderneming van een of meer van de moederondernemingen verwerft en die verwerving een zelfstandige concentratie vormt (Mededeling Bevoegdheidskwesties, § 106). Een overdracht door een of meer moederondernemingen aan de gemeenschappelijke onderneming van significante aanvullende activa, contracten of know-how die de basis of kern vormen voor een uitbreiding van de activiteiten van de gemeenschappelijke onderneming naar nieuwe geografische of productmarkten, kan eveneens als een concentratie worden aangemerkt (Mededeling Bevoegdheidskwesties, § 107). Een wijziging van de activiteiten van een gemeenschappelijke onderneming, zonder dat zij van de moederondernemingen aanvullende activa, contracten of know-how verkrijgt, is geen concentratie (Mededeling Bevoegdheidskwesties, § 108). ACM heeft zich echter ook wel op het standpunt gesteld dat de uitbreiding van de activiteiten van een gemeenschappelijke onderneming waarvoor reeds eerder goedkeuring is verleend naar andere markten ook zonder een overdracht van aanvullende middelen als een afzonderlijke concentratie kan worden aangemerkt, indien deze uitbreiding niet was voorzien ten tijde van de eerdere goedkeuring en zeer kort daarna plaatsvindt (Besluit ACM 11 december 2003 (*TenneT-Rabobank Nederland*, zaaknr. 3790)). Indien de activiteiten van een gemeenschappelijke onderneming die niet volwaardig is zodanig worden gewijzigd dat deze wel volwaardig wordt, is eveneens sprake van een concentratie (Mededeling Bevoegdheidskwesties, § 109).

5. Concentraties bestaande uit meerdere transacties. Het is mogelijk dat verschillende transacties tezamen één concentratie vormen. Hier kan onderscheid worden gemaakt tussen onderling samenhangende transacties en opeenvolgende verkrijgingen van zeggenschap. **a. Onderling samenhangende transacties.** Indien dezelfde persoon of onderneming door middel van verschillende transacties zeggenschap verwerft over een andere onderneming, vormen deze transacties – ook indien deze transacties los van elkaar beschouwd als één of meer afzonderlijke concentraties zouden kunnen worden aangemerkt – niettemin één concentratie indien zij een eenheid vormen. Dat is het geval indien geen van deze transacties tot stand zou komen zonder dat ook de andere transacties tot stand komen. Dit vergt een beoordeling van de feitelijke en juridische omstandigheden van het concrete geval om de economische doelstellingen die met deze transacties worden nagestreefd te achterhalen. Daarbij staat de vraag centraal of de betrokken partijen bereid zouden zijn geweest om de ene transactie zonder de andere te sluiten (GvEA EG 23 februari 2006, nr. T-282/02, *Jur.* 2006, p. II-319 (*Cementbouw*); Mededeling Bevoegdheidskwesties, § 38). Alleen onderling samenhangende transacties waarbij dezelfde persoon of onderneming zeggenschap verkrijgt, kunnen één concentratie vormen (Mededeling Bevoegdheidskwesties, § 41, § 44). Het feit dat bij de verschillende transacties verschillende verkopende partijen betrokken zijn, staat er daarentegen niet aan in de weg dat deze transacties één concentratie kunnen vormen (Besluit ACM 29 november 2005 (*NPM-HAK*, zaaknr. 5265)). Ook het feit dat de transacties verschillende maten van zeggenschap tot gevolg hebben sluit niet uit dat deze één concentratie vormen (Mededeling Bevoegdheidskwesties, § 42). Wederzijdse afhankelijkheid van transacties kan juridisch zijn, doordat deze is vastgelegd in de betreffende contracten, maar kan ook worden afgeleid uit feitelijke omstandigheden. Verschillende feitelijke omstandigheden kunnen hier een rol spelen, zoals de uitlatingen van partijen of het gelijktijdig sluiten van de betreffende transacties (GvEA EG 23 februari 2006, nr. T-282/02, *Jur.* 2006, p. II-319 (*Cementbouw*); Mededeling Bevoegdheidskwesties, § 43; informele zienswijze ACM van 25 februari 2014 in zaak 14.0135.15). ACM beschouwt een nauwe operationele samenhang tussen de entiteiten waarover zeggenschap wordt verkregen ook als een feitelijke omstandigheid waaruit wederzijdse afhankelijkheid van transacties kan worden afgeleid (Informele zienswijze ACM van 19 juni 2009 in zaak 6693). Zo heeft ACM het bestaan van feitelijke samenhang aanvaard op grond van het feit dat de entiteiten waarover zeggenschap wordt verworven in belangrijke mate onderling samenhangend worden ingezet voor de voortbrenging van goederen of diensten, belangrijke toeleveringsrelaties bestaan tussen deze entiteiten, fysieke of logistieke verbondenheid tussen deze entiteiten bestaat of deze entiteiten bepaalde belangrijke bedrijfsmiddelen, waartoe ACM ook rekent intellectuele eigendomsrechten of licenties, in gemeenschappelijk gebruik hebben (Besluit ACM 7 juli 1999 (*FDC-De Kievit*, zaaknr. 1132); Besluit ACM 8 juli 2003 (*Griffon-Boerenbond en Agri Retail*, zaaknrs. 3525 en 3526)). Deze uitleg van het concentratiebegrip is ruimer dan die onder de EG-concentratieverordening en laat weinig toepassingsruimte voor art. 30 lid 2 Mw (zie art. 30 Mw, aant. 3 onder d). Indien de betreffende transacties niet gelijktijdig worden aangegaan, zal niet snel louter op grond van feitelijke omstandigheden worden aanvaard dat deze wederzijds afhankelijk zijn (Mededeling Bevoegdheidskwesties, § 43). Juridische wederzijdse afhankelijkheid zal minder snel worden aanvaard indien de betreffende transacties in tijd ver uit elkaar zijn gelegen. Het komt echter voor dat ACM toch bij een langere tussenliggende periode aanvaardt dat sprake is van juridische en economische samenhang (Besluit ACM 20 juni 2005 (*Essent-CZOB*, zaaknr. 5049)). Met deze ruime uitleg van het concentratiebegrip wordt voorkomen dat het concentratietoezicht kan worden ontdoken door een transactie op te splitsen. **b. Opeenvolgende transacties.** In het verleden oordeelde ACM, in overeenstemming met het toenmalige beleid van de Europese Commissie, dat wanneer een verkrijging van uitsluitende zeggenschap volgt op een verkrijging van gezamenlijke zeggenschap, alleen de verkrijging van uitsluitende zeggenschap een concentratie vormde, mits het zeker is dat binnen drie jaar na verkrijging van gezamenlijke zeggenschap uitsluitende zeggenschap zal worden verkregen (Besluit ACM 8 september 1998 (*Pon Holdings-Century Auto Groep*, zaaknr. 1035); Besluit ACM 6 mei 1999 (*Nuts Ohra-Noorder Kroon*, zaaknr. 1311); Besluit ACM 20 april 2005 (*Kroymans-Van Heck*, zaaknr. 4949)). Indien sprake was van een langere tussenliggende periode, was ACM daar niet toe bereid (Besluit ACM 15 december 2003 (*BCD-Sudtours*, zaaknr. 3782); Besluit ACM 19 mei 2006 (*OAD Reisorganisatie Holdings B.V.-Hotelplan Internationale Reisorganisaties B.V.*, zaaknr. 5595)). De Europese Commissie heeft haar beleid echter gewijzigd en hanteert een periode van 1 jaar (Mededeling Bevoegdheidskwesties, § 34). Het ligt in de rede dat ACM dit beleid zal volgen. Er is voldoende zekerheid indien uit een overeenkomst of een intentieverklaring (Besluit ACM 20 april 2005 (*Kroymans-Van Heck*, zaaknr. 4949)) blijkt dat binnen de genoemde termijn uitsluitende zeggenschap zal worden verworven. In een enkel geval heeft ACM op basis van een reeks van feitelijke elementen aangenomen dat voldoende zekerheid bestond (Besluit ACM 29 mei 2000 (*Neways Electronics-Ripa Holding*, zaaknr. 1882)). Mocht een verwerving van uitsluitende zeggenschap die plaatsvindt kort na de verwerving van gezamenlijke zeggenschap toch apart worden beoordeeld, dan zal deze beoordeling doorgaans summierlijk kunnen zijn (Besluit ACM 28 juni 1999 (*VNU-Geomatic*, zaaknr. 1367)). Indien meerdere ondernemingen zeggenschap verwerven over een andere onderneming met het doel om de activa van deze onderneming onderling te verdelen, en het zeker is dat de verdeling van de activa binnen een korte periode – in beginsel één jaar – na de aanvankelijke verwerving zal plaatsvinden, wordt alleen de verdeling van activa over de ondernemingen als verschillende concentraties aangemerkt (zie uitgebreid Mededeling Bevoegdheidskwesties, § 30-33). Indien in het kader van een verkrijging van zeggenschap in een onderneming deze zeggenschap tijdelijk wordt ondergebracht bij een tussentijdse koper, vaak een bank, op basis van een overeenkomst die erin voorziet dat de betreffende onderneming zal worden doorverkocht aan de uiteindelijke koper, wordt alleen de doorverkoop aan de uiteindelijke koper als concentratie aangemerkt (Mededeling Bevoegdheidskwesties, § 35).

Mededingingswet, Hfdst. 5

Artikel 28
1. In afwijking van artikel 27 wordt niet als concentratie beschouwd:
a. het door banken, financiële instellingen of verzekeraars als bedoeld in artikel 1:1 van de Wet op het financieel toezicht, tot wier normale werkzaamheden de verhandeling van effecten voor eigen rekening of voor rekening van derden behoort, tijdelijk houden van deelnemingen die zij in een onderneming hebben verworven ten einde deze deelnemingen weer te verkopen, mits zij de aan deze deelnemingen verbonden stemrechten niet uitoefenen om het marktgedrag van deze onderneming te bepalen, of zij deze stemrechten slechts uitoefenen om de verkoop van deze deelnemingen voor te bereiden, en deze verkoop plaatsvindt binnen een jaar na de verwerving;
b. het verkrijgen van zeggenschap door
   1° (vervallen;)
   2° (vervallen;)
   3° personen als bedoeld in artikel 1:76, eerste lid, van de Wet op het financieel toezicht;
   4° bewindvoerders als bedoeld in artikel 3:162, vierde lid, van de Wet op het financieel toezicht;
   5° personen als bedoeld in artikel 3:175, negende lid, van de Wet op het financieel toezicht;
c. het verwerven van participaties in het kapitaal als bedoeld in artikel 27, eerste lid, onder b, met inbegrip van participaties in een gemeenschappelijke onderneming als bedoeld in artikel 27, tweede lid, door participatiemaatschappijen mits de aan de deelname verbonden stemrechten slechts worden uitgeoefend om de volle waarde van deze beleggingen veilig te stellen.

2. De in het eerste lid, onder a, genoemde termijn kan op verzoek door de Autoriteit Consument en Markt worden verlengd wanneer de desbetreffende instellingen of verzekeraars aantonen dat de verkoop binnen de gestelde termijn redelijkerwijs niet mogelijk was.
[28-11-2018, Stb. 489, i.w.tr. 01-01-2019/kamerstukken 34842]

[Uitzonderingen op concentratiebegrip]

1. Algemeen. Het artikel voorziet in drie groepen van gevallen waarin de verwerving van zeggenschap geen concentratie vormt in de zin van dit hoofdstuk. Bij de formulering van het artikel is aansluiting gezocht bij art. 3 lid 5 EG-concentratieverordening (opgenomen in het onderdeel Bijlagen; MvT, *Kamerstukken II* 1995/96, 24707, 3, p. 74).

2. Beleggingen door financiële instellingen en verzekeraars (lid 1 onderdeel a). Wil van de in onderdeel a bedoelde uitzondering sprake zijn, dan moet aan zes vereisten worden voldaan: a. de verwerver van zeggenschap moet een verzekeraar, bank of andere financiële instelling in de zin van de genoemde wetten zijn; b. tot de normale werkzaamheden van de verwerver moet behoren het verhandelen van effecten; c. de zeggenschap moet worden verworven middels een 'deelneming'. Het gaat om een deelneming in het kapitaal, zonder dat sprake hoeft te zijn van kapitaalverschaffing met het oog op duurzame verbondenheid ten dienste van de eigen werkzaamheid zoals vereist voor een deelneming, in de zin van art. 2:24c lid 2 BW; d. de deelneming moet zijn verworven teneinde deze weer te verkopen; e. de hieraan verbonden stemrechten mogen worden uitgeoefend om de (gehele of gedeeltelijke) verkoop van de deelneming (de onderneming, haar activa of de effecten), voor te bereiden, maar niet om haar marktgedrag c.q. haar strategische commerciële gedrag te bepalen. Zie met betrekking tot het bepalen van het strategisch commerciële gedrag tevens aant. 3. Omdat de in het kader van reddingsoperaties opgestelde herstructureringsplannen doorgaans betrekking hebben op het strategische commerciële gedrag van de onderneming zullen reddingsoperaties dus meestal niet van deze uitzondering kunnen profiteren; en f. tot slot dient de verkoop binnen een jaar plaats te vinden (behoudens verlenging van deze termijn ingevolge lid 2). Voldoende is ook dat het belang in het aandelenkapitaal binnen deze periode wordt verminderd tot een niveau dat geen zeggenschap meer verschaft (MvT, *Kamerstukken II* 1995/96, 24707, 3, p. 75).

3. Participatiemaatschappijen (lid 1 onderdeel c). De derde groep van uitzonderingen betreft verkrijging van zeggenschap door participatiemaatschappijen door de verwerving van participaties in het kapitaal van een onderneming. Gedoeld wordt op participatiemaatschappijen in de zin van art. 6 lid 3 Besluit modellen jaarrekening en art. 5 lid 3 Vierde Richtlijn 78/660/EEG betreffende de jaarrekening van de Raad, *PbEG* 1978, L 222/11, te weten rechtspersonen of vennootschappen waarvan de werkzaamheid is beperkt tot uitsluitend of nagenoeg uitsluitend het deelnemen in andere rechtspersonen of vennootschappen zonder zich in te laten met de bedrijfsvoering daarvan, tenzij door het uitoefenen van aandeelhoudersrechten (MvT, *Kamerstukken II* 1995/96, 24707, 3, p. 75). Voor niet-toepasselijkheid van het concentratietoezicht is vereist dat de stemrechten slechts worden uitgeoefend om de volle waarde van de beleggingen veilig te stellen en niet om anderszins het strategische commerciële gedrag van de onderneming te bepalen (Besluit ACM 23 maart 1998 (*Gilde-Continental Sweets*, zaaknr. 116)), bijvoorbeeld door het benoemen van het bestuur in combinatie met het adviseren van dat bestuur over strategische aangelegenheden (Besluit ACM 8 juni 1998 (*Begemann-Tulip*, zaaknr. 770)). Het uitoefenen van aandeelhoudersrechten die logischerwijze verbonden zijn aan het aandeelhouderschap, zoals het louter meebeslissen over de benoeming van bestuurders of over de goedkeuring van de jaarrekening wordt door ACM niet beschouwd als het bepalen van het commerciële gedrag van de onderneming (*ACM Jaarverslag* 1998, p. 24). ACM heeft vier algemene aanwijzingen gegeven voor de toepassing van lid 1 onderdeel c: a. een terughoudende opstelling dient te blijken ten opzichte van beslissingen over het commerciële gedrag (investeringen, begroting, bedrijfsplan en andere operationele, op de bedrijfsvoering betrekking hebbende aspecten). Beslissingen die betrekking hebben op de juridische structuur van de onderneming worden niet geacht het commerciële gedrag van de onderneming te beïnvloeden; b. incidentele bemoeienis, bijvoorbeeld de vernieuwing van een bedrijfsplan, weegt minder zwaar dan regelmatig terugkerende momenten van bemoeienis; c. onder crisisomstandigheden kan verdergaande bemoeienis van de participatiemaatschappij gerechtvaardigd zijn; en d. het instemmen met voorstellen van het bestuur van de onderneming heeft minder invloed op het commerciële gedrag van een onderneming dan het nemen van beslissingen die afwijken van die voorstellen of de voorgestane lijn (*ACM Jaarverslag* 1999, p. 35). De intenties van de participatiemaatschappij zijn niet bepalend. Het gaat om de feitelijke en concrete beperkingen die gelden bij het al dan niet uitoefenen van de stemrechten (Besluit ACM 5 maart 1999 (*ABN AMRO Participaties-Humares Beheer*, zaaknr. 1208)). ACM stelt zich op het standpunt dat deze beperkingen contractueel moeten zijn vastgelegd zodat deze ook controleerbaar zijn (*ACM Jaarverslag* 2005, p. 68-69).

4. Verlenging termijn (lid 2). Indien verkoop van de deelneming redelijkerwijze niet binnen een jaar mogelijk is kan ACM deze termijn op verzoek verlengen. Op deze procedure is de Awb van toepassing; tegen een afwijzing staat bezwaar en vervolgens beroep open.

§ 2
Toepassingsbereik concentratietoezicht

[Inleidende opmerkingen]

Betekenis. Concentraties zoals omschreven in § 1 Mw zijn onderworpen aan concentratietoezicht op grond van dit hoofdstuk indien zij binnen het in deze paragraaf omschreven toepassingsbereik vallen. Bepalend is primair of de omzet van de betrokken ondernemingen de in art. 29 Mw gestelde drempels overschrijdt. Art. 30 Mw bepaalt de wijze waarop de omzet moet worden berekend. Voor banken, financiële instellingen en verzekeraars gelden bijzondere regels ten aanzien van de berekening van de omzet (art. 31 Mw). Concentraties die zijn onderworpen aan toezicht van de Europese Commissie krachtens de EG-concentratieverordening (opgenomen in het onderdeel Bijlagen) vallen niet onder het toepassingsbereik van dit hoofdstuk (zie uitgebreid Mededingingswet, Inleidende opmerkingen, aant. 3). Krachtens art. 24 lid 2 Mw is het verbod op misbruik van een machtspositie niet van toepassing ingeval dit gebeurt in de vorm van een concentratie.

Artikel 29

1. De bepalingen van dit hoofdstuk zijn van toepassing op concentraties waarbij de gezamenlijke omzet van de betrokken ondernemingen in het voorafgaande kalenderjaar meer bedroeg dan € 150 000 000, waarvan door ten minste twee van de betrokken ondernemingen ieder ten minste € 30 000 000 in Nederland is behaald.
2. De in het eerste lid genoemde bedragen kunnen bij algemene maatregel van bestuur worden verhoogd.
3. Bij algemene maatregel van bestuur kunnen de in het eerste lid bedoelde bedragen voor een bij die algemene maatregel van bestuur te bepalen categorie van ondernemingen voor een periode van ten hoogste vijf jaar worden verlaagd. Deze periode kan telkens bij algemene maatregel van bestuur worden verlengd.
4. In afwijking van het eerste lid zijn voor pensioenfondsen in de zin van de Pensioenwet de bepalingen van dit hoofdstuk van toepassing op concentraties waarbij de gezamenlijke waarde van de bruto geboekte premies van de betrokken ondernemingen in het voorafgaande kalenderjaar meer bedroeg dan € 500.000.000 en daarvan door ten minste twee van de betrokken ondernemingen ieder ten minste € 100.000.000 is ontvangen van Nederlandse ingezetenen.
[23-12-2015, Stb. 22, i.w.tr. 01-07-2016/kamerstukken 34190]

[Omzetdrempels]

1. Algemeen. Het artikel voorziet in twee omzetdrempels. Deze gelden cumulatief. Met de eerste drempel, die uitgaat van de totale omzet van betrokken ondernemingen, wordt beoogd om alleen concentraties van ondernemingen die over een bepaalde economische en financiële macht beschikken aan het toezicht te onderwerpen. De tweede drempel strekt ertoe alleen concentraties van ondernemingen die ook op de Nederlandse markt een omzet van betekenis behalen aan toezicht te onderwerpen, en voorkomt dat de overname van een zeer klein bedrijf door een onderneming met een omzet van meer dan € 150.000.000 aan toezicht onderworpen is (zie Besluit ACM 6 maart 1998 (*Nedlloyd-VSC-Deni*, zaaknr. 110)). Het artikel voorkomt echter niet dat bepaalde concentraties die geen gevolgen hebben voor de Nederlandse markt toch gemeld moeten worden. Indien bijvoorbeeld twee of meer ondernemingen, met een omzet die beide drempels overschrijdt, gezamenlijke zeggenschap verkrijgen over een gemeenschappelijke onderneming in de zin van art. 27 Mw die alleen buiten Nederland actief is, zal toch moeten worden gemeld (zie Besluit ACM 21 februari 2001 (*Agrifirm-Pouw-De Ruiter*, zaaknr. 2301)). **Concentraties van zorgaanbieders.** Voor concentraties van zorgaanbieders gelden lagere omzetdrempels (zie aant. 6). **Concentraties van pensioenfondsen.** Voor concentraties van pensioenfondsen gelden hogere omzetdrempels (zie aant. 7).

2. Betrokken ondernemingen (lid 1). a. Algemeen. Essentieel voor de berekening van de omzet is vast te stellen welke de betrokken ondernemingen zijn. Globaal gezegd zijn de betrokken ondernemingen de partijen bij de concentratie, voorzover zij de fuserende, verwervende of verkochte partijen zijn. Indien zeggenschap wordt verkregen door een natuurlijk persoon, wordt die aangemerkt als betrokken onderneming wanneer hij reeds zeggenschap over ten minste één andere onderneming heeft (Mededeling Bevoegdheidskwesties, § 151, § 152, opgenomen in het onderdeel Bijlagen). Binnen één concern of economische eenheid kan er voor dezelfde transactie slechts één betrokken onderneming zijn. Bij de omzet van de betrokken ondernemingen dient steeds op grond van art. 30 lid 3 en 4 Mw, de omzet van verbonden ondernemingen te worden geteld (Mededeling Bevoegdheidskwesties, § 130). **b. Fusie.** Bij een fusie zijn de betrokken ondernemingen de ondernemingen die fuseren (Mededeling Bevoegdheidskwesties, § 132). **c. Uitsluitende zeggenschap.** Bij verkrijging van uitsluitende zeggenschap zijn de betrokken ondernemingen de verwervende onderneming en de te verwerven onderneming (c.q. het te verwerven deel van een onderneming, zie art. 30 lid 2 Mw), in haar gedaante op het tijdstip van de operatie. De verkoper wordt genegeerd (Mededeling Bevoegdheidskwesties, § 134-137). Hetzelfde geldt bij een overgang van gezamenlijke naar uitsluitende zeggenschap (Mededeling Bevoegdheidskwesties, § 138). **d. Gezamenlijke zeggenschap.** In geval van verkrijging van gezamenlijke zeggenschap over een nieuw opgerichte onderneming zijn de betrokken ondernemingen alle ondernemingen die zeggenschap verkrijgen over de nieuwe opgerichte gezamenlijke dochter. Deze laatste telt nog niet mee, aangezien ze voor de transactie nog niet bestond (Mededeling Bevoegdheidskwesties, § 139). Bij verkrijging van gezamenlijke zeggenschap over een reeds bestaande onderneming van een derde zijn de betrokken ondernemingen elk van de ondernemingen die gezamenlijk zeggenschap verkrijgen èn de gezamenlijke onderneming (Mededeling Bevoegdheidskwesties, § 140). Bij een verandering in het aantal of de identiteit van de ondernemingen die over gezamenlijke zeggenschap beschikken, zijn de betrokken ondernemingen alle ondernemingen die na de concentratie over gezamenlijke zeggenschap beschikken en de gezamenlijke onderneming (Mededeling Bevoegdheidskwesties, § 143). Zie uitgebreid Mededeling Bevoegdheidskwesties, § 139-143. **e. Zeggenschap door gemeenschappelijke onderneming.** Indien een gemeenschappelijke onderneming in de zin van art. 27 Mw (zie art. 27, aant. 4) zeggenschap verwerft, wordt zij zelf als betrokken onderneming aangemerkt. Indien de gemeenschappelijke onderneming slechts een medium voor een verkrijging van zeggenschap door de moederondernemingen is, dan wordt niet de gemeenschappelijke onderneming maar worden de moederondernemingen beschouwd als de betrokken ondernemingen, naast de onderneming waarin zeggenschap wordt verworven. Indien deze situatie zich voordoet, bijvoorbeeld als de gemeenschappelijke onderneming speciaal voor de concentratie is opgericht, nog niet met haar activiteiten is begonnen of geen volwaardige gemeenschappelijke onderneming is, dan wordt door haar heen gekeken en worden de moederondernemingen als betrokken ondernemingen aangemerkt (zie uitgebreid Mededeling Bevoegdheidskwesties, § 145-157). **f. Splitsing.** Wanneer twee of meer ondernemingen gezamenlijk een andere onderneming kopen om die meteen te splitsen en onderling te verdelen, zal er sprake zijn van meerdere concentraties, ieder met als betrokken ondernemingen één verwerver en één verworven deelonderneming (Mededeling Bevoegdheidskwesties, § 141). Datzelfde geldt bij een splitsing en verdeling van een voorheen gemeenschappelijke dochter (Mededeling Bevoegdheidskwesties, § 148-149) en bij een ruil van activa (Mededeling Bevoegdheidskwesties, § 150), bijvoorbeeld dochterondernemingen, tussen onafhankelijke ondernemingen. Het hoeft dus niet te gaan om een juridische splitsing in de zin van art. 2:334 e.v. BW.

3. Omzet in voorafgaand kalenderjaar (lid 1). Art. 30 Mw regelt nader hoe de omzet moet worden bepaald. Voor verzekeraars, premiepensioeninstellingen, banken en andere financiële instellingen gelden krachtens art. 31 Mw bijzondere regels. Bepalend is de omzet in het voorafgaande kalenderjaar zoals deze blijkt uit de meest recente door de accountant goedgekeurde cijfers (GvEA EG 14 juli 2006, T-417/05, *Jur.* 2006, p. II-2533 (*Endesa*); Mededeling Bevoegdheidskwesties, § 169-171; Besluit ACM 25 juli 2002 (*My Travel-NBBS*, zaaknr. 2943); Besluit ACM 1 augustus 2003 (*Carat-Medialand*, zaaknr. 3592)). Indien een concentratie in de eerste maanden van het jaar tot stand komt en er voor het meest recente boekjaar nog geen gecontroleerde jaarrekeningen beschikbaar zijn, worden de gegevens van het voorafgaande jaar in aanmerking genomen (Mededeling Bevoegdheidskwesties, § 170; informele zienswijze ACM van 25 februari 2014 in zaak 14.0135.15). Met voorlopige cijfers van latere datum kan echter rekening worden gehouden indien sprake is van aanzienlijke verschillen met de meest recente door de accountant goedgekeurde cijfers die verband houden met significante en permanente wijzigingen in de betreffende onderneming en deze voorlopige cijfers zijn goedgekeurd door de raad van bestuur (Mededeling Bevoegdheidskwesties, § 170). Daarnaast moet rekening worden gehouden met verwervingen, afstotingen of sluitingen die na afsluiting van het boek- of kalenderjaar hebben plaatsgevonden (GvEA EG 14 juli 2006, T-417/05, *Jur.* 2006, p. II-2533 (*Endesa*); Mededeling Bevoegdheidskwesties, § 172, *ACM Jaarverslag* 2005, p. 68). De omzet van bedrijfsonderdelen die na het voorafgaande kalenderjaar worden verworven dient te worden opgeteld bij de netto-concernomzet (Mededeling Bevoegdheidskwesties, § 172; Besluit ACM 4 juni 1998 (*Sanderink Groep-K+V*, zaaknr. 706)). Omgekeerd dient de omzet van bedrijfsonderdelen die na het voorafgaande kalenderjaar worden afgestoten of gesloten te worden afgetrokken van de netto-concernomzet (Mededeling Bevoegdheidskwesties, § 172; Besluit ACM 21 november 2001 (*Stichting Verantwoord Wonen-Vestia Groep*, zaaknr. 2744)). Met verwervingen of afstotingen die zijn voorgenomen maar nog niet hebben plaatsgevonden, wordt alleen rekening gehouden als deze zijn vastgelegd in juridisch bindende afspraken en een voorwaarde vormen voor de tenuitvoerlegging van de gemelde concentratie (Mededeling Bevoegdheidskwesties,

§ 172; Besluit ACM 18 oktober 1999 (*Wegener Arcade-VNU Dagbladen*, zaaknr. 1528); Besluit ACM 31 januari 2000 (*WVG Beteiligungs GmbH-NBH*, zaaknr. 1696); Besluit ACM 14 februari 2000 (*Industri Kapital-Fortex*, zaaknr. 1740)). Bijstelling van de omzetgegevens, zoals weergegeven in de meest recente door de accountant goedgekeurde cijfers, kan ook nodig zijn ten aanzien van verwervingen, afstotingen of sluitingen die daar wel in zijn verwerkt. Van bedrijfsonderdelen die in het betreffende jaar zijn verworven, dient niet slechts de omzet vanaf het moment van verwerving, maar de gehele omzet te worden meegerekend. Omzet van bedrijfsonderdelen die in het betreffende jaar zijn afgestoten of gesloten, dient geheel buiten beschouwing te worden gelaten (Mededeling Bevoegdheidskwesties, § 173). Met wijzigingen in de omzet die een oorzaak van slechts tijdelijke aard hebben wordt geen rekening gehouden (Mededeling Bevoegdheidskwesties, § 174). ACM houdt rekening met wijzigingen tot het moment van tenuitvoerlegging van de gemelde concentratie (Besluit ACM 4 juni 1998 (*Sanderink Groep-K+V*, zaaknr. 706); Besluit ACM 21 november 2001 (*Stichting Verantwoord Wonen-Vestia Groep*, zaaknr. 2744)), hetgeen ruimte laat voor de mogelijkheid dat een reeds aangemelde concentratie alsnog buiten de werkingssfeer van dit hoofdstuk kan vallen. In dit opzicht lijkt het beleid van ACM af te wijken van dat van de Europese Commissie (zie Mededeling Bevoegdheidskwesties, § 155-156, § 172).

4. In Nederland behaald (lid 1). In navolging van art. 5 lid 1 EG-concentratieverordening moet omzet worden toegerekend aan de woon- of vestigingsplaats van de afnemer, niet aan de plaats van levering of de plaats van gebruik (Mededeling Bevoegdheidskwesties, § 196, *ACM Jaarverslag* 1998, p. 22). Zie uitgebreid Mededeling Bevoegdheidskwesties, § 195-203. Art. 5 lid 3 onderdeel a EG-concentratieverordening bevat voor kredietinstellingen en andere financiële instellingen een afwijkende regel die voorschrijft dat de batenposten van een kredietinstelling of financiële instelling dienen te worden toegerekend aan het land waarin het bijkantoor dat, of de afdeling die, de baten heeft ontvangen, is gevestigd (Mededeling Bevoegdheidskwesties, § 210). Hoewel deze afwijkende regel niet in art. 29 Mw is overgenomen, wordt deze bepaling door ACM conform uitgelegd (Informele zienswijze ACM van 11 januari 2012 in zaak 7559).

5. Verhoging van drempels bij algemene maatregel van bestuur (lid 2). De drempels kunnen worden verhoogd bij algemene maatregel van bestuur, onder meer om rekening te houden met geldontwaarding. De tweede drempel is bij het Besluit verhoging nationale omzetdrempel concentratietoezicht, *Stb.* 2001, 461, i.w.tr. 16 oktober 2001, verhoogd van ƒ 30.000.000 naar € 30.000.000.

6. Verlaging van drempels bij algemene maatregel van bestuur (lid 3). De drempels kunnen bij algemene maatregel van bestuur ten aanzien van bepaalde categorieën van ondernemingen voor een verlengbare periode van telkens vijf jaar worden verlaagd. Deze mogelijkheid is uitsluitend bedoeld voor zogenaamde transitiesectoren, waaronder wordt verstaan sectoren die in een overgangsfase verkeren tussen regulering en concurrentie, zoals de zorgsector en de energiesector. Omdat bepaalde transitiesectoren worden gekenmerkt door relatief lage omzetten, is het mogelijk dat concentraties in deze sectoren die significante gevolgen kunnen hebben voor de mededinging aan de werkingssfeer van het concentratietoezicht ontsnappen. Lid 3 maakt het mogelijk om dergelijke concentraties, door middel van een gerichte verlaging van de drempels, binnen de werkingssfeer van het concentratietoezicht te brengen (Wet tot wijziging van de Mededingingswet als gevolg van de evaluatie van die wet, NvW, *Kamerstukken II* 2004/05, 30371, p. 4-5). **Concentraties van zorgaanbieders.** Tot dusver is van deze mogelijkheid alleen gebruikgemaakt voor concentraties tussen zorgaanbieders. Op grond van art. 1 lid 1 Besluit houdende tijdelijke verruiming van het toepassingsbereik van het concentratietoezicht op ondernemingen die zorg verlenen, *Stb.* 2007, 518, i.w.tr. 1 januari 2008 en geldig tot 1 januari 2023, worden bij concentraties waarbij ten minste twee van de betrokken ondernemingen in het voorafgaande kalenderjaar met het verlenen van zorg ieder afzonderlijk een omzet hebben behaald van meer dan € 5.500.000 de drempels in het eerste lid verlaagd, in die zin dat het bedrag van € 150.000.000 wordt verlaagd tot € 55.000.000 en het bedrag van € 30.000.000 wordt verlaagd tot € 10.000.000. Bij concentraties van zorgaanbieders dient derhalve aan drie cumulatieve drempels te worden getoetst, waarbij de eerste drempel uitsluitend betrekking heeft op omzet behaald uit het verlenen van zorg. Onder zorg wordt blijkens het tweede lid verstaan zorg in de zin van art. 2 lid 1 onderdeel a tot en met I Besluit zorgaanspraken AWBZ, art. 10 Zorgverzekeringswet en art. 1 onderdeel h Wet maatschappelijke ondersteuning. Zo wordt het leveren van geneesmiddelen aan groothandelaren en apotheken niet als zorg aangemerkt (Informele zienswijze ACM van 30 oktober 2009 in zaak 6784).

7. Drempels voor pensioenfondsen (lid 4). Voor concentraties van pensioenfondsen in de zin van de Pensioenfondsenwet gelden hogere omzetdrempels. Een concentratie van pensioenfondsen valt onder het concentratietoezicht op grond van dit hoofdstuk als de gezamenlijke waarde van de bruto geboekte premies van de betrokken ondernemingen in het voorafgaande kalenderjaar meer bedroeg dan € 500.000.000 en daarvan door ten minste twee van de betrokken ondernemingen ieder ten minste € 100.000.000 is ontvangen van Nederlandse ingezetenen. Deze drempel geldt met ingang van de datum van de inwerkingtreding van de Wet wijziging van een aantal wetten op het terrein van het Ministerie van Economische Zaken, houdende een verhoging van voor de Autoriteit Consument en Markt geldende boetemaxima (1 juli 2016).

Artikel 30
1. De berekening van de omzet, bedoeld in artikel 29, eerste lid, geschiedt op de voet van het bepaalde in artikel 377, zesde lid, van boek 2 van het Burgerlijk Wetboek voor de netto-omzet.
2. Wanneer de concentratie tot stand wordt gebracht door middel van de verwerving van de zeggenschap over delen van een of meer ondernemingen, welke delen al dan niet eigen rechtspersoonlijkheid bezitten, wordt bij de berekening van de omzet, bedoeld in artikel 29, eerste lid, ten aanzien van de vervreemder of de vervreemders uitsluitend rekening gehouden met de omzet van de te vervreemden delen die voorwerp zijn van de transactie. Twee of meer verwervingen als bedoeld in de eerste volzin die plaatsvinden binnen een door de Autoriteit Consument en Markt in aanmerking te nemen periode en die afhankelijk van elkaar zijn of op een economische wijze zodanig met elkaar zijn verbonden dat deze verwervingen als één verwerving zouden moeten worden beoordeeld, worden beschouwd als één concentratie die tot stand gebracht wordt op de dag van de laatste transactie.

3. Onverminderd het bepaalde in het tweede lid worden voor de berekening van de omzet van een betrokken onderneming als bedoeld in artikel 29, eerste lid, de omzetten van de volgende ondernemingen opgeteld:
a. de betrokken onderneming;
b. de ondernemingen waarin de betrokken onderneming rechtstreeks of middellijk:
   1° meer dan de helft van het kapitaal of de bedrijfsactiva bezit, dan wel
   2° de bevoegdheid heeft meer dan de helft van de stemrechten uit te oefenen, dan wel
   3° de bevoegdheid heeft meer dan de helft van de leden van de raad van toezicht of van bestuur, of van de krachtens de wet tot vertegenwoordiging bevoegde organen te benoemen, dan wel
   4° het recht heeft de onderneming te leiden;
c. ondernemingen die in een betrokken onderneming over de in onderdeel b genoemde rechten of bevoegdheden beschikken;
d. ondernemingen waarin een in onderdeel c bedoelde onderneming over de in onderdeel b genoemde rechten of bevoegdheden beschikt;
e. ondernemingen waarbij ten minste twee ondernemingen als bedoeld in de onderdelen a tot en met d gezamenlijk over de in onderdeel b genoemde rechten of bevoegdheden beschikken.

4. Indien bij de concentratie betrokken ondernemingen gezamenlijk beschikken over de in het derde lid, onderdeel b, genoemde rechten of bevoegdheden, wordt voor de berekening van de omzet van de betrokken ondernemingen als bedoeld in artikel 29, eerste lid:
a. geen rekening gehouden met de omzet, die het resultaat is van de verkoop van produkten en het leveren van diensten tussen de gemeenschappelijke onderneming en elk van de betrokken ondernemingen of van enige andere met de betrokken onderneming verbonden onderneming als bedoeld in het derde lid, onderdelen b tot en met e;
b. rekening gehouden met de omzet die het resultaat is van de verkoop van produkten en het verlenen van diensten tussen de gemeenschappelijke onderneming en derde ondernemingen. Deze omzet wordt aan de ondernemingen toegerekend in verhouding tot hun deelnemingen in de gemeenschappelijke onderneming.

5. Voor de berekening van de gezamenlijke omzet van de betrokken ondernemingen, bedoeld in artikel 29, eerste lid, worden transacties tussen de in het derde lid bedoelde ondernemingen buiten beschouwing gelaten.

[28-02-2013, Stb. 102, i.w.tr. 01-04-2013/kamerstukken 33186]

[Omzetberekening]

1. Berekening netto-omzet (lid 1). a. Algemeen. De in art. 29 lid 1 Mw bedoelde omzet wordt berekend aan de hand van de bepalingen in het Burgerlijk Wetboek die betrekking hebben op de jaarrekening. Deze wijze van berekenen dient ook te worden gevolgd ten aanzien van ondernemingen waarop de in titel 9 van Boek 2 BW bedoelde verplichtingen niet van toepassing zijn, zoals maatschappen en vennootschappen onder firma (MvT, *Kamerstukken II* 1995/96, 24707, 3, p. 75-76). Bij de bepaling van de omzet neemt ACM de normen die voor de betrokken ondernemingen ten algemene gelden bij het opstellen van de jaarrekening tot uitgangspunt. Daarnaast houdt ACM er rekening mee of de om-

zetberekening in overeenstemming is met de door de onderneming bestendig gevolgde gedragslijn (informele zienswijze ACM 28 april 2011, zaaknr. 7154). Alleen de omzet die kan worden toegerekend aan een onderneming in de zin van art. 1 onderdeel f Mw dient te worden meegeteld. Dit brengt met zich dat omzet uit activiteiten die niet het karakter hebben van een economische activiteit, buiten beschouwing dient te worden gelaten (Besluit ACM 21 december 2001 (*Hogeschool Alkmaar-Hogeschool Haarlem-Hogeschool Holland-Ichtus Hogeschool*, zaaknr. 2760); Besluit ACM 11 juli 2006 (*GGZ Europoort-Bavo RNO Groep*, zaaknr. 5660)); Informele zienswijze ACM 20 juni 2016, zaaknr. 16.0330.15).
b. Netto-omzet. Onder de netto-omzet wordt verstaan de opbrengst uit levering van goederen en diensten uit het bedrijf van de rechtspersoon, onder aftrek van kortingen en dergelijke en van over de omzet geheven belastingen (art. 2:377 lid 6 BW). Daarbij dient te worden uitgegaan van de normale, niet incidentele bedrijfsactiviteiten (Mededeling Bevoegdheidskwesties, § 161, opgenomen in het onderdeel Bijlagen). Zo tellen de opbrengsten uit normale nevenproducten mee. Ook door de onderneming ontvangen subsidies die rechtstreeks verband houden met de door de onderneming geleverde goederen en diensten tellen als omzet mee (Mededeling Bevoegdheidskwesties, § 162; Besluit ACM 1 november 1999 (*Volkswoningen-Woningstichting Onze Woongemeenschap*, zaaknr. 1589); Besluit ACM 29 augustus 2005 (*NOS-NOB Cross Media Facilities*, zaaknr. 5059)). Van een dergelijk rechtstreeks verband is sprake als de toekenning van de steun afhankelijk is gesteld van de leveringen en de hoogte van de steun evenredig is aan de geleverde hoeveelheden (*ACM Jaarverslag* 1999, p. 32). Indien de steun wordt toegekend voor een aantal jaren ineens, moet de steun in evenredige delen worden toegerekend aan de verschillende jaren (Besluit ACM 1 november 1999 (*Volkswoningen-Woningstichting Onze Woongemeenschap*, zaaknr. 1589)). Ontvangen dividend en rente-opbrengsten zullen gewoonlijk geen deel vormen van de netto-omzet, tenzij dergelijke opbrengsten kenmerkend zijn voor de onderneming ('Raad voor de Jaarverslaggeving, Richtlijnen voor de jaarverslaggeving voor grote en middelgrote rechtspersonen 2013', *RJ* 2013/270.201). Indien en voor zover een onderneming alleen een bemiddelende rol heeft bij de inkoop van diensten, dient alleen de daarvoor ontvangen provisie tot de omzet te worden gerekend (Mededeling Bevoegdheidskwesties, § 159). Van een bemiddelende rol is alleen sprake indien de onderneming geen bedrijfsrisico loopt ter zake van deze diensten en geen waarde toevoegt aan het dienstenpakket (Besluit ACM 25 september 2001 (*Monuta-SCI*, zaaknr. 2639); Besluit ACM 25 juli 2002 (*My Travel-NBBS*, zaaknr. 2943); Besluit ACM 1 augustus 2003 (*Carat-Medialand*, zaaknr. 3592)). Bij deze beoordeling zal ACM ook rekening houden met de gebruikelijke wijze van financiële verslaggeving in de betreffende sector (Besluit ACM 1 augustus 2003 (*Carat-Medialand*, zaaknr. 3592)). Van dit uitgangspunt kan echter worden afgeweken als de ontvangen provisie het werkelijke economische gewicht van de onderneming niet adequaat weergeeft. Zo heeft ACM het standpunt ingenomen dat een coöperatie die tegen een provisie de producten van haar leden aan een derde verkoopt toch de hele productomzet moet worden toegerekend omdat het gebundelde aanbod van de leden onder één commercieel beleid en onderhevig aan het marktgedrag van een eenheid (de coöperatie) op de markt werd gebracht (informele zienswijze ACM van 3 februari 2012 in zaak 7310). Indien een van de betrokken ondernemingen een interne afdeling is die nog niet eerder externe omzet heeft behaald, wordt de netto-omzet van die onderneming bepaald aan de hand van de omvang van de interne leveringen (Mededeling Bevoegdheidskwesties, § 163; Besluit ACM 3 maart 1999 (*Stork-Printed Circuit Board Fabriek*, zaaknr. 1228)), of openbare prijsgegevens (Mededeling

Bevoegdheidskwesties, § 163). In het geval van outsourcing (zie art. 27, aant. 3 onder c), kan de netto-omzet ook worden bepaald aan de hand van de vergoeding die de verkoper op jaarbasis voor deze diensten zal betalen, indien reeds overeengekomen (Mededeling Bevoegdheidskwesties, § 163; Besluit ACM 29 april 2004 (*IBM-Delta Lloyd*, zaaknr. 4001)). **Kortingen.** Kortingen dienen te worden afgetrokken van de netto-omzet (Mededeling Bevoegdheidskwesties, § 165). **Belastingen.** Over de omzet geheven belastingen dienen te worden afgetrokken van de netto-omzet. Onder 'over de omzet geheven belastingen' verstaat ACM indirecte belastingen die rechtstreeks samenhangen met de omzet, zoals belasting op alcoholhoudende dranken of sigaretten. Het uitgangspunt van ACM is dat de omzetberekening een juist beeld moet geven van het werkelijke economische gewicht van de bij de concentratie betrokken ondernemingen, zodat dit begrip niet eng dient te worden uitgelegd. ACM heeft zich bijvoorbeeld op het standpunt gesteld dat ook bepaalde belastingen die niet de omzet als rechtstreekse grondslag hebben, zoals de BPM en de afvalstoffenheffing, niet tot de netto-omzet in de zin van art. 30 lid 1 Mw behoren. Ook accijnzen behoren volgens ACM niet tot de netto-omzet (Besluit ACM 26 november 2002 (*Kuwait Petroleum-BP*, zaaknr. 3208); *ACM Jaarverslag* 2000, p. 49-50). Deze benadering wijkt af van de gangbare uitleg van art. 2:377 lid 6 BW, waarbij BPM en accijnzen wel worden meegeteld voor de bepaling van de netto-omzet ('Raad voor de Jaarverslaggeving, Richtlijnen voor de jaarverslaggeving voor grote en middelgrote rechtspersonen 2013', *RJ* 2013/270.201a; Interpretatieve mededeling over bepaalde artikelen van de vierde en de zevende richtlijn van de Raad betreffende de jaarrekening, *PbEG* 1998 C 16/5, § 23), maar sluit aan op de wijze van omzetberekening gehanteerd onder de EG-concentratieverordening (Mededeling Bevoegdheidskwesties, § 166).

2. Omzet vervreemder (lid 2). Wanneer een deel van een groter geheel wordt verworven, is de omzet van het verworven deel bepalend en telt de omzet van de (overige delen van de) vervreemder niet mee. De omzet van de vervreemder is niet relevant omdat hij niet betrokken is bij de concentratie. Indien de vervreemder zodanig zeggenschap overdraagt dat gezamenlijke zeggenschap door hem en de verwerver ontstaat, is de vervreemder wel een betrokken onderneming en dient zijn omzet in aanmerking te worden genomen (Mededeling Bevoegdheidskwesties, § 139). De bepaling sluit aan bij art. 5 lid 2 EG-concentratieverordening (opgenomen in het onderdeel Bijlagen).

3. Opeenvolgende concentraties (lid 2). a. Algemeen. De tweede volzin van lid 2 verzet zich tegen de salamitactiek waarbij een concentratie wordt opgedeeld in een aantal kleinere concentraties, teneinde beneden de drempels van het concentratietoezicht te blijven. De bepaling sluit aan bij art. 5 lid 2 EG-concentratieverordening. Niet overgenomen uit art. 5 lid 2 EG-concentratieverordening is het vereiste dat de transacties binnen een periode van twee jaar plaatsvinden. De wetgever heeft aan ACM de keuze gelaten welke periode zij in aanmerking neemt om te bepalen of er sprake is van los van elkaar staande transacties en daarmee verschillende concentraties of van transacties die, hoewel volgtijdelijk uitgevoerd, toch moeten worden beschouwd als een en dezelfde concentratie. Aldus heeft de wetgever willen voorkomen dat marktpartijen hun transactie zo structureren dat deze net buiten de in de EG-concentratieverordening genoemde termijn van twee jaar valt en daarom niet beschouwd kan worden als een en dezelfde transactie (Wet wijziging van de Mededingingswet als gevolg van de evaluatie van die wet (MvT, *Kamerstukken II* 2004/05, 30071, 3, p. 19). Anders dan art. 5 lid 2 EG-concentratieverordening stelt lid 2 de eis dat de betreffende verwervingen afhankelijk van elkaar moeten zijn of op een economische wijze zodanig met elkaar verbonden dat deze als één verwerving zouden moeten worden beoordeeld. In afwijking van art. 5 lid 2 EG-concentratieverordening stelt lid 2 niet de eis dat het moet gaan om concentraties tussen dezelfde personen of ondernemingen en wordt het begrip 'verwervingen' gehanteerd in plaats van het ruimere begrip 'concentraties'. Gelet op de bedoeling om aan te sluiten bij art. 5 lid 2 EG-concentratieverordening en het ontbreken van aanwijzingen dat de wetgever op de laatste twee punten afwijking heeft beoogd, is het aannemelijk dat lid 2 op deze punten zoveel mogelijk conform art. 5 lid 2 EG-concentratieverordening dient te worden uitgelegd. **b. Afhankelijke verwervingen.** Voor de beantwoording van de vraag of verwervingen afhankelijk van elkaar zijn is van belang of de ene verwerving niet of niet in die vorm zou plaatsvinden indien de andere verwerving niet of niet in die vorm zou plaatsvinden (Wet wijziging van de Mededingingswet als gevolg van de evaluatie van die wet, MvT, *Kamerstukken II* 2004/05, 30071, 3, p. 19). Het ligt in de rede dat dit in de eerste plaats aan de hand van de relevante contracten dient te worden beoordeeld. **c. Economisch verbonden verwervingen.** Voor de beantwoording van de vraag of verwervingen economisch verbonden zijn, is onder meer van belang of de verschillende ondernemingen, althans delen daarvan, in belangrijke mate onderling samenhangend worden ingezet in de voortbrenging of distributie van goederen of diensten, of er belangrijke onderlinge toeleveringsrelaties bestaan tussen de ondernemingen, of er fysieke of logistieke verbondenheid bestaat tussen de ondernemingen en of bepaalde belangrijke bedrijfsmiddelen zoals merken, intellectuele eigendomsrechten en licenties in gemeenschappelijk gebruik zijn bij meerdere van de ondernemingen (Wet wijziging van de Mededingingswet als gevolg van de evaluatie van die wet, MvT, *Kamerstukken II* 2004/05, 30071, 3, p. 19-20). **d. Verhouding tot het concentratiebegrip.** Lid 2 bepaalt onder welke voorwaarden verschillende concentraties als één concentratie kunnen worden aangemerkt bij de berekening van de omzet van de betrokken ondernemingen. Deze vraag doet alleen terzake voor zover de betreffende transacties niet één concentratie vormen. Omdat de voorwaarden van lid 2 gelijkluidend zijn aan de voorwaarden waaronder verschillende transacties, ook indien deze ieder voor zich als een concentratie zouden kunnen worden beschouwd, als één concentratie moeten worden aangemerkt is de toegevoegde waarde van deze bepaling niet duidelijk (zie art. 27, aant. 5 onder a).

4. Concernomzet per betrokken onderneming (lid 3). Ten aanzien van elke betrokken onderneming dient de concernomzet te worden berekend. Dit aan art. 5 lid 4 EG-concentratieverordening ontleende lid bepaalt daartoe van welke andere ondernemingen de omzet moet worden opgeteld bij die van de betrokken onderneming. **a. Betrokken onderneming (onderdeel a).** Als eerste dient de omzet van de betrokken onderneming zelf in aanmerking te worden genomen. Zie over het begrip 'betrokken onderneming' art. 29, aant. 2. **b. Dochters en dergelijke (onderdeel b).** Dit onderdeel geeft vier alternatieve criteria om te bepalen of de betrokken onderneming dochters of andere ondernemingen beheerst, in welk geval hun omzet moet worden meegerekend. *Recht om de onderneming te leiden.* Aan dit vierde criterium is voldaan als een onderneming de mogelijkheid heeft om, al dan niet samen met derden, het strategische gedrag van een andere onderneming op een duurzame juridische grondslag te bepalen (Mededeling Bevoegdheidskwesties, § 180-181). Dit criterium is nauw verwant aan beschikken over zeggenschap in de zin van art. 26 Mw (zie bijvoorbeeld Informele zienswijze ACM van 2 april 2008, geen zaaknummer). De betekenis van deze begrippen is echter niet per definitie gelijk. ACM heeft bijvoorbeeld het standpunt ingenomen dat aan de in onderdeel b genoemde criteria reeds kan zijn voldaan door een houder van 38% van de aandelen en dienovereenkomstige aandeelhoudersrechten wanneer de overige aandelen zeer verspreid zijn en er overlap bestaat tussen de besturen van de betreffende ondernemingen (Besluit ACM 29 juni 1998 (*Baan-Hiscom*, zaaknr. 763)). ACM houdt rekening met alle relevante omstandigheden. Zo heeft ACM het standpunt ingenomen dat de omzet van franchisenemers niet kon worden toegerekend aan een franchisegever omdat, gelet op de verdeling van bevoegdheden en verantwoordelijkheden, de franchisenemers niet zodanig werden beperkt in de mogelijkheid om een eigen commerciële strategie te kiezen dat de franchisegever kon worden geacht het recht te hebben om de ondernemingen van de franchisenemers te leiden (Informele zienswijze ACM van 6 augustus 2009 in zaak 6729). **c. Moeders en dergelijke (onderdeel c).** Indien er een of meer ondernemingen zijn die de betrokken onderneming in de zin van onderdeel b beheersen, moet ook de omzet van die onderneming of ondernemingen aan de betrokken onderneming worden toegerekend. **d. Zusters en dergelijke (onderdeel d).** Wanneer ondernemingen die de betrokken onderneming beheersen in de zin van onderdeel b, ook nog andere ondernemingen beheersen, moet de omzet van die andere ondernemingen worden meegeteld. **e. Gezamenlijk beheerste ondernemingen.** Ondernemingen die gezamenlijk door concernondernemingen als bedoeld in de onderdeel a-d worden beheerst in de zin van onderdeel b, dienen voor de berekening van de omzet eveneens te worden meegerekend. **f. Overheidsondernemingen.** Het enkele feit dat overheidsondernemingen door de overheid worden beheerst, betekent niet dat zij tot dezelfde groep behoren (zie art. 27, aant. 1). Bij de berekening van de omzet van een overheidsonderneming dient alleen de omzet te worden meegerekend van andere ondernemingen die deel uitmaken van dezelfde economische eenheid met zelfstandige beslissingsbevoegdheid (Mededeling Bevoegdheidskwesties, § 193). Indien de betreffende onderneming niet deel uitmaakt van een dergelijke eenheid, dient de omzet van andere overheidsondernemingen buiten beschouwing te worden gelaten (Mededeling Bevoegdheidskwesties, § 194; Besluit ACM 18 december 2013 (*SNS-Reaal-NLFI*, zaaknr. 13.0348.26)). **g. Uitgangspunt in andere gevallen.** Wanneer onduidelijkheid bestaat over de wijze waarop omzet moet worden toegerekend, dient altijd voorrang te worden gegeven aan het voorkomen van dubbele telling en het zo nauwkeurig mogelijk weergeven van de werkelijke economische sterkte van de bij de transactie betrokken ondernemingen. Zo dient bijvoorbeeld, in het geval waar een onderneming uitsluitende zeggenschap verwerft over een onderneming waarover zij reeds gezamenlijke zeggenschap heeft, de omzet van deze onderneming niet ook nog eens, geheel of gedeeltelijk, te worden toegerekend aan de onderneming waarover uitsluitende zeggenschap wordt verworven, of omgekeerd (Mededeling Bevoegdheidskwesties, § 188; Informele zienswijze ACM van 18 maart 2010 in zaak 6909).

5. Groepstransacties (lid 4 en 5). Het gewicht van een groep van ondernemingen wordt bepaald door de externe omzet. Om het werkelijke economische gewicht van de betrokken ondernemingen te bepalen, wordt de opbrengst van de transacties binnen de groep waartoe de betrokken onderneming behoort uitgesloten. Hiertoe elimineert lid 5 de omzet die resulteert uit transacties tussen ondernemingen die met elkaar op voet van lid 3 zijn verbonden. **Gemeenschappelijke ondernemingen.** Lid 4 ziet op het geval dat de betrokken ondernemingen over een gemeenschappelijke onderneming beschikken. Buiten beschouwing blijft de omzet die het resultaat is van transacties tussen de gemeenschappelijke onderneming enerzijds en de betrokken ondernemingen en de met hen op de voet van lid 3 verbonden ondernemingen anderzijds. Omzet die het resultaat is van transacties tussen de gemeenschappelijke onderneming en derden wordt wel in aanmerking genomen. Vervolgens wordt de omzet van de gemeenschappelijke onderneming aan de betrokken ondernemingen toegerekend in verhouding tot hun belang in het kapitaal van de gemeenschappelijke onderneming. De wet lijkt hier af te wijken van de praktijk onder de EG-concentratieverordening, waar de omzet van de gemeenschappelijke onderneming in gelijke delen aan de betrokken ondernemingen wordt toegerekend, ongeacht hoe groot hun aandeel in het kapitaal of de stemrechten is (Mededeling Bevoegdheidskwesties, § 186-188).

Artikel 31

1. Voor de toepassing van artikel 29, eerste lid, wordt ten aanzien van banken en financiële instellingen als bedoeld in artikel 1:1 van de Wet op het financieel toezicht de omzet vervangen door de som van de volgende, overeenkomstig de regels op grond van artikel 417 van Boek 2 van het Burgerlijk Wetboek, op de winst- en verliesrekening over het voorafgaande boekjaar opgenomen baten:
a. rentebaten en soortgelijke baten;
b. opbrengsten uit waardepapieren;
c. ontvangen provisie;
d. resultaat uit financiële transacties;
e. overige bedrijfsopbrengsten;
na aftrek van de belasting over de toegevoegde waarde en andere rechtstreeks met de betrokken baten samenhangende belastingen.
2. Voor verzekeraars in de zin van de Wet op het financieel toezicht en premiepensioeninstellingen in de zin van de Wet op het financieel toezicht wordt voor de toepassing van artikel 29, eerste lid, de omzet vervangen door de waarde van de bruto geboekte premies. De in artikel 29, eerste lid, omschreven omzet behaald in Nederland dient berekend te worden op basis van de bruto geboekte premies die zijn ontvangen van Nederlandse ingezetenen.
[23-12-2015, Stb. 22, i.w.tr. 01-07-2016/kamerstukken 34190]

[Drempels voor financiële instellingen en verzekeraars]

1. Algemeen. Omdat het omzetbegrip van art. 29 Mw voor het bank- en verzekeringswezen niet een geschikt criterium werd geacht voor de afbakening van de werkingssfeer van het concentratietoezicht, voorziet het artikel in een bijzondere regeling voor banken en financiële instellingen enerzijds en verzekeraars anderzijds. De regeling is geënt op het, inmiddels gewijzigde, art. 5 lid 3 EG-concentratieverordening (opgenomen in het onderdeel Bijlagen).

2. Banken en financiële instellingen (lid 1). Ten aanzien van banken en financiële instellingen wordt de omzet vervangen door de som van de genoemde batenposten. De bepaling sluit aan bij art. 5 EG-concentratieverordening, waarin wordt verwezen naar de beschrijving van deze batenposten in Richtlijn 86/635/EEG. Deze richtlijn is geïmplementeerd door het op art. 2:417 BW gebaseerde Besluit jaarrekening banken,

Stb. 1993, 259 (Wet wijziging van de Mededingingswet als gevolg van de evaluatie van die wet, MvT, *Kamerstukken II* 2004/05, 30371, 3, p. 20). Zie uitgebreid Mededeling Bevoegdheidskwesties, § 210-213 en § 217-220 (opgenomen in het onderdeel Bijlagen).

3. Verzekeraars en premiepensioeninstellingen (lid 2). Ten aanzien van verzekeraars en premiepensioeninstellingen wordt de omzet vervangen door de waarde van de bruto geboekte premies. Onder verzekeraars wordt tevens verstaan herverzekeraars (Besluit ACM 5 november 2004 (*Sirius-TBi*, zaaknr. 4246)). **Bruto geboekte premies.** Hieronder wordt verstaan de som van de ontvangen premies, met inbegrip van ontvangen herverzekeringspremies (Mededeling Bevoegdheidskwesties, § 214). Het economische gewicht dat tot uitdrukking komt in de betaalde herverzekeringspremies is reeds meegewogen middels de bruto geboekte premies. Onder premies worden niet alleen die van in het betreffende boekjaar gesloten nieuwe verzekeringsovereenkomsten verstaan, maar ook alle premies met betrekking tot in voorgaande jaren gesloten overeenkomsten die gedurende de beschouwde periode van kracht blijven (Mededeling Bevoegdheidskwesties, § 215). Het deel van de omzet dat afkomstig is uit andere dan pensioen of verzekeringsactiviteiten wordt berekend op basis van art. 30 Mw (Mededeling Bevoegdheidskwesties, § 216).

Artikel 32
(Vervallen.)
[22-05-1997, Stb. 242, i.w.tr. 01-01-2000/kamerstukken 24707]

Artikel 33
(Vervallen.)
[30-06-2004, Stb. 345, i.w.tr. 01-08-2004/kamerstukken 29276]

§ 3
Melding

[Inleidende opmerkingen]

Betekenis. Concentraties (zoals gedefinieerd in § 1) die binnen het toepassingsbereik van dit hoofdstuk (zoals gedefinieerd in § 2) vallen zijn aan preventief toezicht onderworpen. Het voornemen een dergelijke concentratie tot stand te brengen moet worden gemeld, waarna ACM gedurende een periode van in beginsel vier weken onderzoekt of reden bestaat aan te nemen dat als gevolg van de concentratie de daadwerkelijke mededinging op de Nederlandse markt of een deel daarvan op significante wijze zou kunnen worden belemmerd, met name als het resultaat van het in het leven roepen of het versterken van een economische machtspositie. Is dit het geval, dan bepaalt ACM dat een vergunning is vereist. Deze paragraaf ziet op de eerste fase, de meldingsfase. In § 4 is de verlening van een vergunning door ACM (tweede fase) of de Minister van Economische Zaken en Klimaat (derde fase) geregeld.

Artikel 34
1. Het is verboden een concentratie tot stand te brengen voordat het voornemen daartoe aan de Autoriteit Consument en Markt is gemeld en vervolgens vier weken zijn verstreken.

2. Geen melding kan worden gedaan indien een goedkeuring voor een concentratie als bedoeld in artikel 49a, eerste lid, van de Wet marktordening gezondheidszorg, dan wel een ontheffing als bedoeld in artikel 49d van die wet, ontbreekt.
[27-11-2013, Stb. 522, i.w.tr. 01-01-2014/kamerstukken 33253]

[Melding]

1. Algemeen. Deze bepaling vormt de hoeksteen van de meldingsprocedure. Het verbod richt zich tot de ondernemingen die een concentratie tot stand brengen. Dat zijn de ondernemingen die zeggenschap verkrijgen (CBb 24 februari 2012, AWB11/154 (*Pacton/ACM*)). Een concentratie die onder het bereik van dit hoofdstuk valt, kan alleen na voorafgaande melding bij ACM tot stand worden gebracht (behoudens een openbaar bod, zie art. 39 Mw). Een melding is niet een aanvraag in de zin van de Awb (Wet wijziging van de Mededingingswet als gevolg van de evaluatie van die wet, MvT, *Kamerstukken II* 2004/05, 30371, 3, p. 23). Dit verklaart bijvoorbeeld waarom art. 35 lid 2 Mw een aparte regeling bevat voor de aanvulling van de melding. Na melding beschikt ACM over een periode van in beginsel vier weken om mede te delen of voor de totstandbrenging van de concentratie een vergunning is vereist. Gedurende deze termijn mag de concentratie niet tot stand worden gebracht, behoudens ontheffing wegens gewichtige redenen krachtens art. 40 Mw. Indien de termijn waarbinnen ACM een beslissing op de melding dient te nemen eindigt op een zaterdag, zondag, of een algemeen erkende feestdag, wordt de termijn verlengd tot de eerstvolgende werkdag (art. 1 lid 1 Algemene termijnenwet, Werkwijze concentratiezaken, § 39, opgenomen in het onderdeel Bijlagen).

2. Inhoud. a. Tot stand brengen. Een concentratie wordt tot stand gebracht doordat zeggenschap wordt verkregen of doordat twee ondernemingen fuseren. Transacties of handelingen die niet bijdragen aan een blijvende zeggenschapswijziging brengen geen concentratie tot stand, zelfs indien zij onlosmakelijk verband houden met een concentratie en markteffecten teweegbrengen, en kunnen geen overtreding van het totstandbrengingsverbod vormen (HvJ EU 31 mei 2018, C-633/16, ECLI:EU:C:2018:371 (*Ernst & Young*)). **b. Voornemen.** Het is niet noodzakelijk dat een bindende overeenkomst tot stand is gekomen; het enkele voornemen een concentratie aan te gaan kan worden gemeld. Een intentieverklaring is normaliter al voldoende (Besluit ACM 18 augustus 1998 (*Quality Bakers-Erkens Bakkerijen*, zaaknr. 988)). Het voornemen zal in ieder geval in voldoende mate geconcretiseerd moeten zijn om de bij melding vereiste gegevens te kunnen verstrekken. Een verwerving van opties die in het geval van uitoefening tot een verkrijging van zeggenschap leiden, wordt op zichzelf genomen niet beschouwd als een voldoende concreet voornemen. Daartoe moet komen vast te staan dat de opties in de nabije toekomst op grond van juridisch bindende overeenkomsten zullen worden uitgeoefend (Mededeling bevoegdheidskwesties, § 60, opgenomen in het onderdeel Bijlagen; Werkwijze concentratiezaken, § 26) en dat, indien zulks niet het geval is, sprake zal zijn – alle relevante omstandigheden in aanmerking nemende – van een zodanige (mate van) waarschijnlijkheid dat in de nabije toekomst daadwerkelijk effectuering zal plaatsvinden, dat op grond daarvan moet worden aangenomen dat het voornemen tot de concentratie voldoende geconcretiseerd is (Rb. Rotterdam 2 april 2002, MEDED 00/1850-SIMO (*United Technologies Corporation/ACM*)). In bijzondere gevallen kan een optie samen met andere elementen wel leiden tot de conclusie dat er sprake is van feitelijke zeggenschap (Mededeling bevoegdheidskwesties, § 60; Informele zienswijze ACM van 13 december 2010 in zaak 7079). Indien tijdens de onderzoeksfase wijzigingen in de voorgenomen concentratie worden aangebracht, dient de melding te worden gecorrigeerd of aangevuld. Wanneer de concentratie tot stand komt in een andere vorm dan aangemeld, is niet voldaan aan de vereisten van het artikel (zie over de gevolgen hiervan aant. 3). *Het moment van tot stand brengen.* Het uitgangspunt van ACM is dat een concentratie tot stand wordt gebracht door de handeling die zeggenschap doet verkrijgen. Het moment waarop die handeling wordt verricht is derhalve bepalend voor de toepassing van art. 34 Mw en niet het moment waarop de zeggenschap daadwerkelijk ingaat. Zo heeft ACM geoordeeld dat in het geval van een statutenwijziging die zeggenschap doet ontstaan maar die pas na drie jaar in werking zal treden het moment van statutenwijziging bepalend is en niet het moment van inwerkingtreding van die wijziging (Informele zienswijze ACM van 1 juni 2010 in zaak 6958). **c. Informele zienswijzen en prenotificatiegesprekken.** Indien partijen bij een transactie betwijfelen of deze een concentratie is die gemeld dient te worden bij ACM, bijvoorbeeld bij vragen over omzetberekening, het begrip concentratie, de aard van de zeggenschap en de vraag of er sprake is van een gemeenschappelijke onderneming, kunnen zij vragen op informele basis voorleggen aan ACM (Werkwijze concentratiezaken, § 9). In geval van complexere jurisdictionele vragen, kunnen partijen vragen om een informele zienswijze van ACM. Een informele zienswijze is een voorlopig informeel oordeel van ACM. ACM acht zich niet verplicht om informele zienswijzen te geven en acht zich niet gebonden aan de inhoud daarvan (Werkwijze concentratiezaken, § 11). Volgens ACM is een informele zienswijze geen besluit in de zin van de Awb en belet het ACM, of andere instanties die een oordeel moeten vormen over de concentratie, niet om in een later stadium alsnog anders te oordelen. Informele zienswijzen worden in beginsel, geschoond van vertrouwelijke informatie, openbaar gemaakt (Werkwijze concentratiezaken, § 15). Indien partijen bij de voorbereiding van de melding nadere vragen hebben, kunnen zij deze eventueel in een prenotificatiefase aan de orde stellen. De prenotificatiefase is een informele voorbereiding op de melding en biedt betrokken ondernemingen de mogelijkheid om voorafgaand aan de formele melding op vertrouwelijke basis met ACM te spreken over een voorgenomen concentratie (Werkwijze concentratiezaken, § 16-18). **d. Melding.** De melding van een concentratie geschiedt door indiening bij ACM van het Formulier melding concentratie (zie art. 35, aant. 2 onder b). De melding kan fysiek of digitaal worden ingediend, conform de aanwijzingen in de Werkwijze concentratiezaken, § 30-33. De melding kan door elk van de betrokken partijen worden ingediend en kan ook namens meerdere partijen gezamenlijk worden ingediend (MvT, *Kamerstukken II* 1995/96, 24707, 3, p. 76). Onder 'betrokken partijen' dient in dit verband te worden verstaan de onderneming of ondernemingen die de zeggenschap verkrijgen (CBb 24 februari 2012, AWB11/154 (*Pacton/ACM*)). De onderneming of ondernemingen die de melding indienen zijn een vergoeding verschuldigd aan ACM (zie nader art. 37, aant. 11). *Verschillende concentraties in één melding.* In situaties waarin verschillende concentraties gelijktijdig plaatsvinden en nauw met elkaar verbonden zijn, bijvoorbeeld indien een verkoper gelijktijdig onderdelen van dezelfde dochteronderneming verkoopt aan verschillende kopers, aanvaardt ACM dat deze concentraties in één melding kunnen worden gemeld (Besluit ACM 25 juli 2005 (*CoopCodis, Deen Winkels, Hoogvliet Super-DeWitKom@rt Supermarkten*, zaaknr. 5064)). **e. Vier weken.** De termijn van vier weken wordt krachtens art. 38 Mw opgeschort indien ACM op grond van art. 35 lid 2 Mw aanvulling van de melding verlangt (zie art. 35, aant. 3 onder b). Dit komt in de praktijk veelvuldig voor. **f. Verloop meldingsprocedure.** De Werkwijze concentratiezaken bevat nadere informatie betreffende het verloop van de meldingsprocedure, zoals communicatie met meldende partijen en derden, het verschaffen van toegang tot niet-vertrouwelijke stukken uit het dossier van ACM, het persbeleid van ACM en samenwerking door ACM met andere mededingingsautoriteiten.

3. Gevolgen overtreding verbod. a. Nietigheid. Indien een concentratie tot stand wordt gebracht zonder dat melding heeft plaatsgevonden, of zonder dat de wachtperiode is gerespecteerd, zijn de desbetreffende rechtshandelingen mogelijk nietig op grond van art. 3:40 lid 2 BW (MvT, *Kamerstukken II* 1995/96, 24707, 3, p. 77). Vanwege het ontbreken van een geldige rechtsbasis zouden prestaties die zijn verricht ter uitvoering van de concentratie derhalve ongedaan moeten worden gemaakt. Aldus lijkt de wet af te wijken van de EG-concentratieverordening, waar de geldigheid van de concentratie afhankelijk is van de uiteindelijke beslissing en dus niet reeds is aangetast wanneer niet is gemeld (art. 7 lid 4 EG-concentratieverordening, opgenomen in het onderdeel Bijlagen). **b. Administratieve sancties.** In het geval van een overtreding kan ACM op grond van art. 74 lid 1 onderdeel 1 Mw aan degene aan wie die overtreding kan worden toegerekend een boete opleggen van ten hoogste € 900.000, of, indien dat meer is, van ten hoogste 10% van de omzet van de onderneming dan wel, indien de overtreding door een ondernemersvereniging is begaan, van de gezamenlijke omzet van de ondernemingen die van de vereniging deel uitmaken en/of een last onder dwangsom die ertoe strekt de ongedaanmaking van een dergelijke concentratie af te dwingen (zie bijvoorbeeld Besluit ACM 29 juni 2007 (*Van Kerkhof & Visscher-Renault*, zaaknr. 5700)). Omdat het verbod van art. 34 Mw zich alleen richt tot de ondernemingen die zeggenschap verkrijgen kan de vervreemder niet worden beboet voor het overtreden van deze bepaling (CBb 24 februari 2012, AWB11/154 (*Pacton/ACM*)). Iedere voortijdige verwerving van zeggenschap kan een overtreding van art. 34 Mw vormen, ongeacht of de beoogde concentratie daarmee volledig tot stand wordt gebracht of niet. Dat geldt bijvoorbeeld ook voor bepaalde instemmingsrechten die een onderneming verkrijgt ten aanzien van een andere onderneming vooruitlopend op de daadwerkelijke verwerving van die andere onderneming (Rb. Rotterdam 4 maart 2008, MEDED 06/4218-STRN en MEDED 06/4219-STRN (*Airfield Holding en Chellomedia Programming/ACM*)).

Artikel 35
1. Bij een melding worden de bij ministeriële regeling aangewezen gegevens verstrekt. Artikel 4:4 van de Algemene wet bestuursrecht is van overeenkomstige toepassing.
2. Indien niet is voldaan aan het eerste lid of indien de verstrekte gegevens onvoldoende zijn voor de beoordeling van een melding, kan de Autoriteit Consument en Markt van de bij de concentratie betrokken partijen, aanvulling van de melding verlangen.
[25-06-2014, Stb. 247, i.w.tr. 01-08-2014/kamerstukken 33622]

[Te verstrekken gegevens]

1. Algemeen. Het artikel regelt de bij de melding te verstrekken gegevens (lid 1) en eventuele aanvulling van de melding (lid 2). Daarnaast bevat het artikel voorschriften die ACM in acht moet nemen indien zij gegevens die door een onderneming als vertrouwelijk zijn aangemerkt openbaar wil maken en wordt voorzien in opschorting van de wachtperiode in het geval dat een voorlopige voorziening wordt verzocht met betrekking tot de openbaarmaking van gegevens door ACM.

2. Te verstrekken gegevens (lid 1). a. Bij algemene maatregel van bestuur aangewezen gegevens. De Regeling gegevensverstrekking Mededingingswet (*Stcrt.* 2014, 19743) bepaalt welke gegevens bij melding moeten worden verstrekt. Het gaat hoofdzakelijk om algemene informatie over de betrokken ondernemingen, een aanduiding van het type concentratie, beschrijving van de markt(en), namen en contactgegevens van de belangrijkste concurrenten en afnemers en diverse documenten. Partijen dienen deze gegevens te verstrekken in het Nederlands. Eventuele bijlagen bij de melding mogen partijen ook in het Engels verstrekken (Werkwijze concentratiezaken, § 37). **b. Formulier ex art. 4:4 Awb.** Op basis van het van overeenkomstige toepassing verklaarde art. 4:4 Awb (nodig omdat een melding geen aanvraag in de zin van de Awb vormt) heeft ACM het Besluit vaststelling formulieren Mededingingswet 2007 genomen, waarin gebruik van het Formulier melding concentratie wordt voorgeschreven (*Stcrt.* 2007, 187, opgenomen in het onderdeel Bijlagen).

3. Aanvulling (lid 2). ACM kan van de bij de concentratie betrokken partijen aanvulling van de melding verlangen indien het Formulier melding concentratie niet is gebruikt of niet volledig is ingevuld, of indien de verstrekte gegevens onvoldoende zijn voor beoordeling van de melding. In dat geval wordt de melding incompleet verklaard en begint de behandeltermijn pas wanneer de ontbrekende gegevens alsnog zijn verstrekt (Werkwijze concentratiezaken, § 38; zie aant. 2 bij art. 38 Mw). **a. Betrokken partijen.** Onder 'betrokken partijen' moet worden verstaan de meldende partijen en de (overige) bij de concentratie betrokken ondernemingen (Wet wijziging van de Mededingingswet als gevolg van de evaluatie van die wet, *Kamerstukken II* 2004/05, 30071, nr. 3, p. 20 (MvT) (zie voor het begrip 'betrokken onderneming' aant. 2 bij art. 29 Mw)). Het is verwarrend dat het begrip 'betrokken partijen' voor de toepassing van lid 2 beperkt is tot de meldende partijen en overige betrokken ondernemingen maar voor de beantwoording van de vraag wie verantwoordelijk is voor het melden van de concentratie ruimer wordt uitgelegd door ACM (zie aant. 2d bij art. 34 Mw). Omdat de partij die zeggenschap afstaat niet een meldende partij behoeft te zijn en geen betrokken onderneming is, kan deze buiten de categorie van partijen vallen die op grond van lid 2 om aanvulling van de melding kan worden verzocht (Rb. Rotterdam 13 januari 2011, ECLI:NL:RBROT:2011:BP0781 (*Pacton/ACM*)). Een verzoek om aanvulling kan ook betrekking hebben op gegevens die zich bevinden bij een onderneming waarin de onderneming die om aanvulling is verzocht uitsluitende of gezamenlijke zeggenschap heeft. Het feit dat deze gegevens om corporate governance redenen wellicht moeilijk toegankelijk zijn, ontslaat de onderneming die om aanvulling is verzocht niet van de verplichting deze gegevens te verstrekken, aldus ACM (Besluit ACM 6 november 2002 (Liberty Media – Casema, zaaknr. 3052)). **b. Aanvulling van gegevens.** Indien ACM om aanvulling verzoekt, wordt de wachtperiode van art. 34 Mw opgeschort (art. 38 lid 2 Mw). ***Gronden verzoek.*** Een redelijke wetsuitleg brengt met zich dat ACM alleen aanvulling mag verlangen voor zover het gaat om gegevens die ACM nodig heeft voor haar beoordeling van de betreffende concentratie. Aangenomen moet worden dat indien ACM aanvulling verzoekt, zij dit schriftelijk kenbaar dient te maken, onder vermelding van de redenen waarom – en waarom op dat moment in de procedure – aanvulling wordt gevraagd en van het feit dat daardoor de wachtperiode wordt opgeschort. Zie aant. 3b bij art. 42 Mw. Een redelijke wetsuitleg brengt voorts met zich dat een onterecht verzoek tot aanvulling de beslistermijn niet opschort. Het beleid van ACM ten aanzien van het stellen van aanvullende vragen wordt toegelicht in de Werkwijze concentratiezaken, § 57-63. *Informele vragen.* Indien de behandeltijd dat toelaat en het een beperkt aantal relatief eenvoudige vragen betreft die naar verwachting snel kunnen worden beantwoord, is ACM doorgaans bereid om vragen op informele basis te stellen (Werkwijze concentratiezaken, § 64-66). De wachtperiode wordt niet opgeschort door informele vragen. Indien de informele vragen niet, althans niet binnen de gestelde termijn, worden beantwoord, worden de vragen doorgaans nogmaals gesteld in de vorm van een formeel verzoek om aanvulling (Werkwijze concentratiezaken, § 66). **c. Schorsing wachtperiode.** Een (formeel) verzoek om aanvulling schorst ingevolge art. 38 Mw de wachtperiode van vier weken.

4. Vertrouwelijke informatie. Indien de melding, of andere stukken die in het kader van de meldingsfase worden verstrekt, vertrouwelijke informatie bevatten dienen partijen duidelijk aan te geven welke gegevens naar hun mening een vertrouwelijk karakter hebben. De ACM beoordeelt vervolgens aan de hand van de gronden genoemd in art. 5.1 Woo in hoeverre hieraan tegemoet kan worden gekomen (Werkwijze concentratiezaken, § 111; Rb. Rotterdam 23 november 1998, ECLI:NL:RBROT:1998:ZF3631 (*MKB – Nederland/ACM*)). In de praktijk wordt de beschikking op de melding aan de meldende partijen toegezonden met het verzoek om binnen drie werkdagen gemotiveerd aan te geven welke gegevens daarvan uit de openbare versie van het besluit zouden moeten worden verwijderd (Werkwijze concentratiezaken, § 115). Het uitgangspunt van ACM is dat gegevens die ook buiten de onderneming bekend zijn en oude gegevens die hun commerciële waarde hebben verloren, niet als vertrouwelijk kunnen worden aangemerkt (Werkwijze concentratiezaken, § 114). Gegevens zoals de duur van een concurrentiebeding (Besluit ACM 20 oktober 1998 (Gilde Buy-Out – Janssen Pers, zaaknr. 1088)) of een afnameverplichting (Besluit ACM 20 September 2000 (Westvaco – Sony Music Printing, zaaknr. 2059)) en de identiteit van aandeelhouders (Besluit ACM 14 oktober 1999 (TDG Logistics – Van Straaten, zaaknr. 1408)) worden door ACM niet als vertrouwelijk beschouwd. Ook gegevens betreffende de omvang van de totale markt worden door ACM niet als vertrouwelijk aangemerkt (Werkwijze concentratiezaken, § 114; Besluit ACM 6 september 1999 (Duni – De Ster, zaaknr. 1439)), behalve in uitzonderlijke gevallen, waar partijen met veel moeite en kosten de omvang hebben doen berekenen (Werkwijze concentratiezaken, § 114). Indien ACM gegevens die bij de melding als vertrouwelijk zijn aangemerkt toch openbaar wil maken, zal zij een beschikking van die strekking moeten nemen. In dat geval mogen de betreffende gegevens niet eerder dan een week na bekendmaking van de beschikking openbaar worden gemaakt. Deze termijn stelt de betrokken ondernemingen in de gelegenheid bezwaar en beroep in te stellen tegen de beschikking van ACM. Aangezien bezwaar en beroep geen schorsende werking hebben kan het nodig zijn om een voorlopige voorziening te verzoeken bij de voorzieningenrechter van de rechtbank te Rotterdam (art. 93 Mw).

5. Onjuistheid van verstrekte gegevens. Anders dan bij aanvraag om vergunning (art. 45 Mw) is niet expliciet voorzien in de mogelijkheid de mededeling dat geen vergunning is vereist in te trekken, indien blijkt dat de verstrekte gegevens zodanig onjuist waren dat op de melding anders zou zijn beslist als de juiste gegevens wel bekend zouden zijn geweest. Aangenomen moet worden dat onder omstandigheden in de meldingsfase hetzelfde zou gelden.

Artikel 36
Van een ontvangen melding wordt door de Autoriteit Consument en Markt zo spoedig mogelijk mededeling gedaan in de *Staatscourant*.
[28-02-2013, Stb. 102, i.w.tr. 01-04-2013/kamerstukken 33186]

[Mededeling in Staatscourant]

Betekenis. Teneinde belanghebbenden in de gelegenheid te stellen opmerkingen te maken over voorgenomen concentraties schrijft art. 36 Mw voor dat ACM van elke melding mededeling doet in de *Staatscourant*. In de praktijk bevat een mededeling van een melding van een voorgenomen concentratie geen andere informatie dan de namen en bedrijfsactiviteiten van de betrokken ondernemingen, de datum van ontvangst van de melding, het soort concentratie en het zaaknummer. De mededeling bepaalt steeds dat belanghebbenden binnen zeven dagen na publicatie hun opmerkingen schriftelijk kenbaar dienen te maken. Zie omtrent openbaarmaking van gegevens art. 7, 12u, 12v en 12w Instellingswet ACM; de openbaarmaking van documenten die niet onder het regime van deze artikelen vallen, wordt geregeld door de Wet open overheid (Woo). Zie omtrent de betrokkenheid van derden Werkwijze concentratiezaken, § 94-109.

Artikel 37
1. De Autoriteit Consument en Markt deelt binnen vier weken na het ontvangen van een melding mede of voor het tot stand brengen van de concentratie, waarop die melding betrekking heeft, een vergunning is vereist.
2. De Autoriteit Consument en Markt kan bepalen dat een vergunning is vereist voor een concentratie waarvan zij reden heeft om aan te nemen dat die de daadwerkelijke mededinging op de Nederlandse markt of een deel daarvan op significante wijze zou kunnen belemmeren, met name als het resultaat van het in het leven roepen of het versterken van een economische machtspositie.
3. Indien de melding betrekking heeft op een concentratie als bedoeld in artikel 27, tweede lid, waarmee de coördinatie van het concurrentiegedrag van de totstandbrengende ondernemingen wordt beoogd of totstandgebracht, betrekt de Autoriteit Consument en Markt bij haar besluit of een vergunning is vereist, tevens de criteria van artikel 6, eerste en derde lid.
4. De mededeling dat voor het totstandbrengen van de concentratie geen vergunning is vereist, kan onder voorwaarden worden gedaan, indien uit de terzake van de melding verstrekte gegevens en voorstellen zonder meer blijkt dat de in het tweede en derde lid bedoelde gevolgen kunnen worden vermeden indien aan die voorwaarden is voldaan.
5. Indien niet binnen vier weken toepassing is gegeven aan het eerste lid is voor de concentratie geen vergunning vereist. De in de vorige volzin bedoelde termijn vangt aan met ingang van de eerstvolgende dag na ontvangst van de melding die niet een zaterdag, zondag of algemeen erkende feestdag is in de zin van de Algemene termijnenwet.
6. Door een onvoorwaardelijke mededeling als bedoeld in het eerste lid, dat voor een concentratie geen vergunning is vereist, houdt het in artikel 34, eerste lid, vervatte verbod met betrekking tot die concentratie op te gelden. Ingeval van een mededeling

als bedoeld in het vierde lid, blijft het in artikel 34, eerste lid, vervatte verbod gelden totdat aan de gestelde voorwaarden is voldaan. Voldoen partijen niet of niet tijdig aan de voorwaarden, dan is alsnog een vergunning vereist.
7. Van een mededeling van de Autoriteit Consument en Markt als bedoeld in het eerste lid wordt mededeling gedaan in de *Staatscourant*.
[27-11-2013, Stb. 522, i.w.tr. 01-01-2014/kamerstukken 33253]

[Vergunningsvereiste]

1. Algemeen. Art. 37 Mw regelt de termijn waarbinnen ACM moet bepalen of voor de concentratie een vergunning is vereist (lid 1), alsmede het criterium dat zij hierbij moet aanleggen (lid 2 en 3), de mogelijke voorwaarden te verbinden aan de mededeling dat geen vergunning is vereist (lid 4), de gevolgen van het uitblijven van een mededeling of een vergunning is vereist (lid 5), de gevolgen van de mededeling dat geen vergunning is vereist en ten slotte de mededeling van het besluit in de *Staatscourant* (lid 7). Indien ACM meedeelt dat een vergunning is vereist, betekent dit dat het verboden is de concentratie zonder vergunning tot stand te brengen (art. 41 Mw).

2. Beslistermijn (lid 1). ACM dient binnen vier weken na het ontvangen van de melding te laten weten of al dan niet een vergunning is vereist. De termijn van vier weken wordt op grond van art. 38 lid 2 Mw opgeschort wanneer aanvulling van de melding wordt verlangd, wat in de praktijk vaak voorkomt (zie art. 35, aant. 3 onder b). De Algemene termijnenwet is van toepassing, zodat indien de termijn eindigt op een zaterdag, zondag of algemeen erkende feestdag, verlenging plaatsvindt tot de eerstvolgende dag die niet een zaterdag, zondag of algemeen erkende feestdag is.

3. Criterium vergunningsvereiste (lid 2). a. Voorlopig oordeel. Indien ACM in de meldingsfase tot de conclusie komt dat zij redenen heeft om aan te nemen dat de concentratie de daadwerkelijke mededinging op de Nederlandse markt of een deel daarvan op significante wijze zou kunnen belemmeren, dan moet zij bepalen dat een vergunning is vereist. Bij vergunning kan alsnog worden bepaald dat de concentratie toelaatbaar is. In zoverre dient het oordeel van ACM onder art. 37 Mw te worden beschouwd als een voorlopig oordeel waarop zij, zonodig, in de vergunningsfase terug kan komen (Werkwijze concentratiezaken, § 75; Besluit ACM 15 juni 1999 (*PNEM/MEGA-EDON*, zaaknr. 1331)).
b. Criterium. Het criterium dat ACM dient te hanteren is of de concentratie de daadwerkelijke mededinging op de Nederlandse markt of een deel daarvan op significante wijze zou kunnen belemmeren, met name als het resultaat van het in het leven roepen of het versterken van een economische machtspositie. Dit vergt een vergelijking van de situatie zoals die bestaat op het tijdstip dat de melding wordt ingediend met de situatie die ten gevolge van de betreffende concentratie ontstaat (GvEA EG 6 juni 2002, T-342/99, Jur. 2002, p. II-2585 (*Airtours*)). Uit de woorden 'met name' blijkt dat ACM niet alleen kan bepalen dat een vergunning is vereist in gevallen waar door de concentratie een economische machtspositie in het leven wordt geroepen of wordt versterkt, maar ook in gevallen waar dat niet zo is maar de mededinging anderszins op significante wijze zou kunnen worden belemmerd (zie uitgebreid aant. 4). De vaststelling dat er redenen zijn om aan te nemen dat een concentratie een economische machtspositie in het leven zal roepen of versterken is niet voldoende om te bepalen dat een vergunning is vereist. ACM

moet ook redenen hebben om aan te nemen dat deze machtspositie de daadwerkelijke mededinging op de Nederlandse markt of een deel daarvan op significante wijze zou kunnen belemmeren. Belemmeringen die zeer tijdelijk of onbetekenend van aard zijn, worden niet significant geacht (CBb 27 september 2002, AWB01/633 (*Essent/ACM*); GvEA EG 14 december 2005, T-210/01, *Jur.* 2005, p. II-5575 (*General Electric*)). Voor beide vaststellingen zullen vaak echter dezelfde omstandigheden van belang zijn zodat in bepaalde gevallen het ontstaan of versterken van een economische machtspositie bewijs kan vormen van een significante belemmering van de mededinging (GvEA EG 14 december 2005, T-210/01, *Jur.* 2005, p. II-5575 (*General Electric*)). Het besluit dat voor een bepaalde concentratie een vergunning is vereist, mag niet worden gebaseerd op de veronderstelling dat een onderneming misbruik zal maken van een al bestaande machtspositie (Besluit ACM 7 april 1998 (*Greenery-Perkins*, zaaknr. 133); Besluit ACM 28 oktober 1998 (*PNEM/MEGA-Van Gansewinkel*, zaaknr. 1004)). ACM mag echter wel rekening houden met de mogelijkheid dat de concentratie kan aanzetten tot mededingingsbeperkend gedrag, mits uit zorgvuldig onderzoek blijkt dat dergelijk gedrag voldoende waarschijnlijk is (GvEA EG 25 oktober 2002, T-5/02, *Jur.* 2002, p. II-4381 (*Tetra Laval*), zie bijvoorbeeld Besluit ACM 28 februari 2005 (*UPC-Canal+*, zaaknr. 4490)). **c. Prospectieve analyse.** De beoordeling onder art. 37 Mw is prospectief van aard. Dat betekent dat ACM, bij de beoordeling van de gevolgen van de concentratie, niet kan volstaan met een statische analyse van de marktomstandigheden op het moment dat een concentratie wordt gemeld maar zoveel mogelijk rekening dient te houden met voorzienbare ontwikkelingen die op de relevante markt plaatsvinden (NR, *Kamerstukken II* 1995/96, 24707, A, p. 19). Dit vergt een vergelijking van de mededingingssituatie die uit de concentratie zou voortvloeien, met die welke zonder de fusie zou hebben bestaan (Richtsnoeren horizontale fusies, § 9, *PbEU* 2004, C 31/5, Richtsnoeren niet-horizontale fusies, § 20, *PbEU* 2008, C 265/6, opgenomen in het onderdeel Bijlagen). In het kader van deze analyse moet worden onderzocht welke oorzaken welke gevolgen kunnen hebben, om uit te maken wat de meest waarschijnlijke toekomstige scenario's zullen zijn (CBb 28 november 2006, AWB05/440 (*Nuon e.a./ACM*)) (zie uitgebreid art. 41, aant. 6 onder a). Dit onderzoek omvat de mogelijke concurrentieverstorende gevolgen van de concentratie en relevante factoren die voor tegenwicht zorgen, zoals afnemersmacht, de omvang van de toetredingsbarrières en eventuele efficiëntieverbeteringen die door de partijen naar voren worden gebracht (Richtsnoeren horizontale fusies, § 12, Richtsnoeren niet-horizontale fusies, § 21). Daarnaast dient ACM rekening te houden met andere redelijkerwijs voorzienbare ontwikkelingen, zoals: veranderingen in wetgeving, technologische ontwikkelingen, recente nieuwe toetreders en veranderingen in consumptiepatronen ((Richtsnoeren horizontale fusies, § 9, Richtsnoeren niet-horizontale fusies, § 20; zie bijvoorbeeld Besluit ACM 6 november 2002 (*Liberty Media-Casema*, zaaknr. 3052); Besluit ACM 26 oktober 2020 (*Sunweb-Corendon*, zaaknr. ACM/UIT/542970); Besluit ACM 3 november 2020 (*Thebe Wijkverpleging-Stichting Careyn in West-Brabant*, zaaknr. ACM/UIT/544187)) en overeenkomsten die geen rechtstreeks en onmiddellijk gevolg zijn van de voorgenomen concentratie maar wel effecten zullen hebben op de markt (Besluit ACM 12 september 2017 (*Sligro-Heineken*, zaaknr. 17.0611.22)). Een prospectieve benadering brengt, aldus ACM, ook met zich dat verschillende concentraties die tegelijkertijd spelen in onderlinge samenhang moeten worden beoordeeld (Besluit ACM 6 april 1998 (*Greenery-Van Dijk*, zaaknr. 132); Besluit ACM 7 april 1998 (*Greenery-Perkins*, zaaknr. 133)). Met betrekking tot de effecten van een concentratie wordt doorgaans een tijdshorizon van drie tot vijf jaar in ogenschouw genomen (Besluit ACM 15 juni 1999 (*PNEM/MEGA-EDON*, zaaknr. 1331)). Een prospectieve analyse kan bijvoorbeeld tot de conclusie leiden dat het belang van hoge marktaandelen op het moment van beoordeling moet worden gerelativeerd in het licht van voorzienbare toekomstige ontwikkelingen (Besluit ACM 6 november 2002 (*Liberty Media-Casema*, zaaknr. 3052); Besluit ACM 13 juni 2003 (*Patrimonium-Rochdale*, zaaknr. 3496)). ACM dient zich daarbij echter te beperken tot de beoordeling van de aangemelde concentratie. Indien bepaalde bij de concentratie betrokken entiteiten op het moment van beoordeling geen onderneming zijn maar in de toekomst wel, maken deze entiteiten geen deel uit van de aangemelde concentratie en mag ACM daar in haar beoordeling niet op vooruitlopen (Rb. Rotterdam 7 december 2005, MEDED 05/3047-HRK (*CZ en OZ/ACM*)). De prospectieve analyse ontslaat ACM niet van de plicht om rekening te houden met de marktomstandigheden die gelden op het moment van beoordeling. Indien een markt door de wetgever nog niet is opengesteld voor mededinging, kan ACM een concentratie op deze markt niet verbieden op de grond dat deze in de toekomst, na openstelling van die markt, zou kunnen leiden tot een significante belemmering van de daadwerkelijke mededinging (GvEA EG 21 september 2005, T-87/05, *Jur.* 2005, p. II-3745 (*EDP*)). Ook de invloed van sectorspecifieke regulering kan een rol spelen bij de prospectieve analyse (CBb 14 februari 2018 (*KPN-Reggefiber*, zaaknr. 16/574 en 16/936)).

4. Significante belemmering van de mededinging. Concentraties kunnen op verschillende wijzen de mededinging beïnvloeden. Onderscheid wordt gemaakt tussen horizontale effecten, verticale effecten en conglomerate effecten. **a. Horizontale effecten.** Horizontale effecten kunnen zich voordoen bij concentraties tussen daadwerkelijke of potentiële concurrenten. In overeenstemming met het uitgangspunt om de wet inhoudelijk te doen aansluiten bij het Europese mededingingsrecht heeft ACM besloten bij de beoordeling van deze horizontale effecten aan te sluiten bij de door de Europese Commissie vastgestelde Richtsnoeren voor de beoordeling van horizontale fusies (Richtsnoeren horizontale fusies, *PbEU* 2004, C 31/5, opgenomen in het onderdeel Bijlagen). Het besluit van ACM is vervat in de Beleidsregel ACM beoordeling horizontale concentraties (*Stcrt.* 2007, 173, opgenomen in het onderdeel Bijlagen). De Richtsnoeren horizontale fusies maken onderscheid tussen niet-gecoördineerde en gecoördineerde effecten. *Niet-gecoördineerde effecten.* Van niet-gecoördineerde effecten is sprake als de concentratie tot gevolg heeft dat belangrijke concurrentiedruk op één of meer ondernemingen wordt weggenomen en daardoor grotere marktmacht ontstaat, zonder dat daarvoor coördinatie van marktgedrag nodig is (Richtsnoeren horizontale fusies, § 22, 24-38). Voorbeelden van concentraties die leiden tot niet-gecoördineerde effecten zijn: een fusies tussen concurrenten die een machtspositie doet ontstaan of versterkt of een fusie tussen concurrenten op een oligopolistische markt die tot gevolg heeft dat de concurrentiedruk die de fuserende partijen op elkaar uitoefenen wordt uitgeschakeld en de concurrentiedruk op de overige concurrenten vermindert, zelfs zonder dat sprake is van coördinatie (zogenaamde 'non-collusieve oligopolies') (Richtsnoeren horizontale fusies, § 25). *Gecoördineerde effecten.* Van gecoördineerde effecten is sprake als de concentratie de aard van de mededinging zodanig verandert dat ondernemingen die daarvoor hun gedrag op de markt niet coördineerden, daarna in significante mate sterker geneigd zijn hun marktgedrag te coördineren en de prijzen te verhogen of de daadwerkelijke mededinging op andere wijze te belemmeren, of indien de concentratie reeds bestaande coördinatie eenvoudiger, stabieler en doeltreffender maakt. Gecoördineerde effecten doen zich bijvoorbeeld voor als een concentratie een collectieve machtspositie doet ontstaan of versterkt (Richtsnoeren horizontale fusies, § 22, § 39-57). Zie nader art. 1, aant. 8 onder h (zie ook Richtsnoeren horizontale fusies, § 44-47; Besluit ACM 7 december 2009 (*Bruynzeel/Keller*, zaaknr. 6738); Besluit ACM 14 juli 2011, (*Vodafone/BelCompany*, zaaknr. 7177)). **b. Niet-horizontale effecten.** De Richtsnoeren voor de beoordeling van niet-horizontale fusies (Richtsnoeren niet-horizontale fusies, *PbEU* 2008, C 265/6, opgenomen in het onderdeel Bijlagen) van de Europese Commissie zijn richtinggevend voor de beoordeling van niet-horizontale effecten onder art. 37 Mw (zie bijv. Besluit ACM 24 juli 2009 (*AMC/VZA*, zaaknr. 6704), Rb. Rotterdam 24 februari 2011, AWB 09/3080 MEDED-T1, AWB 09/3224 MEDED-T1 (*AMC/VZA*)). Niet-horizontale effecten kunnen worden onderverdeeld in verticale effecten en conglomerate effecten (Richtsnoeren niet-horizontale fusies, § 3). *Verticale effecten.* Verticale effecten kunnen zich voordoen bij concentraties waarbij de betrokken ondernemingen op verschillende niveaus van de leveringsketen actief zijn (Richtsnoeren niet-horizontale fusies, § 4). Ook bij verticale effecten wordt onderscheid gemaakt tussen niet-gecoördineerde effecten en gecoördineerde effecten. Niet-gecoördineerde effecten kunnen zich vooral voordoen wanneer verticale fusies marktafscherming teweegbrengen. Een fusie wordt geacht tot marktafscherming te leiden wanneer de toegang van daadwerkelijke of potentiële concurrenten tot voorzieningsbronnen of afzetmarkten door de fusie wordt belemmerd of geblokkeerd, waardoor de mogelijkheid en/of prikkel van deze ondernemingen om te concurreren wordt verminderd (Richtsnoeren niet-horizontale fusies, § 29). Bij marktafscherming wordt onderscheid gemaakt tussen bronafscherming en klantafscherming. Bronafscherming doet zich voor wanneer de fusie de kosten van benedenwaartse ondernemingen waarschijnlijk zal doen stijgen doordat zij hun toegang tot een belangrijke voorzieningsbron beperkt. Klantafscherming doet zich voor als de fusie bovenwaartse concurrenten waarschijnlijk van de markt zal afschermen door hun toegang tot een toereikend klantenbestand te beperken (Richtsnoeren niet-horizontale fusies, § 30). Bij de beoordeling of sprake is van marktafscherming wordt nagegaan of de gefuseerde entiteit na de fusie i. de mogelijkheid zou hebben om de toegang tot voorzieningsbronnen of benedenwaartse markten af te schermen (Richtsnoeren niet-horizontale fusies, § 33-38 en 50-67); ii. de prikkel zou hebben om dat te doen (Richtsnoeren niet-horizontale fusies, § 40-46 en 68-71); en iii. of een afschermingsstrategie de concurrentie of verbruikers op de benedenwaartse markt aanzienlijk zou schaden (Richtsnoeren niet-horizontale fusies, § 47-57 en 72-77). Zie bijv. Besluit ACM 13 februari 2020 (*BAM-Heijmans*, zaaknr. ACM/19/036914); Besluit ACM 20 mei 2020 (*NS Groep-Pon Netherlands*, zaaknr. ACM/UIT/534638)). Gecoördineerde verticale effecten doen zich voor wanneer de fusie de aard van de mededinging zodanig verandert dat ondernemingen die voorheen hun gedragingen niet coördineerden, daarna in significante mate sterker geneigd zijn hun marktgedrag te coördineren en de prijzen te verhogen of de daadwerkelijke mededinging op andere wijze te belemmeren. Een fusie kan de coördinatie ook eenvoudiger, stabieler of doeltreffender maken voor ondernemingen die al voor de fusie coördineerden (Richtsnoeren niet-horizontale fusies, § 19 en 79). Duurzame coördinatie kan zich voordoen als aan drie voorwaarden is voldaan: i. de coördinerende ondernemingen moeten in voldoende mate kunnen controleren of de verstandhouding wordt nageleefd; ii. er moet een disciplineringsmechanisme zijn dat in werking wordt gesteld wanneer afwijkend gedrag aan het licht komt; en iii. de met de coördinatie beoogde resultaten mogen niet in gevaar kunnen worden gebracht door het optreden van buitenstaanders, zoals huidige en toekomstige concurrenten die

niet aan de marktcoördinatie kunnen deelnemen, en afnemers (Richtsnoeren niet-horizontale fusies, § 81; GvEA EG 6 juni 2002, T-342/99, *Jur.* 2002, p. II-2585 (*Airtours*); Besluit ACM 8 december 2003 (*Nuon-Reliant Energy Europe*, zaaknr. 3386)). **Conglomerate effecten.** Fusies met een conglomeraat karakter zijn fusies tussen ondernemingen waarvan de onderlinge betrekkingen noch louter horizontaal zijn, noch louter verticaal. Conglomerate effecten kunnen zich met name voordoen indien de betrokken ondernemingen actief zijn op nauw verwante markten (Richtsnoeren niet-horizontale fusies, § 91). Ook bij conglomerate effecten wordt onderscheid gemaakt tussen niet-gecoördineerde effecten en gecoördineerde effecten. Niet-gecoördineerde effecten kunnen zich vooral voordoen wanneer conglomerate fusies marktafscherming teweegbrengen (Richtsnoeren niet-horizontale fusies, § 93). De combinatie van producten op gerelateerde markten kan het fusiebedrijf de mogelijkheid en de prikkel geven om een sterke machtspositie op de ene markt over te hevelen naar een andere markt (het zogenaamde 'hefboomeffect') door middel van koppelverkoop, bundeling of andere afschermingspraktijken (Richtsnoeren niet-horizontale fusies, § 93). Een dergelijk hefboomeffect kan voortvloeien uit de structuur van de betrokken markten of uit redelijkerwijs voorzienbaar toekomstig gedrag van de nieuwe entiteit. In beide gevallen zal uiterst zorgvuldig moeten worden onderzocht of voldoende waarschijnlijk is dat een dergelijke hefboomwerking zich zal voordoen (GvEA EG 25 oktober 2002, T-5/02, *Jur.* 2002, p. II-4381 (*Tetra Laval*); GvEA EG 14 december 2005, T-210/01, *Jur.* 2005, p. II-5575 (*General Electric*)). Bij deze beoordeling moet worden nagegaan of de gefuseerde entiteit na de fusie i. de mogelijkheid heeft tot marktafscherming; ii. een prikkel heeft tot marktafscherming; en iii. of een dergelijke afschermingsstrategie een aanzienlijke ongunstige invloed op de mededinging zou hebben en daardoor verbruikers zou benadelen (Richtsnoeren niet-horizontale fusies, § 94-118; zie bijv. Besluit ACM 18 november 2019 (*NN Group-Vivat Schadeverzekeringen*, zaaknr. ACM/19/036284); Besluit ACM 26 oktober 2020 (*Sunweb-Corendon*, zaaknr. ACM/20/041207)). Gecoördineerde effecten kunnen zich voordoen indien door een conglomerate fusie stilzwijgende coördinatie een reële mogelijkheid wordt of de omvang en het belang van meervoudige marktconcurrentie toeneemt waardoor de reikwijdte en doeltreffendheid van disciplineringsmechanismen wordt bevorderd (Richtsnoeren niet-horizontale fusies, § 120-121). De Richtsnoeren horizontale fusies zijn van overeenkomstige toepassing (Richtsnoeren niet-horizontale fusies, § 119).
c. Marktmacht. De hiervoor genoemde effecten kunnen zich voordoen indien de concentratie leidt tot een significante toename van de marktmacht op de relevante markt of markten of indien reeds sprake is van significante marktmacht. Marktmacht kan worden omschreven als het vermogen van ondernemingen om prijzen of andere concurrentieparameters op een markt te beïnvloeden (Besluit ACM 8 december 2003 (*Nuon-Reliant Energy Europe*, zaaknr. 3386)). Marktaandelen op en de concentratiegraad van de relevante markten vormen samen een belangrijke graadmeter voor marktmacht. Van horizontale concentraties die resulteren in een gezamenlijk marktaandeel van niet meer dan 25% kan bijvoorbeeld worden vermoed dat deze niet zullen leiden tot een significante belemmering van de daadwerkelijke mededinging (Richtsnoeren horizontale fusies, § 18). Bij niet-horizontale fusies zijn bezwaren onwaarschijnlijk indien het gezamenlijk marktaandeel niet groter is dan 30% en de zogenaamde Herfindahl-Hirschman Index (HHI) na de fusie minder dan 2000 bedraagt (Richtsnoeren niet-horizontale fusies, § 25). Bij het bepalen van het marktaandeel moet ook rekening worden gehouden met het marktaandeel van ondernemingen waarin een betrokken onderneming gezamenlij-

ke zeggenschap heeft. ACM rekent de marktaandelen van gezamenlijke ondernemingen doorgaans volledig toe aan elke onderneming die gezamenlijke zeggenschap heeft (Besluit ACM 9 oktober 1998 (*ABN AMRO Lease-KPN Autolease*, zaaknr. 1055); Besluit ACM 15 juni 1999 (*PNEM/MEGA-EDON*, zaaknr. 1331); Besluit ACM 7 november 2001 (*Koninklijke Wegenbouw Stevin-Gebr. Van Kessel Holding*, zaaknr. 2708)). Het komt echter ook wel voor dat ACM de marktaandelen van de gezamenlijke onderneming toerekent naar rato van het deelnemingspercentage, zie bijv. Besluit ACM 1 juli 2009 (*De Persgroep/PCM*, zaaknr. 6666). Bij de berekening van marktaandelen wordt gewoonlijk geen rekening gehouden met interne ('in-house') omzet, aangezien die geen deel uitmaakt van de markt (Besluit ACM 12 mei 1998 (*NS-Getronics*, zaaknr. 443); Besluit ACM 15 juni 1999 (*PNEM/MEGA-EDON*, zaaknr. 1331), zie anders Besluit ACM 8 december 2003 (*Nuon-Reliant Energy Europe*, zaaknr. 3386)). Omzet die voortvloeit uit langjarige leveringscontracten behoort wel tot de externe omzet (CBb 27 september 2002, AWB01/633 (*Essent/ACM*)). Naast het marktaandeel en de concentratiegraad kunnen ook andere factoren van belang zijn, zoals de marktaandelen van concurrerende ondernemingen, beschikbare capaciteit, de mate waarin de betrokken ondernemingen elkaars naaste concurrenten zijn, de competitiviteit van de markt, de mogelijkheden tot toetreding tot de markt in kwestie, concurrentiedruk van buiten de relevante markt en de mate van afhankelijkheid c.q. concentratie aan de zijde van leveranciers en afnemers (zie bijv. Richtsnoeren horizontale fusies, § 27-38 en 64 e.v.; Besluit ACM 15 juli 1998 (*Roto Smeets De Boer-Senefelder*, zaaknr. 791); Besluit ACM 31 juli 1998 (*RAI-Jaarbeurs*, zaaknr. 47); Besluit ACM 25 september 1998 (*Deli Crailo*, zaaknr. 1047)). In het geval van een zeer hoog marktaandeel (70-80%) kunnen factoren die het marktaandeel relativeren alleen tot de conclusie leiden dat er geen sprake is van marktmacht indien voor die factoren zeer overtuigend bewijs kan worden geleverd (Besluit ACM 19 augustus 2010 (*Nordic Capital-Handicare*, zaaknr. 6900); Besluit ACM 27 September 2019 (*Banketgroep Holding International-Nieuwko Holding*, zaaknr. ACM/19/036102)). Bij markten waarin gebruik wordt gemaakt van aanbestedingen zijn marktaandelen een minder betrouwbare indicator van marktmacht dan ze normaal gesproken zijn omdat deze een sterke potentie zullen hebben om te wisselen. ACM zal bij dergelijke markten daarom vooral ook nagaan of er na de concentratie voldoende geloofwaardige aanbieders overblijven die concurrerende alternatieven kunnen bieden (Besluit ACM 22 juni 2010 (*Stonehaven-Andreas*, zaaknr. 6937)). **d. Relevante markt.** Teneinde de marktmacht van de betrokken ondernemingen voor en na de concentratie te kunnen bepalen en zo de gevolgen van de concentratie te kunnen analyseren, dienen allereerst de relevante product- en geografische markten te worden afgebakend (GvEA EG 6 juni 2002, T-342/99, *Jur.* 2002, p. II-2585 (*Airtours*), waarover de Bekendmaking Relevante Markt, *PbEG* 1997, C 372/5, opgenomen in het onderdeel Bijlagen). Een belangrijk criterium voor het afbakenen van de relevante markt is of een hypothetische monopolist binnen de gekozen definitie van de product- en geografische markt zijn prijzen duurzaam winstgevend met 5-10% kan verhogen. Indien dat het geval is, kan de betreffende markt in beginsel als relevante markt worden beschouwd (Bekendmaking Relevante Markt, § 17; Besluit ACM 4 februari 2010 (*Agrifirm-Cehave*, zaaknr. 6781); Besluit ACM 14 december 2012 (*Continental Bakeries-A.A. ter Beek*, zaaknr. 7321)). Indien duidelijk is dat de concentratie ook op de meest nauwe markt die denkbaar is niet tot een significante belemmering van de daadwerkelijke mededinging leidt, pleegt ACM in het midden te laten of deze nauwe markt een afzonderlijke relevante markt vormt dan wel deel uitmaakt van een ruimere markt. Indien het in het kader van de meldingsprocedure niet mogelijk blijkt de markt met zekerheid af te bakenen, gaat ACM uit van die omschrijving waarbij de risico's van een significante belemmering van de mededinging het grootst zijn (Besluit ACM 1 februari 1999 (*Campina Melkunie-Zuiver Zuivel*, zaaknr. 1173)). Het afbakenen van de relevante markt is een hulpmiddel voor de beoordeling van de effecten van een concentratie en geen doel op zichzelf (Besluit ACM 10 april 2020 (*DPG Media-Sanoma Media*, zaaknr. ACM/19/038207)). Zo kan het afbakenen van de relevante markt en het bepalen van de marktaandelen op die markt achterwege blijven indien een directe analyse van de te verwachten effecten op de markt mogelijk is (zie bijv. Besluit ACM 11 maart 2008 (*European Directories/Truvo*, zaaknr. 6246)). **e. Minderheidsdeelnemingen.** Indien in het kader van de concentratie tevens een significante minderheidsdeelneming wordt verworven in een concurrent, zal ACM nagaan of deze minderheidsdeelneming kan leiden tot een vermindering van de prikkels om met elkaar te concurreren, mogelijkheden kan scheppen tot informatie-uitwisseling en de mogelijkheden om toe te treden tot de markt kan beperken (Besluit ACM 13 september 2004 (*Sdu-Ten Hagen & Stam*, zaaknr. 4100)). **f. Efficiëntieverbeteringen.** Bij de beoordeling van een concentratie dienen eventuele efficiëntieverbeteringen in aanmerking te worden genomen. Efficiëntieverbeteringen kunnen concurrentiebevorderend werken en daarmee een tegenwicht bieden tegen mogelijke negatieve effecten van een concentratie. Efficiëntieverbeteringen worden echter alleen in aanmerking genomen indien deze i. de consument ten goede komen; ii. specifiek uit de concentratie voortvloeien; en iii. verifieerbaar zijn. Het ligt op de weg van de meldende partijen om aan te tonen dat aan deze voorwaarden is voldaan (Wet wijziging van de Mededingingswet als gevolg van de evaluatie van die wet, MvT, p. 21, zie uitgebreid Richtsnoeren horizontale fusies, § 76-88, Werkwijze concentratiezaken, § 84-87; Besluit ACM 18 augustus 2005 (*Oosterlengte-Thuiszorg Groningen-Sensire*, zaaknr. 4988); Besluit ACM 25 maart 2009 (*Ziekenhuis Walcheren-Stichting Oosterscheldeziekenhuizen*, zaaknr. 6424)). **g. Reddingsfusies.** Een anders problematische concentratie kan niettemin worden goedgekeurd indien een van de betrokken ondernemingen een bedrijf in moeilijkheden is. Voor een succesvol beroep op dit zogenaamde 'failing company defence' dient aan drie voorwaarden te zijn voldaan: i. de in moeilijkheden verkerende onderneming zou zonder de concentratie in de nabije toekomst de markt moeten verlaten wegens financiële moeilijkheden; ii. er is geen alternatieve transactie mogelijk die de mededinging in mindere mate zou belemmeren; en iii. zonder een concentratie zouden de activa van de in moeilijkheden verkerende onderneming onvermijdelijk van de markt verdwijnen. Het ligt op de weg van de meldende partijen om aan te tonen dat aan deze voorwaarden is voldaan (Richtsnoeren horizontale fusies, § 89-91; Werkwijze concentratiezaken, § 88-93; Besluit ACM 8 april 2011 (*Sandd/Selekt Mail*, zaaknr. 7/24); Besluit ACM 2 november 1999 (*De Telegraaf-De Limburger*, zaaknr. 1538); Besluit ACM 7 december 2005 (*De Telegraaf-De Limburger*, zaaknr. 1538); Besluit ACM 21 juni 2018 (*Stichting ZorgSaam Zorggroep-Zeeuws Vlaanderen/Stichting Warmande*, zaaknr. ACM/18/032520)). **h. Op de Nederlandse markt of deel daarvan.** De wet richt zich primair op de gevolgen van concentraties op de Nederlandse markt. Indien de relevante geografische markt ruimer dan Nederland is zal van deze ruimere markt moeten worden uitgegaan, hetgeen bijvoorbeeld kan betekenen dat een fusie van de twee enige Nederlandse fabrikanten van een bepaald product wordt toegestaan omdat er op de betreffende markt voldoende concurrentie is van buitenlandse ondernemingen (zie bijv. Besluit ACM 20 april 2007 (*Cosun-CSM*, zaaknr. 5703)). Bestaat in Nederland geen vraag naar het betreffende product, dan is een machtspositie in de rest van de EU in het kader van de wet niet relevant (Besluit ACM 29 december 1998 (*Deutsche Babcock-Steinmüller*, zaaknr. 1169)). **i. In het leven roepen of het versterken van een economische machtspositie.** Onder een economische machtspositie wordt verstaan een positie van een of meer ondernemingen die hen in staat stelt de instandhouding van een daadwerkelijke mededinging op de Nederlandse markt of een deel daarvan te verhinderen door hun de mogelijkheid te geven zich in belangrijke mate onafhankelijk van hun concurrenten, hun leveranciers, hun afnemers of de eindgebruikers te gedragen (art. 1 onderdeel i Mw). **j. Als gevolg van die concentratie.** De concentratie moet de oorzaak zijn van de significante belemmering van de daadwerkelijke mededinging. Zou die situatie ook zonder de concentratie ontstaan, dan mag ACM geen vergunning verlangen. Dat is bijvoorbeeld het geval indien daadwerkelijke mededinging op de desbetreffende markt reeds door overheidsmaatregelen wordt uitgesloten of onmogelijk wordt gemaakt (Rb. Rotterdam 7 december 2005, MEDED 05/3047-HRK, (*CZ en OZ/ACM*); HvJ EG 21 september 2005, T-87/05, *Jur.* 2005, p. II-3745 (*EDP/Commissie*)). Een ander voorbeeld van gebrek aan causaliteit zijn de reeds besproken reddingsfusies (aant. 4 onder g). Eventuele overeenkomsten die zodanig nauw verbonden zijn met de voorgenomen concentratie dat deze zonder de concentratie niet in dezelfde vorm door zouden gaan worden door de ACM beschouwd als rechtstreeks en onmiddellijk gevolg van de concentratie en betrokken bij de materiële beoordeling. Indien echter aannemelijk is dat de overeenkomsten ook zonder de voorgenomen concentratie doorgang zouden vinden, dan zal de ACM de effecten hiervan niet meewegen als rechtstreeks gevolg van de voorgenomen concentratie maar kan zij de effecten daarvan wel in aanmerking bij de prospectieve analyse (aant. 3 onder c) (Besluit ACM 12 september 2017 (*Sligro-Heineken*, zaaknr. 17.0611.22)). **k. Alleen mededingingsoverwegingen.** Bij de beoordeling van ACM mogen, blijkens de wetsgeschiedenis, alleen mededingingsoverwegingen worden betrokken (MvT, *Kamerstukken II* 1995/96, 24707, 3, p. 40). In de praktijk heeft ACM echter ook oog voor andere maatschappelijke overwegingen, zoals duurzaamheid (zie bijvoorbeeld Besluit ACM 19 augustus 2021 (*Van Drie Group-Van Dam*, zaaknr. ACM/21/051289)). **l. Concentraties van zorgaanbieders en zorgverzekeraars.** Op grond van de beleidsregels concentraties van zorgaanbieders en zorgverzekeraars (*Stcrt.* 2013, 19570) dient ACM bij de beoordeling van een concentratie van zorgaanbieders of zorgverzekeraars onder art. 37 Mw bepaalde zorgspecifieke aspecten te betrekken. Voor zorgaanbieders zijn dit de transparantie van kwaliteit van zorg, het reisgedrag of de reisbereidheid van cliënten, de mogelijkheden voor toetreding van zorgaanbieders en de mate waarin zorginkopers invloed hebben op het keuzegedrag van cliënten. Voor concentraties van zorgverzekeraars zijn dit de verbinding tussen de polismarkt en de inkoopmarkt, de mogelijkheden voor toetreding van zorgverzekeraars en de rol van kleine zorgverzekeraars, de differentiatie van de polismarkt en coördinatie-effecten. Zie ook het ACM beleidsdocument Beoordeling fusies en samenwerkingen ziekenhuiszorg van 27 september 2013, beschikbaar op de website van ACM (https://www.acm.nl). Concentraties waarbij zorgaanbieders betrokken zijn kunnen ook onderworpen zijn aan concentratietoezicht door de Nederlandse Zorgautoriteit (zie de Inleidende opmerkingen, aant. 4 onder a).

5. Coördinatiegevaar bij gemeenschappelijke ondernemingen (lid 3). In het geval van de totstandbrenging van een gemeenschappelijke onderneming in de zin van art. 27 lid 2 waarmee coördinatie van het marktgedrag van de totstandbrengende ondernemingen wordt beoogd of totstandgebracht, dient tevens te worden getoetst aan de criteria van art. 6 lid 1 en 3. Bij deze beoordeling wordt aansluiting gezocht bij de praktijk van de beoordeling van coöperatieve joint ventures aan de hand van art. 2 lid 4 EG-concentratieverordening (zie het onderdeel Bijlage in deze uitgave, Wet wijziging van de Mededingingswet als gevolg van de evaluatie van die wet, MvT, *Kamerstukken II* 2004/05, 30371, 3, p. 19). Coördinatie van marktgedrag van de totstandbrengende ondernemingen wordt uitgesloten geacht als deze ondernemingen niet op de markt van de gemeenschappelijke onderneming werkzaam zijn of hun werkzaamheden op die markt volledig aan deze hebben overgedragen. Coördinatie van marktgedrag wordt ook uitgesloten geacht indien slechts één van de totstandbrengende ondernemingen actief is op de markt van de gemeenschappelijke onderneming dan wel op een opwaartse, benedenwaartse of aanverwante markt. Coördinatie wordt aannemelijk geacht indien de totstandbrengende ondernemingen beide actief zijn op de markt van de gemeenschappelijke onderneming of indien zij belangrijke activiteiten hebben op een markt die verwant is aan de markt waarop de gemeenschappelijke onderneming actief is (Besluit ACM 19 december 2008 (*KPN-Reggefiber*, zaaknr. 6397)). Indien de activiteit van de gemeenschappelijke onderneming maar een klein deel uitmaakt van de algehele activiteit van de moederondernemingen op het gebied van de betrokken producten, zal de conclusie dat de samenwerking in het kader van de gemeenschappelijke onderneming tot coördinatie op de markt van de moederondernemingen zal leiden slechts in uitzonderlijke gevallen gewettigd zijn (Besluit ACM 11 mei 2010 (*Stichting Thuiszorg Pantein-Stichting Vivent*, zaaknr. 6931)).

6. Voorwaarden (lid 4). ACM kan voorwaarden verbinden aan de verklaring dat geen vergunning is vereist. Het doel van deze voorwaarden, ook wel 'remedies' genoemd, is het wegnemen van mededingingsrechtelijke bezwaren die blijken bij toetsing onder lid 2. **a. Beleid ACM.** ACM heeft richtsnoeren uitgebracht waarin haar beleid ten aanzien van voorwaarden uiteen wordt gezet (Richtsnoeren Remedies 2007, *Stcrt.* 2007, 187, p. 30, opgenomen in het onderdeel Bijlagen). Het uitgangspunt van ACM is dat de voorwaarden passend en effectief moeten zijn. Aan dit criterium is voldaan indien de voorwaarden de geconstateerde mededingingsproblemen zonder twijfel en volledig wegnemen. Daartoe dienen de voorwaarden zich te richten op de kern van het geconstateerde mededingingsprobleem (Richtsnoeren Remedies 2007, § 12). De Richtsnoeren Remedies 2007 maken onderscheid tussen structurele remedies en gedragsremedies. **b. Structurele remedies.** Onder structurele remedies wordt verstaan remedies die een structurele verandering op de markt teweegbrengen (Richtsnoeren Remedies 2007, § 14). De meest voorkomende structurele remedie is de afstoting van één of meer bedrijfsonderdelen (zie bijv. Besluit ACM 15 juni 1999 (*PNEM/MEGA-EDON*, zaaknr. 1331)). Een remedie strekkende tot afstoting van een bedrijfsonderdeel wordt alleen aanvaard indien dat bedrijfsonderdeel levensvatbaar is. Onder een levensvatbaar bedrijfsonderdeel wordt verstaan een bestaand bedrijfsonderdeel dat zelfstandig kan functioneren, autonoom en onafhankelijk van partijen. Daarnaast zal dit bedrijfsonderdeel in staat moeten zijn om daadwerkelijk, effectief en op duurzame wijze met de nieuwe onderneming te concurreren. ACM heeft daarom een sterke voorkeur voor de afstoting van een reeds bestaand en zelfstandig functionerend bedrijfsonderdeel. Een remedie bestaande uit een afstoting van een combinatie van verschillende bedrijfsonderdelen die voorheen onafhankelijk opereerden of onderdeel waren van verschillende bedrijfsonderdelen wordt alleen in uitzonderlijke gevallen aanvaard (zie uitgebreid Richtsnoeren Remedies 2007, § 18-23). Daarnaast dient voldoende zeker te zijn dat het af te stoten bedrijfsonderdeel verkoopbaar is en dat er geschikte kopers zijn om het af te stoten bedrijfsonderdeel ook daadwerkelijk, effectief en op duurzame wijze te laten concurreren met de nieuwe onderneming (Richtsnoeren Remedies 2007, § 24-26). Om het structurele effect van een afstoting te waarborgen zal het de partijen of de nieuwe entiteit niet worden toegestaan opnieuw een belang te verwerven in het afgestoten bedrijfsonderdeel (Richtsnoeren Remedies 2007, § 27). Daarnaast dienen de verkoper en de koper in de regel na afstoting van het bedrijfsonderdeel alle onderlinge banden tussen de verkoper en het bedrijfsonderdeel te verbreken (Richtsnoeren Remedies 2007, § 28). **Quasi-structurele remedies.** Quasi-structurele remedies zien niet op de afstoting van een bedrijfsonderdeel maar hebben wel een duurzaam, en zo een min of meer structureel, effect op de markt (Richtsnoeren Remedies 2007, § 33). Een voorbeeld van een dergelijke remedie is het geven van een exclusieve en privatieve licentie (GvEA EG 25 maart 1999, T-102/96, *Jur.* 1999, p. II-753 (*Gencor*)). ACM acht quasi-structurele remedies met name geschikt indien een tijdelijke structurele oplossing noodzakelijk is om een gesignaleerd mededingingsprobleem weg te nemen, bijvoorbeeld indien het de verwachting is dat marktomstandigheden binnen een bepaalde tijd zullen veranderen (Richtsnoeren Remedies 2007, § 34). ACM is echter terughoudend in het aanvaarden van quasi-structurele remedies (Richtsnoeren Remedies 2007, § 35). **c. Gedragsremedies.** Gedragsremedies houden in dat de door de concentratie tot stand gebrachte onderneming zich op een bepaalde wijze zal gedragen of zich van bepaald gedrag zal onthouden (Richtsnoeren Remedies 2007, § 14). Het uitgangspunt van ACM is dat gedragsremedies zoveel mogelijk dienen te worden vermeden (Richtsnoeren Remedies, § 25). ACM geeft in het algemeen de voorkeur aan structurele remedies boven gedragsremedies (Richtsnoeren Remedies 2007, § 15). Volgens ACM kunnen gedragsremedies geschikt zijn indien het mededingingsprobleem ziet op marktafscherming die het gevolg kan zijn van een verticale relatie, zoals toegangsweigering of een 'price squeeze'. Voorbeelden van gedragsremedies zijn het verzekeren van gelijkwaardige toegang voor concurrenten tot bepaalde faciliteiten van een verticaal geïntegreerde entiteit of tot belangrijke infrastructuur en een verplichting om niet te discrimineren tussen klanten (Richtsnoeren Remedies 2007, § 30, zie bijvoorbeeld Besluit ACM 19 december 2008 (*KPN-Reggefiber*, zaaknr. 6397); Besluit ACM 28 augustus 2019 (*Sanoma-Iddink*, zaaknr. ACM/19/035555)). Het komt ook voor dat ACM, naast gedragsremedies die gericht zijn op het voorkomen van marktafscherming, verplichtingen oplegt teneinde te waarborgen dat beweerde efficiëntieverbeteringen worden gerealiseerd, zoals prijsplafonds of een verplichting om bepaalde kwaliteitsverbeteringen te realiseren (Besluit ACM 25 maart 2009 (*Ziekenhuis Walcheren-Stichting Oosterscheldeziekenhuizen*, zaaknr. 6424); Besluit ACM 2 november 2012 (*TweeSteden Ziekenhuis-St. Elisabeth Ziekenhuis*, zaaknr. 7295)). Zie echter ook Besluit ACM 15 juli 2015 (*Stichting Albert Schweitzer Ziekenhuis-Stichting Rivas Zorggroep*, zaaknr. 14.0982.24). Daarnaast heeft ACM gedragsremedies aanvaard die coördinatiegevaar weg zouden kunnen nemen (Besluit ACM 14 juli 2011 (*Vodafone-BelCompany*, zaaknr. 7177)). In het verleden heeft ACM ook een gedragsremedie aanvaard inhoudende dat partijen bepaalde bedrijfsonderdelen binnen de geconcentreerde entiteit in organisatorisch, boekhoudkundig en juridisch opzicht van elkaar gescheiden dienen te houden (Besluit ACM 13 maart 2000 (*Wegener-VNU Dagbladen*, zaaknr. 1528); Besluit ACM 12 mei 2000 (*De Telegraaf-De Limburger*, zaaknr. 1538), zie anders: Besluit ACM 31 juli 1998 (*RAI-Jaarbeurs*, zaaknr. 47)). Thans is ACM in het algemeen niet meer bereid een dergelijke remedie te aanvaarden (Richtsnoeren Remedies 2007, § 32, zie echter Besluit ACM 25 maart 2008 (*KPN-Reggefiber*, zaaknr.

6397)). Niet bekend is of dit nieuwe beleid ook geldt voor een remedie inhoudende de verplichting om een bepaald bedrijfsonderdeel in stand te houden en, met behoud van omzet, voort te zetten (zie bijvoorbeeld Besluit ACM 7 juli 1999 (*FCDF-De Kievit*, zaaknr. 1132)). Gedragsremedies gelden in beginsel voor bepaalde tijd en kunnen alleen in tijd worden beperkt indien het op voorhand duidelijk is dat het gesignaleerde mededingingsprobleem na een bepaalde periode, zonder de gedragsremedie, niet zal optreden (Richtsnoeren Remedies 2007, § 31). **d. Initiatief en indiening.** Het uitgangspunt is dat het initiatief tot het doen van voorstellen bij de meldende partijen ligt (Richtsnoeren Remedies 2007, § 11). Vanwege de korte beslistermijn, worden partijen aangemoedigd om voorafgaand aan de melding in overleg te treden met ACM over eventuele remedies (Richtsnoeren Remedies 2007, § 9-10). ACM informeert de partijen zo spoedig mogelijk over de door haar gesignaleerde mededingingsproblemen (Richtsnoeren Remedies 2007, § 37). Voorstellen kunnen, mits volledig uitgewerkt, uiterlijk één week voor het aflopen van de vierwekentermijn van art. 34 Mw worden ingediend (Richtsnoeren Remedies 2007, § 36, 40). Een dergelijk voorstel kan ook verschillende alternatieven bevatten (zie bijvoorbeeld Besluit ACM 15 juni 1999 (*PNEM/MEGA-EDON*, zaaknr. 1331)). Indien het voorstel het mededingingsrechtelijke probleem effectief oplost, zal ACM het voorstel moeten aanvaarden en besluiten dat geen vergunning is vereist. Zie uitgebreid over de indiening van remedies, vormvereisten en de beoordeling en tenuitvoerlegging daarvan Richtsnoeren Remedies 2007, § 40-62. **Opschorting beslistermijn.** Indien de meldende partijen meer tijd nodig hebben om passende remedies aan te bieden, kunnen zij ACM op grond van art. 38 lid 3 Mw verzoeken om de beslistermijn op te schorten (zie art. 38, aant. 4). **e. Horen van marktpartijen.** ACM zal de voorstellen van partijen voor remedies die volgens partijen de geconstateerde mededingingsproblemen wegnemen, in de regel voorleggen aan marktpartijen teneinde hun opvattingen over de effectiviteit en uitvoerbaarheid van de voorgestelde remedies te vernemen. Dit wordt aangeduid met de term 'markttest' (Richtsnoeren Remedies 2007, § 44, Werkwijze concentratiezaken, § 105, zie bijv. Besluit ACM 31 juli 1998 (*RAI-Jaarbeurs*, zaaknr. 47)). ACM kan een markttest echter achterwege laten indien zij van oordeel is dat de voorgestelde remedie niet in voldoende mate zekerheid biedt dat het geconstateerde mededingingsprobleem zonder twijfel en volledig wordt weggenomen (Rb. Rotterdam 27 februari 2014, ROT 13/691 (*Continental Bakeries e.a./ACM*); het ACM-besluit is door het CBb vernietigd, ECLI:NL:CBB:2016:23). **f. Concentratie mag pas tot stand worden gebracht als aan voorwaarden is voldaan.** Het verbod van art. 34 Mw blijft gelden totdat aan de gestelde voorwaarden is voldaan (lid 6). In geval van een structurele remedie dienen partijen eerst het betreffende bedrijfsonderdeel te hebben overgedragen alvorens de concentratie doorgang kan vinden. In geval van een gedragsremedie geldt dat, zodra dit gedrag wordt ingezet, aan de voorwaarde wordt voldaan en de concentratie tot stand mag worden gebracht (Wet tot wijziging van de Mededingingswet als gevolg van de evaluatie van die wet, *Stb*, 2007, 284, *Kamerstukken II* 2004/05, 30371, 3, p. 22 (MvT), Richtsnoeren Remedies 2007, § 38). Indien de voorwaarden niet of niet tijdig worden nageleefd, mag de concentratie niet tot stand worden gebracht en is alsnog een vergunning vereist. In de praktijk heeft de ACM zich echter in enkele gevallen bereid getoond om toe te staan dat partijen een concentratie voltooien voordat aan de voorwaarden is voldaan (Besluit ACM 20 december 2019 (*KidsFoundation-Partou*, zaaknr. ACM/19/035829); Besluit ACM 26 juli 2021 (*Dela-Yarden*, zaaknr. ACM/21/052005)). **Sancties.** Indien op enig moment niet meer wordt voldaan aan de voorwaarden, kan ACM op grond van art. 75 Mw aan degene aan wie die overtreding kan worden toegerekend een boete opleggen van ten hoogste € 900.000, of, indien dat meer is, van ten hoogste 10% van de omzet van de onderneming dan wel, indien de overtreding door een ondernemersvereniging is begaan, van de gezamenlijke omzet van de ondernemingen die van de vereniging deel uitmaken en/of een last onder dwangsom die ertoe strekt de ongedaanmaking van een dergelijke concentratie af te dwingen (zie bijvoorbeeld Besluit ACM 27 oktober 2005 (*De Telegraaf-De Limburger*, zaaknr. 5168); Besluit ACM 14 juli 2010 (*Wegener*, zaaknr. 1528/894); Rb. Rotterdam 27 september 2012, AWB 11/3430 (*Wegener/ACM*)). Hetzelfde geldt voor 'remedies' in de vorm van een wijziging van de melding (Richtsnoeren Remedies 2007, § 73). **g. Wijziging of opheffing voorwaarden.** In uitzonderlijke gevallen kan het wenselijk zijn om voorwaarden te wijzigen of op te heffen. Daartoe dienen partijen een verzoek in te dienen bij de ACM. De ACM zal het verzoek op eenzelfde manier behandelen als een melding in de zin van art. 34 Mw (Richtsnoeren Remedies 2007, § 75). In het verzoek dient met redenen omkleed te worden aangegeven waarom wijziging of opheffing gerechtvaardigd is en waarom het eerder gesignaleerde mededingingsprobleem zich bij wijziging of opheffing niet zal voordoen (Richtsnoeren remedies 2007, § 76). De ACM heeft met wijziging of opheffing ingestemd in situaties waarin de voorwaarden door veranderde omstandigheden onredelijk bezwarend waren geworden (Besluit ACM 27 oktober 2005 (*De Telegraaf-De Limburger*, zaaknr. 5168)), uitzonderlijke crisisomstandigheden aan uitvoering van de voorwaarden in de weg stonden (Besluit ACM 11 juni 2020 (*KidsFoundation-Partou*, zaaknr. ACM/20/038477)), door middel van een andere verplichting aan de bezwaren van de ACM tegemoet werd gekomen (Besluit ACM 8 december 2003 (*Nuon-Reliant Energy Europe*, zaaknr. 3386)) of het gesignaleerde mededingingsprobleem zich door gewijzigde marktomstandigheden inmiddels niet meer voordeed (Besluit ACM 30 juli 2018 (*Brocacef-Mediq*, zaaknr. ACM/16/029865); Besluit ACM 30 augustus 2021 (*De Persgroep-Mecom*, zaaknr. ACM/20/043157)). **h. Wijziging van de melding.** In bepaalde gevallen kunnen de door ACM gesignaleerde mededingingsproblemen ook worden weggenomen door de transactiestructuur en de melding te wijzigen (zie bijv. Besluit ACM 7 juli 1999 (*FCDF-De Kievit*, zaaknr. 1132); Besluit ACM 19 december 2000 (*Rémy Cointreau-Bols*, zaaknr. 2141); Besluit ACM 26 oktober 2006 (*Ahold-Konmar Superstores*, zaaknr. 5586)). Indien partijen bijvoorbeeld de transactiestructuur aldus wijzigen dat een bedrijfsonderdeel dat anders als remedie zou moeten worden afgestoten niet wordt verworven, maakt dat bedrijfsonderdeel geen deel uit van de concentratie en dient de melding dienovereenkomstig te worden aangepast. Daarmee kan worden voorkomen dat met het tot stand brengen van de concentratie moet worden gewacht tot het betreffende bedrijfsonderdeel is afgestoten. De 'remedie' die door partijen aldus wordt ingediend dient een structureel karakter te hebben. De wijziging moet het gesignaleerde mededingingsprobleem zonder twijfel en volledig oplossen. Daarnaast moet het op het eerste gezicht evident zijn dat als gevolg van de gewijzigde melding geen nieuw mededingingsprobleem dreigt (Richtsnoeren Remedies 2007, § 68). Een wijziging van de melding dient zo snel mogelijk te worden ingediend, bij voorkeur uiterlijk één week voor het aflopen van de vierwekentermijn van art. 34 Mw (Richtsnoeren Remedies 2007, § 70).

7. Uitblijven mededeling of vergunning is vereist (lid 5). Indien ACM niet binnen vier weken heeft meegedeeld of een vergunning is vereist, is geen vergunning vereist. Het verbod de concentratie tot stand te brengen vervalt dan (art. 34 Mw). ACM kan dan op geen enkele wijze meer bezwaar maken tegen de concentratie als zodanig, ook niet op grond van art. 24 Mw (zie art. 24 lid 2 Mw). Dit impliceert dat ook derden-belanghebbenden zich dan niet meer met een beroep op de wet kunnen verzetten tegen de concentratie. Indien de totstandbrenging van de concentratie aangemerkt kan worden als misbruik van machtspositie, zouden derden echter in beginsel een beroep kunnen doen op art. 102 VWEU (HvJ EG 21 februari 1973, 6/72, *Jur.* 1973, p. 215 (*Continental Can*); GvEA EG 10 juli 1990, T-51/89, *Jur.* 1990, p. II-309 (*Tetra Pak*)). **Werking na vernietiging besluit.** Deze bepaling herkrijgt haar werking wanneer het besluit dat door ACM op grond van art. 37 lid 1 Mw is genomen door de bestuursrechter op grond van art. 8:72 Awb is vernietigd. Als gevolg van de vernietiging, met terugwerkende kracht, herleeft de rechtstoestand van voor het bestreden besluit en daarmee eveneens de mogelijkheid voor ACM om mede te delen dat voor het tot stand brengen van de concentratie een vergunning is vereist. Het ligt voor de hand dat de bestuursrechter in zijn uitspraak de termijn bepaalt waarbinnen een dergelijk besluit genomen kan worden (CBb 6 oktober 2015, ECLI:NL:CBB:2015:313 (*Ziggo/ACM*)).

8. Mededeling dat geen vergunning is vereist (lid 6).

Het gevolg van een mededeling dat geen vergunning is vereist, is dat het verbod op de totstandbrenging van de concentratie onmiddellijk ophoudt te gelden. De concentratie kan nog voordat de (al dan niet opgeschort geweest zijnde) termijn van vier weken is verstreken tot stand worden gebracht. **Verkort besluit.** In eenvoudige zaken wordt de mededeling niet uitvoerig gemotiveerd maar volstaat ACM met een zogenaamd verkort besluit. Indien echter een belanghebbende binnen een redelijke termijn om motivering verzoekt, dan dient deze op grond van art. 3:48 lid 2 Awb alsnog spoedig te worden gegeven. Een zaak leent zich voor afdoening door middel van een verkort besluit indien het evident is dat de concentratie geen mededingingsrechtelijke bezwaren oproept, er geen discussie bestaat over de toepasselijkheid van het concentratietoezicht en geen serieuze bezwaren van derden zijn ontvangen (zie uitgebreid ACM Uitvoeringsregel verkorte afdoening 2008, *Stcrt.* 2008, 172, opgenomen in het onderdeel Bijlagen). ACM acht zich echter niet verplicht om een verkort besluit te nemen indien aan deze voorwaarden is voldaan (Werkwijze concentratiezaken, § 136, opgenomen in het onderdeel Bijlagen). De mogelijkheid van een verkort besluit betekent niet dat de melding in verkorte vorm kan worden gedaan (Werkwijze concentratiezaken, § 137). **Een besluit voor meerdere concentraties.** Indien aanverwante doch onderscheiden concentraties in één melding (zie art. 34, aant. 2d) of gelijktijdig worden gemeld, kan het voorkomen dat ACM uit efficiëntie-overwegingen volstaat met één besluit indien de meldende partijen daarmee instemmen (Besluit ACM 25 juli 2005 (*CoopCodis, Deen Winkels, Hoogvliet Super-DeWitKom@rt Supermarkten*, zaaknr. 5064); Besluit ACM 6 september 2006, zaken 5716 en 5735 (*Evean Groep-GGZ-Drenthe en Evean Groep-GGZ-Drenthe-Zorggroep Meander*, zaaknr. 5716 en 5735)). **Onbeperkte duur.** De mededeling dat geen vergunning is vereist is niet beperkt in duur. ACM stelt zich echter op het standpunt dat indien een lange periode is verstreken tussen de mededeling dat geen vergunning is vereist en de totstandbrenging van de concentratie, en de concentratie, zelfs in betrekkelijk kleine, opzichten afwijkt van de oorspronkelijk gemelde concentratie, sprake is van een nieuwe concentratie die gemeld moet worden (Besluit ACM 13 september 2004 (*SDU-Ten Hagen & Stam*, zaaknr. 4100)). **Mededeling onder voorwaarden.** Indien een mededeling dat voor het totstandbrengen van een concentratie geen vergunning is vereist onder voorwaarden wordt gedaan, blijft het verbod van art. 34 Mw gelden totdat aan de gestelde voorwaarden is voldaan (zie aant. 6 onder f).

9. Mededeling in Staatscourant (lid 7). Over het besluit van ACM wordt een mededeling gepubliceerd in de Staatscourant. Belanghebbenden zullen hierdoor kennis krijgen van het feit dat het besluit is genomen en waartoe het strekt. De mededeling in de Staatscourant geeft echter niet de motivering weer. **Terinzagelegging beschikking.** Uit art. 12w Instellingswet en de wet volgt niet dat beschikkingen als bedoeld in het eerste lid bij ACM ter inzage moeten worden gelegd. Het is echter de praktijk van ACM om haar beschikkingen, geschoond van vertrouwelijke informatie, openbaar te maken door publicatie op haar website (www.acm.nl) (Werkwijze concentratiezaken, § 129). Het is gebruikelijk dat ACM de meldende partijen vooraf informeert dat zij voornemens is een persbericht uit te brengen. Het persbericht wordt ter informatie en onder embargo met het besluit aan de meldende partijen toegezonden. ACM houdt een periode van twee uur aan tussen het versturen van het persbericht aan de meldende partijen en het uitbrengen daarvan. Het is derhalve raadzaam om het persbericht direct na ontvangst op onjuistheden te controleren en ACM tijdig te informeren indien het persbericht onjuistheden bevat (Werkwijze concentratiezaken, § 147-148).

10. Rechtsmiddelen. Ondernemingen die een concentratie waarvoor een vergunning is vereist willen doorzetten kunnen een vergunning aanvragen (zie art. 42 Mw) en/of beroep instellen bij de rechtbank. **a. Vergunning aanvragen.** Een oordeel van ACM in het kader van art. 37 Mw dat een vergunning is vereist dient te worden beschouwd als een voorlopig oordeel (zie aant. 3 onder a). Indien de meldende partijen van mening zijn dat de concentratie toch toelaatbaar moet worden geacht, kunnen zij voor een eindoordeel een vergunning aanvragen. ACM zal de voorgenomen concentratie dan uitvoerig onderzoeken. **b. Beroep instellen.** Wanneer de betrokken ondernemingen van mening zijn dat ACM ten onrechte heeft geoordeeld dat een vergunning nodig is, dienen zij binnen zes weken beroep in te stellen bij de rechtbank. Ook belanghebbende derden, waaronder concurrenten, kunnen beroep instellen (Rb. Rotterdam 19 april 2007, MEDED 06/1220 VRLK (*NVV/ACM*)). Beroep bij de rechtbank staat ook open tegen andere besluiten van ACM, zoals de vaststelling dat een transactie wel of niet binnen de reikwijdte van het concentratietoezicht valt (Rb. Rotterdam 2 april 2002, MEDED 00/1850-SIMO (*United Technologies Corporation/ACM*)) of een oordeel betreffende de toelaatbaarheid van nevenrestricties (Rb. Rotterdam 13 november 2002, MEDED 01/1913-SIMO (*Gilde Buy-Out Fund II/ACM*)). Tegen het besluit van ACM kan niet eerst bezwaar worden gemaakt (Regeling rechtstreeks beroep). De rechtbank te Rotterdam is bevoegd (art. 7 Bevoegdheidsregeling bestuursrechtspraak). Een besluit dat een vergunning is vereist wordt door de rechtbank terughoudend getoetst (Rb. Rotterdam 31 mei 2005, AWB01/633 (*Nuon/ACM*)). Een besluit dat geen vergunning is vereist, dat tot gevolg heeft dat de concentratie zonder nader onderzoek tot stand kan worden gebracht, dient echter op dezelfde wijze te worden getoetst als een besluit tot verlening van een vergunning (Rb. Rotterdam 19 april 2007, MEDED 06/1220 VRLK (*NVV/ACM*), zie nader art. 41, aant. 6 onder a). Een besluit in de meldingsfase wordt door de rechter op dezelfde wijze getoetst als een besluit in de vergunningsfase (CBb 6 oktober 2015, ECLI:NL:CBB:2015:313). Zie nader art. 41, aant. 6.

11. Vergoeding. Voor het geven van een beschikking in de zin van art. 37 Mw is een vergoeding verschuldigd door de onderneming of ondernemingen die de melding hebben ingediend (art. 6a lid 1 Instellingswet ACM, zie ook Besluit doorberekening kosten ACM, *Stb.* 2014, 406, opgenomen in het onderdeel Bijlagen). De hoogte van deze vergoeding bedraagt € 17.450 (Regeling doorberekening kosten ACM, *Stcrt.* 2014, 36296, opgenomen in het onderdeel Bijlagen). Deze vergoeding wordt ook in rekening gebracht indien een melding wordt ingetrokken voordat de beschikking is gegeven (artikel 6 Besluit doorberekening kosten ACM). Dat geldt ook in het geval van een voorwaardelijke melding die wordt ingetrokken omdat de omzetdrempels niet worden gehaald (Rb. Rotterdam 21 juli 2016, ECLI:NL:RBROT:2016:5486). Intrekking van een beschikking in de zin van art. 37 Mw kan onder bepaalde omstandigheden terugbetaling van de vergoeding rechtvaardigen (Besluit ACM 25 oktober 2007 (*Visscher VKV-Nissan Rotterdam*, zaaknr. 6080)).

Artikel 38
1. Indien niet is voldaan aan artikel 35, eerste lid, en de Autoriteit Consument en Markt binnen vijf werkdagen na de dag van ontvangst van de melding, degene die de melding heeft gedaan, heeft verzocht om toezending van de ontbrekende gegevens of documenten, vangt de in de artikelen 34, eerste lid, en 37, eerste en vijfde lid, bedoelde termijn van vier weken aan op de dag waarop die gegevens of documenten alsnog zijn verstrekt.
2. Onverminderd het eerste lid, wordt de in de artikelen 34, eerste lid, en 37, eerste en vijfde lid, bedoelde termijn van vier weken opgeschort met ingang van de dag waarop de Autoriteit Consument en Markt op grond van artikel 35, tweede lid, aanvulling van de melding verlangt tot de dag waarop de aanvulling door elk van de partijen van wie aanvulling is gevraagd, is gegeven.
3. De termijn kan voorts naar aanleiding van een met redenen omkleed verzoek van elk van degenen die de melding doen door de Autoriteit Consument en Markt eenmalig worden opgeschort indien dat naar haar oordeel in het belang van de behandeling van de melding is.
4. Een melding geldt als niet gedaan indien de in het tweede lid bedoelde aanvulling van gegevens niet heeft plaatsgevonden binnen zes maanden na de datum waarop het laatste verzoek tot aanvulling is gedaan en de termijn niet ingevolge het derde lid is opgeschort.
[27-11-2013, Stb. 522, i.w.tr. 01-01-2014/kamerstukken 33253]

[Opschorting beslistermijn]

1. Algemeen. Het artikel regelt de aanvang van de beslistermijn van vier weken van art. 34 Mw in geval van een onvolledige melding (art. 35 lid 1 Mw) en de opschorting van deze termijn in het geval van een verzoek om aanvulling op grond van art. 35 lid 2 Mw (lid 2). Daarnaast biedt het artikel de mogelijkheid om deze termijn op verzoek van de meldende partij op te schorten (lid 3). Voorts wordt geregeld dat een melding als niet gedaan wordt beschouwd als niet binnen zes maanden wordt voldaan aan het laatste verzoek tot aanvulling (lid 4).

2. Onvolledige melding (lid 1). Indien een melding niet voldoet aan de eisen van art. 35 Mw en ACM binnen vijf werkdagen na de dag van de melding degene die de melding heeft gedaan verzoekt om toezending van de ontbrekende gegevens of documenten, gaat de termijn van vier weken van art. 34 Mw pas in op de dag waarop de ontbrekende gegevens of documenten alsnog zijn verstrekt (Werkwijze concentratiezaken, § 38). Indien ACM niet binnen vijf werkdagen aangeeft welke documenten of gegevens ontbreken, dan vangt de termijn aan op de dag waarop de melding is gedaan. ACM kan dan echter alsnog op grond van art. 35 lid 2 Mw om aanvulling van de melding verzoeken (Wet wijziging van de Mededingingswet als gevolg van de evaluatie van die wet, MvT, *Kamerstukken II* 2004/05, 30371, 3, p. 22). Aangenomen dient te worden dat de bepaling uitsluitend betrekking heeft op gegevens of documenten die op grond van het Formulier melding concentratie dienen te worden verstrekt. Overige gegevens die nodig zijn voor de beoordeling van de melding kunnen op grond van art. 35 lid 2 Mw van ieder van de betrokken ondernemingen worden verzocht.

3. Opschorting bij verzoek om aanvulling (lid 2). Het lid regelt de opschorting van de beslistermijn van vier weken ingeval ACM op grond van art. 35 lid 2 Mw aanvulling van de melding verlangt. ACM stelt zich op het standpunt dat het stellen van aanvullende vragen de beslistermijn opschort met ingang van de dag waarop de ACM aanvullende vragen stelt tot de dag waarop die aanvulling door ACM is ontvangen (Werkwijze concentratiezaken, § 42, opgenomen in het onderdeel Bijlagen). De wachtperiode wordt niet opschort door informele vragen van ACM (zie art. 35 Mw, aant. 3 onder b). Zie nader omtrent de gang van zaken bij aanvullende vragen Werkwijze concentratiezaken, § 57-63.

4. Opschorting op verzoek van de meldende partij (lid 3). Indien de meldende partijen daarom verzoeken en ACM van oordeel is dat verlenging bijdraagt aan een adequate behandeling van de melding, kan de termijn van vier weken eenmalig worden verlengd. De duur van de verlenging dient in verhouding te staan tot de gehele duur van de meldingsfase. De verlenging zal daarom slechts van beperkte duur kunnen zijn (Werkwijze concentratiezaken, § 40; Wet wijziging van de Mededingingswet als gevolg van de evaluatie van die wet, MvT, *Kamerstukken II* 2004/05, 30371, 3, p. 22). Verlenging kan bijvoorbeeld wenselijk zijn indien de meldende partijen meer tijd nodig hebben om passende remedies aan te bieden. Zie over remedies art. 37 Mw, aant. 6.

5. Verval van melding bij uitblijven aanvulling (lid 4). Indien niet binnen zes maanden na het laatste verzoek om aanvulling aan dat verzoek wordt voldaan, geldt de melding als niet gedaan. Het verbod van art. 34 Mw blijft dan van toepassing zodat partijen, indien zij de concentratie alsnog willen laten plaatsvinden, een nieuwe melding moeten doen (Wet wijziging van de Mededingingswet als gevolg van de evaluatie van die wet, MvT, *Kamerstukken II* 2004/05, 30371, 3, p. 23).

Artikel 39
1. Artikel 34, eerste lid, geldt niet in geval van een openbaar overname of ruilaanbod gericht op het verkrijgen van een deelname in het kapitaal van een onderneming, mits daarvan onverwijld aan de Autoriteit Consument en Markt melding wordt gedaan, en de verkrijger de aan de deelname in het kapitaal verbonden stemrechten niet uitoefent.
2. Indien de Autoriteit Consument en Markt ter zake van een melding als bedoeld in het eerste lid mededeelt dat op grond van artikel 37, eerste lid, een vergunning is vereist, dient de concentratie:

a. indien niet binnen vier weken na die mededeling een vergunning is aangevraagd, dan wel de aanvraag om een vergunning wordt ingetrokken of de vergunning wordt geweigerd, binnen dertien weken ongedaan te worden gemaakt;
b. indien de vergunning onder beperkingen wordt verleend of daaraan voorschriften worden verbonden, binnen dertien weken na de verlening daarmee in overeenstemming te worden gebracht.

3. De Autoriteit Consument en Markt kan, op verzoek van degene die een melding heeft gedaan als bedoeld in het eerste lid, bepalen dat, in afwijking van het eerste lid, de in dat lid bedoelde stemrechten mogen worden uitgeoefend om de volle waarde van diens belegging te handhaven.

[27-11-2013, Stb. 522, i.w.tr. 01-01-2014/kamerstukken 33253]

[Openbaar bod]

1. Algemeen. Dit artikel voorziet in een uitzondering op het verbod om de concentratie tot stand te brengen voordat vier weken na de melding zijn verstreken in geval van een openbaar bod op aandelen. In dergelijke gevallen stuit voorafgaande melding namelijk doorgaans op praktische bezwaren. De regeling is geënt op art. 7 lid 2 EG-concentratieverordening (opgenomen in het onderdeel Bijlagen).

2. Geen wachtperiode bij openbaar bod (lid 1 en 3). a. Onverwijld melden. Het uitbrengen van het openbare bod dient onverwijld aan ACM te worden gemeld. Aangenomen kan worden dat een dergelijke melding overeenkomstig de voor melding op grond van art. 34 Mw geldende voorschriften dient te geschieden. **b. Stemrechten niet uitoefenen.** Voorwaarde is voorts dat de verkrijger de verkregen stemrechten niet uitoefent, of alleen – met toestemming van ACM (lid 3) – om de volle waarde van zijn belegging te handhaven. **c. Sanctie.** Indien niet wordt voldaan aan alle hierboven genoemde voorwaarden is het verbod van art. 34 Mw van toepassing.

3. Vergunning vereist (lid 2). Lid 2 maakt repressief optreden mogelijk tegen concentraties die met toepassing van lid 1 zonder voorafgaande toetsing tot stand zijn gebracht. **a. Vergunning vereist doch niet verkregen.** Indien ACM ter zake van een dergelijke concentratie mededeelt dat een vergunning vereist is en deze vergunning niet wordt verkregen, dienen partijen de concentratie binnen dertien weken ongedaan te maken. Een redelijke wetsuitleg brengt met zich dat bij intrekking van een aanvraag, de termijn van dertien weken begint te lopen op het moment van intrekking. **b. Vergunning verleend onder beperking of met voorschriften.** Binnen dertien weken na vergunningsverlening dient de concentratie in overeenstemming met het eventuele voorschriften of beperking te zijn gebracht. **c. Sancties.** In het geval van een overtreding kan ACM op grond van art. 74 onderdeel 2 Mw aan degene aan wie die overtreding kan worden toegerekend een boete opleggen van ten hoogste € 900.000, of, indien dat meer is, van ten hoogste 10% van de omzet van de onderneming dan wel, indien de overtreding door een ondernemersvereniging is begaan, van de gezamenlijke omzet van de ondernemingen die van de vereniging deel uitmaken en/of een last onder dwangsom die ertoe strekt de overtreding ongedaan te maken.

4. Uitoefening stemrechten. Degene die de melding heeft ingediend kan ACM toestemming vragen om, in afwijking van lid 1, de verkregen stemrechten uit te oefenen, doch slechts voorzover dit nodig is om de volle waarde van diens belegging te handhaven. Aangenomen dient te worden dat deze voorwaarde op dezelfde wijze dient te worden uitgelegd als de vrijwel gelijkluidende voorwaarde van art. 28 lid 1 onderdeel c Mw (zie art. 28 Mw, aant. 4).

Artikel 40
1. De Autoriteit Consument en Markt kan om gewichtige redenen op verzoek van degene die een melding heeft gedaan, ontheffing verlenen van het in artikel 34, eerste lid, gestelde verbod.
2. Een ontheffing kan onder beperkingen worden verleend; aan een ontheffing kunnen voorschriften worden verbonden.
3. Indien de Autoriteit Consument en Markt na het verlenen van een ontheffing als bedoeld in het eerste lid ter zake van de betrokken melding mededeelt dat op grond van artikel 37, eerste lid, een vergunning is vereist, en de concentratie tot stand is gebracht voor de mededeling daarvan, dient de concentratie:
a. indien niet binnen vier weken na die mededeling een vergunning is aangevraagd, dan wel de aanvraag om een vergunning wordt ingetrokken of de vergunning wordt geweigerd, binnen dertien weken ongedaan te worden gemaakt;
b. indien de vergunning onder beperkingen wordt verleend of daaraan voorschriften worden verbonden, binnen dertien weken na de verlening daarmee in overeenstemming te worden gebracht.
[27-11-2013, Stb. 522, i.w.tr. 01-01-2014/kamerstukken 33253]

[Ontheffing verbod totstandbrenging]

1. Algemeen. In bijzondere omstandigheden kan het verbod om de concentratie gedurende de wachtperiode van vier weken tot stand te brengen zeer bezwaarlijk zijn voor de betrokken ondernemingen. Het artikel geeft ACM de bevoegdheid om in dergelijke gevallen wegens gewichtige redenen ontheffing van het verbod te verlenen. Het verzoek hiertoe kan worden ingediend zolang de wachtperiode van vier weken nog niet is verstreken. Zie omtrent het vragen van ontheffing Werkwijze concentratiezaken, § 51-56. Art. 46 Mw geeft een vergelijkbare regeling voor het geval dat een vergunning is vereist. Een alternatief voor het aanvragen van ontheffing is een snelle beslissing van ACM (Werkwijze concentratiezaken, § 54).

2. Criterium: gewichtige redenen (lid 1). Van een gewichtige reden is in elk geval sprake indien onherstelbare schade wordt toegebracht aan een voorgenomen concentratie door het in acht nemen van de verplichte wachtperiode, terwijl het niet mogelijk is daaraan tegemoet te komen door het nemen van een zeer snelle beslissing of al dan niet een vergunning vereist is (MvT, *Kamerstukken II* 1995/96, 24707, 3, p. 78). Het is aan de verzoeker om aannemelijk te maken dat het afwachten van de wachtperiode tot onherstelbare schade zal leiden. Onherstelbare schade kan bestaan in geval van faillissement (Besluit ACM 2 maart 1998 (*BAM-Habo*, zaaknr. 69)), dreiging van faillissement (Besluit ACM 24 juni 1998 (*Watco-Véwéwé*, zaaknr. 676); Besluit ACM 28 maart 2022 (VIGO-GGZ Momentum, zaaknr. ACM/22/177689)) of surséance van betaling van de over te nemen onderneming zonder reëel vooruitzicht op de mogelijkheid van een boedelkrediet (Besluit ACM 25 augustus 1998 (*Drie Mollen-Olland*, zaaknr. 849)) of van een belangrijke dochteronderneming (Besluit ACM 20 juli 2018 (*ECR 2.0 BV-ECR*, zaaknr. ACM/18/033613)), of in geval van andere omstandigheden die duiden op een onomkeerbare waardevermindering, zoals de omstandigheid dat het klanten- of werknemersbestand verloren dreigt te gaan (Besluit ACM 2 november 1999 (*Accell Group-Sparta Rijwielen- en Motorenfabriek*, zaaknr. 1550)), dat leveranciers de bevoorrading staken (Besluit ACM 31 oktober 2012 (*iCentre-Winkels van i-Am Store*, zaaknr. 7530)) of vergunningen die essentieel zijn voor de bedrijfsvoering dreigen te vervallen (Besluit ACM 27 april 2005 (*TUI-Holland Exel*, zaaknr. 4971)) of zonder ontheffing niet tijdig verkregen kunnen worden (Besluit ACM 28 augustus 2013 (*TDH Services-Erasmus MC-LUMC*, zaaknr. 13.0659.22)). ACM heeft in enkele gevallen ook mee laten wegen dat het afwachten van de wachtperiode schade zou toebrengen aan de verkrijger van zeggenschap (Besluit ACM 19 september 2008 (*DSM-Diolen*, zaaknr. 6465)) of aan derden (Besluit ACM 23 maart 2009 (*Asito-Meavita Hulp Den Haag*, zaaknr. 6632)). Indien onherstelbare schade kan worden voorkomen door snel te beslissen of al dan niet een vergunning is vereist, zal ACM in de regel deze benadering volgen. In dat geval vervalt de grond voor het ontheffingsverzoek zodra het besluit of al dan niet een vergunning is vereist is genomen en wordt het ontheffingsverzoek afgewezen (Besluit ACM 8 juni 1998 (*Begemann-Tulip*, zaaknr. 770)). De wet lijkt strenger dan de EG-concentratieverordening, waaruit het tot 1 maart 1998 geldende vereiste van 'ernstige schade' is verdwenen. ACM toetst bij de beoordeling van het ontheffingsverzoek niet of aannemelijk is dat de daadwerkelijke mededinging op de Nederlandse markt of een deel daarvan op significante wijze zou kunnen worden belemmerd.

3. Beperkingen en voorschriften (lid 2). Een ontheffing op grond van lid 1 kan onder beperkingen worden verleend en/of vergezeld gaan van voorschriften. **a. Beperkingen.** Beperkingen zien op de begrenzing van de ontheffing. Indien de bezwaarlijkheid van de wachtperiode bijvoorbeeld slechts op bepaalde activiteiten betrekking heeft, ligt het voor de hand de ontheffing te beperken tot die activiteiten. **b. Voorschriften.** Voorschriften zijn aan de ontheffing verbonden (bijkomende) verplichtingen. Te denken valt aan verplichtingen die erop gericht zijn te voorkomen dat ontvlechting praktisch niet meer mogelijk of zeer moeilijk is, bijvoorbeeld een verplichting om de organisatie of boekhouding van de betrokken ondernemingen vooralsnog niet feitelijk te integreren. ACM zal doorgaans voorschriften aan de ontheffing verbinden indien zij op het eerste gezicht de kans niet verwaarloosbaar acht dat een vergunningseis moet worden gesteld en dat de concentratie uiteindelijk op mededingingsbezwaren zal stuiten; Besluit ACM 24 september 2014 (*Stichting Reinier Haga Groep-Stichting 't Lange Land Ziekenhuis*, zaaknr. 14.1060.23). Indien op enig moment niet meer wordt voldaan aan de voorschriften, kan ACM op grond van art. 71 Mw aan degene aan wie die overtreding kan worden toegerekend een boete opleggen van ten hoogste € 900.000, of, indien het een onderneming of ondernemersvereniging betreft en indien dat meer is, van ten hoogste 10% van de omzet in het voorafgaande boekjaar.

4. Vergunning vereist (lid 3). De totstandbrenging van de concentratie geschiedt op risico van de betrokken ondernemingen. Dit lid maakt repressief optreden mogelijk tegen concentraties die krachtens een ontheffing op grond van het eerste lid zonder voorafgaande toetsing tot stand zijn gebracht. **a. Vergunning vereist doch niet verkregen.**

Indien ACM mededeelt dat een vergunning is vereist en deze vergunning niet wordt verkregen, dienen partijen de concentratie binnen dertien weken ongedaan te maken. Een redelijke wetsuitleg brengt met zich mee dat bij intrekking van een aanvraag, de termijn van dertien weken begint te lopen op het moment van intrekking. **b. Vergunning verleend onder beperking of met voorschriften.** De concentratie dient binnen dertien weken na vergunningsverlening in overeenstemming met eventuele voorschriften of beperking te zijn gebracht. **c. Sancties.** Indien op enig moment niet meer wordt voldaan aan de voorschriften, dan kan ACM op grond van art. 74 onderdeel 3 Mw aan degene aan wie die overtreding kan worden toegerekend een boete opleggen van ten hoogste € 900.000, of, indien dat meer is, van ten hoogste 10% van de omzet van de onderneming dan wel, indien de overtreding door een ondernemersvereniging is begaan, van de gezamenlijke omzet van de ondernemingen die van de vereniging deel uitmaken en/of een last onder dwangsom die ertoe strekt de naleving van een ongedaanmakingsverplichting, beperkingen en/of voorschriften af te dwingen.

5. Vergoeding. Voor het geven van een beschikking in de zin van art. 40 Mw is een vergoeding verschuldigd door de onderneming of ondernemingen die het verzoek hebben ingediend (art. 6a lid 1 Instellingswet ACM, zie ook Besluit doorberekening kosten ACM, opgenomen in het onderdeel Bijlagen). De hoogte van deze vergoeding bedraagt € 2.325 (Regeling doorberekening kosten ACM, *Stcrt.* 2014, 36296, opgenomen in het onderdeel Bijlagen).

§ 4
Vergunningen

[Inleidende opmerkingen]

Betekenis. Deze paragraaf ziet op de tweede en derde fase van het concentratietoezicht. In de tweede fase (art. 41-46 Mw) verricht ACM een nader, diepgaander, onderzoek of als gevolg van de concentratie de daadwerkelijke mededinging op de Nederlandse markt of een deel daarvan op significante wijze zou worden belemmerd, met name als het resultaat van het in het leven roepen of het versterken van een economische machtspositie. Is dat het geval, dan weigert zij de vergunning, behoudens de uitzondering voor ondernemingen belast met beheer van diensten van algemeen economisch belang. In deze fase gaat het er doorgaans om te onderzoeken hoe de mededingingsrechtelijke bezwaren kunnen worden weggenomen en de concentratie, eventueel in gewijzigde vorm, doorgang kan vinden (MvT, *Kamerstukken II* 1995/96, 24707, 3, p. 40). In de derde fase (art. 47-49 Mw) kan de Minister van Economische Zaken en Klimaat op aanvraag alsnog de vergunning verlenen indien naar zijn oordeel gewichtige redenen die zwaarder wegen dan de te verwachten belemmering van de mededinging daartoe nopen.

Artikel 41
1. Het is verboden zonder vergunning een concentratie tot stand te brengen waarvoor ingevolge artikel 37 een vergunning is vereist.
2. Een vergunning wordt geweigerd indien als gevolg van de voorgenomen concentratie de daadwerkelijke mededinging op de Nederlandse markt of een deel daarvan op significante wijze zou worden belemmerd, met name als het resultaat van het in

het leven roepen of het versterken van een economische machtspositie. Artikel 37, derde lid, is van overeenkomstige toepassing indien de aanvraag om een vergunning betrekking heeft op een concentratie als bedoeld in artikel 27, tweede lid, waarmee de coördinatie van het concurrentiegedrag van de totstandbrengende ondernemingen wordt beoogd of totstandgebracht.

3. Indien ten minste een van de bij een concentratie betrokken ondernemingen bij wettelijk voorschrift of door een bestuursorgaan is belast met het beheer van diensten van algemeen economisch belang, kan een vergunning slechts worden geweigerd indien de weigering van die vergunning de vervulling van de hun toevertrouwde taak niet verhindert.

4. Een vergunning kan onder beperkingen worden verleend; aan een vergunning kunnen voorschriften worden verbonden.

[28-06-2007, Stb. 284, i.w.tr. 01-10-2007/kamerstukken 30071]

[Vergunning]

1. Algemeen. Het artikel vormt de kernbepaling van § 4. Het bevat een verbod een concentratie tot stand te brengen ten aanzien waarvan een vergunning is vereist (lid 1). Voorts bepaalt het wanneer een vergunning kan worden geweigerd (lid 2 en 3) en de modaliteiten waaronder een vergunning kan worden verleend (lid 4).

2. Verbod zonder vergunning een concentratie tot stand te brengen (lid 1). Deze bepaling vormt het complement van art. 34 Mw, dat in de meldingsfase verbiedt een concentratie tot stand te brengen voordat het voornemen daartoe is gemeld en vier weken zijn verstreken. Het verbod is ook van toepassing op concentraties ten aanzien waarvan ACM op grond van art. 37 Mw heeft bepaald dat onder voorwaarden geen vergunning was vereist, maar die door het niet of niet tijdig voldoen aan de voorwaarden toch vergunningsplichtig worden (zie aant. 5 onder b). Indien ACM de vergunning weigert kunnen partijen de Minister van Economische Zaken en Klimaat verzoeken om wegens zwaarwegende redenen van algemeen belang alsnog een vergunning te verlenen. Zie omtrent de gevolgen van overtreding van het verbod art. 34, aant. 3.

3. Criterium voor weigering vergunning (lid 2). Een vergunning wordt geweigerd, indien als gevolg van de voorgenomen concentratie de daadwerkelijke mededinging op de Nederlandse markt of een deel daarvan op significante wijze zou worden belemmerd, met name als het resultaat van het in het leven roepen of het versterken van een economische machtspositie. Dit criterium komt overeen met dat van art. 37 lid 2 Mw (zie uitgebreid art. 37, aant. 3 onder b). Waar een beslissing op grond van art. 37 lid 2 Mw echter het voorlopig oordeel van ACM behelst (zie art. 37, aant. 3 onder a), bevat een beslissing op grond van art. 40 lid 2 Mw haar definitieve oordeel. Dat impliceert een grondiger toetsing op basis van een diepgaandere bestudering van de feiten. Dit komt tot uitdrukking in de tekst van beide bepalingen: waar onder art. 37 lid 2 Mw voldoende is dat ACM 'redenen heeft om aan te nemen dat' de concentratie de daadwerkelijke mededinging significant 'zou kunnen belemmeren, vereist art. 41 lid 2 Mw dat vast komt te staan dat de daadwerkelijke mededinging op significante wijze 'zou worden' belemmerd. In het kader van deze grondigere toetsing kan ACM terugkomen op haar voorlopige standpunt onder art. 37 Mw (Besluit ACM 15 juni 1999 (*PNEM/MEGA-EDON*, zaaknr. 1331)).

4. Uitzondering voor diensten van algemeen economisch belang (lid 3). Krachtens het derde lid mag de vervulling van een taak van algemeen economisch belang niet worden verhinderd door weigering van een vergunning. Met andere woorden, de concentratie dient noodzakelijk te zijn voor het beheer van diensten van algemeen economisch belang. Deze uitzondering spoort met art. 106 lid 2 VWEU en art. 11 en 25 Mw (zie aldaar omtrent het begrip 'diensten van algemeen economisch belang' en Besluit ACM 29 maart 1999 (*Staatsloterij – Lotto – Bankgiroloterij*, zaaknr. 807)).

5. Beperkingen en voorschriften (lid 4). Een vergunning kan onder beperkingen worden verleend of met voorschriften gepaard gaan. Uit de tekst en de totstandkomingsgeschiedenis van de wet kan niet worden afgeleid of de termen 'beperkingen' en 'voorschriften' een andere draagwijdte hebben dan het begrip 'voorwaarden' in de zin van art. 37 lid 4 Mw. De uitvoeringspraktijk van ACM geeft geen blijk van enig onderscheid; in de Richtsnoeren Remedies 2007 (opgenomen in het onderdeel Bijlagen) worden voorwaarden, beperkingen en voorschriften alle aangeduid als 'remedies'. Voor remedies in de vergunningsfase geldt hetzelfde als in de meldingsfase (zie art. 37, aant. 6) behoudens enige, hierna te bespreken, verschillen. **a. Initiatief en indiening.** ACM zal de partijen uiterlijk bij het uitbrengen van de Punten van Overweging (zie art. 42, aant. 3 onder d) op de hoogte stellen van de gesignaleerde mededingingsproblemen (Richtsnoeren Remedies 2007, § 38). Het uitgangspunt is dat partijen het initiatief dienen te nemen tot het voorstellen van passende remedies om de gesignaleerde mededingingsproblemen weg te nemen (Richtsnoeren Remedies 2007, § 11). In de vergunningsfase dient een voorstel voor remedies uiterlijk drie weken voor het verstrijken van de termijn van art. 44 lid 1 Mw te worden gedaan (Richtsnoeren Remedies 2007, § 40). Remedies kunnen ook worden aangeboden in de vorm van een wijziging van de vergunningsaanvraag (Richtsnoeren Remedies 2007, § 73). Zie ook omtrent het aanbieden van remedies Werkwijze concentratiezaken, § 80-83. **b. Naleving beperkingen en voorschriften.** Anders dan art. 37 lid 6 Mw, stelt lid 4 niet de eis dat de remedies moeten zijn uitgevoerd voordat de concentratie tot stand kan worden gebracht. Naleving van de beperkingen en voorschriften is derhalve, anders dan bij de voorwaarden in de meldingsfase, geen voorwaarde voor het tot stand kunnen brengen van de concentratie. *Sancties.* Indien de aan een vergunning verbonden beperkingen niet worden nageleefd, is echter sprake van handelen zonder een vergunning in de zin van lid 1 (Wet tot wijziging van de Mededingingswet als gevolg van de evaluatie van die wet, MvT, *Kamerstukken II* 2004/05, 30071, 3, p. 23, Richtsnoeren Remedies 2007, § 65). ACM kan dan op grond van art. 74 lid 1 onderdeel 4 Mw een boete en/of last onder dwangsom opleggen die ertoe strekt het niet in acht nemen van de aan de vergunning verbonden beperkingen ongedaan te maken (Richtsnoeren Remedies 2007, § 65). Hetzelfde geldt voor 'remedies' in de vorm van een aangepaste vergunningsaanvraag (Richtsnoeren Remedies 2007, § 73). Indien de aan een vergunning verbonden voorschriften niet worden nageleefd, kan ACM op grond van art. 75 lid 1 Mw een boete en/of een last onder dwangsom opleggen die ertoe strekt alsnog de betreffende voorschriften te doen naleven (Richtsnoeren Remedies 2007, § 65). Zie uitgebreid art. 37, aant. 6 onder f. **c. Wijziging of opheffing beperkingen en voorschriften.** Een verzoek tot herziening van aan een vergunning verbonden beperkingen en voorschriften wordt op dezelfde manier behandeld als een verzoek om een vergunning (Richtsnoeren Remedies 2007, § 75). Zie uitgebreid art. 37 aant. 6 onder g.

6. Rechtsmiddelen. Tegen een beschikking op grond van lid 2 staan twee rechtsmiddelen open die gelijktijdig kunnen worden aangewend. **a. Beroep bij rechtbank.** Tegen de beschikking van ACM staat beroep open bij de Rechtbank Rotterdam (art. 7 Bevoegdheidsregeling bestuursrechtspraak); het maken van voorafgaand bezwaar is niet mogelijk (Regeling rechtstreeks beroep). Beroep bij de rechtbank is het geëigende rechtsmiddel indien de betrokken ondernemingen van mening zijn dat ACM ten onrechte heeft geoordeeld dat, als gevolg van de voorgenomen concentratie de daadwerkelijke mededinging op de Nederlandse markt of een deel daarvan op significante wijze zou worden belemmerd. Het beroep dient binnen zes weken na bekendmaking van de beschikking te worden ingediend. Ook belanghebbende derden, waaronder concurrenten, kunnen beroep instellen (zie bijv. Rb. Rotterdam 19 april 2007, ECLI:NL:RBROT:2007:BA3538 (*NVV/ACM*)). *Criterium.* De rechterlijke toetsing omvat de vraag of ACM heeft voldaan aan haar verplichting aannemelijk te maken dat wel of niet sprake is van mededingingsrechtelijke problemen in de zin van de Mededingingswet. Daarbij wordt echter aanvaard dat ACM een zekere mate van beoordelingsvrijheid heeft bij de waardering van economische feiten. De rechterlijke toetsing is niet beperkt tot het vaststellen of het besluit op een zorgvuldige wijze tot stand is gekomen en op een deugdelijke motivering berust, maar omvat ook of ACM op juiste wijze invulling heeft gegeven aan de wettelijke begrippen en aannemelijk heeft gemaakt dat de feiten en omstandigheden aan de wettelijke voorwaarden voldoen. Zo kan bijvoorbeeld niet worden volstaan met de vaststelling dat een economische machtspositie ontstaat of wordt versterkt. Het moet ook vast komen te staan dat de mededinging op significante wijze zal worden belemmerd (CBb 27 september 2002, ECLI:NL:CBB:2002:AE8688 (*Essent e.a./ACM*); CBb 10 november 2020, ECLI:NL:CBB:2020:799 (*Stichting Speel Verantwoord/ACM*); CBb 28 november 2006, ECLI:NL:CBB:2006:AZ3274 (*Nuon e.a./ACM*)). De rechter dient niet alleen de materiële juistheid van de bewijselementen, de betrouwbaarheid en de samenhang te controleren, maar moet ook beoordelen of die elementen het relevante feitenkader vormen voor de beoordeling en of zij de daaruit getrokken conclusies kunnen schragen. Lid 2 beperkt ACM niet in de bewijselementen die zij in aanmerking mag nemen bij haar vaststelling dat aannemelijk is dat aan de toepassingsvoorwaarden is voldaan. Een economische machtspositie kan het resultaat zijn van verschillende factoren die elk afzonderlijk niet beslissend hoeven te zijn (CBb 28 november 2006, ECLI:NL:CBB:2006:AZ3274 (*Nuon e.a./ACM*)). Ook een prospectieve analyse van ACM dient te zijn gebaseerd op zich voor het voltrekken van de concentratie in werkelijkheid voordoende feiten en omstandigheden die aannemelijk moeten zijn, hoewel ACM een zekere beoordelingsvrijheid heeft bij de waardering van economische feiten en omstandigheden (Rb. Rotterdam 26 april 2012, AWB 09/393 (*UPC/ACM*)). In het kader van deze analyse moet worden onderzocht welke oorzaken welke gevolgen kunnen hebben, om uit te maken wat de meest waarschijnlijke toekomstige scenario's zullen zijn. ACM kan, voor de basis van een dergelijke analyse, niet volstaan met een algemene, abstracte of theoretische beschrijving van de marktsituatie. Een prospectieve analyse verschaft naar zijn aard een andere zekerheid dan een beoordeling in retrospectief omdat het niet een onderzoek betreft naar gebeurtenissen uit het verleden waarvoor vaak talrijke gegevens voor handen zijn die het mogelijk maken om de oorzaken van dergelijke gebeurtenissen te begrijpen. Een prospectieve analyse moet daarom zeer zorgvuldig worden uitgevoerd (CBb 28 november 2006, ECLI:NL:CBB:2006:AZ3274 (*Nuon e.a./ACM*)). Voor zover ACM zich bij het maken van een prospectieve analyse bedient van een model, dient dat model een realistische weergave te zijn van het gedrag van de deelnemers op de betreffende relevante markt en moet het in hoge mate transparant zijn, zowel wat betreft de consistentie van de uitkomst als van de aannames waarop zij is gebaseerd (CBb 28 november 2006, ECLI:NL:CBB:2006:AZ3274 (*Nuon e.a./ACM*); CBb 10 november 2020, ECLI:NL:CBB:2020:799). ***Beroep tegen voorschriften en beperkingen.*** Voor de aanvrager staat niet alleen beroep open tegen een beschikking waarbij de aanvraag om vergunning wordt afgewezen, maar ook tegen voorschriften en beperkingen die aan een vergunning zijn verbonden. De rechtbank dient dan in het bijzonder na te gaan of ACM zich in redelijkheid op het standpunt heeft kunnen stellen dat het naleven van de beperkingen en voorschriften noodzakelijk is om de concentratie vergunningswaardig te doen zijn. Daarbij moet met name worden getoetst of de voorschriften niet onevenredig zijn in verhouding met het daarmee nagestreefde doel (CBb 5 december 2001, AWB 00/867 en 00/870 (*Wegener/ACM*)). Een beroep dat beperkt is tot de voorschriften en beperkingen kan er toe leiden dat, gelet op de samenhang tussen art. 41 lid 2 en lid 4 Mw, toch het hele besluit wordt vernietigd (Rb. Rotterdam 20 september 2000, MEDED.00/573-SIMO/MEDED 00/874-SIMO/MEDED 00/875-SIMO (*Wegener/ACM*)). **b. Aanvraag om vergunning bij minister.** Indien ACM weigert een vergunning te verlenen en de betrokken ondernemingen van mening zijn dat sprake is van gewichtige redenen van algemeen belang die zwaarder wegen dan de te verwachten belemmering van de mededinging, dan kunnen zij een aanvraag tot verlening van de vergunning indienen bij de Minister van Economische Zaken en Klimaat (art. 47 Mw). Een dergelijke aanvraag kan worden ingediend tot vier weken nadat de beschikking van ACM om een vergunning te weigeren onherroepelijk is geworden. ACM stelt de minister zo spoedig mogelijk in kennis van een weigering van een vergunning (art. 17 lid 1 Regeling gegevensuitwisseling ACM en ministers, *Stcrt.* 2013, 8155).

Artikel 42
1. Een aanvraag om vergunning wordt ingediend bij de Autoriteit Consument en Markt.
2. Bij ministeriële regeling kan worden bepaald welke gegevens bij een aanvraag dienen te worden verstrekt.
3. Van een ontvangen aanvraag wordt door de Autoriteit Consument en Markt zo spoedig mogelijk mededeling gedaan in de *Staatscourant*.
[25-06-2014, Stb. 247, i.w.tr. 01-08-2014/kamerstukken 33622]

[Gegevensverstrekking]

1. Algemeen. Het artikel regelt de verstrekking van gegevens in het kader van een aanvraag om vergunning. Inhoudelijk komt de regeling overeen met hetgeen krachtens art. 35 Mw geldt bij melding van het voornemen een concentratie tot stand te brengen. Een verschil is echter dat de aanvraag om een vergunning een aanvraag is in de zin van art. 1:3 lid 3 Awb en de melding niet (Wet wijziging van de Mededingingswet als gevolg van de evaluatie van die wet, MvT, *Kamerstukken II* 2004/05, 30071, 3, p. 23). Dit verklaart bijvoorbeeld waarom het artikel, anders dan art. 35 lid 2 Mw, niet bepaalt wanneer ACM aanvulling van de vergunning kan verlangen. ACM kan immers op grond van art. 4:5 Awb aanvulling verlangen (zie aant. 3 onder b).

2. Indiening bij ACM (lid 1). De aanvraag geschiedt door indiening bij ACM van het Formulier aanvraag vergunning, met de daarin gevraagde informatie en documenten (zie aant. 3 onder a). De aanvraag kan fysiek of digitaal worden ingediend, conform de aanwijzingen in de Werkwijze concentratiezaken, § 30. De onderneming of ondernemingen die de aanvraag indienen zijn een vergoeding verschuldigd aan ACM (zie art. 44 Mw, aant. 4).

3. Gegevens (lid 2). a. Vereiste gegevens. Bij amvb kan worden bepaald welke gegevens dienen te worden verstrekt. Aan deze bepaling is uitvoering gegeven door het Besluit gegevensverstrekking Mw (inmiddels vervangen door Regeling gegevensverstrekking Mededingingswet (*Stcrt.* 2014, 19743)). Voorts heeft ACM op basis van art. 4:4 Awb gebruik van het Formulier aanvraag vergunning voorgeschreven (*Stcrt.* 2007, 187, opgenomen in het onderdeel Bijlagen) Dit formulier sluit aan bij het Besluit gegevensverstrekking Mw. **b. Aanvulling van gegevens.** ACM kan op grond van art. 4:5 Awb aanvulling van de aanvraag verlangen indien niet is voldaan aan het tweede lid of de verstrekte gegevens onvoldoende zijn voor beoordeling van de aanvraag. *Opschorting.* Indien ACM om aanvulling verzoekt, wordt de beslistermijn van art. 44 lid 1 Mw opgeschort tot de aanvraag is aangevuld of de daarvoor gestelde termijn ongebruikt is verstreken (art. 4:15 Awb). ACM stelt zich op het standpunt dat het stellen van aanvullende vragen de beslistermijn opschort met ingang van de dag waarop ACM aanvullende vragen stelt tot de dag waarop die aanvulling door ACM is ontvangen, of de daarvoor gestelde termijn ongebruikt is verstreken (Werkwijze concentratiezaken, § 49; opgenomen in het onderdeel Bijlagen). De beslistermijn wordt niet opgeschort door zogenaamde informele vragen van ACM (zie art. 35, aant. 3 onder b). *Gronden verzoek.* Een redelijke wetsuitleg brengt met zich dat ACM alleen aanvulling mag verlangen voorzover het gaat om gegevens die noodzakelijk zijn voor de beoordeling van de betreffende concentratie (Rb. Rotterdam 27 februari 2014, ROT 13/691 (*Continental Bakeries e.a./ACM*)). Indien ACM gebruikmaakt van deze bevoegdheid, dient zij dat schriftelijk kenbaar te maken, onder vermelding van de redenen waarom — en waarom op dat moment in de procedure — aanvulling wordt gevraagd en van het feit dat daardoor opschorting van de termijn van art. 44 lid 1 Mw plaatsvindt. De aanvrager die meent dat ten onrechte aanvulling is gevraagd doet er goed aan om nog tijdens de vergunningsprocedure schriftelijk en gemotiveerd te betwisten dat terecht gebruik is gemaakt van de bevoegdheid van art. 4:5 Awb. Gebeurt dat niet, dan wordt de aanvrager geacht daarin te hebben berust en zal in beroep, uitzonderlijke gevallen daargelaten, niet worden getoetst of terecht van deze bevoegdheid gebruik is gemaakt (Rb. Rotterdam 20 september 2000, MEDED 00/573-SIMO/MEDED 00/874-SIMO/MEDED 00/875-SIMO (*Wegener/ACM*)). Een redelijke wetsuitleg brengt voorts met zich dat een onterecht verzoek tot aanvulling de beslistermijn niet opschort. Het beleid van ACM ten aanzien van het stellen van aanvullende vragen wordt toegelicht in de Werkwijze concentratiezaken, § 49. **c. Vragen aan derden.** Het kan voorkomen dat ACM, voor de beoordeling van de aanvraag, informatie nodig heeft van anderen dan de betrokken ondernemingen. Op grond van art. 6b Instellingswet ACM is eenieder verplicht om ACM desgevraagd inlichtingen te verschaffen en inzage te geven in de gegevens en bescheiden die ACM redelijkerwijs nodig heeft voor de uitvoering van haar taken. Zo komt het vaak voor dat ACM vragen stelt aan derden om gegevens die door de betrokken ondernemingen zijn verstrekt te kunnen verifiëren of om voorstellen voor remedies te onderwerpen aan een markttest (zie art. 37 Mw, aant. 6 onder e) (Werkwijze concentratiezaken, § 105). Vragen aan derden schorsen de beslistermijn van art. 44 lid 1 Mw niet.

d. Verloop vergunningsfase. De Werkwijze concentratiezaken bevat praktische informatie betreffende de vergunningsfase en het verloop daarvan. *Punten van Overweging.* Indien in de vergunningsfase de in de meldingsfase gesignaleerde mededingingsbezwaren worden bevestigd, zal ACM doorgaans een voorlopig oordeel over de concentratie en de hieraan ten grondslag liggende overwegingen en onderzoeksresultaten neerleggen in zogenaamde Punten van Overweging die aan de aanvragende partijen worden toegestuurd. Daarbij worden ook (onderdelen van) zienswijzen van derden en verslagen van gesprekken met marktpartijen, waarop het besluit mogelijk zal worden gebaseerd, met partijen gedeeld nadat deze zijn geschoond van vertrouwelijke informatie. In een stand van zaken-bespreking kan de ACM de Punten van Overweging mondeling toelichten en kunnen partijen reageren (Werkwijze concentratiezaken, § 75-77). Het is mogelijk dat ACM een niet-vertrouwelijke versie van de Punten van Overweging toestuurt aan derden die in het onderzoek een actieve rol hebben gespeeld en naar verwachting een zinvolle reactie kunnen geven. De aanvragende partijen en eventueel derden worden door ACM worden uitgenodigd om schriftelijk hun zienswijze te geven op de Punten van Overweging. Zienswijzen van deze derden worden, geschoond van vertrouwelijke gegevens, met partijen gedeeld. (Werkwijze concentratiezaken, § 75-78). *Hoorzitting.* Na het uitbrengen van de Punten van Overweging kan ACM een hoorzitting houden waarvoor de aanvragende partijen en eventueel ook derden uitgenodigd kunnen worden om mondeling hun zienswijze te geven op de Punten van Overweging (Werkwijze concentratiezaken, § 79). Aangenomen dient te worden dat het recht om gehoord te worden vereist dat ACM een hoorzitting gelast indien de aanvragende partijen en derden geen andere gelegenheid hebben gehad om hun zienswijze te geven.

4. Vertrouwelijke gegevens. Art. 12w lid 2 Instellingswet ACM bepaalt dat gegevens die ingevolge art. 5.1 Woo niet voor verstrekking in aanmerking komen, niet openbaar worden gemaakt. Deze regeling beoogt te voorkomen dat derden, in het bijzonder concurrenten, kennis kunnen nemen van vertrouwelijke bedrijfsinformatie. Zie nader art. 35, aant. 4.

5. Mededeling in Staatscourant (lid 3). Teneinde belanghebbenden in de gelegenheid te stellen opmerkingen te maken over voorgenomen concentraties schrijft lid 5 mededeling in de Staatscourant voor van elke aanvraag om vergunning.

6. Onjuistheid van verstrekte gegevens. Op grond van art. 73 Mw kan ACM degene die onjuiste of onvolledige gegevens verstrekt bij een aanvraag om een vergunning een boete opleggen van ten hoogste € 900.000 of, indien dat meer is, van ten hoogste 1% van de omzet van de onderneming, dan wel, indien de overtreding door een ondernemersvereniging is begaan, van de gezamenlijke omzet van de ondernemingen die van de vereniging deel uitmaken. De vraag of dit al dan niet opzettelijk is gebeurd is in dit verband niet relevant (CBb 14 mei 2013, AWB 09/4442 (*Refresco/ACM*)). Voorts voorziet art. 45 Mw in de mogelijkheid de mededeling dat geen vergunning is vereist in te trekken, indien blijkt dat de verstrekte gegevens zodanig onjuist waren dat op de melding anders zou zijn beslist als de juiste gegevens wel bekend zouden zijn geweest.

Artikel 43
(Vervallen.)
[25-06-2014, Stb. 247, i.w.tr. 01-08-2014/kamerstukken 33622]

Artikel 44
1. De Autoriteit Consument en Markt geeft haar beschikking op de aanvraag binnen dertien weken na ontvangst van die aanvraag. Het niet binnen dertien weken geven van een beschikking wordt gelijkgesteld met het verlenen van een vergunning.
2. Indien een aanvraag is ingediend voordat blijkens een mededeling van de Autoriteit Consument en Markt voor de desbetreffende concentratie een vergunning is vereist, wordt deze niet in behandeling genomen alvorens die mededeling is bekendgemaakt. De in het eerste lid genoemde termijn vangt aan op het moment van die bekendmaking.
3. Van de beschikking wordt mededeling gedaan in de *Staatscourant*.
[25-06-2014, Stb. 247, i.w.tr. 01-08-2014/kamerstukken 33622]

[Beschikking op de aanvraag tot verlening van een vergunning]

1. Beslistermijn (lid 1). ACM dient binnen dertien weken bij beschikking een vergunning te verlenen of te weigeren, bij gebreke waarvan de vergunning wordt geacht te zijn verleend. Zie omtrent mogelijke verlenging van deze termijn op basis van art. 4:5 Awb art. 42 Mw, aant. 3 onder b. Omdat het hier gaat om een termijn van meer dan twaalf weken is de Algemene termijnenwet niet van toepassing; de termijn kan ook eindigen op een zaterdag, zondag of algemeen erkende feestdag. Voor de rechtsmiddelen tegen deze beschikking zie art. 41 Mw, aant. 6. In beroep wordt ambtshalve getoetst of, blijkens het bestreden besluit, sprake is geweest van opschorting. In het besluit dient daarom te worden vermeld of op grond van art. 4:5 Awb vragen zijn gesteld en hoe lang de termijn als gevolg daarvan opgeschort is geweest (Rb. Rotterdam 20 september 2000, MEDED 00/573-SIMO, MEDED 00/874-SIMO en MEDED 00/875-SIMO (*Wegener/ACM*)). **Werking na vernietiging besluit.** Het ligt in de rede dat deze bepaling haar werking herkrijgt wanneer het besluit dat door de ACM op grond van lid 1 is genomen door de bestuursrechter op grond van art. 8:72 Awb is vernietigd. Zie nader art. 37, aant. 7.

2. Voortijdige aanvraag (lid 2). Voor het indienen van de aanvraag hoeft een oordeel onder art. 37 Mw dat de betreffende concentratie vergunningsplichtig is niet te worden afgewacht (MvT, *Kamerstukken II* 1995/96, 24707, 3, p. 40). Een dergelijke voortijdige aanvraag zal echter niet in behandeling worden genomen alvorens die mededeling is bekend is gemaakt. Dit lid voorkomt dat de beslistermijn van dertien weken kan worden bekort door indiening van een aanvraag om vergunning voordat ACM heeft medegedeeld dat een vergunning is vereist. Met een dergelijke voortijdige aanvraag kan wel worden voorkomen dat tijd verstrijkt tussen het moment van de mededeling dat een vergunning is vereist en het moment dat de aanvraag wordt (geacht te zijn) ingediend. In de Werkwijze concentratiezaken, § 27 stelt ACM dat een aanvraag voor een vergunning pas kan worden gedaan nadat de ACM in het besluit op de melding heeft bepaald dat voor de concentratie een vergunning is vereist. Dit komt niet overeen met de wettekst en wetsgeschiedenis. De ACM stelt daarbij echter ook dat een voortijdige indiening pas in behandeling zal worden genomen nadat de ACM heeft bepaald dat voor de concentratie een vergunning is vereist, hetgeen erop wijst dat een verschil niet is beoogd.

3. Mededeling in Staatscourant (lid 3). Van de beschikking op de vergunningaanvraag (en de strekking daarvan) wordt mededeling gedaan in de *Staatscourant*. In bepaalde zaken geeft ACM ook een persbericht uit. Zie uitgebreid art. 37 Mw, aant. 9.

4. Vergoeding. Voor het geven van een beschikking in de zin van art. 44 Mw is een vergoeding verschuldigd door de onderneming of ondernemingen die de aanvraag hebben ingediend (art. 6a lid 1 Instellingswet ACM, zie ook Besluit doorberekening kosten ACM, *Stb.* 406, opgenomen in het onderdeel bijlagen). De hoogte van deze vergoeding bedraagt € 34.900 (Regeling doorberekening kosten ACM, *Stcrt.* 2014, 36296, opgenomen in het onderdeel Bijlagen). Zie nader art. 37, aant. 11.

Artikel 45
De Autoriteit Consument en Markt kan een vergunning intrekken indien de verstrekte gegevens zodanig onjuist waren dat op de aanvraag anders zou zijn beslist als de juiste gegevens wel bekend zouden zijn geweest.
[28-02-2013, Stb. 102, i.w.tr. 01-04-2013/kamerstukken 33186]

[Intrekking vergunning]

Betekenis. Het artikel voorziet in de mogelijkheid een vergunning in te trekken indien de gegevens waarop deze gebaseerd is fundamenteel onjuist waren. Dat zal het geval zijn indien op basis van de juiste gegevens géén vergunning zou zijn verleend, of slechts een vergunning onder voorwaarden. Het intrekken van de vergunning zal, gezien de ingrijpende consequenties van het ongedaan maken van een concentratie, niet in alle gevallen een redelijke reactie zijn op de verstrekking van de onjuiste gegevens. Hierbij kan het tijdsverloop tussen de vergunningsverlening en de ontdekking dat deze was gebaseerd op onjuiste gegevens van belang zijn (MvT, *Kamerstukken II* 1995/96, 24707, 3, p. 80). ACM zal de betrokken ondernemingen overeenkomstig art. 4:8 Awb in de gelegenheid moeten stellen hun zienswijze naar voren te brengen. Het verstrekken van onjuiste gegevens kan voorts aanleiding zijn voor het opleggen van een boete (zie art. 42, aant. 6).

Artikel 46
1. De Autoriteit Consument en Markt kan om gewichtige redenen op verzoek van degene die een vergunning heeft aangevraagd, ontheffing verlenen van het in artikel 41, eerste lid, gestelde verbod tot op die aanvraag onherroepelijk is beslist.
2. Een ontheffing kan onder beperkingen worden verleend; aan een ontheffing kunnen voorschriften worden verbonden.
3. Indien nadat een ontheffing is verleend als bedoeld in het eerste lid de aanvraag om een vergunning wordt ingetrokken of de vergunning wordt geweigerd, dient de concentratie, voor zover deze dan reeds is tot stand gebracht, binnen dertien weken ongedaan te worden gemaakt.

4. Indien de vergunning onder beperkingen wordt verleend of daaraan voorschriften worden verbonden, dient de concentratie, voor zover deze dan reeds is tot stand gebracht, binnen dertien weken daarmee in overeenstemming te worden gebracht.
[28-02-2013, Stb. 102, i.w.tr. 01-04-2013/kamerstukken 33186]

[Ontheffing verbod totstandbrenging]

1. Algemeen. Het artikel voorziet in de mogelijkheid van ontheffing van het verbod om zonder vergunning een concentratie tot stand te brengen. Een verzoek daartoe kan worden gedaan door degene die een vergunning heeft aangevraagd. Voor ontheffing is grond indien gewichtige redenen maken dat niet kan worden gewacht tot onherroepelijk is beslist op de aanvraag om vergunning. Het artikel vormt het complement van art. 40 Mw.

2. Criterium: gewichtige redenen (lid 1). Van een gewichtige reden is in elk geval sprake indien onherstelbare schade wordt toegebracht aan een voorgenomen concentratie door het in acht nemen van de verplichte wachtperiode (MvT, *Kamerstukken II* 1995/96, 24707, 3, p. 78). Zie over het criterium 'gewichtige redenen' art. 40, aant. 2.

3. Beperkingen en voorschriften (lid 2). Een ontheffing op grond van lid 1 kan onder beperkingen worden verleend en/of vergezeld gaan van voorschriften. **a. Beperkingen.** Beperkingen zien op de begrenzing van de ontheffing. Indien de bezwaarlijkheid van de wachtperiode bijvoorbeeld slechts op bepaalde activiteiten betrekking heeft, ligt het voor de hand de ontheffing te beperken tot die activiteiten. **b. Voorschriften.** Voorschriften zijn aan de ontheffing verbonden (bijkomende) verplichtingen. Te denken valt aan verplichtingen die erop gericht zijn te voorkomen dat ontvlechting praktisch niet meer mogelijk of zeer moeilijk is, bijvoorbeeld een verplichting om de organisatie of boekhouding van de betrokken ondernemingen vooralsnog niet feitelijk te integreren. Indien op enig moment niet meer wordt voldaan aan de voorschriften, kan ACM op grond van art. 71 Mw aan degene aan wie de overtreding kan worden toegerekend een boete opleggen van ten hoogste € 900.000, of, indien het een ondernemersvereniging of, indien het een onderneming of ondernemersvereniging betreft en indien dat meer is, van ten hoogste 10% van de omzet.

4. Vergunning niet of niet onverkort verleend (lid 3 en 4). De totstandbrenging van de concentratie geschiedt op risico van de betrokken ondernemingen. Dit lid maakt repressief optreden mogelijk tegen concentraties die krachtens een ontheffing op grond van lid 1 zonder volledige toetsing tot stand zijn gebracht. **a. Vergunning niet verkregen.** Indien de vergunning niet wordt verkregen, dienen partijen de concentratie binnen dertien weken ongedaan te maken. Bij intrekking van de aanvraag begint de termijn van dertien weken te lopen op het moment van intrekking. **b. Vergunning verleend onder beperking of met voorschriften.** De concentratie dient binnen dertien weken na vergunningsverlening in overeenstemming met eventuele voorschriften of beperkingen te zijn gebracht. **c. Sancties.** Indien op enig moment niet meer wordt voldaan aan de voorschriften, kan ACM op grond van art. 74 onderdeel 5 Mw aan degene aan wie die overtreding kan worden toegerekend een boete opleggen van ten hoogste € 900.000, of, indien dat meer is, van ten hoogste 10% van de omzet van de onderneming dan wel, indien de overtreding door een ondernemersvereniging is begaan, van de gezamenlijke omzet van de ondernemingen die van de vereniging deel uitmaken en/of een last onder dwangsom die ertoe strekt de overtreding ongedaan te maken.

5. Vergoeding. Voor het geven van een beschikking in de zin van art. 46 Mw is een vergoeding verschuldigd door de onderneming of ondernemingen die het verzoek hebben ingediend (art. 6a lid 1 Instellingswet ACM, zie ook Besluit doorberekening kosten ACM, opgenomen in het onderdeel Bijlagen). De hoogte van deze vergoeding bedraagt € 2.325 (Regeling doorberekening kosten ACM, *Stcrt.* 2014, 36296, opgenomen in het onderdeel Bijlagen).

Artikel 47
1. Onze Minister kan, nadat de Autoriteit Consument en Markt een vergunning voor het tot stand brengen van een concentratie heeft geweigerd, op een daartoe strekkende aanvraag besluiten die vergunning te verlenen indien naar zijn oordeel gewichtige redenen van algemeen belang die zwaarder wegen dan de te verwachten belemmering van de mededinging, daartoe nopen.
2. Een aanvraag als bedoeld in het eerste lid kan worden gedaan tot vier weken nadat de beschikking van de Autoriteit Consument en Markt om een vergunning te weigeren onherroepelijk is geworden.
3. Indien een aanvraag als bedoeld in het eerste lid is gedaan wordt de behandeling van beroepschriften inzake de beschikking van de Autoriteit Consument en Markt opgeschort, totdat op die aanvraag onherroepelijk is beslist.
[28-02-2013, Stb. 102, i.w.tr. 01-04-2013/kamerstukken 33186]

[Vergunningsverlening door minister]

1. Algemeen. ACM toetst concentraties alleen aan de gevolgen voor de mededinging. Denkbaar is dat concentraties die uit mededingingsoogpunt niet toelaatbaar zijn, op grond van andere zwaarwegende maatschappelijke belangen niettemin aanvaardbaar worden geacht. In dergelijke gevallen kan de Minister van Economische Zaken en Klimaat concentraties die ACM heeft verboden, alsnog toestaan. Hierbij is sprake van een afweging met een politiek karakter. De minister kan niet een door ACM toegelaten concentratie alsnog verbieden.

2. Gewichtige redenen van algemeen belang (lid 1). De minister verricht geen mededingingsrechtelijke toets, maar een politieke afweging (Minister van EZ 22 juni 1999, ES/MW-M 99039903-b17). Wat 'gewichtige redenen van algemeen belang' zijn wordt in de wet niet nader gespecificeerd. Het zal kunnen gaan om uiteenlopende overwegingen van economische en niet-economische aard. Teneinde de verschillende factoren adequaat tot gelding te brengen is voorgeschreven dat de minister zijn beslissing in overeenstemming met het gevoelen van de ministerraad neemt (art. 49 Mw, MvT, *Kamerstukken II* 1995/96, 24707, 3, p. 41). Voorbeelden van zwaarwegende maatschappelijke belangen zijn staatsveiligheid (defensie) of zeer substantiële werkgelegenheid die ook op termijn doorwerkt (NV, *Kamerstukken II* 1995/96, 24707, p. 69) of het efficiëntiebelang van schaalvergroting om de concurrentie op markten buiten Nederland aan te kunnen (NR, *Kamerstukken II* 1995/96, 24707, A, p. 19). Andere zwaarwegende maatschappelijke belangen die door de minister zijn erkend, zijn het belang van de continuïteit van een landelijke postdienstverlening, het belang van de bescherming van werknemers in de postmarkt en het belang van de bescherming van de financiële belangen van de Staat (Minister van EZ 27 September 2019, *PostNL-Sandd*, CE-MC 19080684). Het verbeteren van de concurrentiële positie in het buitenland als zodanig is niet relevant, hoewel eventueel daaruit voortvloeiende voordelen van belang kunnen zijn (Minister van EZ 22 juni 1999, *RAI-Jaarbeurs*, ES/MW-M 99039903-b17). De vaststelling dat sprake is van gewichtige redenen van algemeen belang die zwaarder wegen dan te verwachten belemmering van de mededinging en nopen tot het verlenen van de vergunning dient deugdelijk te worden gemotiveerd (art. 3:46 Awb) (Rb. Rotterdam 11 juni 2020, ECLI:NL:RBROT:2020:5122 (*PostNL*)). **Beoordelingsruimte minister.** De minister is bij het nemen van een besluit op een aanvraag op grond van art. 47 lid 1 en lid 2 niet alleen gebonden aan de door ACM vastgestelde (significante) belemmering(en) van de mededinging, maar aan de gehele mededingingsrechtelijke beoordeling van ACM die daaraan ten grondslag ligt, dus aan alle door ACM vastgestelde feiten, gedane aannames, gemaakte analyses en getrokken conclusies. Dit geldt evenzeer voor het (eventuele) oordeel van ACM dat de weigering van een vergunning voor de voorgenomen concentratie de vervulling van een DAEB niet verhindert en ook aan de feiten, aannames, analyses en conclusies die ACM aan dat oordeel ten grondslag heeft gelegd (CBb 2 juni 2022, ECLI:NL:CBB:2022:289 (*PostNL*)).

3. Termijn (lid 2). De aanvraag dient uiterlijk te worden gedaan vier weken nadat de beschikking waarbij ACM de vergunning heeft geweigerd onherroepelijk is geworden. Dit maakt het mogelijk eerst de administratieve beroepsprocedure bij de bestuursrechter te doorlopen en, alleen als die procedure geen succes heeft, een beroep op de minister te doen. Lopen beide procedures tegelijk, dan heeft de aanvraag bij de minister voorrang (zie aant. 4). De minister doet binnen een week na ontvangst van de aanvraag daarvan mededeling aan ACM (art. 17 lid 2 Regeling gegevensuitwisseling ACM en ministers, *Stcrt*. 2013, 8155). Voordat de minister de ontwerpbeslissing op een aanvraag op grond van art. 47 Mw in de ministerraad aan de orde stelt, stelt hij de ACM in de gelegenheid binnen een week haar opmerkingen ter zake schriftelijk aan hem kenbaar te maken (art. 17 lid 3 Regeling gegevensuitwisseling ACM en ministers). De minister hoeft belanghebbenden niet in de gelegenheid te stellen om zich (opnieuw) over de voorgenomen concentratie uit te laten. Voor zover de minister het nodig acht om voorwaarden aan de vergunning te verbinden, dienen belanghebbenden in de gelegenheid te worden gesteld zich over de voorwaarden uit te laten (art. 4:8 Awb) (Rb. Rotterdam 11 juni 2020, ECLI:NL:RBROT:2020:5122 (*PostNL*)).

4. Opschorting beroepsprocedure (lid 3). Indien de aanvraag bij de minister wordt gedaan terwijl op het beroep bij de administratieve rechter nog niet onherroepelijk is beslist, wordt de behandeling van het beroep opgeschort totdat op de aanvraag onherroepelijk is beslist.

5. Verhouding met EU-recht. De totstandbrenging van een concentratie door een onderneming die reeds over een economische machtspositie beschikt kan onder omstandigheden misbruik van een economische machtspositie in de zin van art. 102 VWEU vormen (HvJ EG 21 februari 1973, 6/72, *Jur*. 1973, p. 215 (*Continental Can*): GvEA EG 10 juli 1990, T-51/89, *Jur*. 1990, p. II-309 (*Continental Can*)). De verlening van een vergunning voor een dergelijke concentratie wegens gewichtige redenen van algemeen belang kan daarom, afhankelijk van de omstandigheden van het geval, op gespannen voet staan met het EU-recht. Denkbaar is dat belanghebbenden in die situatie voor de Nederlandse rechter een beroep kunnen doen op de rechtstreekse werking van art. 102 VWEU.

Artikel 48
Bij ministeriële regeling kan worden bepaald welke gegevens bij een tot Onze Minister gerichte aanvraag om een vergunning dienen te worden verstrekt.
[25-06-2014, Stb. 247, i.w.tr. 01-08-2014/kamerstukken 33622]

[Te verstrekken gegevens]

Betekenis. Het artikel voorziet in het voetspoor van art. 35 Mw en 42 Mw in de mogelijkheid om bij algemene maatregel van bestuur te bepalen welke gegevens bij een tot de minister gerichte aanvraag moeten worden verstrekt. Van deze mogelijkheid is vooralsnog geen gebruikgemaakt. Bij vaststelling van het Besluit gegevensverstrekking Mededingingswet overwoog de minister dat nog niet te overzien was welke gegevens — in aanvulling op de eerder verstrekte gegevens — bij de beoordeling van een aanvraag om vergunning door de minister nodig zullen zijn. Daarnaast werd niet verwacht dat het aantal aanvragen zodanig groot zal zijn dat het wenselijk is op voorhand algemene regels vast te stellen.

Artikel 49
1. Onze Minister geeft zijn beschikking op een aanvraag, in overeenstemming met het gevoelen van de ministerraad, binnen twaalf weken na ontvangst van die aanvraag.
2. Artikel 44, derde lid, is van overeenkomstige toepassing.
[25-06-2014, Stb. 247, i.w.tr. 01-08-2014/kamerstukken 33622]

[Beschikking minister]

1. Beschikking van minister (lid 1). Het eerste lid bepaalt dat de Minister van Economische Zaken en Klimaat binnen twaalf weken na ontvangst van de aanvraag een beschikking dient te nemen. Het vereiste dat de minister in overeenstemming met het gevoelen van de ministerraad beslist, beoogt de verschillende beleidsaspecten, die in een concreet geval aan de orde kunnen komen, adequaat tot gelding te brengen (MvT, *Kamerstukken II* 1995/96, 24707, 3, p. 41). Voordat de minister de ontwerpbeslissing op een aanvraag aan de orde stelt, stelt hij ACM in de gelegenheid binnen een week haar opmerkingen ter zake schriftelijke aan hem kenbaar te maken (art. 17 lid 3 Regeling gegevensuitwisseling ACM en ministers, *Stcrt.* 2013, 8155).

2. Terinzagelegging en mededeling in Staatscourant (lid 2). Ingevolge het tweede lid wordt de beschikking, nadat zij is bekendgemaakt, ter inzage gelegd bij ACM. Gegevens die ingevolge art. 10 Wet openbaarheid van bestuur niet voor verstrekking in aanmerking komen, worden niet ter inzage gelegd (art. 44 lid 3 Mw). Van de beschikking wordt mededeling gedaan in de *Staatscourant* (art. 44 lid 4 Mw).

HOOFDSTUK 5A

Artikel 49a-49d
(Vervallen.)
[25-06-2014, Stb. 247, i.w.tr. 01-08-2014/kamerstukken 33622]

HOOFDSTUK 5B
Gebruik van gegevens door partijen

Artikel 49e
1. Gegevens als bedoeld in artikel 31, vierde lid, van richtlijn (EU) 2019/1 worden door een partij uitsluitend gebruikt wanneer dat noodzakelijk is om haar rechten van verdediging uit te oefenen in een procedure bij een rechterlijke instantie die rechtstreeks verband houdt met de zaak waarvoor toegang is verleend en enkel wanneer die procedure betrekking heeft op de verdeling van een hoofdelijk opgelegde geldboete tussen deelnemers van het kartel of de vaststelling door de Autoriteit Consument en Markt van een overtreding van de artikelen 6, eerste lid of 24, eerste lid, dan wel de artikelen 101 of 102 van het Verdrag.
2. Gegevens als bedoeld in artikel 31, vijfde lid, van richtlijn (EU) 2019/1 die in het kader van een onderzoek of procedure met het oog op de vaststelling van een overtreding van de artikelen 6, eerste lid, of 24 eerste lid, dan wel de artikelen 101 of 102 van het Verdrag door een partij zijn verkregen, worden door die partij niet gebruikt in een procedure bij een rechterlijke instantie tot het moment waarop de Autoriteit Consument en Markt of een mededingingsautoriteit van een andere lidstaat van de Europese Unie haar onderzoek of procedure met betrekking tot de overtreding afsluit door een besluit als bedoeld in de artikelen 10 of 12 van richtlijn (EU) 2019/1 te nemen of oordeelt dat er geen redenen zijn om verder op te treden.
[11-11-2020, Stb. 9, i.w.tr. 18-02-2021/kamerstukken 35467]

[Beperkingen op het gebruik van informatie verkregen tijdens handhavingsprocedures]

1. Betekenis. Deze bepaling is geïntroduceerd ter implementatie van artikel 31, leden 4 en 5 van Richtlijn (EU) 2019/1. De bepaling legt beperkingen op aan het gebruik van bepaalde informatie die door partijen zijn verkregen tijdens handhavingsprocedures, dat wil zeggen uit het dossier bij de ACM. De beperkingen gelden ook in procedures waarin de ACM alleen het nationale mededingingsrecht (artikel 6 Mw en artikel 24 Mw) toepast. Bij overtreding van deze bepaling geldt een maximale boete van € 900.000,- of 1% van de jaaromzet van de onderneming (zie artikel 76b Mw).

2. Gebruik van clementieverklaringen en schikkingsverklaringen (lid 1). Voor clementieverklaringen en verklaringen die zijn afgelegd met het oog op een schikking, ook wel vereenvoudigde afdoening genoemd, geldt de meest verstrekkende beperking. Deze verklaringen mogen uitsluitend worden gebruikt in twee soorten procedures die rechtstreeks verband houden met de zaak waarin de verklaringen zijn afgelegd. Het gaat dan om gerechtelijke procedures over (i) een beroep tegen het besluit van de ACM waarin de inbreuk op de mededingingsregels is vastgesteld of (ii) de verdeling van hoofdelijk opgelegde boetes.

3. Gebruik van overige documenten (lid 2). Voor (i) documenten die specifiek voor de handhavingsprocedure bij de ACM zijn voorbereid, (ii) documenten die de ACM heeft opgesteld en aan partijen zijn toegezonden in de handhavingsprocedure en (iii) ingetrokken schikkingsverklaringen geldt een minder verstrekkend regime. Deze informatie mag in andere gerechtelijke procedures worden gebruikt. Als enige voorwaarde geldt dat de handhavingsprocedure bij de ACM moet zijn afgerond. Dat kan zijn indien ofwel een besluit is genomen dat de inbreuk moet worden beëindigd, al dan niet in combinatie met een corrigerende structurele of gedragsmaatregel, of een toezegging bindend is verklaard ofwel doordat is besloten de handhavingsprocedure om een andere reden te beëindigen, bijvoorbeeld omdat geen sprake is van een inbreuk. Tot die tijd gelden dezelfde beperkingen als in lid 1 (zie hiervoor).

4. Verhouding tot het civiele recht. Eerder introduceerde de Europese wetgever al beperkingen aan het instellen van een vordering tot inzage in dezelfde categorieën informatie in gerechtelijke procedures over schadeclaims wegens een inbreuk op het mededingingsrecht (ook wel follow-on schadeclaims genoemd) met artikel 6 Richtlijn (EU) 2014/104. Deze bepaling is geïmplementeerd in de artikelen 846 en 847 Wetboek van Burgerlijke Rechtsvordering.

HOOFDSTUK 6
Bevoegdheden in het kader van toezicht

[Inleidende opmerkingen]

1. Algemeen. Het formele mededingingsrecht is geregeld in een samenspel van de Awb, de Instellingswet ACM, de Mededingingswet en Verordening (EG) nr. 1/2003 van de Raad van 16 december 2002 betreffende de uitvoering van de mededingingsregels van art. 81 en 82 EG-Verdrag (*PbEG* 2003, L 1/1, opgenomen in het onderdeel Bijlagen). Met de Stroomlijningswet van 1 augustus 2014 werd een groot deel van de inhoud van hoofdstuk 6 Mw overgeheveld naar de Instellingswet ACM. Dat geldt voor de aanwijzing van toezichthouders (art. 50 Mw (oud) nu opgenomen in art. 12a Instellingswet ACM), het legal privilege (art. 51 Mw (oud), verplaatst naar art. 12g Instellingswet ACM), het zwijgrecht en de cautie (van art. 53 Mw (oud) naar art. 12i Instellingswet ACM), de verzegelingsbevoegdheid (van art. 54 Mw (oud) naar art. 12b Instellingswet ACM) en de functiescheiding (voorheen in art. 54a Mw (oud) en nu in art. 12q Instellingswet ACM). De betredingsbevoegdheid is ACM-breed geregeld in art. 12c-12f Instellingswet ACM. De doorzoekingsbevoegdheid is in de Mededingingswet achtergebleven als de inhoud van hoofdstuk 6 Mw (art. 50 t/m 53 Mw).

2. Toezichtbevoegdheden in de Awb en de Instellingswet ACM. a. Toezichtbevoegdheden in de Awb. De Awb speelt een centrale rol bij de handhaving van het mededingingsrecht. Zo zijn bij de bestuursrechtelijke handhaving van het mededingingsrecht de algemene beginselen zoals zorgvuldig onderzoek (art. 3:2 Awb), zorgvuldige belangenafweging (art. 3:4 lid 2 Awb), de hoorplicht (afdeling 4.1.2 Awb) en de motivering van besluiten (art. 3:46 e.v. en art. 7:12 Awb) van toepassing. Een aantal regels daarvan heeft bij de bestuursrechtelijke handhaving een specifieke invulling. Art. 3:2 Awb is bijvoorbeeld de grondslag voor bewijslastverdeling en een onrechtmatig verkregen bewijs-verweer; bij de inzet van bevoegdheden geldt het evenredigheidsbeginsel (art. 5:13 Awb) en voor boetebesluiten geldt in afwijking van afdeling 4.1.2 Awb een hoorplicht (art. 5:53 Awb). Hoofdstuk 5 Awb regelt de bestuursrechtelijke bevoegdheden die voor de handhaving van de Mededingingswet kunnen worden ingezet: het handhavingstoezicht (titel 5.2, art. 5:11-5:20 Awb), de (voorlopige) last onder dwangsom (titel 5.3 herstelsancties, en meer precies afdeling 5.3.2, art. 5:31d-5:39 Awb) en de bestuurlijke boete (titel 5.4, art. 5:40-5:54 Awb). Van groot belang zijn voorts de algemene bepalingen in titel 5.1 Awb. In deze titel zijn definities en voorzieningen opgenomen die van belang zijn voor de bestuursrechtelijke handhaving van het mededingingsrecht. Zo kunnen zowel de pleger als de medepleger als overtreder worden beschouwd (art. 5:1 lid 2 Awb), en kunnen natuurlijke personen, rechtspersonen (of daaraan gelijkgestelde entiteiten) en de feitelijk leidinggever/opdrachtgevers als overtreder worden aangesproken (art. 5:1 lid 3 Awb). Titel 5.1 herbergt voorts codificaties van het legaliteitsbeginsel (art. 5:4 Awb), een aantal aspecten van het motiveringsbeginsel bij bestuurlijke sancties (art. 5:9 Awb), samenloop (art. 5:6 en 5:8 Awb), de mogelijkheid van een preventieve herstelsanctie bij klaarblijkelijk gevaar (art. 5:7 Awb) en het zwijgrecht (art. 5:10a Awb). In art. 5:5 Awb is de mogelijkheid van het inroepen van de rechtvaardigingsgronden gecodificeerd. **b. Toezichtbevoegdheden in de Instellingswet ACM.** De Instellingswet ACM en de Mededingingswet stapelen de aanvullingen op de toezichtbevoegdheden uit titel 5.2

Awb. Met de aanwijzing van toezichthouders op grond van art. 12a Instellingswet ACM beschikken zij over de in titel 5.2 Awb geregelde toezichtbevoegdheden. Art. 12b-12f Instellingswet ACM vullen die bevoegdheden aan met een verzegelingsbevoegdheid en de bevoegdheid om woningen te betreden. De Mededingingswet voegt daar dan weer de bevoegdheid aan toe om die woning ook te doorzoeken.

Artikel 50

1. De in artikel 12a, eerste lid, van de Instellingswet Autoriteit Consument en Markt bedoelde ambtenaren zijn bevoegd een woning zonder toestemming van de bewoner te doorzoeken, voor zover dat voor de uitoefening van de in artikel 5:17 van de Algemene wet bestuursrecht bedoelde bevoegdheden redelijkerwijs noodzakelijk is.
2. Zo nodig oefenen zij de bevoegdheid tot doorzoeken uit met behulp van de sterke arm.
[25-06-2014, Stb. 247, i.w.tr. 01-08-2014/kamerstukken 33622]

[Doorzoeken woning]

Betekenis. Art. 50 is op 1 augustus 2014 met de Stroomlijningswet (*Stb.* 2014, 247) aan de Mededingingswet toegevoegd en regelt de bevoegdheid om woningen zonder toestemming van de bewoner te 'doorzoeken'. In tegenstelling tot de bevoegdheid om woningen zonder toestemming van de bewoner te 'betreden' (art. 12c Instellingswet ACM), is de doorzoekbevoegdheid niet ACM-breed geregeld (*Kamerstukken II* 2012/13, 33622, 3, p. 8). Voor een uitgebreidere uitleg over de bevoegdheid van de ACM om woningen zonder toestemming van de bewoner te 'betreden' en te 'doorzoeken' wordt verwezen naar het commentaar op art. 12c Instellingswet ACM. De artt. 51 t/m 53 Mw bevatten de procedurele regels die in acht moeten worden genomen bij het doorzoeken van een woning bedoeld in art. 50 Mw.

Artikel 51

1. Voor het doorzoeken, bedoeld in artikel 50, eerste lid, is een voorafgaande machtiging vereist van de rechter-commissaris, belast met de behandeling van strafzaken bij de rechtbank Rotterdam. De machtiging kan bij wijze van voorzorgsmaatregel worden gevraagd. De machtiging wordt zo mogelijk getoond.
2. Artikel 171 van het Wetboek van Strafvordering is van overeenkomstige toepassing. De rechter-commissaris kan het openbaar ministerie horen alvorens te beslissen.
3. Tegen de beslissing van de rechter-commissaris staat voor zover het verzoek om een machtiging niet is toegewezen, voor de Autoriteit Consument en Markt binnen veertien dagen beroep open bij de rechtbank Rotterdam.
4. Het doorzoeken vindt plaats onder toezicht van de rechter-commissaris.
[25-06-2014, Stb. 247, i.w.tr. 01-08-2014/kamerstukken 33622]

[Machtiging rechter-commissaris]

1. Algemeen. Art. 51 is op 1 augustus 2014 met de Stroomlijningswet (*Stb.* 2014, 247) aan de Mededingingswet toegevoegd. De inhoud is afgestemd op de regeling van de machtiging voor het binnentreden van een woning zonder toestemming van de bewoner in art. 12d Instellingswet ACM. Zie het commentaar op art. 12d Instellingswet

ACM. De bepaling vertoont grote gelijkenis met art. 55a Mw (oud). Anders dan art. 12d Instellingswet ACM bij de betreding van woningen, regelt art. 51 lid 4 Mw het toezicht door de rechter-commissaris wel bij de doorzoekingsbevoegdheid van de ACM. In de memorie van toelichting wordt gewezen op het belang van de machtiging om te voldoen aan de grondwettelijke eisen (art. 12 Grondwet en art. 8 EVRM) (*Kamerstukken II* 2012/13, 33622, 3, p. 9), en lijkt daarmee impliciet te verwijzen naar het advies van de Raad van State bij het amendement dat destijds tot de vergelijkbare regeling in de Mededingingswet (oud) leidde (*Kamerstukken II* 30071, 37, p. 3). Volgens de memorie van toelichting wordt voldaan aan de proportionaliteitseis uit art. 8 lid 2 EVRM door de vele waarborgen waarmee de betredingsbevoegdheid is omgeven. "Deze waarborgen (met name de voorafgaande machtiging) hebben immers tot doel te verzekeren dat van de bevoegdheid alleen gebruik wordt gemaakt als dat strikt noodzakelijk is en aan vooraf gestelde eisen voldoet". In verband met de subsidiariteitseis wordt voorts opgemerkt dat "dat de bevoegdheid nodig en ook uitsluitend bedoeld is voor gevallen waarin de gegevens, juist omdat ze in een woning worden bewaard, niet op een andere, minder ingrijpende wijze kunnen worden verkregen" (*Kamerstukken II* 2012/13, 33622, 3, p. 9). De rechter-commissaris beslist in het algemeen relatief snel (binnen een of enkele dagen) op het verzoek om een machtiging voor het binnentreden en/of doorzoeken van een woning zonder toestemming van de bewoner. Bij mededingingsrechtelijke onderzoeken zal het verzoek van de toezichthoudende ambtenaren van de ACM vaak zien op het verkrijgen van zowel een machtiging om een woning binnen te treden als om deze te mogen doorzoeken.

2. Bijstand griffier en rol officier van justitie (lid 2). Art. 171 Sv bepaalt dat de rechter-commissaris wordt bijgestaan door een griffier. De machtiging wordt anders dan in het strafprocesrecht het geval is (vergelijk art. 97 lid 2 Sv), niet gevraagd door de officier van justitie. Door uitdrukkelijk te bepalen dat de rechter-commissaris het openbaar ministerie kan horen alvorens te beslissen, wordt toch voorzien in een rol voor de officier van justitie.

Artikel 52
1. Een machtiging als bedoeld in artikel 51, eerste lid, is met redenen omkleed en ondertekend en vermeldt:
a. de naam van de rechter-commissaris die de machtiging heeft gegeven;
b. de naam of het nummer en de hoedanigheid van degene aan wie de machtiging is gegeven;
c. de wettelijke bepaling waarop de doorzoeking berust en het doel waartoe wordt doorzocht;
d. de dagtekening.
2. Indien het doorzoeken dermate spoedeisend is dat de machtiging niet tevoren op schrift kan worden gesteld, zorgt de rechter-commissaris zo spoedig mogelijk voor de opschriftstelling.
3. De machtiging blijft ten hoogste van kracht tot en met de derde dag na die waarop zij is gegeven.
[25-06-2014, Stb. 247, i.w.tr. 01-08-2014/kamerstukken 33622]

[Inhoud machtiging]

Betekenis. Art. 52 is op 1 augustus 2014 met de Stroomlijningswet (*Stb.* 2014, 247) aan de Mededingingswet toegevoegd. De inhoud is afgestemd op de regeling van de machtiging voor het binnentreden van een woning in art. 12e Instellingswet ACM. Er moet dan ook een strikt onderscheid worden gemaakt tussen het betreden van een woning en het vervolgens doorzoeken daarvan. Zonder machtiging voor het laatste is de toezichthouder tot niet meer gerechtigd dan de woning te betreden en er vervolgens zoekend rond te kijken. De machtiging om een woning te doorzoeken, moet aan een aantal vereisten voldoen. Deze vereisten zijn afgestemd op art. 6 Awbi, maar toegespitst op de bevoegdheidsuitoefening door ACM. Net als lid 2 van de onderhavige bepaling, en zijn rechtsvoorganger in de Mededingingswet regelt art. 2 lid 3 Awbi dat in uitzonderlijke omstandigheden een voorafgaande schriftelijke machtiging niet vereist is. De machtiging voor de zelfstandige bevoegdheid van ACM om een woning te doorzoeken is slechts drie dagen geldig. Anders dan de vergelijkbare bepaling van de Algemene wet op het binnentreden is de Algemene termijnenwet hier wel van toepassing. Verwezen zij naar het commentaar op art. 12c-12f Instellingswet ACM.

Artikel 53

1. De ambtenaar die een doorzoeking als bedoeld in artikel 50, eerste lid, heeft verricht, maakt op zijn ambtseed of -belofte een schriftelijk verslag op omtrent de doorzoeking.
2. In het verslag vermeldt hij:
   a. zijn naam of nummer en zijn hoedanigheid;
   b. de dagtekening van de machtiging en de naam van de rechter-commissaris die de machtiging heeft gegeven;
   c. de wettelijke bepaling waarop de doorzoeking berust;
   d. de plaats waar is doorzocht en de naam van degene bij wie de doorzoeking is verricht;
   e. het tijdstip waarop de doorzoeking is begonnen en is beëindigd;
   f. hetgeen tijdens het doorzoeken is verricht en overigens is voorgevallen;
   g. de namen of nummers en de hoedanigheid van de overige personen die aan de doorzoeking hebben deelgenomen.
3. Het verslag wordt uiterlijk op de vierde dag na die waarop de doorzoeking is beëindigd, toegezonden aan de rechter-commissaris die de machtiging heeft gegeven.
4. Een afschrift van het verslag wordt uiterlijk op de vierde dag na die waarop de doorzoeking is beëindigd, aan degene bij wie de doorzoeking is verricht, uitgereikt of toegezonden. Indien het doel waartoe is doorzocht daartoe noodzaakt, kan deze uitreiking of toezending worden uitgesteld. Uitreiking of toezending geschiedt in dat geval, zodra het belang van dit doel het toestaat. Indien het niet mogelijk is het afschrift uit te reiken of toe te zenden, houdt de rechter-commissaris of de ambtenaar die de doorzoeking heeft verricht, het afschrift gedurende zes maanden beschikbaar voor degene bij wie de doorzoeking is verricht.

[25-06-2014, Stb. 247, i.w.tr. 01-08-2014/kamerstukken 33622]

[Schriftelijk verslag]

Betekenis. Art. 53 is op 1 augustus 2014 met de Stroomlijningswet (*Stb*. 2014, 247) aan de Mededingingswet toegevoegd. De inhoud is afgestemd op de regeling van het verslag van het binnentreden van een woning in art. 12f Instellingswet ACM. Er moet dan ook een strikt onderscheid worden gemaakt tussen het betreden van een woning en het vervolgens doorzoeken daarvan. Zonder machtiging voor het laatste is de toezichthouder tot niet meer gerechtigd dan de woning te betreden en er vervolgens zoekend rond te kijken. Verwezen zij naar het commentaar op art. 12c-12f Instellingswet ACM.

Artikel 53a
Artikel 51 tot en met 53 zijn van overeenkomstige toepassing op inspecties van ruimten, terreinen of vervoermiddelen als bedoeld in artikel 7, eerste lid, van richtlijn (EU) 2019/1, niet zijnde woningen.
[11-11-2020, Stb. 9, i.w.tr. 18-02-2021/kamerstukken 35467]

[Inspectie van andere ruimten dan woningen en bedrijfsruimten]

Betekenis. Artikel 53a Mw is toegevoegd aan de Mededingingswet ter implementatie van artikel 7, tweede lid, van Richtlijn (EU) 2019/1. Artikel 7, tweede lid, van Richtlijn (EU) 2019/1 stelt een voorafgaande machtiging van een nationale gerechtelijke autoriteit verplicht, bij inspecties van 'andere' ruimten, terreinen of vervoermiddelen dan welke tot de ondernemingen of ondernemersverenigingen behoren. Daaronder valt onder meer de particuliere woning. De bevoegdheid van de ACM om een particuliere woning te inspecteren was in Nederland al afhankelijk van een voorafgaande machtiging van de rechter-commissaris. Voor het 'betreden' van een woning is dit geregeld in artikel 12d Instellingswet ACM. Voor het 'doorzoeken' van een woning is het vereiste van een voorafgaande machtiging van de rechter-commissaris geregeld in artikel 51 Mw. Het verschil tussen 'betreden' en 'doorzoeken' van een woning is uitgelegd in aant. 2 van het commentaar bij artikel 12c Instellingswet ACM. De bevoegdheid van de ACM om bedrijfsruimten te inspecteren is gebaseerd op artikel 5:15 Awb. Voor de uitoefening van deze bevoegdheid is geen voorafgaande machtiging nodig. Artikel 53a Mw voegt aan dit wettelijke kader toe, dat een voorafgaande machtiging van de rechter-commissaris ook verplicht is bij het inspecteren van ruimten, terreinen of vervoermiddelen, die niet vallen onder de categorie 'bedrijfsruimten' (waaronder terreinen en vervoermiddelen) of 'woningen'. De wetgever verwacht dat de ACM van deze bevoegdheid weinig gebruik zal maken. Immers voor inspecties van woningen was een voorafgaande machtiging al vereist. Daarnaast kan de ACM op basis van artikel 5:17 Awb "vorderen dat documenten die zich in bijvoorbeeld niet-zakelijke vervoermiddelen bevinden, worden overlegd" (zie *Kamerstukken II* 2019/20, 35467, 3, p. 19). Vanwege artikelen 88 en 89 Mw, is artikel 53a Mw ook van toepassing wanneer de ACM toezicht houdt op de naleving van het Europese mededingingsrecht.

HOOFDSTUK 7
Overtredingen verbod van mededingingsafspraken en verbod van misbruik van een economische machtspositie

[Inleidende opmerkingen]

1. Inhoud. In hoofdstuk 7 Mw is geregeld dat de ACM bij een overtreding van het kartelverbod van art. 6 Mw en het verbod van misbruik van economische machtspositie van art. 24 Mw een overtreding kan vaststellen, een bestuurlijke boete of een last onder dwangsom kan opleggen. Een combinatie is ook mogelijk. Als de ACM ook een overtreding van art. 101 of 102 VWEU constateert, zijn de sanctiebevoegdheden van hoofdstuk 7 van overeenkomstige toepassing (art. 89 Mw). De handhaving van andere overtredingen van de Mw is geregeld in hoofdstuk 8 Mw. Hoofdstuk 7 bevat nog slechts enkele bepalingen, sinds de handhavingsregels van hoofdstuk 5 Awb van toepassing werden en bepalingen werden overgeheveld naar de Instellingswet ACM voor ACM-brede toepassing. Naast de bevoegdheid tot het vaststellen van een overtreding, het opleggen van een boete en/of last (art. 56), regelt hoofdstuk 7 de maximumboete (art. 57), de grondslag voor de clementieregeling (art. 58c), de beslistermijn bij boetes (art. 62) en de verjaring van de boetebevoegdheid (art. 64), evenals de corrigerende structurele maatregel (art. 58a) en voorlopige maatregel (art. 58b). Hoofdstuk 7 is met ingang van 18 februari 2021 gewijzigd ter implementatie van Richtlijn (EU) 2019/1, de zogenoemde ECN+ Richtlijn (*Stb.* 2021, 9). Deze richtlijn verplicht de EU-lidstaten om in nationale wetgeving te borgen dat hun mededingingsautoriteit de noodzakelijke handhavingsbevoegdheden heeft om de uniforme en effectieve handhaving van art. 101 en 102 VWEU te verzekeren. De resulterende wetswijzigingen in de Mw gelden ook als de ACM alleen de nationale equivalenten art. 6 en 24 Mw toepast, om te voorkomen dat een verschil ontstaat in de uitvoeringspraktijk (*Kamerstukken II* 2019/20, 35467, 3, p. 6).

2. Bestuursrechtelijke handhaving. Bij de totstandkoming van de Mededingingswet is uitdrukkelijk gekozen voor bestuursrechtelijke in plaats van strafrechtelijke handhaving (*Kamerstukken II* 1995/96, 24707, 3, p. 43). Bij de oprichting van de ACM heeft de regering die keuze bevestigd, ondanks enkele voorstellen om de Mededingingswet ook strafrechtelijk te handhaven. Dit sloot aan bij de keuze voor een uniform bestuursrechtelijk systeem van handhaving van de diverse wetten waar de ACM toezicht op houdt. Wat de Mededingingswet betreft stelde de regering vast dat toepassing bijzondere deskundigheid vergt, waarin alleen kan worden voorzien door de handhaving op te dragen aan een gespecialiseerd bestuursorgaan. Ook stelt dit de ACM in staat bij decentrale toepassing van de Europese mededingingsregels snel en eenvoudig af te stemmen met de Europese Commissie, die deze regels eveneens bestuursrechtelijk handhaaft. De regering vond het verder wenselijk dat de ACM integraal verantwoordelijk is voor de voortgang van een handhavingszaak, mede om doorkruising van clementieverlening te voorkomen. Strafrechtelijke handhaving was volgens de regering niet nodig voor voldoende afschrikwekkende handhaving, gezien de grote pakkans en de hoge boetes die de ACM aan overtreders kan opleggen, waaronder ook aan bestuurders persoonlijk (*Kamerstukken II* 2012/13, 33622, 3, p. 17-19). Toch zijn de strafrechtelijke rechtspraak en literatuur van belang voor de bestuurlijke boete. Zo heeft de wetgever in de sanctiebepalingen van de Awb, die ook van toepassing zijn op door de ACM opgelegde sancties, begrippen uit het strafrecht gehanteerd en strafrechtelijke bepalingen van overeenkomstige toepassing verklaard (bijv. art. 5:1 lid 3 en art. 5:46 lid 4 Awb). Ook de bestuursrechtelijke jurisprudentie en boetepraktijk zoeken aansluiting bij de strafrechtelijke rechtspraak en literatuur.

3. Verhouding tot de Instellingswet ACM en de Awb. Naast de bevoegdheid tot het opleggen van een boete en last onder dwangsom op grond van hoofdstuk 7, bevat de Instellingswet ACM ACM-brede bevoegdheden die de ACM voor de handhaving van art. 6 of art. 24 Mw kan gebruiken. De ACM kan bij een mogelijke overtreding een toezegging van een onderneming bindend verklaren, als de ACM dat doelmatiger acht dan het opleggen van een boete of last onder dwangsom (art. 12h Instellingswet ACM). Verder kan de ACM een bindende aanwijzing opleggen als zij een overtreding heeft vastgesteld (art. 12j Instellingswet ACM). Daarnaast bevat paragraaf 3 van hoofdstuk 3 van de Instellingswet ACM enkele nadere regels voor sancties. Ten slotte zijn ook de uitgangspunten en procedurele regels over sancties in hoofdstuk 5 van de Awb van toepassing op de bevoegdheid van de ACM om een boete en last onder dwangsom op te leggen. De sanctiebevoegdheden van de ACM in hoofdstuk 7 worden dus nader ingevuld met de ACM-brede bepalingen van de Instellingswet ACM en de brede bestuursrechtelijke bepalingen van de Awb.

§ 1
Bestuurlijke boete en last onder dwangsom

Artikel 56
Ingeval van overtreding van artikel 6, eerste lid, of van artikel 24, eerste lid, kan de Autoriteit Consument en Markt de overtreder:
a. een besluit nemen tot vaststelling van die overtreding;
b. een bestuurlijke boete opleggen;
c. een last onder dwangsom opleggen.
[11-11-2020, Stb. 9, i.w.tr. 18-02-2021/kamerstukken 35467]

[Sanctiebevoegdheid]

1. Algemeen. Art. 56 bepaalt dat de ACM een bestuurlijke boete, een last onder dwangsom of beide sancties kan opleggen bij een overtreding van het verbod van mededingingsbeperkende afspraken (art. 6 Mw) en het verbod van misbruik van economische machtspositie (art. 24 Mw). Daarnaast kan de ACM enkel een overtreding vaststellen. De mogelijke sancties hebben een verschillend karakter. De boete is een bestraffende sanctie, die beoogt leed toe te voegen. De last onder dwangsom is een herstelsanctie, die is gericht op het beëindigen van de overtreding of het ongedaan maken van de gevolgen daarvan, of op het voorkomen van herhaling. Weliswaar heeft ook een boete, zoals een last, specifieke preventie tot doel, maar de boete is daar niet rechtstreeks op gericht. Hoofdstuk 5 van de Awb bevat een algemene regeling voor de bestuurlijke boete (titel 5.4 Awb) en de last onder dwangsom (afdeling 5.3.2 Awb), evenals algemene bepalingen voor beide bestuurlijke sancties (titel 5.1 Awb). De maximumhoogte van de bestuurlijke boete is voor ondernemingen en ondernemersverenigingen geregeld in art. 57 Mw en voor feitelijk leidinggevers in art. 12n Instellingswet ACM. In art. 58a Mw is een nadere regeling opgenomen voor de last onder dwangsom in de vorm van een structurele maatregel. De ACM kan ook een voorlopige maatregel opleggen in de vorm van een zelfstandige last, die bij niet-naleven kan leiden tot een boete of last onder dwangsom (art. 58b Mw). De Instellingswet ACM bevat ACM-brede regels voor de opschortende werking van bezwaar tegen boetebesluiten (art. 12p), de invordering van boetes bij leden van een ondernemersvereniging (art. 12s), en de duur en verjaring van de last onder dwangsom (art. 12r). Waar voor het materiële mededingingsrecht nauw aansluiting wordt gezocht bij het Europese mededingingsrecht, geldt dat niet in dezelfde mate voor het formele recht (zie verder Inleidende opmerkingen Mw, aant. 6). De procedures en sancties voor de handhaving van het materiële mededingingsrecht worden op nationaal niveau geregeld. Zij moeten wel geschikt zijn voor een effectieve handhaving van de Europese mededingingsregels die door de ACM worden toegepast (art. 88 en 89 Mw). De ECN+ Richtlijn bevat minimumeisen (zie Inleidende opmerkingen, hoofdstuk 7 Mw, aant. 1).

2. Overtreder. a. Normadressaat. De verbodsbepalingen van art. 6 en art. 24 Mw richten zich tot ondernemingen en ondernemersverenigingen. Zij zijn de normadressaat. Deze begrippen worden gedefinieerd in art. 1 Mw, dat aansluit bij de uitleg van deze begrippen in het Europese mededingingsrecht. Een onderneming is een economische eenheid, die vaak uit verschillende juridische entiteiten bestaat. Nadat de ACM onderzoek heeft gedaan en vaststelt dat de onderneming een overtreding van art. 6 of 24 Mw heeft begaan, kan de ACM sancties opleggen aan één of meer van de juridische entiteiten binnen de onderneming. Dat zijn de rechtssubjecten op wie de verplichting rust de boete te betalen of de last uit te voeren (bijv. CBb 19 maart 2019, ECLI:NL:CBB:2019:120 (*toerekening investeringsmaatschappij*)). Meestal gaat het om rechtspersonen, maar ook een natuurlijk persoon kan een onderneming voeren en dus als overtreder gelden (art. 5:1 lid 3 Awb). Ook een aan een rechtspersoon gelijkgestelde entiteit, zoals een maatschap of vennootschap onder firma, kan als overtreder gelden (art. 5:1 lid 3 Awb jo. art. 51 lid 3 Sr). Zo heeft de ACM een Duitse commanditaire vennootschap (KG) als overtreder aangemerkt (CBb 19 maart 2019, ECLI:NL:CBB:2019:121; zie ook onder c hierna). Het is niet uitgesloten dat een krachtens publiekrecht ingestelde rechtspersoon overtreder is, mits de gedraging in kwestie een economische activiteit vormt en niet uit een overheidstaak voortvloeit. Daarnaast kan de ACM een sanctie opleggen aan degene die feitelijk leiding heeft gegeven aan de overtreding (art. 5:1 lid 3 Awb jo. art. 51 lid 2 Sr, zie verder onder d hierna). In de Instellingswet ACM vallen ondernemingen en ondernemersverenigingen onder het verzamelbegrip marktorganisatie, dat alle marktpartijen omvat die worden genoemd in de wetten waar de ACM toezicht op houdt (art. 1 Instellingswet ACM). **b. Functioneel daderschap.** Wanneer de overtreding bestaat uit een rechtshandeling van een rechtspersoon, zoals een prijsafspraak in een contract, is het duidelijk dat die rechtspersoon de overtreder is. Meestal bestaat een overtreding echter (mede) uit fysieke gedragingen van een natuurlijk persoon die werkzaam is voor een rechtspersoon. Als die gedragingen redelijkerwijs aan de rechtspersoon toegerekend kunnen worden, geldt die rechtspersoon als functioneel dader en is hij op die basis overtreder. Om te bepalen wanneer dat het geval is, sluit de bestuursrechter aan bij het *Drijfmest*-arrest van de Hoge Raad (HR 21 oktober 2003, ECLI:NL:HR:2003:AF7938). In dit arrest noemt de Hoge Raad als belangrijk oriëntatiepunt of de gedraging heeft plaatsgevonden in de sfeer van de rechtspersoon. Daarvan is sprake als voldaan is aan een of meer van de volgende criteria: 1. het gaat om een handelen of nalaten van iemand die werkzaam is ten behoeve van de rechtspersoon uit hoofde van een dienstbetrekking of uit andere hoofde; 2. de gedraging past in de normale bedrijfsvoering van de rechtspersoon; 3. de gedraging is de rechtspersoon dienstig geweest in het door hem uitgeoefende bedrijf; 4. de rechtspersoon kon erover beschikken of de gedraging al dan niet zou plaatsvinden en zulk of vergelijkbaar gedrag werd feitelijk door de rechtspersoon aanvaard of placht te worden aanvaard (zoals al bepaald door de Hoge Raad voor het functioneel daderschap van natuurlijke personen in het *IJzerdraad*-arrest van 23 februari 1954, *NJ* 1954/378). Van aanvaarden is ook sprake als de rechtspersoon niet de zorg heeft betracht die in redelijkheid van hem kon worden gevergd met het oog op het voorkomen van de gedraging. Het CBb paste deze criteria bijvoorbeeld toe om te bepalen of de gedragingen van een commercieel directeur konden worden toegerekend aan zijn werkgever (CBb 10 april 2014, ECLI:NL:CBB:2014:118 (*Boomkwekerijen*)). Het CBb stelde vast dat deze gedragingen waren verricht in het kader van diens normale bedrijfsvoering en dat de gesprekspartners van de directeur ervan uit konden gaan dat hij sprak namens de onderneming. Hier deed niet aan af dat de onderneming naar eigen zeggen geprobeerd had om vat op de directeur te krijgen maar daar niet in geslaagd was. Ook de gedragingen van een persoon die niet in dienst was bij de overtredende onderneming maar bij haar aandeelhouder, rekende het CBb op basis van de criteria van het *Drijfmest*-arrest toe aan de onderneming (CBb 6 april 2021, ECLI:NL:CBB:2021:372 (*Vrieshuizen inz. sap*)). Succesvoller was het beroep van de Landelijke Huisartsenvereniging, die volgens het CBb niet als (functioneel) dader kon worden aangemerkt van de verbreking van de ACM-verzegeling door een beveiliger van het bedrijfsverzamelgebouw waar de LHV kantoor hield (CBb 3 juni 2014, ECLI:NL:CBB:2014:200). Het CBb verwees daarbij uitdrukkelijk naar het *Drijfmest*-arrest. Ook de ACM verwees bijvoorbeeld naar dit arrest bij het toerekenen aan een onderneming van het verwijderen van WhatsApp-berichten door haar medewerkers (besluit 10 december 2019, zaak ACM/19/035612). Volgens de Europese rechtspraak is het voor vaststelling van een overtreding niet vereist dat een statutair bestuurder persoonlijk heeft gehandeld of mandaat heeft gegeven voor de inbreukmakende gedragingen. De deelneming aan kartelbijeenkomsten is meestal een heimelijke activiteit, die niet is onderworpen aan formele regels, en de vertegenwoordiger van de onderneming bij een dergelijke bijeenkomst heeft zelden een mandaat voor het plegen van een overtreding (HvJ EU 7 februari 2013, C-68/12, ECLI:EU:C:2013:71 (*Slovenska sporitelna*)). Ook de gedragingen van een agent zijn toegerekend aan de rechtspersoon die hem had ingehuurd, omdat die agent, gezien de aard van zijn agentuurovereenkomst, deel uitmaakte van de onderneming (Gerecht 15 juli 2015, T-418/10, ECLI:EU:T:2015:516 (*voestalpine Austria Draht*)). Een onderneming kan zelfs aansprakelijk zijn voor de gedragingen van een onafhankelijke onderneming die voor haar diensten verricht, zoals een onderaannemer. Dit geldt niet alleen als die dienstverrichter in werkelijkheid onder het gezag of toezicht van de onderneming werkte en weinig tot geen autonomie had in de manier waarop hij de diensten uitvoerde. Dit geldt ook als de onderneming van de inbreukmakende gedragingen van de dienstverrichter op de hoogte was en daaraan wilde bijdragen, of die gedragingen redelijkerwijs kon voorzien en bereid was het risico ervan te aanvaarden (HvJ EU 21 juli 2016, C-542/14, ECLI:EU:C:2016:578 (*VM Remonts*)). **c. Toerekening aan moedermaatschappijen.** Het is gebruikelijk dat de ACM een boete niet alleen oplegt aan de rechtspersoon die (middels zijn personeel) de overtreding feitelijk heeft gepleegd, maar ook aan zijn moedermaatschappij(en), en hen hoofdelijk aansprakelijk stelt. Als de moedermaatschappij een beslissende invloed uitoefent op haar dochtermaatschappij, die haar in staat stelt het marktgedrag van die dochter te bepalen, vormen beiden immers samen de onderneming aan wie de verbodsbepalingen van art.

6 en art. 24 Mw zijn gericht. Dit stelt zeker dat de boete een afschrikwekkend effect heeft, aangezien hierdoor het boetemaximum wordt gebaseerd op de omzet van de gehele onderneming (nl. de geconsolideerde omzet van de moedermaatschappij) in plaats van alleen op de omzet van de inbreukmakende dochtermaatschappij (zie verder art. 57 Mw, aant. 3 onder b). Daarnaast voorkomt dit dat een onderneming aan een boete kan ontkomen door de activiteiten van de inbreukmakende dochter over te hevelen naar een andere groepsmaatschappij, waardoor de boete niet meer bij de dochter kan worden geïnd. Toerekening is ook mogelijk aan een natuurlijke persoon, als hij beslissende invloed heeft op het marktgedrag van de inbreukmakende rechtspersoon (CBb 19 maart 2019, ECLI:NL:CBB:2019:121 (*beherend vennoten Kommanditgesellschaft*)). Bij deelnemers aan hetzelfde kartel laten ACM-besluiten zien dat zij in de praktijk toerekent aan moedermaatschappijen op hetzelfde niveau, voor zover de structuur van de betrokken ondernemingen dat toelaat. Toen bij het Meel-kartel deelnemers een beroep deden op ongelijke behandeling, omdat bij hen tot een hoger niveau was toegerekend dan bij een andere deelnemer, werd dit door de ACM gecorrigeerd door hetzelfde beoordelingskader toe te passen op alle deelnemers (CBb 14 juli 2016, ECLI:NL:CBB:2016:185 en ECLI:NL:CBB:2016:186 (*Meel*)). **Vermoeden van beslissende invloed.** Toerekening vindt plaats in lijn met vaste rechtspraak van het Europees Hof van Justitie, zoals beoogd door de wetgever (*Kamerstukken II* 1995/96, 24707, 3, p. 10). Voor toerekening aan de moedermaatschappij is niet vereist dat deze aantoonbaar de inbreukmakende gedragingen van de dochtermaatschappij heeft aangestuurd of van deze gedragingen op de hoogte was. Het is voldoende dat de moedermaatschappij in het algemeen het gedrag van haar dochter zodanig beïnvloedt dat zij als een economische eenheid moeten worden beschouwd. In gevallen waarin de moedermaatschappij (nagenoeg) 100% van de aandelen houdt in de dochtermaatschappij, is er een vermoeden van beslissende invloed. De ACM mag dan op grond van dit aandeelhouderschap aannemen dat de moedermaatschappij beslissende invloed uitoefent op het gedrag van haar dochter. De ACM hoeft niet te bewijzen dat dit ook daadwerkelijk gebeurt. Dat wordt niet anders als de ACM, naast het wijzen op dit vermoeden, ook concrete aanwijzingen hiervoor aandraagt (Rb. Rotterdam 11 mei 2021, ECLI:NL:RBROT:2021:6099 (*Notarieel aktepapier*)). **Weerlegging van vermoeden.** De moedermaatschappij kan dit vermoeden weerleggen door op basis van de economische, organisatorische en juridische banden tussen haar dochter en zichzelf aan te tonen dat zij geen economische eenheid vormden en dat haar dochter zich op de markt autonoom gedroeg (HvJ EU 10 september 2009, C-97/08, ECLI:EU:C:2009:536 (*Akzo*)). In de praktijk slagen moedermaatschappijen hier zelden in. Het was bijvoorbeeld niet voldoende dat de moeder alleen een holdingmaatschappij was, aangezien het bestuur van de dochter volgens haar statuten werd benoemd door de vergadering van aandeelhouders waarin de moeder (nagenoeg) het gehele kapitaal vertegenwoordigde. Op deze manier kan ook worden toegerekend aan de moedermaatschappij die aan de top van de onderneming staat en 100% van de aandelen in de inbreukmakende vennootschap houdt via tussenliggende dochters (bijv. CBb 30 oktober 2018, ECLI:NL:CBB:2018:527 (*Zeescheepsafval*)). Het vermoeden kan evenmin worden weerlegd door het enkele feit dat de dochter niet een instructie van haar moeder opvolgde om geen mededingingsbeperkende afspraken te maken in de relevante markt. Voor het bestaan van beslissende invloed is niet vereist dat de dochter alle instructies van haar moeder opvolgt, zolang het maar niet de regel is dat zij dit niet doet (HvJ EU 16 juni 2016, C-155/14P, ECLI:EU:C:2016:446 (*Evonik Degussa en AlzChem*)). Het vermoeden van beslissende invloed is bekritiseerd

als feitelijk onweerlegbaar en daardoor in strijd met de onschuldpresumptie en het beginsel van 'geen straf zonder schuld'. Het CBb oordeelt echter, met verwijzing naar Europese rechtspraak, dat het gegeven dat het moeilijk is om het tegenbewijs te leveren dat voor de weerlegging van een vermoeden noodzakelijk is, op zichzelf niet impliceert dat dit vermoeden feitelijk onweerlegbaar is. Dat geldt volgens het CBb met name niet wanneer de moedermaatschappij tegen wie het vermoeden werkt, zelf het beste in staat is om dit bewijs te zoeken in haar eigen sfeer van activiteiten (CBb 14 juli 2016, ECLI:NL:CBB:2016:186 (*Meel*)). *Andere gevallen van beslissende invloed.* Waar dit vermoeden van beslissende invloed niet geldt, kan de ACM de moedermaatschappij alleen aansprakelijk stellen als zij aantoont dat de moeder daadwerkelijk het gedrag van haar dochter zodanig beïnvloedt dat zij als een economische eenheid moeten worden beschouwd. Hiervoor zijn de economische, organisatorische en juridische banden tussen moeder en dochter relevant. Deze kunnen ook informeel zijn, bijvoorbeeld in de vorm van personele vervlechting van hun directies. Op basis van deze banden is ook aan een private-equitybedrijf toegerekend. Dit werd onderscheiden van een zuiver financiële investeerder, die deelnemingen in vennootschappen heeft om financiële winst te verwezenlijken maar zich van elke betrokkenheid bij het bestuur en de controle ervan onthoudt (CBb 19 maart 2020, ECLI:NL:CBB:2019:120 (*toerekening investeringsmaatschappij*)). Als de inbreukmakende entiteit een joint-venture is, kunnen beide (of meerdere) moedermaatschappijen feitelijk beslissende invloed hebben. Dat geldt ook als een moedermaatschappij minder dan 50% van de aandelen houdt. Dan kan aan elke moedermaatschappij worden toegerekend (zie HvJ EU 18 januari 2017, C-623/15, ECLI:EU:C:2017:21 (*Toshiba*) voor toerekening aan een moeder met 35% van de aandelen). *Persoonlijke aansprakelijkheid.* Het is niet onomstreden dat een boete wordt opgelegd aan zowel de feitelijk inbreukmakende rechtspersoon als zijn moedermaatschappij die zelf niet feitelijk bij de overtreding betrokken was of ervan wist. Het zou in strijd zijn met het beginsel van persoonlijke beboeting en het 'ne bis in idem'-beginsel. Dit verweer wordt echter door de Europese noch de Nederlandse rechter aanvaard. Het CBb overwoog dat de onderneming als geheel als economische eenheid aansprakelijk is voor de overtreding, maar dat de boete niet aan haar kan worden opgelegd omdat deze eenheid geen rechtssubject is. De boete wordt daarom opgelegd aan de (rechts)personen waaruit de onderneming bestaat. Zij zijn persoonlijk aansprakelijk voor de overtreding en daarom hoofdelijk aansprakelijk voor de resulterende boete. Ook zijn deze (rechts)personen degenen voor wie het 'ne bis in idem'-beginsel geldt, en dit beginsel wordt daarom niet geschonden als binnen de onderneming verschillende rechtspersonen voor dezelfde boete aansprakelijk zijn (CBb 19 maart 2020, ECLI:NL:CBB:2019:120 (*toerekening investeringsmaatschappij*)). Het CBb verwees onder meer naar Europese rechtspraak waarin wordt vastgesteld dat de moedermaatschappij persoonlijk wordt veroordeeld wegens een overtreding, omdat zij wordt geacht deze zelf te hebben begaan vanwege de beslissende invloed die zij uitoefende op haar dochtermaatschappij en die haar in staat stelde het marktgedrag van die dochter te bepalen. Deze persoonlijke aansprakelijkheid is niet beperkt tot een soort borgstelling voor de betaling van de aan de dochter opgelegde boete (HvJ EU 27 april 2017, C-516/15, ECLI:EU:C:2017:314 (*Akzo*)). *Overgang van rechtspersonen.* Er kan verandering komen in de eigendom van een inbreukmakende rechtspersoon tijdens of na afloop van de overtreding. Als verkoop van de rechtspersoon plaatsvindt gedurende de overtreding, zijn in beginsel de oude en nieuwe moedermaatschappij aansprakelijk voor het deel van de boete dat betrekking heeft op de periode dat zij een onderneming vormden met de dochtervennootschap. Als een inbreukmakende rechtspersoon op een later moment wordt verkocht, maar voordat de ACM een boete heeft opgelegd, blijft de aansprakelijkheid in beginsel bij de entiteit die moedermaatschappij was ten tijde van de overtreding. Het is echter niet uitgesloten dat in bepaalde omstandigheden de nieuwe moedermaatschappij aansprakelijk kan zijn, bijvoorbeeld als deze de activiteiten van de inbreukmakende rechtspersoon heeft overgenomen en de oude moedermaatschappij niet meer bestaat. In de praktijk zijn er veel variaties in de overgang van ondernemingen. In haar boetebesluiten bepaalt de ACM aan de hand van het concrete geval en de Europese rechtspraak aan wie zij de overtreding kan toerekenen. Ook de Nederlandse rechter volgt de Europese rechtspraak, zoals hierboven genoemd. **d. Feitelijk leidinggevers.** Hoewel de verbodsbepalingen van art. 6 en 24 Mw zijn gericht tot ondernemingen, kan de ACM ook een sanctie opleggen aan een natuurlijk persoon die feitelijk leiding heeft gegeven aan, of opdracht heeft gegeven tot, een overtreding van deze bepalingen (art. 5:1 lid 3 Awb jo. art. 51 lid 2 Sr). Dat kan alleen als de ACM heeft vastgesteld dat een onderneming in overtreding was. Het is niet vereist dat de ACM ook aan die onderneming een sanctie oplegt: dit zijn additionele en discretionaire bevoegdheden (CBb 20 november 2014, ECLI:NL:CBB:2014:455 (*besluit AFM 6 september 2011*)). Waar een feitelijk leidinggever alle aandelen houdt in de inbreukmakende rechtspersoon en in zoverre met de rechtspersoon kan worden vereenzelvigd, staat dat er niet aan in de weg dat zowel de feitelijk leidinggever als de rechtspersoon wordt beboet. Zij worden gezien als zelfstandige dragers van rechten en plichten. De feitelijk leidinggever geldt in zo'n geval niet als een overtreder aan wie wegens dezelfde overtreding reeds eerder een boete is opgelegd, zodat deze situatie niet strijdig is met het 'ne bis in idem'-beginsel zoals bedoeld in art. 5:43 Awb. Wel kan die financiële verwevenheid reden zijn voor boetematiging bij de beoordeling van de evenredigheid van de boetes (CBb 25 januari 2017, ECLI:NL:CBB:2017:14 (*besluit DNB 31 juli 2013*)). Dit systeem van individuele beboeting betekent tevens dat het niet mogelijk is om een feitelijk leidinggever hoofdelijk aansprakelijk te stellen voor (een deel van) de boete die aan de rechtspersoon is opgelegd. De ACM heeft in het verleden deze constructie toegepast om een onevenredige beboeting in het licht van de financiële verwevenheid tussen de feitelijk leidinggever en onderneming te voorkomen. Het CBb vernietigde deze hoofdelijkheidsconstructie echter en stelde alsnog afzonderlijke boetebedragen vast voor de feitelijk leidinggever en de rechtspersoon (CBb 20 augustus 2019, ECLI:NL:CBB:2019:357 (*Leesmappen*)). In de afgelopen jaren heeft de ACM in een aantal mededingingszaken feitelijk leidinggevers beboet, steeds naast beboeting van de onderneming, maar dat gebeurt zeker niet in alle zaken. Een beroep door een beboete feitelijk leidinggever op schending van het gelijkheidsbeginsel faalde echter: de ACM moet, gezien haar beperkte middelen, keuzes maken bij het al dan niet vervolgen van feitelijk leidinggevers, gelet op onder meer het aanwezige bewijs (CBb 8 mei 2018, ECLI:NL:CBB:2018:140 (*feitelijk leidinggever Limburgse Bouw*)). Ten slotte kan een feitelijk leidinggever persoonlijk aansprakelijk zijn voor betaling van (een deel van) de aan de onderneming opgelegde boete. Deze aansprakelijkheid kan bestaan jegens de rechtspersoon (bijv. wegens onbehoorlijk bestuur op grond van art. 2:9 BW, zie Rb. Noord-Nederland 23 september 2020, ECLI:NL:RBNNE:2020:3292 (*boete Europese Commissie garnalenkartel*)). Ook jegens een toezichthouder kan een feitelijk leidinggever aansprakelijk zijn op grond van onrechtmatige daad (art. 6:162 BW). Dit was bijvoorbeeld aan de orde toen een bestuurder geld aan een beboete rechtspersoon had onttrokken waardoor deze zijn boete niet kon betalen (Rb. Rotterdam 2 september 2020, ECLI:NL:RBROT:2020:8779 (*AFM/Your Finance*)). ***Criteria.*** Om te bepalen wanneer sprake is van feitelijk leiding geven sluit het CBb aan bij de rechtspraak van de Hoge Raad over feitelijk leidinggeven in het strafrecht (bijv. CBb 8 mei 2018, ECLI:NL:CBB:2018:140 (*feitelijk leidinggever Limburgse Bouw*) met verwijzing naar het overzichtsarrest van de Hoge Raad van 26 april 2016, ECLI:NL:HR:2016:733). Er kan sprake zijn van feitelijk leidinggeven als een functionaris van de onderneming actief de inbreukmakende gedragingen heeft aangestuurd, of als deze het onvermijdelijk gevolg zijn van het algemene door de functionaris gevoerde beleid. Daarnaast kan een meer passieve rol resulteren in feitelijk leidinggeven, namelijk als de functionaris – hoewel daartoe bevoegd en redelijkerwijs gehouden – maatregelen ter voorkoming van de inbreukmakende gedragingen achterwege laat en bewust de aanmerkelijke kans aanvaardt dat deze gedragingen zich zullen voordoen (de Slavenburg-criteria, genoemd naar het arrest van de Hoge Raad van 16 december 1986, *NJ* 1987/321). Dit vereiste van bewuste aanvaarding betreft een vorm van voorwaardelijk opzet, maar dat strekt zich niet uit tot de wederrechtelijkheid van de gedragingen: het is niet van belang of de functionaris wist dat deze gedragingen een overtreding zouden opleveren. Anders gezegd is kleurloos opzet vereist, boos opzet niet. De functionaris hoeft geen (statutair) bestuurder te zijn om als feitelijk leidinggever aangemerkt te worden, maar evenmin is die positie voldoende. Het gaat om feitelijke, niet formele, zeggenschap. Zo kon een statutair bestuurder die feitelijk de zeggenschap over de onderneming al had overgedragen aan zijn opvolger, niet worden aangemerkt als feitelijk leidinggever (CBb 17 juni 2016, ECLI:NL:CBB:2016:151 (*besluit DNB 25 september 2012*)). Ook functionarissen met een lagere positie in de hiërarchie kunnen als feitelijk leidinggever gelden. Zo heeft de ACM voor overtredingen van de Wet handhaving consumentenbescherming een hoofd van de Afdeling Juridische Zaken als feitelijk leidinggever aangemerkt (besluit ACM 26 mei 2016, zaak 15.0724.32 (*Huurbegeleiding en Financial Media*)), evenals een Chief Product Manager (besluit 9 juni 2016, zaak 16.0137.32 (*TOM*)). Ook leden van de Raad van Commissarissen kunnen gelden als feitelijk leidinggever, zij het dat zij dan waarschijnlijk intensiever bij de gedragingen betrokken zullen zijn dan doorgaans past binnen de toezichthoudende rol van een commissaris (Rb. Rotterdam 27 september 2012, ECLI:NL:RBROT:2012:BX8528 (*Wegener*); zie ook besluit ACM 30 april 2015, zaak 14.0986.32 (*Lecturama*), waarin de ACM een boete oplegde aan een commissaris die zich intensief met de dagelijkse gang van zaken bemoeide). Zie verder Bleeker e.a., *Sanctionering van ondernemingen en bestuurders in het bestuursstrafrecht*, Preadviezen Jonge VAR 2019. **e. Medeplegen.** Van medeplegen is sprake als twee of meer (rechts)personen samen een overtreding begaan in nauwe en bewuste samenwerking. Een medepleger geldt als overtreder (art. 5:1 lid 2 Awb), ook al vervult hij niet alle bestanddelen van de overtreding en is hij niet zelf normadressaat. Anders dan in het strafrecht, wordt in het bestuursrecht een medeplichtige – met een meer ondergeschikte rol dan een medepleger – niet als overtreder aangemerkt. In het economisch bestuursrecht stellen toezichthouders de deelnemingsvorm van medeplegen niet vaak vast, en de ACM heeft dit in mededingingszaken nog niet gedaan. Weliswaar zijn bij overtredingen van art. 6 Mw per definitie minimaal twee ondernemingen betrokken (en/of ondernemersverenigingen), maar zij worden allen gezien als plegers, die zelf de handelingen hebben verricht die tot de kwalificatie van overtreding leiden. Dat is niet anders voor deelnemers aan een enkele voortdurende inbreuk, die onder voorwaarden ook aansprakelijk kunnen zijn voor gedragingen van andere deelnemers (zie art. 6 Mw, aant. 3 onder e). Ook het ondersteunen van mededingingsbeperkende afspraken is niet als medeplegen aangemerkt, maar als eigen overtreding (zie bijv. besluit ACM 30 juni 2017, zaak 7615 (*Accu's vorkheftrucks*)). Zo geldt ook in het Europese mededingingsrecht, waar medeplegen niet een afzonderlijke deelnemingsvorm is, dergelijke ondersteuning door een 'facilitator' als een overtreding (HvJ EU 22 oktober 2015, C-194/14, ECLI:EU:C:2015:717 (*AC-Treuhand*)).

3. Boetehoogte. De ACM stelt boetes vast aan de hand van boetebeleidsregels van de Minister van Economische Zaken. Die beleidsregels zijn regelmatig aangepast, voor het laatst op 1 juli 2016 toen de Boetebeleidsregel ACM 2014 werd gewijzigd (*Stcrt.* 2016, 34630). De ACM hanteert de boetebeleidsregels die golden op het moment dat de overtreding ten einde kwam, tenzij nadien vastgesteld boetebeleid ten gunste van de overtreder strekt (zie bijv. CBb 30 oktober 2018, ECLI:NL:CBB:2018:527 (*Zeescheepsafval*)). Er geldt een andere regeling voor de wijziging van de Boetebeleidsregel ACM 2014 die op 1 juli 2016 in werking trad naar aanleiding van de Wet verhoging boetemaxima ACM (zie verder art. 57 Mw, aant. 2). Volgens de overgangsregeling zijn deze wijzigingen alleen van toepassing op overtredingen die aanvingen na deze datum. Op een eerder aangevangen overtreding, ook al is die na 1 juli 2016 geëindigd, is niet de op die datum in werking getreden versie van de Boetebeleidsregel ACM 2014 van toepassing, maar de eerder geldende versie (toelichting Beleidsregel van de Minister van Economisch Zaken van 28 juni 2016, nr. WJZ/16056097, houdende wijziging van de Boetebeleidsregel ACM 2014, *Stcrt.* 2016, 34630, p. 20). Het bepalen van een boete is altijd maatwerk. De boete moet in de concrete omstandigheden van het geval evenredig zijn. De ACM houdt daarom rekening met de aard, ernst en duur van de overtreding, de omstandigheden waaronder deze is gepleegd, de mate waarin deze aan de overtreder kan worden verweten en de draagkracht van de overtreder (art. 3:4 lid 2 en 5:46 lid 2 Awb, en art. 2.2 Boetebeleidsregel ACM 2014; bijv. CBb 20 augustus 2019, ECLI:NL:CBB:2019:357 (*Leesmappen*)). Als de boete die voortvloeit uit toepassing van de boetebeleidsregels niet evenredig is, dan moet die boete – ook al zijn de boetebeleidsregels op zichzelf niet onredelijk – zo worden bijgesteld dat het bedrag passend en geboden is (CBb 24 maart 2016, ECLI:NL:CBB:2016:56 (*Zilveruien*)). De boetes die de ACM oplegt voor overtredingen van art. 6 en 24 Mw kunnen aanzienlijk zijn en bij grote ondernemingen in de miljoenen euro's lopen. Bijv. in *Meel* legde de ACM in haar primaire besluit in totaal € 81,6 miljoen aan boetes op aan vijftien ondernemingen, waarvan de hoogste individuele boete € 22,8 miljoen bedroeg (besluit 16 december 2010, zaak 6306; in bezwaar en in beroep zijn een aantal boetebedragen verlaagd). De ACM kan in uitzonderlijke omstandigheden een symbolische boete opleggen (art. 2.12 Boetebeleidsregel ACM 2014). De ACM is niet bevoegd een boete van € 0 op te leggen, aangezien een boete een onvoorwaardelijke verplichting tot betaling van een geldsom inhoudt (art. 5:40 Awb). In plaats daarvan kan de ACM wel afzien van het opleggen van een boete (CBb 30 juli 2019, ECLI:NL:CBB:2019:329 (*Notarieel aktepapier*)). Als de ACM vaststelt dat naast art. 6 Mw ook art. 101 VWEU is geschonden, of naast art. 24 Mw ook art. 102 VWEU, legt de ACM voor beide overtredingen samen in beginsel één boete op (art. 2.1 lid 2 Boetebeleidsregel ACM 2014; zie ook aant. 7). Voor een overzicht van de rechtspraak over boetes, zie Outhuijse, *JBplus* 2019/4. **a. Basisboete.** De ACM bepaalt eerst de basisboete. Dit is een percentage van tussen 0 en 50% van de bij de overtreding betrokken omzet (art. 2.3 en 2.4 Boetebeleidsregel ACM 2014). De ACM kan zo nodig de boekhouding van de overtreder onderzoeken voor het verkrijgen van de financiële gegevens die nodig zijn om de boete te bepalen (art. 12l Instellingswet ACM). ***Betrokken omzet.*** De betrokken omzet is de omzet die de onderneming met de inbreukmakende activiteit heeft behaald in het laatste volledige kalenderjaar waarin de overtreding (of het grootste deel daarvan) plaatsvond. De duur van de overtreding wordt in aanmerking genomen door die omzet te vermenigvuldigen met een factor van 1/12 voor iedere maand dat de overtreding geduurd heeft (art. 1.1 lid 1 Boetebeleidsregel ACM 2014). Hierbij wordt een periode korter dan een maand afgerond op een hele maand naar boven. Dit verschilt van de maandberekening voor de maximumboete, waarin (voor overtredingen van art. 6 Mw) alleen hele maanden dat de overtreding langer dan een jaar heeft geduurd worden meegeteld (zie art. 57 Mw, aant. 6). Voor overtredingen bij aanbestedingen wordt de betrokken omzet op een andere manier berekend. Voor de onderneming die de aanbesteding gaat uitvoeren, wordt de betrokken omzet gelijkgesteld aan de waarde van de aanbesteding. Voor de andere deelnemers geldt deze waarde gedeeld door het aantal niet-uitvoerende inschrijvers als de betrokken omzet. Een dergelijke fictie is nodig omdat deze andere deelnemers zelf geen omzet met die aanbesteding genereren (art. 2.3 lid 3 Boetebeleidsregel ACM 2014; ook Rb. Rotterdam (niet aangevochten bij het CBb op dit punt), 26 november 2015, ECLI:NL:RBROT:2015:8610 (*Slopers Rotterdam*)). Grondgedachte achter het gebruik van de betrokken omzet voor het bepalen van de basisboete is dat de betrokken omzet iets zegt over het economisch belang dat gemoeid is met de inbreukmakende gedragingen. Zo komt ook de weerslag van de overtreding op de economie tot uitdrukking. De ACM hoeft zich bij het bepalen van de betrokken omzet daarom niet te beperken tot de omzet die de onderneming aantoonbaar met deze gedragingen heeft behaald (bijv. CBb 23 oktober 2018, ECLI:NL:CBB:2018:526 (*Wasserijen*)). Zo kan hier ook de omzet onder vallen die voortkomt uit contracten die de onderneming al voor aanvang van de overtreding heeft gesloten, en die dus niet door de overtreding kunnen zijn beïnvloed (CBb 23 april 2019, ECLI:NL:CBB:2019:150 (*Taxi's Rotterdam*)). Verder wordt niet het argument gevolgd dat de inbreukmakende afspraken niet altijd zijn uitgevoerd en dus niet alle met de betrokken producten behaalde omzet is 'besmet'. Ook omzet uit overgenomen bedrijfsactiviteiten maakt deel uit van de betrokken omzet (CBb 20 augustus 2019, ECLI:NL:CBB:2019:357 (*Leesmappen*)). Verder hoeft het bij betrokken omzet niet alleen om in Nederland behaalde omzet te gaan. Waar de overtreding mede verkopen aan afnemers elders in de EU betreft, wordt ook de daarmee behaalde omzet meegeteld. Daarbij moet wel worden voorkomen dat een onderneming dubbel bestraft wordt doordat ook andere Europese mededingingsautoriteiten tegen dezelfde onderneming optreden (CBb 24 maart 2016, ECLI:NL:CBB:2016:56 (*Zilveruien*) en 6 oktober 2016, ECLI:NL:CBB:2016:272 (*Plantuien*); zie over het 'ne bis in idem'-beginsel aant. 7 onder a). Bij een inkoopkartel bestond de betrokken omzet volgens de ACM uit de inkoopwaarde van het betrokken product, verhoogd met 10% om te verdisconteren dat het doel van het kartel was om de inkoopwaarde kunstmatig laag te houden (besluit ACM 30 september 2021, zaak ACM/20/043428 (*Inkoop gebruikt frituurvet*)). Als de betrokken omzet niet voldoende recht doet aan de economische waarde van de inbreukmakende gedraging, kan de ACM die omzet aanpassen. Om specifieke preventie zeker te stellen kan de ACM die omzet ook verhogen met het oog op de totale omzet van de overtreder (art. 2.3 lid 5 en 6 Boetebeleidsregel ACM 2014). Bij een overtreding door een ondernemersvereniging kan de ACM de betrokken omzet van de daarvan deel uitmakende ondernemingen in aanmerking nemen (art. 2.3 lid Boetebeleidsregel ACM 2014). Waar deze ondernemingen al zelf een boete opgelegd kregen, vond de ACM dat niet passend en heeft zij rekening gehouden met de omvang en inkomsten van de ondernemersvereniging (besluit ACM 30 juni 2017, zaak 7615 (*Accu's vorkhef-*

trucks)). **Ernstfactor.** De basisboete is een percentage van tussen 0 en 50% van de betrokken omzet. Dit percentage wordt aangeduid als de ernstfactor. In eerdere boetebeleidsregels werd de basisboete bepaald door 10% van de betrokken omzet te vermenigvuldigen met een ernstfactor van tussen 0 en 5 (en voor 2009 tussen 0 en 3), maar met deze verandering van berekeningsmethode werd geen materiële wijziging beoogd (toelichting Boetebeleidsregel ACM 2014, *Stcrt.* 2014, 19776, p. 24). De ernstfactor is afhankelijk van een aantal factoren, waaronder de aard en ernst van de overtreding, de mate van marktmacht van de deelnemende ondernemingen, de duur en stabiliteit van de inbreukmakende gedragingen en de (potentiële) weerslag op de mededinging en de economie. Voor de mate waarin de ernstfactor kan variëren zijn twee recente CBb-uitspraken illustratief. Het CBb ging mee met de door ACM bepaalde ernstfactor van 3,5 (35% op basis van de thans geldende Boetebeleidsregel ACM 2014), aangezien de overtreding een stabiele klantenverdelingsafspraak betrof tussen de twee voornaamste concurrenten op de betrokken markt, waardoor gedurende ruim twee jaar de mededinging volledig werd uitgeschakeld (CBb 18 juni 2019, ECLI:NL:CBB:2019:237 (*Prefab betonnen garages*)). Daar deed niet aan af dat het volgens de overtreders een nichemarkt betrof met geringe weerslag op de economie: dat komt al tot uitdrukking in de betrokken omzet. Daarentegen stelde het CBb in een andere zaak een aanzienlijk lagere ernstfactor vast, namelijk 0,5 in de ten tijde van de overtreding geldende bandbreedte van 0 tot 3 (ongeveer 9% op basis van de Boetebeleidsregel ACM 2014) (CBb 23 oktober 2018, ECLI:NL:CBB:2018:526 (*Wasserijen*)). Reden hiervoor was dat de betrokken ondernemingen hun marktverdelingsafspraken hadden gemaakt in de context van een franchise-organisatie en deze hadden gepoogd aan te passen aan gewijzigde mededingingsregelgeving, deze afspraken niet heimelijk waren en de daadwerkelijke gevolgen beperkt bleven doordat voldoende restconcurrentie op de markt aanwezig was. **b. Verwijtbaarheid.** De mate waarin de overtreding aan de overtreder kan worden verweten is een van de factoren waar de ACM de boete op moet afstemmen (art. 5:46 lid 2 Awb en vaste rechtspraak; deze factor wordt niet genoemd in de Boetebeleidsregel ACM 2014). Zie voor het ontbreken van verwijtbaarheid aant. 8. Een beroep op verminderde verwijtbaarheid slaagde niet waar de onderneming betoogde dat de inbreukmakende werknemer zonder kennis en instemming van de directie handelde (CBb 10 april 2014, ECLI:NL:CBB:2014:118 (*Boomkwekerijen*)). Er kan wel sprake zijn van verminderde verwijtbaarheid als de indruk kon ontstaan dat een gedraging geen overtreding vormde. Dit leidde tot matiging van de boete met 20% waar bepaalde 'marktordenende maatregelen' door overheden waren gestimuleerd en de regelgeving complex was (CBb 17 maart 2011, ECLI:NL:CBB:2011:BP8077 (*Garnalen*)). Dat is echter niet snel het geval: dwaling omtrent (de toepassing van) het recht is alleen in bijzondere omstandigheden verschoonbaar. Zo mocht van een regiodirecteur bij een grote bouwonderneming die regelmatig inschreef op aanbestedingen, verwacht worden dat hij zich verdiept in de daarvoor geldende regels (CBb 8 mei 2018, ECLI:NL:CBB:2018:140 (*feitelijk leidinggever Limburgse Bouw*)). Ook de introductie van marktwerking in de thuiszorg betekende niet dat de onderneming de (mededingings)regels niet hoefde te kennen en daardoor de overtreding minder verwijtbaar was, al werd deze context wel meegenomen in de vaststelling van een lage ernstfactor (CBb 11 januari 2017, ECLI:NL:CBB:2017:1 (*Thuiszorg Friesland*)). **c. Boeteverhogende en -verlagende omstandigheden.** Als aan de hand van de betrokken omzet en ernstfactor een basisboete is vastgesteld, kunnen er redenen zijn voor een verhoging of verlaging van de boete. Art. 2.9 en 2.10 Boetebeleidsregel ACM 2014 noemen een aantal omstandigheden, maar die opsomming is niet limitatief. Als boeteverhogende omstandigheid geldt recidive: als de onderneming eerder een onherroepelijke boete heeft gekregen voor eenzelfde of vergelijkbare overtreding, leidt dat volgens de Boetebeleidsregel ACM 2014 in beginsel tot een verhoging van de boete met 100%, tenzij dat in het specifieke geval onredelijk zou zijn. Het CBb vond deze verhoging terecht toen een onderneming opnieuw mededingingsbeperkende aanbestedingsafspraken maakte, terwijl die onderneming (met andere rechtspersonen) enkele jaren eerder al voor vergelijkbare overtredingen was beboet (CBb 8 mei 2018, ECLI:NL:CBB:2018:141 (*Limburgse Bouw*)). Ook het wettelijk boetemaximum wordt bij recidive verdubbeld, zij het met een tijdslimiet van vijf jaar, die niet geldt voor recidive als boeteverhogende omstandigheid (zie art. 57 Mw, aant. 7). Daarnaast is sprake van een boeteverhogende omstandigheid als de overtreder een leidende of coördinerende rol heeft gespeeld bij de uitvoering van de overtreding of tot die overtreding heeft aangezet. Zo werd de boete verhoogd van een onderneming die een spilfunctie had in het kartel en fungeerde als aanspreekpunt voor de andere deelnemers (CBb 14 juli 2016, ECLI:NL:CBB:2016:188 (*Meel*)). Ook het gebruikmaken van dwangmiddelen voor de handhaving van de inbreukmakende gedraging kan leiden tot een boeteverhoging. Hetzelfde geldt voor het belemmeren van het onderzoek van de ACM (op grond van art. 12m Instellingswet ACM kan de ACM dit ook afzonderlijk beboeten). De ACM heeft bijvoorbeeld bij een feitelijk leidinggever de boete met 20% verhoogd, omdat hij zich herhaaldelijk bij schriftelijke verzoeken om inlichtingen ten onrechte beriep op het zwijgrecht (besluit 25 juni 2015, zaak 14.0705.27 (*Natuurazijn*)). In een andere zaak verhoogde de ACM de boete met 50%, omdat de overtreder niet had meegewerkt aan de vordering van inlichtingen van een medewerker op grond van art. 5:16 en 5:20 Awb (zie Rb. Rotterdam 24 september 2020, ECLI:NL:RBROT:2020:8329 (*misleidende handelspraktijk keukens*)). Als de overtreder juist wel medewerking heeft verleend aan het onderzoek van de ACM, kan dat gelden als boeteverlagende omstandigheid, mits deze medewerking verder gaat dan waartoe de overtreder wettelijk was gehouden. Een bijzondere vorm hiervan is de boeteverlaging die beschikbaar is voor ondernemingen die meewerken aan vereenvoudigde afdoening van hun zaak (zie verder onder d en aant. 4 onder b). Verder kan de boete worden verlaagd als de overtreder uit eigen beweging benadeelde derden schadeloos heeft gesteld (bijv. CBb 20 maart 2012, ECLI:NL:CBB:2012:BW3671 (*Groenvoorziening Maastricht*) en besluit ACM 18 november 2020, zaak ACM/20/038304 (*Aanbestedingen GWW Amsterdam*)). De ACM heeft de boete ook verlaagd in een situatie waarin een onderneming ten opzichte van de andere deelnemers een relatief kleine rol speelde in een enkele voortdurende inbreuk op art. 6 Mw (besluit 16 december 2010, zaak 6306 (*Meel*)). **d. Verdere bepaling boetebedrag.** De volgende stap in het vaststellen van de boete is de toets aan het wettelijk boetemaximum (art. 57 Mw). Als het berekende boetebedrag wordt teruggebracht tot het wettelijk maximum, kan dit tot gevolg hebben dat de overtreder feitelijk niet profiteert van eerdere boetematiging. Het CBb oordeelde dat dit op zichzelf geen reden was voor verdere matiging van de boete waar het boetebedrag hoog lag doordat er sprake was van een langdurige overtreding en daardoor een hoge betrokken omzet (CBb 23 oktober 2018, ECLI:NL:CBB:2018:526 (*Wasserijen*)). In verband hiermee berekent de ACM een boeteverlaging wegens clementie en vereenvoudigde afdoening (zie aant. 4) pas na de toets aan het boetemaximum. Zo is zeker dat de onderneming daadwerkelijk van deze verlaging profiteert (bijv. punt 5 van Richtsnoeren vereenvoudigde afdoening van boetezaken ACM). Verder wordt de boete in beroep verlaagd als de redelijke termijn van art. 6 EVRM is overschreden. Volgens het CBb is voor inbreuken op het kartelverbod, gezien de complexiteit en diversiteit van de zaken, een termijn van vijfeneenhalf jaar redelijk. Deze termijn loopt vanaf het moment dat de ACM rapport uitbrengt, als bedoeld in art. 5:48 Awb, tot de uitspraak in hoger beroep. De boeteverlaging bedraagt 5%, met een maximum van € 5.000, voor elk half jaar dat de redelijke termijn is overschreden (bijv. CBb 24 maart 2016, ECLI:NL:CBB:2016:56 (*Zilveruien*)). Gezien dit maximum kan het gaan om een kleine aanpassing ten opzichte van het opgelegde boetebedrag (bijv. CBb 14 juli 2016, ECLI:NL:CBB:2016:184 (*Meel*): verlaging van een boete van € 3.634.000 met € 5.000). **e. Hardheid.** Als de resulterende boete niet evenredig is, alle omstandigheden van het specifieke geval in aanmerking genomen, dan wordt de boete bijgesteld tot een passend bedrag. Daarbij speelt de draagkracht van de te beboeten onderneming een rol (zie het begin van deze aantekening). De boete gaat in ieder geval de draagkracht van de onderneming te boven, als het opleggen van de boete het faillissement van een overigens levensvatbare onderneming waarschijnlijk maakt. De ACM beoordeelt de financiële positie ten tijde van het boetebesluit, en in beroep beoordeelt de rechter de positie waarin de onderneming op dat moment verkeert (toetsing *ex nunc*) (bijv. CBb 14 juli 2016, ECLI:NL:CBB:2016:186 (*Meel*) en CBb 18 augustus 2020, ECLI:NL:CBB:2020:559 (*Notarieel aktepapier*)). De onderneming kan een hardheidsverzoek doen tot matiging van de boete. De ACM biedt hiervoor draagkrachtformulieren aan op haar website. Het is aan de onderneming om haar verzoek te onderbouwen met recente gegevens, voorzien van een accountantsverklaring, die een betrouwbaar en volledig inzicht in haar financiële positie geven (bijv. CBb 23 oktober 2018, ECLI:NL:CBB:2018:526 (*Wasserijen*)). Hierbij worden de solvabiliteit en liquiditeit van de onderneming betrokken, evenals andere factoren zoals het toekomstperspectief van de onderneming, recentelijk gedane dividenduitkeringen, aanwezige kredietfaciliteiten en reserves, en mogelijke financiële steun van aandeelhouders en banken (bijv. CBb 20 augustus 2019, ECLI:NL:CBB:2019:357 (*Leesmappen*)). **f. Boete feitelijk leidinggevers.** Voor de beboeting van feitelijk leidinggevers voor overtredingen die aanvingen na 1 juli 2016 is het uitgangspunt dat de ACM een boete oplegt binnen drie mogelijke bandbreedtes, afhankelijk van de omzet van de betrokken onderneming (art. 2.7 Boetebeleidsregel ACM 2014). Als die omzet minder is dan € 10 miljoen, ligt de bandbreedte van de boete tussen € 40.000 en € 250.000. Bij een omzet tussen € 10 miljoen en € 250 miljoen ligt de bandbreedte tussen € 80.000 en € 500.000. Bij een hogere omzet begint de bandbreedte bij € 120.000 en loopt deze tot het wettelijke boetemaximum van € 900.000 (art. 12n Instellingswet ACM). De omzet van de onderneming is de meest recente jaaromzet zoals bedoeld in art. 12o Instellingswet ACM (art. 1.1 lid 1 Boetebeleidsregel ACM 2014). Deze bandbreedtes zijn gewijzigd naar aanleiding van de Wet verhoging boetemaxima ACM (*Stb.* 2016, 22). Volgens de overgangsregeling zijn deze bandbreedtes alleen van toepassingen op overtredingen die aanvingen na de inwerkingtreding van de wijzigingen in de Boetebeleidsregel ACM 2014 op 1 juli 2016. Op andere overtredingen zijn eerdere boetebeleidsregels van toepassing, ook al zijn deze overtredingen pas na 1 juli 2016 geëindigd (toelichting Beleidsregel van de Minister van Economisch Zaken van 28 juni 2016, nr. WJZ/16056097, houdende wijziging van de Boetebeleidsregel ACM 2014, *Stcrt.* 2016, 34630, p. 20; zie ook art. 57 Mw, aant. 2). De ACM bepaalt de hoogte van de boete binnen deze bandbreedte op basis van niet alleen de ernst van de overtreding, maar ook de draagkracht van de feitelijk leidinggever die blijkt uit diens inkomen en vermogen. Het is op zichzelf geen grond voor matiging dat de feitelijk leidinggever zijn baan heeft verloren of is veroordeeld wegens een slechts zijdelings gerelateerde overtreding (CBb 8 mei 2018, ECLI:NL:CBB:2018:140 (*feitelijk leidinggever Limburgse Bouw*)). Verder kan de ACM de boete verhogen of verlagen vanwege de mate waarin de feitelijk leidinggever bij de overtreding betrokken was, en zijn positie binnen de onderneming (art. 2.7 lid 1 en art. 2.11 Boetebeleidsregel ACM 2014). Als de bandbreedtes geen passende boete opleveren, kan de ACM de naast hogere of naaste lagere bandbreedte toepassen (art. 2.7 lid 3 Boetebeleidsregel ACM 2014). Ook kan het vereiste van evenredigheid ertoe leiden dat de ACM een boete oplegt die lager is dan deze bandbreedtes, bijvoorbeeld vanwege het feit dat ook een boete is opgelegd aan de onderneming waarin de feitelijk leidinggever alle aandelen houdt (zie aant. 2 onder d). **g. Betaaltermijn en wettelijke rente.** De (rechts)persoon aan wie een boete is opgelegd, moet deze betalen binnen zes weken nadat de ACM het boetebesluit aan hem bekend heeft gemaakt (art. 4:87 Awb). Als een bezwaarschrift tegen het besluit is ingediend (door hem of een andere belanghebbende), wordt de werking van het besluit opgeschort met 24 weken gerekend vanaf de dag van bekendmaking. Als de ACM binnen deze termijn een besluit op bezwaar neemt, eindigt de opschorting de dag na bekendmaking van dit besluit op bezwaar. Als de ACM langer dan 24 weken voor de bezwaarfase nodig heeft, is de boete toch direct na afloop van deze termijn verschuldigd (art. 12p Instellingswet ACM). De schorsingstermijn is vastgesteld op (maximaal) 24 weken om volstrekt helder en kenbaar te maken wanneer de betalingsverplichting ontstaat (*Kamerstukken II* 2012/13, 33622, 3, p. 12 en 55). Als de overtreder de boete niet tijdig betaalt, is hij wettelijke rente verschuldigd vanaf de dag waarop de termijn van zes of, bij bezwaar, maximaal 24 weken na bekendmaking is verstreken (art. 4:87 jo. art. 4:97 en 4:98 Awb). Als een overtreder de boete niet in een keer kan betalen, biedt de ACM de mogelijkheid voor een betalingsregeling (art. 4:94 Awb). De ACM hanteert hiervoor in de praktijk een maximale looptijd van twee jaar (waarin de wettelijke rente doorloopt). Aanvraagformulieren voor een betalingsregeling staan op de website van de ACM. Art. 12s Instellingswet ACM regelt invordering van boetes die zijn opgelegd aan een ondernemersvereniging in het geval deze niet betaalt vanwege insolventie. Onder bepaalde voorwaarden kan de ACM deze boete dan invorderen bij bepaalde aangesloten ondernemingen. Betaalde boetes komen toe aan de Staat (art. 12t Instellingswet ACM). De ACM kan zo nodig een andere nationale mededingingsautoriteit binnen de EU vragen een door de ACM wegens overtreding van art. 101 of 102 VWEU opgelegde boete te innen (althans als de betreffende lidstaat de ECN+ Richtlijn heeft geïmplementeerd, uiterlijk op 4 februari 2021 volgens art. 34 ECN+ Richtlijn), net zoals de ACM een boete kan innen die door een andere autoriteit is opgelegd wegens overtreding van art. 101 of 102 VWEU (art. 89gc Mw). Als de beboete rechtspersoon zijn boete niet kan betalen omdat zijn bestuurder doelbewust geld aan de rechtspersoon heeft onttrokken, is het niet uitgesloten dat de bestuurder persoonlijk aansprakelijk wordt gehouden voor betaling van de boete (zie aant. 2 onder d).

4. Boetevermindering bij bijzondere medewerking. a. Clementie. Betrokkenen bij een kartel kunnen, als zij het kartel bij de ACM melden, op grond van de clementieregeling in aanmerking komen voor boete-immuniteit of boetevermindering. Dit is vastgelegd in het Besluit clementie (*Stb.* 2021, 73) op grond van art. 58c Mw. Dit vervangt de Beleidsregel clementie (*Stcrt.* 2014, 19745), die van toepassing blijft op clementieverzoeken die zijn ingediend, en clementie die werd verleend, voordat het Besluit clementie op 18 februari 2021 van kracht werd, en op verzoeken met betrekking tot een kartel waarvoor eerder dan die datum al een clementieverzoek werd ingediend. Het was nodig de clementieregeling een wettelijke grondslag te geven (art. 58c Mw) ter implementatie van de ECN+ Richtlijn (zie Inleidende opmerkingen, hoofdstuk 7 Mw, aant. 1). Deze Richtlijn heeft grotere uniformiteit van nationale clementieregelingen tot doel en bevat daarvoor relatief gedetailleerde normen, gebaseerd op de clementieregeling van de Europese Commissie. De Nederlandse clementieregeling sloot hier al nauw op aan en de implementatie van de Richtlijn heeft daardoor vrijwel geen materiële gevolgen voor de inhoud van de Nederlandse regeling (toelichting Besluit clementie, *Stb.* 2021, 73, p. 11-12). De clementieregeling heeft tot doel bij te dragen aan het opsporen van kartels en het verzamelen van informatie om het bestaan van kartels te bewijzen. De regering wil met de clementieregeling de stabiliteit van kartels verminderen door het voor karteldeelnemers aantrekkelijker te maken het kartel te verlaten en het op te biechten aan de ACM (*Kamerstukken II* 2014/15, 34190, 3, p. 3). *Reikwijdte.* De clementieregeling geldt alleen voor 'geheime kartels' (art. 1 en 2 Besluit clementie). Dit betreft geheel of gedeeltelijk verborgen gehouden afspraken tussen concurrenten met een mededingingsbeperkende strekking in strijd met art. 6 Mw. Het is niet uitgesloten dat de afspraken naast een horizontaal element tevens een verticaal element hebben, of gemaakt worden via een derde in een 'hub and spoke'-constellatie (toelichting Besluit clementie, *Stb.* 2021, 73, p. 14-15). Dergelijke afspraken zijn vaak heimelijk en relatief moeilijk te achterhalen, zodat hier de clementieregeling de grootste toegevoegde waarde heeft. Andere overtredingen van art. 6 komen niet voor clementie in aanmerking, net zomin als overtredingen van art. 24 Mw. Deelnemers aan dergelijke overtredingen kunnen wel boetevermindering krijgen als zij in verregaande mate meewerken met de ACM, bijvoorbeeld met vereenvoudigde afdoening (zie hierna onder b) of door aanvullend bewijs voor de overtreding te verstrekken (besluit ACM 10 december 2019, zaak ACM/19/035612 (*verwijderen WhatsApp-berichten*)). Naast ondernemingen kunnen ook feitelijk leidinggevers onder de clementieregeling vallen. Zij kunnen zelf een clementieverzoek indienen (art. 10 Besluit clementie) en kunnen onder bepaalde voorwaarden meeprofiteren van clementie die de ACM aan de onderneming toekent (art. 18 en 19 Besluit clementie). **Boete-immuniteit of -reductie.** Clementieverzoeken moeten worden ingediend bij het clementiebureau van de ACM. Voorwaarden voor clementie zijn dat de verzoeker: a. al vanaf het moment dat hij een verzoek overweegt, geen bewijsmateriaal vernietigt en het (voorgenomen) verzoek niet deelt met anderen; b. uiterlijk direct na indiening van het verzoek zijn deelname aan het kartel beëindigt; en c. volledige medewerking verleent aan de ACM totdat het boetebesluit van de ACM onherroepelijk is geworden ten aanzien van alle betrokkenen (art. 4 Besluit clementie). De beoordeling door de ACM of aan deze voorwaarden is voldaan, wordt door de rechter terughoudend getoetst, in tegenstelling tot de volle toetsing van de boetehoogte (CBb 18 maart 2010, ECLI:NL:CBB:2010:BM2423 (*aanbestedingsafstemming Imtech*); zie verder aant. 10 onder c). De eerste die bij de ACM een kartel meldt, komt in aanmerking voor boete-immuniteit. Dit geldt ook als de ACM al een onderzoek naar het kartel is begonnen, mits de melder de ACM bewijsmateriaal verschaft waarmee zij het bestaan van het kartel kan bewijzen (art. 5 Besluit clementie). Volgens het CBb is de ACM in een dergelijk geval niet bevoegd een boete van € 0 op te leggen, aangezien een boete een onvoorwaardelijke verplichting tot betaling van een geldsom inhoudt (art. 5:40 Awb). In plaats daarvan kan de ACM afzien van het opleggen van een boete (CBb 30 juli 2019, ECLI:NL:CBB:2019:329 (*Notarieel aktepapier*)). Als de clementieverzoeker niet voor boete-immuniteit in aanmerking komt, kan de ACM zijn boete verminderen als hij informatie verstrekt met belangrijke extra bewijswaarde. Er zijn drie categorieën van boetevermindering: 30-50% voor de eerstvolgende melder, 20-30% voor de volgende melder en maximaal 20% voor latere melders (art. 6 Besluit clementie). ***Markers.*** Een clementieverzoek bestaat uit een clementieverklaring en documenten of andere bewijzen die stammen uit de periode van de gedraging (art. 14 Besluit clementie). In de praktijk zal een clementieverzoeker zo snel mogelijk zijn verzoek willen indienen om zo zijn plaats in de rij van verzoekers veilig te stellen en een zo hoog mogelijke boetevermindering te krijgen. De verzoeker kan aan de ACM eerst de minimaal benodigde informatie verstrekken, waarvoor de ACM een 'marker' vaststelt. Als de verzoeker vervolgens zijn initiële verzoek aanvult binnen de door de ACM gegeven termijn, wordt zijn volledige verzoek geacht te zijn ingediend op het tijdstip van de marker (art. 12 en 14 Besluit clementie). Er is een specifieke regeling voor clementieverzoekers die al bij de Europese Commissie een clementieverzoek hebben ingediend met betrekking tot een kartel dat het grondgebied van meer dan drie lidstaten beslaat (art. 13 Besluit clementie). ***Schadevergoedingsacties.*** Een clementieverzoek beschermt niet tegen civiele schadevergoedingsacties die met het kartel samenhangen. Wel wordt de clementieverklaring op verschillende manieren beschermd. De ACM houdt clementieverklaringen zo veel mogelijk vertrouwelijk door beperkingen te stellen aan de inzage door andere in de handhavingsprocedure betrokken partijen (zie bijv. CBb 21 januari 2019, ECLI:NL:CBB:2019:46). Ook mag een andere partij informatie uit clementieverklaringen alleen gebruiken om haar rechten van verdediging uit te oefenen in rechterlijke procedures over het sanctiebesluit (art. 49e Mw). Verder gelden clementieverklaringen niet als bewijs voor een vordering tot schadevergoeding en geeft de ACM geen inzage in deze verklaringen aan derden (art. 846 Rv). **b. Vereenvoudigde afdoening (schikking).** De procedure voor vereenvoudigde afdoening is een andere vorm van medewerking met het onderzoek van de ACM. De ACM heeft deze procedure ontwikkeld als equivalent van de schikkingsprocedure van de Europese Commissie (Mededeling van de Commissie betreffende schikkingsprocedures in kartelzaken, *PbEU* 2008, C 167/1). Vereenvoudigde afdoening is doorgaans aan de orde in een later stadium van het onderzoek dan clementie, nl. nadat de ACM een boeterapport als bedoeld in art. 5:48 Awb heeft uitgebracht. Vereenvoudigde afdoening kan worden gecombineerd met clementie. Anders dan clementie, is vereenvoudigde afdoening niet alleen mogelijk voor kartels, maar voor elke zaak waarin de ACM een boete kan opleggen. Het al dan niet vereenvoudigd afdoen van een zaak is een discretionaire bevoegdheid van de ACM (Rb. Rotterdam 26 april 2018, ECLI:NL:RBROT:2018:3063 (*pandhuizen*)). De ACM heeft eind 2018 richtsnoeren gepubliceerd (Richtsnoeren vereenvoudigde afdoening van boetezaken ACM, *Stcrt.* 2018, 71890, met een Q&A-document en een Engelstalige versie op de website van de ACM). De ACM had eerder al enkele zaken vereenvoudigd afgedaan (zie voetnoot 2 van de richtsnoeren). De ACM beschrijft in haar richtsnoeren hoe zij, in zaken die daarvoor geschikt zijn, een boetevermindering van 10% toekent als de betrokken onderneming of feitelijk leidinggever bereid is de overtreding te erkennen en een boete te accepteren. Dit geldt als een vorm van medewerking die verder gaat dan waartoe de overtreder wettelijk gehouden is, en is daarmee een boeteverlagende omstandigheid. In zaken waarin verschillende partijen betrokken zijn, staat de ACM in de regel slechts open voor vereenvoudigde afdoening als zij allen bereid zijn daaraan mee te werken. Met het starten van een procedure voor vereenvoudigde afdoening wordt de beslistermijn in het reguliere boetetraject opgeschort. Als partijen of de ACM de procedure beëindigen, word het reguliere boetetraject voortgezet. Vereenvoudigde afdoening houdt in dat de procedure wordt versneld en de ACM een verkort boetebesluit maakt. De verwachting is dat de overtreder daarna niet meer in bezwaar en beroep gaat. Voor de verklaring waarin de overtreder zijn overtreding erkent, geldt dezelfde bescherming als voor een clementieverklaring in civiele schadevergoedingsprocedures (zie hierboven onder a en art. 49e Mw). Zie verder Kuipers & Van de Sanden, *MP* 2019/151 en Knoop & Heideman, *MP* 2019/152. Na publicatie van de richtsnoeren heeft de ACM verschillende zaken vereenvoudigd afgedaan, waaronder zaken waarin verschillende partijen betrokken waren (besluiten van 25 april 2019, zaak ACM/19/05181 (*Energieflex*); 18 november 2020, zaken ACM/20/038304, 038305 en 038306 (*Aanbestedingen GWW Amsterdam*); en 30 september 2021, zaken ACM/20/043428 en 042541 (*Inkoop gebruikt frituurvet*)). De ACM heeft ook zaken waarin sprake was van het niet tijdig melden van een fusie vereenvoudigd afgedaan (besluiten van 17 maart 2022, zaak ACM/20/042068 (*VNA*) en 11 mei 2022, zaak 21/167867 (*Modulaire*)). In de eerstgenoemde zaak (*VNA*) erkende de betrokken onderneming de overtreding nog voordat een boeterapport werd uitgebracht, resulterend in een boetevermindering van 15%.

5. Last onder dwangsom. a. Algemeen. Bij overtreding van art. 6 of 24 Mw kan de ACM aan de overtreder een last onder dwangsom opleggen. Deze strekt tot het geheel of gedeeltelijk ongedaan maken of beëindigen van een overtreding, tot het voorkomen van herhaling van een overtreding, of tot het wegnemen of beperken van de gevolgen van een overtreding (art. 5:2 lid 1 aanhef en onderdeel b en art. 5:31d Awb). Naast een last tot aanpassing van het gedrag – in het Europese mededingingsrecht aangeduid als een gedragsmaatregel – geeft art. 58a Mw de ACM specifiek de bevoegdheid om een last op te leggen in de vorm van een corrigerende structurele maatregel. Hoewel de ACM regelmatig gebruikmaakt van de mogelijkheid om een last onder dwangsom op te leggen, is het gebruik daarvan in mededingingszaken nog beperkt gebleven. In 2021 heeft de ACM een last onder dwangsom opgelegd aan Apple om bepaalde voorwaarden voor datingappaanbieders in haar App Store aan te passen (besluit 24 augustus 2021, zaak ACM/19/035630; deels geschorst door de voorzieningenrechter (Rb. Rotterdam 24 december 2021, ECLI:NL:RBROT:2021:12851) en onderwerp van verdere procedures). Een veel eerder voorbeeld is dat apotheken lasten onder dwangsom kregen opgelegd om hun gezamenlijke exploitatie van een potentieel concurrerende apotheek te beëindigen en elkaar toegang te geven tot patiëntgegevens (besluiten NMa 21 juni 2004, zaken 2501 en 2688 (*apotheken Tilburg en Assen*)). In de tussenliggende jaren heeft de ACM in een aantal zaken een toezegging bindend verklaard, waar zij ook mogelijk had kunnen overwegen een vergelijkbare last op te leggen. Voor het opleggen van een last had de ACM wel een overtreding moeten vaststellen. Kennelijk vond de ACM een toezegging doelmatiger (art. 12h lid 2 Instellingswet ACM). Dit betrof bijvoorbeeld het afzien van contact over de faciliteiten voor concurrerende luchtvaartmaatschappijen (besluit ACM 20 februari 2018, zaak 17.0271.29 (*KLM en Schiphol*)) en het aanpassen van een kortingssysteem voor de verkoop van radio-advertentieruimte (besluit ACM 2 december 2019, zaak ACM/19/037273 (*OMS*)). Zie ook art. 58a, aant. 2, voor voorbeelden van toezeggingen van structurele aard. **b. Cumulatie van last en boete en van verschillende lasten.** Een last onder dwangsom is een herstelsanctie, met een ander doel dan de boete als bestraffende sanctie (zie aant. 1). Gezien dit verschil in doel kan de ACM deze sancties naast elkaar opleggen (*Kamerstukken II* 2003/04, 29702, 3, p. 88). De Europese Commissie deed dit bijvoorbeeld bij haar vaststelling dat Google art. 102 VWEU had overschreden door onder meer koppelverkoop van haar zoek- en browserapps voor Android mobiele apparatuur. De Commissie legde Google niet alleen een boete op, maar gelastte Google ook om die koppelverkoop te beëindigen of anders een dwangsom te verbeuren (besluit van 18 juli 2018, zaak AT.40099 (*Google Android*)). Cumulatie van verschillende lasten onder dwangsom is niet toegestaan. Zolang een eerder opgelegde herstelsanctie nog van kracht is, mag de ACM voor dezelfde overtreding niet een nieuwe herstelsanctie opleggen (art. 5:6 Awb). Wel is het mogelijk om herstelsancties na elkaar op te leggen, zolang de verboden situatie voortduurt. **c. Voorbereiding en strekking.** De ACM hoeft geen rapport uit te brengen in de voorbereiding van een besluit tot het opleggen van een last onder dwangsom, zoals vereist is bij een voorgenomen boetebesluit (art. 5:48 jo. 5:53 lid 2 Awb). Dit was anders tot 2014 op grond van art. 59 (oud) Mw, maar de regering besloot een verplicht rapport af te schaffen en aan te sluiten bij de Awb-regeling die voor een last geen rapport vereist, mede om te voorkomen dat een verplicht rapport de ACM zou belemmeren om met adequate snelheid een last onder dwangsom op te leggen (*Kamerstukken II* 2012/13, 33622, 3, p. 19). Wel moet de ACM de overtreder horen over een voorgenomen last onder dwangsom als het besluit tot het opleggen daarvan steunt op gegevens over feiten en belangen die de overtreder betreffen en niet door hem zelf zijn verstrekt (art. 4:8 Awb). De ACM kan aan een overtreder alleen een last opleggen als hij het in zijn macht heeft de last uit te voeren. Als de overtreder (tijdelijk) niet, of slechts gedeeltelijk, aan de last kan voldoen, kan de ACM op zijn verzoek de last opheffen, opschorten of de dwangsom verminderen (art. 5:34 Awb). De ACM kan aan de last ook voorschriften verbinden inzake het verstrekken van gegevens, bijv. om de naleving van de last te kunnen controleren (art. 12r lid 1 Instellingswet ACM). De last moet nauwkeurig omschrijven welke maatregelen de overtreder moet uitvoeren en binnen welke termijn dit moet gebeuren, de zogenoemde begunstigingstermijn (art. 5:32a Awb). De last kan ook inhouden dat de overtreder iets moet nalaten, en mag niet verder strekken dan nodig is om het doel van de last te bereiken. Door de ACM opgelegde lasten gelden voor ten hoogste twee jaar (art. 12r lid 2 Instellingswet ACM). De bevoegdheid om een last onder dwangsom op te leggen vervalt vijf jaar nadat de overtreding heeft plaatsgevonden. Bezwaar en beroep stuiten deze vervaltermijn (art. 12r lid 3 Instellingswet ACM jo. art. 5:45 lid 3 Awb), evenals een onderzoekshandeling of procedurele handeling van de ACM (art. 64 lid 6 Mw). **d. Dwangsom.** Als de overtreder de last niet, of niet tijdig, uitvoert, verbeurt hij een dwangsom. Verschillende varianten zijn mogelijk: een dwangsom kan worden vastgesteld op een bedrag ineens, op een bedrag per tijdseenheid dat de last niet is uitgevoerd, of op een bedrag voor iedere overtreding van de last (art. 5:32b Awb). De last moet een maximumbedrag vaststellen waarboven de overtreder geen dwangsom meer verbeurt. Als een last wegens het bereiken van dit maximum geen praktische betekenis meer heeft, kan de ACM een nieuwe last onder dwangsom opleggen, met eventueel hogere bedragen. De dwangsom wordt vastgesteld op een niveau dat daarvan de prikkel uitgaat om de last uit te voeren, maar niet hoger dan nodig is om tot uitvoering te dwingen. De dwangsom moet in redelijke verhouding staan tot de zwaarte van het geschonden belang en de beoogde werking van de dwangsom. Anders dan bij boetes is er geen wettelijk maximumbedrag voor dwangsommen, aangezien het niet gaat om een punitieve sanctie maar om een herstelsanctie. Zodra en zolang als niet aan de last is voldaan, is het gevolg van rechtswege dat de overtreder de dwangsom verbeurt. Vervolgens moet de overtreder de dwangsom binnen zes weken betalen (art. 5:33 Awb). Deze termijn wordt, anders dan bij de boete, niet verlengd bij bezwaar. Na deze zes weken is de overtreder in verzuim en is hij wettelijke rente verschuldigd vanaf de dag waarop deze termijn is verstreken (art. 4:97 en 4:98 Awb). Hoewel voor de verbeurte van een dwangsom geen afzonderlijk besluit nodig is, kan de ACM pas invorderen na een invorderingsbesluit en nadat zij de overtreder daarover heeft gehoord (art. 5:37 Awb). De draagkracht van de overtreder speelt geen rol bij het invorderingsbesluit, tenzij evident is dat hij niet in staat zal zijn de verbeurde dwangsom te betalen (CBb 12 maart 2019, ECLI:NL:CBB:2019:99 (*verboden taxivervoer*)). De overtreder kan in bezwaar en beroep tegen het invorderingsbesluit. Dit wordt gecombineerd met de procedure tegen de last (art. 5:39 Awb). Als de overtreder na het invorderingsbesluit nog niet betaalt, kan de ACM de dwangsom bij dwangbevel invorderen (art. 5:10 lid 2 Awb). Dat betekent dat de ACM eerst moet aanmanen (art. 4:117 jo. art. 4:112 Awb). Het dwangbevel levert een executoriale titel op (art. 4:116 Awb). Zowel de aanmaning als het dwangbevel zijn besluiten, maar er staat geen bestuursrechtelijke rechtsbescherming tegen open omdat deze beschikkingen op de negatieve lijst staan (art. 8:4 lid 1, aanhef en onderdeel b Awb). Op grond van de reguliere procedure in het Wetboek van Rechtsvordering kan de overtreder wel bij de civiele rechter verzet aantekenen en om schorsing vragen. De verbeurde dwangsommen komen toe aan de Staat (art. 12t Instellingswet ACM). Bij een overtreding van art. 101 of 102 VWEU kan de ACM zo nodig een andere nationale mededingingsautoriteit binnen de EU vragen een verbeurde dwangsom te innen (althans als de betreffende lidstaat de ECN+ Richtlijn heeft geïmplementeerd, uiterlijk op 4 februari 2021 volgens art. 34 ECN+ Richtlijn), net zoals de ACM een dwangsom kan innen die door een andere autoriteit is opgelegd wegens overtreding van art. 101 of 102 VWEU (art. 89gc Mw).

6. Vaststelling van overtreding zonder sanctie. Met de implementatie van de ECN+ Richtlijn op 18 februari 2021 (zie Inleidende opmerkingen, hoofdstuk 7 Mw, aant. 1) heeft de ACM de bevoegdheid gekregen om vast te stellen dat er sprake is van een overtreding, zonder een boete of last onder dwangsom op te leggen (art. 56 onder a Mw). Volgens de regering kan het vaststellen van inbreuken die in het verleden zijn begaan, met name van belang zijn in het kader van civielrechtelijke procedures tot schadevergoeding (*Kamerstukken II* 2019/20, 35467, 3, p. 20). Het CBb stelde al eerder vast dat de ACM bevoegd is af te zien van het opleggen van een boete bij clementie (zie aant. 4 onder a).

7. Meerdere samenhangende overtredingen. a. Overtredingen van nationaal en Europees mededingingsrecht. Een overtreding van art. 6 en 24 Mw vormt tevens een overtreding van respectievelijk art. 101 en 102 VWEU als de gedraging de handel tussen lidstaten kan beïnvloeden. In dat geval is de ACM verplicht ook art. 101 of 102 VWEU toe te passen (zie het commentaar op hoofdstuk 10 Mw, Inleidende opmerkingen, aant. 2). Dan legt de ACM voor beide overtredingen samen in beginsel één boete op (art. 2.1 lid 2 Boetebeleidsregel ACM 2014). De ACM zou ook voor beide overtredingen afzonderlijke boetes kunnen opleggen, mits deze tezamen evenredig zijn. Dan is dit niet in strijd met het 'ne bis in idem'-beginsel, aangenomen dat er sprake is van één besluit en dus geen herhaling van procedures (HvJ EU 3 april 2019, C-617/17, ECLI:EU:C:2019:283 (*PZU Zycie*)). Ook het CBb zag de mogelijkheid om, in plaats van één boete, afzonderlijke maar tezamen evenredige boetes op te leggen bij eendaadse samenloop, waar een gedraging een overtreding vormt van verschillende voorschriften die zo nauw samenhangen dat de overtreder in wezen één verwijt kan worden gemaakt (CBb 14 augustus 2018, ECLI:NL:CBB:2018:400 (*Imtech*); zie over eendaadse samenloop verder *T&C Awb*, art. 5:8 Awb). **'Ne bis in idem'-beginsel.** Het 'ne bis in idem'-beginsel komt in dit kader aan de orde als een nationale mededingingsautoriteit, zoals de ACM, optreedt tegen gedragingen die mogelijk een inbreuk vormen op art. 101 of 102 VWEU, in het geval dat de Europese Commissie of een andere nationale autoriteit al een besluit heeft genomen dat betrekking heeft op dezelfde gedragingen. Het 'ne bis in idem'-beginsel, dat is gecodificeerd in (onder meer) art. 50 van het Handvest van de grondrechten van de Europese Unie en art. 5:43 Awb, houdt in dat de ACM niet een boete mag opleggen als zij of een ander bevoegd orgaan vanwege dezelfde overtreding al eerder een boete heeft opgelegd of de overtreder heeft laten weten af te zien van een boete. Hiervoor is het begrip 'dezelfde overtreding' bepalend, met — naar analogie van het begrip 'hetzelfde feit' in art. 68 Sr — zowel een feitelijke als een juridische dimensie. Ook meerdere gedragingen en een overtreding van meer dan één voorschrift gelden als dezelfde overtreding als zij feitelijk nauw samenhangen en de overtreden voorschriften soortgelijke belangen beschermen, zodat aan de dader een verwijt van dezelfde strekking kan worden gemaakt (bijv. CBb 31 maart 2015, ECLI:NL:CBB:2015:91 (*Greenchoice*), met verwijzing naar HR 1 februari 2011, ECLI:NL:HR:2011:BM9102, waarin de Hoge Raad bij zijn uitleg van het strafrechtelijke 'ne bis in idem'-beginsel ook het bestuursrecht betrok). Het 'ne bis in idem'-beginsel staat er niet aan in de weg dat verschillende nationale mededingingsautoriteiten een boete opleggen voor dezelfde gedragingen, mits deze boete alleen de impact in de eigen lidstaat betreft (HvJ EU 22 maart 2022, C-151/20, ECLI:EU:C:2022:203 (*Nordzucker*)). Daarvoor is relevant of de boete alleen op basis van de nationale omzet is berekend (omzet elders in de EU kan ook in de boete worden meegenomen als is vastgesteld dat andere mededingingsautoriteiten niet voornemens zijn op te treden tegen de betreffende gedragingen; bijv. CBb in *Zilveruien* en *Plantuien*, zie aant. 3 onder a hierboven). Het is ook relevant of het overtredingsbesluit van een nationale autoriteit een oordeel inhoudt over feiten die betrekking hebben op de lidstaat van de andere nationale autoriteit. Zie over de toepassing van het 'ne bis in idem'-beginsel in de *Nordzucker*- en *Bpost*-uitspraken noot Veenbrink, *SEW* 2022/123, afl. 7/8, p. 379. Als niet een nationale autoriteit maar de Europese Commissie een onderzoek is begonnen naar een overtreding van art. 101 en 102 VWEU, ontneemt dit de ACM de bevoegdheid om deze bepalingen toe te passen (art. 11 lid 6 Verordening 1/2003). Dat is het geval voor zover elk van de onderzochte onderneming, periode, gedrag, product- en geografische markt dezelfde zijn (HvJ EU 25 februari 2021, C-857/19, ECLI:EU:C:2021:139 (*Slovak Telekom*)).

b. Samenloop met andere overtredingen. Naast een overtreding van art. 101 en 102 VWEU kan een gedraging die een overtreding vormt van art. 6 of 24 Mw, ook een overtreding inhouden van een ander voorschrift. Er is sprake van meerdaadse samenloop als de verschillende overtredingen ook afzonderlijk hadden kunnen worden gepleegd en de overtreden voorschriften verschillende belangen beschermen. In dat geval kan voor elk van deze overtredingen een afzonderlijke sanctie worden opgelegd, ook al is er enige samenhang tussen de overtreden voorschriften (art. 5:8 Awb). De sancties moeten zo nodig wel worden gematigd om te voorkomen dat het totaal aan boetes onevenredig is (bijv. CBb 25 augustus 2015, ECLI:NL:CBB:2015:285 (*misleidende handelspraktijken*)). Ook waar een gedraging een overtreding vormt van zowel regels van marktordening als het mededingingsrecht, kunnen afzonderlijke boetes worden opgelegd zonder in strijd te komen met het 'ne bis in idem'-beginsel. Daarvoor is nodig dat een dergelijke cumulatie van sancties noodzakelijk is. Dit houdt niet alleen in dat de sancties in hun totaliteit stroken met de ernst van de overtredingen, maar ook dat wettelijk geregeld en voorzienbaar is dat cumulatie mogelijk is en dat de handhavende instanties hun optreden onderling afstemmen met in tijd bij elkaar liggende procedures (HvJ EU 22 maart 2022, C-117/20, ECLI:EU:C:2022:202 (*Bpost*); zie noot Veenbrink onder a hierboven). *'Una* *via'-beginsel.* Een stapeling van procedures moet worden voorkomen als een gedraging zowel een overtreding kan opleveren van art. 6 of 24 Mw als een strafbaar feit. Op grond van het 'una via'-beginsel mag in dat geval de ACM geen boete opleggen als de strafrechtelijke procedure al een bepaald stadium heeft bereikt, en moet de ACM afstemmen met de officier van justitie die tegen de gedraging optreedt (art. 5:44 Awb; zie Samenwerkingsprotocol ACM, Openbaar Ministerie, en FIOD, *Stcrt.* 2021, 28606). Dit is niet snel aan de orde, aangezien de overtreden voorschriften veelal andere belangen beschermen. Zo wees de ACM een beroep op het 'una via'-beginsel af toen zij bepaalde gedragingen als misbruik van economische machtspositie aanmerkte, terwijl deze ook door het Openbaar Ministerie werden onderzocht (besluit 22 mei 2017, zaak 16.0691.31 (*NS aanbesteding Limburg*)). Evenmin stond dit beginsel eraan in de weg dat de ACM een boete oplegde aan een feitelijk leidinggever die ook door de strafrechter was veroordeeld in verband met omkoping van ambtenaren. Hoewel er een verband bestond in de zin dat de ACM de overtreding op het spoor was gekomen met informatie uit het strafrechtelijk onderzoek, ging het volgens het CBb bij de strafrechtelijke veroordeling om gedragingen die zowel feitelijk als rechtens wezenlijk verschilden van de door de ACM beboete overtredingen (CBb 8 mei 2018, ECLI:NL:CBB:2018:140 (*feitelijk leidinggever Limburgse Bouw*)).

c. Meerdere gedragingen. Een overtreder kan betrokken zijn bij meerdere gedragingen die ieder op zich een overtreding opleveren maar wel enig verband hebben. De ACM kan in dat geval een boete opleggen voor de overtredingen gezamenlijk (art. 2.1 lid 1 Boetebeleidsregel ACM 2014). De ACM mag ook afzonderlijke boetes opleggen, maar het kan nodig zijn deze te matigen voor een evenredig totaalbedrag. Enkele voorbeelden van aanbestedingsafstemming in strijd met art. 6 Mw kunnen illustreren tot welke uitkomsten dit kan leiden, steeds afhankelijk van het concrete geval. Zo had een onderneming twee op zichzelf staande aanbestedingsafspraken gemaakt met een concurrent. De ACM merkte in afzonderlijke procedures deze elk als overtreding aan en legde afzonderlijke boetes op, maar wel met een aanzienlijke matiging van beide boetes vanwege de vergelijkbaarheid van de overtredingen en de gedeeltelijke overlap in tijd. Die matiging voorkwam niet dat de boetes gezamenlijk hoger waren dan het boetemaximum van art. 57 Mw dat voor de afzonderlijke overtredingen gold, maar dat was niet onevenredig (CBb 23 april 2019, ECLI:NL:CBB:2019:150 (*Taxi's Rotterdam*)). Een ander voorbeeld is de afstemming van vier aanbestedingen door twee ondernemingen. De ACM zag elke afstemming als een afzonderlijke overtreding met een afzonderlijke boete en boetemaximum, maar behandelde deze in één procedure. In dit geval vond de ACM het niet nodig de boetes te matigen (besluit 10 december 2012, zaak 7249 (*Slopers Rotterdam*)). Een derde voorbeeld is een jarenlang systeem van afstemming van aanbestedingen waar zeven ondernemingen in wisselende samenstelling aan deelnamen. Dit leverde volgens de ACM een overtreding op in de vorm van een enkele voortdurende inbreuk (zie art. 6 Mw, aant. 3 onder e), waar elke deelnemende onderneming voor werd beboet (besluit 13 november 2007, zaak 5211 (*Boomkwekerijen*)).

8. Rechtvaardigingsgronden en ontbreken van verwijtbaarheid. In bepaalde, in de praktijk vrij uitzonderlijke omstandigheden, is de ACM niet bevoegd een sanctie op te leggen vanwege aanwezigheid van een strafuitsluitingsgrond. Dat is het geval als zich een rechtvaardigingsgrond voordoet: dan wordt voor de gedraging geen sanctie opgelegd (art. 5:5 Awb). Dat is ook het geval bij een schulduitsluitingsgrond: dan kan de dader geen verwijt worden gemaakt (art. 5:41 Awb). Terwijl schulduitsluitingsgronden alleen relevant zijn voor de bevoegdheid tot het opleggen van een boete, zijn rechtvaardigingsgronden ook van belang voor herstelsancties zoals een last onder dwangsom. Herstelsancties zijn immers niet bestraffend van aard en hebben niet tot doel de overtreder persoonlijk te treffen, zodat niet is vereist dat de overtreder iets te verwijten valt. Van de klassieke rechtvaardigings- en schulduitsluitingsgronden uit het strafrecht zal bij een mededingingsbeperkende gedraging zelden sprake zijn. Dan gaat het bijvoorbeeld om overmacht en om handelen ter uitvoering van een wettelijk voorschrift of een bevoegd gegeven ambtelijk bevel. Wel is het in het materiële mededingingsrecht mogelijk dat een beperking van de mededinging niet wordt geraakt door het kartelverbod (zie art. 6 Mw, aant. 7, 11 en 13) en een mogelijk misbruikelijke gedraging gerechtvaardigd is, zodat deze geen misbruik oplevert van een economische machtspositie (zie art. 24 Mw, aant. 2 onder b). Schuld in de zin van verwijtbaarheid is niet vereist voor het vaststellen van een overtreding van art. 6 en 24 Mw (evenmin voor de overtreding van andere bepalingen in de Mw). Dit betekent dat de ACM verwijtbaarheid niet hoeft te bewijzen, maar deze mag veronderstellen als het daderschap vaststaat. Om aan een boete te ontkomen op grond van art. 5:41 Awb, zal de overtreder een beroep moeten doen op het ontbreken van verwijtbaarheid (in het strafrecht meestal aangeduid als afwezigheid van alle schuld). Dit is niet in strijd met de onschuldpresumptie van art. 6 lid 2 EVRM. Dat geldt ook voor de vermoedens die in het mededingingsrecht regelmatig gebruikt worden om een overtreding vast te stellen, zoals het vermoeden dat een moedermaatschappij die alle aandelen houdt in haar dochtermaatschappij daar beslissende invloed over heeft (zie aant. 2 onder c). Het moet wel mogelijk zijn zo'n vermoeden te weerleggen, ook al is dat niet eenvoudig (EHRM 7 oktober 1988, *NJ* 1991/351 (*Salabiaku*) en EHRM 23 juli 2002, ECHR 2002/88 (*Janosevic*)). Schulduitsluitingsgronden zijn in mededingingszaken zelden aanwezig. Zo oordeelde het CBb dat dwaling omtrent (de toepassing van) het recht slechts onder bijzondere omstandigheden verschoonbaar is. Wel kan er reden zijn de boete te matigen als er sprake is van verminderde verwijtbaarheid (zie aant. 3 onder b).

9. Lex mitior. Nadat de overtreding heeft plaatsgevonden, kunnen de regels veranderen die daarop van toepassing zijn. In hoeverre de overtreder daarvan kan profiteren wordt bepaald op basis van het 'lex mitior'-beginsel, dat zijn oorsprong vindt in het strafrecht en ook geldt voor bestuursrechtelijke boetebesluiten (art. 5:46 lid 4 Awb jo. art. 1 lid 2 Sr). Hierbij wordt onderscheid gemaakt tussen verandering in strafbaarstelling en verandering in sanctionering. Als het gaat om een voor de overtreder gunstige wijziging in het overtreden voorschrift, geldt de wijziging alleen voor de overtreder als deze voortkomt uit een gewijzigd inzicht van de wetgever omtrent de strafwaardigheid van de overtreding. Zo heeft het CBb vastgesteld dat een voor de overtreder gunstige wijziging in de bagatelvoorziening van art. 7 Mw niet voor hem van toepassing was, omdat deze wijziging door beleidsmatige motieven was ingegeven en niet door een gewijzigd inzicht omtrent de strafwaardigheid van overtredingen van het kartelverbod (CBb 10 april 2014, ECLI:NL:CBB:2014:118 (*Boomkwekerijen*)). Als het daarentegen gaat om een voor de overtreder gunstige wijziging in de regels over boeteoplegging, dan gelden die direct voor de overtreder, ongeacht de reden voor die wijziging (bijv. CRvB 10 juli 2018, ECLI:NL:CRVB:2018:2149). Dit komt voort uit een aanscherping van het 'lex mitior'-beginsel op grond van jurisprudentie van het EHRM (HR 12 juli 2011, ECLI:NL:HR:2011:BP6878, waar het CBb in genoemde uitspraak naar verwijst). Mocht bijvoorbeeld het wettelijk boetemaximum verlaagd worden, profiteert de overtreder daarvan. Dat geldt vermoedelijk ook als een wijziging van de boetebeleidsregel van de ACM tot een lagere boete zou leiden (zie aant. 3), hoewel de rechtbank Den Haag oordeelde dat het 'lex mitior'-beginsel niet van toepassing is op beleidsregels (5 april 2018, ECLI:NL:RBDHA:2018:4082 (*handel emissierechten*)). Het 'lex mitior'-beginsel geldt gedurende de gehele procedure, totdat de boete onherroepelijk is.

10. Bewijsvoering en rechterlijke toetsing. a. Rechterlijke toetsing vaststelling overtreding. Volgens vaste rechtspraak toetst de rechter of de ACM in haar besluit tot oplegging van een boete wegens overtreding van art. 6 of 24 Mw heeft voldaan aan haar verplichting te bewijzen dat aan de voorwaarden voor toepassing van art. 56 Mw is voldaan. Deze beoordeling omvat niet alleen of het besluit op zorgvuldige wijze tot stand is gekomen en of het op een deugdelijke motivering berust, maar ook of de ACM de wettelijke begrippen op juiste wijze heeft geïnterpreteerd en aannemelijk heeft gemaakt dat de feiten en omstandigheden aan de wettelijke voorwaarden voldoen. Met name controleert de rechter niet alleen de materiële juistheid van de bewijselementen, de betrouwbaarheid en de samenhang, maar beoordeelt hij ook of die elementen het relevante feitenkader vormen en of zij de daaruit getrokken conclusies kunnen schragen (bijv. CBb 14 juli 2016, ECLI:NL:CBB:2016:184 (*Meel*)). Hoewel deze formulering alleen boetebesluiten betreft, is waarschijnlijk dat de rechter een vergelijkbare beoordeling zal toepassen bij besluiten om een last onder dwangsom op te leggen. De hoogte van de boete wordt door de rechter indringend getoetst (zie hierna onder c). Zie ook art. 6 Mw, aant. 2. **b. Eisen aan bewijsvoering.** Volgens vaste rechtspraak worden bij het opleggen van een bestuurlijke boete strenge eisen gesteld aan de bewijsvoering van de overtreding en de motivering van het boetebesluit (zie bijv. Rb. Rotterdam 20 juni 2019, ECLI:NL:RBROT:2019:4842 (*Accu's vorkheftrucks*)). Het CBb heeft in verschillende uitspraken uiteengezet welke eisen worden gesteld aan bewijsvoering (bijv. CBb 14 juli 2016, ECLI:NL:CBB:2016:185 (*Meel*) en 30 oktober 2018, ECLI:NL:CBB:2018:527 (*Zeescheepsafval*)). De bewijslast van een overtreding rust op de ACM. In lijn met de Europese mededingingsrechtspraak moet de ACM het bestaan van een overtreding aantonen met nauwkeurig bepaalde en onderling overeenstemmende bewijzen. Gelet op de algemene bekendheid van het verbod op mededingingsbeperkende overeenkomsten en het veelal heimelijke karakter van mededingingsbeperkende gedragingen, is het voldoende dat alle aanwijzingen samen bezien aan dit vereiste voldoen, in plaats van elk bewijsmiddel op zichzelf. Bewijs is veelal fragmentarisch en schaars, zodat bepaalde details via deductie moeten worden gereconstrueerd. Het bestaan van een mededingingsbeperking moet vaak worden afgeleid uit een samenloop van omstandigheden en aanwijzingen in hun totaliteit bezien. Hierbij is ruimte om een andere coherente en plausibele verklaring te geven voor de vastgestelde gedragingen, waaruit blijkt dat zij niet de beperking van de mededinging beoogden. Bij de beoordeling van bewijsmiddelen stelt het CBb de vrije-bewijsleer voorop. Hieruit volgt dat het enige relevante criterium ter beoordeling van aangevoerde bewijzen de geloofwaardigheid ervan is. De geloofwaardigheid – en dus de bewijswaarde – van een stuk hangt af van de herkomst daarvan, van de omstandigheden waarin het is opgesteld, van degene tot wie het is gericht en van de redelijkheid en de geloofwaardigheid van de inhoud. Daarbij moet groot belang worden gehecht aan de omstandigheid dat een stuk rechtstreeks verband houdt met de feiten of is opgesteld door iemand die rechtstreeks getuige was van deze feiten. De bewijswaarde van clementieverklaringen wordt vaak betwist door andere deelnemers aan het kartel. Ook hier sluit het CBb aan bij Europese rechtspraak (bijv. CBb 14 juli 2016, ECLI:NL:CBB:2016:189 (*Meel*)). De ACM moet rekening houden met de bijzondere aard van clementieverklaringen als zij deze gebruikt als bewijs voor het bestaan van een overtreding van het kartelverbod. In beginsel dient een hoge bewijswaarde te worden toegekend aan een verklaring die ingaat tegen de belangen van de onderneming namens wie zij is afgelegd. Dit neemt echter niet weg dat als de juistheid van een clementieverklaring door andere beschuldigde ondernemingen wordt betwist, deze verklaring op zichzelf onvoldoende bewijs oplevert voor een overtreding door deze ondernemingen. Deze verklaring moet dan worden gestaafd door andere bewijselementen. Een clementieverklaring behoeft een minder precieze en minder nadrukkelijke bevestiging als deze verklaring bijzonder geloofwaardig is. Hoewel een vertegenwoordiger van een clementieverzoeker in potentie zo veel mogelijk belastend bewijs aan de ACM zal willen verstrekken — omdat dit in het kader van een clementieverzoek in het voordeel van de verzoeker kan zijn — maakt deze prikkel niet dat dergelijke verklaringen niet geloofwaardig zouden zijn. Deze vertegenwoordiger is zich immers ook bewust van de mogelijke negatieve gevolgen van onjuist verstrekte informatie, naar aanleiding waarvan de ACM boetevermindering of -immuniteit kan onthouden. Het risico dat de ACM het onjuiste karakter van verklaringen ontdekt, wordt vergroot als een clementieverklaring moet worden gestaafd door ander bewijs. Aangezien de vraag of een bewijselement ander bewijs kan staven afhangt van de geloofwaardigheid van dat bewijs, kan het voldoende zijn als clementieverklaringen niet alleen door een ander soort bewijsmiddelen maar ook door andere clementieverklaringen worden gestaafd. **c. Toetsing hoogte boete en dwangsom.** De hoogte van een door de ACM opgelegde boete wordt door de rechter zonder terughoudendheid getoetst op het vereiste van evenredigheid (zie ook aant. 3). De rechter is daarbij niet gebonden aan de boetebeleidsregels van de ACM. Deze toetsing omvat tevens de beoordeling of sprake is van een verminderde mate van verwijtbaarheid. Dit betekent dat de rechter zijn eigen oordeel over de hoogte van de boete in de plaats stelt van het oordeel van de ACM (art. 8:72a Awb). Deze volle en indringende toetsing van het boetebedrag is vereist op grond van art. 6 EVRM, evenals art. 3:4 en 5:46 Awb. Dat neemt niet weg dat de rechter de keuzes van de ACM op onderdelen van de boeteberekening, zoals de bepaling van de betrokken omzet en de toepassing van de clementieregeling, meer terughoudend toetst (bijv. CBb 7 juli 2010, ECLI:NL:CBB:2010:BN0540 (*aanbesteding GWW-werken*)). Ook de hoogte van een dwangsom wordt meer terughoudend getoetst door de rechter, aangezien de last onder dwangsom geen punitieve sanctie is. Wel moet de dwangsom in redelijke verhouding staan tot de zwaarte van het geschonden belang en de beoogde werking (zie aant. 5 onder c).

Artikel 57
1. De bestuurlijke boete bedraagt ten hoogste € 900.000 of, indien dat meer is, ten hoogste 10% van de omzet van de onderneming, dan wel, indien de overtreding door een ondernemersvereniging is begaan, van de gezamenlijke omzet van de ondernemingen die van de vereniging deel uitmaken en actief zijn op de markt die de gevolgen van de inbreuk door de vereniging ondervindt.
2. Indien de overtreding door een ondernemersvereniging is begaan bedraagt de aansprakelijkheid van iedere onderneming die deel uitmaakt van de vereniging voor de betaling van de boete niet meer dan de overeenkomstig het eerste lid ten hoogste aan een onderneming op te leggen boete.

3. Ingeval van overtreding van artikel 6, eerste lid, wordt voor de toepassing van het eerste lid het bedrag van de bestuurlijke boete die ten hoogste kan worden opgelegd, vermenigvuldigd met het aantal jaren dat de overtreding heeft geduurd met een maximum van vier jaar en een minimum van één jaar.
4. Voor de toepassing van het derde lid
a. worden twaalf opvolgende maanden als jaar beschouwd, en
b. wordt een deel van een jaar afgerond op hele kalendermaanden waarbij een hele kalendermaand telt als eentwaalfde jaar.
5. Het bedrag van de bestuurlijke boete die ingevolge het eerste en derde lid ten hoogste kan worden opgelegd wordt verhoogd met 100%, indien binnen een tijdvak van vijf jaar voorafgaand aan de dagtekening van het van de overtreding opgemaakte rapport, bedoeld in artikel 5:48, eerste lid, van de Algemene wet bestuursrecht, een aan die overtreder voor een eerdere overtreding van eenzelfde of een soortgelijk wettelijk voorschrift opgelegde bestuurlijke boete onherroepelijk is geworden.
[11-11-2020, Stb. 9, i.w.tr. 18-02-2021/kamerstukken 35467]

[Wettelijk boetemaximum]

1. Algemeen. Art. 57 bepaalt welke boete de ACM ten hoogste kan opleggen voor een overtreding van art. 6 of 24 Mw. Dit is in overeenstemming met het vereiste om wettelijk voor overtredingen te bepalen wat de maximale boete is (art. 5:46 lid 1 Awb). De huidige boetemaxima gelden alleen voor overtredingen die aanvingen na 1 juli 2016 (zie aant. 2). De maximale boete die de ACM aan een feitelijk leidinggever kan opleggen, wordt bepaald in art. 12n Instellingswet ACM. Op grond van art. 57 bedraagt de maximale boete voor een onderneming € 900.000 of, als dat meer is, 10% van haar jaaromzet (zie aant. 3). De maximale boete voor een ondernemersvereniging bedraagt € 900.000 of, als dat meer is, 10% van de jaaromzet van de ondernemingen die van de ondernemersvereniging deel uitmaken en actief zijn op de markt die de gevolgen van de overtreding ondervindt (zie aant. 5). Voor overtredingen van art. 6 Mw wordt het boetemaximum vermenigvuldigd met het aantal jaren dat de overtreding heeft geduurd, met een maximum van vier (zie aant. 6). Daarnaast wordt het maximum, ook voor overtredingen van art. 24 Mw, verdubbeld als er sprake is van recidive (zie aant. 7). Deze verhogingen gelden voor zowel het absolute boetemaximum van € 900.000 als het omzet-gerelateerde maximum. In het uiterste geval is het boetemaximum voor overtredingen van art. 6 Mw dus gelijk aan 80% van de jaaromzet van de onderneming, en 20% voor overtredingen van art. 24 Mw. De regering vond dit boetemaximum van 80% van de jaaromzet passend, omdat dit alleen aan de orde is bij een herhaalde overtreding die minstens vier jaar heeft voortgeduurd. Dit geeft de ACM de mogelijkheid een boete op te leggen die voldoende afschrikwekkend is. Het is vervolgens aan de ACM om, binnen dit hoge boetemaximum, te bepalen welke boete in het concrete geval evenredig is, mede gezien de financiële draagkracht van de onderneming (*Kamerstukken II* 2014/15, 34190, 3, p. 21 en 25). Het boetemaximum geldt per overtreding. Als een onderneming betrokken is bij twee afzonderlijke overtredingen, verzet art. 57 zich er niet tegen dat de ACM voor beide overtredingen boetes oplegt die gezamenlijk het wettelijk maximum voor één overtreding overschrijden. Dat is niet anders als het gaat om vergelijkbare en elkaar in de tijd deels overlappende overtredingen. Het evenredigheidsvereiste kan wel meebrengen dat niet voor elke afzonderlijke overtreding een boete ter hoogte van het wettelijk maximum behoort te worden opgelegd (CBb 23 april 2019, ECLI:NL:CBB:2019:150 (*Taxi's Rotterdam*); zie ook art. 56, aant. 7). In het Europese mededingingsrecht, waar net als in art. 57 het boetemaximum 10% van de jaaromzet van de onderneming bedraagt (maar waar geen verhoging vanwege duur en recidive geldt), wordt, naast de preventieve afschrikkende werking, ook als doel van het boetemaximum genoemd het voorkomen dat het boetebedrag de financiële draagkracht van de onderneming ten tijde van het boetebesluit te boven gaat (HvJ EU 26 november 2013, C-58/12, ECLI:EU:C:2013:770 (*Groupe Gascogne*)). In het Nederlandse mededingingsrecht houdt de ACM al met draagkracht rekening bij het bepalen van het boetebedrag, voordat dit bedrag wordt getoetst aan het boetemaximum (zie art. 56, aant. 3 onder e). Toch kan het boetemaximum ook bij door de ACM opgelegde boetes eraan bijdragen dat de boete niet te hoog is in verhouding tot de omzet van de onderneming op het moment dat zij de boete moet betalen. Zo heeft de ACM in ieder geval voordat de Wet verhoging boetemaxima ACM in werking trad (zie aant. 2), in een aantal zaken de boete, soms aanzienlijk, verlaagd op grond van het toen geldende boetemaximum.

2. Boetemaximum voor overtredingen die voor 1 juli 2016 begonnen. De huidige boetemaxima van art. 57 zijn ingevoerd krachtens de Wet verhoging boetemaxima ACM (*Stb.* 2016, 22), die op 1 juli 2016 in werking trad. Deze wet verdubbelde het absolute boetemaximum van € 450.000 naar € 900.000; het relatieve boetemaximum bleef staan op 10% van de meest recente jaaromzet. De verhoging van het absolute boetemaximum was volgens de regering deels een inflatiecorrectie, maar hing ook samen met eerdere verhogingen van boetemaxima in andere rechtsgebieden, zoals strafrecht en financieel toezicht, vergeleken waarmee een overtreding van de mededingingsregels niet minder ernstig is (*Kamerstukken II* 2014/15, 34190, 3, p. 7-10). Verder introduceerde deze wet een verhoging van beide maxima in specifieke gevallen, namelijk vanwege de duur van voor overtredingen van art. 6 Mw (lid 3) en recidive (lid 5). Deze wijzigingen van het wettelijk boetemaximum gelden alleen voor overtredingen die zijn begonnen na de inwerkingtreding van de Wet verhoging boetemaxima ACM op 1 juli 2016. Op andere overtredingen is het boetemaximum van toepassing dat gold voordat deze wijzigingen in werking traden, ook al zijn deze overtredingen pas na 1 juli 2016 geëindigd (artikel XIV Wet verhoging boetemaxima ACM en *Kamerstukken II* 2014/15, 34190, 3, p. 26, onder verwijzing naar het 'lex mitior'-beginsel (zie art. 56 Mw, aant. 9)).

3. Omzetbegrip. a. Volledige wereldwijde omzet. Het omzetbegrip dat relevant is voor de bepaling van het boetemaximum is gedefinieerd in art. 12o Instellingswet ACM. Dit betreft de volledige, wereldwijde omzet van de onderneming (of de ondernemingen die deel uitmaken van de ondernemersvereniging en actief zijn op de relevante markt), exclusief kortingen en omzetbelasting, in het meest recente boekjaar voorafgaand aan het boetebesluit waarvoor een jaarrekening beschikbaar is (of zou moeten zijn). Dit is een ander omzetbegrip dan geldt voor het bepalen van de daadwerkelijke boete conform de boetebeleidsregels voor overtreding van art. 6 en 24 Mw. Daar het gaat om de bij de overtreding betrokken omzet in het laatste jaar van de overtreding (zie art. 56, aant. 3 onder a). De reden voor dit verschil is volgens de regering dat het bij het boetemaximum vooral gaat om een preventieve afschrikwekkende werking. Bovendien is het vanwege de rechtszekerheid nodig dat het boetemaximum op objectieve en onbetwistbare wijze kan worden vastgesteld, wat minder makkelijk kan zijn voor de bij de overtreding betrokken omzet. Verder gaan ook de Europese Commissie en andere nationale mededingingsautoriteiten binnen de EU uit van de totale jaaromzet voor het bepalen van het boetemaximum (*Kamerstukken II* 2014/15, 34190, 3, p. 17). In de Europese rechtspraak is anders bepaald voor de situatie dat de omzet in het meest recente boekjaar geen goed beeld geeft van de daadwerkelijke economische situatie van de onderneming, bijvoorbeeld als deze in dat boekjaar niet meer economisch actief was. In die situatie kan het gerechtvaardigd zijn om voor de bepaling van het boetemaximum uit te gaan van de omzet in een eerder boekjaar, bijvoorbeeld het laatste volledige boekjaar waarin de onderneming gedurende een periode van twaalf maanden normaal economisch actief was (HvJ EU 7 juli 2016, C-514/15, ECLI:EU:C:2016:575 (*HIT Groep*)). Het is niet zeker of de Nederlandse rechter deze afwijking van het wettelijk kader zou volgen. **b. Omzet van de gehele onderneming.** Voor het bepalen van het boetemaximum geldt hetzelfde ondernemingsbegrip als voor de toerekening van aansprakelijkheid voor de overtreding (*Kamerstukken II* 1995/96, 24707, 3, p. 88; zie art. 56, aant. 2 onder c). Dit betekent dat niet alleen de omzet meetelt van de rechtspersonen die aansprakelijk zijn voor de boete, maar ook de omzet van alle dochtermaatschappijen waarover zij beslissende invloed hebben (CBb 14 juli 2016, ECLI:NL:CBB:2016:186 (*Meel*)). Dit betekent dat het boetemaximum kan veranderen als de inbreukmakende rechtspersoon tijdens of na de overtreding naar een andere onderneming is overgegaan (zie aant. 4). Op basis van Europese rechtspraak, waar dezelfde systematiek wordt gehanteerd, mag de ACM bij het bepalen van die groepsomzet uitgaan van de geconsolideerde omzet van de hoogste moedermaatschappij waaraan de overtreding is toegerekend, ook al is het criterium voor consolidatie in jaarrekeningen niet precies gelijk aan het criterium van beslissende invloed in het mededingingsrecht. Als de onderneming meent dat de geconsolideerde omzet niet de economische werkelijkheid weergeeft, kan zij daarvoor bewijs aandragen (HvJ EU 26 november 2013, C-58/12, ECLI:EU:C:2013:770 (*Groupe Gascogne*)).

4. Boetemaximum bij overgang van rechtspersoon. Als de inbreukmakende rechtspersoon tijdens of na de overtreding naar een andere onderneming is overgegaan, heeft dat invloed op het boetemaximum. Als bijvoorbeeld een inbreukmakende vennootschap gedurende de periode van de overtreding is verkocht aan een andere onderneming, kunnen de vennootschap en de nieuwe moedermaatschappij alleen hoofdelijk aansprakelijk zijn voor het deel van de boete dat betrekking heeft op de periode dat zij een onderneming vormden. Voor zover de boete betrekking heeft op de periode voor de verkoop, is alleen de inbreukmakende vennootschap aansprakelijk. Er geldt dan voor de vennootschap en de nieuwe moedermaatschappij een afzonderlijk boetemaximum, gebaseerd op hun eigen omzet in het boekjaar voor het boetebesluit (HvJ EU 26 januari 2017, C-637/13, ECLI:EU:C:2017:51 (*Laufen Austria*)). In het geval dat een inbreukmakende vennootschap na afloop van de overtreding is verkocht, kan een boete worden opgelegd aan die vennootschap en aan haar moedermaatschappij ten tijde van de overtreding, waarvoor beiden hoofdelijk aansprakelijk zijn. Aangezien zij echter ten tijde van het boetebesluit niet meer deel uitmaken van dezelfde onderneming, geldt voor hen een afzonderlijk boetemaximum. Voor de toenmalige moedermaatschappij wordt het boetemaximum bepaald door de onderneming waarvan zij ten tijde van het boetebesluit aan het hoofd staat, terwijl voor de vennootschap alleen de omzet van haarzelf en haar dochters op dat moment bepalend is. Dit kan betekenen dat, na het aanpassen van de boete wegens overschrijding van het boetemaximum, het boetebedrag waarvoor de toenmalige moedermaatschappij aansprakelijk is, aanzienlijk hoger is dan het boetebedrag waarvoor de inbreukmakende vennootschap aansprakelijk is (HvJ EU 26 november 2013, C-50/12, ECLI:EU:C:2013:771 (*Kendrion*)).

5. Ondernemersverenigingen (lid 1 en 2). Het boetemaximum voor een ondernemersvereniging wordt bepaald op basis van de omzet van de leden van die vereniging, voor zover zij actief zijn op de markt die de gevolgen van de overtreding ondervindt. Deze beperking op basis van activiteiten komt voort uit de implementatie van de ECN+ Richtlijn met ingang van 18 februari 2021 (zie Inleidende opmerkingen, hoofdstuk 7 Mw, aant. 1). Deze beperking is ook doorgevoerd in art. 12s lid 2 Instellingswet ACM, dat de invordering van aan een ondernemersvereniging opgelegde boetes bij haar leden regelt. Art. 15 lid 2 van deze Richtlijn maakt duidelijk dat de volledige omzet van de op de relevante markt actieve leden meetelt, niet alleen de omzet die zij behalen met activiteiten op die markt. Deze methode van boetemaximering is al eerder door de ACM toegepast, mede met het oog op de Europese rechtspraak (Rb. Rotterdam 9 juli 2015, ECLI:NL:RBROT:2015:4885 (*Paprika's*)). Voor individuele leden van de ondernemersvereniging is de aansprakelijkheid beperkt tot het bedrag van de maximale boete die voor hen als onderneming zou gelden (lid 2). Ook deze beperking komt voort uit de ECN+ Richtlijn.

6. Verhoging vanwege duur van overtreding (lid 3 en 4). Art. 57 lid 3 bepaalt dat bij een overtreding van art. 6 Mw het boetemaximum wordt vermenigvuldigd met het aantal jaren dat de overtreding heeft geduurd, met een minimum van één jaar en een maximum van vier jaar. Dit geldt voor elke overtreding van art. 6 Mw, dus niet alleen voor kartels maar ook voor bijvoorbeeld verticale mededingingsbeperkende afspraken (*Kamerstukken II* 2014/15, 34190, 3, p. 3). Deze verhoging is ingevoerd krachtens de Wet verhoging boetemaxima ACM (*Stb.* 2016, 22), die op 1 juli 2016 in werking trad. Voor overtredingen die voor deze datum aanvingen, geldt het eerder geldende boetemaximum (zie aant. 2 hierboven). De verhoging hing samen met het feit dat in een aantal zaken de ACM de boete had moeten verlagen op grond van het boetemaximum dat gold voor de inwerkingtreding van de Wet verhoging boetemaxima ACM, soms met aanzienlijke bedragen. Dit was vooral het geval bij ondernemingen die voor langere tijd bij een kartel betrokken waren geweest en waarvoor het bij de overtreding betrokken product het grootste deel van hun omzet genereerde (zogenoemde monoproductondernemingen) (bijv. besluiten ACM 16 december 2010, zaak 6306 (*Meel*); 8 december 2011, zaak 6855 (*Wasserijen*); en 7 november 2013, zaak 7244 (*Leesmappen*)). De regering wilde een sterkere preventieve afschrikwekkende werking van het ACM-toezicht. Een boetemaximum dat alleen op de omzet van één jaar was gebaseerd zou een economische prikkel opleveren om zo lang mogelijk te blijven participeren in het kartel, omdat het kartel voordeel zou blijven opleveren terwijl de boete na het bereiken van het maximum gelijk bleef. Een hoger boetemaximum voor langdurende kartels zou volgens de regering ook bestaande kartels destabiliseren, omdat een potentieel hogere boete het aantrekkelijker maakt te stoppen met het kartel en gebruik te maken van de clementieregeling (*Kamerstukken II* 2014/15, 34190, 3, p. 7-8). De vermenigvuldigingsfactor is begrensd tot vier, vanwege de evenredigheid en aansluitend bij de uit onderzoek gebleken gemiddelde duur van kartels van ongeveer vier jaar (*Kamerstukken II* 2014/15, 34190, 3, p. 10). De minimale vermenigvuldigingsfactor is één jaar, om te voorkomen dat de relatering aan de duur van een overtreding van art. 6 Mw tot gevolg zou hebben dat het boetemaximum onder 10% van de omzet uitkomt bij een kartel dat korter duurt dan een jaar. Op grond van lid 4 worden ook gedeeltes van een jaar meegeteld, afgerond op hele kalendermaanden die tellen als 1/12e jaar. Als de ACM bijvoorbeeld een boete oplegt voor een overtreding van art. 6 Mw die heeft geduurd van 16 maart 2018 tot 11 juli 2020, telt als duur 2 jaar ofwel 24 maanden (16 maart 2018 t/m 15 maart 2020) plus 3 gehele kalendermaanden (april, mei en juni). De totale duur voor toepassing van het boetemaximum is dus 27 maanden. Het boetemaximum wordt dan bepaald door 10% van de jaaromzet van de onderneming te vermenigvuldigen met 27/12. Gesteld dat de jaaromzet van de onderneming € 20 miljoen bedraagt, dan is het boetemaximum daarom (10% x € 20 miljoen x 27/12 =) € 4,5 miljoen voor een boete voor een overtreding van art. 6 Mw (*Kamerstukken II* 2014/15, 34190, 3, p. 25). Als deze overtreding, met dezelfde duur, zou zijn begonnen voor 1 juli 2016, zou dit boetemaximum op grond van art. 57 (oud) (10% x € 20 miljoen =) € 2 miljoen bedragen.

7. Verhoging vanwege recidive (lid 5). Op grond van art. 57 lid 5 wordt de maximumboete verdubbeld bij recidive. Dit geldt voor zowel het absolute als het relatieve boetemaximum. Voor overtredingen van art. 6 Mw cumuleert de verdubbeling vanwege recidive met de verhoging vanwege de duur van de overtreding. Zo bedraagt in het voorbeeld in aant. 6 de maximumboete in geval van recidive (2 x € 4,5 miljoen =) € 9 miljoen (*Kamerstukken II* 2014/15, 34190, 3, p. 25). Deze verdubbeling is ingevoerd krachtens de Wet verhoging boetemaxima ACM (*Stb.* 2016, 22), die op 1 juli 2016 in werking trad. Voor overtredingen die voor deze datum aanvingen, geldt het eerder geldende boetemaximum (zie aant. 2 hierboven). Er is sprake van recidive als bedoeld in lid 5 als aan de overtreder eerder een boete is opgelegd voor overtreding van eenzelfde of een soortgelijk voorschrift en die boete onherroepelijk is geworden binnen een periode van vijf jaar voor dagtekening van het rapport dat de ACM aan de overtreder verstrekt voor de nieuwe overtreding, zoals voorgeschreven door art. 5:48 jo. 5:53 Awb. De eerdere overtreding kan ook beboet zijn door de NMa als rechtsvoorganger van de ACM. Volgens de regering is ook sprake van eenzelfde voorschrift als de eerdere overtreding hetzelfde voorschrift betreft maar dat voorschrift tussentijds in redactionele of anderszins technische zin is aangepast. Van een soortgelijk voorschrift is sprake bij eenzelfde type overtreding, namelijk als de eerdere overtreding weliswaar niet hetzelfde voorschrift betreft, maar wel een voorschrift waaraan hetzelfde rechtsbelang ten grondslag ligt. De regering geeft als voorbeeld dat een onderneming twee keer een verplichting heeft overtreden die is opgelegd in verband met aanmerkelijke marktmacht. Aan de voorwaarden voor toepassing van art. 57 lid 5 is pas voldaan als de eerder opgelegde boete onherroepelijk is geworden. De regering wilde hiermee voorkomen dat het boetemaximum wordt verdubbeld terwijl de eerdere boete later in rechte geen stand blijkt te houden, waardoor deze verdubbeling achteraf onterecht zou worden. De regering erkende dat dit wel betekende dat boetes voor relatief oude overtredingen nog in aanmerking zouden worden genomen (*Kamerstukken II* 2014/15, 34190, 3, p. 23).

Artikel 58
(Vervallen.)
[25-06-2014, Stb. 247, i.w.tr. 01-08-2014/kamerstukken 33622]

Artikel 58a
1. De last onder dwangsom kan worden opgelegd in de vorm van een corrigerende structurele maatregel als bedoeld in artikel 10, eerste lid, van richtlijn (EU) 2019/1, indien die maatregel evenredig is aan de gepleegde overtreding en noodzakelijk is om aan de overtreding daadwerkelijk een einde te maken.

2. Indien er ter correctie van een overtreding meerdere even effectieve corrigerende structurele of gedragsmaatregelen als bedoeld in artikel 10, eerste lid, van richtlijn (EU) 2019/1 zijn, wordt de maatregel opgelegd die voor de betrokken onderneming of ondernemersvereniging het minst belastend is.
3. Artikel 12r, tweede lid, van de Instellingswet Autoriteit Consument en Markt is niet van toepassing.
[11-11-2020, Stb. 9, i.w.tr. 18-02-2021/kamerstukken 35467]

[Corrigerende structurele maatregel]

1. Algemeen. Bij overtreding van art. 6 of 24 Mw is de ACM op grond van art. 56 Mw bevoegd een last onder dwangsom op te leggen om de overtreder zijn gedrag te laten aanpassen, bijvoorbeeld om de overtreding te beëindigen (zie art. 56, aant. 5). Deze last kan op grond van art. 58a de vorm krijgen van een corrigerende structurele maatregel. Het gaat om het soort maatregel dat de Europese Commissie kan opleggen bij overtreding van art. 101 of 102 VWEU op grond van art. 7 Verordening (EG) 1/2003. De regering vond het wenselijk dat ook de ACM een dergelijke maatregel zou kunnen opleggen toen de ACM bevoegdheid kreeg om ook art. 101 en 102 VWEU toe te passen (art. 88 en 89 Mw). Daarnaast zou dit ertoe bijdragen dat ook art. 6 en 24 Mw effectief gehandhaafd konden worden (*Kamerstukken II* 2004/05, 30071, 3, p. 24). De bewoordingen van art. 58a zijn per 18 februari 2021 aangepast aan de bewoordingen van art. 10 lid 1 van de ECN+ Richtlijn (zie Inleidende opmerkingen, hoofdstuk 7 Mw, aant. 1), maar inhoudelijk brengt dit geen verandering in de bevoegdheid tot het opleggen van een structurele maatregel (*Kamerstukken II* 2019/20, 35467, 3, p. 20). Een structurele maatregel kan een zware sanctie zijn. Art. 58a voorziet daarom in een aantal voorwaarden (zie aant. 3).

2. Corrigerende structurele maatregel (lid 1). Een structurele maatregel kan inhouden dat de overtredende onderneming wijzigingen moet aanbrengen in haar ondernemingsstructuur, bijvoorbeeld door activiteiten of een dochtermaatschappij af te stoten. Bij de invoering van art. 58a wees de regering op het belang hiervan voor sectoren in transitie, waar een voormalige monopolist nog lang over een machtspositie zou beschikken en een structurele maatregel effectiever zou kunnen zijn dan gedragsmaatregelen. De regering gaf ook enkele voorbeelden van situaties dat een structurele maatregel nodig zou kunnen zijn om een onderneming te dwingen haar overtreding te beëindigen en herhaling te voorkomen. Een overtreding van art. 24 Mw kan bijvoorbeeld bestaan in misbruik van een collectieve machtspositie doordat concurrenten deelnemingen in elkaar hebben, zodat de beste oplossing zou kunnen zijn om hen te verplichten die deelnemingen af te stoten. Een structurele maatregel zou ook nodig kunnen zijn in de situatie dat een onderneming als enige beschikt over een faciliteit die haar dochtermaatschappij en met haar concurrerende ondernemingen nodig hebben voor het maken van een product. Als voorbeeld voor toepassing bij een overtreding van art. 6 Mw noemde de regering dat een onderneming invloed heeft op het commerciële beleid van een concurrent doordat zij een minderheidsdeelneming heeft (*Kamerstukken II* 2004/05, 30071, 3, p. 10 en 24). Een structurele maatregel is tot op heden niet opgelegd door de ACM. Wel heeft de ACM in enkele zaken een toezegging van structurele aard bindend verklaard. De ACM kan van deze bevoegdheid gebruikmaken als zij dit doelmatiger vindt dan het opleggen van een boete of last onder dwangsom. De ACM stelt bij dergelijke toezeggingen geen overtreding vast (art. 12h Instellingswet ACM). Dit betrof bijvoorbeeld het beëindigen van structurele samenwerking in de betonmortelsector, onder meer door de verkoop van aandelen in gezamenlijke centrales (besluit ACM 29 juni 2016, zaak 15.0959.29 (*betonmortelcentrales*)), en het beëindigen van een joint venture doordat de ene partner zijn aandeel verkocht aan de andere partner (besluit ACM 20 december 2019, zaak ACM/19/035502 (*Port Towage Amsterdam*)). De Europese Commissie legde een structurele maatregel op voor de verkoop van een essentiële faciliteit waartoe een dominante onderneming geen toegang had gegeven (besluit 20 september 2016, zaak AT.39759 (*ARA*)). Daarnaast heeft ook de Europese Commissie toezeggingen van structurele aard ontvangen als andere middelen ontoereikend zijn. Art. 58a stelt daarom in lid 1 en 2 een aantal voorwaarden aan het opleggen van een structurele maatregel. Deze moet evenredig zijn aan de overtreding en noodzakelijk om aan die overtreding een einde te maken. Dat betekent dat er een gerede kans moet bestaan op een voortdurende of herhaalde overtreding, die voortvloeit uit de structuur van de onderneming (*Kamerstukken II* 2004/05, 30071, 3, p. 11). Daarnaast kan de ACM alleen een structurele maatregel opleggen als er niet een even effectieve gedragsmaatregel bestaat, of als een dergelijke maatregel meer belastend voor de onderneming zou zijn dan de structurele maatregel.

4. Uitzondering op maximale geldigheid (lid 3). Art. 12r lid 2 bepaalt dat een last onder dwangsom maximaal twee jaar geldig is. Op grond van art. 58a lid 3 geldt dit niet voor lasten onder dwangsom in de vorm van een structurele maatregel. Hoewel de regering dit niet heeft toegelicht, is de reden hiervoor vermoedelijk dat een structurele maatregel, anders dan een last om iets te doen of na te laten, naar zijn aard een eenmalig ingrijpen inhoudt (met een blijvend resultaat), waarvan de uitvoering echter meer tijd kan vergen dan twee jaar (bijv. door vertraging bij het afstoten van een bedrijfsonderdeel).

Artikel 58b
1. In dringende gevallen waarin volgens een eerste onderzoek dat op een overtreding van artikel 6, eerste lid of 24, eerste lid wijst, de mededinging op ernstige en onherstelbare wijze dreigt te worden geschaad, kan de Autoriteit Consument en Markt aan een onderneming of ondernemersvereniging een zelfstandige last in de vorm van een voorlopige maatregel als bedoeld in artikel 11, eerste lid, van richtlijn (EU) 2019/1, opleggen.
2. De zelfstandige last is evenredig en van toepassing:
a. gedurende een bepaalde tijdspanne die kan worden verlengd voor zover dat noodzakelijk en passend is; of
b. tot het moment dat bij besluit is vastgesteld of er een overtreding is van artikel 6, eerste lid of 24, eerste lid.

[11-11-2020, Stb. 9, i.w.tr. 18-02-2021/kamerstukken 35467]

[Voorlopige maatregel]

1. Algemeen. Art. 58b geeft de ACM de bevoegdheid om een voorlopige maatregel op te leggen als door een vermoedelijke overtreding van art. 6 of 24 Mw de mededinging op ernstige en onherstelbare wijze dreigt te worden geschaad. Deze bepaling is met ingang van 18 februari 2021 ingevoerd ter implementatie van art. 11 van de ECN+ Richtlijn (zie Inleidende opmerkingen, hoofdstuk 7 Mw, aant. 1). Deze bevoegdheid is bedoeld voor dringende gevallen waarin de ACM na enig onderzoek een aanwijzing van een overtreding heeft, en er snel maatregelen nodig zijn om de genoemde schade te voorkomen. Volgens de regering kan dit aan de orde zijn in bijvoorbeeld de digitale economie, waarin ontwikkelingen elkaar snel opvolgen en tijdig en adequaat ingegrepen moet kunnen worden als de mededinging dreigt te worden geschaad (*Kamerstukken II* 2019/20, 35467, 3, p. 21). De voorlopige maatregel moet evenredig zijn, en geldt voor bepaalde (zo nodig verlengbare) tijd of tot een definitief besluit is genomen (lid 2). Dat definitieve besluit kan een sanctiebesluit zijn, maar ook een besluit waarin de ACM vaststelt dat er geen overtreding is of een toezegging bindend verklaart. De bevoegdheid van art. 58b weerspiegelt de bevoegdheid van de Europese Commissie, die voor het eerst sinds lange tijd in 2019 een voorlopige maatregel oplegde (besluit 16 oktober 2019, zaak AT.40608 (*Broadcom*)). De voorlopige maatregel vertoont gelijkenis met de voorlopige last onder dwangsom die de ACM tot 2014 op kon leggen (art. 83 (oud) Mw). In het kader van de Stroomlijningswet vond de regering deze voorlopige last niet meer nodig, omdat de verwachting was dat de ACM sneller een last onder dwangsom op kon leggen vanwege het vervallen van de verplichting eerst een rapport op te stellen, naast de mogelijkheid een preventieve last onder dwangsom op grond van art. 5:7 Awb op te leggen (*Kamerstukken II* 2012/13, 33622, 3, p. 69). De ACM heeft slechts enkele voorlopige lasten onder dwangsom opgelegd, en geen enkele preventieve last onder dwangsom. Zie overzichtsartikel Bredenoord-Spoek en De Jong, *M&M* 2020-3, p. 88-95.

2. Sanctionering en rechterlijke toetsing. Bestuursrechtelijk geldt de voorlopige maatregel als een zelfstandige last (art. 5:2 lid 2 Awb). Als deze niet wordt nageleefd, kan de ACM een boete of last onder dwangsom opleggen (art. 12m lid 1 onder b en lid 3 Instellingswet ACM). Deze boete of last staat los van de eventuele sanctie voor overtreding van art. 6 of 24 Mw. De ECN+ Richtlijn vereist dat de vermoede overtreder de wettigheid en evenredigheid van een voorlopige maatregel kan laten toetsen in een versnelde beroepsprocedure (art. 11 lid 2). Hiervoor bestaat de mogelijkheid van een versnelde behandeling bij de bestuursrechter (art. 8:52 Awb) en een voorlopige voorziening (art. 8:81 Awb) (zie *Kamerstukken II* 2019/20, 35467, 3, p. 10).

§ 1A
Boete-immuniteit of boetereductie

Artikel 58c
Bij algemene maatregel van bestuur worden regels gesteld over het afzien van het opleggen van een bestuurlijke boete of het verminderen van een bestuurlijke boete bij overtreding van artikel 6, eerste lid.
[11-11-2020, Stb. 9, i.w.tr. 18-02-2021/kamerstukken 35467]

[Grondslag clementieregeling]

Betekenis. Art. 58c geeft een wettelijke grondslag voor de clementieregeling voor kartels. Deze grondslag was nodig om de ECN+ Richtlijn te implementeren (zie Inleidende opmerkingen, hoofdstuk 7 Mw, aant. 1). Dit heeft vrijwel niet tot materiële veranderingen in de inhoud van de Nederlandse clementieregeling geleid (toelichting Besluit clementie, *Stb.* 2021, 73, p. 11-12). Zie over de clementieregeling verder art. 56 Mw, aant. 4 onder a.

§ 2

Artikel 59-59a
(Vervallen.)
[25-06-2014, Stb. 247, i.w.tr. 01-08-2014/kamerstukken 33622]

Artikel 60-61
(Door samenvoeging zijn deze artikelen vervallen.)
[25-06-2009, Stb. 265, i.w.tr. 01-07-2009/kamerstukken 31124]

§ 3
Beschikkingen

Artikel 62
1. De termijn, genoemd in artikel 5:51, eerste lid, van de Algemene wet bestuursrecht kan worden opgeschort met dertig dagen.
2. Van de opschorting wordt mededeling gedaan aan de overtreder.
[25-06-2014, Stb. 247, i.w.tr. 01-08-2014/kamerstukken 33622]

[Opschorting beslistermijn]

Betekenis. Als de ACM voornemens is een boete op te leggen voor een overtreding van art. 6 of 24 Mw, maken de toezichthoudende ambtenaren een rapport op en verstrekken zij dit aan de vermoedelijke overtreder om hem de gelegenheid te bieden een zienswijze te geven (art. 5:48 jo. 5:53 Awb). De algemene regel van de Awb is dat het bestuursorgaan over het opleggen van een boete beslist binnen 13 weken na dagtekening van het rapport (art. 5:51 lid 1 Awb). De ACM kan deze termijn met maximaal 13 weken verlengen als het rapport een overtreding betreft waarvoor een maximale boete van 10% van de omzet van de overtreder kan worden opgelegd, waaronder een overtreding van art. 6 of 24 Mw (art. 12k Instellingswet ACM). Op grond van art. 62 kan daarnaast de ACM deze beslistermijn met dertig dagen opschorten. Art. 62 bepaalt niet wanneer de ACM van die mogelijkheid gebruik kan maken, maar de regering had hier zaken op het oog waarin overleg met de Europese Commissie vereist is (*Kamerstukken II* 2012/13, 33622, 3, p. 53). De ACM moet de Commissie namelijk informeren als zij voornemens is een overtreding van art. 101 of 102 VWEU vast te stellen, en verstrekt de Commissie de relevante documenten uiterlijk 30 dagen voordat de ACM daarover een besluit neemt (art. 11 lid 4 Verordening (EG) 1/2003). De beslistermijn is naar vaste rechtspraak geen fatale termijn, maar een termijn van orde. Als de ACM deze termijn overschrijdt, heeft dit geen juridische gevolgen (vgl. CBb 7 mei 2019, ECLI:NL:CBB:2019:177 (*besluit AFM 1 juli*

2016)). Wel kan het tot een boetevermindering leiden als de procedure van rapport tot rechterlijke uitspraak een redelijke termijn overschrijdt (zie art. 56 Mw, aant. 3 onder d).

Artikel 63
(Vervallen.)
[25-06-2014, Stb. 247, i.w.tr. 01-08-2014/kamerstukken 33622]

Artikel 64
1. De vervaltermijn, bedoeld in artikel 5:45 van de Algemene wet bestuursrecht wordt telkens gestuit door een handeling van de Autoriteit Consument en Markt ter verrichting van een onderzoek of procedure met betrekking tot de overtreding, alsmede door een dergelijke handeling van de Europese Commissie of van een mededingingsautoriteit van een andere lidstaat van de Europese Unie met betrekking tot een overtreding van de artikelen 101 en 102 van het Verdrag.
2. De stuiting van de vervaltermijn gaat in op de dag waarop tenminste één onderneming of ondernemersvereniging die aan de overtreding heeft deelgenomen, dan wel één van degenen, bedoeld in artikel 51, tweede lid, onder 2° van het Wetboek van Strafrecht, van de handeling schriftelijk in kennis wordt gesteld.
3. De stuiting van de vervaltermijn eindigt op de dag waarop de betrokken mededingingsautoriteit haar onderzoek of procedure met betrekking tot de overtreding afsluit door een besluit als bedoeld in de artikelen 56, 58a of 58b, de artikelen 12h of 12j van de Instellingswet Autoriteit Consument en Markt, de artikelen 10, 12 of 13 van richtlijn (EU) 2019/1 of de artikelen 7, 9 of 10 van verordening 1/2003, te nemen of oordeelt dat er geen redenen zijn om verder op te treden.
4. Op het moment van stuiting vangt de vervaltermijn opnieuw aan.
5. De bevoegdheid, bedoeld in het eerste lid vervalt uiterlijk tien jaren nadat de overtreding heeft plaatsgevonden, verlengd met de periode waarin de vervaltermijn ingevolge artikel 5:45, derde lid, van de Algemene wet bestuursrecht wordt opgeschort.
6. Het eerste tot en met vierde lid zijn van overeenkomstige toepassing op de vervaltermijn, bedoeld in artikel 12r, derde lid, van de Instellingswet Autoriteit Consument en Markt.
[11-11-2020, Stb. 9, i.w.tr. 18-02-2021/kamerstukken 35467]

[Stuiting vervaltermijn sanctiebevoegdheid]

1. Algemeen. In art. 5:45 Awb is bepaald dat de bevoegdheid om een boete op te leggen vervalt vijf jaar nadat de overtreding heeft plaatsgevonden. De vervaltermijn wordt opgeschort bij bezwaar en beroep, totdat onherroepelijk daarop is beslist (art. 5:45 lid 3 Awb). In aanvulling hierop bepaalt art. 64 dat deze vervaltermijn telkens wordt gestuit door een handeling van de ACM in het kader van het onderzoek en de procedure met betrekking tot de overtreding. Stuiting vindt ook plaats door een dergelijke handeling van de Europese Commissie of een nationale mededingingsautoriteit binnen de EU met betrekking tot een overtreding van art. 101 of 102 VWEU (lid 1). Na stuiting vangt de vervaltermijn van vijf jaar steeds opnieuw aan, maar de boetebevoegdheid vervalt uiterlijk tien jaar nadat de overtreding heeft plaatsgevonden, verlengd met de opschorting voor bezwaar en beroep (lid 4 en 5). Voor de bevoegdheid een last onder dwangsom op te leggen geldt dezelfde stuitingsregeling als voor de boetebevoegdheid, met uitzondering van de uiterlijke vervaltermijn van tien jaar (lid 6 jo. art. 12r lid 3 Instellingswet ACM). Dit is het gevolg van de implementatie van art. 29 van de ECN+ Richtlijn op 18 februari 2021 (zie Inleidende opmerkingen, hoofdstuk 7 Mw, aant. 1). De ECN+ Richtlijn leidde niet tot een belangrijke wijziging wat betreft de regeling voor de boetebevoegdheid, aangezien deze al aansloot bij de verjaringssystematiek die geldt voor de Europese Commissie op grond van art. 25 Verordening (EG) 1/2003 (*Kamerstukken II* 2004/05, 30071, 3, p. 25-6). Er geldt een vergelijkbare regeling voor de bevoegdheid een boete op te leggen voor overtreding van andere bepalingen in de Mw dan art. 6 en 24 Mw, zij het dat de stuiting slechts voor twee jaar is (art. 82 Mw). Het verstrijken van de vervaltermijn wordt in de praktijk ook wel aangeduid als verjaring, maar de term verjaring is in art. 5:45 Awb vermeden omdat deze in de context van de Awb het misverstand zou kunnen wekken dat overschrijding van de termijn slechts aan het opleggen van een boete in de weg zou staan als de overtreder zich op de overschrijding beroept (vgl. afdeling 4.4.3 Awb). Het bestuursorgaan zal echter ook ambtshalve moeten nagaan of de vervaltermijn is verstreken, om te voorkomen dat een overtreder bezwaar moet maken louter om zich op overschrijding van de termijn te kunnen beroepen (*Kamerstukken II* 2003/04, 29702, 3, p. 139-140).

2. Verstrijken vervaltermijn. De vervaltermijn begint te lopen wanneer de overtreding is geëindigd. Als het bijvoorbeeld gaat om een enkele voortdurende inbreuk, eindigt de overtreding met de laatste gedraging die van die inbreuk deel uitmaakt (bijv. CBb 10 april 2014, ECLI:NL:CBB:2014:119 (*Boomkwekerijen*)). Een overtreding waarbij biedingen op een aanbesteding worden afgestemd, eindigt voor de winnende bieder op het moment dat hij het contract voor het aanbestede werk overeenkomt (HvJ EU 14 januari 2021, C-450/19, ECLI:EU:C:2021:10 (*Kilpailu- ja kuluttajavirasto*); volgens de conclusie van de A-G (ECLI:EU:C:2020:698) eindigt de overtreding van de verliezende bieders op het moment dat zij hun bod indienen). Zowel de ACM als de rechter toetsen ambtshalve of de sanctiebevoegdheid is vervallen door het verstrijken van de vervaltermijn. Dit kan binnen één onderzoek verschillen per overtreder, bijvoorbeeld doordat een specifieke overtreder meer dan vijf jaar voor de eerste onderzoekshandeling zijn overtreding in een langer durend kartel heeft beëindigd door zich uitdrukkelijk van het kartel te distantiëren of zijn activiteiten in de relevante markt te staken. Er is ook sprake van het verstrijken van de vervaltermijn als een toenmalige moedermaatschappij van een bij de overtreding betrokken vennootschap haar aandelen in die vennootschap heeft verkocht meer dan vijf jaar voordat de eerste onderzoekshandeling plaatsvond (besluit ACM 4 maart 2016, zaak 15.0327.31 (*Vrieshuizen inz. Blankendaal Beheer*)). In de situatie dat de sanctiebevoegdheid vanwege het verstrijken van de vervaltermijn jegens de inbreukmakende vennootschap is vervallen, bijvoorbeeld omdat zij haar deelname aan de overtreding heeft gestaakt, vervalt ook de sanctiebevoegdheid jegens haar moedermaatschappij als deze alleen is gebaseerd op toerekening in haar hoedanigheid van aandeelhouder in die dochtervennootschap (zie art. 56, aant. 2 onder c). Dit is echter anders als ook een andere dochtervennootschap aan de overtreding deelnam en deze deelname langer voortzette. Dan eindigt de persoonlijke aansprakelijkheid van de moedermaatschappij voor de overtreding pas op het moment dat ook deze tweede dochtervennootschap haar deelname staakt. Dat betekent dat er in dat geval voor de moedermaatschappij geen sprake is van verval van de sanctiebevoegdheid (HvJ EU 27 april 2017, C-516/15, ECLI:EU:C:2017:314 (*Akzo*)).

3. Stuiting. Een handeling van de ACM (of een andere Europese mededingingsautoriteit) stuit de vervaltermijn als deze wordt verricht in het kader van het onderzoek of de procedure met betrekking tot de overtreding. Onderzoekshandelingen richten zich op de vaststelling of de overtreding is begaan, zoals een schriftelijk verzoek om inlichtingen en een bedrijfsbezoek. Procedurele handelingen omvatten alle handelingen ter voorbereiding van het sanctiebesluit, zoals het opstellen van het rapport en het houden van de hoorzitting (*Kamerstukken II* 2004/05, 30071, 3, p. 26). Deze handelingen gelden alleen als stuitingshandeling als zij betrekking hebben op de overtreding die de ACM in haar sanctiebesluit vaststelt. Het gebeurt regelmatig dat het onderzoek, zeker in een vroege fase, plaatsvindt op basis van een vermoeden dat breder is dan de overtreding die de ACM uiteindelijk vaststelt. Uit het onderzoek kan bijvoorbeeld blijken dat de ACM alleen een beperktere overtreding kan bewijzen of dat er sprake is van verschillende markten waarop afzonderlijke overtredingen plaatsvonden. Dat staat er echter niet aan in de weg dat ook een onderzoekshandeling op basis van een aanvankelijk breder vermoeden de vervaltermijn kan stuiten, mits het vermoeden van de overtreding daarin besloten lag en dit duidelijk was voor de onderneming tot wie de handeling zich richtte (CBb 14 januari 2020, ECLI:NL:CBB:2020:34 (*Vrieshuizen inz. vis*)). Een handeling geldt alleen als stuitingshandeling als de ACM daarvan schriftelijk kennis heeft gegeven aan ten minste één onderneming of ondernemersvereniging die aan de overtreding heeft deelgenomen, of aan één van degenen die feitelijk leiding hebben gegeven aan die overtreding (art. 64 lid 2). Die handeling stuit de vervaltermijn voor alle deelnemers aan de overtreding. Dit geldt ook jegens een onderneming die pas op een later moment voorwerp van het onderzoek wordt, aangezien het een objectief feit is dat een onderneming aan de overtreding heeft deelgenomen, onafhankelijk van de vraag wanneer zij voorwerp van onderzoek is geworden (CBb 19 maart 2019, ECLI:NL:CBB:2019:120 (*toerekening investeringsmaatschappij*)). De stuiting van de vervaltermijn eindigt op de dag dat de ACM of een andere betrokken Europese mededingingsautoriteit een besluit neemt over de overtreding (art. 64 lid 3). Dit is expliciet gemaakt in art. 64 ter implementatie van art. 29 lid 1 van de ECN+ Richtlijn.

Artikel 65
(Vervallen.)
[25-06-2014, Stb. 247, i.w.tr. 01-08-2014/kamerstukken 33622]

§ 4

Artikel 66
(Vervallen.)
[25-06-2014, Stb. 247, i.w.tr. 01-08-2014/kamerstukken 33622]

§ 5

Artikel 67-68a
(Vervallen.)
[25-06-2014, Stb. 247, i.w.tr. 01-08-2014/kamerstukken 33622]

HOOFDSTUK 8
Overige overtredingen

[Inleidende opmerkingen]

1. Algemeen. In hoofdstuk 8 Mw is bepaald welke sancties de ACM kan opleggen bij overtreding van andere bepalingen in de Mw dan art. 6 en 24 Mw. Dit betreft overtreding van de verplichtingen inzake financiële transparantie voor ondernemingen met een publieke taak (art. 70a), overtreding van de gedragsregels voor overheden (art. 70c), overtreding van de bepalingen van het concentratietoezicht (art. 71 tot 75) en overtreding van de beperkingen op het gebruik van in een handhavingsprocedure verkregen gegevens (art. 76b). Verder is de stuiting geregeld van de vervaltermijn van de bevoegdheid een boete voor deze overtredingen op te leggen (art. 82). Een aantal bepalingen van hoofdstuk 8 is met de Stroomlijningswet (*Stb.* 2014, 247) overgeheveld naar de Instellingswet ACM voor een ACM-brede regeling. Dit betreft de sanctiebevoegdheid bij overtreding van de medewerkingsplicht en verbreking van een verzegeling, en bij het niet-naleven van toezeggingen (art. 12m Instellingswet ACM). Ook zijn procedurele regels uit paragraaf 3 van hoofdstuk 8 Mw opgenomen in de Instellingswet ACM, zoals de bevoegdheid tot het onderzoeken van de boekhouding van een onderneming voor de boetebepaling (art. 12k) en de schorsende werking van bezwaar (art. 12p). Verder zijn de uitgangspunten en procedurele regels voor sancties in hoofdstuk 5 van de Awb van toepassing op de bevoegdheid van de ACM om een boete en last onder dwangsom op te leggen. Dit betreft onder meer regels over samenloop en cumulatie, die bijvoorbeeld toelaten dat de ACM bij een overtreding zowel een boete als een last onder dwangsom kan opleggen, rechtvaardigingsgronden en rechterlijke toetsing (zie verder art. 56, aant. 7-10).

2. Boetes. a. Boetehoogte. De ACM stelt boetes vast aan de hand van de Boetebeleidsregel ACM 2014 (*Stcrt.* 2014, 19776), zoals gewijzigd per 1 juli 2016 (*Stcrt.* 2016, 34630). Op overtredingen die aanvingen voor deze datum zijn eerdere boetebeleidsregels van toepassing (zie hierna onder c). Elke overtreding die de ACM op grond van hoofdstuk 8 Mw kan beboeten (uitgezonderd het nieuwe art. 76b Mw), is ingedeeld in één van zes boetecategorieën (art. 2.5 Boetebeleidsregel ACM 2014). Daarbij is aansluiting gezocht bij het belang dat wordt beschermd door de betreffende bepaling. Naarmate aan dit belang een groter gewicht wordt toegekend, valt de overtreding van de bepaling in een hogere boetecategorie (toelichting bij Boetebeleidsregel ACM 2014, *Stcrt.* 2014, 19776, p. 28). Naast de betrokken ondernemingen en ondernemersverenigingen kan de ACM ook een boete opleggen aan degenen die feitelijk leiding hebben gegeven aan of opdracht hebben gegeven tot de overtreding (art. 5:1 lid 3 Awb jo. art. 51 lid 2 Sr; zie verder art. 56 Mw, aant. 2 onder d). Dit is bijvoorbeeld gebeurd bij beboeting op grond van art. 75 Mw (*Wegener*, zie commentaar bij art. 75). **Bandbreedte.** Elke boetecategorie heeft een bandbreedte waarbinnen de ACM in beginsel de basisboete vaststelt. Deze bandbreedte wordt begrensd door een minimum- en maximumbedrag of, als dat meer is, een minimum- en maximumpromillage van de omzet van de inbreukmakende onderneming of, als de overtreding is gepleegd door een ondernemersvereniging, de gezamenlijke omzet van haar leden. Het absolute minimumbedrag heeft tot doel te voorkomen dat een basisboete alleen gebaseerd op de omzet te laag zou zijn om preventieve werking te hebben (toelichting bij Boetebeleidsregel ACM 2014, *Stcrt.* 2014, 19776, p. 28). Als de indeling in een boetecategorie in het concrete geval naar het oordeel van de ACM geen passende beboeting toelaat, kan zij de naast hogere of de naast lagere categorie toepassen (art. 2.5 lid 3 Boetebeleidsregel ACM 2014). Voor het vaststellen van de onder- en bovengrens van de bandbreedte op basis van een promillage van de omzet van de overtreder, is, anders dan bij beboeting van een overtreding van art. 6 of 24 Mw, niet relevant wat de bij de overtreding 'betrokken omzet' is. Als omzet geldt namelijk de meest recente jaaromzet van de overtreder als bedoeld in art. 12o Instellingswet ACM (art. 1.1 lid 1 Boetebeleidsregel ACM 2014), met de hierna genoemde kanttekeningen. Dit betreft de volledige jaaromzet, ongeacht met welke producten of diensten deze is behaald. Voor zover de omzet boven € 250 miljoen ligt, regelt art. 2.5 lid 4 Boetebeleidsregel ACM 2014 een 'afvlakmechanisme', zoals de toelichting het noemt (*Stcrt.* 2016, 34630, p. 21). Dan telt nog slechts een deel van de hogere omzet mee. Volgens de tekst van deze bepaling geldt dit afvlakmechanisme voor het bepalen van 'de maximale basisboete', maar de toelichting maakt duidelijk dat dit de boetegrondslag betreft, dus zowel de onder- als de bovengrens (*Stcrt.* 2016, 34630, p. 21; vermoedelijk is nagelaten deze formulering aan te passen bij de wijziging van de boetebeleidsregel per 1 juli 2016, toen niet alleen de bovengrens maar ook de ondergrens aan de omzet werd gerelateerd). Anders dan bepaald in art. 12o Instellingswet ACM, wordt alleen de in Nederland behaalde omzet in aanmerking genomen voor het bepalen van de bandbreedtes. Als dit geen passende beboeting toelaat, kan de ACM ook uitgaan van de wereldwijde omzet van de overtreder (art. 2.6 lid 1 en 2 Boetebeleidsregel ACM 2014). Verder kan de ACM, in het geval dat de omzet onvoldoende aansluit bij de daadwerkelijke economische macht van de overtreder, de hoogte van de basisboete bepalen in overeenstemming met die economische macht, bijvoorbeeld bij investeringsmaatschappijen en joint ventures (art. 2.6 lid 5 Boetebeleidsregel ACM 2014 en toelichting, *Stcrt.* 2014, 19776, p. 28). **Boete binnen bandbreedte.** De hoogte van de basisboete binnen de toepasselijke bandbreedte stemt de ACM af op de ernst en duur van de overtreding en de omstandigheden waaronder deze is gepleegd (art. 2.2 Boetebeleidsregel ACM 2014). Vervolgens past de ACM de basisboete aan als boeteverhogende of -verlagende omstandigheden aanwezig zijn (art. 2.9 en 2.10 Boetebeleidsregel ACM 2014). Ten slotte houdt de ACM bij het bepalen van het uiteindelijke boetebedrag rekening met de mate waarin de overtreding aan de overtreder kan worden verweten en de draagkracht van de overtreder. De opgelegde boete moet in de concrete omstandigheden van het geval evenredig zijn (art. 5:46 lid 2 en art. 3:4 lid 2 Awb). Zie over de vaststelling van boetes verder art. 56 Mw, aant. 3. **b. Boetemaximum.** De maximale boetes die de ACM kan opleggen aan overtreders zijn opgenomen in de betreffende bepalingen in hoofdstuk 8 Mw. Voor het omzet-gerelateerde boetemaximum wordt onderscheid gemaakt tussen lichte overtredingen, met een boetemaximum gelijk aan 1% van de omzet van de overtreder, en zware overtredingen, waar het boetemaximum 10% van die omzet bedraagt. Als omzet geldt de jaaromzet als bedoeld in art. 12o Instellingswet ACM. Het absolute boetemaximum is € 900.000 voor zowel lichte als zware overtredingen om voldoende preventieve werking te waarborgen (*Kamerstukken II* 2004/05, 30071, 3, p. 7-8). Het boetemaximum voor feitelijk leidinggevers is € 900.000 op grond van art. 12n Instellingswet ACM. Deze boetemaxima worden verdubbeld bij recidive. Daarvan is sprake als aan de overtreder eerder een boete is opgelegd voor overtreding van eenzelfde of een soortgelijk voorschrift en die boete onherroepelijk is geworden binnen een periode van vijf jaar voor dagtekening van het rapport dat de ACM aan de overtreder stuurt voor de nieuwe overtreding, zoals voorgeschreven door art. 5:48 jo. art. 5:53 Awb (zie verder art. 57, aant. 7). Voor overtredingen die aanvingen voor 1 juli 2016 zijn echter de eerder geldende boetemaxima van toepassing (zie hierna onder c). **c. Overgangsrecht overtredingen die aanvingen voor 1 juli 2016.** De beboeting van de in hoofdstuk 8 genoemde overtredingen is per 1 juli 2016 gewijzigd met de Wet verhoging boetemaxima ACM (*Stb.* 2016, 22). Het absolute boetemaximum werd verdubbeld tot € 900.000 en de verhoging vanwege recidive werd ingevoerd. Dit gaf ook aanleiding tot wijziging van de Boetebeleidsregel ACM 2014, met onder meer een aanzienlijke verhoging van de minimumboetes die de ondergrens vormen van de bandbreedtes van de boetecategorieën. Volgens de overgangsregeling zijn deze wijzigingen alleen van toepassingen op overtredingen die aanvingen na hun inwerkingtreding op 1 juli 2016. Op andere overtredingen zijn de eerdere boetemaxima en eerdere boetebeleidsregels van toepassing, ook al zijn deze overtredingen pas na 1 juli 2016 geëindigd (artikel XIV Wet verhoging boetemaxima ACM en *Kamerstukken II* 2014/15, 34190, 3, p. 26; en toelichting Beleidsregel van de Minister van Economisch Zaken van 28 juni 2016, nr. WJZ/16056097, houdende wijziging van de Boetebeleidsregel ACM 2014, *Stcrt.* 2016, 34630, p. 20). Voor overtredingen die voor 1 juli 2016 zijn begonnen, geldt de oorspronkelijke versie van de Boetebeleidsregel ACM 2014, of een eerdere boetebeleidsregel als die van toepassing was op het moment dat de overtreding ten einde kwam. Dit kan anders zijn als een latere boetebeleidsregel ten gunste van de overtreder strekt (zie bijv. CBb 30 oktober 2018, ECLI:NL:CBB:2018:527 (*Zeescheepsafval*)).

§ 1

Artikel 69-70
(Vervallen.)
[25-06-2014, Stb. 247, i.w.tr. 01-08-2014/kamerstukken 33622]

§ 1a
Overtreding verplichtingen inzake financiële transparantie

Artikel 70a
1. De Autoriteit Consument en Markt kan ingeval van overtreding van artikel 25b, eerste of tweede lid, of van artikel 25e, eerste volzin, de overtreder:
a. een bestuurlijke boete opleggen van ten hoogste € 900.000 of, indien dat meer is, van ten hoogste 1% van de omzet van de onderneming dan wel, indien de overtreding door een ondernemersvereniging is begaan, van de gezamenlijke omzet van de ondernemingen die van de vereniging deel uitmaken;
b. een last onder dwangsom opleggen.
2. De bestuurlijke boete die ingevolge het eerste lid ten hoogste kan worden opgelegd wordt verhoogd met 100%, indien binnen een tijdvak van vijf jaar voorafgaand aan de dagtekening van het van de overtreding opgemaakte rapport, bedoeld in artikel 5:48, eerste lid, van de Algemene wet bestuursrecht, een aan die overtreder voor een eerdere overtreding van eenzelfde of een soortgelijk wettelijk voorschrift opgelegde bestuurlijke boete onherroepelijk is geworden.
[23-12-2015, Stb. 22, i.w.tr. 01-07-2016/kamerstukken 34190]

[Sancties overtreden administratieve verplichtingen van ondernemingen met publieke taak]

Betekenis. Art. 25b en 25e Mw stellen eisen aan de financiële transparantie die betracht moet worden door ondernemingen die beschikken over bijzondere of uitsluitende rechten, en door ondernemingen die belast zijn met een dienst van algemeen economisch belang en daarvoor compensatie ontvangen. Zij moeten een gescheiden registratie voeren van hun verschillende activiteiten en deze vijf jaar bewaren. Zij moeten deze op verzoek ter beschikking stellen aan de ACM en de Europese Commissie. Art. 70a geeft de ACM de bevoegdheid een boete of een last onder dwangsom op te leggen als deze ondernemingen deze verplichtingen overtreden. Volgens de Boetebeleidsregel ACM 2014 (*Stcrt.* 2014, 19776), zoals gewijzigd per 1 juli 2016 (*Stcrt.* 2016, 34630), valt deze overtreding in boetecategorie II. Dat betekent dat de basisboete ligt binnen een bandbreedte tussen € 75.000 of, als dat meer is, 0,5‰ van de jaaromzet van de onderneming en € 300.000 of, als dat meer is, 5‰ van die omzet (art. 2.5 Boetebeleidsregel ACM 2014). Zie voor de boetevaststelling en de mogelijke verhoging van de maximumboete vanwege recidive (lid 2) verder de Inleidende opmerkingen bij hoofdstuk 8 Mw, aant. 2. De ACM kan ook een last onder dwangsom opleggen, bijvoorbeeld om binnen een bepaalde tijd aanpassingen aan de administratie door te voeren. Zie voor de last onder dwangsom verder art. 56 Mw, aant. 5. De ACM heeft tot op heden geen sanctie opgelegd op grond van art. 70a.

§ 1b

Artikel 70b
(Vervallen.)
[25-06-2014, Stb. 247, i.w.tr. 01-08-2014/kamerstukken 33622]

§ 1c
Overtredingen van verplichtingen aangaande overheden en overheidsbedrijven

Artikel 70c
1. De Autoriteit Consument en Markt kan ingeval van overtreding van artikel 25i, eerste lid, 25j, eerste lid, artikel 25k of artikel 25l:
a. verklaren dat zij de overtreding heeft vastgesteld, of
b. de overtreder een last onder dwangsom opleggen.
2. Van de beschikking wordt mededeling gedaan in de *Staatscourant*.
[25-06-2014, Stb. 247, i.w.tr. 01-08-2014/kamerstukken 33622]

[Sancties overtreding gedragsregels voor economische activiteiten van overheden]

1. Algemeen. De bepalingen in hoofdstuk 4b Mw stellen regels voor economische activiteiten die worden verricht door overheden en overheidsbedrijven. Art. 70c regelt de bevoegdheden van de ACM bij overtreding van die regels. Deze bepalingen werden ingevoerd krachtens de Wet Markt en Overheid (*Stb.* 2011, 162). De geldigheid van deze bepalingen is beperkt, thans verlengd tot 1 juli 2023 (*Stb.* 2021, 174). Art. 70c betreft overtredingen van de regels dat overheden de integrale kosten voor economische activiteiten in rekening moeten brengen bij afnemers (art. 25i), overheidsbedrijven niet onterecht mogen bevoordelen (art. 25j), bepaalde gegevens ook aan derden beschikbaar moeten stellen (art. 25k) en functievermenging moeten voorkomen (art. 25l).

2. Verklaring of last onder dwangsom. De ACM kan bij beschikking verklaren dat zij een overtreding heeft vastgesteld of aan de overtreder een last onder dwangsom opleggen. Zowel deze verklaring als de last onder dwangsom worden vastgesteld bij beschikking, zodat daartegen bezwaar en beroep open staat (CBb 11 juni 2019, ECLI:NL:CBB:2019:233 (*jachthaven gemeente Hellevoetsluis*)). De ACM meldt deze beschikking in de *Staatscourant* (lid 2). De regering verwachtte dat deze vaststelling van een overtreding meestal voldoende zou zijn om het overtredende bestuursorgaan te bewegen zijn gedrag te veranderen. Zij wees erop dat de verklaring, wanneer deze onherroepelijk is geworden, in een civiele procedure door een benadeelde partij kan worden gebruikt als bewijs dat er sprake is van onrechtmatige daad (*Kamerstukken II* 2007/08, 31354, 3, p. 42). De ACM heeft in een aantal zaken verklaard dat zij een overtreding heeft vastgesteld. Zij heeft daar vervolg aan gegeven door een last onder dwangsom op te leggen waar bijvoorbeeld het bestuursorgaan, ondanks toezeggingen, niet haar gedrag veranderde (besluiten 21 december 2018 en 23 april 2019 overtreding art. 25i Mw, zaken ACM/18/033624 en ACM/19/035014 (*trailerhelling gemeente Harlingen*)). De ACM heeft in andere gevallen afgezien van het opleggen van een last onder dwangsom, bijvoorbeeld omdat het bestuursorgaan de overtreding inmiddels had beëindigd (besluit 25 november 2019 overtreding art. 25i Mw, zaak ACM/18/033941 (*camperplaatsen gemeente Stadskanaal*)), of waar de uitzondering van art. 25h lid 5 Mw van toepassing zou worden doordat een algemeen-belangbesluit in voorbereiding was (besluit 16 augustus 2019 overtreding art. 25i Mw, zaak ACM/18/033701 (*sportcentra gemeente Heumen*)). Zie voor de last onder dwangsom art. 56 Mw, aant. 5.

3. Geen boetebevoegdheid. De ACM is bij overtredingen van de bepalingen in hoofdstuk 4b Mw niet bevoegd een boete op te leggen, anders dan bij overtreding van andere bepalingen in de Mw. De regering vond dat beboeting van het ene bestuursorgaan door het andere bestuursorgaan niet goed paste in de bestuurlijke verhoudingen. Als beboeting al overwogen zou kunnen worden, zou dat gelden voor situaties waarin de overheid handelt als onderneming. Het sanctieregime zou echter te complex worden als die situaties onderscheiden moesten worden van het optreden van de overheid als bestuursorgaan. Bovendien verwachtte de regering dat de bestuurlijke inbedding en de democratische verantwoording zouden bijdragen aan de nalevingsbereidheid, zodat beboeting niet nodig zou zijn als handhavingsinstrument. Een verklaring van de ACM en de dreiging van een last onder dwangsom zouden voldoende effectief zijn om de naleving te bewerkstelligen (*Kamerstukken II* 2007/08, 31354, 3, p. 20).

§ 2
Overtredingen concentratietoezicht

Artikel 71
1. Indien op grond van artikel 40, tweede lid, of van artikel 46, tweede lid, aan een ontheffing als in het desbetreffende artikel bedoeld verbonden voorschriften niet worden nageleefd, kan de Autoriteit Consument en Markt de overtreder een bestuurlijke

boete opleggen van ten hoogste € 900.000 of, indien dat meer is, van ten hoogste 10% van de omzet van de onderneming dan wel, indien de overtreding door een ondernemersvereniging is begaan, van de gezamenlijke omzet van de ondernemingen die van de vereniging deel uitmaken.

2. De bestuurlijke boete die ingevolge het eerste lid ten hoogste kan worden opgelegd wordt verhoogd met 100%, indien binnen een tijdvak van vijf jaar voorafgaand aan de dagtekening van het van de overtreding opgemaakte rapport, bedoeld in artikel 5:48, eerste lid, van de Algemene wet bestuursrecht, een aan die overtreder voor een eerdere overtreding van eenzelfde of een soortgelijk wettelijk voorschrift opgelegde bestuurlijke boete onherroepelijk is geworden.
[23-12-2015, Stb. 22, i.w.tr. 01-07-2016/kamerstukken 34190]

[Boete niet-naleven ontheffingsvoorschriften]

Betekenis. Meldingsplichtige concentraties mogen niet tot stand worden gebracht voordat vier weken zijn verstreken sinds zij bij de ACM zijn gemeld (art. 34 lid 1 Mw). De ACM kan in bijzondere omstandigheden ontheffing verlenen van dat verbod, bijvoorbeeld bij dreigend faillissement. Aan deze ontheffing kan de ACM voorschriften verbinden (art. 40 lid 2 Mw). Daarnaast mogen vergunningsplichtige concentraties niet tot stand worden gebracht zolang de ACM geen vergunning heeft verleend (art. 41 lid 1 Mw). De ACM kan ook van dat verbod ontheffing verlenen en daaraan voorschriften verbinden (art. 46 lid 2 Mw). Art. 71 geeft de ACM de bevoegdheid een boete op te leggen als deze ontheffingsvoorschriften niet worden nageleefd. Volgens de Boetebeleidsregel ACM 2014 (*Stcrt.* 2014, 19776), zoals gewijzigd per 1 juli 2016 (*Stcrt.* 2016, 34630), valt deze overtreding in boetecategorie IV. Dat betekent dat de basisboete ligt binnen een bandbreedte tussen € 300.000 of, als dat meer is, 2,5‰ van de jaaromzet van de onderneming en € 650.000 of, als dat meer is, 25‰ van die omzet (art. 2.5 Boetebeleidsregel ACM 2014). Zie voor de boetevaststelling en de mogelijke verhoging van de maximumboete vanwege recidive (lid 2) verder de Inleidende opmerkingen bij hoofdstuk 8 Mw, aant. 2. Op grond van art. 40 lid 2 en art. 46 lid 2 Mw kan de ACM niet alleen voorschriften aan de ontheffing verbinden, maar kan zij die ontheffing ook onder beperkingen verlenen. Waar het bij voorschriften gaat om verplichtingen die aan de betrokken ondernemingen worden opgelegd, gaat het bij beperkingen om een begrenzing van de ontheffing, zodat deze bijvoorbeeld alleen betrekking heeft op een bepaald onderdeel van een onderneming (zie ook art. 40 Mw, aant. 3). Art. 71 is alleen van toepassing als een voorschrift niet wordt nageleefd. Als een beperking niet wordt nageleefd, komt dat erop neer dat de concentratie tot stand wordt gebracht in strijd met het verbod van art. 34 lid 1 of art. 41 lid 1 Mw. Dan gelden de sancties van art. 74 Mw. Zie voor het onderscheid tussen voorschriften en beperkingen ook het commentaar bij art. 75. De ACM heeft tot op heden geen sanctie opgelegd op grond van art. 71.

Artikel 72
(Vervallen.)
[25-06-2014, Stb. 247, i.w.tr. 01-08-2014/kamerstukken 33622]

Artikel 73

1. De Autoriteit Consument en Markt kan degene die onjuiste of onvolledige gegevens verstrekt bij een melding van een concentratie op grond van artikel 34, eerste lid, of bij een aanvraag om een vergunning voor het tot stand brengen van een concentratie als bedoeld in artikel 41, eerste lid, een bestuurlijke boete opleggen van ten hoogste € 900.000 of, indien dat meer is, van ten hoogste 1% van de omzet van de onderneming dan wel, indien de overtreding door een ondernemersvereniging is begaan, van de gezamenlijke omzet van de ondernemingen die van de vereniging deel uitmaken.
2. De bestuurlijke boete die ingevolge het eerste lid ten hoogste kan worden opgelegd wordt verhoogd met 100%, indien binnen een tijdvak van vijf jaar voorafgaand aan de dagtekening van het van de overtreding opgemaakte rapport, bedoeld in artikel 5:48, eerste lid, van de Algemene wet bestuursrecht, een aan die overtreder voor een eerdere overtreding van eenzelfde of een soortgelijk wettelijk voorschrift opgelegde bestuurlijke boete onherroepelijk is geworden.
[23-12-2015, Stb. 22, i.w.tr. 01-07-2016/kamerstukken 34190]

[Boete onjuiste gegevens bij melding of vergunningsaanvraag]

Betekenis. In ministeriële regelingen is bepaald welke gegevens dienen te worden verstrekt in een melding (op grond van art. 35 lid 1 Mw) en in een vergunningsaanvraag (op grond van art. 42 lid 2 Mw). Art. 73 geeft de ACM de bevoegdheid een boete op te leggen als de verstrekte gegevens onjuist of onvolledig zijn. Dit is ook van toepassing op gegevens die na indiening van de melding of vergunningsaanvraag zijn verstrekt in antwoord op een verzoek van de ACM tot aanvulling daarvan. Deze overtreding valt volgens de Boetebeleidsregel ACM 2014 (*Stcrt.* 2014, 19776), zoals gewijzigd per 1 juli 2016 (*Stcrt.* 2016, 34630), in boetecategorie III. Dat betekent dat de basisboete ligt binnen een bandbreedte tussen € 150.000 of, als dat meer is, 0,75‰ van de jaaromzet van de onderneming en € 600.000 of, als dat meer is, 7,5‰ van die omzet (art. 2.5 Boetebeleidsregel ACM 2014). Ook als het verstrekken van onjuiste of onvolledige gegevens niet opzettelijk maar door onachtzaamheid is gebeurd, komt dit voor rekening en risico van de onderneming en betekent dit niet dat haar geen verwijt kan worden gemaakt. Ook staat aan beboeting niet in de weg dat de onderneming later alsnog de juiste gegevens heeft verstrekt en dat de ACM de concentratie heeft goedgekeurd. Wel kan in het boetebedrag tot uitdrukking komen dat de gegevens geen grote impact hadden op de beoordeling van de concentratie door de ACM (CBb 14 mei 2013, ECLI:NL:CBB:2013:CA3055 (*Refresco*)). Zie voor de boetevaststelling en de mogelijke verhoging van de maximumboete vanwege recidive (lid 2) verder de Inleidende opmerkingen bij hoofdstuk 8 Mw, aant. 2. De ACM kan daarnaast een verleende vergunning intrekken als de verstrekte gegevens zodanig onjuist waren dat op basis van de juiste gegevens geen vergunning verleend zou zijn (art. 45 Mw). De Europese Commissie heeft recentelijk voor het verstrekken van onjuiste informatie boetes opgelegd van € 110 miljoen (besluit 17 mei 2017, zaak M.8228 (*Facebook/WhatsApp*)), € 52 miljoen (besluit van 8 april 2019, zaak M.8436 (*General Electric/LM Wind Power*)) en € 7,5 miljoen (besluit van 3 mei 2021, zaak M.8181 (*Merck/Sigma-Aldrich*)).

Artikel 74

1. De Autoriteit Consument en Markt kan ingeval van overtreding van:
1° artikel 34, eerste lid,

2° artikel 39, tweede lid, onder a of b,
3° artikel 40, derde lid, onder a of b,
4° artikel 41, eerste lid,
5° artikel 46, derde of vierde lid,
de overtreder,
a. een bestuurlijke boete opleggen van ten hoogste € 900.000 of, indien dat meer is, van ten hoogste 10% van de omzet van de onderneming dan wel, indien de overtreding door een ondernemersvereniging is begaan, van de gezamenlijke omzet van de ondernemingen die van de vereniging deel uitmaken;
b. een last onder dwangsom opleggen.
2. De bestuurlijke boete die ingevolge het eerste lid ten hoogste kan worden opgelegd wordt verhoogd met 100%, indien binnen een tijdvak van vijf jaar voorafgaand aan de dagtekening van het van de overtreding opgemaakte rapport, bedoeld in artikel 5:48, eerste lid, van de Algemene wet bestuursrecht, een aan die overtreder voor een eerdere overtreding van eenzelfde of een soortgelijk wettelijk voorschrift opgelegde bestuurlijke boete onherroepelijk is geworden.
[23-12-2015, Stb. 22, i.w.tr. 01-07-2016/kamerstukken 34190]

[Sancties ongeoorloofde concentraties]

1. Algemeen. Art. 74 geeft de ACM de bevoegdheid een boete en/of last onder dwangsom op te leggen als een concentratie tot stand is gebracht in strijd met het concentratietoezicht van de ACM, ook wel 'gun jumping' genoemd. Het is verboden een meldingsplichtige concentratie te voltrekken voordat vier weken (of een langere termijn bij opschorting op grond van art. 38 Mw) zijn verstreken sinds de concentratie bij de ACM is gemeld (art. 34 lid 1 Mw) en, als een vergunning is vereist, voordat de ACM deze heeft verleend (art. 41 lid 1 Mw). Als dit verbod niet geldt vanwege een ontheffing, moet de concentratie ongedaan worden gemaakt als de ACM vervolgens geen vergunning verleent, of worden aangepast aan de voorschriften of beperkingen die de ACM aan de vergunning verbindt (art. 40 lid 3 en art. 46 lid 3 en 4 Mw). Ditzelfde geldt als het verbod niet geldt omdat sprake is van een openbaar bod (art. 39 lid 2 Mw). Er kan al een overtreding van art. 34 lid 1 Mw zijn als nog niet de volledige concentratie tot stand is gekomen, maar wel bepaalde zeggenschap is verkregen (zie art. 34, aant. 2 en 3). Dat een niet-gemelde concentratie geen vergunning nodig blijkt te hebben nadat de ACM deze alsnog beoordeeld heeft, doet niet af aan de verwijtbaarheid van het niet-melden. De ACM kan ook in dat geval een sanctie opleggen, aangezien haar sanctiebevoegdheid ziet op de handhaving van het wettelijke systeem van preventief toezicht op concentraties. Het al dan niet nakomen van de meldingsplicht staat daarom los van de uiteindelijke invloed van de concentratie op de mededinging (Rb. Rotterdam 28 juni 2012, ECLI:NL:RBROT:2012:BW9829 (*Amlin*)). Volgens de Europese rechter is het niet-nakomen van de meldingsplicht wel een ernstiger overtreding als de concentratie tot een belemmering van de mededinging leidt (Gerecht 26 oktober 2017, T-704/14, ECLI:EU:T:2017:753 (*Marine Harvest*)). De overtreding vindt volgens de ACM plaats op het moment dat de niet-gemelde concentratie tot stand wordt gebracht (besluit ACM 28 maart 2013, zaak 7491 (*Motorhuis/Bulters*)). De bevoegdheid een sanctie op te leggen vanwege die overtreding vervalt daarom vijf jaar na dat moment (art. 5:45 lid 1 Awb voor boetes en art. 12r lid 3 Instellingswet ACM voor lasten onder dwangsom), tenzij de vervaltermijn van de boetebevoegdheid wordt gestuit doordat de

ACM de overtreding onderzoekt en de overtreder daarvan in kennis stelt (art. 82 Mw). Dit is anders in het Europese mededingingsrecht, waar de overtreding pas eindigt op het moment waarop de Europese Commissie de concentratie goedkeurt of de betrokken onderneming de concentratie ongedaan maakt door afstand van haar zeggenschap te doen (Gerecht 26 oktober 2017, T-704/14, ECLI:EU:T:2017:753 (*Marine Harvest*)).

2. Boetes. Volgens de Boetebeleidsregel ACM 2014 (*Stcrt.* 2014, 19776), zoals gewijzigd per 1 juli 2016 (*Stcrt.* 2016, 34630), vallen overtredingen van de in art. 74 lid 1 genoemde bepalingen in boetecategorie V. Dat betekent dat de basisboete ligt binnen een bandbreedte tussen € 400.000 of, als dat meer is, 5‰ van de jaaromzet van de onderneming en € 700.000 of, als dat meer is, 50‰ van die omzet (art. 2.5 Boetebeleidsregel ACM 2014). De ACM kan deze boete opleggen aan de bij de concentratie betrokken ondernemingen. De ACM heeft de overtreding ook toegerekend aan de moedermaatschappij van de vennootschap die de concentratie tot stand bracht, aangezien de overtreden bepalingen gericht zijn aan de onderneming als economische eenheid (bijv. besluiten 11 mei 2022, zaak ACM/21/167867 (*Modulaire*); 17 maart 2022, zaak ACM/20/042068 (*VNA*); en 28 maart 2013, zaak 7491 (*Motorhuis/Bulters*); zie ook art. 56 Mw, aant. 2 onder c). De vervreemder van de overgenomen onderneming geldt niet als betrokken onderneming (CBb 24 februari 2012, ECLI:NL:CBB:2012:BV6874 (*Pacton*)). Bij overtreding van art. 34 lid 1 Mw wordt voor de boetebepaling uitgegaan van de omzet van de entiteit zoals die na de concentratie is of, als die entiteit ten tijde van het boetebesluit nog niet bestaat, de totale omzet van de afzonderlijke entiteiten die samen de nieuwe entiteit zullen vormen (art. 2.6 lid 7 Boetebeleidsregel ACM 2014; toelichting *Stcrt.* 2014, 19776, p. 28). Een reden voor matiging van de boete kan zijn dat, terwijl de ACM alsnog de concentratie beoordeelde, de betrokken ondernemingen een 'standstill-overeenkomst' sloten waardoor de verkrijger tijdelijk geen zeggenschap uitoefenende over de verkregen onderneming (bijv. besluit ACM 28 maart 2013, zaak 7491 (*Motorhuis/Bulters*)). Ook het feit dat de concentratie op initiatief van de betrokken ondernemingen tijdig is gemeld, kan reden zijn voor boetematiging (Gerecht 22 september 2021, T-425/18, ECLI:EU:T:2021:607 (*Altice*); ook hiervoor genoemde ACM-besluiten *VNA* en *Modulaire*). Zie voor de boetevaststelling en de mogelijke verhoging van de maximumboete vanwege recidive (lid 2) verder de Inleidende opmerkingen bij hoofdstuk 8 Mw, aant. 2. De ACM legde op grond van art. 74 tot 2013 een aantal keren een sanctie op. In 2022 legde de ACM sancties op van € 350.000 (*VNA*, hiervoor genoemd) en € 1,85 miljoen (*Modulaire*, hiervoor genoemd), beide met vereenvoudigde afdoening (zie art. 56 Mw, aant. 4 onder b). De Commissie legde meest recentelijk boetes op van € 124,5 miljoen (besluit 24 april 2018, zaak M.7993 (*Altice/PT Portugal*), verlaagd door het Gerecht tot € 118,3 miljoen (22 september 2021, T-425/18, ECLI:EU:T:2021:607)) en € 28 miljoen (besluit 27 juni 2019, zaak M.8179 (*Canon/Toshiba Medical Systems*)).

3. Last onder dwangsom. Naast een boete kan de ACM ook een last onder dwangsom opleggen op grond van art. 74. Zo legde de ACM een last op om de concentratie alsnog binnen vier weken te melden, naast een boete aan de verkrijgende onderneming (besluit ACM 11 februari 2010, zaak 6705 (*NPM Capital/Buitenfood*)). Zie voor de last onder dwangsom verder art. 56 Mw, aant. 5.

Artikel 75

1. Indien op grond van artikel 37, vierde lid, opgelegde voorwaarden niet worden nageleefd of op grond van artikel 41 aan een vergunning verbonden voorschriften niet worden nageleefd, kan de Autoriteit Consument en Markt de overtreder:
a. een bestuurlijke boete opleggen van ten hoogste € 900.000 of, indien dat meer is, van ten hoogste 10% van de omzet van de onderneming dan wel, indien de overtreding door een ondernemersvereniging is begaan, van de gezamenlijke omzet van de ondernemingen die van de vereniging deel uitmaken;
b. een last onder dwangsom opleggen.
2. De bestuurlijke boete die ingevolge het eerste lid ten hoogste kan worden opgelegd wordt verhoogd met 100%, indien binnen een tijdvak van vijf jaar voorafgaand aan de dagtekening van het van de overtreding opgemaakte rapport, bedoeld in artikel 5:48, eerste lid, van de Algemene wet bestuursrecht, een aan die overtreder voor een eerdere overtreding van eenzelfde of een soortgelijk wettelijk voorschrift opgelegde bestuurlijke boete onherroepelijk is geworden.
[23-12-2015, Stb. 22, i.w.tr. 01-07-2016/kamerstukken 34190]

[Sancties niet-naleven remedies]

Betekenis. De ACM kan voorwaarden verbinden aan de mededeling dat voor een concentratie geen vergunning is vereist (art. 37 lid 4 Mw). Verder kan de ACM voorschriften verbinden aan de vergunning en de vergunning onder beperkingen verlenen (art. 41 lid 4 Mw). Deze voorwaarden, voorschriften en beperkingen worden ook aangeduid als remedies. Art. 75 bepaalt dat de ACM een boete of last onder dwangsom kan opleggen als deze voorwaarden of voorschriften niet worden nageleefd. De sanctionering van het niet-naleven van beperkingen is anders geregeld. Een vergunning is onder beperkingen verleend als de reikwijdte van de vergunning wordt beperkt. Dat is bijvoorbeeld het geval als bedrijfsonderdelen of activa worden uitgesloten van de concentratie waarvoor de vergunning is verleend, zodat deze moeten worden afgestoten (vgl. een structurele remedie). Er is daarentegen sprake van een voorschrift als het gedrag van de onderneming na de concentratie aan banden wordt gelegd (vgl. een gedragsremedie) (Rb. Rotterdam 27 september 2012, ECLI:NL:RBROT:2012:BX8528 (*Wegener*)). Als een beperking niet wordt nageleefd, komt dat erop neer dat de concentratie tot stand is gebracht zonder de vereiste vergunning in strijd met art. 41 lid 1 Mw. Dan is niet art. 75, maar art. 74 van toepassing (*Kamerstukken II* 1995/96, 24707, 3, p. 96). Volgens de Boetebeleidsregel ACM 2014 (*Stcrt.* 2014, 19776), zoals gewijzigd per 1 juli 2016 (*Stcrt.* 2016, 34630), valt het niet-naleven van voorwaarden in de meldingsfase en voorschriften in de vergunningsfase in de zwaarste boetecategorie, namelijk VI. Dat betekent dat de basisboete ligt binnen een bandbreedte tussen € 500.000 of, als dat meer is, 7,5‰ van de jaaromzet van de onderneming en € 800.000 of, als dat meer is, 75‰ van de omzet (art. 2.5 Boetebeleidsregel ACM 2014). Zie voor de boetevaststelling en de mogelijke verhoging van de maximumboete vanwege recidive (lid 2) verder de Inleidende opmerkingen bij hoofdstuk 8 Mw, aant. 2. Naast een boete kan de ACM ook een last onder dwangsom opleggen op grond van art. 75. Zo legde de ACM een last op om een geschonden vergunningsvoorschrift alsnog na te leven, naast een boete aan de verkrijgende onderneming en enkele feitelijk leidinggevers (besluit ACM 14 juli 2010, zaak 1528 (*Wegener*); zie ook eerder genoemde uitspraak van de rechtbank Rotterdam, die leidde tot lagere boetes). Zie voor de last onder dwangsom verder art. 56 Mw, aant. 5.

Artikel 75a-76
(Vervallen.)
[25-06-2014, Stb. 247, i.w.tr. 01-08-2014/kamerstukken 33622]

§ 2a

Artikel 76a
(Vervallen.)
[25-06-2014, Stb. 247, i.w.tr. 01-08-2014/kamerstukken 33622]

§ 2b
Overtreding gebruik van gegevens

Artikel 76b
De Autoriteit Consument en Markt kan ingeval van overtreding van artikel 49e, eerste of tweede lid, de overtreder een bestuurlijke boete opleggen van ten hoogste € 900.000 of, indien dat meer is, van ten hoogste 1% van de omzet van de onderneming dan wel, indien de overtreding door een ondernemersvereniging is begaan, van de gezamenlijke omzet van de ondernemingen die van de vereniging deel uitmaken.
[11-11-2020, Stb. 9, i.w.tr. 18-02-2021/kamerstukken 35467]

[Boete ongeoorloofd gebruik van in handhavingsprocedure verkregen gegevens]

Betekenis. Art. 49e Mw stelt beperkingen aan het gebruik van bepaalde gegevens – waaronder clementieverklaringen – door partijen bij een handhavingsprocedure van de ACM. Art. 76b geeft de ACM de bevoegdheid een boete op te leggen bij schending van die beperkingen. Beide bepalingen zijn op 18 februari 2021 van kracht geworden ter implementatie van Richtlijn (EU) 2019/1, de zogenoemde ECN+ Richtlijn (zie verder Inleidende opmerkingen, hoofdstuk 7 Mw, aant. 1). Art. 76b voorziet niet in een verdubbeling van de maximale boete bij recidive, anders dan geldt voor de andere boetebevoegdheden in hoofdstuk 8 Mw. Een overtreding van art. 49e Mw is niet opgenomen in de boetecategorieën van de Boetebeleidsregel ACM 2014 (deze is niet gewijzigd bij de invoering van de boetebevoegdheid van art. 76b). Zie voor boetevaststelling verder de Inleidende opmerkingen bij hoofdstuk 8 Mw, aant. 2.

§ 3
Procedure

Artikel 77-77a
(Vervallen.)
[25-06-2014, Stb. 247, i.w.tr. 01-08-2014/kamerstukken 33622]

Artikel 78
(Door samenvoeging met de artikelen 77 en 79 is dit artikel vervallen.)
[25-06-2009, Stb. 265, i.w.tr. 01-07-2009/kamerstukken 31124]

Artikel 79
(Door samenvoeging met de artikelen 77 en 78 is dit artikel vervallen.)
[28-02-2013, Stb. 102, i.w.tr. 01-04-2013/kamerstukken 33186]

Artikel 80
(Vervallen.)
[25-06-2014, Stb. 247, i.w.tr. 01-08-2014/kamerstukken 33622]

Artikel 81
(Door samenvoeging met artikel 80 is dit artikel vervallen.)
[25-06-2009, Stb. 265, i.w.tr. 01-07-2009/kamerstukken 31124]

Artikel 82
1. De vervaltermijn, bedoeld in artikel 5:45 van de Algemene wet bestuursrecht wordt voor twee jaren gestuit door het instellen van een onderzoek met betrekking tot een overtreding.
2. De stuiting van de vervaltermijn gaat in op de dag waarop tenminste één onderneming of ondernemersvereniging die aan de overtreding heeft deelgenomen, dan wel één van degenen, bedoeld in artikel 51, tweede lid, onder 2° van het Wetboek van Strafrecht, van de handeling schriftelijk in kennis wordt gesteld.
[25-06-2014, Stb. 247, i.w.tr. 01-08-2014/kamerstukken 33622]

[Stuiting vervaltermijn boetebevoegdheid]

Betekenis. In art. 5:45 lid 1 Awb is bepaald dat de bevoegdheid om een boete op te leggen vervalt vijf jaar nadat de overtreding heeft plaatsgevonden. Deze vervaltermijn wordt opgeschort bij bezwaar en beroep, totdat onherroepelijk daarop is beslist (art. 5:45 lid 3 Awb). In aanvulling hierop bepaalt art. 82, voor de overtredingen waarop hoofdstuk 8 Mw van toepassing is, dat deze vervaltermijn voor twee jaar wordt gestuit als de ACM een onderzoek begint naar de overtreding. De stuiting vangt aan op het moment dat de ACM ten minste één bij de overtreding betrokken onderneming, ondernemersvereniging of feitelijk leidinggever schriftelijk in kennis stelt van het onderzoek (lid 2). Het CBb oordeelde op basis van dezelfde formulering in art. 64 lid 2 Mw dat kennisgeving aan een overtreder de vervaltermijn ook stuit voor de andere betrokken overtreders (CBb 19 maart 2019, ECLI:NL:CBB:2019:120 (*toerekening investeringsmaatschappij*)). Het ligt voor de hand dat dit ook geldt voor de kennisgeving bedoeld in art. 82 lid 2. De stuitingstermijn van twee jaar is korter dan de stuitingstermijn van vijf jaar die op grond van art. 64 Mw geldt voor overtredingen van art. 6 en 24 Mw. De regering koos hiervoor, omdat het, anders dan bij die overtredingen, niet nodig was aan te sluiten bij de verjaringsregeling die geldt voor de Europese Commissie bij overtredingen van art. 101 en 102 VWEU (*Kamerstukken II* 2004/05, 30071, 3, p. 28). Het verstrijken van de vervaltermijn wordt in de praktijk ook wel aangeduid als verjaring, maar de term verjaring is in art. 5:45 Awb vermeden omdat deze in de context van de Awb het misverstand zou kunnen wekken dat overschrijding van de termijn slechts aan het opleggen van een boete in de weg zou staan als de overtreder zich op de overschrijding beroept (vgl. afdeling 4.4.3 Awb). Het bestuursorgaan zal echter ook ambtshalve moeten nagaan of de vervaltermijn is verstreken, om te voorkomen dat een overtreder bezwaar moet maken louter om zich op overschrijding van de termijn te kunnen beroepen (*Kamerstukken II* 2003/04, 29702, 3, p. 139-140). Niet alleen de ACM, maar ook de rechter toetst ambtshalve of de boetebevoegdheid is vervallen door het verstrijken van de vervaltermijn. De bevoegdheid om een last onder dwangsom op te leggen vervalt eveneens na vijf jaar, verlengd met de opschorting voor bezwaar en beroep. Deze vervaltermijn wordt echter, anders dan bij de boetebevoegdheid, niet gestuit door het instellen van een onderzoek (art. 12r lid 3 Instellingswet ACM).

Artikel 82a-82b
(Vervallen.)
[25-06-2014, Stb. 247, i.w.tr. 01-08-2014/kamerstukken 33622]

HOOFDSTUK 9

Artikel 83-87
(Vervallen.)
[25-06-2014, Stb. 247, i.w.tr. 01-08-2014/kamerstukken 33622]

HOOFDSTUK 10
Europese mededingingsregels

[Inleidende opmerkingen]

1. Inhoud. Hoofdstuk 10 Mw regelt de toepassing van art. 101 en 102 VWEU door ACM. Art. 88 Mw wijst ACM aan als de mededingingsautoriteit voor Nederland in de zin van Verordening (EG) 1/2003 (opgenomen in het onderdeel Bijlagen) en verklaart haar bevoegd tot toepassing van de EU-mededingingsregels. Art. 89 Mw regelt over welke bevoegdheden zij daartoe beschikt en art. 89a Mw bepaalt dat ACM bevoegd is tot intrekking van EU-groepsvrijstellingen in individuele gevallen. Art. 89b, 89c, 89d, 89e, 89f en 89g Mw geven regels over de verlening van bijstand door ACM bij inspecties door de Europese Commissie en het verrichten van inspecties door ACM op verzoek van de Europese Commissie of mededingingsautoriteiten van een andere lidstaat.

2. Parallelle toepassing nationale en EU-mededingingsregels. In aansluiting op Verordening (EG) 1/2003 voorziet de wet in parallelle toepassing van de nationale mededingingsregels (art. 6 en 24 Mw) en de EU-mededingingsregels. Ingevolge art. 3 lid 1 Verordening (EG) 1/2003 is ACM verplicht ook art. 101 VWEU toe te passen wanneer zij art. 6 Mw toepast op mededingingsafspraken die de handel tussen lidstaten kunnen beïnvloeden en dus ook onder art. 101 VWEU vallen. Ook is ACM verplicht art. 102 VWEU mede toe te passen wanneer zij op grond van art. 24 lid 1 Mw optreedt tegen misbruik van machtspositie, indien dit misbruik ook op grond van art. 102 VWEU verboden is. Dezelfde verplichtingen gelden voor de rechter die oordeelt over een mededingingsrechtelijk geschil. Ingevolge art. 3 lid 2 Verordening (EG) 1/2003 mag de toepassing van nationaal mededingingsrecht er niet toe leiden dat mededingingsafspraken die de handel tussen lidstaten kunnen beïnvloeden maar niet verboden zijn op grond van art. 101 VWEU, worden verboden. Voor dergelijke mededingingsafspraken mag het nationale mededingingsrecht dus niet strenger zijn dan de EU-mededingingsregels. Ten aanzien van misbruik van machtspositie mogen de lidstaten wel strengere nationale regels toepassen. Aangezien het uitgangspunt van de wet is dat de materiële Nederlandse mededingingsregels niet strenger of soepeler zijn dan de EU-mededingingsregels, leidt de parallelle toepassing van de wet en de EU-mededingingregels niet tot materiële afstemmingsproblemen.

3. Samenwerking tussen nationale autoriteiten en de Europese Commissie. De toepassing van art. 101 en 102 VWEU geschiedt in samenwerking tussen de Europese Commissie en de nationale autoriteiten. Het mechanisme voor deze samenwerking is neergelegd in hoofdstuk IV Verordening (EG) 1/2003 en beoogt te garanderen dat de mededingingsregels in de lidstaten coherent worden toegepast (HvJ EU 20 januari 2016, ECLI:EU:C:2016:27, punt 30 (*DHL Express*)). Allereerst regelt art. 11 Verordening (EG) 1/2003 de samenwerking tussen de Europese Commissie en de mededingingsautoriteiten van de lidstaten. In dit kader dient ACM de Europese Commissie vooraf of onverwijld na het begin van de eerste onderzoeksmaatregel in kennis te stellen van elk optreden op grond van de EU-mededingingsregels (art. 11 lid 3 Verordening (EG) 1/2003). Daarnaast dient ACM uiterlijk 30 dagen voor het nemen van een beschikking de Europese Commissie daarvan in kennis te stellen en een samenvatting van de zaak of de beoogde beslissing te verstrekken. De verstrekte inlichtingen kunnen ook ter beschikking worden gesteld van de mededingingsautoriteiten van andere lidstaten (art. 11 lid 4 Verordening (EG) 1/2003). ACM kan de Europese Commissie voorts over elk geval van toepassing van het Unierecht raadplegen (art. 11 lid 5 Verordening (EG) 1/2003). Wanneer de Europese Commissie een procedure begint, ontneemt dit ACM de bevoegdheid tot toepassing van art. 101 en 102 VWEU (art. 11 lid 6 Verordening (EG) 1/2003). Art. 12 Verordening (EG) 1/2003 regelt de uitwisseling van informatie tussen de Europese Commissie en de nationale mededingingsautoriteiten voor de toepassing van art. 101 en 102 VWEU. Art. 13 betreft de schorsing of afsluiting van de procedure wanneer verschillende autoriteiten een klacht hebben ontvangen of een procedure hebben ingeleid. Wanneer de mededingingsautoriteiten van verschillende lidstaten ten aanzien van eenzelfde overeenkomst, besluit van een ondernemersvereniging of feitelijke gedraging een klacht hebben ontvangen of ambtshalve een procedure uit hoofde van art. 101 of 102 VWEU zijn begonnen, is het feit dat één autoriteit de zaak behandelt, een voldoende grond voor de andere autoriteiten om de klacht af te wijzen of de door hen gevoerde procedure te schorsen. Een mededingingsautoriteit van een lidstaat of de Europese Commissie kan een bij haar ingediende klacht afwijzen, wanneer deze reeds door een andere mededingingsautoriteit is behandeld (zie Gerecht EU 21 januari 2015, ECLI:EU:T:2015:36 (*easyJet Airline*)). Op grond van art. 14 is de Europese Commissie verplicht het adviescomité voor mededingingsregelingen en misbruik van economische machtsposities te raadplegen alvorens bepaalde besluiten te nemen. Art. 15 Verordening (EG) 1/2003 regelt de samenwerking tussen de nationale mededingingsautoriteiten en de Europese Commissie en de nationale rechterlijke instanties. Rechterlijke instanties kunnen de Europese Commissie om advies vragen betreffende de toepassing van art. 101 en 102 VWEU (art. 15 lid 1). Daarnaast kunnen nationale mededingingsautoriteiten opmerkingen indienen in nationale rechterlijke procedures. Wanneer de coherente toepassing van art. 101 of 102 VWEU zulks vereist, kan de Europese Commissie dit ook doen (art. 15 lid 3). Dergelijke opmerkingen zijn niet bindend. Deze bepaling is uitgewerkt in art. 8:45a lid 1 Awb en art. 44a Rv; zie nader de Mededeling betreffende de samenwerking tussen de Commissie en de rechterlijke instanties van de EU-lidstaten en de ongedateerde bekendmaking 'Amicus Curiae Regel' van de ACM (opgenomen in het onderdeel Bijlagen), alsook HvJ EU 11 juni 2009, C-429/07, ECLI:EU:C:2009:359 (*Inspecteur van de Belastingdienst/X*). Art. 16 ten slotte betreft de uniforme toepassing van art. 101 en 102 VWEU. Wanneer nationale rechterlijke instanties of mededingingsautoriteiten art. 101 of 102 VWEU toepassen op overeenkomsten, besluiten of gedragingen die reeds het voorwerp uitmaken van een besluit van de Europese Commissie, kunnen zij geen beslissingen nemen die in strijd zijn met het door de Europese Commissie gegeven besluit. Ook moeten nationale rechterlijke instanties vermijden beslissingen te nemen die in strijd zouden zijn met een besluit dat de commissie overweegt te geven in een door haar gestarte procedure. **Het netwerk van mededingingsautoriteiten.** De Europese Commissie en de mededingingsautoriteiten van de lidstaten vormen tezamen een netwerk (doorgaans aangeduid als 'European Competition Network' of 'ECN'). Dit netwerk is een forum voor discussie en samenwerking met het oog op de toepassing en handhaving van het mededingingsrecht van de Europese Unie. De Mededeling van de Commissie betreffende de samenwerking binnen het netwerk van mededingingsautoriteiten (*PbEU* 2004, C 101/03, opgenomen in het onderdeel Bijlagen) bevat nadere toelichting op de taakverdeling tussen de bevoegde nationale mededingingsautoriteiten en Europese Commissie, de wijze van samenwerking tussen deze instellingen in het kader van art. 11 Verordening (EG) 1/2003 en de rol en werking van het adviescomité bedoeld in art. 14 Verordening (EG) 1/2003. In het kader van het ECN is onder meer een model-clementieregeling tot stand gekomen. Deze regeling is echter niet bindend voor de nationale mededingingsautoriteiten, aangezien het ECN niet bevoegd is bindende regels vast te stellen (HvJ EU 20 januari 2016, C-428/14, ECLI:EU:C:2016:27 (*DHL Express*), zie voorts HvJ EU 14 juni 2011, C-360/09, ECLI:EU:C:2011:389 (*Pfleiderer*)). **ECN+ Richtlijn.** Op 11 december 2018 hebben het Europees Parlement en de Raad Richtlijn (EU) 2019/1 tot toekenning van bevoegdheden aan de mededingingsautoriteiten van de lidstaten voor een doeltreffender handhaving en ter waarborging van de goede werking van de interne markt aangenomen (*PbEU* 2019, L 11/3). Ter implementatie van deze richtlijn dient de Wet van 11 november tot wijziging van de Mededingingswet en de Instellingswet Autoriteit Consument en Markt in verband met de implementatie van richtlijn (EU) 2091/1 van het Europees Parlement en de Raad van 11 december 2018 tot toekenning van bevoegdheden aan de mededingingsautoriteiten van de lidstaten voor een doeltreffender handhaving en ter waarborging van de goede werking van de interne markt (*Stb.* 2021, 9). Aangezien ACM reeds over ruime bevoegdheden beschikte om de artikelen 101 en 102 VWEU toe te passen, behoefde de Nederlandse regelgeving slechts beperkt te worden aangepast naar aanleiding van de richtlijn. De meest omvangrijke wijzigingen betroffen de bepalingen die betrekking hebben op het verlenen van wederzijdse bijstand door de nationale mededingingsautoriteiten.

Artikel 88
De Autoriteit Consument en Markt wordt aangemerkt als de mededingingsautoriteit voor Nederland in de zin van verordening 1/2003 en als bevoegde autoriteit in de zin van verordening 139/2004 en oefent de krachtens de verordeningen op grond van artikel 103 van het Verdrag bestaande bevoegdheid uit om de artikelen 101 en 102 van het Verdrag toe te passen, alsmede de krachtens artikel 104 van het Verdrag bestaande bevoegdheid om te beslissen over de toelaatbaarheid van mededingingsafspraken en over het misbruik maken van een machtspositie op de gemeenschappelijke markt.
[25-06-2014, Stb. 247, i.w.tr. 01-08-2014/kamerstukken 33622]

[ACM bevoegd tot toepassing van EU-mededingingsregels]

1. Algemeen. Het artikel wijst ACM aan als de mededingingsautoriteit voor Nederland in de zin van Verordening (EG) 1/2003 (aant. 2) en regelt de bevoegdheid van deze autoriteit om de EU-mededingingsregels toe te passen. In dit verband is ACM bevoegd de mededingingsregels van art. 101 en 102 VWEU toe te passen wanneer een verordening op grond van art. 103 VWEU voorziet in toepassing van die regels door autoriteiten van de lidstaten van de EU (aant. 3). Daarnaast is zij voor Nederland de bevoegde autoriteit in het kader van het Europese concentratietoezicht op grond van de EG-concentratieverordening (aant. 4). Ten slotte is ACM bevoegd om krachtens art. 104 VWEU te beslissen over de toelaatbaarheid van mededingingsafspraken en over misbruik van machtspositie op de interne markt in de situatie dat geen verordening op grond van art. 103 VWEU geldt (aant. 5).

2. Mededingingsautoriteit voor Nederland in de zin van Verordening (EG) 1/2003. Op grond van art. 35 lid 1 Verordening (EG) 1/2003 (opgenomen in het onderdeel Bijlagen) moet elke lidstaat een of meer mededingingsautoriteiten aanwijzen die bevoegd zijn om art. 101 en 102 VWEU toe te passen, zodanig dat op afdoende wijze wordt voldaan aan de bepalingen van de verordening. De aangewezen autoriteiten moeten ervoor zorgen dat die artikelen in het algemeen belang doeltreffend worden toegepast (HvJ EU 7 december 2010, C-439/08 (*VEBIC*), punt 56). Dit artikel geeft hieraan uitvoering door ACM aan te wijzen als de mededingingsautoriteit voor Nederland in de zin van Verordening (EG) 1/2003. Dit houdt in dat ACM bevoegd is art. 101 en 102 VWEU toe te passen in het kader van Verordening (EG) 1/2003 (zie aant. 3) en de taken uitoefent die deze verordening aan de nationale mededingingsautoriteiten toekent. De minister is niet bevoegd ACM instructies te geven voor de uitoefening van deze taken, met uitzondering van de door ACM in te nemen standpunten in het adviescomité bedoeld in art. 14 lid 2 Verordening (EG) 1/2003 dat de Europese Commissie bijstaat. Dergelijke instructies mogen echter geen betrekking hebben op de mededingingsaspecten van een individueel geval (zie art. 5b Mw en MvT, Wet modernisering EG-mededingingsrecht, p. 6-7).

3. Toepassing van art. 101 en 102 VWEU krachtens een verordening op grond van art. 103 VWEU.
Verordening (EG) 1/2003 is de voornaamste verordening op grond van art. 103 VWEU. Deze verordening is van toepassing op mededingingsafspraken en misbruik van machtspositie in alle sectoren; in het verleden bestonden specifieke regels en uitzonderingen in de transportsector maar die zijn alle afgeschaft. Art. 5 Verordening (EG) 1/2003 bepaalt dat de mededingingsautoriteiten van de lidstaten in individuele gevallen bevoegd zijn tot toepassing van art. 101 en 102 VWEU. In dat kader kunnen de mededingingsautoriteiten van de lidstaten, zoals ACM, ambtshalve of naar aanleiding van een klacht de volgende besluiten nemen: de beëindiging van een inbreuk bevelen, voorlopige maatregelen opleggen, toezeggingen aanvaarden, en geldboetes, dwangsommen of overeenkomstig hun nationaal recht andere sancties opleggen. Nationale mededingingsautoriteiten kunnen vaststellen dat er geen reden bestaat om op te treden tegen een bepaalde overeenkomst, besluit of gedragingen. Zij zijn echter niet bevoegd bij besluit vast te stellen dat art. 101 of 102 VWEU niet geschonden is (HvJ EU 3 mei 2011, C-375/09, ECLI:EU:C:2011:270 (*Tele2 Polska*)). Zie over de parallelle toepassing van de nationale en EU-mededingingsregels en de samenwerking tussen de nationale mededingingsautoriteiten en de Europese Commissie Hfdst. 10, Inleidende opmerkingen, aant. 2 en 3. De EG-concentratieverordening is ook mede op art. 103 VWEU gebaseerd, maar kent de nationale mededingingsautoriteiten geen bevoegdheden toe om art. 101 en 102 VWEU toe te passen. Tot slot zij opgemerkt dat het artikel de ACM uitsluitend de bevoegdheid geeft art. 101 en 102 VWEU toe te passen op gedragingen van ondernemingen en ondernemersverenigingen, en niet de bevoegdheid om te toetsen of een bepaalde gedraging van een orgaan behorende tot de Staat der Nederlanden strijd oplevert met de overige bepalingen van het VWEU, waaronder in het bijzonder de verplichting die op dergelijke organen rusten krachtens art. 106 lid 1 VWEU of art. 4 lid 3 VEU in samenhang met art. 101 of 102 VWEU (CBb 18 april 2003, ECLI:NL:CBB:2003:AF8094 (*Van Vollenhoven Olie*)). **Verlies van de bevoegdheid tot toepassing van art. 101 en 102 VWEU.** Art. 11 lid 6 Verordening (EG) 1/2003 bepaalt dat wanneer de Europese Commissie een procedure inleidt, dit de mededingingsautoriteiten van de lidstaten hun bevoegdheid tot toepassing van art. 101 en 102 VWEU ontneemt. ACM verliest dus haar bevoegdheid de EU-mededingingsregels toe te passen wanneer de Europese Commissie een procedure

start. Aangenomen mag worden dat ACM in een dergelijk geval ook niet meer bevoegd is art. 6 en 24 Mw toe te passen.

4. Bevoegde autoriteit in het kader van het EU-concentratietoezicht. Dit artikel wijst de raad aan als de bevoegde autoriteit voor Nederland voor de toepassing van de EG-concentratieverordening. De EG-concentratieverordening voorziet in samenwerking tussen de Europese Commissie en de bevoegde autoriteiten van de lidstaten bij de beoordeling van concentraties. De Europese Commissie kan in bepaalde gevallen een bij haar aangemelde concentratie verwijzen naar de bevoegde autoriteiten van een lidstaat. Volgens art. 4 lid 4 EG-concentratieverordening kunnen partijen hiertoe een verzoek doen. De Europese Commissie is verplicht dit verzoek voor te leggen aan de autoriteit van de betreffende lidstaat. Op grond van art. 9 EG-concentratieverordening kan de Commissie een concentratie verwijzen naar de autoriteiten van de lidstaten. De Commissie kan ook de autoriteiten verzoeken inspecties te verrichten of bijstand te verlenen bij inspecties (art. 12 en 13 EG-concentratieverordening). Lidstaten kunnen de Europese Commissie ook verzoeken een concentratie die geen EU-dimensie heeft te onderzoeken (art. 22 EG-concentratieverordening). Daarnaast is de Europese Commissie verplicht om tijdens een procedure steeds nauw contact te houden met de bevoegde autoriteiten van de lidstaten (zie met name art. 19 EG-concentratieverordening). De minister is niet bevoegd ACM instructies te geven voor de uitoefening van deze taken, met uitzondering van het door ACM in te nemen standpunt in het adviescomité bedoeld in art. 19 lid 4 EG-concentratieverordening dat de Europese Commissie bijstaat. Dergelijke instructies mogen echter geen betrekking hebben op de mededingingsaspecten van een individueel geval (zie art. 5b en MvT, Wet modernisering EG-mededingingsrecht, p. 6-7).

5. Beslissingen op grond van art. 104 VWEU. Het artikel geeft ACM verder de bevoegdheid om beslissingen als bedoeld in art. 104 VWEU te nemen. Art. 104 VWEU is een bepaling van overgangsrecht die regelt dat de autoriteiten van de lidstaten beslissen over de toelaatbaarheid van mededingingsregelingen en misbruik van machtspositie op de interne markt zolang geen voorschriften op grond van art. 103 VWEU zijn vastgesteld. Aangezien Verordening (EG) 1/2003 thans van toepassing is op mededingingsafspraken en misbruik van machtspositie in alle sectoren, heeft art. 104 VWEU vrijwel geen praktische betekenis meer. De enige gedragingen van ondernemingen waarvoor geen voorschriften op grond van art. 103 VWEU gelden zijn concentraties in de zin van art. 3 EG-concentratieverordening die geen Unie-dimensie in de zin van art. 1 EG-concentratieverordening hebben. Art. 21 lid 1 EG-concentratieverordening bepaalt namelijk dat Verordening (EG) 1/2003 niet van toepassing is op concentraties zoals omschreven in art. 3 EG-concentratieverordening (met uitzondering van gemeenschappelijke ondernemingen die geen Unie-dimensie hebben en de coördinatie beogen of tot stand brengen van het concurrentiegedrag van ondernemingen die onafhankelijk blijven). Aangezien de totstandbrenging van een concentratie die geen Unie-dimensie heeft onder omstandigheden misbruik van machtspositie in de zin van art. 102 VWEU kan vormen, zou art. 104 VWEU in die situatie kunnen worden toegepast. In de praktijk ligt veel meer voor de hand dat ACM in dergelijke gevallen optreedt op basis van de regels voor nationaal concentratietoezicht (Hoofdstuk 5 Mw).

Artikel 89
Ter zake van de uitoefening van de in artikel 88 bedoelde bevoegdheden zijn de hoofdstukken 6 en 7 van overeenkomstige toepassing.
[25-06-2014, Stb. 247, i.w.tr. 01-08-2014/kamerstukken 33622]

[Bevoegdheden bij toepassing EU-mededingingsregels]

1. Algemeen. Op grond van het uit de rechtspraak van het HvJ EU voortvloeiende gelijkwaardigheidsbeginsel mogen de regels die van toepassing zijn op handhaving van de EU-mededingingsregels niet ongunstiger zijn dan die welke van toepassing zijn op de handhaving van de nationale mededingingsregels. In overeenstemming met dit beginsel bepaalt het artikel dat ACM bij de toepassing van art. 101 en 102 VWEU op grond van art. 88 Mw beschikt over de in hoofdstuk 6 en 7 Mw opgenomen bevoegdheden. Deze hoofdstukken betreffen de doorzoekingsbevoegdheid en de bevoegdheid bij overtreding van het verbod op mededingingsafspraken en misbruik van een economische machtspositie een bestuurlijke boete en een last onder dwangsom op te leggen. Deze bevoegdheden moeten worden begrepen binnen het kader van hoofdstuk IV Verordening (EG) 1/2003 (zie de Inleidende opmerkingen bij hoofdstuk 10, aant. 3).

2. De van overeenkomstige toepassing zijnde bepalingen. Hoofdstuk 6. Hoofdstuk 6 Mw regelt de bevoegdheid tot doorzoeken in het kader van toezicht. Het geeft de met het toezicht op de naleving van de wet belaste ambtenaren de bevoegdheid om een woning zonder toestemming van de bewoner te doorzoeken, voor zover dat redelijkerwijs noodzakelijk is om inzage te krijgen of in zakelijke gegevens en bescheiden. Zonodig kan de doorzoeking met behulp van de sterke arm (de politie) worden uitgevoerd. Voor een doorzoeking is voorafgaande machtiging vereist van de rechter-commissaris, belast met de behandeling van strafzaken bij de Rechtbank Rotterdam. **Hoofdstuk 7.** Hoofdstuk 7 Mw regelt de oplegging van bestuurlijke boete en last onder dwangsom ter zake van overtreding van het verbod de mededingingsregels. **Toezicht- en handhavingsbevoegdheid.** Op grond van hoofdstuk 3 van de Instellingswet Autoriteit Consument en Markt zijn de door ACM aangewezen ambtenaren mede belast met toezicht op de naleving van art. 101 en 102 VWEU. Ten behoeve hiervan beschikken zij over de bevoegdheden die de Algemene wet bestuursrecht en Instellingswet Autoriteit Consument en Markt hen toekent. Hoofdstuk 3 van de Instellingswet Autoriteit Consument en Markt regelt ook de bevoegdheid om door een onderneming gedane toezeggingen bindend te verklaren (art. 12h Instellingswet ACM) alsook sanctionering en openbaarmaking.

3. Mogelijke knelpunten. a. Uiteenlopende procedurele waarborgen. Volgens art. 52 Handvest Grondrechten EU zijn de lidstaten gehouden de in het handvest neergelegde rechten te eerbiedigen wanneer zij het recht van de Unie ten uitvoer brengen. Het was ook al vaste rechtspraak van het HvJ EU dat de lidstaten bij de uitvoering van het Unierecht gebonden zijn aan de eisen voortvloeiend uit de bescherming van de fundamentele rechten in de rechtsorde van de Unie (bijvoorbeeld HvJ EG 10 juli 2003, C-20/00 en C-64/00, ECLI:EU:C:2003:397 (*Booker Aquaculture*)). Dit betekent dat ACM gehouden is de in het Handvest van de grondrechten van de Europese Unie neergelegde fundamentele rechten te respecteren bij de toepassingen van art. 101 en 102 VWEU. Dit is vooral van belang in situaties waar de Mededingingswet ondernemingen minder waarborgen lijkt te bieden dan het EU-recht. Zo wordt in het EU-recht aangenomen dat een gemotiveerd inspectiebesluit een fundamentele waarborg van de rechten van verdediging van de betrokken ondernemingen vormt (HvJ EG 19 mei 1994, C-36/92, ECLI:EU:C:1994:205, punt 21 en 30 (*SEP/Commissie*); Gerecht EU 14 november 2012, T-135/09, ECLI:EU:T:2012:3514, punt 38-41 (*Nexans en Nexans France/Commissie*); HvJ EU 10 maart 2016, C-247/14 P, ECLI:EU:C:2016:149, punt 17-22 (*HeidelbergCement/Commissie*)) zulks in overeenstemming met de rechtspraak over art. 6 lid 1 EVRM (EHRM 21 februari 2008, punt 28-35 (*Ravon et autres/France*)), terwijl de wet geen inspectiebesluiten kent en de ACM tijdens bedrijfsbezoeken het onderzoeksdoel in vrij algemene termen mededeelt. **b. Cumulatie van sancties.** ACM hanteert haar Boeterichtsnoeren ook bij gedragingen die zowel strijdig zijn met de wet als met de EU-mededingingsregels. Het voor dezelfde gedragingen opleggen van een extra sanctie vanwege parallelle schending van art. 6 Mw en art. 101 VWEU blijft achterwege. Er is geen grond om aan te nemen dat dit bij parallelle schending van art. 24 Mw en art. 102 VWEU anders zou kunnen zijn. Oorspronkelijk werden slechts boetes opgelegd voor de effecten van verboden gedragingen op de Nederlandse markt (Besluit D-G NMa 28 december 2004, 2269 (*Noordzeegarnalen*)). In het Zilveruienkartel heeft ACM zich echter op het standpunt gesteld dat zij bij de vaststelling de hoogte van boetes ook rekening kan houden met in het buitenland behaalde omzet, in elk geval wanneer noch de Europese Commissie noch nationale mededingingsautoriteiten van andere lidstaten procedures hebben ingeleid tegen het betreffende kartel. Rechtbank Rotterdam heeft dit standpunt onderschreven, en overwogen dat ACM vanaf 1 mei 2003, de datum dat Verordening (EG) 1/2003 is gaan gelden, op basis van deze verordening bij de boeteberekening de betrokken omzet voor alle betrokken ondernemingen kan vaststellen op de waarde van alle transacties die door hen in de EU zijn verricht (uitspraak Rb. Rotterdam 20 maart 2014, ECLI:NL:RBROT:2014:2045, r.o. 74-81 (*Zilveruienkartel*)). Het CBb heeft deze benadering gebillijkt, overwegende dat de berekening van de geldboete een andere kwestie is dan de territoriale bevoegdheid tot handhaving van het kartelverbod en dat ACM zich ervan had verzekerd dat noch de Europese Commissie, noch andere nationale mededingingsautoriteiten voornemens waren op te treden tegen het kartel (uitspraak CBb 24 maart 2016, ECLI:NL:CBB:2016:56). Het HvJ EU oordeelde voorts dat het in artikel 50 van het Handvest van de grondrechten van de Europese Unie neergelegde ne bis in idem-beginsel zich er niet tegen verzet dat een nationale mededingingsautoriteit een onderneming bij hetzelfde besluit een geldboete wegens schending van het nationale mededingingsrecht en een geldboete wegens schending van art. 102 VWEU. In een dergelijke situatie dient de nationale mededingingsautoriteit niettemin ervoor te zorgen dat de geldboeten tezamen in verhouding staan tot de aard van de inbreuk (HvJ EU 3 april 2019, ECLI:EU:C:2019:283 (*Powszechny Zakład Ubezpieczeń na Życie*)). Het ne bis in idem-beginsel sluit ook niet uit dat een nationale mededingingsautoriteit aan ondernemingen die aan een mededingingsregeling hebben deelgenomen, geldboeten oplegt ter bestraffing van de gevolgen die deze mededingingsregeling vóór de toetreding van de betrokken lidstaat tot de Europese Unie op het grondgebied van deze lidstaat heeft gehad, wanneer de geldboeten die de Europese Commissie aan de leden van het kartel heeft opgelegd bij een beschikking die vóór de vaststelling van de beschikking van deze nationale mededingingsautoriteit is gegeven, niet tot doel hadden deze gevolgen te bestraffen (HvJ EU 14 februari 2012, ECLI:EU:C:2012:72 (*Toshiba Corporation*)). Het ne bis in idem-beginsel verzet zich er echter wel tegen dat een nationale mededingingsautoriteit optreedt tegen een mededingingsregeling wegens de gevolgen ervan op het nationale grondgebied, wanneer de nationale mededingingsautoriteit van een andere lidstaat reeds het bestaan van de betrokken regeling en de gevolgen ervan op het grondgebied van de eerste lidstaat heeft vastgesteld en bestraft. Een dergelijke cumulatie van vervolgingsmaatregelen en, in voorkomend geval, sancties zou een beperking van het door art. 50 van het Handvest gewaarborgde grondrecht vormen (HvJ EU 22 maart 2022, ECLI:EU:C:2022:203 (*Nordzucker*)).

Artikel 89a
1. De Autoriteit Consument en Markt oefent de krachtens artikel 29, tweede lid, van verordening 1/2003 bestaande bevoegdheid uit tot het buiten toepassing verklaren van een groepsvrijstelling.
2. Op de voorbereiding van de beschikking is afdeling 3.4 van de Algemene wet bestuursrecht van toepassing.
3. Een beschikking op grond van het eerste lid treedt niet eerder in werking dan zes weken na de datum van haar terinzagelegging overeenkomstig artikel 3:44, eerste lid, onderdeel a, van de Algemene wet bestuursrecht.
[28-02-2013, Stb. 102, i.w.tr. 01-04-2013/kamerstukken 33186]

[Intrekking van een groepsvrijstelling in individuele gevallen]

1. Algemeen. Het artikel regelt dat ACM bevoegd is om op grond van art. 29 lid 2 Verordening (EG) 1/2003 een EU-groepsvrijstelling in te trekken ten aanzien van mededingingsafspraken die specifiek op de Nederlandse markt of een deel daarvan betrekking hebben.

2. Buitentoepassingverklaring van een groepsvrijstelling (lid 1). Art. 29 lid 2 Verordening (EG) 1/2003 bepaalt dat wanneer mededingingsafspraken die onder een door de Europese Commissie vastgestelde EU-groepsvrijstelling vallen op het grondgebied van een lidstaat of een deel daarvan dat alle kenmerken van een afzonderlijke geografische markt vertoont, gevolgen hebben die onverenigbaar zijn met art. 101 lid 3 VWEU, de mededingingsautoriteit van die lidstaat de groepsvrijstelling op het betrokken grondgebied kan intrekken. Daarmee wordt het kartelverbod van art. 101 lid 1 VWEU en art. 6 lid 1 Mw weer van toepassing op de betreffende mededingingsafspraken. Zie voor een overzicht van de EU-groepsvrijstellingen art. 12 Mw, aant. 4.

3. Uniforme openbare voorbereidingsprocedure (lid 2). Lid 2 verklaart de uniforme openbare voorbereidingsprocedure van Afdeling 3.4 van de Algemene wet bestuursrecht (Awb) van toepassing. In het kader van deze procedure legt ACM het ontwerp van het te nemen besluit, met inbegrip van de stukken die redelijkerwijze nodig zijn voor de beoordeling ervan, ter inzage (art. 3:11 Awb). Van het ontwerp wordt een openbare kennisgeving gedaan (art. 3:12 Awb); daarnaast zendt ACM het ontwerp voorafgaand aan de terinzagelegging toe aan de belanghebbenden aan wie het besluit zal zijn gericht (art. 3:13 Awb). Alle belanghebbenden kunnen schriftelijk of mondeling hun zienswijze over het ontwerp naar voren brengen (art. 3:15 Awb).

4. Uitgestelde inwerkingtreding (lid 3). Beschikkingen op basis van lid 3 treden niet eerder in werking dan zes weken na de datum van terinzagelegging. Daarmee wordt de betrokken ondernemingen de mogelijkheid geboden hun overeenkomst of gedragingen aan te passen of te beëindigen. De uitgestelde inwerkingtreding heeft geen gevolgen voor de termijn voor het indienen van een bezwaar- of beroepschrift; deze termijn vangt aan op de dag na bekendmaking van de beschikking aan de belanghebbende.

Artikel 89b

1. Met het verlenen van bijstand bij een inspectie op grond van een mededingingsverordening door de Europese Commissie, zijn belast de krachtens artikel 12a, eerste lid, van de Instellingswet Autoriteit Consument en Markt aangewezen ambtenaren.
2. Artikel 5:12 van de Algemene wet bestuursrecht is van overeenkomstige toepassing.
3. Bij verzet tegen een inspectie door de Europese Commissie, verlenen de aangewezen ambtenaren de nodige bijstand om de Europese Commissie in staat te stellen de inspectie te verrichten, zo nodig met behulp van de sterke arm.

[25-06-2014, Stb. 247, i.w.tr. 01-08-2014/kamerstukken 33622]

[Bijstand bij inspecties door de Europese Commissie]

1. Algemeen. Het artikel regelt de verlening van bijstand bij inspecties van de Europese Commissie. Deze bijstand wordt verleend door de ambtenaren van ACM, zo nodig met behulp van de sterke arm (de politie).

2. Bijstand door ACM-ambtenaren (lid 1). Art. 20 lid 5 Verordening (EG) 1/2003 en art. 13 lid 5 EG-concentratieverordening regelen dat de Europese Commissie in het kader van een inspectie op het grondgebied van een bepaalde lidstaat kan verzoeken om bijstand door functionarissen van de mededingingsautoriteit van de betreffende lidstaat. De betreffende functionarissen dienen actief bijstand te verlenen en beschikken daartoe over dezelfde bevoegdheden als ambtenaren van de Europese Commissie. Lid 1 geeft uitvoering aan deze bepaling door te bepalen dat de in art. 12a lid 1 Instellingswet ACM aangewezen ambtenaren zijn belast met het verlenen van bijstand aan de Europese Commissie. **Toepasselijke bevoegdheden.** Uit art. 20 lid 5 Verordening (EG) 1/2003 en art. 13 lid 5 EG-concentratieverordening volgt dat ACM-ambtenaren bij het verlenen van bijstand aan de Europese Commissie beschikken over de bevoegdheden die art. 20 lid 2 Verordening (EG) 1/2003 en art. 13 lid 2 EG-concentratieverordening toekennen aan de functionarissen van de Europese Commissie die zijn gemachtigd tot het verrichten van de inspecties, en dus niet over de bevoegdheden die hoofdstuk 6 Mw en hoofdstuk 5 Awb hun toekennen in het kader van toezicht op en onderzoek naar de naleving van de wet. Dit betekent ook dat de medewerkingsplicht van art. 5:20 Awb niet van toepassing is en ACM dus geen rapport kan opmaken tegen een onderneming die niet meewerkt aan de inspectie (MvT, Wet modernisering EG-mededingingsrecht, p. 9). Op grond van art. 20 lid 4 Verordening (EG) 1/2003 en art. 12 lid 4 EG-concentratieverordening zijn ondernemingen echter verplicht zich te onderwerpen aan een inspectie die door de Europese Commissie bij besluit is gelast, en art. 23 en 24 Verordening (EG) 1/2003 en art. 14 en 15 EG-concentratieverordening voorzien in de oplegging van boetes en dwangsommen ingeval ondernemingen geen volledige inzage geven in boeken en bescheiden of weigeren zich aan een bij besluit gelaste inspectie te onderwerpen. Tegen het besluit waarbij een inspectie wordt gelast of sancties worden opgelegd staat beroep open bij het Gerecht van de Europese Unie.

3. Overeenkomstige toepassing van art. 5:12 Awb (lid 2). Lid 2 verklaart art. 5:12 Awb van overeenkomstige toepassing en legt daarmee een legitimatieplicht op aan ACM-ambtenaren die bijstand verlenen. Art. 5:12 Awb bepaalt dat toezichthouders bij de uitoefening van hun taak een legitimatiebewijs bij zich dragen, dat is uitgegeven door het betreffende bestuursorgaan. Desgevraagd dient een toezichthouder zijn legitimatiebewijs direct te tonen. Het legitimatiebewijs bevat een foto van de toezichthouder en vermeldt ten minste diens naam en hoedanigheid. Ambtenaren van de Europese Commissie zijn op grond van interne regels eveneens verplicht zich te legitimeren. Dit gebeurt door middel van een door de Europese Commissie uitgegeven identiteitsbewijs (zie ook de toelichting bij inspectiebesluiten op grond van art. 20 lid 4 Verordening (EG) 1/2003, opgenomen in het onderdeel Bijlagen).

4. Bijstand bij verzet (lid 3). Lid 3 bepaalt dat de aangewezen ACM-ambtenaren bij verzet tegen een inspectie door de Europese Commissie de nodige bijstand verlenen, zo nodig met behulp van de sterke arm (de politie). Dit lid geeft uitvoering aan art. 20 lid 6 Verordening (EG) 1/2003 en art. 13 lid 6 EG-concentratieverordening, die bepalen dat wanneer de door de Europese Commissie tot het verrichten van een inspectie gemachtigde functionarissen en andere begeleidende personen vaststellen dat een onderneming zich verzet tegen een inspectie, de betrokken lidstaat hun de nodige bijstand verleent om hen in staat te stellen de inspectie te verrichten, zo nodig door een beroep te doen op de politie of een gelijkwaardige handhavingsautoriteit. Voor zover de inspectie een doorzoeking behelst, is op grond van art. 89c Mw een voorafgaande machtiging vereist van de rechter-commissaris, belast met de behandeling van strafzaken bij de Rechtbank Rotterdam.

5. Oud recht. Voor de inwerkingtreding van de Wet modernisering EG-mededingingsrecht was deze materie geregeld in de Wet uitvoering EG-mededingingsverordeningen (*Stb.* 1997, 129).

Artikel 89c
1. Voor het verlenen van de nodige bijstand indien een onderneming of ondernemersvereniging zich verzet tegen een inspectie op grond van een mededingingsverordening door de Europese Commissie is voor zover de inspectie een doorzoeking omvat, een voorafgaande machtiging vereist van de rechter-commissaris, belast met de behandeling van strafzaken bij de rechtbank Rotterdam. De machtiging wordt zo mogelijk getoond.
2. De rechter-commissaris gaat bij de toetsing van het verzoek tot machtiging na of de voorgenomen dwangmaatregelen niet willekeurig zijn of onevenredig zijn in verhouding tot het voorwerp van de inspectie, zoals is bepaald in de mededingingsverordeningen en het gemeenschapsrecht. Artikel 171 van het Wetboek van Strafvordering is van overeenkomstige toepassing.
De rechter-commissaris kan het openbaar ministerie horen alvorens te beslissen.
3. Tegen de beslissing van de rechter-commissaris staat voor zover het verzoek om een machtiging niet is toegewezen, voor de Autoriteit Consument en Markt binnen veertien dagen beroep open bij de rechtbank Rotterdam.
4. De rechter-commissaris kan bij de inspectie aanwezig zijn.
[25-06-2014, Stb. 247, i.w.tr. 01-08-2014/kamerstukken 33622]

Art. 89c

[Bijstand bij verzet tegen doorzoeking]

1. Algemeen. Het artikel regelt, in aanvulling op art. 89b lid 3, de verlening van bijstand bij verzet tegen een inspectie door de Europese Commissie. Het bepaalt dat voor zover de inspectie een 'doorzoeking' betreft, voorafgaande machtiging is vereist van de rechter-commissaris, belast met de behandeling van strafzaken bij Rechtbank Rotterdam.

2. Machtiging vereist voor bijstand bij verzet tegen doorzoeking (lid 1). Op grond van art. 89b lid 3 verlenen de aangewezen ACM-ambtenaren de nodige bijstand om de Europese Commissie in staat te stellen de inspectie te verlenen, zo nodig met behulp van de sterke arm. Zij hebben dus in beginsel geen nadere toestemming of machtiging nodig om bijstand te verlenen in geval van verzet van de onderneming. Op grond van dit artikel is echter voorafgaande machtiging van de rechter-commissaris, belast met de behandeling van strafzaken bij de rechtbank te Rotterdam, vereist wanneer de inspectie aangemerkt moet worden als een doorzoeking. **Begrip doorzoeking.** Doorzoeking is een strafrechtelijk begrip dat echter in het Wetboek van Strafvordering niet nauwkeurig wordt omschreven. Van een doorzoeking is sprake als de inspecteurs verder gaan dan 'zoekend rondkijken' en willekeurig kasten, laden en andere bergplaatsen openen. Van doorzoeking is bijvoorbeeld geen sprake wanneer slechts enkele dozen zijn verschoven om de toegang tot een daarachter gelegen deur vrij te maken en vervolgens de daarachter gelegen ruimte te betreden (HR 18 november 2003, ECLI:NL:HR:2003:AL6238). **Verhouding met EU-recht.** Het artikel sluit aan bij art. 20 lid 7 Verordening (EG) 1/2003, dat de lidstaten toestaat te bepalen dat voorafgaande toestemming van een rechterlijke instantie vereist is voor de verlening van bijstand bij een inspectie van de Europese Commissie. De machtiging dient zo mogelijk te worden getoond tijdens de inspectie.

3. Toetsing door de rechter-commissaris (lid 2). De rechter-commissaris dient te toetsen of de voorgenomen dwangmaatregelen niet willekeurig of onevenredig zijn in verhouding tot het voorwerp van de inspectie, zoals bepaald in de mededingingsverordeningen en het gemeenschapsrecht. Van belang zijn met name art. 20 lid 8 Verordening (EG) 1/2003 en art. 13 lid 8 Verordening (EG) 139/2004 en de rechtspraak van het Hof van Justitie van de Europese Unie over inspecties (HvJ EG 22 oktober 2002, C-94/00, ECLI:EU:C:2002:603 (*Roquette Frères*), Gerecht EU 6 september 2013, gevoegde zaken T-289/11, T-290/11 en T-521/11, ECLI:EU:T:2013:404 (*Deutsche Bahn*), HvJ EU 18 juni 2015, C-583/13 P, ECLI:EU:C:2015:404 (*Deutsche Bahn*)). De rechter-commissaris mag de Europese Commissie rechtstreeks of via ACM om nadere uitleg verzoeken over de elementen die hij nodig heeft om de proportionaliteit van de beoogde maatregel te toetsen. Hij mag echter niet de noodzakelijkheid van de inspectie in twijfel trekken of gegevens uit het dossier van de Europese Commissie verlangen. De rechter is bevoegd na te gaan of het besluit van de Europese Commissie authentiek is, maar de rechtmatigheid van het besluit kan uitsluitend door het Hof van Justitie of het Gerecht EU worden getoetst. **Bijstand griffier.** Het lid verklaart art. 171 Sv van overeenkomstige toepassing. Dit artikel bepaalt dat de rechter-commissaris bij zijn verrichtingen wordt bijgestaan door de griffier. **Horen Openbaar Ministerie.** De rechter-commissaris kan het OM horen alvorens op het verzoek tot verlening van een machtiging te beslissen; hij is daartoe niet verplicht. Het OM heeft geen bevoegdheden op het terrein van de Mededingingswet maar de wetgever heeft de mogelijkheid het OM te horen gecreëerd, omdat deze instantie beschikt over ervaring met de toepassing van dwangmiddelen zoals doorzoeking.

4. Beroep tegen afwijzing (lid 3). Lid 3 bepaalt dat indien de rechter-commissaris het verzoek om machtiging afwijst, ACM hiertegen binnen veertien dagen beroep kan instellen bij Rechtbank Rotterdam.

5. Aanwezigheid van rechter-commissaris (lid 4). Lid 4 bepaalt dat de rechter-commissaris bij de inspectie aanwezig kan zijn.

6. Oud recht. Voor de inwerkingtreding van de Wet modernisering EG-mededingingsrecht was deze materie geregeld in de Wet uitvoering EG-mededingingsverordeningen (*Stb.* 1997, 129).

Artikel 89d

1. Voor het uitvoeren van een inspectie als bedoeld in artikel 21, eerste lid, van verordening 1/2003 door de Europese Commissie in andere gebouwen, terreinen en vervoermiddelen dan die van ondernemingen en ondernemersverenigingen, waaronder de woningen van directeuren, bestuurders en andere personeelsleden, is een voorafgaande machtiging vereist van de rechter-commissaris, belast met de behandeling van strafzaken bij de rechtbank Rotterdam. De machtiging wordt zo mogelijk getoond.
2. De rechter-commissaris toetst het verzoek tot machtiging overeenkomstig artikel 21, derde lid, van verordening 1/2003. Artikel 171 van het Wetboek van Strafvordering is van overeenkomstige toepassing. De rechter-commissaris kan het openbaar ministerie horen alvorens te beslissen.
3. Tegen de beslissing van de rechter-commissaris staat voor zover het verzoek om een machtiging niet is toegewezen, voor de Autoriteit Consument en Markt binnen veertien dagen beroep open bij de rechtbank Rotterdam.
4. De rechter-commissaris kan bij de inspectie aanwezig zijn.
5. Voor zover het een inspectie in een woning betreft, geldt dit artikel in afwijking van de artikelen 2, 3 en 8 van de Algemene wet op het binnentreden.
[25-06-2014, Stb. 247, i.w.tr. 01-08-2014/kamerstukken 33622]

[Inspecties van niet tot de onderneming behorende gebouwen, terreinen en vervoermiddelen]

1. Algemeen. Het artikel bepaalt dat de Europese Commissie een voorafgaande machtiging van de rechter-commissaris, belast met de behandeling van strafzaken bij de Rechtbank Rotterdam, nodig heeft om een inspectie uit te voeren in gebouwen, terreinen en vervoermiddelen die niet behoren tot de onderneming of ondernemersvereniging in kwestie. Veelal zal het hierbij gaan om de woning van directeuren of werknemers van de betrokken onderneming.

2. Voorafgaande machtiging voor inspectie in niet tot de onderneming behorende gebouwen, terreinen en vervoermiddelen (lid 1). Art. 21 lid 1 Verordening (EG) 1/2003 geeft de Europese Commissie de bevoegdheid om bij besluit een inspectie te gelasten in gebouwen, terreinen en vervoermiddelen die niet tot de onderneming behoren, waaronder de woningen van directeuren en andere personeelsleden van de onderneming, indien een redelijk vermoeden bestaat dat daar boeken of andere bescheiden van de onderneming die relevant zijn voor de inspectie worden bewaard. Een dergelijk besluit kan niet worden uitgevoerd zonder voorafgaande toestemming van de nationale rechterlijke instantie van de betrokken lidstaat (art. 21 lid 3 Verordening (EG) 1/2003). Het eerste lid wijst de rechter-commissaris, belast met de behandeling van strafzaken bij de Rechtbank Rotterdam, aan als de rechterlijke instantie voor Nederland. De EG-concentratieverordening voorziet niet in inspecties in niet tot de onderneming behorende gebouwen, terreinen en vervoermiddelen.

3. Procedure (lid 2). Het tweede lid regelt de wijze waarop de rechter-commissaris op het verzoek om machtiging tot uitvoering van een dergelijke inspectie beslist. **Toetsingskader.** De rechter-commissaris toetst het verzoek overeenkomstig art. 21 lid 3 Verordening (EG) 1/2003. Dit houdt in dat hij de authenticiteit van het besluit controleert en nagaat of de voorgenomen dwangmaatregelen niet willekeurig of buitensporig zijn in verhouding tot met name de ernst van de vermeende inbreuk op de mededingingsregels, het belang van het gezochte bewijsmateriaal, de betrokkenheid van de betreffende onderneming en redelijke kans dat boeken en bescheiden die verband houden met het voorwerp van de inspectie, worden bewaard op de locaties waarvoor toestemming wordt verzocht. De rechter-commissaris mag de Europese Commissie rechtstreeks of via ACM om nadere uitleg verzoeken over de elementen die hij nodig heeft om de proportionaliteit van de beoogde maatregel te toetsen. Hij mag echter niet de noodzakelijkheid van de inspectie in twijfel trekken of gegevens uit het dossier van de Europese Commissie verlangen. De rechtmatigheid van het besluit van de Europese Commissie kan uitsluitend door het Gerecht en het Hof van Justitie van de Europese Unie worden getoetst. De betrokken ondernemingen en personen worden niet opgeroepen. **Bijstand griffier.** Het lid verklaart art. 171 Sv van overeenkomstige toepassing. Dit artikel bepaalt dat de rechter-commissaris bij zijn verrichtingen wordt bijgestaan door de griffier. **Horen Openbaar Ministerie.** Het Openbaar Ministerie heeft geen bevoegdheden op het terrein van de Mededingingswet, maar de wetgever heeft de mogelijkheid het OM te horen gecreëerd omdat het beschikt over ervaring met de toepassing van dwangmiddelen zoals doorzoeking.

4. Beroep tegen afwijzing (lid 3). Lid 3 bepaalt dat indien de rechter-commissaris het verzoek om machtiging afwijst, de raad hiertegen binnen veertien dagen beroep kan instellen bij de Rechtbank Rotterdam.

5. Aanwezigheid van rechter-commissaris (lid 4). Lid 4 bepaalt dat de rechter-commissaris bij de inspectie aanwezig kan zijn.

6. Afwijking van de Algemene wet op het binnentreden (lid 5). De regeling van het artikel komt, voor zover het een inspectie in een woning betreft, in plaats van art. 2, 3 en 8 Awbi. Art. 2 Awbi bepaalt dat voor het binnentreden van een woning zonder toestemming van de bewoner in beginsel een schriftelijke machtiging is vereist, art. 3 Awbi regelt wie onder welke voorwaarden bevoegd is tot het afgeven van een schriftelijke machtiging en art. 8 Awbi bepaalt wie degenen die bevoegd zijn binnen te treden kunnen vergezellen. De overige bepalingen van de Algemene wet op het binnentreden blijven van toepassing.

Artikel 89e

1. Een machtiging als bedoeld in artikel 89c, eerste lid, of artikel 89d, eerste lid, is met redenen omkleed en ondertekend en vermeldt:
a. de naam van de rechter-commissaris die de machtiging heeft gegeven;
b. de naam of het nummer en de hoedanigheid van degene aan wie de machtiging is gegeven;
c. de beschikking waarbij de Europese Commissie de inspectie heeft gelast;
d. de dagtekening.
2. Indien een inspectie dermate spoedeisend is dat de machtiging niet tevoren op schrift kan worden gesteld, zorgt de rechter-commissaris zo spoedig mogelijk voor de opschriftstelling.
3. De machtiging blijft ten hoogste van kracht tot en met de derde dag na die waarop zij is gegeven.
4. Voor zover het een inspectie in een woning betreft, geldt dit artikel in afwijking van artikel 6 van de Algemene wet op het binnentreden.
[25-06-2014, Stb. 247, i.w.tr. 01-08-2014/kamerstukken 33622]

[Machtiging rechter-commissaris]

1. Algemeen. Het artikel geeft voorschriften over de inhoud van een machtiging als bedoeld in art. 89c lid 1 Mw of art. 89d lid 1 Mw en de periode dat zij geldig is.

2. Voorschriften ten aanzien van een machtiging (lid 1). Een machtiging van de rechter-commissaris tot het verlenen van bijstand bij verzet tegen een inspectie van de Europese Commissie die een doorzoeking behelst (art. 89c lid 1 Mw) of tot uitvoering van een inspectie van de Europese Commissie in gebouwen, terreinen en vervoermiddelen die niet tot de onderneming behoren (art. 89d lid 1 Mw) dient met redenen omkleed en ondertekend te zijn. Daarnaast vermeldt de machtiging: a. de naam van de rechter-commissaris die de machtiging heeft gegeven; b. de naam of het nummer en de hoedanigheid van degene aan wie de machtiging is gegeven; c. het besluit waarbij de Europese Commissie de inspectie heeft gelast; en d. de dagtekening.

3. Geldigheid van de machtiging (lid 2). Lid 2 bepaalt dat de machtiging ten hoogste van kracht blijft tot en met de derde dag na die waarop zij is gegeven. De Algemene termijnenwet (ATW) is van toepassing.

4. Verhouding tot de Algemene wet op het binnentreden (lid 3). Het artikel geldt in afwijking van art. 6 Algemene wet op het binnentreden (Awbi), dat een gelijkluidende regeling treft voor een machtiging voor het binnentreden in woningen zonder toestemming van de bewoner, maar niet vereist dat de machtiging met redenen is omkleed en daarnaast de ATW buiten toepassing verklaart.

Artikel 89f

1. De ambtenaar die bijstand heeft verleend bij een inspectie in een woning of bij een doorzoeking van een andere plaats dan een woning, maakt op zijn ambtseed of -belofte een schriftelijk verslag op omtrent de inspectie.
2. In het verslag vermeldt hij:

a. zijn naam of nummer en zijn hoedanigheid;
b. de dagtekening van de machtiging en de naam van de rechter-commissaris die de machtiging heeft gegeven;
c. de beschikking waarbij de Europese Commissie de inspectie heeft gelast;
d. de plaats van de inspectie en de naam van degene bij wie de inspectie is verricht;
e. de wijze van binnentreden en het tijdstip waarop de inspectie is begonnen en is beëindigd;
f. hetgeen tijdens de inspectie is verricht en overigens is voorgevallen;
g. de namen of nummers en de hoedanigheid van de overige personen die aan de inspectie hebben deelgenomen.

3. Het verslag wordt uiterlijk op de vierde dag na die waarop de inspectie is beëindigd, toegezonden aan de rechter-commissaris die de machtiging heeft gegeven.

4. Een afschrift van het verslag wordt uiterlijk op de vierde dag na die waarop de inspectie is beëindigd, aan degene bij wie de inspectie is verricht, uitgereikt of toegezonden. Indien het doel van de inspectie daartoe noodzaakt, kan deze uitreiking of toezending worden uitgesteld.
Uitreiking of toezending geschiedt in dat geval, zodra het belang van dit doel het toestaat. Indien het niet mogelijk is het afschrift uit te reiken of toe te zenden, houdt de rechter-commissaris of de ambtenaar die de bijstand heeft verleend, het afschrift gedurende zes maanden beschikbaar voor degene bij wie de inspectie is verricht.

5. Voor zover het een inspectie in een woning betreft, geldt dit artikel in afwijking van de artikelen 10 en 11 van de Algemene wet op het binnentreden.
[25-06-2014, Stb. 247, i.w.tr. 01-08-2014/kamerstukken 33622]

[Schriftelijk verslag van de inspectie]

1. Algemeen. Het artikel geeft regels omtrent het opstellen van een schriftelijk verslag over doorzoeking of inspecties als bedoeld in art. 89c en art. 89d Mw.

2. Verplichting tot opstellen schriftelijk verslag (lid 1). Het eerste lid bepaalt dat de ambtenaar die bijstand heeft verleend bij een inspectie in een woning (art. 89d Mw) of bij een doorzoeking van een andere plaats dan een woning (art. 89c Mw), op zijn ambtseed- of belofte een schriftelijk verslag dient op te stellen.

3. Inhoud van het schriftelijk verslag (lid 2). Het tweede lid regelt wat in het schriftelijk verslag dient te worden vermeld: a. de naam of hoedanigheid van de betreffende ambtenaar (of ambtenaren); b. de dagtekening van de machtiging en de naam van de rechter-commissaris die de machtiging heeft gegeven; c. het besluit waarbij de Europese Commissie de inspectie heeft gelast; d. de plaats van de inspectie en de naam van degene bij wie de inspectie is verricht; e. de wijze van binnentreden en het tijdstip waarop de inspectie is begonnen en is beëindigd; f. hetgeen tijdens de inspectie is verricht en overigens is voorgevallen; g. de namen of nummers en de hoedanigheid van de overige personen die aan de inspectie hebben deelgenomen.

4. Toezending aan de rechter-commissaris (lid 3). Het verslag dient uiterlijk op de vierde dag na die waarop de inspectie is beëindigd te worden toegezonden aan de rechter-commissaris die de machtiging heeft verstrekt.

5. Afschrift aan degene bij de inspectie is verricht (lid 4). Degene bij wie de inspectie is verricht, heeft recht op een afschrift van het verslag. In beginsel wordt het verslag hem uiterlijk op de vierde dag na die waarop de inspectie is beëindigd, uitgereikt of toegezonden. Indien het doel van de inspectie dit nodig maakt kan uitreiking of toezending worden uitgesteld, en wel tot het belang van dit doel het toestaat. Indien uitreiking of toezending niet mogelijk is, houdt de rechter-commissaris of de ambtenaar die de bijstand heeft verleend het afschrift gedurende zes maanden beschikbaar voor degene bij wie de inspectie is verricht. Het artikel kent de onderneming wiens gedrag door de Europese Commissie wordt onderzocht geen zelfstandig recht op een afschrift van het schriftelijk verslag toe.

6. Verhouding tot de Algemene wet op het binnentreden (lid 5). Indien het een inspectie in een woning betreft, geldt het artikel in afwijking van art. 10 en 11 Algemene wet op het binnentreden (Awbi). Die bepalingen — waaraan het artikel is ontleend — treffen een vergelijkbare regeling voor het opstellen van een schriftelijk verslag omtrent het binnentreden in een woning zonder toestemming van de bewoner.

Artikel 89g

1. Met het verrichten van een inspectie op grond van een mededingingsverordening door de Autoriteit Consument en Markt op verzoek van de Europese Commissie of op verzoek van een mededingingsautoriteit van een andere lidstaat van de Europese Unie, zijn belast de krachtens artikel 12a, eerste lid, van de Instellingswet Autoriteit Consument en Markt aangewezen ambtenaren.
2. De aangewezen ambtenaren beschikken voor het verrichten van de inspectie over de bevoegdheden die hun ingevolge hoofdstuk 3, paragraaf 1, van de Instellingswet Autoriteit Consument en Markt en hoofdstuk 6 zijn toegekend ter uitoefening van het toezicht op de naleving.
[25-06-2014, Stb. 247, i.w.tr. 01-08-2014/kamerstukken 33622]

[ACM-inspectie op verzoek van de Europese Commissie]

1. Algemeen. Het artikel regelt het verrichten van inspecties door ACM op verzoek van de Europese Commissie of een mededingingsautoriteit van een andere lidstaat. Inspecties op verzoek van de Europese Commissie komen in de praktijk zelden voor.

2. Bevoegde ambtenaren. Lid 1 bepaalt dat de krachtens art. 12a lid 1 Instellingswet ACM aangewezen ambtenaren belast zijn met het verrichten van inspecties op verzoek van de Europese Commissie of de mededingingsautoriteit van een andere lidstaat van de Europese Unie. Dit zijn de ambtenaren die ACM heeft aangewezen bij een daartoe strekkend besluit, dat wordt gepubliceerd in de Staatscourant. **Oud recht.** Voor de inwerkingtreding van de Stroomlijningswet droeg lid 1 deze taak op aan de krachtens art. 50 lid 1 Mw door ACM aangewezen ambtenaren (zie laatstelijk Besluit aanwijzing toezichthouders ACM, *Stcrt.* 2013, 9716).

3. Inspecties op verzoek van de Commissie of de mededingingsautoriteit van een andere lidstaat (lid 1). a. Inspecties op verzoek van de Commissie. Het artikel geeft uitvoering aan art. 22 lid 2 Verordening (EG) 1/2003, dat bepaalt de mededingingsautoriteiten van de lidstaten op verzoek van de Europese Commissie de inspecties verrichten die deze overeenkomstig art. 20 lid 1 Verordening (EG) 1/2003 noodzakelijk acht of overeenkomstig art. 20 lid 4 Verordening (EG) 1/2003 bij besluit heeft gelast. In het laatste geval zullen de ACM-ambtenaren de onderneming namens de Europese Commissie een afschrift van het besluit verstrekken. **b. Inspecties op verzoek van de mededingingsautoriteit van een andere lidstaat.** Het artikel geeft daarnaast uitvoering aan art. 22 lid 1 Verordening (EG) 1/2003, dat bepaalt dat de mededingingsautoriteit van een lidstaat op het grondgebied van deze lidstaat overeenkomstig het nationale recht een inspectie of andere onderzoeksmaatregelen kan uitvoeren namens en voor rekening van de mededingingsautoriteit van een andere lidstaat, om uit te maken of er een inbreuk op art. 101 of 102 VWEU is gepleegd. Verordening (EG) 1/2003 verplicht ACM niet een daartoe strekkend verzoek van een andere nationale mededingingsautoriteit te honoreren. Men zou echter kunnen verdedigen dat het beginsel van loyale samenwerking, zoals neergelegd in art. 3 lid 4 VWEU, betekent dat een verzoek niet zonder motivering kan worden geweigerd. De uitwisseling of gebruik van de verkregen inlichtingen geschiedt overeenkomstig art. 12 Verordening (EG) 1/2003.

4. Toepasselijke bevoegdheden (lid 2). Voor het verrichten van een inspectie op verzoek van de Europese Commissie beschikken de in lid 1 aangewezen ACM-ambtenaren over de bevoegdheden toegekend ter uitoefening van toezicht en onderzoek in hoofdstuk 3 paragraaf 1, van de Instellingswet Autoriteit Consument en Markt en hoofdstuk 6 Mw. Anders dan bij het verlenen van bijstand in het kader van een inspectie van de Europese Commissie beschikken de aangewezen ambtenaren hier niet over de bevoegdheden van de Commissie, opgesomd in art. 20 lid 1 Verordening (EG) 1/2003 en art. 13 lid 1 EG-concentratieverordening. Dit betekent bijvoorbeeld dat de ambtenaren van ACM bij het verrichten van een inspectie op verzoek van de Commissie of een andere mededingingsautoriteit niet behoeven te beschikken over een gemotiveerde inspectiebeschikking, zoals bij een inspectie door de Europese Commissie zelf vereist is. Anderzijds zijn ACM-ambtenaren bij het verrichten van een inspectie op verzoek van de Europese Commissie of een andere mededingingsautoriteit gehouden een beroep op 'legal privilege' van een advocaat die in dienst is van de onderneming te honoreren overeenkomstig art. 12g Instellingswet ACM, terwijl in het kader van een inspectie onder de EU-regels dit voorrecht alleen aan onafhankelijke advocaten toekomt (HvJ EU 14 september 2010, C-550/07 P (*Akzo*)).

5. Medewerkingsplicht. Op grond van art. 5:20 lid 1 Awb is eenieder verplicht aan een toezichthouder binnen een door hem gestelde redelijke termijn alle medewerking te verlenen die deze redelijkerwijze kan vorderen bij de uitoefening van zijn bevoegdheden. Art. 12m Instellingswet ACM bepaalt dat ACM degene die jegens de in het eerste lid bedoelde ambtenaren in strijd handelt met art. 5:20 lid 1 Awb, een boete van ten hoogste € 900.000 of, indien dat meer is, van ten hoogste 1% van de omzet kan opleggen. ACM kan voorts een last onder dwangsom opleggen. Voorts zijn ondernemingen op grond van art. 20 lid 4 Verordening (EG) 1/2003 verplicht zich te onderwerpen aan een inspectie die de Commissie bij besluit heeft gelast. Op grond van art. 23 lid 1 onderdeel c Verordening (EG) 1/2003 en art. 24 lid 1 onderdeel e Verordening (EG) 1/2003 kan de Commissie boetes en dwangsom opleggen aan ondernemingen die weigeren zich te onderwerpen aan een bij beschikking gelaste inspectie. Aangenomen mag worden dat de Commissie en ACM rekening moeten houden met door de ander opgelegde sancties.

Artikel 89ga

1. Indien de Autoriteit Consument en Markt overeenkomstig artikel 22 van verordening 1/2003 een inspectie of een verhoor namens en voor rekening van een mededingingsautoriteit van een andere lidstaat van de Europese Unie verricht, kunnen ambtenaren en andere door die mededingingsautoriteit daartoe aangewezen personen onder toezicht van de ambtenaren van de Autoriteit Consument en Markt de inspectie of het verhoor bijwonen en tijdens de inspectie of het verhoor bijstand verlenen aan de Autoriteit Consument en Markt wanneer zij de bevoegdheden, bedoeld in de artikelen 5:15 tot en met 5:19 van de Algemene wet bestuursrecht, de artikelen 12b tot en met 12d van de Instellingswet Autoriteit Consument en Markt, of artikel 50, uitoefent.
2. De Autoriteit Consument en Markt kan namens en voor rekening van een mededingingsautoriteit van een andere lidstaat van de Europese Unie de bevoegdheden, bedoeld in de artikelen 5:15 tot en met 5:19 van de Algemene wet bestuursrecht, de artikelen 12b tot en met 12d Instellingswet Autoriteit Consument en Markt, of artikel 50 uitoefenen om vast te stellen of gevolg is gegeven aan onderzoeksmaatregelen of besluiten als bedoeld in de artikelen 6 en 8 tot en met 12 van richtlijn (EU) 2019/1 van die mededingingsautoriteit.
3. Artikel 12, tweede en derde lid, van verordening 1/2003 zijn van overeenkomstige toepassing indien de Autoriteit Consument en Markt met het oog op de toepassing van het tweede lid gegevens of inlichtingen verstrekt aan of ontvangt van een mededingingsautoriteit van een andere lidstaat van de Europese Unie.
[11-11-2020, Stb. 9, i.w.tr. 18-02-2021/kamerstukken 35467]

[Samenwerking tussen ACM en mededingingsautoriteit andere lidstaat]

1. Algemeen. Het artikel regelt dat wanneer ACM een inspectie verricht namens een mededingingsautoriteit van een andere lidstaat, ambtenaren van die mededingingsautoriteit en andere door die autoriteit aangewezen personen de inspectie of het verhoor kunnen bijwonen en bijstand kunnen verlenen aan ACM wanneer zij haar bevoegdheden uitoefent (lid 1). Daarnaast bepaalt het dat ACM namens een mededingingsautoriteit van een andere lidstaat haar onderzoeksbevoegdheden kan uitoefenen om vast te stellen of een onderneming of de ondernemersvereniging gevolg heeft gegeven aan onderzoeksmaatregelen of besluiten van die mededingingsautoriteit (lid 2). Ten slotte bepaalt het artikel dat wanneer in dit kader gegevens worden uitgewisseld tussen ACM en een andere mededingingsautoriteit, moet worden voldaan aan de voorschriften van artikel 12 van verordening 1/2003 (lid 3).

2. Bijstand door ambtenaren van mededingingsautoriteiten van andere lidstaten (lid 1). Wanneer ACM overeenkomstig artikel 22 van verordening 1/2003 een inspectie of verhoor namens en voor rekening van een mededingingsautoriteit van een andere lidstaat verricht, kunnen ambtenaren en andere door die mededingingsautoriteit aangewezen personen de inspectie of het verhoor bijwonen. Zij kunnen daarbij ook bijstand verlenen aan ACM wanneer zij haar bevoegdheden uitoefent. Deze bepaling geeft uitvoering aan artikel 24, lid 1, van richtlijn 2019/1, dat voorschrijft dat wanneer een nationale administratieve mededingingsautoriteit overeenkomstig artikel 22 van verordening 1/2003 een inspectie of verhoor verricht namens en voor rekening van andere nationale mededingingsautoriteiten, de ambtenaren en andere door de verzoekende nationale mededingingsautoriteit gemachtigde of benoemde begeleidende personen, onder het toezicht van de ambtenaren van de aangezochte nationale mededingingsautoriteit de inspectie of het verhoor kunnen bijwonen en de aangezochte nationale mededingingsautoriteit actief bijstand kunnen verlenen tijdens de inspectie of het verhoor, wanneer de aangezochte nationale mededingingsautoriteit een inspectie of verhoor uitvoert. **Artikel 22 van verordening 1/2003.** Artikel 22 van verordening 1/2003 bepaalt dat de mededingingsautoriteit van een lidstaat op het grondgebied van deze lidstaat overeenkomstig het nationale recht elke inspectie of andere onderzoeksmaatregelen kan uitvoeren namens en voor rekening van de mededingingsautoriteit van een andere lidstaat, om uit te maken of er een inbreuk op artikel 101 of artikel 102 VWEU is gepleegd. **De bevoegdheden, bedoeld in de artikelen 5:15 tot en met 5:19 van de Algemene wet bestuursrecht, de artikelen 12b tot en met 12d van de Instellingswet Autoriteit Consument en Markt, of artikel 50.** De artikelen 5:15 tot en met 5:19 Awb betreffen toezicht op de naleving van de wet door ACM. In het bijzonder is ACM op grond van deze artikelen bevoegd tot binnentreden, vorderen van inlichtingen, inzage in gegevens, en onderzoek van zaken en vervoermiddelen. De artikelen 12b tot en met 12d Instellingswet ACM en artikel 50 van de wet betreffen het verzegelen van bedrijfsruimten en voorwerpen alsmede het betreden van woningen.

3. Onderzoeksmaatregelen van ACM om vast te stellen of gehoor is gegeven aan onderzoeksmaatregelen of besluiten van de mededingingsautoriteiten van andere lidstaten (lid 2). Het tweede lid bepaalt dat ACM namens en voor rekening van een mededingingsautoriteit van een andere lidstaat haar bevoegdheden kan uitoefenen om vast te stellen of gehoor is gegeven aan onderzoeksmaatregelen of besluiten die zijn genomen door die andere mededingingsautoriteit. Deze bepaling geeft uitvoering aan artikel 24, lid 2, eerste volzin, van richtlijn 1/2009. **De bevoegdheden, bedoeld in de artikelen 5:15 tot en met 5:19 van de Algemene wet bestuursrecht, de artikelen 12b tot en met 12d van de Instellingswet Autoriteit Consument en Markt, of artikel 50.** Zie met betrekking tot deze bevoegdheden van ACM aant. 2 hierboven. **Onderzoeksmaatregelen of besluiten als bedoeld in de artikelen 6 en 8 tot en met 12 van richtlijn 2019/1.** De artikelen 6 en 8 tot en met 12 van de richtlijn zien op onderzoeksmaatregelen en diverse besluiten ten gronde. Wat betreft onderzoeksmaatregelen gaat het om inspecties in bedrijfsruimten (art. 6), verzoeken om informatie (art. 8), en verhoren (art. 9). Inspecties in andere ruimten (art. 7) zijn uitgezonderd. Wat betreft besluiten ten gronde gaat het om besluiten tot vaststelling en beëindiging van een inbreuk op artikel 101 of 102 VWEU (art. 10), voorlopige maatregelen (art. 11), en toezeggingen (art. 12).

4. Uitwisseling van gegevens (lid 3). Indien met het oog op de toepassing van het tweede lid gegevens moeten worden uitgewisseld, moet die gegevensuitwisseling voldoen aan de voorwaarden van artikel 12, leden 2 en 3, van verordening 1/2003. Dat betekent dat de uitgewisselde inlichtingen alleen mogen worden gebruikt als bewijsmiddel voor de toepassing van de artikelen 101 en 102 VWEU (of parallel daarmee toegepaste nationale mededingingsregels) en met betrekking tot het onderwerp waarvoor zij door de toezendende autoriteit zijn verzameld. De gegevens kunnen enkel als bewijs voor het opleggen van sancties ten aanzien van natuurlijke personen worden gebruikt indien de wetgeving van de toezendende autoriteit voorziet in sancties van soortgelijke aard in verband met een inbreuk op de artikelen 101 of 102 VWEU, of indien dat niet het geval is, de gegevens zijn verzameld op een manier die een zelfde mate van bescherming biedt voor de rechten van de verdediging van natuurlijke personen als die welke geboden wordt door de nationale regelgeving van de ontvangende autoriteit. Deze bepaling strekt tot uitvoering van artikel 24, lid 2, tweede volzin, van richtlijn 2019/1.

Artikel 89gb
Na een daartoe strekkend verzoek van een mededingingsautoriteit van een andere lidstaat van de Europese Unie stelt de Autoriteit Consument en Markt een adressaat in kennis van informatie als bedoeld in artikel 25, onderdelen a, b of c, van richtlijn (EU) 2019/1.
[11-11-2020, Stb. 9, i.w.tr. 18-02-2021/kamerstukken 35467]

[Kennisgeving van voorlopige bewaren en andere documenten op verzoek van een mededingingsautoriteit van een andere lidstaat]

Betekenis. Het artikel schrijft voor dat ACM op verzoek van een mededingingsautoriteit van een andere lidstaat een addressaat in kennis stelt van de in artikel 25, onderdelen a, b, of c van richtlijn 2019/1 bedoelde informatie. Dit betreft voorlopige bezwaren inzake vermeende inbreuken op de artikelen 101 of 102 VWEU en besluiten op grond van deze artikelen (onderdeel a), procedurele handelingen die zijn vastgesteld in het kader van een handhavingsprocedure die in overeenstemming met de nationale wetgeving moet worden gemeld (onderdeel b), en alle andere relevante documenten met betrekking tot de toepassing van artikel 101 of 102 VWEU, met inbegrip van documenten die betrekking hebben op de handhaving van besluiten tot oplegging van geldboeten of dwangsommen (onderdeel c). De verzoekende mededingingsautoriteit stelt vast welke onderneming of ondernemersvereniging de adressaat is en bepaalt ook welke informatie aan deze partij bekend moet worden gemaakt. Het artikel strekt ter implementatie van artikel 25 van richtlijn 2019/1. De mededingingsautoriteiten van andere lidstaten zijn overigens niet verplicht op deze wijze via ACM kennis te geven van hun voorlopige bezwaren en andere documenten aan in Nederland gevestigde ondernemingen. Zij kunnen ook andere vormen van kennisgeving gebruiken in overeenstemming met hun nationale recht.

Artikel 89gc
1. De Autoriteit Consument en Markt legt na een daartoe strekkend verzoek van een mededingingsautoriteit van een andere lidstaat van de Europese Unie een definitief besluit tot oplegging van een geldboete als bedoeld in artikel 13 van richtlijn (EU) 2019/1 of een besluit tot oplegging van een dwangsom als bedoeld in artikel 16 van richtlijn (EU) 2019/1 ten uitvoer, voor zover die mededingingsautoriteit na redelijke inspanningen op haar eigen grondgebied te hebben geleverd, heeft vastgesteld dat de onderneming of ondernemersvereniging jegens welke de geldboete of dwangsom invorderbaar is, in de lidstaat van die mededingingsautoriteit niet over voldoende activa beschikt om invordering van de geldboete of dwangsom mogelijk te maken.
2. In gevallen anders dan bedoeld in het eerste lid, kan de Autoriteit Consument en Markt na een daartoe strekkend verzoek van een mededingingsautoriteit van een

Art. 89gc

andere lidstaat van de Europese Unie een definitief besluit tot oplegging van een geldboete als bedoeld in artikel 13 van richtlijn (EU) 2019/1 of een besluit tot oplegging van een dwangsom als bedoeld in artikel 16 van richtlijn (EU) 2019/1 ten uitvoer leggen.
3. Afdeling 4.4.4 van de Algemene wet bestuursrecht is van overeenkomstige toepassing.
4. De verjaringstermijn voor de tenuitvoerlegging van een besluit als bedoeld in het eerste of tweede lid, wordt bepaald overeenkomstig artikel 26, vierde lid, van richtlijn (EU) 2019/1.
[11-11-2020, Stb. 9, i.w.tr. 18-02-2021/kamerstukken 35467]

[Tenuitvoerlegging van geldboetes of dwangsommen die zijn opgelegd door de mededingingsautoriteit van een andere lidstaat]

1. Algemeen. Het artikel regelt de tenuitvoerlegging door ACM van besluiten tot oplegging van geldboeten en dwangsommen van mededingingsautoriteiten van andere lidstaten van de Europese Unie. Het geeft uitvoering aan artikel 26 van richtlijn 2019/1 dat nationale mededingingsautoriteiten de mogelijkheid geeft mededingingsautoriteiten in andere lidstaten te verzoeken om de tenuitvoerlegging van besluiten waarbij geldboeten of dwangsommen worden opgelegd. Deze wederzijdse bijstand strekt ertoe de doeltreffende handhaving van de artikelen 101 en 102 VWEU te waarborgen.

2. Verplichting tot tenuitvoerlegging van geldboeten en dwangsommen wanneer de betrokken onderneming niet over voldoende activa beschikt in de lidstaat van de verzoekende autoriteit (lid 1). Het eerste lid verplicht ACM om op verzoek van een mededingingsautoriteit van een andere lidstaat een definitief besluit tot oplegging van een geldboete of een definitief besluit tot oplegging van een dwangsom ten uitvoer te leggen. Het gaat hierbij om geldboeten als bedoeld in artikel 9 van richtlijn 2019/1, dat wil zeggen geldboeten wegens opzettelijke of onachtzame inbreuk op artikel 101 of 102 VWEU, en om dwangsommen als bedoeld in artikel 16 van die richtlijn, dat wil zeggen dwangsommen om ondernemingen of ondernemersverenigingen ertoe te verplichten om volledige en juiste informatie te verstrekken in antwoord op een verzoek om informatie, te verschijnen voor een verhoor, en zich te onderwerpen aan een inspectie (art. 16 lid 1), of om dwangsommen om ondernemingen of ondernemersverenigingen ertoe te verplichten besluiten tot vaststelling en beëindiging van inbreuken, voorlopige maatregelen en toezeggingsbesluiten na te leven (art. 16 lid 2). ACM is alleen verplicht geldboeten en dwangsommen te innen wanneer de verzoekende autoriteit redelijke inspanningen heeft geleverd om zich ervan te vergewissen dat de onderneming waarvan de geldboete of dwangsom dient te worden ingevorderd in de lidstaat van de verzoekende autoriteit niet over voldoende activa beschikt om invordering van een dergelijke geldboete of dwangsom mogelijk te maken. Een dergelijk verzoek ligt vooral in de rede ten aanzien van ondernemingen die over substantiële activa in Nederland beschikken.

3. Mogelijkheid om geldboeten of dwangsommen ten uitvoer te leggen in andere gevallen (lid 2). Wanneer niet aan de voorwaarden van artikel 26, lid 1, van richtlijn 2019/1 is voldaan, kan ACM op verzoek van de verzoekende autoriteit een besluit tot oplegging van een geldboete of dwangsom ten uitvoer te leggen. Zij is daartoe echter niet verplicht. Hierbij valt met name te denken aan een situatie waarin een mededingingsautoriteit een

Noë

boete heeft opgelegd aan een onderneming die niet is gevestigd in de lidstaat van die mededingingsautoriteit. Ook voor de toepassing van deze bepaling is vereist dat het gaat om een definitief besluit tot oplegging van een geldboete als bedoeld in artikel 9 van richtlijn 2019/1 of een dwangsom als bedoeld in artikel 16 van die richtlijn (zie aant. 2).

4. Toepasselijkheid afdeling 4.4.4 van de Algemene wet bestuursrecht (lid 3). Het derde lid verklaart Afdeling 4.4.4 inzake aanmaning en invordering bij dwangbevel van bestuursrechtelijke geldschulden van overeenkomstige toepassing op de tenuitvoerlegging van boete- of dwangsombesluiten van andere mededingingsautoriteiten overeenkomstig het eerste of tweede lid van het artikel. Het invorderingsproces begint met het aanmanen van de betreffende onderneming of ondernemersvereniging. Indien niet wordt betaald, kan ACM bij dwangbevel invorderen, waarbij een deurwaarder wordt ingeschakeld en beslag kan worden gelegd.

5. Verjaringstermijn (lid 4). Het derde lid bepaalt dat de verjaringstermijn voor de tenuitvoerlegging van een besluit als bedoeld in het eerste of tweede lid, wordt bepaald overeenkomstig artikel 26, lid 4, van richtlijn 2019/1. Die bepaling verwijst naar het nationale recht van de lidstaat van de verzoekende autoriteit. Dit betekent dat wanneer ACM een besluit tot oplegging van een geldboete of een dwangsom dat is genomen door een mededingingsautoriteit van andere lidstaat ten uitvoer legt, de vraag of de bevoegdheid om dat besluit ten uitvoer te leggen is verjaard niet door Nederlands recht maar door het nationale recht van de verzoekende autoriteit wordt beheerst.

Artikel 89gd
Een verzoek als bedoeld in de artikelen 25 of 26, eerste of tweede lid, van richtlijn (EU) 2019/1 voldoet aan en wordt uitgevoerd overeenkomstig artikel 27, tweede, derde, vierde, vijfde en zesde lid, van richtlijn (EU) 2019/1.
[11-11-2020, Stb. 9, i.w.tr. 18-02-2021/kamerstukken 35467]

[Eisen ten aanzien van kennisgevings- en handhavingsverzoeken]

1. Algemeen. Het artikel regelt dat verzoeken om kennisgeving van voorlopige bezwaren en andere documenten en verzoeken tot handhaving van besluiten tot oplegging van geldboeten of dwangsommen als bedoeld in de artikelen 25 en 26 van richtlijn 2019/1 voldoen aan en worden uitgevoerd overeenkomstig het bepaalde in artikel 27, leden twee tot en met zes, van die richtlijn. Het artikel betreft zowel verzoeken tot tenuitvoerlegging van ACM aan mededingingsautoriteiten van andere lidstaten als de uitvoering door ACM van verzoeken van andere mededingingsautoriteiten. Uitgangspunt is dat dergelijke verzoeken moeten worden gedaan in de vorm van een 'uniform instrument' dat alle noodzakelijke informatie bevat om de aangezochte mededingingsautoriteit in staat te stellen het besluit van de verzoekende autoriteit ten uitvoer te leggen.

2. Verzoeken als bedoeld in de artikelen 25 of 26, leden 1 en 2, van richtlijn 2019/1. Artikel 25 van richtlijn 2019/1 betreft verzoeken om kennisgeving van voorlopige bezwaren en andere documenten over de toepassing die de mededingingsautoriteit van een lidstaat aan de mededingingsautoriteit van een andere lidstaat kan richten (zie artikel 89gb met betrekking tot dergelijke verzoeken van andere mededingingsautoriteiten aan ACM). Artikel 26, leden 1 en 2, van richtlijn 2019/1 betreft verzoeken tot handhaving van definitieve besluiten tot oplegging van geldboeten of dwangsommen die de mededingingsautoriteit van een lidstaat aan de mededingingsautoriteit van een andere lidstaat kan richten (zie artikel 89gc met betrekking tot dergelijke verzoeken van andere mededingingsautoriteiten aan ACM).

3. Voorschriften van artikel 27, leden twee tot en met zes, van richtlijn 2019/1. Deze bepaling werkt uit aan welke eisen kennisgevingsverzoeken als bedoeld in artikel 25 van richtlijn 2019/1 en handhavingsverzoeken als bedoeld in artikel 26 van die richtlijn moeten voldoen, en op welke wijze zij moeten worden uitgevoerd. **a. Artikel 27, lid 2 van richtlijn 2019/1.** Deze bepaling schrijft voor dat verzoeken als bedoeld in de artikelen 25 en 26 van richtlijn 2019/1 zonder onnodige vertraging worden uitgevoerd door middel van een uniform instrument dat vergezeld gaat van een afschrift van de handeling die ter kennis moet worden gebracht of ten uitvoer moet worden gelegd. Een dergelijk uniform instrument bevat de volgende informatie: a) de naam, het bekende adres van de adressaat en alle andere relevante informatie voor de identificatie van de adressaat; b) een samenvatting van de relevante feiten en omstandigheden; c) een samenvatting van het aangehechte afschrift van de handeling die ter kennis moet worden gebracht of ten uitvoer moet worden gelegd; d) naam, adres en andere contactgegevens van de aangezochte autoriteit; en e) de termijn waarbinnen de kennisgeving of tenuitvoerlegging moeten worden verricht, zoals statutaire termijnen of verjaringstermijnen. **b. Artikel 27, lid 3, van richtlijn 2019/1.** Deze bepaling schrijft voor dat het uniforme instrument voor handhavingsverzoeken als bedoeld in artikel 26 van richtlijn 2019/1 aanvullende informatie dient te bevatten. Naast de gegevens die zijn vereist op grond van lid 2 dient het uniforme instrument nog de volgende punten te vermelden: a) informatie over het besluit op basis waarvan tenuitvoerlegging in de lidstaat van de verzoekende autoriteit mogelijk is; b) de datum waarop het besluit definitief is geworden; c) het bedrag van de geldboete of de dwangsom; en d) informatie waaruit de redelijke inspanningen blijken die de verzoekende autoriteit heeft geleverd om het besluit op haar eigen grondgebied ten uitvoer te leggen. **c. Artikel 27, lid 4, van richtlijn 2019/1.** Deze bepaling schrijft voor dat het uniforme instrument op basis waarvan tenuitvoerlegging door de aangezochte autoriteit mogelijk is, de enige basis vormt voor de tenuitvoerleggingsmaatregelen van de aangezochte autoriteit, met inachtneming van de voorschriften van lid 2 van richtlijn 2019/1. In de lidstaat van de aangezochte autoriteit wordt geen erkenning, aanvulling of vervanging van het uniforme instrument verlangd. De aangezochte autoriteit neemt alle maatregelen die nodig zijn voor de tenuitvoerlegging van dit verzoek, tenzij zij een beroep doet op lid 6 van richtlijn 2019/1. **d. Artikel 27, lid 5, van richtlijn 2019/1.** Deze bepaling schrijft voor dat de verzoekende autoriteit ervoor zorgt dat het uniforme instrument aan de aangezochte autoriteit wordt toegezonden in de officiële taal of in een van de officiële talen van de lidstaat van de aangezochte autoriteit, tenzij de aangezochte en de verzoekende autoriteit per geval bilateraal overeenkomen dat het uniforme instrument in een andere taal mag worden toegezonden. Indien dat volgens het nationale recht van de lidstaat van de aangezochte autoriteit vereist is, zorgt de verzoekende autoriteit voor een vertaling van de handeling waarvan kennis dient te worden gegeven of van het besluit op grond waarvan de geldboete of de dwangsom ten uitvoer kan worden gelegd, in de officiële taal of in een van de officiële talen van de lidstaat van de aangezochte autoriteit. Dit doet geen afbreuk aan het recht van de aangezochte en de verzoekende autoriteit om per geval bilateraal overeen te komen dat dergelijke vertaling in een andere taal kan worden verstrekt. **e. Artikel 27, lid 6, van richtlijn 2019/1.** Krachtens deze bepaling is de aangezochte autoriteit niet verplicht een verzoek als bedoeld in artikel 25 of 26 ten uitvoer te leggen, indien: a) het verzoek niet voldoet aan de voorschriften van artikel 27 van richtlijn 2019/1; of b) de aangezochte autoriteit op redelijke gronden kan aantonen dat de uitvoering van het verzoek duidelijk strijdig zou zijn met de openbare orde van de lidstaat waar tenuitvoerlegging wordt verlangd. Indien de aangezochte autoriteit voornemens is een verzoek om bijstand als bedoeld in artikel 25 of 26 te weigeren of bijkomende informatie verlangt, neemt ze contact op met de verzoekende autoriteit.

Artikel 89ge
1. De Autoriteit Consument en Markt geeft uitvoering aan artikel 27, zevende lid en achtste lid, eerste, derde en vierde alinea, van richtlijn (EU) 2019/1.
2. De Autoriteit Consument en Markt geeft in afwijking van het eerste lid geen uitvoering aan artikel 27, achtste lid, eerste alinea, van richtlijn (EU) 2019/1, indien de baten naar verwachting niet opwegen tegen de kosten die de Autoriteit Consument en Markt maakt om de in artikel 27 bedoelde kosten te verhalen.
[11-11-2020, Stb. 9, i.w.tr. 18-02-2021/kamerstukken 35467]

[Kosten bijstandverlening]

1. Algemeen. Het artikel treft een regeling voor de kosten van het verlenen van bijstand door ACM aan mededingingsautoriteiten van andere lidstaten van de Europese Unie.

2. Uitvoering van artikel 27, leden 7 en 8, van richtlijn 2019/1 (lid 1). Lid 1 van het artikel verplicht ACM uitvoering te geven aan artikel 27, leden 7 en 8, eerste, derde en vierde alinea van richtlijn 2019/1. **Artikel 27, lid 7, van richtlijn 2019/1.** Deze bepaling schrijft voor dat wanneer de aangezochte autoriteit dit verlangt, de verzoekende autoriteit kosten draagt voor het verrichten van inspecties of verhoren namens die autoriteit (art. 24 van richtlijn 2019/1) en het doen van een kennisgeving op verzoek van die autoriteit (art. 25 van richtlijn 2019/1). Onder kosten dient te worden verstaan alle redelijke bijkomende kosten in verband met de betreffende maatregelen, met inbegrip van vertalings-, arbeids-, en administratieve kosten. **Artikel 27, lid 8, eerste, derde en vierde alinea, van richtlijn 2019/1.** De eerste alinea van artikel 27 van richtlijn 2019/1 schrijft voor dat de aangezochte autoriteit de volledige kosten die zijn gemaakt in verband met handelingen die zijn verricht als bedoeld in artikel 26 kan verhalen uit de geldboeten of dwangsommen die zij heeft geïnd namens de verzoekende autoriteit, met inbegrip van vertalings-, arbeids- en administratieve kosten. Indien de aangezochte autoriteit er niet in slaagt de geldboeten of dwangsommen te innen, kan zij de verzoekende autoriteit verzoeken de gemaakte kosten te dragen. De derde alinea bepaalt dat de verschuldigde bedragen door de aangezochte autoriteit in de munteenheid van haar lidstaat worden ingevorderd overeenkomstig de wettelijke en bestuursrechtelijke bepalingen en administratieve procedures of gebruiken in die lidstaat. De vierde alinea bepaalt dat de aangezochte autoriteit, indien nodig en in overeenstemming met het nationale recht en de nationale praktijk, het bedrag van de geldboeten of dwangsommen omrekent in de valuta van de lidstaat van de aangezochte autoriteit tegen de wisselkoers van de datum waarop de geldboeten of dwangsommen zijn opgelegd. Opmerking verdient ten slotte dat de tweede alinea van artikel 28 bepaalt dat het de lidstaten vrij staat te bepalen dat de aangezochte autoriteit de kosten in verband met de tenuitvoerlegging van deze besluiten ook mag verhalen op de onderneming jegens welke de geldboete of de dwangsom uitvoerbaar is. Van deze mogelijkheid heeft de Nederlandse wetgever geen gebruikgemaakt.

3. Geen verhaal van kosten uit geldboeten of dwangsommen indien de baten daarvan niet opwegen tegen de kosten (lid 2). Het tweede lid van het artikel geeft ACM de mogelijkheid om in afwijking van het eerste lid de gemaakte kosten niet te verhalen uit de geldboeten of dwangsommen die zij heeft geïnd namens de verzoekende autoriteit, indien de baten naar verwachting niet opwegen tegen de kosten die ACM maakt om die kosten te verhalen.

Artikel 89gf
De bevoegdheid inzake geschillen ten aanzien van de toepassing van de artikelen 25 of 26, eerste of tweede lid, van richtlijn (EU) 2019/1 en het recht dat op die geschillen van toepassing is, wordt bepaald overeenkomstig artikel 28 van richtlijn (EU) 2019/1.
[11-11-2020, Stb. 9, i.w.tr. 18-02-2021/kamerstukken 35467]

[Bevoegdheid inzake geschillen en toepasselijk recht]

1. Algemeen. Het artikel regelt in overeenstemming met artikel 28 van richtlijn 2019/1 de verdeling van bevoegdheden en het recht dat toepasselijk is op geschillen inzake verzoeken tot kennisgeving of tot tenuitvoerlegging van besluiten tot oplegging van geldboeten of dwangsommen.

2. Toepassing van de artikelen 25 of 26, leden 1 en 2, van richtlijn 2019/1. Artikel 25 van richtlijn 2019/1 betreft verzoeken om kennisgeving van voorlopige bewaren en andere documenten die de mededingingsautoriteit van een lidstaat aan de mededingingsautoriteit van een andere lidstaat kan richten (zie artikel 89gb met betrekking tot dergelijke verzoeken aan ACM). Artikel 26, leden 1 en 2, van richtlijn 2019/1 betreft verzoeken tot handhaving van definitieve besluiten tot oplegging van geldboeten of dwangsommen die de mededingingsautoriteit van een lidstaat aan de mededingingsautoriteit van een andere lidstaat kan richten (zie artikel 89gc met betrekking tot dergelijke verzoeken aan ACM).

3. Bepaling van de bevoegdheid inzake geschillen. Het artikel verwijst voor de bepaling van de bevoegdheid inzake geschillen ten aanzien van de toepassing van de artikelen 25 of 26, leden 1 en 2, van richtlijn 2019/1 en het recht dat op die geschillen is naar artikel 28 van die richtlijn. Artikel 28, lid 1, bepaalt dat geschillen die betrekking hebben op de rechtmatigheid van een verzoek tot kennisgeving, van een besluit tot oplegging van een geldboete of dwangsom of van het uniforme instrument op basis waarvan de tenuitvoerlegging in de lidstaat van de aangezochte autoriteit mogelijk is, vallen onder de bevoegdheid van de bevoegde instanties van de lidstaat van de verzoekende autoriteit. Dergelijke geschillen worden ook beheerst door het recht van die lidstaat. Ingevolge artikel 28, lid 2, vallen geschillen over de door de aangezochte autoriteit getroffen tenuitvoerleggingsmaatregelen of de geldigheid van een kennisgeving door die autoriteit onder de bevoegdheid van de instanties van de lidstaat van de aangezochte autoriteit. Dergelijke geschillen worden beheerst door het recht van de lidstaat van de verzoekende autoriteit.

Artikel 89gg
1. Indien de Autoriteit Consument en Markt, na toepassing te hebben gegeven aan artikel 11, derde lid, van verordening 1/2003 concludeert dat er geen gronden zijn om een onderzoek of procedure met betrekking tot de overtreding voort te zetten, stelt zij de Europese Commissie hiervan in kennis.
2. Indien de Autoriteit Consument en Markt een besluit neemt als bedoeld in artikel 56, aanhef en onderdeel b, of artikel 58b, eerste lid, stelt zij het European Competition Network hiervan in kennis.
[11-11-2020, Stb. 9, i.w.tr. 18-02-2021/kamerstukken 35467]

[Inkennisstelling beëindigen handhavingsprocedures]

1. Algemeen. Het artikel legt ACM twee verschillende informatieverplichtingen op. Het eerste lid bepaalt dat wanneer de ACM concludeert dat er geen grond is om een onderzoek of procedure met betrekking tot een overtreding voort te zetten, zij de Commissie hiervan in kennis stelt (zie aant. 2). Het tweede lid bepaalt dat als ACM een besluit neemt om voorlopige maatregelen op te leggen, zij het European Competition Netwerk daarvan in kennis stelt (zie aant. 3).

2. Verplichting Europese Commissie te informeren over beëindiging onderzoek na toepassing van artikel 11, lid 3, van verordening 1/2003 (lid 1). Op grond van artikel 11, lid 3, van verordening 1/2003 stellen de mededingingsautoriteiten van de lidstaten, wanneer zij op grond van artikel 101 of artikel 102 VWEU optreden, de Europese Commissie hiervan vóór of onverwijld na het begin van de eerste formele onderzoeksmaatregel schriftelijk in kennis. Daarnaast verplicht artikel 11, lid 4, van verordening 1/2003 de mededingingsautoriteiten van de lidstaten om de Commissie uiterlijk 30 dagen vóór het aannemen van een beslissing tot beëindiging van een inbreuk, een beslissing tot aanvaarding van toezeggingen of een beslissing tot intrekking van een groepsvrijstelling de Commissie daarvan in kennis te stellen. Het artikel completeert deze regeling door ACM te verplichten om de Europese Commissie ervan op de hoogte te stellen wanneer zij concludeert dat er geen gronden zijn om het onderzoek of de procedure met betrekking tot de overtreding voort te zetten. Deze bepaling strekt tot implementatie van artikel 10, lid 2, van richtlijn 2019/1.

3. Verplichting ECN te informeren (lid 2). Lid 2 verplicht ACM om het European Competition Network in twee gevallen te informeren. Ten eerste wanneer zij een besluit neemt als bedoeld in artikel 56, aanhef en onderdeel b, dat wil zeggen een besluit waarbij zij een last onder dwangsom oplegt wegens overtreding van het kartelverbod of het verbod op misbruik van een economische machtspositie. Ten tweede wanneer zij een besluit neemt als bedoeld in artikel 58b, lid 1 van de wet, dat wil zeggen besluit tot oplegging van voorlopige maatregelen. Deze bepaling strekt tot implementatie van de artikelen 10, lid 2, en artikel 11, lid 1, laatste volzin, van richtlijn 2019/1.

Artikel 89h
(Vervallen.)
[28-02-2013, Stb. 102, i.w.tr. 01-04-2013/kamerstukken 33186]

Artikel 89i-89j
(Vervallen.)
[20-12-2012, Stb. 682, i.w.tr. 01-01-2013/kamerstukken 32450]

HOOFDSTUK 11

Artikel 90-91
(Vervallen.)
[28-02-2013, Stb. 102, i.w.tr. 01-04-2013/kamerstukken 33186]

HOOFDSTUK 12
Rechtsbescherming

[Inleidende opmerkingen]

Betekenis. Het systeem van rechtsbescherming wijkt op enkele punten af van het bestuursrecht. Daarnaast kennen enkele algemene bestuursrechtelijke begrippen een specifieke invulling in het kader van de toepassing van de Mededingingswet. **Ontvankelijkheid.** Om ontvankelijk te zijn in bezwaar en beroep dient men allereerst belanghebbende te zijn (art. 1:2 lid 1 Awb). Daarnaast moet er sprake zijn van een besluit en dient eiser een procesbelang te hebben. Om aangemerkt te worden als belanghebbende moet sprake zijn van een voldoende eigen, persoonlijk, objectief bepaalbaar, actueel en rechtstreeks belang bij het bestreden besluit. In veel gevallen werd geoordeeld dat het belang van eiser zich onvoldoende onderscheidde van willekeurig iedere andere persoon, omdat er nog andere personen waren die door de gedraging werden geraakt (Besluit op bezwaar ACM 19 augustus 2004 (*Huisartsenpraktijk Singel 108*, zaaknr. 3296); Besluit op bezwaar ACM 26 mei 2004 (*Werkgroep Behoud van een volwaardig ziekenhuis Velp*, zaaknr. 1675)). Zie ook de uitspraak CBb 20 februari 2004, AWB 03/447 en 03/448 (*Shiva*). Het voeren van een civiele procedure op grond van dezelfde gedraging is niet voldoende om het belang van een eiser in rechtens relevante mate te onderscheiden. Een afgeleid belang, daaronder begrepen het belang van een minderheidsaandeelhouder, volstaat evenmin (Besluit ACM 15 november 2004 (*Stichting Automatisering Gezondheidszorg Breda*, zaaknr. 3022); Besluit op bezwaar ACM 10 december 2007 (*ALCOP/Borgkamp tegen Euramax*, zaaknr. 6030)). In de zaak *Carglass en Glasgarage* (CBb 17 november 2004, in AWB 03/614, 03/621 en 03/659 (*Glasgarage Rotterdam B.V. en Carglass B.V. tegen ACM tegen uitspraak Rb. Rotterdam van 11 april 2003*)) geeft het CBb er blijk van ten aanzien van concurrenten een ruimer belanghebbendebegrip aan te hangen, onder verwijzing naar de positie van een klager in het Europese mededingingsrecht. Een directe concurrent is in beginsel (derde)-belanghebbende, omdat deze in belangrijke mate afhankelijk is van de betreffende markt. Indien er echter een zelfstandig besluit bestaat dat de concurrent regardeert, gaat de bovengenoemde regel niet op (CBb 18 november 2010, in AWB 08/129). In dat geval kan de concurrent enkel haar belangen behartigen door in bezwaar te gaan tegen het tot haar rechtstreeks gerichte besluit en niet als derde-belanghebbende. Deze uitzondering geldt ook indien het besluit gevolgen zou hebben in het kader van civielrechtelijke aansprakelijkheid (Besluit op bezwaar ACM 9 juni 2016 (*H&S Coldstores*); Besluit op bezwaar ACM 9 juni 2016 (*Eimskip*)). Ook een niet-concurrent kan belanghebbende zijn. In de zaak *Elektroburo* (CBb 21 maart 2006 in AWB 05/68 9500 (*Elektroburo A tegen de uitspraak van de Rb. Rotterdam van 14 december 2004*)) werd een klager aangemerkt als belanghebbende, in de situatie dat een overeenkomst tussen ondernemingen waar hij niet mee concurreert de mededinging op de markt waarop hij wel actief is, verstoort. In casu ging het om een besluit van ACM om niet op te treden tegen een afspraak tussen elektriciteitsbedrijven, die invloed had op de markt voor elektromonteurs. Ook een afnemer kan belanghebbende zijn (CBb 28 mei 2004, *LJN* AP1336 (*Nederlands Electriciteits Administratiekantoor/ACM*)). In de beroepsprocedure kan alleen de oorspronkelijke klager bij ACM aangemerkt worden als belanghebbende (CBb 3 juli 2008, in AWB 06/531 en AWB 06/535 (*Aesculaap BV tegen AUV Dierenartsencoöperatie U.A.*)). Art. 93 lid 1 Mw bepaalt dat een consumentenorganisatie als bedoeld in art. 1

onderdeel n Mw wordt aangemerkt als belanghebbende. **Besluit.** Art. 1:3 Awb bepaalt dat een besluit een schriftelijke beslissing is van een bestuursorgaan, inhoudende een publiekrechtelijke rechtshandeling. Een waarschuwing van een bestuursorgaan is onder omstandigheden een appellabel besluit (RvS 2 mei 2018, *BA* 2018/147). Als er in dat geval geen bezwaar/beroep wordt ingesteld, verkrijgt die waarschuwing formele rechtskracht. Wanneer er dan een sanctiebesluit volgt, kan er geen verandering worden aangebracht aan de waarschuwing, maar kunnen de feiten en omstandigheden die bij de waarschuwing zijn vastgesteld wel ter discussie worden gesteld bij het sanctiebesluit. Er is onder meer geen sprake van een besluit indien het voorbereidende handelingen betreft zoals een voorlopig oordeel of het vaststellen van een rapport, omdat de inhoud van het rapport niet definitief en onomkeerbaar de inhoud van het daarop volgende besluit afgrenst (*Carglass en Glasgarage/ACM*). Ook indien er sprake blijkt te zijn van een nieuwe klacht is het beroep of het bezwaar niet-ontvankelijk. Een eerste-fasebesluit is een besluit als bedoeld in artikel 6:3 Awb, met als gevolg dat een belanghebbende slechts daartegen in beroep kan gaan indien het besluit rechtstreeks zijn belang treft (Rechtbank Rotterdam 12 mei 2016, in ROT 14/8750). Het rechtsgevolg van een eerste-fasebesluit is immers enkel dat er een vergunning is vereist voor de concentratie. De terinzagelegging van stukken vormt een feitelijke handeling (en derhalve geen besluit), evenals de beslissing om in verband hiermee bepaalde stukken niet als vertrouwelijk te behandelen. Weigeringsbrieven opgesteld door ACM om bepaalde dossierstukken te vertalen worden wel aangemerkt als besluiten (Rechtbank Rotterdam 16 oktober 2015, in ROT 14/1897). **Procesbelang.** Indien het doel dat eiser voor ogen staat niet daadwerkelijk bereikt kan worden, ontbreekt procesbelang. Dit kan zich voordoen indien eiser in eerdere instantie in het gelijk is gesteld, maar een uitspraak wenst op een principieel punt. Daarnaast ontbreekt procesbelang onder meer indien de (vermeende) overtreding inmiddels is beëindigd. Er kan echter wél procesbelang gelegen zijn in een mogelijke (toekomstige) civiele procedure, die samenhangt met een besluit van ACM, daaronder begrepen een mogelijke vordering tot schadevergoeding, gericht tegen ACM. **Hoorcommissie bij bezwaarprocedure.** Voor de behandeling van bezwaarschriften geldt het voorschrift van artikel 7:5 Awb niet; zaakbehandelaars die bij het primaire besluit betrokken waren kunnen ook bij het besluit op bezwaar betrokken zijn (Rechtbank Rotterdam 26 januari 2017, in ROT 16/6778 (*Meelproducenten*)). **Redelijke termijn.** Overschrijding van de redelijke termijn behoort te leiden tot vermindering van de bestuurlijke boete. Volgens de rechtbank vangt de termijn in de regel aan met het uitbrengen van een rapport, en dus niet met een eventueel daaraan voorafgaand bedrijfsbezoek (Rechtbank Rotterdam 30 juni 2016, in ROT 15/5276 en ROT 15/5277 (*Limburgse wegenbouw/ACM*)). Vervolgens gaat de rechtbank uit van een periode van twee jaar voor bestuurlijke besluitvorming en heroverweging in bezwaar, en anderhalf jaar voor de rechterlijke beoordeling in eerste aanleg. In geval van een terugverwijzing na hoger beroep bij het CBb wordt aangenomen dat de rechtbank binnen een jaar uitspraak moet doen.

Artikel 92
(Vervallen.)
[25-06-2014, Stb. 247, i.w.tr. 01-08-2014/kamerstukken 33622]

Artikel 93
1. Een consumentenorganisatie wordt geacht belanghebbende te zijn bij besluiten genomen op grond van deze wet.
2. De Autoriteit Consument en Markt kan bij toepassing van artikel 3.11 (*red.*: lees: artikel 3:11), tweede lid van de Algemene wet bestuursrecht in zaken waarbij een consumentenorganisatie als bedoeld in het eerste lid belanghebbende is, om gewichtige redenen onderscheid maken tussen de overtreder en genoemde consumentenorganisatie bij de beoordeling van de vraag of op de zaak betrekking hebbende stukken of gedeelten van stukken ter inzage worden gelegd.
[25-06-2014, Stb. 247, i.w.tr. 01-08-2014/kamerstukken 33622]

[Concentratie rechtsmacht; geen bezwaarschriftprocedure]

'Supercomplaint'. Bij de wet van 28 juni 2007, houdende wijziging van de Mededingingswet als gevolg van de evaluatie van de Mededingingswet (*Stb.* 2007, 284, in werking getreden 1 oktober 2007, besluit van 21 juli 2007, (*Stb.* 2007, 291)) is de zogenoemde 'supercomplaint' ingevoerd. Lid 1 bepaalt dat de in art. 1 onderdeel n Mw genoemde consumentenorganisaties worden aangemerkt als belanghebbende. Bij de terinzagestelling van stukken kan ACM evenwel, om zwaarwichtige redenen, bepalen dat er onderscheid gemaakt wordt in verband met de vertrouwelijkheid van die gegevens.

HOOFDSTUK 12A

Artikel 93a
(Vervallen.)
[25-06-2014, Stb. 247, i.w.tr. 01-08-2014/kamerstukken 33622]

HOOFDSTUK 13
Wijzigingen in andere wetten

Artikel 94
(Bevat wijzigingen in de Wet op de economische delicten.)
[22-05-1997, Stb. 242, i.w.tr. 01-01-1998/kamerstukken 24707]

Artikel 95
De Wet economische mededinging wordt ingetrokken.
[22-05-1997, Stb. 242, i.w.tr. 01-01-1998/kamerstukken 24707]

Artikel 96
(Bevat wijzigingen in de Wet op de inkomstenbelasting 1964.)
[18-12-1997, Stb. 735, i.w.tr. 01-01-1998/kamerstukken 25692]

Artikel 97
(Bevat wijzigingen in de Wet vervoer over zee.)
[22-05-1997, Stb. 242, i.w.tr. 01-01-1998/kamerstukken 24707]

Artikel 98
(Bevat wijzigingen in de Wet bestuursrechtspraak bedrijfsorganisatie.)
[22-05-1997, Stb. 242, i.w.tr. 03-10-1997/kamerstukken 24707]

Artikel 99
(Bevat wijzigingen in de Wet op de Raad van State.)
[22-05-1997, Stb. 242, i.w.tr. 03-10-1997/kamerstukken 24707]

HOOFDSTUK 14
Overgangsbepalingen

[Inleidende opmerkingen]

Betekenis. Bij de Wet modernisering EG-mededingingsrecht (*Stb.* 2004, 345, in werking getreden 1 augustus 2004) is de Mededingingswet aangepast aan de modernisering van het EU-mededingingsrecht en de invoering van Verordening (EG) 1/2003 (opgenomen in het onderdeel Bijlagen) en de EG-concentratieverordening (opgenomen in het onderdeel Bijlagen), die in de plaats zijn gekomen van EG-Verordening 17/62 en Verordening (EEG) 4064/89.

Artikel 100

1. Voor de toepassing van verordening (EEG) nr. 4064/89 van de Raad van de Europese Gemeenschappen van 21 december 1989 betreffende de controle op concentraties van ondernemingen (*PbEG* 1990, L 257) ingevolge artikel 26, tweede lid, van verordening 139/2004, is artikel 88 van overeenkomstige toepassing.

2. Voor de toepassing van artikel 12, eerste lid, of artikel 13, vijfde en zesde lid, van verordening (EEG) nr. 4064/89 van de Raad van de Europese Gemeenschappen van 21 december 1989 betreffende de controle op concentraties van ondernemingen (*PbEG* 1990, L 257) ingevolge artikel 26, tweede lid, van verordening 139/2004, zijn onderscheidenlijk artikel 89g of de artikelen 89b, 89c, 89e en 89f van overeenkomstige toepassing.

[30-06-2004, Stb. 345, i.w.tr. 01-08-2004/kamerstukken 29276]

[Schakelbepaling]

Betekenis. Art. 26 lid 2 EG-concentratieverordening bepaalt dat Verordening (EEG) 4064/89 van toepassing blijft op concentraties ten aanzien waarvan de overeenkomst, openbaarmaking, of verwerving plaats heeft gevonden vóór de datum van inwerkingtreding van Verordening (EG) 139/2004 (1 mei 2004). Art. 88 Mw (waarbij ACM wordt aangemerkt als de nationale mededingingsautoriteit in de zin van Verordening (EG) 1/2003 en EG-concentratieverordening) en art. 89g, 89b, 89c en 89f Mw (waarbij de Mw wordt aangepast aan de gewijzigde voorschriften in art. 13 lid 5-8 EG-concentratieverordening, zie het commentaar op hoofdstuk 10 Mw) worden op deze concentraties van overeenkomstige toepassing verklaard.

Artikel 101-103
(Vervallen.)
[30-06-2004, Stb. 345, i.w.tr. 01-08-2004/kamerstukken 29276]

Artikel 104-105
(Vervallen.)
[28-06-2007, Stb. 284, i.w.tr. 01-10-2007/kamerstukken 30071]

Artikel 106

De straffen en maatregelen, gesteld op overtredingen van voorschriften gesteld bij of krachtens de Wet economische mededinging, die een economisch delict opleveren en die zijn begaan voor het tijdstip waarop artikel 94 in werking treedt, blijven van toepassing.
[22-05-1997, Stb. 242, i.w.tr. 01-01-1998/kamerstukken 24707]

[Overtredingen krachtens de WEM]

1. Algemeen. De Wet economische delicten (WED) is door art. 94 Mw gewijzigd in de zin dat de verwijzing naar de Wet economische mededinging (WEM) is vervallen. Dit zou tot gevolg hebben gehad dat overtredingen van de WEM die zijn begaan voor de inwerkingtreding van de wet (1 januari 1998) niet meer gesanctioneerd zouden kunnen worden. Art. 106 Mw voorziet in deze leemte. Het artikel regelt dat de strafrechtelijke handhaving van de WEM blijft gelden voor overtredingen van de WEM die vóór 1 januari 1998 zijn begaan. Ook het voor die feiten geldende (straf-)procesrecht heeft zijn gelding behouden (NvW, *Kamerstukken II* 1996/97, 24707, p. 6 en brief van de Minister van Economische Zaken van 28 januari 1998, ES/MW/C 98004669 b82, *Stcrt.* 1998, 19 van 29 januari 1998, p. 7).

2. Voortdurende inbreuken. Het artikel heeft tot gevolg dat een enkele voortdurende inbreuk op de bepalingen van de WEM en de wet deels strafrechtelijk en deels bestuursrechtelijk kan worden aangepakt.

3. Onrechtmatige daad. In het verleden gepleegde overtredingen van de WEM blijven na inwerkingtreding van de Mededingingswet onverkort een onrechtmatige daad opleveren als bedoeld in art. 6:162 BW. Vóór de intrekking van de WEM gepleegde overtredingen van die wet kunnen dus ook ná de inwerkingtreding van de Mededingingswet (1 januari 1998) de grondslag vormen voor civielrechtelijke aanspraken op schadevergoeding.

HOOFDSTUK 15
Slotbepalingen

Artikel 107
1. De hoofdstukken van deze wet treden in werking op een bij koninklijk besluit te bepalen tijdstip, dat voor de verschillende hoofdstukken of onderdelen daarvan verschillend kan worden vastgesteld.
2. (Vervallen.)
3. Artikel 32 vervalt twee jaar na het tijdstip van inwerkingtreding.
[09-12-2004, Stb. 172, i.w.tr. 01-07-2005/kamerstukken 27639]

[Inwerkingtreding Mededingingswet]

Betekenis. Het artikel biedt de mogelijkheid dat verschillende hoofdstukken of onderdelen daarvan op een verschillend tijdstip in werking treden. De minister heeft van deze bevoegdheid gebruikgemaakt. Art. 98 Mw en art. 99 Mw zijn met ingang van 3 oktober 1997 in werking getreden (*Stb.* 1997, 430). De overige artikelen zijn op 1 januari 1998 in werking getreden (*Stb.* 1997, 540).

Artikel 108-109
(Bevat wijzigingen in deze wet.)
[22-05-1997, Stb. 242, i.w.tr. 01-01-1998/kamerstukken 24707]

Artikel 110
Deze wet wordt aangehaald als: Mededingingswet.
[22-05-1997, Stb. 242, i.w.tr. 01-01-1998/kamerstukken 24707]

Instellingswet Autoriteit Consument en Markt

Wet van 28 februari 2013, houdende regels omtrent de instelling van de Autoriteit Consument en Markt, Stb. 2013, 102, zoals laatstelijk gewijzigd op 25 oktober 2021, Stb. 2021, 499 jo. Stb. 2021, 500 (i.w.tr. 01-05-2022)

Wij Beatrix, bij de gratie Gods, Koningin der Nederlanden, Prinses van Oranje-Nassau, enz. enz. enz.
Allen, die deze zullen zien of horen lezen, saluut! doen te weten:
Alzo Wij in overweging genomen hebben, dat het wenselijk is om het toezicht op markten te stroomlijnen ter bevordering van de kwaliteit van het toezicht en de bescherming van het belang van de consument, en daarom regels te stellen die het toezicht zoveel mogelijk onderbrengen bij één onafhankelijke toezichthouder;
Zo is het, dat Wij, de Afdeling advisering van de Raad van State gehoord, en met gemeen overleg der Staten-Generaal, hebben goedgevonden en verstaan, gelijk Wij goedvinden en verstaan bij deze:

[Inleidende opmerkingen]

1. Algemeen. a. Doel. De Consumentenautoriteit, de Nederlandse Mededingingsautoriteit (NMa) en de Onafhankelijke Post en Telecommunicatie Autoriteit (OPTA) zijn met ingang van 1 april 2013 opgegaan in een nieuwe toezichthouder: de Autoriteit Consument en Markt (ACM). ACM is een onafhankelijke toezichthouder. De samenvoeging is onderdeel van het Uitvoeringsprogramma Compacte Rijksdienst, waarin wordt gestreefd naar een krachtige, kleine en dienstverlenende overheid. De drie toezichthouders konden worden samengevoegd, omdat zij belast zijn met markttoezicht op soms dezelfde deelmarkten, daarvoor vergelijkbare expertise in huis hebben en deels soortgelijke marktanalyses maken. Doel van de oprichting van ACM is, naast het realiseren van besparingen, het vergroten van de effectiviteit en de efficiëntie van het markttoezicht in Nederland. ACM zelf heeft als doel het bevorderen van goed functionerende markten, ordelijke en transparante marktprocessen en zorgvuldige behandeling van consumenten. Zij bewaakt, bevordert en beschermt daartoe een effectieve concurrentie en een gelijk speelveld op markten en neemt belemmeringen daarvoor weg (zie art. 2 lid 5 Instellingswet ACM).
b. Oprichting ACM in twee fasen. De samenvoeging van NMa, OPTA en de Consumentenautoriteit in ACM is door de wetgever in twee fasen gerealiseerd, namelijk: 1. de instelling van ACM; en 2. de stroomlijning en vereenvoudiging van procedures en bevoegdheden van ACM. ACM is bij wet opgericht op 1 april 2013. De wetgeving voor de stroomlijning en vereenvoudiging van de procedure en bevoegdheden (de Wet tot wijziging van de Instellingswet ACM en enige andere wetten, de zogenoemde Stroomlijningswet (*Stb.* 2014, 247)) is op 1 augustus 2014 in werking getreden. De Stroomlijningswet realiseert dat een aantal bepalingen met betrekking tot vergelijkbare bevoegdheden in hoofdstuk 3 Instel-

lingswet ACM zijn opgenomen. De bepalingen daarover in sectorspecifieke regelgeving zijn daardoor komen te vervallen. Het gaat daarbij onder meer om zaken als beslis- en betalingstermijnen, openbaarmaking van besluiten, het sanctie-instrumentarium, toezichthoudende bevoegdheden en bezwaar- en (hoger) beroepsprocedures. Ook worden enkele specifieke procedures vereenvoudigd, zoals de afschaffing van het zogenoemde duaal stelsel van bestuursrechtelijke en privaatrechtelijke handhaving op het gebied van consumentenbescherming. Voor zover stroomlijning niet wenselijk of mogelijk is, blijven de bevoegdheden opgenomen in de afzonderlijke wetten gelden. Daarbij is ook gekeken of kon worden aangesloten bij de Algemene wet bestuursrecht. Het geheel van regels dat in een bepaald geval of op een bepaalde markt van toepassing is, wordt bepaald door de Instellingswet ACM, de Algemene wet bestuursrecht en de betreffende materiële wet gezamenlijk. **c. Markttoezicht ACM.** Het markttoezicht van ACM ziet op drie typen van markttoezicht die tot doel hebben om markten goed te laten werken en die een samenhang kennen. Deze typen markttoezicht zijn: 1. het mededingingstoezicht; 2. het sectorspecifiek markttoezicht; en 3. consumentenbescherming. **d. Komend recht.** Het markttoezicht van ACM zal worden uitgebreid met de zorgspecifieke fusietoets en het instrument van de aanmerkelijke marktmacht. Die taken zullen van de NZa worden overgeheveld naar ACM. Het wetsvoorstel daartoe is in behandeling bij de Tweede Kamer (*Kamerstukken II* 2015/16, 34445). Wanneer het wetsvoorstel in werking treedt, zal ook de Instellingswet ACM wijzigen. De wijzigingen omvatten vooral het invoegen van de rol van de Minister van VWS ten aanzien van het jaarverslag van ACM, de regeling verstrekking van gegevens aan ACM, de periodieke evaluatie van ACM en zo nodig te treffen taakverwaarlozingsvoorzieningen ten aanzien van ACM. Verder wordt ook voor de Minister van VWS opgenomen dat hij zich onthoudt van individuele instructies richting ACM en dat hij geen bevoegdheid heeft tot vernietiging van besluiten van ACM op het gebied van de gezondheidszorg die ACM neemt op grond van de Wet marktordening gezondheidszorg. De regels van de Kaderwet zelfstandige bestuursorganen gelden onverkort. Dat betekent dat de Minister van VWS bevoegd is tot het stellen van beleidsregels over de taakuitvoering van ACM op grond van de Wet marktordening gezondheidszorg (*Kamerstukken II* 2015/16, 34445, 3, p. 78).

2. Verhouding ACM – ministers en andere toezichthouders. a. Verhouding ACM en ministers. ACM is belast met de uitvoering van de in art. 2, aant. 1 onder a, genoemde wetten. De Minister van EZK is verantwoordelijk voor het beleid ten aanzien van mededinging, consumentenbescherming en het sectorspecifieke toezicht op de energie-, telecommunicatie- en postsector. De Minister van Infrastructuur en Waterstaat is verantwoordelijk voor het beleid ten aanzien van de vervoersector en is Verordening (EG) 1008/2008 van het Europees Parlement en de Raad van de Europese Unie inzake gemeenschappelijke regels voor de exploitatie van luchtdiensten in de gemeenschap. **b. Verhouding en overleg ACM met andere toezichthouders.** Het markttoezicht van ACM strekt zich in beginsel uit tot alle sectoren, ook die waar bijzondere toezichthouders, zoals het Commissariaat van de Media en de Nederlandse Zorgautoriteit, op grond van andere wetten opereren. ACM zal in voorkomende gevallen voor specifieke sectorkennis te rade kunnen gaan bij de bijzondere toezichthouders. Omgekeerd moeten bijzondere toezichthouders, en waar zulks voortvloeit uit de toepasselijke wetten, kunnen overleggen met ACM over de wijze waarop zij bijvoorbeeld met mededingingsrechtelijk relevante begrippen om zullen gaan. De precieze verhouding tussen ACM en een bijzondere toezichthouder dient van geval tot geval te worden bezien, met inachtneming van de toepasselijke wettelijke regelingen en mede in aanmerking genomen de mate van onafhankelijkheid en de taak van de desbetreffende toezichthouder.

3. Zelfstandig bestuursorgaan. ACM is een zelfstandig bestuursorgaan zonder eigen rechtspersoonlijkheid en zonder eigen personeel. Aan ACM wordt door de Minister van EZK personeel ter beschikking gesteld. De Instellingswet ACM is daarbij zoveel mogelijk afgestemd op de Kaderwet zelfstandige bestuursorganen (hierna: Kaderwet zbo's). Dat betekent dat materiële bepalingen grotendeels hun beslag hebben gevonden in de Instellingswet ACM. Het gaat daarbij o.a. om de taakverwaarlozingsregeling, de plicht voor ACM om een bestuursreglement op te stellen, bepalingen inzake de begroting, het jaarverslag en verantwoording van het personeel werkzaam bij ACM. De Kaderwet zbo's kent de verantwoordelijke minister de bevoegdheid toe om de besluiten van een zelfstandig bestuursorgaan te vernietigen (art. 22 Kaderwet zbo's). In de Instellingswet ACM is die bevoegdheid beperkt tot besluiten van algemene strekking van ACM met dien verstande dat de vernietiging alleen plaatsvindt wegens onbevoegdheid van ACM. Dit is anders ten aanzien van besluiten van algemene strekking van ACM op het gebied van het sectorspecifiek toezicht in de sectoren energie, vervoer, telecom en post. Deze besluiten kan de minister niet vernietigen, ook niet wegens onbevoegdheid van ACM. Dit komt voort uit strenge eisen die de Europeesrechtelijke regelgeving op energie- en telecommunicatiegebied stellen aan de onafhankelijkheid en autonomie van de nationale regulerende instanties. Zie art. 10 Instellingswet ACM, aant. a.

4. Handhaving, openbaarmaking en rechtsbescherming. Hoofdstuk 3 Instellingswet ACM bevat de ACM-breed geldende bepalingen ten aanzien van handhaving (nalevingstoezicht en sancties) en openbaarmaking door ACM. De in dit hoofdstuk opgenomen bepalingen vormen een aanvulling op de regeling van de Algemene wet bestuursrecht.

HOOFDSTUK 1
Begripsbepalingen

Artikel 1
In deze wet en de daarop berustende bepalingen wordt verstaan onder:
- *Autoriteit Consument en Markt:* de Autoriteit Consument en Markt, genoemd in artikel 2, eerste lid;
- *bindende aanwijzing:* een zelfstandige last die wegens een overtreding wordt opgelegd;
- *marktorganisatie:*
    1° een rechtspersoon, natuurlijke persoon of andere entiteit handelend in de uitoefening van een beroep of bedrijf, met inbegrip van een onderneming als bedoeld in artikel 101 van het Verdrag betreffende de werking van de Europese Unie;
    2° een organisatie waarin meerdere rechtspersonen, natuurlijke personen of andere entiteiten handelend in de uitoefening van een beroep of bedrijf verenigd zijn, met inbegrip van een ondernemersvereniging als bedoeld in artikel 101 van het Verdrag betreffende de werking van de Europese Unie;
- *Onze Minister:* Onze Minister van Economische Zaken en Klimaat;

- *Verordening (EU) 2016/679:* Verordening (EU) 2016/679 van het Europees Parlement en de Raad van 27 april 2016 betreffende de bescherming van natuurlijke personen in verband met de verwerking van persoonsgegevens en betreffende het vrije verkeer van die gegevens en tot intrekking van Richtlijn 95/46/EG (algemene verordening gegevensbescherming) (*Pb EU* 2016, L 119);
- *zelfstandige last:* de enkele last tot het verrichten van bepaalde handelingen, bedoeld in artikel 5:2, tweede lid, van de Algemene wet bestuursrecht, ter bevordering van de naleving van wettelijke voorschriften.

[15-12-2021, Stb. 23, i.w.tr. 02-03-2022/kamerstukken 35889]

[Definities]

Betekenis. a. Autoriteit Consument en Markt. Handhaving en uitvoering van de wetten waarop ACM toezicht houdt vinden op afstand van het politieke beleid plaats door ACM, die de status heeft van een zelfstandig bestuursorgaan, en de aangewezen toezichthoudende ambtenaren van ACM. Zie het Besluit aanwijzing toezichthouders ACM (*Stcrt.* 2013, 9716). ACM staat onder leiding van een bestuur, aan wie de meeste administratieve bevoegdheden op grond van deze wet en de wetten waarop ACM toezicht houdt, zijn toebedeeld. **b. Marktorganisatie.** In de Instellingswet ACM zijn onderwerpen opgenomen die voor ACM centraal worden geregeld. Voor die centrale bepalingen is veelal een begrip nodig dat alle marktpartijen, anders dan consumenten, omvat. Gekozen is voor het begrip 'marktorganisatie'. Dit begrip beoogt alle in de materiële wetten genoemde marktpartijen te omvatten, zoals ondernemingen in de zin van de Mededingingswet en de Telecommunicatiewet, de postvervoersbedrijven uit de Postwet 2009, de netbeheerders, leveranciers en specifiek aangeduide marktorganisaties uit de energiewetgeving, handelaren in de zin van Afdeling 3A van Boek 6 van het Burgerlijk Wetboek (oneerlijke handelspraktijken) en de loodsen uit de Loodsenwet en de Scheepvaartverkeerswet. Ook omvat het begrip organisaties waarin meerdere van die partijen vertegenwoordigd zijn. Hierbij kan gedacht worden aan ondernemersverenigingen in de zin van de Mededingingswet en de Nederlandse loodsencoöperatie die wordt gevormd door alle registerloodsen. Het begrip marktorganisatie is gedefinieerd als een rechtspersoon, natuurlijke persoon, of andere entiteit handelend in de uitoefening van een beroep of een bedrijf. Een natuurlijk persoon, die niet handelt in de uitoefening van een beroep of bedrijf, valt dus niet onder de definitie. Doorgaans wordt hiermee de consument aangeduid. **c. Onze Minister.** 'Onze Minister' is de Minister van Economische Zaken en Klimaat (EZK). ACM verricht ook taken op het beleidsterrein van de Minister van Infrastructuur en Waterstaat (vervoerstoezicht). Daar waar relevant worden ook taken aan die minister opgedragen. Wat het dagelijks reilen en zeilen betreft van ACM is de Minister van EZK bevoegd. **d. Bindende aanwijzing en zelfstandige last.** Het instrument van de bindende aanwijzing dat ACM kan inzetten kwam ten tijde van de totstandkoming van ACM al voor in een aantal materiële wetten, maar deze had niet telkens dezelfde betekenis. De terminologie is met de Stroomlijningswet geharmoniseerd. *Zelfstandige last.* De harmonisatie is beperkt tot de in art. 5:2 lid 2 Awb bedoelde lasten en aanwijzingen. Het gaat dan om norm-concretiserende lasten die al dan niet vanwege een overtreding worden opgelegd. Doel van dergelijke lasten is de bevordering van de naleving van wettelijke voorschriften. Die lasten worden in de Instellingswet ACM aangeduid als zelfstandige lasten. *Bindende aanwijzing.* Binnen de zelfstandige last wordt de bindende aanwijzing specifiek onderscheiden. Een bindende aanwijzing is een zelfstandige last die wordt opgelegd naar aanleiding van een overtreding. ACM heeft met de Stroomlijningswet de bevoegdheid gekregen om een bindende aanwijzing op te leggen in geval van overtreding van een wettelijk voorschrift. Verder wordt de bindende aanwijzing op één lijn gesteld met bestuurlijke sancties wat betreft het openbaarmakingsregime (zie ook art. 12u Instellingswet ACM). *Bindende gedragslijn.* De overige zelfstandige lasten, die dus niet vanwege een overtreding worden opgelegd, worden aangeduid als bindende gedragslijnen. Anders dan de bevoegdheid tot het opleggen van een bindende aanwijzing is de bevoegdheid tot het geven van een bindende gedragslijn niet ACM-breed gemaakt, maar beperkt tot een aantal wetten waarop ACM toezicht houdt. Dit betreft de Elektriciteitswet 1998, de Gaswet, de Postwet 2009, de Warmtewet en de Wet handhaving consumentenbescherming. *Verordening (EU) 2016/679.* Met de toevoeging van Verordening (EU) 2016/679 aan de lijst met definities wordt geborgd dat de Instellingswet ACM voldoet aan de eisen die de AVG stelt aan de verstrekking en verwerking van medische persoonsgegevens. Zie ook aant. g en h bij art. 7.

HOOFDSTUK 2
De Autoriteit Consument en Markt

Artikel 2
1. Er is een Autoriteit Consument en Markt.
2. De Autoriteit Consument en Markt is belast met de taken die haar bij of krachtens de wet zijn opgedragen.
3. De Autoriteit Consument en Markt heeft tevens tot taak om, binnen het kader van de in het tweede lid bedoelde taken, voorlichting te geven over de rechten en plichten van consumenten. Zij maakt daarbij gebruik van een informatieloket.
4. Tot de taken van de Autoriteit Consument en Markt behoort het uit eigen beweging doen van marktonderzoeken en maken van rapportages, indien dat naar haar oordeel nuttig is voor de uitvoering van de taken, bedoeld in het tweede lid.
5. De werkzaamheden van de Autoriteit Consument en Markt hebben tot doel het bevorderen van goed functionerende markten, van ordelijke en transparante marktprocessen en van een zorgvuldige behandeling van consumenten. Daaronder wordt verstaan het bewaken, bevorderen en beschermen van een effectieve mededinging en gelijke concurrentievoorwaarden op markten en het wegnemen van belemmeringen daarvoor.
6. De toepassing van de Kaderwet zelfstandige bestuursorganen heeft mede betrekking op de taken die de Autoriteit Consument en Markt uitvoert in de openbare lichamen Bonaire, Sint Eustatius en Saba.
[23-12-2015, Stb. 22, i.w.tr. 01-07-2016/kamerstukken 34190]

[Instelling ACM]

Betekenis. a. Instelling en algemene taak (lid 1-2). Art. 2 regelt de instelling van ACM (lid 1) en bevat de algemene taakopdracht (lid 2). Lid 2 is de algemene bepaling omtrent de taken en bevoegdheden van ACM. ACM kan geen andere wetten handhaven dan die wetten waarin uitdrukkelijk wordt bepaald dat ACM deze dient te handhaven (de gesloten boekhouding van een ZBO). De taakomschrijving van ACM is breed: zij verricht de werkzaamheden nodig voor het uitvoeren van haar wettelijke taken. Daarbij gaat het om toezicht en onderzoek aan de ene kant en de bestuursrechtelijke handhavings- en toetsingsprocedures aan de andere kant. ACM is belast met de uitvoering van de Mededingingswet, en voor zover bepaald de Wet oneerlijke handelspraktijken landbouw en voedselvoorzieningsketen, de Wet op het financieel toezicht, de Elektriciteitswet 1998, de Wet uitvoering EU-handelingen energie-efficiëntie, de Gaswet, de Warmtewet, de Wet windenergie op zee, de Uitvoeringswet EU-zeehavenverordening, de Wet personenvervoer 2000, de Spoorwegwet, de Wet luchtvaart, de Loodsenwet, de Scheepvaartverkeerswet, de Postwet 2009, de Telecommunicatiewet de Wet handhaving consumentenbescherming en de Dienstenwet. Daarnaast is ACM belast met de uitvoering van de Wet telecommunicatievoorzieningen BES, de Wet post BES en de Wet elektriciteit en drinkwater BES. **b. Voorlichting (lid 3)**. Binnen het kader van de taken als bedoeld in lid 2 geeft ACM ook algemene voorlichting over de rechten en plichten van de consument. Dit doet zij via het informatieloket ConsuWijzer (te raadplegen via www.consuwijzer.nl). **c. Marktonderzoeken en rapportages (lid 4)**. ACM kan uit eigen beweging marktonderzoeken uitvoeren en rapportages maken. Ook deze taak maakt deel uit van de algemene taakopdracht. Voor zover ACM in een materiële wet geen verplichting heeft tot dergelijke onderzoeken of rapportages, heeft zij nu via lid 4 de bevoegdheid om dit te doen. Aan deze bevoegdheid op grond van de Instellingswet ACM is gekoppeld het recht om van eenieder gegevens te ontvangen voor zover nodig voor de vervulling van de taken van ACM. Zie art. 6b. De bevoegdheid van ACM om uit eigen beweging marktonderzoek te doen en rapportages te maken wordt begrensd door het vereiste dat deze onderzoeken en rapportages nut hebben voor de uitvoering van haar taken. Een voorbeeld van een door ACM op grond van het vierde lid uit eigen beweging uitgevoerd marktonderzoek betreft een marktverkenning naar informatiesystemen en gegevensuitwisseling ziekenhuiszorg. Het openbaar maken van deze marktverkenning op grond van art. 12w, eerste lid, heeft geleid tot een voorlopige voorziening bij de rechtbank Rotterdam (ROT 21/4113 - niet gepubliceerd) en vervolgens tot een hoger beroep bij de voorzieningenrechter van het CBb (ECLI:NL:CBB:2022:133). In de uitspraak in deze zaak beperkt de voorzieningenrechter van het CBb zich tot een belangenafweging. Dat de ACM de bevoegdheid heeft tot het doen van marktverkenningen staat niet ter discussie. **d. Doel werkzaamheden ACM (lid 5)**. De doelomschrijving geeft ACM geen nieuwe taken of bevoegdheden, maar geeft richting aan de uitvoering van de taken die ACM zijn toegekend in de wetten op de naleving waarvan ACM toezicht houdt. De wetgever heeft dit nogmaals benadrukt in de MvT bij de Wet verhoging boetemaxima ACM (*Kamerstukken II* 2014/15, 34190, 3, p. 24). De doelomschrijving is nodig met het oog op de openbaarmakingsregeling ex art. 12u-12w. Op grond van art. 12u lid 4 – dat van overeenkomstige toepassing wordt verklaard in art. 12v lid 2 en art. 12w lid 4 – blijft openbaarmaking van besluiten of andere documenten achterwege indien openbaarmaking naar het oordeel van ACM in strijd is of zou kunnen komen met het doel van het aan haar opgedragen toezicht op de naleving. Andere toezichthouders hebben vergelijkbare doelomschrijvingen. Zo zijn de doelomschrijvingen voor De Nederlandsche Bank en de Autoriteit Financiële Markten vastgelegd in art. 1:24 lid 1 respectievelijk art. 1:25 lid 1 Wft. De wetgever heeft benadrukt dat de doelomschrijving van ACM louter aanvullend van aard is, in die zin dat zij omschrijft wat het overkoepelende doel is dat de wetgever nastreeft met het toekennen van de wettelijke taken aan ACM. Daarmee geeft het ACM op hoofdlijnen richting bij de uitoefening van haar taken. **e. BES-eilanden (lid 6)**. Dit lid voorziet in de toepasselijkheid van de Kaderwet zbo's op de taakuitoefening van ACM in de openbare lichamen Bonaire, Sint Eustatius en Saba. Op basis van de Wet post BES, de Wet telecommunicatievoorzieningen BES en de Wet elektriciteit en drinkwater BES kunnen aan ACM taken worden opgedragen die betrekking hebben op die openbare lichamen. De verplichtingen die ACM heeft op grond van de Kaderwet zbo's omvatten daarmee ook de taakuitoefening met betrekking tot Bonaire, Sint Eustatius en Saba. Gedacht kan worden aan het jaarverslag ACM, ontwerpbegroting ACM en de vijfjaarlijkse evaluatie. De sturingsbevoegdheden van de minister strekt zich ook tot die taakuitoefening van ACM uit.

Artikel 3
1. De Autoriteit Consument en Markt bestaat uit drie leden, onder wie de voorzitter.
2. Benoeming vindt plaats op grond van de deskundigheid die nodig is voor de uitoefening van de taken van de Autoriteit Consument en Markt alsmede op grond van maatschappelijke kennis en ervaring.
3. De voorzitter wordt benoemd voor een periode van zeven jaar en de overige leden worden benoemd voor een periode van vijf jaar. De voorzitter en de overige leden kunnen eenmaal worden herbenoemd voor eenzelfde periode.
4. In het geval van een vacature vormen de overblijvende leden, in afwijking van het eerste lid, voor een periode van ten hoogste negen maanden nadat de vacature is ontstaan de Autoriteit Consument en Markt, met de bevoegdheden van de voltallige Autoriteit Consument en Markt.
5. Onverminderd artikel 13, eerste lid, van de Kaderwet zelfstandige bestuursorganen heeft een lid geen financiële of andere belangen waardoor zijn onpartijdigheid in het geding kan zijn.
6. Een lid van de Autoriteit Consument en Markt legt jaarlijks een schriftelijke verklaring af dat hij geen belangen heeft als bedoeld in het vijfde lid. In die verklaring worden alle directe en indirecte belangen vermeld die van invloed kunnen zijn op de uitoefening van zijn functie.
7. Onverminderd artikel 12 van de Kaderwet zelfstandige bestuursorganen doet Onze Minister mededeling van een besluit tot ontslag in de *Staatscourant*. De redenen van het ontslag worden in die mededeling openbaar gemaakt indien de betrokkene daarom verzoekt.
8. Bij ministeriële regeling worden de voorwaarden voor schorsing en ontslag van de leden van de Autoriteit Consument en Markt nader uitgewerkt.
[01-07-2020, Stb. 262, i.w.tr. 01-07-2021/kamerstukken 35218]

[Leden ACM]

Betekenis. a. Algemeen. Bij de inwerkingtreding van de Instellingswet ACM op 1 april 2013 was bepaald dat ACM tijdelijk kon bestaan uit maximaal vijf leden. In de praktijk heeft ACM van meet af aan bestaan uit drie leden. Met de Stroomlijningswet is deze bepaling per 1 augustus 2014 aangepast in de zin dat ACM bestaat uit drie leden. Eén van deze leden is de voorzitter. Ter voorkoming van politieke benoemingen van de leden van ACM is ervoor gekozen dat de benoeming plaatsvindt op basis van deskundigheid op het gebied van de taken waarmee ACM is belast, maatschappelijke kennis en ervaring. Ter borging van de continuïteit binnen ACM is ervoor gekozen om de voorzitter een langere benoemingstermijn te geven dan de overige leden. Voorts wordt ook bij het bestaan van een vacature de continuïteit gewaarborgd doordat de overgebleven leden ACM vormen. Met het oog op de onafhankelijke oordeelsvorming door de leden van ACM mogen de leden geen financiële of andere belangen bij bijvoorbeeld ondernemingen of instellingen hebben, waardoor hun onpartijdigheid in het geding kan zijn. De onafhankelijkheid van de toezichthouder wordt verder gewaarborgd door – in geval van ontslag – het openbaar maken van de redenen van ontslag indien de ontslagen persoon daarom vraagt. Daarmee wordt bewerkstelligd dat een bestuurder alleen wordt ontslagen vanwege in wetgeving vastgestelde eisen. Zie in dit verband ook het arrest van het HvJ EU van 19 oktober 2016 waarin het hof zich uitlaat over het waarborgen van de onafhankelijkheid van een nationale regelgevende instantie (zie: ECLI:EU:C:2016:780). Het hof overweegt dat het samenvoegen van een regelgevende instantie met andere regulerende instanties mogelijk is. Daarbij overweegt het hof ook dat het ontslag van de voorzitter en/of bestuurslid van een nationale regelgevende instantie voor het einde van de ambtstermijn als gevolg van de samenvoeging met andere regulerende instanties, zonder dat daarbij is voorzien in overgangsmaatregelen om de duur van de ambtstermijn van de voorzitter en het bestuurslid te eerbiedigen dan wel aan te passen, afbreuk doet aan de onafhankelijkheid en onpartijdigheid van die instantie. Met de inwerkingtreding van de Wet tot wijziging van de Mededingingswet en de Instellingswet Autoriteit Consument en Markt in verband met de implementatie van Richtlijn (EU) 2019/1 (*Stb.* 2021, 9) is aan artikel 3 een achtste lid toegevoegd. Met de toevoeging van dit lid wordt artikel 4, derde lid, van de Richtlijn (EU) 2019/1 geïmplementeerd. Dit artikel bepaalt dat leden van het bestuur van nationale mededingingsautoriteiten alleen ontslagen mogen worden wanneer zij niet langer voldoen aan de voorwaarden voor de uitvoering van hun taken of wanneer zij zich volgens het nationale recht schuldig hebben gemaakt aan ernstig wangedrag. De verdere invulling van deze ontslaggronden moeten in nationale regelgeving worden vastgelegd. Omdat de Richtlijn (EU) 2019/1 een verdere uitwerking eist van de algemene criteria zoals neergelegd in art. 12, tweede lid, Kaderwet zbo's, is in art. 3, achtste lid, een delegatiebepaling opgenomen. Deze bepaling houdt in dat bij ministeriële regeling nader wordt uitgewerkt de gevallen waarin schorsing of ontslag aan de orde is voor de leden van het bestuur van de ACM. Aan deze ministeriële regeling wordt nog gewerkt. Een andere bepaling die de onafhankelijkheid van ACM nader waarborgt, is de bepaling dat de toezichthouder geen instructies van de minister mag verlangen of ontvangen die op een individuele zaak betrekking hebben. Ook mag de minister geen instructies geven aan de toezichthouder (zie ook het commentaar op art. 9). Een andere bepaling die de onafhankelijkheid van ACM nader waarborgt, is de bepaling dat de toezichthouder geen instructies van de minister mag verlangen of ontvangen die op een individuele zaak betrekking hebben. Het zevende lid van art. 3 bepaalt dat de minister mededeling doet van een besluit tot ontslag in de Staatscourant. In die mededeling kunnen de redenen van het ontslag openbaar worden gemaakt. Voorwaarde voor het openbaar maken van die redenen is een verzoek daartoe van betrokkene. Met de inwerkingtreding van de Wet elektronische publicaties (*Stb.* 2021, 262) is de terminologie in art. 3, zevende lid, in overeenstemming gebracht met die van de Bekendmakingswet. **b. Verklaring geen belangen (lid 6).** Met de inwerkingtreding van de Wet tot wijziging van de Spoorwegwet en enige andere wetten (*Stb.* 2015, 361) is, onder vernummering van art. 3 lid 6 tot art. 3 lid 7 een lid ingevoegd. Deze bepaling dient ter implementatie van art. 55 Richtlijn 2012/34/EU van het Europees Parlement en de Raad van 21 november 2012 tot instelling van één Europese spoorwegruimte (*PbEU* 2012, L 343/32). Deze eis van het afleggen van een jaarlijkse verklaring is geïmplementeerd in art. 3. De verklaring strekt zich daarmee niet alleen uit tot de spoorsector, maar tot alle sectoren van het taakgebied van de ACM. Indien dat niet het geval zou zijn, zou onbedoeld het beeld kunnen ontstaan dat de onpartijdigheid van de leden van de ACM voor andere sectoren dan spoor van minder belang is, hetgeen ongewenst zou zijn. De verklaringen worden verstrekt aan en bewaard door de afdeling personeelszaken van de ACM. Dit zal worden vastgelegd in het Relatiestatuut ACM en ministers (MvT, *Kamerstukken II* 2013/14, 33965, 3, p. 47-48). Ook is het Bestuursreglement ACM gewijzigd vanwege de eis uit de richtlijn dat leden van de regulerende instantie zich dienen te onthouden van het nemen van besluiten in gevallen die een onderneming betreffen waarbij zij gedurende het jaar voorafgaand aan de start van een procedure een band onderhielden (*Stcrt.* 2015, 39891). Artikel 7, vierde lid, van het Bestuursreglement ACM bepaalt in dat verband dat een bestuurslid niet deelneemt aan de behandeling van en de besluitvorming over aangelegenheden die een onderneming uit de spoorwegsector betreffen, waarmee hij gedurende het jaar voorafgaand aan de start van een procedure een directe of indirecte band onderhield.

Artikel 4
1. De Autoriteit Consument en Markt stelt een bestuursreglement vast.
2. De Autoriteit Consument en Markt maakt het bestuursreglement na de goedkeuring, bedoeld in artikel 11 van de Kaderwet zelfstandige bestuursorganen, bekend in de *Staatscourant*.
[28-02-2013, Stb. 102, i.w.tr. 01-04-2013/kamerstukken 33186]

[Bestuursreglement]

Betekenis. Tot het opstellen van een bestuursreglement is een zelfstandig bestuursorgaan niet verplicht op grond van de Kaderwet zbo's. Wel is aan de minister een goedkeuringsrecht toegekend voor die gevallen waarin een zelfstandig bestuursorgaan op grond van een andere wettelijke regeling een bestuursreglement dient vast te stellen, zoals die in de Instellingswet ACM. De reden hiervoor is dat de minister een algemene verantwoordelijkheid heeft voor de taakuitoefening door het zelfstandig bestuursorgaan. ACM heeft een bestuursreglement vastgesteld (*Stcrt.* 2013, 11513). De in het bestuursreglement opgenomen regels betreffen onder andere regels over de wijze van besluitvorming en de taakverdeling tussen de leden. De besluitvorming binnen het bestuur van ACM vindt plaats volgens het uitgangspunt van collegiaal bestuur. Wel heeft elk bestuurslid zijn eigen taakgebied. Zo heeft de voorzitter van het bestuur de strategie van ACM en algemeen mededingingstoezicht in portefeuille. Het Bestuursreglement ACM is in 2015 gewijzigd in verband met eisen voortvloeiend uit de implementatie van art. 55 Richtlijn 2012/34/EU van het Europees Parlement en de Raad van 21 november 2012 tot instelling van één Europese spoorwegruimte (*PbEU* 2012, L 343/32). Zie ook art. 3 Instellingswet ACM, aant. b.

Artikel 5
1. Onze Minister stelt ten behoeve van de uitvoering van de in artikel 2, tweede lid, bedoelde taken, personeel ter beschikking van de Autoriteit Consument en Markt.
2. De Autoriteit Consument en Markt stelt een mandaatregeling op ten aanzien van de bevoegdheden van het personeel.

3. De mandaatregeling behoeft de goedkeuring van Onze Minister. Onze Minister onthoudt zijn goedkeuring indien de mandaatregeling naar zijn oordeel een goede taakuitoefening door de Autoriteit Consument en Markt kan belemmeren. De mandaatregeling wordt na goedkeuring door de Autoriteit Consument en Markt bekendgemaakt in de *Staatscourant*.
4. Indien Onze Minister van oordeel is dat de mandaatregeling een goede taakuitoefening belemmert, kan hij de Autoriteit Consument en Markt verzoeken de mandaatregeling te wijzigen.
5. Indien de Autoriteit Consument en Markt binnen dertien weken geen gevolg heeft gegeven aan een verzoek als bedoeld in het vierde lid kan Onze Minister de Autoriteit Consument en Markt opdragen de mandaatregeling op een door hem gewenste wijze aan te passen.
[28-02-2013, Stb. 102, i.w.tr. 01-04-2013/kamerstukken 33186]

[Personeel ACM]

Betekenis. a. Personeel van ACM. De ambtenaren die werkzaam zijn bij ACM zijn in rechtspositioneel opzicht in dienst van het Ministerie van EZK. De minister stelt hen ter beschikking aan ACM. Het personeel staat op grond van art. 16 Kaderwet zbo's onder het gezag van ACM en legt over zijn werkzaamheden uitsluitend aan ACM en dus niet aan de verantwoordelijke minister verantwoording af. Dit waarborgt de onafhankelijke taakuitoefening door ACM. **b. Mandaatregeling.** De mandaatregeling die ACM moet opstellen – en ook opgesteld heeft – ziet op de bevoegdheden van het personeel. Zie Besluit organisatie, mandaat, volmacht en machtiging ACM 2013 (*Stcrt.* 2013, 9697; gewijzigd in *Stcrt.* 2013, 26374; laatst gewijzigd in *Stcrt.* 2022, 5696).

Artikel 6

1. Onverminderd artikel 18, eerste lid, van de Kaderwet zelfstandige bestuursorganen bevat het jaarverslag informatie over de benoemingen en ontslagen van leden van de Autoriteit Consument en Markt, het bedrag aan middelen dat in het desbetreffende jaar is toegewezen en eventuele veranderingen in dit bedrag in vergelijking met voorgaande jaren, een overzicht van de kosten die op basis van artikel 6a, eerste lid, ten laste zijn gebracht van marktorganisaties en een globale beschrijving van de ontwikkeling van de markt in de postsector en de telecommunicatiesector.
2. Bij de toepassing van artikel 18, tweede lid, van de Kaderwet zelfstandige bestuursorganen wordt het jaarverslag mede gezonden aan Onze Minister van Infrastructuur en Milieu.
3. Onze Minister zendt zo spoedig mogelijk zijn bevindingen omtrent het jaarverslag, alsmede de bevindingen van Onze Minister van Infrastructuur en Milieu, aan de beide Kamers der Staten-Generaal.
[11-11-2020, Stb. 9, i.w.tr. 18-02-2021/kamerstukken 35467]

[Jaarverslag; marktontwikkelingen post- en telecommunicatiesector]

Betekenis. a. Algemeen. De Kaderwet zbo's verplicht een zelfstandig bestuursorgaan een jaarverslag op te stellen waarin de taakuitoefening en het gevoerde beleid worden beschreven. Ook omvat het jaarverslag een globale beschrijving van de ontwikkeling van

de markt in de post en telecommunicatiesector. Het jaarverslag zal ook de resultaten bevatten van de marktmonitoring die ACM op grond van art. 5b Elektriciteitswet 1998 en art. 1d Gaswet dient te verrichten. Verder doet ACM verslag van de kwaliteitszorg. In dat kader kan ACM in het verslag onder meer beschrijven hoe zij uitvoering heeft gegeven aan de in art. 19 Kaderwet zbo's neergelegde proceseisen. ACM zendt het jaarverslag aan de minister en aan de Eerste en Tweede Kamer. ACM stelt haar jaarverslag vervolgens algemeen beschikbaar. Dit doet ACM door het jaarverslag op haar website (www.acm. nl) te plaatsen. Ook zendt ACM het jaarverslag aan de Minister van Infrastructuur en Milieu. De Minister van EZK zendt zijn bevindingen en de bevindingen van de Minister van Infrastructuur en Milieu bij het jaarverslag van ACM aan de Eerste en Tweede Kamer.
b. Inwerkingtreding. Lid 2 en 3 waren reeds per 1 april 2013 in werking getreden. Lid 1 is pas in werking getreden op 1 januari 2016. De inwerkingtreding van dit lid hing samen met de inwerkingtreding van art. 6a. Art. 6 verplicht ACM tot het opnemen in haar jaarverslag van een overzicht van de op grond van art. 6a doorberekende kosten. In het jaarverslag over 2015 heeft ACM voor de eerste keer een dergelijk overzicht opgenomen. Zie ook het commentaar op art. 47. **c. Onderwerpen.** Met de inwerkingtreding van de Wet tot wijziging van de Mededingingswet en de Instellingswet Autoriteit Consument en Markt in verband met de implementatie van Rchtlijn (EU) 2019/1 is lid 1 aangevuld met een aantal onderwerpen waarover de ACM heeft te rapporteren in het jaarverslag. Het jaarverslag dient informatie te bevatten over de benoemingen en ontslagen van de leden van het bestuur, over het bedrag aan middelen dat in het desbetreffende jaar werd toegewezen en over eventuele veranderingen in dit bedrag. Feitelijk rapporteert de ACM in haar jaarverslag al over deze onderwerpen; de verplichting tot het opnemen van deze informatie in het jaarverslag wordt nu wettelijk verankerd.

Artikel 6a

1. De kosten van de Autoriteit Consument en Markt die samenhangen met de uitvoering van de taken, bedoeld in artikel 2, tweede lid, worden ten laste gebracht van marktorganisaties, tenzij bij wettelijk voorschrift anders is bepaald.
2. De kosten van de Autoriteit Consument en Markt die samenhangen met het uit eigen beweging doen van marktonderzoeken en maken van rapportages, bedoeld in artikel 2, vierde lid, met de behandeling van bezwaar- en beroepschriften, met het sanctioneren van overtredingen waaronder het nemen en bekendmaken van besluiten omtrent het opleggen van bestuurlijke sancties en bindende aanwijzingen, met werkzaamheden die uitsluitend ten behoeve van andere overheidsorganisaties worden verricht, en met het geven van deskundige raad aan Onze Minister of Onze Minister van Infrastructuur en Milieu worden niet ten laste gebracht van marktorganisaties.
3. De kosten van de Autoriteit Consument en Markt die samenhangen met het nemen en bekendmaken van besluiten, niet zijnde beschikkingen, en het toezicht op de naleving van wettelijke voorschriften worden niet ten laste van marktorganisaties gebracht indien:
a. de desbetreffende werkzaamheden niet gericht zijn op het tot stand brengen van marktordening of er geen sprake is van een voldoende afgebakende groep marktorganisaties die van de werkzaamheden profijt hebben, of
b. de baten naar verwachting niet opwegen tegen de kosten van de Autoriteit Consument en Markt om de in de aanhef bedoelde kosten ten laste te brengen van marktorganisaties.

4. Bij algemene maatregel van bestuur kunnen andere kosten worden aangewezen die in afwijking van het eerste lid niet ten laste van marktorganisaties worden gebracht.
5. De systematiek volgens welke de kosten worden bepaald en ten laste worden gebracht van marktorganisaties houdt in dat:
a. ten hoogste de door de Autoriteit Consument en Markt gemaakte kosten ten laste van marktorganisaties worden gebracht,
b. zowel directe als indirecte kosten ten laste van marktorganisaties kunnen worden gebracht,
c. de kosten van de Autoriteit Consument en Markt die samenhangen met de uitvoering van een taak voor een specifieke sector uitsluitend ten laste worden gebracht van marktorganisaties in die sector, en
d. de kosten samenhangend met het geven van een beschikking of met de behandeling van een aanvraag van een marktorganisatie tot het geven van een beschikking ten laste kunnen worden gebracht van de marktorganisatie aan wie de beschikking is gericht of die de aanvraag heeft gedaan.
6. Bij of krachtens algemene maatregel van bestuur worden nadere regels gesteld over de systematiek volgens welke de kosten worden bepaald en ten laste gebracht van marktorganisaties en regels over de in dat kader door marktorganisaties aan de Autoriteit Consument en Markt te verstrekken gegevens. In die maatregel kan worden bepaald dat voor daarbij aan te wijzen categorieën van besluiten van de Autoriteit Consument en Markt de gemiddelde kosten van een desbetreffend besluit ten laste van een marktorganisatie worden gebracht.
7. De bedragen die de Autoriteit Consument en Markt ter vergoeding van de kosten aan marktorganisaties in rekening brengt worden bij ministeriële regeling vastgesteld.
8. Bij of krachtens algemene maatregel van bestuur kan worden bepaald dat, ten behoeve van een geleidelijke overgang naar de op basis van de voorgaande leden aan marktorganisaties in rekening te brengen vergoedingen, gedurende een periode van ten hoogste drie jaren na inwerkingtreding van dit artikel andere bedragen in rekening worden gebracht. Daarbij kan gedifferentieerd worden naar marktsector.
9. De Autoriteit Consument en Markt kan de door marktorganisaties verschuldigde bedragen invorderen bij dwangbevel. Titel 4.4, met uitzondering van de artikelen 4:85 en 4:95, van de Algemene wet bestuursrecht is, voor zover al niet van toepassing, van overeenkomstige toepassing.
10. Voor zover een door de Autoriteit Consument en Markt in rekening gebracht bedrag verplicht tot betaling van een geldsom, komt deze geldsom toe aan de Staat der Nederlanden.
[04-06-2015, Stb. 212, i.w.tr. 18-06-2015/kamerstukken 34024]

[Vergoedingen voor toezichtskosten]

Betekenis. Dit artikel bevat een regeling voor de doorberekening van toezichtslasten aan marktorganisaties. Deze regeling komt erop neer dat de kosten die samenhangen met de uitvoering van de taken van ACM voor rekening komen van de marktorganisaties, voor zover niet anders is bepaald. Het bepaalde in art. 6a is gebaseerd op het toetsingskader voor de doorberekening van handhavings- en toezichtskosten 'Maat houden' herzien (Maat houden 2014, rapport van 11 april 2014 van de interdepartementale werkgroep Herziening Maat houden, bijlage bij *Kamerstukken II* 2013/14, 24036, p. 407 en

NvT, Besluit doorberekening kosten ACM (*Stb.* 2014, 406, p. 9)). Dit betekent dat toelatingskosten (verlening van beschikkingen) en post-toelatingskosten (verlenging van beschikkingen en vooraf bekendgemaakte controle van beschikkingsvoorschriften) steeds worden doorberekend, de kosten van preventief toezicht (nalevingstoezicht) onder voorwaarden ook worden doorberekend en de kosten van repressief toezicht (sanctiefase) niet. De kaders en uitgangspunten voor de doorberekening worden met deze bepaling gegeven. De regeling is verder uitgewerkt in een amvb, te weten het Besluit doorberekening kosten ACM (*Stb.* 2014, 406, laatst gewijzigd in *Stb.* 2022, 95). In deze amvb zijn regels gesteld over de systematiek volgens welke de kosten worden bepaald en ten laste worden gebracht van marktorganisaties. **a. Uitgangspunt.** Het uitgangspunt van dit artikel is dat alle kosten van ACM worden doorberekend, tenzij bij wettelijk voorschrift anders is bepaald. Een dergelijk wettelijk voorschrift betreft bijvoorbeeld de regeling omtrent de doorberekening van kosten voorzien bij of krachtens de Wet post BES en de Wet telecommunicatievoorzieningen BES. Art. 6a somt zelf ook kosten op die in afwijking van de hoofdregel niet aan marktorganisaties worden doorberekend (lid 2 en 3). Een van deze uitzonderingen betreft de kosten die samenhangen met werkzaamheden die door ACM uitsluitend voor andere (binnen- en buitenlandse) overheidsorganisaties worden verricht. Hieronder vallen bijvoorbeeld de kosten die samenhangen met het verstrekken van gegevens aan andere toezichthouders op basis van art. 7. Tot deze uitzondering behoren echter niet de kosten die ACM maakt in verband met de jaarlijkse vaststelling van het jaarverslag. Dit omdat het jaarverslag ook informatie biedt aan marktorganisaties. Bij algemene maatregel van bestuur kunnen ook andere kosten van doorberekening worden uitgezonderd. Zie voor een nadere invulling van de regeling omtrent de doorberekening van kosten voor de telecomsector de jurisprudentie als genoemd bij art. 16.1 Tw, aant. 2. **b. Hoofdlijnen systematiek.** Enkele hoofdlijnen van de systematiek volgens welke de kosten worden bepaald en ten laste worden gebracht van marktorganisaties, zijn opgenomen in art. 6a. Het gaat om de volgende vier uitgangspunten: 1. de waarborg dat ten hoogste de daadwerkelijk door ACM gemaakte kosten ten laste van marktorganisaties worden gebracht; 2. dat zowel directe als indirecte kosten ten laste van marktorganisaties kunnen worden gebracht; 3. de waarborg dat de kosten van ACM die samenhangen met de uitvoering van een sectorspecifieke taak uitsluitend ten laste worden gebracht van marktorganisaties in die specifieke sector; en 4. dat de met een beschikking van ACM samenhangende, door te berekenen kosten ten laste worden gebracht van de marktorganisatie die de aanvraag heeft gedaan of aan wie de beschikking is gericht. **c. Besluit doorberekening kosten ACM (lid 4 en 6).** De wetgever geeft aan het bepaalde in lid 4 en 6 uitvoering door de Regeling doorberekening kosten ACM, als bijlage opgenomen. Het besluit is per 1 januari 2015 in werking getreden. Uit het besluit volgt dat een onderscheid wordt gemaakt tussen het doorberekenen van kosten voor beschikkingen en andere kosten. De kosten voor beschikkingen worden in rekening gebracht bij de aanvrager of de geadresseerde van de beschikking. De andere kosten worden op basis van omzet omgeslagen over de marktorganisaties in de betreffende sectoren. ***i. Beschikkingen.*** In art. 4 Besluit doorberekening kosten ACM is opgenomen voor welke beschikkingen kosten worden doorberekend. Het bedrag dat per soort beschikking bij ministeriële regeling wordt vastgesteld, wordt gebaseerd op de gemiddelde kosten die samenhangen met het geven van die soort beschikking. Voor het weigeren van een gevraagde beschikking geldt als uitgangspunt dat hetzelfde bedrag in rekening wordt gebracht als voor het geven van die beschikking. Wordt de beschikkingsaanvraag ingetrokken voordat ACM een beschikking geeft? Dan wordt het bedrag in rekening gebracht dat is vastgesteld voor het geven van de betreffende beschikking. Een uitzondering hierop wordt gemaakt voor aanvragen om de toekenning van telefoonnummers. Bij een afwijzing of een intrekking van een dergelijke aanvraag berekent de ACM geen kosten door. *ii. Andere kosten.* Hoofdstuk 3 Besluit doorberekening kosten ACM bevat regels en uitgangspunten voor het doorberekenen van kosten door middel van toerekening. Deze kosten worden omgeslagen over de marktorganisaties in de betreffende categorie en jaarlijks in rekening gebracht. In het Besluit doorberekening kosten ACM wordt in aanvulling op art. 6a lid 2, een aantal kosten uitgezonderd van doorberekening. Kosten die worden uitgezonderd van doorberekening zijn: i. kosten voor generiek mededingingstoezicht en generiek consumententoezicht; ii. kosten die samenhangen met de uitvoering door ACM van taken op het gebied van sectorspecifieke consumentenbescherming op basis van de Tw; iii. de kosten van het toezicht van ACM op energiebedrijven die zich bezighouden met de productie, handel en levering van gas en elektriciteit; iv. alle kosten van het toezicht van ACM op de naleving van de spoorwetgeving en het personenvervoer; v. de kosten van het toezicht van ACM op de naleving door anderen dan vergunninghouders van het bepaalde bij op krachtens de Warmtewet; vi. de kosten voor het toezicht van ACM op de naleving van art. 7 lid 4 Drinkwaterwet; en vii. de kosten van het ACM-toezicht op art. 5:88 Wft. *iii. Categorieën en verdeelsleutel.* Art. 10 Besluit doorberekening kosten ACM somt per sector de categorieën op waaraan kosten worden doorberekend. Uitgangspunt bij het vaststellen van de categorieën is geweest dat de betreffende marktorganisaties een afgebakende groep vormen en ACM gelijksoortige werkzaamheden of diensten uitvoert voor die categorie. Marktorganisaties betalen daardoor alleen voor de ACM-kosten die op hen betrekking hebben. De aan een categorie toegerekende kosten worden omgeslagen over de marktorganisaties in de betreffende categorie. Dit gebeurt op basis van hun omzet. Dit is anders voor de categorieën nummers en certificatiedienstverleners. Marktorganisaties in deze categorieën betalen naar rato van het aantal toegekende nummers aan respectievelijk het aantal uitgegeven certificaten door een marktorganisatie. Voor het categoriseren van de kosten zal ACM een kostentoerekeningssysteem hanteren. Dit systeem wordt op de website van ACM, www.acm.nl, gepubliceerd. Wat de toedeling van kosten aan marktorganisaties betreft, geldt als uitgangspunt bij alle categorieën dat marktorganisaties naar rato van hun omvang betalen voor de werkzaamheden van ACM. Kleine partijen betalen minder; grotere partijen betalen meer. Verder geldt er een omzetdrempel. De hoogte van deze drempel bedraagt € 2 miljoen. Aan marktorganisaties met een lagere omzet dan de omzetdrempel worden geen kosten doorberekend. Deze omzetdrempel is opgenomen in art. 4 Regeling doorberekening kosten ACM (*Stcrt.* 2014, 36296; laatst gewijzigd in *Stcrt.* 2021, 22024) en is gebaseerd op art. 12 lid 3 Besluit doorberekening kosten ACM. **d. Ministeriële regeling.** De concrete bedragen die verschuldigd worden, zullen bij jaarlijks te publiceren ministeriële regelingen worden vastgesteld (lid 7). Met de Regeling doorberekening kosten ACM (*Stcrt.* 2014, 36296; laatst gewijzigd in *Stcrt.* 2021, 22024) heeft de wetgever hier uitvoering aan gegeven. In de Regeling doorberekening kosten ACM zijn allereerst de bedragen opgenomen ter vergoeding van de kosten van beschikkingen die worden doorberekend aan de marktorganisatie aan wie de beschikking is gericht of die de aanvraag heeft gedaan (art. 2 Regeling doorberekening kosten ACM). Het betreft de bedragen voor: 1. beschikkingen op basis van de Telecommunicatiewet tot het toekennen van nummer; en 2. beschikkingen op grond van de Tw omtrent de registratie van certificatiedienstverleners zonder geldig bewijs van toetsing en voor beschikkingen in de zin van art. 25, 37, 40, 44 en 46 Mw. Daarnaast voorziet de Regeling doorberekening kosten ACM in een aantal bepalingen met betrekking tot de systematiek van doorberekening van ACM-kosten door middel van toerekening (omslag). Het betreft o.a. nadere regels waarmee de doorberekening voor de categorie nummers wordt gecorrigeerd voor het netto-effect van de nummerporteringen (nummeroverdracht) (art. 5 Regeling doorberekening kosten ACM). Met de wijziging van de Regeling doorberekening kosten ACM in 2020 (*Stcrt.* 2020, 23685) is opgenomen de doorberekening van kosten door ACM in het kader van het toezicht dat voortvloeit uit de Pakketverordening. Doorberekening van de kosten vindt plaats via twee subcategorieën: de universele postdienst en de niet-universele postdienst. De uitsplitsing naar deze subcategorieën is gemaakt omdat de beoordeling van de tarieven een beoordeling betreft van uitsluitend universele postdiensten, terwijl andere werkzaamheden die uit de Pakketverordening volgen, zoals de lasten voor registratie en informatieverzameling, onder de categorie niet-universele postdienst vallen. Verder is in art. 6 Regeling doorberekening kosten ACM de relevante omzet bepaald beneden welke een marktorganisatie de omzetopgave aan ACM kan doen zonder een accountantsverklaring en een vastgestelde jaarrekening bij te voegen. De relevante omzet is bepaald op € 12 miljoen, gelijk aan het bedrag van de netto-omzet in de zin van art. 2:396 lid 1 onderdeel b BW. De jaarlijkse bedragen die door middel van toerekening aan marktorganisaties worden doorberekend, worden vastgesteld op basis van de gerealiseerde kosten in het voorafgaande kalenderjaar. De eerste keer dat de wetgever deze bedragen heeft vastgesteld en aan de Regeling doorberekening kosten ACM heeft toegevoegd, is gebeurd toen de kosten van ACM over 2014 bekend waren. Met de Regeling tot wijziging van de Regeling doorberekening kosten ACM (*Stcrt.* 2015, 12056) heeft de wetgever voor de eerste keer de bedragen vastgesteld. Door deze systematiek worden niet meer dan de feitelijk door ACM gerealiseerde kosten aan marktorganisaties doorberekend. Het betekent ook dat kosten als gevolg van gedurende het kalenderjaar aan ACM toegekende nieuwe taken pas worden verdisconteerd in het bedrag voor het volgende kalenderjaar. Hetzelfde geldt voor de kostenontwikkeling van ACM: een kostendaling komt pas in het volgende kalenderjaar tot uitdrukking in de bedragen. Met de wijziging van de Regeling doorberekening kosten ACM heeft de wetgever een bijlage aan de regeling toegevoegd. In bijlage 3 Regeling doorberekening kosten ACM staan de bedragen ter vergoeding van de kosten die door middel van toerekening worden doorberekend. Dit is ofwel een bedrag in euro's (categorieën met slechts één marktorganisatie) ofwel een percentage van de relevante omzet. Dit laatste betreft categorieën met meerdere marktorganisaties, waarbij de relevante omzet als verdeelsleutel wordt gehanteerd. Met de wijziging van de Regeling doorberekening kosten ACM in 2018 is in bijlage 3 toegevoegd een bedrag in euro's per 50.000.000 binnenlandse betalingstransacties (*Stcrt.* 2018, 23998). Dit hangt samen met de aanwijzing van de ACM als toezichthouder op interbancaire vergoedingen en voorwaarden (zie Besluit van 17 maart 2017 tot wijziging van het Besluit uitvoering EU-verordeningen financiële markten en het Besluit doorberekening kosten ACM in verband met de uitvoering en handhaving van verordening (EU) nr. 2015/751 (afwikkelingsvergoedingen voor op kaarten gebaseerde betalingstransacties) (*Stb.* 2017, 132)). De hoogte van de interbancaire vergoeding is gemaximeerd. Ook mogen bedrijven geen voorwaarden stellen die de concurrentie onnodig beperken. De ACM controleert de hoogte van de interbancaire vergoedingen en houdt toezicht op de voorwaarden. Gelijktijdig met de aanwijzing van de ACM als toezichthouder is in het hiervoor genoemde besluit de doorberekening van de kosten van de ACM voor de categorie 'betalingsverkeer' geregeld (artikel 12, zevende lid). Daarbij is ervoor gekozen een andere verdeelsleutel dan omzet te hanteren voor marktorganisaties die in deze categorie vallen (betaalkaartschema's, uitgevers en accepteerders zoals gedefinieerd in verordening (EU) nr. 2015/751). Deze verdeelsleutel is gebaseerd op het aantal betalingstransacties met consumentenkaarten waarbij marktorganisaties als betaalkaartschema, uitgever dan wel accepteerder betrokken zijn. Marktorganisaties moeten jaarlijks voor 1 januari een omzetopgave doen aan ACM. ACM doet de minister vervolgens een voorstel voor de per categorie in rekening te brengen bedragen dan wel omzetpercentages. Daarna stelt de minister de bedragen voor het nieuwe kalenderjaar vast bij ministeriële regeling. Het is vervolgens aan ACM om deze bedragen bij de marktorganisaties in rekening te brengen. **e. Overgangsperiode (lid 8)**. Dit lid voorziet in de mogelijkheid om bij amvb een overgangsperiode van drie jaar vast te stellen, waarin de marktorganisaties andere bedragen in rekening worden gebracht. Uit het Besluit doorberekening kosten ACM volgt dat voor de overgangsperiode 2015-2017 de gelden lager kunnen worden vastgesteld.

Artikel 6b

1. Een ieder verstrekt de Autoriteit Consument en Markt desgevraagd de gegevens en inlichtingen en verschaft haar desgevraagd inzage in de gegevens en bescheiden die redelijkerwijs nodig zijn voor de uitvoering van de in artikel 2, tweede lid, bedoelde taken.
2. De Autoriteit Consument en Markt kan een termijn stellen waarbinnen de in het eerste lid bedoelde gegevens, inlichtingen of bescheiden worden verstrekt.
3. Zij die uit hoofde van ambt, beroep of wettelijk voorschrift verplicht zijn tot geheimhouding, kunnen het verlenen van medewerking weigeren, voor zover dit uit hun geheimhoudingsplicht voortvloeit.
4. De Autoriteit Consument en Markt draagt er zorg voor dat de wijze waarop zij uitvoering geeft aan het eerste lid zodanig is dat de daaruit voortvloeiende lasten voor marktorganisaties zo laag mogelijk zijn.

[25-06-2014, Stb. 247, i.w.tr. 01-08-2014/kamerstukken 33622]

[Verplichte verstrekking inlichtingen]

Betekenis. a. Informatiebevoegdheid (lid 1). Voor het bereiken van haar wettelijke doelstellingen kan ACM gebruikmaken van de haar toegekende toezichtsbevoegdheden. Zo is een toezichthouder op grond van de artikelen 5:16 en 5:17 van de Awb bevoegd om inlichtingen dan wel inzage te vorderen. Naast deze bevoegdheid voor een toezichthouder, zorgt art. 6b voor een generieke bepaling die ACM als bestuursorgaan het recht geeft om van eenieder de informatie te vragen én te ontvangen die ACM redelijkerwijs nodig heeft voor de uitvoering van haar wettelijke taken. Art. 6b laat de bevoegdheden van titel 5.2 Awb onverlet, waardoor de bevoegdheid inlichtingen te vorderen kan worden geëffectueerd via de medewerkingsplicht van artikel 5:20 van de Awb. Art. 6b vervangt art. 7 lid 1 en 2 Elektriciteitswet 1998, art. 1g lid 1 en 2 Gaswet, art. 45c lid 1 Loodsenwet, art. 43 Mededingingswet, art. 39 lid 1 Postwet 2009, art. 18.7 lid 1 Telecommunicatiewet, art. 14 Warmtewet, art. 8.25h lid 2 Wet Luchtvaart, art. 1:25a jo. 1:56, lid 5, 1:68, lid 1 en 1:74 lid 1 Wet op het financieel toezicht, art. 19a lid 3 Wet personenvervoer 2000 en art.

IXc lid 3 Wet onafhankelijk netbeheer. **b. Redelijkerwijs nodig.** Het vragen en ontvangen van informatie door ACM moet redelijkerwijs nodig zijn voor de vervulling van de taak. Daarmee is sprake van zowel een redelijkheid- als noodzakelijkheidscriterium. ACM moet ook op proportionele en evenredige wijze gebruik maken van de bevoegdheid om van eenieder informatie te vragen en te ontvangen. Dit komt tot uitdrukking in de zinsnede 'die redelijkerwijs nodig zijn voor de uitvoering van de (…) taken.' **c. Geadresseerden.** 'Een ieder' is verplicht binnen de gestelde termijn de gegevens, inlichtingen of bescheiden te verstrekken aan ACM. Dit artikel is door de wetgever bewust zo ruim geformuleerd, omdat de beschikbaarheid van adequate informatie een noodzakelijke voorwaarde is om de opgedragen taken, die de doelstellingen van de wet (zie ook art. 2 lid 5 Instellingswet ACM) dichterbij brengen, goed te kunnen uitvoeren. Het recht van ACM om informatie te vragen geldt ten opzichte van eenieder en is dus niet beperkt tot marktorganisaties in de zin van art. 1 Instellingswet ACM. Als reden daarvoor noemt de wetgever dat het beperken van de bevoegdheid tot marktorganisaties tot ongewenst gevolg kan hebben dat ACM in sommige gevallen niet over alle benodigde informatie kan beschikken. Ook bijvoorbeeld de accountant of de juridisch adviseur van een dergelijke marktorganisatie behoren tot de kring van personen die op verzoek informatie, gegevens en bescheiden moeten verstrekken. **d. Doelbinding en beperken lasten.** De bevoegdheid wordt beperkt door de taken van ACM; alleen die informatie die nodig is voor de uitvoering van de taken van ACM kan worden gevraagd en moet worden verstrekt. Bij de uitoefening van de bevoegdheid om van eenieder informatie te vragen en te ontvangen moet ACM de lasten voor marktorganisaties zo laag mogelijk houden **e. Termijn (lid 2).** ACM kan een termijn stellen waarbinnen de benodigde informatie moet worden verstrekt. Als ACM een termijn stelt, zal deze een redelijke moeten zijn. **f. Verschoningsrecht (lid 3).** Is de persoon aan wie informatie wordt gevraagd uit hoofde van zijn ambt, beroep of wettelijk voorschrift verplicht tot geheimhouding? Dan kan deze persoon, voor zover dat uit de geheimhoudingsplicht voortvloeit, weigeren de informatie te verstrekken aan ACM. Deze bepaling sluit aan bij het bepaalde in art. 5:20 Awb. Zie ook Awb, art. 5:20, aant. 3. **g. Rechtsbescherming.** Het verzoek van ACM om gegevens, inlichtingen en bescheiden te verstrekken, lijkt niet te kunnen worden aangemerkt als een besluit in de zin van art. 1:3 Awb. De wetgever heeft in ieder geval het vergaren van informatie door ACM als zodanig niet appellabel gemaakt. Het CBb bevestigt dit in de uitspraak van 18 mei 2016. Zie: ECLI:NL:CBB:2016:143. Het CBb overweegt dat uit de wetsgeschiedenis blijkt dat het gebruik van deze bevoegdheid door het daadwerkelijk verzoeken van informatie, een niet appellabele feitelijke handeling is. Ook het verzoeken door een marktorganisatie aan ACM om van deze bevoegdheid gebruik te maken, kan niet worden aangemerkt als een aanvraag in de zin van de Awb. Dit omdat uit het verzoek een (weigering tot) feitelijke handeling en geen rechtshandeling volgt. Een marktorganisatie kan medewerking weigeren indien zij van oordeel is dat de ACM de gevraagde gegevens en inlichtingen niet nodig heeft voor de uitvoering van haar taken. Indien de ACM het weigeren van medewerking sanctioneert met het opleggen van een last onder dwangsom of bestuurlijke boete (zie art. 12m lid 1 onderdeel b en lid 3 Instellingswet ACM) kan de marktorganisatie daartegen in rechte opkomen en in dat kader aanvoeren dat de ACM de gegevens niet nodig heeft (zie *Kamerstukken II* 2012/2013, 33622, 7, p. 39-40). Zie in dit verband ook de uitspraak van de rechtbank Rotterdam d.d. 22 mei 2017 (ECLI:NL:RBROT:2017:3849). De rechtbank oordeelde in deze uitspraak dat ACM aan het opleggen van een last in verband met niet-naleving van een informatievordering art. 6b lid 1 en lid 2 Instellingswet ACM in verbinding met art. 12m lid 3 Instellingswet ACM ten grondslag kan leggen.

Artikel 7
1. Gegevens of inlichtingen welke in verband met enige werkzaamheid ten behoeve van de uitvoering van een taak als bedoeld in artikel 2, tweede lid, zijn verkregen mogen uitsluitend worden gebruikt voor zover dat noodzakelijk is voor de uitvoering van die taak of van enige andere taak als bedoeld in artikel 2, tweede lid.
2. Het eerste lid is niet van toepassing voor zover een wettelijk voorschrift het gebruik van verkregen gegevens of inlichtingen regelt.
3. In afwijking van het eerste lid is de Autoriteit Consument en Markt bevoegd gegevens of inlichtingen te verstrekken aan:
a. een bestuursorgaan, dienst, toezichthouder en andere persoon, belast met de opsporing van strafbare feiten, onderscheidenlijk het toezicht op de naleving van wettelijke voorschriften, indien bij regeling van Onze Minister is bepaald dat verstrekking noodzakelijk is voor de goede vervulling van een aan dat bestuursorgaan, die dienst, die toezichthouder of die andere persoon opgedragen taak,
b. een buitenlandse instelling, indien het gaat om gegevens of inlichtingen die van betekenis zijn of kunnen zijn voor de uitoefening van de taak van die buitenlandse instelling en die buitenlandse instelling op grond van nationale wettelijke regels is belast met de toepassing van regels op dezelfde gebieden als waarop de taken, bedoeld in artikel 2, tweede lid, betrekking hebben, of
c. degene op wie de gegevens of inlichtingen betrekking hebben voor zover deze gegevens of inlichtingen door of namens hem zijn verstrekt.
4. Verstrekking aan een bestuursorgaan, dienst, toezichthouder of andere persoon als bedoeld in het derde lid, onder a, of aan een in het derde lid, onder b, bedoelde buitenlandse instelling vindt uitsluitend plaats indien:
a. de geheimhouding van de gegevens of inlichtingen in voldoende mate is gewaarborgd, en
b. voldoende is gewaarborgd dat de gegevens of inlichtingen niet zullen worden gebruikt voor een ander doel dan waarvoor deze worden verstrekt.
5. Gelet op artikel 9, tweede lid, onderdeel g, van Verordening (EU) 2016/679 verwerkt de Autoriteit Consument en Markt gegevens over gezondheid als bedoeld in artikel 4, onderdeel 15, van Verordening (EU) 2016/679, die noodzakelijk zijn ten behoeve van het toezicht of de taken waarmee de Autoriteit Consument en Markt is belast op grond van de hoofdstukken 2, 3, 4, 5, 8 en 10 van de Mededingingswet, voor zover het de zorgsector betreft, en artikel 2, vierde lid, voor zover het marktonderzoeken en rapportages in de zorgsector betreft.
6. De Autoriteit Consument en Markt verwerkt de gegevens, bedoeld in het vijfde lid, slechts indien daarop pseudonimisering als bedoeld in artikel 4, onderdeel 5, van Verordening (EU) 2016/679 is toegepast en vervolgens onafgebroken is gecontinueerd.
7. Gelet op artikel 23, eerste lid, onderdeel e, van Verordening (EU) 2016/679 is artikel 21, eerste lid, tweede volzin, van Verordening (EU) 2016/679 bij de verwerking, bedoeld in het vijfde lid, niet van toepassing.

8. Indien toepassing wordt gegeven aan het vijfde lid worden de gegevens over gezondheid alleen verwerkt door personen die uit hoofde van een wettelijk voorschrift dan wel krachtens een overeenkomst tot geheimhouding zijn verplicht.
[15-12-2021, Stb. 23, i.w.tr. 02-03-2022/kamerstukken 35889]

[Gebruik inlichtingen door ACM]

Betekenis. Deze bepaling regelt het gebruik van door ACM verkregen gegevens en inlichtingen. Deze gegevens en inlichtingen mogen uitsluitend worden gebruikt voor die taak of voor de andere aan ACM opgedragen taken. Dit laatste voor zover dat noodzakelijk is. Uitgangspunt is dan ook dat door ACM verkregen gegevens en inlichtingen in beginsel niet aan derden kunnen worden verstrekt. Lid 3 van deze bepaling maakt een uitzondering op de geheimhoudingsplicht mogelijk. Dit lid regelt in welke gevallen ACM in afwijking van het uitgangspunt van geheimhouding bevoegd is om gegevens of inlichtingen te verstrekken aan andere bestuursorganen of buitenlandse instellingen. De daarbij in acht te nemen randvoorwaarden zijn neergelegd in lid 4. **a. Vrije interne informatie-uitwisseling.** Ratio van de vrije interne uitwisseling van informatie is dat het bijdraagt aan een effectieve en efficiënte uitoefening van de toezichtstaken van ACM. Eenmaal door ACM voor een bepaalde taak verkregen informatie, mag door ACM ook worden gebruikt voor de uitvoering van andere taken. De interne informatie-uitwisseling omvat alle informatie die bij ACM binnenkomt. Dat wil zeggen: 1. gegevens die ondernemingen verplicht zijn te verstrekken aan ACM; 2. informatie die in het kader van de uitoefening van het toezicht op de naleving (titel 5.2 Awb) is verkregen door medewerkers van ACM die als toezichthouders zijn aangewezen; en 3. gegevens die ACM langs andere weg verkrijgt. Voor zover het gaat om persoonsgegevens vindt de verwerking daarvan plaats overeenkomstig de eisen die de Algemene verordening gegevensbescherming stelt. De wijze waarop gebruik wordt gemaakt van de mogelijkheid om binnen ACM voor de ene taak verkregen informatie ook te gebruiken voor andere taken moet ook aan die eisen voldoen. Dat betekent dat voor de uitvoering van een bepaalde taak verkregen persoonsgegevens alleen verder intern verspreid kunnen worden voor zover dat nodig is voor de uitvoering van een andere aan ACM bij of krachtens de wet opgedragen taak. En dat bijvoorbeeld van intern doorleveren wordt afgezien als dat onverenigbaar is met de doeleinden waarvoor de persoonsgegevens zijn verkregen of voor zover een geheimhoudingsplicht uit hoofde van ambt, beroep of wettelijk voorschrift daaraan in de weg staat. **b. Beperking op de vrije informatie-uitwisseling.** Er geldt een beperking aan de vrije interne informatie-uitwisseling. Informatie mag alleen intern worden uitgewisseld als dat noodzakelijk is voor de uitvoering van een andere wettelijke taak van ACM. De toets of de gegevens noodzakelijk zijn voor uitvoering van een andere ACM-taak zal voorafgaand aan elke eventuele interne doorverstrekking plaats moeten vinden. Daarnaast geldt dat van interne doorverstrekking geen sprake kan zijn indien de gegevens zijn ontvangen van een andere toezichthoudende instantie met de wettelijke clausule dat ze alleen mogen worden gebruikt voor het doel waarvoor ze zijn verstrekt. **c. Externe gegevensverstrekking.** De bevoegdheid van gegevensverstrekking als bedoeld in lid 3 is gestoeld op art. 91 (oud) Mededingingswet en art. 24 (oud) Wet Onafhankelijke post- en telecommunicatieautoriteit waarin een bevoegdheid tot gegevensverstrekking voor de NMa respectievelijk de OPTA was neergelegd. Voor de Consumentenautoriteit volgde een soortgelijke bevoegdheid uit de plicht tot wederzijdse bijstand, zoals bepaald in Verordening (EG) 2006/2004 betreffende samenwerking met betrekking tot consumentenbescherming. Lid 3 regelt drie situaties waarin ACM gegevens of inlichtingen ter beschikking kan stellen aan derden. Het gaat hierbij om een bevoegdheid van ACM, geen verplichting. Afwijking van de geheimhoudingsplicht is alleen mogelijk aan: i. een bestuursorgaan indien bij ministeriële regeling is bepaald dat verstrekking van gegevens noodzakelijk is voor de goede uitvoering van een aan dat bestuursorgaan opgedragen taak. Met de inwerkingtreding van de Instellingswet ACM op 1 april 2013 is ook de Regeling gegevensverstrekking ACM (*Stcrt.* 2013, 8150; gewijzigd in *Stcrt.* 2014, 35166, *Stcrt.* 2016, 56649 en *Stcrt.* 2018, 10923) van kracht geworden. Deze regeling is vervangen door de Regeling gegevensverstrekking ACM 2019 (*Stcrt.* 2019, 51924). Deze regeling bevat een uitputtende lijst met bestuursorganen, diensten en toezichthouders aan wie ACM gegevens en inlichtingen mag verstrekken voor zover dat noodzakelijk is voor de goede vervulling van hun taak. Op deze lijst staan tweeëntwintig organisaties, waaronder bijvoorbeeld de Belastingdienst/FIOD-ECD, de Inspectie voor de Gezondheidszorg en het Nationaal Cyber Security Center; ii. aan een buitenlandse instelling, indien die instelling is belast met de toepassing van regels in het buitenland op gebieden waarop in Nederland de taken van ACM betrekking hebben. Hierbij kan worden gedacht aan bijvoorbeeld andere Europese toezichthouders op het gebied van mededinging, telecom en energie. Onder art. 91 (oud) Mw heeft de NMa eenmaal gebruikgemaakt van de bevoegdheid om informatie te verstrekken aan een buitenlandse instelling (NMa 2003, zaak 2269, Garnalen); en iii. aan degene op wie de gegevens betrekking hebben én die de gegevens heeft verstrekt. **d. Meervoudige toets.** Alvorens tot verstrekking over te gaan aan een bestuursorgaan, dienst of toezichthouder of een buitenlandse instelling dient ACM zich allereerst te vergewissen van de bevoegdheden van de derde op basis van de toepasselijke regelgeving. Vervolgens dient te worden bezien in hoeverre de te verstrekken informatie van betekenis is of kan zijn voor de uitoefening van de taak van die derde. Dat vooronderstelt inzicht in de achtergronden van het verzoek of de noodzaak tot verstrekking. Tot slot dient ACM na te gaan of de geheimhouding van de gegevens en inlichtingen in voldoende mate is gewaarborgd en of voldoende is gewaarborgd dat de gegevens en inlichtingen niet zullen worden gebruikt voor een ander doel dan waarvoor deze zijn verstrekt. ACM dient dus steeds te bezien in hoeverre buitenlands recht (of – in geval van potentiële verstrekking aan de Europese Commissie – Europees recht) voldoende waarborgen kent voor geheimhouding en doelbinding. Dat is een beoordeling naar Nederlands recht. Indien het andere recht naar het oordeel van ACM onvoldoende waarborgen biedt, moet worden aangenomen dat zij eventueel additionele waarborgen zal kunnen en moeten bedingen. Hetzelfde geldt voor verstrekking aan Nederlandse bestuursorganen, diensten of toezichthouders die in de toepasselijke regelgeving niet aan de doelbinding zijn gehouden. De wet schrijft ACM ter zake geen specifieke wijzen of juridische beperkingen voor waarop die additionele waarborgen zouden moeten zijn vormgegeven. **e. Rechtsbescherming.** De wet bepaalt niet of tegen de beslissingen van ACM in het kader van art. 7 lid 3 en 4, bestuursrechtelijke rechtsbescherming openstaat. Het enkel verstrekken van informatie lijkt geen handeling gericht op rechtsgevolg en daarmee geen besluit in de zin van art. 1:3 Awb. Door de verstrekking lijkt er niets te veranderen in de verhouding tussen ACM en de betrokken marktorganisatie. In dit geval is het mogelijk voor de marktorganisaties om naar de civiele rechter te stappen en een kort geding tegen ACM aan te spannen. De grondslag van het geding betreft dan onrechtmatig overheidshandelen. Hiervoor moet worden aangetoond dat aan een van de voorwaarden van het vierde lid niet is voldaan. Wanneer het verstrekken van informatie ex art. 7 lid 3 en 4, wel als een besluit ex art. 1:3 Awb wordt gezien, staat de weg naar de bestuursrechter open. Dat tegen een beslissing van de ACM om gegevens te verstrekken rechtsbescherming openstaat en dat daaraan onrechtmatig handelen ter grondslag kan worden gelegd, wordt bevestigd met het vonnis van de rechtbank Den Haag van 7 juli 2020 (ECLI:NL:RBDHA:2020:6204). In het civielrechtelijk kort geding kwam de verstrekking van gegevens door de ACM aan de orde. In deze zaak ging het om de vraag of de ACM als toezichthouder onrechtmatig handelde door bepaalde gegevens die zij heeft verkregen uit bij een onderneming verricht onderzoek, ter inzage te geven aan de mede-eigenaar van de onderneming waarop het onderzoek betrekking heeft. Tegen deze mede-eigenaar is eveneens een onderzoek ingesteld. Naar het oordeel van de voorzieningenrechter valt deze bevoegdheid binnen het wettelijk kader van artikel 7 Instellingswet ACM en is de ACM bevoegd die informatie te gebruiken in het kader van haar toezichtstaak jegens de mede-eigenaar. De voorzieningenrechter concludeerde dat de ACM daarmee niet in strijd handelde met het evenredigheidsbeginsel of het zorgvuldigheidsbeginsel. **f. Bijzondere geheimhoudingsregeling.** ACM heeft in een aantal besluiten aangegeven dat zij alle informatie die zij bij de uitvoering van haar wettelijke taken verkrijgt in beginsel geheim zal houden, ook na afloop van het onderzoek. Zie bijvoorbeeld de besluiten van ACM in de zaken Sandd (besluit van 22 oktober 2014), xCat Publishing (besluit van 22 september 2015, zaaknr. 15.0910.51) en Careyn (besluit van 9 september 2015, zaaknr. 15.0885.51). Zie www.acm.nl. De Rechtbank Rotterdam heeft bevestigd dat art. 7 een bijzondere geheimhoudingsregeling bevat met een uitputtend karakter, die voorrang heeft op de Wob (zie ECLI:NL:RBROT:2015:3381). De rechtbank merkt op dat openbaarmaking op grond van de Wob afbreuk zou kunnen doen aan de goede werking van de geheimhoudingsplicht van art. 7. Ook merkt zij op dat de wetsgeschiedenis bij de Stroomlijningswet bevestigt dat art. 7 een bijzondere openbaarmakingsregeling bevat die voorgaat op de Wob (*Kamerstukken II* 2012/13, 33622, 7, p. 24). De Wob is wel van toepassing op verzoeken om informatie over andere dan in art. 7 bedoelde informatie. Hierbij kan gedacht worden aan informatie over de interne bedrijfsvoering van ACM. Zie in dit verband bijvoorbeeld het besluit van ACM op een Wob-verzoek over declaraties van (oud)bestuurders (besluit van 11 juni 2014, zaaknr. 14.0491.51). Het CBb bevestigt in de uitspraak van 17 juni 2016 dat de wetgever met het systeem van art. 7 en art. 12u, 12v en 12w van de Instellingswet ACM heeft bedoeld om een uitputtende regeling te treffen die voorrang heeft op de Wob. Vervolgens geeft het CBb aan dat dit systeem niet de mogelijkheid uitsluit dat de documenten waarvan om vertrouwelijkheid is verzocht, ook informatie kan bevatten die niet valt onder het bereik van art. 7 lid 1 en waarop de WOB dus van toepassing is. Als voorbeelden noemt het CBb naast informatie over de interne bedrijfsvoering van ACM, ook informatie die ziet op het proces van de totstandkoming van een besluit, zoals bijvoorbeeld de wijze van corresponderen (zie ECLI:NL:CBB:2016:169). Een ander voorbeeld betreft e-mailconversaties die bestaan uit een samenstel van berichten, waarvan bepaalde berichten door ACM zijn opgesteld. Dergelijke door ACM opgestelde berichten vallen niet onder art. 7, lid 1, maar onder art. 12w, lid 1 (zie ECLI:NL:RBROT:2019:1411). Dit betekent dat ACM niet zonder onderzoek van de documenten waarvan om openbaarmaking wordt gevraagd, het standpunt kan innemen dat alle informatie in de gevraagde documenten hoe dan ook onder de geheimhoudingsplicht van art. 7 lid 1 valt. Praktisch betekent dit dat ACM per gevraagd document moet beoordelen welke informatie onder het geheimhoudings- en openbaarmakingssysteem van art. 7, 12u, 12v en 12w valt. En de openbaarmaking van de overige informatie moet ACM toetsen aan de WOB. De Rechtbank Rotterdam bevestigt dit in haar uitspraak van 28 februari 2019 (zie: ECLI:NL:RBROT:2019:1411). Documenten die uitsluitend gegevens en inlichtingen bevatten die ACM heeft verkregen in verband met een aan haar opgedragen taak, vallen onder de geheimhoudingsplicht van art. 7, lid 1. Dit is anders wanneer het documenten betreft die door ACM zelf of in opdracht van ACM zijn vervaardigd voor de uitvoering van een aan haar opgedragen taak. Die documenten vallen onder art. 12w. De lijn dat de Instellingswet ACM een bijzondere openbaarmakingsregeling bevat, wordt voortgezet in de Wet open overheid (hierna: Woo). Art. 8.8 Woo en de bijlage bij dit artikel bepalen dat deze wet van toepassing is, tenzij een bij bijzondere wet vastgelegd apart regime van toepassing is. De in de bijlage bij art. 8.8 Woo genoemde bepalingen gaan voor op art. 3.1, art. 3.3, art. 4.1, art. 5.1, leden 1, 2 en 5 en art. 5.2 Woo. De voor de ACM relevante bepalingen die worden genoemd in de bijlage betreffen art. 7, art. 12u, 12v en 12w Instellingswet ACM, art. 7 en art. 78 Elektriciteitswet 1998, art. 1h Gaswet, art. 11a2, lid 3, Telecommunicatiewet, art. 2.24 Wet handhaving consumentenbescherming voor zover de documenten berusten bij de ACM en art. 7.1 en art. 10.19 Wet Luchtvaart. **g. Grondslag verwerken gegevens over gezondheid.** Met de komst van de AVG is het vereist dat elke verwerkingsverantwoordelijke een directe en zelfstandige wettelijke grondslag heeft om gegevens te kunnen verwerken. Deze directe en zelfstandige wettelijke grondslag is voor het verwerken van gegevens over gezondheid door ACM neergelegd in de leden 5 tot en met 8. Lid 5 bepaalt ten behoeve van welke taken ACM deze gegevens over gezondheid mag verwerken. Dit betreft de taken van ACM in het kader van het toezicht op grond van de hoofdstukken 2, 3, 4, 5, 8 en 10 Mw voor zover het de zorgsector betreft. En de taken bedoeld in art. 2, lid 4 Instellingswet ACM voor zover het marktonderzoeken en rapportages in de zorgsector betreft. Verwerking van deze gegevens is mogelijk op grond van art. 9, lid 2 AVG. ACM kan de gegevens slechts verwerken indien daarop pseudonimisering is toegepast en vervolgens onafgebroken is gecontinueerd. Lid 6 waarborgt dit. Lid 7 regelt dat art. 21, lid 1, tweede volzin, AVG buiten toepassing blijft bij de verwerking door ACM. Dit betekent dat ACM als verwerkingsverantwoordelijke de verwerking van persoonsgegevens niet hoeft te staken wanneer door een belanghebbende bezwaar wordt gemaakt. De noodzaak van deze beperking is erin gelegen dat het staken van de verwerking van de geaggregeerde en gepseudonimiseerde gegevens over de gezondheid een goede werking van het toezicht op de zorg in het kader van de wettelijke taken van ACM zou ondermijnen. Zonder de verwerking van deze gegevens, waarbij gedacht kan worden aan declaratiegegevens in verband met zorgconsumptie, zou ACM haar wettelijke taken niet adequaat kunnen uitvoeren. De beperking dient daarmee ter waarborging van de doelstelling van het algemeen belang en prevaleert boven het belang van betrokkene. Omdat alleen die gegevens worden gebruikt die strikt noodzakelijk zijn, kunnen aan de hand van de geaggregeerde en gepseudonimiseerde gegevens individuele personen niet worden geïdentificeerd. Hiermee is de evenredigheid gewaarborgd. Door middel van lid 8 wordt gewaarborgd dat de gegevens alleen verwerkt worden door personen die uit hoofde van een wettelijk voorschrift dan wel krachtens een overeenkomst tot geheimhouding zijn verplicht. Uit art. 7, lid 1 volgt al dat op de verwerking van persoonsgegevens door ACM de geheimhoudingsplicht van toepassing is. Lid 8 expliciteert deze geheimhoudingsplicht voor medische persoonsgegevens. Dit vanwege de bijzondere aard van deze gegevens en voor het geval ACM derden zal inschakelen om gegevens over gezondheid in opdracht van ACM te verwerken. **h. Komend recht.** Op het moment dat het wetsvoorstel tot wijziging van de Wet marktordening gezondheidszorg en enkele andere wetten in verband met aanpassingen van de tarief- en prestatieregulering en het markttoezicht op het terrein van de gezondheidszorg (*Kamerstukken* 34445) in werking treedt en daarmee het zorgspecifieke markttoezicht wordt overgedragen aan ACM, zal lid 5 worden gewijzigd. Aan de opsomming van taken in lid 5 worden dan de par. 4.3 (aanmerkelijke marktmacht) en par. 4.3a (zorgspecifiek concentratietoezicht) Wmg toegevoegd. Hierdoor wordt gerealiseerd dat ACM, vanaf het moment dat zij verantwoordelijk wordt voor het zorgspecifieke markttoezicht, de medische persoonsgegevens die noodzakelijk zijn ter uitvoering van die taken, mag verwerken onder de voorwaarden zoals die zijn opgenomen in art. 7.

Artikel 8
Onze Minister kan nadere regels vaststellen over de in artikel 20 van de Kaderwet zelfstandige bestuursorganen bedoelde verstrekking van gegevens of inlichtingen van de Autoriteit Consument en Markt aan Onze Minister of Onze Minister van Infrastructuur en Milieu en nadere regels over de verstrekking van gegevens of inlichtingen door Onze Minister of Onze Minister van Infrastructuur en Milieu aan de Autoriteit Consument en Markt.
[28-02-2013, Stb. 102, i.w.tr. 01-04-2013/kamerstukken 33186]

[Delegatiegrondslag regels inlichtingenverstrekking aan Ministers]

Betekenis. Art. 20 Kaderwet zbo's bevat een inlichtingenplicht voor zelfstandige bestuursorganen jegens de verantwoordelijke minister. Het inlichtingenrecht van de minister aan de ene kant en de inlichtingenplicht van ACM aan de andere kant zijn onbeperkt: de minister dient alle inlichtingen te kunnen krijgen. De minister kan dus in beginsel ook beschikken over vertrouwelijke, privacygevoelige gegevens of bedrijfsgegevens die bij ACM berusten. Hierbij zijn individuele bedrijfsgegevens niet op voorhand uitgesloten. Het kan immers noodzakelijk zijn dat bijvoorbeeld bij ernstige taakverwaarlozing de minister inzage nodig heeft in de wijze van behandeling van zaken door ACM. Daarbij gaat het niet om inhoudelijke beoordelingen van individuele zaken, maar met name om de systematische (procedurele) behandeling die in voorkomende gevallen alleen bezien kan worden aan de hand van complete dossiers. Art. 8 Instellingswet ACM biedt de grondslag voor de vaststelling van nadere regels door de minister over informatie-uitwisseling tussen de Minister van EZK en de Minister van Infrastructuur en Milieu enerzijds en ACM anderzijds. Deze nadere regels moeten blijven binnen de kaders die art. 20 Kaderwet zbo's stelt.

Artikel 9
1. Onze Minister en Onze Minister van Infrastructuur en Milieu onthouden zich van instructies die op een individuele zaak betrekking hebben.
2. De leden en het personeel van de Autoriteit Consument en Markt verlangen of ontvangen geen instructies die op een individuele zaak betrekking hebben.
[28-02-2013, Stb. 102, i.w.tr. 01-04-2013/kamerstukken 33186]

[Geen ministeriële instructies individuele zaken]

Betekenis. Het onafhankelijk functioneren van het personeel van een zelfstandig bestuursorgaan wordt gewaarborgd door art. 16 Kaderwet zbo's. Dit artikel bepaalt dat het personeel over zijn werkzaamheden uitsluitend aan het zelfstandig bestuursorgaan verantwoording aflegt en dus niet aan de verantwoordelijke minister. Art. 9 Instellingswet ACM voegt hier een extra waarborg aan toe. Op grond van deze bepaling mogen de leden en het personeel van ACM geen instructies van de minister verlangen of ontvangen die op een individuele zaak betrekking hebben. Ook mag de minister die instructies niet geven. Daarmee is het onafhankelijk karakter van de ondersteuning die het personeel biedt aan ACM, gewaarborgd.

Artikel 10

1. In afwijking van artikel 22, eerste lid, van de Kaderwet zelfstandige bestuursorganen kan Onze Minister of Onze Minister van Infrastructuur en Milieu een besluit van de Autoriteit Consument en Markt uitsluitend vernietigen indien het een besluit van algemene strekking betreft en de vernietiging geschiedt wegens onbevoegdheid van de Autoriteit Consument en Markt.
2. Artikel 10:35 van de Algemene wet bestuursrecht is niet van toepassing.
3. Onze Minister of Onze Minister van Infrastructuur en Milieu kan geen besluiten vernietigen op het gebied van energie, post, telecommunicatie en vervoer die de Autoriteit Consument en Markt neemt op grond van het bepaalde bij of krachtens een voor een specifieke marktsector geldende wet of op het gebied van mededinging. Artikel 22, eerste lid, van de Kaderwet zelfstandige bestuursorganen is op die besluiten niet van toepassing.
4. Onze Minister of Onze Minister van Infrastructuur en Milieu zendt een afschrift van een besluit tot vernietiging aan de Tweede en de Eerste Kamer der Staten-Generaal.
[11-11-2020, Stb. 9, i.w.tr. 18-02-2021/kamerstukken 35467]

[Beperkte vernietigingsbevoegdheid besluiten ACM]

Betekenis. a. Beperkte vernietigingsbevoegdheid. ACM kan zelfstandig besluiten nemen, onafhankelijk van enig politiek orgaan. De minister heeft ten aanzien van besluiten van ACM die van algemene strekking zijn de bevoegdheid deze te vernietigen. Bij besluiten van algemene strekking van ACM gaat het om algemeen geldende normen en niet om besluiten in een individueel geval. Te denken valt aan door ACM vastgestelde beleidsregels. Daarmee wordt het vernietigingsrecht uit art. 22 Kaderwet zbo's voor ACM ten dele buiten toepassing verklaard. De minister heeft de vernietigingsbevoegdheid alleen als ACM geen (toereikende) grondslag had om het betreffend besluit te nemen en daarmee de grenzen van haar bevoegdheid heeft opgezocht (ultra vires). Omdat alleen vernietigd kan worden op de grond dat ACM niet bevoegd was het besluit van algemene strekking te nemen, is de toepasselijkheid van art. 10:35 Awb – dat verdergaande vernietigingsgronden kent – uitgesloten. Hiermee is het vernietigingsrecht van de minister beperkt van aard. De beperkte vernietigingsbevoegdheid is ingegeven vanuit ten eerste een heldere verdeling van taken en bevoegdheden tussen de minister(s) enerzijds en ACM anderzijds. Ten tweede is het ingegeven door de strenge eisen die de Europeesrechtelijke regelgeving op energie- en telecommunicatiegebied stellen aan de onafhankelijkheid en autonomie

van de nationale regulerende instanties. Dit laatste heeft erin geresulteerd dat in lid 3 van deze bepaling is opgenomen dat de betrokken minister een besluit van algemene strekking van ACM op het gebied van het sectorspecifiek toezicht in de sectoren energie, vervoer, telecom en post, niet kan vernietigen. Ook niet wegens onbevoegdheid van ACM. Met de inwerkingtreding van de Wet tot wijziging van de Mededingingswet en de Instellingswet Autoriteit Consument en Markt is de strekking van lid 3 uitgebreid met het gebied van mededinging. Met betrekking tot de onafhankelijkheid van de toezichthouder worden nu dezelfde eisen gesteld als die op het gebied van energie, post, vervoer en telecommunicatie. Ook op het gebied van mededinging moet een toezichthouder zonder externe (politieke) druk kunnen acteren. Een bevoegdheid voor een minister om besluiten van een toezichthouder te vernietigen, verhoudt zich niet tot deze eisen. Het effect van deze toevoeging zal evenwel beperkt zijn; er is namelijk niet eerder door de minister gebruikgemaakt van het vernietigingsrecht op het gebied van mededinging.
b. Verhouding Minister van EZK en Minister van Infrastructuur en Waterstaat. Als het betreffende ACM-besluit betrekking heeft op de beleidsportefeuilles van zowel de Minister van EZK als de Minister van Infrastructuur en Waterstaat dan zal elk van de ministers een besluit omtrent vernietiging niet eerder nemen, dan nadat met de andere minister overleg is gevoerd en daarover overeenstemming is bereikt.

Artikel 11
Indien de Autoriteit Consument en Markt bij werkzaamheden ten behoeve van de uitvoering van een wet die valt onder de verantwoordelijkheid van Onze Minister van Infrastructuur en Milieu haar taak ernstig verwaarloost, treft Onze Minister de in artikel 23, eerste lid, van de Kaderwet zelfstandige bestuursorganen bedoelde voorzieningen na overleg met Onze Minister van Infrastructuur en Milieu.
[28-02-2013, Stb. 102, i.w.tr. 01-04-2013/kamerstukken 33186]

[Verwaarlozing taken ACM]

Betekenis. Op grond van de Kaderwet zbo's is de Minister van EZ bevoegd alle noodzakelijke voorzieningen te treffen indien sprake is van taakverwaarlozing door ACM. Ook indien ACM haar taak verwaarloost op bijvoorbeeld het gebied van de Wet personenvervoer 2000, de Loodsenwet en de Wet luchtvaart, is het enkel de Minister van EZK die, na overleg met de Minister van Infrastructuur en Waterstaat, de noodzakelijke maatregelen kan nemen.

Artikel 12
Onze Minister stelt het verslag, bedoeld in artikel 39, eerste lid, van de Kaderwet zelfstandige bestuursorganen, op na overleg met Onze Minister van Infrastructuur en Milieu.
[28-02-2013, Stb. 102, i.w.tr. 01-04-2013/kamerstukken 33186]

[Evaluatieverslag]

Betekenis. Art. 39 Kaderwet zbo's brengt mee dat het doelmatige en doeltreffende functioneren van een zelfstandig bestuursorgaan elke vijf jaar wordt geëvalueerd. Art. 12 Instellingswet ACM regelt ten aanzien daarvan dat de Minister van EZK het evaluatieverslag opstelt ná overleg met de Minister van Infrastructuur en Milieu. Het aldus tot stand gekomen verslag wordt vervolgens, conform art. 39 Kaderwet zbo's, door de Minister van EZK toegezonden aan de Eerste en Tweede Kamer. Inmiddels is het functioneren van de ACM voor een eerste keer geëvalueerd. Bij brief van 18 december 2015 heeft de Minister van EZK de voorzitter van de Tweede Kamer geïnformeerd over de uitkomsten van de evaluatie. Eenzelfde brief is op 21 december 2015 verstuurd aan de Eerste Kamer (zie https://www.rijksoverheid.nl/documenten/kamerstukken/2015/12/18/kamerbrief-over-uitkomsten-evaluatie-autoriteit-consument-en-markt). In 2020 is de ACM voor een tweede keer geëvalueerd en wel over de periode april 2015 tot en met maart 2020. In de evaluatie is de doeltreffendheid, doelmatigheid en toekomstbestendigheid van de ACM onderzocht. De evaluatie heeft geresulteerd in zes aanbevelingen. De aanbevelingen raken aan het binnen het wettelijk kader oog houden voor publieke belangen, het duidelijk communiceren over de redenering achter gemaakte keuzes, het beter in beeld brengen van output en outcome van toezicht, het verder werken aan zelfreflectie en zelflerend vermogen van de organisatie, het opstellen van een integrale langetermijnplanning en het samen met bedrijven bekijken hoe de doelmatigheid van het toezicht verder kan worden versterkt. Het algemene resultaat en de aanbevelingen van de evaluatie van de ACM zijn neergelegd in een Kamerbrief. Op 12 februari 2021 is deze brief door de Staatssecretaris van EZK toegezonden aan de voorzitter van de Tweede Kamer (zie Kamerbrief over Evaluatie van de Autoriteit Consument en Markt | Kamerstuk | Rijksoverheid.nl).

HOOFDSTUK 3
Handhaving en openbaarmaking

[Inleidende opmerkingen]

1. Bevoegdheden van de ACM. a. Algemeen. Ten behoeve van de handhaving van de wetgeving waarop de ACM toeziet, is een aantal handhavingsbevoegdheden ACM-breed geregeld in de Instellingswet ACM. Met de Instellingswet ACM zijn op 1 april 2013 de Nederlandse Mededingingsautoriteit (NMa), de Onafhankelijke Post en Telecommunicatie Autoriteit (OPTA) en de Consumentenautoriteit (CA) gefuseerd tot de Autoriteit Consument en Markt (*Stb.* 2013, 102; *Kamerstuk* 33186). Met de Stroomlijningswet (*Stb.* 2014, 247) zijn op 1 augustus 2014 de handhavingsbevoegdheden geharmoniseerd van de (sector)wetgeving die de ACM uitvoert en waarop zij toeziet en voor zover mogelijk overgeheveld van de sectorwetgeving naar de Instellingswet ACM. Er is daarbij rekening gehouden met de aanbevelingen die uit de evaluaties van de drie voormalige autoriteiten zijn voortgekomen (zie *Kamerstukken II* 2012/13, 33622, 3, p. 4). De Instellingswet ACM kan een beperking, uitbreiding of aanvulling bevatten van de bevoegdheden die in de Algemene wet bestuursrecht zijn geregeld. Om de set regels te vergaren die relevant is voor de handhaving van de Mededingingswet moet dus naast specifieke regels in de Mededingingswet en Verordening (EG) 1/2003 (*PbEG* 2003, L 1/1, opgenomen in het onderdeel Bijlagen), worden gekeken naar de Instellingswet ACM en de Algemene wet bestuursrecht. Om bijvoorbeeld inzicht te krijgen in het wettelijk kader dat geldt voor het opleggen van een last onder dwangsom in de zin van art. 56 Mw, dienen niet alleen de betrokken bepalingen uit de Mededingingswet te worden geraadpleegd, maar ook de Instellingswet ACM (bijvoorbeeld art. 12r Instellingswet ACM) en de Algemene wet bestuursrecht (bijvoorbeeld art. 5:1-5:10 en art. 5:31d-5:39 Awb). **b. Algemene wet be-**

stuursrecht. De Awb speelt een centrale rol bij alle bevoegdheidsuitoefening door de ACM. Bij handhaving door de ACM zijn de algemene bestuursrechtelijke handhavingsbeginselen van toepassing, zoals zorgvuldig onderzoek (art. 3:2 Awb), zorgvuldige belangenafweging (art. 3:4 lid 2 Awb), de hoorplicht (afd. 4.1.2 Awb) en de motivering van besluiten (art. 3:46 e.v. en 7:12 Awb). Een aantal daarvan heeft bij de bestuursrechtelijke handhaving een specifieke invulling. Zo is art. 3:2 Awb de grondslag voor bewijslastverdeling en een onrechtmatig verkregen bewijsverweer, geldt bij de inzet van bevoegdheden het evenredigheidsbeginsel (art. 5:13 Awb) en geldt voor boetebesluiten in afwijking van afd. 4.1.2 Awb een hoorplicht op grond van art. 5:53 Awb. Hoofdstuk 5 Awb regelt de bestuursrechtelijke bevoegdheden die ACM-breed voor de handhaving kunnen worden ingezet: het handhavingstoezicht (titel 5.2, art. 5:11-5:20 Awb), de last onder dwangsom (titel 5.3 herstelsancties, en meer precies afd. 5.3.2, art. 5:31d-5:39 Awb) en de bestuurlijke boete (titel 5.4, art. 5:40-5:54 Awb). Van groot belang zijn voorts de algemene bepalingen in titel 5.1 Awb. In deze titel zijn definities en voorschriften opgenomen die van belang zijn voor de bestuursrechtelijke handhaving van het mededingingsrecht. Zo kunnen zowel de pleger als de medepleger als overtreder beschouwd worden (art. 5:1 lid 2 Awb), en kunnen natuurlijke personen, rechtspersonen (of daaraan gelijkgestelde entiteiten) en de feitelijk leidinggevers/opdrachtgevers als overtreder worden aangesproken (art. 5:1 lid 3 Awb). In titel 5.1 zijn voorts codificaties opgenomen van het legaliteitsbeginsel (art. 5:4 Awb), een aantal aspecten van het motiveringsbeginsel bij bestuurlijke sancties (art. 5:9 Awb), samenloop (art. 5:6 en 5:8 Awb), de mogelijkheid van een preventieve herstelsanctie bij klaarblijkelijk gevaar (art. 5:7 Awb) en het zwijgrecht (art. 5:10a Awb). In art. 5:5 Awb is de mogelijkheid van het inroepen van de rechtvaardigingsgronden gecodificeerd. Voor artikelsgewijs commentaar op deze bepalingen wordt verwezen naar de *Tekst & Commentaar Algemene wet bestuursrecht*. De voor de ACM relevante specifieke (sector)wetten bevatten bevoegdheidsbepalingen die de algemene bepalingen uit de Awb beperken, uitbreiden en aanvullen. **c. Mededingingswet en Instellingswet ACM.** In de Mededingingswet en de Instellingswet ACM zijn een aantal afwijkingen van en aanvullingen op de Awb terug te vinden. Zo regelt art. 12b lid 1 Instellingswet ACM ter versterking van de inzagebevoegdheid van art. 5:17 Awb de ACM-brede bevoegdheid om bedrijfsruimten en voorwerpen te verzegelen. Art. 12b lid 2 Instellingswet ACM regelt de bevoegdheid om de sterke arm (politie) in te roepen indien nodig om deze inzagebevoegdheid te kunnen uitoefen. In aanvulling op art. 5:15 Awb hebben de toezichthoudende ambtenaren op grond van art. 12c Instellingswet ACM de bevoegdheid om een woning zonder toestemming van de bewoner te betreden. En in art. 50-53 Mw is vervolgens de bevoegdheid opgenomen om de woning die op grond van de regeling in de Instellingswet ACM is betreden, ook te doorzoeken. In art. 12i Instellingswet ACM is het zwijgrecht en de cautieplicht van art. 5:10a Awb uitgebreid tot elke natuurlijke persoon die werkzaam is voor de marktorganisatie, en in art. 12g Instellingswet ACM is de bescherming van de geheimhouding van het schriftelijke verkeer tussen advocaat en zijn cliënt in art. 5:20 lid 2 Awb uitgebreid (dit wordt ook wel het 'legal privilege' genoemd). In art. 12q Instellingswet ACM is de functiescheiding van art. 10:3 lid 4 Awb nader aangescherpt. In aanvulling op de Awb-regeling van verjaring (art. 5:45 Awb) regelen art. 64 en 82 Mw een aantal stuitingshandelingen. De Instellingswet ACM geeft de ACM ook een aantal nieuwe bevoegdheden die ACM-breed kunnen worden toegepast. Voorbeelden daarvan zijn de bevoegdheid om een toezegging van een marktorganisatie bindend te verklaren (art. 12h Instellingswet ACM), de bevoegdheid om een bindende aanwijzing op te leggen (art. 12j Instellingswet ACM), de bevoegdheid tot openbaarmaking van een besluit tot het opleggen van een bestuurlijke sanctie of een bindende aanwijzing (art. 12u en art.12v Instellingswet ACM), de bevoegdheid om andere documenten openbaar te maken (art. 12w Instellingswet ACM) en de bevoegdheid van de ACM om gegevens en inlichting op te vragen (art. 6b Instellingswet ACM). **d. Sanctiebevoegdheden.** De sanctiebevoegdheden van de ACM zijn geregeld in de specifieke (sector)wetgeving en de Instellingswet ACM. Zo zijn de sanctiebevoegdheden bij een overtreding van het verbod op mededingingsbeperkende overeenkomsten en onderling afgestemde feitelijke gedragingen (art. 6 Mw) en het verbod op misbruik van een economische machtspositie (art. 24 Mw) geregeld in hoofdstuk 7 Mw. De Instellingswet ACM regelt een aantal ACM-brede sanctiebevoegdheden, zie bijvoorbeeld art. 12l, 12m, 12n Instellingswet ACM. Voor meer achtergrond bij die bevoegdheden wordt verwezen naar het commentaar op die specifieke artikelen. In de Instellingswet ACM is daarnaast een tamelijk groot aantal aanvullende, meer procedurele bepalingen opgenomen met betrekking tot de sanctiebevoegdheden die in de specifieke (sector)wetgeving zijn geregeld. In afwijking van art. 5:51 Awb geldt voor de zwaardere boetes bovenop de beslistermijn van dertien weken na dagtekening van het boeterapport, de mogelijkheid van verlenging met dertien weken (art. 12k Instellingswet ACM), en op grond van art. 62 Mw een verlenging van dertig dagen. In art. 12o Instellingswet ACM is de ACM-brede definitie van omzet opgenomen die de basis is voor de berekening van de maximumhoogte van de bestuurlijke boetes die de ACM kan opleggen. In aanvulling op de Awb-regeling kan de ACM de boekhouding van een overtreder onderzoeken om de financiële gegevens te vergaren die noodzakelijk zijn voor de vaststelling van de hoogte van een boete, zie art. 12l Instellingswet ACM. De opschortende werking van boetebeschikkingen is, in afwijking van de hoofdregel van art. 6:16 Awb, geregeld in art. 12p Instellingswet ACM. In art. 12s Instellingswet ACM is een voorziening opgenomen voor de invordering van bestuurlijke boetes bij insolventie van een marktorganisatie die bestaat uit meer rechtspersonen. Voor de bevoegdheden in de specifieke (sector)wetgeving tot het opleggen van een last onder dwangsom is art. 12r Instellingswet ACM van groot belang. Hier is de bevoegdheid geregeld om voorschriften te verbinden aan de last onder dwangsom inzake het verstrekken van gegevens aan de ACM, de maximale geldigheidsduur van een dwangsombeschikking van twee jaar en de verjaringstermijn (verval van bevoegdheid) van vijf jaar na de overtreding met een regeling voor de stuiting daarvan. **e. Verhouding met fundamentele mensenrechten.** Bij de uitoefening van de hiervoor beschreven bestuursrechtelijke bevoegdheden zijn de fundamentele rechten van de mens van toepassing, zoals neergelegd in het Handvest van de grondrechten van de Europese Unie (het Handvest) en het Europees Verdrag tot bescherming van de rechten van de mens en de fundamentele vrijheden (EVRM). Zo is art. 49 van het Handvest relevant voor de bepaling van hoogte van de boete. Artikel 8 EVRM is bijvoorbeeld relevant voor de inzet van toezichtsbevoegdheden als het binnentreden en doorzoeken van plaatsen. Artikel 6 EVRM speelt een rol bij de positie van verhoorden. Denk bijvoorbeeld aan het zwijgrecht (voor meer over dit recht zie het commentaar op art. 12i Instellingswet ACM), maar ook aan het uitgangspunt dat een (bestuurlijke) procedure binnen redelijke termijn moet zijn afgerond (zie bijvoorbeeld Rb. Rotterdam 12 mei 2016, ECLI:NL:RBROT:2016:3477, r.o. 21.1). De Nederlandse bestuursrechter past dit Europese recht toe, zie voor een voorbeeld waarbij de ACM betrokken was CBb 23 oktober 2018, ECLI:NL:CBB:2018:526, r.o. 9.3.2. Ook de civiele rechter oordeelt over de naleving van de fundamentele mensenrechten bij de uitoefening van bevoegdheden door toezichthouders van de ACM. Zie bijv. Rb. Den Haag 3 juni 2021, ECLI:NL:RBDHA:2021:7149. De uitleg van dat recht door het HvJ EU en het EHRM is daarbij van belang.

2. Komend recht. Op dit moment is het wetsvoorstel 34445 in behandeling waarmee wordt beoogd het markttoezicht op het terrein van de gezondheidszorg te wijzigen. Als de wet wordt aangenomen zullen bepaalde delen van het sectorspecifieke toezicht overgaan van de Nederlandse Zorgautoriteit naar de ACM. De ACM-instrumenten voor dit sectorspecifieke toezicht zullen dan worden aangescherpt (*Kamerstukken II* 2015/16, 34445, 3, p. 10 e.v. en p. 18 e.v.).

3. Geen strafrechtelijke handhaving Mededingingswet. Door de regering is in het verleden naast de bestaande bestuursrechtelijke handhaving van de Mededingingswet ook de mogelijkheid van strafrechtelijke handhaving overwogen (*Kamerstukken II* 2005/06, 30071, 27; Aanhangsel *Handelingen II* 2006/07, 267; *Kamerstukken II* 2007/08, 31200 XIII, 76. Zie voorts *Kamerstukken II* 2011/12, 24095, 305; *Handelingen II* 2011/12, 34, item 9, p. 79; *Kamerstukken II* 2005/06, 30071; *Kamerstukken II* 2005/06, 30071, 16; *Handelingen II* 2005/06, 91, p. 5579 en 5581). De regering heeft met de oprichting van de ACM er voor gekozen om de strafrechtelijke handhaving van de Mededingingswet niet in te voeren: "Alles afwegende in het licht van de materiële aanpassingen en de stroomlijning van de drie fuserende toezichthouders wordt invoering van strafrechtelijke handhaving van de Mededingingswet door de regering niet aangewezen geacht, ook niet aanvullend op de bestuursrechtelijke handhaving door ACM" (*Kamerstukken II* 2012/13, 33622, 3, p. 17).

4. Beleid ACM. a. Algemeen handhavingsbeleid. De ACM publiceert regelmatig visie- en beleidsdocumenten en werkwijzen op haar website die inzicht geven in het algemene toezicht- en handhavingsbeleid van de ACM. Deze publicaties zijn te vinden op de website van de ACM onder 'Publicaties', meer specifiek 'Voorlichting aan bedrijven'. Onder 'Over ons', meer specifiek 'Missie & Strategie' worden de missie en toezichtstijl van de ACM beschreven. Voor handhaving van de mededingingsregels zijn naast de algemene Leidraden '*Samenwerking tussen concurrenten*' en '*Afspraken tussen leveranciers en afnemers*' met name de beleidsregels en werkwijzen met betrekking tot de volgende onderwerpen relevant. **b. Prioriteringsbeleid: aanvraag of signaal.** De ACM ontvangt klachten over mogelijke overtredingen en vangt signalen op. De ACM kan niet al deze klachten en signalen opvolgen met een onderzoek. De ACM hanteert een prioriteringsbeleid dat is omschreven in het document Prioritering van handhavingsonderzoeken door de Autoriteit Consument en Markt (*Stcrt.* 2016, 14564). Dit document is opgenomen in het onderdeel Bijlagen van deze Tekst & Commentaar. Met het prioriteringsbeleid beoogt de ACM inzichtelijk te maken waarom in het ene geval wel en in het andere geval geen handhavingsonderzoek wordt uitgevoerd. Zowel een klacht (verzoek om handhaving) als een signaal kan aanleiding zijn om een handhavingsonderzoek te starten. Een verzoek om handhaving van een belanghebbende is een aanvraag in de zin van art. 1:3 Awb. Al het andere, zoals tips en meldingen die niet als een aanvraag om handhavend optreden kunnen worden beschouwd, is een signaal. Bij een verzoek zijn de Awb-regels van de aanvraag van toepassing. Dat betekent bijvoorbeeld dat de verzoeker gegevens en bescheiden dient te verschaffen die nodig zijn voor een beoordeling van de aanvraag en waarover de verzoeker redelijkerwijs de beschikking kan krijgen en dat de ACM op het verzoek dient te beslissen. Het prioriteringsbeleid moet worden onderscheiden van het ACM-beleid over de keuze van haar instrumenten (vgl. Rb. Rotterdam 29 juli 2021, ECLI:NL:RBROT:2021:7277, r.o. 15.8). De ACM hanteert drie criteria: de (a prima facie) schadelijkheid van het gedrag, het betrokken maatschappelijk belang dat gemoeid is bij optreden van de ACM en de mate waarin de ACM doeltreffend en doelmatig kan optreden. Toepassing van deze criteria laat volgens de ACM onverlet dat minder prioritair geachte onderzoeken op een later moment alsnog gestart kunnen worden. Het beleidsdocument bevat een uitleg van de invulling en weging van deze criteria. Het prioriteringsbeleid ziet op alle domeinen waarop de ACM toezicht houdt. Gelet op het grote aantal wetten waarvan de naleving aan het toezicht van de ACM is onderworpen, zal zij trachten handhavingsonderzoeken evenwichtig te verdelen over deze verschillende gebieden. Bij die verdeling houdt de ACM rekening met het aantal verzoeken om handhaving en signalen per gebied. **c. Anonieme informanten.** De ACM heeft de Werkwijze informanten ACM 2017 gepubliceerd, die geldt vanaf 20 september 2017 (*Stcrt.* 2017, 52587). Deze werkwijze is opgenomen in het onderdeel Bijlagen van deze Tekst & Commentaar. Met dit besluit werd de Werkwijze (anonieme) informanten ACM uit 2013 ingetrokken. Voor 2013 gold de Beleidsregel van de Nederlandse Mededingingsautoriteit met betrekking tot (anonieme) informanten. Informanten zijn volgens de Werkwijze personen die informatie hebben over eventuele overtredingen, maar die informatie slechts willen delen indien hun identiteit alleen bekend wordt bij een beperkt aantal personen van de ACM en niet daarbuiten. De werkwijze beschrijft hoe dat wordt gewaarborgd. **d. Legal privilege (geheimhoudingsprivilege advocaat).** De ACM heeft de Werkwijze geheimhoudingsprivilege advocaat gepubliceerd (*Stcrt.* 2014, 3991), die geldt sinds 12 februari 2014. Dit document is opgenomen in het onderdeel Bijlagen van deze Tekst & Commentaar. Deze werkwijze beschrijft hoe de ACM bij de uitvoering van haar taken omgaat met het recht op geprivilegieerde correspondentie tussen advocaat en betrokkene. Zie ook het commentaar op art. 12g Instellingswet ACM. In het document wordt onder meer de rol van de 'functionaris verschoningsrecht', die binnen de ACM is aangesteld, beschreven. Deze functionaris ziet toe op het recht op geprivilegieerde correspondentie en voert die werkzaamheden onafhankelijk uit. De werkwijze schrijft daarom voor dat de functionaris niet betrokken is of zal worden bij een onderzoek in welk verband hij gegevens heeft beoordeeld, noch bij een ander onderzoek waarvoor (een deel van) de gegevens uit het eerstbedoelde onderzoek worden gebruikt. **e. Onderzoek digitale gegevens.** De ACM heeft de ACM-Werkwijze voor onderzoek in digitale gegevens 2014 (*Stcrt.* 2014, 3993) gepubliceerd. Deze geldt vanaf 12 februari 2014. De werkwijze is opgenomen in het onderdeel Bijlagen van deze Tekst & Commentaar. De voorheen geldende Werkwijze NMa analoog en digitaal rechercheren is bij besluit van 16 april 2013 met ingang van 1 april 2013 ingetrokken (*Stcrt.* 2013, 10808). De werkwijze beschrijft de wijze waarop de ACM inzage in digitale gegevens vordert in lijn met artikel 5:17 Awb. Inmiddels zijn er een aantal procedures gevoerd bij de civiele kortgedingrechter over deze werkwijze zie Rb. Den Haag, 12 juli 2017, ECLI:NL:RBDHA:2017:7968; Rb. Den Haag, 22 november 2017, ECLI:NL:RBDHA:2017:14150; Rb. Den Haag, 10 oktober 2018, ECLI:NL:RBDHA:2018:12722; Rb. Den Haag, 3 juni 2021, ECLI:NL:RBDHA:2021:7149. Het vonnis van 10 oktober 2018 heeft geleid tot een spoedappel bij het Gerechtshof Den Haag, zie het arrest van 12 februari 2019, ECLI:NL:GHDHA:2019:470. Zie in dit kader ook Rb. Den Haag, 18 juli 2019, ECLI:NL:RBDHA:2019:12914 en vzr. Rb. Rotterdam, 21 sep-

tember 2020, ECLI:NL:RBROT:2020:8452. **f. Boetebeleid.** De Minister van EZ heeft de Boetebeleidsregel ACM 2014 vastgesteld (*Stcrt.* 2014, 19776), en deze is op 1 augustus 2014 in werking getreden. Het document is opgenomen in het onderdeel Bijlagen van deze Tekst & Commentaar. De voorheen geldende Beleidsregels van de Minister van EZ voor het opleggen van bestuurlijke boetes door de ACM zijn ingetrokken. Als gevolg van de verhoging van de boetemaxima was enige aanpassing van de Boetebeleidsregel ACM 2014 noodzakelijk. Dat gebeurde met de op 1 juli 2016 in werking getreden Beleidsregel van de Minister van EZ van 28 juni 2016 (*Stcrt.* 2016, 34630). Zie art. 56 Mw, aant. 3 voor meer achtergrond over het boetebeleid van de ACM en het relevante overgangsrecht.
g. Clementie. Ter implementatie van Richtlijn (EU) 2019/1 is de clementieregeling thans opgenomen in de algemene maatregel van bestuur van 9 februari 2021 van de Minister van EZK (*Stb.* 2021, 73) (hierna: Besluit clementie). Richtlijn (EU) 2019/1 heeft de clementieregelingen van de nationale mededingingsautoriteiten van de Europese Unie gestroomlijnd, al is niet voorzien in een zogenoemde one-stop-shop waarbij melding bij één autoriteit zou gelden voor de gehele Europese Unie. Voorheen was de clementieregeling opgenomen in de Beleidsregel clementie (*Stcrt.* 2014, 19745). Het Besluit clementie voorziet, net zoals de Beleidsregel clementie dat deed, in een clementieprogramma voor ondernemingen die betrokken zijn (geweest) bij kartelgedragingen. Een onderneming die deelneemt aan een kartel kan dit melden bij de ACM en om clementie verzoeken. Indien het verzoek voldoet aan de vereisten beschreven in het Besluit clementie, kan de onderneming (en de personen die aan de betrokken gedragingen leiding hebben gegeven) in aanmerking komen voor een vermindering van de boete, waaronder een vermindering van 100% (oftewel boete-immuniteit). Voor dat laatste is nodig dat: 1. de onderneming voldoet aan de (medewerkings)eisen van artikel 4 van het Besluit clementie; 2. de onderneming als eerste zijn deelname aan het geheime kartel meldt; 3. de onderneming andere ondernemingen niet heeft gedwongen mee te doen aan het kartel; en 4. de ACM met het verzoek informatie verschaft waarmee zij een gerichte inspectie kan uitvoeren. In het geval de ACM al een onderzoek is gestart, maar nog geen rapport heeft uitgebracht, kan ook immuniteit worden verleend. Dat kan echter uitsluitend als wordt voldaan aan de vereisten onder 1 tot en met 3 en bewijsmateriaal wordt verschaft dat, naar het oordeel van de ACM, voldoende is om een inbreuk vast te stellen, nog geen andere onderneming voor boete-immuniteit in aanmerking is gekomen voor hetzelfde kartel en de ACM op dat moment nog niet over voldoende bewijsmateriaal beschikte om een inbreuk te kunnen vaststellen. Een onderneming die niet als eerste een kartel meldt, kan onder omstandigheden ook in aanmerking komen voor boetevermindering. Bij de bepaling van de omvang van de vermindering is onder meer relevant hoeveel andere kartellisten al om clementie hebben verzocht voor hetzelfde kartel. Zie art. 56 Mw, aant. 4 voor meer informatie over het clementieprogramma. **h. Vereenvoudigde afdoening.** De ACM heeft de Richtsnoeren Vereenvoudigde Afdoening van Boetezaken (*Stcrt.* 2018, 71890) gepubliceerd. De richtsnoeren zijn opgenomen in het onderdeel Bijlagen van deze Tekst & Commentaar. De richtsnoeren geven inzicht in de praktijk omtrent vereenvoudigde afdoening van boetezaken. Indien een betrokken persoon of onderneming bereid is om een overtreding te erkennen en daarvoor een boete te accepteren, kán de ACM de behandeling van de zaak vereenvoudigen. Tegenover de erkenning van de overtreding staat dat de ACM een verkort boetebesluit neemt, de boete met 10% wordt gereduceerd en dat langdurige juridische procedures worden voorkomen. Met het starten van een procedure voor vereenvoudigde afdoening wordt de beslistermijn in het reguliere sanc-

tietraject opgeschort. Vereenvoudigde afdoening is geen recht van de betrokken ondernemingen. Een traject tot vereenvoudigde afdoening kan op elk moment door partijen (waaronder de ACM) worden beëindigd. Indien de procedure voor vereenvoudigde afdoening niet succesvol wordt afgerond, gaat het reguliere sanctietraject verder. In zaken waarbij meerdere ondernemingen betrokken zijn staat de ACM in de regel slechts open voor vereenvoudigde afdoening indien alle ondernemingen bereid zijn een overtreding te erkennen en een boete te accepteren (zie antwoord 5 van het op de website van de ACM gepubliceerde 'Vereenvoudigde Afdoening Q en A'). De ACM heeft ondertussen in een aantal mededingingszaken op deze wijze afgedaan, zie o.a. het besluit van de ACM van 25 juni 2015 in zaak 14.0705.27 (*Natuurazijn*), het besluit van de ACM van 30 juni 2017 in zaak 7615 (*Tractiebatterijen*), met kenmerk 7615_11/84 en het besluit van de ACM van 30 september 2021 met kenmerk ACM/UIT/562190 (*Gebruikt frituurvet*). **i. Informele zienswijzen.** De ACM heeft de ACM Werkwijze informele zienswijzen (*Stcrt*. 2019, 11177) gepubliceerd. De werkwijze is opgenomen in het onderdeel Bijlagen van deze Tekst & Commentaar. In dit document geeft de ACM aan hoe het omgaat met verzoeken om informele zienswijzen. Een informele zienswijze is een voorlopig en informeel oordeel van de ACM en staat er niet aan in de weg dat de ACM later alsnog een onderzoek start of tot een andersluidend oordeel komt. De werkwijze voorziet in de behoefte van marktpartijen om vroegtijdig meer duidelijkheid te krijgen over bijvoorbeeld de vraag of in een bepaalde situatie een vergunning of ontheffing nodig is of dat een bepaalde overeenkomst of handelwijze is toegestaan. **j. Communicatie.** De ACM heeft de Werkwijze Openbaarmaking ACM (*Stcrt*. 2015, 21331; gewijzigd in 2017, *Stcrt*. 2017, 13846) vastgesteld. De werkwijze is opgenomen in het onderdeel Bijlagen van deze Tekst & Commentaar. Het document vervangt met terugwerkende kracht tot en met 1 augustus 2014 de Werkwijze communicatie ACM (*Stcrt*. 2013, 15785). De Instellingswet ACM bevat drie openbaarmakingsregimes voor besluiten van de ACM. Welk regime van toepassing is hangt af van het soort besluit. In het commentaar op art. 12u, 12v en 12w Instellingswet ACM wordt uitgebreider ingegaan op deze regimes. De werkwijze beschrijft hoe de ACM met openbaarmaking omgaat. **k. De juiste zorg op de juiste plek.** De ACM heeft op 17 december 2019 de ACM Beleidsregel over afspraken in het kader van de beweging 'De juiste zorg op de juiste plek' (*Stcrt*. 2019, 71148) vastgesteld. In dit document wordt inzicht geboden hoe de ACM samenwerking tussen zorgaanbieders en/of zorgverzekeraars beoordeelt. Wanneer de samenwerking voldoet aan vijf voorwaarden, zal de ACM geen boete opleggen. Afspraken moeten allereerst gebaseerd zijn op een feitelijk en openbaar regiobeeld. Zorgaanbieders, zorginkopers en patiënten(vertegenwoordigers) moeten volwaardig zijn betrokken bij de samenwerking. Ten derde moeten de doelstellingen concreet, meetbaar en toetsbaar zijn en beschreven in termen van kwaliteit, toegankelijkheid en betaalbaarheid van de zorg. Ten vierde mogen de afspraken niet verder gaan dan noodzakelijk voor het bereiken van de doelstellingen. Tot slot moeten de doelstellingen, de afspraken en de onderbouwing van de noodzakelijkheid openbaar worden gemaakt. In het document worden deze vijf voorwaarden nader uitgelegd. **l. Gezamenlijke inkoop geneesmiddelen.** De ACM heeft de Leidraad gezamenlijke inkoop geneesmiddelen voor de medisch-specialistische zorg opgesteld om ziekenhuizen en zorgverzekeraars te informeren over de ruimte voor gezamenlijke inkoop van geneesmiddelen voor de medisch-specialistische zorg. De ACM bakent een 'veilige haven' af waarbinnen gezamenlijke inkoop van geneesmiddelen voor de medisch-specialistische zorg, is toegestaan. De eerste versie dateert van 2016. De meest recente versie dateert van oktober 2020. **m. Tariefaf-**

spraken zzp'ers. De ACM heeft in juli 2020 de Leidraad Tariefafspraken zzp'ers gepubliceerd. In de leidraad licht de ACM allereerst toe in welke gevallen de Mededingingswet niet van toepassing is, een afspraak valt onder de bagateluitzondering of de afspraken zijn vrijgesteld van het kartelverbod vanwege efficiëntieverbeteringen die zij teweegbrengen. Ook licht de ACM toe in welke specifieke gevallen de ACM voor tariefafspraken tussen zzp'ers geen boete oplegt. **n. Aangekondigd beleid.** De ACM consulteert in voorkomend geval beleidsregels en leidraden voorafgaand aan de vaststelling daarvan. Zo publiceerde de ACM op 26 januari 2021 een tweede concept leidraad duurzaamheidsafspraken waarin uitleg wordt gegeven over de toepassing van het mededingingsrecht op duurzaamheidsafspraken tussen ondernemingen. Op 18 juni 2021 kondigde de ACM aan de kaders en verplichtingen op het gebied van het zorginformatiestelsel voor ICT-leveranciers en andere marktpartijen die voortkomen uit de mededingingsregels te verduidelijken.

§ 1
Toezicht

Artikel 12a
1. Met het toezicht op de naleving van wettelijke voorschriften dat is opgedragen aan de Autoriteit Consument en Markt zijn belast de bij besluit van de Autoriteit Consument en Markt aangewezen ambtenaren die deel uitmaken van het personeel, bedoeld in artikel 5, eerste lid.
2. Van een besluit als bedoeld in het eerste lid wordt mededeling gedaan door plaatsing in de *Staatscourant*.
[25-06-2014, Stb. 247, i.w.tr. 01-08-2014/kamerstukken 33622]

[Toezichthoudende ambtenaren]

1. Toezichthoudende ambtenaren. a. Toezichthouder. De toezichtbevoegdheden uit titel 5.2 Awb komen uitsluitend toe aan toezichthouders in de zin van art. 5:11 Awb. Dat zijn (natuurlijke) personen die bij of krachtens wettelijk voorschrift belast zijn met het houden van toezicht op de naleving van het bepaalde bij of krachtens enig wettelijk voorschrift, en derhalve niet de ACM als bestuursorgaan. In de casus die ten grondslag lag aan Rb. Rotterdam 22 mei 2017, ECLI:NL:RBROT:2017:3849 ging dat mis. Er werd door de ACM als bestuursorgaan informatie gevorderd op grond van art. 5:17 en 5:20 Awb. Aangezien de bevoegdheden uit die artikelen alleen kunnen worden uitgeoefend door de door de ACM aangewezen toezichthouders, oordeelde de rechtbank dat er sprake was van een ondeugdelijke bevoegdheidsgrondslag. De ACM als bestuursorgaan kan op grond van art. 6b Instellingswet ACM wel informatie vorderen voor de "taken die haar bij of krachtens wet zijn opgedragen". Deze bevoegdheid kan worden ingezet voor taken van de ACM die niet direct met handhaving te maken hebben, maar bijvoorbeeld met het uitvoeren van algemene marktstudies. **b. Aanwijzingsbesluit.** De wetgever heeft gekozen voor het regelen van één bevoegdheidsgrondslag waarmee toezichthouders kunnen worden aangewezen voor het toezicht op alle specifieke (sector)wetten van de ACM. Door de brede aanwijzing kan er geen misverstand ontstaan of een toezichthoudende ambtenaar is aangewezen of niet en wordt de effectiviteit van de personele inzet van toezichthouders vergroot (*Kamerstukken II* 2012/13, 33622, 3, p. 7). De ACM heeft met het Besluit aanwijzing toezichthouders ACM (besluit van 2 april 2013, *Stcrt.* 2013, 9716) de op grond van art. 5 lid 1 Instellingswet ACM door de minister aan de ACM ter beschikking gestelde ambtenaren aangewezen als toezichthouder. Het besluit trad in werking op 1 april 2013. Met het besluit werden het Besluit aanwijzing toezichthouders ambtenaren Consumentenautoriteit (*Stcrt.* 2006, 250) en het Besluit aanwijzing toezichthoudende ambtenaren OPTA 2013 (*Stcrt.* 2013, 313) ingetrokken. Het besluit van 31 juli 2014 (*Stcrt.* 2014, 21624) bracht het aanwijzingsbesluit met ingang van 1 augustus 2014 in overeenstemming met de Instellingswet ACM na wijziging daarvan met de Stroomlijningswet. Op 1 juli 2016 werden de ambtenaren werkzaam bij de ACM aangewezen als toezichthouder op grond van de Wet elektriciteit en drinkwater BES (*Stcrt.* 2016, 37736). Met wetsvoorstel 34445 wordt beoogd het reguleren van de aanmerkelijke marktmacht op de zorgverzekeringsmarkt, de zorgverleningsmarkt en de zorginkoopmacht, alsmede het zorgspecifiek concentratietoezicht (respectievelijk voorgesteld art. 48 e.v. en art. 49a e.v. Wmg) aan de ACM op te dragen. De in het besluit aangewezen toezichthouders zullen dan ook met het toezicht op de naleving van deze regelgeving worden belast.

2. Toezichtbevoegdheden. Algemeen. Met de aanwijzing van toezichthouders zijn de bevoegdheden uit titel 5.2 Awb van toepassing. Het gaat dan om de volgende bevoegdheden: het betreden van plaatsen met uitzondering van woningen zonder toestemming van de bewoner (art. 5:15 Awb), het vorderen van inlichtingen (art. 5:16 Awb), het vorderingen van inzage in identiteitsbewijzen (art. 5:16a Awb), het inzage vorderen in, kopiëren van en meenemen van zakelijke gegevens en bescheiden (art. 5:17 Awb), het onderzoeken van zaken en het nemen van monsters (art. 5:18 Awb) en het onderzoeken van vervoermiddelen (art. 5:19 Awb). Voor meer achtergrond bij deze bevoegdheden wordt verwezen naar de specifieke commentaren in de Tekst & Commentaar Algemene wet bestuursrecht. De voor de ACM relevante wetten kunnen deze bevoegdheden uitbreiden en soms ook inperken. Zo wordt in de Instellingswet ACM en de Mededingingswet voorzien in een uitbreiding van de hiervoor genoemde bevoegdheden uit de Awb wat betreft het betreden en doorzoeken van woningen. Zie het commentaar op hoofdstuk 6 van de Mededingingswet en het commentaar op art. 12b-12f Instellingswet ACM. Sommige specifieke (sector)wetten daarentegen perken de Awb-bevoegdheden van de toezichthouders van de ACM in (de bevoegdheden van art. 5:18 en 5:19 Awb worden bijvoorbeeld ingeperkt door art. 45a lid 3 Loodsenwet, art. 32 lid 3 Scheepvaartverkeerswet, zie ook *Kamerstukken II* 2012/13, 33622, 3, p. 6 en *Kamerstukken II* 2012/13, 33622, 7, p. 28). Op grond van art. 5:20 Awb is eenieder verplicht medewerking te verlenen aan een ambtenaar voor zover dat redelijkwijs kan worden gevorderd (met een ontheffing voor geheimhouders). Die bepaling vervult twee rollen. Zij formuleert allereerst de verplichting om aan de elders geregelde toezichtbevoegdheden mee te werken. Daarnaast attribueert de bepaling ook zelf een toezichtbevoegdheid en regelt zij de verplichting om daaraan gevolg te geven. Dit is de tweede rol die zij vervult. De medewerkingsverplichting is een inspanningsverplichting en geen resultaatverplichting (zie ABRvS 8 december 2010, ECLI:NL:RVS:2010:BO6638; ABRvS 2 mei 2012, ECLI:NL:RVS:2012:BW4551; ABRvS 18 juli 2012, ECLI:NL:RVS:2012:BX1878). Dat de medewerkingsverplichting een grote reikwijdte heeft wordt bijvoorbeeld geïllustreerd door het arrest van het Hof Den Haag 23 april 2013, ECLI:NL:GHDHA:2013:CA3041. Bij een bedrijfsbezoek aan een onderneming verdacht van overtreding van het kartelverbod kwam de NMa een door een forensisch onderzoeksbureau opgesteld rapport tegen. Uit dat rapport kon worden afgeleid dat het onderzoeksbureau de digitale data van de bewuste onderneming had onderzocht op mogelijke mededingingsrechtelijke inbreuken. De toezichthouder vorderde vervolgens bij het onderzoeksbureau een overzicht van alle ondernemingen in dezelfde sector waarvoor zij mededingingsrechtelijke onderzoeken had uitgevoerd in de voorgaande vijf jaar. De vordering was gebaseerd op art. 5:16 en 5:20 Awb. Het Hof overweegt dat er in beginsel geen rechtsregel aan in de weg staat om dit soort informatie bij een derde op te vragen. De NMa kon zich dus in dit geval ook ten opzichte van het onderzoeksbureau dat zelf niet betrokken was bij de overtreding, beroepen op de medewerkingsplicht. "Het opvragen van dergelijke gegevens is slechts dan ontoelaatbaar indien dit in strijd komt met het evenredigheidsbeginsel of enig ander algemeen beginsel van behoorlijk bestuur", voegt het Hof eraan toe. Bij de toepassing van het evenredigheidsbeginsel overweegt het Hof dat de werkzaamheden van het onderzoeksbureau tot gevolg konden hebben dat de opdrachtgevers de door het bureau naar boven gehaalde sporen of bewijzen van overtredingen van de mededingingswet vernietigde. Het was volgens het Hof aannemelijk dat de bewuste onderneming dat had gedaan. Het was eveneens aannemelijk dat de dienstverlening van het bureau (in ieder geval voor een deel) haar waarde voor haar klanten ontleende aan de mogelijkheid om zo sporen van mededingingsrechtelijke overtredingen te vernietigen. Dit betekende volgens het Hof dat de NMa er een gerechtvaardigd belang bij had om van het bureau te vernemen voor welke ondernemingen zij had gewerkt in de sector waarover de NMa concrete aanwijzingen had dat er kartelafspraken waren gemaakt. De toezichthouder had in deze zaak proportioneel gehandeld mede omdat de vordering slechts zag op het bekendmaken van de identiteit van de opdrachtgevers (en niet op de inhoud van de door het bureau opgestelde rapporten). Op grond van art. 12m Instellingswet ACM kan de ACM een boete opleggen voor een overtreding van de medewerkingsplicht. Zie bijvoorbeeld het besluit van de ACM van 10 december 2019 in zaak ACM/19/035612 waarin de ACM een onderneming een boete oplegde van 1,84 miljoen euro voor het wissen van zogenoemde interne app-groepen tijdens een bedrijfsbezoek. Zie verder *T&C Algemene wet bestuursrecht*, commentaar op art. 5:20 Awb. De toezichthouders zijn bij het inzetten van al deze bevoegdheden verplicht zich desgevraagd te legitimeren (art. 5:12 Awb). De toezichthouder heeft bij de uitoefening van zijn bevoegdheden de geschreven en ongeschreven normen die voortvloeien uit de algemene beginselen van behoorlijk bestuur in acht te nemen, waaronder het zorgvuldigheidsbeginsel en het evenredigheidsbeginsel (art. 5:13 Awb).

Artikel 12b
1. De in artikel 12a, eerste lid, bedoelde ambtenaren zijn bevoegd om bedrijfsruimten en voorwerpen te verzegelen, voor zover dat voor de uitoefening van de in artikel 5:17 van de Algemene wet bestuursrecht bedoelde bevoegdheden redelijkerwijs noodzakelijk is.
2. De ambtenaren, bedoeld in het eerste lid, oefenen de hun in artikel 5:17 van de Algemene wet bestuursrecht toegekende bevoegdheden zo nodig uit met behulp van de sterke arm.
[25-06-2014, Stb. 247, i.w.tr. 01-08-2014/kamerstukken 33622]

[Verzegeling en bijstand politie]

1. Verzegeling. De ACM-toezichthouders hebben op grond van art. 5:17 Awb de bevoegdheid om inzage te vorderen in zakelijke gegevens of bescheiden en deze te kopiëren. Met het oog daarop kunnen de toezichthouders die documenten ook meenemen, indien kopiëren ter plaatse niet goed mogelijk is. Omdat een toezichthouder bij zijn taakuitoefening te maken kan krijgen met personen die onvoldoende mee willen werken aan een onderzoek, bijvoorbeeld door te weigeren inzage te geven in zakelijke gegevens of bescheiden of deze gedurende het onderzoek te wijzigen of te vernietigen, zijn volgens de regering aanvullende bevoegdheden nodig. Art. 12m Instellingswet ACM geeft weliswaar de mogelijkheid om de medewerking met een last onder dwangsom af te dwingen, maar dat kost de nodige tijd en helpt de ACM volgens de regering niet snel verder in haar onderzoek. Mede daarom is de inzagebevoegdheid aangevuld met een verzegelingsbevoegdheid. Een andere belangrijke reden voor het toekennen van deze bevoegdheid is het voorkomen van wijziging of vernietiging van zakelijke gegevens of bescheiden als de toezichthoudende ambtenaren van de ACM afwezig zijn. Een onderzoek van de ACM ten kantore van de onderneming kan meerdere dagen in beslag nemen. Om een volgende dag verder te kunnen gaan met het onderzoek is het praktisch als de toezichthouders voorwerpen kunnen verzegelen. Deze bevoegdheid was al te vinden in de specifieke (sector)wetten, zoals art. 54 Mw (oud, vervallen per 1 augustus 2014) en de Drinkwaterwet, Loodsenwet, Spoorwegwet, Telecommunicatiewet, Wet handhaving consumentenbescherming en de Wet luchtvaart, maar wordt hier nu ACM-breed geregeld. De sectorspecifieke regelingen konden daarmee komen te vervallen. Op basis van art. 12b lid 1 Instellingswet ACM heeft de toezichthoudende ambtenaar de bevoegdheid om voorwerpen, zoals kasten of ruimtes, te verzegelen wanneer zakelijke gegevens of bescheiden niet meteen kunnen worden onderzocht, gekopieerd of meegenomen. Dat zorgt ervoor dat personen geen toegang hebben tot de bewuste gegevens en bescheiden. De verzegelingsbevoegdheid zal vaak, indien het om een grote hoeveelheid te onderzoeken gegevens en bescheiden gaat, minder belastend en dus meer proportioneel zijn dan de mogelijkheid die art. 5:17 lid 3 Awb zelf biedt, te weten het voor korte tijd meenemen van die gegevens en bescheiden (zie *Kamerstukken II* 2012/13, 33622, 3, p. 47-48, zie zo ook reeds *Kamerstukken II* 1995/96, 24707, 3, p. 85). Degene die een verzegeling beschadigt of verbreekt, kan op grond van art. 12m worden beboet. Conform het in art. 5:13 Awb neergelegde evenredigheidsbeginsel is het gebruik van de aanvullende bevoegdheid in lid 1 slechts toegestaan, indien dat nodig is voor de vervulling van de taak door de toezichthouder.

2. Sanctie verbreken verzegeling. Verbreking, opheffing of beschadiging van een verzegeling, of van het op andere wijze verijdelen van de door die verzegeling beoogde afsluiting is beboetbaar op grond van art. 12m Instellingswet ACM. De maximumboete is hier € 900.000 of, als dat meer is, 1% van de omzet van de betrokken marktorganisatie. Zie het commentaar op artikel 12m Instellingswet ACM voor meer informatie over de sanctiebevoegdheid van de ACM bij zegelverbreking.

3. Bijstand politie. Lid 2 geeft de toezichthoudende ambtenaren van de ACM de bevoegdheid om zo nodig bij het vorderen van inzage als bedoeld in art. 5:17 Awb de sterke arm (de bijstand door de politie) in te schakelen. Zo wordt veiliggesteld dat de gegevens en bescheiden direct kunnen worden verkregen, ook als degene die de informatie moet verstrekken niet bereid blijkt mee te werken. Het enkele feit dat de toezichthouder beschikt over de bevoegdheid om de sterke arm in te roepen, is volgens de regering voor veel personen al reden om mee te werken aan het onderzoek. Het inroepen van de sterke arm strekt voorts tot bescherming van de aanwezige toezichthouders zelf. Standaardprocedure van de ACM is dat de sterke arm altijd van tevoren wordt geïnformeerd over bedrijfsbezoeken die gaan plaatsvinden, zodat wederzijdse aanspreekpunten bekend zijn. Alleen als van tevoren wordt ingeschat dat er risico's zijn, wordt ook om daadwerkelijke bijstand ter plaatse gevraagd. Het daadwerkelijk nodig hebben van de sterke arm is dan ook eerder uitzondering dan regel. Conform het in art. 5:13 Awb neergelegde evenredigheidsbeginsel is het gebruik van de aanvullende bevoegdheid in lid 2 slechts toegestaan, indien dat nodig is voor de vervulling van de taak door de toezichthouder.

Artikel 12c
1. De in artikel 12a, eerste lid, bedoelde ambtenaren zijn bevoegd een woning zonder toestemming van de bewoner te betreden, voor zover dat voor de uitoefening van de in artikel 5:17 van de Algemene wet bestuursrecht bedoelde bevoegdheden redelijkerwijs noodzakelijk is.
2. Het eerste lid is niet van toepassing bij het toezicht van de Autoriteit Consument en Markt op de naleving van het bepaalde bij of krachtens de Wet op het financieel toezicht.
[25-06-2014, Stb. 247, i.w.tr. 01-08-2014/kamerstukken 33622]

[Betreding woningen]

1. Algemeen. Artikel 12c Instellingswet ACM bevat een aanvulling op de bevoegdheid van artikel 5:15 Awb inzake het betreden van plaatsen. De bevoegdheid van art. 5:15 Awb bevat een algemene betredingsbevoegdheid, maar heeft geen betrekking op de betreding van woningen zonder toestemming van de bewoner. Het uitgangspunt van de wetgever is dat de bevoegdheid om een woning te betreden zonder toestemming van de bewoner – die ingaat tegen het grondwettelijke huisrecht neergelegd in art. 12 Grondwet en art. 8 EVRM – slechts in uitzonderlijke gevallen dient te bestaan. Deze bevoegdheid dient een afzonderlijke grondslag in een bijzondere wet te hebben. De Instellingswet ACM bevat met onderhavige bepaling een dergelijke grondslag. Inzet van deze bevoegdheid vereist een machtiging van de rechter-commissaris (zie hierna artikel 12d Instellingswet ACM). De bevoegdheid van artikel 12c Instellingswet ACM wordt ingezet in combinatie met de bevoegdheid tot inzagevordering op grond van art. 5:17 Awb. Van de specifieke (sector)wetten waarop de ACM toezicht houdt, kende de Mededingingswet de bevoegdheid tot betreden van woningen al in navolging van het Europese mededingingsrecht. De bevoegdheid om woningen te betreden, wordt ook buiten het werkterrein van de ACM regelmatig toegekend (zie het overzicht in het rapport *Het juridisch kader voor samenwerkende inspectiediensten* (bijlage bij *Kamerstukken II* 2008/09, 31700 VI, 70) van de Werkgroep herijking toezichtregelgeving (2008)). Die bevoegdheid is nodig zodat ook gegevens en bescheiden kunnen worden verkregen die bewust in een woonhuis worden bewaard. Zonder die bevoegdheid zijn die gegevens en bescheiden onbereikbaar zolang de bewoner geen toestemming geeft om binnen te komen. Dat is niet alleen aan de orde bij de Mededingingswet waarin de bevoegdheid al was opgenomen. Ook op het gebied van sectorspecifiek toezicht en consumentenbescherming stuiten toezichthouders volgens de regering in de praktijk op de situatie dat gegevens en bescheiden niet kunnen worden verkregen, omdat deze (bewust) in een woonhuis worden bewaard. Daarnaast komt het regelmatig voor dat bedrijven aan huis zijn gevestigd, met name bij bedrijven die worden gedreven door kleine zelfstandigen, eenmanszaken en personenvennootschappen. Denk bijvoorbeeld aan de situatie waarbij een (afgescheiden) deel van het woonhuis is ingericht als kantoor- of bedrijfsruimte, terwijl de (digitale) gegevens en bescheiden waarnaar de toezichthouder op zoek is (zoals een laptop) zich in het woonruimtedeel kunnen bevinden. Daarbij kan het voorkomen dat toezichthoudende ambtenaren alleen door het betreden van de woonruimte de bedrijfsruimte kunnen bereiken. In de memorie van toelichting wordt opgemerkt dat het voor toezichthouders lastig is om de grens tussen woonruimte en bedrijfsruimte te trekken. De ervaring is dat het ontbreken van de bevoegdheid tot binnentreden in woningen zonder toestemming van de bewoner, onderzoeken naar gedragingen van ondernemingen of feitelijk leidinggevenden belemmert, de vaststelling van overtreding bemoeilijkt en het opleggen van adequate handhavingsmaatregelen verhindert (*Kamerstukken II* 2012/13, 33622, 3, p. 8). In de memorie van toelichting wordt voorts opgemerkt dat de bevoegdheid niet nodig is voor de wetgeving op grond waarvan de ACM wel taken heeft, maar andere taken dan toezicht op de naleving. Het gaat daarbij om de Aanbestedingswet 2012, de Aanbestedingswet op defensie- en veiligheidsgebied en de Scheepvaartverkeerswet (zie *Kamerstukken II* 2012/13, 33622, 3, p. 49).

2. Zoekend rondkijken en doorzoeken. De bevoegdheid tot het betreden van een woning zonder toestemming van de bewoner omvat ook het recht om 'zoekend rond te kijken'. Met zoekend rondkijken bedoelt de wetgever dat een toezichthoudende ambtenaar alles mag onderzoeken wat hij rondlopend ziet liggen of staan. Alles wat meer is, valt onder doorzoeken en is niet toegestaan. Hij mag dus geen kast of andere bergruimte openen en actief op zoek gaan naar zaken of gegevens, ook al weet hij dat ze zich ergens in de woning moeten bevinden. Alles wat in de vertrekken wordt *gezien* aan zaken mag met andere woorden onderzocht worden, maar alles wat gericht is op het *vinden* van zaken mag niet (zie ook HR 21 december 2010, ECLI:NL:HR:2010:BO8202). Tot afgesloten delen van de woning mag de toezichthouder zich wel toegang verschaffen (zie art. 9 Awbi). Dus vertrekken (een kamer, gang of zolder) mogen worden geopend, maar kasten en andere bergruimtes niet (*Kamerstukken II* 2012/13, 33622, 3, p. 49 en O.J.D.M.L. Jansen, *Het handhavingsonderzoek*, Nijmegen: Ars Aequi Libri 1999, p. 22-25). Voor het doorzoeken van een woning is een aanvullende wettelijke basis nodig. De wetgever heeft deze bevoegdheid niet ACM-breed toegekend. De doorzoekingsbevoegdheid voor woningen is opgenomen in de Mededingingswet, meer specifiek art. 50 Mw. Zonder de doorzoekingsbevoegdheid beschikt de ACM over minder vergaande, maar in dit (ACM-brede) kader voldoende mogelijkheden om de gewenste gegevens en bescheiden te verkrijgen: "De bevoegdheid om binnen te treden zonder toestemming geeft hem immers de mogelijkheid om in een woning binnen te komen, eenmaal binnen zaken te onderzoeken die hij zoekend rondlopend tegenkomt en op basis van artikel 5:17 van de Awb inzage te vorderen van de gewenste zakelijke gegevens en bescheiden (digitale gegevens daaronder begrepen). Bovendien mag hij de betreffende gegevens(dragers) (5:17, derde lid, van de Awb) en zaken (5:18, vierde lid, van de Awb) tegen afgifte van een schriftelijk bewijs voor korte tijd meenemen indien het onderzoek ervan niet ter plekke kan plaatsvinden. Alleen indien de bewoner niet aanwezig is, kan hij geen gegevens vorderen en mag hij daar ook niet actief in gesloten kasten of andere bergruimtes naar op zoek gaan" (*Kamerstukken II* 2012/13, 33622, 3, p. 8; zie ook O.J.D.M.L. Jansen, *Het handhavingsonderzoek*, Nijmegen: Ars Aequi Libri 1999, p. 22-23). Zo gauw kasten en laden worden geopend of zaken worden verbroken (plafond, vloer en dergelijke), is er sprake van 'doorzoeken' en is er een uitdrukkelijke bevoegdheid daartoe vereist. Hier is uitdrukkelijk beoogd aan te sluiten bij het strafprocesrecht (zie HR 4 januari 2011, ECLI:NL:HR:2011:BM6673; HR 21 december 2010, ECLI:NL:HR:2010:BO8202; HR 18 november 2003, ECLI:NL:HR:2003:AL6238 en HR 21 oktober 2003, ECLI:NL:HR:2003:AH9998). In Rb. Den Haag (vzr.) 9 april 2003, ECLI:NL:RBSGR:2003:AF7087 nam de voorzieningenrechter aan dat ondanks het feit dat er kasten e.d. werden geopend geen sprake was van doorzoeken omdat er geen sprake was van 'alomvattendheid' en 'willekeurigheid'. Dit is in het licht van de jurisprudentie van de strafrechter opvallend (zie met name HR 21 december 2010, ECLI:NL:HR:2010:BO8202). Zie ook de uitvoerige conclusie van A-G Hofstee (ECLI:NL:PHR:2018:128) bij HR 3 april 2018, ECLI:NL:HR:2018:487. Art. 5:15 Awb mag niet worden gebruikt om 'inkijkoperaties' te legitimeren. In CBb 12 september 2013, ECLI:NL:CBB:2013:166 achtte het CBb het niet ontoelaatbaar dat controleurs hun inspectiebezoek in een horecabedrijf anoniem hebben verricht. Zie ook CBb 21 maart 2017, ECLI:NL:CBB:2017:101. Het is tevens vaste jurisprudentie dat toezichthouders op basis van art. 5:15 Awb aan 'mysteryshopping' mogen doen. Zie bijvoorbeeld CBb 8 juli 2015, ECLI:NL:CBB:2015:191; Rb. Rotterdam 13 mei 2016, ECLI:NL:RBROT:2016:3470; Rb. Rotterdam 19 april 2018, ECLI:NL:RBROT:2018:3062. Inmiddels is deze bevoegdheid specifiek voor het toezicht op de naleving van het consumentenrecht door de ambtenaren van de ACM gecodificeerd in artikel 2.2a Wet handhaving consumentenbescherming.

3. Inzage vorderen na binnentreden. De hierboven omschreven bevoegdheden van binnentreden, zoekend rondkijken en doorzoeken (geregeld in de verschillende wetten) zijn ondersteunend aan de bevoegdheid van de toezichthouder om inzage te vorderen van zakelijke gegevens en bescheiden. Deze bevoegdheid is neergelegd in art. 5:17 Awb (zie het commentaar op die bepaling in de Tekst & Commentaar Algemene wet bestuursrecht). Het binnentreden door de ACM is immers gericht op het vervolgens verkrijgen van inzage in gegevens. Als de toezichthouder is binnengetreden dan is hij op grond van art. 5:17 Awb gerechtigd ter plekke kopieën te maken van gegevens en bescheiden. Als kopiëren niet mogelijk is, dan is de toezichthouder bevoegd om de gegevens en bescheiden — tegen een door hem af te geven schriftelijk bewijs — voor korte tijd mee te nemen om de kopieën elders te maken. De bevoegdheid is beperkt tot 'zakelijke' gegevens. Persoonlijke gegevens mogen niet worden gevorderd, uitsluitend de gegevens die worden gebruikt ten dienste van het maatschappelijk verkeer mogen worden gevorderd. In Rb. Den Haag 22 november 2017, ECLI:NL:RBDHA:2017:14150 oordeelde de voorzieningenrechter dat de toezichthouders van de ACM zonder voorafgaande rechterlijke machtiging gegevens van mobiele telefoons mogen inzien en kopiëren. De hoeveelheid gegevens op de zes mobiele telefoons tezamen was in dat geval aanzienlijk. De voorzieningenrechter overwoog dat de ACM daarbij uit een grote hoeveelheid gegevens de zakelijke gegevens die van belang kunnen zijn voor haar onderzoek moet selecteren. Omdat dat niet ter plaatse altijd goed kan mag de ACM er een kopie van maken. De voorzieningenrechter overwoog dat noodzakelijkerwijs dan ook eventueel aanwezige privégegevens zullen worden gekopieerd, maar achtte dat niet onrechtmatig, gelet op het onderzoeksbelang van de ACM, waaraan redelijkerwijs niet op een andere wijze kan worden tegemoetgekomen. "Het recht op privacy weegt in dit geval minder zwaar, mits er voldoende waarborgen zijn om te voorkomen dat de ACM inzage verkrijgt in gegevens zonder dat zij daartoe gerechtigd is", overwoog de voorzieningenrechter. Uit de overwegingen van de voorzieningenrechter volgt verder dat die waarborgen met name procedureel van aard zijn. Zo zal een betrokkene in ieder geval de kans moeten worden geboden achteraf op concrete en effectieve wijze de rechtmatigheid van de inbeslagname aan te vechten (in lijn met het *Vinci*-arrest, EHRM 2 april 2015, ECLI:CE:ECHR:2015:0402JUD0056362910). De toezichthouder is ook bevoegd om toegang tot een computersysteem te vorderen. De betrokkene is verplicht hem daartoe zo nodig het wachtwoord te geven. In Rb. Den Haag (vzr.) 9 april 2003, ECLI:NL:RBSGR:2003:AF7087, m.nt. O.J.D.M.L. Jansen en Rb. Den Haag (vzr.) 9 april 2003, ECLI:NL:RBSGR:2003:AF7069 werd uitgemaakt dat op grond van art. 5:17 Awb ook forensische kopieën (*forensic images*) kunnen worden gemaakt van de harde schijven van computers. Daarvoor gelden dan wel bijzondere waarborgen. Op 12 februari 2014 trad nadat een consultatieprocedure werd gevolgd de ACM Werkwijze voor onderzoek in digitale gegevens 2014 in werking (*Stcrt.* 2014, 3993) (opgenomen in het onderdeel Bijlagen). Deze vervangt de Werkwijze NMa analoog en digitaal rechercheren (2010), die op zijn beurt de NMa digitale werkwijze 2007 verving. De eerste regeling was de Werkwijze met betrekking tot het inzien en kopiëren van digitale gegevens en bescheiden van 6 juni 2003. Inmiddels zijn er meerdere uitspraken van de civiele kortgedingrechter gedaan over de ACM Werkwijze voor onderzoek in digitale gegevens. Zie o.a. Rb. Den Haag, 12 juli 2017, ECLI:NL:RBDHA:2017:7968; Rb. Den Haag, 22 november 2017, ECLI:NL:RBDHA:2017:14150; Rb. Den Haag, 10 oktober 2018, ECLI:NL:RBDHA:2018:12722 en Rb. Den Haag, 3 juni 2021, ECLI:NL:RBDHA:2021:7149. Het vonnis van 10 oktober 2018 heeft geleid tot een spoedappel bij het Gerechtshof Den Haag, zie het arrest van 12 februari 2019, ECLI:NL:GHDHA:2019:470. Voor wat betreft de bevoegdheid om inzage te vorderen (art. 5:17 Awb) wordt hier nog gewezen op het arrest van het EHRM in *Sigurður Einarsson e.a. tegen IJsland*, 4 juni 2019, 39757/15 over de verhouding tussen art. 6 EVRM en de selectie van documenten uit '*forensic images*' door een toezichthouder. Zie in dit kader ook Rb. Den Haag, 18 juli 2019, ECLI:NL:RBDHA:2019:12914 en vzr. Rb. Rotterdam, 21 september 2020, ECLI:NL:RBROT:2020:8452. Zie voor de rol van het EVRM bij bedrijfsbezoeken en het vorderen van inzage ook het Gerechtshof Den Haag in het arrest van 12 februari 2019, ECLI:NL:GHDHA:2019:470.

4. Art. 12 Grondwet en het EVRM. De vereisten van een voorafgaande machtiging van de rechter-commissaris (zie artikel 12d Instellingswet ACM), die aan een aantal eisen moet voldoen, en het verplichte verslag van de binnentreding (zie artikel 12f Instellingswet ACM) maken dat aan de eisen van art. 12 Grondwet wordt voldaan, aldus de memorie van toelichting. Daarin wordt ook opgemerkt dat deze betredingsbevoegdheid aan de eisen van art. 8 EVRM voldoet (zie daarover nader *Kamerstukken II* 2012/13, 33622, 3, p. 9). Art. 12 Grondwet beschermt het zogenoemde 'huisrecht'. Bij het betreden van een woning dient de Algemene wet op het binnentreden in acht te worden genomen. Een woning is een plaats waar zich daadwerkelijk privé-huiselijk leven afspeelt. In art. 8 EVRM spelen de begrippen 'home' en 'domicile' een centrale rol. Deze begrippen zijn ruimer dan het begrip 'woning', omdat het bedrijfsruimten kan omvatten (EHRM 16 december 1992, ECLI:NL:XX:1992:AD1800 (*Niemetz*) en EHRM 16 april 2002, ECLI:NL:XX:2002:AE4682 (*Colas Est e.a.*)). Het grondrecht komt volgens het EHRM niet alleen aan natuurlijke personen, maar ook aan rechtspersonen toe. Het Hof van Justitie van de Europese Unie volgt deze lijn van het EHRM (HvJ EG 22 oktober 2002, C-94/00, ECLI:EU:C:2002:603 (*Roquette Frères*)). Het begrip 'woning' kan niet zodanig worden geïnterpreteerd dat het ook het begrip 'home' uit art. 8 EVRM omvat, voor zover het begrip 'home' ruimer is dan het begrip 'woning' (HR 3 oktober 1995, ECLI:NL:HR:1995:ZD0189 en HR 23 april 1996, ECLI:NL:PHR:1996:AD2535). Zie over de bevoegdheid woningen te betreden Paul Mevis, 'De bescherming van de woning 25 jaar later', in: Hofstee/Jansen/Smit (red.), *Kringgedachten. Opstellen van de Kring Corstens*, Deventer: Kluwer 2014, p. 157-170.

5. Verplichte medewerking. Art. 5:20 Awb bepaalt dat eenieder verplicht is binnen de door de toezichthouder gestelde redelijke termijn alle medewerking te verlenen die deze redelijkerwijs kan vorderen bij de uitoefening van zijn bevoegdheden. De toezichthouders van de ACM mogen een woning dus zonder toestemming betreden (indien is voldaan aan de daarvoor geldende vereisten) en de bewoner moet daaraan medewerking verschaffen. De toezichthouders dienen daarbij binnen de grenzen van de algemene beginselen van behoorlijk bestuur te blijven, waaronder het zorgvuldigheidsbeginsel en het evenredigheidsbeginsel (art. 5:13 Awb). Het is goed om daarbij op te merken dat de medewerkingsverplichting een inspanningsverplichting is en geen resultaatverplichting (zie ABRvS 8 december 2010, ECLI:NL:RVS:2010:BO6638, *AB* 2011/289; ABRvS 2 mei 2012, ECLI:NL:RVS:2012:BW4551, *AB* 2012/150; ABRvS 18 juli 2012, ECLI:NL:RVS:2012:BX1878). Op grond van art. 12m Instellingswet ACM kan de ACM boetes opleggen voor overtreding van de medewerkingsplicht. Zie bijvoorbeeld het besluit van de ACM van 10 december 2019 met kenmerk ACM/UIT/524513.

6. Wet op het financieel toezicht (lid 2). Omdat de Wet op het financieel toezicht ('Wft') de bevoegdheid om een woning te betreden zonder toestemming van de bewoner niet bevat en de ACM op grond van die wet een relatief beperkte toezichthoudende taak heeft, geldt de bevoegdheid tot het binnentreden en doorzoeken van woningen zonder toestemming van de bewoner niet bij het toezicht van de ACM op de naleving van het bepaalde bij of krachtens de Wft (*Kamerstukken II* 2012/13, 33622, 3, p. 49).

Artikel 12d
1. Voor het betreden, bedoeld in artikel 12c, eerste lid, is een voorafgaande machtiging vereist van de rechter-commissaris, belast met de behandeling van strafzaken bij de rechtbank Rotterdam. De machtiging kan bij wijze van voorzorgsmaatregel worden gevraagd. De machtiging wordt zo mogelijk getoond.
2. Artikel 171 van het Wetboek van Strafvordering is van overeenkomstige toepassing. De rechter-commissaris kan het openbaar ministerie horen alvorens te beslissen.
3. Tegen de beslissing van de rechter-commissaris staat voor zover het verzoek om een machtiging niet is toegewezen, voor de Autoriteit Consument en Markt binnen veertien dagen beroep open bij de rechtbank Rotterdam.
4. De artikelen 2 en 3 van de Algemene wet op het binnentreden zijn niet van toepassing.

[25-06-2014, Stb. 247, i.w.tr. 01-08-2014/kamerstukken 33622]

[Machtiging rechter-commissaris vereist]

1. Algemeen. Deze bepaling vertoont grote gelijkenis met art. 55a (oud) Mw. Onderhavige bepaling eist anders dan art. 55a lid 4 (oud) Mw niet langer dat het betreden van de plaatsen moet plaatsvinden *onder toezicht* van de rechter-commissaris. Opgemerkt zij dat in art. 51 lid 4 Mw dit toezicht van de rechter-commissaris wel is geregeld bij de doorzoekingsbevoegdheid van de ACM, zoals opgenomen in art. 50 Mw. In de memorie van toelichting wordt gewezen op het belang van de machtiging om te voldoen aan de grondwettelijke eisen (art. 12 Grondwet en art. 8 EVRM) (*Kamerstukken II* 2012/13, 33622, 3, p. 9), en lijkt daarmee impliciet te verwijzen naar het advies van de Raad van State bij het amendement dat destijds tot de vergelijkbare regeling in de Mededingingswet (oud) leidde (*Kamerstukken II*, 30071, 37, p. 3). Volgens de memorie van toelichting wordt voldaan aan de proportionaliteitseis uit art. 8 lid 2 EVRM door de vele waarborgen waarmee de betredingsbevoegdheid is omgeven. "Deze waarborgen (met name de voorafgaande machtiging) hebben immers tot doel te verzekeren dat van de bevoegdheid alleen gebruik wordt gemaakt als dat strikt noodzakelijk is en aan vooraf gestelde eisen voldoet". In verband met de subsidiariteitseis wordt voorts opgemerkt dat "dat de bevoegdheid nodig en ook uitsluitend bedoeld is voor gevallen waarin de gegevens, juist omdat ze in een woning worden bewaard, niet op een andere, minder ingrijpende wijze kunnen worden verkregen" (*Kamerstukken II* 2012/13, 33622, 3, p. 9). De rechter-commissaris beslist in het algemeen relatief snel (binnen een of enkele dagen) op een verzoek van de ACM om een machtiging voor het betreden en/of doorzoeken van een woning zonder toestemming van de bewoner. Bij mededingingsrechtelijke onderzoeken zal het verzoek van de toezichthoudende ambtenaren van de ACM vaak zien op het verkrijgen van zowel een machtiging om een woning binnen te treden als om deze te mogen doorzoeken.

2. Bijstand griffier en rol OvJ (lid 2). Art. 171 Sv bepaalt dat de rechter-commissaris wordt bijgestaan door een griffier. De machtiging wordt anders dan in het strafprocesrecht het geval is (vergelijk art. 97 lid 2 Sv), niet gevraagd door de Officier van Justitie. Door uitdrukkelijk te bepalen dat de rechter-commissaris het Openbaar Ministerie kan horen alvorens te beslissen, wordt toch voorzien in een rol voor de Officier van Justitie.

3. Awbi (lid 4). In art. 2 en 3 Awbi is bepaald door wie de vereiste machtiging wordt gegeven. Dit is meer op de betredingsbevoegdheid van de ACM toegesneden geregeld in de Instellingswet ACM, en daarom kunnen deze bepalingen uit de Algemene wet op het binnentreden buiten toepassing blijven.

Artikel 12e

1. Een machtiging als bedoeld in artikel 12d, eerste lid, is met redenen omkleed en ondertekend en vermeldt:
a. de naam van de rechter-commissaris die de machtiging heeft gegeven;
b. de naam of het nummer en de hoedanigheid van degene aan wie de machtiging is gegeven;
c. de wettelijke bepaling waarop het binnentreden berust en het doel waartoe wordt binnengetreden;
d. de dagtekening.

2. Indien het betreden dermate spoedeisend is dat de machtiging niet tevoren op schrift kan worden gesteld, zorgt de rechter-commissaris zo spoedig mogelijk voor de opschriftstelling.
3. De machtiging blijft ten hoogste van kracht tot en met de derde dag na die waarop zij is gegeven.
4. Artikel 6 van de Algemene wet op het binnentreden is niet van toepassing.
[25-06-2014, Stb. 247, i.w.tr. 01-08-2014/kamerstukken 33622]

[Inhoud machtiging rechter-commissaris]

Betekenis. De machtiging om tegen de wil van de bewoner binnen te treden, moet aan een aantal vereisten voldoen. Deze vereisten zijn afgestemd op art. 6 Awbi, maar toegespitst op de bevoegdheidsuitoefening door de ACM. Een belangrijke eis is het vermelden van het doel en voorwerp van het onderzoek. Verwezen zij naar het advies van de Raad van State bij het amendement van Heemskerk dat leidde tot de rechtsvoorganger van de onderhavige bepaling uit de Mededingingswet (oud). Daarin wees de Raad van State erop dat uit de rechtspraak over art. 8 EVRM volgt dat het object van de huiszoeking en de aard van de daarbij gewenste inlichtingen zo concreet mogelijk moeten worden geformuleerd (*Kamerstukken II* 2006/07, 30071, 37, p. 3). Net als lid 2 van de onderhavige bepaling, en zijn rechtsvoorganger in de Mededingingswet regelt art. 2 lid 3 Awbi dat in uitzonderlijke omstandigheden een voorafgaande schriftelijke machtiging niet vereist is. De machtiging voor de zelfstandige bevoegdheid van de ACM om een woning te betreden is slechts drie dagen geldig. Anders dan de vergelijkbare bepaling van de Algemene wet op het binnentreden is de Algemene termijnenwet hier wel van toepassing.

Artikel 12f
1. De ambtenaar die is binnengetreden, maakt op zijn ambtseed of -belofte een schriftelijk verslag op omtrent het binnentreden.
2. In het verslag vermeldt hij:
a. zijn naam of nummer en zijn hoedanigheid;
b. de dagtekening van de machtiging en de naam van de rechter-commissaris die de machtiging heeft gegeven;
c. de wettelijke bepaling waarop het binnentreden berust en het doel waartoe is binnengetreden;
d. de plaats waar is binnengetreden en de naam van degene bij wie is binnengetreden;
e. de wijze van binnentreden en het tijdstip waarop in de woning is binnengetreden en waarop deze is verlaten;
f. hetgeen in de woning is verricht en overigens is voorgevallen;
g. de namen of nummers en de hoedanigheid van de overige personen die zijn binnengetreden.
3. Het verslag wordt uiterlijk op de vierde dag na die waarop is binnengetreden, toegezonden aan de rechter-commissaris die de machtiging heeft gegeven.
4. Een afschrift van het verslag wordt uiterlijk op de vierde dag na die waarop is binnengetreden, aan degene bij wie is binnengetreden, uitgereikt of toegezonden. Indien het doel waartoe is binnengetreden daartoe noodzaakt, kan deze uitreiking of toezending worden uitgesteld. Uitreiking of toezending geschiedt in dat geval zodra

het belang van dit doel het toelaat. Indien het niet mogelijk is het afschrift uit te reiken of toe te zenden, houdt de rechter-commissaris of de ambtenaar die is binnengetreden het afschrift gedurende zes maanden beschikbaar voor degene bij wie is binnengetreden.
5. De artikelen 10 en 11 van de Algemene wet op het binnentreden zijn niet van toepassing.
[25-06-2014, Stb. 247, i.w.tr. 01-08-2014/kamerstukken 33622]

[Verslag binnentreden]

Betekenis. Met art. 12f Instellingswet ACM wordt gevolg gegeven aan de vereisten van art. 12 lid 3 Grondwet, waarin bepaald wordt dat aan de bewoner zo spoedig mogelijk een schriftelijk verslag van het binnentreden wordt verstrekt. De eisen die aan het verslag worden gesteld in de onderhavige bepaling zijn afgestemd op art. 10 en 11 Algemene wet op het binnentreden, maar toegespitst op de bevoegdheidsuitoefening door de ACM.

Artikel 12g
1. Artikel 5:17 van de Algemene wet bestuursrecht is niet van toepassing op geschriften, gewisseld tussen een marktorganisatie en een advocaat, die zich bij de marktorganisatie bevinden, doch waarop, indien zij zich zouden bevinden bij die advocaat, artikel 5:20, tweede lid, van de Algemene wet bestuursrecht van toepassing zou zijn.
2. Het eerste lid is van overeenkomstige toepassing ten aanzien van degenen, bedoeld in artikel 51, tweede lid, onder 2°, van het Wetboek van Strafrecht.
[25-06-2014, Stb. 247, i.w.tr. 01-08-2014/kamerstukken 33622]

[Vertrouwelijkheid communicatie advocaat]

1. Algemeen. Advocaten vervullen een essentiële rol in ons rechtssysteem. Een marktorganisatie moet daarom in vertrouwen het advies van een advocaat kunnen inwinnen. Art. 12g Instellingswet ACM heeft tot doel de correspondentie tussen advocaat en marktorganisatie vertrouwelijk te laten (*Kamerstukken II* 2012/13, 33622, 3, p. 49). Dit wordt ook wel 'legal privilege' genoemd. De Mededingingswet en Wet handhaving consumentenbescherming bevatten in art. 51 (oud) respectievelijk art. 2.4 lid 2 (oud) een vergelijkbare exceptie op art. 5:17 Awb en bij de totstandkoming van de ACM is voor verbreding van die uitzondering gekozen. Voor de advocaat zelf geldt een verschoningsrecht (art. 5:20 lid 2 Awb). Papieren die zich bij de advocaat bevinden, waaronder briefwisseling tussen een marktorganisatie en een advocaat, zijn daarom al niet toegankelijk voor de toezichthouders. Het legal privilege van art. 12g verklaart eenzelfde regime van toepassing op papieren gewisseld tussen een advocaat en een marktorganisatie die zich bij de marktorganisatie bevinden. Het bevat een uitzondering op de bevoegdheid van inzage van gegevens en bescheiden van de toezichthouders (art. 5:17 Awb).

2. Legal privilege niet onbeperkt. In de memorie van toelichting is opgemerkt dat stukken die als afschrift zijn gestuurd aan de advocaat niet zonder meer zijn uitgezonderd van inzage. Zijn de originele stukken te vinden bij de overtreder, dan maakt puur het feit dat ze (ook) in afschrift aan de advocaat zijn gestuurd niet zonder meer dat ze zijn uitgezonderd van inzage (*Kamerstukken II* 2012/13, 33622, 3, p. 49).

3. Advocaat (Wet positie en toezicht advocatuur). Voor advocaten geldt op grond van art. 11a Advocatenwet (na wijziging met de Wet positie en toezicht advocatuur) een geheimhoudingsplicht. Via art. 5:20 lid 2 Awb zijn zij daarom ontheven van de medewerkingsplicht van art. 5:20 lid 1 Awb. In art. 9a Advocatenwet (na wijziging met de Wet positie en toezicht advocatuur) is bepaald wie er gerechtigd zijn tot het voeren van de titel advocaat. Inschrijving in het tableau, waarvan een aantal gegevens voor eenieder kosteloos toegankelijk zijn op grond van art. 8a lid 2 Advocatenwet, is daarvoor een van de vereisten. Het raadplegen van het tableau zal een van de manieren zijn om vast te stellen of de persoon die zich op het privilege beroept inderdaad advocaat is. Dit zijn zowel externe advocaten als advocaten in loondienst. Voor alle advocaten geldt uit hoofde van hun beroep een geheimhoudingsplicht.

4. Advocaten in dienstbetrekking bij onderneming. In het Europees mededingingsrecht is de Akzo-jurisprudentie van het HvJ van belang voor de reikwijdte van het legal privilege (HvJ EU 14 september 2010, C-550/07 P, ECLI:EU:C:2010:512; GvEA EG 17 september 2007, T-253/03 en T-253/103, ECLI:EU:T:2007:287, zie ook HvJ EU 18 mei 1982, zaak 155/79 (*AM & S Europe/Commissie*), ECLI:EU:C:1982:157). In dit arrest oordeelde het HvJ EU dat een advocaat in dienstbetrekking beroepsmatig niet even onafhankelijk is als een externe advocaat vanwege zowel zijn economische afhankelijkheid als de nauwe banden met zijn werkgever. De vertrouwelijkheid van de briefwisseling tussen een advocaat en zijn cliënt dienen op het niveau van de Europese Unie weliswaar te worden beschermd, maar dat geldt niet in dezelfde mate voor een advocaat in dienstbetrekking. Voor de bescherming van deze vertrouwelijkheid is volgens het HvJ EU vereist dat de advocaat onafhankelijk is. Dat veronderstelt volgens het HvJ EU dat er geen enkele dienstbetrekking tussen de advocaat en zijn cliënt bestaat, zodat de bescherming uit hoofde van het beginsel van de vertrouwelijkheid zich niet uitstrekt tot briefwisseling die binnen een onderneming of binnen een groep ondernemingen met de interne advocaten wordt gevoerd. Het nationale mededingingsrecht biedt een ruimere bescherming van de vertrouwelijkheid van de briefwisseling tussen advocaat en cliënt, doordat ook de briefwisseling met de advocaat in dienstbetrekking is beschermd. In HR 15 maart 2013, ECLI:NL:HR:2013:BY6101 oordeelde de Hoge Raad dat het HvJ EU in het hiervoor genoemde arrest van 14 september 2010 enerzijds heeft bevestigd, dat wat betreft het Unierechtelijke mededingingsrecht een advocaat in dienstbetrekking geen verschoningsrecht toekomt, doch anderzijds uitgemaakt dat het mededingingsrecht van de EU en het nationale mededingingsrecht naast elkaar van toepassing zijn en dat het Unierechtelijke rechtszekerheidsbeginsel dus niet ertoe verplicht voor beide types procedures identieke criteria te hanteren wat betreft de vertrouwelijkheid van communicatie tussen advocaten en cliënten. Het *Akzo*-arrest geldt volgens de Hoge Raad dus niet buiten het Unierechtelijke mededingingsrecht. Ten slotte oordeelde de Hoge Raad dat gezien de Nederlandse praktijk en de waarborgen die in Nederland omtrent de wijze van praktijkuitoefening van advocaten in dienstbetrekking bestaan, er geen grond is om aan een advocaat het verschoningsrecht te ontzeggen op grond van het enkele feit dat hij in dienstbetrekking werkzaam is. De ACM biedt de ruimere bescherming alleen bij de toepassing van nationale bevoegdheden (dat kan zowel bij de handhaving van Europees mededingingsrecht als bij nationaal mededingingsrecht zijn), en niet bij het verlenen van bijstand aan de Europese Commissie bij de handhaving van het Europees mededingingsrecht (zie ACM website, publicaties, Legal privilege en de ACM praktijk, 20 januari 2011). Zie voor (ondertussen wat oudere) rechtspraak waarin de vraag speelde of bestanden al dan niet beschermd waren door legal privilege: Rb. Rotterdam 13 december 2012, ECLI:NL:RBROT:2012:BY6184 en Rb. Rotterdam 16 februari 2012, ECLI:NL:RBROT:2012:BV6137.

5. Feitelijk leidinggevers en opdrachtgevers (lid 2). Zoals ook in de Mededingingswet was bepaald (art. 53 lid 2 (oud) Mw) geldt het legal privilege ook voor advocaten van feitelijk leidinggevers en opdrachtgevers (zie destijds *Kamerstukken II* 2007/08, 31120, 9, p. 3-4).

6. Beroep van advocaat op geheimhouding. De ACM heeft in de ACM Werkwijze geheimhoudingsprivilege advocaat 2014 (*Stcrt.* 2014, 3991, i.w.tr. 12 februari 2014) bepaald op welke wijze de ACM omgaat met de inzagebevoegdheid indien deze mogelijk betrekking heeft op geprivilegieerde correspondentie met een advocaat. De ACM heeft daartoe een of meer functionarissen verschoningsrecht in dienst die niet betrokken zijn en zullen worden bij het onderzoek. Verwezen zij naar de inhoud van de betrokken regeling die is opgenomen in het onderdeel Bijlagen van deze Tekst & Commentaar en aant. 4, onder e bij de inleidende opmerkingen bij hoofdstuk 3 Instellingswet ACM. Ook de ACM Werkwijze voor onderzoek in digitale gegevens 2014 (*Stcrt.* 2014, 3993, i.w.tr. 12 februari 2014) verwijst naar deze werkwijze als waarborg voor het omgaan met geprivilegieerde documenten bij een vordering tot inzage in digitale gegevens.

§ 2
Toezegging

Artikel 12h
1. Onverminderd artikel 5:45 van de Algemene wet bestuursrecht vervalt de bevoegdheid van de Autoriteit Consument en Markt tot het opleggen van een bestuurlijke boete of een last onder dwangsom aan een marktorganisatie, indien de Autoriteit Consument en Markt op aanvraag van die marktorganisatie besluit tot het bindend verklaren van een door die marktorganisatie gedane toezegging.
2. De Autoriteit Consument en Markt kan een besluit nemen als bedoeld in het eerste lid, indien zij het bindend verklaren van een toezegging doelmatiger acht dan het opleggen van een bestuurlijke boete of een last onder dwangsom.
3. De marktorganisatie dient de aanvraag voor het nemen van een besluit als bedoeld in het eerste lid in, voordat de Autoriteit Consument en Markt een besluit omtrent het opleggen van een bestuurlijke boete of een last onder dwangsom heeft genomen.
4. De termijn, bedoeld in artikel 5:45, eerste lid, van de Algemene wet bestuursrecht wordt opgeschort met ingang van de dag waarop de Autoriteit Consument en Markt de aanvraag ontvangt, tot de dag waarop de Autoriteit Consument en Markt een besluit op de aanvraag heeft genomen. Artikel 5:45, derde lid, van de Algemene wet bestuursrecht is van overeenkomstige toepassing.
5. De marktorganisatie gedraagt zich overeenkomstig het besluit, bedoeld in het eerste lid.
6. De Autoriteit Consument en Markt bepaalt gedurende welke periode het besluit, bedoeld in het eerste lid, geldt en kan deze periode telkens verlengen.

7. De Autoriteit Consument en Markt kan een besluit als bedoeld in het eerste lid of een besluit tot verlenging als bedoeld in het zesde lid, wijzigen of intrekken indien:
a. er een wezenlijke verandering is opgetreden in de feiten waarop het besluit berust;
b. het besluit berust op door de marktorganisatie verstrekte onvolledige, onjuiste of misleidende gegevens;
c. de marktorganisatie in strijd met het vijfde lid handelt.
8. Alvorens de Autoriteit Consument en Markt een besluit als bedoeld in het eerste lid neemt op het gebied van mededinging, informeert zij naar de standpunten van marktorganisaties die actief waren op de markt waar het handelen waarop de toezegging betrekking heeft, plaatsvond.
[11-11-2020, Stb. 9, i.w.tr. 18-02-2021/kamerstukken 35467]

[Bindend verklaren van toezegging]

1. Algemeen. ACM kan er ten aanzien van de naleving van alle bepalingen waar zij toezicht op houdt, voor kiezen geen last onder dwangsom of bestuurlijke boete op te leggen, maar over te gaan tot het bindend verklaren van een toezegging van de marktorganisatie. ACM is dan niet langer bevoegd om voor dezelfde overtreding een last onder dwangsom of bestuurlijke boete op te leggen. Een voorbeeld is het besluit tot het bindend verklaren van een toezegging van elektriciteits- en gasleverancier NLE van ACM van 18 januari 2016 (www.acm.nl, ACM/DC/2015/206965_OV), het besluit tot het bindend verklaren van toezeggingen van ondernemingen in de betonmortelsector van 29 juni 2016 (www.acm.nl, ACM/DM/2016/203852, 15.0959.29), het besluit tot het bindend verklaren van toezeggingen van KLM en Schiphol van 20 februari 2018 (www.acm.nl, 17.0271.29) en het besluit tot het bindend verklaren van toezeggingen van OMS over het stoppen van bestedingsaandeelkortingen bij de verkoop van advertentieruimte op de radio van 2 december 2019 (www.acm.nl, ACM/19/037273, verlengd met twee jaar bij besluit van 17 december 2021). **a. Opvolger art. 49a-49d Mw en art. 2.23 Wet handhaving consumentenbescherming.** Tot de invoering van de Stroomlijningswet (*Stb.* 2014, 247) op 1 augustus 2014 beschikte ACM alleen bij overtreding van de Mw of de Wet handhaving consumentenbescherming over het instrument van de toezegging. Het gaat om enigszins afwijkende regelingen. Art. 12h voorziet in een opvolger van beide regelingen, die ACM-breed van toepassing is. Het instrument van de toezegging in de Mw en Wet handhaving consumentenbescherming vloeit voort uit Europese verordeningen: Verordening (EG) 1/2003 voor de Mw en Verordening (EG) 2006/2004 voor de Wet handhaving consumentenbescherming. Zie voor een voorbeeld van een bindend verklaarde toezegging die nog op de Mw was gebaseerd en de toets van de rechter kon doorstaan: Rb. Rotterdam 27 augustus 2015, ECLI:NL:RBROT:2015:6080 (*Buma/Stemra*). Zie voor de praktijk ten aanzien van de Wet handhaving consumentenbescherming Rb. Rotterdam 25 juli 2013, ECLI:NL:RBROT:2013:5538, ECLI:NL:RBROT:2013:5539, ECLI:NL:RBROT:2013:5540, ECLI:NL:RBROT:2013:5541; het besluit tot het aanvaarden van een toezegging van Garant-o-Matic van 30 mei 2008 (CA/IC/39/71) maar ook de beslissing op bezwaar van 20 mei 2011 inzake Garant-o-Matic (niet naleven toezegging boeteverhogende omstandigheid, CA/NB/544/47); de toezegging van Bart Smit van 1 december 2011; de toezegging van Fletcher Hotels van 28 augustus 2012; de toezegging van Mobily.nl van 16 februari 2012 (www.acm.nl). **b. Duur toezegging in besluit.** In het besluit tot het bindend verklaren van de toezegging wordt bepaald gedurende welke periode de toezegging geldt. Deze periode kan meerdere keren achter elkaar worden verlengd (lid 6). **c. Rechtsbescherming.** Het bindend verklaren van een toezegging is een besluit in de zin van art. 1:3 Awb, met als rechtsgevolg dat de bevoegdheid van ACM om een boete of last onder dwangsom op te leggen vervalt (MvT, *Kamerstukken II* 2012/13, 33622, 3, p. 51). Tegen een dergelijk besluit kan bezwaar en beroep worden ingesteld. Dat zal ook het geval zijn bij een besluit tot verlenging van de periode waarvoor de toezegging geldt op grond van lid 6. Tegen de afwijzing van de aanvraag om een toezegging bindend te verklaren, staat geen bezwaar en beroep open. Tegen een besluit op grond van art. 12h lid 1, voor zover de aanvraag is afgewezen, kan geen beroep worden ingesteld (art. 1 van bijlage 2 bij de Awb waarin van beroep uitgezonderde besluiten als bedoeld in art. 8:5 Awb zijn opgesomd; bevestigd door Rb. Rotterdam 24 september 2020, ECLI:NL:RBROT:2020:8329). De afwijzing van de aanvraag kan door belanghebbenden, waaronder in ieder geval de overtreder, wel in een bezwaar of beroep over een eventuele last onder dwangsom of bestuurlijke boete aan de orde worden gesteld (MvA, *Kamerstukken I* 2013/14, 33622, C, p. 17 en, als voorbeeld daarvoor, vzr. Rb. Rotterdam 30 september 2020, ECLI:NL:RBROT:2020:8487). ACM kon een verzoek om een toezegging bindend te verklaren afwijzen omdat geen sprake was van een deugdelijke toezegging. Het eindvoorstel voor de toezegging van de verzoekster was gericht op een te beperkte en willekeurige groep klanten die in aanmerking zouden komen voor compensatie en had bovendien niet betrekking op alle klanten met wie een overeenkomst was aangegaan nadat ACM verzoekster op de geldende norm had gewezen. De afwijzing van dit verzoek stond daarom niet aan het opleggen van een bestuurlijke boete in de weg (vzr. Rb. Rotterdam 30 september 2020, ECLI:NL:RBROT:2020:8487). Dat geldt ook voor de situatie waarin de toezegging was gedaan om na constatering van de overtreding alsnog de wet na te leven, waarbij ACM ook had betrokken dat in ernstige gevallen het bindend verklaren van een toezegging niet doelmatig is en niet aan een sanctie in de weg kan staan (Rb. Rotterdam 24 september 2020, ECLI:NL:RBROT:2020:8329). ACM kan op grond van art. 3:10 lid 1 Awb van geval tot geval beslissen of zij de uniforme openbare voorbereidingsprocedure toepast ten aanzien van het voornemen een toezegging bindend te verklaren (MvT, *Kamerstukken II* 2012/13, 33622, 3, p. 51). Als onderdeel van de implementatie van Richtlijn 2019/1 (ECN+) bepaalt lid 8 uitdrukkelijk dat de ACM formeel of informeel de standpunten van marktpartijen dient in te winnen, alvorens zijn een toezegging bindend verklaart. **d. Openbaarmaking.** Besluiten tot het bindend verklaren van een toezegging of tot het afwijzen van een aanvraag daartoe (MvA, *Kamerstukken I* 2013/14, 33622, C, p. 18) vallen onder het openbaarmakingsregime van art. 12w. In de huidige praktijk ten aanzien van overtredingen van de Mw en Wet handhaving consumentenbescherming worden toezeggingen over het algemeen openbaar gemaakt. Bij overtredingen van de Wet handhaving consumentenbescherming lijkt het bindend verklaren van een toezegging eerder meer doelmatig dan een last onder dwangsom of boete als de toezegging wordt gepubliceerd. Als het om toezeggingen gaat die bedrijfsvertrouwelijke informatie bevatten, zou ook met publicatie van een samenvatting kunnen worden volstaan.

2. Discretionaire bevoegdheid ACM (lid 2). ACM kan gebruikmaken van haar bevoegdheid om een toezegging bindend te verklaren en af te zien van het opleggen van een boete of last onder dwangsom, als zij dat doelmatiger acht. Ten aanzien van de Wet handhaving consumentenbescherming lichtte de wetgever destijds toe dat op het aanbod van een toezegging kon worden ingegaan, als dat meer in het belang van consumenten werd geacht dan een last of boete op te leggen (*Kamerstukken II* 2005/06, 30411, 3, p. 37). Het gaat om een discretionaire bevoegdheid van ACM. Gezichtspunten die de Consumentenautoriteit in haar afwegingen om een toezegging te accepteren, mocht betrekken, zijn bijvoorbeeld of de overtreder schuld heeft bekend, de verantwoordelijkheid voor de overtreding erkent, bereid is om mee te werken aan controles op de naleving van de toezegging, instemt met het publiekelijk bekendmaken van de toezegging en het profijt dat de consument bij een toezeggingstraject heeft (Rb. Rotterdam 25 juli 2013, ECLI:NL:RBROT:2013:5538, r.o. 8.5 en 8.6).

3. Op aanvraag (lid 1 en 3). Het is aan de overtreder om een aanvraag te doen tot het bindend verklaren van een toezegging. ACM hoeft dat niet uit eigen beweging aan te bieden. Evenmin is sprake van strijd met het gelijkheidsbeginsel als wordt ingegaan op de aanvraag tot het mogen doen van een toezegging van de ene overtreder, maar een andere overtreder geen toezeggingstraject wordt aangeboden, als die ander de overtreding niet heeft erkend en zelf geen aanbod heeft gedaan (vgl. Rb. Rotterdam 25 juli 2013, ECLI:NL:RBROT:2013:5538, r.o. 8.6). De aanvraag moet worden ingediend voordat ACM een besluit tot het opleggen van een last onder dwangsom of opleggen van een bestuurlijke boete heeft genomen, maar kan zowel voor- als nadat een overtreding is vastgesteld worden gedaan. Aan het besluit tot het bindend verklaren van een toezegging hoeft dus geen vaststelling van een overtreding door ACM vooraf te gaan (MvT, *Kamerstukken II* 2012/13, 33622, 3, p. 50 en 51; MvA, *Kamerstukken I* 2013/14, 33622, C, p. 17).

4. Opschorting verjaringstermijn (lid 4). Op grond van art. 5:45 Awb vervalt de bevoegdheid om een bestuurlijke boete op te leggen vijf jaar nadat de overtreding heeft plaatsgevonden in het geval een boete van meer dan € 340 kan worden opgelegd en drie jaar nadat de overtreding heeft plaatsgevonden in alle andere gevallen. Een bezwaar of beroep tegen het boetebesluit leidt tot opschorting van de vervaltermijn totdat onherroepelijk op het bezwaar of beroep is beslist (art. 5:45 lid 3 Awb). Ook de ontvangst van een aanvraag om een toezegging bindend te verklaren, leidt tot opschorting van de vervaltermijn. Art. 5:45 lid 3 Awb is van overeenkomstige toepassing, zodat een bezwaar of beroep tegen het besluit om een toezegging bindend te verklaren, ook tot opschorting van de vervaltermijn leidt totdat daarop onherroepelijk is beslist.

5. Naleving toezegging (lid 5). De bindend verklaarde toezeggingen moeten vanzelfsprekend worden nageleefd. Doet de marktorganisatie dat niet, dan kan ACM een boete opleggen wegens niet naleving van de toezegging (art. 12m lid 2). Het niet naleven van een bindend verklaarde toezegging biedt voorts een grondslag voor intrekking of wijziging van het besluit tot het bindend verklaren van de toezegging (lid 7). ACM kan dan alsnog een last onder dwangsom of bestuurlijke boete opleggen voor de overtreding van de bepalingen waar ACM toezicht op houdt. De Consumentenautoriteit heeft het niet naleven van een toezegging als boeteverhogende omstandigheid aangemerkt (beslissing op bezwaar van 20 mei 2011, inzake Garant-o-Matic; CA/NB/544/47).

6. Wijzigen of intrekken (lid 7). ACM kan het besluit tot het bindend verklaren van een toezegging in drie gevallen intrekken of wijzigen. In de eerste plaats als er een wezenlijke verandering in de feiten waarop het besluit berust, is opgetreden (zie bijvoorbeeld besluit van ACM tot intrekking bindendverklaring toezegging LHV van 15 december 2015, ACM/TFZ/2015/207639_OV). In de tweede plaats als het besluit berust op door de marktorganisatie verstrekte onvolledige, onjuiste of misleidende gegevens (vgl. bijvoorbeeld de mogelijkheid om besluiten tot subsidieverlening en -vaststelling op grond van art. 4:48 lid 1 onderdeel c en d Awb en art. 4:49 lid 1 onderdeel a en b Awb in te trekken of te wijzigen). In de derde plaats als de marktorganisatie de toezegging niet naleeft. Intrekking van het besluit heeft tot gevolg dat de bevoegdheid van ACM om een last onder dwangsom of bestuurlijke boete op te leggen, herleeft (MvT, *Kamerstukken II* 2012/13, 33622, 3, p. 51).

§ 3
Sanctionering

[Inleidende opmerkingen]

1. Algemeen. Paragraaf 3 van hoofdstuk 3 Instellingswet ACM bevat een aantal bepalingen die bepaalde aspecten van de sanctionering van overtredingen ACM-breed regelen. Dit is in aanvulling op de algemene regeling van sancties in hoofdstuk 5 van de Awb, waaronder uitgangspunten (titel 5.1) en specifieke regels voor lasten onder dwangsom (afdeling 5.3.2) en bestuurlijke boetes (titel 5.4). De bevoegdheid om sancties op te leggen is vooral opgenomen in de materiële wetten waar de ACM toezicht op houdt, waaronder de Mw. Die wetten regelen ook de hoogte van het op de betreffende overtreding toepasselijke boetemaximum, met uitzondering van het algemene boetemaximum voor feitelijk leidinggevers dat in paragraaf 3 is vastgelegd (art. 12n). In paragraaf 3 is bepaald dat de ACM sancties kan opleggen als een marktorganisatie weigert medewerking te verlenen aan onderzoek van de ACM of toezeggingen niet naleeft (art. 12m). Ook wordt de ACM de bevoegdheid toegekend om, als zij een overtreding vaststelt, een bindende aanwijzing op te leggen (art. 12j). Paragraaf 3 regelt verder de mogelijke verlenging van de beslistermijn voor het opleggen van een boete (art. 12k), de bevoegdheid om de boekhouding van een overtreder te onderzoeken voor de bepaling van de boetehoogte (art. 12l), de omzetbepaling voor boetemaxima (art. 12o) en de vereiste functiescheiding bij het voorbereiden van een boetebesluit (art. 12q). Ook is de opschortende werking van bezwaar tegen een boetebesluit geregeld (art. 12p), evenals de duur en verjaring van de last onder dwangsom (art. 12r), de invordering van boetes opgelegd aan een ondernemersvereniging (art. 12s) en de bestemming van betaalde boetes en dwangsommen (art. 12t). Daarnaast wordt de toepassing van het zwijgrecht uitgebreid (art. 12i). De Instellingswet ACM gebruikt de term 'marktorganisatie' voor de diverse typen organisaties waarop de materiële ACM-wetgeving van toepassing is. Binnen die term vallen ook de ondernemingen en ondernemersverenigingen waar de Mw voor geldt (art. 1 Instellingswet ACM en art. 1 onder f en g Mw verwijzen beide naar deze begrippen zoals bedoeld in art. 101 VWEU). Enkele bepalingen van paragraaf 3 zijn niet van toepassing op de handhaving van hoofdstuk 4b Mw, dat regels stelt met betrekking tot economische activiteiten die worden verricht door overheden en overheidsbedrijven (Wet Markt en Overheid). Dit betreft art. 12j, 12k, 12l, 12m lid 1 onder a en b, en lid 2, en 12o (art. 25ma Mw). Dit zijn vooral de bepalingen die het opleggen van een boete betreffen, waartoe de ACM niet bevoegd is bij een overtreding van hoofdstuk 4b Mw (zie art. 70c Mw, aant. 3).

2. Prioritering. De ACM ontvangt regelmatig klachten en signalen over mogelijke overtredingen. Gezien haar beperkte middelen kan de ACM deze niet allemaal onderzoeken om daar vervolgens tegen op te treden. De ACM hanteert daarom een prioriteringsbeleid (zie de Inleidende opmerkingen bij hoofdstuk 3 Instellingswet ACM, aant. 4 onder b). Als de ACM een overtreding vaststelt, moet zij in beginsel gebruikmaken van haar handhavingsbevoegdheden. Dit kan gebeuren door het opleggen van een een last onder dwangsom, maar de ACM kan ook toezeggingen bindend verklaren (art. 12h) of een bindende aanwijzing opleggen (art. 12j). Alleen in bijzondere omstandigheden kan de ACM daarvan afzien, bijvoorbeeld als er concreet zicht op legalisering bestaat, de overtreding een incidenteel karakter heeft of handhaving onevenredig zou zijn (bijv. CBb 20 augustus 2010, ECLI:NL:CBB:2010:BN4700 (*klacht tarieven Schiphol-Paramaribo*) en CBb 15 juni 2011, ECLI:NL:CBB:2011:BQ8708 (*ongewenste e-mail VVD*)). Daarnaast kan de ACM een boete opleggen, maar de beginselplicht tot handhaving is volgens de ABRvS beperkt tot herstelsancties en strekt zich niet uit tot bestraffende sancties (ABRvS 30 juni 2021, ECLI:NL:RVS:2021:1407 (*handhaving Wbp door AP*)).

Artikel 12i
Artikel 5:10a van de Algemene wet bestuursrecht is van overeenkomstige toepassing bij het verhoor van een andere, voor de marktorganisatie werkzame, natuurlijke persoon dan degene, bedoeld in artikel 5:10a.
[25-06-2014, Stb. 247, i.w.tr. 01-08-2014/kamerstukken 33622]

[Zwijgrecht en cautieplicht]

1. Algemeen. Art. 12i regelt in aanvulling op art. 5:10a Awb dat het zogenoemde 'zwijgrecht' en de 'cautieplicht' voor alle bij een marktorganisatie werkzame personen geldt (zie *Kamerstukken II* 2012/13, 33622, 3, p. 10 en 51-52). In art. 5:10a Awb is bepaald dat degene die wordt verhoord met het oog op het aan hem opleggen van een bestraffende sanctie, niet verplicht is ten behoeve daarvan verklaringen af te leggen. Dit wordt ook wel het 'zwijgrecht' genoemd. In lid 2 van deze bepaling is de 'cautieplicht' neergelegd: voorafgaand aan het verhoor moet aan de betrokkene worden medegedeeld dat hij of zij niet verplicht is tot antwoorden. De grote kamer van de Afdeling bestuursrechtspraak van de Raad van State oordeelde op 27 juni 2018 (ECLI:NL:RVS:2018:2115) dat wanneer een verdachte ten onrechte niet is gewezen op zijn zwijgrecht, de verklaring van de betrokkene in de regel niet kan worden gebruikt als bewijs voor de feiten die aan de boete ten grondslag zijn gelegd. De hoogste rechtscolleges in Nederland sluiten wat betreft de reikwijdte aan bij de rechtspraak van het EHRM. In art. 8:28a Awb zijn het zwijgrecht en de cautieplicht geregeld bij verhoor door de bestuursrechter. Opgemerkt zij dat art. 5:10a Awb betrekking heeft op alle bestraffende sancties, terwijl art. 8:28a Awb uitsluitend betrekking heeft op de bestuurlijke boete. Volgens de wetshistorie betekent de uitbreiding van art. 12i Instellingswet ACM dat het zwijgrecht aan meer personen toekomt dan alleen aan degenen die bevoegd zijn de marktorganisatie juridisch te vertegenwoordigen (zie *Kamerstukken II* 2012/13, 33622, 3, p. 52). Met de Stroomlijningswet (*Stb.* 2014, 247) heeft de wetgever niet alleen de bepalingen van het zwijgrecht en de cautieplicht van de door ACM uitgevoerde wetgeving gestroomlijnd, maar heeft deze ook strakker afgestemd op de regeling daarvan in de Algemene wet bestuursrecht. Het regime van het met de Stroomlijningswet vervallen art. 53 Mw (oud) is voortgezet en in werkingsgebied uitgebreid tot alle wetgeving binnen het taakgebied van ACM. Met art. 12i en de bijbehorende toelichting wordt een aantal uitspraken gecodificeerd over onduidelijkheden onder de oude regeling van zwijgrecht en cautieplicht in met name de Mededingingswet. Met de onderhavige bepaling heeft de wetgever uitdrukkelijk afstand genomen van de interpretatie die het CBb gaf aan het zwijgrecht op grond van art. 53 Mw (oud) ten aanzien van ex-werknemers. Ook staat nu vast dat het zwijgrecht en de cautieplicht niet gelden bij de voorbereiding van herstelsancties door de ACM. Voorts blijkt uit de memorie van toelichting dat het zwijgrecht ook geldt bij verzoeken om schriftelijke inlichtingen (zie *Kamerstukken II* 2012/13, 33622, 7, p. 51).

2. Zwijgrecht. a. Verhoor (mondeling en schriftelijk). Zowel het zwijgrecht van art. 5:10a lid 1 Awb als de aanvullende regeling van dit zwijgrecht in art. 12i Instellingswet ACM zien op mondelinge en schriftelijke verklaringen. In de memorie van toelichting wordt opgemerkt dat het gaat om alle gevallen waarin inlichtingen worden gevraagd met het oog op het opleggen van een bestraffende sanctie, zoals een bestuurlijke boete. Onder omstandigheden geldt dit ook voor de verplichting om op het zwijgrecht te wijzen: indien een verzoek gedaan wordt om schriftelijke informatie met het oog op het opleggen van een bestraffende sanctie en er van dat verzoek een dermate grote druk uitgaat dat dit materieel kan worden gelijkgesteld aan een verhoor gericht op het mondeling verkrijgen van informatie, geldt het gebod om de cautie te geven (art. 5:10a lid 2 Awb) óók voor schriftelijke verzoeken om informatie (*Kamerstukken II* 2012/13, 33622, 7, p. 41). Zie ook CBb 2 februari 2010, ECLI:NL:CBB:2010:BL5463, m.nt. O.J.D.L. Jansen waarin het College overwoog dat de betrokken bepaling slechts voorschreef dat de cautie moet worden gegeven voordat mondeling om informatie wordt gevraagd, maar dat naar het oordeel van het College dit voorschrift aldus moet worden verstaan dat de betrokken natuurlijke persoon of rechtspersoon onder omstandigheden eveneens op het zwijgrecht dient te worden gewezen voordat de betrokkenen schriftelijk om informatie wordt gevraagd. Er ging naar het oordeel van het College een dermate grote druk uit van een schriftelijke inlichtingenvordering om schriftelijk 'een verklaring' af te leggen dat de betrokkene zich in een situatie bevond die materieel kon worden gelijkgesteld aan een verhoor, gericht op het mondeling verkrijgen van informatie. **b. Criminal charge.** Het zwijgrecht bestaat in ieder geval op het moment dat er sprake is van een 'criminal charge'. Daarvan kan eerst gesproken worden "vanaf het moment waarop ten aanzien van de betrokkene een handeling is verricht waaraan deze in redelijkheid de verwachting kan ontlenen dat hem een bestuurlijke boete zal worden opgelegd, dan wel – in voorkomend geval – dat jegens hem strafvervolging zal worden ingesteld.", CBb 14 april 2016, ECLI:NL:CBB:2016:114, r.o. 2.2, m.nt. S.M.C. Nuijten. Zie ook ABRvS 27 juni 2018, ECLI:NL:RVS:2018:2115, CBb 21 mei 2013, ECLI:NL:CBB:2013:CA3139, CBb 12 september 2013 ECLI:NL:CBB:2013:155, CBb (vzr.) 25 oktober 2011, ECLI:NL:CBB:2011:BU4338. In 2018 oordeelde het CBb dat indien niet kan worden uitgesloten dat zogenoemd 'wilsafhankelijk' materiaal (materiaal waarvan het bestaan afhankelijk is van de wil van de verstrekker) ook voor een 'criminal charge' tegen de verstrekker zal worden gebruikt, de autoriteiten moeten zorgen dat de verstrekker zijn recht om niet mee te werken aan zelfincriminatie effectief kan uitoefenen. Er kan daardoor eerder sprake zijn van een zwijgrecht. Zie CBb 10 januari 2018, ECLI:NL:CBB:2018:3, r.o. 6.4. Zie ook CBb 4 september 2018, ECLI:NL:CBB:2018:444, r.o. 12 en CBb 7 mei 2019, ECLI:NL:CBB:2019:177, r.o. 5.3.2, m.nt. R. Stijnen. **c. Zwijgrecht ex-werknemer.** In twee uitspraken (CBb 21 december

2012, ECLI:NL:CBB:2012:BY7026 en CBb 21 december 2012, ECLI:NL:CBB:2012:BY7031) oordeelde het CBb dat art. 53 Mw (oud) geen beperking inhield van het zwijgrecht tot degenen die ten tijde van het verhoor werkzaam zijn voor de verdachte rechtspersoon (en dus niet ex-werknemers omvat). Dit zou aan de rechtspersoon de effectieve uitoefening van het zwijgrecht ontnemen. De omstandigheid dat het dienstverband is beëindigd, vormt naar het oordeel van het CBb geen rechtvaardiging voor een verval van het zwijgrecht. De ruime medewerkingsplicht, voorzien in art. 5:20 Awb, verdraagt zich volgens het CBb niet met een dergelijke beperking van de kring van personen die zich op grond van art. 53 lid 1 Mw (oud) op hun zwijgrecht kunnen beroepen. Ook een ex-werknemer kon zich op grond van dit artikel dus beroepen op het zwijgrecht. In de parlementaire geschiedenis van de onderhavige bepaling wordt ingegaan op deze uitspraak van het CBb. In de memorie van toelichting wordt beschreven dat op grond van art. 5:10a Awb bij een (vermoedelijke) overtreding door een marktorganisatie reeds een zwijgrecht toekomt aan hen die als overtreder kunnen worden aangemerkt, te weten de juridische vertegenwoordigers van de marktorganisatie, medeplegers, zij die tot de overtreding opdracht hebben gegeven en zij die aan de overtreding feitelijk leiding hebben gegeven. Het zwijgrecht strekt zich dus ook uit tot de ex-werknemers die niet meer werkzaam zijn bij de marktorganisatie maar dat ten tijde van de overtreding wel waren en toen medepleger waren, tot de overtreding opdracht hebben gegeven of aan die overtreding feitelijk leiding hebben gegeven. Art. 12i lid 1 bevat een aanvulling op art. 5:10a Awb en voorziet in een zwijgrecht voor degenen die werkzaam zijn voor die marktorganisatie (en dat mogelijk ten tijde van de overtreding ook reeds waren). Voor deze aanvullende regeling van het zwijgrecht, die het zwijgrecht dus toekent aan huidige werknemers, is gekozen ter bescherming van hun arbeidspositie bij de marktorganisatie die de overtreding heeft begaan. Het valt niet in te zien waarom aan ex-werknemers die (toen ze wel werkzaam waren bij de marktorganisatie) geen enkele connectie hadden met de overtreding (ze waren destijds immers geen medepleger, opdrachtgever of feitelijk leidinggevende), de bescherming van het zwijgrecht zou moeten toekomen. Ze hoeven immers niet te vrezen dat hen als overtreder voor de overtreding een boete zal worden opgelegd of dat hun arbeidsrelatie bij de marktorganisatie door medewerking in gevaar zal komen. De aanvulling in art. 12i op art. 5:10a Awb betreft nadrukkelijk uitsluitend de huidige werknemers, te weten zij die op het moment van verhoor bij de marktorganisatie werkzaam *zijn*. Een andere keuze zou bovendien minder goed aansluiten bij de regeling van art. 5:20 lid 1 Awb, op grond waarvan 'een ieder' de verplichting heeft medewerking te verlenen aan een toezichthouder. Gegeven immers de keuze van de wetgever voor een dermate ruime kring van medewerkingsplichtigen, ligt het niet voor de hand die ruime kring via het zwijgrecht verder te beperken dan nodig (*Kamerstukken II* 2012/13, 33622, 7, p. 40-41). In de memorie van toelichting wordt bij de ACM-brede regeling van het zwijgrecht in art. 12i Instellingswet ACM aldus de interpretatie die het CBb gaf aan art. 53 Mw (oud) niet gevolgd. **d. Verhouding tot het nemo tenetur-beginsel.** Art. 5:10a Awb noch art. 12i Instellingswet ACM bieden een grondslag voor bescherming tegen andere (gedwongen) medewerking dan het afleggen van verklaringen. Art. 6 EVRM is daarvoor de grondslag. Er moet dan wel sprake zijn van een criminal charge (zie CBb 14 april 2016, ECLI:NL:CBB:2016:114; CBb 8 juli 2015, ECLI:NL:CBB:2015:191). De nemo-teneturwaarborg ziet op het recht om geen bewijs tegen zichzelf te hoeven leveren en dat de vervolging niet wordt gebaseerd op bewijsmateriaal dat tegen de wil van de verdachte is verkregen door dwang of drukuitoefening. Als het gaat om bestaande informatie kan de nemo-teneturwaarborg niet met succes worden ingeroepen om verstrekking daarvan of gebruik voor bewijs daarvan te verhinderen (CBb 31 maart 2015, ECLI:NL:CBB:2015:92). Dergelijke informatie wordt ook wel getypeerd als 'wilsonafhankelijke' informatie. Het nemo-teneturbeginsel ziet dus alleen op wilsafhankelijk materiaal, materiaal waarvan het bestaan afhankelijk is van de wil van de verstrekker. Daarbij geldt dat een vordering om bepaalde gegevens te verstrekken, die gegevens niet ineens wilsafhankelijk maakt (zie HR 29 mei 2015, ECLI:NL:HR:2015:1359). De mogelijkheden om de rechter te bewegen tot het oordeel dat een dergelijke andere vorm van gevorderde medewerking van wilsonafhankelijk materiaal in strijd komt met het nemo-teneturbeginsel lijken beperkt (zie bijvoorbeeld HR (Strafkamer) 22 november 1994, *NJ* 1995/240; HR (Belastingkamer) 23 november 1994, *NJ* 1995/239; *FED* 1995/3). Toch valt te wijzen op enkele uitspraken waarin werd aangenomen dat het nemo-teneturbeginsel werd geschonden. In CBb 10 april 2014, ECLI:NL:CBB:2014:116, stelde het CBb vast dat uit het verslag van het huisbezoek bleek dat inzage was gevorderd in de gegevensdragers en dat appellant (herhaaldelijk) is meegedeeld dat hij verplicht was inzage te geven onder dreiging van een rapport 'niet-medewerking'. Niet-medewerking is een zware overtreding volgens de destijds geldende Boetebeleidsregels OPTA. Aan de betrokkene werd gevraagd over welke gegevensdragers hij beschikte, welke computers hij gebruikte voor verspreiding van de software en waar de gegevensdragers zich bevonden. Deze omstandigheden leidden het College tot de conclusie dat appellant is gedwongen wilsafhankelijk materiaal te verstrekken dat is gebruikt voor het opleggen van de boete. Dit levert volgens het College schending op van het in art. 6 EVRM vervatte nemo-teneturbeginsel. Deze schending leidde tot uitsluiting van het bewijs dat van de laptop is verkregen. Zie vergelijkbaar en meer recent het CBb 7 mei 2019, ECLI:NL:CBB:2019:177, m.nt. R. Stijnen. In die uitspraak concludeerde het CBb dat het gebruik van wilsafhankelijk materiaal in een sanctiezaak, verkregen via een inlichtingenvordering onder druk van de medewerkingsplicht, een schending van het nemo-teneturbeginsel opleverde. Het materiaal werd daarom uitgesloten van het bewijs. Zie voor dit thema R. Stijnen, 'Saunders en J.B. revisited. Wat te doen met onder druk verkregen wilsafhankelijk bewijsmateriaal?', *TvSC* 2014/4 en R. Stijnen, 'De onschuldpresumptie bij de oplegging van bestuurlijke boetes: recente ontwikkelingen inzake bewijskwesties en het nemo-teneturbeginsel', *JBplus* 2017/2. De hoogste rechtscolleges in Nederland sluiten voor wat betreft de reikwijdte van het nemo-teneturbeginsel aan bij de rechtspraak van het EHRM (zie bijv. CBb 6 april 2021, ECLI:NL:CBB:2021:366). Uit het arrest van het HvJ EU van 2 februari 2021, ECLI:EU:C:2021:84, volgt dat voor ondernemingen verdacht van een inbreuk op de mededingingsregels geldt dat zij, anders dan voor natuurlijke personen, verplicht zijn om alle noodzakelijke inlichtingen te verstrekken over feiten waarvan zij kennis hebben. Ook wanneer deze tegen zichzelf bewijs kunnen opleveren van een inbreuk. Enkel wanneer het antwoord het bestaan van een inbreuk erkent, kan een beroep gedaan op het zwijgrecht. Zie voor dit thema H.B.M. Römkens en A.S.M.L. Prompers, 'Laveren tussen autonomie en afstemming', *TvSO* juni 2021, nr. 3/4.

3. Cautieplicht en gevolgen van schending (uitsluiting onrechtmatig verkregen bewijs).

In ABRvS 27 juni 2018, ECLI:NL:RVS:2018:2115, m.nt. R. Stijnen stelde de Grote Kamer van de Afdeling bestuursrechtspraak van de Raad van State vast wanneer de cautie moet worden gegeven: wanneer naar objectieve maatstaven door een redelijk waarnemer kan worden vastgesteld dat de betrokkene wordt verhoord met het oog op het aan hem opleggen van een bestraffende sanctie. Blijft in een zodanig geval de cautie ten onrechte achterwege, dan kan de verklaring van de betrokkene in de regel niet worden gebruikt als bewijs voor de feiten die aan de sanctie ten grondslag zijn gelegd. Deze uitleg is onder meer bevestigd in ABRvS 21 augustus 2019, ECLI:NL:RVS:2019:2801 en ABRvS 28 augustus 2019, ECLI:NL:RVS:2019:2952. Als een verklaring niet kan worden gebruikt voor het bewijs vanwege een schending van de cautieplicht, komt de vraag op wat de gevolgen zijn van dit verzuim voor het desbetreffende besluit. In de jurisprudentie zijn verschillende voorbeelden waarin uitsluiting van het bewijs vanwege een schending van de cautieplicht desalniettemin leidt tot de conclusie dat er in die zaak voldoende 'restbewijs' overbleef. Zie bijvoorbeeld ABRvS 3 februari 2010, ECLI:NL:RVS:2010:BL1856; CBb 2 februari 2010, ECLI:NL:CBB:2010:BL5463. Recenter kwam de Rechtbank Gelderland in een andere zaak tot een vergelijkbare conclusie, zie de uitspraak van 16 augustus 2019, ECLI:NL:RBGEL:2019:3829. In Rb. Rotterdam 18 juni 2003, ECLI:NL:RBROT:2003:AH9702 besliste de rechtbank dat de omstandigheid dat er geen cautie was gegeven, geen consequenties had voor de rechtmatigheid van het boetebesluit van de ACM in de notarissenzaak. Er was geen sprake van strijd met art. 8 EVRM, aangezien de notarissen vrijwillig bepaalde documenten aan de ambtenaren van ACM hadden gegeven en als zodanig geen mondelinge verklaringen aan de uitkomst van het onderzoek ten grondslag had gelegd. In het kader van bewijsuitsluiting wordt hier nog gewezen op de zogenoemde 'zozeer indruist'-jurisprudentie. Op grond van die jurisprudentie kan het gebruik van informatie door een toezichthouder niet zijn toegestaan indien die informatie is verkregen op een wijze die zozeer indruist tegen hetgeen van een behoorlijk handelende overheid mag worden verwacht, dat het gebruik onder alle omstandigheden ontoelaatbaar moet worden geacht. In HR 20 maart 2015, ECLI:NL:HR:2015:643 bevestigde de belastingkamer van de Hoge Raad na een uitvoerige conclusie van A-G Wattel het 'zozeer indruist'-criterium. Bovendien zocht de belastingkamer aansluiting bij de strafrechter (HR 30 maart 2004, ECLI:NL:HR:2004:AM2533 en HR 19 februari 2013, ECLI:NL:HR:2013:BY5321). Inmiddels is dat ook de lijn van de Afdeling bestuursrechtspraak (ABRvS 26 oktober 2016, ECLI:NL:RVS:2016:2828). In CBb 9 juli 2015, ECLI:NL:CBB:2015:192 werd tevergeefs een beroep gedaan op bewijsuitsluiting van telefoontaps die door de ACM werden verkregen na toestemming van de officier van justitie. In de uitspraak komt het 'zozeer indruist'-criterium ook aan bod.

Artikel 12j
De Autoriteit Consument en Markt kan in geval van overtreding van een wettelijk voorschrift met het toezicht op de naleving waarvan zij is belast, aan de overtreder een bindende aanwijzing opleggen.
[25-06-2014, Stb. 247, i.w.tr. 01-08-2014/kamerstukken 33622]

[Bindende aanwijzing]

1. Algemeen. Op grond van art. 12j is de ACM bevoegd een bindende aanwijzing op te leggen als zij een overtreding heeft vastgesteld van een wet die zij handhaaft, waaronder de Mw. Een bindende aanwijzing geldt als een zelfstandige last, als bedoeld in art. 5:2 lid 2 Awb (art. 1 Instellingswet ACM). Tot op heden heeft de ACM bindende aanwijzingen vooral opgelegd in gereguleerde sectoren, niet voor de handhaving van de Mw. Een zelfstandige last is geen bestuurlijke sanctie. Daarom zijn de algemene bepalingen over bestuurlijke sancties in titel 5.1 Awb, zoals over samenloop en motivering, niet van toepassing op de bindende aanwijzing (art. 5:2 lid 2 jo. art. 5:3 Awb). De gevolgen daarvan zijn echter beperkt, aangezien dit een vastlegging betreft van ongeschreven rechtsbeginselen. De bindende aanwijzing moet worden onderscheiden van de bindende gedragslijn. Een bindende gedragslijn is eveneens een zelfstandige last, maar wordt opgelegd op grond van een specifieke wettelijke bepaling zonder dat een overtreding is vastgesteld (*Kamerstukken II* 2012/13, 33622, 3, p. 11). De Mw geeft de ACM geen bevoegdheid tot het opleggen van een bindende gedragslijn (wel art. 2.8 Wet handhaving consumentenbescherming, art. 5a Elektriciteitswet 1998, art. 1b Gaswet, art. 17 Warmtewet en art. 47 Postwet 2009).

2. Inhoud van een bindende aanwijzing. Een bindende aanwijzing houdt een opdracht in tot het verrichten of nalaten van bepaalde handelingen ter naleving van het overtreden voorschrift. De regering had voor ogen dat de ACM hiermee kon concretiseren welke verplichtingen voor de betrokkene uit de overtreden norm voortvloeien (*Kamerstukken II* 2012/13, 33622, 7, p. 43). Evenals geldt voor de last onder dwangsom (zie art. 56 Mw, aant. 5), moet de aanwijzing voldoende duidelijk omschreven zijn en kunnen worden uitgevoerd door degene aan wie de aanwijzing is gericht. Verder ligt voor de hand dat de aanwijzing een redelijke termijn stelt waarbinnen deze moet zijn uitgevoerd, en een redelijke geldigheidsduur kent. De aanwijzing moet niet verder gaan dan nodig is om het doel van naleving te bereiken (bijv. CBb 28 mei 2014, ECLI:NL:CBB:2014:201 (*Liander*)). Verder mag de ACM in haar aanwijzing niet opdracht geven tot een handeling, als daarvoor een wettelijke bevoegdheidsgrondslag ontbreekt. Zo kon de ACM niet verplichten tot terugbetaling van een ontvangen geldsom (Rb. Rotterdam 28 januari 2016, ECLI:NL:RBROT:2016:569 (*gemeentelijke pandhuizen*)). Hiervoor zijn partijen aangewezen op de civiele rechter. Net als bij de last onder dwangsom hoeft de ACM geen rapport uit te brengen in de voorbereiding van een besluit tot het opleggen van een bindende aanwijzing, zoals is vereist bij een voorgenomen boetebesluit (art. 5:48 jo. art. 5:53 lid 2 Awb). Wel moet de ACM de overtreder horen over een voorgenomen bindende aanwijzing als het besluit tot het opleggen daarvan steunt op gegevens over feiten en belangen die de overtreder betreffen en niet door hem zelf zijn verstrekt (art. 4:8 Awb).

3. Gevolgen van niet naleven. Als de overtreder een bindende aanwijzing niet naleeft, kan de ACM een boete of last onder dwangsom opleggen op grond van art. 12m lid 1 onder b en lid 3 Instellingswet ACM. Die boete of last onder dwangsom betreft het overtreden van de bindende aanwijzing. De ACM kan ook alsnog een bestuurlijke sanctie opleggen voor de overtreding naar aanleiding waarvan zij de bindende aanwijzing had opgelegd.

Artikel 12k
1. De Autoriteit Consument en Markt kan de termijn, genoemd in artikel 5:51, eerste lid, van de Algemene wet bestuursrecht, met ten hoogste dertien weken verlengen, indien voor de desbetreffende overtreding bij wettelijk voorschrift is bepaald dat een bestuurlijke boete kan worden opgelegd van ten hoogste 10% van de omzet van de overtreder.
2. Van deze verlenging wordt mededeling gedaan aan de overtreder.

3. Bij ministeriële regeling kunnen nadere regels worden gesteld met betrekking tot de bevoegdheid tot verlenging, bedoeld in het eerste lid.
[25-06-2014, Stb. 247, i.w.tr. 01-08-2014/kamerstukken 33622]

[Verlenging beslistermijn in geval van boeterapport]

1. Betekenis. Art. 5:51 lid 1 Awb bepaalt dat als een boeterapport is opgemaakt, het bestuursorgaan binnen dertien weken na de dagtekening van het rapport over het opleggen van een boete beslist. In de meest complexe zaken, dat wil zeggen de overtredingen waarvoor een boete kan van ten hoogste 10% van de omzet van de overtreder kan worden opgelegd, kan de termijn met ten hoogste dertien weken worden verlengd. Dit is korter dan de termijn die in art. 62 Mw was geregeld, en in totaal acht maanden bedroeg. In art. 62 Mw wordt met de Stroomlijningswet nog wel geregeld dat de termijn nog verder met 30 dagen kan worden opgeschort als op basis van Verordening (EG) 1/2003 voorafgaand aan de boetebeschikking stukken aan de Europese Commissie moeten worden gezonden en met de Europese Commissie moet worden overlegd. Deze termijnen zijn termijnen van orde, en geen fatale termijnen (MvT, *Kamerstukken II* 2012/13, 33622, 3, p. 52; zie ook MvT Vierde tranche Awb, *Kamerstukken II* 2003/04, 29702, 3, p. 150; CBb 28 maart 2014, ECLI:NL:CBB:2014:124 en over art. 15.10 lid 4 Tw (oud) CBb 7 december 2011, ECLI:NL:CBB:2011:BU9170, *AB* 2012/160). Overschrijding van deze termijnen leidt er dus niet toe dat geen boete meer mag worden opgelegd, voor zover binnen de verjaringstermijnen van art. 5:45 Awb, eventueel gestuit op grond van art. 64 Mw, wordt gebleven. Dat neemt niet weg dat uit art. 6 lid 1 EVRM voortvloeit dat binnen een redelijke termijn moet worden beslist. De verlenging van de termijn moet op grond van lid 2 aan de overtreder worden gemeld. Als stok achter de deur voor ACM is in lid 3 voorzien in de mogelijkheid dat bij ministeriële regeling nadere regels worden gesteld met betrekking tot de bevoegdheid van verlenging. Daarvan kan volgens de wetgever gebruik worden gemaakt als ACM te ruimhartig met de mogelijkheid van verlenging zou omspringen (MvT, *Kamerstukken II* 2012/13, 33622, 3, p. 53).

2. Overgangsrecht. Op grond van art. 44c blijft op rapporten die voor inwerkingtreding van art. 12k zijn opgesteld, de termijn van acht maanden uit art. 62 Mw van toepassing, zoals dat luidde voor inwerkingtreding van art. 12k.

Artikel 12l
1. De Autoriteit Consument en Markt kan met het oog op de bepaling van de hoogte van de op te leggen bestuurlijke boete de boekhouding van de marktorganisatie onderzoeken teneinde de voor de oplegging van de bestuurlijke boete in aanmerking te nemen financiële gegevens te kunnen bepalen. Zij kan zich laten bijstaan door een onafhankelijke financieel deskundige.
2. De marktorganisatie verleent medewerking aan een onderzoek als bedoeld in het eerste lid.
3. De Autoriteit Consument en Markt kan de marktorganisatie die in strijd handelt met het tweede lid een bestuurlijke boete opleggen van ten hoogste € 900.000.
4. De bestuurlijke boete die ingevolge het derde lid ten hoogste kan worden opgelegd wordt verhoogd met 100%, indien binnen een tijdvak van vijf jaar voorafgaand aan de dagtekening van het van de overtreding opgemaakte rapport, bedoeld in artikel

5:48, eerste lid, van de Algemene wet bestuursrecht, een aan die overtreder voor een eerdere overtreding van eenzelfde of een soortgelijk wettelijk voorschrift opgelegde bestuurlijke boete onherroepelijk is geworden.
[23-12-2015, Stb. 22, i.w.tr. 01-07-2016/kamerstukken 34190]

[Onderzoek boekhouding in verband met bestuurlijke boete]

Betekenis. In art. 6b is de algemene bevoegdheid van ACM neergelegd om van eenieder de gegevens en inlichtingen, en inzage in de gegevens en bescheiden, te vorderen, die redelijkerwijs nodig zijn voor de uitvoering van haar taken. In aanvulling daarop is – volgens de wetgever als achtervang (MvT, *Kamerstukken II* 2012/13, 33622, 3, p. 53) – in art. 12l bepaald dat ACM met het oog op de bepaling van de hoogte van de boete de boekhouding van de marktorganisatie kan onderzoeken. De juistheid van de relevante omzet is bijvoorbeeld van belang als het boetemaximum aan de omzet in het meest recente boekjaar is gerelateerd, maar ook waar bij de hoogte van de boete wordt aangesloten bij de omzet die samenhangt met de overtreding. Als twijfel bestaat over de juistheid of volledigheid van door de overtreder verstrekte gegevens, kan het nodig zijn dat ACM de betrokken financiële gegevens zelf kan bepalen. ACM kan zich daarbij laten bijstaan door een onafhankelijke financieel deskundige. De onderneming is verplicht aan dit onderzoek mee te werken (lid 2). Bij overtreding van die verplichting kan ACM een boete opleggen van maximaal € 900.000 (lid 3). In de Wet tot wijziging van een aantal wetten op het terrein van het Ministerie van Economische Zaken en het terrein van het Ministerie van Infrastructuur en Milieu, houdende een verhoging van voor de Autoriteit Consument en Markt geldende boetemaxima (*Stb.* 2016, 22) is de maximale boete voor de marktorganisatie die in strijd handelt met lid 2, verhoogd van ten hoogste € 450.000 naar ten hoogste € 900.000. Zie ook art. 12n, aant. 2. Soortgelijke bepalingen waren in art. 59a en art. 77a Mw (oud) opgenomen. De wetgever heeft ten aanzien van die bepalingen toegelicht dat in elk stadium van de procedure van deze bevoegdheid gebruik kan worden gemaakt, ook in de bezwaarprocedure of als de uitspraak van de rechter nader onderzoek nodig maakt (*Kamerstukken II* 2005/06, 30071, 7, p. 6). De medewerking kan ook inhouden dat een toelichting op de boekhouding of de wijze waarop deze is opgezet, wordt verstrekt door de marktorganisatie of haar accountant (*Kamerstukken II* 2005/06, 30071, 7, p. 6).

Artikel 12m

1. De Autoriteit Consument en Markt kan aan de overtreder een bestuurlijke boete opleggen van ten hoogste € 900.000 of, indien dat meer is, van ten hoogste 1% van de omzet van de marktorganisatie, indien deze een marktorganisatie is als bedoeld in artikel 1, onder 1°, dan wel, indien de overtreding door een marktorganisatie als bedoeld in artikel 1, onder 2°, is begaan van de gezamenlijke omzet van de aangesloten marktorganisaties, in geval van:
a. overtreding van artikel 6b, eerste en tweede lid,
b. overtreding van een zelfstandige last,
c. overtreding van artikel 5:20, eerste lid, van de Algemene wet bestuursrecht, of
d. verbreking, opheffing of beschadiging van een verzegeling als bedoeld in artikel 12b, eerste lid, het op andere wijze verijdelen van de door die verzegeling beoogde afsluiting of van het door de marktorganisatie achterwege laten van voldoende

maatregelen om verijdeling van de door de verzegeling beoogde afsluiting van door haar gebruikte bedrijfsruimten of voorwerpen te voorkomen.
2. De Autoriteit Consument en Markt kan in geval van een overtreding van artikel 12h, vijfde lid, de overtreder een bestuurlijke boete opleggen van ten hoogste € 900.000, of indien dat meer is, van ten hoogste 10% van de omzet van de marktorganisatie, als bedoeld in artikel 1, onder 1°, dan wel, indien de overtreding door een marktorganisatie als bedoeld in artikel 1, onder 2°, is begaan, van de gezamenlijke omzet van de aangesloten marktorganisaties.
3. Ingeval van een overtreding als bedoeld in het eerste lid, onderdeel a of b kan de Autoriteit Consument en Markt een last onder dwangsom opleggen.
4. Artikel 184 van het Wetboek van Strafrecht is niet van toepassing op de in het eerste lid, onderdeel c, bedoelde overtreding en artikel 199 van het Wetboek van Strafrecht is niet van toepassing op de in het eerste lid, onderdeel d, bedoelde overtreding.
5. De bestuurlijke boete die ingevolge het eerste of tweede lid ten hoogste kan worden opgelegd wordt verhoogd met 100%, indien binnen een tijdvak van vijf jaar voorafgaand aan de dagtekening van het van de overtreding opgemaakte rapport, bedoeld in artikel 5:48, eerste lid, van de Algemene wet bestuursrecht, een aan die overtreder voor een eerdere overtreding van eenzelfde of een soortgelijk wettelijk voorschrift opgelegde bestuurlijke boete onherroepelijk is geworden.
[11-11-2020, Stb. 9, i.w.tr. 01-07-2021/kamerstukken 35467]

[Sancties belemmering taakuitoefening ACM en niet-naleven toezegging]

1. Algemeen. Art. 12m geeft de ACM de bevoegdheid een boete op te leggen wegens belemmering van de taakuitoefening van de ACM, het overtreden van een zelfstandige last en het niet-naleven van een bindend verklaarde toezegging. Daarnaast kan de ACM een last onder dwangsom opleggen in geval van het niet-verstrekken van bepaalde inlichtingen en het overtreden van een zelfstandige last. De ACM kan ook, naast of in plaats van een boete aan de betrokken marktorganisatie, een boete opleggen aan degenen die feitelijk leiding hebben gegeven aan of opdracht hebben gegeven tot de overtreding (art. 5:1 lid 3 Awb jo. art. 51 lid 2 Sr; zie verder art. 56 Mw, aant. 2 onder d). Zie voor het toerekenen van een feitelijke gedraging aan een marktorganisatie (functioneel daderschap) art. 56 Mw, aant. 2 onder b, en voor regels over samenloop en cumulatie, rechtvaardigingsgronden en rechterlijke toetsing art. 56 Mw, aant. 7-10.

2. Boete wegens belemmering taakuitoefening ACM (lid 1). Op grond van art. 12m lid 1 kan de ACM voor het belemmeren van haar taakuitoefening een boete opleggen van ten hoogste € 900.000 of, als dat meer is, 1% van de jaaromzet van de betrokken marktorganisatie (zoals een onderneming) of de gezamenlijke omzet van de marktorganisaties die zijn aangesloten bij de betrokken vereniging van marktorganisaties (zoals een ondernemersvereniging). Dit boetemaximum wordt verdubbeld bij recidive (lid 5; zie verder aant. 4 onder b). Als de belemmering plaatsvindt tijdens een onderzoek naar een overtreding, is een alternatief voor de ACM om dit aan te merken als een boeteverhogende omstandigheid bij het vaststellen van de boete voor die overtreding (zie art. 56 Mw, aant. 3 onder c). Voordat de ACM een boete kan opleggen, verstrekt zij een boeterapport aan de overtreder en geeft zij hem gelegenheid een zienswijze naar voren te brengen (art. 5:48 en 5:53 Awb). **a. Overtreding medewerkingsplicht.** De ACM kan medewerking verlangen van degenen die over informatie beschikken die zij redelijkerwijs nodig heeft voor de vervulling van haar taken, tenzij het verschoningsrecht van toepassing is. Een algemene medewerkingsplicht voor vorderingen van toezichthoudende ambtenaren van de ACM is geregeld in art. 5:20 Awb (voor het aanwijzen van toezichthouders zie art. 12a Instellingswet ACM). Verder is in art. 6b Instellingswet ACM bepaald dat eenieder verplicht is aan het bestuursorgaan ACM de redelijkerwijs benodigde gegevens, inlichtingen en bescheiden te verstrekken waar zij om vraagt. Op grond van art. 12m lid 1 onder a en c kan de ACM een boete opleggen aan degene die in strijd met deze bepalingen geen medewerking verleent. Bij bepaalde vormen van niet-meewerken kan de ACM ook een last onder dwangsom opleggen (lid 3, zie aant. 5). Volgens de Boetebeleidsregel ACM 2014 (*Stcrt.* 2014, 19776), zoals gewijzigd per 1 juli 2016 (*Stcrt.* 2016, 34630), kan overtreding van de medewerkingsplicht in verschillende boetecategorieën vallen, afhankelijk van de grondslag van de vordering. Elke boetecategorie heeft een bandbreedte waarbinnen de ACM in beginsel de basisboete vaststelt. Deze bandbreedte wordt begrensd door een minimum- en maximumbedrag of, als dat meer is, een minimum- en maximumpromillage van de omzet van de onderneming (art. 2.5 Boetebeleidsregel ACM 2014). Een overtreding van art. 6b Instellingswet ACM valt in boetecategorie III, met een basisboete in een bandbreedte tussen € 150.000 of, als dat meer is, 0,75‰ van de jaaromzet van de onderneming en € 600.000 of, als dat meer is, 7,5‰ van die omzet. Een overtreding van art. 5:20 Awb valt in boetecategorie IV als het gaat om een vordering op grond van art. 5:15 en 5:17 Awb (vordering van inzage bij bijv. een bedrijfsbezoek), art. 5:18 Awb (onderzoek en nemen van monsters van zaken) of art. 5:19 Awb (onderzoek van vervoermiddelen). Dat betekent dat de basisboete ligt binnen een bandbreedte tussen € 300.000 of, als dat meer is, 2,5‰ van de jaaromzet van de onderneming en € 650.000 of, als dat meer is, 25‰ van die omzet. Bij een vordering op grond van art. 5:15 Awb (betreden van plaatsen, zoals een bedrijfsbezoek) of art. 5:17 Awb (vordering van inzage) is boetecategorie V van toepassing, met een bandbreedte tussen € 400.000 of, als dat meer is, 5‰ van de jaaromzet van de onderneming en € 700.000 of, als dat meer is, 50‰ van die omzet. De hoogste boetecategorie, categorie VI, geldt voor een overtreding op grond van art. 5:16 Awb (vordering van inlichtingen), met een bandbreedte tussen € 500.000 of, als dat meer is, 7,5‰ van de jaaromzet van de onderneming en € 800.000 of, als dat meer is, 75‰ van die omzet. Zie voor de boetebepaling verder aant. 4. Een boete voor niet-meewerken kan aanzienlijk zijn. Zo legde de ACM een boete op van € 1,84 miljoen voor het verwijderen van WhatsApp-berichten. Door dit verwijderen kon de ACM niet beoordelen of de berichten relevant waren voor haar onderzoek. De ACM vond het niet van belang of zij later alsnog over de gegevens zou kunnen beschikken (besluit 10 december 2019, zaak ACM/19/035612). **b. Overtreding zelfstandige last.** De ACM kan bij een overtreding van een wet die zij handhaaft, aan de overtreder een bindende aanwijzing opleggen (art. 12j Instellingswet ACM). De ACM kan op grond van enkele wettelijke bepalingen (maar niet de Mw) ook een bindende gedragslijn opleggen, zonder dat zij een overtreding heeft vastgesteld. Beide gelden als een zelfstandige last, als bedoeld in art. 5:2 lid 2 Awb (zie verder art. 12j, aant. 1). Op grond van art. 12m lid 1 onder b kan de ACM een boete opleggen als een zelfstandige last wordt overtreden. Volgens de Boetebeleidsregel ACM 2014 valt deze overtreding in boetecategorie IV. Dat betekent dat de basisboete ligt binnen een bandbreedte tussen € 300.000 of, als dat meer is, 2,5‰ van de jaaromzet van de onderneming en € 650.000 of, als dat meer is, 25‰ van die omzet (art. 2.5 Boetebeleidsregel ACM 2014). Zie voor de boetebepaling verder aant. 4. Bij overtreding van een zelfstandige last kan de ACM ook een last onder dwangsom opleggen (zie aant. 5). **c. Verbreken verzegeling.** Toezichthoudende ambtenaren van de ACM zijn bevoegd om bedrijfsruimten en voorwerpen te verzegelen, als dat redelijkerwijs noodzakelijk is voor de uitoefening van een in art. 5:17 Awb bedoelde inzagevordering (art. 12b Instellingswet ACM). Op grond van art. 12m lid 1 onder d kan de ACM een boete opleggen aan degene die de verzegeling heeft verbroken, opgeheven of beschadigd, of die de door die verzegeling beoogde afsluiting heeft verijdeld. Dit betreft de feitelijke verbreker van de verzegeling. Volgens het CBb kon daarom de ACM geen boete opleggen (op grond van de gelijkluidende bewoordingen van art. 70b (oud) Mw) aan de ondernemersvereniging wiens bedrijfsruimte was verzegeld, toen de verzegeling werd verbroken door een beveiliger die werkte in opdracht van de huurdersvereniging van het bedrijfsverzamelgebouw waarin die bedrijfsruimte zich bevond. De ondernemersvereniging gold evenmin als functioneel dader (CBb 3 juni 2014, ECLI:NL:CBB:2014:200 (*LHV*); zie verder art. 56 Mw, aant. 2 onder b). Dit was voor de regering aanleiding om aan art. 12m lid 1 onder d toe te voegen dat de ACM ook een boete kan opleggen als de marktorganisatie waarvan bedrijfsruimten of voorwerpen zijn verzegeld, voldoende maatregelen achterwege heeft gelaten om te voorkomen dat de beoogde afsluiting werd verijdeld (*Kamerstukken II* 2014/15, 34190, 3, p. 24). Volgens de Boetebeleidsregel ACM 2014 valt het verbreken van verzegeling, of het achterwege laten van voldoende maatregelen om dat te voorkomen, in boetecategorie IV. Dat betekent dat de basisboete ligt binnen een bandbreedte tussen € 300.000 of, als dat meer is, 2,5‰ van de jaaromzet van de onderneming en € 650.000 of, als dat meer is, 25‰ van die omzet (art. 2.5 Boetebeleidsregel ACM 2014). Zie voor de boetebepaling verder aant. 4.

3. Boete wegens niet-naleven van toezegging (lid 2). Een marktorganisatie kan een toezegging doen aan de ACM. Als de ACM besloten heeft deze toezegging bindend te verklaren, moet deze marktorganisatie zich overeenkomstig dit besluit gedragen (art. 12h lid 5 Instellingswet ACM). Door dit besluit vervalt de bevoegdheid een boete of last onder dwangsom op te leggen voor de gedragingen waar de toezegging betrekking op heeft (art. 12h lid 1 Instellingswet ACM). De ACM kan op grond van art. 12m lid 2 wel een boete opleggen als de marktorganisatie de bindend verklaarde toezegging niet nakomt. Deze boete bedraagt ten hoogste € 900.000 of, als dat meer is, 10% van de jaaromzet van de betrokken marktorganisatie (zoals een onderneming) of de gezamenlijke omzet van de marktorganisaties die zijn aangesloten bij de betrokken vereniging van marktorganisaties (zoals een ondernemersvereniging). Dit boetemaximum wordt verdubbeld bij recidive (lid 5). Volgens de Boetebeleidsregel ACM 2014 valt een overtreding van art. 12h lid 5 in de vorm van het niet-naleven van een toezegging in boetecategorie IV. Dat betekent dat de basisboete ligt binnen een bandbreedte tussen € 300.000 of, als dat meer is, 2,5‰ van de jaaromzet van de onderneming en € 650.000 of, als dat meer is, 25‰ van die omzet (art. 2.5 Boetebeleidsregel ACM 2014). Zie voor de boetebepaling verder aant. 4. De ACM heeft niet de bevoegdheid een last onder dwangsom op te leggen als een toezegging niet wordt nageleefd. De ACM kan in dat geval wel haar toezeggingsbesluit intrekken (art. 12h lid 7 onder c). Als de ACM vaststelt dat de gedraging waar de toezegging betrekking op heeft, een overtreding is, herleeft de bevoegdheid een sanctie op te leggen voor die overtreding.

4. Hoogte van de boete (lid 1, 2 en 5). a. Bepaling van de boete. Zoals genoemd in aant. 2 en 3, valt elke overtreding die de ACM op grond van art. 12m lid 1 en 2 kan beboeten, in één van zes boetecategorieën van de Boetebeleidsregel ACM 2014 (*Stcrt*. 2014, 19776), zoals gewijzigd per 1 juli 2016 (*Stcrt*. 2016, 34630). Bij het bepalen van de boete stelt de ACM eerst een basisboete vast, die in beginsel ligt binnen de bandbreedte van de relevante boetecategorie (art. 2.5 lid 1 Boetebeleidsregel ACM 2014). De hoogte van de basisboete stemt de ACM af op de ernst en duur van de overtreding en de omstandigheden waaronder deze is gepleegd (art. 2.2 Boetebeleidsregel ACM 2014). Vervolgens past de ACM de basisboete aan als boeteverhogende of -verlagende omstandigheden aanwezig zijn (art. 2.9 en 2.10 Boetebeleidsregel ACM 2014). Ten slotte houdt de ACM bij het bepalen van het uiteindelijke boetebedrag rekening met de mate waarin de overtreding aan de overtreder kan worden verweten en de draagkracht van de overtreder. De opgelegde boete moet in de concrete omstandigheden van het geval evenredig zijn (art. 5:46 lid 2 en art. 3:4 lid 2 Awb). Op overtredingen die aanvingen voor de wijziging van de Boetebeleidsregel ACM 2014 op 1 juli 2016 zijn eerdere boetebeleidsregels van toepassing (zie hierna onder c). Zie over de vaststelling van boetes verder art. 56 Mw, aant. 3. *Bandbreedte*. De bandbreedte van elke boetecategorie wordt begrensd door een minimum- en maximumbedrag of, als dat meer is, een minimum- en maximumpromillage van de omzet van de inbreukmakende marktorganisatie (zoals een onderneming) of, als de overtreding is gepleegd door een vereniging van marktorganisaties (zoals een ondernemersvereniging), de gezamenlijke omzet van haar leden. Het minimumbedrag van de bandbreedte heeft tot doel te voorkomen dat een basisboete alleen gebaseerd op de omzet te laag zou zijn om preventieve werking te hebben (toelichting bij Boetebeleidsregel ACM 2014, *Stcrt*. 2014, 19776, p. 28). Als in het concrete geval de bandbreedte van de relevante boetecategorie geen passende beboeting toelaat, kan de ACM de naast hogere of de naast lagere categorie toepassen (art. 2.5 lid 3 Boetebeleidsregel ACM 2014). Voor het vaststellen van de onder- en bovengrens van de bandbreedte op basis van een promillage van de omzet van de overtreder, is, anders dan bij beboeting van een overtreding van art. 6 of 24 Mw, niet relevant wat de bij de overtreding 'betrokken omzet' is. Als omzet geldt namelijk de meest recente jaaromzet van de overtreder als bedoeld in art. 12o Instellingswet ACM (art. 1.1 lid 1 Boetebeleidsregel ACM 2014), met de hierna genoemde kanttekeningen. Dit betreft de volledige jaaromzet, ongeacht met welke producten of diensten deze is behaald. Voor zover die omzet boven € 250 miljoen ligt, regelt art. 2.5 lid 4 Boetebeleidsregel ACM 2014 een 'afvlakmechanisme', zoals de toelichting het noemt (*Stcrt*. 2016, 34630, p. 21). Dan telt nog slechts een deel van de hogere omzet mee. Volgens de tekst van deze bepaling geldt dit afvlakmechanisme voor het bepalen van 'de maximale basisboete', maar de toelichting maakt duidelijk dat dit de boetegrondslag betreft, dus zowel de onder- als de bovengrens (*Stcrt*. 2016, 34630, p. 21; vermoedelijk is nagelaten deze formulering aan te passen bij de wijziging van de boetebeleidsregel per 1 juli 2016, toen niet alleen de bovengrens maar ook de ondergrens aan de omzet werd gerelateerd). Anders dan bepaald in art. 12o Instellingswet ACM, wordt alleen de in Nederland behaalde omzet in aanmerking genomen voor het bepalen van de bandbreedtes. Als dit geen passende beboeting toelaat, kan de ACM ook uitgaan van de wereldwijde omzet van de overtreder (art. 2.6 lid 1 en 2 Boetebeleidsregel ACM 2014). Verder kan de ACM, in het geval dat de omzet onvoldoende aansluit bij de daadwerkelijke economische macht van de overtreder, de hoogte van de basisboete bepalen in overeenstemming met die economische macht, bijvoorbeeld bij investeringsmaatschappijen en joint ventures (art. 2.6 lid 5 Boetebeleidsregel ACM 2014 en toelichting, *Stcrt.* 2014, 19776, p. 28). Wat betreft de overtredingen genoemd in art. 12m lid 1 geldt voor boetecategorieën IV, V en VI dat de bovengrens van deze categorieën – respectievelijk 25, 50 en 75‰ van de omzet – boven het boetemaximum van 1%, ofwel 10‰, van de omzet kan liggen. Dit zal echter niet altijd het geval zijn, aangezien dit verschillende omzetbegrippen zijn: voor de bandbreedte is in beginsel alleen de Nederlandse omzet bepalend en voor het boetemaximum de wereldwijde omzet (zie onder b hierna). Bovendien zal de basisboete vaak (aanzienlijk) onder de bovengrens van de bandbreedte liggen, en daardoor onder het boetemaximum blijven. **b. Maximumboete.** De maximale boete die de ACM kan opleggen aan een overtreder bedraagt € 900.000 of, als dat meer is, een percentage van de omzet van de overtreder. Dat percentage is 1% voor overtredingen waarop art. 12m lid 1 van toepassing is, en 10% als art. 12m lid 2 van toepassing is. Als omzet geldt de jaaromzet als bedoeld in art. 12o Instellingswet ACM. Anders dan bij het bepalen van de bandbreedte voor de basisboete, wordt voor het bepalen van de maximumboete de wereldwijde omzet in aanmerking genomen. Op grond van art. 12m lid 5 wordt het boetemaximum verdubbeld bij recidive. Daarvan is sprake als aan de overtreder eerder een boete is opgelegd voor overtreding van eenzelfde of een soortgelijk voorschrift en die boete onherroepelijk is geworden binnen een periode van vijf jaar voor dagtekening van het rapport dat de ACM aan de overtreder stuurt voor de nieuwe overtreding, zoals voorgeschreven door art. 5:48 jo. 5:53 Awb (zie verder art. 57 Mw, aant. 7). Voor feitelijk leidinggevers bedraagt het boetemaximum € 900.000, met een verdubbeling bij recidive (art. 12n Instellingswet ACM). Voor overtredingen die aanvingen voor 1 juli 2016 zijn echter de eerder geldende boetemaxima van toepassing (zie hierna onder c). **c. Overgangsregeling.** De maximumboetes van de in art. 12m genoemde overtredingen zijn per 1 juli 2016 gewijzigd met de Wet verhoging boetemaxima ACM (*Stb.* 2016, 22). Het absolute boetemaximum werd verdubbeld tot € 900.000 en de verhoging vanwege recidive werd ingevoerd. Dat gaf ook aanleiding tot wijziging van de Boetebeleidsregel ACM 2014, met onder meer een aanzienlijke verhoging van de minimumboetes die de ondergrens vormen van de bandbreedtes van de boetecategorieën. Volgens de overgangsregeling zijn deze wijzigingen alleen van toepassingen op overtredingen die aanvingen na hun inwerkingtreding op 1 juli 2016. Op andere overtredingen zijn de eerdere boetemaxima en de eerdere boetebeleidsregels van toepassing, ook al zijn deze overtredingen pas na 1 juli 2016 geëindigd (artikel XIV Wet verhoging boetemaxima ACM en *Kamerstukken II* 2014/15, 34190, 3, p. 26; en toelichting Beleidsregel van de Minister van Economisch Zaken van 28 juni 2016, nr. WJZ/16056097, houdende wijziging van de Boetebeleidsregel ACM 2014, *Stcrt.* 2016, 34630, p. 20).

5. Last onder dwangsom (lid 3). Bij de in lid 1 onder a en b genoemde overtredingen kan de ACM op grond van art. 12m lid 3 een last onder dwangsom opleggen. Dat geldt ook voor overtreding van art. 5:20 lid 1 Awb (beboetbaar op grond van art. 12m lid 1 onder c) op grond van art. 5:20 lid 3 Awb (dit betreft een last onder bestuursdwang, en daarmee ook een last onder dwangsom op grond van art. 5:32 lid 1 Awb). Art. 5:20 lid 1 Awb betreft de plicht medewerking te verlenen aan een toezichthoudende ambtenaar van de ACM; bij niet-naleving van die plicht wordt de last opgelegd door de ACM, als het bestuursorgaan onder verantwoordelijkheid waarvan die toezichthouder werkzaam is (art. 5:20 lid 3 Awb). De rechtsgang tegen een besluit tot opleggen van die last is dezelfde als de rechtsgang tegen besluiten genomen op grond van de Instellingswet ACM en Mw (art. 5:20 lid 4 Awb), dus beroep bij de rechtbank Rotterdam en hoger beroep bij het CBb (art. 7 en 11 van bijlage 2 Awb (Bevoegdheidsregeling bestuursrechtspraak); zie *Kamerstukken II* 2018/19, 35256, 3, p. 45). De ACM legde bijvoorbeeld een last onder dwangsom op om de verstrekking af te dwingen van documenten die zij op grond van art. 5:17 Awb gevorderd had, maar die niet waren verstrekt in strijd met art. 5:20 Awb (besluit 24 juni 2016, zaak 16.0586.20 (*PostNL*)). De ACM kan ook een last onder dwangsom opleggen bij overtreding van een zelfstandige last, zoals een bindende aanwijzing en een bindende gedragslijn. Zo legde de ACM een last onder dwangsom op toen een bindende aanwijzing tot het aanwijzen van een netbeheerder niet binnen de daarvoor gestelde termijn werd nageleefd (besluit 15 maart 2019, zaak ACM/18/034520 (*De Moor*)). Een last kan worden opgelegd naast, of in plaats van, een boete. Zie voor de last onder dwangsom verder art. 56 Mw, aant. 5.

6. Sommige overtredingen geen strafbaar feit (lid 4). Met art. 12m lid 4 wordt beoogd dat, ingeval een overtreding ook strafbaar is gesteld in een bepaling in het Wetboek van Strafrecht, deze laatste bepaling buiten toepassing blijft (*Kamerstukken II* 2012/13, 33622, 3, p. 54). Dit hangt samen met de keus voor bestuursrechtelijke in plaats van strafrechtelijke handhaving door de ACM (zie Inleidende opmerkingen hoofdstuk 3 Instellingswet ACM, aant. 3). Volgens art. 184 Sr is het een strafbaar feit als opzettelijk niet wordt voldaan aan een krachtens wettelijk voorschrift gedaan bevel of vordering van een toezichthoudend ambtenaar. Hieronder valt een vordering op grond van titel 5.2 Awb, waarvoor art. 5:20 Awb een medewerkingsplicht vaststelt. Art. 12m lid 4 sluit daarom de toepassing van art. 184 Sr uit voor overtreding van die medewerkingsplicht. Art. 12m lid 4 sluit de toepassing van art. 184 Sr niet uit voor overtreding van de medewerkingsplicht van art. 6b Instellingswet ACM en overtreding van een zelfstandige last. De regering vond dit vermoedelijk niet nodig, aangezien het daar niet gaat om een vordering of bevel van een toezichthoudend ambtenaar maar van de ACM als bestuursorgaan (zie bijv. Rb. Rotterdam 22 mei 2017, ECLI:NL:RBROT:2017:3849 (*Wise Men Media*)). Verder sluit art. 12m lid 4 de toepassing uit van art. 199 Sr, dat het opzettelijk verbreken van een verzegeling strafbaar stelt.

Artikel 12n

1. Indien de Autoriteit Consument en Markt op grond van artikel 5:1, derde lid, van de Algemene wet bestuursrecht toepassing geeft aan artikel 51, tweede lid, onder 2°, van het Wetboek van Strafrecht, bedraagt voor de daar bedoelde overtreder de bestuurlijke boete ten hoogste € 900.000.

2. De bestuurlijke boete die ingevolge het eerste lid ten hoogste kan worden opgelegd wordt verhoogd met 100%, indien binnen een tijdvak van vijf jaar voorafgaand aan de dagtekening van het van de overtreding opgemaakte rapport, bedoeld in artikel 5:48, eerste lid, van de Algemene wet bestuursrecht, een aan die overtreder voor een eerdere overtreding van eenzelfde of een soortgelijk wettelijk voorschrift opgelegde bestuurlijke boete onherroepelijk is geworden.

[23-12-2015, Stb. 22, i.w.tr. 01-07-2016/kamerstukken 34190]

[Boetemaximum feitelijk leidinggevers]

1. Algemeen. Als een overtreding is begaan door een onderneming of andere marktorganisatie, kan de ACM ook een sanctie opleggen aan een natuurlijk persoon die feitelijk leiding heeft gegeven aan of opdracht heeft gegeven tot de overtreding (art. 5:1 lid 3 Awb jo. art. 51 lid 2 Sr). Het is niet vereist dat de ACM ook aan die marktorganisatie een sanctie oplegt: dit zijn additionele en discretionaire bevoegdheden (CBb 20 november 2014, ECLI:NL:CBB:2014:455 (*besluit AFM 6 september 2011*)). Als de overtreding is aangevangen na 1 juli 2016 (zie hierna aant. 2 voor de overgangsregeling) is € 900.000 de maximale boete die de ACM kan opleggen aan een feitelijk leidinggever (lid 1). Dit boetemaximum wordt verdubbeld bij recidive (lid 2). Daarvan is sprake als aan de feitelijk leidinggever eerder een boete is opgelegd voor overtreding van eenzelfde of een soortgelijk voorschrift en die boete onherroepelijk is geworden binnen een periode van vijf jaar voor dagtekening van het rapport dat de ACM aan de feitelijk leidinggever stuurt voor de nieuwe overtreding, zoals voorgeschreven door art. 5:48 jo. art. 5:53 Awb (zie verder art. 57 Mw, aant. 7). Bij de invoering van de bevoegdheid een boete op te leggen aan een feitelijk leidinggever sloot de regering voor het bedrag van het boetemaximum aan bij het boetemaximum voor overtreding van de medewerkingsplicht die voor eenieder geldt (nu geregeld in art. 12m Instellingswet ACM). Volgens de regering gaat het weliswaar om een substantieel bedrag, maar zou een lager bedrag ongewenst zijn, gelet op de bijzondere verantwoordelijkheid van leidinggevenden en opdrachtgevers (*Kamerstukken II* 2004/05, 30071, 3, p. 9). Zie art. 56 Mw, aant. 2 onder d, voor de voorwaarden waaraan voldaan moet zijn voordat sprake is van feitelijk leiding geven, en aant. 3 onder f, voor het bepalen van de boete die de ACM binnen het boetemaximum oplegt aan feitelijk leidinggevers.

2. Overgangsregeling. Met de Wet verhoging boetemaxima ACM (*Stb.* 2016, 22) werd het boetemaximum verhoogd van het eerder geldende maximum van € 450.000 en werd de verdubbeling vanwege recidive ingevoerd. Naar aanleiding hiervan werden ook wijzigingen aangebracht in hoe de ACM de boete voor feitelijk leidinggevers bepaalt op grond van de Boetebeleidsregel ACM 2014. Deze wijzigingen traden in werking per 1 juli 2016. Volgens de overgangsregeling zijn deze wijzigingen alleen van toepassingen op overtredingen die aanvingen na deze datum. Op andere overtredingen zijn het eerdere boetemaximum en de eerdere boetebeleidsregels van toepassing, ook al zijn deze overtredingen pas na 1 juli 2016 geëindigd (artikel XIV Wet verhoging boetemaxima ACM en *Kamerstukken II* 2014/15, 34190, 3, p. 26; en toelichting Beleidsregel van de Minister van Economische Zaken van 28 juni 2016, nr. WJZ/16056097, houdende wijziging van de Boetebeleidsregel ACM 2014, *Stcrt.* 2016, 34630, p. 20).

Artikel 12o
1. Indien de Autoriteit Consument en Markt een bestuurlijke boete kan opleggen van ten hoogste een percentage van de omzet van de overtreder, wordt onder omzet van de overtreder verstaan de netto-omzet, bedoeld in artikel 377, zesde lid, van Boek 2 van het Burgerlijk Wetboek die de overtreder heeft behaald in het meest recente boekjaar ten aanzien waarvan de overtreder een jaarrekening beschikbaar heeft of zou moeten hebben.
2. Indien de overtreding is begaan door een marktorganisatie als bedoeld in artikel 1, onder 2°, en de Autoriteit Consument en Markt een bestuurlijke boete kan opleggen

van ten hoogste een percentage van de gezamenlijke omzet van de marktorganisaties, bedoeld in artikel 1, onder 1°, die bij de eerstbedoelde marktorganisatie zijn aangesloten, is het eerste lid van overeenkomstige toepassing op de berekening van de omzet van een aangesloten marktorganisatie.
3. Indien de Autoriteit Consument en Markt op grond van de Postwet 2009 of de Telecommunicatiewet een bestuurlijke boete kan opleggen van ten hoogste een percentage van de omzet van de overtreder wordt, in afwijking van het eerste lid, onder omzet van de overtreder verstaan de netto-omzet, bedoeld in artikel 377, zesde lid, van Boek 2 van het Burgerlijk Wetboek die de overtreder in Nederland heeft behaald in het meest recente boekjaar ten aanzien waarvan de overtreder een jaarrekening beschikbaar heeft of zou moeten hebben.
[25-06-2014, Stb. 247, i.w.tr. 01-08-2014/kamerstukken 33622]

[Omzet voor bepaling boetemaximum]

1. Omzet in kader boetemaximum. Waar in de Mw, Tw en Postwet 2009 ACM de bevoegdheid is gegeven een boete op te leggen, is in die wetten ook de maximale boete bepaald die mag worden opgelegd. In art. 57 Mw, art. 15.4 Tw en art. 49 Postwet 2009 is het boetemaximum voor de ernstigere overtredingen gesteld op 10% van de omzet van de onderneming. In art. 12o is vastgelegd wat onder het begrip omzet moet worden verstaan. Art. 12o heeft uitsluitend betrekking op de bepaling van het boetemaximum. Daarvan moet de bepaling van de hoogte van de concrete boete worden onderscheiden. Ook daarvoor wordt in de Boetebeleidsregel ACM 2014 (*Stcrt.* 2014, 19776, gewijzigd *Stcrt.* 2016, 34630) gebruikgemaakt van het begrip omzet, maar daarvoor wordt vaak bij een andere definitie van de omzet aangesloten. Voor overtredingen van de Mededingingswet, Elektriciteitswet en Gaswet en Telecommunicatiewet wordt de boetegrondslag onder meer bepaald met behulp van de 'basisboete' die vastgesteld wordt op grond van o.a. de opbrengst die door een overtreder tijdens de totale duur van een overtreding is behaald met levering van goederen en diensten die direct of indirect verband houden met de overtreding, onder aftrek van kortingen en dergelijke, en van over de omzet geheven belastingen (art. 1.1 lid 1 Boetebeleidsregel ACM 2014). Het begrip 'betrokken omzet' wordt daarin gedefinieerd als: 'in alle gevallen de omzet in het laatste volledige kalenderjaar waarin de desbetreffende overtreding is begaan, dan wel het kalenderjaar waarin het grootste deel van de overtreding heeft plaatsgevonden indien de overtreding in meerdere kalenderjaren heeft plaatsgevonden, vermenigvuldigd met een factor van 1/12 per maand dat de overtreding geduurd heeft, waarbij een periode korter dan een maand wordt afgerond op een hele maand naar boven'. Zo mocht ACM bij de bepaling van de hoogte van een concrete boete uitgaan van de omzet die met een door middel van een aanbesteding te vergeven contract voor 3,5 jaar was gemoeid (Rb. Rotterdam 24 oktober 2013, ECLI:NL:RBROT:2013:8216). Daarbij kan dus ook van een betrokken omzet over een langere periode dan een boekjaar worden uitgegaan, zo lang de hoogte van de uiteindelijk opgelegde boete maar niet het boetemaximum van 10% van de netto-omzet in het meest recente boekjaar overschrijdt. Ook kan bijvoorbeeld bij de aanbestedingsomzet worden aangesloten als het boetemaximum niet wordt overschreden (Rb. Rotterdam 23 juli 2008, ECLI:NL:RBROT:2008:BD8245). Zie verder voor de bestuurlijke boete vanwege overtreding van de Mededingingswet het commentaar op art. 56 Mw. Zie voor de boetemaxima en bepaling van de hoogte van de boete het commentaar op art. 57 Mw. Zie voor bestuurlijke boetes vanwege overtreding van de Telecommunicatiewet *T&C Telecommunicatierecht*, commentaar op art. 15.4 Tw. Per 1 juli 2016 zijn de voor ACM geldende boetemaxima verhoogd. Zie art. 12n, aant. 1. Voor kartels is het boetemaximum van 10% van de jaaromzet gewijzigd in 10% van de omzet van de onderneming gedurende de jaren dat de overtreding wordt begaan met een maximum van vier jaar en een minimum van één jaar (zie ook art. 57 Mw). Voor boetes op grond van de E-wet, Gaswet, Tw, Postwet, Loodsenwet, Warmtewet, Wet handhaving consumentenbescherming, Spoorwegwet, Wet personenvervoer 2000, Mededingingswet en enkele implementatiewetten wordt voor de zware overtredingen het boetemaximum in geval van recidive verdubbeld.

2. Begrip omzet (lid 1). Onder 'omzet' bij de bepaling van het boetemaximum wordt verstaan de netto-omzet als bedoeld in art. 2:377 lid 6 BW, dat wil zeggen de opbrengst uit levering van goederen en diensten uit het bedrijf van de rechtspersoon, onder aftrek van kortingen en dergelijke en van over de omzet geheven belastingen. Het gaat uitsluitend om de netto-omzet die de overtreder in het meest recente boekjaar ten aanzien waarvan de overtreder over een jaarrekening beschikt of zou moeten hebben, heeft behaald. Anders dan bij overtredingen van de Tw of Postwet (lid 3) hoeft de relevante omzet niet beperkt te zijn tot in Nederland behaalde omzet. Het Europese noch het nationale recht staan er aan in de weg dat ACM ook verder binnen de EU gegenereerde omzet bij de bepaling van de hoogte van de boete betrekt, mits dat niet tot dubbele bestraffing voor dezelfde overtreding leidt (CBb 24 maart 2016, ECLI:NL:CBB:2016:56). ACM kan gebruikmaken van de bevoegdheid van art. 12l en de boekhouding onderzoeken om de relevante omzet te kunnen bepalen.

3. Omzet onderneming aangesloten bij ondernemersvereniging (lid 2). Een overtreding kan ook zijn begaan door een ondernemersvereniging of een andere organisatie waarin meerdere rechtspersonen, natuurlijke personen of andere entiteiten handelend in de uitoefening van een beroep of bedrijf verenigd zijn (art. 1 onderdeel 2). Het boetemaximum is in sommige gevallen dan een percentage van de gezamenlijke omzet van alle aangesloten marktorganisaties (ondernemingen). De omzet van elke individuele aangesloten marktorganisatie wordt dan overeenkomstig lid 1 bepaald, op dezelfde manier als wanneer de overtreding door een enkele marktorganisatie is begaan. De omzet van de verschillende aangesloten marktorganisaties zal dan bij elkaar op moeten worden geteld om de gezamenlijke omzet van de ondernemersvereniging te verkrijgen. Zie voor de invordering van aan ondernemersverenigingen opgelegde boetes art. 12s.

4. Omzet voor boetes Tw en Postwet 2009 beperkt tot Nederland (lid 3). De relevante omzet voor de bepaling van de maximumboete voor overtredingen van de Telecommunicatiewet en Postwet 2009 is beperkt tot in Nederland behaalde omzet. Die beperking geldt niet voor overtredingen van de Mw.

Artikel 12p
1. De werking van een beschikking van de Autoriteit Consument en Markt tot oplegging van een bestuurlijke boete wordt opgeschort totdat de termijn voor het indienen van een bezwaarschrift tegen die beschikking, is verstreken.

2. Indien binnen de in het eerste lid bedoelde termijn een bezwaarschrift is ingediend, wordt, in afwijking van het eerste lid, de werking van de beschikking opgeschort met 24 weken gerekend met ingang van de dag na die waarop het besluit op de voorgeschreven wijze aan de overtreder is bekendgemaakt of, indien dat eerder is, tot de dag na die waarop de beslissing op bezwaar op de voorgeschreven wijze aan de overtreder is bekendgemaakt.
[25-06-2014, Stb. 247, i.w.tr. 01-08-2014/kamerstukken 33622]

[Opschorting boetebesluit]

Betekenis. In afwijking van art. 6:16 Awb heeft bezwaar tegen een boetebeschikking enige schorsende werking. Een bezwaar schorst de boetebeschikking totdat de termijn voor het indienen van een bezwaarschrift van zes weken is verstreken. Als binnen die termijn bezwaar is gemaakt, wordt de werking van de beschikking opgeschort met 24 weken of, als dat eerder is, totdat de beslissing op bezwaar aan de overtreder bekend is gemaakt. Voor de termijn van 24 weken is aangesloten bij de beslistermijn voor het nemen van een beslissing op bezwaar, aangevuld met de mogelijkheid van verlenging en verlening in geval van een bezwaaradviescommissie. De termijn blijft 24 weken, ook als de beslistermijn niet wordt verlengd of geen bezwaaradviescommissie is ingesteld (MvT, *Kamerstukken II* 2012/13, 33622, 3, p. 55 en 56). Anders dan voorheen onder meer in de Mededingingswet en Telecommunicatiewet heeft beroep geen opschortende werking. Dat de rechter de opgelegde boete verlaagt, maakt niet dat de betalingstermijn van art. 4:87 lid 1 Awb en de datum vanaf wanneer wettelijke rente is verschuldigd, later gaat lopen (Rb. Rotterdam 21 februari 2019, ECLI:NL:RBROT:2019:1255).

Artikel 12q
Onverminderd artikel 10:3, vierde lid, van de Algemene wet bestuursrecht worden de werkzaamheden in verband met het opleggen van een bestuurlijke boete niet verricht door personen die betrokken zijn geweest bij de opstelling van het rapport, bedoeld in artikel 5:48, eerste lid, van de Algemene wet bestuursrecht en het daaraan voorafgaande onderzoek.
[25-06-2014, Stb. 247, i.w.tr. 01-08-2014/kamerstukken 33622]

[Functiescheiding]

Betekenis. Art. 10:3 lid 4 Awb bepaalt dat in alle gevallen waarin een boeterapport moet worden opgemaakt, geen mandaat tot het opleggen van een bestuurlijke boete wordt verleend aan degene die van de overtreding een rapport of proces-verbaal heeft opgemaakt. Art. 12q voegt daaraan toe dat deze functiescheiding ook geldt voor de personen die mogelijk niet zelf als toezichthouder het boeterapport hebben vastgesteld, maar die wel bij de opstelling van het rapport en het daaraan voorafgaande onderzoek betrokken waren. Deze personen mogen geen werkzaamheden in verband met het opleggen van een bestuurlijke boete verrichten. Met betrekking tot de functiescheiding geldt echter geen verdergaande eis dan het mandaatverbod van art. 10:3 lid 4 Awb (CBb 12 oktober 2017, ECLI:NL:CBB:2017:326 en ECLI:NL:CBB:2017:327) en, mag worden aangenomen, art. 12q. Artikel 47 en 48 Handvest EU en artikel 6 EVRM leiden niet tot een andere conclusie (CBb 19 maart 2018, ECLI:NL:CBB:2018:53). Contacten tussen de toezichthouder en de behandelaar van de boeteprocedure of van een opvolgend bezwaar zijn in beginsel toegestaan, en hoeven niet te worden vastgelegd en in het dossier te worden gevoegd (zie, anders dan de Rechtbank Rotterdam: CBb 12 oktober 2017, ECLI:NL:CBB:2017:326 en ECLI:NL:CBB:2017:327). De praktijk waarbij ACM op zaaksniveau een personele scheiding aanbrengt, en, in dat geval, ook verklaringen van medewerkers van niet-betrokkenheid heeft overgelegd, is in overeenstemming met art. 12q (Rb. Rotterdam 13 december 2018, ECLI:NL:RBROT:2018:10117). De functiescheiding geldt uitsluitend voor boeterapporten en -besluiten, en niet voor besluiten tot het opleggen van een last onder dwangsom (MvT, *Kamerstukken II* 2012/13, 33622, 3, p. 56). De eis van functiescheiding geldt volgens het CBb ook voor bestuurders (CBb 9 februari 2006, ECLI:NL:CBB:2006:AV2682, *AB* 2006/292, m.nt. O.J.D.M.L. Jansen). Het beginsel van functiescheiding staat er aan in de weg dat, als het degenen die bij de totstandkoming van het mogelijke boetebesluit betrokken zijn blijkt dat nader onderzoek moet worden gedaan en nadere vragen moeten worden gesteld ter vaststelling van de feiten, dat nadere onderzoek door diezelfde personen wordt gedaan. Zie CBb 30 augustus 2011, ECLI:NL:CBB:2011:BR6737, waarin het CBb oordeelde dat de eis van functiescheiding zoals neergelegd in art. 54a Mw was geschonden omdat de Juridische Dienst van (destijds) de NMa nadere vragen had gesteld naar aanleiding van wat degene waar het boeterapport betrekking op had, in zijn mondelinge zienswijze op het rapport naar voren had gebracht. De personen die dat nadere onderzoek verrichten, mochten niet dezelfde personen zijn die bij de totstandkoming van het boetebesluit betrokken waren. Het CBb verbindt aan die conclusie dat de verkregen nadere gegevens niet aan de vaststelling van de overtreding ten grondslag mogen worden gelegd. Wel mogen in het kader van een beroepsprocedure, naar aanleiding van door de overtreder ingenomen standpunten, aanvullende stukken worden opgevraagd (CBb 28 augustus 2012, ECLI:NL:CBB:2012:BX7257, waarin naar aanleiding van stellingen van de overtreder en inschrijver op aanbestedingen, stukken bij de aanbestedende diensten waren opgevraagd om het bewijs in het boetebesluit te verduidelijken). Aan het beginsel van functiescheiding kan niet worden ontleend dat stukken die niet tot het dossier van de boeteprocedure behoren, geen op de zaak betrekking hebbende stukken zijn. In de situatie waar de directie mededinging nader onderzoek had verricht, en de juridische afdeling de werkzaamheden ten aanzien van het boetebesluit, was geen sprake van een schending van de eis van functiescheiding. Aan de ratio van die eis dat de beslissing over het opleggen van een boete objectief en onbevooroordeeld moet plaatsvinden, werd ook voldaan (Rb. Rotterdam 26 november 2015, ECLI:NL:RBROT:2015:8610).

Artikel 12r

1. Aan een last onder dwangsom kunnen voorschriften worden verbonden inzake het verstrekken van gegevens aan de Autoriteit Consument en Markt.
2. Een last onder dwangsom geldt voor een door de Autoriteit Consument en Markt te bepalen termijn van ten hoogste twee jaren.
3. De bevoegdheid tot het opleggen van een last onder dwangsom vervalt vijf jaren nadat de overtreding heeft plaatsgevonden. Artikel 5:45, derde lid, van de Algemene wet bestuursrecht is van overeenkomstige toepassing.

[25-06-2014, Stb. 247, i.w.tr. 01-08-2014/kamerstukken 33622]

[Nadere bepalingen last onder dwangsom]

1. Verstrekken gegevens (lid 1). In onder andere de Mw en de Wet handhaving consumentenbescherming zijn enige nadere bepalingen over de last onder dwangsom opgenomen, onder andere over voorschriften die aan de last onder dwangsom kunnen worden verbonden. Art. 12r voorziet in een uniforme regeling voor alle lasten onder dwangsom die ACM oplegt. Op grond van lid 1 kunnen aan een last onder dwangsom voorschriften worden verbonden inzake het verstrekken van gegevens aan ACM. Daarbij kan worden gedacht aan gegevens waarmee de naleving van de last kan worden gecontroleerd (vgl. het huidige art. 2.10 lid 3 Wet handhaving consumentenbescherming ('Aan een last onder dwangsom (...) kunnen voorschriften worden verbonden die redelijkerwijs noodzakelijk zijn om effectieve controle op de uitvoering van de last te verzekeren')). Een soortgelijke regeling was opgenomen in art. 58 Mw.

2. Duur last (lid 2). In de Awb is de periode waarvoor de last onder dwangsom kan gelden, niet beperkt. Door ACM opgelegde lasten onder dwangsom kunnen ten hoogste twee jaar gelden. De beperking van de termijn tot twee jaar is niet van toepassing als een last onder dwangsom in de vorm van een structurele maatregel wordt opgelegd (zie art. 58a lid 2 Mw). Bij besluit van 24 augustus 2021 legde de ACM een last onder dwangsom op aan Apple met een verplichting tot aanpassing van haar voorwaarden voor datingappaanbieders voor toegang tot haar appstore. Apple stelde dat de last wegens het ontbreken van een geldigheidstermijn in strijd was met art. 12r Instellingswet. De voorzieningenrechter verbond hieraan echter geen gevolg omdat de ACM had aangegeven in besluit op bezwaar de geldigheidsduur verder te expliciteren (Rb. Rotterdam 24 december 2021, ECLI:NL:RBROT:2021:12851).

3. Vervaltermijn last onder dwangsom (lid 3). Een last onder dwangsom is een herstelsanctie, dat wil zeggen een sanctie die strekt tot het geheel of gedeeltelijk ongedaan maken of beëindigen van een overtreding, tot het voorkomen van herhaling van een overtreding, dan wel tot het wegnemen of beperken van de gevolgen van een overtreding (art. 5:2 lid 1 onderdeel b Awb). Er mag dan ook van worden uitgegaan dat een last onder dwangsom alleen wordt opgelegd als een overtreding ongedaan moet worden gemaakt of beëindigd en, als de overtreding al heeft plaatsgevonden en al is beëindigd, alleen als er vrees is voor herhaling. Dat zal over het algemeen vijf jaren na beëindiging van de overtreding niet het geval zijn. Als dat wel het geval is, zou het opleggen van een last wel in de rede kunnen liggen. Anders dan in art. 12r lid 3 is in de Awb dan ook geen vervaltermijn voor het opleggen van een last onder dwangsom opgenomen, maar uitsluitend een verjaringstermijn voor het opleggen van een bestuurlijke boete (zie art. 5:45 Awb).

Artikel 12s

1. Ingeval een bestuurlijke boete is opgelegd aan een marktorganisatie als bedoeld in artikel 1, onder 2°, kan de Autoriteit Consument en Markt, bij gebreke van betaling binnen de in artikel 4:112, eerste lid, van de Algemene wet bestuursrecht bedoelde termijn als gevolg van insolventie van die marktorganisatie, bij elk van de marktorganisaties, bedoeld in de begripsomschrijving van artikel 1, onder 1°, die bij de eerstbedoelde marktorganisatie waren vertegenwoordigd in het besluitvormende orgaan

op het tijdstip van de beslissing tot het begaan van de overtreding, de bestuurlijke boete invorderen.
2. Indien na invordering overeenkomstig het eerste lid, de bestuurlijke boete niet volledig is betaald, kan de Autoriteit Consument en Markt het resterende bedrag invorderen van elk van de vertegenwoordigde marktorganisaties, bedoeld in het eerste lid, die tijdens de overtreding actief waren op de markt waar de overtreding is begaan.
3. Bij toepassing van het eerste en tweede lid kan van elke vertegenwoordigde marktorganisatie geen hoger bedrag worden gevorderd dan 10% van de omzet behaald in het meest recente boekjaar ten aanzien waarvan de vertegenwoordigde marktorganisatie een jaarrekening beschikbaar heeft of zou moeten hebben.
4. Een vertegenwoordigde marktorganisatie waarvan op grond van het eerste of tweede lid een bestuurlijke boete wordt gevorderd, is niet verplicht tot betaling indien zij aantoont dat zij de beslissing, bedoeld in het eerste lid, niet heeft uitgevoerd en zij hetzij niet op de hoogte was van die beslissing hetzij actief afstand heeft genomen van die beslissing voordat het onderzoek naar de overtreding was aangevangen.
5. Alvorens toepassing te geven aan het eerste lid ten aanzien van een bestuurlijke boete die is opgelegd wegens overtreding van de artikelen 6, eerste lid, of 24, eerste lid, van de Mededingingswet, dan wel de artikelen 101 of 102 van het Verdrag betreffende de werking van de Europese Unie, verplicht de Autoriteit Consument en Markt een marktorganisatie als bedoeld in artikel 1, onder 2°, waarbij betaling als gevolg van insolventie van die marktorganisatie niet mogelijk is, ertoe om bij elk van de marktorganisaties, bedoeld in artikel 1, onder 1°, die bij de eerstbedoelde marktorganisatie waren vertegenwoordigd, binnen een door de Autoriteit Consument en Markt te stellen termijn, bijdragen te vragen ter betaling van de boete. Artikel 4:125 van de Algemene wet bestuursrecht is van overeenkomstige toepassing.
[11-11-2020, Stb. 9, i.w.tr. 18-02-2021/kamerstukken 35467]

[Invordering bij marktorganisaties]

Betekenis. Art. 12s is de opvolger van art. 68a Mw. Deze bepaling zorgt ervoor dat aangesloten ondernemingen zich niet achter de insolventie van kort gezegd een ondernemersvereniging aan wie een bestuurlijke boete is opgelegd, kunnen verschuilen. Als een bestuurlijke boete is opgelegd aan een ondernemersvereniging, kan die boete bij insolventie van de vereniging worden ingevorderd bij elk van de ondernemingen die in het besluitvormende orgaan waren vertegenwoordigd op het moment dat de beslissing tot het begaan van de overtreding is genomen (lid 1). Is de boete dan nog niet volledig betaald, kan ACM het resterende bedrag invorderen bij elk van de bij de ondernemingsvereniging aangesloten ondernemingen (lid 2). Lid 2 verwijst naar de vertegenwoordigde marktorganisaties bedoeld in het eerste lid. Er mag van worden uitgegaan dat het dus uitsluitend de marktorganisaties betreft die op het moment van (de beslissing tot het) begaan van de overtreding waren aangesloten bij de ondernemersvereniging. Het maximale bedrag dat bij één vertegenwoordigde marktorganisatie (aangesloten onderneming) kan worden ingevorderd, is 10% van de omzet die door die onderneming in het meest recente boekjaar is behaald (vgl. art. 12o, aant. 2 en 3 over het begrip omzet). Als een aangesloten onderneming kan aantonen dat zij de beslissing om de overtreding te begaan niet heeft uitgevoerd en er ook niet van op de hoogte was, of er actief afstand van heeft genomen voordat het onderzoek naar de overtreding is gestart, is zij niet verplicht tot betaling van de boete. Afstand nemen impliceert volgens de wetgever dat er sprake moet zijn van een expliciete en kenbare uiting door de onderneming (zie MvT, *Kamerstukken II* 2004/05, 30071, 3, p. 27). Het is daarbij niet aan ACM om verwijtbaar of nalatig handelen van de aangesloten onderneming aan te tonen, maar aan de aangesloten onderneming om aan te tonen dat hij niets met de overtreding van doen heeft (vgl. naast de tekst van lid 4 ook MvA, *Kamerstukken I* 2013/14, 33622, C, p. 21 en 22). Naast de waarborgen tegen te voortvarende invordering bij leden van ondernemersverenigingen van art. 12s gelden ook de algemene bepalingen en rechtsbescherming ten aanzien van invorderingsmaatregelen die zijn neergelegd in afdeling 4.4.4 Awb. Lid 5 bevat een speciale bepaling voor boetes opgelegd wegens overtreding van het kartelverbod of verbod van misbruik van een economische machtspositie. Deze bepaling vloeit voort uit Richtlijn 2019/1 (ECN+) en bepaalt dat in geval van insolventie van een ondernemersvereniging in eerste instantie de vereniging verplicht moet worden om van haar leden bijdragen te vragen om de geldboete te voldoen. Als de ACM een dergelijke verplichting oplegt dan doet zij dat bij besluit. Toepassing van art. 4:125 Awb zorgt er vervolgens voor dat bezwaar en beroep tegen de boetebeschikking gelijk op lopen met bezwaar en beroep tegen de bijkomende beschikkingen.

Artikel 12t
Indien een door de Autoriteit Consument en Markt opgelegde last onder dwangsom of bestuurlijke boete verplicht tot betaling van een geldsom, komt deze geldsom toe aan de Staat der Nederlanden.
[25-06-2014, Stb. 247, i.w.tr. 01-08-2014/kamerstukken 33622]

[Geldsom boete of last onder dwangsom komt toe aan de Staat]

Betekenis. In art. 5:10 lid 1 Awb is bepaald dat voor zover een bestuurlijke sanctie tot betaling van een geldsom verplicht, die geldsom toekomt aan het bestuursorgaan dat de sanctie heeft opgelegd. ACM is het bestuursorgaan dat sancties oplegt, maar beschikt niet over rechtspersoonlijkheid. In dit artikel is daarom voor de duidelijkheid geregeld dat geldsommen toekomen aan de Staat (MvT, *Kamerstukken II* 2012/13, 33622, 3, p. 57).

§ 4
Openbaarmaking

Artikel 12u
1. De Autoriteit Consument en Markt maakt een door haar genomen beschikking tot het opleggen van een bestuurlijke sanctie of een bindende aanwijzing, niet zijnde een beschikking als bedoeld in artikel 12v, eerste lid, openbaar met dien verstande dat gegevens die ingevolge artikel 5.1, eerste, tweede en vijfde lid, van de Wet open overheid niet voor verstrekking in aanmerking komen, niet openbaar worden gemaakt.
2. De openbaarmaking van de beschikking geschiedt niet eerder dan nadat tien werkdagen zijn verstreken na de dag waarop de beschikking aan de overtreder bekend is gemaakt, tenzij de overtreder de beschikking zelf heeft openbaar gemaakt, heeft doen openbaar maken of heeft aangegeven geen bedenkingen te hebben tegen eerdere openbaarmaking.

3. Indien wordt verzocht om een voorlopige voorziening als bedoeld in artikel 8:81 van de Algemene wet bestuursrecht, wordt de openbaarmaking van de beschikking opgeschort totdat de voorzieningenrechter uitspraak heeft gedaan of het verzoek is ingetrokken.
4. Indien de openbaarmaking van de beschikking naar het oordeel van de Autoriteit Consument en Markt in strijd is of zou kunnen komen met het doel van het aan de Autoriteit Consument en Markt opgedragen toezicht op de naleving, blijft openbaarmaking achterwege.
5. Het eerste tot en met vierde lid zijn mede van toepassing op een door de Autoriteit Consument en Markt genomen beslissing op bezwaar strekkend tot het opleggen van een bestuurlijke sanctie of bindende aanwijzing.
[25-10-2021, Stb. 499, i.w.tr. 01-05-2022/kamerstukken 33328]

[Openbaarmaking bestuurlijke sancties en bindende aanwijzingen]

1. Drie openbaarmakingregimes. In de Instellingswet ACM is een gedifferentieerd openbaarmakingsregime met drie verschillende regelingen geïntroduceerd waar voorheen specifieke openbaarmakingsregelingen in bijzondere wetten golden of besluiten op grond van art. 8 WOB 1992 actief openbaar werden gemaakt: 1. Voor besluiten tot het opleggen van bestuurlijke sancties of bindende aanwijzingen vanwege minder ernstige overtredingen is het uitgangspunt dat zij openbaar worden gemaakt, maar dat gegevens die op grond van art. 5.1, eerste, tweede en vijfde lid Wet open overheid (Woo) niet voor verstrekking in aanmerking komen, niet openbaar worden gemaakt (art. 12u). 2. Voor bestuurlijke sancties of bindende aanwijzingen in ernstige gevallen geldt dat ACM tot openbaarmaking verplicht is. Uitsluitend een zeer beperkte categorie van gegevens wordt niet openbaar gemaakt (art. 12v). 3. Voor alle andere besluiten geldt dat ACM tot openbaarmaking kan overgaan, maar dat ACM daartoe niet verplicht is (art. 12w). Ook besluiten tot het niet opleggen van een sanctie vallen in deze laatste categorie. Ten aanzien van de gegevens en inlichtingen als bedoeld in art. 7, die ACM verkrijgt in verband met enige werkzaamheid ten behoeve van de uitvoering van haar wettelijke taken, bevatten art. 7 en 12u, 12v en 12w een wettelijke uitzondering op openbaarheid als bedoeld in art. 8.8 Woo. Besluiten over de toepassing van deze artikelen worden beoordeeld door de Rechtbank Rotterdam en het CBb. Op documenten die informatie bevatten die niet onder art. 7 valt, is de Woo wel van toepassing. Daarover oordeelt de volgens de gebruikelijke regels van de Awb bevoegde rechtbank en in hoger beroep de ABRvS (zie: CBb 17 juni 2016, ECLI:NL:CBB:2016:169). In de Werkwijze Openbaarmaking ACM (*Stcrt.* 2015, 21331, gewijzigd met *Stcrt.* 2017, 13846, en met *Stcrt.* 2020, 7688) heeft ACM uiteengezet hoe zij met de openbaarmaking van besluiten omgaat.

2. Uitgangspunt: sanctiebesluit openbaar (lid 1). Art. 12u schrijft voor dat ACM besluiten tot het opleggen van een bestuurlijke sanctie of bindende aanwijzing openbaar moet maken. Openbaarmaking is echter geen automatisme (MvT, *Kamerstukken II* 2012/13, 33622, 3, p. 59). Gegevens die op grond van art. 5.1, eerste, tweede en vijfde lid Woo niet voor verstrekking in aanmerking komen, worden niet openbaar gemaakt. Het zal daarbij vaak gaan om bedrijfsvertrouwelijke gegevens, die door de betrokken onderneming vertrouwelijk aan ACM zijn verstrekt. Ook de afweging ten aanzien van de overige gronden zal in voorkomend geval door ACM moeten worden gemaakt. Het belang om onevenredige benadeling te voorkomen, kan in voorkomend geval aan openbaarmaking van gegevens die de marktorganisatie identificeren in de weg staan (*Kamerstukken I* 2013/14, 33622, C, p. 28). In het geval van een lichte overtreding zou de uitkomst van de toets aan art. 5.1, eerste, tweede en vijfde lid Woo kunnen zijn dat niet tot openbaarmaking van gegevens uit het besluit wordt overgegaan. Het uitgangspunt van de wet blijft echter openbaarmaking, zodat de belangen die met openbaarmaking zijn gemoeid in een afweging zwaar zullen wegen. De ratio van het uitgangspunt van de openbaarmaking van sanctiebesluiten is dat consumenten en marktorganisaties in een zo vroeg mogelijk stadium voor overtreders worden gewaarschuwd. Dat beperkt het risico voor de consument. Het dient voorts de generale preventie, waarschuwt andere marktorganisaties voor de mogelijke gevolgen van overtredingen, en levert een bijdrage aan naleving van de door ACM te handhaven normen. Voor consumenten wordt inzichtelijk hoe normen moeten worden uitgelegd, en openbaarmaking draagt bij aan transparantie over hoe ACM haar taken uitoefent (MvT, *Kamerstukken II* 2012/13, 33622, 3, p. 59). De afweging inzake openbaarmaking kan in het sanctiebesluit zelf of in een separaat besluit worden neergelegd. Voordat tot openbaarmaking wordt overgegaan, zal daartoe wel een besluit (in het sanctiebesluit of een separaat besluit) moeten worden genomen (Rb. Rotterdam (vzr.) 25 juni 2015, ECLI:NL:RBROT:2015:4520).

3. Rechtsbescherming en beoordeling rechter (lid 2 en 3). Belanghebbenden bij het besluit tot openbaarmaking hebben tien dagen de tijd om, als zij de openbaarmaking van het besluit willen voorkomen, om een voorlopige voorziening te vragen. De bevoegde rechter is de voorzieningenrechter van de Rb. Rotterdam, en in hoger beroep de voorzieningenrechter van het CBb. Het indienen van een verzoek om een voorlopige voorziening schort de openbaarmaking van het besluit op totdat de voorzieningenrechter uitspraak heeft gedaan of het verzoek is ingetrokken (lid 3). De beoordeling door de rechter kan uit twee onderdelen bestaan. **a. Oordeel over afweging art. 5.1, eerste, tweede en vijfde lid Woo.** In de eerste plaats kan aan de orde komen of ACM een juiste beoordeling heeft gemaakt van de gegevens die op grond van art. 5.1, eerste, tweede en vijfde lid Woo niet voor verstrekking en daarmee openbaarmaking in aanmerking komen. In dat verband kan bijvoorbeeld de vraag aan de orde komen of sprake is van bedrijfsvertrouwelijke gegevens of de vraag of het sanctiebesluit met naam en toenaam van de overtreder mag worden gepubliceerd. **b. Oordeel over rechtmatigheid sanctiebesluit (en onevenredige benadeling).** Openbaarmaking van het besluit kan onevenredig zijn als het sanctiebesluit in rechte geen stand houdt en de betrokkene ten onrechte als overtreder kenbaar is gemaakt. Of sprake is van onevenredige benadeling hangt in dat geval af van een oordeel over de rechtmatigheid van het sanctiebesluit (vgl. ABRvS 10 november 2010, *JB* 2010/276, ECLI:NL:RVS:2010:BO3468; CBb 5 juni 2008, ECLI:NL:CBB:2008:BD5277; Rb. Rotterdam (vzr.) 1 augustus 2013, ECLI:NL:RBROT:2013:5927; CBb (vzr.) 22 april 2015, ECLI:NL:CBB:2015:126; Rb. Rotterdam (vzr.) 25 juni 2015, ECLI:NL:RBROT:2015:4520, CBb (vzr.) 25 januari 2018, ECLI:NL:CBB:2018:7 en zie specifiek in het kader van art. 12u Rb. Rotterdam (vzr.) 10 september 2015, ECLI:NL:RBROT:2015:6673 en Rb. Rotterdam 24 december 2019, ECLI:NL:RBROT:2019:10418). Bij de voorzieningenrechter kan dus in de tweede plaats tegen de openbaarmaking worden opgekomen met de stelling dat het sanctiebesluit niet rechtmatig is. De voorzieningenrechter zal in het kader van de beoordeling van de openbaarmaking dan een voorlopig oordeel over de rechtmatigheid van het sanctiebesluit moeten geven en de vraag moeten beantwoorden of het besluit naar verwachting stand zal houden (zie o.a.: CBb (vzr.) 23 januari 2014, ECLI:NL:CBB:2014:7). Als de voorzieningenrechter van oordeel is dat ten onrechte is vastgesteld dat sprake is van een overtreding of dat een (rechts)persoon ten onrechte als overtreder wordt aangemerkt, dan mag in zoverre ook niet worden gepubliceerd. Eveneens moet van publicatie worden afgezien als de hoogte van de boete in een wanverhouding staat tot de ernst van de gedraging en de mate van verwijtbaarheid, of de draagkracht van de overtreder (Rb. Rotterdam (vzr.) 30 november 2012, ECLI:NL:RBROT:2012:BY4734 (over een door de voormalige Consumentenautoriteit opgelegde sanctie); vergelijk over de Wft in gelijke zin: Rb. Rotterdam (vzr.) 21 juni 2011, ECLI:NL:RBROT:2011:BQ8872, r.o. 2.1.11). Twijfels over de precieze hoogte van de boete leiden echter nog niet onmiddellijk tot het oordeel dat niet mag worden gepubliceerd. Er moet sprake zijn van een situatie waarin naar verwachting de – gehele – boete uiteindelijk geen stand zal houden en de betrokken (rechts)persoon ten onrechte publiekelijk als overtreder wordt afgeschilderd (Rb. Rotterdam (vzr.) 10 september 2015, ECLI:NL:RBROT:2015:6673). Als er slechts sprake is van enige twijfel over de evenredigheid van de hoogte van de boete, dan is dat nog geen reden van publicatie af te zien (vgl. over de Wft Rb. Rotterdam (vzr.) 3 september 2008, ECLI:NL:RBROT:2008:BF1175). Voor schorsing van de openbaarmaking van het boetebesluit is eerst reden als de boete onmiskenbaar onevenredig is (Rb. Rotterdam (vzr.) 6 januari 2010, ECLI:NL:RBROT:2010:BK9796 (over een besluit van de voormalige Consumentenautoriteit)). Het enkele feit dat ten onrechte een boeteverhoging is toegepast, leidt verder niet zonder meer tot het oordeel dat het besluit tot openbaarmaking van de opgelegde boetes onrechtmatig is. Het besluit tot publicatie van een boete moet worden getoetst aan de dan geldende feiten en omstandigheden. De omstandigheid dat als gevolg van het aanwenden van rechtsmiddelen tegen het boetebesluit de hoogte van de boete wijzigt, maakt dat het boetebesluit niet ongewijzigd in stand kan blijven, maar brengt niet mee dat het besluit om het oorspronkelijke boetebesluit te publiceren om die reden ook onrechtmatig moet worden bevonden (CBb 7 mei 2014, ECLI:NL:CBB:2014:163). Zo ook rechtbank Den Haag 20 april 2022, ECLI:NL:RBDHA:2022:3709. De rechtbank achtte de publicatie van een nadernand vernietigd boetebesluit niet onrechtmatig maar kende eisers wel een schadevergoeding toe omdat de ACM had verzuimd om binnen korte termijn na vernietiging aanpassing van haar website door te voeren. Zie verder ook de rechtspraak inzake openbaarmaking op grond van art. 1:97 Wft genoemd bij art. 12v, aant. 2.

4. Geen openbaarmaking als strijd met doel toezicht (lid 4). ACM kan verder uitsluitend van openbaarmaking afzien, als openbaarmaking naar het oordeel van ACM in strijd zou kunnen zijn of komen met het doel van het aan ACM opgedragen toezicht. Volgens art. 2 lid 5 is dat doel het bevorderen van goed functionerende markten, van ordelijke en transparante marktprocessen en van een zorgvuldige behandeling van consumenten. Uit Rb. Rotterdam (vzr.) 2 juli 2009, ECLI:NL:RBROT:2009:BJ1746 volgt dat het doel van het aan ACM opgedragen toezicht niet snel aan openbaarmaking in de weg zal staan.

5. Openbaarmaking beslissing op bezwaar (lid 5). Voor de openbaarmaking van beslissingen op bezwaar gelden dezelfde regels als ten aanzien van primaire besluiten. Onder verwijzing naar CBb 24 april 2012 (ECLI:NL:CBB:2012:BW3574; bevestigd in CBb 11 februari 2013, ECLI:NL:CBB:2013:BZ1865) neemt de wetgever hiermee afstand van een eerdere lijn van de Rechtbank Rotterdam. Het CBb oordeelde dat het openbaarmakingsregime van de Wft zich er niet tegen verzette dat, op een later moment dan het primaire besluit, de beslissing op bezwaar ook wordt gepubliceerd. De wetgever heeft de openbaarmaking van de beslissing op bezwaar nu tot verplichting en uitgangspunt genomen. De openbaarmaking van beslissingen op bezwaar kan op dezelfde manier als de openbaarmaking van primaire besluiten aan de rechter ter beoordeling worden voorgelegd. Wordt op een later moment een openbare versie van een (primair) boetebesluit of een beslissing op bezwaar verzonden, dan is die openbare versie geen nieuw besluit. Een tijdig bezwaar of beroep dient dan ook binnen zes weken na bekendmaking van het boetebesluit of de beslissing op bezwaar zelf te worden ingesteld (CBb 17 juni 2014, ECLI:NL:CBB:2014:216). Als de heroverweging in bezwaar tot een gewijzigde beslissing leidt, kan in de beslissing op bezwaar zelf over de openbaarmaking daarvan worden besloten. Beide beslissingen kunnen dan door middel van een beroep bij de bestuursrechter aan de orde worden gesteld. De beslissing over de openbaarmaking van de beslissing op bezwaar wordt dan niet als primair besluit gezien, maar ook als een beslissing op bezwaar (Rb. Rotterdam 24 mei 2018, ECLI:NL:RBROT:2018:3966; CBb 18 februari 2020, ECLI:NL:CBB:2020:92).

Artikel 12v

1. De Autoriteit Consument en Markt maakt een door haar genomen beschikking tot het opleggen van een bestuurlijke sanctie of een bindende aanwijzing openbaar indien voor de desbetreffende overtreding bij wettelijk voorschrift is bepaald dat een bestuurlijke boete kan worden opgelegd van ten hoogste 10% van de omzet van de overtreder en met dien verstande dat:
a. gegevens als bedoeld in artikel 5.1, tweede lid, onderdeel f, van de Wet open overheid niet openbaar worden gemaakt, indien het belang van openbaarheid naar het oordeel van de Autoriteit Consument en Markt niet opweegt tegen het belang, bedoeld in artikel 5.1, tweede lid, onderdeel f, van de Wet open overheid;
b. namen van betrokken natuurlijke personen niet openbaar worden gemaakt, indien het belang van openbaarmaking naar het oordeel van de Autoriteit Consument en Markt niet opweegt tegen het belang, bedoeld in artikel 5.1, tweede lid, onderdeel e, van de Wet open overheid;
c. de naam van de overtredende marktorganisatie altijd openbaar wordt gemaakt, ook indien de naam van een natuurlijke persoon van die naam deel uitmaakt.
2. Artikel 12u, tweede tot en met vierde lid, zijn van toepassing.
3. Het eerste lid is mede van toepassing op een door de Autoriteit Consument en Markt genomen beslissing op bezwaar strekkend tot het opleggen van een bestuurlijke sanctie of bindende aanwijzing. Artikel 12u, tweede tot en met vierde lid, is van toepassing.
[25-10-2021, Stb. 499, i.w.tr. 01-05-2022/kamerstukken 33328]

[Openbaarmaking bestuurlijke sancties en bindende aanwijzingen ernstige overtredingen]

1. Strikte verplichting tot openbaarmaking (lid 1). In geval van de meest ernstige overtredingen — alle gevallen waarin op grond van de wet een overtreding kan worden bestraft met een boete van maximaal 10% van de relevante omzet — is ACM verplicht om tot openbaarmaking van het sanctiebesluit of bindende aanwijzing over te gaan. Uitsluitend als zich een van de strikt omschreven uitzonderingen voordoet, kan voor dat betrokken gegeven openbaarmaking achterwege blijven. Het besluit zelf zal altijd openbaar gemaakt moeten worden. De uitzonderingen betreffen bedrijfsvertrouwelijke gegevens (lid 1 onderdeel a), namen van betrokken natuurlijke personen, mits ACM na een afweging tot het oordeel komt dat het belang van openbaarmaking niet zwaarder weegt (lid 1 onderdeel b) en mits de naam van de natuurlijke persoon geen deel uitmaakt van de naam van de overtreder. Die naam moet altijd openbaar gemaakt worden (lid 1 onderdeel c). De strikte verplichting tot openbaarmaking geldt ook in geval de opgelegde boete lager is dan het boetemaximum van 10% van de betrokken omzet. Dat in het concrete geval het boetemaximum niet daadwerkelijk wordt opgelegd of een last onder dwangsom en geen boete, is niet relevant (Rb. Rotterdam 4 februari 2016, ECLI:NL:RBROT:2016:823). De wetgever heeft alle overtredingen waarvoor een dergelijk boetemaximum geldt, als zeer ernstige overtredingen aangemerkt die steeds openbaar gemaakt moeten worden (MvT, *Kamerstukken II* 2012/13, 33622, 3, p. 60). De verplichting tot openbaarmaking geldt ook voor besluiten waarbij een overtreding is vastgesteld. ACM heeft vastgesteld dat op zichzelf een boete moet worden opgelegd maar daarvan wordt afgezien vanwege bijvoorbeeld een geringe financiële draagkracht of een clementieverzoek. Het gaat de wetgever om de aard en de ernst van deze categorie overtredingen, naar aanleiding waarvan verplichte openbaarmaking is voorgeschreven (CBb 18 februari 2020, ECLI:NL:CBB:2020:92). Het betreft bijvoorbeeld overtredingen van het kartelverbod, misbruik van machtspositie, overtredingen van verplichtingen die op een partij met aanmerkelijke marktmacht als bedoeld in de Telecommunicatiewet rusten en overtredingen van bepalingen met essentiële netbeheerderstaken uit de Elektriciteitswet en Gaswet.

2. Rechtsbescherming en beoordeling rechter (lid 2). De wetgever heeft met art. 12v willen aansluiten bij het openbaarmakingsregime dat in art. 1:97 Wft is neergelegd. In geval van ernstige overtredingen moet vroegtijdig, dat wil zeggen dat de onherroepelijkheid van een besluit niet moet worden afgewacht, en automatisch tot openbaarmaking worden overgegaan (MvT, *Kamerstukken II* 2012/13, 33622, 3, p. 60). Dat betekent dat in de beoordeling door de rechter geen plaats is voor een verdere belangenafweging ten aanzien van de openbaarmaking van het besluit. Dat geldt eveneens voor de heroverweging in bezwaar. Omstandigheden zoals dat de overtreder inmiddels wel over een vergunning beschikte, de overtreding al ruim een jaar was beëindigd en de markt volgens de overtreder in verwarring zou kunnen raken, doen aan de verplichting tot openbaarmaking niet af (CBb 11 februari 2013, ECLI:NL:CBB:2013:BZ1864, over art. 1:97 Wft). De beoordeling van de voorzieningenrechter draait daarmee om de vraag of het sanctiebesluit naar verwachting stand zal houden (zie de onder art. 12u, aant. 3 aangehaalde rechtspraak en Rb. Rotterdam 4 februari 2016, ECLI:NL:RBROT:2016:823 waar die lijn ten aanzien van art. 12v is doorgezet). Daarnaast kan uitsluitend nog aan de orde komen of een van de strikte uitzonderingsgronden van lid 1 aan de orde zijn. Die betreffen slechts specifieke gegevens die mogelijk van openbaarmaking uitgezonderd kunnen zijn, en niet de openbaarmaking van het sanctiebesluit als zodanig. Als de rechter in beroep tot het oordeel komt dat het besluit geen stand kan houden, en zelf in de zaak voorziet door daar een uitspraak voor in de plaats te stellen, kan het in de rede liggen dat ACM in plaats van het vernietigde besluit de uitspraak via haar website toegankelijk maakt (in geval van verplichte publicatie op grond van dit artikel) (Rb. Rotterdam 24 mei 2018, ECLI:NL:RBROT:2018:3954, onder verwijzing naar CBb 12 mei 2015, ECLI:NL:CBB:2015:150).

3. Beslissing op bezwaar (lid 3). Voor beslissingen op bezwaar geldt dezelfde strikte verplichting tot openbaarmaking (zie ook: CBb 18 februari 2020, ECLI:NL:CBB:2020:92). Als de heroverweging in bezwaar tot een gewijzigde beslissing leidt, kan in de beslissing op bezwaar zelf over de openbaarmaking daarvan worden besloten. Beide beslissingen kunnen dan door middel van een beroep bij de bestuursrechter aan de orde worden gesteld. De beslissing over de openbaarmaking van de beslissing op bezwaar wordt door de rechtbank dan niet als primair besluit gezien, maar als een beslissing op bezwaar (Rb. Rotterdam 24 mei 2018, ECLI:NL:RBROT:2018:3966; CBb 18 februari 2020, ECLI:NL:CBB:2020:92). Zie ook art. 12u, aant. 5.

4. Wijze van openbaarmaking; persbericht. Art. 12u-12w schrijven niet voor hoe besluiten openbaar worden gemaakt. Dat kan bijvoorbeeld op de website van ACM. Openbaarmaking kan ook door middel van een persbericht waarin naar publicatie op de website wordt verwezen (CBb 11 februari 2013, ECLI:NL:CBB:2013:BZ1864, over art. 1:97 Wft). De wetgever gaat ervan uit dat de begeleidende tekst bij de openbaarmaking van een besluit – en naar mag worden aangenomen ook een persbericht – neutraal wordt geformuleerd en wordt voorzien van de status van het besluit (MvT, *Kamerstukken II* 2012/13, 33622, 3, p. 62). Het nieuwsbericht dat de openbaarmaking van een besluit aankondigt, vormt onderdeel van de beslissing tot openbaarmaking, en kan bij de bestuursrechter aan de orde worden gesteld (Rb. Rotterdam 24 mei 2018, ECLI:NL:RBROT:2018:3954). In een aantal recente zaken is de ACM ertoe overgegaan om samenvattingen van sanctiebesluiten openbaar te maken in plaats van de integrale versie van die besluiten. Deze aanpak heeft tot gevolg dat besluiten sneller bekend kunnen worden gemaakt omdat niet eerst alle mogelijke discussies over vertrouwelijkheid van delen van het besluit hoeven te worden beslecht (www.acm.nl, Leadiant, ACM/20/041239 en Apple, ACM/19/035630).

Artikel 12w
1. De Autoriteit Consument en Markt kan door haar genomen andere besluiten dan beschikkingen tot het opleggen van een bestuurlijke sanctie of bindende aanwijzing openbaar maken, alsmede andere documenten die door haar of in haar opdracht zijn vervaardigd voor de uitvoering van de aan haar bij of krachtens de wet opgedragen taken.
2. Gegevens die ingevolge artikel 5.1, eerste, tweede en vijfde lid, van de Wet open overheid niet voor verstrekking in aanmerking komen, worden niet openbaar gemaakt.
3. Artikel 12u, tweede en derde lid, is van overeenkomstige toepassing indien de Autoriteit Consument en Markt op grond van het eerste lid besluit tot openbaarmaking van een besluit.
4. Artikel 12u, vierde lid, is van overeenkomstige toepassing.
5. Eenieder kan verzoeken om toepassing van het eerste lid. Het verzoek wordt toegewezen, voor zover het tweede of het vierde lid hieraan niet in de weg staan.
6. Het eerste lid is niet van toepassing, voor zover een wettelijk voorschrift de openbaarmaking regelt.
[25-10-2021, Stb. 499 jo. Stb. 500, i.w.tr. 01-05-2022/kamerstukken 33328]

[Openbaarmaking andere besluiten dan bestuurlijke sancties en bindende aanwijzingen]

1. Facultatieve openbaarmaking voor andere besluiten. Voor alle besluiten die geen sanctiebesluiten of bindende aanwijzingen zijn, geldt het openbaarmakingsregime van art. 12w. Denk aan besluiten ter beslechting van een geschil of besluiten om geen sanctie op te leggen. Ook andere documenten die ACM ter uitvoering van haar taken opstelt of laat opstellen, vallen onder het openbaarmakingsregime van art. 12w. Die besluiten en documenten mag ACM openbaar maken, maar dat hoeft niet. Dat zijn bijvoorbeeld documenten die door ACM zelf of in opdracht van ACM zijn vervaardigd voor de uitvoering van een aan haar opgedragen taak (Rb. Rotterdam 6 september 2018, ECLI:NL:RBROT:2018:7319; Rb. Rotterdam 28 februari 2019, ECLI:NL:RBROT:2019:1411). Bij de overweging of documenten openbaar worden gemaakt, gaat het om een algemene afweging; de specifieke belangen van degene die om openbaarmaking verzoekt, spelen daarin geen rol (Rb. Rotterdam 28 februari 2019, ECLI:NL:RBROT:2019:1411). Art. 5.1, eerste, tweede en vijfde lid Woo vormt de ondergrens van openbaar te maken gegevens: gegevens die op grond van art. 5.1, eerste, tweede en vijfde lid Woo niet zouden worden verstrekt, worden niet in de openbaar te maken versie van het besluit of document opgenomen. In het besluit tot openbaarmaking – al dan niet als onderdeel van het eigenlijke besluit zelf – zal de toets aan art. 5.1, eerste, tweede en vijfde lid Woo moeten worden neergelegd. Art. 12w heeft geen betrekking op documenten die niet door ACM of in haar opdracht zijn vervaardigd, maar door anderen aan haar ter beschikking zijn gesteld (Rb. Rotterdam 7 april 2016, ECLI:NL:RBROT:2016:2338). Ten aanzien van dergelijke gegevens en inlichtingen als bedoeld in art. 7, die ACM verkrijgt in verband met enige werkzaamheid ten behoeve van de uitvoering van haar wettelijke taken, bevat de Instellingswet ACM een wettelijke uitzondering als bedoeld in art. 8.8 Woo. Besluiten over de toepassing van deze artikelen worden beoordeeld door de Rb. Rotterdam en het CBb. Op documenten die informatie bevatten die onder de geheimhoudingsplicht van art. 7 valt, is de Woo wel van toepassing. Het CBb noemt als voorbeeld documenten over de interne bedrijfsvoering of informatie over het proces van de totstandkoming van een besluit. Daarover oordeelt de volgens de gebruikelijke regels van de Awb bevoegde rechtbank en in hoger beroep de ABRvS (zie: CBb 17 juni 2016, ECLI:NL:CBB:2016:169). ACM hanteert als gedragslijn dat door haar of in haar opdracht vervaardigde documenten die zich bevinden in toezichts-, handhavings- of reguleringsdossiers in de regel niet openbaar worden gemaakt, tenzij dat nuttig en nodig is uit een oogpunt van voorlichting en transparantie. Die gedragslijn is volgens de rechtbank Rotterdam redelijk (Rb. Rotterdam 6 september 2018, ECLI:NL:RBROT:2018:7319; Rb. Rotterdam 28 februari 2019, ECLI:NL:RBROT:2019:1411). In 2021 besloot de ACM om een marktverkenning te publiceren over de vraag- en aanbodzijde van bepaalde digitale informatiesystemen in de zorg. Een van de betrokken marktorganisaties die genoemd werd in de verkenning heeft zich tegen publicatie van dit document verzet uit vrees voor haar reputatie. Het CBb ging hier gedeeltelijk in mee en stond in een voorlopig oordeel slechts publicatie van de samenvatting toe (CBb 22 maart 2022, ECLI:NL:CBB:2022:133).

2. Rechtsbescherming en beoordeling rechter (lid 3). Het besluit mag eerst na tien dagen openbaar worden gemaakt, zodat een belanghebbende in de tussentijd desgewenst de voorzieningenrechter om schorsing van het besluit tot openbaarmaking kan verzoeken. In die procedure ligt de vraag voor of ACM de gemaakte afweging om tot publicatie over te gaan op grond van art. 5.1, eerste, tweede en vijfde lid Woo in redelijkheid heeft kunnen maken. Op zichzelf biedt artikel 12w een grondslag om een besluit volledig openbaar te maken, met inbegrip van de naam van het betrokken bedrijf, maar daar heeft wel de hiervoor genoemde afweging van belangen aan vooraf te gaan. Openbaarmaking zal onevenredig zijn, als het besluit onmiskenbaar onjuist is (Rb. Rotterdam (vzr.) 21 maart 2018, ECLI:NL:RBROT:2018:5321). In de beoordeling door de rechter speelt dus zijn voorlopig oordeel over de rechtmatigheid van het besluit een rol; hij zal dat bij de beoordeling van de vraag of openbaarmaking onevenredig is, meewegen (Rb. Rotterdam 24 januari 2019, ECLI:NL:RBROT:2019:412). Het gaat hier echter niet om een sanctiebesluit, zodat publicatie, afhankelijk van de inhoud van het besluit of document, mogelijk minder snel onevenredig zal zijn. Het algemene belang van openbaarmaking weegt bij publicatie van besluiten en documenten door een toezichthouder over het algemeen zwaar, omdat de toezichthouder daarmee verantwoording aflegt over de manier waarop hij zijn bevoegdheden ter vervulling van zijn toezichthoudende taak aanwendt (vgl. ABRvS 7 september 2011, ECLI:NL:RVS:2011:BR6938, r.o. 2.6.1 en 2.6.2). ACM mocht ook een besluit tot intrekking van telefoonnummers, die voor verboden activiteiten waren gebruikt, inclusief de naam van de nummerhouder openbaar maken. Het algemeen belang dat door openbaar te maken dat de nummers zijn ingetrokken, ook andere nummerhouders zien dat het gebruik van nummers voor verboden activiteiten tot intrekking van die nummers kan leiden, mocht ACM zwaarder laten wegen dan het belang van de nummerhouder dat zijn naam niet bekend werd. Ook het belang dat voor consumenten die de nummers gebruiken, zichtbaar was dat en waarom de nummers niet meer aankiesbaar zijn, woog mee (Rb. Rotterdam (vzr.) 21 maart 2018, ECLI:NL:RBROT:2018:5321; Rb. Rotterdam 24 januari 2019, ECLI:NL:RBROT:2019:412). ACM hoeft daarbij niet met openbaarmaking te wachten totdat onherroepelijk vaststaat dat de betrokkene een overtreder is (Rb. Rotterdam 24 januari 2019, ECLI:NL:RBROT:2019:412).

3. Overige besluiten op grond van de Woo. Het openbaarmakingsregime van art. 12w is beperkt tot documenten die ACM in het kader van haar taken opstelt of laat opstellen. Voor andere documenten geldt de algemene openbaarmakingsregeling van de Woo. Ten aanzien van besluiten die op grond van de Woo worden genomen, wordt de bevoegde rechter bepaald op grond van de algemene regeling in de Awb. Het gaat daarbij niet om besluiten op grond van de Instellingswet ACM ten aanzien waarvan de Rb. Rotterdam en het CBb exclusief bevoegd zijn. De Wet open overheid beoogt op dit punt geen wijziging.

HOOFDSTUK 3A
Wijziging van andere wetten

[Inleidende opmerkingen]

Betekenis. Art. 13-41 Instellingswet ACM bevatten de wijzigingen van andere wetten. De wijzigingen zien op: 1. het in de andere wetten vervangen van de namen van de NMa, OPTA en de Consumentenautoriteit door de naam van ACM; 2. het in de andere wetten schrappen van bepalingen die nu centraal geregeld worden in de Instellingswet ACM. Bijvoorbeeld instellingsbepalingen, bepalingen over benoemingen en ontslag en de toezeggingsbevoegdheid; 3. het schrappen van informatiebepalingen in de andere wetten voor zover art. 7 Instellingswet ACM daarvoor in de plaats komt; en 4. wijzigingen in de Wet handhaving consumentenbescherming in verband met het feit dat ACM, anders dan de Consumentenautoriteit, een zelfstandig bestuursorgaan is. De wijzigingen betreffen: i. afspraken neergelegd in samenwerkingsprotocollen worden niet langer gemaakt door de Minister van Economische Zaken, maar door ACM; ii. het wordt aan ACM overgelaten op welke wijze zij invulling geeft aan het Maatschappelijk Overleg; iii. de aanwijzingsbevoegdheid van art. 2.3 lid 3 WHC vervalt omdat art. 21 Kaderwet zbo's van toepassing is; en iv. niet langer wijst de Minister van Economische Zaken, maar ACM zelf de ambtenaren aan die belast zijn met het toezicht op de bepalingen die ACM moet handhaven.

Artikel 13-41
(Bevat wijzigingen in andere wetten)
[28-02-2013, Stb. 102, i.w.tr. 01-04-2013/kamerstukken 33186]

HOOFDSTUK 4
Overgangs- en samenloopbepalingen

Artikel 42
1. Besluiten van de raad van bestuur van de Nederlandse Mededingingsautoriteit, het college voor de post- en telecommunicatiemarkt of de Consumentenautoriteit worden na inwerkingtreding van artikel 2 van deze wet aangemerkt als besluiten van de Autoriteit Consument en Markt.
2. Aanvragen en bezwaarschriften, ingediend bij de Nederlandse Mededingingsautoriteit, het college voor de post- en telecommunicatiemarkt of de Consumentenautoriteit, worden na inwerkingtreding van artikel 2 van deze wet aangemerkt als aanvragen en bezwaarschriften, ingediend bij de Autoriteit Consument en Markt.
3. In bestuursrechtelijke rechtsgedingen treedt op het tijdstip van inwerkingtreding van artikel 2 van deze wet de Autoriteit Consument en Markt in de plaats van de Nederlandse Mededingingsautoriteit, het college voor de post- en telecommunicatiemarkt of de Consumentenautoriteit.
4. In civielrechtelijke rechtsgedingen treedt op het tijdstip van inwerkingtreding van artikel 2 van deze wet de Staat in de plaats van het college voor de post- en telecommunicatieautoriteit.
5. In overeenkomsten treedt op het tijdstip van inwerkingtreding van artikel 2 van deze wet de Staat in de plaats van het college voor de post- en telecommunicatieautoriteit.
6. In samenwerkingsprotocollen treedt op het tijdstip van inwerkingtreding van artikel 2 van deze wet de Autoriteit Consument en Markt in de plaats van de raad van bestuur van de Nederlandse Mededingingsautoriteit, het college voor de post- en telecommunicatiemarkt of de Consumentenautoriteit.
7. In zaken waarin voor het tijdstip van inwerkingtreding van artikel 2 van deze wet aan de Nationale ombudsman is verzocht een onderzoek te doen dan wel de Nationale ombudsman een onderzoek heeft ingesteld naar een gedraging die kan worden toegerekend aan de Nederlandse Mededingingsautoriteit, het college voor de post- en telecommunicatiemarkt of de Consumentenautoriteit, treedt de Autoriteit Consument en Markt op dat tijdstip in de plaats van de Nederlandse Mededingingsautoriteit, het college voor de post- en telecommunicatiemarkt respectievelijk de Consumentenautoriteit.

8. Archiefbescheiden van de Nederlandse Mededingingsautoriteit, het college voor de post- en telecommunicatiemarkt en de Consumentenautoriteit worden overgedragen aan de Autoriteit Consument en Markt, voor zover zij niet overeenkomstig de Archiefwet 1995 zijn overgebracht naar een archiefbewaarplaats.
[28-02-2013, Stb. 102, i.w.tr. 01-04-2013/kamerstukken 33186]

[Overgangsregeling besluiten NMa, OPTA en Consumentenautoriteit]

Betekenis. Dit artikel bevat het overgangsrecht voor besluiten van de NMa, OPTA en de Consumentenautoriteit, voor aanvragen en bezwaren die bij hen zijn ingediend, voor archiefbescheiden, voor samenwerkingsprotocollen van de NMa, OPTA en de Consumentenautoriteit en overeenkomsten waarin OPTA partij is. Daarnaast regelt deze bepaling dat ACM in de plaats treedt van elk van de drie toezichthouders in gerechtelijke procedures. Ook treedt ACM in de plaats van elk van de drie toezichthouders, indien er sprake is van een onderzoek van de Nationale Ombudsman naar een gedraging van de NMa, OPTA of de Consumentenautoriteit.

Artikel 43
1. De vaststelling door de Autoriteit Consument en Markt van een begroting als bedoeld in artikel 25 van de Kaderwet zelfstandige bestuursorganen vindt voor het eerst plaats ten aanzien van het kalenderjaar na dat waarin deze wet in het *Staatsblad* is geplaatst.
2. Onze Minister stelt voor de Autoriteit Consument en Markt een voorlopig bestuursreglement vast. Het voorlopig reglement geldt totdat het bestuursreglement van de Autoriteit Consument en Markt de goedkeuring van Onze Minister heeft verkregen.
3. De vaststelling door de Autoriteit Consument en Markt van een jaarverslag als bedoeld in artikel 18 van de Kaderwet zelfstandige bestuursorganen vindt voor het eerst plaats ten aanzien van het kalenderjaar waarin deze wet in het *Staatsblad* is geplaatst en betreft dan geheel of gedeeltelijk de taakuitoefening van de Nederlandse Mededingingsautoriteit onderscheidenlijk het college voor de post- en telecommunicatiemarkt onderscheidenlijk de Consumentenautoriteit.
[28-02-2013, Stb. 102, i.w.tr. 01-04-2013/kamerstukken 33186]

[Organisatorische overgangsregelingen]

Betekenis. Dit artikel treft een voorziening voor de totstandkoming van een eerste begroting, het eerste bestuursreglement en het eerste jaarverslag van ACM. Het door de Minister van EZ vastgestelde bestuursreglement geldt totdat ACM zelf haar bestuursreglement heeft vastgesteld. ACM heeft bij de start van ACM een eigen bestuursreglement vastgesteld (Bestuursreglement ACM, *Stcrt.* 2013, 11513). Doel van lid 3 is om te voorkomen dat er over een bepaald kalenderjaar geen jaarverslag verschijnt. Omdat ACM per 1 april 2013 is ingesteld, heeft het eerste jaarverslag van ACM betrekking op de periode van 1 april tot en met 31 december 2013.

Artikel 44
1. Met ingang van het tijdstip van inwerkingtreding van artikel 2 van deze wet is het personeel van het college voor de post- en telecommunicatiemarkt aangesteld in algemene dienst van het Rijk.

2. De overgang van de in het eerste lid bedoelde personeelsleden vindt plaats met een rechtspositie die als geheel ten minste gelijkwaardig is aan die welke voor elk van hen gold bij het college voor de post- en telecommunicatiemarkt.
3. Op het tijdstip van inwerkingtreding van artikel 2 van deze wet gaan de vermogensbestanddelen van het college voor de post- en telecommunicatiemarkt onder algemene titel over op de Staat tegen een door Onze Minister in overeenstemming met Onze Minister van Financiën te bepalen waarde.
4. Ingeval krachtens het derde lid registergoederen overgaan, doet Onze Minister van Financiën de overgang van die registergoederen onverwijld inschrijven in de openbare registers, bedoeld in afdeling 2 van titel 1 van Boek 3 van het Burgerlijk Wetboek. Artikel 24, eerste lid, van Boek 3 van het Burgerlijk Wetboek is niet van toepassing.
[28-02-2013, Stb. 102, i.w.tr. 01-04-2013/kamerstukken 33186]

[Specifieke overgangsregeling OPTA]

Betekenis. Medewerkers OPTA. De medewerkers van OPTA waren – in tegenstelling tot medewerkers van de NMa en de Consumentenautoriteit – in dienst van OPTA en niet in dienst van het Rijk. Met de inwerkingtreding van de Instellingswet ACM zijn deze medewerkers in dienst getreden van het Rijk. Art. 44 regelt deze overgang, waarbij de rechtspositie van de betreffende medewerkers tenminste gelijk is aan die zij hadden bij OPTA. **Vermogen OPTA.** Ook voor de vermogensbestanddelen van OPTA wordt een overgangsregeling getroffen. Daarbij gaat het om vermogensbestanddelen in juridische zin. Daartoe behoren niet alleen de in lid 4 genoemde registergoederen, maar ook vorderingen en schulden van OPTA. Bij vorderingen van OPTA kan worden gedacht aan o.a. vorderingen in het kader van aan ondernemingen opgelegde boetes en dwangsommen en verschuldigde registratie- en nummervergoedingen.

Artikel 44a

Op overtredingen van het bij of krachtens de Wet handhaving consumentenbescherming bepaalde, waarvoor op grond van de Wet handhaving consumentenbescherming zoals die luidde onmiddellijk voorafgaand aan het tijdstip van inwerkingtreding van artikel 30 van deze wet, een bestuurlijke boete kon worden opgelegd, en die zijn begaan en beëindigd voor het tijdstip van inwerkingtreding van artikel 30 van deze wet, blijft de Wet handhaving consumentenbescherming van toepassing zoals die luidde onmiddellijk voor het genoemde tijdstip.
[28-02-2013, Stb. 102, i.w.tr. 01-04-2013/kamerstukken 33186]

[Overgangsregeling overtredingen Wet handhaving consumentenbescherming]

Betekenis. Deze overgangsbepaling regelt dat op overtredingen van de Wet handhaving consumentenbescherming die hebben plaatsgevonden voor 1 april 2013 én die voor die tijd ook zijn beëindigd, de Wet handhaving consumentenbescherming van toepassing is zoals die luidde voor 1 april 2013.

Artikel 44b

Een besluit als bedoeld in artikel 49a, eerste lid, van de Mededingingswet tot het bindend verklaren van een toezegging en de aanvraag tot het nemen van een dergelijk besluit worden na de inwerkingtreding van artikel 12h van de Instellingswet Autoriteit Consument en Markt aangemerkt als een besluit onderscheidenlijk aanvraag als bedoeld in artikel 12h, eerste lid, van de Instellingswet Autoriteit Consument en Markt.
[25-06-2014, Stb. 247, i.w.tr. 01-08-2014/kamerstukken 33622]

[Overgangsregeling Mw-toezeggingen]

Betekenis. Dit artikel bevat een overgangsregeling voor toezeggingsbesluiten op grond van art. 49a Mw en een aanvraag daartoe. De toezeggingsbesluiten en aanvragen die (nog) op grond van art. 49a Mw zijn genomen respectievelijk ingediend, worden aangemerkt als toezeggingsbesluiten respectievelijk aanvraag in de zin van art. 12h lid 1 Instellingswet ACM.

Artikel 44c

Indien het bij koninklijke boodschap van 26 april 2013 ingediende voorstel van wet tot wijziging van de Instellingswet Autoriteit Consument en Markt en enige andere wetten in verband met de stroomlijning van het door de Autoriteit Consument en Markt te houden markttoezicht (*Kamerstukken* 33 622) tot wet is verheven en artikel XI, onderdeel AA, van die wet in werking is getreden, blijft artikel 62 van de Mededingingswet, zoals dat luidde onmiddellijk voor het tijdstip van inwerkingtreding van genoemd artikel XI, onderdeel AA, van toepassing of van overeenkomstige toepassing op beschikkingen van de Autoriteit Consument en Markt tot oplegging van een bestuurlijke boete voor overtredingen ter zake waarvan voor de inwerkingtreding van artikel 12k van de Instellingswet Autoriteit Consument en Markt een rapport als bedoeld in artikel 5:48, eerste lid, van de Algemene wet bestuursrecht is opgemaakt.
[25-06-2014, Stb. 247, i.w.tr. 01-08-2014/kamerstukken 33622]

[Overgangsregeling met betrekking tot art. 62 Mw]

Betekenis. Deze bepaling geeft een overgangsregeling voor de beslistermijn die van toepassing is op rapporten die door ACM zijn opgemaakt voor 1 augustus 2014 wegens overtreding van de Mededingingswet. Voor deze zaken blijft gelden dat ACM binnen acht maanden na dagtekening van het rapport beslist over het opleggen van een bestuurlijke boete of een last onder dwangsom. De beslistermijn voor rapporten die na deze datum door ACM worden opgesteld, wordt geregeld door art. 12k Instellingswet ACM. Dit artikel geeft een beslistermijn van dertien weken die met dertien weken kan worden verlengd in het geval van overtredingen waarvoor een boete kan worden opgelegd van 10% van de omzet.

Artikel 44d

Indien een overtreding van een zelfstandige last of van artikel 5:20 van de Algemene wet bestuursrecht is begaan en beëindigd voor de inwerkingtreding van artikel 12m, eerste en derde lid, van de Instellingswet Autoriteit Consument en Markt, is artikel 12m, eerste en derde lid, niet van toepassing indien de Autoriteit Consument en Markt

voor die overtredingen onmiddellijk voor het tijdstip van inwerkingtreding van artikel 12m, eerste en derde lid, geen bestuurlijke sanctie kon opleggen.
[25-06-2014, Stb. 247, i.w.tr. 01-08-2014/kamerstukken 33622]

[Overgangsregeling overtreding zelfstandige last of art. 5:20 Awb]

Betekenis. Een overtreding van een zelfstandige last of van de medewerkingsplicht van art. 5:20 Awb die is begaan en beëindigd voor 1 augustus 2014, het moment waarop art. 12m Instellingswet ACM in werking treedt, kan ACM sanctioneren en wel op grond van art. 12k lid 1 en 3 Instellingswet ACM. Dit geldt niet voor de gevallen waarin ACM voorafgaand aan de inwerkingtreding van art. 12k Instellingswet ACM voor deze overtredingen geen bestuurlijke sanctie kon opleggen. De voor de overtreder meest gunstige bepalingen worden aldus toegepast (beginsel van *lex mitior*).

Artikel 44e
Indien voor de inwerkingtreding van artikel 12n van de Instellingswet Autoriteit Consument en Markt een overtreding is begaan en beëindigd, blijft met betrekking tot de hoogte van de boete die ten hoogste kan worden opgelegd aan een in artikel 51, tweede lid, onder 2°, van het Wetboek van Strafrecht bedoelde overtreder het recht gelden zoals dat luidde onmiddellijk voor het tijdstip van inwerkingtreding van genoemd artikel 12n.
[25-06-2014, Stb. 247, i.w.tr. 01-08-2014/kamerstukken 33622]

[Overgangsregeling hoogte boete feitelijk leidinggevende]

Betekenis. Ook deze overgangsbepaling geeft uiting aan het lex mitior-beginsel (de voor de overtreder meest gunstige bepalingen worden toegepast). De hoogte van de op te leggen boete voor degenen die opdracht hebben gegeven aan de verboden gedraging of hen die feitelijke leiding hebben gegeven aan die gedraging, wordt beperkt tot de maximale boete die kon worden opgelegd voor de inwerkingtreding van art. 12n Instellingswet ACM. Voor overtredingen op grond van de Mededingingswet bedraagt deze boete maximaal € 450.000. Voorwaarde bij deze overgangsbepaling is dat de overtreding is begaan en beëindigd voor 1 augustus 2014 (zijnde het moment waarop art. 12n Instellingswet ACM in werking is getreden).

Artikel 44f
Indien het bij koninklijke boodschap van 26 april 2013 ingediende voorstel van wet tot wijziging van de Instellingswet Autoriteit Consument en Markt en enige andere wetten in verband met de stroomlijning van het door de Autoriteit Consument en Markt te houden markttoezicht (*Kamerstukken* 33 622) tot wet is verheven en de artikelen XI, onderdeel Q, onderscheidenlijk XIV, onderdeel U, van die wet in werking zijn getreden, blijven de artikelen 63 van de Mededingingswet onderscheidenlijk 15.12 van de Telecommunicatiewet, zoals die luidden onmiddellijk voor het tijdstip van inwerkingtreding van de genoemde artikelen XI, onderdeel Q, onderscheidenlijk XIV, onderdeel U, van toepassing of overeenkomstige toepassing op beschikkingen van de Autoriteit Consument en Markt tot oplegging van een bestuurlijke boete voor overtredingen ter zake waarvan voor de inwerkingtreding van artikel 12p van de In-

stellingswet Autoriteit Consument en Markt een rapport als bedoeld in artikel 5:48, eerste lid, van de Algemene wet bestuursrecht is opgemaakt.
[25-06-2014, Stb. 247, i.w.tr. 01-08-2014/kamerstukken 33622]

[Overgangsregeling met betrekking tot art. 63 Mw en 15.12 Tw]

Betekenis. De in dit artikel opgenomen overgangsregeling ziet op de opschortende werking van boetebesluiten op grond van de Mededingingswet en de Telecommunicatiewet. In deze beide wetten werd geregeld dat de werking van boetebesluiten – en daarmee de bevoegdheid voor ACM om tot inning van boetes over te gaan – werd opgeschort tot het ongebruikt verstrijken van de beroepstermijn dan wel, indien beroep is ingesteld, op dat beroep is beslist. Praktijk was dat er werd gewacht met het innen van de boete tot een eventueel ingesteld hoger beroep was afgerond. Voor zover een rapport wegens overtreding van de Mededingingswet of Telecommunicatiewet is opgemaakt voor 1 augustus 2014 (het moment waarop art. 12p Instellingswet ACM in werking is getreden), blijft het oude recht van toepassing. Met andere woorden: de opschortende werking is op die zaken van toepassing.

Artikel 44g
Indien voor de inwerkingtreding van artikel 12s van de Instellingswet Autoriteit Consument en Markt van een overtreding een rapport als bedoeld in artikel 5:48, eerste lid, van de Algemene wet bestuursrecht is opgemaakt ter zake van een overtreding, begaan door een marktorganisatie als bedoeld in artikel 1, onder 2°, van de Instellingswet Autoriteit Consument en Markt, blijft met betrekking tot de invordering vanwege insolventie van die marktorganisatie, het recht gelden zoals dat luidde onmiddellijk voor inwerkingtreding van genoemd artikel 12s.
[25-06-2014, Stb. 247, i.w.tr. 01-08-2014/kamerstukken 33622]

[Overgangsregeling invordering bestuurlijke boete marktorganisaties]

Betekenis. Met de inwerkingtreding van art. 12s Instellingswet ACM kreeg ACM de bevoegdheid om bij insolventie van een vereniging van marktorganisaties de aan deze vereniging opgelegde boete(s) te verhalen op de in het bestuur van die vereniging vertegenwoordigde marktorganisaties. Een dergelijke regeling was al opgenomen in de Mededingingswet (art. 68a). De in art. 44g Instellingswet ACM opgenomen overgangsbepaling voorziet erin dat het oude recht van toepassing blijft op rapporten die door ACM zijn opgemaakt wegens een overtreding door een vereniging of verenigingen van marktorganisaties. Dit betekent dat bij insolventie van de vereniging van marktorganisaties ACM de boete niet kan invorderen bij de in het bestuur van die vereniging vertegenwoordigde marktorganisaties.

Artikel 45
Bij regeling van Onze Minister worden regels gesteld met betrekking tot de gevolgen van de inwerkingtreding van deze wet voor zover de artikelen 42 tot en met 44 daarin niet voorzien. Deze regels gelden uiterlijk tot en met 31 december van het kalenderjaar

na dat waarin zij in werking zijn getreden. Van het vaststellen van deze regels wordt kennis gegeven aan de beide kamers der Staten-Generaal.
[28-02-2013, Stb. 102, i.w.tr. 01-04-2013/kamerstukken 33186]

[Mogelijkheid vaststellen nadere overgangsregelingen]

Betekenis. Dit artikel dient als een vangnet voor het geval zich onvoorziene omstandigheden voordoen in de overgang waarmee geen rekening is gehouden bij het totstandkoming van de Instellingswet ACM. Dit vangnet geldt tot 31 december 2014.

Artikel 45a-45h
(Bevat wijzigingen in andere wetten)
[28-02-2013, Stb. 102, i.w.tr. 01-04-2013/kamerstukken 33186]

Artikel 45i
(Vervallen.)
[25-06-2014, Stb. 247, i.w.tr. 01-08-2014/kamerstukken 33622]

HOOFDSTUK 5
Slotbepalingen

Artikel 46
De Wet Onafhankelijke post- en telecommunicatieautoriteit wordt ingetrokken.
[28-02-2013, Stb. 102, i.w.tr. 01-04-2013/kamerstukken 33186]

[Intrekking Wet OPTA]

Betekenis. De OPTA houdt met de inwerkingtreding van de Instellingswet ACM op te bestaan. De wet waarbij OPTA indertijd werd ingesteld, wordt daarom ingetrokken. De bepalingen uit de Wet onafhankelijke Post- en Telecommunicatieautoriteit die nog van belang zijn voor ACM, worden opgenomen in de Instellingswet ACM. Een voorbeeld hiervan is de eis uit de Wet OPTA dat het jaarverslag een globale beschrijving omvat van de ontwikkeling van de markt in de post- en telecommunicatiesector. Deze eis is nu opgenomen in art. 6 lid 1 Instellingswet ACM.

Artikel 47
Deze wet treedt in werking op een bij koninklijk besluit te bepalen tijdstip, dat voor de verschillende artikelen of onderdelen daarvan verschillend kan worden vastgesteld.
[28-02-2013, Stb. 102, i.w.tr. 01-04-2013/kamerstukken 33186]

[Inwerkingtreding]

Betekenis. De datum van inwerkingtreding van de Instellingswet ACM en de Wet tot wijziging van de Instellingswet ACM en enige andere wetten in verband met de stroomlijning van het door ACM te houden markttoezicht is bepaald bij koninklijk besluit (*Stb.* 2013, 103 respectievelijk *Stb.* 2014, 266). De Instellingswet ACM is in werking getreden op 1 april 2013. De Stroomlijningswet is op 1 augustus 2014 in werking getreden. Voor een aantal bepalingen is een later moment van inwerkingtreding beoogt. Deze bepalingen zijn: — Art. 6 lid 1 Instellingswet ACM; deze bepaling is in werking getreden op 1 januari 2016. De inwerking van art. 6 lid 1 hangt samen met de inwerkingtreding van art. 6a. Op grond van art. 6 verplicht ACM tot het opnemen in haar jaarverslag van een overzicht van de op grond van art. 6a doorberekende kosten. In het jaarverslag over 2015 zal ACM voor de eerste keer een dergelijk overzicht moeten opnemen. — Art. 6a Instellingswet ACM; deze bepaling is op 1 januari 2015 in werking getreden. Art. 6a biedt de grondslag voor het doorberekenen van kosten van ACM aan marktorganisaties. Het kostenbegrip en de doorberekeningssystematiek wordt nader uitgewerkt in een algemene maatregel van bestuur. De inwerkingtreding van art. 6a sluit aan bij de inwerkingtreding van de algemene maatregel van bestuur. — Art. 44 Warmtewet; dit artikel is met ingang van 1 januari 2017 vervallen. Art. 44 Warmtewet betrof de evaluatie van deze wet. De evaluatie heeft plaatsgevonden in 2016 als gevolg waarvan art. 44 Warmtewet is vervallen. De volgende evaluatie van de Warmtewet gaat mee in de vijfjaarlijkse evaluatie van ACM.

Artikel 48
Deze wet wordt aangehaald als: Instellingswet Autoriteit Consument en Markt.
[28-02-2013, Stb. 102, i.w.tr. 01-04-2013/kamerstukken 33186]

BIJLAGEN

ANTITRUST

I ALGEMEEN

I.A Materieel

EU

Bekendmaking 97/C 372/03 inzake de bepaling van de relevante markt voor het gemeenschappelijke mededingingsrecht

(Voor de EER relevante tekst)

Bekendmaking van de Commissie van 9 december 1997, PbEG 1997, C 372 (i.w.tr. 09-12-1997)

I Inleiding

1

Deze bekendmaking is erop gericht de wijze toe te lichten waarop de Commissie het begrip relevante productmarkt en relevante geografische markt toepast bij haar toezicht op de toepassing van het gemeenschappelijke mededingingsrecht, inzonderheid Verordeningen nr. 17 en (EEG) nr. 4064/89 van de Raad, vergelijkbare verordeningen op sectoraal gebied, onder meer vervoer, kolen en staal, landbouw, en de relevante bepalingen van de EER-Overeenkomst[1]. In deze bekendmaking moeten verwijzingen naar de artikelen 85 en 86 van het Verdrag en naar de fusiecontrole als verwijzingen naar de gelijkwardige (red.: lees: gelijkwaardige) bepalingen in de EER-Overeenkomst en het EGKS-Verdrag worden begrepen.
[09-12-1997, PbEG C 372, i.w.tr. 09-12-1997/regelingnummer 97/C372/03]

2

De bepaling van de markt is een instrument om de grenzen van de mededinging tussen ondernemingen te onderkennen en af te bakenen. Zij biedt de mogelijkheid het kader af te bakenen waarbinnen de Commissie het mededingingsbeleid toepast. De voornaamste doelstelling van de marktbepaling is de vaststelling van een systematische manier om

---

(1) Bij de beoordeling van gevallen van staatssteun gaat de aandacht eerder uit naar de begunstigde van de steun en de betrokken bedrijfstak/sector dan naar de vaststelling van de concurrentiedruk waarmee de begunstigde van de steun te maken heeft. Wanneer in een bepaalde zaak de marktmacht, en bijgevolg de relevante markt, in aanmerking worden genomen, kunnen elementen van de hier uiteengezette aanpak dienen als basis voor de beoordeling van de gevallen van staatssteun.

de concurrentiedwang waarmee de betrokken ondernemingen [2] worden geconfronteerd, te onderkennen. De bepaling van een productmarkt en een geografische markt is erop gericht, vast te stellen welke feitelijke concurrenten van de betrokken ondernemingen in staat zijn te wegen op het gedrag van de betrokken ondernemingen of deze te beletten onafhankelijk van daadwerkelijke concurrentiedwang op te treden. In dit perspectief biedt de marktbepaling onder meer de mogelijkheid marktaandelen te berekenen die belangrijke gegevens aangaande de macht op de markt bevatten voor de beoordeling van een machtspositie of de toepassing van artikel 85.
[09-12-1997, PbEG C 372, i.w.tr. 09-12-1997/regelingnummer 97/C372/03]

3
Uit punt 2 volgt, dat het begrip relevante markt verschilt van andere marktbegrippen die vaak in ander verband worden gebruikt. Aldus gebruiken ondernemingen vaak het begrip markt om te verwijzen naar het gebied waar zij hun producten afzetten of om in het algemeen te verwijzen naar de bedrijfstak of sector waartoe zij behoren.
[09-12-1997, PbEG C 372, i.w.tr. 09-12-1997/regelingnummer 97/C372/03]

4
De bepaling van de relevante productmarkt of geografische markt is vaak van doorslaggevende invloed bij de beoordeling van een mededingingszaak. Door de openbaarmaking van de door haar gevolgde procedures ter bepaling van de markt en van de criteria en het bewijsmateriaal waarop zij zich baseert om een beschikking vast te stellen, wil de Commissie de doorzichtigheid van haar beleid en haar besluitvorming op het gebied van het mededingingsbeleid verhogen.
[09-12-1997, PbEG C 372, i.w.tr. 09-12-1997/regelingnummer 97/C372/03]

5
De toegenomen doorzichtigheid zal tevens tot gevolg hebben dat de ondernemingen en hun adviseurs beter kunnen anticiperen op de mogelijkheid dat de Commissie in afzonderlijke zaken bezwaren aangaande de mededinging heeft. De ondernemingen kunnen bij hun eigen interne besluitvorming met een dergelijke mogelijkheid rekening houden wanneer zij bijvoorbeeld verwervingen, de oprichting van gezamenlijke ondernemingen of het sluiten van bepaalde overeenkomsten overwegen. Voorts kunnen de ondernemingen beter begrijpen welke inlichtingen de Commissie voor de marktbepaling belangrijk acht.
[09-12-1997, PbEG C 372, i.w.tr. 09-12-1997/regelingnummer 97/C372/03]

6
De uitlegging die de Commissie aan het begrip relevante markt geeft, prejudicieert niet de eventuele uitlegging door het Hof van Justitie of het Gerecht van eerste aanleg van de Europese Gemeenschappen.
[09-12-1997, PbEG C 372, i.w.tr. 09-12-1997/regelingnummer 97/C372/03]

---

(2) Voor de doelstellingen van deze bekendmaking zijn de betrokken ondernemingen in het geval van een concentratie de partijen bij de concentratie. In onderzoeken krachtens artikel 86 van het Verdrag, de onderneming waartegen een onderzoek wordt verricht, of de klagers. Bij onderzoeken krachtens artikel 85 de partijen bij de overeenkomst.

II   Bepaling van de relevante markt

Definitie van de relevante productmarkt en de relevante geografische markt

7

In de op de artikelen 85 en 86 van het Verdrag gebaseerde verordeningen, inzonderheid afdeling 6 van Formulier A/B met betrekking tot Verordening nr. 17 en afdeling 6 van Formulier CO met betrekking tot Verordening (EEG) nr. 4064/89 betreffende de controle op concentraties van een communautaire dimensie, zijn de onderstaande definities neergelegd. De relevante productmarkten worden als volgt gedefinieerd:
'Een relevante productmarkt omvat alle producten en/of diensten die op grond van hun kenmerken, hun prijzen en het gebruik waarvoor zij zijn bestemd, door de consument als onderling verwisselbaar of substitueerbaar worden beschouwd.'.
[09-12-1997, PbEG C 372, i.w.tr. 09-12-1997/regelingnummer 97/C372/03]

8

De relevante geografische markten worden als volgt gedefinieerd:
'De relevante geografische markt is het gebied waarbinnen de betrokken ondernemingen een rol spelen in de vraag naar en het aanbod van goederen of diensten, waarbinnen de concurrentievoorwaarden voldoende homogeen zijn en dat van aangrenzende gebieden kan worden onderscheiden doordat daar duidelijk afwijkende concurrentievoorwaarden heersen.'.
[09-12-1997, PbEG C 372, i.w.tr. 09-12-1997/regelingnummer 97/C372/03]

9

De relevante markt waarop een bepaalde mededingingskwestie moet worden beoordeeld, wordt derhalve vastgesteld aan de hand van de combinatie van de productmarkt en de geografische markt. De Commissie legt de definities van punten 7 en 8 (die de rechtspraak van het Hof van Justitie en het Gerecht van Eerste Aanleg en haar eigen beschikkingspraktijk weergeven) uit overeenkomstig de aanwijzigingen in deze bekendmaking.
[09-12-1997, PbEG C 372, i.w.tr. 09-12-1997/regelingnummer 97/C372/03]

Het begrip relevante markt en de doelstellingen van het gemeenschappelijke mededingingsbeleid

10

Het begrip relevante markt houdt nauw verband met de doelstellingen die het gemeenschappelijke mededingingsbeleid nastreeft. Aldus is de communautaire controle op concentraties erop gericht, structurele wijzigingen aan de aanbodzijde van een product/dienst te onderzoeken teneinde het in het leven roepen of de versterking van een machtspositie te voorkomen die tot gevolg heeft dat een daadwerkelijke mededinging op een wezenlijk deel van de gemeenschappelijke markt aanzienlijk wordt belemmerd. Volgens de communautaire mededingingsregels is een machtspositie een positie die een onderneming het mogelijk maakt, zich jegens haar concurrenten, haar afnemers en, uiteindelijk, de consumenten in belangrijke mate onafhankelijk te

gedragen [3]. Een dergelijke positie ontstaat gewoonlijk wanneer een onderneming of een groep ondernemingen een groot deel van het aanbod op een bepaalde markt voor haar rekening neemt, op voorwaarde dat andere factoren uit het onderzoek (zoals belemmeringen voor het betreden van de markt, reactievermogen van afnemers enz.) in dezelfde richting wijzen.
[09-12-1997, PbEG C 372, i.w.tr. 09-12-1997/regelingnummer 97/C372/03]

11

De Commissie hanteert dezelfde aanpak in haar toepassing van artikel 86 van het Verdrag op ondernemingen die een individuele of gezamenlijke machtspositie innemen. Krachtens Verordening nr. 17 is de Commissie bevoegd verificaties te verrichten en een einde te maken aan misbruiken van een dergelijke machtspositie, die eveneens moet worden bepaald door verwijzing naar de relevante markt. Voorts is het mogelijk dat markten moeten worden bepaald met het oog op de toepassing van artikel 85 van het Verdrag, met name om vast te stellen of er een merkbare beperking van de mededinging is dan wel om vast te stellen of is voldaan aan de voorwaarden van artikel 85, lid 3, onder *b*), voor een ontheffing van de toepassing van artikel 85, lid 1.
[09-12-1997, PbEG C 372, i.w.tr. 09-12-1997/regelingnummer 97/C372/03]

12

De criteria ter bepaling van de relevante markt worden in het algemeen toegepast bij het onderzoek van bepaalde marktgedragingen en structurele wijzigingen in het aanbod van producten. Deze methode kan evenwel tot uiteenlopende resultaten leiden, afhankelijk van de aard van de onderzochte mededingingskwestie. De reikwijdte van de geografische markt kan bijvoorbeeld bij het onderzoek van een concentratie, waarbij het onderzoek wezenlijk op de toekomst is gericht, anders zijn dan bij het onderzoek van gedragingen in het verleden. De verschillen in onderzochte periode kan tot gevolg hebben dat voor dezelfde producten verschillende geografische markten worden vastgesteld, naargelang de Commissie een wijziging van de aanbodstructuur onderzoekt, zoals een concentratie of een gemeenschappelijke onderneming met het karakter van een samenwerking, dan wel kwesties welke betrekking hebben op bepaalde gedragingen in het verleden.
[09-12-1997, PbEG C 372, i.w.tr. 09-12-1997/regelingnummer 97/C372/03]

Basisbeginselen voor de marktbepaling

De concurrentiedwang

13

Ondernemingen zijn onderworpen aan drie voorname bronnen van concurrentiedwang: de substitueerbaarheid aan de vraagzijde, de substitueerbaarheid aan de aanbodzijde en de potentiële concurrentie. Vanuit economisch standpunt is — voor de bepaling van de relevante markt — substitutie aan de vraagzijde de belangrijkste onmiddelijke (*red.*: lees: onmiddellijke) en daadwerkelijke disciplinerende factor

---

(3) Definitie van het Hof van Justitie in de zaak Hoffmann-La Roche (arrest van 13 februari 1979 in zaak 85/76, Jurispr. 1979, blz. 461), nadien in volgende arresten bevestigd.

voor de aanbieders van een bepaald product, inzonderheid met betrekking tot hun prijsbeleid. Een onderneming of een groep ondernemingen kan niet een aanzienlijke invloed uitoefenen op de geldende verkoopvoorwaarden, zoals de prijzen, wanneer haar afnemers gemakkelijk kunnen overschakelen op beschikbare substitutieproducten of op elders gevestigde leveranciers. In wezen bestaat de marktbepaling in de onderkenning van de daadwerkelijke alternatieve bevoorradingsbronnen voor de afnemers van de betrokken ondernemingen, zowel wat de producten/diensten als de geografische plaats van de aanbieders betreft.
[09-12-1997, PbEG C 372, i.w.tr. 09-12-1997/regelingnummer 97/C372/03]

14
De dwang die van andere dan de in de punten 20 tot 23 beschreven substitueerbaarheid aan de aanbodzijde en van de potentiële mededinging uitgaat, is in het algemeen minder onmiddellijk en vergt in elk geval een onderzoek van bijkomende factoren. Bijgevolg wordt bij de beoordeling vanuit mededingingsoogpunt met dit soort dwang rekening gehouden.
[09-12-1997, PbEG C 372, i.w.tr. 09-12-1997/regelingnummer 97/C372/03]

Substitueerbaarheid aan de vraagzijde

15
Het onderzoek naar de substitueerbaarheid aan de vraagzijde houdt in, dat wordt vastgesteld welke producten door de consument als vervangingsproducten worden beschouwd. Dit kan geschieden als een denkoefening waarin een hypothetische kleine duurzame wijziging van de betrokken prijzen wordt aangenomen en de waarschijnlijke reacties van de afnemers hierop worden onderzocht. De marktbepaling is om procedurele en praktische redenen toegespitst op de prijzen en in het bijzonder op de substitutie aan de vraagzijde welke voortvloeit uit kleine permanente wijzigingen van de betrokken prijzen. Dit begrip kan duidelijke aanwijzingen geven inzake de relevante factoren voor de marktbepaling.
[09-12-1997, PbEG C 372, i.w.tr. 09-12-1997/regelingnummer 97/C372/03]

16
Deze benadering houdt in, dat uitgaande van het type producten dat de betrokken ondernemingen verkopen en het gebied waarin zij deze producten afzetten, bijkomende producten en gebieden zullen worden opgenomen in of uitgesloten van de markt, afhankelijk van de vraag of concurrentie van deze andere producten en gebieden de prijs van de producten van de partijen op korte termijn voldoende beïnvloedt of beperkt.
[09-12-1997, PbEG C 372, i.w.tr. 09-12-1997/regelingnummer 97/C372/03]

17
De vraag die moet worden beantwoord is of de afnemers van de partijen, als gevolg een hypothetische geringe (tussen 5 % en 10 %) duurzame verhoging van de prijs van de onderzochte producten en in de betrokken gebieden zouden overschakelen op gemakkelijk verkrijgbare vervangproducten of op leveranciers die elders zijn gevestigd. Wanneer substitutie volstaat om de prijsverhoging onrendabel te maken wegens de eruit voortvloeiende daling van de afzet, worden bijkomende substitutieproducten

en gebieden opgenomen in de relevante markt, totdat het assortiment producten en het geografische gebied zodanig zijn afgebakend, dat kleine, duurzame verhogingen van de relatieve prijzen rendabel zouden zijn. Een soortgelijke analyse is toepasselijk in zaken betreffende de concentratie van koopkracht, waar wordt uitgegaan van de aanbieder en de prijstest de mogelijkheid biedt de alternatieve distributiekanalen of afzetmogelijkheden voor de producten van de aanbieder te bepalen. Bij de toepassing van deze beginselen moet in het bijzonder rekening worden gehouden met bepaalde specifieke situaties die in de punten 56 en 58 zijn beschreven.
[09-12-1997, PbEG C 372, i.w.tr. 09-12-1997/regelingnummer 97/C372/03]

18
Een praktisch voorbeeld van deze test kan worden gegeven door de toepassing ervan op een concentratie van bijvoorbeeld frisdrankbottelaars. In een dergelijk geval moet worden onderzocht, of verschillende frisdrankaroma's tot dezelfde markt behoren. In de praktijk moet worden nagegaan, of de consumenten van smaak A op andere smaken zouden overschakelen wanneer zij met een duurzame prijsverhoging van 5 tot 10 % voor smaak A worden geconfronteerd. Wanneer een voldoende aantal consumenten op bijvoorbeeld smaak B zou overschakelen in die mate dat de prijsverhoging voor smaak A wegens de lagere afzet niet rendabel zou zijn, omvat de markt minstens de smaken A en B. Deze werkwijze moet worden uitgebreid tot andere beschikbare smaken, totdat een reeks producten is gevonden waarvoor een prijsverhoging niet voldoende substitutie aan de vraagzijde teweeg zou brengen.
[09-12-1997, PbEG C 372, i.w.tr. 09-12-1997/regelingnummer 97/C372/03]

19
De prijs waarmee rekening moet worden gehouden, is in het algemeen, en vooral bij het onderzoek van concentratiezaken, de geldende marktprijs. Daarvan kan eventueel worden afgeweken wanneer de geldende marktprijs is vastgesteld bij gebrek aan voldoende mededinging. Vooral bij het onderzoek van misbruiken van machtsposities wordt rekening gehouden met het feit dat de geldende prijs reeds aanzienlijk kan zijn verhoogd.
[09-12-1997, PbEG C 372, i.w.tr. 09-12-1997/regelingnummer 97/C372/03]

Substitueerbaarheid aan de aanbodzijde

20
Bij de marktbepaling kan eveneens rekening worden gehouden met de substitueerbaarheid aan de aanbodzijde wanneer de gevolgen ervan in doelmatigkeid (*red.*: lees: doelmatigheid) en directheid vergelijkbaar zijn met die van de substitueerbaarheid aan de vraagzijde. Dit vergt dat aanbieders kunnen overschakelen op de productie van de relevante producten en deze op korte termijn [4] op de markt kunnen brengen zonder aanzienlijke bijkomende kosten te maken of risico's te lopen in antwoord op geringe en duurzame wijzigingen van de betrokken prijzen. Wanneer aan deze voorwaarden is voldaan, zal de bijkomende productie die op de markt wordt gebracht, een disciplinerende uitwerking op het concurrentiegedrag van de betrokken ondernemingen

---

(4) Te weten een periode waarvoor geen aanzienlijke aanpassing van de bestaande materiële en immateriële activa vereist is (zie punt 23).

hebben. Een dergeklijk (*red.*: lees: dergelijk) effect in termen van doelmatigheid en directheid is vergelijkbaar met de substitueerbaarheid aan de vraagzijde.
[09-12-1997, PbEG C 372, i.w.tr. 09-12-1997/regelingnummer 97/C372/03]

21
Deze situaties doen zich gewoonlijk voor wanneer ondernemingen een breed assortiment kwaliteiten of soorten van één product op de markt brengen. Zelfs wanneer zij voor een bepaalde eindafnemer of consumentengroepen niet substitueerbaar zijn, zullen de verschillende kwaliteiten worden ondergebracht in één productmarkt, op voorwaarde dat de meeste aanbieders de onderscheiden kwaliteiten onmiddelijk (*red.*: lees: onmiddellijk) en zonder aanzienlijke verhoging van de hierboven beschreven kosten, kunnen aanbieden en verkopen. In dergelijke gevallen zal de relevante productmarkt alle producten omvatten die aan de vraag- en de aanbodzijde substitueerbaar zijn, en de afzet van deze producten zal worden opgeteld om de totale waarde of de totale omvang van de markt te berekenen. Dezelfde redenering kan ertoe leiden dat uiteenlopende geografische gebieden worden samengevoegd.
[09-12-1997, PbEG C 372, i.w.tr. 09-12-1997/regelingnummer 97/C372/03]

22
De papiermarkt is een praktisch voorbeeld van de aanpak inzake substitueerbaarheid aan de aanbodzijde bij de bepaling van de productmarkten. Papier wordt gewoonlijk aangeboden in een reeks uiteenlopende kwaliteiten, van standaardschrijfpapier tot kwalitatief hoogwaardig papier dat bijvoorbeeld wordt gebruikt voor de uitgave van kunstboeken. Vanuit het standpunt van de vraag zijn verschillende kwaliteiten papier ongeschikt voor een specifiek gebruik. Zo is laagwaardig papier ongeschikt voor een kunstboek of een kwalitatief hoogstaande publicatie. Papierfabrieken zijn evenwel uitgerust om verschillende kwaliteiten te fabriceren en de productie kan tegen verwaarloosbare kosten en op korte termijn worden aangepast. Bij ontstentenis van bijzondere distributiemoeilijkheden kunnen de papierfabrikanten derhalve meedingen naar bestellingen van verschillende kwaliteit, vooral wanneer deze bestellingen op voldoende lange termijn worden geplaatst, zodat de productieplannen kunnen worden aangepast. In dergelijke omstandigheden zal de Commissie geen afzonderlijke markt voor elke kwaliteit papier en voor het onderscheiden gebruik ervan vaststellen. De verschillende kwaliteiten papier behoren alle tot dezelfde relevante markt en de afzet ervan wordt samengesteld om de totale marktwaarde en de totale marktomvang te ramen.
[09-12-1997, PbEG C 372, i.w.tr. 09-12-1997/regelingnummer 97/C372/03]

23
Ingeval substitueerbaarheid aan de aanbodzijde een aanzienlijke aanpassing van de bestaande materiële en immateriële activa, bijkomende investeringen, strategische beslissingen of tijd zou vergen, wordt bij de bepaling van de markt met deze substitueerbaarheid geen rekening gehouden. De sector verbruiksgoederen, inzonderheid de merkdranken, biedt voorbeelden waarin de substitueerbaarheid aan de aanbodzijde de Commissie niet noopte tot een uitbreiding van de markt. Hoewel bottelbedrijven in beginsel verschillende dranken kunnen bottelen, zijn er kosten en aanlooptijd mee gemoeid (voor reclame, het testen van het product en de distributie ervan), voordat de

producten daadwerkelijk kunnen worden afgezet. In deze gevallen worden de effecten van de substitueerbaarheid aan de aanbodzijde en andere vormen van potentiële mededinging in een later stadium onderzocht.
[09-12-1997, PbEG C 372, i.w.tr. 09-12-1997/regelingnummer 97/C372/03]

Potentiële mededinging

24
Een derde bron van concurrentiedwang, meer bepaald de potentiële mededinging, wordt bij de bepaling van de markten buiten beschouwing gelaten, aangezien de voorwaarden waaronder de potentiële mededinging daadwerkelijk dwang zal uitoefenen, afhankelijk zijn van de analyse van specifieke factoren en omstandigheden die betrekking hebben op de toegangsvoorwaarden. Indien nodig, wordt dit onderzoek pas in een later stadium verricht, in het algemeen zodra de positie van de betrokken ondernemingen in de relevante markt is vastgesteld en aanleiding geeft tot bezorgdheid vanuit mededingingsoogpunt.
[09-12-1997, PbEG C 372, i.w.tr. 09-12-1997/regelingnummer 97/C372/03]

III   De factoren op grond waarvan de relevante markten worden bepaald

De bepaling van de relevante markt in de praktijk

Productmarkt

25
Er is een hele reeks bewijselementen aan de hand waarvan kan worden beoordeeld in hoeverre substitutie zou plaatsvinden. In individuele gevallen zullen bepaalde bewijselementen doorslaggevend zijn, die grotendeels afhangen van de kenmerken en de specificiteit van de bedrijfstak en de producten/diensten die worden onderzocht. Hetzelfde bewijstype kan in andere zaken zonder belang zijn. In de meeste zaken zal een beslissing gebaseerd moeten zijn op de in aanmerkingneming van een aantal criteria en verschillende bewijsstukken. De Commissie volgt een open benadering ten aanzien van empirisch bewijsmateriaal, welke erop is gericht een doelmatig gebruik te maken van alle beschikbare informatie die in afzonderlijke zaken relevant kan zijn. De Commissie volgt geen starre hiërarchie van verschillende informatiebronnen of typen bewijs.
[09-12-1997, PbEG C 372, i.w.tr. 09-12-1997/regelingnummer 97/C372/03]

26
De bij de bepaling van de relevante markten gevolgde werkwijze kan als volgt worden samengevat: op grond van reeds vooraf beschikbare informatie of door de betrokken ondernemingen overgelegde informatie, is de Commissie gewoonlijk in staat in het algemene de potentieel relevante markten vast te stellen waarbinnen bijvoorbeeld een concentratie of een beperking van de mededinging moet worden beoordeeld. In het algemeen en om praktische redenen dient, bij de behandeling van individuele zaken, gewoonlijk te worden gekozen tussen een beperkt aantal mogelijke relevante zaken, gewoonlijk te worden gekozen tussen een beperkt aantal mogelijke relevante markten. Met betrekking tot de productmarkt dient vaak te worden vastgesteld of product A en

product B al dan niet tot dezelfde productmarkt behoren. Het volstaat vaak product B in de markt op te nemen om de bezwaren op mededingingsgebied op te heffen.
[09-12-1997, PbEG C 372, i.w.tr. 09-12-1997/regelingnummer 97/C372/03]

27
In dergelijke omstandigheden behoeft niet te worden onderzocht, of de markt eveneens bijkomende producten omvat noch definitief uitsluitsel te worden gegeven over de juiste productmarkt. Wanneer de betrokken operatie in geen van de verschillende mogelijke markten aanleiding tot problemen op mededingingsgebied geeft, wordt de kwestie van de marktbepaling in het midden gelaten, hetgeen het aantal gegevens dat de ondernemingen moeten verstrekken, beperkt.
[09-12-1997, PbEG C 372, i.w.tr. 09-12-1997/regelingnummer 97/C372/03]

Geografische markt

28
De aanpak van de Commissie bij de bepaling van de geografische markt kan als volgt worden samengevat; zij vormt zich een eerste idee over de rikjwijdte (*red.*: lees: reikwijdte) van de geografische markt op basis van algemene aanwjizingen (*red.*: lees: aanwijzingen) inzake de verdeling van marktaandelen onder de partijen en hun concurrenten alsmede een inleidend onderzoek van de prijsstelling en de prijsverschillen op nationaal en communautair of EER-niveau. Dit eerste standpunt wordt voornamelijk gebruikt als een werkhypothese voor de onderzoeken van de Commissie met het oog op een exacte bepaling van de geografische markt.
[09-12-1997, PbEG C 372, i.w.tr. 09-12-1997/regelingnummer 97/C372/03]

29
De redenen voor een bepaalde configuratie van prijzen en marktaandelen dienen te worden onderzocht. Bepaalde ondernemingen kunnen om historische redenen op hun thuismarkten hoge marktaandelen hebben en omgekeerd kan een homogene aanwezigheid van bepaalde ondernemingen in de gehele EER in overeenstemming zijn met de nationale of regionale geografische markten. De aanvankelijke werkhypothese zal daarom worden getoetst aan een analyse van de kenmerken van de vraag (het belang van nationale of plaatselijke voorkeuren, inkoopgewoonten van de afnemers, productdifferentiatie/merken, enz.) teneinde vast te stellen of ondernemingen in verschillende gebieden daadwerkelijk een alternatieve bevoorradingsbron voor de verbruikers vormen. Ook in dit geval is het theoretische onderzoek gebaseerd op substitutie welke voortvloeit uit wijzigingen van de betrokken prijzen, en moet weer antwoord worden gegeven op de vraag, of de afnemers van de partijen op korte termijn en tegen geringe kosten hun bestellingen bij elders gevestigde ondernemingen zouden kunnen plaatsen.
[09-12-1997, PbEG C 372, i.w.tr. 09-12-1997/regelingnummer 97/C372/03]

30
Indien nodig, zal een bijkomend onderzoek van de aanbodfactoren worden verricht teneinde zich ervan te vergewissen dat in andere gebieden gevestigde ondernemingen gen belemmeringen (*red.*: lees: geen belemmeringen) ondervinden wanneer zij hun

afzet op concurrerende wijze in de gehele geografische markt willen ontwikkelen. Deze analyse omvat een onderzoek van de vereisten inzake de plaatselijke vertegenwoordiging om in het betrokken gebied te verkopen, de voorwaarden inzake toegang tot distributiekanalen, de met de opzet van een distributienet verband houdende kosten en de vraag of er al dan niet regulerende belemmeringen bestaan die verband houden met overheidsopdrachten, prijsreglementering, quota en tarieven die het handelsverkeer of de productie beperken, technische normen, monopolies, vrijheid van vestiging, voorwaarden inzake het verkrijgen van adminstratieve vergunningen, verpakkingsvoorschriften enz. Kortom, de Commissie zal eventuele hindernissen en belemmeringen identificeren die in een bepaald gebied gevestigde ondernemingen beschermen tegen concurrentiedruk vanwege buiten dat gebied gevestigde ondernemingen, teneinde de precieze graad van vervlechting van de markten op nationaal, communautair of wereldniveau vast te stellen.
[09-12-1997, PbEG C 372, i.w.tr. 09-12-1997/regelingnummer 97/C372/03]

31
Het feitelijke patroon en de ontwikkeling van het handelsverkeer bieden nuttige bijkomende aanwijzingen voor het economische belang van elk van de bovengenoemde vraag- of aanbodfactoren, en de mate waarin zij al dan niet daadwerkelijke belemmeringen zijn die afzonderlijke geografische markten in het leven roepen. Het onderzoek van het handelsverkeer zal in het algemeen betrekking hebben op de vervoerskosten en de mate waarin zij de handel tussen verschillende gebieden verhinderen in het licht van de vestigingsplaats van de fabriek, de productiekosten en de prijsniveaus.
[09-12-1997, PbEG C 372, i.w.tr. 09-12-1997/regelingnummer 97/C372/03]

Marktintegratie in de Gemeenschap

32
Tenslotte houdt de Commissie bij de bepaling van geografische markten eveneens rekening met de voortgaande marktintegratie in de Gemeenschap, inzonderheid inzake concentraties en structurele gemeenschappelijke ondernemingen. De in het kader van het interne-marktprogramma met het oog op de opheffing van handelsbelemmeringen en een verdere integratie van de communautaire markten vastgestelde en uitgevoerde maatregelen, kunnen bij de beoordeling van de gevolgen voor de mededinging van een concentratie of een structurele gemeenschappelijke onderneming niet over het hoofd worden gezien. Indien nationale markten kunstmatig van elkaar waren gescheiden door wettelijke belemmeringen die thans zijn opgeheven, wordt in het algemeen omzichtig gebruik gemaakt van bewijsmateriaal uit het verleden op het gebied van prijzen, marktaandelen en handelspatronen. Met een marktintegratieproces dat op korte termijn tot ruimere geografische markten leidt, kan derhalve bij de bepaling van de geografische markt ten behoeve van de beoordeling van concentraties en gemeenschappelijke ondernemingen rekening worden gehouden.
[09-12-1997, PbEG C 372, i.w.tr. 09-12-1997/regelingnummer 97/C372/03]

Het verzamelen van bewijsmateriaal

33

Wanneer een precieze marktbepaling noodzakelijk wordt geacht, zal de Commissie vaak contact opnemen met de belangrijkste afnemers en de belangrijkste ondernemingen van de industrietak, teneinde hun standpunt te vernemen inzake de afgrenzing van de product- en geografische markten en de noodzakelijke feitelijke bewijzen te verzamelen om tot een conclusie te komen. De Commissie kan ook contact opnemen met de betrokken beroepsverenigingen en met ondernemingen die op hoger in de bedrijfskolom gelegen markten werkzaam zijn om zo nodig voor verschillende productie- of distributieniveaus van de betrokken producten of diensten afzonderlijke product- en geografische markten te kunnen bepalen. Voorts kan de Commissie de betrokken ondernemingen om bijkomende gegevens verzoeken.
[09-12-1997, PbEG C 372, i.w.tr. 09-12-1997/regelingnummer 97/C372/03]

34

Indien nodig, verzoekt de Commissie de bovengenoemde marktdeelnemers schriftelijk om inlichtingen. Deze verzoeken omvatten gewoonlijk vragen inzake de potentiële reacties van de ondernemingen op hypothetische prijsverhogingen en hun standpunt inzake de afgrenzingen van de relevante markt. Zij vragen ook om feitelijke informatie die de Commissie noodzakelijk acht voor een conclusie over de reikwijdte van de relevante markt. Voorts kan de Commissie ook van gedachten wisselen met marketingdirecteurs of andere functionarissen van deze ondernemingen teneinde een beter inzicht te krijgen in de wijze waarop tussen leveranciers en afnemers wordt onderhandeld, alsook in kwesties die verband houden met de bepaling van de relevante markt. Indien nodig, kunnen zij tevens bezoeken afleggen of verificaties verrichten ten kantore van partijen, hun afnemers en/of hun concurrenten teneinde een beter inzicht te krijgen in de wijze waarop producten worden gefabriceerd en verkocht.
[09-12-1997, PbEG C 372, i.w.tr. 09-12-1997/regelingnummer 97/C372/03]

35

Het type bewijsmateriaal dat relevant is om tot een conclusie te komen inzake de productmarkt kan als volgt worden gerangschikt:
[09-12-1997, PbEG C 372, i.w.tr. 09-12-1997/regelingnummer 97/C372/03]

Bewijsmateriaal ter bepaling van markten — De productmarkt

36

Een analyse van de kenmerken van het product en het gebruik waarvoor het is bestemd, stelt de Commissie in een eerste fase in staat het onderzoeksveld van mogelijke vervangingsproducten af te bakenen. De productkenmerken en het gebruik waarvoor het product is bestemd, volstaan evenwel niet om vast te stellen of twee producten vervangingsproducten aan de vraagzijde zijn. De functionele verwisselbaarheid of de gelijkaardigheid van de kenmerken zijn op zich onvoldoende criteria, omdat de gevoeligheid van de afnemers voor wijzigingen van de betrokken prijs ook op andere overwegingen kan zijn gebaseerd. Zo kan er bijvoorbeeld voor automobielonderdelen een verschil in concurrentiedwang bestaan tussen de markt van voor de bouw van

de auto bestemde onderdelen en de markt van reserveonderdelen, waardoor twee verschillende relevante markten moeten worden onderscheiden. Omgekeerd zijn verschillen in productkenmerken op zich onvoldoende om substitueerbaarheid aan de vraagzijde uit te sluiten, aangezien dit in hoge mate afhangt van de waarde die de afnemers aan de verschillende kenmerken hechten.
[09-12-1997, PbEG C 372, i.w.tr. 09-12-1997/regelingnummer 97/C372/03]

37
Het type bewijsmateriaal dat de Commissie relevant acht om na te gaan of twee producten vervangingsproducten aan de vraagzijde zijn, kan als volgt worden gerangschikt:
[09-12-1997, PbEG C 372, i.w.tr. 09-12-1997/regelingnummer 97/C372/03]

38
Bewijs van substitutie in een recent verleden. In bepaalde gevallen kan bewijsmateriaal inzake recente gebeurtenissen of schokken op de markt die feitelijke voorbeelden van substitutie tussen twee producten bieden, worden onderzocht. Indien beschikbaar, is dit soort informatie gewoonlijk van wezenlijk belang voor de marktbepaling. Indien de betrokken prijzen in het verleden zijn gewijzigd (en alle andere factoren gelijk zijn gebleven) zijn de reacties in termen van afgenomen hoeveelheden bij de vaststelling van de substitueerbaarheid doorslaggevend. De invoering van nieuwe producten in het verleden kan eveneens bruikbare informatie leveren, voor zover precies kan worden onderzocht welke producten marktaandelen aan het nieuwe product hebben verloren.
[09-12-1997, PbEG C 372, i.w.tr. 09-12-1997/regelingnummer 97/C372/03]

39
Een aantal *kwantitatieve proeven* is specifiek ontworpen met het oog op de marktafbakening. Deze proeven behelzen uiteenlopende econometrische en statistische benaderingen: ramingen van de elasticiteit en de kruiselingse prijselasticiteit [5] met betrekking tot de vraag naar een product, proeven welke zijn gebaseerd op de gelijkenis van prijsbewegingen in de tijd, het onderzoek van het oorzakelijk verband tussen prijsreeksen en gelijkenis van prijsniveaus en/of de convergentie daarvan. De Commissie houdt voor de vaststelling van substitutiepatronen in het verleden rekening met het beschikbare kwantitatieve bewijsmateriaal dat grondig onderzoek kan doorstaan.
[09-12-1997, PbEG C 372, i.w.tr. 09-12-1997/regelingnummer 97/C372/03]

40
De standpunten van afnemers en concurrenten. De Commissie neemt vaak contact op met de voornaamste afnemers en concurrenten van de ondernemingen die bij haar onderzoeken betrokken zijn, om hun standpunten te vernemen inzake de afbakening van de productmarkt en de meeste feitelijke gegevens welke de Commissie voor een conclusie inzake de reikwijdte van de markt nodig heeft. De beredeneerde antwoorden

---

(5) De prijselasticiteit van de vraag naar een product X geeft de gevoeligheid weer van de vraag naar product X voor de verandering van de prijs van dat product. Met de kruiselingse prijselasticiteit van X en Y wordt de gevoeligheid van de vraag naar product X gemeten voor de verandering van de prijs van product Y.

van afnemers en concurrenten inzake hetgeen zou gebeuren wanneer de betrokken prijzen van de desbetreffende producten in het betrokken geografische gebied licht (bijvoorbeeld met 5 tot 10 %) zouden stijgen, worden in aanmerking genomen, indien zij door voldoende feitelijke gegevens worden gestaafd.
[09-12-1997, PbEG C 372, i.w.tr. 09-12-1997/regelingnummer 97/C372/03]

41

Consumentenvoorkeur. Bij verbruiksgoederen is het voor de Commissie vaak moeilijk de directe meningen van eindverbruikers in te winnen over vervangingsproducten. *Marketingstudies* die ondernemingen in het verleden hebben besteld en gebruikt bij hun eigen besluitvorming inzake de prijsstelling van hun producten, en/of marketingcampagnes kunnen de Commissie bruikbare informatie verstrekken voor de afbakening van de relevante markt. Er wordt rekening gehouden met consumentenonderzoeken inzake gebruikspatronen en attitudes, gegevens inzake de inkooppatronen van de consumenten, de meningen van detailhandelaren en in het algemeen, door de partijen en hun concurrenten overgelegde marktonderzoeken, teneinde vast te stellen of een economisch belangrijk deel van de consumenten twee producten als onderling vervangbaar beschouwt, ook rekening houdend met het belang van merken voor de bedoelde producten. Bij consumentenonderzoeken die ad hoc door de betrokken ondernemingen of hun concurrenten zijn verricht met het oog op een fusieprocedure of een procedure krachtens Verordening nr. 17 worden de gevolgde methoden meestal uiterst zorgvuldig onderzocht. In tegenstelling tot eerder verrichte studies zijn deze namelijk niet voorbereid in de normale bedrijfsuitoefening en met het oog (*red.*: lees: het oog) op het nemen van bedrijfsbeslissingen.
[09-12-1997, PbEG C 372, i.w.tr. 09-12-1997/regelingnummer 97/C372/03]

42

Belemmeringen en kosten in verband met de overschakeling van de vraag naar potentiële vervangingsproducten. Een aantal belemmeringen en kosten kunnen de Commissie ervan weerhouden twee producten die op het eerste gezicht substituten aan de vraagzijde lijken te zijn, als behorend tot een afzonderlijke productmarkt te beschouwen. Het is onmogelijk een uitputtende lijst te verstrekken van alle mogelijke substitutiebelemmeringen en overschakelingskosten. Deze belemmeringen of beletsels kunnen zeer uiteenlopende oorzaken hebben. In het kader van haar eerdere beschikkingen heeft de Commissie onder meer de onderstaande belemmeringen vastgesteld: belemmeringen van regulerende aard of andere vormen van overheidsmaatregelen, beperkingen op lager in de bedrijfskolom gelegen markten, de noodzaak van bepaalde kapitaalinvesteringen of een productieverlies teneinde over te schakelen op een alternatieve input, de vestigingsplaats van de afnemers, specifieke investeringen in het productieproces, opleiding en investeringen in menselijk kapitaal, kosten voor de aanschaf van nieuwe installaties of andere investeringen, onzekerheid inzake de kwaliteit en de reputatie van onbekende leveranciers.
[09-12-1997, PbEG C 372, i.w.tr. 09-12-1997/regelingnummer 97/C372/03]

43

Verschillende categorieën afnemers en prijsdiscriminatie. De reikwijdte van de productmarkt kan worden beperkt door het bestaan van verschillende groepen afnemers. Een

bepaalde groep afnemers van het betrokken product kan een engere, onderscheiden markt vormen wanneer een dergelijke groep aan prijsdiscriminatie onderworpen kan zijn. Dit is gewoonlijk het geval wanneer aan twee voorwaarden is voldaan: *a)* wanneer de betrokken producten aan hem worden verkocht, kan duidelijk worden onderscheiden tot welke groep een individuele afnemer behoort en *b)* handel tussen afnemers of arbitrage door derden is niet mogelijk.
[09-12-1997, PbEG C 372, i.w.tr. 09-12-1997/regelingnummer 97/C372/03]

Bewijsmateriaal ter bepaling van markten — De geografische markt

44
Het type bewijsmateriaal dat de Commissie relevant acht om tot een conclusie te komen inzake de geografische markt kan als volgt worden gerangschikt:
[09-12-1997, PbEG C 372, i.w.tr. 09-12-1997/regelingnummer 97/C372/03]

45
Bewijzen dat bestellingen naar andere gebieden zijn afgeleid. In bepaalde gevallen zijn bewijzen inzake prijswijzigingen tussen verschillende gebieden en de dienovereenkomstige reacties van de afnemers beschikbaar. In het algemeen kunnen de kwantitatieve tests welke worden gebruikt voor de bepaling van de productmarkt, eveneens worden gebruikt voor de bepaling van de geografische markt, met dien verstande dat internationale prijsvergelijkingen wegens een aantal factoren ingewikkelder kunnen zijn, onder meer wisselkoerschommelingen (*red.*: lees: wisselkoersschommelingen), belastingen en productdifferentiatie.
[09-12-1997, PbEG C 372, i.w.tr. 09-12-1997/regelingnummer 97/C372/03]

46
Hoofdkenmerken van de vraag. De aard van de vraag naar het betrokken product kan op zich de reikwijdte van de geografische markt vaststellen. Factoren zoals nationale voorkeuren of voorkeuren voor nationale merken, taal, cultuur en levensstijl en de noodzaak van een plaatselijke aanwezigheid kunnen in sterke mate de geografische reikwijdte van de mededinging afbakenen.
[09-12-1997, PbEG C 372, i.w.tr. 09-12-1997/regelingnummer 97/C372/03]

47
Standpunten van afnemers en concurrenten. Indien nodig, zal de Commissie bij haar onderzoek contact opnemen met de voornaamste afnemers en concurrenten van de partijen teneinde hun mening te vernemen over de grenzen van de geografische markt en de meeste feitelijke informatie te verzamelen die zij nodig heeft om een conclusie te kunnen vaststellen inzake de reikwijdte van de markt, op voorwaarde zulks door voldoende feitenmateriaal wordt gestaafd.
[09-12-1997, PbEG C 372, i.w.tr. 09-12-1997/regelingnummer 97/C372/03]

48
Het geografische inkooppatroon. Een onderzoek van het geografische inkooppatroon van de afnemers verstrekt bruikbare gegevens over de mogelijke reikwijdte van de geografische markt. Wanneer afnemers tegen vergelijkbare voorwaarden inkopen

bij ondernemingen die elders in de Gemeenschap of de EER zijn gevestigd, of zich via doelmatige aanbestedingsprocedures met deelneming van ondernemingen uit de gehele Gemeenschap of de EER bevoorraden, wordt gewoonlijk aangenomen dat de geografische markt de gehele Gemeenschap omvat.
[09-12-1997, PbEG C 372, i.w.tr. 09-12-1997/regelingnummer 97/C372/03]

49
Handelsstromen/leveringspatroon. Wanneer het aantal afnemers zo groot is, dat het niet mogelijk is via hen een duidelijk beeld van de geografische inkooppatronen te krijgen, kan bij wijze van alternatief informatie over handelsstromen worden gebruikt, mits handelsstatistieken beschikbaar zijn die voldoende uitvoerig zijn met betrekking tot de relevante producten. De handelsstromen en inzonderheid de redenen die eraan ten grondslag liggen, verstrekken bruikbare inzichten en informatie met het oog op de vaststelling van de reikwijdte van de geografische markt, maar zijn op zich niet afdoende.
[09-12-1997, PbEG C 372, i.w.tr. 09-12-1997/regelingnummer 97/C372/03]

50
Belemmeringen en overschakelingskosten die verband houden met het afleiden van bestellingen naar ondernemingen die in andere gebieden zijn gevestigd. Het ontbreken van grensoverschrijdende aankopen of handelsstromen betekent bijvoorbeeld niet noodzakelijkerwijze dat de markt hoogstens nationaal is. De duidelijkste belemmering die een afnemer belet zich in andere gebieden te bevoorraden, zijn misschien de vervoerskosten en de vervoersbeperkingen welke voortvloeien uit wetgeving of uit de aard van de betrokken producten. De gevolgen van de vervoerskosten zullen gewoonlijk de reikwijdte van de geografische markt beperken voor bulkgoederen met een geringe waarde, hoewel niet uit het oog mag worden verloren dat een vervoersnadeel kan worden gecompenseerd door een vergelijkbaar voordeel op het gebied van andere kosten (loonkosten of grondstoffenprijzen). De toegang tot de distributie in een bepaald gebied, regulerende belemmeringen welke nog bestaan in bepaalde sectoren, quota en douanetarieven kunnen eveneens belemmeringen zijn, die een geografisch gebied afschermen van concurrentiedruk van ondernemingen die buiten dat gebied zijn gevestigd. Aanzienlijke omschakelingskosten van het betrekken van goederen bij in andere landen gevestigde ondernemingen, zijn bijkomende oorzaken van dergelijke belemmeringen.
[09-12-1997, PbEG C 372, i.w.tr. 09-12-1997/regelingnummer 97/C372/03]

51
Op grond van het verzamelde bewijsmateriaal bepaalt de Commissie de geografische markt waarvan de omvang kan variëren van plaatselijk tot internationaal. In de beschikkingen van de Commissie zijn voorbeelden te vinden van zowel plaatselijke als internationale markten.
[09-12-1997, PbEG C 372, i.w.tr. 09-12-1997/regelingnummer 97/C372/03]

52
In de voorgaande punten zijn de verschillende factoren beschreven die van belang kunnen zijn voor de bepaling van markten. Dit betekent echter niet, dat het in iedere

zaak afzonderlijk nodig is om voor elk van deze factoren bewijsmateriaal te verzamelen en deze vervolgens te beoordelen. In de praktijk is voor een deel van deze factoren een verschaft bewijs voldoende om tot een conclusie te komen, zoals blijkt uit in het verleden door de Commissie gegeven beschikkingen.
[09-12-1997, PbEG C 372, i.w.tr. 09-12-1997/regelingnummer 97/C372/03]

IV De berekening van marktaandelen

53
De bepaling van de relevante markt als productmarkt of als geografische markt maakt het mogelijk de aanbieders en de afnemers/verbruikers die op deze markt actief zijn, te identificeren. Op grond daarvan kan de totale marktomvang en de marktaandelen van elke aanbieder worden berekend op basis van de door hen afgezette relevante producten in het relevante gebied. In de praktijk zijn gegevens inzake de totale marktomvang en de marktaandelen vaak te vinden in marktbronnen, zoals ramingen van ondernemingen en bij bedrijfsadviseurs en/of bedrijfsverenigingen bestelde studies. Wanneer dit niet het geval is of wanneer de beschikbare ramingen niet betrouwbaar zijn, verzoekt de Commissie gewoonlijk elke aanbieder in de relevante markt gegevens over zijn eigen verkoop te verstrekken, teneinde de totale marktomvang en de marktaandelen te berekenen.
[09-12-1997, PbEG C 372, i.w.tr. 09-12-1997/regelingnummer 97/C372/03]

54
Ook al vormt de afzet meestal het criterium om het marktaandeel te berekenen, toch zijn er andere aanwijzingen die — afhankelijk van de specifieke producten of de betrokken bedrijfstak — nuttige inlichtingen kunnen verstrekken, zoals de capaciteit, het aantal gegadigden bij aanbestedingen, de grootte van de vloot zoals in de ruimtevaart of de aangehouden reserves in sectoren als de mijnbouw.
[09-12-1997, PbEG C 372, i.w.tr. 09-12-1997/regelingnummer 97/C372/03]

55
Als vuistregel geldt, dat zowel de in volume als de in waarde uitgedrukte afzet bruikbare informatie bevat. In geval van gedifferentieerde producten worden de in waarde uitgedrukte afzet en het desbetreffende marktaandeel gewoonlijk geacht beter de relatieve positie en sterkte van elke aanbieder weer te geven.
[09-12-1997, PbEG C 372, i.w.tr. 09-12-1997/regelingnummer 97/C372/03]

V Bijkomende overwegingen

56
Er is een aantal gebieden waar de toepassing van de bovengenoemde beginselen omzichtig moet gebeuren. Dit is het geval bij het onderzoek van primaire en secundaire markten, inzonderheid wanneer de gedragingen van ondernemingen op een bepaald ogenblik moeten worden getoetst aan artikel 86. De methode om in deze gevallen de markten te bepalen is dezelfde, d.w.z. dat de reacties van afnemers op wijzigingen van de relatieve prijs worden beoordeeld aan de hand van hun aankoopbeslissingen, evenwel ook rekening houdend met beperkingen inzake substitutie welke uitgaan

van de voorwaarden op verwante markten. Een enge marktdefinitie voor secundaire producten — zoals bijvoorbeeld onderdelen — kan nodig zijn wanneer er aanzienlijke verenigbaarheid is met het primaire product. Problemen om verenigbare secundaire producten te vinden, gecombineerd met hoge prijzen en een lange levensduur van de primaire producten, kan stijgingen van de relatieve prijs van secundaire producten winstgevend maken. Een andere marktbepaling kan mogelijk zijn, wanneer aanzienlijke substitutie tussen secundaire producten mogelijk is of wanneer door de kenmerken van de primaire producten snelle en directe reacties van de consumenten op stijgingen van de realtieve prijs van de secundaire producten mogelijk zijn.
[09-12-1997, PbEG C 372, i.w.tr. 09-12-1997/regelingnummer 97/C372/03]

57

In bepaalde gevallen kan het bestaan van substitutieketens leiden tot de bepaling van een relevante markt waarop producten of gebieden welke aan de uiteinden van de markt zich bevinden, niet rechtstreeks substitueerbaar zijn. Een voorbeeld hiervan is de geografische markt van een product waarvan de vervoerskosten aanzienlijk zijn. In dergelijke gevallen zijn leveringen van een bepaalde fabriek wegens de vervoerskosten beperkt tot een bepaald gebied rond de fabriek. In beginsel kan een dergelijk gebied de relevante geografische markt zijn. Indien de distributie van fabrieken zodanig is, dat er aanzienlijke overlappingen zijn tussen de gebieden rond de verschillende fabrieken, is het echter mogelijk dat de prijsstelling van die producten is beperkt door een substitutieketeneffect en leidt tot de afbakening van een ruimere geografische markt. Dezelfde redenering geldt wanneer product B aan de vraagzijde een substituut is voor producten A en C. Zelfs indien de producten A en C geen directe substituten aan de vraagzijde zijn, kunnen zij in dezelfde relevante productmarkt vallen, aangezien hun respectievelijke prijsstelling beperkt kan zijn wegens het risico dat hun afnemers op product B overschakelen.
[09-12-1997, PbEG C 372, i.w.tr. 09-12-1997/regelingnummer 97/C372/03]

58

In de praktijk moet het bestaan van substitutieketens bevestigd worden door feitelijk bewijsmateriaal, bijvoorbeeld inzake een onderlinge afhankelijkheid op prijsgebied aan de uiterste punten van de substitutieketens, teneinde in een concrete zaak een ruimere relevante markt te kunnen afbakenen. De prijsniveaus aan de uiterste punten van de keten moeten eveneens van dezelfde orde van grootte zijn.
[09-12-1997, PbEG C 372, i.w.tr. 09-12-1997/regelingnummer 97/C372/03]

Mededeling 2014/C2 91/01 betreffende overeenkomsten van geringe betekenis die de mededinging niet merkbaar beperken in de zin van artikel 101, lid 1, van het Verdrag betreffende de werking van de Europese Unie (de-minimismededeling)

Mededeling van de Commissie van 30 augustus 2014 betreffende overeenkomsten van geringe betekenis die de mededinging niet merkbaar beperken in de zin van artikel 101, lid 1, van het Verdrag betreffende de werking van de Europese Unie (de-minimismededeling), PbEU 2014, C 291 (i.w.tr. 30-08-2014)

I

1. Artikel 101, lid 1, van het Verdrag betreffende de werking van de Europese Unie verbiedt overeenkomsten tussen ondernemingen die de handel tussen lidstaten ongunstig kunnen beïnvloeden en die ertoe strekken of ten gevolge hebben dat de mededinging binnen de interne markt wordt verhinderd, beperkt of vervalst. Het Hof van Justitie van de Europese Unie heeft duidelijk gemaakt dat die bepaling niet van toepassing is wanneer de handel tussen lidstaten of de mededinging door de overeenkomst niet merkbaar wordt beïnvloed [1].

2. Voorts heeft het Hof van Justitie duidelijk gemaakt dat een overeenkomst die de handel tussen lidstaten ongunstig kan beïnvloeden en die ertoe strekt de mededinging binnen de interne markt te verhinderen, te beperken of te vervalsen, naar haar aard en los van elk concreet gevolg ervan, een merkbare beperking van de mededinging vormt [2]. Deze mededeling is dus niet van toepassing op overeenkomsten die tot doel hebben de mededinging te verhinderen, te beperken of te vervalsen.

3. In deze mededeling geeft de Commissie, aan de hand van marktaandeeldrempels, aan in welke omstandigheden zij vindt dat overeenkomsten die tot gevolg kunnen hebben dat de mededinging binnen de interne markt wordt verhinderd, beperkt of vervalst, geen merkbare beperking van de mededinging in de zin van artikel 101 van het Verdrag vormen. Deze negatieve definitie van het begrip 'merkbare beïnvloeding' impliceert niet dat overeenkomsten tussen ondernemingen die de in deze mededeling vermelde drempels overschrijden, een merkbare beperking van de mededinging vormen. Dergelijke overeenkomsten kunnen nog steeds een slechts te verwaarlozen invloed op de mededinging hebben en zijn daarom mogelijk niet verboden ingevolge artikel 101, lid 1, van het Verdrag [3].

---

(1) Zie arrest van 13 december 2012, zaak C-226/11, Expedia Inc./Autorité de la concurrence e.a., (nog niet gepubliceerd in de Jurispr.), de punten 16 en 17.
(2) Zie arrest-Expedia, reeds aangehaald, met name de punten 35, 36 en 37.
(3) Zie bv. arrest van 21 januari 1999, gevoegde zaken C-215/96 en C-216/96, Carlo Bagnasco e.a./Banca Popolare di Novara soc. coop. arl. (BPN) en Cassa di Risparmio di Genova e Imperia SpA (Carige), Jurispr. 1999, blz. I-135, punten 34–35.

4. Overeenkomsten kunnen ook buiten het toepassingsgebied van artikel 101, lid 1, van het Verdrag vallen omdat zij de handel tussen de lidstaten niet merkbaar ongunstig kunnen beïnvloeden. Deze mededeling geeft niet aan wat een 'merkbare beïnvloeding van de handel tussen de lidstaten' inhoudt. Aanwijzingen in dat verband zijn te vinden in de mededeling van de Commissie betreffende het begrip 'beïnvloeding van de handel' [4], waarin de Commissie, aan de hand van de combinatie van een marktaandeeldrempel van 5 % en een omzetdrempel van 40 miljoen EUR, kwantificeert welke overeenkomsten – in beginsel – de handel tussen lidstaten niet merkbaar ongunstig kunnen beïnvloeden [5]. Die overeenkomsten vallen normaal gesproken buiten het toepassingsgebied van artikel 101, lid 1, van het Verdrag, zelfs indien deze ertoe strekken de mededinging te verhinderen, te beperken of te vervalsen.

5. In gevallen die onder deze mededeling vallen, zal de Commissie noch na een klacht, noch ambtshalve een procedure inleiden. Bovendien zal de Commissie, wanneer zij een procedure heeft ingeleid, maar ondernemingen kunnen aantonen dat zij te goeder trouw aannamen dat de in de punten 8, 9, 10 en 11 vermelde marktaandelen niet werden overschreden, geen geldboeten opleggen. Hoewel de rechterlijke instanties en mededingingsautoriteiten in de lidstaten bij het toepassen van artikel 101 van het Verdrag niet door deze mededeling gebonden zijn, is zij mede bedoeld als leidraad voor die instanties [6].

6. De in deze mededeling uiteengezette beginselen zijn ook van toepassing op besluiten van ondernemersverenigingen en op onderling afgestemde feitelijke gedragingen.

7. Deze mededeling doet geen afbreuk aan de interpretatie van artikel 101 van het Verdrag die door het Hof van Justitie van de Europese Unie kan worden gegeven.

II

8. De Commissie is van mening dat overeenkomsten tussen ondernemingen die de handel tussen lidstaten ongunstig kunnen beïnvloeden en die ten gevolge kunnen hebben dat de mededinging binnen de interne markt wordt verhinderd, beperkt of vervalst, de mededinging niet merkbaar beperken in de zin van artikel 101, lid 1, van het Verdrag:
a) indien het gezamenlijke marktaandeel van de partijen bij de overeenkomst op geen van de relevante markten waarop de overeenkomst van invloed is, groter is dan 10 %, voor zover de overeenkomst is gesloten tussen ondernemingen die daadwerkelijke

---

(4) Mededeling van de Commissie 'Richtsnoeren betreffende het begrip 'beïnvloeding van de handel' in de artikelen 81 en 82 van het Verdrag' (*PB* C 101 van 27.4.2004, blz. 81), met name punten 44 t/m 57.

(5) Voorts dient te worden aangetekend dat overeenkomsten tussen kleine en middelgrote ondernemingen (kmo's) in de zin van de aanbeveling van de Commissie van 6 mei 2003 betreffende de definitie van kleine, middelgrote en micro-ondernemingen (*PB* L 124 van 20.5.2003, blz. 36), of iedere toekomstige aanbeveling die deze vervangt, in de regel niet in staat zijn de handel tussen lidstaten ongunstig te beïnvloeden; zie met name punt 50 van de mededeling betreffende het begrip 'beïnvloeding van de handel'.

(6) Met name kunnen de mededingingsautoriteiten en rechterlijke instanties in de lidstaten, bij het bepalen van een beperking van de mededinging al dan niet merkbaar is, rekening houden met de in deze mededeling vastgestelde drempels, zonder evenwel verplicht te zijn om zich daaraan te houden; zie arrest-Expedia, reeds aangehaald, punt 31.

of potentiële concurrenten zijn op één of meer van deze markten (overeenkomsten tussen concurrenten) [1], of
b) indien het marktaandeel van elk van de partijen bij de overeenkomst op geen van de relevante markten waarop de overeenkomst van invloed is, groter is dan 15 %, voor zover de overeenkomst is gesloten tussen ondernemingen die geen daadwerkelijke of potentiële concurrenten zijn op één of meer van deze markten (overeenkomsten tussen niet-concurrenten).

9. In gevallen waarin het moeilijk is de overeenkomst aan te merken hetzij als een overeenkomst tussen concurrenten hetzij als een overeenkomst tussen niet-concurrenten, is de 10 %-drempel van toepassing.

10. Indien op een relevante markt de mededinging wordt beperkt door het gecombineerde effect van door diverse leveranciers of distributeurs aangegane overeenkomsten voor de verkoop van goederen of diensten (cumulatief marktafschermingseffect van parallelle netwerken van overeenkomsten die vergelijkbare effecten op de markt hebben), worden de in de punten 8 en 9 vastgestelde marktaandeeldrempels verlaagd tot 5 % voor zowel overeenkomsten tussen concurrenten als overeenkomsten tussen niet-concurrenten. Individuele leveranciers of distributeurs met een marktaandeel van niet meer dan 5 % worden in het algemeen niet geacht in aanzienlijke mate bij te dragen tot een cumulatief marktafschermingseffect [2]. Het is weinig waarschijnlijk dat een cumulatief marktafschermings-effect optreedt indien minder dan 30 % van de relevante markt wordt bestreken door parallelle (netwerken van) overeenkomsten met vergelijkbare effecten.

11. De Commissie is voorts van mening dat overeenkomsten de mededinging niet merkbaar beperken indien de marktaandelen van de partijen bij de overeenkomst de in de punten 8, 9 en 10 vermelde drempels van, respectievelijk, 10 %, 15 % en 5 % gedurende twee achtereenvolgende kalenderjaren met niet meer dan 2 procentpunten overschrijden.

12. Voor het berekenen van het marktaandeel moet de relevante markt worden afgebakend. Deze omvat de relevante productmarkt en de relevante geografische markt. Bij het afbakenen van de relevante markt moet rekening worden gehouden met de bekendmaking van de Commissie inzake de bepaling van de relevante markt [3]. De marktaandelen

---

(1) Zie, voor de definitie van de begrippen 'daadwerkelijke concurrenten' en 'potentiële concurrenten', punt 10 van de mededeling van de Commissie 'Richtsnoeren inzake de toepasselijkheid van artikel 101 van het Verdrag betreffende de werking van de Europese Unie op horizontale samenwerkings-overeenkomsten' (PB C 11 van 14.1.2011, blz. 1). Twee ondernemingen worden als daadwerkelijke concurrenten beschouwd indien zij actief zijn op dezelfde relevante markt. Een onderneming wordt als een potentiële concurrent van een andere onderneming beschouwd indien deze onderneming, zonder de overeenkomst, bij een geringe maar duurzame verhoging van de relatieve prijzen, wellicht op korte termijn in staat zou zijn de vereiste extra investeringen te doen of andere noodzakelijke overschakelingskosten te maken om de relevante markt waarop de andere onderneming actief is, te kunnen betreden.
(2) Zie ook de mededeling van de Commissie 'Richtsnoeren inzake verticale beperkingen' (PB C 130 van 19.5.2010, blz. 1), met name de punten 76, 134 en 179. Terwijl in de richtsnoeren inzake verticale restricties met betrekking tot sommige restricties niet alleen sprake is van het totale, maar ook van het gebonden marktaandeel van een bepaalde leverancier of distributeur, hebben alle in de onderhavige mededeling genoemde marktaandeeldrempels betrekking op totale marktaandelen.
(3) Bekendmaking inzake de bepaling van de relevante markt voor het gemeenschappelijke mededingingsrecht (PB C 372 van 9.12.1997, blz. 5).

moeten worden berekend op basis van gegevens betreffende de waarde van de omzet of, in voorkomend geval, de waarde van de aankopen. Wanneer geen waardegegevens beschikbaar zijn, kan worden gebruikgemaakt van ramingen die op andere betrouwbare marktinformatie, zoals volumegegevens, zijn gebaseerd.

13. Gelet op de in punt 2 van deze mededeling bedoelde verduidelijking van het Hof van Justitie, ziet deze mededeling niet op overeenkomsten die ertoe strekken dat de mededinging binnen de interne markt wordt verhinderd, beperkt of vervalst. De Commissie zal de safe-harbour die ontstaat door de toepassing van de in de punten 8, 9, 10 en 11 vermelde marktaandeeldrempels, dan ook niet op die overeenkomsten toepassen [4]. Wat bijvoorbeeld overeenkomsten tussen concurrenten betreft, zal de Commissie de in deze mededeling uiteengezette beginselen met name niet toepassen op overeenkomsten die — direct of indirect — ertoe strekken: a) de prijzen bij verkoop van de producten aan derden vast te stellen; b) de productie of de verkoop te beperken, of c) markten of afnemers te verdelen. Evenmin zal de Commissie de safe-harbour die ontstaat door de toepassing van die marktaandeeldrempels, niet toepassen op overeenkomsten die in een bestaande of toekomstige groepsvrijstellingsverordening van de Commissie als hardcorerestricties genoemde restricties bevatten [5], die door de Commissie doorgaans worden beschouwd als restricties met een mededingingsbeperkende strekking.

14. De safe-harbour die ontstaat door de toepassing van de in de punten 8, 9, 10 en 11 vermelde marktaandeeldrempels, is van bijzonder belang voor categorieën overeenkomsten die niet onder enige groepsvrijstellingsverordening van de Commissie vallen [6]. Ook is de safe-harbour van belang voor overeenkomsten die onder een groepsvrijstellingsverordening van de Commissie vallen voor zover die overeenkomsten een zogeheten 'uitgesloten restrictie' bevatten, d.w.z. een restrictie die niet als een hardcorerestrictie wordt genoemd, maar die niettemin niet onder de groepsvrijstellings-verordening van de Commissie valt [7].

---

(4) Ten aanzien van die overeenkomsten zal de Commissie gebruikmaken van haar beoordelingsbevoegdheid om te beslissen of zij al dan niet een procedure inleidt.

(5) Zie, voor de leverings- en distributieovereenkomsten tussen niet-concurrenten, met name artikel 4 van Verordening (EU) nr. 330/2010 van de Commissie van 20 april 2010 betreffende de toepassing van artikel 101, lid 3, van het Verdrag betreffende de werking van de Europese Unie op groepen verticale overeenkomsten en onderling afgestemde feitelijke gedragingen (*PB* L 102 van 23.4.2010, blz. 1) en, voor licentieovereenkomsten tussen niet-concurrenten, met name artikel 4, lid 2, van Verordening (EU) nr. 316/2014 van de Commissie van 21 maart 2014 betreffende de toepassing van artikel 101, lid 3, van het Verdrag betreffende de werking van de Europese Unie op groepen overeenkomsten inzake technologieoverdracht (*PB* L 93 van 28.3.2014, blz. 17). Zie, voor overeenkomsten tussen concurrenten, met name artikel 5 van Verordening (EU) nr. 1217/2010 van de Commissie van 14 december 2010 betreffende de toepassing van artikel 101, lid 3, van het Verdrag betreffende de werking van de Europese Unie op bepaalde groepen onderzoeks- en ontwikkelingsovereenkomsten (*PB* L 335 van 18.12.2010, blz. 36) en artikel 4 van Verordening (EU) nr. 1218/2010 van de Commissie van 14 december 2010 betreffende de toepassing van artikel 101, lid 3, van het Verdrag betreffende de werking van de Europese Unie op bepaalde groepen specialisatieovereenkomsten (*PB* L 335 van 18.12.2010, blz. 43), alsmede artikel 4, lid 1, van Verordening (EU) nr. 316/2014.

(6) Zo vallen bijvoorbeeld merklicentieovereenkomsten en de meeste soorten overeenkomsten tussen concurrenten — met uitzondering van onderzoeks- en ontwikkelingsovereenkomsten en specialisatieovereenkomsten — niét onder enige groepsvrijstellingsverordening.

(7) Zie, voor uitgesloten restricties, met name artikel 5 van Verordening (EU) nr. 330/2010, artikel 5 van Verordening (EU) nr. 316/2014 en artikel 6 van Verordening (EU) nr. 1217/2010.

15. Voor de toepassing van deze mededeling omvatten de begrippen 'onderneming', 'partij bij de overeenkomst', 'distributeur' en 'leverancier' de respectievelijk met hen verbonden ondernemingen.

16. Voor de toepassing van deze mededeling zijn 'verbonden ondernemingen':
a) ondernemingen waarin een partij bij de overeenkomst rechtstreeks of middellijk:
   i. de bevoegdheid heeft meer dan de helft van de stemrechten uit te oefenen, of
   ii. de bevoegdheid heeft meer dan de helft van de leden van de raad van toezicht, de raad van bestuur of de krachtens de wet tot vertegenwoordiging bevoegde organen te benoemen, of
   iii. het recht heeft de zaken van de onderneming te beheren;
b) ondernemingen die ten aanzien van een partij bij de overeenkomst, rechtstreeks of middellijk, over de onder a) bedoelde rechten of bevoegdheden beschikken;
c) ondernemingen waarin een onderneming als bedoeld onder b), rechtstreeks of middellijk, over de onder a) genoemde rechten of bevoegdheden beschikt;
d) ondernemingen waarin een partij bij de overeenkomst samen met één of meer onder a), b) of c) bedoelde ondernemingen, of waarin twee of meer onder a), b) of c) bedoelde ondernemingen samen de onder a) vermelde rechten of bevoegdheden hebben;
e) ondernemingen waarin over de onder a) genoemde rechten of bevoegdheden gezamenlijk wordt beschikt door:
   i. partijen bij de overeenkomst of de respectieve met hen verbonden ondernemingen als bedoeld onder a) tot en met d), of
   ii. één of meer van de partijen bij de overeenkomst of één of meer van de met hen verbonden ondernemingen als bedoeld onder a) tot en met d) en één of meer derde partijen.

17. Voor de toepassing van punt 16, onder e), wordt het gezamenlijke marktaandeel van deze ondernemingen gelijkelijk verdeeld over alle ondernemingen die over de in punt 16, onder a), bedoelde rechten of bevoegdheden beschikken.

Guidance on restrictions of competition 'by object' for the purpose of defining which agreements may benefit from the De Minimis Notice

Guidance of 25 June 2014, ec.europa.eu (i.w.tr. 25-06-2014)

Accompanying the document
COMMUNICATION FROM THE COMMISSION
Notice on agreements of minor importance which do not appreciably restrict competition under Article 101(1) of the Treaty on the Functioning of the European Union (De Minimis Notice)
{C(2014) 4136 final}

1 Finding guidance on restrictions of competition 'by object'

The Commission's De Minimis Notice[1] provides a safe harbour for agreements between undertakings which the Commission considers to have non-appreciable effects on competition. This safe harbour applies on condition that the market shares of the undertakings concluding those agreements do not exceed the market share thresholds set out in that Notice and provided that the agreements do not have as their object to restrict competition. For the purposes of the application of the De Minimis Notice, hardcore restrictions listed in the Commission block exemption regulations are generally considered to constitute restrictions by object.[2] Therefore, agreements containing restrictions listed as hardcore restrictions in any current or future Commission block exemption regulation cannot benefit from the market share safe harbour set out in that Notice.[3]

Article 101(1) of the Treaty on the Functioning of the European Union (the Treaty) prohibits agreements between undertakings which may affect trade between Member States and which have as their object or effect the prevention, restriction or distortion of competition within the internal market.[4] The distinction between 'restrictions by object' and 'restrictions by effect' arises from the fact that certain forms of collusion between undertakings can be regarded, by their very nature, as being injurious to the

---

1 Notice on agreements of minor importance which do not appreciably restrict competition under Article 1 101(1) of the Treaty on the functioning of the European Union (De Minimis Notice) [add reference when Notice published],
2 See point 23 of the Guidelines on the application of Article 81(3) of the Treaty (*OJ* C 101, 24.4.2004, p. 97), (the General Guidelines).
3 See point 13 of the De Minimis Notice.
4 For the purposes of this document, the term 'agreements' also includes concerted practices and decisions by associations of undertakings.

proper functioning of normal competition.[5] Restrictions of competition 'by object' are those that by their very nature have the potential to restrict competition. These are restrictions which in the light of the objectives pursued by the Union competition rules have such a high potential for negative effects on competition that it is unnecessary for the purposes of applying Article 101(1) of the Treaty to demonstrate any actual or likely anti-competitive effects on the market. This is due to the serious nature of the restriction and experience showing that such restrictions are likely to produce negative effects on the market and to jeopardise the objectives pursued by the EU Union competition rules. In order to determine with certainty whether an agreement involves a restriction of competition 'by object', regard must, according to the case law of the Court of Justice of the European Union, be had to a number of factors, such as the content of its provisions, its objectives and the economic and legal context of which it forms a part.[6] In addition, although the parties' intention is not a necessary factor in determining whether an agreement restricts competition 'by object', the Commission may nevertheless take this aspect into account in its analysis.[7]

The types of restrictions that are considered to constitute restrictions 'by object' differ depending on whether the agreements are entered into between actual or potential competitors or between non-competitors (for example between a supplier and a distributor). In the case of agreements between competitors (horizontal agreements), restrictions of competition by object include, in particular, price fixing, output limitation and sharing of markets and customers. As regards agreements between non-competitors (vertical agreements), the category of restrictions by object includes, in particular, fixing (minimum) resale prices and restrictions which limit sales into particular territories or to particular customer groups.[8]

The fact that an agreement contains a restriction 'by object', and thus falls under Article 101(1) of the Treaty, does not preclude the parties from demonstrating that the conditions set out in Article 101(3) of the Treaty are satisfied. However, practice shows that restrictions by object are unlikely to fulfil the four conditions set out in Article 101(3).[9] In exceptional cases, a restriction 'by object' may also be compatible with Article 101 of the Treaty not because it benefits from the exception provided for in Article 101(3) of the Treaty, but because it is objectively necessary for the existence of an agreement of

---

5   See the judgment of the Court of Justice of 13 December 2012 in Case C-226/11 *Expedia*, not yet reported, paragraph 36 and case law cited.
6   See the judgments of the Court of Justice in Joined Cases C-501/06 P, C-513/06 P, C-515/06 P and C-519/06 P GlaxoSmithKline [2009] ECR I-9291, paragraph 58, Joined Cases 96/82 to 102/82, 104/82, 105/82, 108/82 and 110/82 IAZ International Belgium and Others [1983] ECR 3369, paragraph 25, Case C-209/07 Beef Industry Development Society (BIDS) [2008] ECR I-8637, paragraph 16 and Case C-32/11 Allianz Hungária Biztosító Zrt and Others (judgement of 14 May 2013), paragraph 36. For further guidance, see points 19 to 22 of the General Guidelines.
7   See for example the judgments of the Court of Justice in Joined Cases C-501/06 P and Others GlaxoSmithKline [2009] ECR I-9291, paragraph 58 and Case C-209/07 Beef Industry Development Society (BIDS) [2008] ECR I-8637, paragraphs 15 et seq.
8   See point 23 of the General Guidelines.
9   See point 46 of the General Guidelines. For an example of how Article 101(3) of the Treaty applies to restrictions by object, see point 225 of the Guidelines on Vertical Restraints (*OJ* C 130, 19.5.2010, p.1), (the Vertical Guidelines).

a particular type or nature or for the protection of a legitimate goal, such as health and safety, and therefore falls outside the scope of Article 101(1) of the Treaty.[10]

Types of practices that generally constitute restrictions of competition 'by object' can be found in the Commission's guidelines, notices and block exemption regulations. These refer to restrictions by object or contain lists of so-called 'hardcore' restrictions that describe certain types of restrictions which do not benefit from a block exemption on the basis of the nature of those restrictions and the fact that those restrictions are likely to produce negative effects on the market. Those so called 'hardcore' restrictions are generally restrictions 'by object' when assessed in an individual case. Agreements containing one or more 'by object' or hardcore restrictions cannot benefit from the safe harbour of the De Minimis Notice.

For the purpose of assisting undertakings in their assessment of whether agreements can benefit from the market share safe harbour of the De Minimis Notice, this document lists the restrictions of competition that are described as 'by object' or 'hardcore' in the various Commission regulations, guidelines and notices, supplemented with some particularly illustrative examples taken from the case law of the Court of Justice of the European Union and the Commission's decisional practice.[11]

This document is without prejudice to any developments in the case law and in the Commission's decisional practice. It does not prevent the Commission from finding restrictions of competition by object that are not identified below. DG Competition intends to regularly update the examples listed below in the light of such further developments that may expand or limit the list of restrictions 'by object'.

2 'By object' restrictions in agreements between competitors

The three classical 'by object' restrictions in agreements between competitors are price fixing, output limitation and market sharing (sharing of geographical or product markets or customers).

However, restrictions of that kind may not constitute restrictions 'by object' where they are part of a wider cooperation agreement between two competitors in the context of which the parties combine complementary skills or assets. For example, in the context of production agreements, it is not considered a 'by object' restriction where the parties agree on the output directly concerned by the production agreement (for example, the capacity and production volume of a joint venture or the agreed amount of outsourced products), provided that other parameters of competition are not eliminated. Another example is a production agreement that also provides for the joint distribution of the jointly manufactured products and envisages the joint setting of the sales prices for those products, and only those products, provided that the restriction is necessary for producing jointly, meaning that the parties would not otherwise have an incentive to enter into the production agreement in the first place. In those scenarios the agreement

---

10   See e.g. point 18 of the General Guidelines and points 60, 61 and 62 of the Vertical Guidelines.
11   All Commission's decisions are available at DG Competition's webpage: http://ec.europa.eu/competition under their respective case number. For cases decided by the Court of Justice (case numbers beginning with C-…) or the General Court (case numbers beginning with T-…), see http://curia.europa.eu. Judgements of national courts and decisions of national competition authorities have not been included in this document.

Guidance on restrictions of competition 'by object'

on output or prices will not be assessed separately, but will be assessed in the light of the overall effects of the entire production agreement on the market.[1]

2.1 Price fixing

2.1.1 General principles

Restrictions whereby competitors agree to fix prices of products which they sell or buy are, as a matter of principle, restrictions by object. It is not necessary that the agreement expressly or directly fixes the selling or purchasing price: it is sufficient if the parties agree on certain parameters of the price composition, such as the amount of rebates given to customers.

Joined Cases C-238/99 P, C-244/99 P, C-245/99 P, C-247/99 P, C-250/99 P to C-252/99 P and C-254/99 P, ICI v Commission
A cartel in which target prices and target quotas were fixed, and there were concerted initiatives to raise price levels and monitor the operation of the collusive arrangements.
Joined Cases C-l25/07 P, C-133/07 P, C-135/07 P and C-137/07 P, Österreichische Volksbanken v Commission
A cartel in which banks fixed deposit and lending rates.
Case T-208/08, Gosselin Group v Commission
A cartel on the international removal services market that related to the direct or indirect fixing of prices, market sharing and the manipulation of the procedure for the submission of tenders.
Joined Cases T-217/03 and T-245/03, French Beef
Agreement concluded by federations representing farmers and federations representing slaughterers aimed at fixing minimum prices for the purchase of cows by slaughterers and suspending beef imports.
Case 38549 Architectes Belges
Recommended minimum fees (i.e. recommended minimum prices) of a national association of architects. Like fixed prices, recommended prices reduce competition because they facilitate price coordination.
Case 39847 Ebooks
Coordination between publishers and a distributor, to jointly switch from a wholesale model, in which retail prices were determined by retailers, to agency contracts, as part of a common strategy aimed at raising retail prices for e-books or preventing the introduction of lower retail prices on a global scale.

---

[1] For example, in the context of a joint-venture created by competitors, a non-compete clause with respect to the parties' activities after the expiry of the joint-venture agreement in markets where the joint-venture was not active has been considered a restriction 'by object' infringing Article 101 of the Treaty, whereas proportionate and objectively necessary non-compete clauses preventing the parties from competing on activities falling within the scope of joint-venture may be considered as not infringing Article 101 (See Case 39736 Siemens/Areva).

Case 39398 Visa Multilateral Interchange Fees
Joint setting by banks of so called Multilateral Interchange Fees (MIFs) in the payment card market was considered price fixing.[1]

2.1.2 Price fixing which can benefit from the De Minimis Notice
The following restrictions do not prevent an agreement from benefitting from the safe harbour of the De Minimis Notice:
− In the context of joint purchasing agreements (that is to say, a number of competitors openly coming together to make joint purchases on the market), where the parties agree on the purchasing price that their 'joint purchasing arrangement' may pay to its suppliers for the products subject to the supply contract.[2]
− In the context of specialisation agreements (including joint production agreements) covered by Commission Regulation (EU) No 1218/2010, where the parties agree on the fixing of prices charged to immediate customers in the context of joint distribution.[3]
− In the context of research and development (R&D) agreements[4] covered by Commission Regulation (EU) No 1217/2010, where the parties agree on the fixing of prices or the licence fee charged to immediate customers or immediate licensees[5] in those cases where the parties' joint exploitation of the results of the joint R&D includes certain forms of joint distribution of the products, or joint licensing of the technologies or processes, arising out of the joint R&D.[6]

2.2 Market sharing

2.2.1 General principles
Any arrangement by which competitors allocate markets (geographic markets or product markets) or customers is considered a restriction by object if it takes place in the context of a pure market sharing agreement between competitors (that is to say, a cartel not linked to any wider cooperation between the parties). If the conduct of the parties to an agreement (for example, a distribution agreement between actual or potential compe-

---

1 MIFs are fees charged by a cardholder's bank (the issuing bank) to a merchant's bank (the acquiring bank) for each sales transaction made at a merchant outlet with a payment card. In payment schemes such as Visa and MasterCard, which are associations of banks, these fees are multilaterally agreed by member banks.
2 See point 206 of the Guidelines on the applicability of Article 101 of the Treaty on the Functioning of the European Union to horizontal cooperation guidelines (*OJ* C 11, 14.1.2011, p.1), (the Horizontal Guidelines).
3 See Commission Regulation (EU) No 1218/2010 of 14 December 2010 on the application of Article 101(3) of the Treaty on the Functioning of the European Union to certain categories of specialisation agreements (*OJ* L 335, 18.12.2010, p.43), Article 4(a).
4 As regards R&D agreements it should be noted that the same hardcore restrictions and exceptions apply regardless of whether the parties are competitors or not.
5 See Commission Regulation (EU) No 1217/2010 of 14 December 2010 on the application of Article 101(3) of the Treaty on the Functioning of the European Union to certain categories of research and development agreements (*OJ* L 335, 18.12.2010, p.36), Article 5(c).
6 This only applies to joint distribution or joint licensing as described in Article 1(1) point (m)(i) and (ii) of Commission Regulation (EU) No 1217/2010.

Guidance on restrictions of competition 'by object'

titors) shows that their objective was to share the market, that objective may be taken into account in deciding whether the agreement is a restriction by object.[1] Allocation of markets can also be achieved through restrictions on where the parties may sell (actively and/or passively)[2] or through restrictions on production.

Case C-41/96 ACF Chemie farma NV v Commission
A cartel in which undertakings agreed to retain their respective domestic markets and fix prices and quotas for the export of quinine.
Joined cases 29/83 and 30/83 CRAM v Commission
Concerted action on market sharing with a view to protect markets against parallel imports of certain products in the market for zinc (cartel).
Cases T-370/09, GDF Suez v Commission and T-360/09, E.ON Ruhrgas and E.ON v Commission
In the context of an agreement to jointly build a pipeline to import gas into EU Member States, competitors agreed not to sell gas transported over this pipeline in each other's home markets and maintained that market sharing agreement after the liberalisation of the gas market.
Case 39226 Lundbeck
An agreement whereby a competitor pays a significant amount to an actual (or potential) competitor to stay out of a particular market was considered to be a form of market sharing.
Case 39839 Telefónica and Portugal Telecom
A non-compete clause between competitors (in this case a clause between the parties to stay out of each other's activities in a certain geographic area) was seen as market sharing.
Case 39685 Fentanyl
Potential competitors concluded a 'co-promotion' agreement (where very little or nothing was done to promote the drug) which provided for significant payments on a monthly basis for as long as the competitor stayed out of the market. This practice was considered a form of market sharing ('market exclusion') since the aim of the agreement was to keep the potential competitor out of the market.

2.2.2 Market sharing which can benefit from the De Minimis Notice

The following restrictions do not prevent an agreement from benefitting from the safe harbour of the De Minimis Notice:
–   In the context of R&D agreements covered by Commission Regulation (EU) 1217/10, where parties allocate between them individual tasks (such as production or dis-

---

1 See for example point 236 of the Horizontal Guidelines, describing the competition concerns concerning distribution agreements between competitors in the context of commercialisation agreements.
2 'Active' sales mean actively approaching individual customers by for instance direct mail, including the sending of unsolicited e-mails, or visits; or actively approaching a specific customer group or customers in a specific territory through advertisement in media, on the internet or other promotions specifically targeted at that customer group or targeted at customers in that territory. 'Passive' sales mean responding to unsolicited requests from individual customers including delivery of goods or services to such customers. General advertising or promotion that reaches customers in other distributors' (exclusive) territories or customer groups but which is a reasonable way to reach customers outside those territories or customer groups, for instance to reach customers in one's own territory, are considered passive selling. See point 51 of the Vertical Guidelines.

tribution) or impose restrictions on each other regarding the exploitation of the results (such as restrictions in relation to certain territories or customers), this is not considered a hardcore restriction.[1] Another example would be where the parties agree on the limitation of active sales of the contract products[2], or contract technologies[3], in territories (or to customers) which have been exclusively allocated to one of the parties by way of specialisation in the context of exploitation.[4] Although passive sales restrictions agreed between the parties to an R&D agreement are considered hardcore restrictions, the requirement to exclusively license the results of the joint R&D to another party is not.[5] The parties may also restrict their freedom to sell, assign or license products, technologies or processes which compete with the contract products or contract technologies during the period for which the parties have agreed to jointly exploit the results.[6]

— As to technology transfer agreements[7] covered by Commission Regulation (EU) 316/2014, the limitation of active and passive sales of the contract products in territories (or to customers) which have been exclusively allocated to one of the parties, if it is part of a non-reciprocal agreement, is not considered a hardcore restriction.[8] Another example would be, in a non-reciprocal agreement, prohibiting a party from producing within the exclusive territory of the other party.[9]

A licensor may have several licensees, where some were already a competitor of the licensor at the time of concluding their license while others were not. In such a scenario, it is not considered a hardcore restriction if, in a non-reciprocal agreement, active sales by a licensee are restricted in order to protect the exclusive territory (or customer group) allocated to another licensee which was not a competitor of the licensor when it concluded its licence.[10] Finally, an obligation on the licensee to produce the contract products only for its own use (provided that the licensee is not restricted in selling the contract products as spare parts for its own products)

---

1 Commission Regulation (EU) 1217/10, Article 5(b)(iii). This practice is referred to as 'specialisation in the context of exploitation'.
2 See Commission Regulation (EU) No 1217/10 Article 1(1)(f), which defines 'contract product' as a product arising out of the joint research and development or manufactured or provided applying the contract technologies.
3 See Commission Regulation (EU) No 1217/10 Article 1(1)(e), which defines 'contract technology' as a technology or process arising out of the joint research and development.
4 Commission Regulation (EU) No 1217/10, Article 5(e) in conjunction with Article 1(1)(o).
5 Commission Regulation (EU) No 1217/10, Art. 5(d).
6 Commission Regulation (EU) No 1217/10, Art. 5(b)(iv).
7 Technology transfer agreements are agreements whereby a licensor licenses out intellectual property rights to a licensee for the purpose of producing goods or services. See Commission Regulation (EU) No 316/2014 of 21 March 2014 on the application of Article 101(3) of the Treaty on the Functioning of the European Union to categories of technology transfer agreements, (*OJ* L 93, 28/03/2014, p. 17), Article 1(c).
8 Article 4(1)(c)(i) of Commission Regulation (EU) No 316/2014. Article 1(d) of Commission Regulation 316/2014 defines 'non-reciprocal agreement' as a technology transfer agreement where one undertaking grants another undertaking a technology rights licence, or where two undertakings grant each other such a licence but where those licences do not concern competing technologies and cannot be used for the production of competing products.
9 Article 4(1)(c)(i) of Commission Regulation (EU) No 316/2014.
10 Article 4(1)(c)(ii) of Commission Regulation (EU) No 316/2014.

is not considered a hardcore restriction.[1] The same is true for an obligation on the licensee, in a non-reciprocal agreement, to produce the contract products only for a particular customer, where the licence was granted in order to create an alternative source of supply for that customer (so-called dual sourcing).[2]

2.3 Output restrictions

2.3.1 General principles
Competitors agreeing to restrict the volume of their supply or production capacity (either for one or both of the parties) is seen as a restriction of output, which in turn is considered a restriction by object.

Case C-209/07 Beef Industry Development Society (BIDS)
Agreement to reduce production capacity within the context of a cartel on the market for beef and veal

---

2.3.2 Output restrictions which can benefit from the De Minimis Notice
The following restrictions do not prevent an agreement from benefitting from the safe harbour of the De Minimis Notice:
— As regards production agreements covered by Commission Regulation (EU) No 1218/2010, where the parties agree on the output directly concerned by the production agreement (for example, the capacity and production volume of a joint venture or the agreed amount of outsourced products).[3]
— As regards specialisation (and joint production) agreements covered by Commission Regulation (EU) 1218/2010, provisions on the agreed amount of products in the context of unilateral or reciprocal specialisation agreements or the setting of the capacity and production volume in the context of a joint production agreement. Another example would be the setting of sales targets where the parties have agreed to jointly distribute the products covered by their cooperation.[4]
— As regards R&D agreements covered by Commission Regulation (EU) 1217/2010, the setting of production targets where the contract products are jointly produced,[5] and setting of sales targets where the parties agreed on certain forms of joint distribution of the contract products or joint licensing of the contract technologies.[6]
— For consortia agreements between liner shipping companies covered by Commission Regulation (EU) 906/2009, certain capacity adjustments.[7]

---

1 Article 4(1)(c)(iii) of Commission Regulation (EU) No 316/2014.
2 Article 4(1)(c)(iv) of Commission Regulation (EU) No 316/2014.
3 See point 160 of the Horizontal Guidelines.
4 See Commission Regulation (EU) No 1218/2010, Article 4(b).
5 See Commission Regulation (EU) No 1217/2010, Article 5(b)(i).
6 See Commission Regulation (EU) No 1217/2010, Article 5(b)(ii); this only applies for joint distribution or joint licensing as described in Article 1(1) point (m)(i) and (ii) of this regulation.
7 See Commission Regulation (EC) No 906/2009 on the application of Article 81(3) of the Treaty to certain categories of agreements, decisions and concerted practices between liner shipping companies (consortia), Articles 4(2) and 3(2).

Guidance on restrictions of competition 'by object'

- In technology transfer agreements covered by Commission Regulation (EU) 316/2014, the limitation of output of contract products imposed only on the licensee (either on the licensee in a non-reciprocal agreement or on only one of the licensees in a reciprocal agreement).[1]

2.4 Bid rigging

Bid-rigging occurs when two or more companies agree that, in response to a call for bids or tenders, one or more of them will not submit a bid, withdraw a bid or submit a bid at artificially high prices arrived at by agreement. This form of collusion is generally considered to restrict competition by object. It is a form of price fixing and market allocation which may, for example, take place in the case of public procurement contracts.

Case T-21/99 Dansk Rorindustri v Commission
A cartel agreement between producers of district heating pipes allocating individual projects to designated producers and manipulating the bidding procedure to ensure that the designated producer was awarded the assigned project.

2.5 Collective boycott agreements

A collective boycott occurs when a group of competitors agree to exclude an actual or potential competitor. This practice generally constitutes a restriction by object.

Case C-68/12 Protimonopolný úrad Slovenskej republiky v Slovenská sporitel,ňa a.s.
Three banks monitored a competitor's activity, conferred with each other and decided, by common agreement, to terminate in a coordinated manner the contracts they had concluded with that competitor.
Case IV/35.691 Pre-insulated pipes
Competitors used norms and standards (agreed on by the industry) to prevent or delay the introduction of new technology which would result in price reductions.
Case 39510 Ordre national des pharmaciens en France
The association for pharmacists sanctioned groups of laboratories in the market for clinical laboratory testing with the aim of hindering the development of a new business format.

2.6 Information sharing — future prices and quantities

Information exchanges between competitors of individualised data regarding intended future prices or quantities are considered a restriction by object.[2]
Where information exchange is part of a monitoring or implementation mechanism for an existing cartel it will be assessed as part of that cartel (irrespective of whether it covers current/past or future prices or quantities).

Joined Cases T-25/95, T-26/95, T-30/95 to T-32/95, T-34/95 to T-39/95, T-42/95 to T-46/95, T-48/95, T-50/95 to T-65/95, T-68/95 to T-71/95, T-87/95, T-88/95, T-103/95 and T-104/95 Cimenteries CBR and Others
Information exchange facilitating implementation of cartel — market for cement.

---

1 See Commission Regulation (EU) No 316/2014, Article 4(1)(b).
2 See point 72 to 74 of the Horizontal Guidelines.

Guidance on restrictions of competition 'by object'

Cases T-587/08, Fresh Del Monte Produce v Commission and T-588/08, Dole Food and Dole Germany v Commission
Pre-pricing communications in which undertakings discussed price setting factors relevant to the setting of future quotation prices for bananas.
Case T-380/10, Wabco Europe and Others v Commission
Coordination of price increases and exchange of sensitive business information in a cartel — bathroom fixtures and fittings market.
Case C-8/08, T-Mobile Netherlands BV, KPN Mobile NV, Orange Nederland NV, Vodafone Libertel NV
Information exchange between competitors on future prices to be paid to sales representatives.

2.7 Restrictions on carrying out R&D or using own technology

2.7.1 General principles

Restrictions in agreements between competitors which aim at restricting the parties' ability to carry out R&D or to continue to use their own technology for further R&D are also hardcore restrictions and generally considered a restriction by object.[1]

2.7.2 Restrictions on carrying out R&D or using own technology which can benefit from the De Minimis Notice

The following restrictions do not prevent an agreement from benefitting from the safe harbour of the De Minimis Notice:
— In the context of R&D agreements covered by Commission Regulation (EU) 1217/2010, where the parties agree to restrict their freedom, during the period of the agreement, to carry out, independently or in cooperation with third parties, research and development in the field covered by the R&D cooperation.[2]
— In the context of technology transfer agreements covered by Commission Regulation (EU) No 316/2014, where the parties agree to restrict the licensee's ability to exploit its own technology or the ability of any of the parties to carry out research and development when this is indispensable to prevent disclosure of know-how to third parties.[3]

3 'By object' restrictions in agreements between non-competitors

Restrictions by object in agreements between non-competitors can be distinguished as to whether they relate to market partitioning by territory and/or customer group or to limitations on the buyer's ability to determine its resale price. The first category can be further divided into restrictions limiting the buyer's freedom to sell and restrictions limiting the supplier's freedom to sell. Moreover, the restrictions by object differ depending on whether they are agreed between a supplier and a buyer or between a licensor and a licensee.

---

1 Commission Regulation (EU) No 1217/2010, Article 5(a); Commission Regulation (EU) No 316/2014, Article 4(1)(d).
2 Commission Regulation (EU) No 1217/2010, Article 5(a).
3 Commission Regulation (EU) No 316/2014, Article 4(1)(d).

3.1 Sales restrictions on buyers

3.1.1 General principles

A restriction on a buyer as to where (the territory) or to whom (the customers) the buyer can sell the contract products, actively and/or passively[1], is a hardcore restriction and generally considered a restriction by object.[2] Such a restriction may result from direct obligations on the buyer but also from indirect measures aimed at inducing the buyer not to sell to particular customers or territories, such as refusal or reduction of bonuses or discounts, termination of supply, reduction of supplied volumes, requiring a higher price for products to be exported, limiting the proportion of sales that can be exported, etc.[3] However restrictions which restrict the buyer's place of establishment are not hardcore restrictions.[4]

Case C-70/93 BMW v ALD Autoleasing
A motor vehicle manufacturer with a selective distribution system was prohibiting its authorized dealers from delivering vehicles to independent leasing companies if those companies would make them available to lessees outside the contract territory of the dealer in question.

Joined Cases 32, 36 and 82/78 BMW Belgium v Commission
A motor vehicle manufacturer issued circulars prohibiting its dealers from exporting vehicles to authorized dealers in other countries.

Case C-439/09 Pierre Fabre
A manufacturer of cosmetics and personal care products with a selective distribution system was prohibiting its authorised distributors from selling via the internet.

Case C-551/03 P General Motors BV v Commission
A distribution agreement restricting or prohibiting dealers in one Member State from exporting to consumers in another Member State, not only through direct export prohibitions but also through indirect measures such as a restrictive supply or a bonuses policy which excludes exports to final consumers from retail bonus campaigns.

Case 37975 Yamaha
An obligation on authorised dealers operating in different Member States to sell exclusively to final consumers, with the object of preventing cross supplies within the network of dealers. This restricted dealers from competing for sales to other dealers and impeded trade within the selective distribution network.

Case C-501/06 P GlaxoSmithKline Services v Commission
A pharmaceutical company's dual pricing policy according to which higher prices were charged to wholesalers for products to be exported to other Member States was considered to limit parallel trade and partition markets.

---

1 See footnote 21((Read: footnote 1 of 2.2.2)) for a definition of active and passive sales. See also point 51 of the Vertical Guidelines.
2 See Article 4(b)(i) of Commission Regulation (EU) No 330/2010 of 20 April 2010 on the application of Article 101(3) of the Treaty on the Functioning of the European Union to categories of vertical agreements and concerted practices (*OJ* L 102, 23.4.2010, p.1).
3 For further examples, see point 50 of the Vertical Guidelines.
4 This means that the buyer can be required to restrict its distribution outlet(s) and warehouse(s) to a particular address, place or territory. See point 50 of the Vertical Guidelines.

3.1.2 Sales restrictions on buyers which can benefit from the De Minimis Notice

The following restrictions do not prevent an agreement from benefitting from the safe harbour of the De Minimis Notice:

— Where a supplier operates an exclusive distribution system and does not at the same time operate a selective distribution system for the same product, it is not a hardcore restriction to prohibit the buyer from actively selling in the territory or to the customer group allocated exclusively to another distributor or reserved for the supplier.[1]
— Within selective distribution systems it is not a hardcore restriction to prohibit authorized distributors, within the territory where the selective distribution system operates, from selling to distributors who are not members of the selective distribution system.[2] This does not apply to restrictions on selected distributors on reselling spare parts for motor vehicles to independent repairers.[3]
— As regards restrictions on the resale of components[4] it is not a hardcore restriction if the buyer is prohibited from selling components, supplied for the purpose of incorporation in another product, to customers who would use them to manufacture the same type of goods as those produced by the supplier. An example would be a situation in which a producer of photocopiers supplies components to a producer of printers for the purpose of incorporating those components into the printers. The producer of photocopiers can prohibit the producer of printers from reselling the components to producers of photocopiers without the risk that the prohibition will be seen as a restriction by object.
— Similarly, it is not a hardcore restriction to prohibit a buyer, who operates as a wholesaler, from reselling passively or actively to end users.[5]

3.2 Sales restrictions on licensees

3.2.1 General principles

In the case of technology transfer agreements, it is only restrictions of the licensee's passive sales (and not of its active sales) to a particular territory or customer group that are hardcore restrictions and which are generally considered restrictions by object.[6] However, when the licensee is a member of a selective distribution system and operates at the retail level, restrictions of both the licensee's active and passive sales to end users

---

1 See Article 4(b)(i) of Commission Regulation (EU) No 330/2010 and point 51 of the Vertical Guidelines.
2 See Article 4(b)(iii) of Commission Regulation (EU) No 330/2010.
3 See Article 5(a) of Commission Regulation (EU) No 461/2010 of 27 May 2010 on the application of Article 101(3) of the Treaty on the Functioning of the European Union to categories of vertical agreements and concerted practices in the motor vehicle sector (OJ L 129, 28.5.2010, p.52).
4 The term 'component' includes any intermediate goods and the term 'incorporation' refers to the use of any input to produce goods. See Article 4(b)(iv) of Commission Regulation No (EU) 330/2010 and point 55 of the Vertical Guidelines.
5 See Article 4(b)(ii) of Commission Regulation (EU) No 330/2010 and point 55 of the Vertical Guidelines.
6 However, licensing of copyright for the purpose of reproduction and licensing of trademarks are subject to the rules applicable to vertical restraints.

Guidance on restrictions of competition 'by object'

are hardcore restrictions, without prejudice to the possibility of prohibiting a member of the system from operating out of an unauthorised place of establishment.

Joined Cases C-403/08 and C-429/08, Football Association Premier League and Others
Licence agreement prohibiting or limiting broadcasters from supplying decoder cards to television viewers seeking to watch the broadcasts outside the Member State for which the licence was granted. Such clauses prohibit the broadcasters from effecting any cross-border provision of services and enable each broadcaster to be granted absolute territorial exclusivity in the area covered by its licence.

3.2.2 Sales restrictions on licensees which can benefit from the De Minimis Notice

The following restrictions do not prevent an agreement from benefitting from the safe harbour of the De Minimis Notice:

- to restrict the licensee's passive sales into an exclusive territory or to an exclusive customer group reserved for the licensor.[1]
- to agree with the licensee that the contract products may only be produced for its own use (provided that the licensee is not restricted in selling the contract products actively and passively as spare parts for its own products).[2]
- to agree that the licensee may only produce the contract products for a particular customer, where the licence was granted in order to create an alternative source of supply for that customer (so called dual sourcing).[3]
- to prohibit a licensee operating at the wholesale level from selling to end-users.[4]
- to prohibit members of a selective distribution system from selling to unauthorised distributors.[5]

3.3 Sales restrictions on the supplier

Restrictions, agreed between a supplier of components and a buyer who incorporates those components, on the supplier's ability to sell the components as spare parts to end-users or to repairers or other service providers not entrusted by the buyer with the repair or servicing of its goods, are hardcore restrictions which are generally considered to be restrictions by object.[6]

Certain hardcore restrictions are specific to the motor vehicle sector. A first type may arise in the context of an agreement between a manufacturer of motor vehicles which uses components for the initial assembly of motor vehicles, and a supplier of such components. In this context, restrictions on the supplier's ability to place its trade mark or logo effectively and in an easily visible manner on the components supplied or on spare parts are hardcore restrictions and generally considered restrictions by object.[7] A second type of restrictions specific to the motor vehicle sector may arise in the context

---

1 Article 4(2)(b)(i) of Commission Regulation (EU) No 316/2014.
2 Article 4(2)(b)(ii) of Commission Regulation (EU) No 316/2014.
3 Article 4(2)(b)(iii) of Commission Regulation (EU) No 316/2014.
4 Article 4(2)(b)(iv) of Commission Regulation (EU) No 316/2014.
5 Article 4(2)(b)(v) of Commission Regulation (EU) No 316/2014.
6 Article 4(e) of the Commission Regulation (EU) No 330/2010.
7 Article 5(c) of Commission Regulation (EU) No 461/2010.

of an agreement between a supplier of spare parts, repair tools or diagnostic tools or other equipment and a manufacturer of motor vehicles. In this context, restrictions of the supplier's ability to sell those goods to authorised or independent distributors or to authorised or independent repairers or end users are considered hardcore restrictions.[1]

3.4 Resale price maintenance

Restrictions of a buyer's ability to determine its minimum sale price generally constitute restrictions by object.

Restrictions imposing maximum sale prices or recommending sale prices are not restrictions by object, provided that they do not amount to fixed or minimum sale prices as a result of pressure from, or incentives offered by, any of the parties.[2]

As regards technology transfer agreements, any restrictions on the licensor's or the licensee's ability to determine their sale prices are hardcore restrictions which are generally considered to be restrictions by object, without prejudice to the possibility of imposing a maximum sale price or recommending a sale price.[3]

Fixing of prices or setting a minimum sale price may be directly imposed by means of a contractual provision but may also result from indirect measures. For example, an agreement may oblige the buyer to add a specific amount or percentage on top of its purchase price to establish its sale price. Similarly, an agreement may require that the buyer complies with maximum discount levels. Such indirect means of vertical price fixing also constitute restrictions by object.

Case 243/83 SA Binon Cie v SA Agence et Messageries de la Presse
Provisions which fix the prices to be observed in contracts with third parties.
Case 37975 Yamaha
Imposition of minimum resale prices on distributors selling musical instruments either directly, by a prohibition on publishing, advertising or announcing prices different from the official price lists, or indirectly, by providing dealers with a formula for calculating their resale prices and with guidelines on recommended retail prices while making clear that advertising and promotion actions with more than 15% rebates would not be considered normal, which *de facto* amounted to an obligation to respect minimum prices.

---

1 Article 5(b) of Commission Regulation (EU) No 461/2010.
2 Article 4(a) of Commission Regulation (EU) No 330/2010.
3 Article 4(2)(a) of Commission Regulation (EU) No 316/2014.

Richtsnoeren betreffende het begrip 'beïnvloeding van de handel' in de artikelen 81 en 82 van het Verdrag
(2004/C 101/07)

(Voor de EER relevante tekst)

Mededeling van de Commissie van 27 april 2004 betreffende het begrip 'beïnvloeding van de handel' in de artikelen 81 en 82 van het Verdrag, PbEU 2004, C 101 (i.w.tr. 27-04-2004)

1. Inleiding

1. De artikelen 81 en 82 van het Verdrag zijn van toepassing op horizontale en verticale overeenkomsten en gedragingen van ondernemingen die 'de handel tussen lidstaten ongunstig kunnen beïnvloeden'.

2. In hun uitlegging van de artikelen 81 en 82 hebben de rechtscolleges van de Gemeenschap de inhoud en het toepassingsbereik van het begrip 'beïnvloeding van handel tussen de lidstaten' al aanzienlijk verduidelijkt.

3. In onderhavige richtsnoeren worden de beginselen uiteengezet welke de rechtscolleges van de Gemeenschap hebben ontwikkeld in verband met de uitlegging van het begrip 'beïnvloeding van de handel' van de artikelen 81 en 82. Zij bevatten voorts een regel die aangeeft wanneer het doorgaans onwaarschijnlijk is dat overeenkomsten de handel tussen lidstaten merkbaar beïnvloeden (de 'geen merkbaar effect op de handel'-regel). Onderhavige richtsnoeren zijn niet exhaustief bedoeld. Doel is een methode uiteen te zetten voor de toepassing van het begrip 'beïnvloeding van de handel' en aanwijzingen te verstrekken in verband met de toepassing ervan in vaak voorkomende situaties. Hoewel deze richtsnoeren niet bindend zijn voor de rechterlijke instanties en de autoriteiten in de lidstaten zijn zij ook bedoeld om hun aanwijzingen te geven voor de toepassing van het begrip 'beïnvloeding van de handel' van de artikelen 81 en 82.

4. Onderhavige richtsnoeren gaan niet in op de kwestie wat een merkbare mededingingsbeperking is overeenkomstig artikel 81, lid 1. Dit vraagstuk, dat valt te onderscheiden van het vermogen van overeenkomsten om de handel tussen lidstaten merkbaar te beïnvloeden, komt aan bod in de bekendmaking van de Commissie inzake overeenkomsten van geringe betekenis die de mededinging niet merkbaar beperken in de zin van artikel 81, lid 1, van het Verdrag [1] (de 'de minimis' regel). Evenmin zijn deze richtsnoeren bedoeld om aanwijzingen te geven in verband met het begrip 'beïnvloeding van het handelsverkeer' van artikel 87, lid 1, van het Verdrag zoals dat voor staatssteun geldt.

---

(1) *PB* C 368 van 22.12.2001, blz. 13.

5. Onderhavige richtsnoeren, met inbegrip van de 'geen merkbaar effect op de handel'-regel, laten de uitlegging onverlet die het Hof van Justitie en het Gerecht van Eerste Aanleg van de artikelen 81 en 82 kunnen geven.

2. Het criterium 'beïnvloeding van de handel'
2.1. Algemene beginselen

6. Op grond van artikel 81, lid 1, zijn 'onverenigbaar met de gemeenschappelijke markt en verboden alle overeenkomsten tussen ondernemingen, alle besluiten van ondernemersverenigingen en alle onderling afgestemde feitelijke gedragingen welke de handel tussen lidstaten kunnen beïnvloeden en ertoe strekken of ten gevolge hebben dat de mededinging binnen de gemeenschappelijke markt wordt verhinderd, beperkt of vervalst'. Ter wille van de eenvoud wordt naar de begrippen 'overeenkomsten', 'onderling afgestemde feitelijke gedragingen' en 'besluiten van ondernemersverenigingen' tezamen verwezen als 'overeenkomsten'.

7. In artikel 82 is bepaald: 'Onverenigbaar met de gemeenschappelijke markt en verboden, voorzover de handel tussen lidstaten daardoor ongunstig kan worden beïnvloed, is het, dat een of meer ondernemingen misbruik maken van een machtspositie op de gemeenschappelijke markt of op een wezenlijk deel daarvan'. In hetgeen volgt, verwijst het begrip 'gedragingen' naar de gedragingen van ondernemingen met een machtspositie.

8. Het criterium 'beïnvloeding van de handel' bepaalt ook het toepassingsbereik van artikel 3 van Verordening (EG) nr. 1/2003 van de Raad van 16 december 2002 betreffende de uitvoering van de mededingingsregels van de artikelen 81 en 82 van het Verdrag [2].

9. Volgens artikel 3, lid 1, moeten de mededingingsautoriteiten van de lidstaten en de nationale rechterlijke instanties artikel 81 van het Verdrag toepassen op overeenkomsten, besluiten van ondernemingsverenigingen of onderling afgestemde feitelijke gedragingen in de zin van artikel 81, lid 1, van het Verdrag welke de handel tussen de lidstaten in de zin van die bepaling kunnen beïnvloeden, wanneer zij nationaal mededingingsrecht toepassen op deze overeenkomsten, besluiten of onderling afgestemde feitelijke gedragingen. Evenzo moeten de mededingingsautoriteiten van de lidstaten en de nationale rechterlijke instanties, wanneer zij het nationale mededingingsrecht toepassen op door artikel 82 van het Verdrag verboden misbruiken, ook artikel 82 van het Verdrag toepassen. Artikel 3, lid 1, verplicht mededingingsautoriteiten van de lidstaten en de nationale rechterlijke instanties dus tevens de artikelen 81 en 82 toe te passen wanneer zij het nationale mededingingsrecht toepassen op overeenkomsten en misbruiken die de handel tussen lidstaten kunnen beïnvloeden. Daartegenover staat dat de mededingingsautoriteiten van de lidstaten en de nationale rechterlijke instanties uit hoofde van artikel 3, lid 1, niet verplicht zijn het nationale mededingingsrecht toe te passen wanneer zij de artikelen 81 en 82 toepassen op overeenkomsten, besluiten en onderling afgestemde feitelijke gedragingen, en misbruiken die de handel tussen lidstaten kunnen beïnvloeden. In dergelijke gevallen kunnen zij ook uitsluitend de communautaire mededingingsregels toepassen.

10. Uit artikel 3, lid 2, volgt dat de toepassing van het nationale mededingingsrecht niet mag leiden tot het verbieden van overeenkomsten, besluiten van ondernemersverenigingen of onderling afgestemde feitelijke gedragingen die de handel tussen lidstaten kunnen beïnvloeden, maar die de mededinging niet beperken in de zin van artikel 81,

---
(2) PB L 1 van 4.1.2003, blz. 1.

lid 1, van het Verdrag, of die aan de voorwaarden van artikel 81, lid 3, van het Verdrag voldoen dan wel onder een verordening ter uitvoering van artikel 81, lid 3, van het Verdrag vallen. Lidstaten mag evenwel uit hoofde van de Verordening (EG) nr. 1/2003 niet worden belet om op hun grondgebied strengere nationale wetten aan te nemen en toe te passen die eenzijdige gedragingen van ondernemingen verbieden of bestraffen.

11. Ten slotte dient te worden vermeld dat in artikel 3, lid 3, is bepaald dat, onverminderd algemene beginselen en andere bepalingen van het Gemeenschapsrecht, artikel 3, leden 1 en 2, niet van toepassing zijn wanneer de mededingingsautoriteiten en de rechterlijke instanties van de lidstaten nationale wetten inzake de controle op fusies toepassen; zij beletten evenmin de toepassing van bepalingen van het nationale recht die overwegend een doel beogen dat verschilt van de in de artikelen 81 en 82 van het Verdrag nagestreefde doelstellingen.

12. Het criterium 'beïnvloeding van de handel' is een autonoom criterium van het Gemeenschapsrecht, dat in elke zaak afzonderlijk moet worden onderzocht. Het is een bevoegdheidscriterium, dat het toepassingsbereik van het communautaire mededingingsrecht bepaalt [3]. Het communautaire mededingingsrecht is niet van toepassing op overeenkomsten en gedragingen die de handel tussen lidstaten niet merkbaar kunnen beïnvloeden.

13. Het criterium 'beïnvloeding van de handel' bepaalt ook het toepassingsbereik van de artikelen 81 en 82 voor overeenkomsten en gedragingen die binnen de Gemeenschap een minimumniveau aan grensoverschrijdende effecten kunnen sorteren. In de woorden van het Hof van Justitie moet het vermogen van de overeenkomst of gedraging om de handel tussen lidstaten te beïnvloeden, 'merkbaar' zijn [4].

14. In het geval van artikel 81 van het Verdrag moet de overeenkomst de handel tussen lidstaten kunnen beïnvloeden. Het is niet vereist dat ieder afzonderlijk onderdeel van de overeenkomst, met inbegrip van iedere mededingingsbeperking welke uit de overeenkomst voortvloeit, de handel kan beïnvloeden [5]. Wanneer de overeenkomst in haar geheel de handel tussen lidstaten kan beïnvloeden, is het Gemeenschapsrecht van toepassing ten aanzien van de totaliteit van de overeenkomst, met inbegrip van eventuele onderdelen van de overeenkomst die op zich de handel tussen lidstaten niet beïnvloeden. In gevallen waarin de contractuele betrekkingen tussen dezelfde partijen meerdere activiteiten betreffen, moeten deze activiteiten, om van diezelfde overeenkomst deel uit te maken, rechtstreeks verbonden zijn met en een integrerend bestanddeel uitmaken van diezelfde algemene zakelijke regeling [6]. Zoniet, dan vormt iedere activiteit een afzonderlijke overeenkomst.

15. Evenmin doet het ter zake of de deelneming van een bepaalde onderneming aan de overeenkomst, merkbare invloed heeft op de handel tussen lidstaten [7]. Een onderneming kan zich niet onttrekken aan de toepassing van het Gemeenschapsrecht door het

---

(3)   Zie bv. gevoegde zaken 56 en 58/64, Consten en Grundig, Jurispr. 1966, blz. 450, en gevoegde zaken 6 en 7/73, Commercial Solvents, Jurispr. 1974, blz. 223.
(4)   Zie in dit verband zaak 22/71, Béguelin, Jurispr. 1971, blz. 949, punt 16.
(5)   Zie zaak 193/83, Windsurfing, Jurispr. 1986, blz. 611, punt 96, en zaak T-77/94, Vereniging van Groothandelaren in Bloemkwekerijproducten, Jurispr. 1997, blz. II-759, punt 126.
(6)   Zie de punten 142 tot 144 in de in de vorige voetnoot geciteerde zaak Vereniging van Groothandelaren in Bloemkwekerijproducten.
(7)   Zie bv. zaak T-2/89, Petrofina, Jurispr. 1991, blz. II-1087, punt 226.

enkele feit dat haar eigen bijdrage aan de overeenkomst, die op zich de handel tussen lidstaten kan beïnvloeden, onbeduidend is.

16. Om te bepalen of het Gemeenschapsrecht van toepassing is, hoeft er geen verband te zijn tussen de beweerde mededingingsbeperking en het vermogen van de overeenkomst om de handel tussen lidstaten te beïnvloeden. Niet-restrictieve overeenkomsten kunnen de handel tussen lidstaten eveneens beïnvloeden. Zo kunnen bijvoorbeeld op louter kwalitatieve selectiecriteria gebaseerde selectieve distributieovereenkomsten, welke door de aard van de producten gerechtvaardigd zijn en die de mededinging niet beperken in de zin van artikel 81, lid 1, niettemin de handel tussen lidstaten beïnvloeden. Toch kunnen de vermeende beperkingen van een overeenkomst een duidelijke aanwijzing vormen voor het vermogen van de overeenkomst om de handel tussen lidstaten te beïnvloeden. Bijvoorbeeld kan een distributieovereenkomst waarbij export wordt verboden, naar haar aard zelf de handel tussen lidstaten beïnvloeden, zij het niet noodzakelijk merkbaar [8].

17. In het geval van artikel 82 dient het misbruik de handel tussen lidstaten te beïnvloeden. Dit betekent evenwel niet dat elk onderdeel van de betrokken gedraging afzonderlijk moet worden beoordeeld. Gedragingen die deel uitmaken van een algemene strategie die door de ondernemingen met een machtspositie wordt gevolgd, moeten op hun totale impact worden beoordeeld. Wanneer een onderneming met een machtspositie diverse gedragingen heeft waarmee hetzelfde doel wordt beoogd — bijvoorbeeld gedragingen die zijn gericht op het uitschakelen van of het afschermen van de markt tegen concurrenten — is het voldoende voor de toepasselijkheid van artikel 82 op al deze gedragingen die van deze algemene strategie deel uitmaken wanneer minstens één van deze gedragingen de handel tussen lidstaten kan beïnvloeden [9].

18. Uit de bewoordingen van de artikelen 81 en 82 en uit de rechtspraak van de rechtscolleges van de Gemeenschap volgt dat bij de toepassing van het criterium 'beïnvloeding van de handel' met name de volgende drie elementen dienen te worden onderzocht:
a) het begrip 'handel tussen lidstaten',
b) het begrip 'kunnen beïnvloeden', en
c) het begrip 'merkbare beïnvloeding'.

2.2. Het begrip 'handel tussen lidstaten'

19. Het begrip 'handel' is niet tot het traditionele grensoverschrijdende verkeer van goederen en diensten beperkt [10]. Het is een ruimer begrip, dat alle grensoverschrijdende economische activiteiten omvat [11]. Deze uitlegging is in overeenstemming met de fundamentele doelstelling van het Verdrag om het vrij verkeer van goederen, diensten, personen en kapitaal te bevorderen.

20. Volgens vaste rechtspraak omvat het begrip 'handel' ook gevallen waarbij overeenkomsten of gedragingen de concurrentiestructuur van de markt beïnvloeden. Over-

---

(8) Dit concept van 'de merkbare beïnvloeding' komt aan bod in deel II.D.
(9) Zie in dit verband zaak 85/76, Hoffmann-La Roche, Jurispr. 1979, blz. 461, punt 126.
(10) In onderhavige richtsnoeren dekt het begrip 'producten' zowel goederen als diensten.
(11) Zie zaak 172/80, Züchner, Jurispr. 1981, blz. 2021, punt 18. Zie ook zaak C-309/99, Wouters, Jurispr. 2002, blz. I-1577, punt 95; zaak C-475/99, Ambulanz Glöckner, Jurispr. 2001, blz. I-8089, punt 49; gevoegde zaken C-215/96 en 216/96, Bagnasco, Jurispr. 1999, blz. I-135, punt 51; zaak C-55/96, Job Centre, Jurispr. 1997, blz. I-7119, punt 37, en zaak C-41/90, Höfner en Eiser, Jurispr. 1991, blz. I-1979, punt 33.

eenkomsten en gedragingen welke de concurrentiestructuur binnen de Gemeenschap beïnvloeden doordat zij een binnen de Gemeenschap actieve concurrent uitschakelen of dreigen uit te schakelen, kunnen aan de communautaire mededingingsregels zijn onderworpen [12]. Wanneer een onderneming wordt uitgeschakeld of dreigt te worden uitgeschakeld, wordt de concurrentiestructuur binnen de Gemeenschap beïnvloed, en hetzelfde geldt voor de economische activiteiten welke die onderneming uitoefent.

21. Het vereiste dat er van beïnvloeding van de handel 'tussen lidstaten' sprake dient te zijn, impliceert dat er een impact moet zijn op grensoverschrijdende economische activiteiten tussen minstens twee lidstaten. Het is niet vereist dat de overeenkomst of gedraging de handel tussen het geheel van een lidstaat en het geheel van een andere lidstaat beïnvloedt. De artikelen 81 en 82 kunnen ook van toepassing zijn in gevallen waarbij een deel van een lidstaat wordt getroffen, mits het effect op de handel merkbaar is [13].

22. De toepassing van het criterium 'beïnvloeding van de handel' is onafhankelijk van de afbakening van de relevante geografische markt. Handel tussen lidstaten kan ook worden beïnvloed in de gevallen waarin de relevante markt nationaal of subnationaal is [14].

2.3. Het begrip 'kunnen beïnvloeden'

23. Doel van het begrip 'kunnen beïnvloeden' is te bepalen wat de aard van de vereiste impact op de handel tussen lidstaten is. Volgens de standaardtest die het Hof van Justitie heeft ontwikkeld, impliceert het begrip 'kunnen beïnvloeden' dat het mogelijk moet zijn op basis van een geheel van juridische en feitelijke elementen met een voldoende mate van waarschijnlijkheid te voorzien dat de overeenkomst of gedraging, al dan niet rechtstreeks, daadwerkelijk of potentieel, de handelsstromen tussen lidstaten kan beïnvloeden [15] [16]. Zoals hierboven in punt 20 is aangegeven, heeft het Hof van Justitie daarnaast een test ontwikkeld waarbij gekeken wordt of de overeenkomst of gedraging de concurrentiestructuur beïnvloedt. In gevallen waar de overeenkomst of gedraging de concurrentiestructuur binnen de Gemeenschap kan beïnvloeden, is het Gemeenschapsrecht van toepassing.

24. De 'handelsstromen'-test die het Hof van Justitie heeft ontwikkeld, omvat de volgende belangrijke elementen, die in de volgende onderdelen worden behandeld:
a) 'een voldoende mate van waarschijnlijkheid op basis van een geheel van juridische en feitelijke elementen',
b) beïnvloeding van de 'handelsstromen tussen lidstaten', en

---

(12) Zie bv. gevoegde zaken T-24/93 e.a., Compagnie Maritime Belge, Jurispr. 1996, blz. II-1201, punt 203, en punt 23 van het in voetnoot 4 aangehaalde arrest in de zaak-Commercial Solvents.
(13) Zie bv. gevoegde zaken T-213/95 en T-18/96, SCK en FNK, Jurispr. 1997, blz. II-1739, en hierna deel 3.2.4 en 3.2.6.
(14) Zie deel 3.2.
(15) Zie bv. het in voetnoot 11 aangehaalde arrest in de zaak-Züchner; zaak 319/82, Kerpen & Kerpen, Jurispr. 1983, blz. 4173; gevoegde zaken 240/82 e.a., Stichting Sigarettenindustrie, Jurispr. 1985, blz. 3831, punt 48, en gevoegde zaken T-25/95 e.a., Cimenteries CBR, Jurispr. 2000, blz. II-491, punt 3930.
(16) In een aantal arresten, vooral in verband met verticale overeenkomsten, heeft het Hof van Justitie de bewoording zo uitgebreid dat de overeenkomst een zodanige invloed kan uitoefenen dat de verwezenlijking van de doelstellingen van een gemeenschappelijke markt tussen lidstaten wordt geschaad; zie bv. zaak T-62/98, Volkswagen, Jurispr. 2000, blz. II-2707, punt 179; punt 47 van het in voetnoot 11 aangehaalde Bagnasco-arrest en zaak 56/65, Société Technique Minière, Jurispr. 1966, blz. 337. De impact van een overeenkomst op de doelstelling van een interne markt is dus een factor die in aanmerking kan worden genomen.

c) 'al dan niet rechtstreeks, daadwerkelijk of potentieel, de handelsstromen tussen lidstaten beïnvloeden'.

2.3.1. *Een voldoende mate van waarschijnlijkheid op basis van een geheel van juridische en feitelijke elementen*

25. De beoordeling van het effect op de handel vindt op basis van objectieve factoren plaats. De subjectieve intentie van de betrokken ondernemingen is niet vereist. Indien evenwel bewijzen voorhanden zijn dat de betrokken ondernemingen voornemens waren de handel tussen lidstaten te beïnvloeden, bijvoorbeeld omdat zij probeerden export of import naar andere lidstaten te belemmeren, is dit een relevante factor die in aanmerking moet worden genomen.

26. De woorden 'kunnen beïnvloeden' en de verwijzing van het Hof van Justitie naar 'een voldoende mate van waarschijnlijkheid' impliceert dat voor de toepasselijkheid van het Gemeenschapsrecht niet het bewijs hoeft te worden geleverd dat de overeenkomst of gedraging de handel tussen de lidstaten daadwerkelijk beïnvloedt of heeft beïnvloed. Het is voldoende dat de overeenkomst of gedraging een dergelijk effect kan hebben [17].

27. Er is geen verplichting of noodzaak om het daadwerkelijke volume van de door de overeenkomst of gedraging beïnvloede handel tussen lidstaten te berekenen. Bijvoorbeeld, in het geval van overeenkomsten waarbij export naar andere lidstaten wordt verboden, hoeft niet te worden bepaald wat, zonder de overeenkomst, de omvang van de parallelhandel tussen de lidstaten was geweest. Deze uitlegging is coherent met het feit dat het criterium 'beïnvloeding van de handel' een bevoegdheidscriterium is. De toepasselijkheid van het Gemeenschapsrecht geldt ook voor categorieën overeenkomsten en gedragingen die grensoverschrijdende effecten kunnen hebben, ongeacht of een bepaalde overeenkomst of gedraging een dergelijk effect daadwerkelijk heeft.

28. De beoordeling op grond van het criterium 'beïnvloeding van de handel' is afhankelijk van een aantal factoren, die elk afzonderlijk niet per se beslissend behoeven te zijn [18]. De relevante factoren omvatten onder meer de aard van de overeenkomst en gedraging, de aard van de producten waarop de overeenkomst of gedraging betrekking heeft, en de positie en het belang van de betrokken ondernemingen [19].

29. De aard van de overeenkomst en de gedraging geeft een aanwijzing uit kwalitatief oogpunt van het vermogen van de overeenkomst of gedraging om de handel tussen lidstaten te beïnvloeden. Sommige overeenkomsten en gedragingen kunnen naar hun aard de handel tussen de lidstaten beïnvloeden, terwijl voor andere op dit punt een gedetailleerder onderzoek is vereist. Grensoverschrijdende kartels zijn een voorbeeld van de eerste categorie, terwijl gemeenschappelijke ondernemingen die tot het grondgebied van één enkele lidstaat beperkt blijven, een voorbeeld zijn van de tweede categorie. Dit aspect wordt nader onderzocht in deel 3, waar op de verschillende categorieën overeenkomsten en gedragingen wordt ingegaan.

30. De aard van de producten waarop de overeenkomsten of gedragingen betrekking hebben, geeft ook een aanwijzing voor de vraag of de handel tussen lidstaten kan worden beïnvloed. Wanneer de producten naar hun aard gemakkelijk het voorwerp van grens-

---

(17) Zie bv. zaak T-228/97, Irish Sugar, Jurispr. 1999, blz. II-2969, punt 170, en zaak 17/77, Miller, Jurispr. 1978, blz. 131, punt 15.
(18) Zie bv. zaak C-250/92, Gøttrup-Klim, Jurispr. 1994, blz. II-5641, punt 54.
(19) Zie bv. zaak C-306/96, Javico, Jurispr. 1998, blz. I-1983, punt 17, en punt 18 van het in voetnoot 4 aangehaalde arrest in de zaak-Béguelin.

overschrijdende handel uitmaken of belangrijk zijn voor ondernemingen die andere lidstaten willen betreden of er hun activiteiten uitbreiden, valt de toepasselijkheid van het Gemeenschapsrecht gemakkelijker vast te stellen dan in gevallen waarin er door de aard van producten een beperkte vraag is naar door aanbieders uit andere lidstaten aangeboden producten of waar de producten van beperkt belang zijn uit het oogpunt van grensoverschrijdende vestiging of voor de uitbreiding van de economische activiteit die vanuit dergelijke plaats van vestiging wordt uitgevoerd [20]. Vestiging omvat het opzetten door ondernemingen uit één lidstaat van agentschappen, bijkantoren of dochterondernemingen in een andere lidstaat.

31. De marktpositie van de betrokken ondernemingen en hun omzetvolumes geven uit kwantitatief oogpunt aanwijzingen voor het vermogen van de betrokken overeenkomst of gedraging de handel tussen lidstaten te beïnvloeden. Dit aspect dat een integrerend deel uitmaakt van de beoordeling van de merkbare beïnvloeding, komt aan bod in deel 2.4.

32. Naast de reeds genoemde factoren moet ook rekening worden gehouden met de juridische en feitelijke context waarbinnen de overeenkomst of gedraging uitwerking heeft. De relevante economische en juridische context biedt inzicht in het potentieel voor een effect op de handel tussen lidstaten. Wanneer er voor grensoverschrijdende handel tussen lidstaten absolute drempels zijn, die buiten de overeenkomst of gedraging staan, kan de handel alleen worden beïnvloed wanneer deze drempels in een voorzienbare toekomst naar verwachting zullen verdwijnen. In gevallen waar de drempels niet absoluut zijn, maar grensoverschrijdende activiteiten enkel moeilijker maken, is het van het grootste belang ervoor te zorgen dat overeenkomsten en gedragingen dergelijke activiteiten niet nog meer belemmeren. Overeenkomsten en gedragingen die dat doen, kunnen de handel tussen lidstaten beïnvloeden.

2.3.2. Beïnvloeding van de 'handelsstromen tussen lidstaten'

33. Om de artikelen 81 en 82 te kunnen toepassen moet er sprake zijn van beïnvloeding van de 'handelsstromen tussen lidstaten'.

34. De term 'handelsstromen' is neutraal. Het is geen voorwaarde dat handel wordt beperkt of verminderd [21]. De handelsstromen kunnen ook worden beïnvloed wanneer een overeenkomst of gedraging zorgt voor een toename in de handel. De toepasselijkheid van het Gemeenschapsrecht staat immers vast wanneer de handel tussen lidstaten zich met de overeenkomst of gedraging waarschijnlijk anders had ontwikkeld dan de ontwikkeling die zonder de overeenkomst of gedraging te verwachten viel [22].

35. Deze uitlegging reflecteert het feit dat het criterium 'beïnvloeding van de handel' een bevoegdheidscriterium is, dat ertoe strekt de overeenkomsten en gedragingen welke grensoverschrijdende effecten kunnen sorteren, te onderscheiden van overeenkomsten

---

(20) Vergelijk in dit verband de in voetnoot 11 aangehaalde arresten in de zaak-Bagnaso en de zaak-Wouters.

(21) Zie bv. zaak T-141/89, Tréfileurope, Jurispr. 1995, blz. II-791; zaak T-29/92, Vereniging van Samenwerkende Prijsregelende Organisaties in de Bouwnijverheid (SPO), Jurispr. 1995, blz. II-289 (wat export betreft) en Beschikking 2001/711/EG van de Commissie in de zaak-Volkswagen (PB L 264 van 2.10.2001, blz. 14).

(22) Zie in dit verband zaak 71/74, Frubo, Jurispr. 1975, blz. 563, punt 38; gevoegde zaken 209/78 e.a., Van Landewyck, Jurispr. 1980, blz. 3125, punt 172; zaak T-61/89, Dansk Pelsdyravler Forening, Jurispr. 1992, blz. II-1931, punt 143, en zaak T-65/89, BPB Industries en British Gypsum, Jurispr. 1993, blz. II-389, punt 135.

en gedragingen waarvoor dat niet het geval is, zodat zij aan de communautaire mededingingsregels kunnen worden getoetst.

2.3.3. 'Al dan niet rechtstreeks, daadwerkelijk of potentieel', de handelsstromen beïnvloeden

36. De invloed van overeenkomsten en gedragingen op handelsstromen tussen lidstaten kan 'al dan niet rechtstreeks, daadwerkelijk of potentieel' zijn.

37. Rechtstreekse effecten op de handel tussen lidstaten doen zich normaal gesproken voor in verband met de producten waarop de overeenkomst of gedraging betrekking heeft. Wanneer bijvoorbeeld producenten van een bepaald product in de verschillende lidstaten overeenkomen markten te verdelen, worden rechtstreekse effecten gegenereerd op de handel tussen lidstaten voor de markt van de betrokken producten. Een ander voorbeeld van rechtstreekse effecten die worden gegenereerd, is de situatie waarin een aanbieder distributeurs kortingen beperkt voor producten die worden verkocht binnen de lidstaten waarin de distributeurs zijn gevestigd. Dergelijke gedragingen verhogen de relatieve prijzen van voor de export bestemde producten, hetgeen exportverkopen minder aantrekkelijk en minder concurrerend maakt.

38. Indirecte effecten doen zich vaak voor in verband met producten die verwant zijn met producten waarop de overeenkomst of gedraging betrekking heeft. Indirecte effecten kunnen bijvoorbeeld spelen wanneer een overeenkomst of gedraging impact heeft op grensoverschrijdende economische activiteiten van ondernemingen die gebruikmaken of anderszins een beroep doen op de producten waarop de overeenkomst of gedraging betrekking heeft [23]. Dergelijke effecten kunnen bijvoorbeeld spelen wanneer de overeenkomst of gedraging verband houdt met een intermediair product dat niet wordt verhandeld, maar wordt gebruikt bij het aanbieden van een eindproduct dat wel wordt verhandeld. Het Hof van Justitie heeft geoordeeld dat handel tussen lidstaten kon worden beïnvloed in het geval van een overeenkomst waarbij de prijzen werden afgesproken voor gedestilleerd dat bij de productie van cognac wordt gebruikt [24]. De ruwe grondstof wordt weliswaar niet zelf geëxporteerd, maar het eindproduct – cognac – wordt wel geëxporteerd. In dergelijke gevallen is het communautaire mededingingsrecht dus van toepassing wanneer handel in het eindproduct kan worden beïnvloed.

39. Indirecte invloed op de handel tussen lidstaten kan ook plaatsvinden voor de producten waarop de overeenkomst of gedraging betrekking heeft. Zo werken overeenkomsten waarbij een fabrikant de garanties voor door distributeurs verkochte producten tot hun lidstaat van vestiging beperkt, ontmoedigend voor gebruikers uit andere lidstaten die de betrokken producten willen aanschaffen, omdat zij op de garantie geen beroep zouden kunnen doen [25]. Uitvoer door officiële distributeurs en parallelhandelaren wordt bemoeilijkt omdat, in de ogen van de gebruikers, de producten zonder de garantie van de fabrikant minder aantrekkelijk worden [26].

---

(23) Zie bijvoorbeeld in dit verband zaak T-86/95, Compagnie maritime belge, Jurispr. 2002, blz. II-1011, punt 148, en punt 202 van het in voetnoot 12 aangehaalde arrest in de zaak-Compagnie maritime belge.

(24) Zie zaak 123/83, BNIC/Clair, Jurispr. 1985, blz. 391, punt 29.

(25) Zie Beschikking 78/922/EEG van de Commissie in de zaak-Zanussi, PB L 322 van 16.11.1978, blz. 36, overweging 11.

(26) Zie in dit verband zaak 31/85, ETA Fabrique d'Ebauches, Jurispr. 1985, blz. 3933, punten 12 en 13.

Richtsnoeren betreffende het begrip 'beïnvloeding van de handel'

40. Van daadwerkelijke beïnvloeding van de handel tussen lidstaten is sprake zodra de overeenkomst of gedraging ten uitvoer wordt gelegd. Van een overeenkomst tussen een aanbieder en een distributeur binnen dezelfde lidstaat waarbij bijvoorbeeld export naar andere lidstaten wordt verboden, kan worden verwacht dat zij de handel tussen lidstaten daadwerkelijk beïnvloedt. Zonder de overeenkomst had het de distributeur vrij gestaan in de exportverkoop actief te worden. Er zij evenwel aan herinnerd dat het niet noodzakelijk is dat daadwerkelijke beïnvloeding wordt aangetoond. Het is voldoende dat de overeenkomst of gedraging dergelijke effecten kan hebben.

41. Potentiële effecten zijn die welke zich in de toekomst met een voldoende mate van waarschijnlijkheid kunnen voordoen. Met andere woorden, voorzienbare marktontwikkelingen moeten mee in aanmerking worden genomen [27]. Zelfs wanneer de handel niet kan worden beïnvloed op het tijdstip dat de overeenkomst wordt gesloten of de gedraging ten uitvoer gelegd, blijven de artikelen 81 en 82 toch van toepassing wanneer de factoren welke tot die conclusie leidden, in de voorzienbare toekomst waarschijnlijk zullen veranderen. Op dit punt is het relevant rekening te houden met de impact van de door de Gemeenschap of de betrokken lidstaat genomen liberaliseringsmaatregelen en andere voorzienbare maatregelen die gericht zijn op het uitschakelen van juridische handelsbelemmeringen.

42. Bovendien kan, zelfs wanneer op een bepaald tijdstip de marktvoorwaarden voor grensoverschrijdende handel ongunstig zijn – bijvoorbeeld omdat de prijzen in de lidstaten in kwestie vergelijkbaar zijn –, de handel nog steeds worden beïnvloed wanneer de situatie ingevolge veranderende marktomstandigheden wijzigt [28]. Wat van belang is, is het vermogen van de overeenkomst of gedraging om de handel tussen lidstaten te beïnvloeden, en niet of zij dat op een bepaald tijdstip ook daadwerkelijk doen.

43. Het betrekken van indirecte of potentiële effecten in de analyse van de gevolgen voor de handel tussen lidstaten, betekent niet dat de analyse op vage of hypothetische effecten kan worden gebaseerd. De waarschijnlijkheid waarmee een bepaalde overeenkomst indirecte of potentiële effecten oplevert, moet worden toegelicht door de autoriteit of partij die beweert dat de handel tussen lidstaten merkbaar kan worden beïnvloed. Hypothetische of speculatieve effecten zijn onvoldoende om aan te tonen dat het Gemeenschapsrecht van toepassing is. Zo doet bijvoorbeeld een overeenkomst ter verhoging van de prijs van een product waarvoor in het buitenland geen markt bestaat, het beschikbare inkomen van consumenten dalen. Aangezien consumenten minder geld kunnen uitgeven, kunnen zij minder, uit andere lidstaten geïmporteerde producten aanschaffen. Het verband tussen dergelijke inkomenseffecten en de handel tussen lidstaten is over het algemeen echter op zich te vaag om aan te tonen dat het Gemeenschapsrecht van toepassing is.

2.4. Het begrip 'merkbare beïnvloeding'.

2.4.1. Algemeen beginsel

44. Het criterium 'beïnvloeding van de handel' omvat ook een kwantitatief element, waardoor de toepasselijkheid van het Gemeenschapsrecht wordt beperkt tot overeenkomsten en gedragingen die effecten van een zekere omvang kunnen hebben. Overeenkomsten en gedragingen vallen buiten het toepassingsbereik van de artikelen 81 en 82 wanneer

---

(27) Zie gevoegde zaken C-241/91 P en C-242/91 P, RTE (Magill), Jurispr. 1995, blz. I-743, punt 70, en zaak 107/82, AEG, Jurispr. 1983, blz. 3151, punt 60.

(28) Zie punt 60 van het in voorgaande voetnoot aangehaalde arrest in de zaak-AEG.

zij de markt slechts in zeer geringe mate beïnvloeden wegens de zwakke positie van de betrokken ondernemingen op de markt voor de betrokken producten [29]. In hoeverre sprake is van merkbare beïnvloeding, kan met name aan de hand van de positie en het gewicht van de betrokken ondernemingen op de markt voor de betrokken producten worden bepaald [30].

45. De beoordeling van de omvang van de merkbare beïnvloeding is afhankelijk van de omstandigheden van elke individuele zaak, met name de aard van de overeenkomst en de gedraging, de aard van de producten waarop zij betrekking hebben en de marktpositie van de betrokken ondernemingen. Wanneer de overeenkomst of gedraging naar haar aard de handel tussen lidstaten kan beïnvloeden, ligt de drempel om tot merkbare beïnvloeding te besluiten lager dan het geval is bij overeenkomsten en gedragingen die naar hun aard de handel tussen lidstaten niet kunnen beïnvloeden. Naarmate de marktpositie van de betrokken ondernemingen sterker is, valt ook eerder te verwachten dat een overeenkomst of gedraging die de handel tussen lidstaten kan beïnvloeden, ook wordt beschouwd als in staat zijnde de handel merkbaar te beïnvloeden [31].

46. In een aantal zaken in verband met import en export heeft het Hof van Justitie geoordeeld dat van merkbare beïnvloeding geen sprake was wanneer de omzet van de betrokken ondernemingen zo'n 5 % van de markt vertegenwoordigde [32]. Marktaandeel alleen is echter niet altijd beschouwd als de beslissende factor. Met name moet ook met de omzet van de ondernemingen voor de betrokken producten rekening worden gehouden [33].

47. De omvang van de merkbare beïnvloeding kan dus in zowel absolute cijfers (omzet) als relatieve cijfers worden gemeten door de positie van de betrokken onderneming(en) te vergelijken met die van andere spelers op de markt (marktaandeel). Het bijzondere belang dat aan de positie en het belang van de betrokken ondernemingen wordt gehecht, strookt met het begrip 'kunnen beïnvloeden', hetgeen impliceert dat de beoordeling is gebaseerd op het vermogen van de overeenkomst of gedraging om de handel tussen lidstaten te beïnvloeden, in plaats van op de impact voor de daadwerkelijke stromen van goederen en diensten over de grenzen. De marktpositie van de betrokken ondernemingen en hun omzet voor de betrokken producten geven aanwijzingen voor het vermogen van een overeenkomst of gedraging om de handel tussen lidstaten te beïnvloeden. Deze beide elementen zijn terug te vinden in de veronderstellingen die in de punten 52 en 53 worden uiteengezet.

---

(29) Zie zaak 5/69, Völk, Jurispr. 1969, blz. 295, punt 7.
(30) Zie bv. punt 17 van het in voetnoot 19 aangehaalde arrest in de zaak-Javico, en punt 138 van het in voetnoot 22 aangehaalde arrest in de zaak-BPB Industries en British Gypsum.
(31) Zie punt 138 van het in voetnoot 22 aangehaalde arrest in de zaak-BPB Industries en British Gypsum.
(32) Zie bijvoorbeeld de punten 9 en 10 van het in voetnoot 17 aangehaalde arrest in de zaak-Miller en punt 58 van het in voetnoot 27 aangehaalde arrest in de zaak-AEG.
(33) Zie gevoegde zaken 100/80 e. a., Musique Diffusion Française, Jurispr. 1983, blz. 1825, punt 86. In die zaak vertegenwoordigden de betrokken producten iets meer dan 3 % van de betrokken nationale markten. Het Hof oordeelde dat de overeenkomsten, die parallelhandel belemmerden, de handel tussen lidstaten merkbaar ongunstig konden beïnvloeden ingevolge de hoge omzet van de partijen en de relatieve marktpositie van de producten ten opzichte van producten geproduceerd door concurrerende aanbieders.

48. De toepassing van het criterium 'merkbare beïnvloeding' vereist niet noodzakelijk dat relevante markten worden afgebakend en marktaandelen worden berekend [34]. De omzet van een onderneming in absolute cijfers kan voldoende zijn om de bevinding te onderbouwen dat van merkbare beïnvloeding van de handel sprake is. Dit is met name het geval bij overeenkomsten en gedragingen die naar hun aard de handel tussen lidstaten kunnen beïnvloeden, bijvoorbeeld omdat zij betrekking hebben op import of export of omdat zij diverse lidstaten bestrijken. Het feit dat in dergelijke omstandigheden de omzet voor de producten die onder de overeenkomst vallen, voldoende kan zijn om te concluderen dat van merkbaar beïnvloeding van de handel tussen lidstaten sprake is, is in het in punt 53 uiteengezette positieve vermoeden terug te vinden.

49. Overeenkomsten en gedragingen moeten steeds worden onderzocht in de economische en juridische context waarbinnen zij zich afspelen. In het geval van verticale overeenkomsten kan het noodzakelijk zijn te kijken naar eventuele cumulatieve effecten van parallelle netwerken van vergelijkbare overeenkomsten [35]. Zelfs indien één enkele overeenkomst of een netwerk van overeenkomsten de handel tussen lidstaten niet merkbaar kan beïnvloeden, kan het effect van parallelle netwerken van overeenkomsten, als geheel genomen, wel daartoe in staat zijn. Wil dat echter het geval zijn, dan moet de individuele overeenkomst of reeks van overeenkomsten in aanzienlijke mate tot het cumulatieve effect op de handel bijdragen [36].

2.4.2. Kwantificering van de omvang van de merkbare beïnvloeding

50. Het is niet mogelijk voor alle categorieën overeenkomsten algemene kwantitatieve regels vast te stellen waaruit valt af te leiden wanneer de handel tussen lidstaten merkbaar kan worden beïnvloed. Daarentegen is het mogelijk aan te geven wanneer de handel normaal gesproken niet kan worden beïnvloed. Allereerst heeft de Commissie in haar bekendmaking inzake overeenkomsten van geringe betekenis die de mededinging niet merkbaar beperken in de zin van artikel 81, lid 1, van het Verdrag (de minimis) [37] verklaard dat overeenkomsten tussen kleine en middelgrote ondernemingen (KMO's) in de zin van de bijlage bij Aanbeveling 96/280/EG van de Commissie [38] normaal gesproken de handel tussen lidstaten niet kunnen beïnvloeden. De reden voor deze aanname is het feit dat de activiteiten van KMO's normaal gesproken lokaal of hoogstens regionaal van karakter zijn. Toch kunnen KMO's onder de toepassing van het Gemeenschapsrecht vallen, met name wanneer zij in grensoverschrijdende economische activiteiten betrokken zijn. Ten tweede vindt de Commissie het passend algemene beginselen vast te stellen waaruit blijkt wanneer handel doorgaans niet kan worden beïnvloed – een norm dus waarin wordt omschreven wanneer van merkbare beïnvloeding van de handel tussen lidstaten geen sprake is (de geen 'merkbaar-effect' op de handel-regel). Bij de toepassing

---

(34) Zie in dit verband de punten 179 en 231 van het in voetnoot 16 aangehaalde arrest in de zaak-Volkswagen, en zaak T-213/00, CMA CGM e.a., punten 219 en 220.
(35) Zie bv. zaak T7/93, Langnese-Iglo, Jurispr. 1995, blz. II-1533, punt 120.
(36) Zie punten 140 en 141 van het in voetnoot 5 aangehaalde arrest in de zaak-Vereniging van Groothandelaren in Bloemkwekerijprodukten.
(37) Zie de bekendmaking van de Commissie inzake overeenkomsten van geringe betekenis die de mededinging niet merkbaar beperken in de zin van artikel 81, lid 1, van het Verdrag, PB C 368 van 22.12.2001, blz. 13, punt 3.
(38) PB L 107 van 30.4.1996, blz. 4. Per 1 januari 2005 zal deze aanbeveling worden vervangen door de aanbeveling van de Commissie 2003/361/EG betreffende de definitie van kleine, middelgrote en micro-ondernemingen (PB L 124 van 20.5.2003, blz. 36).

van artikel 81 zal de Commissie deze norm als een weerlegbaar negatief vermoeden beschouwen dat geldt voor alle overeenkomsten in de zin van artikel 81, lid 1, ongeacht de aard van de in de overeenkomst vervatte beperkingen, met inbegrip van beperkingen die in groepsvrijstellingsverordeningen en richtsnoeren van de Commissie als hardcore beperkingen zijn aangemerkt. In gevallen waarin dit vermoeden geldt, zal de Commissie normaal gesproken geen procedure inleiden, noch op verzoek noch ambtshalve. Wanneer ondernemingen te goeder trouw aannemen dat een overeenkomst door dit negatief vermoeden is gedekt, zal de Commissie geen geldboeten opleggen.

51. Onverlet het bepaalde in punt 53, impliceert deze negatieve definitie van 'merkbare beïnvloeding' niet dat overeenkomsten die niet voldoen aan de hierna uiteengezette criteria, automatisch de handel tussen lidstaten merkbaar kunnen beïnvloeden. Een onderzoek van geval tot geval blijft noodzakelijk.

52. De Commissie is van oordeel dat in beginsel overeenkomsten de handel tussen lidstaten niet merkbaar kunnen beïnvloeden wanneer aan elk van de volgende voorwaarden is voldaan:
a) het totale marktaandeel van de partijen op relevante markten binnen de Gemeenschap waarop de overeenkomst van invloed is, bedraagt niet meer dan 5 %, en
b) in het geval van horizontale overeenkomsten: de totale communautaire jaaromzet van de betrokken ondernemingen [39] bedraagt voor de onder de overeenkomst vallende producten niet meer dan 40 miljoen EUR. In het geval van overeenkomsten inzake de gemeenschappelijke aankoop van producten zal de relevante omzet, de gemeenschappelijke aankopen van partijen van de producten die onder de overeenkomst vallen, zijn.

In het geval van horizontale overeenkomsten: de totale communautaire jaaromzet van de aanbieder bedraagt voor de onder de overeenkomst vallende producten niet meer dan 40 miljoen EUR. In het geval van licentieovereenkomsten, is de relevante omzet de som van de omzet van de licentienemers voor de producten waarin de in licentie gegeven technologie is opgenomen, en de eigen omzet van de licentiegever voor die producten. In het geval van overeenkomsten tussen een koper en meerdere leveranciers, is de relevante omzet die van de gecombineerde aankopen van de kopers van de producten vallende onder de overeenkomst.

De Commissie zal hetzelfde vermoeden toepassen wanneer gedurende twee opeenvolgende kalenderjaren voornoemde omzetdrempel met niet meer dan 10 % wordt overschreden en wanneer de bovenstaande marktdrempel met niet meer dan 2 procentpunt wordt overschreden. In gevallen waarin de overeenkomst een opkomende, nog niet bestaande markt betreft en waar de partijen bijgevolg geen relevante omzet genereren noch enig relevant marktaandeel opbouwen, zal de Commissie dit vermoeden niet toepassen. In dergelijke gevallen is het mogelijk dat de merkbare beïnvloeding wordt onderzocht op basis van de positie van de partijen op aanverwante productmarkten of van hun sterkte in technologieën die met de overeenkomst verband houden.

53. Voorts zal de Commissie ook oordelen dat, wanneer een overeenkomst op zich al de handel tussen lidstaten kan beïnvloeden, bijvoorbeeld omdat het import en export

---

(39) Het begrip 'betrokken ondernemingen' omvat ook de 'verbonden ondernemingen' in de zin van punt 12.2 van de bekendmaking van de Commissie inzake overeenkomsten van geringe betekenis die de mededinging niet merkbaar beperken in de zin van artikel 81, lid 1, van het Verdrag tot oprichting van de Europese Gemeenschap (*PB* C 368 van 22.12.2001, blz. 13).

of diverse lidstaten betreft, er sprake is van een weerlegbaar positief vermoeden dat bij dergelijke effecten van merkbare beïnvloeding van de handel sprake is wanneer de omzet van de partijen voor de onder (*red.*: lees: voor de onder de) overeenkomst vallende producten, berekend als aangegeven in de punten 52 en 54, meer dan 40 miljoen EUR bedraagt. In het geval van overeenkomsten die naar hun aard de handel tussen lidstaten kunnen beïnvloeden, mag vaak ook worden aangenomen dat dergelijke effecten merkbaar zijn wanneer het marktaandeel van de partijen de in het vorige punt beschreven 5 %-drempel overschrijdt. Dit vermoeden geldt echter niet wanneer de overeenkomst slechts een deel van een lidstaat bestrijkt, zie punt 90.

54. Met betrekking tot de drempel van 40 miljoen EUR, cf. punt 52, wordt de omzet berekend op basis van de totale communautaire omzet, exclusief belastingen, gedurende het voorafgaande boekjaar van de betrokken ondernemingen voor de producten waarop de overeenkomst betrekking heeft (de contractgoederen). Verkopen tussen entiteiten die deel uitmaken van dezelfde onderneming, worden uitgesloten [40].

55. Om de marktaandeeldrempel toe te passen, moet de relevante markt worden afgebakend [41]. Deze omvat de relevante productmarkt en de relevante geografische markt. De marktaandelen dienen te worden berekend op basis van cijfers betreffende de waarde van de omzet of, indien toepasselijk, de waarde van de aankopen. Wanneer geen waardecijfers beschikbaar zijn, kan van ramingen die op andere betrouwbare marktinformatie, waaronder volumecijfers, gebaseerd zijn, worden gebruik gemaakt.

56. In het geval van netwerken van overeenkomsten tussen dezelfde aanbieder en verschillende distributeurs, worden de verkopen via het volledige netwerk in aanmerking genomen.

57. Contracten die van dezelfde algemene zakelijke regeling transactie deel uitmaken, vormen één enkele overeenkomst met het oog op de toepassing van de 'merkbaareffect'-regel [42]. Ondernemingen kunnen zich niet beneden deze drempels brengen door een overeenkomst die uit economisch oogpunt één geheel vormt, op te splitsen.

3. Toepassing van bovenstaande beginselen op gebruikelijke soorten overeenkomsten en misbruiken

58. De Commissie zal het in het vorige deel beschreven negatieve vermoeden toepassen op alle overeenkomsten, met inbegrip van overeenkomsten die naar hun aard de handel tussen lidstaten kunnen beïnvloeden, alsmede voor overeenkomsten die de handel tussen ondernemingen in derde landen betreffen, cf. deel 3.3.

59. Buiten het toepassingsbereik van het negatieve vermoeden zal de Commissie rekening houden met kwalitatieve elementen die verband houden met de aard van de overeenkomst of gedragingen en de producten waarop deze betrekking hebben, zie punten 29 en 30. Het belang van de aard van de overeenkomst wordt ook gereflecteerd in het in punt 53 beschreven positieve vermoeden in het geval van overeenkomsten die naar hun aard de handel tussen lidstaten kunnen beïnvloeden. Met het oog op additionele aanwijzingen in verband met de toepassing van het begrip 'beïnvloeding van de handel' is

---

(40) Zie de voorgaande voetnoot.
(41) Bij het afbakenen van de relevante markt, raadplege men de bekendmaking van de Commissie inzake de bepaling van de relevante markt voor het gemeenschappelijke mededingingsrecht (*PB* C 372 van 9.12.1997, blz. 5).
(42) Zie ook punt 14.

het daarom dienstig om de verschillende soorten meest gebruikelijke overeenkomsten en gedragingen nader te bezien.

60. In de volgende delen wordt een belangrijk onderscheid gemaakt tussen overeenkomsten en gedragingen die meerdere lidstaten bestrijken, en overeenkomsten en gedragingen die tot één lidstaat of tot een deel van één lidstaat zijn beperkt. Deze twee hoofdcategorieën worden opgesplitst in verdere subcategorieën op basis van de aard van de betrokken overeenkomst of gedraging. Ook overeenkomsten en gedragingen die derde landen bestrijken, komen aan bod.

3.1. Overeenkomsten en misbruiken die meerdere lidstaten bestrijken of in meerdere lidstaten ten uitvoer worden gelegd

61. Overeenkomsten en gedragingen die meerdere lidstaten bestrijken of in meerdere lidstaten ten uitvoer worden gelegd, kunnen naar hun aard in nagenoeg alle gevallen de handel tussen lidstaten beïnvloeden. Wanneer de relevante omzet de in punt 53 beschreven drempel overschrijdt, zal het in de meeste gevallen dan ook niet nodig zijn een gedetailleerd onderzoek uit te voeren naar de vraag of de handel tussen lidstaten kan worden beïnvloed. Om echter ook voor deze gevallen houvast te bieden en de in deel 2 ontwikkelde beginselen te illustreren, is het nuttig uiteen te zetten wat de factoren zijn die doorgaans worden gebruikt als basis om te besluiten dat een zaak onder de toepassing van het Gemeenschapsrecht valt.

3.1.1. Overeenkomsten betreffende import en export

62. Overeenkomsten tussen ondernemingen in twee of meer lidstaten die op import en export betrekking hebben, kunnen naar hun aard de handel tussen lidstaten beïnvloeden. Dergelijke overeenkomsten hebben, ongeacht of ze de mededinging beperken of niet, een impact op de handelsstromen tussen lidstaten. In de zaak-Kerpen & Kerpen bijvoorbeeld, waar het ging om een overeenkomt (*red.*: lees: overeenkomst) tussen een Franse producent en een Duitse distributeur die meer dan 10 % van de export van Frankrijk naar Duitsland (ten belope van in totaal 350 000 ton per jaar) betrof, heeft het Hof van Justitie verklaard dat niet kon worden gesteld dat een dergelijke overeenkomst de handel tussen lidstaten niet (merkbaar) kon beïnvloeden [43].

63. Deze categorie omvat ook overeenkomsten die aan import en export beperkingen opleggen, met inbegrip van beperkingen op actieve en passieve verkoop en op wederverkoop door afnemers aan afnemers in andere lidstaten [44]. In deze gevallen is er een inherent verband tussen de beweerde mededingingsbeperking en de invloed ervan op de handel, aangezien de beperking precies ten doel heeft goederen- en dienstenstromen tussen lidstaten te verhinderen, hetgeen anders onmogelijk was geweest. Het doet niet ter zake of de partijen bij de overeenkomst in dezelfde lidstaat of in verschillende lidstaten zijn gevestigd.

3.1.2. Meerdere lidstaten bestrijkende kartels

64. Kartelovereenkomsten zoals die waarbij sprake is van prijsafspraken en verdeling van de markten en die diverse lidstaten bestrijken, kunnen naar hun aard de handel

---

[43] Zie punt 8 van het in voetnoot 15 aangehaalde arrest in de zaak-Kerpen & Kerpen. Opgemerkt zij dat het Hof niet verwijst naar marktaandeel, maar naar het aandeel in de Franse export en de betrokken producthoeveelheden.

[44] Zie bv. het in voetnoot 16 aangehaalde arrest in de zaak-Volkswagen en zaak T-175/95, BASF Coatings, Jurispr. 1999, blz. II-1581. Voor een horizontale overeenkomst om parallelhandel te beletten, zie gevoegde zaken 96/82 e.a., IAZ International, Jurispr. 1982, blz. 3369, punt 27.

tussen lidstaten beïnvloeden. Grensoverschrijdende kartels harmoniseren de mededingingsvoorwaarden en hebben een invloed op de vervlechting van de handel door het bestendigen van traditionele handelsstromen [45]. Wanneer ondernemingen overeenkomen om geografische gebieden onder elkaar te verdelen, kunnen verkopen van andere gebieden naar de toegewezen gebieden worden uitgeschakeld of beperkt. Wanneer ondernemingen overeenkomen prijzen vast te stellen, schakelen zij de mededinging uit en eventuele daaruit resulterende prijsverschillen die zowel concurrenten als afnemers ertoe kunnen aanzetten in grensoverschrijdende handel actief te worden. Wanneer ondernemingen overeenkomsten over verkoopquota bereiken, worden de traditionele handelsstromen bestendigd. De betrokken ondernemingen zien ervan af hun productie uit te breiden en zodoende potentiële afnemers in andere lidstaten te bedienen.

65. De beïnvloeding van de handel die van grensoverschrijdende kartels uitgaat, is doorgaans ook naar haar aard een merkbare beïnvloeding als gevolg van de marktpositie van de partijen bij het kartel. Kartels worden normaal gesproken enkel gevormd wanneer de betrokken ondernemingen samen een ruim deel van de markt in handen hebben, omdat dit hen in staat stelt prijzen te verhogen of de productie te beperken.

3.1.3. Meerdere lidstaten bestrijkende horizontale samenwerkingsovereenkomsten

66. Dit deel handelt over diverse soorten horizontale samenwerkingsovereenkomsten. Horizontale samenwerkingsovereenkomsten kunnen bijvoorbeeld de vorm aannemen van overeenkomsten waarbij twee of meer ondernemingen samenwerken bij het uitvoeren van een bepaalde economische activiteit, zoals productie en distributie [46]. Vaak worden dergelijke overeenkomsten ook 'gemeenschappelijke ondernemingen' genoemd. Gemeenschappelijke ondernemingen die duurzaam alle functies van een zelfstandige economische eenheid vervullen, vallen onder de concentratieverordening [47]. Op het niveau van de Gemeenschap vallen dergelijke volwaardige gemeenschappelijke ondernemingen niet onder de toepassing van de artikelen 81 en 82 behalve in zaken waar artikel 2, lid 4, van de Verordening inzake concentraties van toepassing is [48]. Dit onderdeel handelt dus niet over de volwaardige gemeenschappelijke ondernemingen. In het geval van 'niet-volwaardige' gemeenschappelijke ondernemingen is de gemeenschappelijke entiteit niet als autonome aanbieder (of afnemer) op een markt actief. Zij bedient enkel haar moedermaatschappijen, die zelf op de markt actief zijn [49].

67. Gemeenschappelijke ondernemingen die in twee of meerdere lidstaten actief zijn of die output produceren welke door de moedermaatschappijen in twee of meer lidstaten

---

(45) Zie bv. zaak T-142/89, Usines Gustave Boël, Jurispr. 1995, blz. II-867, punt 102.
(46) Horizontale samenwerkingsovereenkomsten worden behandeld in de richtsnoeren van de Commissie inzake de toepasselijkheid van artikel 81 van het EG-Verdrag op horizontale samenwerkingsovereenkomsten (*PB* C 3 van 6.1.2001, blz. 2). Deze richtsnoeren handelen over de materiële concurrentietoets van diverse soorten overeenkomsten, doch niet over de kwestie van de beïnvloeding van de handel.
(47) Zie Verordening (EEG) nr. 139/2004 betreffende de controle op concentraties van ondernemingen (*PB* L 24 van 29.1.2004, blz. 1).
(48) Aanwijzingen over het toepassingsbereik van dit begrip zijn te vinden in de mededeling van de Commissie inzake het begrip volwaardige gemeenschappelijke onderneming in de zin van Verordening (EEG) nr. 4064/89 van de Raad betreffende de controle op concentraties van ondernemingen (*PB* C 66 van 2.3.1998, blz. 1).
(49) Zie bv. Beschikking 93/49/EEG van de Commissie in de zaak-Ford/Volkswagen (*PB* L 20 van 28.1.1993, blz. 14).

wordt afgezet, beïnvloeden de commerciële activiteiten van de partijen in die gebieden van de Gemeenschap. Daarom kunnen dergelijke overeenkomsten normaal gesproken naar hun aard de handel tussen lidstaten beïnvloeden — in vergelijking met de situatie zonder de overeenkomst [50]. Handelsstromen worden beïnvloed wanneer ondernemingen hun activiteiten verplaatsen naar de gemeenschappelijke onderneming of deze gebruiken om binnen de Gemeenschap een nieuwe voorzieningsbron te vestigen.

68. De handel kan ook worden beïnvloed wanneer een gemeenschappelijke onderneming input produceert voor haar moedermaatschappijen die vervolgens door deze moedermaatschappijen in een product wordt verwerkt of geïntegreerd. Dit kan waarschijnlijk het geval zijn wanneer de betrokken input voordien bij aanbieders in andere lidstaten werd betrokken, wanneer de moedermaatschappijen voordien de input in andere lidstaten produceerden of wanneer het eindproduct in meer dan één lidstaat wordt verhandeld.

69. Bij de beoordeling van de omvang van de merkbare beïnvloeding is het van belang rekening te houden met de omzet van de moedermaatschappijen voor de met de overeenkomst verband houdende producten en niet enkel die van de gemeenschappelijke eenheid welke bij de overeenkomst werd opgericht, aangezien de gemeenschappelijke onderneming niet als autonome eenheid op enige markt actief is.

3.1.4. In meerdere lidstaten ten uitvoer gelegde verticale overeenkomsten

70. Verticale overeenkomsten en netwerken van vergelijkbare verticale overeenkomsten die in meerdere lidstaten ten uitvoer worden gelegd, kunnen doorgaans de handel tussen lidstaten beïnvloeden wanneer zij er de oorzaak van zijn dat de handel op een bepaalde wijze wordt gekanaliseerd. Netwerken van selectieve distributieovereenkomsten die in twee of meer lidstaten ten uitvoer worden gelegd, kanaliseren bijvoorbeeld de handel op een bepaalde wijze omdat zij de handel beperken tot leden van het netwerk, en zodoende de handelsstromen beïnvloeden ten opzichte van de situatie zonder de overeenkomst [51].

71. Handel tussen lidstaten kan ook worden beïnvloed door verticale overeenkomsten die marktafschermende effecten hebben. Dit kan bijvoorbeeld het geval zijn bij overeenkomsten waarbij distributeurs in diverse lidstaten overeenkomen enkel bij een bepaalde leverancier in te kopen of enkel diens producten te verkopen. Dergelijke overeenkomsten kunnen beperkend werken voor de handel tussen de lidstaten waar de overeenkomsten ten uitvoer worden gelegd of vanuit lidstaten die niet door de overeenkomsten worden bestreken. Marktafscherming kan ook uit individuele overeenkomsten of uit netwerken van overeenkomsten voortvloeien. Wanneer een overeenkomst of netwerken van overeenkomsten die meerdere lidstaten bestrijken, marktafschermende effecten hebben, is het vermogen van de overeenkomst of overeenkomsten om de handel tussen lidstaten te beïnvloeden naar hun aard normaal gesproken merkbaar.

72. Ook overeenkomsten tussen leveranciers en distributeurs die in verticale prijsbinding voorzien en twee of meer lidstaten bestrijken, kunnen doorgaans naar hun aard de handel tussen lidstaten beïnvloeden [52]. Dergelijke overeenkomsten veranderen het prijspeil dat zonder de overeenkomsten waarschijnlijk had bestaan, en beïnvloeden bijgevolg de handelsstromen.

---

(50) Zie in dit verband punt 146 van het in voetnoot 23 aangehaalde arrest in de zaak-Compagnie Générale Maritime.
(51) Zie in dit verband gevoegde zaken 43 en 63/82, VBVB en VBBB, Jurispr. 1984, blz. 19, punt 9.
(52) Zie in dit verband zaak T-66/89, Publishers Association, Jurispr. 1992, blz. II-1995.

3.1.5. Meerdere lidstaten bestrijkende misbruiken van machtsposities

73. In het geval van misbruik van een machtspositie is het nuttig een onderscheid te maken tussen misbruiken die drempels opwerpen voor het betreden van de markt of waarmee concurrenten worden uitgeschakeld (misbruik door uitsluiting), en misbruiken waarbij de onderneming met een machtspositie van haar economische macht profiteert om bijvoorbeeld excessieve of discriminerende prijzen te berekenen (misbruik door uitbuiting). Beide vormen van misbruik kunnen ten uitvoer worden gelegd via overeenkomsten, die eveneens onder de toepassing van artikel 81, lid 1, vallen, of via eenzijdig optreden dat, wat het communautaire mededingingsrecht betreft, enkel onder artikel 82 valt.

74. In het geval van misbruiken door uitbuiting zoals discriminerende kortingen, geldt de impact de downstream handelspartners, die ofwel hun voordeel ermee doen of ervan te lijden hebben, doordat hun concurrentiepositie wordt gewijzigd en de handelsstromen tussen lidstaten worden beïnvloed.

75. Wanneer een onderneming met een machtspositie zich begeeft aan uitsluitingsgedrag in meer dan één lidstaat, kan dergelijk misbruik normaal gesproken naar zijn aard de handel tussen lidstaten beïnvloeden. Dergelijk gedrag heeft ook een negatieve impact op de mededinging in een gebied dat zich buiten één enkele lidstaat uitstrekt, omdat daardoor waarschijnlijk de handel wordt afgeleid van het verloop dat deze normaal gesproken had gevolgd wanneer de gedraging zich niet had voorgedaan. Handelsstromen kunnen bijvoorbeeld worden beïnvloed wanneer de onderneming met een machtspositie getrouwheidskortingen toekent. Afnemers die onder het op uitsluiting gerichte kortingsysteem vallen, zullen waarschijnlijk minder aankopen bij concurrenten van de onderneming met een machtspositie dan zij anders hadden gedaan. Ook rechtstreeks op het uitschakelen van een concurrent gericht uitsluitingsgedrag zoals roofprijzen kan de handel tussen lidstaten beïnvloeden wegens de impact ervan op de concurrentiestructuur van de markt in de Gemeenschap [53]. Wanneer een onderneming met een machtspositie door haar optreden een concurrent die in meer dan één lidstaat actief is, wil uitschakelen, kan de handel op meerdere wijzen worden beïnvloed. Ten eerste bestaat het risico dat de getroffen concurrent niet langer een voorzieningsbron binnen de Gemeenschap is. Zelfs wanneer de onderneming die het doelwit is, niet wordt uitgeschakeld, kan haar toekomstige concurrentiegedrag waarschijnlijk worden beïnvloed, hetgeen ook een impact op de handel tussen lidstaten kan hebben. Ten tweede kan het misbruik een impact hebben op andere concurrenten. Via misbruiken kan de onderneming met een machtspositie aan haar concurrenten te kennen geven dat zij bestraffend zal optreden tegen pogingen om daadwerkelijk te gaan concurreren. Ten derde kan het feit zelf van de uitschakeling van een concurrent voldoende zijn om de handel tussen lidstaten te kunnen beïnvloeden. Dit kan het geval zijn wanneer de onderneming die dreigt te worden uitgeschakeld, hoofdzakelijk in export naar derde landen actief is [54]. Zodra de daadwerkelijke mededingingsstructuur van de markt binnen de Gemeenschap verder in het gedrang dreigt te komen, is het Gemeenschapsrecht van toepassing.

---

(53) Zie in dit verband het in voetnoot 3 aangehaalde arrest in de zaak-Commercial Solvents; punt 125 van het in voetnoot 10 aangehaalde arrest in de zaak-Hoffmann-La Roche; het in voetnoot 28 aangehaalde arrest in de zaak-RTE en ITP; zaak 6/72, Continental Can, Jurispr. 1973, blz. 215, punt 16; zaak 27/76, United Brands, Jurispr. 1978, blz. 207, punten 197 tot 203.
(54) Zie de punten 32 en 33 van het in voetnoot 3 aangehaalde arrest in de zaak-Commercial Solvents.

76. Wanneer een onderneming met een machtspositie zich in meer dan één lidstaat aan misbruik door uitbuiting of door uitsluiting begeeft, zal ook het vermogen van het misbruik om de handel tussen lidstaten te beïnvloeden, normaal gesproken naar zijn aard merkbaar zijn. Gezien de marktpositie van de betrokken onderneming met een machtspositie en het feit dat het misbruik in meerdere lidstaten plaatsvindt, is de schaal van het misbruik en de te verwachten impact ervan op de handelsstromen doorgaans zo groot dat de handel tussen lidstaten er merkbaar kan door worden beïnvloed. In het geval van misbruik door uitbuiting zoals prijsdiscriminatie, verandert het misbruik de concurrentiepositie van handelspartners in meerdere lidstaten. In het geval van misbruik door uitsluiting, met inbegrip van misbruiken die ertoe strekken een concurrent uit te schakelen, wordt de economische activiteit die door concurrenten in meerdere lidstaten wordt uitgeoefend beïnvloed. Het enkele bestaan van een machtspositie in meerdere lidstaten impliceert dat de mededinging in een aanzienlijk deel van de interne markt al is aangetast [55]. Wanneer een onderneming met een machtspositie door haar toevlucht te nemen tot misbruiken, de mededinging verder aantast — bijvoorbeeld door een concurrent uit te schakelen — is het vermogen van het misbruik om de handel tussen lidstaten te beïnvloeden, normaal gesproken merkbaar.

3.2. Overeenkomsten en misbruiken die één lidstaat of slechts een deel daarvan bestrijken

77. Wanneer overeenkomsten of misbruiken het grondgebied van één enkele lidstaat bestrijken, kan het nodig zijn een gedetailleerder onderzoek uit te voeren naar het vermogen van de overeenkomsten of misbruiken om de handel tussen lidstaten te beïnvloeden. Er zij aan herinnerd dat, wil er sprake zijn van beïnvloeding van de handel tussen lidstaten, niet is vereist dat de handel wordt beperkt. Het is voldoende dat een merkbare verandering in de handelsstromen tussen lidstaten kan worden veroorzaakt. Niettemin is het zo dat in vele gevallen waarbij slechts één lidstaat is betrokken, de aard van de vermeende inbreuk en, met name, de neiging ervan de nationale markten af te schermen een goede aanwijzing bieden van het vermogen van de overeenkomst of gedraging om de handel tussen lidstaten te beïnvloeden. De hierna gegeven voorbeelden zijn niet exhaustief bedoeld. Zij dienen enkel als voorbeeld om aan te geven in welke gevallen overeenkomsten die tot het grondgebied van één lidstaat zijn beperkt, kunnen worden aangemerkt als in staat zijnde de handel tussen lidstaten te beïnvloeden.

3.2.1. Een lidstaat bestrijkende kartels

78. Horizontale kartels die het hele grondgebied van een lidstaat bestrijken, kunnen normaal gesproken de handel tussen lidstaten beïnvloeden. De rechtscolleges van de Gemeenschap hebben immers in een aantal zaken verklaard dat overeenkomsten die het gehele grondgebied van een lidstaat bestrijken, naar hun aard een versterking van de nationale drempelvorming tot gevolg hebben, hetgeen de in het Verdrag beoogde economische vervlechting doorkruist [56].

---

(55) Volgens vaste rechtspraak is een machtspositie een economische machtspositie welke een onderneming in staat stelt de instandhouding van een daadwerkelijke mededinging in de relevante markt te verhinderen, en het haar mogelijk maakt zich, jegens haar concurrenten, haar afnemers en, uiteindelijk, de consumenten in belangrijke mate onafhankelijk te gedragen; zie bv. punt 38 van het in voetnoot 9 aangehaalde arrest in de zaak Hoffmann-La Roche.

(56) Voor een recent voorbeeld zie punt 95 van het in voetnoot 11 aangehaalde arrest in de zaak-Wouters.

79. Het vermogen van dergelijke overeenkomsten om de interne markt te compartimenteren, vloeit voort uit het feit dat de leden van een nationaal kartel zich doorgaans tegen de concurrentie uit andere lidstaten moeten wapenen [57]. Doen zij dit niet, en bestaat er voor het product waarop de overeenkomst betrekking heeft, in het buitenland een markt [58], dan dreigt het kartel door de concurrentie van ondernemingen uit andere lidstaten te worden ondermijnd. Normaal gesproken kunnen dergelijke overeenkomsten ook naar hun aard de handel tussen lidstaten merkbaar beïnvloeden, gezien de omvang van de markten die moeten worden bestreken, willen dergelijke kartels doeltreffend zijn.

80. Aangezien het begrip 'beïnvloeding van de handel' ook potentiële effecten insluit, is niet doorslaggevend of dergelijk optreden tegenover concurrenten uit andere lidstaten op een bepaald tijdstip daadwerkelijk ook toepassing vindt. Wanneer de kartelprijs vergelijkbaar is met de prijs die in andere lidstaten wordt gehanteerd, kan voor de leden van het kartel niet onmiddellijk de noodzaak bestaan op te treden tegen concurrenten uit andere lidstaten. Wat van belang is, is de vraag of al dan niet te verwachten valt dat zij zulks zouden doen wanneer de marktvoorwaarden zouden veranderen. De waarschijnlijkheidsgraad daarvan hangt af van het bestaan of anders van natuurlijke drempels voor handel op de markt, met inbegrip van met name de vraag of er voor het betrokken product al dan niet een markt in het buitenland bestaat. In een zaak in verband met bepaalde retail bankdiensten [59] heeft het Hof van Justitie bijvoorbeeld geoordeeld dat de handel niet merkbaar kan worden beïnvloed omdat het potentieel voor handel in de specifieke producten in kwestie zeer beperkt was en omdat zij geen factor van beslissend belang is bij de keuze van ondernemingen uit andere lidstaten om zich al dan niet in de betrokken lidstaat te vestigen [60].

81. De mate waarin de leden van een kartel toezicht houden op prijzen en concurrenten uit andere lidstaten, kan een aanwijzing bieden voor de mate waarin voor de producten die onder het kartel vallen, in het buitenland een markt bestaat. Toezicht suggereert dat concurrentie en concurrenten uit andere lidstaten als een potentiële bedreiging voor het kartel worden gepercipieerd. Bovendien vormt een situatie waarbij bewijzen voorhanden zijn dat de leden van het kartel doelbewust het prijspeil hebben vastgesteld in het licht van het in andere lidstaten vigerende prijspeil (limit pricing), een aanwijzing dat voor de betrokken producten in het buitenland een markt bestaat en dat de handel tussen lidstaten kan worden beïnvloed.

82. De handel kan normaal gesproken ook worden beïnvloed wanneer de leden van een nationaal kartel trachten de concurrentiedruk af te zwakken die uitgaat van concurrenten uit andere lidstaten, door hen ertoe te brengen zich aan te sluiten bij de beperkende overeenkomst of wanneer hun uitsluiting van de overeenkomst de concurrenten een

---

(57) Zie bv. zaak 246/86, Belasco, Jurispr. 1989, blz. 2117, punten 32 tot 38.
(58) Zie punt 34 van het in voorgaande voetnoot aangehaalde arrest in de zaak-Belasco en meer recent gevoegde zaken T-202/98 e.a., British Sugar, Jurispr. 2001, II-2035, punt 79. Dit is evenwel niet het geval wanneer het een markt betreft die niet voor import open staat; zie punt 51 van het in voetnoot 11 aangehaalde arrest in de zaak-Bagnasco.
(59) Garanties voor rekeningcourantkredieten.
(60) Zie punt 51 van het in voetnoot 11 aangehaalde arrest in de zaak-Bagnasco.

concurrentienadeel oplevert [61]. In dergelijke gevallen verhindert de overeenkomst die concurrenten om eventuele concurrentievoordelen welke zij zouden hebben, uit te buiten, of verhoogt zij hun kosten, hetgeen een negatieve impact op hun concurrentiepositie en hun verkopen heeft. In beide gevallen brengt de overeenkomst de activiteiten van concurrenten uit andere lidstaten op de betrokken nationale markt in het gedrang. Hetzelfde geldt ook wanneer een kartelovereenkomst die tot één enkele lidstaat is beperkt, wordt gesloten tussen ondernemingen die producten doorverkopen welke uit andere lidstaten zijn ingevoerd [62].

3.2.2. Een lidstaat bestrijkende horizontale samenwerkingsovereenkomsten

83. Horizontale samenwerkingsovereenkomsten en met name 'niet-volwaardige' gemeenschappelijke ondernemingen, cf. punt 66, die zijn beperkt tot één enkele lidstaat en die niet rechtstreeks met import en export verband houden, behoren niet tot de categorie van overeenkomsten die naar hun aard de handel tussen lidstaten kunnen beïnvloeden. Een zorgvuldig onderzoek van het vermogen van de individuele overeenkomst om de handel tussen lidstaten te beïnvloeden, kan derhalve zijn vereist.

84. Horizontale samenwerkingsovereenkomsten kunnen, met name, in staat zijn de handel tussen lidstaten te beïnvloeden wanneer zij marktafschermend werken. Dit kan het geval zijn bij overeenkomsten die sectorale standaardiserings- en certificeringsregelingen uitwerken, die ofwel ondernemingen uit andere lidstaten uitsluiten of waaraan gemakkelijker kan worden voldaan door ondernemingen uit de betrokken lidstaat omdat zij op de nationale regels en tradities zijn gebaseerd. Onder dergelijke omstandigheden maken de overeenkomsten het voor ondernemingen uit andere lidstaten moeilijker de nationale markt te penetreren.

85. De handel kan ook worden beïnvloed wanneer een gemeenschappelijke onderneming erin resulteert dat ondernemingen uit andere lidstaten van een belangrijk distributiekanaal of een belangrijke vraagbron worden afgesneden. Wanneer bijvoorbeeld twee of meer distributeurs die binnen dezelfde lidstaat zijn gevestigd en die een aanzienlijk aandeel van de import van de betrokken producten voor hun rekening nemen, een gemeenschappelijke onderneming opzetten om hun inkoop voor dat product samen te voegen, kan de daaruit resulterende vermindering van het aantal distributiekanalen voor aanbieders uit andere lidstaten de mogelijkheden beperken om tot de betrokken nationale markt toegang te krijgen. Bijgevolg kan de handel worden beïnvloed [63]. De handel kan ook worden beïnvloed wanneer ondernemingen die voordien een bepaald product importeerden, een gemeenschappelijke onderneming oprichten die met de productie van datzelfde product wordt belast. In dat geval veroorzaakt de overeenkomst een verandering in de handelsstromen tussen lidstaten ten opzichte van de situatie vóór de overeenkomst.

3.2.3. Een lidstaat bestrijkende verticale overeenkomsten

86. Verticale overeenkomsten die het gehele grondgebied van een lidstaat bestrijken, kunnen, met name, de handelsstromen tussen lidstaten beïnvloeden wanneer zij het

---

(61) Zie in dit verband zaak 45/85, Verband der Sachversicherer, Jurispr. 1987, blz. 405, punt 50, en zaak C-7/95 P, John Deere, Jurispr. 1998, blz. I-3111. Zie ook punt 172 van het in voetnoot 22 aangehaalde arrest in de zaak-Van Landewyck waar het Hof benadrukte dat de betrokken overeenkomst merkbaar de stimulans verminderde om geïmporteerde producten te verkopen.

(62) Zie bv. de punten 49 en 50 van het in voetnoot 15 aangehaalde arrest in de zaak-Stichting Sigarettenindustrie.

(63) Zie in dit verband zaak T-22/97, Kesko, Jurispr. 1999, blz. II-3775, punt 109.

voor ondernemingen uit andere lidstaten moeilijker maken de betrokken nationale markt te penetreren, hetzij via export hetzij via vestiging (marktafschermend effect). Wanneer verticale overeenkomsten dergelijk marktafschermend effect hebben, kunnen zij bijdragen tot de versterking van de nationale drempelvorming en zodoende de in het Verdrag beoogde economische vervlechting doorkruisen [64].

87. Marktafscherming kan zich bijvoorbeeld voordoen wanneer aanbieders aan afnemers exclusieveafnameverplichtingen opleggen [65]. In de zaak-Delimitis [66] – die overeenkomsten betrof tussen een brouwerij en eigenaren van drankgelegenheden waar bier werd geconsumeerd, waarbij de eigenaren zich ertoe verbonden bier uitsluitend te betrekken bij de brouwerij – heeft het Hof van Justitie marktafscherming gedefinieerd als het ontbreken, ingevolge de overeenkomsten, van reële en concrete mogelijkheden om toegang tot de markt te krijgen. Overeenkomsten creëren doorgaans enkel aanzienlijke toegangsdrempels wanneer zij een belangrijk aandeel van de markt bestrijken. Marktaandeel en marktdekking kunnen op dit punt als indicator worden gebruikt. Bij het uitvoeren van de beoordeling moet niet alleen met de specifieke overeenkomst of het netwerk van overeenkomsten in kwestie rekening worden gehouden, maar ook met andere parallelle netwerken die vergelijkbare effecten hebben [67].

88. Verticale overeenkomsten die een gehele lidstaat bestrijken en die betrekking hebben op producten waarvoor in het buitenland een markt bestaat, zijn mogelijk ook in staat de handel tussen lidstaten te beïnvloeden, zelfs wanneer zij niet direct obstakels voor de handel creëren. Overeenkomsten waarbij ondernemingen zich verbinden tot verticale prijsbinding, kunnen rechtstreekse effecten hebben op de handel tussen lidstaten doordat zij de import uit andere lidstaten doen toenemen en de export uit de betrokken lidstaat doen dalen [68]. Overeenkomsten betreffende verticale prijsbinding kunnen de handelsstromen evenzeer beïnvloeden als horizontale kartels. Voorzover de prijzen die uit de verticale prijsbinding resulteren, hoger liggen dan de in andere lidstaten geldende prijzen, is dit prijspeil enkel houdbaar wanneer import uit andere lidstaten kan worden gecontroleerd.

3.2.4. Slechts een deel van een lidstaat bestrijkende overeenkomsten

89. Kwalitatief gezien wordt de beoordeling van overeenkomsten die slechts een deel van een lidstaat bestrijken, op dezelfde wijze benaderd als in het geval van overeenkomsten die een gehele lidstaat bestrijken. Dit betekent dat de analyse in deel 2 van toepassing is. Bij de beoordeling van de omvang van de merkbare beïnvloeding moeten beide categorieën evenwel worden onderscheiden, aangezien ermee rekening dient te worden gehouden dat de overeenkomst slechts een deel van een lidstaat bestrijkt. Voorts dient ook te worden nagegaan welk deel van het nationale grondgebied voor handel open staat. Wanneer bijvoorbeeld transportkosten of de actieradius van uitrusting het voor ondernemingen uit andere lidstaten economisch niet doenbaar maakt om het gehele grondgebied van een andere lidstaat te bedienen, kan de handel toch worden beïnvloed wanneer de

---

(64) Zie bv. zaak T-6598, Van den Bergh Foods, Jurispr. 2003, blz. II-[...] en punt 120 van het in voetnoot 35 aangehaalde arrest in de zaak-Langnese-Iglo.
(65) Zie bv. zaak C-214/99, Neste, Jurispr. 2000, blz. I-11121.
(66) Zie zaak C-234/89, Delimitis, Jurispr. 1991, blz. I-935.
(67) Zie punt 120 van het in voetnoot 35 aangehaalde arrest in de zaak-Langnese-Iglo.
(68) Zie bv. de punten 81 e.v. van de in voetnoot 21 aangehaalde beschikking van de Commissie in de zaak-Volkswagen (II).

overeenkomst afschermend werkt voor de toegang tot dat deel van het grondgebied van de lidstaat dat voor handel open staat, mits dit deel niet onbeduidend is [69].

90. Indien een overeenkomst toegang tot een regionale markt afschermt, is sprake van merkbaar beïnvloeding wanneer het getroffen verkoopvolume een aanzienlijk deel vertegenwoordigt van het totale volume verkopen van de betrokken producten binnen de lidstaat in kwestie. Deze beoordeling kan niet uitsluitend op geografische dekking worden gebaseerd. Het marktaandeel van de partijen bij de overeenkomst moet ook een vrij beperkt gewicht krijgen. Zelfs wanneer de partijen naar volume een hoog marktaandeel behalen, kan de omvang van die markt, uitgedrukt in volume, toch nog onbeduidend zijn ten opzichte van de totale verkopen van de betrokken producten binnen de lidstaat in kwestie. Over het algemeen wordt het aandeel, uitgedrukt in volume, op de nationale markt die wordt afgeschermd, daarom beschouwd als de beste indicator voor het vermogen van de overeenkomst om de handel (merkbaar) te beïnvloeden. Worden gebieden met een hoge vraagconcentratie bestreken, dan zal zulks zwaarder wegen dan wanneer de overeenkomsten gebieden bestrijken waar de vraag minder geconcentreerd is. De communautaire bevoegdheid kan pas gelden wanneer het aandeel van de nationale markt die wordt afgeschermd, aanzienlijk is.

91. Overeenkomsten met een lokaal karakter zijn op zich niet in staat de handel tussen lidstaten merkbaar te beïnvloeden. Dit is zelfs het geval wanneer de lokale markt in een grensregio is gelegen. Omgekeerd, kan, wanneer het afgeschermde deel van de nationale markt aanzienlijk is, de handel worden beïnvloed zelfs wanneer de betrokken markt niet in een grensregio is gelegen.

92. In gevallen uit deze categorie zijn enige aanwijzingen te vinden in de rechtspraak betreffende het begrip 'wezenlijk deel van de gemeenschappelijke markt' van artikel 82 [70]. Overeenkomsten die bijvoorbeeld ten gevolge hebben dat concurrenten uit andere lidstaten worden verhinderd toegang te krijgen tot een wezenlijk deel van de gemeenschappelijke markt, zouden moeten worden beschouwd als overeenkomsten die de handel tussen lidstaten merkbaar beïnvloeden.

3.2.5. Een lidstaat bestrijkende misbruiken van een machtspositie

93. Wanneer een onderneming een machtspositie bezit die een gehele lidstaat bestrijkt en zij zich aan uitsluitingsgedrag begeeft, kan de handel tussen lidstaten normaal gesproken worden beïnvloed. Dergelijk misbruik zal het voor concurrenten uit andere lidstaten over het algemeen moeilijker maken de markt te penetreren, in welk geval de handelsstromen kunnen worden beïnvloed [71]. In de zaak-Michelin [72] bijvoorbeeld heeft het Hof van Justitie verklaard dat een systeem van getrouwheidskortingen de markt afschermde voor concurrenten uit andere lidstaten en zoodoende de handel beïnvloedde in de zin van artikel 82. Evenzo heeft het Hof in de zaak-Rennet [73] geoordeeld dat misbruiken in de

---

(69) Zie in dit verband de punten 177 tot 181 van het in voetnoot 13 aangehaalde arrest in de zaak-SCK en FNK.

(70) Over dit begrip, zie punt 38 van het in voetnoot 11 aangehaalde arrest in de zaak-Ambulanz Glöckner; zaak C-179/90, Merci convenzionali porto di Genova, Jurispr. 1991, blz. I-5889, en zaak C-242/95, GT-Link, Jurispr. 1997, blz. I-4449.

(71) Zie bv. punt 135 van het in voetnoot 23 aangehaalde arrest in de zaak-BPB Industries en British Gypsum.

(72) Zie zaak 322/81, Nederlandse Banden Industrie Michelin, Jurispr. 1983, blz. 3461.

(73) Zie zaak 61/80, Coöperatieve Stremsel- en Kleurselfabriek, Jurispr. 1981, blz. 851, punt 15.

vorm van een exclusieve afnameverplichting voor afnemers de markt afschermen voor producten uit andere lidstaten.

94. Misbruiken door uitsluiting die de concurrentiestructuur van de markt binnen een lidstaat beïnvloeden – bijvoorbeeld door het uitschakelen of dreigen uit te schakelen van een concurrent – kunnen de handel tussen lidstaten eveneens beïnvloeden. Wanneer de onderneming die dreigt te worden uitgeschakeld, alleen in één enkele lidstaat actief is, zal het misbruik doorgaans de handel tussen lidstaten niet beïnvloeden. Handel tussen lidstaten kan evenwel worden beïnvloed wanneer de onderneming die het doelwit vormt, exporteert naar of importeert uit andere lidstaten [74] en wanneer zij ook in andere lidstaten actief is [75]. Beïnvloeding van de handel kan voortvloeien uit het ontradende effect van het misbruik ten aanzien van andere concurrenten. Wanneer de onderneming met een machtspositie via herhaald optreden een reputatie heeft verworven dat zij uitsluitingspraktijken toepast ten aanzien van concurrenten die rechtstreeks met haar in concurrentie proberen te treden, bestaat de kans dat concurrenten uit andere lidstaten minder agressief zullen concurreren, in welk geval de handel kan worden beïnvloed, zelfs wanneer het betrokken slachtoffer niet uit een andere lidstaat afkomstig is.

95. In het geval van misbruik door uitbuiting zoals prijsdiscriminatie en excessieve prijzen, kan de situatie complexer zijn. Prijsdiscriminatie tussen binnenlandse afnemers zal doorgaans de handel tussen lidstaten niet beïnvloeden. Toch kan dat wel het geval zijn wanneer de afnemers actief zijn in de export en door de discriminerende prijszetting worden benadeeld, of wanneer deze praktijk wordt gebruikt om import te verhinderen [76]. Praktijken die erin bestaan lagere prijzen aan te bieden aan afnemers die het meest waarschijnlijk producten uit andere lidstaten importeren, maken het voor concurrenten uit andere lidstaten moeilijker de markt te betreden. In dergelijke gevallen kan de handel tussen lidstaten worden beïnvloed.

96. Zolang een onderneming een machtspositie heeft die een gehele lidstaat bestrijkt, doet het doorgaans niet ter zake of het specifieke misbruik waaraan de onderneming met een machtspositie zich begeeft, enkel een deel van het grondgebied van die lidstaat bestrijkt of uitwerkt voor bepaalde afnemers binnen het nationale grondgebied. Een onderneming met een machtspositie kan de handel aanzienlijk belemmeren door misbruik toe te passen in de gebieden of ten aanzien van de afnemers die het meest waarschijnlijke doelwit van concurrenten uit andere lidstaten zullen worden. Zo kan bijvoorbeeld een specifiek distributiekanaal een bijzonder belangrijk middel zijn om toegang te krijgen tot grote groepen gebruikers. De toegang tot dergelijke kanalen belemmeren, kan een wezenlijke impact op de handel tussen lidstaten hebben. Bij de beoordeling van de omvang van de merkbaar (*red.*: lees: van de merkbare) beïnvloeding dient ook rekening te worden gehouden met het feit dat een onderneming een machtspositie heeft die een gehele lidstaat bestrijkt, de kans groter maakt dat marktpenetratie moeilijker wordt. Ieder misbruik dat het moeilijker maakt de nationale markt te betreden, dient derhalve als een merkbare beïnvloeding van de handel te worden aangemerkt. Het samengaan van de marktpositie van de onderneming met een machtspositie en het concurrentieverstorende karakter van haar optreden impliceert dat dergelijke misbruiken normaal gesproken naar hun aard de handel merkbaar beïnvloeden. Wanneer het misbruik even-

---

(74) Zie in dit verband punt 169 van het in voetnoot 17 aangehaalde arrest in de zaak-Irish Sugar.
(75) Zie punt 70 van het in voetnoot 27 aangehaalde arrest in de zaak-RTE (Magill).
(76) Zie het in voetnoot 17 aangehaalde arrest in de zaak-Irish Sugar.

wel zuiver lokaal van karakter is of slechts een onbeduidend deel van de verkopen van de onderneming met een machtspositie binnen de betrokken lidstaat betreft, kan de handel mogelijk niet worden beïnvloed.

3.2.6. Slechts een deel van een lidstaat bestrijkende misbruiken van een machtspositie

97. Wanneer een machtspositie slechts een deel van een lidstaat bestrijkt, zijn, evenals in het geval van overeenkomsten, enige aanwijzingen te halen uit de voorwaarde van artikel 82 dat de machtspositie een wezenlijk deel van de gemeenschappelijke markt moet betreffen. Wanneer de machtspositie een deel van een lidstaat bestrijkt dat een wezenlijk deel van de gemeenschappelijke markt uitmaakt, en het misbruik het voor concurrenten uit andere lidstaten moeilijker maakt toegang te krijgen tot de markt waar de onderneming een machtspositie bezit, dient normaal gesproken er van uit te worden gegaan dat de handel tussen lidstaten kan worden beïnvloed.

98. Bij de toepassing van dit criterium dient met name te worden gekeken naar de omvang van de betrokken markt, gerekend in volume. Regio's, en zelfs een haven of luchthaven die in een lidstaat gelegen zijn, kunnen, afhankelijk van hun grootte, een wezenlijk deel van de gemeenschappelijke markt uitmaken [77]. In dat geval moet rekening worden gehouden met de vraag of de betrokken infrastructuur wordt gebruikt voor het aanbieden van grensoverschrijdende diensten, en zo ja in welke mate. Wanneer infrastructuur zoals luchthavens en havens belangrijk zijn in het aanbieden van grensoverschrijdende diensten, kan de handel tussen lidstaten worden beïnvloed.

99. Evenals bij machtsposities die een lidstaat bestrijken, cf. punt 95, kan het mogelijk zijn dat de handel niet merkbaar kan worden beïnvloed wanneer het misbruik louter lokaal van aard is of wanneer het slechts om een onbeduidend deel van de verkopen van de onderneming met een machtspositie gaat.

3.3. Overeenkomsten en misbruiken die import en export met ondernemingen uit derde landen betreffen, en overeenkomsten en misbruiken waarbij ondernemingen uit derde landen zijn betrokken

3.3.1. Algemene opmerkingen

100. De artikelen 81 en 82 zijn van toepassing op overeenkomsten en gedragingen die de handel tussen lidstaten kunnen beïnvloeden, zelfs wanneer een of meerdere partijen buiten de Gemeenschap zijn gevestigd [78]. De artikelen 81 en 82 zijn van toepassing ongeacht waar de ondernemingen gevestigd zijn of waar de overeenkomst is gesloten, mits de overeenkomst of de gedraging ofwel binnen de Gemeenschap ten uitvoer wordt gelegd [79] dan wel binnen de Gemeenschap effect sorteert [80]. De artikelen 81 en 82 kunnen ook van toepassing zijn op overeenkomsten en gedragingen die derde landen betreffen, mits zij de handel tussen lidstaten kunnen beïnvloeden. Het in deel 2 beschreven algemene beginsel dat de overeenkomst of gedraging moet doen verwachten dat zij, al dan niet rechtstreeks, daadwerkelijk of potentieel, de handelsstromen tussen lidstaten kunnen beïnvloeden, geldt ook in het geval van overeenkomsten en misbruiken waarbij

---

(77) Zie bv. de in voetnoot 70 aangehaalde rechtspraak.
(78) Zie in dit verband zaak 28/77, Tepea, Jurispr., blz. 1391, punt 48, en punt 16 van het in voetnoot 53 aangehaalde arrest in de zaak-Continental Can.
(79) Zie gevoegde zaken C-89/85 e.a., Houtverwerkende bedrijven en papierfabrikanten, Jurispr. 1988, blz. 5193, punt 16.
(80) Zie in dit verband zaak T-102/96, Gencor, Jurispr. 1999, blz. II-753, waar het onderzoek naar de effecten wordt toegepast op het gebied van concentraties.

in derde landen gevestigde ondernemingen zijn betrokken of die op import uit of export naar derde landen betrekking hebben.

101. Om te bepalen of het Gemeenschapsrecht van toepassing is, is het voldoende dat een overeenkomst of gedraging waarbij derde landen of ondernemingen uit derde landen zijn betrokken, grensoverschrijdende economische activiteiten binnen de Gemeenschap kan beïnvloeden. Invoer in een lidstaat kan voldoende zijn om dergelijke effecten te veroorzaken. Invoer kan de mededingingsvoorwaarden in de lidstaat van invoer beïnvloeden, hetgeen dan weer een impact kan hebben op export en import van concurrerende producten van en naar andere lidstaten. Met andere woorden, import uit derde landen welke uit de overeenkomst of gedraging resulteert, kan zorgen voor een ombuiging van de handel tussen lidstaten, en zodoende de handelsstromen beïnvloeden.

102. Bij de toepassing van het criterium 'beïnvloeding van de handel' op bovenvermelde overeenkomsten en gedragingen, is het van belang onder meer na te gaan wat het doel is van de overeenkomst of gedraging zoals dat blijkt uit de inhoud ervan of de onderliggende bedoeling van de betrokken ondernemingen [81].

103. Heeft de overeenkomst tot doel de mededinging binnen de Gemeenschap te beperken, dan valt de vereiste beïnvloeding van de handel tussen lidstaten gemakkelijker aan te tonen dan wanneer het doel hoofdzakelijk erin bestaat de mededinging buiten de Gemeenschap te reguleren. In het eerste geval heeft de overeenkomst of gedraging immers een directe impact op de mededinging binnen de Gemeenschap en de handel tussen lidstaten. Dergelijke overeenkomsten en gedragingen, die zowel import als export kunnen betreffen, kunnen doorgaans naar hun aard de handel tussen lidstaten beïnvloeden.

3.3.2. Afspraken die de beperking van de mededinging binnen de Gemeenschap ten doel hebben

104. In het geval van import omvat deze categorie overeenkomsten die leiden tot een isolement van de interne markt [82]. Dit is bijvoorbeeld het geval bij overeenkomsten waarin concurrenten uit de Gemeenschap en derde landen, markten verdelen, bijvoorbeeld door overeen te komen niet op elkaars thuismarkten te verkopen of door wederzijdse (exclusieve-) distributieovereenkomsten aan te gaan [83].

105. In het geval van export omvat deze categorie gevallen waarin ondernemingen die in twee of meerdere lidstaten concurreren, overeenkomen bepaalde (overschot-)hoeveelheden te exporteren naar derde landen met het oog op de onderlinge afstemming van hun marktgedrag binnen de Gemeenschap. Dergelijke exportovereenkomsten dienen om de prijsconcurrentie te beperken doordat zij de productie binnen de Gemeenschap beperken, en beïnvloeden zodoende de handel tussen lidstaten. Zonder de exportovereenkomst zouden deze hoeveelheden binnen de Gemeenschap zijn afgezet [84].

3.3.3. Andere regelingen

106. In het geval van overeenkomsten en gedragingen die niet ten doel hebben de mededinging binnen de Gemeenschap te beperken, moet doorgaans een gedetailleerd onderzoek worden uitgevoerd naar de vraag of grensoverschrijdende economische activiteiten

---

(81) Zie in dit verband punt 19 van het in voetnoot 19 aangehaalde arrest in de zaak-Javico.
(82) Zie in dit verband zaak 51/75, EMI/CBS, Jurispr., blz. 811, punten 28 en 29.
(83) Zie Beschikking 85/618/EEG van de Commissie in de zaak-Siemens/Fanuc (*PB* L 376 van 31.12.1985, blz. 29).
(84) Zie in dit verband gevoegde zaken 29 en 30/83, CRAM en Rheinzinc, Jurispr. 1984, blz. 1679, en gevoegde zaken 40/73 e.a., Suiker Unie, Jurispr. 1975, blz. 1663, punten 564 en 580.

binnen de Gemeenschap – en zodoende de handelsstromen tussen lidstaten – kunnen worden beïnvloed.

107. In dit verband is het van belang de effecten na te gaan van de overeenkomst of gedraging voor afnemers en andere ondernemingen binnen de Gemeenschap die op de producten van de ondernemingen welke partij zijn bij de overeenkomst of gedraging, zijn aangewezen [85]. In de zaak Compagnie maritime belge [86] die betrekking had op overeenkomsten tussen scheepvaartmaatschappijen die tussen communautaire havens en havens in West-Afrika opereren, werden de overeenkomsten beschouwd als in staat om indirect de handel tussen lidstaten te beïnvloeden, omdat zij de 'catchment areas' van de communautaire havens waarop de overeenkomst betrekking had, veranderden en omdat zij de activiteiten van andere ondernemingen binnen die gebieden beïnvloedden. Meer bepaald hadden de overeenkomsten een invloed op de activiteiten van ondernemingen die voor vervoerdiensten op de partijen waren aangewezen, hetzij als een middel voor het vervoer van in derde landen gekochte of aldaar verkochte goederen hetzij als belangrijk onderdeel van de diensten die de havens zelf aanboden.

108. Handel kan ook worden beïnvloed wanneer de overeenkomst wederinvoer naar de Gemeenschap verhindert. Dit kan bijvoorbeeld het geval zijn bij verticale overeenkomsten tussen communautaire aanbieders en distributeurs uit derde landen, waarbij beperkingen worden opgelegd aan wederverkoop buiten het toegewezen gebied, met inbegrip van de Gemeenschap. Indien zonder de overeenkomst, wederverkoop naar de Gemeenschap mogelijk en waarschijnlijk zou zijn, kan dergelijke import de handelsstromen binnen de Gemeenschap beïnvloeden [87].

109. Willen dergelijke effecten evenwel waarschijnlijk zijn, dan moet er een aanzienlijk verschil bestaan tussen de prijzen die voor de producten in de Gemeenschap worden berekend, en die welke buiten de Gemeenschap worden berekend, en mag dit prijsverschil niet door douanerechten en vervoerkosten worden tenietgedaan. Bovendien mogen de geëxporteerde productvolumes ten opzichte van de totale markt voor die producten op het grondgebied van de Gemeenschap niet onbeduidend zijn [88]. Wanneer deze productvolumes onbeduidend zijn ten opzichte van de binnen de Gemeenschap afgezette volumes, dan wordt de impact van eventuele wederinvoer voor de handel tussen lidstaten als niet-merkbaar beschouwd. Bij deze beoordeling moet niet alleen worden gekeken naar de individuele overeenkomst tussen de partijen, maar ook naar eventuele cumulatieve effecten van vergelijkbare overeenkomsten tussen dezelfde en concurrerende aanbieders. Het kan bijvoorbeeld het geval zijn dat de productvolumes waarop één overeenkomst van toepassing is, betrekkelijk gering zijn, maar dat de productvolumes die onder meerdere dergelijke overeenkomsten vallen, aanzienlijk zijn. In dat geval kunnen de overeenkomsten, als geheel bezien, de handel tussen lidstaten merkbaar beïnvloeden. Herhaald zij echter, cf. punt 49, dat de individuele overeenkomst of reeks van overeenkomsten in aanzienlijke mate tot het cumulatieve effect op de handel moeten bijdragen.

---

(85) Zie punt 22 van het in voetnoot 19 aangehaalde arrest in de zaak-Javico.
(86) Zie punt 203 van het in voetnoot 12 aangehaalde arrest in de zaak Compagnie maritime belge.
(87) Zie in dit verband het in voetnoot 19 aangehaalde arrest in de zaak-Javico.
(88) Zie in dit verband punten 24 tot 26 van het in voetnoot 19 aangehaalde arrest in de zaak-Javico.

Richtsnoeren betreffende de toepassing van artikel 81, lid 3, van het EG-Verdrag (2004/C 101/08)

(Voor de EER relevante tekst)

Mededeling van de Commissie van 27 april 2004 betreffende de toepassing van artikel 81, lid 3, van het EG-Verdrag, PbEU 2004, C 101 (i.w.tr. 27-04-2004)

1. Inleiding

1. Artikel 81, lid 3, van het Verdrag bevat een uitzonderingsregeling die ondernemingen bescherming biedt tegen de vaststelling van een inbreuk op artikel 81, lid 1, van het Verdrag. Overeenkomsten, besluiten van ondernemersverenigingen en onderling afgestemde feitelijke gedragingen [1] als bedoeld in artikel 81, lid 1, die aan de voorwaarden van artikel 81, lid 3, voldoen, zijn geldig en afdwingbaar, zonder dat hiertoe een voorafgaande beslissing is vereist.

2. Artikel 81, lid 3, kan worden toegepast op individuele zaken of — via een groepsvrijstellingsverordening — op groepen overeenkomsten en onderling afgestemde feitelijke gedragingen. Verordening (EG) nr. 1/2003 betreffende de uitvoering van de mededingingsregels van de artikelen 81 en 82 van het Verdrag [2] laat de geldigheid en het juridisch karakter van de groepsvrijstellingsverordeningen onverlet. Alle bestaande groepsvrijstellingsverordeningen blijven van kracht en overeenkomsten die onder een groepsvrijstellingsverordening vallen, zijn juridisch geldig en afdwingbaar, zelfs wanneer zij de mededinging beperken in de zin van artikel 81, lid 1 [3].

Dergelijke overeenkomsten kunnen alleen voor de toekomst worden verboden, en enkel na een formele intrekking van de groepsvrijstelling door de Commissie of door een nationale mededingingsautoriteit [4]. Overeenkomsten waarvoor een groepsvrijstelling geldt, kunnen door nationale rechterlijke instanties niet als ongeldig worden beschouwd bij geschillen tussen particulieren.

3. De bestaande richtsnoeren betreffende verticale beperkingen, betreffende horizontale samenwerkingsovereenkomsten en betreffende overeenkomsten inzake technologie-

---

(1) In wat volgt, sluit het begrip 'overeenkomst' onderling afgestemd feitelijke gedragingen en besluiten van ondernemersverenigingen in.
(2) *PB* L 1 van 4.1.2003, blz. 1.
(3) Alle bestaande groepsvrijstellingsverordeningen, bekendmakingen en mededelingen van de Commissie zijn te vinden op de website van het DG Concurrentie: http://www.europa.eu.int/comm/dgs/competition
(4) Zie punt 10.

overdracht (5) handelen over de toepassing van artikel 81 op diverse soorten overeenkomsten en onderling afgestemde feitelijke gedragingen. Doel van die richtsnoeren is het standpunt van de Commissie uiteen te zetten betreffende de materiële toetsingscriteria die op de verschillende soorten overeenkomsten en gedragingen worden toegepast.

4. De onderhavige richtsnoeren bevatten de Commissie's interpretatie van de voorwaarden voor de uitzondering die in artikel 81, lid 3, is neergelegd. Ze geeft hiermee aanwijzingen over hoe ze artikel 81 in individuele zake zal toepassen. Zijn deze richtsnoeren weliswaar niet bindend voor de rechterlijke instanties en de autoriteiten in de lidstaten, toch zijn zij ook bedoeld om hun aanwijzingen te geven bij hun toepassing van artikel 81, leden 1 en 3, van het Verdrag.

5. De richtlijnen scheppen een analytisch kader voor de toepassing van artikel 81, lid 3. Het doel is een methodologie voor de toepassing van deze Verdragsbepaling te ontwikkelen. Deze methodologie is gebaseerd op de economische benadering die al in de richtsnoeren inzake verticale beperkingen, horizontale samenwerkingsovereenkomsten en de overeenkomsten inzake technologieoverdracht geïntroduceerd en ontwikkeld werd. De Commissie zal de onderhavige richtlijnen volgen, die meer gedetailleerde aanwijzingen over de toepassing van de vier voorwaarden van artikel 81, lid 3, bevatten dan de richtsnoeren inzake verticale beperkingen, horizontale samenwerkingsovereenkomsten en de overeenkomsten inzake technologieoverdracht, ook met betrekking tot overeenkomsten die in die richtsnoeren worden behandeld.

6. De in deze richtsnoeren beschreven criteria dienen te worden toegepast met inachtneming van de specifieke omstandigheden van elke zaak. Dit sluit een mechanische toepassing uit. Elke zaak dient op basis van de feiten te worden beoordeeld en de richtsnoeren dienen redelijk en soepel te worden toegepast.

7. Met betrekking tot een aantal kwesties schetsen de onderhavige richtsnoeren de huidige staat van de rechtspraak van het Hof van Justitie. De Commissie wil echter tevens haar beleid uiteenzetten aangaande kwesties die niet in de rechtspraak zijn behandeld of die aan interpretatie onderworpen zijn. De positie van de Commissie is echter onverminderd de rechtspraak van het Hof van Justitie en het Gerecht van eerste aanleg betreffende de interpretatie van artikel 81, leden 1 en 3 en de interpretatie die de communautaire rechtscolleges in de toekomst aan deze bepalingen kunnen geven.

2. Het algemene kader van artikel 81 van het EG-Verdrag
2.1. De bepalingen van het Verdrag

8. Op grond van artikel 81, lid 1, zijn alle overeenkomsten tussen ondernemingen, alle besluiten van ondernemersverenigingen en alle onderling afgestemde feitelijke gedragingen welke de handel tussen lidstaten ongunstig kunnen beïnvloeden [6] en ertoe

---

(5) Zie de bekendmaking van de Commissie — Richtsnoeren inzake verticale beperkingen (*PB* C 291 van 13.10.2000, blz. 1); de mededeling van de Commissie — Richtsnoeren inzake de toepasselijkheid van artikel 81 van het EG-Verdrag op horizontale samenwerkingsovereenkomsten (*PB* C 3 van 6.1.2001, blz. 2), en de richtsnoeren voor de toepassing van artikel 81 van het EG-Verdrag op overeenkomsten inzake technologieoverdracht (nog niet bekendgemaakt).

(6) Op het begrip 'beïnvloeding van de handel tussen lidstaten' wordt in afzonderlijke richtsnoeren ingegaan.

strekken of ten gevolge hebben dat de mededinging wordt verhinderd, beperkt of vervalst, verboden [7].

9. Als uitzondering op deze regel is in artikel 81, lid 3, bepaald dat het verbod van artikel 81, lid 1, buiten toepassing kan worden verklaard voor overeenkomsten die bijdragen tot verbetering van de productie of van de verdeling der producten of tot verbetering van de technische of economische vooruitgang, mits een billijk aandeel in de daaruit voortvloeiende voordelen de gebruikers ten goede komt, en zonder nochtans beperkingen op te leggen welke voor het bereiken van deze doelstellingen niet onmisbaar zijn, en aan de betrokken ondernemingen de mogelijkheid te geven, voor een wezenlijk deel van de betrokken producten de mededinging uit te schakelen.

10. Volgens artikel 1, lid 1, van Verordening (EG) nr. 1/2003 zijn overeenkomsten als bedoeld in artikel 81, lid 1, van het Verdrag die niet aan de voorwaarden van artikel 81, lid 3, van het Verdrag voldoen, verboden, zonder dat hiertoe een voorafgaande beslissing is vereist [8]. Volgens artikel 1, lid 2, van diezelfde verordening zijn overeenkomsten als bedoeld in artikel 81, lid 1, van het Verdrag die aan de voorwaarden van artikel 81, lid 3, van het Verdrag voldoen, niet verboden, zonder dat hiertoe een voorafgaande beslissing is vereist. Dergelijke overeenkomsten zijn geldig en afdwingbaar zodra is voldaan aan de voorwaarden van artikel 81, lid 3, en zolang dat het geval blijft.

11. De toetsing aan artikel 81 bestaat dus uit twee delen. In de eerste fase wordt onderzocht of een overeenkomst tussen ondernemingen die de handel tussen lidstaten ongunstig kan beïnvloeden, van mededingingsbeperkende strekking is dan wel daadwerkelijk of potentieel [9] mededingingsbeperkende gevolgen kan hebben. In de tweede fase, die alleen van belang is wanneer blijkt dat een overeenkomst mededingingsbeperkend is, worden de voor de mededinging positieve voordelen van de overeenkomst bepaald en wordt nagegaan of deze positieve gevolgen tegen de negatieve gevolgen voor de mededinging opwegen. Deze afweging van positieve en negatieve gevolgen voor de mededinging vindt uitsluitend binnen het in artikel 81, lid 3, vastgestelde kader plaats [10].

12. Voor de beoordeling van eventuele compenserende voordelen onder artikel 81, lid 3, dient noodzakelijkerwijs vooraf te worden vastgesteld dat de overeenkomst beperkend is qua karakter en impact. Om artikel 81, lid 3, in zijn juiste context te situeren is het passend kort de doelstelling en belangrijkste inhoud van de verbodsbepaling van artikel 81, lid 1, te schetsen. In de richtsnoeren van de Commissie betreffende verticale beperkingen, betreffende horizontale samenwerkingsovereenkomsten en betreffende overeenkomsten inzake technologieoverdracht [11] worden uitgebreide aanwijzingen gegeven wat betreft de toepassing van artikel 81, lid 1, op diverse soorten overeenkomsten. Daarom zijn deze richtsnoeren beperkt tot het herhalen van het fundamentele beoordelingskader voor de toepassing van artikel 81, lid 1.

---

(7) In wat volgt, sluit het begrip 'beperking' de verhindering en vervalsing van de mededinging in.
(8) Volgens artikel 81, lid 2, zijn dergelijke overeenkomsten van rechtswege nietig.
(9) Artikel 81, lid 1, verbiedt zowel daadwerkelijke als potentiële mededingingsverstorende effecten; zie bv. zaak C-7/95 P, John Deere, Jurispr. 1998, blz. I-3111, punt 77.
(10) Zie zaak T-65/98, Van den Bergh Foods, Jurispr. 2003, blz. II-..., punt 107 en zaak T-112/99, Métropole télévision (M6) e.a., Jurispr. 2001, blz. II-2459, punt 74, waar het Gerecht van eerste aanleg verklaarde dat slechts binnen het strikte kader van artikel 81, lid 3, de positieve en negatieve gevolgen van een beperking voor de mededinging tegen elkaar kunnen worden afgewogen.
(11) Zie noot 5.

2.2. De verbodsbepaling van artikel 81, lid 1
2.2.1. Algemene opmerkingen

13. Doel van artikel 81 is de concurrentie op de markt te vrijwaren als middel om de welvaart van de gebruikers te vergroten en om voor een doelmatige middelenallocatie te zorgen. Concurrentie en marktintegratie zijn een middel voor het bereiken van deze doelstellingen, omdat de totstandbrenging en het behoud van een open interne markt bijdraagt tot een doelmatige middelenallocatie binnen de Gemeenschap — in het belang van de gebruikers.

14. De verbodsbepaling van artikel 81, lid 1, is van toepassing op mededingingsbeperkende overeenkomsten en onderling afgestemde feitelijke gedragingen tussen ondernemingen en besluiten van ondernemersverenigingen voorzover zij de handel tussen lidstaten ongunstig kunnen beïnvloeden. Een algemeen beginsel dat aan artikel 81, lid 1, ten grondslag ligt en in de rechtspraak van de communautaire rechtscolleges is geformuleerd, is dat iedere ondernemer zelfstandig moet bepalen welk beleid hij op de markt zal voeren [12]. In het licht hiervan hebben de communautaire rechtscolleges 'overeenkomsten', 'besluiten' en 'onderling afgestemde feitelijke gedragingen' als begrippen in het Gemeenschapsrecht omschreven die het mogelijk maken te onderscheiden tussen de eenzijdige gedragingen van een onderneming en onderling afgestemde gedragingen van of heimelijke verstandhouding tussen ondernemingen [13]. Voor eenzijdige gedragingen is, wat het communautaire mededingingsrecht betreft, enkel artikel 82 van het Verdrag van toepassing. Bovendien is de in artikel 3, lid 2, van Verordening (EG) nr. 1/2003 beschreven convergentieregel niet van toepassing op eenzijdige gedragingen. Deze bepaling geldt alleen voor overeenkomsten, besluiten en onderling afgestemde feitelijke gedragingen die de handel tussen lidstaten ongunstig kunnen beïnvloeden. Overeenkomstig artikel 3, lid 2, kunnen dergelijke overeenkomsten, besluiten en onderling afgestemde feitelijke gedragingen, wanneer zij niet door artikel 81 zijn verboden, niet door nationale mededingingswetgeving worden verboden. Artikel 3 laat het fundamentele beginsel van de voorrang van het Gemeenschapsrecht onverlet, hetgeen met name meebrengt dat overeenkomsten en inbreukmakende praktijken die op grond van de artikelen 81 en 82 zijn verboden, niet door nationale wetgeving kunnen worden toegestaan [14].

15. De onderlinge afstemming of heimelijke verstandhouding tussen ondernemingen die binnen het bereik van artikel 81, lid 1, valt is deze waarbij minstens één onderneming zich tegen één of meer andere ondernemingen ertoe heeft verbonden om op de markt een bepaalde gedragslijn te volgen of dat als gevolg van deze onderlinge contacten de onzekerheid over hun toekomstige marktgedrag wordt uitgesloten of althans wezenlijk wordt verkleind [15].

Daaruit volgt dat de onderlinge afstemming de vorm kan aannemen van verplichtingen die het marktgedrag van minstens één van de partijen reguleren, alsmede van regelingen

---

(12) Zie bv. zaak C-49/92 P, Anic Partecipazioni, Jurispr. 1999, blz. I-4125, punt 116, en gevoegde zaken 40 tot 48/73 e.a., Suiker Unie, Jurispr. 1975, blz. 1663, punt 173

(13) Zie in dit verband punt 108 van het in voorgaande noot aangehaalde arrest in de zaak Anic Partecipazioni, en zaak C-277/87, Sandoz Prodotti, Jurispr. 1990, blz. I-45.

(14) Zie in dit verband bv. zaak 14/68, Walt Wilhelm, Jurispr. 1969, blz. 1, en recenter zaak T-203/01, Michelin (II), Jurispr. 2003, blz. II-..., punt 112.

(15) Zie gevoegde zaken T-25/95 e.a., Cimenteries CBR, Jurispr. 2000, blz. II-491, punten 1849 en 1852, en gevoegde zaken T-202/98 e.a., British Sugar, Jurispr. 2001, blz. II-2035, punten 58 tot 60.

die het marktgedrag van minstens één van de partijen beïnvloedt door een verandering in haar stimuli te veroorzaken. Het is niet vereist dat de onderlinge afstemming in het belang is van alle betrokken ondernemingen [16]. De onderlinge afstemming hoeft evenmin uitdrukkelijk te zijn. Zij kan ook stilzwijgend zijn. Een overeenkomst kan slechts worden beschouwd als door stilzwijgende aanvaarding tot stand gekomen wanneer er een – expliciete of impliciete – uitnodiging van een onderneming aan een andere onderneming is om een doel gezamenlijk te verwezenlijken [17]. Onder bepaalde omstandigheden kan het bestaan van een overeenkomst worden afgeleid uit en toegerekend aan de bestaande commerciële betrekkingen tussen de partijen [18].

Het enkele feit echter dat een onderneming in het kader van haar vaste commerciële relaties een maatregel heeft genomen, is dus niet voldoende om het bestaan van een dergelijke overeenkomst vast te stellen [19].

16. Overeenkomsten tussen ondernemingen vallen onder de verbodsbepaling van artikel 81, lid 1, wanneer te verwachten valt dat zij merkbaar ongunstig zullen uitwerken op de criteria voor concurrentie op de markt, zoals prijs, productie, productkwaliteit, productaanbod en innovatie.

Overeenkomsten kunnen dit effect sorteren door de wedijver tussen de partijen bij een overeenkomst of tussen de partijen en derden merkbaar te beperken.

2.2.2. De basisbeginselen voor de toetsing van overeenkomsten aan artikel 81, lid 1

17. De beoordeling of een overeenkomst mededingingsbeperkend is, moet plaatsvinden binnen het feitelijke kader waarin de mededinging zich, zonder de overeenkomst met haar beweerde beperkingen, zou afspelen [20]. Bij het uitvoeren van deze beoordeling dient te worden nagegaan wat de te verwachten impact van de overeenkomst is op de intermerk-concurrentie (concurrentie tussen aanbieders van concurrerende merken) en op de intramerk-concurrentie (concurrentie tussen distributeurs van hetzelfde merk). Met artikel 81, lid 1, worden beperkingen van zowel intermerk- als intramerk-concurrentie verboden [21].

18. Met het oog op de beoordeling van de vraag of een overeenkomst dan wel afzonderlijke onderdelen daarvan de intermerk- en/of intramerk-concurrentie kan beperken, dient te worden nagegaan hoe en in welke mate de overeenkomst de mededinging op de markt ongunstig beïnvloedt of dreigt te beïnvloeden. De volgende twee vragen bieden een nuttig kader om die beoordeling te maken. De eerste vraag betreft de impact van de overeenkomst op de intermerk-concurrentie, terwijl de tweede vraag betrekking heeft op de impact van de overeenkomst op de intramerk-concurrentie. Aangezien het mogelijk is dat beperkingen terzelfdertijd zowel de intermerk- als de intramerk-concurrentie ongunstig beïnvloeden, kan het noodzakelijk zijn een beperking te onderzoeken aan de

---

(16) Zie in die zin zaak C-453/99, Courage/Crehan, Jurispr. 2001, blz. I-6297, en punt 3444 van het in voorgaande noot aangehaalde arrest in de zaak Cimenteries CBR.
(17) Zie in dit verband gevoegde zaken C-2/01 P en C-3/01 P, Bundesverband der Arzneimittel-Importeure, Jurispr. 2004, blz. I-..., punt 102.
(18) Zie bv. gevoegde zaken 25 en 26/84, Ford, Jurispr. 1985, blz. 2725.
(19) Zie in dit verband punt 141 van het in noot 17 aangehaalde arrest in de zaak Bundesverband der Arzneimittel-Importeure.
(20) Zie zaak 56/65, Société Technique Minière, Jurispr. 1966, blz. 392, en punt 76 van het in noot 9 aangehaalde arrest in de zaak John Deere.
(21) Zie in dit verband gevoegde zaken 56/64 en 58/66, Consten en Grundig, Jurispr. 1966, blz. 429.

hand van beide vragen vooraleer kan worden geconcludeerd of de mededinging al dan niet wordt beperkt in de zin van artikel 81, lid 1:
1. beperkt de overeenkomst daadwerkelijke of potentiële concurrentie die zonder de overeenkomst had bestaan? Zo ja, dan kan de overeenkomst onder de toepassing van artikel 81, lid 1, vallen. Bij het maken van deze beoordeling dient rekening te worden gehouden met concurrentie tussen de partijen en concurrentie van derden. Wanneer bijvoorbeeld twee in diverse lidstaten gevestigde ondernemingen toezeggen geen producten op elkaars thuismarkten te verkopen, wordt (potentiële) mededinging die vóór de overeenkomst bestond, beperkt. Evenzo wordt, wanneer een leverancier aan distributeurs verplichtingen oplegt geen concurrerende producten te verkopen en met deze verplichtingen voor derden de toegang tot de markt afschermt, daadwerkelijke of potentiële mededinging die zonder de overeenkomst had bestaan, beperkt. Bij het maken van de beoordeling of de partijen bij een overeenkomst daadwerkelijke of potentiële concurrenten zijn, moet de economische en juridische context in aanmerking worden genomen. Wanneer het bijvoorbeeld, gezien de financiële risico's en de technische vaardigheden van de partijen, op basis van objectieve factoren onwaarschijnlijk is dat elke partij in staat zou zijn zelf de door de overeenkomst bestreken activiteiten uit te voeren, worden de partijen ten aanzien van die activiteit niet als concurrenten beschouwd [22]. Het staat aan de partijen om daarvan de bewijzen te leveren;
2. beperkt de overeenkomst daadwerkelijke of potentiële concurrentie zoals die had bestaan zonder de contractuele beperkingen(en)? Zo ja, dan kan de overeenkomst onder de toepassing van artikel 81, lid 1, vallen. Wanneer bijvoorbeeld een leverancier zijn distributeurs beperkingen oplegt om met elkaar te concurreren, wordt de (potentiële) mededinging die zonder die beperkingen tussen de distributeurs had kunnen bestaan, beperkt. Dergelijke beperkingen omvatten verticale prijsbindingen en territoriale of klantgebonden verkoopbeperkingen tussen distributeuren. Bepaalde beperkingen kunnen in sommige gevallen echter niet onder de toepassing van artikel 81, lid 1, vallen indien de beperking objectief noodzakelijk is voor het bestaan van een overeenkomst van die soort of die aard [23]. Dergelijke uitsluiting van de toepassing van artikel 81, lid 1, kan alleen plaatsvinden op basis van objectieve factoren die extern zijn aan de partijen zelf, en niet op basis van subjectieve standpunten en kenmerken van de partijen. De vraag is niet of de partijen in hun specifieke situatie er niet mee hadden ingestemd een minder beperkende overeenkomst te sluiten, doch wel of, gezien de aard van de overeenkomst en de kenmerken van de markt, niet een minder beperkende overeenkomst had kunnen worden gesloten door ondernemingen in een gelijkaardige context. Zo kunnen bijvoorbeeld territoriale beperkingen in een overeenkomst tussen een leverancier en een distributeur voor een bepaalde periode buiten de toepassing van artikel 81, lid 1, vallen wanneer de beperkingen objectief noodzakelijk zijn, wil de distributeur een

---

(22) Zie in dit verband bv. de beschikking van de Commissie in de zaak Elopak/Metal Box-Odin (*PB* L 209 van 8.8.1990, blz. 15) en de beschikking van de Commissie in de zaak TPS (*PB* L 90 van 2.4.1999, blz. 6

(23) Zie in dit verband het in noot 20 aangehaalde arrest in de zaak Société Technique Minière, en het arrest in zaak 258/78, Nungesser, Jurispr. 1982, blz. 2015.

nieuwe markt kunnen penetreren [24]. Evenzo, kan een verbod dat alle distributeurs wordt opgelegd om niet aan bepaalde categorieën eindgebruikers te verkopen, de mededinging toch niet beperken indien dergelijke beperking objectief noodzakelijk is uit veiligheids- of gezondheidsoverwegingen die met het gevaarlijke karakter van het betrokken product verband houden. Beweringen dat zonder een beperking de leveranciers hun toevlucht tot verticale integratie hadden genomen, zijn ontoereikend. Besluiten om al dan niet verticaal te integreren, zijn afhankelijk van een groot aantal complexe economische factoren, waarvan er een aantal intern zijn aan de betrokken onderneming.

19. Bij het toepassen van het beoordelingskader zoals dat in het voorgaande punt werd beschreven, dient rekening te worden gehouden met het feit dat in artikel 81, lid 1, wordt onderscheiden tussen die overeenkomsten welke tot beperking van de mededinging strekken, en die overeenkomsten welke een beperking van de mededinging ten gevolge hebben. Een overeenkomst of contractuele beperking is op grond van artikel 81, lid 1, alleen verboden wanneer zij ertoe strekt of ten gevolge heeft de intermerk- en/of de intramerk-concurrentie te beperken.

20. Dit onderscheid tussen mededingingsbeperkende strekking en mededingingsbeperkende effecten is belangrijk. Zodra is gebleken dat een overeenkomst tot beperking van de mededinging strekt, hoeven de concrete gevolgen ervan niet in aanmerking worden genomen [25]. Met andere woorden, voor de toepassing van artikel 81, lid 1, hoeven geen daadwerkelijke mededingingsbeperkende effecten te worden aangetoond wanneer de overeenkomst tot beperking van de mededinging strekt. Daarentegen wordt in artikel 81, lid 3, niet onderscheiden tussen overeenkomsten die tot beperking van de mededinging strekken, en overeenkomsten die mededingingsbeperking ten gevolge hebben. Artikel 81, lid 3, geldt voor alle overeenkomsten die aan de vier daarin vermelde voorwaarden voldoen [26].

21. Van mededingingsbeperkende strekking is sprake bij die beperkingen welke juist naar hun aard de mededinging kunnen beperken. Dit zijn beperkingen die, in het licht van de met de communautaire mededingingsregels nagestreefde doelstellingen, een zodanig groot potentieel hebben om negatief uit te werken op de mededinging dat het niet noodzakelijk is, met het oog op de toepassing van artikel 81, lid 1, eventuele daadwerkelijke gevolgen voor de markt aan te tonen. Deze aanname is gebaseerd op de ernst van de beperking en op ervaring waaruit blijkt dat van restricties die tot beperking van de mededinging strekken, te verwachten valt dat zij negatief zullen uitwerken op de markt en de met de communautaire mededingingsregels nagestreefde doelstellingen zullen dwarsbomen. Restricties met mededingingsbeperkende strekking – zoals prijsafspraken en marktverdeling – beperken de productie en zorgen voor prijsstijgingen, hetgeen resulteert in een misallocatie van middelen, omdat door afnemers gevraagde goederen en diensten niet worden geproduceerd. Zij resulteren ook in een verminderde

---

(24) Zie regel 10 van punt 119 van de in noot 5 aangehaalde richtsnoeren inzake verticale beperkingen, die onder meer inhoudt dat beperkingen gesteld aan de passieve verkoop – een hardcore beperking – gedurende een periode van twee jaar worden geacht buiten de toepassing van artikel 81, lid 1, te vallen, wanneer de beperking met het toegankelijk maken van nieuwe product- of geografische markten verband houdt.
(25) Zie bv. punt 99 van het in noot 12 aangehaalde arrest in de zaak Anic Partecipazioni.
(26) Zie punt 20.

welvaart van de gebruikers, omdat gebruikers voor de betrokken goederen en diensten hogere prijzen moeten betalen.

22. De beoordeling of een overeenkomst al dan niet tot beperking van de mededinging strekt, is op een aantal factoren gebaseerd. Deze factoren omvatten met name de inhoud van de overeenkomst en de daarmee nagestreefde objectieve doeleinden. Ook kan een onderzoek nodig zijn van de context waarin zij toepassing (moeten) vinden, en van de wijze waarop de partijen zich daadwerkelijk op de markt gedragen en er optreden [27]. Met andere woorden een onderzoek van de feiten die aan de overeenkomst ten grondslag liggen, en van de specifieke omstandigheden waarbinnen zij functioneert, kunnen noodzakelijk zijn vooraleer kan worden geconcludeerd of een bepaalde beperking al dan niet een mededingingsbeperkende strekking heeft. Uit de wijze waarop een overeenkomst daadwerkelijk ten uitvoer wordt gelegd, kan blijken of er sprake is van een restrictie met mededingingsbeperkende strekking, zelfs al bevat de formele overeenkomst geen uitdrukkelijke bepaling in die zin. Bewijzen voor de subjectieve wil van de partijen de mededinging te beperken, zijn een relevante factor, doch geen noodzakelijke voorwaarde.

23. Niet-exhaustieve aanwijzingen over wat mededingingsbeperkende strekking inhoudt, zijn te vinden in de groepsvrijstellingsverordeningen, richtsnoeren, bekendmakingen en mededelingen van de Commissie. Beperkingen die in groepsvrijstellingsverordeningen op de zwarte lijst zijn gezet of die in richtsnoeren, bekendmakingen en mededelingen als hardcore beperkingen zijn aangemerkt, worden in de regel door de Commissie beschouwd als restricties die tot mededingingsbeperking strekken. In het geval van horizontale overeenkomsten is er sprake van tot mededingingsbeperking strekkende restricties bij onder meer prijsafspraken, productiebeperkingen en verdeling van markten en afnemers [28]. Wat verticale overeenkomsten betreft, omvat de categorie van de tot mededingingsbeperking strekkende restricties met name vaste en minimale verticale prijsbinding en restricties die voorzien in absolute gebiedsbescherming, met inbegrip van beperkingen op passieve verkopen [29].

24. Wanneer een overeenkomst niet mededingingsbeperkend van strekking is, dient te worden onderzocht of zij mededingingsbeperkende effecten heeft. Daarbij dient rekening te worden gehouden met zowel daadwerkelijke als potentiële gevolgen [30]. De overeenkomst moet met andere woorden waarschijnlijke mededingingsbeperkende effecten hebben. In het geval van restricties die mededingingsbeperking ten gevolge hebben, is er geen vermoeden van mededingingsbeperkende gevolgen. Om beperking van de mededinging ten gevolge te hebben, moet een overeenkomst daadwerkelijk of potentieel in zoverre de mededinging ongunstig beïnvloeden dat zij met een voldoende

---

(27) Zie gevoegde zaken 29 en 30/83, CRAM en Rheinzink, Jurispr. 1984, blz. 1679, punt 26, en gevoegde zaken 96/82 e.a., NAVEWA e.a., Jurispr. 1983, blz. 3369, punten 23 tot 25.
(28) Zie punt 25 van de in noot 5 aangehaalde richtsnoeren inzake horizontale samenwerkingsovereenkomsten en artikel 5 van Verordening (EG) nr. 2658/2000 van de Commissie betreffende de toepassing van artikel 81, lid 3, van het Verdrag op groepen specialisatieovereenkomsten (*PB* L 304 van 5.12.2000, blz. 3).
(29) Zie artikel 4 van Verordening (EG) nr. 2790/1999 van de Commissie betreffende de toepassing van artikel 81, lid 3, van het Verdrag op groepen verticale overeenkomsten en onderling afgestemde feitelijke gedragingen (*PB* L 336 van 29.12.1999, blz. 21), en punt 46 e.v. van de in noot 5 aangehaalde richtsnoeren inzake verticale beperkingen. Zie ook zaak 279/87, Tipp-Ex, Jurispr. 1990, blz. I-261, en zaak T-62/98, Volkswagen, Jurispr. 2000, blz. II-2707, punt 178.
(30) Zie punt 77 van het in noot 9 aangehaalde arrest in de zaak John Deere.

mate van waarschijnlijkheid op de relevante markt negatieve gevolgen doet verwachten op het punt van prijzen, productie, innovatie of het aanbod of kwaliteit van de goederen en diensten [31]. Dergelijke ongunstige effecten dienen merkbaar te zijn. De verbodsbepaling van artikel 81, lid 1, geldt niet wanneer de vastgestelde mededingingsbeperkende gevolgen te verwaarlozen zijn [32]. Dit criterium is een weerspiegeling van de economische benadering die de Commissie volgt.

Het verbod van artikel 81, lid 1, geldt enkel wanneer, op basis van een gedegen marktonderzoek, kan worden geconcludeerd dat van de overeenkomst mededingingsbeperkende gevolgen op de markt te verwachten zijn [33].

Om tot die bevinding te komen, is het niet voldoende dat de marktaandelen de in de de-minimisbekendmaking van de Commissie [34] beschreven drempels overschrijden. Overeenkomsten die onder de 'vrijplaatsen' van de groepsvrijstellingsverordeningen vallen, kunnen doch hoeven niet noodzakelijk onder de toepassing van artikel 81, lid 1, te vallen. Bovendien is het feit dat op basis van de marktaandelen van de partijen een overeenkomst buiten de 'vrijplaatsen' van een groepsvrijstellingsverordening valt, op zich een ontoereikende basis om te besluiten dat de overeenkomst onder de toepassing van artikel 81, lid 1, valt of dat zij niet aan de voorwaarden van artikel 81, lid 3, voldoet. Een individuele beoordeling van de van de overeenkomst te verwachten effecten is noodzakelijk.

25. Negatieve gevolgen voor de mededinging binnen de relevante markt vallen te verwachten wanneer de partijen – afzonderlijk of gezamenlijk – al een zekere marktmacht hebben of verwerven en de overeenkomst bijdraagt tot de totstandbrenging, het behoud of de versterking van die marktmacht, dan wel de partijen in staat stelt dergelijke marktmacht te gebruiken. Marktmacht is het vermogen om voor een beduidende periode prijzen boven het concurrerende niveau te handhaven dan wel de productie, wat betreft producthoeveelheden, productkwaliteit en productaanbod of innovatie, voor een beduidende periode onder het concurrerende niveau te handhaven. In markten met hoge vaste kosten moeten ondernemingen hun prijzen ver boven hun marginale productiekosten vaststellen om een concurrerend rendement op hun investering te garanderen. Het feit dat ondernemingen hun prijzen boven hun marginale kosten vaststellen, is op zich nog geen teken dat de mededinging op de markt niet behoorlijk functioneert en dat ondernemingen marktmacht bezitten die hen in staat stelt hun prijzen boven het concurrerende peil vast te stellen. Pas wanneer de druk van concurrenten om prijzen en productie op een

---

(31) Het is op zich niet voldoende dat de overeenkomst de handelingsvrijheid van een of meerdere partijen beperkt; zie punten 76 en 77 van het in noot 10 aangehaalde arrest in de zaak Métropole télévision (M6). Dit strookt met het feit dat artikel 81 tot doel heeft de mededinging op de markt te beschermen – in het voordeel van de gebruikers.

(32) Zie bv. zaak 5/69, Völk, Jurispr. 1969, blz. 295, punt 7. Aanwijzingen in verband met de merkbaarheid zijn te vinden in de bekendmaking van de Commissie inzake overeenkomsten van geringe betekenis die de mededinging niet merkbaar beperken in de zin van artikel 81, lid 1, van het Verdrag tot oprichting van de Europese Gemeenschap (de minimis) (PB C 368 van 22.12.2001, blz. 13). In deze bekendmaking wordt de merkbaarheid negatief omschreven. Overeenkomsten die buiten het toepassingsbereik van de de-minimisbekendmaking vallen, hebben niet noodzakelijk merkbaar beperkende gevolgen. Een individuele beoordeling is vereist.

(33) Zie in dit verband gevoegde zaken T-374/94 e.a., European Night Services, Jurispr. 1998, blz. II-3141.

(34) Zie noot 32.

concurrerend niveau te houden ontoereikend is, bezitten ondernemingen marktmacht in de zin van artikel 81, lid 1.

26. De totstandbrenging, het behoud of de versterking van marktmacht kan resulteren uit een beperking van de concurrentie tussen de partijen bij de overeenkomst. Zij kan ook resulteren uit een beperking van de concurrentie tussen een van de partijen en derden, omdat bijvoorbeeld de overeenkomst leidt tot het afschermen van de markt tegen concurrenten of de kosten voor concurrenten doet stijgen, hetgeen hun vermogen beperkt om daadwerkelijk met de partijen bij de overeenkomst te concurreren.

Marktmacht is ook een kwestie van gradatie. De omvang van de marktmacht die normaalgesproken is vereist om in het geval van overeenkomsten met mededingingsbeperkende effecten te besluiten tot een inbreuk op artikel 81, lid 1, is geringer dan de omvang van de marktmacht welke is vereist om te besluiten tot een machtspositie in de zin van artikel 82.

27. Om de beperkende gevolgen van een overeenkomst te beoordelen, is het in de regel nodig de relevante markten af te bakenen [35]. Doorgaans dient ook een onderzoek en beoordeling plaats te vinden van onder meer de aard van de producten, de marktpositie van de partijen, de marktpositie van concurrenten, de marktpositie van afnemers, het bestaan van potentiële concurrenten en de omvang van toetredingsdrempels. In sommige gevallen kan het evenwel mogelijk zijn rechtstreeks mededingingsbeperkende effecten aan te tonen door de marktgedragingen van de partijen bij de overeenkomst te analyseren. Het kan bijvoorbeeld mogelijk zijn aan te tonen dat een overeenkomst heeft geleid tot prijsstijgingen. De richtsnoeren inzake horizontale samenwerkingsovereenkomsten en de richtsnoeren inzake verticale restricties bieden een gedetailleerd kader om de impact van diverse soorten horizontale en verticale overeenkomsten te toetsen aan artikel 81, lid 1 [36].

2.2.3. Nevenrestricties

28. In punt 1 wordt een kader geboden voor het onderzoek van de impact van een overeenkomst en haar individuele beperkingen op intermerk- en intramerk-concurrentie. Is op grond van die beginselen de conclusie dat de hoofdtransactie waarop de overeenkomst ziet, de mededinging niet beperkt, dan wordt het van belang te onderzoeken of individuele in de overeenkomst vervatte beperkingen ook met artikel 81, lid 1, verenigbaar zijn omdat zij ondergeschikt zijn aan de niet-beperkende hoofdtransactie.

29. In het communautaire mededingingsrecht omvat het begrip 'nevenrestricties' elke beweerde mededingingsbeperking die rechtstreeks verband houdt met en nodig is voor de verwezenlijking van een niet-beperkende hoofdtransactie en daaraan evenredig is [37]. Heeft een overeenkomst (bijvoorbeeld een distributieovereenkomst of een gemeenschappelijke onderneming) in haar belangrijkste onderdelen geen mededingingsbeperkende strekking of niet de beperking van de mededinging ten gevolge, dan vallen restricties die rechtstreeks verband houden met en nodig zijn voor de tenuitvoerlegging van die transactie, eveneens buiten de toepassing van artikel 81, lid 1 [38]. Deze verwante restricties worden nevenrestricties genoemd.

---

(35) Zie in dit verband de bekendmaking van de Commissie inzake de bepaling van de relevante markt voor het gemeenschappelijke mededingingsrecht (*PB* C 372 van 9.12.1997, blz. 1).

(36) Voor de referenties in het *Publicatieblad*, zie noot 5.

(37) Zie punt 104 van het in noot 10 aangehaalde arrest in de zaak Métropole télévision (M6) e.a.

(38) Zie bv. zaak C-399/93, Luttikhuis, Jurispr. 1995, blz. I-4515, punten 12 tot 14.

Van een met de hoofdtransactie rechtstreeks verband houdende restrictie is sprake bij elke restrictie die van ondergeschikt belang is bij de verwezenlijking van die transactie en die daarmee onlosmakelijk verbonden is. Het onderzoek naar de noodzaak impliceert dat de restrictie objectief noodzakelijk moet zijn voor de verwezenlijking van de hoofdtransactie, en daaraan evenredig is. Daaruit volgt dat het onderzoek naar de nevenrestricties vergelijkbaar is met het in punt 1, onder 2), beschreven onderzoek. Het onderzoek naar de nevenrestricties geldt echter voor alle gevallen waarin de hoofdtransactie de mededinging niet beperkt [39]. Dit onderzoek is niet beperkt tot het bepalen van de impact van de overeenkomst op intramerk-concurrentie.

30. De toepassing van het concept 'nevenrestricties' moet worden onderscheiden van de toepassing van de bescherming op grond van artikel 81, lid 3, welke verband houdt met bepaalde economische voordelen die beperkende overeenkomsten opleveren en die tegen de beperkende effecten van de overeenkomsten worden afgewogen. De toepassing van het concept 'nevenrestricties' houdt geen afweging in van de mededingingsbevorderende tegen de mededingingsbeperkende effecten. Dergelijke afweging is voorbehouden voor de toetsing aan artikel 81, lid 3 [40].

31. De beoordeling van nevenrestricties is beperkt tot het bepalen of, binnen de specifieke context van de niet-beperkende hoofdtransactie of -activiteit, een bepaalde restrictie noodzakelijk is voor de tenuitvoerlegging van die transactie of activiteit, en daaraan evenredig is. Indien op grond van objectieve factoren kan worden geconcludeerd dat zonder de restrictie de niet-beperkende hoofdtransactie moeilijk of onmogelijk ten uitvoer te leggen was, kan de restrictie worden beschouwd als objectief noodzakelijk voor de tenuitvoerlegging ervan, en als evenredig daaraan [41]. Wanneer bijvoorbeeld het belangrijkste doel van een franchiseovereenkomst de mededinging niet beperkt, dan vallen ook de beperkingen die noodzakelijk zijn voor de goede werking van de overeenkomst – zoals verplichtingen welke zijn bedoeld om de uniformiteit en de reputatie van het franchisesysteem te beschermen – buiten de toepassing van artikel 81, lid 1 [42]. Evenzo kunnen, wanneer een gemeenschappelijke onderneming op zich niet mededingingsbeperkend is, de beperkingen die voor het functioneren van de overeenkomst noodzakelijk zijn, als ondergeschikt aan de hoofdtransactie worden beschouwd – en dus niet onder de toepassing van artikel 81, lid 1, vallen. Zo is de Commissie bijvoorbeeld in de zaak TPS [43] tot de bevinding gekomen dat een verplichting voor de partijen om niet betrokken te zijn in ondernemingen die in de distributie en marketing van televisieprogramma's via satelliet actief waren, gedurende de aanloopfase als nevenrestrictie voor de oprichting van de gemeenschappelijke onderneming gold. De beperking werd daarom beschouwd als buiten de toepassing van artikel 81, lid 1, vallend voor een periode van drie jaar. Om tot die conclusie te komen hield de Commissie rekening met de zware

---

(39) Zie in dit verband punten 118 e.v. van het in noot 10 aangehaalde arrest in de zaak Métropole télévision.
(40) Zie punt 107 van het in noot 10 aangehaalde arrest in de zaak Métropole télévision.
(41) Zie bv. de in noot 22 aangehaalde beschikking van de Commissie in de zaak Elopak/Metal Box-Odin.
(42) Zie zaak 161/84, Pronuptia, Jurispr. 1986, blz. 353.
(43) Zie noot 22. Deze beschikking werd bevestigd door het Gerecht van eerste aanleg in het in noot 10 aangehaalde arrest in de zaak Métropole télévision.

investeringen en commerciële risico's die verbonden waren aan het betreden van de markt voor betaaltelevisie.

2.3. De uitzonderingsregeling van artikel 81, lid 3

32. De toetsing aan artikel 81, lid 1, van restricties die tot mededingingsbeperking strekken of mededingingsbeperkende gevolgen hebben, is slechts één zijde van het onderzoek. De andere zijde, die in artikel 81, lid 3, is weergegeven, is het onderzoek naar de positieve economische gevolgen van beperkende overeenkomsten.

33. Doel van de communautaire mededingingsregels is de mededinging op de markt te vrijwaren als middel om de welvaart van de gebruikers te vergroten en om voor een doelmatige middelenallocatie te zorgen. Overeenkomsten die de mededinging beperken, kunnen terzelfder tijd via efficiëntiewinsten mededingingsbevorderende effecten opleveren [44]. Efficiëntieverbeteringen kunnen toegevoegde waarde creëren door het verlagen van de kostprijs voor de productie van een bepaald product, het verbeteren van de kwaliteit van het product of het creëren van een nieuw product. Wanneer de positieve mededingingseffecten van een overeenkomst opwegen tegen de negatieve, is de overeenkomst, alles samengenomen, mededingingsbevorderend en verenigbaar met de doelstellingen van de communautaire mededingingsregels. Het netto-effect van dergelijke overeenkomsten is te bevorderen wat juist het wezen is van de concurrentiewerking, met name klanten winnen door het aanbieden van betere producten of betere prijzen dan die welke door concurrenten worden aangeboden. Dit beoordelingskader is terug te vinden in artikel 81, lid 1, en artikel 81, lid 3. In deze laatste bepaling wordt uitdrukkelijk erkend dat beperkende overeenkomsten objectieve economische voordelen kunnen opleveren die opwegen tegen de negatieve effecten van de mededingingsbeperking [45].

34. Voor de toepassing van de uitzonderingsregeling van artikel 81, lid 3, gelden vier cumulatieve voorwaarden, twee positieve en twee negatieve:
a) de overeenkomst moet bijdragen tot verbetering van de productie of van de verdeling der producten of tot verbetering van de technische of economische vooruitgang;
b) een billijk aandeel in de daaruit voortvloeiende voordelen moet de gebruikers ten goede komen;
c) de beperkingen moeten onmisbaar zijn voor het bereiken van deze doelstellingen, en
d) de verticale overeenkomst mag de partijen niet de mogelijkheid geven, voor een wezenlijk deel van de betrokken producten de mededinging uit te schakelen.

Is aan deze vier voorwaarden voldaan, dan versterkt de overeenkomst de concurrentie op de relevante markt, omdat zij de betrokken ondernemingen ertoe brengt de gebruikers goedkopere of betere producten aan te bieden, hetgeen de gebruikers compenseert voor de ongunstige effecten van de mededingingsbeperkingen.

35. Artikel 81, lid 3, kan worden toegepast op individuele overeenkomsten of – via een groepsvrijstellingsverordening – op groepen overeenkomsten. Wanneer een overeenkomst onder een groepsvrijstelling valt, zijn de partijen bij een beperkende overeenkomst ontslagen van hun verplichting uit hoofde van artikel 2 van Verordening (EG) nr. 1/2003 om aan te tonen dat hun individuele overeenkomst voldoet aan elk van de voorwaarden

---

(44) Kostenbesparingen en andere winsten die tot stand komen doordat de partijen gewoon hun marktmacht gebruiken, leveren geen objectieve voordelen op en kunnen niet in aanmerking worden genomen (cf. punt 23).
(45) Zie het in noot 21 aangehaalde arrest in de zaak Corsten en Grundig.

van artikel 81, lid 3. Zij moeten enkel aantonen dat voor de beperkende overeenkomst een groepsvrijstelling geldt. De toepassing van artikel 81, lid 3, op groepen overeenkomsten in de vorm van groepsvrijstellingsverordeningen is gebaseerd op de aanname dat beperkende overeenkomsten die onder het toepassingsbereik ervan vallen [46], voldoen aan elk van de vier voorwaarden van artikel 81, lid 3.

36. Indien in een individueel geval de overeenkomst onder de toepassing van artikel 81, lid 1, valt en niet is voldaan aan de voorwaarden van artikel 81, lid 3, kan de groepsvrijstelling worden ingetrokken. Overeenkomstig artikel 29, lid 1, van Verordening (EG) nr. 1/2003 is de Commissie gemachtigd groepsvrijstellingen in te trekken wanneer zij van oordeel is dat in bepaalde zaken een overeenkomst waarop de groepsvrijstelling van toepassing is, bepaalde met artikel 81, lid 3, van het Verdrag onverenigbare effecten heeft. Overeenkomstig artikel 29, lid 2, van Verordening (EG) nr. 1/2003 kan ook een mededingingsautoriteit in een lidstaat het voordeel van een groepsvrijstellingsverordening van de Commissie intrekken op het betrokken grondgebied (of een gedeelte van het grondgebied van een lidstaat) in zoverre dat grondgebied alle kenmerken van een afzonderlijke geografische markt vertoont. In het geval van intrekking van een groepsvrijstelling, staat het aan de betrokken mededingingsautoriteiten om aan te tonen dat de overeenkomst inbreuk maakt op artikel 81, lid 1, en niet voldoet aan de voorwaarden van artikel 81, lid 3.

37. De rechterlijke instanties van de lidstaten zijn niet bevoegd groepsvrijstellingen in te trekken. Bovendien mogen de rechterlijke instanties in de lidstaten bij hun toepassing van de groepsvrijstellingsverordeningen de draagwijdte van de vrijstellingsverordeningen niet wijzigen door de werkingssfeer ervan uit te breiden tot overeenkomsten die niet onder de betrokken groepsvrijstellingsverordening vallen [47]. Buiten het toepassingsgebied van groepsvrijstellingsverordeningen zijn de nationale rechterlijke instanties bevoegd artikel 81 in zijn geheel toe te passen (cf. artikel 6 van Verordening (EG) nr. 1/2003).

3. De toepassing van de vier voorwaarden van artikel 81, lid 3

38. In het resterende deel van deze richtsnoeren zal elk van de vier voorwaarden van artikel 81, lid 3, nader worden onderzocht [48]. Aangezien deze vier voorwaarden cumulatief zijn [49], hoeven, zodra is gebleken dat aan één van de voorwaarden van artikel 81, lid 3, niet is voldaan, de resterende voorwaarden niet te worden onderzocht. In individuele zaken kan het daarom passend zijn om de vier voorwaarden in een andere volgorde te onderzoeken.

39. In het kader van deze richtsnoeren lijkt het passend om de volgorde van de tweede en derde voorwaarde om te draaien, en zodoende de vraag naar de onmisbaarheid te behandelen vóór de vraag van het doorgeven van de voordelen aan de gebruikers. De analyse van de voordelen die aan gebruikers worden doorgegeven, vereist een afweging

---

(46) Het feit dat een overeenkomst onder een groepsvrijstellingsverordening valt, betekent op zich nog niet dat de individuele overeenkomst onder de toepassing van artikel 81, lid 1, valt.
(47) Zie bv. zaak C-234/89, Delimitis, Jurispr. 1991, blz. I-935, punt 46.
(48) In artikel 36, lid 4, van Verordening (EG) nr. 1/2003 werd onder meer artikel 5 ingetrokken van Verordening (EEG) nr. 1017/68 houdende de toepassing van mededingingsregels op het gebied van het vervoer per spoor, over de weg en over de binnenwateren. Wel blijft de vaste praktijk van de Commissie die op Verordening (EEG) nr. 1017/68 is gebaseerd, voor de toepassing van artikel 81, lid 3, op het vervoer over land relevant.
(49) Zie punt 16.

van de negatieve en positieve effecten van een overeenkomst voor de gebruikers. Deze analyse mag niet de effecten insluiten van eventuele beperkingen die al niet voldoen aan het criterium 'onmisbaarheid' en om die reden op grond van artikel 81 zijn verboden.

3.1. Algemene beginselen

40. Artikel 81, lid 3, van het Verdrag wordt alleen relevant wanneer een overeenkomst tussen ondernemingen de mededinging beperkt in de zin van artikel 81, lid 1. In het geval van niet-beperkende overeenkomsten hoeft dus niet te worden onderzocht welke voordelen de overeenkomst eventueel oplevert.

41. Wanneer in een individuele zaak beperking van de mededinging in de zin van artikel 81, lid 1, is bewezen, kan artikel 81, lid 3, als bescherming worden ingeroepen.

Volgens artikel 2 van Verordening (EG) nr. 1/2003 wordt de bewijslast op grond van artikel 81, lid 3, gedragen door de onderneming(en) die zich op deze uitzonderingsregeling beroept (beroepen). Wanneer niet aan de voorwaarden van artikel 81, lid 3, is voldaan, is de overeenkomst van rechtswege nietig (cf. artikel 81, lid 2). Deze nietigheid van rechtswege betreft evenwel slechts die met artikel 81 onverenigbare bestanddelen van de overeenkomst, indien genoemde bestanddelen van de overeenkomst zelf kunnen worden losgemaakt [50]. Is slechts een onderdeel van de overeenkomst nietig, dan dienen de gevolgen van deze nietigheid voor alle andere onderdelen van de overeenkomst naar nationaal recht te worden beoordeeld [51].

42. Volgens vaste rechtspraak zijn de vier voorwaarden van artikel 81, lid 3, cumulatief [52], zij moeten dus alle worden vervuld wil de uitzonderingsregeling kunnen worden toegepast. Is dat niet het geval, dan dient de toepassing van de uitzonderingsregeling van artikel 81, lid 3, te worden geweigerd [53]. De vier voorwaarden van artikel 81, lid 3, zijn ook exhaustief. Wanneer daaraan is voldaan, is de uitzonderingsbepaling van toepassing en kan zij niet afhankelijk worden gesteld van enige andere voorwaarde. Doelstellingen die worden nagestreefd met andere Verdragsbepalingen kunnen in aanmerking worden genomen in zoverre zij onder de vier voorwaarden van artikel 81, lid 3, kunnen worden begrepen [54].

43. De toetsing van de uit beperkende overeenkomsten voortvloeiende beperkingen aan artikel 81, lid 3, vindt in beginsel plaats binnen de grenzen van elk van de relevante markten waarop de overeenkomst betrekking heeft.

De communautaire mededingingsregels hebben de bescherming van de mededinging op de markt tot doel en mogen van deze doelstelling niet los worden gezien. Bovendien impliceert de voorwaarde dat gebruikers [55] een billijk aandeel in de voordelen moeten ontvangen, over het algemeen dat de efficiëntieverbeteringen die voortvloeien uit de

---

(50) Zie het in noot 20 aangehaalde arrest in de zaak Société Technique Minière.
(51) Zie in dit verband het arrest in zaak 319/82, Kerpen & Kerpen, Jurispr. 1983, blz. 4173, punten 11 en 12.
(52) Zie bv. gevoegde zaken T-185/00 e.a., Métropole télévision SA (M6), Jurispr. 2002, blz. II-3805, punt 86; zaak T-17/93, Matra, Jurispr. 1994, blz. II-595, punt 85, en gevoegde zaken 43 en 63/82, VBVB en VBBB, Jurispr. 1984, blz. 19, punt 61.
(53) Zie zaak T-213/00, CMA CGM e.a., Jurispr. 2003, blz. II-…, punt 226.
(54) Zie impliciet in die zin punt 139 van het in noot 52 aangehaalde arrest in de zaak Matra, en zaak 26/76, Metro (I), Jurispr. 1977, blz. 1875, punt 43.
(55) Over het begrip 'gebruikers', zie punt 58 waar wordt aangegeven dat onder 'gebruikers' de klanten van de partijen en de volgende kopers worden verstaan. De partijen zelf zijn geen gebruikers in de zin van artikel 81, lid 3.

beperkende overeenkomsten binnen een relevante markt, voldoende moeten opwegen tegen de mededingingsbeperkende effecten welke uit diezelfde overeenkomst binnen diezelfde relevante markt voortvloeien [56]. Negatieve effecten voor de gebruikers op een geografische of productmarkt kunnen doorgaans niet opwegen tegen en worden gecompenseerd door positieve effecten voor gebruikers in een andere, niet-verwante geografische of productmarkt. Wanneer evenwel twee markten verwant zijn, kunnen de op afzonderlijke markten behaalde efficiëntieverbeteringen in aanmerking worden genomen, mits de gebruikers die door de beperking worden getroffen en de gebruikers die van de efficiëntiewinsten profiteren, grotendeels dezelfde groep zijn [57]. In sommige gevallen worden immers enkel gebruikers op een downstreammarkt getroffen; in dat geval moet de impact van de overeenkomst op die gebruikers worden onderzocht. Dit is bijvoorbeeld het geval bij inkoopovereenkomsten [58].

44. De toetsing van beperkende overeenkomsten aan artikel 81, lid 3, vindt plaats in samenhang met de omstandigheden waarin zij zich afspelen [59], en op basis van de op een bepaald tijdstip bestaande feiten. Deze toets is gevoelig voor substantiële veranderingen in de feiten. De uitzonderingsregeling van artikel 81, lid 3, is zolang van toepassing als voldaan is aan de vier voorwaarden, en houdt op van toepassing te zijn wanneer dat

---

(56) Dit onderzoek is marktspecifiek; zie in dat verband zaak T-131/99, Shaw, Jurispr. 2002, blz. II-2023, punt 163, waar het Gerecht verklaarde dat de toetsing aan artikel 81, lid 3, moest plaatsvinden binnen hetzelfde analysekaders als dat voor de beoordeling van de beperkende effecten was gebruikt; en zaak C-360/92 P, Publishers Association, Jurispr. 1995, blz. I-23, punt 29, waar het Hof in een zaak waarin de relevante markt ruimer was dan de nationale markt, heeft verklaard dat het bij de toepassing van artikel 81, lid 3, niet correct was om enkel rekening te houden met de gevolgen voor het nationale grondgebied.

(57) In zaak T-86/95, Compagnie Générale Maritime e.a., Jurispr. 2002, blz. II-1011, punten 343 tot 345 stelde het Gerecht van eerste aanleg dat artikel 81, lid 3, niet vereist dat de voordelen met een specifieke markt verbonden zijn en dat in aangewezen gevallen moet worden gelet op de voordelen 'voor iedere andere markt waarop de betrokken overeenkomst positieve effecten kan sorteren of zelfs meer in het algemeen voor iedere dienst waarvan de kwaliteit of efficiëntie door het bestaan van die overeenkomst kan verbeteren'. Het is echter belangrijk vast te stellen dat in deze zaak de betrokken groep consumenten dezelfde was. Deze zaak betrof multimodale transportdiensten die onder meer een aantal zee- en inlandvervoersdiensten omvatten die worden aangeboden door scheepvaartondernemingen uit heel de Gemeenschap. De beperkingen hielden verband met inlandvervoersdiensten, die werden beschouwd als een afzonderlijke markt, terwijl de beweerde voordelen zich zouden voordoen in verband met zeevervoersdiensten. Beide diensten werden gevraagd door verladers die multimodale transportdiensten tussen noordelijk Europa en Zuidoost en Oost-Azië vereisen. Het arrest in CGM CMA, aangehaald in noot 53, betrof ook een situatie waar de overeenkomst, ofschoon deze verscheidene verschillende diensten omvatte, dezelfde groep consumenten betrof, namelijk verladers van container cargo tussen noordelijk Europa en het Verre Oosten. In het kader van de overeenkomst legden de partijen lasten en toeslagen met betrekking tot de binnenlandse vervoersdiensten, de havendiensten en de zeevoerdiensten vast. Het Gerecht van eerste aanleg stelde (zie punten 226 tot 228) dat het in de omstandigheden van het geval niet nodig was om relevante markten te bepalen voor het toepassen van artikel 81, lid 3. De overeenkomst strekte ertoe de mededinging te beperken en er waren geen voordelen voor consumenten.

(58) Zie punten 126 en 132 van de in noot 5 aangehaalde richtsnoeren inzake horizontale samenwerkingsovereenkomsten.

(59) Zie het in noot 18 aangehaalde arrest in de zaak Ford.

niet langer het geval is [60]. Bij de toepassing van artikel 81, lid 3, overeenkomstig deze beginselen is het noodzakelijk rekening te houden met de initiële verzonken investeringen die de partijen hebben gemaakt, de tijd nodig en de beperkingen vereist om een efficiëntieversterkende investering vast te leggen en terug te verdienen. Artikel 81 kan niet worden toegepast zonder afdoende rekening te houden met een dergelijke voorafgaande investering. Het risico dat de partijen nemen en de verzonken investering die moet worden vastgelegd om de overeenkomst ten uitvoer te leggen, kunnen bijgevolg erin resulteren dat de overeenkomst, naar gelang het geval, buiten de toepassing van artikel 81, lid 1, valt of aan de voorwaarden van artikel 81, lid 3, voldoet gedurende de tijd die nodig is om de investering terug te verdienen.

45. In sommige gevallen kan de beperkende overeenkomst een onomkeerbaar feit zijn. Zodra de beperkende overeenkomst ten uitvoer is gelegd, kan de vroegere situatie niet meer worden hersteld. In dergelijke gevallen dient de beoordeling uitsluitend plaats te vinden op basis van de feiten die betrekking hebben op het tijdstip van de tenuitvoerlegging. Zo kan het bijvoorbeeld in het geval van een onderzoek- en ontwikkelingsovereenkomst waarbij elke partij ermee instemt haar respectieve onderzoeksproject op te geven en haar capaciteiten te poolen met die van een andere partij, uit objectief oogpunt technisch en economisch onmogelijk zijn het project nieuw leven in te blazen zodra het project is opgegeven. De beoordeling van de positieve en negatieve mededingingseffecten van de overeenkomst om de individuele onderzoeksprojecten op te geven, moet daarom worden uitgevoerd zodra de tenuitvoerlegging ervan is voltooid. Wanneer op dat moment de overeenkomst verenigbaar is met artikel 81 — bijvoorbeeld omdat een voldoende aantal derden concurrerende onderzoek- en ontwikkelingsprojecten hebben — blijft de overeenkomst van de partijen om hun individuele projecten op te geven, met artikel 81 verenigbaar, zelfs wanneer nadien de projecten van derden mislukken. Het verbod van artikel 81 kan echter gelden voor andere onderdelen van de overeenkomst ten aanzien waarvan het probleem van de onomkeerbaarheid zich niet voordoet. Wanneer bijvoorbeeld de overeenkomst naast gezamenlijk onderzoek en ontwikkeling ook voorziet in gezamenlijke exploitatie, kan artikel 81 gelden voor dit deel van de overeenkomst wanneer, als gevolg van latere marktontwikkelingen, de overeenkomst mededingingsbeperkend wordt en niet (langer) voldoet aan de voorwaarden van artikel 81, lid 3, om terdege rekening te houden met voorafgaande verzonken kosten (cf. vorig punt).

46. Artikel 81, lid 3, sluit niet a priori bepaalde soorten overeenkomsten van zijn toepassingsbereik uit. In beginsel vallen alle beperkende overeenkomsten die voldoen aan de vier voorwaarden van artikel 81, lid 3, onder de uitzonderingsregeling [61]. Toch is het zo dat ernstige beperkingen van de mededinging wellicht niet voldoen aan de voorwaarden van artikel 81, lid 3. Dergelijke beperkingen worden in groepsvrijstellingsverordeningen meestal op een zwarte lijst gezet of zijn in de richtsnoeren, bekendmakingen en mededelingen van de Commissie als hardcore beperkingen aangemerkt. Overeenkomsten van dit soort voldoen (ten minste) niet aan de eerste twee voorwaarden van artikel 81, lid 3. Evenmin leveren zij objectieve economische voordelen op [62] of komen zij de

---

(60) Zie in dit verband bijvoorbeeld de in noot 22 aangehaalde beschikking van de Commissie in de zaak TPS. Evenzo geldt het verbod van artikel 81, lid 1, enkel zolang de overeenkomst mededingingsbeperking tot doel of ten gevolge heeft.
(61) Zie punt 85 van het in noot 52 aangehaalde arrest in de zaak Matra.
(62) Wat dit vereiste betreft, zie punt 23.

gebruikers ten goede [63]. Zo beperkt een horizontale overeenkomst voor prijsafspraken de productie, hetgeen resulteert in een misallocatie van middelen. Ook wordt zo waarde overgedragen van gebruikers naar producenten, omdat dat resulteert in hogere prijzen zonder dat enige compenserende waarde voor gebruikers binnen de relevante markt wordt gecreëerd. Bovendien voldoen dit soort overeenkomsten meestal ook niet aan het criterium 'onmisbaarheid' van de derde voorwaarde [64].

47. Iedere bewering dat beperkende overeenkomsten zijn gerechtvaardigd omdat daarmee wordt beoogd billijke mededingingsvoorwaarden op de markt te garanderen, is op zich ongegrond en dient te worden afgewezen [65]. Doel van artikel 81 is een daadwerkelijke mededinging te vrijwaren door ervoor te zorgen dat de markt open en concurrerend blijft. De bescherming van billijke mededingingsvoorwaarden is een opdracht voor de wetgever in overeenstemming met verplichtingen van het Gemeenschapsrecht [66] en het staat niet aan ondernemingen om zelfregulerend op te treden.

3.2. Eerste voorwaarde van artikel 81, lid 3: efficiëntiewinsten
3.2.1. Algemene opmerkingen

48. Volgens de eerste voorwaarde van artikel 81, lid 3, dient de beperkende overeenkomst bij te dragen tot de verbetering van de productie of van de verdeling der producten of tot verbetering van de technische of economische vooruitgang. Deze bepaling heeft het enkel uitdrukkelijk over goederen, maar zij geldt naar analogie ook voor diensten.

49. Uit de rechtspraak van het Hof van Justitie volgt dat enkel objectieve voordelen in aanmerking kunnen worden genomen [67]. Dit betekent dat efficiëntieverbeteringen niet worden beoordeeld uit het subjectieve standpunt van de partijen [68]. Kostenbesparingen die voortvloeien uit het feit dat de partijen enkel hun marktmacht uitoefenen, kunnen niet in aanmerking worden genomen. Wanneer bijvoorbeeld ondernemingen overeenkomen om prijzen vast te stellen of markten te verdelen, beperken zij de productie en zodoende ook de productiekosten.

Verminderde concurrentie kan ook resulteren in lagere verkoop- en marketingkosten. Dergelijke kostenverminderingen zijn een rechtstreeks gevolg van een vermindering in de productie en waarde. De betrokken kostenverminderingen genereren geen mededingingsbevorderende effecten op de markt. Met name leiden zij niet tot de creatie van waarde via een integratie van activa en activiteiten. Zij stellen de betrokken ondernemingen enkel in staat hun winsten te verhogen en doen dus niet ter zake uit het oogpunt van artikel 81, lid 3.

50. Bedoeling van deze eerste voorwaarde van artikel 81, lid 3, is het soort efficiëntiewinsten te bepalen dat in aanmerking kan worden genomen en waarop ook de overige criteria van de tweede en derde voorwaarde van artikel 81, lid 3, van toepassing kunnen

---

[63] Zie bv. zaak T-29/92, Vereniging van Samenwerkende Prijsregelende Organisaties in de Bouwnijverheid (SPO), Jurispr. 1995, blz. II-289.
[64] Zie bv. zaak 258/78, Nungesser, Jurispr. 1982, blz. 2015, punt 77, betreffende absolute gebiedsbescherming.
[65] Zie in dit verband bijvoorbeeld het in noot 63 aangehaalde arrest in de zaak SPO.
[66] Nationale maatregelen moet onder meer voldoen aan de Verdragsbepalingen inzake vrij verkeer van goederen, diensten, personen en kapitaal.
[67] Zie het in noot 21 aangehaalde arrest in de zaak Corsten en Grundig.
[68] Zie in dit verband Beschikking 98/531/EG van de Commissie in de zaken-Van den Bergh Foods Limited (PB L 246 van 4.9.1998, blz. 1).

zijn. Doel van die analyse is na te gaan wat de objectieve voordelen zijn die de overeenkomst oplevert, en wat het economische belang van dergelijke efficiëntiewinsten is. Aangezien het zo is dat, wil artikel 81, lid 3, kunnen worden toegepast, de positieve mededingingseffecten van een overeenkomst moeten opwegen tegen de negatieve mededingingseffecten ervan, dient te worden nagegaan wat het verband is tussen de overeenkomst en de beweerde efficiëntiewinsten en wat de waarde van die efficiëntiewinsten is.

51. Alle beweerde efficiëntieverbeteringen dienen daarom nader te worden onderbouwd zodat de volgende punten kunnen worden nagegaan:
a) de aard van de beweerde efficiëntieverbeteringen;
b) het verband tussen de overeenkomst en de efficiëntieverbeteringen;
c) de waarschijnlijkheid en de omvang van elke beweerde efficiëntieverbetering en
d) hoe en wanneer elke beweerde efficiëntieverbetering zal worden verwezenlijkt.

52. Met punt *a)* kan bij het geven van de beschikking worden nagegaan of de beweerde efficiëntieverbeteringen objectief van aard zijn (cf. punt 23).

53. Met punt *b)* kan bij het geven van de beschikking worden nagegaan of er een voldoende causaal verband bestaat tussen de beperkende overeenkomst en de beweerde efficiëntieverbeteringen. Deze voorwaarde vereist normaalgesproken dat de efficiëntieverbeteringen resulteren uit de economische activiteit die het voorwerp van de overeenkomst uitmaakt. Dergelijke activiteiten kunnen bijvoorbeeld de vorm aannemen van distributie, technologielicenties, gezamenlijke productie of gezamenlijk onderzoek- en ontwikkelingswerk. Voorzover evenwel een overeenkomst ruimere efficiëntieversterkende effecten op de relevante markt heeft – bijvoorbeeld omdat zij leidt tot een vermindering van de kosten in een hele sector – moeten deze additionele voordelen mee in rekening worden genomen.

54. Het causale verband tussen de overeenkomst en de beweerde efficiëntieverbeteringen moet doorgaans ook rechtstreeks zijn [69]. Beweringen die gebaseerd zijn op indirecte effecten, zijn doorgaans te onzeker en te vaag om in aanmerking te worden genomen. Van een rechtstreeks causaal verband is bijvoorbeeld sprake wanneer op grond van een technologieoverdrachtovereenkomst de licentienemers nieuwe of verbeterde producten kunnen produceren of wanneer een distributieovereenkomst het mogelijk maakt dat producten tegen een lagere kostprijs worden gedistribueerd of dat waardevolle diensten worden geproduceerd. Een voorbeeld van een indirect effect zou een situatie zijn waarin een beperkende overeenkomst het beweerdelijk mogelijk maakt dat de betrokken ondernemingen hun winsten kunnen verhogen, waardoor zij meer in onderzoek en ontwikkeling kunnen investeren, hetgeen uiteindelijk de consumenten ten goede zou komen. Is er mogelijk een verband tussen winstgevendheid en onderzoek en ontwikkeling, toch is dit verband doorgaans onvoldoende direct om in het kader van de toepassing van artikel 81, lid 3, in aanmerking te worden genomen.

55. Met de punten *c)* en *d)* kan bij het geven van de beschikking de waarde worden nagegaan van de beweerde efficiëntieverbeteringen die in de context van de derde voorwaarde van artikel 81, lid 3, moet worden afgewogen tegen de concurrentieverstorende effecten van de overeenkomst (zie punt 75). Aangezien artikel 81, lid 1, enkel van toepassing is in gevallen waar van de overeenkomst negatieve effecten voor de mededinging en de consumenten te verwachten vallen (in het geval van hardcore beperkingen worden

---

[69] Zie in dit verband Beschikking 2001/791/EG van de Commissie in de zaken-Glaxo Wellcome e.a. (*PB* L 302 van 17.11.2001, blz. 1).

dergelijke effecten voorondersteld), dienen beweerde efficiëntieverbeteringen nader te worden onderbouwd zodat zij kunnen worden onderzocht. Niet onderbouwde beweringen worden verworpen.

56. In het geval van beweerde kostenverbeteringen moeten de ondernemingen die de toepassing van artikel 81, lid 3, inroepen, zo nauwkeurig als redelijkerwijs mogelijk de waarde van de efficiëntieverbeteringen berekenen of ramen en in detail beschrijven hoe dat bedrag werd berekend. Zij moeten ook de methode(n) beschrijven waarmee de efficiëntieverbeteringen zijn of zullen worden verwezenlijkt. De verstrekte gegevens moeten verifieerbaar zijn zodat er een voldoende mate van zekerheid kan zijn dat de efficiëntieverbeteringen zich hebben voorgedaan of waarschijnlijk zullen voordoen.

57. In het geval van beweerde efficiëntieverbeteringen in de vorm van nieuwe of verbeterde producten en andere niet op kostprijs gebaseerde efficiëntieverbeteringen moeten de ondernemingen die de toepassing van artikel 81, lid 3, inroepen, in detail beschrijven en uiteenzetten wat de aard is van de efficiëntieverbeteringen en hoe en waarom zij een objectief economisch voordeel opleveren.

58. In gevallen waar de overeenkomst nog volledig ten uitvoer moet worden gelegd, moeten de partijen eventuele prognoses ten aanzien van de datum waarop de efficiëntieverbeteringen operationeel worden en zodoende een positieve impact op de markt kunnen hebben, nader onderbouwen.

3.2.2. De verschillende categorieën efficiëntieverbeteringen

59. De soorten efficiëntieverbeteringen die in artikel 81, lid 3, zijn opgesomd, zijn algemene categorieën die zijn bedoeld om alle objectieve economische efficiëntieverbeteringen in te sluiten. Er is een aanzienlijke overlapping tussen de verschillende categorieën waarvan sprake in artikel 81, lid 3, en dezelfde overeenkomst kan leiden tot verschillende soorten efficiëntieverbeteringen. Daarom is het niet passend een helder en scherp onderscheid te maken tussen de verschillende categorieën. In het kader van deze richtsnoeren wordt een onderscheid gemaakt tussen kostenverbeteringen en kwalitatieve efficiëntieverbeteringen die waarde creëren in de vorm van nieuwe of verbeterde producten, een ruimer productaanbod enz.

60. Over het algemeen vloeien de efficiëntieverbeteringen voort uit een integratie van economische activiteiten waarbij ondernemingen hun activa samenvoegen om te bereiken wat zij op eigen kracht niet zo efficiënt hadden kunnen verwezenlijken of waarbij zij een andere onderneming belasten met opdrachten die efficiënter door die andere onderneming kunnen worden uitgevoerd.

61. Onderzoek en ontwikkeling, productie- en distributieprocessen kunnen worden beschouwd als een waardeketen die in verschillende onderdelen kan worden opgesplitst. In elk onderdeel van deze keten moet een onderneming een keuze maken tussen de activiteit zelf uitvoeren, de activiteit uitvoeren samen met (een) andere onderneming(en) of de activiteit volledig outsourcen naar (een) andere onderneming(en).

62. In ieder geval moet in situaties waar de gemaakte keuze meebrengt dat op de markt met een andere onderneming wordt samengewerkt, in de regel worden geconcludeerd dat sprake is van een overeenkomst in de zin van artikel 81, lid 1. Deze overeenkomsten kunnen verticaal zijn (zoals het geval is wanneer de ondernemingen actief zijn op verschillende niveaus van de waardeketen), dan wel horizontaal (zoals het geval is wanneer de ondernemingen actief zijn op hetzelfde niveau van de waardeketen). Beide soorten overeenkomsten kunnen efficiëntieverbeteringen opleveren doordat zij de betrokken ondernemingen in staat stellen een bepaalde opdracht uit te voeren tegen een lagere kostprijs of met een hogere toegevoegde waarde voor de gebruikers. Dergelijke overeenkomsten kunnen ook mededingingsbeperkingen bevatten of doen ontstaan, in welk geval de verbodsbepaling van artikel 81, lid 1, en de uitzonderingsregeling van artikel 81, lid 3, van belang kunnen worden.

63. De verschillende soorten efficiëntieverbeteringen waarvan hierna sprake is, zijn enkel voorbeelden en zijn niet bedoeld als een exhaustieve opsomming.

3.2.2.1. Kostenverbeteringen

64. Kostenverbeteringen die uit overeenkomsten tussen ondernemingen voortvloeien, kunnen uit diverse bronnen afkomstig zijn. Een zeer belangrijke dergelijke bron van kostenbesparingen is de ontwikkeling van nieuwe productietechnologieën en -methoden. Over het algemeen is het zo dat het grootste potentieel voor kostenbesparingen wordt verwezenlijkt wanneer technologische sprongen worden gemaakt. Zo resulteerde de introductie van de assemblagelijn in een zeer aanzienlijke daling van de productiekosten voor motorvoertuigen.

65. Een andere erg belangrijke bron voor efficiëntieverbeteringen zijn de synergie-effecten die uit integratie van bestaande activa voortvloeien. Wanneer de partijen bij een overeenkomst hun onderscheiden activa samenvoegen, kunnen zij in staat zijn een kosten-/productieconfiguratie te bereiken die anders niet mogelijk was geweest. De samenvoeging van twee bestaande technologieën die complementaire sterke punten hebben, kan de productiekosten reduceren of leiden tot de vervaardiging van een product met een hogere kwaliteit. Zo kunnen bijvoorbeeld de productiemiddelen van onderneming A een hoge productie per uur genereren, maar een betrekkelijk hoog grondstoffenverbruik per geproduceerde eenheid vergen, terwijl de productiemiddelen van onderneming B een lagere productie per uur genereren, maar een betrekkelijk lager grondstoffenverbruik per geproduceerde eenheid vergen. Synergie-effecten komen tot stand door een gezamenlijke productieonderneming op te zetten waarin de productiemiddelen van A en B worden samengebracht, zodat de partijen een hoog (hoger) productievolume per uur kunnen behalen met een laag (lager) grondstoffenverbruik per geproduceerde eenheid. Evenzo kan het zijn dat wanneer één onderneming een deel van de waardeketen heeft geoptimaliseerd en een andere onderneming een ander deel van de waardeketen, de combinatie van hun beider operaties kan resulteren in lagere kosten. Onderneming A kan bijvoorbeeld een sterk geautomatiseerde productievestiging hebben met lagere productiekosten per eenheid als gevolg, terwijl B een efficiënt systeem voor orderverwerking heeft ontwikkeld. Het systeem maakt het mogelijk de productie af te stemmen op de vraag van klanten, met tijdige levering en een verlaging van kosten voor opslag en veroudering. Door hun activa samen te voegen kunnen A en B misschien kostenverminderingen behalen.

66. Kostenverbeteringen kunnen ook resulteren uit schaalvoordelen, namelijk een afnemende kostprijs per eenheid product naarmate de productie toeneemt. Om een voorbeeld te geven: investeringen in uitrusting en andere activa moeten vaak in ondeelbare blokken plaatsvinden.

Wanneer een onderneming een bepaald blok niet ten volle kan benutten, zullen de gemiddelde kosten hoger liggen dan wanneer zij dat wel kon doen. Zo zijn de exploitatiekosten voor een vrachtwagen nagenoeg identiek, ongeacht of de vrachtwagen leeg, halfvol of vol rijdt. Overeenkomsten waarbij ondernemingen hun logistieke operaties samenvoegen, kunnen hen in staat stellen het beladingspercentage te verhogen en het aantal ingezette voertuigen te beperken. Schaalvergroting kan ook een betere taakver-

deling mogelijk maken, hetgeen een vermindering van de kosten per eenheid oplevert. Ondernemingen kunnen ook schaalvoordelen behalen voor alle onderdelen van de waardeketen, met inbegrip van onderzoek en ontwikkeling, productie, distributie en marketing. Leereffecten (learning economies) vormen een aanverwante soort efficiëntieverbeteringen. Naarmate ervaring wordt opgedaan bij het gebruik van een specifiek productieproces of bij de uitvoering van specifieke opdrachten, kan de productiviteit toenemen omdat het proces efficiënter verloopt of de opdracht sneller wordt uitgevoerd.
67. Toepassingsvoordelen zijn een andere vorm van kostenverbeteringen, die voorkomen wanneer ondernemingen kostenbesparingen verwezenlijken door verschillende soorten producten te vervaardigen op basis van hetzelfde verbruik. Dergelijke efficiëntieverbeteringen kunnen ontstaan doordat het mogelijk is dezelfde onderdelen te gebruiken en dezelfde installaties en werknemers in te zetten om uiteenlopende producten te vervaardigen. Evenzo kunnen bij de distributie toepassingsvoordelen worden gegenereerd wanneer meerdere soorten goederen met dezelfde voertuigen worden gedistribueerd. Zo kunnen bijvoorbeeld een producent van diepvriespizza's en een producent van diepvriesgroenten toepassingsvoordelen behalen door hun producten gezamenlijk te distribueren. Beide soorten producten moeten worden gedistribueerd met koelauto's en er zijn waarschijnlijk aanzienlijke overlappingen wat betreft afnemers. Door hun activiteiten samen te voegen kunnen beide producenten lagere distributiekosten verwezenlijken per gedistribueerde eenheid.
68. Efficiëntieverbeteringen in de vorm van kostenreducties kunnen ook voortvloeien uit overeenkomsten die het mogelijk maken de productie beter te plannen, het minder noodzakelijk maken dure voorraden aan te houden en in een betere capaciteitsbenutting mogelijk maken. Dergelijke efficiëntieverbeteringen kunnen bijvoorbeeld tot stand komen door te werken met just-in-time-inkoop, namelijk door een verplichting voor een leverancier van onderdelen om de afnemer continu volgens zijn behoeften te bevoorraden, en zodoende te vermijden dat de afnemer een grote voorraad onderdelen moet aanhouden die verouderd dreigt te raken. Kostenbesparingen kunnen ook resulteren uit overeenkomsten die de partijen in staat stellen hun productie in hun verschillende installaties te rationaliseren.

3.2.2.2. Kwalitatieve efficiëntieverbeteringen
69. Overeenkomsten tussen ondernemingen kunnen diverse kwalitatieve efficiëntieverbeteringen opleveren die voor de toepassing van artikel 81, lid 3, relevant zijn. In een aantal gevallen zijn niet de kostenbesparing, maar de kwaliteitsverbeteringen en andere kwalitatieve efficiëntieverbeteringen het belangrijkste efficiëntieversterkende potentieel van de overeenkomst. Naar gelang het individuele geval kunnen dergelijke efficiëntieverbeteringen dus van gelijk of groter belang zijn dan kostenverbeteringen.
70. Technische en technologische vooruitgang vormt een essentieel en dynamisch onderdeel van de economie, en genereert aanzienlijke voordelen in de vorm van nieuwe of betere goederen en diensten. Door samen te werken kunnen ondernemingen efficiëntieverbeteringen tot stand brengen die zonder de beperkende overeenkomst niet mogelijk waren geweest of die alleen met aanzienlijke vertraging of tegen hogere kosten mogelijk waren geweest. Dergelijke efficiëntieverbeteringen vormen een belangrijke bron van economische voordelen die onder de eerste voorwaarde van artikel 81, lid 3, vallen. Overeenkomsten die deze soort efficiëntieverbeteringen kunnen opleveren, zijn vooral onderzoek- en ontwikkelingsovereenkomsten. Een voorbeeld zou de situatie zijn waarin A en B een gemeenschappelijke onderneming oprichten voor de ontwikke-

ling en, wanneer de ontwikkelingswerkzaamheden succesvol blijken, de gezamenlijke productie van banden met een cellenstructuur. Wordt één cel doorboord, dan heeft dat geen invloed op andere cellen, hetgeen betekent dat er geen gevaar is op een klapband bij een lek. De band is dus veiliger dan traditionele banden. Dit betekent ook dat het niet onmiddellijk nodig is de band te vervangen – en een reserveband bij te hebben. Beide soorten efficiëntieverbeteringen zijn objectieve voordelen in de zin de (*red*.: lees: in de zin van de) eerste voorwaarde van artikel 81, lid 3.

71. Evenals het samenvoegen van complementaire activa kostenbesparingen kan opleveren, kan het samenvoegen van activa ook synergie-effecten opleveren die in kwalitatieve efficiëntieverbeteringen resulteren. Het samenvoegen van productiemiddelen kan bijvoorbeeld resulteren in de productie van producten van een hogere kwaliteit of met nieuwe kenmerken. Dit kan bijvoorbeeld het geval zijn voor licentieovereenkomsten en overeenkomsten voor de gezamenlijke productie van nieuwe of verbeterde goederen of diensten. Licentieovereenkomsten kunnen met name helpen zorgen voor een snellere verspreiding van nieuwe technologie binnen de Gemeenschap, en kunnen de licentienemer(s) in staat stellen nieuwe producten beschikbaar te stellen of nieuwe productietechnieken toe te passen die in kwaliteitsverbeteringen resulteren. Overeenkomsten voor gezamenlijke productie kunnen het met name mogelijk maken nieuwe of verbeterde producten of diensten sneller of tegen een lagere kostprijs op de markt te introduceren [70]. In de telecommunicatiesector bijvoorbeeld werden samenwerkingsovereenkomsten beschouwd als resulterend in efficiëntieverbeteringen doordat zij nieuwe internationale diensten sneller beschikbaar helpen stellen [71]. In de banksector werden samenwerkingsovereenkomsten waarmee verbeterde faciliteiten voor grensoverschrijdende betalingen beschikbaar werden gesteld, ook beschouwd als overeenkomsten die efficiëntieverbeteringen opleverden die binnen het bereik van de eerste voorwaarde van artikel 81, lid 3, vallen [72].

72. Ook distributieovereenkomsten kunnen kwalitatieve efficiëntieverbeteringen opleveren. Zo kunnen gespecialiseerde distributeurs bijvoorbeeld diensten aanbieden die beter op de behoeften van de gebruikers zijn toegesneden of kunnen zij snellere levering of betere kwaliteitsborging in de hele distributieketen bieden [73].

3.3. Derde voorwaarde van artikel 81, lid 3: onmisbaarheid van de beperkingen

73. Volgens de derde voorwaarde van artikel 81, lid 3, mag de beperkende overeenkomst geen beperkingen opleggen welke niet onmisbaar zijn voor het bereiken van de met de betrokken overeenkomst gegenereerde efficiëntieverbeteringen. Deze voorwaarde impliceert een dubbel onderzoek. In de eerste plaats dient de beperkende overeenkomst op zich redelijkerwijs noodzakelijk te zijn voor het behalen van de efficiëntieverbeteringen.

---

(70) Zie bv. beschikking 2000/182/EG van de Commissie in de zaak GEAE/P&W (*PB* L 58 van 3.3.2000, blz. 16); Beschikking 1999/781/EG van de Commissie in de zaak British Interactive Broadcasting/Open (*PB* L 312 van 6.12.1999, blz. 1) en Beschikking 94/896/EG van de Commissie in de zaak Asahi/Saint Gobain (*PB* L 354 van 31.12.1994, blz. 87).

(71) Zie bv. Beschikking 96/546/EG van de Commissie in de zaak Atlas (*PB* L 239 van 19.9.1996, blz. 23) en Beschikking 96/547/EG van de Commissie in de zaak Phoenix/GlobalOne (*PB* L 239 van 19.9.1996, blz. 57).

(72) Zie bv. Beschikking 85/77/EEG van Commissie in de zaak Uniforme eurocheques (*PB* L 35 van 7.2.1985, blz. 43).

(73) Zie bv. Beschikking 1999/573/EG van de Commissie in de zaak Cégétel+4 (*PB* L 218 van 18.8.1999, blz. 14).

Ten tweede dienen de individuele mededingingsbeperkingen die uit de overeenkomst voortvloeien, eveneens redelijkerwijs noodzakelijk te zijn voor het behalen van de efficiëntieverbeteringen.

74. In het kader van de derde voorwaarde van artikel 81, lid 3, is de beslissende factor de vraag of de beperkende overeenkomst en de individuele beperkingen het al dan niet mogelijk maken de betrokken activiteit efficiënter uit te voeren dan wellicht het geval zou zijn zonder de overeenkomst of de betrokken beperking. De vraag is niet of de overeenkomst zonder de beperking niet was gesloten, maar veeleer of met de overeenkomst of beperking méér efficiëntieverbeteringen worden geproduceerd dan zonder de overeenkomst of beperking [74].

75. Het eerste criterium vervat in de derde voorwaarde van artikel 81, lid 3, vereist dat de efficiëntieverbeteringen specifiek zijn voor de betrokken overeenkomst, dat er dus uit economisch oogpunt geen andere praktisch haalbare en minder beperkende middelen zijn om de efficiëntieverbeteringen te behalen. Bij het uitvoeren van deze beoordeling moeten de marktvoorwaarden en de zakelijke realiteit waarmee de partijen bij de overeenkomst te maken hebben, in aanmerking worden genomen. Ondernemingen die de toepassing inroepen van artikel 81, lid 3, zijn niet verplicht hypothetische of theoretische alternatieven te onderzoeken. De Commissie zal het zakenoordeel van de partijen niet overdoen. Zij zal enkel optreden indien het redelijkerwijs duidelijk is dat er realistische en haalbare alternatieven zijn. De partijen moeten enkel uiteenzetten en aantonen waarom dergelijke kennelijk realistische en aanzienlijk minder beperkende alternatieven voor de overeenkomst aanzienlijk minder efficiënt zouden zijn.

76. Met name is het van belang na te gaan of, met bijzondere aandacht voor de omstandigheden van het individuele geval, de partijen de efficiëntieverbeteringen, door een ander, minder beperkend soort overeenkomst hadden kunnen behalen, en zo ja, wanneer zij waarschijnlijk in staat waren geweest de efficiëntieverbeteringen te behalen. Het kan ook noodzakelijk zijn na te gaan of partijen de efficiëntieverbeteringen op eigen krachten hadden kunnen behalen. Wanneer bijvoorbeeld de beweerde efficiëntieverbeteringen de vorm aannemen van kostenreducties resulterend uit schaal- of toepassingsvoordelen, dienen de betrokken ondernemingen toe te lichten en aan te tonen waarom dezelfde efficiëntieverbeteringen waarschijnlijk niet zouden worden behaald via interne groei en prijsconcurrentie. Bij de uitvoering van deze beoordeling moet onder andere worden gekeken naar wat op de betrokken markt de 'minimum efficiënte schaal' (minimum efficient scale – MES) is. De minimum efficiënte schaal is de omvang van productie die vereist is om de gemiddelde kosten tot een minimum te beperken en de schaalvoordelen volledig te benutten [75]. Hoe groter de minimum efficiënte schaal is ten opzichte van de actuele omvang van een van beide partijen bij de overeenkomst, des te meer valt te verwachten dat de efficiëntieverbeteringen als specifiek voor de overeenkomst zullen worden beschouwd. In het geval van overeenkomsten die aanzienlijke synergie-effecten opleveren door de samenvoeging van complementaire activa en capaciteit, doet precies de aard van de efficiëntieverbeteringen het vermoeden rijzen dat de overeenkomst noodzakelijk is om die verbeteringen te verwezenlijken.

---

(74) Wat betreft de eerste vraag die in het kader van artikel 81, lid 1, relevant kan zijn, zie punt 1.
(75) Schaalvoordelen zijn doorgaans op een bepaald punt volledig benut. Daarna zullen de gemiddelde kosten stabiliseren en uiteindelijk stijgen wegens bijvoorbeeld capaciteitsbeperkingen of bottlenecks.

77. Deze beginselen kunnen worden geïllustreerd aan de hand van het volgende hypothetische voorbeeld.
A en B brengen hun onderscheiden productietechnologieën samen in een gemeenschappelijke onderneming om een hogere productie en een lager grondstoffenverbruik te behalen. De gemeenschappelijke onderneming krijgt een exclusieve licentie voor hun onderscheiden productietechnologieën. De partijen dragen hun bestaande productievestigingen aan de gemeenschappelijke onderneming over. Zij dragen ook essentiële werknemers over om te garanderen dat bestaande leereffecten kunnen worden benut en verder ontwikkeld. Deze besparingen zouden de productiekosten naar raming met nog eens 5 % doen dalen. A en B verkopen de productie van de gemeenschappelijke onderneming onafhankelijk van elkaar. In dit geval maakt de onmisbaarheidsvoorwaarde een onderzoek noodzakelijk naar de vraag of de voordelen grotendeels kunnen worden behaald door een licentieovereenkomst, die waarschijnlijk minder beperkend zou zijn omdat A en B onafhankelijk zouden blijven produceren. In de beschreven omstandigheden zou dit waarschijnlijk niet het geval zijn omdat onder een licentieovereenkomst de partijen niet in staat zouden zijn op dezelfde naadloze en ononderbroken wijze te profiteren van elkaars ervaring bij het werken met de beide technologieën, die in aanzienlijke leereffecten resulteren.

78. Zodra is vastgesteld dat de betrokken overeenkomst noodzakelijk is om de efficiëntieverbeteringen te genereren, dient de onmisbaarheid van elk van de mededingingsbeperkingen die uit de overeenkomst voortvloeien, te worden onderzocht. In dit kader dient te worden onderzocht of individuele beperkingen redelijkerwijs noodzakelijk zijn om de efficiëntieverbeteringen te genereren.
De partijen bij de overeenkomst dienen hun bewering te staven zowel wat betreft de aard van de beperking als de intensiteit ervan.

79. Een beperking is onmisbaar wanneer het ontbreken van deze beperking de uitschakeling of de aanzienlijke vermindering meebrengt van de efficiëntieverbeteringen welke uit de overeenkomst voortvloeien, dan wel het aanzienlijk minder waarschijnlijk maakt dat deze efficiëntieverbeteringen zich zullen voordoen. Bij de beoordeling van alternatieve oplossingen moet rekening worden gehouden met de daadwerkelijke en potentiële verbeteringen op het punt van de mededinging door de uitschakeling van een bepaalde beperking of door de toepassing van een minder beperkend alternatief. Hoe restrictiever de beperking, des te strikter dient het onderzoek op basis van de derde voorwaarde te zijn [76]. Het is weinig waarschijnlijk dat beperkingen die in groepsvrijstellingsverordeningen op de zwarte lijst zijn gezet of die in richtsnoeren, bekendmakingen en mededelingen van de Commissie als hardcore beperkingen zijn aangemerkt, als onmisbaar kunnen worden aangemerkt.

80. De beoordeling van de onmisbaarheid vindt plaats binnen het feitelijke kader waarin de overeenkomst functioneert, en dient met name rekening te houden met de structuur van de markt, de aan de overeenkomst verbonden economische risico's en de prikkels waarmee de partijen te maken hebben. Hoe groter de onzekerheid in verband met het succes van het product waarop de overeenkomst betrekking heeft, des te meer mag van beperkingen worden verlangd dat zij garanderen dat de efficiëntieverbeteringen zich daadwerkelijk zullen voordoen. Beperkingen kunnen ook onmisbaar zijn om de

---

(76) Zie in dit verband de punten 392 tot 395 van het in noot 57 aangehaalde arrest in de zaak Compagnie Générale Maritime.

prikkels voor de partijen op één lijn te brengen en ervoor te zorgen dat zij hun inspanningen toespitsen op de tenuitvoerlegging van de overeenkomst. Een beperking kan bijvoorbeeld noodzakelijk zijn om hold-upproblemen te vermijden zodra een van de partijen een substantiële 'verzonken' investering heeft uitgevoerd. Zodra bijvoorbeeld een aanbieder een substantiële relatiegebonden investering heeft uitgevoerd met het oog op het leveren van bepaalde input aan een afnemer, is de aanbieder aan de afnemer vastgeklonken. Om te vermijden dat de afnemer achteraf deze afhankelijkheid uitbuit om gunstiger voorwaarden te krijgen, kan het nodig zijn een verplichting op te leggen om de component niet bij derden te betrekken of om bepaalde minimumhoeveelheden van de component bij de aanbieder te betrekken [77].

81. In sommige gevallen kan een beperking slechts voor een bepaalde duur onmisbaar zijn; in dat geval geldt de uitzondering van artikel 81, lid 3, enkel voor die periode.

Bij het uitvoeren van deze beoordeling dient afdoende rekening te worden gehouden met de tijd die de partijen nodig hebben om de efficiëntieverbeteringen te verwezenlijken welke de toepassing van de uitzonderingsregeling rechtvaardigen [78]. In gevallen waarin de voordelen niet zonder aanzienlijke investeringen kunnen worden behaald, dient met name rekening te worden gehouden met de tijd die nodig is om een passende return voor een dergelijke investering te garanderen (zie ook punt 18).

82. Deze beginselen kunnen worden geïllustreerd aan de hand van de volgende hypothetische voorbeelden.

P produceert en distribueert diepvriespizza's en heeft in lidstaat X een marktaandeel van 15 %. Er wordt rechtstreeks aan de detailhandel geleverd. Aangezien de meeste detailhandelaren beperkte opslagcapaciteit hebben, zijn betrekkelijk frequente leveringen vereist, hetgeen resulteert in lage capaciteitsbenutting en gebruik van betrekkelijk kleine voertuigen. T is een groothandelaar van diepvriespizza's en andere diepvriesproducten die aan grotendeels dezelfde afnemers als P levert. De pizzaproducten die T distribueert, vertegenwoordigen een marktaandeel van 30 %. T heeft een wagenpark met grotere voertuigen en heeft een capaciteitsoverschot. P sluit een exclusieve distributieovereenkomst met T voor lidstaat X en zegt toe te garanderen dat distributeurs in andere lidstaten – actief noch passief – naar het gebied van T zullen verkopen. T zegt toe om reclame te maken voor de producten, de consumentenvoorkeuren te onderzoeken, de klantentevredenheid te meten, en te garanderen dat detailhandelaren alle producten binnen 24 uur geleverd krijgen. Dankzij de overeenkomst dalen de totale distributiekosten met 30 % omdat de capaciteit beter wordt benut en overlapping van routes wordt uitgeschakeld. De overeenkomst zorgt er ook voor dat consumenten extra diensten krijgen. Beperkingen op passieve verkopen zijn volgens de groepsvrijstellingsverordening inzake verticale beperkingen [79] hardcore beperkingen en kunnen enkel in uitzonderlijke omstandigheden als onmisbaar worden aangemerkt. De gevestigde marktpositie van T en de aard van de verplichtingen die zij krijgt opgelegd, wijzen er op dat het hier geen uitzonderlijke situatie betreft. Het verbod op actieve verkoop is dan waarschijnlijk weer onmisbaar. Te

---

(77) Zie hierover meer in detail punt 116 van de in noot 5 aangehaalde richtsnoeren inzake verticale beperkingen.
(78) Zie gevoegde zaken T-374/94 e.a., European Night Services, Jurispr. 1998, blz. II-3141, punt 230.
(79) Zie Verordening (EG) nr. 2790/1999 van 22 december 1999 betreffende de toepassing van artikel 81, lid 3, van het Verdrag op groepen verticale overeenkomsten en onderling afgestemde feitelijke gedragingen (*PB* L 336 van 29.12.1999, blz. 21).

verwachten valt immers dat T minder wordt gestimuleerd om merk P te verkopen en er reclame voor te maken wanneer distributeurs in andere lidstaten actief naar lidstaat X kunnen verkopen en zodoende kunnen 'meeliften' met de inspanningen van T. Dit is vooral het geval omdat T ook concurrerende merken distribueert en zodoende de mogelijkheid heeft om die merken te pushen waar het gevaar van meeliftgedrag het geringst zijn.

S is een producent van softdrinks met prik en heeft 40 % van de markt in handen. Haar naaste concurrent heeft een marktaandeel van 20 %. S sluit leveringsovereenkomsten met afnemers die samen goed zijn voor 25 % van de vraag en die toezeggen om gedurende vijf jaar uitsluitend bij S af te nemen. Met andere afnemers die 15% van de vraag uitmaken, sluit S overeenkomsten waarbij hun kwartaalkortingen worden toegekend wanneer hun afname bepaalde, individueel vastgestelde doelstellingen overschrijdt. S beweert dat zij dankzij de overeenkomst de vraag preciezer kan voorspellen en zodoende haar productie beter kan plannen, hetgeen de voorraad- en opslagkosten vermindert en voorraadtekorten voorkomt. Gezien de marktpositie van S en de omvang van het geheel van de beperkingen, zullen deze beperkingen hoogst waarschijnlijk niet als onmisbaar kunnen worden beschouwd. De exclusieve afnameverplichting reikt verder dan hetgeen nodig is om productie te plannen en hetzelfde geldt voor de kortingregeling bij het behalen van bepaalde doelstellingen. Voorspelbaarheid van de vraag kan door minder beperkende middelen worden behaald. S zou bijvoorbeeld prikkels kunnen geven aan afnemers die op een bepaald moment grote hoeveelheden bestellen door volumekortingen toe te kennen of door een korting te geven aan afnemers die vooraf hun orders plaatsen met het oog op levering op bepaalde data.

3.4. Tweede voorwaarde van artikel 81, lid 3: een billijk aandeel voor de gebruikers
3.4.1. Algemene opmerkingen

83. Volgens de tweede voorwaarde van artikel 81, lid 3, moeten gebruikers een billijk aandeel ontvangen van de efficiëntieverbeteringen die door de beperkende overeenkomst worden gegenereerd.

84. Het begrip 'gebruikers' omvat alle rechtstreekse of onrechtstreekse gebruikers van de producten die door de overeenkomst worden gedekt, onder wie producenten die de producten als grondstof gebruiken, groothandelaren, detailhandelaren en eindgebruikers, d.w.z. natuurlijke personen die voor doeleinden handelen die niet als hun handel of beroep worden beschouwd. Met andere woorden, de gebruikers in de zin van artikel 81, lid 3, zijn de klanten van de partijen bij de overeenkomst en de volgende kopers. Deze afnemers kunnen ondernemingen zijn in het geval van afnemers van industriële uitrusting of grondstoffen voor verdere verwerking, dan wel eindgebruikers zoals bijvoorbeeld kopers van impulsijs of fietsen.

85. Het begrip 'billijk aandeel' houdt in dat het doorgeven van voordelen de gebruikers minstens moet compenseren voor eventuele daadwerkelijke of te verwachten negatieve gevolgen die zij ondervinden van de beperking van de mededinging die op grond van artikel 81, lid 1, is vastgesteld. In overeenstemming met de algemene doelstelling van artikel 81 om mededingingsbeperkende overeenkomsten te beletten, dient het nettoeffect van de overeenkomst minstens neutraal te zijn uit het oogpunt van de gebruikers die rechtstreeks of onrechtstreeks door de overeenkomst geraakt zijn [80]. Wanneer dergelijke gebruikers er na de overeenkomst slechter aan toe zijn, is niet aan de tweede voorwaarde van artikel 81, lid 3, voldaan. De positieve gevolgen van een overeenkomst moeten worden afgewogen tegen en een compensatie zijn voor de negatieve effecten ervan op de gebruikers [81]. Wanneer dat het geval is, hebben gebruikers niet te lijden van de overeenkomst. Bovendien heeft de samenleving als geheel baat bij de voordelen indien de efficiëntieverbeteringen erin resulteren dat ofwel minder hulpbronnen worden gebruikt voor het vervaardigen van de geconsumeerde producten of waardevollere producten worden vervaardigd, hetgeen leidt tot een doelmatigere middelenallocatie.

86. Gebruikers hoeven geen aandeel te ontvangen in elke individuele efficiëntiewinst die werd vastgesteld in het kader van de eerste voorwaarde. Het is toereikend dat voldoende voordelen worden doorgegeven ter compensatie van de negatieve gevolgen van de beperkende overeenkomst. In dat geval ontvangen gebruikers een billijk aandeel in de totale voordelen [82]. Wanneer te verwachten valt dat een beperkende overeenkomst in hogere prijzen resulteert, moeten gebruikers ten volle worden gecompenseerd via betere kwaliteit of andere voordelen.

Zoniet, is niet aan de tweede voorwaarde van artikel 81, lid 3, voldaan.

87. De beslissende factor is de totale impact op gebruikers van de producten binnen de relevante markt – niet de impact op individuele leden van deze groep gebruikers [83]. In sommige gevallen moet er een zekere tijd over heengaan vooraleer de efficiëntieverbeteringen zich daadwerkelijk voordoen. In afwachting daarvan heeft de overeenkomst misschien uitsluitend negatieve effecten.

Het feit dat het doorgeven van de voordelen aan de gebruikers plaatsvindt na verloop van tijd, sluit op zich niet de toepassing van artikel 81, lid 3, uit. Naarmate daartoe echter meer tijd is vereist, moeten de efficiëntieverbeteringen groter zijn om de gebruikers ook te compenseren voor verlies dat zij leden in de periode vóór de voordelen werden doorgegeven.

88. Bij het uitvoeren van deze beoordeling dient in aanmerking te worden genomen dat de waarde van een toekomstige winst voor gebruikers, niet dezelfde is als actuele winst voor de gebruikers. De waarde van 100 EUR die vandaag wordt bespaard, is veel groter dan wanneer datzelfde bedrag het jaar nadien wordt bespaard. Winst voor gebruikers in de toekomst is dus geen volledige compensatie voor een actueel verlies van gelijke nominale omvang. Om een behoorlijke vergelijking tussen het huidige verlies voor de gebruikers en de toekomstige winst voor gebruikers mogelijk te maken, dient de waarde van toekomstige winsten voor gebruikers te worden verdisconteerd. Het toegepaste disconteringspercentage dient het (eventuele) inflatiepercentage en de gederfde rente weer te geven, als aanwijzing van de lagere waarde van toekomstige winsten.

---

(80) Zie in dit verband het in noot 21 aangehaalde arrest in de zaak Consten en Grundig, waar het Hof van Justitie oordeelde dat de verbeteringen in de zin van de eerste voorwaarde van artikel 81, lid 3, merkbare en objectieve voordelen met zich dient te brengen van zodanige aard, dat daardoor de op het vlak van de concurrentie optredende nadelen worden gecompenseerd.
(81) Er is aan herinnerd dat de positieve en de negatieve effecten voor de gebruikers in beginsel afgewogen worden in elk van de relevante markt (zie punt 17).
(82) Zie in dit verband punt 48 van het in noot 54 aangehaalde arrest in de zaak Metro (I).
(83) Zie punt 163 van het in noot 56 aangehaalde arrest in de zaak Shaw.

89. In andere gevallen kan de overeenkomst de partijen in staat stellen de efficiëntieverbeteringen sneller te verkrijgen dan anders mogelijk was geweest. In dergelijke omstandigheden dient rekening te worden gehouden met de te verwachten negatieve impact op gebruikers binnen de relevante markt zodra deze aanloopperiode is verstreken. Wanneer via de beperkende overeenkomst de partijen een sterke positie op de markt verwerven, kunnen zij in staat zijn aanzienlijk hogere prijzen te berekenen dan anders het geval was geweest. Om aan de tweede voorwaarde van artikel 81, lid 3, te voldoen, dient het voordeel voor gebruikers die sneller toegang tot de producten krijgen, even aanzienlijk te zijn. Dit kan bijvoorbeeld het geval zijn wanneer twee bandenproducenten dankzij een overeenkomst drie jaar eerder een aanzienlijk veiliger band op de markt kunnen brengen en terzelfder tijd – dankzij hun versterkte marktmacht – hun prijzen met 5 % kunnen verhogen. In een dergelijk geval is het waarschijnlijk zo dat het feit dat een aanzienlijk verbeterd product sneller beschikbaar komt, opweegt tegen de prijsverhoging.

90. De tweede voorwaarde van artikel 81, lid 3, omvat ook een glijdende schaal. Naarmate de mededingingsbeperking bij toetsing aan artikel 81, lid 1, groter blijkt te zijn, moeten ook de efficiëntieverbeteringen en het aandeel dat daarvan aan de gebruikers wordt doorgegeven, groter zijn. Dergelijke benadering impliceert dat, wanneer de beperkende effecten van een overeenkomst betrekkelijk gering zijn en de efficiëntieverbeteringen substantieel, valt te verwachten dat een billijk aandeel van de kostenbesparingen aan gebruikers zal worden doorgegeven. In dergelijke gevallen hoeft doorgaans geen gedetailleerd onderzoek plaats te vinden op basis van de tweede voorwaarde van artikel 81, lid 3, mits aan de drie overige voorwaarden voor de toepassing van deze bepaling is voldaan.

91. Wanneer daarentegen de beperkende effecten van de overeenkomst aanzienlijk zijn en de kostenbesparingen betrekkelijk onbeduidend, is het weinig waarschijnlijk dat aan de tweede voorwaarde van artikel 81, lid 3, zal zijn voldaan. De gevolgen van de mededingingsbeperking zijn afhankelijk van de intensiteit van de beperking en de mate van concurrentie die na de overeenkomst blijven bestaan.

92. Wanneer de overeenkomst zowel wezenlijk positieve als wezenlijk negatieve mededingingseffecten oplevert, is een zorgvuldig onderzoek vereist. Bij het maken van de afweging in dergelijke gevallen dient ermee rekening te worden gehouden dat concurrentie een belangrijke motor is voor efficiency en innovatie op de lange termijn. Ondernemingen die niet met daadwerkelijke concurrentiedruk te maken hebben – zoals ondernemingen met een machtspositie – worden minder geprikkeld om efficiëntieverbeteringen in stand te houden of er op voort te bouwen. Hoe groter de impact van de overeenkomst op de mededinging, des te meer valt te verwachten dat gebruikers er op de lange termijn van te lijden zullen krijgen.

93. In de twee volgende delen wordt meer in detail het beoordelingskader geschetst voor het beoordelen van het doorgeven aan de gebruikers van efficiëntiewinsten. In het eerste deel wordt ingegaan op de kostenverbeteringen, terwijl het volgende deel handelt over andere soorten efficiëntieverbeteringen zoals nieuwe of verbeterde producten (kwalitatieve efficiëntieverbeteringen). Het kader dat in deze beide delen wordt ontwikkeld, is van bijzonder belang in de gevallen waar niet onmiddellijk duidelijk is dat de nadelige gevolgen voor de mededinging verder gaan dan de voordelen voor de gebruikers, of omgekeerd [84].

94. Bij de toepassing van de hierna uiteengezette beginselen zal de Commissie ermee rekening houden dat het in vele gevallen moeilijk is nauwkeurig te berekenen welk aandeel in de voordelen aan de gebruikers zal worden doorgegeven en onder welke andere vormen voordelen aan de gebruikers worden doorgegeven. Ondernemingen moeten hun beweringen enkel staven door zoveel als redelijk mogelijk ramingen en andere gegevens mee te delen, rekening houdend met de omstandigheden van de individuele zaak.

3.4.2. Het doorgeven van en de afweging van kostenverbeteringen

95. Wanneer markten, zoals doorgaans het geval is, niet volmaakt concurrerend zijn, zijn ondernemingen in staat de marktprijs in meerdere of mindere mate te beïnvloeden door hun productie aan te passen [85]. Zij kunnen afnemers discrimineren op het punt van prijzen.

96. Kostenverbeteringen kunnen in bepaalde omstandigheden resulteren in een toename van de productie en in lagere prijzen voor de betrokken gebruikers. Wanneer ingevolge kostenverbeteringen de betrokken ondernemingen hun winsten kunnen verhogen door de productie uit te breiden, kunnen er voordelen aan de gebruikers worden doorgegeven. Bij het beoordelen van de waarschijnlijkheidsgraad waarmee kostenverbeteringen aan gebruikers zullen worden doorgegeven, en van de uitkomst van de in artikel 81, lid 3, vervatte afweging dienen met name de volgende factoren in aanmerking te worden genomen:

a) de kenmerken en structuur van de markt;
b) de aard en de omvang van de efficiëntiewinsten;
c) de elasticiteit van de vraag, en
d) de omvang van de mededingingsbeperking.

Normaalgesproken moeten alle factoren in aanmerking worden genomen. Aangezien artikel 81, lid 3, enkel van toepassing is op de gevallen waarin de mededinging op de markt merkbaar wordt beperkt (zie punt), kan er geen vermoeden zijn dat de resterende concurrentie de gebruikers een billijk aandeel in de voordelen zal garanderen.

De omvang van de concurrentie die op de markt overblijft en de aard van deze concurrentie is echter van invloed op de waarschijnlijkheid dat er voordelen worden doorgegeven.

97. Naarmate de resterende concurrentie groter is, is ook de kans groter dan individuele ondernemingen zullen proberen hun afzet te vergroten door kostenverbeteringen door te geven. Wanneer ondernemingen hoofdzakelijk concurreren op prijs en niet afhankelijk zijn van beduidende capaciteitsbeperkingen, kan dit doorgeven van voordelen betrekkelijk snel plaatsvinden. Speelt de concurrentie vooral op het punt van capaciteit en vinden capaciteitsaanpassingen met een zekere vertraging plaats, dan zal het doorgeven van voordelen trager verlopen. Dit zal waarschijnlijk ook het geval zijn wanneer de markt-

---

(84) In de volgende delen wordt, gemakshalve, concurrentienadeel omschreven als hogere prijzen; concurrentienadeel kan ook betekenen lagere kwaliteit, minder aanbod of geringere innovatie dan anders het geval was geweest.

(85) In volmaakt concurrerende markten zijn individuele ondernemingen prijsnemer. Zij zetten hun producten af tegen de marktprijs, die door het geheel van vraag en aanbod wordt bepaald. De productie van de individuele onderneming is zo klein dat iedere verandering in de productie van een individuele onderneming niet negatief op de marktprijs uitwerkt.

structuur bevorderlijk is voor stilzwijgende collusie [86]. Wanneer te verwachten valt dat concurrenten vergeldingsmaatregelen treffen tegen een verhoging van de productie door een of meerdere partijen bij de overeenkomst, kan de prikkel om de productie te verhogen worden afgezwakt, tenzij het concurrentievoordeel dat de efficiëntieverbeteringen opleveren, zo groot is dat de betrokken ondernemingen een prikkel krijgen om zich los te maken van het gemeenschappelijke beleid dat door de leden van het oligopolie op de markt wordt gevoerd. Met andere woorden, de efficiëntieverbeteringen die uit de overeenkomst voortvloeien, kunnen de betrokken ondernemingen tot zogenaamde 'buitenbeentjes' maken [87].

98. Ook de aard van de efficiëntiewinsten speelt een belangrijke rol. Volgens de economische theorie maximaliseren ondernemingen hun winsten door eenheden product en te verkopen zolang de marginale opbrengst gelijk is aan de marginale kosten. Marginale opbrengst is de verandering in totale opbrengst resulterend uit de verkoop van een extra eenheid product en de marginale kosten zijn de verandering in de totale kosten resulterend uit de productie van die extra eenheid product. Uit dit beginsel volgt dat, als algemene regel, besluiten inzake productie en prijszetting van een winst maximaliserende onderneming niet worden bepaald door haar vaste kosten (de kosten dus die niet variëren afhankelijk van de omvang van de productie), maar door haar variabele kosten (de kosten die variëren naar gelang de omvang van de productie).

Nadat vaste kosten zijn gemaakt en de capaciteit is bepaald, worden prijszettings- en productiebesluiten bepaald door de situatie inzake variabele kosten en de vraag. Als voorbeeld kan een situatie dienen waarin twee ondernemingen elk twee producten vervaardigen op twee productielijnen die slechts op de helft van hun capaciteit draaien. Dankzij een specialisatieovereenkomst kunnen de beide ondernemingen zich specialiseren in de productie van één van beide producten en hun productielijn voor het andere product sluiten. Terzelfder tijd kunnen de ondernemingen door de specialisatie hun variabele grondstoffen- en opslagkosten beperken. Alleen deze laatste besparingen hebben een rechtstreekse invloed op de prijszettings- en productiebesluiten van de ondernemingen, omdat zij de marginale productiekosten beïnvloeden. Doordat elk van beide ondernemingen één van haar productielijnen heeft gesloten, zullen zij hun variabele kosten niet verminderen en zal er dus geen impact zijn op hun productiekosten. Dit betekent dat ondernemingen een directe prikkel kunnen krijgen om efficiëntieverbeteringen die marginale kosten verminderen, aan de gebruikers door te geven in de vorm van hogere productie en lagere prijzen, terwijl zij dergelijke directe prikkel niet krijgen ten aanzien van efficiëntieverbeteringen die de vaste kosten verminderen. Bijgevolg maken de gebruikers meer kans een billijk deel van de kostenverbeteringen te ontvangen in het geval van verlagingen van de variabele kosten, dan bij verminderingen van de vaste kosten.

99. Het feit dat ondernemingen kunnen worden gestimuleerd om bepaalde soorten kostenverbeteringen door te geven, impliceert niet dat dat noodzakelijkerwijs voor de volle 100 % gebeurt. Het aandeel van de daadwerkelijk doorgegeven voordelen is afhankelijk van de mate waarin gebruikers reageren op prijsveranderingen – dus van de elasticiteit

---

(86) Van heimelijke verstandhouding tussen ondernemingen is sprake wanneer zij in een oligopolistische markt in staat zijn hun marktgedrag onderling af te stemmen zonder hun toevlucht te moeten nemen tot een expliciete kartelovereenkomst.

(87) Deze term verwijst naar ondernemingen die het prijsgedrag in toom houden van andere ondernemingen op de markt die anders misschien stilzwijgend hadden kunnen samenspannen.

van de vraag. Hoe groter de toename van de vraag is die veroorzaakt wordt door een daling in prijs, des te groter is het aandeel van de voordelen dat wordt doorgegeven. Dit valt te verklaren door het feit dat naarmate de extra verkopen die uit een prijsverlaging ingevolge een toename van de productie voortvloeien, stijgen het waarschijnlijker is dat deze verkopen het verlies aan inkomsten zullen compenseren dat voortvloeit uit de lagere prijs ingevolge een toename van de productie.

Zonder prijsdiscriminatie heeft de prijsverlaging invloed op alle door de onderneming afgezette eenheden, in welk geval de marginale opbrengst lager ligt dan de prijs die voor het marginale product wordt verkregen. Wanneer de betrokken ondernemingen in staat zijn gedifferentieerde prijzen te berekenen aan uiteenlopende afnemers — dus discrimineren op het punt van prijzen — zullen zij doorgaans het voordeel enkel aan prijsgevoelige gebruikers doorgeven [88].

100. Voorts dient rekening te worden gehouden met het feit dat efficiëntiewinsten vaak niet de hele kostenstructuur van de betrokken ondernemingen beïnvloeden. In dergelijk geval is de impact op de prijs voor de gebruikers beperkt. Wanneer bijvoorbeeld een overeenkomst de partijen in staat stelt hun productiekosten met 6 % te verminderen, maar de productiekosten slechts één derde vertegenwoordigen van de kosten op basis waarvan prijzen worden vastgesteld, is de impact op de productprijs 2 %, in de aanname dat het volledige bedrag wordt doorgegeven.

101. Een laatste, zeer belangrijk element is dat een evenwicht dient te worden gevonden tussen de beide tegenstrijdige krachten die resulteren uit de beperking van de mededinging en de kostenverbeteringen. Iedere toename in marktmacht als gevolg van de beperkende overeenkomst geeft de betrokken ondernemingen het vermogen en de prikkel om de prijzen te verhogen. Daarnaast is het echter ook zo dat de soorten kostenverbeteringen die in aanmerking worden genomen, de betrokken ondernemingen een prikkel kunnen geven om prijzen te verlagen (zie punt 72).

De effecten van deze twee tegengestelde krachten moeten tegen elkaar worden afgewogen. In dit verband zij herhaald dat de voorwaarde dat voordelen aan de gebruikers worden doorgegeven, functioneert volgens een glijdende schaal. Wanneer de overeenkomst de concurrentiedruk waarmee de partijen te maken hebben sterk doet afnemen, zijn doorgaans buitengewoon hoge kostenverbeteringen vereist om te zorgen dat voordelen in voldoende mate worden doorgegeven.

3.4.3. Het doorgeven en de afweging van andere efficiëntieverbeteringen

102. Het doorgeven van voordelen aan de gebruikers kan ook de vorm aannemen van kwalitatieve efficiëntieverbeteringen zoals nieuwe en betere producten, hetgeen voor de gebruikers voldoende waarde creëert om de mededingingsbeperkende gevolgen van de overeenkomst, met inbegrip van prijsverhogingen, te compenseren.

103. Bij een dergelijke beoordeling dient een afweging van de waarde plaats te vinden. Het is moeilijk om de precieze waarde te berekenen van dit soort dynamische efficiëntieverbeteringen. Toch blijft de fundamentele doelstelling van de beoordeling dezelfde, namelijk na te gaan wat de totale impact van de overeenkomst is voor de gebruikers op de relevante markt. Ondernemingen die het voordeel van artikel 81, lid 3, inroepen moeten aantonen dat gebruikers compenserende voordelen verkrijgen (zie in dit verband punten 31 en 86).

---

(88) De beperkende overeenkomst kan de betrokken ondernemingen zelfs in staat stellen hun klanten hogere prijzen te berekenen bij een lagere elasticiteit van de vraag.

104. De beschikbaarheid van nieuwe en betere producten vormt een belangrijke bron van welvaart voor de gebruikers. Zolang de toename in waarde als gevolg van dergelijke verbeteringen hoger ligt dan eventuele schade als gevolg van een instandhouding of een stijging van de prijs die door de beperkende overeenkomst wordt veroorzaakt, zijn de gebruikers beter af dan zonder de overeenkomst het geval zou zijn, en is normaalgesproken voldaan aan het vereiste van artikel 81, lid 3, dat voordelen aan de gebruikers worden doorgegeven. In gevallen waar het van de overeenkomst te verwachten effect is dat prijzen voor gebruikers op de relevante markt zullen stijgen, dient nauwkeurig te worden onderzocht of de beweerde efficiëntieverbeteringen reële waarde opleveren voor de gebruikers op die markt, zodat de ongunstige effecten van de mededingingsbeperking worden gecompenseerd.

3.5. Vierde voorwaarde van artikel 81, lid 3: geen uitschakeling van de mededinging

105. Volgens de vierde voorwaarde van artikel 81, lid 3, mag de overeenkomst de betrokken ondernemingen niet de mogelijkheid geven om voor een wezenlijk deel van de betrokken producten de mededinging uit te schakelen.

Uiteindelijk gaat de prioriteit naar de bescherming van de rivaliteit en de concurrentiewerking boven potentiële mededingingsbevorderende efficiëntiewinsten die uit beperkende overeenkomsten zouden kunnen voortvloeien.

Met de laatste voorwaarde van artikel 81, lid 3, wordt erkend dat rivaliteit tussen ondernemingen een belangrijke motor is voor de economische efficiëntie, met inbegrip van dynamische efficiëntieverbeteringen in de vorm van innovatie. Met andere woorden, het ultieme doel van artikel 81 is de concurrentiewerking te beschermen.

Wanneer de mededinging wordt uitgeschakeld, komt er een eind aan de concurrentiewerking en wegen efficiëntiewinsten op korte termijn niet op tegen de langlopende verliezen die onder meer het gevolg zijn van uitgaven van de gevestigde onderneming om haar positie te behouden (rent seeking), misallocatie van de middelen, beperkte innovatie en hogere prijzen.

106. Het concept 'uitschakeling van de mededinging voor een wezenlijk deel van de betrokken producten' van artikel 81, lid 3, is een autonoom concept uit het Gemeenschapsrecht dat specifiek is voor artikel 81, lid 3 [89].

Bij de toepassing van dit concept dient echter rekening te worden gehouden met de verhouding tussen artikel 81 en artikel 82. Volgens vaste rechtspraak staat de toepassing van artikel 81, lid 3, echter niet in de weg aan de toepassing van artikel 82 van het Verdrag [90]. Aangezien voorts met zowel artikel 81 als artikel 82 de doelstelling wordt nagestreefd van het behoud van een daadwerkelijke mededinging op de markt, is het, met het oog op consistentie, noodzakelijk dat artikel 81, lid 3, wordt uitgelegd als inhoudend dat ie-

---

(89) Zie gevoegde zaken T-191/98, T-212/98 en T-214/98, Atlantic Container Line (TACA), Jurispr. 2003, blz. II-..., punt 939, en zaak T-395/94, Atlantic Container Line, Jurispr. 2002, blz. II-875, punt 330.
(90) Zie gevoegde zaken C-395/96 P en C-396/96 P, Compagnie Maritime Belge, Jurispr. 2000, blz. I-1365, punt 130. Evenmin staat de toepasselijkheid van artikel 81, lid 3, in de weg aan de toepasselijkheid van de Verdragsbepalingen inzake het vrij verkeer van goederen, diensten, personen en kapitaal. Deze bepalingen zijn onder bepaalde omstandigheden toepasselijk op overeenkomsten, besluiten en onderling afgestemde gedragingen in de zin van artikel 81, lid 1; zie in die zin zaak C-309/99, Wouters, Jurispr. 2002, blz. I-1577, punt 120.

dere toepassing van deze bepaling is uitgesloten voor beperkende overeenkomsten die misbruik van een machtspositie inhouden [91] [92].

Niet alle beperkende overeenkomsten van een onderneming met een machtspositie vormen een misbruik van een machtspositie. Dit is bijvoorbeeld het geval wanneer een onderneming met een machtspositie toetreedt tot een 'niet-volwaardige' gemeenschappelijke onderneming [93], die mededingingsbeperkend blijkt te zijn, maar terzelfder tijd een substantiële integratie van activa behelst.

107. Of al dan niet sprake is van uitschakeling van de mededinging in de zin van de laatste voorwaarde van artikel 81, lid 3, hangt af van de omvang van de concurrentie die bestond vóór de overeenkomst, en van de impact van de beperkende overeenkomst op de mededinging -- dus van de vermindering van de concurrentie die de overeenkomst meebrengt. Hoe sterker de mededinging op de betrokken markt reeds is verzwakt, des te geringer de verdere verzwakking is die nodig is om de mededinging uit te schakelen in de zin van artikel 81, lid 3. Bovendien is het zo dat naarmate de door de overeenkomst veroorzaakte mededingingsbeperking groter is, de kans ook groter zal zijn dat de mededinging voor een wezenlijk deel van de betrokken producten dreigt te worden uitgeschakeld.

108. De toepassing van de laatste voorwaarde van artikel 81, lid 3, vereist een analyse van de diverse bronnen van concurrentie op de markt, de omvang van de concurrentiedruk die daarvan uitgaat, en de impact van de overeenkomst op deze concurrentiedruk. Daarbij moet zowel de daadwerkelijke als de potentiële mededinging worden onderzocht.

109. Zijn marktaandelen weliswaar relevant, toch kan de omvang van de resterende bronnen voor een daadwerkelijke mededinging niet uitsluitend op basis van marktaandelen worden beoordeeld. Normaalgesproken is een uitgebreider kwalitatief en kwantitatief onderzoek vereist. Het vermogen van daadwerkelijke concurrenten om te concurreren en de stimuli die zij hebben om dat te doen, moeten worden onderzocht. Wanneer bijvoorbeeld concurrenten te maken hebben met capaciteitsbeperkingen of relatief hogere productiekosten zal hun respons op concurrentie noodzakelijkerwijs beperkt zijn.

110. Bij de beoordeling van de impact van de overeenkomst op de mededinging is het ook van belang te onderzoeken wat de invloed ervan is op de diverse concurrentieparameters. Aan de laatste voorwaarde voor een ontheffing op grond van artikel 81, lid 3, is niet voldaan wanneer de overeenkomst de mededinging in een van haar belangrijkste uitdrukkingsvormen uitschakelt. Dit is met name het geval wanneer een overeenkomst de uitschakeling meebrengt van prijsconcurrentie [94] of van concurrentie op het punt van innovatie en ontwikkeling van de nieuwe producten.

111. Het daadwerkelijke marktgedrag van de partijen kan een inzicht bieden in de impact van de overeenkomst. Wanneer na het sluiten van de overeenkomst de partijen aanzien-

---

(91) Zie in dit verband zaak T-51/89, Tetra Pak (I), Jurispr. 1990, blz. II-309, en gevoegde zaken T-191/98, T-212/98 en T-214/98, Atlantic Container Line (TACA), Jurispr. 2003, blz. II-..., punt 1456.

(92) Dit is hoe punt 135 van de richtsnoeren inzake verticale beperkingen en de punten 36, 71, 105, 134 en 155 van de richtsnoeren inzake horizontale samenwerkingsovereenkomsten, beide aangehaald in noot 5, moeten worden begrepen wanneer daarin wordt verklaard dat in beginsel beperkende overeenkomsten tussen ondernemingen met een machtspositie niet kunnen worden vrijgesteld.

(93) Volwaardige gemeenschappelijke ondernemingen (gemeenschappelijke ondernemingen dus die duurzaam alle functies van een zelfstandige economische eenheid vervullen) vallen onder Verordening (EEG) nr. 4064/89 betreffende de controle op concentraties van ondernemingen (*PB* L 257 van 21.9.1990, blz. 13).

(94) Zie punt 21 van het in noot 54 aangehaalde arrest in de zaak Metro (I).

lijke prijsverhogingen hebben doorgevoerd en aangehouden, of wanneer zij zich hebben ingelaten met andere gedragingen die wijzen op het bestaan van een aanzienlijke mate van marktmacht, is dat een aanwijzing dat de partijen niet te maken hebben met enige reële concurrentiedruk en dat de mededinging voor een wezenlijk deel van de betrokken producten is uitgeschakeld.

112. Hoe partijen in het verleden hebben geconcurreerd, kan ook een aanwijzing vormen van de impact van de overeenkomst op de manier waarop zij dat in de toekomst zullen doen. Een onderneming kan in staat zijn de mededinging in de zin van artikel 81, lid 3, uit te schakelen door een overeenkomst te sluiten met een concurrent die in het verleden een 'buitenbeentje' is geweest [95]. Dergelijke overeenkomsten kunnen ook de concurrentieprikkels voor en de capaciteiten van de concurrent wijzigen en zodoende een belangrijke bron van concurrentie van de markt doen verdwijnen.

113. In gevallen waarbij sprake is van gedifferentieerde producten – producten die in de ogen van de gebruikers verschillen – kan de impact van de overeenkomst afhankelijk zijn van de concurrentieverhouding tussen de door de partijen bij de overeenkomst verkochte producten.

Wanneer ondernemingen gedifferentieerde producten aanbieden, verschilt de onderlinge concurrentiedruk die uitgaat van individuele producten naar gelang hun onderlinge substitueerbaarheid. Daarom dient te worden gekeken naar de mate waarin de door de partijen aangeboden producten substitueerbaar zijn – wat dus de onderlinge concurrentiedruk is die ervan uitgaat. Hoe meer de producten van de partijen bij de overeenkomst enge substituten zijn, des te groter is het beperkende effect dat van de overeenkomst kan worden verwacht. Met andere woorden, hoe meer de producten substitueerbaar zijn, hoe groter de kans is dat er ingevolge de overeenkomst verandering tot stand komt op het punt van beperking van de mededinging op de markt, en hoe groter ook de kans is dat de mededinging voor een wezenlijk deel van de betrokken producten dreigt te worden uitgeschakeld.

114. Zijn de bronnen van daadwerkelijke mededinging doorgaans het belangrijkst omdat zij het gemakkelijkst te verifiëren zijn, toch moeten ook bronnen van potentiële mededinging in aanmerking worden genomen. De beoordeling van potentiële mededinging vereist een analyse van de toetredingsdrempels waarmee ondernemingen te maken krijgen die nog niet op de relevante markt concurreren. Eventuele beweringen van de partijen dat de drempels voor markttoetreding laag zijn, moeten worden gestaafd door informatie waarin de bronnen van potentiële concurrentie worden aangegeven en de partijen moeten ook aantonen waarom van deze bronnen reële concurrentiedruk uitgaat op de partijen.

115. Bij de beoordeling van de toetredingsdrempels en de reële mogelijkheid van nieuwe toetreding van beduidende omvang is het van belang onder meer de volgende punten te onderzoeken:

i) het regelgevingskader, om te bepalen wat de impact ervan is bij nieuwe toetreding;
ii) de kosten voor toetreding, met inbegrip van verzonken kosten. Verzonken kosten zijn de kosten die niet kunnen worden gerecupereerd wanneer de toetreder nadien de markt verlaat. Hoe hoger de verzonken kosten zijn, des te groter is het commerciële risico voor een potentiële toetreder;

---

(95) Zie punt 71.

iii) de minimum efficiënte schaal binnen de sector, namelijk het volume productie waarbij de gemiddelde kosten minimaal zijn. Is de minimum efficiënte schaal groot ten opzichte van de omvang van de markt, dan is doeltreffende toetreding waarschijnlijk duurder en risicovoller;
iv) de concurrentiekracht van potentiële toetreders. Daadwerkelijke toetreding valt met name te verwachten wanneer potentiële toetreders toegang hebben tot technologieën die minstens even kostenefficiënt zijn als die van de gevestigde ondernemingen, of tot andere concurrentievoordelen die hen in staat stellen daadwerkelijk te concurreren. Wanneer potentiële toetreders zich ten opzichte van de gevestigde ondernemingen op hetzelfde of een inferieur technologisch traject bevinden en geen ander belangrijk concurrentievoordeel bezitten, is toetreding risicovoller en minder reëel;
v) de positie van de afnemers en hun vermogen om op de markt nieuwe bronnen van concurrentie te brengen. Het doet niet ter zake dat bepaalde sterke afnemers in staat kunnen zijn van de partijen bij de overeenkomst gunstiger voorwaarden te verkrijgen dan hun zwakkere concurrenten [96]. De aanwezigheid van sterke afnemers kan alleen dienen om een op het eerste gezicht vastgestelde uitschakeling van de mededinging te weerleggen, wanneer valt te verwachten dat de betrokken afnemers de weg voor daadwerkelijke nieuwe toetreding zullen vrijmaken;
vi) de waarschijnlijke reactie van gevestigde ondernemingen tegen pogingen om de markt te betreden. Gevestigde ondernemingen kunnen bijvoorbeeld via gedragingen in het verleden een reputatie van agressief gedrag hebben verworven, hetgeen een impact heeft op toekomstige toetreding;
vii) de economische vooruitzichten voor de sector kunnen een aanwijzing zijn voor de aantrekkingskracht ervan op langere termijn. Sectoren waarin stagnatie of terugval is waar te nemen, zijn minder interessant voor toetreding dan sectoren die door groei worden gekenmerkt;
viii) beduidende toetreding in het verleden, of het ontbreken daarvan.

116. Bovenstaande beginselen kunnen worden geïllustreerd aan de hand van de volgende, hypothetische voorbeelden, die niet zijn bedoeld om drempels vast te stellen.

Onderneming A is een brouwerij die 70 % in handen heeft van de relevante markt, de markt voor de verkoop van bier via cafés en andere drankgelegenheden. In de afgelopen vijf jaar heeft A zijn marktaandeel van oorspronkelijk 60 % uitgebreid. Op de markt zijn er vier andere concurrenten: B en C met elk 10 % marktaandeel en D en E met elk 5 % marktaandeel. In het recente verleden zijn geen nieuwe ondernemingen tot deze markt toegetreden en de door A doorgevoerde prijsaanpassingen zijn doorgaans door haar concurrenten gevolgd. A sluit overeenkomsten met 20 % van de drankgelegenheden die samen goed zijn voor 40 % van de verkoopvolumes, waarbij de contractpartijen toezeggen om voor een periode van vijf jaar enkel bij A bier af te nemen. Door deze overeenkomsten stijgen de kosten en dalen de inkomsten van concurrenten, die de toegang tot de aantrekkelijkste drankgelegenheden afgeschermd zien. Gezien de marktpositie van A, die in recente jaren is versterkt, het uitblijven van nieuwe toetreding en de reeds zwakke positie van concurrenten, bestaat de kans dat de concurrentie op de markt wordt uitgeschakeld in de zin van artikel 81, lid 3.

---

(96) Zie in dit verband zaak 228/97, Irish Sugar, Jurispr. 1999, blz. II-2969, punt 101.

Scheepvaartmaatschappijen A, B, C en D hebben samen meer dan 70 % van de relevante markt in handen. Zij sluiten een overeenkomst waarbij zij afspreken hun dienstregelingen en tarieven te coördineren. Nadat de overeenkomst is toegepast, stijgen de prijzen tussen 30 en 100 %. Er zijn vier andere aanbieders, waarvan de grootste zo'n 14 % van de relevante markt in handen heeft. In de afgelopen jaren is er geen nieuwe onderneming tot deze markt toegetreden en de partijen bij de overeenkomst zijn na de prijsstijgingen geen noemenswaardig marktaandeel kwijtgespeeld. De bestaande concurrenten hebben geen aanzienlijke nieuwe capaciteit op de markt gebracht en er is geen nieuwe onderneming tot deze markt toegetreden. Gezien de marktpositie van de partijen en het uitblijven van een reactie van concurrenten op hun gezamenlijke optreden, mag redelijkerwijs worden geconcludeerd dat de partijen bij de overeenkomst aan reële concurrentiedruk blootstaan en dat de overeenkomst hen in staat stelt de concurrentie uit te schakelen in de zin van artikel 81, lid 3.

A is een producent van elektrische apparatuur voor professionele gebruikers, met een marktaandeel van 65 % op een relevante nationale markt. B is een concurrerende producent met een marktaandeel van 5 %, die een nieuw type motor heeft ontwikkeld dat krachtiger is en toch minder stroom verbruikt. A en B sluiten een overeenkomst om voor de productie van de nieuwe motor een nieuwe gemeenschappelijke productieonderneming op te richten. B zegt toe om de gemeenschappelijke onderneming een exclusieve licentie te verlenen. In de gemeenschappelijke onderneming gaat de nieuwe technologie van B samen met de doelmatige productie- en kwaliteitscontroleprocessen van A. Er is één andere belangrijke concurrent met een marktaandeel van 15 %. Nog een andere concurrent met een marktaandeel van 5 % nam onlangs C over, een grote internationale producent van concurrerende elektrische apparatuur, die zelf eigenaar van efficiënte technologie is. C was tot dusver nog niet op de markt actief, vooral omdat klanten op lokale aanwezigheid en klantenservice staan. Door de acquisitie krijgt C toegang tot de serviceorganisatie die nodig is om de markt te penetreren. Door de toetreding van C is waarschijnlijk gegarandeerd dat de mededinging niet wordt uitgeschakeld.

Richtsnoeren 2009/C 45/02 betreffende de handhavingsprioriteiten van de Commissie bij de toepassing van artikel 82 van het EG-Verdrag op onrechtmatig uitsluitingsgedrag door ondernemingen met een machtspositie

(Voor de EER relevante tekst)

Richtsnoeren van 24 februari 2009 betreffende de handhavingsprioriteiten van de Commissie bij de toepassing van artikel 82 van het EG-Verdrag op onrechtmatig uitsluitingsgedrag door ondernemingen met een machtspositie, PbEU 2009, C 45 (i.w.tr. 24-02-2009)

I. Inleiding
1. Door artikel 82 van het Verdrag tot oprichting van de Europese Gemeenschap (hierna 'artikel 82' genoemd) wordt misbruik van een machtspositie verboden. Overeenkomstig de rechtspraak is het op zichzelf niet onrechtmatig dat een onderneming een machtspositie heeft en dat een dergelijke onderneming met een machtspositie op merites mag concurreren. Toch heeft een dergelijke onderneming een bijzondere verantwoordelijkheid om zich zodanig te gedragen dat zij geen afbreuk doet aan een daadwerkelijke en onvervalste mededinging op de gemeenschappelijke markt. Artikel 82 is de rechtsgrondslag voor een wezenlik (*red.*: lees: wezenlijk) onderdeel van het mededingingsbeleid en de daadwerkelijke handhaving ervan helpt de markten beter te functioneren – in het belang van ondernemingen en gebruikers. Dit is van bijzonder belang in het kader van de ruimere doelstelling om een geïntegreerde interne markt tot stand te brengen.

II. Doel van dit document
2. In deze richtsnoeren worden de handhavingsprioriteiten beschreven die de leidraad zullen vormen voor het optreden van de Commissie wanneer deze artikel 82 toepast op uitsluitingsgedrag door ondernemingen met een machtspositie. Dit document is bedoeld om, in aanvulling op de specifieke handhavingsbeschikkingen van de Commissie, meer duidelijkheid en voorspelbaarheid te bieden met betrekking tot het algemene beoordelingskader dat de Commissie hanteert om te bepalen of zij zaken van uiteenlopende vormen van uitsluitingsgedrag moet doorzetten. Ook moet het ondernemingen helpen beter in te schatten, of bepaalde gedragingen waarshijnlijk tot optreden van de Commissie op grond van artikel 82 zullen leiden.
3. Deze richtsnoeren zijn niet bedoeld als rechtsregels en laten de uitlegging van artikel 82 door het Hof van Justitie van de Europese Gemeenschappen (hierna 'het Hof van Justitie' genoemd) of het Gerecht van eerste aanleg onverlet. Voorts laat het in dit

document beschreven algemene kader de mogelijkheden voor de Commissie onverlet om een klacht af te wijzen wanneer zij van mening is dat een zaak om andere redenen, zoals het ontbreken van een communautair belang, niet prioritair is.

4. Artikel 82 is van toepassing op ondernemingen met een machtspositie op een of meer relevante markten. Een dergelijke machtspositie kan worden ingenomen door één onderneming (individuele machtspositie) of door twee of meer ondernemingen (collectieve machtspositie). Deze richtsnoeren betreffen uitsluitend misbruiken van een onderneming met een individuele machtspositie.

5. De Commissie zal zich bij de toepassing van artikel 82 op uitsluitingsgedrag van ondernemingen met een machtspositie concentreren op het soort gedragingen die voor gebruikers het schadelijkst zijn. De gebruikers profiteren van de concurrentie in de vorm van lagere prijzen, betere kwaliteit en een ruimer aanbod aan nieuwe of betere goederen en diensten. De Commissie zal daarom haar handhavingsbeleid erop toespitsen, dat ervoor wordt gezorgd dat de markten naar behoren functioneren en de gebruikers profiteren van de doelmatigheid en productiviteit die het resultaat zijn van een daadwerkelijke mededinging tussen ondernemingen.

6. Bij haar handhavingsbeleid ten aanzien van uitsluitingsgedrag wil de Commissie prioritair de concurrentiewerking op de interne markt beschermen en ervoor zorgen dat ondernemingen met een machtspositie hun concurrenten niet uitsluiten door andere middelen dan concurrentie op de merites van de door hen aangeboden producten of diensten. Daarbij houdt de Commissie in gedachten dat waar het werkelijk op aan komt, de bescherming van een daadwerkelijke concurrentiewerking is en niet gewoon de bescherming van concurrenten. Dit kan eventueel betekenen dat concurrenten die de gebruikers minder te bieden hebben op het punt van prijs, aanbod, kwaliteit en innovatie, de markt verlaten.

7. Artikel 82 kan ook worden geschonden door gedragingen waarbij de gebruikers rechtstreeks worden uitgebuit (bijvoorbeeld door buitensporig hoge prijzen te berekenen) of door bepaalde gedragingen die de inspanningen ondermijnen om een geïntegreerde interne markt tot stand te brengen. De Commissie kan besluiten op te treden tegen dergelijke gedragingen, met name wanneer de consumentenbescherming en het goede functioneren van de interne markt niet op een andere wijze kan worden gegarandeerd. Om het nodige houvast over haar handhavingsprioriteiten te bieden, beperkt de Commissie zich in dit stadium tot uitsluitingsgedrag en met name tot bepaalde specifieke vormen van uitsluitingsgedrag die, op grond van haar ervaring, het meest lijken voor te komen.

8. Wanneer de Commissie de algemene handhavingsbeginselen die in deze mededeling zijn uiteengezet, toepast, houdt zij rekening met de specifieke feiten en omstandigheden van elk geval. In gevallen van bijvoorbeeld gereguleerde markten houdt de Commissie bij het uitvoeren van haar beoordeling rekening met het specifieke toezichtskader [1]. De Commissie kan dus de in deze mededeling beschreven benadering aanpassen, voor zover dat in een bepaald geval redelijk en gepast lijkt.

III. Algemene benadering ten aanzien van uitsluitingsgedrag
A. Marktmacht

9. Bij de toepassing van artikel 82 is de eerste stap het beantwoorden van de vraag, of een onderneming een machtspositie heeft en hoe sterk haar marktmacht is. Volgens de

---

[1] Zie bijv. punt 82.

rechtspraak krijgt de betrokken onderneming door een machtspositie een bijzondere verantwoordelijkheid verleend, waarvan de werkingssfeer moet worden beoordeeld met inachtneming van de specifieke omstandigheden van iedere zaak [2].

10. In het Gemeenschapsrecht is een machtspositie omschreven als een economische machtspositie die een onderneming in staat stelt de daadwerkelijke mededinging op de relevante markt te verhinderen en die het haar mogelijk maakt zich jegens haar concurrenten, haar afnemers en, uiteindelijk, de gebruikers in belangrijke mate onafhankelijk te gedragen [3]. Dit begrip 'onafhankelijkheid' houdt verband met de sterkte van de concurrentiedruk die op de betrokken onderneming wordt uitgeoefend. Een machtspositie houdt in, dat er onvoldoende daadwerkelijke concurrentiedruk is en dat de betrokken onderneming dus wezenlijke marktmacht over een bepaalde periode geniet. Dit betekent, dat de besluiten van de onderneming in ruime mate onafhankelijk zijn van de acties en reacties van concurrenten, afnemers en uiteindelijk de gebruikers. De Commissie kan oordelen, dat daadwerkelijke concurrentiedruk ontbreekt, zelfs indien er nog bepaalde daadwerkelijke of potentiële concurrentie blijft bestaan [4]. Over het algemeen kan het bestaan van een machtspositie resulteren uit een samenloop van verscheidene factoren, die elk afzonderlijk niet per se beslissend behoeven te zijn [5].

11. De Commissie is van oordeel, dat een onderneming die in staat is voor een aanzienlijke periode de prijzen winstvergrotend tot boven het concurrerende niveau te verhogen, onder onvoldoende concurrentiedruk staat en dus in de regel als een onderneming met een machtspositie kan worden beschouwd [6]. In deze mededeling omvat de uitdrukking 'de prijzen verhogen' ook de macht om prijzen boven het concurrerende niveau te handhaven; zij wordt gebruikt als een verkorting voor de diverse wijzen waarop de parameters voor concurrentie op de markt – zoals prijs, productie, innovatie, het aanbod en de kwaliteit van de goederen en diensten – kunnen worden beïnvloed in het voordeel van de onderneming met een machtspositie en ten koste van de gebruikers [7].

---

(2) Zaak 322/81, Nederlandsche Banden Industrie Michelin (Michelin I) t. Commissie, *Jurispr.* 1983, blz. 3461, punt 57; zaak T-83/91, Tetra Pak t. Commissie (Tetra Pak II), *Jurispr.* 1993, blz. II-755, punt 114; zaak T-111/96, ITT Promedia t. Commissie, *Jurispr.* 1998, blz. II-2937, punt 139; zaak T-228/97, Irish Sugar t. Commissie, *Jurispr.* 1999, blz. II-2969, punt 112, en zaak T-203/01, Michelin t. Commissie (Michelin II), *Jurispr.* 2003, blz. II-4071, punt 97.

(3) Zie zaak 27/76, United Brands Company en United Brands Continentaal t. Commissie, *Jurispr.* 1978, blz. 207, punt 65, en zaak 85/76, Hoffmann-La Roche & Co t. Commissie, *Jurispr.* 1979, blz. 461, punt 38.

(4) Zie zaak 27/76, United Brands Company en United Brands Continentaal t. Commissie, *Jurispr.* 1978, blz. 207, de punten 113–121, en zaak T-395/94, Atlantic Container Line e.a. t. Commissie, *Jurispr.* 2002, blz. II-875,pun (*red.*: lees: punt) 330.

(5) Zaak 27/76, United Brands Company en United Brands Continentaal t. Commissie, *Jurispr.* 1978, blz. 207, de punten 65 en 66; zaak C-250/92, Gøttrup-Klim e.a. Grovvareforeninger t. Dansk Landbrugs Grovvareselskab, *Jurispr.* 1994, blz. I-5641, punt 47, en zaak T-30/89, Hilti t. Commissie, *Jurispr.* 2000, blz. II-1439, punt 90.

(6) Wat een 'aanzienlijke periode' is, hangt af van het product en de omstandigheden op de betrokken markt, maar normaal geldt een periode van twee jaar als voldoende.

(7) Boekhoudkundige winstgevendheid kan een ontoereikende maatstaf zijn ten aanzien van de uitoefening van marktmacht. Zie in die zin zaak 27/76, United Brands Company en United Brands Continentaal t. Commissie, *Jurispr.* 1978, blz. 207, punt 126.

12. Bij het onderzoek naar het bestaan van een machtspositie wordt ook rekening gehouden met de concurrentiestructuur van de markt, en met name met de volgende factoren:
- beperkingen opgelegd door de bestaande leveringen aan en de marktpositie van bestaande concurrenten (de marktpositie van de onderneming met een machtspositie en haar concurrenten);
- beperkingen opgelegd door de geloofwaardige dreiging van een toekomstige uitbreiding door bestaande concurrenten of door toetreding van potentiële concurrenten (uitbreiding en toetreding);
- beperkingen opgelegd door de sterkte van de onderhandelingspositie van de afnemers van de onderneming (compenserende afnemersmacht).

a) Marktpositie van de onderneming met een machtspositie en van haar concurrenten
13. Marktaandelen bieden de Commissie een nuttige eerste indicatie van de marktstructuur en van het relatieve belang van de verschillende ondernemingen die op de markt actief zijn [8]. Toch zal de Commissie marktaandelen interpreteren in het licht van de betrokken marktsituatie, en met name de dynamiek van de markt en de mate waarin producten gedifferentieerd zijn. Ook kan op volatiele of biedmarkten rekening worden gehouden met de tendens of de evolutie van marktaandelen in de tijd.

14. De Commissie is van mening dat geringe marktaandelen doorgaans een goede indicatie zijn voor het ontbreken van substantiële marktmacht. De ervaring van de Commissie leert dat een machtspositie weinig waarschijnlijk is wanneer het marktaandeel op de betrokken markt onder 40 % ligt. Toch kunnen er zich specifieke gevallen voordoen waarin concurrenten, ook al overschrijden zij die drempel niet, niet in staat zijn de gedragingen van een onderneming met een machtspositie daadwerkelijk in toom te houden (wanneer zij bijvoorbeeld te maken hebben met ernstige capaciteitsbeperkingen). Ook die gevallen verdienen mogelijk de aandacht van de Commissie.

15. De ervaring leert, dat hoe hoger het marktaandeel is en hoe langer de periode waarover dit wordt aangehouden, des te groter de kans is dat zulks een belangrijke, eerste aanwijzing is voor het bestaan van een machtspositie en, in bepaalde omstandigheden, van mogelijke ernstige effecten van onrechtmatige gedragingen, die rechtvaardigen dat de Commissie optreedt op grond van artikel 82 [9]. Als algemene regel geldt echter dat de Commissie geen definitief besluit zal nemen over de wenselijkheid om een zaak door te zetten, zonder alle factoren te onderzoeken die voldoende kunnen zijn om de gedragingen van de onderneming in te tomen.

b) Uitbreiding of toetreding
16. Concurrentie is een dynamisch proces en een beoordeling van de concurrentiedruk op een onderneming kan niet uitsluitend op de bestaande marktsituatie gebaseerd zijn. De potentiële effecten van uitbreiding door bestaande concurrenten of de toetreding van potentiële concurrenten, daaronder begrepen de dreiging van een dergelijke uitbreiding

---

(8) Zaak 85/76, Hoffmann-La Roche & Co t. Commissie, *Jurispr.* 1979, blz. 461, de punten 39–41; zaak C-62/68, AKZO t. Commissie, *Jurispr.* 1991, blz. I-3359, punt 60; zaak T-30/89, Hilti t. Commissie, *Jurispr.* 1991, blz. II-1439, de punten 90, 91 en 92, en zaak T-340/03, France Télécom t. Commissie, *Jurispr.* 2007, blz. II-107, punt 100.
(9) Wat betreft de verhouding tussen de sterkte van de machtspositie en de vaststelling van misbruik, zie gevoegde zaken C-395/96 P en C-396/96 P, Compagnie Maritime Belge Transports, Compagnie Maritime Belge en Dafra-Lines t. Commissie, *Jurispr.* 2000, blz. I-1365, punt 119, en zaak T-228/97, Irish Sugar t. Commissie, *Jurispr.* 1999, blz. II-2969, punt 186.

of toetreding, zijn ook van belang. Een onderneming kan ervan worden afgeschrikt om de prijzen te verhogen indien toetreding waarschijnlijk, tijdig en in voldoende mate plaatsvindt. Wil de Commissie uitbreiding of toetreding als waarschijnlijk aanmerken, dan moet deze voldoende winstgevend zijn voor de concurrent of de toetredende onderneming, rekening houdend met factoren zoals drempels voor uitbreiding of toetreding, de te verwachten reacties van de onderneming met een beweerde machtspositie en andere concurrenten, en de risico's op en de kosten van mislukkingen. Om als tijdig te gelden, moet een uitbreiding of toetreding voldoende snel zijn om de uitoefening van substantiële marktmacht te voorkomen of te neutraliseren. Om als voldoende te worden aangemerkt, mag een uitbreiding of toetreding niet gewoon een kleinschalige toetreding zijn, bijvoorbeeld op bepaalde nichemarkten, maar moet deze op een dergelijke schaal plaatsvinden dat zij afschrikkend werkt ten aanzien van pogingen van de onderneming met een vermeende machtspositie op de betrokken markt om de prijzen te verhogen.

17. De drempels voor uitbreiding of toetreding kunnen verschillende vormen aannemen. Het kan gaan om juridische drempels, zoals tarieven of quota, of om specifieke voordelen voor de onderneming met een machtspositie, zoals schaal- en toepassingsvoordelen, preferente toegang tot essentiële input of natuurlijke hulpbronnen, belangrijke technologie [10] of een gevestigd distributie- en verkoopnet [11]. Het kan ook gaan om kosten en andere hinderpalen, die bijvoorbeeld worden veroorzaakt door netwerkeffecten en waarmee de afnemers te maken krijgen wanneer zij naar een nieuwe aanbieder overstappen. De gedragingen van de onderneming met een machtspositie zelf kunnen eveneens toegangsdrempels opwerpen, wanneer deze bijvoorbeeld aanzienlijke investeringen heeft uitgevoerd die nieuwkomers of concurrenten zouden moeten evenaren [12], of wanneer zij met haar afnemers langlopende contracten heeft gesloten die merkbaar afschermend werken. Aanhoudend hoge marktaandelen kunnen een aanwijzing zijn voor het bestaan van drempels voor toetreding en uitbreiding.

c) Compenserende afnemersmacht

18. Concurrentiedruk kan niet alleen door daadwerkelijke of potentiële concurrenten worden uitgeoefend, maar ook door afnemers. Zelfs een onderneming met een hoog marktaandeel kan niet in staat zijn zich merkbaar onafhankelijk te gedragen van afnemers met voldoende onderhandelingsmacht [13]. Dergelijke compenserende marktmacht kan het resultaat zijn van de grootte van de afnemers of van hun commerciële betekenis voor de onderneming met een machtspositie, en hun vermogen om snel naar concurrerende aanbieders over te stappen, om toetreding van nieuwe ondernemingen te bevorderen of tot verticale integratie te komen, en om geloofwaardig te kunnen dreigen dat te zullen doen. Wanneer de compenserende macht voldoende groot is, kan deze voor iedere poging van de onderneming om de prijzen winstgevend te verhogen, afschrikkend werken of deze fnuiken. Afnemersmacht kan evenwel niet als een voldoende tegenwicht

---

(10) Zaak T-30/89, Hilti t. Commissie, *Jurispr.* 1991, blz. II-1439, punt 19.
(11) Zaak 85/76, Hoffmann-La Roche t. Commissie, *Jurispr.* 1979, blz. 461, punt 48.
(12) Zaak 27/76, United Brands t. Commissie, *Jurispr.* 1978, blz. 207, punt 91.
(13) Zie zaak T-228/97, Irish Sugar t. Commissie, *Jurispr.* 1999, blz. II-2969, de punten 97–104, waar het Gerecht van eerste aanleg onderzocht of het feit dat de onderneming niet onafhankelijk is ten opzichte van haar concurrenten, moet worden gezien als een uitzonderlijke omstandigheid die in de weg staat aan de kwalificatie als machtspositie, ondanks het feit dat de onderneming een zeer groot gedeelte van de afzet op de markt voor industriesuiker in Ierland voor haar rekening nam.

gelden wanneer daarmee alleen wordt gegarandeerd dat een specifiek of beperkt segment van afnemers wordt beschermd tegen de marktmacht van de onderneming met een machtspositie.

B. Afscherming die de gebruikers schaadt ('concurrentieverstorende afscherming')

19. Het doel van het handhavingsbeleid van de Commissie ten aanzien van uitsluitingsgedrag is ervoor te zorgen, dat ondernemingen met een machtspositie een daadwerkelijke mededinging niet belemmeren, door de markt voor hun concurrenten op concurrentieverstorende wijze af te schermen en aldus de welvaart van de gebruikers ongunstig te beïnvloeden, hetzij in de vorm van een hoger prijspeil dan anders had geheerst of in enige andere vorm, zoals een beperking van de kwaliteit of een vermindering van het aanbod voor de gebruikers. In dit document wordt het begrip 'concurrentieverstorende afscherming' gebruikt om een situatie te beschrijven waarin de daadwerkelijke toegang van daadwerkelijke of potentiële concurrenten tot bevoorrading of markten wordt verhinderd of uitgeschakeld als gevolg van de gedragingen van de onderneming met een machtspositie, waarbij de onderneming met een machtspositie waarschijnlijk in een positie verkeert om met succes de prijzen te verhogen [14] – ten koste van de gebruikers. Ter bepaling van de voor de gebruikers te verwachten schade kan van zowel kwalitatief als, voor zover mogelijk en passend, kwantitatief bewijsmateriaal worden gebruikgemaakt. Daarnaast onderzoekt de Commissie een dergelijke concurrentieverstorende afscherming op het intermediaire niveau, op het niveau van de eindgebruikers of op beide niveaus [15].

20. De Commissie treedt normaal op grond van artikel 82 op wanneer het, op basis van dwingend en overtuigend bewijsmateriaal, waarschijnlijk is dat de beweerdelijk onrechtmatige gedraging resulteert in concurrentieverstorende afscherming. De Commissie is van mening dat bij een dergelijke beoordeling over het algemeen de volgende factoren van belang zijn:

- *de positie van de onderneming met een machtspositie.* Over het algemeen is het zo dat hoe sterker de machtspositie is, des te groter het risico is dat gedragingen ter bescherming van die positie tot concurrentieverstorende afscherming leiden;
- *de voorwaarden op de betrokken markt.* Hierbij gaat het om de voorwaarden voor toetreding en expansie, zoals het bestaan van schaal- en/of toepassingsvoordelen en netwerkeffecten. Schaalvoordelen houden in dat de kans kleiner is dat concurrenten de markt betreden of daarop aanwezig blijven ingeval de onderneming met een machtspositie een aanzienlijk deel van de betrokken markt afschermt. Evenzo kunnen dergelijke gedragingen de onderneming met een machtspositie in staat stellen, een door netwerkeffecten gekenmerkte markt in haar eigen voordeel te doen 'kantelen' of haar positie op een dergelijke markt verder te verankeren. Hetzelfde geldt wanneer er op de stroomopwaartse en/of stroomafwaartse markt aanzienlijke toegangsdrempels zijn: in dat geval kan het voor concurrenten duur worden een eventuele afscherming via verticale integratie te doorbreken;

---

(14) Voor de betekenis van de uitdrukking 'hogere prijzen', zie punt 11.
(15) Het begrip 'gebruikers' omvat alle rechtstreekse of indirecte gebruikers van de producten die door de gedraging worden getroffen, daaronder begrepen producenten van halffabricaten die de producten als grondstof gebruiken, maar ook distributeurs en eindgebruikers van zowel het directe product als producten van producenten van halffabricaten. Wanneer tussengebruikers daadwerkelijke of potentiële concurrenten van de onderneming met een machtspositie zijn, wordt het onderzoek toegespitst op de gevolgen van de gedragingen op gebruikers verder stroomafwaarts.

- *de positie van concurrenten van de onderneming met een machtspositie.* Hier gaat het onder meer om het belang van concurrenten voor het behoud van een daadwerkelijke mededinging. Een specifieke concurrent kan een aanzienlijke rol spelen voor de mededinging, zelfs indien deze in vergelijking met andere concurrenten slechts een gering marktaandeel heeft; het kan bijvoorbeeld de naaste concurrent van de onderneming met een machtspositie zijn, een bijzonder innoverende concurrent, of een concurrent die de reputatie heeft dat hij stelselmatig prijzen onderbiedt. Bij haar onderzoek kan de Commissie, in voorkomend geval, op basis van de beschikbare gegevens ook nagaan of er realistische, effectieve en snelle strategieën bestaan om terug te slaan waarvan concurrenten waarschijnlijk zouden gebruikmaken;
- *de positie van de afnemers of de aanbieders van input.* Dit kan onder meer betekenen dat wordt gekeken naar de eventuele selectiviteit van de betrokken gedraging. De onderneming met een machtspositie kan de praktijk alleen toepassen op geselecteerde afnemers of aanbieders van input die mogelijk van bijzonder belang zijn voor de toetreding of de expansie van concurrenten, en aldus het risico van concurrentieverstorende afscherming versterken [16]. Het kan bijvoorbeeld gaan om degenen die het waarschijnlijkst zullen ingaan op aanbiedingen van alternatieve aanbieders, die een bijzonder middel kunnen zijn om het product te distribueren dat het best geschikt is voor een nieuw toetredende onderneming, die eventueel gevestigd zijn in een geografisch gebied dat goed geschikt is voor nieuwe toetreding, of van wie kan worden verwacht dat zij de gedragingen van alle afnemers beïnvloeden. Wat aanbieders van input betreft, zijn de aanbieders met wie de onderneming met een machtspositie exclusieve-leveringsregelingen heeft gesloten, degenen van wie het meest kan worden verwacht dat zij zullen reageren op verzoeken van afnemers die op een stroomafwaartse markt concurreren met de onderneming met een machtspositie, of die een bepaalde productkwaliteit produceren of die produceren op een locatie die bijzonder geschikt is voor een nieuw toetredende onderneming. Ook strategieën die afnemers of aanbieders van input ter beschikking staan en die de gedragingen van de onderneming met een machtspositie kunnen tegengaan, worden in aanmerking genomen;
- *de omvang van de beweerdelijk onrechtmatige gedragingen.* Over het algemeen is het zo dat hoe hoger het percentage is van de totale omzet op de betrokken markt dat van de gedraging te lijden heeft, en hoe vaker die gedraging wordt toegepast, des te sterker het te verwachten afschermingseffect is;
- *mogelijk bewijs voor daadwerkelijke afscherming.* Indien de gedragingen over een voldoende lange periode plaatsvinden, kan de marktprestatie van de onderneming met een machtspositie en van haar concurrenten op de markt rechtstreekse bewijzen opleveren wat betreft concurrentieverstorende afscherming; om redenen die zijn toe te schrijven aan de beweerdelijk onrechtmatige gedragingen kan het marktaandeel van de onderneming met een machtspositie zijn toegenomen of kan een terugval in haar marktaandeel zijn afgeremd; om vergelijkbare redenen kunnen daadwerkelijke concurrenten zijn gemarginaliseerd of hebben dezen de markt verlaten, of hebben potentiële concurrenten de markt proberen te betreden, maar zijn zij daarin niet zijn geslaagd;

---

(16) Zaak T-228/97, Irish Sugar t. Commissie, *Jurispr.* 1999, blz. II-2969, punt 188.

– *rechtstreeks bewijs voor uitsluitingsstrategieën.* Hierbij gaat het onder meer om interne documenten die rechtstreekse bewijzen bevatten voor een strategie om concurrenten uit te sluiten, zoals een gedetailleerd plan om een bepaalde gedragslijn te gaan volgen om een concurrent uit te sluiten, om toetreding te beletten of preventief in te grijpen tegen het opkomen van een markt, of om bewijsmateriaal voor concrete dreigingen met uitsluitingsmaatregelen. Dergelijk direct bewijsmateriaal kan helpen om de gedragingen van de onderneming met een machtspositie te interpreteren.

21. Wanneer de Commissie een zaak in onderzoek neemt, voert zij haar beoordeling uit aan de hand van de in punt 20 gegeven algemene criteria, samen met de meer specifieke criteria die verder worden beschreven in de punten die handelen over bepaalde soorten uitsluitingsgedrag, en alle andere elementen die zij passend acht. Deze beoordeling geschiedt doorgaans door een vergelijking te maken tussen de daadwerkelijke of te verwachten toekomstige situatie op de relevante markt (met de functionerende gedraging van de onderneming met een machtspositie) met een geschikt nulscenario, zoals de situatie waarin de betrokken gedraging gewoonweg ontbreekt of met een ander, volgens goed handelsgebruik realistisch alternatief scenario.

22. Er kunnen zich omstandigheden voordoen waarin de Commissie geen nadere beoordeling behoeft uit te voeren om te kunnen concluderen dat de betrokken gedraging in schade voor de gebruikers dreigt te resulteren. Wanneer blijkt dat de gedraging alleen belemmeringen voor de mededinging opwerpt en geen efficiëntievoordelen genereert, mag het mededingingsverstorende effect ervan worden aangenomen. Dit kan bijvoorbeeld het geval zijn wanneer de onderneming met een machtspositie haar afnemers belet de producten van concurrenten te testen of haar afnemers financiële prikkels geeft mits zij dergelijke producten niet testen, of een distributeur of afnemer betaalt om de introductie van een product van een concurrent te vertragen.

C. *Uitsluitingsgedrag op basis van de prijs*

23. Het overwogene in de punten 23 tot 27 geldt ten aanzien van uitsluitingsgedrag op basis van de prijs. Scherpe prijsconcurrentie is doorgaans goed voor de gebruikers. De Commissie grijpt normaal alleen in om concurrentieverstorende afscherming te voorkomen, indien de betrokken gedraging de concurrentie van concurrenten die even efficiënt zijn als de onderneming met een machtspositie, al heeft belemmerd of daartoe in staat is [17].

24. Toch erkent de Commissie dat, onder bepaalde omstandigheden, een minder efficiënte concurrent eveneens tegenwicht kan bieden, hetgeen in aanmerking moet worden genomen bij het onderzoek van de vraag of een bepaalde gedraging op basis van de prijs resulteert in concurrentieverstorende afscherming. De Commissie neemt een dynamisch standpunt in ten aanzien van dit soort tegenwicht omdat dergelijke concurrent, wanneer er geen onrechtmatige praktijken zijn, mogelijk profiteert van vraaggerelateerde voordelen (zoals netwerk- en leereffecten) die zijn efficiëntie doorgaans nog versterken.

25. Om te bepalen of het waarschijnlijk is dat zelfs een hypothetische concurrent die even efficiënt als de onderneming met een machtspositie is, zich door de betrokken gedraging

---

(17) Zaak C-62/68, AKZO Chemie t. Commissie, *Jurispr.* 1991, blz. I-3359, punt 72: in verband met prijzen die beneden de gemiddelde variabele kosten liggen, verklaarde het Hof van Justitie: *'Deze prijzen kunnen namelijk ondernemingen van de markt verdrijven, die misschien even efficiënt zijn als de onderneming met de machtspositie, doch die wegens hun geringere financiële armslag niet in staat zijn de hun aangedane concurrentie het hoofd te bieden'.* Zie ook het arrest van 10 april 2008, zaak T-271/03, Deutsche Telekom t. Commissie (nog niet bekendgemaakt in de *Jurisprudentie*), punt 194.

van een markt afgeschermd zou zien, onderzoekt de Commissie de economische gegevens betreffende de kosten en de verkoopprijzen, en met name of de onderneming met een machtspositie zich begeeft aan prijszetting onder de kostprijs. Een en ander vereist dat voldoende betrouwbare gegevens beschikbaar zijn. Wanneer gegevens over de kosten van de onderneming met een machtspositie zelf beschikbaar zijn, zal de Commissie daarvan gebruikmaken. Wanneer over die kosten geen betrouwbare gegevens beschikbaar zijn, kan de Commissie besluiten om de gegevens over de kosten van concurrenten of andere vergelijkbare, betrouwbare gegevens te gebruiken.

26. De criteria die de Commissie voor de kosten waarschijnlijk zal gebruiken, zijn de *Average Avoidable Cost* (hierna 'AAC' genoemd) en de *Long-Run Average Incremental Cost* (hierna 'LRAIC' genoemd) [18]. Wanneer de AAC niet worden gedekt, is dat een aanwijzing dat de onderneming met een machtspositie haar winst op de korte termijn opoffert en dat een even efficiënte concurrent de beoogde afnemers niet kan bedienen zonder verlies te lijden. De LRAIC ligt meestal hoger dan de AAC omdat deze, anders dan de AAC (die alleen de vaste kosten omvatten die in te onderzoeken periode worden gemaakt), de productspecifieke vaste kosten omvat die zijn gemaakt in de periode voordat het beweerdelijk onrechtmatige gedrag heeft plaatsgevonden. Wanneer de LRAIC niet gedekt worden, is dat een aanwijzing dat de onderneming met een machtspositie niet alle (toerekenbare) vaste kosten van de productie van het betrokken goed of de betrokken dienst terugverdient en dat een even efficiënte concurrent zich van de markt afgeschermd kan zien [19].

27. Indien uit de gegevens duidelijk blijkt, dat een even efficiënte concurrent daadwerkelijk kan concurreren met het prijszettingsgedrag van de onderneming met een machtspositie, leidt de Commissie daaruit in beginsel af dat het prijszettingsgedrag van de onderneming met een machtspositie waarschijnlijk geen ongunstig effect zal hebben op een daadwerkelijke mededinging – en dus op de gebruikers – en is de kans dus klein dat zij zal optreden. Indien daarentegen uit de gegevens blijkt dat de door onderneming met

---

(18) *Average avoidable cost* is het gemiddelde van de kosten die hadden kunnen worden vermeden, indien de onderneming niet een beperkte hoeveelheid output (extra) had geproduceerd, in dit geval de hoeveelheid waarop de onrechtmatige gedraging betrekking heeft. In de meeste gevallen zijn de AAC en de gemiddelde variabele kosten (GVK) gelijk, omdat vaak alleen variabele kosten kunnen worden vermeden. *Longrun average incremental cost* is het gemiddelde van de totale (variabele en vaste) kosten die een onderneming moet maken om een bepaald product te produceren. LRAIC en de gemiddelde totale kosten (ATC) kunnen als goede maatstaven voor elkaar dienen; vaak zijn ze identiek in het geval van ondernemingen die één product produceren. Wanneer er bij ondernemingen die meer producten produceren toepassingsvoordelen spelen, zou de LRAIC onder de ATC voor iedere individueel product liggen, omdat de echt gemeenschappelijke kosten niet in de LRAIC in aanmerking worden genomen. In het geval van meerdere producten worden de kosten die vermeden konden worden door een bepaald product of productassortiment niet te produceren, niet als gemeenschappelijke kosten beschouwd. In situaties waarin de gemeenschappelijke kosten aanzienlijk zijn, kunnen deze in aanmerking worden genomen bij het beoordelen van de mogelijkheden om markten af te schermen voor even efficiënte concurrenten.

(19) Om dit kostencriterium toe te passen, is het wellicht ook nodig de inkomsten en uitgaven van de onderneming met een machtspositie en van haar concurrenten in een ruimere context te bezien. Wellicht is het niet voldoende om alleen na te gaan of de prijs of de inkomsten de kosten van het betrokken product dekken, maar kan het ook nodig zijn om te kijken naar marginale inkomsten ingeval de gedragingen van de betrokken onderneming met een machtspositie haar inkomsten op andere markten of uit andere producten ongunstig beïnvloeden. Evenzo kan het in het geval van tweezijdige markten nodig zijn de inkomsten en kosten van beide zijden samen te bezien.

een machtspositie berekende prijs het potentieel heeft om de markt voor even efficiënte concurrenten af te schermen, neemt de Commissie dit mee in de algemene beoordeling van concurrentieverstorende afscherming (zie punt B), waar met ander kwantitatief en kwalitatief bewijsmateriaal rekening wordt gehouden.

D. Objectieve noodzaak en efficiëntieverbeteringen

28. Bij de handhaving van artikel 82 zal de Commissie ook argumenten van een onderneming met een machtspositie dat haar gedraging gerechtvaardigd is, onderzoeken [20]. Een onderneming met een machtspositie kan dit doen door aan te tonen dat haar gedragingen objectief noodzakelijk zijn of dat deze aanzienlijke efficiëntieverbeteringen opleveren die tegen eventuele concurrentieverstorende effecten voor gebruikers opwegen. In dit verband gaat de Commissie na, of de betrokken gedraging onmisbaar is voor en evenredig aan de doelstelling die de onderneming met een machtspositie daarmee beweert na te streven.

29. De vraag of de gedraging objectief noodzakelijk en evenredig is, dient te worden beantwoord op basis van factoren die extern zijn aan de onderneming met een machtspositie. Uitsluitingsgedrag kan bijvoorbeeld worden beschouwd als objectief noodzakelijk uit met het karakter van het betrokken product verband houdende veiligheids- of gezondheidsoverwegingen. Toch dient bij de bewijsvoering dat dit soort gedrag objectief noodzakelijk is, rekening te worden gehouden met het feit dat het normaal de taak is van overheden om voor de volksgezondheid en veiligheid normen vast te stellen en deze te doen naleven. Het is zeker niet aan een onderneming die een machtspositie inneemt, om op eigen initiatief maatregelen te nemen om producten die zij, al of niet terecht, als gevaarlijk of althans van mindere kwaliteit dan haar eigen producten beschouwt, te elimineren [21].

30. De Commissie is van mening dat een onderneming met een machtspositie gedragingen die voor concurrenten tot marktafscherming leiden, kan rechtvaardigen op basis van de efficiëntiewinsten die een afdoende garantie bieden dat gebruikers geen nettoschade dreigen te lijden. In dat verband wordt van de onderneming met een machtspositie in de regel verwacht dat zij met een voldoende mate van waarschijnlijkheid en aan de hand van controleerbare gegevens aantoont dat aan elk van de volgende voorwaarden is voldaan [22]:

- de efficiëntiewinsten zijn behaald of zullen waarschijnlijk worden behaald als gevolg van de gedraging. Daarbij kan het bijvoorbeeld gaan om technische verbeteringen in de kwaliteit van de goederen of een verlaging van de productie- of distributiekosten;

---

(20) Zie zaak 27/76, United Brands t. Commissie, *Jurispr.* 1978, blz. 207, punt 184; zaak 311/84, SA Centre belge d'études de marché — Télémarketing (CBEM) t. SA Compagnie luxembourgeoise de télédiffusion (CLT) en SA Information publicité Benelux (IPB), *Jurispr.* 1985, blz. 3261, punt 27; zaak T-30/89, Hilti t. Commissie, *Jurispr.* 1991, blz. II-1439, de punten 102–119; zaak T-83/91, Tetra Pak International t. Commissie (Tetra Pak II), *Jurispr.* 1994, blz. II-755, de punten 136 en 207, en zaak C-95/04 P, British Airways t. Commissie, *Jurispr.* 2007, blz. I-2331, de punten 69 en 86.

(21) Zie bv. zaak T-30/89, Hilti t. Commissie, *Jurispr.* 1991, blz. II-1439, de punten 118–119, en zaak T-83/91, Tetra Pak International t. Commissie (Tetra Pak II), *Jurispr.* 1994, blz. II-755, de punten 83, 84 en 138.

(22) Zie, in de verschillende context van artikel 81, de mededeling van de Commissie — Richtsnoeren betreffende de toepassing van artikel 81, lid 3, van het Verdrag (*PB* C 101 van 27.4.2004, blz. 97).

- de gedraging is onmisbaar voor de verwezenlijking van deze efficiëntiewinsten: er mogen geen minder concurrentiebeperkende alternatieven voor de gedraging bestaan, die toch dezelfde efficiëntiewinst kunnen opleveren;
- de efficiëntiewinst die naar verwachting door de gedraging tot stand wordt gebracht, weegt op tegen de verwachte negatieve gevolgen voor de mededinging en de welvaart van de gebruikers op de getroffen markten;
- de gedraging schakelt een daadwerkelijke mededinging niet uit, door alle of de meeste van de bestaande bronnen van daadwerkelijke of potentiële mededinging weg te nemen. Rivaliteit tussen ondernemingen is een belangrijke motor voor economische doelmatigheid, daaronder begrepen dynamische efficiëntieverbeteringen in de vorm van innovatie. Wanneer deze rivaliteit ontbreekt, krijgt de onderneming met een machtspositie niet meer de passende prikkels om efficiëntieverbeteringen te blijven creëren en door te geven. Wanneer er geen concurrentie meer is en geen voorzienbare dreiging van toetreding, weegt de bescherming tegen concurrentie en concurrentiewerking op tegen de mogelijke efficiëntiewinsten. De Commissie is van mening, dat uitsluitingsgedrag dat een marktpositie welke die van een monopolie benadert, in stand houdt, in het leven roept of versterkt, normaal niet kan worden gerechtvaardigd op grond van het feit dat deze ook efficiëntieverbeteringen oplevert.

31. Het staat aan de onderneming met een machtspositie, alle nodige bewijzen te leveren om aan te tonen dat de betrokken gedraging objectief gerechtvaardigd is. Vervolgens is het aan de Commissie om de uiteindelijke beoordeling te maken van de vraag of de te onderzoeken gedraging niet objectief noodzakelijk is en of, op basis van een afweging van kennelijk concurrentieverstorende effecten tegen beweerde en onderbouwde efficiëntieverbeteringen, te verwachten is dat deze gedraging resulteert in schade voor de gebruikers.

IV. Specifieke vormen van misbruik
A. *Exclusief-verkeersregelingen*

32. Een onderneming met een machtspositie kan proberen de markt voor haar concurrenten af te schermen door hen met exclusieve-afnameverplichtingen of kortingen (tezamen ook wel 'exclusief-verkeersregelingen' genoemd) te beletten aan afnemers te verkopen [23]. In dit deel wordt uiteengezet onder welke omstandigheden het meest te verwachten valt dat de Commissie optreedt ten afzien van exclusief-verkeersregelingen die door ondernemingen met een machtspositie zijn aangegaan.

a) Exclusieve afname

33. Door een exclusieve-afnameverplichting wordt een afnemer op een bepaalde markt verplicht om exclusief of in ruime mate alleen bij de onderneming met een machtspositie producten af te nemen. Bepaalde andere verplichtingen, zoals eisen inzake opslag,

---

[23] Het begrip 'exclusief-verkeersregeling' omvat ook exclusieve-leveringsverplichtingen of prikkels met hetzelfde effect waarmee de onderneming met een machtspositie probeert de markt voor haar concurrenten af te schermen door hen te beletten bij aanbieders in te kopen. De Commissie is van mening dat dergelijke afscherming van input in beginsel in concurrentieverstorende afscherming dreigt te resulteren indien met de exclusieve-leveringsverplichting of de stimulerende banden de meeste van de daadwerkelijke aanbieders van input worden gebonden, en afnemers die met de onderneming met een machtspositie concurreren, voor de input geen alternatieve leveringsbronnen kunnen vinden.

waarmee net niet exclusieve afname lijkt te worden geëist, kunnen in de praktijk tot hetzelfde effect leiden [24].

34. Om de afnemers ervan te overtuigen exclusieve afname te accepteren, kunnen de ondernemingen met een machtspositie de afnemers geheel of gedeeltelijk moeten compenseren voor het uit de exclusiviteit resulterende verlies aan concurrentie. Wanneer een dergelijke compensatie wordt gegeven, kan het in het individuele belang van een afnemer zijn om met de onderneming met een machtspositie een exclusieve-afnameverplichting aan te gaan. Het zou echter verkeerd zijn, hieruit automatisch te concluderen dat alle exclusiviteitsverplichtingen gunstig zijn voor alle afnemers, daaronder begrepen de afnemers die momenteel geen afnemers van de onderneming met een machtspositie zijn, en de eindgebruikers. De Commissie richt haar aandacht op die zaken waar te verwachten valt dat de gebruikers over het geheel genomen niet zullen profiteren. Dit is met name het geval indien er talrijke afnemers zijn en de exclusieve-afnameverplichtingen van de onderneming met een machtspositie, tezamen, ten gevolge hebben dat de toetreding of uitbreiding van concurrerende ondernemingen wordt belet.

35. Naast de reeds in punt 20 genoemde factoren, zullen de hiernavolgende factoren over het algemeen van bijzonder belang zijn om te bepalen of de Commissie ten aanzien van exclusieve-afnameovereenkomsten optreedt.

36. De kans dat exclusieve-afnameverplichtingen kunnen resulteren in concurrentieverstorende afscherming, doet zich met name voor wanneer, zonder die verplichtingen, belangrijke concurrentiedruk uitgaat van concurrenten die hetzij nog niet op de markt aanwezig zijn op het tijdstip dat de verplichtingen zijn aangegaan, hetzij niet in staat zijn te concurreren om de volledige levering aan de afnemers. De concurrenten zijn mogelijk niet in staat te concurreren om de volledige vraag van een individuele afnemer, omdat de onderneming met een machtspositie een onmisbare handelspartner is, bijvoorbeeld omdat haar merk een 'must stock'-product is dat de voorkeur heeft van tal van eindgebruikers, of omdat de andere aanbieders met zodanige capaciteitsbeperkingen te maken hebben dat aan een deel van de vraag alleen door een aanbieder met een machtspositie kan worden voldaan [25]. Indien concurrenten op voet van gelijkheid om de volledige vraag van elke individuele afnemer kunnen concurreren, is het doorgaans weinig waarschijnlijk dat exclusieve-afnameverplichtingen een daadwerkelijke mededinging zullen belemmeren, tenzij het door de duur van de exclusieve-afnameverplichtingen de afnemers moeilijk wordt gemaakt, naar een andere aanbieder over te stappen. Over het algemeen is het zo dat, hoe langer de duur van de verplichting is, des te groter ook het risico is van een afschermingseffect. Toch kan, ingeval de onderneming met een machtspositie een onmisbare handelspartner is voor alle of het merendeel van de afnemers, zelfs een exclusieve-afnameverplichting van korte duur in concurrentieverstorende afscherming resulteren.

b) Voorwaardelijke kortingen

37. Voorwaardelijke kortingen zijn kortingen die afnemers worden toegekend als beloning voor een specifieke vorm van afnamegedrag. De gebruikelijke vorm van een voor-

---

(24) Zaak T-65/98, Van den Bergh Foods t. Commissie, *Jurispr.* 2003, blz. II-4653. In die zaak werd de verplichting om vrieskisten exclusief voor de producten van de onderneming met een machtspositie te gebruiken, beschouwd als resulterend in exclusiviteit die aan het verkooppunt wordt opgelegd.
(25) Zaak T-65/98, Van den Bergh Foods t. Commissie, *Jurispr.* 2003, blz. II-4653, de punten 104 en 156.

waardelijke korting is dat de afnemer een korting krijgt indien zijn aankopen over een vastgestelde referentieperiode een bepaalde drempel overschrijden, waarbij de korting wordt verleend voor zijn volledige aankopen (retroactieve kortingen) of alleen voor de aankopen boven het volume dat voor het bereiken van drempel is vereist (staffelkortingen). Voorwaardelijke kortingen zijn een niet ongebruikelijke praktijk. De ondernemingen bieden dit soort kortingen aan om meer vraag aan te trekken en als dusdanig kunnen zij de vraag stimuleren en gunstig zijn voor de gebruikers. Toch kunnen dergelijke kortingen, wanneer zij door een onderneming met een machtspositie worden verleend, ook daadwerkelijke of potentiële afschermingseffecten hebben die zijn te vergelijken met die van exclusieve-afnameverplichtingen. Voorwaardelijke kortingen kunnen dergelijke effecten hebben, zonder dat zij noodzakelijkerwijs een offer van de onderneming met een machtspositie vergen [26].

38. Naast de reeds in punt 20 genoemde factoren, zijn de volgende factoren voor de Commissie van bijzonder belang wanneer zij moet bepalen of een bepaalde regeling met voorwaardelijke kortingen kan resulteren in concurrentieverstorende afscherming en dus onder de handhavingsprioriteiten van de Commissie valt.

39. Evenals bij exclusieve-afnameverplichtingen is de kans op concurrentieverstorende afscherming groter wanneer concurrenten niet op voet van gelijkheid kunnen concurreren om de volledige vraag van elke individuele afnemer. Een voorwaardelijke korting van een onderneming met een machtspositie kan die onderneming in staat stellen het 'niet-betwistbare' deel van de vraag van elke afnemer (de hoeveelheid die de afnemer in ieder geval van de onderneming met een machtspositie zou afnemen) te gebruiken als hefboom om de prijs te doen dalen van het 'betwistbare' gedeelte van de vraag (de hoeveelheid waarvoor de afnemer de voorkeur kan geven aan substitutieproducten en deze ook kan vinden) [27].

40. In het algemeen kunnen retroactieve kortingen de markt aanzienlijk afschermen, omdat zij het voor de afnemers minder aantrekkelijk maken kleine volumes van de vraag naar een alternatieve aanbieder te verschuiven, indien dat tot een verlies van de retroactieve kortingen zou leiden [28]. Het potentiële afschermingseffect van retroactieve kortingen is in beginsel het sterkst voor de laatst afgenomen eenheid product voordat de drempel wordt overschreden. Toch is, wat in de ogen van de Commissie relevant is voor een beoordeling van het getrouwheidsversterkende effect van een korting, niet gewoon het effect op de concurrentie om de laatste individuele eenheid te leveren, maar wel het afschermende effect van het kortingsysteem op de (daadwerkelijke of potentiële) concurrenten van de aanbieder met een machtspositie. Hoe hoger de korting als percentage van de totale prijs is en hoe hoger het plafond, des te groter is de stimulus onder de drempel en des te sterker is ook de te verwachten afscherming van daadwerkelijke of potentiële concurrenten.

---

(26) Op dit punt verschilt de beoordeling van voorwaardelijke kortingen van die van roofprijzen, die altijd een offer vergen.
(27) Zie zaak T-203/01, Michelin t. Commissie (Michelin II), *Jurispr.* 2003, blz. II-4071, de punten 162 en 163. Zie ook zaak T-219/99, British Airways t. Commissie, *Jurispr.* 2003, blz. II-5917, de punten 277 en 278.
(28) Zaak 322/81, Nederlandsche Banden Industrie Michelin t. Commissie (Michelin I), *Jurispr.* 1983, blz. 3461, de punten 70–73.

41. Wanneer de Commissie de in de punten 23 tot 27 uiteengezette methode toepast, is zij voornemens te onderzoeken of het, voor zover de gegevens beschikbaar en betrouwbaar zijn, met de kortingregeling mogelijk is de uitbreiding of de toetreding van even efficiënte concurrenten te verhinderen door het voor hen moeilijker te maken om een deel van de behoeften van de individuele afnemers te leveren. In dat verband maakt de Commissie een raming, welke prijs een concurrent zou moeten bieden om de afnemer te compenseren voor het verlies van de voorwaardelijke korting, indien deze een deel van zijn vraag zou verschuiven ('het relevante gedeelte') -- weg van de onderneming met een machtspositie. De daadwerkelijke prijs die de concurrent zal moeten evenaren, is niet de gemiddelde prijs van de onderneming met een machtspositie, doch de normale (catalogus) prijs minus de korting die de afnemer verliest door over te stappen, berekend voor het relevante gedeelte van de verkopen en de relevante periode. De Commissie houdt rekening met een foutmarge die kan worden veroorzaakt door de aan dit soort beoordeling inherente onzekerheden.

42. Wat het relevante gedeelte is waarvoor in een specifieke zaak de daadwerkelijke prijs moet worden berekend, is afhankelijk van de specifieke feiten van ieder geval en van de vraag of de korting gestaffeld dan wel retroactief is. Voor staffelkortingen is het relevante gedeelte in de regel de marginale aankopen die in aanmerking worden genomen. Voor retroactieve kortingen is het doorgaans relevant om binnen de context van de specifieke markt na te gaan hoeveel van de aankoopbehoeften van een afnemer, realistisch gesproken, naar een concurrent kunnen worden verschoven (het 'betwistbare aandeel' of het 'betwistbare gedeelte'). Wanneer te verwachten is dat afnemers bereid en in staat zijn om betrekkelijk snel grote hoeveelheden van de vraag naar een (potentiële) concurrent te verschuiven, zal het relevante gedeelte waarschijnlijk betrekkelijk ruim zijn. Wanneer daarentegen te verwachten is dat de afnemers alleen bereid of in staat zijn marginaal kleine hoeveelheden te verschuiven, zal het relevante gedeelte betrekkelijk klein zijn. Voor de bestaande concurrenten kunnen hun mogelijkheden om verkopen aan afnemers uit te breiden, en de fluctuaties in deze verkopen in de tijd, eveneens een aanwijzing zijn voor het relevante gedeelte. Voor potentiële concurrenten kan, zo mogelijk, een beoordeling worden gemaakt van de schaal waarop een nieuwkomer, realistisch gesproken, in staat is de markt te betreden. Wellicht is het mogelijk het historische groeipatroon van nieuwkomers op dezelfde of vergelijkbare markten als een aanwijzing te gebruiken voor een realistisch marktaandeel van een nieuwkomer [29].

43. Hoe lager de geraamde daadwerkelijke prijs voor het relevante gedeelte ligt ten opzichte van de gemiddelde prijs van de aanbieder met een machtspositie, des te sterker is het getrouwheidsbevorderende effect. Zolang de daadwerkelijke prijs echter duurzaam boven de LRAIC van de onderneming met een machtspositie blijft, zou dit een even ef-

---

(29) Het relevante gedeelte wordt geraamd op basis van gegevens die in nauwkeurigheid kunnen verschillen. De Commissie houdt hiermee rekening wanneer zij conclusies trekt ten aanzien van de mogelijkheden van de onderneming met een machtspositie om de markt af te schermen voor even efficiënte concurrenten. Ook kan het nuttig zijn te berekenen hoe groot het aandeel van de behoeften van afnemers dat de nieuwkomer minimaal moet binnenhalen, gemiddeld moet zijn opdat de daadwerkelijke prijs minstens even hoog ligt als de LRAIC van de onderneming met een machtspositie. In een aantal gevallen kan uit de hoogte van dit aandeel, vergeleken met de daadwerkelijke marktaandelen van concurrenten en hun aandeel in de behoeften van afnemers, duidelijk worden of de kortingregeling een effect van concurrentieverstorende afscherming kan hebben.

ficiënte concurrent normaal de mogelijkheid moeten bieden om, ondanks de korting, winstgevend te concurreren. Onder die omstandigheden maakt de korting het normaal niet mogelijk om de markt op een concurrentieverstorende wijze af te schermen.

44. Wanneer de daadwerkelijke prijs onder de AAC ligt, biedt de kortingregeling, als algemene regel, de mogelijkheid even efficiënte concurrenten af te schermen. Wanneer de daadwerkelijke prijs tussen de AAC en de LRAIC ligt, onderzoekt de Commissie of er andere factoren zijn die kunnen doen besluiten dat toetreding of uitbreiding van even efficiënte concurrenten, daarvan waarschijnlijk te lijden krijgen. In dat verband onderzoekt de Commissie of en in welke mate concurrenten beschikken over realistische en effectieve strategieën om terug te slaan, bijvoorbeeld of zij ook de mogelijkheid hebben om een 'niet-betwistbaar' gedeelte van de vraag van hun koper te gebruiken als hefboom om de prijs voor het betrokken gedeelte te doen dalen. Wanneer concurrenten niet over dergelijke strategieën om terug te slaan beschikken, oordeelt de Commissie dat de kortingsregeling kan worden gebruikt om de markt voor even efficiënte concurrenten af te schermen.

45. Zoals in punt 27 uiteengezet, is deze beoordeling een onderdeel van de algehele beoordeling, waarin ook ander relevant kwantitatief of kwalitatief bewijsmateriaal wordt betrokken. Normaal is het van belang na te gaan, of bij de kortingsregeling een geïndividualiseerde dan wel een gestandaardiseerde drempel wordt toegepast. Met een geïndividualiseerde drempel – die is gebaseerd op een percentage van de totale behoeften van de afnemer of op een geïndividualiseerde volumedoelstelling – kan de aanbieder met een machtspositie de drempel op een zodanig niveau vaststellen dat het voor de afnemers moeilijk wordt van aanbieder te veranderen, en aldus een maximaal getrouwheidsversterkend effect creëren [30]. Daarentegen kan een gestandaardiseerde volumedrempel – waarbij de drempel dezelfde is voor alle of een groep afnemers – te hoog zijn voor bepaalde kleine afnemers en/of te laag voor grotere afnemers, om een getrouwheidsversterkend effect te kunnen hebben. Wanneer daarentegen kan worden aangetoond, dat een gestandaardiseerde volumedrempel rond de behoeften ligt van een aanmerkelijk deel van de afnemers, is het waarschijnlijk dat de Commissie oordeelt dat een dergelijke gestandaardiseerde kortingregeling concurrentieverstorende afschermingseffecten kan opleveren.

c) Efficiëntieverbeteringen

46. Op voorwaarde dat aan de in punt III D vermelde voorwaarden is voldaan, zal de Commissie argumenten van ondernemingen met een machtspositie dat kortingregelingen kostenvoordelen of andere voordelen opleveren die aan de afnemers worden doorgeven, onderzoeken [31]. Transactiegerelateerde kostenvoordelen zijn vaak meer te verwachten bij gestandaardiseerde volumedoelstellingen dan bij geïndividualiseerde volumedoelstellingen. Evenzo is bij regelingen met staffelkortingen doorgaans eerder te verwachten dat wederverkopers daarmee een prikkel krijgen om een groter volume te

---

(30) Zie zaak 85/76, Hoffmann-La Roche & Co t. Commissie, *Jurispr.* 1979, blz. 461, de punten 89 en 90; zaak T-288/97, Irish Sugar t. Commissie, *Jurispr.* 1999, blz. II-2969, punt 213, en zaak T-219/99, British Airways t. Commissie, *Jurispr.* 2003, blz. II-5917, de punten 7–11 en 270–273.
(31) Voor kortingen, zie bijvoorbeeld zaak C-95/04 P, British Airways t. Commissie, *Jurispr.* 2007, blz. I-2331, punt 86.

produceren en door te verkopen dan bij regelingen met retroactieve kortingen [32]. Onder dezelfde voorwaarden onderzoekt de Commissie ook bewijsmateriaal waaruit blijkt dat exclusief-verkeersregelingen specifieke afnemers voordelen opleveren, indien die regelingen voor de onderneming met een machtspositie noodzakelijk zijn om bepaalde relatiegebonden investeringen uit te voeren met het oog op leveringen aan die afnemers.

B. Koppelverkoop en bundeling

47. Een onderneming met een machtspositie kan ook proberen om door koppelverkoop of bundeling de markt voor haar concurrenten af te schermen. In dit deel wordt uiteengezet in welke omstandigheden het waarschijnlijkst is dat de Commissie optreedt ten afzien van koppelverkoop en bundeling door ondernemingen met een machtspositie.

48. 'Koppelverkoop' betreft doorgaans situaties waarbij afnemers die een product kopen (het koppelende product), ook een ander product van de producent moeten afnemen (het gekoppelde product). Koppelverkoop kan op technische of op contractuele basis plaatsvinden [33]. Onder 'bundeling' wordt gewoonlijk de wijze verstaan waarop producten door de onderneming met een machtspositie worden aangeboden en geprijsd. Bij zuivere bundeling worden de producten uitsluitend tezamen en in vaste verhoudingen verkocht. Bij gemengde bundeling (vaak ook 'multi-productkortingen' genoemd) zijn de producten ook apart verkrijgbaar, maar is de som van de prijzen voor de afzonderlijke producten hoger dan de prijs voor het gebundelde product

49. Koppelverkoop en bundeling zijn gebruikelijke praktijken om afnemers op een kosteneffectievere wijze betere producten of een beter aanbod te leveren. Toch kan een onderneming met een machtspositie op één of meer productmarkt of productmarkten met koppelverkoop of bundeling ('de koppelende markt' genoemd) de gebruikers door koppelverkoop of bundeling schade berokkenen door de markt af te schermen voor de andere producten waaraan het product is gekoppeld of waarmee het is gebundeld ('de gekoppelde markt' genoemd), en zo, indirect ook, de koppelende markt.

50. De Commissie neemt in de regel maatregelen op grond van artikel 82 wanneer een onderneming een machtspositie heeft op de koppelende markt [34] en wanneer daarnaast aan de volgende voorwaarden is voldaan:
i) de koppelende en gekoppelde producten zijn verschillende producten, en
ii) de koppelverkoop moet tot concurrentieverstorende afscherming dreigen te leiden [35].

---

(32) Zie in die zin zaak T-203/01, Michelin t. Commissie (Michelin II), Jurispr. 2003, blz. II-4071, de punten 56–60, 74 en 75.

(33) 'Technische koppelverkoop' doet zich bijvoorbeeld voor wanneer het koppelende product op zodanige wijze is ontworpen dat het uitsluitend tezamen met het gekoppelde product goed kan functioneren (en niet met de door concurrenten aangeboden alternatieve producten). 'Contractuele koppelverkoop' houdt in dat de klant zich bij de aankoop van het koppelende product ertoe verbindt ook het gekoppelde product af te nemen (en niet de alternatieve producten van de concurrenten).

(34) De onderneming moet een machtspositie hebben op de koppelende markt, maar niet noodzakelijkerwijs op de gekoppelde markt. In het geval van bundeling moet de onderneming een machtspositie hebben op een van de gebundelde markten. In het specifieke geval van koppelverkoop op *aftermarkets* is de voorwaarde dat de onderneming een machtspositie heeft op de koppelende markt en/of de gekoppelde *after-market*.

(35) Zaak T-201/04, Microsoft t. Commissie, Jurispr. 2007, blz. II-3601, met name de punten 842, 859–862, 867 en 869.

a) Afzonderlijke producten

51. Of de producten door de Commissie als afzonderlijke producten worden beschouwd, is afhankelijk van de vraag van afnemers. Twee producten zijn afzonderlijke producten indien, zonder koppelverkoop of bundeling, een substantieel aantal afnemers het koppelende product bij dezelfde aanbieder zouden afnemen of hadden afgenomen zonder ook het gekoppelde product af te nemen en daardoor afzonderlijke productie voor zowel het koppelende als het gekoppelde product mogelijk maken [36]. Het bewijsmateriaal dat twee producten afzonderlijke producten zijn, kan onder meer rechtstreeks bewijs zijn dat afnemers, wanneer zij de keuze krijgen, de koppelende en de gekoppelde producten apart betrekken bij verschillende leveringsbronnen, dan wel indirect bewijs zoals het bestaan op de markt van ondernemingen die zijn gespecialiseerd in de productie of de verkoop van het gekoppelde product zonder het koppelende product [37] of van elk van de door de onderneming met een machtspositie gebundelde product, of bewijsmateriaal waaruit blijkt dat ondernemingen met geringe marktmacht, met name op concurrerende markten, dergelijke producten doorgaans niet koppelen of bundelen.

b) Concurrentieverstorende afscherming op de gekoppelde en/of de koppelende markt

52. Koppelverkoop of bundeling kan resulteren in concurrentieverstorende effecten op de gekoppelde markt, op de koppelende markt, of op beide markten terzelfder tijd. Niettemin is het zo dat, zelfs wanneer de doelstelling van de koppelverkoop of het bundelen erin bestaat de positie van de onderneming met een machtspositie op de koppelende markt te beschermen, zulks indirect gebeurt door middel van afscherming van de gekoppelde markt. De Commissie is van oordeel dat, naast de reeds in punt 20 genoemde factoren, de volgende factoren over het algemeen van bijzonder belang zijn om gevallen te identificeren waarin concurrentieverstorende afscherming te verwachten is of daadwerkelijk plaatsvindt.

53. Het risico van concurrentieverstorende afscherming is naar verwachting groter wanneer de onderneming met een machtspositie van haar koppelverkoop- of bundelingsstrategie een duurzame strategie maakt, bijvoorbeeld door technische koppeling, die alleen tegen een hoge kostprijs kan worden teruggedraaid. Technische koppeling beperkt ook de kansen voor wederverkoop van afzonderlijke onderdelen.

54. In het geval van bundeling kan de onderneming een machtspositie hebben voor meer dan één van de producten in de bundel. Hoe groter het aantal dergelijke producten in de bundel is, des te groter is het risico op concurrentieverstorende afscherming. Dit geldt met name wanneer de bundel moeilijk te dupliceren is voor een concurrent, hetzij alleen, hetzij in combinatie met anderen.

55. De koppelverkoop kan resulteren in minder concurrentie voor afnemers die belangstelling hebben voor de afname van het gekoppelde product, doch niet het koppelende product. Wanneer concurrenten van de onderneming met een machtspositie onvoldoende afnemers vinden die alleen het gekoppelde product willen afnemen, om op de gekoppelde markt stand te kunnen houden, kan koppelverkoop ertoe leiden dat deze afnemers met hogere prijzen te maken krijgen.

56. Wanneer het koppelende en het gekoppelde product in uiteenlopende mate kunnen worden gebruikt als inbreng voor een productieproces, kunnen de afnemers op een prijsverhoging voor het koppelende product reageren door hun vraag naar het gekoppelde

---

(36) Zaak T-201/04, Microsoft t. Commissie, *Jurispr.* 2007, blz. II-3601, de punten 917, 921 en 922.
(37) Zaak T-30/89, Hilti t. Commissie, *Jurispr.* 1991, blz. II-1439, punt 67.

product op te drijven, terwijl zij hun vraag naar het koppelende product verminderen. Door de beide producten te koppelen, kan de onderneming met een machtspositie deze substitutie proberen te vermijden en kan zij als gevolg daarvan in staat zijn haar prijzen te verhogen.

57. Wanneer er regulering is van de prijzen die de onderneming met een machtspositie op de koppelende markt kan berekenen, kan koppelverkoop de onderneming met een machtspositie ook in staat stellen de prijzen op de gekoppelde markt te verhogen ten einde het door de regulering op de koppelende markt veroorzaakte verlies aan inkomsten te compenseren.

58. Wanneer het gekoppelde product een belangrijk complementair product is voor de afnemers van het koppelende product, kan een beperking van het aantal alternatieve aanbieders van het gekoppelde product, en dus een beperkte beschikbaarheid van dit product, de toetreding tot uitsluitend de koppelende markt moeilijker maken.

c) Multi-productkortingen

59. Een multi-productkorting kan concurrentieverstorend zijn op de gekoppelde of de koppelende markt wanneer deze zo groot is dat even efficiënte concurrenten die alleen bepaalde componenten aanbieden, niet kunnen concurreren tegen de bundel met korting.

60. In theorie zou de ideale situatie erin bestaan dat het effect van de korting kan worden beoordeeld door na te gaan of de marginale inkomsten de marginale kosten voor elk product in de bundel van de onderneming met een machtspositie dekken. In de praktijk is het beoordelen van de marginale inkomsten evenwel complex. Daarom gebruikt de Commissie bij haar handhavingspraktijk in de meeste situaties de marginale prijs als een goede alternatieve maatstaf. Wanneer de marginale prijs die afnemers voor elk van de producten in de bundel van de onderneming met een machtspositie betalen, boven de LRAIC van de onderneming met een machtspositie blijft, daaronder begrepen dit product in de bundel, treedt de Commissie in de regel niet op, omdat een even efficiënte concurrent met slechts één product in beginsel in staat is om winstgevend tegen de bundel te concurreren. Handhavingsmaatregelen zijn echter gewenst indien de marginale prijs lager ligt dan de LRAIC, omdat in een dergelijk geval een even efficiënte concurrent misschien belet wordt zich uit te breiden of de markt te betreden [38].

61. Indien uit de bewijzen blijkt dat concurrenten van de onderneming met een machtspositie identieke bundels verkopen, of dat snel zouden kunnen doen zonder te worden afgeschrikt door mogelijke extra kosten, beschouwt de Commissie dit over het algemeen als een bundel die tegen een andere bundel concurreert. In dat geval is de relevante vraag niet of de marginale inkomsten de marginale kosten voor elk product uit de bundel dekken, maar wel of de prijs van de bundel als geheel een roofprijs is.

d) Efficiëntieverbeteringen

62. Op voorwaarde dat aan de in punt III D vermelde voorwaarden is voldaan, zal de Commissie argumenten onderzoeken van ondernemingen met een machtspositie dat hun koppelverkoop- en bundelingspraktijken op het punt van productie of distributie besparingen opleveren die afnemers ten goede zouden komen. De Commissie kan ook onderzoeken of dit soort praktijken de transactiekosten doet dalen voor afnemers, die anders verplicht zouden zijn de onderdelen afzonderlijk in te kopen, en aanbieders

---

[38] In beginsel is de LRAIC hier als kostencriterium relevant, zolang concurrenten niet in staat zijn ook bundels te verkopen (zie de punten 23 tot 27 en punt 61).

substantiële besparingen oplevert op het punt van verpakkings- en distributiekosten. Voorts kan zij nagaan of, door het combineren van twee onafhankelijke producten tot één nieuw product, de mogelijkheden kunnen worden versterkt om dergelijk product op de markt te brengen — in het voordeel van de gebruikers. Ook kan de Commissie nagaan of praktijken inzake koppelverkoop en bundeling de aanbieder in staat stellen de efficiëntieverbeteringen door te geven die ontstaan door de productie of inkoop van grote hoeveelheden van het gekoppelde product.

C. Roofprijzen

63. Overeenkomstig haar handhavingsprioriteiten treedt de Commissie over het algemeen op wanneer er bewijzen zijn waaruit blijkt dat een onderneming met een machtspositie roofprijzen hanteert door op de korte termijn bewust verlies te lijden of winst te derven (hierna 'offer' genoemd), om op die wijze de markt af te schermen voor een of meer van haar daadwerkelijke of potentiële concurrenten, met als doel haar marktmacht te versterken of te handhaven en zodoende de gebruikers schade te berokkenen [39].

a) Offer

64. De Commissie beschouwt gedragingen als gedragingen die een offer inhouden, indien de onderneming met een machtspositie, door voor het geheel of een bepaald deel van haar productie in de betrokken periode een lagere prijs te berekenen of door haar productie in de betrokken periode uit te breiden, verliezen heeft geleden of lijdt die hadden kunnen worden vermeden. De Commissie hanteert de AAC als het passende uitgangspunt voor de beoordeling van de vraag of de onderneming met een machtspositie vermijdbare verliezen lijdt of heeft geleden. Wanneer een onderneming met een machtspositie voor het geheel of een deel van haar productie prijzen berekent die onder de AAC liggen, verdient zij niet de kosten terug die hadden kunnen worden vermeden door die productie niet te produceren: zij lijdt een verlies dat had kunnen worden vermeden [40]. Prijszetting onder de AAC wordt dus in de meeste gevallen door de Commissie beschouwd als een duidelijke aanwijzing dat er een offer is [41].

---

(39) De Commissie kan ook optreden ten aanzien van roofprijspraktijken van ondernemingen met een machtspositie op secundaire markten, waar deze nog geen machtspositie hebben. Met name zal de kans groter zijn dat de Commissie tot de bevinding komt dat van een dergelijk misbruik sprake is in de sectoren waar activiteiten door een wettelijk monopolie worden beschermd. Ofschoon de onderneming met een machtspositie geen roofprijzen hoeft te hanteren om haar machtspositie te beschermen op de door een wettelijk monopolie beschermde markt, kan zij de op de monopoliemarkt behaalde winsten gebruiken voor kruissubsidiëring van haar activiteiten op een andere markt en daarmee de daadwerkelijke mededinging op die andere markt dreigen uit te schakelen.

(40) In de meeste gevallen zijn de gemiddelde variabele kosten (GVK) en de AAC gelijk, omdat vaak alleen variabele kosten kunnen worden vermeden. In omstandigheden echter waarin de GVK en de AAC verschillen, geven die laatste betere weer wat het eventuele offer is. Wanneer de onderneming met een machtspositie bijvoorbeeld haar capaciteit moest uitbreiden om in staat te zijn roofprijzen toe te passen, moeten de verzonken kosten van deze extra capaciteit mee in aanmerking worden genomen wanneer de verliezen van de onderneming met een machtspositie worden bezien. Deze kosten zouden tot uiting komen in de AAC, niet in de GVK.

(41) In zaak C-62/68, AKZO Chemie t. Commissie, *Jurispr.* 1991, blz. I-3359, punt 71 verklaarde het Hof van Justitie ten aanzien van prijzen die beneden de gemiddelde variabele kosten (GVK) liggen: *'Een onderneming met een machtspositie heeft er namelijk slechts belang bij dergelijke prijzen te hanteren, indien zij haar concurrenten wil uitschakelen om vervolgens haar prijzen te kunnen verhogen door te profiteren van haar monopolistische positie, omdat elke verkoop voor haar verlies oplevert […].'.*

65. Toch gaat het bij het begrip 'offer' niet alleen om een prijszetting onder de AAC [(42)]. Om het bewijs te leveren voor een strategie van roofprijzen, kan de Commissie ook onderzoeken, of het beweerde roofprijsgedrag op de korte termijn heeft geleid tot nettoinkomsten die lager liggen dan bij een redelijk, alternatief gedrag had kunnen worden verwacht, dat wil zeggen of de onderneming met een machtspositie een verlies heeft geleden dat zij had kunnen vermijden [(43)]. De Commissie maakt geen vergelijking tussen het daadwerkelijke gedrag en hypothetische of theoretische alternatieven die misschien winstgevender waren geweest. Alleen economisch verantwoorde en haalbare alternatieven worden onderzocht, waarvan, rekening houdend met de marktomstandigheden en de zakelijke realiteit waarmee de onderneming met een machtspositie wordt geconfronteerd, het realistisch is te verwachten dat deze winstgevender zijn.

66. In sommige gevallen is het mogelijk te steunen op direct bewijsmateriaal in de vorm van documenten van de onderneming met een machtspositie waaruit duidelijk een strategie van roofprijzen blijkt [(44)], zoals een gedetailleerd plan om offers te brengen ten einde een concurrent uit te sluiten, toetreding te beletten of preventief in te grijpen tegen het opkomen van een markt, of om bewijsmateriaal van concrete dreigingen met roofprijspraktijken [(45)].

b) Concurrentieverstorende afscherming

67. Wanneer voldoende betrouwbare gegevens beschikbaar zijn, past de Commissie het criterium van de even efficiënte concurrent toe, zoals dat in de punten 25 tot 27 is beschreven, om na te gaan of de gedraging de gebruikers kan schaden. Normaal kan alleen prijszetting onder de LRAIC de markt afschermen voor even efficiënte concurrenten.

68. De Commissie zal, naast de reeds in punt 20 genoemde factoren, over het algemeen ook onderzoeken, of en hoe de verdachte gedraging de kans dat concurrenten concurreren, dreigt te verminderen. Wanneer bijvoorbeeld de onderneming met een machtspositie beter geïnformeerd is over de kosten of andere marktomstandigheden, of marktsignalen over winstgevendheid kan verstoren, kan zij roofprijzen toepassen om de verwachtingen van kandidaat-toetreders te beïnvloeden en hen daardoor van markttoetreding af te schrikken. Indien de gedraging en de ervan verwachte effecten op meer markten en/of gedurende opeenvolgende perioden van mogelijke toetreding voelbaar zijn, kan worden aangetoond dat de onderneming met een machtspositie een

---

(42) Indien de raming van de kosten is gebaseerd op de directe productiekosten (zoals uit de boekhouding van de onderneming blijkt), brengt die misschien niet duidelijk in beeld of er al dan niet een offer wordt opgebracht.

(43) Toch moeten ondernemingen niet worden bestraft omdat achteraf blijkt dat zij verliezen hebben geleden, wanneer het vooraf genomen besluit om een bepaalde gedragslijn te volgen, te goeder trouw werd genomen – wanneer zij dus op overtuigende wijze kunnen aantonen dat zij redelijkerwijs konden verwachten dat de activiteit winstgevend zou zijn.

(44) Zie zaak T-83/91, Tetra Pak International t. Commissie (Tetra Pak II), *Jurispr.* 1994, blz. II-755, de punten 151 en 171, en zaak T-340/03, France Télécom t. Commissie, *Jurispr.* 2007, blz. II-107, de punten 198 tot 215.

(45) In het arrest-AKZO (zaak 62/86, AKZO Chemie t. Commissie, *Jurispr.* 1991, blz. I-3359) accepteerde het Hof dat er duidelijke bewijzen waren dat AKZO op twee bijeenkomsten ECS had bedreigd met prijzen onder de kostprijs indien deze zich niet uit de markt voor organische peroxiden zou terugtrekken. Bovendien was er een gedetailleerd plan met berekeningen, waarin de maatregelen beschreven stonden die AKZO ten uitvoer zou leggen, indien ECS zich niet uit de markt zou terugtrekken (zie de punten 76-82, 115 en 131-140 van het arrest).

reputatie van roofprijsgedrag probeert op te bouwen. Wanneer de beoogde concurrent van externe financiering afhankelijk is, zouden substantiële prijsverlagingen of andere vormen van roofprijsgedrag van de onderneming met een machtspositie de prestaties van de concurrent ongunstig kunnen beïnvloeden, zodat diens toegang tot verdere financiering ernstig in gevaaar (red.: lees: gevaar) komt.

69. De Commissie is van oordeel dat niet behoeft te worden aangetoond, dat concurrenten de markt hebben verlaten, om te bewijzen dat er concurrentieverstorende afscherming heeft plaatsgevonden. Het is namelijk niet uit te sluiten dat de onderneming met een machtspositie mogelijk de voorkeur eraan geeft de concurrent te beletten scherp te concurreren en hem te dwingen de prijszetting van de onderneming met een machtspositie te volgen, in plaats van hem volledig van de markt te verdrijven. Met een dergelijke disciplinaire maatregel worden de risico's vermeden die inherent zijn aan het uitschakelen van concurrenten, met name het risico dat de activa van de concurrent tegen een lage prijs worden verkocht en op de markt blijven, zodat aldus een lage kosten nieuwkomer gaat ontstaan.

70. In het algemeen mag worden aangenomen, dat de gebruikers schade zullen lijden wanneer de onderneming met een machtspositie redelijkerwijs kan verwachten dat haar marktmacht, wanneer er een einde komt aan het roofprijsgedrag, groter zal zijn dan het geval was geweest wanneer de onderneming in de eerste plaats dat gedrag niet had aangenomen, d.w.z. wanneer de onderneming waarschijnlijk in een positie is van het offer te profiteren.

71. Dit betekent niet dat de Commissie alleen optreedt indien de onderneming met een machtspositie haar prijzen waarschijnlijk zal kunnen verhogen boven het peil dat op de markt bestond voordat de gedraging plaatsvond. Het is bijvoorbeeld voldoende dat de gedraging waarschijnlijk een prijsval die anders had plaatsgevonden, zou voorkomen of vertragen. Het vaststellen van de schade voor de gebruikers is geen mechanische winst- en verliesberekening, en er is geen bewijs vereist voor winsten in hun geheel genomen. De voor de gebruikers te verwachten schade kan worden aangetoond door een beoordeling uit te voeren van het te verwachten afschermingseffect van de gedraging, waarbij tegelijk ook rekening wordt gehouden met andere factoren zoals toetredingsdrempels [46]. Binnen die context onderzoekt de Commissie ook de mogelijkheden voor hernieuwde toetreding.

72. Het kan voor de onderneming met een machtspositie eenvoudiger worden roofprijsgedrag aan de dag te leggen indien zij zich selectief richt op specifieke afnemers met lage prijzen, omdat daardoor de verliezen die de onderneming met een machtspositie lijdt, beperkt zullen blijven.

---

(46) Dit werd bevestigd in de zaak T-83/91, Tetra Pak International t. Commissie (Tetra Pak II), *Jurispr.* 1994, blz. II-755, in beroep bevestigd in zaak C-333/94 P, Tetra Pak International t. Commissie, *Jurispr.* 1996, blz. I-5951, waar het Gerecht verklaarde (punt 150 in fine) dat niet meer specifiek behoeft te worden aangetoond dat de opgelopen verliezen worden goedgemaakt. Meer algemeen kunnen, daar het hanteren van roofprijzen moeilijker kan blijken dan bij deze gedraging aanvankelijk werd gedacht, de totale kosten van de onderneming met een machtspositie die roofprijzen hanteert, opwegen tegen haar latere winst en het zodoende onmogelijk maken deze daadwerkelijk terug te verdienen, terwijl het misschien toch nog rationeel is om te besluiten door te gaan met de strategie van roofprijzen die de onderneming een tijd voordien had ingeleid. Zie ook zaak COMP/38.233 Wanadoo Interactive, beschikking van de Commissie van 16 juli 2003, de overwegingen 332 tot 367.

73. Het valt echter minder te verwachten dat de onderneming met een machtspositie roofprijsgedrag aanneemt indien het gedrag betrekking heeft op een lage prijs die over het algemeen over een lange tijdsperiode wordt gehanteerd.

c) Efficiëntieverbeteringen

74. Over het algemeen wordt het weinig waarschijnlijk geacht, dat roofprijzen efficientieverbeteringen zullen opleveren. Op voorwaarde evenwel dat aan de in punt III D vermelde voorwaarden is voldaan, zal de Commissie argumenten onderzoeken van ondernemingen met een machtspositie dat deze dankzij een beleid met lage prijzen schaal- of efficiëntievoordelen kunnen behalen met betrekking tot de groei van de markt.

D. Weigering tot levering en marginsqueeze

75. Bij het bepalen van haar handhavingsprioriteiten neemt de Commissie als uitgangspunt dat, algemeen genomen, iedere onderneming, ongeacht of zij een machtspositie heeft, het recht moet hebben haar handelspartners te kiezen en vrij over haar eigendom moet kunnen beschikken. Daarom is de Commissie van oordeel dat de mogelijkheid op te treden op grond van het mededingingsrecht, zorgvuldig moet worden onderzocht ingeval de toepassing van artikel 82 erin kan resulteren dat de onderneming met een machtspositie een leveringsverplichting krijgt opgelegd [47]. Het bestaan van een dergelijke verplichting, zelfs tegen een billijke vergoeding, kan immers de prikkels voor de onderneming om te investeren en te innoveren aantasten en daardoor mogelijk de gebruikers schaden. Het feit dat ondernemingen met een machtspositie, of ondernemingen die voorzien dat zij een machtspositie zullen krijgen, weten dat zij mogelijk verplicht zullen zijn tegen hun zin te leveren, kan hen ertoe brengen, in de betrokken activiteit niet of minder te investeren. Ook kunnen concurrenten in de verleiding komen mee te liften op investeringen die de onderneming met een machtspositie heeft uitgevoerd, in plaats van zelf te investeren. Geen van deze gevolgen zou op de lange termijn in het belang van de gebruikers zijn.

76. In het algemeen rijzen mededingingsproblemen wanneer de onderneming met een machtspositie op de stroomafwaartse markt concurreert met de afnemer aan wie hij weigert te leveren. Het begrip 'stroomafwaartse markt' wordt gebruikt voor de markt waarvoor de geweigerde input nodig is om een product te vervaardigen of een dienst te leveren. Dit gedeelte ziet alleen op dit soort weigeringen.

77. Andere vormen van mogelijk onrechtmatige weigering tot levering (waarbij de levering afhankelijk wordt gesteld van het feit dat de afnemer instemt met restricties voor zijn gedrag) komen in dit deel niet aan bod. De gevallen waarin bijvoorbeeld leveringen worden gestaakt om afnemers te straffen, omdat zij met concurrenten hebben gehandeld of waarbij wordt geweigerd te leveren aan afnemers die niet instemmen met regelingen inzake koppelverkoop, worden door de Commissie onderzocht overeenkomstig de beginselen die zijn uiteengezet in de delen over exclusief-verkeersregelingen en over koppelverkoop en bundeling.

---

(47) Gevoegde zaken C-241/91 P en C-242/91, Radio Telefis Eireann (RTE) en Independent Television Publications (ITP) v Commission (Magill), *Jurispr.* 1995, blz. I-743, punt 50; zaak C-418/01, IMS Health t. NDC Health, *Jurispr.* 2004, blz. I-5039, punt 35, en zaak T-201/04, Microsoft t. Commissie, *Jurispr.* 2007, blz. II-3601, de punten 319, 330, 331, 332 en 336.

Evenmin worden in dit deel weigeringen tot levering behandeld die ertoe strekken de afnemer te beletten zich met parallelhandel bezig te houden [48] of zijn wederverkoopprijs te verlagen.

78. Het begrip 'weigering tot levering' bestrijkt een breed scala praktijken, zoals de weigering producten aan bestaande of nieuwe afnemers te leveren [49], de weigering een licentie voor intellectuele-eigendomsrechten te verlenen [50], daaronder begrepen wanneer die nodig is om interface-informatie te leveren [51], of de weigering toegang te verlenen tot een essentiële faciliteit of tot een netwerk [52].

79. De Commissie acht het niet noodzakelijk, dat het geweigerde product al is verhandeld. Het is voldoende dat er vraag is van potentiële afnemers en dat voor de betrokken input een potentiële markt kan worden onderscheiden [53]. Evenmin is het noodzakelijk dat er een daadwerkelijke weigering is van een onderneming met een machtspositie; een 'constructieve weigering' is voldoende. Constructieve weigering kan bijvoorbeeld de vorm aannemen van het nodeloos vertragen of anderszins aantasten van de kwaliteit van de levering van het product, of kan het opleggen van onredelijke voorwaarden in ruil voor de levering inhouden.

80. Ten slotte kan een onderneming met een machtspositie, in plaats van te weigeren te leveren, voor het product op de stroomopwaartse markt een prijs berekenen die, ten opzichte van de prijs die zij op de stroomafwaartse markt berekent [54], een even efficiënte concurrent niet in staat stelt om op duurzame basis winstgevend te handelen op de stroomafwaartse markt (een zogenoemde marginsqueeze). In gevallen van marginsqueeze is het criterium waarop de Commissie zich doorgaans zal baseren om de kosten van een even efficiënte concurrent vast te stellen, de LRAIC van het stroomafwaartse bedrijfsonderdeel van de geïntegreerde onderneming met een machtspositie [55].

81. De Commissie beschouwt dergelijke praktijken als een handhavingsprioriteit indien alle volgende omstandigheden aanwezig zijn:

---

(48) Zie het arrest van 16 september 2008, gevoegde zaken C-468/06 tot C-478/06, Sot. Lélos kai Sia e.a. t. GlaxoSmithKline (nog bekendgemaakt in de *Jurispr.*).
(49) Gevoegde zaken 6/73 en 7/73, Istituto Chemioterapico Italiano en Commercial Solvents t. Commissie, *Jurispr.* 1974, blz. 223.
(50) Gevoegde zaken C-241/91 P en C-242/91, Radio Telefis Eireann (RTE) en Independent Television Publications (ITP) t. Commissie (Magill), *Jurispr.* 1995, blz. 743, en zaak C-418/01, IMS Health t. NDC Health, *Jurispr.* 2004, blz. I-5039. Deze arresten laten zien dat in uitzonderlijke omstandigheden een weigering intellectuele-eigendomsrechten te licentiëren onrechtmatig is.
(51) Zaak T-201/04, Microsoft t. Commissie, *Jurispr.* 2007, blz. II-3601.
(52) Zie beschikking 94/19/EG van de Commissie van 21 december 1993, zaak IV/34.689, Sea Containers t. Stena Sealink — Voorlopige maatregelen (*PB* L 15 van 18.1.1994, blz. 8), en Beschikking 92/213/EEG van de Commissie van 26 februari 1992 in zaak IV/3 3.544, British Midland t. Aer Lingus (*PB* L 96 van 10.4.1992, blz. 34).
(53) Zaak C-418/01, IMS Health t. NDC Health, *Jurispr.* 2004, blz. I-5039, punt 44.
(54) Daaronder begrepen een situatie waarbij een geïntegreerde onderneming die een 'systeem' van complementaire producten verkoopt, weigert een van de complementaire producten op ongebundelde basis te verkopen aan een concurrent die het andere complementaire product produceert.
(55) In bepaalde gevallen kan de LRAIC van een niet-geïntegreerde stroomafwaartse concurrent als criterium worden gebruikt, bijvoorbeeld wanneer het niet mogelijk is de kosten van de onderneming met een machtspositie duidelijk aan stroomafwaartse en stroomopwaartse activiteiten toe te rekenen.

- de weigering betreft een product dat of een dienst die objectief onmisbaar is om daadwerkelijk op een stroomafwaartse markt te kunnen concurreren;
- de weigering resulteert waarschijnlijk in de uitschakeling van een daadwerkelijke mededinging op de stroomafwaartse markt; en
- de weigering leidt waarschijnlijk tot schade voor de gebruikers.

82. In bepaalde specifieke gevallen kan het duidelijk zijn dat het opleggen van een leveringsverplichting overduidelijk vooraf noch achteraf enige negatieve effecten kan hebben op de input van de eigenaar en/of de prikkels voor andere spelers om stroomopwaarts te investeren en te innoveren. De Commissie is van mening dat het bijzonder waarschijnlijk is dat dit het geval zijn wanneer met het Gemeenschapsrecht verenigbare regelgeving de onderneming met een machtspositie al een leveringsverplichting oplegt, en het op grond van de overwegingen die aan die regelgeving ten grondslag liggen, duidelijk is dat de noodzakelijke afweging van prikkels al is gemaakt door de overheidsinstantie die een dergelijke leveringsverplichting oplegt. Dit kan ook het geval zijn wanneer de positie van de onderneming met een machtspositie op de stroomopwaartse markt zich heeft ontwikkeld onder de bescherming van bijzondere of uitsluitende rechten dan wel uit staatsmiddelen is gefinancierd. In dergelijke specifieke gevallen is er voor de Commissie geen reden van haar algemene handhavingsnorm af te wijken dat zij waarschijnlijke concurrentieverstorende afscherming kan aantonen zonder dat behoeft te worden onderzocht of alle drie in punt 81 genoemde omstandigheden aanwezig zijn.

a) Objectieve noodzaak van de input

83. De Commissie zal bij haar onderzoek van de vraag of een weigering tot levering haar prioritaire aandacht verdient, nagaan of de levering van de geweigerde input voor de marktpartijen objectief onmisbaar is om daadwerkelijk op de markt te kunnen concurreren. Een en ander betekent niet dat zonder de geweigerde input geen concurrent ooit de stroomafwaartse markt zou kunnen betreden of daarop zou kunnen overleven [56]. Een input is veeleer onmisbaar is wanneer er geen daadwerkelijk of potentieel substitutieproduct is waarvan de concurrenten op de stoomafwaarste markt zouden kunnen gebruikmaken om, althans op de lange termijn, de negatieve gevolgen van de weigering tegen te gaan [57]. In dat verband voert de Commissie normaal een beoordeling uit van de vraag, of concurrenten de door de onderneming met een machtspositie geproduceerde input in de voorzienbare toekomst daadwerkelijk kunnen dupliceren [58]. Het begrip 'dupliceren' betekent het creëren van een alternatieve bron voor efficiënte levering waarmee

---

(56) Zaak T-201/04, Microsoft t. Commissie, *Jurispr.* 2007, blz. II-3601, de punten 428 en 560-563.
(57) Gevoegde zaken C-241/91 P en C-242/91, Radio Telefis Eireann (RTE) en Independent Television Publications (ITP) t. Commission (Magill), *Jurispr.* 1995, blz. 743, de punten 52 en 53; zaak 7/97, Oscar Bronner t. Mediaprint Zeitungs- und Zeitschriftenverlag, Mediaprint Zeitungsvertriebsgesellschaft en Mediaprint Anzeigengesellschaft, *Jurispr.* 1998, blz. I-7791, de punten 44 en 45, en zaak T-201/04, Microsoft t. Commissie, *Jurispr.* 2007, blz. II-3601, punt 421.
(58) Over het algemeen valt te verwachten dat een input onmogelijk te dupliceren is wanneer het gaat om een natuurlijk monopolie als gevolg van schaal- of toepassingsvoordelen, wanneer er sterke netwerkeffecten zijn of wanneer het gaat om zogenaamde *single source*-informatie. In alle gevallen dient echter rekening te worden gehouden met het dynamische karakter van de bedrijfstak, en met name de vraag of markmacht al dan niet snel kan verdwijnen.

concurrenten op de stroomafwaartse markt concurrentiedruk op de onderneming met een machtspositie kunnen uitoefenen [59].

84. De in punt 81 uiteengezette criteria gelden zowel voor gevallen waarin vroegere levering wordt onderbroken als voor weigeringen tot levering van een goed dat of een dienst die de onderneming met een machtspositie voordien niet aan anderen heeft geleverd (nieuwe weigeringen tot levering). Toch is het waarschijnlijker dat wordt vastgesteld dat de staking van een bestaande leveringsregeling onrechtmatig is, dan dat zulks bij een nieuwe weigering tot levering het geval is. Wanneer bijvoorbeeld de onderneming met een machtspositie voordien aan de verzoekende onderneming heeft geleverd, en deze laatste relatiegebonden investeringen heeft uitgevoerd om de nadien geweigerde input te gebruiken, is de kans groter dat de Commissie de betrokken input als onmisbaar zal beschouwen. Evenzo is het feit dat de eigenaar van de essentiële input het in het verleden in zijn belang achtte te leveren, een indicatie dat de levering van de input geen risico inhoudt dat de eigenaar ervan geen passende vergoeding voor de oorspronkelijke investering ontvangt. Daarom zou het aan de onderneming met een machtspositie staan om aan te tonen waarom de omstandigheden eigenlijk zodanig zijn veranderd dat de voortzetting van haar bestaande leveranciersrelatie haar passende vergoeding in gevaar zou brengen.

b) Uitschakeling van een daadwerkelijke mededinging

85. Indien aan de in de punten 83 en 84 uiteengezette vereisten is voldaan, is de Commissie van oordeel dat een weigering van een onderneming met een machtspositie om een onmisbare input te leveren, doorgaans de daadwerkelijke mededinging op de stroomafwaartse markt, onmiddellijk of na verloop van tijd, dreigt uit te schakelen. Het risico dat een daadwerkelijke mededinging wordt uitgeschakeld is over het algemeen groter naarmate het marktaandeel van de onderneming met een machtspositie op de stroomafwaartse markt groter is, naarmate de onderneming met een machtspositie ten aanzien van haar concurrenten op de stroomafwaartse markt minder capaciteitsbeperkingen ondervindt, naarmate de substitueerbaarheid tussen de afzet van de onderneming met een machtspositie en die van haar concurrenten op de stroomafwaartse markt groter is, naarmate het aantal getroffen concurrenten op de stroomafwaartse markt groter is, en naarmate de kans groter is dat de vraag waaraan kan worden voldaan door de concurrenten die zich afgeschermd zien, van hen kan worden afgeleid in het voordeel van de onderneming met een machtspositie.

c) Schade voor de gebruikers

86. De Commissie gaat, bij haar onderzoek van de gevolgen die van een weigering tot levering voor de welvaart van de gebruikers te verwachten zijn, na of voor de gebruikers de na verloop van tijd te verwachten negatieve gevolgen van de weigering tot levering op de betrokken markt opwegen tegen de negatieve gevolgen van het opleggen van een verplichting tot levering. Is dat het geval, dan zet de Commissie de zaak normaal door.

87. De Commissie is van mening, dat gebruikers bijvoorbeeld schade kunnen lijden wanneer aan de concurrenten die zich door de onderneming met een machtspositie van de markt zien afgeschermd, als gevolg van die weigering, wordt belet innoverende goederen of diensten op de markt te brengen of wanneer follow-on innovatie dreigt te worden

---

[59] Zaak 7/97, Oscar Bronner t. Mediaprint Zeitungs- und Zeitschriftenverlag, Mediaprint Zeitungsvertriebsgesellschaft en Mediaprint Anzeigengesellschaft, *Jurispr.* 1998, blz. I-7791, punt 46, en zaak C-418/01, IMS Health t. NDC Health, *Jurispr.* 2004, blz. I-5039, punt 29.

afgeremd [60]. Dit kan met name het geval zijn wanneer de onderneming die om levering verzoekt, niet voornemens is zich in hoofdzaak te beperken tot het dupliceren van de goederen of diensten die de onderneming met een machtspositie al op de stroomafwaartse markt aanbiedt, maar voornemens is nieuwe of betere goederen of diensten te produceren waarvoor er vraagpotentieel is bij de gebruikers of die waarschijnlijk aan de technische ontwikkeling zullen bijdragen [61].

88. Voorts is de Commissie van oordeel dat een weigering tot levering tot schade voor de gebruiker kan leiden wanneer de prijs op de stroomopwaartse inputmarkt is gereguleerd, wanneer de prijs op de stroomafwaartse markt niet is gereguleerd en de onderneming met een machtspositie, doordat zij concurrenten op de stroomafwaartse markt door middel van een weigering tot levering uitsluit, meer winst kan halen uit de niet-gereguleerde stroomafwaartse markt dan anders het geval was geweest.

d) Efficiëntieverbeteringen

89. De Commissie onderzoekt argumenten van ondernemingen met een machtspositie dat een weigering tot levering noodzakelijk is om de onderneming met een machtspositie in staat te stellen een passend rendement te behalen op de investeringen die nodig zijn om haar inputactiviteiten uit te bouwen, en zodoende de prikkels te genereren om in de toekomst te blijven investeren, waarbij de risico's van mislukte projecten in rekening worden genomen. Voorts onderzoekt de Commissie argumenten van ondernemingen met een machtspositie dat haar eigen innovatie te lijden krijgt van de leveringsverplichting, of van de structurele wijzigingen in de marktomstandigheden die door het opleggen van dergelijke verplichting zullen worden veroorzaakt, daaronder begrepen de ontwikkeling van follow-on innovatie door concurrenten.

90. Bij haar onderzoek van die argumenten zal de Commissie evenwel er op toezien dat de in punt III D uiteengezette voorwaarden in acht worden genomen. Met name staat het aan de onderneming met een machtspositie om de negatieve gevolgen die een leveringsverplichting op de omvang van haar eigen innovatie dreigt te hebben, aan te tonen [62] en, indien een onderneming met een machtspositie voordien de betrokken input heeft geleverd, kan een en ander relevant zijn voor de beoordeling van argumenten dat de weigering tot levering gerechtvaardigd is om efficiëntieredenen.

---

(60) Zaak T-201/04, Microsoft t. Commissie, *Jurispr.* 2007, blz. II-3601, de punten 643, 647, 648, 649, 652, 653 en 656.

(61) Zaak C-418/01, IMS Health t. NDC Health, *Jurispr.* 2004, blz. I-5039, punt 49, en zaak T-201/04, Microsoft t. Commissie, *Jurispr.* 2007, blz. II-3601, punt 658.

(62) Zaak T-201/04, Microsoft t. Commissie, *Jurispr.* 2007, blz. &II-3601, punt 659.

Nederland

Mededeling richtsnoeren toepassing artikel 6, lid 3, Mededingingswet

Circulaire van 22 februari 2005, Stcrt. 2005, 47, zoals laatstelijk gewijzigd op 26 maart 2013, Stcrt. 2013, 8686 (i.w.tr. 01-04-2013)

De Autoriteit Consument en Markt maakt hierbij bekend, dat voor de toepassing van artikel 6, derde lid, van de Mededingingswet wordt aangesloten bij de Mededeling van de Commissie van de Europese Gemeenschappen 'Richtsnoeren betreffende de toepassing van artikel 81, lid 3, van het Verdrag' (*PbEG* 2004, C 101/78 (*red.*: lees: C 101/08) van 27.4.2004). [1]

Deze mededeling wordt gepubliceerd in de *Staatscourant* en wordt toegepast met ingang van de tweede dag na de dagtekening van de *Staatscourant* waarin zij wordt geplaatst.

---

[1] Deze richtsnoeren van de Commissie zijn elektronisch te raadplegen op http://europa.eu.int/ eurlex/ pri/nl/oj/dat/2004/c_101/c_10120040427nl007800 80.pdf

Nederland

Mededeling richtsnoeren toepassing artikel 6, lid 3, Mededingingswet

Circulaire van 22 februari 2005, Stcrt. 2005, 47, zoals laatstelijk gewijzigd op 26 maart 2013, Stcrt. 2013, 8686 (i.w.tr. 01-04-2013)

De Autoriteit Consument en Markt maakt hierbij bekend, dat voor de toepassing van artikel 6, derde lid, van de Mededingingswet wordt aangesloten bij de Mededeling van de Commissie van de Europese Gemeenschappen 'Richtsnoeren betreffende de toepassing van artikel 81, lid 3, van het Verdrag' (*PbEG* 2004, C 101/78 (*red.*: lees: C 101/08) van 27.4.2004). [1]

Deze mededeling wordt gepubliceerd in de *Staatscourant* en wordt toegepast met ingang van de tweede dag na de dagtekening van de *Staatscourant* waarin zij wordt geplaatst.

---

(1) Deze richtsnoeren van de Commissie zijn elektronisch te raadplegen op http://europa.eu.int/ eurlex/ pri/nl/oj/dat/2004/c_101/c_10120040427nl007800 80.pdf

Beleidsregel mededinging en duurzaamheid 2016

Beleidsregel van 30 september 2016, houdende beleidsregels inzake de toepassing door de Autoriteit Consument en Markt van artikel 6, derde lid, van de Mededingingswet bij mededingingsbeperkende afspraken die zijn gemaakt ten behoeve van duurzaamheid, Stcrt. 2016, 52945 (i.w.tr. 06-10-2016)

De Minister van Economische Zaken;
Gelet op artikel 21, eerste lid, van de Kaderwet zelfstandige bestuursorganen en artikel 5 van de Mededingingswet;
Besluit:

Artikel 1
In deze beleidsregel wordt onder afspraken verstaan: overeenkomsten tussen ondernemingen, besluiten van ondernemersverenigingen en onderling afgestemde feitelijke gedragingen van ondernemingen.
[30-09-2016, Stcrt. 52945, i.w.tr. 06-10-2016/regelingnummer WJZ/16145098]

Artikel 2
Bij de toepassing van artikel 6, derde lid, van de Mededingingswet op mededingingsbeperkende afspraken die zijn gemaakt ten behoeve van duurzaamheid betrekt de Autoriteit Consument en Markt bij de beoordeling of aan de voorwaarden wordt voldaan de volgende voor duurzaamheid specifieke aspecten:
a. bij de voorwaarde dat de afspraken dienen bij te dragen tot verbetering van de productie of van de distributie of tot bevordering van de technische of economische vooruitgang, worden tevens de voordelen die zich op langere termijn zullen voordoen meegewogen, wordt gekeken naar de voordelen voor de samenleving als geheel en wordt gekeken naar de voordelen van alle onderdelen van de afspraken die onlosmakelijk met elkaar samenhangen;
b. bij de voorwaarde dat de uit de verbetering van de productie of van de distributie of uit de bevordering van de technische of economische vooruitgang voortvloeiende voordelen voor een billijk aandeel de gebruikers ten goede komen, worden tevens de kwantitatieve of kwalitatieve voordelen voor de gebruikers die zich op langere termijn zullen voordoen meegewogen;
c. bij de voorwaarde dat de afspraken geen beperkingen opleggen die voor het realiseren van de duurzaamheidsdoelstellingen niet onmisbaar zijn, wordt in voorkomend geval rekening gehouden met het gegeven dat wanneer een onderneming zelfstandig acties verricht ten behoeve van duurzaamheid, de onderneming wegens stijgende productiekosten marktaandeel kan verliezen en de winst kan zien dalen, wat de onderneming de prikkel kan ontnemen om duurzaamheidsinitiatieven te nemen;

d. bij de voorwaarde dat afspraken niet de mogelijkheid geven voor een wezenlijk deel van de betrokken goederen en diensten de mededinging uit te schakelen, wordt de mogelijkheid van voldoende concurrentie op andere concurrentieparameters van het product of de dienst dan het duurzaamheidselement meegewogen.

[30-09-2016, Stcrt. 52945, i.w.tr. 06-10-2016/regelingnummer WJZ/16145098]

Artikel 3
De Beleidsregel mededinging en duurzaamheid wordt ingetrokken.
[30-09-2016, Stcrt. 52945, i.w.tr. 06-10-2016/regelingnummer WJZ/16145098]

Artikel 4
Deze beleidsregel treedt in werking met ingang van de dag na de datum van uitgifte van de *Staatscourant* waarin hij wordt geplaatst.
[30-09-2016, Stcrt. 52945, i.w.tr. 06-10-2016/regelingnummer WJZ/16145098]

Artikel 5
Deze beleidsregel wordt aangehaald als: Beleidsregel mededinging en duurzaamheid 2016.
[30-09-2016, Stcrt. 52945, i.w.tr. 06-10-2016/regelingnummer WJZ/16145098]

Beleidsregel prioritering van handhavingsonderzoeken door de Autoriteit Consument en Markt

Beleidsregel van 18 maart 2016, Stcrt. 2016, 14564 (i.w.tr. 18-03-2016)

Inleiding

De ACM houdt toezicht op de naleving van een groot aantal wetten op het gebied van consumentenbescherming, energie, mededinging, post, telecommunicatie en vervoer. De ACM beschikt bij de uitvoering van deze taak over ruimte om te kiezen welke handhavingsonderzoeken wanneer worden opgestart. De ACM ontvangt meer verzoeken om handhaving en signalen over mogelijke overtredingen dan zij gelet op haar onderzoekscapaciteit in onderzoek kan nemen. Daarom moet de ACM prioriteiten stellen. Dit doet de ACM op basis van haar prioriteringsbeleid. Dit beleid vormt een houvast op basis waarvan prioriteiten worden aangebracht in de keuze van handhavingsonderzoeken. Het prioriteringsbeleid maakt inzichtelijk waarom de ACM in het ene geval wel en in het andere geval geen handhavingsonderzoek uitvoert.

Verzoek om handhaving of signaal

Zowel een verzoek om handhaving als een signaal kan aanleiding zijn een handhavingsonderzoek te starten. Onder een verzoek om handhaving verstaat de ACM in dit verband een aanvraag tot handhavend optreden. Indien geen sprake is van een aanvraag tot handhavend optreden, dan spreekt de ACM over een signaal. Als de ACM een verzoek om handhaving ontvangt, gaat zij allereerst na of het verzoek inderdaad moet worden aangemerkt als een aanvraag tot handhavend optreden in de zin van de Algemene wet bestuursrecht (Awb). Hiervoor is ten eerste bepalend of de indiener van het verzoek belanghebbende is in de zin van artikel 1:2 van de Awb. Ten tweede moet het verzoek voldoen aan de eisen die de artikelen 4:1 tot en met 4:6 van de Awb aan een aanvraag stellen. Zo moet de indiener de gegevens en bescheiden verschaffen die voor de beoordeling van zijn aanvraag nodig zijn en waarover hij of zij redelijkerwijs de beschikking kan krijgen. De ACM beoordeelt vervolgens op basis van het prioriteringsbeleid of aan het onderzoek naar het verzoek prioriteit moet worden gegeven, gezien de beschikbare onderzoekscapaciteit. Bij die beoordeling houdt de ACM tevens rekening met het betrokken individuele belang van de indiener van het verzoek.

Onder een signaal verstaat de ACM in dit verband alle tips en meldingen die niet als een aanvraag tot handhavend optreden zijn aan te merken. Een signaal kan ertoe leiden dat de ACM ambtshalve een handhavingsonderzoek start. Die beoordeling vindt ook plaats aan de hand van het prioriteringsbeleid.

Beleidsregel prioritering van handhavingsonderzoeken door de ACM

Afbakening

Het prioriteringsbeleid van de ACM gaat alleen over de vraag of de ACM een volledig handhavingsonderzoek zal starten. Het gaat niet over de vraag op welke wijze de ACM handhavend zal optreden indien het onderzoek uitwijst dat er vermoedelijk sprake is van een overtreding. Het prioriteringsbeleid moet dan ook worden onderscheiden van het beleid dat de ACM hanteert bij de keuze van haar instrumenten.

Prioriteringscriteria

In haar prioriteringsbeleid hanteert de ACM drie criteria op basis waarvan zij verzoeken om handhaving of signalen over mogelijke overtredingen beoordeelt: hoe schadelijk is het gedrag waarop het verzoek of het signaal ziet voor de consumentenwelvaart, hoe groot is het maatschappelijk belang bij het optreden van de ACM en in hoeverre is de ACM in staat doeltreffend en doelmatig op te treden. ACM beziet en weegt de scores op deze criteria in samenhang af. Aan de hand van de drie criteria bepaalt de ACM aan welke verzoeken om handhaving of signalen zij prioriteit geeft. Die mogelijke overtredingen worden diepgaand onderzocht. Toepassing van de criteria laat onverlet dat op een later moment eerder minder prioritair geachte onderzoeken alsnog opgestart kunnen worden.

Initieel inventariserend onderzoek

Consumentenwelvaart

Voordat een volledig handhavingsonderzoek wordt gestart, voert de ACM eerst een initieel inventariserend onderzoek uit. Bij dit onderzoek vraagt de ACM zich op basis van de aangeleverde aanwijzingen af of, en zo ja hoezeer, de mogelijke overtreding schadelijk is voor de consumentenwelvaart op korte en langere termijn. Die schadelijkheid is niet beperkt tot puur financiële schade voor consumenten en directe afnemers. Schade is immers een ruimer begrip. De ACM kijkt in het kader van haar prioriteringsbeleid ook naar potentiële schade en maatschappelijke schade die door een eventueel optreden voorkomen of beperkt kan worden. Die schadelijkheid is evenmin beperkt tot directe schade. De ACM kijkt naar marktverstoringen. Voor schadelijkheid is niet alleen het (directe) effect op de prijzen van belang, maar ook het effect op de kwaliteit en de variëteit van het aanbod of de innovatie en de uitstraling die een handhavingstraject kan hebben naar andere partijen en/of andere markten. Daartoe wordt op basis van de aangeleverde aanwijzingen vooraf bekeken wat handhavend optreden door de ACM in potentie direct of indirect kan opleveren in termen van welvaartwinst voor consumenten op korte en op lange termijn.

Maatschappelijk belang

Om zicht te krijgen op de relevantie voor de maatschappij van het optreden, gaat de ACM bij het initieel inventariserend onderzoek ook na welke publieke belangen de wetgever als zodanig heeft aangewezen. Goed werkende markten, een optimale regulering van wettelijke dan wel natuurlijke monopolies en consumentenbescherming zijn publieke belangen waarvan de wetgever heeft bepaald dat die moeten worden behartigd. Die belangen spelen een rol bij de overweging om wel of niet een volledig handhavingsonderzoek te starten. Ook bekijkt de ACM of de mogelijke overtreding binnen één van de thema's uit de ACM-Agenda valt. Het prioriteringsbeleid leidt er overigens niet toe dat een mogelijke overtreding die buiten een thema valt, zonder meer terzijde wordt gelegd.

Doeltreffendheid en doelmatigheid
Tot slot hecht de ACM eraan dat haar optreden doeltreffend en doelmatig is. Bij doeltreffendheid gaat het om de inschatting of met de inzet van een geschikt handhavingsinstrument op korte termijn een gewenste situatie kan worden bereikt of in voldoende mate benaderd. Bij doelmatigheid gaat het om een kosten-batenanalyse: of de uitvoering van het handhavingsonderzoek mogelijk is met de beschikbare menskracht en de toegekende financiële middelen. Gelet op het grote aantal wetten waarvan de naleving aan het toezicht van de ACM is onderworpen, zal de ACM bovendien trachten volledige handhavingsonderzoeken evenwichtig te verdelen over de gebieden. Bij die verdeling houdt de ACM rekening met het aantal verzoeken om handhaving en signalen per gebied.

Toepassing
Het prioriteringsbeleid is geen optelsom. Een verzoek om handhaving of signaal hoeft niet "hoog" te scoren op alle criteria voordat een handhavingsonderzoek zal worden opgestart. Vaak zal er aanleiding zijn om volledig handhavingsonderzoek uit te voeren wanneer er een hoge score is op meer dan één criterium. Aan de andere kant, op basis van een lage(re) score bij één criterium, kan de ACM reeds concluderen dat een volledig handhavingsonderzoek (op dat moment) niet is aangewezen.

I.B Procedureel

EU

Verordening (EG) nr. 1/2003 betreffende de uitvoering van de mededingingsregels van de artikelen 81 en 82 van het Verdrag

(Voor de EER relevante tekst)

Verordening van de Raad van 16 december 2002 betreffende de uitvoering van de mededingingsregels van de artikelen 81 en 82 van het Verdrag, PbEG 2003, L 1, zoals laatstelijk gewijzigd op 25 september 2006, PbEU 2006, L 269 (i.w.tr. 18-10-2006)

DE RAAD VAN DE EUROPESE UNIE,
Gelet op het Verdrag tot oprichting van de Europese Gemeenschap, en met name op artikel 83,
Gezien het voorstel van de Commissie [1],
Gezien het advies van het Europees Parlement [2],
Gezien het advies van het Europees Economisch en Sociaal Comité [3],
Overwegende hetgeen volgt:
(1) Teneinde een regeling tot stand te brengen waardoor wordt verzekerd dat de mededinging binnen de interne markt niet wordt vervalst, dient voor een doeltreffende en eenvormige toepassing van de artikelen 81 en 82 van het Verdrag in de gehele Gemeenschap te worden gezorgd. Verordening nr. 17 van de Raad van 6 februari 1962, eerste verordening over de toepassing van de artikelen 81 en 82 [4] van het Verdrag [5], heeft het mogelijk gemaakt een communautair beleid op het gebied van het mededingingsrecht te ontwikkelen dat tot de verspreiding van een mededingingscultuur in de Gemeenschap heeft bijgedragen. Thans dient deze verordening echter in het licht van de opgedane ervaring te worden vervangen, teneinde te voorzien in bepalingen die aan de uitdagingen van de geïntegreerde markt en de komende uitbreiding van de Gemeenschap zijn aangepast.
(2) Met name dient opnieuw te worden nagedacht over de wijze waarop de in artikel 81, lid 3, van het Verdrag vervatte uitzondering op het verbod van mededingingbeperkende overeenkomsten werkt. Hierbij moet volgens artikel 83, lid 2, onder *b*),

---
(1) *PB* C 365 E van 19.12.2000, blz. 284.
(2) *PB* C 72 E van 21.3.2002, blz. 305.
(3) *PB* C 155 van 29.5.2001, blz. 73.
(4) De titel van Verordening 17 werd aangepast om rekening te houden met de hernummering van de artikelen van het EG-Verdrag overeenkomstig artikel 12 van het Verdrag van Amsterdam; oorspronkelijk verwees die titel naar de artikelen 85 en 86 van het EG-Verdrag.
(5) *PB* 13 van 21.2.1962, blz. 204/62. Verordening laatstelijk gewijzigd bij Verordening (EG) nr. 1216/1999 (*PB* L 148 van 15.6.1999, blz. 5).

van het Verdrag de noodzaak in acht worden genomen enerzijds een doeltreffend toezicht te verzekeren en anderzijds de administratieve controle zo veel mogelijk te vereenvoudigen.
(3) Het bij Verordening nr. 17 ingevoerde gecentraliseerde stelsel biedt niet langer een garantie voor een evenwicht tussen deze twee doelstellingen. Enerzijds belemmert het de toepassing van de communautaire mededingingsregels door de rechterlijke instanties en de mededingingsautoriteiten van de lidstaten en behelst het een aanmeldingsregeling die de Commissie belet zich bij voorrang op de bestraffing van de zwaarste inbreuken toe te leggen. Anderzijds brengt het voor de ondernemingen hoge kosten mee.
(4) Dit stelsel dient bijgevolg te worden vervangen door een stelsel van wettelijke uitzondering, waarin de mededingingsautoriteiten en de rechterlijke instanties van de lidstaten bevoegd zijn niet alleen artikel 81, lid 1, en artikel 82 van het Verdrag, die volgens de rechtspraak van het Hof van Justitie van de Europese Gemeenschappen rechtstreekse werking hebben, maar ook artikel 81, lid 3, van het Verdrag toe te passen.
(5) Met het oog op een daadwerkelijke handhaving van de communautaire mededingingsregels onder eerbiediging van de fundamentele rechten van de verdediging, moet deze verordening regels bevatten inzake de bewijslast op grond van de artikelen 81 en 82 van het Verdrag. Het bewijs van inbreuk op de artikelen 81, lid 1, en 82 van het Verdrag moet rechtens genoegzaam worden geleverd door de partij of de autoriteit die de inbreuk aanvoert. De onderneming of ondernemersvereniging die verweer voert tegen een bewezen inbreuk moet rechtens genoegzaam het bewijs leveren dat aan de voorwaarden is voldaan om dat verweer te laten gelden. Deze verordening doet geen afbreuk aan de nationale voorschriften inzake de bewijsstandaard of aan de plicht van de mededingingsautoriteiten en de rechterlijke instanties van de lidstaten de relevante feiten van een zaak vast te stellen mits dergelijke voorschriften en plichten verenigbaar zijn met algemene beginselen van het Gemeenschapsrecht.
(6) Ter verzekering van een doeltreffende toepassing van de communautaire mededingingsregels dienen de nationale mededingingsautoriteiten nauwer bij die toepassing te worden betrokken. Te dien einde moeten zij over de bevoegdheid beschikken het Gemeenschapsrecht toe te passen.
(7) De nationale rechterlijke instanties vervullen bij de toepassing van de communautaire mededingingsregels een wezenlijke taak. Zij beschermen de uit het Gemeenschapsrecht voortvloeiende subjectieve rechten door geschillen tussen particulieren te beslechten, met name door aan de slachtoffers van inbreuken schadevergoeding toe te kennen. De rol van de nationale rechterlijke instanties is dienaangaande complementair aan die van de mededingingsautoriteiten van de lidstaten. Het is bijgevolg noodzakelijk hun de bevoegdheid toe te kennen de artikelen 81 en 82 van het Verdrag ten volle toe te passen.
(8) Teneinde de daadwerkelijke handhaving van de mededingingsregels van de Gemeenschap en de goede werking van de in deze verordening opgenomen samenwerkingsmechanismen te waarborgen, moeten de mededingingsautoriteiten en de rechterlijke instanties van de lidstaten ertoe verplicht worden ook de artikelen 81 en 82 van het Verdrag toe te passen wanneer ze het nationale mededingingsrecht toepassen op overeenkomsten en praktijken welke de handel tussen lidstaten kun-

nen beïnvloeden. Om te zorgen voor gelijke spelregels in het kader van overeenkomsten, besluiten van ondernemersverenigingen en onderling afgestemde feitelijke gedragingen binnen de interne markt, moet op grond van artikel 83, lid 2, onder e), van het Verdrag tevens de verhouding tussen de nationale wetgeving en het mededingingsrecht van de Gemeenschap bepaald worden. Daartoe moet worden bepaald dat de toepassing van nationale mededingingswetten op overeenkomsten, besluiten of onderling afgestemde feitelijke gedragingen in de zin van artikel 81, lid 1, van het Verdrag niet mag leiden tot het verbieden van dergelijke overeenkomsten, besluiten en onderling afgestemde feitelijke gedragingen indien ze niet ook uit hoofde van het mededingingsrecht van de Gemeenschap verboden zijn. De begrippen overeenkomsten, besluiten en onderling afgestemde feitelijke gedragingen zijn autonome concepten uit het mededingingsrecht van de Gemeenschap die van toepassing zijn op gecoördineerd gedrag van ondernemingen op de markt volgens de uitleg van de communautaire rechterlijke instanties. Lidstaten mogen uit hoofde van de onderhavige verordening niet worden belet om op hun grondgebied strengere nationale mededingingswetten aan te nemen en toe te passen die eenzijdige gedragingen van ondernemingen verbieden of bestraffen. Die strengere nationale wetten kunnen bepalingen omvatten die misbruik van economisch afhankelijke ondernemingen verbieden of bestraffen. Voorts is deze verordening niet van toepassing op nationale wetten die strafrechtelijke sancties opleggen aan natuurlijke personen, behalve indien deze sancties het middel vormen waarmee op ondernemingen toepasselijke mededingingsregels worden toegepast.

(9) Het doel van de artikelen 81 en 82 van het Verdrag is de bescherming van de mededinging op de markt. Deze verordening, die wordt aangenomen om aan die bepalingen van het Verdrag uitvoering te geven, belet de lidstaten niet om op hun grondgebied nationale wetgeving ten uitvoer te leggen ter bescherming van andere rechtmatige belangen, op voorwaarde dat deze wetgeving verenigbaar is met algemene beginselen en andere bepalingen van het Gemeenschapsrecht. In zoverre deze nationale wetgeving overwegend een ander doel dan de bescherming van de mededinging op de markt nastreeft, mogen de bevoegde mededingingsautoriteiten en de rechterlijke instanties van de lidstaten deze wetgeving op hun grondgebied toepassen. Dienovereenkomstig mogen lidstaten uit hoofde van deze verordening op hun grondgebied nationale wetgeving ten uitvoer leggen die eenzijdige of contractuele, onder oneerlijke handelspraktijken vallende handelingen verbiedt of bestraft. Een dergelijke wetgeving streeft een specifiek doel na, ongeacht de feitelijke of vermoedelijke effecten van dergelijke handelingen op de mededinging op de markt. Dit is met name het geval voor wetgeving die verbiedt dat ondernemingen hun handelspartners ongerechtvaardigde, onevenredige of ongegronde voorwaarden opleggen, van hen verkrijgen of proberen te verkrijgen.

(10) Verordeningen van de Raad zoals nr. 19/65/EEG [6], (EEG) nr. 2821/71 [7], (EEG) nr. 3976/87 [8], (EEG) nr. 1534/91 [9] of (EEG) nr. 479/92 [10] verlenen de Commissie bevoegdheid om artikel 81, lid 3, van het Verdrag bij verordening toe te passen op bepaalde categorieën overeenkomsten, besluiten van ondernemersverenigingen en onderling afgestemde feitelijke gedragingen. Op de door dergelijke verordeningen gedefinieerde gebieden heeft de Commissie zogenoemde groepsvrijstellingsverordeningen vastgesteld waarbij zij artikel 81, lid 1, van het Verdrag niet van toepassing verklaart op categorieën van overeenkomsten, besluiten en onderlinge afgestemde feitelijke gedragingen en kan zij deze blijven vaststellen. Wanneer overeenkomsten, besluiten en onderling afgestemde feitelijke gedragingen waarop deze verordeningen van toepassing zijn desondanks gevolgen hebben die onverenigbaar zijn met artikel 81, lid 3, van het Verdrag, moeten de Commissie en de mededingingsautoriteiten van de lidstaten over de bevoegdheid beschikken om in een specifiek geval het voordeel van de groepsvrijstellingsverordening in te trekken.

---

[6] Verordening nr. 19/65/EEG van de Raad van 2 maart 1965 betreffende de toepassingen van artikel 81, lid 3 (De titels van deze verordningen (*red.*: lees: verordeningen) zijn aangepast om rekening te houden met de hernummering van de artikelen van het EG-Verdrag, overeenkomstig artikel 12 van het Verdrag van Amsterdam. Oorspronkelijk verwerzen (*red.*: lees: verwezen) deze titels naar artikel 85, lid 3, van het EG-Verdrag.), van het Verdrag op groepen van overeenkomsten en onderling afgestemde feitelijke gedragingen (*PB* 36 van 6.3.1965, blz. 533/65). Verordening laatstelijk gewijzigd bij Verordening (EG) nr. 1215/1999 (*PB* L 148 van 15.6.1999, blz. 1).
[7] Verordening (EEG) nr. 2821/71 van de Raad van 20 december 1971 betreffende de toepassing van artikel 81, lid 3 (De titels van deze verordningen (*red.*: lees: verordeningen) zijn aangepast om rekening te houden met de hernummering van de artikelen van het EG-Verdrag, overeenkomstig artikel 12 van het Verdrag van Amsterdam. Oorspronkelijk verwerzen (*red.*: lees: verwezen) deze titels naar artikel 85, lid 3, van het EG-Verdrag.), van het Verdrag op groepen van overeenkomsten, besluiten en onderling afgestemde feitelijke gedragingen (*PB* L 285 van 29.12.1971, blz. 46). Verordening laatstelijk gewijzigd bij de Akte van Toetreding van 1994.
[8] Verordening (EEG) nr. 3976/87 van de Raad van 14 december 1987 betreffende de toepassing van artikel 81, lid 3 (De titels van deze verordningen (*red.*: lees: verordeningen) zijn aangepast om rekening te houden met de hernummering van de artikelen van het EG-Verdrag, overeenkomstig artikel 12 van het Verdrag van Amsterdam. Oorspronkelijk verwerzen (*red.*: lees: verwezen) deze titels naar artikel 85, lid 3, van het EG-Verdrag.), van het Verdrag op bepaalde groepen overeenkomsten en onderling afgestemde feitelijke gedragingen in de sector van het luchtvervoer (*PB* L 374 van 31.12.1987, blz. 9). Verordening laatstelijk gewijzigd bij de Akte van Toetreding van 1994.
[9] Verordening (EEG) nr. 1534/91 van de Raad van 31 mei 1991 betreffende de toepassing van artikel 81, lid 3 (De titels van deze verordningen (*red.*: lees: verordeningen) zijn aangepast om rekening te houden met de hernummering van de artikelen van het EG-Verdrag, overeenkomstig artikel 12 van het Verdrag van Amsterdam. Oorspronkelijk verwerzen (*red.*: lees: verwezen) deze titels naar artikel 85, lid 3, van het EG-Verdrag.), van het Verdrag op bepaalde groepen van overeenkomsten, besluiten en onderling afgestemde feitelijke gedragingen in de verzekeringssector (*PB* L 143 van 7.6.1991, blz. 1).
[10] Verordening (EEG) nr. 479/92 van de Raad van 25 februari 1992 betreffende de toepassing van artikel 81, lid 3 (De titels van deze verordningen (*red.*: lees: verordeningen) zijn aangepast om rekening te houden met de hernummering van de artikelen van het EG-Verdrag, overeenkomstig artikel 12 van het Verdrag van Amsterdam. Oorspronkelijk verwerzen (*red.*: lees: verwezen) deze titels naar artikel 85, lid 3, van het EG-Verdrag.), van het Verdrag op bepaalde groepen overeenkomsten, besluiten en onderling afgestemde feitelijke gedragingen tussen lijnvaartondernemingen (consortia) (*PB* L 55 van 29.2.1992, blz. 3). Verordening laatstelijk gewijzigd bij de Akte van Toetreding van 1994.

(11) Om voor de toepassing van de Verdragsbepalingen te zorgen, moet de Commissie beschikkingen tot ondernemingen en ondernemersverenigingen kunnen richten die ertoe strekken aan inbreuken op artikel 81 of artikel 82 van het Verdrag een einde te maken. Zodra een rechtmatig belang aanwezig is, moet zij ook een beschikking tot vaststelling van een inbreuk kunnen geven wanneer die inbreuk reeds beëindigd is, zelfs zonder een geldboete op te leggen. Voorts dient de bevoegdheid van de Commissie om beschikkingen houdende voorlopige maatregelen te geven, die door het Hof van Justitie is erkend, uitdrukkelijk in deze verordening te worden opgenomen.

(12) Deze verordening dient uitdrukkelijk te voorzien in de bevoegdheid van de Commissie om, rekening houdend met het evenredigheidsbeginsel, alle maatregelen ter correctie van gedragingen alsook structurele maatregelen te kunnen opleggen die noodzakelijk zijn om aan de inbreuk daadwerkelijk een einde te maken. Structurele maatregelen dienen alleen te worden opgelegd als er niet een even effectieve maatregel ter correctie van gedragingen bestaat of als een dergelijke maatregel voor de betrokken onderneming belastender zou zijn dan een structurele maatregel. Wijzigingen in de ondernemingsstructuur zoals die vóór het plegen van de inbreuk bestond, zouden slechts evenredig zijn indien een gerede kans bestaat op een voortdurende of herhaalde inbreuk die voortvloeit uit de structuur zelf van de onderneming.

(13) Wanneer de betrokken ondernemingen in de loop van een procedure die tot een verbodsbeschikking zou kunnen leiden, de Commissie toezeggingen doen om aan haar bezorgdheden tegemoet te komen, moet de Commissie bij beschikking die toezeggingen voor die ondernemingen een verbindend karakter kunnen verlenen. In toezeggingsbeschikkingen moet worden vastgesteld dat er niet langer gronden voor een optreden van de Commissie bestaan, zonder dat wordt geconcludeerd of er al dan niet een inbreuk is gepleegd of nog steeds wordt gepleegd. Toezeggingsbeschikkingen laten de bevoegdheid van de mededingingsautoriteiten en de rechterlijke instanties van de lidstaten om zo'n inbreuk al dan niet vast te stellen en een beslissing over de zaak te nemen, onverlet. Toezeggingsbeschikkingen zijn niet geschikt als de Commissie voornemens is een boete op te leggen.

(14) Het kan ook nuttig zijn dat de Commissie in uitzonderlijke gevallen, wanneer het algemeen belang van de Gemeenschap dat vereist, een beschikking van declaratoire aard geeft waarbij zij vaststelt dat het verbod van artikel 81 of dat van artikel 82 van het Verdrag niet van toepassing is, dit om de rechtsregels te verduidelijken en voor een samenhangende toepassing ervan in de Gemeenschap te zorgen, in het bijzonder ten aanzien van nieuwe soorten overeenkomsten of feitelijke gedragingen waarover in de bestaande jurisprudentie of bestuurspraktijk geen precedenten bestaan.

(15) De Commissie en de mededingingsautoriteiten van de lidstaten moeten tezamen een netwerk van overheidsinstanties vormen, die de communautaire mededingingsregels in nauwe samenwerking toepassen. Daartoe moeten kennisgevings- en raadplegingsmechanismen in het leven worden geroepen. Verdere modaliteiten voor samenwerking binnen het netwerk moeten worden vastgesteld en herzien door de Commissie, in nauwe samenwerking met de lidstaten.

(16) Niettegenstaande andersluidende nationale bepalingen moet de uitwisseling van, zelfs vertrouwelijke, gegevens en het gebruik van deze gegevens als bewijsmateriaal mogelijk worden gemaakt tussen de tot het netwerk behorende instanties. De gegevens kunnen worden gebruikt met het oog op de toepassing van de artikelen 81

en 82 van het Verdrag en, parallel daarmee, van het nationale mededingingsrecht, mits deze laatste toepassing op dezelfde zaak betrekking heeft en niet tot een verschillend resultaat leidt. Wanneer de uitgewisselde gegevens door de ontvangende autoriteit worden gebruikt om ondernemingen sancties op te leggen, mag er geen andere beperking op het gebruik van deze gegevens staan dan de verplichting ze te gebruiken voor het doel waarvoor ze werden verzameld, aangezien de aan de ondernemingen opgelegde sancties van dezelfde aard zijn in alle rechtssystemen. De rechten van de verdediging die de ondernemingen in de verschillende rechtssystemen genieten, kunnen als voldoende gelijkwaardig worden aangemerkt. Natuurlijke personen kunnen echter in de verschillende rechtssystemen wezenlijk van elkaar verschillende sancties krijgen. In dat geval moet ervoor gezorgd worden dat de gegevens enkel kunnen worden gebruikt indien ze zijn verzameld op een manier die voor de rechten van de verdediging van natuurlijke personen een zelfde mate van bescherming biedt als de nationale regelgeving van de ontvangende autoriteit.

(17) Zowel om een consequente toepassing van de mededingingsregels te waarborgen als om voor een optimale werking van het netwerk te zorgen, is het volstrekt noodzakelijk de regel te behouden dat een zaak automatisch onttrokken wordt aan de mededingingsautoriteiten van de lidstaten wanneer de Commissie een procedure inleidt. Indien een mededingingsautoriteit van een lidstaat een zaak reeds in behandeling heeft genomen en de Commissie voornemens is een procedure in te stellen, moet zij dit zo spoedig mogelijk doen. Alvorens een procedure in te stellen, dient de Commissie in overleg te treden met de betrokken autoriteit.

(18) Opdat de meest geschikte autoriteiten binnen het netwerk de zaken zouden behandelen, moet in een algemene bepaling worden vastgelegd dat een mededingingsautoriteit een procedure kan opschorten of afsluiten op grond van het feit dat een andere autoriteit dezelfde zaak behandelt of heeft behandeld, zodat elke zaak door slechts één autoriteit wordt behandeld. Deze bepaling mag niet afdoen aan de in de rechtspraak van het Hof van Justitie erkende mogelijkheid voor de Commissie een klacht wegens het ontbreken van belang voor de Gemeenschap af te wijzen, ook wanneer geen enkele andere mededingingsautoriteit het voornemen te kennen heeft gegeven de zaak in behandeling te nemen.

(19) De werking van het bij Verordening nr. 17 ingestelde Adviescomité voor mededingingsregelingen en economische machtsposities is zeer bevredigend gebleken. Het adviescomité past goed in het nieuwe stelsel van decentrale toepassing. Het is dus aangewezen de bepalingen van Verordening nr. 17 als uitgangspunt te nemen, met dien verstande evenwel dat de werkzaamheden van het adviescomité doelmatiger worden georganiseerd. Het is te dien einde nuttig te bepalen dat bij wege van een schriftelijke procedure advies kan worden uitgebracht. Bovendien moet het adviescomité kunnen dienen als forum waar de bij de mededingingsautoriteiten van de lidstaten lopende zaken worden besproken, hetgeen bijdraagt tot de instandhouding van een samenhangende toepassing van de communautaire mededingingsregels.

(20) Het adviescomité dient te bestaan uit vertegenwoordigers van de mededingingsautoriteiten van de lidstaten. Voor vergaderingen waarop algemene zaken worden besproken, moeten de lidstaten een extra vertegenwoordiger kunnen aanwijzen. Dit laat onverlet dat de leden van het comité zich kunnen laten bijstaan door andere deskundigen van de lidstaten.

(21) Een samenhangende toepassing van de mededingingsregels vereist ook een regeling van de samenwerking tussen de rechterlijke instanties van de lidstaten en de Commissie. Dit geldt voor alle rechterlijke instanties van de lidstaten die de artikelen 81 en 82 van het Verdrag toepassen, ongeacht of zij dit doen in rechtszaken tussen particulieren, als openbare handhavingsinstanties of als beroepsinstanties. Met name moeten de nationale rechterlijke instanties de mogelijkheid hebben zich tot de Commissie te wenden om inlichtingen of adviezen over de toepassing van het communautaire mededingingsrecht te verkrijgen. Anderzijds moeten de Commissie en de mededingingsautoriteiten van de lidstaten de bevoegdheid hebben schriftelijke of mondelinge opmerkingen voor de nationale rechterlijke instanties te maken, wanneer hun verzocht wordt artikel 81 of artikel 82 van het Verdrag toe te passen. Deze opmerkingen moeten worden ingediend binnen het kader van de nationale procedures en praktijken, waaronder die welke de rechten van de partijen vrijwaren. Te dien einde moet ervoor worden gezorgd dat de Commissie en de mededingingsautoriteiten van de lidstaten over voldoende gegevens inzake de voor de nationale rechterlijke instanties gevoerde procedures kunnen beschikken.

(22) Om in een stelsel van parallelle bevoegdheden de eerbiediging van het beginsel van rechtszekerheid en een eenvormige toepassing van de communautaire mededingingsregels te waarborgen, moeten tegenstrijdige uitspraken worden vermeden. Daarom moet, conform de rechtspraak van het Hof van Justitie, duidelijk worden gemaakt wat de gevolgen zijn van Commissiebesluiten en -procedures voor de rechterlijke instanties en mededingingsautoriteiten van de lidstaten. Toezeggingsbeschikkingen van de Commissie laten de bevoegdheid van de rechterlijke instanties en de mededingingsautoriteiten van de lidstaten onverlet om de artikelen 81 en 82 van het Verdrag toe te passen.

(23) De Commissie moet in de gehele Gemeenschap de bevoegdheid hebben om de inlichtingen te verlangen die noodzakelijk zijn om door artikel 81 van het Verdrag verboden overeenkomsten, besluiten en onderling afgestemde feitelijke gedragingen, alsook door artikel 82 van het Verdrag verboden misbruik van een machtspositie op het spoor te komen. Wanneer zij gevolg geven aan een beschikking van de Commissie kunnen ondernemingen niet worden gedwongen te erkennen dat zij een inbreuk hebben gepleegd, maar zij zijn er steeds toe gehouden vragen over feiten te beantwoorden en documenten te verstrekken, zelfs als die inlichtingen kunnen dienen om ten aanzien van hen of van een andere onderneming het bestaan van een inbreuk aan te tonen.

(24) De Commissie moet tevens de bevoegdheid hebben om de inspecties te verrichten die noodzakelijk zijn om door artikel 81 van het Verdrag verboden overeenkomsten, besluiten en onderling afgestemde feitelijke gedragingen, alsook door artikel 82 van het Verdrag verboden misbruik van een machtspositie op het spoor te komen. De mededingingsautoriteiten van de lidstaten moeten haar bij de uitoefening van deze bevoegdheid actief medewerking verlenen.

(25) Omdat het steeds moeilijker wordt inbreuken op de mededingingsregels te ontdekken, is het voor een doeltreffende bescherming van de mededinging noodzakelijk dat de onderzoeksbevoegdheden van de Commissie worden uitgebreid. De Commissie moet met name iedere persoon kunnen horen die mogelijkerwijs over nuttige informatie beschikt, en zijn verklaringen optekenen. Tijdens een inspectie moeten de gemachtigde functionarissen van de Commissie voor de duur die noodzakelijk

is voor de inspectie zegels kunnen aanbrengen. Normaliter zou de verzegeling niet langer dan 72 uur mogen duren. Voorts moeten door de Commissie gemachtigde functionarissen alle informatie kunnen verlangen die met het voorwerp en het doel van de inspectie verband houdt.

(26) Voorts heeft de ervaring geleerd dat zakelijke bescheiden soms in de woning van bestuurders en medewerkers van ondernemingen worden bewaard. Met het oog op de doeltreffendheid van de inspecties dient het de functionarissen en andere door de Commissie gemachtigde personen daarom te worden toegestaan alle ruimten waar zakelijke bescheiden mogelijk kunnen worden bewaard, met inbegrip van privé-woningen, te betreden. Voor de uitoefening van deze laatste bevoegdheid is evenwel machtiging door een rechterlijke instantie nodig.

(27) Onverminderd de rechtspraak van het Hof van Justitie, is het zinvol te bepalen hoever het toetsingsrecht van de nationale rechterlijke instantie reikt wanneer die overeenkomstig het nationale recht, eventueel bij wijze van voorzorgsmaatregel, de handhavingsinstanties laat optreden tegen een onderneming die zich zou verzetten of inspecties laat verrichten op andere dan bedrijfslocaties. Uit die rechtspraak vloeit voort dat de nationale rechterlijke instantie de Commissie met name om nadere informatie mag verzoeken die zij voor die toetsing nodig heeft, en dat zij die machtiging kan weigeren indien zij die informatie niet krijgt. De rechtspraak bevestigt ook de bevoegdheid van de nationale rechter om te toetsen of de nationale voorschriften inzake de uitvoering van dwangmaatregelen correct worden toegepast.

(28) Met het oog op een doeltreffender toepassing van de artikelen 81 en 82 van het Verdrag door de mededingingsautoriteiten van de lidstaten is het nuttig deze autoriteiten toe te staan elkaar bij te staan door middel van inspecties en andere onderzoeksmaatregelen.

(29) De naleving van de artikelen 81 en 82 van het Verdrag en de nakoming van de verplichtingen die op grond van deze verordening aan ondernemingen en ondernemersverenigingen worden opgelegd, moeten door middel van geldboeten en dwangsommen kunnen worden afgedwongen. Daartoe moeten ook voor inbreuken op de procedureregels geldboeten op een passend bedrag worden vastgesteld.

(30) Om te waarborgen dat de geldboeten die aan ondernemingsverenigingen voor door hen begane inbreuken zijn opgelegd, daadwerkelijk worden geïnd, moeten de voorwaarden worden vastgelegd waaronder de Commissie de leden van de vereniging tot betaling van de boete kan aanspreken indien de vereniging insolvent is. Daarbij dient de Commissie rekening te houden met de relatieve grootte van de tot de vereniging behorende ondernemingen en vooral met de situatie van kleine en middelgrote ondernemingen. Betaling van de boete door een of meer leden van een vereniging laat de nationale rechtsregels die voorzien in invordering van het betaalde bedrag bij andere leden van de vereniging, onverlet.

(31) De verjaring terzake van de oplegging van geldboeten en dwangsommen is geregeld in Verordening (EEG) nr. 2988/74 [11], die ook betrekking heeft op de sancties welke van toepassing zijn in de vervoerssector. In een stelsel van parallelle bevoegdheden moeten ook de door de mededingingsautoriteit van een lidstaat verrichte autonome

---

(11) Verordening (EEG) nr. 2988/74 van de Raad van 26 november 1974 inzake de verjaring van het recht van vervolging en van tenuitvoerlegging op het gebied van het vervoers- en het mededingingsrecht van de Europese Economische Gemeenschap (*PB* L 319 van 29.11.1974, blz. 1).

procedurehandelingen de verjaring kunnen stuiten. Bijgevolg is het ter verduidelijking van de toepasselijke regelgeving aangewezen, Verordening (EEG) nr. 2988/74 zodanig te wijzigen dat zij niet langer op het door de onderhavige verordening bestreken gebied van toepassing is, en in deze verordening bepalingen betreffende de verjaring op te nemen.

(32) Het recht van de betrokken ondernemingen om door de Commissie te worden gehoord, moet worden vastgelegd, derden wier belangen door een beschikking kunnen worden geraakt moeten in de gelegenheid worden gesteld voorafgaand opmerkingen te maken, en aan de gegeven beschikkingen moet ruime bekendheid worden gegeven. Het recht van verdediging van de betrokken ondernemingen, met name het recht van inzage van het dossier, moet worden gewaarborgd, zij het dat de bescherming van zakengeheimen van essentieel belang is. Voorts moet de vertrouwelijkheid van de binnen het netwerk uitgewisselde gegevens worden verzekerd.

(33) Daar alle Commissiebeschikkingen in de zin van deze verordening onder de in het Verdrag vastgestelde voorwaarden aan de rechtsmacht van het Hof van Justitie zijn onderworpen, dient in overeenstemming met artikel 229 van het Verdrag te worden bepaald dat het Hof terzake van beschikkingen waarbij de Commissie geldboeten of dwangsommen oplegt, volledige rechtsmacht bezit.

(34) De in de artikelen 81 en 82 van het Verdrag vervatte beginselen, als toegepast bij Verordening nr. 17, kennen de organen van de Gemeenschap een centrale plaats toe. Die centrale plaats dient te worden behouden, met dien verstande dat de lidstaten nauwer bij de toepassing van de communautaire mededingingsregels worden betrokken. Overeenkomstig het subsidiariteitsbeginsel en het evenredigheidsbeginsel, zoals neergelegd in artikel 5 van het Verdrag, gaat deze verordening niet verder dan nodig is om haar doelstelling te verwezenlijken, namelijk een doeltreffende toepassing van de communautaire mededingingsregels.

(35) Om een behoorlijke handhaving van het communautaire mededingingsrecht te realiseren, moeten de lidstaten autoriteiten aanwijzen en machtigen als openbare handhavingsinstanties voor de toepassing van de artikelen 81 en 82 van het Verdrag. Zij moeten de mogelijkheid hebben om zowel administratieve als gerechtelijke autoriteiten aan te wijzen voor de uitvoering van de diverse taken die krachtens deze verordening aan de mededingingsautoriteiten zijn opgedragen. Deze verordening erkent de grote verscheidenheid van de openbare handhavingsstelsels van de lidstaten. De gevolgen van artikel 11, lid 6, van deze verordening zouden van toepassing moeten zijn op alle mededingingsautoriteiten. Als uitzondering op deze algemene regel zou artikel 11, lid 6, van deze verordening onder de voorwaarden van artikel 35, lid 4, van deze verordening van toepassing moeten zijn op de vervolgende autoriteit, indien deze een zaak aanhangig maakt bij een aparte rechterlijke instantie. Wordt aan deze voorwaarden niet voldaan, dan dient de algemene regel te worden toegepast. In elk geval mag artikel 11, lid 6, van deze verordening niet worden toegepast ten aanzien van rechterlijke instanties die als beroepsinstantie optreden.

(36) Daar in de rechtspraak duidelijk is gesteld dat de mededingingsregels op de vervoerssector van toepassing zijn, moet deze sector aan de procedurebepalingen van deze verordening worden onderworpen. Verordening nr. 141 van de Raad van 26 november 1962 houdende niet-toepassing op de vervoerssector van Verordening nr. 17

van de Raad [12], moet derhalve worden ingetrokken en de Verordeningen (EEG) nr. 1017/68 [13], (EEG) nr. 4056/86 [14] en (EEG) nr. 3975/87 [15] dienen te worden gewijzigd, teneinde de daarin opgenomen specifieke procedurebepalingen te schrappen.
(37) Deze verordening eerbiedigt de grondrechten en is in overeenstemming met de beginselen die met name erkend zijn in het Handvest van de grondrechten van de Europese Unie. Derhalve dient zij te worden uitgelegd en toegepast in overeenstemming met deze rechten en beginselen.
(38) Rechtszekerheid voor ondernemingen die onder de mededingingsregels van de Gemeenschap werken, draagt bij tot meer innovatie en meer investeringen. In gevallen die aanleiding geven tot werkelijke onzekerheid omdat hierin nieuwe of onopgeloste vragen betreffende de toepassing van deze regels rijzen, is het mogelijk dat afzonderlijke ondernemingen de Commissie informeel om advies willen vragen. Deze verordening laat de mogelijkheid van de Commissie om zo'n informeel advies te verstrekken onverlet,

HEEFT DE VOLGENDE VERORDENING VASTGESTELD:

HOOFDSTUK I
De beginselen

Artikel 1
Toepassing van de artikelen 81 en 82 van het Verdrag

1. Overeenkomsten, besluiten en onderling afgestemde feitelijke gedragingen als bedoeld in artikel 81, lid 1, van het Verdrag die niet aan de voorwaarden van artikel 81, lid 3, van het Verdrag voldoen, zijn verboden, zonder dat hiertoe een voorafgaande beslissing vereist is.

2. Overeenkomsten, besluiten en onderling afgestemde feitelijke gedragingen als bedoeld in artikel 81, lid 1, van het Verdrag die aan de voorwaarden van artikel 81, lid 3, van het Verdrag voldoen, zijn niet verboden, zonder dat hiertoe een voorafgaande beslissing vereist is.

3. Het misbruik maken van een machtspositie als bedoeld in artikel 82 van het Verdrag is verboden, zonder dat hiertoe een voorafgaande beslissing vereist is.

[16-12-2002, PbEG L 1, i.w.tr. 24-01-2003/regelingnummer 1/2003]

---

(12) *PB* 124 van 28.11.1962, blz. 2751/62. Verordening gewijzigd bij Verordening nr. 1002/67/EEG (*PB* 306 van 16.12.1967, blz. 1).

(13) Verordening (EEG) nr. 1017/68 van de Raad van 19 juli 1968 houdende de toepassing van mededingingsregels op het gebied van het vervoer per spoor, over de weg en over de binnenwateren (*PB* L 175 van 23.7.1968, blz. 1). Verordening laatstelijk gewijzigd bij de Akte van Toetreding van 1994.

(14) Verordening (EEG) nr. 4056/86 van de Raad van 22 december 1986 tot vaststelling van de wijze van toepassing van de artikelen 81 en 82 (De titel van deze verordening is aangepast om rekening te houden met de hernummering van de artikelen van het EG-Verdrag, overeenkomstig artikel 12 van het Verdrag van Amsterdam. Oorspronkelijk verwees deze titel naar de artikelen 85 en 86 van het EG-Verdrag.) van het Verdrag op het zeevervoer (*PB* L 378 van 31.12.1986, blz. 4). Verordening laatstelijk gewijzigd bij de Akte van Toetreding van 1994.

(15) Verordening (EEG) nr. 3975/87 van de Raad van 14 december 1987 tot vaststelling van de wijze van toepassing van de mededingingsregels op ondernemingen in de sector luchtvervoer (*PB* L 374 van 31.12.1987, blz. 1). Verordening laatstelijk gewijzigd bij Verordening (EEG) nr. 2410/92 (*PB* L 240 van 24.8.1992, blz. 18).

Artikel 2
Bewijslast

In alle nationale of communautaire procedures tot toepassing van artikel 81 of artikel 82 van het Verdrag dient de partij of autoriteit die beweert dat een inbreuk op artikel 81, lid 1, of artikel 82 van het Verdrag is gepleegd, de bewijslast van die inbreuk te dragen. De onderneming of ondernemersvereniging die zich op artikel 81, lid 3, van het Verdrag beroept, dient daarentegen de bewijslast te dragen dat aan de voorwaarden van deze bepaling is voldaan.
[16-12-2002, PbEG L 1, i.w.tr. 24-01-2003/regelingnummer 1/2003]

Artikel 3
Verhouding tussen de artikelen 81 en 82 van het Verdrag en het nationale mededingingsrecht

1. Wanneer de mededingingsautoriteiten van de lidstaten of de nationale rechterlijke instanties nationaal mededingingsrecht toepassen op overeenkomsten, besluiten van ondernemersverenigingen of onderling afgestemde feitelijke gedragingen in de zin van artikel 81, lid 1, van het Verdrag welke de handel tussen de lidstaten in de zin van die bepaling kunnen beïnvloeden, passen zij tevens artikel 81 van het Verdrag toe op deze overeenkomsten, besluiten of onderling afgestemde feitelijke gedragingen. Wanneer de mededingingsautoriteiten van de lidstaten of de nationale rechterlijke instanties het nationale mededingingsrecht toepassen op door artikel 82 van het Verdrag verboden misbruiken, passen zij ook artikel 82 van het Verdrag toe.
2. De toepassing van nationaal mededingingsrecht mag niet leiden tot het verbieden van overeenkomsten, besluiten van ondernemersverenigingen of onderling afgestemde feitelijke gedragingen welke de handel tussen lidstaten kunnen beïnvloeden maar de mededinging in de zin van artikel 81, lid 1, van het Verdrag niet beperken, of aan de voorwaarden van artikel 81, lid 3, van het Verdrag voldoen of onder een verordening ter uitvoering van artikel 81, lid 3, van het Verdrag vallen. Lidstaten mag uit hoofde van de onderhavige verordening niet worden belet om op hun grondgebied strengere nationale wetten aan te nemen en toe te passen die eenzijdige gedragingen van ondernemingen verbieden of bestraffen.
3. Onverminderd algemene beginselen en andere bepalingen van het Gemeenschapsrecht, zijn de leden 1 en 2 niet van toepassing wanneer de mededingingsautoriteiten en de rechterlijke instanties van de lidstaten nationale wetten inzake de controle op fusies toepassen; zij beletten evenmin de toepassing van bepalingen van het nationale recht die overwegend een doelstelling nastreven die verschilt van de in de artikelen 81 en 82 van het Verdrag nagestreefde doelstellingen.
[16-12-2002, PbEG L 1, i.w.tr. 24-01-2003/regelingnummer 1/2003]

HOOFDSTUK II
Bevoegdheden

Artikel 4
Bevoegdheid van de Commissie

De Commissie beschikt met het oog op de toepassing van de artikelen 81 en 82 van het Verdrag over de bevoegdheden waarin deze verordening voorziet.
[16-12-2002, PbEG L 1, i.w.tr. 24-01-2003/regelingnummer 1/2003]

Artikel 5
Bevoegdheid van de mededingingsautoriteiten van de lidstaten

De mededingingsautoriteiten van de lidstaten zijn in individuele gevallen bevoegd tot toepassing van de artikelen 81 en 82 van het Verdrag. Zij kunnen te dien einde, ambtshalve of naar aanleiding van een klacht, de volgende besluiten nemen:
— de beëindiging van een inbreuk bevelen;
— voorlopige maatregelen opleggen;
— toezeggingen aanvaarden;
— geldboeten, dwangsommen of overeenkomstig hun nationaal recht andere sancties opleggen.

Wanneer op grond van de inlichtingen waarover zij beschikken niet aan de voorwaarden voor een verbod is voldaan, kunnen zij ook beslissen dat er voor hen geen reden bestaat om op te treden.
[16-12-2002, PbEG L 1, i.w.tr. 24-01-2003/regelingnummer 1/2003]

Artikel 6
Bevoegdheid van de nationale rechterlijke instanties

Nationale rechterlijke instanties zijn bevoegd de artikelen 81 en 82 van het Verdrag toe te passen.
[16-12-2002, PbEG L 1, i.w.tr. 24-01-2003/regelingnummer 1/2003]

HOOFDSTUK III
Beschikkingen van de Commissie

Artikel 7
Vaststelling en beëindiging van inbreuken

1. Wanneer de Commissie, naar aanleiding van een klacht of ambtshalve, een inbreuk op artikel 81 of artikel 82 van het Verdrag vaststelt, kan zij bij beschikking de betrokken ondernemingen en ondernemersverenigingen gelasten een einde aan de vastgestelde inbreuk te maken. Zij kan hun daartoe alle maatregelen ter correctie van gedragingen of structurele maatregelen opleggen die evenredig zijn aan de gepleegde inbreuk en noodzakelijk zijn om aan de inbreuk daadwerkelijk een einde te maken. Structurele maatregelen kunnen alleen worden opgelegd als er niet een even effectieve maatregel ter correctie van gedragingen bestaat of als een dergelijke even effectieve maatregel voor de betrokken onderneming belastender zou zijn dan de structurele maatregel. De Commissie kan ook een reeds beëindigde inbreuk vaststellen, indien zij hierbij een legitiem belang heeft.
2. Natuurlijke personen en rechtspersonen die een rechtmatig belang kunnen aantonen en de lidstaten, zijn gerechtigd tot het indienen van een klacht in de zin van lid 1.
[16-12-2002, PbEG L 1, i.w.tr. 24-01-2003/regelingnummer 1/2003]

Artikel 8
Voorlopige maatregelen

1. In dringende gevallen, wanneer de mededinging op ernstige en onherstelbare wijze dreigt te worden geschaad, kan de Commissie, na een onderzoek dat op een vermoedelijke inbreuk wijst, ambtshalve bij beschikking voorlopige maatregelen treffen.

2. Een op grond van lid 1 gegeven beschikking is gedurende een bepaalde periode van kracht en kan worden verlengd in zoverre dit nodig en dienstig is.
[16-12-2002, PbEG L 1, i.w.tr. 24-01-2003/regelingnummer 1/2003]

Artikel 9
Toezeggingen

1. Wanneer de Commissie voornemens is een beschikking tot beëindiging van een inbreuk te geven, en de betrokken ondernemingen toezeggingen doen om aan de bezorgdheden tegemoet te komen die de Commissie hun in haar voorlopige beoordeling te kennen heeft gegeven, kan de Commissie ten aanzien van deze ondernemingen bij beschikking die toezeggingen een verbindend karakter verlenen. De beschikking kan voor een bepaalde periode worden gegeven en bevat de conclusie dat er niet langer gronden voor een optreden van de Commissie bestaan.

2. De Commissie kan, op verzoek of op eigen initiatief, de procedure heropenen:
a) indien er een wezenlijke verandering optreedt in de feiten waarop de beschikking steunt;
b) indien de betrokken ondernemingen in strijd met de door hen gedane toezeggingen handelen; of
c) indien de beschikking op door de partijen verstrekte onvolledige, onjuiste of misleidende inlichtingen berust.

[16-12-2002, PbEG L 1, i.w.tr. 24-01-2003/regelingnummer 1/2003]

Artikel 10
Vaststelling van niet-toepasselijkheid

Indien het algemeen belang van de Gemeenschap met betrekking tot de toepassing van de artikelen 81 en 82 van het Verdrag dit vereist, kan de Commissie ambtshalve bij beschikking vaststellen dat artikel 81 van het Verdrag niet op een overeenkomst, een besluit van een ondernemersvereniging of een onderling afgestemde feitelijke gedraging van toepassing is, hetzij omdat niet aan de voorwaarden van artikel 81, lid 1, van het Verdrag is voldaan, hetzij omdat aan de voorwaarden van artikel 81, lid 3, van het Verdrag is voldaan.

De Commissie kan ook met betrekking tot artikel 82 van het Verdrag een dergelijke vaststelling doen.

[16-12-2002, PbEG L 1, i.w.tr. 24-01-2003/regelingnummer 1/2003]

HOOFDSTUK IV
Samenwerking

Artikel 11
Samenwerking tussen de Commissie en de mededingingsautoriteiten van de lidstaten

1. De Commissie en de mededingingsautoriteiten van de lidstaten passen de communautaire mededingingsregels in nauwe samenwerking toe.

2. De Commissie zendt de mededingingsautoriteiten van de lidstaten een afschrift van de belangrijkste documenten toe die zij met het oog op de toepassing van de artikelen 7, 8, 9, 10 en 29, lid 1, heeft verzameld. Op verzoek van de mededingingsautoriteit van

een lidstaat stelt de Commissie afschriften van andere documenten die voor de beoordeling van de zaak noodzakelijk zijn, ter beschikking van die autoriteit.
3. De mededingingsautoriteiten van de lidstaten stellen, wanneer zij op grond van artikel 81 of artikel 82 van het Verdrag optreden, de Commissie hiervan vóór of onverwijld na het begin van de eerste formele onderzoeksmaatregel schriftelijk in kennis. Deze inlichtingen kunnen tevens ter beschikking worden gesteld van de mededingingsautoriteiten van de andere lidstaten.
4. Uiterlijk 30 dagen vóór het aannemen van een beslissing tot beëindiging van een inbreuk, een beslissing tot aanvaarding van toezeggingen of een beslissing tot intrekking van een groepsvrijstelling stellen de mededingingsautoriteiten van de lidstaten de Commissie daarvan in kennis. Daartoe stellen zij de Commissie een samenvatting van de zaak, de beoogde beslissing of, bij ontstentenis daarvan, elk ander document waarin het voorgestelde optreden wordt aangegeven ter beschikking. Deze inlichtingen kunnen tevens ter beschikking worden gesteld van de mededingingsautoriteiten van de andere lidstaten. Op verzoek van de Commissie stelt de handelende mededingingsautoriteit andere documenten die voor de beoordeling van de zaak noodzakelijk zijn, ter beschikking van de Commissie. De aan de Commissie verstrekte inlichtingen kunnen ter beschikking worden gesteld van de mededingingsautoriteiten van de andere lidstaten. De nationale mededingingsautoriteiten kunnen ook onderling inlichtingen uitwisselen die nodig zijn voor de beoordeling van een zaak die zij behandelen op grond van artikel 81 of artikel 82 van het Verdrag.
5. De mededingingsautoriteiten van de lidstaten kunnen de Commissie over elk geval van toepassing van het Gemeenschapsrecht raadplegen.
6. Wanneer de Commissie een procedure begint die tot het geven van een beschikking op grond van hoofdstuk III moet leiden, ontneemt dit de mededingingsautoriteiten van de lidstaten hun bevoegdheid tot toepassing van de artikelen 81 en 82 van het Verdrag. Indien een mededingingsautoriteit van een lidstaat een zaak reeds in behandeling heeft genomen, begint de Commissie alleen een procedure na overleg met deze autoriteit.

[16-12-2002, PbEG L 1, i.w.tr. 24-01-2003/regelingnummer 1/2003]

Artikel 12
Uitwisseling van informatie

1. Voor de toepassing van de artikelen 81 en 82 van het Verdrag hebben de Commissie en de mededingingsautoriteiten van de lidstaten de bevoegdheid elkaar alle gegevens, zowel van feitelijke als van juridische aard, met inbegrip van vertrouwelijke inlichtingen, mee te delen en deze als bewijsmiddel te gebruiken.
2. De uitgewisselde inlichtingen worden alleen als bewijsmiddel gebruikt voor de toepassing van de artikelen 81 en 82 van het Verdrag en met betrekking tot het onderwerp waarvoor zij door de toezendende autoriteit zijn verzameld. Wanneer nationaal mededingingsrecht in dezelfde zaak en parallel met het EG-mededingingsrecht wordt toegepast en niet tot een verschillend resultaat leidt, kunnen de uit hoofde van dit artikel uitgewisselde inlichtingen ook voor de toepassing van nationaal mededingingsrecht worden gehanteerd.
3. Overeenkomstig lid 1 uitgewisselde gegevens kunnen enkel als bewijs voor het opleggen van sancties ten aanzien van natuurlijke personen worden gebruikt indien:

— de wetgeving van de toezendende autoriteit voorziet in sancties van soortgelijke aard in verband met een inbreuk op artikel 81 of artikel 82 van het Verdrag, of indien dat niet het geval is,
— de gegevens zijn verzameld op een manier die een zelfde mate van bescherming biedt voor de rechten van de verdediging van natuurlijke personen als die welke geboden wordt door de nationale regelgeving van de ontvangende autoriteit. In dit laatste geval mogen de verstrekte gegevens door de ontvangende autoriteit niet gebruikt worden om gevangenisstraffen op te leggen.
[16-12-2002, PbEG L 1, i.w.tr. 24-01-2003/regelingnummer 1/2003]

Artikel 13
Schorsing of afsluiting van de procedure

1. Wanneer de mededingingsautoriteiten van verschillende lidstaten ten aanzien van eenzelfde overeenkomst, besluit van een ondernemersvereniging of feitelijke gedraging een klacht hebben ontvangen of ambtshalve een procedure uit hoofde van artikel 81 of artikel 82 van het Verdrag zijn begonnen, is het feit dat één autoriteit de zaak behandelt, een voldoende grond voor de andere autoriteiten om de klacht af te wijzen of de door hen gevoerde procedure te schorsen. Ook de Commissie kan een klacht afwijzen op grond van het feit dat een mededingingsautoriteit van een lidstaat de zaak behandelt.
2. Een mededingingsautoriteit van een lidstaat of de Commissie kan een bij haar ingediende klacht betreffende een overeenkomst, een besluit van een ondernemersvereniging of een feitelijke gedraging afwijzen, wanneer deze reeds door een andere mededingingsautoriteit is behandeld.
[16-12-2002, PbEG L 1, i.w.tr. 24-01-2003/regelingnummer 1/2003]

Artikel 14
Adviescomité

1. De Commissie raadpleegt een adviescomité voor mededingingsregelingen en economische machtsposities alvorens beschikkingen als bedoeld in de artikelen 7, 8, 9, 10 en 23, artikel 24, lid 2, en artikel 29, lid 1, te geven.
2. Voor de bespreking van individuele zaken bestaat het adviescomité uit vertegenwoordigers van de mededingingsautoriteiten van de lidstaten. Voor vergaderingen waarop andere kwesties dan individuele zaken worden besproken, kan een extra, voor mededingingszaken bevoegde vertegenwoordiger van een lidstaat worden aangewezen. Vertegenwoordigers kunnen in geval van verhindering door andere vertegenwoordigers worden vervangen.
3. De raadpleging kan plaatsvinden tijdens een vergadering die op uitnodiging en onder het voorzitterschap van de Commissie plaatsvindt, ten vroegste 14 dagen na de verzending van de convocaties en van een samenvatting van de zaak, een opgave van de belangrijkste stukken en een voorontwerp van beschikking. Met betrekking tot beschikkingen uit hoofde van artikel 8, kan de vergadering zeven dagen na de verzending van het dispositief van een ontwerp-beschikking worden gehouden. Indien de Commissie een convocatie zendt met een kortere termijn dan de hierboven genoemde termijnen, kan de vergadering op de voorgestelde datum plaatsvinden indien geen lidstaat daartegen bezwaar maakt. Het adviescomité brengt over het voorontwerp van beschikking van de Commissie schriftelijk advies uit. Het kan ook

een advies uitbrengen wanneer niet alle leden aanwezig of vertegenwoordigd zijn. Op verzoek van één of meer leden worden de standpunten in het advies gemotiveerd.
4. De raadpleging kan ook plaatsvinden via een schriftelijke procedure. De Commissie belegt evenwel een vergadering indien een lidstaat daarom verzoekt. In geval van een schriftelijke procedure stelt de Commissie een termijn van niet minder dan 14 dagen vast waarbinnen de lidstaten hun opmerkingen moeten maken, die aan de overige lidstaten worden toegezonden. In het geval van beschikkingen uit hoofde van artikel 8, bedraagt de termijn zeven in plaats van 14 dagen. Indien de Commissie voor de schriftelijke procedure een termijn vaststelt die korter is dan de bovengenoemde termijnen, zal deze voorgestelde termijn worden toegepast indien geen lidstaat daartegen bezwaar maakt.
5. De Commissie houdt zo veel mogelijk rekening met het door het adviescomité uitgebrachte advies. Zij brengt het comité op de hoogte van de wijze waarop zij rekening heeft gehouden met zijn advies.
6. Wanneer het adviescomité schriftelijk advies uitbrengt, wordt dit advies bij het ontwerp van beschikking gevoegd. Indien het adviescomité de bekendmaking van het advies aanbeveelt, draagt de Commissie daarvoor zorg, rekening houdend met het rechtmatige belang dat ondernemingen bij het bewaren van hun zakengeheimen hebben.
7. Op verzoek van een mededingingsautoriteit van een lidstaat plaatst de Commissie lopende zaken die op grond van de artikelen 81 en 82 van het Verdrag door een mededingingsautoriteit van een lidstaat worden behandeld op de agenda van het adviescomité. De Commissie kan dit ook op eigen initiatief doen. In elk geval stelt de Commissie, vooraleer zij dit doet, de betrokken mededingingsautoriteit daarvan in kennis.
Een mededingingsautoriteit van een lidstaat kan met name een verzoek doen voor een zaak waarin de Commissie voornemens is een procedure in te leiden die de gevolgen van artikel 11, lid 6, teweegbrengt.
Het adviescomité brengt geen adviezen uit over zaken die door de mededingingsautoriteiten van de lidstaten worden behandeld. Het adviescomité kan ook algemene kwesties met betrekking tot het communautaire mededingingsrecht bespreken.
[16-12-2002, PbEG L 1, i.w.tr. 24-01-2003/regelingnummer 1/2003]

Artikel 15
Samenwerking met de nationale rechterlijke instanties
1. De rechterlijke instanties van de lidstaten kunnen naar aanleiding van procedures tot toepassing van artikel 81 of artikel 82 van het Verdrag de Commissie verzoeken inlichtingen waarover zij beschikt, of haar advies betreffende de toepassing van de communautaire mededingingsregels, aan hen te bezorgen.
2. De lidstaten zenden de Commissie een afschrift toe van schriftelijke beslissingen van nationale rechterlijke instanties met betrekking tot de toepassing van artikel 81 of artikel 82 van het Verdrag. Dit afschrift wordt onverwijld toegezonden nadat de volledige uitspraak aan de partijen is betekend.
3. De mededingingsautoriteiten van de lidstaten kunnen eigener beweging voor de rechterlijke instanties in hun lidstaat schriftelijke opmerkingen maken betreffende onderwerpen in verband met de toepassing van artikel 81 of artikel 82 van het Verdrag. Met de toestemming van de betrokken rechterlijke instantie kunnen zij voor

de nationale rechterlijke instanties in hun lidstaat ook mondelinge opmerkingen maken. Indien de coherente toepassing van artikel 81 of artikel 82 van het Verdrag zulks vereist, kan de Commissie, eigener beweging, schriftelijke opmerkingen bij de rechterlijke instanties van de lidstaten indienen. Met de toestemming van de betrokken rechterlijke instantie kan zij ook mondelinge opmerkingen maken.
Enkel met het oog op de formulering van hun opmerkingen kunnen de mededingingsautoriteiten van de lidstaten en de Commissie de betrokken rechterlijke instantie van de lidstaat verzoeken hun alle voor de beoordeling van de zaak noodzakelijke stukken toe te zenden of te laten toezenden.
4. Dit artikel doet geen afbreuk aan verdergaande bevoegdheden die op grond van het nationale recht van de betrokken lidstaat aan de mededingingsautoriteiten worden verleend om opmerkingen voor rechterlijke instanties te formuleren.
[16-12-2002, PbEG L 1, i.w.tr. 24-01-2003/regelingnummer 1/2003]

Artikel 16
Uniforme toepassing van het communautaire mededingingsrecht
1. Wanneer nationale rechterlijke instanties artikel 81 of artikel 82 van het Verdrag toepassen op overeenkomsten, besluiten of gedragingen die reeds het voorwerp uitmaken van een beschikking van de Commissie, kunnen zij geen beslissingen nemen die in strijd zijn met de door de Commissie gegeven beschikking. Ook moeten zij vermijden beslissingen te nemen die in strijd zouden zijn met een beschikking die de Commissie overweegt te geven in een door haar gestarte procedure. Te dien einde kan de nationale rechterlijke instantie de afweging maken of het nodig is haar procedure op te schorten. Deze verplichting laat de rechten en verplichtingen op grond van artikel 234 van het Verdrag onverlet.
2. Wanneer mededingingsautoriteiten van de lidstaten artikel 81 of artikel 82 van het Verdrag toepassen op overeenkomsten, besluiten of gedragingen die reeds het voorwerp uitmaken van een beschikking van de Commissie, kunnen zij geen beslissingen nemen die in strijd zijn met de door de Commissie gegeven beschikking.
[16-12-2002, PbEG L 1, i.w.tr. 24-01-2003/regelingnummer 1/2003]

HOOFDSTUK V
Onderzoeksbevoegdheden

Artikel 17
Onderzoek naar bepaalde sectoren van de economie en van soorten overeenkomsten
1. Wanneer de ontwikkeling van de handel tussen lidstaten, de starheid van de prijzen of andere omstandigheden doen vermoeden dat de mededinging binnen de gemeenschappelijke markt wellicht wordt beperkt of vervalst, kan de Commissie onderzoek doen naar een bepaalde sector van de economie of naar een bepaald soort overeenkomsten over verschillende sectoren heen. In het kader van dat onderzoek kan de Commissie de betrokken ondernemingen of ondernemersverenigingen om alle inlichtingen verzoeken, alsook alle inspecties verrichten die voor de toepassing van de artikelen 81 en 82 van het Verdrag noodzakelijk zijn.

De Commissie kan met name de betrokken ondernemingen en ondernemersverenigingen verzoeken haar van alle overeenkomsten, besluiten en onderling afgestemde feitelijke gedragingen in kennis te stellen.
De Commissie kan een verslag over het resultaat van haar onderzoek naar bepaalde sectoren van de economie of bepaalde soorten overeenkomsten binnen verschillende sectoren bekendmaken en de belanghebbenden om opmerkingen verzoeken.
2. De artikelen 14, 18, 19, 20, 22, 23 en 24 zijn van overeenkomstige toepassing.
[16-12-2002, PbEG L 1, i.w.tr. 24-01-2003/regelingnummer 1/2003]

Artikel 18
Verzoeken om inlichtingen
1. Ter vervulling van de haar bij deze verordening opgedragen taken kan de Commissie met een eenvoudig verzoek of bij beschikking de ondernemingen en ondernemersverenigingen vragen alle nodige inlichtingen te verstrekken.
2. Bij het toezenden van een eenvoudig verzoek om inlichtingen aan een onderneming of ondernemersvereniging vermeldt de Commissie de rechtsgrond voor en het doel van het verzoek, specificeert zij welke inlichtingen vereist zijn en stelt zij de termijn vast waarbinnen de inlichtingen moeten worden verstrekt, alsmede de sancties die bij artikel 23 op het verstrekken van onjuiste of misleidende inlichtingen zijn gesteld.
3. Wanneer de Commissie bij beschikking van ondernemingen en ondernemersverenigingen verlangt dat zij inlichtingen verstrekken, vermeldt zij de rechtsgrond voor en het doel van het verzoek, specificeert welke inlichtingen vereist zijn en stelt de termijn vast voor het verstrekken van deze inlichtingen. De beschikking vermeldt ook de sancties bedoeld in artikel 23 en vermeldt de sancties bedoeld in artikel 24 of legt deze laatste sancties op. De beschikking vermeldt tevens het recht om bij het Hof van Justitie beroep tegen de beschikking in te stellen.
4. De eigenaren van de ondernemingen of hun vertegenwoordigers en, in het geval van rechtspersonen, bedrijven en firma's of verenigingen zonder rechtspersoonlijkheid, de krachtens de wet of de statuten tot vertegenwoordiging bevoegde personen zijn gehouden de gevraagde inlichtingen namens de betrokken onderneming of ondernemersvereniging te verstrekken. Naar behoren gemachtigde advocaten kunnen namens hun opdrachtgevers de gevraagde inlichtingen verstrekken. De opdrachtgevers blijven volledig verantwoordelijk indien de verstrekte inlichtingen onvolledig, onjuist of misleidend zijn.
5. De Commissie zendt onverwijld een afschrift van het eenvoudig verzoek of van de beschikking aan de mededingingsautoriteit van de lidstaat op wiens grondgebied de zetel van de onderneming of ondernemersvereniging gevestigd is en aan de mededingingsautoriteit van de lidstaat wiens grondgebied wordt geraakt.
6. Op verzoek van de Commissie verstrekken de regeringen en mededingingsautoriteiten van de lidstaten de Commissie alle inlichtingen die zij nodig heeft om de haar bij deze verordening opgedragen taken te vervullen.
[16-12-2002, PbEG L 1, i.w.tr. 24-01-2003/regelingnummer 1/2003]

Artikel 19
Bevoegdheid tot het opnemen van verklaringen
1. Ter vervulling van de haar bij deze verordening opgedragen taken kan de Commissie alle natuurlijke personen of rechtspersonen horen die daarin toestemmen, teneinde inlichtingen te verzamelen over het onderwerp van het onderzoek.
2. Wanneer het op grond van lid 1 afgenomen verhoor in de gebouwen van een onderneming geschiedt, wordt de mededingingsautoriteit van de lidstaat op het grondgebied waarvan het verhoor plaatsvindt, hiervan door de Commissie op de hoogte gesteld. Indien de mededingingsautoriteit van die lidstaat hierom verzoekt, mogen functionarissen van deze mededingingsautoriteit de functionarissen en andere begeleidende personen die door de Commissie zijn gemachtigd om het verhoor af te nemen, bijstaan.
[16-12-2002, PbEG L 1, i.w.tr. 24-01-2003/regelingnummer 1/2003]

Artikel 20
Bevoegdheid van de Commissie tot inspectie
1. Ter vervulling van de haar bij deze verordening opgedragen taken kan de Commissie bij ondernemingen en ondernemersverenigingen alle noodzakelijke inspecties verrichten.
2. De door de Commissie tot het verrichten van een inspectie gemachtigde functionarissen en andere begeleidende personen beschikken over de volgende bevoegdheden:
a) het betreden van alle lokalen, terreinen en vervoermiddelen van ondernemingen en ondernemersverenigingen;
b) het controleren van de boeken en alle andere bescheiden in verband met het bedrijf, ongeacht de aard van de drager van die bescheiden;
c) het maken of verkrijgen van afschriften of uittreksels, in welke vorm ook, van die boeken en bescheiden;
d) het verzegelen van lokalen en boeken of andere bescheiden van het bedrijf voor de duur van, en voorzover nodig voor, de inspectie;
e) het verzoeken van vertegenwoordigers of personeelsleden van de betrokken onderneming of ondernemersvereniging om toelichting bij feiten of documenten die verband houden met het voorwerp en het doel van de inspectie, en het optekenen van hun antwoorden.
3. De door de Commissie tot het verrichten van een inspectie gemachtigde functionarissen en andere begeleidende personen oefenen hun bevoegdheden uit op vertoon van een schriftelijke machtiging waarin het voorwerp en het doel van de inspectie worden vermeld en waarin wordt gewezen op de sanctie, bedoeld in artikel 23, ingeval de gevraagde boeken of andere bescheiden in verband met het bedrijf niet volledig worden getoond of de antwoorden op de overeenkomstig lid 2 gestelde vragen onjuist of misleidend zijn. De Commissie stelt de mededingingsautoriteit van de lidstaat op het grondgebied waarvan de inspectie zal worden verricht, geruime tijd vóór de inspectie hiervan in kennis.
4. Wanneer de Commissie bij beschikking een inspectie gelast, zijn de betrokken ondernemingen en ondernemersverenigingen verplicht zich aan die inspectie te onderwerpen. In de beschikking wordt vermeld wat het voorwerp en het doel van de inspectie zijn en op welke datum de inspectie een aanvang neemt, en wordt gewezen op de sancties bedoeld in de artikelen 23 en 24, alsook op het recht om bij het Hof van Justitie beroep tegen de beschikking in te stellen. De Commissie geeft de beschikking

na de mededingingsautoriteit van de lidstaat op het grondgebied waarvan de inspectie zal worden verricht, te hebben gehoord.
5. De functionarissen van de mededingingsautoriteit van de lidstaat op het grondgebied waarvan de inspectie zal worden verricht alsook de door die autoriteit gemachtigde of aangewezen functionarissen, verlenen, wanneer deze autoriteit of de Commissie hierom verzoekt, de door de Commissie gemachtigde functionarissen en andere begeleidende personen actief bijstand. Zij beschikken te dien einde over de in lid 2 omschreven bevoegdheden.
6. Wanneer de door de Commissie gemachtigde functionarissen en andere begeleidende personen vaststellen dat een onderneming zich tegen een op grond van dit artikel gelaste inspectie verzet, verleent de betrokken lidstaat hun de nodige bijstand om hen in staat te stellen hun inspectie te verrichten, zo nodig door een beroep te doen op de politie of een gelijkwaardige wetshandhavingsautoriteit.
7. Indien het nationale recht voorschrijft dat voor de in lid 6 bedoelde bijstand de toestemming van een rechterlijke instantie vereist is, moet die toestemming worden gevraagd. Een dergelijke toestemming kan tevens bij wijze van voorzorgsmaatregel worden gevraagd.
8. Wanneer wordt verzocht om toestemming als bedoeld in lid 7, toetst de nationale rechterlijke instantie de beschikking van de Commissie op haar authenticiteit en gaat zij na of de voorgenomen dwangmaatregelen niet willekeurig zijn noch buitensporig in verhouding tot het voorwerp van de inspectie. Bij de toetsing van de proportionaliteit van de dwangmaatregelen mag de nationale rechterlijke instantie de Commissie rechtstreeks of via de mededingingsautoriteit van de lidstaat om nadere uitleg verzoeken, met name over de redenen die de Commissie heeft om aan te nemen dat inbreuk is gepleegd op de artikelen 81 en 82 van het Verdrag, en over de ernst van de vermeende inbreuk en de aard van de betrokkenheid van de betreffende onderneming. De nationale rechterlijke instantie mag evenwel niet de noodzakelijkheid van de inspectie in twijfel trekken, noch gegevens uit het Commissiedossier verlangen. Uitsluitend het Hof van Justitie kan de beschikking van de Commissie op haar legitimiteit toetsen.
[16-12-2002, PbEG L 1, i.w.tr. 24-01-2003/regelingnummer 1/2003]

Artikel 21
Inspectie van andere lokalen
1. Indien er een redelijk vermoeden bestaat dat boeken of andere bescheiden in verband met het bedrijf en het voorwerp van de inspectie, die relevant kunnen zijn om een ernstige inbreuk op artikel 81 of artikel 82 van het Verdrag te bewijzen, worden bewaard in andere gebouwen, terreinen en vervoermiddelen, waaronder de woningen van directeuren, bestuurders en andere personeelsleden van de betrokken ondernemingen en ondernemersverenigingen, kan de Commissie bij beschikking een inspectie in deze andere gebouwen, terreinen en vervoermiddelen gelasten.
2. In de beschikking wordt vermeld wat het voorwerp en het doel van de inspectie zijn en op welke datum de inspectie een aanvang neemt, en wordt gewezen op het recht om bij Hof van Justitie beroep tegen de beschikking in te stellen. In het bijzonder worden de redenen genoemd waaruit de Commissie heeft geconcludeerd dat er een vermoeden in de zin van lid 1 bestaat. De Commissie geeft de beschikking na de mededingingsautoriteit van de lidstaat op het grondgebied waarvan de inspectie zal worden verricht, te hebben gehoord.

Art. 22

3. Een krachtens lid 1 gegeven beschikking kan niet worden uitgevoerd zonder voorafgaande toestemming van de nationale rechterlijke instantie van de betrokken lidstaat. De nationale rechterlijke instantie toetst de beschikking van de Commissie op haar authenticiteit en gaat na of de voorgenomen dwangmaatregelen niet willekeurig zijn noch buitensporig in verhouding tot met name de ernst van de vermeende inbreuk, het belang van het gezochte bewijsmateriaal, de betrokkenheid van de betreffende onderneming en de redelijke kans dat boeken en bescheiden die verband houden met het voorwerp van de inspectie worden bewaard op de locaties waarvoor om toestemming is verzocht. De nationale rechterlijke instantie mag de Commissie rechtstreeks of via de mededingingsautoriteit van de lidstaat om nadere uitleg verzoeken over de elementen die zij nodig heeft om de proportionaliteit van de beoogde dwangmaatregelen te toetsen.

De nationale rechterlijke instantie mag evenwel niet de noodzakelijkheid van de inspectie in twijfel trekken, noch gegevens uit het Commissiedossier verlangen. De beschikking van de Commissie kan uitsluitend door het Hof van Justitie op haar legitimiteit getoetst worden.

4. De functionarissen en andere begeleidende personen die door de Commissie tot het verrichten van een overeenkomstig lid 1 gelaste inspectie gemachtigd zijn, hebben de in artikel 20, lid 2, onder *a*), *b*) en *c*), genoemde bevoegdheden. Artikel 20, leden 5 en 6, is van overeenkomstige toepassing.

[16-12-2002, PbEG L 1, i.w.tr. 24-01-2003/regelingnummer 1/2003]

Artikel 22
Onderzoeken door de mededingingsautoriteiten van de lidstaten

1. De mededingingsautoriteit van een lidstaat kan op het grondgebied van deze lidstaat overeenkomstig het nationale recht elke inspectie of andere onderzoeksmaatregelen uitvoeren namens en voor rekening van de mededingingsautoriteit van een andere lidstaat, om uit te maken of er een inbreuk op artikel 81 of artikel 82 van het Verdrag is gepleegd. Elke uitwisseling of gebruik van de verkregen inlichtingen geschiedt overeenkomstig artikel 12.

2. De mededingingsautoriteiten van de lidstaten verrichten op verzoek van de Commissie de inspecties die deze overeenkomstig artikel 20, lid 1, noodzakelijk acht of die zij overeenkomstig artikel 20, lid 4, bij beschikking heeft gelast. De functionarissen van de mededingingsautoriteiten van de lidstaten die met het verrichten van een inspectie zijn belast, alsook de door die autoriteiten gemachtigde of aangewezen functionarissen, oefenen hun bevoegdheden uit overeenkomstig hun nationale wetgeving.

De door de Commissie gemachtigde functionarissen en andere begeleidende personen kunnen, op verzoek van de Commissie of van de mededingingsautoriteit van de lidstaat op het grondgebied waarvan de inspectie moet worden verricht, de functionarissen van deze autoriteit bijstand verlenen.

[16-12-2002, PbEG L 1, i.w.tr. 24-01-2003/regelingnummer 1/2003]

HOOFDSTUK VI
Sancties

Artikel 23
Geldboeten

1. De Commissie kan bij beschikking aan ondernemingen en ondernemersverenigingen geldboeten van ten hoogste 1 % van de in het voorafgaande boekjaar behaalde totale omzet opleggen, wanneer zij opzettelijk of uit onachtzaamheid:
a) in antwoord op een verzoek overeenkomstig artikel 17 of artikel 18, lid 2, onjuiste of misleidende inlichtingen verstrekken;
b) in antwoord op een verzoek bij een beschikking overeenkomstig artikel 17 of artikel 18, lid 3, onvolledige, onjuiste of misleidende inlichtingen verstrekken, dan wel de inlichtingen niet verstrekken binnen de vastgestelde termijn;
c) tijdens een inspectie overeenkomstig artikel 20 geen volledige inzage geven in de daartoe gevraagde boeken of andere bescheiden in verband met het bedrijf, dan wel zich niet aan een overeenkomstig artikel 20, lid 4, bij beschikking gelaste inspectie onderwerpen;
d) in antwoord op een overeenkomstig artikel 20, lid 2, onder e), gestelde vraag
   — een onjuist of misleidend antwoord geven, dan wel
   — nalaten binnen de door de Commissie vastgestelde termijn een door een personeelslid gegeven onjuist, onvolledig of misleidend antwoord te corrigeren, of
   — nalaten of weigeren een volledig antwoord te geven met betrekking tot feiten in verband met het voorwerp en het doel van een inspectie waartoe opdracht is gegeven bij wege van een beschikking overeenkomstig artikel 20, lid 4;
e) zegels die door de door de Commissie gemachtigde functionarissen of andere begeleidende personen overeenkomstig artikel 20, lid 2, onder d), zijn aangebracht, verbreken.

2. De Commissie kan bij beschikking geldboetes opleggen aan ondernemingen en ondernemersverenigingen wanneer zij opzettelijk of uit onachtzaamheid:
a) inbreuk maken op artikel 81 of artikel 82 van het Verdrag; of
b) in strijd handelen met een beschikking waarbij uit hoofde van artikel 8 voorlopige maatregelen gelast worden; of
c) een toezegging waaraan overeenkomstig artikel 9 bij beschikking een verbindend karakter is verleend, niet nakomen.

Voor elke bij de inbreuk betrokken onderneming en ondernemersvereniging is de geldboete niet groter dan 10 % van de totale omzet die in het voorafgaande boekjaar is behaald.

Wanneer de inbreuk van een vereniging betrekking heeft op de activiteiten van haar leden is de geldboete niet groter dan 10 % van de som van de totale omzet van elk lid dat actief is op de markt die door de inbreuk van de vereniging geraakt wordt.

3. Bij de vaststelling van het bedrag van de geldboete wordt zowel met de ernst, als met de duur van de inbreuk rekening gehouden.

4. Wanneer aan een ondernemersvereniging een geldboete is opgelegd rekening houdend met de totale omzet van haar leden en deze vereniging insolvent is, is de vereniging verplicht om van haar leden bijdragen te vragen om de geldboete te kunnen betalen.

Wanneer die bijdragen niet binnen een door de Commissie vastgestelde termijn aan de vereniging zijn betaald, kan de Commissie elke onderneming waarvan de vertegenwoordigers lid waren van de betrokken besluitvormende organen van de vereniging, rechtstreeks tot betaling van de boete aanspreken.

Nadat de Commissie betaling heeft geëist op grond van de tweede alinea, kan de Commissie, indien dat nodig is om de volledige betaling van de boete te waarborgen elk lid van de vereniging dat actief was op de markt waarop de inbreuk heeft plaatsgevonden, tot betaling van het saldo aanspreken.

De Commissie mag echter geen betaling uit hoofde van de tweede en derde alinea eisen van ondernemingen die aantonen dat zij de inbreukmakende beslissing van de vereniging niet hebben uitgevoerd en hetzij niet op de hoogte waren van het bestaan ervan, hetzij er actief afstand van hebben genomen vóór de aanvang van het onderzoek van de Commissie naar de zaak.

De financiële aansprakelijkheid van elke onderneming met betrekking tot de betaling van de boete bedraagt niet meer dan 10 % van haar totale omzet in het vorige boekjaar.

5. De op grond van lid 1 of lid 2 gegeven beschikkingen hebben geen strafrechtelijk karakter.

[16-12-2002, PbEG L 1, i.w.tr. 24-01-2003/regelingnummer 1/2003]

Artikel 24
Dwangsommen

1. De Commissie kan bij beschikking aan ondernemingen en ondernemersverenigingen dwangsommen opleggen van ten hoogste 5 % van de gemiddelde dagelijkse omzet in het voorafgaande boekjaar voor elke dag waarmee de in haar beschikking vastgestelde termijn wordt overschreden, teneinde hen te dwingen:
a) overeenkomstig een op grond van artikel 7 gegeven beschikking een einde te maken aan een inbreuk op artikel 81 of artikel 82 van het Verdrag;
b) een op grond van artikel 8 gegeven beschikking houdende voorlopige maatregelen na te leven;
c) een toezegging waaraan overeenkomstig artikel 9 bij beschikking een verbindend karakter is verleend, na te komen;
d) in antwoord op een overeenkomstig artikel 17 of artikel 18, lid 3, bij beschikking gedaan verzoek volledige en juiste inlichtingen te verstrekken;
e) zich aan een overeenkomstig artikel 20, lid 4, bij beschikking gelaste inspectie te onderwerpen.

2. Wanneer de ondernemingen of ondernemersverenigingen de verplichting zijn nagekomen ter afdwinging waarvan de dwangsom was opgelegd, kan de Commissie de uiteindelijk verschuldigde dwangsom op een bedrag vaststellen dat lager is dan het uit de oorspronkelijke beschikking voortvloeiende bedrag. Artikel 23, lid 4, is van overeenkomstige toepassing.

[16-12-2002, PbEG L 1, i.w.tr. 24-01-2003/regelingnummer 1/2003]

HOOFDSTUK VII
Verjaring

Artikel 25
Verjaring terzake van de oplegging van sancties

1. De bevoegdheid van de Commissie overeenkomstig de artikelen 23 en 24 verjaart
a) na drie jaar bij inbreuken op de bepalingen betreffende het inwinnen van inlichtingen en het verrichten van inspecties;
b) na vijf jaar bij de overige inbreuken.
2. De verjaringstermijn gaat in op de dag waarop de inbreuk is gepleegd. Bij voortdurende of voortgezette inbreuken gaat de verjaringstermijn echter pas in op de dag waarop de inbreuk is beëindigd.
3. De verjaring terzake van de oplegging van geldboeten en dwangsommen wordt gestuit door elke handeling van de Commissie of van de mededingingsautoriteit van een lidstaat ter instructie of vervolging van de inbreuk. De stuiting van de verjaring treedt in op de dag waarop van de handeling kennis wordt gegeven aan ten minste één onderneming of ondernemersvereniging die aan de inbreuk heeft deelgenomen. Handelingen die de verjaring stuiten, zijn met name:
a) een schriftelijk verzoek om inlichtingen van de Commissie of de mededingingsautoriteit van een lidstaat;
b) een door de Commissie of de mededingingsautoriteit van een lidstaat aan haar functionarissen verstrekte schriftelijke opdracht tot inspectie;
c) de inleiding van een procedure door de Commissie of de mededingingsautoriteit van een lidstaat;
d) de mededeling van punten van bezwaar door de Commissie of door de mededingingsautoriteit van een lidstaat.
4. De stuiting van de verjaring geldt ten aanzien van alle ondernemingen en ondernemersverenigingen die aan de inbreuk hebben deelgenomen.
5. Na iedere stuiting begint een nieuwe verjaringstermijn te lopen. De verjaring treedt echter ten laatste in op de dag waarop een termijn gelijk aan tweemaal de verjaringstermijn is verstreken zonder dat de Commissie een geldboete of een dwangsom heeft opgelegd. Deze termijn wordt verlengd met de periode gedurende welke de verjaring in overeenstemming met lid 6 wordt geschorst.
6. De verjaring terzake van de oplegging van geldboeten en dwangsommen wordt geschorst zolang de beschikking van de Commissie het voorwerp vormt van een procedure bij het Hof van Justitie.
[16-12-2002, PbEG L 1, i.w.tr. 24-01-2003/regelingnummer 1/2003]

Artikel 26
Verjaring terzake van de tenuitvoerlegging van sancties

1. De bevoegdheid van de Commissie tot tenuitvoerlegging van op grond van de artikelen 23 en 24 gegeven beschikkingen verjaart na vijf jaar.
2. De verjaringstermijn gaat in op de dag waarop de beschikking niet meer kan worden aangevochten.
3. De verjaring terzake van de tenuitvoerlegging wordt gestuit:

a) door de kennisgeving van een beschikking waarbij het oorspronkelijke bedrag van de geldboete of de dwangsom wordt gewijzigd of waarbij een daartoe strekkend verzoek wordt afgewezen;
b) door elke handeling van de Commissie of van een lidstaat op verzoek van de Commissie tot inning van de geldboete of de dwangsom.

4. Na iedere stuiting begint een nieuwe verjaringstermijn te lopen.
5. De verjaring terzake van de tenuitvoerlegging van sancties wordt geschorst:
a) zolang betalingsfaciliteiten worden toegestaan;
b) zolang de tenuitvoerlegging krachtens een beslissing van het Hof van Justitie is opgeschort.

[16-12-2002, PbEG L 1, i.w.tr. 24-01-2003/regelingnummer 1/2003]

HOOFDSTUK VIII
Hoorzittingen en geheimhoudingsplicht

Artikel 27
Het horen van partijen, klagers en derden

1. Alvorens een beschikking op grond van de artikelen 7, 8, 23 of artikel 24, lid 2, te geven, stelt de Commissie ondernemingen en ondernemersverenigingen die het voorwerp van haar procedure uitmaken in de gelegenheid hun standpunt ten aanzien van de door haar in aanmerking genomen bezwaren kenbaar te maken. De Commissie doet haar beschikkingen slechts steunen op de punten van bezwaar waarover de partijen opmerkingen hebben kunnen maken. De klagers worden nauw bij de procedure betrokken.

2. Het recht van verdediging van de partijen wordt in de loop van de procedure ten volle geëerbiedigd. De partijen hebben het recht tot inzage van het dossier van de Commissie, onder voorbehoud van het rechtmatige belang van de ondernemingen dat hun zakengeheimen niet aan de openbaarheid prijs worden gegeven. Het recht tot inzage van het dossier geldt niet voor vertrouwelijke inlichtingen en interne documenten van de Commissie of de mededingingsautoriteiten van de lidstaten. Met name geldt het recht tot inzage niet voor de briefwisseling tussen de Commissie en de mededingingsautoriteiten van de lidstaten of tussen die autoriteiten, waaronder documenten opgesteld uit hoofde van de artikelen 11 en 14. Niets in dit lid belet de Commissie om voor het bewijs van een inbreuk noodzakelijke inlichtingen bekend te maken of te gebruiken.

3. Indien de Commissie dit nodig acht, kan zij andere natuurlijke personen of rechtspersonen horen. Wanneer natuurlijke personen of rechtspersonen verzoeken te worden gehoord, en een voldoende belang aantonen, moet hun verzoek worden ingewilligd. Ook de mededingingsautoriteiten van de lidstaten kunnen de Commissie vragen andere natuurlijke personen of rechtspersonen te horen.

4. Wanneer de Commissie van plan is een beschikking uit hoofde van artikel 9 of 10 aan te nemen, maakt zij een beknopte samenvatting van de zaak en de hoofdlijnen van de toezeggingen of het voorgestelde optreden bekend. Belanghebbende derden kunnen hun opmerkingen meedelen binnen een periode van ten minste één maand die de Commissie bij de bekendmaking vaststelt. Bij de bekendmaking wordt rekening

gehouden met het rechtmatige belang van de ondernemingen dat hun zakengeheimen niet aan de openbaarheid worden prijsgegeven.
[16-12-2002, PbEG L 1, i.w.tr. 24-01-2003/regelingnummer 1/2003]

Artikel 28
Geheimhoudingsplicht

1. Onverminderd het bepaalde in de artikelen 12 en 15, mogen de overeenkomstig de artikelen 17 tot en met 22 verkregen inlichtingen slechts voor het doel worden gebruikt waarvoor zij zijn ingewonnen.
2. Onverminderd de uitwisseling en het gebruik van gegevens zoals bepaald in de artikelen 11, 12, 14, 15 en 27 mogen de Commissie en de mededingingsautoriteiten van de lidstaten, hun functionarissen, personeelsleden en andere onder het toezicht van deze autoriteiten werkende personen, alsook functionarissen en ambtenaren van andere autoriteiten van de lidstaten geen inlichtingen openbaar maken die zij uit hoofde van deze verordening hebben verkregen of uitgewisseld en die naar hun aard onder de geheimhoudingsplicht vallen. Deze plicht geldt ook voor alle vertegenwoordigers en deskundigen van lidstaten die uit hoofde van artikel 14 vergaderingen van het adviescomité bijwonen.
[16-12-2002, PbEG L 1, i.w.tr. 24-01-2003/regelingnummer 1/2003]

HOOFDSTUK IX
Vrijstellingsverordeningen

Artikel 29
Individuele intrekking

1. Wanneer de Commissie, op grond van de bevoegdheid die haar is verleend bij een verordening van de Raad, zoals de Verordeningen nr. 19/65/EEG, (EEG) nr. 2821/71, (EEG) nr. 3976/87, (EEG) nr. 1534/91 of (EEG) nr. 479/92 om artikel 81, lid 3, van het Verdrag bij verordening toe te passen, artikel 81, lid 1, van het Verdrag buiten toepassing heeft verklaard op bepaalde overeenkomsten, besluiten van ondernemersverenigingen of onderlinge afgestemde feitelijke gedragingen, kan zij, ambtshalve of naar aanleiding van een klacht, een dergelijke groepsvrijstelling intrekken, wanneer zij van oordeel is dat in een bepaald geval een overeenkomst, besluit of onderling afgestemde feitelijke gedraging waarop de vrijstellingsverordening van toepassing is, bepaalde met artikel 81, lid 3, van het Verdrag onverenigbare gevolgen heeft.
2. Wanneer in een bepaald geval overeenkomsten, besluiten van ondernemersverenigingen of onderling afgestemde feitelijke gedragingen die onder toepassing van een Commissieverordening als bedoeld in lid 1 vallen, op het grondgebied, of een gedeelte van het grondgebied, van een lidstaat dat alle kenmerken van een afzonderlijke geografische markt vertoont, met artikel 81, lid 3, van het Verdrag onverenigbare gevolgen hebben, kan de mededingingsautoriteit van die lidstaat de groepsvrijstelling op het betrokken grondgebied intrekken.
[16-12-2002, PbEG L 1, i.w.tr. 24-01-2003/regelingnummer 1/2003]

HOOFDSTUK X
Algemene bepalingen

Artikel 30
Bekendmaking van beschikkingen

1. De Commissie maakt de beschikkingen die zij overeenkomstig de artikelen 7 tot en met 10 en 23 en 24 geeft, bekend.

2. In de bekendmaking worden de namen van de partijen en de belangrijkste punten van de beschikking, waaronder de opgelegde sancties, vermeld. Bij de bekendmaking wordt rekening gehouden met het rechtmatige belang van de ondernemingen dat hun zakengeheimen niet aan de openbaarheid worden prijsgegeven.
[16-12-2002, PbEG L 1, i.w.tr. 24-01-2003/regelingnummer 1/2003]

Artikel 31
Rechtsmacht van het Hof van Justitie

Het Hof van Justitie heeft volledige rechtsmacht terzake van beroep tegen beschikkingen van de Commissie waarin een geldboete of een dwangsom wordt vastgesteld. Het kan de opgelegde geldboete of dwangsom intrekken, verlagen of verhogen.
[16-12-2002, PbEG L 1, i.w.tr. 24-01-2003/regelingnummer 1/2003]

Artikel 32
(Vervallen.)
[25-09-2006, PbEU L 269, i.w.tr. 18-10-2006/regelingnummer 1419/2006]

Artikel 33
Uitvoeringsbepalingen

1. De Commissie is bevoegd alle dienstige bepalingen tot uitvoering van deze verordening vast te stellen.
Deze bepalingen kunnen onder meer betrekking hebben op:
a) de vorm, de inhoud en de overige bijzonderheden van de overeenkomstig artikel 7 ingediende klachten, alsook de procedure voor de afwijzing van klachten;
b) de nadere regeling van de uitwisseling van inlichtingen en de raadpleging, bedoeld in artikel 11;
c) de nadere regeling van de in artikel 27 bedoelde hoorzittingen.

2. Alvorens bepalingen uit hoofde van lid 1 vast te stellen, maakt de Commissie het ontwerp daarvan bekend en verzoekt zij alle belanghebbende partijen haar hun opmerkingen te doen toekomen binnen de termijn die zij vaststelt en die niet korter mag zijn dan een maand. Voordat de Commissie een ontwerpbepaling bekendmaakt en voordat zij deze vaststelt, raadpleegt zij het Adviescomité voor mededingingsregelingen en economische machtsposities.
[16-12-2002, PbEG L 1, i.w.tr. 24-01-2003/regelingnummer 1/2003]

HOOFDSTUK XI
Overgangs-, wijzigings- en slotbepalingen

Artikel 34
Overgangsbepalingen
1. De krachtens artikel 2 van Verordening nr. 17 bij de Commissie ingediende verzoeken en de krachtens de artikelen 4 en 5 van Verordening nr. 17 verrichte aanmeldingen, alsook de overeenkomstige, krachtens de Verordeningen (EEG) nr. 1017/68, (EEG) nr. 4056/86 en (EEG) nr. 3975/87 gedane verzoeken en aanmeldingen vervallen op de datum waarop de onderhavige verordening van toepassing wordt.
2. De overeenkomstig Verordening nr. 17 en overeenkomstig de Verordeningen (EEG) nr. 1017/68, (EEG) nr. 4056/86 en (EEG) nr. 3975/87 verrichte procedurehandelingen blijven met het oog op de toepassing van de onderhavige verordening effect sorteren.
[16-12-2002, PbEG L 1, i.w.tr. 24-01-2003/regelingnummer 1/2003]

Artikel 35
Aanwijzing van de mededingingsautoriteiten van de lidstaten
1. De lidstaten wijzen de mededingingsautoriteit of -autoriteiten die bevoegd is (zijn) de artikelen 81 en 82 van het Verdrag toe te passen, zodanig aan dat op afdoende wijze voldaan wordt aan de bepalingen van deze verordening. De maatregelen die nodig zijn om deze instanties de bevoegdheid tot toepassing van voornoemde artikelen toe te kennen, worden vóór 1 mei 2004 getroffen. De aangewezen autoriteiten kunnen rechterlijke instanties zijn.
2. Indien de nationale bestuurlijke en rechterlijke instanties belast zijn met de handhaving van de communautaire mededingingswetgeving, mogen de lidstaten verschillende bevoegdheden en taken toewijzen aan deze verschillende, bestuurlijke en/of rechterlijke nationale autoriteiten.
3. Het bepaalde in artikel 11, lid 6, vindt toepassing op de door de lidstaten aangewezen autoriteiten, met inbegrip van de rechterlijke instanties die betrokken zijn bij de voorbereiding en de vaststelling van de beslissingen in de zin van artikel 5. Het bepaalde in artikel 11, lid 6, is niet van toepassing op rechterlijke instanties in zoverre zij optreden als rechterlijke instanties terzake van beroep tegen de in artikel 5 bedoelde beslissingen.
4. Niettegenstaande het bepaalde in lid 3 is, in die lidstaten waar voor de vaststelling van bepaalde in artikel 5 bedoelde beslissingen een autoriteit een zaak voor een rechterlijke instantie brengt die afzonderlijk en onderscheiden is van de vervolgende autoriteit, en voorzover voldaan wordt aan de voorwaarden van dit lid, het bepaalde in artikel 11, lid 6, alleen van toepassing op de vervolgende autoriteit die haar eis voor de rechterlijke instantie moet intrekken zodra de Commissie een procedure instelt en deze intrekking daadwerkelijk een einde maakt aan de nationale procedures.
[16-12-2002, PbEG L 1, i.w.tr. 24-01-2003/regelingnummer 1/2003]

Artikel 36
Wijziging van Verordening (EEG) nr. 1017/68
(Bevat wijzigingen in Verordening (EEG) nr. 1017/68.)
[16-12-2002, PbEG L 1, i.w.tr. 24-01-2003/regelingnummer 1/2003]

Artikel 37
Wijziging van Verordening (EEG) nr. 2988/74
(Bevat wijzigingen in Verordening (EEG) nr. 2988/74.)
[16-12-2002, PbEG L 1, i.w.tr. 24-01-2003/regelingnummer 1/2003]

Artikel 38
Wijziging van Verordening (EEG) nr. 4056/86
(Bevat wijzigingen in Verordening (EEG) nr. 4056/86.)
[16-12-2002, PbEG L 1, i.w.tr. 24-01-2003/regelingnummer 1/2003]

Artikel 39
Wijziging van Verordening (EEG) nr. 3975/87
(Bevat wijzigingen in Verordening (EEG) nr. 3975/87.)
[16-12-2002, PbEG L 1, i.w.tr. 24-01-2003/regelingnummer 1/2003]

Artikel 40
Wijziging van de Verordeningen nr. 19/65/EEG, (EEG) nr. 2821/71 en (EEG) nr. 1534/91
(Bevat wijzigingen in Verordening nr. 19/65/EEG, Verordening (EEG) nr. 2821/71 en Verordening (EEG) nr. 1534/91.)
[16-12-2002, PbEG L 1, i.w.tr. 24-01-2003/regelingnummer 1/2003]

Artikel 41
Wijziging van Verordening (EEG) nr. 3976/87
(Bevat wijzigingen in Verordening (EEG) nr. 3976/87.)
[16-12-2002, PbEG L 1, i.w.tr. 24-01-2003/regelingnummer 1/2003]

Artikel 42
Wijziging van Verordening (EEG) nr. 479/92
(Bevat wijzigingen in Verordening (EEG) nr. 479/92.)
[16-12-2002, PbEG L 1, i.w.tr. 24-01-2003/regelingnummer 1/2003]

Artikel 43
Intrekking van Verordeningen nr. 17 en nr. 141
1. Verordening nr. 17 wordt ingetrokken, met uitzondering van artikel 8, lid 3, dat van toepassing blijft op beschikkingen die vóór de datum waarop deze verordening van toepassing wordt overeenkomstig artikel 81, lid 3, van het Verdrag zijn aangenomen, tot de datum waarop die beschikkingen vervallen.
2. Verordening nr. 141 wordt ingetrokken.
3. Verwijzingen naar de ingetrokken verordeningen worden gelezen als verwijzingen naar de onderhavige verordening.
[16-12-2002, PbEG L 1, i.w.tr. 24-01-2003/regelingnummer 1/2003]

Artikel 44
Verslag over de toepassing van de verordening
Vijf jaar na de datum van toepassing van deze verordening brengt de Commissie verslag uit bij het Europees Parlement en de Raad over de werking van deze verordening, met name over de toepassing van artikel 11, lid 6, en artikel 17.
Op grond van dit verslag gaat de Commissie na of het dienstig is om de Raad een herziening van deze verordening voor te stellen.
[16-12-2002, PbEG L 1, i.w.tr. 24-01-2003/regelingnummer 1/2003]

Artikel 45
Inwerkingtreding
Deze verordening treedt in werking op de twintigste dag volgende op die van haar bekendmaking in het *Publicatieblad van de Europese Gemeenschappen.*
Zij is van toepassing met ingang van 1 mei 2004.
[16-12-2002, PbEG L 1, i.w.tr. 24-01-2003/regelingnummer 1/2003]

Verordening (EG) Nr. 773/2004 betreffende procedures van de Commissie op grond van de artikelen 81 en 82 van het Verdrag

Verordening van de Commissie van 7 april 2004 betreffende procedures van de Commissie op grond van de artikelen 81 en 82 van het Verdrag, PbEU 2004, L 123, zoals laatstelijk gewijzigd op 3 augustus 2015, PbEU 2015, L 208 (i.w.tr. 06-08-2015)

DE COMMISSIE VAN DE EUROPESE GEMEENSCHAPPEN,
Gelet op het Verdrag tot oprichting van de Europese Gemeenschap,
Gelet op de Overeenkomst betreffende de Europese Economische Ruimte,
Gelet op Verordening (EG) nr. 1/2003 van de Raad van 16 december 2002 betreffende de uitvoering van de mededingingsregels van de artikelen 81 en 82 van het Verdrag [1], en met name op artikel 33,
Na raadpleging van het Adviescomité voor mededingingsregelingen en economische machtsposities,
Overwegende hetgeen volgt:
(1) Verordening (EG) nr. 1/2003 machtigt de Commissie bepaalde aspecten van de procedures tot toepassing van de artikelen 81 en 82 van het Verdrag te regelen. Er moeten regels worden vastgesteld inzake de inleiding van de procedure door de Commissie, de behandeling van klachten en het horen van de betrokkenen.
(2) Overeenkomstig Verordening (EG) nr. 1/2003 moeten de nationale rechterlijke instanties vermijden beslissingen te nemen die in strijd zouden kunnen zijn met beschikkingen die de Commissie in dezelfde zaak overweegt te geven. Overeenkomstig artikel 11, lid 6, van die verordening verliezen de nationale mededingingsautoriteiten hun bevoegdheid wanneer de Commissie een procedure begint die tot het geven van een beschikking op grond van hoofdstuk III van Verordening (EG) nr. 1/2003 moet leiden. In dit verband is het belangrijk dat de rechterlijke instanties en de mededingingsautoriteiten van de lidstaten ervan op de hoogte zijn dat de Commissie de procedure heeft ingeleid. De Commissie moet daarom haar besluiten tot inleiding van de procedure kunnen bekendmaken.
(3) Alvorens mondelinge verklaringen af te nemen van natuurlijke of rechtspersonen die daarin toestemmen, moet de Commissie hen op de hoogte brengen van de rechtsgrond van het verhoor en van het vrijwillige karakter ervan. De ondervraagden moeten ook op de hoogte worden gebracht van het doel van het verhoor, alsmede van elke registratie die van dit verhoor kan worden gemaakt. Met het oog op de juistheid van de verklaringen moeten de ondervraagden ook in de gelegenheid

---

[1] PB L 1 van 4.1.2003, blz. 1. Verordening gewijzigd bij Verordening (EG) nr. 411/2004 (PB L 68 van 6.3.2004, blz. 1).

worden gesteld om de geregistreerde verklaring te corrigeren. Wanneer in het kader van mondelinge verklaringen verkregen gegevens overeenkomstig artikel 12 van Verordening (EG) nr. 1/2003 worden uitgewisseld, mogen die gegevens alleen als bewijs voor het opleggen van sancties ten aanzien van natuurlijke personen worden gebruikt wanneer aan de voorwaarden van dat artikel is voldaan.

(4) Overeenkomstig artikel 23, lid 1, onder d), van Verordening (EG) nr. 1/2003 kunnen geldboeten worden opgelegd aan ondernemingen en ondernemersverenigingen wanneer deze nalaten binnen de door de Commissie vastgestelde termijn een door een van hun personeelsleden tijdens een inspectie gegeven onjuist, onvolledig of misleidend antwoord te corrigeren. Daarom moet aan de betrokken onderneming een geregistreerde verklaring worden verstrekt van de gegeven toelichting en moet een procedure worden vastgesteld die deze onderneming de mogelijkheid biedt tot het corrigeren, wijzigen of aanvullen van toelichtingen die zijn gegeven door een personeelslid dat niet is of was gemachtigd om namens de onderneming toelichting te verschaffen. De door een personeelslid gegeven toelichtingen moeten in het dossier van de Commissie blijven zoals zij zijn geregistreerd tijdens de inspectie.

(5) Klachten zijn een essentiële bron van informatie om inbreuken op de mededingingsregels op het spoor te komen. Het is belangrijk duidelijke en doeltreffende procedures vast te stellen voor de behandeling van klachten die bij de Commissie zijn ingediend.

(6) Om ontvankelijk te zijn voor de toepassing van artikel 7 van Verordening (EG) nr. 1/2003 moet een klacht bepaalde specifieke gegevens bevatten.

(7) Om klagers bij te staan bij het verstrekken van de nodige gegevens aan de Commissie, moet een formulier worden opgesteld. Het verstrekken van de in dat formulier verlangde gegevens moet een voorwaarde zijn om een klacht als klacht in de zin van artikel 7 van Verordening (EG) nr. 1/2003 te behandelen.

(8) Natuurlijke of rechtspersonen die ervoor hebben gekozen een klacht in te dienen, moet de mogelijkheid worden geboden om nauw te worden betrokken bij de procedure die de Commissie heeft ingeleid met het oog op de vaststelling van een inbreuk. Zij mogen evenwel geen toegang hebben tot zakengeheimen of andere vertrouwelijke gegevens van andere partijen die bij de procedure zijn betrokken.

(9) Klagers moeten in de gelegenheid worden gesteld hun standpunt kenbaar te maken, indien de Commissie van oordeel is dat er onvoldoende gronden zijn om aan de klacht gevolg te geven. Wanneer de Commissie een klacht afwijst op grond van het feit dat een mededingingsautoriteit van een lidstaat deze klacht behandelt of reeds heeft behandeld, dient zij de klager mee te delen welke autoriteit het betreft.

(10) Om de rechten van de verdediging van ondernemingen te eerbiedigen, moet de Commissie, alvorens een besluit te nemen, de betrokken partijen het recht verlenen om te worden gehoord.

(11) Voorts dient te worden voorzien in het horen van personen die geen klacht in de zin van artikel 7 van Verordening (EG) nr. 1/2003 hebben ingediend en die geen partijen zijn aan wie een mededeling van punten van bezwaar is gericht, maar die niettemin een voldoende belang kunnen aantonen. Consumentenverenigingen die verzoeken om te worden gehoord, zouden over het algemeen moeten worden geacht een voldoende belang te hebben, wanneer de procedure betrekking heeft op producten of diensten voor de eindgebruiker dan wel op producten of diensten die een rechtstreeks onderdeel vormen van dergelijke producten of diensten. Wanneer

de Commissie zulks nuttig acht voor de procedure, moet zij ook andere personen kunnen uitnodigen hun standpunt schriftelijk uiteen te zetten en deel te nemen aan de hoorzitting met de partijen aan wie zij een mededeling van punten van bezwaar heeft gericht. In voorkomend geval moet de Commissie deze personen ook kunnen uitnodigen hun standpunt uiteen te zetten tijdens deze hoorzitting.

(12) Teneinde de hoorzitting doeltreffender te maken, moet de raadadviseur-auditeur kunnen toestaan dat de betrokken partijen, de klagers, de op de hoorzitting uitgenodigde andere personen, de diensten van de Commissie en de autoriteiten van de lidstaten vragen stellen tijdens de hoorzitting.

(13) Wanneer toegang tot het dossier wordt verleend, moet de Commissie zorg dragen voor de bescherming van zakengeheimen en andere vertrouwelijke gegevens. De categorie 'andere vertrouwelijke gegevens' omvat andere gegevens dan zakengeheimen, die als vertrouwelijk kan worden beschouwd voorzover de openbaarmaking ervan een onderneming of persoon aanzienlijk zou schaden. De Commissie moet ondernemingen of ondernemersverenigingen die documenten overleggen of hebben overgelegd dan wel verklaringen afleggen of hebben afgelegd, kunnen verzoeken aan te geven welke gegevens vertrouwelijk zijn.

(14) Wanneer zakengeheimen of andere vertrouwelijke gegevens nodig zijn om het bewijs van een inbreuk te leveren, moet de Commissie voor elk individueel document beoordelen of de noodzaak tot openbaarmaking groter is dan de schade die zou kunnen voortvloeien uit deze openbaarmaking.

(15) In het belang van de rechtszekerheid moet een minimumtermijn worden vastgesteld voor het indienen van de verschillende in deze verordening bedoelde stukken.

(16) Deze verordening vervangt Verordening (EG) nr. 2842/98 van de Commissie van 22 december 1998 betreffende het horen van belanghebbenden en derden in bepaalde procedures op grond van de artikelen 85 en 86 van het EG-Verdrag [2], welke derhalve moet worden ingetrokken.

(17) Bij deze verordening worden de procedureregels voor de vervoersector afgestemd op de algemene procedureregels voor alle sectoren. Verordening (EG) nr. 2843/98 van de Commissie van 22 december 1998 betreffende de vorm, inhoud en overige bijzonderheden van verzoeken en aanmeldingen uit hoofde van de Verordeningen (EEG) nr. 1017/68, (EEG) nr. 4056/86 en (EEG) nr. 3975/87 van de Raad houdende toepassing van de mededingingsregels op de vervoersector [3] moet derhalve worden ingetrokken.

(18) Bij Verordening (EG) nr. 1/2003 werd het aanmeldings- en goedkeuringssysteem afgeschaft. Verordening (EG) nr. 3385/94 van de Commissie van 21 december 1994 betreffende vorm, inhoud en overige bijzonderheden van verzoeken en aanmeldingen uit hoofde van Verordening nr. 17 van de Raad [4] moet derhalve worden ingetrokken,

HEEFT DE VOLGENDE VERORDENING VASTGESTELD:

---

(2) *PB* L 354 van 30.12.1998, blz. 18.
(3) *PB* L 354 van 30.12.1998, blz. 22.
(4) *PB* L 377 van 31.12.1994, blz. 28.

Vo. 773/2004 procedures Commissie op grond van art. 81 en 82 Verdrag

HOOFDSTUK I
Toepassingsgebied

Artikel 1
Onderwerp en toepassingsgebied

Deze verordening is van toepassing op de procedures die de Commissie voert met het oog op de toepassing van de artikelen 81 en 82 van het Verdrag.
[07-04-2004, PbEU L 123, i.w.tr. 01-05-2004/regelingnummer 773/2004]

HOOFDSTUK II
Inleiding van de procedure

Artikel 2
Inleiding van de procedure

1. De Commissie kan op elk tijdstip besluiten de procedure in te leiden met het oog op de vaststelling van een beschikking op grond van hoofdstuk III van Verordening (EG) nr. 1/2003; dit besluit dient echter te worden genomen vóór de voorlopige beoordeling in de zin van artikel 9, lid 1, van Verordening (EG) nr. 1/2003, vóór de toezending van een mededeling van punten van bezwaar, vóór een verzoek aan de partijen hun belangstelling te laten blijken om schikkingsgesprekken te voeren, of vóór de publicatie van een bekendmaking in de zin van artikel 27, lid 4, van die verordening, naargelang van welke handeling het eerst plaatsvindt.
2. De Commissie kan de inleiding van de procedure op passende wijze bekendmaken. Alvorens dat te doen, brengt zij de betrokken partijen daarvan op de hoogte.
3. De Commissie kan haar onderzoeksbevoegdheden op grond van hoofdstuk V van Verordening (EG) nr. 1/2003 uitoefenen alvorens een procedure in te leiden.
4. De Commissie kan een klacht in de zin van artikel 7 van Verordening (EG) nr. 1/2003 afwijzen zonder een procedure in te leiden.
[30-06-2008, PbEU L 171, i.w.tr. 01-07-2008/regelingnummer 622/2008]

HOOFDSTUK III
Onderzoeken door de Commissie

Artikel 3
Bevoegdheid tot het opnemen van verklaringen

1. Wanneer de Commissie overeenkomstig artikel 19 van Verordening (EG) nr. 1/2003 een persoon hoort die daarin toestemt, geeft zij bij aanvang van het verhoor de rechtsgrondslag en het doel van dat verhoor aan en verwijst zij naar het vrijwillige karakter ervan. Zij stelt de ondervraagde ook in kennis van haar voornemen om het verhoor te registreren.
2. Het verhoor kan met alle middelen worden afgenomen, met inbegrip van telefoon of langs elektronische weg.
3. De Commissie kan de verklaringen van de ondervraagden in om het even welke vorm registreren. Een kopie van elke registratie wordt ter goedkeuring aan de ondervraagde ter beschikking gesteld. Indien nodig bepaalt de Commissie de termijn

waarbinnen de ondervraagde haar eventuele correcties kan meedelen die aan zijn verklaring moeten worden aangebracht.
[07-04-2004, PbEU L 123, i.w.tr. 01-05-2004/regelingnummer 773/2004]

Artikel 4
Mondelinge vragen tijdens inspecties

1. Wanneer de door de Commissie gemachtigde functionarissen of andere begeleidende personen overeenkomstig artikel 20, lid 2, onder e), van Verordening (EG) nr. 1/2003 vertegenwoordigers of personeelsleden van een onderneming of ondernemersvereniging om toelichting verzoeken, kan deze toelichting in om het even welke vorm worden geregistreerd.
2. Een kopie van elke overeenkomstig lid 1 gemaakte registratie wordt na de inspectie ter beschikking gesteld van de betrokken onderneming of ondernemersvereniging.
3. In het geval van een verzoek om toelichting aan een personeelslid van een onderneming of ondernemersvereniging dat door de onderneming of ondernemersvereniging niet is of was gemachtigd om namens de onderneming of ondernemersvereniging toelichting te verschaffen, stelt de Commissie een termijn vast waarbinnen deze onderneming of ondernemersvereniging de Commissie alle rechtzettingen, wijzigingen of aanvullingen kan meedelen die moeten worden aangebracht aan de door dat personeelslid verstrekte toelichtingen. De rechtzettingen, wijzigingen of aanvullingen worden bij de overeenkomstig lid 1 geregistreerde toelichtingen gevoegd.
[07-04-2004, PbEU L 123, i.w.tr. 01-05-2004/regelingnummer 773/2004]

Artikel 4 bis
De clementieregeling van de Commissie

1. De Commissie kan de eisen en de voorwaarden voor medewerking vaststellen waarop zij ondernemingen die partij zijn of waren bij geheime kartels, voor hun medewerking aan het opsporen van het kartel en het helpen vast te stellen van een inbreuk kan belonen met immuniteit tegen of een vermindering van de geldboeten die anders krachtens artikel 23, lid 2, van Verordening (EG) nr. 1/2003 zouden zijn opgelegd (de clementieregeling van de Commissie).
Immuniteit tegen geldboeten kan worden verleend aan de onderneming die als eerste bewijsmateriaal verschaft waarvan de Commissie meent dat dit haar in staat zal stellen om een gerichte inspectie uit te voeren of tot het bestaan van een inbreuk op artikel 101 van het Verdrag te concluderen met betrekking tot het beweerde kartel. Boetevermindering kan worden verleend aan ondernemingen die de Commissie voor de beweerde inbreuk bewijsmateriaal verschaffen dat aanzienlijke toegevoegde waarde heeft vergeleken met het bewijsmateriaal waarover de Commissie reeds beschikt.
De Commissie zal in het kader van haar clementieregeling alleen immuniteit tegen of een vermindering van geldboeten toekennen indien, aan het einde van de administratieve procedure, de onderneming heeft voldaan aan de eisen en voorwaarden inzake medewerking die in de clementieregeling zijn beschreven. Daarbij kan het onder meer gaan om het soort informatie en bewijsmateriaal dat de ondernemingen moeten indienen en de verdere medewerking die tijdens de administratieve procedure van de ondernemingen wordt verwacht.
2. Om in aanmerking te komen voor immuniteit tegen of een vermindering van de geldboete die anders was opgelegd, brengen ondernemingen de Commissie vrijwillig

op de hoogte van de kennis die zij hebben van een geheim kartel en van hun rol daarin, waarbij het ook kan gaan om vrijwillige uiteenzettingen van de kennis van vroegere of huidige medewerkers of vertegenwoordigers van de onderneming (clementieverklaringen van ondernemingen). Dit soort clementieverklaringen van ondernemingen worden specifiek opgesteld om bij de Commissie te worden ingediend met het oog op het verkrijgen van immuniteit tegen of vermindering van geldboeten op grond van de clementieregeling van de Commissie.
3. De Commissie zal partijen, naast schriftelijke verklaringen, passende methoden aanbieden voor het verschaffen van clementieverklaringen van ondernemingen, met inbegrip van mondelinge verklaringen. Mondelinge ondernemingsverklaringen kunnen in de lokalen van de Commissie worden opgenomen en getranscribeerd. De onderneming krijgt de gelegenheid om de technische getrouwheid van de opname van haar mondelinge verklaring in de lokalen van de Commissie te controleren en, waar nodig, de inhoud van haar verklaring onverwijld te corrigeren. De regels uit deze verordening met betrekking tot clementieverklaringen van ondernemingen zijn op deze verklaringen van toepassing, ongeacht het medium waarop deze zijn opgeslagen. Reeds bestaande informatie, d.w.z. informatie die bestaat los van de procedures van de Commissie en die bij de Commissie wordt ingediend door een onderneming in het kader van haar verzoek om immuniteit tegen of een verlaging van een geldboete, maakt geen deel uit van een clementieverklaring van een onderneming.
[03-08-2015, PbEU L 208, i.w.tr. 06-08-2015/regelingnummer 2015/1348]

HOOFDSTUK IV
Behandeling van klachten

Artikel 5
Ontvankelijkheid van klachten
1. Om gerechtigd te zijn tot het indienen van een klacht in de zin van artikel 7 van Verordening (EG) nr. 1/2003 moeten natuurlijke en rechtspersonen een rechtmatig belang aantonen.
Dergelijke klachten bevatten alle in formulier C in de bijlage verlangde gegevens. De Commissie kan ontheffing verlenen van deze verplichting met betrekking tot een deel van de in formulier C verlangde gegevens, met inbegrip van documenten.
2. Drie papieren exemplaren alsmede, indien mogelijk, een elektronische versie van de klacht worden bij de Commissie ingediend. De klager dient eveneens een niet-vertrouwelijke versie van de klacht in, indien een deel van de klacht door hem als vertrouwelijk wordt aangemerkt.
3. Klachten worden opgesteld in een van de officiële talen van de Gemeenschap.
[07-04-2004, PbEU L 123, i.w.tr. 01-05-2004/regelingnummer 773/2004]

Artikel 6
Deelname van klagers aan de procedure
1. Wanneer de Commissie de punten van bezwaar meedeelt met betrekking tot een zaak waarin zij een klacht heeft ontvangen, verschaft zij de klager een exemplaar van de niet-vertrouwelijke versie van de mededeling van punten van bezwaar, behalve in die gevallen waarin de schikkingsprocedure wordt toegepast; in dat geval stelt zij de klager schriftelijk in kennis van de aard en het onderwerp van de procedure. De

Commissie stelt ook een termijn vast waarbinnen de klager schriftelijk zijn standpunt kenbaar kan maken.
2. De Commissie kan, in voorkomend geval, de klagers in de gelegenheid stellen hun standpunt mondeling toe te lichten tijdens de hoorzitting met de partijen aan wie een mededeling van punten van bezwaar is gericht, indien de klagers in hun schriftelijke opmerkingen daarom verzoeken.
[30-06-2008, PbEU L 171, i.w.tr. 01-07-2008/regelingnummer 622/2008]

Artikel 7
Afwijzing van klachten

1. Wanneer de Commissie op grond van de gegevens waarover zij beschikt, van mening is dat er onvoldoende gronden zijn om aan een klacht gevolg te geven, deelt zij de klager haar redenen hiervoor mee en stelt zij een termijn vast waarbinnen de klager schriftelijk zijn standpunt kenbaar kan maken. De Commissie is niet verplicht rekening te houden met aanvullende schriftelijke opmerkingen die zij na het verstrijken van die termijn ontvangt.
2. Indien de klager zijn standpunt binnen de door de Commissie vastgestelde termijn kenbaar maakt en de schriftelijke opmerkingen van de klager niet tot een andere beoordeling van de klacht leiden, wijst de Commissie de klacht bij beschikking af.
3. Indien de klager zijn standpunt niet kenbaar maakt binnen de door de Commissie vastgestelde termijn, wordt de klacht geacht te zijn ingetrokken.
[07-04-2004, PbEU L 123, i.w.tr. 01-05-2004/regelingnummer 773/2004]

Artikel 8
Toegang tot informatie

1. Wanneer de Commissie de klager in kennis heeft gesteld van haar voornemen een klacht overeenkomstig artikel 7, lid 1, af te wijzen, kan de klager verzoeken om toegang tot de documenten waarop de Commissie haar voorlopige beoordeling heeft gebaseerd. Daarbij mag de klager evenwel geen toegang hebben tot zakengeheimen en andere vertrouwelijke gegevens van andere partijen die bij de procedure zijn betrokken.
[03-08-2015, PbEU L 208, i.w.tr. 06-08-2015/regelingnummer 2015/1348]

Artikel 9
Afwijzing van klachten overeenkomstig artikel 13 van Verordening (EG) nr. 1/2003

Wanneer de Commissie een klacht overeenkomstig artikel 13 van Verordening (EG) nr. 1/2003 afwijst, deelt zij de klager onverwijld mee welke nationale mededingingsautoriteit de zaak behandelt of reeds heeft behandeld.
[07-04-2004, PbEU L 123, i.w.tr. 01-05-2004/regelingnummer 773/2004]

HOOFDSTUK V
Uitoefening van het recht om te worden gehoord

Artikel 10
Mededeling van punten van bezwaar en antwoord

1. De Commissie deelt de betrokken partijen de jegens hen aangevoerde bezwaren mee. De mededeling van punten van bezwaar wordt schriftelijk gericht aan elk van de partijen tegen wie bezwaren worden aangevoerd.
2. Op het ogenblik dat de mededeling van punten van bezwaar de betrokken partijen ter kennis wordt gebracht, stelt de Commissie een termijn vast waarbinnen deze partijen haar schriftelijk hun standpunt kenbaar kunnen maken. De Commissie is niet verplicht rekening te houden met schriftelijke opmerkingen die zij na het verstrijken van die termijn ontvangt.
3. De partijen kunnen in hun schriftelijke opmerkingen alle feiten uiteenzetten waarvan zij kennis hebben en die dienstig kunnen zijn voor hun verdediging ten aanzien van de door de Commissie aangevoerde bezwaren. Zij leggen alle relevante documenten tot staving van de aangevoerde feiten over. Zij verstrekken een papieren origineel alsmede een elektronische versie van hun opmerkingen en van de daarbij gevoegde stukken, of wanneer zij geen elektronische versie verstrekken, 31 papieren exemplaren van deze documenten. Zij kunnen voorstellen dat de Commissie personen hoort die de in hun opmerkingen uiteengezette feiten kunnen bevestigen.

[21-02-2013, PbEU L 158, i.w.tr. 01-07-2013/regelingnummer 519/2013]

Artikel 10 bis
Schikkingsprocedure in kartelzaken

1. Na de inleiding van de procedure op grond van artikel 11, lid 6, van Verordening (EG) nr. 1/2003 kan de Commissie een termijn vaststellen waarbinnen de partijen schriftelijk kunnen aangeven dat zij bereid zijn schikkingsgesprekken te voeren, met als doel om eventueel verklaringen met het oog op een schikking in te dienen. De Commissie is niet verplicht rekening te houden met antwoorden die zij na het verstrijken van die termijn ontvangt.

Indien twee of meer partijen binnen dezelfde onderneming aangeven dat zij bereid zijn overeenkomstig de eerste alinea schikkingsgesprekken te voeren, dienen dezen gemeenschappelijke vertegenwoordigers aan te stellen, die zijn gemachtigd om namens hen met de Commissie deze gesprekken te voeren. Bij het vaststellen van de in de eerste alinea bedoelde termijn deelt de Commissie aan de betrokken partijen mee dat zij binnen dezelfde onderneming zijn geïdentificeerd, met het enkele doel hen in staat te stellen aan deze bepaling te voldoen.

2. Partijen die aan schikkingsgesprekken deelnemen, kunnen door de Commissie in kennis worden gesteld van:
a) de bezwaren die zij voornemens is jegens hen aan te voeren;
b) het bewijsmateriaal waarvan wordt gebruikgemaakt om de beoogde bezwaren vast te stellen;
c) niet-vertrouwelijke versies van ieder specifiek, toegankelijk document dat op dat tijdstip in het dossier van de zaak is opgenomen, voor zover een verzoek van een partij gerechtvaardigd is om die partij in staat te stellen haar positie ten aanzien

van een bepaalde periode of enig ander specifiek aspect van het kartel te bepalen, en

d) de bandbreedte van mogelijke geldboeten.

Deze gegevens zijn vertrouwelijk, tenzij de Commissie vooraf uitdrukkelijk toestemming tot vrijgave heeft gegeven.

Indien de schikkingsgesprekken vorderen, kan de Commissie een termijn vaststellen waarbinnen de partijen zich ertoe kunnen verbinden de schikkingsprocedure te volgen door verklaringen met het oog op een schikking in te dienen waarin de uitkomsten van de schikkingsgesprekken zijn weergegeven en waarin zij hun betrokkenheid bij een schending van artikel 101 van het Verdrag en hun aansprakelijkheid erkennen. Deze verklaringen met het oog op een schikking worden door de betrokken ondernemingen specifiek opgesteld als een formeel verzoek aan de Commissie om in hun zaak een besluit vast te stellen volgens de schikkingsprocedure. Voordat de Commissie een termijn vaststelt voor het indienen van verklaringen met het oog op een schikking, hebben de betrokken partijen het recht om, op hun verzoek, tijdig inzage te krijgen in de in de eerste alinea bedoelde gegevens. De Commissie is niet verplicht rekening te houden met verklaringen met het oog op een schikking die zij na het verstrijken van die termijn ontvangt.

De Commissie zal partijen, naast schriftelijke verklaringen, passende methoden aanbieden voor het verschaffen van verklaringen met het oog op een schikking, met inbegrip van mondelinge verklaringen. Mondelinge verklaringen met het oog op een schikking kunnen in de lokalen van de Commissie worden opgenomen en getranscribeerd. De onderneming krijgt de gelegenheid om de technische getrouwheid van de opname van haar mondelinge verklaring in de lokalen van de Commissie te controleren en, waar nodig, de inhoud van haar verklaringen onverwijld te corrigeren. De regels uit deze verordening met betrekking tot verklaringen met het oog op een schikking zijn van toepassing op verklaringen met het oog op een schikking, ongeacht het medium waarop deze zijn opgeslagen.

3. Wanneer de inhoud van de door de partijen met het oog op een schikking gedane verklaringen in de aan de partijen kennisgegeven mededeling van punten van bezwaar is weergegeven, wordt door het schriftelijke antwoord van de betrokken partijen op de mededeling van punten van bezwaar, binnen een door de Commissie vast te stellen termijn, bevestigd dat de aan hen gerichte mededeling van punten van bezwaar de inhoud van hun met het oog op een schikking gedane verklaringen weergeeft. De Commissie kan daarop, na raadpleging van het Adviescomité voor mededingingsregelingen en economische machtsposities overeenkomstig artikel 14 van Verordening (EG) nr. 1/2003, overgaan tot het geven van een beschikking op grond van de artikelen 7 en 23 van Verordening (EG) nr. 1/2003.

4. De Commissie kan op ieder tijdstip in de procedure besluiten om schikkingsgesprekken volledig stop te zetten in een bepaalde zaak of ten aanzien van één of meer van de betrokken partijen, indien zij van mening is dat procedurele voordelen in het gedrang komen.

[03-08-2015, PbEU L 208, i.w.tr. 06-08-2015/regelingnummer 2015/1348]

Artikel 11
Recht om te worden gehoord

1. De Commissie biedt de partijen aan wie zij een mededeling van punten van bezwaar richt, de mogelijkheid om te worden gehoord alvorens zij het in artikel 14, lid 1, van Verordening (EG) nr. 1/2003 bedoelde Adviescomité raadpleegt.
2. De Commissie neemt in haar beschikkingen slechts de bezwaren in aanmerking ten aanzien waarvan de in lid 1 bedoelde partijen hun opmerkingen hebben kunnen maken.
[30-06-2008, PbEU L 171, i.w.tr. 01-07-2008/regelingnummer 622/2008]

Artikel 12

1. De Commissie stelt de partijen aan wie zij een mededeling van punten van bezwaar richt, in de gelegenheid tijdens een hoorzitting hun standpunt toe te lichten, indien zij in hun schriftelijke opmerkingen daarom verzoeken.
2. Bij het indienen van hun verklaringen met het oog op een schikking, bevestigen de partijen evenwel aan de Commissie dat zij alleen de gelegenheid moeten krijgen hun argumenten tijdens een hoorzitting uiteen te zetten wanneer door de mededeling van punten van bezwaar de inhoud van hun verklaringen met het oog op een schikking niet wordt weergegeven.
[30-06-2008, PbEU L 171, i.w.tr. 01-07-2008/regelingnummer 622/2008]

Artikel 13
Het horen van andere personen

1. Indien andere natuurlijke of rechtspersonen dan de in de artikelen 5 en 11 bedoelde personen verzoeken om te worden gehoord en indien zij een voldoende belang aantonen, stelt de Commissie hen schriftelijk in kennis van de aard en het onderwerp van de procedure en stelt zij een termijn vast waarbinnen zij hun standpunt schriftelijk kenbaar kunnen maken.
2. De Commissie kan, in voorkomend geval, de in lid 1 bedoelde personen die in hun schriftelijke opmerkingen daarom verzoeken, in de gelegenheid stellen hun standpunt toe te lichten tijdens de hoorzitting met de partijen aan wie zij een mededeling van punten van bezwaar heeft gericht.
3. De Commissie kan andere personen uitnodigen hun standpunt schriftelijk uiteen te zetten, alsmede deel te nemen aan de hoorzitting met de partijen aan wie zij een mededeling van punten van bezwaar heeft gericht. De Commissie kan deze personen ook uitnodigen hun standpunt uiteen te zetten tijdens deze hoorzitting.
[07-04-2004, PbEU L 123, i.w.tr. 01-05-2004/regelingnummer 773/2004]

Artikel 14
Verloop van de hoorzitting

1. De hoorzitting wordt door de raadadviseur-auditeur in volle onafhankelijkheid geleid.
2. De Commissie nodigt degenen die zij wil horen uit om op de door haar bepaalde datum deel te nemen aan de hoorzitting.
3. De Commissie nodigt de mededingingsautoriteiten van de lidstaten uit om aan de hoorzitting deel te nemen. Zij kan ook functionarissen en ambtenaren van andere autoriteiten van de lidstaten uitnodigen.

4. De opgeroepenen verschijnen in persoon of worden door hun wettelijke of statutair bevoegde vertegenwoordiger vertegenwoordigd. Ondernemingen en ondernemersverenigingen mogen ook worden vertegenwoordigd door een naar behoren gemachtigd lid van hun vast personeel.
5. Degenen die door de Commissie worden gehoord, mogen zich laten bijstaan door hun advocaten of door een andere, door de raadadviseur-auditeur aanvaarde, gekwalificeerde persoon.
6. De hoorzitting is niet openbaar. Eenieder kan afzonderlijk of in aanwezigheid van andere opgeroepenen worden gehoord, met inachtneming van het rechtmatige belang van de ondernemingen bij de bescherming van hun zakengeheimen en andere vertrouwelijke gegevens.
7. De raadadviseur-auditeur kan de partijen aan wie een mededeling van punten van bezwaar is gericht, de klagers, de op de hoorzitting uitgenodigde andere personen, de diensten van de Commissie en de autoriteiten van de lidstaten toestaan vragen te stellen tijdens de hoorzitting.
8. De verklaringen van eenieder die wordt gehoord, worden geregistreerd. Op verzoek wordt de registratie van de hoorzitting ter beschikking gesteld van de personen die aan de hoorzitting deelnamen. Er wordt rekening gehouden met het rechtmatige belang van de partijen bij de bescherming van hun zakengeheimen en andere vertrouwelijke gegevens.

[07-04-2004, PbEU L 123, i.w.tr. 01-05-2004/regelingnummer 773/2004]

HOOFDSTUK VI
Toegang tot het dossier en behandeling van vertrouwelijke gegevens

Artikel 15
Toegang tot het dossier

1. Op verzoek verleent de Commissie de partijen aan wie zij een mededeling van punten van bezwaar heeft gericht, toegang tot het dossier. Toegang wordt verleend na toezending van de mededeling van punten van bezwaar.
1 bis. Na inleiding van de procedure van artikel 11, lid 6, van Verordening (EG) nr. 1/2003 en om de partijen die daartoe bereid zijn, in staat te stellen verklaringen met het oog op een schikking in te dienen, verleent de Commissie hun, op verzoek en op de in desbetreffende alinea's vastgestelde voorwaarden, inzage in de in artikel 10 bis, lid 2, bedoelde bewijsstukken en documenten. Met het oog daarop bevestigen de partijen bij het indienen van hun verklaringen met het oog op een schikking aan de Commissie dat zij na ontvangst van de mededeling van punten van bezwaar alleen overeenkomstig lid 1 toegang tot het dossier zullen vragen indien de inhoud van hun met het oog op een schikking gedane verklaringen niet in de mededeling van punten van bezwaar is weergegeven. Wanneer schikkingsgesprekken met één of meer van de partijen zijn afgebroken, krijgt die partij overeenkomstig lid 1 toegang tot het dossier wanneer een mededeling van punten van bezwaar tot haar wordt gericht.
1 ter. Tot een clementieverklaring van een onderneming in de zin van artikel 4 bis, lid 2, of een verklaring met het oog op een schikking in de zin van artikel 10 bis, lid 2, wordt overeenkomstig de leden 1 of 1 bis uitsluitend in de lokalen van de Commissie toegang verleend. De partijen en hun vertegenwoordigers maken van de clementie-

verklaringen van ondernemingen of van verklaringen met het oog op een schikking geen kopie met mechanische of elektronische middelen.

2. Het recht van toegang tot het dossier geldt niet voor zakengeheimen en andere vertrouwelijke gegevens, noch voor interne documenten van de Commissie of van de mededingingsautoriteiten van de lidstaten. Het recht van toegang tot het dossier geldt evenmin voor de briefwisseling tussen de Commissie en de mededingingsautoriteiten van de lidstaten of tussen die autoriteiten, wanneer deze briefwisseling in het dossier van de Commissie is opgenomen.

3. Niets in deze verordening belet de Commissie om de voor het bewijs van een inbreuk op de artikelen 81 of 82 van het Verdrag noodzakelijke gegevens openbaar te maken of te gebruiken.

[03-08-2015, PbEU L 208, i.w.tr. 06-08-2015/regelingnummer 2015/1348]

Artikel 16
Identificatie en bescherming van vertrouwelijke gegevens

1. Er wordt geen mededeling gedaan van noch toegang verleend tot gegevens, met inbegrip van documenten, die zakengeheimen of andere vertrouwelijke gegevens van een persoon bevatten.

2. Degenen die overeenkomstig artikel 6, lid 1, artikel 7, lid 1, artikel 10, lid 2, en artikel 13, leden 1 en 3, hun standpunt kenbaar maken of later in dezelfde procedure aan de Commissie nadere informatie verstrekken, geven met opgave van redenen duidelijk aan welke elementen zij als vertrouwelijk beschouwen, en verstrekken de Commissie binnen de door haar vastgestelde termijn om hun standpunten kenbaar te maken een afzonderlijke, niet-vertrouwelijke versie.

3. Onverminderd lid 2, kan de Commissie ondernemingen en ondernemersverenigingen die overeenkomstig Verordening (EG) nr. 1/2003 documenten overleggen dan wel verklaringen afleggen, verzoeken om de documenten of delen van documenten aan te duiden welke huns inziens aan hen toebehorende zakengeheimen of andere vertrouwelijke gegevens bevatten alsmede om de ondernemingen aan te duiden ten aanzien waarvan deze documenten als vertrouwelijk moeten worden beschouwd. De Commissie kan ondernemingen of ondernemersverenigingen eveneens verzoeken aan te geven welke delen van een mededeling van punten van bezwaar, van een overeenkomstig artikel 27, lid 4, van Verordening (EG) nr. 1/2003 opgestelde samenvatting van de zaak, dan wel van een beschikking of besluit van de Commissie, volgens hen zakengeheimen bevatten.

De Commissie kan een termijn vaststellen waarbinnen ondernemingen en ondernemersverenigingen:

a) hun aanspraak op vertrouwelijkheid met betrekking tot elk individueel document of deel van een document, elke verklaring of deel van een verklaring dienen te staven;
b) de Commissie een niet-vertrouwelijke versie van de documenten of verklaringen dienen te verstrekken, waarin de vertrouwelijke passages zijn geschrapt;
c) een beknopte omschrijving van alle geschrapte gegevens dienen te verstrekken.

4. Indien ondernemingen of ondernemersverenigingen niet voldoen aan de leden 2 en 3, mag de Commissie ervan uitgaan dat de betrokken documenten of verklaringen geen vertrouwelijke gegevens bevatten.

[07-04-2004, PbEU L 123, i.w.tr. 01-05-2004/regelingnummer 773/2004]

HOOFDSTUK VI BIS
Beperkingen op het gebruik van tijdens de procedure voor de commissie verkregen informatie

Artikel 16 bis
1. Overeenkomstig deze verordening verkregen informatie wordt uitsluitend gebruikt voor gerechtelijke of administratieve procedures met het oog op de toepassing van de artikelen 101 en 102 van het Verdrag.
2. Tot clementieverklaringen van ondernemingen in de zin van artikel 4 bis, lid 2, of tot verklaringen met het oog op een schikking in de zin van artikel 10 bis, lid 2, wordt uitsluitend toegang verleend met het oog op de uitoefening van de rechten van verdediging in procedures voor de Commissie. Informatie uit deze verklaringen mag door de partij die toegang tot het dossier heeft gekregen, alleen worden gebruikt wanneer dat noodzakelijk is voor het uitoefenen van haar rechten van verdediging in procedures:
a) waarin de rechtscolleges van de Europese Unie besluiten van de Commissie toetsen, of
b) voor nationale rechterlijke instanties in zaken die rechtstreeks verband houden met de zaak waarin toegang werd verleend en waarbij het gaat om:
   i) de verdeling over karteldeelnemers van een geldboete die hun hoofdelijk is opgelegd door de Commissie, of
   ii) de toetsing van een besluit waarin een mededingingsautoriteit van een lidstaat een inbreuk op artikel 101 VWEU heeft vastgesteld.
3. De volgende categorieën informatie die op grond van deze verordening is verkregen, worden in procedures voor nationale rechterlijke instanties pas gebruikt nadat de Commissie haar procedure ten aanzien van alle partijen in het onderzoek heeft afgesloten door het vaststellen van een besluit op grond van artikel 7, 9 of 10 van Verordening (EG) nr. 1/2003 óf nadat zij haar administratieve procedure anderszins heeft afgerond:
a) informatie die door andere natuurlijke personen of rechtspersonen specifiek voor de procedure van de Commissie is voorbereid, en
b) informatie die de Commissie in de loop van haar procedure heeft opgesteld en aan de partijen heeft toegezonden.
[03-08-2015, PbEU L 208, i.w.tr. 06-08-2015/regelingnummer 2015/1348]

HOOFDSTUK VII
Algemene en slotbepalingen

Artikel 17
Termijnen
1. De Commissie houdt bij de vaststelling van de in artikel 3, lid 3, artikel 4, lid 3, artikel 6, lid 1, artikel 7, lid 1, artikel 10, lid 2, artikel 10 bis, leden 1, 2 en 3, en artikel 16, lid 3, bedoelde termijnen zowel rekening met de tijd die nodig is voor het opstellen van de stukken, als met het spoedeisende karakter van de zaak.
2. De in artikel 6, lid 1, artikel 7, lid 1, en artikel 10, lid 2, bedoelde termijnen bedragen ten minste vier weken. Voor procedures ingeleid met het oog op de vaststelling van voorlopige maatregelen op grond van artikel 8 van Verordening (EG) nr. 1/2003, kan de termijn evenwel worden verkort tot één week.

3. De in artikel 4, lid 3, artikel 10 bis, leden 1 en 2, en artikel 16, lid 3, bedoelde termijnen bedragen ten minste twee weken. De in artikel 3, lid 3, bedoelde termijn bedraagt ten minste twee weken, behalve voor verklaringen met het oog op een schikking, waarvoor correcties binnen één week plaatsvinden. De in artikel 10 bis, lid 3, bedoelde termijn bedraagt ten minste twee weken.
4. In voorkomend geval en op met redenen omkleed verzoek dat vóór het verstrijken van de oorspronkelijke termijn wordt ingediend, kunnen de termijnen worden verlengd.
[30-06-2008, PbEU L 171, i.w.tr. 01-07-2008/regelingnummer 622/2008]

Artikel 18
Intrekkingen

De Verordeningen (EG) nr. 2842/98, (EG) nr. 2843/98 en (EG) nr. 3385/94 worden ingetrokken.
Verwijzingen naar de ingetrokken verordeningen gelden als verwijzingen naar de onderhavige verordening.
[07-04-2004, PbEU L 123, i.w.tr. 01-05-2004/regelingnummer 773/2004]

Artikel 19
Overgangsbepalingen

De overeenkomstig de Verordeningen (EG) nr. 2842/98 en (EG) nr. 2843/98 verrichte procedurehandelingen blijven met het oog op de toepassing van de onderhavige verordening effect sorteren.
[07-04-2004, PbEU L 123, i.w.tr. 01-05-2004/regelingnummer 773/2004]

Artikel 20
Inwerkingtreding

Deze verordening treedt op 1 mei 2004 in werking.
[07-04-2004, PbEU L 123, i.w.tr. 01-05-2004/regelingnummer 773/2004]

BIJLAGE

Formulier C. Klacht in de zin van artikel 7 van Verordening (EG) Nr. 1/2003

I. Informatie over de klager en de onderneming(en) of ondernemersvereniging waartegen de klacht is gericht
1. Gelieve volledige gegevens te verstrekken over de identiteit van de natuurlijke of rechtspersoon die de klacht indient. Indien de klager een onderneming is gelieve de ondernemingengroep te vermelden waartoe zij behoort en een beknopt overzicht te geven van de aard en de reikwijdte van haar zakelijke activiteiten. Gelieve een contactpersoon op te geven (met telefoonnummer, post- en e-mailadres) bij wie aanvullende inlichtingen kunnen worden verkregen.
2. Gelieve de ondernemingen(en) of ondernemersvereniging te vermelden waartegen de klacht is gericht, en in voorkomend geval alle beschikbare informatie te verstrekken over de ondernemingengroep waartoe deze onderneming(en) behoort/behoren en over de aard en de reikwijdte van de zakelijke activiteiten ervan. Gelieve de positie van de

Bijlage

klager ten opzichte van de onderneming(en) of ondernemersvereniging waartegen de klacht is gericht, te vermelden (bv. klant, concurrent).

II. Gegevens over de vermeende inbreuk en feitenmateriaal

3. Gelieve uitvoerig de feiten uiteen te zetten waaruit volgens u een inbreuk op artikel 81 of 82 van het Verdrag en/of artikel 53 of 54 van de EER-overeenkomst blijkt. Vermeld met name de aard van de producten (goederen of diensten) die worden beïnvloed door de vermeende inbreuken en zet zonodig de zakelijke betrekkingen ten aanzien van deze producten uiteen. Gelieve alle beschikbare gegevens te verstrekken over de overeenkomsten of gedragingen van de ondernemingen of ondernemersverenigingen waarop deze klacht betrekking heeft. Vermeld, voorzover mogelijk, de relatieve marktpositie van de ondernemingen waartegen de klacht is gericht.

4. Gelieve alle documentatie waarover u beschikt en die op de in de klacht uiteengezette feiten betrekking heeft of hiermee rechtstreeks verband houdt (zoals de tekst van overeenkomsten, notulen van onderhandelingen of vergaderingen, transactievoorwaarden, bedrijfsdocumenten, circulaires, briefwisseling, verslagen van telefoongesprekken…) in te dienen. Vermeld de namen en adressen van de personen die de in de klacht uiteengezette feiten kunnen staven, en met name van personen die nadeel ondervinden van de vermeende inbreuk. Gelieve statistische of andere gegevens waarover u beschikt en die verband houden met de uiteengezette feiten over te leggen, in het bijzonder wanneer zij betrekking hebben op marktontwikkelingen (bv. informatie met betrekking tot prijzen en prijsontwikkelingen, belemmeringen voor de toegang van nieuwe leveranciers tot de markt, enz.).

5. Gelieve uw standpunt uiteen te zetten over de geografische reikwijdte van de vermeende inbreuk en, ingeval dit niet duidelijk is, uit te leggen in hoeverre de handel tussen de lidstaten of tussen de Gemeenschap en één of meer EVA-staten die partij zijn bij de EER-overeenkomst door het gedrag waarop de klacht betrekking heeft, ongunstig kan worden beïnvloed.

III. Met de klacht beoogde vaststelling door de Commissie en rechtmatig belang

6. Gelieve uiteen te zetten welke vaststelling of maatregel u als resultaat van het door de Commissie gegeven gevolg voor ogen staat.

7. Gelieve uiteen te zetten waarom u aanspraak maakt op een rechtmatig belang als klager overeenkomstig artikel 7 van Verordening (EG) nr. 1/2003. Verklaar met name op welke wijze u nadeel ondervindt van het gedrag waarop de klacht betrekking heeft en leg uit hoe volgens u een optreden van de Commissie de situatie zou kunnen verhelpen.

IV. Bij de nationale mededingingsautoriteiten of de nationale rechter ingestelde procedures

8. Gelieve volledige informatie te verstrekken over de vraag of u, met betrekking tot dezelfde of nauw verwante onderwerpen, een andere mededingingsautoriteit heeft benaderd en/of een rechtszaak aanhangig heeft gemaakt bij een nationale rechter. Zo ja, gelieve volledige gegevens te verstrekken over de administratieve of gerechtelijke autoriteit waarmee contact is opgenomen en de stukken die aan deze autoriteit zijn voorgelegd. Verklaring dat de op dit formulier en de in bijlagen vervatte inlichtingen volledig te goeder trouw zijn verstrekt.

Datum en handtekening

[07-04-2004, PbEU L 123, i.w.tr. 01-05-2004/regelingnummer 773/2004]

Mededeling 2011/C 308/06 inzake goede praktijken voor procedures op grond van de artikelen 101 en 102 VWEU

(Voor de EER relevante tekst)

Mededeling van de Commissie inzake goede praktijken voor procedures op grond van de artikelen 101 en 102 VWEU, PbEU 2011, C 308 (i.w.tr. 20-10-2011)

1 Doel en reikwijdte van de mededeling

1. Met deze mededeling wordt voornamelijk beoogd praktisch advies te geven over procedures bij de Europese Commissie (hierna 'Commissie') op grond van de artikelen 101 en 102 van het Verdrag betreffende de werking van de Europese Unie ('VWEU') [1], die geregeld zijn bij Verordening (EG) nr. 1/2003 [2], de daarbijhorende uitvoeringsverordening [3] en de jurisprudentie van het Hof van Justitie van de Europese Unie. De bedoeling is het onderzoeksproces [4] van de Commissie beter bekend te maken zodat dit efficiënter kan verlopen en doorzichtiger en beter voorspelbaar wordt. In de mededeling worden

---

(1) Vanaf 1 december 2009 zijn de artikelen 81 en 82 VEG respectievelijk de artikelen 101 en 102 VWEU geworden. De bepalingen in beide verdragen zijn inhoudelijk identiek. In het kader van dit document moeten verwijzingen naar de artikelen 101 en 102 VWEU waar nodig worden begrepen als verwijzingen naar de artikelen 81 en 82 VEG.

(2) Verordening (EG) nr. 1/2003 van de Raad van 16 december 2002 betreffende de uitvoering van de mededingingsregels van de artikelen 81 en 82 van het Verdrag (*PB* L 1 van 4.1.2003, blz. 1), als gewijzigd bij Verordening (EG) nr. 411/2004 van de Raad van 26 februari 2004 houdende intrekking van Verordening (EEG) nr. 3975/87 en houdende wijziging van Verordening (EEG) nr. 3976/87 en Verordening (EG) nr. 1/2003 wat betreft het luchtvervoer tussen de Gemeenschap en derde landen (*PB* L 68 van 6.3.2004, blz. 1) en Verordening (EG) nr. 1419/2006 van de Raad van 25 september 2006 houdende intrekking van Verordening (EEG) nr. 4056/86 tot vaststelling van de wijze van toepassing van de artikelen 85 en 86 van het Verdrag op het zeevervoer en tot wijziging van Verordening (EG) nr. 1/2003 inzake de uitbreiding van het toepassingsgebied van deze verordening tot cabotage en internationale wilde vaart (*PB* L 269 van 28.9.2006, blz. 1).

(3) Verordening (EG) nr. 773/2004 van de Commissie van 7 april 2004 betreffende procedures van de Commissie op grond van de artikelen 81 en 82 van het Verdrag (*PB* L 123 van 27.4.2004, blz. 18), als gewijzigd bij Verordening (EG) nr. 622/2008 van de Commissie van 30 juni 2008 tot wijziging van Verordening (EG) nr. 773/2004, wat betreft schikkingsprocedures in kartelzaken (*PB* L 171 van 1.7.2008, blz. 3).

(4) Deze mededeling heeft uitsluitend betrekking op de procedures van de Commissie voor de handhaving van de artikelen 101 en 102 VWEU en geldt niet voor de nationale mededingingsautoriteiten wanneer zij deze bepalingen toepassen.

Mededeling goede praktijken voor procedures op grond van art. 101 en 102 VWEU

de belangrijkste procedures [1] op het gebied van vermeende inbreuken op de artikelen 101 en 102 VWEU beschreven.
2. De op grond van artikel 106 VWEU in samenhang met de artikelen 101/102 VWEU ingeleide inbreukprocedures tegen lidstaten vallen niet onder deze mededeling, evenmin als procedures overeenkomstig de concentratieverordening [2] of staatssteunprocedures [3].
3. De procedures betreffende de toepassing van de artikelen 101 en 102 VWEU (hierna over het algemeen 'procedures' genoemd) worden voornamelijk geregeld bij Verordening (EG) nr. 1/2003 en de uitvoeringsverordening. De mededelingen van de Commissie betreffende de toegang tot het dossier [4], de behandeling van klachten [5], en het mandaat van de raadadviseur-auditeur [6] zijn ook relevant voor het verloop van de procedures. Wat het verstrekken van verslagen van economische deskundigen en het indienen van kwantitatieve gegevens betreft, wordt verwezen naar de *Best Practices on the submission of economic evidence* [7]. Deze mededeling is derhalve geen uitputtende opsomming van alle regels die betrekking hebben op procedures bij de Commissie. Zij moet dus in samenhang worden gelezen met andere instrumenten en de relevante jurisprudentie.

---

(1) Deze mededeling heeft geen betrekking op specifieke procedures, bijvoorbeeld voor het opleggen van geldboeten aan ondernemingen die misleidende inlichtingen hebben verstrekt, zich niet aan inspecties wilden onderwerpen of door functionarissen aangebrachte zegels hebben verbroken (zie artikel 23, lid 1, van Verordening (EG) nr. 1/2003). Zij heeft evenmin betrekking op besluiten betreffende voorlopige maatregelen in de zin van artikel 8 van Verordening (EG) nr. 1/2003 of besluiten betreffende de niet-toepasselijkheid in de zin van artikel 10 van Verordening (EG) nr. 1/2003.
(2) Zie Verordening (EG) nr. 139/2004 van de Raad van 20 januari 2004 betreffende de controle op concentraties van ondernemingen (*PB* L 24 van 29.1.2004, blz. 1). Zie in dit verband het document *Best Practices on the conduct of EC Merger Proceedings* van DG Concurrentie van 20 januari 2004, gepubliceerd op de website van het DG Concurrentie: http://ec.europa.eu/competition/mergers/legislation/proceedings.pdf
(3) Zie Verordening (EG) nr. 659/1999 van de Raad van 22 maart 1999 tot vaststelling van nadere bepalingen voor de toepassing van artikel 93 (thans art. 88) van het EG-Verdrag (*PB* L 83 van 27.3.1999, blz. 1). Zie in dit verband de mededeling van de Commissie betreffende een gedragscode voor een goed verloop van de staatssteunprocedures, (*PB* C 136 van 16.6.2009, blz. 13).
(4) Mededeling van de Commissie betreffende de regels voor toegang tot het dossier van de Commissie overeenkomstig de artikelen 81 en 82 van het EG-Verdrag, de artikelen 53, 54 en 57 van de EER-Overeenkomst en Verordening (EG) nr. 139/2004 van de Raad (*PB* C 325 van 22.12.2005, blz. 7).
(5) Mededeling van de Commissie betreffende de behandeling van klachten door de Commissie op grond van de artikelen 81 en 82 van het Verdrag (*PB* C 101 van 27.4.2004, blz. 65).
(6) Besluit C(2011) 5742 van de voorzitter van de Europese Commissie van 13 oktober 2011 betreffende de functie en het mandaat van de raadadviseur-auditeur in bepaalde mededingingsprocedures.
(7) Werkdocument van de diensten van de Commissie betreffende Best *Practices for the submission of economic evidence and data collection in cases concerning the application of Articles 101 and 102 TFEU and merger cases* (goede praktijken voor de indiening van economisch bewijsmateriaal en de verzameling van gegevens in zaken betreffende de toepassing van de artikelen 101 en 102 VWEU en in concentratiezaken), http://ec.europa.eu/competition/index_en.html

Mededeling goede praktijken voor procedures op grond van art. 101 en 102 VWEU

4. Het onderzoek van kartels als omschreven in de clementiemededeling [1] kan ook onderworpen zijn aan de specifieke clementie- en schikkingsprocedures [2]. Deze specifieke procedures worden in deze mededeling niet behandeld. Bovendien gelden wegens de speciale aard van kartelprocedures in bepaalde omstandigheden specifieke bepalingen, om te vermijden dat eventuele clementieverzoeken [3] of schikkingsgesprekken [4] in het gedrang komen. Op deze specifieke bepalingen wordt gewezen voor zover zij van toepassing zijn.

5. Deze mededeling is als volgt gestructureerd: in deel 2 wordt de tijdens de onderzoekfase gevolgde procedure uiteengezet. Dit deel is relevant voor elk onderzoek, ongeacht of dit leidt tot een verbodsbesluit (artikel 7 van Verordening (EG) nr. 1/2003), een besluit waarbij toezeggingen verbindend worden verklaard (artikel 9 van Verordening (EG) nr. 1/2003) of een besluit tot afwijzing van klachten (artikel 7 van de uitvoeringsverordening). Deel 3 bevat een beschrijving van de belangrijkste procedurestappen en de rechten van de verdediging in het kader van procedures die leiden tot een verbodsbesluit. In deel 4 worden de specifieke kenmerken uiteengezet van de procedure waarbij toezeggingen verbindend worden verklaard. Deel 5 betreft de afwijzing van klachten. De resterende delen betreffen aspecten van algemene toepassing: in deel 6 worden de beperkingen van het gebruik van informatie uiteengezet, deel 7 behandelt de goedkeuring, kennisgeving en publicatie van besluiten en deel 8 de toekomstige herziening.

6. Deze mededeling is onder meer gebaseerd op de ervaring die de Commissie tot dusver heeft opgedaan bij de toepassing van Verordening (EG) nr. 1/2003 en de uitvoeringsverordening. Zij geeft het standpunt van de Commissie op het tijdstip van publicatie weer en zal vanaf de datum van publicatie worden toegepast voor in behandeling genomen [5] en voor toekomstige zaken. In individuele gevallen kan evenwel afgeweken worden van deze mededeling wanneer dit wegens de specifieke kenmerken van een zaak nodig is.

---

(1)   Mededeling van de Commissie betreffende immuniteit tegen geldboeten en vermindering van geldboeten in kartelzaken (*PB* C 298 van 8.12.2006, blz. 17) ('Clementiemededeling'), d.w.z. 'geheime overeenkomsten en/of onderling afgestemde feitelijke gedragingen tussen twee of meer concurrenten met als doel hun concurrerend handelen op de markt te coördineren en/of de relevante parameters van mededinging te beïnvloeden via praktijken zoals het afspreken van aan- of verkoopprijzen, de toewijzing van productie- of verkoopquota, de verdeling van markten (met inbegrip van offertevervalsing), het beperken van importen of exporten en/of mededingingsverstorende maatregelen tegen andere concurrenten. Dergelijke praktijken behoren tot de zwaarste schendingen van (artikel 101 VWEU)'.

(2)   Verordening (EG) nr. 622/2008 van de Commissie van 30 juni 2008 tot wijziging van Verordening (EG) nr. 773/2004, wat betreft schikkingsprocedures in kartelzaken (*PB* L 171 van 1.7.2008, blz. 3); Mededeling van de Commissie betreffende schikkingsprocedures met het oog op de vaststelling van beschikkingen op grond van de artikelen 7 en 23 van Verordening (EG) nr. 1/2003 van de Raad in kartelzaken (*PB* C 167 van 2.7.2008, blz. 1).

(3)   Er zij op gewezen dat de Commissie een verzoek om immuniteit tegen geldboeten naast zich kan neerleggen op grond van het feit dat dit is ingediend nadat de mededeling van punten van bezwaar is uitgegaan (zie de punten 14 en 29 van de clementiemededeling).

(4)   De Commissie kan een verzoek om immuniteit tegen geldboeten of om boetevermindering uit hoofde van de clementiemededeling naast zich neerleggen omdat het is ingediend na het verstrijken van de termijn die is vastgesteld waarbinnen de partijen schriftelijk moeten aangeven of zij overwegen schikkingsgesprekken te gaan voeren (zie punt 13 van de schikkingsmededeling).

(5)   Voor zaken die op de datum van publicatie van dit document reeds worden behandeld, zal dit document van toepassing zijn voor de na de publicatie nog te nemen procedurestappen.

Mededeling goede praktijken voor procedures op grond van art. 101 en 102 VWEU

7. Met deze mededeling worden geen nieuwe rechten of verplichtingen gecreëerd, noch worden de rechten of verplichtingen gewijzigd die voortvloeien uit het Verdrag betreffende de werking van de Europese Unie ('VWEU'), Verordening (EG) nr. 1/2003, de uitvoeringsverordening en de jurisprudentie van het Hof van Justitie van de Europese Unie.
8. De Commissie verzoekt zoveel mogelijk gebruik te maken van elektronische informatie (e-mails of digitale dragers) voor alle zaakgerelateerde correspondentie.

2 De onderzoekfase

2.1 Opening van een zaak

9. Een onderzoek betreffende een vermeende inbreuk op artikel 101 of 102 VWEU kan gebaseerd zijn op een klacht van ondernemingen, van andere natuurlijke of rechtspersonen of zelfs van lidstaten.
10. De door burgers en ondernemingen verstrekte informatie is belangrijk om een onderzoek van de Commissie in gang te zetten. De Commissie moedigt burgers en ondernemingen aan om haar [1] op de hoogte te stellen van vermoedelijke inbreuken op de mededingingsregels. Dit kan door een formele klacht [2] in te dienen of eenvoudigweg marktinformatie aan de Commissie te verstrekken. Eenieder die een rechtmatig belang als klager kan aantonen en een klacht conform formulier C indient [3], krijgt bepaalde procedurele rechten. In de uitvoeringsverordening en de mededeling betreffende de behandeling van klachten is de te volgen procedure meer in detail beschreven. Andere natuurlijke of rechtspersonen dan klagers die een voldoende belang om te worden gehoord aantonen en door de raadadviseur-auditeur worden toegelaten tot de procedure, krijgen overeenkomstig artikel 13 van de uitvoeringsverordening ook bepaalde procedurele rechten.
11. De Commissie kan zaken ook ambtshalve (ex officio) openen. Zij kan dit doen wanneer bepaalde feiten onder haar aandacht zijn gebracht, of naar aanleiding van informatie die zij heeft verzameld in het kader van sectorale onderzoeken, informele bijeenkomsten met de bedrijfstak, het toezicht op de markten of op basis van informatie die uitgewisseld wordt met het European Competition Network ('ECN') of met de mededingingsautoriteiten van derde landen. Kartelzaken kunnen ook worden ingeleid op basis van een clementieverzoek door één van de karteldeelnemers.

2.2 Eerste beoordeling en toewijzing van zaken

12. Alle zaken zijn onderworpen aan een eerste beoordelingsfase, ongeacht de manier waarop zij ontstaan zijn. Tijdens deze fase onderzoekt de Commissie of de zaak verder moet worden onderzocht [4] en, indien dit het geval is, stelt zij voorlopig haar belang-

---
(1) Of, waar passend, de betrokken nationale mededingingsautoriteit.
(2) Overeenkomstig artikel 7, lid 2, van Verordening (EG) nr. 1/2003. Volgens de artikelen 5 tot en met 9 van de uitvoeringsverordening moeten formele klachten voldoen aan bepaalde voorwaarden. Informatie die is opgenomen in stukken die niet voldoen aan deze vereisten kan evenwel in aanmerking worden genomen als marktinformatie.
(3) Zie artikel 5, lid 1, van de uitvoeringsverordening.
(4) Het Hof van Justitie van de Europese Unie heeft erkend dat de Commissie verschillende prioriteiten kan toekennen aan de klachten die zij ontvangt. Dit is vaste rechtspraak sinds zaak T-24/90, Automec tegen Commissie (hierna 'Automec II'), Jurispr. 1992, blz. II-2223, punt 85.

rijkste aandachtspunten vast, voornamelijk wat betreft de partijen, de markten en de te onderzoeken gedragingen. Tijdens deze fase kan de Commissie gebruik maken van onderzoeksmaatregelen zoals verzoeken om inlichtingen overeenkomstig artikel 18, lid 2, van Verordening (EG) nr. 1/2003.

13. In de praktijk zal tijdens de voorlopige beoordelingsfase een aantal zaken in een zeer vroeg stadium terzijde worden gelegd omdat zij volgens de Commissie niet nader moeten worden onderzocht. De Commissie spitst haar handhavingsmiddelen toe op de gevallen waarin zij denkt een inbreuk te kunnen vaststellen, in het bijzonder daar waar de gevolgen voor de werking van de mededinging op de interne markt en het risico van benadeling van de consumenten het grootste zijn, alsmede op gevallen die waarschijnlijk tot de vaststelling van een EU-mededingingsbeleid zullen bijdragen en/of voor een coherente toepassing van de artikelen 101 en/of 102 VWEU [1] zorgen.

14. In de voorlopige beoordelingsfase wordt ook, in een vroeg stadium, de toewijzing van zaken binnen het ECN geregeld. Bij Verordening (EG) nr. 1/2003 werd de mogelijkheid ingevoerd om zaken door te verwijzen naar andere netwerkleden indien zij geschikt zijn om de zaak te behandelen. De Commissie kan dus een zaak aan een nationale mededingingsautoriteit doorverwijzen en vice versa [2].

15. In het kader van de eerste onderzoeksmaatregel worden de adressaten van deze maatregel (in de regel een verzoek om inlichtingen [3] of een inspectie) in kennis gesteld van het feit dat zij aan een voorlopig onderzoek worden onderworpen en van het voorwerp en het doel van dit onderzoek. In het geval van verzoeken om inlichtingen worden zij er voorts op gewezen dat, indien wordt bewezen dat de onderzochte gedragingen hebben plaatsgevonden, er sprake kan zijn van een inbreuk op de artikelen 101 en/of 102 VWEU. De partijen [4] kunnen, nadat zij een verzoek om inlichtingen hebben ontvangen of aan een inspectie zijn onderworpen, zich op gelijk welk moment tot het Directoraat-generaal Concurrentie wenden om de stand van zaken van het onderzoek te kennen, ook vóór de inleiding van de procedure. Indien een onderneming meent dat zij door het Directoraat-generaal Concurrentie niet naar behoren werd ingelicht over haar procedurele positie, kan zij de zaak voor meer verduidelijking verwijzen naar de raadadviseur-auditeur, nadat de kwestie bij het Directoraat-generaal Concurrentie werd aangekaart [5]. De raadadviseur-auditeur zal een besluit nemen waarbij het Directoraat-generaal Concurrentie de onderneming of ondernemingsvereniging die daarom gevraagd heeft, zal inlichten over hun procedurele positie. Dit besluit wordt aan de onderneming of ondernemingsverenigingen die het verzoek heeft/hebben gedaan, meegedeeld. Indien de Commissie op een bepaald tijdstip tijdens de voorlopige beoordelingsfase besluit de

---

(1) De Commissie heeft een niet-uitputtende lijst van criteria bekendgemaakt die zij zal gebruiken om na te gaan of voor de klachten al dan niet een voldoende 'EU-belang' bestaat. Deze criteria werden bekendgemaakt in het verslag over het mededingingsbeleid van 2005, dat in juni 2006 werd goedgekeurd. Zie ook punt 44 van de mededeling betreffende de behandeling van klachten.
(2) Zie de punten 5 t/m 15 van de mededeling van de Commissie betreffende de samenwerking binnen het netwerk van mededingingsautoriteiten (*PB* C 101 van 27.4.2004, blz. 43).
(3) Zie zaak T-99/04 AC Treuhand/Commissie, Jurispr. 2008, blz. II-1501, punt 56.
(4) In deze mededeling wordt onder 'partijen' verstaan, de partijen die aan het onderzoek zijn onderworpen. Met 'partijen' worden niet de klagers en toegelaten derde partijen (in deze mededeling ook 'derde partijen' genoemd) bedoeld, tenzij dit uitdrukkelijk is vermeld.
(5) Artikel 4, lid 2, onder d), van het mandaat van de raadadviseur-auditeur.

zaak niet verder te onderzoeken (en dus geen procedure in te leiden) zal zij de partij die aan een voorlopig onderzoek werd onderworpen, daarvan zelf in kennis stellen.
16. In op een klacht gebaseerde zaken zal de Commissie trachten klagers binnen vier maanden na de ontvangst van de klacht in kennis te stellen van het gevolg dat zij voornemens is hieraan te geven [1]. Deze termijn is indicatief en zal afhangen van de omstandigheden van het individuele geval en van het feit of het Directoraat-generaal Concurrentie voldoende informatie van de klager of derde partijen heeft ontvangen – in het bijzonder in antwoord op haar verzoek om inlichtingen – om te kunnen beslissen of zij de zaak al dan niet nader zal onderzoeken.

2.3 Inleiding van de procedure

17. Wanneer de Commissie uit de voorlopige beoordeling concludeert dat de zaak nader dient te worden onderzocht en de reikwijdte van het onderzoek voldoende is afgebakend, zal zij een procedure [2] overeenkomstig artikel 11, lid 6, van Verordening (EG) nr. 1/2003 inleiden.
18. Door de inleiding van de procedure wordt vastgelegd aan wie de zaak binnen het ECN [3] wordt toegewezen, ook ten aanzien van de partijen en de klager. Daarmee verbindt de Commissie zich er tevens toe de zaak nader te onderzoeken. De Commissie zal middelen voor de zaak uittrekken en deze zo snel mogelijk proberen te behandelen.
19. In het besluit tot inleiding van de procedure worden de aan de procedure onderworpen partijen genoemd en wordt de reikwijdte van het onderzoek kort beschreven. In het bijzonder wordt het gedrag beschreven dat de vermeende inbreuk op de artikelen 101 en/of 102 VWEU vormt en dat zal worden onderzocht, en in de regel worden het grondgebied en de sector(en) waarin dat gedrag plaatsvindt, aangegeven.
20. Volgens artikel 2 van de uitvoeringsverordening kan de Commissie de inleiding van de procedure bekendmaken. In de praktijk zal de Commissie de inleiding van de procedure bekendmaken op de website van het Directoraat-generaal Concurrentie en een persbericht publiceren, tenzij deze bekendmaking het onderzoek schade zou berokkenen.
21. De aan het onderzoek onderworpen partijen worden mondeling of schriftelijk in kennis gesteld van de inleiding van de procedure. Dit gebeurt tijdig voordat de inleiding van de procedure wordt bekendgemaakt, zodat zij hun eigen mededelingen kunnen voorbereiden (met name ten aanzien van aandeelhouders, de financiële instellingen en de pers).
22. Er zij op gewezen dat met de inleiding van de procedure geenszins wordt vooruitgelopen op de vraag of er sprake is van een inbreuk. Het betekent alleen dat de Commissie de zaak diepgaander zal onderzoeken. Deze belangrijke verduidelijking zal in het besluit tot inleiding van de procedure (waarvan de partijen in kennis worden gesteld),

---

(1) Mededeling betreffende de behandeling van klachten, punt 61.
(2) Volgens artikel 2 van de uitvoeringsverordening kan de Commissie op elk tijdstip besluiten de procedure in te leiden met het oog op de vaststelling van een besluit (bv. een besluit tot vaststelling van een inbreuk of een besluit waarbij toezeggingen verbindend worden verklaard), doch in ieder geval vóór de toezending van een mededeling van punten van bezwaar, vóór de voorlopige beoordeling (in de zin van artikel 9, lid 1, van Verordening (EG) nr. 1/2003) of vóór de publicatie van een bekendmaking (in de zin van artikel 27, lid 4, van Verordening (EG) nr. 1/2003), naargelang van welke handeling het eerst plaatsvindt.
(3) Het inleiden van een procedure ontneemt de mededingingsautoriteiten van de lidstaten hun bevoegdheid tot toepassing van de artikelen 101 en 102 VWEU, zie artikel 11, lid 6, van Verordening (EG) nr. 1/2003.

alsook in alle mededelingen aan het publiek betreffende de inleiding van de procedure worden vermeld.

23. Ook na de inleiding van de procedure behoudt de Commissie het recht om de reikwijdte van het onderzoek en/of het aantal adressaten op een later tijdstip uit te breiden. In het geval van een uitbreiding van de rijkweidte van het onderzoek gelden de bepalingen van punten 20 en 21.

24. In kartelzaken valt de inleiding van de procedure in de regel samen met de goedkeuring van de mededeling van punten van bezwaar (zie punt 4 hierboven), hoewel deze ook vroeger kan plaatsvinden.

2.4   Talen

25. Volgens artikel 3 van Verordening nr. 1 [1] zullen de stukken die de Commissie aan een in de Europese Unie gebaseerde onderneming zendt, in de taal van de lidstaat waarin de onderneming gebaseerd is, worden gesteld.

26. Overeenkomstig artikel 2 van diezelfde verordening kunnen de stukken die door een onderneming aan de Commissie worden gezonden, naar keuze van de afzender worden gesteld in een van de officiële talen van de Europese Unie. Het antwoord en de daaropvolgende correspondentie worden in dezelfde taal gesteld.

27. Om te vermijden dat vertragingen ontstaan wegens de vertaling, kunnen de adressaten afzien van hun recht om de tekst te ontvangen in de taal waarop zij op basis van bovenstaande regel recht hebben, en voor een andere taal kiezen. Naar behoren goedgekeurde afstandsverklaringen kunnen voor bepaalde specifieke documenten en/of voor de gehele procedure gegeven worden.

28. De standaardpraktijk bij eenvoudige verzoeken om inlichtingen is dat de brief wordt opgesteld in de taal van vestiging van de adressaat of in het Engels (met een verwijzing naar artikel 3 van Verordening nr. 1) en het enquêteformulier in het Engels wordt bijgevoegd. De adressaat wordt ook duidelijk gewezen — in de taal van zijn vestigingsplaats — op zijn recht om een vertaling van de brief en/of het enquêteformulier in de taal van zijn vestigingsplaats te verkrijgen, alsook op het recht om in die taal te antwoorden. Op deze wijze kunnen de verzoeken om inlichtingen sneller worden behandeld terwijl de rechten van de adressaten worden geëerbiedigd.

29. De kennisgeving van mededelingen van punten van bezwaar, voorlopige beoordelingen en besluiten op grond van de artikelen 7 en 9 en artikel 23, lid 2, van Verordening (EG) nr. 1/2003 worden opgesteld in de authentieke taal van de adressaat tenzij hij de bovenvermelde afstandsverklaring heeft ondertekend.

30. Overeenkomstig artikel 2, van Verordening nr. 1 wordt het aan de klager geadresseerde antwoord en de daaropvolgende correspondentie in de taal van zijn klacht opgesteld.

31. Deelnemers aan de hoorzitting kunnen verzoeken om in een andere officiële taal van de EU dan de proceduretaal te worden gehoord. In dat geval wordt gezorgd voor vertolking tijdens de hoorzitting, voor zover daarom tijdig bij de raadadviseur-auditeur werd verzocht.

---

(1)   Raad van de EEG: Verordening nr. 1 tot regeling van het taalgebruik in de Europese Economische Gemeenschap (*PB* 17 van 6.10.1958, blz. 385; Geconsolideerde versie van 1.1.2007).

2.5 Verzoeken om inlichtingen

32. Op grond van artikel 18 van Verordening (EG) nr. 1/2003 kan de Commissie de ondernemingen en ondernemersverenigingen vragen alle nodige inlichtingen te verstrekken. Dit kan gebeuren door middel van een brief ('eenvoudig verzoek', artikel 18, lid 2) of door middel van een besluit (artikel 18, lid 3) [1]. Er zij op gewezen dat verzoeken om inlichtingen in de regel niet alleen aan de bij het onderzoek betrokken ondernemingen worden gezonden, maar ook aan andere ondernemingen of ondernemersverenigingen die relevante informatie over de zaak kunnen verstrekken.

2.5.1 Toepassingsgebied van de verzoeken om inlichtingen

33. Overeenkomstig artikel 18 van Verordening (EG) nr. 1/2003 kan de Commissie ondernemingen en ondernemersverenigingen vragen alle nodige inlichtingen te verstrekken. Inlichtingen zijn met name nodig wanneer zij de Commissie in staat kunnen stellen na te gaan of er sprake is van de in het verzoek genoemde vermeende inbreuk. De Commissie beschikt daarbij over een zekere beoordelingsmarge [2].

34. Het is aan de Commissie om de reikwijdte en het formaat van het verzoek om inlichtingen te bepalen. Waar nodig kan het Directoraat-generaal Concurrentie de reikwijdte en het formaat van het verzoek om inlichtingen met de adressaten bespreken. Dit kan in het bijzonder nuttig zijn wanneer kwantitatieve gegevens worden opgevraagd [3].

35. Wanneer ondernemingen in antwoord op een verzoek om inlichtingen klaarblijkelijk irrelevante informatie verstrekken (in het bijzonder documenten die duidelijk geen betrekking hebben op het onderwerp van het onderzoek) kan het Directoraat-generaal Concurrentie, om het vaak volumineuze administratieve dossier niet onnodig te verzwaren, de informatie zo vlug mogelijk na de ontvangst van het antwoord naar de adressaat terugsturen. Daarvan wordt een korte nota in het dossier opgenomen.

2.5.2 Zelfbeschuldiging

36. Wanneer een adressaat van een verzoek om inlichtingen overeenkomstig artikel 18, lid 2, van Verordening (EG) nr. 1/2003 weigert een in dit verzoek gestelde vraag te beantwoorden, zich beroepende op het recht zichzelf niet te beschuldigen zoals vastgelegd

---

(1) Wanneer een overeenkomstig artikel 18, lid 3, bij besluit gedaan verzoek om inlichtingen niet wordt nageleefd (door onvolledige inlichtingen te verstrekken of de vastgestelde termijn niet te respecteren) kunnen geldboeten en dwangsommen worden opgelegd (zie de artikelen 23 en 24 van Verordening (EG) nr. 1/2003). Wanneer onjuiste of misleidende inlichtingen worden verstrekt kunnen zowel in het geval van een brief overeenkomstig artikel 18, lid 2, of een besluit overeenkomstig artikel 18, lid 3, geldboeten worden opgelegd (zie artikel 23 van Verordening (EG) nr. 1/2003).
(2) Wat betreft de handelingsvrijheid van de Commissie bij het vormgeven van het onderzoek, zie zaak T-141/94 Thyssen Stahl tegen Commissie, Jurispr. 1999, blz. II-347, punt 110; zaak T-9/99 HFB e.a. tegen Commissie, Jurispr. 2002, blz. II-1487, punt 384; zaak T-48/00 Corus UK tegen Commissie, Jurispr. [2004], blz. II-2325, punt 212. Bij de uitoefening van haar handelingsvrijheid is de Commissie gehouden aan het evenredigheidsbeginsel en moet zij bij besluiten overeenkomstig artikel 18, lid 3, het recht om zichzelf niet te beschuldigen waarborgen.
(3) Zie *Best Practices on the submission of economic evidence*.

in de jurisprudentie van het Hof van Justitie van de Europese Unie [1], kan hij de zaak tijdig na de ontvangst van het verzoek verwijzen naar de raadadviseur-auditeur, nadat hij het Directoraat-generaal Concurrentie vóór het verstrijken van de oorspronkelijk vastgestelde termijn op de hoogte heeft gebracht [2]. In voorkomend geval, en gezien de noodzaak om nodeloze procedurele vertragingen te voorkomen, kan de raadadviseur-auditeur een met redenen omklede aanbeveling doen betreffende de vraag of het recht zichzelf niet te beschuldigen van toepassing is, en de verantwoordelijke directeur in kennis stellen van zijn conclusies die, indien er vervolgens een besluit wordt vastgesteld overeenkomstig artikel 18, lid 3, van verordening (EG) nr. 1/2003, in aanmerking dienen te worden genomen. De adressaat van het verzoek ontvangt een kopie van de met redenen omklede aanbeveling. De adressaat van een besluit overeenkomstig artikel 18, lid 3, wordt eraan herinnerd dat hij het recht heeft niet mee te werken aan de vaststelling van de eigen schuld zoals vastgelegd in de jurisprudentie van het Hof van Justitie van de Europese Unie [3].

2.5.3 Termijnen

37. In het verzoek om inlichtingen wordt aangegeven welke inlichtingen worden verlangd en wordt de termijn vastgesteld waarbinnen de inlichtingen moeten worden verstrekt.

38. De adressaten krijgen een redelijke termijn waarbinnen zij het verzoek moeten beantwoorden, naargelang van de omvang en complexiteit van het verzoek, waarbij rekening wordt gehouden met de vereisten van het onderzoek. Indien vanaf het begin een langere periode noodzakelijk wordt geacht, dan wordt de termijn om het verzoek te beantwoorden dienovereenkomstig vastgesteld. Wanneer de reikwijdte van het verzoek beperkt is, bijvoorbeeld wanneer het slechts een beknopte verduidelijking betreft van informatie die reeds verstrekt is of informatie waarover de adressaat van het verzoek onmiddellijk kan beschikken, dan zal de termijn gewoonlijk korter zijn (maximaal één week).

39. Adressaten kunnen, indien zij moeite hebben het verzoek binnen de vastgestelde termijn te beantwoorden, vragen om verlenging van de termijn. Hiertoe dient, lang genoeg vóór het verstrijken van de termijn, een met redenen omkleed verzoek te worden ingediend of schriftelijk worden bevestigd (per brief of e-mail). Indien de Commissie dit verzoek gerechtvaardigd acht kent zij een extra termijn toe (afhankelijk van de complexiteit van de gevraagde informatie en andere factoren). De Commissie kan tevens met de adressaat van het verzoek overeenkomen dat bepaalde delen van de gevraagde inlichtingen die van bijzonder belang zijn of waarover de adressaat gemakkelijk kan beschikken, binnen een kortere termijn worden verstrekt, terwijl extra tijd wordt toegekend voor het verschaffen van de overige inlichtingen.

40. Wanneer de adressaat van een besluit waarbij overeenkomstig artikel 18, lid 3, van Verordening (EG) nr. 1/2003 om inlichtingen wordt verzocht, zijn moeilijkheden om zich aan de termijn te houden niet via de bovenbeschreven procedure kan oplossen, kan hij de kwestie aan de raadadviseur-auditeur voorleggen. Een dergelijk verzoek dient ruim

---

(1) Zie bijvoorbeeld zaak C-301/04 P, *Commissie/SGL*, Jurispr. 2006, blz. I-5915, waarin is bepaald dat adressaten van het in artikel 18, lid 3, bedoelde besluit desverzocht de bestaande documenten moeten overleggen die verband houden met het onderwerp van het onderzoek, zoals notulen van kartelbijeenkomsten, ook wanneer deze het bewijs kunnen opleveren van een inbreuk.
(2) Artikel 4, lid 2, onder b), van het mandaat van de raadadviseur-auditeur.
(3) Vgl. voetnoot 33.

vóór het verstrijken van de oorspronkelijk vastgestelde termijn te worden gedaan [1]. De raadadviseur-auditeur beslist vervolgens of een verlenging van de termijn moet worden toegekend, rekening houdende met de omvang en de complexiteit van het verzoek om inlichtingen en de vereisten van het onderzoek.

2.5.4 Vertrouwelijkheid

41. In de begeleidende brief bij het verzoek om inlichtingen wordt de adressaat tevens verzocht mee te delen of hij de in zijn antwoord verstrekte informatie als vertrouwelijk beschouwt. Is dat het geval, dan dient de adressaat, overeenkomstig artikel 16, lid 3, van de uitvoeringsverordening, zijn aanspraak op vertrouwelijkheid met betrekking tot elk element van de verstrekte informatie te staven en een niet-vertrouwelijke versie van deze informatie te verschaffen. Deze niet-vertrouwelijke versie wordt in hetzelfde format verstrekt als de vertrouwelijke informatie, waarbij geschrapte passages worden vervangen door samenvattingen. Tenzij anders is overeengekomen dient de niet-vertrouwelijke versie gelijktijdig met het oorspronkelijke document te worden ingediend. Indien ondernemingen niet aan deze voorwaarden voldoen, dan mag de Commissie er overeenkomstig artikel 16, lid 4, van de uitvoeringsverordening van uitgaan dat de betrokken documenten of verklaringen geen vertrouwelijke gegevens bevatten.

2.5.5 Bijeenkomsten en andere contacten met de partijen en belanghebbenden

42. Gedurendee de onderzoeksfase kan het Directoraat-generaal Concurrentie bijeenkomsten houden (of telefoongesprekken voeren) met de partijen die aan de procedure zijn onderworpen, de klagers, of belanghebbenden. Zij organiseert met name bijeenkomsten over de stand van zaken of eventueel driehoeksoverleg zoals beschreven in de punten 2.9 en 2.10.

43. Wanneer een bijeenkomst plaatsvindt op verzoek van de partijen, de klagers of belanghebbenden, dan moeten zij in de regel van tevoren een agenda voorleggen met tijdens de bijeenkomst te behandelen discussiepunten, evenals een memorandum of presentatie waarin uitvoeriger op deze onderwerpen wordt ingegaan. Na bijeenkomsten of telefonisch onderhoud over belangrijke onderwerpen kunnen de partijen, de klagers of belanghebbenden hun verklaringen of presentaties schriftelijk nader toelichten.

44. Alle schriftelijke documenten die door de aan een bijeenkomst deelnemende ondernemingen zijn voorbereid en die aan het Directoraat-generaal Concurrentie zijn overhandigd, worden in het dossier opgenomen. De partijen die aan het onderzoek zijn onderworpen krijgen gedurende hun toegang tot het dossier inzage in een niet-vertrouwelijke versie van deze documenten en ontvangen tevens, indien het onderzoek in de zaak wordt voortgezet, een korte nota die door het Directoraat-generaal Concurrentie is opgesteld. Behoudens eventuele verzoeken om anonimiteit [2] worden in deze nota de ondernemingen vermeld die aan de bijeenkomst hebben deelgenomen (of die hebben deelgenomen aan de telefonische bespreking van belangrijke kwesties), evenals het tijdschema en de onderwerpen die tijdens de bijeenkomst (of het telefonisch onderhoud) aan de orde zijn gekomen [3]. Een dergelijke korte nota wordt ook opgesteld

---

(1) Artikel 4, lid 2, onder c), van het mandaat van de raadadviseur-auditeur.
(2) Zie punt 143 hieronder.
(3) De bepalingen van dit punt gelden ook voor de bijeenkomsten over de stand van zaken en het driehoeksoverleg (zie punt 2.11).

wanneer de bijeenkomst op initiatief van de Commissie plaatsvindt (zoals bijeenkomsten over de stand van zaken).

45. De Commissie kan de partijen, de klagers of belanghebbenden na een bijeenkomst of een ander, informeel contact vragen schriftelijk inlichtingen te verstrekken overeenkomstig artikel 18 van Verordening (EG) nr. 1/2003, of hen verzoeken een verklaring af te leggen overeenkomstig artikel 19 van die verordening.

2.5.6 Bevoegdheid tot het opnemen van verklaringen (verhoren)

46. Verordening (EG) nr. 1/2003 en de uitvoeringverordening stellen een specifieke procedure vast voor het opnemen van verklaringen van natuurlijke of rechtspersonen die mogelijk nuttige informatie bezitten over een beweerde inbreuk op de artikelen 101 en 102 VWEU (zie artikel 19 van Verordening (EG) nr. 1/2003 en artikel 3 van de uitvoeringsverordening) [1].

47. Op grond van deze procedure kan de Commissie met alle middelen, met inbegrip van telefoon of videoconferentie, alle natuurlijke personen of rechtspersonen horen die daarin toestemmen, ten einde inlichtingen te verzamelen over het onderwerp van het onderzoek.

48. Alvorens dergelijke verklaringen op te nemen stelt het Directoraat-generaal Concurrentie de ondervraagde in kennis van de rechtsgrondslag van het verhoor, het vrijwillige karakter ervan en zijn voornemen om het gehoor te registreren. In de praktijk zal dit gebeuren door de ondervraagde een document te verstrekken waarin de procedure wordt uitgelegd en dat door de ondervraagde moet worden ondertekend. Om de correctheid van de verklaringen te verzekeren wordt na elke registratie een kopie ervan ter goedkeuring aan de ondervraagde voorgelegd.

49. De procedure voor het opnemen van verklaringen overeenkomstig artikel 19 van Verordening (EG) nr. 1/2003 en artikel 3 van de uitvoeringsverordening is slechts van toepassing wanneer uitdrukkelijk tussen de ondervraagde en het Directoraat-generaal Concurrentie is overeengekomen dat het gesprek ingevolge artikel 19 als formeel verhoor wordt geregistreerd. Het is aan de Commissie om te bepalen wanneer zij een verhoor voorstelt. Een partij kan evenwel ook het Directoraat-generaal Concurrentie verzoeken zijn verklaring als verhoor te registreren. Een dergelijk verzoek zal in beginsel worden ingewilligd, onverminderd de behoeften en vereisten van een behoorlijke uitvoering van het onderzoek.

2.6 Inspecties

50. De Commissie is in het kader van een onderzoek bevoegd inspecties te verrichten in de lokalen van een onderneming en onder bepaalde omstandigheden ook in andere lokalen, waaronder privéruimten. De vaste praktijk van de Commmissie op het gebied van inspecties in de lokalen van een onderneming wordt beschreven in een toelichting die op de website van Directoraat-generaal Concurrentie kan worden geraadpleegd [2].

---

(1) Deze bevoegdheid tot het opnemen van verklaringen overeenkomstig artikel 19 van Verordening (EG) nr. 1/2003 moet worden onderscheiden van de bevoegdheid van de Commissie om, tijdens een inspectie, vertegenwoordigers of personeelsleden van een onderneming of ondernemersvereniging om een toelichting te verzoeken bij feiten of documenten die verband houden met het voorwerp en het doel van de inspectie, en hun antwoorden op te tekenen overeenkomstig artikel 20, lid 2, onder e), van Verordening (EG) nr. 1/2003.

(2) Zie: http://ec.europa.eu/competition/antitrust/legislation/legislation.html

2.7 Bescherming van de vertrouwelijkheid van de communicatie tussen advocaten en cliënten ('Legal Professional Privilege')

51. Krachtens de jurisprudentie van het Hof van Justitie van de Europese Unie [1], waarvan de voornaamste kenmerken hieronder worden samengevat, kan bepaalde communicatie tussen advocaten en cliënten onder strikte voorwaarden onder de bescherming van de vertrouwelijkheid van de communicatie tussen advocaten en cliënten vallen, en derhalve een vertrouwelijk karakter hebben ten aanzien de Commissie en daarmee niet vallen onder de bevoegdheid van de Commissie om documenten te onderzoeken [2]. Communicatie tussen een advocaat en zijn cliënt valt onder de vertrouwelijkheidsbescherming mits deze communicatie enerzijds heeft plaatsgevonden in het kader en ten behoeve van

---

(1) De uitsluiting van bepaalde communicatie tussen advocaten en cliënten van de onderzoeksbevoegdheden van de Commissie vloeit voort uit de algemene rechtsbeginselen welke de rechtsstelsels van de lidstaten gemeen hebben, zoals door het Hof van Justitie van de Europese Unie verduidelijkt in: zaak 155/79 *AM&S Europe Limited/Commissie* (hierna 'AM&S' genoemd), Jurispr. 1982, blz. 1575: Beschikking in zaak T-30/89 *Hilti/Commissie* (hierna 'Hilti' genoemd), Jurispr. 1990, blz. II-163: gevoegde zaken T-125/03 en T-253/03 *Akzo Nobel Chemicals en Akcros Chemicals/Commissie* (hierna 'Akzo' genoemd), Jurispr. 2007, blz. II-3523, zoals bevestigd in zaak C-550/07 P, *Akzo Nobel Chemicals en Akcros Chemicals/Commissie*, arrest van 14 september 2010.

(2) Het Hof van Justitie van de Europese Unie heeft geoordeeld dat de bescherming van de vertrouwelijkheid van communicatie tussen advocaat en cliënt een wezenlijke aanvulling vormt op de volledige uitoefening van de rechten van de verdediging (*AM&S*, punten 18 en 23). Hoe dan ook verhindert het vertrouwelijkheidsbeginsel de cliënt niet de schriftelijke communicatie met zijn advocaat openbaar te maken, indien hij zulks in zijn belang acht (*AM&S*, punt 28).

de verdediging van de cliënt in mededingingsprocedures, en zij anderzijds afkomstig is van zelfstandige advocaten [1].

52. De onderneming die zich met betrekking tot een bepaald document beroept op de bescherming van de vertrouwelijkheid van de communicatie tussen advocaten en cliënten dient de passende rechtvaardiging en relevante gegevens aan de Commissie over te leggen om haar verzoek te staven, zonder dat zij verplicht is de inhoud van dit document te onthullen [2]. Zij moet een aangepaste versie indienen waarin de passages die onder de vertrouwelijkheidsbescherming vallen, onleesbaar zijn gemaakt. Indien de Commissie meent dat niet is bewezen dat aan de voorwaarden voor bescherming is voldaan, dan kan zij de overlegging van het betrokken document gelasten en zonodig de onderneming een

---

(1) *AM&S*, punten 21, 22 en 27. Volgens de jurisprudentie heeft de inhoudelijke reikwijdte van de bescherming van de vertrouwelijkheid, naast de schriftelijke communicatie tussen een onafhankelijke advocaat met het oog op de uitoefening van de rechten van verdediging van de cliënt, eveneens betrekking op i) interne nota's die binnen een onderneming zijn uitgewisseld en die slechts de tekst of de inhoud van communicatie met onafhankelijke advocaten op het gebied van juridisch advies bevatten (*Hilti*, punt 13 en 16 tot en met 18) en ii) door de cliënt opgestelde voorbereidende documenten, zelfs indien zij niet met een advocaat zijn uitgewisseld of niet zijn opgesteld om als zodanig in die vorm aan een advocaat te worden gezonden, mits zij zijn opgesteld met het uitsluitende doel om in het kader van de uitoefening van de rechten van de verdediging juridisch advies aan een advocaat te vragen (*Akzo*, punten 120 tot en met 123). Wat de personele werkingssfeer van de vertrouwelijkheid betreft is deze uitsluitend van toepassing in zoverre de advocaat zelfstandig is, (d.w.z. niet door een arbeidsverhouding aan zijn cliënt gebonden); bedrijfsjuristen zijn uidrukkelijk uitgesloten van bescherming door het vertrouwelijkheidsbeginsel, ongeacht hun lidmaatschap van een balie of het onderworpen zijn aan de regels van beroepstucht en – ethiek of de bescherming ingevolge het nationaal recht: *AM&S*, punten 21, 22, 24 en 27; *Akzo*, punten 166 tot en met 168; bevestigd door het HvJ in zijn arrest van 14 september 2010, zaak C-550/07 P, punten 44 tot en met 51. Bovendien is volgens de jurisprudentie bescherming van het vertrouwelijkheidsbeginsel uitsluitend van toepassing op advocaten die hun beroep in een van de lidstaten van de EU mogen uitoefenen, ongeacht het land waar de cliënt woonachtig is (*AM&S*, punten 25 en 26), en kan deze bescherming niet worden uitgebreid tot andere professionele adviseurs zoals octrooigemachtigden, accountants, enz. Tenslotte zij opgemerkt dat de bescherming van de vertrouwelijkheid zich in beginsel ook uitstrekt tot alle communicatie van na het begin van de administratieve procedure welke kan leiden tot een besluit inzake de toepassing van artikel 101 en/of artikel 102 VWEU, of een besluit waarbij de onderneming een geldboete wordt opgelegd; de bescherming moet ook kunnen worden uitgebreid tot vroegere communicatie met het oog op de uitoefening van de rechten van de verdediging en die verband houdt met het voorwerp van die procedure (*AM&S*, punt 23).

(2) Het enkele feit dat een onderneming voor een document vertrouwelijkheid opeist volstaat derhalve niet om de Commissie te beletten het document in te zien, indien die onderneming voor het overige niets aanvoert ten bewijze dat het daadwerkelijk door vertrouwelijkheid wordt beschermd (*Akzo*, punt 80; zie hieronder). Om haar bewering te staven kan de betrokken onderneming het Directoraat-generaal Concurrentie met name laten weten wie de auteur van het document is en voor wie het bestemd is, de respectieve functies en verantwoordelijkheden van elk van hen uiteenzetten, en wijzen op het doel waarvoor en de context waarin het document is opgesteld. Zo kan zij ook de context waarin het document is gevonden, de wijze waarop het is geklasseerd of andere documenten waarmee het verband houdt, vermelden (*Akzo*, punt 80).

geldboete of dwangsom opleggen om haar te dwingen het noodzakelijke aanvullende bewijs te leveren dan wel het betrokken document over te leggen [1].

53. In veel gevallen kunnen de functionarissen van de Commissie alleen al aan de hand van een beknopt onderzoek van het algemene voorkomen van het document of van het opschrift, van de titel of van andere oppervlakkige kenmerken van het document nagaan of de door de onderneming aangevoerde rechtvaardigingen juist zijn. Een onderneming heeft echter het recht te weigeren de functionarissen van de Commissie zelfs beknopt inzage te geven, mits zij naar behoren rechtvaardigt waarom een dergelijke beknopte inzage onmogelijk zou zijn zonder de inhoud van het document te onthullen [2].

54. Wanneer de functionarissen van de Commissie tijdens een verificatie van oordeel zijn dat de onderneming: i) haar bewering dat het betrokken document onder de vertrouwelijkheidsbescherming valt niet heeft gestaafd; ii) slechts redenen heeft aangevoerd die, volgens de jurisprudentie, een dergelijke bescherming niet rechtvaardigen; of iii) zich baseert op feitelijke beweringen die kennelijk onjuist zijn, dan mogen zij onmiddellijk kennis nemen van de inhoud van het document en er een kopie van nemen (zonder gebruik te maken van de procedure van de verzegelde envelop). Wanneer de functionarissen van de Commissie echter tijdens een verificatie van mening zijn dat de door de onderneming verstrekte gegevens niet aantonen dat het betrokken document wordt beschermd door de vertrouwelijkheid van de communicatie tussen advocaten en cliënten zoals omschreven in de jurisprudentie van het Hof van Justitie van de Europese Unie — met name wanneer die onderneming de functionarissen van de Commissie weigert een beknopte inzage in het document te geven —, maar niet kan worden uitgesloten dat het document inderdaad door die vertrouwelijkheid wordt beschermd, kunnen de functionarissen een kopie van het betrokken document in een verzegelde envelop doen en die vervolgens meenemen met het oog op latere beslechting van het geschil.

55. Ondernemingen of ondernemersverenigingen kunnen de raadadviseur-auditeur vragen de bewering te onderzoeken dat een document waarom de Commissie in het kader van de uitvoering van artikel 18, 20 of 21 van Verordening (EG) nr. 1/2003 heeft verzocht en dat haar is onthouden, door de vertrouwelijkheid van de communicatie tussen advocaten en cliënten wordt beschermd in de zin van de jurisprudentie, indien de onderneming het probleem niet met het Directoraat-generaal Concurrentie heeft kunnen oplossen [3]. De onderneming die zich op vertrouwelijkheid beroept kan de zaak bij de raadadviseur-auditeur aanhangig maken indien zij ermee instemt dat deze kennis neemt van de vermeend vertrouwelijke informatie en eventuele andere gegevens die voor een beoordeling door de raadadviseur-auditeur noodzakelijk zijn. Zonder de mogelijk vertrouwelijke informatie te onthullen deelt de raadadviseur-auditeur de verantwoordelijke directeur en de betrokken onderneming of ondernemersvereniging zijn voorlopige standpunt mee, en hij kan passende maatregelen nemen om een wederzijds aanvaardbare oplossing te bevorderen.

---

(1) *AM&S*, punten 29 tot en met 31. De onderneming kan vervolgens een beroep instellen om deze beschikking nietig te doen verklaren, in voorkomend geval gepaard gaande met een verzoek om een voorlopige maatregel (*AM&S*, punt 32; zie hieronder).

(2) *Akzo*, punten 81 en 82.

(3) Artikel 4, lid 2, onder a), van het mandaat van de raadadviseur-auditeur.

56. Wanneer geen oplossing wordt bereikt kan de raadadviseur-auditeur een met redenen omklede aanbeveling tot het bevoegde lid van de Commissie richten, zonder de potentieel vertrouwelijke inhoud van het document te onthullen. De partij die zich op vertrouwelijkheid beroept ontvangt een afschrift van deze aanbeveling. Indien de zaak op deze wijze niet wordt opgelost stelt de Commissie een nader onderzoek in. Zij kan zonodig een besluit nemen waarbij de vertrouwelijkheidsclaim wordt afgewezen.

57. Wanneer de onderneming aanspraak maakt op vertrouwelijkheidsbescherming en hiervoor rechtvaardigingen heeft aangevoerd, neemt de Commissie (met uitzondering van de raadadviseur-auditeur indien een vertrouwelijkheidsclaim aan hem is doorverwezen op basis van artikel 4, lid 2, onder a), van het mandaat van de raadadviseur-auditeur) geen kennis van de inhoud van het document voordat zij heeft besloten deze claim af te wijzen, en de betrokken onderneming de gelegenheid heeft gegeven beroep in te stellen bij het Hof van Justitie van de Europese Unie. Wanneer de onderneming een beroep tot nietigverklaring instelt en binnen de vastgestelde termijn een verzoek om voorlopige maatregelen indient, opent de Commissie de verzegelde envelop niet en neemt zij geen kennis van de documenten tot het Hof van Justitie van de Europese Unie een besluit heeft genomen over dit verzoek om voorlopige maatregelen [1].

58. Ondernemingen die zuiver om de zaak te vertragen duidelijk ongegronde verzoeken om bescherming van de vertrouwelijkheid indienen of zich tijdens een verificatie zonder objectieve rechtvaardiging verzetten tegen een eventuele beknopte controle van de documenten, kunnen uit hoofde van artikel 23, lid 1, van Verordening (EG) nr. 1/2003 worden bestraft indien aan de overige voorwaarden van deze bepaling is voldaan. Evenzo kunnen deze praktijken als verzwarende omstandigheden in aanmerking worden genomen in het kader van eventuele besluiten waarbij geldboeten worden opgelegd wegens inbreuk op artikel 101 en/of artikel 102 VWEU [2].

2.8 Uitwisseling van informatie tussen mededingingsautoriteiten

59. De Commissie kan overeenkomstig artikel 12 van Verordening (EG) nr. 1/2003 in het kader van een onderzoek ook informatie uitwisselen met nationale mededingingsautoriteiten. De werkwijze van de Commissie met betrekking tot deze informatie-uitwisseling wordt beschreven in de mededeling van de Commissie betreffende de samenwerking binnen het netwerk van mededingingsautoriteiten [3].

2.9 Bijeenkomsten over de stand van zaken ('State of Play meetings')

60. Tijdens het verloop van de procedure tracht het Directoraat-generaal Concurrentie, op eigen initiatief of op verzoek, de bij de procedure betrokken partijen ruimschoots gelegenheid te bieden voor openhartige besprekingen – rekening houdend met de fase van het onderzoek – en voor het kenbaar maken van hun standpunt.

---

(1) De Commissie wacht dus totdat de termijn voor het instellen van een beroep tegen het afwijzingsbesluit is verstreken alvorens kennis te nemen van de inhoud van het betrokken document. Aangezien een dergelijk beroep evenwel geen opschortende werking heeft, dient de desbetreffende onderneming snel om de toepassing van voorlopige maatregelen te verzoeken met het oog op de opschorting van de tenuitvoerlegging van het besluit waarbij het verzoek om vertrouwelijkheidsbescherming is afgewezen.
(2) *Akzo*, punt 89.
(3) *PB* C 101 van 27.4.2004, blz. 43.

61. In verband hiermee organiseert de Commissie in bepaalde fasen van de procedure bijeenkomsten over de stand van zaken. Deze bijeenkomsten, waaraan de partijen op volledig vrijwillige basis kunnen deelnemen, kunnen de kwaliteit en doeltreffendheid van het besluitvormingsproces verbeteren en zorgen voor transparantie en communicatie tussen het Directoraat-generaal Concurrentie en de partijen, zodat zij met name op belangrijke momenten in de procedure worden ingelicht over de stand van zaken. Deze bijeenkomsten kunnen uitsluitend worden bijgewoond door de partijen waarop het onderzoek betrekking heeft en niet door de klager (behalve wanneer de Commissie de procedure van artikel 11, lid 6, van Verordening (EG) nr. 1/2003 heeft ingeleid en van plan is de klager mee te delen dat zij zijn klacht op grond van artikel 7, lid 1, van de uitvoeringsverordening bij formeel schrijven zal afwijzen), noch door belanghebbenden. Wanneer meerdere partijen worden onderzocht, worden aan elke partij afzonderlijk bijeenkomsten over de stand van zaken aangeboden. Bij kartelprocedures wordt een bijeenkomst over de stand van zaken aangeboden als bedoeld in punt (65).

2.9.1   Vorm van de bijeenkomsten over de stand van zaken
62. Bijeenkomsten over de stand van zaken worden gewoonlijk in de kantoren van de Commissie gehouden, maar in voorkomend geval kunnen zij ook per telefoon of videoconferentie plaatsvinden. Het hoger management van het Directoraat-generaal Concurrentie (directeur of adjunct directeur-generaal) fungeert doorgaans als voorzitter. Indien er een groot aantal partijen bij de zaak betrokken zijn kan de bijeenkomst evenwel worden voorgezeten door het verantwoordelijke eenheidshoofd.

2.9.2   Tijdstip van de bijeenkomsten over de stand van zaken
63. Het Directoraat-generaal Concurrentie biedt bijeenkomsten over de stand van zaken aan in verscheidene belangrijke fasen van de procedure. Deze fasen worden in principe gekenmerkt door de volgende gebeurtenissen (hoewel dit gewoonlijk niet geldt voor kartelprocedures):
1. Vlak na de inleiding van de procedure: het Directoraat-generaal Concurrentie licht de partijen die aan de onderzoeksprocedure zijn onderworpen in over de tot dusverre vastgestelde problemen en de verwachte reikwijdte van het onderzoek. Deze bijeenkomst stelt de partijen in de gelegenheid een eerste reactie te geven op de geconstateerde problemen en kan het Directoraat-generaal Concurrentie wellicht tevens helpen het passende kader voor zijn verdere onderzoek te bepalen. Ook kan deze bijeenkomst gebruikt worden om met de partijen te bespreken of zij eventueel afstand doen van het recht de tekst in hun eigen taal te ontvangen, hetgeen bevorderlijk zou kunnen zijn voor de uitvoering van het onderzoek. Het Directoraat-generaal Concurrentie presenteert in deze fase doorgaans een voorlopig tijdschema van de zaak. Dit voorlopige tijdschema wordt zonodig bij volgende bijeenkomsten geactualiseerd;
2. In een voldoende vergevorderd stadium van het onderzoek: deze bijeenkomst biedt de aan de procedure onderworpen partijen de mogelijkheid kennis te nemen van het voorlopig standpunt van de Commissie over de stand van zaken na haar onderzoek en over de geconstateerde mededingingsbezwaren. De bijeenkomst kan tevens door het Directoraat-generaal Concurrentie en de partijen worden gebruikt om bepaalde kwesties en feiten te verduidelijken die van belang zijn voor de uitkomst van de zaak.

Mededeling goede praktijken voor procedures op grond van art. 101 en 102 VWEU

64. Wanneer een mededeling van punten van bezwaar wordt vastgesteld, wordt de partijen tevens een bijeenkomst over de stand van zaken aangeboden nadat zij op deze mededeling hebben gereageerd of na de eventueel gehouden hoorzitting; de partijen worden tijdens deze bijeenkomst gewoonlijk ingelicht over de wijze waarop de Commissie de zaak verder denkt af te wikkelen.

65. Bij kartelprocedures wordt na de hoorzitting één bijeenkomst over de stand van zaken aangeboden. Verder vinden twee specifieke bijeenkomsten over de stand van zaken plaats, enerzijds in het kader van procedures die tot toezeggingsbesluiten leiden (zie deel 4), en anderzijds voor klagers in gevallen waarin de Commissie de procedure van artikel 11, lid 6, van Verordening (EG) nr. 1/2003 heeft ingeleid en voornemens is de klager mee te delen dat zij zijn klacht bij formeel schrijven zal afwijzen overeenkomstig artikel 7, lid 1, van de uitvoeringsverordening (zie deel 5).

66. Bijeenkomsten over de stand van zaken vormen geen enkel beletsel voor eventuele besprekingen tussen de partijen, de klagers of belanghebbenden en het Directoraat-generaal Concurrentie over inhoudelijke kwesties of het tijdschema bij andere gelegenheden in de loop van de procedure.

2.10 Driehoeksoverleg

67. Naast bilaterale bijeenkomsten tussen het Directoraat-generaal Concurrentie en elke afzonderlijke partij zoals de bijeenkomsten over de stand van zaken, kan de Commissie bij wijze van uitzondering besluiten de aan de procedure onderworpen partijen, en wellicht tevens de klager en/of belanghebbenden, uit te nodigen voor een zogeheten driehoeksoverleg. Dit overleg wordt georganiseerd wanneer het Directoraat-generaal Concurrentie meent dat het in het belang van het onderzoek is om in een vergadering de standpunten over bepaalde feiten te verzamelen of de juistheid van die feiten te controleren. Een dergelijke bijeenkomst zou bevorderlijk kunnen zijn voor het onderzoek, bijvoorbeeld wanneer er twee of meer tegenstrijdige standpunten of inlichtingen zijn verstrekt over belangrijke gegevens of bewijsstukken.

68. Driehoeksoverleg zal gewoonlijk plaatsvinden op initiatief van de Commissie en op vrijwillige basis. Deze bijeenkomsten worden meestal voorgezeten door het hogere management van het Directoraat-generaal Concurrentie (directeur of adjunct-directeur-generaal). Driehoeksoverleg komt niet in de plaats van een hoorzitting.

69. Wanneer driehoeksoverleg plaatsvindt dient dit zo vroeg mogelijk in de onderzoeksfase te gebeuren (na de inleiding van de procedure en vóór de eventuele vaststelling van een mededeling van punten van bezwaar) zodat de Commissie tot een conclusie kan komen met betrekking tot inhoudelijke kwesties alvorens zij besluit of zij een mededeling van punten van bezwaar opstelt; overigens is driehoeksoverleg ná het uitbrengen van de mededeling van punten van bezwaar in bepaalde gevallen niet uitgesloten. Driehoeksoverleg moet worden voorbereid op basis van een agenda die door het Directoraat-generaal Concurrentie wordt opgesteld na raadpleging van alle partijen die aan het overleg deelnemen. Ter voorbereiding van de bijeenkomst kunnen lang genoeg van tevoren niet-vertrouwelijke documenten tussen de deelnemende partijen worden uitgewisseld.

2.11 Bijeenkomsten met de Commissaris of de Directeur-generaal

70. Het is gebruikelijk om, indien de partijen hierom verzoeken, hoger kaderpersoneel van de partijen die aan de procedure zijn onderworpen en de klager in de gelegenheid te stellen de zaak hetzij met de Directeur-generaal voor concurrentie, de Adjunct-directeur-generaal voor antitrustzaken of, in voorkomend geval, met het voor concurrentie verantwoordelijke lid van de Commissie te bespreken. Deze personen mogen zich laten vergezellen door juridische en/of economische adviseurs.

2.12 Onderzoek van belangrijke documenten

71. Ter bevordering van een open gedachtewisseling stelt de Commissie, in zaken die op formele klachten gebaseerd zijn, de aan de procedure onderworpen partijen in een vroeg stadium — tenzij gevreesd wordt dat dit het onderzoek zou kunnen schaden — en uiterlijk vlak voor de inleiding van de procedure, in de gelegenheid opmerkingen te maken over een niet-vertrouwelijke versie van de klacht [1]. Dit geldt echter niet wanneer de klacht in een vroeg stadium wordt afgewezen zonder nader diepgaand onderzoek (bv. omdat er 'onvoldoende grond is om gevolg aan de klacht te geven', ook wel 'gebrek aan belang van de Europese Unie' genoemd).

72. Toegang tot de klacht in een vroeg stadium kan de partijen in staat stellen in het begin van de procedure reeds nuttige informatie te verstrekken en kan de beoordeling van de zaak vergemakkelijken.

73. Tegen deze achtergrond stelt de Commissie zich tevens ten doel de partijen die aan de procedure zijn onderwopen vlak na de inleiding van die procedure in de gelegenheid te stellen niet-vertrouwelijke versies van andere 'cruciale documenten' die reeds bij de Commissie zijn ingediend, te bestuderen. Hiertoe behoren belangrijke verklaringen van de klager of van belanghebbenden, maar antwoorden op verzoeken om inlichtingen vallen er bijvoorbeeld niet onder. Na dit vroege stadium kunnen dergelijke documenten nog slechts door de partijen worden geraadpleegd indien dit in het belang van het onderzoek is en de onderzoekfase niet nodeloos dreigt te vertragen. Naar behoren gemotiveerde verzoeken van de klager of van belanghebbenden om hun documenten niet openbaar te maken voordat een mededeling van punten van bezwaar wordt vastgesteld omdat zij zich daadwerkelijk zorgen maken over de vertrouwelijkheid ervan en bijvoorbeeld vrezen voor vergeldingsmaatregelen en voor onvoldoende bescherming van hun zakengeheimen, worden door de Commissie gerespecteerd.

74. Bij kartelprocedures wordt geen gelegenheid gegeven cruciale documenten in te zien (zie punt 4).

2.13 Mogelijke uitkomsten van de onderzoekfase

75. Wanneer de Commissie eenmaal een voorlopig standpunt heeft bepaald ten aanzien van de voornaamste vraagstukken die door een zaak worden opgeworpen, kan zij uit verschillende proceduretrajecten kiezen:
– Zij kan besluiten over te gaan tot de vaststelling van een mededeling van punten ven bezwaar teneinde een verbodsbesluit vast te stellen met betrekking tot alle of enkele van de problemen die bij de inleiding van de procedure zijn geconstateerd (zie deel 3);
– De aan het onderzoek onderworpen partijen kunnen overwegen toezeggingen te doen die de uit het onderzoek naar voren zijn gekomen mededingingsbezwaren wegnemen, of zij kunnen ten minste hun bereidheid tonen om deze mogelijkheid

---

[1] Vervolgens kan een niet-vertrouwelijke versie van het antwoord op de klacht van de aan het onderzoek onderworpen partij aan de klager worden gezonden.

te bespreken; in dat geval kan de Commissie besluiten besprekingen te beginnen ter voorbereiding van een toezeggingsbesluit (zie deel 4);
– De Commissie kan bepalen dat er geen redenen zijn om de procedure ten aanzien van sommige of alle partijen voort te zetten en de procedure dienovereenkomstig beëindigen. Indien de zaak oorspronkelijk als gevolg van een klacht is geopend biedt de Commissie, alvorens de zaak te beëindigen, de klager de mogelijkheid zijn standpunt kenbaar te maken (zie deel 5 over de afwijzing van klachten).

76. Wanneer de Commissie in procedures waarbij veel partijen betrokken zijn de zaak met betrekking tot één of meer partijen in een vroeg stadium na de formele inleiding van de procedure beëindigt, stelt zij gewoonlijk niet alleen deze partijen van haar besluit in kennis maar vermeldt zij de beëindiging van de zaak, indien de inleiding van de procedure is gepubliceerd, ook op haar website en/of brengt zij een persbericht uit. Hetzelfde geldt voor gevallen waarin de procedure niet formeel is ingeleid maar de Commissie haar onderzoek reeds openbaar heeft gemaakt (bijvoorbeeld door te bevestigen dat er inspecties hebben plaatsgevonden).

3 Procedures die tot een verbodsbesluit leiden

77. Een belangrijke stap in procedures die tot een verbodsbesluit kunnen leiden is de vaststelling van een mededeling van punten van bezwaar. De vaststelling van een mededeling van punten van bezwaar loopt echter niet vooruit op het eindresultaat van het onderzoek, en kan ook leiden tot de beëindiging van de zaak zonder dat er een verbodsbesluit of een toezeggingsbesluit wordt vastgesteld.

3.1 Recht om te worden gehoord

78. Het recht van de partijen bij de procedure om te worden gehoord voordat een eindbesluit wordt vastgesteld dat hun belangen kan schaden, is een grondbeginsel van het EU-recht. De Commissie ziet erop toe dat de daadwerkelijke uitoefening van het recht om te worden gehoord in haar mededingingsprocedures wordt gewaarborgd [1].

79. De raadadviseurs-auditeurs hebben tot taak de daadwerkelijke uitoefening van de procedurerechten, en met name het recht om te worden gehoord, in mededingingsprocedures te waarborgen [2]. Zij oefenen hun taken volledig onafhankelijk van het Directoraat-generaal Concurrentie uit, en eventuele geschillen die tussen dit DG en een partij die aan de procedure is onderworpen zouden ontstaan, kunnen ter beslechting aan de desbetreffende raadadviseur-auditeur worden voorgelegd.

80. De raadadviseur-auditeur is rechtstreeks betrokken bij de gehele antitrustprocedure, en met name bij het organiseren en leiden van de hoorzitting indien deze wordt gehouden. Na de hoorzitting brengt de raadadviseur-auditeur, rekening houdende met de schriftelijke antwoorden van de partijen op de mededeling van punten van bezwaar, bij de voor concurrentie verantwoordelijke Commissaris verslag uit over de hoorzitting en de conclusies die daaruit kunnen worden getrokken. Bovendien deelt hij het college van Commissieleden, alvorens zij een definitief besluit vaststellen, mee of het recht om de procedurerechten uit te oefenen daadwerkelijk gedurende de gehele administratieve procedure is geëerbiedigd. Het eindverslag wordt, samen met het definitieve besluit

---

(1) Artikel 27 van Verordening (EG) nr. 1/2003, reeds aangehaald.
(2) Artikel 1 van het mandaat van de raadadviseur-auditeur.

3.1.1 Mededeling van punten van bezwaar

81. Alvorens een besluit vast te stellen dat de belangen van een adressaat kan schaden, en met name een besluit waarmee een inbreuk op de artikelen 101 en 102 VWEU wordt vastgesteld en de beëindiging daarvan wordt gelast (artikel 7 van Verordening (EG) nr. 1/2003) en/of boetes worden opgelegd (artikel 23 van Verordening (EG) nr. 1/2003), stelt de Commissie de partijen die aan de procedure zijn onderworpen in de gelegenheid hun standpunt ten aanzien van de door haar in aanmerking genomen bezwaren kenbaar te maken [1]. Hiertoe stelt zij een mededeling van punten van bezwaar vast die aan elk van de partijen wordt toegezonden.

3.1.1.1 Doel en inhoud van de mededeling van punten van bezwaar

82. De mededeling van punten van bezwaar zet het voorlopige standpunt van de Commissie uiteen over de vermeende inbreuk op artikel 101 en/of 102 VWEU, nadat zij een diepgaand onderzoek heeft ingesteld. Deze mededeling is bedoeld om de betrokken partijen in kennis te stellen van de bezwaren die tegen hen naar voren zijn gebracht, ten einde hen in staat te stellen hun rechten van verdediging schriftelijk en mondeling (tijdens de hoorzitting) uit te oefenen. De mededeling van punten van bezwaar vormt derhalve een wezenlijke procedurele waarborg die garandeert dat het recht om te worden gehoord wordt geëerbiedigd. De betrokken partijen ontvangen alle informatie die zij nodig hebben om zich op doeltreffende wijze te verdedigen en hun opmerkingen kenbaar te maken over de jegens hen geuite aantijgingen.

3.1.1.2 Mogelijke oplegging van corrigerende maatregelen en standpunt van de partijen

83. Wanneer de Commissie voornemens is de partijen corrigerende maatregelen op te leggen overeenkomstig artikel 7, lid 1, van Verordening (EG) nr. 1/2003, worden in de mededeling van punten van bezwaar de voorgenomen maatregelen aangegeven die wellicht noodzakelijk zijn om de vermeende inbreuk te beëindigen. De verstrekte informatie dient voldoende gedetailleerd te zijn om de partijen in staat te stellen zich te verdedigen ten aanzien van de noodzaak en de evenredigheid van de voorgenomen maatregelen. Indien overeenkomstig artikel 7, lid 1, van Verordening (EG) nr. 1/2003 structurele maatregelen worden overwogen, dan wordt in de mededeling van punten van bezwaar uiteengezet waarom er geen even effectieve maatregel ter correctie van de gedragingen bestaat of waarom de Commissie van mening is dat een dergelijke even effectieve maatregel voor de betrokken onderneming belastender zou zijn dan de structurele maatregel.

3.1.1.3 Mogelijke oplegging van geldboeten en standpunt van de partijen

84. De mededeling van punten van bezwaar geeft duidelijk aan of de Commissie voornemens is geldboeten aan de ondernemingen op te leggen indien de bezwaren worden bevestigd (artikel 23 van Verordening (EG) nr. 1/2003). In deze gevallen wordt in de mededeling van punten van bezwaar verwezen naar de relevante beginselen die in de

---

(1) Artikel 27 van Verordening (EG) nr. 1/2003.

richtsnoeren voor de berekening van geldboeten zijn vastgelegd [1]. De Commissie vermeldt in de mededeling van punten van bezwaar de voornaamste feitelijke en juridische gegevens die tot de oplegging van een boete kunnen leiden, zoals de duur en de zwaarte van de inbreuk en of de inbreuk opzettelijk of uit onachtzaamheid werd gemaakt. Verder wordt in de mededeling van punten van bezwaar op voldoende nauwkeurige wijze vermeld dat bepaalde feiten aanleiding kunnen geven tot verzwarende omstandigheden en, voor zover mogelijk, tot verzachtende omstandigheden.

85. Hoewel zij hiertoe niet wettelijk verplicht is, tracht de Commissie in de mededeling van punten van bezwaar (op basis van de beschikbare informatie) tevens gegevens op te nemen die van belang zijn voor een eventuele latere berekening van geldboeten, zoals de verkoopcijfers die in aanmerking moeten worden genomen en het jaar of de jaren waarvoor de waarde van deze verkopen in aanmerking wordt genomen. Deze informatie mag ook na de mededeling van punten van bezwaar aan de partijen worden verstrekt. In beide gevallen worden de partijen in de gelegenheid gesteld opmerkingen te maken.

86. Indien de Commissie voornemens is in haar definitieve besluit af te wijken van de feitelijke of juridische gegevens die in de mededeling van punten van bezwaar zijn vermeld, ten nadele van een of meer partijen, of indien zij voornemens is bijkomende belastende bewijsstukken in aanmerking te nemen, worden de betrokken partij of partijen steeds in de gelegenheid gesteld hun standpunt daarover naar behoren kenbaar te maken.

87. In de mededeling van punten van bezwaar deelt de Commissie de partijen tevens mee dat zij, in uitzonderlijke gevallen, op verzoek rekening kan houden met het onvermogen van de onderneming om te betalen en de boete die anders zou worden opgelegd kan verlagen of kwijtschelden indien deze de levensvatbaarheid van de betrokken onderneming onherroepelijk in gevaar zou brengen, overeenkomstig punt 35 van de richtsnoeren voor de berekening van geldboeten [2].

88. De ondernemingen die een dergelijk verzoek indienen moeten bereid zijn gedetailleerde, actuele financiële informatie over te leggen om hun verzoek te staven. In de regel zal het Directoraat-generaal Concurrentie in contact staan met de partijen om aanvullende inlichtingen in te winnen en/of de verkregen informatie toe te lichten, wat de partijen in staat stelt om verdere relevante informatie aan de Commissie voor te leggen. Wanneer de Commissie de bewering van een onderneming dat zij niet kan betalen onderzoekt, kijkt zij met name naar de jaarrekeningen van de afgelopen jaren en de vooruitzichten voor het lopende jaar en de eerstvolgende jaren, de verhoudingsgetallen die de financiële soliditeit, winstgevendheid, solvabiliteit en liquiditeitspositie weergeven, en de betrekkingen van de onderneming met externe financiële partners en aandeelhouders. Verder onderzoekt de Commissie de specifieke sociale en economische context van elke onderneming en beoordeelt zij of de waarde van de activa van de onderneming door de boete aanzienlijk zou dalen [3].

89. De beoordeling van de financiële situatie wordt uitgevoerd voor alle ondernemingen die kort voor de vaststelling van het besluit en op basis van actuele gegevens een verzoek hebben ingediend wegens onvermogen te betalen, ongeacht wanneer dit verzoek werd voorgelegd.

---

(1) Richtsnoeren voor de berekening van geldboeten die uit hoofde van artikel 23, lid 2, onder a), van Verordening EG nr. 1/2003 worden opgelegd, (*PB* C 210 van 1.9.2006, blz. 2).
(2) Vgl. voetnoot 55.
(3) Zie informatienota SEC(2010) 737/2 van 12 juni 2010.

90. De partijen kunnen eveneens tijdens de hoorzitting hun argumenten uiteenzetten over kwesties die van belang kunnen zijn voor de mogelijke oplegging van geldboeten [1].

3.1.1.4 Transparantie

91. Om de transparantie van de procedure te bevorderen publiceert de Commissie in de regel een persbericht waarin de hoofdpunten van de mededeling van punten van bezwaar worden vermeld, vlak nadat deze door de adressaten is ontvangen. In dit persbericht wordt uitdrukkelijk verklaard dat de mededeling van punten van bezwaar niet vooruitloopt op de uitkomst van de procedure na het horen van de partijen.

3.1.2 Toegang tot het dossier

92. De adressaten van de mededeling van punten van bezwaar krijgen toegang tot het dossier van de Commissie overeenkomstig artikel 27, lid 2, van Verordening (EG) nr. 1/2003 en de artikelen 15 en 16 van de uitvoeringsverordening, ten einde hen in staat te stellen op doeltreffende wijze hun standpunt kenbaar te maken over de voorlopige conclusies die de Commissie in haar mededeling van punten van bezwaar heeft vastgesteld.

93. De praktische aspecten van de toegang tot het dossier, evenals gedetailleerde aanwijzingen betreffende het soort documenten waartoe toegang wordt verleend en vertrouwelijkheidskwesties, worden in een afzonderlijke mededeling betreffende toegang tot het dossier behandeld [2]. Het verlenen van toegang tot het dossier van de Commissie is in de eerste plaats de verantwoordelijkheid van het Directoraat-generaal Concurrentie. De raadadviseurs-auditeurs beslechten geschillen tussen de partijen, de informatieverstrekkers en het Directoraat-generaal Concurrentie over toegang tot informatie in het dossier van de Commissie overeenkomstig de mededeling inzake toegang tot het dossier, de toepasselijke verordeningen en de beginselen die in de desbetreffende jurisprudentie zijn vervat. Tenslotte zijn er bijzondere regels van toepassing op de toegang tot ondernemingsverklaringen in kartelzaken en schikkingsprocedures [3].

94. Een doeltreffende toegang tot het dossier hangt in hoge mate af van samenwerking van de partijen en de informatie van andere ondernemingen die in het dossier is opgenomen. Zoals in punt 41 reeds is opgemerkt moeten informatieverstrekkers overeenkomstig artikel 16, lid 3, van de uitvoeringsverordening, hun aanspraak op vertrouwelijkheid staven en een niet-vertrouwelijke versie van de informatie overleggen. Deze niet-vertrouwelijke versie moet in hetzelfde format worden verstrekt als de vertrouwelijke informatie, waarbij geschrapte passages door samenvattingen zijn vervangen. Tenzij anders is overeengekomen dienen niet-vertrouwelijke versies gelijktijdig met de oorspronkelijke documenten te worden ingediend. Indien geen niet-vertrouwelijke versie wordt verstrekt, mag de Commissie ervan uitgaan dat de betrokken documenten geen vertrouwelijke gegevens bevatten [4].

---

(1) Zie punt 106.
(2) Mededeling betreffende de regels voor toegang tot het dossier van de Commissie, reeds aangehaald.
(3) Mededeling van de Commissie betreffende immuniteit voor geldboeten en vermindering van geldboeten in kartelzaken (hierboven reeds aangehaald), punten 31 t/m 35, en mededeling van de Commissie betreffende schikkingsprocedures (hierboven reeds aangehaald), punten 35 t/m 40.
(4) Zie artikel 16, lid 4, van de uitvoeringsverordening.

3.1.3 Procedures om de uitwisseling van vertrouwelijke informatie tussen partijen bij de procedure te vergemakkelijken

95. Afgezien van de mogelijkheden die in de mededeling betreffende toegang tot het dossier worden behandeld kunnen twee bijkomende procedures worden gebruikt om het opstellen van niet-vertrouwelijke versies van documenten te vergemakkelijken: overeengekomen openbaarmaking in besloten kring en de 'dataroom'-procedure.

96. Ten eerste kan het Directoraat-generaal Concurrentie in bepaalde gevallen, met name wanneer er sprake is van een zeer omvangrijk dossier, toestaan dat de partijen vrijwillig overeenkomen een openbaarmakingsprocedure toe te passen. Volgens deze procedure komt de partij die recht heeft op toegang tot het dossier bilateraal met de informatieverstrekkers die aanspraak maken op vertrouwelijkheid, overeen om alle of een deel van de informatie te ontvangen die laatstgenoemden aan de Commissie hebben verstrekt, met inbegrip van vertrouwelijke informatie. De partij waaraan toegang tot het dossier wordt verleend beperkt de toegang tot de informatie tot een besloten kring van personen (door de partijen per geval te bepalen, zonodig onder toezicht van het Directoraat-generaal Concurrentie). Indien deze overeengekomen toegang tot het dossier erop zou neerkomen dat het recht van een partij op toegang tot het onderzoeksdossier wordt beperkt, moet die partij afstand doen van haar recht op toegang tot het dossier jegens de Commissie. Normaal zou de partij de informatie die via de overeengekomen procedure openbaar wordt gemaakt rechtstreeks van de informatieverstrekker ontvangen. Indien de informatie die aan een dergelijke overeenkomst is onderworpen evenwel bij wijze van uitzondering door de Commissie aan de besloten kring van personen zou worden verstrekt, moeten de informatieverstrekkers afstand doen van hun recht op geheimhouding jegens de Commissie.

97. Ten tweede kan het Directoraat-generaal Concurrentie een zogeheten 'dataroom'-procedure organiseren. Deze procedure wordt gewoonlijk gebruikt voor de openbaarmaking van kwantitatieve gegevens die van belang zijn voor econometrische analyse. Krachtens deze procedure wordt een deel van het dossier, waaronder vertrouwelijke informatie, in de kantoren van de Commissie in een ruimte ondergebracht (de 'dataroom'). Toegang tot deze dataroom wordt slechts verleend aan een beperkte groep personen, namelijk de externe juridische adviseur en/of de economische adviseurs van de partij (gezamenlijk de 'adviseurs' genoemd), onder toezicht van een functionaris van de Commissie. De adviseurs kunnen gebruik maken van de informatie in de dataroom voor de verdediging van hun cliënt, maar mogen geen vertrouwelijke informatie aan hun cliënt meedelen. De dataroom is uitgerust met een aantal pc-werkstations en de noodzakelijke software (en zonodig de noodzakelijke datareeksen en een logboek van de regressies om de zaak van de Commissie te ondersteunen). Er is geen internetverbinding en contacten met de buitenwereld zijn niet toegestaan. De adviseurs mogen gedurende normale werktijden in de dataroom blijven en, indien gerechtvaardigd, kan gedurende verscheidene dagen toegang worden verleend. Het is de adviseurs streng verboden kopieën, aantekeningen of samenvattingen van de documenten te maken; zij mogen slechts een eindverslag uit de dataroom meenemen dat door het caseteam moet worden gecontroleerd om ervoor te zorgen dat het geen vertrouwelijke informatie bevat. Elke adviseur tekent een vertrouwelijkheidsovereenkomst en wordt in kennis gesteld van de voorwaarden voor de speciale toegang tot de dataroom voordat hij deze betreedt. Indien het gebruik van een dataroomprocedure het recht van een partij om volledige toegang tot het onder-

zoeksdossier te verkrijgen beperkt, zijn de procedurele waarborgen van artikel 8 van het mandaat van de raadadviseur-auditeur van toepassing.

98. De raadadviseur-auditeur kan, overeenkomstig artikel 8, lid 4, van het mandaat van de raadadviseur-auditeur besluiten dat de dataroomprocedure enkel in die beperkte gevallen wordt gebruikt waarin toegang tot bepaalde vertrouwelijke gegevens noodzakelijk is voor de uitoefening van de rechten van de verdediging van een partij en wanneer de raadadviseur-auditeur van mening is dat de tegenstelling tussen de eerbiediging van de vertrouwelijkheid en de rechten van de verdediging per saldo op deze wijze het best wordt opgelost. De raadadviseur-auditeur neemt een dergelijk besluit niet indien hij of zij van mening is dat de dataroom geen geschikt instrument is en dat toegang tot de informatie in een andere vorm moet worden verleend (zoals een niet-vertrouwelijke versie).

3.1.4 Schriftelijk antwoord op de mededeling van punten van bezwaar

99. Overeenkomstig artikel 27, lid 1, van Verordening (EG) nr. 1/2003 stelt de Commissie de adressaten van een mededeling van punten van bezwaar in de gelegenheid hun standpunt ten aanzien van de door de Commissie naar voren gebrachte bezwaren kenbaar te maken. Het schriftelijke antwoord biedt de partijen die het voorwerp van de procedure zijn de gelegenheid om hun standpunt over de door de Commissie naar voren gebrachte bezwaren kenbaar te maken.

100. Bij de vaststelling van de termijn voor de beantwoording van de mededeling van punten van bezwaar wordt zowel rekening gehouden met de tijd die nodig is voor het opstellen van de stukken als met het spoedeisend karakter van de zaak [1]. De adressaten van de mededeling van punten van bezwaar beschikken over een termijn van tenminste vier weken om schriftelijk te antwoorden [2]. Een langere termijn (gewoonlijk een periode van twee maanden, hoewel deze periode langer of korter kan zijn afhankelijk van de omstandigheden van de zaak) kan door het Directoraat-generaal Concurrentie worden toegestaan waarbij onder andere de volgende elementen in aanmerking worden genomen:
- de omvang en de complexiteit van het dossier (bv. het aantal inbreuken, de beweerde duur van de inbreuk(en), de omvang van de documenten en het aantal ervan, en/of de omvang en de complexiteit van studies van deskundigen); en/of
- de vraag of de adressaat van de mededeling van punten van bezwaar die het verzoek doet, voordien reeds toegang tot informatie heeft gekregen (zoals cruciale documenten, clementieverzoeken); en/of
- eventuele andere objectieve belemmeringen waarmee de adressaat van de mededeling van punten van bezwaar die het verzoek doet, kan worden geconfronteerd bij het maken van zijn opmerkingen.

101. Een adressaat van een mededeling van punten van bezwaar kan, tenminste 10 werkdagen vóór het verstrijken van de oorspronkelijke termijn, een met redenen omkleed verzoek om termijnverlenging richten tot het Directoraat-generaal Concurrentie. Indien dit verzoek niet wordt ingewilligd of indien de adressaat van de mededeling van punten van bezwaar niet akkoord gaat met de duur van de toegestane verlenging, kan hij de zaak vóór het verstrijken van de oorspronkelijke termijn ter toetsing aan de raadadviseur-auditeur voorleggen.

---

(1) Zie zaak T-44/00 *Mannesmannröhren-Werke AG/Commissie*, Jurispr. 2004, blz. II-2223, punt 65.
(2) Zie artikel 17, lid 2, van de uitvoeringsverordening. Voor de regel die van toepassing is op schikkingsprocedures, zie artikel 10, onder a), van de uitvoeringsverordening.

102. De termijn begint te lopen vanaf de datum waarop toegang tot de voornaamste documenten van het dossier is verleend [1]. Gewoonlijk beginnen termijnen niet te lopen voordat de adressaat van de mededeling van punten van bezwaar toegang heeft gekregen tot documenten die uitsluitend toegankelijk zijn in de kantoren van de Commissie, zoals ondernemingsverklaringen. Het feit dat geen toegang is verleend tot het volledige dossier betekent niet automatisch dat een termijn niet begonnen is [2].

103. Wanneer de rechten van de verdediging hiertoe nopen [3] of wanneer het volgens de Commissie nuttig kan zijn om feitelijke en juridische kwesties die voor de zaak van belang zijn nader te verduidelijken, kan de Commissie de partijen een kopie van de niet-vertrouwelijke versie (of bepaalde delen daarvan) van de schriftelijke antwoorden van andere partijen op de mededeling van punten van bezwaar overhandigen. Dit zal gewoonlijk gebeuren vóór de hoorzitting, zodat de partijen hierover tijdens de hoorzitting opmerkingen kunnen maken. In voorkomend geval kan de Commissie tevens besluiten een dergelijke kopie aan klagers en toegelaten belanghebbenden te verstrekken. Indien toegang tot de antwoorden van andere partijen wordt verleend omdat dit noodzakelijk is in verband met de rechten van de verdediging, hebben de partijen tevens recht op voldoende extra tijd om hun opmerkingen over deze antwoorden te maken.

3.1.5 Rechten van klagers en belanghebbenden

104. Klagers worden nauw bij de procedure betrokken. Krachtens artikel 6, lid 1, van de uitvoeringsverordening hebben zij recht op een niet-vertrouwelijke versie van de mededeling van punten van bezwaar, en stelt de Commissie een termijn vast waarbinnen de klager schriftelijk zijn standpunt kenbaar kan maken. De klager kan de Commissie, lang genoeg vóór het verstrijken van de oorspronkelijke termijn, door middel van een met redenen omkleed verzoek om verlenging van de termijn vragen. Indien dit verzoek niet wordt ingewilligd of het Directoraat-generaal Concurrentie en de klager kunnen het niet eens worden over een gevraagde termijnverlenging, dan kan de klager de zaak door middel van een met redenen omkleed verzoek aan de raadadviseur-auditeur voorleggen [4].

105. Op hun verzoek hoort de Commissie tevens andere natuurlijke of rechtspersonen die een voldoende belang in de uitkomst van de procedure kunnen aantonen overeenkomstig artikel 13 van de uitvoeringsverordening. De raadadviseur-auditeur beslist of deze belanghebbenden tot de procedure worden toegelaten. Personen die zijn toegelaten worden schriftelijk in kennis gesteld van de aard en het onderwerp van de procedure, en

---

(1) In de meeste gevallen wordt toegang verleend tot het volledige dossier door middel van een CD-Rom die alle documenten van het dossier bevat.
(2) Zie zaak T-44/00, *Mannesmannröhren-Werke AG/Commissie*, Jurispr. 2004, blz. II-2223, punt 65. Zie ook overweging 15 van het mandaat van de raadadviseur-auditeur die luidt: 'In uitzonderlijke omstandigheden kan de raadadviseur-auditeur de termijn waarbinnen een adressaat van een mededeling van punten van bezwaar die mededeling dient te beantwoorden, opschorten totdat een geschil over de toegang tot het dossier is beslecht, indien de adressaat niet in staat zou zijn om binnen de toegestane termijn te antwoorden en indien een verlenging van de antwoordtermijn op dat tijdstip geen geschikte oplossing is.'
(3) Zie gevoegde zaken T-191/98 en T-212/98 tot en met T-214/98 *Atlantic Container Line e.a./Commissie*, Jurispr. 2003, blz. II-3275: zaak T-54/03 *Lafarge/Commissie*, Jurispr. 2008, blz. II-120, punten 69–73: zaak T-52/03 *Knauf/Commissie*, Jurispr. 2008, blz. II-115, punten 41–47, 67–79: zaak C-407/08P *Knauf/Commissie*, arrest van 1 juli 2010 (nog niet gepubliceerd), punten 23–28.
(4) Artikel 9, lid 2, van het mandaat van de raadadviseur-auditeur.

de Commissie stelt een termijn vast waarbinnen zij hun standpunt schriftelijk kenbaar kunnen maken. Zij kunnen het Directoraat-generaal Concurrentie lang genoeg vóór het verstrijken van de oorspronkelijke termijn door middel van een met redenen omkleed verzoek om termijnverlenging vragen. Wanneer dit verzoek niet wordt ingewilligd of het Directoraat-generaal Concurrentie en de tot de procedure toegelaten belanghebbenden het niet eens kunnen worden over een gevraagde termijnverlenging, dan kan de belanghebbende de zaak door middel van een met redenen omkleed verzoek aan de raadadviseur-auditeur voorleggen [1].

3.1.6 Hoorzitting

106. Elke partij tot wie een mededeling van punten van bezwaar is gericht, heeft het recht te worden gehoord op een hoorzitting. Om een hoorzitting kan worden verzocht binnen de termijn om schriftelijk op de mededeling van punten van bezwaar te reageren.

107. Op de hoorzitting kunnen partijen de argumenten die zij schriftelijk hebben ingediend, mondeling ontwikkelen en in voorkomend geval het schriftelijk bewijsmateriaal aanvullen of de Commissie op de hoogte brengen van andere zaken die relevant kunnen zijn. Op de hoorzitting kunnen partijen hun argumenten naar voren brengen in verband met zaken die belang kunnen hebben voor de eventuele oplegging van geldboetes. Het feit dat de hoorzitting niet openbaar is, zorgt ervoor dat alle aanwezigen vrij hun mening kunnen uiten. Informatie die op de hoorzitting wordt vrijgegeven, mag alleen worden gebruikt voor rechterlijke en/of administratieve procedures in het kader van de toepassing van de artikelen 101 en 102 VWEU en mag door de deelnemers aan de hoorzitting voor geen ander doel worden vrijgegeven of gebruikt. Deze beperking geldt ook voor de opname van de hoorzitting en voor visuele presentaties. Mocht op de hoorzitting vrijgegeven informatie op enig tijdstip voor een ander doel worden gebruikt dan voor rechterlijke en/of administratieve procedures in het kader van de toepassing van de artikelen 101 en 102 VWEU, en is daarbij een externe raadsman betrokken, dan kan de Commissie het incident ter kennis brengen van de balie van die raadsman, met het oog op disciplinaire maatregelen.

108. Gelet op het belang van de hoorzitting is het de gangbare praktijk van het Directoraat-generaal Concurrentie ervoor te zorgen dat het hogere management van het Directoraat-generaal Concurrentie (directeur of adjunct-directeur-generaal) en het uit ambtenaren van de Commissie bestaande caseteam dat voor het onderzoek verantwoordelijk is, steeds aanwezig zijn. De mededingingsautoriteiten van de lidstaten, het team van de hoofdeconoom en de betrokken diensten van de Commissie [2], waaronder de juridische dienst, worden ook door de raadadviseur-auditeur uitgenodigd.

3.1.7 Aanvullende mededeling van punten van bezwaar en letter of facts

109. Wanneer, nadat de mededeling van punten van bezwaar is uitgegaan, nieuw bewijsmateriaal beschikbaar wordt dat de Commissie voornemens is te gebruiken of wanneer de Commissie voornemens is haar juridische beoordeling in het nadeel van de betrokken ondernemingen te wijzigen, moeten de betrokken ondernemingen de gelegenheid krijgen om hun opmerkingen over deze nieuwe aspecten te formuleren.

---

(1) Vgl. voetnoot 67.
(2) Zie voorts het document 'Key actors and checks and balances', dat beschikbaar is op de website van het directoraat-generaal Concurrentie.

110. Wanneer aanvullende punten van bezwaar worden geformuleerd of wanneer de aan de onderneming verweten inbreuk wezenlijk wordt gewijzigd [1], geeft de Commissie de partijen daarvan kennis in een aanvullende mededeling van punten van bezwaar. Alvorens zij dat doet, worden de partijen gewoonlijk uitgenodigd op een bijeenkomst over de stand van zaken. De regels tot vaststelling van de termijn om te reageren op een mededeling van punten van bezwaar (zie hierboven) zijn van toepassing, zij het dat in deze context doorgaans een kortere termijn wordt vastgesteld.

111. Wanneer echter de reeds in de mededeling van punten bezwaar opgenomen punten van bezwaar tegen de ondernemingen, alleen maar worden bevestigd door nieuw bewijsmateriaal dat de Commissie voornemens is te gebruiken, brengt zij dit ter kennis van de betrokken partijen per gewone brief ('letter of facts') [2]. De letter of facts biedt ondernemingen de mogelijkheid om binnen een bepaalde termijn schriftelijke opmerkingen te maken over het nieuwe bewijsmateriaal. Een verlenging van deze termijn kan worden aangevraagd door middel van een met redenen omkleed verzoek aan de Commissie. Wanneer het Directoraat-generaal Concurrentie en de adressaat het niet eens zijn over een gevraagde verlenging, kan de adressaat de zaak door middel van een met redenen omkleed verzoek verwijzen naar de raadadviseur-auditeur.

112. De procedurele rechten die de toezending van de mededeling van punten van bezwaar met zich brengt, zijn van overeenkomstige toepassing wanneer een aanvullende mededeling van punten van bezwaar uitgaat, met inbegrip van het recht van de partijen om een hoorzitting te verzoeken. Er moet ook toegang worden verleend tot het bewijsmateriaal dat is verzameld tussen de oorspronkelijke mededeling van punten van bezwaar en de aanvullende mededeling van punten van bezwaar. Wanneer een letter of facts uitgaat, zal over het algemeen toegang worden verleend tot het bewijsmateriaal dat is verzameld na de aanvullende mededeling van punten van bezwaar tot op de dag waarop de betrokken letter of facts is verzonden. In gevallen waarin de Commissie voornemens is om uitsluitend specifiek bewijsmateriaal te gebruiken dat betrekking heeft op één of een beperkt aantal onderdelen en/of aparte kwesties (in het bijzonder die welke betrekking hebben op het bepalen van het bedrag van de geldboete of kwesties die met aansprakelijkheid van de moedermaatschappij verband houden) wordt echter alleen toegang verleend tot de rechtstreeks betrokken onderdelen en tot het bewijsmateriaal dat met de betrokken kwestie(s) verband houdt.

3.2 Mogelijke uitkomsten van deze fase

113. Wanneer, rekening houdend met de door partijen schriftelijk en/of op de hoorzitting gegeven antwoorden en op basis van een grondige evaluatie van alle tot in deze fase verworven informatie, de punten van bezwaar van gronden zijn voorzien, zal de Commissie doorgaan in de richting van een besluit tot vaststelling van een inbreuk op de betrokken mededingingsregels. De Commissie kan ook besluiten bepaalde punten van

---

(1) Een aanvullende mededeling van punten van bezwaar zou bijvoorbeeld uitgaan wanneer de Commissie op grond van het nieuwe bewijsmateriaal de duur, het geografische bereik, de aard of de reikwijdte van de inbreuk kan uitbreiden.
(2) Dat de Commissie een partij alleen een niet-vertrouwelijke versie (of specifieke fragmenten daaruit) van de schriftelijke reacties van andere partijen op de mededeling van punten van bezwaar meedeelt en haar de gelegenheid biedt om opmerkingen te maken (zie punt 103), vormt geen letter of facts.

bezwaar in te trekken en verder te werken in de richting van een besluit tot vaststelling van een inbreuk voor het resterende deel.

114. Wanneer de punten van bezwaar in deze fase echter niet van gronden zijn voorzien, sluit de Commissie het dossier. In dat geval zijn de in punt (76) beschreven voorlichtingsmaatregelen ook van toepassing.

4 Toezeggingsbesluiten

115. Artikel 9 van Verordening (EG) nr. 1/2003 voorziet in de mogelijkheid voor ondernemingen om toezeggingen te doen om aan de bezorgdheden van de Commissie in verband met de mededinging tegemoet te komen. Wanneer de Commissie deze toezeggingen aanvaardt, kan zij ten aanzien van de bij de procedure betrokken partijen deze toezeggingen bij besluit een verbindend karakter verlenen. De Commissie kan vrijelijk bepalen of zij de toezeggingen aanvaardt. In het kader van het evenredigheidsbeginsel dient de Commissie na te gaan of de toezeggingen de vastgestelde mededingingsproblemen opheffen en of deze toezeggingen niet verder gaan dan wat nodig is om aan deze bezorgdheden tegemoet te komen. Bij de uitvoering van die beoordeling houdt de Commissie rekening met de belangen van derde partijen. Zij is echter niet verplicht om dergelijke vrijwillige toezeggingen te vergelijken met maatregelen die zij zou kunnen opleggen op grond van artikel 7 van Verordening (EG) nr. 1/2003 en toezeggingen die verder gaan dan dergelijke maatregelen als onevenredig te beschouwen [1].

116. Toezeggingsbesluiten zijn niet aangewezen in zaken waarin de Commissie van oordeel is dat de aard van de inbreuk het opleggen van een boete vereist [2]. Bijgevolg past de Commissie de procedures van artikel 9 niet toe op geheime kartels die onder de mededeling betreffende immuniteit tegen geldboeten en vermindering van geldboeten in kartelzaken vallen.

117. Het belangrijkste verschil tussen een verbodsbesluit in de zin van artikel 7 en een toezeggingsbesluit in de zin van artikel 9 van Verordening (EG) nr. 1/2003 is dat in het eerstgenoemde een inbreuk wordt vastgesteld terwijl in het laatstgenoemde een toezegging verbindend wordt verklaard zonder dat wordt geconcludeerd of er sprake was of nog steeds is van een inbreuk. In een toezeggingsbesluit wordt vastgesteld dat er niet langer gronden voor een optreden van de Commissie bestaan. Bovendien doen ondernemingen op vrijwillige basis toezeggingen. Met een besluit in de zin van artikel 7 daarentegen kan de Commissie ondernemingen maatregelen opleggen die noodzakelijk zijn om een einde te maken aan de inbreuk (en/of boeten).

4.1 Opstarten van toezeggingsbesprekingen

118. Ondernemingen mogen steeds contact opnemen met het Directoraat-generaal Concurrentie om na te gaan of de Commissie bereid is om de zaak verder te behandelen met het oog op het nemen van een toezeggingsbesluit. De Commissie moedigt ondernemingen aan om in een zo vroeg mogelijk stadium blijk te geven van hun interesse in het opstarten van toezeggingsbesprekingen.

119. De partijen zullen dan uitgenodigd worden op een bijeenkomst over de stand van zaken. Het Directoraat-generaal Concurrentie zal de onderneming wijzen op het tijdschema waarbinnen de besprekingen over eventuele toezeggingen moeten worden afgerond en

---

(1) Zaak C-441/07 P *Commissie/Alrosa*, arrest van 29 juni 2010, punt 120.
(2) Zie overweging 13 van Verordening (EG) nr. 1/2003.

zal haar de voorlopige mededingingsbezwaren meedelen die uit het onderzoek naar voren zijn gekomen.

120. Om vertraging als gevolg van vertalingen te voorkomen, mogen die bijeenkomst en de daarop volgende stappen in de procedure in een overeengekomen taal worden gehouden of gevoerd op grond van een verstrekte afstandsverklaring ('language waiver') waarin partijen aanvaarden documenten in een andere taal dan die van de lidstaat waar zij zijn gevestigd, te ontvangen en voor te leggen (zie punt 2.4 hierboven).

4.2 Voorlopige beoordeling

121. Zodra de Commissie ervan overtuigd is dat de onderneming echt bereid is om toezeggingen voor te stellen die de mededingingsbezwaren daadwerkelijk zullen wegnemen, wordt een voorlopige beoordeling vastgesteld. Overeenkomstig artikel 9 van Verordening (EG) nr. 1/2003 bevat de voorlopige beoordeling een samenvatting van de belangrijkste feiten van de zaak en de mededingingsbezwaren die een besluit om de beëindiging van een inbreuk te bevelen, zouden rechtvaardigen. Voordat de voorlopige beoordeling wordt afgegeven, worden de partijen uitgenodigd op een bijeenkomst over de stand van zaken.

122. De voorlopige beoordeling zal voor de partijen als basis dienen om passende toezeggingen te formuleren die aan de mededingingsbezwaren van de Commissie tegemoet komen of vroeger besproken toezeggingen beter te omschrijven.

123. Wanneer reeds een mededeling van punten van bezwaar aan de partijen is gezonden, kunnen toezeggingen in bepaalde gevallen toch nog worden aanvaard. In dat geval voldoet de mededeling van punten van bezwaar aan de vereisten van een voorlopige beoordeling, aangezien zij een samenvatting bevat van de belangrijkste feiten alsook een beoordeling van de vastgestelde mededingingsbezwaren.

124. Partijen bij de procedure die toezeggingen doen om tegemoet te komen aan de bezorgdheden die de Commissie ten aanzien van hen heeft uitgedrukt in haar voorlopige beoordeling, kunnen zich tijdens de in artikel 9 bedoelde procedure te allen tijde wenden tot de raadadviseur-auditeur in verband met de daadwerkelijke uitoefening van hun procedurerechten [1].

125. De Commissie of de betrokken onderneming(en) kunnen tijdens de toezeggingsprocedure steeds de besprekingen stopzetten. De Commissie kan in dat geval gewoon doorgaan met de formele procedure overeenkomstig artikel 7 van Verordening (EG) nr. 1/2003 [2].

4.3 Indiening van de toezeggingen

126. Na ontvangst van de voorlopige beoordeling beschikken partijen normalerwijze over een maand om formeel hun toezeggingen in te dienen. Wanneer partijen een mededeling van punten van bezwaar hebben ontvangen en vervolgens besluiten om toezeggingen in te dienen, wordt de termijn om de mededeling van punten van bezwaar te beantwoorden, doorgaans niet verlengd. Het indienen van toezeggingen betekent niet noodzakelijk dat de partijen het eens zijn met de voorlopige beoordeling van de Commissie.

127. Partijen kunnen toezeggingen indienen ter correctie van gedragingen of toezeggingen van structurele aard om de vastgestelde mededingingsproblemen adequaat aan te

---

(1) Artikel 15, lid 1, van het mandaat van de raadadviseur-auditeur.
(2) Zie deel 3 van deze mededeling.

pakken. De Commissie zal geen toezeggingen aanvaarden die geen adequate oplossing vormen voor deze problemen.

128. Toezeggingen moeten ondubbelzinnig zijn en 'self-executing' [1]. Voor zover noodzakelijk kan een gevolmachtigde worden aangesteld om de Commissie bij te staan bij de tenuitvoerlegging ervan (gevolmachtigde die toezicht houdt en/of die toeziet op de tenuitvoerlegging van een afstoting). Voorts moet de onderneming, wanneer toezeggingen niet ten uitvoer kunnen worden gelegd zonder de instemming van derden (bv. wanneer een derde die op grond van de toezeggingen geen geschikte koper zou zijn, over een voorkooprecht beschikt), een bewijs voorleggen van de instemming van de derde.

4.4 De 'markttoets' en de daaropvolgende besprekingen met de partijen

129. Overeenkomstig artikel 27, lid 4, van Verordening (EG) nr. 1/2003 moet de Commissie over de toezeggingen een markttoets uitvoeren alvorens deze bij besluit verbindend te verklaren. De Commissie zal alleen een markttoets uitvoeren wanneer zij van oordeel is dat de aangeboden toezeggingen op het eerste gezicht de vastgestelde mededingingsproblemen aanpakken. De Commissie moet in het *Publicatieblad van de Europese Unie* een beknopte samenvatting van de zaak en de hoofdlijnen van de toezeggingen bekendmaken ('bekendmaking met het oog op de markttoets'), met eerbieding van de geheimhoudingsplicht [2]. Zij zal op de website van het Directoraat-generaal Concurrentie de volledige tekst van de toezeggingen publiceren [3] in de authentieke taal [4]. Om de doorzichtigheid van de procedure te verbeteren, publiceert de Commissie ook een persbericht waarin de belangrijkste elementen van de zaak en de voorgestelde toezeggingen worden beschreven. Wanneer de zaak op een klacht is gebaseerd, brengt de Commissie in deze fase ook de klager op de hoogte van de markttoets en verzoekt zij hem om opmerkingen te maken. Ook tot de procedure toegelaten derden worden op de hoogte gebracht en wordt verzocht opmerkingen te maken. De Commissie kan besluiten driehoeksoverleg te houden met de partijen en de klager en/of de toegelaten partijen.

130. Overeenkomstig artikel 27, lid 4, van Verordening (EG) nr. 1/2003 kunnen belanghebbende derden hun opmerkingen meedelen binnen een periode van ten minste één maand.

131. De Commissie kan de markttoets naar andere partijen zenden voor wie de uitkomst van de zaak mogelijk belang heeft (bv. consumentenverenigingen).

132. Na ontvangst van de reacties op de markttoets wordt voor de partijen een bijeenkomst over de stand van zaken georganiseerd. De Commissie brengt de partijen mondeling of schriftelijk op de hoogte van de inhoud van de reacties.

133. Wanneer de Commissie op basis van de resultaten van de markttoets (en alle andere beschikbare informatie) van oordeel is dat de vastgestelde mededingingsproblemen niet werden aangepakt of dat wijzigingen van de tekst van de toezeggingen noodzakelijk zijn om deze doeltreffend te maken, worden de ondernemingen die toezeggingen aanbieden, daarvan op de hoogte gebracht. Wanneer laatstgenoemden bereid zijn om de door de Commissie vastgestelde problemen aan te pakken, moeten zijn een gewijzigde versie

---

(1) Dat wil zeggen dat de uitvoering ervan niet mag afhangen van de wil van een derde die niet door de toezeggingen is gebonden.
(2) Artikel 28 van Verordening (EG) nr. 1/2003.
(3) Niet-vertrouwelijke versie.
(4) Zonder vertaling.

van de toezeggingen indienen. Wanneer de gewijzigde versie van de toezeggingen de aard of reikwijdte van toezeggingen verandert, wordt een nieuwe markttoets uitgevoerd. Wanneer de ondernemingen niet bereid zijn een gewijzigde versie van de toezeggingen in te dienen, terwijl die op grond van de beoordeling van de uitkomst van de markttoets door de Commissie vereist is, kan de Commissie terugkeren tot de procedure van artikel 7.

5 Procedure voor de afwijzing van klachten

134. Formele klachten zijn een belangrijk instrument in de tenuitvoerlegging van de mededingingsregels en worden derhalve nauwkeurig door de Commissie onderzocht. Na een passende beoordeling van de feitelijke en juridische omstandigheden van de individuele zaak kan de Commissie echter een klacht afwijzen op de gronden en volgens de procedures die hieronder worden uiteengezet [1].

5.1 Gronden voor afwijzing

135. De afwijzing van klachten kan gegrond zijn op 'onvoldoende grond om gevolg te geven aan de klacht', ofwel 'gebrek aan EU-belang', onbevoegdheid of het ontbreken van bewijs om het bestaan van een inbreuk aan te tonen.

136. Afwijzingen op basis van 'onvoldoende grond om gevolg te geven aan de klacht' [2] hebben met name betrekking op klachten waarbij, gelet op het feit dat het weinig waarschijnlijk is dat de gestelde inbreuken kunnen worden bewezen en de aanzienlijke middelen die de Commissie zou moeten investeren om het bestaan ervan te bewijzen, de middelen die nodig zijn om de zaak nader te onderzoeken niet in verhouding staan tot de verwachte beperkte impact ervan op de werking van de gemeenschappelijke markt en/of de mogelijkheid van de klager om andere middelen te gebruiken [3].

137. De Commissie kan klachten ook afwijzen op grond van gebrek aan bewijs (wanneer de klager zelfs geen minimaal prima facie bewijs levert dat noodzakelijk is om een inbreuk op de artikelen 101 en/of 102 VWEU te gronden) of op inhoudelijke gronden (er is geen sprake van een inbreuk).

138. Wanneer een nationale mededingingsautoriteit dezelfde zaak behandelt of heeft behandeld [4], brengt de Commissie de klager daarvan op de hoogte. In een dergelijke situatie kan de klager de klacht intrekken. Wanneer de klager de klacht handhaaft, kan de Commissie deze bij besluit afwijzen overeenkomstig artikel 13 van Verordening

---

(1) Zie ook de (hierboven reeds aangehaalde) mededeling van de Commissie betreffende de behandeling van klachten.
(2) Zie met name zaak T-24/90, *Automec II*, Jurispr. 1992, blz. II-2223, en zaak C-119/97 P, *Ufex*, Jurispr. 1999, blz. I-1341.
(3) In punt 44 van de mededeling van de Commissie betreffende de behandeling van klachten zijn een aantal criteria opgesomd die afzonderlijk of samen kunnen worden gebruikt voor afwijzing op grond van gebrek aan 'belang van de Europese Unie'. Bovendien heeft de Commissie in haar verslag over het mededingingsbeleid van 2005 aan aantal criteria opgenomen die zij, afzonderlijk of tezamen, zou kunnen gebruiken om te bepalen of er al dan niet sprake is van 'belang van de Europese Unie'. Zie ook zaak T-427/08, *Confédération européenne des associations d'horlogeursréparateurs (CEAHR)/Commissie*, nog niet gepubliceerd.
(4) Het begrip dezelfde zaak houdt in wezen in dat het gaat om dezelfde soort inbreuk, op dezelfde productmarkt, op dezelfde geografische markt, door ten minste één zelfde onderneming, gedurende dezelfde tijdsperiode.

(EG) nr. 1/2003 en artikel 9 van de uitvoeringsverordening [1]. Wanneer een nationale rechterlijke instantie dezelfde zaak behandelt of heeft behandeld, kan de Commissie de klacht verwerpen op basis van 'onvoldoende grond om gevolg aan de klacht te geven [2]'.

5.2 Procedure

139. Wanneer de Commissie, na zorgvuldig onderzoek van de zaak, tot de voorlopige conclusie komt dat zij om een van de bovengenoemde redenen niet verdergaat met de zaak, brengt zij eerst op een bijeenkomst of per telefoon de klager op de hoogte van het feit dat zij tot het voorlopige standpunt is gekomen dat de zaak kan worden afgewezen. Zodra hij op de hoogte is, kan de klager besluiten de klacht in te trekken. Anders zal de Commissie overeenkomstig artikel 7, lid 1, van de uitvoeringsverordening de klager bij formeel schrijven haar voorlopige conclusie meedelen dat er onvoldoende gronden zijn om aan een klacht gevolg te geven en stelt zij een termijn vast waarbinnen de klager schriftelijk zijn standpunt kenbaar kan maken [3]. In dit verband heeft de klager het recht om toegang te krijgen tot de documenten waarop de Commissie haar voorlopige beoordeling heeft gebaseerd [4]. Wanneer de Commissie in de loop van haar onderzoek een procedure begint op grond van artikel 11, lid 6, van Verordening (EG) nr. 1/2003, wordt de klager uitgenodigd op een bijeenkomst over de stand van zaken voordat een dergelijk formeel schrijven wordt verstuurd. De in het formeel schrijven gestelde termijn bedraagt ten minste vier weken [5]. De termijn begint te lopen vanaf de dag waarop toegang werd verleend tot de belangrijkste documenten op grond waarvan de beoordeling werd gemaakt. In voorkomend geval en op met redenen omkleed verzoek aan het Directoraat-generaal Concurrentie dat vóór het verstrijken van de oorspronkelijke termijn wordt ingediend, kan de termijn worden verlengd [6]. Wanneer een dergelijk verzoek niet wordt ingewilligd of het Directoraat-generaal Concurrentie en de klager het niet eens zijn over de gevraagde verlenging, kan de adressaat de zaak door middel van een met redenen omkleed verzoek verwijzen naar de raadadviseur-auditeur [7].

140. Wanneer de klager niet binnen de termijn reageert op de bovengenoemde brief van de Commissie, wordt de klacht geacht te zijn ingetrokken overeenkomstig artikel 7, lid 3, van de uitvoeringsverordening. De klager wordt dienovereenkomstig ingelicht over de administratieve afsluiting van de zaak.

141. Indien de opmerkingen van de klager als antwoord op de bovengenoemde brief van de Commissie er niet toe leiden dat de Commissie haar beoordeling van de klacht verandert, wijst de Commissie de klacht bij formeel besluit af overeenkomstig artikel 7, lid 2, van de uitvoeringsverordening. Wanneer de opmerkingen van de klager ertoe leiden dat de beoordeling wordt gewijzigd, gaat de Commissie door met haar onderzoek.

---

(1) Punt 25 van de mededeling van de Commissie betreffende de behandeling van klachten.
(2) Zie het jaarlijks verslag over het mededingingsbeleid van 2005, goedgekeurd in juni 2006, blz. 25 en volgende.
(3) Artikel 7, lid 1, van de uitvoeringsverordening; punt 68 van de mededeling van de Commissie betreffende de behandeling van klachten.
(4) Artikel 8 van de uitvoeringsverordening; punt 69 van de mededeling van de Commissie betreffende de behandeling van klachten.
(5) Artikel 17, lid 2, van de uitvoeringsverordening.
(6) Artikel 17, lid 4, van de uitvoeringsverordening.
(7) Vgl. voetnoot 67.

6 Beperkingen van het gebruik van informatie

142. De in de loop van deze procedures uitgewisselde informatie, met name in de context van de toegang tot het dossier en het onderzoek van belangrijke ingediende documenten, mag alleen worden gebruikt voor gerechtelijke of administratieve procedures voor de toepassing van de artikelen 101 en 102 VWEU [1].

143. In alle fases van de procedures respecteert de Commissie oprechte en gerechtvaardigde verzoeken van klagers of van informatieverstrekkers betreffende de vertrouwelijke aard van hun opmerkingen of contacten met de Commissie, met inbegrip, in voorkomend geval, van hun identiteit, met het oog op de bescherming van hun rechtmatige belangen (vooral in het geval van mogelijke vergelding) en om te vermijden dat zij ontmoedigd worden om zich tot de Commissie te wenden [2].

144. Ambtenaren van de Commissie en leden van het adviescomité zijn gebonden door de in artikel 28 van Verordening (EG) nr. 1/2003 bedoelde geheimhoudingsplicht. Derhalve mogen zij geen informatie vrijgeven die onder die plicht valt en die zij hebben verkregen of uitgewisseld in het kader van het onderzoek en van de voorbereiding van en de besprekingen in het adviescomité. Wat het adviescomité betreft, mogen de leden ervan het advies van dat comité niet vrijgeven voordat het is gepubliceerd, in voorkomend geval, noch informatie vrijgeven over de besprekingen die hebben geleid tot het formuleren van het advies.

7 Goedkeuring, kennisgeving en publicatie van besluiten

145. Alle besluiten op grond van de artikelen 7, 9, 23 en 24 van Verordening (EG) nr. 1/2003 worden door de Commissie goedgekeurd op voorstel van het voor het mededingingsbeleid bevoegde lid van de Commissie.

146. Onmiddellijk na de goedkeuring van het besluit wordt daarvan kennis gegeven aan de geadresseerden. Het Directoraat-generaal Concurrentie tracht de partijen een kopie ter informatie te sturen. Een gewaarmerkte kopie van de volledige tekst van het besluit en een kopie van het eindverslag van de raadadviseur-auditeur worden vervolgens per koerierdienst ter kennis gebracht van de personen tot wie het besluit is gericht.

147. Nadat de Commissie het besluit heeft goedgekeurd, wordt een persbericht gepubliceerd. In het persbericht worden het voorwerp van de zaak en de aard van de inbreuk beschreven. Daarin wordt (in voorkomend geval) ook melding gemaakt van de bedragen van de boetes voor elk van de betrokken ondernemingen en/of de opgelegde maatregelen, of, in het geval van besluiten overeenkomstig artikel 9 van Verordening (EG) nr. 1/2003, van de toezeggingen waaraan een verbindend karakter is verleend.

148. De samenvatting van het besluit, het eindverslag van de raadadviseur-auditeur en het advies van het adviescomité worden kort na de goedkeuring van het besluit in alle officiële talen gepubliceerd in het *Publicatieblad van de Europese Unie* [3].

149. Naast de in artikel 30, lid 1, van Verordening (EG) nr. 1/2003 bedoelde vereisten, zal het Directoraat-generaal Concurrentie zo snel mogelijk op zijn website een niet-vertrouwelijke versie van het besluit trachten te publiceren in de authentieke talen en in andere talen, wanneer die versies beschikbaar zijn. Ook naar de klager zal een

---

(1) Cf. artikel 15, lid 4, van de uitvoeringsverordening.
(2) Zie artikel 16, lid 1, van Verordening (EG) nr. 1/2003.
(3) Met uitzondering van het Iers (zie artikel 2 van Verordening (EG) nr. 920/2005 van de Raad van 13 juni 2005).

niet-vertrouwelijke versie van het besluit worden gezonden. De geadresseerden van het besluit zal normalerwijze worden gevraagd om de Commissie binnen twee weken een niet-vertrouwelijke versie van het besluit te verstrekken en de samenvatting ervan goed te keuren. In het geval van geschillen over de weglating van gegevens die onder het bedrijfsgeheim vallen, zal op de website van het Directoraat-generaal Concurrentie in een van de officiële talen een voorlopige versie van het besluit worden geplaatst zonder de informatie waarvoor vertrouwelijkheid wordt gevraagd, in afwachting van een definitieve versie nadat een oplossing is gevonden voor de betwiste onderdelen.

150. In het belang van de doorzichtigheid is de Commissie voornemens om op haar website de besluiten tot afwijzing van klachten openbaar te maken (overeenkomstig artikel 7 van de uitvoeringsverordening) of een samenvatting daarvan. Wanneer dat nodig is om de rechtmatige belangen van de klager te beschermen, wordt de klager in de gepubliceerde versie van het besluit niet geïdentificeerd. Op grond van artikel 7 van Verordening (EG) nr. 1/2003 vastgestelde besluiten of besluiten tot wijziging van toezeggingen waaraan op grond van artikel 9 van die verordening een verbindend karakter werd verleend, worden ook op de website openbaar gemaakt. In specifieke gevallen kunnen ook andere soorten besluiten worden bekendgemaakt.

8 Toekomstige herziening

151. Deze mededeling kan worden herzien in het licht van gewijzigde toepasselijke wetgeving, belangrijke ontwikkelingen in de rechtspraak van het Hof van Justitie van de Europese Unie of nieuwe ervaring in de toepassing van de mededingingsregels. De Commissie is voornemens een regelmatige dialoog te onderhouden met het bedrijfsleven, de juridische gemeenschap en andere belanghebbende partijen over de ervaring die wordt opgedaan met de toepassing van deze mededeling, Verordening (EG) nr. 1/2003, de uitvoeringsverordening en haar verscheidene mededelingen en richtsnoeren.

BIJLAGE I

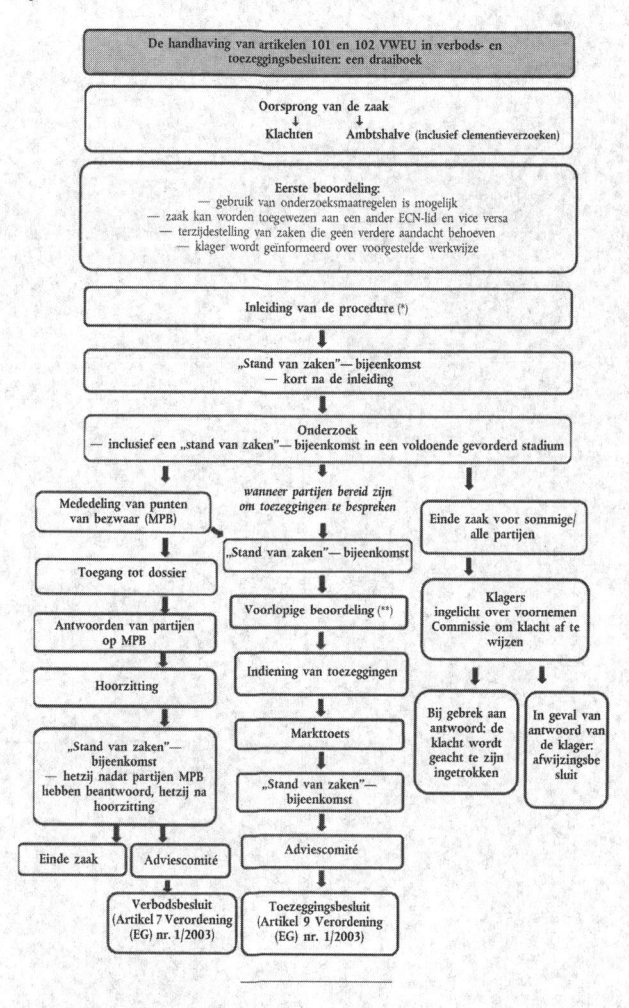

De handhaving van artikelen 101 en 102 VWEU in verbods- en toezeggingsbesluiten: een draaiboek

Oorsprong van de zaak
Klachten — Ambtshalve (inclusief clementieverzoeken)

Eerste beoordeling:
— gebruik van onderzoeksmaatregelen is mogelijk
— zaak kan worden toegewezen aan een ander ECN-lid en vice versa
— terzijdestelling van zaken die geen verdere aandacht behoeven
— klager wordt geïnformeerd over voorgestelde werkwijze

Inleiding van de procedure (*)

"Stand van zaken"— bijeenkomst
— kort na de inleiding

Onderzoek
— inclusief een "stand van zaken"— bijeenkomst in een voldoende gevorderd stadium

wanneer partijen bereid zijn om toezeggingen te bespreken

— Mededeling van punten van bezwaar (MPB)
— Toegang tot dossier
— Antwoorden van partijen op MPB
— Hoorzitting
— "Stand van zaken"— bijeenkomst — hetzij nadat partijen MPB hebben beantwoord, hetzij na hoorzitting
— Einde zaak / Adviescomité
— Verbodsbesluit (Artikel 7 Verordening (EG) nr. 1/2003)

— "Stand van zaken"— bijeenkomst
— Voorlopige beoordeling (**)
— Indiening van toezeggingen
— Markttoets
— "Stand van zaken"— bijeenkomst
— Adviescomité
— Toezeggingsbesluit (Artikel 9 Verordening (EG) nr. 1/2003)

— Einde zaak voor sommige/alle partijen
— Klagers ingelicht over voornemen Commissie om klacht af te wijzen
— Bij gebrek aan antwoord: de klacht wordt geacht te zijn ingetrokken
— In geval van antwoord van de klager: afwijzingsbesluit

(*) Met uitzondering van kartelprocedures, waarin de inleiding van de procedure normalerwijze samenvalt met de vaststelling van de mededeling van punten van bezwaar.
(**) Wanneer reeds een MPB is afgegeven, is een voorlopige beoordeling niet vereist.

[20-10-2011, PbEU C 308, i.w.tr. 20-10-2011/regelingnummer 2011/C308/06]

Mededeling betreffende de samenwerking binnen het netwerk van mededingingsautoriteiten (2004/C 101/03)

(Voor de EER relevante tekst)

Mededeling van de Commissie van 27 april 2004 betreffende de samenwerking binnen het netwerk van mededingingsautoriteiten, PbEU 2004, C 101 (i.w.tr. 27-04-2004)

1. Inleiding

1. Bij Verordening (EG) nr. 1/2003 van de Raad van 16 december 2002 betreffende de uitvoering van de mededingingsregels van de artikelen 81 en 82 van het Verdrag (hierna de 'verordening van de Raad') wordt een stelsel van parallelle bevoegdheden ingevoerd in het kader waarvan de Commissie en de mededingingsautoriteiten van de lidstaten (hierna de 'NMA's')[(1)] de artikelen 81 en 82 van het EG-Verdrag (hierna het 'Verdrag') kunnen toepassen. De NMA's en de Commissie vormen tezamen een netwerk van openbare autoriteiten: zij handelen in het algemeen belang en werken nauw samen om de mededinging te vrijwaren. Het netwerk is een forum voor discussie en samenwerking met het oog op de toepassing en handhaving van het communautaire mededingingsbeleid. Het biedt een kader voor de samenwerking tussen de Europese mededingingsautoriteiten in zaken waarin de artikelen 81 en 82 van het Verdrag worden toegepast en vormt de grondslag voor de totstandbrenging en handhaving van een gemeenschappelijke mededingingscultuur in Europa. Dit netwerk wordt het 'European Competition Network' (ECN) genoemd.

2. De structuur van de NMA's verschilt per lidstaat. In sommige lidstaten is er één instantie die zaken onderzoekt en alle soorten besluiten neemt. In andere lidstaten zijn de taken verdeeld tussen twee lichamen, waarvan er één belast is met het onderzoek van de zaak en het ander, dikwijls een college, verantwoordelijk is voor de besluitvorming in de zaak. En ten slotte in sommige lidstaten kunnen verbodsbeschikkingen en/of beschikkingen waarbij een boete wordt opgelegd, alleen door een rechterlijke instantie worden gegeven: een andere mededingingsautoriteit treedt op als openbare aanklager die de zaak voor die rechterlijke instantie brengt. Voor zover het algemene doeltreffendheidbeginsel in acht wordt genomen, kunnen de lidstaten op grond van artikel 35 van de verordening van de Raad bepalen welk lichaam of welke lichamen als nationale mededingingsautoriteiten worden aangewezen en hoe de taken tussen hen worden verdeeld. Krachtens de algemene beginselen van het Gemeenschapsrecht zijn de lidstaten gehouden een sanctiestelsel in te voeren dat voorziet in doeltreffende, evenredige en

---

(1) In deze mededeling wordt naar de Europese Commissie en de nationale mededingingsautoriteiten tezamen verwezen als 'de mededingingsautoriteiten'.

afschrikwekkende sancties voor inbreuken op het Gemeenschapsrecht [2]. Hoewel de lidstaten verschillende handhavingssystemen hebben, erkennen zij niettemin wederzijds de normen van de regelingen van de andere lidstaten als basis voor samenwerking [3].

3. Het netwerk van mededingingsautoriteiten dient voor een efficiënte taakverdeling en een doeltreffende en coherente toepassing van de communautaire mededingingsregels te zorgen. In de verordening van de Raad en de gezamenlijke verklaring van de Raad en de Commissie betreffende de werking van het netwerk van mededingingsautoriteiten worden de voornaamste beginselen van de werking van het netwerk uiteengezet. De nadere bijzonderheden zijn in deze mededeling te vinden.

4. Raadplegingen en uitwisselingen binnen het netwerk zijn een zaak tussen de openbare handhavingsinstanties en laten eventuele rechten of verplichtingen van ondernemingen die voortvloeien uit het communautaire of nationale recht, onverlet. Elke mededingingsautoriteit is ten volle verantwoordelijk voor de correcte afhandeling van de zaken die het in behandeling heeft.

2. Taakverdeling
2.1. Toewijzingsbeginselen

5. De verordening van de Raad is gebaseerd op een stelsel van parallelle bevoegdheden waarbij alle mededingingsautoriteiten bevoegd zijn om artikel 81 of 82 van het Verdrag toe te passen en verantwoordelijk zijn voor een doeltreffende taakverdeling ten aanzien van zaken waarvoor een onderzoek noodzakelijk wordt geacht. Tegelijkertijd behoudt elk lid van het netwerk ten volle de discretionaire bevoegdheid om te beslissen een zaak al dan niet te onderzoeken. Op grond van dit stelsel van parallelle bevoegdheden kunnen zaken worden behandeld door:
— één enkele NMA, eventueel bijgestaan door NMA's van andere lidstaten, of
— verschillende NMA's die parallel optreden, of
— de Commissie.

6. In de meeste gevallen zal de autoriteit die een klacht ontvangt of ambtshalve een procedure inleidt [4], belast blijven met de zaak. Doorverwijzing van een zaak zal alleen worden overwogen bij het begin van een procedure (zie punt 18) indien ofwel deze autoriteit van mening is niet geschikt te zijn om de zaak te behandelen ofwel indien andere autoriteiten van mening zijn dat ook zij geschikt zijn om de zaak te behandelen (zie hieronder de punten 8 tot 15).

7. Indien doorverwijzing noodzakelijk wordt geacht voor een doeltreffende bescherming van de mededinging en van het communautaire belang, zullen de leden van het netwerk zoveel mogelijk trachten om in zo'n geval de zaak aan één enkele geschikte mededin-

---

(2) Zie arrest van HvJ in zaak 68/88 — Commissie t. Helleense Republiek, Jurispr. 1989, blz. 2965 (r.o, 23–25).
(3) Zie punt 8 van de Gezamenlijke Verklaring van de Raad en de Commissie betreffende de werking van het netwerk van mededingingsautoriteiten, die te vinden is in het register van de Raad op het webadres http://register.consilium.eu.int (document nr. 15435/02 ADD 1).
(4) In deze mededeling wordt de term 'procedure' gebruikt voor onderzoeken en/of officiële procedures met het oog op het geven van een beschikking overeenkomstig de verordening van de Raad, welke, naar gelang het geval, door een NMA of de Commissie worden verricht of ingeleid.

gingsautoriteit toe te wijzen [5]. De doorverwijzing dient hoe dan ook snel en doeltreffend te verlopen en het lopende onderzoek niet op te houden.

8. Een autoriteit kan geschikt worden geacht een zaak te behandelen indien aan de volgende drie cumulatieve voorwaarden is voldaan:
1. de overeenkomst of gedraging heeft aanzienlijke rechtstreekse feitelijke of vermoedelijke gevolgen voor de mededinging op haar grondgebied, wordt op haar grondgebied ten uitvoer gelegd of heeft zich daar voor het eerst voorgedaan;
2. de autoriteit kan de volledige inbreuk daadwerkelijk beëindigen, d.w.z. zij kan een administratief verbod uitvaardigen dat voldoende effect sorteert om een einde te maken aan de inbreuk en zij kan, zo nodig, de inbreuk naar behoren bestraffen;
3. zij kan, eventueel bijgestaan door andere autoriteiten, het feitenmateriaal verzamelen dat nodig is om de inbreuk te bewijzen.

9. Uit bovengenoemde criteria blijkt dat er een concreet verband moet bestaan tussen de inbreuk en het grondgebied van een lidstaat, wil de mededingingsautoriteit van die lidstaat geschikt worden geacht om een zaak te behandelen. Het valt te verwachten dat de autoriteiten van lidstaten waar de mededinging merkbaar wordt beïnvloed door een inbreuk, geschikt zullen zijn om de zaak te behandelen, mits zij door afzonderlijk dan wel parallel optreden daadwerkelijk een einde kunnen maken aan de inbreuk, tenzij de Commissie terzake beter is toegerust (zie hieronder de punten 14 en 15.

10. Hieruit volgt dat één enkele nationale mededingingsautoriteit gewoonlijk geschikt is om overeenkomsten of gedragingen aan te pakken die met name op haar grondgebied, de mededinging merkbaar beïnvloeden.

Voorbeeld 1: *Ondernemingen in lidstaat A zijn betrokken bij prijsafspraken voor producten die hoofdzakelijk in lidstaat A worden verkocht.*
De NMA in lidstaat A is geschikt om de zaak te behandelen.

11. Verder kan het optreden van één NMA eveneens passend zijn wanneer een dergelijk optreden volstaat om de volledige inbreuk te beëindigen, ook al kan meer dan één NMA geschikt worden geacht om de zaak te behandelen.

Voorbeeld 2: *Twee ondernemingen hebben een gemeenschappelijke onderneming opgericht in lidstaat A. De gemeenschappelijke onderneming verstrekt diensten in de lidstaten A en B en levert problemen op voor de mededinging. Een administratief verbod wordt voldoende geacht om de zaak doeltreffend af te handelen omdat daarmee een eind kan worden gemaakt aan de hele inbreuk. Het feitenmateriaal bevindt zich hoofdzakelijk in het kantoor van de gemeenschappelijke onderneming in lidstaat A.*
De NMA's in de lidstaten A en B zijn beide geschikt om de zaak te behandelen maar een afzonderlijk optreden door de NMA in lidstaat A zal voldoende en doeltreffender zijn dan een afzonderlijk optreden door de NMA in lidstaat B of een parallel optreden door beide NMA's.

12. Een parallelle behandeling door twee of drie NMA's kan passend zijn wanneer een overeenkomst of gedraging, in hoofdzaak op het grondgebied van deze autoriteiten, de mededinging merkbaar beïnvloedt en het optreden van één enkele NMA niet volstaat om de volledige inbreuk te beëindigen en/of deze naar behoren te bestraffen. […]

Voorbeeld 3: *Twee ondernemingen sluiten een overeenkomst inzake de verdeling van de markt, waarbij de activiteiten van de onderneming in lidstaat A beperkt worden tot lidstaat A en de activiteiten van de onderneming in lidstaat B tot lidstaat B.*

---

(5) Zie overweging 18 van de verordening van de Raad.

Mededeling samenwerking binnen het netwerk van mededingingsautoriteiten

De NMA's in de lidstaten A en B zijn de geschikte instanties om de zaak parallel te behandelen, elk voor hun respectieve grondgebied.

13. De autoriteiten die een zaak in het kader van een parallel optreden behandelen, zullen trachten hun optreden zoveel mogelijk te coördineren. Daartoe kunnen zij het nuttig achten een van hen als leidende autoriteit aan te wijzen en bepaalde taken aan deze autoriteit te delegeren, zoals bijvoorbeeld de coördinatie van onderzoeksmaatregelen, met dien verstande dat elke autoriteit verantwoordelijk blijft voor het verloop van haar eigen procedures.

14. De Commissie is bij uitstek geschikt om een zaak te behandelen wanneer een of meer overeenkomsten of gedragingen, netwerken van soortgelijke overeenkomsten of gedragingen inbegrepen, in meer dan drie lidstaten gevolgen hebben voor de mededinging (grensoverschrijdende markten die meer dan drie lidstaten omvatten of verschillende nationale markten).

<u>Voorbeeld 4:</u> *Twee ondernemingen sluiten een overeenkomst inzake de verdeling van de markt of de vaststelling van prijzen voor het hele grondgebied van de Gemeenschap. De Commissie is de aangewezen instantie om de zaak te behandelen.*

<u>Voorbeeld 5:</u> *Een onderneming die een machtspositie heeft op vier verschillende nationale markten, maakt misbruik van haar positie door getrouwheidskortingen op te leggen aan haar distributeurs op al deze markten. De Commissie is de aangewezen instantie om de zaak te behandelen. Zij zou zich ook tot één nationale markt kunnen beperken teneinde een precedent te scheppen waarna de zaak voor de andere nationale markten zou kunnen worden afgehandeld door de NMA's, vooral wanneer iedere nationale markt een afzonderlijke beoordeling vereist.*

15. Bovendien is de Commissie bij uitstek geschikt om een zaak te behandelen wanneer deze nauw verband houdt met andere communautaire bepalingen waarvoor de Commissie uitsluitend bevoegd is, of die door de Commissie doeltreffender kunnen worden toegepast, dan wel wanneer het communautaire belang vereist dat er een besluit van de Commissie wordt vastgesteld teneinde het communautaire mededingingsbeleid verder te ontwikkelen ter ondervanging van nieuwe mededingingsvraagstukken, of om een daadwerkelijke handhaving te waarborgen.

2.2. Regelingen voor de samenwerking met het oog op de toewijzing van zaken en het verlenen van bijstand

2.2.1. Verstrekken van informatie aan het begin van de procedure (artikel 11 van de verordening van de Raad)

16. Teneinde na te gaan of er meerdere procedures zijn ingeleid en ervoor te zorgen dat zaken worden behandeld door een geschikte mededingingsautoriteit, dienen de leden van het netwerk in een vroeg stadium te worden ingelicht over de zaken die bij de verschillende mededingingsautoriteiten aanhangig zijn [6]. Indien een zaak moet worden doorverwezen, is het namelijk in het belang van zowel het netwerk als de betrokken ondernemingen dat de doorverwijzing snel plaatsvindt.

17. De verordening van de Raad voorziet in een regeling waarbij de mededingingsautoriteiten elkaar informeren teneinde ervoor te zorgen dat zaken efficiënt en snel worden doorverwezen. Op grond van artikel 11, lid 3, van de verordening van de Raad zijn de NMA's verplicht, wanneer zij op grond van artikel 81 of artikel 82 van het Verdrag optreden, de Commissie vóór of onverwijld na het begin van de eerste formele onderzoeks-

---

[6] Voor zaken die aanhangig zijn gemaakt na een clementieverzoek, zie punt 37 e.v.

maatregel hiervan in kennis te stellen. In lid 3 wordt voorts bepaald dat de inlichtingen tevens ter beschikking kunnen worden gesteld van de andere NMA's [7]. De bedoeling van artikel 11, lid 3, van de verordening van de Raad is om het netwerk in staat te stellen gevallen op te sporen waarin meerdere procedures zijn ingeleid en de problemen in verband met een mogelijke doorverwijzing aan te pakken zodra een autoriteit het onderzoek naar een zaak start. Derhalve dienen de NMA's en de Commissie te worden geïnformeerd voordat of net nadat een stap is genomen die vergelijkbaar is met de onderzoeksmaatregelen waartoe de Commissie kan overgaan overeenkomstig de artikelen 18 tot 21 van de verordening van de Raad. De Commissie heeft krachtens artikel 11, lid 2, van de verordening van de Raad een soortgelijke verplichting aanvaard om de NMA's in te lichten. De leden van het netwerk stellen elkaar op de hoogte van lopende zaken door middel van een standaardformulier dat beperkte informatie over de zaak bevat, zoals de autoriteit die de zaak behandelt, het product, de grondgebieden en de partijen in kwestie, de vermeende inbreuk, de vermoedelijke duur van de inbreuk en de oorsprong van de zaak. Zij stellen elkaar ook op de hoogte wanneer zich veranderingen van betekenis voordoen.

18. Wanneer zich problemen inzake doorverwijzing voordoen, dienen deze onverwijld te worden opgelost, gewoonlijk binnen een periode van twee maanden vanaf de datum waarop de eerste informatie aan het netwerk werd toegezonden overeenkomstig artikel 11 van de verordening van de Raad. Tijdens deze periode zullen de mededingingsautoriteiten trachten tot een akkoord te komen over een mogelijke doorverwijzing en zonodig over een nadere regeling van een parallel optreden.

19. De mededingingsautoriteit of -autoriteiten die aan het einde van de doorverwijzingsperiode met een zaak belast is/zijn, zal/zullen in de regel deze zaak verder behandelen tot het einde van de procedure. Doorverwijzing van een zaak na de eerste toewijzingsperiode van twee maanden dient alleen plaats te vinden indien de feiten die bekend zijn over de zaak, in de loop van de procedure wezenlijk veranderen.

2.2.2. Schorsing of beëindiging van de procedure (artikel 13 van de verordening van de Raad)

20. Indien dezelfde overeenkomst of feitelijke gedraging aan verschillende mededingingsautoriteiten is voorgelegd, hetzij omdat zij een klacht hebben ontvangen, hetzij omdat zij op eigen initiatief een procedure hebben ingeleid, biedt artikel 13 van de verordening van de Raad de rechtsgrondslag voor de schorsing van een procedure of de afwijzing van een klacht op grond van het feit dat een andere autoriteit de zaak reeds behandelt of behandeld heeft. De in dit artikel vervatte zinsnede 'de zaak behandelt' betekent niet enkel dat er een klacht is ingediend bij een andere autoriteit: het betekent dat de andere autoriteit de zaak uit eigen naam onderzoekt of heeft onderzocht.

21. Artikel 13 van de verordening van de Raad is van toepassing wanneer een andere autoriteit het door de klager naar voren gebrachte mededingingsvraagstuk heeft behandeld of behandelt, zelfs wanneer de onderhavige autoriteit is opgetreden of optreedt op basis van een klacht die door een andere klager is ingediend of naar aanleiding van een ambtshalve ingestelde procedure. Dit betekent dat er een beroep kan worden gedaan op

---

(7) Het voornemen om alle uit hoofde van artikel 11 uitgewisselde gegevens beschikbaar te stellen en gemakkelijk toegankelijk te maken voor alle leden van het netwerk, was evenwel vervat in de Gezamenlijke Verklaring van de Raad en de Commissie betreffende de werking van het netwerk van mededingingsautoriteiten, waarnaar in voetnoot 5 wordt verwezen.

artikel 13 van de verordening van de Raad indien de overeenkomst of feitelijke gedraging dezelfde inbreuk(en) betreft op dezelfde relevante geografische en productmarkten.

22. Een NMA kan haar procedure schorsen of afsluiten maar is hiertoe niet verplicht. Artikel 13 van de verordening van de Raad biedt ruimte om rekening te houden met de specifieke kenmerken van elk afzonderlijk geval. Deze flexibiliteit is van belang: indien een klacht door een autoriteit werd afgewezen na een onderzoek naar de grond van de zaak, zal een andere autoriteit de zaak wellicht niet opnieuw willen onderzoeken. Wanneer anderzijds een klacht om andere redenen werd afgewezen (bijvoorbeeld omdat de autoriteit niet de nodige bewijzen wist te verzamelen om de inbreuk aan te tonen), zal een andere autoriteit wellicht haar eigen onderzoek willen instellen en de zaak behandelen. Deze flexibiliteit komt ook tot uiting in de mogelijkheid die voor elke NMA openstaat om voor aanhangige zaken haar procedure te sluiten of te schorsen. Een autoriteit zal wellicht niet genegen zijn om een zaak af te sluiten voordat de uitkomst van de procedure van een andere autoriteit duidelijk is. De mogelijkheid om haar procedure te schorsen stelt de autoriteit in staat om op een later tijdstip te besluiten om al dan niet haar procedure af te sluiten. Een dergelijke flexibiliteit komt ook de consistente toepassing van de regels ten goede.

23. Indien een autoriteit de procedure afsluit of schorst omdat een andere autoriteit de zaak behandelt, kan zij, overeenkomstig artikel 12 van de verordening van de Raad, de door de klager verstrekte informatie overdragen aan de autoriteit die de zaak zal behandelen.

24. Artikel 13 van de verordening van de Raad kan ook worden toegepast op een onderdeel van een klacht of van een procedure. Het kan zijn dat een klacht of een ambtshalve ingestelde procedure slechts ten dele een zaak overlapt die reeds door een andere mededingingsautoriteit is of wordt behandeld. In dat geval is de mededingingsautoriteit waarbij de klacht is ingediend, gerechtigd om de klacht ten dele af te wijzen op grond van artikel 13 van de verordening van de Raad en de rest van de klacht op de aangewezen wijze te behandelen. Hetzelfde geldt voor de afsluiting van de procedure.

25. Artikel 13 van de verordening van de Raad is niet de enige rechtsgrondslag voor de schorsing of afsluiting van ambtshalve ingestelde procedures of voor de afwijzing van klachten. De NMA's kunnen dit recht ook ontlenen aan hun nationale procesrecht. De Commissie kan een klacht ook afwijzen wegens gebrek aan Gemeenschapsbelang of om andere redenen die met de aard van de klacht verband houden [8]).

2.2.3. Uitwisseling en gebruik van vertrouwelijke inlichtingen (artikel 12 van de verordening van de Raad)

26. Een belangrijk aspect voor de werking van het netwerk is de bevoegdheid van alle mededingingsautoriteiten om informatie uit te wisselen en te gebruiken (met inbegrip van documenten, verklaringen en digitale informatie), die door hen is verzameld met het oog op de toepassing van artikel 81 of 82 van het Verdrag. Deze bevoegdheid is een eerste voorwaarde voor een efficiënte en doelmatige toewijzing en behandeling van zaken.

27. In artikel 12 van de verordening van de Raad wordt bepaald dat voor de toepassing van de artikelen 81 en 82 van het Verdrag de Commissie en de mededingingsautoriteiten van de lidstaten de bevoegdheid hebben elkaar alle gegevens, zowel van feitelijke als van juridische aard, met inbegrip van vertrouwelijke inlichtingen, mee te delen en deze als bewijsmiddel te gebruiken. Dit betekent dat er niet alleen informatie kan worden uitgewisseld tussen een NMA en de Commissie maar ook tussen NMA's onderling. Ar-

---

[8] Zie de mededeling van de Commissie betreffende de behandeling van klachten.

tikel 12 van de verordening van de Raad heeft voorrang op iedere strijdige wetgeving van een lidstaat. De vraag of de informatie op rechtmatige wijze was verzameld door de toezendende autoriteit, wordt geregeld op grond van de voor die autoriteit geldende wetgeving. Bij de toezending van informatie kan de toezendende autoriteit de ontvangende autoriteit meedelen of de vergaring van informatie werd betwist of nog zou kunnen worden betwist.

28. Aan de uitwisseling en het gebruik van informatie zijn in het bijzonder de volgende waarborgen voor ondernemingen en personen verbonden.

a) Om te beginnen wordt in artikel 28 van de verordening van de Raad bepaald dat 'de Commissie en de mededingingsautoriteiten van de lidstaten, hun functionarissen, personeelsleden en andere onder het toezicht van deze autoriteiten werkende personen [...] geen inlichtingen openbaar maken die zij uit hoofde van' de verordening van de Raad 'hebben verkregen of uitgewisseld en die naar hun aard onder de geheimhoudingsplicht vallen'. Het rechtmatige belang van ondernemingen bij de bescherming van hun zakengeheimen mag evenwel niet ten koste gaan van de openbaarmaking van informatie die nodig is om een inbreuk op de artikelen 81 en 82 van het Verdrag aan te tonen. De term 'geheimhoudingsplicht' die in artikel 28 van de verordening van de Raad wordt gebruikt is een begrip dat ontleend is aan het Gemeenschapsrecht en dat met name betrekking heeft op zakengeheimen en andere vertrouwelijke inlichtingen. Aldus zal voor de hele Gemeenschap een gemeenschappelijk minimumniveau van bescherming worden gecreëerd.

b) De tweede waarborg voor ondernemingen heeft betrekking op het gebruik van de inlichtingen die binnen het netwerk zijn uitgewisseld. Krachtens artikel 12, lid 2, van de verordening van de Raad kunnen de aldus uitgewisselde inlichtingen alleen als bewijsmiddel worden gebruikt voor de toepassing van de artikelen 81 en 82 van het Verdrag en met betrekking tot het onderwerp waarvoor zij zijn verzameld [9]. Op grond van artikel 12, lid 2, van de verordening van de Raad kunnen de uitgewisselde inlichtingen ook worden gehanteerd voor de parallelle toepassing van nationale mededingingsrecht op dezelfde zaak. Dit is evenwel alleen mogelijk indien de toepassing van het nationale recht niet tot een ander resultaat leidt ten aanzien van de vaststelling van een inbreuk dan krachtens de artikelen 81 en 82 van het Verdrag het geval zou zijn.

c) De derde waarborg die bij de verordening van de Raad wordt verleend, betreft het opleggen van sancties aan personen op basis van de inlichtingen die krachtens artikel 12, lid 1, zijn uitgewisseld. De verordening van de Raad voorziet alleen in sancties voor ondernemingen wegens inbreuken op de artikelen 81 en 82 van het Verdrag. In de wetgeving van sommige lidstaten zijn ook sancties voor natuurlijke personen voorzien in verband met inbreuken op de artikelen 81 en 82 van het Verdrag. Natuurlijke personen genieten gewoonlijk uitgebreidere rechten van verdediging (bijvoorbeeld het zwijgrecht in vergelijking tot ondernemingen die alleen mogen weigeren vragen te beantwoorden wanneer dit zou leiden tot erkenning van een inbreuk [10]). Artikel 12, lid 3, van de verordening van de Raad waarborgt dat inlichtingen die van ondernemingen zijn verkregen, niet zodanig kunnen worden

---

(9) Zie arrest van HvJ in zaak 85/87 — Dow Benelux, Jurispr. 1989, blz. 3137 (r.o. 17–20).
(10) Zie arrest van HvJ in zaak 374/87 — Orkem, Jurispr. 1989, blz. 3283, en van het Gerecht in zaak T-112/98 — Mannesmannröhren-Werke AG, Jurispr. 2001, blz. 11–729.

aangewend dat de hogere mate van bescherming die natuurlijke personen genieten, wordt omzeild. Met deze bepaling wordt voorkomen dat aan natuurlijke personen sancties worden opgelegd op basis van inlichtingen die krachtens de verordening van de Raad zijn uitgewisseld, indien de wetgevingen van de toezendende en de ontvangende autoriteit niet in sancties van soortgelijke aard voorzien ten aanzien van natuurlijke personen, tenzij de rechten van de betrokken persoon ten aanzien van het verzamelen van bewijsmateriaal door de toezendende autoriteit in dezelfde mate zijn geëerbiedigd als zij door de ontvangende autoriteit worden gewaarborgd. Voor de toepassing van artikel 12, lid 3, van de verordening van de Raad is het niet van belang of de sancties die in het nationale recht worden voorzien onder het administratief recht of het strafrecht vallen. In de verordening van de Raad wordt getracht een onderscheid te maken tussen sancties die gevangenisstraffen behelzen en andere soorten sancties zoals boetes voor natuurlijke personen en andere persoonlijke sancties. Indien het rechtsstelsel van zowel de toezendende als de ontvangende autoriteit in sancties van soortgelijke aard voorziet (bijvoorbeeld in beide lidstaten kunnen boetes worden opgelegd aan een personeelslid van een onderneming dat betrokken is geweest bij de inbreuk op artikel 81 of 82 van het Verdrag), kan de informatie die krachtens artikel 12 van de verordening van de Raad is uitgewisseld, door de ontvangende autoriteit worden gebruikt. In dat geval worden de procedurele waarborgen van beide stelsels geacht gelijkwaardig te zijn. Indien daarentegen de beide rechtsstelsels niet in sancties van soortgelijke aard voorzien, kan de informatie alleen worden gebruikt indien in het betreffende geval dezelfde mate van bescherming voor de rechten van natuurlijke personen wordt geboden (zie artikel 12, lid 3, van de verordening van de Raad). In dat laatste geval kunnen gevangenisstraffen alleen worden opgelegd indien zowel de toezendende als de ontvangende autoriteit gerechtigd zijn een dergelijke straf op te leggen.

2.2.4. Onderzoeken (artikel 22 van de verordening van de Raad)

29. De verordening van de Raad voorziet in de mogelijkheid voor een NMA om een andere NMA om bijstand te verzoeken bij het verzamelen van inlichtingen in haar naam. Een NMA kan een andere NMA verzoeken in haar naam onderzoeksmaatregelen uit te voeren. Op grond van artikel 12 van de verordening van de Raad kan de NMA die bijstand verleent, de door haar verzamelde inlichtingen toezenden aan de verzoekende NMA. Iedere uitwisseling tussen NMA's en het gebruik als bewijsmiddel door de verzoekende NMA van dergelijke inlichtingen dient te geschieden overeenkomstig artikel 12 van de verordening van de Raad. Wanneer een NMA namens een andere NMA optreedt, doet zij dit overeenkomstig haar eigen procedurevoorschriften en op grond van haar eigen onderzoeksbevoegdheden.

30. Krachtens artikel 22, lid 2, van de verordening van de Raad kan de Commissie een NMA verzoeken namens haar een inspectie te verrichten. De Commissie kan ofwel een beschikking geven overeenkomstig artikel 20, lid 4, van de verordening van de Raad ofwel gewoon een verzoek doen toekomen aan de NMA. De NMA-functionarissen oefenen hun bevoegdheden uit overeenkomstig hun nationale wetgeving. De ambtenaren van de Commissie kunnen de NMA tijdens de inspectie bijstand verlenen.

2.3. Positie van ondernemingen

2.3.1. Algemeen

31. Alle leden van het netwerk zullen trachten de toewijzing van zaken snel en efficiënt te laten verlopen. Aangezien bij de verordening van de Raad een stelsel van parallelle bevoegdheden is ingevoerd, komt de toewijzing van zaken aan leden van het netwerk gewoonweg neer op een taakverdeling waarbij sommige autoriteiten ervan afzien om op te treden. De toewijzing van zaken schept derhalve geen individueel recht voor de ondernemingen die bij een inbreuk betrokken zijn of daardoor getroffen worden, dat hun zaak door een welbepaalde autoriteit zal worden behandeld.

32. Indien een zaak wordt doorverwezen naar een bepaalde mededingingsautoriteit, dan is dat omdat de toepassing van de hierboven uiteengezette toewijzingscriteria tot de conclusie heeft geleid dat deze autoriteit geschikt is om de zaak alleen of door middel van een parallel optreden te behandelen. De mededingingsautoriteit waarnaar de zaak wordt doorverwezen, zou hoe dan ook in staat zijn geweest om ambtshalve een procedure in te leiden tegen de inbreuk.

33. Voorts passen alle mededingingsautoriteiten het communautaire mededingingsrecht toe, en in de verordening van de Raad zijn regelingen voorzien om ervoor te zorgen dat de regels coherent worden toegepast.

34. Indien een zaak binnen het netwerk wordt doorverwezen, worden de betrokken ondernemingen en de klager(s) hiervan zo spoedig mogelijk op de hoogte gesteld door de betrokken mededingingsautoriteiten.

2.3.2. Positie van klagers

35. Indien er overeenkomstig artikel 7 van de verordening van de Raad een klacht bij de Commissie wordt ingediend en indien de Commissie de klacht niet onderzoekt of de aangeklaagde overeenkomst of feitelijke gedraging niet verbiedt, heeft de klager recht op een beschikking waarbij zijn klacht wordt afgewezen, onverminderd het bepaalde in artikel 7, lid 3, van de uitvoeringsverordening van de Commissie [11]. De rechten van klagers die een klacht indienen bij een NMA, zijn geregeld bij het toepasselijke nationale recht.

36. Voorts biedt artikel 13 van de verordening van de Raad alle NMA's de mogelijkheid om een klacht te schorsen of af te wijzen op grond van het feit dat een andere mededingingsautoriteit dezelfde zaak behandelt of heeft behandeld. Krachtens deze bepaling kan ook de Commissie een klacht afwijzen op grond van het feit dat een mededingingsautoriteit van een lidstaat de zaak behandelt of heeft behandeld. Artikel 12 van de verordening van de Raad staat de uitwisseling van inlichtingen tussen mededingingsautoriteiten binnen het netwerk toe, voor zover de waarborgen die in dat artikel voorzien zijn, in acht worden genomen (zie hierboven punt 28).

2.3.3. Positie van degenen die een beroep doen op een clementieregeling

37. De Commissie is van oordeel dat het in het belang van de Gemeenschap is om ondernemingen die met haar samenwerken bij het onderzoek naar kartelinbreuken, een gunstige behandeling te verlenen. Een aantal lidstaten heeft eveneens een clementieregeling [12] ingevoerd voor kartelonderzoeken. Het doel van deze clementieregelingen

---

(11) Verordening (EG) nr. 773/2004 van de Commissie, PB L 123 van 27.4.2004.
(12) In deze mededeling wordt de term 'clementieregeling' gebruikt om alle regelingen aan te duiden (met inbegrip van de regeling van de Commissie) op grond waarvan hetzij volledige immuniteit wordt verleend hetzij een aanzienlijke vermindering van de geldboetes die anders zouden zijn opgelegd aan een karteldeelnemer, in ruil voor de vrijwillige verstrekking van inlichtingen over het kartel, voor of tijdens het stadium van het onderzoek van de zaak, voor zover aan bepaalde criteria wordt voldaan. De term slaat niet op strafverminderingen die om andere redenen worden verleend. De Commissie zal op haar website een lijst publiceren van autoriteiten die een clementieregeling toepassen.

is om de opsporing door de mededingingsautoriteiten van kartelafspraken te vergemakkelijken en daardoor tevens de deelname aan onwettige kartels te ontmoedigen.
38. Bij gebrek aan een voor de hele Europese Unie geldend systeem van volledig geharmoniseerde clementieregelingen, mag een verzoek aan een bepaalde autoriteit om toepassing van de clementieregeling niet worden beschouwd als een clementieverzoek aan enige andere autoriteit. Het is derhalve in het belang van de aanvrager om een clementieverzoek in te dienen bij alle mededingingsautoriteiten die bevoegd zijn om artikel 81 van het Verdrag toe te passen op het grondgebied waar de inbreuk van invloed is, en die geschikt kunnen worden bevonden om op te treden tegen de onderhavige inbreuk [13]. Aangezien het tijdstip van het beroep op de regeling van groot belang is bij de meeste bestaande clementieregelingen, dienen de aanvragers ook te overwegen of het dienstig is om aanvragen voor toepassing van de clementieregeling bij alle betrokken autoriteiten gelijktijdig in te dienen. Het is aan de aanvrager om de stappen te nemen die hij nodig acht om zijn positie te beschermen met het oog op mogelijke procedures van deze autoriteiten.
39. Net als voor alle gevallen waarin de artikelen 81 en 82 van het Verdrag worden toegepast, dient een NMA die een zaak behandelt welke is ingeleid naar aanleiding van een beroep op de clementieregeling, de Commissie hiervan in kennis te stellen en de inlichtingen tevens ter beschikking te stellen van de andere leden van het netwerk overeenkomstig artikel 11, lid 3 van de verordening van de Raad (zie punt 16 e.v.). De Commissie heeft krachtens artikel 11, lid 2, van de verordening van de Raad een soortgelijke verplichting aanvaard om de NMA's in te lichten. In dergelijke gevallen zullen de inlichtingen die aan het netwerk zijn verstrekt krachtens artikel 11, niet door de andere leden van het netwerk worden gebruikt als uitgangspunt voor een eigen onderzoek op grond van de mededingingsregels van het Verdrag of, in het geval van de NMA's, op grond van hun nationale mededingingswetgeving of andere wetgeving [14]. Dit doet niets af aan de bevoegdheid van de autoriteit om een onderzoek in te stellen op basis van informatie uit andere bronnen of, onder voorbehoud van het bepaalde in de hiernavolgende punten 40 en 41, overeenkomstig artikel 12 van de verordening van de Raad bij enig ander lid van het netwerk, met inbegrip van het lid waarbij het verzoek om toepassing van de clementieregeling werd ingediend, informatie op te vragen, te verkrijgen en te gebruiken.
40. Onder voorbehoud van het bepaalde in punt 41, zal de informatie die vrijwillig is verstrekt door de aanvrager van clementie, alleen met de toestemming van de aanvrager worden toegezonden aan een ander lid van het netwerk overeenkomstig artikel 12 van de verordening van de Raad. Evenzo zal andere informatie die is verkregen tijdens of naar aanleiding van een inspectie of via of naar aanleiding van enig andere onderzoeksmaatregel die hoe dan ook alleen kon worden uitgevoerd dankzij de clementieaanvraag, alleen overeenkomstig artikel 12 van de verordening van de Raad aan een andere autoriteit worden verstrekt indien de aanvrager heeft ingestemd met de overdracht aan die autoriteit van informatie die hij vrijwillig heeft verstrekt in zijn clementieaanvraag. De leden van het netwerk zullen de aanvragers aanmoedigen een dergelijke toestemming te geven,

---

(13) Zie hierboven de punten 8 tot 15.
(14) Evenzo kan informatie die wordt verstrekt ter verkrijging van bijstand van de ontvangende autoriteit krachtens de artikelen 20 of 21 van de verordening van de Raad of ten einde een inspectie of andere onderzoeksmaatregel te laten uitvoeren krachtens artikel 22 van de verordening van de Raad, alleen worden gebruikt voor de toepassing van genoemde artikelen.

vooral voor de overdracht aan autoriteiten waarbij de aanvrager een beroep op clementie zou kunnen doen. Wanneer de aanvrager eenmaal zijn toestemming heeft gegeven voor de overdracht van informatie aan een andere autoriteit, kan deze toestemming niet meer worden ingetrokken. Deze bepaling doet evenwel niets af aan de verantwoordelijkheid van elke aanvrager om bij elke autoriteit waarvoor zulks dienstig lijkt, een aanvraag voor toepassing van de clementieregeling in te dienen.

41. Niettegenstaande het voorgaande is de toestemming van de aanvrager voor de overdracht van informatie aan een andere autoriteit overeenkomstig artikel 12 van de verordening van de Raad niet vereist in de volgende gevallen:

1. Er is geen toestemming vereist indien de ontvangende autoriteit ook een clementieaanvraag voor dezelfde inbreuk van dezelfde aanvrager heeft ontvangen als de toezendende autoriteit, op voorwaarde dat op het tijdstip van de overdracht van de informatie er voor de aanvrager geen mogelijkheid bestaat om de informatie die hij aan de ontvangende autoriteit heeft voorgelegd, terug te trekken.
2. Er is geen toestemming vereist indien de ontvangende autoriteit een schriftelijke toezegging heeft verstrekt dat noch de informatie die aan haar is toegezonden, noch enig andere informatie die zij zou verkrijgen na de datum en het tijdstip van de toezending zoals genoteerd door de toezendende autoriteit, door haar of door enig andere autoriteit waaraan de informatie vervolgens wordt toegezonden, zal worden gebruikt om sancties op te leggen:
   a) aan de aanvrager voor toepassing van de clementieregeling;
   b) aan ieder ander rechtspersoon of natuurlijke persoon die onder de gunstige behandeling valt die door de toezendende autoriteit wordt geboden naar aanleiding van het beroep dat door de aanvrager is gedaan op de clementieregeling;
   c) aan iedere werknemer of voormalige werknemer van een van de natuurlijke of rechtspersonen die onder a) of b) vallen.

   Aan de aanvrager zal een kopie van de schriftelijke verbintenis van de ontvangende autoriteit worden verstrekt.
3. Indien informatie wordt verzameld door een lid van het netwerk overeenkomstig artikel 22, lid 1, van de verordening van de Raad namens en voor rekening van het lid van het netwerk waarbij de clementieaanvraag is ingediend, is geen toestemming vereist voor de overdracht van dergelijke informatie aan, en het gebruik daarvan door, het lid van het netwerk waarbij de aanvraag was ingediend.

42. Informatie aangaande zaken die als het gevolg van een clementieverzoek zijn ingeleid en die aan de Commissie is overgelegd krachtens artikel 11, lid 3, van de verordening van de Raad [15], zal enkel ter beschikking worden gesteld van de NMA's die zich ertoe hebben verbonden de hierboven uiteengezette beginselen in acht te nemen (zie ook punt 72). Dit geldt ook wanneer de zaak door de Commissie is ingeleid ingevolge een bij de Commissie ingediend clementieverzoek. Dit doet niet af aan de bevoegdheid van elke autoriteit om overeenkomstig artikel 12 van de verordening van de Raad informatie te ontvangen, evenwel op voorwaarde dat de bepalingen van de punten 40 en 41 worden gerespecteerd.

---

(15) Zie punt 17.

3. Consequente toepassing van de communautaire mededingingsregels [16]

3.1. Wijze van samenwerking (artikel 11, leden 4 en 5, van de verordening van de Raad)

43. De verordening van de Raad heeft als doelstelling dat de artikelen 81 en 82 van het Verdrag in de hele Gemeenschap op samenhangende wijze worden toegepast. In dit verband houden de NMA's zich aan de convergentieregel die vervat is in artikel 3, lid 2, van de verordening van de Raad. Overeenkomstig artikel 16, lid 2, kunnen zij, wanneer zij artikel 81 of artikel 82 van het Verdrag toepassen op overeenkomsten, besluiten of gedragingen die reeds het voorwerp uitmaken van een beschikking van de Commissie, geen beslissingen nemen die in strijd zijn met de door de Commissie gegeven beschikking. Binnen het netwerk van mededingingsautoriteiten heeft de Commissie, als hoedster van het Verdrag, de uiteindelijke, maar niet uitsluitende verantwoordelijkheid voor de ontwikkeling van beleid en voor de waarborging van een consequente toepassing van het communautaire mededingingsrecht.

44. In artikel 11, lid 4, van de verordening van de Raad wordt bepaald dat de NMA's uiterlijk 30 dagen voor het aannemen uit hoofde van artikel 81 of 82 van het Verdrag van een beslissing tot beëindiging van een inbreuk, een beslissing tot aanvaarding van toezeggingen of een beslissing tot intrekking van een groepsvrijstelling de Commissie daarvan in kennis stellen. Zij dienen de Commissie uiterlijk 30 dagen voor het aannemen van de beslissing, een samenvatting van de zaak, de beoogde beslissing of, bij ontstentenis daarvan, elk ander document waarin het voorgestelde optreden wordt aangegeven, ter beschikking te stellen.

45. Net als bij artikel 11, lid 3, van de verordening van de Raad bestaat er de verplichting om de Commissie in kennis te stellen, maar de NMA die de Commissie in kennis stelt, kan de informatie delen met de andere leden van het netwerk.

46. Wanneer een NMA de Commissie overeenkomstig artikel 11, lid 4, van de verordening van de Raad in kennis gesteld heeft en de termijn van 30 dagen verstreken is, kan de beslissing worden aangenomen voor zover de Commissie geen procedure heeft ingeleid. De Commissie kan schriftelijke opmerkingen over de zaak maken voordat de NMA de beslissing aanneemt. De NMA en de Commissie zullen het nodige in het werk stellen om de consistente toepassing van het Gemeenschapsrecht te verzekeren (zie punt 3).

47. Indien bijzondere omstandigheden vereisen dat er binnen minder dan 30 dagen na de toezending van inlichtingen overeenkomstig artikel 11, lid 4, van de verordening van de Raad een nationale beslissing wordt aangenomen, kan de betrokken NMA de Commissie verzoeken sneller te reageren. De Commissie zal trachten zo snel mogelijk te handelen.

48. Andere soorten beslissingen, bijvoorbeeld beslissingen tot afwijzing van klachten, beslissingen tot afsluiting van een ambtshalve ingestelde procedure of beslissingen waarbij voorlopige maatregelen worden gelast, kunnen vanuit het oogpunt van het mededingingsbeleid eveneens belangrijk zijn; de leden van het netwerk kunnen er daarom belang bij hebben deze aan elkaar ter kennis te brengen en eventueel te bespreken. De NMA's kunnen derhalve, op grond van artikel 11, lid 5, van de verordening van de Raad,

---

(16) Op grond van artikel 15 van de verordening van de Raad kunnen de NMA's en de Commissie schriftelijke en, met de toestemming van de rechtelijke instantie, mondelinge opmerkingen maken tijdens procedures tot toepassing van de artikelen 81 en 82 van het Verdrag. Dit is een heel belangrijk instrument om een consistente toepassing van de communautaire regels te verzekeren. Bij de uitoefening van deze bevoegdheid zullen de NMA's en de Commissie nauw samenwerken.

de Commissie en aldus het netwerk in kennis stellen van iedere andere zaak waarin het communautaire mededingingsrecht wordt toegepast.

49. Alle leden van het netwerk dienen elkaar in kennis te stellen van de afsluiting van door hen gevoerde procedures die krachtens artikel 11, leden 2 en 3, van de verordening van de Raad aan het netwerk ter kennis zijn gebracht [17].

3.2. De inleiding van een procedure door de Commissie krachtens artikel 11, lid 6, van de verordening van de Raad

50. Volgens de jurisprudentie van het Hof van Justitie is het aan de Commissie, die volgens artikel 85, lid 1, van het Verdrag de taak heeft over de toepassing van de in de artikelen 81 en 82 van het Verdrag neergelegde beginselen te waken, om de oriëntatie van het communautaire mededingingsbeleid te bepalen en uit te voeren [18]. Zij kan te allen tijde individuele beschikkingen op grond van de artikelen 81 en 82 van het Verdrag geven.

51. In artikel 11, lid 6, van de verordening van de Raad wordt bepaald dat wanneer de Commissie een procedure begint die tot het geven van een beschikking op grond van de verordening moet leiden, dit alle NMA's hun bevoegdheid ontneemt tot toepassing van de artikelen 81 en 82 van het Verdrag. Dit betekent dat wanneer de Commissie eenmaal een procedure heeft ingeleid, de NMA's niet op basis van dezelfde rechtsgrondslag kunnen optreden tegen dezelfde overeenkomst(en) of feitelijke gedraging(en) door dezelfde onderneming(en) op dezelfde relevante geografische en productmarkt.

52. De inleiding van een procedure door de Commissie is een formele handeling [19] waarbij de Commissie haar voornemen te kennen geeft om een beschikking krachtens hoofdstuk III van de verordening van de Raad te geven. Dit kan in elk stadium van het onderzoek van de zaak door de Commissie gebeuren. Enkel het feit dat de Commissie een klacht heeft ontvangen, is niet voldoende om de NMA's van hun bevoegdheid te ontheffen.

53. Er kunnen zich twee situaties voordoen. Allereerst, wanneer de Commissie de eerste mededingingsautoriteit is die een procedure inleidt in een zaak die tot het geven van een beschikking op grond van de verordening van de Raad moet leiden, mogen de nationale mededingingsautoriteiten de zaak niet langer behandelen. In artikel 11, lid 6, van de verordening van de Raad wordt bepaald dat wanneer de Commissie eenmaal een procedure begint de NMA's niet langer hun eigen procedure kunnen starten met het oog op de toepassing van de artikelen 81 en 82 van het Verdrag op dezelfde overeenkomst(en) of feitelijke gedraging(en) door dezelfde onderneming(en) op dezelfde geografische en productmarkt.

54. De tweede situatie doet zich voor wanneer een of meer NMA's het netwerk overeenkomstig artikel 11, lid 3, van de verordening van de Raad ter kennis hebben gebracht dat zij een bepaalde zaak in behandeling hebben genomen. Tijdens de eerste toewijzingsperiode (indicatieve duur van twee maanden, zie hierboven punt 18) kan de Commissie na overleg met de betrokken autoriteiten een procedure inleiden die de gevolgen van artikel 11, lid 6, van de verordening van de Raad teweegbrengt. Na de

---

(17) Zie punt 24 van de Gezamenlijke Verklaring van de Raad en de Commissie betreffende de werking van het netwerk van mededingingsautoriteiten, waarnaar in voetnoot 5 wordt verwezen.
(18) Zie arrest van HvJ in zaak C-344/98 — Masterfoods Ltd, Jurispr. 2000, blz. 1–11369.
(19) Het Hof van Justitie heeft dit begrip gedefinieerd in zaak 48/72 NV Brasserie de Haecht, Jurispr. 1973, blz. 77: 'het inleiden van een procedure in de zin van artikel 9 van Verordening nr. 17 doelt op een gezagshandeling van de Commissie, waaruit haar wil blijkt een beschikking te treffen'.

toewijzingsfase zal de Commissie in principe alleen artikel 11, lid 6, toepassen indien zich een van de volgende situaties voordoet:
a) leden van het netwerk overwegen in dezelfde zaak onderling strijdige beslissingen;
b) leden van het netwerk overwegen een beslissing die klaarblijkelijk in strijd is met de vaste jurisprudentie; de criteria die in de arresten van de rechterlijke instanties van de Gemeenschap en in eerdere beschikkingen en verordeningen van de Commissie zijn omschreven, dienen daarbij als maatstaf te worden gebruikt; ten aanzien van de beoordeling van de feiten (bijvoorbeeld definitie van de markt) zal alleen een belangrijk meningsverschil aanleiding geven tot een optreden van de Commissie;
c) een of meer leden van het netwerk laten de procedures in de zaak onnodig aanslepen;
d) er is behoefte aan een beschikking van de Commissie om het communautaire mededingingsbeleid verder te ontwikkelen, met name wanneer zich in verschillende lidstaten een vergelijkbaar mededingingsvraagstuk voordoet, of om een doeltreffende handhaving te verzekeren;
e) de betrokken NMA('s) maakt/maken hiertegen geen bezwaar.

55. Indien een NMA een zaak reeds in behandeling heeft genomen, dan licht de Commissie haar beweegredenen voor de toepassing van artikel 11, lid 6, van de verordening van de Raad schriftelijk toe aan de betrokken NMA, alsmede aan de andere leden van het netwerk [20].

56. De Commissie brengt het netwerk tijdig op de hoogte van haar voornemen om artikel 11, lid 6, van de verordening van de Raad toe te passen, zodat de leden van het netwerk een vergadering van het Adviescomité over de zaak kunnen verzoeken alvorens de Commissie de procedure inleidt.

57. De Commissie zal gewoonlijk niet – en voor zover het communautair belang niet in het geding is – een beschikking geven die strijdig is met een beslissing van een NMA nadat zij naar behoren in kennis is gesteld overeenkomstig artikel 11, leden 3 en 4, van de verordening van de Raad en de Commissie geen gebruik heeft gemaakt van artikel 11, lid 6, van de verordening van de Raad.

4. De rol en de werking van het adviescomité in het nieuwe stelsel
58. Het adviescomité is het forum waar deskundigen van de verschillende mededingingsautoriteiten individuele zaken en algemene vraagstukken van het communautaire mededingingsrecht bespreken [21].

4.1. Omvang van de raadpleging
4.1.1. Beschikkingen van de Commissie
59. Het adviescomité wordt geraadpleegd alvorens de Commissie een beschikking geeft overeenkomstig de artikelen 7, 8, 9, 10, 23, 24, lid 2, of 29, lid 1, van de verordening van de Raad. De Commissie moet zoveel mogelijk rekening houden met het door het adviescomité uitgebrachte advies en zij moet het comité op de hoogte brengen van de wijze waarop zij rekening heeft gehouden met zijn advies.

---

(20) Zie punt 22 van de in voetnoot 3 genoemde gezamenlijke verklaring.
(21) Wanneer er horizontale vraagstukken zoals groepsvrijstellingsverordeningen en richtsnoeren worden besproken, kunnen de lidstaten overeenkomstig artikel 14, lid 2, van de verordening van de Raad een extra, voor mededingingszaken bevoegde vertegenwoordiger aanwijzen die niet noodzakelijkerwijs tot de mededingingsautoriteit behoort.

60. Voor beschikkingen waarbij voorlopige maatregelen worden aangenomen, wordt het adviescomité geraadpleegd volgens een snellere en minder omvattende procedure op basis van een korte toelichting en het dispositief van de beschikking.

4.1.2. Beschikkingen van NMA's

61. Het is in het belang van het netwerk dat belangrijke zaken die door de NMA's worden behandeld krachtens de artikelen 81 en 82 van het Verdrag, in het adviescomité kunnen worden besproken. De verordening van de Raad biedt de Commissie de mogelijkheid om een zaak die door een NMA wordt behandeld, op de agenda van het adviescomité te plaatsen. Bespreking kan geschieden op verzoek van de Commissie of van een lidstaat. In beide gevallen zal de Commissie de zaak op de agenda plaatsen na de betrokken NMA('s) hiervan op de hoogte te hebben gebracht. Deze bespreking in het adviescomité zal niet tot een formeel advies leiden.

62. In belangrijke zaken kan het adviescomité ook als forum fungeren voor besprekingen over de toewijzing van zaken. In het bijzonder wanneer de Commissie voornemens is om artikel 11, lid 6, van de verordening van de Raad toe te passen na de eerste toewijzingsperiode, kan de zaak in het adviescomité worden besproken alvorens de Commissie de procedure inleidt. Het adviescomité kan hierover een informele verklaring afleggen.

4.1.3. Uitvoeringsmaatregelen, groepsvrijstellingsverordeningen, richtsnoeren en andere mededelingen (artikel 33 van de verordening van de Raad)

63. Het adviescomité wordt geraadpleegd over ontwerpverordeningen van de Commissie zoals bepaald in de betreffende verordeningen van de Raad.

64. Afgezien van verordeningen kan de Commissie ook mededelingen en richtsnoeren aannemen. Dit zijn flexibelere instrumenten die heel nuttig zijn om het beleid van de Commissie uiteen te zetten en aan te kondigen, en om haar interpretatie van de mededingingsregels toe te lichten. Het adviescomité wordt ook over deze mededelingen en richtsnoeren geraadpleegd.

4.2. Procedure

4.2.1. Normale procedure

65. Bij raadplegingen over ontwerpbeschikkingen van de Commissie vindt de vergadering van het adviescomité ten vroegste plaats 14 dagen na de verzending door de Commissie van de uitnodiging voor de vergadering plaats. Bij de uitnodiging voegt de Commissie een samenvatting van de zaak, een lijst van de belangrijkste documenten, d.w.z. de documenten die nodig zijn voor de beoordeling van de zaak, en een ontwerpbeschikking. Het adviescomité brengt advies uit over de ontwerpbeschikking van de Commissie. Op verzoek van een of meer leden wordt het advies met redenen omkleed.

66. De verordening van de Raad voorziet in de mogelijkheid voor de lidstaten om in te stemmen met een kortere termijn tussen de verzending van de uitnodiging en de vergadering.

4.2.2. Schriftelijke procedure

67. In de verordening van de Raad is de mogelijkheid van een schriftelijke raadplegingsprocedure voorzien. Indien geen van de lidstaten bezwaar maakt, kan de Commissie de lidstaten raadplegen door hen de documenten toe te zenden en een termijn vast te stellen waarbinnen zij hun opmerkingen over het ontwerp kunnen maken. Deze termijn is gewoonlijk ten minste 14 dagen, behalve bij beschikkingen tot vaststelling van voorlopige maatregelen overeenkomstig artikel 8 van de verordening van de Raad. Indien een lidstaat daarom verzoekt zal de Commissie een vergadering beleggen.

4.3. Bekendmaking van het advies van het adviescomité
68. Het adviescomité kan de bekendmaking van zijn advies aanbevelen. In dat geval zal de Commissie het tegelijk met de beschikking bekendmaken, waarbij zij rekening zal houden met het wettige belang van ondernemingen bij de bescherming van hun zakengeheimen.

5. Slotopmerkingen
69. Deze mededeling laat iedere interpretatie van de toepasselijke Verdragsbepalingen en andere wettelijke bepalingen door het Gerecht van eerste aanleg en het Hof van Justitie onverlet.
70. Deze mededeling zal aan een periodiek onderzoek door de NMA's en de Commissie worden onderworpen. Op basis van de opgedane ervaring zal deze ten laatste aan het einde van het derde jaar na de goedkeuring ervan worden herzien.
71. Deze mededeling komt in de plaats van de mededeling van de Commissie betreffende de samenwerking tussen de Commissie en de mededingingsautoriteiten van de lidstaten bij de behandeling van onder de artikelen 81 en 82 van het EG-Verdrag vallende zaken, die in 1997 is gepubliceerd.

6. Verklaring van de andere leden van het netwerk
72. Ook de mededingingsautoriteiten van de lidstaten die een verklaring in de vorm van de bijlage bij deze mededeling hebben ondertekend, zullen zich aan de in deze mededeling vervatte beginselen houden. Hierin nemen zij nota van de beginselen van deze mededeling, met inbegrip van de beginselen betreffende de bescherming van degenen die een beroep doen op een clementieregeling [22], en verklaren zij zich hieraan te zullen houden. Een lijst van deze autoriteiten wordt op de website van de Europese Commissie gepubliceerd en zo nodig bijgewerkt.

BIJLAGE

Verklaring inzake de mededeling van de Commissie betreffende de samenwerking binnen het netwerk van mededingingsautoriteiten

Met het oog op een nauwe samenwerking ter bescherming van de mededinging binnen de Europese Unie in het belang van de consumenten,
1. onderschrijft de ondertekenende mededingingsautoriteit de beginselen die vervat zijn in de mededeling van de Commissie betreffende de samenwerking binnen het netwerk van mededingingsautoriteiten, en
2. verklaart zij zich aan deze beginselen te zullen houden, met inbegrip van de beginselen betreffende de bescherming van degenen die een beroep doen op een clementieregeling, in elk geval waarin zij optreedt of kan optreden en waarop deze beginselen van toepassing zijn.

....
(plaats) (datum)
[27-04-2004, PbEU C 101, i.w.tr. 27-04-2004/regelingnummer 2004/C101/03]

---

[22] Zie punt 37 e.v.

Mededeling betreffende de samenwerking tussen de Commissie en de rechterlijke instanties van de EU-lidstaten bij de toepassing van de artikelen 81 en 82 van het Verdrag (2004/C 101/04)

(Voor de EER relevante tekst)

Mededeling van de Commissie van 27 april 2004 betreffende de samenwerking tussen de Commissie en de rechterlijke instanties van de EU-lidstaten bij de toepassing van de artikelen 81 en 82 van het Verdrag, PbEU 2004, C 101, zoals laatstelijk gewijzigd op 5 augustus 2015, PbEU 2015, C 256 (i.w.tr. 05-08-2015)

I. Toepassingsgebied van de mededeling
1. Deze mededeling regelt de samenwerking tussen de Commissie en de rechterlijke instanties van de EU-lidstaten, wanneer deze laatste instanties de artikelen 81 en 82 van het Verdrag toepassen. Voor de toepassing van deze mededeling wordt verstaan onder 'rechterlijke instanties van de EU-lidstaten' (hierna te noemen: 'nationale rechterlijke instanties' of 'nationale rechters') de hoven en rechtbanken van een EU-lidstaat die de artikelen 81 en 82 van het Verdrag kunnen toepassen en bevoegd zijn om op grond van artikel 234 van het Verdrag het Hof van Justitie van de Europese Gemeenschappen om een prejudiciële beslissing te verzoeken [1].
2. De nationale rechterlijke instanties kunnen worden verzocht om de artikelen 81 of 82 van het Verdrag toe te passen in rechtszaken tussen particulieren, bijvoorbeeld in het kader van contractuele vorderingen of vorderingen tot schadevergoeding. Zij kunnen ook optreden als openbare handhavingsinstantie of beroepsinstantie. Een nationale rechterlijke instantie kan immers overeenkomstig artikel 35, lid 1, van Verordening (EG) nr. 1/2003 (hierna te noemen: 'de verordening') [2] inderdaad worden aangewezen als een mededingingsautoriteit van een lidstaat (hierna te noemen: 'de nationale mededingingsautoriteit'). In dat geval valt de samenwerking tussen de nationale rechterlijke

---

[1] Voor de criteria om te bepalen welke entiteiten als rechterlijke instanties in de zin van artikel 234 van het Verdrag kunnen worden beschouwd, zie bv. zaak C-516/99, Schmid, Jurispr. 2002, blz. I-4573, punt 34: 'het Hof [houdt] [...] rekening met een samenstel van factoren, zoals de wettelijke grondslag van het orgaan, het permanente karakter, de verplichte rechtsmacht, het uitspraak doen na een procedure op tegenspraak, het toepassen van regelen des rechts alsmede de onafhankelijkheid van het orgaan'.
[2] Verordening (EG) nr. 1/2003 van de Raad van 16 december 2002 betreffende de uitvoering van de mededingingsregels van de artikelen 81 en 82 van het Verdrag (*PB* L 1 van 4.1.2003, blz. 1).

instanties en de Commissie niet alleen onder deze mededeling maar ook onder de mededeling betreffende de samenwerking in het netwerk van mededingingsautoriteiten [3].

II. De toepassing van communautaire mededingingsregels door nationale rechterlijke instanties

A. De bevoegdheid van nationale rechterlijke instanties om communautaire mededingingsregels toe te passen

3. Voorzover nationale rechterlijke instanties bevoegd zijn om een zaak te behandelen [4], kunnen zij de artikelen 81 en 82 van het Verdrag toepassen [5]. Bovendien dient in herinnering te worden gebracht dat de artikelen 81 en 82 van het Verdrag bepalingen van openbare orde zijn en voor de vervulling van de aan de Gemeenschap opgedragen taken en in het bijzonder voor de goede werking van de interne markt van wezenlijk belang zijn [6]. Indien een nationale rechter ingevolge het nationale recht verplicht is ambtshalve de aan een interne regel van dwingende aard ontleende rechtsgronden in het geding te brengen, die niet door partijen zijn aangevoerd, geldt volgens het Hof van Justitie diezelfde verplichting wanneer het dwingende regels van Gemeenschapsrecht, zoals de communautaire mededingingsregels, betreft. Hetzelfde geldt indien het nationale recht de rechter de mogelijkheid geeft de dwingende rechtsregel ambtshalve toe te passen: de nationale rechter dient de communautaire mededingingsregels toe te passen, zelfs wanneer daarop door de procespartij die bij de toepassing belang heeft, geen beroep is gedaan, indien het nationale recht deze toepassing toelaat. Het Gemeenschapsrecht verplicht de nationale rechter er echter niet toe ambtshalve een rechtsgrond in het geding te brengen ontleend aan schending van Gemeenschapsbepalingen, wanneer hij voor het onderzoek van dat middel de hem passende lijdelijkheid zou moeten verzaken door buiten de rechtsstrijd van partijen te treden en zich te baseren op andere feiten en omstandigheden dan die welke de partij die bij de toepassing belang heeft, aan haar vordering ten grondslag heeft gelegd [7].

4. Afhankelijk van de hem krachtens het nationale recht toevertrouwde taken, kan de nationale rechter worden verzocht om in administratieve, civielrechtelijke en strafrech-

---

(3) Mededeling betreffende de samenwerking binnen het netwerk van mededingingsautoriteiten (PB C 101 van 27.4.2004, blz. 43). Voor de toepassing van deze mededeling wordt verstaan onder 'nationale mededingingsautoriteit' de door een lidstaat op grond van artikel 35, lid 1, van de verordening aangewezen autoriteit.
(4) De bevoegdheid van een nationale rechterlijke instantie hangt af van nationale, Europese en internationale bevoegdheidsregels. In deze context zij eraan herinnerd dat Verordening (EG) nr. 44/2001 van de Raad van 22 december 2000 betreffende de rechterlijke bevoegdheid, de erkenning en de tenuitvoerlegging van beslissingen in burgerlijke en handelszaken (PB L 12 van 16.1.2001, blz. 1) van toepassing is op alle civielrechtelijke of handelsrechtelijke mededingingszaken.
(5) Zie artikel 6 van de verordening.
(6) Zie de artikelen 2 en 3 van het EG-Verdrag, zaak C-126/97, Eco Swiss, Jurispr. 1999, blz. I-3055, punt 36; zaak T-34/92, Fiatagri UK en New Holland Ford, Jurispr. 1994, blz. II-905, punt 39 en zaak T-128/98, Aéroports de Paris, Jurispr. 2000, blz. II-3929, punt 241.
(7) Gevoegde zaken C-430/93 en C-431/93, van Schijndel, Jurispr. 1995, blz. I-4705, punten 13 tot en met 15 en 22.

telijke procedures de artikelen 81 en 82 van het Verdrag toe te passen [8]. Met name wanneer natuurlijke personen of rechtspersonen hem verzoeken hun individuele rechten te beschermen, speelt de nationale rechter een specifieke rol bij de handhaving van de artikelen 81 en 82 van het Verdrag, welke verschilt van de handhaving in het algemeen belang door de Commissie of de nationale mededingingsautoriteiten [9]. De nationale rechter kan immers uitvoering geven aan de artikelen 81 of 82 van het Verdrag door de nietigheid van overeenkomsten vast te stellen of schadevergoeding toe te kennen.

5. Nationale rechterlijke instanties kunnen de artikelen 81 en 82 van het Verdrag toepassen, zonder dat parallel daarmee het nationale mededingingsrecht behoeft te worden toegepast. Wanneer nationale rechterlijke instanties evenwel het nationale mededingingsrecht toepassen op overeenkomsten, besluiten van ondernemersverenigingen of onderling afgestemde feitelijke gedragingen welke de handel tussen lidstaten in de zin van artikel 81, lid 1, van het Verdrag ongunstig kunnen beïnvloeden [10] dan wel op door artikel 82 van het Verdrag verboden misbruiken, moeten zij tevens de communautaire mededingingsregels toepassen op deze overeenkomsten, besluiten of praktijken [11].

6. De verordening verleent de nationale rechterlijke instanties niet alleen de bevoegdheid om de communautaire mededingingsregels toe te passen. De parallelle toepassing van het nationale mededingingsrecht op overeenkomsten, besluiten van ondernemersverenigingen en onderling afgestemde feitelijke gedragingen welke de handel tussen lidstaten ongunstig beïnvloeden, mag niet leiden tot een resultaat dat verschilt van dat van het communautaire mededingingsrecht. Artikel 3, lid 2, van de verordening bepaalt dat overeenkomsten, besluiten of onderling afgestemde feitelijke gedragingen welke geen inbreuk vormen op artikel 81, lid 1, van het Verdrag, of aan de voorwaarden van artikel 81, lid 3, van het Verdrag voldoen, evenmin mogen worden verboden op grond van het nationale mededingingsrecht [12]. Omgekeerd heeft het Hof van Justitie geoordeeld dat overeenkomsten, besluiten of onderling afgestemde feitelijke gedragingen welke in strijd zijn met artikel 81, lid 1, van het Verdrag en niet voldoen aan de voorwaarden van artikel 81, lid 3, van het Verdrag niet kunnen worden toegestaan op grond van het nationale recht [13]. Met betrekking tot de parallelle toepassing van het nationale mededingingsrecht en artikel 82 van het Verdrag op eenzijdige gedragingen, voorziet artikel 3 niet in een soortgelijke verplichte convergentie. In geval van tegenstrijdige bepalingen vereist het algemene beginsel van de voorrang van het Gemeenschapsrecht evenwel dat iedere bepaling van een nationale wet die in strijd is met een Gemeenschapsregel, buiten

---

(8) Overeenkomstig de laatste volzin van overweging 8 van Verordening (EG) nr. 1/2003 is deze verordening niet van toepassing op nationale wetten die strafrechtelijke sancties opleggen aan natuurlijke personen, behalve indien deze sancties het middel vormen waarmee op ondernemingen toepasselijke mededingingsregels worden toegepast.

(9) Zaak T-24/90, Autome, Jurispr. 1992, blz. II-2223, punt 85.

(10) Voor nadere precisering met betrekking tot het begrip 'beïnvloeding van de handel', zie de mededeling over dit onderwerp (PB C 101 van 27.4.2004, blz. 81).

(11) Artikel 3, lid 1, van de verordening.

(12) Zie ook de mededeling betreffende de toepassing van artikel 81, lid 3, van het Verdrag (PB C 101 van 27.4.2004, blz. 2).

(13) Zaak 14/68, Walt Wilhelm, Jurispr. 1969, blz. 1, en gevoegde zaken 253/78 en 1 tot en met 3/79, Giry and Guerlain, Jurispr. 1980, blz. 2327, punten 15 tot en met 17.

toepassing wordt gelaten, of deze nu van eerdere of latere datum dan laatstgenoemde regel is [14].

7. Naast de toepassing van de artikelen 81 en 82 van het Verdrag, zijn nationale rechterlijke instanties ook bevoegd om besluiten toe te passen die de communautaire instellingen hebben vastgesteld op grond van het Verdrag of op grond van de ter uitvoering van het Verdrag genomen maatregelen, mits deze besluiten rechtstreekse werking hebben. Nationale rechterlijke instanties moeten dus zorgen voor de gedwongen uitvoering van beschikkingen van de Commissie [15], alsmede van verordeningen betreffende de toepassing van artikel 81, lid 3, van het Verdrag op bepaalde groepen overeenkomsten, besluiten of onderling afgestemde feitelijke gedragingen. Bij de toepassing van deze communautaire mededingingsregels handelen de nationale rechterlijke instanties in het kader van het Gemeenschapsrecht en zijn zij bijgevolg gehouden de algemene beginselen van het Gemeenschapsrecht in acht te nemen [16].

8. De toepassing van de artikelen 81 en 82 van het Verdrag door nationale rechterlijke instanties hangt vaak af van ingewikkelde economische en juridische beoordelingen [17]. Bij de toepassing van de communautaire mededingingsregels zijn de nationale rechterlijke instanties gebonden door de rechtspraak van de rechterlijke instanties van de Gemeenschap alsmede door de verordeningen van de Commissie betreffende de toepassing van artikel 81, lid 3, van het Verdrag op groepen overeenkomsten, besluiten of onderling afgestemde feitelijke gedragingen [18]. Bovendien is de toepassing van de artikelen 81 en 82 van het Verdrag door de Commissie in een specifieke zaak bindend voor de nationale rechterlijke instanties wanneer zij in dezelfde zaak gelijktijdig met of na de Commissie de communautaire mededingingsregels toepassen [19]. Tot slot en onverminderd de uiteindelijke uitlegging van het Verdrag door het Hof van Justitie, kunnen de nationale rechterlijke instanties zich laten leiden door de verordeningen en beschikkingen van de Commissie die analoog zijn aan de zaak die zij behandelen, alsmede door de bekendmakingen, mededelingen en richtsnoeren van de Commissie betreffende de toepassing van de artikelen

---

(14) Zaak 106/77, Simmenthal, Jurispr. 1978, blz. 629, punt 21, en zaak C-198/01, Consorzio Industrie Fiammiferi (CIF), Jurispr. 2003, blz. punt 49.
(15) Een nationale rechterlijke instantie kan bv. worden verzocht te zorgen voor de gedwongen uitvoering van beschikkingen die de Commissie heeft vastgesteld op grond van de artikelen 7 tot en met 10 en de artikelen 23 en 24 van de verordening.
(16) Zie bv. zaak 5/88, Wachauf, Jurispr. 1989, blz. 2609, punt 19.
(17) Gevoegde zaken C-215/96 en C-216/96, Bagnasco, Jurispr. 1999, blz. I-35, punt 50.
(18) Zaak 63/75, Fonderies Roubaix, Jurispr. 1976, blz. 111, punten 9 tot en met 11, en zaak C-234/89, Delimitis, Jurispr. 1991, blz. I-935, punt 46.
(19) Met betrekking tot de gelijktijdige of opeenvolgende toepassing van de communautaire mededingingsregels door de nationale rechterlijke instanties en de Commissie, zie ook de punten 11 tot en met 14.

81 en 82 van het Verdrag [20] en het jaarlijkse verslag over het mededingingsbeleid [21].

B. Procedurele aspecten van de toepassing van de communautaire mededingingsregels door nationale rechterlijke instanties

9. De procedurele voorwaarden voor de handhaving van de communautaire mededingingsregels door de nationale rechterlijke instanties en de sancties die zij kunnen opleggen in geval van inbreuken op deze regels zijn grotendeels neergelegd in het nationale recht. Tot op zekere hoogte zijn de voorwaarden voor de handhaving van de communautaire mededingingsregels evenwel ook in het Gemeenschapsrecht geregeld. Deze bepalingen van het Gemeenschapsrecht kunnen de nationale rechterlijke instanties de mogelijkheid bieden van bepaalde faciliteiten gebruik te maken, bv. de mogelijkheid om het advies van de Commissie in te winnen met betrekking tot de toepassing van de communautaire mededingingsregels [22] of ze kunnen regels creëren die een dwingende impact op bij hen aanhangige procedures hebben, bv. de verplichting om de Commissie en de nationale mededingingsautoriteiten de mogelijkheid te bieden om schriftelijke opmerkingen in te dienen [23]. Deze bepalingen van het Gemeenschapsrecht hebben voorrang op die van het nationale recht. Bijgevolg moeten de nationale rechterlijke instanties nationale bepalingen waarvan de toepassing strijdig zou zijn met deze gemeenschapsrechtelijke bepalingen, terzijde schuiven. Indien dergelijke gemeenschapsrechtelijke bepalingen rechtstreeks toepasselijk zijn, zijn ze een rechtstreekse bron van rechten en verplichtingen voor allen die zij betreffen en moeten ze vanaf hun inwerkingtreding hun volle werking op eenvormige wijze in alle lidstaten ontplooien [24].

10. Bij gebreke van Gemeenschapsbepalingen inzake procedures en sancties op het gebied van de handhaving van de communautaire mededingingsregels door de nationale rechterlijke instanties, passen deze instanties het nationale procesrecht en, voorzover zij daartoe bevoegd zijn, de in het nationale recht vastgestelde sancties toe. De toepassing van deze nationale bepalingen moet evenwel verenigbaar zijn met de algemene beginselen van het Gemeenschapsrecht. In dit verband is het nuttig te herinneren aan de rechtspraak van het Hof van Justitie, volgens welke:

a) wanneer er een inbreuk is op het Gemeenschapsrecht, het nationale recht sancties moet vaststellen die doeltreffend, evenredig en afschrikkend zijn [25];

---

(20) Zaak 66/86, Ahmed Saeed Flugreisen, Jurispr. 1989, blz. 803, punt 27, en zaak C-234/89, Delimitis, Jurispr. 1991, blz. I-935, punt 50. Een lijst met richtsnoeren, bekendmakingen, mededelingen en verordeningen van de Commissie op het gebied van het mededingingsbeleid, in het bijzonder de verordeningen betreffende de toepassing van artikel 81, lid 3, van het Verdrag op bepaalde groepen overeenkomsten, besluiten of onderling afgestemde feitelijke gedragingen zijn bij deze mededeling gevoegd. Voor de beschikkingen van de Commissie houdende toepassing van de artikelen 81 en 82 van het Verdrag (sinds 1964), zie http://www.europa.eu.int/comm/competition/antitrust/cases/.

(21) Gevoegde zaken C-319/93, C-40/94 en C-224/94, Dijkstra, Jurispr. 1995, blz. I-4471, punt 32.

(22) Over de mogelijkheid voor de nationale rechterlijke instanties om bij de Commissie advies in te winnen, zie hierna de punten 27 tot en met 30.

(23) Over het maken van opmerkingen, zie hierna de punten 31 tot en met 35.

(24) Zaak 106/77, Simmenthal, Jurispr. 1978, blz. 629, punten 14 en 15.

(25) Zaak 68/88, Commissie/Griekenland, Jurispr. 1989, blz. 2965, punten 23 tot en met 25.

b) wanneer de inbreuk op het Gemeenschapsrecht een particulier schade berokkent, deze particulier onder bepaalde omstandigheden bij de nationale rechterlijke instantie een vordering tot schadevergoeding moet kunnen indienen [26];
c) de procedureregels en sancties welke de nationale rechterlijke instanties toepassen om het Gemeenschapsrecht te handhaven.
   – er niet toe mogen leiden dat deze handhaving uiterst moeilijk of in de praktijk onmogelijk wordt (doeltreffendheidsbeginsel) [27],
   – en niet minder gunstig mogen zijn dan de regels die gelden voor de handhaving van gelijkwaardige nationale wetgeving (gelijkwaardigheidsbeginsel) [28].

Op basis van het beginsel van de voorrang van het Gemeenschapsrecht mag de nationale rechter geen nationale bepalingen toepassen die in strijd zijn met deze beginselen.

C. Gelijktijdige of opeenvolgende toepassing van communautaire mededingingsregels door de Commissie en de nationale rechterlijke instanties

11. Een nationale rechterlijke instantie kan tegelijk met de Commissie of na de Commissie het communautaire mededingingsrecht toepassen op overeenkomsten, besluiten, onderling afgestemde feitelijke gedragingen of eenzijdige gedragingen [29]. In de volgende punten wordt een aantal verplichtingen behandeld die de nationale rechterlijke instanties in deze omstandigheden moet naleven.

12. Wanneer een nationale rechter vóór de Commissie een beslissing neemt, moet hij zien te voorkomen dat deze beslissing in strijd is met een beschikking die de Commissie overweegt te geven [30]. Daartoe kan de nationale rechter de Commissie vragen of zij een procedure heeft ingeleid met betrekking tot dezelfde overeenkomsten, besluiten

---

(26) Met betrekking tot schadevergoeding in geval van een inbreuk door een onderneming, zie zaak C-453/99, Courage en Crehan, Jurispr. 2001, blz. 6297, punten 26 en 27. Met betrekking tot schadevergoeding in geval van een inbreuk door een lidstaat of een overheidsorgaan van deze lidstaat en de voorwaarden voor deze aansprakelijkheid van de staat, zie bv. gevoegde zaken C-6/90 en C-9/90, Francovich, Jurispr. 1991, blz. I-5357, punten 33 tot en met 36; zaak C-271/91, Marshall/Southampton and South West Hampshire Area Health Authority, Jurispr. 1993, blz. I-4367, punten 30, 34 en 35; gevoegde zaken C-46/93 en C-48/93, Brasserie du Pêcheur en Factortame, Jurispr. 1996, blz. I-1029; zaak C-392/93, British Telecommunications, Jurispr. 1996, blz. I-1631, punten 39 tot en met 46, en gevoegde zaken C-178/94, C-179/94 en C-188/94-C-190/94, Dillenkofer, Jurispr. 1996, blz. I-4845, punten 22 tot en met 26 en punt 72.

(27) Zie bv. zaak 33/76, Rewe, Jurispr. 1976, blz. 1989, punt 5; zaak 45/76, Comet, Jurispr. 1976, blz. 2043, punt 12, en zaak 79/83, Harz, Jurispr. 1984, blz. 1921, punten 18 en 23.

(28) Zie bv. zaak 33/76, Rewe, Jurispr. 1976, blz. 1989, punt 5; zaak 158/80, Rewe, Jurispr. 1981, blz. 1805, punt 44; zaak 199/82, San Giorgio, Jurispr. 1983, blz. 3595, punt 12, en zaak C-231/96, Edis, Jurispr. 1998, blz. I-4951, punten 36 en 37.

(29) Artikel 11, lid 6, juncto artikel 35, leden 3 en 4, van de verordening staat in de weg aan een parallelle toepassing van de artikelen 81 of 82 van het Verdrag door de Commissie en een nationale rechterlijke instantie alleen wanneer deze laatste instantie werd aangewezen als nationale mededingingsautoriteit.

(30) Artikel 16, lid 1, van de verordening.

of gedragingen [31] en in voorkomend geval wat de stand van de procedure is en hoe waarschijnlijk het is dat in deze zaak een beschikking zal worden gegeven.[32] De nationale rechter kan om redenen van rechtszekerheid ook overwegen om de procedure te schorsen totdat de Commissie een beschikking heeft gegeven [33]. Van haar kant zal de Commissie zich inspannen om zaken waarvoor zij heeft besloten een procedure in de zin van artikel 2, lid 1, van Verordening (EG) nr. 773/2004 van de Commissie in te leiden en waarvoor bij de nationale rechter een procedure loopt waarvan de behandeling op de bovengenoemde wijze is opgeschort, bij voorrang te behandelen, met name wanneer de afloop van een civielrechtelijk geding daarvan afhangt. Wanneer er echter redelijkerwijs geen twijfel mogelijk is over de beschikking die de Commissie overweegt te geven of wanneer de Commissie reeds een beschikking heeft gegeven in een vergelijkbare zaak, kan de nationale rechter over de bij hem aanhangige zaak beslissen op grond van deze overwogen of eerdere beschikking, zonder dat het nodig is de Commissie om de bovengenoemde inlichtingen te verzoeken of haar beschikking af te wachten.

13. Wanneer de Commissie in een bepaalde zaak vóór de nationale rechter een beschikking geeft, kan deze laatste geen beslissing nemen die indruist tegen die van de Commissie. De bindende kracht van de beschikking van de Commissie laat de uitlegging van het Gemeenschapsrecht door het Hof van Justitie uiteraard onverlet. Indien de nationale rechter twijfelt aan de wettigheid van de beschikking van de Commissie, kan hij zich bijgevolg niet onttrekken aan de bindende kracht van deze beschikking, tenzij het Hof van Justitie een arrest in tegengestelde zin wijst [34]. Indien de nationale rechter overweegt een beslissing te nemen die indruist tegen die van de Commissie, moet hij derhalve het Hof van Justitie om een prejudiciële beslissing verzoeken (artikel 234 van het Verdrag). Het Hof zal dan beslissen of de beschikking van de Commissie verenigbaar is met het Gemeenschapsrecht. Indien de beschikking van de Commissie evenwel op grond van artikel 230 van het Verdrag wordt aangevochten voor de rechterlijke instanties van de Gemeenschap en de beslechting van het geding voor de nationale rechter afhangt van de geldigheid van deze beschikking, moet de nationale rechter de procedure schorsen in afwachting van een definitieve uitspraak over het beroep tot nietigverklaring door de rechterlijke instanties van de Gemeenschap, tenzij hij van oordeel is dat het, gelet op de omstandigheden van het geval, gerechtvaardigd is het Hof van Justitie om een prejudiciële beslissing te verzoeken over de geldigheid van deze beschikking [35].

---

(31) De Commissie maakt de inleiding van haar procedure met het oog op de vaststelling van een beschikking op grond van de artikelen 7 tot en met 10 van de verordening bekend (zie artikel 2, lid 2, van Verordening (EG) nr. 773/2004 van 7 april van de Commissie betreffende procedures op grond van de artikelen 81 en 82 van het Verdrag (*PB* L 123 van 27.4.2004). Volgens het Hof van Justitie impliceert het inleiden van een procedure een gezagshandeling van de Commissie, waaruit haar wil blijkt een beschikking te geven (zaak 48/72, Brasserie de Haecht, Jurispr. 1973, blz. 77, punt 16).
(32) Zaak C-234/89, Delimitis, Jurispr. 1991, blz. I-935. punt 53, en gevoegde zaken C-319/93, C-40/94 en C-224/94, Dijkstra, Jurispr. 1995, blz. I-4471, punt 34. Ook punt 21 van deze mededeling behandelt deze kwestie.
(33) Zie artikel 16, lid 1, van de verordening en zaak C-234/89, Delimitis, Jurispr. 1991, blz. I-935, punt 47, en zaak C-344/98, Masterfoods, Jurispr. 2000, blz. I-11369, punt 51.
(34) Zaak 314/85, Foto-Frost, Jurispr. 1987, blz. 4199, punten 12 tot en met 20.
(35) Zie artikel 16, lid 1, van de verordening en zaak C-344/98, Masterfoods, Jurispr. 2000, blz. I-11369, punten 52 tot en met 59.

14. Wanneer een nationale rechter de procedure schorst, bv. in afwachting van een beschikking van de Commissie (de in punt 12 van deze mededeling beschreven situatie) of van een definitieve uitspraak van de rechterlijke instanties van de Gemeenschap in het kader van een beroep tot nietigverklaring of in het kader van een prejudiciële procedure (de in punt 13 van deze mededeling beschreven situatie), dient hij te onderzoeken of er voorlopige maatregelen moeten worden getroffen om de belangen van de partijen te beschermen [36].

III. De samenwerking tussen de Commissie en de nationale rechterlijke instanties

15. Anders dan het op artikel 234 van het Verdrag gebaseerde samenwerkingsmechanisme tussen de nationale rechterlijke instanties en het Hof van Justitie, voorziet het Verdrag niet uitdrukkelijk in een samenwerking tussen de nationale rechterlijke instanties en de Commissie. In zijn uitlegging van artikel 10 van het Verdrag, op grond van waarvan de lidstaten de vervulling van de taken van de Gemeenschap moeten vergemakkelijken, hebben de rechterlijke instanties van de Gemeenschap geoordeeld dat deze verdragsbepaling verlangt dat de gemeenschapsinstellingen en de lidstaten over en weer loyaal samenwerken om de doelstellingen van het Verdrag te verwezenlijken. Artikel 10 van het Verdrag houdt dus in dat de Commissie de nationale rechterlijke instanties moet bijstaan wanneer zij het Gemeenschapsrecht toepassen [37]. Ook kunnen de nationale rechterlijke instanties worden verplicht om de Commissie bij te staan bij de vervulling van haar taken [38].

16. Ook zij herinnerd aan de samenwerking tussen de nationale rechterlijke instanties en de nationale autoriteiten, in het bijzonder de nationale mededingingsautoriteiten, bij de toepassing van de artikelen 81 en 82 van het Verdrag. Hoewel de samenwerking tussen deze nationale autoriteiten in de eerste plaats onder de nationale regelgeving valt, bepaalt artikel 15, lid 3, van de verordening dat de nationale mededingingsautoriteiten voor de nationale rechterlijke instanties van hun lidstaat opmerkingen kunnen indienen. Punt 31 en de punten 33 tot en met 35 van deze mededeling zijn mutatis mutandis van toepassing op deze opmerkingen.

A. De Commissie als amicus curiae

17. Om de nationale rechterlijke instanties bij te staan bij de toepassing van de communautaire mededingingsregels verbindt de Commissie zich ertoe deze instanties te helpen wanneer zij deze hulp nodig achten om over een zaak te kunnen beslissen. Artikel 15 van de verordening vermeldt de meest voorkomende soorten bijstand: het verstrekken van inlichtingen (punten 21 tot en met 26) en adviezen van de Commissie (punten 27 tot en met 30), beide op verzoek van een nationale rechterlijke instantie, en de mogelijkheid voor de Commissie om opmerkingen te maken (punten 31 tot en met 35). Aangezien de verordening voorziet in deze soorten bijstand, kan deze bijstand niet worden beperkt door nationale regels. De lidstaten moeten evenwel — bij gebreke van communautaire procedureregels ter zake en voorzover dit nodig is om deze vormen van bijstand te vergemakkelijken — passende procedureregels vaststellen die zowel de nationale rechterlijke

---

(36) Zaak C-344/98, Masterfoods, Jurispr. 2000, blz.. I-11 369, punt 58.
(37) Zaak C-2/88, Zwartveld, Jurispr. 1990, blz. I-3365, punten 16 tot en met 22, en zaak C-234/89, Delimitis, Jurispr. 1991, blz. I-935, punt 53.
(38) Zaak C-94/00, Roquette Frères, Jurispr. 2002, blz. I-9011, punt 31.

instanties als de Commissie in staat stellen om ten volle gebruik te maken van de door de verordening geboden mogelijkheden [39].

18. De nationale rechter kan zijn verzoek om bijstand schriftelijk toezenden aan:
Europese Commissie
Directoraat-generaal Concurrentie
B-1049 Brussel
of kan het per e-mail toezenden aan comp-amicus@ec.europa.eu

19. Ongeacht de vorm van deze samenwerking met de nationale rechterlijke instanties zal de Commissie de onafhankelijkheid van deze instanties respecteren. De door de Commissie verleende bijstand bindt de nationale rechterlijke instanties bijgevolg niet. De Commissie moet er ook voor zorgen dat zij haar geheimhoudingsplicht in acht neemt en dat haar eigen functioneren en onafhankelijkheid worden gewaarborgd [40]. Bij de naleving van haar verplichting op grond van artikel 10 van het Verdrag om de nationale rechterlijke instanties bij te staan bij de toepassing van de communautaire mededingingsregels, verbindt de Commissie zich ertoe neutraal en objectief te blijven bij het verlenen van die bijstand. De bijstand van de Commissie aan de nationale rechterlijke instanties maakt namelijk deel uit van haar verplichting om het algemeen belang te verdedigen. Zij is derhalve niet voornemens om de particuliere belangen van de partijen in de bij de nationale rechter aanhangige zaak te dienen. Bijgevolg zal de Commissie geen van de partijen horen over haar bijstand aan de nationale rechter. Indien een van de partijen in de bij de nationale rechter aanhangige zaak contact heeft gezocht met de Commissie met betrekking tot onderwerpen die in dat geschil aan de orde zijn gesteld, zal zij deze rechter daarvan in kennis stellen, ongeacht of die contacten plaatsvonden vóór of na het door deze rechter ingediende verzoek tot samenwerking.

20. De Commissie zal een beknopt overzicht van de samenwerking die er in het kader van deze mededeling met de nationale rechterlijke instanties is geweest, publiceren in haar jaarlijkse verslag over het mededingingsbeleid. Zij kan ook haar adviezen en opmerkingen op haar website bekendmaken.

1. De verplichting van de Commissie om de nationale rechterlijke instanties inlichtingen te verstrekken

21. De verplichting van de Commissie om de nationale rechterlijke instanties bij te staan bij de toepassing van het communautaire mededingingsrecht komt voornamelijk tot uiting in de verplichting voor de Commissie om inlichtingen waarover zij beschikt aan de nationale rechterlijke instanties te verstrekken. De nationale rechterlijke instanties kunnen bv. de overlegging vorderen van stukken die de Commissie in haar bezit heeft of haar verzoeken inlichtingen van procedurele aard te verstrekken teneinde te kunnen vaststellen of een bepaalde zaak in behandeling is bij de Commissie, of de Commissie een procedure heeft ingeleid dan wel of zij reeds een standpunt heeft ingenomen. Een nationale rechter kan de Commissie ook de waarschijnlijke datum van een te geven beschikking vragen, zodat hij kan beoordelen of hij de behandeling van de zaak moet schorsen dan wel voorlopige maatregelen moet treffen [41].

---

(39) Over de verenigbaarheid van deze nationale procedureregels (*red.*: lees: procedureregels) met de algemene beginselen van het Gemeenschapsrecht, zie de punten 9 en 10 van deze mededeling.
(40) Met betrekking tot deze verplichtingen, zie bv. punten 23 tot en met 26 van deze mededeling.
(41) Zaak C-234/89, Delimitis, Jurispr. 1991, blz. I-935, punt 53, en gevoegde zaken C-319/93, C-40/94 en C-224/94, Dijkstra, Jurispr. 1995, blz. I-4471, punt 34.

22. Met het oog op de doeltreffendheid van de samenwerking met de nationale rechterlijke instanties zal de Commissie zich inspannen om deze instanties de gevraagde inlichtingen te verstrekken binnen één maand na de datum van ontvangst van het verzoek. Wanneer de Commissie de nationale rechter moet verzoeken om nadere toelichting van diens verzoek of wanneer zij diegenen die rechtstreeks worden geraakt door het doorgeven van de inlichtingen moet raadplegen, gaat deze termijn in op de datum waarop zij de gevraagde inlichtingen ontvangt.

23. De Commissie moet bij de toezending van inlichtingen aan de nationale rechterlijke instanties de waarborgen die op grond van artikel 287 van het Verdrag worden verleend aan natuurlijke personen en rechtspersonen in acht te nemen [(42)]. Artikel 287 van het Verdrag verbiedt leden, ambtenaren en andere personeelsleden van de Commissie inlichtingen die onder de geheimhoudingsplicht vallen openbaar te maken. Deze inlichtingen kunnen zowel betrekking hebben op vertrouwelijke informatie als op zakengeheimen. Zakengeheimen zijn inlichtingen waarvan niet enkel de openbaarmaking aan het publiek, maar ook de enkele overlegging aan een ander rechtssubject dan dat waarvan de inlichting afkomstig is, de belangen van laatstbedoeld subject ernstig kan schaden [(43)].

24. Uit artikel 10 juncto artikel 287 van het Verdrag volgt geen absoluut verbod voor de Commissie om aan de nationale rechter inlichtingen te verstrekken die onder de geheimhoudingsplicht vallen. In de rechtspraak van de rechterlijke instanties van de Gemeenschap wordt bevestigd dat de verplichting tot loyale samenwerking vereist dat de Commissie de nationale rechter alle door hem gevraagde inlichtingen verstrekt, zelfs inlichtingen die onder de geheimhoudingsplicht vallen. Bij het aanbieden van samenwerking aan de nationale rechter mag de Commissie evenwel in geen geval de in artikel 287 van het Verdrag neergelegde waarborgen verzwakken.

25. Bijgevolg zal de Commissie, vooraleer zij aan een nationale rechter onder het beroepsgeheim vallende inlichtingen verstrekt, deze rechter herinneren aan de krachtens het Gemeenschapsrecht op hem rustende verplichting om de rechten te beschermen die op grond van artikel 287 van het Verdrag worden verleend aan natuurlijke personen en rechtspersonen, en zal zij de rechter vragen of hij de bescherming van vertrouwelijke inlichtingen en zakengeheimen kan en zal garanderen. Indien de nationale rechter deze garantie niet kan bieden, zal de Commissie hem de onder het beroepsgeheim vallende inlichtingen niet verstrekken [(44)]. Alleen wanneer de nationale rechter garandeert dat hij de vertrouwelijke inlichtingen en zakengeheimen zal beschermen, verstrekt de Commissie de gevraagde inlichtingen, waarbij zij aangeeft welke delen onder het beroepsgeheim vallen en welke daar niet onder vallen en bijgevolg openbaar mogen worden gemaakt.

26. Er zijn nog uitzonderingen op het verstrekken van informatie door de Commissie aan de nationale rechterlijke instanties. Met name kan de Commissie weigeren informatie toe te zenden aan de nationale rechterlijke instanties om dwingende redenen in verband met de noodzaak om de belangen van de Europese Unie te beschermen of te voorkomen dat de Europese Unie in haar functioneren en onafhankelijkheid wordt belemmerd, in het bijzonder doordat de vervulling van de haar opgedragen taken in gevaar wordt

---

(42) Zaak C-234/89, Delimitis, Jurispr. 1991, blz. I-935, punt 53.
(43) Zaak T-353/94, Postbank, Jurispr. 1996, blz. II-921, punten 86 en 87, en zaak 145/83, Adams, Jurispr. 1985, blz. 3539, punt 34.
(44) Zaak C-2/88, Zwartveld, Jurispr. 1990, blz. I-4405, punten 10 en 11, en zaak T-353/94, Postbank, Jurispr. 1996, blz. II-921, punt 93.

gebracht [45]. Het verstrekken van informatie aan nationale rechterlijke instanties mag de doeltreffendheid van de handhaving van de mededingingsregels door de Commissie niet onnodig aantasten, met name om belemmering van lopende onderzoeken of het functioneren van clementieregelingen en schikkingsprocedures te voorkomen.

26 bis. Met het oog daarop zal de Commissie nooit de volgende informatie verstrekken aan nationale rechterlijke instanties voor gebruik bij schadevorderingen wegens inbreuken op artikel 101 of 102 van het Verdrag:
- clementieverklaringen van ondernemingen in de zin van artikel 4 bis, lid 2, van Verordening (EG) nr. 773/2004 [46], en
- verklaringen met het oog op een schikking in de zin van artikel 10 bis, lid 2, van Verordening (EG) nr. 773/2004.

Dit punt laat de in artikel 6, lid 7, van Richtlijn 2014/104/EU van het Europees Parlement en de Raad [47] bedoelde situatie onverlet.

26 ter. Wat de andere soorten informatie betreft, zal de Commissie de volgende informatie pas aan nationale rechterlijke instanties voor gebruik bij schadevorderingen wegens inbreuken op artikel 101 of 102 van het Verdrag verstrekken wanneer zij haar procedure ten aanzien van alle partijen in het onderzoek heeft afgesloten door het vaststellen van een in artikel 7, 9 of 10 van Verordening (EG) nr. 1/2003 bedoeld besluit óf nadat zij haar administratieve procedure anderszins heeft afgerond:
- informatie die door een natuurlijke persoon of rechtspersoon specifiek voor de procedure van de Commissie is voorbereid, en
- informatie die de Commissie in de loop van de procedure heeft opgesteld en aan de partijen heeft toegezonden.

Wanneer de Commissie de vraag krijgt om genoemde informatie aan nationale rechterlijke instanties te verstrekken voor andere doeleinden dan het gebruik bij schadevorderingen wegens inbreuken op artikel 101 of 102 van het Verdrag, zal zij in beginsel de in de eerste alinea genoemde beperking in de tijd toepassen, om haar lopende onderzoeken te beschermen.

2. Verzoek om advies over vragen betreffende de toepassing van communautaire mededingingsregels

27. Wanneer een nationale rechter wordt verzocht om in een bij hem aanhangige zaak de communautaire mededingingsregels toe te passen, kan hij zich in de eerste plaats laten leiden door de rechtspraak van de rechterlijke instanties van de Gemeenschap of door de verordeningen, beschikkingen, bekendmakingen, mededelingen en richtsnoeren van de Commissie betreffende de toepassing van de artikelen 81 en 82 van het Verdrag [48]. Wanneer deze instrumenten niet voldoende aanwijzingen bevatten, kan de nationale

---

(45) Beschikking van 6 december 1990, zaak C-2/88 Imm., J. J. Zwartveld e.a., EU:C:1990:440, punten 10 en 11; arrest van 26 november 2002, zaak C-275/00, Europese Gemeenschap/First NV en Franex NV, EU:C:2002:711, punt 49, en arrest van 18 september 1996, zaak T-353/94, Postbank NV/Commissie, EU:T:1996:119, punt 93.

(46) Verordening (EG) nr. 773/2004, gewijzigd bij Verordening (EU) 2015/1348 van de Commissie (PB L 208 van 5.8.2015, blz. 3).

(47) Richtlijn 2014/104/EU van het Europees Parlement en de Raad van 26 november 2014 betreffende bepaalde regels voor schadevorderingen volgens nationaal recht wegens inbreuken op de bepalingen van het mededingingsrecht van de lidstaten en van de Europese Unie (PB L 349 van 5.12.2014, blz. 1).

(48) Zie punt 8 van deze mededeling.

rechter bij de Commissie advies inwinnen over vragen betreffende de toepassing van de communautaire mededingingsregels. De nationale rechter kan het advies van de Commissie inwinnen over economische, feitelijke en juridische kwesties [49]. Een advies van de Commissie over juridische kwesties doet uiteraard geen afbreuk aan de mogelijkheid of de verplichting voor de nationale rechter om het Hof van Justitie overeenkomstig artikel 234 EG te verzoeken om een prejudiciële beslissing over de uitlegging of de geldigheid van het Gemeenschapsrecht.

28. Om de Commissie in staat te stellen de nationale rechter een nuttig advies te verstrekken, kan zij de nationale rechter om aanvullende informatie verzoeken [50]. Met het oog op de doeltreffendheid van de samenwerking met de nationale rechter zal de Commissie zich inspannen om deze rechter het gevraagde advies te verstrekken binnen vier maanden na de datum van ontvangst van het verzoek. Wanneer de Commissie met het oog op het opstellen van haar advies de nationale rechter om aanvullende inlichtingen heeft verzocht, gaat deze termijn in op de datum waarop zij deze inlichtingen ontvangt.

29. In haar advies beperkt de Commissie zich ertoe de nationale rechter de gevraagde feitelijke inlichtingen te verstrekken dan wel de gevraagde economische of juridische toelichting, zonder in te gaan op de grond van de bij deze rechter aanhangige zaak. Bovendien is het advies van de Commissie, anders dan de gezaghebbende uitlegging van het Gemeenschapsrecht door de rechterlijke instanties van de Gemeenschap, juridisch niet bindend voor de nationale rechter.

30. Zoals in punt 19 van deze mededeling is vermeld, zal de Commissie de partijen niet horen voordat zij haar advies voor de nationale rechter opstelt. Deze rechter zal het advies van de Commissie behandelen overeenkomstig de relevante nationale procedureregels, die de algemene beginselen van het Gemeenschapsrecht moeten eerbiedigen.

3. Het maken van opmerkingen door de Commissie voor de nationale rechterlijke instanties

31. Overeenkomstig artikel 15, lid 3, van de verordening kunnen de nationale mededingingsautoriteiten en de Commissie voor de nationale rechterlijke instanties die de artikelen 81 en 82 van het Verdrag moeten toepassen, opmerkingen maken betreffende onderwerpen in verband met de toepassing van deze bepalingen. De verordening maakt een onderscheid tussen schriftelijke opmerkingen, die de nationale mededingingsautoriteiten en de Commissie uit eigen beweging kunnen indienen, en mondelinge opmerkingen, die alleen met toestemming van de nationale rechterlijke instanties kunnen worden gemaakt [51].

32. De verordening bepaalt dat de Commissie alleen opmerkingen zal indienen wanneer de coherente toepassing van de artikelen 81 of 82 van het Verdrag zulks vereist. Gelet op deze doelstelling, zal de Commissie haar opmerkingen beperken tot een economische en juridische analyse van de feiten die aan de bij de nationale rechter aanhangige zaak ten grondslag liggen.

---

(49) Zaak C-234/89, Delimitis, Jurispr. 1991, blz. I-935, punt 53, en gevoegde zaken C-319/93, C-40/94 en C-224/94, Dijkstra, Jurispr. 1995, blz. I-4471, punt 34.
(50) Vgl. zaak 96/81, Commissie/Nederland, Jurispr. 1982, blz. 1791, punt 7, en zaak 272/86, Commissie/Griekenland, Jurispr. 1988, blz. 4875, punt 30.
(51) Overeenkomstig artikel 15, lid 4, van de verordening doet dit artikel geen afbreuk aan verdergaande bevoegdheden die op grond van het nationale recht aan de nationale mededingingsautoriteiten worden verleend om opmerkingen voor rechterlijke instanties te formuleren.

33. Om de Commissie in staat te stellen nuttige opmerkingen te formuleren, kunnen de nationale rechterlijke instanties worden verzocht een afschrift van alle voor de beoordeling van de zaak noodzakelijke stukken aan de Commissie toe te zenden of te doen toezenden. Overeenkomstig het bepaalde in artikel 15, lid 3, tweede alinea, van de verordening, zal de Commissie deze stukken alleen gebruiken om haar opmerkingen voor te bereiden [52].

34. Aangezien in de verordening geen procedureel kader voor het maken van opmerkingen is vastgesteld, bepalen de procedurevoorschriften en praktijken van de lidstaten het relevante procedurele kader. Wanneer een lidstaat het relevante procedurele kader nog niet heeft vastgesteld, moet de nationale rechter bepalen welke procedureregels geschikt zijn voor het maken van opmerkingen in de bij hem aanhangige zaak.

35. Het procedurele kader moet de in punt 10 van deze mededeling uiteengezette beginselen in acht nemen. Dit houdt onder meer in dat het procedurele kader voor het maken van opmerkingen over onderwerpen met betrekking tot de toepassing van de artikelen 81 of 82 van het Verdrag

a) verenigbaar moet zijn met de algemene beginselen van het Gemeenschapsrecht, in het bijzonder met de fundamentele rechten van de partijen in het geding;
b) er niet toe mag leiden dat het maken van deze opmerkingen uiterst moeilijk of in de praktijk onmogelijk wordt (doeltreffendheidsbeginsel) [53] en
c) er niet toe mag leiden dat het maken van deze opmerkingen moeilijker wordt dan het maken van opmerkingen in gerechtelijke procedures waarin gelijkwaardige nationale wetgeving wordt toegepast (gelijkwaardigheidsbeginsel).

B. Verlichting door de nationale rechterlijke instanties van de rol van de Commissie bij de handhaving van communautaire mededingingsregels

36. Aangezien de verplichting tot loyale samenwerking ook inhoudt dat de autoriteiten van de lidstaten de Europese instellingen bijstaan met het oog op de verwezenlijking van de doelstellingen van het Verdrag [54], geeft de verordening drie voorbeelden van dergelijke bijstand: 1) de toezending van stukken die nodig zijn voor de beoordeling van een zaak waarin de Commissie opmerkingen wil maken (zie punt 33), 2) de toezending van rechterlijke beslissingen met betrekking tot de toepassing van de artikelen 81 of 82 van het Verdrag en 3) de rol van de nationale rechterlijke instanties in het kader van inspecties door de Commissie.

1. De toezending van beslissingen van nationale rechterlijke instanties met betrekking tot de toepassing van de artikelen 81 of 82 van het Verdrag

37. Overeenkomstig artikel 15, lid 2, van de verordening zenden de lidstaten de Commissie onverwijld nadat de volledige uitspraak aan de partijen is betekend een afschrift toe van alle schriftelijke beslissingen van nationale rechterlijke instanties met betrekking tot de toepassing van de artikelen 81 of 82 van het Verdrag. De toezending van nationale rechterlijke beslissingen met betrekking tot de toepassing van de artikelen 81 of 82 van het Verdrag en de daaruit voortvloeiende informatie over de voor de nationale rechterlijke instanties aanhangige procedures stelt de Commissie in de eerste plaats in

---

(52) Zie ook artikel 28, lid 2, van de verordening, dat de Commissie belet de door haar verkregen inlichtingen die onder de geheimhoudingsplicht vallen, openbaar te maken.
(53) Gevoegde zaken 46/87 en 227/88, Hoechst, Jurispr. 1989, blz. 2859, punt 33. Zie ook artikel 15, lid 3, van de verordening.
(54) Zaak C-69/90, Commissie/Italië, Jurispr. 1991, blz. 6011, punt 15.

staat tijdig kennis te krijgen van gedingen waarvoor het passend kan zijn opmerkingen te formuleren wanneer een van de partijen beroep instelt tegen de rechterlijke beslissing.

2. De rol van nationale rechterlijke instanties in het kader van inspecties door de Commissie

38. Tot slot kunnen de nationale rechterlijke instanties een rol spelen in het kader van de door de Commissie verrichte inspecties van ondernemingen en ondernemersverenigingen. De rol van de nationale rechterlijke instanties hangt af van de vraag of deze inspecties al dan niet in bedrijfslokalen worden verricht.

39. Met betrekking tot inspecties in bedrijfslokalen kan het nationale recht voorschrijven dat de toestemming van een nationale rechterlijke instantie is vereist voor het verlenen van bijstand aan de Commissie door de nationale wetshandhavingsautoriteiten – ingeval de betrokken onderneming zich tegen deze inspectie verzet. Een dergelijke toestemming kan tevens bij wijze van voorzorgsmaatregel worden gevraagd. Bij de behandeling van het verzoek is de nationale rechterlijke instantie bevoegd om de inspectiebeschikking van de Commissie op haar echtheid te toetsen en om na te gaan of de voorgenomen dwangmaatregelen niet willekeurig zijn of buitensporig in verhouding tot het voorwerp van de inspectie. Bij de toetsing van de proportionaliteit van de dwangmaatregelen mag de nationale rechterlijke instantie de Commissie rechtstreeks of via de nationale mededingingsautoriteit om nadere uitleg verzoeken, met name over de redenen die de Commissie heeft om aan te nemen dat inbreuk is gepleegd op de artikelen 81 en 82 van het Verdrag, alsmede over de ernst van de vermeende inbreuk en de aard van de betrokkenheid van de onderneming [55].

40. Met betrekking tot inspecties in andere dan bedrijfslokalen vereist de verordening de toestemming van een nationale rechterlijke instantie voordat een beschikking van de Commissie waarbij een dergelijke inspectie wordt gelast, kan worden uitgevoerd. In dat geval kan de nationale rechterlijke instantie de inspectiebeschikking van de Commissie toetsen op haar echtheid en nagaan of de voorgenomen dwangmaatregelen niet willekeurig zijn of buitensporig in verhouding tot met name de ernst van de vermeende inbreuk, het belang van het gezochte bewijsmateriaal, de betrokkenheid van de onderneming en de redelijke kans dat boeken en bescheiden die verband houden met het voorwerp van de inspectie worden bewaard op de locaties waarvoor om toestemming is verzocht. De nationale rechterlijke instantie mag de Commissie rechtstreeks of via de nationale mededingingsautoriteit om nadere uitleg verzoeken over de elementen die zij nodig heeft om de proportionaliteit van de voorgenomen dwangmaatregelen te toetsen [56].

41. In beide in de punten 39 en 40 beschreven gevallen, mag de nationale rechter de wettigheid van de beschikking van de Commissie of de noodzakelijkheid van de inspectie niet in twijfel trekken, en mag hij evenmin gegevens uit het dossier van de Commissie verlangen [57]. Bovendien moet de nationale rechter overeenkomstig de verplichting tot loyale samenwerking zijn beslissing nemen binnen een passende termijn die de Commissie de mogelijkheid biedt haar inspectie daadwerkelijk te verrichten [58].

---

(55) Artikel 20, leden 6 tot en met 8, van de verordening en zaak C-94/00, Roquette Frères, Jurispr. 2002, blz. I-9011.
(56) Artikel 21, lid 3, van de verordening.
(57) Zaak C-94/00, Roquette Frères, Jurispr. 2002, blz. I-9011, punt 39 en de punten 62 tot en met 66.
(58) Zie ook, ibidem, punten 91 en 92.

Bijlage

IV. Slotbepalingen
42. Deze mededeling beoogt de nationale rechterlijke instanties bij te staan bij de toepassing van de artikelen 81 en 82 van het Verdrag. Zij bindt de nationale rechterlijke instanties niet, en heeft evenmin gevolgen voor de rechten en verplichtingen van de EU-lidstaten en van de natuurlijke personen of rechtspersonen uit hoofde van het Gemeenschapsrecht.
43. Deze mededeling vervangt de bekendmaking van 1993 betreffende de samenwerking tussen de Commissie en de nationale rechterlijke instanties voor de toepassing van de artikelen 85 en 86 van het EEG-Verdrag.

BIJLAGE

Groepsvrijstellingsverordeningen, bekendmakingen, mededelingen en richtsnoeren van de Commissie

Een bijgewerkte versie van deze lijst is ook beschikbaar op de website van het directoraat-generaal Concurrentie van de Europese Commissie:
http://europa.eu.itn/comm/competition/antitrust/legislation/

A. Niet-sectorspecifieke regels
1. Bekendmakingen van algemene aard
- Bekendmaking inzake de bepaling van de relevante markt voor het gemeenschappelijke mededingingsrecht (*PB* C 372 van 9.12.1997, blz. 5)
- Bekendmaking inzake overeenkomsten van geringe betekenis die de mededinging niet merkbaar beperken in de zin van artikel 81, lid 1, van het Verdrag tot oprichting van de Europese Gemeenschap (de minimis) (*PB* C 368 van 22.12.2001, blz. 13)
- Mededeling betreffende het begrip 'beïnvloeding van de handel' in de artikelen 81 en 82 van het Verdrag (*PB* C 101 van 27.4.2004, blz. 81)
- Richtsnoeren betreffende de toepassing van artikel 81, lid 3, van het Verdrag (*PB* C 101 van 27.4.2004, blz. 2)

2. Verticale overeenkomsten
- Verordening (EG) nr. 2790/1999 van 22 december 1999 betreffende de toepassing van artikel 81, lid 3, van het Verdrag op groepen verticale overeenkomsten en onderling afgestemde feitelijke gedragingen (*PB* L 336 van 29.12.1999, blz. 21)
- Richtsnoeren inzake verticale beperkingen (*PB* C 291 van 13.10.2000, blz. 1)

3. Horizontale samenwerkingsovereenkomsten
- Verordening (EG) nr. 2658/2000 van 29 november 2000 betreffende de toepassing van artikel 81, lid 3, van het Verdrag op groepen specialisatieovereenkomsten (*PB* L 304 van 5.12.2000, blz. 3)
- Verordening (EG) nr. 2659/2000 van 29 november 2000 betreffende de toepassing van artikel 81, lid 3, van het Verdrag op groepen onderzoeks- en ontwikkelingsovereenkomsten (*PB* L 304 van 5.12.2000, blz. 7)
- Richtsnoeren inzake de toepasselijkheid van artikel 81 op horizontale samenwerkingsovereenkomsten (*PB* C 3 van 6.1.2001, blz. 2)

4. Licentieovereenkomsten voor de overdracht van technologie
- Verordening (EG) nr. 773/2004 van 27 april 2004 betreffende de toepassing van artikel 81, lid 3, van het Verdrag op groepen overeenkomsten inzake technologieoverdracht (*PB* L 123 van 27.4.2004)
- Richtsnoeren voor de toepassing van artikel 81 van het Verdrag op overeenkomsten inzake technologieoverdracht (*PB* C 101 van 27.4.2004, blz. 2)

B. Sectorspecifieke regels
1. Verzekering
- Verordening (EG) nr. 358/2003 van 27 februari 2003 betreffende de toepassing van artikel 81, lid 3, van het Verdrag op bepaalde groepen van overeenkomsten, besluiten en onderling afgestemde feitelijke gedragingen in de verzekeringssector (*PB* L 53 van 28.2.2003, blz. 8)

2. Motorvoertuigen
- Verordening (EG) nr. 1400/2002 van 31 juli 2002 betreffende de toepassing van artikel 81, lid 3, van het Verdrag op groepen verticale overeenkomsten en onderling afgestemde feitelijke gedragingen in de motorvoertuigensector (*PB* L 203 van 1.8.2002, blz. 30)

3. Telecommunicatie en postdiensten
- Richtsnoeren voor de toepassing van de EG-mededingingsregels in de telecommunicatiesector (*PB* C 233 van 6.9.1991, blz. 2)
- Mededeling over de toepassing van de mededingingsregels op de postsector en over de beoordeling van bepaalde overheidsmaatregelen met betrekking tot postdiensten (*PB* C 39 van 6.2.1998, blz. 2)
- Bekendmaking betreffende de toepassing van de mededingingsregels op overeenkomsten inzake toegang in de telecommunicatiesector – Kader, relevante markten en beginselen (*PB* C 265 van 22.8.1998, blz. 2)
- Richtsnoeren van de Commissie voor de marktanalyse en de beoordeling van aanmerkelijke marktmacht in het bestek van het gemeenschappelijk regelgevingskader voor elektronische communicatienetwerken en -diensten, (*PB* C 165 van 11.7.2002, blz. 6)

4. Vervoer
- Verordening (EEG) nr. 1617/93 betreffende de toepassing van artikel 81, lid 3, van het Verdrag op bepaalde groepen overeenkomsten, besluiten en onderling afgestemde feitelijke gedragingen die betrekking hebben op de gezamenlijke planning en coördinatie van de dienstregelingen, op de gemeenschappelijke exploitatie, op het overleg over passagiers- en vrachtvervoertarieven bij geregelde luchtdiensten en op de toekenning van landings- en starttijden op luchthavens (*PB* L 155 van 26.6.1993, blz. 18)
- Nadere toelichting bij de aanbevelingen van de Commissie inzake de toepassing van de mededingingsregels op projecten voor nieuwe transportinfrastructuur (*PB* C 298 van 30.9.1997, blz. 5)
- Verordening (EG) nr. 823/2000 van 19 april 2000 houdende toepassing van artikel 81, lid 3, van het Verdrag op bepaalde groepen overeenkomsten, besluiten en onderling afgestemde feitelijke gedragingen tussen lijnvaartondernemingen (consortia) (*PB* L 100 van 20.4.2000, blz. 24)

[27-04-2004, PbEU C 101, i.w.tr. 27-04-2004/regelingnummer 2004/C101/04]

Mededeling over informeel advies betreffende nieuwe vragen met betrekking tot de artikelen 81 en 82 van het EG-Verdrag die in individuele gevallen rijzen (adviesbrieven) (2004/C 101/06)

(Voor de EER relevante tekst)

Mededeling van de Commissie van 27 april 2004 over informeel advies betreffende nieuwe vragen met betrekking tot de artikelen 81 en 82 van het EG-Verdrag die in individuele gevallen rijzen (adviesbrieven), PbEU 2004, C 101 (i.w.tr. 27-04-2004)

I. Verordening (EG) nr. 1/2003
1. Verordening (EG) nr. 1/2003 [1] voert een nieuw handhavingsstelsel in voor de artikelen 81 en 82 van het Verdrag. Hoewel zij bedoeld is om de primaire taak van daadwerkelijke handhaving van de mededingingsregels opnieuw centraal te stellen, zorgt de verordening ook voor rechtszekerheid, aangezien zij voorziet dat overeenkomsten [2] die onder artikel 81, lid 1, vallen maar aan de voorwaarden van artikel 81, lid 3, voldoen, geldig en vanaf het begin volledig afdwingbaar zijn zonder voorafgaande beslissing van een mededingingsautoriteit (artikel 1 van Verordening (EG) nr. 1/2003).
2. Hoewel Verordening (EG) nr. 1/2003 parallelle bevoegdheden invoert van de Commissie, de mededingingsautoriteiten van de lidstaten en de rechterlijke instanties van de lidstaten om de artikelen 81 en 82 in hun geheel toe te passen, worden de risico's van een onsamenhangende toepassing door een reeks maatregelen beperkt. Aldus wordt het primaire aspect van rechtszekerheid voor ondernemingen gewaarborgd zoals dat is verankerd in de jurisprudentie van het Hof van Justitie, nl. dat de mededingingsregels in de gehele Gemeenschap op een samenhangende manier worden toegepast.
3. Ondernemingen zijn doorgaans goed in staat om de wettigheid van hun handelingen zodanig te beoordelen dat zij met kennis van zaken een beslissing kunnen nemen over de vraag of en in welke vorm zij een overeenkomst of gedraging moeten doorzetten. Zij kennen de feiten uit de eerste hand en beschikken over het kader van groepsvrijstellingsverordeningen, jurisprudentie en beschikkingenpraktijk alsmede over uitgebreid advies in de vorm van richtsnoeren en mededelingen van de Commissie [3].

---

(1) Verordening (EG) nr. 1/2003 van de Raad van 16 december 2002 betreffende de uitvoering van de mededingingsregels van de artikelen 81 en 82 van het Verdrag (*PB* L 1 van 4.1.2003, blz. 1).
(2) In deze mededeling wordt de term 'overeenkomst' gebruikt voor overeenkomsten, besluiten van ondernemersverenigingen en onderling afgestemde feitelijke gedragingen. De term 'gedragingen' heeft betrekking op het gedrag van ondernemingen met een machtspositie. De term 'ondernemingen' omvat tevens 'ondernemersverenigingen'.
(3) Alle genoemde teksten zijn te vinden op: http://europa.eu.int/comm/competition/index_nl.html

Mededeling informeel advies betreffende nieuwe vragen (adviesbrieven)

4. Naast de hervorming van de regels voor de toepassing van de artikelen 81 en 82 doorgevoerd d.m.v. Verordening (EG) nr. 1/2003 heeft de Commissie de groepsvrijstellingsverordeningen en mededelingen en richtsnoeren van de Commissie herzien om nog meer hulp te bieden bij zelfbeoordeling door marktdeelnemers. De Commissie heeft ook richtsnoeren opgesteld over de toepassing van artikel 81, lid 3 [4]. Hiermee kunnen ondernemingen in de overgrote meerderheid van de gevallen een betrouwbare toetsing van hun overeenkomsten aan artikel 81 uitvoeren. Verder is het vaste praktijk van de Commissie om meer dan symbolische boetes [5] uitsluitend op te leggen wanneer, hetzij in horizontale instrumenten hetzij in de jurisprudentie en de vaste praktijk, is vastgelegd dat een bepaalde gedraging een inbreuk vormt.

5. In gevallen die ondanks de bovengenoemde elementen aanleiding geven tot werkelijke onzekerheid omdat hierin nieuwe of onopgeloste vragen betreffende de toepassing van de artikelen 81 en 82 rijzen, is het mogelijk dat afzonderlijke ondernemingen de Commissie informeel om advies willen vragen [6]. De Commissie kan, wanneer zij dit passend acht en afhankelijk van haar handhavingsprioriteiten, in een schriftelijke verklaring (adviesbrief) dergelijk advies geven over nieuwe vragen betreffende de interpretatie van de artikelen 81 en/of 82. In deze mededeling wordt dit instrument nader toegelicht.

II. Kader voor de beoordeling of een adviesbrief wordt opgesteld

6. Verordening (EG) nr. 1/2003 geeft de Commissie de bevoegdheid om inbreuken op de artikelen 81 en 82 effectief te vervolgen en te bestraffen [7]. Een belangrijke doelstelling van de verordening is om te zorgen voor een efficiënte handhaving van de communautaire mededingingsregels door het vroegere aanmeldingssysteem af te schaffen en de Commissie zo in staat te stellen haar handhavingsbeleid op de zwaarste inbreuken te richten [8].

7. Hoewel Verordening (EG) nr. 1/2003 de mogelijkheid voor de Commissie om informeel advies te geven aan afzonderlijke ondernemingen [9], zoals uiteengezet in deze mededeling, onverlet laat, mag deze mogelijkheid het belangrijkste doel van de verordening, nl. te zorgen voor een daadwerkelijke handhaving, niet in het gedrang brengen. De Commissie kan dan ook alleen informeel advies geven aan afzonderlijke ondernemingen, voorzover haar handhavingsprioriteiten zulks toelaten.

8. Onder het voorbehoud van punt 7 zal de Commissie, wanneer bij haar een verzoek om een adviesbrief wordt ingediend, nagaan of dit verzoek in behandeling kan worden genomen. Het opstellen van een adviesbrief kan alleen worden overwogen indien aan alle volgende voorwaarden is voldaan:

a) De inhoudelijke toetsing van een overeenkomst of gedraging aan de artikelen 81 en/of 82 van het Verdrag doet een vraag rijzen inzake de toepassing van het recht

---

(4) Mededeling van de Commissie — Richtsnoeren betreffende de toepassing van artikel 81, lid 3, van het Verdrag (blz. 97).
(5) Symbolische boetes worden gewoonlijk vastgesteld op 1 000 EUR, zie Richtsnoeren van de Commissie voor de berekening van geldboetes die uit hoofde van artikel 15, lid 2, van Verordening nr. 17, respectievelijk artikel 65, lid 5, van het EGKS-Verdrag worden opgelegd (*PB* C 9 van 14.1.1998).
(6) Zie overweging 38 van Verordening (EG) nr. 1/2003.
(7) Zie met name de artikelen 7–9, 12, 17–24 en 29 van Verordening (EG) nr. 1/2003.
(8) Zie met name overweging 3 van Verordening (EG) nr. 1/2003.
(9) Zie overweging 38 van Verordening (EG) nr. 1/2003.

Mededeling informeel advies betreffende nieuwe vragen (adviesbrieven)

waarop geen antwoord gegeven wordt in het bestaande regelgevingskader van de EG, met inbegrip van de jurisprudentie van de communautaire rechterlijke instanties, en evenmin in openbaar toegankelijke algemene richtsnoeren of in een precedent uit de beschikkingenpraktijk of in eerdere adviesbrieven.

b) Op grond van een eerste beoordeling van de specifieke omstandigheden en de achtergrond van het geval lijkt het nuttig via een adviesbrief ophelderling over de nieuwe vraag te verschaffen, rekening houdend met de volgende elementen:
 — het economische belang vanuit het gezichtspunt van de verbruiker van de goederen of diensten waarop de overeenkomst of de gedraging betrekking heeft, en/of
 — de mate waarin de overeenkomst of de gedraging overeenkomt met of waarschijnlijk zal overeenkomen met een wijder verbreid economisch gebruik op de markt en/of
 — de omvang van de investeringen die met de transactie gemoeid zijn in relatie tot de grootte van de betrokken ondernemingen en de mate waarin de transactie verband houdt met een structurele operatie, zoals de oprichting van een niet volwaardige gemeenschappelijke onderneming.

c) Het is mogelijk dat een adviesbrief wordt opgesteld op basis van de verstrekte informatie, zonder dat er dus verder feitelijk onderzoek nodig is.

9. Voorts zal de Commissie een verzoek om een adviesbrief in de volgende gevallen niet in behandeling nemen:
 — de in het verzoek gestelde vragen zijn gelijk aan of lijken op vraagstukken die aan de orde zijn in een zaak die bij het Europese Gerecht van eerste aanleg of het Europese Hof van Justitie aanhangig is;
 — ten aanzien van de overeenkomst of de gedraging waarop het verzoek betrekking heeft, loopt een procedure voor de Commissie, een rechterlijke instantie van een lidstaat of een mededingingsautoriteit van een lidstaat.

10. De Commissie neemt geen hypothetische vragen in behandeling en stelt geen adviesbrieven op over overeenkomsten of gedragingen die door de partijen niet meer worden toegepast. Ondernemingen mogen echter wel een verzoek om een adviesbrief indienen bij de Commissie met betrekking tot vragen die een voorgenomen overeenkomst of gedraging doet rijzen, dus voordat de overeenkomst of de gedraging in kwestie wordt uitgevoerd. In dat geval wordt het verzoek alleen in behandeling genomen indien de transactie in een ver genoeg stadium van ontwikkeling is.

11. Een verzoek om een adviesbrief laat de bevoegdheid van de Commissie onverlet om overeenkomstig Verordening (EG) nr. 1/2003 een procedure in te leiden ten aanzien van de in het verzoek vermelde feiten.

III. Aanwijzingen over hoe om advies te vragen

12. Een verzoek kan worden ingediend door een onderneming of ondernemingen die een overeenkomst of gedraging zijn aangegaan of overwegen aan te gaan die zou kunnen vallen onder artikel 81 en/of artikel 82 van het Verdrag, met betrekking tot interpretatievragen die een dergelijke overeenkomst of gedraging doet rijzen.

13. Een verzoek om een adviesbrief moet naar het volgende adres worden gezonden:
Europese Commissie
DG Concurrentie
B-1049 Brussel.

Mededeling informeel advies betreffende nieuwe vragen (adviesbrieven)

14. Er is geen formulier. Er moet een memorandum worden ingediend waarin duidelijk zijn vermeld:
- de identiteit van alle betrokken ondernemingen alsook één enkel adres voor contacten met de Commissie;
- de specifieke vragen met betrekking waartoe om advies wordt gevraagd;
- volledige informatie over alle punten die relevant zijn voor een weloverwogen evaluatie van de gerezen vragen, inclusief relevante documentatie;
- een gedetailleerde motivering, met betrekking tot punt 8 *a*), waarom het verzoek een nieuwe vraag of nieuwe vragen betreft;
- alle andere informatie waarmee het verzoek kan worden geëvalueerd in het licht van de in de punten 8-10 van deze mededeling genoemde aspecten, en met name een verklaring dat ten aanzien van de overeenkomst of gedraging waarop de vraag betrekking heeft, geen procedure loopt voor een rechterlijke instantie of mededingingsautoriteit van een lidstaat;
- indien het verzoek elementen bevat die als bedrijfsgeheim worden beschouwd, moet duidelijk worden aangegeven om welke elementen het gaat;
- alle andere informatie of documentatie die in het individuele geval relevant is.

IV. Behandeling van het verzoek

15. De Commissie zal het verzoek in beginsel evalueren aan de hand van de verstrekte informatie. Onverminderd punt 8 *c*), mag de Commissie bijkomende informatie uit openbare bronnen, eerdere procedures of andere bronnen gebruiken en mag zij de verzoeker(s) vragen aanvullende inlichtingen te verstrekken. Op de door de verzoeker(s) verstrekte informatie zijn de gebruikelijke geheimhoudingsregels van toepassing.

16. De Commissie mag de aan haar verstrekte informatie doorgeven aan de mededingingsautoriteiten van de lidstaten, die hun inbreng mogen leveren. Zij mag de inhoud van het verzoek met de mededingingsautoriteiten van de lidstaten bespreken voordat zij een adviesbrief opstelt.

17. Wanneer geen adviesbrief wordt opgesteld, stelt de Commissie de verzoeker(s) daarvan op de hoogte.

18. Een onderneming kan haar verzoek te allen tijde intrekken. De in het kader van een verzoek om advies verstrekte informatie blijft in ieder geval in het bezit van de Commissie en kan worden gebruikt in latere procedures overeenkomstig Verordening (EG) nr. 1/2003 (zie punt 11 hierboven).

V. Adviesbrieven

19. Een adviesbrief bevat:
- een korte beschrijving van de feiten die eraan ten grondslag liggen;
- de belangrijkste juridische argumentatie die ten grondslag ligt aan de opvatting van de Commissie over de nieuwe vragen met betrekking tot artikel 81 en/of artikel 82 die in het verzoek aan de orde worden gesteld.

20. Een adviesbrief kan worden beperkt tot een deel van de in het verzoek gestelde vragen, maar kan ook meer aspecten omvatten dan in het verzoek aan de orde werden gesteld.

21. Adviesbrieven worden op de website van de Commissie bekendgemaakt, waarbij het rechtmatige belang van ondernemingen bij de bescherming van hun bedrijfsgeheimen in acht wordt genomen. Voordat zij een adviesbrief uitbrengt bereikt de Commissie overeenstemming met de verzoekers over een publieke versie ervan.

VI. Gevolgen van adviesbrieven

22. Adviesbrieven zijn in de eerste plaats bedoeld om ondernemingen te helpen zelf met kennis van zaken hun overeenkomsten en gedragingen te beoordelen.

23. Een adviesbrief laat een beoordeling van dezelfde vraag door de communautaire rechterlijke instanties onverlet.

24. Wanneer een overeenkomst of gedraging de feitelijke basis voor een adviesbrief heeft gevormd, belet dit de Commissie niet om in een later stadium diezelfde overeenkomst of gedraging te onderzoeken in een procedure overeenkomstig Verordening (EG) nr. 1/2003, met name naar aanleiding van een klacht. In dat geval houdt de Commissie rekening met de eerdere adviesbrief voor zover zich geen wijzigingen in de achterliggende feiten hebben voorgedaan, een klacht geen nieuwe aspecten aan de orde heeft gesteld en geen nieuwe ontwikkelingen in de jurisprudentie van de Europese rechterlijke instanties of veranderingen in ruimere zin in het beleid van de Commissie zijn opgetreden.

25. Adviesbrieven zijn geen besluiten van de Commissie en zijn niet bindend voor de mededingingsautoriteiten of rechterlijke instanties van de lidstaten die bevoegd zijn om de artikelen 81 en 82 toe te passen. Het staat de mededingingsautoriteiten en rechterlijke instanties van de lidstaten evenwel vrij de adviesbrieven van de Commissie ter harte te nemen indien zij dit in verband met een zaak zinvol achten.

Mededeling 2005/C 325/07 betreffende de regels voor toegang tot het dossier van de Commissie overeenkomstig de artikelen 81 en 82 van het EG-Verdrag, de artikelen 53, 54 en 57 van de EER-Overeenkomst en Verordening (EG) nr. 139/2004 van de Raad

(Voor de EER relevante tekst)

Mededeling van de Commissie van 22 december 2005, PbEU 2005, C 325, zoals laatstelijk gewijzigd op 5 augustus 2015, PbEU 2015, C 256 (i.w.tr. 05-08-2015)

I   Inleiding en inhoud van deze mededeling

1

Toegang tot het dossier van de Commissie is een van de procedurele garanties die zijn bedoeld om het beginsel van de processuele gelijkheid ('equality of arms') toe te passen en om het recht van verdediging te vrijwaren. In toegang tot het dossier is voorzien door artikel 27, leden 1 en 2, van Verordening (EG) nr. 1/2003 [1], door artikel 15, lid 1, van Verordening (EG) nr. 773/2004 van de Commissie [2] (hierna: 'de uitvoeringsverordening'), door artikel 18, leden 1 en 3, van Verordening (EG) nr. 139/2004 van de Raad [3] (hierna: 'de concentratieverordening'), en door artikel 17, lid 1, van Verordening (EG) nr. 802/2004 van de Commissie [4] (hierna: 'de uitvoeringsverordening van de concentratieverordening'). In overeenstemming met deze bepalingen stelt de Commissie, vooraleer beschikkingen te geven op grond van de artikelen 7, 8, 23 en artikel 24, lid 2, van Verordening (EG) nr. 1/2003 en op grond van artikel 6, lid 3, artikel 7, lid 3, artikel 8, leden 2 tot en met 6, en de artikelen 14 en 15 van de concentratieverordening, de personen, ondernemingen of ondernemersverenigingen, al naar gelang van het geval, in de gelegenheid hun standpunt kenbaar te maken ten aanzien van de tegen hen gemaakte bezwaren en hebben deze personen, ondernemingen of

---

(1)   Verordening (EG) nr. 1/2003 van de Raad van 16 december 2002 betreffende de uitvoering van de mededingingsregels van de artikelen 81 en 82 van het Verdrag, *PB* L 1 van 4.1.2003, blz. 1.

(2)   Verordening (EG) nr. 773/2004 van de Commissie van 7 april 2004 betreffende procedures van de Commissie op grond van de artikelen 81 en 82 van het Verdrag, *PB* L 123 van 27.4.2004, blz. 18.

(3)   Verordening (EG) nr. 139/2004 van de Raad van 20 januari 2004 betreffende de controle op concentraties van ondernemingen, *PB* L 24 van 29.1.2004, blz. 1.

(4)   Verordening (EG) nr. 802/2004 van de Commissie van 21 april 2004 tot uitvoering van Verordening (EG) nr. 139/2004 van de Raad betreffende de controle op concentraties van ondernemingen, *PB* L 133 van 30.4.2004, blz. 1; gerectificeerd in *PB* L 172 van 6.5.2004, blz. 9.

ondernemersverenigingen het recht om toegang tot het dossier van de Commissie te worden verleend, ten einde hun rechten van verdediging in de procedure ten volle te respecteren. Deze mededeling schetst het kader voor de uitoefening van het recht op toegang zoals dat in die bepalingen wordt uiteengezet. Ze heeft geen betrekking op de mogelijkheid om documenten te verstrekken in het kader van andere procedures. Deze mededeling laat de uitlegging van die bepalingen door de communautaire rechtscolleges onverlet. De beginselen die in deze mededeling worden uiteengezet, zijn eveneens van toepassing wanneer de Commissie de artikelen 53, 54 en 57 van de EER-Overeenkomst toepast. [1]
[22-12-2005, PbEU C 325, i.w.tr. 22-12-2005/regelingnummer 2005/C325/07]

2
Het hierboven beschreven specifieke recht is te onderscheiden van het algemene recht op toegang tot documenten uit hoofde van Verordening (EG) nr. 1049/2001[2], waarvoor andere criteria en uitzonderingen gelden en waarmee een ander doel wordt nagestreefd.
[22-12-2005, PbEU C 325, i.w.tr. 22-12-2005/regelingnummer 2005/C325/07]

3
Het begrip 'toegang tot het dossier' wordt in deze mededeling uitsluitend gebruikt in de betekenis van de toegang die wordt verleend aan de personen, ondernemingen of ondernemersverenigingen tot wie de Commissie een mededeling van punten van bezwaar heeft gericht. In deze mededeling wordt toegelicht wie daartoe toegang tot het dossier heeft.
[22-12-2005, PbEU C 325, i.w.tr. 22-12-2005/regelingnummer 2005/C325/07]

4
Dit begrip of het begrip 'toegang tot documenten' worden in de eerder vermelde verordeningen ook in verband met klagers of andere betrokken partijen gebruikt. Nochtans zijn deze situaties te onderscheiden van de situatie van de adressaten van een mededeling van punten van bezwaar van de Commissie en vallen ze dus niet onder de definitie van 'toegang tot het dossier' in het kader van deze mededeling. Op deze aanverwante situaties wordt in een apart deel van onderhavige mededeling ingegaan.
[22-12-2005, PbEU C 325, i.w.tr. 22-12-2005/regelingnummer 2005/C325/07]

5
Deze mededeling legt ook uit tot welke informatie toegang wordt verleend, wanneer toegang plaatsvindt en volgens welke procedures het verlenen van toegang verloopt.
[22-12-2005, PbEU C 325, i.w.tr. 22-12-2005/regelingnummer 2005/C325/07]

---

(1) Wanneer bijgevolg in deze mededeling naar de artikelen 81 en 82 wordt verwezen, geldt zulks ook als een verwijzing naar de artikelen 53 en 54 van de EER-Overeenkomst.
(2) Verordening (EG) nr. 1049/2001 van het Europees Parlement en de Raad van 30 mei 2001 inzake de toegang van het publiek tot documenten van het Europees Parlement, de Raad en de Commissie, *PB* L 145 van 31.5.2001, blz. 43. Zie bijvoorbeeld zaak T-2/03, *Verein für Konsumenteninformation / Commissie*, arrest van 13 april 2005, nog niet gepubliceerd.

6

Zodra onderhavige mededeling is bekendgemaakt, vervangt zij de mededeling van de Commissie betreffende toegang tot het dossier die in 1997 is gepubliceerd [1]. Deze nieuwe regels houden rekening met de wetgeving zoals die per 1 mei 2004 van toepassing is, met name de eerder genoemde Verordening (EG) nr. 1/2003, de concentratieverordening, de uitvoeringsverordening en de uitvoeringsverordening van de concentratieverordening, alsmede Besluit 2011/695/EU van de voorzitter van de Europese Commissie van 13 oktober 2011 betreffende de functie en het mandaat van de raadadviseur-auditeur in bepaalde mededingingsprocedures [2]. Voorts wordt ook rekening gehouden met de recente rechtspraak van het Hof van Justitie en het Gerecht van eerste aanleg van de Europese Gemeenschappen [3] en met de praktijk die de Commissie heeft ontwikkeld sinds zij de mededeling van 1997 heeft goedgekeurd.
[05-08-2015, PbEU C 256, i.w.tr. 05-08-2015/regelingnummer 2015/C256/03]

II Omvang van de toegang tot het dossier

A Wie heeft recht op toegang tot het dossier?

7

De toegang tot het dossier uit hoofde van de bepalingen die in punt 1 zijn vermeld, is bedoeld om de daadwerkelijke uitoefening van het recht van verdediging tegen de door de Commissie geformuleerde punten van bezwaar mogelijk te maken. Daartoe wordt zowel in zaken op grond van de artikelen 81 en 82 van het EG-Verdrag als in zaken op grond van de concentratieverordening, op verzoek en al naar gelang van het geval, aan de personen, ondernemingen of ondernemersverenigingen [4] tot wie de Commissie haar punten van bezwaar richt (hierna 'de partijen'), toegang tot het dossier verleend [5].
[22-12-2005, PbEU C 325, i.w.tr. 22-12-2005/regelingnummer 2005/C325/07]

---

(1) Mededeling van de Commissie inzake de interne procedureregels voor de behandeling van verzoeken om toegang tot een dossier bij de toepassing van de artikelen 85 en 86 [*thans artikelen 81 en 82*] van het EG-Verdrag, van de artikelen 65 en 66 van het EGKS-Verdrag en van Verordening (EEG) nr. 4064/89 van de Raad, *PB* C 23 van 23.1.1997, blz. 3.
(2) *PB* L 275 van 20.10.2011, blz. 29.
(3) Met name gevoegde zaken T-25/95 e.a., Cimenteries CBR SA e.a. / Commissie, Jurispr. 2000, blz. II-491.
(4) In het vervolg van deze mededeling omvat het begrip 'onderneming' zowel ondernemingen als ondernemersverenigingen. Het begrip 'persoon' omvat zowel natuurlijke als rechtspersonen. Talrijke entiteiten zijn terzelfder tijd rechtspersonen en ondernemingen; in dat geval, vallen zij onder beide begrippen. Hetzelfde geldt voor een natuurlijke persoon die een onderneming is in de zin van de artikelen 81 en 82. In concentratieprocedures moet ook rekening worden gehouden met de in artikel 3, lid 1, onder b), van de concentratieverordening bedoelde personen, zelfs wanneer het natuurlijke personen betreft. Wanneer entiteiten zonder rechtspersoonlijkheid die geen ondernemingen zijn, betrokken zijn in mededingingsprocedures voor de Commissie, worden de in deze mededeling uiteengezette beginselen, voorzover van toepassing, door de Commissie overeenkomstig toegepast.
(5) Cf. artikel 15, lid 1, van de uitvoeringsverordening, artikel 18, lid 3, van de concentratieverordening en artikel 17, lid 1, van de uitvoeringsverordening van de concentratieverordening.

B   Tot welke documenten wordt toegang verleend?

1   De inhoud van het dossier van de Commissie

8

Het 'dossier van de Commissie' bij het onderzoek van een mededingingszaak (hierna ook 'het dossier' genoemd) omvat alle documenten [1] die door het directoraat-generaal Concurrentie van de Commissie tijdens het onderzoek zijn verkregen, overgelegd en/of verzameld.
[22-12-2005, PbEU C 325, i.w.tr. 22-12-2005/regelingnummer 2005/C325/07]

9

Tijdens onderzoeken in mededingingszaken kan de Commissie een aantal documenten verzamelen, waarvan, na grondiger onderzoek, sommige misschien geen verband met het voorwerp van de betrokken zaak blijken te houden [2]. Die documenten kunnen worden teruggegeven aan de onderneming waarvan zij zijn verkregen. Wanneer deze documenten worden teruggegeven, maken zij niet langer deel uit van het dossier.
[05-08-2015, PbEU C 256, i.w.tr. 05-08-2015/regelingnummer 2015/C256/03]

2   Toegankelijke documenten

10

De partijen moeten kennis kunnen nemen van de informatie in het dossier van de Commissie, zodat zij, op basis van deze informatie, daadwerkelijk hun standpunt kenbaar kunnen maken over de voorlopige conclusies waartoe de Commissie in haar mededeling van punten van bezwaar is gekomen. Daarvoor krijgen zij toegang tot alle documenten die deel uitmaken van het dossier van de Commissie, als omschreven in punt 8, met uitzondering van interne documenten, bedrijfsgeheimen van andere ondernemingen of andere vertrouwelijke informatie [3].
[22-12-2005, PbEU C 325, i.w.tr. 22-12-2005/regelingnummer 2005/C325/07]

---

(1)   In deze mededeling wordt het begrip 'document' gebruikt voor alle soorten gegevensdragers, ongeacht de opslagvorm. Dit begrip omvat dus ook iedere vorm van elektronische gegevensopslag die beschikbaar is of zal zijn.
(2)   Arrest van 7 januari 2004, gevoegde zaken C-204/00 P, C-205/00 P, C-211/00 P, C-213/00 P, C-217/00 P en C-219/00 P, Aalborg Portland A/S e.a./Commissie, ECLI:EU:C:2004:6, punt 126.
(3)   Cf. artikel 27, lid 2, van Verordening (EG) nr. 1/2003, artikel 15, lid 2, en artikel 16, lid 1, van de uitvoeringsverordening, en artikel 17, lid 3, van de uitvoeringsverordening van de concentratieverordening. Deze uitzonderingen zijn ook vermeld in zaak T-7/89, Hercules Chemicals / Commissie, Jurispr. 1991, blz. II-1711, punt 54. Het Gerecht heeft geoordeeld dat het niet alleen aan de Commissie is om uit te maken welke documenten voor de verdediging dienstig zijn (cf. zaak T-30/91, Solvay/Commissie, Jurispr. 1995, blz. II-1775, punten 81–86, en zaak T-36/91, ICI/Commissie, Jurispr. 1995, blz. II-1847, punten 91–96).

11

Uitkomsten van studies waartoe in het kader van een procedure opdracht is gegeven, zijn toegankelijk, evenals het bestek en de methodologie van de studie. Toch kunnen voorzorgsmaatregelen nodig zijn om intellectuele-eigendomsrechten te beschermen.
[22-12-2005, PbEU C 325, i.w.tr. 22-12-2005/regelingnummer 2005/C325/07]

3   Niet-toegankelijke documenten

3.1   Interne documenten

3.1.1   Algemene beginselen

12

Interne documenten kunnen à charge noch à décharge zijn [1]. Zij maken geen deel uit van het bewijsmateriaal waarop de Commissie zich voor haar beoordeling van een zaak kan baseren. Derhalve wordt de partijen geen toegang verleend tot interne documenten in het dossier van de Commissie [2]. Aangezien deze interne documenten geen bewijskracht hebben, doet de beperking van de toegang tot deze documenten geen afbreuk aan de mogelijkheid voor de partijen om hun recht van verdediging naar behoren uit te oefenen [3].
[22-12-2005, PbEU C 325, i.w.tr. 22-12-2005/regelingnummer 2005/C325/07]

13

De diensten van de Commissie zijn niet verplicht notulen te maken van vergaderingen [4] met om het even welke persoon of onderneming. Wanneer de Commissie tijdens dergelijke vergaderingen aantekeningen maakt, vormen dergelijke documenten de eigen interpretatie van de Commissie van hetgeen op die vergaderingen is gezegd, en daarom behoren deze documenten tot de categorie van de 'interne documenten'. Wanneer echter de betrokken persoon of ondernemingen met de notulen hebben ingestemd, worden deze notulen toegankelijk gemaakt, na schrapping van alle bedrijfsgeheimen of andere vertrouwelijke informatie. Dergelijke notulen waarmee is ingestemd, maken deel uit van het bewijsmateriaal waarop de Commissie zich bij haar beoordeling van een zaak kan beroepen. [5]
[05-08-2015, PbEU C 256, i.w.tr. 05-08-2015/regelingnummer 2015/C256/03]

---

(1)   Voorbeelden van interne documenten zijn ontwerp-documenten, adviezen, memo's of notities van de diensten van de Commissie of van andere betrokken overheden.
(2)   Cf. artikel 27, lid 2, van Verordening (EG) nr. 1/2003, artikel 15, lid 2, van de uitvoeringsverordening, en artikel 17, lid 3, van de uitvoeringsverordening van de concentratieverordening.
(3)   Cf. punt 1.
(4)   Overeenkomstig arrest van 30 september 2003, gevoegde zaken T-191/98 en T-212/98 tot en met T-214/98, Atlantic Container Line e.a./Commissie ('TACA'), ECLI:EU:T:2003:245, punten 349-359. Zie ook de mededeling van de Commissie inzake goede praktijken voor procedures op grond van de artikelen 101 en 102 VWEU (*PB* C 308 van 20.10.2011, blz. 6), punt 44.
(5)   Overeenkomstig artikel 19 of artikel 20, lid 2, onder e), van Verordening (EG) nr. 1/2003 of artikel 13, lid 2, onder e), van de concentratieverordening opgetekende verklaringen behoren normaalgesproken ook tot de toegankelijke documenten (cf. punt 10).

14

In het geval van studies waartoe in het kader van een procedure opdracht is gegeven, valt de tussen de Commissie en haar contractant gevoerde correspondentie die een beoordeling van de werkzaamheden van de contractant bevat of die met financiële aspecten van de studie verband houdt, onder de categorie 'interne documenten', en is zij derhalve niet toegankelijk.
[22-12-2005, PbEU C 325, i.w.tr. 22-12-2005/regelingnummer 2005/C325/07]

3.1.2 Correspondentie met andere overheden

15

Een bijzonder geval van interne documenten is de correspondentie van de Commissie met andere overheden en de interne documenten welke van die overheden worden ontvangen (ongeacht of het gaat om EG-lidstaten [hierna: 'de lidstaten'] of niet-lidstaten). Voorbeelden van dergelijke niet-toegankelijke documenten zijn onder meer:
— correspondentie tussen de Commissie en de mededingingsautoriteiten in de lidstaten, of tussen de nationale mededingingsautoriteiten onderling [1];
— correspondentie tussen de Commissie en andere overheden van de lidstaten [2];
— correspondentie tussen de Commissie, de Toezichthoudende Autoriteit van de EVA en overheden van EVA-Staten [3];
— correspondentie tussen de Commissie en overheden in niet-lidstaten, met inbegrip van hun mededingingsautoriteiten, met name wanneer de Gemeenschap en een derde land een overeenkomst betreffende de vertrouwelijkheid van uitgewisselde informatie hebben gesloten [4].

[22-12-2005, PbEU C 325, i.w.tr. 22-12-2005/regelingnummer 2005/C325/07]

16

In bepaalde uitzonderlijke omstandigheden wordt toegang verleend tot documenten afkomstig van lidstaten, van de Toezichthoudende Autoriteit van de EVA of van EVA-Staten, na schrapping van alle bedrijfsgeheimen of andere vertrouwelijke informatie. Vooraleer toegang te verlenen, zal de Commissie de entiteit die het document heeft overlegd, raadplegen om bedrijfsgeheimen of andere vertrouwelijke informatie te identificeren.

---

(1) Cf. artikel 27, lid 2, van Verordening (EG) nr. 1/2003, artikel 15, lid 2, van de uitvoeringsverordening, en artikel 17, lid 3, van de uitvoeringsverordening van de concentratieverordening.
(2) Cf. de beschikking van het Gerecht van eerste aanleg in gevoegde zaken T-134/94 e.a., NMH Stahlwerke e.a. / Commissie, Jurispr. 1997, blz. II-2293, punt 36, en het arrest in zaak T-65/89, BPB Industries en British Gypsum / Commissie, Jurispr. 1993, blz. II-389, punt 33.
(3) In deze mededeling omvat het begrip 'EVA-Staten' de EVA-Staten die partij zijn bij de EER-Overeenkomst.
(4) Zie in dit verband bijvoorbeeld artikel VIII.2 van de Overeenkomst tussen de Europese Gemeenschappen en de Regering van de Verenigde Staten van Amerika betreffende de toepassing van hun mededingingsregels (*PB* L 95 van 27.4.1995, blz. 47) waarin is bepaald dat de in het kader van deze overeenkomst ontvangen vertrouwelijke gegevens zoveel mogelijk ('to the fullest extent possible') worden beschermd. Dit artikel doet een volgens internationaal recht voor de Commissie bindende verplichting ontstaan.

Dit is het geval wanneer de van lidstaten afkomstige documenten tegen de partijen uitgebrachte beweringen bevatten die de Commissie moet onderzoeken, of die deel uitmaken van het bewijsmateriaal tijdens het onderzoekproces, op een wijze die vergelijkbaar is met van particuliere partijen verkregen documenten. Deze overwegingen gelden meer bepaald ten aanzien van:
– documenten en informatie uitgewisseld overeenkomstig artikel 12 van Verordening (EG) nr. 1/2003, en overeenkomstig artikel 18, lid 6, van Verordening (EG) nr. 1/2003 aan de Commissie verstrekte informatie, en
– door een lidstaat overeenkomstig artikel 7, lid 2, van Verordening (EG) nr. 1/2003 ingediende klachten.

Voorts wordt toegang verleend tot van lidstaten of van de Toezichthoudende Autoriteit van de EVA afkomstige documenten in de mate dat die van belang zijn voor de verdediging van partijen met betrekking tot het uitoefenen van de bevoegdheid van de Commissie [1].
[22-12-2005, PbEU C 325, i.w.tr. 22-12-2005/regelingnummer 2005/C325/07]

3.2 Vertrouwelijke informatie

17

Het dossier van de Commissie kan ook documenten bevatten die twee categorieën informatie bevatten, namelijk bedrijfsgeheimen en andere vertrouwelijke informatie; de toegang tot deze informatie kan gedeeltelijk of volledig worden beperkt [2]. Voorzover mogelijk, wordt tot niet-vertrouwelijke versies van de oorspronkelijke informatie toegang verleend. Kan vertrouwelijkheid enkel worden gegarandeerd door de relevante informatie samen te vatten, dan wordt tot een samenvatting toegang verleend. Alle overige documenten zijn in hun oorspronkelijke vorm toegankelijk.
[22-12-2005, PbEU C 325, i.w.tr. 22-12-2005/regelingnummer 2005/C325/07]

3.2.1 Bedrijfsgeheimen

18

Voorzover het vrijgeven van informatie over bedrijfsactiviteiten van een onderneming diezelfde onderneming ernstig kan schaden, vormen die gegevens bedrijfsgeheimen [3]. Voorbeelden van gegevens die als bedrijfsgeheimen kunnen gelden, zijn onder meer technische en/of financiële informatie over de knowhow van een onderneming, methodes inzake kostenanalyse, fabricagegeheimen en -procédés, voorzieningsbronnen,

---
(1) Op het gebied van de concentratiecontrole kan dit met name gelden voor de kennisgeving van een lidstaat overeenkomstig artikel 9, lid 2, van de concentratieverordening in het geval van een verwijzing van een zaak.
(2) Cf. artikel 16, lid 1, van de uitvoeringsverordening en artikel 17, lid 3, van de uitvoeringsverordening van de concentratieverordening; het arrest in zaak T-7/89, Hercules Chemicals NV / Commissie, Jurispr. 1991, blz. II-1711, punt 54, en het arrest in zaak T-23/99, LR AF 1998 A/S / Commissie, Jurispr. 2002, blz. II-1705, punt 170.
(3) Arrest van 18 september 1996 in zaak T-353/94, Postbank NV / Commissie, Jurispr. 1996, blz. II-921, punt 87.

geproduceerde en afgezette hoeveelheden, marktaandelen, klanten- en distributeurbestanden, marketingplannen, de kosten- en prijsstructuur, en de verkoopstrategie.
[22-12-2005, PbEU C 325, i.w.tr. 22-12-2005/regelingnummer 2005/C325/07]

3.2.2 Andere vertrouwelijke informatie

19
De categorie 'andere vertrouwelijke informatie' omvat andere gegevens dan bedrijfsgeheimen, die als vertrouwelijk kunnen worden beschouwd voorzover de vrijgave ervan een persoon of onderneming aanzienlijk zou schaden. Afhankelijk van de specifieke omstandigheden van elke zaak, kan dit gelden voor door derden verstrekte gegevens over ondernemingen die zeer aanzienlijke economische of commerciële druk op hun concurrenten of hun handelspartners, afnemers of leveranciers kunnen uitoefenen. Het Gerecht van eerste aanleg en het Hof van Justitie hebben erkend dat het rechtmatig is te weigeren aan dergelijke ondernemingen bepaalde van hun afnemers ontvangen brieven vrij te geven, omdat de vrijgave van die brieven de auteurs ervan gemakkelijk zou blootstellen aan de dreiging van represaillemaatregelen [1]. Daarom kan het begrip 'andere vertrouwelijke informatie' gegevens omvatten die de partijen in staat zouden kunnen stellen klagers of andere derden te identificeren, wanneer deze een gerechtvaardigde wens hebben om anoniem te blijven.
[22-12-2005, PbEU C 325, i.w.tr. 22-12-2005/regelingnummer 2005/C325/07]

20
De categorie 'andere vertrouwelijke informatie' omvat ook militaire geheimen.
[22-12-2005, PbEU C 325, i.w.tr. 22-12-2005/regelingnummer 2005/C325/07]

3.2.3 Criteria voor het aanvaarden van verzoeken om een vertrouwelijke behandeling

21
Informatie geldt als vertrouwelijk wanneer de betrokken persoon of onderneming een verzoek in die zin heeft ingediend en de Commissie dit verzoek heeft ingewilligd [2].
[22-12-2005, PbEU C 325, i.w.tr. 22-12-2005/regelingnummer 2005/C325/07]

22
Verzoeken tot vertrouwelijke behandeling moeten gegevens betreffen die onder de toepassing vallen van hetgeen hoger als bedrijfsgeheimen of andere vertrouwelijke informatie is omschreven. De redenen waarom verzocht wordt gegevens als bedrijfsgeheim of andere vertrouwelijke informatie te behandelen, moeten met redenen zijn

---

(1) De communautaire rechtscolleges hebben zich over deze kwestie uitgesproken, zowel in zaken van vermeend misbruik van een machtspositie (artikel 82 van het EG-Verdrag) (zaak T-65/89, BPB Industries en British Gypsum, Jurispr. 1993, blz. II-389, en zaak C-310/93 P, BPB Industries en British Gypsum, Jurispr. 1995, blz. I–865) als in concentratiezaken (zaak T-221/95, Endemol/Commissie, Jurispr. 1999, blz. II-1299, punt 69, en zaak T-5/02, Laval/Commissie, Jurispr. 2002, blz. II-4381, punt 98 e.v.).
(2) Zie punt 40.

omkleed [1]. Verzoeken tot vertrouwelijke behandeling kunnen normaalgesproken enkel betrekking hebben op gegevens die door de Commissie van dezelfde persoon of onderneming zijn verkregen, en niet op informatie uit een andere bron.
[22-12-2005, PbEU C 325, i.w.tr. 22-12-2005/regelingnummer 2005/C325/07]

23
Informatie over een onderneming die al bekend is buiten de onderneming (of, in het geval van een concern, buiten het concern) of buiten de ondernemersverenigingen aan wie deze door die onderneming is meegedeeld, geldt normaalgesproken niet als vertrouwelijk [2]. Informatie die haar commerciële belang heeft verloren, bijvoorbeeld door het tijdsverloop, kan niet langer als vertrouwelijk gelden. Als algemene regel geldt dat de Commissie aanneemt dat informatie over de omzet, verkopen, marktaandeelgegevens en vergelijkbare informatie van de partijen die meer dan vijf jaar oud is, niet langer vertrouwelijk is [3].
[22-12-2005, PbEU C 325, i.w.tr. 22-12-2005/regelingnummer 2005/C325/07]

24
In procedures op grond van de artikelen 81 en 82 van het Verdrag, staat het feit dat gegevens als vertrouwelijk zijn aangemerkt, niet eraan in de weg dat deze gegevens worden vrijgegeven wanneer de betrokken gegevens noodzakelijk zijn om een vermeende inbreuk te bewijzen ('documenten à charge') of noodzakelijk zouden kunnen zijn om een partij vrij te pleiten ('documenten à décharge'). In dat geval kan de noodzaak om het recht van verdediging van de partijen te vrijwaren door de ruimst mogelijke toegang tot het dossier van de Commissie te verlenen, opwegen tegen het verlangen vertrouwelijke informatie van andere partijen te beschermen [4]. Het staat aan de Commissie te beoordelen of die omstandigheden in een specifieke situatie van toepassing zijn. Dit vereist een beoordeling van alle relevante elementen, waaronder:
- het belang van de informatie bij het bepalen of al dan niet inbreuk is gemaakt, en de bewijskracht ervan;
- de vraag of de informatie onmisbaar is;
- de graad van vertrouwelijkheid ervan (in hoeverre kan de vrijgave ervan de belangen van de betrokken persoon of onderneming schaden), en
- het voorlopige oordeel over de ernst van de vermeende inbreuk.

---

(1) Zie punt 35.
(2) Bedrijfsgeheimen of andere vertrouwelijke informatie die een branche- of beroepsvereniging door haar leden worden meegedeeld, verliezen daardoor hun vertrouwelijke karakter niet ten opzichte van derden en kunnen dus niet aan klagers worden doorgegeven; cf. het arrest in gevoegde zaken 209 tot 215 en 218/78, Fedetab, Jurispr. 1980, blz. 3125, punt 46.
(3) Zie punten 35 tot en met 38 over het verzoek aan ondernemingen om aan te geven wat als vertrouwelijke informatie geldt.
(4) Cf. artikel 27, lid 2, van Verordening (EG) nr. 1/2003 en artikel 15, lid 3, van de uitvoeringsverordening.

Vergelijkbare overwegingen gelden voor procedures op grond van de concentratieverordening wanneer de Commissie het vrijgeven van informatie voor de procedure noodzakelijk acht [1].
[22-12-2005, PbEU C 325, i.w.tr. 22-12-2005/regelingnummer 2005/C325/07]

25
Wanneer de Commissie voornemens is informatie vrij te geven, krijgt de betrokken persoon of onderneming de mogelijkheid een niet-vertrouwelijke versie mee te delen van de documenten waarin die informatie is vervat, met dezelfde bewijskracht als de oorspronkelijke documenten [2].
[22-12-2005, PbEU C 325, i.w.tr. 22-12-2005/regelingnummer 2005/C325/07]

C   Wanneer wordt toegang tot het dossier verleend?

26
Vóór de kennisgeving van de mededeling van punten van bezwaar van de Commissie uit hoofde van de bepalingen die in punt 1 zijn vermeld, hebben de partijen geen recht op toegang tot het dossier.
[22-12-2005, PbEU C 325, i.w.tr. 22-12-2005/regelingnummer 2005/C325/07]

1   In antitrustprocedures op grond van de artikelen 81 en 82 van het Verdrag

27
Toegang tot het dossier wordt op verzoek en normaalgesproken bij één enkele gelegenheid geboden — nadat de Commissie de partijen haar punten van bezwaar heeft meegedeeld — om het beginsel van de processuele gelijkheid te garanderen en om de rechten van de verdediging te beschermen. Als algemene regel geldt daarom dat geen toegang wordt verleend tot de antwoorden van andere partijen op de punten van bezwaar van de Commissie.
Een partij krijgt evenwel toegang tot documenten die na de mededeling van de punten van bezwaar in latere fases van de administratieve procedure zijn ontvangen, wanneer dergelijke documenten nieuw bewijsmateriaal — ongeacht of het om bewijsmateriaal à charge of à décharge gaat — kunnen vormen betreffende de verklaringen in verband met die partij in de mededeling van punten van bezwaar van de Commissie. Dit is in het bijzonder het geval wanneer de Commissie voornemens is nieuw bewijsmateriaal te gebruiken [3].
[05-08-2015, PbEU C 256, i.w.tr. 05-08-2015/regelingnummer 2015/C256/03]

---

(1)   Artikel 18, lid 1, van de uitvoeringsverordening van de concentratieverordening.
(2)   Cf. punt 42.
(3)   Zie ook de mededeling van de Commissie inzake goede praktijken voor procedures op grond van de artikelen 101 en 102 VWEU (*PB* C 308 van 20.10.2011, blz. 6), punt 103.

Mededeling regels voor toegang tot het dossier van de Commissie

2 In procedures op grond van de concentratieverordening

28

Overeenkomstig artikel 18, leden 1 en 3, van de concentratieverordening en artikel 17, lid 1, van de uitvoeringsverordening van de concentratieverordening krijgen de aanmeldende partijen op verzoek toegang tot het dossier van de Commissie in elke fase van de procedure na de mededeling van de punten van bezwaar van de Commissie, tot aan de raadpleging van het Adviescomité. Daarentegen wordt in deze mededeling niet ingegaan op de mogelijkheid om documenten te verstrekken vooraleer de Commissie op grond van de concentratieverordening ondernemingen haar punten van bezwaar meedeelt [1].
[22-12-2005, PbEU C 325, i.w.tr. 22-12-2005/regelingnummer 2005/C325/07]

III Bijzondere kwesties in verband met klagers en andere betrokkenen

29

Dit deel betreft situaties waarin de Commissie toegang tot bepaalde documenten in haar dossier kan of moet verlenen aan klagers in antitrustprocedures en aan andere betrokkenen in concentratieprocedures. Ongeacht de formulering die in de uitvoeringsverordeningen in verband met antitrust- en concentratiezaken wordt gebruikt [2], verschillen deze beide situaties — wat betreft toepassingsbereik, tijdschema en rechten — van de toegang tot het dossier zoals die in het voorgaande deel van deze mededeling is omschreven.
[22-12-2005, PbEU C 325, i.w.tr. 22-12-2005/regelingnummer 2005/C325/07]

A Verstrekken van documenten aan klagers in antitrustprocedures

30

Het Gerecht van eerste aanleg heeft verklaard [3] dat klagers niet dezelfde rechten en garanties hebben als de partijen ten aanzien van wie er een onderzoek loopt. Daarom kunnen klagers zich niet beroepen op een recht op toegang tot het dossier zoals dat voor de partijen geldt.
[22-12-2005, PbEU C 325, i.w.tr. 22-12-2005/regelingnummer 2005/C325/07]

---

(1) Dit vraagstuk komt aan bod in het document van het directoraat-generaal Concurrentie 'DG COMP Best Practices on the conduct of EC merger control proceedings', op de website van het directoraat-generaal Concurrentie te vinden onder: http://europa.eu.int/comm/competition/mergers/legislation/regulation/best_practices.pdf.
(2) Cf. artikel 8, lid 1, van de uitvoeringsverordening waar sprake is van 'toegang tot documenten' voor klagers, en artikel 17, lid 2, van de uitvoeringsverordening van de concentratieverordening waarin sprake is van 'toegang tot het dossier' voor andere betrokkenen 'voorzover zulks nodig is om hun opmerkingen te kunnen voorbereiden'.
(3) Zie zaak T-17/93, Matra-Hachette SA / Commissie, Jurispr. 1994, blz. II-595, punt 34. Het Gerecht verklaarde dat op de rechten van derden, zoals die welke verankerd zijn in artikel 19 van Verordening (EEG) nr. 17 van de Raad van 6 februari 1962 [thans vervangen door artikel 27 van Verordening (EG) nr. 1/2003], beperkt zijn tot het recht om deel te nemen aan de administratieve procedure.

31

Evenwel kan een klager die, overeenkomstig artikel 7, lid 1, van de uitvoeringsverordening, van het voornemen van de Commissie om zijn klacht te verwerpen in kennis wordt gesteld [1], toegang vragen tot de documenten waarop de Commissie haar voorlopige beoordeling heeft gebaseerd [2]. De klager krijgt toegang tot die documenten bij één enkele gelegenheid — na het toezenden van de brief waarin de klager in kennis wordt gesteld van het voornemen van de Commissie zijn klacht te verwerpen.
[22-12-2005, PbEU C 325, i.w.tr. 22-12-2005/regelingnummer 2005/C325/07]

32

Klagers hebben geen recht op toegang tot bedrijfsgeheimen of andere vertrouwelijke informatie die de Commissie in de loop van haar onderzoek heeft verkregen [3].
[22-12-2005, PbEU C 325, i.w.tr. 22-12-2005/regelingnummer 2005/C325/07]

B   Verstrekken van documenten aan andere betrokkenen in concentratieprocedures

33

Overeenkomstig artikel 17, lid 2, van de uitvoeringsverordening van de concentratieverordening wordt in concentratieprocedures ook de andere betrokkenen die van de punten van bezwaar in kennis zijn gesteld, op verzoek, toegang tot het dossier verleend, voorzover zulks nodig is om hun opmerkingen te kunnen voorbereiden.
[22-12-2005, PbEU C 325, i.w.tr. 22-12-2005/regelingnummer 2005/C325/07]

34

Deze 'andere betrokkenen' zijn de andere partijen bij de voorgenomen concentratie dan de aanmeldende partijen, zoals de verkoper en de onderneming die het voorwerp van de concentratie is [4].
[22-12-2005, PbEU C 325, i.w.tr. 22-12-2005/regelingnummer 2005/C325/07]

IV   Procedure voor de tenuitvoerlegging van de toegang tot het dossier

A   Voorbereidende procedure

35

Eenieder die informatie verschaft of opmerkingen maakt in een van de hierna opgesomde situaties, of die nadien in de loop van diezelfde procedures verdere inlichtingen aan de Commissie verschaft, is verplicht de elementen die hij vertrouwelijk acht, onder opgave van redenen, duidelijk aan te geven en daarvan een afzonderlijke, niet-

---

(1)   Door middel van een overeenkomstig artikel 7, lid 1, van de uitvoeringsverordening gezonden brief.
(2)   Cf. artikel 8, lid 1, van de uitvoeringsverordening.
(3)   Cf. artikel 8, lid 1, van de uitvoeringsverordening.
(4)   Cf. artikel 11, onder b), van de uitvoeringsverordening van de concentratieverordening.

vertrouwelijke versie te verstrekken binnen de termijn die de Commissie voor het kenbaar maken van standpunten heeft vastgesteld [1]:
a) in antitrustprocedures:
   – een adressaat van een mededeling van punten van bezwaar van de Commissie die zijn standpunt ten aanzien van de punten van bezwaar kenbaar maakt [2];
   – een klager die zijn standpunt ten aanzien van een mededeling van punten van bezwaar van de Commissie kenbaar maakt [3];
   – iedere andere natuurlijke of rechtspersoon die verzoekt te worden gehoord en aantoont daarbij voldoende belang te hebben, of die door de Commissie verzocht wordt zijn standpunten kenbaar te maken, door zijn standpunten schriftelijk of tijdens een hoorzitting kenbaar te maken [4];
   – een klager die zijn standpunt kenbaar maakt ten aanzien van een brief waarin de Commissie hem in kennis stelt van haar voornemen zijn klacht te verwerpen [5];
b) in concentratieprocedures:
   – aanmeldende partijen of andere betrokken partijen die hun standpunt kenbaar maken ten aanzien van door de Commissie vastgestelde punten van bezwaar met het oog op het nemen van een besluit ten aanzien van een ontheffingsverzoek voor de schorsing van een concentratie en die voor een of meer van die partijen ongunstige effecten heeft, of ten aanzien van een voorlopige beschikking die terzake is gegeven [6];
   – wanneer aanmeldende partijen aan wie de Commissie een mededeling van punten van bezwaar heeft gericht, andere betrokken partijen die van deze punten van bezwaar in kennis zijn gesteld, of partijen aan wie de Commissie punten van bezwaar heeft gericht met het oog op het opleggen van een geldboete of een dwangsom, hun opmerkingen ten aanzien van deze punten van bezwaar kenbaar maken [7];
   – wanneer derden die verzoeken te worden gehoord, of andere natuurlijke of rechtspersonen welke door de Commissie zijn verzocht hun standpunt kenbaar te maken, hun standpunten schriftelijk of tijdens een hoorzitting kenbaar maken [8];
   – eenieder die overeenkomstig artikel 11 van de concentratieverordening informatie verschaft.

[22-12-2005, PbEU C 325, i.w.tr. 22-12-2005/regelingnummer 2005/C325/07]

---

(1) Cf. artikel 16, lid 2, van de uitvoeringsverordening en artikel 18, lid 2, van de uitvoeringsverordening van de concentratieverordening.
(2) Overeenkomstig artikel 10, lid 2, van de uitvoeringsverordening.
(3) Overeenkomstig artikel 6, lid 1, van de uitvoeringsverordening.
(4) Overeenkomstig artikel 13, leden 1 en 3, van de uitvoeringsverordening.
(5) Overeenkomstig artikel 7, lid 1, van de uitvoeringsverordening.
(6) Artikel 12 van de uitvoeringsverordening van de concentratieverordening.
(7) Artikel 13 van de uitvoeringsverordening van de concentratieverordening.
(8) Overeenkomstig artikel 16 van de uitvoeringsverordening van de concentratieverordening.

36

Bovendien kan de Commissie van ondernemingen [1] verlangen dat zij in alle gevallen waarin zij documenten meedelen of hebben meegedeeld, de documenten of delen van documenten aangeven die volgens hen bedrijfsgeheimen of andere vertrouwelijke informatie bevatten die hun toebehoort, en aangeven ten aanzien van welke ondernemingen die documenten als vertrouwelijk dienen te gelden [2].
[22-12-2005, PbEU C 325, i.w.tr. 22-12-2005/regelingnummer 2005/C325/07]

37

Ten einde snel de in punt 36 bedoelde verzoeken om vertrouwelijke behandeling te kunnen afhandelen, kan de Commissie een termijn bepalen waarbinnen de ondernemingen:
i) hun verzoek tot vertrouwelijke behandeling met betrekking tot elk individueel document of deel van een document dienen te staven;
ii) de Commissie een niet-vertrouwelijke versie van de documenten dienen te verstrekken, waarin de vertrouwelijke passages zijn geschrapt [3].

In antitrustprocedures verstrekken de betrokken ondernemingen binnen genoemde termijn ook een beknopte omschrijving van alle geschrapte informatie [4].
[22-12-2005, PbEU C 325, i.w.tr. 22-12-2005/regelingnummer 2005/C325/07]

38

De niet-vertrouwelijke versies en de omschrijvingen van de geschrapte informatie moeten op een zodanige wijze worden vastgesteld dat elke partij die toegang tot het dossier heeft, in staat is vast te stellen of de geschrapte informatie voor haar verdediging relevant kan zijn, en of er dus voldoende gronden zijn de Commissie om toegang te verzoeken tot de beweerdelijk vertrouwelijke informatie.
[22-12-2005, PbEU C 325, i.w.tr. 22-12-2005/regelingnummer 2005/C325/07]

B   Behandeling van vertrouwelijke informatie

39

In antitrustprocedures mag de Commissie, wanneer ondernemingen het in de punten 35, 36 en 37 bepaalde niet naleven, ervan uitgaan dat de betrokken documenten of verklaringen geen vertrouwelijke informatie bevatten [5]. De Commissie kan er dan ook

---

(1) In concentratieprocedures gelden de in dit en de volgende punten uiteengezette beginselen ook voor de in artikel 3, lid 1, onder b), van de concentratieverordening bedoelde personen.
(2) Cf. artikel 16, lid 3, van de uitvoeringsverordening en artikel 18, lid 3, van de uitvoeringsverordening van de concentratieverordening. Dit geldt ook voor documenten die de Commissie bij een inspectie op grond van artikel 13 van de concentratieverordening en de artikelen 20 en 21 van Verordening (EG) nr. 1/2003 heeft verzameld.
(3) Cf. artikel 16, lid 3, van de uitvoeringsverordening en artikel 18, lid 3, van de uitvoeringsverordening van de concentratieverordening.
(4) Cf. artikel 16, lid 3, van de uitvoeringsverordening.
(5) Cf. artikel 16 van de uitvoeringsverordening.

van uitgaan dat de ondernemingen er geen bezwaar tegen hebben dat de betrokken documenten of verklaringen volledig worden vrijgegeven.
[22-12-2005, PbEU C 325, i.w.tr. 22-12-2005/regelingnummer 2005/C325/07]

40
Indien de betrokken persoon of onderneming de in punten 35, 36 en 37 uiteengezette voorwaarden, voorzover zij van toepassing zijn, naleeft, zal de Commissie, zowel in antitrustprocedures als in procedures op grond van de concentratieverordening:
– ofwel de verzoeken die gerechtvaardigd lijken voorlopig aanvaarden;
– ofwel de betrokken persoon of onderneming meedelen dat zij het geheel of gedeeltelijk niet eens is met het verzoek tot vertrouwelijke behandeling, wanneer dit verzoek kennelijk ongegrond is.
[22-12-2005, PbEU C 325, i.w.tr. 22-12-2005/regelingnummer 2005/C325/07]

41
De Commissie kan haar voorlopige aanvaarding van het verzoek tot vertrouwelijke behandeling in een later stadium geheel of gedeeltelijk herzien.
[22-12-2005, PbEU C 325, i.w.tr. 22-12-2005/regelingnummer 2005/C325/07]

42
Wanneer het directoraat-generaal Concurrentie van bij de aanvang niet met het verzoek om vertrouwelijke behandeling instemt of wanneer het van mening is dat voorlopige aanvaarding van het verzoek tot vertrouwelijke behandeling dient te worden gewijzigd – en het dus voornemens is de informatie vrij te geven – geeft het directoraat-generaal de betrokken persoon of onderneming de gelegenheid zijn of haar standpunt kenbaar te maken. In dergelijke omstandigheden stelt het directoraat-generaal Concurrentie de persoon of onderneming schriftelijk in kennis van zijn voornemen om de informatie vrij te geven, geeft het de redenen daarvoor aan en stelt het een termijn vast waarbinnen die persoon of onderneming het directoraat-generaal schriftelijk van haar standpunt in kennis kan stellen. Wanneer er na het kenbaar maken van die standpunten onenigheid blijft bestaan ten aanzien van het verzoek om vertrouwelijke behandeling, wordt de kwestie behandeld door de raadadviseur-auditeur in overeenstemming met het door de Commissie vastgestelde mandaat van de raadadviseur-auditeur [1].
[05-08-2015, PbEU C 256, i.w.tr. 05-08-2015/regelingnummer 2015/C256/03]

43
Wanneer het risico bestaat dat een onderneming die zeer aanzienlijke economische of commerciële druk op haar concurrenten of handelspartners, afnemers of leveranciers kan uitoefenen, tegen hen represaillemaatregelen zal nemen, als gevolg van hun medewerking aan het door de Commissie uitgevoerde onderzoek [2], beschermt de Commissie de anonimiteit van de auteurs door toegang te verlenen tot een niet-

---

(1) Overeenkomstig artikel 3, lid 7, en artikel 8 van Besluit 2011/695/EU van de voorzitter van de Europese Commissie van 13 oktober 2011 betreffende de functie en het mandaat van de raadadviseur-auditeur in bepaalde mededingingsprocedures (*PB* L 275 van 20.10.2011, blz. 29).
(2) Cf. punt 19.

vertrouwelijke versie of samenvatting van de betrokken antwoorden [1]. Verzoeken om anonimiteit in dergelijke omstandigheden, alsmede verzoeken om anonimiteit overeenkomstig punt 81 van de mededeling van de Commissie betreffende de behandeling van klachten [2] worden in overeenstemming met de punten 40, 41 en 42 behandeld.
[22-12-2005, PbEU C 325, i.w.tr. 22-12-2005/regelingnummer 2005/C325/07]

C Hoe wordt toegang tot het dossier verleend?

44

De Commissie kan bepalen dat toegang tot het dossier wordt verleend op een van de volgende wijzen, waarbij rekening wordt gehouden met de technische mogelijkheden van de partijen:
— door een cd-rom (cd-roms) of enige andere vorm van elektronische gegevensopslag die in de toekomst beschikbaar komt;
— door een papieren afschrift van het toegankelijke dossier dat per post wordt toegezonden;
— door een uitnodiging om het toegankelijke dossier in de lokalen van de Commissie te onderzoeken.

De Commissie kan ook voor een combinatie van deze methoden kiezen.
[22-12-2005, PbEU C 325, i.w.tr. 22-12-2005/regelingnummer 2005/C325/07]

45

Om toegang tot het dossier te vereenvoudigen, krijgen de partijen een lijst waarin de documenten worden opgesomd en de inhoud wordt gegeven van het dossier van de Commissie, als omschreven in punt 8.
[22-12-2005, PbEU C 325, i.w.tr. 22-12-2005/regelingnummer 2005/C325/07]

46

Toegang wordt verleend tot het bewijsmateriaal in het dossier van de Commissie, in zijn originele vorm: de Commissie is niet verplicht enige vertaling van documenten in het dossier te verstrekken [3].
[22-12-2005, PbEU C 325, i.w.tr. 22-12-2005/regelingnummer 2005/C325/07]

47

Wanneer een partij van mening is dat zij, nadat zij toegang tot het dossier heeft verkregen, met het oog op haar verdediging kennis moet krijgen van specifieke niet-toegankelijke informatie, kan zij daartoe een met redenen omkleed verzoek bij de Commissie indienen. Indien de diensten van het directoraat-generaal Concurrentie het verzoek niet kunnen inwilligen en indien de partij het daar niet mee eens is, zal

---

(1) Cf. zaak T-5/02, Tetra Laval / Commissie, Jurispr. 2002, blz. II-4381, punten 98, 104 en 105.
(2) Mededeling van de Commissie betreffende de behandeling van klachten door de Commissie op grond van de artikelen 81 en 82 van het Verdrag, *PB* C 101 van 27.4.2004, blz. 65.
(3) Cf. gevoegde zaken T-25/95 e.a., Cimenteries, reeds aangehaald, punt 635.

de kwestie worden opgelost door de raadadviseur-auditeur, in overeenstemming met de toepasselijke bepalingen van het mandaat van de raadadviseur-auditeur [1].
[05-08-2015, PbEU C 256, i.w.tr. 05-08-2015/regelingnummer 2015/C256/03]

48

Toegang tot het dossier in overeenstemming met deze mededeling wordt verleend op voorwaarde dat de aldus verkregen informatie alleen wordt gebruikt voor gerechtelijke of administratieve procedures met het oog op de toepassing van de Uniemededingingsregels [2]. Het gebruik van deze informatie in strijd met de in artikel 16 bis van Verordening (EG) nr. 773/2004 uiteengezette beperkingen is in bepaalde omstandigheden naar nationaal recht strafbaar [3]. Indien het gebruik voor een ander doel of de niet-naleving van genoemde beperkingen plaatsvond met betrokkenheid van een externe raadsman, kan de Commissie het incident ter kennis brengen van de balie van die raadsman, met het oog op disciplinaire maatregelen.
[05-08-2015, PbEU C 256, i.w.tr. 05-08-2015/regelingnummer 2015/C256/03]

49

Met uitzondering van de punten 45 en 47, geldt dit deel C eveneens voor het verlenen van toegang tot documenten aan klagers (in antitrustprocedures) en aan andere betrokkenen (in concentratieprocedures).
[22-12-2005, PbEU C 325, i.w.tr. 22-12-2005/regelingnummer 2005/C325/07]

---

(1) Overeenkomstig artikel 3, lid 7, en artikel 7 van Besluit 2011/695/EU van de voorzitter van de Europese Commissie van 13 oktober 2011 betreffende de functie en het mandaat van de raadadviseur-auditeur in bepaalde mededingingsprocedures (*PB* L 275 van 20.10.2011, blz. 29).
(2) Artikel 16 bis, lid 1, van Verordening (EG) nr. 773/2004, gewijzigd door Verordening (EU) 2015/1348 van de Commissie (*PB* L 208 van 5.8.2015, blz. 3).
(3) Zie, wat betreft beperkingen inzake het gebruik van bepaalde categorieën bewijsmateriaal bij schadevorderingen, de artikelen 7 en 8 van Richtlijn 2014/104/EU van het Europees Parlement en de Raad van 26 november 2014 betreffende bepaalde regels voor schadevorderingen volgens nationaal recht wegens inbreuken op de bepalingen van het mededingingsrecht van de lidstaten en van de Europese Unie (*PB* L 349 van 5.12.2014, blz. 1).

Mededeling betreffende de behandeling van klachten door de Commissie op grond van de artikelen 81 en 82 van het Verdrag (2004/C 101/05)

(Voor de EER relevante tekst)

Mededeling van de Commissie van 27 april 2004 betreffende de behandeling van klachten door de Commissie op grond van de artikelen 81 en 82 van het Verdrag, PbEU 2004, C 101 (i.w.tr. 27-04-2004)

I. Inleiding en voorwerp van de mededeling

1. Bij Verordening (EG) nr. 1/2003 [1] wordt een systeem van parallelle bevoegdheid ingevoerd voor de toepassing van de artikelen 81 en 82 van het EG-Verdrag door de Commissie en de mededingingsautoriteiten en rechterlijke instanties van de lidstaten. De verordening onderkent met name de complementariteit van de taken van de Commissie en de mededingingsautoriteiten van de lidstaten als openbare handhavingsinstanties en van de nationale rechterlijke instanties die uitspraak doen in rechtszaken tussen particulieren ter bescherming van de rechten van personen welke voortvloeien uit de artikelen 81 en 82 [2].

2. Op grond van Verordening (EG) nr. 1/2003 kunnen de openbare handhavingsinstanties hun activiteiten richten op het onderzoek van ernstige inbreuken op de artikelen 81 en 82, die dikwijls moeilijk te ontdekken zijn. Zij maken voor hun handhavingswerkzaamheden gebruik van de informatie die zij van ondernemingen en consumenten ontvangen.

3. De Commissie wil derhalve burgers en ondernemingen aanmoedigen zich tot de openbare handhavingsinstanties te wenden om hen in te lichten over vermeende inbreuken op de mededingingsregels. Er zijn, op het niveau van de Commissie, twee manieren om dit te doen. Zo kan een klacht worden ingediend op grond van artikel 7, lid 2, van Verordening (EG) nr. 1/2003. Krachtens de artikelen 5 tot en met 9 van Verordening (EG) nr. 773/2004 [3], moeten dergelijke klachten aan bepaalde voorwaarden voldoen.

4. De andere manier is om marktinformatie te verstrekken, die niet aan de voorwaarden behoeft te voldoen die op grond van artikel 7, lid 2, van Verordening (EG) nr. 1/2003 voor klachten gelden. De Commissie heeft een speciale website opgezet om informatie van burgers en van ondernemingen en ondernemingsverenigingen te verzamelen die de Commissie willen inlichten over vermeende inbreuken op de artikelen 81 en 82.

---

(1) Verordening (EG) nr. 1/2003 van de Raad van 16 december 2002 betreffende de uitvoering van de mededingingsregels van de artikelen 81 en 82 van het Verdrag (*PB* L 1 van 4.1.2003, blz. 1 t/m 25).
(2) Zie met name de overwegingen 3 t/m 7 en 35 van Verordening (EG) nr. 1/2003.
(3) Verordening (EG) nr. 773/2004 van de Commissie van 7 april 2004 betreffende de procedures van de Commissie overeenkomstig de artikelen 81 en 82 van het EG-Verdrag (*PB* L 123 van 27.4.2004).

Mededeling behandeling van klachten door de Commissie

Deze informatie kan de aanleiding vormen voor een onderzoek door de Commissie [4].
Informatie over vermeende inbreuken kan worden verstrekt op het volgende adres:
http://europa.eu.int/dgcomp/info-on-anti-competitive-practices
of worden gezonden naar:
Europese Commissie
DG Concurrentie
B-1049 Brussel.

5. Onverminderd de uitlegging van Verordening (EG) nr. 1/2003 en Verordening (EG) nr. 773/2004 van de Commissie door de communautaire rechterlijke instanties, wordt met de onderhavige mededeling beoogd burgers en ondernemingen die bij vermeende inbreuken op de mededingingsregels verhaal nastreven, een leidraad te bieden. De mededeling bevat twee delen:

— deel II bevat aanwijzingen voor de keuze tussen het indienen van een klacht bij de Commissie of aanhangigmaking bij een nationale rechter. Bovendien worden in dit deel de beginselen in herinnering gebracht inzake de taakverdeling tussen de Commissie en de nationale mededingingsautoriteiten in het kader van het bij Verordening (EG) nr. 1/2003 ingevoerde handhavingsstelsels, welke in de mededeling betreffende de samenwerking binnen het netwerk van mededingingsautoriteiten zijn uiteengezet [5];
— in deel III wordt de procedure voor de behandeling van klachten door de Commissie op grond van artikel 7, lid 2, van Verordening (EG) nr. 1/2003 besproken.

6. De volgende situaties komen in deze mededeling niet aan de orde:
— klachten door lidstaten ingediend op grond van artikel 7, lid 2, van Verordening (EG) nr. 1/2003;
— klachten waarbij de Commissie wordt verzocht maatregelen te nemen tegen een lidstaat overeenkomstig artikel 86, lid 3, in samenhang met de artikelen 81 of 82 van het Verdrag;
— klachten in verband met artikel 87 van het Verdrag betreffende steunmaatregelen van de staten;
— klachte (*red.*: lees: klachten) over door lidstaten gemaakte inbreuken die de Commissie in het kader van artikel 226 van het Verdrag kan behandelen [6].

II. Verschillende methoden om klachten in te dienen over vermeende inbreuken op de artikelen 81 of 82

A. Klachten in het kader van het nieuwe, bij Verordening (EG) Nr. 1/2003 ingevoerde handhavingsstelsel

7. Een klager kan zijn klacht, naargelang van de aard ervan, hetzij bij een nationale rechterlijke instantie, hetzij bij een mededingingsautoriteit die als openbare handhavingsinstantie optreedt indienen. In dit hoofdstuk van de mededeling wordt beoogd potentiële klagers te helpen om op weloverwogen wijze te kiezen of zij zich tot de

---

(4) De Commissie behandelt brieven van informanten op een wijze die in overeenstemming is met haar beginselen inzake een goede administratieve praktijk.
(5) Mededeling betreffende de samenwerking binnen het netwerk van mededingingsautoriteiten (blz. 43).
(6) Voor de behandeling van dergelijke klachten, zie de mededeling van de Commissie van 10 oktober 2002, COM(2002) 141.

Commissie, één van de mededingingsautoriteiten van de lidstaten of tot een nationale rechter zullen wenden.

8. Terwijl nationale rechterlijke instanties verplicht zijn de rechten van particulieren te beschermen en zij derhalve uitspraak moeten doen in zaken die bij hen aanhangig zijn gemaakt, kunnen openbare handhavingsinstanties niet alle klachten onderzoeken doch moeten zij bij de behandeling van zaken prioriteiten stellen. Het Hof van Justitie heeft verklaard dat de Commissie, die bij artikel 85, lid 1, van het EG-Verdrag belast is met de taak te waken over de toepassing van de in de artikelen 81 en 82 neergelegde beginselen, verantwoordelijk is voor de tenuitvoerlegging en de oriëntatie van het communautaire mededingingsbeleid en dat zij, om deze taak naar behoren te kunnen vervullen, bevoegd is om aan de bij haar ingediende klachten verschillende prioriteiten toe te kennen [7].

9. Verordening (EG) nr. 1/2003 verleent de rechterlijke instanties en mededingingsautoriteiten van de lidstaten de bevoegdheid om naast de Commissie de artikelen 81 en 82 ten volle toe te passen. Een van de voornaamste doelstellingen van Verordening (EG) nr. 1/2003 is dat de rechterlijke instanties en mededingingsautoriteiten op doeltreffende wijze deelnemen aan de handhaving van de artikelen 81 en 82 [8].

10. Bovendien wordt in artikel 3 van Verordening (EG) nr. 1/2003 bepaald dat de rechterlijke instanties en de mededingingsautoriteiten van de lidstaten de artikelen 81 en 82 moeten toepassen op alle overeenkomsten of gedragingen die de handel tussen de lidstaten kunnen beïnvloeden en waarop zij het nationale mededingingsrecht toepassen. Voorts worden bij de artikelen 11 en 15 van de verordening een reeks mechanismen ingevoerd op grond waarvan de rechterlijke instanties en de mededingingsautoriteiten van de lidstaten bij de handhaving van de artikelen 81 en 82 met de Commissie samenwerken.

11. In het licht van dit nieuwe wetgevingskader is de Commissie voornemens de middelen die haar voor handhaving ter beschikking staan op de volgende wijze te heroriënteren:
– zij zal de EG-mededingingsregels ten uitvoer leggen in zaken waarin zij de geschikte instantie is om op te treden [9], waarbij zij zich vooral toelegt op de zwaarste inbreuken [10];
– zij zal de zaken behandelen ten aanzien waarvan een optreden van de Commissie vereist is om het mededingingsbeleid van de Gemeenschap te verduidelijken en/of te zorgen voor een samenhangende toepassing van artikel 81 of 82.

B. De complementariteit van publiekrechtelijke en privaatrechtelijke handhaving

12. De communautaire rechterlijke instanties hebben bij herhaling gesteld dat nationale rechterlijke instanties verplicht zijn de rechten van particulieren die rechtstreeks voortvloeien uit artikel 81, lid 1 en artikel 82, te beschermen [11].

---

(7) Zaak C-344/98, Masterfoods/HB Ice Cream, Jurispr. (2000) blz. I-11369, r.o. 46; zaak C-119/97 P, Union française de l'express (Ufex) e.a./ Commissie van de Europese Gemeenschappen, Jurispr. (1999) blz. I-1341, r.o. 88; zaak T-24/90, Automec/Commissie van de Europese Gemeenschappen, Jurispr. (1992) blz. II-2223, r.o. 73–77.
(8) Zie met name de artikelen 5, 6, 11, 12, 15, 22, 29 en 35 en de overwegingen 2 tot en met 4 en 6 tot en met 8 van Verordening (EG) nr. 1/2003.
(9) Zie de mededeling betreffende de samenwerking binnen het netwerk van mededingingsautoriteiten, punt 5 e.v.
(10) Zie overweging 3 van Verordening (EG) nr. 1/2003.
(11) Vaste rechtspraak, zie zaak 127/73, Belgische Radio en Televisie (BRT)/SABAM en Fonior, Jurispr. (1974) 51, r.o. 16; zaak C-282/95 P, Guérin automobiles/Commissie van de Europese Gemeenschappen, Jurispr. (1997) blz. I-1503, r.o. 39; zaak C-453/99, Courage/Bernhard Crehan, Jurispr. (2001) blz. I-6297, r.o. 23.

Mededeling behandeling van klachten door de Commissie

13. Nationale rechterlijke instanties kunnen beslissen over de nietigheid of rechtsgeldigheid van contracten, en alleen nationale rechterlijke instanties kunnen schadevergoeding toekennen aan particulieren in geval van een inbreuk op de artikelen 81 en 82. Volgens de rechtspraak van het Hof van Justitie kan eenieder vergoeding vorderen van schade die hem is berokkend door een overeenkomst of een gedraging die de mededinging kan beperken of vervalsen, om de volledige doeltreffendheid van de communautaire mededingingsregels te waarborgen. Dergelijke bij de nationale rechter ingediende schadevorderingen kunnen wezenlijk bijdragen tot de handhaving van een werkzame mededinging in de Gemeenschap, omdat zij het sluiten of toepassen van concurrentiebeperkende overeenkomsten of praktijken minder aantrekkelijk maken [12].

14. Verordening (EG) nr. 1/2003 geeft uitdrukkelijk rekenschap van het feit dat nationale rechterlijke instanties bij de toepassing van de communautaire mededingingsregels een wezenlijke taak vervullen [13]. Door de bevoegdheid om artikel 81, lid 3, toe te passen uit te breiden tot nationale rechterlijke instanties maakt de verordening een einde aan de mogelijkheid voor ondernemingen om nationale rechtszaken te vertragen door middel van een aanmelding bij de Commissie, en neemt zij aldus een obstakel voor het beslechten van geschillen tussen particulieren weg dat uit Verordening (EG) nr. 17 voortvloeide [14].

15. Onverminderd het recht of de verplichting van nationale rechterlijke instanties om overeenkomstig artikel 234 EG een prejudiciële vraag aan het Hof van Justitie voor te leggen, bepaalt artikel 15, lid 1, van Verordening (EG) nr. 1/2003 uitdrukkelijk dat nationale rechterlijke instanties de Commissie om advies of inlichtingen kunnen verzoeken. Deze bepaling beoogt de toepassing van de artikelen 81 en 82 door nationale rechterlijke instanties te vergemakkelijken [15].

16. Het aanhangig maken van een zaak bij een nationale rechterlijke instantie houdt voor klagers de volgende voordelen in:
— nationale rechters kunnen schadevergoeding toekennen voor schade die als gevolg van een inbreuk op artikel 81 of 82 werd geleden;
— nationale rechters kunnen uitspraak doen over vorderingen tot betaling of contractuele vorderingen op basis van een overeenkomst die zij in het licht van artikel 81 onderzoeken;
— de nationale rechters moeten de civiele sanctie van nietigheid van artikel 81, lid 2, toepassen in de contractuele betrekkingen tussen particulieren [16]. Met name kunnen zij naar nationaal recht beoordelen wat de draagwijdte en de gevolgen voor het geheel van de contractuele betrekkingen zijn, indien sommige bepalingen van de

---

(12) Zaak C-453/99, Courage/Bernhard Crehan, Jurispr. (2001) blz. I-6297, r.o. 26 en 27; de bevoegdheid van nationale rechterlijke instanties om schadevergoeding toe te kennen wordt eveneens benadrukt in overweging 7 van Verordening (EG) nr. 1/2003.

(13) Zie artikelen 1, 6 en 15 alsmede overweging 7 van Verordening (EG) nr. 1/2003.

(14) Verordening nr. 17: Eerste verordening over de toepassing van de artikelen 85 en 86 van het EG-Verdrag, *PB* 13 van 21.2.1962, blz. 204 tot en met 211. Verordening nr. 17 is met ingang van 1 mei 2004 ingetrokken bij artikel 43 van Verordening (EG) nr. 1/2003.

(15) Voor een meer uitvoerige toelichting op dit mechanisme, zie de mededeling betreffende de samenwerking tussen de Commissie en de rechterlijke instanties van de EU-lidstaten bij de toepassing van de artikelen 81 en 82 van het Verdrag.

(16) Zaak T-24/90, Automec/Commissie van de Europese Gemeenschappen, Jurispr. (1992) blz. II-2223, r.o. 93.

overeenkomst op grond van artikel 81, lid 2, nietig zouden zijn, met name wat alle andere onderdelen van de overeenkomst betreft [17];
- nationale rechters zijn gewoonlijk beter dan de Commissie in staat om voorlopige maatregelen te nemen [18];
- voor de nationale rechter kan een vordering uit hoofde van het communautaire mededingingsrecht in combinatie met andere vorderingen op grond van het nationale recht worden ingesteld;
- nationale rechters hebben gewoonlijk de bevoegdheid om, wanneer de eiser in het gelijk wordt gesteld, de gerechtskosten ten laste van de wederpartij te leggen. Dit is in een administratieve procedure voor de Commissie niet mogelijk.

17. Dat een klager de bescherming van zijn rechten kan waarborgen door een beroep in te stellen bij een nationale rechtbank is een belangrijk element waarmee de Commissie rekening kan houden wanneer zij nagaat of het communautair belang het onderzoek van een klacht rechtvaardigt [19].

18. De Commissie is van mening dat het nieuwe, bij Verordening (EG) nr. 1/2003 ingevoerde handhavingsstelsel de mogelijkheden waarover klagers beschikken om succesvol genoegdoening te zoeken en te verkrijgen van de nationale rechtelijke instanties, uitbreidt.

C. Taakverdeling tussen de openbare handhavingsinstanties in de Europese Gemeenschap

19. Bij Verordening (EG) nr. 1/2003 wordt een stelsel van parallelle bevoegdheid voor de toepassing van de artikelen 81 en 82 ingevoerd doordat de mededingingsautoriteiten van de lidstaten de bevoegdheid wordt verleend de artikelen 81 en 82 ten volle toe te passen (artikel 5). De decentrale toepassing door de mededingingsautoriteiten van de lidstaten wordt verder aangemoedigd door de mogelijkheid om informatie uit te wisselen (artikel 12) en om elkaar bij onderzoeken bijstand te verlenen (artikel 22).

20. De taakverdeling tussen de Commissie en de mededingingsautoriteiten van de lidstaten wordt in de verordening niet geregeld; de verdeling van zaken wordt overgelaten aan het European Competition Network (ECN), waarin de Commissie en de mededingingsautoriteiten van de lidstaten samenwerken. De verordening beoogt een doeltreffende handhaving van de artikelen 81 en 82 door middel van een flexibele verdeling van mededingingszaken onder de openbare handhavingsinstanties in de Gemeenschap.

21. De richtsnoeren voor de taakverdeling tussen de Commissie en de mededingingsautoriteiten van de lidstaten zijn in een afzonderlijke mededeling opgenomen [20]. Deze mededeling over de betrekkingen tussen de openbare handhavingsinstanties vormt een belangrijke leidraad voor klagers omdat zij hen in staat stelt hun klacht tot die autoriteit te richten die het meest geschikt is om hun zaak in behandeling te nemen.

---

(17) Zaak C-230/96, Cabour en Nord Distribution Automobile/Arnor 'SOCO', Jurispr. (1998) blz. I-2055, r.o. 51; gevoegde zaken T-185/96, T-189/96 en T-190/96, Dalmasso e.a./Commissie van de Europese Gemeenschappen, Jurispr. (1999) blz. II-93, r.o. 50.
(18) Zie artikel 8 van Verordening (EG) nr. 1/2003 en punt 80 hieronder. Naar gelang van het geval kunnen de mededingingsautoriteiten van de lidstaten even goed in staat zijn voorlopige maatregelen te nemen.
(19) Zie punt 41 en volgende.
(20) Mededeling betreffende de samenwerking binnen het netwerk van mededingingsautoriteiten (blz. 43).

Mededeling behandeling van klachten door de Commissie

22. De mededeling betreffende de samenwerking binnen het netwerk van mededingingsautoriteiten stelt met name [21]:
'Een autoriteit kan geschikt worden geacht een zaak te behandelen indien aan de volgende drie cumulatieve voorwaarden is voldaan:
- de overeenkomst of gedraging heeft aanzienlijke rechtstreekse feitelijke of vermoedelijke gevolgen voor de mededinging op haar grondgebied, wordt op haar grondgebied ten uitvoer gelegd of heeft zich daar voor het eerst voorgedaan;
- de autoriteit kan de volledige inbreuk daadwerkelijk beëindigen, d.w.z. zij kan een administratief verbod uitvaardigen dat voldoende effect sorteert om een einde te maken aan de inbreuk en zij kan, zo nodig, de inbreuk naar behoren bestraffen;
- zij kan, eventueel bijgestaan door andere autoriteiten, het feitenmateriaal verzamelen dat nodig is om de inbreuk te bewijzen.

Uit bovengenoemde criteria blijkt dat er een concreet verband moet bestaan tussen de inbreuk en het grondgebied van een lidstaat, wil de mededingingsautoriteit van die lidstaat geschikt worden geacht om een zaak te behandelen. Het valt te verwachten dat de autoriteiten van lidstaten waar de mededinging merkbaar wordt beïnvloed door een inbreuk, geschikt zullen zijn om de zaak te behandelen, mits zij door afzonderlijk dan wel parallel optreden daadwerkelijk een einde kunnen maken aan de inbreuk, tenzij de Commissie terzake beter is toegerust (zie hieronder [...]).
Hieruit volgt dat één enkele nationale mededingingsautoriteit gewoonlijk geschikt is om overeenkomsten of gedragingen aan te pakken die met name op haar grondgebied, de mededinging merkbaar beïnvloeden [...]
Verder kan het optreden van één NMA eveneens passend zijn wanneer een dergelijk optreden volstaat om de volledige inbreuk te beëindigen, ook al kan meer dan één NMA geschikt worden geacht om de zaak te behandelen [...]
Een parallelle behandeling door twee of drie NMA's kan passend zijn wanneer een overeenkomst of gedraging, in hoofdzaak op het grondgebied van deze autoriteiten, de mededinging merkbaar beïnvloedt en het optreden van één enkele NMA niet volstaat om de volledige inbreuk te beëindigen en/of deze naar behoren te bestraffen [...]
De autoriteiten die een zaak in het kader van een parallel optreden behandelen, zullen trachten hun optreden zoveel mogelijk te coördineren. Daartoe kunnen zij het nuttig achten een van hen als leidende autoriteit aan te wijzen en bepaalde taken aan deze autoriteit te delegeren, zoals bijvoorbeeld de coördinatie van onderzoeksmaatregelen, met dien verstande dat elke autoriteit verantwoordelijk blijft voor het verloop van haar eigen procedures.
De Commissie is bij uitstek geschikt om een zaak te behandelen wanneer een of meer overeenkomsten of gedragingen, netwerken van soortgelijke overeenkomsten of gedragingen inbegrepen, in meer dan drie lidstaten gevolgen hebben voor de mededinging (grensoverschrijdende markten die meer dan drie lidstaten omvatten of verschillende nationale markten) [...]
Bovendien is de Commissie bij uitstek geschikt om een zaak te behandelen wanneer deze nauw verband houdt met andere communautaire bepalingen waarvoor de Commissie uitsluitend bevoegd is, of die door de Commissie doeltreffender kunnen worden toegepast, dan wel wanneer het communautaire belang vereist dat er een besluit van de

---

(21) Mededeling betreffende de samenwerking binnen het netwerk van mededingingsautoriteiten, punten 8 tot en met 15.

Commissie wordt vastgesteld teneinde het communautaire mededingingsbeleid verder te ontwikkelen ter ondervanging van nieuwe mededingingsvraagstukken, of om een daadwerkelijke handhaving te waarborgen.'

23. In het European Competition Network wordt informatie over zaken die naar aanleiding van een klacht worden onderzocht, vóór of onmiddellijk na het begin van de eerste formele onderzoeksmaatregel aan de overige leden van het netwerk meegedeeld [22]. Wanneer eenzelfde klacht bij verschillende autoriteiten is ingediend of wanneer een zaak aanhangig is gemaakt bij een autoriteit die niet geschikt is om deze te behandelen, zullen de leden van het netwerk binnen een indicatieve termijn van twee maanden trachten vast te stellen door welke autoriteit of autoriteiten de zaak zou moeten worden behandeld.

24. Klagers kunnen in belangrijke mate helpen voorkomen dat de zaak die naar aanleiding van hun klacht is ontstaan aan een andere autoriteit moet worden doorverwezen door, alvorens te beslissen bij welke autoriteit zij hun klacht indienen, gebruik te maken van de richtsnoeren inzake de taakverdeling binnen het netwerk die in dit hoofdstuk worden uiteengezet. Wanneer een zaak toch binnen het netwerk wordt doorverwezen, dan worden de betrokken ondernemingen en de klager(s) zo spoedig mogelijk door de betrokken mededingingsautoriteiten op de hoogte gebracht [23].

25. Overeenkomstig artikel 13 van Verordening (EG) nr. 1/2003 kan de Commissie een klacht afwijzen op grond van het feit dat een mededingingsautoriteit van een lidstaat de zaak behandelt of behandeld heeft. In dit geval moet de Commissie, overeenkomstig artikel 9 van Verordening (EG) nr. 773/2004, de klager onverwijld meedelen welke nationale mededingingsautoriteit de zaak behandelt of reeds behandeld heeft.

III. De behandeling van klachten door de commissie op grond van artikel 7, lid 2 van Verordening (EG) Nr. 1/2003

A. Algemeen

26. Krachtens artikel 7, lid 2 van Verordening (EG) nr. 1/2003 zijn natuurlijke personen en rechtspersonen die een rechtmatig belang [24] kunnen aantonen, gerechtigd tot het indienen van een klacht waarbij zij de Commissie verzoeken een inbreuk op de artikelen 81 en 82 EG vast te stellen en te gelasten hieraan overeenkomstig artikel 7, lid 1, van Verordening (EG) nr. 1/2003 een einde te maken. In dit deel van de onderhavige mededeling worden de voorwaarden waaraan klachten op grond van artikel 7, lid 2, van Verordening (EG) nr. 1/2003 moeten voldoen, alsmede de beoordeling ervan en de door de Commissie gevolgde procedure uiteengezet.

27. De Commissie is, anders dan burgerlijke rechterlijke instanties, die tot taak hebben de individuele rechten van particulieren te beschermen, een administratieve autoriteit die in het openbaar belang moet handelen. Het is inherent aan de taak van de Commissie

---

(22) Artikel 11, leden 2 en 3 van Verordening (EG) nr. 1/2003; mededeling betreffende de samenwerking binnen het netwerk van mededingingsautoriteiten, punten 16 en 17.

(23) Mededeling betreffende de samenwerking binnen het netwerk van mededingingsautoriteiten, punt 34.

(24) Voor een meer uitgebreide toelichting op dit begrip, zie punt 33 en volgende.

als openbare handhavingsinstantie dat zij over de discretionaire bevoegdheid beschikt om bij haar handhavingstaak prioriteiten te stellen [25].

28. De Commissie mag aan de bij haar aanhangig gemaakte zaken verschillende prioriteiten toekennen en mag ter bepaling van de prioriteit die aan een zaak moet worden toegekend, naar het communautair belang verwijzen [26]. De Commissie mag een klacht afwijzen wanneer zij van oordeel is dat er geen sprake is van een zodanig communautair belang, dat onderzoeksmaatregelen gerechtvaardigd zijn. Wanneer de Commissie een klacht verwerpt, heeft de klager recht op een beschikking van de Commissie [27] onverminderd artikel 7, lid 3, van Verordening (EG) nr. 773/2004.

B. De indiening van een klacht overeenkomstig artikel 7, lid 2 van Verordening (EG) Nr. 1/2003

a) Klachtenformulier

29. Een klacht in de zin van artikel 7, lid 2, van Verordening (EG) nr. 1/2003 kan uitsluitend worden ingediend met betrekking tot een vermeende inbreuk op artikel 81 of 82 met het oog op de vaststelling van maatregelen door de Commissie uit hoofde van artikel 7, lid 1, van Verordening (EG) nr. 1/2003. Een klacht uit hoofde van artikel 7, lid 2, van Verordening (EG) nr. 1/2003 moet in overeenstemming zijn met formulier C als bedoeld in artikel 5, lid 1, van Verordening (EG) nr. 773/2004, dat in de bijlage bij die verordening is opgenomen.

30. Formulier C is verkrijgbaar op http://europa.eu.int/dgcomp/complaints-form en is tevens in de bijlage bij deze mededeling opgenomen. De klacht moet in drie papieren exemplaren evenals, indien mogelijk, langs elektronische weg worden ingediend. Daarnaast moet de klager een niet-vertrouwelijke versie van de klacht indienen (artikel 5, lid 2, van Verordening (EG) nr. 773/2004). Elektronische toezending naar de Commissie kan geschieden via de genoemde website, de papieren exemplaren moeten naar het volgende adres worden gezonden:

Europese Commissie
DG Concurrentie
B-1049 Brussel.

31. Formulier C verzoekt klagers om uitvoerige informatie te verstrekken met betrekking tot hun klacht. Verder dienen zij afschriften te overleggen van relevante documentatie die hen redelijkerwijs ter beschikking staat en dienen zij zo mogelijk aan te geven waar relevante informatie en documenten waarover zij niet kunnen beschikken door de Commissie kunnen worden verkregen. In bijzondere gevallen kan de Commissie een klager ontslaan van de verplichting informatie te verschaffen voor een deel van de in formulier C gevraagde informatie (artikel 5, lid 1, van Verordening (EG) nr. 773/2004). De Commissie is van oordeel dat deze mogelijkheid met name de indiening van klachten door consumentenverenigingen kan vergemakkelijken wanneer zij, in het kader van een

---

(25) Zaak C-119/97 P, Union française de l'express (Ufex) e.a./Commissie van de Europese Gemeenschappen, Jurispr. (1999), blz. I-1341, r.o. 88; zaak T-24/90, Automec/Commissie van de Europese Gemeenschappen, Jurispr. (1992), blz. II-2223, r.o. 73–77 en 85.
(26) Vaste rechtspraak sinds zaak T-24/90, Automec/Commissie van de Europese Gemeenschappen, Jurispr. (1992), blz. II-2223, r.o. 85.
(27) Zaak C-282/95 P, Guérin automobiles/Commissie van de Europese Gemeenschappen, Jurispr. (1997), blz. I-1503, r.o. 36.

overigens gemotiveerde klacht, geen toegang hebben tot specifieke gegevens van de ondernemingen waarop de klacht betrekking heeft.
32. Aan de Commissie gezonden brieven die niet voldoen aan de vereisten van artikel 5 van Verordening (EG) nr. 773/2004 en daarom geen klacht vormen in de zin van artikel 7, lid 2, van Verordening (EG) nr. 1/2003, worden door de Commissie als algemene informatie beschouwd op grond waarvan zij, indien zij dit zinvol acht, ambtshalve een onderzoek kan instellen (zie punt 4).

b) Rechtmatig belang

33. De formele status van klager ingevolge artikel 7, lid 2, van Verordening (EG) nr. 1/2003 is voorbehouden aan rechtspersonen en natuurlijke personen die een rechtmatig belang kunnen aantonen [28]. Lidstaten worden geacht ten aanzien van alle klachten die zij indienen een rechtmatig belang te hebben.

34. In het verleden gaf de voorwaarde inzake rechtmatig belang niet dikwijls aanleiding tot twijfel omdat de meeste klagers rechtstreeks door de vermeende inbreuk werden benadeeld. Er zijn evenwel situaties waarin nader onderzoek is vereist om na te gaan of aan de voorwaarde inzake een 'rechtmatig belang' volgens artikel 7, lid 2, is voldaan. Dit kan het best worden geïllustreerd aan de hand van een – niet-uitputtende – reeks voorbeelden.

35. Het Gerecht van eerste aanleg heeft geoordeeld dat een ondernemersvereniging een rechtmatig belang bij de indiening van een klacht kan doen gelden, ook al wordt zij als onderneming die op de betrokken markt actief is niet rechtstreeks door het gewraakte gedrag geraakt, op voorwaarde dat zij gerechtigd is de belangen van haar leden te vertegenwoordigen en het gewraakte gedrag de belangen van die leden kan schaden [29]. Daarentegen is eveneens gesteld dat de Commissie gerechtigd was een klacht van een ondernemersvereniging waarvan de leden zich niet bezighielden met het soort zakelijke transacties die het voorwerp waren van de klacht [30], zonder gevolg te laten.

36. Uit deze rechtspraak kan worden afgeleid dat ondernemingen (de ondernemingen zelf of de verenigingen die bevoegd zijn hun belangen te vertegenwoordigen) een rechtmatig belang kunnen aanvoeren wanneer zij op de relevante markt actief zijn of wanneer het gedrag waarop de klacht betrekking heeft hun belangen rechtstreeks kan schaden. Hiermee wordt de vaste praktijk van de Commissie bevestigd, waarin wordt gesteld dat een rechtmatig belang bijvoorbeeld kan worden aangevoerd door de partijen bij de overeenkomst of gedraging die het voorwerp is van de klacht, door concurrerende ondernemingen die menen dat hun belangen door het gewraakte gedrag zijn geschaad of door ondernemingen die van een distributiesysteem zijn uitgesloten.

---

(28) Zie artikel 5, lid 1, van Verordening (EG) nr. 773/2004.
(29) Zaak T-114/92, Bureau Européen des Médias et de l'Industrie Musicale (BEMIM)/Commissie van de Europese Gemeenschappen, Jurispr. (1995), blz. II-147, r.o. 28. Ondernemersverenigingen waren eveneens klagers in de zaken die voorwerp waren van de arresten in zaak 298/83, Comité des industries cinématographiques des Communautés européennes (CICCE)/Commissie van de Europese Gemeenschappen, Jurispr. (1985), blz. 1105 en zaak T-319/99, Federacion Nacional de Empresas (FENIN)/Commissie van de Europese Gemeenschappen, nog niet in de Jurisprudentie (2003) gepubliceerd.
(30) Gevoegde zaken T-133/95 en T-204/95, International Express Carriers Conference (IECC)/Commissie van de Europese Gemeenschappen, Jurispr. (1998) blz. II-3645, r.o. 79–83.

37. Ook consumentenverenigingen kunnen bij de Commissie klachten indienen [31]. Bovendien is de Commissie van oordeel dat individuele consumenten wier economische belangen rechtstreeks worden geschaad omdat zij de kopers zijn van goederen of diensten die het voorwerp van een inbreuk zijn, mogelijk een rechtmatig belang kunnen aantonen [32].

38. De Commissie beschouwt evenwel het belang van personen of organisaties die redenen van algemeen belang aanvoeren zonder aan te tonen dat zij of hun leden rechtstreeks door de inbreuk dreigen te worden benadeeld, niet als een rechtmatig belang in de zin van artikel 7, lid 2.

39. Lokale of regionale openbare autoriteiten kunnen een rechtmatig belang aantonen in hun hoedanigheid van kopers of gebruikers van goederen of diensten die door het gedrag waarop de klacht betrekking heeft zijn benadeeld. Daarentegen kunnen zij niet worden geacht een rechtmatig belang aan te tonen in de zin van artikel 7, lid 2, van Verordening (EG) nr. 1/2003 indien zij de Commissie om redenen van het algemeen belang in kennis stellen van vermeende inbreuken.

40. Klagers moeten hun rechtmatige belang aantonen. Wanneer een natuurlijke of rechtspersoon die een klacht indient geen rechtmatig belang kan aantonen, is de Commissie gerechtigd de klacht zonder gevolg te laten zonder dat dit afbreuk doet aan haar bevoegdheid om ambtshalve een procedure in te leiden. De Commissie mag in elke fase van het onderzoek nagaan of aan deze voorwaarde is voldaan [33].

C. Beoordeling van klachten
a) Communautair belang

41. Volgens de vaste rechtspraak van de communautaire rechterlijke instanties is de Commissie niet verplicht in elke zaak een onderzoek in te stellen [34] of, a fortiori, een beschikking te geven in de zin van artikel 249 EG over het al dan niet bestaan van een inbreuk op artikel 81 of 82 [35], maar mag zij aan de bij haar ingediende klachten een verschillende prioriteit toekennen en ter bepaling van deze prioriteit naar het commu-

---

(31) Zaak T-37/92, Bureau Européen des Unions des Consommateurs (BEUC/Commissie van de Europese Gemeenschappen, Jurispr. (1994), blz. II-285, r.o. 36.

(32) Deze kwestie is aan de orde gesteld in een thans bij het Gerecht van eerste aanleg aanhangige procedure (gevoegde zaken T-213 en 214/01). De Commissie heeft ook een individuele consument als klager aanvaard in haar beschikking van 9 dec. 1998 in zaak IV/D-2/34.466, Griekse veerdienstmaatschappijen, PB L 109/24 van 27 april 1999, r.o. 1.

(33) Gevoegde zaken T-133/95 en T-204/95, International Express Carriers Conference (IECC)/Commissie van de Europese Gemeenschappen, Jurispr. (1998), blz. II-3645, r.o. 79.

(34) Zaak T-24/90, Automec/Commissie van de Europese Gemeenschappen, Jurispr. (1992), blz. II-2223, r.o. 76; zaak C-91/95 P, Roger Tremblay e.a./Commissie van de Europese Gemeenschappen, Jurispr. (1996), blz I-5547, r.o. 30.

(35) Zaak 125/78, GEMA/Commissie van de Europese Gemeenschappen, Jurispr. (1979), blz. 3173, r.o. 17; zaak C-119/97/P, Union française de l'express (Ufex) e.a./Commissie van de Europese Gemeenschappen, Jurispr. (1999), blz. I-1341, r.o. 87.

nautair belang verwijzen [36]. Dit geldt slechts dan niet wanneer het voorwerp van de klacht tot de exclusieve bevoegdheid van de Commissie behoort [37].

42. De Commissie moet evenwel de feitelijke en juridische elementen waarvan de klagers haar in kennis hebben gesteld, zorgvuldig onderzoeken om het communautair belang van verder onderzoek in een zaak te beoordelen [38].

43. Bij de beoordeling van het in een klacht aan de orde gestelde communautair belang moet rekening worden gehouden met de omstandigheden van elk individueel geval. Daarom moet het aantal beoordelingscriteria waarnaar de Commissie kan verwijzen niet worden beperkt, en mag zij evenmin worden verplicht uitsluitend bepaalde criteria te gebruiken. Aangezien de feitelijke en juridische context van geval tot geval aanmerkelijk kan verschillen, is het geoorloofd om nieuwe criteria te gebruiken die voorheen nog niet in aanmerking waren genomen [39]. Zo nodig mag de Commissie de voorkeur geven aan één enkel criterium ter beoordeling van het communautair belang [40].

44. De criteria die in de rechtspraak relevant zijn verklaard voor de beoordeling van het communautair belang in het (verdere) onderzoek van een zaak zijn als volgt:
— de Commissie kan een klacht afwijzen op grond van het feit dat de klager zijn rechten voor de nationale rechter kan doen gelden [41];
— de Commissie mag niet bepaalde situaties die tot de haar bij het Verdrag opgedragen taak behoren, als bij voorbaat van haar werkterrein uitgesloten beschouwen, maar zij dient in elk individueel geval de ernst van de vermeende inbreuken op de mededinging alsmede het voortduren van de gevolgen ervan te beoordelen. Deze verplichting brengt met zich mee, dat zij rekening houdt met de duur en de omvang van de gestelde inbreuken alsmede met de invloed ervan op de mededingingssituatie binnen de Gemeenschap [42];
— het is mogelijk dat de Commissie een afweging moet maken tussen het belang van de gestelde inbreuk voor de werking van de gemeenschappelijke markt, de waarschijnlijkheid dat zij het bestaan ervan kan aantonen en de omvang van de

---

(36) Vaste rechtspraak sinds zaak T-24/90, Automec/Commissie van de Europese Gemeenschappen, Jurispr. (1992), blz. II-2223, r.o. 77 en 85; in overweging 18 van Verordening nr. 1/2003 wordt deze mogelijkheid uitdrukkelijk bevestigd.
(37) Vaste rechtspraak sinds zaak T-24/90, Automec/Commissie van de Europese Gemeenschappen, Jurispr. (1992), blz. II-2223, r.o. 75. Wat Verordening (EG) nr. 1/2003 betreft is dit beginsel wellicht uitsluitend relevant in het kader van artikel 29 van die verordening.
(38) Zaak 210/81, Oswald Schmidt, handelend onder de naam Demo-Studio Schmidt/Commissie van de Europese Gemeenschappen, Jurispr. (1983), blz. 3045, r.o. 19; zaak C-119/97 P, Union française de l'express (Ufex) e.a./Commissie van de Europese Gemeenschappen, Jurispr. (1999), blz. I-1341, r.o. 86.
(39) Zaak C-119/97 P, Union française de l'express (Ufex) e.a./Commissie van de Europese Gemeenschappen, Jurispr. (1999), blz. I-1341, r.o. 79–80.
(40) Zaak C-450/98 P, International Express Carriers Conference (IECC)/Commissie van de Europese Gemeenschappen, Jurispr. (2001), blz. I-3947, r.o. 57–59.
(41) Zaak T-24/90, Automec/Commissie van de Europese Gemeenschappen, Jurispr. (1992), blz. II-2223, r.o. 88 en volgende; zaak T-5/93, Roger Tremblay e.a./Commissie van de Europese Gemeenschappen, Jurispr. (1995), blz. II-185, r.o. 65 en volgende; zaak T-575/93, Casper Koelman/ Commissie van de Europese Gemeenschappen, Jurispr. (1996), blz. II-1, r.o. 75–80; zie ook deel II hierboven waarin deze situatie meer uitvoerig wordt uiteengezet.
(42) Zaak C-119/97 P, Union française de l'express (Ufex) e.a./Commissie van de Europese Gemeenschappen, Jurispr. (1999), blz. I-1341, r.o. 92/93.

onderzoeksmiddelen die nodig zijn om haar taak, te waken over de toepassing van de artikelen 81 en 82 van het Verdrag, te kunnen vervullen [43];
- hoewel het bestaan van de discretionaire bevoegdheid van de Commissie niet afhangt van de vraag hoe ver het onderzoek in een zaak gevorderd is, maakt dit element wel deel uit van de omstandigheden van het concrete geval waarmee de Commissie eventueel rekening moet houden [44];
- de Commissie kan besluiten dat het niet passend is een klacht te onderzoeken wanneer de desbetreffende praktijken zijn beëindigd. De Commissie zal in dit geval echter wel moeten verifiëren of de mededingingsverstorende effecten niet voortduren en of de ernst van de inbreuken of het voortduren van de gevolgen ervan niet van dien aard zijn dat aan de klacht een communautair belang moet worden gehecht [45];
- de Commissie kan eveneens besluiten dat het niet passend is een klacht te onderzoeken wanneer de betrokken ondernemingen ermee instemmen hun gedrag zodanig te veranderen dat zij van oordeel is dat er niet langer voldoende communautair belang bestaat om op te treden [46].

45. Wanneer de Commissie van oordeel is dat een zaak niet blijk geeft van voldoende communautair belang om (verder) onderzoek te rechtvaardigen, kan de Commissie de klacht om die reden afwijzen. Dit besluit kan ofwel vóór de aanvang van een onderzoek, ofwel na de vaststelling van onderzoeksmaatregelen worden genomen [47]. De Commissie is evenwel niet verplicht een klacht af te wijzen wegens gebrek aan communautair belang [48].

b) Beoordeling op grond van de artikelen 81 en 82

46. Het onderzoek van een klacht op grond van de artikelen 81 en 82 omvat twee aspecten; het ene heeft betrekking op de feiten die moeten worden vastgesteld om een inbreuk op artikel 81 of 82 aan te tonen en het andere houdt verband met de juridische beoordeling van het gedrag waarop de klacht betrekking heeft.

---

(43) Vaste rechtspraak sinds zaak T-24/90, Automec/Commissie van de Europese Gemeenschappen, Jurispr. (1992), blz. II-2223, r.o. 86.
(44) Zaak C-449/98 P, International Express Carriers Conference (IECC)/Commissie van de Europese Gemeenschappen, Jurispr. (2001), blz. I-3875, r.o. 37.
(45) Zaak T-77/95, Syndicat français de l'Express International e.a./Commissie van de Europese Gemeenschappen, Jurispr. (1997), blz. II-1, r.o. 57. Zaak C-119/97 P, Union française de l'express (Ufex) e.a./Commissie van de Europese Gemeenschappen, Jurispr. (1999), blz. I-1341, r.o. 95. Zie ook zaak T-37/92, Bureau Européen des Unions des Consommateurs (BEUC/Commissie van de Europese Gemeenschappen, Jurispr. (1994), blz. II-285, r.o. 113, waarin werd geoordeeld dat een ongeschreven verbintenis tussen een lidstaat en een derde land die niet is aangegaan in het kader van de gemeenschappelijke handelspolitiek, onvoldoende basis vormde om vast te stellen dat het gedrag waarop de klacht betrekking had, was beëindigd.
(46) Zaak T-110/95, International Express Carriers (IECC)/Commissie van de Europese Gemeenschappen e.a., Jurispr. (1998), blz. II-3605, r.o. 57, bevestigd door zaak 449/98 P, International Express Carriers (IECC)/Commissie van de Europese Gemeenschappen e.a., Jurispr. (2001), blz. I-3875, r.o. 44-47.
(47) Zaak C-449/98 P, International Express Carriers (IECC)/Commissie van de Europese Gemeenschappen e.a., Jurispr. (2001), blz. I-3875, r.o. 37.
(48) Zie reeds zaak T-77/92, Parker Pen/Commissie van de Europese Gemeenschappen, Jurispr. (1994), blz. II-549, r.o. 64/65; nog duidelijker in zaak C-344/98, Masterfoods/HB Ice Cream, Jurispr. (2000), blz. I-11369, r.o. 48.

Mededeling behandeling van klachten door de Commissie

47. Wanneer de klacht wel voldoet aan de vereisten van artikel 5 van Verordening (EG) nr. 773/2004 en formulier C, doch niet volstaat om de gegrondheid van de beweringen aan te tonen, kan hij om die reden worden afgewezen [49]. De Commissie is niet verplicht feitelijke elementen die de klager haar niet ter kennis heeft gebracht en die zij enkel op basis van een onderzoek had kunnen ontdekken, in aanmerking te nemen om die klacht te kunnen afwijzen op grond van het feit dat het gedrag waarop de klacht betrekking heeft de communautaire mededingingsregels niet schendt of niet binnen de werkingssfeer ervan valt [50].

48. De criteria voor de juridische beoordeling van overeenkomsten of gedragingen in het licht van de artikelen 81 en 82 kunnen in deze mededeling niet uitputtend worden behandeld. Potentiële klagers kunnen evenwel een beroep doen op de uitvoerige informatie van de Commissie [51], naast andere bronnen en met name de rechtspraak van de communautaire rechterlijke instanties en de praktijk van de Commissie. In de navolgende punten worden vier specifieke onderwerpen genoemd en wordt aangegeven waar verdere informatie kan worden gevonden.

49. Overeenkomsten en gedragingen vallen in het toepassingsgebied van de artikelen 81 en 82 wanneer zij de handel tussen lidstaten kunnen beïnvloeden. Wanneer een overeenkomst of gedraging niet aan deze voorwaarde voldoet kan het nationale mededingingsrecht van toepassing zijn, maar niet het communautaire mededingingsrecht. Een uitgebreide toelichting op dit onderwerp kan worden gevonden in de mededeling betreffende het begrip 'beïnvloeding van de handel' [52].

50. Overeenkomsten die in het toepassingsgebied van artikel 81 vallen kunnen overeenkomsten van geringe betekenis zijn die geacht worden de mededinging niet merkbaar te beperken. Dit onderwerp wordt nader uiteengezet in de minimis-bekendmaking van de Commissie [53].

51. Overeenkomsten die aan de voorwaarden van een groepsvrijstellingsverordening voldoen worden geacht te voldoen aan de voorwaarden van artikel 81, lid 3 [54]. De Commissie kan, overeenkomstig artikel 29 van Verordening (EG) nr. 1/2003, een groepsvrijstelling slechts intrekken wanneer zij van oordeel is dat in een bepaald geval een overeenkomst waarop de vrijstellingsverordening van toepassing is, bepaalde met artikel 81, lid 3, onverenigbare gevolgen heeft.

---

(49) Zaak 298/83, Comité des industries cinématrograghiques des Communautés européennes (CICCE)/Commissie van de Europese Gemeenschappen, Jurispr. (1985), blz. 1105, r.o. 21–24; zaak T-198/98, Micro Leader Business/Commissie van de Europese Gemeenschappen, Jurispr. (1999), blz. II-3989, r.o. 32–39.

(50) Zaak T-319/99, Federacion Nacional de Empresas (FENIN)/Commissie van de Europese Gemeenschappen, nog niet in de Jurisprudentie (2003) verschenen, r.o. 43.

(51) Uitvoerige informatie is te vinden op de website van de Commissie http://europa.eu.int/comm/competition/index_nl.html

(52) Mededeling betreffende het begrip 'beïnvloeding van de handel' in de artikelen 81 en 82 van het Verdrag (blz. 81).

(53) Bekendmaking van de Commissie inzake overeenkomsten die de mededinging niet merkbaar beperken in de zin van artikel 81, lid 1 van het Verdrag tot oprichting van de Europese Gemeenschap (de minimis) (*PB* C 368 van 22.12.2001, blz. 13).

(54) De tekst van alle groepsvrijstellingsverordeningen kan worden geraadpleegd op de website van de Commissie http://europa.eu.int/comm/competition/index_nl.html

Mededeling behandeling van klachten door de Commissie

52. Het is mogelijk dat overeenkomsten die de mededinging beperken in de zin van artikel 81, lid 1, EG voldoen aan de voorwaarden van artikel 81, lid 3, EG. Volgens artikel 1, lid 2, van Verordening (EG) nr. 1/2003 zijn dergelijke overeenkomsten niet verboden, zonder dat hiertoe een voorafgaande beslissing vereist is. Een nadere toelichting op de voorwaarden waaraan een overeenkomst uit hoofde van artikel 81, lid 3, moet voldoen is opgenomen in de mededeling betreffende artikel 81, lid 3 [55].

D. De door de Commissie gevolgde procedures bij de behandeling van klachten
a) Overzicht

53. Zoals in het bovenstaande is opgemerkt is de Commissie niet verplicht op basis van elke klacht die wordt ingediend een onderzoek te verrichten om vast te stellen of er sprake is van een inbreuk. De Commissie is echter wel gehouden de feitelijke en juridische elementen waarvan klagers haar op de hoogte hebben gebracht, aandachtig te onderzoeken om te beoordelen of deze elementen op gedragingen wijzen die een inbreuk kunnen vormen op de artikelen 81 en 82 [56].

54. In de procedure die de Commissie volgt om klachten te behandelen, kunnen verschillende fasen worden onderscheiden [57].

55. Tijdens de eerste fase, die volgt op de indiening van de klacht, verzamelt de Commissie de nodige gegevens om te beoordelen welk gevolg aan de klacht moet worden gegeven. Deze fase kan een informele uitwisseling van standpunten tussen de Commissie en de klager omvatten, bedoeld om de feitelijke en juridische elementen die het voorwerp van de klacht zijn, te preciseren. In deze fase kan de Commissie een eerste reactie op de klacht geven en de klager in staat stellen, zijn beweringen in het licht van die eerste reactie nader toe te lichten.

56. In de tweede fase kan de Commissie de zaak nader onderzoeken met het oog op de inleiding van de procedure van artikel 7, lid 1 van Verordening (EG) nr. 1/2003 tegen de ondernemingen waartegen de klacht is gericht. Wanneer de Commissie van oordeel is dat er onvoldoende grond is om gevolg te geven aan de klacht, zal zij de klager hiervan met opgave van redenen in kennis stellen en biedt zij hem de mogelijkheid om, binnen een termijn die zij vaststelt, eventuele nadere opmerkingen kenbaar te maken (artikel 7, lid 1, van Verordening (EG) nr. 773/2004).

57. Indien de klager zijn standpunt niet binnen de door de Commissie vastgestelde termijn kenbaar maakt, wordt de klacht geacht te zijn ingetrokken (artikel 7, lid 3, van Verordening (EG) nr. 773/2004). In alle andere gevallen neemt de Commissie in de derde fase van de procedure kennis van de door de klager ingediende opmerkingen waarna zij hetzij een procedure inleidt tegen de persoon waartegen de klacht is gericht, hetzij een beschikking tot afwijzing van de klacht geeft [58].

---

(55) Mededeling van de Commissie — Richtsnoeren betreffende de toepassing van artikel 81, lid 3, van het Verdrag (blz. 97).
(56) Zaak 210/81, Oswald Schmidt, handelend onder de naam Demo-Studio Schmidt/Commissie van de Europese Gemeenschappen, Jurispr. (1983), blz. 3045, r.o. 19; zaak T-24/90, Automec/Commissie van de Europese Gemeenschappen, Jurispr. (1992), blz. II-2223, r.o. 79.
(57) Zaak T-64/89, Automec/Commissie van de Europese Gemeenschappen, Jurispr. (1990), blz. II-367, r.o. 45–47 en zaak T-37/92, Bureau Européen des Unions des Consommateurs (BEUC/Commissie van de Europese Gemeenschappen, Jurispr. (1994), blz. II-285, r.o. 29.
(58) Zaak C-282/95 P, Guérin automobiles/Commissie van de Europese Gemeenschappen, Jurispr. (1997), blz. I-1503, r.o. 36.

Mededeling behandeling van klachten door de Commissie

58. Wanneer de Commissie overeenkomstig artikel 13 van Verordening (EG) nr. 1/2003 een klacht afwijst op grond van het feit dat een mededingingsautoriteit van een lidstaat de zaak behandelt of heeft behandeld, gaat zij volgens artikel 9 van Verordening (EG) nr. 773/2004 te werk.

59. Gedurende het gehele verloop van de procedure beschikken klagers over een aantal rechten welke met name in de artikelen 6 tot en met 8 van Verordening (EG) nr. 773/2004 zijn vastgelegd. De handelingen van de Commissie in mededingingszaken vormen evenwel geen contradictoire procedure tussen de klager enerzijds en de ondernemingen waarop het onderzoek betrekking heeft anderzijds. De procedurele rechten van klagers gaan dan ook minder ver dan het recht van verweer van de ondernemingen waartegen een inbreukprocedure is ingeleid [59].

b) Indicatieve termijn waarbinnen de Commissie de klager in kennis moet stellen van de voorgenomen maatregelen

60. De Commissie is verplicht om binnen een redelijke termijn uitspraak te doen over een klacht [60]. Wat onder een redelijke termijn moet worden verstaan hangt van de omstandigheden van elke zaak af en in het bijzonder van de context ervan, de verschillende fasen van de procedure die de Commissie heeft gevolgd, het gedrag van de partijen tijdens de procedure, de ingewikkeldheid van de zaak, alsmede het belang ervan voor de verschillende betrokken partijen [61].

61. De Commissie zal in beginsel trachten klagers binnen een indicatieve termijn van vier maanden na de ontvangst van de klacht in kennis te stellen van het gevolg dat zij voornemens is hieraan te geven. Zo zal de Commissie, in het licht van de omstandigheden van het individuele geval en met name de eventuele noodzaak om de klager of derden om aanvullende inlichtingen te verzoeken, de klager in beginsel binnen vier maanden meedelen of zij voornemens is de zaak aan een nader onderzoek te onderwerpen. Deze termijn is niet wettelijk bindend.

62. Binnen deze periode van vier maanden kan de Commissie de klager bij wijze van eerste reactie in de eerste fase van de procedure meedelen welk gevolg zij voornemens is aan de klacht te geven (zie punt 55 hierboven). Ook kan de Commissie, wanneer het onderzoek van de klacht de tweede fase heeft bereikt (zie punt 56 hierboven), de klager door middel van een brief overeenkomstig artikel 7, lid 1, van Verordening (EG) nr. 773/2004 rechtstreeks in kennis stellen van haar voorlopige beoordeling.

63. Om ervoor te zorgen dat hun klacht zo snel mogelijk wordt behandeld is het wenselijk dat klagers zorgvuldig aan de procedure meewerken [62], bijvoorbeeld door de Commissie van nieuwe ontwikkelingen in kennis te stellen.

---

(59) Gevoegde zaken 142 en 156/84, British American Tobacco Company en R.J. Reynolds Industries/Commissie van de Europese Gemeenschappen, Jurispr. (1987), blz. 249, r.o. 19/20.
(60) Zaak C-282/95 P, Guérin automobiles/Commissie van de Europese Gemeenschappen, Jurispr. (1997), blz. I-1503, r.o. 37.
(61) Gevoegde zaken T-213/95 en T-18/96, Stichting Certificatie Kraanverhuurbedrijf (SCK) en Federatie van Nederlandse Kraanbedrijven (FNK)/Commissie van de Europese Gemeenschappen, Jurispr. (1997), blz. 1739, r.o. 57.
(62) Het begrip 'zorgvuldigheid' van de klager wordt gebruikt in het Gerecht van eerste aanleg in zaak T-77/94, Vereniging van Groothandelaren in Bloemkwekerijproducten e.a./Commissie van de Europese Gemeenschappen, Jurispr. (1997), blz. II-759, r.o. 75.

Mededeling behandeling van klachten door de Commissie

c) Procedurele rechten van de klager

64. Wanneer de Commissie overeenkomstig artikel 10, lid 1, van Verordening (EG) nr. 773/2004 een mededeling van punten van bezwaar richt tot de ondernemingen waartegen een klacht is ingediend, heeft de klager recht op een afschrift van dit document waaruit de zakengeheimen en andere vertrouwelijke informatie van de betrokken ondernemingen zijn geschrapt (niet-vertrouwelijke versie van de mededeling van punten van bezwaar; zie artikel 6, lid 1, van Verordening (EG) nr. 773/2004). De klager wordt verzocht schriftelijk zijn standpunt over de mededeling van punten van bezwaar kenbaar te maken. Hiervoor zal een termijn worden vastgesteld.

65. Daarenboven kan de Commissie klagers zonodig in de gelegenheid stellen hun standpunt kenbaar te maken tijdens de mondelinge hoorzitting voor de partijen tot wie een mededeling van punten van bezwaar is gericht, indien de klagers in hun schriftelijke opmerkingen daarom verzoeken [63].

66. Klagers kunnen, op eigen initiatief of op verzoek van de Commissie, documenten indienen die zakelijke geheimen of andere vertrouwelijke informatie bevatten. Vertrouwelijke informatie wordt door de Commissie beschermd [64]. Krachtens artikel 16 van Verordening (EG) nr. 773/2004 moeten klagers vertrouwelijke informatie identificeren, aangeven waarom zij deze informatie als vertrouwelijk beschouwen en een afzonderlijke, niet-vertrouwelijke versie verstrekken wanneer zij overeenkomstig artikel 6, lid 1, en artikel 7, lid 1, van Verordening (EG) nr. 773/2004 hun standpunt kenbaar maken, alsook wanneer zij in de loop van dezelfde procedure verdere informatie verstrekken. Verder kan de Commissie in alle andere gevallen klagers die documenten overleggen of verklaringen afleggen verzoeken aan te geven welke gedeelten of delen van documenten of verklaringen zij als vertrouwelijk beschouwen. Zij kan met name een termijn vaststellen waarin de klager moet meedelen waarom hij bepaalde informatie als vertrouwelijk beschouwt en hij een niet-vertrouwelijke versie moet verstrekken, onder toevoeging van een beknopte beschrijving of een niet-vertrouwelijke versie van alle geschrapte informatie.

67. Ook indien bepaalde informatie als vertrouwelijk wordt aangemerkt belet dit de Commissie niet om inlichtingen bekend te maken of te gebruiken wanneer dit voor het bewijs van een inbreuk op artikel 81 of 82, noodzakelijk is [65]. Wanneer zakengeheimen en vertrouwelijke informatie nodig zijn om een inbreuk aan te tonen, moet de Commissie voor elk afzonderlijk document beoordelen of de noodzaak tot openbaarmaking zwaarwegender is dan de schade die als gevolg van de openbaarmaking zou kunnen ontstaan.

68. Wanneer de Commissie oordeelt dat een klacht niet nader behoeft te worden onderzocht omdat er onvoldoende communautair belang is om de zaak voort te zetten of op andere gronden, stelt zij de klager hiervan bij brief in kennis met vermelding van de rechtsgrondslag (artikel 7, lid 1, van Verordening (EG) nr. 773/2004), motiveert zij deze voorlopige beoordeling en geeft zij de klager de gelegenheid om aanvullende inlichtingen te verstrekken of zijn standpunt kenbaar te maken binnen een door de Commissie vastgestelde termijn. Tevens deelt de Commissie de klager mee wat de gevolgen zijn

---

(63) Artikel 6, lid 2, van Verordening (EG) nr. 773/2004.
(64) Artikel 287 EG, artikel 28 van Verordening (EG) nr. 1/2003 en artikelen 15 en 16 van Verordening (EG) nr. 773/2004.
(65) Artikel 27, lid 2, van Verordening (EG) nr. 1/2003.

indien hij nalaat te antwoorden overeenkomstig artikel 7, lid 3, van Verordening (EG) nr. 773/2004, zoals hieronder wordt uiteengezet.

69. Overeenkomstig artikel 8, lid 1, van Verordening (EG) nr. 773/2004 heeft de klager recht van toegang tot de documenten waarop de Commissie haar voorlopige beoordeling heeft gebaseerd. Deze toegang wordt gewoonlijk verleend door het aanhechten van een afschrift van de desbetreffende documenten aan de brief.

70. De termijn waarbinnen de klager zijn standpunt kenbaar kan maken over de brief ingevolge artikel 7, lid 1, van Verordening (EG) nr. 773/2004 wordt vastgesteld naar gelang van de omstandigheden van de zaak. De termijn kan niet minder dan vier weken bedragen (artikel 17, lid 2, van Verordening (EG) nr. 773/2004). Indien de klager niet binnen de vastgestelde termijn antwoordt, wordt de klacht geacht te zijn ingetrokken overeenkomstig artikel 7, lid 3, van Verordening (EG) nr. 773/2004. Klagers zijn gerechtigd hun klacht te allen tijde in te trekken indien zij zulks wensen.

71. De klager kan om een verlenging van de termijn voor het kenbaar maken van zijn standpunt verzoeken. Afhankelijk van de omstandigheden van de zaak kan de Commissie een dergelijke verlenging toestaan.

72. Wanneer de klager in dit geval aanvullende opmerkingen verstrekt, neemt de Commissie nota van deze opmerkingen. Wanneer zij van dien aard zijn dat de Commissie besluit het gevolg dat zij voornemens was aan de klacht te geven te wijzigen, kan zij een procedure inleiden tegen de ondernemingen waartegen de klacht is gericht. In deze procedure beschikt de klager over de bovenvermelde procedurele rechten.

73. Wanneer het standpunt van de klager geen verandering brengt in het voorgenomen optreden van de Commissie, wijst deze de klacht bij beschikking af [66].

d) De beschikking van de Commissie tot afwijzing van een klacht

74. Wanneer de Commissie bij beschikking overeenkomstig artikel 7, lid 2, van Verordening (EG) nr. 773/2004 een klacht afwijst, moet zij haar besluit overeenkomstig artikel 253 EG motiveren; deze motivering moet beantwoorden aan de aard van de betrokken handeling en de omstandigheden van het geval in aanmerking nemen.

75. De motivering moet de redenering van de Commissie duidelijk en ondubbelzinnig tot uitdrukking brengen, opdat de klager de gronden van het genomen besluit kan kennen en de bevoegde communautaire rechterlijke instantie zijn toezicht kan uitoefenen. De Commissie is evenwel niet verplicht een standpunt te bepalen ten aanzien van alle argumenten die de klagers tot staving van hun klacht hebben ingeroepen, doch zij kan volstaan met een uiteenzetting van de feiten en rechtsoverwegingen die in het bestek van haar beschikking van wezenlijk belang zijn [67].

76. Wanneer de Commissie een klacht afwijst in een zaak die tevens aanleiding geeft tot een beschikking overeenkomstig artikel 10 van Verordening (EG) nr. 1/2003 (vaststelling van niet-toepasselijkheid van artikel 81 of 82) of artikel 9 van Verordening (EG) nr. 1/2003 (toezeggingen), kan in de beschikking tot afwijzing worden verwezen naar die andere beschikking die op basis van de bedoelde bepalingen is gegeven.

---

(66) Artikel 7, lid 2 van Verordening (EG) nr. 773/2004; zaak C-282/95 P, Guérin automobiles/Commissie van de Europese Gemeenschappen, Jurispr. (1997), blz. I-1503, r.o. 36.
(67) Vaste rechtspraak, zie onder andere zaak T-114/92, Bureau Européen des Médias et de l'Industrie Musicale (BEMIM)/Commissie van de Europese Gemeenschappen, Jurispr. (1995), blz. II-147, r.o. 41.

77. Tegen een beschikking tot afwijzing van een klacht kan bij de communautaire rechterlijke instanties beroep worden ingesteld [68].

78. Een beschikking tot afwijzing van een klacht ontneemt klagers de mogelijkheid om een verzoek tot heropening van het onderzoek te doen, tenzij zij belangrijke nieuwe feiten aanvoeren. Verdere correspondentie van klagers over dezelfde vermeende inbreuk kan derhalve niet als een nieuwe klacht worden beschouwd, tenzij belangrijke nieuwe feiten ter kennis van de Commissie worden gebracht. Onder passende omstandigheden kan de Commissie evenwel een zaak heropenen.

79. In een beschikking tot afwijzing van een klacht wordt niet definitief uitspraak gedaan over het al dan niet bestaan van een inbreuk op artikel 81 of 82, zelfs indien de Commissie de feiten op grond van de artikelen 81 en 82 heeft beoordeeld. Het oordeel van de Commissie in een beschikking tot afwijzing van een klacht belet de nationale rechter of mededingingsautoriteit derhalve niet om de artikelen 81 en 82 toe te passen op de overeenkomsten en praktijken die hen worden voorgelegd. Het oordeel van de Commissie in een beschikking tot afwijzing van een klacht is een feitelijk gegeven waarmee de nationale rechter rekening kan houden bij zijn onderzoek van de vraag of de betrokken overeenkomst of gedragingen in overeenstemming zijn met de artikelen 81 en 82 [69].

e) Bijzondere situaties

80. Krachtens artikel 8 van Verordening (EG) nr. 1/2003 kan de Commissie ambtshalve voorlopige maatregelen treffen wanneer de mededinging op ernstige en onherstelbare wijze dreigt te worden geschaad. Dit artikel bepaalt dat personen die overeenkomstig artikel 7, lid 2, van Verordening (EG) nr. 1/2003 een klacht indienen, niet om voorlopige maatregelen kunnen verzoeken. Verzoeken van ondernemingen om voorlopige maatregelen kunnen bij de rechterlijke instanties van de lidstaten worden ingediend die heel wel in staat zijn om hierover uitspraak te doen [70].

81. Sommige personen wensen wellicht de Commissie in kennis te stellen van vermeende inbreuken op artikel 81 of 82 zonder dat hun identiteit aan de ondernemingen die de vermeende inbreuken zouden hebben begaan, bekend wordt gemaakt. Deze personen worden verzocht met de Commissie contact op te nemen. De Commissie is verplicht de anonimiteit van een informant te respecteren indien deze daarom heeft verzocht, tenzij dit verzoek duidelijk ongerechtvaardigd is [71].

---

(68) Vaste rechtspraak sinds zaak 210/81, Oswald Schmidt, handelend onder de naam Demo-Studio Schmidt/Commissie van de Europese Gemeenschappen, Jurispr. (1983), blz. 3045.
(69) Zaak T-575/93, Casper Koelman/Commissie van de Europese Gemeenschappen, Jurispr. (1996), blz. II-1, r.o. 41–43.
(70) Naar gelang van het geval kunnen de mededingingsautoriteiten van de lidstaten even goed in staat zijn voorlopige maatregelen te nemen.
(71) Zaak 145/83, Stanley George Adams/Commissie van de Europese Gemeenschappen, Jurispr. (1985), blz. 3539.

BIJLAGE

Formulier C. Klacht in de zin van artikel 7 van Verordening (EG) nr. 1/2003

I. INFORMATIE OVER DE KLAGER EN DE ONDERNEMING(EN) OF ONDERNEMERSVERENIGING WAARTEGEN DE KLACHT IS GERICHT

1. Gelieve volledige gegevens te verstrekken over de identiteit van de natuurlijke of rechtspersoon die de klacht indient. Indien de klager een onderneming is gelieve de ondernemingengroep te vermelden waartoe zij behoort en een beknopt overzicht te geven van de aard en de reikwijdte van haar zakelijke activiteiten. Gelieve een contactpersoon op te geven (met telefoonnummer, post- en e-mailadres) bij wie aanvullende inlichtingen kunnen worden verkregen.

2. Gelieve de onderneming(en) of ondernemersvereniging te vermelden waartegen de klacht is gericht, en in voorkomend geval alle beschikbare informatie te verstrekken over de ondernemingengroep waartoe deze onderneming(en) behoort/behoren en over de aard en de reikwijdte van de zakelijke activiteiten ervan. Gelieve de positie van de klager ten opzichte van de onderneming(en) of ondernemersvereniging waartegen de klacht is gericht, te vermelden (bv. klant, concurrent).

II. GEGEVENS OVER DE VERMEENDE INBREUK EN FEITENMATERIAAL

3. Gelieve uitvoerig de feiten uiteen te zetten waaruit volgens U een inbreuk op artikel 81 of 82 van het Verdrag en/of artikel 53 of 54 van de EER-Overeenkomst blijkt. Vermeld met name de aard van de producten (goederen of diensten) die worden beïnvloed door de vermeende inbreuken en zet zonodig de zakelijke betrekkingen ten aanzien van deze producten uiteen. Gelieve alle beschikbare gegevens te verstrekken over de overeenkomsten of gedragingen van de ondernemingen of ondernemersverenigingen waarop deze klacht betrekking heeft. Vermeld, voorzover mogelijk, de relatieve marktpositie van de ondernemingen waartegen de klacht is gericht.

4. Gelieve alle documentatie waarover U beschikt en die op de in de klacht uiteengezette feiten betrekking heeft of hiermee rechtstreeks verband houdt (zoals de tekst van overeenkomsten, notulen van onderhandelingen of vergaderingen, transactievoorwaarden, bedrijfsdocumenten, circulaires, briefwisseling, verslagen van telefoongesprekken ...) in te dienen. Vermeld de namen en adressen van de personen die de in de klacht uiteengezette feiten kunnen staven, en met name van personen die nadeel ondervinden van de vermeende inbreuk. Gelieve statistische of andere gegevens waarover U beschikt en die verband houden met de uiteengezette feiten te overleggen, in het bijzonder wanneer zij betrekking hebben op marktontwikkelingen (bv. informatie met betrekking tot prijzen en prijsontwikkelingen, belemmeringen voor de toegang van nieuwe leveranciers tot de markt, enz.).

5. Gelieve uw standpunt uiteen te zetten over de geografische reikwijdte van de vermeende inbreuk en, ingeval dit niet duidelijk is, uit te leggen in hoeverre de handel tussen de lidstaten of tussen de Gemeenschap en één of meer EVA-staten die partij zijn bij de EER-Overeenkomst door het gedrag waarop de klacht betrekking heeft, ongunstig kan worden beïnvloed.

III. MET DE KLACHT BEOOGDE VASTSTELLING DOOR DE COMMISSIE EN RECHTMATIG BELANG

6. Gelieve uiteen te zetten welke vaststelling of maatregel U als resultaat van het door de Commissie gegeven gevolg voor ogen staat.

7. Gelieve uiteen te zetten waarom U aanspraak maakt op een rechtmatig belang als klager overeenkomstig artikel 7 van Verordening (EG) nr. 1/2003. Verklaar met name op welke wijze U nadeel ondervindt van het gedrag waarop de klacht betrekking heeft en leg uit hoe volgens U een optreden van de Commissie de situatie zou kunnen verhelpen.

IV. BIJ DE NATIONALE MEDEDINGINGSAUTORITEITEN OF DE NATIONALE RECHTER INGESTELDE PROCEDURES

8. Gelieve volledige informatie te verstrekken over de vraag of U, met betrekking tot dezelfde of nauw verwante onderwerpen, een andere mededingingsautoriteit heeft benaderd en/of een rechtszaak aanhangig heeft gemaakt bij een nationale rechter. Zo ja, gelieve volledige gegevens te verstrekken over de administratieve of gerechtelijke autoriteit waarmee contact is opgenomen en de stukken die aan deze autoriteit zijn voorgelegd. Verklaring dat de op dit formulier en de in bijlagen vervatte inlichtingen volledig te goeder trouw zijn verstrekt.

...

Datum en handtekening
[27-04-2004, PbEU C 101, i.w.tr. 27-04-2004/regelingnummer 2004/C101/05]

Mededeling 2008/C 167/01 betreffende schikkingsprocedures met het oog op de vaststelling van beschikkingen op grond van de artikelen 7 en 23 van Verordening (EG) nr. 1/2003 van de Raad in kartelzaken

(Voor de EER relevante tekst)

Mededeling van de Commissie van 2 juli 2008 betreffende schikkingsprocedures met het oog op de vaststelling van beschikkingen op grond van de artikelen 7 en 23 van Verordening (EG) nr. 1/2003 van de Raad in kartelzaken, PbEU 2008, C 167, zoals laatstelijk gewijzigd op 5 augustus 2015, PbEU 2015, C 256 (i.w.tr. 05-08-2015)

1. Inleiding

1. Deze mededeling schetst het kader voor het belonen van medewerking verleend in de loop van procedures die met het oog op de toepassing van artikel 81 van het EG-Verdrag [1] in kartelzaken [2] zijn ingeleid. Dankzij de schikkingsprocedure kan de Commissie met dezelfde middelen meer zaken behandelen; dit komt ten goede aan het algemene belang dat de Commissie daadwerkelijk en tijdig sancties oplegt, en verhoogt tegelijk het algemene afschrikkingseffect. De medewerking waarop deze mededeling ziet, verschilt van het vrijwillig verschaffen van bewijsmateriaal dat aanleiding geeft tot of bijdraagt aan een onderzoek door de Commissie; dit soort medewerking valt onder de toepassing van de mededeling van de Commissie betreffende immuniteit tegen geldboeten en vermindering van geldboeten in kartelzaken [3] (hierna 'de clementieregeling' genoemd). Wanneer de medewerking van een onderneming in aanmerking komt voor de toepassing van beide mededelingen van de Commissie, kan deze dienovereenkomstig cumulatief worden beloond [4].

2. Wanneer partijen in een procedure bereid zijn hun deelneming aan een kartel dat artikel 81 van het EG-Verdrag schendt — en dus ook hun aansprakelijkheid — te erken-

---

(1) Wanneer in deze tekst naar artikel 81 van het EG-Verdrag wordt verwezen, omvat dit ook artikel 53 van de EER-Overeenkomst wanneer dat overeenkomstig de in artikel 56 van de EER-Overeenkomst vastgestelde regels door de Commissie wordt toegepast.

(2) Kartels zijn overeenkomsten en/of onderling afgestemde feitelijke gedragingen tussen twee of meer concurrenten met als doel hun concurrerend handelen op de markt te coördineren en/of de relevante concurrentieparameters te beïnvloeden via praktijken zoals het afspreken van aan- of verkoopprijzen of andere contractuele voorwaarden, de toewijzing van productie- of verkoopquota, de verdeling van markten met inbegrip van offertevervalsing, het beperken van invoer of uitvoer en/of mededingingsverstorende maatregelen tegen andere concurrenten. Dergelijke praktijken behoren tot de zwaarste schendingen van artikel 81 van het EG-Verdrag.

(3) *PB* C 298 van 8.12.2006, blz. 17.

(4) Zie punt 33.

nen, kunnen zij ook de procedure helpen bespoedigen die resulteert in de desbetreffende beschikking op grond van de artikelen 7 en 23 van Verordening (EG) nr. 1/2003 van de Raad van 16 december 2002 betreffende de uitvoering van de mededingingsregels van de artikelen 81 en 82 van het Verdrag [5], op de wijze en met de garanties zoals die in onderhavige mededeling nader zijn uiteengezet. Als onderzoeksautoriteit en behoedster van het Verdrag die gemachtigd is handhavingsbesluiten te nemen die aan toetsing door de communautaire rechtscolleges zijn onderworpen, onderhandelt de Commissie weliswaar niet over het bestaan van een inbreuk op het Gemeenschapsrecht en de passende sanctie, maar zij kan wel de in deze mededeling beschreven medewerking belonen.

3. Verordening (EG) nr. 773/2004 van de Commissie van 7 april 2004 betreffende procedures van de Commissie op grond van de artikelen 81 en 82 van het Verdrag [6] bevat de basisregels voor het praktische verloop van procedures in antitrustzaken, daaronder begrepen de procedures met schikkingen. In dat verband laat Verordening (EG) nr. 773/2004 aan de Commissie de mogelijkheid om te peilen of zij in kartelzaken al dan niet een schikkingsprocedure kan toepassen, en er toch voor te zorgen dat de keuze van de schikkingsprocedure niet kan worden opgelegd aan de partijen.

4. Daadwerkelijke handhaving van het communautaire mededingingsrecht is verenigbaar met de volledige eerbiediging van de rechten van de verdediging van de partijen, een grondbeginsel van het Gemeenschapsrecht dat in alle omstandigheden in acht moet worden genomen, met name in antitrustprocedures die tot de oplegging van een sanctie kunnen leiden. Dit betekent dat de regels die zijn vastgesteld voor de door de Commissie bij het handhaven van artikel 81 van het EG-Verdrag te volgen procedure, dienen te garanderen dat de betrokken ondernemingen en ondernemersverenigingen tijdens de administratieve procedure in staat worden gesteld hun standpunt met betrekking tot de juistheid en de relevantie van de door de Commissie gestelde feiten, bezwaren en omstandigheden nuttig kenbaar te maken [7].

2. Procedure

5. De Commissie behoudt een ruime beoordelingsmarge om te bepalen welke zaken in aanmerking kunnen komen om te peilen of de partijen belangstelling hebben om schikkingsgesprekken te gaan voeren, alsmede om dit soort gesprekken te gaan voeren, stop te zetten of tot een definitieve schikking te komen. In dat verband kan rekening worden gehouden met de kans dat met de betrokken partijen binnen een redelijke termijn tot een gemeenschappelijke conclusie wordt gekomen betreffende de omvang van de mogelijke bezwaren; daarbij gaat het om factoren als aantal betrokken partijen, voorzienbare tegenstrijdige standpunten over de toerekening van de aansprakelijkheid, of de mate waarin de feiten worden betwist. Het vooruitzicht om, rekening houdende met de vooruitgang die tijdens de schikkingsprocedure ten algemene is geboekt, procedurele voordelen te behalen, inclusief de bewerkelijkheid van het verlenen van toegang tot niet-vertrouwelijke versies van documenten uit het dossier, komen daarbij aan bod. De Commissie kan ook besluiten om schikkingsgesprekken stop te zetten indien de bij de procedure betrokken

---

(5) PB L 1 van 4.1.2003, blz. 1. Verordening laatstelijk gewijzigd bij Verordening (EG) nr. 1419/2006 (PB L 269 van 28.9.2006, blz. 1).

(6) PB L 123 van 27.4.2004, blz. 18. Verordening laatstelijk gewijzigd bij Verordening (EG) nr. 622/2008 (PB L 171 van 1.7.2008, blz. 3).

(7) Cf. zaak 85/76, Hoffmann-La Roche/Commissie, Jurispr. 1979, blz. 461, punten 9 en 11.

Mededeling schikkingsprocedures met het oog op vaststelling beschikkingen

partijen afstemmen om enig bewijs te verstoren of te vernietigen dat van belang is voor de vaststelling van de inbreuk of een onderdeel daarvan of voor de berekening van de toepasselijke geldboete. De verstoring of vernietiging van bewijs dat van belang is voor de vaststelling van de inbreuk of enig onderdeel hiervan kan tevens een verzwarende omstandigheid vormen in de zin van punt 28 van de richtsnoeren voor de berekening van geldboeten die uit hoofde van artikel 23, lid 2, onder a), van Verordening (EG) nr. 1/2003 worden opgelegd [8] (hierna 'de richtsnoeren boetetoemeting' genoemd), en kan worden beschouwd als een gebrek aan medewerking in de zin van de punten 12 en 27 van de clementieregeling. Andere punten van zorg kunnen meespelen zoals het stellen van een mogelijk precedent. De Commissie kan alleen op schriftelijk verzoek van de betrokken partijen gesprekken over een schikking aangaan.

6. Ook al bestaat er voor de partijen in de procedure geen recht tot schikken, toch kan de Commissie, wanneer zij oordeelt dat een zaak – in beginsel – voor schikking in aanmerking kan komen, peilen of alle partijen in diezelfde procedure voor een schikking belangstelling hebben.

7. De partijen in de procedure en hun juridische vertegenwoordigers mogen de inhoud van de gesprekken of de documenten waartoe zij toegang hebben gehad met het oog op een schikking, niet onthullen aan derden in welke jurisdictie dan ook, tenzij zij daartoe de uitdrukkelijke toestemming van de Commissie hebben gekregen. Iedere inbreuk in dat verband kan erin resulteren dat de Commissie een verzoek van de onderneming om de schikkingsprocedure toe te passen, naast zich neerlegt. Een dergelijke inbreuk kan tevens een verzwarende omstandigheid vormen in de zin van punt 28 van de richtsnoeren boetetoemeting en kan worden beschouwd als een gebrek aan medewerking in de zin van de punten 12 en 27 van de clementieregeling.

2.1. Inleiding van de procedure en verkennende stappen met het oog op een schikking

8. Wanneer de Commissie overweegt een beschikking krachtens artikel 7 en/of artikel 23 van Verordening (EG) nr. 1/2003 te geven, dient zij vooraf de rechtspersonen waaraan een sanctie wegens schending van artikel 81 van het Verdrag kan worden opgelegd, te identificeren en als partijen in de procedure te erkennen.

9. Met het oog daarop kan de Commissie op elk tijdstip besluiten de procedure overeenkomstig artikel 11, lid 6, van Verordening (EG) nr. 1/2003 in te leiden met het oog op de vaststelling van een dergelijke beschikking; dit besluit dient echter te worden genomen vóór de toezending van een mededeling van punten van bezwaar ten aanzien van de betrokken partijen. In artikel 2, lid 1, van Verordening (EG) nr. 773/2004 is voorts bepaald dat, mocht de Commissie het dienstig achten om te onderzoeken of de partijen belang hebben bij het aangaan van schikkingsgesprekken, zij de procedure inleidt uiterlijk op het tijdstip waarop zij een mededeling van punten van bezwaar doet uitgaan of het tijdstip waarop zij de partijen verzoekt schriftelijk te kennen geven dat zij belangstelling hebben om schikkingsgesprekken te gaan voeren, naar gelang van welke handeling het eerst plaatsvindt.

10. Nadat de procedure van artikel 11, lid 6, van Verordening (EG) nr. 1/2003 is ingeleid, wordt de Commissie de enige mededingingsautoriteit die bevoegd is om artikel 81 van het Verdrag in de betrokken zaak toe te passen.

11. Mocht de Commissie het dienstig achten om te peilen of de partijen belangstelling hebben om schikkingsgesprekken te gaan voeren, dan stelt zij, overeenkomstig artikel

---

(8) PB C 210 van 1.9.2006, blz. 2.

Mededeling schikkingsprocedures met het oog op vaststelling beschikkingen

10 bis, lid 1, en artikel 17, lid 3, van Verordening (EG) nr. 773/2004, een termijn van ten minste twee weken vast waarbinnen de partijen bij diezelfde procedure schriftelijk moeten aangeven of zij overwegen schikkingsgesprekken te gaan voeren, met als doel om eventueel in een latere fase verklaringen met het oog op een schikking in te dienen. Deze schriftelijke verklaring houdt niet in dat de partijen toegeven dat zij betrokken waren bij of aansprakelijk zijn voor een inbreuk.

12. Wanneer de Commissie procedures inleidt tegen twee of meer partijen binnen dezelfde onderneming, stelt de Commissie elk van hen in kennis van de andere rechtspersonen die zij binnen dezelfde onderneming identificeert en die ook bij de procedure betrokken zijn. In dat geval dienen de betrokken partijen, wanneer zij schikkingsgesprekken willen aangaan, vóór het eind van de in punt 11 vermelde termijn gemeenschappelijke vertegenwoordigers aan te stellen die zijn gemachtigd om namens hen op te treden. De aanstelling van gemeenschappelijke vertegenwoordigers heeft uitsluitend tot doel de schikkingsgesprekken te faciliëren en loopt geenszins vooruit op de toerekening van aansprakelijkheid voor de inbreuk tussen de verschillende partijen.

13. De Commissie kan een verzoek om immuniteit tegen geldboeten of om boetevermindering naast zich neerleggen omdat het is ingediend na het verstrijken van de in punt 11 vermelde termijn.

2.2. Aanvatten van de schikkingsprocedure: schikkingsgesprekken

14. Indien sommige partijen in de procedure om schikkingsgesprekken verzoeken en aan de in de punten 11 en 12 vermelde vereisten voldoen, kan de Commissie besluiten de schikkingsprocedure toe te passen door middel van bilaterale contacten tussen directoraat-generaal Concurrentie van de Commissie en de kandidaten die wensen te schikken.

15. De Commissie behoudt haar beoordelingsbevoegdheid inzake het al dan niet voeren en het tempo van de bilaterale schikkingsgesprekken met elk van de ondernemingen. In lijn met artikel 10 bis, lid 2, van Verordening (EG) nr. 773/2004 gaat het hierbij om het bepalen, in het licht van de vooruitgang die — algemeen genomen — is gemaakt bij de schikkingsprocedure, van de volgorde en het verloop van de bilaterale schikkingsgesprekken, alsmede het tijdstip waarop informatie wordt vrijgegeven, daaronder begrepen het bewijsmateriaal in het dossier van de Commissie dat wordt gebruikt om de voorgenomen bezwaren en de mogelijke geldboete vast te stellen [9]. Informatie wordt tijdig vrijgegeven naarmate de schikkingsgesprekken vorderen.

16. Het feit dat in het kader van schikkingsgesprekken krachtens artikel 10 bis, lid 2, en artikel 15, lid 1 bis, van de Verordening (EG) nr. 773/2004 zo vroeg gegevens vrijgegeven worden, maakt het mogelijk dat de partijen worden geïnformeerd over de belangrijkste elementen die tot dan toe in aanmerking zijn genomen, zoals de gestelde feiten, de classificatie van die feiten, de zwaarte en duur van het vermeende kartel, de toerekening van de aansprakelijkheid, een raming van de bandbreedte van de verwachte geldboeten, alsmede over het gebruikte bewijsmateriaal om de mogelijke bezwaren te staven. Een en ander stelt de partijen daadwerkelijk in staat om hun standpunten kenbaar te maken wat betreft de mogelijke bezwaren ten aanzien van hen, en biedt hun de mogelijkheid om

---

(9) De vermelding 'mogelijke geldboeten' in artikel 10 bis, lid 2, van Verordening (EG) nr. 773/2004 biedt de diensten van de Commissie de mogelijkheid de bij schikkingsgesprekken betrokken partijen te informeren over een raming van hun mogelijke geldboete op basis van de aanwijzingen daarover in de richtsnoeren boetetoemeting, de bepalingen van onderhavige mededeling en van de clementieregeling, voor zover van toepassing.

met kennis van zaken te beslissen of zij al dan niet schikken. Op verzoek van een partij kunnen de diensten van de Commissie ook toegang verlenen tot niet-vertrouwelijke versies van enig bepaald, op dat tijdstip in het dossier opgenomen, toegankelijk document, voor zover dit verzoek gerechtvaardigd is om die partij in staat te stellen haar positie ten aanzien van een bepaalde periode of enig ander aspect van het kartel te bepalen.[10]

17. Wanneer de bij de schikkingsgesprekken geboekte vooruitgang resulteert in een gemeenschappelijke conclusie betreffende de omvang van de mogelijke bezwaren en de raming van de bandbreedte van de geldboeten die de Commissie naar verwachting zal opleggen en wanneer de Commissie zich op het voorlopige standpunt stelt dat naar verwachting procedurele voordelen kunnen worden behaald gezien de algemeen geboekte vooruitgang, kan de Commissie een definitieve termijn toestaan van ten minste vijftien werkdagen waarbinnen een onderneming, overeenkomstig artikel 10 bis, lid 2, en artikel 17, lid 3, van Verordening (EG) nr. 773/2004, een definitieve verklaring met het oog op een schikking kan indienen. Deze termijn kan worden verlengd indien daartoe een met redenen omkleed verzoek wordt ingediend. Vooraleer een dergelijke termijn wordt toegestaan, hebben de partijen het recht dat de in punt 16 bedoelde gegevens hun, na een verzoek in die zin, worden vrijgegeven.

18. De partijen kunnen tijdens de schikkingsprocedure steeds een beroep doen op de raadadviseur-auditeur voor mogelijke kwesties in verband met de eerlijke procesvoering. Het is de taak van de raadadviseur-auditeur erop toe te zien dat hun wordt gegarandeerd dat zij hun rechten van de verdediging daadwerkelijk uit kunnen oefenen.

19. Ingeval de partijen geen verklaring met het oog op een schikking indienen, verloopt de procedure die resulteert in de eindbeschikking ten aanzien van hen volgens de algemene bepalingen, en met name artikel 10, lid 2, artikel 12, lid 1, en artikel 15, lid 1, van Verordening (EG) nr. 773/2004 – in plaats van volgens de bepalingen betreffende de schikkingsprocedure.

2.3. Verklaringen met het oog op een schikking

20. Partijen die voor een schikkingsprocedure kiezen, moeten een formeel schikkingsverzoek indienen in de vorm van een verklaring met het oog op een schikking. Deze in artikel 10 bis, lid 2, van Verordening (EG) nr. 773/2004 bedoelde verklaring met het oog op een schikking, bevat:

a) een duidelijke en ondubbelzinnige erkenning van de aansprakelijkheid van de partijen voor de inbreuk die summier is beschreven wat betreft de doelstelling, de eventuele tenuitvoerlegging, de belangrijkste feiten, de juridische kwalificatie ervan, daaronder begrepen de rol van de partij, en de duur van hun betrokkenheid bij de inbreuk in overeenstemming met de uitkomsten van de schikkingsgesprekken;

b) een indicatie [11] van het maximumbedrag van de geldboeten die de Commissie, naar de partijen verwachten, hun zal opleggen, en waarmee de partijen in het kader van de schikkingsprocedure kunnen instemmen;

c) de bevestiging door de partijen dat zij afdoende zijn geïnformeerd over de bezwaren die de Commissie ten aanzien van hen overweegt te formuleren en dat zij voldoende gelegenheid hebben gekregen hun standpunten aan de Commissie kenbaar te maken;

---

(10) De partijen ontvangen daartoe een lijst met alle op dat tijdstip toegankelijke documenten in het dossier.

(11) Dit indicatieve bedrag resulteert uit de in de punten 16 en 17 bedoelde gesprekken.

d) de bevestiging door de partijen dat zij, in het licht van het voorgaande, niet overwegen een verzoek om toegang tot het dossier in te dienen, noch een verzoek om opnieuw te worden gehoord in een hoorzitting, tenzij de Commissie hun met het oog op een schikking gedane verklaring niet in de mededeling van punten van bezwaar en de beschikking weergeeft;
e) het akkoord van de partijen om de mededeling van punten van bezwaar en de eindbeschikking op grond van de artikelen 7 en 23 van Verordening (EG) nr. 1/2003 in een overeengekomen officiële taal van de Europese Gemeenschap te ontvangen.

21. De door de partijen met het oog op een schikking erkende en bevestigde punten zijn de uitdrukking van hun toezegging om mee te werken bij de vlotte afhandeling van de zaak volgens de schikkingsprocedure. Deze erkenningen en bevestigingen, gelden echter enkel voor zover de Commissie het schikkingsverzoek honoreert daaronder begrepen het verwachte maximumbedrag van de geldboete.

22. Verklaringen met het oog op een schikking kunnen niet eenzijdig worden ingetrokken door de partijen die deze hebben ingediend. De mededeling van punten van bezwaar wordt geacht de verklaringen met het oog op een schikking weer te geven indien deze de inhoud ervan wat betreft de in punt 20, onder a), vermelde aspecten weergeeft. Voorts is het zo dat een eindbeschikking enkel kan worden geacht de verklaringen met het oog op een schikking weer te geven, indien die eindbeschikking geen geldboete oplegt die het daarin vermelde maximumbedrag overschrijdt.

2.4. Mededeling van punten van bezwaar en antwoord

23. Volgens artikel 10, lid 1, van Verordening (EG) nr. 773/2004 is het schriftelijk meedelen van een mededeling van punten van bezwaar aan elk van de partijen tegen wie bezwaren worden aangevoerd, een verplichte voorafgaande stap vooraleer een eindbeschikking kan worden gegeven. Daarom doet de Commissie ook in een schikkingsprocedure een mededeling van punten van bezwaar uitgaan [12].

24. Om de partijen hun rechten van de verdediging daadwerkelijk te laten uitoefenen, dient de Commissie, vooraleer zij een eindbeschikking geeft, hun standpunten te horen ten aanzien van de jegens hen aangevoerde bezwaren en het bewijsmateriaal daarvoor, en daarmee, voor zover nodig, rekening te houden door haar voorlopige analyse aan te passen [13]. De Commissie moet niet alleen de tijdens de administratieve procedure geformuleerde relevante argumenten van de partijen kunnen aanvaarden of afwijzen, maar ook een eigen analyse van de door hen aangevoerde kwesties kunnen maken, om ongegrond gebleken bezwaren te laten vallen, of om de argumenten ter ondersteuning van de door haar gehandhaafde bezwaren zowel feitelijk als rechtens aan te vullen of aan een nieuwe beoordeling te onderwerpen.

25. Door een formeel schikkingsverzoek in de vorm van een verklaring met het oog op een schikking in te dienen vóór de kennisgeving van de mededeling van punten van

---

(12) In het kader van schikkingsprocedures zou de mededeling van punten van bezwaar de gegevens moeten bevatten die partijen nodig hebben om te kunnen bevestigen dat deze hun met het oog op een schikking gedane verklaringen weergeeft.

(13) In lijn met vaste rechtspraak doet de Commissie haar beschikkingen slechts steunen op de punten van bezwaar waarover de partijen opmerkingen hebben kunnen maken, en daartoe hebben de partijen het recht tot inzage van het dossier van de Commissie, onder voorbehoud van het rechtmatige belang van de ondernemingen dat hun bedrijfgevoelige informatie niet aan de openbaarheid prijs worden gegeven.

bezwaar, stellen de betrokken partijen de Commissie in staat reeds bij het opstellen van de mededeling van punten van bezwaar daadwerkelijk hun standpunt in aanmerking te nemen [14], in plaats van pas vooraleer het Adviescomité voor mededingingsregelingen en economische machtsposities (hierna 'het Adviescomité" genoemd) te raadplegen of de eindbeschikking te geven [15].

26. Wanneer de mededeling van punten van bezwaar de door de partijen met het oog op een schikking gedane verklaringen weergeeft, dienen de betrokken partijen binnen een door de Commissie overeenkomstig artikel 10 bis, lid 3, en artikel 17, lid 3, van Verordening (EG) nr. 773/2004 vastgestelde termijn van ten minste twee weken te antwoorden, door (in ondubbelzinnige bewoordingen) eenvoudig te bevestigen dat de mededeling van punten van bezwaar overeenstemt met de inhoud van hun met het oog op een schikking gedane verklaringen en dat zij daarom bij hun toezegging blijven de schikkingsprocedure te volgen. Bij gebreke van een dergelijk antwoord neemt de Commissie nota van het feit dat de partij haar toezegging niet is nagekomen en kan zij ook het verzoek van die partij om de schikkingsprocedure te volgen, naast zich neerleggen.

27. De Commissie blijft gerechtigd een mededeling van punten van bezwaar vast te stellen waarin de door de partijen met het oog op een schikking gedane verklaring niet is weergegeven. In dat geval zijn de algemene bepalingen van artikel 10, lid 2, artikel 12, lid 1, en artikel 15, lid 1, van Verordening (EG) nr. 773/2004 van toepassing. De erkenningen die de partijen in hun verklaringen met het oog op een schikking hebben gegeven, zullen door de Commissie buiten beschouwing worden gelaten en kunnen niet als bewijsmateriaal tegen een van de partijen in de procedure worden gebruikt. De betrokken partijen zullen in dat geval dan ook niet meer door hun verklaringen met het oog op een schikking gebonden zijn en zouden, op hun verzoek, een termijn krijgen om hun verdediging opnieuw te voeren, daaronder begrepen de mogelijkheid toegang tot het dossier te krijgen en om een hoorzitting te verzoeken.

2.5. Beschikking van de Commissie en beloning bij schikking

28. Nadat de partijen in hun antwoord op de mededeling van punten van bezwaar hebben bevestigd dat zij bereid zijn te schikken, biedt Verordening (EG) nr. 773/2004 de Commissie de mogelijkheid om, zonder verdere procedurele stappen, de daaropvolgende eindbeschikking krachtens de artikelen 7 en/of 23 van Verordening (EG) nr. 1/2003 te geven, nadat het Adviescomité overeenkomstig artikel 14 van Verordening (EG) nr. 1/2003 is geraadpleegd. Dit impliceert met name dat die partijen niet om een hoorzitting of toegang tot het dossier kunnen verzoeken zodra hun verklaringen met het oog op een schikking zijn weergegeven in de mededeling van punten van bezwaar, in lijn met artikel 12, lid 2, en artikel 15, lid 1 bis, van Verordening (EG) nr. 773/2004.

29. De Commissie blijft gerechtigd een definitief standpunt in te nemen dat afwijkt van haar voorlopige standpunt dat werd geformuleerd in een mededeling van punten van bezwaar die de door de partijen met het oog op een schikking gedane verklaring weergeeft, hetzij in het licht van het door het Adviescomité uitgebrachte advies, hetzij wegens

---

(14) In dit verband luidt overweging 2 bij Verordening (EG) nr. 622/2008 als volgt: 'Het feit dat dit soort gegevens zo vroeg wordt vrijgegeven, moet de betrokken partijen in staat stellen hun standpunt kenbaar te maken wat betreft de bezwaren die de Commissie ten aanzien van hen voornemens is aan te voeren, alsmede wat betreft hun mogelijke aansprakelijkheid.'.
(15) Zoals vereist krachtens, onderscheidenlijk, artikel 11, lid 1, van Verordening (EG) nr. 773/2004 en artikel 27, lid 1, van Verordening (EG) nr. 1/2003.

andere passende overwegingen gezien de uiteindelijke autonome beslissingsbevoegdheid van de Commissie in dit verband. Indien de Commissie er echter voor kiest aldus te handelen, stelt zij de partijen hiervan in kennis en doet zij hun een nieuwe mededeling van punten van bezwaar toekomen zodat dezen hun rechten van verdediging kunnen uitoefenen overeenkomstig de toepasselijke algemene procedureregels. Dit betekent dat de partijen dan het recht tot toegang tot het dossier zouden hebben, om een hoorzitting kunnen verzoeken en op de mededeling van punten van bezwaar kunnen antwoorden. De erkenningen die de partijen in hun verklaringen met het oog op een schikking hebben gegeven, zullen door de Commissie buiten beschouwing worden gelaten en kunnen niet als bewijsmateriaal tegen een van de partijen in de procedure worden gebruikt.

30. Het eindbedrag van de geldboete in een bepaalde zaak wordt bepaald in de beschikking waarin, overeenkomstig artikel 7 van Verordening (EG) nr. 1/2003, wordt vastgesteld dat inbreuk werd gemaakt en, overeenkomstig artikel 23 van diezelfde verordening, een geldboete wordt opgelegd.

31. Overeenkomstig de praktijk van de Commissie wordt het feit dat een onderneming op grond van deze mededeling tijdens de administratieve procedure met de Commissie heeft meegewerkt, in de eindbeschikking vermeld, om op deze manier de hoogte van de geldboeten mede te verklaren.

32. Indien de Commissie besluit een partij in het kader van onderhavige mededeling wegens schikking te belonen, dan verlaagt zij het bedrag van de op te leggen geldboete met 10 % nadat het 10 %-plafond overeenkomstig de richtsnoeren boetetoemeting [16] is toegepast. Wanneer ten aanzien van hen met het oog op afschrikking een specifieke verhoging wordt toegepast [17], bedraagt de vermenigvuldigingsfactor ten hoogste twee.

33. Wanneer in zaken waarin wordt geschikt, ook clementieverzoekers betrokken zijn, wordt de boetevermindering die hun wegens de schikking wordt toegekend, gevoegd bij de hun in het kader van de clementieregeling toegekende beloning.

3. Algemene overwegingen

34. Deze mededeling is van toepassing op alle zaken die bij de Commissie in behandeling zijn op of na het tijdstip van de publicatie ervan in het *Publicatieblad van de Europese Unie*.

35. Toegang tot met het oog op schikking gedane verklaringen wordt alleen verleend aan de adressaten van een mededeling van punten van bezwaar die niet om schikking hebben verzocht mits zijzelf — en hun raadslieden die namens hen toegang krijgen — zich ertoe verbinden geen kopie te maken met mechanische of elektronische middelen van informatie in de met het oog op schikking gedane verklaring waartoe zij toegang krijgen, en te verzekeren dat de via de met het oog op schikking gedane verklaring verkregen informatie uitsluitend wordt gebruikt voor gerechtelijke of administratieve procedures met het oog op de toepassing van de communautaire mededingingsregels die in de desbetreffende administratieve procedure in het geding zijn. Andere partijen zoals klagers krijgen geen toegang tot met het oog op schikking gedane verklaringen.

36. Indien dergelijke informatie in de loop van de procedure voor andere doeleinden wordt gebruikt, kan zulks worden beschouwd als gebrek aan medewerking in de zin van de punten 12 en 27 van de clementieregeling. Voorts kan de Commissie, wanneer dergelijk gebruik van informatie plaatsvindt nadat de Commissie in de procedure reeds een

---

(16) *PB* C 210 van 1.9.2006, blz. 2.
(17) Punt 30 van de richtsnoeren boetetoemeting.

verbodsbeschikking heeft gegeven, in een juridische procedure voor de communautaire rechtscolleges, het Hof verzoeken de geldboete voor de verantwoordelijke onderneming te verhogen. Mocht de informatie op enig tijdstip voor een ander doel worden gebruikt, en is daarbij een externe raadsman betrokken, dan kan de Commissie het incident ter kennis brengen van de balie van die raadsman, met het oog op disciplinaire maatregelen.

37. Verklaringen die in het kader van deze mededeling met het oog op een schikking zijn gedaan, worden, overeenkomstig artikel 12 van Verordening (EG) nr. 1/2003, alleen doorgegeven aan mededingingsautoriteiten van de lidstaten indien aan de voorwaarden van de ECN-mededeling [18] is voldaan en mits de door de ontvangende mededingingsautoriteit verleende bescherming tegen onthulling gelijkwaardig is aan die welke de Commissie biedt.

38. Op vraag van een partij die om toepassing van de schikkingsprocedure verzoekt, kan de Commissie ermee instemmen dat verklaringen met het oog op schikking mondeling worden afgelegd. Mondelinge, met het oog op schikking gedane verklaringen worden door de Commissie opgenomen en getranscribeerd in de lokalen van de Commissie. Overeenkomstig artikel 19 van Verordening (EG) nr. 1/2003 en artikel 3, lid 3, en artikel 17, lid 3, van Verordening (EG) nr. 773/2004 krijgen ondernemingen die mondelinge verklaringen met het oog op schikking afleggen, onverwijld de gelegenheid de technische getrouwheid te controleren van de opname, die beschikbaar is in de lokalen van de Commissie, en de inhoud van hun mondelinge verklaringen te corrigeren.

39. Overeenkomstig punt 26 bis van de mededeling van de Commissie betreffende de samenwerking tussen de Commissie en de rechterlijke instanties van de EU-lidstaten bij de toepassing van de artikelen 101 en 102 van het Verdrag zal de Commissie nooit met het oog op schikking gedane verklaringen aan nationale rechters verstrekken voor gebruik bij schadevorderingen wegens inbreuken op die Verdragsbepalingen [19]. Dit punt laat de in artikel 6, lid 7, van Richtlijn 2014/104/EU van het Europees Parlement en de Raad [20] bedoelde situatie onverlet.

40. De Commissie is van mening dat openbaarmaking aan het publiek van documenten en geschreven of opgenomen verklaringen (daaronder begrepen met het oog op schikking gedane verklaringen) die in het kader van deze mededeling zijn ontvangen, over het algemeen afbreuk zou doen aan bepaalde publieke en particuliere belangen, bijvoorbeeld de bescherming van het doel van inspecties en onderzoeken in de zin van artikel 4 van Verordening (EG) nr. 1049/2001 van het Europees Parlement en de Raad van 30 mei 2001 inzake de toegang van het publiek tot documenten van het Europees Parlement, de Raad en de Commissie [21], zelfs nadat de beschikking is gegeven.

---

(18) Mededeling van de Commissie betreffende de samenwerking binnen het netwerk van mededingingsautoriteiten (*PB* C 101 van 27.4.2004, blz. 43).
(19) Mededeling van de Commissie betreffende de samenwerking tussen de Commissie en de rechterlijke instanties van de EU-lidstaten bij de toepassing van de artikelen 101 en 102 van het Verdrag (*PB* C 101 van 27.4.2004, blz. 54), gewijzigd bij de mededeling van de Commissie betreffende wijzigingen aan de mededeling van de Commissie betreffende de samenwerking tussen de Commissie en de rechterlijke instanties van de EU-lidstaten bij de toepassing van de artikelen 81 en 82 van het Verdrag (*PB* C 256 van 5.8.2015, blz. 5).
(20) Richtlijn 2014/104/EU van het Europees Parlement en de Raad betreffende bepaalde regels voor schadevorderingen volgens nationaal recht wegens inbreuken op de bepalingen van het mededingingsrecht van de lidstaten en van de Europese Unie (*PB* L 349 van 5.12.2014, blz. 1).
(21) *PB* L 145 van 31.5.2001, blz. 43.

Mededeling schikkingsprocedures met het oog op vaststelling beschikkingen

41. Krachtens Verordening (EG) nr. 1/2003 gegeven eindbeschikkingen van de Commissie zijn, overeenkomstig artikel 230 van het Verdrag, aan de rechtsmacht van het Hof van Justitie onderworpen. Bovendien heeft het Hof van Justitie, overeenkomstig artikel 229 van het Verdrag en artikel 31 van Verordening (EG) nr. 1/2003, volledige rechtsmacht terzake van beroep tegen op grond van artikel 23 van Verordening (EG) nr. 1/2003 opgelegde geldboeten.

Overzicht procedure leidend tot een (schikkings)beschikking overeenkomstig de artikelen 7 en 23 van Verordening (EG) nr. 1/2003

I. Onderzoek zoals gebruikelijk
   – Partijen kunnen belangstelling laten blijken voor hypothetische schikking.
II. Verkennende stappen voor een schikking
   – Brief aan alle ondernemingen (en lidstaat/lidstaten) dat besloten werd de schikkingsprocedure in te leiden (artikel 11, lid 6), en verzoek om hun belangstelling voor een schikking te laten blijken.
III. Bilaterale rondes van schikkingsgesprekken
   – Vrijgave en uitwisseling argumenten terzake van mogelijke bezwaren, aansprakelijkheid, bandbreedte geldboeten.
   – Vrijgeven bewijsmateriaal gebruikt voor bepalen mogelijke bezwaren, aansprakelijkheid, geldboeten.
   – Vrijgeven andere, niet-vertrouwelijke versies van documenten in het dossier, voor zover gerechtvaardigd.
IV. Schikking
   – Voorwaardelijke verklaringen van de ondernemingen met het oog op schikking, in voorkomend geval gemeenschappelijk vertegenwoordigd.
   – DG COMP zendt ontvangstbevestiging.
V. 'Geschikte' mededeling van punten van bezwaar
   – Kennisgeving gestroomlijnde mededeling van punten van bezwaar met, in voorkomend geval, weergave verklaringen van de onderneming met het oog op schikking.
   – Onderneming antwoordt op mededeling van punten van bezwaar en bevestigt duidelijk dat in die mededeling van punten van bezwaar haar verklaringen met het oog op schikking zijn weergegeven.
VI. 'Schikkings'-beschikking overeenkomstig de artikelen 7 en 23 van Verordening (EG) nr. 1/2003
   – Adviescomité over ontwerp gestroomlijnde eindbeschikking. Indien College leden Commissie eens:
   – Vaststelling gestroomlijnde eindbeschikking.

Besluit 2011/695/EU betreffende de functie en het mandaat van de raadadviseur-auditeur in bepaalde mededingingsprocedures

(Voor de EER relevante tekst)

Besluit van de voorzitter van de Europese Commissie van 13 oktober 2011 betreffende de functie en het mandaat van de raadadviseur-auditeur in bepaalde mededingingsprocedures, PbEU 2011, L 275 (i.w.tr. 21-10-2011)

DE VOORZITTER VAN DE EUROPESE COMMISSIE,
Gezien het Verdrag betreffende de Europese Unie,
Gezien het Verdrag betreffende de werking van de Europese Unie,
Gezien de Overeenkomst betreffende de Europese Economische Ruimte,
Gezien het Reglement van orde van de Commissie [1], en met name artikel 22,
Overwegende hetgeen volgt:
(1) In het stelsel voor de handhaving van het mededingingsrecht dat is ingesteld bij het Verdrag betreffende de werking van de Europese Unie (hierna 'het Verdrag' genoemd) onderzoekt de Commissie zaken en neemt zij beslissingen door middel van administratieve besluiten, welke zijn onderworpen aan rechterlijke toetsing door het Hof van Justitie van de Europese Unie (hierna 'het Hof van Justitie' genoemd).
(2) De Commissie dient haar mededingingsprocedures eerlijk, onpartijdig en objectief te voeren en dient de inachtneming van de procedurele rechten van de betrokken partijen te garanderen, zoals die zijn uiteengezet in Verordening (EG) nr. 1/2003 van de Raad van 16 december 2002 betreffende de uitvoering van de mededingingsregels van de artikelen 81 en 82 van het Verdrag [2], Verordening (EG) nr. 139/2004 van de Raad van 20 januari 2004 betreffende de controle op concentraties van ondernemingen (de EG-concentratieverordening) [3], Verordening (EG) nr. 773/2004 van de Commissie van 7 april 2004 betreffende procedures van de Commissie op grond van de artikelen 81 en 82 van het Verdrag [4] en Verordening (EG) nr. 802/2004 van de Commissie van 7 april 2004 tot uitvoering van Verordening (EG) nr. 139/2004 van de Raad betreffende de controle op concentraties van ondernemingen [5], alsmede in de betreffende rechtspraak van het Hof van Justitie. Met name is het recht van de betrokken partijen om te worden gehoord voordat een voor hen ongunstig indivi-

---

(1) PB L 308 van 8.12.2000, blz. 26.
(2) PB L 1 van 4.1.2003, blz. 1.
(3) PB L 24 van 29.1.2004, blz. 1.
(4) PB L 123 van 27.4.2004, blz. 18.
(5) PB L 133 van 30.4.2004, blz. 1.

dueel besluit wordt vastgesteld, een grondrecht van het recht van de Europese Unie dat wordt erkend in het Handvest van de grondrechten, met name artikel 41 [6].

(3) Om een daadwerkelijke uitoefening te garanderen van de procedurele rechten van de betrokken partijen, van andere betrokkenen in de zin van artikel 11, onder b), van Verordening (EG) nr. 802/2004 (hierna 'andere betrokkenen' genoemd), van klagers in de zin van artikel 7, lid 2, van Verordening (EG) nr. 1/2003 (hierna 'klagers' genoemd) en van andere personen dan de in de artikelen 5 en 11 van Verordening (EG) nr. 773/2004 bedoelde personen en derden in de zin van artikel 11 van Verordening (EG) nr. 802/2004 (hierna 'derden' genoemd) die bij mededingingsprocedures zijn betrokken, dient de verantwoordelijkheid voor het beschermen van de inachtneming van die rechten te worden toevertrouwd aan een onafhankelijke persoon met ervaring in mededingingsaangelegenheden, die de noodzakelijke integriteit bezit om bij te dragen tot de objectiviteit, transparantie en doeltreffendheid van die procedures.

(4) Met het oog hierop heeft de Commissie in 1982 de functie van raadadviseur-auditeur in het leven geroepen en deze functie herzien bij Besluit 94/810/EGKS, EG van de Commissie van 12 december 1994 betreffende het mandaat van de raadadviseur-auditeur in mededingingsprocedures voor de Commissie [7] en Besluit 2001/462/EG, EGKS van de Commissie van 23 mei 2001 betreffende het mandaat van de raadadviseur-auditeur in bepaalde mededingingsprocedures [8]. Thans dient de rol van de raadadviseur-auditeur te worden verduidelijkt en verder versterkt en dient het mandaat van de raadadviseur-auditeur te worden aangepast in het licht van de ontwikkelingen in het mededingingsrecht van de Unie.

(5) De functie van raadadviseur-auditeur wordt over het algemeen gezien als een belangrijke bijdrage tot de mededingingsprocedures voor de Commissie dankzij de onafhankelijkheid en deskundigheid van de raadadviseur-auditeurs in deze procedures. Om de onafhankelijkheid van de raadadviseur-auditeur ten opzichte van het directoraat-generaal Concurrentie te blijven waarborgen, dient de raadadviseur-auditeur administratief rechtstreeks te ressorteren onder het lid van de Commissie dat in het bijzonder met het mededingingsbeleid is belast.

(6) De raadadviseur-auditeur dient te worden aangesteld overeenkomstig de regels van het statuut van de ambtenaren en de regeling welke van toepassing is op de andere personeelsleden van de Europese Unie. Volgens deze regels kunnen ook kandidaten die geen ambtenaar van de Commissie zijn, in aanmerking worden genomen. De transparantie met betrekking tot de aanstelling, beëindiging van het mandaat of overplaatsing van de raadadviseur-auditeur dient te worden verzekerd.

(7) De Commissie kan één of meer raadadviseur-auditeurs aanstellen en dient hun ondersteunende medewerkers ter beschikking te stellen. Wanneer de raadadviseur-auditeur meent dat zich bij de uitoefening van zijn functie een belangenconflict aandient, dient hij zijn bemoeienis met de zaak te staken. Indien de raadadviseur-auditeur verhinderd is, dienen zijn taken door een andere raadadviseur-auditeur te worden overgenomen.

(8) De raadadviseur-auditeur dient te handelen als een onafhankelijke arbiter die kwesties tracht op te lossen die van invloed zijn op de daadwerkelijke uitoefening van

---

(6) *PB* C 303 van 14.12.2007, blz. 1.
(7) *PB* L 330 van 21.12.1994, blz. 67.
(8) *PB* L 162 van 19.6.2001, blz. 21.

de procedurele rechten van de betrokken partijen, andere betrokkenen, klagers of belanghebbende derden in gevallen waarin die kwesties niet konden worden opgelost via voorafgaande contacten met de met het voeren van mededingingprocedures belaste diensten van de Commissie, die deze procedurele rechten in acht moeten nemen.

(9) Het mandaat van de raadadviseur-auditeur in mededingingsprocedures dient in mededingingsprocedures op zodanige wijze te worden geregeld dat de daadwerkelijke uitoefening van procedurele rechten gedurende de gehele procedure voor de Commissie op grond van de artikelen 101 en 102 van het Verdrag en op grond van Verordening (EG) nr. 139/2004 gewaarborgd blijft, met name wat betreft het recht te worden gehoord.

(10) Om deze rol te versterken, dient de raadadviseur-auditeur te worden belast met de bescherming van de daadwerkelijke uitoefening van de procedurele rechten van ondernemingen en ondernemersverenigingen in het kader van de onderzoeksbevoegdheden van de Commissie op grond van hoofdstuk V van Verordening (EG) nr. 1/2003 en op grond van artikel 14 van Verordening (EG) nr. 139/2004, waarbij de Commissie de bevoegdheid wordt verleend om ondernemingen en ondernemersverenigingen geldboeten op te leggen. De raadadviseur-auditeur dient ook specifieke taken te krijgen tijdens de onderzoekfase ten aanzien van een beroep op de vertrouwelijkheid van de communicatie tussen advocaat en cliënt, het recht om zichzelf niet te belasten, termijnen voor het beantwoorden van besluiten waarbij op grond van artikel 18, lid 3, van Verordening (EG) nr. 1/2003 inlichtingen worden verlangd, alsmede met betrekking tot het recht van ondernemingen en ondernemersverenigingen die het voorwerp uitmaken van een onderzoeksmaatregel van de Commissie op grond van hoofdstuk V van Verordening (EG) nr. 1/2003, om over hun procedurele positie te worden geïnformeerd, meer bepaald of ten aanzien van hen een onderzoek loopt en, zo ja, wat het voorwerp en het doel van dat onderzoek is. Bij het beoordelen van een beroep op het recht zichzelf niet te belasten, kan de raadadviseur-auditeur nagaan of ondernemingen kennelijk ongegrond een beroep op bescherming doen, zulks louter als vertragingsmanoeuvre.

(11) De raadadviseur-auditeur dient in staat te zijn een geschil beslechtende rol te vervullen bij een beroep op de vertrouwelijkheid van de communicatie tussen advocaat en cliënt met betrekking tot een document. Daartoe zal de raadadviseur-auditeur, indien de onderneming of ondernemersvereniging die zich hierop beroept, daarmee instemt, de mogelijkheid krijgen het betrokken document te onderzoeken en een passende aanbeveling te doen, onder verwijzing naar de toepasselijke rechtspraak van het Hof van Justitie.

(12) De raadadviseur-auditeur dient tot taak te krijgen een besluit te nemen over de vraag of een derde heeft aangetoond voldoende belang te hebben om te worden gehoord. Consumentenverenigingen die verzoeken te worden gehoord, dienen over het algemeen te worden geacht voldoende belang te hebben wanneer de procedure betrekking heeft op producten of diensten voor eindgebruikers dan wel op producten of diensten die een rechtstreeks onderdeel vormen van dergelijke producten of diensten.

(13) De raadadviseur-auditeur dient te beslissen of klagers en belanghebbende derden tot de zitting worden toegelaten, rekening houdende met de bijdrage die dezen kunnen leveren tot het verduidelijken van de relevante feiten van de zaak.

(14) Het recht van de betrokken partijen om te worden gehoord voordat een eindbesluit wordt genomen dat hun belangen ongunstig beïnvloedt, wordt gegarandeerd via hun recht om schriftelijk te antwoorden op het voorlopige standpunt van de Commissie, zoals dat is uiteengezet in de mededeling van punten van bezwaar, en hun recht om, indien zij daarom verzoeken, hun argumenten nader toe te lichten tijdens de hoorzitting. Om deze rechten daadwerkelijk te kunnen uitoefenen, hebben partijen tot wie een mededeling van punten van bezwaar is gericht, recht op toegang tot het onderzoeksdossier van de Commissie.

(15) Ter waarborging van de daadwerkelijke uitoefening van de rechten van verdediging van partijen tot wie een mededeling van punten van bezwaar is gericht, dient de raadadviseur-auditeur tot taak te hebben ervoor te zorgen dat geschillen tussen de partijen en het directoraat-generaal Concurrentie van de Commissie over de toegang tot het dossier of over de bescherming van zakengeheimen en anderszins vertrouwelijke informatie worden beslecht. In uitzonderlijke omstandigheden kan de raadadviseur-auditeur de termijn waarbinnen een adressaat van een mededeling van punten van bezwaar op die mededeling dient te reageren, opschorten totdat een geschil over de toegang tot het dossier is beslecht, indien de adressaat niet in staat zou zijn om binnen de toegestane termijn te antwoorden en indien een verlenging van de antwoordtermijn op dat tijdstip geen geschikte oplossing is.

(16) Om de daadwerkelijke uitoefening van procedurele rechten te waarborgen, met inachtneming van het gerechtvaardigde belang van de vertrouwelijkheid, dient de raadadviseur-auditeur, in voorkomend geval, de mogelijkheid te hebben om specifieke maatregelen te gelasten met betrekking tot de toegang tot het dossier van de Commissie. Met name dient de raadadviseur-auditeur de bevoegdheid te hebben te besluiten dat de partij die om toegang tot het dossier verzoekt, beperkte toegang krijgt tot delen van het dossier, door bijvoorbeeld het aantal of de categorie personen die toegang krijgen, te beperken of door het gebruik van de gegevens waartoe toegang wordt verleend, te beperken.

(17) De raadadviseur-auditeur dient tot taak te hebben een besluit te nemen over verzoeken om verlenging van de termijnen die zijn vastgesteld voor het beantwoorden van een mededeling van punten van bezwaar, van een aanvullende mededeling van punten van bezwaar of van een 'letter of facts', dan wel van termijnen waarbinnen andere betrokkenen, klagers of belanghebbende derden opmerkingen kunnen maken, ingeval hierover geen overeenstemming tussen die persoon en het directoraat-generaal Concurrentie wordt bereikt.

(18) De raadadviseur-auditeur dient bij te dragen tot het doelmatige verloop van hoorzittingen, door met name alle passende voorbereidende maatregelen te nemen, onder meer door tijdig vóór de hoorzitting een voorlopige lijst van deelnemers en een voorlopige agenda te verzenden.

(19) De hoorzitting biedt de partijen tot wie de Commissie een mededeling van punten van bezwaar heeft gericht, en andere betrokkenen, de mogelijkheid hun recht om te worden gehoord, verder uit te oefenen doordat zij hun standpunt mondeling nader kunnen uiteenzetten voor de Commissie, die dient te worden vertegenwoordigd door het directoraat-generaal Concurrentie en door andere diensten die bijdragen aan de verdere uitwerking van een door de Commissie te nemen besluit. De hoorzitting dient een extra mogelijkheid te bieden om te verzekeren dat alle relevante feiten — ongeacht of die gunstig of ongunstig zijn voor de betrokken partijen, daaronder

begrepen de feitelijke gegevens met betrekking tot de zwaarte (ernst) en de duur van de eventuele inbreuk – zo veel mogelijk worden opgehelderd. Ook dient de hoorzitting de partijen de mogelijkheid te bieden argumenten aan te voeren ten aanzien van omstandigheden die van belang kunnen zijn bij de eventuele oplegging van geldboeten.

(20) Met het oog op een doelmatig verloop van hoorzittingen kan de raadadviseur-auditeur de partijen tot wie een mededeling van punten van bezwaar is gericht, andere betrokkenen, klagers, andere voor de hoorzitting uitgenodigde personen, de diensten van de Commissie en de autoriteiten van de lidstaten toestaan vragen te stellen tijdens de hoorzitting. De hoorzitting dient niet openbaar te zijn, zodat wordt verzekerd dat alle deelnemers zich vrij kunnen uitdrukken. Daarom dient de tijdens de hoorzitting vrijgegeven informatie niet te worden gebruikt voor andere doeleinden dan de gerechtelijke en/of administratieve procedures met het oog op de toepassing van de artikelen 101 en 102 van het Verdrag. Wanneer zulks gerechtvaardigd is om zakengeheimen en anderszins vertrouwelijke informatie te beschermen, dient de raadadviseur-auditeur de mogelijkheid te hebben om personen tijdens een zitting met gesloten deuren te horen.

(21) Partijen bij de procedure die toezeggingen (verbintenissen) aanbieden overeenkomstig artikel 9 van Verordening (EG) nr. 1/2003, alsmede partijen die bereid zijn, overeenkomstig artikel 10 bis van Verordening (EG) nr. 773/2004, een schikkingsprocedure in kartelzaken te voeren, dienen de mogelijkheid te hebben om op de raadadviseur-auditeur een beroep te doen met betrekking tot de daadwerkelijke uitoefening van hun procedurele rechten.

(22) De raadadviseur-auditeur dient verslag uit te brengen over de eerbiediging van de daadwerkelijke uitoefening van de procedurele rechten gedurende de gehele mededingingsprocedure. Bovendien dient de raadadviseur-auditeur, naast zijn taak om verslag te doen, ook opmerkingen te kunnen maken over het verdere verloop en de objectiviteit van de procedure, en aldus ertoe bij te dragen dat mededingingsprocedures worden afgesloten op basis van een gedegen beoordeling van alle relevante feiten.

(23) Wanneer informatie over natuurlijke personen wordt vrijgegeven, dient de raadadviseur-auditeur met name rekening te houden met Verordening (EG) nr. 45/2001 van het Europees Parlement en de Raad van 18 december 2000 betreffende de bescherming van natuurlijke personen in verband met de verwerking van persoonsgegevens door de communautaire instellingen en organen en betreffende het vrije verkeer van die gegevens [9].

(24) Besluit 2001/462/EG, EGKS dient te worden ingetrokken,
BESLUIT:

---

(9) *PB* L 8 van 12.1.2001, blz. 1.

HOOFDSTUK 1
Rol, Aanstelling en taken van de raadadviseurauditeur

Artikel 1
De raadadviseur-auditeur

1. Er zijn één of meer raadadviseur-auditeurs voor mededingingsprocedures, van wie de bevoegdheden en taken in het onderhavige besluit zijn vastgelegd.
2. De raadadviseur-auditeur waarborgt de daadwerkelijke uitoefening van de procedurele rechten tijdens de gehele duur van de mededingingsprocedures voor de Commissie voor de toepassing van de artikelen 101 en 102 van het Verdrag en Verordening (EG) nr. 139/2004 (hierna 'mededingingsprocedures' genoemd).
[13-10-2011, PbEU L 275, i.w.tr. 21-10-2011/regelingnummer 2011/695/EU]

Artikel 2
Aanstelling, beëindiging van het mandaat en plaatsvervanging

1. De Commissie stelt de raadadviseur-auditeur aan. Het aanstellingsbesluit wordt bekendgemaakt in het *Publicatieblad van de Europese Unie*. Onderbreking of beëindiging van het mandaat of overplaatsing van de raadadviseur-auditeur geschiedt bij een met redenen omkleed besluit van de Commissie. Dat besluit wordt in het *Publicatieblad van de Europese Unie* bekendgemaakt.
2. De raadadviseur-auditeur ressorteert administratief rechtstreeks onder het lid van de Commissie dat in het bijzonder met het mededingingsbeleid is belast (hierna 'het bevoegde lid van de Commissie' genoemd).
3. Wanneer de raadadviseur-auditeur verhinderd is, worden zijn taken door een andere raadadviseur-auditeur overgenomen. Indien geen van de raadadviseur-auditeurs in staat is zijn taken uit te oefenen, wijst het bevoegde lid van de Commissie, in voorkomend geval na raadpleging van de raadadviseur-auditeur, een andere bevoegde ambtenaar van de Commissie aan die niet bij de desbetreffende zaak is betrokken, om de taken van de raadadviseur-auditeur uit te oefenen.
4. In het geval van daadwerkelijke of potentiële belangenconflicten staakt de raadadviseur-auditeur zijn bemoeienis met een zaak. Lid 3 is van toepassing.
[13-10-2011, PbEU L 275, i.w.tr. 21-10-2011/regelingnummer 2011/695/EU]

Artikel 3
Werkwijze

1. Bij de uitoefening van zijn taken handelt de raadadviseur-auditeur onafhankelijk.
2. Bij de uitoefening van zijn taken houdt de raadadviseur-auditeur rekening met de noodzaak van een daadwerkelijke toepassing van de mededingingsregels in overeenstemming met de geldende wetgeving van de Unie en de beginselen die door het Hof van Justitie zijn geformuleerd.
3. Bij de uitoefening van zijn taken heeft de raadadviseur-auditeur toegang tot alle dossiers met betrekking tot mededingingsprocedures voor de Commissie op grond van de artikelen 101 en 102 van het Verdrag en op grond van Verordening (EG) nr. 139/2004.
4. De raadadviseur-auditeur wordt door de directeur die binnen het directoraat-generaal Concurrentie voor het onderzoek van de zaak verantwoordelijk is (hierna 'de verantwoordelijke directeur' genoemd), van het verloop van de procedure op de hoogte gehouden.

5. De raadadviseur-auditeur kan over elke aangelegenheid die in het kader van een mededingingsprocedure van de Commissie aan de orde komt, opmerkingen indienen bij het bevoegde lid van de Commissie.
6. Indien de raadadviseur-auditeur aan het bevoegde lid van de Commissie met redenen omklede aanbevelingen doet of besluiten neemt overeenkomstig het onderhavige besluit, verschaft hij de verantwoordelijke directeur en de Juridische Dienst van de Commissie een afschrift van die documenten.
7. Iedere kwestie die verband houdt met de daadwerkelijke uitoefening van de procedurele rechten van de betrokken partijen, van andere betrokkenen in de zin van artikel 11, onder b), van Verordening (EG) nr. 802/2004 (hierna 'andere betrokkenen' genoemd), van klagers in de zin van artikel 7, lid 2, van Verordening (EG) nr. 1/2003 (hierna 'klagers' genoemd) en van belanghebbende derden in de zin van artikel 5 van het onderhavige besluit die bij dit soort procedures betrokken zijn, wordt door deze personen eerst aan de orde gesteld bij het directoraat-generaal Concurrentie. Indien de kwestie niet wordt opgelost, kan deze voor een onafhankelijke toetsing naar de raadadviseur-auditeur worden verwezen. Verzoeken met betrekking tot een maatregel waarvoor een termijn geldt, moeten tijdig, binnen de oorspronkelijke termijn, worden gedaan.
[13-10-2011, PbEU L 275, i.w.tr. 21-10-2011/regelingnummer 2011/695/EU]

HOOFDSTUK 2
De onderzoeksfase

Artikel 4
Procedurele rechten tijdens de onderzoeksfase

1. De raadadviseur-auditeur waarborgt de daadwerkelijke uitoefening van procedurele rechten in het kader van de uitoefening van de onderzoeksbevoegdheden van de Commissie op grond van hoofdstuk V van Verordening (EG) nr. 1/2003 en in procedures die kunnen leiden tot het opleggen van geldboeten op grond van artikel 14 van Verordening (EG) nr. 139/2004.
2. Onverminderd artikel 3, lid 7, heeft de raadadviseur-auditeur met name de volgende taken:
a) de raadadviseur-auditeur kan door ondernemingen of ondernemersverenigingen worden verzocht stellingen te onderzoeken dat een document dat de Commissie verlangt op grond van haar bevoegdheden krachtens de artikelen 18, 20 en 21 van Verordening (EG) nr. 1/2003, tijdens inspecties op grond van artikel 13 van Verordening (EG) nr. 139/2004 of in het kader van onderzoeksmaatregelen in procedures die kunnen leiden tot het opleggen van geldboeten op grond van artikel 14 van Verordening (EG) nr. 139/2004 en dat voor de Commissie werd achtergehouden, valt onder de vertrouwelijkheid van de communicatie tussen advocaat en cliënt in de zin van de rechtspraak van het Hof van Justitie. De raadadviseur-auditeur kan deze kwestie alleen in onderzoek nemen indien de onderneming of ondernemersvereniging die de stelling aanvoert, erin toestemt dat de raadadviseur-auditeur de gegevens inziet waarvan wordt gesteld dat deze onder de vertrouwelijkheid van de communicatie tussen advocaat en cliënt vallen, alsmede daarmee verband houdende documenten die de raadadviseur-auditeur noodzakelijk acht voor zijn onderzoek. Zonder de potentieel onder het vertrouwelijkheidsbeginsel vallende

inhoud van de informatie te onthullen, deelt de raadadviseur-auditeur de verantwoordelijke directeur en de betrokken onderneming of ondernemersvereniging zijn voorlopige standpunt mede, en kan hij passende stappen ondernemen om tot een wederzijds aanvaardbare oplossing te komen. Wanneer geen oplossing wordt bereikt, kan de raadadviseur-auditeur een met redenen omklede aanbeveling aan het bevoegde lid van de Commissie doen, zonder de potentieel onder het vertrouwelijkheidsbeginsel vallende inhoud van het document te onthullen. De partij die stelt dat het onder het vertrouwelijkheidsbeginsel vallende inhoud betreft, ontvangt een afschrift van deze aanbeveling;

b) wanneer de adressaat van een verzoek om inlichtingen op grond van artikel 18, lid 2, van Verordening (EG) nr. 1/2003 weigert te antwoorden op een vraag in dat verzoek, zich daarbij beroepend op het recht om zichzelf niet te belasten, zoals dat in de rechtspraak van het Hof van Justitie is geformuleerd, kan deze, tijdig na de ontvangst van dat verzoek, de kwestie aan de raadadviseur-auditeur voorleggen. In voorkomend geval, en rekening houdende met de noodzaak om procedures niet nodeloos te vertragen, kan de raadadviseur-auditeur een met redenen omklede aanbeveling doen over de vraag of het recht om zichzelf niet te belasten van toepassing is, en kan hij de verantwoordelijke directeur in kennis stellen van de bereikte conclusies, die in aanmerking dienen te worden genomen ingeval vervolgens een besluit op grond van artikel 18, lid 3, van Verordening (EG) nr. 1/2003 wordt vastgesteld. De adressaat van dat verzoek ontvangt een afschrift van deze met redenen omklede aanbeveling;

c) wanneer de adressaat van een besluit waarbij op grond van artikel 18, lid 3, van Verordening (EG) nr. 1/2003 inlichtingen worden verlangd, van mening is dat de gestelde antwoordtermijn te kort is, kan hij deze kwestie, tijdig vóór het verstrijken van de oorspronkelijk gestelde termijn, aan de raadadviseur-auditeur voorleggen. De raadadviseur-auditeur neemt een besluit of een verlenging van de termijn dient te worden toegestaan, rekening houdende met de omvang en complexiteit van het verzoek om inlichtingen en de behoeften van het onderzoek;

d) ondernemingen of ondernemersverenigingen ten aanzien waarvan een onderzoeksmaatregel van de Commissie op grond van hoofdstuk V van Verordening (EG) nr. 1/2003 loopt, hebben het recht over hun procedurele positie te worden geïnformeerd, meer bepaald of ten aanzien van hen een onderzoek loopt en, zo ja, wat het voorwerp en het doel van dat onderzoek is. Indien een onderneming of ondernemersvereniging van mening is dat zij door het directoraat-generaal Concurrentie niet correct over haar procedurele positie is geïnformeerd, kan zij deze kwestie ter beslechting aan de raadadviseur-auditeur voorleggen. De raadadviseur-auditeur neemt een besluit waarin het directoraat-generaal Concurrentie wordt gelast de betrokken onderneming of ondernemersvereniging die het verzoek met betrekking tot haar procedurele positie heeft gedaan, te informeren. Dat besluit wordt de onderneming of ondernemersvereniging die het verzoek heeft gedaan, ter kennis gebracht.

[13-10-2011, PbEU L 275, i.w.tr. 21-10-2011/regelingnummer 2011/695/EU]

HOOFDSTUK 3
Verzoeken om te worden gehoord

Artikel 5
Belanghebbende derden

1. Verzoeken om te worden gehoord van andere personen dan de in de artikelen 5 en 11 van Verordening (EG) nr. 773/2004 bedoelde personen en derden in de zin van artikel 11 van Verordening (EG) nr. 802/2004 (hierna 'derden' genoemd) worden gedaan overeenkomstig artikel 13, lid 1, van Verordening (EG) nr. 773/2004 en artikel 16 van Verordening (EG) nr. 802/2004. Verzoeken worden schriftelijk ingediend en zetten uiteen wat het belang van de verzoeker is bij de uitkomst van de procedure.
2. De raadadviseur-auditeur besluit, na raadpleging van de verantwoordelijke directeur, of derden dienen te worden gehoord. Bij de beoordeling van een derde kan aantonen dat hij voldoende belang heeft, houdt de raadadviseur-auditeur rekening met de vraag of en in welke mate de verzoeker voldoende geraakt wordt door de gedraging waarop de mededingingsprocedure betrekking heeft, dan wel of de verzoeker voldoet aan de voorwaarden van artikel 18, lid 4, van Verordening (EG) nr. 139/2004.
3. Wanneer de raadadviseur-auditeur van oordeel is dat een verzoeker niet heeft kunnen aantonen dat hij voldoende belang heeft te worden gehoord, stelt hij de verzoeker schriftelijk in kennis van de redenen daarvoor. Een termijn wordt bepaald waarbinnen de verzoeker zijn standpunt schriftelijk kenbaar kan maken. Indien de verzoeker zijn standpunt schriftelijk kenbaar maakt binnen de door de raadadviseur-auditeur gestelde termijn en die schriftelijke opmerkingen niet tot een andere beoordeling leiden, wordt die conclusie vastgelegd in een met redenen omkleed besluit waarvan kennisgeving wordt gedaan aan de verzoeker.
4. De raadadviseur-auditeur deelt de partijen bij mededingingsprocedures vanaf de inleiding van procedures op grond van artikel 11, lid 6, van Verordening (EG) nr. 1/2003 of artikel 6, lid 1, onder c), van Verordening (EG) nr. 139/2004 de identiteit van de te horen belanghebbende derden mede, tenzij het vrijgeven van die informatie een persoon of onderneming aanzienlijke schade zou toebrengen.
[13-10-2011, PbEU L 275, i.w.tr. 21-10-2011/regelingnummer 2011/695/EU]

Artikel 6
Recht op een hoorzitting; deelname van klagers en derden aan de hoorzitting

1. Op verzoek van de partijen tot wie de Commissie een mededeling van punten van bezwaar heeft gericht of van andere betrokkenen, organiseert de raadadviseur-auditeur een hoorzitting zodat zij hun schriftelijke standpunten nader kunnen toelichten.
2. De raadadviseur-auditeur kan, in voorkomend geval en na raadpleging van de verantwoordelijke directeur, besluiten om klagers en belanghebbende derden in de zin van artikel 5 in de gelegenheid te stellen hun standpunt kenbaar te maken op de hoorzitting van de partijen tot wie een mededeling van punten van bezwaar is gericht, mits dezen in hun schriftelijke opmerkingen hierom verzoeken. De raadadviseur-auditeur kan ook vertegenwoordigers van mededingingsautoriteiten uit derde landen uitnodigen om als waarnemers deel te nemen aan de hoorzittingen, in overeenstemming met overeenkomsten tussen de Unie en derde landen.
[13-10-2011, PbEU L 275, i.w.tr. 21-10-2011/regelingnummer 2011/695/EU]

HOOFDSTUK 4
Toegang tot het dossier, vertrouwelijkheid en zakengeheimen

Artikel 7
Toegang tot het dossier en toegang tot documenten en gegevens

1. Wanneer een partij die van haar recht op toegang tot het dossier heeft gebruikgemaakt, redenen heeft om aan te nemen dat de Commissie documenten in haar bezit heeft die niet jegens deze partij zijn vrijgegeven, en dat deze documenten noodzakelijk zijn om het recht te worden gehoord naar behoren te kunnen uitoefenen, kan deze partij bij de raadadviseur-auditeur een met redenen omkleed verzoek indienen om toegang te krijgen tot deze documenten, onverminderd artikel 3, lid 7.

2. Onverminderd artikel 3, lid 7, kunnen andere betrokkenen, klagers en belanghebbende derden in de zin van artikel 5 bij de raadadviseur-auditeur een met redenen omkleed verzoek indienen in de hierna genoemde omstandigheden:

a) andere betrokkenen die redenen hebben om aan te nemen dat zij niet in kennis zijn gesteld van de bezwaren die, overeenkomstig artikel 13, lid 2, van Verordening (EG) nr. 802/2004, tot de aanmeldende partijen zijn gericht;

b) een klager die door de Commissie in kennis is gesteld van haar voornemen om een klacht overeenkomstig artikel 7, lid 1, van Verordening (EG) nr. 773/2004 af te wijzen en die redenen heeft om aan te nemen dat de Commissie documenten in haar bezit heeft die niet jegens deze partij zijn vrijgegeven, en dat deze documenten noodzakelijk zijn om het recht te worden gehoord naar behoren te kunnen uitoefenen, overeenkomstig artikel 8, lid 1, van Verordening (EG) nr. 773/2004;

c) een klager die van mening is dat hij geen afschrift heeft ontvangen van de niet-vertrouwelijke versie van de mededeling van punten van bezwaar in de zin van artikel 6, lid 1, van Verordening (EG) nr. 773/2004 of dat die niet-vertrouwelijke versie van de mededeling van punten van bezwaar niet zodanig is geredigeerd dat hij in staat is om zijn rechten daadwerkelijk uit te oefenen, met uitzondering van gevallen waarin de schikkingsprocedure van toepassing is;

d) een belanghebbende derde in de zin van artikel 5 van het onderhavige besluit die redenen heeft om aan te nemen dat hij niet, overeenkomstig artikel 13, lid 1, van Verordening (EG) nr. 773/2004 en artikel 16, lid 1, van Verordening (EG) nr. 802/2004, in kennis is gesteld van de aard en het onderwerp van een procedure. Hetzelfde geldt voor een klager die, in een zaak waarin de schikkingsprocedure van toepassing is, redenen heeft om aan te nemen dat hij niet overeenkomstig artikel 6, lid 1, van Verordening (EG) nr. 773/2004 in kennis is gesteld van de aard en het onderwerp van de procedure.

3. De raadadviseur-auditeur neemt een met redenen omkleed besluit over een verzoek dat op grond van lid 1 of lid 2 tot hem wordt gericht, en deelt dit besluit mede aan de persoon die het verzoek heeft gedaan, en aan iedere andere persoon die bij de procedure is betrokken.

[13-10-2011, PbEU L 275, i.w.tr. 21-10-2011/regelingnummer 2011/695/EU]

Artikel 8
Zakengeheimen en anderszins vertrouwelijke informatie

1. Wanneer de Commissie voornemens is informatie vrij te geven die zakengeheimen of anderszins vertrouwelijke informatie kan vormen voor een onderneming of een

persoon, dienen die onderneming of persoon door het directoraat-generaal Concurrentie schriftelijk in kennis te worden gesteld van dit voornemen en van de redenen daarvoor. Een termijn wordt vastgesteld waarbinnen de betrokken onderneming of persoon schriftelijk opmerkingen kan maken.
2. Wanneer de betrokken onderneming of persoon bezwaar maakt tegen het vrijgeven van de informatie, kan deze kwestie aan de raadadviseur-auditeur worden voorgelegd. Indien de raadadviseur-auditeur tot de conclusie komt dat de informatie kan worden vrijgegeven omdat deze geen zakengeheimen of anderszins vertrouwelijke informatie vormt of omdat er een hoger belang is bij het vrijgeven van die informatie, dient die conclusie te worden geformuleerd in een met redenen omkleed besluit waarvan kennisgeving wordt gedaan aan de betrokken onderneming of persoon. In dat besluit wordt vermeld vanaf welke datum de informatie wordt vrijgegeven. Dit mag niet eerder geschieden dan één week na de datum van kennisgeving.
3. De leden 1 en 2 zijn van overeenkomstige toepassing op het vrijgeven van informatie door bekendmaking in het *Publicatieblad van de Europese Unie*.
4. Wanneer zulks passend is om een evenwicht te bereiken tussen de daadwerkelijke uitoefening van de rechten van verdediging van een partij en een rechtmatig belang van vertrouwelijkheid, kan de raadadviseur-auditeur besluiten dat delen van het dossier die onmisbaar zijn voor de uitoefening van de rechten van verdediging van die partij, op beperkte wijze toegankelijk worden gemaakt voor de partij die om toegang tot het dossier verzoekt, op nader door de raadadviseur-auditeur te bepalen concrete voorwaarden.
[13-10-2011, PbEU L 275, i.w.tr. 21-10-2011/regelingnummer 2011/695/EU]

HOOFDSTUK 5
Verlenging van termijnen

Artikel 9
Verzoeken om verlenging van termijnen
1. Indien een adressaat van een mededeling van punten van bezwaar van mening is dat de voor het beantwoorden van die mededeling van punten van bezwaar gestelde termijn te kort is, kan deze om een verlenging van die termijn verzoeken door middel van een aan de verantwoordelijke directeur te richten met redenen omkleed verzoek. Dit verzoek moet tijdig worden gedaan vóór het verstrijken van de oorspronkelijke termijn in procedures op grond van de artikelen 101 en 102 van het Verdrag en ten minste vijf werkdagen vóór het verstrijken van de oorspronkelijke termijn in procedures op grond van Verordening (EG) nr. 139/2004. Indien dat verzoek niet wordt gehonoreerd of indien de adressaat van de mededeling van punten van bezwaar die het verzoek doet, het niet eens is met de duur van de termijnverlenging, kan deze de kwestie vóór het verstrijken van de oorspronkelijke termijn ter toetsing aan de raadadviseur-auditeur voorleggen. Nadat de raadadviseur-auditeur de verantwoordelijke directeur heeft gehoord, neemt hij een besluit over de vraag of een verlenging van de termijn noodzakelijk is om de adressaat van een mededeling van punten van bezwaar in staat te stellen om zijn recht te worden gehoord daadwerkelijk uit te oefenen, daarbij rekening houdend met de noodzaak om een nodeloze vertraging van de procedure te vermijden. In procedures op grond van de artikelen 101 en 102

van het Verdrag neemt de raadadviseur-auditeur onder meer de volgende elementen in aanmerking:
a) de omvang en de complexiteit van het dossier;
b) de vraag of de adressaat van de mededeling van punten van bezwaar die het verzoek doet, voordien toegang tot de informatie heeft gehad;
c) eventuele andere objectieve obstakels waarmee de adressaat van de mededeling van punten van bezwaar die het verzoek doet, wordt geconfronteerd om zijn opmerkingen te kunnen maken.

Voor de toepassing van de eerste alinea, onder a), kunnen het aantal inbreuken, de mogelijke duur van de inbreuk of inbreuken, de omvang van de documenten en het aantal ervan, en de omvang en de complexiteit van studies van deskundigen bij de beoordeling in aanmerking worden genomen.

2. Indien andere betrokkenen, een klager of een belanghebbende derde in de zin van artikel 5 van mening zijn dat de termijn om hun standpunt kenbaar te maken, te kort is, kunnen dezen om een verlenging van die termijn verzoeken door tijdig vóór het verstrijken van de oorspronkelijke termijn een met redenen omkleed verzoek aan de verantwoordelijke directeur te richten. Indien dat verzoek niet wordt gehonoreerd of indien de andere betrokkene, klager of belanghebbende derde het met dit besluit niet eens is, kan deze de kwestie ter toetsing aan de raadadviseur-auditeur voorleggen. Nadat de raadadviseur-auditeur de verantwoordelijke directeur heeft gehoord, neemt hij een besluit over de vraag of een verlenging van de termijn dient te worden toegestaan.
[13-10-2011, PbEU L 275, i.w.tr. 21-10-2011/regelingnummer 2011/695/EU]

HOOFDSTUK 6
De hoorzitting

Artikel 10
Organisatie en functie

1. De raadadviseur-auditeur organiseert en leidt de hoorzittingen als bedoeld in de uitvoeringsbepalingen van de artikelen 101 en 102 van het Verdrag en van Verordening (EG) nr. 139/2004.
2. De hoorzitting wordt door de raadadviseur-auditeur in volle onafhankelijkheid geleid.
3. De raadadviseur-auditeur ziet toe op het goede verloop van de hoorzitting en draagt bij tot het objectieve karakter van de hoorzitting en van elk nadien te nemen besluit.
4. De raadadviseur-auditeur zorgt ervoor dat de hoorzitting aan adressaten van de mededeling van punten van bezwaar, aan andere betrokkenen en aan klagers en belanghebbende derden in de zin van artikel 5 die de tot de hoorzitting zijn toegelaten, voldoende gelegenheid biedt om hun standpunten ten aanzien van de voorlopige bevindingen van de Commissie nader uiteen te zetten.
[13-10-2011, PbEU L 275, i.w.tr. 21-10-2011/regelingnummer 2011/695/EU]

Artikel 11
Voorbereiding van de hoorzitting

1. De raadadviseur-auditeur is belast met de voorbereiding van de hoorzitting en neemt in dat verband alle passende maatregelen. Met het oog op een goede voorbereiding van de hoorzitting kan de raadadviseur-auditeur, na raadpleging van de

verantwoordelijke directeur, de voor de hoorzitting uitgenodigde personen vooraf een lijst verstrekken met vragen waarover zij verzocht worden hun standpunt kenbaar te maken. De raadadviseur-auditeur kan de voor de hoorzitting uitgenodigde personen ook de kernpunten van de discussie mededelen, met name rekening houdende met de feiten en kwesties die de adressaten van een mededeling van punten van bezwaar die om een hoorzitting hebben verzocht, aan de orde willen stellen.
2. De raadadviseur-auditeur kan daartoe, na raadpleging van de verantwoordelijke directeur, ter voorbereiding van de eigenlijke hoorzitting een bijeenkomst met de voor de hoorzitting uitgenodigde partijen en, in voorkomend geval, de diensten van de Commissie beleggen.
3. De raadadviseur-auditeur kan tevens verzoeken vooraf schriftelijk in kennis te worden gesteld van de hoofdlijnen van de verklaringen die de voor de hoorzitting uitgenodigde personen voornemens zijn af te leggen.
4. De raadadviseur-auditeur kan voor alle voor de hoorzitting uitgenodigde personen een termijn vaststellen voor het indienen van een lijst van deelnemers die namens hen aanwezig zullen zijn. De raadadviseur-auditeur stelt deze lijst tijdig vóór de datum van de hoorzitting beschikbaar aan alle voor de hoorzitting uitgenodigde personen.
[13-10-2011, PbEU L 275, i.w.tr. 21-10-2011/regelingnummer 2011/695/EU]

Artikel 12
Tijdschema en organisatie

1. Na raadpleging van de verantwoordelijke directeur stelt de raadadviseur-auditeur de datum, duur en plaats van de hoorzitting vast. Wanneer om uitstel wordt verzocht, neemt de raadadviseur-auditeur een besluit over het al dan niet toestaan daarvan.
2. De raadadviseur-auditeur neemt een besluit over de vraag of nieuwe stukken tijdens de hoorzitting kunnen worden toegelaten en welke personen namens een partij kunnen worden gehoord.
3. De raadadviseur-auditeur kan de partijen tot wie een mededeling van punten van bezwaar is gericht, andere betrokkenen, klagers, andere op de hoorzitting uitgenodigde personen, de diensten van de Commissie en de autoriteiten van de lidstaten toestaan vragen te stellen tijdens de hoorzitting. Voor zover het, bij wijze van uitzondering, niet mogelijk blijkt een vraag geheel of ten dele tijdens de hoorzitting te beantwoorden, kan de raadadviseur-auditeur toestaan dat het antwoord binnen een gestelde termijn schriftelijk wordt gegeven. Dat schriftelijke antwoord wordt verspreid onder alle deelnemers aan de hoorzitting, tenzij de raadadviseur-auditeur anderszins beslist, om de rechten ter verdediging van een adressaat van een mededeling van punten van bezwaar of om de zakengeheimen of anderszins vertrouwelijke informatie van een persoon te beschermen.
4. Voor zover zulks, gelet op de noodzaak het recht om te worden gehoord te waarborgen, dienstig is, kan de raadadviseur-auditeur, na raadpleging van de verantwoordelijke directeur, de betrokken partijen, andere betrokkenen, klagers of belanghebbende derden in de zin van artikel 5 in de gelegenheid stellen na de hoorzitting nadere schriftelijke opmerkingen in te dienen. De raadadviseur-auditeur stelt een termijn vast waarbinnen dergelijke opmerkingen kunnen worden ingediend. De Commissie is niet verplicht na deze termijn ingekomen schriftelijke opmerkingen in aanmerking te nemen.
[13-10-2011, PbEU L 275, i.w.tr. 21-10-2011/regelingnummer 2011/695/EU]

Artikel 13
Bescherming van zakengeheimen en vertrouwelijkheid tijdens de hoorzitting

Een ieder wordt in de regel gehoord in aanwezigheid van alle overige personen die zijn uitgenodigd om deel te nemen aan de hoorzitting. De raadadviseur-auditeur kan ook besluiten personen afzonderlijk tijdens een zitting met gesloten deuren te horen, gelet op hun rechtmatige belang bij de bescherming van hun zakengeheimen en anderszins vertrouwelijke informatie.
[13-10-2011, PbEU L 275, i.w.tr. 21-10-2011/regelingnummer 2011/695/EU]

HOOFDSTUK 7
Tussentijds verslag en het recht opmerkingen te maken

Artikel 14
Tussentijds verslag en opmerkingen

1. De raadadviseur-auditeur dient bij het bevoegde lid van de Commissie een tussentijds verslag in over de hoorzitting en over de conclusies die hij daaruit trekt met betrekking tot de eerbiediging van de daadwerkelijke uitoefening van de procedurele rechten. In dat verslag worden opmerkingen opgenomen over procedurekwesties, waaronder ten aanzien van het volgende:
a) het vrijgeven van documenten en het verlenen van toegang tot het dossier;
b) de termijnen voor het beantwoorden van de mededeling van punten van bezwaar;
c) de inachtneming van het recht te worden gehoord;
d) het correcte verloop van de hoorzitting.
Een afschrift van het verslag wordt verstrekt aan de directeur-generaal Concurrentie, de bevoegde directeur en de overige bevoegde diensten van de Commissie.
2. Naast het in lid 1 bedoelde verslag kan de raadadviseur-auditeur ook opmerkingen maken over het verdere verloop en de onpartijdigheid van de procedure. Daarbij ziet de raadadviseur-auditeur met name erop toe dat bij de opstelling van ontwerpbesluiten van de Commissie naar behoren rekening wordt gehouden met alle relevante feiten, ongeacht of deze voor de betrokkenen gunstig dan wel ongunstig zijn, alsmede met de feitelijke gegevens die van belang zijn voor de zwaarte en de duur van een eventuele inbreuk. Die opmerkingen kunnen onder meer verband houden met de behoefte aan meer informatie, de intrekking van bepaalde punten van bezwaar, het formuleren van verdere punten van bezwaar, of suggesties voor verdere onderzoeksmaatregelen overeenkomstig hoofdstuk V van Verordening (EG) nr. 1/2003.
De directeur-generaal Concurrentie, de verantwoordelijke directeur en de Juridische Dienst worden van die opmerkingen in kennis gesteld.
[13-10-2011, PbEU L 275, i.w.tr. 21-10-2011/regelingnummer 2011/695/EU]

HOOFDSTUK 8
Toezeggingen en schikkingen

Artikel 15
Toezeggingen en schikkingen

1. Partijen bij de procedure die overeenkomstig artikel 9 van Verordening (EG) nr. 1/2003 toezeggingen aanbieden om tegemoet te komen aan de bezwaren die de Com-

missie jegens hen heeft geformuleerd in haar voorlopige beoordeling, kunnen in elk stadium van de procedure van artikel 9 een beroep op de raadadviseur-auditeur doen om te verzekeren dat zij hun procedurele rechten daadwerkelijk kunnen uitoefenen.
2. Partijen bij procedures in kartelzaken die, overeenkomstig artikel 10 bis van Verordening (EG) nr. 773/2004, gesprekken met het oog op een schikking aangaan, kunnen in elk stadium van de schikkingsprocedure een beroep op de raadadviseur-auditeur doen om te verzekeren dat zij hun procedurele rechten daadwerkelijk kunnen uitoefenen.
[13-10-2011, PbEU L 275, i.w.tr. 21-10-2011/regelingnummer 2011/695/EU]

HOOFDSTUK 9
Eindverslag

Artikel 16
Inhoud en toezending vóór de vaststelling van een besluit

1. De raadadviseur-auditeur stelt, op grond van het aan het adviescomité voor te leggen ontwerp-besluit in de betrokken zaak, een schriftelijk eindverslag op in de zin van artikel 14, lid 1 over de eerbiediging van de daadwerkelijke uitoefening van procedurele rechten gedurende de gehele procedure. In dat verslag wordt ook nagegaan of het ontwerp-besluit uitsluitend punten van bezwaar betreft ten aanzien waarvan de partijen in de gelegenheid zijn gesteld hun standpunt kenbaar te maken.
2. Het eindverslag wordt ingediend bij het bevoegde lid van de Commissie, de directeur-generaal Concurrentie, de verantwoordelijke directeur en de overige bevoegde diensten van de Commissie. Het wordt ter kennis gebracht van de bevoegde autoriteiten van de lidstaten en, overeenkomstig de bepalingen inzake samenwerking van de Protocollen nr. 23 en nr. 24 bij de EER-overeenkomst, de Toezichthoudende Autoriteit van de EVA.
[13-10-2011, PbEU L 275, i.w.tr. 21-10-2011/regelingnummer 2011/695/EU]

Artikel 17
Indiening bij de Commissie en bekendmaking

1. Het eindverslag van de raadadviseur-auditeur wordt, samen met het ontwerp-besluit, aan de Commissie voorgelegd, om ervoor te zorgen dat de Commissie bij het vaststellen van een besluit in een individuele zaak volledige kennis heeft van alle relevante informatie betreffende het verloop van de procedure, en dat de daadwerkelijke uitoefening van procedurele rechten gedurende de gehele procedure is geëerbiedigd.
2. Het eindverslag kan vóór de vaststelling van het besluit door de Commissie, door de raadadviseur-auditeur worden aangepast in het licht van eventuele wijzigingen aan het ontwerp-besluit.
3. De Commissie brengt het eindverslag van de raadadviseur-auditeur, samen met het besluit, ter kennis van de adressaten van het besluit. Zij maakt het eindverslag van de raadadviseur-auditeur, samen met het besluit, bekend in het *Publicatieblad van de Europese Unie*, met inachtneming van het rechtmatige belang van de ondernemingen bij de bescherming van hun zakengeheimen.
[13-10-2011, PbEU L 275, i.w.tr. 21-10-2011/regelingnummer 2011/695/EU]

HOOFDSTUK 10
Slotbepalingen

Artikel 18
Intrekking en overgangsbepaling
1. Besluit 2001/462/EG, EGKS wordt ingetrokken.
2. Reeds op grond van Besluit 2001/462/EG, EGKS ondernomen procedurele stappen blijven van kracht. Ten aanzien van onderzoeksmaatregelen die vóór de inwerkingtreding van het onderhavige besluit zijn genomen, kan de raadadviseur-auditeur afzien van de uitoefening van zijn bevoegdheden uit hoofde van artikel 4.
In gevallen waarbij de inleiding van de procedure op grond van artikel 11, lid 6, van Verordening (EG) nr. 1/2003 of de inleiding van de procedure op grond van artikel 6, lid 1, onder c), van Verordening (EG) nr. 139/2004 heeft plaatsgevonden vóór de inwerkingtreding van het onderhavige besluit, wordt de onderzoeksfase niet behandeld in het tussentijdse verslag overeenkomstig artikel 14 van het onderhavige besluit en in het eindverslag overeenkomstig artikel 16, tenzij de raadadviseur-auditeur anderszins besluit.
[13-10-2011, PbEU L 275, i.w.tr. 21-10-2011/regelingnummer 2011/695/EU]

Artikel 19
Inwerkingtreding
Dit besluit treedt in werking op de dag na die van de bekendmaking ervan in het *Publicatieblad van de Europese Unie*.
[13-10-2011, PbEU L 275, i.w.tr. 21-10-2011/regelingnummer 2011/695/EU]

Richtsnoeren voor de berekening van geldboeten (06/C210/02)

(Voor de EER relevante tekst)

Richtsnoeren van 1 september 2006 voor de berekening van geldboeten die uit hoofde van artikel 23, lid 2, onder a), van Verordening (EG) nr. 1/2003 worden opgelegd, PbEU 2006, C 210 (i.w.tr. 01-09-2006)

Inleiding

1. De Commissie kan, in het kader van de toepassing van artikel 23, lid 2, onder *a)*, van Verordening (EG) nr. 1/2003 [1], bij beschikking aan ondernemingen en ondernemersverenigingen geldboeten opleggen wanneer zij opzettelijk of uit onachtzaamheid inbreuk maken op artikel 81 of artikel 82 van het Verdrag.

2. De Commissie beschikt bij de uitoefening van haar bevoegdheid om deze boeten op te leggen over een ruime beoordelingsbevoegdheid [2] binnen de in Verordening (EG) nr. 1/2003 aangegeven grenzen. Allereerst moet de Commissie rekening houden met de duur en de ernst van de inbreuk. Vervolgens mag de opgelegde boete niet hoger zijn dan de in artikel 23, lid 2, tweede en derde alinea, van Verordening (EG) nr. 1/2003 aangegeven maxima.

3. Om de transparantie en het objectieve karakter van haar beschikkingen te waarborgen heeft de Commissie op 14 januari 1998 richtsnoeren voor de berekening van geldboeten bekendgemaakt [3]. Na deze richtsnoeren ruim acht jaar lang te hebben toegepast heeft de Commissie voldoende ervaring opgedaan om haar beleid op het gebied van geldboeten verder te ontwikkelen en te verfijnen.

4. De bevoegdheid van de Commissie om geldboeten op te leggen aan ondernemingen en ondernemersverenigingen die opzettelijk of uit onachtzaamheid inbreuk maken op artikel 81 of artikel 82 van het Verdrag, vormt één van de instrumenten die aan de Commissie zijn toevertrouwd met het oog op het vervullen van de haar bij het Verdrag opgelegde taak om te waken voor de toepassing van de in deze artikelen neergelegde beginselen. Deze taak omvat niet alleen de verplichting om individuele inbreuken op

---

(1) Verordening van de Raad van 16 december 2002 betreffende de uitvoering van de mededingingsregels van de artikelen 81 en 82 van het Verdrag, *PB* L 1 van 4.1.2003, blz. 1.

(2) Zie bijvoorbeeld het arrest van het Hof van 28 juni 2005, *Dansk Rørindustri A/S e.a. tegen Commissie*, zaak C-189/02 P, C-202/02 P, C-205/02 P tot en met C-208/02 P en C-213/02 P., Jurispr.[2005], blz. I-5425, punt 172.

(3) Richtsnoeren voor de berekening van geldboeten die uit hoofde van artikel 15, lid 2, van Verordening nr. 17, respectievelijk artikel 65, lid 5, van het EGKS-Verdrag worden opgelegd (*PB* C 9 van 14.1.1998, blz. 3).

te sporen en te bestraffen, maar ook de verplichting om een algemeen beleid te voeren dat erop is gericht om op het gebied van de mededinging toepassing te geven aan de door het Verdrag vastgelegde beginselen en het gedrag van de ondernemingen in overeenstemming met deze beginselen te sturen [4]. Hiertoe moet de Commissie erop toezien dat haar optreden een voldoende afschrikkende werking heeft [5]. Daarom kan het, wanneer de Commissie een inbreuk op de artikelen 81 of 82 van het Verdrag vaststelt, noodzakelijk zijn degenen die de rechtsregels hebben overtreden, een geldboete op te leggen. Hierbij moet het bedrag van de geldboete op een zodanig niveau worden gesteld dat daarvan een voldoende afschrikkende werking uitgaat, niet alleen om de betrokken ondernemingen te bestraffen (specifieke afschrikkende werking), maar ook om andere ondernemingen ervan te weerhouden over te gaan tot gedragingen die in strijd zijn met de artikelen 81 en 82 van het Verdrag of dergelijke gedragingen voort te zetten (algemene afschrikkende werking).

5. Om deze doelstellingen te bereiken is dient (red.: lees: bereiken dient) de Commissie zich bij de vaststelling van de geldboeten, te baseren op de waarde van de verkochte goederen of diensten die met de inbreuk verband houden. De duur van de inbreuk dient eveneens een belangrijke rol te spelen bij de vaststelling van het passende bedrag van de geldboete, omdat deze noodzakelijkerwijs van invloed is op de mogelijke gevolgen van de inbreuk voor de markt. Het aantal jaren waarin de onderneming aan de inbreuk heeft deelgenomen moet derhalve eveneens in de boete tot uiting komen.

6. De combinatie van de waarde van de verkopen in verband met de inbreuk en de duur van de inbreuk wordt derhalve als een geschikte maatstaf beschouwd waarin zowel de economische impact van de inbreuk tot uiting komt als het relatieve gewicht van elke onderneming die aan de inbreuk heeft deelgenomen. De verwijzing naar deze factoren geeft een goede indicatie van de orde van grootte van de boete maar moet niet als basis voor een automatische, rekenkundige berekeningsmethode worden beschouwd.

7. Verder is het zinvol om in de boete een specifiek bedrag op te nemen dat niet gekoppeld is aan de duur van de inbreuk, en dat bedoeld is om ondernemingen ervan te weerhouden überhaupt tot ongeoorloofde gedragingen over te gaan.

8. In de onderstaande hoofdstukken wordt nader ingegaan op de beginselen waarop de Commissie zich zal baseren bij de vaststelling van de geldboeten overeenkomstig artikel 23, lid 2, onder a), van Verordening (EG) nr. 1/2003.

Methode voor de vaststelling van de geldboeten

9. Onverminderd punt 37 zal de Commissie voor de vaststelling van de aan ondernemingen of ondernemersverenigingen op te leggen boeten de volgende methode toepassen, die uit twee stappen bestaat.

10. Allereerst zal zij voor elke onderneming of ondernemersvereniging een basisbedrag vaststellen (zie deel 1).

11. Ten tweede kan zij dit basisbedrag naar boven of naar beneden bijstellen (zie deel 2).

---

(4) Zie bijvoorbeeld het arrest in de zaak *Dansk Rørindustri A/S e.a. tegen Commissie*, reeds aangehaald, punt 170.

(5) Zie het arrest van het Hof van 7 juni 1983, *Musique Diffusion française e.a. tegen Commissie*, zaak nr. 100/80 tot en met 103/80, Jurispr. blz. 1825, punt 106.

Richtsnoeren voor de berekening van geldboeten

1) Basisbedrag van de boete
12. Het basisbedrag wordt bepaald door de verwijzing naar de waarde van de verkochte goederen of diensten overeenkomstig de volgende methode.

A. Vaststelling van de waarde van de verkopen
13. Om het basisbedrag van de op te leggen boete vast te stellen zal de Commissie uitgaan van de waarde van de op de desbetreffende geografische markt in de EER verkochte goederen of diensten van de onderneming die rechtstreeks of indirect [6] verband houden met de inbreuk. De Commissie zal over het algemeen gebruik maken van de verkopen van de onderneming in het laatste volledige jaar waarin zij aan de inbreuk heeft deelgenomen ('waarde van de verkopen').
14. Wanneer de inbreuk van een ondernemersvereniging betrekking heeft op de activiteiten van haar leden zal de waarde van de verkopen doorgaans gelijk zijn aan de som van de waarde van de verkopen van deze leden.
15. Om de waarde van de verkopen van een onderneming vast te stellen zal de Commissie gebruikmaken van de meest betrouwbare gegevens die met betrekking tot deze onderneming beschikbaar zijn.
16. Wanneer de door een onderneming ter beschikking gestelde gegevens onvolledig of onbetrouwbaar zijn kan de Commissie de waarde van de verkopen van deze onderneming vaststellen op basis van gedeeltelijke gegevens die zij heeft verkregen en/of van eventuele andere informatie die zij relevant of passend acht.
17. Bij de vaststelling van de waarde van de verkopen wordt geen rekening gehouden met de BTW en andere belastingen die rechtstreeks verband houden met deze verkopen.
18. Wanneer het geografisch bereik van een inbreuk het grondgebied van de Europese Economische Ruimte ('EER') overschrijdt (bijvoorbeeld bij mondiale kartels), dan komt het aandeel van elke onderneming in de inbreuk onvoldoende tot uiting in de verkopen van die onderneming binnen de EER. Dit kan met name het geval zijn wanneer markten op wereldwijd niveau worden verdeeld.
Om zowel de omvang van de betrokken verkopen in de EER als het relatieve aandeel van elke onderneming in de inbreuk weer te geven kan de Commissie de totale waarde van de op de desbetreffende geografische markt (die groter is dan de EER) verkochte goederen of diensten welke verband houden met de inbreuk ramen, het aandeel van de verkopen van elke onderneming die op deze markt aan de inbreuk heeft deelgenomen vaststellen en dit aandeel toepassen op de totale verkopen van deze ondernemingen in de EER. Het resultaat wordt vervolgens als waarde van de verkopen gebruikt met het oog op de vaststelling van het basisbedrag van de boete.

B. Vaststelling van het basisbedrag van de geldboete
19. Voor de vaststelling van het basisbedrag van de boete wordt een deel van de waarde van de verkopen dat wordt bepaald door de ernst van de inbreuk, vermenigvuldigd met het aantal jaren dat de inbreuk geduurd heeft.
20. De ernst van de inbreuk wordt per geval beoordeeld, waarbij rekening wordt gehouden met alle relevante omstandigheden.
21. Het deel van de waarde van de verkopen dat in aanmerking wordt genomen zal doorgaans maximaal 30 % bedragen.

---

(6) Dit is bijvoorbeeld het geval voor horizontale prijsafspraken met betrekking tot een bepaald product, waar de prijs van dat product vervolgens dient als de basis voor de prijs van producten van een lagere of hogere kwaliteit.

22. Om de precieze hoogte binnen deze bandbreedte te bepalen zal de Commissie met een aantal factoren rekening houden, zoals de aard van de inbreuk, het gecumuleerde marktaandeel van alle betrokken partijen, de geografische reikwijdte van de inbreuk, en de vraag of de inbreuk daadwerkelijk is geïmplementeerd.

23. Horizontale overeenkomsten [7] inzake prijzen, de verdeling van markten en de beperking van de productie, die meestal geheim zijn, behoren naar hun aard tot de ernstigste mededingingsbeperkingen. Zij moeten in het kader van het mededingingsbeleid streng worden bestraft. Het aandeel van de verkopen dat voor dergelijke inbreuken in aanmerking wordt genomen zal derhalve doorgaans hoog zijn.

24. Om ten volle rekening te houden met de duur van de deelname van elke onderneming aan de inbreuk wordt het bedrag dat op basis van de waarde van de verkopen is vastgesteld (zie de punten 20 tot en met 23) vermenigvuldigd met het aantal jaren dat aan de inbreuk is deelgenomen. Perioden van minder dan zes maanden worden als een half jaar geteld, perioden van meer dan zes maanden maar minder dan een jaar worden als een volledig jaar geteld.

25. Onafhankelijk van de duur van de deelname van een onderneming aan de inbreuk voegt de Commissie bovendien aan het basisbedrag een bedrag van tussen 15 % en 25 % van de waarde van de verkopen als omschreven in deel A toe om ondernemingen ervan te weerhouden deel te nemen aan horizontale overeenkomsten inzake prijzen, marktverdeling en productiebeperking. De Commissie kan ook bij andere inbreuken een dergelijk extra bedrag toevoegen. Voor het bepalen van het aandeel van de waarde van de verkopen dat in een bepaald geval in aanmerking moet worden genomen houdt de Commissie rekening met een aantal factoren, met name die welke in punt 22 worden genoemd.

26. Wanneer de waarde van de verkopen van ondernemingen die aan een inbreuk hebben deelgenomen vrijwel, maar niet volledig gelijk is, kan de Commissie voor elk van deze ondernemingen hetzelfde basisbedrag vaststellen. Daarnaast gebruikt de Commissie bij de vaststelling van het basisbedrag van de boete afgeronde waarden.

2) Aanpassingen van het basisbedrag

27. Bij de vaststelling van de geldboete kan de Commissie rekening houden met omstandigheden die aanleiding geven tot een verhoging of verlaging van het basisbedrag dat op de in deel 1 beschreven wijze wordt vastgesteld. Zij doet dit op basis van een algemene beoordeling waarbij zij rekening houdt met alle relevante omstandigheden.

A. Verzwarende omstandigheden

28. Het basisbedrag van de boete kan worden verhoogd wanneer de Commissie vaststelt dat er sprake is van verzwarende omstandigheden, zoals:

— wanneer een onderneming een identieke of soortgelijke inbreuk pleegt of voortzet nadat de Commissie of een nationale mededingingsautoriteit heeft vastgesteld dat deze onderneming in strijd met artikel 81 of artikel 82 heeft gehandeld. Het basisbedrag zal worden verhoogd tot 100 % per vastgestelde inbreuk;

— weigering van medewerking of obstructie tijdens het verloop van het onderzoek;

— het feit dat de betrokken onderneming een leidinggevende rol speelde of tot de inbreuk heeft aangezet. De Commissie zal tevens bijzondere aandacht besteden aan eventuele maatregelen die zijn genomen om andere ondernemingen te dwingen aan de inbreuk deel te nemen en/of aan eventuele vergeldingsmaatregelen tegen

---

(7) Hieronder vallen overeenkomsten, onderling afgestemde feitelijke gedragingen en besluiten van ondernemersverenigingen in de zin van artikel 81 van het Verdrag.

andere ondernemingen om de tenuitvoerlegging van de inbreukmakende praktijken af te dwingen.

B. Verzachtende omstandigheden

29. Het basisbedrag van de boete kan worden verlaagd wanneer de Commissie vaststelt dat er sprake is van verzachtende omstandigheden, zoals:

- wanneer de betrokken onderneming aantoont dat zij reeds bij de eerste maatregelen van de Commissie de inbreuk heeft beëindigd. Dit geldt niet voor geheime overeenkomsten of praktijken (met name kartels);
- wanneer de betrokken onderneming aantoont dat de inbreuk uit onachtzaamheid is gepleegd;
- wanneer de betrokken onderneming aantoont dat haar deelname aan de inbreuk zeer beperkt was en zij vervolgens bewijst dat zij, in de periode waarin zij aan de inbreukmakende overeenkomsten heeft deelgenomen, geen van deze overeenkomsten daadwerkelijk heeft toegepast doch zich concurrerend op de markt heeft gedragen; het loutere feit dat een onderneming korter aan een inbreuk heeft deelgenomen dan de andere ondernemingen wordt niet als een verzachtende omstandigheid beschouwd, omdat hiermee bij de vaststelling van het basisbedrag reeds rekening wordt gehouden;
- wanneer de onderneming daadwerkelijk haar medewerking verleent, buiten de mededeling betreffende de vermindering van geldboeten om en los van haar wettelijke verplichting om medewerking te verlenen;
- wanneer het mededingingsbeperkende gedrag door de overheidsinstanties of de regelgeving werd toegestaan of aangemoedigd. [8]

C. Specifieke verhoging met het oog op afschrikking

30. De Commissie zal er in het bijzonder voor zorgen dat de geldboeten een voldoende afschrikkende werking hebben; hiertoe kan zij de boete verhogen die zij oplegt aan ondernemingen die een bijzonder hoge omzet hebben boven het volume van hun verkopen buiten die waarop de inbreuk betrekking heeft.

31. De Commissie zal tevens rekening houden met de noodzaak de strafmaat te verzwaren om ervoor te zorgen dat de boete hoger uitvalt dan het bedrag van de onrechtmatig, dankzij de inbreuk gemaakte winst, wanneer de raming daarvan objectief mogelijk is.

D. Wettelijk maximum

32. Het eindbedrag van de geldboete zal voor elke bij de inbreuk betrokken onderneming en ondernemersvereniging niet hoger zijn dan 10 % van de in het voorafgaande boekjaar behaalde totale omzet, overeenkomstig artikel 23, lid 2, van Verordening (EG) nr. 1/2003.

33. Wanneer de inbreuk van een vereniging betrekking heeft op de activiteiten van haar leden zal de geldboete niet hoger zijn dan 10 % van de som van de totale omzet van elk lid dat actief is op de markt welke door de inbreuk van de vereniging wordt beïnvloed.

E. Mededeling betreffende immuniteit tegen geldboeten en vermindering van geldboeten in kartelzaken (clementieregeling)

34. De Commissie zal de regelgeving inzake immuniteit en de vermindering van geldboeten toepassen overeenkomstig de voorwaarden die in de desbetreffende mededeling zijn vastgelegd.

---

(8) Dit is onverlet enige actie die tegen de desbetreffende lidstaat genomen kan worden.

F. Vermogen om te betalen

35. In uitzonderlijke omstandigheden kan de Commissie op verzoek, in een bijzondere sociale en economische context, rekening houden met het onvermogen van een onderneming om te betalen. Een verlaging van de boete in dit verband zal echter nooit uitsluitend op basis van een ongunstige of deficitaire financiële positie worden toegekend. Een verlaging kan slechts worden toegekend indien wordt aangetoond aan de hand van objectief bewijs dat het opleggen van een boete onder de in de onderhavige richtsnoeren vastgestelde voorwaarden, de levensvatbaarheid van de betrokken onderneming onherroepelijk in gevaar zou brengen en haar activa volledig van hun waarde zou beroven.

Slotopmerkingen

36. De Commissie kan in bepaalde gevallen een symbolische boete opleggen. De redenen hiervoor moeten in de tekst van de beschikking worden vermeld.

37. Hoewel de algemene methode voor de vaststelling van geldboeten in deze richtsnoeren uiteen wordt gezet kunnen de bijzondere kenmerken van een gegeven zaak of de noodzaak om een bepaald afschrikkend niveau te bereiken, een afwijking van deze methode of van de in punt 21 vastgestelde maxima rechtvaardigen.

38. Deze richtsnoeren zijn vanaf de datum van bekendmaking in het *Publicatieblad*, van toepassing op alle zaken ten aanzien waarvan een mededeling van punten van bezwaar wordt vastgesteld, ongeacht of de boete wordt opgelegd uit hoofde van artikel 23, lid 2, van Verordening (EG) nr. 1/2003 of van artikel 15, lid 2, van Verordening nr. 17 [9].

---

(9) Artikel 15, lid 2, van Verordening nr. 17 van 6 februari 1962, eerste verordening over de toepassing van de artikelen 85 en 86 [thans 81 en 82] van het Verdrag (*PB* 13 van 21.2.1962, blz. 204).

Mededeling 2006/C 298/11 betreffende immuniteit tegen geldboeten en vermindering van geldboeten in kartelzaken

(Voor de EER relevante tekst)

Mededeling van de Commissie van 8 december 2006, PbEU 2006, C 298, zoals laatstelijk gewijzigd op 5 augustus 2015, PbEU 2015, C 256 (i.w.tr. 05-08-2015)

I. Inleiding
(1) Deze mededeling geeft het kader aan voor het belonen van ondernemingen die partij zijn of zijn geweest bij geheime kartels die de Gemeenschap treffen, voor de medewerking die zij verlenen aan het onderzoek van de Commissie. Kartels zijn overeenkomsten en/of onderling afgestemde feitelijke gedragingen tussen twee of meer concurrenten met als doel hun concurrerend handelen op de markt te coördineren en/of de relevante parameters van mededinging te beïnvloeden via praktijken zoals het afspreken van aan- of verkoopprijzen, de toewijzing van productie- of verkoopquota, de verdeling van markten (met inbegrip van offertevervalsing), het beperken van importen of exporten en/of mededingingsverstorende maatregelen tegen andere concurrenten. Dergelijke praktijken behoren tot de zwaarste schendingen van artikel 81 van het EG-Verdrag [1].
(2) Door hun normale onderlinge concurrentie kunstmatig te beperken, ontsnappen deze ondernemingen aan de druk die hen aanzet tot innoveren, zowel op het gebied van productontwikkeling als wat de invoering van efficiëntere productiemethoden betreft. Dergelijke praktijken leiden tevens tot duurdere grondstoffen en onderdelen voor de communautaire ondernemingen die de afnemers van deze producenten zijn. Zij resulteren uiteindelijk in kunstmatige prijzen en een beperkte keuze voor de consument. Op lange termijn hebben zij een verlies aan concurrentievermogen en lagere werkgelegenheidskansen tot gevolg.
(3) Geheime kartels zijn, naar hun aard, vaak moeilijk op te sporen en te onderzoeken zonder de medewerking van ondernemingen of personen die daarbij betrokken zijn. Daarom is de Commissie van oordeel dat het in het belang van de Gemeenschap is een clemente behandeling te verlenen aan ondernemingen die bij dit soort onrechtmatige praktijken betrokken zijn en die bereid zijn hun aandeel daarin stop te zetten en met het onderzoek van de Commissie mee te werken, onafhankelijk van de andere ondernemingen die bij het kartel betrokken zijn. Het ontdekken en bestraffen van geheime kartels is voor consumenten en burgers immers van groter belang dan het beboeten

---

(1) De verwijzing in deze tekst naar artikel 81 van het Verdrag omvat tevens artikel 53 van de EER-Overeenkomst wanneer dit wordt toegepast door de Commissie overeenkomstig de voorschriften die in artikel 56 van de EER-Overeenkomst zijn vastgesteld.

van die ondernemingen die de Commissie in staat hebben gesteld deze praktijken op te sporen en te verbieden.
(4) De Commissie is van mening dat de medewerking van een onderneming bij het opsporen van een kartel een intrinsieke waarde heeft. Een doorslaggevende bijdrage tot de inleiding van een onderzoek of de vaststelling van een inbreuk kan rechtvaardigen dat aan de betrokken onderneming immuniteit tegen een geldboete wordt verleend, mits aan bepaalde aanvullende voorwaarden is voldaan.
(5) Voorts kan medewerking van één of meer ondernemingen een vermindering van een geldboete door de Commissie rechtvaardigen. Een vermindering van een geldboete moet de daadwerkelijke bijdrage, in termen van kwaliteit en tijdstip, van een onderneming aan de vaststelling van de inbreuk door de Commissie weerspiegelen. Verminderingen moeten worden beperkt tot die ondernemingen die de Commissie bewijsmateriaal verstrekken dat een aanzienlijk toegevoegde waarde heeft ten opzichte van het materiaal waarover de Commissie reeds beschikt.
(6) Ondernemingen kunnen niet alleen reeds bestaande stukken verschaffen, zij kunnen ook de Commissie vrijwillig op de hoogte brengen van de kennis die zij hebben van een kartel en van hun rol daarin; een dergelijke, presentatie wordt dan speciaal voorbereid om in het kader van onderhavige clementieregeling te worden ingediend. Dit soort initiatieven zijn nuttig gebleken om kartelinbreuken op effectieve wijze te onderzoeken en te beëindigen, en mogen niet ontmoedigd worden door 'discovery'-bevelen die in burgerlijke zaken worden afgegeven. Kandidaatclementieverzoekers zouden van medewerking met de Commissie in het kader van deze regeling kunnen worden afgeschrikt indien daardoor hun positie in burgerlijke zaken in het gedrang komt ten opzichte van ondernemingen die niet meewerken. Zo'n ongewenst effect zou aanzienlijke schade toebrengen aan het publieke belang bij de effectieve publieke handhaving van artikel 81 van het Verdrag in kartelzaken -- en dus aan het publieke belang bij de daaropvolgende of parallel verlopende particuliere handhaving.
(7) Het mededingingstoezicht waarmee de Commissie door het Verdrag is belast, omvat niet alleen de verplichting individuele inbreuken op te sporen en te bestraffen, maar ook de verplichting een algemeen beleid te voeren. De bescherming van ondernemingsverklaringen in het algemeen belang staat er niet aan in de weg dat deze worden geopenbaard aan andere geadresseerden van de mededeling van punten van bezwaar om hun rechten van verdediging in de procedure voor de Commissie te vrijwaren, voor zover het technisch mogelijk is beide belangen te combineren door alleen in de lokalen van de Commissie toegang tot ondernemersverklaringen mogelijk te maken en normaal gesproken slechts bij één gelegenheid volgend op de formele kennisgeving van de punten van bezwaar. Bovendien zal de Commissie persoonlijke gegevens binnen het kader van onderhavige mededeling behandelen in overeenstemming met haar verplichtingen onder Verordening (EG) nr. 45/2001 [(2)].

II. Immuniteit tegen geldboeten
A. Vereisten om voor immuniteit tegen geldboeten in aanmerking te komen
(8) De Commissie zal een onderneming die haar deelname onthult aan een vermeend kartel dat de Gemeenschap treft, immuniteit verlenen tegen een geldboete die haar

---
(2)   *PB* L 8 van 12.1.2001, blz. 1.

anders zou zijn opgelegd, indien die onderneming als eerste informatie en bewijsmateriaal verschaft dat, naar de mening van de Commissie, de Commissie in staat zal stellen:
(a) een gerichte inspectie uit te voeren in verband met het vermeende kartel [3]; of
(b) een inbreuk op artikel 81 van het Verdrag vast te stellen in verband met het vermeende kartel.

(9) Om de Commissie in staat te stellen een gerichte inspectie in de zin van punt 8, onder a), te kunnen uitvoeren, moet de onderneming de Commissie de informatie en het bewijsmateriaal verschaffen zoals hieronder aangegeven, voor zover dat dit niet, naar de mening van de Commissie, de inspecties in gevaar zou brengen:
(a) een ondernemingsverklaring [4] die, voor zover de clementieverzoeker bekend op het moment van de indiening van de verklaring, bevat:
– een gedetailleerde beschrijving van de vermeende kartelregeling. Daarbij gaat het bijvoorbeeld om doelstellingen, activiteiten en functioneren; het betrokken product of de betrokken dienst, de geografische omvang, de duur van het vermeende kartel en de geraamde marktvolumes die van het vermeende kartel te lijden hadden; de specifieke data, locaties, inhoud van en deelnemers aan vermeende kartelcontacten, en alle relevante toelichting in verband met het bewijsmateriaal dat ter staving van het clementieverzoek werd verschaft;
– naam en adres van de rechtspersoon die het immuniteitsverzoek indient, alsmede naam en adres van de overige ondernemingen die aan het vermeende kartel deelnemen of deelnamen;
– de namen, posities, kantoorlocaties en, waar nodig, thuisadressen van alle natuurlijke personen die, voor zover de clementieverzoeker bekend, betrokken zijn of waren bij het vermeende kartel, met inbegrip van de natuurlijke personen die namens de clementieverzoeker betrokken waren;
– informatie aangaande de vraag welke andere mededingingsautoriteiten, al dan niet binnen de EU, zijn benaderd of mogelijk zullen worden benaderen (*red.*: lees: worden benaderd) in verband met het vermeende kartel, en
(b) overig bewijsmateriaal in verband met het vermeende kartel dat de clementieverzoeker in bezit heeft of die voor hem beschikbaar is op het tijdstip van de indiening en met name bewijsmateriaal dat dateert van de periode van de inbreuk.

(10) Er wordt geen immuniteit uit hoofde van punt 8, onder a) verleend wanneer de Commissie, ten tijde van de indiening, al over voldoende materiaal beschikte om een beschikking te nemen tot het verrichten van een inspectie in verband met het vermeende kartel of al een dergelijke inspectie had uitgevoerd.

(11) Immuniteit uit hoofde van punt 8, onder b), wordt uitsluitend verleend onder de cumulatieve voorwaarden dat de Commissie, ten tijde van de indiening, niet over voldoende bewijsmateriaal beschikte om, met betrekking tot het vermeende kartel, een inbreuk op artikel 81 van het Verdrag vast te stellen en dat aan geen enkele onderneming voorwaardelijke immuniteit tegen geldboeten op grond van punt 8, onder a), werd

---

(3) De beoordeling of de drempel wordt gehaald, moet vooraf plaatsvinden – dus zonder rekening te houden met de vraag of een bepaalde inspectie succesvol was en de vraag of een inspectie is uitgevoerd. De beoordeling vindt uitsluitend plaats op basis van het soort en de kwaliteit van de door de clementieverzoeker verschafte informatie.
(4) Ondernemingsverklaringen kunnen schriftelijke documenten zijn die ondertekend zijn door of namens de onderneming, of verklaringen die mondeling zijn afgelegd.

verleend in verband met het vermeende kartel. Om in aanmerking te komen moet een onderneming als eerste contemporain, belastend bewijsmateriaal over het vermeende kartel alsmede een ondernemingsverklaring die de in punt 9, onder a) genoemde informatie bevat, verschaffen op basis waarvan de Commissie een inbreuk op artikel 81 van het Verdrag kan vaststellen.

(12) Naast de voorwaarden die in de punten 8, onder a), 9 en 10 of in de punten 8, onder b), en 11 zijn vermeld, moet in ieder geval aan elk van de volgende voorwaarden worden voldaan om voor immuniteit tegen geldboeten in aanmerking te komen:

(a) de onderneming verleent oprecht [5], volledig, onafgebroken en snelmedewerking vanaf het tijdstip van de indiening van haar verzoek en dit gedurende de hele administratieve procedure voor de Commissie. Dit houdt onder meer in dat de onderneming:
  – de Commissie dadelijk alle relevante informatie en bewijsmateriaal verschaft die zij in haar bezit krijgt of die voor haar beschikbaar is;
  – ter beschikking blijft van de Commissie om dadelijk antwoord te geven op ieder verzoek dat kan bijdragen tot de vaststelling van de betrokken feiten;
  – ervoor zorgt dat huidige (en, zo mogelijk, vroegere) medewerkers en directeuren door de Commissie kunnen worden ondervraagd;
  – geen relevante informatie of bewijsmateriaal met betrekking tot het vermeende kartel vernietigt, vervalst of verbergt; en
  – vooraleer de Commissie in de zaak een mededeling van punten van bezwaar heeft doen uitgaan, niet onthult dat zij een clementieverzoek heeft ingediend of wat daarvan de inhoud is, tenzij anders is overeengekomen;
(b) de onderneming heeft onmiddellijk na het indienen van haar clementieverzoek een eind aan haar betrokkenheid bij het vermeende kartel gemaakt, behalve voor zover haar voortgezette deelname volgens de Commissie redelijkerwijs noodzakelijk is om de integriteit van de inspecties te vrijwaren;
(c) wanneer een onderneming overweegt bij de Commissie een clementieverzoek in te dienen, mag zij geen bewijsmateriaal van het vermeende kartel hebben vernietigd, vervalst of verborgen, noch hebben onthuld dat zij een clementieverzoek overweegt in te dienen of wat daarvan de inhoud is, tenzij aan andere mededingingsautoriteiten.

(13) Een onderneming die stappen heeft ondernomen om andere ondernemingen te dwingen zich bij het kartel aan te sluiten of binnen het kartel te blijven, komt niet voor immuniteit tegen geldboeten in aanmerking. Wel kan zij nog in aanmerking komen voor een vermindering van een geldboete indien zij voldoet aan de desbetreffende vereisten en alle voorwaarden daarvoor vervult.

B. Procedure

(14) Een onderneming die een verzoek tot immuniteit tegen geldboeten wil indienen, neemt daartoe contact op met directoraat-generaal Concurrentie van de Commissie. De onderneming kan ofwel in een eerste fase een 'marker' aanvragen of onmiddellijk bij

---

(5) Dit vereist in het bijzonder dat de verzoeker juiste, niet misleidende en volledige informatie verstrekt. Zie het arrest van het Hof van Justitie van 29 juni 2006 in zaak C-301/04P *Commission/SGI. Carbon AG* e.a., punten 68–70 en het arrest van het Hof van Justitie van 28 juni 2005 in de zaken C-189/02P, C-202/02P, C-205/02P, C208/02P en C-213/02P *Dansk Rørindustri A/S e.a./Commissie*, punten 395–399.

de Commissie een formeel verzoek voor immuniteit tegen geldboeten indienen om te voldoen aan de voorwaarden van punt 8, onder a) of b), afhankelijk van het geval. De Commissie kan een verzoek om immuniteit tegen geldboeten naast zich neerleggen op grond van het feit dat deze is ingediend nadat de mededeling van punten van bezwaar is uitgegaan.

(15) De diensten van de Commissie kunnen een marker toekennen waarmee de plaats van een verzoeker om immuniteit in de rij gedurende een van geval tot geval te bepalen periode wordt gereserveerd, zodat hij de nodige informatie en het nodige bewijsmateriaal kan verzamelen. Om voor een marker in aanmerking te kunnen komen, moet de verzoeker de Commissie informatie verschaffen met betrekking tot zijn naam en adres, de partijen bij het vermeende kartel, getroffen product(en) en grondgebied(en), de geschatte duur van het vermeende kartel en de aard van het vermeende kartelgedrag. De verzoeker dient de Commissie ook te informeren over andere clementieverzoeken die hij in het verleden in verband met het vermeende kartel bij andere autoriteiten heeft ingediend of mogelijk nog zal indienen. Ook dient hij zijn verzoek om een marker te rechtvaardigen. Wordt een marker toegekend, dan bepalen de diensten van de Commissie de termijn waarbinnen de verzoeker de marker moet 'vervolledigen' door de informatie en het bewijsmateriaal mee te delen die vereist zijn om de desbetreffende bewijsdrempel voor immuniteit te halen. Ondernemingen die een marker hebben gekregen, kunnen deze niet vervolledigen door een hypothetisch gesteld formeel verzoek in te dienen. Vervolledigt de verzoeker de marker binnen de door de diensten van de Commissie vastgestelde periode, dan worden de verschafte informatie en het verschafte bewijsmateriaal geacht te zijn ingediend op het tijdstip waarop de marker werd toegekend.

(16) Een onderneming die bij de Commissie een formeel verzoek om immuniteit indient, moet:
(a) de Commissie alle voor haar beschikbare informatie en bewijsmateriaal in verband met het vermeende kartel verstrekken, zoals gespecificeerd in punten 8 en 9, inclusief ondernemingsverklaringen; of
(b) deze informatie en dit bewijsmateriaal in eerste instantie op hypothetische wijze verstrekken, in welk geval de onderneming een lijst moet indienen met een gedetailleerde beschrijving van het bewijsmateriaal dat ze op een overeengekomen later tijdstip bereid is te verschaffen. Op deze lijst moeten de aard en de inhoud van het bewijsmateriaal nauwkeurig zijn weergegeven, zonder dat evenwel afbreuk wordt gedaan aan de hypothetische aard van de informatieverstrekking. Om de aard en inhoud van het bewijsmateriaal te illustreren, kunnen kopieën van documenten worden gebruikt waaruit de gevoelige informatie is geschrapt. De naam van de verzoekende onderneming en van andere bij het vermeende kartel betrokken ondernemingen hoeven pas te worden onthuld wanneer het in het verzoek beschreven bewijsmateriaal wordt ingediend. Wel moeten de door het vermeende kartel getroffen product of dienst, de geografische omvang van het vermeende kartel en de geschatte duur duidelijk worden aangegeven.

(17) Directoraat-generaal Concurrentie geeft, op verzoek, een bevestiging van ontvangst van het verzoek van de onderneming om immuniteit tegen geldboeten, waarin de datum en, waar van toepassing, het tijdstip van het verzoek worden bevestigd.

(18) Nadat de Commissie de informatie en het bewijsmateriaal heeft ontvangen dat de onderneming overeenkomstig punt 16, onder a), heeft verschaft en zich ervan heeft vergewist dat dit, naar gelang het geval, aan de in punt 8, onder a) of b), beschreven

voorwaarden voldoet, kent zij de onderneming schriftelijk voorwaardelijke immuniteit tegen geldboeten toe.

(19) Heeft de onderneming informatie en bewijsmateriaal in hypothetische vorm verschaft, dan gaat de Commissie na of de aard en inhoud van het bewijsmateriaal dat in de in punt 16, onder b), bedoelde gedetailleerde lijst wordt beschreven, voldoen aan de voorwaarden van punt 8, onder a) of b), naar gelang het geval, en stelt zij de onderneming hiervan op de hoogte. Nadat het bewijsmateriaal uiterlijk op de overeengekomen datum is verschaft en de Commissie heeft vastgesteld dat het overeenkomt met de beschrijving in de lijst, zal de Commissie de onderneming schriftelijk voorwaardelijke immuniteit tegen geldboeten toekennen.

(20) Wordt duidelijk dat immuniteit niet beschikbaar is of dat de onderneming niet aan de voorwaarden van punt 8, onder a) of b), naar gelang het geval, voldeed, dan stelt de Commissie de onderneming daarvan schriftelijk in kennis. In dat geval kan de onderneming het bewijsmateriaal dat met het oog op het verkrijgen van immuniteit is ingediend, intrekken of de Commissie verzoeken dit in het kader van deel III van onderhavige mededeling in aanmerking te nemen. Dit weerhoudt de Commissie er niet van gebruik te maken van haar gewone onderzoeksbevoegdheden om de desbetreffende informatie te verkrijgen.

(21) De Commissie zal geen andere verzoeken om immuniteit tegen geldboeten in aanmerking nemen zolang zij geen standpunt heeft ingenomen ten aanzien van een voorliggend verzoek met betrekking tot dezelfde vermeende inbreuk, of het immuniteitsverzoek nu formeel ingediend is of gedaan is door het vragen van een marker.

(22) Indien de onderneming aan het eind van de administratieve procedure voldaan heeft aan de in punt 12 uiteengezette voorwaarden, zal de Commissie haar in de desbetreffende beschikking immuniteit tegen geldboeten verlenen. Indien de onderneming aan het eind van de administratieve procedure niet aan de in punt 12 uiteengezette voorwaarden heeft voldaan, zal de onderneming geen clemente behandeling in het kader van deze mededeling krijgen. Indien de Commissie na het verlenen van voorwaardelijke immuniteit uiteindelijk tot de bevinding komt dat de verzoeker om immuniteit andere ondernemingen onder druk heeft gezet, zal zij geen immuniteit verlenen.

III. Vermindering van een geldboete
A. *Vereisten om voor vermindering van een geldboete in aanmerking te komen*

(23) Wanneer ondernemingen hun deelname aan een vermeend kartel dat de Gemeenschap treft, onthullen en niet voldoen aan de voorwaarden die in deel II zijn uiteengezet, kunnen zij toch in aanmerking komen voor een vermindering van de geldboete die hun anders zou zijn opgelegd.

(24) Om in aanmerking te komen, moet een onderneming de Commissie bewijsmateriaal van de vermeende inbreuk verstrekken dat een significant toegevoegde waarde heeft vergeleken met het bewijsmateriaal waarover de Commissie reeds beschikt, en moet de onderneming aan alle in punt 12, onder a), b) en c), uiteengezette voorwaarden voldoen.

(25) Het begrip 'toegevoegde waarde' verwijst naar de mate waarin het verstrekte bewijsmateriaal, door de aard en/of nauwkeurigheid ervan, het vermogen van de Commissie versterkt om het vermeende kartel te bewijzen. Bij haar beoordeling zal de Commissie er over het algemeen van uitgaan dat schriftelijk bewijsmateriaal dat dateert van de periode waarin de feiten hebben plaatsgevonden, een grotere waarde heeft dan later opgesteld bewijsmateriaal. Belastend bewijsmateriaal dat rechtstreeks relevant is voor de

betrokken feiten, zal over het algemeen als van grotere waarde beschouwd worden dan bewijsmateriaal dat slechts zijdelings relevant is. Evenzo zal ook de mate waarin bevestiging door andere bronnen nodig is om het verschafte bewijsmateriaal tegen andere, bij de zaak betrokken ondernemingen te kunnen gebruiken, invloed hebben op de waarde van dat bewijsmateriaal. Daarom wordt aan beslissend bewijsmateriaal grotere waarde toegekend dan aan verklaringen die bij betwisting verder moeten worden gestaafd.

(26) De Commissie bepaalt in haar eindbeschikking die aan het einde van de administratieve procedure wordt gegeven voor welk niveau van vermindering van de geldboete, die anders zou zijn opgelegd, een onderneming in aanmerking komt. Voor:
- de eerste onderneming die bewijsmateriaal met een significante toegevoegde waarde verstrekt: een vermindering van 30 % tot 50 %;
- de tweede onderneming die bewijsmateriaal met een significante toegevoegde waarde verstrekt: een vermindering van 20 % tot 30 %; en
- voor de volgende ondernemingen die bewijsmateriaal met een significante toegevoegde waarde verstrekken: een vermindering van ten hoogste 20 %.

Om het niveau van de vermindering te bepalen binnen deze marges, zal de Commissie rekening houden met het moment waarop het bewijsmateriaal dat aan het in punt 24 bepaalde voldoet, werd verschaft en de mate waarin dat bewijsmateriaal toegevoegde waarde had.

Wanneer een verzoeker om vermindering van een geldboete als eerste beslissend bewijsmateriaal in de zin van punt 25 verschaft dat de Commissie gebruikt om additionele feiten aan te tonen waardoor de zwaarte of de duur van de inbreuk toeneemt, zal de Commissie deze additionele feiten niet in aanmerking nemen bij het bepalen van een geldboete die wordt opgelegd aan de onderneming die dat bewijsmateriaal heeft verschaft.

B. Procedure

(27) Een onderneming die voor een vermindering van een geldboete in aanmerking wenst te komen, moet bij de Commissie een formeel verzoek daartoe indienen en moet de Commissie voldoende bewijsmateriaal aangaande het vermeende kartel verschaffen om voor vermindering van een geldboete in de zin van punt 24 van deze mededeling in aanmerking te komen. Wenst een onderneming die vrijwillig bij de Commissie bewijsmateriaal indient, dat dit bewijsmateriaal in aanmerking wordt genomen voor de clemente behandeling van deel III van deze mededeling, dan moet op het tijdstip van de indiening ervan duidelijk worden aangegeven dat het bewijsmateriaal deel uitmaakt van een formeel verzoek om vermindering van een geldboete.

(28) Directoraat-generaal Concurrentie geeft, op verzoek, een bevestiging van de ontvangst van het verzoek van de onderneming om vermindering van een geldboete, alsmede van de ontvangst van eventueel later ingediend bewijsmateriaal. Daarmee wordt de datum en, waar van toepassing, het tijdstip van iedere indiening bevestigd. De Commissie zal geen standpunt innemen ten aanzien van een verzoek om vermindering van een geldboete zolang zij nog geen standpunt heeft ingenomen ten aanzien van voorliggende verzoeken om voorwaardelijke immuniteit tegen geldboeten die op hetzelfde vermeende kartel betrekking hebben.

(29) Indien de Commissie tot de voorlopige conclusie komt dat het bewijsmateriaal dat door een onderneming is verstrekt, significant toegevoegde waarde heeft in de zin van punten 24 en 25 en dat de onderneming aan de voorwaarden van punten 12 en 27 heeft voldaan, stelt zij de onderneming, uiterlijk op de datum van kennisgeving van de mededeling van punten van bezwaar, schriftelijk in kennis van haar voornemen om een

vermindering van een geldboete toe te kennen binnen een in punt 26 aangegeven bandbreedte. De Commissie zal ook, binnen diezelfde termijn, de onderneming schriftelijk informeren, indien zij tot de voorlopige conclusie komt dat de onderneming niet voor een vermindering van een geldboete in aanmerking komt. De Commissie kan een verzoek om vermindering van een geldboete naast zich neerleggen wanneer dat is ingediend nadat de mededeling van punten van bezwaar is uitgegaan.

(30) De Commissie zal de uiteindelijke situatie van elke onderneming die om vermindering van een geldboete verzoekt, aan het einde van de administratieve procedure beoordelen wanneer zij haar beschikking geeft. In die eindbeschikking bepaalt de Commissie:
(a) of het door een onderneming verschafte bewijsmateriaal significant toegevoegde waarde had ten opzichte van het bewijsmateriaal waarover de Commissie op datzelfde tijdstip reeds beschikte;
(b) of aan de voorwaarden van punt 12, onder a), b) en c), is voldaan;
(c) het precieze niveau van vermindering dat een onderneming – binnen de in punt 26 aangegeven bandbreedten – krijgt.

Indien de Commissie tot de bevinding komt dat de onderneming niet aan de in punt 12 uiteengezette voorwaarden heeft voldaan, krijgt de onderneming geen clemente behandeling in het kader van deze mededeling.

IV. Ondernemingsverklaringen afgelegd met het oog op een clemente behandeling in het kader van deze mededeling

(31) In een ondernemingsverklaring wordt vrijwillig door of namens een onderneming aan de Commissie uiteengezet wat een onderneming van een kartel weet en welke rol zij daarbij speelde; dergelijke verklaring is speciaal opgesteld om in het kader van onderhavige mededeling te worden ingediend. Verklaringen die in verband met deze mededeling tegenover de Commissie zijn afgelegd, maken deel uit van het dossier van de Commissie en kunnen dus als bewijsmateriaal worden gebruikt.

(32) Op vraag van de clementieverzoeker kan de Commissie ermee instemmen dat ondernemingsverklaringen mondeling worden afgelegd, behalve wanneer de verzoeker de inhoud van de ondernemingsverklaring al heeft bekend gemaakt aan derde partijen. Mondelinge ondernemingsverklaringen worden door de Commissie opgenomen en getranscribeerd. Overeenkomstig artikel 19 van Verordening (EG) nr. 1/2003 van de Raad [6] en de artikelen 3 en 17 van Verordening (EG) nr. 773/2004 van de Commissie [7] zullen ondernemingen die mondelinge ondernemingsverklaringen afleggen, de gelegenheid krijgen de technische getrouwheid te controleren van de opname, die beschikbaar is in de lokalen van de Commissie, en de inhoud van hun mondelinge verklaringen binnen een bepaalde termijn te corrigeren. Ondernemingen kunnen binnen diezelfde termijn van deze rechten afzien; in dat geval geldt de opname vanaf dat tijdstip als goedgekeurd. Na de expliciete of impliciete goedkeuring van de mondelinge verklaring of de indiening van eventuele correcties daarop, zal de onderneming binnen een bepaalde termijn de opnamen in de lokalen van de Commissie beluisteren en de getrouwheid van de transcriptie controleren. Niet-naleving van deze voorwaarde kan resulteren in het verlies van clementie in het kader van deze mededeling.

---

(6) *PB* L 1 van 4.1.2003, blz. 1.
(7) *PB* L 123 van 27.4.2004, blz. 18.

(33) Toegang tot ondernemingsverklaringen wordt alleen verleend aan de geadresseerden van een mededeling van punten van bezwaar mits zijzelf — en hun raadslieden die namens hen toegang krijgen — zich ertoe verbinden geen kopie te maken met mechanische of elektronische middelen van informatie in de ondernemingsverklaring waartoe zij toegang krijgen, en te verzekeren dat de via de ondernemingsverklaring verkregen informatie uitsluitend voor de hierna te noemen doeleinden wordt gebruikt. Andere partijen zoals klagers krijgen geen toegang tot ondernemingsverklaringen. De Commissie is van mening dat deze bijzondere bescherming van een ondernemingsverklaring niet langer gerechtvaardigd is vanaf het moment dat de verzoeker de inhoud van zijn mondelinge verklaring onthult aan derde partijen.

(34) Overeenkomstig de mededeling van de Commissie betreffende de regels voor toegang tot het dossier van de Commissie [8] wordt uitsluitend aan de adressaten van de mededeling van punten van bezwaar toegang tot het dossier verleend mits de aldus verkregen informatie alleen wordt gebruikt voor gerechtelijke of administratieve procedures met het oog op de toepassing van de Uniemededingingsregels. Niet-naleving in de loop van de procedure van de bepalingen van Verordening (EG) nr. 773/2004 [9] met betrekking tot het gebruik van door toegang tot het dossier verkregen informatie kan worden beschouwd als gebrek aan medewerking in de zin van de punten 12 en 27 van onderhavige mededeling. Onder bepaalde omstandigheden is een en ander naar nationaal recht strafbaar [10]. Bovendien kan, wanneer dergelijk gebruik van informatie plaatsvindt nadat de Commissie in de procedure reeds een verbodsbesluit heeft vastgesteld, de Commissie, naast de sancties volgens het nationale recht, in een juridische procedure voor de Unierechter het Hof verzoeken de geldboete voor de verantwoordelijke onderneming te verhogen. Mocht op enig tijdstip op een van de bovenstaande beperkingen op het gebruik van informatie inbreuk worden gemaakt, en is daarbij een externe raadsman betrokken, dan kan de Commissie het incident ter kennis brengen van de balie van die raadsman, met het oog op disciplinaire maatregelen.

(35) Ondernemingsverklaringen die in het kader van deze mededeling zijn afgelegd, worden, overeenkomstig artikel 12 van Verordening (EG) nr. 1/2003, alleen doorgegeven aan mededingingsautoriteiten van de lidstaten indien aan de voorwaarden van de ECN-mededeling [11] is voldaan en mits de door de ontvangende mededingingsautoriteit verleende bescherming tegen onthulling evenwaardig is aan die welke de Commissie biedt.

(35 bis) Overeenkomstig punt 26 bis van de mededeling van de Commissie betreffende de samenwerking tussen de Commissie en de rechterlijke instanties van de EU-lidstaten bij de toepassing van de artikelen 101 en 102 van het Verdrag zal de Commissie op geen enkel moment clementieverklaringen van ondernemingen verstrekken aan nationale rech-

---

(8) *PB* C 325 van 22.12.2005, blz. 7.
(9) Artikel 16 bis van Verordening (EG) nr. 773/2004, gewijzigd bij Verordening (EU) 2015/1348 van de Commissie (*PB* L 208 van 5.8.2015, blz. 3).
(10) Artikelen 7 en 8 van Richtlijn 2014/104/EU van het Europees Parlement en de Raad van 26 november 2014 betreffende bepaalde regels voor schadevorderingen volgens nationaal recht wegens inbreuken op de bepalingen van het mededingingsrecht van de lidstaten en van de Europese Unie (*PB* L 349 van 5.12.2014, blz. 1).
(11) Mededeling van de Commissie betreffende de samenwerking binnen het netwerk van mededingingsautoriteiten, *PB* C 101 van 27.4.2004, blz. 43.

ters voor gebruik bij schadevorderingen wegens inbreuken op die Verdragsbepalingen [12]. Dit punt laat de in artikel 6, lid 7, van Richtlijn 2014/104/EU bedoelde situatie onverlet.

V. Algemene overwegingen

(36) De Commissie zal geen standpunt innemen ten aanzien van de vraag of al dan niet voorwaardelijke immuniteit moet worden toegekend, of anderszins ten aanzien van het al dan niet honoreren van een clementieverzoek, wanneer duidelijk wordt dat het verzoek inbreuken betreft die onder de in artikel 25, lid 1, onder b), van Verordening (EG) nr. 1/2003 bepaalde verjaringstermijn van vijf jaar voor het opleggen van geldboeten en dwangsommen vallen, aangezien dergelijke verzoeken zonder voorwerp zouden zijn.

(37) Deze mededeling vervangt vanaf de dag van haar bekendmaking in het *Publicatieblad van de Europese Unie* de mededeling van de Commissie van 2002 betreffende immuniteit tegen geldboeten en vermindering van geldboeten in kartelzaken voor alle zaken waarin geen enkele onderneming met de Commissie contact heeft opgenomen om in aanmerking te komen voor de in die mededeling beschreven clemente behandeling. Daarentegen zullen de punten 31 tot en met 35 van onderhavige mededeling worden toegepast vanaf het tijdstip van de bekendmaking ervan op alle lopende en nieuwe verzoeken om immuniteit tegen of vermindering van geldboeten.

(38) De Commissie is zich ervan bewust dat deze mededeling rechtmatige verwachtingen wekt waarop ondernemingen mogen vertrouwen wanneer zij het bestaan van een kartel aan de Commissie bekend maken.

(39) Overeenkomstig de praktijk van de Commissie zal het feit dat een onderneming tijdens de administratieve procedure met de Commissie heeft meegewerkt, in de beschikking vermeld worden om te verduidelijken waarom immuniteit tegen of vermindering van geldboeten werd verleend. Het feit dat immuniteit tegen of vermindering van geldboeten wordt verleend, kan een onderneming niet beschermen tegen de civielrechtelijke gevolgen van haar deelname aan een inbreuk op artikel 81 van het Verdrag.

(40) De Commissie is van mening dat openbaarmaking aan het publiek van documenten en geschreven of opgenomen verklaringen die in het kader van deze mededeling zijn ontvangen, over het algemeen afbreuk zou doen aan bepaalde publieke en particuliere belangen, bijvoorbeeld de bescherming van het doel van inspecties en onderzoeken in de zin van artikel 4 van Verordening (EG) nr. 1049/2001 [13], zelfs nadat de beschikking is genomen.

---

(12) Mededeling van de Commissie betreffende de samenwerking tussen de Commissie en de rechterlijke instanties van de EU-lidstaten bij de toepassing van de artikelen 101 en 102 van het Verdrag (*PB* C 101 van 27.4.2004, blz. 54), gewijzigd bij de mededeling van de Commissie betreffende wijzigingen aan de mededeling van de Commissie betreffende de regels voor toegang tot het dossier van de Commissie overeenkomstig de artikelen 81 en 82 van het EG-Verdrag (*PB* C 256 van 5.8.2015, blz. 5).

(13) *PB* L 145 van 31.5.2001, blz. 43.

NEDERLAND
Besluit doorberekening kosten ACM

Besluit van 27 oktober 2014, houdende regels inzake het door de ACM ten laste brengen van kosten aan marktorganisaties, Stb. 2014, 406, zoals laatstelijk gewijzigd op 24 februari 2022, Stb. 2022, 95 (i.w.tr. 02-03-2022)

Wij Willem-Alexander, bij de gratie Gods, Koning der Nederlanden, Prins van Oranje-Nassau, enz. enz. enz.
Op de voordracht van Onze Minister van Economische Zaken van 14 juli 2014, nr. WJZ / 14115872;
Gelet op artikel 6a, vierde, zesde en achtste lid, van de Instellingswet Autoriteit Consument en Markt;
De Afdeling advisering van de Raad van State gehoord (advies van 4 september 2014, nr. W15.14.0254/IV);
Gezien het nader rapport van Onze Minister van Economische Zaken van 21 oktober 2014, nr. WJZ / 14151771;
Hebben goedgevonden en verstaan:

HOOFDSTUK 1
Algemene bepalingen

Artikel 1
In dit besluit en de daarop berustende bepalingen wordt verstaan onder:
ACM: de Autoriteit Consument en Markt;
beschikking tot betaling: de beschikking, bedoeld in artikel 4:86 van de Algemene wet bestuursrecht;
bedragen: de bedragen die krachtens artikel 6a, zevende lid, van de wet worden vastgesteld;
wet: de Instellingswet Autoriteit Consument en Markt.
[27-10-2014, Stb. 406, i.w.tr. 01-01-2015]

Artikel 2
De bedragen worden door de ACM aan marktorganisaties in rekening gebracht en door de ACM geïnd.
[27-10-2014, Stb. 406, i.w.tr. 01-01-2015]

HOOFDSTUK 2
Kosten van beschikkingen die worden doorberekend aan de marktorganisatie aan wie de beschikking is gericht of die de aanvraag heeft gedaan

Artikel 3
1. Dit hoofdstuk is van toepassing op de doorberekening van de kosten van de beschikkingen, bedoeld in artikel 4, eerste lid, onderdelen a, b en c.
2. De kosten die worden doorberekend betreffen de kosten samenhangend met het geven van een beschikking, met inbegrip van de kosten samenhangend met het behandelen van een beschikkingsaanvraag.
3. Niet doorberekend worden de kosten samenhangend met een beschikking van de ACM om een aanvraag tot het geven van een beschikking niet te behandelen.
[24-02-2022, Stb. 95, i.w.tr. 02-03-2022]

Artikel 4
1. De kosten van beschikkingen van de ACM worden niet overeenkomstig dit hoofdstuk doorberekend, met uitzondering van de kosten van:
a. beschikkingen tot het toekennen van nummers op grond van het bepaalde bij of krachtens de Telecommunicatiewet;
b. de beschikkingen, bedoeld in de artikelen 25, 37, 40, 44 en 46 van de Mededingingswet;
c. beschikkingen tot certificering van een vergelijkingstool als bedoeld in artikel 7.3, zesde lid, van de Telecommunicatiewet.
2. De bedragen die in rekening worden gebracht voor de doorberekening van de kosten van de beschikkingen, bedoeld in het eerste lid, onderdeel a, kunnen voor verschillende aantallen of soorten nummers verschillend worden vastgesteld.
[24-02-2022, Stb. 95, i.w.tr. 02-03-2022]

Artikel 5
1. Het bedrag dat is verschuldigd voor het geven van een beschikking is een bedrag dat wordt gebaseerd op de gemiddelde kosten samenhangend met het geven van die beschikking.
2. Voor de toepassing van het eerste lid wordt ten aanzien van een beschikking als bedoeld in artikel 4, eerste lid, onderdeel b, geen onderscheid gemaakt tussen besluiten tot het inwilligen van een beschikkingsaanvraag en besluiten tot het geheel of gedeeltelijk afwijzen van een dergelijke aanvraag.
[22-02-2017, Stb. 75, i.w.tr. 10-03-2017]

Artikel 6
Indien een door de ACM in behandeling genomen aanvraag van een marktorganisatie tot het geven van een beschikking als bedoeld in artikel 4, eerste lid, onderdeel b, wordt ingetrokken voordat de ACM een besluit op de aanvraag heeft genomen, brengt de ACM het bedrag dat is verschuldigd voor het geven van de desbetreffende beschikking ten laste van de betreffende marktorganisatie.
[22-02-2017, Stb. 75, i.w.tr. 10-03-2017]

Artikel 7
1. De ACM verzendt de beschikking tot betaling tegelijk met de bekendmaking van de beschikking waarvoor het bedrag in rekening wordt gebracht.
2. Indien een aanvraag voor een beschikking als bedoeld in artikel 4, eerste lid, onderdeel b, wordt ingetrokken voordat de ACM een besluit op de aanvraag heeft genomen, verzendt de ACM de beschikking tot betaling binnen vier weken na ontvangst van de intrekking van de aanvraag.
[22-02-2017, Stb. 75, i.w.tr. 10-03-2017]

HOOFDSTUK 3
Kosten die door middel van toerekening worden doorberekend aan marktorganisaties

Artikel 8
1. Dit hoofdstuk is van toepassing op de doorberekening van de kosten van de ACM, met uitzondering van de kosten waarvan de doorberekening wordt geregeld in hoofdstuk 2.
2. Niet ten laste van marktorganisaties worden gebracht de kosten:
a. van het toezicht dat de ACM houdt op de naleving van het bepaalde bij of krachtens de Mededingingswet en het bepaalde bij of krachtens de Wet handhaving consumentenbescherming,
b. van het toezicht dat de ACM houdt op de naleving van het bepaalde bij of krachtens artikel 4.4, hoofdstuk 7, met uitzondering van artikel 7.7, hoofdstuk 11, met uitzondering van artikel 11.10, en artikel 12.1 van de Telecommunicatiewet,
c. van het toezicht dat de ACM houdt op de naleving door anderen dan netbeheerders van het bepaalde bij of krachtens:
   1° de Elektriciteitswet 1998,
   2° de Gaswet,
   3° de Wet uitvoering EU-handelingen energie-efficiëntie,
   4° de Wet van 23 november 2006 tot wijziging van de Elektriciteitswet 1998 en van de Gaswet in verband met nadere regels omtrent een onafhankelijk netbeheer,
d. van het toezicht dat de ACM houdt op de naleving door anderen dan vergunninghouders van het bepaalde bij of krachtens de Warmtewet,
e. van het toezicht dat de ACM houdt op de naleving van het bepaalde bij of krachtens de Spoorwegwet en van het bepaalde bij of krachtens de Wet personenvervoer 2000,
f. van het toezicht dat de ACM houdt op de naleving van het bepaalde bij of krachtens de Drinkwaterwet, en
g. van het toezicht dat de ACM houdt op de naleving van het bepaalde bij of krachtens de Wet op het financieel toezicht, met uitzondering van het toezicht dat de ACM houdt op de naleving, door betaalkaartschema's, uitgevers en accepteerders, van verordening (EU) nr. 2015/751 van het Europees Parlement en de Raad van 29 april 2015 betreffende afwikkelingsvergoedingen voor op kaarten gebaseerde betalingstransacties (*PbEU* 2015, L 123).
[25-03-2021, Stb. 217, i.w.tr. 23-07-2021]

Artikel 9
1. De bedragen gelden gedurende één kalenderjaar en worden jaarlijks vóór 1 mei vastgesteld.
2. De bedragen worden vastgesteld op basis van de kosten van de ACM in het kalenderjaar voorafgaand aan het kalenderjaar waarvoor de bedragen gelden.
3. Aan de kosten, bedoeld in het tweede lid, worden de bedragen toegevoegd die de ACM, vanwege faillissement van de betreffende marktorganisaties, niet heeft geïnd in het kalenderjaar voorafgaand aan het kalenderjaar waarvoor de bedragen gelden.
4. Indien vanwege faillissement toegevoegde bedragen in rekening waren gebracht bij marktorganisaties die failliet zijn verklaard maar waarvan de boedel nog niet is vereffend, trekt de ACM de daarmee samenhangende aan die marktorganisaties gegeven beschikkingen tot betaling in.

[27-10-2014, Stb. 406, i.w.tr. 01-01-2015]

Artikel 10
1. Voor de berekening van de bedragen worden de kosten toegerekend aan categorieën van gelijksoortige werkzaamheden of diensten, waarbij:
   a. directe personele kosten rechtstreeks worden toegerekend aan een categorie op basis van het gerealiseerde aantal directe uren voor die categorie;
   b. directe materiële kosten rechtstreeks worden toegerekend aan de betreffende categorie;
   c. indirecte personele en indirecte materiële kosten worden toegerekend aan een categorie naar rato van het gerealiseerde aantal directe uren voor die categorie.
2. De in het eerste lid bedoelde categorieën zijn:
   a. voor de sector energie:
      1° regionaal netbeheer elektriciteit;
      2° regionaal netbeheer gas;
      3° landelijk netbeheer elektriciteit;
      4° landelijk netbeheer gas;
      5° warmtelevering;
   b. voor de sector post:
      1° universele postdienst;
      2° niet-universele postdienst;
      3° verplichtingen op grond van Verordening (EU) nr. 2018/644 van het Europees Parlement en de Raad van 18 april 2018 betreffende grensoverschrijdende pakketdiensten (*PbEU* 2018, L 112);
   c. voor de sector telecommunicatie:
      1° openbare elektronische communicatiediensten met uitzondering van nummeronafhankelijke interpersoonlijke communicatiediensten, openbare elektronische communicatienetwerken en bijbehorende faciliteiten;
      2° nummers;
   d. voor de sector registerloodsen: loodswezen;
   e. voor de sector luchtvaart: luchtvaart;
   f. voor de sector financieel: betalingsverkeer.

3. Bij ministeriële regeling kunnen per categorie subcategorieën van gelijksoortige werkzaamheden of diensten worden vastgesteld. Op deze subcategorieën is het eerste lid van overeenkomstige toepassing.
[24-02-2022, Stb. 95, i.w.tr. 02-03-2022]

Artikel 11
De ACM maakt voor de toepassing van artikel 10 gebruik van een kostentoerekeningssysteem dat zodanig is ingericht dat daaruit op eenduidige en inzichtelijke wijze de kosten van de desbetreffende categorieën van gelijksoortige werkzaamheden of diensten kunnen worden afgeleid.
[27-10-2014, Stb. 406, i.w.tr. 01-01-2015]

Artikel 12
1. Voor de toepassing van hoofdstuk 3 van dit besluit wordt onder relevante omzet verstaan de omzet die een tot een bepaalde categorie behorende marktorganisatie in Nederland heeft behaald met activiteiten waarop de taakuitvoering van de ACM in die categorie betrekking heeft.
2. Voor de vaststelling van de bedragen worden de aan een categorie toerekenende kosten toegedeeld aan de tot die categorie behorende marktorganisaties naar rato van de relevante omzet van die marktorganisaties.
3. Bij ministeriële regeling wordt bepaald beneden welke relevante omzet aan een marktorganisatie geen bedrag in rekening wordt gebracht. Deze omzet kan voor de verschillende categorieën verschillend worden vastgesteld.
4. Voor de toepassing van het tweede lid wordt uitgegaan van de relevante omzet die is behaald in het peiljaar. Peiljaar is het kalenderjaar dat twee jaar voorafgaat aan het kalenderjaar waarvoor de bedragen worden vastgesteld.
5. In afwijking van het tweede lid worden de aan de in artikel 10, tweede lid, onderdeel c, onder 2°, bedoelde categorie toerekenende kosten aan marktorganisaties toegedeeld naar rato van het aantal toegekende nummers op 1 januari van het kalenderjaar waarvoor de bedragen gelden. Bij ministeriële regeling wordt geregeld in welke gevallen en op welke wijze wordt gecorrigeerd voor het saldo van in- en uitgeporteerde nummers op die datum.
6. (Vervallen.)
7. In afwijking van het tweede lid worden de aan de in artikel 10, tweede lid, onderdeel f, bedoelde categorie toerekenende kosten aan marktorganisaties toegedeeld naar rato van het aantal betalingstransacties met consumentenkaarten dat heeft plaats gehad waarbij marktorganisaties als betaalkaartschema, uitgever dan wel accepteerder betrokken zijn in het kalenderjaar voorafgaand aan het jaar waarover de kosten worden doorberekend. Hierbij is het aantal transacties beperkt tot die transacties waarbij het verkooppunt, de uitgever en de accepteerder zich in Nederland bevinden. Bij ministeriële regeling wordt geregeld beneden welk aantal transacties aan een marktorganisatie geen bedrag in rekening wordt gebracht.
[17-03-2017, Stb. 132, i.w.tr. 04-04-2017]

Artikel 12a
(opgave omzet peiljaar)

1. Een marktorganisatie behorend tot een in artikel 10, tweede lid, onderdeel a, onder 1°, 2° of 5°, onderdeel b, onder 2° of 3°, onderdeel c, onder 1°, of onderdeel e, genoemde categorie, verstrekt vóór 1 januari van het kalenderjaar waarvoor de bedragen worden vastgesteld aan de ACM een opgave van de in het betrokken peiljaar behaalde relevante omzet, tenzij de ACM de marktorganisatie heeft laten weten reeds over de betreffende gegevens te beschikken.
2. De opgave gaat vergezeld van een verklaring van een accountant die is ingeschreven in het accountantsregister, bedoeld in artikel 36 van de Wet op het accountantsberoep, dat de opgave een getrouw beeld geeft van de in het peiljaar behaalde relevante omzet en voldoet aan de bij of krachtens dit besluit gestelde eisen.
3. Indien met betrekking tot het peiljaar een jaarrekening is vastgesteld, doet de marktorganisatie de opgave vergezeld gaan van die jaarrekening.
4. Bij ministeriële regeling wordt de relevante omzet bepaald beneden welke een marktorganisatie een opgave kan doen zonder een verklaring als bedoeld in het tweede lid en een jaarrekening als bedoeld in het derde lid bij te voegen. Deze omzet kan voor de verschillende categorieën verschillend worden vastgesteld.
5. Een opgave van de netto-omzet die op grond van artikel 377, derde lid, onder a, van Boek 2 van het Burgerlijk Wetboek is vermeld in de jaarrekening, voldoet aan de in het eerste lid bedoelde opgave.
6. Indien opgave wordt gedaan van de netto-omzet, bedoeld in het vijfde lid, kan in plaats van een accountantsverklaring als bedoeld in het tweede lid, een voor de jaarrekening afgegeven accountantsverklaring als bedoeld in artikel 393, vijfde lid, van Boek 2 van het Burgerlijk Wetboek worden verstrekt.
7. Indien de marktorganisatie niet tijdig heeft voldaan aan de in het eerste lid bedoelde verplichting of een kennelijk onjuiste of onvolledige opgave heeft gedaan en dit verzuim niet heeft hersteld na daartoe door de ACM in de gelegenheid te zijn gesteld, kan de ACM een schatting doen van haar relevante omzet en op basis daarvan het bedrag vaststellen.
8. Bij ministeriële regeling kunnen nadere regels worden gesteld over de opgave van de relevante omzet door de marktorganisatie en over de verklaring van de accountant, bedoeld in het tweede lid.
9. Bij ministeriële regeling kunnen gegevens en bescheiden worden aangewezen die door een marktorganisatie die op grond van het bepaalde bij en krachtens het vierde lid niet gehouden is tot het bijvoegen van een accountantsverklaring en een jaarrekening en ten aanzien van welke de ACM vermoedt dat zij een onjuiste opgave heeft verstrekt, op verzoek van de ACM moeten worden verstrekt. De in de eerste volzin bedoelde gegevens en bescheiden kunnen de in het vierde lid bedoelde accountantsverklaring en jaarrekening betreffen.
10. Bij ministeriële regeling kan de relevante omzet worden bepaald beneden welke een marktorganisatie, in afwijking van het eerste lid, eenmaal per drie jaar een opgave van haar relevante omzet dient te verstrekken. Deze omzet kan voor de verschillende categorieën verschillend worden vastgesteld.

[18-12-2019, Stb. 519, i.w.tr. 01-01-2020]

Artikel 13
1. Ingeval van een groep als bedoeld in artikel 24b van Boek 2 van het Burgerlijk Wetboek wordt in afwijking van artikel 2 per groep één bedrag in rekening gebracht en worden voor de berekening van de relevante omzet van de groep de relevante omzetten van alle tot die groep behorende marktorganisaties opgeteld. Bij deze berekening worden transacties tussen de tot die groep behorende marktorganisaties buiten beschouwing gelaten.
2. Indien een marktorganisatie in of na het peiljaar activiteiten van één of meer andere marktorganisaties heeft overgenomen, vindt de berekening van de relevante omzet plaats met inachtneming van het betrokken deel van de in het peiljaar behaalde relevante omzet van de marktorganisaties die de activiteiten voorheen verrichtten. De verplichting om over dit deel een opgave als bedoeld in artikel 12a, eerste lid, te doen rust op de marktorganisatie die activiteiten heeft overgenomen. Artikel 12a, zevende lid, is van overeenkomstige toepassing.
3. Bij ministeriële regeling kunnen per categorie of subcategorie van marktorganisaties activiteiten worden aangewezen van welke de relevante omzet niet wordt betrokken bij de berekening van de relevante omzet van de desbetreffende marktorganisaties.
4. Bij de in het derde lid bedoelde ministeriële regeling worden uitsluitend activiteiten aangewezen die zijn verweven met activiteiten waartoe het aan de ACM opgedragen nalevingstoezicht zich niet uitstrekt.
[10-12-2014, Stb. 545, i.w.tr. 01-01-2015]

Artikel 14
De ACM verzendt de beschikkingen tot betaling jaarlijks uiterlijk op 30 juni.
[27-10-2014, Stb. 406, i.w.tr. 01-01-2015]

Artikel 15
1. In afwijking van artikel 9, tweede lid, kunnen, ten behoeve van een geleidelijke overgang als bedoeld in artikel 6a, achtste lid, van de wet, de bedragen voor de kalenderjaren 2015, 2016 en 2017 lager worden vastgesteld. Alsdan is de verlaging voor alle sectoren in relatieve zin gelijk.
2. In afwijking van artikel 12a, eerste lid, verstrekt een marktorganisatie behorend tot een in artikel 12a, eerste lid, bedoelde categorie, ten behoeve van de vaststelling van de bedragen geldend voor het kalenderjaar 2015, de in artikel 12a, eerste lid, bedoelde opgave van de relevante omzet vóór 1 maart 2015.
3. In afwijking van artikel 14, verzendt de ACM de beschikkingen tot betaling in het jaar 2015 uiterlijk op 31 juli.
[10-12-2014, Stb. 545, i.w.tr. 01-01-2015]

HOOFDSTUK 4
Wijziging van andere besluiten

Artikel 16
(Bevat wijzigingen in de artikelen 3-5 van het Besluit kostenverhaal energie.)
[27-10-2014, Stb. 406, i.w.tr. 01-01-2015]

Artikel 17
(Bevat wijzigingen in de artikelen 2.12 en 2.13 van het Besluit universele dienstverlening en eindgebruikersbelangen.)
[27-10-2014, Stb. 406, i.w.tr. 01-01-2015]

Artikel 18
(Bevat wijzigingen in de artikelen 1-5c, 10 en 16 van het Besluit vergoedingen Telecommunicatiewet.)
[27-10-2014, Stb. 406, i.w.tr. 01-01-2015]

Artikel 19
(Bevat wijzigingen in de paragrafen 5 en 6 en de artikelen 12-17, 19 en 20 van het Postbesluit 2009.)
[27-10-2014, Stb. 406, i.w.tr. 01-01-2015]

Artikel 20
(Bevat wijzigingen in artikel 3 van het Tijdelijk besluit postbezorgers 2011.)
[27-10-2014, Stb. 406, i.w.tr. 01-01-2015]

HOOFDSTUK 5
Slotbepalingen

Artikel 21
Het Besluit kostenverhaal Mededingingswet en het Besluit vergoedingen Postwet worden ingetrokken.
[27-10-2014, Stb. 406, i.w.tr. 01-01-2015]

Artikel 22
Dit besluit treedt in werking op het tijdstip waarop het in artikel I, onderdeel E, van de wet van 25 juni 2014 tot wijziging van de Instellingswet Autoriteit Consument en Markt en enige andere wetten in verband met de stroomlijning van het door de Autoriteit Consument en Markt te houden markttoezicht (*Stb.* 2014, 247) vastgestelde artikel 6a in werking treedt.
[27-10-2014, Stb. 406, i.w.tr. 01-01-2015]

Artikel 23
Dit besluit wordt aangehaald als: Besluit doorberekening kosten ACM.
[27-10-2014, Stb. 406, i.w.tr. 01-01-2015]

Regeling doorberekening kosten ACM

Regeling van 16 december 2014, houdende regels inzake het door de ACM ten laste brengen van kosten aan marktorganisaties, Stcrt. 2014, 36296, zoals laatstelijk gewijzigd op 28 april 2022, Stcrt. 2022, 11746 (i.w.tr. 30-04-2022)

De Minister van Economische Zaken,
Gelet op de artikelen 6a, zevende lid, en 8 van de Instellingswet Autoriteit Consument en Markt, de artikelen 4, tweede lid, 10, derde lid, 12, derde en vijfde lid, en 12a, vierde en negende lid, van het Besluit doorberekening kosten ACM, artikel 2.13, tweede lid, van het Besluit universele dienstverlening en eindgebruikersbelangen, de artikelen 2, derde lid, en 4, eerste lid, van het Besluit kostenverhaal energie en de artikelen 3, tweede lid, 4, derde lid, 5, 5a, eerste lid, 5b, derde lid, en 7 van het Besluit vergoedingen Telecommunicatiewet, artikel 65, eerste lid, van de Postwet 2009 en artikel 14 van het Postbesluit 2009;
Besluit:

§ 1
Begripsbepalingen

Artikel 1
In deze regeling wordt verstaan onder besluit: Besluit doorberekening kosten ACM.
[16-12-2014, Stcrt. 36296, i.w.tr. 01-01-2015/regelingnummer WJZ/14185449]

§ 2
Bedragen die ter vergoeding van de kosten van beschikkingen worden doorberekend aan de marktorganisatie aan wie de beschikking is gericht of die de aanvraag heeft gedaan

Artikel 2
1. De bedragen ter vergoeding van de kosten van de beschikkingen, bedoeld in artikel 4, eerste lid, onderdeel a, van het besluit zijn de in de bijlage 1 bedoelde bedragen, met dien verstande dat indien de hier bedoelde beschikkingen worden genomen vanwege het feit dat de oorspronkelijke nummerhouder is gefuseerd of gesplitst in de zin van artikel 2:309 respectievelijk artikel 2:334a van het Burgerlijk Wetboek, het bedrag per beschikking € 50 is, in afwijking van de in bijlage 1 bedoelde bedragen.
2. De bedragen ter vergoeding van de kosten van de beschikkingen, bedoeld in artikel 4, eerste lid, onderdeel b, van het besluit zijn de in de bijlage 2 bedoelde bedragen.
3. Het bedrag ter vergoeding van de kosten van de beschikking, bedoeld in artikel 4, eerste lid, onderdeel c, van het besluit is € 4.700.
[28-04-2022, Stcrt. 11746, i.w.tr. 30-04-2022/regelingnummer WJZ/ 22167905]

§ 3
Doorberekening door middel van toerekening

Artikel 3
1. Binnen de categorie, genoemd in artikel 10, tweede lid, onderdeel b, onder 3°, van het besluit worden de volgende subcategorieën onderscheiden:
a. universele postdienst;
b. niet-universele postdienst.

2. Binnen de categorie, genoemd in artikel 10, tweede lid, onderdeel c, onder 2°, van het besluit worden de volgende subcategorieën van nummers onderscheiden:
a. subcategorie A, per nummer:
   1° de volgende nummers, genoemd in bijlage 1 van het Nummerplan telefoon- en ISDN-diensten: de nummers behorend tot de reeksen 044, 067 of 082 en de korte nummers behorend tot de reeksen 10, 11, 16 of 18;
   2° de nummers, genoemd in de bijlage van het Nummerplan internationale signaleringspuntcodes;
   3° de nummers, genoemd in de bijlage van het Nummerplan Transitnetwerk signaleringspuntcodes;
   4° de nummers, genoemd in de bijlage van het Nummerplan voor identiteitsnummers ten behoeve van internationale mobiliteit (IMSI-nummers);
   5° de nummers, genoemd in de bijlage van het Nummerplan voor pakket en circuitgeschakelde datadiensten;
b. subcategorie B, per 1.000 nummers:
   1° de volgende nummers, genoemd in bijlage 1 van het Nummerplan telefoon- en ISDN-diensten: de nummers met een geografische bestemming, de nummers bestemd voor mobiele telefonie en de nummers behorend tot de reeksen 066, 087, 085 of 091;
   2° de nummers, genoemd in de bijlage van het Nummerplan telexdiensten;
c. subcategorie C, per nummer: de volgende nummers, genoemd in bijlage 1 van het Nummerplan telefoon- en ISDN-diensten: de achtcijferige informatienummers behorend tot de reeksen 0800, 0900, 0906 of 0909 en de korte nummers behorend tot de reeksen 12, 13 of 14;
d. subcategorie D, per nummer: de volgende nummers, genoemd in bijlage 1 van het Nummerplan telefoon- en ISDN-diensten: de tiencijferige informatienummers behorend tot de reeksen 0800, 0900, 0906 of 0909;
e. subcategorie E, per 100 nummers: de volgende nummers, genoemd in bijlage 1 van het Nummerplan telefoon- en ISDN-diensten: de nummers behorend tot de reeks 014 en de bedrijfsnummers behorend tot de reeks 088;
f. subcategorie F, per 1000 nummers: de voor elektronische communicatiediensten voor geautomatiseerde toepassingen bestemde nummers behorend tot de reeks 0970, genoemd in bijlage 1 van het Nummerplan telefoon- en ISDN-diensten.

[24-04-2020, Stcrt. 23685, i.w.tr. 30-04-2020/regelingnummer WJZ/ 20033877]

Artikel 3a
(Vervallen.)
[24-02-2017, Stcrt. 11810, i.w.tr. 10-03-2017/regelingnummer WJZ/17028856]

Artikel 4
Het bedrag van de omzet, bedoeld in artikel 12, derde lid, van het besluit is € 2 miljoen.
[16-12-2014, Stcrt. 36296, i.w.tr. 01-01-2015/regelingnummer WJZ/14185449]

Artikel 5
1. De in artikel 12, vijfde lid, van het besluit bedoelde correctie voor het saldo van in- en uitgeporteerde nummers vindt uitsluitend plaats indien met de correctie een bedrag van ten minste € 1.000 gemoeid is en het één van de volgende nummerreeksen uit het Nummerplan telefoon- en ISDN-diensten betreft:
a. nummers met een geografische bestemming;
b. nummers bestemd voor mobiele telefonie;
c. nummers bestemd voor elektronische communicatiediensten voor geautomatiseerde toepassingen.
2. De correctie vindt plaats per nummer, tenzij het gaat om een nummer als bedoeld in de subcategorieën, genoemd in artikel 3, onderdelen b, e of f. Alsdan wordt gecorrigeerd per het aantal nummers, genoemd in het desbetreffende onderdeel.
3. De correctie vindt plaats per marktorganisatie, tenzij er sprake is van een groep als bedoeld in artikel 24b van Boek 2 van het Burgerlijk Wetboek. Alsdan vindt de correctie plaats per groep.
[16-12-2014, Stcrt. 36296, i.w.tr. 01-01-2015/regelingnummer WJZ/14185449]

Artikel 6
Het bedrag van de omzet, bedoeld in artikel 12a, vierde lid, van het besluit is gelijk aan het bedrag, genoemd in artikel 396, eerste lid, onderdeel b, van Boek 2 van het Burgerlijk Wetboek.
[16-12-2014, Stcrt. 36296, i.w.tr. 01-01-2015/regelingnummer WJZ/14185449]

Artikel 6a
Het aantal transacties waaronder geen kosten in rekening worden gebracht aan marktorganisaties als bedoeld in artikel 12, zevende lid, van het besluit is 50.000.000.
[21-04-2018, Stcrt. 23998, i.w.tr. 26-04-2018/regelingnummer WJZ/18049572]

Artikel 7
Als gegevens en bescheiden, bedoeld in artikel 12a, negende lid, van het besluit worden aangewezen:
a. een accountantsverklaring als bedoeld in artikel 12a, tweede lid, van het besluit dan wel een accountantsverklaring als bedoeld in artikel 393, vijfde lid, van Boek 2 van het Burgerlijk Wetboek;
b. de jaarrekening, bedoeld in artikel 12a, derde lid, van het besluit;
c. een verklaring van een bij of voor de desbetreffende markorganisatie werkzame boekhouder of administrateur.
[16-12-2014, Stcrt. 36296, i.w.tr. 01-01-2015/regelingnummer WJZ/14185449]

Artikel 7a
1. De bedragen ter vergoeding van de kosten die met toepassing van hoofdstuk 3 van het besluit door middel van toerekening worden doorberekend, zijn de in bijlage 3 bedoelde bedragen.

Regeling doorberekening kosten ACM

2. In afwijking van het eerste lid bevat bijlage 1 de bedragen ter vergoeding van de kosten van het toezicht op de naleving van het bij of krachtens de Telecommunicatiewet bepaalde inzake van het gebruik van nummers.
[29-04-2015, Stcrt. 12056, i.w.tr. 01-05-2015/regelingnummer WJZ/15052250]

§ 4
Wijziging van andere regelingen

Artikel 8
(Bevat wijzigingen in het opschrift van paragraaf 6 en artikel 13 van de Regeling gegevensuitwisseling ACM en ministers.)
[16-12-2014, Stcrt. 36296, i.w.tr. 01-01-2015/regelingnummer WJZ/14185449]

Artikel 9
(Bevat wijzigingen in de artikelen 1, 2 en 5 van de Regeling kostenverhaal energie.)
[16-12-2014, Stcrt. 36296, i.w.tr. 01-01-2015/regelingnummer WJZ/14185449]

Artikel 10
(Bevat wijzigingen in artikel 2.6 van de Regeling universele dienstverlening en eindgebruikersbelangen.)
[16-12-2014, Stcrt. 36296, i.w.tr. 01-01-2015/regelingnummer WJZ/14185449]

§ 5
Slotbepalingen

Artikel 11
De Regeling vergoedingen Telecommunicatiewet en Postwet 2014 wordt ingetrokken.
[16-12-2014, Stcrt. 36296, i.w.tr. 01-01-2015/regelingnummer WJZ/14185449]

Artikel 12
Voor het in rekening brengen van de vóór 1 januari 2015 geldende bedragen of vergoedingen blijven de Regeling kostenverhaal energie en de Regeling vergoedingen Telecommunicatiewet en Postwet 2014 zoals die luidden op 31 december 2014, van toepassing.
[16-12-2014, Stcrt. 36296, i.w.tr. 01-01-2015/regelingnummer WJZ/14185449]

Artikel 13
Deze regeling treedt in werking met ingang van 1 januari 2015.
[16-12-2014, Stcrt. 36296, i.w.tr. 01-01-2015/regelingnummer WJZ/14185449]

Artikel 14
Deze regeling wordt aangehaald als: Regeling doorberekening kosten ACM.
[16-12-2014, Stcrt. 36296, i.w.tr. 01-01-2015/regelingnummer WJZ/14185449]

BIJLAGE 1

behorende bij de artikelen 2, eerste lid, en 7a, tweede lid, van de Regeling doorberekening kosten ACM

A

Subcategorie (differentiatie naar soort en aantal)	Per aantal nummers	Bedrag voor toekenning	Bedrag ter vergoeding van het toezicht op de naleving van het bij of krachtens de Telecommunicatiewet bepaalde inzake het gebruik van nummers in 2022
A	1	€ 939,00	€ 176,00
B	1.000	€ 30,00	€ 8,66
C	1	€ 115,00	€ 44,00
D	1	€ 59,00	€ 22,00
E	100	€ 66,00	€ 8,66
F	1.000	€ 0,64	€ 0,16

B

Indeling in soorten nummers	Omschrijving	Subcategorie
Nummers als bedoeld in bijlage 1 van het 'Nummerplan voor telefoon- en ISDN-diensten' beginnend met de cijfers 01 (m.u.v. 014) 02 03 04 (m.u.v. 044) 05 07	Geografisch	B
014 (uitgezonderd 01400 voor zover dit nummer wordt verstrekt ten behoeve van het routeren van oproepen naar nummers in de 14-reeks	Netwerktechnische netwerkinterne diensten en routeringsdiensten	E
044	Europese telefoonnummerruimte	A
061 062 063 064 065 068	Mobiele telefonie	B
066	Semafonie	B

Regeling doorberekening kosten ACM

Indeling in soorten nummers	Omschrijving	Subcategorie
067 m.u.v. 06761 t/m 06769	Toegang tot datanetwerken	A
06761 t/m 06769	Toegang tot datadiensten	B
0800 kort (8 cijfers)	Gratis informatie kort	C
0800 lang (11 cijfers)	Gratis informatie lang	D
082	Virtual Private Network (VPN)	A
084	Persoonlijke assistent-	B
087	dienst	
085	Elektronische communicatie algemeen	B
088	Bedrijfsnummers	E
090 kort (8 cijfers)	Gratis of betaalde informatie kort	C
090 lang (11 cijfers)	Gratis of betaalde informatie lang	D
091	Elektronische communicatie algemeen	B
0970	1. Elektronische communicatiediensten voor geautomatiseerde toepassingen 2. Overige elektronische communicatiediensten	F
10 11 16 18	Bijzondere korte nummers	A
12 13 14	Bijzondere korte nummers	C
Overige, hierboven niet genoemde nummers van het Nummerplan voor telefoon- en ISDN-diensten (uitgezonderd 01400)	Overig	A
Overige nummerplannen		
Nummers als bedoeld in de bijlage van het Nummerplan internationale signaleringspuntcodes	ISPC (internationale signaleringspuntcode)	A
Nummers als bedoeld in de bijlage van het Nummerplan transitnetwerk signaleringspuntcodes	TSPC (transitnetwerk signaleringspuntcode)	A, per octet
Nummers als bedoeld in het Nummerplan voor identiteitsnummers ten behoeve van internationale mobiliteit (IMSI-nummers)	MNC (mobiele netwerkcode)	A

Bijlage 2

Indeling in soorten nummers	Omschrijving	Subcategorie
Nummers als bedoeld in het Nummerplan telexdiensten	Telex	B
Nummers als bedoeld in het Nummerplan pakket- en circuitgeschakelde datadiensten	DNIC (datanetwerk identificatiecode)	A, per 1/10 DNIC

C

Opgeslagen ingeval van	Opslagbedrag
Spoedbehandeling van een nummeraanvraag (afhandeling binnen 24 uur)	€ 556,00
Kopie beschikking	€ 30,00
Entreegeld loting	€ 400,00
Entreegeld veiling	€ 400,00

[28-04-2022, Stcrt. 11746, i.w.tr. 30-04-2022/regelingnummer WJZ/ 22167905]

BIJLAGE 2

behorende bij artikel 2, tweede lid, van de Regeling doorberekening kosten ACM

Beschikking	Bedrag voor het inwilligen van de aanvraag, het geheel of gedeeltelijk afwijzen ervan of ingeval van intrekking van de aanvraag voordat daarop door de ACM is beslist
Beschikking als bedoeld in artikel 25 van de Mededingingswet	€ 2.325
Beschikking als bedoeld in artikel 37 van de Mededingingswet	€ 17.450
Beschikking als bedoeld in artikel 40 van de Mededingingswet	€ 2.325
Beschikking als bedoeld in artikel 44 van de Mededingingswet	€ 34.900
Beschikking als bedoeld in artikel 46 van de Mededingingswet	€ 2.325

[24-02-2017, Stcrt. 11810, i.w.tr. 10-03-2017/regelingnummer WJZ/17028856]

Regeling doorberekening kosten ACM

BIJLAGE 3

behorende bij artikel 7a, eerste lid, van de Regeling doorberekening kosten ACM

Categorie (eventueel opgesplitst in subcategorieën)	Bedrag ter vergoeding van de ACM dat met toepassing van hoofdstuk 3 van het besluit door middel van toerekeningen worden doorberekend in 2022
Regionaal netbeheer elektriciteit	0,07589% van de relevante omzet
Regionaal netbeheer gas	0,15314% van de relevante omzet
Landelijk netbeheer elektriciteit	€ 3.447.192
Landelijk netbeheer gas	€ 1.770.138
Warmtelevering	0,29206% van de relevante omzet
Universele postdienst	€ 92.514
Niet-universele postdienst	0,04659% van de relevante omzet
Verplichtingen op grond van Verordening (EU) nr. 2018/644 van het Europees Parlement en de Raad van 18 april 2018 betreffende grensoverschrijdende pakketdiensten (*PbEU* 2018, L 112) met betrekking tot de universele postdienst	€ 1.596
Verplichtingen op grond van Verordening (EU) nr. 2018/644 van het Europees Parlement en de Raad van 18 april 2018 betreffende grensoverschrijdende pakketdiensten (*PbEU* 2018, L 112) met betrekking tot de niet-universele postdienst	0,00066% van de relevante omzet
Openbare elektronische communicatiediensten, openbare elektronische communicatienetwerken en bijbehorende faciliteiten	0,03648% van de relevante omzet
Loodswezen	€ 68.548
Luchtvaart	€ 425.371
Financieel betalingsverkeer	€ 444,52 per 50.000.000 binnenlandse betaaltransacties

[28-04-2022, Stcrt. 11746, i.w.tr. 30-04-2022/regelingnummer WJZ/ 22167905]

Relatiestatuut ACM en ministers 2015

Relatiestatuut van 20 november 2015, Stcrt. 2016, 41918 (i.w.tr. 25-08-2016)

Inleiding
De Autoriteit Consument en Markt houdt op grond van artikel 2 van de Instellingswet ACM toezicht op de naleving van een aantal wetten op het gebied van markttoezicht, die onder de verantwoordelijkheid vallen van de Minister van Economische Zaken of de Minister van Infrastructuur en Milieu. De voorliggende werkafspraken geven een nadere invulling aan de wijze waarop deze ministers en de Autoriteit Consument en Markt voornemens zijn gestalte te geven aan hun relatie, voor zover die relatie niet bij of krachtens wet is geregeld. Uitgangspunt bij de invulling van de relatie is dat de Minister van Economische Zaken verantwoordelijk is voor het mededingingsbeleid, het consumentenbeleid en het sectorspecifieke beleid op het gebied van telecommunicatie, post en energie, de Minister van Infrastructuur en Milieu voor het sectorspecifieke beleid op het gebied van vervoer en drinkwater en de Autoriteit Consument en Markt voor de uitvoering van de aan hem opgedragen wettelijke taken. Dit relatiestatuut weerspiegelt de gedachte dat een goede interactie tussen de ministers en de Autoriteit Consument en Markt een goede uitoefening van hun taken en verantwoordelijkheden bevordert.

HOOFDSTUK 1
Algemeen

Artikel 1
Definities
In dit relatiestatuut wordt verstaan onder:
a. *ACM:* de Autoriteit Consument en Markt, bedoeld in artikel 2, eerste lid, van de instellingswet;
b. *ACM-organisatie:* de organisatie van het personeel, bedoeld in artikel 5, eerste lid, van de instellingswet;
c. *ministers:* de Minister van Economische Zaken en de Minister van Infrastructuur en Milieu;
d. *EZ:* het Ministerie van Economische Zaken;
e. *IenM:* het Ministerie van Infrastructuur en Milieu;
f. *kaderwet:* de Kaderwet zelfstandige bestuursorganen;
g. *instellingswet:* de Instellingswet Autoriteit Consument en Markt;
h. *regeling:* Regeling gegevensuitwisseling ACM en ministers;
i. *aanwijzingen externe contacten:* Aanwijzingen inzake externe contacten van rijksambtenaren bij functionele contacten met de Staten-Generaal en individuele Kamerleden (*Stcrt.* 1998, 104);

j. *leidraad externe contacten:* Leidraad voor de toepassing van de aanwijzingen inzake externe contacten van rijksambtenaren bij functionele contacten met de Staten-Generaal en individuele Kamerleden (*Kamerstukken II* 2006/07, 29 283, nr. 46).
[20-11-2015, Stcrt. 41918, i.w.tr. 25-08-2016]

HOOFDSTUK 2
Beheersmatige relatie

§ 1
Planning- en controlcyclus en personeel

Artikel 2
Financiën, planning en control, formatiebeheer
1. De ACM-organisatie neemt deel aan de reguliere begrotings- en verantwoordingscyclus, de managementcyclus (managementafspraken en twee voortgangsrapportages die aansluiten op de begrotingscyclusmomenten voorjaarsnota en najaarsnota), de toezicht- en controlecyclus van EZ en aan het bedrijfsvoeringsoverleg van EZ.
2. De secretaris-generaal van EZ stelt het budget en (wijzigingen in) het organisatie- en formatieplan van de ACM-organisatie vast. Binnen deze kaders en binnen de grenzen van het BBRA 1984 en het functiewaarderingssysteem van de Rijksoverheid (Fuwasys) richt de ACM haar organisatie in en beheert zij de formatie.
3. De directeur Bedrijfsvoering van EZ kan periodiek de formatie van de ACM-organisatie doorlichten om het gevoerde formatiebeheer te toetsen.
[20-11-2015, Stcrt. 41918, i.w.tr. 25-08-2016]

Artikel 3
Verstrekken van informatie
Gelet op artikel 2 van de regeling leveren de directeur Bedrijfsvoering van de ACM-organisatie, de directeuren Bedrijfsvoering van EZ en IenM en de directeuren Financieel Economische Zaken van EZ en IenM elkaar desgevraagd alle informatie die zij nodig hebben voor de uitoefening van hun functie.
[20-11-2015, Stcrt. 41918, i.w.tr. 25-08-2016]

Artikel 4
Bijzondere bepaling vervoerstoezicht
1. De directie Telecom, Vervoer en Post respectievelijk de directie Energie van de ACM-organisatie voeren de werkzaamheden die voortvloeien uit de wetgeving op het gebied van vervoer (te weten de Wet personenvervoer 2000, Spoorwegwet, Wet luchtvaart en Loodsenwet) en drinkwater (te weten de Drinkwaterwet en -regeling) uit voor rekening van IenM. Er vindt eenmaal per jaar verrekening plaats van de kosten betreffende het lopende jaar tussen IenM en EZ door middel van een begrotingsoverheveling bij najaarsnota.
2. Met het oog op het eerste lid geeft de ACM-begroting inzicht in de aan IenM door te berekenen kosten per wet op het gebied van vervoer en drinkwater. Deze kosten worden jaarlijks, voorafgaand aan het kalenderjaar waarop deze betrekking hebben,

vastgesteld door de directeur-generaal Bereikbaarheid van IenM. IenM zendt daartoe een brief aan de ACM met afschrift aan EZ ter accordering van deze kosten.
3. Indien er op het gebied van vervoer sprake is van wijzigingen ten opzichte van de ACM-begroting van het lopende kalenderjaar, worden deze besproken met IenM. Voor kosten voor opdrachten op het gebied van vervoer en drinkwater die niet zijn opgenomen in de ACM-begroting zal de ACM met IenM voorafgaand financiële afspraken maken. Voor deze kosten worden separaat begrotingsmiddelen ter beschikking gesteld door IenM.
4. Verschillen tussen de voor enig jaar begrote en gerealiseerde kosten worden opgenomen in de Wijziging van de begrotingsstaat van EZ (XIII) behorend bij de begroting van EZ van dat jaar (Slotwet).
5. Bestuurlijke boetes die door de ACM worden opgelegd op basis van de vervoerswetten worden door de ACM ingevorderd en geïnd. Het ontvangen bedrag wordt zo spoedig mogelijk overgemaakt op de rekening van IenM zodat de boete-ontvangst binnen de begroting van IenM wordt verantwoord. Eventuele terugbetalingen, in geval van verlaging van de bestuurlijke boete bij bezwaar en/of (hoger) beroep worden ook door de ACM gedaan, waarna IenM zo spoedig mogelijk het bedrag op de rekening van de ACM stort.
[20-11-2015, Stcrt. 41918, i.w.tr. 25-08-2016]

Artikel 5
Voortgangsrapportages
De voortgangsrapportages in het kader van de managementcyclus geven inzicht in de kosten per wet die onder verantwoordelijkheid van IenM valt en wijzigingen in deze kosten ten opzichte van de ACM-begroting. Voor zover deze voortgangsrapportages zien op werkzaamheden van de directie Telecom, Vervoer en Post respectievelijk de directie Energie van de ACM-organisatie op het gebied van vervoer en drinkwater, worden deze door het daartoe door de ACM aangewezen lid van de ACM met de directeur-generaal Bereikbaarheid van IenM besproken, alvorens ze te bespreken met de secretaris-generaal van EZ.
[20-11-2015, Stcrt. 41918, i.w.tr. 25-08-2016]

§ 2
Personele bepalingen

Artikel 6
Personele en rechtspositionele bevoegdheden van de ACM
1. Bij de uitoefening van personele en rechtspositionele bevoegdheden die in het Besluit mandaat, volmacht en machtiging Autoriteit Consument en Markt aan de ACM zijn verleend, zijn tenzij anders bepaald de EZ-specifieke personeelsregelgeving en het beleid op personeelsgebied dat geldt voor ambtelijke medewerkers van EZ van toepassing.
2. IenM heeft geen betrokkenheid bij het beleid op personeelsgebied ten aanzien van de directie Telecom, Vervoer en Post van de ACM-organisatie.
[20-11-2015, Stcrt. 41918, i.w.tr. 25-08-2016]

Relatiestatuut ACM en ministers 2015

Artikel 7
Management Developmentbeleid
1. De ACM heeft zeggenschap in het management developmentberaad van EZ voor zover het gaat om een benoeming van een medewerker van de ACM-organisatie op een functie waaraan salarisschaal 14 of hoger BBRA 1984 is verbonden en wiens functie betrekking heeft op het verrichten van bedrijfsvoeringstaken.
2. De ACM informeert het management developmentberaad van EZ over (de procedure met betrekking tot) een benoeming van een medewerker van de ACM-organisatie op een functie waaraan salarisschaal 14 of hoger BBRA 1984 is verbonden, anders dan een benoeming als bedoeld in het eerste lid.
3. De ACM informeert IenM over (de procedure met betrekking tot) de benoeming van de directeur Telecom, Vervoer en Post van de ACM-organisatie.
[20-11-2015, Stcrt. 41918, i.w.tr. 25-08-2016]

Artikel 8
Medezeggenschap
De ACM stelt een ondernemingsraad in voor de medewerkers van de ACM-organisatie.
[20-11-2015, Stcrt. 41918, i.w.tr. 25-08-2016]

§ 3
Werving leden ACM

Artikel 9
Procedure voor de werving en benoeming van leden van de ACM
1. Onverminderd artikel 3 van de instellingswet geschieden de werving, selectie en benoeming van een nieuwe voorzitter en nieuwe overige leden van de ACM volgens de in de bijlage van dit relatiestatuut opgenomen procedure.
2. Bij de werving, selectie en benoeming van de leden van de ACM wordt er rekening mee gehouden dat ten minste een van de leden beschikt over passende beroepsbekwaamheid en relevante ervaring op het gebied van spoorwegen of andere netwerkindustrieën.
3. De Minister van EZ en de ACM kunnen gezamenlijk besluiten dat van de procedure in de bijlage, met uitzondering van de in het tweede lid bedoelde vereiste, wordt afgeweken.
[20-11-2015, Stcrt. 41918, i.w.tr. 25-08-2016]

HOOFDSTUK 3
Beleidsmatige relatie

§ 1
Algemene afspraken

Artikel 10
Algemeen
De ministers en de ACM nemen in hun werkzaamheden en in de communicatie daarover naar buiten de verantwoordelijkheid voor beleid en wet- en regelgeving respectievelijk de verantwoordelijkheid voor de uitvoering van de aan de ACM opgedragen

wettelijke taken in acht en verhouden zich daarbij in- en extern tot elkaar in hun hiervoor bedoelde rol en positie.
[20-11-2015, Stcrt. 41918, i.w.tr. 25-08-2016]

Artikel 11
Vertrouwelijkheid
De ministers enerzijds en de ACM en de ACM-organisatie anderzijds nemen in hun onderlinge beleidsmatige relatie over en ten opzichte van derden vertrouwelijkheid in acht voor zover dit uit wet- en regelgeving of de aard der zaken voortvloeit.
[20-11-2015, Stcrt. 41918, i.w.tr. 25-08-2016]

Artikel 12
Kennismanagement
1. Ter bevordering van de inhoudelijke kennis op het gebied van de mededinging, sectorspecifieke regulering, consumentenbescherming, toezicht en handhaving bij EZ, IenM en de ACM organiseren de ministers en de ACM zo vaak als wederzijds gewenst wordt geacht fora waarin dergelijke kennis uitgewisseld wordt. Ook interne activiteiten zoals opleidingen en seminars worden zo mogelijk wederzijds opengesteld.
2. De Minister van EZ en de ACM bevorderen de tijdelijke uitwisseling van medewerkers tussen de ACM en EZ.
[20-11-2015, Stcrt. 41918, i.w.tr. 25-08-2016]

§ 2
Regulier overleg

Artikel 13
Relatiebeheerders EZ, IenM en de ACM
1. Binnen de verantwoordelijke beleidsdirecties van EZ en IenM worden relatiebeheerders aangewezen voor de verschillende werkterreinen van de ACM. Deze relatiebeheerders vormen voor de desbetreffende directies van de ACM-organisatie het eerste aanspreekpunt in beleidsmatige kwesties op werkniveau.
2. Door de ACM worden relatiebeheerders aangewezen voor de verschillende werkterreinen. Deze relatiebeheerders vormen voor EZ en IenM het eerste aanspreekpunt in beleidsmatige kwesties op werkniveau.
[20-11-2015, Stcrt. 41918, i.w.tr. 25-08-2016]

Artikel 14
Regulier overleg tussen EZ en de ACM
1. Vier maal per jaar vindt overleg plaats tussen de Minister van EZ en de ACM over ontwikkelingen op het gebied van de aan de ACM opgedragen wettelijke taken.
2. Vier maal per jaar vindt overleg plaats tussen de secretaris-generaal van EZ en de voorzitter van de ACM over onderwerpen die samenhangen met de ACM-organisatie.
3. Vier maal per jaar vindt overleg plaats tussen de directeur-generaal Energie, Telecom en Mededinging van EZ en het daartoe door de ACM aangewezen lid van de ACM over politieke, strategische en beleidsmatige onderwerpen die op het terrein van EZ liggen.

4. Indien daaraan behoefte is bij EZ of de ACM, vindt onverminderd de vorige leden tussentijds overleg plaats.
[20-11-2015, Stcrt. 41918, i.w.tr. 25-08-2016]

Artikel 15
Regulier overleg tussen IenM en de ACM
1. Twee maal per jaar vindt overleg plaats tussen de directeur-generaal Bereikbaarheid van IenM en het daartoe door de ACM aangewezen lid van de ACM over politieke, strategische en beleidsmatige onderwerpen die op het terrein van IenM liggen.
2. Indien daaraan behoefte is bij IenM of de ACM, vindt onverminderd de vorige leden tussentijds overleg plaats.
[20-11-2015, Stcrt. 41918, i.w.tr. 25-08-2016]

Artikel 16
Informatieverzoeken
De ACM pleegt overleg met de Minister of de Minister van IenM over verzoeken van derden om verstrekking van informatie als bedoeld in de artikelen 3, 6 en 7 van de regeling of daarmee vergelijkbare informatie, die nog niet openbaar is gemaakt.
[20-11-2015, Stcrt. 41918, i.w.tr. 25-08-2016]

Artikel 17
Notificatie
Indien een beslissing van de ACM regels bevat die ingevolge Europese regelgeving of andere verdragsverplichtingen moeten worden genotificeerd, draagt de ACM zorg voor deze notificatie, overeenkomstig de daarvoor voor de ministeries geldende handleidingen.
[20-11-2015, Stcrt. 41918, i.w.tr. 25-08-2016]

§ 3
Functioneren ACM

Artikel 18
Taakverwaarlozing
1. Indien naar het oordeel van de Minister van EZ de ACM haar taak verwaarloost, stelt de Minister van EZ de ACM hiervan – spoedeisende gevallen uitgezonderd – schriftelijk en gemotiveerd op de hoogte.
2. Indien naar het oordeel van de Minister van IenM de ACM haar taak op het gebied van vervoer verwaarloost, treedt hij daarover in overleg met de Minister van EZ. Indien de ministers concluderen dat de ACM haar taak verwaarloost, stelt de Minister van EZ de ACM hiervan – spoedeisende gevallen uitgezonderd – schriftelijk en gemotiveerd op de hoogte.
3. De in artikel 23, tweede lid, van de kaderwet bedoelde termijn is minimaal vier weken.
[20-11-2015, Stcrt. 41918, i.w.tr. 25-08-2016]

Artikel 19
Onderzoek door derden

Indien de Minister van EZ of de Minister van IenM een derde aanwijst om in het kader van het toezicht op het functioneren van de ACM onderzoek te doen naar een door de betrokken minister te bepalen taak van de ACM of van de taakuitoefening als geheel, verstrekt de ACM aan deze derde, op de door de derde te bepalen redelijke wijze, de ter zake van het onderzoek relevante informatie.
[20-11-2015, Stcrt. 41918, i.w.tr. 25-08-2016]

Artikel 20
Vijfjaarlijkse evaluatie

1. Voorafgaand aan de evaluatie ten behoeve van een verslag als bedoeld in artikel 39, eerste lid, van de kaderwet, maken de Minister van EZ en de ACM afspraken over de inhoud en aanpak van de evaluatie en de te verstrekken gegevens.
2. De Minister van EZ stelt de ACM in kennis van het verslag voordat hij dit verslag naar de Staten-Generaal zendt. De ACM wordt verzocht op dit verslag te reageren binnen een bij het verzoek door de minister gestelde termijn.
3. De Minister van EZ reageert op de reactie van de ACM op het verslag en geeft daarbij in ieder geval aan in hoeverre deze reactie betrokken is bij de finale beoordeling.
[20-11-2015, Stcrt. 41918, i.w.tr. 25-08-2016]

Artikel 21
Klachten over functioneren ACM

1. Aan de Minister van EZ of de Minister van IenM gerichte klachten over de wijze waarop de ACM of een medewerker van de ACM-organisatie zich in een bepaalde aangelegenheid jegens een derde heeft gedragen, worden zo spoedig mogelijk aan de ACM gemeld.
2. De betrokken minister en de ACM bezien in onderling overleg hoe en door wie een klacht wordt afgehandeld.
[20-11-2015, Stcrt. 41918, i.w.tr. 25-08-2016]

§ 4
Beleidsmatige relatie: ACM-Agenda en jaarverslag

Artikel 22
ACM-Agenda

1. De ACM consulteert stakeholders over de voorgenomen aandachtsgebieden voor het volgende jaar of de volgende twee jaren. Hij stelt hiertoe een consultatiedocument op. De ACM zendt het consultatiedocument aan de stakeholders.
2. Alvorens de ACM start met de consultatie van stakeholders worden EZ en IenM in staat gesteld te reageren op de voorgenomen aandachtsgebieden.
3. Rekening houdend met de reacties op de consultatie doet de ACM vervolgens een voorstel voor een concept-Agenda en legt deze voor aan EZ en IenM voor het geven van een reactie op de inhoud.
4. Indien gewenst vindt overleg tussen de ACM en EZ en/of IenM plaats over de concept-Agenda plaats, alvorens de ACM de definitieve ACM-Agenda vaststelt en publiceert. In

de definitieve Agenda wordt een overzicht opgenomen van de voor het betreffende kalenderjaar begrote middelen.
5. Indien de ACM besluit de ACM-Agenda niet voor een jaar, maar voor twee jaar, vast te stellen, dan publiceert zij de definitieve Agenda met daarin het in het vorige lid bedoelde overzicht voor het eerste kalenderjaar. Voorafgaand aan het tweede kalenderjaar waarop de Agenda betrekking heeft, publiceert de ACM een overzicht van de voor dat kalenderjaar begrote middelen.
[20-11-2015, Stcrt. 41918, i.w.tr. 25-08-2016]

Artikel 23
Jaarverslag

1. Onverminderd artikel 18, eerste lid, van de kaderwet en artikel 6, eerste lid, van de instellingswet, omvat het jaarverslag in ieder geval de volgende kengetallen, ieder afzonderlijk van een beknopte toelichting voorzien:
a. de jaarrekening;
b. de kostenrealisatie van naar de markt doorbelaste toezichtstaken;
c. de realisatie van de inkomsten uit de markt per marktcategorie als bedoeld in het Besluit doorberekening kosten ACM;
d. de formatie (fte);
e. de verhouding directe en indirecte kosten;
f. de verhouding tussen Rijksgefinancierde en marktgefinancierde kosten per categorie;
g. de uitputting van het budget;
h. aantallen boetebesluiten, lasten onder dwangsom, bindende aanwijzingen, bindende gedragslijnen en toezeggingsbesluiten;
i. binnengekomen en afgehandelde informatieverzoeken of verzoeken om bijstand van autoriteiten uit andere lidstaten die net als de ACM belast zijn met de handhaving van Verordening (EG) nr. 2006/2004 van het Europees Parlement en de Raad van 27 oktober 2004 betreffende samenwerking tussen de nationale instanties die verantwoordelijk zijn voor handhaving van de wetgeving inzake consumentenbescherming (*PbEU* 2004, L 364);
j. het aantal en de uitkomsten van behandelde bezwaar- en beroepzaken;
k. het percentage afgehandelde bezwaren binnen de geldende wettelijke termijn;
l. de behandelde klachten als bedoeld in artikel 9:1, eerste lid, van de Algemene wet bestuursrecht;
m. de bij de Nationale Ombudsman ingediende klachten;
n. de aard en het aantal via ConsuWijzer en spamklacht.nl binnengekomen meldingen;
o. uitkomsten van uitgevoerde klanttevredenheidsonderzoeken.

2. Het jaarverslag bevat tevens op hoofdlijnen informatie over:
a. de uitvoering van de wettelijke taken van de ACM, bedoeld in artikel 2 van de instellingswet, alsmede de daarvoor gebruikte formatie en de daarvoor gedane uitgaven;
b. het gevoerde beleid op het gebied van kwaliteitsborging, personeel, informatievoorziening, organisatie, risicobeleid, automatisering en huisvesting, alsmede de daarvoor gebruikte formatie en de daarvoor gedane uitgaven;

c. de mate waarin de wettelijke doorlooptijden in acht zijn genomen van afgeronde zaken alsmede de gerealiseerde doorlooptijd daarvan.
[20-11-2015, Stcrt. 41918, i.w.tr. 25-08-2016]

§ 5
Externe contacten ACM

Artikel 24
Contacten ACM met de Staten-Generaal
1. De aanwijzingen externe contacten en de leidraad externe contacten zijn van overeenkomstige toepassing op de ACM en de medewerkers van de ACM-organisatie.
2. De ACM licht de betrokken minister voorafgaand aan formele contacten als bedoeld in het eerste lid zo spoedig mogelijk in over deze contacten en verzoekt daarbij, waar dat op grond van de aanwijzingen externe contacten of de leidraad externe contacten vereist is, om instemming van de betrokken minister. Per geval wordt in onderling overleg bezien of aanwezigheid dan wel betrokkenheid van een vertegenwoordiger van het betrokken ministerie is vereist.
3. Zo nodig vindt overleg plaats tussen de betrokken minister en de ACM over contacten als bedoeld in het eerste lid.
4. De ACM informeert de betrokken minister zo spoedig mogelijk na afloop van contacten als bedoeld in het eerste lid indien zij vermoedt dat dit nodig is met het oog op de taakuitoefening van de betrokken minister.
[20-11-2015, Stcrt. 41918, i.w.tr. 25-08-2016]

Artikel 25
Internationale contacten
De ministers kunnen zich bij Europees of ander internationaal overleg doen bijstaan of vertegenwoordigen door de ACM.
[20-11-2015, Stcrt. 41918, i.w.tr. 25-08-2016]

Artikel 26
Relevante internationale organisaties
Als (een vergadering van) een relevante internationale organisatie als bedoeld in artikel 4, eerste lid, van de regeling wordt in ieder geval aangemerkt:
a. adviescomité als bedoeld in artikel 5b, tweede lid, van de Mededingingswet;
b. Comité voor Communicatie (COCOM) als bedoeld in Richtlijn 2002/21/EG van het Europees Parlement en de Raad van 7 maart 2002 inzake een gemeenschappelijk regelgevingskader voor elektronische-communicatienetwerken en -diensten (*PbEG* 2002, L 108);
c. Comité voor samenwerking inzake consumentenbescherming (CPC) als bedoeld in Verordening (EG) nr. 2006/2004 van het Europees Parlement en de Raad van 27 oktober 2004 betreffende samenwerking tussen de nationale instanties die verantwoordelijk zijn voor handhaving van de wetgeving inzake consumentenbescherming (*PbEU* 2004, L 364;
d. European Competition Network (ECN) als bedoeld in Verordening (EG) nr. 1/2003 van de Raad van 16 december 2002 betreffende de uitvoering van de mededingingsregels van de artikelen 81 en 82 van het Verdrag (*PbEG* 2003, L 1);

e. Orgaan van Europese regelgevende instanties voor elektronische communicatie (BEREC) als bedoeld in Verordening (EG) nr. 1211/2009 van het Europees Parlement en de Raad van 25 november 2009 tot oprichting van het Orgaan van Europese regelgevende instanties voor elektronische communicatie (BEREC) en het Bureau (*PbEU* 2009, L 337);
f. Organisatie voor Economische Samenwerking en Ontwikkeling (OESO);
g. Raadswerkgroepen op grond van artikel 19, derde lid, van het Reglement van Orde van de Raad van de Europese Unie op beleidsterreinen die direct verband houden met de aan de ACM opgedragen wettelijke taken.

[20-11-2015, Stcrt. 41918, i.w.tr. 25-08-2016]

§ 7
Overige bepalingen

Artikel 27
Intrekking
Het Relatiestatuut ACM en ministers 2013 wordt ingetrokken.
[20-11-2015, Stcrt. 41918, i.w.tr. 25-08-2016]

Artikel 28
Inwerkingtreding
Dit relatiestatuut treedt in werking met ingang van de dag na de dagtekening van de *Staatscourant* waarin het wordt geplaatst.
[20-11-2015, Stcrt. 41918, i.w.tr. 25-08-2016]

Artikel 29
Citeertitel
Dit relatiestatuut wordt aangehaald als: Relatiestatuut ACM en ministers 2015
[20-11-2015, Stcrt. 41918, i.w.tr. 25-08-2016]

BIJLAGE

Procedure werving, selectie en benoeming leden ACM

Stap I. Profielschets
1. Een commissie bestaande uit maximaal twee door de ACM aangewezen personen en maximaal twee door de secretaris-generaal van EZ aangewezen personen (één van de directie Mededinging en Consumenten van EZ en één van directie Bedrijfsvoering/MD van EZ) stelt een conceptprofielschets op.
2. Na akkoord van een lid van de ACM, de secretaris-generaal van EZ en de directeur-generaal Energie, Telecom en Mededinging van EZ met de conceptprofielschets, vraagt een lid van de ACM de ondernemingsraad van de ACM-organisatie naar zijn opvattingen over de conceptprofielschets (geen formele adviesaanvraag). De conceptprofielschets vermeldt dat integriteitseisen gelden voor de goede vervulling van de functie.

Bijlage

3. De conceptprofielschets wordt, de opvattingen van de ondernemingsraad meewegend, ter vaststelling aan de Minister van EZ voorgelegd. De Minister van EZ stelt de profielschets vast. De profielschets is leidend bij de selectie.

Stap II. Werving
1. De commissie vraagt de Algemene Bestuursdienst om op basis van de profielschets te bezien of er potentiële kandidaten in het kandidatenbestand aanwezig zijn.
2. Daarnaast zoekt de commissie op basis van de profielschets zo nodig via andere kanalen voldoende kandidaten, bijvoorbeeld:
   a. een wervingsadvertentie;
   b. een headhunter.
3. Tijdens de werving worden (potentiële) kandidaten gewezen op de regels ten aanzien van integriteit (geheimhouding, nevenwerkzaamheden, financiële belangen, mogelijke onverenigbaarheid van vervolgfuncties) en over het veiligheidsonderzoek.

Stap III. Selectie
1. Op basis van de schriftelijke informatie (brieven, CV's en dergelijke) voeren de secretaris-generaal van EZ en een lid van de ACM gezamenlijk een eerste selectie uit, ondersteund door de commissie.
2. Alle kandidaten die door de eerste selectie zijn gekomen, worden uitgenodigd voor een gesprek dat gezamenlijk wordt gevoerd door:
   a. de directeur-generaal Energie, Telecom en Mededinging van EZ dan wel de directeur Mededinging en Consumenten van EZ;
   b. een lid van de ACM dan wel een door de ACM aan te wijzen persoon; en
   c. een MD-adviseur.
3. In dit gesprek komen de integriteitseisen aan de orde en wordt geïnventariseerd of er eventuele knelpunten zijn.
4. De personen, bedoeld onder 2. a. en b., die het gesprek hebben gevoerd, besluiten gezamenlijk welke kandidaten doorgaan naar de eindronde (maximaal vier).
5. De eindronde bestaat uit gesprekken die de secretaris-generaal van EZ en een lid van de ACM (bij voorkeur een ander lid dan bedoeld onder 2.) gezamenlijk met de kandidaten voeren. De secretaris-generaal van EZ en het lid van de ACM besluiten gezamenlijk welke kandidaat zij aan de minister voordragen.
6. De integriteitsfunctionarissen van EZ en de ACM-organisatie voeren een gesprek met de beoogde kandidaat over de toepasselijke integriteitsregels. Hierbij wordt geïnventariseerd of sprake is van nevenwerkzaamheden en/of financiële belangen die een ontheffing vergen onder de integriteitsregeling van EZ. Zij rapporteren via de commissie aan de secretaris-generaal van EZ.

Stap IV. Voordracht aan de Minister van EZ
1. De commissie stelt een conceptvoordracht van de kandidaat voor de Minister van EZ op. De secretaris-generaal van EZ en een lid van de ACM dragen vervolgens gezamenlijk de kandidaat voor aan de Minister van EZ.
2. Indien gewenst, voert de Minister van EZ een gesprek met de kandidaat.
3. De voordracht wordt door een lid van de ACM voor advies voorgelegd aan de ondernemingsraad van de ACM-organisatie (formele adviesaanvraag). Tegelijkertijd wordt

de voor benoeming beoogde kandidaat voorgesteld aan die ondernemingsraad en wordt de gelegenheid geboden voor een gesprek.

Stap V. Arbeidsvoorwaarden en ontheffingen integriteit
1. Parallel aan stap IV initieert de directie Bedrijfsvoering/MD van EZ een arbeidsvoorwaardengesprek met de kandidaat en start zij een veiligheidsonderzoek op. De secretaris-generaal van EZ voert het arbeidsvoorwaardengesprek met de kandidaat en maakt afspraken ten aanzien van financiële belangen, nevenwerkzaamheden en mogelijke vervolgfuncties. De MD-adviseur stelt een arbeidsvoorwaardenbrief op. De arbeidsvoorwaardenbrief wordt vervolgens door de secretaris-generaal van EZ getekend en naar de kandidaat verzonden en wordt van kracht zodra de benoeming een feit is.
2. Tegelijk met de arbeidsvoorwaardenbrief bereidt de integriteitsfunctionaris van de ACM-organisatie eventuele ontheffingen voor die de afspraken reflecteren die de secretaris-generaal van EZ met de kandidaat heeft gemaakt op het gebied van integriteit. De integriteitsfunctionaris van EZ draagt er zorg voor dat deze ontheffingen door de secretaris-generaal van EZ tegelijk met de arbeidsvoorwaardenbrief wordt getekend.

Stap VI. Benoeming door de Minister van EZ
De Minister van EZ weegt bij de benoeming, bedoeld in artikel 12 van de kaderwet, het advies van de ondernemingsraad van de ACM mee. Hij meldt zijn voornemen tot benoeming in de Ministerraad.
[20-11-2015, Stcrt. 41918, i.w.tr. 25-08-2016]

Regeling gegevensverstrekking ACM 2019

Regeling van 13 september 2019, houdende regels omtrent het verstrekken van gegevens en inlichtingen door de Autoriteit Consument en Markt en het intrekken van de Regeling gegevensverstrekking ACM, Stcrt. 2019, 51924, zoals laatstelijk gewijzigd op 28 april 2022, Stcrt. 2022, 11746 (i.w.tr. 30-04-2022)

De Staatssecretaris van Economische Zaken en Klimaat,
Gelet op artikel 7, derde lid, onderdeel a, van de Instellingswet Autoriteit Consument en Markt;
Besluit:

Artikel 1

1. De Autoriteit Consument en Markt is bevoegd om aan de volgende bestuursorganen, diensten en toezichthouders gegevens en inlichtingen te verstrekken voor zover dat noodzakelijk is voor de goede vervulling van hun taak:
   a. *de Autoriteit Persoonsgegevens:* gegevens en inlichtingen ten behoeve van de in artikel 51 van de Algemene verordening gegevensbescherming opgedragen taak;
   b. *de Autoriteit woningcorporaties:* gegevens en inlichtingen ten behoeve van de in artikel 61 van de Woningwet opgedragen taak;
   c. *de Belastingdienst/FIOD:* gegevens en inlichtingen ten behoeve van het opsporen van overtredingen van fiscaal-economische wetgeving;
   d. *het Bureau bevordering integriteitsbeoordeling door het openbaar bestuur:* gegevens en inlichtingen nodig voor het verzoek van de Autoriteit Consument en Markt uitbrengen van een advies als bedoeld in artikel 9 van de Wet bevordering integriteitsbeoordelingen door het openbaar bestuur;
   e. *het Bureau Financieel Toezicht:* gegevens en inlichtingen ten behoeve van de in artikel 110 van de Wet op het notarisambt en de in artikel 30 van de Gerechtsdeurwaarderswet opgedragen taken;
   f. *het College van Toezicht,* bedoeld in artikel 2 van de Wet toezicht en geschillenbeslechting collectieve beheersorganisaties auteurs- en naburige rechten: gegevens en inlichtingen ten behoeve van de hem in dat artikel opgedragen taak;
   g. *het Commissariaat voor de Media:* gegevens en inlichtingen ten behoeve van de in artikel 7.1 van de Mediawet 2008 opgedragen taak;
   h. *de Inspectie gezondheidszorg en jeugd:* gegevens en inlichtingen ten behoeve van het toezicht op de naleving van de artikelen 82 tot en met 96 van de Geneesmiddelenwet;
   i. *de Inspectie Leefomgeving en Transport, Inlichtingen- en Opsporingsdienst:* gegevens en inlichtingen ten behoeve van de in artikel 3 van de Wet op de bijzondere opsporingsdiensten opgedragen taak;

j. *de Nederlandse Arbeidsinspectie:* gegevens en inlichtingen ten behoeve van het toezicht op de naleving van wet- en regelgeving over arbeidsomstandigheden, de arbeidsmarkt, arbeidsverhoudingen en het sociale zekerheidsstelsel;
k. *de Inspectie Sociale Zaken en Werkgelegenheid, Directie Opsporing:* gegevens en inlichtingen ten behoeve van de in artikel 3 van de Wet op de bijzondere opsporingsdiensten opgedragen taak;
l. *de Kansspelautoriteit:* gegevens en inlichtingen ten behoeve van de in artikel 33b van de Wet op de kansspelen opgedragen taak;
m. *het Nationaal Cyber Security Centrum:* gegevens en inlichtingen ten behoeve van het opsporen en bestrijden van computercriminaliteit;
n. *de Nederlandsche Bank N.V.:* gegevens en inlichtingen ten behoeve van de in artikel 1:24 van de Wet op het financieel toezicht, artikel 151 van de Pensioenwet en artikel 146 van de Wet verplichte beroepspensioenregeling opgedragen taak;
o. *de Nederlandse Zorgautoriteit:* gegevens en inlichtingen ten behoeve van de in artikel 16 van de Wet marktordening gezondheidszorg opgedragen taak;
p. *het openbaar ministerie:* gegevens en inlichtingen ten behoeve van de in artikel 124 van de Wet op de rechterlijke organisatie opgedragen taak;
q. *de Politie:* gegevens en inlichtingen ten behoeve van de in artikel 3 van de Politiewet 2012 opgedragen taak;
r. *de rijksbelastingdienst:* gegevens en inlichtingen ten behoeve van het uitvoeren van de belastingwet, genoemd in artikel 2, eerste lid, onderdeel a, van de Algemene wet inzake rijksbelastingen;
s. *de Rijksrecherche:* gegevens en inlichtingen ten behoeve van opsporingsonderzoeken naar (semi-)overheidsfunctionarissen;
t. *de Stichting Autoriteit Financiële Markten:* gegevens en inlichtingen ten behoeve van de in artikel 3.1 van de Wet handhaving consumentenbescherming en artikel 1:25 van de Wet op het financieel toezicht opgedragen taak;
u. *de Nederlandse Voedsel- en Warenautoriteit:* gegevens en inlichtingen ten behoeve van het toezicht op de naleving vanop (red.: lees: van op) wet- en regelgeving op het gebied van voedsel- en productveiligheid, alcohol en tabak, diergezondheid, dierenwelzijn, visserij, plantgezondheid en landbouw en natuur;
v. *de Nederlandse Voedsel- en Warenautoriteit, Inlichtingen- en Opsporingsdienst:* gegevens en inlichtingen ten behoeve van de in artikel 3 van de Wet op de bijzondere opsporingsdiensten opgedragen taak.

2. De Autoriteit Consument en Markt is bevoegd om aan personen of colleges, werkzaam onder de verantwoordelijkheid van de Minister van Economische Zaken en Klimaat of de Minister van Infrastructuur en Waterstaat, gegevens en inlichtingen te verstrekken voor zover dat noodzakelijk is voor de goede uitoefening van de aan hen bij wettelijk voorschrift toegedeelde bevoegdheid tot het nemen van besluiten of tot het verrichten van andere handelingen dan besluiten.

[28-04-2022, Stcrt. 11746, i.w.tr. 30-04-2022/regelingnummer WJZ/ 22167905]

Artikel 2
De Regeling gegevensverstrekking ACM wordt ingetrokken.
[13-09-2019, Stcrt. 51924, i.w.tr. 21-09-2019/regelingnummer WJZ/ 18250526]

Artikel 3
Deze regeling treedt in werking met ingang van de dag na de datum van uitgifte van de *Staatscourant* waarin zij wordt geplaatst.
[13-09-2019, Stcrt. 51924, i.w.tr. 21-09-2019/regelingnummer WJZ/ 18250526]

Artikel 4
Deze regeling wordt aangehaald als: Regeling gegevensverstrekking ACM 2019.
[13-09-2019, Stcrt. 51924, i.w.tr. 21-09-2019/regelingnummer WJZ/ 18250526]

Regeling gegevensuitwisseling ACM en ministers

Regeling van 15 maart 2013, houdende regels omtrent het uitwisselen van gegevens tussen de Autoriteit Consument en Markt en de Minister van Economische Zaken en de Minister van Infrastructuur en Milieu, Stcrt. 2013, 8155, zoals laatstelijk gewijzigd op 21 september 2015, Stcrt. 2015, 32055 (i.w.tr. 01-10-2015)

De Minister van Economische Zaken;
Gelet op artikel 8 van de Instellingswet Autoriteit Consument en Markt;
Besluit:

§ 1
Algemene bepalingen

Artikel 1
In deze regeling wordt verstaan onder:
a. *ACM:* de Autoriteit Consument en Markt;
b. *Minister:* de Minister van Economische Zaken.
[15-03-2013, Stcrt. 8155, i.w.tr. 01-04-2013/regelingnummer WJZ/12351247]

Artikel 2
1. De ACM verstrekt uit eigen beweging of op verzoek van de Minister of de Minister van Infrastructuur en Milieu zo spoedig mogelijk de gegevens die nodig zijn voor de taakuitoefening van de betrokken minister of waarvan de ACM redelijkerwijs kan aannemen dat zij voor de taakuitoefening van de betreffende minister nodig zijn, waaronder gegevens over bedrijfsvoering en financieel beheer, voor zover de Minister deze gegevens nodig heeft voor het opstellen van de begroting.
2. De Minister of de Minister van Infrastructuur en Milieu verstrekt uit eigen beweging of op verzoek van de ACM zo spoedig mogelijk de gegevens die nodig zijn voor de taakuitoefening van de ACM of waarvan hij redelijkerwijs kan aannemen dat zij voor de taakuitoefening van de ACM nodig zijn.
3. De ACM en de Minister of de Minister van Infrastructuur en Milieu informeren elkaar tijdig over onderwerpen die in de publiciteit kunnen komen en waarvan redelijkerwijs kan worden aangenomen dat het voor de ander van belang is om daarvan op de hoogte te zijn.
[21-09-2015, Stcrt. 32055, i.w.tr. 01-10-2015/regelingnummer WJZ/15075138]

Regeling gegevensuitwisseling ACM en ministers

Artikel 2a
De ACM zendt de Minister jaarlijks voor 1 december een overzicht op hoofdlijnen van de verwachte werkzaamheden per sector voor het daaropvolgende jaar en een vergelijking van de verwachte werkzaamheden met de werkzaamheden van het lopende jaar.
[21-09-2015, Stcrt. 32055, i.w.tr. 01-10-2015/regelingnummer WJZ/15075138]

Artikel 3
1. De ACM doet de Minister of de Minister van Infrastructuur en Milieu desgevraagd of uit eigen beweging schriftelijk verslag van haar bevindingen bij het uitvoeren van haar opgedragen taken indien zij of de betrokken minister van oordeel is dat deze informatie noodzakelijk is voor de voorbereiding van besluiten van algemene strekking.
2. De Minister of de Minister van Infrastructuur en Milieu reageert binnen vier weken op de door de ACM verstrekte informatie. De betrokken minister geeft daarbij aan op welke wijze de door de ACM verstrekte informatie bij de besluitvorming is of zal worden betrokken.
[15-03-2013, Stcrt. 8155, i.w.tr. 01-04-2013/regelingnummer WJZ/12351247]

§ 2
Werkzaamheden in internationaal verband

Artikel 4
1. De ACM en de Minister of de Minister van Infrastructuur en Milieu stellen elkaar, voor zover van belang voor de taakuitoefening van de ander, zo spoedig mogelijk in kennis van uitnodigingen voor deelname in vergaderingen van relevante internationale organisaties. Zij doen elkaar de agenda van deze vergaderingen toekomen.
2. De ACM en de betrokken minister zenden elkaar zo spoedig mogelijk een afschrift van de verslagen van de in het eerste lid bedoelde vergaderingen. In geval van een vergadering van een adviescomité als bedoeld in artikel 5b, tweede lid, van de Mededingingswet, brengt de ACM tevens verslag uit van de wijze waarop gevolg is gegeven aan de instructies van de Minister.
3. Het eerste en tweede lid zijn niet van toepassing op vergaderingen of delen daarvan waarin individuele zaken worden besproken.
[15-03-2013, Stcrt. 8155, i.w.tr. 01-04-2013/regelingnummer WJZ/12351247]

Artikel 5
De Minister of de Minister van Infrastructuur en Milieu zendt zaken die aanhangig zijn bij het Hof van Justitie van de Europese Unie die op het werkterrein van de ACM liggen, ter kennisneming aan de ACM toe. De betrokken minister kan de ACM ter zake om schriftelijke opmerkingen verzoeken.
[15-03-2013, Stcrt. 8155, i.w.tr. 01-04-2013/regelingnummer WJZ/12351247]

§ 3
Uitvoeringstoets en rapportage inzake effecten voor de mededinging

Artikel 6
1. De Minister of de Minister van Infrastructuur en Milieu legt voorgenomen besluiten van algemene strekking welke na invoering van invloed zijn of kunnen zijn op de

uitoefening van aan de ACM opgedragen taken ten behoeve van een uitvoeringstoets voor aan de ACM. Is het voorgenomen besluit van algemene strekking niet afkomstig van de Minister of de Minister van Infrastructuur en Milieu, dan verzoekt de Minister de betrokken andere minister de ACM een uitvoeringstoets te laten verrichten.
2. De betrokken minister doet het verzoek om een uitvoeringstoets op een zodanig tijdstip dat de toets van invloed kan zijn op de besluitvorming.
3. Indien geen toepassing wordt gegeven aan het tweede lid, kan de ACM uit eigen beweging een uitvoeringstoets uitvoeren. In dat geval informeert de ACM de betrokken minister over het voornemen daartoe.
4. De ACM verricht de uitvoeringstoets binnen vier weken na het verzoek. In bijzondere gevallen kunnen de betrokken minister en de ACM in onderling overleg een andere termijn vaststellen.
5. In een uitvoeringstoets beziet de ACM het voorgenomen besluit van algemene strekking in ieder geval op:
a. uitvoerbaarheid en handhaafbaarheid;
b. gevolgen voor de ACM in termen van personeel, organisatie en financiën;
c. mogelijkheden om de doeltreffendheid en doelmatigheid van het voorgenomen besluit van algemene strekking te vergroten.
6. De ACM zendt het resultaat van een uitvoeringstoets aan de betrokken minister. In de toelichting van het betreffende besluit van algemene strekking wordt aangegeven op welke wijze de uitvoeringstoets bij de besluitvorming is betrokken.
7. De ACM maakt de uitvoeringstoets openbaar nadat het betreffende besluit van algemene strekking door de betrokken minister openbaar is gemaakt, tenzij de minister en de ACM anders overeenkomen.
[15-03-2013, Stcrt. 8155, i.w.tr. 01-04-2013/regelingnummer WJZ/12351247]

Artikel 7
1. Bij een opdracht aan de ACM om een rapportage als bedoeld in artikel 5c van de Mededingingswet uit te brengen stelt de Minister een termijn van dertien weken waarbinnen deze rapportage wordt verwacht. Mocht de ACM voorzien dat de rapportage niet binnen de gegeven termijn kan worden uitgebracht, dan stelt zij de Minister hiervan vier weken voor het verstrijken van deze termijn onder opgaaf van redenen in kennis.
2. Indien de ACM voornemens is uit eigen beweging een rapportage uit te brengen inzake de effecten voor de mededinging van voorgenomen of geldende regelgeving of besluiten op of buiten het terrein van de Minister, dan stelt zij de Minister hiervan tijdig op de hoogte. De ACM geeft aan op welke termijn zij de rapportage uitbrengt.
3. De ACM zendt een rapportage naar de Minister. De Minister reageert binnen vier weken op de rapportage. Bij zijn bevindingen geeft de Minister aan op welke wijze de rapportage bij de besluitvorming is of zal worden betrokken en op welke termijn de rapportage openbaar wordt gemaakt.
4. Indien een andere minister de ACM verzoekt om een rapportage, dan meldt de ACM dit zo spoedig mogelijk aan de Minister.
[15-03-2013, Stcrt. 8155, i.w.tr. 01-04-2013/regelingnummer WJZ/12351247]

§ 4
Beleidsregels

Artikel 8
1. De ACM zendt de Minister of de Minister van Infrastructuur en Milieu ten minste vier weken voor de vaststelling van beleidsregels het ontwerp van die regels ter kennisneming toe.
2. Indien de betrokken minister voornemens is te reageren op het ontwerp, stelt hij de ACM hiervan binnen twee weken na ontvangst van het ontwerp in kennis.
3. Het eerste en het tweede lid zijn niet van toepassing op beleidsregels waarop artikel 5a van de Mededingingswet of artikel 2.4 van de Wet handhaving consumentenbescherming van toepassing is.
[04-07-2014, Stcrt. 19743, i.w.tr. 01-08-2014/regelingnummer WJZ/14066719]

Artikel 9
De ACM zendt de Minister of de Minister van Infrastructuur en Milieu zo spoedig mogelijk een afschrift van een besluit dat afwijkt van een door de betreffende minister vastgestelde beleidsregel.
[15-03-2013, Stcrt. 8155, i.w.tr. 01-04-2013/regelingnummer WJZ/12351247]

§ 5
Interne organisatie ACM

Artikel 10
De ACM legt ten minste vier weken voordat zij overeenkomstig artikel 4, eerste lid, van de Instellingswet Autoriteit Consument en Markt het bestuursreglement vaststelt, het concept voor aan de Minister met het oog op de overeenkomstig artikel 11, eerste lid, van de Kaderwet zelfstandige bestuursorganen vereiste goedkeuring.
[15-03-2013, Stcrt. 8155, i.w.tr. 01-04-2013/regelingnummer WJZ/12351247]

Artikel 11
De ACM legt ten minste vier weken voordat zij overeenkomstig artikel 5, tweede lid, van de Instellingswet Autoriteit Consument en Markt de mandaatregeling vaststelt, het concept voor aan de Minister met het oog op de overeenkomstig artikel 5, derde lid, van Instellingswet Autoriteit Consument en Markt vereiste goedkeuring.
[15-03-2013, Stcrt. 8155, i.w.tr. 01-04-2013/regelingnummer WJZ/12351247]

Artikel 12
De Minister informeert de ACM over relevante ontwikkelingen en aanschrijvingen met betrekking tot de bedrijfsvoering van de rijksoverheid.
[15-03-2013, Stcrt. 8155, i.w.tr. 01-04-2013/regelingnummer WJZ/12351247]

§ 6
Voorstel bedragen doorberekening kosten ACM

Artikel 13
1. De ACM stuurt de Minister jaarlijks voor 1 maart een voorstel voor de bedragen, bedoeld in artikel 9, eerste en tweede lid, van het Besluit doorberekening kosten ACM.
2. Het in het eerste lid genoemde voorstel gaat vergezeld van een toelichting waarin wordt ingegaan op:
a. de voorgestelde bedragen tegen de achtergrond van een meerjarig beeld van tariefontwikkeling;
b. de redenen van de voorgestelde bedragen;
c. de mate van kostendekkendheid en de kostenontwikkeling;
d. mogelijk aan het voorstel verbonden gevoeligheden.
[16-12-2014, Stcrt. 36296, i.w.tr. 01-01-2015/regelingnummer WJZ/14185449]

§ 7
Jaarverslag, aanvullende financiële gegevens en rapportage ConsuWijzer

Artikel 14
1. De ACM stelt de Minister ten minste vier weken voordat het jaarverslag overeenkomstig artikel 18, tweede lid, van de Kaderwet zelfstandige bestuursorganen aan de Minister wordt gezonden in de gelegenheid kennis te nemen van het ontwerpjaarverslag. De Minister stuurt het ontwerpjaarverslag door naar de Minister van Infrastructuur en Milieu.
2. De Minister stelt de ACM ten minste twee weken voordat hij zijn bevindingen omtrent het jaarverslag aan de beide kamers der Staten-Generaal zendt, in de gelegenheid kennis te nemen van zijn ontwerpbevindingen en de ontwerpbevindingen van de Minister van Infrastructuur en Milieu omtrent het jaarverslag van de ACM.
[15-03-2013, Stcrt. 8155, i.w.tr. 01-04-2013/regelingnummer WJZ/12351247]

Artikel 14a
1. Onverminderd artikel 30 van de Kaderwet zelfstandige bestuursorganen informeert de ACM de Minister onverwijld ingeval er gedurende het jaar een verschil van 10% of meer ontstaat of dreigt te ontstaan tussen de werkelijke en de begrote ontvangsten en uitgaven.
2. Ingeval de ACM gedurende een jaar nieuwe wettelijke taken gaat uitvoeren, verstrekt de ACM de Minister voor 1 februari van dat jaar een inschatting van de hiermee gepaard gaande kosten op basis van een uitvoeringstoets overeenkomstig artikel 6, waarbij onderscheid wordt gemaakt tussen de kosten die aan marktorganisaties worden doorberekend en de kosten die ten laste van de algemene middelen komen.
[21-09-2015, Stcrt. 32055, i.w.tr. 01-10-2015/regelingnummer WJZ/15075138]

Artikel 15
De ACM zendt de Minister halfjaarlijks een overzicht en specificatie van de via ConsuWijzer binnengekomen meldingen. Het overzicht gaat vergezeld van een toelichting.
[15-03-2013, Stcrt. 8155, i.w.tr. 01-04-2013/regelingnummer WJZ/12351247]

§ 8
Concentraties

Artikel 16
1. De ACM stelt de Minister zo spoedig mogelijk in kennis van een verwijzingsverzoek als bedoeld in artikel 4, vierde en vijfde lid, van Verordening (EG) nr. 139/2004 van de Raad van 20 januari 2004 betreffende de controle op concentraties van ondernemingen (*PbEU* 2004, L 24).
2. De ACM stelt de Minister in kennis van het voornemen van een kennisgeving aan de Europese Commissie als bedoeld in artikel 9, tweede lid, van de verordening. De kennisgeving aan de Minister geschiedt uiterlijk vijf werkdagen voordat de termijn afloopt waarbinnen de kennisgeving aan de Europese Commissie moet worden gedaan.
3. De ACM stelt de Minister in kennis van het voornemen van een verzoek of een voornemen tot aansluiting bij een verzoek aan de Europese Commissie als bedoeld in artikel 22, eerste lid, onderscheidenlijk tweede lid, tweede alinea, van de verordening. De kennisgeving aan de Minister geschiedt uiterlijk vijf werkdagen voordat de termijn afloopt waarbinnen het verzoek of de mededeling inzake aansluiting bij een verzoek aan de Europese Commissie moet worden gedaan.
4. Indien de Minister de ACM een instructie als bedoeld in artikel 10:6, eerste lid, van de Algemene wet bestuursrecht wil geven ten aanzien van een verwijzingsverzoek als bedoeld in het eerste lid of een voornemen als bedoeld in het tweede of derde lid, geeft hij deze instructie binnen drie werkdagen na ontvangst van de kennisgeving van de ACM. Indien een beoordeling van het verzoek of het voornemen niet binnen die termijn mogelijk is, stelt de Minister de ACM daarvan op de hoogte.
[15-03-2013, Stcrt. 8155, i.w.tr. 01-04-2013/regelingnummer WJZ/12351247]

Artikel 17
1. De ACM stelt de Minister zo spoedig mogelijk in kennis van een weigering van een vergunning voor het tot stand brengen van een concentratie op grond van artikel 41, tweede lid, van de Mededingingswet.
2. De Minister doet binnen een week na ontvangst van een aanvraag op grond van artikel 47 van de Mededingingswet daarvan mededeling aan de ACM.
3. Voordat de Minister de ontwerpbeslissing op een aanvraag op grond van artikel 47 van de Mededingingswet in de ministerraad aan de orde stelt, stelt hij de ACM in de gelegenheid binnen een week haar opmerkingen ter zake schriftelijk aan hem kenbaar te maken.
[15-03-2013, Stcrt. 8155, i.w.tr. 01-04-2013/regelingnummer WJZ/12351247]

§ 9
Informatie-uitwisseling in relatie tot andere instanties

Artikel 18
1. De ACM stelt de Minister in kennis van de ontwerpafspraken met andere overheidsinstanties inzake afbakening van werkzaamheden of inzake samenwerking. De ACM zendt hiertoe de Minister ten minste vier weken voor de vaststelling de tekst van de voorgenomen afspraken.

2. De Minister stelt de ACM binnen twee weken in kennis van zijn voornemen opmerkingen te maken bij de ontwerpafspraken. Hij maakt zijn opmerkingen binnen twee weken na die kennisgeving.
[15-03-2013, Stcrt. 8155, i.w.tr. 01-04-2013/regelingnummer WJZ/12351247]

§ 10
Slotbepalingen

Artikel 19
De Regeling gegevensuitwisseling NMa-EZ wordt ingetrokken.
[15-03-2013, Stcrt. 8155, i.w.tr. 01-04-2013/regelingnummer WJZ/12351247]

Artikel 20
Deze regeling treedt in werking met ingang van 1 april 2013.
[15-03-2013, Stcrt. 8155, i.w.tr. 01-04-2013/regelingnummer WJZ/12351247]

Artikel 21
Deze regeling wordt aangehaald als: Regeling gegevensuitwisseling ACM en ministers.
[15-03-2013, Stcrt. 8155, i.w.tr. 01-04-2013/regelingnummer WJZ/12351247]

Boetebeleidsregel ACM 2014

Beleidsregel van 4 juli 2014, met betrekking tot het opleggen van bestuurlijke boetes door de Autoriteit Consument en Markt, Stcrt. 2014, 19776, zoals laatstelijk gewijzigd op 28 juni 2016, Stcrt. 2016, 34630 (i.w.tr. 01-07-2016)

De Minister van Economische Zaken,
Gelet op artikel 21 van de Kaderwet zelfstandige bestuursorganen, artikel 4.21, eerste lid, van de Aanbestedingswet 2012, artikel 3.8, eerste lid, van de Aanbestedingswet op defensie- en veiligheidsgebied, artikel 77i van de Elektriciteitswet 1998, artikel 60ad van de Gaswet, de artikelen 12l, derde lid, en 12m, eerste en tweede lid, van de Instellingswet Autoriteit Consument en Markt, de artikelen 57, 70a, aanhef en onderdeel a, 71, 73, 74, aanhef en onderdelen 1° tot en met 5°, onder a, en 75, aanhef en onderdeel a, van de Mededingingswet, artikel 49, eerste en tweede lid, van de Postwet 2009, artikel 15.4, eerste tot en met derde lid, van de Telecommunicatiewet, artikel 18, zesde lid, van de Warmtewet, artikel 2.9, eerste lid, onderdeel b jo. artikel 2.15 van de Wet handhaving consumentenbescherming, artikel 22 van de Wet implementatie EU-richtlijnen energie-efficiëntie en artikel IXC, vierde lid, aanhef en onderdeel a, en vijfde lid, aanhef en onderdeel a, van de Wet van 23 november 2006 tot wijziging van de Elektriciteitswet 1998 en van de Gaswet in verband met nadere regels omtrent een onafhankelijk netbeheer (*Stb.* 2006, 614);
Besluit:

HOOFDSTUK 1
Algemene bepalingen

Artikel 1.1
1. In deze beleidsregel wordt verstaan onder:
ACM: de Autoriteit Consument en Markt, genoemd in artikel 2 van de Instellingswet Autoriteit Consument en Markt;
basisboete: het bedrag dat de basis vormt voor het bepalen van de hoogte van een op te leggen bestuurlijke boete, vastgesteld op grond van:
    a.   een percentage van de betrokken omzet, of
    b.   een binnen de bandbreedte van de aan een overtreding gekoppelde boetecategorie vastgesteld bedrag;
betrokken omzet: in alle gevallen de omzet in het laatste volledige kalenderjaar waarin de desbetreffende overtreding is begaan, dan wel het kalenderjaar waarin het grootste deel van de overtreding heeft plaatsgevonden indien de overtreding in meerdere kalenderjaren heeft plaatsgevonden, vermenigvuldigd met een factor van 1/12 per maand dat de overtreding geduurd heeft, waarbij een periode korter dan een maand wordt afgerond op een hele maand naar boven;

jaaromzet: omzet van de overtreder als bedoeld in artikel 12o van de Instellingswet Autoriteit Consument en Markt;
VWEU: Verdrag betreffende de werking van de Europese Unie.
2. Indien een overtreding korter dan een jaar heeft geduurd, wordt voor het bepalen van de betrokken omzet de totale periode dat de overtreding heeft geduurd in ogenschouw genomen.
[28-06-2016, Stcrt. 34630, i.w.tr. 01-07-2016/regelingnummer WJZ/16056097]

Artikel 1.2
1. De betrokken omzet wordt afgerond op een veelvoud van € 1.000.
2. De vastgestelde bestuurlijke boete wordt naar beneden afgerond op een veelvoud van € 500.
[04-07-2014, Stcrt. 19776, i.w.tr. 01-08-2014/regelingnummer WJZ/14112617]

HOOFDSTUK 2
Consumenten, energie, mededinging, post en telecommunicatie

§ 2.1
Algemeen

Artikel 2.1
1. Indien de ACM constateert dat een overtreder meerdere overtredingen heeft begaan, kan zij, in plaats van elke overtreding afzonderlijk te beboeten, een bestuurlijke boete opleggen voor deze overtredingen gezamenlijk.
2. In afwijking van het eerste lid legt de ACM voor gedragingen die zowel een overtreding vormen van de artikelen 6, eerste lid of 24, eerste lid, van de Mededingingswet als van de artikelen 101 of 102 van het VWEU, in beginsel één bestuurlijke boete op.
[04-07-2014, Stcrt. 19776, i.w.tr. 01-08-2014/regelingnummer WJZ/14112617]

Artikel 2.2
De hoogte van de basisboete wordt, voor zover van toepassing, in ieder geval afgestemd op:
a. de ernst van de overtreding,
b. de omstandigheden waaronder de overtreding is gepleegd, en
c. de duur van de overtreding.
[04-07-2014, Stcrt. 19776, i.w.tr. 01-08-2014/regelingnummer WJZ/14112617]

§ 2.2
Specifieke overtredingen met als basisboete een percentage van de betrokken omzet

Artikel 2.3
1. In geval van overtreding van de artikelen 6, eerste lid of 24, eerste lid, van de Mededingingswet, 101 of 102 van het VWEU en in gevallen waarin de ACM op basis van artikel 49, eerste en tweede lid van de Postwet 2009 en artikel 15.4, tweede lid, van de Telecommunicatiewet een bestuurlijke boete kan opleggen, stelt de ACM de basisboete vast op basis van de betrokken omzet.

2. Indien de ACM de betrokken omzet niet op basis van door de overtreder verstrekte informatie kan bepalen, kan de ACM hiervan een schatting maken.
3. In geval van een verboden aanbestedingsafspraak kan de ACM voor elke bij de aanbestedingsafspraak betrokken overtreder de omzet die kan worden gerealiseerd op basis van het bod waartegen de opdracht is verleend, of een evenredig deel daarvan, als betrokken omzet aanmerken.
4. Indien de overtreding door een ondernemersvereniging is begaan, kan de betrokken omzet van de daarvan deel uitmakende ondernemingen in aanmerking worden genomen.
5. Indien de ACM uit bij haar bekende informatie afleidt dat de betrokken omzet onvoldoende aansluit bij de daadwerkelijke economische waarde van de te beboeten gedraging, kan de ACM de in aanmerking te nemen betrokken omzet aanpassen aan deze informatie.
6. In het kader van specifieke preventie kan de ACM de in aanmerking te nemen betrokken omzet verhogen met het oog op het gewicht van de overtreder, uitgedrukt in de totale jaaromzet van deze overtreder in het boekjaar voorafgaande aan de boetebeschikking.
[04-07-2014, Stcrt. 19776, i.w.tr. 01-08-2014/regelingnummer WJZ/14112617]

Artikel 2.4
De ACM stelt een basisboete vast tussen 0 tot 50% van de betrokken omzet van de overtreder.
[04-07-2014, Stcrt. 19776, i.w.tr. 01-08-2014/regelingnummer WJZ/14112617]

§ 2.3
Overige overtredingen met als basisboete een promillage van de totale jaaromzet

Artikel 2.5
1. Indien artikel 2.3, eerste lid, niet van toepassing is, stelt de ACM de basisboete, in het geval dat aan een overtreder blijkens een wettelijke bepaling een maximale boete van € 900.000 dan wel, indien dat meer is, een promillage van de totale jaaromzet kan worden opgelegd, vast binnen de bandbreedtes van de volgende boete categorieën:

Categorie	Onderkant van de bandbreedte vast bedrag	of ‰ van de omzet als dat meer is	Bovenkant van de bandbreedte vast bedrag	of ‰ van de omzet als dat meer is
categorie I	€ 15.000	0,25 ‰	€ 150.000	2,5 ‰
categorie II	€ 75.000	0,5 ‰	€ 300.000	5 ‰
categorie III	€ 150.000	0,75 ‰	€ 600.000	7,5 ‰
categorie IV	€ 300.000	2,5 ‰	€ 650.000	25 ‰
categorie V	€ 400.000	5 ‰	€ 700.000	50 ‰
categorie VI	€ 500.000	7,5 ‰	€ 800.000	75 ‰

2. In de bijlage worden de bepalingen ter zake waarvan ingeval van een overtreding een bestuurlijke boete kan worden opgelegd, ingedeeld in de daarbij aangewezen boetecategorie.

Boetebeleidsregel ACM 2014

3. Indien de in het tweede lid bedoelde indeling in een boetecategorie in het concrete geval naar het oordeel van de ACM geen passende beboeting toelaat, kan de naast hogere of de naast lagere categorie worden toegepast.
4. De omzet die in aanmerking wordt genomen voor de bepaling van de maximale basisboete wordt als volgt berekend:
a. de jaaromzet tot € 250.000.000 telt voor 100% mee,
b. de jaaromzet tussen € 250.000.000 en € 1.000.000.000 telt voor 50% mee, en
c. de jaaromzet boven de € 1.000.000.000 telt voor 2% mee.
[28-06-2016, Stcrt. 34630, i.w.tr. 01-07-2016/regelingnummer WJZ/16056097]

Artikel 2.6
1. Bij de toepassing van artikel 2.5, vierde lid, gaat de ACM uit van de in Nederland behaalde omzet.
2. In afwijking van het eerste lid gaat de ACM uit van de wereldwijde omzet indien het uitgaan van de in Nederland behaalde omzet naar het oordeel van de ACM geen passende beboeting toelaat.
3. Het tweede lid is niet van toepassing op overtredingen van de Postwet 2009 of de Telecommunicatiewet.
4. Bij de geografische toerekening van de omzet past de ACM de uitgangspunten toe zoals uiteengezet door de Europese Commissie in de Geconsolideerde mededeling van de Commissie over bevoegdheidskwesties op grond van Verordening (EG) nr. 139/2004 betreffende de controle op concentraties van ondernemingen (*PbEU* 2008, C 95).
5. Indien de omzet naar het oordeel van de ACM onvoldoende aansluit bij de daadwerkelijke economische macht van de overtreder, kan de ACM de hoogte van de basisboete bepalen in overeenstemming met deze economische macht.
6. Indien de ACM de omzet niet op basis van door de overtreder verstrekte informatie kan bepalen, kan de ACM hiervan een schatting maken.
7. Indien er sprake is van een overtreding van artikel 34, eerste lid, van de Mededingingswet wordt, wanneer de concentratie in het jaar voorafgaand aan het besluit tot het opleggen van de bestuurlijke boete nog niet tot stand was gebracht, voor het bepalen van de omzet de jaaromzetten van de afzonderlijke bij de concentratie betrokken ondernemingen, of onderdelen daarvan, bij elkaar opgeteld.
[04-07-2014, Stcrt. 19776, i.w.tr. 01-08-2014/regelingnummer WJZ/14112617]

§ 2.4
Het opleggen van bestuurlijke boetes aan natuurlijke personen

Artikel 2.7
1. Indien de ACM een bestuurlijke boete oplegt aan een natuurlijke persoon vanwege het geven van opdracht tot een overtreding of het feitelijk leiding geven aan een overtreding, kan de ACM bij de vaststelling van boeteverhogende en boeteverlagende omstandigheden als bedoeld in de artikelen 2.9 en 2.10, rekening houden met de mate van betrokkenheid van de natuurlijke persoon bij het plegen van de overtreding en de positie van de natuurlijke persoon binnen de marktorganisatie waarvoor hij of zij werkzaam is, dan wel werkzaam was, en stelt de ACM een boetegrondslag vast die ten minste gerelateerd is aan de ernst van de overtreding en het inkomen en vermogen

Art. 2.8

van de overtreder, teneinde tot een bestuurlijke boete te komen die uit het oogpunt van zowel algemene als specifieke preventie voldoende afschrikwekkend is.
2. De ACM stelt de basisboete voor natuurlijke personen vast, ingeval van de hieronder opgesomde overtredingen, binnen de volgende bandbreedtes:
a. € 0 – 50.000 voor het opdracht geven tot of feitelijk leiding geven aan overtredingen die zijn ingedeeld in de categorieën I en II;
b. € 40.000 – 250.000 voor:
   1° het opdracht geven tot of feitelijk leiding geven aan overtredingen die zijn ingedeeld in categorie III;
   2.° het opdracht geven tot of feitelijk leiding geven aan een overtreding door een marktorganisatie met een jaaromzet van minder dan € 10.000.000 van:
      – bepalingen die zijn ingedeeld in de categorieën IV, V en VI;
      – artikel 6 van de Mededingingswet of artikel 101 van het VWEU;
c. € 80.000 – 500.000 voor het opdracht geven tot of feitelijk leiding geven aan overtreding door een marktorganisatie met een jaaromzet tussen € 10.000.000 en 250.000.000 van:
   1.° bepalingen die zijn ingedeeld in de categorieën IV, V, en VI;
   2.° artikel 6 van de Mededingingswet of artikel 101 van het VWEU;
   3.° van de artikelen 24 van de Mededingingswet of 102 van het VWEU;
   4.° artikel 13b tot en met artikel 13k van de Postwet 2009 of
   5.° bepalingen waarvoor de ACM op basis van artikel 15.4, tweede lid, van de Telecommunicatiewet een bestuurlijke boete kan opleggen;
d. € 120.000 – 900.000 voor het opdracht geven tot of tot het feitelijk leiding geven aan:
   1.° een overtreding door een marktorganisatie met een jaaromzet van meer dan € 250.000.000 van:
      – bepalingen die zijn ingedeeld in de categorieën IV, V en VI;
      – artikel 6 van de Mededingingswet of artikel 101 van het VWEU;
      – artikel 24 van de Mededingingswet of artikel 102 van het VWEU;
      – artikel 13b tot en met artikel 13k van de Postwet 2009 of
      – bepalingen waarvoor de ACM op basis van artikel 15.4, tweede lid, van de Telecommunicatiewet een bestuurlijke boete kan opleggen;
   2.° overtredingen die zijn ingedeeld in de bandbreedte bedoeld in dit lid, onder c, en waarbij in een concreet geval, gelet op de bijzondere omstandigheden van dat geval, beboeting in de bandbreedte, bedoeld in dit lid, onder c, in het kader van specifieke preventie geen passende beboeting oplevert.
3. Indien de in het tweede en derde lid bedoelde indeling in een boetecategorie in het concrete geval naar het oordeel van de ACM geen passende beboeting toelaat, kan de naast hogere of de naaste lagere categorie worden toegepast.
[28-06-2016, Stcrt. 34630, i.w.tr. 01-07-2016/regelingnummer WJZ/16056097]

§ 2.5
Boeteverhogende en boeteverlagende omstandigheden

Artikel 2.8
1. Bij de vaststelling van de bestuurlijke boete beziet de ACM of sprake is van boeteverhogende of boeteverlagende omstandigheden.

2. De ACM bepaalt in redelijkheid de mate waarin de betrokken omstandigheid leidt tot een verhoging of verlaging van de basisboete.
[04-07-2014, Stcrt. 19776, i.w.tr. 01-08-2014/regelingnummer WJZ/14112617]

Artikel 2.9
1. Boeteverhogende omstandigheden zijn in ieder geval:
a. de omstandigheid dat de ACM of een andere bevoegde autoriteit, waaronder de Europese Commissie of een rechterlijke instantie, reeds eerder onherroepelijk een zelfde of een vergelijkbare door de overtreder begane overtreding heeft vastgesteld,
b. de omstandigheid dat de overtreder het onderzoek van de ACM heeft belemmerd,
c. de omstandigheid dat de overtreder tot de overtreding heeft aangezet of een leidinggevende rol heeft gespeeld bij de uitvoering daarvan,
d. de omstandigheid dat de overtreder gebruik heeft gemaakt van, of voorzien in, controle- of dwangmiddelen ter handhaving van de te beboeten gedraging.

2. In geval van recidive als bedoeld in het eerste lid, onderdeel a, verhoogt de ACM de basisboete met 100%, tenzij dit gezien de omstandigheden van het concrete geval onredelijk zou zijn.
[04-07-2014, Stcrt. 19776, i.w.tr. 01-08-2014/regelingnummer WJZ/14112617]

Artikel 2.10
Boeteverlagende omstandigheden zijn in ieder geval:
a. de omstandigheid dat de overtreder anders dan in het kader van de Beleidsregel clementie, verdergaande medewerking aan de ACM heeft verleend dan waartoe hij wettelijk gehouden was,
b. de omstandigheid dat de overtreder uit eigen beweging degenen aan wie door de overtreding schade is berokkend, schadeloos heeft gesteld.
[04-07-2014, Stcrt. 19776, i.w.tr. 01-08-2014/regelingnummer WJZ/14112617]

Artikel 2.11
Indien de ACM een bestuurlijke boete oplegt aan een natuurlijke persoon vanwege het geven van opdracht tot een overtreding of het feitelijk leiding geven aan een overtreding, kan de ACM bij de vaststelling van boeteverhogende en boeteverlagende omstandigheden als bedoeld in de artikelen 2.9 en 2.10, rekening houden met de mate van betrokkenheid van de natuurlijke persoon bij het plegen van de overtreding en de positie van de natuurlijke persoon binnen de marktorganisatie waarvoor hij of zij werkzaam is, dan wel werkzaam was.
[28-06-2016, Stcrt. 34630, i.w.tr. 01-07-2016/regelingnummer WJZ/16056097]

§ 2.6
De vaststelling van de bestuurlijke boete in uitzonderlijke omstandigheden

Artikel 2.12
In afwijking van de voorgaande artikelen kan de ACM, indien de uitzonderlijke omstandigheden van het geval naar haar oordeel hiertoe aanleiding geven, een symbolische bestuurlijke boete opleggen.
[04-07-2014, Stcrt. 19776, i.w.tr. 01-08-2014/regelingnummer WJZ/14112617]

HOOFDSTUK 3
Aanbesteden

Artikel 3.1
1. Dit hoofdstuk is van toepassing op overtredingen waarvoor de ACM op grond van artikel 4.21, eerste lid, van de Aanbestedingswet 2012 of artikel 3.8, eerste lid, van de Aanbestedingswet op defensie- en veiligheidsgebied een bestuurlijke boete kan opleggen.
2. Hoofdstuk 2 is niet van toepassing op de in het eerste lid bedoelde overtredingen.
[04-07-2014, Stcrt. 19776, i.w.tr. 01-08-2014/regelingnummer WJZ/14112617]

Artikel 3.2
1. In dit hoofdstuk wordt verstaan onder:
opschortende termijn: de termijn, bedoeld in artikel 2.127, eerste lid, of artikel 2.131 van de Aanbestedingswet 2012 respectievelijk de termijn, bedoeld in artikel 2.118, eerste lid, of artikel 2.122 van de Aanbestedingswet op defensie- en veiligheidsgebied;
overeenkomst: een overeenkomst waarop artikel 4.15, eerste lid, van de Aanbestedingswet 2012 of artikel 3.1, eerste lid, van de Aanbestedingswet op defensie- en veiligheidsgebied van toepassing is.
[04-07-2014, Stcrt. 19776, i.w.tr. 01-08-2014/regelingnummer WJZ/14112617]

Artikel 3.3
1. De hoogte van een bestuurlijke boete bedraagt de waarde van het deel van de overeenkomst dat niet vernietigd is vermenigvuldigd met het boetepercentage.
2. Als niet vernietigd wordt aangemerkt:
a. het gedeelte van de overeenkomst dat niet is vernietigd en
b. het gedeelte van de overeenkomst dat vernietigd is, maar waarover de werking aan die vernietiging is ontzegd.
3. Indien de waarde van de overeenkomst hoger is dan de eerder door de aanbestedende dienst of het speciale-sectorbedrijf geraamde waarde van de opdracht wordt bij de toepassing van het eerste lid uitgegaan van die geraamde waarde voor het deel van de opdracht waaraan door de vernietiging van de overeenkomst de werking niet is ontzegd.
[04-07-2014, Stcrt. 19776, i.w.tr. 01-08-2014/regelingnummer WJZ/14112617]

Artikel 3.4
1. De waarde van de overeenkomst wordt vastgesteld op grond van de volgende criteria:
a. in een onherroepelijk geworden oordeel van de rechter is de waarde van de overeenkomst vastgesteld,
b. indien onderdeel a niet kan worden toegepast, wordt de waarde van de overeenkomst op basis van een onherroepelijk geworden oordeel van de rechter berekend,
c. indien onderdeel b niet kan worden toegepast, blijkt de waarde van de overeenkomst uit de waarde van de inschrijving of vergelijkbare inschrijvingen,
d. indien onderdeel c niet kan worden toegepast, blijkt de waarde van de overeenkomst uit de documenten waarover de aanbestedende dienst of het speciale-

sectorbedrijf beschikt, die betrekking hebben op de aanbestedingsprocedure die ten grondslag aan de overeenkomst ligt of heeft gelegen,
e. indien onderdeel d niet kan worden toegepast, wordt de waarde van de overeenkomst vastgesteld aan de hand van historisch gebruik of verbruik van vergelijkbare opdrachten door de aanbestedende dienst of het speciale-sectorbedrijf,
f. indien onderdeel e niet kan worden toegepast, wordt de waarde van de opdracht vastgesteld aan de hand van opgaven van ondernemingen die vergelijkbare opdrachten gewoonlijk uitvoeren.
2. De waarde van het deel van de overeenkomst dat niet is vernietigd wordt vastgesteld op de wijze beschreven in het eerste lid.
[04-07-2014, Stcrt. 19776, i.w.tr. 01-08-2014/regelingnummer WJZ/14112617]

Artikel 3.5

1. Indien de aanbestedende dienst of het speciale-sectorbedrijf ten onrechte geen voorafgaande aankondiging van de opdracht heeft bekendgemaakt, bedraagt het boetepercentage 15%.
2. Indien de omstandigheden van het geval daartoe aanleiding geven, kan de ACM in afwijking van het eerste lid een lager boetepercentage vaststellen.
3. Het boetepercentage, bedoeld in het eerste lid, wordt in ieder geval lager vastgesteld indien uit een onherroepelijk geworden oordeel van de rechter blijkt dat er sprake is van verzachtende omstandigheden ten aanzien van het ontbreken van die voorafgaande aankondiging.
4. Indien een gedeeltelijke vernietiging van een overeenkomst is gebaseerd op artikel 4.15, eerste lid, onderdeel c, van de Aanbestedingswet 2012 of artikel 3.2, eerste lid, onderdeel c, van de Aanbestedingswet op defensie- en veiligheidsgebied, zijn voor de vaststelling van het boetepercentage het eerste en tweede lid van overeenkomstige toepassing.
[04-07-2014, Stcrt. 19776, i.w.tr. 01-08-2014/regelingnummer WJZ/14112617]

Artikel 3.6

1. Indien de aanbestedende dienst of het speciale-sectorbedrijf de overeenkomst heeft gesloten tijdens de opschortende termijn bedraagt het boetepercentage 10%.
2. Indien de omstandigheden van het geval daartoe aanleiding geven, kan de ACM in afwijking van het eerste lid een lager of hoger boetepercentage vaststellen.
3. Het boetepercentage, bedoeld in het eerste lid wordt in ieder geval verhoogd, indien uit het onherroepelijk geworden oordeel van de rechter blijkt dat er sprake is van verzwarende omstandigheden ten aanzien van het niet in acht nemen van de opschortende termijn.
4. Het boetepercentage, bedoeld in het eerste lid, wordt in ieder geval verlaagd, indien uit het onherroepelijk geworden oordeel van de rechter blijkt dat er sprake is van verzachtende omstandigheden ten aanzien van het niet in acht nemen van de opschortende termijn.
[04-07-2014, Stcrt. 19776, i.w.tr. 01-08-2014/regelingnummer WJZ/14112617]

HOOFDSTUK 4
Overgangs- en slotbepalingen

Artikel 4.1
Op overtredingen waarvan een rapport is opgemaakt voorafgaand aan het tijdstip van inwerkingtreding van deze beleidsregel wordt beslist met toepassing van de Beleidsregels van de Minister van Economische Zaken voor het opleggen van bestuurlijke boetes door de ACM zoals deze golden onmiddellijk voorafgaand aan dat tijdstip.
[04-07-2014, Stcrt. 19776, i.w.tr. 01-08-2014/regelingnummer WJZ/14112617]

Artikel 4.2
De Beleidsregels van de Minister van Economische Zaken voor het opleggen van bestuurlijke boetes door de ACM worden ingetrokken.
[04-07-2014, Stcrt. 19776, i.w.tr. 01-08-2014/regelingnummer WJZ/14112617]

Artikel 4.3
Deze beleidsregel treedt in werking met ingang van 1 augustus 2014.
[04-07-2014, Stcrt. 19776, i.w.tr. 01-08-2014/regelingnummer WJZ/14112617]

Artikel 4.4
Deze beleidsregel wordt aangehaald als: Boetebeleidsregel ACM 2014.
[04-07-2014, Stcrt. 19776, i.w.tr. 01-08-2014/regelingnummer WJZ/14112617]

Bijlage

behorende bij artikel 2.5, tweede lid, en artikel 2.7, derde lid, van de Boetebeleidsregels ACM 2014

Wetsartikel	Categorie
Besluit Prijsaanduiding producten	
artikel 2 t/m 5	II: in geval van overtreding van artikelen 2, 3, 4, eerste lid, artikel 5, eerste lid jo. artikel 2, artikel 5, eerste lid jo. artikel 3 en artikel 5 tweede lid; III: in geval van overtreding van artikel 4, tweede lid en artikel 5, eerste lid jo. artikel 4, tweede lid
Boek 3 van het Burgerlijk Wetboek	
artikel 15a	III
artikel 15b	III
artikel 15d, eerste lid	II
artikel 15d, eerste lid, sub a	III
artikel 15d, eerste lid, sub b	II*
artikel 15d, eerste lid, sub c	I*
artikel 15d, eerste lid, sub d	I*
artikel 15d, eerste lid, sub e	II*
artikel 15d, eerste lid, sub f	I*
artikel 15d, tweede lid	III
artikel 15e, eerste lid, sub a	III*
artikel 15e, eerste lid, sub b	III
artikel 15e, eerste lid, sub c	III
artikel 15e, eerste lid, sub d	III*
Boek 6 van het Burgerlijk Wetboek	
artikel 193b, eerste lid	III of IV (zie voor de toepasselijke categorie, de hiernavolgende bepalingen)
artikel 193b, tweede lid	III
artikel 193b, derde lid	Zie hierna: artikelen 193c t/m i
artikel 193c, eerste lid	III
artikel 193c, tweede lid	III
artikel 193d, tweede lid	III
artikel 193d, derde lid	III
artikel 193e, aanhef en sub a	III

---

* Zie in geval van overtreding van deze bepaling in de context van oneerlijke handelspraktijken, deze Bijlage onder art. 6:193f aanhef en onder a BW.

Bijlage

Wetsartikel	Categorie
artikel 193e, aanhef en sub b	III
artikel 193e, aanhef en sub c	III
artikel 193e, aanhef en sub d	III
artikel 193e, aanhef en sub e	III
artikel 193f	III
artikel 193g, aanhef en sub a	IV
artikel 193g, aanhef en sub b	IV
artikel 193g, aanhef en sub c	IV
artikel 193g, aanhef en sub d	IV
artikel 193g, aanhef en sub e	IV
artikel 193g, aanhef en sub f	IV
artikel 193g, aanhef en sub g	IV
artikel 193g, aanhef en sub h	IV
artikel 193g, aanhef en sub i	IV
artikel 193g, aanhef en sub j	IV
artikel 193g, aanhef en sub k	IV
artikel 193g, aanhef en sub l	IV
artikel 193g, aanhef en sub m	IV
artikel 193g, aanhef en sub n	IV
artikel 193g, aanhef en sub o	IV
artikel 193g, aanhef en sub p	IV
artikel 193g, aanhef en sub q	IV
artikel 193g, aanhef en sub r	IV
artikel 193g, aanhef en sub s	IV
artikel 193g, aanhef en sub t	IV
artikel 193g, aanhef en sub u	IV
artikel 193g, aanhef en sub v	IV
artikel 193g, aanhef en sub w	IV
artikel 193h, eerste lid	III
artikel 193h, tweede lid	III
artikel 193i, aanhef en sub a	IV
artikel 193i, aanhef en sub b	IV
artikel 193i, aanhef en sub c	IV
artikel 193i, aanhef en sub d	IV
artikel 193i, aanhef en sub e	IV
artikel 193i, aanhef en sub f	IV
artikel 193i, aanhef en sub g	IV
artikel 193i, aanhef en sub h	IV
artikel 227a, eerste lid	III
artikel 227a, tweede lid	III
artikel 227a, derde lid	III
artikel 227b, eerste lid, sub a	II
artikel 227b, eerste lid, sub b	I
artikel 227b, eerste lid, sub c	III

Boetebeleidsregel ACM 2014

Wetsartikel	Categorie
artikel 227b, eerste lid, sub d	I
artikel 227b, eerste lid, sub e	II
artikel 227b, tweede lid	II
artikel 227c, eerste lid	III
artikel 227c, tweede lid	II
artikel 227c, tweede lid	II
artikel 227c, derde lid	II
artikel 227c, vijfde lid	III
artikel 230b, aanhef en sub 1	III
artikel 230b, aanhef en sub 2	I
artikel 230b, aanhef en sub 3	I
artikel 230b, aanhef en sub 4	I
artikel 230b, aanhef en sub 5	II
artikel 230b, aanhef en sub 6	II
artikel 230b, aanhef en sub 7	II
artikel 230b, aanhef en sub 8	II
artikel 230b, aanhef en sub 9	III
artikel 230b, aanhef en sub 10	III
artikel 230b, aanhef en sub 11	I
artikel 230b, aanhef en sub 12	II
artikel 230b, aanhef en sub 13	II
artikel 230c, aanhef en sub 1	II
artikel 230c, aanhef en sub 2	II
artikel 230c, aanhef en sub 3	II
artikel 230c, aanhef en sub 4	II
artikel 230d, aanhef en sub 1	III
artikel 230d, aanhef en sub 2	II
artikel 230d, aanhef en sub 3	II
artikel 230d, aanhef en sub 4	II
artikel 230e	II
artikel 230j	III
artikel 230k, eerste lid	II
artikel 230k, tweede lid	II
artikel 230l, aanhef en sub a	III
artikel 230l, aanhef en sub b	III
artikel 230l, aanhef en sub c	III
artikel 230l, aanhef en sub d	III
artikel 230l, aanhef en sub e	III
artikel 230l, aanhef en sub f	II
artikel 230l, aanhef en sub g	III
artikel 230l, aanhef en sub h	III
artikel 230m, eerste lid, aanhef en sub a	III
artikel 230m, eerste lid, aanhef en sub b	III
artikel 230m, eerste lid, aanhef en sub c	III

Bijlage

Wetsartikel	Categorie
artikel 230m, eerste lid, aanhef en sub d	III
artikel 230m, eerste lid, aanhef en sub e	III
artikel 230m, eerste lid, aanhef en sub f	II
artikel 230m, eerste lid, aanhef en sub g	III
artikel 230m, eerste lid, aanhef en sub h	III
artikel 230m, eerste lid, aanhef en sub i	II
artikel 230m, eerste lid, aanhef en sub j	II
artikel 230m, eerste lid, aanhef en sub k	II
artikel 230m, eerste lid, aanhef en sub l	III
artikel 230m, eerste lid, aanhef en sub m	II
artikel 230m, eerste lid, aanhef en sub n	II
artikel 230m, eerste lid, aanhef en sub o	II
artikel 230m, eerste lid, aanhef en sub p	II
artikel 230m, eerste lid, aanhef en sub q	II
artikel 230m, eerste lid, aanhef en sub r	III
artikel 230m, eerste lid, aanhef en sub s	III
artikel 230m, eerste lid, aanhef en sub t	II
artikel 230n, tweede lid	II (informatie integraal onderdeel van de overeenkomst) en II (wijzigen van informatie)
artikel 230n, derde lid	III (sub e) en II (sub i)
artikel 230o, eerste lid	III
artikel 230o, tweede lid	III
artikel 230o, vierde lid	II
artikel 230q, tweede lid	III
artikel 230r, eerste lid	III
artikel 230r, tweede lid	II
artikel 230s, tweede lid	II
artikel 230s, vijfde lid, aanhef en sub a, onderdeel 1	II
artikel 230s, vijfde lid, aanhef en sub a, onderdeel 2	II
artikel 230s, vijfde lid, aanhef en sub b, onderdeel 1	II
artikel 230s, vijfde lid, aanhef en sub b, onderdeel 2	II
artikel 230s, vijfde lid, aanhef en sub b, onderdeel 3	II
artikel 230s, zesde lid	III
artikel 230t, eerste lid	II
artikel 230t, tweede lid	II
artikel 230t, derde lid	II
artikel 230t, vierde lid	III
artikel 230t, vijfde lid	III

Boetebeleidsregel ACM 2014

Wetsartikel	Categorie
artikel 230u	III
artikel 230v, eerste lid	II
artikel 230v, tweede lid	II
artikel 230v, derde lid	II
artikel 230v, vierde lid	II
artikel 230v, vijfde lid, eerste volzin	III
artikel 230v, vijfde lid, tweede volzin	II
artikel 230v, zesde lid, eerste volzin	III
artikel 230v, zesde lid, tweede en derde volzin	III
artikel 230v, zevende lid, sub a	II
artikel 230v, zevende lid, sub b	II
artikel 230v, achtste lid	III
artikel 233, sub a	II
artikel 233, sub b	II
artikel 234	II
artikel 236, aanhef en sub a	II
artikel 236, aanhef en sub b	II
artikel 236, aanhef en sub c	II
artikel 236, aanhef en sub d	II
artikel 236, aanhef en sub e	II
artikel 236, aanhef en sub f	II
artikel 236, aanhef en sub g	II
artikel 236, aanhef en sub h	II
artikel 236, aanhef en sub i	II
artikel 236, aanhef en sub j	II
artikel 236, aanhef en sub k	II
artikel 236, aanhef en sub l	II
artikel 236, aanhef en sub m	II
artikel 236, aanhef en sub n	II
artikel 236, aanhef en sub o	II
artikel 236, aanhef en sub p	II
artikel 236, aanhef en sub q	II
artikel 236, aanhef en sub r	II
artikel 236, aanhef en sub s	II
artikel 237, aanhef en sub a	II
artikel 237, aanhef en sub b	II
artikel 237, aanhef en sub c	II
artikel 237, aanhef en sub d	II
artikel 237, aanhef en sub e	II
artikel 237, aanhef en sub f	II
artikel 237, aanhef en sub g	II
artikel 237, aanhef en sub h	II
artikel 237, aanhef en sub i	II
artikel 237, aanhef en sub j	II

Bijlage

Wetsartikel	Categorie
artikel 237, aanhef en sub k	II
artikel 237, aanhef en sub l	II
artikel 237, aanhef en sub m	II
artikel 237, aanhef en sub n	II
artikel 237, aanhef en sub o	II
artikel 238, eerste lid	II
artikel 238, tweede lid	II
artikel 243	III
artikel 246	II
Boek 7 Burgerlijk Wetboek	
artikel 6a, eerste lid	III
artikel 6a, tweede lid	II
artikel 6a, derde lid	II
artikel 6a, vierde lid	III
artikel 7, tweede lid	III
artikel 9, vierde lid	II
artikel 11, eerste lid	II
artikel 11, tweede lid	II
artikel 17	III
artikel 18	III
artikel 19	III
artikel 19a, derde lid	II
artikel 21	III
artikel 22	II
artikel 50b, eerste lid	III
artikel 50b, tweede lid	III
artikel 50b, derde lid	III
artikel 50b, vierde lid	III
artikel 50b, vijfde lid	III
artikel 50b, zesde lid	III
artikel 50c, eerste lid	II
artikel 50c, tweede lid	II
artikel 50c, derde lid	Bij ontbreken sub a: III; bij ontbreken sub b: II; bij ontbreken sub a en b: III
artikel 50c, vierde lid	II
artikel 50c, vijfde lid	II
artikel 50c, zesde lid	II
artikel 50c, zevende lid	III
artikel 50c, achtste lid	II
artikel 50d, eerste lid	III
artikel 50d, tweede lid	III
artikel 50d, derde lid	III
artikel 50e	III

Boetebeleidsregel ACM 2014

Wetsartikel	Categorie
artikel 50f, eerste lid	III
artikel 50f, tweede lid	II
artikel 50g, eerste lid	II of III, afhankelijk van de indeling van het desbetreffende artikel
artikel 50g, tweede lid	II
artikel 50g, derde lid	II
artikel 50g, vierde lid	II
artikel 50h	II of III, afhankelijk van de indeling van het desbetreffende artikel
artikel 133, aanhef en sub a	III
artikel 133, aanhef en sub b	III
artikel 134, eerste lid, eerste volzin	II
artikel 134, eerste lid, tweede volzin	II
artikel 134, tweede lid, aanhef en sub a	III
artikel 134, tweede lid, aanhef en sub b	III
artikel 134, tweede lid, aanhef en sub c	III
artikel 134, tweede lid, aanhef en sub d	III
artikel 134, tweede lid, aanhef en sub e	II
artikel 134, tweede lid, aanhef en sub f	III
artikel 134, tweede lid, aanhef en sub g	II
artikel 134, tweede lid, aanhef en sub h	II
artikel 134, tweede lid, aanhef en sub i	II
artikel 134, tweede lid, aanhef en sub j	II
artikel 135, eerste lid	III
artikel 135, tweede lid	II
artikel 136	II
artikel 137	III
artikel 138	II
artikel 139	II
artikel 501, eerste lid	III: bij niet vermelden van reissom, I, II of III bij niet vermelden van de andere bij AMvB bepaalde gegevens, zie artikelen 1 t/m 4 Gegevensbesluit georganiseerde reizen, hierna
artikel 1, aanhef en sub a Gegevensbesluit georganiseerde reizen	III
artikel 1, aanhef en sub b Gegevensbesluit georganiseerde reizen	I
artikel 1, aanhef en sub c Gegevensbesluit georganiseerde reizen	I
artikel 1, aanhef en sub d Gegevensbesluit georganiseerde reizen	I
artikel 1, aanhef en sub e Gegevensbesluit georganiseerde reizen	I

Bijlage

Wetsartikel	Categorie
artikel 2, aanhef en sub a Gegevensbesluit georganiseerde reizen	II
artikel 2, aanhef en sub b Gegevensbesluit georganiseerde reizen	II
artikel 2, aanhef en sub c Gegevensbesluit georganiseerde reizen	II
artikel 2, aanhef en sub d Gegevensbesluit georganiseerde reizen	I
artikel 3, aanhef en sub a Gegevensbesluit georganiseerde reizen	I
artikel 3, aanhef en sub b Gegevensbesluit georganiseerde reizen	I
artikel 4, aanhef en sub a Gegevensbesluit georganiseerde reizen	I
artikel 4, aanhef en sub b Gegevensbesluit georganiseerde reizen	I
artikel 4, aanhef en sub c Gegevensbesluit georganiseerde reizen	I
artikel 4, aanhef en sub d Gegevensbesluit georganiseerde reizen	I
artikel 501, tweede lid	III: bij niet vermelden van reissom, I, II of II bij niet vermelden van de andere bij AMvB bepaalde gegevens: zie artikelen 1-4 Gegevensbesluit georganiseerde reizen, hiervoor
artikel 502, eerste lid	III
artikel 502, derde lid	III
artikel 503	III
artikel 504	III
artikel 505	III
artikel 506, eerste lid	II
artikel 507	III
artikel 508, eerste lid	III
artikel 509	III
artikel 510	III
artikel 512, eerste lid	III
artikel 512, tweede lid	II
Elektriciteitswet 1998	
artikel 4a, derde lid	II
artikel 9h	III
artikel 10, zesde lid	III
artikel 10, zevende lid	III
artikel 10a, eerste lid	VI

753

Boetebeleidsregel ACM 2014

Wetsartikel	Categorie
artikel 10a, tweede lid	VI
artikel 10b, tweede lid	VI
artikel 10b, derde lid	VI
artikel 10b, vierde lid	VI
artikel 10b, vijfde lid	VI
artikel 11, eerste lid	VI
artikel 11a, tweede lid	III
artikel 11a, derde lid	VI
artikel 11b, eerste lid	IV
artikel 11b, tweede lid	IV
artikel 11b, derde lid	II
artikel 12, eerste lid	I
artikel 12, tweede lid	III
artikel 15, achtste lid	III
artikel 15a, tweede lid	conform de artikelen waarnaar wordt verwezen in artikel 15a, tweede lid
artikel 16, eerste lid, onderdeel g	III
artikel 16, eerste lid, onderdeel k	III
artikel 16, eerste lid, onderdeel l	III
artikel 16, eerste lid, onderdeel a	VI
artikel 16, eerste lid, onderdeel b	VI
artikel 16, eerste lid, onderdeel c	VI
artikel 16, eerste lid, onderdeel d	VI
artikel 16, eerste lid, onderdeel e	VI
artikel 16, eerste lid, onderdeel f	VI
artikel 16, eerste lid, onderdeel g	III
artikel 16, eerste lid, onderdeel h	VI
artikel 16, eerste lid, onderdeel i	VI
artikel 16, eerste lid, onderdeel j	VI
artikel 16, eerste lid, onderdeel n	VI
artikel 16, eerste lid, onderdeel o	VI
artikel 16, eerste lid, onderdeel p	VI
artikel 16, tweede lid, onderdeel a	VI
artikel 16, tweede lid, onderdeel b	VI
artikel 16, tweede lid, onderdeel c	VI
artikel 16, tweede lid, onderdeel d	VI
artikel 16, tweede lid, onderdeel e	VI
artikel 16, tweede lid, onderdeel f	VI
artikel 16, vierde lid	IV
artikel 16, zesde lid	VI
artikel 16Aa, eerste lid	VI
artikel 16Aa, tweede lid	V, VI
artikel 16Aa, derde lid	III
artikel 16Aa, vierde lid	III

Bijlage

Wetsartikel	Categorie
artikel 16a	III
artikel 17, eerste lid	VI
artikel 17, tweede lid	VI
artikel 17, vierde lid	III
artikel 17a, eerste lid	VI
artikel 17a, tweede lid	VI
artikel 17a, derde lid	III
artikel 17a, vierde lid	III
artikel 18, eerste lid	VI
artikel 18, derde lid	II
artikel 18a en art. 3 Besluit financieel beheer netbeheerder	IV, VI
artikel 19a	IV
artikel 19b	III
artikel 19c	III
artikel 19d	III
artikel 19e	III
artikel 20, derde lid	V
artikel 21	V
artikel 21, negende lid, tweede volzin	III
artikel 23	V
artikel 24, eerste lid	V
artikel 24, tweede lid	III
artikel 24, derde lid	V
artikel 24a	III
artikel 26ab	V
artikel 26ac	V
artikel 26ad, eerste lid	V
artikel 26ad, tweede lid	V
artikel 26ad, derde lid	V
artikel 26ad, vierde lid	V
artikel 26ae, eerste lid	V
artikel 26ae, tweede lid	V
artikel 26ae, derde lid	V
artikel 26ae, vierde lid	V
artikel 26ae, zesde lid	V
artikel 26ae, zevende lid	V
artikel 26ae, negende lid	V
artikel 26ae, twaalfde lid	III
artikel 26ae, veertiende lid	III
artikel 31, eerste lid	V
artikel 31b	IV
artikel 36	IV, V
artikel 37	IV, V

Boetebeleidsregel ACM 2014

Wetsartikel	Categorie
artikel 38, derde lid	I
artikel 39	III
artikel 42, derde lid	I
artikel 43	VI
artikel 55	V
artikel 56, tweede lid	V
artikel 57, derde lid	V
artikel 57, vierde lid	V
artikel 68, eerste lid	IV
artikel 68, tweede lid	II
artikel 78, tweede lid	III
artikel 79	V
artikel 84	V
artikel 86, eerste lid	IV
artikel 86, tweede lid	IV
artikel 86, vierde lid	IV
artikel 86d	V
artikel 86e	VI
artikel 95a, eerste lid	V
artikel 95b, eerste lid	V
artikel 95b, tweede lid	III
artikel 95b, vijfde lid	VI
artikel 95b, achtste lid	III
artikel 95ca	V
artikel 95cb, eerste lid	V
artikel 95cb, tweede lid	IV
artikel 95cb, vijfde lid	V
artikel 95cb, zesde lid	V
artikel 95e	III
artikel 95f, tweede lid	V
artikel 95k	III
artikel 95l	II
artikel 95m	VI
artikel 95o	III
Gaswet	
artikel 1h	III
artikel 2, vijfde lid	III
artikel 2, zesde lid	III
artikel 2a, achtste lid	III
artikel 2c, tweede lid	VI
artikel 2c, derde lid	VI
artikel 3, eerste lid	VI
artikel 3b, eerste lid	VI

Bijlage

Wetsartikel	Categorie
artikel 3b, tweede lid	VI
artikel 3c, eerste lid	IV
artikel 3c, tweede lid	IV
artikel 3c, derde lid	II
artikel 4, eerste lid	I
artikel 4, tweede lid	III
artikel 7	IV
artikel 7a, eerste lid	VI
artikel 7a, tweede lid	V
artikel 7a, derde lid	III
artikel 7a, vierde lid	III
artikel 8	V
artikel 9a	V
artikel 9b	IV
artikel 10, eerste lid	VI
artikel 10, tweede lid	III
artikel 10, derde lid, onderdeel a	VI
artikel 10, derde lid, onderdeel b	III
artikel 10, vierde lid	V
artikel 10, vijfde lid	V
artikel 10, zesde lid	V
artikel 10a, eerste lid	VI
artikel 10a, tweede lid	V
artikel 10a, derde lid	VI
artikel 10b, eerste lid	VI
artikel 10b, tweede lid	VI
artikel 10b, vierde lid	III
artikel 10c, eerste lid	VI
artikel 10c, tweede lid	VI
artikel 10c, derde lid	III
artikel 10c, vierde lid	III
artikel 10d, eerste lid	VI
artikel 10d, derde lid	II
artikel 10e en art. 2 Besluit financieel beheer netbeheerder	IV, VI
artikel 12a	V
artikel 12b	V
artikel 12e, eerste lid	V
artikel 12f	IV/V
artikel 12g	IV/V
artikel 12i, derde lid	I
artikel 13b	V
artikel 13c	V
artikel 13e, eerste lid	V

Boetebeleidsregel ACM 2014

Wetsartikel	Categorie
artikel 13e, tweede lid	V
artikel 13e, derde lid	V
artikel 13e, vierde lid	V
artikel 13e, zesde lid	V
artikel 13e, zevende lid	V
artikel 13e, negende lid	V
artikel 13e, twaalfde lid	III
artikel 13e, veertiende lid	III
artikel 17a	III
artikel 18g, eerste lid	IV
artikel 18g, derde lid	V
artikel 18g, vijfde lid	III
artikel 23	V
artikel 24, tweede lid	V
artikel 25, derde lid	V
artikel 25, vierde lid	V
artikel 32	VI
artikel 35a	IV
artikel 35b	III
artikel 35c	III
artikel 35d	III
artikel 35e	III
artikel 37	V
artikel 39, tweede lid	V
artikel 39h, eerste lid	III
artikel 40, eerste lid	IV
artikel 40, tweede lid	I
artikel 40, derde lid	IV
artikel 40, vierde lid	IV
artikel 42	III
artikel 43, eerste lid	V
artikel 44, eerste lid	V
artikel 44, tweede lid	III
artikel 44, vijfde lid	VI
artikel 44, achtste lid	III
artikel 44a	V
artikel 44b, eerste lid	V
artikel 44b, tweede lid	IV
artikel 44b, vijfde lid	V
artikel 44b, zesde lid	V
artikel 47, tweede lid	V
artikel 51	IV
artikel 52a, derde lid	II
artikel 52b	VI

Bijlage

Wetsartikel	Categorie
artikel 52d	III
artikel 56	III
artikel 63	V
artikel 66a	V
artikel 66b	VI
artikel 66c	V
artikel 66d, eerste lid	III
artikel 66d, derde lid	III
artikel 72	IV
artikel 73, vierde lid	V
artikel 82, eerste lid	III
artikel 82, derde lid	III
artikel 83	III
Instellingswet Autoriteit Consument en Markt	
artikel 12h, vijfde lid	IV
artikel 12l, tweede lid	III
artikel 12m, eerste lid, onderdeel a	III
artikel 12m, eerste lid, onderdeel b	V
artikel 12m, eerste lid, onderdeel c (artikel 5:20 jo 5:15 Awb)	V
artikel 12m, eerste lid, onderdeel c (artikel 5:20 jo 5:16 Awb)	VI
artikel 12m, eerste lid, onderdeel c (artikel 5:20 jo 5:17 Awb)	V
artikel 12m, eerste lid, onderdeel c (artikel 5:20 jo 5:18 Awb)	IV
artikel 12m, eerste lid, onderdeel c (artikel 5:20 jo 5:19 Awb)	IV
artikel 12m, eerste lid, onderdeel c (artikel 5:20 jo 5:15 en 5:17 Awb)	IV
artikel 12m, eerste lid, onderdeel d	IV
Mededingingswet	
artikel 25b, eerste lid	II
artikel 25b, tweede lid	II
artikel 25e, eerste volzin	II
artikel 34, eerste lid	V
artikel 35, eerste lid	III
artikel 39, tweede lid, onderdeel a	V
artikel 39, tweede lid, onderdeel b	V
artikel 40, tweede lid	IV
artikel 40, derde lid, onderdeel a	V

Boetebeleidsregel ACM 2014

Wetsartikel	Categorie
artikel 40, derde lid, onderdeel b	V
artikel 41, eerste lid	V
artikel 42, tweede lid	III
artikel 46, tweede lid	IV
artikel 46, derde lid	V
artikel 46, vierde lid	V
artikel 75, eerste volzin en onderdeel a	VI
Postwet 2009	
artikel 4	IV
artikel 5	II
artikel 8	IV
artikel 9, eerste lid	VI
artikel 9, tweede lid	VI
artikel 9, derde lid	V
artikel 9, vierde lid	V
artikel 10, eerste lid	IV
artikel 10, tweede lid	III
artikel 12, eerste lid	III
artikel 12, tweede lid	II
artikel 12, derde lid	III
artikel 13	VI
artikel 15, vijfde lid	V
artikel 16, vijfde lid	VI
artikel 16, zesde lid	VI
artikel 16, zevende lid	VI
artikel 16, achtste lid	VI
artikel 18	VI
artikel 19, eerste lid	I
artikel 21	V
artikel 22, eerste lid	VI
artikel 22, tweede lid	VI
artikel 23, eerste lid	III
artikel 23, tweede lid	III
artikel 24, eerste lid	V/VI
artikel 24, tweede lid	V/VI
artikel 24, derde lid	V/VI
artikel 26	III
artikel 27, eerste lid	III
artikel 27, tweede lid	III
artikel 28, tweede lid	I
artikel 32, eerste lid	III
artikel 32, derde lid	III
artikel 35	II

Bijlage

Wetsartikel	Categorie
artikel 36, eerste lid	II
artikel 36, tweede lid	IV
artikel 39, tweede lid	III
artikel 41	I
artikel 61	V

Prijzenwet

artikel 2b	II of III (zie voor de toepasselijke boetecategorie hierna: Besluit prijsaanduiding producten)**
artikel 3, voor zover samenhangend met artikel 2b	II**

Telecommunicatiewet

Wetsartikel	Categorie
artikel 2.1, eerste lid	II
artikel 2.1, vijfde lid	IV
artikel 2.3, vijfde lid	I
artikel 3.24, eerste lid	III
artikel 3.24, tweede lid	III
artikel 3.24, derde lid	III
artikel 3.24, vierde lid	III
artikel 4.1, vierde lid	III
artikel 4.2, elfde lid	III
artikel 4.2a, tweede lid	I
artikel 4.2b	II
artikel 4.9, eerste lid	III
artikel 4.9, tweede lid	III
artikel 4.9, derde lid, sub a	III
artikel 4.9, derde lid, sub b	III
artikel 4.10, eerste lid	III
artikel 4.10, tweede lid	III
artikel 4.10, vijfde lid	I
artikel 4.10, zesde lid	I
artikel 4.10, zevende lid	III
artikel 5.2, eerste lid	III
artikel 5.2, tweede lid	II
artikel 5.2, derde lid	II
artikel 5.2, vierde lid	II
artikel 5.2, vijfde lid	III
artikel 5.2, zesde lid	III
artikel 5.2, zevende lid	II

** Zie in geval van overtreding van deze bepaling in de context van oneerlijke handelspraktijken, deze Bijlage onder art. 6:193f aanhef en onder g BW.

Boetebeleidsregel ACM 2014

Wetsartikel	Categorie
artikel 5.2, achtste lid	III
artikel 5.2, negende lid	III
artikel 5.3, eerste lid	III
artikel 5.3, tweede lid	III
artikel 5.3, vijfde lid	III
artikel 5.3, zesde lid	III
artikel 5.6, eerste lid	I
artikel 5.8, eerste lid	II
artikel 5.8, tweede lid	II
artikel 5.8, derde lid	II
artikel 5.8, vierde lid	II
artikel 5.8, vijfde lid	II
artikel 5.8, zesde lid	III
artikel 5.10	III
artikel 5.11, eerste lid	III
artikel 5.11, tweede lid	III
artikel 5.11, derde lid	III
artikel 5.12, eerste lid	III
artikel 5.12, tweede lid	III
artikel 5.12, derde lid	III
artikel 5.12, vierde lid	III
artikel 6.1, eerste lid	III
artikel 6.1, tweede lid	III
artikel 6.1, derde lid	II
artikel 6.5, eerste lid	III
artikel 6.6	III
artikel 7.1, eerste lid	II
artikel 7.1, tweede lid	II
artikel 7.1, vierde lid	II
artikel 7.1, vijfde lid	II
artikel 7.1a, eerste lid	II
artikel 7.1a, tweede lid	II
artikel 7.1a, derde lid	III
artikel 7.2, eerste lid	III
artikel 7.2, tweede lid	III
artikel 7.2, derde lid	III
artikel 7.2a, eerste lid,	II
artikel 7.2a, tweede lid	II
artikel 7.2a, derde lid	II
artikel 7.2a, vierde lid	II
artikel 7.2a, vijfde lid	II
artikel 7.2a, zesde lid	II
artikel 7.2a, zevende lid	II
artikel 7.3, eerste lid	II

Bijlage

Wetsartikel	Categorie
artikel 7.3, tweede lid	II
artikel 7.3, derde lid	II
artikel 7.3, vierde lid	II
artikel 7.3a, eerste lid	II
artikel 7.3a, tweede lid	II
artikel 7.3b, eerste lid	III
artikel 7.3b, tweede lid	III
artikel 7.3c, tweede lid	II
artikel 7.3c, derde lid	II
artikel 7.4, eerste lid	I
artikel 7.4, tweede lid	I
artikel 7.4, derde lid	I
artikel 7.4a, eerste lid	III
artikel 7.4a, tweede lid	I
artikel 7.4a, derde lid	III
artikel 7.6, eerste lid	II
artikel 7.6, tweede lid	II
artikel 7.6a, eerste lid	II
artikel 7.6a, tweede lid	II
artikel 7.7	III
artikel 8.5, eerste lid	III
artikel 8.5, tweede lid	III
artikel 8.5, derde lid	III
artikel 8.7	III
artikel 9.1, eerste lid	III
artikel 9.1, tweede lid	III
artikel 9.1, derde lid	III
artikel 9.1, vierde lid	III
artikel 9.2, tweede lid	III
artikel 9.4, vijfde lid	II
artikel 9.5, eerste lid	II
artikel 9.5, tweede lid	II
artikel 11.2a, eerste lid	III
artikel 11.2a, tweede lid	III
artikel 11.2a, derde lid	II
artikel 11.2a, vierde lid	III
artikel 11.2	IV
artikel 11.3, eerste lid	IV
artikel 11.3, tweede lid	IV
artikel 11.3, derde lid	III
artikel 11.4, eerste lid	II
artikel 11.4, tweede lid	II
artikel 11.4, derde lid	II
artikel 11.5b, eerste lid	I

Boetebeleidsregel ACM 2014

Wetsartikel	Categorie
artikel 11.5b, tweede lid	I
artikel 11.6, tweede lid	II
artikel 11.6, derde lid	II
artikel 11.6, vierde lid	II
artikel 11.7, eerste lid	II
artikel 11.7, derde lid	II
artikel 11.7, vierde lid	II
artikel 11.7, vijfde lid	III
artikel 11.7, negende lid	III
artikel 11.7, tiende lid	III
artikel 11.7, twaalfde lid	III
artikel 11.7a, eerste lid	III
artikel 11.9, eerste lid	II
artikel 11.9, tweede lid	II
artikel 11.10, eerste lid	II
artikel 11.10, tweede lid	II
artikel 11.10, derde lid	II
artikel 11.10, vierde lid	II
artikel 11.10, vijfde lid	II
artikel 11.10, zesde lid	II
artikel 11.10, zevende lid	II
artikel 11.11, vierde lid	II
artikel 11.11, vijfde lid	II
artikel 12.1, eerste lid	II
artikel 12.1, tweede lid	II
artikel 12.2, zevende lid	II
artikel 12.4, eerste lid	IV
artikel 12.6	IV
artikel 12.9, tweede lid	I
artikel 12.9, derde lid	II
artikel 18.2	II
artikel 18.4, eerste lid	II
artikel 18.4, tweede lid	II
artikel 18.6, eerste lid	II
artikel 18.10	II
artikel 18.11, eerste lid	II
artikel 18.12, eerste lid	II
artikel 18.13, tweede lid	II
artikel 18.15, eerste lid	I-IV
artikel 18.15, tweede lid	I-III
artikel 18.15, derde lid	III
artikel 18.18	IV
artikel 18.21, eerste lid	I-IV
artikel 18.21, derde lid	I

Bijlage

Wetsartikel	Categorie

Verordening 1008/2008 inzake gemeenschappelijke regels voor de exploitatie van luchtdiensten in de Gemeenschap (PbEU L 293)
Artikel 23, eerste lid	III
Artikel 23, tweede lid	III

Warmtewet
artikel 2	V
artikel 5, eerste lid	VI
artikel 5, vierde lid	VI
artikel 9, eerste lid	V
artikel 13	III
artikel 14	III
artikel 17	V
artikel 40	IV

Wet implementatie EU-richtlijnen energie-efficiëntie
artikel 2	IV
artikel 4	IV
artikel 5	IV
artikel 6	IV
artikel 7, derde lid	II

Wet van 23 november 2006 tot wijziging van de Elektriciteitswet 1998 en van de Gaswet in verband met nadere regels omtrent een onafhankelijk netbeheer (Stb. 2006, 614)
artikel IXa, eerste lid	V
artikel IXb	VI
artikel IXc, eerste lid	III
artikel IXc, tweede lid	III

[28-06-2016, Stcrt. 34630, i.w.tr. 01-07-2016/regelingnummer WJZ/16056097]

Richtsnoeren vereenvoudigde afdoening van boetezaken ACM

Richtsnoeren van 13 december 2018, Stcrt. 2018, 71890 (i.w.tr. 22-12-2018)

De Autoriteit Consument en Markt,
Gelet op de bevoegdheid van de ACM tot het opleggen van boetes bij overtreding van wettelijke bepalingen waarop zij toezicht houdt[1] en gelet op artikel 4:81 van de Algemene wet bestuursrecht;
Besluit:

I Inleiding

1. De ACM ACM heeft de bevoegdheid een boete op te leggen aan een persoon of onderneming voor de overtreding van diverse wettelijke voorschriften. Als een bij een dergelijke boetezaak betrokken persoon of onderneming bereid is de overtreding te erkennen en daarvoor een boete te accepteren, kan de ACM de behandeling van de zaak vereenvoudigen. De ACM neemt dan een verkort boetebesluit. Hiermee wordt de zaak definitief afgedaan en kunnen langdurige juridische procedures worden voorkomen. De ACM beloont dit door de boete te verlagen met 10%.

---

1 In het bijzonder artikel 4.21, eerste lid, van de Aanbestedingswet 2012, artikel 3.8, eerste lid, van de Aanbestedingswet op defensie- en veiligheidsgebied, artikel 77i van de Elektriciteitswet 1998, artikel 60ad van de Gaswet, de artikelen 12l, derde lid, en 12m, eerste en tweede lid, van de Instellingswet Autoriteit Consument en Markt, artikel 45f, eerste lid, aanhef en onder a, van de Loodsenwet, de artikelen 56, aanhef en onderdeel a, 70a, aanhef en onderdeel a, 71, 73, 74, aanhef en onderdelen 1º tot en met 5º, onder a, en artikel 75, aanhef en onderdeel a, van de Mededingingswet, artikel 49, eerste lid, van de Postwet 2009, artikel 76, tweede lid, aanhef en onder a, van de Spoorwegwet, artikel 15.4, tweede en derde lid, van de Telecommunicatiewet, artikel 18, tweede lid, van de Warmtewet, artikel 2.9, eerste lid, onderdeel b, jo. artikel 2.15 van de Wet handhaving consumentenbescherming, artikel 22 van de Wet implementatie EU-richtlijnen energie-efficiëntie en artikel IXc, vierde lid, aanhef en onderdeel a, en vijfde lid, aanhef en onderdeel a, van de Wet van 23 november 2006 tot wijziging van de Elektriciteitswet 1998 en van de Gaswet in verband met nader regels omtrent een onafhankelijk netbeheer (*Stb.* 2006, 614), artikel 8.25h, vierde lid, en 11.24 van de Wet luchtvaart, en artikel 96avan de Wet personenvervoer 2000.

2. De ACM heeft in enkele mededingings- en consumentenzaken ervaring opgedaan met vereenvoudigde afdoening.[1] Met deze richtsnoeren maakt de ACM deze ontwikkelde praktijk inzichtelijk. De richtsnoeren geven informatie over de uitgangspunten, spelregels en procedurele stappen die de ACM toepast. Deze praktijk blijft in ontwikkeling.

II Voordelen van vereenvoudigde afdoening

3. Vereenvoudigde afdoening betekent een procedure die zowel voor de ACM als betrokken partijen efficiënter en goedkoper is. Hierdoor kunnen partijen schoon schip maken en kan de ACM andere zaken oppakken.
4. De vereenvoudigde procedure is bedoeld om de zaak waarin de ACM een overtreding heeft geconstateerd, definitief af te doen. De ACM licht aan de betrokken partijen mondeling toe hoe zij aankijkt tegen de overtreding en de hiervoor op te leggen boete. Betrokken partijen kunnen daarop reageren. De ACM laat dan weten of de reactie van partijen de waardering door de ACM van de zaak wijzigt. De ACM onderhandelt niet over de overtreding of de boete. De vereenvoudigde procedure leidt tot een aanzienlijk verkort boetebesluit.
5. Partijen die medewerking verlenen aan vereenvoudigde afdoening komen in aanmerking voor een boetevermindering van 10%.[2] De ACM past deze boetevermindering toe na eventuele boeteverhogende en -verlagende factoren, en na de toets aan het boetemaximum, zodat partijen daadwerkelijk profiteren van de vermindering.[3]

III Uitgangspunten en spelregels

6. De ACM hanteert in de vereenvoudigde procedure een aantal uitgangspunten en spelregels. Deze zijn hieronder weergegeven.

Initiatief
7. Als een boetezaak in de ogen van de ACM geschikt is voor vereenvoudigde afdoening, neemt zij met de betrokken partijen contact op om te verkennen of zij openstaan voor vereenvoudigde afdoening. Partijen kunnen hun belangstelling hiervoor kenbaar maken bij de ACM.

---

1 Zie onder andere het besluit van de ACM van 25 juni 2015 in zaak 14.0705.27 (*Natuurazijn*); de besluiten van de ACM van 22 december 2015 in de zaken 13.0698.31 en 15.0327.31 (*Koel- en vrieshuizen*) met kenmerk, ACM/DJZ/2015/207566_OV en ACM/DJZ/2015/207552_OV; het besluit van de ACM van 26 mei 2016 in zaak 15.1118.52 (*Te hoge roamingtarieven*), en; het besluit van de ACM van 30 juni 2017 in zaak 7615 (*Tractiebatterijen*) met kenmerk 7615_11/84.
2 De ACM ziet dit als verdergaande medewerking dan waartoe de betrokken partij wettelijk gehouden was. Dit geldt als boeteverlagende omstandigheid op grond van artikel 2.10 van de Boetebeleidsregel ACM 2014 (Beleidsregel van de Minister van Economische Zaken van 4 juli 2014, nr. WJZ/14112617, met betrekking tot het opleggen van bestuurlijke boetes door de Autoriteit Consument en Markt, *Stcrt.* 2014, 19776, zoals gewijzigd door Beleidsregel van de Minister van Economisch Zaken van 28 juni 2016, nr. WJZ/16056097, houdende wijziging van de Boetebeleidsregel ACM 2014, *Stcrt.* 2016, 34630).
3 Op gelijke wijze als de ACM in kartelzaken clementiekorting in mindering brengt op de boete. Als ook clementie aan de orde is, telt de ACM het clementiepercentage en het kortingspercentage voor vereenvoudigde afdoening bij elkaar op.

Richtsnoeren vereenvoudigde afdoening van boetezaken ACM

Welke boetezaken lenen zich voor vereenvoudigde afdoening?

8. Niet alle boetezaken lenen zich voor vereenvoudigde afdoening. Er bestaat geen recht op vereenvoudigde afdoening. De ACM biedt de vereenvoudigde procedure dan ook niet in alle boetezaken aan.
9. Vereenvoudigde afdoening is alleen geschikt in boetezaken, waarin de betrokken partij bereid is haar overtreding te erkennen en een boete hiervoor te accepteren. De ACM gaat daarnaast alleen met een partij in gesprek over vereenvoudigde afdoening als zij met de overtreding is gestopt. Voor zover dit niet blijkt uit het door de ACM verrichte onderzoek, kan deze partij daarvoor ondersteunend bewijs aan de ACM verstrekken.
10. Verder lenen boetezaken zich alleen voor vereenvoudigde afdoening als de ACM hiervan voldoende efficiëntievoordelen verwacht. Zo biedt de ACM in een boetezaak met meerdere partijen in principe alleen een vereenvoudigde procedure aan als alle partijen bereid zijn tot erkenning van de overtreding en acceptatie van een boete. Vereenvoudigde afdoening ligt minder voor de hand als de besluitvorming door de ACM al in een vergevorderd stadium is.

Deelname is vrijwillig

11. Door deel te nemen aan vereenvoudigde afdoening maakt een partij kenbaar de zaak definitief te willen afsluiten en een lange juridische procedure te willen vermijden.
12. Deelname aan vereenvoudigde afdoening is vrijwillig. Partijen kiezen bewust en vrijwillig voor een procedure gericht op definitieve afronding door een verkort boetebesluit. Zij kunnen de vereenvoudigde procedure beëindigen en alsnog de reguliere procedure volgen tot het moment dat zij bij de ACM een verklaring hebben ingediend en de ACM heeft aangegeven dat deze verklaring voldoet (zie randnummer 25 en volgende van deze richtsnoeren).

Opschorten beslistermijn

13. Een betrokken partij die deelneemt aan de vereenvoudigde procedure, stemt bij aanvang schriftelijk in met het opschorten van de wettelijke beslistermijn totdat het traject tot vereenvoudigde afdoening is afgerond.

Geheimhouding

14. Een betrokken partij die deel wil nemen aan de vereenvoudigde procedure tekent bij aanvang een geheimhoudingsverklaring. Daarin verklaart zij dat zij vertrouwelijk omgaat met informatie uit de gesprekken in de vereenvoudigde procedure en met informatie die in deze procedure is gewisseld met de ACM. Zij zal deze informatie dus niet delen met derden, tenzij de ACM daarmee vooraf heeft ingestemd. Onder derden wordt verstaan ieder ander dan de betrokken partij of haar vertegenwoordiger(s). Ook andere partijen in dezelfde boetezaak gelden hier als derden.
15. Als de betrokken partij zich niet aan de geheimhouding houdt, kan de ACM de vereenvoudigde procedure staken en het reguliere sanctietraject voortzetten.
16. De ACM is gebonden aan wettelijke regels over de vertrouwelijke behandeling van de informatie die zij tijdens haar werkzaamheden ontvangt. Net als in de reguliere procedure zal de ACM daarom zorgvuldig omgaan met informatie die zij in de vereenvoudigde procedure van partijen krijgt.

Richtsnoeren vereenvoudigde afdoening van boetezaken ACM

Gesprekken in de vereenvoudigde procedure

17. De ACM voert gesprekken met elke betrokken partij afzonderlijk. Als partijen tot dezelfde onderneming behoren, voert de ACM de gesprekken met deze partijen in beginsel gezamenlijk. Bij gesprekken met de ACM kunnen partijen een gemachtigde, zoals een advocaat, aanwezig laten zijn.
18. Tijdens de gesprekken legt de ACM aan betrokken partijen de overtreding en de voorgenomen boete voor. Partijen kunnen hierop mondeling reageren. De ACM laat daarop weten of de reactie van partijen de waardering door de ACM van de zaak wijzigt.
19. Teneinde het traject voortvarend te laten verlopen, stelt de ACM voor reacties van partijen korte termijnen vast en kan zij grenzen stellen aan de omvang van schriftelijke stukken.

Het stopzetten van de vereenvoudigde procedure

20. De ACM kan gedurende de vereenvoudigde procedure beslissen om deze stop te zetten. Reden hiervoor kan bijvoorbeeld zijn dat de ACM en de betrokken partij of partijen geen gedeeld beeld hebben van de overtreding of dat een betrokken partij niet bereid is haar overtreding te erkennen en/of de voorgenomen boete te accepteren.
21. Als in een boetezaak met meerdere partijen, één van de partijen ervoor kiest de reguliere procedure te volgen waarin zij de bevindingen van de ACM kan betwisten, dan kan dit ertoe leiden dat de ACM de vereenvoudigde procedure voor alle partijen beëindigt. Dit is het geval als de ACM oordeelt dat hierdoor de vereenvoudigde procedure niet meer voldoende efficiëntievoordelen oplevert. Voor alle partijen volgt dan de reguliere procedure.
22. Daarnaast kan iedere betrokken partij op eigen initiatief besluiten om de vereenvoudigde procedure te beëindigen en over te stappen naar de reguliere procedure.
23. Als de ACM of de betrokken partij de vereenvoudigde procedure beëindigt, dan hervat de ACM de reguliere procedure. De vereenvoudigde procedure is eenmalig. Dit betekent dat de ACM deze na beëindiging niet zal hervatten of opnieuw starten.

Apart dossier voor vereenvoudigde procedure

24. De ACM legt voor alle correspondentie in de vereenvoudigde procedure een apart dossier aan. Als de vereenvoudigde procedure wordt afgebroken, vervalt ook de erkenning van de betrokken partij. De ACM zal informatie en standpunten die deze partij in de vereenvoudigde procedure heeft verstrekt, niet tegen haar gebruiken. Mocht deze partij zelf sommige stukken en standpunten toch willen gebruiken, staat het haar vrij om deze in de reguliere procedure in te brengen.

Verklaring met het oog op vereenvoudigde afdoening

25. Als een betrokken partij bereid is haar overtreding te erkennen en de voorgenomen boete van de ACM te accepteren, dan dient zij een verklaring over de vereenvoudigde afdoening bij de ACM in. Deze verklaring moet in de Nederlandse taal zijn opgesteld. De ACM biedt hiervoor een raamwerk aan.
26. De verklaring bevat in ieder geval een beschrijving en erkenning van de overtreding, de bevestiging dat er voldoende toegang tot het dossier is geweest en voldoende ruimte voor hoor en wederhoor. De betrokken partij moet hierbij aansluiten bij

de uitkomsten van haar gesprekken met de ACM. Zo nodig verstrekt de ACM een overzicht van deze uitkomsten. De betrokken partij bevestigt met de verklaring ook dat zij de voorgenomen boete van de ACM en de uitgangspunten die aan deze boete ten grondslag liggen, accepteert.

27. De ACM toetst of de verklaring voldoet en biedt de betrokken partij indien nodig eenmalig de gelegenheid om deze aan te vullen.
28. De betrokken partij is niet meer aan haar verklaring gebonden, als de ACM na ontvangst en goedkeuring van de verklaring alsnog beslist de vereenvoudigde procedure stop te zetten (zie randnummer 20 en 21 van deze richtsnoeren). De ACM stelt de betrokken partij hiervan op de hoogte.
29. De ACM geeft derden in eventuele schadevergoedingsprocedures geen inzage in de verklaring.[1]

Verkort boetebesluit
30. Het verkorte boetebesluit bevat een beknopte omschrijving van de overtreding, en de ernst en duur daarvan. Het sluit aan bij de door de betrokken partij ingediende verklaring die de ACM heeft geaccepteerd, en vermeldt dat deze partij heeft erkend.
31. De ACM stelt de betrokken partij in de gelegenheid het verkorte besluit in te zien voordat de ACM het besluit bekend maakt.

Publicatie
32. De ACM publiceert het verkorte boetebesluit zoals wettelijk voorgeschreven, onder weglating van de wettelijk bepaalde vertrouwelijke informatie.[2]
33. De ACM brengt naar aanleiding van het boetebesluit een nieuwsbericht uit om verantwoording af te leggen en kenbaar te maken dat er een overtreding is vastgesteld.[3] De ACM brengt de inhoud ervan van tevoren ter kennis aan de betrokken partij. In het bericht vermeldt de ACM de bedrijfsnaam en boete voor deze partij. Tevens vermeldt de ACM dat deze partij heeft meegewerkt aan vereenvoudigde afdoening in ruil voor een vermindering van de boete.

IV   Aanduiding en inwerkingtreding

34. Dit besluit wordt aangehaald als: Richtsnoeren vereenvoudigde afdoening van boetezaken ACM.
35. Dit besluit treedt in werking met ingang van de dag na de datum van uitgifte van de *Staatscourant* waarin zij wordt geplaatst.

---

1 Zie artikel 7 Instellingswet Autoriteit Consument en Markt (Iw). De ACM kan op grond van andere wettelijke regelingen wel gehouden zijn gegevens en inlichtingen te verstrekken (artikel 7 lid 2 Iw). Conform artikel 846 Wetboek van Burgerlijke Rechtsvordering verschaft de ACM geen inzage, afschrift of uittreksel van de verklaring die een partij in het kader van vereenvoudigde afdoening van een boeteprocedure wegens inbreuk op het mededingingsrecht heeft afgelegd. Deze verklaring wordt in dat artikel aangeduid als 'verklaring met het oog op een schikking'.
2 Zie artikel 12u en 12v Iw.
3 Zie Werkwijze Openbaarmaking ACM.

Besluit clementie

Besluit van 9 februari 2021, houdende vaststelling van regels met betrekking tot het verlenen van clementie voor geldboetes betreffende kartels, Stb. 2021, 73 (i.w.tr. 18-02-2021)

Wij Willem-Alexander, bij de gratie Gods, Koning der Nederlanden, Prins van Oranje-Nassau, enz. enz. enz.
Op de voordracht van de Staatssecretaris van Economische Zaken en Klimaat van 2 november 2020, nr. WJZ / 20238176;
Gelet op richtlijn nr. richtlijn 2019/1 van het Europees Parlement en de Raad tot toekenning van bevoegdheden aan de mededingingsautoriteiten van de lidstaten voor een doeltreffendere handhaving en ter waarborging van de goede werking van de interne markt en artikel 58c Mededingingswet;
De Afdeling advisering van de Raad van State gehoord (advies van 13 januari 2021, No.W18.20.0400/IV);
Gezien het nader rapport van de Staatssecretaris van Economische Zaken en Klimaat van 4 februari 2021, nr. WJZ / 21015285;
Hebben goedgevonden en verstaan:

§ 1
Begripsbepalingen en reikwijdte

Artikel 1
In dit besluit wordt verstaan onder:
ACM: Autoriteit Consument en Markt;
Bewijsmateriaal met significante toegevoegde waarde: bewijsmateriaal dat het vermogen van de ACM versterkt om het bestaan van een vermeend geheim kartel te bewijzen, ten opzichte van het bewijsmateriaal waarover de ACM op het tijdstip van verstrekking reeds beschikt;
Boete-immuniteit: afzien van de geldboete die aan een onderneming of aan een natuurlijke persoon zou worden opgelegd voor haar deelname aan een geheim kartel, als beloning voor de samenwerking van die onderneming of natuurlijke persoon met een mededingingsautoriteit in het kader van een clementieprocedure;
Boetevermindering: vermindering van het bedrag van de geldboete die aan een onderneming of aan een natuurlijke persoon zou worden opgelegd voor haar deelname aan een geheim kartel, als tegenprestatie voor de samenwerking van die onderneming met een mededingingsautoriteit in het kader van een clementieprocedure;
Clementie: de verlening van boete-immuniteit of boetevermindering aan een onderneming die heeft deelgenomen aan een geheim kartel of aan een natuurlijke persoon als bedoeld in artikel 51, tweede lid, onder 2°, van het Wetboek van Strafrecht, die

opdracht tot of feitelijk leiding aan de deelname van een onderneming aan een geheim kartel heeft gegeven;
Clementieverklaring: vrijwillig door of namens een onderneming of een natuurlijke persoon aan een mededingingsautoriteit afgelegde mondelinge of schriftelijke verklaring of opname daarvan, waarin de onderneming of een natuurlijke persoon zijn kennis over het geheime kartel en zijn rol daarin mededeelt, en die speciaal ten behoeve van die autoriteit is opgesteld met het oog op het verkrijgen van boete-immuniteit of boetevermindering, met uitzondering van bewijsmateriaal dat los van de handhavingsprocedure bestaat, ongeacht of deze informatie zich al dan niet in het dossier van een mededingingsautoriteit bevindt;
Clementieverzoek: een verzoek om boete-immuniteit of boetevermindering dat voldoet aan artikel 12 van dit besluit, een beknopt verzoek om boete-immuniteit of boetevermindering dat voldoet aan artikel 13 van dit besluit of een verzoek om boete-immuniteit of boetevermindering dat voldoet aan artikel 14 van dit besluit;
Clementieverzoeker: onderneming of natuurlijke persoon als bedoeld in artikel 51, tweede lid, onder 2°, van het Wetboek van Strafrecht die verzoekt om boete-immuniteit of boetevermindering;
Geheim kartel: een kartel waarvan het bestaan gedeeltelijk of geheel verborgen wordt gehouden;
Kartel: een overeenkomst of onderling afgestemde feitelijke gedraging tussen twee of meer concurrenten met als doel hun concurrentiegedrag op de markt te coördineren of de relevante parameters van mededinging te beïnvloeden in strijd met artikel 101 van het Verdrag betreffende de werking van de Europese Unie of artikel 6 van de wet;
Marker: een voorlopige plaats in de rij van volgorde van ontvangst van clementieverzoeken betreffende eenzelfde kartel.
Wet: Mededingingswet.
[09-02-2021, Stb. 73, i.w.tr. 18-02-2021]

Artikel 2
Dit besluit is van toepassing op geheime kartels waarvoor de ACM een bestuurlijke boete kan opleggen.
[09-02-2021, Stb. 73, i.w.tr. 18-02-2021]

§ 2
Clementie

§ 2.1
Algemeen

Artikel 3
De ACM beslist op een verzoek om clementie.
[09-02-2021, Stb. 73, i.w.tr. 18-02-2021]

Artikel 4
1. Een clementieverzoeker komt voor clementie in aanmerking, indien de verzoeker:
a. gedurende de periode dat diegene overwoog een clementieverzoek in te dienen bij de ACM geen bewijsmateriaal over het vermeende geheime kartel heeft vernietigd,

vervalst of verborgen en zijn voorgenomen verzoek of de inhoud daarvan niet heeft bekendgemaakt, anders dan aan andere mededingingsautoriteiten.
b. uiterlijk onmiddellijk na het indienen van het clementieverzoek iedere betrokkenheid bij het vermeende geheime kartel heeft beëindigd, tenzij en voor zover de ACM de voortzetting daarvan redelijkerwijs noodzakelijk acht om de integriteit van haar onderzoek te vrijwaren;
c. vanaf het tijdstip van indiening van zijn clementieverzoek daadwerkelijk, volledig, onafgebroken en zo snel mogelijk meewerkt met de ACM en zich onthoudt van elke gedraging die het onderzoek of de procedure zou kunnen belemmeren totdat het besluit tot het opleggen van een bestuurlijke boete onherroepelijk is geworden ten aanzien van iedere betrokkene bij het kartel of de ACM haar handhavingsprocedure ten aanzien van iedere betrokkene bij het kartel anderszins heeft beëindigd.

2. Een clementieverzoeker voldoet aan het eerste lid, onderdeel c, indien die verzoeker ten minste:
a. ter beschikking blijft van de ACM om te antwoorden op elk verzoek dat kan bijdragen aan het vaststellen van de feiten;
b. voor zover van toepassing degenen die bij de clementieverzoeker werkzaam zijn beschikbaar houdt en voor zover redelijkerwijs mogelijk, degenen die voorheen bij de clementieverzoeker werkzaam zijn geweest, beschikbaar houdt voor het afleggen van verklaringen;
c. geen relevante informatie of bewijzen over het vermeende geheime kartel vernietigt, vervalst of verbergt;
d. tenzij anders is overeengekomen, de indiening van het clementieverzoek of de inhoud daarvan niet bekendmaakt voordat de ACM een rapport als bedoeld in artikel 5:48 van de Algemene wet bestuursrecht heeft opgesteld in de handhavingsprocedure waarop het clementieverzoek betrekking heeft.
e. een clementieverklaring indient die voldoet aan artikel 14.

[09-02-2021, Stb. 73, i.w.tr. 18-02-2021]

§ 2.2
Boete-immuniteit

Artikel 5
1. De ACM kent een clementieverzoeker boete-immuniteit toe, indien de verzoeker:
a. voldoet aan de voorwaarden, genoemd in artikel 4;
b. zijn deelname aan een geheim kartel meldt;
c. geen stappen heeft ondernomen om andere ondernemingen te dwingen deel te nemen aan een geheim kartel of bij het geheime kartel aangesloten te blijven; en
d. als eerste bewijsmateriaal verstrekt dat
   i. de ACM in staat stelt om een gerichte inspectie uit te voeren verband houdend met het vermeende geheime kartel waar het clementieverzoek betrekking op heeft, mits de ACM op het moment van verstrekking van het bewijsmateriaal nog niet over voldoende bewijsmateriaal beschikte om een dergelijke inspectie uit te voeren; of
   ii. naar het oordeel van de ACM voldoende is om een inbreuk op het mededingingsrecht, waarvoor op grond van artikel 4 van dit besluit clementie kan

worden verleend, te kunnen vaststellen, mits de ACM op het moment van verstrekking van het bewijsmateriaal nog niet over voldoende bewijsmateriaal beschikte om een dergelijke inbreuk te kunnen vaststellen en geen enkele andere onderneming eerder in aanmerking is gekomen voor boete-immuniteit op grond van punt i, met betrekking tot dat vermeende geheime kartel.

2. De ACM deelt de clementieverzoeker uiterlijk bij de verzending aan hem van het rapport als bedoeld in artikel 5:48 Algemene wet bestuursrecht schriftelijk mede of hem al dan niet voorwaardelijke boete-immuniteit is verleend. De clementieverzoeker kan de ACM vragen of de ACM hem schriftelijk op de hoogte brengt van het resultaat van zijn verzoek.

3. In het geval de ACM een verzoek om boete-immuniteit afwijst, kan de verzoeker de ACM vragen zijn verzoek als een verzoek tot boetevermindering te behandelen.
[09-02-2021, Stb. 73, i.w.tr. 18-02-2021]

§ 2.3
Boetevermindering

Artikel 6

1. De ACM kent een clementieverzoeker boetevermindering toe indien:
a. aan de verzoeker geen boete-immuniteit op grond van artikel 5 is toegekend;
b. de verzoeker voldoet aan de voorwaarden, genoemd in artikel 4;
c. de verzoeker zijn deelname aan een geheim kartel meldt; en
d. de verzoeker bewijsmateriaal met significante toegevoegde waarde inzake het vermeende geheime kartel verstrekt.

2. De boetevermindering bedraagt ten minste 30% en ten hoogste 50% indien de clementieverzoeker als eerste bewijsmateriaal met significante toegevoegde waarde verstrekt.

3. De boetevermindering bedraagt ten minste 20% en ten hoogste 30% indien de clementieverzoeker als tweede bewijsmateriaal met significante toegevoegde waarde verstrekt.

4. De boetevermindering bedraagt hoogste 20% indien de clementieverzoeker als derde, of telkens daarop volgende, bewijsmateriaal met significante toegevoegde waarde verstrekt.

5. De ACM bepaalt het percentage boetevermindering als bedoeld in het tweede tot en met vierde lid aan de hand van het tijdstip, bedoeld in de artikelen 12, vijfde lid, 13, achtste lid, of 11, eerste lid, en de waarde van het verstrekte bewijsmateriaal met significante toegevoegde waarde.

6. De ACM deelt een clementieverzoeker uiterlijk bij de verzending aan hem van het rapport als bedoeld in 5:48 van de Algemene wet bestuursrecht, schriftelijk mede of hem al dan niet voorwaardelijke boetevermindering wordt verleend, inclusief het voorwaardelijke percentage boetevermindering.
[09-02-2021, Stb. 73, i.w.tr. 18-02-2021]

Artikel 7

Indien een clementieverzoeker die voldoet aan de voorwaarden, genoemd in artikel 6, eerste lid, onomstotelijk bewijsmateriaal levert dat door de ACM gebruikt wordt

om het bewijs te leveren van aanvullende feiten waardoor de geldboeten hoger zijn dan de geldboeten die anders aan de deelnemers van het geheime kartel zouden zijn opgelegd, neemt de ACM deze aanvullende feiten niet in overweging bij het bepalen van de geldboete die wordt opgelegd aan de clementieverzoeker.
[09-02-2021, Stb. 73, i.w.tr. 18-02-2021]

§ 3
Oriëntatie op een clementieverzoek

Artikel 8
De ACM kan met degene die overweegt een clementieverzoek in te dienen, van gedachten wisselen over een feitencomplex en de toepasselijkheid van dit besluit in dat kader.
[09-02-2021, Stb. 73, i.w.tr. 18-02-2021]

Artikel 9
1. Degene die overweegt een clementieverzoek in te dienen kan telefonisch en uitsluitend door tussenkomst van een advocaat aan de ACM vragen of boete-immuniteit zoals bedoeld in artikel 5, eerste lid, onderdeel d, onder i, nog beschikbaar is.
2. Indien de ACM de vraag, bedoeld in het eerste lid, bevestigend beantwoordt, wordt terstond een verzoek tot boete-immuniteit ingediend.
[09-02-2021, Stb. 73, i.w.tr. 18-02-2021]

§ 4
Het indienen van een clementieverzoek

Artikel 10
Een clementieverzoek kan worden ingediend door:
a. een onderneming die aan een geheim kartel deelneemt of heeft deelgenomen, vertegenwoordigd door iemand die bevoegd is namens die onderneming bindende afspraken te maken,
b. een natuurlijke persoon als bedoeld in artikel 51, tweede lid, onder 2°, van het Wetboek van Strafrecht, die opdracht tot of feitelijk leiding aan de deelname van een onderneming aan een geheim kartel heeft gegeven en het clementieverzoek namens hemzelf indient, of
c. meerdere natuurlijke personen als bedoeld in artikel 51, tweede lid, onder 2°, van het Wetboek van Strafrecht tegelijk, die opdracht tot of feitelijk leiding aan de deelname van een onderneming aan een geheim kartel hebben gegeven, en het clementieverzoek namens henzelf indienen, mits zij ten tijde van indiening van het clementieverzoek werkzaam zijn bij dezelfde, bij het geheime kartel betrokken onderneming.
[09-02-2021, Stb. 73, i.w.tr. 18-02-2021]

Artikel 11
1. De ACM registreert het tijdstip van ontvangst van een clementieverzoek.
2. Op verzoek van de clementieverzoeker bevestigt de ACM schriftelijk de ontvangst van het clementieverzoek, met vermelding van de datum en het tijdstip van ontvangst.
[09-02-2021, Stb. 73, i.w.tr. 18-02-2021]

Besluit clementie

Artikel 12

1. Degene die overweegt een clementieverzoek in te dienen, kan bij de ACM een onvolledig clementieverzoek indienen.
2. Een onvolledig clementieverzoek als bedoeld in het eerste lid bevat, voor zover beschikbaar, de volgende informatie:
i. de naam en het adres van de clementieverzoeker;
ii. de punten van zorg die aanleiding hebben gegeven tot het verzoek;
iii. de namen van alle andere ondernemingen die deelnemen of hebben deelgenomen aan het vermeende geheime kartel;
iv. de betrokken goederen of diensten;
v. de geografische reikwijdte van het vermeende geheime kartel;
vi. de duur en de aard van het vermeende kartelgedrag;
vii. eerdere of mogelijke toekomstige clementieverzoeken die met betrekking tot het vermeende geheime kartel bij mededingingsautoriteiten van andere lidstaten van de Europese Unie zijn of worden ingediend.
3. De ACM kan op basis van een onvolledig clementieverzoek een marker vaststellen, indien het onvolledige clementieverzoek naar het oordeel van de ACM een concrete basis biedt voor een redelijk vermoeden van de betrokkenheid van de clementieverzoeker bij een vermeend geheim kartel en het onvolledige clementieverzoek ten minste de beschikbare informatie genoemd in het tweede lid, bevat.
4. Indien de ACM ingevolge het derde lid een marker vaststelt, stelt zij de clementieverzoeker daarbij een termijn waarbinnen deze in staat wordt gesteld de noodzakelijke informatie en bewijzen te verzamelen om te kunnen voldoen aan artikel 14.
5. Alle informatie en bewijzen die de verzoeker binnen termijn, bedoeld in het vierde lid, heeft verschaft, worden geacht te zijn ingediend op het tijdstip van het verzoek, bedoeld in het eerste lid.
6. Indien de clementieverzoeker niet binnen de termijn, bedoeld in het vierde lid, een clementieverzoek indient dat voldoet aan de vereisten van artikel 14, kan de ACM het clementieverzoek afwijzen.

[09-02-2021, Stb. 73, i.w.tr. 18-02-2021]

Artikel 13

1. Een clementieverzoeker die bij de Europese Commissie een verzoek om clementie heeft ingediend met betrekking tot een vermeend geheim kartel dat het grondgebied van meer dan drie lidstaten beslaat, kan bij de ACM een beknopt clementieverzoek indienen.
2. Een beknopt clementieverzoek als bedoeld in het eerste lid bevat de elementen genoemd in artikel 12, tweede lid, met uitzondering van onderdeel ii, en een korte beschrijving van de lidstaat of lidstaten waar het bewijsmateriaal inzake het vermeende geheime kartel zich waarschijnlijk bevindt. Indien het beknopte verzoek aan deze voorwaarden voldoet, stelt de ACM een marker vast.
3. Indien de ACM op het tijdstip van ontvangst van een beknopt verzoek nog geen clementieverzoek met betrekking tot hetzelfde vermeende geheime kartel van een andere verzoeker heeft ontvangen en van oordeel is dat het beknopte verzoek voldoet aan het tweede lid, stelt zij de verzoeker daarvan schriftelijk in kennis.
4. Indien de Europese Commissie de ACM ervan in kennis stelt dat zij de zaak niet geheel of gedeeltelijk in behandeling neemt, geeft de ACM de clementieverzoeker de

mogelijkheid om bij de ACM een clementieverzoek dat voldoet aan de vereisten van artikel 14 in te dienen.
5. Indien de Europese Commissie de ACM er nog niet van in kennis heeft gesteld dat zij de zaak niet geheel of gedeeltelijk in behandeling neemt, verzoekt de ACM de clementieverzoeker slechts een clementieverzoek in te dienen dat voldoet aan de vereisten van artikel 14 indien dit strikt noodzakelijk is voor de afbakening of toewijzing van zaken.
6. Voorafgaand aan het moment waarop de ACM op grond van het vierde of vijfde lid verzoekt om een clementieverzoek dat voldoet aan de vereisten van artikel 14, vraagt de ACM de clementieverzoeker enkel ten aanzien van de in het tweede lid genoemde gegevens om specifieke verduidelijkingen te verstrekken.
7. Wanneer de ACM, in overeenstemming met het vierde of vijfde lid de clementieverzoeker verzoekt een clementieverzoek dat voldoet aan de vereisten van artikel 14 in te dienen, stelt zij een termijn waarbinnen de verzoeker dit clementieverzoek moet indienen.
8. Wanneer de clementieverzoeker overeenkomstig het vierde of vijfde lid een clementieverzoek indient, wordt het clementieverzoek dat voldoet aan de vereisten van artikel 14, geacht te zijn ingediend op het tijdstip van indiening van het beknopte verzoek, op voorwaarde dat het beknopte verzoek betrekking heeft op hetzelfde vermeende geheime kartel als het clementieverzoek dat bij de Europese Commissie werd ingediend.
[09-02-2021, Stb. 73, i.w.tr. 18-02-2021]

Artikel 14
Een clementieverzoek bevat een clementieverklaring met daarin:
a. alle relevantie informatie en bewijsmateriaal, inclusief toelichting, in verband met het vermeende geheime kartel die de verzoeker in zijn bezit heeft of waar hij toegang toe heeft op het tijdstip van de indiening van het clementieverzoek, in het bijzonder:
  i. de naam en het adres van de clementieverzoeker;
  ii. de naam en het adres van degenen die deelnemen of hebben deelgenomen aan het vermeende geheime kartel;
  iii. een uitgebreide beschrijving van het vermeende geheime kartel, met inbegrip van de betrokken goederen of diensten, de betrokken geografische gebieden, de duur en de aard van het vermeende kartelgedrag alsmede de specifieke data, locaties, inhoud van en betrokkenen bij de kartelcontacten;
  iv. informatie over alle eerdere of mogelijke toekomstige clementieverzoeken die met betrekking tot het vermeende geheime kartel bij andere mededingingsautoriteiten zijn of zullen worden ingediend;
b. een verklaring van de clementieverzoeker dat hij de op hem betrekking hebbende voorwaarden van dit besluit zal naleven;
c. een verklaring van deelname aan het door de clementieverzoeker beweerde vermeende geheime kartel, indien de clementieverzoeker een onderneming is, of een verklaring dat de clementieverzoeker als natuurlijke persoon als bedoeld in artikel 51, tweede lid, onder 2°, van het Wetboek van Strafrecht, opdracht tot of feitelijk leiding aan de deelname van een onderneming aan het vermeende geheime kartel heeft gegeven, indien clementieverzoeker een natuurlijke persoon is.

[09-02-2021, Stb. 73, i.w.tr. 18-02-2021]

Besluit clementie

Artikel 15
1. Clementieverklaringen kunnen schriftelijk, mondeling of op een andere wijze worden verstrekt, waarbij clementieverzoekers de ingediende clementieverklaringen niet in bezit, bewaring of onder hun controle hoeven te nemen.
2. Indien een clementieverklaring mondeling wordt verstrekt, registreert de ACM deze en maakt zij hiervan een transcript.
[09-02-2021, Stb. 73, i.w.tr. 18-02-2021]

§ 5
De clementietoezegging

Artikel 16
Met voorwaardelijke clementietoezeggingen stelt de ACM de definitieve volgorde van binnenkomst van clementieverzoeken betreffende een geheim kartel vast.
[09-02-2021, Stb. 73, i.w.tr. 18-02-2021]

Artikel 17
Indien een clementieverzoeker zijn verplichtingen op grond van dit besluit niet nakomt, kan de ACM de clementietoezegging intrekken.
[09-02-2021, Stb. 73, i.w.tr. 18-02-2021]

§ 6
Natuurlijke personen

Artikel 18
De ACM legt geen sancties op aan natuurlijke personen die werkzaam zijn of zijn geweest bij een onderneming waarop het clementieverzoek betrekking heeft, indien:
a. het clementieverzoek dat door de onderneming is ingediend voldoet aan artikel 5;
b. de natuurlijke personen in dit verband actief samenwerken met de ACM; en
c. het clementieverzoek door de onderneming is ingediend voordat de natuurlijke personen door de bevoegde instanties werden gewezen op handhavingsprocedures met betrekking tot het vermeende geheime kartel waarop het clementieverzoek betrekking heeft.
[09-02-2021, Stb. 73, i.w.tr. 18-02-2021]

Artikel 19
1. Natuurlijke personen die namens henzelf een clementieverzoek indienen, kunnen in aanmerking komen voor dezelfde boetevermindering als de onderneming waar zij werkzaam zijn, indien de onderneming reeds een clementieverzoek heeft ingediend en de natuurlijke personen verklaren als mede-clementieverzoeker van de onderneming te willen worden aangemerkt en zelfstandig aan de voorwaarden voor boetevermindering, bedoeld in artikel 6, voldoen.
2. Het eerste lid is van overeenkomstige toepassing op natuurlijke personen die ten tijde van de indiening van het clementieverzoek niet meer werkzaam zijn bij de onderneming die het clementieverzoek heeft ingediend, voor zover deze natuurlijke personen niet werkzaam zijn bij een andere onderneming ten aanzien waarvan het

vermoeden bestaat dat zij betrokken is bij hetzelfde vermeende geheime kartel, maar die geen clementieverzoek heeft ingediend.

3. Natuurlijke personen die gelijktijdig een clementieverzoek indienen, komen in aanmerking voor dezelfde boetevermindering indien zij verklaren als mede-clementieverzoeker van elkaar te willen worden aangemerkt en ieder van hen zelfstandig aan de voorwaarden voor boetevermindering, bedoeld in artikel 6, voldoet.

[09-02-2021, Stb. 73, i.w.tr. 18-02-2021]

§ 7
Vertrouwelijkheid

Artikel 20
De ACM gebruikt het bewijsmateriaal, bedoeld in artikel 5, eerste lid, onderdeel d, onder i, dat zij verkrijgt van degene die overweegt een clementieverzoek in te dienen tijdens de contacten, bedoeld in de artikelen 8 en 9, of door middel van ingediende clementieverzoeken die zij afwijst, niet als bewijs tegen de verstrekker van de informatie tenzij de verstrekker daarin toestemt of de ACM uit andere hoofde over diezelfde informatie beschikt.

[09-02-2021, Stb. 73, i.w.tr. 18-02-2021]

Artikel 21
De ACM maakt de hoedanigheid van een onderneming of natuurlijke persoon als clementieverzoeker niet aan derden bekend tot het rapport, bedoeld in artikel 5:48 van de Algemene wet bestuursrecht, aan een van de betrokkenen bij het geheime kartel is verzonden, tenzij daartoe een rechtsplicht bestaat of de clementieverzoeker daarmee heeft ingestemd.

[09-02-2021, Stb. 73, i.w.tr. 18-02-2021]

Artikel 22
De ACM zendt een clementieverklaring overeenkomstig artikel 12 van Verordening 1/2003 slechts aan een mededingingsautoriteit van een andere lidstaat van de Europese Unie indien:
a. de verzoeker daarvoor toestemming heeft gegeven; of
b. de mededingingsautoriteit waaraan de ACM de clementieverklaring toezendt, van dezelfde clementieverzoeker een clementieverzoek met betrekking tot hetzelfde vermeende geheime kartel heeft ontvangen als de ACM, op voorwaarde dat er op het tijdstip van toezending van de clementieverklaring voor de verzoeker geen mogelijkheid bestaat de toegezonden informatie terug te trekken.

[09-02-2021, Stb. 73, i.w.tr. 18-02-2021]

§ 8
Overgangs- en slotbepalingen

Artikel 23
Op clementieverzoeken die voorafgaand aan het tijdstip van inwerkingtreding van dit besluit zijn ontvangen, op clementieverzoeken met betrekking tot een kartel waarvoor voorafgaand aan het tijdstip van inwerkingtreding van dit besluit al clementieverzoe-

ken zijn ontvangen en op boete-immuniteit en boetevermindering die voorafgaand aan het tijdstip van inwerkingtreding van dit besluit is verleend, blijft de Beleidsregel van de Minister van Economische Zaken tot vermindering van geldboetes betreffende kartels van toepassing zoals deze gold onmiddellijk voorafgaand aan dat tijdstip.
[09-02-2021, Stb. 73, i.w.tr. 18-02-2021]

Artikel 24
Indien het bij koninklijke boodschap van 25 mei 2020 ingediende voorstel van wet tot wijziging van de Mededingingswet en de Instellingswet Autoriteit Consument en Markt in verband met de implementatie van richtlijn (EU) 2019/1 van het Europees Parlement en de Raad van 11 december 2018 tot toekenning van bevoegdheden aan de mededingingsautoriteiten van de lidstaten voor een doeltreffendere handhaving en ter waarborging van de goede werking van de interne markt (*PbEU* 2019, L 11) tot wet is of wordt verheven en artikel II, onderdeel J, van die wet in werking treedt, treedt dit besluit op hetzelfde tijdstip in werking.
[09-02-2021, Stb. 73, i.w.tr. 18-02-2021]

Artikel 25
Dit besluit wordt aangehaald als: Besluit clementie
[09-02-2021, Stb. 73, i.w.tr. 18-02-2021]

Werkwijze informanten ACM 2017

Besluit van 7 september 2017, Stcrt. 2017, 52587 (i.w.tr. 20-09-2017)

§ 1
Inleiding
Bij haar toezicht op de naleving van wet- en regelgeving is de Autoriteit Consument en Markt (ACM) afhankelijk van informatie. Als een persoon informatie heeft over een mogelijke overtreding dan is het belangrijk dat hij/zij de ACM hierover informeert. Deze informatie kan namelijk zeer waardevol zijn voor het onderzoek naar die overtreding. In de praktijk is gebleken dat sommige personen die voor de ACM informatie hebben niet met naam en toenaam genoemd willen worden in een onderzoeksdossier en hun identiteit alleen bekend willen maken aan een beperkt aantal personen die werkzaam zijn bij de ACM. Deze werkwijze beschrijft de mogelijkheden daartoe en de uitgangspunten die daarbij gelden en geeft inzicht in de (grenzen van de) waarborgen die de ACM biedt. Verder regelt de werkwijze een aantal praktische zaken zoals de manier waarop informatie kan worden ingediend.
Personen die beschikken over informatie over eventuele overtredingen en wensen dat hun identiteit alleen bekend wordt bij een beperkt aantal personen bij de ACM, maar niet daarbuiten, worden in deze werkwijze aangeduid als informanten.
Omdat de werkwijze ziet op informanten, is deze bijvoorbeeld niet van toepassing als de ACM op een andere wijze informatie verkrijgt. Bijvoorbeeld indien personen een aanvraag indienen tot het nemen van een handhavingsbesluit of indien er een verzoek wordt ingediend om clementie.

§ 2
Definities
1. Informant: een persoon die, anders dan op vordering van de ACM, gegevens, inlichtingen en/of bescheiden over een mogelijke overtreding ter beschikking stelt aan de ACM, en daarbij bepaalt dat zijn/haar identiteit alleen door hem of via een tussenpersoon bij de inlichtingeneenheid van de ACM bekend mag zijn.
2. Inlichtingeneenheid: een onderdeel binnen de ACM dat belast is met het verzamelen en verwerken van inlichtingen van informanten.
3. Tussenpersoon: een persoon die namens een informant gegevens, inlichtingen en/of bescheiden over een mogelijke overtreding ter beschikking stelt aan de ACM.

§ 3
Waarborgen geheimhouding identiteit
1. Bij de inlichtingeneenheid van de ACM werken uitsluitend ambtenaren die door de ACM zijn aangewezen om de gegevens, inlichtingen en/of bescheiden ter beschikking gesteld door de informant in ontvangst te mogen nemen. De identiteit van de

informant is alleen bij de inlichtingeneenheid bekend. De inlichtingeneenheid van de ACM garandeert dat de identiteit van een informant niet breder binnen de ACM bekend wordt gemaakt. De ambtenaren van de inlichtingeneenheid verwijderen informatie die de identiteit van de informant kan onthullen, voordat zij gegevens, inlichtingen en/of documenten binnen de ACM verspreiden.
2. De inlichtingeneenheid van de ACM spant zich in om de anonimiteit van een informant buiten de ACM te waarborgen. De inlichtingeneenheid maakt met een informant nadere schriftelijke afspraken over de mate van inspanningen die zij en de informant zullen verrichten om ervoor te zorgen dat zijn of haar identiteit niet bekend wordt gemaakt. In uitzonderlijke gevallen kan toch aanleiding bestaan de identiteit van een informant buiten de ACM bekend te maken. Dit kan onder meer het geval zijn wanneer:
   - In een beroepsprocedure de rechter de ACM daartoe verplicht;
   - sprake is van een misdrijf waarvoor aangifteplicht geldt;
   - op basis van een gerechtelijk bevel een ambtenaar van de inlichtingeneenheid van de ACM als getuige onder ede wordt gehoord;
   - een ambtenaar van de inlichtingeneenheid van de ACM onder ede wordt gehoord in een parlementaire enquête.

§ 4
Wijze van informatie indienen
1. Informantenen tussenpersonen kunnen via het telefoonnummer 070 - 722 2500 informatie indienen bij de inlichtingeneenheid van de ACM. Dit nummer is in ieder geval bereikbaar op werkdagen van 9.00 uur tot 17.00 uur. De inlichtingeneenheid spant zich in om ook buiten deze tijden bereikbaar te zijn.
2. Na dit telefonische contact maakt de inlichtingeneenheid een afspraak voor een persoonlijke kennismaking. Tijdens dit gesprek kan de informant gegevens en/of documenten aan de inlichtingeneenheid verstrekken.

§ 5
Slotbepalingen
3. Dit besluit besluit wordt aangehaald als: Werkwijze informanten ACM 2017.
4. Dit besluit treedt in werking met ingang van de dag na de datum van uitgifte van de *Staatscourant* waarin het wordt geplaatst.
5. De Werkwijze (anonieme) informanten ACM (*Scrt.* 2013, nr. 16388) wordt ingetrokken.

ACM Werkwijze voor onderzoek in digitale gegevens 2014

Besluit van 6 februari 2014, Stcrt. 2014, 3993 (i.w.tr. 12-02-2014)

Autoriteit Consument en Markt,
Gelet op de artikelen 5:17 en 5:20 van de Algemene wet bestuursrecht, artikelen 51 en 89 van de Mededingingswet, artikel 70, vierde lid, eerste volzin, van de Spoorwegwet, artikel 48, vierde lid, laatste volzin, van de Drinkwaterwet, artikel 11.14a, eerste lid, tweede volzin, van de Wet luchtvaart en artikel 2.4, tweede lid, van de Wet Handhaving consumentenbescherming;
Gezien de wens om nadere invulling te geven aan de bevoegdheid inzage te vorderen in digitale gegevens en deze te kopiëren bij de uitoefening van het toezicht op de naleving van de door haar gehandhaafde wetten;
Besluit:

Artikel 1
Begripsomschrijvingen
In dit besluit wordt verstaan onder:
1. *afronding van een onderzoek:* de definitieve afronding van de besluitvorming volgend op een onderzoek of, indien van toepassing, de definitieve afronding van het onderzoek benodigd voor nacontroles aangekondigd op het moment van definitieve afronding van de besluitvorming volgend op een onderzoek;
2. *Awb:* Algemene wet bestuursrecht;
3. *betrokkene:* degene die de geadresseerde is bij de inzet van de bevoegdheden van artikel 5:17 van de Algemene wet bestuursrecht;
4. *binnen-de-reikwijdte:* dat wat naar zijn aard en/of inhoud redelijkerwijs binnen het doel en voorwerp van het onderzoek kan vallen;
5. *binnen-de-reikwijdte dataset:* dataset die binnen-de-reikwijdte is voordat de 'ACM Werkwijze geheimhoudingsprivilege advocaat 2014' en het onderstaande artikel 2.3, tweede lid, is toegepast;
6. *dataset:* een verzameling gegevens;
7. *gegevens:* digitale gegevens;
8. *hashwaarde:* een controleerbare wiskundige berekening over de inhoud van een digitaal bestand;
9. *moment van ter inzage verlening:* moment waarop inzage wordt verleend als bedoeld in artikel 5:49, eerste lid, van de Algemene wet bestuursrecht;
10. *onderzoeksdataset:* dataset die binnen-de-reikwijdte is nadat de 'ACM Werkwijze geheimhoudingsprivilege advocaat 2014' en het onderstaande artikel 2.3, tweede lid, is toegepast;
11. *toezichthoudend ambtenaar:* degene die als zodanig op grond van het 'Besluit aanwijzing toezichthouders ACM' is aangewezen;

12. *veiligstellen:* overzetten van gegevens door een toezichthoudend ambtenaar op een gegevensdrager van een toezichthoudend ambtenaar.
[06-02-2014, Stcrt. 3993, i.w.tr. 12-02-2014]

Waarborgen bij de inzet van de bevoegdheid inzage te vorderen in gegevens op grond van artikel 5:17 van de Awb

Artikel 2.1
Waarborgen bij de totstandkoming van de veiliggestelde dataset

1. Bij het inzage vorderen, veiligstellen en selecteren van gegevens richt de toezichthoudend ambtenaar zich op het doel en voorwerp van het onderzoek;
2. Als voor de selectie van gegevens een persoon/functionaris, of zijn ondersteuner(s) het uitgangspunt vormt, brengt het eerste lid met zich dat de toezichthoudend ambtenaar betrokkenheid van deze persoon dient te vermoeden bij het doel en voorwerp van het onderzoek;
3. De toezichthoudend ambtenaar verstrekt betrokkene een omschrijving van het doel en voorwerp van het onderzoek voordat hij zijn bevoegdheid van artikel 5:17 van de Awb inzet;
4. De toezichthoudend ambtenaar verstrekt betrokkene de namen van de personen/functionarissen waarvan betrokkenheid wordt vermoed bij het doel en voorwerp van het onderzoek, dan wel van hun ondersteuner(s), voordat hij gegevens veiligstelt of meeneemt die behoren bij deze personen/functionarissen of ondersteuner(s) op grond van artikel 5:17, derde lid, van de Awb;
5. De toezichthoudend ambtenaar verstrekt betrokkene een overzicht van de gegevens op de veiliggestelde dataset met de bijbehorende hashwaarden per bestand na het veiligstellen van gegevens.
[06-02-2014, Stcrt. 3993, i.w.tr. 12-02-2014]

Artikel 2.2
Waarborgen bij de totstandkoming van de binnen-de-reikwijdte dataset

1. Totdat de dataset waarvan de toezichthoudend ambtenaar inzage vordert of de veiliggestelde dataset zodanig is geselecteerd dat zij is aan te merken als binnen-de-reikwijdte dataset, ziet de toezichthoudend ambtenaar de gegevens niet langer in dan noodzakelijk om te beoordelen of de gegevens binnen-de-reikwijdte zijn;
2. De toezichthoudend ambtenaar stelt betrokkene in staat aanwezig te zijn indien hij gegevens inziet om te beoordelen of deze gegevens binnen-de-reikwijdte zijn;
3. De toezichthoudend ambtenaar verstrekt betrokkene een overzicht van de gegevens op de binnen-de-reikwijdte dataset, en van de wijze van totstandkoming van de binnen-de-reikwijdte dataset, zo spoedig mogelijk, doch uiterlijk op het moment van ter inzage verlening.
[06-02-2014, Stcrt. 3993, i.w.tr. 12-02-2014]

Artikel 2.3
Waarborgen bij de totstandkoming van de onderzoeksdataset

1. Indien redelijkerwijs te verwachten is dat de binnen-de-reikwijdte dataset gegevens kan bevatten die als niet-zakelijk zijn aan te merken, stelt de toezichthoudend ambtenaar betrokkene in staat schriftelijk en gemotiveerd aan te geven welke gegevens

op de binnen-de-reikwijdte dataset als niet-zakelijke gegevens in de zin van artikel 5:17, eerste lid, van de Awb kunnen worden aangemerkt;
2. De toezichthoudend ambtenaar beoordeelt deze claim. Voor zover de toezichthoudend ambtenaar deze claim toewijst, worden deze gegevens niet opgenomen in de onderzoeksdataset.
[06-02-2014, Stcrt. 3993, i.w.tr. 12-02-2014]

Artikel 2.4
Waarborg bij de totstandkoming van de veiliggestelde dataset, de binnen-de-reikwijdte dataset en de onderzoeksdataset
In de 'ACM Werkwijze geheimhoudingsprivilege advocaat 2014' is aangegeven hoe de toezichthoudend ambtenaar omgaat met het recht op geprivilegieerde correspondentie tussen advocaat en betrokkene bij de totstandkoming van de veiliggestelde dataset, de binnen-de-reikwijdte dataset en de onderzoeksdataset.
[06-02-2014, Stcrt. 3993, i.w.tr. 12-02-2014]

Artikel 2.5
Waarborg bij het opnemen van gegevens in het dossier
De toezichthoudend ambtenaar licht toe op grond waarvan hij gegevens uit de onderzoeksdataset ter inzage legt op grond van artikel 5:49, eerste lid, van de Awb. Dit gebeurt zo spoedig mogelijk, doch uiterlijk op het moment van ter inzage verlening. Dit gebeurt niet indien de keuze voor ter inzage legging is gebaseerd op een beoordeling van de inhoud van de gegevens.
[06-02-2014, Stcrt. 3993, i.w.tr. 12-02-2014]

Artikel 2.6
Waarborgen betreffende het hergebruik, de externe verstrekking en het bewaren van gegevens
1. Gegevens opgenomen in de onderzoeksdataset kunnen worden hergebruikt in een ander onderzoek en extern worden verstrekt;
2. Gegevens opgenomen in de veiliggestelde dataset die niet zijn opgenomen in de onderzoeksdataset, worden niet hergebruikt in een ander onderzoek, noch extern verstrekt;
3. De toezichthoudend ambtenaar maakt een verslag van ambtshandelingen op indien gegevens worden hergebruikt of extern verstrekt overeenkomstig het eerste lid. In dit verslag geeft de toezichthoudend ambtenaar aan van welke veiliggestelde dataset de betreffende gegevens afkomstig zijn;
4. Gegevens opgenomen in de veiliggestelde dataset, de binnen-de-reikwijdte dataset en de onderzoeksdataset, en die niet zijn opgenomen in het dossier, worden bewaard uiterlijk totdat het onderzoek is afgerond;
5. Gegevens opgenomen in het dossier worden bewaard overeenkomstig de Archiefwet 1995.
[06-02-2014, Stcrt. 3993, i.w.tr. 12-02-2014]

Artikel 3
Slotbepaling
Dit besluit vervangt alle eerdere werkwijzen van de Consumentenautoriteit, de Raad van Bestuur van de Nederlandse Mededingingsautoriteit en het College van de Onafhankelijke Post en Telecommunicatie Autoriteit betreffende onderzoek in gegevens.
[06-02-2014, Stcrt. 3993, i.w.tr. 12-02-2014]

Artikel 4
Citeertitel
Dit besluit wordt aangehaald als: ACM Werkwijze voor onderzoek in digitale gegevens 2014.
[06-02-2014, Stcrt. 3993, i.w.tr. 12-02-2014]

Artikel 5
Inwerkingtreding
Dit besluit treedt in werking met ingang van de dag na de datum van publicatie van de *Staatscourant* waarin het wordt geplaatst.
[06-02-2014, Stcrt. 3993, i.w.tr. 12-02-2014]

ACM Werkwijze geheimhoudingsprivilege advocaat 2014

Besluit van 6 februari 2014, Stcrt. 2014, 3991 (i.w.tr. 12-02-2014)
Autoriteit Consument en Markt,
Gelet op de artikelen 5:17 en 5:20, eerste lid, van de Algemene wet bestuursrecht, de artikelen 51 en 89 van de Mededingingswet, artikel 70, vierde lid, eerste volzin, van de Spoorwegwet, artikel 48, vierde lid, laatste volzin, van de Drinkwaterwet, artikel 11.14a, eerste lid, tweede volzin, van de Wet luchtvaart en artikel 2.4, tweede lid, van de Wet Handhaving consumentenbescherming;
Besluit:

Artikel 1
Begripsomschrijvingen
In dit besluit wordt verstaan onder:
1. *ACM:* de Autoriteit Consument en Markt als bedoeld in artikel 2, eerste lid, van de Instellingswet Autoriteit Consument en Markt;
2. *ACM-organisatie:* de organisatie van het personeel als bedoeld in artikel 5, eerste lid, van de Instellingswet Autoriteit Consument en Markt;
3. *afronding van een onderzoek:* de definitieve afronding van de besluitvorming volgend op een onderzoek of, indien van toepassing, de definitieve afronding van het onderzoek benodigd voor nacontroles aangekondigd op het moment van definitieve afronding van de besluitvorming volgend op een onderzoek;
4. *Awb:* Algemene wet bestuursrecht;
5. *betrokkene:* degene die de geadresseerde is bij de inzet van de bevoegdheid van artikel 5:17 van de Algemene wet bestuursrecht;
6. *gegevens:* analoge of digitale gegevens;
7. *toezichthoudend ambtenaar:* degene die als zodanig op grond van het Besluit aanwijzing toezichthouders ACM is aangewezen;
8. *veiligstellen:* overzetten van gegevens door een toezichthoudend ambtenaar op een gegevensdrager van een toezichthoudend ambtenaar.

[06-02-2014, Stcrt. 3991, i.w.tr. 12-02-2014]

Artikel 2
Functionaris verschoningsrecht
1. De ACM-organisatie heeft één of meer functionarissen verschoningsrecht die toezien op het recht op geprivilegieerde correspondentie met een advocaat.
2. Een functionaris verschoningsrecht voert de hem in deze werkwijze toegekende taken onafhankelijk uit en legt over deze werkzaamheden, zonder in te gaan op inhoudelijke afwegingen, rechtstreeks verantwoording af aan ACM.

ACM Werkwijze geheimhoudingsprivilege advocaat 2014

3. Een functionaris verschoningsrecht is niet betrokken en zal niet betrokken worden bij een onderzoek in welk verband hij gegevens heeft beoordeeld, noch bij een ander onderzoek waarvoor (een deel van) de gegevens uit het eerstbedoelde onderzoek worden gebruikt.
[06-02-2014, Stcrt. 3991, i.w.tr. 12-02-2014]

Artikel 3
Gegevens waarbij de toezichthoudend ambtenaar aanleiding ziet tot directe inzage

1. Betrokkene kan ten tijde van het vorderen van inzage in gegevens op grond van artikel 5:17, eerste lid, van de Awb kenbaar maken dat het (mede) geprivilegieerde correspondentie betreft.
2. De toezichthoudend ambtenaar gaat in dat geval na of de door betrokkene als zodanig geclaimde gegevens geprivilegieerd zijn door deze gegevens vluchtig in te zien.
3. Indien een toezichthoudend ambtenaar gegevens die vluchtig zijn ingezien als geprivilegieerd beoordeelt, legt hij deze gegevens terzijde. Indien de toezichthoudend ambtenaar niet overtuigd is van het geprivilegieerde karakter van als zodanig geclaimde gegevens en betrokkene volhardt in zijn claim, neemt de toezichthoudend ambtenaar de betreffende gegevens mee in een gesloten envelop.
4. Indien betrokkene aannemelijk maakt dat het vluchtig inzien al het geprivilegieerde karakter van de als zodanig geclaimde gegevens kan schaden, neemt de toezichthoudend ambtenaar de betreffende gegevens, zonder deze in te zien, mee in een gesloten envelop.
5. De toezichthoudend ambtenaar verstrekt de gesloten envelop, als bedoeld in het derde of vierde lid, aan de functionaris verschoningsrecht ter beoordeling van het geprivilegieerde karakter van de zich daarin bevindende gegevens.
6. De functionaris verschoningsrecht stelt betrokkene in de gelegenheid schriftelijk en gemotiveerd aan te geven welke gegevens, die aan de functionaris verschoningsrecht zijn voorgelegd, geprivilegieerd zijn. Artikel 5 is vervolgens van toepassing.
[06-02-2014, Stcrt. 3991, i.w.tr. 12-02-2014]

Artikel 4
Gegevens waarbij de toezichthoudend ambtenaar geen aanleiding ziet tot directe inzage

1. Een toezichthoudend ambtenaar kan aanleiding zien de inzage van gegevens te vorderen op grond van artikel 5:17 van de Awb zonder deze gegevens ten tijde van de vordering en het veilig stellen in te zien.
2. Voor zover betrokkene ten tijde van de vordering en het veiligstellen aangeeft dat gegevens bedoeld in het eerste lid mede geprivilegieerde correspondentie betreffen, stelt de toezichthoudend ambtenaar betrokkene in de gelegenheid aanwezig te zijn ten tijde van de inzage van deze gegevens ten kantore van ACM. Artikel 3 is in dat geval van overeenkomstige toepassing.
3. Voor zover betrokkene ten tijde van de vordering en het veiligstellen aangeeft dat de gegevens bedoeld in het eerste of tweede lid mede geprivilegieerde correspondentie betreffen en de toezichthoudend ambtenaar voornemens is deze gegevens in te zien buiten de aanwezigheid van betrokkene, legt de toezichthoudend ambtenaar deze

gegevens — zonder inzage te nemen — voor aan de functionaris verschoningsrecht ter beoordeling van de claim van betrokkene.
4. De functionaris verschoningsrecht stelt betrokkene, in een situatie als bedoeld in het derde lid, in de gelegenheid schriftelijk en gemotiveerd aan te geven welke gegevens, die aan de functionaris verschoningsrecht zijn voorgelegd, geprivilegieerd zijn. Artikel 5 is vervolgens van toepassing.
5. In het geval dat een toezichthoudend ambtenaar mogelijk geprivilegieerde gegevens aantreft in een onderzoeksdataset in de zin van artikel 2.3 van de ACM Werkwijze onderzoek in digitale gegevens 2014, die niet als zodanig door betrokkene zijn geclaimd, legt hij deze gegevens terzijde en verstrekt hij deze gegevens aan de functionaris verschoningsrecht.
[06-02-2014, Stcrt. 3991, i.w.tr. 12-02-2014]

Werkwijze van de functionaris verschoningsrecht

Artikel 5.1
Toetsing claim(s)
De functionaris verschoningsrecht toetst het geprivilegieerde karakter van de door betrokkene als zodanig geclaimde gegevens in het licht van de door betrokkene aangedragen motivering.
[06-02-2014, Stcrt. 3991, i.w.tr. 12-02-2014]

Artikel 5.2
Claim(s) betrokkene ingewilligd
Indien en voor zover de functionaris verschoningsrecht van oordeel is dat de claim terecht is, stelt hij betrokkene hiervan schriftelijk in kennis. De functionaris verschoningsrecht draagt de gegevens die het betreft niet over aan de toezichthoudend ambtenaar.
[06-02-2014, Stcrt. 3991, i.w.tr. 12-02-2014]

Artikel 5.3
Claim(s) betrokkene (in eerste instantie) niet ingewilligd
1. Indien en voor zover de functionaris verschoningsrecht van oordeel is dat de claim niet terecht is, stelt hij betrokkene hiervan schriftelijk en gemotiveerd in kennis. Hij stelt betrokkene daarbij in de gelegenheid zijn standpunt schriftelijk nader toe te lichten.
2. Is de functionaris verschoningsrecht na deze nadere toelichting van oordeel dat de claim terecht is, dan handelt hij conform artikel 5.2.
3. Blijft de functionaris verschoningsrecht ook na deze nadere toelichting van oordeel dat de claim niet terecht is, dan stelt hij betrokkene hiervan schriftelijk en gemotiveerd in kennis. In deze kennisgeving deelt de functionaris verschoningsrecht mede dat hij de betreffende gegevens na verloop van 10 werkdagen aan de toezichthoudend ambtenaar zal verstrekken.
[06-02-2014, Stcrt. 3991, i.w.tr. 12-02-2014]

Artikel 6
Het hergebruik, de externe verstrekking en het bewaren van correspondentie

1. De correspondentie uitgewisseld tussen betrokkene en de functionaris verschoningsrecht wordt niet hergebruikt in een ander onderzoek of extern verstrekt aan een ander dan betrokkene;
2. De functionaris verschoningsrecht vernietigt de tussen hem en betrokkene uitgewisselde correspondentie. De vernietiging van de tussen hem en betrokkene uitgewisselde correspondentie loopt uiterlijk gelijk met de bewaartermijn als beschreven in artikel 2.6 van de ACM Werkwijze onderzoek in digitale gegevens 2014.
[06-02-2014, Stcrt. 3991, i.w.tr. 12-02-2014]

Artikel 7
Ondersteuning functionaris verschoningsrecht

Vanaf het moment dat een betrokkene heeft aangegeven welke gegevens geprivilegieerde correspondentie betreffen, worden de ondersteunende forensische IT-werkzaamheden betreffende deze gegevens uitsluitend uitgevoerd door een toezichthoudend ambtenaar die niet is betrokken en niet zal worden betrokken als toezichthoudend ambtenaar bij het betreffende onderzoek, noch bij een ander onderzoek waarvoor (een deel van) de gegevens uit het eerstbedoelde onderzoek worden gebruikt.
[06-02-2014, Stcrt. 3991, i.w.tr. 12-02-2014]

Artikel 8
Inwerkingtreding

Dit besluit treedt in werking met ingang van de dag na de datum van publicatie van de *Staatscourant* waarin het wordt geplaatst.
[06-02-2014, Stcrt. 3991, i.w.tr. 12-02-2014]

Artikel 9
Citeertitel

Dit besluit wordt aangehaald als: ACM Werkwijze geheimhoudingsprivilege advocaat 2014.
[06-02-2014, Stcrt. 3991, i.w.tr. 12-02-2014]

ACM Werkwijze informele zienswijzen

Besluit van 26 februari 2019, Stcrt. 2019, 11177 (i.w.tr. 27-02-2019)

De Autoriteit Consument & Markt (ACM) ontvangt regelmatig verzoeken van partijen om schriftelijk een oordeel te geven over de toepassing van wetten die de ACM uitvoert of waarop zij toezicht houdt. Een dergelijke informele zienswijze is een voorlopig en informeel oordeel van de ACM. De informele zienswijze belet de ACM niet om in een later stadium een onderzoek te starten of alsnog een (andersluidend) besluit te nemen. In de praktijk blijkt dat er partijen zijn die behoefte hebben om in een vroegtijdig stadium duidelijkheid te krijgen over bijvoorbeeld de vraag of in een bepaalde situatie een vergunning of ontheffing nodig is of dat een bepaalde overeenkomst of handelwijze is toegestaan. In deze werkwijze zijn criteria opgenomen waar uw verzoek aan moet voldoen om in aanmerking te komen voor een informele zienswijze.

Criteria voor het geven van informele zienswijzen
Voor het in behandeling nemen en honoreren van verzoeken om informele zienswijzen hanteert de ACM de volgende criteria:
1) het betreft een nieuwe rechtsvraag. Dezelfde vraag of een soortgelijke situatie moet niet al eerder beoordeeld zijn in nationale of Europese jurisprudentie of in onder andere: besluiten, richtsnoeren, informele zienswijzen of visiedocumenten van de ACM of de Europese Commissie;
2) er is sprake van grote economische belangen. Hierbij kan gedacht worden aan:
    - grote investeringen die met een transactie gemoeid zijn in relatie tot de grootte van de betrokken onderneming(en), of
    - het economisch belang vanuit het gezichtspunt van de verbruiker van de goederen of diensten waarop de overeenkomst of gedraging betrekking heeft, en/of
3) het betreft een onderwerp dat direct de belangen van veel consumenten raakt of een onderwerp wat hoog op de maatschappelijke agenda staat, bijvoorbeeld omdat het bij een breed publiek verontwaardiging/beroering veroorzaakt; en/of
4) er is sprake van een overeenkomst of gedraging die waarschijnlijk veel voorkomt c.q. de voorliggende vraag breder leeft waardoor een informele zienswijze vanwege strategische signaalwerking noodzakelijk is;
5) het verzoek om een informele zienswijze heeft betrekking op een overeenkomst of gedraging die nog niet is uitgevoerd of is afgesloten;
6) het moet voor de ACM mogelijk zijn om een informele zienswijze te geven op basis van de door verzoeker verstrekte informatie, dus zonder dat onderzoek door de ACM nodig is; en
7) de gestelde rechtsvraag is niet hypothetisch.

ACM Werkwijze informele zienswijzen

Indien aan bovenstaande criteria wordt voldaan kan de ACM om capaciteitsredenen en prioriteitsstelling toch besluiten om een verzoek niet in behandeling te nemen. De ACM zal in elk geval géén informele zienswijze geven indien er een andere, meer voor de hand liggende, weg kan worden bewandeld om duidelijkheid te krijgen.

Aan welke eisen moet een verzoek voldoen?

Een verzoek tot het geven van informele zienswijzen dient schriftelijk te worden ingediend en bevat in ieder geval de volgende informatie:
- de gegevens van de verzoeker en de contactpersoon voor de ACM;
- de onderbouwing van het verzoek, voorzien van onderliggende stukken (voor vragen ten aanzien van de toepassing van artikel 6 van de Mededingingswet, dient een self assessment te worden meegestuurd);
- de motivering waarom het verzoek voldoet aan bovenstaande criteria;
- welke meegestuurde gegevens als vertrouwelijk dienen te worden aangemerkt als bedoeld in de Wet openbaarheid van bestuur.

Werkwijze Openbaarmaking ACM

Besluit van 1 juli 2015, Stcrt. 2015, 21331, zoals laatstelijk gewijzigd op 30 januari 2020, Stcrt. 2020, 7688 (i.w.tr. 12-02-2020)

Inleiding
Op 1 augustus 2014 is de Wet van 26 (*red.*: lees: 25) juni 2014 tot wijziging van de Instellingswet Autoriteit Consument en Markt en enige andere wetten in verband met de stroomlijning van het door de Autoriteit Consument en Markt te houden markttoezicht (*Stb.*, 247) in werking getreden. Daardoor beschikt de Autoriteit Consument en Markt (ACM) sinds die datum over een uniform regime voor openbaarmaking van besluiten en andere documenten.
Deze werkwijze geeft inzicht in de wijze waarop de ACM onder andere besluiten die zij in het kader van de aan haar opgedragen taken neemt, openbaar maakt met inachtneming van dit nieuwe regime.

Algemene uitgangspunten
1. De ACM betracht bij de uitvoering van haar wettelijke taken zo veel mogelijk openheid, met inachtneming van geldende rechtswaarborgen.
2. De ACM maakt via haar website (www.acm.nl) haar besluiten en andere documenten openbaar. Geïnteresseerden kunnen zich via deze website abonneren op een e-mailservice. Abonnees kunnen zelf kiezen waarover en hoe vaak zij via een e-mail geattendeerd willen worden op openbaarmakingen van de ACM.
3. Een besluit maakt de ACM pas na bekendmaking daarvan aan de geadresseerde, algemeen openbaar. Bij de openbaarmaking van een besluit vermeldt de ACM onder meer de juridische status daarvan.
4. De ACM kan communiceren over haar besluiten, onderzoeken, door haar afgelegde bedrijfsbezoeken of andere werkzaamheden. In geval van een bedrijfsbezoek worden namen van marktorganisaties niet openbaar gemaakt, tenzij de naam door of namens de marktorganisatie openbaar is gemaakt.
5. De ACM maakt sanctierapporten (als bedoeld in artikel 5:48, eerste lid, van de Algemene wet bestuursrecht) niet openbaar.

Openbaarmaking
Sanctiebeschikkingen en sanctie-gerelateerde beschikkingen.
1. De ACM maakt een beschikking omtrent het opleggen van een bestuurlijke sanctie of een bindende aanwijzing openbaar. Ook de beschikking waarbij de ACM een toezegging bindend heeft verklaard, wordt openbaar gemaakt.
2. De beslissing tot openbaarmaking van zo'n sanctie-gerelateerde beschikking vermeldt de ACM in een afzonderlijk, openbaarmakingsbesluit.

3. Om te komen tot dat openbaarmakingsbesluit stelt de ACM een conceptversie op geschoond van in haar ogen vertrouwelijke informatie. Daarna stelt de ACM de onderzochte marktorganisatie of het onderzochte individu in de gelegenheid aan te geven welke andere informatie hij eventueel nog meer vertrouwelijk acht.
4. Bij het openbaarmakingsbesluit stelt de ACM vervolgens de openbare versie van de sanctie-gerelateerde beschikking definitief vast, vergezeld van haar eindoordeel over de informatie die door de marktorganisatie als vertrouwelijk is aangemerkt. Tevens vermeldt de ACM wanneer de openbare versie op haar website wordt geplaatst en, als dat het geval is, dat een nieuwsbericht wordt uitgebracht.

Overige besluiten
1. De ACM kan andere besluiten dan sanctie-gerelateerde beschikkingen eveneens openbaar maken. Daaronder vallen onder meer concentratiebesluiten, methodebesluiten, marktanalysebesluiten, tariefbesluiten en leveringsvergunningen.
2. Het voornemen tot openbaarmaking van zo'n overig besluit maakt de ACM vooraf kenbaar aan de geadresseerde.
3. Voorafgaand aan die openbaarmaking verzoekt de ACM de geadresseerde aan te geven welke informatie hij eventueel vertrouwelijk acht. Bij dat verzoek kan de ACM een conceptversie geschoond van in haar ogen vertrouwelijke informatie voegen.
4. Vervolgens stelt de ACM de openbare versie van het besluit vast en laat de ACM de geadresseerde weten wat haar eindoordeel over de informatie die door de marktorganisatie als vertrouwelijk is aangemerkt. Tevens vermeldt de ACM wanneer de openbare versie op haar website wordt geplaatst en, als dat het geval is, dat een nieuwsbericht wordt uitgebracht.

Nieuwsberichten
Uitgangspunten nieuwsberichten.
1. De ACM kan een nieuwsbericht uitbrengen over in haar ogen belangrijke besluiten, onderzoeksresultaten of andere werkzaamheden.
2. De ACM plaatst een nieuwsbericht op haar website en, indien relevant voor consumenten, ook een bericht op de website van ACM ConsuWijzer.
3. De ACM kan een vertaling van het nieuwsbericht ook op de Engelstalige versie van haar website plaatsen.
Werkwijze nieuwsberichten.
1. Voor zover een marktorganisatie in een nieuwsbericht wordt genoemd, wordt zij voorafgaand aan het uitbrengen van het nieuwsbericht op de hoogte gebracht van de inhoud daarvan en het tijdstip waarop dat nieuwsbericht op de website van de ACM wordt geplaatst. Indien een nieuwsbericht wordt uitgebracht over een besluit van de ACM dat openbaar is gemaakt door middel van een openbaarmakingsbesluit, dan maakt het nieuwsbericht onderdeel uit van het openbaarmakingsbesluit.
2. Als de betrokken marktorganisatie beursgenoteerd is en het nieuwsbericht koersgevoelige informatie bevat, dan brengt de ACM het nieuwsbericht uit als de beurs gesloten is. Voor de Amsterdamse effectenbeurs is dit na sluiting (na 18.00 uur) of voor opening (09.00 uur). Als de marktorganisatie genoteerd is aan een andere effectenbeurs, dan brengt de ACM het nieuwsbericht uit buiten de openingstijden van die effectenbeurs.

Slotbepalingen

1. Dit besluit wordt aangehaald als: Werkwijze Openbaarmaking ACM.
2. Dit besluit treedt in werking met ingang van de datum van uitgifte van de *Staatscourant* waarin het wordt geplaatst en werkt terug tot en met 1 augustus 2014.
3. De Werkwijze Communicatie ACM (*Stcrt.* 2013, nr. 15785) wordt ingetrokken.

II ALGEMENE GROEPSVRIJSTELLINGEN EN RICHTSNOEREN

II.A Horizontale overeenkomsten

EU

Verordening (EU) Nr. 1217/2010 betreffende de toepassing van artikel 101, lid 3, van het Verdrag betreffende de werking van de Europese Unie op bepaalde groepen onderzoeks- en ontwikkelingsovereenkomsten

(voor de EER relevante tekst)

Verordening van de Commissie van 14 december 2010 betreffende de toepassing van artikel 101, lid 3, van het Verdrag betreffende de werking van de Europese Unie op bepaalde groepen onderzoeks- en ontwikkelingsovereenkomsten, PbEU 2010, L 335 (i.w.tr. 01-01-2011)

DE EUROPESE COMMISSIE,
Gezien het Verdrag betreffende de werking van de Europese Unie,
Gezien Verordening (EEG) nr. 2821/71 van de Raad van 20 december 1971 betreffende de toepassing van artikel 85, lid 3, van het Verdrag op groepen van overeenkomsten, besluiten en onderling afgestemde feitelijke gedragingen [1],
Na bekendmaking van de ontwerpverordening,
Na raadpleging van het Adviescomité voor mededingingsregelingen en economische machtsposities,
Overwegende hetgeen volgt:

(1) Verordening (EEG) nr. 2821/71 verleent de Commissie de bevoegdheid artikel 101, lid 3, van het Verdrag betreffende de werking van de Europese Unie[*] bij verordening toe te passen op bepaalde groepen van overeenkomsten, besluiten en onderling afgestemde feitelijke gedragingen die onder artikel 101, lid 1, van het Verdrag vallen en die betrekking hebben op het onderzoek en de ontwikkeling van producten,

---

[1] *PB* L 285 van 29.12.1971, blz. 46.
[*] Sinds 1 december 2009 is artikel 81 van het EG-Verdrag artikel 101 van het Verdrag betreffende de werking van de Europese Unie ('VWEU'). Beide artikelen zijn in wezen identiek. Voor zover van toepassing, dienen in deze verordening de verwijzingen naar artikel 101 VWEU te worden gelezen als verwijzingen naar artikel 81 van het EG-Verdrag. Bij het VWEU zijn ook enkele wijzigingen in de terminologie aangebracht, zoals de vervanging van 'Gemeenschap' door 'Unie' en de vervanging van 'gemeenschappelijke markt' door 'interne markt'. In deze verordening wordt de terminologie van het VWEU gebruikt.

technologieën of procedés tot aan het stadium van industriële toepassing alsmede op de exploitatie van de resultaten daarvan, met inbegrip van de bepalingen betreffende intellectuele-eigendomsrechten.

(2) Artikel 179, lid 2, van het Verdrag bepaalt dat de Unie de ondernemingen, met inbegrip van kleine en middelgrote ondernemingen, stimuleert bij hun inspanningen op het gebied van hoogwaardig onderzoek en hoogwaardige technologische ontwikkeling, en hun streven naar onderlinge samenwerking ondersteunt. Deze verordening beoogt onderzoek en ontwikkeling te vergemakkelijken en tegelijk de mededinging afdoende te beschermen.

(3) Verordening (EG) nr. 2659/2000 van de Commissie van 29 november 2000 betreffende de toepassing van artikel 81, lid 3, van het Verdrag op groepen onderzoeks- en ontwikkelingsovereenkomsten [2] omschrijft groepen onderzoeks- en ontwikkelingsovereenkomsten waarvan volgens de Commissie kon worden aangenomen dat zij gewoonlijk aan de voorwaarden van artikel 101, lid 3, van het Verdrag voldoen. Gelet op de over het geheel genomen positieve ervaring met de toepassing van die verordening, die op 31 december 2010 vervalt, en gelet op de verdere ervaring die sinds de vaststelling van die verordening is opgedaan, is het passend een nieuwe groepsvrijstellingsverordening vast te stellen.

(4) Deze verordening dient aan twee vereisten te voldoen: zij moet een daadwerkelijke bescherming van de mededinging waarborgen en zij moet ondernemingen voldoende rechtszekerheid verschaffen. Bij het nastreven van deze doelstellingen moet rekening worden gehouden met de noodzaak het administratieve toezicht en de wetgeving zoveel mogelijk te vereenvoudigen. Beneden een bepaald niveau van marktmacht kan, met het oog op de toepassing van artikel 101, lid 3, van het Verdrag, over het algemeen worden aangenomen dat de positieve effecten van onderzoeks- en ontwikkelingsovereenkomsten zullen opwegen tegen de eventuele negatieve effecten ervan voor de mededinging.

(5) Het is voor de toepassing van artikel 101, lid 3, van het Verdrag bij verordening niet noodzakelijk te omschrijven welke overeenkomsten onder artikel 101, lid 1, van het Verdrag kunnen vallen. Bij de individuele beoordeling van overeenkomsten in de zin van artikel 101, lid 1, van het Verdrag dient met verscheidene factoren rekening te worden gehouden, in het bijzonder met de structuur van de relevante markt.

(6) Overeenkomsten met het oog op het gezamenlijk verrichten van onderzoek of de gezamenlijke ontwikkeling van de resultaten daarvan, tot aan, maar niet met inbegrip van, het stadium van industriële toepassing, vallen over het algemeen niet onder artikel 101, lid 1, van het Verdrag. Onder bepaalde omstandigheden echter, bijvoorbeeld wanneer de partijen overeenkomen op eenzelfde gebied geen andere onderzoeks- en ontwikkelingsactiviteiten te ondernemen, waardoor zij afzien van de mogelijkheid een concurrentievoordeel ten opzichte van de andere partijen te behalen, kunnen deze overeenkomsten wel onder artikel 101, lid 1, vallen, en moeten zij daarom in de werkingssfeer van deze verordening worden opgenomen.

(7) De bij deze verordening verleende vrijstelling dient slechts te gelden voor overeenkomsten waarvan met voldoende zekerheid kan worden aangenomen, dat zij aan de voorwaarden van artikel 101, lid 3, van het Verdrag voldoen.

---

(2) *PB* L 304 van 5.12.2000, blz. 7.

(8) Samenwerking op het gebied van onderzoek en ontwikkeling en ten aanzien van de exploitatie van de resultaten daarvan kan het meest bevorderlijk zijn voor de technische en economische vooruitgang wanneer de partijen hun complementaire vaardigheden, activa of activiteiten ten behoeve van die samenwerking inzetten. Dit kan ook het geval zijn wanneer de ene partij de onderzoeks- en ontwikkelings- activiteiten van een andere partij slechts financiert.
(9) De gezamenlijke exploitatie van de resultaten kan als het logische gevolg van gezamenlijke onderzoeks- en ontwikkelingsactiviteiten worden beschouwd. De exploitatie kan uiteenlopende vormen aannemen, zoals de vervaardiging van producten, de exploitatie van intellectuele-eigendomsrechten waarmee een wezenlijke bijdrage aan de technische of economische vooruitgang wordt geleverd, of het op de markt brengen van nieuwe producten.
(10) In het algemeen kan worden aangenomen dat gebruikers baat hebben bij een toename van onderzoeks- en ontwikkelingsactiviteiten en een grotere doeltreffendheid ervan doordat nieuwe of verbeterde producten of diensten op de markt worden gebracht, doordat die producten of diensten sneller worden gelanceerd, of doordat de nieuwe of verbeterde technologieën of procedés tot prijsverlagingen leiden.
(11) Om de vrijstelling te rechtvaardigen dient de gezamenlijke exploitatie betrekking te hebben op producten, technologieën of procedés waarvoor de toepassing van de onderzoeks- en ontwikkelingsresultaten van doorslaggevende betekenis is. Bovendien dient in de onderzoeks- en ontwikkelingsovereenkomst te worden vastgelegd dat alle partijen vrije toegang krijgen tot de eindresultaten van de gezamenlijke onderzoeks- en ontwikkelingsactiviteiten, met inbegrip van de mogelijk daaraan verbonden intellectuele-eigendomsrechten en knowhow, met het oog op verder onderzoek, ontwikkeling of exploitatie, zodra de eindresultaten beschikbaar zijn. De toegang tot de resultaten dient doorgaans niet te worden beperkt wanneer het gaat om gebruik van de resultaten voor verder onderzoek en ontwikkeling. Wanneer de partijen echter conform deze verordening hun exploitatierechten beperken, met name wanneer zij zich op het niveau van de exploitatie specialiseren, kan de toegang tot de resultaten met het oog op exploitatie dienovereenkomstig worden beperkt. Wanneer voorts academische instellingen, onderzoeksinstituten of ondernemingen die onderzoek en ontwikkeling als commerciële dienstverlening aanbieden zonder zich in de regel zelf met de exploitatie van de resultaten bezig te houden, aan onderzoeks- en ontwikkelingsactiviteiten deelnemen, kunnen zij overeenkomen de resultaten hiervan uitsluitend voor verder onderzoek te gebruiken. Afhankelijk van hun mogelijkheden en commerciële behoeften kunnen de bijdragen van de partijen aan hun gezamenlijke onderzoeks- en ontwikkelingsactiviteiten verschillen. Om rekening te houden met de verschillen in de waarde of de aard van de bijdragen van partijen of om die verschillen te compenseren, kan daarom in een onderzoeks- en ontwikkelingsovereenkomst die onder deze verordening valt, worden bepaald dat de ene partij een andere partij vergoedt voor het verkrijgen van toegang tot de resultaten ten behoeve van verder onderzoek of exploitatie. Die vergoeding dient echter niet zo te hoog zijn dat deze de toegang in werkelijkheid belemmert.
(12) Evenzo dienen de partijen, wanneer de onderzoeks- en ontwikkelingsovereenkomst niet in een gezamenlijke exploitatie van de resultaten voorziet, in de onderzoeks- en ontwikkelingsovereenkomst vast te leggen dat zij elkaar wederzijds toegang verlenen tot hun bestaande knowhow voor zover deze knowhow onmisbaar is voor

de exploitatie van de resultaten door de andere partijen. De in rekening gebrachte licentievergoedingen dienen niet zo hoog te zijn dat deze de toegang tot de knowhow voor de andere partijen in werkelijkheid belemmeren.

(13) De bij deze verordening verleende vrijstelling dient uitsluitend te worden toegekend voor onderzoeks- en ontwikkelingsovereenkomsten die de betrokken ondernemingen niet de mogelijkheid bieden de mededinging voor een wezenlijk deel van de betrokken producten, diensten of technologieën uit te schakelen. Overeenkomsten tussen concurrenten waarvan het gezamenlijke marktaandeel voor de producten, diensten of technologieën die door de resultaten van onderzoek en ontwikkeling kunnen worden verbeterd of vervangen, op het moment dat de overeenkomst wordt gesloten, een bepaald niveau overschrijdt, dienen van de vrijstelling te worden uitgesloten. Er geldt echter geen vermoeden dat onderzoeks- en ontwikkelingsovereenkomsten onder artikel 101, lid 1, van het Verdrag vallen of dat zij niet aan de voorwaarden van artikel 101, lid 3, van het Verdrag voldoen wanneer de in deze verordening vastgestelde marktaandeeldrempel wordt overschreden of wanneer niet aan andere in deze verordening gestelde voorwaarden is voldaan. In deze gevallen dient een individuele beoordeling van de onderzoeks- en ontwikkelingsovereenkomst plaats te vinden op grond van artikel 101 van het Verdrag.

(14) Om bij een gemeenschappelijke exploitatie van de resultaten een daadwerkelijke mededinging te behouden, dient te worden bepaald dat de vrijstelling niet langer geldt wanneer het gezamenlijke marktaandeel van de partijen voor de producten, diensten en technologieën die het resultaat van gemeenschappelijk onderzoek en ontwikkeling zijn, te groot wordt. De vrijstelling dient, ongeacht de marktaandelen van de partijen, nog enige tijd na de aanvang van de gezamenlijke exploitatie te blijven gelden totdat de marktaandelen gestabiliseerd zijn, met name na de invoering van een geheel nieuw product, zodat een minimumperiode van rendement op de betrokken investeringen wordt gewaarborgd.

(15) Deze verordening dient geen vrijstelling te verlenen voor overeenkomsten welke beperkingen bevatten die voor het bereiken van de positieve effecten van een onderzoeks- en ontwikkelingsovereenkomst niet onmisbaar zijn. Overeenkomsten die bepaalde soorten ernstige mededingingsbeperkingen, zoals beperkingen van de vrijheid van de partijen om onderzoeks- en ontwikkelingsactiviteiten te verrichten op een gebied waarop de overeenkomst geen betrekking heeft, de vaststelling van de prijzen die aan derden worden berekend, de beperking van de productie of verkoop alsmede de beperking van de passieve verkoop van contractproducten of contracttechnologieën in gebieden of aan afnemers die aan andere partijen zijn voorbehouden, dienen, ongeacht het marktaandeel van de partijen, in beginsel van de in deze verordening vervatte vrijstelling worden uitgesloten. In dit verband gelden beperkingen inzake toepassingssfeer niet als productie- of verkoopbeperkingen en evenmin als territoriale beperkingen of beperkingen ten aanzien van de klantenkring.

(16) De beperking van het marktaandeel, de uitsluiting van bepaalde overeenkomsten en de in deze verordening vervatte voorwaarden garanderen doorgaans dat de overeenkomsten waarvoor de groepsvrijstelling geldt, de partijen niet in staat stellen voor een wezenlijk deel van de betrokken producten of diensten de mededinging uit te schakelen.

(17) Het valt niet uit te sluiten dat er concurrentieverstorende afschermingseffecten optreden wanneer eenzelfde partij verscheidene onderzoeks- en ontwikkelingsprojecten financiert die door concurrenten worden uitgevoerd met betrekking tot dezelfde contractproducten of -technologieën, met name wanneer zij het exclusieve recht verkrijgt om de resultaten ten aanzien van derden te exploiteren. Daarom dient de in deze verordening vervatte vrijstelling alleen voor dergelijke tegen betaling verrichte onderzoeks- en ontwikkelingsprojecten te gelden indien het gezamenlijke marktaandeel van alle bij deze onderling verbonden overeenkomsten betrokken partijen — dat wil zeggen de financier en alle uitvoerders van onderzoek en ontwikkeling — niet meer dan 25 % bedraagt.
(18) Overeenkomsten tussen ondernemingen die geen concurrerende fabrikanten van producten, technologieën of procedés zijn welke door de resultaten van de onderzoeks- en ontwikkelingsactiviteiten kunnen worden verbeterd, gesubstitueerd of vervangen, zullen slechts in uitzonderlijke omstandigheden de daadwerkelijke mededinging op het gebied van onderzoek en ontwikkeling uitschakelen. Deze overeenkomsten dienen derhalve, ongeacht het marktaandeel, voor de deze verordening vervatte vrijstelling in aanmerking te komen en in uitzonderlijke omstandigheden dient de vrijstelling te worden ingetrokken.
(19) De Commissie kan de vrijstelling overeenkomstig artikel 29, lid 1, van Verordening (EG) nr. 1/2003 van de Raad van 16 december 2002 betreffende de uitvoering van de mededingingsregels van de artikelen 81 en 82 van het Verdrag [3] intrekken wanneer zij in een bepaald geval van oordeel is, dat een overeenkomst waarop de in deze verordening vervatte vrijstelling van toepassing is, toch gevolgen heeft die onverenigbaar zijn met artikel 101, lid 3, van het Verdrag.
(20) De mededingingsautoriteit van een lidstaat kan ingevolge artikel 29, lid 2, van Verordening (EG) nr. 1/2003 de vrijstelling voor zijn grondgebied of een deel daarvan intrekken, indien zij in een bepaald geval van oordeel is, dat een overeenkomst waarop de in deze verordening vervatte vrijstelling van toepassing is, toch met artikel 101, lid 3, van het Verdrag onverenigbare gevolgen heeft op het grondgebied van die lidstaat of op een gedeelte daarvan, voor zover dit grondgebied alle kenmerken van een afzonderlijke geografische markt vertoont.
(21) De vrijstelling zou bijvoorbeeld overeenkomstig artikel 29 van Verordening (EG) nr. 1/2003 kunnen worden ingetrokken wanneer een onderzoeks- en ontwikkelingsovereenkomst de mogelijkheid voor derden om op het betrokken gebied onderzoeks- en ontwikkelingsactiviteiten te verrichten aanzienlijk beperkt als gevolg van de geringe onderzoekscapaciteit die elders beschikbaar is, wanneer de onderzoeks- en ontwikkelingsovereenkomst wegens de bijzondere aanbodstructuur de toegang van derden tot de markt voor de contractproducten of contracttechnologieën aanmerkelijk beperkt, wanneer de contractpartijen zonder objectief gerechtvaardigde reden de resultaten van hun gezamenlijke onderzoeks- en ontwikkelingsactiviteiten niet exploiteren ten aanzien van derden, wanneer de contractproducten of contracttechnologieën in de gehele interne markt of op een wezenlijk deel daarvan geen daadwerkelijke mededinging ondervinden van producten, technologieën of procedés die door de gebruikers op grond van hun kenmerken, hun prijs en het gebruik waarvoor zij bestemd zijn als gelijkaardig

---

(3) *PB* L 1 van 4.1.2003, blz. 1.

worden beschouwd, of wanneer de onderzoeks- en ontwikkelingsovereenkomst de mededinging op het gebied van innovatie zou beperken of de daadwerkelijke mededinging op het gebied van onderzoek en ontwikkeling op een bepaalde markt zou uitschakelen.

(22) Aangezien onderzoeks- en ontwikkelingsovereenkomsten dikwijls voor langere tijd worden gesloten, vooral wanneer de samenwerking tevens de exploitatie van de resultaten omvat, dient de geldigheidsduur van deze verordening op twaalf jaar te worden vastgesteld,

HEEFT DE VOLGENDE VERORDENING VASTGESTELD:

Artikel 1
Definities

1. Voor de toepassing van deze verordening wordt verstaan onder:
a) 'onderzoeks- en ontwikkelingsovereenkomst': een overeenkomst tussen twee of meer partijen die betrekking heeft op de voorwaarden waaronder deze partijen:
   i) gezamenlijk onderzoeks- en ontwikkelingsactiviteiten verrichten ten aanzien van contractproducten of contracttechnologieën, en de daarbij verkregen resultaten gezamenlijk exploiteren,
   ii) de resultaten van de onderzoeks- en ontwikkelingsactiviteiten ten aanzien van contractproducten of contracttechnologieën, die gezamenlijk zijn verricht op grond van een eerdere overeenkomst tussen dezelfde partijen, gezamenlijk exploiteren,
   iii) gezamenlijk onderzoeks- en ontwikkelingsactiviteiten verrichten ten aanzien van contractproducten of contracttechnologieën, zonder dat de daarbij verkregen resultaten gezamenlijk worden geëxploiteerd,
   iv) tegen betaling onderzoeks- en ontwikkelingsactiviteiten verrichten ten aanzien van contractproducten of contracttechnologieën en de daarbij verkregen resultaten gezamenlijk exploiteren,
   v) de resultaten van onderzoeks- en ontwikkelingsactiviteiten ten aanzien van contractproducten of contracttechnologieën, die op grond van een eerdere overeenkomst tussen dezelfde partijen tegen betaling zijn verricht, gezamenlijk exploiteren, of
   vi) tegen betaling onderzoeks- en ontwikkelingsactiviteiten verrichten ten aanzien van contractproducten of contracttechnologieën, zonder dat de resultaten daarvan gezamenlijk worden geëxploiteerd;
b) 'overeenkomst': een overeenkomst, een besluit van een ondernemingsvereniging of een onderling afgestemde feitelijke gedraging;
c) 'onderzoek en ontwikkeling': de verwerving van knowhow ten aanzien van producten, technologieën of procedés en de uitvoering van theoretische analyses, systematische studies of experimenten, met inbegrip van experimentele productie en technische tests van producten of procedés, de inrichting van de daartoe benodigde installaties en de verwerving van intellectuele-eigendomsrechten op de resultaten;
d) 'product': een goed of een dienst, daaronder begrepen zowel intermediaire goederen of diensten als eindgoederen of -diensten;
e) 'contracttechnologie': een technologie of werkwijze die uit de gezamenlijke onderzoeks- en ontwikkelingsactiviteiten voortvloeit;

f) 'contractproduct': een product dat uit de gezamenlijke onderzoeks- en ontwikkelingsactiviteiten voortvloeit of met gebruikmaking van de contracttechnologieën wordt vervaardigd;
g) 'exploitatie van de resultaten': productie of distributie van de contractproducten of de toepassing van de contracttechnologieën dan wel de toekenning of licentiëring van intellectuele-eigendomsrechten alsmede het doorgeven van de knowhow die voor het vervaardigen van de producten of de toepassing van de technologieën noodzakelijk is;
h) 'intellectuele-eigendomsrechten': intellectuele-eigendomsrechten, met inbegrip van industriële-eigendomsrechten, auteursrecht en naburige rechten;
i) 'knowhow': een geheel van niet-geoctrooieerde praktische informatie, voortvloeiend uit ervaring en proeven, welke geheim, wezenlijk en geïdentificeerd is;
j) 'geheim' in samenhang met knowhow: de omstandigheid dat de knowhow niet algemeen bekend of gemakkelijk toegankelijk is;
k) 'wezenlijk' in samenhang met knowhow: de omstandigheid dat de knowhow van betekenis en nuttig is voor de vervaardiging van de contractproducten of de toepassing van de contracttechnologieën;
l) 'geïdentificeerd' in samenhang met knowhow: de omstandigheid dat de knowhow dusdanig voldoende uitvoerig is beschreven dat kan worden nagegaan of deze aan de criteria inzake het geheim en wezenlijk zijn voldoet;
m) 'gezamenlijk' in samenhang met de ingevolge een onderzoeks- en ontwikkelingsovereenkomst verrichte activiteiten: de omstandigheid dat de taken:
   i) door een gemeenschappelijk team, organisatie of onderneming worden verricht,
   ii) gezamenlijk aan een derde partij worden toevertrouwd, of
   iii) onder de partijen worden verdeeld door middel van specialisatie op het niveau van onderzoek en ontwikkeling dan wel exploitatie;
n) 'specialisatie op het niveau van onderzoek en ontwikkeling': de omstandigheid dat elk van de partijen bij de door de onderzoeks- en ontwikkelingsovereenkomst bestreken onderzoeks- en ontwikkelingsactiviteiten is betrokken en dat zij de onderzoeks- en ontwikkelingstaken onderling verdelen op de door hen meest passend geachte wijze; tegen betaling verrichte onderzoeks- en ontwikkelingsactiviteiten zijn hieronder niet begrepen;
o) 'specialisatie op het niveau van de exploitatie': de omstandigheid dat de partijen individuele taken, zoals productie of distributie, onderling verdelen of elkaar beperkingen opleggen ten aanzien van de exploitatie van de resultaten, zoals beperkingen betreffende bepaalde gebieden, klanten of toepassingen; situaties waarin slechts een partij de contractproducten vervaardigt en distribueert op basis van een door de andere partijen verleende exclusieve licentie zijn hieronder mede begrepen;
p) 'tegen betaling verrichte onderzoeks- en ontwikkelingsactiviteiten': onderzoeks- en ontwikkelingsactiviteiten die door een partij worden verricht en door een financier worden gefinancierd;
q) 'financier': een partij die tegen betaling verrichte onderzoeks- en ontwikkelingsactiviteiten financiert doch zelf geen van die activiteiten verricht;
r) 'concurrerende onderneming': een daadwerkelijke of potentiële concurrent;

s) 'daadwerkelijke concurrent': een onderneming die producten, technologieën of procedés levert die kunnen worden verbeterd, gesubstitueerd of vervangen door het contractproduct of de contracttechnologie op de relevante geografische markt;
t) 'potentiële concurrent': een onderneming die, zonder de onderzoeks- en ontwikkelingsovereenkomst, op grond van realistische overwegingen en niet louter als theoretische mogelijkheid, in geval van een geringe maar duurzame verhoging van de relatieve prijzen wellicht binnen een termijn van ten hoogste drie jaar de vereiste extra investeringen zou doen of andere noodzakelijke omschakelingskosten zou maken om producten, technologieën of procedés te leveren die door het contractproduct of de contracttechnologie op de relevante geografische markt zouden kunnen worden verbeterd, gesubstitueerd of vervangen;
u) 'relevante productmarkt': de relevante markt voor de producten die door de contractproducten kunnen worden verbeterd, gesubstitueerd of vervangen;
v) 'relevante technologiemarkt': de relevante markt voor de technologieën of procedés die door de contracttechnologieën kunnen worden verbeterd, gesubstitueerd of vervangen.

2. Voor de toepassing van deze verordening omvatten de begrippen 'onderneming' en 'partij' de respectieve daarmee verbonden ondernemingen.

Onder 'verbonden ondernemingen' wordt verstaan:
a) ondernemingen waarin een partij bij de onderzoeks- en ontwikkelingsovereenkomst direct of indirect:
   i)   de bevoegdheid heeft meer dan de helft van de stemrechten uit te oefenen,
   ii) de bevoegdheid heeft meer dan de helft van de leden van de raad van toezicht, van de raad van bestuur of van de krachtens de wet tot vertegenwoordiging bevoegde organen te benoemen, of
   iii) het recht heeft de zaken van de onderneming te beheren;
b) ondernemingen die ten aanzien van een partij bij de onderzoeks- en ontwikkelingsovereenkomst direct of indirect over de onder a) genoemde rechten of bevoegdheden beschikken;
c) ondernemingen waarin een onder b) bedoelde onderneming direct of indirect over de onder a) genoemde rechten of bevoegdheden beschikt;
d) ondernemingen waarin een partij bij de onderzoeks- en ontwikkelingsovereenkomst gezamenlijk met een of meer van de onder a), b) of c) bedoelde ondernemingen, of waarin twee of meer van de laatstbedoelde ondernemingen gezamenlijk over de onder a) genoemde rechten of bevoegdheden beschikken;
e) ondernemingen waarin over de onder a) genoemde rechten of bevoegdheden gezamenlijk wordt beschikt door:
   i)   partijen bij de onderzoeks- en ontwikkelingsovereenkomst of de respectieve daarmee verbonden ondernemingen als bedoeld onder a) tot en met d), of
   ii) een of meer van de partijen bij de onderzoeks- en ontwikkelingsovereenkomst of een of meer van de daarmee verbonden ondernemingen als bedoeld onder a) tot en met d), en een of meer derden.

[14-12-2010, PbEU L 335, i.w.tr. 01-01-2011/regelingnummer 1217/2010]

Artikel 2
Vrijstelling

1. Overeenkomstig artikel 101, lid 3, van het Verdrag en onverminderd de bepalingen van deze verordening, wordt artikel 101, lid 1, van het Verdrag buiten toepassing verklaard voor onderzoeks- en ontwikkelingsovereenkomsten.
Deze vrijstelling is van toepassing voor zover bedoelde overeenkomsten beperkingen van de mededinging inhouden die onder artikel 101, lid 1, van het Verdrag vallen.
2. De in lid 1 bedoelde vrijstelling is van toepassing op onderzoeks- en ontwikkelingsovereenkomsten die bepalingen bevatten betreffende de toekenning of licentiëring van intellectuele-eigendomsrechten aan een of meer partijen of aan een door de partijen opgerichte entiteit die de gezamenlijke onderzoeks- en ontwikkelingsactiviteiten, de tegen betaling verrichte onderzoeks- en ontwikkelingsactiviteiten of de gezamenlijke exploitatie verricht, mits die bepalingen niet het voornaamste onderwerp van die overeenkomsten vormen, maar daarmee rechtstreeks verband houden en noodzakelijk zijn voor de tenuitvoerlegging.
[14-12-2010, PbEU L 335, i.w.tr. 01-01-2011/regelingnummer 1217/2010]

Artikel 3
Voorwaarden voor vrijstelling

1. De in artikel 2 bedoelde vrijstelling is van toepassing onder de in de leden 2 tot en met 5 vervatte voorwaarden.
2. De onderzoeks- en ontwikkelingsovereenkomst moet bepalen dat alle partijen volledige toegang moeten krijgen tot de eindresultaten van de gezamenlijke onderzoeks- en ontwikkelingsactiviteiten of tegen betaling verrichte onderzoeks- en ontwikkelingsactiviteiten, met inbegrip van de mogelijk daaruit voortvloeiende intellectuele-eigendomsrechten en knowhow, met het oog op verder onderzoek, ontwikkeling of exploitatie, zodra de eindresultaten beschikbaar zijn. Wanneer de partijen hun exploitatierechten beperken in overeenstemming met deze verordening, met name wanneer zij zich op het niveau van de exploitatie specialiseren, kan de toegang tot de resultaten met het oog op exploitatie dienovereenkomstig worden beperkt. Voorts kunnen onderzoekinstituten, academische instellingen of ondernemingen die onderzoek en ontwikkeling als commerciële dienstverlening aanbieden zonder zich gewoonlijk met de exploitatie van de resultaten daarvan bezig te houden, overeenkomen de resultaten hiervan uitsluitend voor verder onderzoek te gebruiken. In de onderzoeks- en ontwikkelingsovereenkomst kan worden bepaald dat de partijen elkaar vergoeden voor het verkrijgen van toegang tot de resultaten ten behoeve van verder onderzoek of exploitatie, waarbij de vergoeding evenwel niet zo hoog mag zijn dat zij de toegang in werkelijkheid belemmert.
3. Onverminderd lid 2 moet de onderzoeks- en ontwikkelingsovereenkomst, wanneer de overeenkomst uitsluitend voorziet in gezamenlijke onderzoeks- en ontwikkelingsactiviteiten of tegen betaling verrichte onderzoeks- en ontwikkelingsactiviteiten, bepalen dat aan elke partij toegang moet worden verleend tot de bestaande knowhow van de andere partijen, indien deze knowhow onmisbaar is voor de exploitatie van de resultaten. In de onderzoeks- en ontwikkelingsovereenkomst kan worden bepaald dat de partijen elkaar vergoeden voor het verkrijgen van toegang tot hun bestaande knowhow, waarbij de vergoeding evenwel niet zo hoog mag zijn dat zij deze toegang in werkelijkheid belemmert.

4. Gezamenlijke exploitatie mag alleen betrekking hebben op resultaten die door intellectuele-eigendomsrechten worden beschermd of die knowhow vormen en die onmisbaar zijn voor de vervaardiging van de contractproducten of de toepassing van de contracttechnologieën.
5. Partijen die zijn belast met de vervaardiging van de contractproducten door middel van specialisatie op het niveau van de exploitatie moeten ertoe worden verplicht de orders voor de levering van de contractproducten van de andere partijen uit te voeren, behalve wanneer de onderzoeks- en ontwikkelingsovereenkomst tevens voorziet in gezamenlijke distributie in de zin van artikel 1, lid 1, onder m), i) of ii), of wanneer de partijen zijn overeengekomen dat alleen de partij die de contractproducten vervaardigt, deze mag distribueren.
[14-12-2010, PbEU L 335, i.w.tr. 01-01-2011/regelingnummer 1217/2010]

Artikel 4
Marktaandeeldrempel en duur van de vrijstelling

1. Wanneer de partijen geen concurrerende ondernemingen zijn, geldt de in artikel 2 bedoelde vrijstelling voor de duur van de onderzoeks- en ontwikkelingsactiviteiten. Wanneer de resultaten gezamenlijk worden geëxploiteerd, blijft de vrijstelling gelden gedurende een periode van zeven jaar vanaf het tijdstip waarop de contractproducten of contracttechnologieën voor het eerst in de interne markt in de handel worden gebracht.
2. Wanneer twee of meer van de partijen concurrerende ondernemingen zijn, geldt de in artikel 2 bedoelde vrijstelling gedurende de in lid 1 van dit artikel genoemde periode, mits op het tijdstip waarop de onderzoeks- en ontwikkelingsovereenkomst wordt gesloten:
a) in het geval van de in artikel 1, lid 1, onder a), i), ii) of iii), bedoelde onderzoeks- en ontwikkelingsovereenkomsten, het gezamenlijke marktaandeel van de partijen bij een onderzoeks- en ontwikkelingsovereenkomst op de relevante productentechnologiemarkt niet meer dan 25 % bedraagt, of
b) in het geval van de in artikel 1, lid 1, onder a), iv), v) of vi), bedoelde onderzoeks- en ontwikkelingsovereenkomsten, het gezamenlijke marktaandeel van de financier en alle partijen waarmee de financier onderzoeks- en ontwikkelingsovereenkomsten heeft gesloten, ten aanzien van dezelfde contractproducten of contracttechnologieën, op de relevante productentechnologiemarkt niet meer dan 25 % bedraagt.
3. Na het verstrijken van de in lid 1 bedoelde periode blijft de vrijstelling gelden zolang het gezamenlijke marktaandeel van de partijen op de relevante product- en technologiemarkt niet meer dan 25 % bedraagt.
[14-12-2010, PbEU L 335, i.w.tr. 01-01-2011/regelingnummer 1217/2010]

Artikel 5
Hardcore beperkingen

De in artikel 2 bedoelde vrijstelling geldt niet voor onderzoeks- en ontwikkelingsovereenkomsten die, als zodanig of in combinatie met andere factoren waarover de partijen controle hebben, direct of indirect een van de volgende punten tot doel hebben:
a) de vrijheid van de partijen te beperken om zelfstandig of in samenwerking met derden onderzoeks- en ontwikkelingsactiviteiten te verrichten op een gebied dat

geen verband houdt met dat waarop de onderzoeks- en ontwikkelingsovereenkomst betrekking heeft, dan wel, na de voltooiing van de gezamenlijke onderzoeks- en ontwikkelingsactiviteiten of de tegen betaling verrichte onderzoeks- en ontwikkelingsactiviteiten, op het gebied waarop de overeenkomst betrekking heeft of een daarmee verband houdend gebied;
b) de productie of de verkoop te beperken, met uitzondering van:
   i) de vaststelling van productiedoelstellingen wanneer de gezamenlijke exploitatie van de resultaten tevens de gezamenlijke vervaardiging van de contractproducten omvat,
   ii) de vaststelling van verkoopdoelstellingen wanneer de gezamenlijke exploitatie van de resultaten tevens de gezamenlijke distributie van de contractproducten of de gezamenlijke licentiëring van de contracttechnologieën omvat in de zin van artikel 1, lid 1, onder m), i) of ii),
   iii) praktijken in de vorm van specialisatie op het niveau van de exploitatie, en
   iv) de beperking van de vrijheid van de partijen om met de contractproducten of contracttechnologieën concurrerende producten, technologieën of procedés te vervaardigen, te verkopen, toe te kennen of te licentiëren gedurende de periode waarvoor de partijen zijn overeengekomen de resultaten gezamenlijk te exploiteren;
c) de prijzen vast te stellen bij de verkoop van het contractproduct of de licentiëring van de contracttechnologieën aan derden, met uitzondering van de vaststelling van de prijzen die aan directe afnemers in rekening worden gebracht of de vaststelling van licentievergoedingen die aan directe licentienemers in rekening worden gebracht wanneer de gezamenlijke exploitatie van de resultaten tevens de gezamenlijke distributie van de contractproducten dan wel de gezamenlijke licentiëring van de contracttechnologieën omvat in de zin van artikel 1, lid 1, onder m), i) of ii);
d) het gebied te beperken waarop, of de klantenkring te beperken waaraan, de partijen de contractproducten passief mogen verkopen of de contracttechnologieën passief in licentie mogen geven, met uitzondering van de verplichting om een andere partij een exclusieve licentie te verlenen op de resultaten;
e) de actieve verkoop van de contractproducten of de contracttechnologieën te verbieden of te beperken in gebieden of aan klanten die niet uitsluitend aan een van de partijen zijn toegewezen door middel van specialisatie op het niveau van de exploitatie;
f) de partijen te verbieden te voldoen aan de vraag van gebruikers in de onderscheiden aan de partijen toegewezen gebieden of van gebruikers die anderszins door middel van specialisatie op het niveau van de exploitatie aan de partijen zijn toegewezen, en die de contractproducten in andere gebieden binnen de interne markt in de handel zouden brengen;
g) de partijen te verplichten het voor gebruikers of wederverkopers moeilijk te maken de contractproducten van andere wederverkopers binnen de interne markt af te nemen.

[14-12-2010, PbEU L 335, i.w.tr. 01-01-2011/regelingnummer 1217/2010]

Artikel 6
Uitgesloten beperkingen
De in artikel 2 bedoelde vrijstelling geldt niet voor de volgende in onderzoeks- en ontwikkelingsovereenkomsten vervatte verbodsbepalingen:
a) het verbod om na voltooiing van de onderzoeks- en ontwikkelingsactiviteiten de geldigheid aan te vechten van de intellectuele-eigendomsrechten van de partijen in de interne markt die relevant zijn voor de onderzoeks- en ontwikkelingsactiviteiten, of om na het verstrijken van de onderzoeks- en ontwikkelingsovereenkomst de geldigheid aan te vechten van intellectuele-eigendomsrechten van de partijen in de interne markt waarmee de resultaten van de onderzoeks- en ontwikkelingactiviteiten worden beschermd; dit doet geen afbreuk aan de mogelijkheid om in beëindiging van de onderzoeks- en ontwikkelingsovereenkomst te voorzien ingeval een van de partijen de geldigheid van deze intellectuele-eigendomsrechten aanvecht;
b) het verbod om aan derden licenties te verlenen voor de vervaardiging van de contractproducten of de toepassing van de contracttechnologieën, tenzij de overeenkomst voorziet in de exploitatie van de resultaten van de gezamenlijke onderzoeks- en ontwikkelingsactiviteiten of de tegen betaling verrichte onderzoeks- en ontwikkelingsactiviteiten door ten minste één van de partijen en deze exploitatie ten aanzien van derden in de interne markt plaatsvindt.

[14-12-2010, PbEU L 335, i.w.tr. 01-01-2011/regelingnummer 1217/2010]

Artikel 7
Toepassing van de marktaandeeldrempel
Voor de toepassing van de in artikel 4 vervatte marktaandeeldrempel gelden de volgende regels:
a) het marktaandeel wordt berekend op grond van de waarde van de verkopen op de markt; ingeval geen gegevens betreffende de waarde van de verkopen op de markt beschikbaar zijn, kan voor de bepaling van het marktaandeel van de partijen gebruik worden gemaakt van ramingen die zijn gebaseerd op andere betrouwbare marktinformatie, waaronder de omvang van de verkopen op de markt;
b) het marktaandeel wordt berekend op grond van gegevens die betrekking hebben op het voorafgaande kalenderjaar;
c) het marktaandeel van de in artikel 1, lid 2, tweede alinea, onder e), bedoelde ondernemingen wordt in gelijke delen toegerekend aan elke onderneming die over de in die alinea, onder a), genoemde rechten of bevoegdheden beschikt;
d) wanneer het in artikel 4, lid 3, bedoelde marktaandeel aanvankelijk niet meer dan 25 % bedraagt, maar vervolgens boven dat niveau stijgt zonder 30 % te overschrijden, blijft de in artikel 2 bedoelde vrijstelling van toepassing gedurende twee opeenvolgende kalenderjaren volgende op het jaar waarin de grens van 25 % voor het eerst is overschreden;
e) wanneer het in artikel 4, lid 3, bedoelde marktaandeel aanvankelijk niet meer dan 25 % bedraagt, maar vervolgens 30 % overschrijdt, blijft de in artikel 2 bedoelde vrijstelling van toepassing gedurende een periode van een kalenderjaar volgend op het jaar waarin het niveau van 30 % voor het eerst is overschreden;

f) het onder d) en e) bepaalde kan niet zodanig worden gecombineerd dat dit tot een langere periode van twee kalenderjaren zou leiden.
[14-12-2010, PbEU L 335, i.w.tr. 01-01-2011/regelingnummer 1217/2010]

Artikel 8
Overgangsperiode
Het verbod van artikel 101, lid 1, van het Verdrag geldt gedurende de periode van 1 januari 2011 tot en met 31 december 2012 niet voor op 31 december 2010 reeds van kracht zijnde overeenkomsten die niet aan de in deze verordening gestelde voorwaarden voor vrijstelling, maar wel aan de in Verordening (EG) nr. 2659/2000 gestelde voorwaarden voor vrijstelling voldoen.
[14-12-2010, PbEU L 335, i.w.tr. 01-01-2011/regelingnummer 1217/2010]

Artikel 9
Geldigheidsduur
Deze verordening treedt in werking op 1 januari 2011.
Zij vervalt op 31 december 2022.
[14-12-2010, PbEU L 335, i.w.tr. 01-01-2011/regelingnummer 1217/2010]

Verordening (EU) Nr. 1218/2010 betreffende de toepassing van artikel 101, lid 3, van het Verdrag betreffende de werking van de Europese Unie op bepaalde groepen specialisatieovereenkomsten

(voor de EER relevante tekst)

Verordening v van de Commissie van 14 december 2010 betreffende de toepassing van artikel 101, lid 3, van het Verdrag betreffende de werking van de Europese Unie op bepaalde groepen specialisatieovereenkomsten, PbEU 2010, L 335 (i.w.tr. 01-01-2011)

DE EUROPESE COMMISSIE,
Gezien het Verdrag betreffende de werking van de Europese Unie,
Gezien Verordening (EEG) nr. 2821/71 van de Raad van 20 december 1971 betreffende de toepassing van artikel 85, lid 3, van het Verdrag op groepen van overeenkomsten, besluiten en onderling afgestemde feitelijke gedragingen [1],
Na bekendmaking van de ontwerpverordening,
Na raadpleging van het Adviescomité voor mededingingsregelingen en economische machtsposities,
Overwegende hetgeen volgt:
(1) Verordening (EEG) nr. 2821/71 verleent de Commissie de bevoegdheid artikel 101, lid 3, van het Verdrag betreffende de werking van de Europese Unie [*] bij verordening toe te passen op bepaalde groepen overeenkomsten, besluiten en onderling afgestemde feitelijke gedragingen die onder artikel 101, lid 1, vallen en die betrekking hebben op de specialisatie, met inbegrip van de overeenkomsten die nodig zijn voor de verwezenlijking daarvan.
(2) Verordening (EG) nr. 2658/2000 van de Commissie van 29 november 2000 betreffende de toepassing van artikel 81, lid 3, van het Verdrag op groepen specialisatieovereenkomsten [2] omschrijft groepen specialisatieovereenkomsten waarvan volgens de Commissie kon worden aangenomen dat zij gewoonlijk aan de voorwaarden van artikel 101, lid 3, van het Verdrag voldoen. Gelet op de over het geheel genomen

---
(1) PB L 285 van 29.12.1971, blz. 46.
(*) Sinds 1 december 2009 is artikel 81 van het EG-Verdrag artikel 101 van het Verdrag betreffende de werking van de Europese Unie ('VWEU'). Beide artikelen zijn in wezen identiek. Voor zover van toepassing, dienen in deze verordening de verwijzingen naar artikel 101 van het VWEU te worden gelezen als verwijzingen naar artikel 81 van het EG-Verdrag. Bij het VWEU zijn ook enkele wijzigingen in de terminologie aangebracht, zoals de vervanging van 'Gemeenschap' door 'Unie' en de vervanging van 'gemeenschappelijke markt' door 'interne markt'. In deze verordening wordt de terminologie van het VWEU gebruikt.
(2) PB L 304 van 5.12.2000, blz. 3.

positieve ervaring met de toepassing van die verordening, die op 31 december 2010 vervalt, en gelet op de verdere ervaring die sinds de vaststelling van die verordening is opgedaan, is het passend een nieuwe groepsvrijstellingsverordening vast te stellen.
(3) Deze verordening dient aan twee vereisten te voldoen: zij moet een daadwerkelijke bescherming van de mededinging waarborgen en zij moet ondernemingen voldoende rechtszekerheid verschaffen. Bij het nastreven van die doelstellingen moet rekening worden gehouden met de noodzaak het administratieve toezicht en de wetgeving zoveel mogelijk te vereenvoudigen. Beneden een bepaald niveau van marktmacht kan voor de toepassing van artikel 101, lid 3, van het Verdrag over het algemeen worden aangenomen dat de positieve effecten van specialisatieovereenkomsten zullen opwegen tegen de eventuele negatieve effecten voor de mededinging.
(4) Het is voor de toepassing van artikel 101, lid 3, van het Verdrag bij verordening niet noodzakelijk te omschrijven welke overeenkomsten onder artikel 101, lid 1, van het Verdrag kunnen vallen. Bij de individuele beoordeling van overeenkomsten in de zin van artikel 101, lid 1, van het Verdrag dient met verscheidene factoren rekening te worden gehouden, in het bijzonder met de structuur van de relevante markt.
(5) De bij deze verordening vastgestelde vrijstelling dient slechts van toepassing te zijn op overeenkomsten waarvan met voldoende zekerheid kan worden aangenomen dat zij aan de voorwaarden van artikel 101, lid 3, van het Verdrag voldoen.
(6) Overeenkomsten betreffende specialisatie bij productie kunnen het meest tot de verbetering van de productie of de distributie van goederen bijdragen indien de partijen complementaire vaardigheden, activa of activiteiten hebben, omdat zij zich op de vervaardiging van bepaalde producten kunnen toeleggen en daardoor efficiënter kunnen werken en de producten goedkoper kunnen aanbieden. Hetzelfde geldt over het algemeen voor overeenkomsten betreffende specialisatie bij de voorbereiding van diensten. Bij daadwerkelijke mededinging is het waarschijnlijk dat een billijk aandeel in de hieruit voortvloeiende voordelen de gebruikers ten goede komt.
(7) Dergelijke voordelen kunnen voortvloeien uit overeenkomsten waarbij één partij volledig of gedeeltelijk van de vervaardiging van bepaalde producten of de voorbereiding van bepaalde diensten afziet ten gunste van een andere partij ('eenzijdige specialisatie'), uit overeenkomsten waarbij elke partij volledig of gedeeltelijk van de vervaardiging van bepaalde producten of de voorbereiding van bepaalde diensten afziet ten gunste van een andere partij ('wederkerige specialisatie'), en uit overeenkomsten waarbij de partijen zich ertoe verbinden gezamenlijk bepaalde producten te vervaardigen of bepaalde diensten voor te bereiden ('gezamenlijke productie'). In het kader van deze verordening houden de begrippen eenzijdige en wederkerige specialisatie niet in dat een partij haar capaciteit moet verminderen, daar het voldoende is dat zij hun productievolume verminderen. Het begrip gezamenlijke productie verlangt daarentegen niet dat de partijen hun individuele productiewerkzaamheden buiten de werkingssfeer van de voorgenomen gezamenlijke productieregeling verminderen.
(8) De aard van eenzijdige en wederkerige specialisatieovereenkomsten veronderstelt dat de partijen op dezelfde productmarkt actief zijn. Het is niet noodzakelijk dat de partijen actief zijn op dezelfde geografische markt. De toepassing van deze verordening op eenzijdige en wederkerige specialisatieovereenkomsten dient bij-

gevolg te worden beperkt tot situaties waarin de partijen op dezelfde productmarkt actief zijn. Overeenkomsten betreffende gezamenlijke productie kunnen worden gesloten tussen partijen die reeds actief zijn op dezelfde productmarkt, maar ook tussen partijen die via de overeenkomst een productmarkt wensen te betreden. Overeenkomsten betreffende gezamenlijke productie dienen derhalve onder deze verordening te vallen, ongeacht of de partijen reeds op dezelfde productmarkt actief zijn.

(9) Om ervoor te zorgen dat de voordelen van de specialisatie worden verwezenlijkt zonder dat een van de partijen de downstream van de productie gelegen markt volledig verlaat, dienen eenzijdige en wederkerige specialisatieovereenkomsten slechts onder deze verordening te vallen indien zij in leverings- en afnameverplichtingen of gezamenlijke distributie voorzien. Leverings- en afnameverplichtingen kunnen een exclusief karakter te hebben, doch behoeven dat niet te hebben.

(10) Wanneer het aandeel van de partijen op de relevante markt voor de producten waarop de specialisatieovereenkomst betrekking heeft niet meer dan een bepaald percentage bedraagt, kan worden aangenomen dat een dergelijke overeenkomst over het algemeen economische voordelen in de vorm van schaal- of toepassingsvoordelen of betere productietechnologieën zal opleveren, waarbij een billijk aandeel in de daaruit voortvloeiende voordelen de gebruikers ten goede komt. Wanneer de producten die in het kader van een specialisatieovereenkomst worden vervaardigd echter intermediaire producten zijn die door een of meer partijen volledig of gedeeltelijk worden gebruikt als input voor hun eigen productie van bepaalde downstream-producten die zij vervolgens op de markt verkopen, dient de door deze verordening verleende vrijstelling ook de voorwaarde te zijn verbonden dat het aandeel van de partijen op de relevante markt voor de betrokken downstream-producten niet meer dan een bepaald percentage bedraagt. Indien men in een dergelijk geval alleen zou kijken naar het marktaandeel van de partijen op de markt voor de intermediaire producten, zou worden voorbijgegaan aan het potentiële risico van marktafscherming of verhoging van de grondstofprijzen op de downstream-markt. Er geldt echter geen vermoeden dat specialisatieovereenkomsten onder artikel 101, lid 1, van het Verdrag vallen, of dat zij niet aan de voorwaarden van artikel 101, lid 3, van het Verdrag voldoen, wanneer de in deze verordening vastgestelde marktaandeeldrempel wordt overschreden of wanneer niet aan andere in deze verordening gestelde voorwaarden is voldaan. In dergelijke gevallen dient een individuele beoordeling van de specialisatieovereenkomst plaats te vinden op grond van artikel 101 van het Verdrag.

(11) Deze verordening dient geen vrijstelling te verlenen voor overeenkomsten welke beperkingen bevatten die voor het bereiken van de positieve effecten van een specialisatieovereenkomst niet onmisbaar zijn. Overeenkomsten die bepaalde soorten ernstige mededingingsbeperkingen betreffende de vaststelling van aan derden berekende prijzen, de beperking van de productie of verkoop en de toewijzing van markten of klanten bevatten, dienen, ongeacht het marktaandeel van de partijen, in beginsel van de in de onderhavige verordening vervatte vrijstelling te worden uitgesloten.

(12) De beperking van het marktaandeel, de uitsluiting van bepaalde overeenkomsten en de in deze verordening vervatte voorwaarden garanderen in het algemeen dat de overeenkomsten waarvoor de groepsvrijstelling geldt, de partijen niet in staat stellen

voor een wezenlijk deel van de betrokken producten of diensten de mededinging uit te schakelen.
(13) De Commissie kan de vrijstelling overeenkomstig artikel 29, lid 1, van Verordening (EG) nr. 1/2003 van de Raad van 16 december 2002 betreffende de uitvoering van de mededingingsregels van de artikelen 81 en 82 van het Verdrag [3] intrekken wanneer zij in een bepaald geval van oordeel is dat een overeenkomst waarop de in deze verordening vervatte vrijstelling van toepassing is, toch gevolgen heeft die onverenigbaar zijn met artikel 101, lid 3, van het Verdrag.
(14) De mededingingsautoriteit van een lidstaat kan ingevolge artikel 29, lid 2, van Verordening (EG) nr. 1/2003 de vrijstelling voor zijn grondgebied of een deel daarvan intrekken, indien zij in een bepaald geval van oordeel is, dat een overeenkomst waarop de in deze verordening vervatte vrijstelling van toepassing is, toch met artikel 101, lid 3, van het Verdrag onverenigbare gevolgen heeft op het grondgebied van die lidstaat of op een gedeelte daarvan, voor zover dit grondgebied alle kenmerken van een afzonderlijke geografische markt vertoont.
(15) De vrijstelling kan bijvoorbeeld overeenkomstig artikel 29 van Verordening (EG) nr. 1/2003 worden ingetrokken wanneer de relevante markt met name wegens de individuele marktposities van andere marktdeelnemers of de betrekkingen tussen andere marktdeelnemers op basis van parallelle specialisatieovereenkomsten, sterk geconcentreerd is en er reeds nauwelijks concurrentie is.
(16) Om het sluiten van specialisatieovereenkomsten, die consequenties voor de structuur van de partijen kunnen hebben, te vergemakkelijken, dient de geldigheidsduur van deze verordening op twaalf jaar te worden vastgesteld,

HEEFT DE VOLGENDE VERORDENING VASTGESTELD:

Artikel 1
Definities

1. Voor de toepassing van deze verordening wordt verstaan onder:
a) 'specialisatieovereenkomst': een eenzijdige specialisatieovereenkomst, een wederkerige specialisatieovereenkomst of een overeenkomst betreffende gezamenlijke productie;
b) 'eenzijdige specialisatieovereenkomst': een overeenkomst tussen twee partijen die actief zijn op dezelfde productmarkt, waarbij een partij zich ertoe verbindt de vervaardiging van bepaalde producten volledig of gedeeltelijk te beëindigen dan wel niet tot de vervaardiging van deze producten over te gaan doch deze van de andere partij te kopen, die zich ertoe verbindt deze producten te vervaardigen en te leveren;
c) 'wederkerige specialisatieovereenkomst': een overeenkomst tussen twee of meer partijen die actief zijn op dezelfde productmarkt, waarbij twee of meer partijen zich op basis van wederkerigheid ertoe verbinden de vervaardiging van bepaalde, doch verschillende producten volledig of gedeeltelijk te beëindigen dan wel niet tot de vervaardiging daarvan over te gaan doch deze van de andere partijen te kopen, die zich ertoe verbinden deze te vervaardigen en te leveren, of

---

(3) PB L 1 van 4.1.2003, blz. 1.

d) 'overeenkomst betreffende gezamenlijke productie': een overeenkomst waarbij twee of meer partijen zich ertoe verbinden bepaalde producten gezamenlijk te vervaardigen;
e) 'overeenkomst': een overeenkomst, besluit van ondernemersverenigingen of onderling afgestemde feitelijke gedraging;
f) 'product': een goed of een dienst, daaronder begrepen zowel intermediaire goederen of diensten als eindgoederen of -diensten, met uitzondering van diensten op het gebied van distributie en verhuur;
g) 'productie': de vervaardiging van goederen of de voorbereiding van diensten, met inbegrip van productie door middel van uitbesteding;
h) 'voorbereiding van diensten': de activiteiten die aan de verrichting van diensten voor de klanten voorafgaan;
i) 'relevante markt': de relevante productmarkt en de relevante geografische markt waartoe de producten waarop de specialisatieovereenkomst betrekking heeft behoren, en, ingeval de producten waarop de specialisatieovereenkomst betrekking heeft intermediaire producten zijn die een of meer partijen volledig of gedeeltelijk intern gebruiken voor de vervaardiging van downstream-producten, de relevante productmarkt en de relevante geografische markt waartoe de downstream-producten behoren;
j) 'specialisatieproduct': een product dat overeenkomstig een specialisatieovereenkomst wordt vervaardigd;
k) 'downstream-product': een product waarvoor een specialisatieproduct door een of meer partijen als input worden gebruikt en dat door deze partijen op de markt wordt verkocht;
l) 'concurrerende onderneming': een daadwerkelijke of potentiële concurrent;
m) 'daadwerkelijke concurrent': een onderneming die actief is op dezelfde relevante markt;
n) 'potentiële concurrent': een onderneming die zonder de specialisatieovereenkomst, op grond van realistische verwachtingen en niet als louter theoretische mogelijkheid, in geval van een geringe maar duurzame verhoging van de relatieve prijzen wellicht binnen niet meer dan drie jaar de vereiste extra investeringen zou doen of andere noodzakelijke omschakelingskosten zou maken om de relevante markt te betreden;
o) 'exclusieve leveringsverplichting': de verplichting het specialisatieproduct niet te leveren aan een concurrerende onderneming die geen partij is bij de overeenkomst;
p) 'exclusieve afnameverplichting': de verplichting het specialisatieproduct uitsluitend van een partij bij de overeenkomst af te nemen;
q) 'gezamenlijk' in samenhang met de distributie: de omstandigheid dat de partijen:
    i) de producten via een gemeenschappelijk team, een gemeenschappelijke organisatie of een gemeenschappelijke onderneming distribueren, of
    ii) een derde partij als distributeur aanstellen, al dan niet op basis van exclusiviteit, mits deze geen concurrerende onderneming is;
r) 'distributie': distributie, met inbegrip van de verkoop van goederen en de verrichting van diensten.
2. Voor de toepassing van deze verordening omvatten de termen 'onderneming' en 'partij' de respectieve daarmee verbonden ondernemingen.

Vo. 1218/2010 toepassing art. 101 lid 3 VWEU op specialisatieovereenkomsten

Onder 'verbonden ondernemingen' wordt verstaan:
a) ondernemingen waarin een partij bij de specialisatieovereenkomst direct of indirect:
   i) de bevoegdheid heeft meer dan de helft van de stemrechten uit te oefenen,
   ii) de bevoegdheid heeft meer dan de helft van de leden van de raad van toezicht, van de raad van bestuur of van de krachtens de wet tot vertegenwoordiging bevoegde organen te benoemen, of
   iii) het recht heeft de zaken van de onderneming te beheren;
b) ondernemingen die ten aanzien van een partij bij de specialisatieovereenkomst direct of indirect over de onder a) genoemde rechten of bevoegdheden beschikken;
c) ondernemingen waarin een onder b) bedoelde onderneming direct of indirect over de onder a) genoemde rechten of bevoegdheden beschikt;
d) ondernemingen waarin een partij bij de specialisatieovereenkomst gezamenlijk met een of meer van de onder a), b) of c) bedoelde ondernemingen, of waarin twee of meer van de laatstbedoelde ondernemingen gezamenlijk over de onder a) genoemde rechten of bevoegdheden beschikken;
e) ondernemingen waarin over de onder a) genoemde rechten of bevoegdheden gezamenlijk wordt beschikt door:
   i) partijen bij de specialisatieovereenkomst of de respectieve daarmee verbonden ondernemingen als bedoeld onder a) tot en met d), of
   ii) een of meer van de partijen bij de specialisatieovereenkomst of een of meer van de daarmee verbonden ondernemingen als bedoeld onder a) tot en met d) en een of meer derden.

[14-12-2010, PbEU L 335, i.w.tr. 01-01-2011/regelingnummer 1218/2010]

Artikel 2
Vrijstelling

1. Overeenkomstig artikel 101, lid 3, van het Verdrag en onverminderd de bepalingen van deze verordening, wordt artikel 101, lid 1, van het Verdrag buiten toepassing verklaard voor specialisatieovereenkomsten.
Deze vrijstelling is van toepassing voor zover bedoelde overeenkomsten beperkingen van de mededinging inhouden die onder artikel 101, lid 1, van het Verdrag vallen.
2. De in lid 1 bedoelde vrijstelling is van toepassing op specialisatieovereenkomsten die bepalingen bevatten betreffende de toekenning of licentiëring van intellectuele-eigendomsrechten aan een of meer partijen, mits die bepalingen niet het voornaamste onderwerp van die overeenkomsten vormen, maar daarmee rechtstreeks verband houden en noodzakelijk zijn voor de tenuitvoerlegging ervan.
3. De in lid 1 bedoelde vrijstelling is van toepassing op specialisatieovereenkomsten waarbij:
a) de partijen een exclusieve afname- of leveringsverplichting aanvaarden, of
b) de partijen de specialisatieproducten niet onafhankelijk verkopen maar gezamenlijk voor de distributie van die producten zorgen.

[14-12-2010, PbEU L 335, i.w.tr. 01-01-2011/regelingnummer 1218/2010]

Artikel 3
Marktaandeeldrempel
De in artikel 2 bedoelde vrijstelling geldt slechts indien het gezamenlijke marktaandeel van de partijen op geen enkele relevante markt meer dan 20 % bedraagt.
[14-12-2010, PbEU L 335, i.w.tr. 01-01-2011/regelingnummer 1218/2010]

Artikel 4
Hardcore beperkingen
De in artikel 2 bedoelde vrijstelling geldt niet voor specialisatieovereenkomsten die, als zodanig of in combinatie met andere factoren waarover de partijen controle hebben, direct of indirect een van de volgende punten tot doel hebben:
a) de prijzen bij verkoop van de producten aan derden vast te stellen, met uitzondering van de vaststelling van prijzen die aan directe afnemers in rekening worden gebracht in het kader van gezamenlijke distributie;
b) de productie of de verkoop te beperken, met uitzondering van:
  i) bepalingen betreffende de overeengekomen hoeveelheid producten in het kader van eenzijdige of wederkerige specialisatieovereenkomsten of tot vaststelling van de capaciteit en het productievolume in het kader van een overeenkomst betreffende gezamenlijke productie, en
  ii) het vaststellen van verkoopdoelstellingen in het kader van gezamenlijke distributie;
c) de toewijzing van markten of klanten.
[14-12-2010, PbEU L 335, i.w.tr. 01-01-2011/regelingnummer 1218/2010]

Artikel 5
Toepassing van de marktaandeeldrempel
Voor de toepassing van de in artikel 3 vervatte marktaandeeldrempel gelden de volgende regels:
a) het marktaandeel wordt berekend op grond van de waarde van de verkopen op de markt; ingeval geen gegevens betreffende de waarde van de verkopen op de markt beschikbaar zijn, kan voor de bepaling van het marktaandeel van de partijen gebruik worden gemaakt van ramingen die zijn gebaseerd op andere betrouwbare marktinformatie, waaronder de omvang van de verkopen op de markt;
b) het marktaandeel wordt berekend op grond van gegevens die betrekking hebben op het voorafgaande kalenderjaar;
c) het marktaandeel van de in artikel 1, lid 2, tweede alinea, onder e), bedoelde ondernemingen wordt in gelijke delen toegerekend aan elke onderneming die over de in die alinea, onder a), genoemde rechten of bevoegdheden beschikt;
d) wanneer het in artikel 3 bedoelde marktaandeel aanvankelijk niet meer dan 20 % bedraagt, maar vervolgens boven dat niveau stijgt zonder 25 % te overschrijden, blijft de in artikel 2 bedoelde vrijstelling van toepassing gedurende twee opeenvolgende kalenderjaren volgende op het jaar waarin de grens van 20 % voor het eerst is overschreden;
e) wanneer het in artikel 3 bedoelde marktaandeel aanvankelijk niet meer dan 20 % bedraagt, maar vervolgens 25 % overschrijdt, blijft de in artikel 2 bedoelde vrij-

stelling van toepassing gedurende één kalenderjaar volgende op het jaar waarin de grens van 25 % voor het eerst is overschreden;
f) het onder d) en e) bepaalde kan niet zodanig worden gecombineerd dat dit tot een langere periode dan twee kalenderjaren zou leiden.
[14-12-2010, PbEU L 335, i.w.tr. 01-01-2011/regelingnummer 1218/2010]

Artikel 6
Overgangsperiode
Het verbod van artikel 101, lid 1, van het Verdrag geldt gedurende de periode van 1 januari 2011 tot en met 31 december 2012 niet voor op 31 december 2010 reeds van kracht zijnde overeenkomsten die niet aan de in deze verordening gestelde voorwaarden voor vrijstelling, maar wel aan de in Verordening (EG) nr. 2658/2000 gestelde voorwaarden voor vrijstelling voldoen.
[14-12-2010, PbEU L 335, i.w.tr. 01-01-2011/regelingnummer 1218/2010]

Artikel 7
Geldigheidsduur
Deze verordening treedt in werking op 1 januari 2011.
Zij vervalt op 31 december 2022.
[14-12-2010, PbEU L 335, i.w.tr. 01-01-2011/regelingnummer 1218/2010]

Richtsnoeren 2011/C 11/01 inzake de toepasselijkheid van artikel 101 van het Verdrag betreffende de werking van de Europese Unie op horizontale samenwerkingsovereenkomsten

(voor de EER relevante tekst)

Richtsnoeren van 14 januari 2011 inzake de toepasselijkheid van artikel 101 van het Verdrag betreffende de werking van de Europese Unie op horizontale samenwerkingsovereenkomsten, PbEU 2011, C 11 (i.w.tr. 14-01-2011)

1 Inleiding

1.1 Doel en toepassingsgebied

1

In deze richtsnoeren worden de beginselen vastgelegd voor de beoordeling, op grond van artikel 101 van het Verdrag betreffende de werking van de Europese Unie (*) ('artikel 101'), van overeenkomsten tussen ondernemingen, besluiten van ondernemingsverenigingen en onderling afgestemde feitelijke gedragingen (hierna gezamenlijk 'overeenkomsten' genoemd) die betrekking hebben op horizontale samenwerking. Samenwerking is 'horizontaal' van aard indien een overeenkomst wordt gesloten tussen daadwerkelijke of potentiële concurrenten. Daarnaast zijn deze richtsnoeren ook van toepassing op horizontale samenwerkingsovereenkomsten tussen niet-concurrenten, dat wil zeggen tussen twee ondernemingen die actief zijn op dezelfde productmarkten, maar op verschillende geografische markten zonder dat zij potentiële concurrenten zijn.

[14-01-2011, PbEU C 11, i.w.tr. 14-01-2011/regelingnummer 2011/C11/01]

2

Horizontale samenwerkingsovereenkomsten kunnen aanzienlijke economische voordelen opleveren, in het bijzonder indien daarbij complementaire activiteiten, vaardigheden of activa worden gebundeld. Horizontale samenwerking kan een middel zijn om risico's te delen, kosten te besparen, investeringen te vergroten, knowhow

---

(*) Sinds 1 december 2009 is artikel 81 van het EG-Verdrag artikel 101 van het Verdrag betreffende de werking van de Europese Unie ('VWEU'). Beide artikelen zijn in wezen identiek. Voor zover van toepassing, dienen in deze richtsnoeren de verwijzingen naar artikel 101 VWEU te worden gelezen als verwijzingen naar artikel 81 van het EG-Verdrag. Bij het VWEU zijn ook enkele wijzigingen in de terminologie aangebracht, zoals de vervanging van 'Gemeenschap' door 'Unie' en de vervanging van 'gemeenschappelijke markt' door 'interne markt'. In deze richtsnoeren wordt de terminologie van het VWEU gebruikt.

gezamenlijk te benutten, de productkwaliteit en het productaanbod te verbeteren, en sneller te innoveren.
[14-01-2011, PbEU C 11, i.w.tr. 14-01-2011/regelingnummer 2011/C11/01]

3
Aan de andere kant kunnen horizontale samenwerkingsovereenkomsten leiden tot mededingingsproblemen. Dit is bijvoorbeeld het geval wanneer de partijen bij een samenwerking overeenkomen prijzen of productiehoeveelheden vast te stellen of markten te verdelen, of wanneer de samenwerking de partijen in staat stelt marktmacht te behouden, te verwerven of te vergroten en zo naar alle waarschijnlijkheid aanleiding geeft tot negatieve markteffecten met betrekking tot prijzen, producthoeveelheden, productkwaliteit, productdiversiteit of innovatie.
[14-01-2011, PbEU C 11, i.w.tr. 14-01-2011/regelingnummer 2011/C11/01]

4
De Commissie erkent de economische voordelen die uit horizontale samenwerkingsovereenkomsten kunnen voortvloeien, maar moet erop toezien dat een daadwerkelijke mededinging wordt gehandhaafd. Artikel 101 vormt het rechtskader voor een evenwichtige beoordeling, waarbij zowel met de negatieve effecten op de concurrentie als met de concurrentiebevorderende effecten rekening wordt gehouden.
[14-01-2011, PbEU C 11, i.w.tr. 14-01-2011/regelingnummer 2011/C11/01]

5
Deze richtsnoeren hebben tot doel een analytisch kader te bieden voor de meest gangbare vormen van horizontale samenwerkingsovereenkomsten, met name onderzoeks- en ontwikkelingsovereenkomsten, productieovereenkomsten met inbegrip van toeleverings- en specialisatieovereenkomsten, inkoopovereenkomsten, commercialiseringsovereenkomsten, standaardiseringsovereenkomsten waaronder standaardcontracten, en de uitwisseling van informatie. Dit kader is in de eerste plaats gebaseerd op wettelijke en economische criteria aan de hand waarvan een horizontale samenwerkingsovereenkomst en de context waarin zij tot stand kwam, kan worden geanalyseerd. Economische criteria, zoals de marktmacht van de partijen en andere factoren in verband met de marktstructuur, vormen een sleutelelement voor de beoordeling van de gevolgen die een horizontale samenwerkingsovereenkomst waarschijnlijk voor de markt zal hebben, en derhalve voor de beoordeling ervan op grond van artikel 101.
[14-01-2011, PbEU C 11, i.w.tr. 14-01-2011/regelingnummer 2011/C11/01]

6
Deze richtsnoeren zijn van toepassing op de meest gangbare soorten horizontale samenwerkingsovereenkomsten, ongeacht het niveau van integratie dat daarmee wordt bereikt, met uitzondering van transacties die een concentratie vormen in de zin van artikel 3 van Verordening (EG) nr. 139/2004 van de Raad van 20 januari 2004 betreffende de controle op concentraties van ondernemingen [1] ('de concentratieverordening'), zoals bijvoorbeeld het geval zou zijn voor gemeenschappelijke ondernemingen die

---
(1) *PB* L 24 van 29.1.2004, blz. 1.

duurzaam alle functies van een zelfstandige economische eenheid vervullen ('volwaardige gemeenschappelijke ondernemingen') [1].
[14-01-2011, PbEU C 11, i.w.tr. 14-01-2011/regelingnummer 2011/C11/01]

7

Wegens het potentieel grote aantal soorten en combinaties van horizontale samenwerking en de marktomstandigheden waarin deze functioneren, is het moeilijk specifieke oplossingen te formuleren voor alle mogelijke scenario's. De onderhavige richtsnoeren op grond van wettelijke en economische criteria zullen de ondernemingen evenwel een houvast bieden bij de beoordeling van de verenigbaarheid van een bepaalde samenwerkingsovereenkomst met artikel 101. Die criteria vormen evenwel geen 'checklist' die automatisch kan worden toegepast. Elke zaak moet op basis van de specifieke feitelijke omstandigheden worden beoordeeld, waarbij een soepele toepassing van deze richtsnoeren noodzakelijk kan zijn.
[14-01-2011, PbEU C 11, i.w.tr. 14-01-2011/regelingnummer 2011/C11/01]

8

De in deze richtsnoeren vastgelegde criteria gelden voor horizontale samenwerkingsovereenkomsten met betrekking tot zowel goederen als diensten (hierna gezamenlijk 'producten' genoemd). Deze richtsnoeren vormen een aanvulling op Verordening (EU) nr.1217/2010 van de Commissie van 14 december 2010 betreffende de toepassing van artikel 101, lid 3, van het Verdrag betreffende de werking van de Europese Unie op bepaalde groepen onderzoeks- en ontwikkelingsovereenkomsten [2] ('de groepsvrijstellingsverordening inzake O&O') en Verordening (EU) nr. 1218/2010 van de Commissie van 14 december 2010 betreffende de toepassing van artikel 101, lid 3, van het Verdrag betreffende de werking van de Europese Unie op bepaalde groepen specialisatieovereenkomsten [3] ('de groepsvrijstellingsverordening inzake specialisatie').
[14-01-2011, PbEU C 11, i.w.tr. 14-01-2011/regelingnummer 2011/C11/01]

9

Hoewel deze richtsnoeren een aantal verwijzingen naar kartels bevatten, zijn zij niet bedoeld als leidraad om vast te stellen of er al dan niet sprake is van een kartel; dit

---

(1) Zie artikel 3, lid 4, van de concentratieverordening. Om evenwel na te gaan of er sprake is van een volwaardige gemeenschappelijke onderneming onderzoekt de Commissie of de gemeenschappelijke onderneming in operationeel opzicht economisch zelfstandig is. Dit betekent niet dat zij zelfstandig ten opzichte van haar moedermaatschappij is wat de goedkeuring van haar strategische beslissingen betreft (zie de geconsolideerde mededeling van de Commissie over bevoegdheidskwesties op grond van Verordening (EG) nr. 139/2004 betreffende de controle op concentraties van ondernemingen, PB C 95 van 16.4.2008, blz. 1, punten 91–109 ('geconsolideerde mededeling over bevoegdheidskwesties')). Daarnaast zij er ook aan herinnerd dat indien de oprichting van een gemeenschappelijke onderneming die een concentratie vormt in de zin van artikel 3 van de concentratieverordening de coördinatie beoogt of tot stand brengt van het concurrentiegedrag van ondernemingen die onafhankelijk blijven, die coördinatie beoordeeld wordt overeenkomstig artikel 101 van het Verdrag (zie artikel 2, lid 4, van de concentratieverordening).

(2) PB L 335 van 18.12.2010, blz. 36.

(3) PB L 335 van 18.12.2010, blz. 43.

wordt bepaald door de besluitvormingspraktijk van de Commissie en de rechtspraak van het Hof van Justitie van de Europese Unie.
[14-01-2011, PbEU C 11, i.w.tr. 14-01-2011/regelingnummer 2011/C11/01]

10

Onder 'concurrenten' worden in deze richtsnoeren zowel daadwerkelijke als potentiële concurrenten verstaan. Twee ondernemingen worden als daadwerkelijke concurrenten beschouwd als zij actief zijn op dezelfde relevante markt. Een onderneming wordt als een potentiële concurrent van een andere onderneming beschouwd indien deze onderneming zonder de overeenkomst bij een geringe maar duurzame verhoging van de relatieve prijzen, wellicht op korte termijn [1] in staat zou zijn de vereiste extra investeringen te doen of andere noodzakelijke overschakelingskosten te maken om de relevante markt waarop de andere onderneming actief is, te kunnen betreden. Deze beoordeling moet gebaseerd zijn op realistische gronden, aangezien de louter theoretische mogelijkheid om de markt te betreden, niet voldoende is (zie de bekendmaking van de Commissie inzake de bepaling van de relevante markt voor het gemeenschappelijke mededingingsrecht) [2] ('Bekendmaking marktbepaling').
[14-01-2011, PbEU C 11, i.w.tr. 14-01-2011/regelingnummer 2011/C11/01]

11

Bedrijven die deel uitmaken van dezelfde 'onderneming' in de zin van artikel 101, lid 1, worden voor de toepassing van deze richtsnoeren niet als concurrenten beschouwd. Artikel 101 is alleen van toepassing op overeenkomsten tussen onafhankelijke ondernemingen. Wanneer één bedrijf een beslissende invloed uitoefent over een ander bedrijf, vormen zij één enkele economische entiteit en maken zij derhalve deel uit van dezelfde onderneming [3]. Hetzelfde geldt voor zusterondernemingen, dat wil zeggen ondernemingen waarover dezelfde moedermaatschappij beslissende invloed uitoefent.

---

(1) De kwalificatie 'korte termijn' hangt af van de feitelijke omstandigheden in de betrokken zaak en de wettelijke en economische context ervan, in het bijzonder van de vraag of de betrokken onderneming partij is bij de overeenkomst dan wel een derde. In het eerste geval, dat wil zeggen wanneer wordt nagegaan of een partij bij de overeenkomst als potentiële concurrent van de andere partij dient te worden beschouwd, zal de Commissie gewoonlijk een langere periode als 'korte termijn' beschouwen dan in het tweede geval waarbij wordt onderzocht of een derde concurrentiedruk kan uitoefenen op de partijen bij een overeenkomst. Om een derde als potentiële concurrent te beschouwen, zou de toegang tot de markt relatief snel moeten gebeuren, wil de dreiging van een mogelijke toetreding druk uitoefenen op het gedrag van de andere partijen en de andere marktdeelnemers. Om die redenen wordt zowel in de groepsvrijstellingsverordening inzake O&O als in die inzake specialisatie, een periode van hoogstens drie jaar als 'korte termijn' beschouwd.

(2) *PB* C 372 van 9.12.1997, blz. 5, punt 24; zie ook het Dertiende Verslag van de Commissie over het mededingingsbeleid, punt 55 en de beschikking van de Commissie in zaak IV/32.009, Elopak/Metal Box-Odin, *PB* L 209 van 8.8.1990, blz. 15.

(3) Zie bijvoorbeeld zaak C-73/95, Viho, Jurispr. 1996, blz. I-5457, punt 51. In het geval van 100 %-dochterondernemingen kan worden aangenomen dat de moedermaatschappij een beslissende invloed heeft op het gedrag van haar dochteronderneming; zie bijvoorbeeld zaak 107/82, AEG, Jurispr. 1983, blz. 3151, punt 50; zaak C-286/98 P, Stora, Jurispr. 2000, blz. I-9925, punt 29; of zaak C-97/08 P, Akzo, Jurispr. 2009, blz. I-8237, punten 60 e.v.

Zij worden derhalve niet als concurrenten beschouwd, zelfs indien zij beide actief zijn op dezelfde relevante product- en geografische markten.
[14-01-2011, PbEU C 11, i.w.tr. 14-01-2011/regelingnummer 2011/C11/01]

12
Overeenkomsten die worden gesloten tussen ondernemingen die werkzaam zijn in een verschillend stadium van de productie- of distributieketen, d.w.z. verticale overeenkomsten, worden in beginsel behandeld in Verordening (EU) nr. 330/2010 van de Commissie van 20 april 2010 betreffende de toepassing van artikel 101, lid 3, van het Verdrag betreffende de werking van de Europese Unie op groepen verticale overeenkomsten en onderling afgestemde feitelijke gedragingen [1] ('de groepsvrijstellingsverordening inzake verticale beperkingen') en de richtsnoeren inzake verticale beperkingen [2]. Wanneer echter verticale overeenkomsten, bijvoorbeeld distributieovereenkomsten, tussen concurrenten worden gesloten, kunnen de gevolgen van de overeenkomst op de markt en de potentiële mededingingsproblemen vergelijkbaar zijn met die bij horizontale overeenkomsten. Derhalve vallen verticale overeenkomsten tussen concurrenten onder deze richtsnoeren [3]. Mocht het nodig zijn dergelijke overeenkomsten ook op grond van de groepsvrijstellingsverordening inzake verticale beperkingen en de richtsnoeren inzake verticale beperkingen te beoordelen dan wordt dit specifiek vermeld in het desbetreffende hoofdstuk van deze richtsnoeren. In het andere geval zijn alleen de onderhavige richtsnoeren van toepassing op verticale overeenkomsten tussen concurrenten.
[14-01-2011, PbEU C 11, i.w.tr. 14-01-2011/regelingnummer 2011/C11/01]

13
Horizontale samenwerkingsovereenkomsten kunnen betrekking hebben op samenwerking in verschillende stadia, bijvoorbeeld onderzoek en ontwikkeling ('O&O') en de productie en/of de commercialisering van de resultaten daarvan. Dergelijke overeenkomsten vallen over het algemeen ook onder deze richtsnoeren. Wanneer de analyse van een dergelijke geïntegreerde samenwerking gebeurt op basis van deze richtsnoeren, zullen alle hoofdstukken die betrekking hebben op de verschillende onderdelen van de samenwerking in de regel relevant zijn voor de beoordeling ervan. Wanneer de betrokken hoofdstukken van deze richtsnoeren evenwel onderling verschillende bepalingen inhouden, bijvoorbeeld met betrekking tot de veilige zones of met betrekking tot de vraag of bepaalde gedragingen dienen te worden beschouwd als een doelbewuste mededingingsbeperking dan wel als een gedraging met mede-

---
(1) *PB* L 102 van 23.4.2010, blz. 1.
(2) *PB* C 130 van 19.5.2010, blz. 1.
(3) Dit geldt niet wanneer concurrerende ondernemingen een niet-wederkerige verticale overeenkomst sluiten en i) de leverancier een producent en een distributeur van goederen is, terwijl de afnemer een distributeur en niet een concurrerende onderneming op productieniveau is; of ii) de leverancier op verschillende handelsniveaus een aanbieder van diensten is, terwijl de afnemer zijn goederen of diensten aanbiedt op detailhandelsniveau en geen concurrerende onderneming is op het handelsniveau waarop hij de contractdiensten koopt. Dergelijke overeenkomsten worden uitsluitend beoordeeld op grond van de groepsvrijstellingsverordening en de richtsnoeren inzake verticale beperkingen (zie artikel 2, lid 4, van de groepsvrijstellingsverordening inzake verticale beperkingen).

dingingsbeperkende gevolgen, gelden voor de gehele samenwerking de bepalingen van het hoofdstuk betreffende het gedeelte van de geïntegreerde samenwerking dat als 'zwaartepunt' daarvan kan worden beschouwd [1].
[14-01-2011, PbEU C 11, i.w.tr. 14-01-2011/regelingnummer 2011/C11/01]

14
Twee factoren zijn in het bijzonder relevant om het zwaartepunt van de geïntegreerde samenwerking te bepalen: ten eerste het beginpunt van de samenwerking en, ten tweede, de mate van integratie van de verschillende gecombineerde functies. Zo zou het zwaartepunt van een horizontale samenwerkingsovereenkomst die zowel betrekking heeft op O&O als op de gezamenlijke productie van de resultaten daarvan, bijgevolg in de regel de gezamenlijke O&O-activiteiten zijn, aangezien de gezamenlijke productie er slechts zal komen als de gezamenlijke O&O-activiteiten resultaten afwerpen. Dit houdt in dat de resultaten van de gezamenlijke O&O-activiteiten bepalend zijn voor de latere gezamenlijke productie. Indien de partijen in ieder geval, d.w.z. ook zonder de gezamenlijke O&O-activiteiten, overgegaan zouden zijn tot de gezamenlijke productie, of indien de overeenkomst zou voorzien in een volledige integratie op productiegebied en slechts een gedeeltelijke integratie van een aantal O&O-activiteiten, zou hierover anders worden geoordeeld. In dat geval zou het zwaartepunt van de samenwerking de gezamenlijke productie zijn.
[14-01-2011, PbEU C 11, i.w.tr. 14-01-2011/regelingnummer 2011/C11/01]

15
Artikel 101 is alleen van toepassing op die horizontale samenwerkingsovereenkomsten die de handel tussen de lidstaten ongunstig kunnen beïnvloeden. Bij het vaststellen van de in deze richtsnoeren uiteengezette beginselen inzake de toepasselijkheid van artikel 101 is derhalve uitgegaan van de veronderstelling dat een horizontale samenwerkingsovereenkomst de handel tussen lidstaten op merkbare wijze ongunstig kan beïnvloeden.
[14-01-2011, PbEU C 11, i.w.tr. 14-01-2011/regelingnummer 2011/C11/01]

16
De beoordeling op grond van artikel 101 zoals beschreven in deze richtsnoeren laat de eventuele parallelle toepassing van artikel 102 van het Verdrag op horizontale samenwerkingsovereenkomsten onverlet [2].
[14-01-2011, PbEU C 11, i.w.tr. 14-01-2011/regelingnummer 2011/C11/01]

---

(1) Er zij op gewezen dat deze test slechts van toepassing is op het verband tussen de verschillende hoofdstukken van deze richtsnoeren, en niet op het verband tussen verschillende groepsvrijstellingsverordeningen. Het toepassingsgebied van een groepsvrijstellingsverordening wordt bepaald door de daarin opgenomen bepalingen.
(2) Zie zaak T-51/89, Tetra Pak I, Jurispr. 1990, blz. II-309, punten 25 e.v. en richtsnoeren betreffende de handhavingsprioriteiten van de Commissie bij de toepassing van artikel 82 van het EG-Verdrag op onrechtmatig uitsluitingsgedrag door ondernemingen met een machtspositie, PB C 45 van 24.2.2009, blz. 7 ('richtsnoeren artikel 102').

17

Deze richtsnoeren laten de eventuele uitlegging van het Gerecht en het Hof van Justitie van de Europese Unie betreffende de toepassing van artikel 101 op horizontale samenwerkingsovereenkomsten onverlet.
[14-01-2011, PbEU C 11, i.w.tr. 14-01-2011/regelingnummer 2011/C11/01]

18

Deze richtsnoeren vervangen de Richtsnoeren van de Commissie inzake de toepasselijkheid van artikel 81 van het EG-Verdrag op horizontale samenwerkingsovereenkomsten [1] die de Commissie in 2001 heeft gepubliceerd en zijn niet van toepassing wanneer er sectorspecifieke regels gelden, zoals het geval is voor een aantal overeenkomsten op het gebied van landbouw [2], vervoer [3] of verzekeringen [4]. De Commissie zal, op basis van de door belanghebbenden en nationale mededingingsautoriteiten verstrekte marktinformatie, blijven toezien op de uitvoering van de groepsvrijstellingsverordeningen inzake O&O en specialisatie en deze richtsnoeren eventueel herzien in het licht van toekomstige ontwikkelingen of voortschrijdende inzichten.
[14-01-2011, PbEU C 11, i.w.tr. 14-01-2011/regelingnummer 2011/C11/01]

19

De Richtsnoeren van de Commissie betreffende de toepassing van artikel 81, lid 3, van het Verdrag [5] ('de algemene richtsnoeren') geven algemene aanwijzingen over

---

(1) *PB* C 3 van 6.1.2001, blz. 2. In onderhavige richtsnoeren is geen afzonderlijk hoofdstuk betreffende 'overeenkomsten inzake milieu' opgenomen zoals in de vorige richtsnoeren. Het vaststellen van normen in de milieusector, het belangrijkste doel van het voormalige hoofdstuk over milieu-overeenkomsten, kan beter behandeld worden in het hoofdstuk inzake standaardiseringsovereenkomsten van onderhavige richtsnoeren. Over het algemeen moeten 'milieu-overeenkomsten', afhankelijk van de concurrentiebezwaren waartoe zij aanleiding geven, beoordeeld worden overeenkomstig het relevante hoofdstuk van onderhavige richtsnoeren, d.w.z. het hoofdstuk betreffende O&O-, productie-, commercialiserings-, of standaardiseringsovereenkomsten.

(2) Verordening (EG) nr. 1184/2006 van de Raad van 24 juli 2006 inzake de toepassing van bepaalde regels betreffende de mededinging op de voortbrenging van en de handel in landbouwproducten, *PB* L 214 van 4.8.2006, blz. 7.

(3) Verordening (EG) nr. 169/2009 van de Raad van 26 februari 2009 houdende de toepassing van mededingingsregels op het gebied van het vervoer per spoor, over de weg en over de binnenwateren, *PB* L 61 van 5.3.2009, blz. 1; Verordening (EG) nr. 246/2009 van de Raad van 26 februari 2009 betreffende de toepassing van artikel 81, lid 3, van het Verdrag op bepaalde groepen overeenkomsten, besluiten en onderling afgestemde feitelijke gedragingen tussen lijnvaartondernemingen (consortia), *PB* L 79 van 25.3.2009, blz. 1; Verordening (EG) nr. 823/2000 van de Commissie van 29 april 2000 houdende toepassing van artikel 81, lid 3, van het EG-Verdrag op bepaalde groepen overeenkomsten, besluiten en onderling afgestemde feitelijke gedragingen tussen lijnvaartondernemingen (consortia), *PB* L 100 van 20.4.2000, blz. 24; Richtsnoeren betreffende de toepassing van artikel 81 van het EG-Verdrag op zeevervoerdiensten, *PB* C 245 van 26.9.2008, blz. 2.

(4) Verordening (EU) nr. 267/2010 van de Commissie van 24 maart 2010 betreffende de toepassing van artikel 101, lid 3, van het Verdrag betreffende de werking van de Europese Unie op bepaalde groepen van overeenkomsten, besluiten en onderling afgestemde feitelijke gedragingen in de verzekeringssector, *PB* L 83 van 31.3.2010, blz. 1.

(5) *PB* C 101 van 27.4.2004, blz. 97.

de interpretatie van artikel 101. Derhalve moeten de onderhavige richtsnoeren in samenhang met de algemene richtsnoeren worden gelezen.
[14-01-2011, PbEU C 11, i.w.tr. 14-01-2011/regelingnummer 2011/C11/01]

1.2 Basisbeginselen voor de beoordeling overeenkomstig artikel 101

20

De toetsing aan artikel 101 bestaat uit twee fasen. In de eerste fase wordt overeenkomstig artikel 101, lid 1, onderzocht of een overeenkomst tussen ondernemingen die de handel tussen lidstaten ongunstig kan beïnvloeden, van mededingingsbeperkende strekking is dan wel daadwerkelijk of potentieel [1] mededingingsbeperkende gevolgen kan hebben. In de tweede beoordelingsfase overeenkomstig artikel 101, lid 3, die alleen van belang is wanneer blijkt dat een overeenkomst mededingingsbeperkend is in de zin van artikel 101, lid 1, wordt nagegaan wat de mededingingsbevorderende gevolgen van de overeenkomst zijn en of deze tegen de negatieve gevolgen voor de mededinging opwegen [2]. Deze afweging van positieve en negatieve gevolgen voor de mededinging vindt uitsluitend binnen het in artikel 101, lid 3, vastgestelde kader plaats [3]. Indien de positieve gevolgen voor de mededinging niet opwegen tegen een beperking van de mededinging, bepaalt artikel 101, lid 2, dat de overeenkomst van rechtswege nietig is.
[14-01-2011, PbEU C 11, i.w.tr. 14-01-2011/regelingnummer 2011/C11/01]

21

De analyse van horizontale samenwerkingsovereenkomsten heeft bepaalde kenmerken gemeen met de analyse van horizontale fusies wat betreft de potentiële mededingingsbeperkende effecten, voornamelijk wat gemeenschappelijke ondernemingen betreft. Er is vaak slechts een dunne scheidingslijn tussen volwaardige gemeenschappelijke ondernemingen die onder de concentratieverordening vallen en niet-volwaardige gemeenschappelijke ondernemingen die worden beoordeeld op grond van artikel 101. Derhalve kunnen zij min of meer dezelfde effecten sorteren.
[14-01-2011, PbEU C 11, i.w.tr. 14-01-2011/regelingnummer 2011/C11/01]

22

In bepaalde gevallen worden ondernemingen door overheidsinstanties aangemoedigd om horizontale samenwerkingsovereenkomsten te sluiten om via zelfregulering een openbare beleidsdoelstelling te bereiken. Artikel 101 blijft evenwel op de ondernemingen van toepassing indien een nationale wet zich ertoe beperkt ondernemingen tot autonome mededingingsverstorende gedragingen aan te zetten of deze te verge-

---

(1) Artikel 101, lid 1, verbiedt zowel daadwerkelijke als potentiële mededingingsverstorende effecten, zie bijvoorbeeld zaak C-7/95 P, John Deere, Jurispr. 1998, blz. I-3111, punt 77; zaak C-238/05, Asnef-Equifax, Jurispr. 2006, blz. I-11125, punt 50.

(2) Zie gevoegde zaken C-501/06 P e.a., GlaxoSmithKline, Jurispr. 2009, blz. I-9291, punt 95.

(3) Zie zaak T-65/98, Van den Bergh Foods, Jurispr. 2003, blz. II-4653, punt 107; zaak T-112/99, Métropole télévision (M6) e.a., Jurispr. 2001, blz. II-2459, punt 74; zaak T-328/03, O2, Jurispr. 2006, blz. II-1231, punten 69 e.a., waar het Gerecht van eerste aanleg (thans het Gerecht) verklaarde dat slechts binnen het strikte kader van artikel 101, lid 3, de positieve en negatieve gevolgen van een beperking voor de mededinging tegen elkaar kunnen worden afgewogen.

makkelijken [1]. Met andere woorden, het feit dat overheidsinstanties een horizontale samenwerkingsovereenkomst aanmoedigen, betekent niet dat deze volgens artikel 101 is toegestaan [2]. Artikel 101 is alleen niet van toepassing, indien een mededingingsverstorende gedraging bij een nationale wettelijke regeling aan de ondernemingen wordt voorgeschreven, of indien deze wettelijke regeling een rechtskader creëert dat zelf iedere mogelijkheid van concurrerend gedrag voor deze ondernemingen uitsluit [3]. In een dergelijke situatie valt de beperking van de mededinging niet aan de autonome gedraging van de ondernemingen toe te rekenen, zoals artikel 101 impliciet voorschrijft, en zijn de ondernemingen beschermd tegen alle gevolgen van een inbreuk tegen dat artikel [4]. Elke zaak moet overeenkomstig de in deze richtsnoeren uiteengezette algemene beginselen op basis van de concrete feiten worden beoordeeld.
[14-01-2011, PbEU C 11, i.w.tr. 14-01-2011/regelingnummer 2011/C11/01]

1.2.1 Artikel 101, lid 1

23
Op grond van artikel 101, lid 1, zijn alle overeenkomsten die ertoe strekken of ten gevolge hebben dat de mededinging wordt beperkt [5], verboden.
[14-01-2011, PbEU C 11, i.w.tr. 14-01-2011/regelingnummer 2011/C11/01]

i) Mededingingsbeperkende strekking

24
Van mededingingsbeperkende strekking is sprake bij beperkingen welke naar hun aard de mededinging kunnen beperken in de zin van artikel 101, lid 1 [6]. Het is niet nodig de daadwerkelijke of potentiële mededingingsbeperkende gevolgen van een overeenkomst op de markt te onderzoeken, zodra eenmaal is gebleken dat deze een mededingingsbeperkende strekking heeft [7].
[14-01-2011, PbEU C 11, i.w.tr. 14-01-2011/regelingnummer 2011/C11/01]

---

(1) Zie het arrest van 14 oktober 2010 in zaak C-280/08 P, Deutsche Telekom, nog niet gepubliceerd in de Jurisprudentie, punt 82 en de aldaar aangehaalde rechtspraak.
(2) Zie zaak C-198/01, CIF, Jurispr. 2003, blz. I-8055, punten 56–58; gevoegde zaken T-217/03 en T-245/03, Frans rundvlees, Jurispr. 2006, blz. II-4987, punt 92; zaak T-7/92, Asia Motor France II, Jurispr. 1993, blz. II-669, punt 71; en zaak T-148/89, Tréfilunion, Jurispr. 1995, blz. II-1063, punt 118.
(3) Zie zaak C-280/08 P, Deutsche Telekom, punten 80 en 81. Deze mogelijkheid werd strikt uitgelegd; zie bijvoorbeeld gevoegde zaken 209/78 e.a., Van Landewyck, Jurispr. 1980, blz. 3125, punten 130–134; gevoegde zaken 240/82 e.a., Stichting Sigarettenindustrie, Jurispr. 1985, blz. 3831, punten 27–29; en gevoegde zaken C-359/95 P en C-379/95 P, Ladbroke Racing, Jurispr. 1997, blz. I-6265, punten 33 e.v.
(4) Ten minste tot een besluit wordt vastgesteld om de nationale wet buiten toepassing te verklaren en dat besluit definitief is geworden, zie zaak C-198/01, CIF, punten 54 e.v.
(5) In deze richtsnoeren wordt onder het begrip 'beperking van de mededinging' mede de verhindering en vervalsing van de mededinging verstaan.
(6) Zie bijvoorbeeld zaak C-209/07, BIDS, Jurispr. 2008, blz. I-8637, punt 17.
(7) Zie bijvoorbeeld gevoegde zaken C-501/06 P e.a., GlaxoSmithKline, punt 55, zaak C-209/07, BIDS, punt 16; zaak C-8/08, T-Mobile Netherlands, Jurispr. 2009, blz. I-4529, punt 29 e.v.; en zaak C-7/95 P, John Deere, punt 77.

25

Volgens vaste rechtspraak van het Hof van Justitie van de Europese Unie moet bij de beoordeling van de mededingingsbeperkende strekking van een overeenkomst gelet worden op de bewoordingen en oogmerken ervan, alsmede op de economische en juridische context van de overeenkomst. Bovendien kan de Commissie, ook al vormt het voornemen van partijen geen noodzakelijk element om uit te maken of een overeenkomst een mededingingsbeperkende strekking heeft, met dit voornemen rekening houden bij haar beoordeling [1]. Verdere aanwijzingen betreffende het begrip mededingingsbeperkende strekking zijn te vinden in de algemene richtsnoeren.
[14-01-2011, PbEU C 11, i.w.tr. 14-01-2011/regelingnummer 2011/C11/01]

ii) Mededingingsbeperkende gevolgen

26

Wanneer een horizontale samenwerkingsovereenkomst geen mededingingsbeperkende strekking heeft, dient te worden onderzocht of zij mededingingsbeperkende gevolgen heeft. Daarbij dient rekening te worden gehouden met zowel daadwerkelijke als potentiële gevolgen. De overeenkomst moet met andere woorden ten minste waarschijnlijke mededingingsbeperkende gevolgen hebben.
[14-01-2011, PbEU C 11, i.w.tr. 14-01-2011/regelingnummer 2011/C11/01]

27

Een overeenkomst heeft een mededingingsbeperkend gevolg in de zin van artikel 101, lid 1, als zij een merkbaar ongunstige uitwerking heeft of kan hebben op ten minste één van de concurrentieparameters op de markt, zoals prijs, producthoeveelheden, productkwaliteit, productdiversiteit of innovatie. Overeenkomsten kunnen dergelijke gevolgen hebben door de concurrentie tussen de partijen bij een overeenkomst of tussen de partijen en derden merkbaar te beperken. Dat betekent dat de overeenkomst de beslissingsautonomie van de partijen moet beperken [2], hetzij doordat zij verplichtingen behelst die het marktgedrag van minstens één van de partijen reguleren, hetzij doordat zij het marktgedrag van minstens één van de partijen beïnvloedt door een verandering te veroorzaken in de prikkels die deze ondervindt.
[14-01-2011, PbEU C 11, i.w.tr. 14-01-2011/regelingnummer 2011/C11/01]

28

Mededingingsbeperkende gevolgen op de relevante markt kunnen zich voordoen wanneer met een redelijke mate van waarschijnlijkheid kan worden verwacht dat de partijen op basis van de overeenkomst in staat zouden zijn op winstgevende wijze hun prijzen te verhogen of producthoeveelheden, productkwaliteit, productdiversiteit of innovatie te verminderen. Dit zal van verschillende factoren afhangen, zoals de aard en de inhoud van de overeenkomst, de mate waarin de partijen afzonderlijk of gezamenlijk een bepaalde mate van marktmacht hebben of verwerven en de mate waarin

---

(1) Zie bijvoorbeeld gevoegde zaken C-501/06 P e.a, GlaxoSmithKline, punt 58; zaak C- 209/07, BIDS, punt 15 e.v.
(2) Zie zaak C-7/95 P, John Deere, punt 88; zaak C-238/05, Asnef-Equifax, punt 51.

de overeenkomst bijdraagt tot de totstandkoming, het behoud of de versterking van deze marktmacht of de partijen in staat stelt deze marktmacht te gebruiken.
[14-01-2011, PbEU C 11, i.w.tr. 14-01-2011/regelingnummer 2011/C11/01]

29
Om te beoordelen of een horizontale samenwerkingsovereenkomst mededingingsbeperkende gevolgen heeft in de zin van artikel 101, lid 1, moet de vergelijking worden gemaakt met de feitelijke economische en juridische context waarin de mededinging zou plaatsvinden als de overeenkomst met al haar vermeende beperkingen (d.w.z. de bestaande overeenkomst (indien reeds gesloten) of de geplande overeenkomst (indien nog niet gesloten) op het tijdstip van de beoordeling) niet bestond. Om daadwerkelijke of potentiële mededingingsbeperkende gevolgen aan te tonen, moet derhalve de concurrentie tussen de partijen en de concurrentie van derden in aanmerking worden genomen, in het bijzonder de daadwerkelijke of potentiële concurrentie die zonder de overeenkomst zou hebben bestaan. Bij deze vergelijking wordt geen rekening gehouden met mogelijke efficiëntieverbeteringen als gevolg van de overeenkomst, daar deze alleen in het kader van artikel 101, lid 3, in aanmerking zullen worden genomen.
[14-01-2011, PbEU C 11, i.w.tr. 14-01-2011/regelingnummer 2011/C11/01]

30
Derhalve zullen horizontale samenwerkingsovereenkomsten tussen concurrenten die het project of de activiteit waarop de samenwerking betrekking heeft, niet op basis van objectieve factoren zelfstandig kunnen uitvoeren, wegens bijvoorbeeld de beperkte technische mogelijkheden van de partijen, normaal geen mededingingsbeperkende gevolgen in de zin van artikel 101, lid 1, hebben, tenzij de partijen het project met minder beperkende middelen hadden kunnen uitvoeren [1].
[14-01-2011, PbEU C 11, i.w.tr. 14-01-2011/regelingnummer 2011/C11/01]

31
Algemene toelichting over het begrip mededingingsbeperkende gevolgen is te vinden in de algemene richtsnoeren. Deze richtsnoeren geven aanvullende specifieke aanwijzingen voor de beoordeling van horizontale samenwerkingsovereenkomsten vanuit mededingingsoogpunt.
[14-01-2011, PbEU C 11, i.w.tr. 14-01-2011/regelingnummer 2011/C11/01]

Aard en inhoud van de overeenkomst

32
De aard en de inhoud van de overeenkomst houden verband met factoren zoals het gebied en het doel van de samenwerking, de concurrentieverhouding tussen de partijen en de mate waarin zij hun activiteiten bundelen. Deze factoren bepalen welke potentiële concurrentiebezwaren een horizontale samenwerkingsovereenkomst met zich kan brengen.
[14-01-2011, PbEU C 11, i.w.tr. 14-01-2011/regelingnummer 2011/C11/01]

---

(1) Zie ook punt 18 van de algemene richtsnoeren.

33
Horizontale samenwerkingsovereenkomsten kunnen de concurrentie op verschillende manieren beperken. De overeenkomst kan:
— exclusief zijn, in die zin dat zij de mogelijkheid van de partijen beperkt om als onafhankelijke economische marktdeelnemers of als partijen bij andere, concurrerende overeenkomsten, met elkaar of met derden te concurreren;
— de partijen verplichten bepaalde activa in te brengen, waardoor hun beslissingsautonomie merkbaar wordt verminderd; of
— de financiële belangen van de partijen zodanig beïnvloeden dat hun beslissingsautonomie merkbaar wordt beperkt. Zowel het financiële belang in de overeenkomst als de financiële belangen in andere partijen bij de overeenkomst zijn relevant voor de beoordeling.
[14-01-2011, PbEU C 11, i.w.tr. 14-01-2011/regelingnummer 2011/C11/01]

34
Dergelijke overeenkomsten kunnen de concurrentie tussen de partijen bij de overeenkomst doen verdwijnen. Ook concurrenten kunnen de vermindering van concurrentiedruk als gevolg van de overeenkomst in hun voordeel gebruiken en het winstgevend achten hun prijzen te verhogen. De vermindering van de concurrentiedruk kan aldus tot prijsstijgingen op de relevante markt voeren. Voor de beoordeling van de overeenkomst uit mededingingsoogpunt is het relevant vast te stellen of de partijen bij de overeenkomst grote marktaandelen hebben, of zij naaste concurrenten zijn, of de afnemers beperkte mogelijkheden hebben om van leverancier te veranderen, of het onwaarschijnlijk is dat concurrenten hun aanbod verhogen indien de prijzen zouden stijgen, en of een van de partijen bij de overeenkomst een grote speler is in de concurrentiestrijd.
[14-01-2011, PbEU C 11, i.w.tr. 14-01-2011/regelingnummer 2011/C11/01]

35
Een horizontale samenwerkingsovereenkomst kan ook:
— leiden tot de openbaarmaking van strategische informatie, waarbij de kans op coördinatie tussen de partijen groter wordt, binnen of buiten het gebied waarop wordt samengewerkt;
— aanzienlijke gemeenschappelijke kosten (d.w.z. het gedeelte van de variabele kosten dat beide partijen gemeen hebben) tot stand brengen, zodat de partijen de marktprijzen en de productie gemakkelijker kunnen coördineren.
[14-01-2011, PbEU C 11, i.w.tr. 14-01-2011/regelingnummer 2011/C11/01]

36
Het hebben van aanzienlijke gemeenschappelijke kosten als gevolg van een horizontale samenwerkingsovereenkomst kan de partijen alleen in staat stellen de marktprijzen en de productie gemakkelijker te coördineren indien de partijen marktmacht hebben en de marktkenmerken een dergelijke coördinatie bevorderen, het samenwerkingsgebied een groot percentage van de variabele kosten van de partijen op de betrokken markt uitmaakt en de partijen hun activiteiten op het samenwerkingsgebied in ruime mate samenvoegen. Dit is bijvoorbeeld het geval wanneer zij een belangrijk halffabricaat

gezamenlijk fabriceren of aankopen of een groot percentage van hun totale productie van een eindproduct gezamenlijk fabriceren of distribueren.
[14-01-2011, PbEU C 11, i.w.tr. 14-01-2011/regelingnummer 2011/C11/01]

37
Derhalve kan een horizontale overeenkomst de beslissingsautonomie van de partijen verminderen, waardoor het waarschijnlijker wordt dat zij hun gedragingen zullen coördineren om tot een heimelijke verstandhouding te komen, maar zij kan de coördinatie ook gemakkelijker, stabieler of efficiënter maken voor de partijen die hun gedrag reeds voorheen coördineerden, doordat zij de coördinatie steviger maakt of het hen mogelijk maakt nog hogere prijzen vast te stellen.
[14-01-2011, PbEU C 11, i.w.tr. 14-01-2011/regelingnummer 2011/C11/01]

38
Bepaalde horizontale samenwerkingsovereenkomsten, bijvoorbeeld productie- en standaardiseringsovereenkomsten, kunnen ook concurrentiebeperkende uitsluitingseffecten hebben.
[14-01-2011, PbEU C 11, i.w.tr. 14-01-2011/regelingnummer 2011/C11/01]

Marktmacht en andere kenmerken van de markt

39
Marktmacht is het vermogen om voor een bepaalde periode prijzen op winstgevende wijze boven het concurrerende niveau te handhaven dan wel de productie, op het stuk van producthoeveelheden, productkwaliteit, productdiversiteit of innovatie, voor een bepaalde periode op winstgevende wijze onder het concurrerende niveau te handhaven.
[14-01-2011, PbEU C 11, i.w.tr. 14-01-2011/regelingnummer 2011/C11/01]

40
Op markten met vaste kosten moeten ondernemingen hun prijzen boven hun variabele productiekosten vaststellen om een concurrerend rendement op hun investering te garanderen. Het feit dat ondernemingen hun prijzen boven hun variabele kosten vaststellen, is derhalve op zich nog geen teken dat de mededinging op de markt niet behoorlijk functioneert en dat ondernemingen marktmacht bezitten die hen in staat stelt hun prijzen boven het concurrerende peil vast te stellen. Pas wanneer de druk van concurrenten om prijzen, producthoeveelheden, productkwaliteit, productdiversiteit en innovatie op een concurrerend niveau te houden ontoereikend is, bezitten ondernemingen marktmacht in samenhang met artikel 101, lid 1.
[14-01-2011, PbEU C 11, i.w.tr. 14-01-2011/regelingnummer 2011/C11/01]

41
De totstandbrenging, het behoud of de versterking van marktmacht kan het gevolg zijn van superioriteit op het gebied van vaardigheden, vooruitziendheid of innovatie. Marktmacht kan ook resulteren uit een verminderde concurrentie tussen de partijen bij de overeenkomst of een van de partijen en derden, bijvoorbeeld omdat de overeenkomst leidt tot een mededingingsbeperkende afscherming van de markt tegen

concurrenten doordat zij de kosten voor de concurrenten doet stijgen en hun vermogen om daadwerkelijk met de partijen bij de overeenkomst te concurreren beperkt.
[14-01-2011, PbEU C 11, i.w.tr. 14-01-2011/regelingnummer 2011/C11/01]

42

Marktmacht is een kwestie van gradatie. De omvang van de marktmacht die is vereist om in het geval van overeenkomsten die een mededingingsbeperkend gevolg hebben, te besluiten tot een inbreuk op artikel 101, lid 1, is geringer dan de omvang van de marktmacht welke is vereist om te besluiten tot een machtspositie in de zin van artikel 102, waarvoor een aanzienlijke mate van marktmacht is vereist.
[14-01-2011, PbEU C 11, i.w.tr. 14-01-2011/regelingnummer 2011/C11/01]

43

Het uitgangspunt voor het onderzoek van marktmacht is de positie van de partijen op de markten die door de samenwerking worden beïnvloed. Om dit onderzoek te kunnen uitvoeren, moet(en) de relevante markt(en) worden bepaald aan de hand van de methode die in de Bekendmaking marktbepaling is beschreven. Wanneer het om specifieke soorten markten gaat, zoals inkoop- of technologiemarkten, bieden deze richtsnoeren bijkomende aanwijzingen.
[14-01-2011, PbEU C 11, i.w.tr. 14-01-2011/regelingnummer 2011/C11/01]

44

Wanneer de partijen samen een klein gezamenlijk marktaandeel hebben, is een mededingingsbeperkend gevolg van de horizontale samenwerkingsovereenkomst in de zin van artikel 101, lid 1, onwaarschijnlijk en is doorgaans geen verder onderzoek vereist. Wat als een 'klein gezamenlijk marktaandeel' wordt beschouwd, hangt af van de soort overeenkomst ter zake en kan worden afgeleid uit de in de verschillende hoofdstukken van deze richtsnoeren aangegeven drempels voor 'veilige zones', en meer algemeen, in de bekendmaking van de Commissie inzake overeenkomsten van geringe betekenis die de mededinging niet merkbaar beperken in de zin van artikel 81, lid 1, van het Verdrag tot oprichting van de Europese Gemeenschap (de minimis) [1] ('de minimis-bekendmaking'). Indien één van niet meer dan twee partijen slechts een onbeduidend marktaandeel heeft en niet over aanzienlijke middelen beschikt, kan zelfs een groot gezamenlijk marktaandeel doorgaans niet worden beschouwd als een aanwijzing voor het bestaan van waarschijnlijke mededingingsbeperkende gevolgen voor de markt [2]. Gezien de diversiteit van de vormen van horizontale samenwerkingsovereenkomsten en de uiteenlopende gevolgen die deze kunnen hebben in verschillende marktomstandigheden, is het onmogelijk een algemene marktaandeeldrempel aan te geven waarboven mag worden aangenomen dat er voldoende marktmacht is om mededingingsbeperkende gevolgen te bewerkstelligen.
[14-01-2011, PbEU C 11, i.w.tr. 14-01-2011/regelingnummer 2011/C11/01]

---

(1) *PB* C 368 van 22.12.2001, blz. 13.
(2) Indien er meer dan twee partijen zijn, moet het gezamenlijke marktaandeel van alle samenwerkende concurrenten aanmerkelijk groter zijn dan het marktaandeel van de grootste individuele partner.

45

Afhankelijk van de marktpositie van de partijen en de marktconcentratie dienen ook andere factoren zoals de stabiliteit van de marktaandelen over langere tijd, de bestaande belemmeringen voor nieuwkomers en de waarschijnlijkheid dat zij de markt betreden en de tegenmacht van kopers/leveranciers in aanmerking te worden genomen.
[14-01-2011, PbEU C 11, i.w.tr. 14-01-2011/regelingnummer 2011/C11/01]

46

Normaliter baseert de Commissie zich in haar mededingingsrechtelijke analyse op de actuele marktaandelen [1]. Er kan evenwel ook rekening gehouden worden met redelijk zekere toekomstige veranderingen, bijvoorbeeld het feit dat ondernemingen de relevante markt zullen verlaten of betreden, of er hun activiteiten zullen uitbreiden. Historische gegevens kunnen worden gebruikt indien de marktaandelen aan sterke fluctuaties onderhevig zijn geweest, bijvoorbeeld wanneer de markt wordt gekenmerkt door grote, onregelmatige bestellingen. Veranderingen in historische marktaandelen kunnen nuttige informatie verschaffen over de werking van de concurrentie en, doordat bijvoorbeeld blijkt welke ondernemingen marktaandelen hebben gewonnen of verloren, over het te verwachten toekomstige belang van de verschillende concurrenten. In ieder geval interpreteert de Commissie de marktaandelen in het licht van de vermoedelijke marktomstandigheden, bijvoorbeeld indien de markt zeer dynamisch van aard is en indien de marktstructuur fluctueert als gevolg van innovatie of groei.
[14-01-2011, PbEU C 11, i.w.tr. 14-01-2011/regelingnummer 2011/C11/01]

47

Wanneer toetreding tot de markt voldoende vlot gaat, wordt gewoonlijk niet verwacht dat een horizontale samenwerkingsovereenkomst mededingingsbeperkende gevolgen zal hebben. Wil toetreding geacht worden voldoende concurrentiedruk op de partijen bij een horizontale samenwerkingsovereenkomst te leggen, dan moet worden aangetoond dat de toetreding waarschijnlijk, tijdig en in voldoende mate zal plaatsvinden om de eventuele mededingingsbeperkende gevolgen van de overeenkomst te voorkomen of te neutraliseren. Bij de analyse van de toetredingskansen moet rekening worden gehouden met de invloed van bestaande horizontale samenwerkingsovereenkomsten. De waarschijnlijke of mogelijke beëindiging van een horizontale samenwerkingsovereenkomst kan een invloed hebben op de waarschijnlijkheid van een toetreding tot de markt.
[14-01-2011, PbEU C 11, i.w.tr. 14-01-2011/regelingnummer 2011/C11/01]

1.2.2 Artikel 101, lid 3

48

De toetsing van de mededingingsbeperkende strekking of gevolgen aan artikel 101, lid 1, is slechts één zijde van het onderzoek. De andere zijde, die in artikel 101, lid 3, is weergegeven, is het onderzoek naar de concurrentiebevorderende gevolgen van beperkende overeenkomsten. De algemene aanpak voor de toepassing van artikel 101, lid 3, is beschreven in de algemene richtsnoeren. Wanneer in een bepaalde zaak

---

(1) Voor de berekening van marktaandelen, zie ook de Bekendmaking marktbepaling, punten 54–55.

een beperking van de mededinging in de zin van artikel 101, lid 1, is bewezen, kan artikel 101, lid 3, als verweer worden ingeroepen. Volgens artikel 2 van Verordening (EG) nr. 1/2003 van de Raad van 16 december 2002 betreffende de uitvoering van de mededingingsregels van de artikelen 81 en 82 van het Verdrag [1] rust de bewijslast op grond van artikel 101, lid 3, op de onderneming of ondernemingen die zich op die bepaling beroept dan wel beroepen. Derhalve moet de Commissie op grond van de door de onderneming(en) verstrekte feitelijke argumenten en bewijsstukken kunnen vaststellen dat het voldoende waarschijnlijk is dat met de betrokken overeenkomst al dan niet concurrentiebevorderende voordelen kunnen worden gerealiseerd [2].
[14-01-2011, PbEU C 11, i.w.tr. 14-01-2011/regelingnummer 2011/C11/01]

49
Voor de toepassing van de uitzonderingsregeling van artikel 101, lid 3, gelden vier cumulatieve voorwaarden, twee positieve en twee negatieve:
- de overeenkomst moet bijdragen tot verbetering van de productie of van de distributie van de producten of tot verbetering van de technische of economische vooruitgang, d.w.z. leiden tot efficiëntieverbeteringen;
- de beperkingen moeten onmisbaar zijn voor het bereiken van deze doelstellingen, bijvoorbeeld efficiëntieverbeteringen;
- een billijk aandeel in de daaruit voortvloeiende voordelen moet de gebruikers ten goede komen, d.w.z. de door de onmisbare beperkingen bereikte efficiëntieverbeteringen, met inbegrip van kwalitatieve efficiëntieverbeteringen, moeten in voldoende mate worden doorgegeven aan de gebruikers, zodat zij ten minste gecompenseerd worden voor de beperkende effecten van de overeenkomst; het is derhalve niet voldoende wanneer alleen de partijen bij de overeenkomst profiteren van de efficiëntieverbeteringen; voor de toepassing van deze richtsnoeren omvat het begrip 'gebruikers' de — potentiële en/of daadwerkelijke — afnemers van de partijen bij de overeenkomst [3]; en
- de overeenkomst mag de partijen niet de mogelijkheid geven, voor een wezenlijk deel van de betrokken producten, de mededinging uit te schakelen.

[14-01-2011, PbEU C 11, i.w.tr. 14-01-2011/regelingnummer 2011/C11/01]

50
Op het gebied van horizontale samenwerkingsovereenkomsten bestaan er groepsvrijstellingsverordeningen op basis van artikel 101, lid 3, voor onderzoeks- en ontwikkelingsovereenkomsten [4] en specialisatieovereenkomsten (met inbegrip van overeenkomsten betreffende gezamenlijke productie) [5]. Die groepsvrijstellingsverordeningen zijn gebaseerd op de veronderstelling dat de bundeling van complementaire vaardigheden of activa tot aanzienlijke efficiëntieverbeteringen kan leiden bij onderzoeks- en ontwikkelingsovereenkomsten en specialisatieover-

---
(1) *PB* L 1 van 4.1.2003, blz. 1.
(2) Zie bijvoorbeeld gevoegde zaken C-501/06 P e.a., GlaxoSmithKline, punten 93–95.
(3) Meer bijzonderheden over het begrip gebruikers zijn te vinden in punt 84 van de algemene richtsnoeren.
(4) De groepsvrijstellingsverordening inzake O&O.
(5) De groepsvrijstellingsverordening inzake specialisatie.

eenkomsten. Dat kan ook het geval zijn voor andere soorten horizontale samenwerkingsovereenkomsten. Bij het onderzoek van de efficiëntievoordelen van een bepaalde overeenkomst op grond van artikel 101, lid 3, gaat het er derhalve vooral om vast te stellen welke complementaire vaardigheden en activa elke partij bijdraagt aan de overeenkomst en na te gaan of de daaruit voortvloeiende efficiëntieverbeteringen voldoen aan de voorwaarden van artikel 101, lid 3.
[14-01-2011, PbEU C 11, i.w.tr. 14-01-2011/regelingnummer 2011/C11/01]

51
Horizontale samenwerkingsovereenkomsten kunnen op verschillende manieren tot complementariteit leiden. Door een onderzoeks- en ontwikkelingsovereenkomst kunnen verschillende onderzoekscapaciteiten worden gebundeld waardoor de partijen betere producten goedkoper kunnen produceren en de periode tot de marktintroductie kunnen verkorten. Met een productieovereenkomst kunnen de partijen schaal- of toepassingsvoordelen behalen die zij elk afzonderlijk niet zouden kunnen behalen.
[14-01-2011, PbEU C 11, i.w.tr. 14-01-2011/regelingnummer 2011/C11/01]

52
Horizontale samenwerkingsovereenkomsten die niet leiden tot het bundelen van complementaire vaardigheden of activa, zullen waarschijnlijk minder efficiëntievoordelen opleveren die ten goede komen aan de gebruikers. Met dergelijke overeenkomsten kan wel het meermaals moeten maken van bepaalde kosten worden verminderd, bijvoorbeeld omdat bepaalde vaste kosten kunnen worden voorkomen. Bij een besparing op de vaste kosten is de waarschijnlijkheid dat deze leiden tot voordelen voor de gebruikers over het algemeen evenwel kleiner dan bij besparingen op, bijvoorbeeld, variabele of marginale kosten.
[14-01-2011, PbEU C 11, i.w.tr. 14-01-2011/regelingnummer 2011/C11/01]

53
De algemene richtsnoeren geven nadere toelichting over de toepassing van de criteria van artikel 101, lid 3, door de Commissie.
[14-01-2011, PbEU C 11, i.w.tr. 14-01-2011/regelingnummer 2011/C11/01]

1.3 Structuur van deze richtsnoeren

54
In hoofdstuk 2 worden eerst een aantal algemene beginselen voor de beoordeling van informatie-uitwisseling toegelicht, die ook van toepassing zijn op alle soorten horizontale samenwerkingsovereenkomsten waarbij informatie wordt uitgewisseld. In de daaropvolgende hoofdstukken wordt telkens één specifieke soort horizontale samenwerkingsovereenkomst behandeld. In elk hoofdstuk wordt het in punt 1.2 beschreven analytische kader gevolgd en worden de algemene beginselen inzake de uitwisseling van informatie op elk van de betrokken soorten samenwerking toegepast.
[14-01-2011, PbEU C 11, i.w.tr. 14-01-2011/regelingnummer 2011/C11/01]

2 Algemene beginselen inzake de beoordeling van informatie-uitwisseling vanuit het oogpunt van de mededinging

2.1 Definitie en toepassingsgebied

55
Doel van dit hoofdstuk is richtsnoeren te geven voor de beoordeling van informatie-uitwisseling vanuit het oogpunt van de mededinging. De uitwisseling van informatie kan in verschillende vormen plaatsvinden. Ten eerste kunnen gegevens rechtstreeks tussen concurrenten worden uitgewisseld. Ten tweede kunnen gegevens indirect worden uitgewisseld via een gemeenschappelijke instantie (zoals een brancheorganisatie) of een derde partij, zoals een organisatie voor marktonderzoek, of via de leveranciers of afnemers van de partijen.
[14-01-2011, PbEU C 11, i.w.tr. 14-01-2011/regelingnummer 2011/C11/01]

56
Uitwisseling van informatie vindt plaats in verschillende situaties. Er zijn overeenkomsten, besluiten van een ondernemersvereniging of onderling afgestemde feitelijke gedragingen uit hoofde waarvan informatie wordt uitgewisseld, waarbij de voornaamste economische functie in de uitwisseling van de informatie zelf besloten ligt. Daarnaast kan informatie-uitwisseling plaatsvinden in het kader van een ander soort horizontale samenwerkingsovereenkomst (bijvoorbeeld de uitwisseling van kosteninformatie tussen partijen bij een productieovereenkomst). De beoordeling van informatie-uitwisselingen van dit laatste type dient in samenhang met een beoordeling van de horizontale samenwerkingsovereenkomst zelf te geschieden.
[14-01-2011, PbEU C 11, i.w.tr. 14-01-2011/regelingnummer 2011/C11/01]

57
De uitwisseling van informatie is een gemeenschappelijk kenmerk van vele concurrerende markten en kan verschillende soorten efficiëntieverbeteringen opleveren. Informatieasymmetrie [1] kan erdoor worden verholpen, zodat de markten efficiënter worden. Bovendien kunnen ondernemingen hun interne efficiëntie verbeteren door hun beste praktijken met elkaar te vergelijken. De uitwisseling van informatie kan ondernemingen ook helpen op hun kosten te besparen, bijvoorbeeld door hun voorraden af te bouwen, doordat bederfelijke producten sneller aan gebruikers kunnen worden geleverd of door in te spelen op een onstabiele vraag, enz. Bovendien kan de uitwisseling van informatie rechtstreeks ten goede komen aan de gebruikers doordat hun zoekkosten verminderd en hun keuzemogelijkheden vergroot worden.
[14-01-2011, PbEU C 11, i.w.tr. 14-01-2011/regelingnummer 2011/C11/01]

58
De uitwisseling van marktinformatie kan echter ook tot een beperking van de mededinging leiden, vooral wanneer ondernemingen kennis kunnen krijgen van de

---

(1) De economische theorie inzake informatieasymmetrie betreft het onderzoek van besluiten waarbij de ene partij over meer informatie beschikt dan de andere.

marktstrategieën van hun concurrenten [1]. Welk effect informatie-uitwisseling op de mededinging heeft, hangt af van de kenmerken van de markt waarop de uitwisseling plaatsvindt (zoals de concentratie, transparantie, stabiliteit, symmetrie, complexiteit van de markt enz.) evenals van het soort informatie dat wordt uitgewisseld, omdat hierdoor de relevante marktomgeving zodanig kan worden veranderd dat deze zich leent voor coördinatie.
[14-01-2011, PbEU C 11, i.w.tr. 14-01-2011/regelingnummer 2011/C11/01]

59
Bovendien kan de uitwisseling van gegevens tussen concurrenten onderling een overeenkomst, een onderling afgestemde feitelijke gedraging, of een besluit van een ondernemersvereniging vormen met het doel met name prijzen of hoeveelheden vast te stellen. Dit soort informatie-uitwisselingen zal in de regel als een kartel worden beschouwd en beboet. Informatie-uitwisseling kan tevens de tenuitvoerlegging van een kartel vergemakkelijken doordat ondernemingen in staat worden gesteld te controleren of de deelnemers zich aan de overeengekomen voorwaarden houden. Deze vormen van informatie-uitwisseling worden als onderdeel van het kartel onderzocht.
[14-01-2011, PbEU C 11, i.w.tr. 14-01-2011/regelingnummer 2011/C11/01]

Onderling afgestemde feitelijke gedraging

60
De uitwisseling van informatie kan uitsluitend aan artikel 101 worden getoetst indien zij een overeenkomst, een onderling afgestemde feitelijke gedraging of een besluit van een ondernemersvereniging vormt of daarvan deel uitmaakt. Het bestaan van een overeenkomst, onderling afgestemde feitelijke gedraging of besluit van een ondernemersvereniging betekent niet noodzakelijk dat er sprake is van een beperking van de mededinging in de zin van artikel 101, lid 1. Overeenkomstig de rechtspraak van het Hof van Justitie van de Europese Unie wordt met het begrip 'onderling afgestemde feitelijke gedraging' een vorm van coördinatie tussen ondernemingen bedoeld die, zonder dat het tot een eigenlijke overeenkomst komt, de risico's van onderlinge concurrentie welbewust vervangt door een feitelijke samenwerking [2]. De criteria coördinatie en samenwerking, die voorwaarden zijn voor onderling afgestemde feitelijke gedragingen, houden allerminst in dat er een echt 'plan' moet zijn opgesteld, maar dienen te worden verstaan in het licht van de in de Verdragsbepalingen inzake de mededinging besloten voorstelling, dat iedere ondernemer zelfstandig moet bepalen welk beleid hij op de interne markt zal voeren en welke condities hij zijn klanten zal bieden [3].
[14-01-2011, PbEU C 11, i.w.tr. 14-01-2011/regelingnummer 2011/C11/01]

---

(1) Zie zaak C-7/95 P, John Deere, punt 88.
(2) Zie bijvoorbeeld zaak C-8/08, T-Mobile Nederland, punt 26; gevoegde zaken C-89/85 e.a., Houtslijp, Jurispr. 1993, blz. 1307, punt 63.
(3) Zie zaak C-7/95 P, John Deere, punt 86.

61
Dit betekent niet dat een onderneming haar beleid niet op een verstandige wijze aan het daadwerkelijke of te verwachten marktgedrag van haar concurrenten zou mogen aanpassen. Daarentegen staat deze eis echter wel onverbiddelijk in de weg aan enigerlei al dan niet rechtstreeks contact tussen concurrenten, dat tot doel of ten gevolge heeft dat mededingingsvoorwaarden ontstaan die, gelet op de aard van de producten of verleende diensten, de grootte en het aantal van de ondernemingen en de omvang van de betrokken markt, niet met de normaal te achten voorwaarden van die markt overeenkomen [1]. Elk al dan niet rechtstreeks contact tussen concurrenten is verboden, wanneer dat contact tot doel of ten gevolge heeft dat daardoor hetzij het marktgedrag van een bestaande of potentiële concurrent wordt beïnvloed, hetzij die concurrent op de hoogte wordt gebracht van het eigen aangenomen of voorgenomen marktgedrag, waardoor een heimelijke verstandhouding op de markt in de hand wordt gewerkt [2]. Uitwisseling van informatie kan derhalve een onderling afgestemde feitelijke gedraging opleveren, indien de strategische onzekerheid [3] op de markt erdoor wordt verminderd en een heimelijke verstandhouding aldus in de hand wordt gewerkt, d.w.z. indien de uitgewisselde gegevens van strategisch belang zijn. Bijgevolg komt het uitwisselen van strategische gegevens tussen concurrenten neer op onderlinge afstemming, omdat het de onafhankelijkheid van het marktgedrag van concurrenten beperkt en de stimulansen om te concurreren vermindert.
[14-01-2011, PbEU C 11, i.w.tr. 14-01-2011/regelingnummer 2011/C11/01]

62
Zelfs wanneer slechts één onderneming strategische informatie doorgeeft aan een of meer concurrenten die dat aanvaarden, kan dit neerkomen op een onderling afgestemde feitelijke gedraging [4]. Het doorgeven van informatie kan bijvoorbeeld gebeuren via de post, e-mails, telefoongesprekken, bijeenkomsten enz. Daarbij doet het niet ter zake of slechts één onderneming eenzijdig haar concurrenten in kennis stelt van haar voorgenomen marktgedrag dan wel of alle deelnemende ondernemingen elkaar informeren over hun respectieve overwegingen en voornemens. Wanneer slechts één onderneming aan haar concurrenten strategische informatie doorgeeft over haar commerciële beleidsvoornemens, vermindert dat voor alle betrokken concurrenten de strategische onzekerheid over de toekomstige marktwerking en neemt het risico op een verzwakte mededinging en op collusie toe [5]. Zo zal bijvoorbeeld het loutere

---

(1) Zie zaak C-7/95 P, John Deere, punt 87.
(2) Gevoegde zaken 40/73 e.a., Suiker Unie, Jurispr. 1975, blz. 1663, punt 173 e.v.
(3) Strategische onzekerheid op de markt is een gevolg van de grote diversiteit van mogelijke heimelijke verstandhoudingen en van het feit dat ondernemingen geen volledige kijk hebben op de acties van hun concurrenten en van nieuwkomers in heden en verleden.
(4) Zie bijvoorbeeld gevoegde zaken T-25/95 e.a., Cimenteries CBR e.a., Jurispr. 2000, blz. II-491, punt 1849: '[…] het begrip onderling afgestemde feitelijke gedraging [onderstelt] inderdaad het bestaan van wederkerige contacten […]. Aan deze voorwaarde wordt voldaan, wanneer een concurrent is verzocht om zijn voornemens of toekomstig marktgedrag aan een andere concurrent mee te delen, of wanneer deze laatste dat heeft aanvaard.'
(5) Zie de conclusie van advocaat-generaal Kokott in zaak C-8/08, T-Mobile Nederland, Jurispr. 2009, blz. I-4529, punt 54.

bijwonen van een bijeenkomst [1] waarop een onderneming haar voorgenomen prijsbeleid onthult aan haar concurrenten, waarschijnlijk onder het verbod van artikel 101, lid 1, vallen, zelfs zonder dat uitdrukkelijk is overeengekomen de prijzen te verhogen [2]. Wanneer een onderneming van een concurrent strategische informatie ontvangt (in een bijeenkomst, per post of via elektronische weg), wordt zij geacht deze informatie te hebben aanvaard en haar marktgedrag dienovereenkomstig te hebben aangepast, tenzij zij ondubbelzinnig te kennen heeft gegeven dat zij dergelijke gegevens niet wenst te ontvangen [3].
[14-01-2011, PbEU C 11, i.w.tr. 14-01-2011/regelingnummer 2011/C11/01]

63

Wanneer een onderneming eenzijdig een echt publieke aankondiging doet, bijvoorbeeld via een krant, vormt dit in de regel geen onderling afgestemde feitelijke gedraging in de zin van artikel 101, lid 1 [4]. Afhankelijk van de achterliggende feiten in de concrete zaak kan evenwel niet de mogelijkheid worden uitgesloten dat toch wordt vastgesteld dat er sprake is van een onderling afgestemde feitelijke gedraging, bijvoorbeeld wanneer een dergelijke aankondiging gevolgd wordt door publieke aankondigingen van andere concurrenten, niet in de laatste plaats omdat strategische antwoorden van concurrenten op elkaars publieke aankondigingen (bijvoorbeeld met correcties op hun eigen eerdere aankondigingen om die af te stemmen op die van hun concurrenten) een strategie zouden kunnen blijken te zijn om tot overeenstemming te komen over coördinatievoorwaarden.
[14-01-2011, PbEU C 11, i.w.tr. 14-01-2011/regelingnummer 2011/C11/01]

2.2 Beoordeling op grond van artikel 101, lid 1

2.2.1 Voornaamste mededingingsbezwaren [5]

64

Wanneereenmaal vaststaat dat er sprake is van een overeenkomst, een onderling afgestemde feitelijke gedraging of een besluit van een ondernemersvereniging, moet worden nagegaan wat de belangrijkste mededingingsbezwaren zijn met betrekking tot informatie-uitwisseling.
[14-01-2011, PbEU C 11, i.w.tr. 14-01-2011/regelingnummer 2011/C11/01]

---

(1) Zie zaak C-8/08, T-Mobile Netherlands, punt 59: 'Het is echter niet uitgesloten dat, afhankelijk van de structuur van de markt, een eenmalig contact zoals dat in het hoofdgeding, in beginsel kan volstaan opdat de betrokken ondernemingen hun marktgedrag afstemmen en zo komen tot een feitelijke samenwerking die in de plaats komt van de mededinging en van de risico's die deze meebrengt.'
(2) Zie gevoegde zaken T-202/98 enz., Tate & Lyle / Commissie, Jurispr. 2001, blz. II-2035, punt 54.
(3) Zie Zaak C-199/92 P, Hüls, Jurispr. 1999, blz. I-4287, punt 162; zaak C-49/92 P, Anic Partezipazioni, Jurispr. 1999, blz. I-4125, punt 121.
(4) Dit geldt evenwel niet voor gevallen waarin dergelijke aankondigingen een uitnodiging tot collusie inhouden.
(5) Met de term 'voornaamste mededingingsbezwaren' wordt aangegeven dat de daaropvolgende beschrijving van mededingingsbezwaren niet exclusief of uitputtend is.

Heimelijke verstandhouding

65

Doordat de uitwisseling van strategische informatie de transparantie op de markt kunstmatig vergroot, kan zij de coördinatie (d.w.z. afstemming) van het concurrentiegedrag van ondernemingen in de hand werken en uiteindelijk een beperking van de mededinging tot gevolg hebben. Dit kan zich op verschillende manieren voordoen.
[14-01-2011, PbEU C 11, i.w.tr. 14-01-2011/regelingnummer 2011/C11/01]

66

Ten eerste kunnen ondernemingen door de uitwisseling van informatie overeenstemming bereiken over coördinatie van hun marktgedrag, wat tot een heimelijke verstandhouding op de markt kan leiden. De uitwisseling van informatie kan onderling samenhangende verwachtingen doen ontstaan betreffende de onzekerheden op de markt. Op basis daarvan kunnen ondernemingen vervolgens afspraken maken over de coördinatie van hun concurrentiegedrag, zonder dat deze coördinatie noodzakelijkerwijs expliciet wordt vastgelegd in een overeenkomst. Vooral de uitwisseling van informatie over voorgenomen toekomstig gedrag biedt ondernemingen de mogelijkheid dergelijke afspraken te maken.
[14-01-2011, PbEU C 11, i.w.tr. 14-01-2011/regelingnummer 2011/C11/01]

67

Ten tweede kan de uitwisseling van informatie mededingingsbeperkende gevolgen hebben doordat de interne stabiliteit van een heimelijke verstandhouding op de markt wordt versterkt. Dit hangt met name samen met het feit dat de ondernemingen in staat worden gesteld controle uit te oefenen op afwijkend gedrag. De informatie-uitwisseling kan de transparantie van de markt immers zodanig vergroten dat de bij de afspraken betrokken ondernemingen afdoende kunnen controleren of andere ondernemingen van de heimelijke verstandhouding afwijken, en dus ook weten wanneer zij vergeldingsmaatregelen moeten nemen. Zowel de uitwisseling van actuele als van historische gegevens kan een dergelijk controlemechanisme vormen. Dit kan ofwel ondernemingen in staat stellen een heimelijke verstandhouding te bereiken op markten waarop dit anders niet mogelijk zou zijn, of het kan de stabiliteit van een heimelijke verstandhouding die reeds op de markt bestaat, versterken (zie voorbeeld 3 in punt 107).
[14-01-2011, PbEU C 11, i.w.tr. 14-01-2011/regelingnummer 2011/C11/01]

68

In de derde plaats kan de uitwisseling van informatie een beperking van de mededinging tot gevolg hebben doordat de externe stabiliteit van een heimelijke verstandhouding op de markt wordt versterkt. Dankzij de uitwisseling van informatie die de markttransparantie vergroot kunnen de bij de afspraken betrokken ondernemingen nagaan waar en wanneer andere ondernemingen de markt proberen te betreden, waardoor zij gericht tegen de nieuwkomer kunnen optreden. Dit kan logischerwijs uitmonden in de in de punten 69, 70 en 71 besproken concurrentieverstorende af-

scherming. Zowel de uitwisseling van actuele als van historische gegevens kan een dergelijk controlemechanisme vormen.
[14-01-2011, PbEU C 11, i.w.tr. 14-01-2011/regelingnummer 2011/C11/01]

Concurrentieverstorende afscherming

69
Naast het in de hand werken van collusie kan een uitwisseling van informatie ook leiden tot concurrentieverstorende marktafscherming [1].
[14-01-2011, PbEU C 11, i.w.tr. 14-01-2011/regelingnummer 2011/C11/01]

70
Een exclusieve uitwisseling van informatie zou tot concurrentieverstorende afscherming kunnen leiden op dezelfde markt als die waarop de uitwisseling plaatsvindt. Dit kan het geval zijn wanneer concurrenten die niet aan een uitwisseling van commercieel gevoelige informatie deelnemen daardoor een aanzienlijk concurrentienadeel oplopen ten opzichte van de ondernemingen die wel aan het uitwisselingssysteem deelnemen. Deze vorm van marktafscherming is alleen mogelijk indien de betrokken informatie voor de mededinging van groot strategisch belang is en een aanzienlijk deel van de relevante markt bestrijkt.
[14-01-2011, PbEU C 11, i.w.tr. 14-01-2011/regelingnummer 2011/C11/01]

71
Het valt niet uit te sluiten dat de uitwisseling van informatie eveneens kan leiden tot concurrentieverstorende uitsluiting van derden op een verwante markt. Zo kunnen partijen – bijvoorbeeld verticaal geïntegreerde ondernemingen – die in een upstream-markt informatie uitwisselen, als zij door die uitwisseling van informatie voldoende marktmacht verwerven, wellicht de prijs van een zeer belangrijk productonderdeel voor een downstream-markt verhogen. Zo zouden zij de kosten van hun downstream-concurrenten kunnen verhogen, wat tot concurrentieverstorende afscherming op de down-stream-markt zou kunnen leiden.
[14-01-2011, PbEU C 11, i.w.tr. 14-01-2011/regelingnummer 2011/C11/01]

2.2.2 Mededingingsbeperkende strekking

72
Uitwisseling van informatie die tot doel heeft de mededinging op de markt te beperken, zal worden geacht een mededingingsbeperkende strekking te hebben. Bij de beoordeling of een uitwisseling van informatie een mededingingsbeperkende strekking heeft, zal de Commissie bijzondere aandacht besteden aan de juridische en economische context waarin de informatie-uitwisseling plaatsvindt [2]. Daarbij

---
(1) Wat betreft de problemen in verband met marktafscherming waartoe verticale overeenkomsten aanleiding kunnen geven, zie de punten 100 e.v. van de richtsnoeren inzake verticale beperkingen.
(2) Zie bijvoorbeeld gevoegde zaken C-501/06 P e.a., GlaxoSmithKline, punt 58; Zaak C-209/07, BIDS, punten 15 en volgende.

zal de Commissie er rekening mee houden of de informatie-uitwisseling op zichzelf eventueel kan leiden tot een beperking van de mededinging [1].
[14-01-2011, PbEU C 11, i.w.tr. 14-01-2011/regelingnummer 2011/C11/01]

73
Vooral bij de uitwisseling van informatie over specifieke voornemens van ondernemingen met betrekking tot hun toekomstig gedrag op het gebied van prijzen of hoeveelheden [2] is de kans bijzonder groot dat een heimelijke verstandhouding ontstaat. Wanneer concurrenten elkaar in kennis stellen van hun voorgenomen gedrag kunnen zij een hoger gemeenschappelijk prijsniveau tot stand brengen zonder het risico te lopen marktaandeel te verliezen of gedurende de periode van aanpassing aan de nieuwe prijzen een prijsoorlog te ontketenen (zie voorbeeld 1 in punt 105). Bovendien is het bij de uitwisseling van informatie over voorgenomen gedrag minder waarschijnlijk dat een concurrentiebevorderend doel wordt beoogd dan bij de uitwisseling van actuele gegevens.
[14-01-2011, PbEU C 11, i.w.tr. 14-01-2011/regelingnummer 2011/C11/01]

74
De uitwisseling tussen concurrenten van individuele gegevens inzake voorgenomen toekomstige prijzen of hoeveelheden dient derhalve te worden beschouwd als mededingingsbeperkende strekking [3] [4]. Daarenboven zouden particuliere uitwisselingen van individuele voornemens met betrekking tot toekomstige prijzen of hoeveelheden tussen concurrenten in de regel als kartels worden beschouwd en beboet, omdat deze over het algemeen het vaststellen van prijzen of hoeveelheden beogen. Informatie-uitwisselingen die tot kartelvorming leiden, maken niet alleen inbreuk op artikel 101,

---

(1) Zie ook de algemene richtsnoeren, punt 22.
(2) Informatie over voorgenomen toekomstige hoeveelheden zou bijvoorbeeld kunnen slaan op voorgenomen toekomstige verkopen, marktaandelen, grondgebieden of klantenbestanden.
(3) Het begrip 'voorgenomen toekomstige prijzen' wordt in voorbeeld 1 geïllustreerd. In specifieke situaties waarin ondernemingen zich ertoe verbinden in de toekomst te verkopen tegen de prijzen die zij eerder aan het publiek hebben aangekondigd (d.w.z. dat zij deze niet kunnen aanpassen), zouden deze publieke aankondigingen van individuele toekomstige prijzen of hoeveelheden niet worden beschouwd als voornemens en derhalve ook niet als mededingingsbeperkende strekking. Dit kan onder meer het geval zijn op grond van de frequente interacties en de specifieke aard van de relatie die een onderneming met haar klanten heeft, bijvoorbeeld omdat het van wezenlijk belang is dat de klanten vooraf de toekomstige prijzen kennen of omdat zij reeds van tevoren tegen deze prijzen kunnen intekenen. De reden hiervoor is dat in dergelijke situaties de informatie-uitwisseling een duurder middel zou zijn om op de markt een feitelijke verstandhouding tot stand te brengen dan het uitwisselen van gegevens over toekomstige prijzen en waarschijnlijk eerder zou plaatsvinden om concurrentiebevorderende redenen. Dit betekent echter niet dat het vaststellen van vaste prijzen voor de klanten in het algemeen per definitie concurrentiebevorderend is. Integendeel, het zou de mogelijkheid beperken om een feitelijke verstandhouding af te wijken en deze op die manier stabieler maken.
(4) Dit doet geen afbreuk aan het feit dat publieke aankondigingen van voorgenomen individuele prijzen kunnen leiden tot efficiëntieverbeteringen en dat de partijen bij een dergelijk informatie-uitwisseling mogelijk in aanmerking komen voor artikel 101, lid 3.

lid 1, maar voldoen hoogstwaarschijnlijk ook niet aan de voorwaarden van artikel 101, lid 3.
[14-01-2011, PbEU C 11, i.w.tr. 14-01-2011/regelingnummer 2011/C11/01]

2.2.3 Mededingingsbeperkende gevolgen

75

Wat de vermoedelijke gevolgen van een informatie-uitwisseling voor de mededinging zijn, moet per geval worden onderzocht, aangezien de uitkomst van de beoordeling afhangt van een combinatie van uiteenlopende factoren die eigen zijn aan de zaak. Bij de beoordeling van de mededingingsbeperkende gevolgen moeten de waarschijnlijke gevolgen van de informatie-uitwisseling worden vergeleken met de concurrentiesituatie die zonder deze specifieke informatie-uitwisseling zou hebben bestaan [1]. De uitwisseling van informatie heeft mededingingsbeperkende gevolgen in de zin van artikel 101, lid 1, wanneer deze naar alle waarschijnlijkheid een merkbaar negatieve invloed zal hebben op een (of meer) van de concurrentieparameters zoals prijs, producthoeveelheden, productkwaliteit, productdiversiteit en innovatie. Of een uitwisseling van informatie mededingingsbeperkende gevolgen heeft, hangt zowel af van de economische situatie op de relevante markten als van de kenmerken van de uitgewisselde informatie.
[14-01-2011, PbEU C 11, i.w.tr. 14-01-2011/regelingnummer 2011/C11/01]

76

Bepaalde marktvoorwaarden kunnen coördinatie vergemakkelijken en de interne of externe handhaving ervan vereenvoudigen [2]. Op dergelijke markten leidt de uitwisseling van informatie mogelijk tot een ernstiger beperking van de mededinging dan op markten waarop andere voorwaarden gelden. Maar ook indien de marktvoorwaarden van dien aard zijn dat coördinatie vóór de uitwisseling moeilijk kan worden gehandhaafd, kunnen zij door de uitwisseling van informatie zodanig worden gewijzigd dat coördinatie wel mogelijk wordt – bijvoorbeeld doordat de transparantie op de markt wordt vergroot, de complexiteit van de markt wordt verminderd, instabiliteit wordt tegengegaan of asymmetrie wordt opgeheven. Daarom is het van belang de mededingingsbeperkende gevolgen van de informatie-uitwisseling zowel in de context van de oorspronkelijke marktvoorwaarden te beoordelen als in het licht van de wijze waarop de informatie-uitwisseling deze voorwaarden wijzigt. Hierbij dienen tevens de bijzondere kenmerken van het betrokken systeem te worden beoordeeld, waaronder het doel ervan, de voorwaarden voor toegang tot en deelname in het systeem. Voorts moeten de frequentie van de uitwisseling en het soort informatie dat is uitgewisseld, worden onderzocht (bijvoorbeeld of het openbare of vertrouwelijke, geaggregeerde of gedetailleerde, historische of actuele informatie betreft), alsmede het belang ervan

---

(1) Zaak C-7/95 P, John Deere, punt 76.
(2) De uitwisseling van informatie kan de mededinging beperken op een wijze die vergelijkbaar is met een fusie, indien de coördinatie op de markt er doeltreffender, stabieler of waarschijnlijker door wordt; zie zaak C-413/06 P, Sony, Jurispr. 2008, blz. I-4951, punt 123, waarin het Hof van Justitie de criteria onderschreef die door het Gerecht waren vastgesteld in zaak T-342/99, Airtours, Jurispr. 2002, blz. II-2585, punt 62.

voor de vaststelling van prijzen, hoeveelheden of voorwaarden van dienstverlening [1].
Bij deze beoordeling zijn de volgende factoren relevant.
[14-01-2011, PbEU C 11, i.w.tr. 14-01-2011/regelingnummer 2011/C11/01]

i) Marktkenmerken

77
Ondernemingen zullen gemakkelijker tot een heimelijke verstandhouding komen op markten die voldoende transparant, geconcentreerd, niet-complex, stabiel en symmetrisch zijn. Op dit soort markten is het voor ondernemingen eenvoudig tot overeenstemming te komen over de coördinatievoorwaarden en afwijkingen vast te stellen en te bestraffen. Uitwisseling van informatie kan ondernemingen echter ook in staat stellen een heimelijke verstandhouding te bereiken in andere marktsituaties, waarin dit zonder informatie-uitwisseling niet mogelijk zou zijn. Daarbij kan informatie-uitwisseling het bereiken van een heimelijke verstandhouding vergemakkelijken doordat zij de transparantie op de markt vergroot, de complexiteit van de markt vermindert, de instabiliteit tegengaat of de asymmetrie opheft. In dit verband hangt het effect van informatie-uitwisseling op de mededinging niet alleen af van de oorspronkelijke kenmerken van de markt waarin zij plaatsvindt (zoals de concentratiegraad, transparantie, stabiliteit, complexiteit, enz.), maar ook van de wijze waarop het soort uitgewisselde informatie deze kenmerken kan veranderen [2].
[14-01-2011, PbEU C 11, i.w.tr. 14-01-2011/regelingnummer 2011/C11/01]

78
Een heimelijke verstandhouding zal vaker voorkomen in transparante markten. Transparantie kan heimelijke afspraken in de hand werken doordat ondernemingen in staat worden gesteld overeenstemming te bereiken over de coördinatievoorwaarden en/of doordat de interne en externe stabiliteit van collusie worden vergroot. De uitwisseling van informatie kan de transparantie vergroten en daarmee de onzekerheid verminderen over de strategische variabelen van mededinging (zoals prijzen, output, vraag, kosten, enz.). Hoe lager het bestaande transparantieniveau op de markt, des te groter kan de bijdrage van informatie-uitwisseling tot het bereiken van heimelijke verstandhouding zijn. Informatie-uitwisseling die slechts in geringe mate bijdraagt tot markttransparantie zal minder gauw mededingingsbeperkende gevolgen hebben dan een uitwisseling van informatie waarbij de transparantie aanzienlijk wordt vergroot. Het is derhalve de combinatie van het bestaande transparantieniveau en de mate waarin dit niveau door de informatie-uitwisseling wordt gewijzigd, die bepaalt in hoeverre de informatie-uitwisseling mededingingsbeperkende gevolgen zal hebben. Het bestaande transparantieniveau hangt onder meer samen met het aantal marktdeelnemers en de aard van de transacties, variërend van openbare transacties tot vertrouwelijke bilaterale onderhandelingen tussen kopers en verkopers. Om te kunnen beoordelen of het transparantieniveau in de markt is gewijzigd, is het noodzakelijk om

---

(1) Zaak C-238/05, Asnef-Equifax, punt 54.
(2) De bespreking in de punten 78 tot en met 85 bevat geen volledige lijst van relevante marktkenmerken. Er kunnen andere marktkenmerken zijn die voor het organiseren van bepaalde vormen van informatie-uitwisseling belangrijk zijn.

na te gaan in hoeverre de beschikbare informatie door ondernemingen kan worden gebruikt om de activiteiten van hun concurrenten te bepalen.
[14-01-2011, PbEU C 11, i.w.tr. 14-01-2011/regelingnummer 2011/C11/01]

79
Hechte oligopolies kunnen een heimelijke verstandhouding op de markt bevorderen omdat het voor een gering aantal ondernemingen gemakkelijker is om overeenstemming te bereiken over de coördinatievoorwaarden en om controle uit te oefenen op afwijkend gedrag. Een heimelijke verstandhouding kan met minder ondernemingen wellicht ook beter worden gehandhaafd. Wanneer een groter aantal ondernemingen hun gedrag coördineren, zijn de voordelen van afwijkend gedrag groter omdat met lagere prijzen een groter marktaandeel kan worden verkregen. Tegelijkertijd zijn de voordelen die uit de heimelijke verstandhouding voortvloeien minder groot omdat de voordelen ervan door meer partijen moet worden gedeeld. Bij hechte oligopolies is de kans groter dat informatie-uitwisseling mededingingsbeperkende gevolgen zal hebben dan bij minder hechte oligopolies, en op zeer gefragmenteerde markten zijn dergelijke mededingingsbeperkende gevolgen zelfs niet waarschijnlijk. Door de transparantie te verhogen of de marktsituatie anderszins zo te wijzigen dat coördinatie wordt vergemakkelijkt, kan de uitwisseling van informatie ertoe leiden dat meer ondernemingen hun gedrag coördineren en elkaar controleren dan zonder informatie-uitwisseling mogelijk zou zijn geweest.
[14-01-2011, PbEU C 11, i.w.tr. 14-01-2011/regelingnummer 2011/C11/01]

80
Het zal voor ondernemingen doorgaans moeilijk zijn om in een complexe marktomgeving een heimelijke verstandhouding tot stand te brengen. Tot op zekere hoogte kan informatie-uitwisseling een dergelijke omgeving evenwel minder complex maken. In een complexe marktomgeving is gewoonlijk meer uitwisseling van informatie nodig om overeenstemming te bereiken over coördinatievoorwaarden en om controle uit te oefenen op afwijkend gedrag. Het is bijvoorbeeld gemakkelijker een heimelijke verstandhouding te bereiken met betrekking tot de prijs van één enkel homogeen product dan voor honderden prijzen in een markt met veel gedifferentieerde producten. Toch is het mogelijk dat ondernemingen, om de problemen te vermijden die het streven naar een heimelijke verstandhouding met betrekking tot een groot aantal prijzen met zich brengt, informatie uitwisselen om eenvoudige prijszettingsregels in te voeren (bijvoorbeeld prijspunten).
[14-01-2011, PbEU C 11, i.w.tr. 14-01-2011/regelingnummer 2011/C11/01]

81
Heimelijke verstandhouding komt vaker voor wanneer de vraag- en aanbodsituatie betrekkelijk stabiel is [1]. In een instabiele omgeving zal het voor een onderneming waarschijnlijk moeilijk zijn vast te stellen of de daling van haar afzet het gevolg is van een algemeen laag vraagniveau of dat deze wordt veroorzaakt door de bijzonder lage prijzen van een concurrent, en daarom is een heimelijke verstandhouding moeilijk te handhaven. In dit verband kunnen een volatiele vraag, een sterke interne groei

---
(1) Zie zaak T-35/92, John Deere, Jurispr. 1994, blz. II-957, punt 78.

van bepaalde ondernemingen op de markt, of het feit dat geregeld nieuwe ondernemingen tot de markt toetreden, erop wijzen dat de bestaande situatie niet zo stabiel is dat coördinatie voor de hand ligt [1]. De uitwisseling van informatie kan in bepaalde situaties ten doel hebben de stabiliteit op de markt te vergroten, wat misschien een heimelijke verstandhouding op de markt mogelijk maakt. Bovendien kan coördinatie op markten waarop innovatie een belangrijke rol speelt moeilijker zijn omdat met name belangrijke innovaties een onderneming in staat kunnen stellen een aanzienlijk voordeel te behalen ten opzichte van haar concurrenten. Een heimelijke verstandhouding kan slechts duurzaam zijn indien de resultaten die ervan worden verwacht niet in gevaar kunnen worden gebracht door de reacties van buitenstaanders, zoals huidige en toekomstige concurrenten die niet aan de coördinatie deelnemen, en van klanten. Het bestaan van toetredingsdrempels vergroot in dit verband de kans dat een duurzame heimelijke verstandhouding op de markt haalbaar is.
[14-01-2011, PbEU C 11, i.w.tr. 14-01-2011/regelingnummer 2011/C11/01]

82
Een heimelijke verstandhouding zal zich eerder voordoen bij symmetrische marktstructuren. Wanneer ondernemingen homogeen zijn wat hun kosten, vraag, marktaandelen, productassortiment, capaciteiten, enz. betreft, zullen zij gemakkelijker overeenstemming kunnen bereiken over coördinatievoorwaarden, omdat hun drijfveren gelijklopend zijn. De uitwisseling van informatie kan onder bepaalde omstandigheden echter ook in meer heterogene marktstructuren een heimelijke verstandhouding doen ontstaan. De uitwisseling van informatie kan ondernemingen bewustmaken van hun verschillen en hen helpen manieren te vinden om met het oog op coördinatie een oplossing te vinden voor hun heterogeniteit.
[14-01-2011, PbEU C 11, i.w.tr. 14-01-2011/regelingnummer 2011/C11/01]

83
De stabiliteit van een heimelijke verstandhouding hangt tevens af van de vraag in hoeverre ondernemingen hun toekomstige winst mede in rekening brengen. Hoe hoger ondernemingen de winst die zij thans via prijsconcurrentie behalen, waarderen in vergelijking met alle toekomstige winst die zij in het kader van de heimelijke verstandhouding tegemoet kunnen zien, des te kleiner is de kans dat zij tot een heimelijke verstandhouding zullen komen.
[14-01-2011, PbEU C 11, i.w.tr. 14-01-2011/regelingnummer 2011/C11/01]

84
Evenzo zal een heimelijke verstandhouding zich eerder voordoen tussen ondernemingen die gedurende lange tijd op dezelfde markt zullen blijven opereren, omdat zij meer belang hebben bij coördinatie. Wanneer in een dergelijke scenario een onderneming weet dat zij langdurig met de andere ondernemingen te maken zal hebben, zal zij eerder geneigd zijn een heimelijke verstandhouding tot stand te brengen, omdat de winst die jaar na jaar uit deze verstandhouding zal voortvloeien meer waard zal

---
(1) Zie beschikking van de Commissie in zaken IV/31.370 en 31446, UK Agricultural Tractor Registration Exchange, *PB* L 68 van 13.3.1992, blz. 19, overweging 51, en zaak T-35/92, John Deere, punt 78. Het is niet noodzakelijk dat er sprake is van volledige stabiliteit of dat hevige concurrentie uitgesloten is.

zijn dan de winst op korte termijn welke zij met afwijkend gedrag zou kunnen hebben behaald voordat de andere ondernemingen de afwijking vaststellen en tegenmaatregelen nemen.
[14-01-2011, PbEU C 11, i.w.tr. 14-01-2011/regelingnummer 2011/C11/01]

85

Wil een heimelijke verstandhouding duurzaam zijn, dan moet in het algemeen de dreiging van snelle en doortastende tegenmaatregelen voldoende geloofwaardig zijn. Een heimelijke verstandhouding is niet houdbaar op een markt waarin de gevolgen van afwijkend gedrag niet voldoende ernstig zijn om alle coördinerende ondernemingen ervan te overtuigen dat het in hun eigen belang is de verstandhouding na te leven. Zo kan het op een markt die wordt gekenmerkt door incidentele, omvangrijke orders, moeilijk zijn een voldoende krachtig disciplineringsmechanisme vast te stellen, aangezien de winst die afwijkend gedrag op het juiste ogenblik oplevert, wellicht groot, zeker en onmiddellijk is, terwijl het verlies dat het gevolg is van een bestraffing, waarschijnlijk gering en onzeker is, en zich pas na een zekere tijd zou laten gevoelen. De geloofwaardigheid van het disciplineringsmechanisme hangt mede af van de mate waarin de andere bij de coördinatie betrokken ondernemingen een prikkel hebben om tegenmaatregelen te nemen. Of die prikkel er is, wordt bepaald door een afweging tussen het kortetermijnverlies dat zij zullen lijden door een prijzenoorlog te ontketenen, en de langetermijnwinst die zij eventueel zullen boeken als zij de heimelijke verstandhouding kunnen herstellen. Zo zullen ondernemingen wellicht gemakkelijker tegenmaatregelen kunnen nemen als er tussen hen ook verticale commerciële betrekkingen bestaan waarvan zij bij afwijkingen gebruik kunnen maken om te dreigen met sancties.
[14-01-2011, PbEU C 11, i.w.tr. 14-01-2011/regelingnummer 2011/C11/01]

ii)   **Kenmerken van de informatie -- uitwisseling**

Strategische informatie

86

Dee uitwisseling tussen concurrenten van strategische gegevens, d.w.z. gegevens die de strategische onzekerheid op de markt verminderen, zal eerder onder artikel 101 vallen dan de uitwisseling van andere soorten informatie. Het uitwisselen van strategische gegevens kan mededingingsbeperkende gevolgen hebben aangezien de besluitvormingsautonomie van de partijen wordt aangetast doordat hun prikkels om te concurreren afnemen. Strategische informatie kan betrekking hebben op prijzen (bijvoorbeeld actuele prijzen, kortingen, prijsverhogingen, prijsverlagingen, rabatten), klantenbestanden, productiekosten, hoeveelheden, omzet, verkopen, capaciteit, kwaliteit, marketingplannen, risico's, programma's, investeringen, technologieën, alsmede O&O-programma's en de resultaten daarvan. Over het algemeen is informatie inzake prijzen en hoeveelheden strategisch het belangrijkst, gevolgd door informatie over kosten en vraag. Indien ondernemingen op het gebied van O&O concurreren, zijn wellicht de technologische gegevens het meest strategisch voor de mededinging.

Het strategisch nut van de gegevens hangt tevens af van de mate van aggregatie, de ouderdom ervan, de marktcontext en de frequentie van de uitwisseling.
[14-01-2011, PbEU C 11, i.w.tr. 14-01-2011/regelingnummer 2011/C11/01]

Dekking van de markt

87
Een uitwisseling van informatie zal vermoedelijk slechts mededingingsbeperkende gevolgen hebben wanneer de aan de uitwisseling deelnemende ondernemingen een groot deel van de relevante markt bestrijken. Anders zouden de concurrenten die niet aan de uitwisseling van informatie deelnemen het eventuele concurrentieverstorende gedrag van de betrokken ondernemingen kunnen beteugelen. Zo zouden ondernemingen die niet aan het informatie-uitwisselingssysteem deelnemen de externe stabiliteit van een heimelijke verstandhouding in gevaar kunnen brengen door onder het gecoördineerde prijsniveau te verkopen.
[14-01-2011, PbEU C 11, i.w.tr. 14-01-2011/regelingnummer 2011/C11/01]

88
Wat een 'voldoende groot deel van de markt' is, kan niet in algemene termen worden vastgesteld en zal afhangen van de specifieke omstandigheden van elk geval en van het soort informatie-uitwisseling. Wanneer een uitwisseling van informatie echter plaatsvindt in het kader van een ander soort horizontale samenwerkingsovereenkomst en niet verder gaat dan hetgeen voor de tenuitvoerlegging ervan noodzakelijk is, zal een marktdekking die niet hoger is dan de marktaandeeldrempels welke in het desbetreffende hoofdstuk van deze richtsnoeren, de desbetreffende groepsvrijstellingsverordening [1] of de 'de minimis'-mededeling voor het desbetreffende type overeenkomst worden genoemd, doorgaans niet zo groot zijn dat de informatie-uitwisseling mededingingsbeperkende gevolgen heeft.
[14-01-2011, PbEU C 11, i.w.tr. 14-01-2011/regelingnummer 2011/C11/01]

Geaggregeerde/geïndividualiseerde gegevens

89
De uitwisseling van echt geaggregeerde gegevens, dat wil zeggen gegevens waaruit zeer moeilijk informatie op het niveau van de individuele onderneming kan worden afgeleid, leidt veel minder snel tot een beperking van de mededinging dan de uitwisseling van gegevens op ondernemingsniveau. Het verzamelen en publiceren van geaggregeerde marktgegevens (zoals verkoopgegevens, gegevens over capaciteiten of gegevens over kosten van imputs en onderdelen) door een handelsorganisatie of marktonderzoekbureau kan zowel leveranciers als consumenten ten goede komen doordat dit hen in staat stelt een duidelijker beeld van de economische situatie in de sector te krijgen. Dat verzamelen en publiceren kan marktdeelnemers in staat stellen

---

(1) Uitwisseling van informatie in het kader van een O&O-overeenkomst valt, voor zover deze niet verder gaat dan voor de uitvoering van die overeenkomst nodig is, binnen de veilige zone van 25 % waarvan sprake is in de groepsvrijstellingsverordening inzake O&O. In het kader van de groepsvrijstellingsverordening voor specialisatie is de veilige zone 20 %.

beter geïnformeerd individuele keuzes te maken om hun strategie efficiënt aan de marktomstandigheden aan te passen. Meer in het algemeen zal de uitwisseling van geaggregeerde gegevens niet snel mededingingsbeperkende gevolgen hebben, tenzij dit in een hecht oligopolie gebeurt. De uitwisseling van geïndividualiseerde gegevens daarentegen vergemakkelijkt het bereiken van overeenstemming op de markt evenals het treffen van vergeldingsmaatregelen, want zij stelt de coördinerende ondernemingen in staat een onderneming met afwijkend gedrag of een nieuwkomer te identificeren. Toch valt niet uit te sluiten dat zelfs de uitwisseling van geaggregeerde gegevens een heimelijke verstandhouding kan vergemakkelijken in markten met bijzondere kenmerken. Met name kunnen leden van een zeer hecht en stabiel oligopolie die geaggregeerde gegevens uitwisselen en een marktprijs onder een bepaalde peil aantreffen, automatisch veronderstellen dat een van de deelnemende ondernemingen zich aan de heimelijke verstandhouding heeft onttrokken en vergeldingsacties op de gehele markt nemen. Met andere woorden, ondernemingen die een heimelijke afspraak stabiel willen houden, hoeven niet steeds te weten wie zich aan afwijkend gedrag heeft bezondigd; soms is het voldoende te weten dat 'iemand' dat heeft gedaan.
[14-01-2011, PbEU C 11, i.w.tr. 14-01-2011/regelingnummer 2011/C11/01]

Ouderdom van de gegevens

90

De uitwisseling van historische gegevens zal vermoedelijk niet tot een heimelijke verstandhouding leiden omdat het onwaarschijnlijk is dat het toekomstige gedrag van de concurrenten hieruit kan worden afgeleid of dat deze aanleiding zal geven tot het bereiken van overeenstemming op de markt [1]. Het uitwisselen van historische gegevens zal bovendien waarschijnlijk niet dienstig zijn voor het beteugelen van afwijkend gedrag, want hoe ouder de gegevens zijn, des te minder geschikt zij zijn voor de tijdige opsporing van afwijkend gedrag, waardoor ook de geloofwaardige dreiging van onmiddellijke vergelding verloren gaat [2]. Er is geen vaste grens van waaraf gegevens historisch worden, d.w.z. oud genoeg om geen mededingingsrisico meer in te houden. Of gegevens echt historisch zijn, hangt af van de bijzondere kenmerken van de relevante markt, met name de frequentie van prijsonderhandelingen in de sector. Zo kunnen gegevens bijvoorbeeld als historisch worden beschouwd wanneer zij veel ouder zijn dan de gemiddelde looptijd van contracten in de betrokken sector, voor zover die iets zeggen over de prijsonderhandelingen. Voorts hangt de grens van waaraf gegevens historisch worden ook af van het soort gegevens, de aggregatie, de

---

(1) Het verzamelen van historische gegevens kan ook een middel zijn om als brancheorganisatie een bijdrage te leveren aan een evaluatie van het overheidsbeleid.
(2) In eerdere zaken heeft de Commissie bijvoorbeeld de uitwisseling van individuele gegevens die meer dan een jaar oud waren als historisch bestempeld en als niet-mededingingsbeperkend in de zin van artikel 101, lid 1, terwijl informatie van minder dan een jaar oud als recent is beschouwd; Beschikking van de Commissie in zaak IV/31.370, UK Agricultural Tractor Registration Exchange, reeds aangehaald in voetnoot 71, overweging 50; Beschikking van de Commissie in zaak IV/36.069, Wirtschaftsvereinigung Stahl, *PB* L 1 van 3.1.1998, blz. 10, overweging 17.

frequentie van de uitwisseling en de kenmerken van de relevante markt (bijvoorbeeld de stabiliteit en transparantie daarvan).
[14-01-2011, PbEU C 11, i.w.tr. 14-01-2011/regelingnummer 2011/C11/01]

Frequentie van de informatie-uitwisseling

91

Een frequente uitwisseling van informatie die zowel het ontwikkelen van een gemeenschappelijke kijk op de markt als het opsporen van afwijkend gedrag vergemakkelijkt, verhoogt het risico op een heimelijke verstandhouding. In niet zo stabiele markten zal informatie waarschijnlijk frequenter moeten worden uitgewisseld om tot een heimelijke verstandhouding te komen dan in stabiele markten. In markten met langlopende contracten (waar dus niet regelmatig over prijzen wordt onderhandeld) zou normaal gezien met een minder frequente uitwisseling van informatie een heimelijke verstandhouding kunnen worden bereikt. Niet frequente uitwisselingen zouden daarentegen doorgaans niet voldoende zijn om tot een heimelijke verstandhouding te komen in markten met kortlopende contracten en bijgevolg frequente prijsonderhandelingen [1]. De frequente waarmee gegevens moeten worden uitgewisseld om het ontstaan van een heimelijke verstandhouding te vergemakkelijken, hangt echter mede af van de aard, de ouderdom en de aggregatie van de gegevens [2].
[14-01-2011, PbEU C 11, i.w.tr. 14-01-2011/regelingnummer 2011/C11/01]

Openbare/niet-openbare gegevens

92

Over het algemeen zal de uitwisseling van echt openbare informatie meestal geen inbreuk op artikel 101 vormen [3]. Echt openbare informatie is informatie die in het algemeen voor alle concurrenten en afnemers even gemakkelijk toegankelijk is (wat de kosten van toegang betreft). Informatie is pas echt openbaar indien het verkrijgen ervan voor afnemers en ondernemingen die niet bij het uitwisselingssysteem zijn aangesloten, niet duurder is dan voor de ondernemingen die de informatie uitwisselen. Daarom zullen concurrenten er doorgaans niet voor kiezen informatie uit te wisselen die zij even gemakkelijk op de markt kunnen verzamelen en is het dus in de praktijk niet waarschijnlijk dat echt openbare informatie wordt uitgewisseld. Integendeel, zelfs indien de onder concurrenten uitgewisselde gegevens vrij beschikbaar zijn, zijn zij niet echt openbaar indien de kosten voor het verzamelen van de gegevens zo hoog zijn dat zij andere ondernemingen en kopers ervan weerhouden deze gegevens te be-

---

(1) Aan de andere kant maken langlopende contracten het wellicht minder waarschijnlijk dat snel genoeg vergeldingsmaatregelen worden genomen.
(2) Afhankelijk van de structuur van de markt en de algemene context van de uitwisseling valt evenwel niet uit te sluiten dat een eenmalige informatie-uitwisseling voldoende kan zijn om de betrokken ondernemingen in staat te stellen hun marktgedrag af te stemmen en aldus de concurrentie en de risico's die concurrentie met zich brengt, met succes te vervangen door feitelijke samenwerking; zie zaak C-8/08, T-Mobile Nederland, voetnoot 59.
(3) Gevoegde zaken T-191/98 e.a., Atlantic Container Line (TACA), Jurispr. 2003, blz. II-3275, punt 1154. Dit geldt wellicht niet wanneer de informatie in het kader van een kartel wordt uitgewisseld.

machtigen [1]. Dat de mogelijkheid bestaat om de informatie op de markt te verwerven, bijvoorbeeld door deze van klanten te betrekken, betekent niet noodzakelijkerwijs dat het marktgegevens betreft die vrij toegankelijk zijn voor concurrenten [2].
[14-01-2011, PbEU C 11, i.w.tr. 14-01-2011/regelingnummer 2011/C11/01]

93
Zelfs indien gegevens openbaar toegankelijk zijn (zoals door regelgevers gepubliceerde informatie), dan kan een extra informatie-uitwisseling door concurrenten toch mededingingsbeperkende gevolgen hebben indien de strategische onzekerheid op de markt daardoor verder wordt verminderd. In dit geval kan het deze extra informatie zijn die de marktbalans kan laten doorslaan naar heimelijke verstandhouding.
[14-01-2011, PbEU C 11, i.w.tr. 14-01-2011/regelingnummer 2011/C11/01]

Openbare/niet-openbare informatie-uitwisseling

94
Een informatie-uitwisseling is echt openbaar indien de uitgewisselde gegevens voor alle concurrenten en kopers onder dezelfde voorwaarden (in termen van kosten) toegankelijk zijn [3]. Het feit dat informatie openbaar wordt uitgewisseld zal de kans op een heimelijke verstandhouding op de markt wellicht zodanig verkleinen dat concurrenten die niet aan de coördinatie deelnemen, potentiële concurrenten en afnemers in staat zijn de potentieel mededingingsbeperkende gevolgen te beteugelen [4]. Toch valt niet geheel uit te sluiten dat zelfs een echt openbare uitwisseling van informatie een heimelijke verstandhouding op de markt kan bevorderen.
[14-01-2011, PbEU C 11, i.w.tr. 14-01-2011/regelingnummer 2011/C11/01]

---

(1) Het feit dat de partijen bij de uitwisseling de gegevens vooraf aan het publiek hebben medegedeeld (bijvoorbeeld via een krant of hun website), betekent overigens niet dat een daarop volgende niet-publieke uitwisseling geen inbreuk zou maken op artikel 101.
(2) Zie gevoegde zaken T-202/98 enz., Tate & Lyle, punt 60.
(3) Dit sluit niet uit dat een database tegen een lagere prijs kan worden opengesteld voor kopers die er zelf gegevens voor hebben aangebracht, aangezien zij daarvoor normaal gezien ook kosten hebben gemaakt.
(4) Een onderzoek naar toetredingsbarrières en het bestaan van een tegenwicht vormende 'kopersmacht' op de markt zou relevant zijn om vast te stellen of buitenstaanders, die niet bij de informatie-uitwisseling betrokken waren, het verwachte resultaat van de coördinatie in gevaar zouden kunnen brengen. De grotere transparantie voor consumenten kan echter de mogelijkheid van een feitelijke verstandhouding zowel vergroten als verkleinen, omdat die er door een grotere prijselasticiteit van de vraag voor zorgt dat afwijkend gedrag meer loont maar dat de vergelding tegelijk ook harder zal zijn.

2.3 Beoordeling op grond van artikel 101, lid 3

2.3.1 Efficiëntieverbeteringen [1]

95
De uitwisseling van informatie kan tot efficiëntieverbeteringen leiden. Zo kan informatie over de kosten van concurrenten ondernemingen helpen efficiënter te opereren wanneer zij hun eigen prestaties vergelijken met de beste praktijken in de sector en dienovereenkomstig interne stimuleringsmaatregelen ontwikkelen.
[14-01-2011, PbEU C 11, i.w.tr. 14-01-2011/regelingnummer 2011/C11/01]

96
Bovendien kan de uitwisseling van informatie ondernemingen in bepaalde situaties helpen hun productie te richten op markten met een grote vraag (op grond van vraaginformatie) of toe te wijzen aan ondernemingen met lage kosten (op grond van kosteninformatie). Of dergelijke efficiëntieverbeteringen daadwerkelijk worden bereikt hangt af van marktkenmerken zoals de omstandigheid dat er wordt geconcurreerd op prijzen of hoeveelheden en de aard van de onzekerheden op de markt. Met sommige vormen van informatie-uitwisseling kunnen aanzienlijke kostenbesparingen worden gemaakt, bijvoorbeeld doordat onnodige voorraden worden afgebouwd, of doordat bederfelijke producten sneller worden geleverd in gebieden met een grote vraag en de levering van deze producten wordt beperkt in gebieden met een geringe vraag (zie voorbeeld 6 in punt 110).
[14-01-2011, PbEU C 11, i.w.tr. 14-01-2011/regelingnummer 2011/C11/01]

97
De uitwisseling van consumentengegevens tussen ondernemingen in markten met asymmetrische informatie over consumenten kan eveneens tot efficiëntieverbeteringen leiden. Zo kan bijvoorbeeld de registratie van consumentengedrag in het verleden op het gebied van ongevallen of wanbetaling, voor consumenten een stimulans vormen om hun risicogedrag te beperken. Tevens kan hierdoor worden nagegaan welke consumenten een lager risico dragen en daarom in aanmerking zouden moeten komen voor lagere prijzen. In dit verband kan de uitwisseling van informatie tevens de 'lock-in' van consumenten reduceren, waardoor de mededinging wordt bevorderd. Dit komt doordat informatie over het algemeen specifiek is voor een bepaalde relatie, en de consumenten de met deze informatie verbonden voordelen zouden verliezen wanneer zij op een andere onderneming overschakelen. Voorbeelden van dergelijke efficiëntieverbeteringen doen zich voor in de bank- en verzekeringssector, waar dikwijls informatie wordt uitgewisseld over wanbetaling door en de risicokenmerken van consumenten.
[14-01-2011, PbEU C 11, i.w.tr. 14-01-2011/regelingnummer 2011/C11/01]

---

(1) De bespreking van de potentiële efficiëntieverbeteringen die informatie-uitwisseling kan meebrengen, beoogt exclusief noch uitputtend te zijn.

98

De uitwisseling van informatie over vroegere en huidige marktaandelen kan in sommige gevallen voor zowel ondernemingen als consumenten gunstig zijn doordat ondernemingen deze informatie tegenover consumenten kunnen gebruiken als bewijs van kwaliteit van hun producten. Wanneer de informatie over productkwaliteit onvolledig is gebruiken consumenten dikwijls indirecte middelen om informatie in te winnen over de relatieve producteigenschappen zoals prijs en marktaandelen (consumenten gebruiken bijvoorbeeld bestsellerslijsten om hun volgende boek te kiezen).
[14-01-2011, PbEU C 11, i.w.tr. 14-01-2011/regelingnummer 2011/C11/01]

99

De uitwisseling van informatie die echt openbaar is kan voor consumenten eveneens voordelig zijn doordat zij hierdoor met kennis van zaken een keuze kunnen maken (en hun zoekkosten verminderen). Consumenten zullen in dit verband het meest gebaat zijn met de openbare uitwisseling van actuele gegevens, die het meest relevant zijn voor hun aankoopbeslissingen. Op vergelijkbare wijze kan de openbare uitwisseling van informatie over actuele inputprijzen de zoekkosten voor ondernemingen verlagen, wat de consumenten normaal gezien ten goede zou moeten komen via lagere eindprijzen. Dit soort directe voordelen voor de consument zal minder gemakkelijk voortvloeien uit informatie-uitwisseling over toekomstige prijsvoornemens, aangezien ondernemingen de prijsvoornemens die zij bekendmaken wellicht al herzien nog voordat de consumenten daadwerkelijk aankopen doen op basis van die informatie. Consumenten kunnen zich bij het plannen van hun aankopen over het algemeen niet baseren op aangekondigde voornemens van ondernemingen. Tot op zekere hoogte kunnen ondernemingen er wel toe worden gedwongen aangekondigde voornemens niet te wijzigen voordat zij in de praktijk worden gebracht, bijvoorbeeld wanneer zij geregelde contacten onderhouden met de consumenten en de consumenten de prijzen vooraf moeten kennen of wanneer zij reeds vooraf kunnen intekenen. In die omstandigheden kan de uitwisseling van informatie over de toekomst de afnemers helpen om hun uitgaven te plannen.
[14-01-2011, PbEU C 11, i.w.tr. 14-01-2011/regelingnummer 2011/C11/01]

100

De uitwisseling van actuele en historische gegevens zal eerder tot efficiëntieverbeteringen leiden dan de uitwisseling van informatie over toekomstige voornemens. In bepaalde omstandigheden kan het bekendmaken van toekomstige voornemens echter ook efficiëntievoordelen met zich brengen. Zo zouden ondernemingen die al in een vroeg stadium weten wie een bepaalde O&O-wedloop zal winnen, kunnen vermijden dure onderzoeken meermaals te verrichten en middelen te verspillen die niet kunnen worden terugverdiend [1].
[14-01-2011, PbEU C 11, i.w.tr. 14-01-2011/regelingnummer 2011/C11/01]

---

(1) Dergelijke efficiëntieverbeteringen moeten worden afgewogen tegen de mogelijke negatieve effecten van bijvoorbeeld een beperking van de mededinging op een markt die innovatie stimuleert.

2.3.2 Onmisbaarheid

101
Beperkingen die verder gaan dan wat noodzakelijk is om de efficiëntieverbeteringen te bereiken welke dankzij de uitwisseling van informatie tot stand worden gebracht, voldoen niet aan de voorwaarden van artikel 101, lid 3. Om aan de voorwaarde van onmisbaarheid te voldoen, zullen de partijen moeten aantonen dat de aan betrokken gegevens gezien hun onderwerp, aggregatie, ouderdom, vertrouwelijkheid alsmede de frequentie en omvang van de uitwisseling ervan slechts minimale risico's verbonden zijn die voor het bereiken van de gestelde efficiëntieverbeteringen onmisbaar zijn. Bovendien mag de uitwisseling geen informatie betreffen die verder gaat dan de variabelen die van belang zijn om de efficiëntieverbeteringen tot stand te brengen. Voor benchmarking bijvoorbeeld zal een uitwisseling van geïndividualiseerde gegevens over het algemeen niet onmisbaar zijn omdat in een sectorclassificatie opgenomen geaggregeerde informatie eveneens de gestelde efficiëntieverbeteringen kan opleveren, terwijl het risico van een heimelijke verstandhouding minder groot is (zie voorbeeld 4 in punt 108). Ten slotte is het over het algemeen onwaarschijnlijk dat de uitwisseling van geïndividualiseerde gegevens over voornemens voor de toekomst onmisbaar is, met name wanneer deze betrekking hebben op prijzen en volumes.
[14-01-2011, PbEU C 11, i.w.tr. 14-01-2011/regelingnummer 2011/C11/01]

102
Evenzo zal ook de uitwisseling van informatie in het kader van horizontale samenwerkingsovereenkomsten eerder voldoen aan de voorwaarden van artikel 101, lid 3, indien zij niet verder gaat dan wat noodzakelijk is om het economisch doel van de overeenkomst te bereiken (zoals de uitwisseling van de technologie die nodig is voor een O&O-overeenkomst of van kostengegevens in het kader van een productieovereenkomst).
[14-01-2011, PbEU C 11, i.w.tr. 14-01-2011/regelingnummer 2011/C11/01]

2.3.3 Doorgifte aan consumenten

103
Efficiëntieverbeteringen die door middel van onmisbare beperkingen tot stand zijn gebracht, moeten aan de consumenten worden doorgegeven in een mate die opweegt tegen de mededingingsbeperkende gevolgen van informatie-uitwisseling. Hoe geringer de marktmacht van de partijen die bij de informatie-uitwisseling betrokken zijn, des te waarschijnlijker is het dat de efficiëntieverbeteringen worden doorgegeven aan de consumenten in een mate die opweegt tegen de mededingingsbeperkende gevolgen.
[14-01-2011, PbEU C 11, i.w.tr. 14-01-2011/regelingnummer 2011/C11/01]

2.3.4 Geen uitschakeling van de mededinging

104
Aan de voorwaarden van artikel 101, lid 3, kan niet worden voldaan indien de aan de informatie-uitwisseling deelnemende ondernemingen de mogelijkheid wordt gegeven voor een wezenlijk deel van de betrokken producten de mededinging uit te schakelen.
[14-01-2011, PbEU C 11, i.w.tr. 14-01-2011/regelingnummer 2011/C11/01]

2.4 Voorbeelden

105
Uitwisseling van voorgenomen toekomstige prijzen met mededingingsbeperkende strekking
Voorbeeld 1
Situatie: Een brancheorganisatie van busbedrijven in land X verspreidt geïndividualiseerde informatie over voorgenomen toekomstige prijzen uitsluitend onder haar leden. De informatie bevat verscheidene elementen, zoals het voorgenomen tarief en de route waarop dat tarief van toepassing is, de mogelijke beperkingen ten aanzien van dit tarief — bijvoorbeeld welke consumenten voor dit tarief in aanmerking komen, of vooruitbetaling dan wel een minimumverblijf vereist is, de periode waarin tickets kunnen worden verkocht tegen het betrokken tarief (begin- en einddatum), en de periode waarin met het ticket tegen het betrokken tarief kan worden gereisd (eerste en laatste reisdatum).
Analyse: Deze uitwisseling van informatie, die voortvloeit uit een besluit van een ondernemersvereniging, betreft de prijsvoornemens van concurrenten. Deze informatie-uitwisseling is een zeer efficiënt middel om tot een heimelijke verstandhouding te komen en heeft derhalve een mededingingsbeperkende strekking. Immers, de ondernemingen kunnen hun eigen voorgenomen prijzen, zoals bekendgemaakt binnen de vereniging, te allen tijde wijzigen wanneer zij vaststellen dat hun concurrenten van plan zijn hogere prijzen te berekenen. Hierdoor kunnen ondernemingen een hoger gemeenschappelijk prijsniveau bereiken zonder de kosten van het verlies van marktaandeel te hoeven dragen. Onderneming A kan bijvoorbeeld vandaag een prijsverhoging bekendmaken op de route van stad 1 naar stad 2, met ingang van de volgende maand. Omdat deze informatie voor alle busbedrijven toegankelijk is, kan onderneming A vervolgens de reactie van haar concurrenten op deze bekendmaking afwachten. Indien een concurrent op dezelfde route, bijvoorbeeld onderneming B, dezelfde prijsverhoging doorvoert, dan zal onderneming A haar bekendmaking niet wijzigen en zal deze later waarschijnlijk van kracht worden. Zou onderneming B echter geen prijsverhoging doorvoeren, dan zou onderneming A haar tarief toch nog kunnen herzien. Deze aanpassing zou zich herhalen totdat de ondernemingen gezamenlijk, tegen de regels van vrije concurrentie in, een hoger prijsniveau zouden vaststellen. Het is onwaarschijnlijk dat deze informatie-uitwisseling aan de voorwaarden van artikel 101, lid 3, voldoet. De informatie-uitwisseling blijft beperkt tot concurrenten, en komt derhalve de klanten van de busbedrijven niet rechtstreeks ten goede.
[14-01-2011, PbEU C 11, i.w.tr. 14-01-2011/regelingnummer 2011/C11/01]

106
Uitwisseling van actuele prijzen met voldoende efficiëntieverbeteringen voor consumenten
Voorbeeld 2
Situatie: Een nationaal bureau voor toerisme en de busbedrijven in het kleine land X komen overeen informatie te verspreiden over actuele prijzen van bustickets via een vrij toegankelijke website (in tegenstelling tot voorbeeld 1 in punt 105 kunnen consumenten reeds tickets kopen voor de prijzen en voorwaarden waarop de uitwisseling van informatie betrekking heeft; het betreft dus geen voorgenomen toekomstige prijzen, doch actuele prijzen voor huidige en toekomstige diensten). De informatie bevat verschillende elementen, zoals het tarief en de route waarop dit tarief van toepassing is, de eventuele beperkingen ten aanzien van dit tarief zoals welke consumenten voor dit tarief in aanmerking komen, of vooruitbetaling dan wel een minimumverblijf vereist is, en de periode waarin het ticket met het desbetreffende tarief voor reizen kan worden gebruikt (eerste en laatste reisdatum). Busreizen in land X behoren niet tot dezelfde relevante markt als trein- en vliegreizen. Aangenomen wordt dat de relevante markt geconcentreerd, stabiel en niet bijzonder complex is en dat de prijzenstructuur transparant wordt door de informatie-uitwisseling.
Analyse: Deze uitwisseling van informatie heeft geen mededingingsbeperkende strekking. De ondernemingen wisselen actuele prijzen uit en geen voorgenomen toekomstige prijzen omdat zij daadwerkelijk reeds tickets voor deze prijzen verkopen (in tegenstelling tot de situatie in voorbeeld 1 in punt 105). Daarom is het minder waarschijnlijk dat deze uitwisseling van informatie een geschikt instrument is om een richtpunt voor coördinatie vast te stellen. Niettemin vormt deze uitwisseling van informatie, in het licht van de marktstructuur en het strategische karakter van de gegevens, vermoedelijk wel een doeltreffend mechanisme om te controleren of wordt afgeweken van een heimelijke verstandhouding, die in de gegeven marktsituatie zeer wel zou kunnen ontstaan. Derhalve zou deze informatie-uitwisseling aanleiding kunnen geven tot mededingingsbeperkende gevolgen in de zin van artikel 101, lid 1. Hoewel de mededinging in zekere mate beperkt zou kunnen worden door de mogelijkheid om toezicht te houden op afwijkend gedrag, valt te verwachten dat de efficiëntieverbeteringen als gevolg van de informatie-uitwisseling aan de consumenten worden doorgegeven in een mate die, zowel qua waarschijnlijkheid als qua omvang, opweegt tegen de mededingingsbeperkende gevolgen. In tegenstelling tot voorbeeld 1 in punt 105 is de informatieuitwisseling openbaar en kunnen consumenten werkelijk tickets kopen voor de uitgewisselde prijzen en voorwaarden. Daarom is het waarschijnlijk dat deze informatie-uitwisseling de gebruikers rechtstreeks ten goede komt doordat hun zoekkosten worden verminderd en hun keuzemogelijkheden worden uitgebreid, waardoor ook de prijsconcurrentie wordt bevorderd. Er kan daarom worden aangenomen dat aan de voorwaarden van artikel 101, lid 3, is voldaan.
[14-01-2011, PbEU C 11, i.w.tr. 14-01-2011/regelingnummer 2011/C11/01]

107
Actuele prijzen worden uit de uitgewisselde informatie afgeleid
Voorbeeld 3
Situatie: De luxehotels in de hoofdstad van land A werken binnen een hecht, niet-complex en stabiel oligopolie met een grotendeels homogene kostenstructuur, en

vormen een afzonderlijke relevante markt, buiten de gewone hotelmarkt. Zij wisselen rechtstreeks individuele informatie uit over hun actuele bezettingsgraad en ontvangsten. In dit geval kunnen de partijen hun werkelijke actuele prijzen rechtstreeks afleiden uit de uitgewisselde informatie.
Analyse: Zolang het geen verkapte wijze van uitwisseling van informatie over toekomstige voornemens is, zou deze uitwisseling van informatie geen mededingingsbeperkende strekking hebben, omdat de hotels actuele gegevens uitwisselen en geen informatie over voorgenomen toekomstige prijzen of volumes. De informatie-uitwisseling zou echter wel mededingingsbeperkende gevolgen hebben in de zin van artikel 101, lid 1, omdat kennis van de werkelijke actuele prijzen vermoedelijk tot coördinatie (d.w.z. afstemming) van het concurrentiegedrag van de ondernemingen zou leiden. De uitgewisselde informatie zou naar alle waarschijnlijkheid gebruikt worden om afwijkingen van de heimelijke verstandhouding te beteugelen. De uitwisseling van informatie vergroot de transparantie op de markt omdat, ook al publiceren hotels gewoonlijk hun prijzen, zij tevens verschillende kortingen aanbieden op basis van onderhandelingen, voor vroege boekingen, voor boekingen door groepen enz. Derhalve is de extra informatie die op niet-openbare wijze tussen de hotels wordt uitgewisseld commercieel gevoelig, d.w.z. strategisch bruikbaar. Te verwachten valt dat deze informatie-uitwisseling een heimelijke verstandhouding in de hand zal werken omdat de betrokken partijen een hecht, niet-complex en stabiel oligopolie vormen met een langdurige concurrentierelatie (regelmatige interactie). Bovendien is de kostenstructuur van de hotels grotendeels homogeen. Ten slotte kunnen noch consumenten, noch nieuwkomers het mededingingsverstorend gedrag van de gevestigde ondernemingen aan banden leggen omdat de consumenten weinig kopersmacht hebben en de toetredingsdrempels hoog zijn. Het is onwaarschijnlijk dat de partijen in dit geval zouden kunnen aantonen dat de eventuele efficiëntieverbeteringen ten gevolge van de informatie-uitwisseling aan de gebruikers worden doorgegeven in een mate die zou opwegen tegen de mededingingsbeperkende gevolgen van de uitwisseling. Het is derhalve niet waarschijnlijk dat aan de voorwaarden van artikel 101, lid 3, wordt voldaan.
[14-01-2011, PbEU C 11, i.w.tr. 14-01-2011/regelingnummer 2011/C11/01]

108
Benchmarkingvoordelen — aan de criteria van artikel 101, lid 3, wordt niet voldaan
Voorbeeld 4
Situatie: Drie grote ondernemingen met een gezamenlijk marktaandeel van 80 % in een stabiele, niet-complexe, geconcentreerde markt met hoge toetredingsdrempels wisselen geregeld op niet-openbare basis rechtstreeks informatie uit over een belangrijk deel van hun individuele kosten. De ondernemingen stellen dat zij dit doen om hun resultaten te vergelijken met die van hun concurrenten en aldus efficiënter te kunnen opereren.
Analyse: Deze uitwisseling van informatie heeft in beginsel geen mededingingsbeperkende strekking. Daarom dienen de gevolgen ervan voor de markt te worden beoordeeld. Gezien de marktstructuur, het feit dat de uitgewisselde informatie een groot deel van de variabele kosten van de ondernemingen betreft, de geïndividualiseerde vorm waarin de gegevens worden gepresenteerd en het grote deel van de relevante markt dat wordt bestreken, valt te verwachten dat de informatie-uitwisseling een heimelijke verstandhouding bevordert en daardoor mededingingsbeperkende gevolgen

heeft in de zin van artikel 101, lid 1. Het is onwaarschijnlijk dat aan de criteria van artikel 101, lid 3, is voldaan omdat er minder beperkende manieren zijn om de gestelde efficiëntieverbeteringen te bereiken, bijvoorbeeld door de gegevens door een derde te laten verzamelen en deze in geanonimiseerde en geaggregeerde vorm op te nemen in een of andere sectorclassificatie. Ten slotte zou in dit geval, aangezien de partijen een zeer hecht, niet-complex en stabiel oligopolie vormen, zelfs de uitwisseling van geaggregeerde gegevens een heimelijke verstandhouding op de markt in de hand kunnen werken. Dit zou echter zeer onwaarschijnlijk zijn indien de informatie-uitwisseling plaatsvond in een niet-transparante, gefragmenteerde, onstabiele en complexe markt.
[14-01-2011, PbEU C 11, i.w.tr. 14-01-2011/regelingnummer 2011/C11/01]

109
Echt openbare informatie
Voorbeeld 5
Situatie: De vier ondernemingen die alle tankstations in het grote land A bezitten wisselen telefonisch actuele benzineprijzen uit. Zij betogen dat deze informatie-uitwisseling geen mededingingsbeperkende gevolgen kan hebben omdat de informatie openbaar is; deze wordt immers bij elk tankstation op grote borden getoond.
Analyse: De telefonisch uitgewisselde prijsgegevens zijn niet echt openbaar, want dezelfde informatie op andere wijze verkrijgen zou veel tijd en transportkosten vergen. Men zou vaak grote afstanden moeten afleggen om de prijzen te verzamelen die op de borden bij tankstations over het hele land vermeld staan. De kosten hiervoor zijn potentieel zo hoog dat de informatie in de praktijk slechts via uitwisseling kan worden verkregen. Bovendien vindt de informatie-uitwisseling stelselmatig plaats en bestrijkt zij de gehele relevante markt, die een hecht, niet-complex en stabiel oligopolie vormt. De informatie-uitwisseling zal derhalve waarschijnlijk een klimaat van wederzijdse zekerheid creëren ten aanzien van het prijsbeleid van de concurrenten en zo vermoedelijk een heimelijke verstandhouding in de hand werken. Het is derhalve waarschijnlijk dat deze informatie-uitwisseling mededingingsbeperkende gevolgen zal hebben in de zin van artikel 101, lid 1.
[14-01-2011, PbEU C 11, i.w.tr. 14-01-2011/regelingnummer 2011/C11/01]

110
Beter voldoen aan de vraag als efficiëntieverbetering
Voorbeeld 6
Situatie: Er zijn op de relevante markt vijf producenten van vers wortelsap in flessen. De vraag naar dit product is heel onstabiel en wisselt in de loop van de tijd en van plaats tot plaats. Het sap moet binnen een dag na de productiedatum verkocht en geconsumeerd worden. De producenten komen overeen een onafhankelijk bureau voor marktonderzoek op te richten dat dagelijks actuele informatie verzamelt over onverkocht sap in elk verkooppunt, die het de week nadien op zijn website plaatst in een per verkooppunt geaggregeerde vorm. Dankzij de gepubliceerde statistieken kunnen producenten en afnemers de vraag beter voorspellen en het product beter positioneren. Voordat de uitwisseling van informatie werd ingevoerd rapporteerden de afnemers dat grote hoeveelheden sap verloren gingen, zodat zij de hoeveelheid sap die zij van de producenten aankochten, moesten verminderen, d.w.z. de markt functioneerde niet efficiënt. Bijgevolg werd in bepaalde perioden en gebieden dikwijls

onvoldoende in de vraag voorzien. Dankzij het informatie-uitwisselingssysteem, waardoor te grote dan wel te geringe leveringen beter kunnen worden voorspeld, komt het thans veel minder vaak voor dat niet in de vraag van de consumenten wordt voorzien, en neemt de op de hele markt verkochte hoeveelheid sap toe.

Analyse: Hoewel de markt sterk geconcentreerd is en de uitgewisselde gegevens recent en van strategisch belang zijn, is het niet zeer waarschijnlijk dat deze uitwisseling een heimelijke verstandhouding in de hand zou werken, omdat een dergelijke verstandhouding op een zo onstabiele markt niet voor de hand ligt. Deze informatie-uitwisseling draagt wel enig risico op mededingingsbeperkende gevolgen in zich, maar de eventuele mededingingsbeperkingen worden naar alle waarschijnlijkheid gecompenseerd door efficiëntieverbeteringen als gevolg van een toename van de levering op plaatsen met een grote vraag en een verminderde levering op plaatsen met een geringe vraag. De informatie wordt in openbare, geaggregeerde vorm uitgewisseld waardoor de mededingingsrisico's minder groot zijn dan indien deze informatie niet openbaar en geïndividualiseerd zou zijn. De uitwisseling van informatie gaat derhalve in dit geval niet verder dan hetgeen noodzakelijk is om het marktfalen op te heffen. Deze informatie-uitwisseling zal derhalve vermoedelijk voldoen aan de criteria van artikel 101, lid 3.

[14-01-2011, PbEU C 11, i.w.tr. 14-01-2011/regelingnummer 2011/C11/01]

3 Onderzoeks- en ontwikkelingsovereenkomsten

3.1 Definitie

111
O&O-overeenkomsten kunnen naar vorm en toepassingsgebied verschillen. Zij kunnen voorzien in de uitbesteding van bepaalde O&O-activiteiten, de gemeenschappelijke verbetering van bestaande technologieën en samenwerking op het gebied van het onderzoek, de ontwikkeling en het in de handel brengen van geheel nieuwe producten. Zij kunnen de vorm aannemen van een samenwerkingsovereenkomst of van een onderneming waarover de zeggenschap gezamenlijk wordt uitgeoefend. Dit hoofdstuk is van toepassing op alle vormen van O&O-overeenkomsten, waaronder ook daarmee verband houdende overeenkomsten betreffende de productie of het in de handel brengen van de O&O-resultaten.

[14-01-2011, PbEU C 11, i.w.tr. 14-01-2011/regelingnummer 2011/C11/01]

3.2 Relevante markten

112
De afbakening van de relevante markt voor de beoordeling van de gevolgen van een O&O-overeenkomst gebeurt door na te gaan welke producten, technologieën of O&O-activiteiten de grootste concurrentiedruk zullen uitoefenen op de partijen. Enerzijds kan innovatie leiden tot producten (of technologieën) die concurreren op een bestaande product- (of technologie-)markt. Dit is bijvoorbeeld het geval bij O&O-activiteiten die zijn gericht op geringe verbeteringen of wijzigingen, zoals nieuwe modellen van bepaalde producten. De mogelijke effecten betreffen hier de markt van bestaande producten. Anderzijds kan innovatie leiden tot een geheel nieuw product

dat een eigen nieuwe productmarkt schept (bijvoorbeeld een nieuw vaccin voor een eerder ongeneeslijke ziekte). In veel gevallen gaat het evenwel om situaties die tussen deze twee extremen in liggen, meer bepaald situaties waarin innovatie producten (of technologieën) tot stand kan brengen die mettertijd bestaande producten (of technologieën) vervangen (bijvoorbeeld cd's die platen vervangen). Bij een grondig onderzoek van die situaties moet wellicht aandacht worden besteed aan zowel de bestaande markten als de gevolgen van de overeenkomst inzake innovatie.
[14-01-2011, PbEU C 11, i.w.tr. 14-01-2011/regelingnummer 2011/C11/01]

Bestaande productmarkten

113
Wanneer de samenwerking O&O betreft die gericht is op de verbetering van bestaande producten, vormen die bestaande producten en hun naaste vervangproducten de voor de samenwerking relevante markt [1].
[14-01-2011, PbEU C 11, i.w.tr. 14-01-2011/regelingnummer 2011/C11/01]

114
Wanneer de O&O-inspanningen gericht zijn op een aanzienlijke wijziging van bestaande producten of op een nieuw product dat een bestaand product vervangt, kan de substitutie met de bestaande producten onvolledig zijn of slechts op lange termijn spelen. Hieruit kan de conclusie worden getrokken dat de oude producten en de potentieel opkomende nieuwe producten niet tot dezelfde relevante markt behoren [2]. De markt van bestaande producten kan niettemin een betrokken markt zijn voor zover het poolen van O&O-activiteiten waarschijnlijk zal leiden tot een coördinatie van het gedrag van de partijen als aanbieders van bestaande producten, bijvoorbeeld door de uitwisseling van uit mededingingsoogpunt gevoelige informatie over de markt van bestaande producten.
[14-01-2011, PbEU C 11, i.w.tr. 14-01-2011/regelingnummer 2011/C11/01]

115
Wanneer de O&O-activiteiten een belangrijke component van een eindproduct betreffen, is het mogelijk dat niet alleen de markt van deze component, maar ook de bestaande markt van het eindproduct relevant is voor de beoordeling. Wanneer bijvoorbeeld autofabrikanten samenwerken in O&O-activiteiten die verband houden met een nieuw motortype, kan deze O&O-samenwerking gevolgen hebben voor de automarkt. De eindproductenmarkt is evenwel slechts relevant voor de beoordeling indien de component waarop de O&O is gericht, technisch of economisch een wezenlijk onderdeel van deze eindproducten is en de partijen bij de O&O-overeenkomst marktmacht bezitten met betrekking tot de eindproducten.
[14-01-2011, PbEU C 11, i.w.tr. 14-01-2011/regelingnummer 2011/C11/01]

---

(1) Zie voor de marktbepaling de bekendmaking inzake marktbepaling.
(2) Zie ook de richtsnoeren van de Commissie voor de toepassing van artikel 81 van het EG-Verdrag op overeenkomsten inzake technologieoverdracht, *PB* C 101 van 27.4.2004, blz. 2 ('richtsnoeren technologieoverdracht'), punt 33.

Bestaande technologiemarkten

116
O&O-samenwerking kan niet alleen betrekking hebben op producten, maar ook op technologie. Wanneer intellectuele eigendomsrechten los van de producten waarmee zij verband houden op de markt worden gebracht, dient de relevante technologiemarkt eveneens te worden afgebakend. Technologiemarkten bestaan uit de intellectuele eigendom die in licentie is gegeven en de naaste substitutietechnologieën, dat wil zeggen andere technologieën die de afnemers als vervanging zouden kunnen gebruiken.
[14-01-2011, PbEU C 11, i.w.tr. 14-01-2011/regelingnummer 2011/C11/01]

117
Bij het afbakenen van technologiemarkten wordt uitgegaan van dezelfde beginselen als bij de bepaling van de productmarkt [1]. Uitgaande van de technologie die door de partijen wordt verkocht, moet worden vastgesteld op welke andere technologieën de gebruikers zouden kunnen overschakelen bij een kleine doch duurzame stijging van de desbetreffende prijzen. Wanneer die technologieën eenmaal geïdentificeerd zijn, kunnen de marktaandelen worden berekend door de inkomsten van de partijen uit licenties te delen door de totale inkomsten uit licenties van alle licentiegevers.
[14-01-2011, PbEU C 11, i.w.tr. 14-01-2011/regelingnummer 2011/C11/01]

118
De positie van de partijen op de markt van bestaande technologie is een relevant beoordelingscriterium wanneer O&O-samenwerking betrekking heeft op een aanzienlijke verbetering van een bestaande technologie of op een nieuwe technologie die waarschijnlijk de bestaande zal vervangen. Het marktaandeel van de partijen kan evenwel slechts als uitgangspunt voor deze analyse worden genomen. In technologiemarkten moet bijzondere aandacht worden besteed aan potentiële concurrentie. Indien ondernemingen die hun technologie vooralsnog niet in licentie geven potentiële nieuwkomers zijn op de technologiemarkt, kunnen zij de mogelijkheid van de partijen om de prijs van hun technologie op rendabele wijze te verhogen, beperken. Met dit aspect van de analyse kan ook rechtstreeks rekening worden gehouden bij de berekening van marktaandelen door die te baseren op de verkoop van de producten met de in licentie gegeven technologie op downstream gelegen productmarkten (zie de punten 123 tot en met 126).
[14-01-2011, PbEU C 11, i.w.tr. 14-01-2011/regelingnummer 2011/C11/01]

Mededinging op het gebied van innovatie (O&O-activiteiten)

119
Het is mogelijk dat O&O-samenwerking geen — of niet uitsluitend — gevolgen heeft voor de mededinging op bestaande markten, maar ook voor de mededinging op innovatiegebied en op nieuwe productmarkten. Dit is het geval wanneer de O&O-samenwerking betrekking heeft op de ontwikkeling van nieuwe producten of technologie

---
(1) Zie de Bekendmaking marktbepaling. Zie ook de richtsnoeren technologieoverdracht, punten 19 en volgende.

die — indien zij succesvol zijn — ooit de bestaande kunnen vervangen, of die worden ontwikkeld met het oog op een nieuw gebruik en derhalve geen bestaande producten zullen vervangen maar een geheel nieuwe vraag zullen scheppen. De gevolgen voor de mededinging op innovatiegebied zijn in dergelijke gevallen belangrijk, maar kunnen in sommige gevallen niet voldoende worden beoordeeld op grond van een analyse van de daadwerkelijke of potentiële mededinging op bestaande product- of technologiemarkten. In dit opzicht kunnen twee scenario's worden onderscheiden, afhankelijk van de aard van het innovatieproces in een bepaalde bedrijfstak.
[14-01-2011, PbEU C 11, i.w.tr. 14-01-2011/regelingnummer 2011/C11/01]

120

In het eerste scenario, dat zich bijvoorbeeld in de farmaceutische industrie voordoet, is het innovatieproces op dusdanige wijze gestructureerd dat in een vroeg stadium concurrerende O&O-pools kunnen worden onderkend. Onder concurrerende O&O-pools wordt verstaan elke O&O-samenwerking met het oog op de ontwikkeling van een nieuw product of een nieuwe technologie en de alternatieven voor die O&O-arbeid, dat wil zeggen O&O-activiteiten met het oog op de ontwikkeling van producten of technologie die, binnen een vergelijkbaar tijdschema, een alternatief vormen voor de producten en technologie die het voorwerp van de samenwerking zijn. In dat geval kan worden onderzocht of er na de overeenkomst een voldoende aantal O&O-pools overblijven. Het uitgangspunt van de analyse ligt in de O&O-activiteiten van de partijen. Vervolgens moet worden nagegaan of er geloofwaardige concurrerende O&O-pools zijn. Teneinde de geloofwaardigheid van concurrerende pools te beoordelen, moet met de volgende aspecten rekening worden gehouden: de aard, de reikwijdte en de omvang van potentiële andere O&O-activiteiten, de toegang die deze hebben tot financiële middelen en personeel, knowhow en octrooien of andere specifieke activa, alsook het tijdschema en de mogelijkheid om eventuele resultaten te exploiteren. Een O&O-pool is niet geloofwaardig als concurrent indien die bijvoorbeeld qua toegang tot hulpmiddelen of tijdschema niet kan worden beschouwd als bijna gelijkwaardig met de O&O-activiteit van de partijen.
[14-01-2011, PbEU C 11, i.w.tr. 14-01-2011/regelingnummer 2011/C11/01]

121

Naast de rechtstreekse gevolgen op het gebied van innovatie zelf, kan de samenwerking ook gevolgen hebben voor de nieuwe productmarkt. Het is vaak moeilijk om de gevolgen voor een dergelijke markt rechtstreeks te analyseren, omdat die markt per definitie nog niet bestaat. De analyse van dergelijke markten zal daarom vaak impliciet worden opgenomen in de analyse van de mededinging op het gebied van innovatie. Soms moet wellicht echter rechtstreeks worden onderzocht welk effect bepaalde aspecten van de overeenkomst die verder reiken dan de O&O-fase, op een dergelijke markt hebben. Een O&O-overeenkomst die tevens gezamenlijke productie en commercialisering op de nieuwe productmarkt inhoudt, kan bijvoorbeeld anders worden beoordeeld dan een zuivere O&O-overeenkomst.
[14-01-2011, PbEU C 11, i.w.tr. 14-01-2011/regelingnummer 2011/C11/01]

122

In het tweede scenario zijn de innovatieactiviteiten in een bedrijfstak onvoldoende duidelijk gestructureerd om O&O-pools te kunnen onderkennen. In dit geval zou de Commissie, behoudens uitzonderlijke omstandigheden, niet trachten de gevolgen van een bepaalde O&O-samenwerking op het gebied van innovatie zelf te beoordelen, maar zou zij zich beperken tot de product- en/of technologiemarkten die met de betrokken O&O-samenwerking verband houden.
[14-01-2011, PbEU C 11, i.w.tr. 14-01-2011/regelingnummer 2011/C11/01]

Berekening van marktaandelen

123

Bij de berekening van de marktaandelen moet, zowel in het kader van de groepsvrijstellingsverordening inzake O&O als in het kader van deze richtsnoeren, het onderscheid tussen bestaande markten en concurrentie inzake innovatie tot uiting komen. Bij het begin van een O&O-samenwerking is het referentiepunt de bestaande markt voor producten die kunnen worden verbeterd, gesubstitueerd of vervangen door de producten die in ontwikkeling zijn. Wanneer de O&O-overeenkomst uitsluitend beoogt bestaande producten te verbeteren of te verfijnen, omvat deze markt de producten waarop de O&O rechtstreeks betrekking heeft. De marktaandelen kunnen in dat geval worden berekend op grond van de waarde van de verkopen van de bestaande producten.
[14-01-2011, PbEU C 11, i.w.tr. 14-01-2011/regelingnummer 2011/C11/01]

124

Indien de O&O-activiteiten erop zijn gericht een bestaand product te vervangen, zal het nieuwe product – in het geval van welslagen – een substituut worden voor de bestaande producten. Om de concurrentiepositie van de partijen te beoordelen, kunnen de marktaandelen ook worden berekend op basis van de waarde van de verkopen van de bestaande producten. De groepsvrijstellingsverordening inzake O&O baseert de vrijstelling van deze situaties bijgevolg op het marktaandeel op 'de relevante markt voor de producten die door de contractproducten kunnen worden verbeterd, gesubstitueerd of vervangen' [1]. Om onder de groepsvrijstellingsverordening inzake O&O te vallen, mag dit marktaandeel niet meer bedragen dan 25 % [2].
[14-01-2011, PbEU C 11, i.w.tr. 14-01-2011/regelingnummer 2011/C11/01]

125

Bij technologiemarkten is een mogelijke werkwijze de marktaandelen te berekenen op basis van het aandeel van elke technologie in de totale licentie-inkomsten uit royalty's, hetgeen het aandeel van een technologie vertegenwoordigt op de markt waarop concurrerende technologieën in licentie worden gegeven. Dit is wegens een gebrek aan duidelijke informatie betreffende royalty's en het gebruik van onderlinge licentieverlening vrij van royalty's echter vaak een louter theoretische en niet erg praktische werkwijze. Een alternatieve werkwijze is de marktaandelen op de tech-

---

(1) Artikel 1, lid 1, onder u), van de groepsvrijstellingsverordening inzake O&O.
(2) Zie artikel 4, lid 2, van de groepsvrijstellingsverordening inzake O&O.

nologiemarkt te berekenen op basis van de verkoop op downstream-productmarkten van goederen of diensten waarin de in licentie gegeven technologie is verwerkt. Bij deze werkwijze wordt de totale verkoop op de relevante productmarkt in aanmerking genomen, ongeacht of het product betrekking heeft op een technologie die in licentie wordt gegeven [1]. Ook op deze markt mag het aandeel niet meer bedragen dan 25 % (ongeacht de wijze van berekening), willen de voordelen van de groepsvrijstellingsverordening inzake O&O van toepassing zijn.

[14-01-2011, PbEU C 11, i.w.tr. 14-01-2011/regelingnummer 2011/C11/01]

126
Indien de O&O-activiteiten ten doel hebben een product te ontwikkelen dat een volledig nieuwe vraag in het leven zal roepen, kunnen de marktaandelen niet worden berekend op grond van de verkopen. Alleen een analyse van de gevolgen van de overeenkomst voor de mededinging op het stuk van innovatie is mogelijk. Bijgevolg behandelt de groepsvrijstellingsverordening inzake O&O deze overeenkomsten als overeenkomsten tussen niet-concurrenten en stelt zij deze ongeacht het marktaandeel vrij voor de duur van de gezamenlijke O&O en een extra periode van zeven jaar nadat het product voor het eerst op de markt is gebracht [2]. De vrijstelling kan evenwel worden ingetrokken indien de overeenkomst de daadwerkelijke mededinging inzake innovatie uitschakelt [3]. Na de periode van zeven jaar kunnen marktaandelen worden berekend op grond van de waarde van de verkopen en is de marktaandeeldrempel van 25 % van toepassing [4].

[14-01-2011, PbEU C 11, i.w.tr. 14-01-2011/regelingnummer 2011/C11/01]

3.3 Beoordeling op grond van artikel 101, lid 1

3.3.1 Voornaamste mededingingsbezwaren

127
O&O-samenwerking kan de mededinging op verschillende manieren beperken. In de eerste plaats kan zij de innovatie beperken of afremmen, waardoor er minder of slechtere producten later op de markt worden gebracht dan anders het geval zou zijn. In de tweede plaats kan de O&O-samenwerking op product- of technologiemarkten de mededinging tussen de partijen die buiten de overeenkomst vallen aanzienlijk verminderen, of maakt zij mededingingsbeperkende coördinatie op deze markten waarschijnlijker, waardoor zij tot hogere prijzen leidt. Een afschermingsprobleem kan slechts ontstaan bij een samenwerking waarbij minstens één marktdeelnemer betrokken is die aanzienlijke marktmacht heeft (hetgeen niet noodzakelijkerwijze neerkomt op een machtspositie) ten aanzien van wezenlijke technologie en de exclusieve exploitatie van de resultaten.

[14-01-2011, PbEU C 11, i.w.tr. 14-01-2011/regelingnummer 2011/C11/01]

---

(1) Zie ook de richtsnoeren technologieoverdracht, punt 23.
(2) Zie artikel 4, lid 1, van de groepsvrijstellingsverordening inzake O&O.
(3) Zie de overwegingen 19, 20 en 21 van de groepsvrijstellingsverordening inzake O&O.
(4) Zie artikel 4, lid 3, van de groepsvrijstellingsverordening inzake O&O.

3.3.2 Mededingingsbeperkende strekking

128
O&O-overeenkomsten hebben een mededingingsbeperkende strekking indien zij niet werkelijk betrekking hebben op gemeenschappelijk O&O, maar worden gebruikt als middel om een verkapt kartel op te zetten en dus over te gaan tot verboden prijsvaststelling, productiebeperking of marktverdeling. Een O&O-overeenkomst die er tevens op gericht is de eventuele toekomstige resultaten gezamenlijk te exploiteren, beperkt echter niet noodzakelijkerwijze de mededinging.
[14-01-2011, PbEU C 11, i.w.tr. 14-01-2011/regelingnummer 2011/C11/01]

3.3.3 Mededingingsbeperkende gevolgen

129
De meeste O&O-overeenkomsten vallen niet binnen de werkingssfeer van artikel 101, lid 1. Dit geldt in de eerste plaats voor een groot aantal overeenkomsten die betrekking hebben op O&O-samenwerking in een nogal vroeg stadium dat ver verwijderd is van de exploitatie van de eventuele resultaten.
[14-01-2011, PbEU C 11, i.w.tr. 14-01-2011/regelingnummer 2011/C11/01]

130
Bovendien beperkt de O&O-samenwerking tussen ondernemingen die elkaar niet beconcurreren in het algemeen de mededinging niet [1]. De concurrentieverhouding tussen de partijen moet worden onderzocht in de context van bestaande markten en/of innovatiemarkten waarop de samenwerking gevolgen heeft. Indien de partijen om objectieve redenen niet in staat zijn de noodzakelijke O&O-activiteiten onafhankelijk uit te voeren, bijvoorbeeld vanwege de beperkte technische capaciteit, zal de O&O-overeenkomst over het algemeen geen mededingingsbeperkende gevolgen hebben. Dit kan bijvoorbeeld het geval zijn bij ondernemingen die complementaire vaardigheden, technologieën en andere middelen samenbrengen. De potentiële mededinging moet op een realistische grondslag worden beoordeeld. Partijen kunnen bijvoorbeeld niet als potentiële concurrenten worden aangemerkt alleen omdat de samenwerking hen in staat stelt de O&O-activiteiten uit te voeren. Doorslaggevend is de vraag of elke partij afzonderlijk over de noodzakelijke middelen beschikt op het gebied van activa, knowhow en andere hulpmiddelen.
[14-01-2011, PbEU C 11, i.w.tr. 14-01-2011/regelingnummer 2011/C11/01]

131
De uitbesteding van O&O-activiteiten die voorheen in de onderneming zelf werden verricht, is een bijzondere vorm van O&O-samenwerking. In een dergelijk scenario vinden de O&O-activiteiten vaak plaats in gespecialiseerde ondernemingen, onder-

---

(1) Een O&O-samenwerking tussen ondernemingen die elkaar niet beconcurreren, kan evenwel afschermende gevolgen hebben in de zin van artikel 101, lid 1, indien de samenwerking betrekking heeft op een exclusieve exploitatie van resultaten en gesloten is tussen ondernemingen waarvan één onderneming een aanzienlijke mate van marktmacht heeft (hetgeen niet noodzakelijkerwijze neerkomt op een machtspositie) met betrekking tot een wezenlijke technologie.

zoeksinstituten of academische instellingen die zich niet bezighouden met de exploitatie van de resultaten. Gewoonlijk worden dergelijke overeenkomsten gecombineerd met een overdracht van knowhow en/of een exclusieve leveringsclausule met betrekking tot de mogelijke resultaten, die, aangezien de samenwerkende partijen in een dergelijk scenario complementair zijn, geen mededingingsbeperkende gevolgen hebben in de zin van artikel 101, lid 1.
[14-01-2011, PbEU C 11, i.w.tr. 14-01-2011/regelingnummer 2011/C11/01]

132
O&O-samenwerking die geen betrekking heeft op de gezamenlijke exploitatie van de eventuele resultaten door middel van licenties, productie en/of marktintroductie, heeft zelden mededingingsbeperkende gevolgen in de zin van artikel 101, lid 1. Deze zuivere O&O-overeenkomsten kunnen slechts aanleiding geven tot mededingingsproblemen indien de mededinging met betrekking tot innovatie aanzienlijk wordt beperkt, waardoor slechts een beperkt aantal geloofwaardige concurrerende O&O-pools overblijven.
[14-01-2011, PbEU C 11, i.w.tr. 14-01-2011/regelingnummer 2011/C11/01]

133
O&O-overeenkomsten zullen normaal gezien enkel mededingingsbeperkende gevolgen hebben indien de bij de samenwerking betrokken partijen marktmacht hebben op de bestaande markten en/of wanneer de mededinging op het gebied van innovatie aanzienlijk wordt beperkt.
[14-01-2011, PbEU C 11, i.w.tr. 14-01-2011/regelingnummer 2011/C11/01]

134
Er is geen absolute drempelwaarde waarboven kan worden aangenomen dat een O&O-overeenkomst marktmacht doet ontstaan of in stand houdt en daardoor wellicht mededingingsbeperkende gevolgen zal hebben in de zin van artikel 101, lid 1. Voor O&O-overeenkomsten tussen concurrenten geldt evenwel een groepsvrijstelling voor zover hun gezamenlijke marktaandeel niet meer bedraagt dan 25 % en aan de andere voorwaarden voor de toepassing van de groepsvrijstellingsverordening inzake O&O is voldaan.
[14-01-2011, PbEU C 11, i.w.tr. 14-01-2011/regelingnummer 2011/C11/01]

135
Overeenkomsten die buiten de werkingssfeer van de groepsvrijstellingsverordening inzake O&O vallen doordat het gezamenlijke marktaandeel van de partijen meer bedraagt dan 25 %, geven niet noodzakelijk aanleiding tot mededingingsbeperkende gevolgen. Naarmate de gezamenlijke positie van de partijen op bestaande markten sterker is en/of de beperking van de mededinging op het gebied van innovatie toeneemt, is het echter wel waarschijnlijker dat de O&O-overeenkomst mededingingsbeperkende gevolgen heeft [1].
[14-01-2011, PbEU C 11, i.w.tr. 14-01-2011/regelingnummer 2011/C11/01]

---

(1) Dit sluit niet uit dat er sprake kan zijn van efficiëntiewinst, zoals onder meer geregeld het geval is bij O&O die door de overheid medegefinancierd is.

136
Wanneer de O&O-activiteiten gericht zijn op de verbetering of verfijning van bestaande producten of technologieën, betreffen de mogelijke gevolgen de relevante markt of markten voor deze bestaande producten of technologieën. Gevolgen voor prijzen, productie, productkwaliteit, productdiversiteit of innovatie op bestaande markten zijn evenwel slechts waarschijnlijk ingeval de partijen samen een sterke positie hebben, de toegang tot die markten moeilijk is en slechts weinig andere innovatieactiviteiten worden verricht. Wanneer de O&O-activiteiten voorts slechts betrekking hebben op een relatief onbeduidende component van een eindproduct, zijn de eventuele gevolgen voor de mededinging op de markt van het eindproduct, als die er zijn, zeer gering.
[14-01-2011, PbEU C 11, i.w.tr. 14-01-2011/regelingnummer 2011/C11/01]

137
In het algemeen moet een onderscheid worden gemaakt tussen zuivere O&O-overeenkomsten en overeenkomsten die voorzien in een ruimere samenwerking die verschillende fasen van de exploitatie van de resultaten omvat (licentieverlening, productie en marktintroductie). Zoals in punt 132 is uiteengezet, leiden zuivere O&O-overeenkomsten slechts zelden tot mededingingsbeperkende gevolgen in de zin van artikel 101, lid 1. Dit geldt met name voor O&O-activiteiten die zijn gericht op een beperkte verbetering van bestaande producten of technologieën. Omvat de O&O-samenwerking in een dergelijk scenario een gezamenlijke exploitatie die beperkt is tot licentieverlening aan derden, dan zal er waarschijnlijk geen sprake zijn van beperkende gevolgen, zoals marktafscherming. Omvat de samenwerking evenwel de gezamenlijke productie en/of marktintroductie van licht verbeterde producten of technologieën, dan moeten de gevolgen van de samenwerking op de mededinging nader worden onderzocht. De kans op mededingingsbeperkende gevolgen in de vorm van hogere prijzen of beperkte productie op bestaande markten is groter wanneer bij de samenwerking belangrijke concurrenten betrokken zijn.
[14-01-2011, PbEU C 11, i.w.tr. 14-01-2011/regelingnummer 2011/C11/01]

138
Ingeval de O&O-activiteiten zijn gericht op een volledig nieuw product of een volledig nieuwe technologie waardoor een aparte nieuwe markt tot stand komt, zijn gevolgen voor de prijs en de productie op bestaande markten vrij onwaarschijnlijk. Bij de beoordeling moet worden gekeken naar potentiële beperkingen van de innovatie met betrekking tot bijvoorbeeld de kwaliteit en de diversiteit van potentiële toekomstige producten of technologieën of het innovatietempo. Die beperkende effecten kunnen zich voordoen wanneer twee of meer van de weinige ondernemingen die betrokken zijn bij de ontwikkeling van een dergelijk nieuw product beginnen samen te werken in een fase waarin ieder van hen op onafhankelijke wijze al dicht bij de uitbrenging van het product is gekomen. Dergelijke effecten zijn meestal het rechtstreekse gevolg van de overeenkomst tussen de partijen. Innovatie kan zelfs door een zuivere O&O-overeenkomst worden beperkt. In het algemeen geeft O&O-samenwerking op het gebied van volledig nieuwe producten echter geen aanleiding tot mededingingsbeperkende gevolgen, tenzij er slechts een beperkt aantal geloofwaardige alternatieve O&O-pools bestaan. Hierin komt geen grote wijziging ingeval de samenwerking betrekking heeft op de gemeenschappelijke exploitatie van de resultaten of zelfs op het gemeenschap-

pelijk op de markt brengen. In deze gevallen geeft gemeenschappelijke exploitatie slechts aanleiding tot mededingingsbeperkende gevolgen wanneer er sprake is van afscherming van wezenlijke technologieën. Dergelijke problemen zouden zich echter niet voordoen wanneer de partijen licenties verlenen die derden in staat stellen daadwerkelijk te concurreren.
[14-01-2011, PbEU C 11, i.w.tr. 14-01-2011/regelingnummer 2011/C11/01]

139
Vele O&O-overeenkomsten houden het midden tussen de twee in de punten 137 en 138 beschreven situaties. Derhalve kunnen zij gevolgen hebben op het gebied van innovatie en ook repercussies hebben op bestaande markten. Om die reden kunnen de bestaande markt en de gevolgen op innovatiegebied relevant zijn voor de beoordeling met betrekking tot de gezamenlijke posities van de partijen, de concentratiegraad, het aantal spelers/innovatoren en de toegangsvoorwaarden op de markt. In sommige gevallen kunnen er mededingingsbeperkende gevolgen zijn in de vorm van hogere prijzen of beperkte productie, innovatie, productkwaliteit of -diversiteit op bestaande markten, alsook in de vorm van een negatieve beïnvloeding van de innovatie door afremming van de ontwikkeling. Indien bijvoorbeeld belangrijke concurrenten op een bestaande technologiemarkt samenwerken bij de ontwikkeling van een nieuwe technologie die ooit bestaande producten kan vervangen, kan deze samenwerking mogelijk de ontwikkeling van de nieuwe technologie vertragen indien de partijen een aanzienlijke marktmacht hebben op de bestaande markt en tevens een sterke positie op het betrokken O&O-gebied innemen. Vergelijkbare gevolgen zijn mogelijk ingeval de grootste speler op een bestaande markt samenwerkt met een veel kleinere speler of zelfs met een potentiële concurrent die op het punt staat een nieuw product of een nieuwe technologie op de markt te brengen, waardoor de positie van de gevestigde onderneming mogelijk wordt bedreigd.
[14-01-2011, PbEU C 11, i.w.tr. 14-01-2011/regelingnummer 2011/C11/01]

140
Bepaalde overeenkomsten vallen ongeacht de marktmacht van de partijen buiten het toepassingsgebied van de groepsvrijstellingsverordening inzake O&O. Dit geldt bijvoorbeeld voor overeenkomsten die de toegang van een partij tot de resultaten van een O&O-samenwerking onnodig beperken [1]. De groepsvrijstellingsverordening inzake O&O voorziet in een specifieke uitzondering op deze algemene regel voor academische instellingen, onderzoekinstituten of gespecialiseerde ondernemingen die O&O als een dienstverlening aanbieden en die zich niet bezighouden met de industriële exploitatie van de resultaten van O&O [2]. Niettemin kunnen overeenkomsten die buiten de werkingssfeer van de groepsvrijstellingsverordening inzake O&O vallen en exclusieve toegangsrechten ten behoeve van exploitatie toekennen en die onder artikel 101, lid 1, vallen, toch aan de criteria van artikel 101, lid 3, voldoen, met name wanneer de exclusieve toegangsrechten economisch onmisbaar zijn gelet op de situatie op de

---
(1) Zie artikel 3, lid 2, van de groepsvrijstellingsverordening inzake O&O.
(2) Zie artikel 3, lid 2, van de groepsvrijstellingsverordening inzake O&O.

markt, de risico's en de omvang van de investeringen die nodig zijn om de resultaten van het onderzoek en de ontwikkeling te exploiteren.
[14-01-2011, PbEU C 11, i.w.tr. 14-01-2011/regelingnummer 2011/C11/01]

3.4 Beoordeling op grond van artikel 101, lid 3

3.4.1 Efficiëntieverbeteringen

141
Vel O&O-overeenkomsten brengen, ongeacht of zij gepaard gaan met een gemeenschappelijke exploitatie van de potentiële resultaten, efficiëntieverbeteringen teweeg doordat zij complementaire vaardigheden en activa bundelen, hetgeen resulteert in een snellere ontwikkeling en marktintroductie van verbeterde of nieuwe producten en technologieën. O&O-overeenkomsten kunnen ook leiden tot een ruimere verspreiding van kennis, hetgeen verdere innovatie kan stimuleren. Tevens kunnen O&O-overeenkomsten resulteren in kostenverlagingen.
[14-01-2011, PbEU C 11, i.w.tr. 14-01-2011/regelingnummer 2011/C11/01]

3.4.2 Onmisbaarheid

142
Beperkingen die verder gaan dan hetgeen noodzakelijk is om de via een O&O-overeenkomst bereikte efficiëntieverbeteringen te behalen, voldoen niet aan de criteria van artikel 101, lid 3. Met name de in artikel 5 van de groepsvrijstellingsverordening inzake O&O genoemde beperkingen kunnen inhouden dat het minder waarschijnlijk is dat na een individuele beoordeling wordt vastgesteld dat aan de criteria van artikel 101, lid 3, is voldaan. Daarom zullen de partijen bij een O&O-overeenkomst over het algemeen moeten aantonen dat die beperkingen onmisbaar zijn voor de samenwerking.
[14-01-2011, PbEU C 11, i.w.tr. 14-01-2011/regelingnummer 2011/C11/01]

3.4.3 Doorgifte aan consumenten

143
De door onmisbare beperkingen bereikte efficiëntieverbeteringen moeten in voldoende mate aan de gebruikers worden doorgegeven om de mededingingsbeperkende gevolgen van de O&O-overeenkomst te compenseren. Zo moet bijvoorbeeld het op de markt brengen van nieuwe of verbeterde producten opwegen tegen mogelijke prijsverhogingen of andere mededingingsbeperkende gevolgen. Over het algemeen zal een O&O-overeenkomst voor meer efficiëntieverbeteringen ten voordele van gebruikers zorgen naarmate de O&O-overeenkomst de combinatie van complementaire vaardigheden en activa als gevolg heeft. De partijen bij een overeenkomst kunnen bijvoorbeeld verschillende onderzoekscapaciteiten hebben. Als anderzijds de vaardigheden en activa van de partijen heel gelijksoortig zijn, kan het belangrijkste gevolg van de O&O-overeenkomst zijn dat een of meer partijen de O&O-activiteiten geheel of gedeeltelijk beëindigen. Dit zou (vaste) kosten voor de partijen bij de overeenkomst doen wegvallen, maar wellicht geen voordelen opleveren die aan de consumenten worden doorgegeven. Hoe groter de marktmacht van de partijen is, des te minder

waarschijnlijk het overigens is dat zij de efficiëntieverbeteringen aan de gebruikers zullen doorgeven in een mate die de mededingingsbeperkende gevolgen compenseert.
[14-01-2011, PbEU C 11, i.w.tr. 14-01-2011/regelingnummer 2011/C11/01]

3.4.4 Geen uitschakeling van de mededinging

144
Aan de criteria van artikel 101, lid 3, kan niet worden voldaan indien de partijen de mogelijkheid krijgen de mededinging voor een wezenlijk deel van de betrokken producten (of technologieën) uit te schakelen.
[14-01-2011, PbEU C 11, i.w.tr. 14-01-2011/regelingnummer 2011/C11/01]

3.4.5 Tijdstip van de beoordeling

145
De toetsing van mededingingsbeperkende overeenkomsten op grond van artikel 101, lid 3, vindt plaats in de concrete context van de overeenkomst en op basis van de feiten zoals die zich op een bepaald moment voordoen. De beoordeling kan wijzigen bij substantiële veranderingen in de feiten. De uitzonderingsregeling van artikel 101, lid 3, is van toepassing zolang aan de vier voorwaarden van artikel 101, lid 3, is voldaan, en vervalt wanneer dat niet langer het geval is. Bij de toepassing van artikel 101, lid 3, overeenkomstig deze beginselen moet rekening worden gehouden met de aanvankelijke verzonken investeringen die de partijen hebben gedaan, de tijd die nodig is en de beperkingen die noodzakelijk zijn om een efficiëntieverbeterende investering te doen en terug te verdienen. Artikel 101 kan niet worden toegepast zonder naar behoren rekening te houden met een dergelijke voorafgaande investering. Het risico dat de partijen nemen en de verzonken investering die gedaan moet worden om de overeenkomst ten uitvoer te leggen, kunnen er bijgevolg toe leiden dat de overeenkomst gedurende de tijd die nodig is om de investering terug te verdienen, buiten de toepassing van artikel 101, lid 1, valt c.q. aan de voorwaarden van artikel 101, lid 3, voldoet. Indien de uitvinding die voortvloeit uit de investering enige exclusiviteit zou genieten die overeenkomstig de regels inzake de bescherming van intellectuele-eigendomsrechten werd verleend aan de partijen, zal de terugverdienperiode van een dergelijke investering wellicht niet langer zijn dan de exclusiviteitsperiode die overeenkomstig deze regels werd vastgelegd.
[14-01-2011, PbEU C 11, i.w.tr. 14-01-2011/regelingnummer 2011/C11/01]

146
In sommige gevallen is de mededingingsbeperkende overeenkomst een onomkeerbaar feit. Zodra deze overeenkomst ten uitvoer is gelegd, kan de vroegere situatie niet meer worden hersteld. In dergelijke gevallen dient de beoordeling uitsluitend plaats te vinden op basis van de feiten zoals die zich voordoen op het tijdstip van de tenuitvoerlegging. Zo kan het bijvoorbeeld in het geval van een O&O-overeenkomst waarbij elke partij ermee instemt haar eigen onderzoekproject op te geven en haar capaciteit te poolen met die van een andere partij, uit objectief oogpunt technisch en economisch onmogelijk zijn het project nieuw leven in te blazen nadat dit eerst is afgeblazen. De beoordeling van de positieve en negatieve mededingingseffecten van de overeenkomst

om de individuele onderzoekprojecten op te geven, moet daarom worden gemaakt op het ogenblik waarop de tenuitvoerlegging ervan plaatsvindt. Wanneer op dat moment de overeenkomst verenigbaar is met artikel 101 – bijvoorbeeld omdat een voldoende aantal derden concurrerende O&O-projecten hebben – blijft de overeenkomst van de partijen om hun individuele projecten op te geven verenigbaar met artikel 101, zelfs indien de projecten van derden nadien op niets uitlopen. Het verbod van artikel 101 kan echter gelden voor andere onderdelen van de overeenkomst ten aanzien waarvan het probleem van de onomkeerbaarheid zich niet voordoet. Wanneer bijvoorbeeld de overeenkomst naast gemeenschappelijke O&O-activiteiten ook voorziet in gezamenlijke exploitatie, kan dit deel van de overeenkomst onder artikel 101 vallen, wanneer als gevolg van latere marktontwikkelingen de overeenkomst mededingingsbeperkend wordt en, mede gelet op de eerder gemaakte verzonken kosten, niet (langer) voldoet aan de voorwaarden van artikel 101, lid 3.
[14-01-2011, PbEU C 11, i.w.tr. 14-01-2011/regelingnummer 2011/C11/01]

3.5 Voorbeelden

147
Invloed van gemeenschappelijke O&O-activiteiten op innovatiemarkten of nieuwe productmarkten
Voorbeeld 1
Situatie: A en B zijn twee belangrijke fabrikanten van bestaande elektronische componenten op de Uniemarkt. Beide ondernemingen hebben een marktaandeel van 30 %. Zij hebben elk aanzienlijke investeringen verricht in onderzoek en ontwikkeling ten behoeve van de ontwikkeling van geminiaturiseerde elektronische componenten en hebben de eerste prototypes ontwikkeld. Nu komen zij overeen deze O&O-activiteiten samen te brengen in een gemeenschappelijke onderneming met het oog op de voltooiing van de O&O-activiteiten en de productie van de componenten, welke zullen worden terugverkocht aan de moedermaatschappijen, die deze afzonderlijk op de markt zullen brengen. De rest van de markt bestaat uit kleine ondernemingen die niet over voldoende middelen beschikken om de noodzakelijke investeringen te verrichten.
Analyse: Geminiaturiseerde elektronische componenten die waarschijnlijk op sommige gebieden zullen concurreren met bestaande componenten, zijn in wezen een nieuwe technologie en derhalve moet een analyse worden gemaakt van de onderzoekspools die gericht zijn op deze toekomstige markt. Indien de gemeenschappelijke onderneming aan de slag gaat, wordt slechts één weg gevolgd om te komen tot de noodzakelijke fabricagetechnologie, terwijl het waarschijnlijk lijkt dat A en B elk afzonderlijk een eigen product op de markt zouden kunnen brengen. De overeenkomst beperkt derhalve de productdiversiteit. De gezamenlijke productie zal waarschijnlijk ook rechtstreeks de mededinging tussen de partijen bij de overeenkomst beperken en ertoe leiden dat zij het productieniveau, de kwaliteit of andere belangrijke concurrentieparameters overeenkomen. Hoewel de partijen de producten onafhankelijk van elkaar op de markt zouden brengen, zou dit de mededinging beperken. De partijen zouden bijvoorbeeld de productie van de gemeenschappelijke onderneming kunnen beperken in vergelijking met wat zij op de markt zouden hebben gebracht indien zij elk voor zich over hun productie zouden hebben beslist. De gemeenschappelijke onderneming zou ook een hoge verkoopprijs kunnen doorberekenen aan de partijen,

waardoor de productiekosten voor de partijen zouden toenemen, hetgeen vervolgens tot hogere downstream-prijzen zou kunnen leiden. De partijen hebben een groot gezamenlijk marktaandeel op de bestaande down-stream-markt en de rest van de markt is versnipperd. Deze situatie zal zich waarschijnlijk nog scherper aftekenen op de nieuwe downstream-productmarkten, aangezien de kleinere concurrenten niet kunnen investeren in de nieuwe componenten. Om die reden is het waarschijnlijk dat de gezamenlijke productie de mededinging zal beperken. Bovendien zal de markt voor geminiaturiseerde elektronische componenten zich in de toekomst waarschijnlijk ontwikkelen tot een duopolie met een hoge mate van kostendeling en een mogelijke uitwisseling tussen de partijen van commercieel gevoelige informatie. Bovendien wordt ook het risico op concurrentiebeperkende coördinatie groter, waardoor een heimelijke verstandhouding op deze markt kan ontstaan. Hierdoor is het waarschijnlijk dat de O&O-overeenkomst mededingingsbeperkende gevolgen heeft in de zin van artikel 101, lid 1. Hoewel de overeenkomst enerzijds zou kunnen zorgen voor efficientieverbeteringen doordat een nieuwe techniek sneller op de markt komt, zouden de partijen anderzijds op O&O-gebied geen concurrentie ondervinden en zouden zij derhalve veel minder gestimuleerd zijn om de nieuwe technologie snel te ontwikkelen. Hoewel sommige van deze bezwaren kunnen worden verholpen indien de partijen zich ertoe zouden verbinden de belangrijkste knowhow voor de fabricage van de geminiaturiseerde componenten tegen redelijke voorwaarden in licentie te geven aan derden, lijkt het onwaarschijnlijk dat hiermee alle bedenkingen zouden zijn weggenomen en dat aan de voorwaarden van artikel 101, lid 3, zou zijn voldaan.

Voorbeeld 2

Situatie: Onderneming A, een klein researchbedrijf dat niet over een eigen verkooporganisatie beschikt, heeft een farmaceutisch middel ontdekt en daarop een octrooi verworven. Het middel is gebaseerd op een nieuwe technologie die de behandeling van een bepaalde ziekte radicaal verandert. Onderneming A sluit een O&O-overeenkomst met een grote geneesmiddelenproducent, onderneming B, die producten vervaardigt die tot dusver voor de behandeling van de ziekte zijn gebruikt. Onderneming B beschikt niet over een vergelijkbare expertise en een vergelijkbaar O&O-programma en zou die expertise ook niet binnen een dienstig tijdsbestek kunnen ontwikkelen. Op de markt van de bestaande producten heeft onderneming B een marktaandeel van ongeveer 75 % in alle lidstaten, maar de octrooien verstrijken binnen vijf jaar. Er bestaan twee andere onderzoekspools met andere ondernemingen, die zich ongeveer in dezelfde ontwikkelingsfase bevinden en dezelfde nieuwe basistechnologie gebruiken. Onderneming B verstrekt aanzienlijke financiële middelen en knowhow voor de productontwikkeling en voor de toekomstige toegang tot de markt. Onderneming B krijgt een licentie voor de exclusieve productie en distributie van de uit het onderzoek voortvloeiende producten gedurende de looptijd van het octrooi. Er wordt aangenomen dat het product binnen vijf tot zeven jaar op de markt kan worden gebracht.

Analyse: Het product zal waarschijnlijk tot een nieuwe relevante markt behoren. De partijen brengen complementaire middelen en vaardigheden in de samenwerking in en de waarschijnlijkheid dat het product op de markt wordt gebracht neemt wezenlijk toe. Hoewel onderneming B waarschijnlijk een aanzienlijke marktmacht heeft op de bestaande markt, zal deze macht binnenkort afnemen. De overeenkomst zal voor onderneming B niet leiden tot een verlies op het gebied van O&O, aangezien onderneming B op dit gebied geen expertise heeft, en het bestaan van andere onderzoekspools zal

waarschijnlijk verhinderen dat de O&O-inspanningen worden verminderd. De exploitatierechten gedurende de resterende octrooiperiode zijn vermoedelijk noodzakelijk om onderneming B in staat te stellen de aanzienlijke investeringen te verrichten. Bovendien beschikt onderneming A zelf niet over een commerciële structuur. De overeenkomst zal daarom waarschijnlijk geen mededingingsbeperkende gevolgen hebben in de zin van artikel 101, lid 1. Zelfs wanneer er dergelijke gevolgen zouden zijn, is het waarschijnlijk dat de voorwaarden van artikel 101, lid 3, zijn vervuld.
[14-01-2011, PbEU C 11, i.w.tr. 14-01-2011/regelingnummer 2011/C11/01]

148
Gevaar van marktafscherming
Voorbeeld 3
Situatie: Onderneming A, en klein researchbedrijf dat niet over een eigen verkooporganisatie beschikt, heeft een nieuwe technologie ontdekt en daarop een octrooi verworven. De markt voor een bepaald product waarop producent onderneming B een wereldwijde monopoliepositie heeft doordat er geen ondernemingen zijn die kunnen concurreren met de huidige technologie van B, zal hierdoor radicaal worden veranderd. Er bestaan twee andere onderzoekspools met andere ondernemingen, die zich ongeveer in dezelfde ontwikkelingsfase bevinden en dezelfde nieuwe basistechnologie gebruiken. Onderneming B verstrekt aanzienlijke financiële middelen en knowhow voor de productontwikkeling en voor de toekomstige toegang tot de markt. Onderneming B krijgt een licentie voor het exclusieve gebruik van de technologie gedurende de looptijd van het octrooi en verbindt zich ertoe enkel de ontwikkeling van de technologie van onderneming A te financieren.
Analyse: Het product zal waarschijnlijk tot een nieuwe relevante markt behoren. De partijen brengen complementaire middelen en vaardigheden in de samenwerking in en de waarschijnlijkheid dat het product op de markt wordt gebracht neemt wezenlijk toe. Doordat onderneming B zich echter vastlegt op de technologie van onderneming A, zullen de twee concurrerende onderzoekspools vermoedelijk afzien van hun projecten, aangezien het wellicht moeilijk zal zijn om financiering te blijven vinden wanneer zij de meest waarschijnlijke potentiële afnemer van de technologie kwijt zijn. In een dergelijke situatie zal geen enkele potentiële concurrent de monopoliepositie van onderneming B in de toekomst in gevaar kunnen brengen. Het afschermingseffect van de overeenkomst zou dan waarschijnlijk geacht worden mededingingsbeperkende gevolgen te hebben in de zin van artikel 101, lid 1. Om een beroep te kunnen doen op artikel 101, lid 3, zouden de partijen moeten aantonen dat de verleende exclusiviteit onmisbaar is voor het op de markt brengen van de nieuwe technologie.
Voorbeeld 4
Situatie: Onderneming A heeft marktmacht op de markt waarvan zijn succesgeneesmiddel deel uitmaakt. Een kleine onderneming B die gespecialiseerd is in farmaceutisch O&O en in de productie van werkzame farmaceutische bestanddelen, heeft een nieuw procedé ontdekt waarmee het werkzame bestanddeel van het succesgeneesmiddel van onderneming A op meer economische wijze kan worden geproduceerd. Onderneming B heeft daarvoor een octrooiaanvraag ingediend en ontwikkelt het procedé verder ten behoeve van industriële productie. Het octrooi op het werkzame bestanddeel van het succesgeneesmiddel vervalt over ruim drie jaar; daarna blijven er nog een aantal octrooien op productieprocessen met betrekking tot het medicijn

bestaan. Onderneming B is van oordeel dat haar nieuwe procedé geen inbreuk maakt op de bestaande octrooien van onderneming A met betrekking tot het productieproces en de productie van een niet-inbreukmakende versie van het succesgeneesmiddel mogelijk maakt zodra het octrooi op het werkzame bestanddeel daarvan is verstreken. Onderneming B zou het geneesmiddel zelf kunnen produceren en/of het procedé in licentie kunnen geven aan belangstellende derden, bijvoorbeeld producenten van generieke geneesmiddelen of onderneming A. Vóór het beëindigen van zijn onderzoek en ontwikkeling op dit gebied sluit onderneming B een overeenkomst met onderneming A, op grond waarvan onderneming A een financiële bijdrage levert aan het O&O-project dat door onderneming B wordt uitgevoerd, op voorwaarde dat zij een exclusieve licentie verkrijgt op alle octrooien van onderneming B in verband met het O&O-project. Er bestaan twee andere onafhankelijke onderzoekspools die bezig zijn met de ontwikkeling van een niet-inbreukmakend procedé voor de productie van het succesgeneesmiddel, maar het is nog niet duidelijk of zij het stadium van industriële productie zullen bereiken.

Analyse: Alleen aan de hand van het procedé waarop de octrooiaanvraag van onderneming B betrekking heeft, is de productie van een nieuw product niet mogelijk. Het houdt alleen een verbetering van een bestaand productieproces in. Onderneming A heeft marktmacht op de bestaande markt waarvan haar succesgeneesmiddel deel uitmaakt. Als er daadwerkelijk generieke concurrenten de markt zouden betreden, zou dit deze marktmacht aanzienlijk verminderen, maar de exclusieve licentie maakt het door onderneming B ontwikkelde procedé ontoegankelijk voor derden en zal aldus het verschijnen van generieke alternatieven op de markt vertragen (niet in de laatste plaats omdat het product nog beschermd wordt door een aantal octrooien op de productieprocessen). De exclusieve licentie beperkt bijgevolg de mededinging in de zin van artikel 101, lid 1. Aangezien onderneming A en onderneming B potentiële concurrenten zijn, is de groepsvrijstellingsverordening inzake O&O niet van toepassing. Het marktaandeel van onderneming A op de markt waarvan haar succesgeneesmiddel deel uitmaakt, bedraagt immers meer dan 25 %. De kosten die onderneming A bespaart dankzij het nieuwe productieprocedé, zijn niet toereikend om de beperking van de mededinging te compenseren. Een exclusieve licentie is hoe dan ook niet onmisbaar om de besparingen in het productieproces te realiseren. De overeenkomst zal daarom waarschijnlijk niet voldoen aan de criteria van artikel 101, lid 3.

[14-01-2011, PbEU C 11, i.w.tr. 14-01-2011/regelingnummer 2011/C11/01]

149
Invloed van O&O-samenwerking op dynamische product- en technologiemarkten en op het milieu

Voorbeeld 5

Situatie: Twee engineeringbedrijven die auto-onderdelen vervaardigen komen overeen om een gemeenschappelijke onderneming op te richten waarin hun O&O-inspanningen die erop gericht zijn de productie en de prestaties van een bestaand onderdeel te verbeteren, worden ondergebracht. De productie van dit onderdeel zou tevens een gunstige uitwerking hebben op het milieu. Voertuigen zouden minder brandstof verbruiken en daardoor minder CO_2 uitstoten. De ondernemingen brengen tevens hun bestaande activiteiten inzake het in licentie geven van technologieën op dit gebied in, maar blijven de onderdelen afzonderlijk fabriceren en verkopen. De twee ondernemingen hebben in Europa marktaandelen van respectievelijk 15 % en 20 % op de OEM-productmarkt (Original Equipment Manufacturer market — markt voor originele onderdelen). Er zijn twee andere grote concurrenten en een aantal grote automobielfabrikanten voeren verschillende eigen onderzoeksprogramma's uit. Op de wereldmarkt voor het in licentie geven van de technologie voor deze producten hebben de partijen marktaandelen van respectievelijk 20 % en 25 % in termen van gegenereerde inkomsten. Bovendien bestaan er twee andere belangrijke technologieën. De levenscyclus van het onderdeel bedraagt twee tot drie jaar. Over de laatste vijf jaar heeft een van de grote ondernemingen elk jaar een nieuwe of een verbeterde versie op de markt gebracht.

Analyse: Daar de O&O-inspanningen van geen van de ondernemingen op een volledig nieuw product gericht is, zijn het de markten voor de bestaande onderdelen en voor het in licentie geven van relevante technologie die moeten worden onderzocht. Het gezamenlijke marktaandeel van de partijen op de OEM-markt (35 %) en in het bijzonder op de technologiemarkt (45 %), is hoog. De partijen zullen de onderdelen echter afzonderlijk blijven vervaardigen en verkopen. Voorts zijn er verschillende concurrerende technologieën die regelmatig worden verbeterd. Daarenboven zijn de autofabrikanten, die thans hun technologie niet in licentie geven, eveneens potentiële betreders van de technologiemarkt, waardoor de mogelijkheid van de partijen om de prijzen op rendabele wijze te verhogen, wordt ingeperkt. Voor zover de gemeenschappelijke onderneming mededingingsbeperkende gevolgen heeft in de zin van artikel 101, lid 1, voldoet die waarschijnlijk aan de criteria van artikel 101, lid 3. Bij de toetsing aan artikel 101, lid 3, dient er rekening mee te worden gehouden dat een lager brandstofverbruik de gebruikers ten goede zal komen.

[14-01-2011, PbEU C 11, i.w.tr. 14-01-2011/regelingnummer 2011/C11/01]

4 Productieovereenkomsten

4.1 Definitie en toepassingsgebied

150

Productieovereenkomsten kunnen naar vorm en toepassingsgebied verschillen. Zij kunnen erin voorzien dat de productie door één enkele partij of door twee of meer partijen wordt uitgevoerd. Ondernemingen kunnen gezamenlijk produceren via een gemeenschappelijke onderneming, d.w.z. een onderneming waarover gezamenlijke zeggenschap wordt uitgeoefend en die één of meer productiefaciliteiten exploiteert, of via lossere samenwerkingsvormen op productiegebied zoals onderaannemingsovereenkomsten waarbij één partij (de 'opdrachtgever') een andere partij (de 'toeleverancier') met de productie belast.

[14-01-2011, PbEU C 11, i.w.tr. 14-01-2011/regelingnummer 2011/C11/01]

151

Er bestaan verschillende soorten onderaannemingsovereenkomsten. Horizontale onderaannemingsovereenkomsten worden gesloten tussen ondernemingen die op dezelfde productmarkt actief zijn, ongeacht of zij daadwerkelijke of potentiële con-

curenten zijn. Verticale onderaannemingsovereenkomsten worden gesloten tussen
ondernemingen die werkzaam zijn op verschillende marktniveaus.
[14-01-2011, PbEU C 11, i.w.tr. 14-01-2011/regelingnummer 2011/C11/01]

152

Horizontale onderaannemingsovereenkomsten omvatten eenzijdige en wederkerige
specialisatieovereenkomsten en onderaannemingsovereenkomsten waarmee een
verhoging van de productie wordt beoogd. Eenzijdige specialisatieovereenkomsten
zijn overeenkomsten tussen twee partijen die actief zijn op dezelfde productmarkt
of -markten, waarbij één partij zich ertoe verbindt de vervaardiging van bepaalde
producten volledig of gedeeltelijk te beëindigen dan wel niet tot vervaardiging van
die producten over te gaan maar die te kopen bij de andere partij, die zich ertoe verbindt deze producten te vervaardigen en te leveren. Wederkerige specialisatieovereenkomsten zijn overeenkomsten tussen twee of meer partijen die actief zijn op
dezelfde productmarkt of -markten, waarbij twee of meer partijen zich op basis van
wederkerigheid ertoe verbinden de vervaardiging van bepaalde, doch verschillende,
producten volledig of gedeeltelijk te beëindigen dan wel niet tot vervaardiging daarvan
over te gaan maar die van de andere partijen te kopen, die zich ertoe verbinden deze
te vervaardigen en te leveren. In het geval van onderaannemingsovereenkomsten
waarmee een verhoging van de productie wordt beoogd, belast de opdrachtgever
de toeleverancier met de vervaardiging van goederen, zonder dat de opdrachtgever
gelijktijdig de eigen productie van de goederen beëindigt of beperkt.
[14-01-2011, PbEU C 11, i.w.tr. 14-01-2011/regelingnummer 2011/C11/01]

153

Deze richtsnoeren zijn van toepassing op alle vormen van overeenkomsten betreffende gezamenlijke productie en horizontale onderaannemingsovereenkomsten.
Onder bepaalde voorwaarden kunnen gezamenlijke productieovereenkomsten en
zowel eenzijdige als wederkerige specialisatieovereenkomsten onder de groepsvrijstellingsverordening inzake specialisatie vallen.
[14-01-2011, PbEU C 11, i.w.tr. 14-01-2011/regelingnummer 2011/C11/01]

154

Verticale onderaannemingsovereenkomsten vallen niet onder deze richtsnoeren. Zij
vallen binnen de werkingssfeer van de richtsnoeren inzake verticale beperkingen en
kunnen onder bepaalde voorwaarden in aanmerking komen voor toepassing van de
groepsvrijstellingsverordening inzake verticale beperkingen. Voorts kunnen zij onder
de Bekendmaking van de Commissie betreffende de beoordeling van toeleveringsovereenkomsten in het licht van artikel 85, lid 1, van het EEG-Verdrag [1] ('de toeleveringsbekendmaking') vallen.
[14-01-2011, PbEU C 11, i.w.tr. 14-01-2011/regelingnummer 2011/C11/01]

---

(1) *PB* C 1 van 3.1.1979, blz. 2.

4.2 Relevante markten

155
Teneinde de concurrentieverhouding tussen de samenwerkende partijen te beoordelen, moeten eerst de relevante markt of markten worden afgebakend waarop de samenwerking op productiegebied rechtstreeks betrekking heeft, meer bepaald de markten waartoe de krachtens de productieovereenkomst vervaardigde producten behoren.
[14-01-2011, PbEU C 11, i.w.tr. 14-01-2011/regelingnummer 2011/C11/01]

156
Een productieovereenkomst kan ook spillover-effecten hebben op naburige markten van die waarop de samenwerking rechtstreeks betrekking heeft, bijvoorbeeld de upstream- of downstream-markt (de 'spillover-markten') [1]. De spillover-markten zijn waarschijnlijk relevant wanneer de markten onderling afhankelijk zijn en de partijen een sterke positie innemen op de spillover-markt.
[14-01-2011, PbEU C 11, i.w.tr. 14-01-2011/regelingnummer 2011/C11/01]

4.3 Beoordeling op grond van artikel 101, lid 1

4.3.1 Voornaamste mededingingsbezwaren

157
Productieovereenkomsten kunnen leiden tot een rechtstreekse beperking van de mededinging tussen de partijen. Productieovereenkomsten, en in het bijzonder gemeenschappelijke productieondernemingen, kunnen de partijen ertoe aanzetten directe afspraken te maken over het productieniveau en de kwaliteit, de prijs waartegen de gemeenschappelijke onderneming de producten verkoopt, of andere belangrijke parameters voor concurrentie. Dit kan de mededinging beperken, zelfs als de partijen de producten onafhankelijk van elkaar op de markt brengen.
[14-01-2011, PbEU C 11, i.w.tr. 14-01-2011/regelingnummer 2011/C11/01]

158
Productieovereenkomsten kunnen ook als gevolg hebben dat de partijen hun concurrentiegedrag als leveranciers op elkaar afstemmen, hetgeen leidt tot hogere prijzen en een beperktere producthoeveelheden, productkwaliteit, productdiversiteit, of innovatie, met andere woorden tot een heimelijke verstandhouding. Voor zover de partijen marktmacht bezitten en de markt kenmerken vertoont die tot een dergelijke coördinatie aanzetten, kan dit zich voordoen, met name wanneer op grond van de productieovereenkomst de gemeenschappelijke kosten van de partijen (d.w.z. het deel van de variabele kosten dat de partijen delen) zo groot worden dat de partijen tot een heimelijke verstandhouding kunnen komen, of wanneer de overeenkomst een uitwisseling van commercieel gevoelige informatie inhoudt die tot een heimelijke verstandhouding kan leiden.
[14-01-2011, PbEU C 11, i.w.tr. 14-01-2011/regelingnummer 2011/C11/01]

---

(1) Zoals ook genoemd in artikel 2, lid 4, van de concentratieverordening.

159
Productieovereenkomsten kunnen bovendien leiden tot mededingingsbeperkende uitsluiting van derden op een verbonden markt (bijvoorbeeld de downstream-markt die voor zijn input afhankelijk is van de markt waarop de productieovereenkomst wordt toegepast). Zo kunnen bijvoorbeeld partijen die kiezen voor gezamenlijke productie in een upstream-markt, wanneer zij voldoende marktmacht verwerven, wellicht de prijs van een belangrijk onderdeel op een downstream-markt verhogen. Zo kunnen zij de gezamenlijke productie gebruiken om de kosten voor hun downstream-concurrenten op te drijven en hen uiteindelijk uit de markt te verdringen. Dit zou op zijn beurt de marktmacht van de partijen op de downstream-markt verhogen, waardoor zij in staat worden gesteld de prijzen boven het concurrerend niveau te handhaven of anderszins de consumenten te benadelen. Dergelijke mededingingsproblemen kunnen zich voordoen ongeacht of de partijen bij de overeenkomst concurrenten zijn op de markt waarop de samenwerking betrekking heeft. Dit soort afscherming zal evenwel slechts mededingingsbeperkende gevolgen hebben indien ten minste een van de partijen een sterke positie heeft op de markt waarop het risico op marktafscherming wordt vastgesteld.
[14-01-2011, PbEU C 11, i.w.tr. 14-01-2011/regelingnummer 2011/C11/01]

4.3.2 Mededingingsbeperkende strekking

160
Over het algemeen hebben overeenkomsten waarbij prijzen worden vastgesteld, de productie wordt beperkt of de markten of afnemers worden verdeeld, een mededingingsbeperkende strekking. In de context van productieovereenkomsten geldt dit evenwel niet in twee gevallen:
— wanneer de partijen de productie vastleggen waarop de productieovereenkomst rechtstreeks betrekking heeft (bijvoorbeeld de capaciteit en het productievolume van een gemeenschappelijke onderneming, of de hoeveelheid producten welke zullen worden uitbesteed), mits de overige concurrentieparameters niet worden uitgeschakeld; of
— wanneer in een productieovereenkomst, die eveneens de gezamenlijke distributie van de gefabriceerde producten regelt, is voorzien in de gezamenlijke vaststelling van de verkoopprijzen van die producten, en alleen die producten, mits deze beperking noodzakelijk is voor de gezamenlijke productie, met name omdat de partijen anders helemaal geen stimulans zouden hebben om de productieovereenkomst aan te gaan.
[14-01-2011, PbEU C 11, i.w.tr. 14-01-2011/regelingnummer 2011/C11/01]

161
In beide gevallen moet worden beoordeeld of de overeenkomst aanleiding kan geven tot mededingingsbeperkende gevolgen in de zin van artikel 101, lid 1. In beide bovenstaande scenario's wordt de overeenkomst over de productie of de prijzen niet afzonderlijk beoordeeld, doch in het licht van alle gevolgen die de productieovereenkomst in haar geheel heeft op de markt.
[14-01-2011, PbEU C 11, i.w.tr. 14-01-2011/regelingnummer 2011/C11/01]

4.3.3 Mededingingsbeperkende gevolgen

162
Of de mededingingsbezwaren waartoe productieovereenkomsten mogelijk aanleiding kunnen geven zich in een bepaald geval ook echt zullen voordoen, hangt af van de kenmerken van de markt waarop de overeenkomst wordt gesloten, alsook van de aard en de marktdekking van de samenwerking en het product waarop de samenwerking betrekking heeft. Deze variabelen bepalen de vermoedelijke gevolgen van een productieovereenkomst voor de mededinging en bijgevolg ook de toepasselijkheid van artikel 101, lid 1.
[14-01-2011, PbEU C 11, i.w.tr. 14-01-2011/regelingnummer 2011/C11/01]

163
Of een productieovereenkomst vermoedelijk mededingingsbeperkende gevolgen heeft, hangt af van de situatie die zonder de overeenkomst met haar vermeende beperkingen zou bestaan. Bij productieovereenkomsten tussen ondernemingen die concurreren op markten waarop de samenwerking plaatsvindt, zijn mededingingsbeperkende gevolgen derhalve onwaarschijnlijk indien de samenwerking een nieuwe markt in het leven roept, d.w.z. wanneer de partijen dankzij de overeenkomst een nieuw product of een nieuwe dienst op de markt kunnen brengen, hetgeen zij anders, om objectieve redenen, bijvoorbeeld wegens de beperkte technische capaciteit van de partijen, niet hadden gekund.
[14-01-2011, PbEU C 11, i.w.tr. 14-01-2011/regelingnummer 2011/C11/01]

164
In sommige bedrijfstakken waarin productie de economische hoofdactiviteit is, kan zelfs een zuivere productieovereenkomst op zichzelf reeds belangrijke vormen van mededinging uitschakelen en aldus de mededinging tussen de partijen bij de overeenkomst rechtstreeks beperken.
[14-01-2011, PbEU C 11, i.w.tr. 14-01-2011/regelingnummer 2011/C11/01]

165
Daarnaast kan een productieovereenkomst tot een heimelijke verstandhouding of concurrentiebeperkende afscherming leiden doordat de marktmacht van de ondernemingen en hun gemeenschappelijke kosten toenemen en/of er commercieel gevoelige informatie wordt uitgewisseld. Aan de andere kant is een rechtstreekse beperking van de mededinging tussen de partijen, een heimelijke verstandhouding of concurrentieverstorende afscherming onwaarschijnlijk wanneer de partijen bij de overeenkomst geen marktmacht bezitten op de markt waarop de mededingingsbezwaren worden beoordeeld. Alleen met marktmacht kunnen de partijen op rendabele wijze de prijzen boven het concurrerende niveau handhaven, of de productie, productkwaliteit of -diversiteit op rendabele wijze onder het concurrerende niveau handhaven.
[14-01-2011, PbEU C 11, i.w.tr. 14-01-2011/regelingnummer 2011/C11/01]

166
Wanneer een onderneming met marktmacht op een markt samenwerkt met een potentiële toetreder, bijvoorbeeld met een aanbieder van hetzelfde product in een

naburige geografische markt of productmarkt, kan de overeenkomst mogelijk de marktmacht van de gevestigde onderneming vergroten. Dit kan mededingingsbeperkende gevolgen hebben indien de werkelijke concurrentie op de markt van de gevestigde onderneming al zwak is en de dreiging van toetreding een grote bron van concurrentiedruk is.
[14-01-2011, PbEU C 11, i.w.tr. 14-01-2011/regelingnummer 2011/C11/01]

167
Productieovereenkomsten die commercialiseringstaken omvatten zoals de gezamenlijke distributie en/of het gezamenlijk op de markt brengen, houden een groter risico op mededingingsbeperkende gevolgen in dan een overeenkomst die uitsluitend gezamenlijke productie betreft. Gezamenlijke commercialisering brengt de samenwerking dichter bij de gebruiker en behelst doorgaans de gezamenlijke vaststelling van prijzen en verkoopvolumes, d.w.z. gedragingen die de hoogste risico's inhouden voor de mededinging. Niettemin hebben overeenkomsten betreffende de gezamenlijke distributie van producten die gezamenlijk zijn geproduceerd, over het algemeen minder vaak mededingingsbeperkende gevolgen dan op zichzelf staande overeenkomsten inzake gezamenlijke distributie. Een overeenkomst inzake gezamenlijke distributie die noodzakelijk is, wil de gezamenlijke productieovereenkomst überhaupt worden gesloten, zal eveneens minder vaak aanleiding geven tot beperking van de mededinging dan indien zij niet noodzakelijk was voor de gezamenlijke productie.
[14-01-2011, PbEU C 11, i.w.tr. 14-01-2011/regelingnummer 2011/C11/01]

Marktmacht

168
Een productieovereenkomst heeft waarschijnlijk geen mededingingsbeperkende gevolgen indien de partijen bij de overeenkomst geen marktmacht bezitten op de markt waarop een beperking van de mededinging wordt beoordeeld. Het uitgangspunt voor de analyse van marktmacht is het marktaandeel van de partijen. Daarna volgen doorgaans de concentratiegraad, het aantal marktdeelnemers en andere dynamische factoren zoals potentiële toetreding en veranderende marktaandelen.
[14-01-2011, PbEU C 11, i.w.tr. 14-01-2011/regelingnummer 2011/C11/01]

169
Onder een bepaalde marktaandeeldrempel is het onwaarschijnlijk dat een onderneming marktmacht heeft. Daarom vallen eenzijdige of wederkerige specialisatieovereenkomsten en overeenkomsten betreffende gezamenlijke productie die bepaalde geïntegreerde commercialiseringstaken omvatten, zoals gezamenlijke distributie, onder de groepsvrijstellingsverordening inzake specialisatie, voor zover zij worden gesloten tussen partijen met een gezamenlijk marktaandeel van hoogstens 20 % op de relevante markt of markten, en op voorwaarde dat aan de andere voorwaarden voor de toepassing van de groepsvrijstellingsverordening inzake specialisatie is voldaan. Ook bij horizontale onderaannemingsovereenkomsten waarmee een verhoging van de productie wordt beoogd, is het in de meeste gevallen onwaarschijnlijk dat er marktmacht zou bestaan wanneer de partijen bij de overeenkomst een gezamenlijk marktaandeel van minder dan 20 % hebben. Bij een gezamenlijk marktaandeel van de

partijen van minder dan 20 % is het in elk geval waarschijnlijk dat aan de voorwaarden van artikel 101, lid 3, is voldaan.
[14-01-2011, PbEU C 11, i.w.tr. 14-01-2011/regelingnummer 2011/C11/01]

170
Indien het gezamenlijke marktaandeel van de partijen evenwel meer dan 20 % bedraagt, moeten de mededingingsbeperkende gevolgen worden onderzocht, aangezien de overeenkomst dan niet valt binnen de werkingssfeer van de groepsvrijstellingsverordening inzake specialisatie of binnen de in veilige zone voor horizontale toeleveringsovereenkomsten met het oog op uitbreiding van de productie als bedoeld in punt 169, derde en vierde zin. Een lichtjes hoger marktaandeel dan in de groepsvrijstelling of de in punt 169, derde en vierde zin, bedoelde veilige zone wordt toegestaan, wijst niet noodzakelijkerwijze op een sterk geconcentreerde markt, hetgeen een belangrijke factor van de beoordeling vormt. Op een markt met een matige concentratiegraad mag het gezamenlijke marktaandeel van de partijen iets meer dan 20 % bedragen. Over het algemeen zal een productieovereenkomst op een geconcentreerde markt vaker mededingingsbeperkende gevolgen hebben dan op een markt die niet geconcentreerd is. Op dezelfde wijze kan een productieovereenkomst op een geconcentreerde markt het risico op een heimelijke verstandhouding verhogen, zelfs indien de partijen slechts een matig gezamenlijk marktaandeel hebben.
[14-01-2011, PbEU C 11, i.w.tr. 14-01-2011/regelingnummer 2011/C11/01]

171
Zelfs wanneer de marktaandelen van de partijen bij de overeenkomst en de marktconcentratie hoog zijn, kan het risico op mededingingsbeperkende gevolgen laag zijn wanneer de markt dynamisch is, d.w.z. wanneer hij gemakkelijk toegankelijk is en er snel fluctuerende marktposities zijn.
[14-01-2011, PbEU C 11, i.w.tr. 14-01-2011/regelingnummer 2011/C11/01]

172
Bij het onderzoek van de marktmacht van partijen bij een productieovereenkomst zijn het aantal en de intensiteit van de banden (bijvoorbeeld andere samenwerkingsovereenkomsten) tussen de concurrenten op de markt relevant voor de beoordeling.
[14-01-2011, PbEU C 11, i.w.tr. 14-01-2011/regelingnummer 2011/C11/01]

173
Voor de beoordeling van de overeenkomst uit mededingingsoogpunt is het relevant vast te stellen of de partijen bij de overeenkomst grote marktaandelen hebben, of zij naaste concurrenten zijn, of de afnemers beperkte mogelijkheden hebben om van leverancier te veranderen, of het onwaarschijnlijk is dat concurrenten hun aanbod verhogen indien prijzen zouden stijgen, en of een van de partijen bij de overeenkomst een sterke concurrentiepositie heeft.
[14-01-2011, PbEU C 11, i.w.tr. 14-01-2011/regelingnummer 2011/C11/01]

Rechtstreekse beperking van mededinging tussen de partijen

174

De mededinging tussen de partijen bij een productieovereenkomst kan op verschillende manieren rechtstreeks worden beperkt. Bij een gemeenschappelijke productieonderneming kunnen de partijen bijvoorbeeld de productie van de gemeenschappelijke onderneming beperken in vergelijking met wat de partijen op de markt zouden hebben gebracht indien zij elk afzonderlijk over hun productievolume zouden hebben beslist. Indien de voornaamste kenmerken worden vastgelegd in de productieovereenkomst, zou dit ook kunnen leiden tot een uitschakeling van de belangrijkste vormen van mededinging tussen de partijen en uiteindelijk tot mededingingsbeperkende gevolgen. Een ander voorbeeld is een gemeenschappelijke onderneming die een hoge interne verrekenprijs aan de partijen in rekening brengt, waardoor de productiekosten voor de partijen toenemen, hetgeen vervolgens tot hogere downstream-prijzen zou kunnen leiden. Concurrenten kunnen het in hun voordeel achten te reageren door hun prijzen te verhogen, waardoor zij mede een prijsverhoging veroorzaken op de relevante markt.
[14-01-2011, PbEU C 11, i.w.tr. 14-01-2011/regelingnummer 2011/C11/01]

Heimelijke verstandhouding

175

De waarschijnlijkheid dat er een heimelijke verstandhouding tot stand komt, hangt af van de marktmacht van de partijen en van de kenmerken van de relevante markt. Een heimelijke verstandhouding kan met name (doch niet alleen) voortvloeien uit het delen van kosten of uit een uitwisseling van informatie in het kader van de productieovereenkomst.
[14-01-2011, PbEU C 11, i.w.tr. 14-01-2011/regelingnummer 2011/C11/01]

176

Een productieovereenkomst tussen partijen met marktmacht kan mededingingsbeperkende gevolgen hebben indien die hun gedeelde kosten (d.w.z. het deel van de variabele kosten dat door de partijen gezamenlijk wordt gedragen) op een zodanig hoog niveau brengt dat collusie mogelijk wordt. Daarbij zijn de variabele kosten van het product waarmee de partijen bij de productieovereenkomst met elkaar concurreren, relevant.
[14-01-2011, PbEU C 11, i.w.tr. 14-01-2011/regelingnummer 2011/C11/01]

177

Een productieovereenkomst zal waarschijnlijk sneller tot een heimelijke verstandhouding leiden wanneer de partijen reeds vóór de sluiting van de overeenkomst een groot gedeelte van de variabele kosten gemeenschappelijk hebben, zodat de bijkomende toename (d.w.z. de productiekosten van het product waarop de overeenkomst betrekking heeft) de balans kan doen doorslaan naar een feitelijke onderlinge afstemming. Wanneer de toename van de gedeelde kosten groot is, kan het risico op een heimelijke verstandhouding ook groot zijn, zelfs indien het oorspronkelijke niveau van kostendeling laag is.
[14-01-2011, PbEU C 11, i.w.tr. 14-01-2011/regelingnummer 2011/C11/01]

178
Kostendeling verhoogt slechts het risico op een heimelijke verstandhouding indien de productiekosten een groot deel van de betrokken variabele kosten vormen. Dit is bijvoorbeeld niet het geval wanneer de samenwerking betrekking heeft op producten waarvan het in de handel brengen hoge kosten meebrengt. Een voorbeeld zijn nieuwe of heterogene producten waarvan de marketing- en transportkosten hoog zijn.
[14-01-2011, PbEU C 11, i.w.tr. 14-01-2011/regelingnummer 2011/C11/01]

179
Een ander geval waarin kostendeling kan leiden tot een heimelijke verstandhouding, is de situatie waarin de partijen besluiten tot de gezamenlijke productie van een tussenproduct dat een groot deel vertegenwoordigt van de variabele kosten van het eindproduct waarmee de partijen downstream concurreren. De partijen zouden van de productieovereenkomst gebruik kunnen maken om de prijs van deze belangrijke gemeenschappelijke input voor hun producten op de downstream-markt te verhogen. Dit zou de mededinging op de downstream-markt verzwakken en waarschijnlijk tot hogere eindprijzen leiden. De winst zou van de downstream- naar de upstream-markt verschuiven, en dan onder de partijen verdeeld worden via de gemeenschappelijke onderneming.
[14-01-2011, PbEU C 11, i.w.tr. 14-01-2011/regelingnummer 2011/C11/01]

180
Op dezelfde wijze verhoogt kostendeling de mededingingsbeperkende risico's van een horizontale onderaannemingsovereenkomsten indien de input die de opdrachtgever koopt van de onderaannemer een groot deel uitmaakt van de variabele kosten van het eindproduct waarmee de partijen concurreren.
[14-01-2011, PbEU C 11, i.w.tr. 14-01-2011/regelingnummer 2011/C11/01]

181
Eventuele negatieve effecten ten gevolge van de uitwisseling van informatie worden niet afzonderlijk onderzocht, maar in het kader van de algemene effecten van de overeenkomst. Een productieovereenkomst kan mededingingsbeperkende gevolgen hebben wanneer zij leidt tot de uitwisseling van strategische commerciële informatie die aanleiding kan geven tot een heimelijke verstandhouding of concurrentieverstorende afscherming. De waarschijnlijkheid dat de informatie-uitwisseling in de context van een productieovereenkomst leidt tot een beperking van de mededinging, moet worden beoordeeld overeenkomstig de aanwijzingen die worden gegeven in hoofdstuk 2.
[14-01-2011, PbEU C 11, i.w.tr. 14-01-2011/regelingnummer 2011/C11/01]

182
Indien de informatie-uitwisseling zich beperkt tot het uitwisselen van gegevens die nodig zijn voor de gezamenlijke productie van de goederen waarop de productieovereenkomst betrekking heeft, zou de overeenkomst, zelfs wanneer de informatie-uitwisseling mededingingsbeperkende gevolgen heeft in de zin van artikel 101, lid 1, waarschijnlijk gemakkelijker voldoen aan de criteria van artikel 101, lid 3, dan wanneer de uitwisseling verder zou gaan dan wat noodzakelijk is voor de gezamenlijke productie. In dit geval zullen de efficiëntieverbeteringen door gezamenlijke productie

waarschijnlijk opwegen tegen de mededingingsbeperkende gevolgen van de coördinatie van het gedrag van de partijen. Omgekeerd zal bij een productieovereenkomst waarbij informatie wordt uitgewisseld die niet noodzakelijk is voor de gezamenlijke productie, bijvoorbeeld de uitwisseling van informatie betreffende prijzen en verkoop, minder vaak aan de voorwaarden van artikel 101, lid 3, voldaan zijn.
[14-01-2011, PbEU C 11, i.w.tr. 14-01-2011/regelingnummer 2011/C11/01]

4.4 Beoordeling op grond van artikel 101, lid 3

4.4.1 Efficiëntieverbeteringen

183
Productieovereenkomsten kunnen positieve gevolgen hebben voor de mededinging indien zij efficiëntieverbeteringen opleveren in de vorm van kostenbesparingen of betere productietechnieken. Door gezamenlijk te produceren kunnen ondernemingen kosten besparen die anders tweemaal gemaakt zouden worden. De ondernemingen kunnen ook goedkoper produceren wanneer zij door de samenwerking de productie kunnen verhogen en de marginale kosten dus dalen, d.w.z. door schaalvoordelen. Door gezamenlijk te produceren en daarbij hun complementaire vaardigheden en knowhow te combineren, kunnen ondernemingen ook de productkwaliteit verbeteren. Samenwerking kan ondernemingen ook in staat stellen de productdiversiteit te vergroten, hetgeen zij anders niet zouden kunnen betalen of bereiken. Indien gezamenlijke productie de partijen in staat stelt het aantal verschillende producttypes te verhogen, kan dit ook kosten besparen doordat het product meer toepassingen vindt.
[14-01-2011, PbEU C 11, i.w.tr. 14-01-2011/regelingnummer 2011/C11/01]

4.4.2 Onmisbaarheid

184
Beperkingen die verder gaan dan nodig is om de efficiëntieverbeteringen te behalen die uit een productieovereenkomst voortvloeien, voldoen niet aan de criteria van artikel 101, lid 3. Beperkingen die door een productieovereenkomst aan partijen worden opgelegd met betrekking tot hun concurrentiegedrag in het kader van productie buiten het samenwerkingsgebied, worden doorgaans bijvoorbeeld niet als onmisbaar beschouwd. Zo ook wordt gezamenlijke prijsstelling niet onmisbaar geacht indien de productieovereenkomst geen gezamenlijke commercialisering omvat.
[14-01-2011, PbEU C 11, i.w.tr. 14-01-2011/regelingnummer 2011/C11/01]

4.4.3 Doorgifte aan consumenten

185
De door onmisbare beperkingen bereikte efficiëntieverbeteringen moeten in voldoende mate aan de gebruikers worden doorgegeven in de vorm van lagere prijzen of betere productkwaliteit of diversiteit, om de mededingingsbeperkende gevolgen te compenseren. Efficiëntieverbeteringen die slechts aan de partijen ten goede komen of kostenbesparingen ten gevolge van een beperking van de productie of een verdeling van de markt, volstaan niet om aan de criteria van artikel 101, lid 3, te voldoen.

Wanneer de partijen bij de productieovereenkomst kunnen besparen op hun variabele kosten, zullen zij waarschijnlijk meer geneigd zijn die door te geven aan consumenten, dan in het geval van besparingen op hun vaste kosten. Hoe groter de marktmacht van de partijen is, des te minder waarschijnlijk het bovendien wordt dat zij de efficiëntieverbeteringen in voldoende mate aan de consumenten doorgeven om op te wegen tegen de mededingingsbeperkende gevolgen.
[14-01-2011, PbEU C 11, i.w.tr. 14-01-2011/regelingnummer 2011/C11/01]

4.4.4 Geen uitschakeling van de mededinging

186
Aan de criteria van artikel 101, lid 3, kan niet worden voldaan indien de partijen de mogelijkheid hebben de mededinging voor een wezenlijk deel van de betrokken producten uit te schakelen. Dit moet worden onderzocht voor de relevante markt waartoe de onder de samenwerking vallende producten behoren, en voor mogelijke spillover-markten.
[14-01-2011, PbEU C 11, i.w.tr. 14-01-2011/regelingnummer 2011/C11/01]

4.5 Voorbeelden

187
Kostendeling en heimelijke verstandhouding
Voorbeeld 1
Situatie: Ondernemingen A en B, twee aanbieders van een product X, besluiten hun huidige en verouderde productie-eenheden te sluiten en een grotere, moderne en meer efficiënte fabriek te bouwen die beheerd wordt door een gemeenschappelijke onderneming en die een hogere capaciteit zal hebben dan de capaciteit van de oude fabrieken van ondernemingen A en B samen. Er zijn geen soortgelijke investeringen gepland door concurrenten, die de volle capaciteit van hun faciliteiten benutten. A en B hebben een marktaandeel van respectievelijk 20 % en 25 %. Hun producten zijn elkaars naaste vervangproducten in een specifiek, geconcentreerd marktsegment. De markt is transparant en stagneert min of meer, er zijn geen nieuwe toetredingen en de marktaandelen zijn al geruime tijd stabiel gebleven. De productiekosten vormen een groot deel van de variabele kosten van onderneming A en onderneming B voor product X. De commercialisering is in vergelijking met de productie een minder belangrijke economische activiteit, uit een oogpunt van zowel kosten als strategisch belang: de marketingkosten zijn laag aangezien product X een homogeen en gevestigd product is en de transportkosten zijn uit mededingingsoogpunt geen belangrijke factor.
Analyse: Als ondernemingen A en B hun variabele kosten volledig of voor een groot deel zouden delen, zou deze productieovereenkomst kunnen leiden tot een rechtstreekse beperking van de mededinging tussen partijen doordat belangrijke aspecten van mededinging tussen ondernemingen A en B direct worden uitgeschakeld. Dit kan de partijen ertoe aanzetten de productie van de gemeenschappelijke onderneming te beperken in vergelijking met wat de partijen op de markt zouden hebben gebracht indien zij elk afzonderlijk over hun productievolume zouden hebben beslist. Aangezien de concurrenten hun capaciteit niet meteen kunnen uitbreiden, zou deze beperking van de productie tot hogere prijzen kunnen leiden.

Zelfs als ondernemingen A en B hun variabele kosten niet voor het grootste deel doch slechts in significante mate zouden delen, zou de productieovereenkomst tot een heimelijke verstandhouding tussen onderneming A en onderneming B kunnen leiden en de mededinging tussen beide indirect kunnen uitschakelen. Hoe waarschijnlijk dit is, hangt niet alleen af van de (in dit geval hoge) mate waarin de partijen kosten delen, maar ook van de kenmerken van de relevante markt, zoals bijvoor- beeld de transparantie, stabiliteit en concentratiegraad.

In beide hierboven beschreven gevallen zal de gemeenschappelijke productieonderneming van on- dernemingen A en B, gelet op de marktconfiguratie in dit voorbeeld, waarschijnlijk leiden tot mededingingsbeperkende gevolgen in de zin van artikel 101, lid 1, op de markt voor product X.

De vervanging van de twee kleinere oude productie-eenheden door een grotere, moderne en meer efficiënte fabriek kan leiden tot een uitbreiding van de productie van de gemeenschappelijke onder- neming, tegen een lagere prijs, ten voordele van de consumenten. De productieovereenkomst kan evenwel enkel aan de criteria van artikel 101, lid 3, voldoen indien de partijen afdoende bewijzen hebben geleverd dat de efficiëntieverbeteringen in voldoende mate worden doorgegeven aan de consumenten om op te wegen tegen de mededingingsbeperkende gevolgen.

[14-01-2011, PbEU C 11, i.w.tr. 14-01-2011/regelingnummer 2011/C11/01]

188
Banden tussen concurrenten en heimelijke verstandhouding
Voorbeeld 2
Situatie: Twee aanbieders, ondernemingen A en B, richten een gemeenschappelijke productieonderneming op met betrekking tot product Y. Ondernemingen A en B hebben elk een aandeel van 15 % op de markt voor Y. Er zijn drie andere marktpartijen: onderneming C met een marktaandeel van 30 %, onderneming D met 25 % en onderneming E met 15 %. Onderneming B beschikt reeds over een gemeenschappelijke productiefabriek met onderneming D.

Analyse: De markt wordt gekenmerkt door een zeer klein aantal marktpartijen en vrij symmetrische structuren. Samenwerking tussen ondernemingen A en B zou voor een nieuwe band zorgen op de markt, hetgeen de marktconcentratie de facto zou verhogen, aangezien ook onderneming D aan ondernemingen A en B zou worden gekoppeld. Wellicht verhoogt deze samenwerking het risico op een heimelijke verstandhouding en bijgevolg waarschijnlijk op mededingingsbeperkende gevolgen in de zin van artikel 101, lid 1. Aan de criteria van artikel 101, lid 3, kan enkel worden voldaan in het geval van aanzienlijke efficiëntieverbeteringen die in voldoende mate worden doorgegeven aan de consumenten om op te wegen tegen de mededingingsbeperkende gevolgen.

[14-01-2011, PbEU C 11, i.w.tr. 14-01-2011/regelingnummer 2011/C11/01]

189
Concurrentieverstorende afscherming op een downstream-markt
Voorbeeld 3
Situatie: Ondernemingen A en B richten een gemeenschappelijke productieonderneming op voor het tussenproduct X, die de productie van X volledig voor haar rekening neemt. De productiekosten van X maken 70 % uit van de variabele kosten van het eindproduct Y waarmee ondernemingen A en B downstream concurreren. Ondernemingen

A en B hebben elk een aandeel van 20 % op de markt voor Y, er is beperkte toetreding en de marktaandelen zijn geruime tijd stabiel gebleven. Ondernemingen A en B voorzien in hun eigen behoefte aan X en hebben daarenboven beide een marktaandeel van 40 % op de commerciële markt voor X. De belemmeringen voor het betreden van de markt voor X zijn groot en de bestaande producenten benutten vrijwel de volledige capaciteit. Op de markt voor Y zijn er twee belangrijke andere aanbieders, met elk een marktaandeel van 15 %, en een aantal kleinere concurrenten. De overeenkomst levert schaalvoordelen op.

Analyse: Via de gemeenschappelijke productieonderneming zouden ondernemingen A en B de levering van de essentiële input X aan hun concurrenten op de markt voor Y verregaand kunnen controleren. Dit zou ondernemingen A en B in staat stellen de kosten van hun concurrenten te verhogen door de prijs van X kunstmatig te verhogen, of door de productie te verminderen. Dit zou de concurrenten van ondernemingen A en B van de markt voor Y kunnen uitsluiten. Vanwege de waarschijnlijke concurrentieverstorende afscherming op de downstream-markt, heeft deze overeenkomst wellicht mededingingsbeperkende gevolgen in de zin van artikel 101, lid 1. De schaalvoordelen die de gemeenschappelijke productieonderneming oplevert, zullen waarschijnlijk niet opwegen tegen de mededingingsbeperkende gevolgen en deze overeenkomst zal bijgevolg wellicht niet aan de criteria van artikel 101, lid 3, voldoen.
[14-01-2011, PbEU C 11, i.w.tr. 14-01-2011/regelingnummer 2011/C11/01]

190
Specialisatieovereenkomst als verdeling van de markt
Voorbeeld 4
Situatie: Ondernemingen A en B vervaardigen beide de producten X en Y. Het marktaandeel van ondernemingen A is voor X 30 % en voor Y 10 %. Het marktaandeel van onderneming B is voor X 10 % en voor Y 30 %. Om schaalvoordelen te behalen, sluiten zij een wederkerige specialisatieovereenkomst volgens welke onderneming A uitsluitend X en onderneming B uitsluitend Y zal produceren. Ondernemingen A en B leveren de goederen niet aan elkaar, zodat onderneming A uitsluitend X verkoopt en onderneming B uitsluitend Y verkoopt. De partijen stellen dat zij door zich op deze wijze te specialiseren, door de schaalvoordelen kosten besparen, en dat door zich slechts op één product te richten, hun productietechnieken zullen verbeteren, hetgeen tot producten van hogere kwaliteit zal leiden.

Analyse: Wat de gevolgen voor de mededinging op de markt betreft, komt deze specialisatieovereenkomst in de buurt van een hardcore kartel waarbij de partijen de markt onderling verdelen. Derhalve is er sprake van een mededingingsbeperkende strekking. Aangezien de gestelde efficiëntieverbeteringen in de vorm van schaalvoordelen en betere productietechnieken uitsluitend te maken hebben met de marktverdeling, wegen zij waarschijnlijk niet op tegen de beperkende gevolgen, en voldoet de overeenkomst derhalve niet aan de criteria van artikel 101, lid 3. In ieder geval zouden ondernemingen A of B, indien zij denken dat het efficiënter zou zijn zich op slechts één product toe te spitsen, de eenzijdige beslissing kunnen nemen om alleen X of Y te produceren, zonder tegelijkertijd overeen te komen dat de andere onderneming zich op de vervaardiging van het andere product concentreert.

De analyse zou anders zijn wanneer ondernemingen A en B het product waarop zij zich toespitsen aan elkaar leveren, zodat zij beide X en Y blijven verkopen. In dat geval

zouden ondernemingen A en B elkaar nog steeds op beide markten kunnen beconcurreren op prijsgebied, in het bijzonder wanneer de productiekosten (die door de productieovereenkomst gemeenschappelijk worden) geen groot deel vormden van de variabele kosten van hun producten. De relevante kosten in deze context zijn de kosten voor de commercialisering. Derhalve zal de specialisatieovereenkomst waarschijnlijk geen aanleiding geven tot mededingingsbeperkingen indien X en Y voornamelijk heterogene producten zijn met heel hoge marketing- en distributiekosten (bijvoorbeeld 65-70 % of meer van de totale kosten). In dat geval zou het risico op een heimelijke verstandhouding niet groot zijn en wordt er mogelijk aan de criteria van artikel 101, lid 3, voldaan, voor zover de efficiëntieverbeteringen in voldoende mate worden doorgegeven aan de consumenten om op te wegen tegen de mededingingsbeperkende gevolgen van de overeenkomst.
[14-01-2011, PbEU C 11, i.w.tr. 14-01-2011/regelingnummer 2011/C11/01]

191
Potentiële concurrenten
Voorbeeld 5
Situatie: Onderneming A vervaardigt het eindproduct X en onderneming B vervaardigt het eindproduct Y. X en Y vormen twee afzonderlijke productmarkten, waarop onderneming A en onderneming B respectievelijk veel marktmacht hebben. Beide ondernemingen gebruiken Z als input voor de productie van X en Y en vervaardigen Z uitsluitend voor eigen gebruik. X is een product met geringe toegevoegde waarde en Z is een essentiële input voor X (X is een vrij eenvoudige verwerking van Z). Y is een product met een hoge toegevoegde waarde waarvoor Z slechts een deel van de input uitmaakt (Z vormt een klein deel van de variabele kosten van Y). Ondernemingen A en B komen overeen Z gezamenlijk te produceren, hetgeen bescheiden schaalvoordelen oplevert.
Analyse: Onderneming A en B zijn geen daadwerkelijke concurrenten met betrekking tot X, Y of Z. Aangezien X echter een eenvoudige verwerking is van de input Z, zou onderneming B waarschijnlijk gemakkelijk de markt voor X kunnen betreden, en aldus onderneming A op die markt kunnen beconcurreren. De gezamenlijke productieovereenkomst met betrekking tot Z kan ertoe leiden dat onderneming B minder geneigd is om de markt te betreden. De gezamenlijke productie kan immers worden gebruikt voor secundaire betalingen en maakt de kans kleiner dat onderneming B product X begint te verkopen (daar onderneming A waarschijnlijk controle heeft over de hoeveelheid Z die onderneming B koopt van de gemeenschappelijke onderneming). Of onderneming B zonder de overeenkomst de markt voor X zou betreden, is evenwel afhankelijk van het te verwachten rendement bij toetreding. Daar X een product is met geringe toegevoegde waarde, is het misschien niet rendabel deze markt te betreden en is toetreding door onderneming B daarom wellicht ook zonder overeenkomst niet erg waarschijnlijk. Aangezien ondernemingen A en B al marktmacht bezitten, heeft de overeenkomst waarschijnlijk mededingingsbeperkende gevolgen in de zin van artikel 101, lid 1, indien de overeenkomst de toetreding van B tot de markt van A, dus tot de markt voor X, daadwerkelijk minder waarschijnlijk maakt. De efficiëntieverbeteringen in de vorm van schaalvoordelen uit de overeenkomst zijn gering en zullen derhalve waarschijnlijk niet opwegen tegen de mededingingsbeperkende gevolgen.
[14-01-2011, PbEU C 11, i.w.tr. 14-01-2011/regelingnummer 2011/C11/01]

192
Informatie-uitwisseling in een productieovereenkomst
Voorbeeld 6
Situatie: De ondernemingen A en B met een grote marktmacht besluiten gezamenlijk te produceren met het oog op meer efficiëntie. In het kader van deze overeenkomst wisselen zij in het geheim informatie uit over hun toekomstige prijzen. De overeenkomst heeft geen betrekking op gezamenlijke distributie.
Analyse: Deze informatie-uitwisseling leidt waarschijnlijk tot een heimelijke verstandhouding en het gaat hier dus allicht om een mededingingsbeperkende strekking in de zin van artikel 101, lid 1. Meer dan waarschijnlijk is niet aan de criteria van artikel 101, lid 3, voldaan omdat de uitwisseling van informatie over de toekomstige prijzen van partijen niet onmisbaar is voor de gezamenlijke productie en om de overeenkomstige kostenbesparingen te bereiken.
[14-01-2011, PbEU C 11, i.w.tr. 14-01-2011/regelingnummer 2011/C11/01]

193
Productieruil en informatie-uitwisseling
Voorbeeld 7
Situatie: Zowel onderneming A als onderneming B produceren een chemische grondstof Z. Z is een homogeen product dat wordt vervaardigd overeenkomstig een Europese norm die geen productvarianten toelaat. De productiekosten zijn een belangrijke kostenfactor voor Z. Op de Unie-markt voor Z heeft onderneming A een marktaandeel van 20 % en onderneming B een marktaandeel van 25 %. Er zijn vier andere fabrikanten op de markt voor Z, met marktaandelen van respectievelijk 20 %, 15 %, 10 % en 10 %. De fabriek van onderneming A is gevestigd in lidstaat X in Noord-Europa en de fabriek van onderneming B is gevestigd in lidstaat Y in Zuid-Europa. Hoewel het merendeel van de afnemers van onderneming A gevestigd is in Noord-Europa, heeft onderneming A ook een aantal klanten in Zuid-Europa. De meeste afnemers van onderneming B zijn gevestigd in Zuid-Europa, maar zij heeft ook een aantal klanten in Noord-Europa. Op dit moment levert onderneming A aan de Zuid-Europese afnemers Z dat wordt vervaardigd in zijn fabriek in lidstaat X en per vrachtwagen naar Zuid-Europa wordt vervoerd. Onderneming B levert aan de Noord-Europese afnemers Z dat wordt vervaardigd in lidstaat Y en per vrachtwagen naar Noord-Europa wordt vervoerd. De transportkosten zijn vrij hoog, maar niet in die mate dat de leveringen van onderneming A naar Zuid-Europa en de leveringen van onderneming B naar Noord-Europa niet rendabel zouden zijn. De transportkosten van X naar Zuid-Europa zijn lager dan die van Y naar Noord-Europa.
Ondernemingen A en B besluiten dat het efficiënter zou zijn dat onderneming A stopt met Z te vervoeren van lidstaat X naar Zuid-Europa en dat onderneming B stopt met Z te vervoeren van lidstaat Y naar Noord-Europa, maar zij willen graag hun afnemers behouden. Daartoe zijn ondernemingen A en B voornemens een ruilovereenkomst te sluiten op grond waarvan zij een overeengekomen jaarlijkse hoeveelheid Z kunnen kopen van de fabriek van de andere partij, met als doel het gekochte Z te verkopen aan klanten die dichter bij de fabriek van de andere partij gevestigd zijn. Om een aankoopprijs te berekenen die niet voordeliger is voor de ene partij dan voor de andere en die terdege rekening houdt met de verschillende productiekosten en besparingen op transportkosten van de partijen, en om ervoor te zorgen dat beide partijen een pas-

sende winst kunnen behalen, komen zij overeen hun belangrijkste kosten met betrekking tot Z aan elkaar bekend te maken (d.w.z. productiekosten en transportkosten).
Analyse: Het feit dat ondernemingen A en B, die concurrenten zijn, delen van hun productie ruilen, levert op zichzelf geen mededingingsbezwaren op. De beoogde ruilovereenkomst tussen ondernemingen A en B voorziet met betrekking tot Z evenwel in de uitwisseling van informatie over productie- en transportkosten van de beide partijen. Bovendien hebben ondernemingen A en B voor een homogeen basisproduct een sterke gezamenlijke marktpositie in een vrij geconcentreerde markt. Daarom is het, als gevolg van de uitvoerige informatie-uitwisseling over een belangrijke parameter inzake mededinging met betrekking tot Z, waarschijnlijk dat de ruilovereenkomst tussen ondernemingen A en B mededingingsbeperkende gevolgen heeft in de zin van artikel 101, lid 1, aangezien die tot een heimelijke verstandhouding kan leiden. Hoewel de overeenkomst aanleiding geeft tot aanzienlijke efficiëntieverbeteringen in de vorm van kostenbesparingen voor de partijen, zijn de beperkingen van de mededinging die worden veroorzaakt door de overeenkomst niet onmisbaar voor het bereiken daarvan. De partijen zouden dergelijke kostenbesparingen ook kunnen realiseren door een prijsformule overeen te komen waarbij zij hun productie- en transportkosten niet bekendmaken. Derhalve voldoet de ruilovereenkomst in haar huidige vorm niet aan de criteria van artikel 101, lid 3.
[14-01-2011, PbEU C 11, i.w.tr. 14-01-2011/regelingnummer 2011/C11/01]

5 Inkoopovereenkomsten

5.1 Definitie

194
In dit hoofdstuk komen voornamelijk overeenkomsten betreffende de gemeenschappelijke inkoop van producten aan de orde. De gemeenschappelijke inkoop kan worden verricht door een onderneming onder gezamenlijke zeggenschap, door een onderneming waarin vele andere ondernemingen een niet- zeggenschapsdeelneming hebben of op basis van een contractuele regeling of een nog lossere samenwerkingsvorm (hierna gezamenlijk 'collectieve inkoopregelingen' genoemd). Collectieve inkoopregelingen hebben doorgaans de totstandbrenging van kopersmacht ten doel, hetgeen kan leiden tot lagere prijzen of een betere kwaliteit van producten of diensten voor de consument. Kopersmacht kan evenwel, onder bepaalde omstandigheden, ook aanleiding geven tot mededingingsbezwaren.
[14-01-2011, PbEU C 11, i.w.tr. 14-01-2011/regelingnummer 2011/C11/01]

195
Collectieve inkoopregelingen kunnen zowel horizontale als verticale overeenkomsten impliceren. In dergelijke gevallen is een analyse in twee stappen noodzakelijk. Eerst moeten de horizontale overeenkomsten tussen de bij de collectieve inkoop betrokken ondernemingen worden beoordeeld volgens de in deze richtsnoeren beschreven beginselen. Indien deze beoordeling leidt tot de conclusie dat de collectieve inkoopregeling geen aanleiding geeft tot mededingingsbezwaren, moeten de desbetreffende verticale overeenkomsten aan een nader onderzoek worden onderworpen. Deze laatste

beoordeling moet geschieden volgens de regels van de groepsvrijstellingsverordening inzake verticale beperkingen en de richtsnoeren inzake verticale beperkingen.
[14-01-2011, PbEU C 11, i.w.tr. 14-01-2011/regelingnummer 2011/C11/01]

196
Een gebruikelijke vorm van een collectieve inkoopregeling is een 'inkoopverband', d.w.z. een vereniging van ondernemingen die door een groep detailhandelaren wordt gevormd met het oog op de gezamenlijke inkoop van producten. Horizontale overeenkomsten tussen de leden van het verband of besluiten van het verband dienen eerst als een horizontale samenwerkingsovereenkomst aan deze richtsnoeren te worden getoetst. Alleen wanneer die beoordeling geen mededingingsbezwaren aan het licht brengt, is het relevant de desbetreffende verticale overeenkomsten tussen het verband en een individueel lid ervan alsmede tussen het verband en leveranciers te toetsen. Op deze overeenkomsten is – onder bepaalde voorwaarden – de groepsvrijstellingsverordening inzake verticale beperkingen van toepassing. Verticale overeenkomsten die niet onder die groepsvrijstellingsverordening vallen, zijn niet per definitie onrechtmatig maar moeten individueel worden getoetst.
[14-01-2011, PbEU C 11, i.w.tr. 14-01-2011/regelingnummer 2011/C11/01]

5.2 Relevante markten

197
Er zijn twee markten waarvoor collectieve inkoopregelingen gevolgen kunnen hebben: ten eerste de markt of markten waarop de collectieve inkoopregeling rechtstreeks betrekking heeft, dat wil zeggen de relevante inkoopmarkt of –markten; ten tweede de afzetmarkt of -markten, dat wil zeggen de markt of markten downstream waarop de partijen bij de collectieve inkoopregeling als verkopers optreden.
[14-01-2011, PbEU C 11, i.w.tr. 14-01-2011/regelingnummer 2011/C11/01]

198
De methode ter bepaling van de relevante inkoopmarkten volgt de beginselen die worden aangegeven in de Bekendmaking marktbepaling en gaat uit van het begrip substitueerbaarheid om te bepalen of er sprake is van concurrentiedruk. Het enige verschil met de definitie van 'afzetmarkten' is dat de substitueerbaarheid moet worden gedefinieerd uit het oogpunt van het aanbod en niet uit het oogpunt van de vraag. Met andere woorden: de alternatieven van de aanbieders zijn van doorslaggevend belang wanneer het erom gaat de concurrentiedruk voor inkopers vast te stellen. Die alternatieven zouden bijvoorbeeld kunnen worden geanalyseerd door de reactie van de aanbieders op een geringe doch duurzame prijsvermindering te onderzoeken. Wanneer de markt eenmaal is afgebakend, kan het marktaandeel worden berekend als het percentage dat de aankopen van de partijen vertegenwoordigen in de totale verkopen van het ingekochte product of de ingekochte producten op de relevante markt.
[14-01-2011, PbEU C 11, i.w.tr. 14-01-2011/regelingnummer 2011/C11/01]

199
Indien de partijen daarnaast op een of meer afzetmarkten concurreren, zijn deze markten eveneens relevant voor de beoordeling. De afzetmarkten moeten worden bepaald aan de hand van de in de Bekendmaking marktbepaling beschreven methode.
[14-01-2011, PbEU C 11, i.w.tr. 14-01-2011/regelingnummer 2011/C11/01]

5.3 Beoordeling op grond van artikel 101, lid 1

5.3.1 Voornaamste mededingingsbezwaren

200
Collectieve inkoopregelingen kunnen mededingingsbeperkende gevolgen hebben voor de inkoopmarkt of -markten en/of voor de downstream-afzetmarkt of -markten, bijvoorbeeld hogere prijzen, een geringere productie, productkwaliteit, productdiversiteit of innovatie, een verdeling van de markt of een concurrentieverstorende uitsluiting van andere potentiële inkopers.
[14-01-2011, PbEU C 11, i.w.tr. 14-01-2011/regelingnummer 2011/C11/01]

201
Indien downstream-concurrenten een significant deel van hun producten gezamenlijk inkopen, kan dit voor hen de prikkel om op prijs te concurreren op de afzetmarkt of -markten aanzienlijk verminderen. Als de partijen een aanzienlijke marktmacht bezitten (wat niet noodzakelijk een machtspositie impliceert) op de afzetmarkt of -markten, zullen de lagere inkoopprijzen die door de collectieve inkoopregeling worden bereikt waarschijnlijk niet worden doorgegeven aan de consumenten.
[14-01-2011, PbEU C 11, i.w.tr. 14-01-2011/regelingnummer 2011/C11/01]

202
Indien de partijen een aanzienlijke marktmacht bezitten op de inkoopmarkt (kopersmacht), bestaat het risico dat zij de leveranciers ertoe dwingen het assortiment of de kwaliteit van de producten die zij aanbieden te beperken, hetgeen mededingingsbeperkende gevolgen kan hebben, bijvoorbeeld kwaliteitsvermindering, terugschroeven van innovatie-inspanningen of uiteindelijk een suboptimaal aanbod.
[14-01-2011, PbEU C 11, i.w.tr. 14-01-2011/regelingnummer 2011/C11/01]

203
Kopersmacht van de partijen bij de collectieve inkoopregeling kan worden gebruikt om concurrerende kopers van de markt te weren door hun toegang tot efficiënte leveranciers te beperken. Dit is het meest waarschijnlijk indien er slechts een beperkt aantal leveranciers is en er drempels moeten worden overwonnen om aan de aanbodzijde de upstream-markt te betreden.
[14-01-2011, PbEU C 11, i.w.tr. 14-01-2011/regelingnummer 2011/C11/01]

204

In het algemeen zullen collectieve inkoopregelingen evenwel minder gemakkelijk aanleiding geven tot mededingingsbezwaren wanneer de partijen geen marktmacht bezitten op de afzetmarkt of -markten.
[14-01-2011, PbEU C 11, i.w.tr. 14-01-2011/regelingnummer 2011/C11/01]

5.3.2 Mededingingsbeperkende strekking

205

Collectieve inkoopregelingen hebben een mededingingsbeperkende strekking indien zij niet echt betrekking hebben op gemeenschappelijke inkoop, maar worden gebruikt als middel om een verkapt kartel op te zetten en aldus aan verboden prijsvaststelling, productiebeperking of marktverdeling te doen.
[14-01-2011, PbEU C 11, i.w.tr. 14-01-2011/regelingnummer 2011/C11/01]

206

Overeenkomsten waarbij inkoopprijzen worden vastgesteld, strekken er waarschijnlijk toe de mededinging te beperken in de zin van artikel 101, lid 1 [1]. Dit geldt evenwel niet wanneer de partijen bij een collectieve inkoopregeling in onderling overleg de inkoopprijzen bepalen die het collectieve inkoopverband aan zijn leveranciers mag betalen voor de producten waarop het leveringscontract betrekking heeft. In dat geval moet worden onderzocht of de overeenkomst mededingingsbeperkende gevolgen kan hebben in de zin van artikel 101, lid 1. In beide situaties wordt de overeenkomst inzake inkoopprijzen niet op zichzelf beoordeeld, maar met inachtneming van alle gevolgen van de inkoopovereenkomst op de markt.
[14-01-2011, PbEU C 11, i.w.tr. 14-01-2011/regelingnummer 2011/C11/01]

5.3.3 Mededingingsbeperkende gevolgen

207

Collectieve inkoopregelingen die niet een mededingingsbeperkende strekking hebben, moeten in hun juridische en economische context worden onderzocht op hun daadwerkelijke en potentiële gevolgen voor de mededinging. Bij de analyse van de mededingingsbeperkende gevolgen van een collectieve inkoopregeling moet gekeken worden naar de negatieve effecten op zowel de inkoop- als de afzetmarkten.
[14-01-2011, PbEU C 11, i.w.tr. 14-01-2011/regelingnummer 2011/C11/01]

Marktmacht

208

Er bestaat geen absolute drempel waarboven kan worden vermoed dat de partijen bij een collectieve inkoopregeling marktmacht hebben zodat de collectieve inkoopregeling waarschijnlijk aanleiding zal geven tot mededingingsbeperkende gevolgen in de zin van artikel 101, lid 1. In de meeste gevallen is het echter onwaarschijnlijk

---

(1) Zie artikel 101, lid 1, onder a); gevoegde zaken T-217/03 en T-245/03, Frans rundvlees, punt 83 e.v.; zaak C-8/08, T- Mobile Nederland, punt 37.

dat er sprake zou zijn van marktmacht wanneer het gezamenlijke marktaandeel van de partijen bij de collectieve inkoopregeling minder dan 15 % bedraagt, zowel op de inkoopmarkt of -markten als op de afzetmarkt of -markten. Indien het gezamenlijke marktaandeel van de partijen op zowel de inkoop- als de afzetmarkt of -markten niet meer dan 15 % bedraagt, is het in elk geval waarschijnlijk dat aan de voorwaarden van artikel 101, lid 3, is voldaan.
[14-01-2011, PbEU C 11, i.w.tr. 14-01-2011/regelingnummer 2011/C11/01]

209
Een marktaandeel boven een deze drempel op een van beide markten of beide markten wijst er niet automatisch op dat de collectieve inkoopregeling waarschijnlijk mededingingsbeperkende gevolgen zal hebben. Een collectieve inkoopregeling die niet binnen deze 'veilige zone' valt, vereist een grondige analyse van de gevolgen ervan voor de markt, waarbij — zij het niet uitsluitend — rekening wordt gehouden met factoren zoals de marktconcentratie en een mogelijke tegenmacht van sterke aanbieders.
[14-01-2011, PbEU C 11, i.w.tr. 14-01-2011/regelingnummer 2011/C11/01]

210
Kopersmacht kan onder bepaalde omstandigheden mededingingsbeperkende gevolgen hebben. Van concurrentieverstorende kopersmacht zal wellicht sprake zijn wanneer een collectieve inkoopregeling betrekking heeft op een zo groot gedeelte van het totale volume van een inkoopmarkt dat de toegang tot de markt kan worden afgeschermd voor concurrerende kopers. Een grote kopersmacht kan indirect gevolgen hebben voor de productie, de kwaliteit en de diversiteit van producten op de afzetmarkt.
[14-01-2011, PbEU C 11, i.w.tr. 14-01-2011/regelingnummer 2011/C11/01]

211
Bij het onderzoek of de partijen bij een collectieve inkoopregeling kopersmacht bezitten, zijn het aantal en de intensiteit van de relaties (bijvoorbeeld andere inkoopovereenkomsten) tussen de concurrenten op de markt van belang voor de beoordeling.
[14-01-2011, PbEU C 11, i.w.tr. 14-01-2011/regelingnummer 2011/C11/01]

212
Gaat het echter om een samenwerking tussen concurrerende afnemers die niet op dezelfde relevante afzetmarkt werkzaam zijn (bijvoorbeeld kleinhandelaren die op verschillende geografische markten actief zijn en niet als potentiële concurrenten kunnen worden beschouwd), dan zal de collectieve inkoopregeling waarschijnlijk geen concurrentiebeperkende gevolgen hebben, tenzij de partijen op de inkoopmarkten een positie innemen die gemakkelijk kan worden gebruikt om de concurrentiepositie van andere marktdeelnemers op hun respectieve afzetmarkten te schaden.
[14-01-2011, PbEU C 11, i.w.tr. 14-01-2011/regelingnummer 2011/C11/01]

Heimelijke verstandhouding

213
Collectieve inkoopregelingen kunnen leiden tot een heimelijke verstandhouding indien zij coördinatie van de gedragingen van de partijen op de afzetmarkt vergemakkelijken. Dit kan het geval zijn wanneer de partijen door de gezamenlijke inkoop in hoge mate kosten gaan delen, voor zover de partijen marktmacht bezitten en de markt kenmerken vertoont die aanzetten tot coördinatie.
[14-01-2011, PbEU C 11, i.w.tr. 14-01-2011/regelingnummer 2011/C11/01]

214
Beperkende gevolgen voor de mededinging zijn waarschijnlijker indien de partijen bij de collectieve inkoopregeling een aanzienlijk deel van hun variabele kosten op de relevante downstream-markt delen. Dit is bijvoorbeeld het geval wanneer kleinhandelaren die op dezelfde relevante kleinhandelsmarkt of -markten actief zijn, gezamenlijk een aanzienlijke hoeveelheid inkopen van de producten die zij daarna te koop aanbieden. Dit kan eveneens het geval zijn wanneer concurrerende fabrikanten en verkopers van een eindproduct een groot deel van hun input gezamenlijk inkopen.
[14-01-2011, PbEU C 11, i.w.tr. 14-01-2011/regelingnummer 2011/C11/01]

215
Voor de uitvoering van een collectieve inkoopregeling kan het nodig zijn commercieel gevoelige informatie, bijvoorbeeld over inkoopprijzen en -volumes, uit te wisselen. De uitwisseling van dergelijke informatie kan coördinatie met het oog op de vaststelling van verkoopprijzen en productievolumes gemakkelijker maken en zo leiden tot een heimelijke verstandhouding op de afzetmarkten. De spillover-effecten van de uitwisseling van commercieel gevoelige informatie kunnen bijvoorbeeld tot een minimum worden beperkt wanneer de gegevens worden verzameld door een collectief inkoopverband dat de informatie niet doorgeeft aan de partijen.
[14-01-2011, PbEU C 11, i.w.tr. 14-01-2011/regelingnummer 2011/C11/01]

216
Eventuele negatieve effecten ten gevolge van de uitwisseling van informatie worden niet afzonderlijk onderzocht, maar samen met de algemene effecten van de overeenkomst. Of de uitwisseling van informatie in het kader van een collectieve inkoopregeling waarschijnlijk mededingingsbeperkende gevolgen zal hebben, dient te worden beoordeeld aan de hand van de in hoofdstuk 2 gegeven aanwijzingen. Als de uitwisseling van informatie niet verder gaat dan het delen van gegevens die noodzakelijk zijn voor de gezamenlijke inkoop van de producten waarop de collectieve inkoopregeling betrekking heeft, zal de overeenkomst — zelfs indien de uitwisseling van informatie mededingingsbeperkende gevolgen zou hebben in de zin van artikel 101, lid 1 — waarschijnlijk toch eerder aan de criteria van artikel 101, lid 3, voldoen dan wanneer de uitwisseling verder gaat dan nodig is voor de gezamenlijke inkoop.
[14-01-2011, PbEU C 11, i.w.tr. 14-01-2011/regelingnummer 2011/C11/01]

5.4 Beoordeling op grond van artikel 101, lid 3

5.4.1 Efficiëntieverbeteringen

217
Collectieve inkoopregelingen kunnen leiden tot aanzienlijke efficiëntieverbeteringen. Met name kunnen zij leiden tot kostenbesparingen, bijvoorbeeld in de vorm van lagere inkoopprijzen of geringere transactie-, transport- en opslagkosten, waardoor schaalvoordelen mogelijk worden. Daarenboven kunnen collectieve inkoopregelingen tot kwalitatieve efficiëntieverbeteringen leiden doordat zij leveranciers ertoe aansporen te innoveren en nieuwe of verbeterde producten op de markt te brengen.
[14-01-2011, PbEU C 11, i.w.tr. 14-01-2011/regelingnummer 2011/C11/01]

5.4.2 Onmisbaarheid

218
Beperkingen die verder gaan dan nodig is om de efficiëntieverbeteringen te behalen die uit een inkoopovereenkomst voortvloeien, voldoen niet aan de criteria van artikel 101, lid 3. Een verplichting om uitsluitend via de samenwerking in te kopen kan in sommige gevallen onmisbaar zijn om het voor het behalen van schaalvoordelen vereiste volume te bereiken. Een dergelijke verplichting moet echter per geval in de concrete context worden beoordeeld.
[14-01-2011, PbEU C 11, i.w.tr. 14-01-2011/regelingnummer 2011/C11/01]

5.4.3 Doorgifte aan consumenten

219
De door onmisbare beperkingen bereikte efficiëntieverbeteringen — bijvoorbeeld kostenbesparingen of kwalitatieve verbeteringen in de vorm van de introductie van nieuwe of verbeterde producten op de markt — moeten in voldoende mate aan de gebruikers worden doorgegeven om de mededingingsbeperkende gevolgen van de collectieve inkoopregeling te compenseren. Kostenbesparingen of andere efficiëntieverbeteringen die alleen de partijen bij de collectieve inkoopregeling ten goede komen, zijn derhalve niet voldoende. De kostenbesparingen moeten worden doorgegeven aan de gebruikers, d.w.z. de afnemers van de partijen. Deze doorgifte kan bijvoorbeeld geschieden in de vorm van lagere prijzen op de afzetmarkten. Lagere inkoopprijzen die louter het gevolg zijn van de uitoefening van kopersmacht, zullen waarschijnlijk niet aan de gebruikers worden doorgegeven indien de gezamenlijke inkopers marktmacht hebben op de afzetmarkten, en voldoen derhalve niet aan de criteria van artikel 101, lid 3. Hoe groter de marktmacht van de partijen op de afzetmarkt of -markten is, des te minder waarschijnlijk het overigens is dat zij efficiëntievoordelen aan de gebruikers zullen doorgeven in een mate die de mededingingsbeperkende gevolgen compenseert.
[14-01-2011, PbEU C 11, i.w.tr. 14-01-2011/regelingnummer 2011/C11/01]

5.4.4 Geen uitschakeling van de mededinging

220
Aan de criteria van artikel 101, lid 3, kan niet worden voldaan indien de partijen in de gelegenheid worden gesteld de mededinging voor een wezenlijk deel van de betrokken producten uit te schakelen. Hierbij moeten zowel de inkoop- als de afzetmarkten worden onderzocht.
[14-01-2011, PbEU C 11, i.w.tr. 14-01-2011/regelingnummer 2011/C11/01]

5.5 Voorbeelden

221
Collectieve inkoop door kleine ondernemingen met een bescheiden gezamenlijk marktaandeel
Voorbeeld 1
Situatie: 150 kleine detailhandelaren sluiten een overeenkomst tot oprichting van een gemeenschappelijke inkooporganisatie. Zij verplichten zich ertoe een minimumhoeveelheid via de organisatie af te nemen, welke ongeveer 50 % van de totale kosten van iedere detailhandelaar vertegenwoordigt. De detailhandelaren kunnen van de organisatie meer dan de minimumhoeveelheid betrekken en mogen ook buiten het samenwerkingsverband inkopen. Zij hebben een gezamenlijk marktaandeel van 23 % op zowel de inkoop- als de afzetmarkt. Onderneming A en onderneming B zijn hun twee grote concurrenten, waarbij onderneming A een aandeel van 25 % en onderneming B een aandeel van 35 % op zowel de inkoop- als de afzetmarkt heeft. Er zijn geen belemmeringen die de overige kleinere concurrenten zouden verhinderen eveneens een inkoopverband op te zetten. De 150 detailhandelaren behalen aanzienlijke kostenbesparingen door gezamenlijk in te kopen via de inkooporganisatie.
Analyse: De detailhandelaren hebben slechts een bescheiden positie op de inkoop- en de afzetmarkt. Voorts vloeien uit de samenwerking tot op zekere hoogte schaalvoordelen voort. Hoewel de detailhandelaren in hoge mate kosten delen, is de kans dat zij op de afzetmarkt marktmacht verwerven gering door de aanwezigheid van ondernemingen A en B, die beide afzonderlijk groter zijn dan de collectieve inkooporganisatie. Bijgevolg zullen de detailhandelaren waarschijnlijk hun gedrag niet coördineren en ook niet tot een heimelijke verstandhouding komen. De oprichting van de collectieve inkooporganisatie zal dus vermoedelijk geen mededingingsbeperkende gevolgen hebben in de zin van artikel 101, lid 1.
[14-01-2011, PbEU C 11, i.w.tr. 14-01-2011/regelingnummer 2011/C11/01]

222
Kostendeling en marktmacht op de afzetmarkt
Voorbeeld 2
Situatie: Twee supermarktketens sluiten een overeenkomst betreffende de gezamenlijke inkoop van producten die ongeveer 80 % van hun variabele kosten uitmaken. Op de relevante inkoopmarkten voor de diverse soorten producten hebben de partijen een gezamenlijk marktaandeel dat varieert van 25 % tot 40 %. Op de relevante afzetmarkt hebben zij een gezamenlijk marktaandeel van 60 %. Er zijn vier andere belangrijke

detailhandelaren met een marktaandeel van 10 % elk. Dat nieuwkomers de markt betreden is niet erg waarschijnlijk.

Analyse: De kans is groot dat deze inkoopovereenkomst de partijen de gelegenheid biedt om hun gedrag op de afzetmarkt te coördineren en dat er zo een heimelijke verstandhouding ontstaat. De partijen hebben marktmacht op de afzetmarkt en de inkoopovereenkomst heeft ten gevolge dat kosten in aanzienlijke mate worden gedeeld. Daarenboven zijn nieuwkomers op de markt niet erg waarschijnlijk. De prikkel voor de partijen om hun gedrag te coördineren zou nog worden versterkt indien hun kostenstructuren vóór het sluiten van de overeenkomst reeds vergelijkbaar waren. En als de partijen vergelijkbare winstmarges hebben, zou dit het risico op een heimelijke verstandhouding nog vergroten. De overeenkomst brengt ook het risico mee dat de partijen de vraag beperken en dat daardoor, wegens de daaruit voortvloeiende beperking van het volume, de verkoopprijzen downstream zouden stijgen. De inkoopovereenkomst zal daarom waarschijnlijk mededingingsbeperkende gevolgen hebben in de zin van artikel 101, lid 1. Ofschoon de overeenkomst, door de aanzienlijke marktmacht van de partijen op de afzetmarkt, meer dan waarschijnlijk tot efficiëntieverbeteringen zal leiden in de vorm van kostenbesparingen, zullen die allicht niet aan de gebruikers worden doorgegeven in een mate die de mededingingsbeperkende gevolgen compenseert. De overeenkomst zal daarom waarschijnlijk niet voldoen aan de criteria van artikel 101, lid 3.

[14-01-2011, PbEU C 11, i.w.tr. 14-01-2011/regelingnummer 2011/C11/01]

223
Partijen die op verschillende geografische markten actief zijn
Voorbeeld 3
Situatie: Zes grote detailhandelaren die elk in een andere lidstaat gevestigd zijn, vormen een inkoopverband om verscheidene merkproducten op basis van durumtarwemeel gezamenlijk in te kopen. De partijen mogen andere soortgelijke merkproducten inkopen buiten het samenwerkingsverband om. Voorts bieden vijf van hen vergelijkbare producten onder eigen label aan. De leden van het inkoopverband hebben een gezamenlijk marktaandeel van ongeveer 22 % op de relevante inkoopmarkt, die de gehele Unie bestrijkt. Op de inkoopmarkt zijn drie andere grote spelers van vergelijkbare grootte actief. Elk van de partijen bij het inkoopverband heeft een marktaandeel van 20 % tot 30 % op de nationale afzetmarkten waarop zij actief zijn. Geen van hen is actief in een lidstaat waar een ander lid van het inkoopverband actief is. De partijen zijn geen potentiële nieuwkomers op elkaars markten.

Analyse: Het inkoopverband zal kunnen concurreren met andere grote spelers die actief zijn op de inkoopmarkt. De afzetmarkten zijn veel kleiner (in omzet en geografische omvang) dan de inkoopmarkt, die de gehele Unie bestrijkt, en op die markten hebben sommige leden van het inkoopverband mogelijk marktmacht. Hoewel de leden van het inkoopverband een gezamenlijk marktaandeel van meer dan 15 % hebben op de inkoopmarkt, is het niet erg waarschijnlijk dat de partijen hun gedrag gaan coördineren en heimelijke afspraken maken op de afzetmarkten, aangezien zij geen daadwerkelijke of zelfs potentiële concurrenten zijn op de downstream-markten. Het inkoopverband zal daarom waarschijnlijk geen mededingingsbeperkende gevolgen hebben in de zin van artikel 101, lid 1.

[14-01-2011, PbEU C 11, i.w.tr. 14-01-2011/regelingnummer 2011/C11/01]

224
Informatie-uitwisseling
Voorbeeld 4
Situatie: Drie concurrerende fabrikanten A, B en C belasten een onafhankelijke collectieve inkooporganisatie met de inkoop van product Z, een halffabricaat dat door de drie partijen wordt gebruikt bij de productie van hun eindproduct X. De kostprijs van Z is geen significante kostenfactor bij de productie van X. De collectieve inkooporganisatie concurreert niet met de partijen op de afzetmarkt voor X. Alle informatie die noodzakelijk is voor de inkoop (bijvoorbeeld kwaliteitsspecificaties, hoeveelheden, leveringstermijnen, maximum inkoopprijzen) wordt alleen meegedeeld aan de collectieve inkooporganisatie en niet aan de andere partijen. De collectieve inkooporganisatie komt de inkoopprijzen overeen met de leveranciers. A, B en C hebben een gezamenlijk marktaandeel van 30 % op zowel de inkoop- als de afzetmarkt. Zij hebben zes concurrenten op de inkoop- en afzetmarkt, waarvan twee een marktaandeel van 20 % hebben.
Analyse: Aangezien er geen rechtstreekse informatie-uitwisseling plaatsvindt tussen de partijen, is het niet waarschijnlijk dat het aan de inkooporganisatie verstrekken van informatie die noodzakelijk is voor de inkoop, aanleiding zal geven tot een heimelijke verstandhouding. De informatie-uitwisseling zal daarom waarschijnlijk geen mededingingsbeperkende gevolgen hebben in de zin van artikel 101, lid 1.
[14-01-2011, PbEU C 11, i.w.tr. 14-01-2011/regelingnummer 2011/C11/01]

6 Commercialiseringsovereenkomsten

6.1 Definitie

225
Commercialiseringsovereenkomsten hebben betrekking op de samenwerking tussen concurrenten bij de verkoop, de distributie of de afzetbevordering voor hun onderling verwisselbare producten. De werkingssfeer van dit soort overeenkomsten kan sterk variëren, afhankelijk van de commercialiseringsfuncties die binnen de afgesproken samenwerking vallen. Aan het ene uiteinde van het spectrum staan de overeenkomsten inzake gezamenlijke afzet, die tot de gezamenlijke vaststelling van alle met de verkoop van een product verbonden commerciële aspecten, met inbegrip van de prijs, kunnen leiden. Aan het andere uiteinde zijn er meer beperkte overeenkomsten die alleen betrekking hebben op één bepaalde commercialiseringsfunctie, zoals distributie, service of reclame.
[14-01-2011, PbEU C 11, i.w.tr. 14-01-2011/regelingnummer 2011/C11/01]

226
Een belangrijke categorie binnen de meer beperkte overeenkomsten zijn de distributieovereenkomsten. De groepsvrijstellingsverordening inzake verticale beperkingen en de richtsnoeren inzake verticale beperkingen dekken in de regel distributieovereenkomsten, behalve wanneer de partijen bij de overeenkomst daadwerkelijke of potentiële concurrenten zijn. Indien de partijen concurrenten zijn, dekt de groepsvrijstellingsverordening inzake verticale beperkingen uitsluitend niet-wederkerige verticale overeenkomsten tussen concurrenten, voor zover a) de leverancier een producent

en een distributeur van goederen is, terwijl de afnemer een distributeur en niet een concurrerende onderneming op productieniveau is, of b) de leverancier op verschillende handelsniveaus een aanbieder van diensten is, terwijl de afnemer zijn goederen of diensten aanbiedt op detailhandelsniveau en geen concurrerende onderneming is op het handelsniveau waarop hij de contractdiensten koopt [1].
[14-01-2011, PbEU C 11, i.w.tr. 14-01-2011/regelingnummer 2011/C11/01]

227
Komen de concurrenten overeen hun onderling verwisselbare producten op basis van wederkerigheid te verdelen (met name indien zij dit op verschillende geografische markten doen), dan is het in bepaalde gevallen mogelijk dat deze overeenkomsten strekken tot de opdeling van de markten tussen de partijen of deze tot gevolg hebben, of dat zij tot een heimelijke verstandhouding leiden. Dit kan ook gelden voor niet-wederzijdse overeenkomsten tussen concurrenten. Wederkerige overeenkomsten en niet-wederkerige overeenkomsten tussen concurrenten moeten derhalve eerst worden getoetst aan de in dit hoofdstuk uiteengezette beginselen. Indien deze toetsing tot de conclusie leidt dat een samenwerking tussen concurrenten op distributiegebied in beginsel aanvaardbaar zou zijn, is een bijkomende beoordeling noodzakelijk van de verticale beperkingen die in dergelijke overeenkomsten zijn vervat. Deze tweede fase van de beoordeling moet gebaseerd zijn op de beginselen die in de richtsnoeren inzake verticale beperkingen zijn uiteengezet.
[14-01-2011, PbEU C 11, i.w.tr. 14-01-2011/regelingnummer 2011/C11/01]

228
Verder moet onderscheid worden gemaakt tussen overeenkomsten waarbij de partijen zich alleen verbinden tot gezamenlijke verkoop en overeenkomsten waarbij de verkoop verband houdt met een andere vorm van samenwerking upstream, zoals gezamenlijke productie of gezamenlijke inkoop. Bij het onderzoek van commercialiseringsovereenkomsten waarbij samenwerking in verschillende stadia wordt gecombineerd, moet worden nagegaan wat het zwaartepunt van de samenwerking is overeenkomstig de punten 13 en 14.
[14-01-2011, PbEU C 11, i.w.tr. 14-01-2011/regelingnummer 2011/C11/01]

6.2   Relevante markten

229
Om de concurrentieverhouding tussen de partijen te beoordelen, moeten de relevante geografische en productmarkt of -markten waarop de samenwerking rechtstreeks betrekking heeft (meer bepaald de markt of markten waartoe de producten waarop de overeenkomst betrekking heeft behoren) worden afgebakend. Aangezien een commercialiseringsovereenkomst op een bepaalde markt ook gevolgen kan hebben voor het concurrentiegedrag van de partijen op een naburige markt die nauw met de markt waarop de samenwerking rechtstreeks betrekking heeft, is verbonden, moet in voorkomend geval ook deze naburige markt worden afgebakend. Die naburige markt

---

(1) Artikel 2, lid 4, van de groepsvrijstellingsverordening inzake verticale beperkingen.

kan horizontaal of verticaal verbonden zijn met de markt waarop de samenwerking plaatsvindt.
[14-01-2011, PbEU C 11, i.w.tr. 14-01-2011/regelingnummer 2011/C11/01]

6.3 Beoordeling op grond van artikel 101, lid 1

6.3.1 Voornaamste mededingingsbezwaren

230
Commercialiseringsovereenkomsten kunnen op uiteenlopende wijzen leiden tot een beperking van de mededinging. Ten eerste is prijsvaststelling het meest voor de hand liggende gevolg dat commercialiseringsovereenkomsten kunnen hebben.
[14-01-2011, PbEU C 11, i.w.tr. 14-01-2011/regelingnummer 2011/C11/01]

231
Ten tweede kunnen commercialiseringsovereenkomsten ook een productiebeperking in de hand werken, daar de partijen door middel van de overeenkomst kunnen beslissen over de hoeveelheid producten die op de markt wordt gebracht, waardoor zij het aanbod kunnen beperken.
[14-01-2011, PbEU C 11, i.w.tr. 14-01-2011/regelingnummer 2011/C11/01]

232
Ten derde kunnen commercialiseringsovereenkomsten voor de partijen een middel worden om de markten te verdelen of bestellingen dan wel afnemers in onderling overleg toe te wijzen, bijvoorbeeld wanneer de productie-eenheden van de partijen gevestigd zijn in verschillende geografische markten of wanneer het om wederkerige overeenkomsten gaat.
[14-01-2011, PbEU C 11, i.w.tr. 14-01-2011/regelingnummer 2011/C11/01]

233
Ten slotte kunnen commercialiseringsovereenkomsten tevens leiden tot een uitwisseling van informatie over aspecten die binnen of buiten het bestek van de samenwerking vallen of tot het delen van kosten — met name bij overeenkomsten die geen prijsvaststelling behelzen — hetgeen kan resulteren in een heimelijke verstandhouding.
[14-01-2011, PbEU C 11, i.w.tr. 14-01-2011/regelingnummer 2011/C11/01]

6.3.2 Mededingingsbeperkende strekking

234
Een van de belangrijkste mededingingsbezwaren die bij commercialiseringsovereenkomsten tussen concurrenten rijzen, is de onderlinge vaststelling van prijzen. Overeenkomsten die alleen de gezamenlijke verkoop regelen, hebben doorgaans tot doel het prijsbeleid van concurrerende fabrikanten of dienstverrichters onderling af te stemmen. Bij dergelijke overeenkomsten wordt niet alleen de prijsconcurrentie tussen de partijen met betrekking tot hun onderling verwisselbare producten uitgeschakeld maar kan tevens de totale hoeveelheid goederen worden beperkt die door de partijen

in het kader van een systeem van toewijzing van bestellingen moet worden geleverd. Dergelijke overeenkomsten hebben daarom waarschijnlijk een mededingingsbeperkende strekking.
[14-01-2011, PbEU C 11, i.w.tr. 14-01-2011/regelingnummer 2011/C11/01]

235
Deze beoordeling verandert niet wanneer de overeenkomst niet-exclusief is, d.w.z. wanneer het de partijen vrij staat individueel buiten de overeenkomst om te verkopen, voor zover kan worden geconcludeerd dat de overeenkomst tot een algehele coördinatie van de door de partijen aangerekende prijzen zal leiden.
[14-01-2011, PbEU C 11, i.w.tr. 14-01-2011/regelingnummer 2011/C11/01]

236
Een ander specifiek bezwaar met betrekking tot distributieafspraken tussen partijen die op verschillende geografische markten actief zijn, is dat zij een middel tot opdeling van de markt kunnen zijn. Indien de partijen gebruik maken van een wederkerige distributieovereenkomst om elkaars producten te verdelen, teneinde bestaande of potentiële onderlinge mededinging uit te schakelen door markten of klanten toe te wijzen, mag ervan worden uitgegaan dat deze overeenkomst een mededingingsbeperkende strekking heeft. Is de overeenkomst niet wederkerig, dan is het risico van marktopdeling minder groot. Er moet evenwel worden nagegaan of de niet-wederkerige overeenkomst niet de basis vormt voor een onderlinge afspraak om elkaars markt niet te betreden.
[14-01-2011, PbEU C 11, i.w.tr. 14-01-2011/regelingnummer 2011/C11/01]

6.3.3 Mededingingsbeperkende gevolgen

237
Een commercialiseringsovereenkomst zal doorgaans geen aanleiding geven tot mededingingsbezwaren indien zij objectief gezien noodzakelijk is om een onderneming in staat te stellen een markt te betreden die deze alleen of met een kleiner aantal partijen dan bij de samenwerking betrokken zijn, niet had kunnen betreden, bijvoorbeeld wegens de kosten. Een specifieke toepassing van dit principe betreft consortiumovereenkomsten, die het ondernemingen mogelijk maken deel te nemen aan projecten die zij alleen niet hadden kunnen uitvoeren. Aangezien de partijen bij de consortiumovereenkomst dus geen potentiële concurrenten zijn voor de uitvoering van het project, is er geen sprake van beperking van de mededinging in de zin van artikel 101, lid 1.
[14-01-2011, PbEU C 11, i.w.tr. 14-01-2011/regelingnummer 2011/C11/01]

238
Overigens hebben ook niet alle wederkerige distributieovereenkomsten een mededingingsbeperkende strekking. Naargelang van de feitelijke omstandigheden hebben sommige wederkerige distributieovereenkomsten echter mogelijk wel mededingingsbeperkende gevolgen. Bij de beoordeling van dit soort overeenkomst moet in eerste instantie worden nagegaan of de partijen objectief gezien de betrokken overeenkomst nodig hebben om elkaars markt te betreden. Is dit het geval, dan zal de overeenkomst geen mededingingsproblemen van horizontale aard veroorzaken. Indien de overeen-

komst evenwel voor een van de partijen de mogelijkheid om zelfstandig te beslissen over het betreden van de markt of markten van andere partijen vermindert door de prikkels om dat te doen weg te nemen, is er waarschijnlijk sprake van mededingingsbeperkende gevolgen. Dezelfde redenering kan worden toegepast op niet-wederkerige overeenkomsten, waarbij het risico op mededingingsbeperkende gevolgen echter minder uitgesproken is.
[14-01-2011, PbEU C 11, i.w.tr. 14-01-2011/regelingnummer 2011/C11/01]

239
Voorts kan de distributieovereenkomst mededingingsbeperkende gevolgen hebben indien zij verticale beperkingen behelst, zoals beperkingen op passieve verkoop, verticale prijsbinding enz.
[14-01-2011, PbEU C 11, i.w.tr. 14-01-2011/regelingnummer 2011/C11/01]

Marktmacht

240
Commercialiseringsovereenkomsten tussen concurrenten kunnen slechts mededingingsbeperkende gevolgen hebben indien de partijen een zekere marktmacht bezitten. In de meeste gevallen is het onwaarschijnlijk dat er marktmacht zou bestaan wanneer de partijen bij de overeenkomst een gezamenlijk marktaandeel van ten hoogste 15 % hebben. Bij een gezamenlijk marktaandeel van de partijen van ten hoogste 15 % is het in elk geval waarschijnlijk dat de betrokken overeenkomst aan de voorwaarden van artikel 101, lid 3, voldoet.
[14-01-2011, PbEU C 11, i.w.tr. 14-01-2011/regelingnummer 2011/C11/01]

241
Wanneer het gezamenlijke marktaandeel van de partijen meer dan 15 % bedraagt, valt de overeenkomst buiten de 'veilige zone' van punt 240 en moet worden nagegaan welke gevolgen de overeenkomst inzake gezamenlijke commercialisering waarschijnlijk voor de markt zal hebben.
[14-01-2011, PbEU C 11, i.w.tr. 14-01-2011/regelingnummer 2011/C11/01]

Heimelijke verstandhouding

242
Een overeenkomst inzake gezamenlijke commercialisering die geen vaststelling van prijzen behelst, zal waarschijnlijk ook mededingingsbeperkende gevolgen hebben indien de mate waarin de partijen variabele kosten delen, stijgt tot een niveau waarop een heimelijke verstandhouding het logische gevolg is. Dit zal allicht het geval zijn wanneer de partijen reeds vóór het sluiten van de commercialiseringsovereenkomst een aanzienlijk deel van hun variabele kosten deelden, daar de extra gedeelde kosten (te weten de verkoopkosten van het product waarop de overeenkomst betrekking heeft) de balans kunnen doen doorslaan naar een heimelijke verstandhouding. Indien daarentegen de gedeelde kosten sterk toenemen, zal het risico dat het tot een

heimelijke verstandhouding komt wellicht groot zijn, zelfs indien het oorspronkelijke niveau van gedeelde kosten laag is.
[14-01-2011, PbEU C 11, i.w.tr. 14-01-2011/regelingnummer 2011/C11/01]

243
De waarschijnlijkheid dat er een heimelijke verstandhouding tot stand komt, hangt af van de marktmacht van de partijen en van de kenmerken van de relevante markt. Gedeelde kosten kunnen het risico op een heimelijke verstandhouding alleen doen toenemen als de partijen marktmacht hebben en als de verkoopkosten een groot deel van de variabele kosten voor de betrokken producten vertegenwoordigen. Dat is bijvoorbeeld niet het geval bij homogene producten, waarbij de productie de belangrijkste kostenfactor is. Het delen van verkoopkosten doet daarentegen het risico op een heimelijke verstandhouding toenemen als de commercialiseringsovereenkomst betrekking heeft op producten waarvan de verkoop veel kosten meebrengt, bijvoorbeeld hoge distributie- of marketingkosten. Gemeenschappelijke reclame- of promotieovereenkomsten kunnen derhalve eveneens aanleiding geven tot mededingingsbeperkende gevolgen indien die kosten een belangrijke kostenfactor vormen.
[14-01-2011, PbEU C 11, i.w.tr. 14-01-2011/regelingnummer 2011/C11/01]

244
Gezamenlijke commercialisering brengt doorgaans de uitwisseling van gevoelige commerciële informatie mee, met name over marketingstrategie en prijsstelling. In de meeste commercialiseringsovereenkomsten is met het oog op de uitvoering ervan voorzien in een bepaalde mate van informatie-uitwisseling. Er moet dan ook worden nagegaan of die informatie-uitwisseling aanleiding kan geven tot een heimelijke verstandhouding met betrekking tot de activiteiten van de partijen binnen en buiten het samenwerkingverband. Eventuele negatieve effecten ten gevolge van de uitwisseling van informatie worden niet afzonderlijk onderzocht, maar samen met de algemene effecten van de overeenkomst.
[14-01-2011, PbEU C 11, i.w.tr. 14-01-2011/regelingnummer 2011/C11/01]

245
Wanneer bijvoorbeeld de partijen bij een overeenkomst voor het gezamenlijk voeren van reclame prijsstellingsinformatie uitwisselen, kan dit leiden tot een heimelijke verstandhouding met betrekking tot de producten waarvoor gezamenlijk reclame wordt gemaakt. De uitwisseling van dergelijke informatie in het kader van een overeenkomst voor het gezamenlijk voeren van reclame gaat hoe dan ook verder dan wat nodig is voor de uitvoering van die overeenkomst. Welke mededingingsbeperkende gevolgen van informatie-uitwisseling in het kader van commercialiseringsovereenkomsten te verwachten zijn, hangt af van de kenmerken van de markt en de uitgewisselde gegevens en dient te worden beoordeeld aan de hand van de in hoofdstuk 2 gegeven aanwijzingen.
[14-01-2011, PbEU C 11, i.w.tr. 14-01-2011/regelingnummer 2011/C11/01]

6.4 Beoordeling op grond van artikel 101, lid 3

6.4.1 Efficiëntieverbeteringen

246
Commercialiseringsovereenkomsten kunnen leiden tot aanzienlijke efficiëntieverbeteringen. Met welke efficiëntieverbeteringen rekening moet worden gehouden bij de beoordeling of een commercialiseringsovereenkomst voldoet aan de criteria van artikel 101, lid 3, hangt af van de aard van de activiteit en de partijen die deel uitmaken van het samenwerkingsverband. Vaststelling van de prijzen kan over het algemeen niet worden gerechtvaardigd, tenzij deze onmisbaar is voor de integratie van andere marketingfuncties en deze integratie een aanmerkelijke efficiëntieverbetering tot stand zal brengen. Gezamenlijke distributie kan aanzienlijke efficiëntieverbeteringen opleveren door de schaalvoordelen, zeker voor kleinere producenten.
[14-01-2011, PbEU C 11, i.w.tr. 14-01-2011/regelingnummer 2011/C11/01]

247
Daarenboven mag het bij de efficiëntieverbeteringen niet gaan om besparingen die alleen het gevolg zijn van het wegvallen van kosten die inherent deel uitmaken van de concurrentie, maar moet het gaan om het resultaat zijn van het bijeenbrengen van economische activiteiten. Een verlaging van de vervoerkosten die alleen voortvloeit uit de toewijzing van klanten zonder integratie van het logistieke systeem kan daarom niet worden beschouwd als een efficiëntieverbetering in de zin van artikel 101, lid 3.
[14-01-2011, PbEU C 11, i.w.tr. 14-01-2011/regelingnummer 2011/C11/01]

248
De efficiëntieverbeteringen moeten worden aangetoond door de partijen bij de overeenkomst. De inbreng door de partijen van voldoende kapitaal, technologie of andere activa kan in dit opzicht een belangrijke factor zijn. Kostenbesparingen dankzij minder duplicatie van middelen en faciliteiten kunnen eveneens worden aanvaard. Wanneer de gezamenlijke commercialisering echter niet meer inhoudt dan een verkoopbureau en er geen investeringen worden gedaan, gaat het waarschijnlijk om een verkapt kartel en zal deze samenwerking als zodanig waarschijnlijk niet aan de voorwaarden van artikel 101, lid 3, voldoen.
[14-01-2011, PbEU C 11, i.w.tr. 14-01-2011/regelingnummer 2011/C11/01]

6.4.2 Onmisbaarheid

249
Beperkingen die verder gaan dan nodig is om de efficiëntieverbeteringen te behalen die uit een commercialiseringsovereenkomst voortvloeien, voldoen niet aan de criteria van artikel 101, lid 3. Onmisbaarheid is met name van belang voor overeenkomsten die voorzien in de vaststelling van prijzen of de toewijzing van markten, hetgeen slechts in uitzonderlijke gevallen als onmisbaar kan worden beschouwd.
[14-01-2011, PbEU C 11, i.w.tr. 14-01-2011/regelingnummer 2011/C11/01]

6.4.3 Doorgifte aan consumenten

250
De door onmisbare beperkingen bereikte efficiëntieverbeteringen moeten in voldoende mate aan de gebruikers worden doorgegeven om de mededingingsbeperkende gevolgen van de commercialiseringsovereenkomst te compenseren. Dit kan gebeuren in de vorm van lagere prijzen dan wel een betere kwaliteit of grotere diversiteit van de producten. Hoe groter de marktmacht van de partijen evenwel is, des te minder waarschijnlijk het is dat zij efficiëntievoordelen aan de gebruikers zullen doorgeven in een mate die de mededingingsbeperkende gevolgen compenseert. Indien de partijen een gezamenlijk marktaandeel van minder dan 15 % hebben, is de kans groot dat alle aangetoonde efficiëntieverbeteringen die uit de overeenkomst voortvloeien in voldoende mate aan de gebruikers worden doorgegeven.
[14-01-2011, PbEU C 11, i.w.tr. 14-01-2011/regelingnummer 2011/C11/01]

6.4.4 Geen uitschakeling van de mededinging

251
Aan n de criteria van artikel 101, lid 3, kan niet worden voldaan indien de partijen in de gelegenheid worden gesteld de mededinging voor een wezenlijk deel van de betrokken producten uit te schakelen. Dit moet worden onderzocht voor de relevante markt waartoe de onder de samenwerking vallende producten behoren, en voor eventuele spillover-markten.
[14-01-2011, PbEU C 11, i.w.tr. 14-01-2011/regelingnummer 2011/C11/01]

6.5 Voorbeelden

252
Gezamenlijke commercialisering die nodig is om een markt te betreden
Voorbeeld 1
Situatie: Vier ondernemingen die in een grote stad dicht bij de grens van een andere lidstaat wasserijdiensten aanbieden, elk met een marktaandeel van 3 % op de totale wasserijmarkt in die stad, komen overeen een gemeenschappelijke marketingdienst op te richten voor de verkoop van wasserijdiensten aan institutionele klanten (d.w.z. hotels, ziekenhuizen, kantoren), met behoud van hun onafhankelijkheid en de vrijheid om elkaar te beconcurreren voor lokale individuele klanten. Ten aanzien van het nieuwe segment van de vraag dat wordt aangesneden (de institutionele klanten) kiezen zij een gemeenschappelijke merknaam en hanteren zij een gemeenschappelijke prijs en gemeenschappelijke standaardvoorwaarden, waarin onder meer een maximum leveringstermijn van 24 uur en leveringsschema's zijn opgenomen. Zij zetten een gemeenschappelijke belcentrale op waarnaar institutionele klanten kunnen bellen om te vragen om ophaling of levering. Zij nemen een receptionist (voor de belcentrale) en verscheidene chauffeurs in dienst. Voorts investeren zij in bestelwagens voor de ophaling en levering en in merkpromotie, om hun naambekendheid te vergroten. De overeenkomst zorgt niet voor een algehele verlaging van hun infrastructuurkosten (daar zij elk hun eigen bedrijfsgebouwen behouden en nog met elkaar concurreren voor de individuele lokale klanten), maar verhoogt de schaalvoordelen en stelt hen in

staat een meer volledige dienstverlening aan te bieden aan andere soorten klanten, wat onder meer langere openingstijden en het bestrijken van een groter geografisch gebied impliceert. Met het oog op de levensvatbaarheid van het project is het noodzakelijk dat zij alle vier de overeenkomst aangaan. De markt is zeer versnipperd, en geen enkele individuele concurrent heeft een marktaandeel van meer dan 15 %.

Analyse: Hoewel het gezamenlijke marktaandeel van de partijen kleiner is dan 15 %, brengt het feit dat de overeenkomst voorziet in de vaststelling van prijzen toch mee dat artikel 101, lid 1, van toepassing kan zijn. Individueel of met minder dan de huidige vier deelnemers zouden de partijen evenwel niet in staat zijn geweest de markt voor wasserijdiensten ten behoeve van institutionele klanten te betreden. Op zichzelf zou de overeenkomst geen aanleiding geven tot mededingingsbezwaren, ondanks het concurrentieverstorende vaststellen van prijzen, omdat dit hier als onmisbaar kan worden beschouwd voor de promotie van het gemeenschappelijke merk en het welslagen van het project.

[14-01-2011, PbEU C 11, i.w.tr. 14-01-2011/regelingnummer 2011/C11/01]

253
Commercialiseringsovereenkomst met meer partijen dan nodig is om een markt te betreden
Voorbeeld 2
Situatie: De feitelijke omstandigheden zijn dezelfde als in voorbeeld 1 in punt 252, met één belangrijk verschil: met het oog op de levensvatbaarheid van het project had de overeenkomst kunnen worden uitgevoerd door slechts drie van de partijen (in plaats van de vier bij de samenwerking betrokken partijen).

Analyse: Hoewel het gezamenlijke marktaandeel van de partijen kleiner is dan 15 %, brengt het feit dat de overeenkomst voorziet in de vaststelling van prijzen en door minder dan de vier partijen had kunnen worden uitgevoerd, mee dat artikel 101, lid 1, toch van toepassing is. De overeenkomst moet bijgevolg aan artikel 101, lid 3, worden getoetst. De overeenkomst levert efficiëntieverbeteringen op, aangezien de partijen nu betere dienstverlening op grotere schaal kunnen aanbieden aan een nieuwe categorie klanten (wat zij anders individueel niet hadden kunnen doen). Gelet op het gezamenlijke marktaandeel van de partijen van minder dan 15 % zullen zij de behaalde efficiëntievoordelen waarschijnlijk in voldoende mate doorgeven aan de gebruikers. Voorts moet worden nagegaan of de door de overeenkomst opgelegde beperkingen onmisbaar zijn om de efficiëntieverbeteringen te behalen en of de overeenkomst de mededinging niet uitschakelt. Aangezien de overeenkomst beoogt een meer volledige dienstverlening aan te bieden (onder meer ophaling en aflevering, wat voorheen niet werd aangeboden) aan een nieuwe categorie klanten, onder een enkele merknaam en met gemeenschappelijke standaardvoorwaarden, kan de vaststelling van prijzen worden beschouwd als onmisbaar voor de promotie van het gemeenschappelijke merk en derhalve voor het welslagen van het project en de daaruit voortvloeiende efficiëntieverbeteringen. Gezien de versnippering van de markt zal de overeenkomst overigens de mededinging niet uitschakelen. Het feit dat er vier partijen betrokken zijn bij de overeenkomst (in plaats van de drie die strikt genomen noodzakelijk zijn) zorgt voor een grotere capaciteit en helpt om gelijktijdig aan de vraag van meerdere institutionele klanten te voldoen met inachtneming van de standaardvoorwaarden (d.w.z. de leveringstermijnen). Daardoor is het waarschijnlijk dat de efficiëntieverbe-

teringen de mededingingsbeperkende gevolgen compenseren die voortvloeien uit de verminderde concurrentie tussen de partijen, en dat de overeenkomst voldoet aan de voorwaarden van artikel 101, lid 3.
[14-01-2011, PbEU C 11, i.w.tr. 14-01-2011/regelingnummer 2011/C11/01]

254
Gemeenschappelijk internetplatform
Voorbeeld 3

Situatie: Een aantal kleine speciaalzaken verspreid over een lidstaat zet gezamenlijk een elektronisch webplatform op voor de promotie, verkoop en thuisbezorging van fruitmanden. Er bestaan verscheidene concurrerende webplatformen. Door middel van een maandelijkse bijdrage delen zij de exploitatiekosten van het platform en investeren zij samen in merkpromotie. Via de webpagina, waarop een ruime keuze aan verschillende cadeaumanden wordt aangeboden, bestellen (en betalen) de klanten de fruitmand die zij willen laten bezorgen. De bestelling wordt dan toegewezen aan de speciaalzaak die het dichtst bij het leveringsadres is gevestigd. De winkel draagt zelf de kosten van het samenstellen van de fruitmand en het bezorgen ervan bij de klant. Hij krijgt 90 % van de verkoopprijs, die door het webplatform is vastgesteld en die uniform geldt voor alle deelnemende speciaalzaken, terwijl de overige 10 % bestemd is voor collectieve promotie en de exploitatiekosten van het webplatform. Buiten de betaling van de maandelijkse bijdrage gelden voor speciaalzaken willekeurig waar op het nationale grondgebied geen beperkingen om tot het platform toe te treden. Speciaalzaken die hun eigen bedrijfswebsite hebben, mogen daarenboven onder hun eigen naam fruitmanden verkopen via het internet (wat sommige ook doen) en kunnen zo dus nog onderling concurreren buiten de samenwerking via het webplatform om. Klanten die bestellingen plaatsen via het webplatform krijgen de garantie dat nog dezelfde dag wordt bezorgd en kunnen ook een tijdstip van bezorging kiezen dat hen past.

Analyse: Hoewel de overeenkomst beperkt is in haar opzet, daar zij alleen betrekking heeft op de gezamenlijke verkoop van een specifiek product via een specifiek verkoopkanaal (het webplatform), heeft zij waarschijnlijk een mededingingsbeperkende strekking, omdat de overeenkomst de vaststelling van prijzen meebrengt. De overeenkomst moet bijgevolg aan artikel 101, lid 3, worden getoetst. De overeenkomst leidt tot efficiëntieverbeteringen zoals een ruimere keuze, een dienstverlening van hogere kwaliteit en een vermindering van onderzoekskosten, die de gebruikers ten goede komen en waarschijnlijk de mededingingsbeperkende gevolgen compenseren die uit de overeenkomst voortvloeien. Aangezien de speciaalzaken die aan de samenwerking deelnemen nog steeds individueel kunnen verkopen en elkaar kunnen beconcurreren, zowel in hun winkel als via het internet, zou de mededingingsbeperkende vaststelling van prijzen kunnen worden beschouwd als onmisbaar voor de promotie van het product (daar de klanten bij aankoop via het webplatform niet weten bij wie zij de fruitmand kopen en niet met allerlei uiteenlopende prijzen te maken willen krijgen) en voor de daaruit voortvloeiende efficiëntieverbeteringen. Bij gebreke van andere beperkingen voldoet de overeenkomst aan de criteria van artikel 101, lid 3. Aangezien er daarenboven andere concurrerende webplatforms bestaan en de partijen onderling blijven concurreren, zowel in hun winkels als via het internet, wordt de mededinging niet uitgeschakeld.
[14-01-2011, PbEU C 11, i.w.tr. 14-01-2011/regelingnummer 2011/C11/01]

255
Gemeenschappelijke verkooporganisatie
Voorbeeld 4
Situatie: De ondernemingen A en B, die in verschillende lidstaten gevestigd zijn, produceren fietsbanden. Zij hebben een gezamenlijk marktaandeel van 14 % op de markt voor fietsbanden die de gehele Unie bestrijkt. Zij besluiten een (zij het niet volwaardige) gemeenschappelijke onderneming op te zetten voor de verkoop van fietsbanden aan fietsfabrikanten en komen overeen hun gehele productie via de gemeenschappelijke onderneming te verkopen. De productie- en transportinfrastructuur blijft gescheiden per onderneming. De partijen stellen dat de overeenkomst aanzienlijke efficiëntieverbeteringen meebrengt. Die verbeteringen zouden in hoofdzaak bestaan in toegenomen schaalvoordelen, het feit beter te kunnen voldoen aan de vraag van hun bestaande en potentiële nieuwe klanten en een betere concurrentiepositie ten opzichte van geïmporteerde banden uit derde landen. De gemeenschappelijke onderneming onderhandelt over de prijzen en wijst de orders toe aan de dichtstbijzijnde productie-eenheid, om zo de transportkosten te rationaliseren bij levering aan de klant.
Analyse: Ofschoon het gezamenlijke marktaandeel van de partijen minder dan 15 % bedraagt, valt de overeenkomst onder de toepassing van artikel 101, lid 1. Zij strekt ertoe de mededinging te beperken, aangezien zij ertoe leidt dat de gemeenschappelijke onderneming klanten toewijst en de prijzen vaststelt. De gestelde efficiëntieverbeteringen die de overeenkomst zou meebrengen, vloeien niet voort uit de integratie van economische activiteiten of uit gemeenschappelijke investeringen. De gemeenschappelijke onderneming zou slechts een zeer beperkt werkterrein hebben en uitsluitend optreden als draaischijf voor het toewijzen van orders aan de productie-eenheden. Het is dan ook onwaarschijnlijk dat de eventuele efficiëntieverbeteringen in voldoende mate zouden worden doorgegeven aan de gebruikers om de mededingingsbeperkende gevolgen van de overeenkomst te compenseren. In dat geval zou niet aan de voorwaarden van artikel 101, lid 3, zijn voldaan.
[14-01-2011, PbEU C 11, i.w.tr. 14-01-2011/regelingnummer 2011/C11/01]

256
'Niet-afsnoep'-beding in een overeenkomst betreffende het uitbesteden van diensten
Voorbeeld 5
Situatie: De ondernemingen A en B zijn concurrerende leveranciers van schoonmaakdiensten voor bedrijfsgebouwen. Beide ondernemingen hebben een marktaandeel van 15 %. Er zijn verscheidene andere concurrenten met marktaandelen tussen 10 % en 15 %. Onderneming A heeft de (eenzijdige) beslissing genomen zich voortaan uitsluitend te concentreren op grote klanten omdat is gebleken dat het bedienen van grote en kleine klanten een enigszins verschillende organisatie van het werk vereist. Daarom heeft onderneming A besloten geen contracten meer te sluiten met nieuwe kleine klanten. Daarnaast sluiten ondernemingen A en B een uitbestedingsovereenkomst waarbij onderneming B rechtstreeks schoonmaakdiensten verleent aan de bestaande kleine klanten van onderneming A (die ongeveer ⅓ van diens klantenbestand uitmaken). Onderneming A vindt het evenwel belangrijk de klantrelatie met deze kleine klanten niet te verliezen. Onderneming A behoudt derhalve zijn contractuele band met de kleine klanten, maar de eigenlijke verlening van schoonmaakdiensten gebeurt door onderneming B. Voor de uitvoering van de uitbestedingsovereenkomst moet

onderneming A onvermijdelijk aan onderneming B de identiteit bekendmaken van onderneming A's kleine klanten waarop de overeenkomst betrekking heeft. Aangezien onderneming A bang is dat onderneming B zou kunnen trachten deze klanten af te snoepen door hun goedkopere rechtstreekse diensten aan te bieden (en zo onderneming A buitenspel te zetten), staat onderneming A erop dat in de uitbestedingsovereenkomst een 'niet-afsnoep'-beding wordt opgenomen. Krachtens dit beding mag onderneming B de kleine klanten waarop de uitbestedingsovereenkomst betrekking heeft niet aanspreken om hen rechtstreekse dienstverlening aan te bieden. Daarenboven komen ondernemingen A en B overeen dat onderneming B aan die klanten geen rechtstreekse diensten mag verlenen, zelfs als onderneming B door hen wordt benaderd. Zonder dat 'niet-afsnoep'-beding zou A geen uitbestedingsovereenkomst sluiten met onderneming B of een andere onderneming.

Analyse: De uitbestedingsovereenkomst schakelt onderneming B uit als een onafhankelijke leverancier van schoonmaakdiensten voor onderneming A's kleine klanten, aangezien die niet langer een rechtstreekse contractuele relatie zullen kunnen aangaan met onderneming B. Die klanten vertegenwoordigen echter slechts ⅓ van onderneming A's klantenbestand, d.w.z. 5 % van de markt. Zij kunnen altijd nog terecht bij de concurrenten van ondernemingen A en B, die 70 % van de markt vertegenwoordigen. De uitbestedingsovereenkomst zal onderneming A derhalve niet in staat stellen om met gunstig gevolg de prijzen te verhogen die aan de desbetreffende klanten worden berekend. Voorts zal de uitbestedingsovereenkomst waarschijnlijk niet leiden tot een heimelijke verstandhouding, aangezien onderneming A en onderneming B slechts een gezamenlijk marktaandeel van 30 % hebben en te maken hebben met verscheidene concurrenten met marktaandelen die vergelijkbaar zijn met het marktaandeel van onderneming A en onderneming B afzonderlijk. Daarenboven beperkt het feit dat het bedienen van grote en kleine klanten enigszins verschillend is het risico dat de uitbestedingsovereenkomst spillover-effecten heeft voor het gedrag van ondernemingen A en B in de concurrentie om grote klanten. De uitbestedingsovereenkomst zal daarom waarschijnlijk geen mededingingsbeperkende gevolgen hebben in de zin van artikel 101, lid 1.

[14-01-2011, PbEU C 11, i.w.tr. 14-01-2011/regelingnummer 2011/C11/01]

7 Standaardiseringsovereenkomsten

7.1 Definitie

Standaardiseringsovereenkomsten

257

Standaardiseringsovereenkomsten of overeenkomsten over normen hebben in de eerste plaats ten doel technische of kwaliteitseisen vast te stellen waaraan bestaande of toekomstige producten, productie-processen, diensten of werkwijzen moeten vol-

doen [1]. Standaardiseringsovereenkomsten kunnen betrekking hebben op uiteenlopende aspecten, bijvoorbeeld standaardisering van verschillende kwaliteitsniveaus of grootten van een bepaald product of technische specificaties op product- of dienstenmarkten waarop compatibiliteit en interoperabiliteit met andere producten of systemen van essentieel belang is. De voorwaarden waaraan moet worden voldaan om een bepaald kwaliteitsmerk dan wel goedkeuring door een regulerende instantie te verkrijgen, kunnen eveneens als een norm worden beschouwd. Overeenkomsten die normen vaststellen voor de milieuprestaties van producten of productieprocessen, vallen eveneens onder dit hoofdstuk.
[14-01-2011, PbEU C 11, i.w.tr. 14-01-2011/regelingnummer 2011/C11/01]

258
De voorbereiding en uitwerking van technische normen als onderdeel van de uitoefening van het openbaar gezag valt niet binnen het toepassingsgebied van deze richtsnoeren [2]. De krachtens Richtlijn 98/34/EG van het Europees Parlement en de Raad van 22 juni 1998 betreffende een informatieprocedure op het gebied van normen en technische voorschriften en regels betreffende de diensten van de informatiemaatschappij [3] erkende Europese normalisatie-instellingen vallen onder het mededingingsrecht voor zover zij kunnen worden beschouwd als een onderneming of een ondernemersvereniging in de zin van de artikelen 101 en 102 [4]. Normen die verband houden met het verstrekken van professionele diensten, zoals voorschriften inzake de toelating tot een vrij beroep, vallen niet binnen de werkingssfeer van deze richtsnoeren.
[14-01-2011, PbEU C 11, i.w.tr. 14-01-2011/regelingnummer 2011/C11/01]

Standaardvoorwaarden

259
In sommige bedrijfstakken hanteren de ondernemingen standaardverkoop- of -inkoopvoorwaarden die zijn uitgewerkt door een brancheorganisatie of rechtstreeks door de concurrerende ondernemingen zelf ('standaardvoorwaarden') [5]. Dergelijke standaardvoorwaarden vallen onder deze richtsnoeren voor zover zij standaardregels vaststellen voor de verkoop of inkoop van goederen of diensten tussen concurrenten en gebruikers (en niet tussen concurrenten onderling) met betrekking tot onderling verwisselbare producten. Wanneer dergelijke standaardvoorwaarden in een bedrijfstak op grote schaal worden gehanteerd, is het mogelijk dat de inkoop- en

---

(1) Normalisatie kan op verschillende wijzen gebeuren, variërend van de aanneming van nationale normen, waarover eensgezindheid is bereikt, door de Europese of nationale normalisatie-instellingen, tot normen waarover in consortia en fora overeenstemming wordt bereikt, en overeenkomsten tussen individuele ondernemingen.
(2) Zie zaak C-113/07, SELEX, Jurispr. 2009, blz. I-02207, punt 92.
(3) PB L 204 van 21.7.1998, blz. 37.
(4) Zie arrest van 12 mei 2010 in zaak T-432/05, EMC Development AB / Commissie, nog niet gepubliceerd in de Jurisprudentie.
(5) Dergelijke standaardvoorwaarden kunnen betrekking hebben op een groot deel van de bepalingen van het uiteindelijke contract dan wel slechts op een zeer klein deel ervan.

verkoopvoorwaarden die in de sector gelden feitelijk op elkaar worden afgestemd [1]. Voorbeelden van sectoren waar standaardvoorwaarden een belangrijke rol vervullen zijn de banksector (bijvoorbeeld voorwaarden in verband met bankrekeningen) en de verzekeringssector.
[14-01-2011, PbEU C 11, i.w.tr. 14-01-2011/regelingnummer 2011/C11/01]

260
Standaardvoorwaarden die door een onderneming individueel zijn uitgewerkt, uitsluitend voor haar eigen gebruik bij het sluiten van contracten met leveranciers of klanten, zijn geen horizontale overeenkomsten en vallen derhalve niet onder deze richtsnoeren.
[14-01-2011, PbEU C 11, i.w.tr. 14-01-2011/regelingnummer 2011/C11/01]

7.2 Relevante markten

261
Standaardiseringsovereenkomsten kunnen gevolgen hebben op vier mogelijke markten, die zullen worden omschreven overeenkomstig de Bekendmaking marktbepaling. In de eerste plaats kan het vaststellen van normen invloed hebben op de product- of dienstenmarkt of -markten waarop de norm of normen betrekking heeft of hebben. In de tweede plaats, als het vaststellen van normen een technologiekeuze impliceert en de intellectuele-eigendomsrechten afzonderlijk op de markt worden gebracht, los van de producten waarop deze betrekking hebben, kan de norm effecten hebben op de relevante technologiemarkt [2]. In de derde plaats kunnen er effecten zijn op de markt voor de vaststelling van normen, indien er verschillende normalisatie-instellingen of standaardiseringsovereenkomsten bestaan. In de vierde plaats kan het vaststellen van normen, in voorkomend geval, effect hebben op een afzonderlijke markt voor proefneming en certificering.
[14-01-2011, PbEU C 11, i.w.tr. 14-01-2011/regelingnummer 2011/C11/01]

262
Wat standaardvoorwaarden betreft, doen de effecten zich over het algemeen voor op de downstream- markt waar de ondernemingen die de standaardvoorwaarden toepassen concurreren bij het verkopen van hun product aan hun klanten.
[14-01-2011, PbEU C 11, i.w.tr. 14-01-2011/regelingnummer 2011/C11/01]

---

(1) Dit verwijst naar een situatie waarin (wettelijk niet bindende) standaardvoorwaarden in de praktijk worden toegepast door de meeste marktspelers en/of voor de meeste aspecten van het product/de dienst, wat aldus leidt tot een beperking of zelfs het ontbreken van keuze voor de consument.
(2) Zie hoofdstuk 3 over O&O-overeenkomsten.

7.3 Beoordeling op grond van artikel 101, lid 1

7.3.1 Voornaamste mededingingsbezwaren

Standaardiseringsovereenkomsten

263
Standaardiseringsovereenkomsten hebben gewoonlijk aanzienlijke positieve economische gevolgen [1], bijvoorbeeld door het bevorderen van economische interpenetratie binnen de interne markt en het aanmoedigen van de ontwikkeling van nieuwe en betere producten of markten en betere leveringscondities. Normen doen dan ook normaal gesproken de mededinging toenemen en de productie- en verkoopkosten dalen, en komen aldus de economie in haar geheel ten goede. Normen kunnen zorgen voor de handhaving en verhoging van de kwaliteit, voor meer informatie en voor een betere interoperabiliteit en compatibiliteit (wat een meerwaarde betekent voor de consument).
[14-01-2011, PbEU C 11, i.w.tr. 14-01-2011/regelingnummer 2011/C11/01]

264
Het vaststellen van normen kan echter, in bepaalde omstandigheden, ook mededingingsbeperkende gevolgen hebben doordat mogelijk de prijsconcurrentie kleiner wordt en de productie, de markten, de innovatie of de technologische ontwikkeling worden afgeremd of beperkt. Dit kan zich in hoofdzaak op drie manieren voordoen, te weten door vermindering van de prijsconcurrentie, door afscherming van de toegang tot innoverende technologieën en door uitsluiting van of discriminatie tegen bepaalde ondernemingen waaraan daadwerkelijke toegang tot de norm wordt ontzegd.
[14-01-2011, PbEU C 11, i.w.tr. 14-01-2011/regelingnummer 2011/C11/01]

265
Ten eerste zou, indien ondernemingen in het kader van de vaststelling van normen mededingingsverstorende besprekingen zouden houden, dit de prijsconcurrentie op de betrokken markten kunnen beperken of uitschakelen, hetgeen een heimelijke verstandhouding op de markt in de hand zou werken [2].
[14-01-2011, PbEU C 11, i.w.tr. 14-01-2011/regelingnummer 2011/C11/01]

266
Ten tweede kunnen normen die gedetailleerde technische specificaties vaststellen voor een product of dienst een rem vormen op de technische ontwikkeling en innovatie. Terwijl een norm wordt ontwikkeld kunnen alternatieve technologieën concurreren om in de norm te worden opgenomen. Wanneer eenmaal voor een bepaalde technologie is gekozen en de norm is vastgesteld, moeten concurrerende technologieën en ondernemingen een drempel overwinnen om toegang te krijgen tot de markt en bestaat het risico dat zij ervan worden uitgesloten. Daarnaast kunnen normen die

---
(1) Zie ook punt 308.
(2) Afhankelijk van de kring deelnemers aan het normalisatieproces kunnen beperkingen zich voordoen aan de aanbodzijde dan wel aan de vraagzijde van de markt voor het gestandaardiseerde product.

vereisen dat een welbepaalde technologie exclusief voor een norm wordt gebruikt of die de ontwikkeling van andere technologieën verhinderen door de leden van de organisatie die de norm vaststelt te verplichten uitsluitend een bepaalde norm te gebruiken, hetzelfde effect hebben. Het risico van beperking van innovatie neemt toe wanneer een of meer ondernemingen zonder gegronde reden van het normalisatieproces worden uitgesloten.
[14-01-2011, PbEU C 11, i.w.tr. 14-01-2011/regelingnummer 2011/C11/01]

267

In het kader van normen waarbij intellectuele-eigendomsrechten ('IE-rechten') [1] zijn betrokken, kunnen theoretisch drie hoofdcategorieën van ondernemingen worden onderscheiden die verschillende belangen hebben bij standaardisering [2]. Ten eerste ondernemingen die alleen upstream actief zijn en die alleen technologieën ontwikkelen en verkopen. Hun enige bron van inkomsten zijn licentievergoedingen en hun streven is de royalty's zo hoog mogelijk te leggen. Ten tweede ondernemingen die alleen downstream actief zijn en die alleen producten vervaardigen of diensten aanbieden op basis van technologieën die door anderen zijn ontwikkeld en geen noemenswaardige IE-rechten bezitten. Royalty's zijn voor hen een kostenfactor en geen bron van inkomsten en hun streven is erop gericht de royalty's zo laag mogelijk te houden of te vermijden. Tot slot zijn er verticaal geïntegreerde ondernemingen die zowel technologie ontwikkelen als producten verkopen. Zij hebben gemengde drijfveren. Aan de ene kant kunnen zij licentievergoedingen behalen uit hun IE-rechten. Aan de andere kant is het mogelijk dat zij royalty's moeten betalen aan andere ondernemingen die IE-rechten bezitten die essentieel zijn voor de norm. Zij zouden daarom wederkerige licenties kunnen verlenen op hun eigen essentiële IE-rechten in ruil voor essentiële IE-rechten van andere ondernemingen.
[14-01-2011, PbEU C 11, i.w.tr. 14-01-2011/regelingnummer 2011/C11/01]

268

Ten derde kan normalisatie concurrentieverstorende resultaten opleveren doordat wordt verhinderd dat bepaalde ondernemingen daadwerkelijke toegang krijgen tot de resultaten van het normalisatieproces (dat wil zeggen de specificatie en/of de essentiële IE-rechten voor de tenuitvoerlegging van de norm). Indien het een onderneming volledig onmogelijk wordt gemaakt om toegang te verkrijgen tot het resultaat van de norm of indien aan deze onderneming slechts toegang wordt verleend op prohibitieve of discriminerende voorwaarden, bestaat het risico van een concurrentieverstorend effect. Bij een systeem waarin potentieel relevante IE-rechten van te voren worden bekendgemaakt neemt de waarschijnlijkheid dat daadwerkelijke toegang tot de norm zal worden verleend vermoedelijk toe, omdat de deelnemers kunnen nagaan op welke technologieën IE-rechten rusten en op welke niet. Hierdoor kunnen de deelnemers rekening houden met het potentiële effect van het resultaat van de norm op de uiteindelijke prijs (bijvoorbeeld een technologie zonder IE-rechten kiezen zal een positief

---

(1) In het kader van dit hoofdstuk verwijzen IE-rechten met name naar octrooien (niet-gepubliceerde octrooiaanvragen uitgezonderd). Ingeval een ander soort IE-recht in de praktijk de IE-rechthebbende zeggenschap verschaft over het gebruik van de norm, moeten dezelfde beginselen worden toegepast.
(2) In de praktijk gebruiken talrijke ondernemingen een mix van deze businessmodellen.

effect op de uiteindelijke prijs hebben) en bij de IE-rechthebbende navragen of deze bereid is zijn IE-rechten in licentie te geven indien zijn technologie in de norm wordt opgenomen.
[14-01-2011, PbEU C 11, i.w.tr. 14-01-2011/regelingnummer 2011/C11/01]

269

De wetgeving inzake de intellectuele eigendom en de mededingingswetgeving hebben dezelfde doelstellingen [1], namelijk het bevorderen van innovatie en het vergroten van de welvaart van de gebruikers. IE-rechten bevorderen dynamische concurrentie door ondernemingen aan te moedigen om in de ontwikkeling van nieuwe of betere producten en processen te investeren. IE-rechten zijn dan ook over het algemeen concurrentiebevorderend. Niettemin zou een deelnemende onderneming die voor de toepassing van de norm essentiële IE-rechten bezit, op grond van haar IE-rechten in de specifieke context van normalisatie tevens zeggenschap over het gebruik van een norm kunnen verkrijgen. Wanneer de norm de toegang tot de markt belemmert, zou de onderneming aldus de product- of dienstenmarkt waarvoor de norm geldt kunnen domineren. Dit zou ondernemingen dan weer de mogelijkheid geven zich op een concurrentieverstorende wijze te gedragen, bijvoorbeeld door gebruikers na de goedkeuring van de norm 'uit te persen', door een weigering de noodzakelijke IE-rechten in licentie te geven dan wel door buitensporige vergoedingen te bedingen in de vorm van overdreven [2] royalty's, en aldus daadwerkelijke toegang tot de norm te verhinderen. Hoe dan ook, ook al kan het vaststellen van een norm aan IE-rechthebbenden die IE-rechten bezitten welke voor die norm essentieel zijn, marktmacht verlenen c.q. hun marktmacht vergroten, toch wordt er niet van uitgegaan dat het in bezit hebben of uitoefenen van IE-rechten die essentieel zijn voor een norm gelijkstaat aan het bezit of de uitoefening van marktmacht. Het al dan niet hebben van marktmacht kan alleen per geval worden onderzocht.
[14-01-2011, PbEU C 11, i.w.tr. 14-01-2011/regelingnummer 2011/C11/01]

Standaardvoorwaarden

270

Standaardvoorwaarden kunnen mededingingsbeperkende gevolgen hebben doordat zij de productkeuze en innovatie beperken. Indien een groot deel van een bedrijfstak de standaardvoorwaarden aanneemt en beslist er niet van af te wijken in individuele gevallen (of er alleen van af te wijken in uitzonderlijke gevallen van sterke kopersmacht), hebben de klanten wellicht geen andere keuze dan de bepalingen van de standaardvoorwaarden te aanvaarden. Het risico van beperking van de keuze en van innovatie doet zich waarschijnlijk echter slechts voor in gevallen waarin de standaardvoorwaarden bepalend zijn voor de inhoud van het eindproduct. Bij klassieke consumptiegoederen hebben de standaardverkoopvoorwaarden doorgaans geen nega-

---

(1) Zie ook de Richtsnoeren technologieoverdracht, punt 7.
(2) Hoge royalty's zouden alleen als buitensporig kunnen worden aangemerkt indien aan de voorwaarden voor misbruik van een machtspositie als bedoeld in artikel 102 van het Verdrag en in de rechtspraak van het Hof van Justitie van de Europese Unie is voldaan, zie bijvoorbeeld zaak 27/76, United Brands, Jurispr. 1978, blz. 207.

tieve invloed op de vernieuwing van het bestaande product of op de productkwaliteit en productdiversiteit.
[14-01-2011, PbEU C 11, i.w.tr. 14-01-2011/regelingnummer 2011/C11/01]

271
Voorts bestaat het gevaar dat standaardvoorwaarden, afhankelijk van hun inhoud, een ongunstige invloed hebben op de handelsvoorwaarden voor het eindproduct. Met name bestaat er een reëel gevaar dat standaardvoorwaarden met betrekking tot de prijs de prijsconcurrentie beperken.
[14-01-2011, PbEU C 11, i.w.tr. 14-01-2011/regelingnummer 2011/C11/01]

272
Indien de standaardvoorwaarden algemeen gangbaar worden in de sector, kan daarenboven toegang tot die voorwaarden cruciaal zijn om de markt te kunnen betreden. In dergelijke gevallen kan het weigeren van toegang tot de standaardvoorwaarden mogelijk leiden tot een mededingingsverstorende afscherming van de markt. Zolang de standaardvoorwaarden daadwerkelijk kunnen worden gebruikt door eenieder die dat wil, is de kans klein dat deze tot een mededingingsverstorende marktafscherming zullen leiden.
[14-01-2011, PbEU C 11, i.w.tr. 14-01-2011/regelingnummer 2011/C11/01]

7.3.2 Mededingingsbeperkende strekking

Standaardiseringsovereenkomsten

273
Overeenkomsten waarin een norm wordt gebruikt als een onderdeel van een ruimere beperkende overeenkomst die beoogt daadwerkelijke of potentiële mededinging uit te sluiten, strekken ertoe de mededinging te beperken. Een overeenkomst waarbij een nationale fabrikantenvereniging een norm zou vaststellen en op derden druk zou uitoefenen om geen producten te verkopen die niet aan deze norm voldoen of waarbij de producenten van het gevestigde product heimelijke afspraken maken om nieuwe technologie van een reeds bestaande norm uit te sluiten [1], zou bijvoorbeeld tot deze categorie behoren.
[14-01-2011, PbEU C 11, i.w.tr. 14-01-2011/regelingnummer 2011/C11/01]

274
Alle overeenkomsten die beogen de mededinging te beperken door voorafgaand aan de vaststelling van een norm de bekendmaking van de meest restrictieve licentievoorwaarden te gebruiken als verkapte manier om gezamenlijk de prijzen vast te stellen

---

(1) Zie bijvoorbeeld de beschikking van de Commissie in zaak nr. IV/35.691, Voorgeïsoleerde buizen, *OJ* L 24 van 30.1.1999, blz. 1, waarin een deel van de inbreuk op artikel 101 bestond in 'het gebruiken van normen en standaarden om de invoering van nieuwe technologie die tot prijsvermindering zou leiden, te vertragen of te verhinderen' (overweging 147).

van hetzij downstream-producten hetzij vervangende IE-rechten of technologie hebben een mededingingsbeperkende strekking [1].
[14-01-2011, PbEU C 11, i.w.tr. 14-01-2011/regelingnummer 2011/C11/01]

Standaardvoorwaarden

275
Overeenkomsten waarin standaardvoorwaarden worden gebruikt als onderdeel van een ruimere beperkende overeenkomst die beoogt daadwerkelijke of potentiële mededinging uit te sluiten, strekken er eveneens toe de mededinging te beperken. Een voorbeeld hiervan is de situatie waarin een brancheorganisatie een nieuwkomer geen toegang geeft tot haar standaardvoorwaarden, waarvan het gebruik van essentieel belang is om de markt te kunnen betreden.
[14-01-2011, PbEU C 11, i.w.tr. 14-01-2011/regelingnummer 2011/C11/01]

276
Standaardvoorwaarden die bepalingen bevatten welke de aan de klanten berekende prijzen rechtstreeks beïnvloeden (d.w.z. aanbevolen prijzen, kortingen enz.), hebben een mededingingsbeperkende strekking.
[14-01-2011, PbEU C 11, i.w.tr. 14-01-2011/regelingnummer 2011/C11/01]

7.3.3 Mededingingsbeperkende gevolgen

Standaardiseringsovereenkomsten

Overeenkomsten die gewoonlijk de mededinging niet beperken

277
Standaardiseringsovereenkomsten die niet een mededingingsbeperkende strekking hebben, moeten in hun juridische en economische context worden onderzocht op hun daadwerkelijke en potentiële effect op de mededinging. Wanneer er geen sprake is van marktmacht [2], kan een standaardiseringsovereenkomst geen mededingingsbeperkende gevolgen hebben. Beperkende gevolgen zijn dan ook zeer onwaarschijnlijk in een situatie waarin er sprake is van daadwerkelijke mededinging tussen verscheidene niet-bindende normen.
[14-01-2011, PbEU C 11, i.w.tr. 14-01-2011/regelingnummer 2011/C11/01]

278
Ten aanzien van de standaardiseringsovereenkomsten die marktmacht kunnen doen ontstaan, wordt in de punten 280 tot en met 286 aangegeven onder welke voorwaar-

---

(1) Dit punt mag geen belemmering vormen voor eenzijdige bekendmaking vooraf van de meest restrictieve licentievoorwaarden zoals beschreven in punt 299. Evenmin mag dit belemmeren dat octrooipools worden opgezet overeenkomstig de beginselen in de Richtsnoeren technologieoverdracht of verhinderen dat wordt besloten IE-rechten die essentieel zijn voor een norm vrij van royalty's in licentie te geven zoals in dit hoofdstuk wordt uiteengezet.
(2) Zie naar analogie punt 39 e.v. Zie met betrekking tot marktaandelen ook punt 296.

den dit soort overeenkomsten normaal gesproken buiten de werkingssfeer van artikel 101, lid 1, zouden vallen.
[14-01-2011, PbEU C 11, i.w.tr. 14-01-2011/regelingnummer 2011/C11/01]

279
De niet-naleving van een of alle beginselen die in dit deel worden beschreven leidt niet tot een vermoeden van beperking van de mededinging in de zin van artikel 101, lid 1. Er zal echter zelfbeoordeling voor nodig zijn om vast te stellen of de overeenkomst onder artikel 101, lid 1, valt en zo ja, of aan de voorwaarden van artikel 101, lid 3, is voldaan. In dit verband wordt erkend dat er verschillende modellen voor normalisatie bestaan en dat concurrentie binnen en tussen deze modellen een positief aspect van een markteconomie is. Normalisatie-instanties blijven dan ook geheel vrij om regels en procedures in te voeren die geen inbreuk maken op de mededingingsregels en toch verschillen van de in de punten 280 tot en met 286 beschreven regels en procedures.
[14-01-2011, PbEU C 11, i.w.tr. 14-01-2011/regelingnummer 2011/C11/01]

280
Wanneer deelname aan de standaardisering **voor eenieder open staat** en de procedure voor de vaststelling van de betrokken norm **transparant** is, zullen standaardiseringsovereenkomsten die **geen verplichting opleggen om zich** aan de norm **te houden** [1] en die **op eerlijke, redelijke en niet-discriminerende voorwaarden toegang verlenen tot de norm**, normaal gesproken niet mededingingsbeperkend zijn in de zin van artikel 101, lid 1.
[14-01-2011, PbEU C 11, i.w.tr. 14-01-2011/regelingnummer 2011/C11/01]

281
Met name moet, om **onbeperkte deelname** te waarborgen, het reglement van de normalisatie-instantie garanderen dat alle concurrenten op de markt of markten waarvoor de norm gevolgen heeft, kunnen deelnemen aan het proces dat leidt tot de keuze van de norm. De normalisatie-instanties moeten ook hebben voorzien in objectieve en niet-discriminerende procedures voor het toekennen van stemrechten alsook, voor zover relevant, objectieve criteria voor de keuze van de technologie die in de norm worden opgenomen.
[14-01-2011, PbEU C 11, i.w.tr. 14-01-2011/regelingnummer 2011/C11/01]

282
De bevoegde normalisatie-instantie moet, wat **transparantie** betreft, hebben voorzien in procedures aan de hand waarvan de belanghebbenden zich tijdig in iedere fase van de ontwikkeling van de norm kunnen informeren over komende, lopende en voltooide standaardiseringswerkzaamheden.
[14-01-2011, PbEU C 11, i.w.tr. 14-01-2011/regelingnummer 2011/C11/01]

---

(1) Zie in dit verband ook punt 293.

283
Daarnaast moeten het reglement van de normalisatie-instantie **op eerlijke, redelijke en niet-discriminerende voorwaarden** daadwerkelijke **toegang tot de norm** waarborgen [1].
[14-01-2011, PbEU C 11, i.w.tr. 14-01-2011/regelingnummer 2011/C11/01]

284
Bij een norm waarmee IE-rechten zijn gemoeid, wordt met **een duidelijk en evenwichtig beleid inzake IE-rechten** [2], **dat is aangepast aan de specifieke sector** en de behoeften van de betrokken normalisatie-instantie, de waarschijnlijkheid vergroot dat aan degenen die de norm zullen toepassen daadwerkelijke toegang wordt verleend tot de door die instantie opgestelde norm of normen.
[14-01-2011, PbEU C 11, i.w.tr. 14-01-2011/regelingnummer 2011/C11/01]

285
Om daadwerkelijke toegang tot de norm te waarborgen, moeten de IE-voorschriften de verplichting opleggen dat de deelnemende leden (indien zij wensen dat hun IE-rechten in de norm worden opgenomen) onherroepelijk een schriftelijke verbintenis aangaan om hun wezenlijke IE-rechten aan alle derden in licentie te geven op eerlijke, redelijke en niet-discriminerende voorwaarden ('**FRAND-verbintenis**') [3]. Deze verbintenis moet vóór de vaststelling van de norm worden aangegaan. Terzelfder tijd moeten de voorschriften inzake IE-rechten het IE-rechthebbenden mogelijk maken bepaalde technologie uit te sluiten van het normalisatieproces en daarmee ook van de verbintenis om IE-rechten in licentie te geven, mits deze uitsluiting in een vroege fase van de ontwikkeling van de norm plaatsvindt. Om ervoor te zorgen dat de FRAND-verbintenis wordt nagekomen, moet aan alle deelnemende IE-rechthebbenden die een dergelijke verbintenis aangaan ook de verplichting worden opgelegd om te verzekeren dat een onderneming waaraan de IE-rechthebbende zijn IE-rechten overdraagt (inclusief het recht om die IE-rechten in licentie te geven) door die verbintenis gebonden is, bijvoorbeeld via een contractuele bepaling tussen koper en verkoper.
[14-01-2011, PbEU C 11, i.w.tr. 14-01-2011/regelingnummer 2011/C11/01]

286
Bovendien moeten de IE-voorschriften de verplichting opleggen dat de IE-rechten die noodzakelijk zouden kunnen zijn voor de toepassing van een norm die in ontwikkeling is, door de deelnemende leden **te goeder trouw worden bekendgemaakt**. Dit zou het de sector mogelijk maken met kennis van zaken een technologie te kiezen en het zou daardoor een stap zijn naar de verwezenlijking van daadwerkelijke toegang tot de norm. Een dergelijke verplichting tot bekendmaking zou kunnen worden gebaseerd op permanente informatieverstrekking naarmate de norm verder wordt ontwikkeld en op redelijke inspanningen om na te gaan welke IE-rechten relevant zijn voor de

---
(1) Zo moet bijvoorbeeld daadwerkelijke toegang worden verleend tot de specificatie van de norm.
(2) Zoals nader aangeduid in de punten 285 en 286.
(3) Er zij op gewezen dat de FRAND-verbintenis ook betrekking kan hebben op licentieverlening zonder royalty's.

potentiële norm [1]. Het volstaat ook wanneer de deelnemer verklaart dat het waarschijnlijk is dat hij IE-aanspraken kan doen gelden voor een bepaalde technologie (zonder aan te geven om welke IE-aanspraken of aanvragen voor IE-rechten het gaat). Omdat de risico's met betrekking tot daadwerkelijke toegang niet dezelfde als bij een normalisatie-instantie met een beleid inzake royaltyvrije normen, zou bekendmaking van de IE-rechten in die context niet relevant zijn.
[14-01-2011, PbEU C 11, i.w.tr. 14-01-2011/regelingnummer 2011/C11/01]

FRAND-verbintenissen

287
FRAND-verbintenissen moeten garanderen dat essentiële met IE-rechten beschermde technologie die in een norm is opgenomen voor de gebruikers van die norm toegankelijk is op eerlijke, redelijke en niet-discriminerende voorwaarden. Met name kunnen FRAND-verbintenissen voorkomen dat IE-rechthebbenden de toepassing van een norm moeilijk maken door – nadat de bedrijfstak zichzelf tot de norm heeft verbonden – te weigeren licenties te verlenen, door oneerlijke of onredelijke (met andere woorden buitensporige) vergoedingen te vragen of door discriminerende royaltytarieven te hanteren.
[14-01-2011, PbEU C 11, i.w.tr. 14-01-2011/regelingnummer 2011/C11/01]

288
Inachtneming van artikel 101 door de normalisatie-instantie impliceert niet noodzakelijkerwijs dat deze instantie verifieert of de licentievoorwaarden van de deelnemers de FRAND-verbintenis in acht nemen. De deelnemers moeten zelf nagaan of de licentievoorwaarden en met name de tarieven die zij in rekening brengen de FRAND-verbintenis in acht nemen. Daarom moeten de deelnemers, alvorens zij besluiten of zij zich voor een bepaald IE-recht de FRAND-verbintenis aangaan, analyseren wat de gevolgen van deze verbintenis zullen zijn, met name ten aanzien van de mogelijkheid die zij hebben om de hoogte van hun tarieven vrijelijk te bepalen.
[14-01-2011, PbEU C 11, i.w.tr. 14-01-2011/regelingnummer 2011/C11/01]

289
Om in geval van betwisting uit te maken of de tarieven die in het kader van normalisatie voor toegang tot IE-rechten worden gehanteerd oneerlijk of onredelijk zijn, moet worden nagegaan of er een redelijke verhouding bestaat tussen de vergoeding en de economische waarde van de IE-rechten [2]. Bij deze beoordeling kunnen doorgaans verschillende methoden worden toegepast. In principe zijn methoden waarbij wordt uitgegaan van de kosten hiervoor niet erg geschikt, omdat het moeilijk is te bepalen welke kosten aan de ontwikkeling van een bepaald octrooi of een groep van

---

(1) Om het beoogde resultaat te bereiken hoeft bekendmaking te goeder trouw niet zo ver te gaan dat hierin van de deelnemers wordt verlangd dat zij hun IE-rechten toetsen aan de potentiële norm en een verklaring afgeven waarin zij formeel stellen dat zij geen IE-rechten bezitten die voor de potentiële norm van belang zijn.

(2) Zie zaak 27/76, United Brands, punt 250; zie tevens zaak C-385/07 P, Der Grüne Punkt – Duales System Deutschland GmbH, Jurispr. 2009, blz. I-6155, punt 142.

octrooien moeten worden toegeschreven. Het is daarentegen wellicht wel mogelijk de licentievergoeding die door de betrokken onderneming vóór de invoering van de norm in de bedrijfstak (ex ante) in een concurrerende omgeving voor de desbetreffende octrooien werd berekend te vergelijken met het tarief dat na de invoering van de norm (ex post) wordt toegepast. Dit veronderstelt dat de vergelijking op een consistente en betrouwbare wijze kan worden gemaakt [1].
[14-01-2011, PbEU C 11, i.w.tr. 14-01-2011/regelingnummer 2011/C11/01]

290
Een andere methode zou erin kunnen bestaan een onafhankelijke deskundige een verslag te laten opstellen over het objectieve en fundamentele belang van de desbetreffende IE-rechten voor de norm. In een geval dat zich daartoe leent, zou mogelijk ook kunnen worden verwezen naar bekendmakingen vooraf van de licentievoorwaarden in het kader van het specifieke normalisatieproces. Er zou mogelijk ook kunnen worden teruggegrepen op eerdere eenzijdige bekendmakingen vooraf van de meest restrictieve licentievoorwaarden in het kader van het specifieke normalisatieproces. Dit veronderstelt eveneens dat de vergelijking op een consistente en betrouwbare wijze kan worden gemaakt. De royaltytarieven die in andere vergelijkbare normen voor dezelfde IE-rechten in rekening worden gebracht zijn mogelijk ook een indicatie voor het FRAND-gehalte van de royalty's. In deze richtsnoeren wordt niet getracht een uitputtende lijst te geven van bruikbare methoden om te beoordelen of royalty's buitensporig zijn.
[14-01-2011, PbEU C 11, i.w.tr. 14-01-2011/regelingnummer 2011/C11/01]

291
Er moet echter op worden gewezen dat deze richtsnoeren op geen enkele wijze de mogelijkheid uitsluiten dat de partijen hun geschillen over de hoogte van de royalty's voor de bevoegde civiele of handelsrechtbanken beslechten.
[14-01-2011, PbEU C 11, i.w.tr. 14-01-2011/regelingnummer 2011/C11/01]

Op de gevolgen gebaseerde beoordeling van de standaardiseringsovereenkomsten

292
Bij de beoordeling van elke standaardiseringsovereenkomst moet rekening worden gehouden met de vermoedelijke gevolgen van de norm voor de betrokken markten. De volgende overwegingen gelden voor alle standaardiseringsovereenkomsten die afwijken van de in de punten 280 tot en met 286 genoemde beginselen.
[14-01-2011, PbEU C 11, i.w.tr. 14-01-2011/regelingnummer 2011/C11/01]

293
Of standaardiseringsovereenkomsten mededingingsbeperkende gevolgen kunnen hebben, zal wellicht afhankelijk zijn van de mate waarin de leden van een normalisatie-instantie de **vrijheid** behouden **om alternatieve normen of producten te ontwik-**

---
(1) Zie zaak 395/87, Openbaar ministerie / Jean-Louis Tournier, Jurispr. 1989, blz. 2521, punt 38; gevoegde zaken 110/88, 241/88 en 242/88, Francois Lucazeau / SACEM, Jurispr. 1989, blz. 2811, punt 33.

kelen die niet aan de overeengekomen norm voldoen [1]. Wanneer bijvoorbeeld een standaardiseringsovereenkomst de deelnemers ertoe verplicht uitsluitend producten te vervaardigen die in overeenstemming met de norm zijn, wordt het risico van een waarschijnlijk negatief effect voor de mededinging aanmerkelijk groter en kan dit onder bepaalde omstandigheden tot een mededingingsbeperkende strekking opleveren [2]. Evenzo is de kans op mededingingsbezwaren minder groot bij normen die alleen op minder belangrijke aspecten of delen van het eindproduct betrekking hebben dan bij normen met een bredere impact.
[14-01-2011, PbEU C 11, i.w.tr. 14-01-2011/regelingnummer 2011/C11/01]

294
Bij de beoordeling of de overeenkomst de mededinging beperkt, zal ook naar **de toegang tot de norm** worden gekeken. Wanneer het resultaat van een norm (dat wil zeggen de specificatie van de wijze waarop aan de norm moet worden voldaan en, indien relevant, de essentiële IE-rechten voor de toepassing van de norm) in het geheel niet, of alleen op discriminerende voorwaarden voor leden of derden (dat wil zeggen niet-leden van de bevoegde normalisatie-instantie) toegankelijk is, kan dit resulteren in discriminatie, afscherming of opdeling van de markten, naar gelang van hun geografische toepassingsgebied, en zodoende waarschijnlijk leiden tot een beperking van de mededinging. Wanneer er echter verschillende concurrerende normen bestaan of wanneer er sprake is van daadwerkelijke mededinging tussen de gestandaardiseerde en de niet-gestandaardiseerde oplossing, kan het zijn dat beperking van de toegang geen mededingingsbeperkende gevolgen heeft.
[14-01-2011, PbEU C 11, i.w.tr. 14-01-2011/regelingnummer 2011/C11/01]

295
Indien **deelname aan het standaardiseringsproces** in die zin open is dat hierdoor alle concurrenten (en/of belanghebbenden) op de markt waarvoor de norm gevolgen heeft kunnen deelnemen aan het kiezen en het uitwerken van de norm, worden de risico's op waarschijnlijke mededingingsbeperkende gevolgen geringer doordat bepaalde ondernemingen niet worden uitgesloten van de mogelijkheid de keuze en het uitwerken

---

(1) Zie de beschikking van de Commissie in zaak IV/29/151, Philips/VCR, *PB* L 47 van 18.2.1978, blz. 42, punt 23: '(Overwegende) dat aangezien het hierbij normen voor de productie van apparaten en cassetten van het VCR-systeem betreft, daaruit de verplichting voor de betrokken ondernemingen voortvloeit, alleen cassetten en apparaten volgens dit systeem, waarvoor door Philips licenties zijn verleend, te produceren en te verkopen; dat deze ondernemingen daardoor werden verhinderd, gedurende de looptijd van hun verplichting tot de productie of de verkoop van andere video- cassettensystemen ... dat hierin een concurrentiebeperking in de zin van artikel 85, lid 1, sub b), was gelegen'.
(2) Zie de beschikking van de Commissie in zaak IV/29/151, Philips/VCR, punt 23.

van de norm [1]. Hoe groter het te verwachten effect van de norm en hoe ruimer de potentiële toepassingsgebieden ervan, des te belangrijker het is gelijke toegang tot het normalisatieproces mogelijk te maken. Indien uit de feiten blijkt dat er concurrentie tussen verscheidene van dergelijke normen en normalisatie-instanties is (en het is niet noodzakelijk dat de gehele sector dezelfde normen toepast) kan het echter zijn dat er geen mededingingsbeperkende gevolgen zijn. Ook indien het niet mogelijk was de norm vast te stellen zonder het aantal deelnemers te beperken, zou de overeenkomst wellicht geen merkbaar mededingingsbeperkend gevold in de zin van artikel 101, lid 1 [2] tot gevolg hebben. In bepaalde omstandigheden kunnen de potentiële negatieve effecten van de beperkte deelname worden weggenomen of op zijn minst verminderd door ervoor te zorgen dat de belanghebbenden over de lopende werkzaamheden geïnformeerd en geraadpleegd worden [3]. Hoe transparanter de procedure is voor de vaststelling van de norm, des te waarschijnlijker het is dat de goedgekeurde norm rekening houdt met de belangen van alle belanghebbenden.
[14-01-2011, PbEU C 11, i.w.tr. 14-01-2011/regelingnummer 2011/C11/01]

296
Om na te gaan wat de effecten van een standaardiseringsovereenkomst zullen zijn, moet rekening worden gehouden met **de marktaandelen van de goederen of diensten die op de norm zijn gebaseerd**. Het is wellicht niet altijd mogelijk om in een vroeg stadium met enige zekerheid te beoordelen of een groot deel van de sector de norm in de praktijk zal toepassen dan wel of het alleen een norm zal zijn die door een marginaal deel van de sector wordt gebruikt. In veel gevallen zouden de relevante marktaandelen van de ondernemingen die aan de ontwikkeling van de norm hebben deelgenomen, kunnen worden gebruikt als een hulpmiddel voor de raming van het waarschijnlijke marktaandeel van de norm (gelet op het feit dat in de meeste gevallen de ondernemingen die aan de vaststelling van de norm deelnemen belang hebben bij de toepassing daarvan) [4]. Aangezien echter de doeltreffendheid van standaardiseringsovereenkomsten vaak evenredig is met het procentuele deel van de bedrijfstak dat betrokken is bij het vaststellen en/of toepassen van de norm, zal het feit dat de partijen op de markt of markten waarvoor de norm geldt grote marktaan-

---

(1) In Beschikking van de Commissie in zaak IV/31.458, X/Open Group, *PB* L 35 van 6.2.1987, blz. 36, was de Commissie van oordeel dat zelfs indien de normen die zijn vastgesteld openbaar zouden worden gemaakt, het beleid gericht op het beperkte lidmaatschap van de groep ertoe leidde dat werd verhinderd dat niet-leden invloed uitoefenen op de resultaten van het werk van de Group en in het bezit komen van de know-how en technische kennis betreffende de normen die de leden waarschijnlijk wel zullen verkrijgen. Bovendien konden niet-leden, in tegenstelling met leden, niet de norm toepassen voordat deze was vastgesteld (zie punt 32). Onder deze omstandigheden werd de overeenkomst daarom beschouwd als een beperking uit hoofde van artikel 101, lid 1.
(2) Of, indien de vaststelling van de norm door een inefficiënte werkwijze ernstig vertraagd was, zou elke aanvankelijke beperking gecompenseerd kunnen worden door efficiëntieverbeteringen die aan artikel 101, lid 3, moeten worden getoetst.
(3) Zie de beschikking van de Commissie van 14 oktober 2009 in zaak 39416, Ship Classification. De beschikking is te vinden op: http://ec.europa.eu/competition/antitrust/cases/index/by_nr_78.html#i39_416.
(4) Zie punt 261.

delen hebben, niet noodzakelijk leiden tot de conclusie dat de norm waarschijnlijk mededingingsbeperkende effecten zal hebben.
[14-01-2011, PbEU C 11, i.w.tr. 14-01-2011/regelingnummer 2011/C11/01]

297
Iedere standaardiseringsovereenkomst die duidelijk een van de deelnemende of potentiële leden **discrimineert** kan mededingingsbeperking in de hand werken. Indien, bijvoorbeeld, een normalisatie-instantie expliciet ondernemingen uitsluit die alleen upstream-activiteiten hebben (dat wil zeggen ondernemingen die niet op de downstream-productiemarkt actief zijn), kan dit tot een uitsluiting van potentieel betere technologieën leiden.
[14-01-2011, PbEU C 11, i.w.tr. 14-01-2011/regelingnummer 2011/C11/01]

298
Wat standaardiseringsovereenkomsten betreft die **andere soorten modellen voor bekendmaking van IE-rechten** dan de in punt 286 genoemde modellen gebruiken, zal per geval moeten worden nagegaan of het bekendmakingsmodel in kwestie (bijvoorbeeld een model dat bekendmaking van IE-rechten niet verplicht stelt maar alleen stimuleert) de daadwerkelijke toegang tot de norm garandeert. Met andere woorden: er moet worden nagegaan of in een specifieke context het bekendmakingsmodel niet in de praktijk een weloverwogen keuze tussen technologieën en de daarbij behorende IE-rechten verhindert.
[14-01-2011, PbEU C 11, i.w.tr. 14-01-2011/regelingnummer 2011/C11/01]

299
Tot slot zullen standaardiseringsovereenkomsten die voorzien in **de bekendmaking vooraf van de meest restrictieve licentievoorwaarden** in beginsel niet de mededinging beperken in de zin van artikel 101, lid 1. In dit verband is het belangrijk dat de bij de keuze van een norm betrokken partijen volledig geïnformeerd zijn, niet alleen over de beschikbare technische mogelijkheden en de daarbij behorende IE-rechten maar ook over de vermoedelijke kosten van die IE-rechten. Indien er in de voorschriften van een normalisatie-instantie inzake IE-rechten dan ook voor zou worden gekozen IE- rechthebbenden ertoe te verplichten vóór de vaststelling van de norm individueel hun meest restrictieve licentievoorwaarden bekend te maken, onder meer de maximumtarieven van de royalty's die zij berekenen, zou dit normaal gesproken niet leiden tot een beperking van de mededinging in de zin van artikel 101, lid 1 [(1)]. Een dergelijke eenzijdige bekendmaking vooraf van meest restrictieve licentievoorwaarden zou een manier kunnen zijn om de normalisatie-instantie in staat te stellen een geïnformeerde beslissing te nemen op basis van de voor- en nadelen van verschillende alternatieve technologieën, niet alleen uit een technisch, maar ook uit een financieel oogpunt.
[14-01-2011, PbEU C 11, i.w.tr. 14-01-2011/regelingnummer 2011/C11/01]

---

(1) Een eenzijdige bekendmaking vooraf van de meeste restrictieve licentievoorwaarden mag niet dienen als verkapte manier om gezamenlijk de prijzen van de downstream-producten dan wel van vervangende IE-rechten of -technologieën vast te stellen, zulks heeft een mededingingsbeperkende strekking, zoals is punt 274 is uiteengezet.

Standaardvoorwaarden

300
De opstelling en het gebruik van standaardvoorwaarden moet worden bekeken in de juiste economische context en tegen de achtergrond van de situatie op de relevante markt om uit te maken of de kans groot is dat de betrokken standaardvoorwaarden mededingingsbeperkende gevolgen zullen hebben.
[14-01-2011, PbEU C 11, i.w.tr. 14-01-2011/regelingnummer 2011/C11/01]

301
Zolang de deelname aan het eigenlijke opstellen van de standaardvoorwaarden voor de concurrenten op de relevante markt (via de brancheorganisatie dan wel rechtstreeks) **niet beperkt** is, en voor zover de opgestelde standaardvoorwaarden **niet-bindend** en **daadwerkelijk** voor iedereen **toegankelijk** zijn, is het niet waarschijnlijk dat dergelijke overeenkomsten mededingingsbeperkende gevolgen zullen hebben (behoudens het in de punten 303, 304, 305 en 307 gemaakte voorbehoud).
[14-01-2011, PbEU C 11, i.w.tr. 14-01-2011/regelingnummer 2011/C11/01]

302
Daadwerkelijk toegankelijke en niet-bindende standaardvoorwaarden voor de verkoop van consumptiegoederen of diensten (aangenomen dat zij geen effect hebben op de prijs) hebben derhalve in de regel geen enkel mededingingsbeperkend gevolg, daar zij waarschijnlijk geen negatief effect zullen hebben op de productkwaliteit, productdiversiteit of innovatie. Er zijn echter twee algemene uitzonderingen waarbij een grondiger onderzoek noodzakelijk is.
[14-01-2011, PbEU C 11, i.w.tr. 14-01-2011/regelingnummer 2011/C11/01]

303
In de eerste plaats zouden standaardvoorwaarden voor de verkoop van consumptiegoederen of diensten waarbij in de standaardvoorwaarden een omschrijving van het aan de klant verkochte product wordt gegeven en waarbij derhalve het gevaar dat de productkeuze wordt beperkt groter is, aanleiding kunnen geven tot mededingingsbeperkende gevolgen in de zin van artikel 101, lid 1, wanneer de gezamenlijke toepassing ervan tot een feitelijke afstemming kan leiden. Dit zou het geval kunnen zijn wanneer het algemeen verspreide gebruik van standaardvoorwaarden in de praktijk leidt tot een vermindering van innovatie en van het productaanbod. Dit kan zich bijvoorbeeld voordoen wanneer standaardvoorwaarden in verzekeringspolissen de keuze van de klant met betrekking tot essentiële elementen van het contract, zoals de gedekte standaardrisico's, beperken. Zelfs als het gebruik van de standaardvoorwaarden niet verplicht is, kunnen deze de prikkels voor concurrenten om te concurreren op het stuk van productdiversificatie wegnemen.
[14-01-2011, PbEU C 11, i.w.tr. 14-01-2011/regelingnummer 2011/C11/01]

304
Wanneer moet worden nagegaan of er een risico bestaat dat de standaardvoorwaarden waarschijnlijk beperkende effecten zullen hebben door beperking van de productkeuze, moeten factoren zoals de bestaande mededinging op de markt in aanmerking

worden genomen. Indien er bijvoorbeeld een groot aantal kleinere concurrenten is, zal het risico van een beperking van de productkeuze kleiner lijken dan wanneer er slechts enkele grotere concurrenten zijn [1]. De marktaandelen van de ondernemingen die deelnemen aan het vaststellen van de standaardvoorwaarden zouden een zekere indicatie kunnen vormen van de waarschijnlijkheid dat de standaardvoorwaarden door een groot deel van de markt worden aanvaard of gebruikt. In dit opzicht is het echter niet alleen relevant om te onderzoeken of het waarschijnlijk is dat de opgestelde standaardvoorwaarden door een groot deel van de markt worden gebruikt, maar ook of zij alleen een deel van het product of het gehele product omvatten (hoe minder uitgebreid de standaardvoorwaarden zijn, des te minder waarschijnlijk het is dat zij, over het algemeen, tot een beperking van de productkeuze leiden). In gevallen waarin het zonder de vaststelling van standaardvoorwaarden niet mogelijk zou zijn geweest een bepaald product aan te bieden, zou een mededingingsbeperkend gevolg in de zin van artikel 101, lid 1, overigens niet waarschijnlijk zijn. In dit scenario zal de productkeuze eerder toenemen dan afnemen door de vaststelling van de standaardvoorwaarden.
[14-01-2011, PbEU C 11, i.w.tr. 14-01-2011/regelingnummer 2011/C11/01]

305
In de tweede plaats, kunnen standaardvoorwaarden, zelfs als deze geen echte omschrijving geven van wat het eindproduct precies moet zijn, om andere redenen toch een beslissend onderdeel vormen van de transactie met de klant. Een voorbeeld is online winkelen, waarbij het vertrouwen van de klant van wezenlijk belang is (bijvoorbeeld bij het gebruik van veilige betaalsystemen, een correcte beschrijving van de producten, duidelijke en transparante regels voor het bepalen van de prijs, soepelheid van de 'niet goed, geld terug'-regeling enz.). Aangezien het voor klanten moeilijk is al die elementen te beoordelen, hebben zij meestal een voorkeur voor algemeen verspreide praktijken, en standaardvoorwaarden betreffende deze elementen zouden dan ook een feitelijke norm kunnen worden waaraan ondernemingen zouden moeten voldoen om op de markt te verkopen. Zelfs als de standaardvoorwaarden niet bindend zijn, zouden zij een feitelijke norm worden waarvan de effecten zeer nauw aanleunen bij die van een bindende norm en ook als zodanig moeten worden beoordeeld.
[14-01-2011, PbEU C 11, i.w.tr. 14-01-2011/regelingnummer 2011/C11/01]

306
Indien het gebruik van standaardvoorwaarden bindend is, moet worden nagegaan wat de impact ervan is op productkwaliteit, productdiversiteit en innovatie (met name wanneer de standaardvoorwaarden bindend zijn voor de gehele markt).
[14-01-2011, PbEU C 11, i.w.tr. 14-01-2011/regelingnummer 2011/C11/01]

307
Indien de (al dan niet bindende) standaardvoorwaarden bepalingen zouden bevatten die waarschijnlijk een negatief effect hebben op de mededinging op het gebied van

---

(1) Indien eerdere ervaring met standaardvoorwaarden op de relevante markt aantoont dat deze geen vermindering van de concurrentie inzake productdifferentiatie in de hand hebben gewerkt, kan dit er ook op duiden dat hetzelfde soort standaardvoorwaarden die voor een naburig product zijn uitgewerkt evenmin een beperkend effect op de mededinging zal hebben.

prijzen (bijvoorbeeld voorwaarden die het soort kortingen bepalen dat moet worden toegepast), zouden er waarschijnlijk ook mededingingsbeperkende gevolgen zijn in de zin van artikel 101, lid 1.
[14-01-2011, PbEU C 11, i.w.tr. 14-01-2011/regelingnummer 2011/C11/01]

7.4 Beoordeling op grond van artikel 101, lid 3

7.4.1 Efficiëntieverbeteringen

Standaardiseringsovereenkomsten

308
Standaardiseringsovereenkomsten leiden dikwijls tot aanzienlijke efficiëntieverbeteringen. Normen die voor de gehele Unie gelden, kunnen bijvoorbeeld de marktintegratie bevorderen en het ondernemingen mogelijk maken hun producten en diensten in alle lidstaten op de markt te brengen, hetgeen een ruimere keuze voor de consument en lagere prijzen ten gevolge heeft. Normen die technische interoperabiliteit en compatibiliteit bewerkstelligen, moedigen vaak concurrentie op grond van prestaties aan tussen technologieën van verschillende ondernemingen en helpen afhankelijkheid van één bepaalde leverancier te vermijden. Voorts kunnen normen de transactiekosten tussen kopers en verkopers verminderen. Ook kunnen bijvoorbeeld normen inzake kwaliteit, veiligheid en milieuaspecten van een product de keuze voor de consument vergemakkelijken en leiden tot een hogere productkwaliteit. Normen kunnen ook een belangrijke rol spelen bij innovatie. Zij kunnen de tijd verkorten die nodig is om een nieuwe technologie op de markt te brengen en innovatie bevorderen door ondernemingen in de gelegenheid te stellen voort te bouwen op overeengekomen oplossingen.
[14-01-2011, PbEU C 11, i.w.tr. 14-01-2011/regelingnummer 2011/C11/01]

309
Om die efficiëntieverbeteringen in het geval van standaardiseringsovereenkomsten te realiseren, moet de informatie die vereist is om de norm toe te passen daadwerkelijk beschikbaar zijn voor eenieder die de markt wil betreden [1].
[14-01-2011, PbEU C 11, i.w.tr. 14-01-2011/regelingnummer 2011/C11/01]

310
De verspreiding van een norm kan worden vergroot door middel van merken of logo's die de inachtneming ervan bevestigen en aldus de klanten zekerheid bieden. Overeenkomsten betreffende proefneming en certificering gaan verder dan het primaire doel van standaardisering en zouden normaal gesproken een afzonderlijke overeenkomst en een afzonderlijke markt vormen.
[14-01-2011, PbEU C 11, i.w.tr. 14-01-2011/regelingnummer 2011/C11/01]

---

(1) Zie de beschikking van de Commissie in zaak IV/31.458, X/Open Group, punt 42. 'De Commissie is van mening dat de bereidheid van de Group om de resultaten van de samenwerking zo snel mogelijk beschikbaar te stellen, een essentieel element is in de beslissing om een ontheffing te verlenen'.

311
De gevolgen voor innovatie moeten van geval tot geval worden onderzocht. Niettemin worden bijvoorbeeld normen die op horizontaal niveau compatibiliteit tussen verschillende technologieplatformen bewerkstelligen, geacht efficiëntieverbeteringen teweeg te brengen.
[14-01-2011, PbEU C 11, i.w.tr. 14-01-2011/regelingnummer 2011/C11/01]

Standaardvoorwaarden

312
Het gebruik van standaardvoorwaarden kan economische voordelen meebrengen, bijvoorbeeld doordat het voor de klanten gemakkelijker wordt de geboden condities te vergelijken en dus naar een andere leverancier over te stappen. Standaardvoorwaarden kunnen ook leiden tot efficiëntieverbeteringen in de vorm van besparingen op de transactiekosten en in sommige sectoren (met name wanneer de contracten juridisch complex zijn) de toegang tot de markt vergemakkelijken. Daarnaast kunnen zij de rechtszekerheid voor de contractpartijen vergroten.
[14-01-2011, PbEU C 11, i.w.tr. 14-01-2011/regelingnummer 2011/C11/01]

313
Hoe groter het aantal concurrenten op de markt is, des te groter de efficiëntieverbetering zal zijn, doordat de aangeboden voorwaarden gemakkelijker kunnen worden vergeleken.
[14-01-2011, PbEU C 11, i.w.tr. 14-01-2011/regelingnummer 2011/C11/01]

7.4.2 Onmisbaarheid

314
Beperkingen die verder gaan dan nodig is om de efficiëntieverbeteringen te behalen die uit een standaardiseringsovereenkomst of uit standaardvoorwaarden kunnen voortvloeien, voldoen niet aan de criteria van artikel 101, lid 3.
[14-01-2011, PbEU C 11, i.w.tr. 14-01-2011/regelingnummer 2011/C11/01]

Standaardiseringsovereenkomsten

315
Bij de beoordeling van elke standaardiseringsovereenkomst moet rekening worden gehouden met de vermoedelijke gevolgen ervan voor de betrokken markt of markten

aan de ene kant, en met de reeks van beperkingen die mogelijk verder gaan dan het doel om efficiëntieverbeteringen te bereiken, aan de andere kant [1].
[14-01-2011, PbEU C 11, i.w.tr. 14-01-2011/regelingnummer 2011/C11/01]

316
Deelname aan de normalisatie moet in de regel voor alle concurrenten op de betrokken markt of markten openstaan, tenzij de partijen kunnen aantonen dat zulks tot een aanzienlijk efficiëntieverlies zou leiden of tenzij er erkende procedures voor collectieve belangenverdediging voorhanden zijn [2].
[14-01-2011, PbEU C 11, i.w.tr. 14-01-2011/regelingnummer 2011/C11/01]

317
In de regel behoren standaardiseringsovereenkomsten niet meer te regelen dan noodzakelijk is om het doel ervan te bereiken ongeacht of dit technische interoperabiliteit en compatibiliteit dan wel het garanderen van een bepaald kwaliteitsniveau is. In gevallen waarin het gebruik van slechts één technologische oplossing de consumenten of de economie in haar geheel ten goede komt, moet deze norm op niet-discriminerende grondslag worden vastgesteld. Technologieneutrale normen kunnen in bepaalde omstandigheden tot grotere efficiëntieverbeteringen leiden. Vervangende IE-rechten [3] opnemen als essentieel onderdeel van de norm en de gebruikers van de norm terzelfder tijd verplichten voor meer IE-rechten te betalen dan technisch noodzakelijk is, zou verder gaan dan wat noodzakelijk is om efficiëntieverbeteringen te bereiken. Evenzo zou opneming van vervangende IE-rechten als essentieel onderdeel van een norm en beperking van het gebruik van die technologie tot die bepaalde norm (met

---

(1) In zaak IV/29/151, Philips/VCR, leidde de inachtneming van de VCR-normen tot uitsluiting van andere, mogelijk betere systemen. Deze uitsluiting was gezien het feit dat Philips op de markt boven zijn concurrenten uitsteekt, bijzonder ernstig. 'Overwegende dat daardoor tevens aan de deelnemende ondernemingen beperkingen werden opgelegd, die niet onmisbaar waren om bovengenoemde verbeteringen te bereiken; dat de bruikbaarheid van de videocassetten van het VCR-systeem voor de van andere producenten afkomstige apparaten ook verzekerd zou zijn geweest, wanneer deze zich alleen hadden behoeven te verplichten, bij de vervaardiging volgens het VCR-systeem de VCR-normen in acht te nemen' (punt 31).

(2) Zie de beschikking van de Commissie in zaak IV/31.458, X/Open Group, punt 45: 'De oogmerken van de Group zouden niet kunnen worden verwezenlijkt indien iedere vennootschap die trouw beloofde aan de doelstellingen van de Group het recht zou hebben lid te worden. Dit zou praktische en logistieke moeilijkheden voor het organiseren van het werk in het leven roepen en wellicht verhinderen dat de juiste voorstellen zouden worden gedaan.' Zie ook de beschikking van de Commissie van 14 oktober 2009 in zaak 39416, Ship Classification, punt 36: 'in de toezeggingen is een goed evenwicht gevonden tussen enerzijds het behoud van hoogstaande criteria voor lidmaatschap van IACS, en anderzijds het wegnemen van onnodige belemmeringen om lid van IACS te worden. De nieuwe criteria zullen ervoor zorgen dat alleen de technisch competente classificatiebureaus lid van IACS kunnen worden, zodat de efficiëntie en kwaliteit van de IACS-werkzaamheden niet onnodig in gevaar komt door te inschikkelijke vereisten voor deelname aan IACS. Terzelfder tijd zullen de nieuwe criteria niet verhinderen dat classificatiebureaus die technisch competent zijn, lid worden van IACS indien zij dat willen'.

(3) Technologie die door gebruikers/licentiehouders wordt beschouwd als onderling verwisselbaar met een andere technologie op grond van de kenmerken van beide technologieën en het beoogde gebruik.

andere woorden, het exclusieve gebruik ervan) de concurrentie tussen technologieën mogelijk beperken en niet noodzakelijk zijn om de beoogde efficiëntieverbeteringen te bereiken.
[14-01-2011, PbEU C 11, i.w.tr. 14-01-2011/regelingnummer 2011/C11/01]

318
Beperkingen in standaardiseringsovereenkomsten die een norm bindend maken en in de bedrijfstak verplicht stellen, zijn in principe niet onmisbaar.
[14-01-2011, PbEU C 11, i.w.tr. 14-01-2011/regelingnummer 2011/C11/01]

319
In diezelfde zin gaan standaardiseringsovereenkomsten die aan bepaalde organen het exclusieve recht verlenen om na te gaan of aan de norm is voldaan, verder dan het primaire doel van standaardisering en kunnen zij eveneens de mededinging beperken. De exclusiviteit kan echter gedurende een bepaalde periode gerechtvaardigd zijn, bijvoorbeeld door de noodzaak aanzienlijke aanloopkosten terug te verdienen [1]. De standaardiseringsovereenkomst moet in dit geval voldoende garanties bevatten om mogelijke uit de exclusiviteit voortvloeiende risico's voor de concurrentie te beperken. Dit heeft onder andere betrekking op het certificeringstarief, dat redelijk moet zijn en in verhouding moet staan tot de kosten van het testen van de naleving.
[14-01-2011, PbEU C 11, i.w.tr. 14-01-2011/regelingnummer 2011/C11/01]

Standaardvoorwaarden

320
Er is in de regel geen goede reden om standaardvoorwaarden bindend te verklaren en het gebruik ervan verplicht te stellen in de bedrijfstak of voor de leden van de brancheorganisatie die de voorwaarden heeft vastgesteld. Het is echter niet uitgesloten dat bindende standaardvoorwaarden in een specifiek geval onmisbaar kunnen zijn om de daaraan verbonden efficiëntieverbeteringen te bereiken.
[14-01-2011, PbEU C 11, i.w.tr. 14-01-2011/regelingnummer 2011/C11/01]

---

(1). Zie in dit verband de beschikking van de Commissie in de zaken IV/34.179, 34.202, 216, Nederlandse kranen (SCK en FNK), *PB* L 312 van 23.12.1995, blz. 79, punt 23: 'Het verbod om voor onderaanneming een beroep te doen op niet door de SCK gecertificeerde ondernemingen beperkt de vrijheid van handelen van gecertificeerde ondernemingen. Of het verbod als een verhindering, beperking of vervalsing van de mededinging in de zin van artikel 85, lid 1, kan worden aangemerkt, dient te worden beoordeeld in de juridische en economische context. Indien een dergelijk verbod verbonden zou zijn aan een certificatiesysteem dat volledig open, onafhankelijk en transparant is en dat in de aanvaarding van door andere systemen geboden gelijkwaardige waarborgen voorziet, zou kunnen worden verdedigd dat het verbod geen beperkende uitwerking op de concurrentie teweeg brengt, maar louter op het volledig garanderen van de kwaliteit van de gecertificeerde goederen of diensten gericht is.'

7.4.3 Doorgifte aan consumenten

Standaardiseringsovereenkomsten

321
De door onmisbare beperkingen bereikte efficiëntieverbeteringen moeten in voldoende mate aan de gebruikers worden doorgegeven om de mededingingsbeperkende gevolgen van de standaardiseringsovereenkomst of de standaardvoorwaarden te compenseren. Een relevant aspect van het onderzoek of de voordelen voldoende worden doorgegeven aan de gebruikers, is de vraag welke procedures bestaan om te garanderen dat de belangen van de gebruikers van normen en de eindgebruikers worden beschermd. Wanneer normen de technische interoperabiliteit en compatibiliteit of de concurrentie tussen nieuwe en reeds bestaande producten, diensten en procedés vergemakkelijken, mag worden aangenomen dat de norm de gebruikers ten goede zal komen.
[14-01-2011, PbEU C 11, i.w.tr. 14-01-2011/regelingnummer 2011/C11/01]

Standaardvoorwaarden

322
Zowel het risico op mededingingsbeperkende gevolgen als de waarschijnlijkheid van efficiëntieverbeteringen nemen toe naarmate de marktaandelen van de ondernemingen groter zijn en het gebruik van de standaardvoorwaarden toeneemt. Daarom is het niet mogelijk een algemene 'veilige zone' aan te wijzen waarbinnen er geen risico op mededingingsbeperkende gevolgen bestaat of waarbinnen er een vermoeden zou gelden dat efficiëntieverbeteringen in voldoende mate aan de gebruikers worden doorgegeven om de mededingingsbeperkende gevolgen te compenseren.
[14-01-2011, PbEU C 11, i.w.tr. 14-01-2011/regelingnummer 2011/C11/01]

323
Niettemin komen sommige efficiëntieverbeteringen die uit standaardvoorwaarden voortvloeien, zoals een grotere vergelijkbaarheid van het aanbod op de markt, het gemakkelijker overstappen naar een andere leverancier en rechtszekerheid over de in de standaardvoorwaarden neergelegde bepalingen, de gebruikers steeds ten goede. Ten aanzien van andere mogelijke efficiëntieverbeteringen, zoals lagere transactiekosten, moet per geval en in de relevante economische context worden beoordeeld of het waarschijnlijk is dat deze aan de gebruikers zullen worden doorgegeven.
[14-01-2011, PbEU C 11, i.w.tr. 14-01-2011/regelingnummer 2011/C11/01]

7.4.4 Geen uitschakeling van de mededinging

324
Of een standaardiseringsovereenkomst de partijen de mogelijkheid biedt de mededinging uit te schakelen, hangt ervan af welke bronnen van mededinging er zijn op de markt, hoe groot de concurrentiedruk is die zij uitoefenen op de partijen en wat de invloed van de overeenkomst is op die concurrentiedruk. Marktaandelen zijn weliswaar relevant voor deze analyse, maar de omvang van de resterende bronnen van

werkelijke mededinging kan niet uitsluitend aan de hand van marktaandelen worden beoordeeld, behalve wanneer een norm een feitelijke industrienorm is geworden [1]. In het laatste geval is het mogelijk dat de mededinging wordt uitgeschakeld indien derden daadwerkelijke toegang tot deze norm wordt ontzegd. Standaardvoorwaarden die door een meerderheid in de bedrijfstak worden gehanteerd, kunnen tot een feitelijke industrienorm leiden en roepen derhalve dezelfde mededingingsbezwaren op. Niettemin is het, indien de norm of de standaardvoorwaarden slechts op een beperkt deel van het product of de dienst betrekking hebben, niet waarschijnlijk dat de concurrentie wordt uitgeschakeld.

[14-01-2011, PbEU C 11, i.w.tr. 14-01-2011/regelingnummer 2011/C11/01]

7.5 Voorbeelden

325

Vaststellen van normen waaraan concurrenten niet kunnen voldoen
Voorbeeld 1
Situatie: Door een normalisatie-instantie worden veiligheidsnormen vastgesteld en bekendgemaakt die in de betrokken bedrijfstak op grote schaal worden gehanteerd. De meeste concurrenten in de bedrijfstak nemen deel aan de vaststelling van de norm. Vóór de goedkeuring van de norm heeft een nieuwkomer een product ontwikkeld dat technisch gelijkwaardig is qua prestaties en functionele eisen, hetgeen wordt erkend door het technisch comité van de normalisatie-instantie. De technische specificaties van de veiligheidsnorm zijn echter, zonder objectieve rechtvaardiging, zodanig geformuleerd dat dit product of andere nieuwe producten niet aan de norm kunnen voldoen.

Analyse: Deze standaardiseringsovereenkomst zal waarschijnlijk mededingingsbeperkende gevolgen hebben in de zin van artikel 101, lid 1, en niet voldoen aan de criteria van artikel 101, lid 3. De leden van de normalisatie-instantie hebben zonder objectieve verantwoording de norm op zodanige wijze vastgesteld dat producten van hun concurrenten die gebaseerd zijn op andere technische oplossingen er niet aan kunnen voldoen, ook al leveren zij gelijkwaardige prestaties. Bijgevolg zal deze overeenkomst, die niet op niet-discriminerende grondslag is vastgesteld, leiden tot vermindering of voorkoming van innovatie en productdiversiteit. Het is onwaarschijnlijk dat de wijze waarop de norm is opgesteld tot grotere efficiëntieverbeteringen zal leiden dan een neutrale redactie.

[14-01-2011, PbEU C 11, i.w.tr. 14-01-2011/regelingnummer 2011/C11/01]

326

Niet-bindende en transparante norm die voor een groot deel van de markt geldt
Voorbeeld 2
Situatie: Een aantal fabrikanten van consumentenelektronica met aanzienlijke marktaandelen komen overeen een nieuwe norm te ontwikkelen voor een product dat de opvolger van de dvd moet worden.

---

(1) Feitelijke standaardisering (of feitelijke norm) verwijst naar een situatie waarin een (wettelijk niet bindende) norm in de praktijk door de meeste marktspelers wordt toegepast.

Analyse: Voor zover a) de fabrikanten de vrijheid behouden om andere nieuwe producten te vervaardigen die niet aan de nieuwe norm voldoen, b) de deelname aan het vaststellen van de norm niet beperkt is en transparant verloopt, en c) de standaardiseringsovereenkomst niet anderszins de mededinging beperkt, is het niet waarschijnlijk dat inbreuk wordt gepleegd op artikel 101, lid 1. Indien de partijen zouden overeenkomen uitsluitend producten te fabriceren die aan de nieuwe norm voldoen, zou de overeenkomst de technische ontwikkeling afremmen, innovatie tegenhouden en de partijen verhinderen andere producten te verkopen, en daarmee mededingingsbeperkende gevolgen hebben in de zin van artikel 101, lid 1.
[14-01-2011, PbEU C 11, i.w.tr. 14-01-2011/regelingnummer 2011/C11/01]

327
Standaardiseringsovereenkomst zonder bekendmaking van de IE-rechten
Voorbeeld 3
Situatie: Een particuliere normalisatie-instantie die actief is in de ICT-sector (informatie- en communicatietechnologie) heeft een regeling inzake IE-rechten die niet voorschrijft of stimuleert dat IE-rechten die voor de toekomstige norm essentieel zouden kunnen zijn, worden bekendgemaakt. De normalisatie-instantie heeft bewust besloten een dergelijke verplichting niet in de regeling op te nemen, met name omdat in het algemeen alle technologieën die voor de toekomstige norm potentieel relevant zouden kunnen zijn, door talrijke IE-rechten worden beschermd. De normalisatie-instantie was daarom van mening dat verplichte bekendmaking van IE-rechten enerzijds niet het voordeel met zich zou brengen dat de deelnemers een oplossing zonder IE-rechten of met weinig IE-rechten zouden kunnen kiezen, en anderzijds extra kosten met zich zou brengen om te onderzoeken of de IE-rechten voor de toekomstige norm mogelijk van essentieel belang zouden zijn. De regeling inzake IE-rechten van de normalisatie-instantie verlangt echter dat alle deelnemers zich ertoe verbinden voor alle IE-rechten die relevant zijn voor de toekomstige norm een licentie te verlenen onder FRAND-voorwaarden. De regeling inzake IE-rechten maakt uitzonderingen mogelijk ingeval de IE-rechthebbende bepaalde IE-rechten buiten deze verbintenis tot algemene licentieverlening wenst te houden. In deze specifieke sector zijn er verscheidene concurrerende particuliere normalisatie-instanties. Deelname in de normalisatie-instantie staat open voor eenieder die in de sector actief is.
Analyse: In veel gevallen zou een verplichting tot bekendmaking van IE-rechten gunstig zijn voor de concurrentie omdat deze bij voorbaat de concurrentie tussen technologieën vergroot. Doorgaans stelt deze verplichting de leden van een normalisatie-instantie in de gelegenheid rekening te houden met de hoeveelheid IE-rechten die relevant zijn voor een bepaalde technologie wanneer zij tussen concurrerende technologieën moeten kiezen (of zelfs, indien mogelijk, een technologie te kiezen waarop geen IE-rechten rusten). De hoeveelheid IE-rechten die op een technologie van toepassing zijn zal dikwijls een rechtstreekse impact hebben op de kosten van toegang tot de norm. In deze specifieke context, echter, lijkt het dat alle beschikbare technologieën door IE-rechten, en zelfs door talrijke IE-rechten, worden beschermd. Daarom zal bekendmaking van IE-rechten niet het positieve effect hebben dat de leden in de gelegenheid worden gesteld bij het kiezen van technologie rekening te houden met de hoeveelheid IE-rechten omdat, ongeacht welke technologie wordt gekozen, verondersteld moet worden dat er op die technologie IE-rechten van toe-

passing zijn. Het is onwaarschijnlijk dat de bekendmaking van IE-rechten ertoe zou bijdragen dat daadwerkelijke toegang tot de norm wordt gewaarborgd, wat in deze situatie voldoende wordt gewaarborgd door de algemene verbintenis alle IE-rechten die relevant zijn voor de toekomstige norm onder FRAND-voorwaarden in licentie te geven. Daarentegen kan de verplichting tot bekendmaking van IE-rechten in deze context voor de deelnemers extra kosten met zich brengen. In deze omstandigheden kan de niet-bekendmaking van IE-rechten er ook toe leiden dat de norm sneller wordt vastgesteld, wat belangrijk kan zijn wanneer er verscheidene concurrerende normalisatie-instanties bestaan. Het is dan ook niet waarschijnlijk dat de overeenkomst negatieve gevolgen voor de mededinging zal hebben.
[14-01-2011, PbEU C 11, i.w.tr. 14-01-2011/regelingnummer 2011/C11/01]

328
Normen in de verzekeringssector
Voorbeeld 4
Situatie: Een groep verzekeringsondernemingen stelt in onderling overleg niet-bindende normen vast voor de installatie van bepaalde veiligheidsvoorzieningen (d.w.z. onderdelen en uitrusting die ontworpen zijn om schade te voorkomen en te verminderen, en systemen die uit deze onderdelen zijn opgebouwd). De door de verzekeringsondernemingen vastgestelde niet-bindende normen a) zijn overeengekomen om te voorzien in een specifieke behoefte en om de verzekeraars te helpen hun risico te beheren en aan het risico aangepaste premies aan te bieden; b) zijn besproken met de installateurs (of hun vertegenwoordigers) en met hun mening is rekening gehouden vóór de definitieve vaststelling van de norm; c) zijn bekendgemaakt door de betrokken brancheorganisatie van de verzekeringssector via een speciale pagina op zijn website, zodat elke installateur of andere belanghebbende deze vlot kan terugvinden.
Analyse: De procedure voor het vaststellen van deze normen is transparant en staat open voor deelname van belanghebbenden. Daarenboven is het resultaat voor eenieder die dat wil vlot toegankelijk op redelijke en niet-discriminerende voorwaarden. Voor zover de norm geen negatieve effecten heeft op de downstream-markt (bijvoorbeeld door bepaalde installateurs uit te sluiten door middel van zeer specifieke en ongerechtvaardigde eisen voor installaties, waaraan sommige installateurs niet kunnen voldoen), is het niet erg waarschijnlijk dat de norm mededingingsbeperkende gevolgen zal hebben. Zelfs indien de normen toch mededingingsbeperkende gevolgen zouden hebben, lijkt aan de voorwaarden van artikel 101, lid 3 te zijn voldaan. De normen zouden de verzekeraars helpen om beter in te schatten in hoeverre de betrokken installaties het risico verminderen en schadegevallen voorkomen, zodat zij hun risico kunnen beheren en aan het risico aangepaste premies kunnen aanbieden. Zij zouden, behoudens het voorbehoud met betrekking tot de downstream-markt, ook een voordeel opleveren voor installateurs, doordat dezen voor alle verzekeringsmaatschappijen nog slechts aan één stel normen zouden moeten voldoen in plaats van aan elke verzekeringsmaatschappij afzonderlijk bewijzen te moeten leveren. De normen zouden het voor gebruikers ook gemakkelijker moeten maken van verzekeraar te veranderen. Bovendien zouden de normen nuttig kunnen zijn voor kleinere verzekeraars die wellicht niet de capaciteit hebben om zelf installateurs te beoordelen. Wat de overige voorwaarden van artikel 101, lid 3, betreft, gaan de niet-bindende normen zo te zien niet verder dan wat nodig is om de beoogde efficiëntieverbeteringen te bereiken; die

voordelen zouden aan de gebruikers worden doorgegeven (sommige voordelen voor de gebruikers vloeien zelfs rechtstreeks uit de normen voort); en de beperkingen zouden niet leiden tot een uitschakeling van de mededinging.
[14-01-2011, PbEU C 11, i.w.tr. 14-01-2011/regelingnummer 2011/C11/01]

329
Milieunormen
Voorbeeld 5
Situatie: Aangemoedigd door een overheidsinstantie komen bijna alle producenten van wasmachines overeen niet langer producten te vervaardigen die niet voldoen aan bepaalde milieunormen (bijvoorbeeld inzake energie-efficiëntie). De partijen hebben een gezamenlijk marktaandeel van 90 %. De producten die aldus geleidelijk van de markt verdwijnen, maken een groot percentage van de totale omzet uit. Zij zullen worden vervangen door energievriendelijkere, maar ook duurdere producten. Voorts leidt de overeenkomst indirect tot een verlaging van de productie van derden (bijvoorbeeld elektriciteitsbedrijven, leveranciers van componenten die in de berokken producten zijn verwerkt). Zonder de overeenkomst zouden de partijen hun activiteiten op het gebied van de productie en het op de markt brengen van hun producten niet naar meer milieuvriendelijke producten hebben verlegd.
Analyse: De overeenkomst verleent de partijen controle over elkaars productie, betreft een aanzienlijk deel van hun omzet en totale productie en leidt tot een verlaging van de productie van derden. Het productaanbod, dat gedeeltelijk gericht is op de milieukenmerken van het product, wordt beperkt en de prijzen zullen waarschijnlijk stijgen. De overeenkomst zal daarom waarschijnlijk mededingingsbeperkende gevolgen hebben in de zin van artikel 101, lid 1. De betrokkenheid van een overheidsinstantie is voor deze beoordeling irrelevant. Nieuwere, milieuvriendelijkere producten zijn echter technisch geavanceerder en leveren kwalitatieve efficiëntieverbeteringen op in de vorm van meer wasprogramma's die door de consument kunnen worden gebruikt. Voorts kunnen de kopers van wasmachines kosten besparen dankzij lagere gebruikskosten wegens een kleiner verbruik van water, elektriciteit en zeep. Deze besparingen worden gerealiseerd op andere markten dan de relevante markt van de overeenkomst. Niettemin mogen deze efficiëntieverbeteringen in aanmerking worden genomen, aangezien de markten waarop de mededingingsbeperkende gevolgen en de efficiëntieverbeteringen zich voordoen verwant zijn, en de groep consumenten die de beperking en de efficiëntieverbeteringen ondervinden in wezen dezelfde is. De efficiëntieverbeteringen compenseren de mededingingsbeperkende kostenverhoging. Andere alternatieven voor de overeenkomst lijken minder zeker en minder kosteneffectief te zijn voor het bereiken van dezelfde netto-voordelen. De partijen kunnen kiezen uit verschillende economisch haalbare technische oplossingen om wasmachines te vervaardigen die aan de overeengekomen milieukenmerken voldoen, en er zal concurrentie blijven met betrekking tot andere productkenmerken. Bijgevolg lijkt aan de criteria van artikel 101, lid 3, te zijn voldaan.
[14-01-2011, PbEU C 11, i.w.tr. 14-01-2011/regelingnummer 2011/C11/01]

330
Door de overheid aangemoedigde norm
Voorbeeld 6
Situatie: Als reactie op de resultaten van onderzoek naar de aanbevolen hoeveelheden vet in bepaalde verwerkte voedingsmiddelen, dat een met overheidsgeld gefinancierde denktank in één lidstaat had verricht, komen verscheidene grote producenten van verwerkte voedingsmiddelen in diezelfde lidstaat na formele besprekingen in een brancheorganisatie overeen voor de betrokken producten aanbevolen vetgehalten vast te stellen. Samen zijn de partijen goed voor 70 % van de omzet van de betrokken producten in de lidstaat. Het initiatief van de partijen zal worden ondersteund door een door de denktank gefinancierde nationale reclamecampagne waarin wordt gewezen op de gevaren van een hoog vetgehalte in verwerkte voedingsmiddelen.
Analyse: De genoemde vetgehalten worden slechts aanbevolen en zijn dus vrijblijvend, maar wegens de ruime publiciteit die het gevolg zal zijn van de nationale reclamecampagne, zullen naar alle waarschijnlijkheid alle fabrikanten van verwerkte levensmiddelen in de lidstaat zich aan de aanbevolen vetgehalten houden. Het zal derhalve waarschijnlijk een feitelijk maximumvetgehalte worden voor verwerkte voedingsmiddelen. De keuze van de consument zou daardoor op alle productmarkten kunnen worden beperkt. De partijen zullen evenwel kunnen blijven concurreren op een aantal andere kenmerken van de producten zoals prijs, grootte, kwaliteit, smaak, andere elementen van de voedingswaarde, zoutgehalte, evenwicht tussen de ingrediënten en merknaam. Daarenboven zou de mededinging met betrekking tot het vetgehalte in het productaanbod kunnen toenemen doordat partijen trachten het product met het laagste vetgehalte aan te bieden. De overeenkomst zal daarom waarschijnlijk geen mededingingsbeperkende gevolgen hebben in de zin van artikel 101, lid 1.
[14-01-2011, PbEU C 11, i.w.tr. 14-01-2011/regelingnummer 2011/C11/01]

331
Open norm voor productverpakking
Voorbeeld 7
Situatie: De grootste fabrikanten van een consumentenproduct in snelle ontwikkeling op een concurrerende markt van een lidstaat – en de fabrikanten en distributeurs in andere lidstaten die het product in de lidstaat verkopen (de 'importeurs') – komen met de grootste leveranciers van verpakkingen overeen een vrijwillig initiatief te ontwikkelen en uit te voeren voor de standaardisering van de grootte en vorm van de verpakking van het product dat in die lidstaat wordt verkocht. Er bestaan momenteel zeer veel uiteenlopende verpakkingsformaten en -materialen in de lidstaten. Dit vloeit voort uit het feit dat de verpakking geen groot deel uitmaakt van de totale productiekosten en dat de kosten van het overstappen naar een andere verpakkingsproducent niet erg hoog zijn. Er is geen enkele huidige of in voorbereiding zijnde Europese norm voor deze verpakkingen. De partijen hebben de overeenkomst vrijwillig gesloten als reactie op door de regering van de lidstaat uitgeoefende druk om aan bepaalde milieudoelstellingen te voldoen. Samen zijn de fabrikanten en importeurs goed voor 85 % van de omzet van het betrokken product in de lidstaat. Het vrijwillige initiatief zal leiden tot de verkoop in de lidstaat van een product van uniform formaat dat minder verpakkingsmateriaal gebruikt, minder plaats inneemt op planken, waaraan lagere vervoer- en verpakkingskosten zijn verbonden en dat dankzij minder verpakkingsafval milieuvriendelijker is.

Door het initiatief worden ook de recyclingkosten van producenten verminderd. De norm specificeert niet dat er bepaalde soorten verpakkingsmateriaal moeten worden gebruikt. De specificaties van de norm zijn tussen fabrikanten en importeurs op open en transparante wijze overeengekomen en de ontwerp-specificaties zijn op een website van de sector tijdig gepubliceerd voor een open raadpleging voordat zij worden goedgekeurd. De goedgekeurde definitieve specificaties worden ook bekendgemaakt op een website van de brancheorganisatie van de sector die voor iedere potentiële nieuwe marktdeelnemer vrij toegankelijk is, zelfs wanneer deze niet bij de organisatie is aangesloten.

Analyse: Alhoewel de overeenkomst op vrijwillige basis is gesloten, zal de norm waarschijnlijk een feitelijke standaard voor de sector worden omdat de partijen samen een groot deel van de markt voor het product in de lidstaat uitmaken en de regering ook detailhandelaren stimuleert om het verpakkingsafval te verminderen. Op deze wijze zou de overeenkomst in theorie belemmeringen voor de toegang tot de markt kunnen creëren en tot een mededingingsverstorende afscherming van de markt van de lidstaat kunnen leiden. Dit zou in het bijzonder een risico zijn voor de importeurs van het product in kwestie die de verpakking van het product zouden moeten veranderen om aan de feitelijke norm te voldoen om in de lidstaat te verkopen indien de grootte van de verpakking die in andere lidstaten wordt gebruikt niet aan de norm voldoet. Niettemin is het in de praktijk onwaarschijnlijk dat er aanzienlijke belemmeringen voor markttoegang en marktafscherming ontstaan omdat: a) de overeenkomst vrijwillig is gesloten, b) de norm met de belangrijkste importeurs op open en transparante wijze is overeengekomen, c) de kosten van overstappen gering zijn en d) de technische details van de norm voor nieuwe marktdeelnemers, importeurs en alle leveranciers van verpakkingen toegankelijk zijn. Met name zullen de importeurs reeds in een vroeg stadium van de ontwikkeling van de norm op de hoogte zijn geweest van mogelijke veranderingen in de verpakkingen en zullen zij via de open raadpleging over de ontwerp-normen de gelegenheid hebben gehad hun mening kenbaar te maken voordat de norm uiteindelijk wordt vastgesteld. De overeenkomst zal daarom mogelijk geen mededingingsbeperkende gevolgen hebben in de zin van artikel 101, lid 1.

In ieder geval is het waarschijnlijk dat in dit geval aan de voorwaarden van artikel 101, lid 3 wordt voldaan:
i) de overeenkomst zal zorgen voor kwantitatieve efficiëntieverbeteringen door geringere vervoer- en verpakkingskosten;
ii) de huidige concurrentievoorwaarden op de markt zijn van dien aard dat deze kostenverlagingen waarschijnlijk aan de gebruikers worden doorgegeven;
iii) de overeenkomst omvat alleen de minimumbeperkingen die noodzakelijk zijn om de verpakkingsnorm te bereiken en het is onwaarschijnlijk dat deze significante afscherming tot gevolg zal hebben; en
iv) de concurrentie zal niet worden uitgeschakeld ten aanzien van een aanzienlijk deel van de betrokken producten.

[14-01-2011, PbEU C 11, i.w.tr. 14-01-2011/regelingnummer 2011/C11/01]

332
Gesloten norm voor productverpakking
Voorbeeld 8
Situatie: Zelfde situatie als in voorbeeld 7 in punt 331, behalve dat de norm wordt overeengekomen tussen in de lidstaat gevestigde fabrikanten van het consumentenproduct in snelle ontwikkeling (die goed zijn voor 65 % van de omzet van het betrokken product in de lidstaat), er geen open raadpleging is geweest over de goedgekeurde specificaties (waarin gedetailleerde normen zijn vervat betreffende het soort verpakkingsmateriaal dat moet worden gebruikt) en de specificaties van de vrijwillige norm niet worden gepubliceerd. Dit heeft voor de producenten in andere lidstaten geleid tot hogere kosten bij verandering van leverancier dan voor binnenlandse producenten.
Analyse: Hoewel de overeenkomst op vrijwillige basis is gesloten, is het, zoals in voorbeeld 7 in punt 331, zeer waarschijnlijk dat dit de feitelijke norm voor de sector wordt, aangezien de regering ook detailhandelaren stimuleert om het verpakkingsafval te verminderen en de binnenlandse fabrikanten goed zijn voor 65 % van de omzet van het product in de lidstaat. Het feit dat de relevante producenten in andere lidstaten niet zijn geraadpleegd heeft ertoe geleid dat een norm is goedgekeurd die voor hen in vergelijking met binnenlandse producenten hogere overschakelingskosten met zich meebrengt. De overeenkomst kan derhalve belemmeringen voor de markttoegang creëren en tot mededingingsverstorende marktafscherming leiden voor verpakkingsleveranciers, nieuwkomers op de markt en importeurs – die niet alle aan het normalisatieproces hebben deelgenomen – aangezien het mogelijk is dat zij het product opnieuw moeten verpakken om te voldoen aan de feitelijke norm om in de lidstaat te verkopen, indien het verpakkingsformaat dat in andere lidstaten wordt gebruikt niet aan de norm voldoet.
Anders dan in voorbeeld 7 in punt 331, is het standaardiseringsproces niet op een open en transparante wijze uitgevoerd. Met name is nieuwkomers, importeurs en verpakkingsleveranciers niet de gelegenheid geboden hun mening over de voorgestelde norm te geven en hebben zij er mogelijk zelfs pas in een latere fase kennis van gekregen, wat er mogelijk toe leidt dat zij niet snel en efficiënt van productiemethode of van leverancier kunnen veranderen. Daarnaast is het mogelijk dat de nieuwkomers, importeurs en verpakkingsleveranciers niet in staat zijn om te concurreren wanneer de norm niet bekend is of het moeilijk is om eraan te voldoen. Bijzonder belangrijk in dit geval is het feit dat de norm gedetailleerde specificaties bevat van de te gebruiken verpakkingsmaterialen waaraan, vanwege de gesloten aard van de raadpleging en van de norm, importeurs en nieuwkomers met moeite zullen kunnen voldoen. Derhalve is er sprake van mededingingsbeperkingen in de zin van artikel 101, lid 1. Het feit dat de overeenkomst is gesloten om onderliggende milieudoelstellingen te bereiken waarover met de regering van de lidstaat overeenstemming was bereikt, doet niets aan deze conclusie af.
Het is niet waarschijnlijk dat in dit geval aan de voorwaarden van artikel 101, lid 3, is voldaan. Alhoewel de overeenkomst zal leiden tot soortgelijke kwantitatieve efficiëntieverbeteringen als die in voorbeeld 7 in punt 331, is het onwaarschijnlijk dat de gesloten en particuliere aard van de standaardiseringsovereenkomst en de niet-bekendmaking van de gedetailleerde norm inzake het soort verpakkingsmate-

riaal dat moet worden gebruikt onmisbaar zijn om de in de overeenkomst beoogde efficiëntieverbeteringen te bereiken.
[14-01-2011, PbEU C 11, i.w.tr. 14-01-2011/regelingnummer 2011/C11/01]

333
Niet-bindende en open standaardvoorwaarden in contracten met eindgebruikers
Voorbeeld 9
Situatie: Een brancheorganisatie van elektriciteitsdistributeurs stelt niet-bindende standaardvoorwaarden op voor de levering van elektriciteit aan eindgebruikers. Het opstellen van de standaardvoorwaarden gebeurt op transparante en niet-discriminerende wijze. De standaardvoorwaarden regelen kwesties zoals de vermelding van de plaats van verbruik, de locatie van het aansluitpunt en de aansluitspanning, de betrouwbaarheid van de dienstverlening en de procedure voor de vereffening van rekeningen tussen de contractpartijen (bijvoorbeeld wat gebeurt er als de klant geen meterstanden doorgeeft aan de leverancier). De standaardvoorwaarden hebben geen betrekking op prijzen, d.w.z. zij bevatten geen aanbevolen prijzen of andere bepalingen in verband met de tarieven. Het staat elke maatschappij die actief is in de sector vrij de standaardvoorwaarden te gebruiken, of niet. Ongeveer 80 % van de contracten die op de relevante markt worden gesloten met eindgebruikers, zijn gebaseerd op deze standaardvoorwaarden.
Analyse: Deze standaardvoorwaarden zullen waarschijnlijk geen mededingingsbeperkende gevolgen hebben in de zin van artikel 101, lid 1. Ook al zijn de voorwaarden feitelijk de vaste praktijk in de branche geworden, zij hebben blijkbaar geen negatief effect op prijzen, productkwaliteit of productdiversiteit.
[14-01-2011, PbEU C 11, i.w.tr. 14-01-2011/regelingnummer 2011/C11/01]

334
Standaardvoorwaarden in contracten tussen ondernemingen
Voorbeeld 10
Situatie: Bouwondernemingen in een bepaalde lidstaat stellen in onderling overleg niet-bindende en open standaardvoorwaarden op die een aannemer kan gebruiken bij het indienen van een offerte voor bouwwerkzaamheden bij een klant. Het gaat om een offerteformulier waaraan de standaardvoorwaarden voor de uitvoering van bouwwerkzaamheden zijn gehecht. Samen vormen deze documenten het aannemingscontract. De bepalingen hebben betrekking op punten zoals totstandkoming van het contract, algemene verplichtingen van de aannemer en de klant, niet-prijsgebonden betalingsvoorwaarden (bijvoorbeeld een bepaling die de aannemer het recht verleent de werkzaamheden op te schorten bij niet-betaling), verzekering, duur, oplevering en gebreken, beperking van de aansprakelijkheid, beëindiging enz.). In tegenstelling tot voorbeeld 9 in punt 333 zouden deze standaardvoorwaarden vaak worden gebruikt tussen ondernemingen waarvan er één upstream en één downstream actief is.
Analyse: Deze standaardvoorwaarden zullen waarschijnlijk geen mededingingsbeperkende gevolgen hebben in de zin van artikel 101, lid 1. De keuze van de consument met betrekking tot het eindproduct, te weten het bouwwerk, zou normaal gezien niet noemenswaardig worden beperkt. Andere mededingingsbeperkende gevolgen lijken

niet waarschijnlijk. Verscheidene van de bovengenoemde bedingen (oplevering en gebreken, beëindiging enz.) zijn vaak zelfs bij wet geregeld.
[14-01-2011, PbEU C 11, i.w.tr. 14-01-2011/regelingnummer 2011/C11/01]

335
Standaardvoorwaarden die de vergelijking tussen producten van verschillende ondernemingen vergemakkelijken
Voorbeeld 11
Situatie: Een nationale vereniging voor de verzekeringssector verspreidt niet-bindende standaardpolisvoorwaarden voor woningverzekeringscontracten. In deze voorwaarden wordt geen indicatie gegeven betreffende het niveau van de verzekeringspremies, het bedrag van de dekking of van het door de verzekerde te betalen 'eigen risico'. Zij schrijven geen brede dekking voor die risico's omvat waaraan een aanzienlijk aantal verzekeringnemers niet gelijktijdig zijn blootgesteld en verplichten de verzekeringnemer niet verschillende risico's bij dezelfde verzekeraar te dekken. Hoewel de meeste verzekeringsmaatschappijen standaardpolisvoorwaarden gebruiken, bevatten niet al hun polissen dezelfde voorwaarden, aangezien die worden aangepast aan de individuele behoeften van iedere klant, en bijgevolg is er geen sprake van een feitelijke standaardisering van de verzekeringsproducten die aan de consument worden aangeboden. De standaardpolisvoorwaarden stellen consumenten en consumentenorganisaties in staat de door de verschillende verzekeraars aangeboden polissen te vergelijken. Een consumentenvereniging is betrokken bij de vaststelling van de standaardpolisvoorwaarden. Deze zijn op niet-discriminerende basis ook beschikbaar voor gebruik door nieuwkomers op de markt.
Analyse: Deze standaardpolisvoorwaarden bepalen mede de samenstelling van het uiteindelijke verzekeringsproduct. Indien de marktvoorwaarden en andere factoren erop zouden duiden dat er een risico van beperking van de productdiversiteit zou kunnen zijn doordat de verzekeringsmaatschappijen de standaardpolisvoorwaarden hanteren, is het waarschijnlijk dat die mogelijke beperking gecompenseerd wordt door efficiëntieverbeteringen, zoals het feit dat vergelijking tussen de voorwaarden die door de verzekeringsmaatschappijen worden geboden, wordt vergemakkelijkt. Deze vergelijking maakt het op haar beurt gemakkelijker van verzekeraar te veranderen en bevordert derhalve de mededinging. Bovendien vormen het kunnen veranderen van verzekeraar en het betreden van de markt door concurrenten een voordeel voor de consumenten. Het feit dat de consumentenvereniging aan het proces heeft deelgenomen zou, in sommige gevallen, de waarschijnlijkheid kunnen vergroten dat de efficiëntieverbetering die niet automatisch aan de consumenten ten goede komt, niettemin aan hen wordt doorgegeven. De standaardpolisvoorwaarden zullen voorts waarschijnlijk zorgen voor lagere transactiekosten en het voor verzekeraars gemakkelijker maken andere geografische en/of productmarkten te betreden. Bovendien lijken de beperkingen niet verder te gaan dan nodig is om de beoogde efficiëntieverbeteringen te bereiken en zal de mededinging niet worden uitgeschakeld. Bijgevolg is waarschijnlijk aan de criteria van artikel 101, lid 3, voldaan.
[14-01-2011, PbEU C 11, i.w.tr. 14-01-2011/regelingnummer 2011/C11/01]

Nederland

Besluit vrijstellingen samenwerkingsovereenkomsten detailhandel

Besluit van 12 december 1997, houdende enige vrijstellingen voor samenwerkingsovereenkomsten in de detailhandel van het verbod van mededingingsafspraken, Stb. 1997, 704, zoals laatstelijk gewijzigd op 2 juli 2014, Stb. 2014, 265 (i.w.tr. 01-08-2014)

Wij Beatrix, bij de gratie Gods, Koningin der Nederlanden, Prinses van Oranje-Nassau, enz. enz. enz.
Op de voordracht van Onze Minister van Economische Zaken van 18 juli 1997, nr. 97044393 WJA/W;
Gelet op artikel 15, eerste en tweede lid, van de Mededingingswet;
De Raad van State gehoord (advies van 20 oktober 1997, nr. W10.97.0488);
Gezien het nader rapport van Onze Minister van Economische Zaken van 8 december 1997, nr. 97076950 WJA/W;
Hebben goedgevonden en verstaan:

Artikel 1
In dit besluit wordt verstaan onder:
a. detailhandelsonderneming: een onderneming die rechtstreeks roerende zaken aan eindgebruikers pleegt te leveren;
b. samenwerkingsovereenkomst: een overeenkomst tussen een detailhandelsonderneming en een andere onderneming of een ondernemersvereniging, waarin ten minste verplichtingen zijn opgenomen inzake
  1° het overdragen van technische, commerciële en praktische kennis en het verlenen van bijstand, met betrekking tot de levering van bepaalde categorieën van roerende zaken, aan de detailhandelsonderneming door de andere onderneming of de ondernemersvereniging,
  2° het gebruik door de detailhandelsonderneming in haar presentatie naar eindgebruikers van een door de andere onderneming of de ondernemersvereniging voorgeschreven huisstijl en embleem, merk of naam, en
  3° het inrichten van de vestiging of vestigingen van de detailhandelsonderneming op een door de andere onderneming of de ondernemersvereniging voorgeschreven wijze;
c. samenwerkingsverband: een geheel van detailhandelsondernemingen en een andere onderneming of van detailhandelsondernemingen en een ondernemersvereniging, die partij zijn bij twee of meer inhoudelijk gelijke of nagenoeg gelijke samenwerkingsovereenkomsten waarin telkens dezelfde onderneming of onder-

nemersvereniging de in onderdeel *b*, onder 1°, bedoelde verplichtingen op zich heeft genomen;
d. wet: Mededingingswet.
[12-12-1997, Stb. 704, i.w.tr. 01-01-1998]

Artikel 2
Artikel 6, eerste lid, van de wet geldt niet voor overeenkomsten waarin partijen bij een samenwerkingsovereenkomst overeenkomen dat de betrokken detailhandelsonderneming gedurende een reclame-actie geen hogere dan in de desbetreffende overeenkomsten aangegeven prijzen aan eindgebruikers berekent voor de in die reclame-actie aan te bieden roerende zaken, mits de reclame-actie
a. wordt gehouden in het kader van een samenwerkingsverband,
b. niet langer duurt dan acht weken en
c. betrekking heeft op niet meer dan vijf procent van het assortiment van roerende zaken dat de onderneming of de ondernemersvereniging die de in artikel 1, onderdeel *b*, onder 1°, bedoelde verplichtingen op zich heeft genomen, aanbiedt aan de detailhandelsonderneming.
[12-12-1997, Stb. 704, i.w.tr. 01-01-1998]

Artikel 3
Artikel 6, eerste lid, van de wet geldt niet voor overeenkomsten in het kader van een samenwerkingsovereenkomst, waarin de detailhandelsonderneming de verplichting op zich neemt roerende zaken af te nemen bij de andere onderneming of de ondernemersvereniging, dan wel bij een door de ondernemersvereniging aangewezen onderneming, mits die overeenkomsten voldoen aan de volgende vereisten:
a. de verplichting geldt in verband met financiële verplichtingen van de detailhandelsonderneming ter zake van de exploitatie van de onderneming, jegens die andere onderneming of de ondernemersvereniging, uit hoofde van een huur- of kredietovereenkomst of een overeenkomst tot zekerheidstelling ten behoeve van een derde,
b. de verplichting geldt voor ten hoogste tien jaar,
c. de verplichting heeft betrekking op ten hoogste zestig procent van het assortiment van de roerende zaken die de detailhandelsonderneming rechtstreeks aanbiedt aan eindgebruikers en
d. voor de verplicht af te nemen roerende zaken gelden geen minder gunstige prijs of leveringsvoorwaarden dan die waarvoor de andere onderneming, de ondernemersvereniging of de door de ondernemersvereniging aangewezen onderneming, gelijke roerende zaken levert aan detailhandelsondernemingen die jegens haar geen afnameverplichting hebben.
[12-12-1997, Stb. 704, i.w.tr. 01-01-1998]

Artikel 4
De Autoriteit Consument en Markt kan verklaren dat op een overeenkomst als bedoeld in artikel 3, artikel 6, eerste lid, van de wet van toepassing is, indien in het voorafgaande boekjaar meer dan zestig procent van de totale omzet van die detailhandelson-

derneming werd behaald met roerende zaken die de detailhandelsonderneming op grond van die overeenkomst verplicht is af te nemen.
[02-07-2014, Stb. 265, i.w.tr. 01-08-2014]

Artikel 5
(Vervallen.)
[10-12-2008, Stb. 542, i.w.tr. 19-12-2008]

Artikel 6
Dit besluit treedt in werking met ingang van 1 januari 1998.
[10-12-2008, Stb. 542, i.w.tr. 19-12-2008]

Artikel 7
Dit besluit wordt aangehaald als: Besluit vrijstellingen samenwerkingsovereenkomsten detailhandel.
[12-12-1997, Stb. 704, i.w.tr. 01-01-1998]

Beleidsregels combinatieovereenkomsten 2013

Beleidsregels van 31 maart 2013, met betrekking tot de toepassing door de Autoriteit Consument en Markt van artikel 6 van de Mededingingswet ten aanzien van combinatieovereenkomsten, Stcrt. 2013, 9223 (i.w.tr. 06-04-2013)

De Minister van Economische Zaken,
Gelet op de artikelen 21 van de Kaderwet zelfstandige bestuursorganen en 5d van de Mededingingswet;
Besluit:

1) Inleiding

1. Deze beleidsregels zijn vastgesteld op grond van artikel 21, eerste lid, van de Kaderwet zelfstandige bestuursorganen en artikel 5d van de Mededingingswet (hierna: de wet) en hebben betrekking op de toepassing door de Autoriteit Consument en Markt (hierna: de ACM) van artikel 6 van de wet ten aanzien van combinatieovereenkomsten.

2. Deze beleidsregels vervangen de Beleidsregels combinatieovereenkomsten 2009 van 11 september 2009.[1] Aanleiding hiervoor is de Instellingswet Autoriteit Consument en Markt, die zorgt voor de instelling van de ACM en de gelijktijdige opheffing van de Nederlandse Mededingingsautoriteit. Ook zijn de Europese richtsnoeren voor horizontale samenwerkingsovereenkomsten waarnaar in de oude beleidsregels werd verwezen, vervangen door nieuwe Europese richtsnoeren.[2] Ten slotte is de zogenoemde 'bagatelvrijstelling' uit artikel 7, tweede lid, van de Mededingingswet, waarnaar ook werd verwezen in de oude beleidsregels, verruimd.[3]
Een ontwerp van deze beleidsregels is voorgelegd aan de Nederlandse Mededingingsautoriteit voor een uitvoeringstoets. Zij achten de beleidsregels uitvoerbaar. Er zijn geen nadere opmerkingen gemaakt. Gezien het karakter van de beleidsregels is niet getoetst op handhaafbaarheid.

3. De opbouw van de beleidsregels is als volgt. In paragraaf 2 wordt kort toegelicht, waarom ten aanzien van combinatieovereenkomsten is gekozen voor het vaststellen van beleidsregels. Vervolgens wordt in paragraaf 3 ingegaan op de artikelen 6 en 7 van de wet die het kader zijn voor de beoordeling van combinatieovereenkomsten. In paragraaf 4 komt aan de orde de toepassing ten aanzien van combinatieovereenkomsten van het

---

1 Strcrt. (red.: lees: Stcrt.) 2009, nr. 14 082, 5 november 2009.
2 Mededeling van de Commissie Richtsnoeren inzake de toepasselijkheid van het artikel 101 van het Verdrag betreffende de werking van de Europese Unie op horizontale samenwerkingsovereenkomsten, PbEU 2011/C 11/01.
3 Wet van 24 november 2011 tot wijziging van de Wet van 24 november 2011, Stb. 569, houdende wijziging van de Mededingingswet ter versoepeling van de uitzondering op het verbod op mededingingsafspraken, Stb. 2011, 570.

verbod van mededingingsafspraken in artikel 6, eerste lid, van de wet. Ten slotte wordt in paragraaf 5 ingegaan op de toepassing ten aanzien van combinatieovereenkomsten van de in artikel 6, derde lid, van de wet neergelegde vrijstellingsmogelijkheid van het verbod van mededingingsafspraken.

2) Aanleiding voor de beleidsregels

2.1 Behoefte aan duidelijkheid met betrekking tot combinatieovereenkomsten

4. Artikel 6, eerste lid, van de wet houdt een verbod in van mededingingsafspraken. Artikel 6, derde lid, van de wet stelt afspraken vrij van het kartelverbod van het eerste lid van dat artikel, mits aan een viertal voorwaarden wordt voldaan. Daarnaast biedt artikel 15 van de wet de mogelijkheid voor een bepaalde categorie mededingingsafspraken bij algemene maatregel van bestuur een vrijstellingsbesluit vast te stellen.

5. Op grond van artikel 15 van de wet is het Besluit vrijstelling combinatieovereenkomsten vastgesteld dat elf jaar van kracht is geweest.[1] De bedoeling van dit besluit was meer duidelijkheid en zekerheid te bieden in welke gevallen combinatieovereenkomsten wel of niet zijn toegestaan.

6. In 2002 had de Parlementaire Enquête Commissie Bouwnijverheid de aanbeveling gedaan de gronden voor toepassing van het vrijstellingsbesluit ondubbelzinnig te formuleren, omdat combinaties vaker voorkomen dan geoorloofd. Dat vond ook CAP Analysis in zijn rapport van begin 2002 waarin het bovendien stelde dat combinaties de kans op kartelvorming vergroten. De Stichting Economisch Onderzoek (SEO) was in haar rapport van eind 2004 weliswaar van mening dat combinatievorming niet vaker voorkomt dan beoogd, maar ook zij vond nadere invulling van de criteria van het vrijstellingsbesluit essentieel omdat die onvoldoende duidelijkheid bieden. Ten slotte gaf ook de raad van bestuur van de toenmalige Nederlandse Mededingingsautoriteit (hierna: NMa) in zijn advies van 30 mei 2007 aan dat de eenvoudige criteria uit het Besluit vrijstelling combinatieovereenkomsten tekort schieten. Hierdoor dachten ondernemingen vaak ten onrechte dat verboden combinaties zijn vrijgesteld.

7. Een belangrijke conclusie van de NMa was ook dat voor de beoordeling van combinatieovereenkomsten niet volstaan kan worden met een beperkt aantal vaste criteria of snel en eenvoudig toepasbare vuistregels. Daarvoor is dat oordeel te zeer afhankelijk van specifieke omstandigheden die per geval verschillen. Het risico van enkele eenvoudige vuistregels in een vrijstellingsbesluit is dat ook combinatieovereenkomsten worden vrijgesteld die wel een gevaar voor de concurrentie opleveren.

8. Op grond van deze overwegingen is het Besluit vrijstelling combinatieovereenkomsten met ingang van 1 januari 2009 niet gecontinueerd. Het vervallen van het vrijstellingsbesluit betekent echter geenszins dat combinatieovereenkomsten verboden zijn. Om te beginnen vallen combinatieovereenkomsten vaak helemaal niet onder de overeenkomsten of onderling afgestemde gedragingen bedoeld in artikel 6, eerste lid, van de wet en zijn dan uiteraard toegestaan. Vallen zij in beginsel wel onder de reikwijdte van het verbod van artikel 6, eerste lid, van de wet, dan zijn zij daarvan toch uitgezonderd, indien zij voldoen aan de voorwaarden van artikel 7 of van artikel 6, derde lid, van de wet.

---

1   Het Besluit vrijstelling combinatieovereenkomsten is met ingang van 1 januari 1998 voor tien jaar vastgesteld (*Stb.* 1997, 592) en daarna met één jaar verlengd (*Stb.* 2007, 417).

2.2 Beleidsregels van de Minister van Economische Zaken aan de ACM

9. Ook na het vervallen van het Besluit vrijstelling combinatieovereenkomsten bestaat behoefte aan duidelijkheid in hoeverre combinatieovereenkomsten onder de Mededingingswet geoorloofd zijn. Deze beleidsregels op basis van artikel 21, eerste lid, van de Kaderwet zelfstandige bestuursorganen en artikel 5d van de wet strekken ertoe deze duidelijkheid te bieden. Deze artikelen geven de Minister van Economische Zaken de bevoegdheid beleidsregels vast te stellen met betrekking tot de uitoefening van de aan de ACM toegekende bevoegdheden. Beleidsregels zijn in de verhouding tussen de minister en een zelfstandig bestuursorgaan als de ACM een belangrijk middel om ervoor te zorgen dat het optreden van de ACM in het verlengde ligt van de door de minister uitgezette beleidsmatige koers. Deze beleidsregels zijn bedoeld om de ACM richting te geven bij de beoordeling van combinatieovereenkomsten onder de Mededingingswet.

10. Beklemtoond wordt dat de beleidsregels een algemene strekking hebben en dat voorbeelden in de beleidsregels slechts dienen als toelichting. Het is aan de ACM te bepalen tot welke beslissing zij, met inachtneming van de beleidsregels, in een concreet geval komt, rekening houdend met alle bijzonderheden van het concrete geval. De beleidsregels laten de bevoegdheid van de ACM in individuele gevallen een eigen, onafhankelijke, afweging te maken, dus onverlet. Bovendien kan de ACM gemotiveerd afwijken van de beleidsregels.[1]

2.3 Algemene benadering

11. Ter beantwoording van de vraag, of een combinatieovereenkomst is toegestaan, dient eerst te worden nagegaan of die overeenkomst onder het verbod van artikel 6, eerste lid, van de wet valt. In veel situaties is dit niet het geval en dan is de combinatieovereenkomst uiteraard toegestaan. Aan de vraag, of de combinatieovereenkomst onder een vrijstelling valt, komt men dan niet toe.

12. Valt een combinatieovereenkomst onder het verbod, dan kunnen de betrokken ondernemingen zich beroepen op een vrijstelling in de wet, indien zij van mening zijn dat de combinatieovereenkomst voldoet aan de voorwaarden van de desbetreffende vrijstelling. Het is aan die ondernemingen te bewijzen dat de combinatieovereenkomst aan die vrijstellingsvoorwaarden voldoet.

13. Voor de beoordeling, of een combinatieovereenkomst onder het kartelverbod of een vrijstelling valt, zijn bepalend de omstandigheden die daarvoor van belang zijn en die per geval kunnen verschillen afhankelijk van de marktsituatie. Dit betekent dat vormen van samenwerking die niet in deze beleidsregels worden besproken of niet uitdrukkelijk als strijdig met het kartelverbod worden aangemerkt, toch onder artikel 6, eerste lid, van de wet kunnen vallen. Omgekeerd kunnen afspraken waarvan niet uitdrukkelijk is vermeld dat ze zijn toegestaan toch met de wet verenigbaar zijn.

3) Het wettelijke kader

3.1 Mededingingswet

14. Het wettelijk kader dat voor combinatieovereenkomsten van belang is, wordt gevormd door artikel 6, eerste lid (kartelverbod), artikel 7 (bagatelvrijstelling) en artikel 6, derde lid (algemene vrijstellingsmogelijkheid) van de wet.

---

1 Artikel 4:84 Algemene wet bestuursrecht.

3.2 Verhouding van artikel 6 van de Mededingingswet tot de Europese mededingingsregels

15. De Nederlandse wetgever heeft ervoor gekozen de nationale mededingingsregels zoveel mogelijk te laten aansluiten bij de Europese mededingingsregels.[1] Daarbij is aangegeven dat de Mededingingswet niet strenger of soepeler zal zijn dan de Europese mededingingsregels. Artikel 6 van de Mededingingswet is georiënteerd op het kartelverbod en de vrijstellingsmogelijkheid uit het toenmalige EG-Verdrag, die inmiddels zijn opgenomen in artikel 101 van het Verdrag betreffende de werking van de Europese Unie (hierna: VWEU).

16. Voor de uitleg van de materiële bepalingen van de wet zijn de beschikkingenpraktijk en de bekendmakingen van de Europese Commissie en de jurisprudentie van de Europese rechter mede richtinggevend.[2]

17. Voor de interpretatie van het kartelverbod in artikel 6, eerste lid, en de vrijstellingsmogelijkheid van artikel 6, derde lid, van de wet bieden de Europese richtsnoeren inzake horizontale samenwerkingsovereenkomsten[3] (hierna: Richtsnoeren 2011/C 11/01) houvast. Die richtsnoeren moeten worden gelezen in samenhang met de Europese richtsnoeren betreffende de toepassing van artikel 81, derde lid, van het EG-Verdrag (thans artikel 101, derde lid, van het VWEU)[4] (hierna: Richtsnoeren 2004/C 101/08).

3.3 Artikel 6, eerste lid, van de Mededingingswet (kartelverbod)

18. De ACM dient combinatieovereenkomsten te toetsen aan artikel 6 van de wet. Op grond van het kartelverbod van artikel 6, eerste lid, van de wet zijn overeenkomsten tussen ondernemingen, besluiten van ondernemersverenigingen en onderling afgestemde feitelijke gedragingen van ondernemingen (hierna: afspraken) verboden, indien zij 'ertoe strekken of ten gevolge hebben dat de mededinging op de Nederlandse markt of een deel daarvan wordt verhinderd, beperkt of vervalst'.

19. Artikel 6 van de wet is van toepassing op alle mededingingsbeperkende afspraken tussen ondernemingen, of het nu gaat om een bindend contract (schriftelijk of mondeling), informele contacten, afstemming door middel van de beroeps- of branchevereniging of andere vormen van coördinatie van het gedrag.

20. Afspraken strekken ertoe de mededinging te beperken, indien zij wat hun inhoud en doelstelling betreft en gezien hun wettelijke en economische context geschikt zijn te leiden tot beperking van de mededinging. Op de daadwerkelijke feitelijke gevolgen van die afspraken hoeft geen acht te worden geslagen wanneer eenmaal is gebleken dat zij tot doel hebben de mededinging te beperken. Dergelijke afspraken zijn zelfs dan verboden, wanneer mededingingsbeperkende gevolgen op de markt ontbreken.[5]

---

1   *Kamerstukken II* 1995/96, 24 707, nr. 3, blz. 7 en blz. 10 waar onder andere wordt verwezen naar het kartelverbod in het toenmalige artikel 85 van het EG-Verdrag.
2   Idem, blz. 13.
3   Mededeling van de Commissie Richtsnoeren inzake de toepasselijkheid van artikel 101 van het Verdrag betreffende de werking van de Europese Unie op horizontale samenwerkingsovereenkomsten, *PbEU* 2011/C 11/01; zie randnr. 19 van Richtsnoeren 2011/C 11/01.
4   Mededeling van de Commissie Richtsnoeren betreffende de toepassing van artikel 81, derde lid, van het Verdrag, *PbEG* 2004/C 101/08.
5   Richtsnoeren 2004/C 101/08, randnrs. 19–23; Richtsnoeren 2011/C 11/01, randnrs. 20, 24–25; Zie ook HvJ EG 4 juni 2009, zaak C-8/08 T-Mobile Netherlands BV e.a. t. NMa, *Jur.* 2009, r.o. 28–31.

Beleidsregels combinatieovereenkomsten 2013

21. Afspraken die er niet toe strekken de mededinging te beperken, vallen onder het kartelverbod van artikel 6, eerste lid, van de wet, indien zij een beperking van de concurrentie ten gevolge hebben. Om een beperking van de concurrentie als gevolg te hebben moeten afspraken daadwerkelijk of potentieel in zoverre de mededinging beïnvloeden dat zij met een voldoende mate van waarschijnlijkheid op de relevante markt negatieve gevolgen doen verwachten op het punt van prijzen, productie, innovatie of het aanbod of de kwaliteit van goederen en diensten. Dergelijke ongunstige effecten dienen merkbaar te zijn. Het verbod van artikel 6, eerste lid, van de wet, geldt alleen, indien op basis van een gedegen marktonderzoek wordt geconcludeerd dat van die afspraken mededingingsbeperkende gevolgen op de markt te verwachten zijn.[1]

22. Handelen in strijd met artikel 6, eerste lid, van de wet is een overtreding. Bovendien zijn overeenkomsten met bepalingen die in strijd zijn met artikel 6, eerste lid, van de wet van rechtswege nietig ingevolge het tweede lid van dat artikel.

3.4 Artikel 7 van de Mededingingswet (bagatelvrijstelling)

23. Afspraken die in beginsel onder het kartelverbod van artikel 6, eerste lid, van de wet vallen, kunnen daarvan zijn vrijgesteld indien zij voldoen aan de criteria van artikel 7 van de wet. Deze vrijstelling wordt wel aangeduid als de 'bagatelvrijstelling'. Zodanige afspraken worden uit een oogpunt van mededinging geacht van duidelijk ondergeschikte betekenis te zijn. De bagatelvrijstelling geldt voor alle typen mededingingsbeperkende afspraken die aan de criteria van artikel 7 van de wet voldoen.

24. Volgens het eerste lid van artikel 7 van de wet geldt het kartelverbod niet voor afspraken van niet meer dan acht ondernemingen, mits hun gezamenlijke omzet in het voorafgaande kalenderjaar niet hoger is dan € 5.500.000 indien zij hoofdzakelijk goederen leveren, en niet hoger is dan € 1.100.000 in alle andere gevallen. Wordt aan één of beide criteria niet voldaan, dan is het kartelverbod toch niet van toepassing, indien wordt voldaan aan de twee criteria van het tweede lid van artikel 7 van de wet. Deze criteria zijn dat de betrokken ondernemingen gezamenlijk niet meer dan 10% marktaandeel hebben en dat hun afspraak de handel tussen EU-lidstaten niet op merkbare wijze ongunstig kan beïnvloeden.[2]

25. Als een afspraak voldoet aan de criteria van het eerste of tweede lid van artikel 7 van de wet is zij dus vrijgesteld van het kartelverbod. De vraag of zij voldoet aan de criteria van de vrijstellingsmogelijkheid van artikel 6, derde lid, van de wet is dan niet meer aan de orde.

3.5 Artikel 6, derde lid, van de Mededingingswet (algemene vrijstellingsmogelijkheid)

26. Valt een afspraak in beginsel onder het kartelverbod van artikel 6, eerste lid, van de wet en is de bagatelvrijstelling daarop niet van toepassing, dan bestaat nog de mogelijkheid dat de afspraak is vrijgesteld op grond van artikel 6, derde lid, van de wet.

27. De tekst van dat artikellid, luidt: 'Het eerste lid geldt niet voor overeenkomsten, besluiten en onderling afgestemde feitelijke gedragingen die bijdragen tot verbetering van de productie of van de distributie of tot bevordering van de technische of econo-

---

1 Richtsnoeren 2004/C 101/08, randnrs. 19, 24–27; Richtsnoeren 2011/C 11/01, randnrs. 20, 26–31.
2 *Stb.* 2011, 570.

mische vooruitgang, mits een billijk aandeel in de daaruit voortvloeiende voordelen de gebruikers ten goede komt, en zonder nochtans aan de betrokken ondernemingen:
a. beperkingen op te leggen die voor het bereiken van deze doelstellingen niet onmisbaar zijn, of
b. de mogelijkheid te geven, voor een wezenlijk deel van de betrokken goederen en diensten de mededinging uit te schakelen.'

3.6 Eigen verantwoordelijkheid

28. Formeel is het de ACM die besluit of een afspraak een inbreuk vormt op artikel 6, eerste lid, van de wet en is het ingevolge artikel 6, vierde lid, van de wet aan de ondernemingen die zich op artikel 6, derde lid, van de wet beroepen, om te bewijzen dat aan de vier daar genoemde vrijstellingsvoorwaarden is voldaan.[1] In eerste instantie dienen ondernemers er echter zelf voor te zorgen dat hun afspraken verenigbaar zijn met artikel 6, eerste lid, van de wet of, als een afspraak in strijd is met het kartelverbod van dat artikellid, dat voldaan is aan alle in artikel 6, derde lid, van de wet genoemde voorwaarden. Deze beleidsregels zijn mede bedoeld om ondernemers hierbij te helpen.

29. Daarnaast is de Europese jurisprudentie, die onmisbaar is voor de toepassing van de mededingingsregels in vele bedrijfssectoren, relevant. Ook bieden de verordeningen, richtsnoeren en bekendmakingen die afkomstig zijn van de Europese Commissie, aan ondernemingen inzicht in de toepassing van de mededingingsregels.

4) Artikel 6, eerste lid, van de Mededingingswet en combinatieovereenkomsten

4.1 Combinatieovereenkomsten

30. Combinatieovereenkomsten kunnen worden omschreven als overeenkomsten tussen twee of meer van elkaar onafhankelijke ondernemingen waarin ter zake van een aanbesteding de gezamenlijke indiening door die ondernemingen van een inschrijfcijfer voor de desbetreffende opdracht en de gezamenlijke uitvoering van die opdracht worden geregeld. Onder een aanbesteding wordt verstaan de al dan niet gelijktijdige uitnodiging van een opdrachtgever aan twee of meer ondernemingen om een inschrijfcijfer in te dienen voor de uitvoering van een opdracht tot het leveren van goederen of het verrichten van diensten. Een combinatieovereenkomst kan ook worden aangegaan met betrekking tot meer dan één opdracht. Dat kan het geval zijn, wanneer een opdrachtgever de opdracht verdeelt in percelen en die percelen vervolgens afzonderlijk aanbesteedt.

31. Kenmerk van combinatieovereenkomsten is dat in beginsel iedere partij ten opzichte van de opdrachtgever hoofdelijk aansprakelijk is voor de uitvoering van de opdracht. Wanneer een inschrijver echter een deel van de uitvoering van de opdracht uitbesteedt aan een andere onderneming, is alleen die inschrijver ten opzichte van de opdrachtgever aansprakelijk voor de uitvoering van de opdracht. Er is dan sprake van onderaanneming. Dit betekent overigens niet, dat een overeenkomst van onderaanneming buiten

---

1 Ondernemingen kunnen een besluit niet melden bij de ACM met een aanvraag om een ontheffing, omdat de ontheffingsmogelijkheid die de Mededingingswet kende, is met ingang van 1 augustus 2004 vervallen (Wet modernisering EG-mededingingsrecht, *Stb.* 2004, 345, artikel I, onderdeel dA; Besluit van 6 juli 2004 tot vaststelling van het tijdstip van inwerkingtreding van de Wet modernisering EG-mededingingsrecht, *Stb.* 2004, 346).

de reikwijdte van artikel 6 van de wet valt. Wanneer hoofdaannemer en onderaannemer concurrenten van elkaar zijn, is het mogelijk dat een overeenkomst van onderaanneming wel onder artikel 6 van de wet valt. In beginsel is er geen aanleiding onderaannemingsovereenkomsten in het licht van artikel 6 van de wet wezenlijk anders te beoordelen dan combinatieovereenkomsten.[1]

32. Combinaties kunnen uiteenlopende juridische verschijningsvormen aannemen: van eenvoudige mondelinge samenwerkingsverbanden of een vennootschap onder firma tot naamloze of besloten vennootschappen. Van combinatievorming in eigenlijke zin is echter geen sprake meer indien op duurzame grondslag een gezamenlijke dochteronderneming ('joint venture') wordt opgericht, die zelfstandig deelneemt aan het economisch verkeer.[2] Zodanige gemeenschappelijke ondernemingen zijn ingevolge artikel 27, tweede lid, van de wet concentraties in de zin van het eerste lid, onder b, van dat artikel en vallen onder het concentratietoezicht. Deze Beleidsregels combinatieovereenkomsten betreffen samenwerkingsvormen waarbij een gemeenschappelijke onderneming wordt opgericht voor een bepaalde periode en waarbij die onderneming niet duurzaam alle functies van een zelfstandige onderneming vervult en de samenwerkende ondernemingen zelf ook nog actief zijn op dezelfde markt als die gemeenschappelijke onderneming. Een voorbeeld van een zodanige samenwerkingsvorm is de onderneming die wordt opgericht door een combinatie met het oog op de uitvoering van één of meer opdrachten. Deze samenwerkingsvorm valt onder de bepalingen voor mededingingsafspraken in de artikelen 6 tot en met 16 van de wet en dient tezamen met de combinatieovereenkomst zelf als zodanig te worden beoordeeld.

4.2   Beginselen voor de beoordeling van combinatieovereenkomsten

33. Onder randnummer 17 van deze beleidsregels is opgemerkt dat onder andere de Richtsnoeren 2011/C 11/01 betreffende horizontale samenwerkingsovereenkomsten, in samenhang met de algemene Richtsnoeren 2004/C 101/08, houvast bieden bij de interpretatie van het kartelverbod van artikel 6, eerste lid, van de wet, ook waar het combinatieovereenkomsten betreft. De Richtsnoeren 2011/C 11/01 hebben tot doel een analytisch kader te bieden voor de meest gangbare vormen van horizontale samenwerking.[3] Weliswaar worden combinatieovereenkomsten in die richtsnoeren niet genoemd, maar zij worden meestal aangegaan door ondernemingen op hetzelfde niveau in de bedrijfskolom en hebben over het algemeen dus een horizontaal karakter. Naast aspecten van productieovereenkomsten[4], zoals het gezamenlijk produceren van een eindproduct, bevatten combinatieovereenkomsten ook aspecten van commercialiseringovereenkomsten. Dit zijn overeenkomsten die betrekking hebben op de samenwerking tussen concurrenten bij de verkoop, de distributie of de afzetbevordering voor hun producten.[5] Bij de beoordeling van combinatieovereenkomsten zijn al die aspecten van belang.

34. Volgens de Richtsnoeren 2011/C 11/01 kan horizontale samenwerking leiden tot beperking van de mededinging. Dit is bijvoorbeeld het geval wanneer partijen over-

---

1   Zie ook Richtsnoeren 2011/C 11/01, randnrs. 150-154.
2   E.H. Pijnacker Hordijk, G.W. van der Bend, J.F. van Nouhuys, *Aanbestedingsrecht*, Den Haag: Sdu, vierde druk, 2009, Hoofdstuk Mededingingsrecht en aanbestedingen, p. 668.
3   Richtsnoeren 2011/C 11/01, randnummer 5-7.
4   Idem, randnummer 150.
5   Idem, randnummer 225.

eenkomen bij een samenwerking prijzen of productiehoeveelheden vast te stellen of markten te verdelen. Ook is dit het geval wanneer de samenwerking partijen in staat stelt marktmacht te behouden, te verwerven of te vergroten en zo aanleiding geeft tot negatieve markteffecten met betrekking tot prijzen, productie, innovatie of de diversiteit en kwaliteit van producten.[1]

35. Aan de andere kant kan horizontale samenwerking aanzienlijke economische voordelen opleveren. Zo kan samenwerking een middel zijn om risico's te delen, kosten te besparen, knowhow gezamenlijk te benutten en sneller te innoveren. In het bijzonder voor kleine en middelgrote ondernemingen is samenwerking een belangrijk middel om zich aan veranderende marktomstandigheden aan te kunnen passen.[2]

36. Uit horizontale samenwerking kunnen dus voordelen voortvloeien, maar er moet wel op worden toegezien dat daadwerkelijke mededinging wordt gehandhaafd.[3] Economische criteria, zoals de marktmacht van de partijen en andere factoren in verband met de marktstructuur, vormen een sleutelelement voor de beoordeling van de gevolgen die een samenwerking waarschijnlijk voor de markt zal hebben, en derhalve voor de beoordeling ervan op grond van artikel 101 van het VWEU. Wegens de grote diversiteit aan types en combinaties van horizontale samenwerking en aan marktomstandigheden waarin deze functioneren, is het onmogelijk specifieke antwoorden te formuleren voor alle mogelijke scenario's. Het onderhavige analytische kader op grond van economische criteria zal ondernemingen niettemin een houvast bieden bij de beoordeling van de verenigbaarheid van een bepaalde samenwerkingsovereenkomst met artikel 101 van het VWEU.[4]

4.3 Beoordeling van combinatieovereenkomsten

37. Achtereenvolgens komen hieronder aan de orde (1) combinatieovereenkomsten die niet onder artikel 6, eerste lid, van de wet vallen, (2) combinatieovereenkomsten die onder dat artikellid vallen vanwege hun *strekking* en (3) combinatieovereenkomsten die onder dat artikellid vallen vanwege hun *gevolgen*.

(1) Combinatieovereenkomsten die niet onder artikel 6, eerste lid, van de wet vallen

38. Uit onder andere de Richtsnoeren 2011/C 11/01 en de Richtsnoeren 2004/C 101/08 is af te leiden dat sommige vormen van horizontale samenwerking 'door hun aard' niet onder het in artikel 101, eerste lid, van het VWEU neergelegde kartelverbod vallen. Dit volgt ook uit de Europese jurisprudentie.[5] Die richtsnoeren en jurisprudentie geven steun aan de opvatting, dat de onder (a) tot en met (e) genoemde combinatieovereenkomsten niet onder het Europese kartelverbod vallen. Het kartelverbod van artikel 6, eerste lid, van de wet is georiënteerd op het Europese kartelverbod en voor de uitleg van het Nederlandse kartelverbod zijn de richtsnoeren van de Europese Commissie en de Europese jurisprudentie mede richtinggevend. Daarom mag worden aangenomen dat de volgende combinatieovereenkomsten ook niet onder artikel 6, eerste lid, van de wet vallen:

---

1 Idem, randnummer 3.
2 Idem, randnummer 2.
3 Idem, randnummer 4.
4 Idem, randnummer 7.
5 Zie bijvoorbeeld HvJ EG 9 juli 1969, zaak 5/69, *Jur.* 1969, blz. 295, r.o. 7; HvJ EG 6 mei 1971, zaak 1/71, *Jur.* 1971, blz. 351, r.o. 9.; HvJ EG 19 juli 1980, zaak 30/78, *Jur.* 1980, blz. 2229, r.o. 28.

Beleidsregels combinatieovereenkomsten 2013

(a) Combinatieovereenkomsten tussen ondernemingen die geen concurrenten van elkaar zijn. Een voorbeeld is het geval waarin de bij een combinatie betrokken ondernemingen volledig complementaire specialismen bundelen zoals het maken van het ontwerp voor een opdracht en het uitvoeren van dezelfde opdracht. Omdat deze ondernemingen ieder een ander specialisme uitoefenen, bestaat er tussen hen geen concurrentie. Een combinatieovereenkomst waarbij zij die specialismen bundelen, beperkt naar haar aard de mededinging niet.

(b) Combinatieovereenkomsten tussen ondernemingen die wel concurrenten van elkaar zijn, maar die de desbetreffende opdracht niet zelfstandig kunnen uitvoeren. Daarvan is sprake, indien geen van de betrokken ondernemingen afzonderlijk voldoet aan de geschiktheidseisen en geen van de betrokken ondernemingen dus afzonderlijk in staat is de opdracht gegund te krijgen. Een zodanige combinatieovereenkomst strekt niet tot beperking van de mededinging.[1] Indien echter één of meer partijen bij een combinatieovereenkomst wel in staat is de desbetreffende opdracht zelfstandig uit te voeren, kan de combinatieovereenkomst wel onder artikel 6, eerste lid, van de wet vallen.

(c) Combinatieovereenkomsten die de mededinging niet merkbaar beperken. Analoog aan artikel 101 VWEU, eerste lid, is artikel 6, eerste lid, van de wet van toepassing, indien sprake is van een 'merkbare' beperking van de mededinging. Volgens randnummer 7, onder a), van de minimis-bekendmaking van de Europese Commissie[2] beperken horizontale afspraken de mededinging niet merkbaar, indien de betrokken ondernemingen gezamenlijk niet meer dan 10% marktaandeel hebben. Dit is volgens randnummer 11 van de EG-de minimis-bekendmaking echter niet van toepassing op afspraken die prijsbinding, beperking van productie of verkoop of markt- of klantenverdeling inhouden.

(d) Combinatieovereenkomsten tussen ondernemingen die tot hetzelfde concern behoren (groepsmaatschappijen). Die ondernemingen moeten dan wel een economische eenheid vormen, waarin de dochteronderneming haar optreden op de markt niet werkelijk zelfstandig kan bepalen en de afspraken tussen de ondernemingen een interne taakverdeling tussen hen ten doel hebben.[3]

(2)   Combinatieovereenkomsten die onder artikel 6, eerste lid, van de wet vallen vanwege hun strekking

39. Combinatieovereenkomsten vallen onder artikel 6, eerste lid, van de wet indien zij ertoe strekken de concurrentie te beperken. Hiervan is sprake bij die beperkingen die naar hun aard de mededinging kunnen beperken. Dit zijn beperkingen die een zodanig groot potentieel hebben om negatief uit te werken op de mededinging dat het niet noodzakelijk is, met het oog op de toepassing van het kartelverbod, eventuele daadwerkelijke mededingingsbeperkende gevolgen van een combinatieovereenkomst op

---

1 Vgl. Richtsnoeren 2004/C 101/08, randnr. 18 (onder 1. aan het eind).
2 Bekendmaking van de Commissie inzake overeenkomsten van geringe betekenis die de mededinging niet merkbaar beperken in de zin van artikel 81, lid 1, van het Verdrag tot oprichting van de Europese Gemeenschap (de minimis), *PbEG* 2001/C 368/07.
3 HvJ EG, 31 oktober 1974, zaak 15/74, *Jur.*, 1974, 1147, r.o.41. Van een 100% groepsmaatschappij wordt in beginsel aangenomen dat deze haar optreden op de markt niet zelfstandig kan bepalen. Zie bijvoorbeeld GvEA 12 januari 1995, zaak T-102/92 *Jur.* 1995 blz. II-17 en in appel HvJEG 24 oktober 1996, zaak C-73/95P *Jur.* 1996 blz. I-05457); Richtsnoeren 2011/C 11/01, randnr. 11.

een markt te onderzoeken[1] Restricties met mededingingbeperkende strekking zoals prijsafspraken en marktverdeling, beperken de productie en zorgen voor prijsstijgingen, hetgeen resulteert in een misallocatie van middelen, omdat door afnemers gevraagde goederen en diensten niet worden geproduceerd. Zij resulteren ook in verminderde welvaart van de gebruikers, omdat gebruikers voor de betrokken goederen en diensten hogere prijzen moeten betalen.[2]

40. Om te beoordelen of een combinatieovereenkomst de strekking heeft de mededinging te beperken moet worden onderzocht of zij gelet op haar inhoud en doelstelling en rekening houdend met de wettelijke en economische context, geschikt is de concurrentie te beperken.[3]

41. Verboden combinatieovereenkomsten kunnen betrekking hebben op één opdracht. Gedacht kan worden aan het geval waarin alle ondernemingen die een bepaalde opdracht zelfstandig kunnen uitvoeren één combinatie vormen met de bedoeling voor het desbetreffende werk de concurrentie uit te schakelen. Een ander voorbeeld is de situatie waarin slechts één partij bij een combinatie de gehele opdracht uitvoert en de andere partij in feite slechts pro forma aan de combinatie deelneemt. In dit soort gevallen is combinatievorming een dekmantel voor verboden afspraken ('pseudo-combinatieovereenkomst').[4]

42. Verboden combinatieovereenkomsten kunnen ook betrekking hebben op verschillende werken. Een voorbeeld is de situatie waarin ondernemingen afspreken voor een onbepaald aantal toekomstige opdrachten telkens bij elkaar na te gaan, of zij gezamenlijk willen inschrijven. Die combinatieovereenkomsten maken dan in feite deel uit van een bredere samenwerking en coördinatie van marktactiviteiten tussen ondernemingen met de bedoeling prijzen af te spreken, opdrachten te verdelen, markten af te schermen of concurrenten te verdringen.

(3) Combinatieovereenkomsten die onder artikel 6, eerste lid, van de wet vallen vanwege hun gevolgen

43. Wanneerde onder (1) genoemde gevallen zich niet voordoen, wil dat nog niet zeggen dat een combinatieovereenkomst zonder meer tot de categorie onder (2) genoemde gevallen behoort en onder het verbod van artikel 6, eerste lid, van de wet valt. Als ondernemingen bijvoorbeeld elkaars concurrenten zijn, hoeft dat nog niet altijd te betekenen dat een combinatieovereenkomst die zij sluiten per definitie als strekking heeft de concurrentie te beperken.

44. Het doel van een combinatieovereenkomst tussen concurrenten kan zijn het bundelen van deels complementaire specialismen, het verbeteren van de kwaliteit van een opdracht, het combineren van ontwerp en uitvoering van een opdracht, het spreiden of verminderen van risico's, het spreiden van capaciteit met het oog op de continuïteit van de onderneming en het benutten van restcapaciteit, het in staat stellen van een onderneming een nieuwe markt te betreden of de samenwerking mogelijk te maken tussen een onderneming die een opdracht wil krijgen en een onderneming die materiaal beschik-

---

1 Richtsnoeren 2004/C 101/08, randnr. 21; Richtsnoeren 2011/C 11/01, randnrs. 24 en 25.
2 Richtsnoeren 2004/C 101/08, randnr. 21.
3 HvJ EG 4 juni 2009, zaak C-8/08 T-Mobile Netherlands BV t. NMa, *Jur.* 2009; vgl. Richtsnoeren 2004/C 101/08, randnr. 22–23, en Richtsnoeren 2011/C 11/01, randnrs. 24–25.
4 Vgl. Richtsnoeren 2011/C 11/01, randnr. 128.

baar heeft op de plaats van uitvoering van de opdracht. Ook kunnen ondernemingen een combinatie vormen voor de inschrijving op de afzonderlijk aanbestede percelen (zie randnummer 30 van deze beleidsregels) met de bedoeling daarmee te voldoen aan de specifieke kenmerken van die percelen, zoals eisen van de opdrachtgever en technische vereisten, en de kenmerken van de markt.

45. Als een combinatieovereenkomst binnen haar juridische en economische context objectief bezien een van de onder randnummer 44 bedoelde doelstellingen heeft, zal zij waarschijnlijk niet snel aangemerkt worden als een afspraak met een mededingingsbeperkende strekking. Voorwaarde is wel dat de combinatieovereenkomst geen andere doelstellingen heeft en alleen beperkingen inhoudt die voor het bereiken van de legitieme doelstelling van die overeenkomst noodzakelijk zijn en die ook niet verder gaan dan daartoe nodig is (proportionaliteit).[1]

46. Wel zou deze categorie combinatieovereenkomsten als gevolg kunnen hebben, dat de concurrentie wordt beperkt. Om beperking van de mededinging ten gevolge te hebben moet een combinatieovereenkomst daadwerkelijk of potentieel in zoverre de mededinging ongunstig beïnvloeden dat zij met een voldoende mate van waarschijnlijkheid op de relevante markt negatieve gevolgen doet verwachten op het punt van prijzen, productie, innovatie of het aanbod of kwaliteit van goederen en diensten. Het verbod van artikel 6, eerste lid, van de wet geldt dan indien op basis van een gedegen onderzoek kan worden geconcludeerd dat van een combinatieovereenkomst negatieve mededingingsbeperkende gevolgen te verwachten zijn. Een individuele beoordeling van de effecten die van de overeenkomst te verwachten zijn, is noodzakelijk.[2]

47. Negatieve gevolgen voor de mededinging binnen de relevante markt vallen te verwachten wanneer partijen — afzonderlijk of gezamenlijk — al een zekere marktmacht hebben of verwerven en de overeenkomst bijdraagt tot het tot stand brengen, behouden of versterken van die marktmacht, dan wel partijen in staat stelt dergelijke markmacht te gebruiken. Marktmacht is het vermogen om voor een beduidende periode prijzen boven het concurrerende niveau te handhaven dan wel de productie — wat betreft productiehoeveelheden, productkwaliteit en productaanbod of innovatie — voor een beduidende periode onder het concurrerende niveau te handhaven.[3]

48. In al dit soort gevallen is de eventuele beperking van de mededinging niet gelegen in de combinatieovereenkomst zelf, maar in het effect dat zij heeft op de concurrentie. Om te kunnen concluderen of een combinatieovereenkomst onder artikel 6, eerste lid, van de wet valt, zal de ACM die overeenkomst niet alleen op zichzelf moeten beoordelen, maar ook in het licht van alle gevolgen die zij heeft op de relevante markt. Hierbij wordt de relevante markt afgebakend aan de hand van de methode die is beschreven in de EG-Bekendmaking van de Commissie inzake de relevante markt.[4]

---

1   Vgl. Richtsnoeren 2011/C 11/01, randnrs.160–161.
2   Richtsnoeren 2004/C 101/08, randnr. 24; Richtsnoeren 2011/C 11/01, randnr. 26–31.
3   Richtsnoeren 2004/C 101/08, randnr. 25—26; Richtsnoeren 2011/C 11/01, randnrs. 26–31.
4   Bekendmaking van de Commissie inzake de bepaling van de relevante markt voor het gemeenschappelijke mededingingsrecht, *PbEG* 1997, C 372.

5) Artikel 6, derde lid, van de Mededingingswet en combinatieovereenkomsten

5.1 Beginselen voor de toepassing van artikel 6, derde lid, van de Mededingingswet op combinatieovereenkomsten

49. Zoals opgemerkt onder randnummers 15-17 van deze beleidsregels, is de Mededingingswet georiënteerd op de Europese mededingingsregels. Zo is artikel 6, derde lid, van de wet, een afgeleide van artikel 101, derde lid, van het VWEU. Daarom wordt bij de toepassing van artikel 6, derde lid, van de wet aangesloten bij de Europese richtsnoeren voor toepassing van artikel 81, derde lid, van het EG-Verdrag.[1]

50. Artikel 6, derde lid, van de wet is alleen relevant wanneer een combinatieovereenkomst tussen ondernemingen de mededinging beperkt in de zin van artikel 6, eerste lid, van de wet. Zoals toegelicht, is dat het geval, indien een combinatieovereenkomst als strekking (randnummers 39-42) of als gevolg (randnummers 43-48) heeft de mededinging te beperken en de bagatelvrijstelling niet van toepassing is (randnummers 23-25).

51. De bewijslast op grond van artikel 6, derde lid, van de wet rust ingevolge het vierde lid van dat artikel op de onderneming(en) die zich op deze uitzonderingsregeling beroepen. Volgens vaste rechtspraak zijn de vier voorwaarden van artikel 6, derde lid, van de wet cumulatief. Zij moeten dus alle worden vervuld, wil de uitzonderingsregeling kunnen worden toegepast.

5.2 Toepassing van artikel 6, derde lid, van de Mededingingswet op combinatieovereenkomsten

52. De vier voorwaarden uit artikel 6, derde lid, van de wet kunnen als volgt worden toegelicht.[2]

(a) De combinatieovereenkomst moet bijdragen aan een objectief meetbare verbetering van de productie of distributie of zij moet een objectief meetbare technische of economische vooruitgang opleveren. De overeengekomen combinatieovereenkomst moet voordelen met zich brengen die tegen de nadelen van de concurrentiebeperking opwegen. Met voordelen worden niet bedoeld de voordelen waarvan alleen de deelnemers in een combinatieovereenkomst zelf profiteren, maar objectief meetbare verbeteringen. Als een bouwcombinatie er bijvoorbeeld toe strekt om door bundeling van het in verschillende ondernemingen aanwezige potentieel aan menskracht, materieel, financieringsmiddelen en knowhow, efficiënter en beter te kunnen produceren dan de bedrijven ieder afzonderlijk zouden kunnen, wordt voldaan aan dit eerste criterium.

(b) Bovengenoemde voordelen moeten voor een redelijk deel ten goede komen aan de gebruikers. De ondernemingen in de combinatie moeten bewijzen dat de klanten ook van de voordelen van de combinatie profiteren. Samenwerking tussen ondernemingen met verschillende specifieke deskundigheden kan bijvoorbeeld een

---

[1] Richtsnoeren 2004/C 101/08 en de Mededeling van de Directeur-generaal van de Nederlandse Mededingingsautoriteit 'Richtsnoeren betreffende de toepassing van artikel 6, lid 3, van de Mededingingswet', Nr. P_ 500043/6.0158, van 22 februari 2005 (*Stcrt.* 2005, 47).
[2] Vgl.M.A.M.C. van den Berg, *Mr. C. Asser's handleiding tot de beoefening van het Nederlands burgerlijk recht, 5. Bijzondere overeenkomsten, deel IIIC*, paragraaf 2 Bouwcombinatie en mededingingsrecht, onder 239, Deventer: Kluwer 2007; zie ook Richtsnoeren 2004/C 101/08.

positief effect hebben op de kwaliteit van de uitvoering van de opdracht. Indien de samenwerking tot een efficiëntere wijze van werken leidt, kan de combinatie meestal voor een betere prijs inschrijven dan wanneer de deelnemers individueel zouden inschrijven. Een dergelijk voordeel komt daarmee indirect ten goede aan de opdrachtgever. Als de samenwerking toekomstige gebruikers ten goede komt omdat de deelnemers nieuwe technologische kennis hebben opgedaan, kan ook aan dit criterium worden voldaan. De inkoopmacht van de opdrachtgever kan ook van invloed zijn op de mate waarin de bovengenoemde voordelen worden gerealiseerd.

(c) De overeenkomst mag de concurrentie niet verder beperken dan strikt noodzakelijk is voor het realiseren van de voordelen. Vereist is dat elke deelnemer aan de combinatieovereenkomst ook daadwerkelijk een belangrijk deel van de opdracht uitvoert. Indien dat niet het geval is, kan niet in redelijkheid worden aangenomen dat de deelname van de desbetreffende onderneming een toegevoegde waarde heeft met betrekking tot de uitvoering van de opdracht. De mededingingsbeperkingen die met de afspraak gepaard gaan, moeten verder proportioneel zijn. Dat houdt in dat de onder (a) genoemde voordelen zonder de mededingingsbeperkingen objectief gezien niet te realiseren zouden zijn. Als vergelijkbare voordelen ook met minder vergaande beperkingen bereikt zouden kunnen worden, zijn de beperkingen dus niet strikt noodzakelijk voor het realiseren van de voordelen.

(d) Er moet voldoende concurrentie op de markt overblijven. De combinatieovereenkomst mag er niet toe leiden dat de concurrentie voor een belangrijk deel wordt uitgeschakeld. Er moet in de markt voldoende restconcurrentie overblijven om effectieve mededinging te waarborgen. In veel segmenten van de bouwsector is er sprake van veel aanbod, waardoor de vorming van een combinatie niet snel tot gevolg zal hebben dat er onvoldoende concurrentie op de markt overblijft. Dit kan anders liggen bij grootschalige werken die technisch complex zijn waardoor er slechts een beperkt aantal bedrijven op de markt actief is. In zodanige situaties is de kans groter dat combinatievorming tussen ondernemingen ertoe leidt dat op de markt de concurrentie voor een groot deel wordt uitgeschakeld.

6) Slotbepalingen

53. De Beleidsregels combinatieovereenkomsten 2009 worden ingetrokken.

54. Deze beleidsregels treden in werking met ingang van de dag na de datum van uitgifte van de *Staatscourant* waarin zij worden geplaatst.

55. Deze beleidsregels worden aangehaald als: Beleidsregels combinatieovereenkomsten 2013.

II.B Verticale overeenkomsten
EU

Verordening (EU) 2022/720 betreffende de toepassing van artikel 101, lid 3, van het Verdrag betreffende de werking van de Europese Unie op groepen verticale overeenkomsten en onderling afgestemde feitelijke gedragingen

(Voor de EER relevante tekst)

Verordening van de Commissie van 10 mei 2022 betreffende de toepassing van artikel 101, lid 3, van het Verdrag betreffende de werking van de Europese Unie op groepen verticale overeenkomsten en onderling afgestemde feitelijke gedragingen, PbEU 2022, L 134 (i.w.tr. 01-06-2022)

DE EUROPESE COMMISSIE,
Gezien het Verdrag betreffende de werking van de Europese Unie,
Gezien Verordening nr. 19/65/EEG van de Raad van 2 maart 1965 betreffende de toepassing van artikel 85, lid 3, van het Verdrag op bepaalde groepen overeenkomsten en onderling afgestemde feitelijke gedragingen [1], en met name artikel 1,
Na bekendmaking van deze ontwerpverordening [2],
Na raadpleging van het Adviescomité voor restrictieve praktijken en machtsposities,
Overwegende hetgeen volgt:
(1) Op grond van Verordening nr. 19/65/EEG is de Commissie bevoegd artikel 101, lid 3, van het Verdrag bij verordening toe te passen op bepaalde groepen verticale overeenkomsten en soortgelijke onderling afgestemde feitelijke gedragingen, die onder artikel 101, lid 1, van het Verdrag vallen.
(2) Verordening (EU) nr. 330/2010 [3] van de Commissie omschrijft een groep verticale overeenkomsten waarvan volgens de Commissie kon worden aangenomen dat zij gewoonlijk aan de voorwaarden van artikel 101, lid 3, van het Verdrag voldoen. De ervaring met de toepassing van Verordening (EU) nr. 330/2010, die op 31 mei 2022 vervalt, is over het algemeen positief, zoals is gebleken bij de evaluatie van die verordening. Rekening houdende met die ervaring en met nieuwe marktontwikkelingen

---

[1] *PB* 36 van 6.3.1965.
[2] *PB* C 359 van 7.9.2021, blz. 1.
[3] Verordening (EU) nr. 330/2010 van de Commissie van 20 april 2010 betreffende de toepassing van artikel 101, lid 3, van het Verdrag betreffende de werking van de Europese Unie op groepen verticale overeenkomsten en onderling afgestemde feitelijke gedragingen (*PB* L 102 van 23.4.2010, blz. 1).

— zoals de groei van e-commerce, maar ook nieuwe of meer voorkomende soorten verticale overeenkomsten — is het gepast een nieuwe groepsvrijstellingsverordening vast te stellen.

(3) De groep overeenkomsten waarvan kan worden aangenomen dat die doorgaans aan de voorwaarden van artikel 101, lid 3, van het Verdrag voldoet, omvat verticale overeenkomsten inzake de aan- of verkoop van goederen of diensten wanneer die overeenkomsten zijn gesloten tussen niet-concurrerende ondernemingen, tussen bepaalde concurrenten of door bepaalde verenigingen van detailhandelaren van goederen. Die groep omvat tevens verticale overeenkomsten die nevenbepalingen bevatten betreffende de overdracht of het gebruik van intellectuele-eigendomsrechten. De term 'verticale overeenkomsten' moet zo worden opgevat dat het de overeenkomstige onderling afgestemde feitelijke gedragingen omvat.

(4) Om artikel 101, lid 3, van het Verdrag bij verordening toe te passen, is het niet nodig de verticale overeenkomsten te omschrijven die onder artikel 101, lid 1, van het Verdrag kunnen vallen. Bij de individuele beoordeling van overeenkomsten in de zin van artikel 101, lid 1, van het Verdrag moet rekening worden gehouden met diverse factoren, in het bijzonder de marktstructuur aan de vraag- en aanbodzijde.

(5) Het voordeel van de bij deze verordening vastgestelde groepsvrijstelling moet worden beperkt tot verticale overeenkomsten waarvan met voldoende zekerheid kan worden aangenomen dat zij aan de voorwaarden van artikel 101, lid 3, van het Verdrag voldoen.

(6) Bepaalde soorten verticale overeenkomsten kunnen de economische efficiëntie binnen een productie- of distributieketen verbeteren doordat zij een betere coördinatie tussen de deelnemende ondernemingen mogelijk maken. In het bijzonder kunnen zij leiden tot een vermindering van de transactie- en distributiekosten van de partijen en tot een optimalisering van de hoogte van hun verkoop en investeringen.

(7) De kans dat een dergelijke efficiëntiebevorderende werking zwaarder weegt dan de concurrentieverstorende gevolgen van in verticale overeenkomsten vervatte beperkingen, hangt af van de mate waarin de partijen bij de overeenkomst marktmacht bezitten en met name van de mate waarin die ondernemingen concurrentie ondervinden van andere leveranciers van goederen of diensten die door hun klanten, op grond van hun kenmerken, hun prijzen en het gebruik waartoe zij zijn bestemd, als onderling verwisselbaar of substitueerbaar worden beschouwd.

(8) Verondersteld kan worden dat, wanneer het marktaandeel van elk van de partijen bij de overeenkomst op de relevante markt niet meer dan 30 % bedraagt, verticale overeenkomsten die geen bepaalde soorten ernstige concurrentiebeperkingen bevatten, over het algemeen leiden tot een verbetering van de productie of distributie en de consumenten een billijk aandeel in de daaruit voortvloeiende voordelen ten goede laten komen.

(9) Boven de marktaandeeldrempel van 30 % kan niet worden verondersteld dat verticale overeenkomsten die onder artikel 101, lid 1, van het Verdrag vallen, doorgaans objectieve voordelen meebrengen die naar hun aard en omvang opwegen tegen de nadelen die voor de concurrentie uit die overeenkomsten voortvloeien. Evenmin kan echter worden verondersteld dat die verticale overeenkomsten onder artikel 101, lid 1, van het Verdrag vallen of dat zij niet aan de voorwaarden van artikel 101, lid 3, van het Verdrag voldoen.

(10) De onlineplatformeconomie speelt een steeds grotere rol in de distributie van goederen en diensten. Ondernemingen die actief zijn in de onlineplatformeconomie maken het mogelijk zaken te doen op nieuwe manieren, waarvan sommige niet gemakkelijk zijn in te delen aan de hand van concepten die verband houden met verticale overeenkomsten in de traditionele economie. Met name dankzij onlinetussenhandelsdiensten kunnen ondernemingen goederen of diensten aanbieden aan ondernemingen of aan eindconsumenten om het initiëren van directe transacties tussen ondernemingen of tussen ondernemingen en eindconsumenten te faciliteren. Overeenkomsten betreffende de levering van onlinetussenhandelsdiensten zijn verticale overeenkomsten en moeten derhalve kunnen profiteren van de bij deze verordening ingevoerde groepsvrijstelling, mits aan de in deze verordening gestelde voorwaarden is voldaan.

(11) De definitie van 'onlinetussenhandelsdiensten' die wordt gehanteerd in Verordening (EU) 2019/1150 van het Europees Parlement en de Raad [1] moet voor deze verordening worden aangepast. Met name moet, om het toepassingsgebied van artikel 101 van het Verdrag te weerspiegelen, de in deze verordening gebruikte definitie verwijzen naar ondernemingen. Zij moet ook onlinetussenhandelsdiensten omvatten die het initiëren van directe transacties tussen ondernemingen faciliteren, alsmede diensten die directe transacties tussen ondernemingen en eindconsumenten faciliteren.

(12) Duale distributie is het scenario waarin een leverancier goederen of diensten niet alleen op het upstreamniveau verkoopt, maar ook op het downstreamniveau, en daarbij concurreert met zijn onafhankelijke distributeurs. In dat scenario, zonder hardcore beperkingen en op voorwaarde dat de afnemer niet met de leverancier concurreert op het upstreamniveau, is de potentiële negatieve impact van de verticale overeenkomst op de concurrentieverhouding tussen de leverancier en de afnemer op het downstreamniveau minder significant dan de potentiële positieve impact van de verticale overeenkomst op de concurrentie op het upstream- of downstreamniveau in het algemeen. Deze verordening moet daarom een vrijstelling verlenen voor verticale overeenkomsten die in dergelijke scenario's van duale distributie worden gesloten.

(13) De uitwisseling van informatie tussen een leverancier en een afnemer kan bijdragen tot de concurrentiebevorderende effecten van verticale overeenkomsten, met name de optimalisering van productie- en distributieprocessen. Bij duale distributie kan de uitwisseling van bepaalde soorten informatie echter horizontale problemen opleveren. Deze verordening mag daarom enkel vrijstelling verlenen voor de uitwisseling van informatie tussen een leverancier en een afnemer in een duaal distributiescenario wanneer de uitwisseling van informatie niet alleen rechtstreeks verband houdt met de uitvoering van de verticale overeenkomst, maar ook noodzakelijk is om de productie of distributie van de contractgoederen of -diensten te verbeteren.

(14) De redenering voor de vrijstelling van verticale overeenkomsten in duale distributiescenario's is niet van toepassing op verticale overeenkomsten betreffende het verrichten van onlinetussenhandelsdiensten wanneer de aanbieder van on-

---

(1) Verordening (EU) 2019/1150 van het Europees Parlement en de Raad van 20 juni 2019 ter bevordering van billijkheid en transparantie voor zakelijke gebruikers van onlinetussenhandelsdiensten (*PB* L 186 van 11.7.2019, blz. 57).

linetussenhandelsdiensten ook een concurrerende onderneming is op de relevante markt voor de verkoop van de middels tussenhandelsdiensten geleverde goederen of diensten. Aanbieders van onlinetussenhandelsdiensten die een dergelijke hybride functie vervullen, kunnen de mogelijkheid en de prikkel hebben om de uitkomst te beïnvloeden van de concurrentie op de relevante markt voor de verkoop van de middels tussenhandelsdiensten geleverde goederen of diensten. Deze verordening mag daarom geen vrijstelling verlenen voor dergelijke verticale overeenkomsten.

(15) Deze verordening mag geen verticale overeenkomsten vrijstellen die beperkingen bevatten die waarschijnlijk de concurrentie beperken en consumenten schaden of die niet onmisbaar zijn om de voornoemde efficiëntieverhogende effecten te bereiken. In het bijzonder mag het voordeel van de in deze verordening vervatte groepsvrijstelling niet van toepassing zijn op verticale overeenkomsten die bepaalde soorten ernstige concurrentiebeperkingen bevatten, zoals minimumwederverkoopprijzen en vaste wederverkoopprijzen, en bepaalde vormen van gebiedsbescherming, waaronder het verhinderen van het daadwerkelijke gebruik van internet om te verkopen of bepaalde beperkingen van onlinereclame. Beperkingen van onlineverkoop en onlinereclame moeten daarom de bij deze verordening vastgestelde groepsvrijstelling genieten, mits zij direct noch indirect, op zich of in combinatie met andere door de partijen gecontroleerde factoren, tot doel hebben de afnemer of zijn klanten te beletten het internet effectief te gebruiken om de contractgoederen of -diensten aan bepaalde grondgebieden of aan bepaalde klanten te verkopen, of te beletten dat een volledig online reclamekanaal, zoals prijsvergelijkingsdiensten of advertenties in zoekmachines, wordt gebruikt. Beperkingen van de onlineverkoop mogen bijvoorbeeld de bij deze verordening vastgestelde groepsvrijstelling niet genieten wanneer zij tot doel hebben het totale volume van de onlineverkoop van de contractgoederen of -diensten op de relevante markt, of de mogelijkheid voor consumenten om de contractgoederen of -diensten online te kopen, aanzienlijk te verminderen. Om een beperking in te delen als hardcore beperking in de zin van artikel 4, punt e), kan rekening worden gehouden met de inhoud en de context van de beperking, maar die indeling mag niet afhangen van marktspecifieke omstandigheden of van de individuele kenmerken van de partijen.

(16) In deze verordening mogen geen beperkingen worden vrijgesteld waarvan niet met voldoende zekerheid kan worden aangenomen dat zij aan de voorwaarden van artikel 101, lid 3, van het Verdrag voldoen. Met name om de toegankelijkheid tot de relevante markt te waarborgen en collusie op de relevante markt te voorkomen, moeten aan de groepsvrijstelling bepaalde voorwaarden worden verbonden. Daarom moet de vrijstelling voor concurrentiebedingen worden beperkt tot bedingen die de duur van vijf jaar niet overschrijden. Verplichtingen waardoor de leden van een selectief distributiestelsel geen merken van bepaalde concurrerende leveranciers mogen verkopen, moeten eveneens van de vrijstelling van deze verordening worden uitgesloten. Het voordeel van deze verordening mag niet gelden voor pariteitsverplichtingen van detailhandelaren waardoor afnemers van onlinetussenhandelsdiensten geen goederen of diensten aanbieden, verkopen of doorverkopen aan eindgebruikers onder gunstigere voorwaarden via concurrerende onlinetussenhandelsdiensten.

(17) De beperkingen van het marktaandeel, de uitsluiting van bepaalde verticale overeenkomsten en de voorwaarden in deze verordening waarborgen op algemene wijze dat de overeenkomsten waarvoor de groepsvrijstelling geldt, de deelnemende

ondernemingen niet de mogelijkheid geven de concurrentie uit te schakelen voor een wezenlijk deel van de betrokken producten of diensten.
(18) Overeenkomstig artikel 29, lid 1, van Verordening (EG) nr. 1/2003 van de Raad [1], kan de Commissie het voordeel van deze verordening intrekken indien zij in een bepaald geval van oordeel is dat een overeenkomst waarop de bij deze verordening ingestelde groepsvrijstelling van toepassing is, toch bepaalde met artikel 101, lid 3, van het Verdrag onverenigbare gevolgen heeft. De mededingingsautoriteit van een lidstaat kan het voordeel van deze verordening intrekken indien is voldaan aan de voorwaarden van artikel 29, lid 2, van Verordening (EG) nr. 1/2003.
(19) Indien de Commissie of de mededingingsautoriteit van een lidstaat het voordeel van deze verordening intrekt, staat het aan hen om te bewijzen dat de betrokken verticale overeenkomst onder artikel 101, lid 1, van het Verdrag valt en dat de overeenkomst niet voldoet aan ten minste één van de vier voorwaarden van artikel 101, lid 3, van het Verdrag.
(20) Om te bepalen of het voordeel van deze verordening ingevolge artikel 29 van Verordening (EG) nr. 1/2003 moet worden ingetrokken, zijn de concurrentieverstorende effecten die kunnen voortvloeien uit het bestaan van parallelle netten van verticale overeenkomsten met gelijkaardige effecten die de toetreding tot of de concurrentie op een relevante markt aanmerkelijk beperken, van bijzonder belang. Dergelijke cumulatieve effecten kunnen met name optreden in het geval van exclusieve distributie, exclusieve levering, selectieve distributie, pariteitsverplichtingen of concurrentiebedingen.
(21) Om het toezicht te versterken op parallelle netten van verticale overeenkomsten die soortgelijke concurrentieverstorende effecten hebben en meer dan 50 % van een bepaalde markt bestrijken, kan de Commissie bij verordening deze verordening buiten toepassing verklaren voor verticale overeenkomsten die bepaalde met de betrokken markt samenhangende beperkingen bevatten, en zodoende de volledige toepassing van artikel 101 van het Verdrag op die overeenkomsten herstellen,
HEEFT DE VOLGENDE VERORDENING VASTGESTELD:

Artikel 1
Definities

1. Voor de toepassing van deze verordening wordt verstaan onder:
a) 'verticale overeenkomst': een overeenkomst of onderling afgestemde feitelijke gedraging waarbij twee of meer ondernemingen, met het oog op de toepassing van de overeenkomst of de onderling afgestemde feitelijke gedraging, elk in een verschillend stadium van de productie- of distributieketen werkzaam zijn, en die betrekking heeft op de voorwaarden waaronder de partijen bepaalde goederen of diensten kunnen kopen, verkopen of doorverkopen;
b) 'verticale beperking': een beperking van de concurrentie in een verticale overeenkomst die binnen het toepassingsgebied van artikel 101, lid 1, van het Verdrag valt;
c) 'concurrerende onderneming': een daadwerkelijke of potentiële concurrent; 'daadwerkelijke concurrent': een onderneming die actief is op dezelfde relevante

---

[1] Verordening (EG) nr. 1/2003 van de Raad van 16 december 2002 betreffende de uitvoering van de mededingingsregels van de artikelen 81 en 82 van het Verdrag (*PB* L 1 van 4.1.2003, blz. 1).

markt; 'potentiële concurrent': een onderneming die zonder de verticale overeenkomst, op grond van realistische verwachtingen en niet als louter theoretische mogelijkheid, wellicht binnen een korte periode de vereiste extra investeringen zou doen of andere noodzakelijke kosten zou maken om de relevante markt te betreden;

d) 'leverancier': omvat een onderneming die onlinetussenhandelsdiensten verleent;
e) 'onlinetussenhandelsdiensten': diensten van de informatiemaatschappij in de zin van artikel 1, lid 1, punt b), van Richtlijn (EU) 2015/1535 van het Europees Parlement en de Raad [1] die ondernemingen in staat stellen goederen of diensten aan te bieden:
   i) aan andere ondernemingen, teneinde het initiëren van directe transacties tussen die ondernemingen te faciliteren, of
   ii) aan eindconsumenten, teneinde het initiëren van directe transacties tussen die ondernemingen en eindconsumenten te faciliteren,
   ongeacht of en waar de transacties uiteindelijk worden gesloten;
f) 'concurrentiebeding': elke directe of indirecte verplichting waardoor de afnemer geen goederen of diensten produceert, koopt, verkoopt of doorverkoopt die met de contractgoederen of -diensten concurreren, of elke directe of indirecte verplichting voor de afnemer om op de relevante markt meer dan 80 % van zijn totale aankopen van de contractgoederen of -diensten en substituten daarvan bij de leverancier of bij een door de leverancier aangewezen onderneming te betrekken, berekend op basis van de waarde of, waar zulks in de sector vaste praktijk is, van de omvang van de aankopen van de afnemer in het voorafgaande kalenderjaar;
g) 'selectief distributiestelsel': een distributiestelsel waarbij de leverancier zich ertoe verbindt de contractgoederen of -diensten – direct of indirect – slechts te verkopen aan distributeurs die op grond van vastgestelde criteria zijn geselecteerd, en waarbij die distributeurs zich ertoe verbinden om dergelijke goederen of diensten niet aan niet-erkende distributeurs te verkopen binnen het grondgebied waarop de leverancier heeft besloten dat stelsel toe te passen;
h) 'exclusief distributiestelsel': een distributiestelsel waarbij de leverancier een grondgebied of een groep klanten uitsluitend aan zichzelf of aan ten hoogste vijf afnemers toewijst en al zijn andere afnemers beperkt actief in het exclusieve gebied of aan de exclusieve klantengroep te verkopen;
i) 'intellectuele eigendomsrechten': omvat industriële eigendomsrechten, knowhow, auteursrecht en naburige rechten;
j) 'knowhow': een geheel van niet-geoctrooieerde praktische informatie, voortvloeiend uit de ervaring van de leverancier en de door hem uitgevoerde proeven, die geheim, wezenlijk en geïdentificeerd is; 'geheim': de knowhow is niet algemeen bekend of gemakkelijk verkrijgbaar; 'wezenlijk': de knowhow is voor de afnemer belangrijk en nuttig voor het gebruik, de verkoop of de wederverkoop van de contractgoederen of -diensten; 'geïdentificeerd': de knowhow is zodanig volledig beschreven dat kan worden nagegaan of hij aan de criteria van geheim-zijn en wezenlijkheid voldoet;

---

(1) Richtlijn (EU) 2015/1535 van het Europees Parlement en de Raad van 9 september 2015 betreffende een informatieprocedure op het gebied van technische voorschriften en regels betreffende de diensten van de informatiemaatschappij (*PB* L 241 van 17.9.2015, blz. 1).

k) 'afnemer': omvat een onderneming die, op grond van een overeenkomst die valt onder artikel 101, lid 1, van het Verdrag, voor rekening van een andere onderneming goederen of diensten verkoopt;
l) 'actieve verkoop': het actief benaderen van klanten door middel van bezoeken, brieven, e-mails, oproepen of andere vormen van directe communicatie of door middel van gerichte reclame en promotie, offline of online, bijvoorbeeld door middel van gedrukte of digitale media, met inbegrip van onlinemedia, prijsvergelijkingsdiensten of advertenties op zoekmachines waarmee klanten in bepaalde grondgebieden of klantengroepen worden benaderd, het exploiteren van een website met een topleveldomein dat overeenkomt met bepaalde gebieden, of het op een website aanbieden van talen die in bepaalde gebieden gebruikelijk zijn, wanneer deze talen verschillen van de talen die gebruikelijk zijn in het gebied waar de afnemer gevestigd is;
m) 'passieve verkoop': verkoop naar aanleiding van spontane verzoeken van individuele klanten, met inbegrip van levering van goederen of diensten aan de klant, zonder dat de verkoop is geïnitieerd door de specifieke klant, de groep klanten of het grondgebied actief te benaderen, en met inbegrip van verkoop die voortvloeit uit inschrijvingen bij overheidsopdrachten of reacties op particuliere aanbestedingen.

2. Voor de toepassing van deze verordening omvatten de termen 'onderneming', 'leverancier' en 'afnemer' hun respectieve verbonden ondernemingen.
Onder 'verbonden ondernemingen' wordt verstaan:
a) ondernemingen waarin een partij bij de overeenkomst direct of indirect:
    i)   de macht heeft meer dan de helft van de stemrechten uit te oefenen, of
    ii) de macht heeft meer dan de helft van de leden van de raad van toezicht, van de raad van bestuur of van de krachtens de wet tot vertegenwoordiging bevoegde organen te benoemen, of
    iii) het recht heeft de zaken van de onderneming te beheren, of
b) ondernemingen die ten aanzien van een partij bij de overeenkomst direct of indirect over de in punt a) genoemde rechten of macht beschikken, of
c) ondernemingen waarin een in punt b) bedoelde onderneming direct of indirect over de in punt a) genoemde rechten of macht beschikt, of
d) ondernemingen waarin één partij bij de overeenkomst gezamenlijk met één of meer van de in punten a), b) of c) bedoelde ondernemingen, of twee of meer van de laatstgenoemde ondernemingen, gezamenlijk over de in punt a) genoemde rechten of macht beschikken, of
e) ondernemingen waarin de in punt a) genoemde rechten of macht gezamenlijk in handen zijn van:
    i)   partijen bij de overeenkomst of de respectieve met hen verbonden ondernemingen als bedoeld in de punten a) tot en met d), of
    ii) één of meer van de partijen bij de overeenkomst of één of meer van de met hen verbonden ondernemingen als bedoeld in de punten a) tot en met d) en één of meer derde partijen.

[10-05-2022, PbEU L 134, i.w.tr. 01-06-2022/regelingnummer 2022/720]

Artikel 2
Vrijstelling

1. Overeenkomstig artikel 101, lid 3, van het Verdrag en onverminderd de bepalingen van deze verordening, wordt artikel 101, lid 1, van het Verdrag buiten toepassing verklaard voor verticale overeenkomsten. Die vrijstelling is van toepassing voor zover dergelijke overeenkomsten verticale beperkingen bevatten.

2. De in lid 1 bepaalde vrijstelling is alleen van toepassing op verticale overeenkomsten tussen een ondernemersvereniging en één van haar individuele leden, of tussen een dergelijke vereniging en één van haar individuele leveranciers, indien alle leden van de vereniging detailhandelaren van goederen zijn en mits geen individueel lid van de vereniging, tezamen met de met dat lid verbonden ondernemingen, een totale jaaromzet van meer dan 50 miljoen EUR behaalt. Door dergelijke verenigingen gesloten verticale overeenkomsten vallen binnen de toepassing van deze verordening zonder afbreuk te doen aan de toepassing van artikel 101 van het Verdrag op tussen de leden van de vereniging gesloten horizontale overeenkomsten of op door de vereniging genomen besluiten.

3. De in lid 1 bepaalde vrijstelling is van toepassing op verticale overeenkomsten die bepalingen bevatten betreffende de overdracht aan de afnemer of het gebruik door de afnemer van intellectuele-eigendomsrechten, op voorwaarde dat die bepalingen niet het hoofdonderwerp van dergelijke overeenkomsten vormen en direct samenhangen met het gebruik, de verkoop of de wederverkoop van goederen of diensten door de afnemer of zijn klanten. De vrijstelling is van toepassing op voorwaarde dat ten aanzien van de contractgoederen en -diensten die bepalingen geen concurrentiebeperkingen bevatten die hetzelfde doel hebben als verticale beperkingen waarvoor op grond van deze verordening geen vrijstelling geldt.

4. De in lid 1 bepaalde vrijstelling is niet van toepassing op verticale overeenkomsten tussen concurrerende ondernemingen. Die vrijstelling is echter wel van toepassing wanneer concurrerende ondernemingen een niet-wederkerige verticale overeenkomst sluiten en een van de volgende omstandigheden van toepassing is:
a) de leverancier is op het upstreamniveau actief als fabrikant, importeur of groothandelaar en op het downstreamniveau als importeur, groothandelaar of detailhandelaar van goederen, terwijl de afnemer een importeur, groothandelaar of detailhandelaar op het downstreamniveau is, en geen concurrerende onderneming is op het upstreamniveau waar hij de contractgoederen koopt, of
b) de leverancier is een aanbieder van diensten op verschillende handelsniveaus, terwijl de afnemer zijn diensten aanbiedt op detailhandelsniveau en geen concurrerende onderneming is op het handelsniveau waarop hij de contractdiensten koopt.

5. De in lid 4, punten a) en b), vermelde uitzonderingen zijn niet van toepassing op de uitwisseling van informatie tussen de leverancier en de afnemer die hetzij niet direct verband houdt met de uitvoering van de verticale overeenkomst, hetzij niet noodzakelijk is om de productie of distributie van de contractgoederen of -diensten te verbeteren, of aan geen van beide voorwaarden voldoet.

6. De uitzonderingen in lid 4, punten a) en b), zijn niet van toepassing op verticale overeenkomsten betreffende de levering van onlinetussenhandelsdiensten wanneer de aanbieder van onlinetussenhandelsdiensten een concurrent is op de relevante

markt voor de verkoop van de middels tussenhandelsdiensten geleverde goederen of diensten.
7. Deze verordening is niet van toepassing op verticale overeenkomsten waarvan het onderwerp valt binnen het toepassingsgebied van andere groepsvrijstellingsverordeningen, tenzij in dergelijke verordening anders is bepaald.
[10-05-2022, PbEU L 134, i.w.tr. 01-06-2022/regelingnummer 2022/720]

Artikel 3
Marktaandeeldrempel
1. De in artikel 2 bepaalde vrijstelling is van toepassing op voorwaarde dat het marktaandeel van de leverancier niet meer bedraagt dan 30 % van de relevante markt waarop hij de contractgoederen of -diensten verkoopt, en het marktaandeel van de afnemer niet meer bedraagt dan 30 % van de relevante markt waarop hij de contractgoederen of -diensten koopt.
2. Voor de toepassing van lid 1 moet, indien in een meerzijdige overeenkomst een onderneming de contractgoederen of -diensten koopt van één onderneming die partij is bij de overeenkomst en de contractgoederen of -diensten verkoopt aan een andere onderneming die ook partij is bij de overeenkomst, het marktaandeel van de eerste onderneming, als zowel afnemer als leverancier, voldoen aan de in dat lid vastgestelde marktaandeeldrempel, wil de in artikel 2 bepaalde vrijstelling van toepassing zijn.
[10-05-2022, PbEU L 134, i.w.tr. 01-06-2022/regelingnummer 2022/720]

Artikel 4
Beperkingen die het voordeel van de groepsvrijstelling tenietdoen — hardcore beperkingen
De in artikel 2 bepaalde vrijstelling is niet van toepassing op verticale overeenkomsten die, op zich of in combinatie met andere factoren waarover de partijen controle hebben, direct of indirect, tot doel hebben:
a) het beperken van de mogelijkheid van de afnemer om zijn verkoopprijs vast te stellen, onverlet de mogelijkheid voor de leverancier om een maximumverkoopprijs op te leggen of een verkoopprijs aan te bevelen, mits die prijzen niet ten gevolge van door een van de partijen uitgeoefende druk of gegeven prikkels hetzelfde effect hebben als een vaste of minimumverkoopprijs;
b) indien de leverancier een exclusief distributiestelsel toepast: het beperken van het grondgebied waarin, of van de klanten aan wie, de exclusieve distributeur actief of passief de contractgoederen of -diensten mag verkopen, met uitzondering van:
　i) de beperking van de actieve verkoop door de exclusieve distributeur en zijn directe klanten, in gebieden of aan klantengroepen die aan de leverancier zijn voorbehouden of door de leverancier exclusief aan ten hoogste vijf andere exclusieve distributeurs zijn toegewezen;
　ii) het beperken van actieve of passieve verkoop door de exclusieve distributeur en zijn klanten aan niet-erkende distributeurs die zijn gevestigd in een ander grondgebied waar de leverancier een selectief distributiestelsel voor de contractgoederen of -diensten toepast;
　iii) het beperken van de plaats van vestiging van de exclusieve distributeur;
　iv) het beperken van actieve of passieve verkoop aan eindgebruikers door een op het groothandelsniveau werkzame exclusieve distributeur;

v) het beperken van de mogelijkheid van de exclusieve distributeur om componenten die voor verwerking in een product zijn geleverd, actief of passief te verkopen aan klanten die de componenten zouden gebruiken om hetzelfde soort goederen te produceren als door de leverancier geproduceerde goederen;
c) indien de leverancier een selectief distributiestelsel toepast,
   i) het beperken van het grondgebied waarin, of van de klanten aan wie, de leden van het selectief distributiestelsel actief of passief contractgoederen of -diensten mogen verkopen, met uitzondering van:
      1) de beperking van de actieve verkoop door de leden van het selectief distributiestelsel en hun directe klanten, in een gebied of aan een groep klanten die aan de leverancier is voorbehouden of door de leverancier exclusief aan ten hoogste vijf exclusieve distributeurs is toegewezen;
      2) het beperken van actieve of passieve verkoop door de leden van het selectief distributiestelsel en hun klanten aan niet-erkende distributeurs die zijn gevestigd in het grondgebied waarin het selectief distributiestelsel wordt toegepast;
      3) het beperken van de plaats van vestiging van de leden van het selectief distributiestelsel;
      4) het beperken van actieve of passieve verkoop aan eindgebruikers door de op het groothandelsniveau werkzame leden van een selectief distributiestelsel;
      5) het beperken van de mogelijkheid om componenten die voor verwerking zijn geleverd, actief of passief te verkopen aan klanten die de componenten zouden gebruiken om hetzelfde soort goederen te vervaardigen als door de leverancier geproduceerde goederen;
   ii) het beperken van onderlinge leveringen tussen de leden van het selectief distributiestelsel die op hetzelfde of op andere handelsniveaus werkzaam zijn;
   iii) het beperken van actieve of passieve verkoop aan eindgebruikers door op het detailhandelsniveau werkzame leden van een selectief distributiestelsel, onverminderd punt c), i), 1) en 3);
d) indien de leverancier noch een exclusief — noch een selectief distributiestelsel toepast: het beperken van het grondgebied waarin, of van de klanten aan, wie de afnemer actief of passief de contractgoederen of -diensten mag verkopen, met uitzondering van:
   i) de beperking van de actieve verkoop door de afnemer en zijn directe klanten in gebieden of aan klantengroepen die aan de leverancier zijn voorbehouden of door de leverancier exclusief aan ten hoogste vijf exclusieve distributeurs zijn toegewezen;
   ii) het beperken van actieve of passieve verkoop door de afnemer of zijn klanten aan niet-erkende distributeurs die zijn gevestigd in een ander grondgebied waar de leverancier een selectief distributiestelsel voor de contractgoederen of -diensten toepast;
   iii) het beperken van de plaats van vestiging van de afnemer;
   iv) het beperken van actieve of passieve verkoop aan eindgebruikers door een op het groothandelsniveau werkzame afnemer;

v) het beperken van de mogelijkheid van de afnemer om componenten die voor verwerking geleverd zijn, actief of passief te verkopen aan klanten die de componenten zouden gebruiken om hetzelfde soort goederen te vervaardigen als door de leverancier geproduceerde goederen;
e) te beletten dat de afnemer of zijn klanten het internet werkelijk gebruiken om de contractgoederen of -diensten te verkopen, aangezien dit een beperking inhoudt van het gebied waarin, of van de klanten aan wie, de contractgoederen of -diensten mogen worden verkocht in de zin van de punten b), c) of d), onverminderd de mogelijkheid om de afnemer het volgende op te leggen:
   i) andere beperkingen van de onlineverkoop, of
   ii) beperkingen op onlinereclame die niet tot doel hebben het gebruik te verhinderen van een volledig onlineadvertentiekanaal;
f) de beperking, zoals overeengekomen tussen een leverancier van componenten en een afnemer welke die componenten verwerkt, van de mogelijkheden van de leverancier om de componenten als reserveonderdelen te verkopen aan eindgebruikers of aan reparateurs, groothandelaren of andere dienstverrichters aan wie de afnemer niet de reparatie of het onderhoud van zijn goederen heeft toevertrouwd.

[10-05-2022, PbEU L 134, i.w.tr. 01-06-2022/regelingnummer 2022/720]

Artikel 5
Uitgesloten beperkingen

1. De in artikel 2 bepaalde vrijstelling is niet van toepassing op de volgende in verticale overeenkomsten vervatte verplichtingen:
a) elk direct of indirect concurrentiebeding, wanneer het van onbepaalde duur is of de duur ervan vijf jaar overschrijdt;
b) elke directe of indirecte verplichting waardoor de afnemer, na afloop van de overeenkomst, geen goederen of diensten produceert, koopt, verkoopt of doorverkoopt;
c) elke directe of indirecte verplichting waardoor de leden van een selectief distributiestelsel de merken van bepaalde concurrerende leveranciers niet verkopt;
d) elke directe of indirecte verplichting waardoor een afnemer van onlinetussenhandelsdiensten via concurrerende onlinetussenhandelsdiensten aan eindgebruikers geen goederen of diensten tegen gunstigere voorwaarden aanbiedt, verkoopt of doorverkoopt.

2. In afwijking van lid 1, punt a), geldt de beperking in de tijd van vijf jaar niet indien de contractgoederen of -diensten door de afnemer worden verkocht in ruimten en op terreinen die eigendom zijn van de leverancier of door de leverancier worden gehuurd van een derde die niet met de afnemer is verbonden, mits de duur van het concurrentiebeding de termijn gedurende welke de afnemer de ruimten en terreinen in gebruik heeft, niet overschrijdt.

3. In afwijking van lid 1, punt b), is de in artikel 2 bepaalde vrijstelling van toepassing op elke directe of indirecte verplichting waardoor de afnemer, na afloop van de overeenkomst, geen goederen of diensten produceert, koopt, verkoopt of doorverkoopt, indien aan de volgende voorwaarden is voldaan:
a) de verplichting heeft betrekking op goederen of diensten die met de contractgoederen of -diensten concurreren;

b) de verplichting is beperkt tot de ruimten en terreinen waar de afnemer gedurende de contractperiode werkzaam is geweest;
c) de verplichting is onmisbaar om door de leverancier aan de afnemer overgedragen knowhow te beschermen;
d) de duur van de verplichting is beperkt tot een periode van één jaar na afloop van de overeenkomst.

Lid 1, punt b), laat de mogelijkheid onverlet om een niet in tijd beperkte beperking op te leggen op het gebruik en de openbaarmaking van knowhow die niet tot het publieke domein behoort.

[10-05-2022, PbEU L 134, i.w.tr. 01-06-2022/regelingnummer 2022/720]

Artikel 6
Individuele intrekking

1. Krachtens artikel 29, lid 1, van Verordening (EG) nr. 1/2003 kan de Commissie het voordeel van deze verordening intrekken indien zij in een bepaald geval concludeert dat een verticale overeenkomst waarop de in artikel 2 van deze verordening vastgestelde groepsvrijstelling van toepassing is, toch gevolgen heeft die met artikel 101, lid 3, van het Verdrag onverenigbaar zijn. Deze gevolgen kunnen zich bijvoorbeeld voordoen wanneer de relevante markt voor de levering van onlinetussenhandelsdiensten sterk geconcentreerd is en de concurrentie tussen de aanbieders van dergelijke diensten is beperkt door het cumulatieve effect van parallelle netten van vergelijkbare overeenkomsten dat de afnemers van de onlinetussenhandelsdiensten belemmert om goederen of diensten tegen gunstigere voorwaarden via hun rechtstreekse verkoopkanalen aan eindgebruikers aan te bieden, te verkopen of door te verkopen.

2. De mededingingsautoriteit van een lidstaat kan het voordeel van deze verordening intrekken indien aan de voorwaarden van artikel 29, lid 2, van Verordening (EG) nr. 1/2003 is voldaan.

[10-05-2022, PbEU L 134, i.w.tr. 01-06-2022/regelingnummer 2022/720]

Artikel 7
Niet-toepassing van deze verordening

Krachtens artikel 1 bis van Verordening nr. 19/65/EEG kan de Commissie bij verordening verklaren dat, wanneer parallelle netten van gelijksoortige verticale beperkingen meer dan 50 % van een relevante markt bestrijken, deze verordening niet van toepassing is op verticale overeenkomsten die specifieke beperkingen met betrekking tot die markt omvatten.

[10-05-2022, PbEU L 134, i.w.tr. 01-06-2022/regelingnummer 2022/720]

Artikel 8
Toepassing van de marktaandeeldrempel

Voor de toepassing van de in artikel 3 vastgestelde marktaandeeldrempels gelden de volgende regels:
a) het marktaandeel van de leverancier wordt berekend op basis van gegevens betreffende de waarde van de verkopen op de markt, en het marktaandeel van de afnemer wordt berekend op basis van gegevens betreffende de waarde van de aankopen op de markt. Ingeval geen gegevens betreffende de waarde van de verkopen of aankopen op de markt beschikbaar zijn, mag voor het bepalen van

het marktaandeel van de betrokken onderneming worden gebruikgemaakt van ramingen die zijn gebaseerd op andere betrouwbare marktinformatie, waaronder de omvang van de verkopen en aankopen op de markt;
b) de marktaandelen worden berekend op basis van gegevens die betrekking hebben op het voorafgaande kalenderjaar;
c) het marktaandeel van de leverancier omvat ook goederen en diensten die ten verkoop worden geleverd aan verticaal geïntegreerde distributeurs;
d) indien een marktaandeel aanvankelijk niet meer dan 30 % bedraagt, maar vervolgens boven dat niveau uitstijgt, blijft de in artikel 2 bepaalde vrijstelling van toepassing gedurende twee opeenvolgende kalenderjaren volgende op het jaar waarin de marktaandeeldrempel van 30 % voor het eerst is overschreden;
e) het marktaandeel van de in artikel 1, lid 2, tweede alinea, punt e), bedoelde ondernemingen wordt in gelijke delen toegerekend aan elke onderneming die over de in punt a) van dat lid genoemde rechten of macht beschikt.
[10-05-2022, PbEU L 134, i.w.tr. 01-06-2022/regelingnummer 2022/720]

Artikel 9
Toepassing van de omzetdrempel
1. Voor de berekening van de totale jaaromzet in de zin van artikel 2, lid 2, worden de omzet die in het vorige boekjaar door de relevante partij bij de verticale overeenkomst en de omzet die door de met haar verbonden ondernemingen met alle goederen en diensten is behaald, exclusief alle belastingen en andere heffingen, bij elkaar opgeteld. Hierbij wordt geen rekening gehouden met transacties tussen de partij bij de verticale overeenkomst en de met haar verbonden ondernemingen of tussen de met haar verbonden ondernemingen onderling.
2. De in artikel 2 bepaalde vrijstelling blijft gelden indien gedurende een periode van twee opeenvolgende boekjaren de drempel voor de totale jaaromzet met niet meer dan 10 % wordt overschreden.
[10-05-2022, PbEU L 134, i.w.tr. 01-06-2022/regelingnummer 2022/720]

Artikel 10
Overgangstermijn
Het verbod van artikel 101, lid 1, van het Verdrag is gedurende de periode van 1 juni 2022 tot en met 31 mei 2023 niet van toepassing op overeenkomsten die op 31 mei 2022 reeds van kracht waren en die niet aan de in deze verordening vastgestelde voorwaarden voor vrijstelling voldoen, maar die op 31 mei 2022 wel aan de in Verordening (EU) nr. 330/2010 vastgestelde vrijstellingsvoorwaarden voldeden.
[10-05-2022, PbEU L 134, i.w.tr. 01-06-2022/regelingnummer 2022/720]

Artikel 11
Geldigheidsduur
Deze verordening treedt in werking op 1 juni 2022.
Zij vervalt op 31 mei 2034.
[10-05-2022, PbEU L 134, i.w.tr. 01-06-2022/regelingnummer 2022/720]

Richtsnoeren 2022/C 248/01 inzake verticale beperkingen

Richtsnoeren van 30 juni 2022 inzake verticale beperkingen, PbEU 2022, C 248 (i.w.tr. 30-06-2022)

1
Inleiding

1.1
Doel en structuur van deze richtsnoeren

(1)
In deze richtsnoeren worden de beginselen uiteengezet voor de beoordeling van verticale overeenkomsten en onderling afgestemde feitelijke gedragingen op grond van artikel 101 van het Verdrag betreffende de werking van de Europese Unie [1] en Verordening (EU) 2022/720 van de Commissie [2]. Tenzij anders vermeld, dekt de term 'overeenkomst' in deze richtsnoeren ook onderling afgestemde feitelijke gedragingen [3].
[30-06-2022, PbEU C 248, i.w.tr. 30-06-2022/regelingnummer 2022/C 248/01]

(2)
Met de bekendmaking van deze richtsnoeren wil de Commissie ondernemingen helpen verticale overeenkomsten zelf te beoordelen op grond van de mededingingsregels van de Unie en de handhaving van artikel 101 van het Verdrag te vergemakkelijken. Deze richtsnoeren mogen echter niet mechanisch worden toegepast, aangezien elke overeenkomst moet worden beoordeeld in het licht van haar eigen feiten [4]. Deze richtsnoeren laten ook de rechtspraak van het Gerecht en het Hof van Justitie van de Europese Unie onverlet.
[30-06-2022, PbEU C 248, i.w.tr. 30-06-2022/regelingnummer 2022/C 248/01]

---

(1) Deze richtsnoeren vervangen de richtsnoeren inzake verticale beperkingen van de Commissie (*PB* C 130 van 19.5.2010, blz. 1).
(2) Verordening (EU) 2022/720 van de Commissie van 10 mei 2022 betreffende de toepassing van artikel 101, lid 3, van het Verdrag betreffende de werking van de Europese Unie op groepen verticale overeenkomsten en onderling afgestemde feitelijke gedragingen (*PB* L 134, 11.5.2022, blz. 4).
(3) Zie punt (51).
(4) De Commissie zal blijven toezien op de werking van Verordening (EU) 2022/720 en deze richtsnoeren, en zij kan deze bekendmaking herzien in het licht van toekomstige ontwikkelingen.

(3)
Verticale overeenkomsten kunnen betrekking hebben op intermediaire of finale goederen en diensten. Tenzij anders vermeld, gelden deze richtsnoeren voor alle soorten goederen en diensten en voor alle handelsniveaus. Voorts omvat de term 'eindgebruiker', tenzij anders vermeld, ondernemingen en eindconsumenten, namelijk natuurlijke personen die niet handelen in de uitoefening van hun handels-, bedrijfs-, ambachts- of beroepsactiviteit.
[30-06-2022, PbEU C 248, i.w.tr. 30-06-2022/regelingnummer 2022/C 248/01]

(4)
Deze richtsnoeren zijn als volgt gestructureerd:
- in deze eerste inleidende afdeling wordt uitgelegd waarom de Commissie leidraden over verticale overeenkomsten geeft en wat het toepassingsgebied van die leidraden is. Er wordt tevens uitgelegd wat de doelstellingen van artikel 101 van het Verdrag zijn, hoe artikel 101 van het Verdrag op verticale overeenkomsten wordt toegepast, en wat de voornaamste stappen zijn wanneer verticale overeenkomsten aan artikel 101 van het Verdrag worden getoetst.
- de tweede afdeling biedt een overzicht van de positieve en negatieve effecten van verticale overeenkomsten. Bij Verordening (EU) 2022/720, deze richtsnoeren en het handhavingsbeleid van de Commissie in individuele zaken zijn deze effecten in aanmerking genomen;
- de derde afdeling heeft betrekking op verticale overeenkomsten die over het algemeen buiten het toepassingsgebied van artikel 101, lid 1, van het Verdrag vallen. Hoewel Verordening (EU) 2022/720 niet van toepassing is op die overeenkomsten, is het noodzakelijk om leidraden te bieden over de voorwaarden waaronder verticale overeenkomsten buiten het toepassingsgebied van artikel 101, lid 1, van het Verdrag kunnen vallen;
- de vierde afdeling bevat nadere leidraden over het toepassingsgebied van Verordening (EU) 2022/720, met inbegrip van uitleg over de bij de verordening ingestelde veilige zone en de definitie van een verticale overeenkomst. Die afdeling bevat ook leidraden inzake verticale overeenkomsten in de onlineplatformeconomie, die een steeds belangrijkere rol speelt in de distributie van goederen en diensten. In die afdeling worden ook de grenzen van de toepassing van Verordening (EU) 2022/720 uiteengezet, zoals bepaald in artikel 2, leden 2, 3 en 4, van de verordening. Dit omvat de specifieke beperkingen die van toepassing zijn op de uitwisseling van informatie tussen een leverancier en een afnemer in scenario's van duale distributie, als bedoeld in artikel 2, lid 5, van de verordening, en de beperkingen die van toepassing zijn op overeenkomsten betreffende de levering van onlinetussenhandelsdiensten wanneer de aanbieder van die diensten een hybride functie vervult, als bedoeld in artikel 2, lid 6, van de verordening. In de vierde afdeling wordt ook uitgelegd hoe Verordening (EU) 2022/720 van toepassing is in gevallen waarin een verticale overeenkomst binnen het toepassingsgebied van een andere groepsvrijstellingsverordening valt, zoals uiteengezet in artikel 2, lid 7, van de verordening. Ten slotte bevat die afdeling een beschrijving van bepaalde gangbare typen distributiesystemen, met name die welke het voorwerp zijn van specifieke bepalingen in artikel 4 van de verordening met betrekking tot hardcorebeperkingen;

- in de vijfde afdeling wordt ingegaan op de bepaling van de relevante markten en de berekening van de marktaandelen, onder verwijzing naar de bekendmaking marktbepaling [1]. Dit is relevant omdat verticale overeenkomsten alleen onder de groepsvrijstelling van Verordening (EU) 2022/720 vallen indien de marktaandelen van de ondernemingen die partij zijn bij de overeenkomst, de in artikel 3 van Verordening (EU) 2022/720 vastgestelde drempels niet overschrijden;
- de zesde afdeling behandelt de hardcorebeperkingen van artikel 4 van Verordening (EU) 2022/720 en de uitgesloten beperkingen van artikel 5 van de verordening, en bevat tevens een toelichting waarom de kwalificatie als 'hardcorebeperking' of 'uitgesloten beperking' relevant is;
- de zevende afdeling bevat leidraden inzake de bevoegdheden van de Commissie en de mededingingsautoriteiten van de lidstaten ('NMA's') om in individuele gevallen de in Verordening (EU) 2022/720 vervatte vrijstelling in te trekken, zoals bepaald in artikel 29 van Verordening (EC) nr. 1/2003 [2] en artikel 6 van Verordening (EU) 2022/720, alsook leidraden inzake de bevoegdheid van de Commissie om verordeningen vast te stellen waarbij Verordening (EU) 2022/720 buiten toepassing wordt verklaard, overeenkomstig artikel 7 van Verordening (EU) 2022/720;
- in de achtste afdeling wordt het handhavingsbeleid van de Commissie in individuele zaken beschreven. Daartoe wordt uitgelegd hoe verticale overeenkomsten die niet onder Verordening (EU) 2022/720 vallen, worden beoordeeld op grond van artikel 101, leden 1 en 3, van het Verdrag, en worden leidraden gegeven voor diverse gangbare soorten verticale beperkingen.

[30-06-2022, PbEU C 248, i.w.tr. 30-06-2022/regelingnummer 2022/C 248/01]

1.2
Toepasselijkheid van artikel 101 van het Verdrag op verticale overeenkomsten

(5)
Artikel 101 van het Verdrag heeft tot doel te voorkomen dat ondernemingen tot nadeel van de consument gebruikmaken van — horizontale of verticale [3] — overeenkomsten om de concurrentie te verhinderen, beperken of vervalsen [4]. Artikel 101 van het Verdrag streeft voorts de algemenere doelstelling na om een geïntegreerde interne markt tot stand te brengen die de concurrentie in de Europese Unie bevordert. Ondernemingen mogen geen verticale overeenkomsten gebruiken om opnieuw particuliere

---

(1) Bekendmaking van de Commissie betreffende de bepaling van de relevante markt voor het gemeenschappelijke mededingingsrecht (*PB* C 372, 9.12.1997, blz. 5) of alle toekomstige leidraden van de Commissie inzake de bepaling van de relevante markt voor de toepassing van het mededingingsrecht van de Unie, met inbegrip van eventuele leidraden die de bekendmaking marktbepaling vervangen.
(2) Verordening (EC) nr. 1/2003 van de Raad van 16 december 2002 betreffende de uitvoering van de mededingingsregels van de artikelen 81 en 82 van het Verdrag (*PB* L 1 van 4.1.2003, blz. 1).
(3) Verdere richtsnoeren inzake de definitie van 'verticale overeenkomst' in de zin van artikel 1, lid 1, punt a), van Verordening (EU) 2022/720 zijn te vinden in afdeling 4.2 van deze richtsnoeren.
(4) Zie bijvoorbeeld de arresten van 21 februari 1973, *Europemballage Corporation en Continental Can Company/Commissie*, zaak 6/72, ECLI:EU:C:1973:22, punten 25 en 26; 17 februari 2011, *Konkurrensverket/TeliaSonera Sverige AB*, C-52/09, ECLI:EU:C:2011:83, punten 20–24 en 18 november 2021, *SIA 'Visma Enterprise'/Konkurences padome*, C-306/20, ECLI:EU:C:2021:935, punt 58 ('zaak C-306/20 — *Visma Enterprise*').

barrières tussen lidstaten op te werpen waar van overheidswege ingevoerde barrières met succes zijn weggenomen.
[30-06-2022, PbEU C 248, i.w.tr. 30-06-2022/regelingnummer 2022/C 248/01]

(6)
Artikel 101 van het Verdrag is van toepassing op verticale overeenkomsten en beperkingen in verticale overeenkomsten die de handel tussen lidstaten ongunstig kunnen beïnvloeden en die de concurrentie verhinderen, beperken of vervalsen [1]. Het biedt een wettelijk kader voor de beoordeling van verticale beperkingen [2], waarbij rekening wordt gehouden met het onderscheid tussen concurrentieverstorende en concurrentiebevorderende effecten. Artikel 101, lid 1, van het Verdrag verbiedt overeenkomsten die de concurrentie merkbaar beperken of vervalsen. Dat verbod geldt echter niet voor overeenkomsten die aan de voorwaarden van artikel 101, lid 3, van het Verdrag voldoen, met name wanneer de overeenkomst voldoende voordelen biedt om op te wegen tegen de concurrentieverstorende effecten ervan, zoals aangegeven in de richtsnoeren overeenkomstig artikel 101, lid 3 [3].
[30-06-2022, PbEU C 248, i.w.tr. 30-06-2022/regelingnummer 2022/C 248/01]

(7)
Hoewel er geen verplichte werkvolgorde is voor de beoordeling van verticale overeenkomsten, omvat die beoordeling over het algemeen de volgende stappen:
— allereerst moeten de betrokken ondernemingen vaststellen welk marktaandeel de leverancier en de afnemer hebben op de relevante markten waarop zij de contractgoederen of -diensten verkopen, respectievelijk kopen;
— indien noch het marktaandeel van de leverancier noch dat van de afnemer de in artikel 3 van Verordening (EU) 2020/720 vastgestelde marktaandeeldrempel van 30 % overschrijdt, valt de verticale overeenkomst onder de door de verordening vastgestelde veilige haven, op voorwaarde dat de overeenkomst geen hardcorebeperkingen in de zin van artikel 4 van de verordening bevat, noch uitgesloten beperkingen in de zin van artikel 5 van de verordening die niet van de rest van de overeenkomst kunnen worden gescheiden;

---

(1) Zie bijvoorbeeld de arresten van 13 juli 1966, *Grundig-Consten en Grundig/Commissie van de EEG*, gevoegde zaken 56/64 en 58/64, EU:C:1966:41; 30 juni 1966, *Société Technique Minière/Maschinenbau Ulm*, 56/65, ECLI:EU:C:1966:38 ('zaak C-56/65 — *Société Technique Minière*'); en van het gerecht in eerste aanleg (Eerste kamer) van 14 juli 1994, *Parker Pen/Commissie van de Europese Gemeenschappen*, T-77/92, ECLI:EU:T:1994:85 ('zaak T-77/92 — *Parker Pen*').
(2) Voor de toepassing van Verordening (EU) 2022/720 wordt overeenkomstig artikel 1, lid 1, punt b), van Verordening (EU) 2022/720, onder 'verticale beperking' verstaan 'een beperking van de mededinging in een verticale overeenkomst die *binnen* het toepassingsgebied van artikel 101, lid 1, van het Verdrag valt [cursivering toegevoegd]'. Nadere leidraden inzake verticale overeenkomsten die over het algemeen *buiten* het toepassingsgebied van artikel 101, lid 1, vallen, zijn opgenomen in afdeling 3 van deze richtsnoeren.
(3) Zie voor de algemene methode van de Commissie en haar interpretatie van de voorwaarden voor de toepassing van artikel 101 van het Verdrag, en met name artikel 101, lid 3, van de mededeling van de Commissie — Richtsnoeren betreffende de toepassing van artikel 81, lid 3, van het Verdrag (*PB* C 101 van 27.4.2004, blz. 97).

— indien het relevante marktaandeel van de leverancier of de afnemer de drempel van 30 % overschrijdt of de overeenkomst één of meer hardcorebeperkingen of niet-scheidbare uitgesloten beperkingen bevat, moet worden beoordeeld of de verticale overeenkomst binnen het toepassingsgebied van artikel 101, lid 1, van het Verdrag valt;
— indien de verticale overeenkomst binnen het toepassingsgebied van artikel 101, lid 1, van het Verdrag valt, moet worden onderzocht of zij voldoet aan de voorwaarden voor de uitzondering van artikel 101, lid 3, van het Verdrag.

[30-06-2022, PbEU C 248, i.w.tr. 30-06-2022/regelingnummer 2022/C 248/01]

(8)
Duurzame ontwikkeling is een kernbeginsel van het Verdrag en een prioritaire doelstelling voor het beleid van de Europese Unie [1], samen met digitalisering en een veerkrachtige interne markt [2]. Het begrip duurzaamheid omvat, maar is niet beperkt tot, de aanpak van de klimaatverandering (bijvoorbeeld door de vermindering van de uitstoot van broeikasgassen), de beperking van het gebruik van natuurlijke hulpbronnen, de vermindering van afval en de bevordering van dierenwelzijn [3]. De doelstellingen van de Europese Unie op het gebied van duurzaamheid, veerkracht en digitalisering worden bevorderd door efficiënte leverings- en distributieovereenkomsten tussen ondernemingen. Verticale overeenkomsten waarmee duurzaamheidsdoelstellingen worden nagestreefd of die bijdragen tot een digitale en veerkrachtige eengemaakte markt, vormen geen afzonderlijke categorie verticale overeenkomsten in het kader van het mededingingsrecht van de Europese Unie. Die overeenkomsten moeten derhalve worden beoordeeld aan de hand van de in deze richtsnoeren uiteengezette beginselen, waarbij rekening moet worden gehouden met het specifieke doel dat ermee wordt nagestreefd. Bijgevolg is de vrijstelling van artikel 2, lid 1, van Verordening (EU) 2022/720 van toepassing op verticale overeenkomsten die gericht zijn op duurzaamheids-, veerkracht- en digitale doelstellingen, mits zij aan de voorwaarden van de verordening voldoen. Deze richtsnoeren bevatten voorbeelden ter illustratie van de beoordeling van verticale overeenkomsten waarmee duurzaamheidsdoelstellingen worden nagestreefd [4].

[30-06-2022, PbEU C 248, i.w.tr. 30-06-2022/regelingnummer 2022/C 248/01]

(9)
Wanneer een verticale overeenkomst de concurrentie beperkt in de zin van artikel 101, lid 1, van het Verdrag en Verordening (EU) 2022/720 niet van toepassing is, kan de overeenkomst niettemin voldoen aan de voorwaarden van de uitzondering van

---

(1) Zie artikel 3, lid 3, van het Verdrag betreffende de Europese Unie.
(2) Zie de mededeling van de Commissie van 5 mei 2021 — Actualisering van de nieuwe industriestrategie van 2020: een sterkere eengemaakte markt tot stand brengen voor het herstel van Europa (COM(2021)350) final).
(3) Wanneer in het Unierecht definities van duurzaamheid, digitalisering of veerkracht zijn opgenomen, kan bij de beoordeling van verticale overeenkomsten rekening worden gehouden met die definities.
(4) Zie de punten (144) en (316).

artikel 101, lid 3, [1]. Dit geldt ook voor verticale overeenkomsten waarmee duurzaamheidsdoelstellingen worden nagestreefd of die bijdragen tot een digitale en veerkrachtige interne markt. Hoewel afdeling 8 leidraden bevat voor de beoordeling van dergelijke verticale overeenkomsten in individuele gevallen, kunnen ook andere richtsnoeren van de Commissie relevant zijn. Dat omvat de richtsnoeren op grond van artikel 101, lid 3, de horizontale richtsnoeren [2] en alle leidraden die in toekomstige versies van die richtsnoeren kunnen worden gegeven. Die richtsnoeren kunnen met name als leidraad dienen voor de omstandigheden waarin duurzaamheids-, digitale of veerkrachtvoordelen in aanmerking kunnen worden genomen als kwalitatieve of kwantitatieve efficiëntieverbeteringen in de zin van artikel 101, lid 3, van het Verdrag.
[30-06-2022, PbEU C 248, i.w.tr. 30-06-2022/regelingnummer 2022/C 248/01]

2
Effecten van verticale overeenkomsten

(10)
Bij de beoordeling van verticale overeenkomsten overeenkomstig artikel 101 van het Verdrag en de toepassing van Verordening (EU) 2022/720 moet rekening worden gehouden met alle relevante concurrentieparameters, zoals prijzen, productie wat betreft producthoeveelheden, productkwaliteit en -verscheidenheid, en innovatie. Voorts moet er rekening mee worden gehouden dat verticale overeenkomsten tussen ondernemingen die in een verschillend stadium van de productie- of distributieketen werkzaam zijn, over het algemeen minder schadelijk zijn dan horizontale overeenkomsten tussen concurrerende ondernemingen die substitueerbare goederen of diensten aanbieden [3]. In beginsel is dit het gevolg van het complementaire karakter van de activiteiten die de partijen bij een verticale overeenkomst uitvoeren, hetgeen in het algemeen inhoudt dat concurrentiebevorderende acties van een van de partijen ten goede komen aan de andere partij bij de overeenkomst, en uiteindelijk aan de consument. In tegenstelling tot horizontale overeenkomsten bestaat voor de partijen bij een verticale overeenkomst meestal een prikkel om overeenstemming te bereiken over lagere prijzen en een hoger niveau van dienstverlening, hetgeen eveneens de consumenten ten goede komt. Evenzo heeft een partij bij een verticale overeenkomst gewoonlijk een prikkel om zich te verzetten tegen acties van de andere partij die de consumenten kunnen schaden, omdat dergelijke acties typisch ook de vraag naar de door de eerste partij geleverde goederen of diensten zullen doen afnemen. Het complementaire karakter van de activiteiten van de partijen bij een verticale overeenkomst inzake het op de markt brengen van goederen of diensten impliceert ook dat verticale beperkingen meer efficiëntieverbeteringen kunnen opleveren, bijvoorbeeld

---

(1) Deze richtsnoeren zijn niet van toepassing op overeenkomsten van producenten van landbouwproducten die vallen onder artikel 210 bis, van Verordening (EU) nr. 1308/2013 van het Europees Parlement en de Raad van 17 december 2013 tot vaststelling van een gemeenschappelijke ordening van de markten voor landbouwproducten en tot intrekking van de Verordeningen (EEG) nr. 922/72, (EEG) nr. 234/79, (EG) nr. 1037/2001 en (EG) nr. 1234/2007 van de Raad (*OJ* L 347 20.12.2013, p. 671).
(2) Richtsnoeren inzake de toepasselijkheid van artikel 101 van het Verdrag op horizontale samenwerkingsovereenkomsten (*PB* C 11 van 14.1.2011, blz. 1).
(3) Zie bijvoorbeeld zaak C-306/20 — *Visma Enterprise*, punt 78.

(11)
Ondernemingen met marktmacht kunnen echter in sommige gevallen verticale beperkingen gebruiken om concurrentieverstorende doeleinden na te streven die uiteindelijk consumenten schaden. Zoals in afdeling 2.2 nader wordt toegelicht, kunnen verticale beperkingen met name leiden tot marktafscherming, afzwakking van de concurrentie of collusie. Marktmacht is het vermogen om gedurende een niet onaanzienlijke periode een prijsniveau in stand te houden dat boven het niveau van concurrerende prijzen ligt of om een productie in stand te houden die qua producthoeveelheden, productkwaliteit en -verscheidenheid of innovatie beneden het concurrerende niveau ligt [1]. De mate van marktmacht die vereist is om te spreken van een beperking van de concurrentie in de zin van artikel 101, lid 1, van het Verdrag is geringer dan de mate van marktmacht die vereist is om te spreken van een machtspositie in de zin van artikel 102 van het Verdrag.
[30-06-2022, PbEU C 248, i.w.tr. 30-06-2022/regelingnummer 2022/C 248/01]

2.1
Positieve effecten

(12)
Verticale overeenkomsten kunnen positieve effecten hebben, waaronder lagere prijzen, de bevordering van niet-prijsconcurrentie en betere dienstverlening. Eenvoudige contractuele regelingen tussen een leverancier en een afnemer, waarbij enkel de prijs en de hoeveelheid van een transactie worden vastgesteld, kunnen vaak leiden tot een suboptimaal investerings- en omzetniveau, omdat geen rekening wordt gehouden met neveneffecten die voortvloeien uit het complementaire karakter van de activiteiten van de leverancier en zijn distributeurs. Die neveneffecten vallen onder twee categorieën: verticale neveneffecten en horizontale neveneffecten.
[30-06-2022, PbEU C 248, i.w.tr. 30-06-2022/regelingnummer 2022/C 248/01]

(13)
Verticale neveneffecten ontstaan omdat de beslissingen en acties in verschillende stadia van de productie- en distributieketen bepalend zijn voor aspecten van de verkoop van goederen of diensten, zoals prijs, kwaliteit, aanverwante diensten en marketing, die niet alleen gevolgen hebben voor de onderneming die de beslissingen neemt, maar ook voor andere ondernemingen in andere stadia van de productie- en distributieketen. Zo is het mogelijk dat een distributeur niet profiteert van alle voordelen van zijn inspanningen om de verkoop te verhogen, omdat een deel van die voordelen naar de leverancier kan gaan. Als de groothandelsprijs van de leverancier hoger is dan zijn marginale productiekosten, profiteert de leverancier namelijk van elke extra eenheid die een distributeur verkoopt door zijn wederverkoopprijs te verlagen of zijn verkoopinspanningen op te voeren. Dat is een positief neveneffect voor de leverancier

---

[1] Zie punt 25 van de richtsnoeren betreffende de toepassing van artikel 101, lid 3.

als gevolg van de verkoopbevorderende acties van de distributeur. Omgekeerd kunnen er situaties zijn waarin de distributeur, uit het oogpunt van de leverancier, te hoge prijzen vraagt [1] of te weinig verkoopinspanningen levert, of beide.
[30-06-2022, PbEU C 248, i.w.tr. 30-06-2022/regelingnummer 2022/C 248/01]

(14)
Horizontale neveneffecten kunnen zich met name voordoen tussen distributeurs van dezelfde goederen of diensten wanneer een distributeur niet volledig kan profiteren van de voordelen van zijn verkoopinspanningen. Zo kunnen bijvoorbeeld de vraagbevorderende diensten van een distributeur voorafgaand aan de verkoop, zoals gepersonaliseerd advies met betrekking tot bepaalde goederen of diensten, leiden tot een hogere verkoop bij concurrerende distributeurs die dezelfde goederen of diensten aanbieden, en aldus distributeurs ertoe aanzetten om mee te liften met dure diensten die door anderen worden verleend. In een omnichannel-distributieomgeving kan meeliftgedrag tussen online- en offlinekanalen en in beide richtingen voorkomen [2]. Klanten kunnen bijvoorbeeld een fysieke winkel bezoeken om goederen of diensten te testen of om andere nuttige informatie te verkrijgen waarop zij hun aankoopbeslissing baseren, maar vervolgens het product online bestellen bij een andere distributeur. Omgekeerd kunnen klanten in de fase voorafgaand aan de aankoop informatie verzamelen in een onlinewinkel, en vervolgens een fysieke winkel bezoeken, op basis van de informatie die zij online hebben verzameld om bepaalde goederen of diensten te selecteren en te testen, en ten slotte de aankoop offline doen in een fysieke winkel. Wanneer dergelijk meeliftgedrag mogelijk is en de distributeur die de diensten voorafgaand aan de verkoop verleent, niet in staat is zelf volledig van de voordelen te profiteren, kan dit leiden tot een suboptimale verlening van dergelijke diensten voorafgaand aan de verkoop wat betreft kwantiteit of kwaliteit.
[30-06-2022, PbEU C 248, i.w.tr. 30-06-2022/regelingnummer 2022/C 248/01]

(15)
Als zich dergelijke neveneffecten voordoen, kunnen leveranciers ertoe aangemoedigd worden om bepaalde aspecten van de activiteiten van hun distributeurs te controleren en *vice versa*. In het bijzonder kunnen verticale overeenkomsten worden gebruikt om dergelijke neveneffecten te internaliseren en de gezamenlijke winst van de verticale toeleverings- en distributieketen te verhogen alsmede, onder bepaalde omstandigheden, het welzijn van de consument.
[30-06-2022, PbEU C 248, i.w.tr. 30-06-2022/regelingnummer 2022/C 248/01]

(16)
Hoewel in deze richtsnoeren wordt getracht een overzicht van de verschillende rechtvaardigingen voor verticale beperkingen te geven, wordt geen aanspraak gemaakt op

---

(1) Dit wordt soms aangeduid als het probleem van 'dubbele marginalisatie'.
(2) Zie het werkdocument van de diensten van de Commissie — 'Evaluation of the Vertical Block Exemption Regulation' (SWD2020) 172 final van 10 mei 2017, blz. 31–42 en het daarin vermelde evaluatieonderzoek; Verslag van de Commissie aan de Raad en het Europees Parlement van 10 mei 2017, 'Eindverslag over sectoronderzoek naar e-commerce' (COM(2017) 229 final) (hierna: 'Verslag sectoronderzoek e-commerce'), punt 11.

Richtsnoeren inzake verticale beperkingen

volledigheid. De redenen die de toepassing van bepaalde verticale afspraken kunnen rechtvaardigen, zijn onder meer de volgende:
(a) om het probleem van 'verticale externaliteit' aan te pakken. Door de distributeur een maximumprijs voor wederverkoop op te leggen, kan de leverancier voorkomen dat de distributeur een te hoge prijs vaststelt en geen rekening houdt met de effecten van zijn beslissingen voor de leverancier. Evenzo kan, om de verkoopinspanningen van een distributeur te verhogen, de leverancier gebruikmaken van selectieve of exclusieve distributie;
(b) om het meeliftprobleem ('free-rider problem') aan te pakken. Meeliftgedrag tussen afnemers kan zich op groothandels- of detailhandelsniveau voordoen, met name wanneer het voor de leverancier niet mogelijk is alle afnemers doeltreffende promotie- of serviceverplichtingen op te leggen. Afnemers kunnen uitsluitend met andere afnemers meeliften wanneer het gaat om diensten voorafgaand aan de verkoop en andere promotieactiviteiten, maar niet bij service na verkoop, die de distributeur individueel aan zijn klanten in rekening kan brengen. Inspanningen voorafgaand aan de verkoop waarbij meeliftgedrag kan optreden, kunnen belangrijk zijn, bijvoorbeeld wanneer de goederen of diensten betrekkelijk nieuw, technisch ingewikkeld of van hoge waarde zijn, of wanneer de reputatie van de goederen of diensten een belangrijke bepalende factor voor de vraag ernaar is [1]. Beperkingen in exclusieve- of selectieve-distributiestelsels, of andere beperkingen, kunnen nuttig zijn om dergelijk meeliftgedrag te voorkomen of te beperken. Ook tussen leveranciers kan er sprake zijn van meeliftgedrag, bijvoorbeeld wanneer een fabrikant investeert in promotie in de bedrijfsruimten van de afnemer, waardoor ook de concurrenten van die fabrikant klanten aantrekken. Beperkingen in de vorm van een concurrentiebeding kunnen meeliftgedrag tussen leveranciers helpen ondervangen [2];
(c) om nieuwe markten toegankelijk te maken of te betreden. Wanneer een leverancier een nieuwe geografische markt wenst te betreden, bijvoorbeeld door naar een ander land te exporteren, kan dit speciale verzonken investeringen van de distributeur vergen om het merk op de markt ingang te doen vinden. Om een plaatselijke distributeur tot die investeringen te bewegen, kan het noodzakelijk zijn hem gebiedsbescherming te verlenen, zodat hij zijn investeringen kan terugverdienen. Dit kan een rechtvaardiging zijn om distributeurs die op andere geografische markten zijn gevestigd, te verbieden op de nieuwe markt te verkopen (zie ook punten (118), (136) en (137) van deze richtsnoeren). Dit is een bijzonder geval ten aanzien van het in punt b) beschreven meeliftprobleem;
(d) om het 'certification free-riding'-probleem aan te pakken. In sommige sectoren hebben bepaalde distributeurs de reputatie alleen kwaliteitsproducten te verkopen of kwaliteitsdiensten te verlenen (de zogenaamde 'premiumdistributeurs').

---

(1) Of consumenten daadwerkelijk profijt trekken van extra promotie-inspanningen, hangt ervan af of met de extra promotie veel nieuwe klanten worden geïnformeerd en overtuigd, waardoor zij voordeel ondervinden, dan wel voornamelijk klanten worden bereikt die hun aankoopbeslissing al hebben gemaakt en voor wie de extra promotie uitsluitend of voornamelijk tot gevolg heeft dat de prijs stijgt.
(2) Zie met name de definitie van 'concurrentiebeding' in artikel 1, lid 1, punt f), van Verordening (EU) 2022/720, waarvoor leidraden worden gegeven in afdeling 6.2 van deze richtsnoeren, en leidraden inzake 'merkexclusiviteit' in afdeling 8.2 van deze richtsnoeren.

In een dergelijk geval kan het met name voor de succesvolle lancering van een nieuw product van cruciaal belang zijn dat dat product door die distributeurs wordt verkocht. Indien de leverancier niet kan waarborgen dat de distributie van zijn producten beperkt blijft tot dergelijke premiumdistributeurs, loopt hij het risico niet door dergelijke distributeurs te worden opgenomen. In dat scenario kan het gebruik van exclusieve of selectieve distributie gerechtvaardigd zijn;

(e) om het 'hold-up'-probleem aan te pakken. Het is mogelijk dat de leverancier of de afnemer relatiegebonden investeringen (bijvoorbeeld in specifieke uitrusting of opleiding) moeten doen, die verzonken investeringen zijn en buiten de specifieke verticale relatie weinig of geen waarde hebben. Zo kan het gebeuren dat een onderdelenfabrikant specifieke machines moet bouwen om aan de eisen van een van zijn afnemers te voldoen, maar dat de machines ongeschikt zijn voor gebruik bij andere afnemers en dat het onmogelijk is ze door te verkopen. Zonder overeenkomst zal de investerende partij zich in een zwakke onderhandelingspositie bevinden zodra zij de relatiegebonden investering heeft gedaan, aangezien zij het risico loopt te worden 'gegijzeld' tijdens de onderhandelingen met haar handelspartner. De dreiging van een dergelijke opportunistische 'hold-up' kan leiden tot suboptimale investeringen door de investerende partij. Verticale overeenkomsten kunnen de mogelijkheid tot 'hold-up' wegnemen (met name wanneer de investering volledig contractueel kan worden vastgelegd en alle toekomstige onvoorziene gebeurtenissen kunnen worden voorzien) of zij kunnen de mogelijkheid tot 'hold-up' verminderen. Zo kunnen concurrentiebedingen, afnamequotering of exclusieve afname het 'hold-up'-probleem verminderen wanneer de relatiegebonden investering door de leverancier wordt gedaan, terwijl exclusieve distributie, klantenexclusiviteit of exclusieve levering het 'hold-up'-probleem kunnen verminderen wanneer de investering door de afnemer wordt gedaan;

(f) om het specifieke 'hold-up'-probleem aan te pakken dat zich kan voordoen bij overdracht van wezenlijke knowhow. De partij die de knowhow levert, kan weigerachtig staan tegenover gebruik van die knowhow door of ten behoeve van haar concurrenten wordt gebruikt, bijvoorbeeld bij franchising. Voor zover de knowhow niet gemakkelijk beschikbaar was voor de afnemer en die knowhow wezenlijk en onmisbaar is voor de uitvoering van de overeenkomst, kan een dergelijke overdracht een beperking rechtvaardigen in de vorm van een niet-concurrentiebeding, waarbij artikel 101, lid 1, van het Verdrag op dergelijke gevallen normaliter niet van toepassing zou zijn;

(g) om schaalvoordelen bij de distributie te realiseren. Om van schaalvoordelen te profiteren, zodat zijn goederen of diensten tegen een lagere detailhandelsprijs worden verkocht, kan de fabrikant besluiten de wederverkoop van zijn goederen of diensten aan een beperkt aantal distributeurs toe te vertrouwen. De fabrikant kan daartoe gebruikmaken van exclusieve distributie, afnamequotering in de vorm van een verplichting om een minimumhoeveelheid af te nemen, selectieve distributie die een dergelijke verplichting omvat, of exclusieve afname;

(h) om uniformiteit en kwaliteitsnormering te waarborgen. Een verticale beperking kan bijdragen tot het creëren of bevorderen van een merkimago, doordat aan de distributeurs een zekere mate van uniformiteit en kwaliteitsnormering wordt opgelegd. Dat kan de reputatie van het merk beschermen, de aantrekkelijkheid

van de betrokken goederen of diensten voor de eindgebruikers vergroten en de verkoop doen stijgen. Een dergelijke normering kan bijvoorbeeld worden bereikt door selectieve distributie of franchising;
(i) om onvolkomenheden van de kapitaalmarkt aan te pakken. Het kan voorkomen dat de terbeschikkingstelling van kapitaal door geldverschaffers zoals banken en kapitaalmarkten suboptimaal is wanneer zij over onvolmaakte informatie beschikken over de solventie van de leningnemer of wanneer er een ontoereikende basis is om zekerheid voor de lening te stellen. Het is mogelijk dat de afnemer of de leverancier beter is geïnformeerd en in staat om door middel van een exclusieve relatie extra zekerheid voor zijn investering te verkrijgen. Wanneer de leverancier de afnemer een lening verstrekt, kan dit leiden tot het opleggen aan de afnemer van een concurrentiebeding of afnamequotering. Wanneer de afnemer de leverancier een lening verstrekt, kan dit een reden zijn voor het opleggen van exclusieve levering of leveringsquotering aan de leverancier.

[30-06-2022, PbEU C 248, i.w.tr. 30-06-2022/regelingnummer 2022/C 248/01]

(17)
De verschillende verticale beperkingen zijn in hoge mate substitueerbaar, hetgeen betekent dat hetzelfde inefficiëntieprobleem met verschillende verticale beperkingen kan worden aangepakt. Het kan bijvoorbeeld mogelijk zijn schaalvoordelen bij de distributie te realiseren door gebruik te maken van exclusieve distributie, selectieve distributie, afnamequotering of exclusieve afname. De verschillende verticale beperkingen kunnen echter andere negatieve effecten op de concurrentie hebben. Hiermee wordt rekening gehouden bij de beoordeling van de onmisbaarheid als bedoeld in artikel 101, lid 3, van het Verdrag.
[30-06-2022, PbEU C 248, i.w.tr. 30-06-2022/regelingnummer 2022/C 248/01]

2.2
Negatieve effecten

(18)
De mogelijke negatieve markteffecten van verticale beperkingen, die het EU-mededingingsrecht beoogt te verhinderen, zijn met name de volgende:
(a) concurrentieverstorende uitsluiting van andere leveranciers of andere afnemers door het opwerpen van barrières voor toetreding of uitbreiding;
(b) afzwakking van de concurrentie tussen de leverancier en zijn concurrenten en/of vergemakkelijking van uitdrukkelijke of stilzwijgende collusie tussen concurrerende leveranciers, vaak vermindering van de concurrentie tussen merken genoemd;
(c) afzwakking van de concurrentie tussen de afnemer en zijn concurrenten of vergemakkelijking van uitdrukkelijke of stilzwijgende collusie tussen concurrerende afnemers, vaak vermindering van de concurrentie binnen een merk genoemd,

wanneer het distributeurs van de goederen of diensten van dezelfde leverancier betreft [1];
(d) belemmering van de marktintegratie, waaronder met name beperking van de keuzemogelijkheden van de consument om goederen of diensten in een lidstaat te kopen.

[30-06-2022, PbEU C 248, i.w.tr. 30-06-2022/regelingnummer 2022/C 248/01]

(19)

Marktafscherming, afzwakking van de concurrentie en collusie op het niveau van de leveranciers kunnen de consumenten schaden, met name door:
(a) het verhogen van de prijzen die de afnemers van goederen of diensten in rekening worden gebracht, hetgeen op zijn beurt kan leiden tot hogere detailhandelsprijzen;
(b) het beperken van de keuze van goederen of diensten;
(c) het verlagen van de kwaliteit van goederen of diensten;
(d) het verminderen van innovatie of dienstverlening op het niveau van de leverancier.

[30-06-2022, PbEU C 248, i.w.tr. 30-06-2022/regelingnummer 2022/C 248/01]

(20)

Marktafscherming, afzwakking van de concurrentie en collusie op het niveau van de distributeur kunnen de consumenten schaden, met name door:
(a) het verhogen van de detailhandelsprijzen van goederen of diensten;
(b) het beperken van de keuze van prijs-servicecombinaties en distributievormen;
(c) het verlagen van de beschikbaarheid en kwaliteit van detailhandelsdiensten;
(d) het verminderen van het innovatieniveau op distributieniveau.

[30-06-2022, PbEU C 248, i.w.tr. 30-06-2022/regelingnummer 2022/C 248/01]

(21)

Het lijkt onwaarschijnlijk dat de vermindering van concurrentie binnen een merk (d.w.z. concurrentie tussen distributeurs van de goederen of diensten van dezelfde leverancier) tot negatieve effecten voor de consument leidt indien de concurrentie tussen merken (d.w.z. concurrentie tussen distributeurs van de goederen of diensten van verschillende leveranciers) sterk is [2]. Met name op een markt waar individuele detailhandelaren slechts het merk of de merken van één leverancier distribueren, zal een vermindering van de concurrentie tussen de distributeurs van hetzelfde merk tot gevolg hebben dat de concurrentie binnen een merk tussen die distributeurs afneemt, zonder dat dat negatieve gevolgen heeft voor de concurrentie tussen distributeurs in het algemeen.

[30-06-2022, PbEU C 248, i.w.tr. 30-06-2022/regelingnummer 2022/C 248/01]

---

(1) Zie met betrekking tot de begrippen uitdrukkelijke en stilzwijgende collusie het arrest van 31 maart 1993, *Ahlström Osakeyhtiö e.a./Commissie*, gevoegde zaken C-89/85, C-104/85, C-114/85, C-116/85, C-117/85 en C-125/85 tot en met C-129/85, ECLI:EU:C:1993:120.
(2) Zie het arrest in *Visma Enterprise*, C-306/20, punt 78.

(22)
De mogelijke negatieve effecten van verticale beperkingen worden versterkt wanneer meerdere leveranciers en hun afnemers op vergelijkbare wijze zaken doen, waardoor zogenoemde cumulatieve effecten ontstaan [1].
[30-06-2022, PbEU C 248, i.w.tr. 30-06-2022/regelingnummer 2022/C 248/01]

3
Verticale overeenkomsten die over het algemeen buiten het toepassingsgebied van artikel 101, lid 1, van het verdrag vallen

3.1
Geen gevolgen voor de handel, overeenkomsten van geringe betekenis en kleine en middelgrote ondernemingen.

(23)
Alvorens in te gaan op het toepassingsgebied van Verordening (EU) 2022/720, de toepassing ervan en meer in het algemeen de beoordeling van verticale overeenkomsten krachtens artikel 101, lid 1, en artikel 101, lid 3, van het Verdrag, is het nodig eraan te herinneren dat Verordening (EU) 2022/720 alleen van toepassing is op overeenkomsten die *binnen* het toepassingsgebied van artikel 101, lid 1, van het Verdrag vallen.
[30-06-2022, PbEU C 248, i.w.tr. 30-06-2022/regelingnummer 2022/C 248/01]

(24)
Overeenkomsten die de handel tussen lidstaten niet merkbaar ongunstig kunnen beïnvloeden (geen gevolgen voor de handel) of die de concurrentie niet merkbaar beperken (overeenkomsten van geringe betekenis), vallen buiten het toepassingsgebied van artikel 101, lid 1, van het Verdrag [2]. De Commissie heeft leidraden gegeven over de gevolgen voor de handel in de richtsnoeren betreffende de beïnvloeding van de handel [3] en over overeenkomsten van geringe betekenis in de de-minimisbekendmaking [4]. De onderhavige richtsnoeren laten de richtsnoeren betreffende de beïnvloeding van de handel en de de-minimismededeling, alsmede enige toekomstige leidraden van de Commissie in dit verband, onverlet.
[30-06-2022, PbEU C 248, i.w.tr. 30-06-2022/regelingnummer 2022/C 248/01]

---

[1] Cumulatieve concurrentieverstorende effecten kunnen met name een reden zijn om een vrijstelling krachtens Verordening (EU) 2022/720 in te trekken; zie afdeling 7.1 van deze richtsnoeren.

[2] Zie het arrest van 13 december 2012, *Expedia Inc./Autorité de la concurrence e.a.*, C-226/11, ECLI:EU:C:2012:795, punten 16 en 17 ('zaak C-226/11 — *Expedia*').

[3] Mededeling van de Commissie — Richtsnoeren betreffende het begrip 'beïnvloeding van de handel' in de artikelen 81 en 82 van het Verdrag (*PB* C 101 van 27.4.2004, blz. 81).

[4] Bekendmaking van de Commissie betreffende overeenkomsten van geringe betekenis die de concurrentie niet merkbaar beperken in de zin van artikel 101, lid 1, van het Verdrag betreffende de werking van de Europese Unie (*PB* C 291 van 30.8.2014, blz. 1). Verdere leidraden zijn te vinden in het werkdocument van de diensten van de Commissie — Guidance on restrictions of competition 'by object' for the purpose of defining which agreements may benefit from the De Minimis Notice' (SWD(2014) 198 final).

(25)

In de richtsnoeren betreffende de beïnvloeding van de handel worden de beginselen uiteengezet die de Unierechter heeft ontwikkeld in verband met de uitlegging van het begrip 'beïnvloeding van de handel' en wordt aangegeven wanneer het onwaarschijnlijk is dat overeenkomsten de handel tussen lidstaten merkbaar beïnvloeden. Ze omvatten een weerlegbaar negatief vermoeden dat geldt voor alle overeenkomsten in de zin van artikel 101, lid 1, van het Verdrag, ongeacht de aard van de in die overeenkomsten vervatte beperkingen, en dat dus ook van toepassing is op overeenkomsten die hardcorebeperkingen bevatten [1]. Volgens dat vermoeden kunnen verticale overeenkomsten in beginsel de handel tussen de lidstaten niet merkbaar ongunstig beïnvloeden wanneer:

(a) het totale marktaandeel van de partijen op relevante markten binnen de Unie waarop de overeenkomst van invloed is, niet meer bedraagt dan 5 %, en

(b) de totale jaaromzet in de Unie van de leverancier die met de onder de overeenkomst vallende producten wordt behaald, niet meer bedraagt dan 40 miljoen EUR of, in het geval van overeenkomsten tussen een afnemer en verscheidene leveranciers, de totale aankoop door de afnemer van de onder de overeenkomsten vallende producten niet meer bedraagt dan 40 miljoen EUR [2]. De Commissie kan dit vermoeden weerleggen indien een analyse van de kenmerken van de overeenkomst en de economische context ervan het tegendeel aantoont.

[30-06-2022, PbEU C 248, i.w.tr. 30-06-2022/regelingnummer 2022/C 248/01]

(26)

Zoals in de de-minimismededeling is uiteengezet, worden verticale overeenkomsten die door niet-concurrenten zijn gesloten, over het algemeen geacht buiten het toepassingsgebied van artikel 101, lid 1, van het Verdrag te vallen indien het marktaandeel van elk van de partijen bij de overeenkomst op geen van de relevante markten waarop de overeenkomst van invloed is, groter is dan 15 % [3]. Op die algemene regel bestaan twee uitzonderingen. Ten eerste is, wat de concurrentiebeperkende strekking betreft, artikel 101, lid 1, van het Verdrag van toepassing, zelfs indien het marktaandeel van elk van de partijen niet meer dan 15 % bedraagt [4]. Een overeenkomst die de handel tussen lidstaten ongunstig kan beïnvloeden en een concurrentieverstorende strekking heeft, kan namelijk naar haar aard en los van elk concreet gevolg ervan een merkbare beperking van de concurrentie vormen [5]. Ten tweede wordt de marktaandeeldrempel

---

(1) Zie punt 50 van de richtsnoeren betreffende de beïnvloeding van de handel.
(2) Zie punt 52 van de richtsnoeren betreffende de beïnvloeding van de handel.
(3) Zie punt 8 van de de-minimismededeling, waarin ook een marktaandeeldrempel is opgenomen voor overeenkomsten tussen daadwerkelijke of potentiële concurrenten, volgens welk dergelijke overeenkomsten de concurrentie niet merkbaar beperken in de zin van artikel 101, lid 1, van het Verdrag indien het geaggregeerde marktaandeel van de partijen bij de overeenkomst op geen van de relevante markten waarop de overeenkomst van invloed is, groter is dan 10 %.
(4) Zie het arrest in de zaak C-226/11 — *Expedia*, punten 21 tot en met 23 en 37, onder verwijzing naar het arrest van 9 juli 1969, *Völk/Vervaecke*, C-5/69, ECLI:EU:C:1969:35; zie ook de arresten van 6 mei 1971, *Cadillon/Höss*, C-1/71, ECLI:EU:C:1971:47, en 28 april 1998, *Javico/Yves Saint Laurent Parfums*, C-306/96, ECLI:EU:C:1998:173, punten 16 en 17 (hierna: 'zaak C-306/96 — *Javico/Yves Saint Laurent Parfums*').
(5) Zie zaak C-226/11 — *Expedia*, punt 37.

van 15 % verlaagd tot 5 % wanneer op een relevante markt de concurrentie wordt beperkt door de cumulatieve werking van naast elkaar bestaande netten van overeenkomsten. De punten (257) tot en met (261) betreffen cumulatieve effecten in de context van de intrekking van de vrijstelling van Verordening (EU) 2022/720. In de de-minimisbekendmaking wordt verduidelijkt dat individuele leveranciers of distributeurs met een marktaandeel van niet meer dan 5 % in het algemeen niet worden geacht in aanzienlijke mate bij te dragen tot een cumulatief marktafschermend effect [1].
[30-06-2022, PbEU C 248, i.w.tr. 30-06-2022/regelingnummer 2022/C 248/01]

(27)
Voorts bestaat er geen vermoeden dat verticale overeenkomsten die worden gesloten door ondernemingen waarvan er één of meer een individueel marktaandeel van meer dan 15 % heeft, automatisch onder artikel 101, lid 1, van het Verdrag vallen. Ook bij dergelijke overeenkomsten kan het voorkomen dat die de handel tussen lidstaten niet merkbaar ongunstig beïnvloeden, noch de concurrentie merkbaar beperken [2]. Zij moeten derhalve met inachtneming van de juridische en economische context ervan worden beoordeeld. Deze richtsnoeren bevatten criteria voor de individuele beoordeling van dergelijke overeenkomsten, zoals aangegeven in afdeling 8.
[30-06-2022, PbEU C 248, i.w.tr. 30-06-2022/regelingnummer 2022/C 248/01]

(28)
Bovendien is de Commissie van oordeel dat verticale overeenkomsten tussen kleine en middelgrote ondernemingen (kmo's) [3] zelden van dien aard zijn dat ze de handel tussen lidstaten op merkbare wijze ongunstig kunnen beïnvloeden. De Commissie is ook van mening dat dergelijke overeenkomsten zelden de concurrentie merkbaar beperken in de zin van artikel 101, lid 1, van het Verdrag, zoals uitgelegd door het Hof van Justitie van de Europese Unie, tenzij zij strekken tot beperking van de concurrentie in de zin van artikel 101, lid 1, van het Verdrag. Verticale overeenkomsten tussen kmo's vallen dus over het algemeen buiten het toepassingsgebied van artikel 101, lid 1, van het Verdrag. In gevallen waarin dergelijke overeenkomsten wel aan de voorwaarden voor toepassing van artikel 101, lid 1, van het Verdrag voldoen, zal de Commissie er in het algemeen van afzien een procedure in te leiden aangezien het belang van de Unie onvoldoende wordt geraakt, tenzij de ondernemingen individueel of collectief een machtspositie op een wezenlijk deel van de interne markt innemen.
[30-06-2022, PbEU C 248, i.w.tr. 30-06-2022/regelingnummer 2022/C 248/01]

---

(1) Zie punt 8 van de de-minimisbekendmaking.
(2) Zie punt 3 van de de-minimisbekendmaking. Zie het arrest van 8 juni 1995, *Langnese-Iglo/Commissie*, T-7/93, ECLI:EU:T:1995:98, punt 98.
(3) Zoals bepaald in de bijlage bij de aanbeveling van de Commissie van 6 mei 2003 betreffende de definitie van kleine, middelgrote en micro-ondernemingen (*PB* L 124 van 20.5.2003, blz. 36).

3.2
Agentuurovereenkomsten

3.2.1
Agentuurovereenkomsten die buiten het toepassingsgebied van artikel 101, lid 1, van het Verdrag vallen

(29)
Een agent is een natuurlijke of rechtspersoon die bevoegd is tot het onderhandelen over en/of het sluiten van contracten voor rekening van een andere persoon ('de principaal'), hetzij op eigen naam van de agent hetzij op naam van de principaal, betreffende de koop van goederen of diensten door de principaal of de verkoop van door de principaal geleverde goederen of diensten.
[30-06-2022, PbEU C 248, i.w.tr. 30-06-2022/regelingnummer 2022/C 248/01]

(30)
Artikel 101 van het Verdrag is van toepassing op overeenkomsten tussen twee of meer ondernemingen. In bepaalde omstandigheden kan de relatie tussen een agent en zijn principaal worden aangemerkt als een relatie waarin de agent niet langer als een onafhankelijke marktdeelnemer optreedt. Dit is het geval wanneer de agent geen significant financieel of commercieel risico draagt in verband met de contracten die hij sluit of waarover hij onderhandelt namens de principaal, zoals nader wordt toegelicht in de punten (31) tot en met (34) [1]. In dat geval valt de agentuurovereenkomst geheel of gedeeltelijk buiten het toepassingsgebied van artikel 101, lid 1, van het Verdrag [2]. Aangezien dit een uitzondering vormt op de algemene toepasselijkheid van artikel 101 van het Verdrag op overeenkomsten tussen ondernemingen, moeten de voorwaarden om een overeenkomst in te delen als agentuurovereenkomst die buiten het toepassingsgebied van artikel 101, lid 1, van het Verdrag valt, eng worden uitgelegd. Het is bijvoorbeeld minder waarschijnlijk dat een agentuurovereenkomst wordt ingedeeld als overeenkomst buiten het toepassingsgebied van artikel 101, lid 1, van het Verdrag wanneer de agent namens een groot aantal principalen over contracten onderhandelt en/of contracten sluit [3]. De kwalificatie die door de partijen of in de nationale wetgeving aan hun overeenkomst wordt gegeven, is voor die indeling niet van belang.
[30-06-2022, PbEU C 248, i.w.tr. 30-06-2022/regelingnummer 2022/C 248/01]

---

(1) Zie het arrest van 15 september 2005, *DaimlerChrysler/Commissie*, T-325/01, ECLI:EU:T:2005:322 ('zaak T-325/01 – *DaimlerChrysler/Commissie*'); alsmede arresten van 14 december 2006, *Confederación Española de Empresarios de Estaciones de Servicio/CEPSA*, C-217/05, ECLI:EU:C:2006:784; en van 11 september 2008, *CEPSA Estaciones de Servicio SA/LV Tobar e Hijos SL*, C-279/06, ECLI:EU:2008:485.
(2) Zie afdeling 3.2.2 van deze richtsnoeren wat betreft bepalingen van de agentuurovereenkomst die nog steeds binnen het toepassingsgebied van artikel 101, lid 1, van het Verdrag kunnen vallen.
(3) Zie het arrest van 1 oktober 1987, *ASBL Vereniging van Vlaamse Reisbureaus tegen ASBL Sociale Dienst van de Plaatselijke en Gewestelijke Overheidsdiensten*, zaak 311/85, ECLI:EU:C:1987:418, punt 20.

(31)
Er zijn drie soorten financiële of commerciële risico's die van wezenlijk belang zijn om een overeenkomst te kunnen aanmerken als een agentuurovereenkomst die buiten het toepassingsgebied van artikel 101, lid 1, van het Verdrag valt:
(a) de contractspecifieke risico's die rechtstreeks verband houden met de contracten waarover de agent onderhandelt en/of die hij sluit namens de principaal, zoals de financiering van het aanhouden van voorraden;
(b) de risico's die verband houden met marktspecifieke investeringen. Dit zijn investeringen die specifiek vereist zijn voor het type activiteit waarvoor de agent door de principaal is aangesteld, d.w.z. die noodzakelijk zijn om de agent in staat te stellen tot het onderhandelen over en/of het sluiten van een specifiek type contract. Bij dergelijke investeringen gaat het gewoonlijk om 'verzonken investeringen', d.w.z. dat de investering bij beëindiging van de activiteit op het betrokken gebied niet voor andere activiteiten kan worden gebruikt of slechts met aanzienlijk verlies kan worden verkocht;
(c) risico's die verband houden met andere activiteiten op dezelfde productmarkt, voor zover de principaal als onderdeel van de agentuurverhouding verlangt dat de agent dergelijke activiteiten verricht, maar niet als agent namens de principaal, doch op eigen risico van de agent.
[30-06-2022, PbEU C 248, i.w.tr. 30-06-2022/regelingnummer 2022/C 248/01]

(32)
Een overeenkomst zal worden aangemerkt als een agentuurovereenkomst die buiten het toepassingsgebied van artikel 101, lid 1, van het Verdrag valt wanneer de agent geen van de in punt (31) opgesomde soorten risico's draagt of wanneer hij dergelijke risico's slechts in onbeduidende mate draagt. Het belang van dergelijke door de agent gedragen risico's moet over het algemeen worden beoordeeld aan de hand van de vergoeding die de agent ontvangt voor de verlening van de agentuurdiensten, bijvoorbeeld zijn provisie, en niet aan de hand van de inkomsten uit de verkoop van de goederen of diensten die onder de agentuurovereenkomst vallen. Risico's die met de activiteit van het verrichten van agentuurdiensten in het algemeen verband houden, zoals het risico dat het inkomen van de agent afhankelijk is van zijn succes als agent, of algemene investeringen in bijvoorbeeld bedrijfsruimten die, of personeel dat voor elk type activiteiten kunnen worden ingezet, zijn echter niet relevant voor de beoordeling.
[30-06-2022, PbEU C 248, i.w.tr. 30-06-2022/regelingnummer 2022/C 248/01]

(33)
In het licht van het voorgaande zal een overeenkomst over het algemeen worden aangemerkt als een agentuurovereenkomst die buiten het toepassingsgebied van artikel 101, lid 1, van het Verdrag valt, indien aan alle volgende voorwaarden is voldaan:
(a) de agent verkrijgt niet het eigendom van de krachtens de agentuurovereenkomst gekochte of verkochte goederen en verricht niet zelf de krachtens de agentuurovereenkomst gekochte of verkochte diensten. Het feit dat de agent tijdelijk, gedurende een zeer korte periode, het eigendom van de contractgoederen kan verkrijgen terwijl hij die verkoopt voor rekening van de principaal, sluit niet uit dat er sprake is van een agentuurovereenkomst die buiten het toepassingsge-

bied van artikel 101, lid 1, van het Verdrag valt, op voorwaarde dat de agent geen kosten of risico's in verband met de overdracht van de eigendom draagt;
(b) de agent draagt niet bij in de kosten in verband met de levering of koop van de contractgoederen of -diensten, met inbegrip van de kosten voor het vervoer van de goederen. Dit betekent niet dat de agent niet zelf de vervoersdienst mag verrichten, op voorwaarde dat de principaal hem hiervoor vergoedt;
(c) de agent houdt de voorraden van de contractgoederen niet op eigen kosten of op eigen risico aan, met inbegrip van de kosten voor de financiering van de voorraden en de kosten van verloren gegane voorraden. De agent moet in staat zijn onverkochte goederen zonder kosten aan de principaal terug te geven, tenzij de agent in gebreke is gebleven, bijvoorbeeld omdat hij geen redelijke veiligheids- of antidiefstalmaatregelen heeft genomen om voorraadverlies te voorkomen;
(d) de agent aanvaardt geen aansprakelijkheid voor het geval dat de klant het contract niet naleeft, met uitzondering van het verlies van de provisie van de agent, tenzij de agent in gebreke is gebleven (bijvoorbeeld door geen redelijke veiligheids- of antidiefstalmaatregelen te nemen of door geen passende stappen te ondernemen om een diefstal aan de principaal of aan de politie te melden, of door de principaal niet alle aan de agent beschikbare noodzakelijke informatie te verstrekken betreffende de financiële betrouwbaarheid van de klant);
(e) de agent aanvaardt geen aansprakelijkheid jegens klanten of andere derden voor verlies of schade als gevolg van de levering van de contractgoederen of -diensten, tenzij de agent in gebreke is gebleven;
(f) de agent is niet, direct noch indirect, verplicht te investeren in verkoopbevordering, onder meer door bij te dragen in het reclamebudget van de principaal of aan reclame- of promotieactiviteiten die specifiek verband houden met de contractgoederen of -diensten, tenzij dergelijke kosten volledig worden vergoed door de principaal;
(g) de agent gaat niet over tot marktspecifieke investeringen in uitrusting, bedrijfsruimten, personeelsopleiding of reclame, zoalsbijvoorbeeld de opslagtank voor de detailverkoop van benzine, speciale software voor de verkoop van polissen door verzekeringsagenten, of reclame voor reizen en bestemmingen in het geval van reisbureaus die vluchten en hotelaccommodatie verkopen, tenzij dergelijke kosten volledig worden vergoed door de principaal;
(h) de agent verricht in het kader van de agentuurverhouding geen andere door de principaal verlangde activiteiten op dezelfde productmarkt (bijvoorbeeld de levering van goederen), tenzij die activiteiten volledig worden vergoed door de principaal.

[30-06-2022, PbEU C 248, i.w.tr. 30-06-2022/regelingnummer 2022/C 248/01]

(34)

Hoewel de in punt (33) opgenomen lijst niet-limitatief is, zal de overeenkomst tussen de agent en de principaal, niet worden aangemerkt als een agentuurovereenkomst die buiten het toepassingsgebied van artikel 101, lid 1, van het Verdrag valt indien de agent één of meer van de in de punten (31) tot en met (33) genoemde risico's of kosten

draagt [1]. Het vraagstuk van het risico moet geval per geval worden beoordeeld, waarbij naar de economische realiteit moet worden gekeken in plaats van naar de rechtsvorm van de overeenkomst. Om praktische redenen kan de risicoanalyse beginnen met de beoordeling van de contractspecifieke risico's. Als de agent contractspecifieke risico's draagt die niet onbeduidend zijn, volstaat dat om te concluderen dat hij een onafhankelijke distributeur is. Als de agent geen contractspecifieke risico's draagt, moet de analyse worden voortgezet door de risico's in verband met marktspecifieke investeringen te beoordelen. Tot slot kan, als de agent geen contractspecifieke risico's draagt, en evenmin risico's in verband met marktspecifieke investeringen, gekeken worden naar de risico's in verband met andere als deel van de agentuurverhouding verlangde activiteiten op dezelfde productmarkt.
[30-06-2022, PbEU C 248, i.w.tr. 30-06-2022/regelingnummer 2022/C 248/01]

(35)
Een principaal kan verschillende methoden gebruiken om de relevante risico's en kosten te dekken, zolang dergelijke methoden waarborgen dat de agent geen significante risico's draagt van de soorten die in de punten (31) tot en met (33) zijn beschreven. De principaal kan er bijvoorbeeld voor kiezen de gemaakte kosten precies te vergoeden, of hij kan de kosten dekken door middel van een vast bedrag, of hij kan de agent een vast percentage betalen van de inkomsten die zijn gegeneerd door de verkoop van de goederen of diensten in het kader van de agentuurovereenkomst. Om ervoor te zorgen dat alle relevante risico's en kosten zijn gedekt, moet de door de principaal gebruikte methode de agent in staat stellen gemakkelijk onderscheid te maken tussen het bedrag of de bedragen ter dekking van de relevante risico's en kosten en eventuele andere bedragen die aan de agent worden betaald, bijvoorbeeld bedoeld als vergoeding voor het leveren van de agentuurdiensten. Anders kan de agent misschien niet nagaan of de door de principaal gekozen methode de kosten van de agent dekken. Het kan ook nodig zijn te voorzien in een eenvoudige methode voor de agent om alle kosten te declareren en te laten terugbetalen die het overeengekomen vaste bedrag of het vaste percentage overschrijden. Ook kan het nodig zijn dat de principaal systematisch toeziet op wijzigingen in de relevante kosten en het vaste bedrag of het vaste percentage dienovereenkomstig aanpast. Indien de relevante kosten worden vergoed door middel van een percentage van de prijs van de producten die in het kader van de agentuurovereenkomst worden verkocht, moet de principaal ook rekening houden met het feit dat de agent misschien relevante marktspecifieke investeringskosten maakt, zelfs indien de agent gedurende een bepaalde periode weinig of geen verkopen realiseert. Dergelijke kosten moeten door de principaal worden vergoed.
[30-06-2022, PbEU C 248, i.w.tr. 30-06-2022/regelingnummer 2022/C 248/01]

(36)
Een onafhankelijke distributeur van bepaalde goederen of diensten van een leverancier kan ook optreden als agent voor andere goederen of diensten van diezelfde leverancier, mits de activiteiten en risico's die onder de agentuurovereenkomst vallen, effectief

---
[1] Zie ook punt (192). Met name bij een agentuurovereenkomst die binnen het toepassingsgebied van artikel 101, lid 1, van het Verdrag valt, moet het de agent vrij blijven staan om de door de klant betaalde daadwerkelijke prijs te verlagen door zijn vergoeding met de klant te delen.

kunnen worden afgebakend, bijvoorbeeld omdat het gaat om goederen of diensten met extra functies of nieuwe kenmerken. Om de overeenkomst te kunnen aanmerken als een agentuurovereenkomst die buiten het toepassingsgebied van artikel 101, lid 1, van het Verdrag valt, moet het de onafhankelijke distributeur werkelijk vrij staan om de agentuurovereenkomst aan te gaan (de agentuurovereenkomst mag bijvoorbeeld niet *de facto* door de principaal worden opgelegd door een dreiging om de voorwaarden van de distributieverhouding te beëindigen of te verslechteren). Evenmin mag de principaal de agent direct of indirect een activiteit als onafhankelijk distributeur opleggen, tenzij dergelijke activiteit volledig door de principaal wordt vergoed, zoals bepaald in punt (33)(h). Bovendien moeten, zoals vermeld in de punten (31) tot en met (33), alle relevante risico's in verband met de verkoop van de goederen of diensten waarop de agentuurovereenkomst betrekking heeft, met inbegrip van marktspecifieke investeringen, door de principaal worden gedragen.

[30-06-2022, PbEU C 248, i.w.tr. 30-06-2022/regelingnummer 2022/C 248/01]

(37)

Wanneer een agent op eigen risico andere activiteiten voor dezelfde leverancier onderneemt, die niet door die leverancier vereist zijn, bestaat het risico dat de verplichtingen die aan de agent zijn opgelegd in het kader van zijn activiteiten als agentzijn prikkels beïnvloeden en zijn mogelijkheid beperken om onafhankelijke beslissingen te nemen bij de verkoop van producten als onafhankelijke activiteit. Met name is er een mogelijkheid dat het prijsstellingsbeleid van de principaal voor de producten die in het kader van de agentuurovereenkomst worden verkocht, de prikkels van de agent/distributeur beïnvloeden om onafhankelijk de prijzen vast te stellen van de producten die hij als onafhankelijke distributeur verkoopt. Bovendien leidt de gecombineerde hoedanigheid van agent en onafhankelijke distributeur voor dezelfde leverancier tot moeilijkheden bij het maken van een onderscheid tussen investeringen en kosten die verband houden met de functie als agent, waaronder marktspecifieke investeringen, en die welke alleen verband houden met de onafhankelijke activiteit. In dergelijke gevallen kan het dus bijzonder ingewikkeld zijn [1] om te beoordelen of een agentuurverhouding voldoet aan de voorwaarden van de punten (30) tot en met (33).

[30-06-2022, PbEU C 248, i.w.tr. 30-06-2022/regelingnummer 2022/C 248/01]

(38)

De in punt (37) beschreven bezwaren zullen zich eerder voordoen wanneer de agent als onafhankelijk distributeur voor dezelfde principaal op dezelfde relevante markt andere activiteiten verricht. Omgekeerd is het minder waarschijnlijk dat die bezwaren zullen rijzen indien de andere activiteiten die de agent als onafhankelijk distributeur verricht, betrekking hebben op een andere relevante markt [2]. Meer in het algemeen geldt dat hoe minder de in het kader van de agentuurovereenkomst verkochte producten en de door de agent onafhankelijk verkochte producten onderling verwisselbaar zijn, hoe kleiner de kans is dat die bezwaren zich zullen voordoen. Wanneer de objectieve verschillen tussen de kenmerken van de producten (bijvoorbeeld hogere

---

(1) Zie het arrest van 16 december 1975, *'Suiker Unie'/Commissie*, gevoegde zaken 40 tot en met 48, 50, 54 tot en met 56, 111, 113 en 114/73, ECLI:EU:C:1975:174, punten 537 tot en met 557.

(2) Zie zaak T-325/01 – *DaimlerChrysler/Commissie*, punten 100 en 113.

kwaliteit, nieuwe kenmerken of extra functies) onbeduidend zijn, kan het moeilijker zijn om de twee soorten activiteiten van de agent af te bakenen, waardoor er een significant risico kan bestaan dat de agent zich laat beïnvloeden door de voorwaarden van de agentuurovereenkomst, met name wat betreft de prijsstelling, voor de producten die hij onafhankelijk distribueert.
[30-06-2022, PbEU C 248, i.w.tr. 30-06-2022/regelingnummer 2022/C 248/01]

(39)
Om te bepalen welke marktspecifieke investeringen moeten worden vergoed wanneer de principaal een agentuurovereenkomst sluit met een van zijn onafhankelijke distributeurs die reeds actief is op de relevante markt, moet de principaal uitgaan van de hypothetische situatie van een agent die nog niet actief is op de relevante markt om te beoordelen welke investeringen relevant zijn voor het type activiteit waarvoor de agent is aangesteld. De principaal zou marktspecifieke investeringen moeten dekken die vereist zijn om op de relevante markt actief te zijn, ook wanneer die investeringen ook betrekking hebben op gedifferentieerde producten die buiten het toepassingsgebied van de agentuurovereenkomst worden gedistribueerd maar niet uitsluitend verband houden met de verkoop van dergelijke gedifferentieerde producten. Het enige geval waarin de principaal op de relevante markt geen marktspecifieke investeringen zou hoeven te dekken zou zijn wanneer die investeringen uitsluitend betrekking hebben op de verkoop van gedifferentieerde producten die niet in het kader van de agentuurovereenkomst worden verkocht, maar onafhankelijk worden gedistribueerd. De reden hiervoor is dat de agent alle marktspecifieke kosten zou maken om op de markt actief te zijn, maar niet de marktspecifieke kosten zou maken die uitsluitend verband houden met de verkoop van de gedifferentieerde producten indien hij niet ook als onafhankelijke distributeur van die producten zou optreedt (mits de agent op de relevante markt actief kan zijn zonder de gedifferentieerde producten in kwestie te verkopen). Voor zover de relevante investeringen reeds zijn afgeschreven (bijvoorbeeld investeringen in specifieke uitrusting voor die activiteit), kan de terugbetaling naar evenredigheid worden aangepast. Evenzo kan de terugbetaling worden aangepast indien de marktspecifieke investeringen van de onafhankelijke distributeur aanzienlijk hoger liggen dan de marktspecifieke investeringen die noodzakelijk zijn voor een agent om op de relevante markt actief te worden, als gevolg van zijn activiteit als onafhankelijke distributeur.
[30-06-2022, PbEU C 248, i.w.tr. 30-06-2022/regelingnummer 2022/C 248/01]

(40)
Ter verduidelijking volgt een voorbeeld van hoe de kosten kunnen worden toegerekend in het geval van een distributeur die voor bepaalde producten ook als agent optreedt voor dezelfde leverancier.

> De producten A, B en C worden in het algemeen door dezelfde distributeur(s) verkocht. De producten A en B behoren tot dezelfde product- en geografische markt, maar zijn gedifferentieerd en vertonen objectief verschillende kenmerken. Product C behoort tot een andere productmarkt.

Een leverancier die zijn producten gewoonlijk via onafhankelijke distributeurs distribueert, wenst een agentuurovereenkomst te gebruiken voor de distributie van zijn product A, dat een nieuwe functionaliteit bevat. De leverancier biedt die agentuurovereenkomst aan aan haar onafhankelijke distributeurs (voor product B) die reeds actief zijn op dezelfde product- en geografische markt, zonder hen wettelijk of feitelijk te verplichten die overeenkomst aan te gaan.

Om te voorkomen dat de agentuurovereenkomst binnen het toepassingsgebied van artikel 101, lid 1, van het Verdrag valt en aan de voorwaarden van de punten (30) tot en met (33) te voldoen, moet de principaal alle investeringen met betrekking tot de activiteit van het verkopen van elk van de producten A en B (en niet alleen product A) dekken, aangezien de twee producten tot dezelfde product- en geografische markt behoren. Zo zullen bijvoorbeeld de kosten die worden gemaakt om een winkel aan te passen of in te richten met het oog op het uitstallen en verkopen van product A en product B waarschijnlijk marktspecifiek zijn. Ook de kosten voor de opleiding van personeel met het oog op de verkoop van product A en product B en de kosten in verband met specifieke opslaguitrusting die nodig zijn voor product A en product B, zullen waarschijnlijk marktspecifiek zijn. Die relevante investeringen, die een agent in het algemeen zou moeten maken om de markt te betreden en te beginnen met de verkoop van product A en product B, moeten door de principaal worden gedragen, zelfs indien de specifieke agent reeds als onafhankelijke distributeur op de relevante markt is gevestigd.

De principaal zou echter geen investeringen hoeven dekken voor de verkoop van product C, dat niet tot dezelfde productmarkt behoort als de producten A en B. Bovendien zouden investeringen die specifiek vereist zijn voor de verkoop van product B maar niet noodzakelijk zijn voor de verkoop van product A (bijvoorbeeld speciale uitrusting of personeelsopleiding), niet relevant zijn en derhalve niet door de principaal hoeven te worden gedekt, op voorwaarde dat een distributeur op de relevante markt, die de producten A en B omvat, actief kan zijn door alleen product A te verkopen.

Wat reclame betreft, zouden investeringen in reclame voor de winkel van de agent (in tegenstelling tot specifieke reclame voor product A) ten goede komen van zowel de winkel van de agent in het algemeen als de verkoop van de producten A, B en C, terwijl alleen product A in het kader van de agentuurovereenkomst wordt verkocht. Die kosten zouden derhalve gedeeltelijk relevant zijn voor de beoordeling van de agentuurovereenkomst, voor zover zij verband houden met de verkoop van product A dat in het kader van de agentuurovereenkomst wordt verkocht. De kosten van een reclamecampagne die uitsluitend betrekking heeft op product B of product C zouden echter niet relevant zijn en zouden derhalve niet door de principaal hoeven te worden gedragen, mits een distributeur op de relevante markt actief kan zijn door alleen product A te verkopen.

> Dezelfde beginselen gelden voor investeringen in een website of een onlinewinkel, aangezien die investeringen voor een deel niet relevant zouden zijn omdat ze zouden moeten worden gedaan ongeacht de producten die in het kader van de agentuurovereenkomst worden verkocht. Daarom zou de principaal algemene investeringen in het ontwerp van de website van de agent niet hoeven vergoeden, voor zover de website zelf kan worden gebruikt om andere producten te verkopen dan de producten die tot de relevante productmarkt behoren, bijvoorbeeld product C of, meer in het algemeen, andere producten dan de producten A en B. Investeringen in verband met de activiteit van het reclame maken voor of verkoop op de website van producten die tot de relevante productmarkt behoren, d.w.z. zowel producten A als B, zouden echter relevant zijn. Afhankelijk van de hoogte van de investering die nodig is om op de website reclame te maken voor de producten A en B en die te verkopen, zou de principaal dus een deel van de kosten voor het opzetten en/of exploiteren van de website of de onlinewinkel moeten dekken. Investeringen die specifiek betrekking hebben op de reclame voor of de verkoop van product B hoeven niet te worden gedekt, op voorwaarde dat een distributeur op de relevante markt actief kan zijn door alleen product A te verkopen.

[30-06-2022, PbEU C 248, i.w.tr. 30-06-2022/regelingnummer 2022/C 248/01]

3.2.2
Toepassing van artikel 101, lid 1, van het Verdrag op agentuurovereenkomsten

(41)
Wanneer een overeenkomst voldoet aan de voorwaarden om als agentuurovereenkomst te worden aangemerkt dat buiten het toepassingsgebied van artikel 101, lid 1, van het Verdrag valt, maakt de koop- of verkoopfunctie van de agent deel uit van de activiteiten van de principaal. Omdat de principaal de commerciële en financiele risico's van de koop en verkoop van de contractgoederen of -diensten draagt, vallen alle verplichtingen van de agent in verband met de contracten waarover hij onderhandelt en/of die hij sluit namens de principaal, buiten het toepassingsgebied van artikel 101, lid 1, van het Verdrag. Het aannemen door de agent van de aan het einde van dit punt opgesomde verplichtingen wordt als een inherent onderdeel van een agentuurovereenkomst beschouwd, omdat die verplichtingen betrekking hebben op de mogelijkheid voor de principaal om de activiteit van de agent in verband met de contractgoederen of -diensten af te bakenen. Dat is van essentieel belang wil de principaal de risico's op zich nemen met betrekking tot de contracten die de agent heeft gesloten en/of waarover hij namens de principaal heeft onderhandeld. Zo is de principaal in staat om de commerciële strategie te bepalen omtrent:
(a) beperkingen met betrekking tot het grondgebied waarop de agent de contractgoederen of -diensten mag verkopen;
(b) beperkingen met betrekking tot de klanten aan wie de agent de contractgoederen of -diensten mag verkopen;
(c) de prijs waarvoor en de voorwaarden waaronder de agent de contractgoederen of -diensten moet kopen of verkopen.

[30-06-2022, PbEU C 248, i.w.tr. 30-06-2022/regelingnummer 2022/C 248/01]

(42)
Wanneer de agent één of meerdere van de in de punten (31) tot en met (33) beschreven relevante risico's draagt, wordt de overeenkomst tussen de agent en de principaal echter niet aangemerkt als agentuurovereenkomst die buiten het toepassingsgebied van artikel 101, lid 1, van het Verdrag valt. In dat geval wordt de agent behandeld als een onafhankelijke onderneming en is artikel 101, lid 1, van het Verdrag van toepassing op de overeenkomst tussen de agent en de principaal, zoals op elke andere verticale overeenkomst. Daarom wordt in artikel 1, lid 1, punt k), van Verordening (EU) 2022/720 verduidelijkt dat een onderneming die op grond van een overeenkomst die onder artikel 101, lid 1, van het Verdrag valt, voor rekening van een andere onderneming goederen of diensten verkoopt, een afnemer is.
[30-06-2022, PbEU C 248, i.w.tr. 30-06-2022/regelingnummer 2022/C 248/01]

(43)
Zelfs indien de agent geen significante risico's draagt als beschreven in de punten (31) tot en met (33), blijft hij een van de principaal gescheiden onderneming en kunnen bepalingen betreffende de relatie tussen de agent en de principaal derhalve onder artikel 101, lid 1, van het Verdrag vallen, ongeacht of die bepalingen deel uitmaken van de overeenkomst betreffende de koop of verkoop van goederen of diensten, dan wel van een afzonderlijke overeenkomst. Dergelijke bepalingen kunnen onder de vrijstelling van artikel 2, lid 1, van Verordening (EU) 2022/720 vallen, mits aan de voorwaarden van de verordening is voldaan. Buiten het toepassingsgebied van Verordening (EU) 2022/720 moeten dergelijke bepalingen afzonderlijk worden beoordeeld op grond van artikel 101 van het Verdrag, zoals beschreven in afdeling 8.1, met name om na te gaan of zij beperkende effecten hebben in de zin van artikel 101, lid 1, van het Verdrag en, zo ja, of zij voldoen aan de voorwaarden van artikel 101, lid 3, van het Verdrag. Zo kunnen agentuurovereenkomsten bepalingen bevatten die de principaal verbieden met betrekking tot een bepaald type transactie, klant of grondgebied andere agenten aan te wijzen (exclusieve-agentuurbepalingen), of een bepaling die de agent verbiedt te handelen als agent of distributeur van ondernemingen die met de principaal concurreren (merkexclusiviteitsbepalingen). Exclusieve-agentuurbepalingen hebben over het algemeen geen concurrentieverstorende effecten. Merkexclusiviteitsbepalingen en na het einde van de overeenkomst geldende concurrentiebedingen, die de concurrentie tussen merken betreffen, kunnen evenwel de concurrentie beperken in de zin van artikel 101, lid 1, van het Verdrag, indien ze, op zichzelf of door de cumulatieve werking ervan, bijdragen tot afscherming van de relevante markt waarop de contractgoederen of -diensten worden gekocht of verkocht (zie met name de afdelingen 6.2.2 en 8.2.1).
[30-06-2022, PbEU C 248, i.w.tr. 30-06-2022/regelingnummer 2022/C 248/01]

(44)
Een agentuurovereenkomst kan ook binnen het toepassingsgebied van artikel 101, lid 1, van het Verdrag vallen, indien zij, ook al draagt de principaal alle relevante financiële en commerciële risico's, collusie vergemakkelijkt. Dit zou bijvoorbeeld het geval kunnen zijn wanneer een aantal principalen dezelfde agenten aanwijzen en zij tegelijkertijd collectief andere principalen beletten van de diensten van die agenten gebruik te maken, of wanneer de principalen zich van de agenten bedienen om samen

te spannen betreffende de marketingstrategie of om gevoelige marktinformatie uit te wisselen.
[30-06-2022, PbEU C 248, i.w.tr. 30-06-2022/regelingnummer 2022/C 248/01]

(45)
In het geval van een onafhankelijke distributeur die ook optreedt als agent voor bepaalde goederen of diensten van dezelfde leverancier, moet de naleving van de in de punten (36) tot en met (39) vastgestelde vereisten strikt worden beoordeeld. Dat is noodzakelijk om misbruik van het agentuursysteem te voorkomen in scenario's waarin de leverancier niet werkelijk actief wordt op detailhandelsniveau via de agentuurovereenkomst en alle daarmee gerelateerde distributiebeslissingen neemt en alle gerelateerde risico's op zich neemt overeenkomstig de in de punten (30) tot en met (33) uiteengezette beginselen, maar veeleer het agentuursysteem gebruikt als manier om de detailhandelsprijzen te controleren voor die producten waarvoor hoge doorverkoopmarges mogelijk zijn. Aangezien verticale prijsbinding een hardcorebeperking is in de zin van artikel 4 van Verordening (EU) 2022/720, zoals uiteengezet in afdeling 6.1.1, en een beperking naar strekking in de zin van artikel 101, lid 1, van het Verdrag, mag de agentuurverhouding niet door leveranciers worden misbruikt om de toepassing van artikel 101, lid 1, van het Verdrag te omzeilen.
[30-06-2022, PbEU C 248, i.w.tr. 30-06-2022/regelingnummer 2022/C 248/01]

3.2.3
Agentuur en de onlineplatformeconomie

(46)
Overeenkomsten die worden gesloten door ondernemingen die actief zijn in de onlineplatformeconomie, voldoen in het algemeen niet aan de voorwaarden om te worden aangemerkt als agentuurovereenkomsten die buiten het toepassingsgebied van artikel 101, lid 1, van het Verdrag vallen. Dergelijke ondernemingen treden in het algemeen op als onafhankelijke marktdeelnemers en niet als onderdeel van de ondernemingen waarvoor zij diensten verrichten. Met name ondernemingen die actief zijn in de onlineplatformeconomie bedienen vaak een zeer groot aantal verkopers, waardoor zij niet daadwerkelijk deel kunnen uitmaken van een van de ondernemingen van de verkopers. Bovendien kunnen sterke neteffecten en andere kenmerken van de onlineplatformeconomie bijdragen tot een aanzienlijk onevenwicht in de omvang en de onderhandelingspositie van de contractspartijen. Dat kan leiden tot een situatie waarin de voorwaarden waaronder goederen of diensten worden verkocht en de commerciële strategie worden bepaald door de onderneming die actief is in de onlineplatformeconomie, en niet door de verkopers van de goederen of diensten. Bovendien doen ondernemingen die actief zijn in de onlineplatformeconomie doorgaans aanzienlijke marktspecifieke investeringen, bijvoorbeeld in software, reclame en klantenservice, hetgeen erop wijst dat die ondernemingen aanzienlijke financiële of commerciële risico's dragen in verband met de transacties die zij bemiddelen.
[30-06-2022, PbEU C 248, i.w.tr. 30-06-2022/regelingnummer 2022/C 248/01]

3.3
Toeleveringsovereenkomsten

(47)
Toeleveringsovereenkomsten worden in de toeleveringsbekendmaking [1] gedefinieerd als overeenkomsten waarbij één onderneming, 'de opdrachtgever' genoemd, al dan niet ingevolge een voorafgaande opdracht van een derde, aan een andere onderneming, 'de toeleverancier' genoemd, de vervaardiging van goederen, de verrichting van diensten of de uitvoering van werken volgens de instructies van de opdrachtgever toevertrouwt, die aan de opdrachtgever moeten worden verstrekt of voor zijn rekening moeten worden verricht. Als algemene regel geldt dat toeleveringsovereenkomsten buiten het toepassingsgebied van artikel 101, lid 1, van het Verdrag vallen. De toeleveringsbekendmaking bevat nadere leidraden over de toepassing van die algemene regel. In de toeleveringsbekendmaking wordt met name gesteld dat artikel 101, lid 1, van het Verdrag niet van toepassing is op clausules die het gebruik beperken van technologie of uitrusting die de opdrachtgever ter beschikking stelt van een toeleverancier, op voorwaarde dat de technologie of uitrusting noodzakelijk is om de toeleverancier in staat te stellen de betrokken producten te vervaardigen [2]. De toeleveringsbekendmaking verduidelijkt ook het toepassingsgebied van die algemene regel en met name dat andere aan de toeleverancier opgelegde beperkingen binnen het toepassingsgebied van artikel 101 van het Verdrag kunnen vallen, zoals het verbod op het verrichten van eigen onderzoek en ontwikkeling door de toeleverancier of op het exploiteren van de resultaten van die eigen onderzoeks- of ontwikkelingswerkzaamheden, of het verbod om in het algemeen voor derden te produceren [3].
[30-06-2022, PbEU C 248, i.w.tr. 30-06-2022/regelingnummer 2022/C 248/01]

4
Toepassingsgebied van verordening (eu) 2022/720

4.1
Door de Verordening (EU) 2022/720 gecreëerde veilige zone

(48)
De vrijstelling in artikel 2, lid 1, van Verordening (EU) 2022/720, creëert een veilige zone voor verticale overeenkomsten in de zin van de verordening, mits de marktaandelen van de leverancier en de afnemer op de relevante markten de drempels van artikel 3 van de verordening niet overschrijden (zie afdeling 5.2) en de overeenkomst geen hardcorebeperkingen bevat als bedoeld in artikel 4 van de verordening (zie

---

[1] Bekendmaking van de Commissie van 18 december 1978 betreffende de beoordeling van toeleveringsovereenkomsten in het licht van artikel 85, lid 1, van het Verdrag tot oprichting van de Europese Economische Gemeenschap (*PB* C 1 van 3.1.1979, blz. 2).
[2] Zie punt 2 van de toeleveringsbekendmaking waarin nadere toelichtingen worden gegeven, met name over het gebruik van intellectuele-eigendomsrechten en knowhow.
[3] Zie punt 3 van de toeleveringsbekendmaking.

afdeling 6.1)[1]. De veilige zone is van toepassing zolang de groepsvrijstelling niet in een specifiek geval is ingetrokken door de Commissie of een NMA op grond van artikel 29 van Verordening (EG) nr. 1/2003 (zie afdeling 7.1). Het feit dat een verticale overeenkomst buiten de veilige zone valt, betekent niet dat de overeenkomst binnen het toepassingsgebied van artikel 101, lid 1, van het Verdrag valt of dat zij niet aan de voorwaarden van artikel 101, lid 3, van het Verdrag voldoet.
[30-06-2022, PbEU C 248, i.w.tr. 30-06-2022/regelingnummer 2022/C 248/01]

(49)
Wanneer een leverancier dezelfde verticale overeenkomst gebruikt om verschillende soorten goederen of diensten te distribueren, kan de toepassing van de in artikel 3, lid 1, van Verordening (EU) 2022/720 vastgestelde marktaandeeldrempels tot gevolg hebben dat de in artikel 2, lid 1, van de verordening vastgestelde vrijstelling van toepassing is op sommige goederen of diensten, maar niet op andere. Wat de goederen of diensten betreft waarop artikel 2, lid 1, van de verordening niet van toepassing is, is een individuele beoordeling overeenkomstig artikel 101 van het Verdrag noodzakelijk.
[30-06-2022, PbEU C 248, i.w.tr. 30-06-2022/regelingnummer 2022/C 248/01]

4.2
Definitie van verticale overeenkomsten

(50)
Artikel 101, lid 1, van het Verdrag spreekt van overeenkomsten tussen ondernemingen. Er wordt geen onderscheid gemaakt naargelang die ondernemingen in hetzelfde stadium dan wel in verschillende stadia van de productie- of distributieketen actief zijn. Artikel 101, lid 1, van het Verdrag is dus van toepassing op zowel horizontale als verticale overeenkomsten[2].
[30-06-2022, PbEU C 248, i.w.tr. 30-06-2022/regelingnummer 2022/C 248/01]

(51)
Op grond van de bij artikel 1 van Verordening nr. 19/65/EEG aan de Commissie verleende bevoegdheid om bij verordening artikel 101, lid 1, van het Verdrag buiten toepassing te verklaren voor bepaalde groepen overeenkomsten tussen ondernemingen, is een verticale overeenkomst in artikel 1, lid 1, punt a), van Verordening (EU) 2022/720 gedefinieerd als 'een overeenkomst of onderling afgestemde feitelijke gedraging waarbij twee of meer ondernemingen partij zijn die, met het oog op de toepassing van de overeenkomst of de onderling afgestemde feitelijke gedraging, elk in een verschillend stadium van de productie- of distributieketen werkzaam zijn en

---

(1) Zie voor de uitgesloten beperkingen en de betekenis van artikel 5 van Verordening (EU) 2022/720, afdeling 6.2 van de onderhavige richtsnoeren.
(2) Zie het arrest, *Technique Minière/Maschinenbau Ulm*, C-56/65, ECLI:EU:C:1966:38, blz. 249.

die betrekking heeft op de voorwaarden waaronder de partijen bepaalde goederen of diensten kunnen kopen, verkopen of doorverkopen' [1].
[30-06-2022, PbEU C 248, i.w.tr. 30-06-2022/regelingnummer 2022/C 248/01]

4.2.1
Eenzijdige gedragingen vallen buiten het toepassingsgebied van Verordening (EU) 2022/720

(52)
Verordening (EU) 2022/720 is niet van toepassing op eenzijdige gedragingen van ondernemingen. Eenzijdige gedragingen kunnen echter onder artikel 102 van het Verdrag vallen, dat misbruik van een machtspositie verbiedt [2].
[30-06-2022, PbEU C 248, i.w.tr. 30-06-2022/regelingnummer 2022/C 248/01]

(53)
Verordening (EU) 2022/720 is van toepassing op verticale overeenkomsten. Er is sprake van een overeenkomst in de zin van artikel 101 van het Verdrag wanneer de partijen hun gezamenlijke wil tot uitdrukking hebben gebracht om zich op een bepaalde wijze op de markt te gedragen (een zogenoemde wilsovereenstemming). Het maakt niet uit in welke vorm die wilsovereenstemming tot uitdrukking wordt gebracht, als de wilsovereenstemming van de partijen maar getrouw wordt weergegeven [3].
[30-06-2022, PbEU C 248, i.w.tr. 30-06-2022/regelingnummer 2022/C 248/01]

(54)
Wanneer de wilsovereenstemming van de partijen niet in een expliciete overeenkomst tot uitdrukking wordt gebracht, moet de partij of autoriteit die zich op een schending van artikel 101 van het Verdrag beroept, aantonen dat het eenzijdig beleid van de ene partij de instemming van de andere partij heeft. Wat verticale overeenkomsten betreft, kan de instemming met een specifiek eenzijdig beleid expliciet of stilzwijgend zijn:
(a) expliciete instemming kan worden afgeleid uit de bevoegdheden die aan de partijen worden toegekend in een tevoren gesloten algemene overeenkomst. Als in een dergelijke overeenkomst is bepaald of toegestaan dat een partij later een specifiek eenzijdig beleid zal voeren dat bindend is voor de andere partij, kan op grond daarvan worden vastgesteld dat er sprake is van instemming door de andere partij [4].
(b) voor stilzwijgende instemming moet worden aangetoond dat de ene partij expliciet of impliciet van de andere partij verlangt dat zij medewerking aan de

---

(1) Net als in artikel 1, lid 1, punt a), van Verordening (EU) 2022/720 omvat de term 'verticale overeenkomst' in de onderhavige richtsnoeren de verticale onderling afgestemde feitelijke gedragingen, tenzij anders vermeld.
(2) Omgekeerd laat, wanneer er sprake is van een verticale overeenkomst in de zin van artikel 101 van het Verdrag, de toepassing van Verordening (EU) 2022/720 en van deze richtsnoeren de mogelijke parallelle toepassing van artikel 102 van het Verdrag op de verticale overeenkomst onverlet.
(3) Zie het arrest van 14 januari 2021, *Kilpailu- ja kuluttajavirasto*, C-450/19, ECLI:EU:C:2021:10, punt 21.
(4) Zie het arrest van 13 juli 2006, *Commissie/Volkswagen*, C-74/04 P, ECLI:EU:C:2006:460, punten 39 tot en met 42.

uitvoering van het eenzijdige beleid verleent en dat de andere partij aan die eis heeft voldaan door het eenzijdig beleid daadwerkelijk uit te voeren [1]. Als distributeurs bijvoorbeeld, nadat een leverancier een eenzijdige verminderde levering heeft aangekondigd om parallelhandel te voorkomen, onmiddellijk hun orders verminderen en geen parallelhandel meer drijven, betekent dit dat zij stilzwijgend instemmen met het eenzijdig beleid van de leverancier. Tot die conclusie kan evenwel niet worden gekomen indien de distributeurs parallelhandel blijven drijven of nieuwe manieren trachten te vinden om de parallelhandel verder te zetten.

[30-06-2022, PbEU C 248, i.w.tr. 30-06-2022/regelingnummer 2022/C 248/01]

(55)
In het licht van het bovenstaande komt het opleggen van algemene voorwaarden door één partij neer op een overeenkomst in de zin van artikel 101, lid 1, van het Verdrag wanneer die voorwaarden expliciet of stilzwijgend door de andere partij zijn aanvaard [2].

[30-06-2022, PbEU C 248, i.w.tr. 30-06-2022/regelingnummer 2022/C 248/01]

4.2.2
De ondernemingen zijn actief in verschillende stadia van de productie- of distributieketen

(56)
Verordening (EU) 2022/720 is van toepassing op overeenkomsten tussen twee of meer ondernemingen, ongeacht hun bedrijfsmodel. De verordening is niet van toepassing op overeenkomsten met natuurlijke personen die handelen om redenen buiten hun handels-, bedrijfs-, ambachts- of beroepsactiviteit, aangezien dergelijke personen geen ondernemingen zijn.

[30-06-2022, PbEU C 248, i.w.tr. 30-06-2022/regelingnummer 2022/C 248/01]

(57)
Om als verticale overeenkomst in de zin van artikel 1, lid 1, punt a), van Verordening (EU) 2022/720 te worden aangemerkt, moet een overeenkomst zijn gesloten tussen ondernemingen die met het oog op de toepassing van de overeenkomst actief zijn in verschillende stadia van de productie- of distributieketen. Er is bijvoorbeeld sprake van een verticale overeenkomst wanneer een onderneming een grondstof produceert of een dienst verleent en die verkoopt aan een andere onderneming welke die grondstof als input gebruikt, of wanneer een fabrikant een product verkoopt aan een groothandelaar die het wederverkoopt aan een detailhandelaar. Evenzo is er sprake van een

---
(1) Zie het arrest van 26 oktober 2000, *Bayer AG/Commissie*, T-41/96, ECLI:EU:T:2000:242, punt 120.
(2) Zie de beschikking van de Commissie in AT.40428 — *Guess*, overweging 97, onder verwijzing naar het arrest van 11 januari 1990, *Sandoz Prodotti Farmaceutici/Commissie*, C-277/87, ECLI:EU:C:1990:6, punt 2, en het arrest van 9 juli 2009, *Peugeot en Peugeot Nederland/Commissie*, T-450/05, ECLI:EU:T:2009:262, punten 168 tot en met 209.

verticale overeenkomst wanneer een onderneming goederen of diensten verkoopt aan een andere onderneming die de eindgebruiker van de goederen of diensten is.
[30-06-2022, PbEU C 248, i.w.tr. 30-06-2022/regelingnummer 2022/C 248/01]

(58)
Aangezien de definitie in artikel 1, lid 1, punt a), van Verordening (EU) 2022/720 verwijst naar het doel van de specifieke overeenkomst, sluit het feit dat een onderneming die partij is bij de overeenkomst actief is in meer dan één stadium van de productie- of distributieketen, de toepassing van Verordening (EU) 2022/720 niet uit. Wanneer echter een verticale overeenkomst wordt gesloten tussen concurrerende ondernemingen, is Verordening (EU) 2022/720 niet van toepassing, tenzij aan de voorwaarden van artikel 2, lid 4, van de verordening is voldaan (zie afdelingen 4.4.3 en 4.4.4).
[30-06-2022, PbEU C 248, i.w.tr. 30-06-2022/regelingnummer 2022/C 248/01]

4.2.3
De overeenkomst heeft betrekking op de koop, verkoop of wederverkoop van goederen of diensten

(59)
Om als verticale overeenkomst in de zin van artikel 1, lid 1, punt a), van Verordening (EU) 2022/720 te kunnen worden aangemerkt, moet de overeenkomst betrekking hebben op de voorwaarden waaronder de partijen 'bepaalde goederen of diensten kunnen kopen, verkopen of doorverkopen'. Overeenkomstig het algemene doel van een groepsvrijstellingsverordening, namelijk het bieden van rechtszekerheid, moet artikel 1, lid 1, punt a), van Verordening (EU) 2022/720 aldus ruim worden uitgelegd dat het van toepassing is op alle verticale overeenkomsten, ongeacht of ze betrekking hebben op intermediaire of op eindgoederen of -diensten. Voor de toepassing van de verordening op een specifieke overeenkomst, worden zowel de geleverde goederen of diensten als, in het geval van intermediaire goederen of diensten, de daaruit voortvloeiende eindgoederen of -diensten, als contractgoederen of -diensten beschouwd.
[30-06-2022, PbEU C 248, i.w.tr. 30-06-2022/regelingnummer 2022/C 248/01]

(60)
Verticale overeenkomsten in de onlineplatformeconomie, met inbegrip van overeenkomsten die worden gesloten door verleners van onlinetussenhandelsdiensten als bedoeld in artikel 1, lid 1, punt d), van Verordening (EU) 2022/720, vallen onder artikel 1, lid 1, punt a), van Verordening (EU) 2022/720. In het geval van verticale overeenkomsten die betrekking hebben op de verlening van onlinetussenhandelsdiensten, worden zowel de onlinetussenhandelsdiensten als de goederen of diensten die via de onlinetussenhandelsdiensten worden verhandeld, beschouwd als contractgoederen of -diensten met het oog op de toepassing op de overeenkomst van Verordening (EU) 2022/720.
[30-06-2022, PbEU C 248, i.w.tr. 30-06-2022/regelingnummer 2022/C 248/01]

(61)
Verordening (EU) 2022/720 is niet van toepassing op verticale beperkingen die geen betrekking hebben op de voorwaarden waaronder goederen of diensten kunnen

worden gekocht, verkocht of doorverkocht. Dergelijke beperkingen moeten dus individueel worden beoordeeld, d.w.z. dat moet worden nagegaan of zij binnen het toepassingsgebied van artikel 101, lid 1, van het Verdrag vallen en, zo ja, of zij aan de voorwaarden van artikel 101, lid 3, van het Verdrag voldoen. Verordening (EU) 2022/720 is bijvoorbeeld niet van toepassing op een bepaling die partijen verbiedt op onafhankelijke wijze onderzoeks- en ontwikkelingsactiviteiten te ontplooien, ook al hebben de partijen een dergelijk verbod in hun verticale overeenkomst opgenomen. Een ander voorbeeld betreft huur- en leasingovereenkomsten. Hoewel Verordening (EU) 2022/720 van toepassing is op overeenkomsten betreffende de koop en verkoop van goederen met het oog op verhuur ervan aan derden, vallen huur- en leasingovereenkomsten als zodanig niet onder de verordening, omdat er in dat geval geen sprake is van koop of verkoop van goederen.
[30-06-2022, PbEU C 248, i.w.tr. 30-06-2022/regelingnummer 2022/C 248/01]

4.3
Verticale overeenkomsten in de onlineplatformeconomie

(62)
Ondernemingen die actief zijn in de onlineplatformeconomie spelen een steeds grotere rol in de distributie van goederen en diensten. Zij maken nieuwe manieren van zakendoen mogelijk, waarvan sommige niet gemakkelijk te categoriseren zijn aan de hand van de concepten die worden toegepast op verticale overeenkomsten in de fysieke winkelomgeving.
[30-06-2022, PbEU C 248, i.w.tr. 30-06-2022/regelingnummer 2022/C 248/01]

(63)
Ondernemingen die actief zijn in de onlineplatformeconomie worden in het verbintenissen- of handelsrecht vaak als agenten aangemerkt. Die kwalificatie is echter niet van belang voor de indeling van hun overeenkomsten als vallend onder artikel 101, lid 1, van het Verdrag [1]. Verticale overeenkomsten die worden gesloten door ondernemingen die in de onlineplatformeconomie actief zijn, zullen alleen worden aangemerkt als agentuurovereenkomsten die buiten het toepassingsgebied van artikel 101, lid 1, van het Verdrag vallen wanneer zij aan de in afdeling 3.2 uiteengezette voorwaarden voldoen. Wegens de in afdeling 3.2.3 genoemde factoren zal aan die voorwaarden doorgaans niet zijn voldaan in het geval van overeenkomsten die worden gesloten door ondernemingen die actief zijn in de onlineplatformeconomie.
[30-06-2022, PbEU C 248, i.w.tr. 30-06-2022/regelingnummer 2022/C 248/01]

(64)
Wanneer een verticale overeenkomst die is gesloten door een onderneming die actief is in de onlineplatformeconomie niet voldoet aan de voorwaarden om te worden aangemerkt als een agentuurovereenkomst die buiten het toepassingsgebied van artikel 101, lid 1, van het Verdrag valt, moet worden nagegaan of de overeenkomst betrekking heeft op het verrichten van onlinetussenhandelsdiensten. In artikel 1, lid 1, punt e), van Verordening (EU) 2022/720 worden onlinetussenhandelsdiensten gedefinieerd als

---

(1) Zie ook punt (30).

diensten van de informatiemaatschappij [1] die ondernemingen in staat stellen goederen of diensten aan te bieden aan andere ondernemingen of aan eindconsumenten, met het oog op het faciliteren van directe transacties tussen die ondernemingen of tussen ondernemingen en eindconsumenten, ongeacht of en waar die transacties uiteindelijk worden uitgevoerd [2]. Voorbeelden van onlinetussenhandelsdiensten zijn onder meer e-commercemarkten, appwinkels, prijsvergelijkingsinstrumenten en door ondernemingen gebruikte socialemediadiensten.
[30-06-2022, PbEU C 248, i.w.tr. 30-06-2022/regelingnummer 2022/C 248/01]

(65)
Om als verlener van onlinetussenhandelsdiensten te kunnen worden aangemerkt, moet een onderneming directe transacties tussen twee andere partijen faciliteren. In beginsel moeten de door de onderneming vervulde functies afzonderlijk worden beoordeeld voor elke verticale overeenkomst die de onderneming sluit, met name omdat ondernemingen die actief zijn in de onlineplatformeconomie vaak verschillende bedrijfsmodellen toepassen in verschillende sectoren of zelfs binnen dezelfde sector. Naast het verlenen van onlinetussenhandelsdiensten kunnen dergelijke ondernemingen bijvoorbeeld ook goederen of diensten kopen en doorverkopen, waarbij zij in sommige gevallen beide functies jegens één tegenpartij vervullen.
[30-06-2022, PbEU C 248, i.w.tr. 30-06-2022/regelingnummer 2022/C 248/01]

(66)
De omstandigheid dat een onderneming betalingen int voor transacties waarbij zij als bemiddelaar optreedt, of naast haar tussenhandelsdiensten aanvullende diensten aanbiedt, bijvoorbeeld reclamediensten, ratingdiensten, verzekeringen of een garantie tegen schade, sluit niet uit dat zij wordt aangemerkt als een verlener van onlinetussenhandelsdiensten [3].
[30-06-2022, PbEU C 248, i.w.tr. 30-06-2022/regelingnummer 2022/C 248/01]

(67)
Voor de toepassing van Verordening (EU) 2022/720 worden ondernemingen die partij zijn bij verticale overeenkomsten ingedeeld in de categorie leveranciers of afnemers. Overeenkomstig artikel 1, lid 1, punt d), van de verordening wordt een onderneming die onlinetussenhandelsdiensten in de zin van artikel 1, lid 1, punt e), van de verordening verleent, ten aanzien van die diensten als een leverancier aangemerkt, en wordt een onderneming die via onlinetussenhandelsdiensten goederen of diensten aanbiedt of verkoopt ten aanzien van die onlinetussenhandelsdiensten als een afnemer aange-

---

(1) Zie artikel 1, lid 1, punt b), van Richtlijn (EU) 2015/1535 van het Europees Parlement en de Raad van 9 september 2015 betreffende een informatieprocedure op het gebied van technische voorschriften en regels betreffende de diensten van de informatiemaatschappij (*PB* L 241 van 17.9.2015, blz. 1).
(2) Zie ook artikel 2, lid 2, van Verordening (EU) 2019/1150 van het Europees Parlement en de Raad van 20 juni 2019 ter bevordering van billijkheid en transparantie voor zakelijke gebruikers van onlinetussenhandelsdiensten (*PB* L 186 van 11.7.2019, blz. 57).
(3) Zie bijvoorbeeld arrest van 19 december 2019, *X*, zaak C-390/18, ECLI:EU:C:2019:1112, punten 58-69.

merkt, ongeacht of hij voor het gebruik van de onlinetussenhandelsdiensten betaalt [1].
Dit heeft de volgende gevolgen voor de toepassing van Verordening (EU) 2022/720:
(a) de onderneming die de onlinetussenhandelsdiensten verricht, kan niet worden aangemerkt als koper in de zin van artikel 1, lid 1, punt k), van de verordening met betrekking tot goederen of diensten die door derden worden aangeboden met gebruikmaking van die onlinetussenhandelsdiensten;
(b) voor de toepassing van de in artikel 3, lid 1, van de verordening genoemde marktaandeeldrempels wordt het marktaandeel van de onderneming die de onlinetussenhandelsdiensten verricht, berekend op de relevante markt voor de levering van die diensten. De omvang van de relevante markt hangt af van de feiten van de zaak, in het bijzonder van de mate van substitueerbaarheid tussen online- en offlinetussenhandelsdiensten, tussen tussenhandelsdiensten die worden gebruikt voor verschillende categorieën goederen of diensten en tussen tussenhandelsdiensten en directe verkoopkanalen;
(c) beperkingen die door de onderneming die de onlinetussenhandelsdiensten verricht worden opgelegd aan de kopers van die diensten met betrekking tot de prijs waarvoor, de gebieden waaraan, of de klanten aan wie de middels tussenhandelsdiensten geleverde goederen of diensten mogen worden verkocht, met inbegrip van beperkingen betreffende onlinereclame en onlineverkoop, vallen onder de bepalingen van artikel 4 van de verordening (hardcorebeperkingen). Zo is overeenkomstig artikel 4, punt a), van de verordening de vrijstelling van artikel 2, lid 1, van de verordening niet van toepassing op een overeenkomst op grond waarvan een aanbieder van onlinetussenhandelsdiensten een vaste of minimumverkoopprijs oplegt voor een transactie die hij faciliteert;
(d) overeenkomstig artikel 5, lid 1, punt d), van de verordening is de vrijstelling van artikel 2, lid 1, van de verordening niet van toepassing op platformoverschrijdende pariteitsverplichtingen voor de detailhandel die door de onderneming die de onlinetussenhandelsdiensten verricht, worden opgelegd aan de kopers van die diensten;
(e) overeenkomstig artikel 2, lid 6, van de verordening is de vrijstelling van artikel 2, lid 1, van de verordening niet van toepassing op overeenkomsten betreffende het verrichten van onlinetussenhandelsdiensten wanneer de aanbieder van die diensten een concurrerende onderneming is op de relevante markt voor de verkoop van de middels tussenhandelsdiensten geleverde goederen of diensten (hybride functie). Zoals in afdeling 4.4.4 wordt uiteengezet, moeten dergelijke overeenkomsten worden beoordeeld op grond van de horizontale richtsnoeren wat de mogelijke collusie-effecten betreft en op grond van afdeling 8 van de onderhavige richtsnoeren wat eventuele verticale beperkingen betreft.

[30-06-2022, PbEU C 248, i.w.tr. 30-06-2022/regelingnummer 2022/C 248/01]

(68)
Ondernemingen die actief zijn in de onlineplatformeconomie en die geen onlinetussenhandelsdiensten verrichten in de zin van artikel 1, lid 1, punt e), van Ver-

---

[1] De leidraden in deze afdeling 4 van de onderhavige richtsnoeren laten de indeling van ondernemingen die partij zijn bij overeenkomsten die buiten het toepassingsgebied van Verordening (EU) 2022/720 vallen onverlet.

ordening (EU) 2022/720 kunnen voor de toepassing van de verordening worden aangemerkt als leveranciers of afnemers. Dergelijke ondernemingen kunnen bijvoorbeeld worden aangemerkt als leveranciers van inputdiensten upstream of als (door)verkopers van goederen of diensten downstream. Die indeling in groepen kan met name gevolgen hebben voor de bepaling van de relevante markt met het oog op de toepassing van de in artikel 3, lid 1, van de verordening genoemde marktaandeeldrempels, de toepasselijkheid van artikel 4 van de verordening (hardcorebeperkingen), en de toepasselijkheid van artikel 5 van de verordening (uitgesloten beperkingen).
[30-06-2022, PbEU C 248, i.w.tr. 30-06-2022/regelingnummer 2022/C 248/01]

4.4
Grenzen aan de toepassing van Verordening (EU) 2022/720

4.4.1
Verenigingen van detailhandelaren

(69)
Ingevolge artikel 2, lid 2, van Verordening (EU) 2022/720 kunnen verticale overeenkomsten gesloten door een ondernemersvereniging die aan bepaalde voorwaarden voldoet binnen de veilige zone vallen, hetgeen betekent dat door alle andere verenigingen gesloten verticale overeenkomsten van de veilige zone zijn uitgesloten. Dit houdt in dat verticale overeenkomsten gesloten tussen een vereniging en haar afzonderlijke leden, of tussen een vereniging en haar afzonderlijke leveranciers, alleen onder Verordening (EU) 2022/720 vallen indien alle leden van de vereniging detailhandelaren zijn die goederen (geen diensten) aan de eindconsument verkopen, en mits geen enkel individueel lid een omzet van meer dan 50 miljoen EUR behaalt [1]. Wanneer echter slechts een klein aantal leden van de vereniging een omzet van meer dan 50 miljoen EUR behaalt, en die leden tezamen minder dan 15 % van de gezamenlijke omzet van alle leden vertegenwoordigen, zal dat normaliter niets aan de beoordeling op grond van artikel 101 van het Verdrag veranderen.
[30-06-2022, PbEU C 248, i.w.tr. 30-06-2022/regelingnummer 2022/C 248/01]

(70)
Bij een ondernemersvereniging kan zowel sprake zijn van horizontale als van verticale overeenkomsten. De horizontale overeenkomsten moeten worden beoordeeld aan de hand van de beginselen die zijn vastgesteld in de horizontale richtsnoeren. Indien de conclusie van die beoordeling is dat een samenwerking tussen ondernemingen op het gebied van koop of verkoop geen bezwaren oplevert, met name omdat zij voldoet aan de voorwaarden van die richtsnoeren met betrekking tot koop- en/of commercialiseringsovereenkomsten, zal een tweede beoordeling noodzakelijk zijn om de verticale overeenkomsten te onderzoeken die de vereniging met haar individuele leveranciers of met haar individuele leden heeft gesloten. Die tweede beoordeling moet worden uitgevoerd in overeenstemming met de voorschriften van Verordening (EU) 2022/720, en in het bijzonder met de voorwaarden van de artikelen 3, 4 en 5, van

---
(1) Het plafond voor de jaaromzet van 50 miljoen EUR is gebaseerd op het omzetplafond voor kmo's in artikel 2 van de bijlage bij Aanbeveling 2003/361/EG van de Commissie.

die verordening, en met de onderhavige richtsnoeren. Bijvoorbeeld, horizontale overeenkomsten gesloten tussen de leden van de vereniging of besluiten van de vereniging, zoals het besluit de leden te verplichten van de vereniging te kopen of het besluit tot toewijzing van exclusieve gebieden aan de leden, moeten eerst als een horizontale overeenkomst worden beoordeeld. Slechts indien die beoordeling tot de conclusie leidt dat de horizontale overeenkomst of het besluit niet concurrentieverstorend is, is een beoordeling van de verticale overeenkomsten tussen de vereniging en individuele leden of tussen de vereniging en individuele leveranciers noodzakelijk.

[30-06-2022, PbEU C 248, i.w.tr. 30-06-2022/regelingnummer 2022/C 248/01]

4.4.2
Verticale overeenkomsten met bepalingen betreffende intellectuele-eigendomsrechten

(71)
Artikel 2, lid 3, van Verordening (EU) 2022/720 bepaalt dat verticale overeenkomsten die bepaalde bepalingen bevatten betreffende de overdracht of het gebruik van intellectuele-eigendomsrechten onder bepaalde voorwaarden onder de vrijstelling van artikel 2, lid 1, van de verordening vallen. Verordening (EU) 2022/720 is derhalve niet van toepassing op andere verticale overeenkomsten die bepalingen betreffende intellectuele-eigendomsrechten bevatten.

[30-06-2022, PbEU C 248, i.w.tr. 30-06-2022/regelingnummer 2022/C 248/01]

(72)
Verordening (EU) 2022/720 is van toepassing op verticale overeenkomsten die bepalingen betreffende intellectuele-eigendomsrechten bevatten, indien aan alle onderstaande voorwaarden is voldaan:
(a) de bepalingen betreffende intellectuele-eigendomsrechten moeten deel uitmaken van een verticale overeenkomst, d.w.z. een overeenkomst met voorwaarden waaronder de partijen bepaalde goederen of diensten kunnen kopen, verkopen of doorverkopen;
(b) de intellectuele-eigendomsrechten moeten worden overgedragen of met het oog op gebruik in licentie worden gegeven aan de afnemer;
(c) de bepalingen betreffende intellectuele-eigendomsrechten mogen niet het hoofdonderwerp van de overeenkomst vormen;
(d) de bepalingen betreffende intellectuele-eigendomsrechten moeten rechtstreeks verband houden met het gebruik, de verkoop of de doorverkoop van goederen of diensten door de afnemer of zijn klanten. In het geval van franchising, waarbij de exploitatie van de intellectuele-eigendomsrechten op marketing gericht is, worden de goederen of diensten door de master-franchisenemer of de franchisenemers gedistribueerd;
(e) de bepalingen betreffende intellectuele-eigendomsrechten mogen, wat de contractgoederen of -diensten betreft, geen concurrentiebeperkingen omvatten die hetzelfde doel hebben als verticale beperkingen waarvoor op grond van Verordening (EU) 2022/720 geen vrijstelling geldt.

[30-06-2022, PbEU C 248, i.w.tr. 30-06-2022/regelingnummer 2022/C 248/01]

(73)
Deze voorwaarden zorgen ervoor dat Verordening (EU) 2022/720 op verticale overeenkomsten van toepassing is indien het gebruik, de verkoop of de doorverkoop van goederen of diensten op efficiëntere wijze kan geschieden wanneer intellectuele-eigendomsrechten worden overgedragen aan de afnemer of met het oog op gebruik aan hem in licentie worden gegeven. Dat betekent dat beperkingen met betrekking tot de overdracht of het gebruik van intellectuele-eigendomsrechten onder de vrijstelling van artikel 2, lid 1, van de verordening kunnen vallen wanneer het hoofdonderwerp van de overeenkomst de koop of distributie van goederen of diensten is.
[30-06-2022, PbEU C 248, i.w.tr. 30-06-2022/regelingnummer 2022/C 248/01]

(74)
De eerste voorwaarde, beschreven in punt (72)(a), maakt duidelijk dat de intellectuele eigendomsrechten ter beschikking moeten worden gesteld in de context van een overeenkomst betreffende de koop of distributie van goederen, of van een overeenkomst betreffende de koop of verrichting van diensten, en niet door een overeenkomst betreffende de overdracht of licentiëring van intellectuele eigendomsrechten met het oog op de productie van goederen of een zuivere licentieovereenkomst. Verordening (EU) 2022/720 is bijvoorbeeld niet van toepassing op:
(a) overeenkomsten waarbij de ene partij de andere partij een recept ter beschikking stelt en haar een licentie op de productie van een volgens dat recept bereide drank verleent;
(b) een zuivere licentieovereenkomst betreffende het gebruik van een merk of embleem met het oog op merchandising;
(c) een sponsorcontract, waarbij de betrokkene het recht verkrijgt in zijn reclame te vermelden dat hij de officiële sponsor van een evenement is;
(d) een licentieovereenkomst betreffende auteursrechten, zoals een overeenkomst betreffende het recht tot opname of uitzending van een evenement.
[30-06-2022, PbEU C 248, i.w.tr. 30-06-2022/regelingnummer 2022/C 248/01]

(75)
Uit de tweede voorwaarde, beschreven in punt (72)(b), volgt dat Verordening (EU) 2022/720 niet van toepassing is wanneer de intellectuele-eigendomsrechten door de afnemer ter beschikking worden gesteld van de leverancier, ongeacht of die rechten betrekking hebben op de wijze van productie of distributie. Een overeenkomst die betrekking heeft op de overdracht van intellectuele-eigendomsrechten aan de leverancier en die de verkoopactiviteiten van de leverancier mogelijks beperkt, valt niet onder Verordening (EU) 2022/720. Dat betekent dat toelevering waarbij knowhow aan een onderaannemer wordt overgedragen, niet onder Verordening (EU) 2022/720 valt (zie ook afdeling 3.3). Verordening (EU) 2022/720 geldt echter wel voor verticale overeenkomsten waarbij de afnemer de leverancier slechts specificaties verstrekt met betrekking tot de te leveren goederen of diensten.
[30-06-2022, PbEU C 248, i.w.tr. 30-06-2022/regelingnummer 2022/C 248/01]

(76)
De derde voorwaarde, beschreven in punt (72)(c), vereist dat het hoofdonderwerp van de overeenkomst niet de overdracht of licentiëring van intellectuele-eigendoms-

rechten is. Het hoofdonderwerp moet de koop, verkoop of wederverkoop van goederen of diensten zijn en de bepalingen betreffende intellectuele-eigendomsrechten moeten dienen ter uitvoering van de verticale overeenkomst.
[30-06-2022, PbEU C 248, i.w.tr. 30-06-2022/regelingnummer 2022/C 248/01]

(77)
De vierde voorwaarde, beschreven in punt (72)(d), houdt in dat de bepalingen betreffende intellectuele-eigendomsrechten het gebruik, de verkoop of de wederverkoop van goederen of diensten door de afnemer of zijn klanten vergemakkelijkt. De voor gebruik of wederverkoop geleverde goederen of diensten worden gewoonlijk geleverd door de licentiegever, maar kunnen ook door de licentienemer worden gekocht van een derde leverancier. De bepalingen betreffende intellectuele-eigendomsrechten zullen in doorgaans de marketing van goederen of diensten betreffen. Dat is bijvoorbeeld het geval bij een franchiseovereenkomst wanneer de franchisegever de franchisenemer goederen verkoopt voor doorverkoop en de franchisegever de franchisenemer een licentie verleent op het gebruik van het merk en knowhow voor marketingdoeleinden. Dat is ook het geval wanneer de leverancier van een concentraat de afnemer een licentie verleent om dit aan te lengen en het aldus verkregen product te bottelen alvorens het als drank te verkopen.
[30-06-2022, PbEU C 248, i.w.tr. 30-06-2022/regelingnummer 2022/C 248/01]

(78)
De vijfde voorwaarde, beschreven in punt(72)(e), vereist dat de bepalingen betreffende intellectuele-eigendomsrechten niet hetzelfde doel mogen hebben als een van de in artikel 4 van Verordening (EU) 2022/720 vermelde hardcorebeperkingen, of een van de beperkingen die – op grond van artikel 5 van de verordening – van de in die verordening vervatte vrijstelling zijn uitgesloten (zie afdeling 6).
[30-06-2022, PbEU C 248, i.w.tr. 30-06-2022/regelingnummer 2022/C 248/01]

(79)
Intellectuele-eigendomsrechten die van belang zijn voor de uitvoering van verticale overeenkomsten in de zin van artikel 2, lid 3, van Verordening (EU) 2022/720, hebben voornamelijk betrekking op drie grote gebieden: merken, auteursrechten en knowhow.
[30-06-2022, PbEU C 248, i.w.tr. 30-06-2022/regelingnummer 2022/C 248/01]

4.4.2.1
Merken

(80)
Een aan een distributeur verleende merklicentie kan betrekking hebben op de distributie van de producten van de licentiegever in een bepaald gebied. Indien het een exclusieve licentie betreft, komt de overeenkomst neer op een exclusieve distributieovereenkomst.
[30-06-2022, PbEU C 248, i.w.tr. 30-06-2022/regelingnummer 2022/C 248/01]

4.4.2.2
Auteursrecht

(81)
De auteursrechthebbende kan wederverkopers van auteursrechtelijk beschermde goederen en diensten (bijvoorbeeld boeken en software) de verplichting opleggen die goederen en diensten slechts door te verkopen op voorwaarde dat de afnemer, hetzij een andere doorverkoper, hetzij de eindgebruiker, ertoe wordt verplicht geen inbreuk op het auteursrecht te plegen. Voor zover dergelijke verplichtingen van de wederverkoper binnen het toepassingsgebied van artikel 101, lid 1, van het Verdrag vallen, vallen zij onder Verordening (EU) 2022/720.
[30-06-2022, PbEU C 248, i.w.tr. 30-06-2022/regelingnummer 2022/C 248/01]

(82)
Zoals vermeld in punt 62 van de richtsnoeren technologieoverdracht [1], valt het in licentie geven van auteursrechten op software enkel met het oog op de reproductie en distributie van het beschermde werk niet onder Verordening (EU) nr. 316/2014 van de Commissie [2], maar in plaats daarvan naar analogie onder Verordening (EU) 2022/720 en deze richtsnoeren.
[30-06-2022, PbEU C 248, i.w.tr. 30-06-2022/regelingnummer 2022/C 248/01]

(83)
Voorts moeten overeenkomsten krachtens welke harde kopieën van software met het oog op wederverkoop worden geleverd en waarbij de wederverkoper geen licentie op rechten op de software verwerft maar slechts gerechtigd is de harde kopieën door te verkopen, voor de toepassing van Verordening (EU) 2022/720 worden beschouwd als overeenkomsten inzake de levering van goederen met het oog op wederverkoop. Bij die vorm van distributie vindt de licentieverlening van de software slechts plaats tussen de auteursrechthebbende en de gebruiker van de software. Dat kan de vorm aannemen van een zogenoemde shrink-wraplicentie (krimpfolielicentie), hetgeen wil zeggen dat in de verpakking van de harde kopie een aantal voorwaarden zijn opgenomen die de eindgebruiker door het openen van de verpakking wordt geacht te aanvaarden.
[30-06-2022, PbEU C 248, i.w.tr. 30-06-2022/regelingnummer 2022/C 248/01]

(84)
Afnemers van hardware waarin auteursrechtelijk beschermde software is vervat, kunnen door de auteursrechthebbende ertoe worden verplicht geen inbreuk op het auteursrecht te plegen. Aldus kan het hun worden verboden kopieën van de software te maken en die door te verkopen of kopieën te maken en de software te gebruiken in combinatie met andere hardware. Voor zover zij binnen het toepassingsgebied van

---

(1) Mededeling van de Commissie — Richtsnoeren voor de toepassing van artikel 101 van het Verdrag betreffende de werking van de Europese Unie op overeenkomsten inzake technologieoverdracht (*PB* C 89 van 28.3.2014, blz. 3).
(2) Verordening (EU) nr. 316/2014 van de Commissie van 21 maart 2014 betreffende de toepassing van artikel 101, lid 3, van het Verdrag betreffende de werking van de Europese Unie op groepen overeenkomsten inzake technologieoverdracht (*PB* L 93 van 28.3.2014, blz. 17).

artikel 101, lid 1, van het Verdrag vallen, vallen dergelijke gebruiksbeperkingen onder Verordening (EU) 2022/720.
[30-06-2022, PbEU C 248, i.w.tr. 30-06-2022/regelingnummer 2022/C 248/01]

4.4.2.3
Knowhow

(85)
Franchiseovereenkomsten, met uitzondering van industriële franchiseovereenkomsten, zijn een voorbeeld van de mededeling van knowhow aan de afnemer voor marketingdoeleinden [1]. Franchiseovereenkomsten omvatten licenties op intellectuele-eigendomsrechten met betrekking tot merken of emblemen, en knowhow voor het gebruik en de distributie van goederen of de verrichting van diensten. Behalve dat de franchisegever de franchisenemer licenties op intellectuele eigendomsrechten verleent, verstrekt de franchisegever de franchisenemer gewoonlijk voor de looptijd van de overeenkomst commerciële of technische bijstand, bijvoorbeeld in verband met inkoop, opleiding, advies over vastgoed en financiële planning. De licentie en de verstrekte bijstand vormen integrerende bestanddelen van het in franchise gegeven bedrijfsconcept.
[30-06-2022, PbEU C 248, i.w.tr. 30-06-2022/regelingnummer 2022/C 248/01]

(86)
Licenties in franchiseovereenkomsten vallen onder Verordening (EU) 2022/720 indien aan alle vijf in punt (72) genoemde voorwaarden is voldaan. Dat is gewoonlijk het geval, daar onder de meeste franchiseovereenkomsten, met inbegrip van master-franchiseovereenkomsten, de franchisegever de franchisenemer goederen en/of diensten verstrekt, in het bijzonder diensten op het gebied van commerciële of technische bijstand. De intellectuele-eigendomsrechten helpen de franchisenemer de door de franchisegever of een door hem aangewezen leverancier geleverde producten door te verkopen of die producten te gebruiken en de daaruit voortvloeiende goederen of diensten te verkopen. Wanneer de franchiseovereenkomst uitsluitend of hoofdzakelijk het in licentie geven van intellectuele-eigendomsrechten betreft, valt zij niet onder Verordening (EU) 2022/720, maar de Commissie zal er in de regel de in Verordening (EU) 2022/720 en in deze richtsnoeren uiteengezette beginselen op toepassen.
[30-06-2022, PbEU C 248, i.w.tr. 30-06-2022/regelingnummer 2022/C 248/01]

(87)
De volgende verplichtingen in verband met intellectuele-eigendomsrechten worden over het algemeen als noodzakelijk beschouwd om de intellectuele-eigendomsrechten van de franchisegever te beschermen, en vallen, indien artikel 101, lid 1, van het Verdrag van toepassing is, eveneens binnen het toepassingsgebied van Verordening (EU) 2022/720:

---

(1) De punten (85) tot en met (87) zijn naar analogie van toepassing op andere soorten distributieovereenkomsten waarbij sprake is van de overdracht van wezenlijke knowhow van de leverancier aan de afnemer.

(a) een verplichting van de franchisenemer om direct noch indirect een vergelijkbare bedrijfsactiviteit uit te oefenen;
(b) de verplichting van de franchisenemer om geen financiële belangen in een concurrerende onderneming te verwerven die hem de macht te geven het economische gedrag van die onderneming te beïnvloeden;
(c) een verplichting van de franchisenemer om de hem door de franchisegever verstrekte knowhow niet aan derden bekend te maken zolang die knowhow niet tot het publieke domein is gaan behoren;
(d) de verplichting van de franchisenemer om de franchisegever alle bij de exploitatie van de franchise opgedane ervaring mede te delen en hem en andere franchisenemers een niet-exclusieve licentie te verlenen op de uit die ervaring voortvloeiende knowhow;
(e) de verplichting van de franchisenemer om de franchisegever in kennis te stellen van inbreuken op de in licentie gegeven intellectuele-eigendomsrechten, in rechte op te treden tegen inbreukmakers of de franchisegever bijstand te verlenen bij rechtsvorderingen tegen inbreukmakers;
(f) een verplichting van de franchisenemer om de hem door de franchisegever in licentie gegeven knowhow niet te gebruiken voor andere doeleinden dan de exploitatie van de franchise;
(g) de verplichting van de franchisenemer de in de franchiseovereenkomst vervatte rechten en verplichtingen niet zonder toestemming van de franchisegever aan anderen over te dragen.

[30-06-2022, PbEU C 248, i.w.tr. 30-06-2022/regelingnummer 2022/C 248/01]

4.4.3
Verticale overeenkomsten tussen concurrenten

(88)
Met betrekking tot verticale overeenkomsten tussen concurrenten, zij in de eerste plaats opgemerkt dat, overeenkomstig artikel 2, lid 7, van Verordening (EU) 2022/720, waarvoor in afdeling 4.5 leidraden worden gegeven, de verordening niet van toepassing is op verticale overeenkomsten waarvan het onderwerp binnen het toepassingsgebied van een andere groepsvrijstellingsverordening valt, tenzij in die andere verordening anders is bepaald.
[30-06-2022, PbEU C 248, i.w.tr. 30-06-2022/regelingnummer 2022/C 248/01]

(89)
In artikel 2, lid 4, eerste zin, van Verordening (EU) 2022/720 is de algemene regel neergelegd dat de vrijstelling van artikel 2, lid 1, van de verordening niet van toepassing is op verticale overeenkomsten tussen concurrerende ondernemingen.
[30-06-2022, PbEU C 248, i.w.tr. 30-06-2022/regelingnummer 2022/C 248/01]

(90)
Een concurrerende onderneming wordt in artikel 1, lid 1, punt c), van Verordening (EU) 2022/720 gedefinieerd als 'een daadwerkelijke of potentiële concurrent'. Twee ondernemingen worden als daadwerkelijke concurrenten behandeld indien zij actief zijn op dezelfde relevante (product- en geografische) markt. Een onderneming wordt

als potentiële concurrent van een andere onderneming behandeld indien het, zonder verticale overeenkomst tussen de ondernemingen, waarschijnlijk is dat de eerste binnen een korte tijd (normaal niet langer dan één jaar) de vereiste extra investeringen doet of andere noodzakelijke kosten maakt om de relevante markt waarop de andere onderneming actief is, te betreden. Die beoordeling moet op realistische gronden berusten, met inachtneming van de structuur van de markt en de economische en juridische context. De louter theoretische mogelijkheid om een markt te betreden is ontoereikend. Er moeten reële en concrete mogelijkheden voor de onderneming bestaan om de markt te betreden en er mogen geen onoverkomelijke barrières voor toetreding zijn. Omgekeerd hoeft niet met zekerheid te worden aangetoond dat de onderneming de betrokken markt daadwerkelijk zal betreden en dat zij in staat zal zijn haar positie aldaar te behouden [1].
[30-06-2022, PbEU C 248, i.w.tr. 30-06-2022/regelingnummer 2022/C 248/01]

(91)
Verticale overeenkomsten tussen concurrerende ondernemingen die niet onder de in artikel 2, lid 4, tweede zin, van Verordening (EU) 2022/720 beschreven uitzonderingen vallen, waarvoor in de punten (93) tot en met (95) leidraden worden gegeven, moeten individueel aan artikel 101 van het Verdrag worden getoetst. De onderhavige richtsnoeren zijn relevant voor de beoordeling van de verticale beperkingen in dergelijke overeenkomsten. De horizontale richtsnoeren kunnen relevante leidraden geven voor de beoordeling van mogelijke collusie-effecten.
[30-06-2022, PbEU C 248, i.w.tr. 30-06-2022/regelingnummer 2022/C 248/01]

(92)
Een groothandelaar of detailhandelaar die specificaties verstrekt aan een fabrikant om goederen te produceren voor verkoop onder de merknaam van die groothandelaar of detailhandelaar, wordt voor de toepassing van artikel 2, lid 4, punt a), van Verordening (EU) 2022/720 niet beschouwd als fabrikant van dergelijke eigen-merkgoederen en bijgevolg niet als concurrent van de fabrikant. De vrijstelling van artikel 2, lid 1, van de verordening kan derhalve van toepassing zijn op een verticale overeenkomst tussen enerzijds een groothandelaar of detailhandelaar die eigen merkgoederen verkoopt die door een derde (d.w.z. niet intern) zijn vervaardigd, en anderzijds een fabrikant van concurrerende merkgoederen [2]. Daarentegen worden groothandelaren en detailhandelaren die zelf goederen vervaardigen voor verkoop onder hun eigen merknaam als fabrikanten beschouwd en derhalve is de vrijstelling van artikel 2, lid 1, van de verordening niet van toepassing op verticale overeenkomsten welke die groothandelaren of detailhandelaren sluiten met fabrikanten van concurrerende merkgoederen.
[30-06-2022, PbEU C 248, i.w.tr. 30-06-2022/regelingnummer 2022/C 248/01]

---

[1] Zie het arrest van 30 januari 2020, *Generics (UK) e.a./Autoriteit Mededinging en markten*, zaak C-307/18, ECLI:EU:C:2020:52, punten 36 tot en met 45; het arrest van 25 maart 2021, *H. Lundbeck A/S en Lundbeck Ltd/Europese Commissie*, C-591/16 P, ECLI:EU:C:2021:243, punten 54 tot en met 57.
[2] Dit laat de toepassing van de toeleveringsbekendmaking onverlet, zie punt (47) van de onderhavige richtsnoeren.

(93)
Artikel 2, lid 4, tweede zin, van Verordening (EU) 2022/720 bevat twee uitzonderingen op de algemene regel dat de groepsvrijstelling niet van toepassing is op overeenkomsten tussen concurrerende ondernemingen. Meer in het bijzonder wordt in artikel 2, lid 4, tweede zin, bepaald dat de in artikel 2, lid 1, van de verordening voorziene vrijstelling van toepassing is op niet-wederkerige verticale overeenkomsten tussen concurrerende ondernemingen die voldoen aan de voorwaarden van artikel 2, lid 4, punt a), of punt b), van de verordening. Niet-wederkerig betekent met name dat de afnemer van de contractgoederen of -diensten niet tevens concurrerende goederen of diensten aan de leverancier levert.
[30-06-2022, PbEU C 248, i.w.tr. 30-06-2022/regelingnummer 2022/C 248/01]

(94)
De twee uitzonderingen in artikel 2, lid 4, tweede zin, van Verordening (EU) 2022/720 hebben beide betrekking op scenario's van duale distributie, namelijk waarin een leverancier van goederen of diensten ook actief is op het downstreamniveau en daarbij concurreert met zijn onafhankelijke distributeurs. Artikel 2, lid 4, punt a), van de verordening betreft het scenario waarin de leverancier de contractgoederen op verschillende handelsniveaus verkoopt, namelijk op het upstreamniveau als fabrikant, importeur of groothandelaar en op het downstreamniveau als importeur, groothandelaar of detailhandelaar, terwijl de afnemer de contractgoederen op een downstreamniveau verkoopt, namelijk als importeur, groothandelaar of detailhandelaar, en geen concurrerende onderneming is op het upstreamniveau waar hij de contractgoederen koopt. Artikel 2, lid 4, punt b), van de verordening betreft het scenario waarin de leverancier een aanbieder van diensten is die op verschillende handelsniveaus actief is, terwijl de afnemer slechts diensten levert op het detailhandelsniveau en niet met de leverancier concurreert op het handelsniveau waar hij de contractdiensten koopt.
[30-06-2022, PbEU C 248, i.w.tr. 30-06-2022/regelingnummer 2022/C 248/01]

(95)
De reden voor de in artikel 2, lid 4, punten a) en b), van Verordening (EU) 2022/720 beschreven uitzonderingen is dat, in een scenario van duale distributie, de potentiële negatieve impact van de verticale overeenkomst op de concurrentieverhouding tussen de leverancier en de afnemer op het downstreamniveau minder significant wordt geacht dan de potentiële positieve impact van de verticale overeenkomst op de concurrentie op het upstream- of downstreamniveau in het algemeen. Aangezien artikel 2, lid 4, punten a) en b), uitzonderingen bevat op de algemene regel dat Verordening (EU) 2022/720 niet van toepassing is op overeenkomsten tussen concurrerende ondernemingen, moeten die uitzonderingen eng worden uitgelegd.
[30-06-2022, PbEU C 248, i.w.tr. 30-06-2022/regelingnummer 2022/C 248/01]

(96)
Indien aan de voorwaarden van artikel 2, lid 4, punt a) of punt b), van Verordening (EU) 2022/720 is voldaan, is de in artikel 2, lid 1, van de verordening vervatte vrijstelling van toepassing op alle aspecten van de verticale overeenkomst in kwestie, waaronder doorgaans uitwisseling van informatie tussen de partijen die betrokken zijn bij

de uitvoering van de overeenkomst [1]. Informatie-uitwisseling kan bijdragen tot de concurrentiebevorderende effecten van verticale overeenkomsten, waaronder de optimalisering van productie- en distributieprocessen. Dit geldt ook in de scenario's van duale distributie. Niet alle uitwisselingen van informatie tussen een leverancier en een afnemer in een scenario van duale distributie zijn echter efficiëntiebevorderend. Daarom is in artikel 2, lid 5, van Verordening (EU) 2022/720 bepaald dat de uitzonderingen van artikel 2, lid 4, punten a) en b), niet van toepassing zijn op de uitwisseling van informatie tussen een leverancier en een afnemer die hetzij niet rechtstreeks verband houdt met de uitvoering van de verticale overeenkomst, hetzij niet noodzakelijk is om de productie of distributie van de contractgoederen of -diensten te verbeteren, hetzij aan geen van beide voorwaarden voldoet. Artikel 2, lid 5, van de verordening en de leidraden in de punten (96) tot en met (103) hebben uitsluitend betrekking op informatie-uitwisseling in het kader van duale distributie, dat wil zeggen informatie-uitwisseling tussen de partijen bij een verticale overeenkomst die aan de voorwaarden van artikel 2, lid 4, punten a) of b), van de verordening voldoet.
[30-06-2022, PbEU C 248, i.w.tr. 30-06-2022/regelingnummer 2022/C 248/01]

(97)
Voor de toepassing van artikel 2, lid 5, van de verordening en de onderhavige richtsnoeren omvat informatie-uitwisseling elke mededeling van informatie door één partij bij de verticale overeenkomst aan de andere partij, ongeacht de kenmerken van de uitwisseling, bijvoorbeeld of de informatie door slechts één partij of door beide partijen wordt medegedeeld, dan wel of de informatie schriftelijk of mondeling wordt uitgewisseld. Het doet er evenmin toe of de vorm en de inhoud van de informatie-uitwisseling uitdrukkelijk is overeenkomen in de verticale overeenkomst, dan wel of die op informele basis plaatsvindt, bijvoorbeeld wanneer een partij bij de verticale overeenkomst informatie verstrekt zonder dat de andere partij daarom heeft verzocht.
[30-06-2022, PbEU C 248, i.w.tr. 30-06-2022/regelingnummer 2022/C 248/01]

(98)
Of een uitwisseling van informatie in een scenario van duale distributie rechtstreeks verband houdt met de uitvoering van de verticale overeenkomst en noodzakelijk is om de productie of distributie van de contractgoederen of -diensten in de zin van artikel 2, lid 5, van Verordening (EU) 2022/720 te verbeteren, kan afhangen van het specifieke distributiemodel. Zo kan het bijvoorbeeld in het kader van een exclusieve distributieovereenkomst noodzakelijk zijn dat de partijen informatie uitwisselen over hun respectieve verkoopactiviteiten in specifieke gebieden of met betrekking tot specifieke klantengroepen. In het kader van een franchiseovereenkomst kan het nodig zijn dat de franchisegever en de franchisenemer informatie uitwisselen met betrek-

---

[1] De leidraden in de onderhavige richtsnoeren doen geen afbreuk aan de toepassing van Verordening (EU) 2016/679 van het Europees Parlement en de Raad van 27 april 2016 betreffende de bescherming van natuurlijke personen in verband met de verwerking van persoonsgegevens en betreffende het vrije verkeer van die gegevens en tot intrekking van Richtlijn 95/46/EG (algemene verordening gegevensbescherming) (*PB* L 119 van 4.5.2016, blz. 1) en andere wetgeving van de Unie die van toepassing is op de uitwisseling van informatie in de zin van lid (97) van de onderhavige richtsnoeren.

king tot de toepassing van een uniform bedrijfsmodel in het gehele franchisenet [1]. In een stelsel van selectieve distributie kan het voor de distributeur noodzakelijk zijn om informatie te delen met de leverancier over zijn naleving van de selectiecriteria en van enige beperking op de verkoop aan niet-erkende distributeurs.
[30-06-2022, PbEU C 248, i.w.tr. 30-06-2022/regelingnummer 2022/C 248/01]

(99)
Hieronder volgt een niet-limitatieve lijst van voorbeelden van informatie die, afhankelijk van de specifieke omstandigheden, al dan niet rechtstreeks verband houdt met de uitvoering van de verticale overeenkomst en noodzakelijk is om de productie of distributie van de contractgoederen of -diensten te verbeteren [2]:
(a) technische informatie over de contractgoederen of -diensten, zoals informatie over de registratie, de certificering, de behandeling, het gebruik, het onderhoud, de reparatie, de opwaardering of de recycling van de contractgoederen of -diensten, met name wanneer die informatie aan wettelijke maatregelen moet voldoen, en informatie die de leverancier of afnemer in staat stelt de contractgoederen of -diensten aan de vereisten van de klant aan te passen;
(b) logistieke informatie met betrekking tot de productie en distributie van de contractgoederen of -diensten op upstream- of downstreamniveau, met inbegrip van informatie over productieprocessen, inventarisering, voorraden en, behoudens punt (100)(b), verkoopvolumes en retourzendingen;
(c) behoudens punt (100)(b), informatie over klantaankopen van de contractgoederen of -diensten, klantvoorkeuren en klantfeedback, op voorwaarde dat de uitwisseling van dergelijke informatie niet wordt gebruikt om het gebied te beperken waarin, of de klanten aan wie, de afnemer de contractgoederen of -diensten mag verkopen in de zin van artikel 4, punten b), c) of d), van Verordening (EU) 2022/720;
(d) informatie over de prijzen waartegen de contractgoederen of -diensten door de leverancier aan de afnemer worden verkocht;
(e) behoudens punt (100)(a), informatie over de aanbevolen of maximumwederverkoopprijzen van de leverancier voor de contractgoederen of -diensten, en informatie met over de prijzen waartegen de afnemer de goederen of diensten wederverkoopt, mits de uitwisseling van dergelijke informatie niet wordt gebruikt om de mogelijkheden van de afnemer tot het vaststellen van zijn verkoopprijs te beperken of om een vaste of minimumverkoopprijs af te dwingen in de zin van artikel 4, punt a), van Verordening (EU) 2022/720 [3];
(f) behoudens punt (100) en punt (e) van het onderhavige punt, informatie over de marketing van de contractgoederen of -diensten, met inbegrip van informatie over promotiecampagnes en informatie over nieuwe, in het kader van de verticale overeenkomst te leveren contractgoederen of -diensten;

---

(1) Zie punt 31 van de richtsnoeren betreffende de toepassing van artikel 101, lid 3.
(2) Tenzij anders aangegeven, hebben de voorbeelden betrekking op informatie die door de leverancier of de afnemer wordt meegedeeld, ongeacht de frequentie van de mededeling en ongeacht of de informatie betrekking heeft op vroeger, huidig of toekomstig gedrag.
(3) Zie afdeling 6.1.1 voor verdere leidraden over verticale prijsbinding, met inbegrip van indirecte middelen om verticale prijsbinding toe te passen.

(g) informatie over prestaties, met inbegrip van door de leverancier aan de afnemer meegedeelde geaggregeerde informatie over de marketing- en verkoopactiviteiten van andere afnemers van de contractgoederen of -diensten, mits de afnemer hierdoor niet in staat wordt gesteld de activiteiten van bepaalde concurrerende afnemers te identificeren, alsmede informatie met betrekking tot het volume of de waarde van de verkoop van de contractgoederen of -diensten door de afnemer in verhouding tot zijn verkoop van concurrerende goederen of diensten.

[30-06-2022, PbEU C 248, i.w.tr. 30-06-2022/regelingnummer 2022/C 248/01]

(100)

Hieronder volgen voorbeelden van informatie die over het algemeen wellicht niet voldoen aan de twee voorwaarden van artikel 2, lid 5, van Verordening (EU) 2022/720 wanneer die informatie wordt uitgewisseld tussen een leverancier en een afnemer in een scenario van duale distributie:
(a) informatie over de toekomstige prijzen waartegen de leverancier of afnemer voornemens zijn de contractgoederen of -diensten downstream te verkopen;
(b) informatie over geïdentificeerde eindgebruikers van de contractgoederen of -diensten, tenzij de uitwisseling van dergelijke informatie noodzakelijk is:
  (1) om de leverancier of afnemer in staat te stellen aan de vereisten van een specifieke eindgebruiker te voldoen, bijvoorbeeld om de contractgoederen of -diensten aan te passen aan de eisen van de eindgebruiker, om de eindgebruiker bijzondere voorwaarden toe te staan, onder meer in het kader van een klantenbindingsprogramma, of om te voorzien in diensten die vooraf gaan aan de verkoop of erna worden geleverd, inclusief garantiediensten,
  (2) om uitvoering te geven aan of toezicht te houden op de naleving van een selectieve-distributieovereenkomst of een exclusieve distributieovereenkomst waarbij bepaalde eindgebruikers worden toegewezen aan de leverancier of afnemer;
(c) informatie met betrekking tot goederen die door een afnemer onder zijn eigen merknaam worden verkocht, uitgewisseld tussen de afnemer en een fabrikant van concurrerende merkgoederen, tenzij de fabrikant tevens de producent van die eigen merkgoederen is.

[30-06-2022, PbEU C 248, i.w.tr. 30-06-2022/regelingnummer 2022/C 248/01]

(101)

De voorbeelden in de punten (99) en (100) zijn bedoeld om ondernemingen te helpen bij hun zelfbeoordeling. De opname van een bepaald type informatie in lid (99) betekent echter niet dat de uitwisseling van dergelijke informatie in alle gevallen zal voldoen aan de twee voorwaarden zoals uiteengezet in artikel 2, lid 5, van Verordening (EU) 2022/720. De opname van een bepaald type informatie in lid (100) betekent evenmin dat de uitwisseling van dergelijke informatie nooit aan die twee voorwaarden zal voldoen. Ondernemingen moeten derhalve de voorwaarden van artikel 2, lid 5, van de verordening toepassen op de specifieke feiten van hun verticale overeenkomst.

[30-06-2022, PbEU C 248, i.w.tr. 30-06-2022/regelingnummer 2022/C 248/01]

(102)
Wanneer de partijen bij een verticale overeenkomst die aan de voorwaarden van artikel 2, lid 4, punt a) of b), van Verordening (EU) 2022/720 voldoet, informatie uitwisselen die hetzij niet rechtstreeks verband houdt met de uitvoering van hun verticale overeenkomst, hetzij niet noodzakelijk is om de productie of distributie van de contractgoederen of -diensten te verbeteren, of aan geen van beide voorwaarden voldoet, moet de uitwisseling van informatie afzonderlijk aan artikel 101 van het Verdrag worden getoetst. Dergelijke uitwisselingen zijn niet noodzakelijk in strijd met artikel 101 van het Verdrag. Bovendien vallen de overige bepalingen van de verticale overeenkomst nog altijd onder de in artikel 2, lid 1, van de verordening vervatte vrijstelling, op voorwaarde dat de overeenkomst voor het overige voldoet aan de in de verordening vastgestelde voorwaarden.
[30-06-2022, PbEU C 248, i.w.tr. 30-06-2022/regelingnummer 2022/C 248/01]

(103)
Wanneer concurrerende ondernemingen een verticale overeenkomst sluiten en informatie uitwisselen die niet onder de vrijstelling van artikel 2, lid 1, van de Verordening [1] valt, kunnen zij voorzorgsmaatregelen nemen om het risico te beperken dat de uitwisseling van informatie concurrentiebezwaren doet rijzen [2]. Zij kunnen bijvoorbeeld alleen informatie in geaggregeerde vorm uitwisselen of zorgen voor een passende termijn tussen het genereren van de informatie en de uitwisseling ervan. Bovendien kunnen zij gebruikmaken van technische of administratieve maatregelen, zoals firewalls, om ervoor te zorgen dat de door de afnemer meegedeelde informatie alleen toegankelijk is voor het personeel dat verantwoordelijk is voor de upstreamactiviteiten van de leverancier en niet voor het personeel dat verantwoordelijk is voor de downstreamactiviteiten van de leverancier op het gebied van de directe verkoop. Het gebruik van dergelijke voorzorgsmaatregelen kan er echter niet voor zorgen dat informatie-uitwisselingen die anders buiten het toepassingsgebied van de vrijstelling van artikel 2, lid 1, van Verordening (EU) 2022/720 zouden vallen, binnen het toepassingsgebied van de vrijstelling vallen.
[30-06-2022, PbEU C 248, i.w.tr. 30-06-2022/regelingnummer 2022/C 248/01]

4.4.4
Verticale overeenkomsten met aanbieders van onlinetussenhandelsdiensten die een hybride functie hebben

(104)
Overeenkomstig artikel 2, lid 6, van Verordening (EU) 2022/720 zijn de uitzonderingen voor duale distributie in artikel 2, lid 4, punten a) en b), van de verordening niet van toepassing op verticale overeenkomsten betreffende het verrichten van onlinetussenhandelsdiensten wanneer de aanbieder van die diensten een hybride functie heeft, namelijk ook een concurrerende onderneming is op de relevante markt voor

---

(1) Bijvoorbeeld omdat niet is voldaan aan de voorwaarden van artikel 2, lid 4, artikel 2, lid 5, of artikel 3, lid 1, van de verordening.
(2) Zie het hoofdstuk over informatie-uitwisseling in de horizontale richtsnoeren en alle toekomstige versies van die richtsnoeren.

de verkoop van de middels tussenhandelsdiensten geleverde goederen of diensten [1]. Artikel 2, lid 6, van Verordening (EU) 2022/720 is van toepassing op verticale overeenkomsten 'betreffende' de levering van onlinetussenhandelsdiensten, ongeacht of de overeenkomst betrekking heeft op de levering van die diensten aan een partij bij de overeenkomst of aan derden.
[30-06-2022, PbEU C 248, i.w.tr. 30-06-2022/regelingnummer 2022/C 248/01]

(105)
Verticale overeenkomsten betreffende de levering van onlinetussenhandelsdiensten die worden gesloten door aanbieders van onlinetussenhandelsdiensten met een dergelijke hybride functie, voldoen niet aan de motivering voor de uitzondering voor duale distributie in artikel 2, lid 4, punten a) en b), van Verordening (EU) 2022/720. Dergelijke aanbieders kunnen een prikkel hebben om hun eigen verkoop te bevoordelen en de uitkomst te beïnvloeden van de concurrentie tussen ondernemingen die hun onlinetussenhandelsdiensten gebruiken. Dergelijke verticale overeenkomsten kunnen derhalve aanleiding geven tot bezorgdheid over de concurrentie in het algemeen op de relevante markten voor de verkoop van de middels tussenhandelsdiensten geleverde goederen of diensten.
[30-06-2022, PbEU C 248, i.w.tr. 30-06-2022/regelingnummer 2022/C 248/01]

(106)
Artikel 2, lid 6, van Verordening (EU) 2022/720 is van toepassing op verticale overeenkomsten betreffende de levering van onlinetussenhandelsdiensten wanneer de aanbieder van onlinetussenhandelsdiensten een daadwerkelijke of potentiële concurrent is op de relevante markt voor de verkoop van de middels tussenhandelsdiensten geleverde goederen of diensten. In het bijzonder moet het waarschijnlijk zijn dat de aanbieder van onlinetussenhandelsdiensten binnen een korte periode (gewoonlijk niet langer dan een jaar) de vereiste extra investeringen doet of andere noodzakelijke kosten maakt om de relevante markt voor de verkoop van de middels tussenhandelsdiensten geleverde goederen of diensten te betreden [2].
[30-06-2022, PbEU C 248, i.w.tr. 30-06-2022/regelingnummer 2022/C 248/01]

(107)
Overeenkomsten betreffende het verrichten van onlinetussenhandelsdiensten die overeenkomstig artikel 2, lid 6, van Verordening (EU) 2022/720 niet onder de vrijstelling van artikel 2, lid 1, van het Verdrag vallen, moeten individueel aan artikel 101 van het Verdrag worden getoetst. Dergelijke overeenkomsten beperken niet noodzakelijkerwijs de concurrentie in de zin van artikel 101, lid 1, van het Verdrag, of zij kunnen voldoen aan de voorwaarden voor een individuele vrijstelling op grond van artikel 101, lid 3, van het Verdrag. De-minimisbekendmaking kan van toepassing zijn wanneer de partijen lage marktaandelen hebben op de relevante markt voor het

---

[1] De toepassing van artikel 2, lid 6, van Verordening (EU) 2022/720 veronderstelt dat de door de verlener van onlinetussenhandelsdiensten met een hybride functie gesloten verticale overeenkomst niet kan worden aangemerkt als een agentuurovereenkomst die buiten het toepassingsgebied van artikel 101, lid 1, van het Verdrag valt, zie de punten (46) en (63).
[2] Zie punt (90).

verrichten van onlinetussenhandelsdiensten en de relevante markt voor de verkoop van de middels tussenhandelsdiensten geleverde goederen of diensten [1]. De horizontale richtsnoeren kunnen relevante leidraden geven voor de beoordeling van mogelijke collusie-effecten. Deze richtsnoeren kunnen als leidraad dienen voor de beoordeling van eventuele verticale beperkingen.
[30-06-2022, PbEU C 248, i.w.tr. 30-06-2022/regelingnummer 2022/C 248/01]

(108)
Wanneer er geen sprake is van concurrentiebeperkende strekking, zijn merkbare concurrentieverstorende effecten onwaarschijnlijk wanneer de aanbieder van onlinetussenhandelsdiensten geen marktmacht heeft op de relevante markt voor onlinetussenhandelsdiensten, bijvoorbeeld omdat hij die markt pas onlangs heeft betreden (start-upfase). In de onlineplatformeconomie kunnen de door een aanbieder van onlinetussenhandelsdiensten gegenereerde inkomsten (bijvoorbeeld provisies) slechts een eerste maatstaf zijn voor de omvang van zijn marktmacht en kan het ook nodig zijn rekening te houden met alternatieve maatstaven, zoals het aantal door de aanbieder bemiddelde transacties, het aantal gebruikers van de onlinetussenhandelsdiensten (verkopers en/of kopers) en de mate waarin die gebruikers gebruikmaken van de diensten van andere aanbieders. Het is ook onwaarschijnlijk dat een aanbieder van onlinetussenhandelsdiensten marktmacht heeft wanneer hij niet profiteert van merkbare positieve directe of indirecte neteffecten.
[30-06-2022, PbEU C 248, i.w.tr. 30-06-2022/regelingnummer 2022/C 248/01]

(109)
Wanneer er geen sprake is van concurrentiebeperkende strekking of aanzienlijke marktmacht, is het onwaarschijnlijk dat de Commissie prioriteit zal geven aan handhavingsmaatregelen ten aanzien van verticale overeenkomsten betreffende de levering van onlinetussenhandelsdiensten wanneer de aanbieder een hybride functie vervult. Dit is met name het geval wanneer een leverancier in een scenario van duale distributie kopers van zijn goederen of diensten toestaat zijn website te gebruiken om de goederen of diensten te distribueren, maar niet toestaat dat de website wordt gebruikt om concurrerende merken van goederen of diensten aan te bieden en niet anderszins actief is op de relevante markt voor het verrichten van onlinetussenhandelsdiensten met betrekking tot dergelijke goederen of diensten.
[30-06-2022, PbEU C 248, i.w.tr. 30-06-2022/regelingnummer 2022/C 248/01]

4.5
Relatie met andere groepsvrijstellingsverordeningen

(110)
Zoals in de afdelingen 4.1 en 4.2 is uiteengezet, is Verordening (EU) 2022/720 van toepassing op verticale overeenkomsten, die uitsluitend op grond van Verordening (EU) 2022/720 en de onderhavige richtsnoeren moeten worden beoordeeld, tenzij in de

---

(1) Zie punt (26).

onderhavige richtsnoeren uitdrukkelijk anders is bepaald. Dergelijke overeenkomsten kunnen onder de bij Verordening (EU) 2022/720 ingestelde veilige zone vallen.
[30-06-2022, PbEU C 248, i.w.tr. 30-06-2022/regelingnummer 2022/C 248/01]

(111)
Artikel 2, lid 7, van Verordening (EU) 2022/720 bepaalt dat die verordening 'niet van toepassing [is] op verticale overeenkomsten waarvan het onderwerp binnen het toepassingsbereik van andere groepsvrijstellingsverordeningen valt, tenzij in een dergelijke verordening anders is bepaald'. Daarom is het van belang om van meet af aan na te gaan of een verticale overeenkomst binnen het toepassingsgebied van een andere groepsvrijstellingsverordening valt.
[30-06-2022, PbEU C 248, i.w.tr. 30-06-2022/regelingnummer 2022/C 248/01]

(112)
Verordening (EU) 2022/720 is niet van toepassing op verticale overeenkomsten die binnen het toepassingsgebied vallen van de volgende groepsvrijstellingsverordeningen of toekomstige groepsvrijstellingsverordeningen met betrekking tot de soorten overeenkomsten die in het onderhavige punt worden genoemd, tenzij in de desbetreffende verordening anders is bepaald:
— Verordening (EU) nr. 316/2014 van de Commissie;
— Verordening (EU) nr. 1217/2010 van de Commissie [1];
— Verordening (EU) nr. 1218/2010 van de Commissie [2].
[30-06-2022, PbEU C 248, i.w.tr. 30-06-2022/regelingnummer 2022/C 248/01]

(113)
Verordening (EU) 2022/720 is evenmin van toepassing op de soorten overeenkomsten tussen concurrenten die in de horizontale richtsnoeren worden genoemd, tenzij in de horizontale richtsnoeren anders is bepaald.
[30-06-2022, PbEU C 248, i.w.tr. 30-06-2022/regelingnummer 2022/C 248/01]

(114)
Verordening (EU) 2022/720 is van toepassing op verticale overeenkomsten betreffende de koop, verkoop of doorverkoop van vervangingsonderdelen voor motorvoertuigen en het verrichten van herstellings- en onderhoudsdiensten voor motorvoertuigen. Dergelijke overeenkomsten vallen enkel onder de door Verordening (EU) 2022/720 ingestelde veilige zone indien zij, naast de voorwaarden van Verordening (EU) 2022/720, ook vol-

---

[1] Verordening (EU) nr. 1217/2010 van de Commissie van 14 december 2010 betreffende de toepassing van artikel 101, lid 3, van het Verdrag betreffende de werking van de Europese Unie op bepaalde groepen onderzoeks- en ontwikkelingsovereenkomsten (*PB* L 335 van 18.12.2010, blz. 36).
[2] Verordening (EU) nr. 1218/2010 van de Commissie van 14 december 2010 betreffende de toepassing van artikel 101, lid 3, van het Verdrag betreffende de werking van de Europese Unie op bepaalde groepen specialisatieovereenkomsten (*PB* L 335 van 18.12.2010, blz. 43).

Richtsnoeren inzake verticale beperkingen

doen aan de voorwaarden van Verordening (EU) nr. 461/2010 van de Commissie [1] en de begeleidende richtsnoeren.
[30-06-2022, PbEU C 248, i.w.tr. 30-06-2022/regelingnummer 2022/C 248/01]

4.6
Specifieke soorten distributiestelsels

(115)
Een leverancier is vrij om de distributie van zijn goederen of diensten naar eigen goeddunken te organiseren. De leverancier kan bijvoorbeeld kiezen voor verticale integratie, d.w.z. dat hij zijn goederen of diensten direct aan eindgebruikers verkoopt of distribueert via zijn verticaal geïntegreerde distributeurs, die verbonden ondernemingen zijn in de zin van artikel 1, lid 2, van Verordening (EU) 2022/720. Bij dit soort distributiesysteem is er sprake van één enkele onderneming, zodat het buiten het toepassingsgebied van artikel 101, lid 1, van het Verdrag valt.
[30-06-2022, PbEU C 248, i.w.tr. 30-06-2022/regelingnummer 2022/C 248/01]

(116)
De leverancier kan ook besluiten onafhankelijke distributeurs te gebruiken. Daartoe kan de leverancier één of meer soorten distributiestelsels opzetten. Voor bepaalde soorten distributieovereenkomsten, met name selectieve distributie en exclusieve distributie, gelden specifieke definities in artikel 1, lid 1, punten g) en h), van Verordening (EU) 2022/720. In de afdelingen 4.6.1 en 4.6.2, worden leidraden gegeven voor exclusieve en selectieve distributie [2]. De leverancier mag zijn goederen of diensten ook distribueren zonder gebruikt te maken van selectieve of exclusieve distributie. Dor andere soorten distributie worden voor de toepassing van de verordening ingedeeld als vrijedistributiestelsels [3].
[30-06-2022, PbEU C 248, i.w.tr. 30-06-2022/regelingnummer 2022/C 248/01]

4.6.1
Exclusieve distributiestelsels

4.6.1.1
Definitie van exclusief distributiestelsels

(117)
In een exclusief-distributiestelsel, zoals gedefinieerd in artikel 1, lid 1, punt h), van Verordening (EU) 2022/720, wijst de leverancier een grondgebied of een groep klanten exclusief toe aan één afnemer of een beperkt aantal afnemers, waarbij hij al zijn andere

---

[1] Verordening (EU) nr. 461/2010 van de Commissie van 27 mei 2010 betreffende de toepassing van artikel 101, lid 3, van het Verdrag betreffende de werking van de Europese Unie op groepen verticale overeenkomsten en onderling afgestemde feitelijke gedragingen in de motorvoertuigensector (*PB* L 129 van 28.5.2010, blz. 52).
[2] Zie ook de afdelingen 6.1.2.3.1 en 6.1.2.3.2.
[3] Zie ook afdeling 6.1.2.3.3.

afnemers in de Unie beperkt om actief te verkopen naar het exclusieve grondgebied of aan de exclusieve klantengroep [1].
[30-06-2022, PbEU C 248, i.w.tr. 30-06-2022/regelingnummer 2022/C 248/01]

(118)
Leveranciers maken vaak gebruik van exclusieve distributiestelsels om distributeurs ertoe aan te zetten de financiële en niet-financiële investeringen te doen die nodig zijn om hun merk te ontwikkelen in een grondgebied waar hun merk niet algemeen bekend is, om een nieuw product te verkopen naar een bepaald grondgebied of aan een bepaalde klantengroep, of om distributeurs ertoe aan te zetten hun verkoop- en promotieactiviteiten op een bepaald product toe te spitsen. Voor de distributeurs kan de bescherming die de exclusiviteit biedt, hen in staat stellen een bepaald omzetvolume en een marge te behalen die hun investeringsinspanningen rechtvaardigen.
[30-06-2022, PbEU C 248, i.w.tr. 30-06-2022/regelingnummer 2022/C 248/01]

4.6.1.2
Toepassing van artikel 101 van het Verdrag op exclusieve distributiestelsels

(119)
In een distributiestelsel waarin de leverancier een grondgebied of een klantengroep exclusief aan één of meer afnemers toewijst, zijn de belangrijkste mogelijke concurrentierisico's compartimentering van de markt, wat kan leiden tot prijsdiscriminatie, en een verminderde concurrentie binnen een merk. Wanneer de meeste, of alle, sterkste leveranciers die actief zijn op een markt, een exclusief distributiestelsel hanteren, kan dit ook de concurrentie tussen merken verminderen en/of tot collusie op zowel het niveau van de aanbieder als dat van distributie leiden. Ten slotte kan exclusieve distributie leiden tot de uitsluiting van andere distributeurs, waardoor de concurrentie op distributieniveau wordt beperkt, zowel tussen merken als binnen een merk.
[30-06-2022, PbEU C 248, i.w.tr. 30-06-2022/regelingnummer 2022/C 248/01]

(120)
Exclusieve distributieovereenkomsten kunnen onder de vrijstelling van artikel 2, lid 1, van Verordening (EU) 2022/720 vallen op voorwaarde dat het marktaandeel van de leverancier en dat van de afnemer niet meer dan 30 % bedraagt, de overeenkomst geen hardcorebeperkingen in de zin van artikel 4 van Verordening (EU) 2022/720 bevat, en het aantal distributeurs dat per exclusief grondgebied of exclusieve klantengroep wordt aangewezen niet meer dan vijf bedraagt. Een exclusieve distributieovereenkomst kan nog steeds onder de door Verordening (EU) 2022/720 ingestelde 'veilige zone' vallen indien zij wordt gecombineerd met andere verticale beperkingen die niet tot de hardcorebeperkingen behoren, zoals een tot vijf jaar beperkt concurrentiebeding, afnamequotering of exclusieve afname.
[30-06-2022, PbEU C 248, i.w.tr. 30-06-2022/regelingnummer 2022/C 248/01]

---

(1) Zie artikel 1, lid 1, punt h), van Verordening (EU) 2022/720.

(121)
De vrijstelling waarin artikel 2, lid 1, van Verordening (EU) 2022/720 voorziet, is beperkt tot een maximum van vijf distributeurs per exclusief grondgebied of exclusieve klantengroep, teneinde de prikkel voor de distributeurs om te investeren in de promotie en de verkoop van de goederen of diensten van de leverancier in stand te houden, en de leverancier tegelijkertijd voldoende flexibiliteit te bieden om zijn distributiestelsel te organiseren. Boven dat aantal neemt het risico toe dat de exclusieve distributeurs op elkaars investeringen gaan meeliften ('free-riderprobleem'), waardoor de efficiëntie die met exclusieve distributie wordt beoogd, verloren gaat.
[30-06-2022, PbEU C 248, i.w.tr. 30-06-2022/regelingnummer 2022/C 248/01]

(122)
Opdat het exclusieve distributiestelsel onder de vrijstelling van artikel 2, lid 1, van Verordening (EU) 2022/720 zou kunnen vallen, moeten de aangewezen distributeurs beschermd zijn tegen actieve verkoop naar het exclusieve grondgebied of aan de exclusieve klantengroep door alle andere afnemers van de leverancier. Wanneer een leverancier meer dan één distributeur aanwijst voor een exclusief grondgebied of een exclusieve klantengroep, moeten al die distributeurs eveneens worden beschermd tegen actieve verkoop naar het exclusieve grondgebied of aan de exclusieve klantengroep door alle andere afnemers van de leverancier, maar de actieve en passieve verkoop door die distributeurs binnen het exclusieve grondgebied of de exclusieve klantengroep mag niet worden beperkt. Wanneer het exclusieve grondgebied of de exclusieve klantengroep om praktische redenen en niet met het doel parallelhandel te voorkomen tijdelijk niet tegen actieve verkoop door bepaalde afnemers wordt beschermd, bijvoorbeeld wanneer de leverancier het exclusieve distributiestelsel wijzigt en tijd nodig heeft om met bepaalde afnemers opnieuw over beperkingen van de actieve verkoop te onderhandelen, kan het exclusieve distributiestelsel toch vallen onder de in artikel 2, lid 1, van Verordening (EU) 2022/720 bedoelde vrijstelling.
[30-06-2022, PbEU C 248, i.w.tr. 30-06-2022/regelingnummer 2022/C 248/01]

(123)
De verticale overeenkomsten die voor het exclusieve distributiestelsel worden gebruikt, moeten de omvang bepalen van het grondgebied dat of de klantengroep die exclusief aan de distributeurs is toegewezen. Het exclusieve grondgebied kan bijvoorbeeld overeenkomen met het grondgebied van een lidstaat of met een groter of kleiner gebied. Een exclusieve klantengroep kan bijvoorbeeld worden bepaald aan de hand van één of meer criteria, zoals het beroep of de activiteit van de klanten of aan de hand van een lijst van geïdentificeerde klanten. Afhankelijk van die criteria kan de klantengroep tot één klant worden beperkt.
[30-06-2022, PbEU C 248, i.w.tr. 30-06-2022/regelingnummer 2022/C 248/01]

(124)
Wanneer een grondgebied of een klantengroep niet exclusief aan één of meer distributeurs is toegewezen, kan de leverancier het grondgebied of de klantengroep aan zichzelf toewijzen, in welk geval hij al zijn distributeurs daarvan in kennis moet stellen. Dit houdt niet in dat de leverancier commercieel actief moet zijn in het voorbehouden grondgebied of met betrekking tot de voorbehouden klantengroep. Het is bijvoorbeeld

mogelijk dat de leverancier het grondgebied of de klantengroep wil voorbehouden om in de toekomst aan andere distributeurs toe te wijzen.
[30-06-2022, PbEU C 248, i.w.tr. 30-06-2022/regelingnummer 2022/C 248/01]

4.6.1.3
Leidraden voor de individuele beoordeling van exclusieve distributieovereenkomsten

(125)
Buiten het toepassingsgebied van Verordening (EU) 2022/720 is de marktpositie van de leverancier en van zijn concurrenten een zeer belangrijke factor daar de vermindering van de concurrentie binnen een merk slechts een probleem zal doen rijzen indien de concurrentie tussen merken op het niveau van de leverancier of de distributeur beperkt is [1]. Hoe sterker de positie van de leverancier, met name boven de drempel van 30 %, des te groter is de kans dat de concurrentie tussen merken zwak is en des te groter is het concurrentierisico als gevolg van de vermindering van concurrentie binnen een merk.
[30-06-2022, PbEU C 248, i.w.tr. 30-06-2022/regelingnummer 2022/C 248/01]

(126)
De positie van de concurrenten van de leverancier kan in tweeërlei opzicht van betekenis zijn. Doorgaans duidt de aanwezigheid van sterke concurrenten erop dat elke vermindering van de concurrentie binnen een merk zal worden gecompenseerd door voldoende concurrentie tussen merken. Wanneer het aantal leveranciers op een markt echter vrij beperkt is en hun marktpositie uit het oogpunt van hun marktaandeel, hun capaciteit en hun distributienet min of meer dezelfde is, bestaat er een risico van collusie en/of afzwakking van de concurrentie. Een concurrentieverlies binnen een merk kan dat risico verhogen, in het bijzonder wanneer verschillende leveranciers soortgelijke distributiesystemen toepassen.
[30-06-2022, PbEU C 248, i.w.tr. 30-06-2022/regelingnummer 2022/C 248/01]

(127)
Bij meervoudig exclusief dealership, d.w.z. wanneer meerdere leveranciers in een bepaald gebied dezelfde exclusieve distributeur(s) aanwijzen, kan het risico van collusie en/of afzwakking van de concurrentie zowel op het niveau van de leverancier als op dat van de distributeur nog groter zijn. Wanneer één of meer distributeurs het exclusieve recht verkrijgen om twee of meer belangrijke concurrerende producten in hetzelfde gebied te distribueren, kan de concurrentie tussen die merken aanzienlijk worden beperkt. Hoe hoger het cumulatieve marktaandeel van de merken die verkocht worden door exclusie distributeurs van verschillende merken, des te groter het risico van collusie en/of afzwakking van de concurrentie en des minder concurrentie tussen merken. Wanneer één of meer detailhandelaren voor een aantal merken exclusieve distributeurs zijn, bestaat het risico dat zij, wanneer één leverancier de groothandelsprijs van zijn merk verlaagt, niet gauw geneigd zullen zijn die prijsverlaging aan de consument door te geven, omdat in dat geval hun omzet van de andere merken en de

---
[1] Zie zaak C-306/20 — *Visma Enterprise*, punt 78.

winst die zij daarmee maken, zouden afnemen. Ten opzichte van een situatie zonder meervoudig exclusief dealership zullen de leveranciers minder geprikkeld zijn tot onderlinge prijsconcurrentie. Wanneer de marktaandelen van de afzonderlijke leveranciers en afnemers beneden de drempel van 30 % liggen, kunnen dergelijke cumulatieve effecten een reden zijn om de vrijstelling van Verordening (EU) 2022/720 in te trekken.
[30-06-2022, PbEU C 248, i.w.tr. 30-06-2022/regelingnummer 2022/C 248/01]

(128)
Toetredingsdrempels die het voor leveranciers moeilijk kunnen maken hun eigen geïntegreerd distributienet op te zetten of alternatieve distributeurs te vinden, zijn een minder belangrijke factor voor het beoordelen van de mogelijke concurrentieverstorende effecten van exclusieve distributie. Uitsluiting van andere leveranciers doet zich niet voor zolang exclusieve distributie niet wordt gecombineerd met merkexclusiviteit, wat de distributeur ertoe verplicht of ertoe aanzet zijn bestellingen voor een bepaald type product bij één leverancier te plaatsen. De combinatie van exclusieve distributie met merkexclusiviteit kan het voor andere leveranciers moeilijker maken alternatieve distributeurs te vinden, met name wanneer merkexclusiviteit wordt toegepast op een dicht net van exclusieve distributeurs met kleine grondgebieden of in het geval van een cumulatief concurrentieverstorend effect. In een dergelijk scenario moeten de in afdeling 8.2.1 uiteengezette beginselen inzake merkexclusiviteit worden toegepast.
[30-06-2022, PbEU C 248, i.w.tr. 30-06-2022/regelingnummer 2022/C 248/01]

(129)
De combinatie van exclusieve distributie met exclusieve afname, waardoor exclusieve distributeurs verplicht zijn het merk van de leverancier rechtstreeks bij de leverancier in te kopen, vergroot de risico's voor verminderde concurrentie binnen een merk en compartimentering van de markt. Exclusieve distributie beperkt reeds arbitrage door klanten, omdat het aantal distributeurs per exclusief grondgebied wordt beperkt en er geen andere distributeurs actief in dat grondgebied mogen verkopen. Exclusieve afname maakt daarnaast arbitrage tussen de exclusieve distributeurs onmogelijk, omdat zij niet van andere distributeurs binnen het exclusieve distributiestelsel mogen kopen. Hierdoor heeft de leverancier meer mogelijkheden om de concurrentie binnen een merk te beperken en ten koste van de consument ongelijke verkoopvoorwaarden toe te passen, tenzij door de combinatie van exclusieve distributie en exclusieve afname efficiëntieverbeteringen kunnen worden verwezenlijkt waarvan de klanten profiteren.
[30-06-2022, PbEU C 248, i.w.tr. 30-06-2022/regelingnummer 2022/C 248/01]

(130)
Uitsluiting van andere distributeurs vormt geen probleem wanneer de leverancier die het exclusieve distributiestelsel toepast op dezelfde relevante markt een groot aantal exclusieve distributeurs aanwijst en die exclusieve distributeurs geen beperkingen oplegt met betrekking tot verkoop aan niet-aangewezen distributeurs. Uitsluiting van andere distributeurs kan echter een probleem vormen wanneer er op de downstreammarkt sprake is van marktmacht, in het bijzonder wanneer in zeer grote gebieden een exclusieve distributeur de enige afnemer wordt voor een hele markt. Dat kan zich bijvoorbeeld voordoen wanneer een supermarktketen op een nationale detailhandelsmarkt voor levensmiddelen de enige distributeur van een leidend merk wordt.

De uitsluiting van andere distributeurs kan erger zijn in het geval van meervoudig exclusief dealership.
[30-06-2022, PbEU C 248, i.w.tr. 30-06-2022/regelingnummer 2022/C 248/01]

(131)
Afnemersmacht kan ook het risico van collusie aan de vraagzijde verhogen wanneer de exclusieve distributieregelingen door belangrijke, mogelijkerwijs in verschillende grondgebieden gevestigde afnemers aan één of meer leveranciers worden opgelegd.
[30-06-2022, PbEU C 248, i.w.tr. 30-06-2022/regelingnummer 2022/C 248/01]

(132)
Het beoordelen van de dynamiek van de markt is belangrijk omdat er zich in een context van groeiende vraag, veranderende technologieën en veranderende marktposities mogelijks minder negatieve effecten van exclusieve distributiestelsels voordoen dan op mature markten.
[30-06-2022, PbEU C 248, i.w.tr. 30-06-2022/regelingnummer 2022/C 248/01]

(133)
Ook de aard van het product kan relevant zijn bij de beoordeling van mogelijke concurrentieverstorende effecten van exclusieve distributie. Die effecten zullen minder acuut zijn in sectoren waar onlineverkoop meer voorkomt, omdat onlineverkoop aankopen bij distributeurs buiten het exclusieve grondgebied of de exclusieve klantengroep kan vergemakkelijken.
[30-06-2022, PbEU C 248, i.w.tr. 30-06-2022/regelingnummer 2022/C 248/01]

(134)
Het handelsniveau is een belangrijke factor omdat mogelijke negatieve effecten verschillend kunnen zijn op het groothandelsniveau en op het detailhandelsniveau. Exclusieve distributie wordt voornamelijk toegepast bij de distributie van eindgoederen of -diensten. Een vermindering van de concurrentie binnen een merk is vooral waarschijnlijk op het detailhandelsniveau wanneer de exclusieve grondgebieden groot zijn, daar de consumenten in dat geval voor een leidend merk weinig meer keuze hebben dan tussen een distributeur met hoge prijzen en een hoog serviceniveau en een distributeur met lage prijzen en een laag serviceniveau.
[30-06-2022, PbEU C 248, i.w.tr. 30-06-2022/regelingnummer 2022/C 248/01]

(135)
Een fabrikant die een groothandelaar als exclusieve distributeur uitkiest, doet dit gewoonlijk voor een vrij groot grondgebied, bijvoorbeeld voor een hele lidstaat. Zolang de groothandelaar de producten zonder enige beperking downstream aan detailhandelaren kan verkopen, zullen er waarschijnlijk geen merkbare concurrentieverstorende effecten optreden. Een mogelijke vermindering van de concurrentie binnen een merk op het groothandelsniveau kan gemakkelijk worden gecompenseerd door efficiëntieverbeteringen op het gebied van logistiek en promotie, vooral wanneer de fabrikant in een andere lidstaat is gevestigd. De risico's van meervoudig exclusief dealership voor de concurrentie tussen merken zijn echter hoger op het groothandelsniveau dan op het detailhandelsniveau. Als één groothandelaar voor een groot aantal leveranciers de

exclusieve distributeur wordt, kan hierdoor niet alleen de concurrentie tussen die merken worden beperkt, maar groeit ook het risico van uitsluiting op groothandelsniveau.
[30-06-2022, PbEU C 248, i.w.tr. 30-06-2022/regelingnummer 2022/C 248/01]

(136)
Een exclusief distributiestelsel dat de concurrentie beperkt in de zin van artikel 101, lid 1, van het Verdrag kan niettemin voor efficiëntieverbeteringen zorgen die voldoen aan de voorwaarden van artikel 101, lid 3, van het Verdrag. Exclusiviteit kan bijvoorbeeld noodzakelijk zijn om distributeurs ertoe aan te zetten te investeren in de ontwikkeling van het merk van de leverancier of in het aanbieden van diensten die de vraag stimuleren. Buiten het toepassingsgebied van Verordening (EU) 2022/720 geldt dat hoe groter het aantal voor een bepaald grondgebied aangewezen exclusieve distributeurs is, des te kleiner de kans is dat zij voldoende worden geprikkeld om te investeren in de promotie van de producten van de leverancier en de ontwikkeling van zijn merk, daar de andere exclusieve distributeurs die het grondgebied delen mogelijks meeliften op hun investeringsinspanningen.
[30-06-2022, PbEU C 248, i.w.tr. 30-06-2022/regelingnummer 2022/C 248/01]

(137)
De aard van het product is relevant voor de beoordeling van efficiëntieverbeteringen. De kans op objectieve efficiëntieverbeteringen is groter bij nieuwe producten, complexe producten, producten waarvan de kwaliteit vóór consumptie moeilijk te beoordelen is (zogenoemde ervaringsproducten) en producten waarbij dat zelfs na consumptie het geval is (zogenoemde vertrouwensproducten). Bovendien kan exclusieve distributie vanwege schaalvoordelen bij het transport en de distributie tot besparingen op de logistieke kosten leiden. De combinatie van exclusieve distributie en merkexclusiviteit kan voor de exclusieve distributeur(s) de prikkel versterken om hun inspanningen op een bepaald merk toe te spitsen.
[30-06-2022, PbEU C 248, i.w.tr. 30-06-2022/regelingnummer 2022/C 248/01]

(138)
De in de punten (125) tot en met (137) genoemde factoren blijven relevant voor de beoordeling van exclusieve distributiestelsels waarbij de leverancier een klantengroep uitsluitend aan één of meer afnemers toewijst. Bij de beoordeling van dat type exclusieve distributiestelsel dient tevens rekening te worden gehouden met de in de punten (139) en (140) genoemde bijkomende factoren.
[30-06-2022, PbEU C 248, i.w.tr. 30-06-2022/regelingnummer 2022/C 248/01]

(139)
Zoals bij de exclusieve toewijzing van een grondgebied, maakt de exclusieve toewijzing van een klantengroep arbitrage door de klanten doorgaans moeilijker. Daar komt nog bij dat, aangezien elke aangewezen distributeur zijn eigen groep klanten heeft, het voor afnemers die niet tot een dergelijke groep behoren moeilijk kan zijn de producten van de leverancier te verkrijgen. Dientengevolge zal de ruimte voor arbitrage door dergelijke afnemers worden beperkt.
[30-06-2022, PbEU C 248, i.w.tr. 30-06-2022/regelingnummer 2022/C 248/01]

(140)
Naast de in punt (136) genoemde soorten efficiëntieverbetering kan klantenexclusiviteit ook tot efficiëntieverbeteringen leiden wanneer het voor de distributeurs noodzakelijk is te investeren in specifieke uitrusting, vaardigheden of knowhow om te voldoen aan de behoeften van een bepaalde categorie klanten, of wanneer dergelijke investeringen leiden tot schaal- of toepassingsvoordelen op logistiek gebied [1]. De afschrijvingsperiode voor die investeringen is een aanwijzing voor de duur waarvoor klantenexclusiviteit gerechtvaardigd kan zijn. Doorgaans is de rechtvaardiging van klantenexclusiviteit het grootst bij nieuwe of complexe producten en bij producten die aan de behoeften van de specifieke klant moeten worden aangepast. Aantoonbare verschillen tussen de behoeften van klanten zijn waarschijnlijker bij intermediaire producten, namelijk producten die aan verschillende typen professionele afnemers worden verkocht. Het is daarentegen minder waarschijnlijk dat de toewijzing van klanten tot efficiëntieverbeteringen leidt.

[30-06-2022, PbEU C 248, i.w.tr. 30-06-2022/regelingnummer 2022/C 248/01]

(141)
Het volgende is een voorbeeld van meervoudig exclusief dealership op een oligopolistische markt:

> Op een nationale markt voor een eindproduct zijn er vier marktleiders, met elk een marktaandeel rond 20 %. Die vier marktleiders verkopen hun product via exclusieve distributeurs op het detailhandelsniveau. Aan de detailhandelaren wordt een exclusief grondgebied toegewezen dat overeenstemt met de stad of het stadsgedeelte waar zij gevestigd zijn. In de meeste gebieden wijzen de vier marktleiders dezelfde exclusieve detailhandelaar aan ('meervoudige dealership'), vaak een detailhandelaar van wie het bedrijf centraal gelegen is en die eerder in het relevante product is gespecialiseerd. De overige 20 % van de nationale markt bestaat uit kleine lokale producenten, van wie de grootste een marktaandeel van 5 % op de nationale markt heeft. Die lokale producenten verkopen hun producten in het algemeen via andere detailhandelaren, voornamelijk omdat de exclusieve distributeurs van de vier grootste leveranciers over het algemeen weinig geïnteresseerd zijn in de verkoop van minder bekende en goedkopere merken. Er bestaat op de markt een sterke merk- en productdifferentiatie. De vier marktleiders voeren grootscheepse landelijke reclamecampagnes en bezitten een sterk merkimago, terwijl de kleine producenten hun producten niet op landelijk niveau promoten. Het gaat om een betrekkelijk mature markt, met een stabiele vraag en geen belangrijke technologische en productinnovatie. Het product is relatief eenvoudig.

---

[1] Een voorbeeld hiervan is wanneer de leverancier een specifieke distributeur aanwijst om in te schrijven op aanbestedingen van overheidsinstanties met betrekking tot IT-uitrusting of kantoorbenodigdheden.

> Op een dergelijke oligopolistische markt is er een risico van collusie tussen de vier marktleiders. Dat risico wordt vergroot door meervoudige dealerships. De concurrentie binnen een merk wordt door de gebiedsexclusiviteit beperkt. De concurrentie tussen de vier leidende merken wordt op het detailhandelsniveau beperkt, omdat in elk gebied één detailhandelaar de prijs van alle vier de merken vaststelt. Meervoudige dealership impliceert dat, wanneer één producent de prijs van zijn merk verlaagt, de detailhandelaar niet gauw geneigd zal zijn die prijsverlaging aan de consument door te geven aangezien dat zou leiden tot een vermindering van de omzet en de winst die hij met de andere merken maakt. Producenten hebben bijgevolg minder belang bij onderlinge prijsconcurrentie. Prijsconcurrentie tussen merken bestaat vooral tussen producten met een zwak merkimago van kleine producenten. De mogelijke argumenten inzake efficiëntieverbeteringen die het gevolg zouden zijn van (gemeenschappelijke) exclusieve distributeurs zijn beperkt omdat het een betrekkelijk eenvoudig product betreft, de wederverkoop geen speciale investeringen of opleiding vereist en de reclame grotendeels op het niveau van de producenten wordt gevoerd.
>
> Hoewel het marktaandeel van elk van de marktleiders beneden de drempel ligt, is het mogelijk dat niet aan de voorwaarden van artikel 101, lid 3, van het Verdrag is voldaan en kan het noodzakelijk zijn de groepsvrijstelling in te trekken voor de overeenkomsten die gesloten zijn met distributeurs waarvan het marktaandeel kleiner is dan 30 % van de inkoopmarkt.

[30-06-2022, PbEU C 248, i.w.tr. 30-06-2022/regelingnummer 2022/C 248/01]

(142)
Het volgende is een voorbeeld van klantenexclusiviteit:

> Een onderneming heeft een geavanceerde sprinklerinstallatie ontwikkeld. De onderneming heeft momenteel een marktaandeel van 40 % op de markt voor sprinklerinstallaties. Toen zij de geavanceerde sprinkler begon te verkopen, had zij met een ouder product een marktaandeel van 20 %. De wijze van installatie van het nieuwe type sprinkler verschilt naargelang het soort gebouw waarin het wordt geïnstalleerd en het gebruik waarvoor het gebouw bestemd is (bijvoorbeeld kantoorgebouw, chemische fabriek of ziekenhuis). De onderneming heeft een aantal distributeurs aangewezen om de geavanceerde sprinklerinstallatie te verkopen en te installeren. Elke distributeur heeft zijn personeel moeten opleiden om het vertrouwd te maken met de algemene en specifieke eisen die gelden voor het installeren van de geavanceerde sprinklerinstallatie bij een bepaalde categorie klanten. Om ervoor te zorgen dat elke distributeur zich specialiseert, heeft de onderneming aan elke distributeur op basis van exclusiviteit een bepaalde categorie klanten toegewezen en de distributeurs verboden binnen elkaars klantencategorie aan actieve verkoop te doen. Na vijf jaar krijgen alle exclusieve distributeurs het recht actief aan alle categorieën klanten te verkopen, waardoor er op dat ogenblik dus een einde komt aan het systeem van klantenexclusiviteit. De leverancier mag dan ook aan nieuwe distributeurs verkopen. De markt is vrij dynamisch, met recent de toetreding tot de markt van twee ondernemingen en een aantal technologische ontwikkelingen. De concurrenten hebben een marktaandeel dat tussen 5 % en 25 % ligt en zij werken ook aan de verbetering en modernisering van hun producten.

> Omdat de exclusiviteit van beperkte duur is en ertoe bijdraagt dat de distributeurs hun investeringen kunnen terugverdienen en hun verkoopinspanningen in het begin op een bepaalde categorie klanten kunnen toespitsen om het product en de markt te leren kennen, en omdat de mogelijke concurrentieverstorende effecten op een dynamische markt gering lijken, is het waarschijnlijk dat aan de voorwaarden van artikel 101, lid 3, van het Verdrag is voldaan.

[30-06-2022, PbEU C 248, i.w.tr. 30-06-2022/regelingnummer 2022/C 248/01]

4.6.2
Selectieve distributiestelsels

4.6.2.1
Definitie van selectief distributiestelsel

(143)
In een selectief distributiestelsel, zoals gedefinieerd in artikel 1, lid 1, punt g), van Verordening (EU) 2022/720, verbindt de leverancier zich ertoe de contractgoederen of -diensten, direct of indirect, alleen te verkopen aan distributeurs die op grond van specifieke criteria zijn geselecteerd. Die distributeurs verbinden zich ertoe dergelij-

ke goederen of diensten niet te verkopen aan niet-erkende distributeurs binnen het grondgebied dat door de leverancier voor de exploitatie van het stelsel is gereserveerd.
[30-06-2022, PbEU C 248, i.w.tr. 30-06-2022/regelingnummer 2022/C 248/01]

(144)
De criteria die de leverancier bij de selectie van de distributeurs hanteert, kunnen kwalitatief of kwantitatief van aard zijn, of een combinatie van beide. Kwantitatieve criteria beperken het aantal distributeurs direct, bijvoorbeeld door een vast aantal distributeurs op te leggen. Kwalitatieve criteria beperken het aantal distributeurs indirect, door voorwaarden op te leggen waaraan niet alle distributeurs kunnen voldoen, bijvoorbeeld met betrekking tot het te verkopen productassortiment, de opleiding van het verkooppersoneel, de in het verkooppunt te verlenen service of de reclame voor en de presentatie van de producten. Kwalitatieve criteria kunnen betrekking hebben op de verwezenlijking van duurzaamheidsdoelstellingen, zoals op het gebied van klimaatverandering, milieubescherming of beperking van het gebruik van natuurlijke hulpbronnen. Leveranciers kunnen bijvoorbeeld van distributeurs eisen dat zij oplaaddiensten of faciliteiten voor hergebruik in hun verkooppunten aanbieden of dat zij ervoor zorgen dat goederen op duurzame wijze worden bezorgd, bijvoorbeeld met een bakfiets in plaats van met een motorvoertuig.
[30-06-2022, PbEU C 248, i.w.tr. 30-06-2022/regelingnummer 2022/C 248/01]

(145)
Selectieve distributiestelsels zijn vergelijkbaar met exclusieve distributiestelsels in de zin dat ze het aantal erkende distributeurs en de doorverkoopmogelijkheden beperken. Het voornaamste verschil tussen de twee soorten distributiestelsel ligt in de aard van de bescherming die aan de distributeur wordt verleend. Bij een exclusief distributiestelsel is de distributeur beschermd tegen actieve verkoop van buiten zijn exclusieve grondgebied, terwijl bij een selectieve-distributiestelsel de distributeur beschermd is tegen actieve en passieve verkoop door niet-erkende distributeurs.
[30-06-2022, PbEU C 248, i.w.tr. 30-06-2022/regelingnummer 2022/C 248/01]

4.6.2.2
Toepassing van artikel 101 van het Verdrag op selectieve distributiestelsels

(146)
De mogelijke concurrentierisico's van selectieve distributiestelsels zijn een vermindering van de concurrentie binnen een merk en, vooral in het geval van een cumulatief effect, uitsluiting van bepaalde typen distributeur, evenals afzwakking van de concurrentie en de vergemakkelijking van collusie tussen leveranciers of tussen afnemers, als gevolg van een beperking van het aantal afnemers.
[30-06-2022, PbEU C 248, i.w.tr. 30-06-2022/regelingnummer 2022/C 248/01]

(147)
Om de verenigbaarheid van een selectief distributiestelsel met artikel 101 van het Verdrag te beoordelen, moet eerst worden nagegaan of het stelsel binnen het toepas-

singsgebied van artikel 101, lid 1, valt. Daartoe moet onderscheid worden gemaakt tussen zuiver kwalitatieve selectieve distributie en kwantitatieve selectieve distributie.
[30-06-2022, PbEU C 248, i.w.tr. 30-06-2022/regelingnummer 2022/C 248/01]

(148)
Zuiver kwalitatieve selectieve distributie kan buiten het toepassingsgebied van artikel 101, lid 1, van het Verdrag vallen, mits is voldaan aan de drie voorwaarden die het Hof van Justitie van de Europese Unie in het *Metro*-arrest [1] heeft gesteld ('*Metro*-criteria'). De reden hiervoor is dat, indien aan die criteria is voldaan, kan worden aangenomen dat de met selectieve distributie gepaard gaande beperking van de concurrentie binnen een merk wordt gecompenseerd door een verbetering van de concurrentie tussen merken op kwaliteit [2].
[30-06-2022, PbEU C 248, i.w.tr. 30-06-2022/regelingnummer 2022/C 248/01]

(149)
De drie *Metro*-criteria kunnen als volgt worden samengevat: ten eerste moet het betrokken product van zodanige aard zijn dat een selectief distributiestelsel noodzakelijk is. Dit betekent dat een dergelijk stelsel vanwege de aard van het betrokken product een rechtmatig vereiste vormt om de kwaliteit van het product te bewaren en te verzekeren dat het op correcte wijze wordt gebruikt. Zo kan het gebruik van selectieve distributie rechtmatig zijn voor hoogwaardige of hoogtechnologische producten [3] of voor luxegoederen [4]. He is mogelijk dat de kwaliteit van die goederen niet enkel het gevolg is van hun materiële kenmerken, maar ook van de luxeueze uitstraling ervan. Daarom kan het, ter behoud van de kwaliteit, noodzakelijk zijn een selectief distributiestelsel in te voeren dat ervoor moet zorgen dat de goederen worden uitgestald op een wijze waardoor die luxeueze uitstraling wordt ondersteund [5]. Ten tweede moeten de wederverkopers worden geselecteerd aan de hand van objectieve kwalitatieve criteria die op uniforme wijze zijn vastgesteld voor alle potentiële wederverkopers

---

(1) Zie de arresten van 25 oktober 1977, *Metro/Commissie*, zaak 26/76, ECLI:EU:C:1977:167, punten 20 en 21 (hierna 'zaak C-26/76 — *Metro/Commissie*'); 11 december 1980, *L'Oréal/De Nieuwe AMCK*, C-31/80, ECLI:EU:C:1980:289, punten 15 en 16 (hierna 'zaak C-31/80 — *L'Oréal/De Nieuwe AMCK*'); 13 oktober 2011, *Pierre Fabre Dermo-Cosmétique SAS/Président de l'Autorité de la concurrence*, C-439/09, ECLI:EU:C:2011:649, punt 41 (hierna 'zaak C-439/09 — *Pierre Fabre Dermo-Cosmétique*'); 6 december 2017, *Coty Germany GmbH/Parfümerie Akzente GmbH*, C-230/16, ECLI:EU:C:2017:941, punt 24 (hierna 'zaak C-230/16 — *Coty Germany*').
(2) Zie zaak C-26/76 — *Metro/Commissie*, punten 20 tot en met 22; de arresten van 25 oktober 1983, *AEG/Commissie*, C-107/82, ECLI:EU:C:1983:293, de punten 33, 34 en 73 (hierna 'zaak C-107/82 — *AEG/Commissie*'); 22 oktober 1986, *Metro/Commissie*, C-75/84, ECLI:EU:C:1986:399, punt 45; 12 december 1996, *Leclerc/Commissie*, zaak T-88/92, ECLI:EU:T:1996:192, punt 106.
(3) Zie zaak C-26/76 — *Metro/Commissie*; en zaak C-107/82 — *AEG/Commissie*.
(4) Zie zaak C-230/16 — *Coty Germany*.
(5) Zie zaak C-230/16 — *Coty Germany*, punten 25 tot en met 29.

en zonder discriminatie worden toegepast. Ten derde mogen de vastgestelde criteria niet verder gaan dan wat noodzakelijk is [1].
[30-06-2022, PbEU C 248, i.w.tr. 30-06-2022/regelingnummer 2022/C 248/01]

(150)

Om te beoordelen of aan de *Metro*-criteria is voldaan, moet niet alleen de betrokken selectieve distributieovereenkomst in haar geheel worden beoordeeld, maar moet ook elke potentieel beperkende bepaling van de overeenkomst afzonderlijk worden geanalyseerd [2]. Dat houdt met name in dat moet worden nagegaan of de beperkende bepaling evenredig is in het licht van het door het selectieve distributiestelsel nagestreefde doel en of zij verder gaat dan nodig is om dat doel te bereiken [3]. Hardcorebeperkingen voldoen niet aan die evenredigheidstoets. Omgekeerd kan het bijvoorbeeld evenredig zijn voor een leverancier van luxegoederen om zijn erkende distributeurs te verbieden gebruik te maken van onlinemarktplaatsen, zolang dat niet indirect verhindert dat de erkende distributeur het internet effectief kan gebruiken om de goederen naar bepaalde grondgebieden of aan bepaalde klanten te verkopen [4]. Met name zou een dergelijk verbod op het gebruik van onlinemarktplaatsen de verkoop naar bepaalde grondgebieden of aan bepaalde klanten niet beperken wanneer het de erkende distributeur vrij blijft staan zijn eigen onlinewinkel te exploiteren en onlinereclame te maken om meer bekendheid te geven aan zijn onlineactiviteiten en potentiële klanten aan te trekken [5]. In dat geval valt de beperkende bepaling, indien zij evenredig is, buiten het toepassingsgebied van artikel 101, lid 1, van het Verdrag en is geen verder onderzoek vereist.
[30-06-2022, PbEU C 248, i.w.tr. 30-06-2022/regelingnummer 2022/C 248/01]

(151)

Ongeacht of de kwalitatieve en/of kwantitatieve selectieve distributieovereenkomsten aan de *Metro*-criteria voldoen, kunnen zij vallen onder de vrijstelling van artikel 2, lid 1, van Verordening (EU) 2022/720 indien het marktaandeel van zowel de leverancier als de afnemer elk niet meer dan 30 % bedraagt en de overeenkomst geen hardcorebeperkingen bevat [6]. Het voordeel van de vrijstelling vervalt niet indien selectieve distributie wordt gecombineerd met andere verticale beperkingen die niet tot de hardcorebeperkingen behoren, zoals concurrentiebedingen in de zin van artikel 1, lid 1, punt f), van Verordening (EU) 2022/720. De vrijstelling van artikel 2, lid 1, van de verordening is van toepassing ongeacht de aard van het betrokken product en de aard

---

(1) Zie zaak C-26/76 — *Metro/Commissie*, punten 20 en 21; zaak C-31/80 — *L'Oréal/De Nieuwe AMCK*, punten 15 en 16; zaak C-107/82 — *AEG/Commissie*, punt 35; 27 februari 1992, *Vichy/Commissie*, T-19/91, ECLI:EU:T:1992:28, punt 65.
(2) Zie punt (149).
(3) Zie zaak C-230/16 — *Coty Germany*, punten 43 tot en met 58.
(4) Zie zaak C-230/16 — *Coty Germany*, met name punt 67; zie ook punt (208) van de onderhavige richtsnoeren.
(5) Zie ook punt (208).
(6) Zie zaak C-439/09 — *Pierre Fabre Dermo-Cosmétique*, punt 54. Zie ook punt 6.1.2.3.2.

van de selectiecriteria. Bovendien is de leverancier niet verplicht zijn selectiecriteria bekend te maken [1].
[30-06-2022, PbEU C 248, i.w.tr. 30-06-2022/regelingnummer 2022/C 248/01]

(152)
Wanneer in een bepaald geval een selectieve distributieovereenkomst die onder de groepsvrijstelling valt, de concurrentie op het niveau van de leverancier of distributeur merkbaar beperkt en geen efficiëntieverbeteringen oplevert die opwegen tegen de gevolgen van de beperking, bijvoorbeeld omdat de selectiecriteria geen verband houden met de kenmerken van het product of niet noodzakelijk zijn om de distributie van het product te verbeteren, kan het voordeel van de groepsvrijstelling worden ingetrokken.
[30-06-2022, PbEU C 248, i.w.tr. 30-06-2022/regelingnummer 2022/C 248/01]

4.6.2.3
Leidraden voor de individuele beoordeling van selectieve distributieovereenkomsten

(153)
Buiten het toepassingsgebied van Verordening (EU) 2022/720 is de marktpositie van de leverancier en van zijn concurrenten van centraal belang voor het beoordelen van mogelijke concurrentieverstorende effecten, omdat de vermindering van de concurrentie binnen een merk in beginsel slechts een probleem kan vormen indien de concurrentie tussen merken beperkt is [2]. Hoe sterker de positie van de leverancier, met name boven de drempel van 30 %, des te groter is het concurrentierisico als gevolg van een vermindering van de concurrentie binnen een merk. Een andere belangrijke factor is het aantal selectieve distributienetten op dezelfde relevante markt. Wanneer selectieve distributie slechts door één leverancier op de markt wordt toegepast, leidt kwantitatieve selectieve distributie doorgaans niet tot concurrentieverstorende effecten. In de praktijk wordt selectieve distributie echter vaak door meerdere leveranciers op een bepaalde markt toegepast (cumulatief effect).
[30-06-2022, PbEU C 248, i.w.tr. 30-06-2022/regelingnummer 2022/C 248/01]

(154)
In het geval van een cumulatief effect moet rekening worden gehouden met de marktpositie van de leveranciers die selectieve distributie toepassen: wanneer selectieve distributie wordt toegepast door een meerderheid van de leidende leveranciers op een markt, kan dat leiden tot uitsluiting van bepaalde typen distributeur, bijvoorbeeld prijsdiscounters. Het risico dat efficiëntere distributeurs worden uitgesloten, is groter bij selectieve distributie dan bij exclusieve distributie, omdat in een selectief distributiestelsel de verkoop aan niet-erkende distributeurs beperkt is. Die beperking is bedoeld om selectieve distributiestelsels een gesloten karakter te verlenen waarin uitsluitend de erkende distributeurs die aan de criteria voldoen toegang tot het product hebben, zodat niet-erkende distributeurs het product onmogelijk geleverd kunnen

---

[1] Zie ook naar analogie het arrest van 14 juni 2012, *Auto 24 SARL/Jaguar Land Rover France SAS*, C-158/11, ECLI:EU:C:2012:351, punt 31.
[2] Zie zaak C-306/20 – *Visma Enterprise*, punt 78.

krijgen. Hierdoor is selectieve distributie een probaat middel om neerwaartse druk door prijsdiscounters (offline- dan wel zuiver onlinedistributeurs) op de marge van de fabrikant en op de marge van de erkende distributeurs te vermijden. De uitsluiting van dergelijke distributiemodellen, of dat nu het gevolg is van het cumulatieve gebruik van selectieve distributie of van het gebruik ervan door één enkele leverancier met een marktaandeel van meer dan 30 %, vermindert de mogelijkheden van de consument om profijt te trekken uit de specifieke voordelen die verbonden zijn aan die distributiemodellen, zoals lagere prijzen, meer transparantie en een ruimere toegang tot het product.
[30-06-2022, PbEU C 248, i.w.tr. 30-06-2022/regelingnummer 2022/C 248/01]

(155)
Wanneer individuele selectieve distributienetten onder de vrijstelling van Verordening (EU) 2022/720 vallen, kan de intrekking van de groepsvrijstelling of het buiten toepassing verklaren van Verordening (EU) 2022/720 worden overwogen wanneer dergelijke netten cumulatieve concurrentieverstorende effecten hebben. Dergelijke cumulatieve concurrentieverstorende effecten zijn echter onwaarschijnlijk wanneer het totale aandeel van de markt dat door selectieve distributie wordt bestreken, niet meer dan 50 % bedraagt. Er zullen waarschijnlijk evenmin bezwaren rijzen vanuit het oogpunt van de concurrentie wanneer de marktdekking meer dan 50 %, maar het geaggregeerde marktaandeel van de vijf grootste leveranciers niet meer dan 50 % is. Wanneer zowel het geaggregeerde marktaandeel van de vijf grootste leveranciers als het door selectieve distributie bestreken deel van de markt meer dan 50 % bedragen, kan de beoordeling verschillend zijn naargelang de vijf grootste leveranciers al dan niet allen selectieve distributie toepassen. Hoe sterker de positie van de concurrenten die geen selectieve distributie toepassen, des te minder waarschijnlijk het is dat andere distributeurs worden uitgesloten. Er kunnen concurrentiebezwaren rijzen wanneer elk van de vijf grootste leveranciers selectieve distributie toepassen. Met name zal dat risico hoog zijn wanneer de door de grootste leveranciers gesloten overeenkomsten kwantitatieve selectiecriteria bevatten die direct het aantal erkende distributeurs beperken, of wanneer de toegepaste kwalitatieve selectiecriteria bepaalde distributiemodellen uitsluiten, zoals de eis om over één of meer fysieke winkels te beschikken of specifieke diensten te verrichten die alleen in een bepaald distributiemodel kunnen worden verstrekt.
[30-06-2022, PbEU C 248, i.w.tr. 30-06-2022/regelingnummer 2022/C 248/01]

(156)
Het is doorgaans onwaarschijnlijk dat aan de voorwaarden van artikel 101, lid 3, van het Verdrag is voldaan wanneer de selectieve-distributiestelsels die bijdragen aan het cumulatieve effect de markt afschermen voor nieuwe distributeurs die de betrokken producten adequaat kunnen verkopen, met name voor prijsdiscounters of zuiver onlinedistributeurs die kopers lagere prijzen aanbieden, waarbij die afscherming de distributie beperkt ten voordele van bepaalde bestaande afzetkanalen en ten nadele van de consumenten. Bij meer indirecte vormen van kwantitatieve selectieve distributie, zoals die voortvloeien uit de combinatie van zuiver kwalitatieve selectiecriteria met een verplichting voor de distributeurs om jaarlijks een bepaalde minimumhoeveelheid af te nemen, zijn negatieve effecten per saldo minder waarschijnlijk, met name indien

die minimumhoeveelheid geen belangrijk percentage uitmaakt van de totale omzet die de distributeur met het betrokken type producten behaalt en indien de verplichting niet verder gaat dan wat noodzakelijk is opdat de leverancier zijn relatiegebonden investeringen zou kunnen terugverdienen en/of schaalvoordelen bij de distributie zou kunnen realiseren. Er wordt over het algemeen van uitgegaan dat een leverancier met een marktaandeel van maximaal 5 % niet in noemenswaardige mate tot een cumulatief effect bijdraagt.

[30-06-2022, PbEU C 248, i.w.tr. 30-06-2022/regelingnummer 2022/C 248/01]

(157)

Toetredingsdrempels zijn vooral van belang wanneer de markt voor niet-erkende distributeurs wordt afgeschermd. Toetredingsdrempels kunnen van groot belang zijn wanneer selectieve distributie wordt toegepast door fabrikant van merkproducten, aangezien het doorgaans tijd en aanzienlijke investeringen vergt voor de distributeurs die van het selectieve-distributiestelsel zijn uitgesloten om hun eigen merken te lanceren of elders concurrerende leveringen te verkrijgen.

[30-06-2022, PbEU C 248, i.w.tr. 30-06-2022/regelingnummer 2022/C 248/01]

(158)

Afnemersmacht kan het risico van collusie tussen distributeurs doen toenemen. Distributeurs met een sterke marktpositie kunnen de leveranciers ertoe aanzetten selectiecriteria toe te passen die de toegang tot de markt voor nieuwe en efficiëntere distributeurs afschermen. Bijgevolg kan afnemersmacht de analyse van mogelijke concurrentieverstorende effecten van selectieve distributie aanzienlijk wijzigen. Er kan van marktafscherming voor efficiëntere distributeurs sprake zijn wanneer een sterke organisatie van distributeurs aan de leverancier selectiecriteria oplegt die erop gericht zijn in het voordeel van haar leden beperkingen aan de distributie te stellen.

[30-06-2022, PbEU C 248, i.w.tr. 30-06-2022/regelingnummer 2022/C 248/01]

(159)

In artikel 5, lid 1, punt c), van Verordening (EU) 2022/720 is bepaald dat de leverancier geen verplichting mag opleggen die er direct of indirect toe leidt dat de erkende distributeurs de merken van bepaalde concurrerende leveranciers niet verkopen. Die bepaling heeft tot doel te voorkomen dat het door het in het leven roepen van een selectieve groep merken door de leidende leveranciers tot horizontale collusie komt waardoor bepaalde merken worden uitgesloten. Een dergelijke verplichting kan waarschijnlijk niet worden vrijgesteld wanneer het gecombineerde marktaandeel van de vijf grootste leveranciers 50 % of meer bedraagt, tenzij geen enkele van de leveranciers die een dergelijke verplichting opleggen tot die vijf behoort.

[30-06-2022, PbEU C 248, i.w.tr. 30-06-2022/regelingnummer 2022/C 248/01]

(160)

Concurrentiebezwaren in verband met de uitsluiting van andere leveranciers zullen doorgaans niet rijzen zolang andere leveranciers niet worden belet dezelfde distributeurs te gebruiken, bijvoorbeeld wanneer selectieve distributie wordt gecombineerd met merkexclusiviteit. Wanneer er sprake is van een dicht net van erkende distributeurs of wanneer een cumulatief effect optreedt, kan de combinatie van selectieve

distributie met een concurrentiebeding een risico van afscherming van de markt voor andere leveranciers doen ontstaan. In dat geval gelden de in afdeling 8.2.1 uiteengezette leidraden voor merkexclusiviteit. Wanneer selectieve distributie niet met een concurrentiebeding wordt gecombineerd, kan uitsluiting van concurrerende leveranciers van de markt nog steeds een probleem vormen. Dat is het geval wanneer de leidende leveranciers niet alleen zuiver kwalitatieve selectiecriteria toepassen, maar hun distributeurs ook bepaalde bijkomende verplichtingen opleggen, zoals de verplichting om een minimum aan schapruimte te reserveren voor de producten van de leverancier of om ervoor te zorgen dat de distributeur een minimumpercentage van de totale omzet van de distributeur behaalt met de verkoop van de producten van de leverancier. Het is onwaarschijnlijk dat een dergelijk probleem zich voordoet indien het door selectieve distributie bestreken deel van de markt niet meer dan 50 % bedraagt of indien, wanneer dat dekkingspercentage wordt overschreden, het marktaandeel van de vijf grootste leveranciers niet hoger is dan 50 %.
[30-06-2022, PbEU C 248, i.w.tr. 30-06-2022/regelingnummer 2022/C 248/01]

(161)
Het beoordelen van de dynamiek van de markt is belangrijk omdat bij groeiende vraag, veranderende technologieën en veranderende marktposities de kans op negatieve effecten kleiner is dan bij mature markten.
[30-06-2022, PbEU C 248, i.w.tr. 30-06-2022/regelingnummer 2022/C 248/01]

(162)
Selectieve distributie kan efficiënt zijn wanneer zij dankzij schaalvoordelen bij het vervoer tot besparingen op de logistieke kosten leidt, hetgeen het geval kan zijn ongeacht de aard van het product (zie punt (16)(g)). Bij selectieve distributiestelsels gaat het echter meestal slechts om een marginale efficiëntieverbetering. Om te beoordelen of selectieve distributie gerechtvaardigd is om een meeliftprobleem tussen de distributeurs te helpen oplossen (zie punt (16)(b)) of om een merkimago te helpen creëren of behouden (zie punt (16)(h)), is de aard van het product belangrijk. Doorgaans is het gebruik van selectieve distributie om die typen efficiëntieverbetering te behalen meer gerechtvaardigd bij nieuwe producten, complexe producten, producten waarvan de kwaliteit vóór consumptie moeilijk te beoordelen is (zogenoemde ervaringsproducten) en producten waarvan dat zelfs na consumptie het geval is (zogenoemde vertrouwensproducten). De combinatie van selectieve distributie met een vestigingsbeding, teneinde erkende distributeurs te beschermen tegen concurrentie van andere erkende distributeurs die zich met winkels in de nabijheid vestigen, kan met name aan de voorwaarden van artikel 101, lid 3, van het Verdrag voldoen als die combinatie onmisbaar is om aanzienlijke en relatiegebonden investeringen van de erkende distributeur te beschermen (zie punt 16(e)). Om ervoor te zorgen dat wordt gekozen voor de beperking waardoor de concurrentie het minst wordt beperkt, is het relevant na te gaan of dezelfde efficiëntieverbeteringen kunnen worden gerealiseerd tegen een vergelijkbare kostprijs, bijvoorbeeld door alleen serviceverplichtingen op te leggen.
[30-06-2022, PbEU C 248, i.w.tr. 30-06-2022/regelingnummer 2022/C 248/01]

(163)
Het volgende is een voorbeeld van kwantitatieve selectieve distributie:

Op een markt voor duurzame consumentenproducten verkoopt de fabrikant van merk A, die marktleider is met een marktaandeel van 35 %, zijn product aan de consument via een selectief distributiestelsel. Om tot het stelsel te worden toegelaten, moet aan verschillende criteria worden voldaan: de winkel moet opgeleid personeel in dienst hebben en diensten voorafgaand aan de verkoop verlenen; er moet in de winkel een speciale ruimte zijn voor de verkoop van het product en soortgelijke hoogtechnologische producten; en de winkel moet een breed gamma van modellen van de leverancier verkopen en die op een aantrekkelijke manier uitstallen. Bovendien wordt het aantal voor toelating tot het stelsel in aanmerking komende detailhandelaren direct beperkt door de vaststelling van een maximumaantal detailhandelaren per aantal inwoners in elke provincie of elk stedelijk gebied. Er zijn op de betrokken markt zes ondernemingen aanwezig die met fabrikant A concurreren. De fabrikanten van de merken B, C en D zijn de belangrijkste concurrenten van fabrikant A en hebben marktaandelen van respectievelijk 25 %, 15 % en 10 %, terwijl andere fabrikanten kleinere marktaandelen hebben. A is de enige fabrikant die selectieve distributie toepast. De selectieve distributeurs van merk A verkopen ook altijd enkele concurrerende merken. De concurrerende merken worden echter ook verkocht in een groot aantal winkels die niet tot het selectief distributiestelsel van fabrikant A behoren. Er zijn verschillende distributiekanalen: zo worden de merken B en C verkocht in de meeste van de door A geselecteerde winkels, maar ook in andere winkels die een service van hoge kwaliteit verlenen, en in hypermarkten. Merk D wordt voornamelijk verkocht in winkels met een hoog serviceniveau. De technologie op de betrokken markt evolueert tamelijk snel en de belangrijkste leveranciers handhaven door middel van reclame een sterk kwaliteitsimago voor hun producten.

De dekkingsgraad van selectieve distributie op die markt bedraagt 35 %. De concurrentie tussen de merken wordt niet direct beïnvloed door het selectieve-distributiestelsel van A. Het is mogelijk dat de concurrentie binnen merk A wordt beperkt, maar consumenten hebben toegang tot detailhandelaren met een laag serviceniveau en lage prijzen voor de merken B en C, waarvan het kwaliteitsimago vergelijkbaar is met dat van merk A. Bovendien wordt de toegang tot detailhandelaren met een hoog serviceniveau voor andere merken niet afgeschermd, omdat aan de geselecteerde distributeurs geen restricties worden opgelegd met betrekking tot de verkoop van concurrerende merken en omdat het door de kwantitatieve beperking van het aantal distributeurs voor merk A andere detailhandelaren met een hoog serviceniveau vrij staat om concurrerende merken te distribueren. In dit geval is het, gezien de serviceverplichtingen en de efficiëntieverbeteringen welke die waarschijnlijk opleveren, en gezien het geringe effect op de concurrentie binnen een merk, waarschijnlijk dat aan de voorwaarden van artikel 101, lid 3, van het Verdrag is voldaan.

[30-06-2022, PbEU C 248, i.w.tr. 30-06-2022/regelingnummer 2022/C 248/01]

(164)
Het volgende is een voorbeeld van selectieve distributie met cumulatief effecten:

> Op de markt voor een bepaald sportartikel zijn zeven fabrikanten actief, met een marktaandeel van respectievelijk 25 %, 20 %, 15 %, 15 %, 10 %, 8 % en 7 %. De vijf grootste fabrikanten distribueren hun producten door middel van selectieve distributie, terwijl de kleinste twee van andere typen van distributiestelsel gebruik maken, hetgeen tot een dekkingsgraad van selectieve distributie van 85 % leidt. De criteria voor toelating tot de selectieve distributiestelsels zijn bij de verschillende fabrikanten gelijk: de distributeurs moeten over één of meer fysieke winkels beschikken; die winkels moeten over opgeleid personeel beschikken en diensten voorafgaand aan de verkoop verlenen; er moet in de winkel een speciale ruimte zijn voor de verkoop van het product; en er is een minimumgrootte voor dat gebied gespecificeerd. Bovendien moet de winkel een ruim assortiment van het betrokken merk verkopen en het product op een aantrekkelijke manier uitstallen; de winkel moet gelegen zijn in een winkelstraat, en dat type product moet ten minste 30 % van de totale omzet van de winkel uitmaken. In het algemeen wordt dezelfde distributeur voor alle vijf merken als erkende distributeur aangewezen. De twee fabrikanten die geen selectieve distributie gebruiken, verkopen hun producten gewoonlijk via minder gespecialiseerde detailhandelaren met een lager serviceniveau. De markt is stabiel, zowel aan de aanbodzijde als aan de vraagzijde, en er is een hoge mate van productdifferentiatie waarbij het merkimago van belang is. De vijf marktleiders hebben door middel van reclame en sponsoring een sterk merkimago opgebouwd, terwijl de strategie van de twee kleinere fabrikanten erin bestaat goedkopere producten zonder een sterk merkimago aan te bieden.

> Op die markt wordt aan algemene prijsdiscounters en zuiver onlinedistributeurs de toegang tot de vijf leidende merken ontzegd. Het vereiste dat het product ten minste 30 % van de omzet van de distributeurs moet uitmaken, en de criteria inzake presentatie van het product en diensten voorafgaand aan de verkoop, maken dat de meeste prijsdiscounters niet voor toelating tot het net van erkende distributeurs in aanmerking komen. Daarnaast maakt het vereiste om over één of meer fysieke winkels te beschikken dat de zuiver onlinedistributeurs van het net uitgesloten worden. De consumenten hebben bijgevolg geen andere keuze dan de vijf leidende merken in winkels met een hoog serviceniveau en hoge prijzen te kopen. Dat leidt tot een vermindering van de concurrentie tussen de vijf leidende merken. Dat wordt niet gecompenseerd door het feit dat de twee kleinste merken in winkels met een laag serviceniveau en lage prijzen kunnen worden gekocht daar het merkimago van de vijf marktleiders veel beter is. De concurrentie tussen merken wordt ook beperkt door meervoudig dealership. Hoewel er een zekere mate van concurrentie binnen een merk bestaat en het aantal distributeurs niet direct wordt beperkt, zijn de toelatingscriteria zo streng dat er in elk grondgebied slechts een klein aantal distributeurs voor de vijf leidende merken is.

> De efficiëntieverbeteringen waarmee dergelijke kwantitatieve selectieve distributiestelsels gepaard gaan, zijn gering: het betreft geen erg complex product en rechtvaardigt geen bijzonder hoog serviceniveau. Tenzij de fabrikanten kunnen aantonen dat hun selectieve-distributiestelsel duidelijk efficiëntieverbeteringen oplevert, is het waarschijnlijk dat de groepsvrijstelling zal moeten worden ingetrokken omdat cumulatieve concurrentiebeperkende effecten optreden die tot gevolg hebben dat de consument minder keuze heeft en hogere prijzen moet betalen.

[30-06-2022, PbEU C 248, i.w.tr. 30-06-2022/regelingnummer 2022/C 248/01]

4.6.3
Franchising

(165)
Franchiseovereenkomsten omvatten licenties voor intellectuele-eigendomsrechten, met name met betrekking tot merken of emblemen, en knowhow voor het gebruik en de distributie van goederen of de verrichting van diensten. Naast de licentie voor intellectuele-eigendomsrechten, verstrekt de franchisegever de franchisenemer gewoonlijk gedurende de looptijd van de overeenkomst commerciële of technische bijstand. De licentie en de bijstand vormen integrerende bestanddelen van het in franchise gegeven bedrijfsconcept. Doorgaans betaalt de franchisenemer de franchisegever een franchisevergoeding voor het gebruik van het betrokken bedrijfsconcept. Franchising kan de franchisegever in staat stellen om met beperkte investeringen een uniform distributienet voor zijn producten op te zetten. Naast het verstrekken van een bedrijfsconcept, bevatten franchiseovereenkomsten gewoonlijk een combinatie van verschillende verticale beperkingen aangaande de producten die worden gedistribueerd, bijvoorbeeld selectieve distributie en/of concurrentiebedingen.
[30-06-2022, PbEU C 248, i.w.tr. 30-06-2022/regelingnummer 2022/C 248/01]

(166)
Franchising (met uitzondering van industriële franchiseovereenkomsten) heeft een aantal specifieke kenmerken, zoals het gebruik van eenzelfde handelsnaam, uniforme bedrijfsconcepten (met inbegrip van licentiëring voor intellectuele-eigendomsrechten) en de betaling van royalty's in ruil voor de toegekende voordelen. In het licht van die specifieke kenmerken kunnen bepalingen die strikt noodzakelijk zijn voor de werking van franchisestelsels worden geacht buiten het toepassingsgebied van artikel 101, lid 1, van het Verdrag te vallen. Die bepalingen kunnen bijvoorbeeld beperkingen inhouden die de franchisenemer verhinderen de door de franchisegever verstrekte knowhow en bijstand zo te gebruiken dat ze de concurrenten van de franchisegever ten goede komen [1], en concurrentiebedingen met betrekking tot de door de franchisenemer aangekochte goederen of diensten die noodzakelijk zijn om de gemeenschappelijke identiteit en reputatie van het franchisenet in stand te houden. In het laatste geval

---

[1] Zie arrest van 28 januari 1986, *Pronuptia de Paris GmbH/Pronuptia de Paris Irmgard Schillgallis*, C-161/84, ECLI:EU:C:1986:41, punt 16.

is de duur van het concurrentiebeding irrelevant, zolang het niet de looptijd van de franchiseovereenkomst zelf overschrijdt.
[30-06-2022, PbEU C 248, i.w.tr. 30-06-2022/regelingnummer 2022/C 248/01]

(167)
Franchiseovereenkomsten vallen onder de vrijstelling van artikel 2, lid 1, van Verordening (EU) 2022/720, wanneer noch het marktaandeel van de leverancier noch dat van de afnemer meer dan 30 % bedraagt. Specifieke leidraden voor de berekening van marktaandelen in de context van franchising zijn te vinden in punt (174). De licentiëring van intellectuele-eigendomsrechten in franchiseovereenkomsten wordt behandeld in de punten (71) tot en met (87). Verticale beperkingen in franchiseovereenkomsten worden beoordeeld volgens de beginselen die van toepassing zijn op het distributiestelsel dat het best aansluit op de aard van de specifieke franchiseovereenkomst. Zo moet bijvoorbeeld een franchiseovereenkomst die in een gesloten net resulteert, waarbij het de franchisenemers verboden is aan niet-franchisenemers te verkopen, worden beoordeeld volgens de beginselen die op selectieve distributie van toepassing zijn. Een franchiseovereenkomst die niet in een gesloten net resulteert, maar gebiedsexclusiviteit verleent en bescherming biedt tegen actieve verkoop door andere franchisenemers, moet daarentegen worden beoordeeld volgens de beginselen die op exclusieve distributie van toepassing zijn.
[30-06-2022, PbEU C 248, i.w.tr. 30-06-2022/regelingnummer 2022/C 248/01]

(168)
Franchiseovereenkomsten die niet onder Verordening (EU) 2022/720 vallen, moeten individueel worden beoordeeld op grond van artikel 101 van het Verdrag. Bij die beoordeling moet rekening worden gehouden met het feit dat hoe belangrijker de overdracht van knowhow is, des te waarschijnlijker het is dat de verticale beperkingen efficiëntieverbeteringen opleveren en/of onmisbaar zijn om de knowhow te beschermen, en dat ze dus aan de voorwaarden van artikel 101, lid 3, van het Verdrag voldoen.
[30-06-2022, PbEU C 248, i.w.tr. 30-06-2022/regelingnummer 2022/C 248/01]

Richtsnoeren inzake verticale beperkingen

(169)
Het volgende is een voorbeeld van franchising:

> Een fabrikant heeft een nieuwe formule ontwikkeld voor de verkoop van snoep in zogenoemde 'fun shops', waar het snoepgoed op verzoek van de consument kan worden gekleurd. De snoepfabrikant heeft ook de machines ontwikkeld om het snoepgoed te kleuren en de kleurvloeistoffen te produceren. De kwaliteit en versheid van de vloeistof zijn van vitaal belang voor het verkrijgen van goed snoepgoed. De fabrikant heeft van zijn snoep een succes gemaakt door dit te verkopen in een aantal eigen detailhandelsverkooppunten die allemaal dezelfde naam dragen en er hetzelfde uitzien (bijvoorbeeld winkels en reclame in dezelfde stijl). Om zijn verkoop uit te breiden, is de snoepfabrikant met een franchisestelsel begonnen. Om een uniforme productkwaliteit en een gelijk winkelbeeld te waarborgen, zijn de franchisenemers verplicht het snoepgoed, de vloeistof en de kleurmachine van de fabrikant te kopen, moeten zij onder dezelfde handelsnaam werken, een franchisevergoeding betalen, in de gemeenschappelijke reclame bijdragen en de door de franchisegever opgestelde handleiding geheimhouden. Daarnaast mogen de franchisenemers alleen vanuit de goedgekeurde winkel aan eindgebruikers of andere franchisenemers verkopen. Zij mogen geen ander snoepgoed in hun winkels verkopen. Het is de franchisegever verboden om in een bepaald contractgebied een andere franchisenemer aan te wijzen of zelf een detailhandelsverkooppunt te exploiteren. De franchisegever is ook verplicht zijn producten, het uiterlijk van de winkels en de handleiding verder te ontwikkelen en die verbeteringen aan alle franchisenemers beschikbaar te stellen. De franchiseovereenkomsten worden voor tien jaar gesloten.

> Detailhandelaren in snoepgoed kopen hun snoep op een nationale markt, hetzij van binnenlandse producenten die inspelen op de smaak in het land, hetzij van groothandelaren die snoep van buitenlandse producenten importeren en daarnaast ook snoep van binnenlandse producenten verkopen. Op die markt concurreren de producten van de franchisegever met een aantal nationale en internationale merken snoepgoed, ten dele van grote gediversifieerde levensmiddelenbedrijven. Op de markt van machines voor het kleuren van levensmiddelen heeft de franchisegever een marktaandeel van minder dan 10 %. De franchisegever heeft een marktaandeel van 30 % op de markt voor aan detailhandelaren verkocht snoepgoed. Er zijn talrijke verkooppunten voor snoep: tabakswinkels, kruidenierswinkels, cafetaria's en gespecialiseerde snoepwinkels.

Richtsnoeren inzake verticale beperkingen

> De meeste van de in de franchiseovereenkomsten opgenomen verplichtingen kunnen worden geacht noodzakelijk te zijn om intellectuele-eigendomsrechten te beschermen of om de gemeenschappelijke identiteit en reputatie van het franchisenet in stand te houden, en dus buiten het toepassingsgebied van artikel 101, lid 1, van het Verdrag te vallen. De beperkingen op de verkoop (d.w.z. de aanwijzing van een contractgebied en selectieve distributie) vormen een prikkel voor de franchisenemers om in het franchiseconcept en de kleurmachine te investeren en helpen de gemeenschappelijke identiteit in stand te houden, zodat daardoor de vermindering van de concurrentie binnen een merk wordt gecompenseerd. Het concurrentiebeding, waardoor gedurende de volledige looptijd van de overeenkomsten in de winkels geen andere merken snoep mogen worden verkocht, stelt de franchisegever in staat de uniformiteit van de verkooppunten te bewaren en belet concurrenten van zijn handelsnaam te profiteren. Gezien het grote aantal verkooppunten die voor andere producenten van snoep beschikbaar zijn, leidt het beding niet in noemenswaardige mate tot marktafscherming. Voor zover zij binnen het toepassingsgebied van artikel 101, lid 1, van het Verdrag vallen, zullen de franchiseovereenkomsten bijgevolg waarschijnlijk aan de voorwaarden van artikel 101, lid 3, voldoen.

[30-06-2022, PbEU C 248, i.w.tr. 30-06-2022/regelingnummer 2022/C 248/01]

5
Marktbepaling en berekening van het marktaandeel

5.1
Bekendmaking marktbepaling

(170)
De bekendmaking marktbepaling geeft leidraden over de voorschriften, de criteria en de bewijsstukken die de Commissie gebruikt bij het onderzoek van kwesties in verband met de marktbepaling. De relevante markt voor de toepassing van artikel 101 van het Verdrag op verticale overeenkomsten moet derhalve worden bepaald op basis van die leidraden, respectievelijk alle toekomstige leidraden inzake de bepaling van de relevante markt voor de toepassing van het mededingingsrecht van de Unie, met inbegrip van eventuele leidraden die de bekendmaking marktbepaling vervangen. In de onderhavige richtsnoeren wordt slechts stilgestaan bij enkele specifieke problemen die zich voordoen in verband met de toepassing van Verordening (EU) 2022/720 en die niet in de bekendmaking marktbepaling aan de orde komen.
[30-06-2022, PbEU C 248, i.w.tr. 30-06-2022/regelingnummer 2022/C 248/01]

5.2
De berekening van marktaandelen op grond van Verordening (EU) 2022/720

(171)
Overeenkomstig artikel 3 van Verordening (EU) 2022/720 is het marktaandeel van zowel de leverancier als de afnemer doorslaggevend om te bepalen of de groepsvrijstelling van toepassing is. Verordening (EU) 2022/720 is alleen van toepassing als zowel

het marktaandeel van de leverancier op de markt waarop hij de contractgoederen of -diensten aan de afnemer verkoopt, als dat van de afnemer op de markt waarop hij de contractgoederen of -diensten koopt, niet hoger is dan 30 %. Voor overeenkomsten tussen kmo's is het over het algemeen niet nodig om de marktaandelen te berekenen (zie punt (28)).
[30-06-2022, PbEU C 248, i.w.tr. 30-06-2022/regelingnummer 2022/C 248/01]

(172)
Op distributieniveau hebben verticale beperkingen doorgaans niet alleen betrekking op de verkoop van goederen of diensten door de leverancier aan de afnemer, maar ook op de doorverkoop ervan. Omdat er tussen verschillende distributiemodellen gewoonlijk concurrentie bestaat, worden markten over het algemeen niet bepaald door de vorm van distributie waarvan gebruik wordt gemaakt, namelijk exclusieve distributie, selectieve distributie of vrije distributie. In sectoren waar leveranciers over het algemeen een assortiment goederen of diensten verkopen, kan het volledige assortiment bepalend zijn voor de marktbepaling indien de assortimenten, en niet de goederen of diensten in het assortiment afzonderlijk, door afnemers als substituten worden beschouwd.
[30-06-2022, PbEU C 248, i.w.tr. 30-06-2022/regelingnummer 2022/C 248/01]

(173)
Wanneer bij een verticale overeenkomst drie partijen betrokken zijn die elk op een verschillend handelsniveau actief zijn, mag, om binnen het toepassingsgebied van Verordening (EU) 2022/720 te vallen, elk van hun marktaandelen niet hoger zijn dan 30 %. Zoals bepaald in artikel 3, lid 2, van Verordening (EU) 2022/720, is, wanneer in een meerzijdige overeenkomst een onderneming (de eerste onderneming) de contractgoederen of -diensten koopt van één onderneming die partij is bij de overeenkomst en de contractgoederen of -diensten verkoopt aan een andere onderneming die ook partij is bij de overeenkomst, Verordening (EU) 2022/720 alleen van toepassing indien het marktaandeel van de eerste onderneming, zowel als afnemer én als leverancier, de drempelwaarde van 30 % niet overschrijdt. Wanneer bijvoorbeeld in een overeenkomst tussen een fabrikant, een groothandelaar (of een vereniging van detailhandelaren) en een detailhandelaar een concurrentiebeding wordt opgenomen, mogen de marktaandelen van de fabrikant en de groothandelaar (of de vereniging van detailhandelaren) op hun respectieve downstreammarkten, om onder de vrijstelling van artikel 2, lid 1, van Verordening (EU) 2022/720 te vallen, niet groter zijn dan 30 %, en mag het marktaandeel van de groothandelaar (of de vereniging van detailhandelaren) en dat van de detailhandelaar niet groter zijn dan 30 % op hun respectieve inkoopmarkten.
[30-06-2022, PbEU C 248, i.w.tr. 30-06-2022/regelingnummer 2022/C 248/01]

(174)
Wanneer de verticale overeenkomst, naast de levering van de contractgoederen of -diensten, ook bepalingen bevat betreffende intellectuele eigendomsrechten (zoals een bepaling betreffende het gebruik van het merk van de leverancier) die de afnemer helpen de contractgoederen of -diensten op de markt te brengen, is het marktaandeel van de leverancier op de markt waarop hij de contractgoederen of -diensten verkoopt, relevant voor de toepassing van Verordening (EU) 2022/720. Wanneer een franchise-

gever geen goederen of diensten levert die moeten worden doorverkocht, maar een pakket diensten en goederen aanbiedt, gecombineerd met bepalingen betreffende intellectuele-eigendomsrechten die samen het in franchise gegeven bedrijfsconcept vormen, moet de franchisegever rekening houden met zijn marktaandeel als aanbieder van een bedrijfsconcept voor de levering van specifieke goederen of diensten aan eindgebruikers. Daartoe moet de franchisegever zijn marktaandeel berekenen op de markt waarop van het bedrijfsconcept gebruik wordt gemaakt, d.w.z. de markt waarop de franchisenemers het bedrijfsconcept exploiteren om aan eindgebruikers goederen of diensten te leveren. Bijgevolg moet de franchisegever zijn marktaandeel baseren op de waarde van de goederen of diensten die door zijn franchisenemers op die markt worden geleverd. Op een dergelijke markt kunnen de concurrenten van de franchisegever verleners van andere in franchise gegeven bedrijfsconcepten tellen, maar ook leveranciers van substitueerbare goederen of diensten die geen franchising toepassen. Gesteld bijvoorbeeld dat er een markt voor fastfooddiensten bestaat, en onder voorbehoud van de omschrijving van een dergelijke markt, zou een franchisegever die op die markt actief is, zijn marktaandeel moeten berekenen op basis van de relevante omzet van zijn franchisenemers op die markt.
[30-06-2022, PbEU C 248, i.w.tr. 30-06-2022/regelingnummer 2022/C 248/01]

5.3
Berekening van marktaandelen in het kader van Verordening (EU) 2022/720

(175)
Zoals in artikel 8, punt a), van Verordening (EU) 2022/720 is bepaald, moeten de marktaandelen van de leverancier en de afnemer in beginsel worden berekend op basis van gegevens betreffende de waarde, waarbij rekening wordt gehouden met alle bronnen van inkomsten die door de verkoop van de goederen of diensten worden gegenereerd. Wanneer geen gegevens betreffende de waarde beschikbaar zijn, kunnen onderbouwde ramingen worden gemaakt op basis van andere betrouwbare marktinformatie, zoals de omvang van de verkochte hoeveelheden.
[30-06-2022, PbEU C 248, i.w.tr. 30-06-2022/regelingnummer 2022/C 248/01]

(176)
Eigen productie, d.w.z. de productie of levering van intermediaire goederen of diensten voor eigen gebruik door de leverancier, kan in een bepaald geval relevant zijn voor de concurrentieanalyse, maar wordt niet in aanmerking genomen voor de marktbepaling of voor de berekening van marktaandelen overeenkomstig Verordening (EU) 2022/720. Overeenkomstig artikel 8, punt c), van Verordening (EU) 2022/720 moet bij duale distributiescenario's bij de marktbepaling en de berekening van marktaandelen echter rekening worden gehouden met de verkoop van de eigen goederen door de leverancier via zijn verticaal geïntegreerde distributeurs en agenten [1]. Geïntegreerde distributeurs zijn verbonden ondernemingen in de zin van artikel 1, lid 2, van de verordening.
[30-06-2022, PbEU C 248, i.w.tr. 30-06-2022/regelingnummer 2022/C 248/01]

---

[1] Daartoe wordt geen rekening gehouden met de verkoop door de geïntegreerde distributeur van goederen of diensten van concurrerende leveranciers.

6
Toepassing van verordening (EU) 2022/720

6.1
Hardcorebeperkingen in Verordening (EU) 2022/720

(177)
Artikel 4 van Verordening (EU) 2022/720 bevat een lijst van hardcorebeperkingen. Die hardcorebeperkingen worden beschouwd als ernstige concurrentiebeperkingen die in de meeste gevallen verboden moeten worden wegens de schade die zij toebrengen aan de markt en aan de consumenten. Wanneer een verticale overeenkomst één of meer hardcorebeperkingen bevat, is de gehele overeenkomst uitgesloten van het toepassingsgebied van Verordening (EU) 2022/720.
[30-06-2022, PbEU C 248, i.w.tr. 30-06-2022/regelingnummer 2022/C 248/01]

(178)
De hardcorebeperkingen in artikel 4 van Verordening (EU) 2022/720 zijn van toepassing op verticale overeenkomsten die betrekking hebben op de handel binnen de Unie. Wat betreft verticale overeenkomsten die betrekking hebben op uitvoer naar landen buiten de Unie of invoer/wederinvoer van buiten de Unie, kunnen dergelijke overeenkomsten niet worden geacht tot doel te hebben de concurrentie binnen de Unie merkbaar te beperken of als zodanig de handel tussen lidstaten ongunstig te kunnen beïnvloeden [1].
[30-06-2022, PbEU C 248, i.w.tr. 30-06-2022/regelingnummer 2022/C 248/01]

(179)
Hardcorebeperkingen in de zin van artikel 4 van Verordening (EU) 2022/720 zijn doorgaans beperkingen die ertoe strekken de concurrentie te beperken in de zin van artikel 101, lid 1, van het Verdrag [2]. Vormen van coördinatie tussen ondernemingen van concurrentiebeperkende strekking kunnen naar hun aard worden geacht de goede werking van de normale concurrentie te schaden [3]. Het HJ-EU heeft geoordeeld dat bepaalde vormen van coördinatie tussen ondernemingen de concurrentie in voldoende mate schaden, zodat het niet nodig is de effecten ervan te beoordelen [4]. De vaststelling van een beperking die tot strekking heeft de concurrentie te beperken, vereist een individuele beoordeling van de betrokken verticale overeenkomst. Hardcorebeperkingen zijn daarentegen een categorie beperkingen die in Verordening (EU) 2022/720 worden genoemd en waarvan wordt aangenomen dat zij over het algemeen de concurrentie per saldo schaden. Verticale overeenkomsten die dergelijke hardcore-

---

[1] Zie zaak C-306/96 — *Javico/Yves Saint Laurent Parfums*, punt 20.
[2] Zie het werkdocument van de diensten van de Commissie — Guidance on restrictions of competition 'by object' for the purpose of defining which agreements may benefit from the De Minimis Notice, van 25 juni 2014 (SWD(2014) 198 final, blz. 4).
[3] Zie het arrest van 20 januari 2016, *Toshiba Corporation/Commissie*, C-373/14 P, ECLI:EU:C:2016:26, punt 26.
[4] Zie het arrest van 2 april 2020, *Budapest Bank e.a.*, C-228/18, ECLI:EU:C:2020:265, punten 35 tot en met 37 en de aldaar aangehaalde rechtspraak.

beperkingen bevatten, vallen derhalve niet onder de vrijstelling van artikel 2, lid 1, van Verordening (EU) 2022/720.
[30-06-2022, PbEU C 248, i.w.tr. 30-06-2022/regelingnummer 2022/C 248/01]

(180)
Toch vallen hardcorebeperkingen niet noodzakelijkerwijs binnen het toepassingsgebied van artikel 101, lid 1, van het Verdrag. Wanneer een hardcorebeperking in het kader van artikel 4 van Verordening (EU) 2022/720, objectief noodzakelijk is voor de uitvoering van een bepaalde verticale overeenkomst, bijvoorbeeld om de naleving te waarborgen van een publiek verbod op de verkoop van gevaarlijke stoffen aan bepaalde klanten om redenen van veiligheid of gezondheid, valt die overeenkomst bij wijze van uitzondering buiten het toepassingsgebied van artikel 101, lid 1, van het Verdrag. Uit het bovenstaande volgt dat de Commissie bij de beoordeling van een verticale overeenkomst de volgende beginselen zal toepassen:
(a) wanneer een hardcorebeperking in de zin van artikel 4 van Verordening (EU) 2022/720 in een verticale overeenkomst is opgenomen, valt die overeenkomst waarschijnlijk binnen het toepassingsgebied van artikel 101, lid 1, van het Verdrag.
(b) een overeenkomst die een hardcorebeperking in de zin van artikel 4 van Verordening (EU) 2022/720 bevat, voldoet waarschijnlijk niet aan de voorwaarden van artikel 101, lid 3, van het Verdrag.

[30-06-2022, PbEU C 248, i.w.tr. 30-06-2022/regelingnummer 2022/C 248/01]

(181)
Ondernemingen kunnen in individuele gevallen krachtens artikel 101, lid 3, concurrentiebevorderende effecten inroepen [1]. Daartoe moet de onderneming aantonen dat efficiëntieverbeteringen waarschijnlijk zijn en dat die efficiëntieverbeteringen waarschijnlijk zullen voortvloeien uit de opname van de hardcorebeperking in de overeenkomst, en dat aan alle andere voorwaarden van artikel 101, lid 3, van het Verdrag is voldaan. In dat geval zal de Commissie een beoordeling maken van de negatieve effecten voor de concurrentie die waarschijnlijk voortvloeien uit de opname van de hardcorebeperking in de overeenkomst, alvorens definitief te beoordelen of aan de voorwaarden van artikel 101, lid 3, van het Verdrag is voldaan.

[30-06-2022, PbEU C 248, i.w.tr. 30-06-2022/regelingnummer 2022/C 248/01]

(182)
De voorbeelden in de punten (183) tot en met (184) zijn bedoeld om te illustreren hoe de Commissie de hierboven genoemde beginselen zal toepassen.

[30-06-2022, PbEU C 248, i.w.tr. 30-06-2022/regelingnummer 2022/C 248/01]

---

[1] Zie met name punt (16), punten (a) tot en met (i) van de onderhavige richtsnoeren, waarin de soorten efficiëntieverbeteringen worden beschreven die over het algemeen met verticale beperkingen gepaard gaan, en afdeling 6.1.1 van de onderhavige richtsnoeren over verticale prijsbinding. Voor algemene leidraden voor de beoordeling van efficiëntieverbeteringen, zie ook de richtsnoeren betreffende de toepassing van artikel 101, lid 3.

(183)
Het volgende is een voorbeeld van onderlinge leveringen tussen erkende distributeurs:

> In het geval van een selectief distributiestelsel moeten de onderlinge leveringen tussen erkende distributeurs normaal gezien vrij blijven (zie punt (237)). Beperkingen op de actieve verkoop kunnen echter onder bepaalde omstandigheden aan de voorwaarden van artikel 101, lid 3, van het Verdrag voldoen. Dat kan bijvoorbeeld het geval zijn wanneer erkende groothandelaren die in verschillende gebieden gevestigd zijn, moeten investeren in promotieactiviteiten in het grondgebied waar zij de contractgoederen of -diensten distribueren, teneinde de verkoop door erkende detailhandelaren te ondersteunen, en het niet praktisch is om de vereiste promotieactiviteiten als een contractuele verplichting in de overeenkomst op te nemen.

[30-06-2022, PbEU C 248, i.w.tr. 30-06-2022/regelingnummer 2022/C 248/01]

(184)
Het volgende is een voorbeeld van werkelijk testen:

> Ingeval het gaat om het werkelijk testen van een nieuw product binnen een beperkt grondgebied of een beperkte groep klanten, of in het geval van een gespreide introductie van een nieuw product, kunnen aan de distributeurs die zijn aangewezen om het nieuwe product op de testmarkt te verkopen, of zij die deelnemen aan de eerste ronde(s) van de gespreide introductie, beperkingen worden opgelegd met betrekking tot hun actieve verkoop buiten de testmarkt of de markt(en) of klantengroepen waar het product nog niet is geïntroduceerd. Dergelijke beperkingen kunnen buiten het toepassingsgebied van artikel 101, lid 1, van het Verdrag vallen voor de periode die nodig is voor het testen of introduceren van het product.

[30-06-2022, PbEU C 248, i.w.tr. 30-06-2022/regelingnummer 2022/C 248/01]

6.1.1
Verticale prijsbinding

(185)
De in artikel 4, punt a), van Verordening (EU) 2022/720 beschreven hardcorebeperking betreft verticale prijsbinding, d.w.z. overeenkomsten die direct of indirect tot doel hebben de mogelijkheden van de afnemer tot het vaststellen van zijn verkoopprijs te beperken, met inbegrip van overeenkomsten die een vaste verkoopprijs of minimumverkoopprijs vastleggen die door de afnemer in acht moet worden genomen [1]. Een verplichting voor de afnemer om zijn verkoopprijs binnen een bepaalde marge vast te stellen, is verticale prijsbinding in de zin van artikel 4, punt a), van de verordening.
[30-06-2022, PbEU C 248, i.w.tr. 30-06-2022/regelingnummer 2022/C 248/01]

---

(1) Er zij op gewezen dat verticale prijsbinding kan worden gekoppeld aan andere beperkingen, met inbegrip van horizontale collusie in de vorm van 'hub-and-spoke'-regelingen. Die worden behandeld in punt 55 van de horizontale richtsnoeren.

(186)
Verticale prijsbinding kan via directe middelen worden toegepast. Dat is het geval bij contractuele bepalingen of onderling afgestemde feitelijke gedragingen die direct de prijs bepalen die de afnemer aan zijn klanten moet berekenen [1], of die de leverancier in staat stellen de wederverkoopprijs vast te stellen, of die de afnemer verbieden onder een bepaald prijsniveau te verkopen. De beperking is ook evident wanneer een leverancier om een prijsverhoging verzoekt en de afnemer aan een dergelijk verzoek voldoet.
[30-06-2022, PbEU C 248, i.w.tr. 30-06-2022/regelingnummer 2022/C 248/01]

(187)
Verticale prijsbinding kan ook indirect worden toegepast, zoals door prikkels om een minimumprijs in acht te nemen of door negatieve prikkels om van een minimumprijs af te wijken. De volgende voorbeelden geven een niet-limitatieve lijst van dergelijke indirecte middelen:
(a) vaststelling van de wederverkoopmarge;
(b) vaststelling van het maximumniveau van de kortingen die de distributeur ten opzichte van een bepaald prijsniveau mag toekennen;
(c) de toekenning van kortingen of de terugbetaling van promotiekosten door de leverancier afhankelijk stellen van de inachtneming van een bepaald prijsniveau;
(d) oplegging van minimumprijzen die de distributeur verbieden reclame te maken met prijzen die lager zijn dan een door de leverancier vastgesteld niveau;
(e) koppeling van de opgelegde wederverkoopprijs aan de wederverkoopprijzen van concurrenten;
(f) bedreigingen, intimidaties, waarschuwingen, sancties, vertraging of opschorting van leveringen of beëindiging van overeenkomsten, wanneer dat verband houdt met de inachtneming van een bepaald prijsniveau.

[30-06-2022, PbEU C 248, i.w.tr. 30-06-2022/regelingnummer 2022/C 248/01]

(188)
Overeenkomstig artikel 4, punt a), van Verordening (EU) 2022/720 is de oplegging door de leverancier van een maximumwederverkoopprijs of de aanbeveling van een wederverkoopprijs geen hardcorebeperking. Wanneer de leverancier een dergelijke maximumprijs of een aanbeveling inzake de wederverkoopprijs echter combineert met prikkels om een bepaald prijsniveau toe te passen of negatieve prikkels om de verkoopprijs te verlagen, kan er sprake zijn van verticale prijsbinding. Dat zou bijvoorbeeld het geval zijn wanneer de leverancier de door de afnemer gemaakte promotiekosten terugbetaalt op voorwaarde dat de afnemer niet afwijkt van de maximumwederverkoopprijs of de aanbevolen wederverkoopprijs. Een voorbeeld van een negatieve prikkel om de verkoopprijs te verlagen, is wanneer de leverancier dreigt verdere leveringen stop te zetten als reactie op een afwijking door de afnemer van de maximum- of aanbevolen wederverkoopprijs.

[30-06-2022, PbEU C 248, i.w.tr. 30-06-2022/regelingnummer 2022/C 248/01]

---

[1] Zie bijvoorbeeld het besluit van de Commissie in zaak AT.40428 — *Guess*, overwegingen 84, 86 en 137.

(189)
Hoewel de oplegging van minimumprijzen de distributeur in beginsel de vrijheid laat om te verkopen tegen een prijs die lager is dan de geadverteerde prijs, ontmoedigt zij de distributeur om een lagere verkoopprijs vast te stellen omdat het hem beperkt in zijn mogelijkheden om potentiële klanten te informeren over beschikbare kortingen. Een belangrijke parameter voor de prijsconcurrentie tussen detailhandelaren wordt hierdoor weggenomen. Voor de toepassing van artikel 4, punt a), van Verordening (EU) 2022/720, zal de oplegging van minimumprijzen derhalve worden behandeld als een indirect middel om verticale prijsbinding toe te passen.
[30-06-2022, PbEU C 248, i.w.tr. 30-06-2022/regelingnummer 2022/C 248/01]

(190)
Directe of indirecte maatregelen om prijsbinding te bewerkstelligen, kunnen doeltreffender worden gemaakt door die te combineren met maatregelen die erop gericht zijn distributeurs die beneden de prijs verkopen op het spoor te komen, zoals de invoering van een prijscontrolesysteem of het opleggen aan de detailhandelaren van de verplichting om te melden wanneer andere leden van het distributienet van het standaardprijsniveau afwijken.
[30-06-2022, PbEU C 248, i.w.tr. 30-06-2022/regelingnummer 2022/C 248/01]

(191)
Prijscontrole wordt steeds meer gebruikt in e-commerce, waar zowel producenten als detailhandelaren vaak specifieke software voor prijscontrole gebruiken [1]. Die software vergroot de prijstransparantie op de markt en stelt fabrikanten in staat de doorverkoopprijzen in hun distributienet doeltreffend te volgen [2]. Ook kunnen detailhandelaren zo de prijzen van hun concurrenten volgen. Op zich zijn prijsmonitoring en prijsrapportering echter geen verticale prijsbinding.
[30-06-2022, PbEU C 248, i.w.tr. 30-06-2022/regelingnummer 2022/C 248/01]

(192)
Bij agentuurovereenkomsten stelt de principaal doorgaans de verkoopprijs vast, omdat hij degene is op wie de commerciële en financiële risico's in verband met de verkoop rusten. Wanneer de overeenkomst echter niet voldoet aan de voorwaarden om te worden aangemerkt als een agentuurovereenkomst die buiten het toepassingsgebied van artikel 101, lid 1, van het Verdrag valt (zie met name de punten (30) tot en met (34) van de onderhavige richtsnoeren), is elke directe of indirecte verplichting die de agent verhindert of beperkt zijn vergoeding met de klant te delen, ongeacht of de vergoeding vast of variabel is, een hardcorebeperking in de zin van artikel 4, punt a),

---

(1) Zie het Eindverslag over sectoronderzoek naar e-commerce, punten 602 en 603.
(2) Zie de besluiten van de Commissie in AT.40182 — *Pioneer*, overwegingen 136 en 155; AT.40469 — *Denon & Marantz*, overweging 95; AT.40181 — *Philips*, overweging 64; AT.40465 — *Asus*, overweging 27.

van Verordening (EU) 2022/720 [1]. De agent moet derhalve de vrijheid worden gelaten om de door de klant betaalde daadwerkelijke prijs te verminderen zonder dat de aan de principaal verschuldigde inkomsten worden verminderd [2].
[30-06-2022, PbEU C 248, i.w.tr. 30-06-2022/regelingnummer 2022/C 248/01]

(193)
Bij een uitvoeringsovereenkomst sluit de leverancier een verticale overeenkomst met een afnemer met het oog op de uitvoering van een leveringsovereenkomst die eerder tussen de leverancier en een specifieke klant is gesloten. Wanneer de leverancier de onderneming selecteert om de uitvoeringsdiensten te verrichten, geldt het opleggen van een wederverkoopprijs door de leverancier niet als verticale prijsbinding. In dat geval beperkt de in de uitvoeringsovereenkomst opgelegde wederverkoopprijs niet de mededinging voor de levering van de goederen of diensten aan de klant, noch de mededinging voor de levering van de uitvoeringsdiensten. Dit geldt bijvoorbeeld wanneer klanten goederen kopen bij een onderneming die actief is in de onlineplatformeconomie en die wordt geëxploiteerd door een groep onafhankelijke detailhandelaren onder een gemeenschappelijk merk, en die onderneming de prijs voor de verkoop van de goederen bepaalt en de bestellingen ter uitvoering doorstuurt naar de detailhandelaren [3]. Wanneer daarentegen de klant de onderneming kiest die de uitvoeringsdiensten zal verrichten, kan het opleggen van een wederverkoopprijs door de leverancier de mededinging voor het verrichten van de uitvoeringsdiensten beperken. In dat geval kan het opleggen van een wederverkoopprijs neerkomen op verticale prijsbinding.
[30-06-2022, PbEU C 248, i.w.tr. 30-06-2022/regelingnummer 2022/C 248/01]

(194)
Artikel 4, punt a), van Verordening (EU) 2022/720 is volledig van toepassing in de onlineplatformeconomie. Meer bepaald is een onderneming die onlinetussenhandelsdiensten in de zin van artikel 1, lid 1, punt e), van de verordening verricht, een verlener van deze diensten, zodat artikel 4, punt a), van de verordening van toepassing is op beperkingen die de onderneming aan de afnemers van de onlinetussenhandelsdiensten oplegt met betrekking tot de verkoopprijs van goederen of diensten die via de onlinetussenhandelsdiensten worden verkocht. Dit belet een aanbieder van onlinetussenhandelsdiensten weliswaar niet om gebruikers van de diensten te stimuleren om hun goederen of diensten tegen een concurrerende prijs te verkopen of hun prijzen te verlagen, maar het opleggen door de aanbieder van

---

[1] Beperkingen van de mogelijkheid van verrichters van onlinetussenhandelsdiensten in de zin van artikel 1, lid 1, punt (e), van de verordening om hun vergoeding voor de levering van onlinetussenhandelsdiensten te delen, zijn geen hardcorebeperkingen in de zin van artikel 4, punt (a) van de verordening, aangezien zij de afnemer niet beperken in zijn verkoopprijsbepaling. Zie de punten (64) tot en met (67) van de onderhavige richtlijnen, en met name punt (67)(a).
[2] Zie bijvoorbeeld het besluit van de Commissie in zaak nr. IV/32.737 — *Eirpage*, en met name overweging 6.
[3] Deze leidraden doen geen afbreuk aan de toetsing aan artikel 101 van het Verdrag van de horizontale overeenkomsten tussen de detailhandelaren die een dergelijk uitvoeringsmodel opzetten en toepassen, rekening houdend met de leidraden die in de horizontale richtsnoeren wordt gegeven.

onlinetussenhandelsdiensten van een vaste of minimumverkoopprijs voor de transacties die hij bemiddelt, is een hardcorebeperking in de zin van artikel 4, punt a), van Verordening (EU) 2022/720.
[30-06-2022, PbEU C 248, i.w.tr. 30-06-2022/regelingnummer 2022/C 248/01]

(195)
Het Hof van Justitie van de Europese Unie heeft herhaaldelijk geoordeeld dat verticale prijsbinding een mededingingsbeperkende strekking heeft in de zin van artikel 101, lid 1, van het Verdrag [1]. Zoals echter in de punten (179) tot en met (181) is vermeld, betekent de kwalificatie van een beperking als een hardcorebeperking of als een beperking naar strekking, niet dat zij *per se* een inbreuk is op artikel 101 van het Verdrag. Wanneer ondernemingen van mening zijn dat verticale prijsbinding in een individueel geval efficiëntiebevorderend is, kunnen zij zich beroepen op efficiëntieverbeteringen onder artikel 101, lid 3, van het Verdrag.
[30-06-2022, PbEU C 248, i.w.tr. 30-06-2022/regelingnummer 2022/C 248/01]

(196)
Verticale prijsbinding kan de concurrentie binnen een merk en/of tussen merken op verschillende manieren beperken:
(a) verticale prijsbinding kan collusie tussen leveranciers in de hand werken door de transparantie van de prijzen in de markt te vergroten, waardoor gemakkelijker kan worden vastgesteld of een leverancier van het collusie-evenwicht afwijkt door zijn prijzen te verlagen. Dat negatieve effect is waarschijnlijker op markten die vatbaar zijn voor collusie, bijvoorbeeld wanneer leveranciers een hecht oligopolie vormen en een aanzienlijk aandeel van de markt door verticaleprijsbindingsovereenkomsten wordt bestreken;
(b) verticale prijsbinding kan collusie tussen afnemers op het distributieniveau in de hand werken, in het bijzonder wanneer zij door de afnemers wordt aangestuurd. Sterke of goed georganiseerde afnemers kunnen in staat zijn een of meer leveranciers te dwingen of te overtuigen hun wederverkoopprijs boven het door concurrentie bepaalde niveau vast te stellen en de afnemers zo te helpen een stabiel collusie-evenwicht te bereiken of in stand te houden. Verticale prijsbinding fungeert als een middel van zelfbinding ('commitment device') voor detailhandelaren om niet af te wijken van het collusie-evenwicht door kortingen te verlenen;
(c) in sommige gevallen kan verticale prijsbinding ook de concurrentie tussen fabrikanten en/of detailhandelaren afwakken, in het bijzonder wanneer fabrikanten voor de distributie van hun producten dezelfde distributeurs gebruiken en de verticale prijsbinding door al die distributeurs, of de meesten ervan, wordt toegepast;
(d) verticale prijsbinding kan de druk op de marge van de leverancier verlagen, in het bijzonder wanneer een fabrikant een commitmentprobleem heeft, d.w.z. wanneer hij belang heeft bij een verlaging van de prijs die aan volgende distributeurs in rekening wordt gebracht. In die situatie kan de fabrikant er de voorkeur aan geven

---

[1] Zie arresten van 3 juli 1985, *Binon/AMP*, C-243/83, ECLI:EU:C:1985:284, punt 44; 1 oktober 1987, *VVR/Sociale Dienst van de Plaatselijke en Gewestelijke Overheidsdiensten*, C-311/85, ECLI:EU:C:1987:418, punt 17; 19 april 1988, *Erauw-Jacquery/La Hesbignonne*, C-27/87, ECLI:EU:C:1988:183, punt 15.

met verticale prijsbinding in te stemmen, waardoor hij zich ertoe kan verbinden de prijs voor volgende distributeurs niet te verlagen en zijn eigen marge minder onder druk komt te staan;
(e) door prijsconcurrentie tussen distributeurs te voorkomen, kan verticale prijsbinding de toetreding en uitbreiding van nieuwe of efficiëntere distributiemodellen voorkomen of belemmeren, waardoor innovatie op distributieniveau wordt verminderd;
(f) verticale prijsbinding kan worden toegepast door een leverancier met marktmacht om de markt voor kleinere concurrenten af te schermen. De hogere marge die verticale prijsbinding voor distributeurs kan meebrengen, kan die laatsten ertoe brengen het merk van de leverancier eerder aan de klanten aan te bevelen dan concurrerende merken, zelfs indien dit advies niet in het belang is van de klant, of om de concurrerende merken helemaal niet te verkopen;
(g) het rechtstreekse gevolg van verticale prijsbinding is dat de concurrentie binnen een merk wordt uitgeschakeld doordat sommige of alle distributeurs worden belet hun verkoopprijs voor het betrokken merk te verlagen, wat dus leidt tot een prijsverhoging voor dat merk.

[30-06-2022, PbEU C 248, i.w.tr. 30-06-2022/regelingnummer 2022/C 248/01]

(197)
Verticale prijsbinding kan echter ook tot efficiëntieverbeteringen leiden, met name wanneer zij door de leverancier wordt aangestuurd. Wanneer ondernemingen verticale prijsbinding motiveren door een beroep te doen op efficiëntieverbetering, moeten zij dit met concreet bewijsmateriaal kunnen staven en aantonen dat in het individuele geval aan alle voorwaarden van artikel 101, lid 3, is voldaan [1]. Hieronder worden vier voorbeelden van dergelijke efficiëntieverbeteringen gegeven.
(a) Wanneer een fabrikant een nieuw product op de markt brengt, kan verticale prijsbinding een efficiënt middel zijn om distributeurs ertoe aan te zetten beter rekening te houden met het belang van de fabrikant om dat product te promoten. In artikel 101, lid 3, van het Verdrag wordt ook vereist dat er geen realistische en minder beperkende alternatieve middelen zijn om de distributeurs ertoe aan te zetten het product te promoten.Om aan die eis te voldoen, kunnen leveranciers bijvoorbeeld aantonen dat het in de praktijk niet haalbaar is om aan alle afnemers contractueel doeltreffende promotieverplichtingen op te leggen. In dergelijke omstandigheden kan het opleggen van vaste of minimumdetailhandelsprijzen voor een beperkte periode om de introductie van het nieuwe product te vergemakkelijken, per saldo als concurrentiebevorderend worden beschouwd.
(b) Vaste wederverkoopprijzen, in plaats van maximumwederverkoopprijzen, kunnen nodig zijn om een gecoördineerde kortlopende prijsverlagingsactie op te zetten (meestal twee tot zes weken), met name in een distributiestelsel waarbij de leverancier een eenvormig distributiemodel hanteert, zoals een franchisesysteem. In dat geval kan, gezien het tijdelijke karakter ervan, het opleggen van vaste detailhandelsprijzen worden beschouwd als concurrentiebevorderend.

---

(1) Overeenkomstig artikel 2 van Verordening (EG) nr. 1/2003 rust de bewijslast dat aan de voorwaarden van artikel 101, lid 3, van het Verdrag is voldaan, op de onderneming die het voordeel van dat artikel inroept.

(c) Een minimumwederverkoopprijs of opgelegde minimumprijs kan worden gehanteerd om te voorkomen dat een bepaalde distributeur het product van een leverancier als verliesleider gebruikt. Wanneer een distributeur een product regelmatig onder de groothandelsprijs wederverkoopt, kan dit het merkimago van het product en, op den duur, de totale vraag naar het product verminderen en de prikkels voor de leverancier ondermijnen om in kwaliteit en merkimago te investeren. Het verhinderen dat die distributeur onder de groothandelsprijs verkoopt door hem een gerichte minimumwederverkoopprijs of minimumprijs op te leggen, kan in dat geval per saldo als concurrentiebevorderend worden beschouwd.

(d) Soms kan de door verticale prijsbinding ontstane extra marge de detailhandelaar in staat stellen om (bijkomende) pre-sales-services aan te bieden, in het bijzonder in het geval van complexe producten. Indien voldoende klanten gebruik maken van die service om een product te kiezen, maar vervolgens tegen een lagere prijs het product aankopen bij detailhandelaren welke die service niet aanbieden (en derhalve die kosten niet moeten dragen), kunnen detailhandelaren die een hoog serviceniveau aanbieden hun presalesdiensten, die de vraag naar het product van de leverancier verhoogt, verminderen of niet langer aanbieden. De leverancier moet aantonen dat er een risico bestaat van meeliftgedrag op het distributieniveau, dat vaste of minimumwederverkoopprijzen voldoende prikkels bieden voor investeringen in diensten voorafgaand aan de verkoop, en dat er geen realistische en minder beperkende alternatieve middelen zijn om dergelijk meeliftgedrag tegen te gaan. In die situatie is het waarschijnlijker dat verticale prijsbinding als concurrentiebevorderend wordt beschouwd wanneer er sprake is van hevige concurrentie tussen leveranciers en de leverancier een beperkte marktmacht heeft.

[30-06-2022, PbEU C 248, i.w.tr. 30-06-2022/regelingnummer 2022/C 248/01]

(198)

Het gebruik van advies- of maximumprijzen voor de wederverkoop valt onder de vrijstelling van artikel 2, lid 1, van Verordening (EU) 2022/720 wanneer het marktaandeel van elk van de partijen bij de overeenkomst de drempel van 30 % niet overschrijdt en op voorwaarde dat dit niet neerkomt op het opleggen van een vaste of minimumwederverkoopprijs als gevolg van druk of prikkels van een van de partijen, zoals uiteengezet in de punten (187) en (188). Punten (199) tot en met (201) bieden leidraden voor het beoordelen van advies- of maximumprijzen voor de wederverkoop boven de marktaandeeldrempel.

[30-06-2022, PbEU C 248, i.w.tr. 30-06-2022/regelingnummer 2022/C 248/01]

(199)

De risico's voor de concurrentie in verband met advies- of maximumprijzen voor de wederverkoop zijn, ten eerste, dat die prijzen kunnen dienen als richtpunt voor wederverkopers en door de meeste of alle wederverkopers kunnen worden gevolgd. Ten tweede kunnen zij de concurrentie afzwakken of collusie tussen leveranciers in de hand werken.

[30-06-2022, PbEU C 248, i.w.tr. 30-06-2022/regelingnummer 2022/C 248/01]

(200)
Een belangrijke factor voor het beoordelen van de mogelijke mededingingsverstorende effecten van advies- of maximumprijzen voor de wederverkoop is de marktpositie van de leverancier. Hoe sterker de marktpositie van de leverancier is, des te groter is het risico dat een advies- of maximumprijs voor de wederverkoop zal leiden tot een min of meer uniforme toepassing van dat prijsniveau door de wederverkopers, daar die wederverkopers het moeilijk kunnen vinden om af te wijken van wat zij beschouwen als de geprefereerde wederverkoopprijs die door zo'n belangrijke leverancier is voorgesteld.
[30-06-2022, PbEU C 248, i.w.tr. 30-06-2022/regelingnummer 2022/C 248/01]

(201)
Wanneer advies- of maximumprijzen voor de wederverkoop merkbare mededingingsbeperkende gevolgen hebben, moet worden nagegaan of zij voldoen aan de voorwaarden van de uitzondering bedoeld in artikel 101, lid 3, van het Verdrag. Wat maximumprijzen voor de wederverkoop betreft, kan het voorkomen van 'dubbele marginalisatie' [1] van bijzonder belang zijn. Een maximumprijs voor wederverkoop kan ook helpen om ervoor te zorgen dat het betrokken merk van de leverancier feller kan concurreren met andere merken die afgezet worden door dezelfde distributeur, met inbegrip van de producten onder eigen label.
[30-06-2022, PbEU C 248, i.w.tr. 30-06-2022/regelingnummer 2022/C 248/01]

6.1.2
Hardcorebeperkingen als bedoeld in artikel 4, punten b), c), d) en e), van Verordening (EU) 2022/720

6.1.2.1
Kwalificatie als hardcorebeperking overeenkomstig artikel 4, punten b), c), d) en e), van Verordening (EU) 2022/720

(202)
In artikel 4, punten b), c) en d), van Verordening (EU) 2022/720 staat een lijst van hardcorebeperkingen en uitzonderingen die van toepassing zijn op verschillende soorten distributiestelsels, namelijk: exclusieve distributie, selectieve distributie en vrije distributie. De in artikel 4, punten b), c), i), en d), van Verordening (EU) 2022/720 beschreven hardcorebeperkingen hebben betrekking op overeenkomsten die, direct of indirect, op zich of in combinatie met andere door de partijen gecontroleerde factoren, ten doel hebben het gebied waarin of de klanten aan wie de afnemer of zijn klanten de contractgoederen of -diensten mogen verkopen, te beperken. In artikel 4, punt c), ii) en iii), van Verordening (EU) 2022/720 is bepaald dat in een selectief distributiestelsel de beperking van onderlinge leveringen tussen de leden van het selectieve distributiestelsel die op hetzelfde of op verschillende handelsniveaus werkzaam zijn, alsmede de beperking van de actieve of passieve verkoop aan eindgebruikers door de op het detailhandelsniveau werkzame leden van een selectief distributiestelsel, hardcorebeperkingen zijn. Artikel 4, punten b), c) en d), van de verordening is van

---
(1) Zie in dit verband de punten (13) en (16).

toepassing ongeacht het gebruikte verkoopkanaal, bijvoorbeeld of de verkoop offline of online plaatsvindt.
[30-06-2022, PbEU C 248, i.w.tr. 30-06-2022/regelingnummer 2022/C 248/01]

(203)
In artikel 4, punt e), van Verordening (EU) 2022/720 is bepaald dat een verticale overeenkomst die, op zich of in combinatie met andere factoren waarover de partijen controle hebben, direct of indirect, tot doel heeft het verhinderen van het daadwerkelijke gebruik van internet door de afnemer of zijn klanten om de contractgoederen of -diensten aan bepaalde gebieden of klanten te verkopen, een hardcorebeperking is. Een verticale overeenkomst die een of meer beperkingen van de onlineverkoop of onlinereclame [1] bevat, die *de facto* de afnemer verbieden het internet te gebruiken om de contractgoederen of -diensten te verkopen, strekt er op zijn minst toe de passieve verkoop te beperken aan eindgebruikers die online wensen te kopen en die zich buiten het fysieke handelsgebied van de afnemer bevinden [2]. Daarom vallen dergelijke overeenkomsten binnen de werkingssfeer van artikel 4, punt e), van Verordening (EU) 2022/720. Hetzelfde geldt voor verticale overeenkomsten die niet direct een verbod inhouden, maar tot doel hebben het effectieve gebruik van internet door een afnemer of zijn klanten te verhinderen om de contractgoederen of -diensten aan bepaalde gebieden of klanten te verkopen. Dat is bijvoorbeeld het geval voor verticale overeenkomsten die tot doel hebben het totale volume van de onlineverkoop van de contractgoederen of -diensten of de mogelijkheid voor eindgebruikers om de contractgoederen of -diensten online te kopen, aanzienlijk te verminderen. Dat is ook het geval voor verticale overeenkomsten die ertoe strekken het gebruik van een of meer volledige onlineadvertentiekanalen door de afnemer, zoals zoekmachines [3] of prijsvergelijkingsdiensten, te verhinderen, of de afnemer te beletten een eigen onlinewinkel op te richten of te gebruiken [4]. Bij het beoordelen of er sprake is van een hardcorebeperking in de zin van artikel 4, punt e), van Verordening (EU) 2022/720, kan rekening worden gehouden met de inhoud en de context van de beperking, maar dit kan niet afhangen van marktspecifieke omstandigheden of van de individuele kenmerken van de partijen bij de verticale overeenkomst.
[30-06-2022, PbEU C 248, i.w.tr. 30-06-2022/regelingnummer 2022/C 248/01]

(204)
De in lid (202) bedoelde hardcorebeperkingen kunnen het resultaat zijn van directe verplichtingen, zoals de verplichting om niet aan bepaalde gebieden of klanten te verkopen of de verplichting om bestellingen van dergelijke klanten door te geven aan andere distributeurs. Zij kunnen ook het gevolg zijn van het feit dat de leverancier indirecte maatregelen toepast om de afnemer ertoe te brengen niet aan dergelijke klanten te verkopen, zoals:

---

(1) Zie ook de punten (204), (206) en (210) met betrekking tot verschillende soorten beperkingen van onlineverkoop en onlinereclame.
(2) Zie ook zaak C-439/09 – *Pierre Fabre Dermo-Cosmétique*, punt 54.
(3) Zie ook het besluit van de Commissie in zaak AT.40428 – *Guess*, overwegingen 118 tot en met 126.
(4) Zie zaak C-439/09 – *Pierre Fabre Dermo-Cosmétique*, punten 56 en 57 en punt (224) van deze richtsnoeren.

(a) vereisen dat de afnemer de leverancier vooraf om toestemming vraagt voor verkopen aan dergelijke klanten [1];
(b) bonussen of kortingen weigeren of verminderen indien de afnemer aan dergelijke klanten verkoopt [2] of compenserende betalingen aan de afnemer doen als hij niet meer aan dergelijke klanten verkoopt;
(c) de levering van producten beëindigen indien de afnemer aan dergelijke klanten verkoopt;
(d) de geleverde volumes beperken of verminderen, bijvoorbeeld zodat de volumes overeenkomen met de vraag van klanten in bepaalde gebieden of de vraag van bepaalde klantengroepen;
(e) ermee dreigen de verticale overeenkomst [3] te beëindigen of niet te verlengen indien de afnemer aan dergelijke klanten verkoopt;
(f) een hogere prijs in rekening brengen aan de distributeur voor producten die aan dergelijke klanten worden verkocht [4];
(g) het aandeel van de verkoop door de afnemer aan dergelijke klanten beperken;
(h) de afnemer beletten extra talen te gebruiken op de verpakking of voor de promotie van de producten [5];
(i) een ander product leveren als tegenprestatie wanneer de afnemer zijn verkoop aan dergelijke klanten beëindigt;
(j) de afnemer betalen om niet meer aan dergelijke klanten te verkopen;
(k) de afnemer verplichten om de winst van dergelijke klanten aan de leverancier over te dragen [6];
(l) uitsluiten van producten die buiten het gebied van de afnemer worden doorverkocht of van producten die in het gebied van de afnemer worden verkocht door in andere gebieden gevestigde afnemers, van een door de leverancier terugbetaalde garantiedienst voor de gehele Unie [7].

[30-06-2022, PbEU C 248, i.w.tr. 30-06-2022/regelingnummer 2022/C 248/01]

---

(1) Zie bijvoorbeeld zaak T-77/92 – *Parker Pen/Commissie*, punt 37.
(2) Zie bijvoorbeeld arrest van 9 juli 2009, *Peugeot en Peugeot Nederland/Commissie*, zaak T-450/05, ECLI:EU:T:2009:262, punt 47.
(3) Zie bijvoorbeeld arrest van 6 juli 2009, *Volkswagen/Commissie*, zaak T-62/98, ECLI:EU:T:2000:180, punt 44.
(4) Zie bijvoorbeeld het besluit van de Commissie in zaak AT.40433 – *Film merchandise*, overweging 54.
(5) Zie bijvoorbeeld het besluit van de Commissie in zaak AT.40433 – *Film merchandise*, overwegingen 52 en 53.
(6) Zie bijvoorbeeld het besluit van de Commissie in zaak AT.40436 – *Nike*, overweging 57; Besluit van de Commissie in zaak AT.40433 – *Film merchandise*, overwegingen 61 tot en met 63.
(7) Zie bijvoorbeeld het besluit van de Commissie in zaak AT.37975 – *PO/Yamaha*, overwegingen 111 en 112. Omgekeerd heeft een regeling waarbij de leverancier met zijn distributeurs overeenkomt dat wanneer een distributeur een verkoop verricht in een gebied dat aan een andere distributeur is toegewezen, de eerste distributeur aan de tweede distributeur een vergoeding moet betalen die is gebaseerd op de kosten van de te verrichten diensten, niet tot doel de verkoop door de distributeurs buiten de hun toegewezen gebieden te beperken (zie arrest van 13 januari 2004, *JCB Service/Commissie*, zaak T-67/01, ECLI:EU:T:2004:3, punten 136 tot en met 145).

(205)
Maatregelen die een fabrikant in staat stellen de bestemming van de geleverde goederen te verifiëren, zoals het gebruik van gedifferentieerde etiketten, specifieke taalclusters of serienummers, of het dreigen met of uitvoeren van audits om na te gaan of de afnemer zich aan andere beperkingen [1] houdt, zijn op zichzelf geen beperking van de mededinging. Zij kunnen echter worden geacht deel uit te maken van een hardcorebeperking van de verkoop door de afnemer, wanneer zij door de leverancier worden gebruikt om de bestemming van de geleverde goederen te controleren, bijvoorbeeld wanneer zij worden gebruikt in combinatie met een of meer van de in de punten (203) en (204) genoemde praktijken.
[30-06-2022, PbEU C 248, i.w.tr. 30-06-2022/regelingnummer 2022/C 248/01]

(206)
Naast de directe en indirecte beperkingen waarnaar wordt verwezen in de punten (202) tot en met (204), kunnen hardcorebeperkingen die specifiek verband houden met onlineverkoop ook het gevolg zijn van directe of indirecte verplichtingen. Naast een direct verbod op het gebruik van internet voor de verkoop van de contractgoederen of -diensten, zijn de volgende een aantal voorbeelden van verplichtingen die indirect tot doel hebben het effectieve gebruik van internet door de afnemer voor de verkoop van de contractgoederen of -diensten aan bepaalde gebieden of klanten in de zin van artikel 4, punt e), van Verordening (EU) 2022/720 te verhinderen:
(a) de afnemer verplichten te verhinderen dat in een ander gebied gevestigde klanten zijn website of onlinewinkel bezoeken, of klanten om te leiden naar de onlinewinkel van de fabrikant of van een andere verkoper. De afnemer verplichten links aan te bieden naar de onlinewinkels van de leverancier of van andere verkopers is echter geen hardcorebeperking [2];
(b) de afnemer verplichten de onlinetransacties van een consument te beëindigen wanneer uit zijn kredietkaartgegevens een adres blijkt dat buiten het grondgebied van de afnemer is gelegen [3];
(c) de afnemer verplichten de contractgoederen of -diensten alleen in een fysieke ruimte of in de fysieke aanwezigheid van gespecialiseerd personeel te verkopen [4];
(d) de afnemer verplichten de leverancier vooraf om toestemming te vragen voordat hij individuele onlineverkooptransacties verricht;
(e) de afnemer verbieden de handelsmerken of merknamen van de leverancier op zijn website of in zijn onlinewinkel te gebruiken;
(f) de afnemer verbieden een of meer onlinewinkels op te richten of te runnen, ongeacht of de onlinewinkel op de server van de afnemer zelf dan wel op een server van een derde wordt gehost [5];

---
(1) Zie bijvoorbeeld het besluit van de Commissie in zaak AT.40436 – *Nike*, overwegingen 71 en 72; Besluit van de Commissie in zaak AT.40433 – *Film merchandise*, overwegingen 65 en 66.
(2) Artikel 3 van Verordening (EU) 2018/302.
(3) Artikel 5 van Verordening (EU) 2018/302.
(4) Zie zaak C-439/09 – *Pierre Fabre Dermo-Cosmétique*, punten 36 en 37.
(5) Zie ook punt (200).

(g) de afnemer verbieden gebruik te maken van een volledig onlineadvertentiekaal, zoals zoekmachines [1] of prijsvergelijkingsdiensten, of beperkingen die indirect het gebruik van een volledig onlineadvertentiekanaal verbieden, zoals een verplichting om de handelsmerken of merknamen van de leverancier niet te gebruiken voor biedingen waarnaar in zoekmachines moet worden verwezen, of een beperking op het verstrekken van prijsgerelateerde informatie aan prijsvergelijkingsdiensten. Dergelijke beperkingen hebben tot doel te verhinderen dat de afnemer het internet daadwerkelijk gebruikt om de contractgoederen of -diensten aan bepaalde gebieden of klanten te verkopen, aangezien zij de mogelijkheid van de afnemer beperken om zich tot klanten buiten zijn fysieke handelsgebied te richten, hen over zijn aanbiedingen te informeren en hen ertoe aan te zetten zijn onlinewinkel of andere verkoopkanalen te bezoeken. Het verbieden van het gebruik van bepaalde prijsvergelijkingsdiensten of zoekmachines is over het algemeen geen hardcorebeperking, aangezien de afnemer andere onlineadvertentiediensten kan gebruiken om meer bekendheid te geven aan zijn onlineverkoopactiviteiten. Het verbieden van het gebruik van de meest gebruikte reclamediensten in het bepaalde onlinereclamekanaal kan echter neerkomen op een hardcorebeperking, indien de overige diensten in dat advertentiekanaal *de facto* niet in staat zijn klanten ertoe aan te zetten de onlinewinkel van de afnemer te bezoeken.

[30-06-2022, PbEU C 248, i.w.tr. 30-06-2022/regelingnummer 2022/C 248/01]

(207)
In tegenstelling tot de in punt (204) bedoelde beperkingen kunnen de door de leverancier aan de afnemer opgelegde vereisten betreffende de wijze waarop de contractgoederen of -diensten moeten worden verkocht, onder de vrijstelling van artikel 2, lid 1, van Verordening (EU) 2022/720 vallen, ongeacht het type distributiestelsel. De leverancier kan met name eisen stellen met betrekking tot de kwaliteit. In een selectief distributiestelsel kan de leverancier bijvoorbeeld eisen stellen met betrekking tot de minimumafmetingen en de uitstraling van de winkel van de afnemer (bijvoorbeeld met betrekking tot de inrichting, de meubilering, het ontwerp, de verlichting en de vloerbedekking) of de presentatie van het product (bijvoorbeeld het minimumaantal producten van het merk dat moet worden uitgestald, de minimumruimte tussen de producten) [2].

[30-06-2022, PbEU C 248, i.w.tr. 30-06-2022/regelingnummer 2022/C 248/01]

(208)
Evenzo kan de leverancier eisen stellen aan de afnemer met betrekking tot de wijze waarop de contractgoederen of -diensten online verkocht moeten worden. Beperkingen betreffende het gebruik van bepaalde onlineverkoopkanalen, zoals onlinemarktplaatsen, of het opleggen van kwaliteitsnormen voor onlineverkoop, kunnen in het algemeen onder de vrijstelling van artikel 2, lid 1, van Verordening (EU) 2022/720 vallen, ongeacht het type distributiestelsel, mits zij niet indirect tot doel hebben het daadwerkelijke gebruik van internet door de afnemer voor de verkoop van

---
(1) Zie ook het besluit van de Commissie in zaak AT.40428 – *Guess*, overwegingen 118 tot en met 126.
(2) Voor andere voorbeelden, zie Eindverslag over sectoronderzoek naar e-commerce, punt 241.

Richtsnoeren inzake verticale beperkingen

de contractgoederen of -diensten aan bepaalde gebieden of klanten te verhinderen. Beperkingen op de onlineverkoop hebben over het algemeen niet een dergelijk doel wanneer de afnemer de vrijheid behoudt om zijn eigen onlinewinkel te runnen [1] en online reclame te maken [2]. In dergelijke gevallen wordt de afnemer niet verhinderd daadwerkelijk gebruik te maken van het internet om de contractgoederen of -diensten te verkopen. Hieronder volgen voorbeelden van vereisten betreffende onlineverkoop die onder de vrijstelling van artikel 2, lid 1, van de verordening vallen:
(a) vereisten die bedoeld zijn om de kwaliteit of een bepaalde uitstraling van de onlinewinkel van de afnemer te garanderen;
(b) vereisten betreffende van de contractgoederen of -diensten in de onlinewinkel (zoals het minimumaantal afgebeelde artikelen, de manier waarop de handelsmerken of merken van de leverancier worden afgebeeld);
(c) een direct of indirect verbod op het gebruik van onlinemarktplaatsen [3];
(d) een vereiste dat de afnemer een of meer fysieke winkels of toonzalen heeft, bijvoorbeeld als voorwaarde om lid te worden van het selectieve distributiestelsel van de afnemer;
(e) een vereiste dat de afnemer een absolute minimumhoeveelheid van de contractgoederen of -diensten offline verkoopt (in waarde of in volume, maar niet in verhouding tot zijn totale verkoop) om de doeltreffende werking van zijn fysieke winkel te verzekeren. Die vereiste kan gelijk zijn voor alle afnemers, of voor elke afnemer afzonderlijk worden vastgesteld op basis van objectieve criteria, zoals de omvang van de afnemer in verhouding tot andere afnemers, of zijn geografische locatie.

[30-06-2022, PbEU C 248, i.w.tr. 30-06-2022/regelingnummer 2022/C 248/01]

(209)
Een bepaling dat de afnemer voor online verkochte producten een andere groothandelsprijs betaalt dan voor offline verkochte producten (dubbele prijsstelling) kan onder de vrijstelling van artikel 2, lid 1, van Verordening (EU) 2022/720 vallen, aangezien zij een passend niveau van investeringen in online- of offlineverkoopkanalen kan stimuleren of belonen, mits zij niet tot doel heeft de verkoop aan bepaalde gebieden of klanten te beperken, zoals bepaald in artikel 4, punten b), c) en d), van Verordening (EU) 2022/720 [4]. Wanneer het verschil in de groothandelsprijs echter tot doel heeft te verhinderen dat de afnemer het internet daadwerkelijk gebruikt om de contractgoederen of -diensten aan bepaalde gebieden of klanten te verkopen, is er sprake van een hardcorebeperking in de zin van artikel 4, punt e), van Verordening (EU) 2022/720. Dat zou met name het geval zijn wanneer het verschil in de groothandelsprijs de onlineverkoop onrendabel of financieel onhoudbaar maakt [5], of wanneer de dubbele

---

(1) Zie zaak C-439/09 – *Pierre Fabre Dermo-Cosmétique*, punten 56 en 57 en punt (224) van deze richtsnoeren.
(2) Zie ook het besluit van de Commissie in zaak AT.40428 – *Guess*, overwegingen 118 tot en met 126, en punt 200 van deze richtsnoeren.
(3) Zaak C-230/16 – *Coty Germany*, punten 64 tot en met 69; zie ook afdeling 8.2.3 van deze richtsnoeren.
(4) Zie ook punt (206)(g).
(5) Zie ook punt (203).

prijsstelling wordt gebruikt om de hoeveelheid producten te beperken die de afnemer voor onlineverkoop ter beschikking worden gesteld [1]. Omgekeerd kan dubbele prijsstelling onder de vrijstelling van artikel 2, lid 1, van Verordening (EU) 2022/720 vallen indien het verschil in de groothandelsprijs in een redelijk verband staat met de verschillen in de investeringen en kosten die de afnemer maakt om in elk kanaal te verkopen. Evenzo kan de leverancier een andere groothandelsprijs in rekening brengen voor producten die via een combinatie van offline- en onlinekanalen worden verkocht, waarbij het prijsverschil rekening houdt met investeringen of kosten in verband met dat type distributie. De partijen kunnen een passende methode overeenkomen om de dubbele prijsstelling toe te passen, met inbegrip van, bijvoorbeeld, een vereffening van de rekeningen achteraf op basis van de werkelijke verkoop.
[30-06-2022, PbEU C 248, i.w.tr. 30-06-2022/regelingnummer 2022/C 248/01]

(210)
Beperkingen op onlinereclame kunnen onder de vrijstelling van artikel 2, lid 1, van Verordening (EU) 2022/720 vallen mits zij niet tot doel hebben het gebruik van een volledig advertentiekanaal door de afnemer te verhinderen. Voorbeelden van beperkingen voor onlinereclame die onder de vrijstelling kunnen vallen, zijn onder meer:
(a) een vereiste dat onlinereclame aan bepaalde kwaliteitsnormen moet voldoen of specifieke inhoud of informatie moet bevatten;
(b) een vereiste dat de afnemer geen gebruik maakt van de diensten van bepaalde aanbieders van onlinereclame die niet aan bepaalde kwaliteitsnormen voldoen;
(c) een vereiste dat de afnemer de merknaam van de leverancier niet gebruikt in de domeinnaam van zijn onlinewinkel.
[30-06-2022, PbEU C 248, i.w.tr. 30-06-2022/regelingnummer 2022/C 248/01]

6.1.2.2
Onderscheid tussen 'actieve verkoop' en 'passieve verkoop'

(211)
In artikel 4 van Verordening 2022/720 (EU) wordt een onderscheid gemaakt tussen beperkingen op de actieve verkoop en beperkingen op de passieve verkoop in de context van exclusieve distributiestelsels. Artikel 1, lid 1, punten l) en m), van Verordening (EU) 2022/720 bevatten definities van actieve en passieve verkoop.
[30-06-2022, PbEU C 248, i.w.tr. 30-06-2022/regelingnummer 2022/C 248/01]

(212)
In artikel 1, lid 1, punt m), van Verordening (EU) 2022/720 is bepaald dat in het geval van verkoop aan klanten in een exclusief toegewezen gebied of exclusieve klantengroep, de verkoop aan klanten die niet actief door de verkoper zijn benaderd, passieve verkoop is. Zo is het opzetten van een onlinewinkel een vorm van passieve verkoop, omdat het een middel is om potentiële klanten in staat te stellen de verkoper te bereiken. De exploitatie van een onlinewinkel kan gevolgen hebben die verder reiken dan het fysieke handelsgebied van de verkoper, onder meer doordat onlineaankopen mogelijk worden gemaakt door klanten die in andere gebieden zijn gevestigd tot

---
[1] Zie ook punt (208)(e).

andere klantengroepen behoren. Niettemin zijn dergelijke aankopen (met inbegrip van de levering van de producten) passieve verkopen, voor zover de verkoper zich niet actief richt op de specifieke klant of het specifieke gebied of de specifieke klantengroep waartoe de klant behoort. Hetzelfde geldt wanneer een klant ervoor kiest automatisch op de hoogte te worden gehouden door de verkoper en die informatie tot een verkoop leidt. Evenzo zijn het gebruik van zoekmachineoptimalisatie, te weten hulpmiddelen of technieken om de zichtbaarheid of de rangschikking van de onlinewinkel in de resultaten van zoekmachines te verbeteren, of het aanbieden van een app in een appwinkel, in beginsel middelen om potentiële klanten in staat te stellen de verkoper te bereiken en dus vormen van passieve verkoop.
[30-06-2022, PbEU C 248, i.w.tr. 30-06-2022/regelingnummer 2022/C 248/01]

(213)
Omgekeerd is in artikel 1, lid 1, punt l), van Verordening (EU) 2022/720 bepaald dat bij de verkoop aan klanten in een exclusief toegewezen gebied of aan een exclusief toegewezen klantengroep het aanbieden van een taaloptie in een onlinewinkel die verschilt van de talen die gewoonlijk worden gebruikt in het gebied waar de verkoper is gevestigd, in het algemeen erop wijst dat de verkoper zich richt op het gebied waar de taal gewoonlijk wordt gebruikt, en dus neerkomt op actieve verkoop [1]. Het aanbieden van een Engelstalige optie in een onlinewinkel wijst er echter niet als zodanig op dat de verkoper zich op Engelstalige gebieden richt, aangezien Engels in de gehele Unie algemeen begrepen en gebruikt wordt. Evenzo is het opzetten van een onlinewinkel met een topleveldomein dat overeenkomt met een ander gebied dan dat waar de verkoper gevestigd is, een vorm van actieve verkoop in dat gebied, terwijl het aanbieden van een onlinewinkel met een generieke en niet-landspecifieke domeinnaam een vorm van passieve verkoop is.
[30-06-2022, PbEU C 248, i.w.tr. 30-06-2022/regelingnummer 2022/C 248/01]

(214)
Overeenkomstig artikel 1, lid 1, punt l), van Verordening (EU) 2022/720 wordt onder actieve verkoop verstaan de verkoop die voortvloeit uit het actief benaderen van klanten via bezoeken, brieven, e-mails, oproepen of andere vormen van rechtstreekse communicatie. Gerichte reclame of promoties zijn een vorm van actieve verkoop. In het bijzonder bieden onlineadvertentiediensten de verkoper vaak de mogelijkheid om de gebieden of klanten te kiezen waarvoor de onlinereclame wordt weergegeven. Dat is bijvoorbeeld het geval voor zoekmachinereclame en andere onlinereclame, bijvoorbeeld op websites, appwinkels, sociale media, op voorwaarde dat de reclamedienst de adverteerder in staat stelt zich op klanten te richten volgens hun bijzondere kenmerken, waaronder hun geografische locatie of hun persoonlijk profiel. Wanneer de verkoper daarentegen onlinereclame richt tot klanten in zijn eigen gebied of klantengroep en het niet mogelijk is te voorkomen dat die reclame door klanten in andere gebieden of klantengroepen wordt gezien, is dit een vorm van passieve verkoop. Voorbeelden van dergelijke algemene reclame omvatten gesponsorde inhoud op de website van een lokale of nationale krant die toegankelijk is voor elke bezoeker van die website,

---
[1] Zie arrest van 7 december 2010, *Peter Pammer/Reederei Karl Schlüter GmbH & Co. KG en Hotel Alpenhof GesmbH/Oliver Heller*, gevoegde zaken C-585/08 en C-144/09, ECLI:EU:C:2010:740, punt 93.

of het gebruik van prijsvergelijkingsdiensten met generieke en niet-landspecifieke domeinnamen. Indien daarentegen dergelijke algemene reclame wordt gemaakt in talen die niet gebruikelijk zijn in het gebied van de verkoper of op websites met een topleveldomein dat overeenkomt met gebieden buiten het gebied van de verkoper, komt dit neer op actieve verkoop in die andere gebieden.
[30-06-2022, PbEU C 248, i.w.tr. 30-06-2022/regelingnummer 2022/C 248/01]

(215)
Deelname aan overheidsopdrachten is een vorm van passieve verkoop, ongeacht het type aanbestedingsprocedure (bijvoorbeeld openbare procedure, niet-openbare procedure of andere). Die kwalificatie strookt met de doelstellingen van de wetgeving inzake overheidsopdrachten, die onder meer het vergemakkelijken van de concurrentie binnen een merk omvat. Bijgevolg is een verticale overeenkomst die de mogelijkheid van een afnemer beperkt om aan overheidsopdrachten deel te nemen een hardcorebeperking in de zin van artikel 4, punten b), c) en d), van Verordening (EU) 2022/720. Evenzo is het ingaan op aanbestedingen van niet-publieke entiteiten een vorm van passieve verkoop. Dergelijke aanbestedingen zijn een vorm van spontane verzoeken van klanten aan meerdere potentiële verkopers en daarom is het uitbrengen van een bod in antwoord op een aanbesteding door een niet-publieke entiteit een vorm van passieve verkoop.
[30-06-2022, PbEU C 248, i.w.tr. 30-06-2022/regelingnummer 2022/C 248/01]

6.1.2.3
Hardcorebeperkingen met betrekking tot specifieke distributiestelsels

(216)
Artikel 4, punten b), c) en d), van Verordening (EU) 2022/720 bevatten een lijst van hardcorebeperkingen en uitzonderingen die van toepassing zijn afhankelijk van het soort distributiestelsel van de leverancier: exclusieve distributie, selectieve distributie of vrije distributie.
[30-06-2022, PbEU C 248, i.w.tr. 30-06-2022/regelingnummer 2022/C 248/01]

6.1.2.3.1
Wanneer de leverancier een exclusief distributiestelsel toepast

(217)
De in artikel 4, punt b), van Verordening (EU) 2022/720 vastgestelde hardcorebeperking betreft overeenkomsten die er direct of indirect toe strekken het gebied waarin, of de klanten aan wie, een afnemer, aan wie een exclusief gebied of een exclusieve klantengroep is toegewezen, de contractgoederen of -diensten actief of passief mag verkopen, te beperken.
[30-06-2022, PbEU C 248, i.w.tr. 30-06-2022/regelingnummer 2022/C 248/01]

(218)
In artikel 4, punt b), van Verordening (EU) 2022/720 zijn er vijf uitzonderingen op de hardcorebeperking uiteengezet.
[30-06-2022, PbEU C 248, i.w.tr. 30-06-2022/regelingnummer 2022/C 248/01]

(219)

Ten eerste voorziet artikel 4, punt b), i), van Verordening (EU) 2022/720 in de mogelijkheid voor de leverancier om de actieve verkoop door de exclusieve distributeur in een grondgebied dat, of aan een klantengroep die, exclusief aan maximaal vijf afnemers is toegewezen of voor de leverancier is gereserveerd, te beperken. Om hun investeringsprikkels te behouden, moet de leverancier zijn exclusieve distributeurs beschermen tegen actieve verkoop, met inbegrip van gerichte onlinereclame, in hun exclusieve gebied of aan hun exclusieve klantengroep door alle andere afnemers van de leverancier.

[30-06-2022, PbEU C 248, i.w.tr. 30-06-2022/regelingnummer 2022/C 248/01]

(220)

De investeringsprikkels van exclusieve distributeurs kunnen ook worden ondermijnd door de actieve verkoop door klanten van andere afnemers van de leverancier. Daarom kan de leverancier op grond van artikel 4, punt b), i), van Verordening (EU) 2022/720 ook van zijn andere afnemers eisen dat zij hun directe klanten verbieden actief te verkopen in gebieden of aan klantengroepen die de leverancier exclusief aan andere distributeurs heeft toegewezen of voor zichzelf heeft gereserveerd. De leverancier mag die andere afnemers echter niet verplichten de beperkingen op de actieve verkoop door te geven aan klanten verderop in de distributieketen.

[30-06-2022, PbEU C 248, i.w.tr. 30-06-2022/regelingnummer 2022/C 248/01]

(221)

De leverancier kan de toewijzing van een exclusief grondgebied en de toewijzing van een exclusieve klantengroep met elkaar combineren en bijvoorbeeld in een specifiek gebied een exclusieve distributeur voor een specifieke klantengroep aanwijzen.

[30-06-2022, PbEU C 248, i.w.tr. 30-06-2022/regelingnummer 2022/C 248/01]

(222)

De bescherming van exclusief toegewezen gebieden of klantengroepen is niet absoluut. Om compartimentering van de markt te voorkomen, mag de passieve verkoop in dergelijke gebieden of aan dergelijke klantengroepen niet worden beperkt. Artikel 4, punt b), van Verordening (EU) 2022/720 is alleen van toepassing op aan de afnemer opgelegde beperkingen. De leverancier kan derhalve beperkingen aanvaarden op de verkoop op zich, zowel online als offline, in het exclusieve gebied of aan sommige of alle klanten die tot een exclusieve klantengroep behoren. Beperkingen op passieve verkoop aan eindgebruikers kunnen echter in bepaalde omstandigheden nietig zijn op grond van artikel 6, lid 2, van Verordening (EU) 2018/302 van het Europees Parlement en de Raad [1].

[30-06-2022, PbEU C 248, i.w.tr. 30-06-2022/regelingnummer 2022/C 248/01]

---

(1) Verordening (EU) 2018/302 van het Europees Parlement en de Raad van 28 februari 2018 inzake de aanpak van ongerechtvaardigde geoblocking en andere vormen van discriminatie van klanten op grond van nationaliteit, verblijfplaats of plaats van vestiging in de interne markt en tot wijziging van Verordening (EG) nr. 2006/2004 en (EU) 2017/2394 en Richtlijn 2009/22/EG (*PB* L 60I van 2.3.2018, blz. 1).

(223)
Ten tweede biedt artikel 4, punt b, ii), van Verordening (EU) 2022/720 een leverancier die in een bepaald gebied een exclusief distributiestelsel en in een ander gebied een selectief distributiestelsel toepast, de mogelijkheid om zijn exclusieve distributeurs te verbieden actief of passief te verkopen aan niet-erkende distributeurs die gevestigd zijn in het gebied waar de leverancier reeds een selectief distributiestelsel toepast of dat hij voor de exploitatie van een dergelijk stelsel heeft gereserveerd. De leverancier kan ook van zijn exclusieve distributeurs verlangen dat zij hun klanten op dezelfde wijze beperkingen opleggen met betrekking tot de actieve en passieve verkoop aan niet-erkende distributeurs in gebieden waar de leverancier een selectief distributiestelsel toepast of die hij voor dat doel heeft gereserveerd. De mogelijkheid om beperkingen op de actieve en passieve verkoop verder in de distributieketen door te geven, is in dit scenario bedoeld om het gesloten karakter van selectieve distributiestelsels te beschermen.
[30-06-2022, PbEU C 248, i.w.tr. 30-06-2022/regelingnummer 2022/C 248/01]

(224)
Ten derde voorziet artikel 4, punt b), iii), van Verordening (EU) 2022/720 in de mogelijkheid voor een leverancier om de plaats van vestiging van de afnemer aan wie hij een exclusief grondgebied of een exclusieve klantengroep heeft toegewezen, te beperken ('vestigingsbeding'). Dat betekent dat de leverancier van de afnemer kan eisen dat hij zijn verkooppunten en opslagplaatsen tot een bepaald adres, een bepaalde plaats of een bepaald gebied beperkt. Wat mobiele verkooppunten betreft, kan in de overeenkomst een gebied worden vastgesteld waarbuiten het verkooppunt niet mag worden geëxploiteerd. De oprichting en het gebruik van een onlinewinkel door de distributeur is echter niet gelijk te stellen met de opening van een fysiek verkooppunt en kan dus niet worden beperkt [1].
[30-06-2022, PbEU C 248, i.w.tr. 30-06-2022/regelingnummer 2022/C 248/01]

(225)
Ten vierde voorziet artikel 4, punt b), vi), van Verordening (EU) 2022/720 in de mogelijkheid voor een leverancier om de actieve en passieve verkoop door een exclusieve groothandelaar aan eindgebruikers te beperken, zodat de leverancier de groothandels- en detailhandelsniveaus gescheiden kan houden. Die uitzondering houdt in dat de groothandelaar aan bepaalde eindgebruikers (bijvoorbeeld enkele grote eindgebruikers) mag verkopen, terwijl hij de verkoop aan alle andere eindgebruikers verbiedt [2].
[30-06-2022, PbEU C 248, i.w.tr. 30-06-2022/regelingnummer 2022/C 248/01]

(226)
Ten vijfde staat artikel 4, punt b), v), van Verordening (EU) 2022/720 een leverancier toe om beperkingen op te leggen aan de mogelijkheid van de exclusieve distributeur om componenten die voor verwerking in een product zijn geleverd, actief of passief te verkopen aan concurrenten van de leverancier die de componenten zouden gebruiken om hetzelfde soort goederen te produceren als door de leverancier wordt geprodu-

---
(1) Zie zaak C-439/09 – *Pierre Fabre Dermo-Cosmétique*, punten 56 en 57.
(2) Zie ook punt (222) betreffende Verordening (EU) 2018/302.

ceerd. Onder de term 'component' vallen alle intermediaire goederen en de term 'verwerking' duidt op het gebruik van een goed voor de productie van een ander goed.
[30-06-2022, PbEU C 248, i.w.tr. 30-06-2022/regelingnummer 2022/C 248/01]

6.1.2.3.2
Wanneer de leverancier een selectief distributiestelsel toepast

(227)
De hardcorebeperking uiteengezet in artikel 4, punt c), i), van Verordening (EU) 2022/720 betreft overeenkomsten die direct of indirect tot doel hebben beperkingen op te leggen aan het gebied waar of de klanten aan wie de leden van een selectief distributiestelsel ('erkende distributeurs') de contractgoederen of -diensten actief of passief mogen verkopen. Hiertoe behoren beperkingen van de actieve of passieve verkoop aan eindconsumenten die door een leverancier worden opgelegd aan erkende distributeurs die op retailniveau actief zijn.
[30-06-2022, PbEU C 248, i.w.tr. 30-06-2022/regelingnummer 2022/C 248/01]

(228)
Er zijn vijf uitzonderingen op de hardcorebeperking uiteengezet in artikel 4, punt c), i) van Verordening (EU) 2022/720.
[30-06-2022, PbEU C 248, i.w.tr. 30-06-2022/regelingnummer 2022/C 248/01]

(229)
De eerste uitzondering betreft de beperking van de mogelijkheid voor erkende distributeurs om buiten het selectieve distributiestelsel te verkopen. Die uitzondering houdt in dat de leverancier de actieve verkoop, met inbegrip van gerichte onlinereclame, door erkende distributeurs in andere grondgebieden of aan klantengroepen die exclusief aan andere distributeurs zijn toegewezen of voor de leverancier zijn gereserveerd, mag beperken. De leverancier kan ook van de erkende distributeurs eisen dat zij aan hun directe klanten dergelijke toegestane beperkingen van de actieve verkoop opleggen. De bescherming van dergelijke op basis van exclusiviteit toegewezen gebieden of klantengroepen is echter niet absoluut, aangezien de leverancier de passieve verkoop in dergelijke gebieden of aan dergelijke klantengroepen niet mag beperken.
[30-06-2022, PbEU C 248, i.w.tr. 30-06-2022/regelingnummer 2022/C 248/01]

(230)
De tweede uitzondering staat de leverancier toe zijn erkende distributeurs en hun klanten te verbieden om aan actieve of passieve verkoop te doen aan niet-erkende distributeurs die gevestigd zijn in een gebied waar de leverancier een selectief distributiestelsel toepast.
[30-06-2022, PbEU C 248, i.w.tr. 30-06-2022/regelingnummer 2022/C 248/01]

(231)
De derde uitzondering biedt de leverancier de mogelijkheid een vestigingsbeding op te leggen aan zijn erkende distributeurs om hen te beletten hun activiteiten vanuit verschillende vestigingen uit te oefenen of een nieuw verkooppunt op een andere locatie te openen. Dit betekent dat het voordeel van Verordening (EU) 2022/720 blijft

1069

gelden indien is overeengekomen dat de distributeur zijn verkooppunten en opslagplaatsen beperkt tot een bepaald adres, een bepaalde plaats of een bepaald gebied. Wat mobiele verkooppunten betreft, kan in de overeenkomst een gebied worden vastgesteld waarbuiten het verkooppunt niet mag worden geëxploiteerd. De oprichting en het gebruik door de distributeur van een onlinewinkel is echter niet gelijk te stellen met de opening van een fysiek verkooppunt en kan dus niet worden beperkt [1].
[30-06-2022, PbEU C 248, i.w.tr. 30-06-2022/regelingnummer 2022/C 248/01]

(232)
De vierde uitzondering biedt de leverancier de mogelijkheid om de actieve en passieve verkoop door een erkende groothandelaar aan eindgebruikers te beperken, zodat de leverancier de groothandels- en detailhandelsniveaus gescheiden kan houden. Die uitzondering houdt in dat de groothandelaar aan bepaalde eindgebruikers (bijvoorbeeld enkele grote eindgebruikers) mag verkopen, terwijl de verkoop aan alle andere eindgebruikers is verboden [2].
[30-06-2022, PbEU C 248, i.w.tr. 30-06-2022/regelingnummer 2022/C 248/01]

(233)
De vijfde uitzondering staat de leverancier toe om erkende afnemers te verbieden om voor verwerking in een product geleverde componenten actief of passief te verkopen aan concurrenten van de leverancier die de componenten zouden gebruiken om hetzelfde soort goederen te produceren als door de leverancier worden geproduceerd. Onder de term 'component' vallen alle intermediaire goederen en de term 'verwerking' duidt op het gebruik van een goed voor de productie van een ander goed.
[30-06-2022, PbEU C 248, i.w.tr. 30-06-2022/regelingnummer 2022/C 248/01]

(234)
De hardcorebeperking van artikel 4, punt c), iii), van Verordening (EU) 2022/720 betreft de beperking van de actieve of passieve verkoop aan eindgebruikers door leden van een selectieve-distributiestelsel die op retailniveau actief zijn. Dat betekent dat de leverancier zijn erkende distributeurs geen beperkingen mag opleggen met betrekking tot de verkoop aan eindgebruikers of aan namens eindgebruikers als afnemer handelende agenten, behalve wanneer die eindgebruikers zich bevinden in een gebied dat, of behoren tot een klantengroep die, exclusief aan een andere distributeur is toegewezen of aan de leverancier is voorbehouden in een gebied waar de leverancier een exclusief distributiestelsel toepast (zie artikel 4, punt c), i), 1), van de verordening en punt (229)). Dat sluit evenmin de mogelijkheid uit om de erkende distributeurs te verbieden vanuit een niet-erkende vestigingsplaats werkzaam te zijn (zie artikel 4, punt c), i), 3), van de verordening en punt (231) van de onderhavige leidraden).
[30-06-2022, PbEU C 248, i.w.tr. 30-06-2022/regelingnummer 2022/C 248/01]

(235)
Een leverancier die een selectief distributiestelsel toepast, kan zijn erkende distributeurs selecteren op grond van kwalitatieve en/of kwantitatieve criteria. Eventuele kwa-

---
(1) Zie zaak C-439/09 – *Pierre Fabre Dermo-Cosmétique*, punten 55 tot en met 58.
(2) Zie ook punt (222) betreffende Verordening (EU) 2018/302.

litatieve criteria moeten over het algemeen zowel voor online- als voor offlinekanalen worden vastgesteld. Aangezien online- en offlinekanalen echter verschillende kenmerken hebben, kan een leverancier die een selectief distributiestelsel toepast, zijn erkende distributeurs criteria opleggen voor de onlineverkoop die niet gelijkwaardig zijn aan die voor de verkoop in fysieke winkels, mits de voor de onlineverkoop opgelegde vereisten niet indirect tot doel hebben te verhinderen dat de afnemer het internet daadwerkelijk gebruikt om de contractgoederen of -diensten aan bepaalde gebieden of klanten te verkopen. Een leverancier kan bijvoorbeeld eisen stellen om kwaliteitsnormen voor onlineverkoop te garanderen, zoals de eis om een online-helpdesk voor de dienst naverkoop op te zetten en te beheren; een verplichting om de kosten te dekken van klanten die gekochte producten terugsturen, of het gebruik van veilige betaalsystemen. Evenzo kan een leverancier voor online- en offlineverkoopkanalen verschillende criteria vaststellen met betrekking tot duurzame ontwikkeling. Zo kan een leverancier verlangen dat de verkooppunten milieuvriendelijk zijn of dat bezorgdiensten gebruikmaken van groene fietsen.

[30-06-2022, PbEU C 248, i.w.tr. 30-06-2022/regelingnummer 2022/C 248/01]

(236)
De combinatie van selectieve distributie met exclusieve distributie in hetzelfde gebied kan niet onder de vrijstelling van artikel 2, lid 1, van Verordening (EU) 2022/720 vallen, ook niet wanneer de leverancier exclusieve distributie op groothandelsniveau en selectieve distributie op detailhandelsniveau toepast. Een dergelijke combinatie zou de erkende distributeurs immers verplichten hardcorebeperkingen te aanvaarden in de zin van artikel 4, punten b) of c), van Verordening (EU) 2022/720, bijvoorbeeld beperkingen op de actieve verkoop aan gebieden of klanten die niet exclusief zijn toegewezen, beperkingen op de actieve of passieve verkoop aan eindgebruikers [1], of beperkingen van onderlinge leveringen tussen erkende distributeurs [2]. De leverancier kan zich er echter toe verbinden alleen aan bepaalde erkende distributeurs te leveren, bijvoorbeeld in bepaalde delen van het gebied waar het selectieve distributiestelsel wordt toegepast, of hij kan zich ertoe verbinden in dat gebied zelf geen rechtstreekse verkopen te verrichten [3]. De leverancier kan op grond van de derde uitzondering op artikel 4, punt c), i), van Verordening (EU) 2022/720, zijn erkende distributeurs ook een vestigingsbeding opleggen.

[30-06-2022, PbEU C 248, i.w.tr. 30-06-2022/regelingnummer 2022/C 248/01]

(237)
De in artikel 4, punt c), ii), van Verordening (EU) 2022/720 vastgestelde hardcorebeperking betreft de beperking van onderlinge leveringen tussen erkende distributeurs binnen een selectief distributiestelsel. Dat betekent dat de leverancier actieve of passieve verkoop tussen zijn erkende distributeurs niet kan beletten, aan wie het moet vrijstaan de contractproducten te betrekken van andere erkende distributeurs binnen

---

(1) Zie punt (227).
(2) Zie punt (237).
(3) Zie ook punt (222) betreffende Verordening (EU) 2018/302.

het netwerk die op hetzelfde of op een ander handelsniveau werkzaam zijn [1]. Selectieve distributie mag derhalve niet worden gecombineerd met verticale beperkingen die erop gericht zijn distributeurs te dwingen de contractproducten uitsluitend uit een bepaalde bron te betrekken. Het betekent ook dat, in een selectief distributiestelsel, de leverancier de verkoop door erkende groothandelaren aan erkende distributeurs niet kan beperken.
[30-06-2022, PbEU C 248, i.w.tr. 30-06-2022/regelingnummer 2022/C 248/01]

6.1.2.3.3
Wanneer de leverancier een stelsel van vrije distributie toepast

(238)
De in artikel 4, punt d), van Verordening (EU) 2022/720 vastgestelde hardcorebeperking betreft overeenkomsten of onderling afgestemde feitelijke gedragingen die direct of indirect tot doel hebben het grondgebied waarin of de klanten waaraan een afnemer in een vrijedistributiestelsel de contractgoederen of -diensten actief of passief mag verkopen, te beperken [2].
[30-06-2022, PbEU C 248, i.w.tr. 30-06-2022/regelingnummer 2022/C 248/01]

(239)
In artikel 4, punt d), van Verordening (EU) 2022/720 zijn vijf uitzonderingen op de hardcorebeperking uiteengezet.
[30-06-2022, PbEU C 248, i.w.tr. 30-06-2022/regelingnummer 2022/C 248/01]

(240)
Ten eerste kan de leverancier op grond van artikel 4, punt d), i), van Verordening (EU) 2022/720 de actieve verkoop, met inbegrip van gerichte onlinereclame, door de afnemer beperken in gebieden of aan klantengroepen die uitsluitend aan andere afnemers zijn toegewezen of die aan de leverancier zijn voorbehouden. De leverancier kan ook van de afnemer verlangen dat hij dergelijke toegestane beperkingen van de actieve verkoop oplegt aan de directe klanten van de afnemer. De bescherming van dergelijke op basis van exclusiviteit toegewezen gebieden of klantengroepen is echter niet absoluut, aangezien de leverancier de passieve verkoop in dergelijke gebieden of aan dergelijke klantengroepen niet mag beperken.
[30-06-2022, PbEU C 248, i.w.tr. 30-06-2022/regelingnummer 2022/C 248/01]

(241)
Ten tweede biedt artikel 4, punt d), ii), van Verordening (EU) 2022/720 de leverancier de mogelijkheid de afnemer beperkingen op te leggen op de actieve of passieve verkoop aan niet-erkende distributeurs die gevestigd zijn in een gebied waar de leverancier een selectief distributiestelsel toepast of dat de leverancier voor de toepassing van een dergelijk stelsel heeft gereserveerd, en van de afnemer te eisen dat hij zijn klanten

---
(1) Zie bijvoorbeeld het besluit van de Commissie in zaak AT.40428 — *Guess*, overwegingen 65 tot en met 78.
(2) Zie ook punt (116).

hetzelfde verbod oplegt. De beperking kan betrekking hebben op actieve of passieve verkoop op elk handelsniveau.
[30-06-2022, PbEU C 248, i.w.tr. 30-06-2022/regelingnummer 2022/C 248/01]

(242)
Ten derde kan de leverancier op grond van artikel 4, punt d), iii), van Verordening (EU) 2022/720 aan de afnemer een vestigingsbeding opleggen om zijn plaats van vestiging te beperken. Dat betekent dat de leverancier van de afnemer kan eisen dat hij zijn verkooppunten en opslagplaatsen beperkt tot een bepaald adres, een bepaalde plaats of een bepaald gebied. Wat mobiele verkooppunten betreft, kan in de overeenkomst een gebied worden vastgesteld waarbuiten het verkooppunt niet mag worden geëxploiteerd. De oprichting en het gebruik door de afnemer van een onlinewinkel is echter niet gelijk te stellen met de opening van een fysiek verkooppunt en kan dus niet worden beperkt [1].
[30-06-2022, PbEU C 248, i.w.tr. 30-06-2022/regelingnummer 2022/C 248/01]

(243)
Ten vierde voorziet artikel 4, punt d), vi), van Verordening (EU) 2022/720 in de mogelijkheid voor de leverancier om de actieve en passieve verkoop door een groothandelaar aan eindgebruikers te beperken, zodat de leverancier de groothandels- en detailhandelsniveaus gescheiden kan houden. Die uitzondering omvat de mogelijkheid dat de groothandelaar aan bepaalde eindgebruikers (bijvoorbeeld enkele grote eindgebruikers) mag verkopen, terwijl hij de verkoop aan alle andere eindgebruikers verbiedt [2].
[30-06-2022, PbEU C 248, i.w.tr. 30-06-2022/regelingnummer 2022/C 248/01]

(244)
Ten vijfde staat artikel 4, punt d), v), van Verordening (EU) 2022/720 de leverancier toe de mogelijkheid van de afnemer te beperken om componenten die voor verwerking geleverd zijn, actief of passief te verkopen aan concurrenten van de leverancier die de componenten zouden gebruiken om hetzelfde soort goederen te produceren als door de leverancier wordt geproduceerd. Onder de term 'component' vallen alle intermediaire goederen en de term 'verwerking' duidt op het gebruik van een goed voor de productie van een ander goed.
[30-06-2022, PbEU C 248, i.w.tr. 30-06-2022/regelingnummer 2022/C 248/01]

6.1.3
Beperkingen op de verkoop van vervangingsonderdelen

(245)
De in artikel 4, punt f), van Verordening (EU) 2022/720 vastgestelde hardcorebeperking betreft overeenkomsten die het eindgebruikers, onafhankelijke herstellers, groothandelaren en dienstverrichters bemoeilijken of verhinderen vervangingsonderdelen

---
[1] Zie zaak C-439/09 – *Pierre Fabre Dermo-Cosmétique*, punten 55 tot en met 58.
[2] Zie ook punt (222) betreffende Verordening (EU) 2018/302 van het Europees Parlement en de Raad.

rechtstreeks van de fabrikant van die vervangingsonderdelen te kopen. Een overeenkomst tussen een fabrikant van vervangingsonderdelen en een afnemer die die onderdelen in zijn eigen producten verwerkt, zoals 'original equipment manufacturers' ('OEM's'), mag direct noch indirect de verkoop van die vervangingsonderdelen door de fabrikant aan eindgebruikers, onafhankelijke herstellers, groothandelaren of dienstverrichters beperken of verbieden. Er kan met name sprake zijn van indirecte beperkingen wanneer de fabrikant van de vervangingsonderdelen wordt belemmerd de technische informatie en de speciale uitrusting te leveren die eindgebruikers, onafhankelijke herstellers of dienstverrichters nodig hebben om die onderdelen te gebruiken. De overeenkomst mag echter wel de levering van vervangingsonderdelen beperken tot die herstellers of dienstverrichters aan wie de OEM-producent de reparatie of het onderhoud van zijn eigen producten heeft toevertrouwd. Dat betekent tevens dat de OEM-producent van de leden van zijn eigen reparatie- en onderhoudsnetwerk kan eisen dat zij alleen bij hem of bij andere leden van zijn selectief distributiestelsel vervangingsonderdelen kopen wanneer hij een dergelijk stelsel toepast.
[30-06-2022, PbEU C 248, i.w.tr. 30-06-2022/regelingnummer 2022/C 248/01]

6.2
Beperkingen die van Verordening (EU) 2022/720 zijn uitgesloten

(246)
In artikel 5 van Verordening (EU) 2022/720 worden bepaalde in verticale overeenkomsten vervatte verplichtingen uitgesloten van het voordeel van de groepsvrijstelling, ongeacht of de in artikel 3, lid 1, van de verordening genoemde marktaandeeldrempels zijn overschreden. Met name in artikel 5 van de verordening worden verplichtingen genoemd waarvan niet met voldoende zekerheid kan worden aangenomen dat zij aan de voorwaarden van artikel 101, lid 3, van het Verdrag voldoen. Er bestaat evenwel geen vermoeden dat de in artikel 5 van de verordening genoemde verplichtingen binnen het toepassingsgebied van artikel 101, lid 1, van het Verdrag vallen of niet aan de voorwaarden van artikel 101, lid 3, van het Verdrag voldoen. De uitsluiting van die verplichtingen van de groepsvrijstelling betekent alleen dat ze aan een individuele toetsing aan artikel 101 van het Verdrag zijn onderworpen. Bovendien is de uitsluiting van een verplichting van de groepsvrijstelling krachtens artikel 5 van de verordening, anders dan in artikel 4 van Verordening (EU) 2022/720, beperkt tot de specifieke verplichting, indien die verplichting kan worden gescheiden van de rest van de verticale overeenkomst. In dat geval valt de rest van de verticale overeenkomst nog steeds onder de groepsvrijstelling.
[30-06-2022, PbEU C 248, i.w.tr. 30-06-2022/regelingnummer 2022/C 248/01]

6.2.1
Concurrentiebedingen met een looptijd van meer dan vijf jaar

(247)
Overeenkomstig artikel 5, lid 1, punt a), van Verordening (EU) 2022/720 zijn concurrentiebedingen met een looptijd van meer dan vijf jaar uitgesloten van de groepsvrijstelling. Concurrentiebedingen, zoals gedefinieerd in artikel 1, lid 1, punt f), van Verordening (EU) 2022/720, zijn regelingen die ertoe leiden dat de afnemer meer dan

80 % van zijn totale aankopen van de contractgoederen en -diensten en substituten daarvan gedurende het voorafgaande kalenderjaar bij de leverancier of een door de leverancier aangewezen andere onderneming koopt. Dat betekent dat de afnemer geen concurrerende goederen of diensten mag kopen dan wel tot ten hoogste 20 % van de totale door hem gekochte hoeveelheid goederen of diensten. Indien voor het aan de sluiting van de verticale overeenkomst voorafgaande kalenderjaar geen relevante gegevens betreffende de door de afnemer gekochte hoeveelheid beschikbaar zijn, mag gebruik worden gemaakt van de beste schatting door de afnemer van zijn totale jaarlijkse behoefte. Zodra de werkelijke aankoopgegevens beschikbaar zijn, moeten deze echter worden gebruikt.
[30-06-2022, PbEU C 248, i.w.tr. 30-06-2022/regelingnummer 2022/C 248/01]

(248)
Concurrentiebedingen vallen niet onder de groepsvrijstelling indien ze van onbepaalde duur zijn of de duur ervan vijf jaar overschrijdt. Concurrentiebedingen die na een periode van vijf jaar stilzwijgend kunnen worden verlengd, kunnen onder de groepsvrijstelling vallen mits de afnemer daadwerkelijk opnieuw over de verticale overeenkomst met het concurrentiebeding kan onderhandelen of die kan beëindigen met een redelijke opzegtermijn en tegen redelijke kosten, zodat de afnemer na het verstrijken van de periode van vijf jaar daadwerkelijk van leverancier kan veranderen. Wanneer bijvoorbeeld de verticale overeenkomst een concurrentiebeding voor vijf jaar bevat en de leverancier aan de afnemer een lening verstrekt, mag de terugbetaling van die lening de afnemer niet beletten het concurrentiebeding na afloop van de periode van vijf jaar daadwerkelijk te beëindigen. Voorts moet, wanneer de leverancier de afnemer uitrusting ter beschikking heeft gesteld die niet relatiegebonden is, de afnemer bij het verstrijken van de geldigheidsduur van het concurrentiebeding de kans krijgen die uitrusting tegen de marktwaarde over te nemen.
[30-06-2022, PbEU C 248, i.w.tr. 30-06-2022/regelingnummer 2022/C 248/01]

(249)
Overeenkomstig artikel 5, lid 2, van Verordening (EU) 2022/720 is de beperking van de duur van concurrentiebedingen tot vijf jaar niet van toepassing wanneer de wederverkoop van de contractgoederen of -diensten door de afnemer geschiedt in ruimten en op terreinen die eigendom van de leverancier zijn of door de leverancier worden gehuurd van een derde die niet met de afnemer is verbonden. In dergelijke gevallen kan het concurrentiebeding voor een langere duur worden opgelegd, mits die niet langer duurt dan de periode dat de afnemer het verkooppunt in gebruik heeft. De reden voor die uitzondering is dat van een leverancier in het algemeen redelijkerwijs niet kan worden verwacht dat hij de afnemer zonder zijn instemming concurrerende producten laat verkopen in ruimten en op terreinen waarvan hij de eigenaar is. Naar analogie gelden dezelfde principes wanneer de afnemer een mobiel verkooppunt exploiteert dat eigendom is van de leverancier of door de leverancier wordt gehuurd van een derde die niet met de afnemer is verbonden. Kunstmatige eigendomsconstructies, zoals de overdracht door de distributeur van zijn eigendomsrechten op de ruimten en terreinen aan de leverancier voor een beperkte periode, opgezet met de bedoeling de beperking tot vijf jaar te ontlopen, vallen niet onder die uitzondering.
[30-06-2022, PbEU C 248, i.w.tr. 30-06-2022/regelingnummer 2022/C 248/01]

6.2.2
Concurrentiebedingen na het verstrijken van de overeenkomst

(250)
Overeenkomstig artikel 5, lid 1, punt b), *juncto* artikel 5, lid 3, van Verordening (EU) 2022/720, zijn aan de afnemer opgelegde concurrentiebedingen die na het verstrijken van de overeenkomst gelden van het voordeel van de groepsvrijstelling uitgesloten, tenzij aan alle volgende voorwaarden is voldaan:
(a) de verplichting is onmisbaar om door de leverancier aan de afnemer overgedragen knowhow te beschermen;
(b) het is beperkt tot het verkooppunt waar de afnemer gedurende de contractperiode werkzaam was;
(c) het is beperkt tot een maximumperiode van een jaar.
[30-06-2022, PbEU C 248, i.w.tr. 30-06-2022/regelingnummer 2022/C 248/01]

(251)
De betrokken knowhow moet geheim, wezenlijk en geïdentificeerd zijn in de zin van artikel 1, lid 1, punt j), van Verordening (EU) 2022/720, en moet met name informatie bevatten die voor de afnemer belangrijk en nuttig is voor het gebruik, de verkoop of de wederverkoop van de contractgoederen of -diensten.
[30-06-2022, PbEU C 248, i.w.tr. 30-06-2022/regelingnummer 2022/C 248/01]

6.2.3
Concurrentiebedingen opgelegd aan leden van een selectief distributiestelsel

(252)
Artikel 5, lid 1, punt c), van Verordening (EU) 2022/720 betreft de verkoop van concurrerende goederen of diensten in een selectief distributiestelsel. De vrijstelling van artikel 2, lid 1, van de verordening geldt voor de combinatie van selectieve distributie met een concurrentiebeding dat erkende distributeurs de wederverkoop van concurrerende merken verbiedt. Een dergelijke verplichting is echter uitgesloten van de groepsvrijstelling wanneer de leverancier zijn erkende distributeurs direct of indirect belet producten voor wederverkoop te kopen van een of meer specifieke concurrerende leveranciers. De reden voor die uitsluiting is dat voorkomen moet worden dat een aantal leveranciers die dezelfde selectieve verkooppunten gebruiken een of meer specifieke concurrenten verhinderen zich van die distributie van hun producten van diezelfde verkooppunten te bedienen. Een dergelijk scenario zou ertoe kunnen leiden dat een concurrerende leverancier wordt uitgesloten door een vorm van collectieve boycot.
[30-06-2022, PbEU C 248, i.w.tr. 30-06-2022/regelingnummer 2022/C 248/01]

6.2.4
Platformoverschrijdende pariteitsverplichtingen voor de detailhandel

(253)
De vierde uitsluiting van het toepassingsgebied van de groepsvrijstelling, die is vastgelegd in artikel 5, lid 1, punt d), van Verordening (EU) 2022/720, betreft door

leveranciers van onlinetussenhandelsdiensten opgelegde platformoverschrijdende pariteitsverplichtingen voor de detailhandel, namelijk directe of indirecte verplichtingen op grond waarvan afnemers van die diensten geen goederen of diensten onder gunstigere voorwaarden aan eindgebruikers mogen aanbieden, verkopen of wederverkopen via concurrerende onlinetussenhandelsdiensten. De voorwaarden kunnen betrekking hebben op prijzen, voorraden, beschikbaarheid of andere aanbiedings- of verkoopvoorwaarden. De pariteitsverplichting voor de detailhandel kan voortvloeien uit een contractuele clausule of uit andere directe of indirecte maatregelen, waaronder het gebruik van gedifferentieerde prijsstelling of prikkels waarvan de toepassing afhangt van de voorwaarden waaronder de afnemer van de onlinetussenhandelsdiensten goederen of diensten aan eindgebruikers aanbiedt via concurrerende onlinetussenhandelsdiensten. Wanneer de aanbieder van onlinetussenhandelsdiensten bijvoorbeeld het aanbieden van een betere zichtbaarheid van de goederen of diensten van de afnemer op zijn website of de toepassing van een lager commissietarief afhankelijk stelt van de voorwaarde dat de afnemer hem pariteit van voorwaarden verleent ten opzichte van concurrerende aanbieders van dergelijke diensten, komt dit neer op een platformoverschrijdende pariteitsverplichting voor de detailhandel.
[30-06-2022, PbEU C 248, i.w.tr. 30-06-2022/regelingnummer 2022/C 248/01]

(254)
Alle andere soorten pariteitsverplichtingen vallen onder de vrijstelling van artikel 2, lid 1, van Verordening (EU) 2022/720. Daaronder vallen bijvoorbeeld:
(a) pariteitsverplichtingen voor de detailhandel met betrekking tot de rechtstreekse verkoopkanalen van afnemers van onlinetussenhandelsdiensten (de zogenaamde 'smalle' pariteitsverplichtingen voor de detailhandel);
(b) pariteitsverplichtingen met betrekking op de voorwaarden waaronder goederen of diensten worden aangeboden aan ondernemingen die geen eindgebruikers zijn;
(c) pariteitsverplichtingen met betrekking tot de voorwaarden waaronder fabrikanten, groothandelaren of detailhandelaren goederen of diensten als inputs kopen ('meestbegunstigde klant'-verplichtingen).
[30-06-2022, PbEU C 248, i.w.tr. 30-06-2022/regelingnummer 2022/C 248/01]

(255)
Afdeling 8.2.5. bevat leidraden voor het beoordelen van pariteitsverplichtingen in individuele zaken waarin Verordening (EU) 2022/720 niet van toepassing is.
[30-06-2022, PbEU C 248, i.w.tr. 30-06-2022/regelingnummer 2022/C 248/01]

7
Intrekking en buitentoepassingverklaring

7.1
Intrekking van het voordeel van Verordening (EU) 2022/720

(256)
Zoals vermeld in artikel 6, lid 1, van Verordening (EU) 2022/720 kan de Commissie het voordeel van Verordening (EU) 2022/720 intrekken op grond van artikel 29, lid

1, van Verordening (EG) nr. 1/2003 indien zij vaststelt dat in een specifiek geval een verticale overeenkomst waarop Verordening (EU) 2022/720 van toepassing is, bepaalde gevolgen heeft die onverenigbaar zijn met artikel 101 van het Verdrag. Indien, zoals in artikel 6, lid 2, van Verordening (EU) 2022/720 is bepaald, in een specifiek geval een verticale overeenkomst gevolgen heeft die onverenigbaar zijn met artikel 101, lid 3, van het Verdrag op het grondgebied van een lidstaat — of op een gedeelte daarvan — dat alle kenmerken van een afzonderlijke geografische markt vertoont, kan de bevoegde nationale mededingingsautoriteit van die lidstaat bovendien het voordeel van Verordening (EU) 2022/720 intrekken op grond van artikel 29, lid 2, van Verordening (EG) nr. 1/2003. In artikel 29 van Verordening (EG) nr. 1/2003 worden de rechterlijke instanties van de lidstaten niet genoemd, die derhalve niet bevoegd zijn om het voordeel van Verordening (EU) 2022/720 [1] in te trekken tenzij de betrokken rechterlijke instantie een aangewezen mededingingsautoriteit van een lidstaat is overeenkomstig artikel 35 van Verordening (EG) nr. 1/2003.
[30-06-2022, PbEU C 248, i.w.tr. 30-06-2022/regelingnummer 2022/C 248/01]

(257)
De Commissie en de nationale mededingingsautoriteiten kunnen het voordeel van Verordening (EU) 2022/720 intrekken in twee scenario's. Ten eerste kunnen zij het voordeel van Verordening (EU) 2022/720 intrekken indien een verticale overeenkomst die binnen het toepassingsgebied van artikel 101, lid 1, van het Verdrag valt, *op zich* gevolgen heeft op de relevante markt die onverenigbaar zijn met artikel 101, lid 3, van het Verdrag. Ten tweede kunnen zij, zoals vermeld in overweging 20 van Verordening (EU) 2022/720, ook het voordeel van Verordening (EU) 2022/720 intrekken indien de verticale overeenkomst die gevolgen heeft *in samenhang* met soortgelijke overeenkomsten die door concurrerende leveranciers of afnemers zijn gesloten. De reden hiervoor is dat naast elkaar bestaande netwerken van soortgelijke verticale overeenkomsten cumulatieve mededingingsbeperkende effecten kunnen hebben die onverenigbaar zijn met artikel 101, lid 3, van het Verdrag. De beperking van de toegang tot de relevante markt en de beperking van de mededinging op die markt zijn voorbeelden van dergelijke cumulatieve effecten die de intrekking van het voordeel van Verordening (EU) 2022/720 kunnen rechtvaardigen [2].
[30-06-2022, PbEU C 248, i.w.tr. 30-06-2022/regelingnummer 2022/C 248/01]

(258)
Naast elkaar bestaande netwerken van verticale overeenkomsten moeten als soortgelijk worden beschouwd wanneer ze hetzelfde type beperkingen omvatten die

---

(1) De rechterlijke instanties van de lidstaten mogen evenmin het toepassingsgebied van Verordening (EU) 2022/720 wijzigen door dat toepassingsgebied uit te breiden tot overeenkomsten die niet onder Verordening (EU) 2022/720 vallen. Een dergelijke uitbreiding zou, ongeacht het toepassingsgebied ervan, gevolgen hebben voor de wijze waarop de Commissie haar wetgevende bevoegdheid uitoefent (arrest van 28 februari 1991, *Stergios Delimitis/Henninger Bräu AG*, C-234/89, ECLI:EU:C:1991:91, punt 46 ('zaak C-234/89 — *Delimitis*').
(2) Het is echter onwaarschijnlijk dat een cumulatief marktafschermend effect optreedt wanneer de parallelle netwerken van verticale overeenkomsten minder dan 30 % van de relevante markt bestrijken (zie punt 10 van de de-minimisbekendmaking).

soortgelijke effecten op de markt hebben. Dergelijke cumulatieve effecten kunnen bijvoorbeeld optreden in het geval van pariteitsverplichtingen voor de detailhandel, selectieve distributie of concurrentiebedingen.
[30-06-2022, PbEU C 248, i.w.tr. 30-06-2022/regelingnummer 2022/C 248/01]

(259)
Wat betreft de pariteitsverplichtingen voor de detailhandel met betrekking tot de directe verkoopkanalen (smalle pariteitsverplichtingen voor de detailhandel), is in artikel 6 van Verordening (EU) 2022/720 bepaald dat het voordeel van de verordening overeenkomstig artikel 29 van Verordening (EG) nr. 1/2003 kan worden ingetrokken, met name wanneer de relevante markt voor de levering van onlinetussenhandelsdiensten sterk geconcentreerd is en de mededinging tussen de aanbieders van dergelijke diensten wordt beperkt door het cumulatieve effect van parallelle netwerken van gelijksoortige overeenkomsten die de afnemers van de onlinetussenhandelsdiensten beletten om goederen of diensten tegen gunstigere voorwaarden via hun directe verkoopkanalen aan eindgebruikers aan te bieden, te verkopen of weder te verkopen. Verdere leidraden over dat scenario zijn te vinden in afdeling 8.2.5.2.
[30-06-2022, PbEU C 248, i.w.tr. 30-06-2022/regelingnummer 2022/C 248/01]

(260)
Wat selectieve distributie betreft, kan er sprake zijn van naast elkaar bestaande netwerken die in voldoende mate soortgelijk zijn wanneer op een gegeven markt bepaalde leveranciers zuiver kwalitatieve selectieve distributie toepassen en andere leveranciers kwantitatieve selectieve distributie toepassen, met soortgelijke effecten op de markt. Dergelijke cumulatieve effecten kunnen zich ook voordoen wanneer op een gegeven markt naast elkaar bestaande selectieve distributienetwerken kwalitatieve criteria hanteren die distributeurs van de markt afschermen. Onder die omstandigheden moet bij de beoordeling rekening worden gehouden met de mededingingsverstorende gevolgen die aan elk individueel netwerk van overeenkomsten kunnen worden toegerekend. Waar passend, kan de intrekking van het voordeel van Verordening (EU) 2022/720 worden beperkt tot bepaalde kwalitatieve criteria of bepaalde kwantitatieve criteria die bijvoorbeeld het aantal erkende distributeurs beperken.
[30-06-2022, PbEU C 248, i.w.tr. 30-06-2022/regelingnummer 2022/C 248/01]

(261)
De verantwoordelijkheid voor een mededingingsverstorende cumulatieve werking kan slechts worden gelegd bij die ondernemingen welke hiertoe wezenlijk bijdragen. Overeenkomsten die worden gesloten door ondernemingen waarvan de bijdrage tot de cumulatieve werking onbeduidend is, vallen niet onder het toepassingsgebied

van artikel 101, lid 1, van het Verdrag [1]. Zij vallen derhalve niet onder het intrekkingsmechanisme [2].
[30-06-2022, PbEU C 248, i.w.tr. 30-06-2022/regelingnummer 2022/C 248/01]

(262)
Overeenkomstig artikel 29, lid 1, van Verordening (EG) nr. 1/2003 kan de Commissie het voordeel van Verordening (EU) 2022/720 ambtshalve of naar aanleiding van een klacht intrekken. Dat omvat de mogelijkheid voor de bevoegde nationale mededingingsautoriteiten om de Commissie te verzoeken het voordeel van Verordening (EU) 2022/720 in een bepaalde zaak in te trekken, onverminderd de toepassing van de regels inzake de toewijzing van zaken en de bijstand binnen het Europees mededingingsnetwerk [3], en onverminderd hun eigen bevoegdheid tot intrekking op grond van artikel 29, lid 2, van Verordening (EG) nr. 1/2003. Indien ten minste drie bevoegde nationale mededingingsautoriteiten de Commissie verzoeken artikel 29, lid 1, van Verordening (EG) nr. 1/2003 in een specifiek geval toe te passen, zal de Commissie de zaak in het kader van het Europees mededingingsnetwerk bespreken. In dat verband zal de Commissie zoveel mogelijk rekening houden met de standpunten van de bevoegde nationale mededingingsautoriteiten die de Commissie hebben verzocht het voordeel van Verordening (EU) 2022/720 in te trekken om tijdig te kunnen vaststellen of in het specifieke geval aan de voorwaarden voor intrekking is voldaan.
[30-06-2022, PbEU C 248, i.w.tr. 30-06-2022/regelingnummer 2022/C 248/01]

(263)
Uit artikel 29, leden 1 en 2, van Verordening (EG) nr. 1/2003 volgt dat de Commissie de uitsluitende bevoegdheid bezit om het voordeel van Verordening (EU) 2022/720 in de hele Unie in te trekken, in die zin dat zij het voordeel van Verordening (EU) 2022/720 kan intrekken ten aanzien van verticale overeenkomsten die de mededinging beperken op een relevante geografische markt die ruimer is dan het grondgebied van één enkele lidstaat, terwijl een bevoegde nationale mededingingsautoriteit het voordeel van de verordening alleen met betrekking tot het grondgebied van haar respectieve lidstaat kan intrekken.
[30-06-2022, PbEU C 248, i.w.tr. 30-06-2022/regelingnummer 2022/C 248/01]

(264)
De intrekkingsbevoegdheid van een individuele bevoegde nationale mededingingsautoriteit heeft derhalve betrekking op gevallen waarin de relevante markt één enkele lidstaat bestrijkt, of een regio die in haar geheel in een lidstaat of een deel daarvan is gelegen. In een dergelijk geval is de bevoegde nationale mededingingsautoriteit van die lidstaat bevoegd om het voordeel van Verordening (EU) 2022/720 in te trekken met

---

[1] Individuele leveranciers of distributeurs met een marktaandeel van niet meer dan 5 % worden over het algemeen niet geacht in aanzienlijke mate bij te dragen tot een cumulatief marktafschermend effect (zie punt 10 van de de-minimismededeling); en zaak C-234/89 – *Delimitis/Henninger Bräu*, punten 24-27.
[2] Een dergelijke bijdrage zal worden beoordeeld aan de hand van de criteria in afdeling 8 met betrekking tot het handhavingsbeleid in individuele zaken.
[3] Zie hoofdstuk IV van Verordening (EG) nr. 1/2003.

betrekking tot een verticale overeenkomst die gevolgen heeft die op die nationale of regionale markt onverenigbaar zijn met artikel 101, lid 3, van het Verdrag. Dat is een parallelle bevoegdheid omdat artikel 29, lid 1, van Verordening (EG) nr. 1/2003 de Commissie ook de bevoegdheid verleent om het voordeel van Verordening (EU) 2022/720 met betrekking tot een nationale of regionale markt in te trekken, mits de betrokken verticale overeenkomst de handel tussen lidstaten ongunstig kan beïnvloeden.
[30-06-2022, PbEU C 248, i.w.tr. 30-06-2022/regelingnummer 2022/C 248/01]

(265)
Wanneer het om verschillende afzonderlijke nationale of regionale markten gaat, kunnen verschillende bevoegde nationale mededingingsautoriteiten tegelijkertijd het voordeel van Verordening (EU) 2022/720 intrekken.
[30-06-2022, PbEU C 248, i.w.tr. 30-06-2022/regelingnummer 2022/C 248/01]

(266)
Uit de bewoordingen van artikel 29, lid 1, van Verordening (EG) nr. 1/2003 volgt dat, wanneer de Commissie het voordeel van Verordening (EU) 2022/720 intrekt, zij in de eerste plaats moet bewijzen dat de betrokken verticale overeenkomst de mededinging beperkt in de zin van artikel 101, lid 1, van het Verdrag [1]. Ten tweede moet de Commissie bewijzen dat de overeenkomst gevolgen heeft die onverenigbaar zijn met artikel 101, lid 3, van het Verdrag, wat betekent dat de overeenkomst niet voldoet aan ten minste één van de vier voorwaarden van artikel 101, lid 3, van het Verdrag [2]. Krachtens artikel 29, lid 2, van Verordening (EG) nr. 1/2003 gelden dezelfde vereisten wanneer een bevoegde nationale mededingingsautoriteit het voordeel van Verordening (EU) 2022/720 met betrekking tot haar lidstaat intrekt. Met name wat betreft de last om te bewijzen dat aan het tweede vereiste is voldaan, bepaalt artikel 29 dat de bevoegde nationale mededingingsautoriteit moet aantonen dat aan ten minste één van de vier voorwaarden van artikel 101, lid 3, van het Verdrag niet is voldaan [3].
[30-06-2022, PbEU C 248, i.w.tr. 30-06-2022/regelingnummer 2022/C 248/01]

---

(1) Indien een verticale overeenkomst buiten het toepassingsgebied van artikel 101, lid 1, van het Verdrag valt, zoals uiteengezet in afdeling 3 van de onderhavige richtsnoeren, is de kwestie van de toepassing van Verordening (EU) 2022/720 niet aan de orde, omdat Verordening (EU) 2022/720 categorieën van verticale overeenkomsten omschrijft die gewoonlijk aan de voorwaarden van artikel 101, lid 3, van het Verdrag voldoen, hetgeen vooronderstelt dat de verticale overeenkomst binnen het toepassingsgebied van artikel 101, lid 1, van het Verdrag valt.

(2) Het volstaat dat de Commissie bewijst dat aan één van de vier voorwaarden van artikel 101, lid 3, van het Verdrag niet is voldaan. Om de uitzondering van artikel 101, lid 3, te kunnen toepassen, moet namelijk aan alle vier de voorwaarden zijn voldaan.

(3) Het vereiste van artikel 29 van Verordening (EG) nr. 1/2003 betreffende de bewijslast van de bevoegde mededingingsautoriteit heeft betrekking op de situatie waarin Verordening (EU) 2022/720 niet van toepassing is en een onderneming zich in een individueel geval op artikel 101, lid 3, van het Verdrag beroept. In een dergelijke situatie rust op de onderneming overeenkomstig artikel 2 van Verordening (EG) nr. 1/2003 de bewijslast om aan te tonen dat aan alle vier de voorwaarden van artikel 101, lid 3, van het Verdrag is voldaan. Daartoe moet zij haar stellingen onderbouwen, zie bijvoorbeeld het besluit van de Commissie in zaak AT.39226 – *Lundbeck*, bevestigd bij arresten van 8 september 2016, *Lundbeck/Commissie*, T-472/13, ECLI:EU:T:2016:449; en van 25 maart 2021, *Lundbeck/Commissie*, zaak C-591/16 P, ECLI:EU:C:2021:243.

(267)
Indien aan de vereisten van artikel 29, lid 1, van Verordening (EG) nr. 1/2003 is voldaan, kan de Commissie in een individueel geval het voordeel van Verordening (EU) 2022/720 intrekken. Een dergelijke intrekking en de daarvoor geldende vereisten zoals uiteengezet deze afdeling, moeten worden onderscheiden van de bevindingen van een inbreukbesluit van de Commissie op grond van hoofdstuk III van Verordening (EG) nr. 1/2003. Een intrekking kan echter worden gecombineerd met bijvoorbeeld het vaststellen van een inbreuk en het opleggen van een corrigerende maatregel, en zelfs met voorlopige maatregelen [1].
[30-06-2022, PbEU C 248, i.w.tr. 30-06-2022/regelingnummer 2022/C 248/01]

(268)
Indien de Commissie het voordeel van Verordening (EU) 2022/720 intrekt op grond van artikel 29, lid 1, van Verordening (EC) nr. 1/2003, heeft de intrekking slechts gevolgen *ex nunc*, d.w.z. dat de vrijgestelde status van de betrokken overeenkomsten ongewijzigd blijft gedurende de periode voorafgaand aan de datum waarop de intrekking van kracht wordt. In het geval van een intrekking overeenkomstig artikel 29, lid 2, van Verordening (EG) nr. 1/2003 moeten de betrokken bevoegde nationale mededingingsautoriteiten ook rekening houden met hun verplichtingen uit hoofde van artikel 11, lid 4, van Verordening (EG) nr. 1/2003, met name met de verplichting om de Commissie alle relevante beoogde beslissingen ter beschikking te stellen.
[30-06-2022, PbEU C 248, i.w.tr. 30-06-2022/regelingnummer 2022/C 248/01]

7.2
Buitentoepassingverklaring van Verordening (EU) 2022/720

(269)
Overeenkomstig artikel 1 bis van Verordening nr. 19/65/EEG, verleent artikel 7 van Verordening (EU) 2022/720 de Commissie de bevoegdheid om naast elkaar bestaande netwerken van soortgelijke verticale beperkingen bij verordening van het toepassingsgebied van Verordening (EU) 2022/720 uit te sluiten wanneer dergelijke netwerken meer dan 50 % van de relevante markt bestrijken. Een dergelijke verordening is niet gericht tot individuele ondernemingen, maar betreft alle ondernemingen waarvan de overeenkomsten voldoen aan de voorwaarden die zijn neergelegd in een verordening die is vastgesteld op grond van artikel 7 van Verordening (EU) 2022/720. Bij de beoordeling of het noodzakelijk is een dergelijke verordening vast te stellen, zal de Commissie nagaan of een individuele intrekking een betere oplossing zou zijn. Het aantal concurrerende ondernemingen die tot een cumulatieve werking op de relevante

---

[1] De Commissie heeft van haar bevoegdheid gebruikgemaakt door het voordeel van de voorheen geldende groepsvrijstellingsverordeningen in te trekken in haar besluiten van 25 maart 1992 (voorlopige maatregelen) betreffende een procedure op grond van artikel 85 van het EEG-Verdrag in zaak IV/34.072, *Mars/Langnese en Schöller*, bevestigd bij arrest van het Hof van Justitie van 1 oktober 1998, *Langnese-Iglo/Commissie*, C-279/95 P, ECLI:EU:C:1998:447, en in haar besluit van 4 december 1991 (voorlopige maatregelen) betreffende een procedure op grond van artikel 85 van het EEG-Verdrag in zaak IV/33.157, *Eco System/Peugeot*.

markt bijdragen en het aantal betrokken geografische markten binnen de Unie zijn twee aspecten die voor die beoordeling van bijzonder belang zijn.
[30-06-2022, PbEU C 248, i.w.tr. 30-06-2022/regelingnummer 2022/C 248/01]

(270)
De Commissie zal overwegen om een verordening in de zin van artikel 7 van Verordening (EU) 2022/720 vast te stellen indien het waarschijnlijk is dat soortgelijke beperkingen die meer dan 50 % van de relevante markt bestrijken de toegang tot die markt of de mededinging op die markt merkbaar beperken. Dit kan met name het geval zijn wanneer naast elkaar bestaande selectieve distributienetwerken die meer dan 50 % van de markt bestrijken, de markt kunnen afsluiten door selectiecriteria te hanteren die niet vanwege de aard van de betrokken goederen of diensten vereist zijn of die discriminerend zijn voor bepaalde soorten van distributie die voor de afzet van die goederen of diensten kunnen worden gebruikt. Bij de berekening van de marktdekkingsgraad van 50 % moet rekening worden gehouden met elk afzonderlijk netwerk van verticale overeenkomsten die beperkingen of combinaties van beperkingen bevatten die soortgelijke effecten op de markt hebben. Artikel 7 van Verordening (EU) 2022/720 vereist echter niet dat de Commissie een dergelijke verordening vaststelt wanneer de marktdekkingsgraad van 50 % wordt overschreden.
[30-06-2022, PbEU C 248, i.w.tr. 30-06-2022/regelingnummer 2022/C 248/01]

(271)
Een krachtens artikel 7 van Verordening (EU) 2022/720 vastgestelde verordening heeft tot gevolg dat Verordening (EU) 2022/720 voor de betrokken beperkingen en de betrokken markten niet langer van toepassing is en dat daardoor artikel 101, leden 1 en 3, van het Verdrag volledig van toepassing is.
[30-06-2022, PbEU C 248, i.w.tr. 30-06-2022/regelingnummer 2022/C 248/01]

(272)
Elke verordening die uit hoofde van artikel 7 van Verordening (EU) 2022/720 wordt vastgesteld, moet duidelijk haar toepassingsgebied omschrijven. Dat betekent dat de Commissie ten eerste de relevante geografische en productmarkt(en) moet omschrijven en ten tweede moet aangeven voor welk type verticale beperkingen Verordening (EU) 2022/720 niet langer van toepassing zal zijn. Wat dit laatste aspect betreft, kan de Commissie het toepassingsgebied van de verordening aanpassen naargelang het mededingingsbezwaar dat zij met de verordening wil aanpakken. Hoewel bijvoorbeeld alle naast elkaar bestaande netwerken van merkexclusiviteitsregelingen in aanmerking kunnen worden genomen voor het bepalen van de marktdekkingsgraad van 50 %, kan de Commissie niettemin het toepassingsgebied van de krachtens artikel 7 van Verordening (EU) 2022/720 vastgestelde verordening beperken tot concurrentiebedingen die een bepaalde duur overschrijden. Zo kunnen overeenkomsten van kortere duur of van minder beperkende aard ongemoeid worden gelaten wegens de geringere mate van marktafscherming die zij teweegbrengen. Evenzo kan, wanneer ondernemingen op een bepaalde markt selectieve distributie in combinatie met bijkomende beperkingen zoals concurrentiebedingen of afnamequotering toepassen, een krachtens artikel 7 van Verordening (EU) 2022/720 vastgestelde verordening uitsluitend op die bijkomende beperkingen van toepassing zijn. Zo nodig kan de Commissie ook het

marktaandeelniveau specificeren dat in de specifieke marktcontext onvoldoende kan worden geacht om een individuele onderneming in staat te stellen in wezenlijke mate tot de cumulatieve werking bij te dragen.
[30-06-2022, PbEU C 248, i.w.tr. 30-06-2022/regelingnummer 2022/C 248/01]

(273)
Overeenkomstig artikel 1 bis van Verordening nr. 19/65/EEG moet in een verordening die krachtens artikel 7 van Verordening (EU) 2022/720 is vastgesteld een overgangsperiode van ten minste zes maanden worden bepaald voordat de verordening van toepassing wordt. Die periode is bedoeld om de betrokken ondernemingen in staat te stellen hun verticale overeenkomsten dienovereenkomstig aan te passen.
[30-06-2022, PbEU C 248, i.w.tr. 30-06-2022/regelingnummer 2022/C 248/01]

(274)
Een krachtens artikel 7 van Verordening (EU) 2022/720 vastgestelde verordening laat de vrijstelling ten aanzien van de betrokken overeenkomsten gedurende de periode voorafgaand aan de datum van toepassing van die verordening onverlet.
[30-06-2022, PbEU C 248, i.w.tr. 30-06-2022/regelingnummer 2022/C 248/01]

8
Handhavingsbeleid in individuele zaken

8.1
Kader van de analyse

(275)
Wanneer de door Verordening (EU) 2022/720 geboden groepsvrijstelling niet van toepassing is op een verticale overeenkomst, is het van belang te beoordelen of de verticale overeenkomst in het individuele geval binnen het toepassingsgebied van artikel 101, lid 1, van het Verdrag valt en, zo ja, of aan de voorwaarden van artikel 101, lid 3, van het Verdrag is voldaan. Mits zij geen mededingingsbeperkende strekking hebben en met name geen hardcorebeperkingen bevatten in de zin van artikel 4 van Verordening (EU) 2022/720, bestaat er geen vermoeden dat verticale overeenkomsten die buiten het toepassingsgebied van Verordening (EU) 2022/720 vallen binnen het toepassingsgebied van artikel 101, lid 1, van het Verdrag vallen of niet aan de voorwaarden van artikel 101, lid 3, van het Verdrag voldoen. Dergelijke overeenkomsten vereisen een individuele beoordeling. Overeenkomsten die de mededinging niet beperken in de zin van artikel 101, lid 1, van het Verdrag of die voldoen aan de voorwaarden van artikel 101, lid 3, van het Verdrag, zijn geldig en afdwingbaar.
[30-06-2022, PbEU C 248, i.w.tr. 30-06-2022/regelingnummer 2022/C 248/01]

(276)
Overeenkomstig artikel 1, lid 2, van Verordening (EG) nr. 1/2003 hoeven ondernemingen hun verticale overeenkomst niet aan te melden om een individuele vrijstelling op grond van artikel 101, lid 3, van het Verdrag te genieten. Wanneer de Commissie een individueel onderzoek instelt, staat het aan de Commissie om te bewijzen dat de betrokken verticale overeenkomst de mededinging beperkt in de zin van artikel 101,

lid 1, van het Verdrag. Ondernemingen die zich op artikel 101, lid 3, van het Verdrag beroepen, dragen de bewijslast dat aan de voorwaarden van die bepaling is voldaan. Wanneer is aangetoond dat mededingingsverstorende effecten waarschijnlijk zijn, worden de betrokken ondernemingen in de gelegenheid gesteld efficiëntievoordelen te onderbouwen en uit te leggen waarom een bepaalde distributieregeling onmisbaar is om waarschijnlijke voordelen voor consumenten te verwezenlijken zonder de mededinging uit te schakelen. De Commissie bepaalt dan of de overeenkomst voldoet aan de voorwaarden van artikel 101, lid 3, van het Verdrag.
[30-06-2022, PbEU C 248, i.w.tr. 30-06-2022/regelingnummer 2022/C 248/01]

(277)
Om te beoordelen of een verticale overeenkomst tot gevolg heeft dat de mededinging wordt beperkt, wordt de situatie op de relevante markt, met de geldende verticale beperkingen, vergeleken met de situatie die zich zou voordoen zonder de verticale beperkingen in de verticale overeenkomst. Bij de beoordeling van individuele zaken kan de Commissie rekening houden met zowel feitelijke als waarschijnlijke gevolgen. Om tot gevolg te hebben dat de mededinging wordt beperkt, moeten verticale overeenkomsten de daadwerkelijke of potentiële mededinging in zoverre ongunstig beïnvloeden dat op de relevante markt met een redelijke mate van waarschijnlijkheid negatieve gevolgen voor de prijzen, de output, de innovatie of de verscheidenheid of de kwaliteit van de goederen of diensten kunnen worden verwacht. De negatieve gevolgen voor de mededinging moeten merkbaar zijn [1]. Het is waarschijnlijker dat merkbare mededingingsverstorende effecten optreden wanneer ten minste een van de partijen bij de overeenkomst een zekere mate van marktmacht heeft of krijgt en de overeenkomst bijdraagt tot het ontstaan, het behoud of de versterking van die marktmacht, of de partijen bij de overeenkomst in staat stelt van die marktmacht gebruik te maken. Marktmacht is het vermogen om gedurende een niet-onaanzienlijke periode een prijsniveau in stand te houden dat boven het niveau van concurrerende prijzen ligt of om een productie in stand te houden die qua producthoeveelheden, productkwaliteit en -verscheidenheid of innovatie beneden het concurrerende niveau ligt. De mate van marktmacht die in het algemeen vereist is voor de vaststelling van een beperking van de concurrentie in de zin van artikel 101, lid 1, van het Verdrag is geringer dan de mate van marktmacht die vereist is voor de vaststelling van een machtspositie in de zin van artikel 102 van het Verdrag.
[30-06-2022, PbEU C 248, i.w.tr. 30-06-2022/regelingnummer 2022/C 248/01]

8.1.1
Relevante factoren voor de toetsing aan artikel 101, lid 1, van het Verdrag

(278)
Bij de beoordeling van individuele verticale overeenkomsten tussen ondernemingen met een marktaandeel boven de drempel van 30 % zal de Commissie overgaan tot een volledige toetsing uit het oogpunt van de mededinging. De volgende factoren zijn met name van belang om te bepalen of een verticale overeenkomst een merkbare beperking van de mededinging in de zin van artikel 101, lid 1, van het Verdrag teweegbrengt:
(a) de aard van de overeenkomst;

---
(1) Zie afdeling 3.1.

(b) de marktpositie van de partijen;
(c) de marktpositie van de concurrenten (upstream en downstream);
(d) de marktpositie van de afnemers van de contractgoederen of -diensten;
(e) toetredingsdrempels;
(f) het stadium van de productie- of distributieketen die wordt getroffen;
(g) de aard van het product;
(h) de dynamiek van de markt.
[30-06-2022, PbEU C 248, i.w.tr. 30-06-2022/regelingnummer 2022/C 248/01]

(279)
Ook met andere relevante factoren kan rekening worden gehouden.
[30-06-2022, PbEU C 248, i.w.tr. 30-06-2022/regelingnummer 2022/C 248/01]

(280)
Het belang van elke factor afzonderlijk hangt af van de omstandigheden van het geval. Zo is een groot marktaandeel van de partijen doorgaans een goede indicator van marktmacht. In het geval van lage toetredingsdrempels kan de marktmacht echter voldoende worden ingeperkt door daadwerkelijke of potentiële toetreding. Het is bijgevolg niet mogelijk om met betrekking tot het belang van de afzonderlijke factoren strikte regels op te stellen die algemeen van toepassing zijn.
[30-06-2022, PbEU C 248, i.w.tr. 30-06-2022/regelingnummer 2022/C 248/01]

(281)
Verticale overeenkomsten kunnen zeer diverse vormen aannemen. Daarom is het belangrijk de overeenkomst te analyseren op basis van de erin opgenomen beperkingen, de duur van die beperkingen en het aandeel van de totale verkoop op de (downstream)-markt waarop die beperkingen van invloed zijn. Het kan nodig zijn die analyse niet tot de expliciete voorwaarden van de overeenkomst te beperken. Het bestaan van impliciete beperkingen kan worden afgeleid uit de manier waarop de overeenkomst door de partijen wordt uitgevoerd en uit de prikkels die zij krijgen.
[30-06-2022, PbEU C 248, i.w.tr. 30-06-2022/regelingnummer 2022/C 248/01]

(282)
De marktpositie van de partijen geeft een aanwijzing voor de mate van marktmacht die de leverancier, de afnemer of beiden kunnen bezitten. Hoe groter het marktaandeel, hoe groter de marktmacht wellicht zal zijn. Dat geldt in het bijzonder wanneer in het marktaandeel kostenvoordelen of andere concurrentievoordelen ten opzichte van concurrenten tot uitdrukking komen. Dergelijke concurrentievoordelen kunnen bijvoorbeeld voortvloeien uit het feit dat de leverancier een pionier is op de markt (met de beste vestigingsplaats enz.), over essentiële octrooien of superieure technologie beschikt, merkleider is of een superieur assortiment van producten aanbiedt. Ook de mate van productdifferentiatie kan een relevante indicator voor de aanwezigheid van marktmacht zijn. Het gebruik van merken heeft de neiging de productdifferentiatie te verhogen en de substitueerbaarheid van producten te verminderen, waardoor de elasticiteit van de vraag afneemt en de mogelijkheid om de prijzen te verhogen toeneemt.
[30-06-2022, PbEU C 248, i.w.tr. 30-06-2022/regelingnummer 2022/C 248/01]

(283)
Ook de marktpositie van concurrenten is belangrijk. Hoe sterker de concurrentiepositie van concurrenten en hoe talrijker qua aantal, des te kleiner het risico dat de partijen afzonderlijk in staat zullen zijn marktmacht uit te oefenen en de markt af te schermen of de concurrentie af te zwakken. Het is ook van belang na te gaan of er doeltreffende en snelle tegenmaatregelen zijn die concurrenten waarschijnlijk zullen nemen. Wanneer het aantal ondernemingen op de markt vrij klein is en hun marktpositie (bijvoorbeeld wat betreft omvang, kosten en O&O-potentieel) min of meer dezelfde is, kunnen verticale beperkingen echter het risico van collusie verhogen. Fluctuerende of snel veranderende marktaandelen zijn over het algemeen een indicatie van hevige concurrentie.
[30-06-2022, PbEU C 248, i.w.tr. 30-06-2022/regelingnummer 2022/C 248/01]

(284)
De marktpositie van de downstream-klanten van de partijen bij de verticale overeenkomst vormt een aanwijzing of een of meer van die klanten over afnemersmacht beschikken. De eerste indicator van afnemersmacht is het marktaandeel van de klant op de inkoopmarkt. Dat marktaandeel geeft aan hoe belangrijk de vraag van de klant is voor mogelijke leveranciers. Andere indicatoren zijn de positie van de klant op de wederverkoopmarkt waarop hij actief is, waarbij factoren zoals een brede geografische spreiding van zijn verkooppunten, huismerken — inclusief private labels — en zijn merkimago in de ogen van de eindgebruikers een rol spelen. In sommige omstandigheden kan afnemersmacht voorkomen dat de consument schade ondervindt van een anders problematische verticale overeenkomst. Dat geldt in het bijzonder wanneer sterke klanten bij een kleine maar blijvende relatieve prijsstijging in staat zijn en prikkels hebben om nieuwe leveranciers op de markt te introduceren.
[30-06-2022, PbEU C 248, i.w.tr. 30-06-2022/regelingnummer 2022/C 248/01]

(285)
Toetredingsdrempels worden afgemeten aan de mate waarin reeds op de markt gevestigde ondernemingen hun prijs tot boven het door concurrentie bepaalde peil kunnen verhogen zonder dat dit ertoe leidt dat andere ondernemingen tot de markt toetreden. In het algemeen kan worden gesteld dat toetredingsdrempels laag zijn wanneer een effectieve toetreding, waardoor de uitoefening van marktmacht door de gevestigde ondernemingen wordt voorkomen of geërodeerd, waarschijnlijk binnen een of twee jaar zal plaatsvinden. Toetredingsdrempels kunnen bestaan op het niveau van de leveranciers, op het niveau van de afnemers, of op beide niveaus. Toetredingsdrempels kunnen het gevolg zijn van een breed scala van factoren, zoals schaalvoordelen en toepassingsvoordelen (met inbegrip van netwerkeffecten van meerzijdige bedrijven), overheidsvoorschriften (vooral wanneer die exclusieve rechten in het leven roepen), overheidssteun, invoertarieven, intellectuele-eigendomsrechten, het bezit van grondstoffen wanneer de voorraden beperkt zijn (bijvoorbeeld wegens natuurlijke beperkingen), essentiële faciliteiten, het voordeel om de eerste speler op een markt te zijn, en merktrouw van consumenten die is opgebouwd door intensieve reclame gedurende een bepaalde periode. Voor de vraag of sommige van die factoren als toetredingsdrempels moeten worden aangemerkt, is met name bepalend of zij gepaard gaan met verzonken kosten. Verzonken kosten zijn kosten die moeten

worden gemaakt om de markt te betreden of op een markt werkzaam te zijn, maar die bij uittreding uit de markt niet kunnen worden gerecupereerd. Reclamekosten, gemaakt om getrouwheid bij de consument te creëren, zijn gewoonlijk verzonken kosten, tenzij de onderneming bij het verlaten van de markt zonder verlies haar merknaam kan verkopen of hem elders kan gebruiken. Wanneer de toetreding hoge verzonken kosten met zich meebrengt, kan de dreiging van hevige concurrentie van gevestigde ondernemingen na toetreding tot de markt de toetreding ontmoedigen, aangezien potentiële nieuwkomers niet het risico kunnen rechtvaardigen dat zij hun verzonken investeringen verliezen.
[30-06-2022, PbEU C 248, i.w.tr. 30-06-2022/regelingnummer 2022/C 248/01]

(286)
Ook verticale beperkingen kunnen als een toetredingsdrempel werken, doordat de toegang wordt bemoeilijkt en (potentiële) concurrenten worden uitgesloten. Een concurrentiebeding dat distributeurs aan een producent bindt, kan bijvoorbeeld een sterk marktafschermend effect hebben indien met het opzetten van een eigen distributienetwerk door de potentiële toetreder verzonken kosten gemoeid zijn.
[30-06-2022, PbEU C 248, i.w.tr. 30-06-2022/regelingnummer 2022/C 248/01]

(287)
Het stadium van de productie- of distributieketen houdt verband met het onderscheid tussen intermediaire en eindgoederen of -diensten. Intermediaire goederen of diensten worden aan ondernemingen verkocht om te worden gebruikt als input voor de productie van andere goederen of diensten, en zijn meestal niet herkenbaar in de eindgoederen of -diensten. De afnemers van intermediaire goederen of diensten zijn gewoonlijk goed geïnformeerde klanten, die in staat zijn de kwaliteit te beoordelen en bijgevolg minder op merk en imago afgaan. Eindgoederen of -diensten worden direct of indirect verkocht aan eindgebruikers, die zich vaak meer door merk en imago laten leiden.
[30-06-2022, PbEU C 248, i.w.tr. 30-06-2022/regelingnummer 2022/C 248/01]

(288)
De aard van het product speelt een rol bij het beoordelen van zowel de waarschijnlijke negatieve als de waarschijnlijke positieve effecten van verticale beperkingen, in het bijzonder voor eindgoederen of diensten. Bij de beoordeling van de waarschijnlijke negatieve effecten is het van belang te bepalen of de op de relevante markt verkochte goederen of diensten homogeen of eerder gedifferentieerd zijn [1], of het product duur is en daardoor beslag legt op een groot gedeelte van het budget van de consument dan wel goedkoop is, en of het product eenmalig dan wel herhaaldelijk wordt aangeschaft.
[30-06-2022, PbEU C 248, i.w.tr. 30-06-2022/regelingnummer 2022/C 248/01]

(289)
De dynamiek van de relevante markt moet zorgvuldig worden beoordeeld. In sommige dynamische markten zullen de potentiële negatieve effecten van bepaalde verticale beperkingen wellicht niet problematisch zijn, omdat de concurrentie tussen merken

---

(1) Zie ook punt (282).

van dynamische en innoverende concurrenten als een toereikende dwang kan werken. In andere gevallen kunnen verticale beperkingen een gevestigde onderneming op een dynamische markt echter een duurzaam concurrentievoordeel verschaffen en dus op lange termijn negatieve gevolgen voor de concurrentie hebben. Dat kan het geval zijn wanneer een verticale beperking verhindert dat concurrenten profiteren van netwerkeffecten, of wanneer een markt vatbaar is voor een kanteleffect.
[30-06-2022, PbEU C 248, i.w.tr. 30-06-2022/regelingnummer 2022/C 248/01]

(290)
Bij de beoordeling kunnen ook andere factoren een rol spelen. Die factoren kunnen met name zijn:
(a) de aanwezigheid van cumulatieve effecten, die voortvloeien uit het feit dat de markt wordt bestreken door soortgelijke verticale beperkingen die door andere leveranciers of afnemers worden opgelegd;
(b) of de overeenkomst is 'opgelegd' (d.w.z. dat de meeste beperkingen of verplichtingen slechts voor één partij bij de overeenkomst gelden) of 'overeengekomen' (beide partijen aanvaarden beperkingen of verplichtingen);
(c) het regelgevend kader;
(d) gedragingen die op collusie kunnen wijzen of die in de hand kunnen werken, zoals prijsleiderschap, vooraf aangekondigde prijswijzigingen en prijsbesprekingen, prijsrigiditeit als reactie op overcapaciteit, prijsdiscriminatie en collusie in het verleden.
[30-06-2022, PbEU C 248, i.w.tr. 30-06-2022/regelingnummer 2022/C 248/01]

8.1.2
Relevante factoren voor de toetsing aan artikel 101, lid 3, van het Verdrag

(291)
Mededingingsbeperkende verticale overeenkomsten in de zin van artikel 101, lid 1, van het Verdrag kunnen ook mededingingsbevorderende gevolgen hebben in de vorm van efficiëntieverbeteringen, die kunnen opwegen tegen hun mededingingsbeperkende gevolgen. De beoordeling van efficiëntieverbeteringen versus mededingingsbeperkende effecten vindt plaats in het kader van artikel 101, lid 3, van het Verdrag, dat voorziet in een uitzondering op het verbod van artikel 101, lid 1, van het Verdrag. Die uitzondering geldt alleen als een verticale overeenkomst aan de vier volgende cumulatieve voorwaarden voldoet:
(a) het moet objectieve economische voordelen opleveren,
(b) een billijk aandeel in het daaruit voortvloeiende voordeel moet de consument ten goede komen [1],

---

[1] Zoals in punt 84 van de richtsnoeren betreffende de toepassing van artikel 101, lid 3, is aangegeven, omvat het concept 'consument' in de zin van artikel 101, lid 3, van het Verdrag alle directe of indirecte gebruikers van de producten waarop de overeenkomst betrekking heeft, met inbegrip van producenten die de producten als input gebruiken, groothandelaren, detailhandelaren en eindconsumenten, d.w.z. natuurlijke personen die handelen om redenen buiten hun handels- of beroepsactiviteit.

(c) de beperkingen van de mededinging moeten onmisbaar zijn om die voordelen te bereiken, en
(d) de overeenkomst mag de partijen niet de mogelijkheid geven, voor een wezenlijk deel van de betrokken producten of diensten, de mededinging uit te schakelen [1].
[30-06-2022, PbEU C 248, i.w.tr. 30-06-2022/regelingnummer 2022/C 248/01]

(292)
De toetsing van verticale overeenkomsten aan artikel 101, lid 3, van het Verdrag vindt plaats in de feitelijke context van de overeenkomst [2], en op basis van de op een bepaald tijdstip bestaande feiten. De toetsing kan wijzigen bij substantiële veranderingen in de feiten. De uitzondering van artikel 101, lid 3, van het Verdrag is van toepassing zolang voldaan is aan de vier voorwaarden, en houdt op van toepassing te zijn wanneer zulks niet langer het geval is [3]. Bij de toepassing van artikel 101, lid 3, van het Verdrag overeenkomstig die beginselen, moet rekening worden gehouden met de investeringen die de partijen bij de overeenkomst hebben gedaan en met de tijd en de beperkingen die nodig zijn om een investering ter vergroting van de efficiëntie te doen en terug te verdienen.
[30-06-2022, PbEU C 248, i.w.tr. 30-06-2022/regelingnummer 2022/C 248/01]

(293)
De eerste voorwaarde van artikel 101, lid 3, van het Verdrag vereist een beoordeling van de objectieve voordelen die de verticale overeenkomst oplevert in de vorm van efficiëntieverbeteringen. Zoals uiteengezet in afdeling 2.1, kunnen verticale overeenkomsten in dat opzicht veelal efficiëntieverbeteringen opleveren door een verbetering van de wijze waarop de partijen bij de overeenkomst hun complementaire activiteiten verrichten.
[30-06-2022, PbEU C 248, i.w.tr. 30-06-2022/regelingnummer 2022/C 248/01]

(294)
De tweede voorwaarde van artikel 101, lid 3, van het Verdrag vereist dat een billijk aandeel in de voordelen de consument ten goede moet komen. Dat impliceert dat consumenten van de in het kader van de verticale overeenkomst gekochte en/of (weder)verkochte goederen of diensten ten minste gecompenseerd moeten worden voor de negatieve gevolgen van de overeenkomst [4]. Met andere woorden, de efficiëntieverbeteringen moeten volledig opwegen tegen de negatieve gevolgen die de verticale overeenkomst waarschijnlijk zal hebben voor de prijzen, de output en andere relevante factoren.
[30-06-2022, PbEU C 248, i.w.tr. 30-06-2022/regelingnummer 2022/C 248/01]

---

(1) Zie de richtsnoeren betreffende de toepassing van artikel 101, lid 3.
(2) Zie arrest van *Ford/Commissie*, gevoegde zaken 25/84 en 26/84, EU:C:1985:340, punten 24 en 25; Punt 44 van de richtsnoeren betreffende de toepassing van artikel 101, lid 3.
(3) Zie bijvoorbeeld beschikking 1999/242/EG van de Commissie (zaak nr. IV/36.237 — *TPS*) (*PB* L 90 van 2.4.1999, blz. 6). Evenzo geldt het verbod van artikel 101, lid 1, van het Verdrag enkel zolang de overeenkomst mededingingsbeperking tot doel of tot gevolg heeft; Punt 44 van de richtsnoeren betreffende de toepassing van artikel 101, lid 3.
(4) Zie punt 85 van de richtsnoeren betreffende de toepassing van artikel 101, lid 3.

(295)
Ten derde, bij de toepassing van het onmisbaarheidscriterium van artikel 101, lid 3, van het Verdrag zal de Commissie met name nagaan of individuele beperkingen een efficiëntere productie, koop of (weder)verkoop van de contractgoederen of -diensten mogelijk maken dan zonder de betrokken beperking het geval zou zijn. Bij die beoordeling moet rekening worden gehouden met de marktvoorwaarden en de feitelijke situatie waarmee de partijen bij de overeenkomst te maken hebben. Ondernemingen die zich op artikel 101, lid 3, van het Verdrag beroepen, zijn niet verplicht hypothetische en theoretische alternatieven te onderzoeken. Zij moeten echter uiteenzetten en aantonen waarom kennelijk realistische en aanzienlijk minder beperkende alternatieven niet dezelfde efficiëntieverbeteringen zouden genereren. Als de toepassing van een schijnbaar commercieel realistisch en minder beperkend alternatief tot een aanzienlijk verlies aan efficiëntie zou leiden, wordt de desbetreffende beperking onmisbaar geacht.
[30-06-2022, PbEU C 248, i.w.tr. 30-06-2022/regelingnummer 2022/C 248/01]

(296)
De vierde voorwaarde van artikel 101, lid 3, van het Verdrag vereist dat de verticale overeenkomst de partijen bij overeenkomst niet de mogelijkheid mag geven voor een wezenlijk deel van de betrokken goederen of diensten de mededinging uit te schakelen. Dat vergt een analyse van de resterende mededingingsdruk op de markt en de gevolgen van de overeenkomst voor die resterende bronnen van mededinging. Bij de toepassing van die voorwaarde moet rekening worden gehouden met het verband tussen artikel 101, lid 3, van het Verdrag en artikel 102 van het Verdrag. Volgens vaste rechtspraak staat de toepassing van artikel 101, lid 3, van het Verdrag niet in de weg aan de toepassing van artikel 102 van het Verdrag [1]. Aangezien de artikelen 101 en 102 van het Verdrag allebei beogen een daadwerkelijke mededinging op de markt te handhaven, veronderstelt een consequente rechtstoepassing daarenboven dat artikel 101, lid 3, zodanig wordt uitgelegd dat elke toepassing van de uitzonderingsregel op beperkende verticale overeenkomsten die een misbruik van een dominante positie inhouden, uitgesloten is [2]. De verticale overeenkomst mag de daadwerkelijke mededinging niet uitschakelen door alle of de meeste bestaande bronnen van daadwerkelijke of potentiële mededinging weg te nemen. Concurrentie tussen ondernemingen is een belangrijke aanjager van economische efficiëntie, onder meer door dynamische efficiëntieverbeteringen in de vorm van innovatie. Zonder die concurrentie heeft de onderneming met een dominante positie onvoldoende prikkels om te blijven streven naar efficiëntieverbeteringen en deze door te geven. Een beperkende overeenkomst

---

(1) Zie arrest van 16 maart 2000, *Compagnie Maritime Belge*, gevoegde zaken C-395/96 P en C-396/96 P, EU:C:2000:132, punt 130. Evenmin staat de toepasselijkheid van artikel 101, lid 3, van het Verdrag in de weg aan de toepasselijkheid van de bepalingen van het Verdrag inzake het vrije verkeer van goederen, diensten, personen en kapitaal. Die bepalingen zijn onder bepaalde omstandigheden toepasselijk op overeenkomsten, besluiten en onderling afgestemde gedragingen in de zin van artikel 101, lid 1, van het Verdrag; zie hiervoor arrest van 19 februari 2002, *Wouters e.a.*, C-309/99, ECLI:EU:C:2002:98, punt 120.
(2) Zie arrest van 10 juli 1990, *Tetra Pak/Commissie*, zaak T-51/89, ECLI:EU:T:1990:41. Zie ook punt 106 van de richtsnoeren betreffende de toepassing van artikel 101, lid 3.

8.2
Analyse van specifieke verticale beperkingen

(297)
Terwijl afdeling 6 leidraden bevat voor de beoordeling van verticale beperkingen die neerkomen op hardcorebeperkingen in de zin van artikel 4 van Verordening (EU) 2022/720, of op uitgesloten beperkingen in de zin van artikel 5 van Verordening (EU) 2022/720, worden in de volgende punten leidraden gegeven voor andere specifieke verticale beperkingen. Verticale beperkingen die in de onderhavige richtsnoeren niet specifiek aan bod komen, zal de Commissie volgens dezelfde beginselen behandelen, rekening houdend met de relevante factoren, zoals uiteengezet in deze afdeling 8.
[30-06-2022, PbEU C 248, i.w.tr. 30-06-2022/regelingnummer 2022/C 248/01]

8.2.1
Merkexclusiviteit

(298)
Tot de categorie 'merkexclusiviteit' behoren overeenkomsten waarvan het belangrijkste kenmerk erin bestaat dat de afnemer ertoe wordt gedwongen of aangezet zijn bestellingen van een bepaald type product bij één leverancier te plaatsen. Dat vereiste komt onder meer voor bij concurrentiebedingen en bij afnamequoteringen die met de afnemer worden overeengekomen. Een concurrentiebeding is gebaseerd op een verplichting of een systeem van prikkels ten gevolge waarvan de afnemer meer dan 80 % van zijn behoefte op een bepaalde markt slechts van één leverancier koopt. Dat betekent niet dat de afnemer alleen direct van de leverancier mag kopen, maar dat hij *de facto* geen concurrerende goederen of diensten koopt en verkoopt of verwerkt. Afnamequotering is een zwakkere vorm van een concurrentiebeding, waarbij ten gevolge van tussen de leverancier en de afnemer overeengekomen prikkels of verplichtingen die laatste zijn bestellingen grotendeels bij die ene leverancier plaatst. Afnamequotering kan onder meer de vorm aannemen van minimale afnameverplichtingen, voorraadverplichtingen of niet-lineaire prijsstelling, zoals voorwaardelijke kortingsregelingen of een tweeledige prijs (vaste vergoeding plus prijs per eenheid). Een zogenoemde Engelse clausule, die inhoudt dat de afnemer een eventueel gunstiger aanbod aan de leverancier moet melden en dit slechts mag aanvaarden wanneer de leverancier de afnemer geen even gunstig aanbod doet, zal waarschijnlijk hetzelfde effect hebben als een merkexclusiviteitsverplichting, in het bijzonder wanneer de afnemer verplicht is bekend te maken van wie het gunstiger aanbod afkomstig is.
[30-06-2022, PbEU C 248, i.w.tr. 30-06-2022/regelingnummer 2022/C 248/01]

(299)
De mogelijke risico's van merkexclusiviteit voor de mededinging zijn afscherming van de markt voor concurrerende leveranciers en potentiële leveranciers, afzwakking

van de concurrentie en het in de hand werken van collusie tussen leveranciers in het geval van cumulatieve toepassing en, wanneer de afnemer een detailhandelaar is, een vermindering van de in-storeconcurrentie tussen merken. Dergelijke restrictieve effecten hebben directe gevolgen voor de concurrentie tussen merken.
[30-06-2022, PbEU C 248, i.w.tr. 30-06-2022/regelingnummer 2022/C 248/01]

(300)
Merkexclusiviteitsovereenkomsten kunnen onder de vrijstelling van artikel 2, lid 1, van Verordening (EU) 2022/720 vallen, wanneer noch het marktaandeel van de leverancier, noch dat van de afnemer meer dan 30 % bedraagt en het concurrentiebeding niet langer dan vijf jaar geldt. Zoals in punt (248) is uiteengezet, kunnen merkexclusiviteitsovereenkomsten die na een periode van vijf jaar stilzwijgend worden verlengd, onder de groepsvrijstelling vallen, mits de afnemer de merkexclusiviteitsovereenkomst met inachtneming van een redelijke opzegtermijn en tegen een redelijke kostprijs kan heronderhandelen of opzeggen, zodat de afnemer na het verstrijken van de periode van vijf jaar daadwerkelijk van leverancier kan veranderen. Indien die voorwaarden niet zijn vervuld, moet de merkexclusiviteitsovereenkomst individueel worden beoordeeld.
[30-06-2022, PbEU C 248, i.w.tr. 30-06-2022/regelingnummer 2022/C 248/01]

(301)
De mogelijkheid dat merkexclusiviteitsverplichtingen leiden tot mededingingsverstorende uitsluiting, bestaat met name wanneer, zonder die verplichtingen, belangrijke concurrentiedruk zou uitgaan van concurrenten die hetzij nog niet op de markt aanwezig zijn op het moment dat de verplichtingen worden aangegaan, hetzij niet in staat zijn te concurreren om de volledige levering aan de klanten. Concurrenten zijn mogelijk niet in staat te concurreren om de volledige vraag van een individuele klant omdat de desbetreffende leverancier voor ten minste een deel van de vraag op de markt een onmisbare handelspartner is, bijvoorbeeld omdat zijn merk een 'must-stockproduct' is dat de voorkeur heeft van tal van consumenten, of omdat de andere leveranciers zodanige capaciteitsbeperkingen ondervinden dat aan een deel van de vraag alleen door de desbetreffende leverancier kan worden voldaan [1]. De marktpositie van de leverancier is dus van groot belang voor het beoordelen van mogelijke mededingingsverstorende effecten van merkexclusiviteitsverplichtingen.
[30-06-2022, PbEU C 248, i.w.tr. 30-06-2022/regelingnummer 2022/C 248/01]

(302)
Als concurrenten onder gelijke voorwaarden kunnen concurreren om de volledige vraag van elke individuele afnemer, is het over het algemeen onwaarschijnlijk dat door één enkele leverancier opgelegde merkexclusiviteitsverplichtingen de mededinging merkbaar beperken, tenzij de mogelijkheid van de afnemers om van leverancier te veranderen wordt bemoeilijkt door de duur en de marktdekking van de merkexclusiviteitsverplichtingen. Hoe hoger het percentage van zijn marktaandeel dat een leverancier met een merkexclusiviteitsverplichting verkoopt en hoe langer de

---

[1] Zie arrest van 23 oktober 2003, *Van den Bergh Foods/Commissie*, zaak T-65/98, EU:T:2003:281, punten 104 en 156.

duur van de merkexclusiviteitsverplichtingen, des te significanter de marktafscherming waarschijnlijk zal zijn. Bij merkexclusiviteitsverplichtingen die door ondernemingen met een dominante positie worden aangegaan, is mededingingsverstorende afscherming waarschijnlijker.
[30-06-2022, PbEU C 248, i.w.tr. 30-06-2022/regelingnummer 2022/C 248/01]

(303)
Bij de beoordeling van de marktmacht van de leverancier is de marktpositie van zijn concurrenten belangrijk. Zolang die concurrenten voldoende talrijk en sterk zijn, vallen geen merkbare mededingingsbeperkende effecten te verwachten. Uitsluiting van concurrenten is niet erg waarschijnlijk wanneer zij een vergelijkbare marktpositie innemen en vergelijkbaar aantrekkelijke producten kunnen aanbieden. In een dergelijk geval kan er echter ten aanzien van potentiële toetreders sprake zijn van marktafscherming wanneer een aantal grote leveranciers merkexclusiviteitsovereenkomsten sluiten met een aanzienlijk aantal afnemers op de relevante markt (geval van cumulatief effect). Ook kunnen overeenkomsten met een merkexclusiviteitsverplichting in een dergelijk geval collusie tussen concurrerende leveranciers in de hand werken. Wanneer die overeenkomsten afzonderlijk onder de vrijstelling van Verordening (EU) 2022/720 vallen, kan een intrekking van het voordeel van de groepsvrijstelling noodzakelijk zijn om een dergelijk negatief cumulatief mededingingsbeperkend effect aan te pakken. Er wordt over het algemeen van uitgegaan dat een gebonden marktaandeel van minder dan 5 % niet in noemenswaardige mate tot een dergelijk cumulatief effect bijdraagt.
[30-06-2022, PbEU C 248, i.w.tr. 30-06-2022/regelingnummer 2022/C 248/01]

(304)
Wanneer het marktaandeel van de grootste leverancier minder dan 30 % en het gecombineerde marktaandeel van de vijf grootste leveranciers minder dan 50 % bedraagt, is het onwaarschijnlijk dat er sprake is van een individueel of cumulatief mededingingsbeperkend effect. In dergelijke gevallen, indien een potentiële toetreder de markt niet op rendabele wijze kan penetreren, is dit waarschijnlijk toe te schrijven aan andere factoren dan merkexclusiviteitsverplichtingen, bijvoorbeeld aan de voorkeur van de consument.
[30-06-2022, PbEU C 248, i.w.tr. 30-06-2022/regelingnummer 2022/C 248/01]

(305)
Om te bepalen of mededingingsbeperkende afscherming waarschijnlijk is, is het nodig de omvang van de toetredingsdrempels te beoordelen. Zolang het voor concurrerende leveranciers betrekkelijk gemakkelijk is om hun eigen geïntegreerde distributienetwerk op te zetten of alternatieve distributeurs voor hun product te vinden, is marktafscherming waarschijnlijk geen echt probleem.
[30-06-2022, PbEU C 248, i.w.tr. 30-06-2022/regelingnummer 2022/C 248/01]

(306)
Compenserende afnemersmacht is een relevante factor, omdat sterke afnemers zich niet gemakkelijk van de levering van concurrerende goederen of diensten zullen laten afsnijden. Meer in het algemeen kan het nodig zijn dat de leverancier zijn klanten, om hen ervan te overtuigen merkexclusiviteit te aanvaarden, geheel of gedeeltelijk

compenseert voor het verlies aan concurrentie als gevolg van de exclusiviteit. Wanneer dergelijke compensatie wordt gegeven, kan het in het individuele belang van een klant zijn om met de leverancier een merkexclusiviteitsverplichting aan te gaan. Het zou echter verkeerd zijn om daaruit te concluderen dat alle merkexclusiviteitsverplichtingen gunstig zijn voor alle klanten op die markt en voor de consument. Het is met name onwaarschijnlijk dat alle consumenten zullen profiteren wanneer het geheel van merkexclusiviteitsverplichtingen tot gevolg heeft dat de toetreding of uitbreiding van concurrerende ondernemingen wordt belet.
[30-06-2022, PbEU C 248, i.w.tr. 30-06-2022/regelingnummer 2022/C 248/01]

(307)
Ten slotte is het stadium van de productie- of distributieketen van belang. Marktafscherming is minder waarschijnlijk in het geval van een intermediair product. Wanneer de leverancier van een intermediair product geen dominantie positie inneemt, blijft er voor de concurrerende leveranciers een aanzienlijk gedeelte van de vraag over dat vrij is. Merkexclusiviteit kan echter leiden tot mededingingsbeperkende marktafschermende effecten beneden het niveau waarop er sprake is van een dominantie positie, in gevallen waarin er sprake is van een situatie met cumulatieve effecten. Cumulatieve mededingingsverstorende effecten zijn onwaarschijnlijk zolang minder dan 50 % van de markt gebonden is.
[30-06-2022, PbEU C 248, i.w.tr. 30-06-2022/regelingnummer 2022/C 248/01]

(308)
Wanneer de overeenkomst betrekking heeft op de levering van een eindproduct op het groothandelsniveau, hangt de waarschijnlijkheid van een concurrentieprobleem grotendeels af van het type groothandel en de toetredingsdrempels op het groothandelsniveau. Er is geen echt risico van marktafscherming wanneer concurrerende fabrikant gemakkelijk hun eigen groothandelssysteem kunnen opzetten. Of de toetredingsdrempels laag zijn, hangt ten dele af van het type groothandelssysteem dat de leverancier efficiënt kan opzetten. Op een markt waar groothandelaren efficiënt kunnen opereren wanneer zij slechts handel drijven in het product waarop de overeenkomst betrekking heeft (bijvoorbeeld roomijs), kan de fabrikant de mogelijkheid en de prikkel hebben om, zo nodig, zijn eigen groothandelssysteem op te zetten, in welk geval het onwaarschijnlijk is dat hij van die markt wordt afgeschermd. Op een markt waar het daarentegen efficiënter is groothandel te drijven in een heel gamma van producten (bijvoorbeeld diepvrieslevensmiddelen) is het voor een fabrikant die slechts één product verkoopt inefficiënt zijn eigen groothandel op te zetten. Zonder toegang tot gevestigde groothandelaren zal de fabrikant waarschijnlijk van de markt worden uitgesloten. In dat geval kunnen er mededingingsverstorende effecten optreden. Bovendien kan een cumulatief mededingingsbeperkend effect ontstaan indien verschillende leveranciers de meeste van de beschikbare groothandelaren aan zich binden.
[30-06-2022, PbEU C 248, i.w.tr. 30-06-2022/regelingnummer 2022/C 248/01]

(309)
Wat eindproducten betreft, is marktafscherming over het algemeen waarschijnlijker op het detailhandelsniveau, omdat de meeste fabrikanten die uitsluitend voor hun eigen producten detailhandelsverkooppunten willen oprichten, op belangrijke

toetredingsdrempels stuiten. Op het detailhandelsniveau kunnen merkexclusiviteitsovereenkomsten bovendien tot een vermindering van de in-storeconcurrentie tussen merken leiden. Dit verklaart waarom, alle andere relevante factoren in aanmerking genomen, bij eindproducten op detailhandelsniveau belangrijke mededingingsverstorende effecten kunnen optreden zodra een leverancier zonder dominante positie 30 % of meer van de relevante markt aan zich bindt. In het geval van een onderneming met een dominante positie kunnen bij een vrij klein gebonden marktaandeel belangrijke mededingingsbeperkende effecten optreden.
[30-06-2022, PbEU C 248, i.w.tr. 30-06-2022/regelingnummer 2022/C 248/01]

(310)
Ook op het detailhandelsniveau kan er sprake zijn van een cumulatief marktafschermend effect. Wanneer alle leveranciers een marktaandeel van minder dan 30 % hebben, is een cumulatief marktafschermend effect onwaarschijnlijk wanneer het totale gebonden marktaandeel minder dan 40 % bedraagt, in welk geval intrekking van de groepsvrijstelling bijgevolg onwaarschijnlijk is. Dat cijfer kan hoger zijn wanneer andere factoren zoals het aantal concurrenten of de toetredingsdrempels in aanmerking worden genomen. Wanneer sommige van de ondernemingen marktaandelen hebben die boven de drempel van artikel 3 van Verordening (EU) 2022/720 liggen, maar geen enkele onderneming een dominante positie inneemt, is een cumulatief marktafschermend effect onwaarschijnlijk indien het totale gebonden marktaandeel minder dan 30 % bedraagt.
[30-06-2022, PbEU C 248, i.w.tr. 30-06-2022/regelingnummer 2022/C 248/01]

(311)
Wanneer de afnemer zijn bedrijf uitoefent in ruimten en op terreinen die eigendom zijn van de leverancier of die de leverancier van niet met de afnemer verbonden derden huurt, zal de mogelijkheid om doeltreffende maatregelen op te leggen om een mogelijk marktafschermend effect als gevolg van een merkexclusiviteitsovereenkomst aan te pakken, beperkt zijn. In dat geval is het onwaarschijnlijk dat de Commissie tussenbeide komt beneden het niveau waarop er sprake is van een dominante positie.
[30-06-2022, PbEU C 248, i.w.tr. 30-06-2022/regelingnummer 2022/C 248/01]

(312)
In bepaalde sectoren kan het moeilijk zijn in één verkooppunt meer dan één merk te verkopen, in welk geval een probleem van marktafscherming beter kan worden verholpen door de looptijd van de contracten te beperken.
[30-06-2022, PbEU C 248, i.w.tr. 30-06-2022/regelingnummer 2022/C 248/01]

(313)
Wanneer merkexclusiviteit merkbare mededingingsbeperkende gevolgen heeft, moet worden nagegaan of de overeenkomst efficiëntieverbeteringen oplevert die voldoen aan de voorwaarden van artikel 101, lid 3, van het Verdrag. Met betrekking tot concurrentiebedingen kunnen in het bijzonder de efficiencyeffecten beschreven in punt 16(b) (meeliftgedrag tussen leveranciers), punten (16)(e) en (f) ('hold-up'-problemen) en punt (16)(i) (onvolkomenheden van de kapitaalmarkt) relevant zijn.
[30-06-2022, PbEU C 248, i.w.tr. 30-06-2022/regelingnummer 2022/C 248/01]

(314)
Wat de in punten 16(b), (e) en (i) beschreven efficiëntieverbeteringen betreft, is het mogelijk dat het opleggen van hoeveelheden aan de afnemer een minder restrictief alternatief is. Omgekeerd kan een concurrentiebeding de enige realistische manier zijn om een efficiëntieverbetering zoals beschreven in punt 16(f) ('hold-up'-probleem in verband met de overdracht van knowhow) te verwezenlijken.
[30-06-2022, PbEU C 248, i.w.tr. 30-06-2022/regelingnummer 2022/C 248/01]

(315)
In het geval van een relatiegebonden investering door de leverancier, zoals beschreven in punt 16(e), zal een concurrentiebeding of afnameverplichting voor de duur van de afschrijving van de investering over het algemeen aan de voorwaarden van artikel 101, lid 3, van het Verdrag voldoen. In het geval van hoge relatiegebonden investeringen kan een concurrentiebeding met een looptijd van meer dan vijf jaar gerechtvaardigd zijn. Er kan bijvoorbeeld sprake zijn van een relatiegebonden investering wanneer de leverancier uitrusting moet installeren of aanpassen die nadien uitsluitend voor het produceren van componenten voor een bepaalde afnemer kan worden gebruikt. Algemene of marktspecifieke investeringen in (extra) capaciteit zijn in het algemeen geen relatiegebonden investeringen. Wanneer echter een leverancier nieuwe capaciteit creëert die specifiek met de bedrijfsactiviteiten van een bepaalde afnemer verband houdt — men denke bijvoorbeeld aan een producent van blikjes die in of in de nabijheid van de conservenfabriek van een levensmiddelenproducent nieuwe capaciteit voor de productie van blikjes creëert -, kan het zijn dat die nieuwe capaciteit slechts rendabel is indien voor die bepaalde afnemer wordt geproduceerd, in welk geval de investering als relatiegebonden zou worden beschouwd.
[30-06-2022, PbEU C 248, i.w.tr. 30-06-2022/regelingnummer 2022/C 248/01]

(316)
Concurrentiebedingen kunnen ook worden gebruikt om een 'hold-up'-probleem aan te pakken voor investeringen die duurzaamheidsdoelstellingen nastreven. Een 'hold-up'-probleem kan bijvoorbeeld ontstaan wanneer een energieleverancier bij een toegenomen vraag naar hernieuwbare energie [1] wil investeren in een waterkrachtcentrale of een windmolenpark. De leverancier zal dat investeringsrisico op lange termijn wellicht alleen willen nemen als een voldoende aantal afnemers bereid is zich ertoe te verbinden voor een langere periode hernieuwbare energie af te nemen. Dergelijke verticale overeenkomsten met afnemers kunnen concurrentiebevorderend zijn, omdat het langlopende concurrentiebeding noodzakelijk kan zijn om de investering überhaupt te doen plaatsvinden, of om die op de voorziene schaal of binnen de voorziene tijd te doen plaatsvinden. Daarom kunnen dergelijke concurrentiebedingen aan de voorwaarden van artikel 101, lid 3, van het Verdrag voldoen, indien de investering van

---

[1] Zie artikel 2, lid 1, van Richtlijn (EU) 2018/2001 van het Europees Parlement en de Raad van 11 december 2018 ter bevordering van het gebruik van energie uit hernieuwbare bronnen (*PB* L 328 van 21.12.2018, blz. 82).

(317)

Wanneer de leverancier de afnemer een lening verstrekt of hem uitrusting verschaft die niet relatiegebonden is, is het over het algemeen onwaarschijnlijk dat dit op zichzelf een efficiëntieverbetering is die aan de voorwaarden van artikel 101, lid 3, van het Verdrag voldoet wanneer de overeenkomst mededingingsbeperkende marktafschermende effecten heeft. In gevallen waarin er sprake is van onvolkomenheden van de kapitaalmarkt, kan het efficiënter zijn wanneer een leverancier van een product een lening verstrekt, in plaats van een bank (zie punt (16)(i)). In dat geval dient de lening evenwel op de minst beperkende wijze te worden verschaft en mag het de afnemer in het algemeen niet worden verhinderd op een willekeurig tijdstip en zonder betaling van een boete de verplichting te beëindigen en het saldo van de lening af te lossen.
[30-06-2022, PbEU C 248, i.w.tr. 30-06-2022/regelingnummer 2022/C 248/01]

(318)

De overdracht van wezenlijke knowhow, als bedoeld in punt (16)(f), rechtvaardigt gewoonlijk een concurrentiebeding gedurende de volledige looptijd van de leveringsovereenkomst, bijvoorbeeld bij franchising.
[30-06-2022, PbEU C 248, i.w.tr. 30-06-2022/regelingnummer 2022/C 248/01]

(319)
Het volgende is een voorbeeld van een concurrentiebeding

> De marktleider op een nationale markt voor een voor de consument bestemd impulsartikel, met een marktaandeel van 40 %, verkoopt het grootste gedeelte van zijn productie (90 %) via gebonden detailhandelaren (gebonden marktaandeel 36 %). De detailhandelaren zijn op grond van de verticale overeenkomsten verplicht gedurende ten minste vier jaar het product uitsluitend van de marktleider te kopen. De marktleider is bijzonder sterk vertegenwoordigd in dichter bevolkte gebieden, zoals de hoofdstad. Hij heeft tien concurrenten, maar de producten van sommige van hen zijn alleen op bepaalde plaatsen verkrijgbaar en zij hebben allemaal veel kleinere marktaandelen, waarvan de grootste 12 % heeft. Die tien concurrenten verkopen tezamen nog eens 10 % van de omzet op de markt via gebonden verkooppunten. De merk- en productdifferentiatie op de markt is sterk. De marktleider bezit de sterkste merken. Het is de enige met regelmatige nationale reclamecampagnes en stelt zijn gebonden detailhandelaren speciale voorraadkasten ter beschikking om zijn product in te bewaren.

---

(1) Ook andere EU-voorschriften kunnen van toepassing zijn op dergelijke investeringen in hernieuwbare energie, onder meer die welke voortvloeien uit artikel 106, lid 1, van het Verdrag, de voorschriften inzake staatssteun en de interne markt.

> Het resultaat is een situatie waarin in totaal 46 % (36 % + 10 %) van de markt is afgesloten voor potentiële toetreders en voor gevestigde ondernemingen die niet over gebonden verkooppunten beschikken. Voor potentiële toetreders is de markt nog moeilijker toegankelijk in de dichtbevolkte gebieden, waar het afschermingseffect nog sterker is, hoewel zij het liefst juist in die gebieden de markt zouden betreden. Wegens de sterke merk- en productdifferentiatie en omdat de zoekkosten in verhouding tot de prijs van het product hoog zijn, leidt de afwezigheid van in-storeconcurrentie tussen merken bovendien tot nog meer verlies van welvaart voor de consument. De mogelijke efficiëntieverbeteringen als gevolg van de exclusieve binding van de verkooppunten, die naar de marktleider beweert het gevolg zijn van lagere vervoerskosten en een mogelijk 'hold-up'-probleem met betrekking tot de voorraadkasten, zijn beperkt en wegen niet op tegen de negatieve effecten op de mededinging. De efficiëntieverbeteringen zijn beperkt omdat de vervoerskosten verband houden met de hoeveelheid en niet met de exclusiviteit en omdat de voorraadkasten geen speciale knowhow vereisen en niet-merkgebonden zijn. Bijgevolg is het onwaarschijnlijk dat aan de voorwaarden van artikel 101, lid 3, van het Verdrag is voldaan.

[30-06-2022, PbEU C 248, i.w.tr. 30-06-2022/regelingnummer 2022/C 248/01]

(320)
Het volgende is een voorbeeld van afnamequotering

> Een producent X met een marktaandeel van 40 % verkoopt 80 % van zijn productie door middel van contracten waarin is bepaald dat de wederverkoper verplicht is ten minste 75 % van zijn behoefte aan het betrokken type product van X te betrekken. In ruil hiervoor biedt X op voordelige voorwaarden financiering en uitrusting aan. De contracten hebben een looptijd van vijf jaar en de lening moet in gelijke termijnen worden afgelost. Na twee jaar hebben de afnemers echter de mogelijkheid het contract met een opzegtermijn van zes maanden te beëindigen, mits zij het saldo van de lening terugbetalen en de uitrusting tegen de marktwaarde overnemen. Bij het verstrijken van de periode van vijf jaar wordt de uitrusting eigendom van de afnemer. Er zijn twaalf concurrerende producenten, waarvan de meeste klein zijn en de grootste een marktaandeel van 20 % heeft, en zij gebruiken soortgelijke contracten met een verschillende looptijd. Bij de producenten met een marktaandeel van minder dan 10 % hebben de contracten vaak een langere looptijd en zijn de opzeggingsclausules strikter. De contracten van producent X laten zijn wederverkopers vrij 25 % van hun behoefte bij concurrenten te betrekken. De laatste drie jaar zijn twee nieuwe producenten tot de markt toegetreden en zij hebben een gecombineerd marktaandeel van ongeveer 8 % weten te behalen, ten dele door de leningen van een aantal wederverkopers over te nemen in ruil voor contracten met die wederverkopers.

> Het gebonden marktaandeel van producent X bedraagt 24 % (0,75 × 0,80 × 40 %). Het gebonden marktaandeel van de andere producenten bedraagt ongeveer 25 %. Dat betekent dat gedurende ten minste de eerste twee jaar van de looptijd van de leveringscontracten 49 % van de markt is afgesloten voor potentiële toetreders en voor gevestigde ondernemingen die niet over gebonden verkooppunten beschikken. Het blijkt dat de wederverkopers vaak moeilijk leningen van banken kunnen verkrijgen en over het algemeen te klein zijn om op een andere manier kapitaal aan te trekken, bijvoorbeeld door de uitgifte van aandelen. Bovendien kan producent X aantonen dat hij door slechts aan een beperkt aantal wederverkopers te leveren, zijn afzet beter kan plannen en op zijn vervoerskosten kan besparen. Gezien de efficiëntieverbeteringen als gevolg van de afnameverplichting, enerzijds, en het feit dat volgens de contracten van producent X zijn wederverkopers voor 25 % van hun behoefte niet-gebonden zijn, de reële mogelijkheid om het contract vroegtijdig op te zeggen, de recente toetreding van nieuwe producenten en het feit dat ongeveer de helft van de wederverkopers niet-gebonden is, anderzijds, is het waarschijnlijk dat de door producent X opgelegde afnamequotering van 75 % aan de voorwaarden van artikel 101, lid 3, van het Verdrag voldoet.

[30-06-2022, PbEU C 248, i.w.tr. 30-06-2022/regelingnummer 2022/C 248/01]

8.2.2
Exclusieve levering

(321)
Bij exclusieve levering gaat het om beperkingen die de leverancier ertoe verplichten of aanzetten de contractproducten, in het algemeen of voor een bepaald gebruik, uitsluitend of voornamelijk aan één afnemer te verkopen. Dergelijke beperkingen kunnen de vorm aannemen van een verplichting tot exclusieve levering, waarbij de leverancier verplicht wordt slechts aan één afnemer te verkopen met het oog op wederverkoop of een bepaald gebruik. Zij kunnen bijvoorbeeld ook de vorm aannemen van een afnamequotering voor de leverancier, waarbij tussen een leverancier en een afnemer prikkels worden overeengekomen waardoor eerstgenoemde zijn verkoop hoofdzakelijk op die afnemer concentreert. Bij intermediaire goederen of diensten wordt exclusieve levering vaak 'industriële levering' genoemd.
[30-06-2022, PbEU C 248, i.w.tr. 30-06-2022/regelingnummer 2022/C 248/01]

(322)
Overeenkomsten voor exclusieve levering vallen onder de groepsvrijstelling waarin Verordening (EU) 2022/720 voorziet, wanneer noch het marktaandeel van de leverancier noch dat van de afnemer meer dan 30 % bedraagt, zelfs in combinatie met andere verticale beperkingen die niet tot de hardcorebeperkingen behoren, zoals concurrentiebedingen. Boven de marktaandeeldrempel gelden de in het resterende gedeelte van deze afdeling 8.2.2 vervatte leidraden voor het beoordelen van overeenkomsten voor exclusieve levering in individuele gevallen.
[30-06-2022, PbEU C 248, i.w.tr. 30-06-2022/regelingnummer 2022/C 248/01]

(323)
Het grootste risico van exclusieve levering voor de mededinging is mededingingsverstorende uitsluiting van andere afnemers. De mogelijke effecten lijken op die van exclusieve distributie, met name wanneer de exclusieve distributeur de enige afnemer wordt voor de hele markt (zie met name punt (130)). Het is evident dat het marktaandeel van de afnemer op de upstream-inkoopmarkt een belangrijke factor is om te beoordelen in hoeverre de afnemer bij machte is exclusieve levering, die andere afnemers de toegang tot bevoorrading afsnijdt, 'op te leggen'. Het belang van de positie van de afnemer op de downstream-markt is echter de belangrijkste factor om te bepalen of zich een mededingingsprobleem kan voordoen. Wanneer de afnemer downstream geen marktmacht heeft, is het onwaarschijnlijk dat merkbare negatieve effecten voor de consument optreden. Negatieve effecten kunnen zich voordoen wanneer het marktaandeel van de afnemer op de downstream-verkoopmarkt alsook op de upstream-inkoopmarkt meer dan 30 % bedraagt. Wanneer het marktaandeel van de afnemer op de upstream-markt niet hoger dan 30 % is, kunnen toch nog belangrijke marktafschermende effecten optreden, vooral wanneer het marktaandeel van de afnemer op zijn downstream-markt 30 % overschrijdt en de exclusieve levering een bepaald gebruik van de contractproducten betreft. Neemt een afnemer op de downstream-markt een machtspositie in, dan kan elke verplichting om de producten uitsluitend of hoofdzakelijk aan de dominante afnemer te leveren, gemakkelijk belangrijke mededingingsbeperkende effecten hebben.
[30-06-2022, PbEU C 248, i.w.tr. 30-06-2022/regelingnummer 2022/C 248/01]

(324)
Naast de marktpositie van de afnemer op de upstream- en downstream-markt is het ook van belang rekening te houden met de omvang en de duur van de verplichting tot exclusieve levering. Hoe hoger het aandeel van de gebonden leveringen is en hoe langer de verplichting tot exclusieve levering duurt, des te belangrijker is waarschijnlijk het marktafschermend effect. Overeenkomsten voor exclusieve levering met een looptijd van minder dan vijf jaar, gesloten door ondernemingen zonder dominante positie, vereisen in de regel een afweging van de mededingingsbevorderende en de mededingingsbeperkende effecten, terwijl overeenkomsten met een looptijd van meer dan vijf jaar voor de meeste soorten investeringen niet noodzakelijk zijn om de beweerde efficiencyverbeteringen te realiseren, of de efficiencyverbeteringen zijn ontoereikend om het marktafschermend effect van dergelijke langlopende overeenkomsten voor exclusieve levering te compenseren.
[30-06-2022, PbEU C 248, i.w.tr. 30-06-2022/regelingnummer 2022/C 248/01]

(325)
De marktpositie van concurrerende afnemers op de upstream-inkoopmarkt is eveneens een belangrijke factor, omdat overeenkomsten voor exclusieve levering concurrerende afnemers waarschijnlijk om mededingingsverstorende redenen, zoals de verhoging van hun kosten, zullen uitsluiten, wanneer zij aanzienlijk kleiner zijn dan de afnemer die de uitsluiting bewerkstelligt. Uitsluiting van concurrerende afnemers is niet erg waarschijnlijk wanneer die concurrenten dezelfde afnemersmacht bezitten als de afnemer die partij is bij de overeenkomst en zij dezelfde afzetmogelijkheden kunnen bieden aan de leveranciers. In een dergelijk geval zou er slechts sprake kun-

nen zijn van uitsluiting van potentiële toetreders, die misschien niet in staat zijn zich te bevoorraden wanneer verschillende grote afnemers allen overeenkomsten voor exclusieve levering sluiten met de meerderheid van de leveranciers op de markt. Een dergelijk cumulatief marktafschermend effect kan aanleiding zijn om het voordeel van Verordening (EU) 2022/720 in te trekken.
[30-06-2022, PbEU C 248, i.w.tr. 30-06-2022/regelingnummer 2022/C 248/01]

(326)
Het bestaan en de omvang van toetredingsdrempels op het niveau van de leveranciers zijn van belang om te beoordelen of er sprake is van marktafscherming. Zolang het voor concurrerende afnemers efficiënt is om zich door middel van opwaartse verticale integratie zelf de goederen of diensten te verschaffen, vormt marktafscherming waarschijnlijk geen probleem.
[30-06-2022, PbEU C 248, i.w.tr. 30-06-2022/regelingnummer 2022/C 248/01]

(327)
Ook met de tegenmacht van de leveranciers moet rekening worden gehouden, omdat belangrijke leveranciers zich niet gemakkelijk de toegang tot alternatieve afnemers zullen laten afsnijden door één afnemer. Er bestaat dus vooral een risico van marktafscherming wanneer de leveranciers zwak en de afnemers sterk zijn. Wanneer de leveranciers sterk zijn, wordt de verplichting tot exclusieve levering soms met een concurrentiebeding gecombineerd. Voor dergelijke combinaties moet ook worden verwezen naar de leidraden inzake merkexclusiviteit. Wanneer er aan beide zijden sprake is van relatiegebonden investeringen ('hold-up' probleem), zal de combinatie van exclusieve levering met een concurrentiebeding in veel gevallen gerechtvaardigd zijn, met name beneden het niveau van een dominante positie.
[30-06-2022, PbEU C 248, i.w.tr. 30-06-2022/regelingnummer 2022/C 248/01]

(328)
Tenslotte zijn het stadium in de productie- of distributieketen en de aard van het product van belang voor de beoordeling van mogelijke marktafschermende effecten. Mededingingsverstorende marktafscherming is minder waarschijnlijk wanneer het om een intermediair product gaat of wanneer het product homogeen is. Ten eerste kan een uitgesloten fabrikant die een bepaalde input gebruikt over het algemeen soepeler op de vraag van zijn afnemers reageren dan een groothandelaar of detailhandelaar die op de vraag van de eindconsumenten moet reageren, voor wie merken een belangrijke rol kunnen spelen. Ten tweede is het verlies van een potentiële bevoorradingsbron minder erg voor de uitgesloten afnemers wanneer het om een homogeen product gaat dan wanneer het om een heterogeen product gaat dat in verschillende klassen en kwaliteiten bestaat. Bij eindproducten van een bepaald merk of gedifferentieerde intermediaire producten kan, wanneer er toetredingsdrempels bestaan, exclusieve levering merkbare mededingingsbeperkende effecten hebben indien de concurrerende afnemers betrekkelijk klein zijn in vergelijking met de marktafschermende afnemer, ook al neemt die laatste op de downstream-markt geen dominante positie in.
[30-06-2022, PbEU C 248, i.w.tr. 30-06-2022/regelingnummer 2022/C 248/01]

(329)
Efficiëntieverbeteringen zijn te verwachten in het geval van een 'hold-up'-probleem (punten (16)(e) en (f)), en zij zijn waarschijnlijker bij intermediaire producten dan bij eindproducten. Andere efficiencyeffecten zijn minder waarschijnlijk. Mogelijke schaalvoordelen bij de distributie (punt (16)(g)) lijken exclusieve levering niet te kunnen rechtvaardigen.

[30-06-2022, PbEU C 248, i.w.tr. 30-06-2022/regelingnummer 2022/C 248/01]

(330)
In het geval van een 'hold-up'-probleem, en nog meer in het geval van schaalvoordelen bij de distributie, zou leveringsquotering, bijvoorbeeld in de vorm van een verplichting tot het leveren van minimumhoeveelheden, zeer wel een minder restrictief alternatief kunnen vormen.

[30-06-2022, PbEU C 248, i.w.tr. 30-06-2022/regelingnummer 2022/C 248/01]

(331)
Het volgende is een voorbeeld van exclusieve levering

> Op de markt voor een bepaald type componenten (markt voor intermediaire producten) komt leverancier A met afnemer B overeen dat leverancier A een verschillende versie van de component zal ontwikkelen met gebruikmaking van zijn eigen knowhow, middels belangrijke investeringen in nieuwe machines en met behulp van de door afnemer B verstrekte specificaties. Afnemer B zal belangrijke investeringen moeten doen om de nieuwe component te kunnen verwerken. Overeengekomen wordt dat leverancier A het nieuwe product gedurende een periode van vijf jaar nadat het voor het eerst op de markt is gebracht, uitsluitend aan afnemer B zal verkopen. Afnemer B is gedurende dezelfde periode van vijf jaar verplicht het nieuwe product uitsluitend van leverancier A te kopen. A en B mogen andere versies van de component elders blijven verkopen respectievelijk kopen. Afnemer B heeft een marktaandeel van 40 % op de upstream-markt voor componenten en op de downstream-markt voor eindproducten. Het marktaandeel van de leverancier A bedraagt 35 %. Er zijn twee andere leveranciers van componenten met een marktaandeel van 20 tot 25 % en daarnaast is er een aantal kleine leveranciers.

> De overeenkomst voldoet, gezien de belangrijke investeringen door beide partijen, waarschijnlijk aan de voorwaarden van artikel 101, lid 3, van het Verdrag, omdat zij efficiëntieverbeteringen oplevert en omdat het marktafschermend effect gering is. Voor andere afnemers wordt de toegang tot een bepaalde versie van een product van een leverancier met een marktaandeel van 35 % afgesneden, maar er zijn andere leveranciers van componenten die wellicht soortgelijke nieuwe producten zullen ontwikkelen. Voor andere leveranciers wordt, voor ten hoogste 40 % van de markt, de toegang tot een gedeelte van de vraag van afnemer B afgesneden.

[30-06-2022, PbEU C 248, i.w.tr. 30-06-2022/regelingnummer 2022/C 248/01]

8.2.3
Beperkingen van het gebruik van onlinemarktplaatsen

(332)
Onlinemarktplaatsen brengen handelaren en potentiële klanten met elkaar in contact om rechtstreekse aankopen mogelijk te maken en zijn over het algemeen aanbieders van onlinetussenhandelsdiensten. Onlinediensten die geen functie voor directe aankoop bieden, maar klanten doorleiden naar andere websites waar goederen en diensten kunnen worden gekocht, worden voor de toepassing van de onderhavige richtsnoeren als advertentiediensten beschouwd, niet als onlinemarktplaatsen [1].
[30-06-2022, PbEU C 248, i.w.tr. 30-06-2022/regelingnummer 2022/C 248/01]

(333)
Onlinemarktplaatsen zijn een belangrijk verkoopkanaal geworden voor leveranciers en detailhandelaren, omdat ze hen toegang verschaffen tot een groot aantal klanten, en ze zijn tevens van belang voor eindgebruikers. Onlinemarktplaatsen maken het detailhandelaren mogelijk om goederen en diensten online te gaan verkopen met lagere initiële investeringen. Ze kunnen ook grensoverschrijdende verkoop vergemakkelijken en de zichtbaarheid vergroten van met name kleine en middelgrote verkopers die geen eigen onlinewinkel hebben of die niet goed bekend zijn bij eindgebruikers.
[30-06-2022, PbEU C 248, i.w.tr. 30-06-2022/regelingnummer 2022/C 248/01]

(334)
Leveranciers willen mogelijk het gebruik van onlinemarktplaatsen door hun afnemers beperken [2], bijvoorbeeld om het imago en de positionering van hun merk te beschermen, de verkoop van namaakproducten te ontmoedigen, te zorgen voor voldoende diensten voorafgaand aan de verkoop en volgend op de verkoop, of ervoor te zorgen dat de afnemer een directe relatie met de klanten onderhoudt. Dergelijke beperkingen kunnen gaan van een totaalverbod op het gebruik van onlinemarktplaatsen tot beperkingen van het gebruik van onlinemarktplaatsen die niet aan bepaalde kwaliteitseisen voldoen. Leveranciers kunnen bijvoorbeeld het gebruik verbieden van marktplaatsen waarop producten per opbod worden verkocht, of zij kunnen verlangen dat afnemers gebruikmaken van gespecialiseerde marktplaatsen, teneinde bepaalde kwaliteitsnormen te waarborgen met betrekking tot de omgeving waarin hun goederen of diensten kunnen worden verkocht. Het opleggen van bepaalde kwaliteitseisen kan *de facto* het gebruik van onlinemarktplaatsen verbieden, omdat geen enkele onlinemarktplaats in staat is aan de vereisten te voldoen. Dit kan bijvoorbeeld het geval zijn wanneer de leverancier eist dat het logo van de onlinemarktplaats niet zichtbaar is, of hij eist dat de domeinnaam van een door de detailhandelaar gebruikte website de naam van het bedrijf van de detailhandelaar bevat.
[30-06-2022, PbEU C 248, i.w.tr. 30-06-2022/regelingnummer 2022/C 248/01]

---

(1) Zie ook punt (343).
(2) Eindverslag over sectoronderzoek naar e-commerce, afdeling 4.4.

(335)
Verticale overeenkomsten die het gebruik van onlinemarktplaatsen beperken, vallen onder de vrijstelling van artikel 2, lid 1, van Verordening (EU) 2022/720, mits de overeenkomst niet direct of indirect tot doel heeft het effectieve gebruik van internet door de afnemer te beletten om de contractgoederen of -diensten aan bepaalde gebieden of klanten te verkopen, in de zin van artikel 4, punt e), van de verordening, en mits het marktaandeel van zowel de leverancier als de afnemer de in artikel 3 van Verordening (EU) 2022/720 vastgestelde drempels niet overschrijdt.
[30-06-2022, PbEU C 248, i.w.tr. 30-06-2022/regelingnummer 2022/C 248/01]

(336)
Zoals uiteengezet in afdeling 6.1.2, heeft een beperking van of verbod op de verkoop op onlinemarktplaatsen betrekking op de wijze waarop de afnemer online mag verkopen en houdt geen beperking in van de verkoop aan een bepaald gebied of een bepaalde klantengroep. Hoewel een dergelijke beperking of een dergelijk verbod het gebruik van een specifiek onlineverkoopkanaal beperkt, blijven andere onlineverkoopkanalen voor de afnemer beschikbaar [1]. Met name kan de afnemer, ondanks een beperking van of verbod op de verkoop op onlinemarktplaatsen, de contractgoederen of -diensten toch via zijn eigen onlinewinkel en andere onlinekanalen verkopen, en kan hij technieken voor zoekmachineoptimalisatie gebruiken of online adverteren, ook op platforms van derden, om de zichtbaarheid van zijn onlinewinkel of andere verkoopkanalen te vergroten. Dergelijke beperkingen kunnen daarom in beginsel onder de vrijstelling van artikel 2, lid 1, van Verordening (EU) 2022/720 vallen.
[30-06-2022, PbEU C 248, i.w.tr. 30-06-2022/regelingnummer 2022/C 248/01]

(337)
Boven de marktaandeeldrempels neergelegd in artikel 3 van Verordening (EU) 2022/720 gelden de in het resterende gedeelte van deze afdeling 8.2.3 vervatte leidraden voor het beoordelen van beperkingen van het gebruik van onlinemarktplaatsen in individuele gevallen.
[30-06-2022, PbEU C 248, i.w.tr. 30-06-2022/regelingnummer 2022/C 248/01]

(338)
Beperkingen van het gebruik van onlinemarktplaatsen worden vaak overeengekomen in selectieve distributiestelsels. In afdeling 4.6.2 worden de criteria uiteengezet op grond waarvan een selectief distributiestelsel buiten het toepassingsgebied van artikel 101, lid 1, van het Verdrag kan vallen [2]. In gevallen waarin de leverancier geen overeenkomst sluit met de onlinemarktplaats, kan de leverancier mogelijk niet nagaan of de onlinemarktplaats voldoet aan de voorwaarden waaraan zijn erkende distributeurs moeten voldoen voor de verkoop van de contractgoederen of -diensten. In dat geval kan een beperking van of een verbod op het gebruik van onlinemarktplaatsen passend zijn en niet verder gaan dan wat nodig is om de kwaliteit te behouden en een goed gebruik van de contractgoederen of -diensten te verzekeren. In gevallen waarin een leverancier de exploitant van een onlinemarktplaats als een lid van zijn selectieve-

---

(1) Zie zaak C-230/16 — *Coty Germany*, punten 64 tot en met 69.
(2) Zie zaak C-230/16 — *Coty Germany*, punten 24 tot en met 36.

distributiestelsel aanwijst, of waarin hij het gebruik van onlinemarktplaatsen voor sommige erkende distributeurs maar niet voor andere beperkt, of waarin hij het gebruik van een onlinemarktplaats beperkt, maar die onlinemarktplaats zelf gebruikt om de contractgoederen of -diensten te verkopen, is het echter onwaarschijnlijk dat beperkingen van het gebruik van die onlinemarktplaatsen voldoen aan de vereisten van geschiktheid en evenredigheid [1].
[30-06-2022, PbEU C 248, i.w.tr. 30-06-2022/regelingnummer 2022/C 248/01]

(339)
Wanneer een selectieve distributie binnen het toepassingsgebied van artikel 101, lid 1, van het Verdrag valt, moeten de verticale overeenkomst en eventuele beperkingen op het gebruik van onlinemarktplaatsen aan artikel 101 van het Verdrag worden getoetst.
[30-06-2022, PbEU C 248, i.w.tr. 30-06-2022/regelingnummer 2022/C 248/01]

(340)
Het voornaamste risico voor de concurrentie dat voortvloeit uit beperkingen van het gebruik van onlinemarktplaatsen is een vermindering van de concurrentie binnen een merk op distributieniveau. Zo kunnen bepaalde erkende distributeurs, zoals kleine of middelgrote afnemers, een beroep doen op onlinemarktplaatsen om klanten aan te trekken. Beperkingen van het gebruik van onlinemarktplaatsen kunnen die afnemers een potentieel belangrijk verkoopkanaal ontnemen en de concurrentiedruk verminderen die zij op andere erkende distributeurs uitoefenen.
[30-06-2022, PbEU C 248, i.w.tr. 30-06-2022/regelingnummer 2022/C 248/01]

(341)
Om de mogelijke mededingingsbeperkende effecten van beperkingen van het gebruik van onlinemarktplaatsen te beoordelen, moet eerst de mate van concurrentie tussen merken worden nagegaan, aangezien een vermindering van de concurrentie binnen een merk op zichzelf waarschijnlijk niet tot negatieve gevolgen voor de consumenten zal leiden wanneer de concurrentie tussen merken op het niveau van de leverancier en de distributeur sterk is [2]. Daartoe moet rekening worden gehouden met de marktpositie van de leverancier en van zijn concurrenten. Ten tweede moet rekening worden gehouden met het type en de reikwijdte van de beperkingen van het gebruik van onlinemarktplaatsen. Zo is een verbod op alle verkopen via onlinemarktplaatsen restrictiever dan een beperking van het gebruik van bepaalde onlinemarktplaatsen of een verplichting om alleen gebruik te maken van onlinemarktplaatsen die aan bepaalde kwaliteitscriteria voldoen. Ten derde moet rekening worden gehouden met het relatieve belang van de aan de beperking onderworpen onlinemarktplaatsen als verkoopkanaal op de relevante product- en geografische markten. Ten slotte moet rekening worden gehouden met het cumulatieve effect van eventuele andere beperkingen van de onlineverkoop of reclame die de leverancier oplegt.
[30-06-2022, PbEU C 248, i.w.tr. 30-06-2022/regelingnummer 2022/C 248/01]

---

[1] Zie de punten (147) tot en met (150) van de onderhavige richtsnoeren; en zaak C-230/16 — *Coty Germany*, punten 43 tot en met 58.
[2] Zie zaak C-306/20 — *Visma Enterprise*, punt 78.

(342)
Zoals in punt (334) is uiteengezet, kunnen beperkingen van het gebruik van onlinemarktplaatsen leiden tot efficiëntieverbeteringen, met name in verband met het waarborgen van merkbescherming, een bepaald kwaliteitsniveau van de dienstverlening of het inperken van de mogelijkheden voor namaking. Voor zover de beperkingen binnen het toepassingsgebied van artikel 101, lid 1, van het Verdrag vallen, moet bij de beoordeling worden nagegaan of dergelijke efficiëntieverbeteringen met minder restrictieve middelen kunnen worden bereikt, overeenkomstig de voorwaarden van artikel 101, lid 3, van het Verdrag. Dit zou bijvoorbeeld het geval kunnen zijn wanneer de onlinemarktplaats detailhandelaren in staat stelt hun eigenmerkwinkel binnen de marktplaats te creëren en zo meer controle uit te oefenen over de manier waarop hun goederen of diensten worden verkocht. Eventuele kwaliteitsgerelateerde rechtvaardigingsgronden waarop de leverancier zich beroept, zullen waarschijnlijk niet aan de voorwaarden van artikel 101, lid 3, van het Verdrag voldoen in de volgende situaties:
(a) de leverancier maakt zelf gebruik van de onlinemarktplaats die de afnemer niet mag gebruiken;
(b) de leverancier legt de beperking op aan sommige distributeurs maar niet aan andere;
(c) de exploitant van de onlinemarktplaats is zelf een erkend lid van het selectievedistributiestelsel.
[30-06-2022, PbEU C 248, i.w.tr. 30-06-2022/regelingnummer 2022/C 248/01]

8.2.4
Beperkingen van het gebruik van prijsvergelijkingsdiensten

(343)
Met prijsvergelijkingsdiensten [1], zoals prijsvergelijkingswebsites of -apps, kunnen verkopers hun zichtbaarheid vergroten en verkeer naar hun onlinewinkel genereren en kunnen potentiële klanten detailhandelaren vinden, verschillende producten vergelijken en aanbiedingen voor hetzelfde product vergelijken. Prijsvergelijkingsdiensten vergroten de prijstransparantie en hebben het potentieel om de prijsconcurrentie binnen een merk en tussen merken op detailhandelsniveau te intensiveren.
[30-06-2022, PbEU C 248, i.w.tr. 30-06-2022/regelingnummer 2022/C 248/01]

(344)
In tegenstelling tot onlinemarktplaatsen bieden prijsvergelijkingsdiensten doorgaans geen verkoop- en aankoopfunctie, maar leiden zij de klanten door naar de onlinewinkel van de detailhandelaar, zodat buiten de prijsvergelijkingsdienst een rechtstreekse transactie tussen de klant en de detailhandelaar kan worden ingeleid.

---

(1) Voor de toepassing van de onderhavige richtsnoeren wordt onder prijsvergelijkingsdiensten verstaan diensten die geen rechtstreekse aankoopfunctie bieden. Diensten die gebruikers in staat stellen aankooptransacties te sluiten door verkoop- en aankoopfunctionaliteit te bieden, worden voor de toepassing van de onderhavige richtsnoeren als onlinemarktplaatsen aangemerkt. Beperkingen van het gebruik van onlinemarktplaatsen worden behandeld in afdeling 8.2.3.

Prijsvergelijkingsdiensten zijn derhalve geen afzonderlijk onlineverkoopkanaal, maar veeleer een onlineadvertentiekanaal.
[30-06-2022, PbEU C 248, i.w.tr. 30-06-2022/regelingnummer 2022/C 248/01]

(345)
Leveranciers willen mogelijk het gebruik van prijsvergelijkingsdiensten beperken [1], bijvoorbeeld om hun merkimago te beschermen, aangezien prijsvergelijkingsdiensten doorgaans op de prijs zijn gericht en detailhandelaren wellicht niet de mogelijkheid bieden zich te onderscheiden door andere kenmerken, zoals het assortiment of de kwaliteit van de contractgoederen of -diensten. Beperkingen op het gebruik van prijsvergelijkingsdiensten kunnen ook tot doel hebben de mogelijkheden tot namaak te beperken, of het bedrijfsmodel van de leverancier te beschermen, bijvoorbeeld wanneer dat model veeleer op elementen als specialisatie of kwaliteit dan op prijs berust.
[30-06-2022, PbEU C 248, i.w.tr. 30-06-2022/regelingnummer 2022/C 248/01]

(346)
Beperkingen op het gebruik van prijsvergelijkingsdiensten kunnen gaan van een direct of indirect verbod tot beperkingen op basis van kwaliteitseisen of vereisten om specifieke inhoud op te nemen in de aanbiedingen die via de prijsvergelijkingsdienst worden geadverteerd. Zo kan een beperking in verband met de verstrekking van prijsinformatie aan prijsvergelijkingsdiensten, of een vereiste om de toestemming van de leverancier te verkrijgen alvorens gebruik te maken van prijsvergelijkingsdiensten, of een beperking op het gebruik van het merk van de leverancier op prijsvergelijkingsdiensten, neerkomen op een verbod van het gebruik van prijsvergelijkingsdiensten.
[30-06-2022, PbEU C 248, i.w.tr. 30-06-2022/regelingnummer 2022/C 248/01]

(347)
Beperkingen op het gebruik van prijsvergelijkingsdiensten kunnen de zoekkosten voor de consument verhogen en daardoor de concurrentie op het gebied van detailhandelsprijzen afzwakken. Zij kunnen ook de mogelijkheden van de afnemer beperken om potentiële klanten te bereiken, hen over zijn aanbod te informeren en hen naar zijn onlinewinkel te leiden. Zoals in punt (203) is uiteengezet, belet een verbod op het gebruik van prijsvergelijkingsdiensten de afnemer een volledig onlineadvertentiekanaal te gebruiken, hetgeen een hardcorebeperking is in de zin van artikel 4, punt e), van Verordening (EU) 2022/720. Een verbod op het gebruik van prijsvergelijkingsdiensten belemmert de afnemer te verkopen aan klanten die buiten zijn activiteitsgebied zijn gevestigd en die online willen kopen. Het zou derhalve kunnen leiden tot marktverdeling en vermindering van de concurrentie binnen een merk.
[30-06-2022, PbEU C 248, i.w.tr. 30-06-2022/regelingnummer 2022/C 248/01]

(348)
Wanneer daarentegen de verticale overeenkomst het gebruik verhindert van prijsvergelijkingsdiensten die zich richten tot klanten in een gebied of klantengroep die exclusief aan andere afnemers is toegewezen of exclusief aan de leverancier is voorbehouden, kan zij de vrijstelling van artikel 2, lid 1, van Verordening (EU) 2022/720

---
(1) Eindverslag over sectoronderzoek naar e-commerce, afdeling B.4.5.

genieten, krachtens de uitzondering van artikel 4, punten b), i), c), i), 1) en d), i), van de verordening met betrekking tot exclusieve distributie. Zo kan bijvoorbeeld worden geoordeeld dat een prijsvergelijkingsdienst zich op een exclusief gebied richt wanneer de dienst een taal gebruikt die in dat gebied gebruikelijk is en niet in het gebied van de afnemer, of wanneer de dienst een topleveldomein gebruikt dat met het exclusieve gebied overeenstemt.
[30-06-2022, PbEU C 248, i.w.tr. 30-06-2022/regelingnummer 2022/C 248/01]

(349)
Verticale overeenkomsten die het gebruik van prijsvergelijkingsdiensten beperken, maar die niet direct of indirect het gebruik van alle prijsvergelijkingsdiensten verhinderen, bijvoorbeeld een bepaling dat de prijsvergelijkingsdienst aan bepaalde kwaliteitsnormen voldoet, kunnen onder de vrijstelling van artikel 2, lid 1, van Verordening (EU) 2022/720 vallen.
[30-06-2022, PbEU C 248, i.w.tr. 30-06-2022/regelingnummer 2022/C 248/01]

(350)
De volgende leidraden worden gegeven voor het beoordelen van verticale overeenkomsten die het gebruik van prijsvergelijkingsdiensten beperken en die niet onder de vrijstelling van artikel 2, lid 1, van Verordening (EU) 2022/720 vallen, bijvoorbeeld omdat de in artikel 3 van de verordening vastgestelde marktaandeeldrempels worden overschreden.
[30-06-2022, PbEU C 248, i.w.tr. 30-06-2022/regelingnummer 2022/C 248/01]

(351)
Beperkingen van het gebruik van prijsvergelijkingsdiensten worden vaak opgelegd in selectieve-distributiestelsels. In afdeling 4.6.2 worden de criteria uiteengezet op grond waarvan een selectieve-distributiestelsel buiten het toepassingsgebied van artikel 101, lid 1, van het Verdrag valt. Wanneer in een selectieve-distributieovereenkomst gebruik wordt gemaakt van beperkingen van het gebruik van prijsvergelijkingsdiensten, moet dus eerst worden nagegaan of de beperkingen een geschikt en evenredig middel zijn om de kwaliteit van de contractgoederen of -diensten te behouden of het juiste gebruik ervan te waarborgen. In dat opzicht moet worden opgemerkt dat prijsvergelijkingsdiensten potentiële klanten doorverwijzen naar de onlinewinkel van de erkende distributeur voor het sluiten van de verkooptransactie en dat de leverancier gewoonlijk in staat is controle uit te oefenen over de onlinewinkel van de erkende distributeur door middel van de selectiecriteria en door het opleggen van vereisten in de selectieve distributieovereenkomst.
[30-06-2022, PbEU C 248, i.w.tr. 30-06-2022/regelingnummer 2022/C 248/01]

(352)
Wanneer beperkingen op het gebruik van prijsvergelijkingsdiensten worden gebruikt in een selectieve distributieovereenkomst die binnen het toepassingsgebied van artikel 101, lid 1, van het Verdrag valt of in andere soorten distributieovereenkomsten, moet worden nagegaan of de beperking een merkbaar mededingingsbeperkend effect heeft in de zin van artikel 101, lid 1, van het Verdrag. Beperkingen op het gebruik van prijsvergelijkingsdiensten die niet onder de vrijstelling van artikel 2, lid 1, van Veror-

dening (EU) 2022/720 vallen, kunnen met name de prijsconcurrentie afzwakken of de markten verdelen, wat uiteindelijk gevolgen heeft voor de concurrentie tussen merken en binnen merken. Dergelijke beperkingen kunnen bijvoorbeeld de prijsconcurrentie verminderen, doordat zij de mogelijkheid voor de afnemer beperken om potentiële klanten over lagere prijzen te informeren. De concurrentie binnen een merk kan met name worden beïnvloed wanneer een leverancier de beperkingen slechts aan enkele van zijn distributeurs oplegt, of wanneer de leverancier zelf gebruik maakt van de prijsvergelijkingsdiensten die onder de beperkingen vallen. Voor zover de afnemers beperkt zijn in hun mogelijkheden om een beroep te doen op een potentieel belangrijk onlineadvertentiekanaal, kunnen zij wellicht slechts beperkte concurrentiedruk uitoefenen op de leverancier of andere distributeurs aan wie die beperking niet is opgelegd.
[30-06-2022, PbEU C 248, i.w.tr. 30-06-2022/regelingnummer 2022/C 248/01]

(353)

Relevante factoren voor de toetsing aan artikel 101, lid 1, van het Verdrag omvatten:
(a) de marktpositie van de leverancier en zijn concurrenten;
(b) het belang van prijsvergelijkingsdiensten als advertentiekanaal op de relevante markt voor de verkoop van de contractgoederen of -diensten;
(c) het soort en het toepassingsgebied van de beperkingen en het relatieve belang van de specifieke prijsvergelijkingsdienst waarvan het gebruik wordt beperkt of verboden;
(d) of de leverancier ook beperkingen oplegt aan de mogelijkheid van de afnemer om andere vormen van onlinereclame te gebruiken.

[30-06-2022, PbEU C 248, i.w.tr. 30-06-2022/regelingnummer 2022/C 248/01]

(354)

Er moet rekening worden gehouden met het gecombineerde beperkende effect van de beperking van het gebruik van prijsvergelijkingsdiensten en eventuele andere beperkingen van onlinereclame die door de leverancier worden opgelegd.
[30-06-2022, PbEU C 248, i.w.tr. 30-06-2022/regelingnummer 2022/C 248/01]

(355)

Zoals in punt (345) van de onderhavige richtsnoeren is uiteengezet, kunnen beperkingen op het gebruik van prijsvergelijkingsdiensten leiden tot efficiëntieverbeteringen, met name in verband met het waarborgen van merkbescherming of een bepaald kwaliteitsniveau van de dienstverlening, of ter inperking van de mogelijkheden tot namaking. Overeenkomstig de voorwaarden van artikel 101, lid 3, van het Verdrag moet worden nagegaan of dergelijke efficiëntieverbeteringen met minder beperkende middelen kunnen worden bereikt. Dat kan bijvoorbeeld het geval zijn wanneer het gebruik van prijsvergelijkingsdiensten afhankelijk wordt gesteld van de voorwaarde dat de dienst ook voorziet in vergelijkingen of beoordelingen met betrekking tot de kwaliteit van de betrokken goederen of diensten, het niveau van klantenservice door de afnemer of andere kenmerken van het aanbod van de afnemer. Bij de toetsing van kwaliteitsgerelateerde rechtvaardigingsgronden aan artikel 101, lid 3, van het Verdrag moet ook rekening worden gehouden met het feit dat de verkoop niet wordt gesloten op de website van de prijsvergelijkingsdienst, maar in de onlinewinkel van de afnemer.
[30-06-2022, PbEU C 248, i.w.tr. 30-06-2022/regelingnummer 2022/C 248/01]

8.2.5
Pariteitsverplichtingen

(356)

Pariteitsverplichtingen, soms meestbegunstigingsclausules of platformoverschrijdende pariteitsverplichtingen genoemd, verplichten een verkoper van goederen of diensten om die goederen of diensten aan een andere partij aan te bieden onder voorwaarden die niet minder gunstig zijn dan de voorwaarden die de verkoper aan bepaalde andere partijen of via bepaalde andere kanalen aanbiedt. De voorwaarden kunnen betrekking hebben op prijzen, voorraden, beschikbaarheid of andere aanbiedings- of verkoopvoorwaarden. De pariteitsverplichting kan de vorm aannemen van een contractuele clausule of zij kan het resultaat zijn van andere directe of indirecte maatregelen, zoals gedifferentieerde prijsstelling of andere prikkels waarvan de toepassing afhangt van de voorwaarden waaronder de verkoper zijn goederen of diensten aan andere partijen of via andere kanalen aanbiedt.
[30-06-2022, PbEU C 248, i.w.tr. 30-06-2022/regelingnummer 2022/C 248/01]

(357)

De pariteitsverplichtingen voor de detailhandel hebben betrekking op de voorwaarden waaronder goederen of diensten aan eindgebruikers worden aangeboden. Die verplichtingen worden vaak door de aanbieders van onlinetussenhandelsdiensten (bijvoorbeeld onlinemarktplaatsen of prijsvergelijkingsdiensten) opgelegd aan de afnemers van hun tussenhandelsdiensten (bijvoorbeeld ondernemingen die via het tussenhandelsplatform verkopen).
[30-06-2022, PbEU C 248, i.w.tr. 30-06-2022/regelingnummer 2022/C 248/01]

(358)

De pariteitsverplichtingen voor de detailhandel hebben betrekking op verschillende andere verkoop- of reclamekanalen. Zo hebben de platformoverschrijdende pariteitsverplichtingen voor de detailhandel betrekking op de voorwaarden die via concurrerende onlinetussenhandelsdiensten (concurrerende platforms) worden aangeboden. Zogenaamde smalle pariteitsverplichtingen voor de detailhandel hebben betrekking op de voorwaarden die worden aangeboden op de directe verkoopkanalen van verkopers van goederen of diensten. Sommige pariteitsverplichtingen voor de detailhandel verwijzen naar de voorwaarden die op alle andere verkoopkanalen worden aangeboden (soms 'brede' pariteitsverplichtingen voor de detailhandel genoemd).
[30-06-2022, PbEU C 248, i.w.tr. 30-06-2022/regelingnummer 2022/C 248/01]

(359)

Met uitzondering van platformoverschrijdende pariteitsverplichtingen voor de detailhandel in de zin van artikel 5, lid 1, punt d), van Verordening (EU) 2022/720, kunnen alle soorten pariteitsverplichtingen in verticale overeenkomsten onder de vrijstelling van artikel 2, lid 1, van de verordening vallen. De volgende leidraden worden gegeven voor het beoordelen van de in artikel 5, lid 1, punt d), van Verordening (EU) 2022/720 bedoelde platformoverschrijdende pariteitsverplichtingen voor de detailhandel en

voor andere soorten pariteitsverplichtingen in gevallen waarin de groepsvrijstelling niet van toepassing is.
[30-06-2022, PbEU C 248, i.w.tr. 30-06-2022/regelingnummer 2022/C 248/01]

8.2.5.1
Platformoverschrijdende pariteitsverplichtingen voor de detailhandel

(360)
Bij pariteitsverplichtingen voor de detailhandel die tot gevolg hebben dat een afnemer van onlinetussenhandelsdiensten niet via concurrerende onlinetussenhandelsdiensten goederen of diensten tegen gunstigere voorwaarden kan aanbieden, verkopen of doorverkopen aan eindgebruikers, zoals omschreven in artikel 5, lid 1, punt d), van Verordening (EU) 2022/720, is het waarschijnlijker dan bij andere soorten pariteitsverplichtingen dat ze mededingingsbeperkende effecten hebben. Dat soort pariteitsverplichting voor de detailhandel kan de concurrentie op de volgende manieren beperken:
(a) ze kan de concurrentie afzwakken en collusie tussen aanbieders van onlinetussenhandelsdiensten in de hand werken. Met name is het waarschijnlijker dat een aanbieder die dit soort pariteitsverplichting oplegt, de prijs kan verhogen of de kwaliteit van zijn tussenhandelsdiensten kan verlagen zonder marktaandeel te verliezen. Ongeacht de prijs of de kwaliteit van de diensten van de aanbieder, zijn verkopers van goederen of diensten die ervoor kiezen zijn platform te gebruiken, verplicht om op het platform voorwaarden aan te bieden die ten minste even gunstig zijn als de voorwaarden die zij op concurrerende platforms aanbieden;
(b) ze kan de toetreding of uitbreiding van nieuwe of kleinere aanbieders van onlinetussenhandelsdiensten voorkomen door hun mogelijkheden te beperken om afnemers en eindgebruikers gedifferentieerde prijs-dienstcombinaties aan te bieden.

[30-06-2022, PbEU C 248, i.w.tr. 30-06-2022/regelingnummer 2022/C 248/01]

(361)
Voor de beoordeling van dat soort pariteitsverplichting moet rekening worden gehouden met de volgende factoren:
(a) de marktpositie van de aanbieder van onlinetussenhandelsdiensten die de verplichting oplegt en van zijn concurrenten;
(b) het aandeel van de afnemers van de betrokken onlinetussenhandelsdiensten die onder de verplichtingen vallen;
(c) het 'homing'-gedrag van de afnemers van de onlinetussenhandelsdiensten en van de eindgebruikers (hoeveel concurrerende onlinetussenhandelsdiensten zij gebruiken);
(d) het bestaan van drempels voor de toegang tot de relevante markt voor de levering van onlinetussenhandelsdiensten;
(e) het belang van de rechtstreekse verkoopkanalen van de afnemers van de onlinetussenhandelsdiensten en de mate waarin die afnemers hun producten kunnen verwijderen van de platforms van de aanbieders van onlinetussenhandelsdiensten (de-listing).

[30-06-2022, PbEU C 248, i.w.tr. 30-06-2022/regelingnummer 2022/C 248/01]

(362)
De beperkende effecten van platformoverschrijdende pariteitsverplichtingen voor de detailhandel zijn over het algemeen sterker wanneer ze worden toegepast door een of meer toonaangevende aanbieders van onlinetussenhandelsdiensten. Wanneer dergelijke aanbieders een soortgelijk bedrijfsmodel hebben, zullen de pariteitsverplichtingen de ruimte voor verstoring van het model waarschijnlijk verkleinen. Dit soort verplichting kan een marktleider ook in staat stellen zijn positie ten opzichte van kleinere aanbieders te handhaven.
[30-06-2022, PbEU C 248, i.w.tr. 30-06-2022/regelingnummer 2022/C 248/01]

(363)
Het aandeel van de afnemers van de relevante onlinetussenhandelsdiensten waarop de pariteitsverplichtingen voor de detailhandel van toepassing zijn en het 'homing'- gedrag van die afnemers zijn belangrijk, omdat die erop kunnen wijzen dat de pariteitsverplichtingen van een aanbieder de mededinging beperken voor een gedeelte van de vraag dat groter is dan het marktaandeel van de aanbieder. Een aanbieder van onlinetussenhandelsdiensten kan bijvoorbeeld een aandeel van 20 % hebben in het totale aantal transacties dat door middel van dergelijke diensten wordt verricht, maar de afnemers aan wie hij platformoverschrijdende pariteitsverplichtingen voor de detailhandel oplegt, kunnen – omdat zij van meerdere platforms gebruikmaken – meer dan 50 % van het totale aantal platformtransacties voor hun rekening nemen. In dat geval kunnen de pariteitsverplichtingen van de aanbieder de mededinging voor meer dan de helft van de totale relevante vraag beperken.
[30-06-2022, PbEU C 248, i.w.tr. 30-06-2022/regelingnummer 2022/C 248/01]

(364)
Afnemers van onlinetussenhandelsdiensten doen vaak aan multi-homing om klanten te bereiken die slechts één platform gebruiken (single-homing) en niet van het ene op het andere platform overstappen. Multi-homing door afnemers wordt gestimuleerd door bedrijfsmodellen van platforms waarbij de afnemer alleen hoeft te betalen voor het gebruik van de onlinetussenhandelsdienst wanneer de dienst een transactie tot stand brengt. Zoals uiteengezet in punt (363), kan multi-homing door afnemers van onlinetussenhandelsdiensten het aandeel verhogen van de totale vraag naar dergelijke diensten dat wordt beïnvloed door de pariteitsverplichtingen van een aanbieder. Single-homing door eindgebruikers kan betekenen dat elke aanbieder van onlinetussenhandelsdiensten de toegang tot een afzonderlijke groep eindgebruikers controleert. Dat kan de onderhandelingspositie van de aanbieder versterken en zijn vermogen om pariteitsverplichtingen voor de detailhandel op te leggen, vergroten.
[30-06-2022, PbEU C 248, i.w.tr. 30-06-2022/regelingnummer 2022/C 248/01]

(365)
Markten voor de verlening van onlinetussenhandelsdiensten worden vaak gekenmerkt door aanzienlijke barrières voor toetreding en uitbreiding, die de negatieve effecten van pariteitsverplichtingen voor de detailhandel kunnen verergeren. Die markten worden vaak gekenmerkt door positieve indirecte netwerkeffecten: nieuwe of kleinere aanbieders van dergelijke diensten kunnen moeite hebben om afnemers aan te trekken omdat hun platforms toegang bieden tot onvoldoende eindgebruikers. Wanneer

de eindgebruikers eindconsumenten zijn, kunnen merkgetrouwheid, single-homing en de lock-in-strategieën van gevestigde aanbieders van tussenhandelsdiensten eveneens drempels voor toetreding opwerpen.
[30-06-2022, PbEU C 248, i.w.tr. 30-06-2022/regelingnummer 2022/C 248/01]

(366)
Afnemers van onlinetussenhandelsdiensten kunnen hun goederen of diensten ook direct aan eindgebruikers verkopen. Een dergelijke rechtstreekse verkoop kan de aanbieders van onlinetussenhandelsdiensten beperken in hun mogelijkheid om de prijs van hun diensten te verhogen. Daarom moet worden nagegaan of dergelijke rechtstreekse verkoopkanalen ook onder de pariteitsverplichting voor de detailhandel vallen, welk aandeel van de verkoop van de betrokken goederen of diensten via de rechtstreekse verkoopkanalen en via de onlinetussenhandelsdiensten verloopt en in hoeverre de twee soorten kanalen substitueerbaar zijn vanuit het oogpunt van de verkopers en de afnemers van de middels tussenhandelsdiensten geleverde goederen of diensten.
[30-06-2022, PbEU C 248, i.w.tr. 30-06-2022/regelingnummer 2022/C 248/01]

(367)
Platformoverschrijdende pariteitsverplichtingen voor de detailhandel kunnen merkbare beperkende effecten hebben wanneer ze worden opgelegd aan afnemers die een aanzienlijk deel van de totale vraag naar de betrokken onlinetussenhandelsdiensten vertegenwoordigen. In het geval van een cumulatief mededingingsbeperkend effect zullen de beperkende gevolgen over het algemeen slechts worden toegeschreven aan de pariteitsverplichtingen van aanbieders van wie het marktaandeel meer dan 5 % bedraagt.
[30-06-2022, PbEU C 248, i.w.tr. 30-06-2022/regelingnummer 2022/C 248/01]

(368)
In beginsel kunnen pariteitsverplichtingen voor de detailhandel ook door detailhandelaren worden opgelegd met betrekking tot de voorwaarden waaronder de goederen of diensten van de verkoper door concurrerende detailhandelaren aan eindconsumenten worden aangeboden. Wanneer dit soort pariteitsverplichting echter betrekking heeft op de prijs, wordt over het algemeen van de verkoper van goederen of diensten die de verplichting aanvaardt, verlangd dat hij een minimumverkoopprijs (verticale prijsbinding) overeenkomt met de concurrerende detailhandelaren waarmee hij zaken doet. Verticale prijsbinding is een hardcorebeperking in de zin van artikel 4, punt a), van Verordening (EU) 2022/720. In gevallen waarin ondernemingen in staat zijn dergelijke pariteitsverplichtingen voor de detailhandel uit te voeren in overeenstemming met de regels inzake verticale prijsbinding, ook wanneer de pariteitsverplichting betrekking heeft op andere voorwaarden dan de prijs, kunnen de verplichtingen onder de groepsvrijstelling vallen. Boven de in artikel 3, lid 1, van de verordening vastgestelde marktaandeeldrempel zijn de in de punten (360) tot en met (367) vervatte richtsnoeren van overeenkomstige toepassing.
[30-06-2022, PbEU C 248, i.w.tr. 30-06-2022/regelingnummer 2022/C 248/01]

8.2.5.2
Pariteitsverplichtingen voor de detailhandel met betrekking tot directe verkoopkanalen

(369)
De door de aanbieders van onlinetussenhandelsdiensten opgelegde pariteitsverplichtingen voor de detailhandel met betrekking tot de directe verkoopkanalen beletten de afnemers van de diensten om op hun directe verkoopkanalen prijzen en voorwaarden aan te bieden die gunstiger zijn dan de voorwaarden die zij aanbieden op het platform van de aanbieder van onlinetussenhandelsdiensten die de verplichting oplegt. Die verplichtingen worden vaak 'smalle' pariteitsverplichtingen voor de detailhandel genoemd. In beginsel vormen smalle pariteitsverplichtingen voor de detailhandel geen beperking van de mogelijkheid voor een afnemer van onlinetussenhandelsdiensten om via andere onlinetussenhandelsdiensten gunstigere prijzen of voorwaarden aan te bieden. Wanneer de afnemer echter gebruikmaakt van meerdere aanbieders van onlinetussenhandelsdiensten die smalle pariteitsverplichtingen voor de detailhandel toepassen, beletten die verplichtingen hem om op zijn directe kanalen voorwaarden aan te bieden die gunstiger zijn dan de voorwaarden die hij op het duurste tussenhandelsplatform aanbiedt.
[30-06-2022, PbEU C 248, i.w.tr. 30-06-2022/regelingnummer 2022/C 248/01]

(370)
Smalle pariteitsverplichtingen voor de detailhandel nemen de druk weg die wordt uitgeoefend door de directe verkoopkanalen van de afnemer. Wanneer de concurrentie voor de levering van onlinetussenhandelsdiensten beperkt is, kunnen die smalle pariteitsverplichtingen de aanbieders van onlinetussenhandelsdiensten in staat stellen een hogere prijs voor hun diensten te handhaven, hetgeen kan leiden tot hogere detailhandelsprijzen voor de middels tussenhandelsdiensten geleverde goederen of diensten.
[30-06-2022, PbEU C 248, i.w.tr. 30-06-2022/regelingnummer 2022/C 248/01]

(371)
Onder bepaalde omstandigheden, met name wanneer het aantal aanbieders van onlinetussenhandelsdiensten beperkt is, kunnen smalle pariteitsverplichtingen voor de detailhandel afbreuk doen aan de prikkels voor afnemers van de onlinetussenhandelsdiensten om veranderingen in de prijs van de tussenhandelsdiensten in hun detailhandelsprijzen door te berekenen. Dat kan leiden tot een afzwakking van de concurrentie tussen de aanbieders van onlinetussenhandelsdiensten, hetgeen vergelijkbaar is met het effect van de platformoverschrijdende pariteitsverplichtingen voor de detailhandel.
[30-06-2022, PbEU C 248, i.w.tr. 30-06-2022/regelingnummer 2022/C 248/01]

8.2.5.3
Toetsing aan artikel 101, lid 3, van het Verdrag van de pariteitsverplichtingen voor de detailhandel

(372)
Wanneer pariteitsverplichtingen voor de detailhandel merkbaar beperkende effecten hebben, moeten mogelijke rechtvaardigingsgronden uit het oogpunt van efficiëntieverbeteringen aan artikel 101, lid 3, van het Verdrag worden getoetst. De meest gebruikelijke rechtvaardiging voor het gebruik van pariteitsverplichtingen voor de detailhandel door aanbieders van onlinetussenhandelsdiensten is het aanpakken van een meeliftprobleem. Zo is het mogelijk dat de aanbieder geen prikkel heeft om te investeren in de ontwikkeling van zijn platform, in diensten voorafgaand aan de verkoop, of in vraagbevorderende promotie, indien de voordelen van dergelijke investeringen in de vorm van een grotere verkoop terechtkomen bij concurrerende platforms of directe verkoopkanalen die dezelfde goederen of diensten tegen gunstigere voorwaarden kunnen aanbieden.
[30-06-2022, PbEU C 248, i.w.tr. 30-06-2022/regelingnummer 2022/C 248/01]

(373)
Relevante factoren voor de toetsing aan artikel 101, lid 3, van het Verdrag zijn onder meer of de investeringen van de aanbieder van onlinetussenhandelsdiensten objectieve voordelen opleveren, d.w.z. of zij waarde toevoegen voor de eindgebruikers; of het risico van meeliftgedrag met de investeringen van de aanbieder reëel en wezenlijk is, en of het specifieke soort en de omvang van de pariteitsverplichting onmisbaar zijn om de beoogde voordelen te bereiken. Het waarschijnlijke niveau van meeliftgedrag moet voldoende hoog zijn om van aanzienlijke invloed te zijn op de prikkel om in de onlinetussenhandelsdiensten te investeren. Bewijs van de mate waarin gebruikers van de tussenhandelsdiensten (verkopers en afnemers) aan multihoming doen is van bijzonder belang, hoewel ook moet worden nagegaan of hun gedrag wordt beïnvloed door de effecten van de pariteitsverplichtingen. Indien de aanbieder van onlinetussenhandelsdiensten of zijn concurrenten op andere vergelijkbare markten actief zijn zonder gebruik te maken van pariteitsverplichtingen voor de detailhandel of met gebruikmaking van minder restrictieve verplichtingen, kan dit erop wijzen dat de verplichtingen niet onmisbaar zijn. Wanneer de levering van onlinetussenhandelsdiensten sterk geconcentreerd is en aanzienlijke toetredingsdrempels kent, kan de noodzaak om de resterende concurrentie te beschermen zwaarder wegen dan de mogelijke efficiëntieverbeteringen. Andere rechtvaardigingsgronden die verband houden met de algemene voordelen van tussenhandelsplatforms, zoals het bundelen van de promotie-uitgaven van gebruikers, grotere prijstransparantie of lagere transactiekosten, kunnen alleen voldoen aan de voorwaarden van artikel 101, lid 3, van het Verdrag als de aanbieder van onlinetussenhandelsdiensten kan aantonen dat er sprake is van een direct oorzakelijk verband tussen het aangevoerde voordeel en het gebruik van het specifieke soort pariteitsverplichting.
[30-06-2022, PbEU C 248, i.w.tr. 30-06-2022/regelingnummer 2022/C 248/01]

(374)
In het algemeen is het waarschijnlijker dat smalle pariteitsverplichtingen voor de detailhandel aan de voorwaarden van artikel 101, lid 3, van het Verdrag voldoen dan platformoverschrijdende pariteitsverplichtingen voor de detailhandel. Dit is hoofdzakelijk zo omdat de beperkende effecten ervan over het algemeen minder ernstig zijn en daarom waarschijnlijk eerder door efficiëntieverbeteringen zullen worden gecompenseerd. Bovendien kan het risico van meeliftgedrag door verkopers van goederen of diensten via hun directe verkoopkanalen groter zijn, met name omdat de verkoper voor zijn directe verkoop geen platformcommissiekosten hoeft te betalen. Wanneer de smalle pariteitsverplichtingen voor de detailhandel echter geen efficiëntieverbeteringen in de zin van artikel 101, lid 3, van het Verdrag opleveren, kan het voordeel van de groepsvrijstelling worden ingetrokken. Dit kan met name het geval zijn wanneer het risico van meeliftgedrag beperkt is of wanneer de smalle pariteitsverplichtingen voor de detailhandel niet onmisbaar zijn om de efficiëntieverbeteringen te bereiken. Zonder efficiëntieverbeteringen is intrekking bijzonder waarschijnlijk wanneer de drie grootste aanbieders van onlinetussenhandelsdiensten op de relevante markt smalle pariteitsverplichtingen voor de detailhandel toepassen, en die aanbieders een gecombineerd marktaandeel van meer dan 50 % hebben. Zonder efficiëntieverbeteringen kan de groepsvrijstelling ook worden ingetrokken, afhankelijk van de bijzondere omstandigheden, wanneer voor afnemers die een aanzienlijk deel van de totale relevante vraag naar onlinetussenhandelsdiensten vertegenwoordigen, smalle pariteitsverplichtingen voor de detailhandel gelden. De groepsvrijstelling kan worden ingetrokken ten aanzien van de overeenkomsten van alle aanbieders van onlinetussenhandelsdiensten waarvan de smalle pariteitsverplichtingen voor de detailhandel in aanzienlijke mate bijdragen tot het cumulatieve mededingingsverstorende effect, namelijk aanbieders met een marktaandeel van meer dan 5 %.
[30-06-2022, PbEU C 248, i.w.tr. 30-06-2022/regelingnummer 2022/C 248/01]

(375)
Het volgende is een voorbeeld van het gebruik van smalle pariteitsverplichtingen voor de detailhandel:

> Twee derde van de afhaalmaaltijden die in een lidstaat worden geleverd om thuis te worden geconsumeerd, wordt via onlineplatforms besteld en een derde wordt rechtstreeks bij restaurants besteld. De platforms A, B, C en D genereren respectievelijk 25 %, 20 %, 20 % en 15 % van de bestellingen die via platforms worden gedaan. De platforms A, B en C zijn al drie tot vijf jaar actief in de lidstaat en het aandeel van de totale bestellingen via platforms is in die periode gegroeid. Platform D is recenter op de markt gekomen. De platforms brengen de restaurants een commissie van 15–20 % per bestelling in rekening. De meeste consumenten die platforms gebruiken, gebruiken één of twee platforms, terwijl de meeste restaurants die platforms gebruiken, twee of meer platforms gebruiken.

> In de laatste twaalf maanden hebben alle platforms een smalle pariteitsclausule voor de detailhandel ingevoerd, waardoor de restaurants geen lagere prijzen kunnen aanbieden voor rechtstreekse online- of telefonische bestellingen. In dezelfde periode hebben drie van de platforms hun standaardcommissietarief verhoogd. De platforms stellen dat de smalle pariteitsclausulenoodzakelijk is om te voorkomen dat restaurants meeliften op hun investeringen, met name in de ontwikkeling van gebruikersvriendelijke zoek- en vergelijkingsfuncties en veilige betalingsdiensten.
>
> Geen van de drie grootste platforms heeft in de afgelopen twaalf maanden nieuwe functies of diensten toegevoegd of hun diensten aanzienlijk verbeterd. Er is geen concreet bewijs van een merkbaar risico van meeliftgedrag, met name dat een aanzienlijk deel van de consumenten de platformen gebruikt om restaurantaanbiedingen te zoeken en te vergelijken, maar vervolgens rechtstreeks bij het restaurant bestelt. Evenmin is er bewijs dat de vermeende dreiging van meeliftgedrag een negatieve invloed heeft gehad op de investeringen die de platforms in het verleden hebben gedaan om hun diensten te ontwikkelen.
>
> Indien wordt geconcludeerd dat de relevante productmarkt bestaat uit de levering van platformdiensten aan restaurants, lijkt de levering van die diensten geconcentreerd. Gezien de recente verhoging van de commissietarieven van de platforms en het gebrek aan bewijs dat pariteitsclausules efficiëntieverbeteringen opleveren, is het waarschijnlijk dat het voordeel van de groepsvrijstelling zal worden ingetrokken met betrekking tot de restaurantovereenkomsten van alle vier de platforms.

[30-06-2022, PbEU C 248, i.w.tr. 30-06-2022/regelingnummer 2022/C 248/01]

8.2.5.4
Upstream-pariteitsverplichtingen

(376)
Platformoverschrijdende en smalle pariteitsverplichtingen kunnen worden opgelegd door aanbieders van onlinetussenhandelsdiensten met betrekking tot de voorwaarden waaronder goederen of diensten worden aangeboden aan ondernemingen die geen eindgebruikers zijn (bijvoorbeeld aan detailhandelaren). Dit soort pariteitsverplichting valt onder de vrijstelling van artikel 2, lid 1, van Verordening (EU) 2022/720. In beginsel kan dit soort upstream-pariteitsverplichting de mededinging voor de verlening van onlinetussenhandelsdiensten op soortgelijke wijze beperken als pariteitsverplichtingen voor de detailhandel. Om dit soort upstream-pariteitsverplichting te beoordelen, moet echter ook rekening worden gehouden met de mededingingsvoorwaarden downstream, dat wil zeggen tussen de ondernemingen die goederen of diensten kopen via de onlinetussenhandelsdienst. In gevallen waarin de groepsvrijstelling niet van toepassing is, kunnen de aanwijzingen in de punten (360) tot (374) naar analogie worden toegepast.
[30-06-2022, PbEU C 248, i.w.tr. 30-06-2022/regelingnummer 2022/C 248/01]

8.2.5.5
Meestbegunstigde klant-verplichtingen

(377)
Pariteitsverplichtingen kunnen ook worden opgelegd door fabrikanten, groothandelaren of detailhandelaren met betrekking tot de voorwaarden waaronder zij goederen of diensten als inputs van leveranciers kopen. Dat soort traditionele meestbegunstigde klant-verplichting heeft geen rechtstreekse gevolgen voor de voorwaarden waaronder de afnemende ondernemingen downstream concurreren. Het voornaamste bezwaar in verband met pariteitsverplichtingen met betrekking tot de voorwaarden waaronder goederen of diensten als input worden aangekocht, is dat ze de prikkel voor leveranciers van inputs om te concurreren, kunnen verminderen en zo de inputprijzen kunnen verhogen. Relevante factoren voor de beoordeling van die verplichtingen zijn onder meer de relatieve omvang en marktmacht van de leverancier en de afnemer die de pariteitsverplichting overeenkomen, het aandeel van de relevante markt dat door soortgelijke verplichtingen wordt bestreken en de kosten van de betrokken input ten opzichte van de totale kosten van de afnemers.
[30-06-2022, PbEU C 248, i.w.tr. 30-06-2022/regelingnummer 2022/C 248/01]

(378)
Traditionele meestbegunstigde klant-verplichtingen kunnen leiden tot efficiëntieverbeteringen die voldoen aan de voorwaarden van artikel 101, lid 3, van het Verdrag. Zij kunnen met name de partijen bij een langlopende leveringsovereenkomst in staat stellen de transactiekosten tot een minimum te beperken. Zij kunnen ook opportunistisch gedrag van de leverancier voorkomen en een 'hold-up'-probleem voor de afnemer aanpakken, waarbij de afnemer bijvoorbeeld zou kunnen afzien van investering in of lancering van een nieuw product, omdat hij vreest dat de leverancier van de input zijn prijs voor latere afnemers zal verlagen. Dit soort efficiëntie is waarschijnlijker in langdurige relaties waarbij sprake is van verzonken investeringen.
[30-06-2022, PbEU C 248, i.w.tr. 30-06-2022/regelingnummer 2022/C 248/01]

8.2.6
Vooraf te betalen toegangsvergoedingen

(379)
Vooraf te betalen toegangsvergoedingen zijn vaste bedragen die leveranciers in het kader van een verticale verhouding aan het begin van een periode aan distributeurs betalen om toegang tot hun distributienetwerk te krijgen en als vergoeding voor diensten die detailhandelaren aan hen verlenen. Tot die categorie behoren verschillende soorten vergoedingen, bijvoorbeeld voor het vrijmaken van schapruimte ('slotting allowances'), [1] om in de schappen te blijven ('pay-to-stay fees') [2] of om toegang te krijgen tot de promotiecampagnes van een distributeur. Deze afdeling 8.2.6 be-

---
[1] Vaste vergoedingen die fabrikanten aan detailhandelaren betalen om toegang tot hun schapruimte te krijgen.
[2] De betaling van een vast bedrag om te waarborgen dat een bestaand product nog een bepaalde tijd in de schappen aanwezig blijft.

vat leidraden voor het beoordelen van vooraf te betalen toegangsvergoedingen in individuele gevallen boven de marktaandeeldrempel zoals vastgesteld in artikel 3 van Verordening (EU) 2022/720.
[30-06-2022, PbEU C 248, i.w.tr. 30-06-2022/regelingnummer 2022/C 248/01]

(380)
Vooraf te betalen toegangsvergoedingen kunnen resulteren in mededingingsverstorende uitsluiting van andere distributeurs. Zo kan een hoge vergoeding een leverancier ertoe aanzetten om een aanzienlijk volume van zijn verkopen via één of een beperkt aantal distributeurs te verspreiden om de kosten van de vergoeding te dekken. In dat geval kunnen vooraf te betalen toegangsvergoedingen hetzelfde marktafschermend effect hebben op de downstream-markt als verplichtingen tot exclusieve levering. Om de waarschijnlijkheid van dat soort negatieve effecten te beoordelen, kunnen de leidraden betreffende verplichtingen tot exclusieve levering naar analogie worden toegepast (met name de punten (321) tot en met (330)).
[30-06-2022, PbEU C 248, i.w.tr. 30-06-2022/regelingnummer 2022/C 248/01]

(381)
Uitzonderlijk kunnen vooraf te betalen toegangsvergoedingen resulteren in mededingingsverstorende marktafschermende effecten in de upstream-markt. Indien de distributeur bijvoorbeeld een sterke onderhandelingspositie heeft, of wanneer het gebruik van vooraf te betalen toegangsvergoedingen wijdverbreid is, kunnen dergelijke vergoedingen de toetredingsdrempels voor kleine leveranciers verhogen. Om de waarschijnlijkheid van dit soort negatieve effecten te beoordelen, kunnen de leidraden betreffende merkexclusiviteitsverplichtingen naar analogie worden toegepast (met name de punten (298) tot en met (318)). Bij de beoordeling moet ook rekening worden gehouden met de vraag of de betrokken distributeur concurrerende producten onder zijn eigen merknaam verkoopt. In dat geval kunnen ook horizontale bezwaren rijzen, met als gevolg dat de groepsvrijstelling niet van toepassing is op grond van artikel 2, lid 4, van Verordening (EU) 2022/720 (zie afdeling 4.4.3).
[30-06-2022, PbEU C 248, i.w.tr. 30-06-2022/regelingnummer 2022/C 248/01]

(382)
Behalve dat zij marktafschermende effecten kunnen hebben, kunnen vooraf te betalen toegangsvergoedingen ook de concurrentie afzwakken en collusie tussen distributeurs in de hand werken. Het is waarschijnlijk dat vooraf te betalen toegangsvergoedingen ertoe leiden dat de leverancier een hogere prijs voor de contractproducten in rekening brengt om de kosten van die vergoedingen te dekken. Hogere leveringsprijzen kunnen de prikkel voor detailhandelaren om op de downstream-markt op prijs te concurreren doen afnemen, terwijl de winst van de distributeurs als gevolg van de toegangsvergoedingen toeneemt. Een dergelijke vermindering van de concurrentie tussen distributeurs door het cumulatieve gebruik van vooraf te betalen toegangsvergoedingen doet zich over het algemeen alleen voor wanneer de distributiemarkt zeer geconcentreerd is.
[30-06-2022, PbEU C 248, i.w.tr. 30-06-2022/regelingnummer 2022/C 248/01]

(383)
Het gebruik van vooraf te betalen toegangsvergoedingen kan echter in veel gevallen bijdragen tot een efficiënte toewijzing van schapruimte aan nieuwe producten. Wanneer leveranciers nieuwe producten lanceren, hebben distributeurs vaak minder informatie dan de leverancier over de kans dat het nieuwe product succesvol zal zijn, met als gevolg dat zij mogelijk suboptimale hoeveelheden van het product in voorraad hebben. Vooraf te betalen toegangsvergoedingen kunnen worden gebruikt om die informatiekloof tussen leveranciers en distributeurs te overbruggen, doordat leveranciers expliciet de mogelijkheid krijgen met elkaar te concurreren om schapruimte. De distributeur kan dus van tevoren in kennis worden gesteld van de producten die het meeste kans van slagen hebben, omdat een leverancier in het algemeen alleen bereid zal zijn vooraf een toegangsvergoeding te betalen indien hij de kans klein acht dat de productlancering zal mislukken.
[30-06-2022, PbEU C 248, i.w.tr. 30-06-2022/regelingnummer 2022/C 248/01]

(384)
Bovendien kunnen leveranciers door de in het vorige punt genoemde informatiekloof prikkels hebben om mee te liften met de promotie-inspanningen van distributeurs om suboptimale producten te introduceren. Als een product niet succesvol is, zullen de distributeurs voor een deel van de kosten van het mislukte product dragen. Vooraf te betalen toegangsvergoedingen kunnen dergelijk meeliftgedrag voorkomen, doordat het risico van mislukking van het product weer bij de leverancier komt te liggen, hetgeen bijdraagt tot een optimaal aantal productlanceringen.
[30-06-2022, PbEU C 248, i.w.tr. 30-06-2022/regelingnummer 2022/C 248/01]

8.2.7
Categoriemanagementovereenkomsten

(385)
Categoriemanagementovereenkomsten zijn overeenkomsten [1] waarbij de distributeur aan de leverancier (de 'category captain') de marketing van een categorie producten toevertrouwt. Dat kan niet alleen de producten van de leverancier omvatten, maar ook de producten van de concurrenten van de leverancier. De category captain kan dus bijvoorbeeld invloed hebben op de productplaatsing en productpromotie in de winkel en de productselectie voor de winkel. Categoriemanagementovereenkomsten vallen onder de vrijstelling van artikel 2, lid 1 van Verordening (EU) 2022/720, wanneer noch het marktaandeel van de category captain, noch dat van de distributeur meer dan 30 % bedraagt, en mits de overeenkomst geen hardcorebeperkingen bevat, bijvoorbeeld beperkingen op de mogelijkheid van de distributeur om zijn verkoopprijs vast te stellen in de zin van artikel 4, punt a), van Verordening (EU) 2022/720.
[30-06-2022, PbEU C 248, i.w.tr. 30-06-2022/regelingnummer 2022/C 248/01]

---

(1) Een overeenkomst in de zin van artikel 101 van het Verdrag kan ook ontstaan wanneer de 'category captain' niet-bindende aanbevelingen doet die systematisch door de distributeur worden uitgevoerd.

(386)
Hoewel categoriemanagementovereenkomsten doorgaans geen probleem vormen, kunnen zij de mededinging tussen leveranciers vervalsen en tot mededingingsverstorende uitsluiting van andere leveranciers leiden, in gevallen waarbij de category captain in staat is de distributie van producten van concurrerende leveranciers te beperken of te benadelen. Over het algemeen zal de distributeur er geen belang bij hebben zijn keuze van producten te beperken. Wanneer de distributeur echter ook concurrerende producten onder zijn eigen merknaam verkoopt, kan hij ook prikkels hebben om bepaalde leveranciers uit te sluiten. Om de waarschijnlijkheid van een dergelijk marktafschermend effect upstream te beoordelen, kunnen de leidraden betreffende merkexclusiviteitsverplichtingen naar analogie worden toegepast (met name de punten (298) tot en met (318)). Bij die beoordeling moet met name rekening worden gehouden met de marktdekking van de categoriemanagementovereenkomsten, het mogelijke cumulatieve gebruik van dergelijke overeenkomsten en de marktpositie van concurrerende leveranciers en de distributeur.
[30-06-2022, PbEU C 248, i.w.tr. 30-06-2022/regelingnummer 2022/C 248/01]

(387)
Categoriemanagementovereenkomsten kunnen daarnaast collusie tussen distributeurs in de hand werken, wanneer dezelfde leverancier voor alle of de meeste concurrerende distributeurs als category captain fungeert. Dergelijke overeenkomsten kunnen ook collusie tussen leveranciers in de hand werken doordat meer mogelijkheden ontstaan om via detailhandelaren gevoelige marktinformatie uit te wisselen, bijvoorbeeld over toekomstige prijsstelling, promotieplannen of reclamecampagnes [1]. Verordening (EU) 2022/720 heeft geen betrekking op dergelijke informatie-uitwisselingen tussen concurrenten. Met name zijn de in de punten (95) tot en met (103) gegeven richtsnoeren voor de uitwisseling van informatie alleen van toepassing op de uitwisseling van informatie in het kader van de in artikel 2, lid 4, van de verordening beschreven scenario's van duale distributie. Punt (103), waarin de voorzorgsmaatregelen worden beschreven die ondernemingen kunnen nemen om het risico van collusie bij de uitwisseling van informatie in het kader van de duale distributie tot een minimum te beperken, kan echter naar analogie relevant zijn.
[30-06-2022, PbEU C 248, i.w.tr. 30-06-2022/regelingnummer 2022/C 248/01]

(388)
Categoriemanagementovereenkomsten kunnen ook efficiëntieverbeteringen opleveren. Dergelijke overeenkomsten kunnen distributeurs toegang geven tot de marketingervaring die de leverancier heeft met bepaalde groepen producten, of zij kunnen schaalvoordelen behalen, doordat zij de optimale hoeveelheid op het juiste moment aanbieden. Over het algemeen geldt: hoe groter de concurrentie tussen merken en

---

(1) Zie de rechtspraak van de Unierechter met betrekking tot de uitwisseling van informatie tussen concurrenten, bijvoorbeeld de arresten van 10 november 2017, *ICAP/Commissie*, zaak T-180/15, EU:T:2017:795, punt 57, 4 juni 2009, *T-Mobile Netherlands e.a.*, zaak C-8/08, EU: C:2009:343, punt 51, 19 maart 2015, *Dole Food en Dole Fresh Fruit Europe/Commissie*, zaak C-286/13 P, EU:C:2015:184, punt 127, 21 januari 2016, *Eturas UAB e.a.*, zaak C-74/14, ECLI:EU:C:2016:42, punten 40–44; 10 November 2017, *ICAP/Commissie*, zaak T-180/15, ECLI:EU:T:2017:795, punt 57.

hoe lager de overstapkosten van klanten, des te groter de economische voordelen van categoriemanagement.
[30-06-2022, PbEU C 248, i.w.tr. 30-06-2022/regelingnummer 2022/C 248/01]

8.2.8
Koppelverkoop

(389)
Koppelverkoop betreft situaties waarbij klanten die een product (het koppelende product) kopen, van dezelfde leverancier of een door hem aangewezen derde ook een ander afzonderlijk product moeten afnemen (het gekoppelde product). Koppelverkoop kan misbruik in de zin van artikel 102 van het Verdrag inhouden [1]. Koppelverkoop kan ook een verticale beperking in de zin van artikel 101 van het Verdrag vormen, wanneer die leidt tot een merkexclusiviteitsverplichting voor het gekoppelde product (zie punten (298) tot en met (318)). Slechts die laatste situatie wordt in de onderhavige richtsnoeren behandeld.
[30-06-2022, PbEU C 248, i.w.tr. 30-06-2022/regelingnummer 2022/C 248/01]

(390)
Of producten als afzonderlijke producten worden beschouwd, is afhankelijk van de vraag van klanten. Twee producten zijn afzonderlijke producten wanneer, zonder koppelverkoop, een substantieel aantal klanten het koppelende product bij dezelfde leverancier zouden afnemen of hadden afgenomen zonder ook het gekoppelde product bij hem af te nemen en daardoor afzonderlijke productie voor zowel het koppelende als het gekoppelde product mogelijk zouden maken [2]. Het bewijs dat twee producten afzonderlijke producten zijn, kan onder meer rechtstreeks bewijs zijn dat afnemers, wanneer zij de keuze krijgen, het koppelende product en het gekoppelde product apart betrekken bij verschillende leveringsbronnen, dan wel indirect bewijs, zoals de aanwezigheid op de markt van ondernemingen die zijn gespecialiseerd in de productie of de verkoop van het gekoppelde product zonder het koppelende product [3], of bewijs waaruit blijkt dat ondernemingen met geringe marktmacht, vooral op concurrerende markten, dergelijke producten doorgaans niet koppelen of bundelen. Zo is het, omdat klanten schoenen met veters wensen te kopen en het voor distributeurs niet haalbaar is om in nieuwe schoenen de door de klant gewenste veters te rijgen, tot het handelsgebruik gaan behoren dat schoenfabrikanten schoenen met veters leveren. Verkoop van schoenen met veters is bijgevolg geen koppelverkoop.
[30-06-2022, PbEU C 248, i.w.tr. 30-06-2022/regelingnummer 2022/C 248/01]

---

(1) Zie arrest van 14 november 1996, *Tetra Pak/Commissie*, C-333/94 P, EU:C:1996:436, punt 37. Zie ook mededeling van de Commissie 'Richtsnoeren betreffende de handhavingsprioriteiten van de Commissie bij de toepassing van artikel 82 van het EG-Verdrag op onrechtmatig uitsluitingsgedrag door ondernemingen met een machtspositie' (*PB* C 45 van 24.2.2009, blz. 7).
(2) Zie arrest van 17 september 2007, *Microsoft/Commissie*, T-201/04, EU:T:2007:289, punten 917, 921 en 922.
(3) Zie arrest van 12 december 1991, *Hilti/Commissie*, T-30/89, EU:T:1991:70, punt 67.

(391)
Koppelverkoop kan leiden tot mededingingsverstorende marktafschermende effecten op de gekoppelde markt, op de koppelende markt, of op beide markten terzelfder tijd. Het marktafschermend effect hangt af van het percentage dat de koppelverkoop van de totale verkoop op de markt voor het gekoppelde product uitmaakt. Met betrekking tot de vraag wat op grond van artikel 101, lid 1, van het Verdrag als merkbare marktafscherming kan worden beschouwd, kan de analyse inzake merkexclusiviteit worden toegepast. Koppelverkoop betekent dat er op zijn minst sprake is van een vorm van afnamequotering met betrekking tot het gekoppelde product. Wanneer bovendien met betrekking tot het gekoppelde product een concurrentiebeding wordt overeengekomen, vergroot dat het mogelijke afschermend effect op de markt van het gekoppelde product. De koppelverkoop kan resulteren in minder concurrentie voor klanten die wel geïnteresseerd zijn in het gekoppelde product, maar niet in het koppelende product. Als er onvoldoende klanten zijn die alleen het gekoppelde product willen kopen om concurrenten van de leverancier op de gekoppelde markt te doen standhouden, kan koppelverkoop ertoe leiden dat die klanten met hogere prijzen te maken krijgen. Als het gekoppelde product een belangrijk complementair product is voor de klanten van het koppelende product, kan een beperking van het aantal alternatieve leveranciers van het gekoppelde product, en dus een beperkte beschikbaarheid van dit product, de toetreding tot uitsluitend de koppelende markt moeilijker maken.
[30-06-2022, PbEU C 248, i.w.tr. 30-06-2022/regelingnummer 2022/C 248/01]

(392)
Koppelverkoop kan ook rechtstreeks leiden tot prijzen die boven het door concurrentie bepaalde peil liggen, en dit voornamelijk in drie gevallen. Ten eerste wanneer het koppelende en het gekoppelde product in uiteenlopende mate kunnen worden gebruikt als input voor een productieproces en de klanten op een prijsverhoging voor het koppelende product kunnen reageren door hun vraag naar het gekoppelde product op te drijven, terwijl zij hun vraag naar het koppelende product verminderen. Door de beide producten te koppelen, kan de leverancier die substitutie proberen te vermijden en kan hij als gevolg daarvan in staat zijn zijn prijzen te verhogen. Ten tweede kan de koppelverkoop prijsdiscriminatie mogelijk maken naargelang van het gebruik dat de klant van het koppelende product maakt (bijvoorbeeld het koppelen van de verkoop van inktcartridges aan de verkoop van fotokopieerapparaten). Ten derde kan het, in het geval van langlopende contracten of in het geval van secundaire markten voor originele uitrusting met een lange levensduur, moeilijk zijn voor de afnemers om de gevolgen van de koppeling in te schatten.
[30-06-2022, PbEU C 248, i.w.tr. 30-06-2022/regelingnummer 2022/C 248/01]

(393)
Koppelverkoop kan onder de vrijstelling van artikel 2, lid 1, Verordening (EU) 2022/720 vallen wanneer het marktaandeel van de leverancier op zowel de markt van het gekoppelde product als de markt van het koppelende product als dat van de afnemer op de relevante upstream-markten niet meer dan 30 % bedraagt. Koppelverkoop kan worden gecombineerd met andere verticale beperkingen die geen hardcorebeperkingen zijn in de zin van de verordening, zoals een concurrentiebeding of afnamequotering met betrekking tot het koppelende product of exclusieve afname. Boven de marktaan-

deeldrempel gelden de in het resterende gedeelte van deze afdeling 8.2.8 vervatte leidraden voor het beoordelen van koppelverkoop in individuele gevallen.
[30-06-2022, PbEU C 248, i.w.tr. 30-06-2022/regelingnummer 2022/C 248/01]

(394)
De marktpositie van de leverancier op de markt voor het koppelende product is duidelijk van groot belang voor de beoordeling van mogelijke mededingingsverstorende effecten. Over het algemeen wordt dit type overeenkomst door de leverancier opgelegd. Het belang van de leverancier op de markt voor het koppelende product is de voornaamste reden waarom het voor een afnemer moeilijk kan zijn om een verplichting inzake koppelverkoop te weigeren.
[30-06-2022, PbEU C 248, i.w.tr. 30-06-2022/regelingnummer 2022/C 248/01]

(395)
Voor het beoordelen van de marktmacht van de leverancier is de marktpositie van zijn concurrenten op de markt voor het koppelende product belangrijk. Zolang zijn concurrenten voldoende talrijk en sterk zijn, vallen geen mededingingsbeperkende effecten te verwachten omdat de afnemers over genoeg alternatieven beschikken om het koppelende product zonder het gekoppelde product te kopen, tenzij andere leveranciers eveneens koppelverkoop toepassen. Voorts zijn de toetredingsdrempels op de markt voor het koppelende product relevant voor het bepalen van de marktpositie van de leverancier. Wanneer koppelverkoop met een concurrentiebeding met betrekking tot het koppelende product wordt gecombineerd, versterkt dit in aanzienlijke mate de positie van de leverancier.
[30-06-2022, PbEU C 248, i.w.tr. 30-06-2022/regelingnummer 2022/C 248/01]

(396)
Afnemersmacht is een relevante factor, omdat belangrijke afnemers zich niet gemakkelijk tot het aanvaarden van koppelverkoop zullen laten dwingen wanneer niet ten minste een deel van de mogelijke efficiëntieverbeteringen aan hen ten goede komen. Er bestaat dus vooral een risico van niet op efficiëntieverbetering gebaseerde koppelverkoop in gevallen waarin de afnemers niet over noemenswaardige afnemersmacht beschikken.
[30-06-2022, PbEU C 248, i.w.tr. 30-06-2022/regelingnummer 2022/C 248/01]

(397)
Wanneer merkbare mededingingsverstorende effecten zijn vastgesteld, moet worden nagegaan of aan de voorwaarden van artikel 101, lid 3, van het Verdrag is voldaan. Verplichtingen inzake koppelverkoop kunnen efficiëntieverbeteringen opleveren die voortvloeien uit gezamenlijke productie of gezamenlijke distributie. Wanneer het gekoppelde product niet door de leverancier wordt geproduceerd, kan ook het feit dat de leverancier grote hoeveelheden van het gekoppelde product koopt een efficientieverbetering opleveren. De koppelverkoop kan echter alleen aan de voorwaarden van artikel 101, lid 3, van het Verdrag voldoen wanneer wordt aangetoond dat ten minste een deel van die kostenbesparingen aan de afnemer wordt doorgegeven, wat doorgaans niet het geval is wanneer de detailhandelaar door andere leveranciers dan de leverancier die de koppelverkoop toepast, tegen gelijke of betere voorwaarden

regelmatig dezelfde of equivalente producten geleverd kan krijgen. Een andere efficiëntieverbetering kan zijn dat koppelverkoop bijdraagt tot een zekere eenvormigheids- en kwaliteitsnormering (zie punt (16)(h)). Aangetoond moet echter worden dat de positieve effecten niet op even efficiënte wijze kunnen worden gerealiseerd door van de afnemer te eisen dat hij producten gebruikt of wederverkoopt die aan minimumkwaliteitsnormen voldoen, zonder hem ertoe te verplichten die proeducten van de leverancier of een door de leverancier aangewezen derde te kopen. De eisen inzake minimumkwaliteitsnormen vallen normaliter niet binnen het toepassingsgebied van artikel 101, lid 1, van het Verdrag. Wanneer de leverancier van het koppelende product van de afnemer verlangt dat hij het gekoppelde product koopt van de aangewezen leveranciers, bijvoorbeeld omdat geen minimumkwaliteitsnormen kunnen worden opgesteld, kan dit ook buiten het toepassingsgebied van artikel 101, lid 1, van het Verdrag vallen, in het bijzonder wanneer het aanwijzen van de leveranciers van het gekoppelde product de leverancier van het koppelende product geen direct (financieel) voordeel oplevert.

[30-06-2022, PbEU C 248, i.w.tr: 30-06-2022/regelingnummer 2022/C 248/01]

Bekendmaking beoordeling toeleveringsovereenkomsten ex artikel 85 Verdrag oprichting EEG

Bekendmaking van de Commissie van 18 december 1978 betreffende de beoordeling van toeleveringsovereenkomsten in het licht van artikel 85, lid 1, van het Verdrag tot oprichting van de Europese Economische Gemeenschap, PbEG 1979, C 1 (i.w.tr. 03-01-1979)

1

De Commissie van de Europese Gemeenschappen geeft in deze bekendmaking haar oordeel over wat rechtens de positie van toeleveringsovereenkomsten is in het licht van artikel 85, lid 1, van het EEG-Verdrag. Dit type overeenkomst vertegenwoordigt thans een vorm van arbeidsverdeling, waarin elke onderneming ongeacht haar omvang geïnteresseerd kan zijn, doch die met name ontwikkelingsmogelijkheden biedt voor de kleine en middelgrote ondernemingen.

De Commissie is van oordeel dat de overeenkomsten krachtens welke een onderneming, de 'opdrachtgever', al of niet in aansluiting op een bestelling van een derde partij een andere onderneming, de 'toeleverancier', belast met het volgens zijn richtsnoeren vervaardigen van produkten, verlenen van diensten of uitvoeren van werken, welke bestemd zijn om te worden geleverd aan de opdrachtgever, dan wel voor zijn rekening dienen te worden verricht, als zodanig niet onder het in artikel 85, lid 1, neergelegde verbod vallen.

De uitvoering van bepaalde toeleveringsovereenkomsten in overeenstemming met de richtsnoeren van de opdrachtgever kan echter het gebruik van specifieke kennis of uitrusting vergen, die de opdrachtgever aan de toeleverancier ter beschikking moet stellen. Ten einde de economische waarde van deze kennis of uitrusting te handhaven, kan er voor de opdrachtgever aanleiding zijn om de gebruikmaking daarvan door de toeleverancier te beperken tot de uitvoering van de overeenkomst. De vraag rijst derhalve of deze beperkingen onder artikel 85, lid 1, vallen. De beoordeling van deze beperkingen geschiedt aan de hand van het voorwerp van dergelijke overeenkomsten, waardoor zij worden onderscheiden van de gebruikelijke octrooi- en know-how-licentie-overeenkomsten.

[18-12-1978, PbEG C 1, i.w.tr. 03-01-1979]

2

De Commissie is van oordeel dat onder het verbod van artikel 85, lid 1, niet vallen clausules krachtens welke:
— de van de opdrachtgever afkomstige kennis of uitrusting niet mag worden gebruikt voor andere doeleinden dan de uitvoering van de overeenkomst,

Bekendmaking beoordeling toeleveringsovereenkomsten ex art. 85 Verdrag

- de van de opdrachtgever afkomstige kennis of uitrusting niet ter beschikking van derden mag worden gesteld,
- de produkten, diensten of werken welke uit de gebruikmaking daarvan resulteren alleen aan de opdrachtgever mogen worden geleverd, of alleen voor zijn rekening verricht mogen worden, indien en voor zover deze kennis of deze uitrusting noodzakelijk is om de toeleverancier in staat te stellen onder redelijke voorwaarden de produkten te vervaardigen, de diensten te leveren of de werken uit te voeren volgens de richtsnoeren van de opdrachtgever. In zoverre verricht de toeleverancier immers een activiteit, waarvoor hij niet als onafhankelijke aanbieder op de markt optreedt. Dit is over het algemeen het geval wanneer de uitvoering van de toeleveringsovereenkomst de gebruikmaking door de toeleverancier vereist van
- door de opdrachtgever gehouden of te zijner beschikking staande rechten van industriële eigendom in de vorm van octrooien, gedeponeerde gebruiksmodellen, tekeningen en modellen of andere beschermende rechten, of
- in het bezit van de opdrachtgever zijnde of te zijner beschikking staande technische kennis of vervaardigingsprocédés die een geheim karakter dragen (knowhow), of ook
- door of voor de opdrachtgever uitgewerkte studies, plannen en specifieke documenten of
- matrijzen, mallen, werktuigen en toebehoren eigen aan de opdrachtgever,

die, zelfs zonder het onderwerp te vormen van een recht van industriële eigendom of zonder een geheim karakter te dragen het mogelijk maken een produkt te vervaardigen waarvan vorm, werking of samenstelling zich onderscheiden van andere produkten die op de markt worden geproduceerd of geleverd.

Daarentegen is de toepassing van de bovenbedoelde clausules niet gerechtvaardigd indien de toeleverancier zelf de noodzakelijke kennis en uitrusting tot zijn beschikking heeft of onder redelijke voorwaarden kan verkrijgen om de produkten, diensten of werken te realiseren. Dit is hoofdzakelijk het geval wanneer de opdrachtgever zich ertoe beperkt hem algemene gegevens te verstrekken die alleen dienen ter beschrijving van de opdracht. Onder deze voorwaarden kunnen dergelijke beperkingen de toeleverancier immers de mogelijkheid ontnemen een onafhankelijke economische activiteit te ontplooien op de gebieden die het voorwerp van de overeenkomst vormen.
[18-12-1978, PbEG C 1, i.w.tr. 03-01-1979]

3

Ook de volgende beperkingen die in verband met het door de opdrachtgever doorgeven van technische kennis worden opgelegd, kunnen naar de mening van de Commissie in toeleveringsovereenkomsten worden opgenomen zonder aanleiding te geven tot bezwaren uit hoofde van artikel 85, lid 1:

- de verbintenis van elk der contractspartijen om de geheime technische kennis of vervaardigingsprocédés alsmede de vertrouwelijke inlichtingen die hem door zijn partner bij de onderhandelingen over en de uitvoering van de overeenkomst worden medegedeeld niet bekend te maken, zolang deze inlichtingen niet algemeen bekend zijn geworden;
- de verbintenis van de toeleverancier om de gedurende de looptijd van de overeenkomst ontvangen geheime technische kennis of vervaardigingsprocédés, zolang

deze niet algemeen bekend zijn geworden, zelfs na de tenuitvoerlegging van de toeleveringsovereenkomst niet te exploiteren;
- de verbintenis van de toeleverancier de door hem gedurende de looptijd van de overeenkomst ontdekte technische verbeteringen op niet-exclusieve basis aan de opdrachtgever mede te delen, of, indien het om door de onderaannemer gedane octrooieerbare uitvindingen gaat, aan de opdrachtgever voor de duur van het door deze gehouden octrooi niet-exclusieve verbeterings- of toepassingsoctrooilicenties te verlenen.

De verbintenis van de toeleverancier kan exclusief zijn ten voordele van de opdrachtgever voor zover de door de toeleverancier gedurende de looptijd van de overeenkomst uitgewerkte verbeteringen of gedane uitvindingen niet kunnen worden gebruikt zonder de geheime technische kennis of het octrooi van de opdrachtgever, aangezien dit dan geen merkbare beperking van de mededinging vormt.

Daarentegen kan elke verbintenis van de toeleverancier inzake het recht van beschikking over de toekomstige resultaten van zijn eigen onderzoeks- of ontwikkelingswerkzaamheden die zelfstandig zullen kunnen worden geëxploiteerd, de mededinging beperken. Onder deze omstandigheden is de toeleveringsbetrekking niet voldoende om af te wijken van de algemeen geldende mededingingsregels betreffende de beschikking over rechten van industriële eigendom of geheime technische kennis.
[18-12-1978, PbEG C 1, i.w.tr. 03-01-1979]

4

Wanneer de toeleverancier gerechtigd is om in het kader van de toeleveringsovereenkomst een merk, de handelsbenaming of een bepaalde presentatie te gebruiken, kan de opdrachtgever ook aan de toeleverancier verbieden zulks te doen met betrekking tot de produkten, diensten of werken die niet zijn bestemd om aan hem te worden geleverd.
[18-12-1978, PbEG C 1, i.w.tr. 03-01-1979]

5

Deze bekendmaking, waardoor de ondernemingen er over het algemeen geen belang meer bij zullen hebben om door een individuele beschikking van de Commissie te doen ophelderen hoe de positie rechtens is, doet niet af aan de mogelijkheid voor de betrokken ondernemingen om een negatieve verklaring in de zin van artikel 2 van Verordening nr. 17 te verzoeken of de overeenkomst bij de Commissie aan te melden conform artikel 4, lid 1, van die verordening.

De bekendmaking van 1968 betreffende samenwerking tussen ondernemingen, waarin een reeks overeenkomsten worden opgenoemd die gezien hun aard de mededinging niet beperken, wordt aldus aangevuld op het gebied van de toeleveringsovereenkomsten. De Commissie herinnert er eveneens aan dat zij met het oog op de bevordering van de samenwerking tussen kleine en middelgrote ondernemingen een 'bekendmaking inzake overeenkomsten van geringe betekenis die niet onder artikel 85, lid 1, van het EEG-Verdrag vallen' heeft gepubliceerd.

Op het eventuele oordeel van het Hof van Justitie van de Europese Gemeenschappen over de betrokken overeenkomsten wordt door deze bekendmaking niet vooruit gelopen.
[18-12-1978, PbEG C 1, i.w.tr. 03-01-1979]

Nederland

Besluit vrijstelling branchebeschermingsovereenkomsten

Besluit van 25 november 1997, houdende vrijstelling van branchebeschermingsovereenkomsten in nieuwe winkelcentra van het verbod van mededingingsafspraken, Stb. 1997, 596, zoals laatstelijk gewijzigd op 10 december 2008, Stb. 2008, 542 (i.w.tr. 19-12-2008)

Wij Beatrix, bij de gratie Gods, Koningin der Nederlanden, Prinses van Oranje-Nassau, enz. enz. enz.
Op de voordracht van Onze Minister van Economische Zaken van 28 augustus 1997, nr. 97053011 WJA/W;
Gelet op artikel 15, eerste lid, van de Mededingingswet;
De Raad van State gehoord (advies van 20 oktober 1997, nr. W10.97.0567);
Gezien het nader rapport van Onze Minister van Economische Zaken van 20 november 1997, nr. 97072394 WJA/W;
Hebben goedgevonden en verstaan:

Artikel 1
In dit besluit wordt verstaan onder:
a. winkelcentrum: een naar opzet van de bouw en in organisatie en presentatie afgebakende groep van voor het publiek toegankelijke vestigingen van ondernemingen die rechtstreeks goederen of diensten aan eindgebruikers plegen te leveren;
b. branchebeschermingsovereenkomst: een overeenkomst tussen een onderneming die eigenaar of beheerder is van een winkelcentrum en een in dat winkelcentrum gevestigde of zich vestigende andere onderneming, die strekt tot het beperken van de toelating tot dat winkelcentrum van ondernemingen die rechtstreeks gelijke of gelijksoortige goederen of diensten aan eindgebruikers plegen aan te bieden als reeds in het winkelcentrum gevestigde of zich vestigende ondernemingen.
[25-11-1997, Stb. 596, i.w.tr. 01-01-1998]

Artikel 2
Artikel 6, eerste lid, van de Mededingingswet geldt niet voor een branchebeschermingsovereenkomst gedurende zes jaar na de datum waarop de huur is aangevangen van de eerste zich in het desbetreffende winkelcentrum vestigende onderneming.
[25-11-1997, Stb. 596, i.w.tr. 01-01-1998]

Besluit vrijstelling branchebeschermingsovereenkomsten

Artikel 3
Dit besluit treedt in werking met ingang van 1 januari 1998.
[10-12-2008, Stb. 542, i.w.tr. 19-12-2008]

Artikel 4
Dit besluit wordt aangehaald als: Besluit vrijstelling branchebeschermingsovereenkomsten.
[25-11-1997, Stb. 596, i.w.tr. 01-01-1998]

II.C Technologieoverdracht

Verordening (EU) nr. 316/2014 toepassing artikel 101, lid 3, van het Verdrag betreffende de werking van de Europese Unie op groepen overeenkomsten inzake technologieoverdracht

(Voor de EER relevante tekst)

Verordening van de Commissie van 21 maart 2014 betreffende de toepassing van artikel 101, lid 3, van het Verdrag betreffende de werking van de Europese Unie op groepen overeenkomsten inzake technologieoverdracht, PbEU 2014, L 93 (i.w.tr. 01-05-2014)

DE EUROPESE COMMISSIE,
Gezien het Verdrag betreffende de werking van de Europese Unie,
Gezien Verordening nr. 19/65/EEG van de Raad van 2 maart 1965 betreffende de toepassing van artikel 85, lid 3, van het Verdrag op bepaalde groepen overeenkomsten en onderling afgestemde feitelijke gedragingen [1], en met name artikel 1,
Na bekendmaking van de ontwerpverordening,
Na raadpleging van het Adviescomité voor mededingingsregelingen en economische machtsposities,
Overwegende hetgeen volgt:
(1) Op grond van Verordening nr. 19/65/EEG is de Commissie bevoegd artikel 101, lid 3, van het Verdrag bij verordening toe te passen op bepaalde groepen overeenkomsten inzake technologieoverdracht en op vergelijkbare onderling afgestemde feitelijke gedragingen die onder artikel 101, lid 1, van het Verdrag vallen, wanneer bij die overeenkomsten of gedragingen slechts twee partijen betrokken zijn.
(2) Op grond van Verordening nr. 19/65/EEG heeft de Commissie met name Verordening (EG) nr. 772/2004 [2] vastgesteld. In Verordening (EG) nr. 772/2004 worden groepen overeenkomsten inzake technologieoverdracht omschreven waarvan volgens de Commissie kon worden aangenomen dat zij gewoonlijk aan de voorwaarden van artikel 101, lid 3, van het Verdrag voldoen. Gezien de over het geheel genomen positieve ervaring met de toepassing van die verordening, die op 30 april 2014 vervalt, en gezien de verdere ervaring die sinds de vaststelling van die verordening is opgedaan, is het passend een nieuwe groepsvrijstellingsverordening vast te stellen.
(3) Deze verordening dient aan twee vereisten te voldoen: zij moet een daadwerkelijke bescherming van de mededinging waarborgen en zij moet de ondernemingen voldoende rechtszekerheid verschaffen. Bij het nastreven van deze doelstellingen

---
(1) *PB* 36 van 6.3.1965, blz. 533/65.
(2) Verordening (EG) nr. 772/2004 van de Commissie van 7 april 2004 betreffende de toepassing van artikel 81, lid 3, van het Verdrag op groepen overeenkomsten inzake technologieoverdracht (*PB* L 123 van 27.4.2004, blz. 11).

dient rekening te worden gehouden met de noodzaak om het overheidstoezicht en het wetgevingskader zo veel mogelijk te vereenvoudigen.

(4) Overeenkomsten inzake technologieoverdracht hebben betrekking op het in licentie geven van technologierechten. Deze overeenkomsten verbeteren gewoonlijk de economische efficiëntie en zijn concurrentiebevorderend, aangezien zij doublures in onderzoek en ontwikkeling kunnen beperken, de prikkels voor het verrichten van oorspronkelijk onderzoek en ontwikkeling kunnen versterken, vervolginnovatie kunnen aanwakkeren, de verspreiding kunnen vergemakkelijken en tot concurrentie op de productmarkt kunnen leiden.

(5) In hoeverre dergelijke efficiëntieverbeterende en concurrentiebevorderende effecten opwegen tegen de eventuele concurrentieverstorende effecten als gevolg van beperkingen die in overeenkomsten inzake technologieoverdracht zijn opgenomen, hangt af van de omvang van de marktmacht van de betrokken ondernemingen en bijgevolg van de mate waarin die ondernemingen concurrentie ondervinden van ondernemingen die over vervangingstechnologieën beschikken, of ondernemingen die vervangproducten vervaardigen.

(6) Deze verordening dient uitsluitend betrekking te hebben op overeenkomsten inzake technologieoverdracht tussen een licentiegever en een licentienemer. Dergelijke overeenkomsten vallen onder deze verordening, zelfs indien de overeenkomst voorwaarden bevat betreffende meer dan één handelsniveau, bijvoorbeeld wanneer aan de licentienemer de verplichting wordt opgelegd een bepaald distributiestelsel op te zetten en tevens wordt bepaald welke verplichtingen hij moet of mag opleggen aan de wederverkopers van de onder licentie vervaardigde producten. Die bepalingen en verplichtingen moeten evenwel in overeenstemming zijn met de mededingingsregels die van toepassing zijn op leverings- en distributieovereenkomsten zoals uiteengezet in Verordening (EU) nr. 330/2010 van de Commissie [3]. Leverings- en distributieovereenkomsten tussen een licentienemer en afnemers van zijn contractproducten dienen niet onder de bij deze verordening verleende vrijstelling te vallen.

(7) Deze verordening dient uitsluitend van toepassing te zijn op overeenkomsten waarbij de licentiegever de licentienemer en/of één of meer van zijn toeleveranciers machtigt de in licentie gegeven technologierechten, eventueel na verder onderzoek en ontwikkeling door de licentienemer en/of zijn toeleverancier(s), te exploiteren voor de productie van goederen of diensten. Zij dient niet van toepassing te zijn op het verlenen van licenties in het kader van onderzoeks- en ontwikkelingsovereenkomsten die vallen onder Verordening (EU) nr. 1217/2010 van de Commissie [4] of op het verlenen van licenties in het kader van specialisatieovereenkomsten die vallen onder Verordening (EU) nr. 1218/2010 van de Commissie [5]. Zij dient evenmin van

---

(3) Verordening (EU) nr. 330/2010 van de Commissie van 20 april 2010 betreffende de toepassing van artikel 101, lid 3, van het Verdrag betreffende de werking van de Europese Unie op groepen verticale overeenkomsten en onderling afgestemde feitelijke gedragingen (*PB* L 102 van 23.4.2010, blz. 1).
(4) Verordening (EU) nr. 1217/2010 van de Commissie van 14 december 2010 betreffende de toepassing van artikel 101, lid 3, van het Verdrag betreffende de werking van de Europese Unie op bepaalde groepen onderzoeks- en ontwikkelingsovereenkomsten (*PB* L 335 van 18.12.2010, blz. 36).
(5) Verordening (EU) nr. 1218/2010 van de Commissie van 14 december 2010 betreffende de toepassing van artikel 101, lid 3, van het Verdrag betreffende de werking van de Europese Unie op bepaalde groepen specialisatieovereenkomsten (*PB* L 335 van 18.12.2010, blz. 43).

toepassing te zijn op overeenkomsten die louter bedoeld zijn voor de reproductie en distributie van door auteursrechten beschermde softwareproducten, omdat dergelijke overeenkomsten geen betrekking hebben op het in licentie geven van een technologie met het oog op productie maar eerder te vergelijken zijn met distributieovereenkomsten. Zij dient ook niet van toepassing te zijn op overeenkomsten met het oog op de vorming van technologiepools, dit wil zeggen overeenkomsten waarbij technologieën worden bijeengebracht met het doel deze aan derden in licentie te geven, noch op overeenkomsten waarbij de gepoolde technologie aan deze derden in licentie wordt gegeven.

(8) Voor de toepassing van artikel 101, lid 3, van het Verdrag bij verordening is het niet noodzakelijk te omschrijven welke overeenkomsten inzake technologieoverdracht onder artikel 101, lid 1, van het Verdrag kunnen vallen. Bij de individuele toetsing van overeenkomsten aan artikel 101, lid 1, dient rekening te worden gehouden met verscheidene factoren, in het bijzonder de structuur en de dynamiek van de relevante technologie- en productmarkten.

(9) Het voordeel van de bij deze verordening vastgestelde groepsvrijstelling dient te worden beperkt tot die overeenkomsten waarvan met voldoende zekerheid kan worden aangenomen dat zij aan de voorwaarden van artikel 101, lid 3, van het Verdrag voldoen. Om de voordelen en doelstellingen van technologieoverdracht te verwezenlijken, dient deze verordening niet alleen betrekking te hebben op technologieoverdracht als zodanig, maar ook op andere bepalingen in overeenkomsten inzake technologieoverdracht, indien en voor zover deze bepalingen rechtstreeks verband houden met de vervaardiging of de verkoop van de contractproducten.

(10) Bij overeenkomsten inzake technologieoverdracht die tussen concurrenten worden gesloten, kan ervan worden uitgegaan dat, wanneer het gezamenlijke marktaandeel van de partijen niet groter is dan 20 % van de relevante markten en de overeenkomsten niet bepaalde sterk mededingingsverstorende beperkingen bevatten, deze over het algemeen tot een verbetering van de productie of distributie van producten leiden en een billijk aandeel in de daaruit voortvloeiende voordelen de gebruikers ten goede komt.

(11) Bij overeenkomsten inzake technologieoverdracht die worden gesloten tussen niet-concurrenten, kan ervan worden uitgegaan dat, wanneer het individuele marktaandeel van elk van de partijen niet groter is dan 30 % van de relevante markten en de overeenkomsten niet bepaalde sterk mededingingsverstorende beperkingen bevatten, deze over het algemeen tot een verbetering van de productie of distributie van producten leiden en een billijk aandeel in de daaruit voortvloeiende voordelen de gebruikers ten goede komt.

(12) Indien de toepasselijke marktaandeeldrempel op één of meer product- of technologiemarkten wordt overschreden, dient de groepsvrijstelling voor de overeenkomst niet van toepassing te zijn op de overeenkomst voor de betrokken relevante markten.

(13) Er kan niet van worden uitgegaan dat, boven deze marktaandeeldrempels, overeenkomsten inzake technologieoverdracht onder artikel 101, lid 1, van het Verdrag vallen. Exclusieve licentieovereenkomsten tussen niet-concurrerende ondernemingen bijvoorbeeld vallen dikwijls buiten het toepassingsgebied van artikel 101, lid 1. Er kan ook niet van worden uitgegaan dat, boven deze marktaandeeldrempels, overeenkomsten inzake technologieoverdracht welke onder artikel 101, lid 1, vallen, niet voldoen aan de voorwaarden voor vrijstelling. Evenmin kan echter worden aangeno-

men dat zij gewoonlijk objectieve voordelen zullen meebrengen van een dergelijke aard en omvang dat zij opwegen tegen de uit deze overeenkomsten voortvloeiende nadelen voor de mededinging.

(14) Deze verordening dient geen vrijstelling te verlenen voor overeenkomsten inzake technologieoverdracht welke beperkingen bevatten die voor de verbetering van de productie of van de distributie niet onmisbaar zijn. Met name overeenkomsten inzake technologieoverdracht welke bepaalde sterk mededingingsverstorende beperkingen bevatten, zoals het toepassen van vaste prijzen ten aanzien van derden, dienen, ongeacht de marktaandelen van de betrokken ondernemingen, van het voordeel van de in deze verordening vervatte groepsvrijstelling te worden uitgesloten. Indien dergelijke ingrijpende beperkingen ('hardcorebeperkingen') in de overeenkomst voorkomen, dient de gehele overeenkomst van het voordeel van de groepsvrijstelling te worden uitgesloten.

(15) Om prikkels tot innovatie en de passende uitoefening van intellectuele-eigendomsrechten te beschermen, dienen bepaalde beperkingen van de groepsvrijstelling te worden uitgesloten. Dit geldt met name voor bepaalde 'grant back'-verplichtingen en niet-aanvechtingsbedingen. Wanneer een dergelijke beperking in een licentieovereenkomst is opgenomen, dient alleen de desbetreffende beperking van het voordeel van de groepsvrijstelling te worden uitgesloten.

(16) De marktaandeeldrempels en de niet-vrijstelling van overeenkomsten inzake technologieoverdracht die de in deze verordening bedoelde sterk mededingingsverstorende beperkingen en uitgesloten beperkingen bevatten, bieden normaliter een afdoende garantie dat de overeenkomsten waarvoor de groepsvrijstelling geldt, de deelnemende ondernemingen niet de mogelijkheid geven voor een wezenlijk deel van de betrokken producten de mededinging uit te schakelen.

(17) De Commissie kan, overeenkomstig artikel 29, lid 1, van Verordening (EG) nr. 1/2003 van de Raad [6], de groepsvrijstelling intrekken wanneer zij in een bepaald geval van oordeel is dat een overeenkomst waarop de in de onderhavige verordening vastgestelde vrijstelling van toepassing is, toch gevolgen heeft die onverenigbaar zijn met artikel 101, lid 3, van het Verdrag. Dit kan met name het geval zijn wanneer de prikkels tot innovatie worden beperkt of wanneer de toegang tot markten wordt belemmerd.

(18) De mededingingsautoriteit van een lidstaat kan, overeenkomstig artikel 29, lid 2, van Verordening (EG) nr. 1/2003, ten aanzien van het grondgebied van die lidstaat, of een gedeelte daarvan, de groepsvrijstelling intrekken wanneer in een bepaald geval een overeenkomst waarop de in de onderhavige verordening vastgestelde vrijstelling van toepassing is, toch op het grondgebied van die lidstaat, of een gedeelte daarvan, met artikel 101, lid 3, van het Verdrag onverenigbare gevolgen heeft en wanneer dat grondgebied alle kenmerken van een afzonderlijke geografische markt vertoont.

(19) Ter versterking van het toezicht op naast elkaar bestaande netwerken van overeenkomsten inzake technologieoverdracht die een soortgelijke mededingingsbeperkende werking hebben en meer dan 50 % van een bepaalde markt bestrijken, kan de Commissie de onderhavige verordening bij verordening buiten toepassing verklaren voor overeenkomsten inzake technologieoverdracht die bepaalde met de

---

(6) Verordening (EG) nr. 1/2003 van de Raad van 16 december 2002 betreffende de uitvoering van de mededingingsregels van de artikelen 81 en 82 van het Verdrag (PB L 1 van 4.1.2003, blz. 1).

betrokken markt verband houdende beperkingen bevatten, en daarmee de volledige toepassing van artikel 101 van het Verdrag op deze overeenkomsten herstellen,
HEEFT DE VOLGENDE VERORDENING VASTGESTELD:

Artikel 1
Definities

1. Voor de toepassing van deze verordening wordt verstaan onder:
   a) 'overeenkomst': een overeenkomst, besluit van ondernemersverenigingen of onderling afgestemde feitelijke gedraging;
   b) 'technologierechten': knowhow en de volgende rechten of een combinatie daarvan, met inbegrip van de aanvragen van deze rechten of de aanvragen tot inschrijving ervan:
      i) octrooien;
      ii) gebruiksmodellen;
      iii) ontwerprechten;
      iv) topografieën van halfgeleiderproducten;
      v) aanvullende beschermingscertificaten voor geneesmiddelen of andere producten waarvoor een dergelijk aanvullend beschermingscertificaat kan worden verkregen;
      vi) kwekerscertificaten, en
      vii) auteursrechten voor softwareproducten;
   c) 'overeenkomst inzake technologieoverdracht':
      i) een overeenkomst voor het in licentie geven van technologierechten die tussen twee ondernemingen wordt gesloten met het oog op de vervaardiging van contractproducten door de licentienemer en/of zijn toeleverancier(s);
      ii) een overdracht van technologierechten tussen twee ondernemingen met het oog op de vervaardiging van contractproducten waarbij een deel van het met de exploitatie van de technologie verbonden risico bij de overdrager blijft berusten;
   d) 'wederkerige overeenkomst': overeenkomst inzake technologieoverdracht waarbij twee ondernemingen elkaar, middels één contract dan wel afzonderlijke contracten, een licentie voor technologierechten verlenen en deze licenties betrekking hebben op concurrerende technologieën of voor de vervaardiging van concurrerende producten kunnen worden gebruikt;
   e) 'niet-wederkerige overeenkomst': overeenkomst inzake technologieoverdracht waarbij een onderneming een andere onderneming een licentie voor technologierechten verleent, of twee ondernemingen elkaar een dergelijke licentie verlenen, zonder dat deze licenties betrekking hebben op concurrerende technologieën of voor de vervaardiging van concurrerende producten kunnen worden gebruikt;
   f) 'product': een goed of een dienst, daaronder begrepen zowel intermediaire goederen en diensten als finale goederen en diensten;
   g) 'contractproduct': product dat, direct of indirect, met behulp van de in licentie gegeven technologierechten wordt vervaardigd;
   h) 'intellectuele-eigendomsrechten': met name industriële-eigendomsrechten zoals octrooien en handelsmerken, auteursrechten en naburige rechten;
   i) 'knowhow': een geheel van praktische kennis die voortvloeit uit ervaring en onderzoek en die:

i) geheim is, dat wil zeggen niet algemeen bekend of gemakkelijk verkrijgbaar is;
ii) wezenlijk is, dat wil zeggen, belangrijk en nuttig is voor de vervaardiging van de contractproducten, en
iii) bepaald is, dat wil zeggen, zodanig volledig beschreven is dat kan worden nagegaan of deze kennis aan de criteria van geheim-zijn en wezenlijkheid voldoet;

j) 'relevante productmarkt': de markt voor de contractproducten en de substituten daarvan, dat wil zeggen alle producten die op grond van hun kenmerken, hun prijs en het gebruik waarvoor zij zijn bestemd, door de kopers als onderling verwisselbaar of substitueerbaar worden beschouwd;

k) 'relevante technologiemarkt': de markt voor de in licentie gegeven technologierechten en de substituten daarvan, dat wil zeggen alle technologierechten die op grond van hun kenmerken, de royalty's die ervoor moeten worden betaald en het gebruik waarvoor zij zijn bestemd, door de licentienemers als onderling verwisselbaar of substitueerbaar worden beschouwd;

l) 'relevante geografische markt': het gebied waarin de betrokken ondernemingen een rol spelen in de vraag naar en het aanbod van producten of het in licentie geven van technologierechten, waarin sprake is van voldoende homogene mededingingsvoorwaarden en dat van de aangrenzende gebieden kan worden onderscheiden doordat daarin duidelijk afwijkende mededingingsvoorwaarden gelden;

m) 'relevante markt': de combinatie van de relevante product- of technologiemarkt en de relevante geografische markt;

n) 'concurrerende ondernemingen': ondernemingen die op de relevante markt concurreren, dat wil zeggen:
  i) concurrerende ondernemingen op de relevante markt waarop de technologierechten in licentie worden gegeven, dat wil zeggen ondernemingen die concurrerende technologierechten in licentie geven (daadwerkelijke concurrenten op de relevante markt);
  ii) concurrerende ondernemingen op de relevante markt waarop de contractproducten worden verkocht, dat wil zeggen ondernemingen die, bij afwezigheid van de overeenkomst inzake technologieoverdracht, beide actief zouden zijn op de relevante markt(en) waarop de contractproducten worden verkocht (daadwerkelijke concurrenten op de relevante markt) of die, bij afwezigheid van de overeenkomst inzake technologieoverdracht, op grond van realistische verwachtingen en niet als louter theoretische mogelijkheid, in geval van een geringe maar duurzame verhoging van de relatieve prijzen wellicht binnen een korte tijd de vereiste extra investeringen zouden doen of andere noodzakelijke omschakelingskosten zouden maken om de relevante markt(en) te betreden (potentiële concurrenten op de relevante markt);

o) 'selectief distributiestelsel': een distributiestelsel waarbij de licentiegever zich ertoe verbindt de vervaardiging van de contractproducten, direct of indirect, slechts in licentie te geven aan licentienemers die op grond van vastgestelde criteria zijn geselecteerd, en waarbij deze licentienemers zich ertoe verbinden de contractproducten niet aan niet-erkende distributeurs te verkopen binnen het gebied dat door de licentiegever voor de exploitatie van dat stelsel is voorbehouden;

p) 'exclusieve licentie': een licentie waarbij de licentiegever zelf niet op basis van de in licentie gegeven technologierechten mag produceren en de in licentie gegeven technologierechten niet aan derden in licentie mag geven, zij het in het algemeen of voor een specifiek gebruik of in een bepaald gebied;
q) 'exclusief gebied': een bepaald gebied waarin slechts één onderneming de contractproducten mag vervaardigen, maar waar het niettemin mogelijk is om een andere licentienemer toe te staan de contractproducten in dat gebied uitsluitend voor een specifieke afnemer te vervaardigen, wanneer de tweede licentie is verleend om die afnemer een alternatieve voorzieningsbron te bieden;
r) 'exclusieve klantenkring': een groep afnemers waaraan slechts één partij bij de overeenkomst inzake technologieoverdracht de met de in licentie gegeven technologie vervaardigde contractproducten actief mag verkopen.

2. Voor de toepassing van deze verordening omvatten de begrippen 'onderneming', 'licentiegever' en 'licentienemer' tevens hun respectieve verbonden ondernemingen. Onder 'verbonden ondernemingen' worden verstaan:
a) ondernemingen waarin een partij bij de overeenkomst inzake technologieoverdracht direct of indirect:
   i) hetzij de bevoegdheid heeft meer dan de helft van de stemrechten uit te oefenen;
   ii) hetzij de bevoegdheid heeft meer dan de helft van de leden van de raad van toezicht, van de raad van bestuur of van de krachtens de wet tot vertegenwoordiging bevoegde organen te benoemen;
   iii) hetzij het recht heeft de zaken van de onderneming te leiden;
b) ondernemingen die ten aanzien van een onderneming die partij is bij de overeenkomst inzake technologieoverdracht, direct of indirect over de onder a) genoemde rechten of bevoegdheden beschikken;
c) ondernemingen waarin een onderneming als bedoeld onder b) direct of indirect de onder a) genoemde rechten of bevoegdheden heeft;
d) ondernemingen waarin een partij bij de overeenkomst inzake technologieoverdracht gezamenlijk met één of meer van de ondernemingen als bedoeld onder a), b) of c), of waarin twee of meer van de laatstgenoemde ondernemingen gezamenlijk over de onder a) genoemde rechten of bevoegdheden beschikken;
e) ondernemingen waarin over de onder a) genoemde rechten of bevoegdheden gezamenlijk wordt beschikt door:
   i) partijen bij de overeenkomst inzake technologieoverdracht of de respectieve met hen verbonden ondernemingen als bedoeld onder a) tot en met d), of
   ii) één of meer van de partijen bij de overeenkomst inzake technologieoverdracht of één of meer van de met hen verbonden ondernemingen als bedoeld onder a) tot en met d) en één of meer derden.

[21-03-2014, PbEU L 93, i.w.tr. 01-05-2014/regelingnummer 316/2014]

Artikel 2
Vrijstelling
1. Overeenkomstig artikel 101, lid 3, van het Verdrag en onder de in deze verordening vastgestelde voorwaarden is artikel 101, lid 1, van het Verdrag niet van toepassing op overeenkomsten inzake technologieoverdracht.

2. De in lid 1 bedoelde vrijstelling is van toepassing voor zover overeenkomsten inzake technologieoverdracht mededingingsbeperkingen bevatten die binnen het toepassingsgebied van artikel 101, lid 1, van het Verdrag vallen. De vrijstelling geldt zolang de in licentie gegeven technologierechten niet zijn verstreken, vervallen of nietig verklaard of, in het geval van knowhow, zolang de knowhow geheim blijft. Wanneer deze echter algemeen bekend raakt door toedoen van de licentienemer, geldt de vrijstelling voor de duur van de overeenkomst.

3. De in lid 1 bedoelde vrijstelling is ook van toepassing op bepalingen, in overeenkomsten inzake technologieoverdracht, die betrekking hebben op de aankoop van producten door de licentienemer of op het in licentie geven of toekennen van andere intellectuele-eigendomsrechten of knowhow aan de licentienemer, indien en voor zover die bepalingen rechtstreeks verband houden met de vervaardiging of de verkoop van contractproducten.

[21-03-2014, PbEU L 93, i.w.tr. 01-05-2014/regelingnummer 316/2014]

Artikel 3
Marktaandeeldrempels

1. Indien de ondernemingen die partij zijn bij de overeenkomst concurrerende ondernemingen zijn, geldt de vrijstelling van artikel 2 voor zover het gezamenlijke marktaandeel van de partijen op de relevante markt(en) niet meer dan 20 % bedraagt.
2. Indien de ondernemingen die partij zijn bij de overeenkomst geen concurrerende ondernemingen zijn, geldt de vrijstelling van artikel 2 voor zover het marktaandeel van elk van de partijen op de relevante markt(en) niet meer dan 30 % bedraagt.

[21-03-2014, PbEU L 93, i.w.tr. 01-05-2014/regelingnummer 316/2014]

Artikel 4
Meest ingrijpende beperkingen ('hardcorebeperkingen')

1. Indien de ondernemingen die partij zijn bij de overeenkomst concurrerende ondernemingen zijn, geldt de vrijstelling van artikel 2 niet voor overeenkomsten die, als zodanig of in combinatie met andere factoren waarover de partijen controle hebben, direct of indirect tot doel hebben:
a) de mogelijkheden van een partij tot vaststelling van zijn prijzen bij verkoop van producten aan derden, te beperken;
b) de productie te beperken, met uitzondering van beperkingen van de vervaardiging van contractproducten die aan de licentienemer worden opgelegd in een niet-wederkerige overeenkomst of die aan slechts één van de licentienemers worden opgelegd in een wederkerige overeenkomst;
c) markten of klanten toe te wijzen, met uitzondering van:
   i) de verplichting die in een niet-wederkerige overeenkomst aan de licentiegever en/of de licentienemer werd opgelegd om met de in licentie gegeven technologierechten niet in het aan de andere partij voorbehouden exclusieve gebied te produceren, en/of niet actief en/of passief, te verkopen in het exclusieve gebied of aan de exclusieve klantenkring die aan de andere partij is voorbehouden;
   ii) de beperking, in een niet-wederkerige overeenkomst, van actieve verkoop door de licentienemer in het exclusieve gebied of aan de exclusieve klantenkring die door de licentiegever aan een andere licentienemer is toegewezen,

mits laatstgenoemde ten tijde van het sluiten van zijn licentieovereenkomst geen concurrerende onderneming van de licentiegever was;
iii) de verplichting die aan de licentienemer wordt opgelegd om de contractproducten uitsluitend te vervaardigen voor eigen gebruik, mits de licentienemer niet wordt beperkt met betrekking tot de actieve of passieve verkoop van de contractproducten als reserveonderdelen voor zijn eigen producten;
iv) de verplichting die in een niet-wederkerige overeenkomst aan de licentienemer wordt opgelegd om de contractproducten uitsluitend te vervaardigen voor een specifieke afnemer, indien de licentie is verleend om die afnemer een alternatieve voorzieningsbron te bieden;
d) de beperking van de mogelijkheden van de licentienemer om zijn eigen technologierechten te exploiteren of de beperking van de mogelijkheden van een partij bij de overeenkomst om onderzoek en ontwikkeling te verrichten, tenzij die laatste beperking noodzakelijk is om te voorkomen dat de in licentie gegeven knowhow aan derden wordt bekendgemaakt.

2. Indien de ondernemingen die partij zijn bij de overeenkomst geen concurrerende ondernemingen zijn, geldt de vrijstelling van artikel 2 niet voor overeenkomsten die, als zodanig of in combinatie met andere factoren waarover de partijen controle hebben, direct of indirect tot doel hebben:
a) de mogelijkheden van een partij tot vaststelling van zijn prijzen bij verkoop van producten aan derden te beperken, onverminderd de mogelijkheid een maximumprijs op te leggen of een verkoopprijs aan te bevelen, mits dit niet als gevolg van door een van de partijen uitgeoefende druk of gegeven prikkels hetzelfde effect heeft als een vaste prijs of minimumprijs;
b) het gebied waarin, of de afnemers waaraan de licentienemer de contractproducten passief mag verkopen te beperken, met uitzondering van:
   i) de beperking van de passieve verkoop in een exclusief gebied of aan een exclusieve klantenkring, voorbehouden aan de licentiegever;
   ii) de verplichting om de contractproducten uitsluitend te vervaardigen voor eigen gebruik, mits de licentienemer geen beperkingen worden opgelegd ten aanzien van de actieve en passieve verkoop van de contractproducten als reserveonderdelen voor zijn eigen producten;
   iii) de verplichting om de contractproducten uitsluitend te vervaardigen voor een specifieke afnemer, indien de licentie is verleend om die afnemer een alternatieve voorzieningsbron te bieden;
   iv) de beperking van de verkoop aan eindgebruikers door een op groothandelsniveau werkzame licentienemer;
   v) de beperking van de verkoop aan niet-erkende distributeurs door de leden van een selectief distributiestelsel;
c) de actieve of passieve verkoop aan eindgebruikers door een licentienemer die lid is van een selectief distributiestelsel en die op detailhandelsniveau werkzaam is, te beperken, onverminderd de mogelijkheid om een lid van het stelsel te verbieden vanuit een niet-erkende plaats van vestiging werkzaam te zijn.

3. Indien de ondernemingen die partij zijn bij de overeenkomst ten tijde van de sluiting van de overeenkomst geen concurrerende ondernemingen zijn maar vervolgens concurrerende ondernemingen worden, is lid 2 en niet lid 1 gedurende de volledige looptijd van de overeenkomst van toepassing, tenzij de overeenkomst later op enig

wezenlijk punt wordt gewijzigd. Een dergelijke wijziging betreft bijvoorbeeld het sluiten van een nieuwe overeenkomst inzake technologieoverdracht tussen de partijen met betrekking tot concurrerende technologierechten.
[21-03-2014, PbEU L 93, i.w.tr. 01-05-2014/regelingnummer 316/2014]

Artikel 5
Uitgesloten beperkingen
1. De vrijstelling van artikel 2 is niet van toepassing op de volgende in overeenkomsten inzake technologieoverdracht vervatte verplichtingen:
a) de directe of indirecte aan de licentienemer opgelegde verplichting om aan de licentiegever of aan een door de licentiegever aangewezen derde een exclusieve licentie te verlenen of geheel of gedeeltelijk rechten over te dragen met betrekking tot zijn eigen verbeteringen aan of zijn eigen nieuwe toepassingen van de in licentie gegeven technologie;
b) de directe of indirecte aan een partij opgelegde verplichting om de geldigheid van intellectuele-eigendomsrechten die de andere partij in de Unie bezit niet aan te vechten, onverminderd de mogelijkheid om, ingeval van een exclusieve licentie, de overeenkomst inzake technologieoverdracht te beëindigen indien de licentienemer de geldigheid van een van de in licentie gegeven technologierechten aanvecht.

2. Indien de ondernemingen die partij zijn bij de overeenkomst geen concurrerende ondernemingen zijn, is de vrijstelling van artikel 2 niet van toepassing op elke directe of indirecte verplichting die de mogelijkheden van de licentienemer om zijn eigen technologierechten te exploiteren, of de mogelijkheden van een van de partijen bij de overeenkomst om onderzoek en ontwikkeling te verrichten, beperkt, tenzij die laatste beperking noodzakelijk is om te voorkomen dat de in licentie gegeven knowhow aan derden wordt bekendgemaakt.
[21-03-2014, PbEU L 93, i.w.tr. 01-05-2014/regelingnummer 316/2014]

Artikel 6
Intrekking in individuele gevallen
1. De Commissie kan overeenkomstig artikel 29, lid 1, van Verordening (EG) nr. 1/2003 het voordeel van deze verordening intrekken wanneer zij in een bepaald geval vaststelt dat een overeenkomst inzake technologieoverdracht waarop de vrijstelling van artikel 2 van deze verordening van toepassing is, toch gevolgen heeft die onverenigbaar zijn met artikel 101, lid 3, van het Verdrag, en met name wanneer:
a) de toegang van technologieën van derden tot de markt wordt belemmerd, bijvoorbeeld door het cumulatieve effect van naast elkaar bestaande netwerken van gelijksoortige beperkende overeenkomsten die de licentienemers het gebruik van technologieën van derden verbieden;
b) de toegang van potentiële licentienemers tot de markt wordt beperkt, bijvoorbeeld door het cumulatieve effect van naast elkaar bestaande netwerken van gelijksoortige beperkende overeenkomsten die de licentiegevers verbieden om licenties te verlenen aan andere licentienemers, of doordat de enige eigenaar van technologie die de relevante technologierechten in licentie geeft, een exclusieve licentie verleent aan een licentienemer die reeds op de productmarkt actief is op basis van substitueerbare technologierechten.

2. Indien in een bijzonder geval een overeenkomst inzake technologieoverdracht waarop de vrijstelling van artikel 2 van deze verordening van toepassing is, op het grondgebied of op een gedeelte van het grondgebied van een lidstaat dat alle kenmerken van een afzonderlijke geografische markt vertoont, met artikel 101, lid 3, van het Verdrag onverenigbare gevolgen heeft, kan de mededingingsautoriteit van die lidstaat het voordeel van deze verordening overeenkomstig artikel 29, lid 2, van Verordening (EG) nr. 1/2003 op het betrokken grondgebied intrekken onder dezelfde omstandigheden als die welke in lid 1 van dit artikel worden genoemd.
[21-03-2014, PbEU L 93, i.w.tr. 01-05-2014/regelingnummer 316/2014]

Artikel 7
Niet-toepassing van deze verordening

1. De Commissie kan overeenkomstig artikel 1 bis van Verordening nr. 19/65/EEG bij verordening verklaren dat, wanneer naast elkaar bestaande netwerken van gelijksoortige overeenkomsten inzake technologieoverdracht meer dan 50 % van een relevante markt bestrijken, deze verordening niet van toepassing is op overeenkomsten inzake technologieoverdracht die specifieke beperkingen met betrekking tot die markt omvatten.

2. Een verordening zoals bedoeld in lid 1 is niet eerder dan zes maanden na de vaststelling ervan van toepassing.
[21-03-2014, PbEU L 93, i.w.tr. 01-05-2014/regelingnummer 316/2014]

Artikel 8
Toepassing van de marktaandeeldrempels

Voor de toepassing van de in artikel 3 vastgestelde marktaandeeldrempels gelden de volgende regels:
a) het marktaandeel wordt berekend aan de hand van gegevens betreffende de waarde van de verkopen op de markt; ingeval geen gegevens betreffende de waarde van de verkopen op de markt beschikbaar zijn, kan voor de bepaling van het marktaandeel van de betrokken onderneming gebruik worden gemaakt van ramingen die op andere betrouwbare marktinformatie, waaronder de omvang van de verkopen op de markt, gebaseerd zijn;
b) het marktaandeel wordt berekend op grond van gegevens die betrekking hebben op het voorafgaande kalenderjaar;
c) het marktaandeel van de in artikel 1, lid 2, tweede alinea, onder e), bedoelde ondernemingen wordt in gelijke delen toegerekend aan elke onderneming die over de in artikel 1, lid 2, tweede alinea, onder a), genoemde rechten of bevoegdheden beschikt;
d) het marktaandeel van de licentiegever op de relevante markt voor de in licentie gegeven technologierechten wordt berekend op basis van de aanwezigheid van de in licentie gegeven technologierechten op de relevante markt(en) (dat wil zeggen de productmarkt(en) en de geografische markt(en)) waarop de contractproducten worden verkocht, dat wil zeggen op basis van de verkoopgegevens betreffende de door de licentiegever en zijn licentienemers tezamen vervaardigde contractproducten;
e) indien het in artikel 3, lid 1 of lid 2, bedoelde marktaandeel aanvankelijk niet meer dan respectievelijk 20 % of 30 % bedraagt, maar dit niveau vervolgens overschrijdt,

blijft de vrijstelling van artikel 2 van toepassing gedurende twee opeenvolgende kalenderjaren volgende op het jaar waarin de drempel van respectievelijk 20 % of 30 % voor het eerst werd overschreden.
[21-03-2014, PbEU L 93, i.w.tr. 01-05-2014/regelingnummer 316/2014]

Artikel 9
Verhouding tot andere groepsvrijstellingsverordeningen
Deze verordening is niet van toepassing op licentieregelingen in onderzoeks- en ontwikkelingsovereenkomsten die binnen het toepassingsgebied van Verordening (EU) nr. 1217/2010 vallen of in specialisatieovereenkomsten die binnen het toepassingsgebied van Verordening (EU) nr. 1218/2010 vallen.
[21-03-2014, PbEU L 93, i.w.tr. 01-05-2014/regelingnummer 316/2014]

Artikel 10
Overgangsperiode
Het verbod van artikel 101, lid 1, van het Verdrag is van 1 mei 2014 tot en met 30 april 2015 niet van toepassing op overeenkomsten die op 30 april 2014 reeds van kracht waren en die niet aan de in deze verordening vastgestelde voorwaarden voor vrijstelling voldoen, maar die op 30 april 2014 wel aan de in Verordening (EG) nr. 772/2004 vastgestelde voorwaarden voor vrijstelling voldeden.
[21-03-2014, PbEU L 93, i.w.tr. 01-05-2014/regelingnummer 316/2014]

Artikel 11
Geldigheidsduur
Deze verordening treedt in werking op 1 mei 2014.
De geldigheidsduur ervan verstrijkt op 30 april 2026.
[21-03-2014, PbEU L 93, i.w.tr. 01-05-2014/regelingnummer 316/2014]

Richtsnoeren toepassing artikel 101 Verdrag betreffende de werking van de Europese Unie op overeenkomsten inzake technologieoverdracht (2014/C 89/03)

Mededeling van de Commissie van 28 maart 2014 houdende richtsnoeren voor de toepassing van artikel 101 van het Verdrag betreffende de werking van de Europese Unie op overeenkomsten inzake technologieoverdracht, PbEU 2014, C 89 (i.w.tr. 28-03-2014)

1 Inleiding

1. In deze richtsnoeren worden de beginselen uiteengezet voor de toetsing van overeenkomsten inzake technologieoverdracht aan artikel 101 van het Verdrag betreffende de werking van de Europese Unie [1] (hierna 'artikel 101' genoemd). Overeenkomsten inzake technologieoverdracht hebben betrekking op het in licentie geven van technologierechten, waarbij de licentiegever de licentienemer machtigt om de in licentie gegeven technologierechten te exploiteren voor de productie van goederen of diensten, overeenkomstig de definitie in artikel 1, lid 1, onder c), van Verordening (EU) nr. 316/2014 van de Commissie van 21 maart 2014 betreffende de toepassing van artikel 101, lid 3, van het Verdrag betreffende de werking van de Europese Unie op groepen overeenkomsten inzake technologieoverdracht (de groepsvrijstellingsverordening technologieoverdracht, hierna 'de GVTO' genoemd) [2].

2. Deze richtsnoeren zijn bedoeld als leidraad bij de toepassing van de GVTO en bij de toepassing van artikel 101 van het Verdrag betreffende de werking van de Europese Unie (hierna 'het Verdrag' genoemd) op overeenkomsten inzake technologieoverdracht die buiten het toepassingsgebied van de GVTO vallen. De GVTO en de richtsnoeren staan de eventuele gelijktijdige toepassing van artikel 102 van het Verdrag op overeenkomsten inzake technologieoverdracht niet in de weg [3].

---

(1) Vanaf 1 december 2009 zijn de artikelen 81 en 82 VEG respectievelijk de artikelen 101 en 102 VWEU geworden. De bepalingen in beide verdragen zijn inhoudelijk identiek. In het kader van deze richtsnoeren moeten verwijzingen naar de artikelen 101 en 102 VWEU waar nodig worden begrepen als verwijzingen naar, respectievelijk, de artikelen 81 en 82 VEG. Bij het VWEU zijn ook enkele wijzigingen in de terminologie aangebracht, zoals de vervanging van 'Gemeenschap' door 'Unie' en van 'gemeenschappelijke markt' door 'interne markt'. In deze richtsnoeren wordt de terminologie van het VWEU gehanteerd.
(2) *PB* L 93 van 28.3.2014, blz. 17. De GVTO vervangt Verordening (EG) nr. 772/2004 van de Commissie van 27 april 2004 betreffende de toepassing van artikel 81, lid 3, van het Verdrag op groepen overeenkomsten inzake technologieoverdracht (*PB* L 123 van 27.4.2004, blz. 11).
(3) Zie naar analogie arrest van het Hof van 16 maart 2000 in gevoegde zaken C-395/96 P en C-396/96 P, Compagnie Maritime Belge, Jurispr. 2000, blz. I-1365, punt 130, en punt 106 van de mededeling van de Commissie — Richtsnoeren betreffende de toepassing van artikel 81, lid 3, van het Verdrag, *PB* C 101 van 27.4.2004, blz. 97.

3. De in deze richtsnoeren gegeven regels moeten worden toegepast met inachtneming van de specifieke omstandigheden van elk geval. Dit sluit een mechanische toepassing uit. Elk geval moet worden beoordeeld op grond van de feitelijke omstandigheden en deze richtsnoeren moeten op redelijke en flexibele wijze worden toegepast. De gegeven voorbeelden dienen slechts ter illustratie en zijn niet exhaustief bedoeld.

4. Deze richtsnoeren laten de uitlegging onverlet die door het Hof van Justitie en het Gerecht aan artikel 101 en de GVTO kan worden gegeven.

2   Algemene beginselen

2.1   Artikel 101 van het Verdrag en intellectuele-eigendomsrechten

5. Het doel van artikel 101 van het Verdrag in zijn geheel is de bescherming van de mededinging op de markt met het oog op de bevordering van de welvaart van de consument en een doeltreffende besteding van middelen. Artikel 101, lid 1, verbiedt alle overeenkomsten en onderling afgestemde feitelijke gedragingen tussen ondernemingen, alsmede besluiten van ondernemersverenigingen [4] die de handel tussen lidstaten ongunstig kunnen beïnvloeden [5] en die ertoe strekken of ten gevolge hebben dat de mededinging wordt verhinderd, beperkt of vervalst [6]. Bij wijze van uitzondering op deze regel bepaalt artikel 101, lid 3, dat het verbod van artikel 101, lid 1, buiten toepassing kan worden verklaard voor overeenkomsten tussen ondernemingen die bijdragen tot verbetering van de productie of van de verdeling der producten of tot verbetering van de technische of economische vooruitgang, mits een billijk aandeel in de daaruit voortvloeiende voordelen de gebruikers ten goede komt, en zonder nochtans aan de betrokken ondernemingen beperkingen op te leggen welke voor het bereiken van deze doelstellingen niet onmisbaar zijn of hun de mogelijkheid te geven voor een wezenlijk deel van de betrokken producten de mededinging uit te schakelen.

6. De wetgeving inzake intellectuele eigendom kent exclusieve rechten toe aan de houders van octrooien, auteursrechten, modellenrechten, merken en andere wettelijk beschermde rechten. De eigenaar van een intellectuele eigendom is krachtens de wetgeving inzake intellectuele eigendom gerechtigd ongeoorloofd gebruik van zijn intellectuele eigendom te voorkomen en deze te exploiteren, bijvoorbeeld door haar in licentie te geven aan derden. Wanneer een product waarop een intellectuele-eigendomsrecht rust, met uitzondering van uitvoeringsrechten [7], door de houder of met zijn toestemming eenmaal binnen de Europese Economische Ruimte (EER) op de markt is gebracht, is het intellectuele-eigendomsrecht uitgeput, dat wil zeggen dat de houder het niet langer kan gebruiken om zeggenschap te houden over de verkoop van het product (beginsel van

---

(4)   Hierna worden onder 'overeenkomsten' ook steeds onderling afgestemde feitelijke gedragingen en besluiten van ondernemersverenigingen verstaan.

(5)   Zie Mededeling van de Commissie – Richtsnoeren betreffende het begrip 'beïnvloeding van de handel' in de artikelen 81 en 82 van het Verdrag, *PB* C 101 van 27.4.2004, blz. 81.

(6)   Hierna wordt onder 'beperking' steeds ook verhindering of vervalsing van de mededinging verstaan.

(7)   Met inbegrip van verhuurrechten. Zie in dit verband arrest van het Hof van 17 mei 1988 in zaak 158/86, Warner Brothers Inc. en Metronome Video ApS / Erik Viuff Christiansen, Jurispr. 1988, blz. 2605, en het arrest van het Hof van 22 september 1998 in zaak C-61/97, Foreningen af danske Videogramdistributører, Jurispr. 1998, blz. I-5171.

uitputting in de Unie) [8]. De houder heeft krachtens de wetgeving inzake intellectuele eigendom niet het recht om verkopen door licentienemers of afnemers van producten waarin de in licentie gegeven technologie is verwerkt, te verhinderen. Het beginsel van uitputting in de Unie strookt met de wezenlijke functie van intellectuele-eigendomsrechten, die erin bestaat de houder het recht toe te kennen om anderen te beletten zijn intellectuele eigendom zonder zijn toestemming te exploiteren.

7. Het feit dat de wetgeving inzake intellectuele eigendom exclusieve exploitatierechten verleent, betekent niet dat intellectuele-eigendomsrechten geheel buiten de werkingssfeer van het mededingingsrecht vallen. Artikel 101 van het Verdrag is met name van toepassing op overeenkomsten waarbij een rechthebbende aan een andere onderneming een licentie geeft om zijn intellectuele-eigendomsrechten te exploiteren [9]. Het betekent evenmin dat er noodzakelijkerwijs een conflict is tussen intellectuele-eigendomsrechten en de mededingingsregels van de Unie. Beide groepen rechtsregels hebben immers hetzelfde fundamentele doel, namelijk de bescherming van de welvaart van de consument en een doeltreffende besteding van middelen. Innovatie is een wezenlijk en dynamisch bestanddeel van een open en concurrerende markteconomie. Intellectuele-eigendomsrechten bevorderen een dynamische mededinging doordat zij ondernemingen aanmoedigen om te investeren in de ontwikkeling van nieuwe of betere producten en procedés. Ook een vrije mededinging zet ondernemingen onder druk om te innoveren. Zowel intellectuele-eigendomsrechten als vrije mededinging zijn derhalve noodzakelijk om innovatie te bevorderen en een concurrerende exploitatie daarvan te waarborgen.

8. Bij de toetsing van licentieovereenkomsten aan artikel 101 van het Verdrag mag niet uit het oog worden verloren dat voor de totstandkoming van intellectuele-eigendomsrechten vaak aanzienlijke investeringen vereist zijn en grote risico's moeten worden genomen. Om een dynamische mededinging niet te beperken en de prikkel tot innovatie te handhaven, mag de innovator dan ook niet te veel worden beperkt in de exploitatie van intellectuele-eigendomsrechten die waardevol blijken te zijn. Daarom moet een innovator het recht hebben om voor succesvolle projecten een passende vergoeding te vragen die toereikend is om investeringsprikkels te handhaven, waarbij met mislukte projecten rekening wordt gehouden. Het in licentie geven van technologie kan ook inhouden dat de licentienemer aanzienlijke verzonken investeringen moet doen (d.w.z. dat de investering bij beëindiging van de activiteit op het betrokken gebied door de licentienemer niet voor andere activiteiten kan worden gebruikt of zonder aanzienlijk verlies kan worden verkocht) in de in licentie gegeven technologie en de productiemid-

---

(8) Dit beginsel van uitputting in de Unie is bijvoorbeeld neergelegd in artikel 7, lid 1, van Richtlijn 2008/95/EG betreffende de aanpassing van het merkenrecht der lidstaten (PB L 299 van 8.11.2008, blz. 25), waarin wordt bepaald dat het merk de houder niet toestaat het gebruik daarvan te verbieden voor waren die onder dit merk door de houder of met zijn toestemming in de Unie in de handel zijn gebracht en in artikel 4, lid 2 van Richtlijn 2009/24/EG van het Europees Parlement en de Raad van 23 april 2009 betreffende de rechtsbescherming van computerprogramma's (PB L 111 van 5.5.2009, blz. 16), waarin wordt bepaald dat de eerste verkoop in de Unie van een kopie van een programma door de rechthebbende of met diens toestemming leidt tot verval van het recht om controle uit te oefenen op de distributie van die kopie in de Unie, met uitzondering van het recht om controle uit te oefenen op het verder verhuren van het programma of een kopie daarvan. Zie in dit verband conclusie van 24 april 2012 in zaak C-128/11, UsedSoft GmbH/Oracle International Corp., Jurispr. 2012, nog niet gepubliceerd.
(9) Zie bijvoorbeeld arrest van het Hof van 13 juli 1966 in gevoegde zaken 56/64 en 58/64, Établissements Consten S.à.R.L. en Grundig-Verkaufs-GmbH/Commissie, Jurispr. 1966, blz. 450.

delen die nodig zijn om deze te exploiteren. Artikel 101 kan niet worden toegepast zonder rekening te houden met dergelijke voorafgaande investeringen van de partijen en de risico's die daaraan verbonden zijn. Het risico dat de partijen nemen en de verzonken investering die moet worden verricht, kunnen er bijgevolg toe leiden dat de overeenkomst, naargelang van het geval, buiten het toepassingsgebied van artikel 101, lid 1, valt of aan de voorwaarden van artikel 101, lid 3, voldoet gedurende de tijd die nodig is om de investering terug te verdienen.

9. Bij de toetsing van licentieovereenkomsten aan artikel 101 van het Verdrag is het bestaande beoordelingskader flexibel genoeg om afdoende rekening te houden met de dynamische aspecten van het in licentie geven van technologierechten. Er bestaat geen vermoeden dat intellectuele-eigendomsrechten en licentieovereenkomsten als zodanig aanleiding zouden geven tot mededingingsbezwaren. De meeste licentieovereenkomsten zijn niet mededingingsbeperkend en brengen concurrentiebevorderende efficiëntieverbeteringen teweeg. Het in licentie geven als zodanig is concurrentiebevorderend omdat het leidt tot de verspreiding van technologie en vervolginnovatie door de licentiegever en licentienemer(s) stimuleert. Bovendien kunnen zelfs concurrentiebeperkende licentieovereenkomsten dikwijls concurrentiebevorderende efficiëntieverbeteringen teweegbrengen, die in het licht van artikel 101, lid 3, moeten worden onderzocht en tegen de negatieve effecten voor de mededinging moeten worden afgewogen [10]. Veruit de meeste licentieovereenkomsten zijn derhalve verenigbaar met artikel 101.

2.2 Het algemene kader voor de toepassing van artikel 101

10. Artikel 101, lid 1, van het Verdrag verbiedt overeenkomsten die ertoe strekken of ten gevolge hebben dat de mededinging wordt beperkt. Deze bepaling is zowel van toepassing op beperkingen van de mededinging tussen de partijen bij een overeenkomst als op beperkingen van de mededinging tussen een van de partijen en derden.

11. De beoordeling of een licentieovereenkomst de mededinging beperkt, moet plaatsvinden binnen het feitelijke kader waarin de mededinging zich zonder de overeenkomst met haar vermeende beperkingen zou afspelen [11]. Bij het verrichten van deze beoordeling moet worden nagegaan wat de te verwachten impact van de overeenkomst is op de intertechnologieconcurrentie (de mededinging tussen ondernemingen die concurrerende technologieën gebruiken) en op de intratechnologieconcurrentie (de mededinging tussen ondernemingen die dezelfde technologie gebruiken) [12]. Artikel 101, lid 1, verbiedt zowel de beperking van de inter- als van de intratechnologieconcurrentie. Er moet derhalve worden nagegaan in welke mate de overeenkomst deze twee aspecten van de mededinging op de markt beïnvloedt of zou kunnen beïnvloeden.

12. De volgende twee vragen bieden een nuttig kader om die beoordeling uit te voeren. De eerste vraag heeft betrekking op het effect van de overeenkomst op intertechnolo-

---

(10) De werkwijze voor de toepassing van artikel 101, lid 3, wordt uiteengezet in de Richtsnoeren van de Commissie betreffende de toepassing van artikel 81, lid 3, van het Verdrag, reeds aangehaald in voetnoot 3 in deel 1.

(11) Zie conclusie van 23 maart 1966 in zaak 56/65, Société Technique Minière (L.T.M.)/Maschinenbau Ulm GmbH (M.B.U.), Jurispr. 1966, blz. 392, en arrest van het Hof van 28 mei 1998 in zaak C-7/95 P, John Deere Ltd/Commissie, Jurispr. 1998, blz. I-3111, punt 76.

(12) Zie in dit verband bijvoorbeeld het arrest in zaak Consten en Grundig, aangehaald in voetnoot 6 in deel 2.1.

gieconcurrentie, de tweede vraag betreft de impact van de overeenkomst op intratechnologieconcurrentie. Aangezien het mogelijk is dat beperkingen tezelfdertijd zowel de inter- als de intratechnologieconcurrentie beïnvloeden, kan het noodzakelijk zijn een beperking aan de hand van de twee onder a) en b) vermelde vragen te onderzoeken alvorens kan worden geconcludeerd of de mededinging al dan niet wordt beperkt in de zin van artikel 101, lid 1:

a) beperkt de licentieovereenkomst de daadwerkelijke of potentiële mededinging die zonder de overeenkomst zou hebben bestaan? Zo ja, dan kan de overeenkomst onder het verbod van artikel 101, lid 1, vallen. Bij het maken van deze beoordeling moet rekening worden gehouden met de mededinging tussen de partijen en de mededinging van derden. Wanneer bijvoorbeeld twee ondernemingen die in verschillende lidstaten gevestigd zijn, elkaar wederzijds licenties verlenen voor concurrerende technologieën en zich ertoe verbinden geen producten te verkopen op elkaars thuismarkten, wordt de (potentiële) mededinging die vóór de overeenkomst bestond, beperkt. Ook wanneer een licentiegever aan zijn licentienemers de verplichting oplegt geen concurrerende technologieën te gebruiken en die verplichting de technologieën van derden uitsluit van de markt, wordt de daadwerkelijke of potentiële mededinging die zonder de overeenkomst zou hebben bestaan, beperkt.

b) beperkt de licentieovereenkomst de daadwerkelijke of potentiële mededinging die zonder de contractuele beperking(en) zou hebben bestaan? Zo ja, dan kan de overeenkomst onder het verbod van artikel 101, lid 1, vallen. Wanneer een licentiegever bijvoorbeeld zijn licentienemers, die vóór het sluiten van de overeenkomst geen daadwerkelijke of potentiële concurrenten waren, ervan weerhoudt om met elkaar te concurreren, wordt de (potentiële) mededinging die zonder de beperkingen tussen de licentienemers had kunnen bestaan, verminderd. Tot dergelijke beperkingen behoren verticale prijsbinding en beperkingen van het verkoopgebied of de klantenkring tussen licentienemers. In sommige gevallen is het evenwel mogelijk dat bepaalde beperkingen niet onder de toepassing van artikel 101, lid 1, vallen, indien deze objectief noodzakelijk zijn voor het bestaan van een overeenkomst van die soort of die aard [13]. Een dergelijke uitsluiting van de toepassing van artikel 101, lid 1, kan slechts plaatsvinden op basis van objectieve factoren die extern zijn aan de partijen zelf, en niet op grond van subjectieve standpunten en kenmerken van de partijen. De vraag is niet of de partijen in hun specifieke situatie er niet mee hadden ingestemd een minder beperkende overeenkomst te sluiten, maar of, gezien de aard van de overeenkomst en de kenmerken van de markt, niet een minder beperkende overeenkomst zou zijn gesloten door ondernemingen in een gelijkaardige context [14]. De bewering dat de leveranciers zonder de overeenkomst hun toevlucht hadden genomen tot verticale integratie, is ontoereikend. Besluiten om al dan niet verticaal te integreren, zijn afhankelijk van een groot aantal complexe economische factoren, waarvan er een aantal intern zijn aan de betrokken onderneming.

13. Het feit dat artikel 101, lid 1, van het Verdrag een onderscheid maakt tussen overeenkomsten die een beperking van de mededinging ten doel hebben en overeenkomsten die

---

(13) Zie in dit verband het arrest in zaak Société Technique Minière, reeds aangehaald in voetnoot 1 in deel 2.2, en conclusie van 3 februari 1882 in zaak 258/78, L.C. Nungesser KG en Kurt Eisele/Commissie, Jurispr. 1982, blz. 2015.
(14) Zie de punten 126 en 127 voor voorbeelden.

een mededingingsbeperking tot gevolg hebben, moet in aanmerking worden genomen bij de toepassing van het in punt 12 van deze richtsnoeren uiteengezette beoordelingskader. Een overeenkomst of contractuele beperking valt slechts onder het verbod van artikel 101, lid 1, indien zij ten doel of als gevolg heeft dat de intertechnologieconcurrentie en/of de intratechnologieconcurrentie wordt beperkt.

14. Van een mededingingsbeperkend doel is sprake bij restricties welke naar hun aard de mededinging kunnen beperken. Dit zijn beperkingen die, in het licht van de met de mededingingsregels van de Unie nagestreefde doelstellingen, een zodanig groot potentieel hebben om negatief uit te werken op de mededinging dat het niet noodzakelijk is om voor de toepassing van artikel 101, lid 1, eventuele daadwerkelijke gevolgen voor de markt aan te tonen [15]. Bovendien is het bij restricties met een mededingingsbeperkend doel onwaarschijnlijk dat aan de voorwaarden van artikel 101, lid 3, is voldaan. De beoordeling of een overeenkomst al dan niet ten doel heeft de mededinging te beperken, geschiedt op basis van een aantal factoren. Deze factoren omvatten met name de inhoud van de overeenkomst en de objectieve doeleinden die ermee worden beoogd. Ook kan een onderzoek nodig zijn van de context waarin zij toepassing vindt of moet vinden, of van de wijze waarop de partijen zich daadwerkelijk op de markt gedragen en er optreden [16]. Met andere woorden, een onderzoek van de feiten die aan de overeenkomst ten grondslag liggen en de specifieke omstandigheden waarbinnen zij functioneert, kan noodzakelijk zijn alvorens kan worden geconcludeerd of een bepaalde restrictie al dan niet een restrictie met een mededingingsbeperkend doel vormt. Uit de wijze waarop een overeenkomst daadwerkelijk ten uitvoer wordt gelegd, kan blijken of er sprake is van een restrictie met een mededingingsbeperkend doel, zelfs al bevat de formele overeenkomst geen uitdrukkelijke bepaling in die zin. Bewijzen van de subjectieve intentie van de partijen om de mededinging te beperken, zijn een relevante factor, doch geen noodzakelijke voorwaarde. Een overeenkomst kan ook dan als beperkend worden aangemerkt wanneer zij niet alleen tot doel heeft de mededinging te beperken, maar ook andere, legitieme doelstellingen nastreeft [17]. Bij licentieovereenkomsten beschouwt de Commissie de

---

(15) Zie in dit verband bijvoorbeeld arrest van het Hof van 8 juli 1999 in zaak C-49/92 P, Commissie/Anic Partecipazioni SpA, Jurispr. 1999, blz. I-4125, punt 99.
(16) Zie arrest van het Hof van 28 maart 1984 in gevoegde zaken 29/83 en 30/83, Compagnie royale asturienne des mines SA en Rheinzink GmbH/Commissie, Jurispr. 1984, blz. 1679, punt 26, en arrest van het Hof van 8 november 1983 in gevoegde zaken 96/82 e.a., NV IAZ International Belgium e.a./Commissie (NAVEWA-ANSEAU), Jurispr. 1983, blz. 3369, punten 23–25. Arrest van het Gerecht van 29 november 2012 in zaak T-491/07, Groupement des cartes bancaires 'CB'/Commissie, Jurispr. 2012, punt 146.
(17) Arrest van het Hof van 20 november 2008 in zaak C-209/07, Competition Authority/Beef Industry Development Society Ltd en Barry Brothers (Carrigmore) Meats Ltd., Jurispr. 2008, blz. I-8637, punt 21.

restricties die zijn opgenomen in de lijst van hardcorebeperkingen in artikel 4 van de GVTO als restricties met een mededingingsbeperkend doel [18].

15. Wanneer een overeenkomst geen mededingingsbeperkend doel heeft, dient te worden onderzocht of zij mededingingsbeperkende effecten heeft. Daarbij moet rekening worden gehouden met zowel daadwerkelijke als potentiële gevolgen [19]. Met andere woorden, de overeenkomst moet waarschijnlijke mededingingsbeperkende effecten hebben. Om een beperking van de mededinging tot gevolg te hebben, moet een licentieovereenkomst daadwerkelijk of potentieel de mededinging dermate ongunstig beïnvloeden dat hiervan met een redelijke mate van waarschijnlijkheid op de relevante markt negatieve gevolgen kunnen worden verwacht voor prijzen, productie, innovatie of het aanbod of de kwaliteit van de goederen en diensten. Dergelijke ongunstige effecten moeten merkbaar zijn [20]. Merkbare concurrentieverstorende effecten zijn te verwachten wanneer ten minste één van de partijen al een zekere marktmacht heeft of verkrijgt en de overeenkomst bijdraagt tot de totstandbrenging, het behoud of de versterking van die marktmacht, dan wel de partijen in staat stelt van die marktmacht gebruik te maken. Marktmacht is het vermogen om gedurende een niet-onaanzienlijke periode een prijsniveau in stand te houden dat boven het niveau van concurrerende prijzen ligt of om een productie in stand te houden die qua hoeveelheden, productkwaliteit en -verscheidenheid of innovatie beneden het concurrerende niveau ligt [21]. Voor de vaststelling van een schending van artikel 101, lid 1, is doorgaans een geringere marktmacht vereist dan voor de vaststelling van een machtspositie overeenkomstig artikel 102 [22].

16. Om beperkingen te analyseren die mededingingsbeperkingen als gevolg hebben, is het in de regel nodig de relevante markten af te bakenen. Doorgaans dient ook een onderzoek en beoordeling plaats te vinden van met name de aard van de betrokken producten en technologieën, de marktpositie van de partijen, de marktpositie van de concurrenten, de marktpositie van de afnemers, de aanwezigheid van potentiële concurrenten en de

---

(18) Verdere aanwijzingen betreffende het begrip restricties met een mededingingsbeperkend doel zijn te vinden in de Richtsnoeren van de Commissie betreffende de toepassing van artikel 81, lid 3, van het Verdrag, reeds aangehaald in voetnoot 3 in deel 1. Zie ook arrest van het Hof van 6 oktober 2009 in gevoegde zaken C-501/06 P, C-513/06 P en C-519/06 P, GlaxoSmithKline Services e.a./Commissie e.a., Jurispr. 2009, blz. I-9291, punten 59–64, arrest van het Hof van 20 november 2008 in zaak C-209/07, Competition Authority / Beef Industry Development Society Ltd en Barry Brothers (Carrigmore) Meats Ltd., Jurispr. 2008, blz. I-8637, punten 21 tot en met 39, conclusie van 19 februari 2009 in zaak C-8/08, T-Mobile Netherlands e.a./Raad van bestuur van de Nederlandse Mededingingsautoriteit, Jurispr. 2009, blz. I-4529, punten 31 en 36 tot en met 39, en arrest van het Hof van 14 maart 2013 in zaak C-32/11, Allianz Hungária Biztosító Zrt. e.a./Gazdasági Versenyhivatal, Jurispr. 2013, punten 33 tot en met 38.
(19) Zie het arrest in de zaak John Deere, Jurispr. 1998, reeds aangehaald in voetnoot 1 in deel 2.2.
(20) Aanwijzingen omtrent de interpretatie van het begrip 'merkbaar' zijn te vinden in de bekendmaking van de Commissie inzake overeenkomsten van geringe betekenis die de mededinging niet merkbaar beperken in de zin van artikel 81, lid 1, van het Verdrag tot oprichting van de Europese Gemeenschap (PB C 368 van 22.12.2001, blz. 13). In die bekendmaking wordt het begrip op negatieve wijze gedefinieerd. Overeenkomsten die buiten de toepassing van de *de-minimis* bekendmaking vallen, hebben niet noodzakelijk merkbare beperkende gevolgen. Een dergelijk geval moet afzonderlijk worden beoordeeld.
(21) Zie arrest van het Gerecht van 1 juli 2010 in zaak T-321/05, Astra Zeneca/Commissie, Jurispr. 2010, blz. II-2805, punt 267.
(22) Zie de Richtsnoeren van de Commissie betreffende de toepassing van artikel 81, lid 3, van het Verdrag, punt 26, reeds aangehaald in voetnoot 3 in deel 1.

hoogte van de toetredingsdrempels. In sommige gevallen kan het evenwel mogelijk zijn rechtstreeks mededingingsbeperkende effecten aan te tonen door de marktgedragingen van de partijen bij de overeenkomst te analyseren. Het kan bijvoorbeeld mogelijk zijn aan te tonen dat een overeenkomst heeft geleid tot prijsstijgingen.

17. Licentieovereenkomsten kunnen evenwel ook een aanzienlijk concurrentiebevorderend potentieel hebben en verreweg de meeste van deze overeenkomsten zijn inderdaad concurrentiebevorderend. Licentieovereenkomsten kunnen innovatie in de hand werken doordat zij innovatoren de mogelijkheid bieden een rendement te halen waardoor zij althans gedeeltelijk hun onderzoeks- en ontwikkelingskosten kunnen dekken. Licentieovereenkomsten leiden ook tot een verspreiding van technologieën, hetgeen een waarde kan creëren doordat de productiekosten van de licentienemer worden verminderd of doordat hij in staat wordt gesteld nieuwe of verbeterde producten te produceren. Efficiëntieverbeteringen bij de licentienemer zijn dikwijls het resultaat van een combinatie van de technologie van de licentiegever en de productiemiddelen en technologieën van de licentienemer. Dit samenvoegen van complementaire productiemiddelen en technologieën kan leiden tot een configuratie van kosten en productie die anders niet had kunnen worden bereikt. Zo kan bijvoorbeeld de combinatie van een verbeterde technologie van de licentiegever met doeltreffender productie- of distributiemethoden van de licentienemer de productiekosten verminderen of leiden tot de vervaardiging van een product van hogere kwaliteit. Licentiëring kan ook concurrentiebevorderend werken doordat het de belemmeringen voor de ontwikkeling en exploitatie van de eigen technologie van de licentienemer wegneemt. Met name in sectoren waar veel octrooien worden verleend, heeft licentiëring dikwijls tot doel vrijheid van ontwerp tot stand te brengen doordat het risico van inbreukvorderingen door de licentiegever wordt weggenomen. Wanneer de licentiegever ermee instemt zijn intellectuele-eigendomsrechten niet te gebruiken om de verkoop van producten door de licentienemer tegen te houden, neemt de overeenkomst een belemmering weg voor de verkoop van het product door de licentienemer, en bevordert zij aldus de mededinging in algemene zin.

18. Wanneer een licentieovereenkomst onder artikel 101, lid 1, van het Verdrag valt, moeten de concurrentiebevorderende effecten van de overeenkomst in het kader van artikel 101, lid 3, worden afgewogen tegen de beperkende effecten. Wanneer aan elk van de vier voorwaarden van artikel 101, lid 3, is voldaan, is de beperkende licentieovereenkomst geldig en afdwingbaar, zonder dat daartoe een voorafgaande beslissing vereist is [23]. Hardcorebeperkingen voldoen naar alle waarschijnlijkheid niet aan de voorwaarden van artikel 101, lid 3. Dergelijke overeenkomsten voldoen over het algemeen niet aan (minstens) één van de eerste twee voorwaarden van artikel 101, lid 3. Zij creëren in de regel geen objectieve economische voordelen of voordelen voor de consument. Daarenboven voldoet dit soort overeenkomsten over het algemeen niet aan de onmisbaarheidstoets (waarvan sprake is in de derde voorwaarde). Indien de partijen bijvoorbeeld de prijs vaststellen waartegen de op basis van de licentie vervaardigde producten moeten worden verkocht, zal dit in principe leiden tot een geringere productie en een ondoeltreffende besteding van middelen, en uiteindelijk tot hogere prijzen voor

---

(23) Zie artikel 1, lid 2, van Verordening (EG) nr. 1/2003 van de Raad van 16 december 2002 betreffende de uitvoering van de mededingingsregels van de artikelen 81 en 82 van het Verdrag (*PB* L 1 van 4.1.2003, blz. 1), laatstelijk gewijzigd bij Verordening (EG) nr. 1419/2006 van de Raad van 25 september 2006 (*PB* L 269 van 28.9.2006, blz. 1).

de consument. De prijsbeperking is evenmin onmisbaar om de eventuele efficiëntieverbeteringen te bereiken die zouden voortvloeien uit het feit dat beide concurrenten over de twee technologieën beschikken.

2.3 Bepaling van de markt

19. De benadering van de Commissie ten aanzien van de definitie van de markt is terug te vinden in haar bekendmaking inzake de bepaling van de relevante markt voor het gemeenschappelijke mededingingsrecht [24]. In deze richtsnoeren wordt alleen ingegaan op die aspecten van de bepaling van de markt die van specifiek belang zijn bij het in licentie geven van technologierechten.

20. Technologie is een input, die verwerkt wordt in een product dan wel een productieproces. Het in licentie geven van technologierechten kan derhalve zowel upstream op inputmarkten als downstream op outputmarkten een invloed hebben. Bijvoorbeeld, een overeenkomst tussen twee partijen die concurrerende producten downstream verkopen en die elkaar ook wederzijds technologierechten in licentie geven in verband met het vervaardigen van die producten upstream, kan de mededinging op de betrokken downstreammarkt voor goederen en diensten beperken. Het wederzijds in licentie geven kan tevens de concurrentie beperken op de upstreamtechnologiemarkt en mogelijk ook op andere upstreaminputmarkten. Voor de beoordeling van de mededingingseffecten van licentieovereenkomsten kan het derhalve noodzakelijk zijn zowel de relevante productmarkt(en) als de relevante technologiemarkt(en) af te bakenen [25].

21. De relevante productmarkt omvat de contractproducten (waarin de in licentie gegeven technologie is verwerkt) en producten die op grond van hun kenmerken, hun prijzen en het gebruik waarvoor zij zijn bestemd, door de kopers worden beschouwd als onderling verwisselbaar met, of substitueerbaar voor de contractproducten. Contractproducten kunnen tot een markt voor eindproducten of een markt voor halffabricaten behoren.

22. De relevante technologiemarkten betreffen de in licentie gegeven technologierechten en hun substituten, d.w.z. andere technologieën die op grond van hun kenmerken, hun royalty's en het gebruik waarvoor zij zijn bestemd, door de licentienemers als onderling verwisselbaar met, of substitueerbaar voor de in licentie gegeven technologierechten worden beschouwd. Uitgaand van de technologie die door de licentiegever op de markt wordt gebracht, moet worden nagegaan op welke andere technologieën de licentienemers zouden kunnen overschakelen bij een kleine maar duurzame stijging van de betrokken prijzen, d.w.z. de royalty's. Een andere benadering bestaat erin de markt voor producten waarin de in licentie gegeven technologierechten zijn verwerkt, in ogenschouw te nemen (zie punt 25).

---

(24) *PB* C 372 van 9.12.1997, blz. 5.
(25) Zie bijvoorbeeld besluit COMP/M.5675, *Syngenta/Monsanto* van de Commissie, waarin de Commissie de fusie van twee verticaal geïntegreerde kwekers van zonnebloemen heeft geanalyseerd door zowel i) de upstreammarkt voor de handel (uitwisseling en licenties) in variëteiten (ouderlijnen en hybriden) en ii) de downstreammarkt voor de commercialisering van hybriden te onderzoeken. In COMP/M.5406, *IPIC/MAN Ferrostaal AG* heeft de Commissie naast een markt voor de productie van hoogwaardig melamine ook een upstreamtechnologiemarkt voor het ter beschikking stellen van technologie voor de productie van melamine gedefinieerd. Zie ook COMP/M.269, *Shell/Montecatini*.

23. De term 'relevante markt' zoals gebruikt in artikel 3 van de GVTO en gedefinieerd in artikel 1, lid 1, onder m), verwijst naar de relevante productmarkt en de relevante technologiemarkt, met zowel een productdimensie als een geografische dimensie.

24. De 'relevante geografische markt' wordt gedefinieerd in artikel 1, lid 1, onder l), van de GVTO en omvat het gebied waar de betrokken ondernemingen een rol spelen in de vraag naar en het aanbod van producten of het in licentie geven van technologie, waar sprake is van voldoende homogene mededingingsvoorwaarden en dat van de aangrenzende gebieden kan worden onderscheiden doordat daar duidelijk afwijkende mededingingsvoorwaarden gelden. De geografische markt van de relevante technologiemarkt(en) kan verschillen van de geografische markt van de relevante productmarkt(en).

25. Wanneer de relevante markten eenmaal zijn afgebakend, kunnen marktaandelen worden toegekend aan de diverse bronnen van concurrentie op de markt en worden gebruikt als een aanwijzing voor de relatieve sterkte van de marktdeelnemers. Bij technologiemarkten kan dit worden gedaan door de marktaandelen te berekenen op basis van het aandeel van elke technologie in de totale licentieopbrengsten uit royalty's, hetgeen het aandeel van de betrokken technologie weergeeft op de markt waarop concurrerende technologieën in licentie worden gegeven. Dit zal echter dikwijls veeleer een louter theoretische dan een praktische werkwijze zijn gezien het gebrek aan duidelijke informatie over royalty's. Een andere aanpak – en deze wordt toegepast voor het berekenen van de 'veilige haven', zoals toegelicht in artikel 8, onder d), van de GVTO – bestaat erin de marktaandelen op de technologiemarkt te berekenen aan de hand van de omzet op de downstreamproductmarkten van producten waarin de in licentie gegeven technologie is verwerkt (zie punt 86 e.v.). Bij de beoordeling van individuele gevallen die buiten de veilige haven van de GVTO vallen, kan het eventueel noodzakelijk zijn, indien dit praktisch mogelijk is, om beide werkwijzen toe te passen om de marktmacht van de licentiegever nauwkeuriger te bepalen, en om andere beschikbare factoren in aanmerking te nemen die een goede indicator zijn voor de relatieve sterkte van de beschikbare technologieën (voor meer factoren, zie de punten 157 en 159 e.v.) [26].

26. Sommige licentieovereenkomsten kunnen de mededinging op het gebied van innovatie ongunstig beïnvloeden. Bij het onderzoeken van dergelijke effecten zal de Commissie zich echter doorgaans beperken tot een onderzoek van de invloed van de overeenkomst op de concurrentie binnen de bestaande product- en technologiemarkten [27]. De mededinging op dergelijke markten kan worden beïnvloed door overeenkomsten die de introductie vertragen van verbeterde of nieuwe producten die mettertijd de bestaande producten zullen vervangen. In dergelijke gevallen is innovatie een bron van potentiele concurrentie waarmee rekening moet worden gehouden bij de beoordeling van de invloed van de overeenkomst op de product- en technologiemarkten. In een beperkt aantal gevallen kan het echter nuttig en nodig zijn de effecten voor de mededinging op het gebied van innovatie ook afzonderlijk te onderzoeken. Dit geldt met name wanneer de overeenkomst gevolgen heeft voor innovatie die gericht is op de ontwikkeling van

---

(26) Zie ook besluit COMP/M.5675, Syngenta/Monsanto van de Commissie en besluit COMP/M.5406, IPIC/MAN Ferrostaal AG.

(27) Zie ook de punten 119 tot en met 122 van de Mededeling van de Commissie — Richtsnoeren inzake de toepasselijkheid van artikel 101 van het Verdrag betreffende de werking van de Europese Unie op horizontale samenwerkingsovereenkomsten (hierna 'horizontale richtsnoeren' genoemd), *PB* C 11 van 14.1.2011, blz. 1.

nieuwe producten en wanneer in een vroeg stadium O&O-pools kunnen worden onderkend [28]. In die gevallen kan worden nagegaan of na de overeenkomst een voldoende aantal concurrerende O&O-pools zal overblijven voor een daadwerkelijke mededinging op het gebied van innovatie.

2.4 Het onderscheid tussen concurrenten en niet-concurrenten

27. Over het algemeen vormen overeenkomsten tussen concurrenten een groter risico voor de mededinging dan overeenkomsten tussen niet-concurrenten. De mededinging tussen ondernemingen die dezelfde technologie gebruiken (intratechnologieconcurrentie tussen licentienemers) vormt evenwel een belangrijke aanvulling op de mededinging tussen ondernemingen die concurrerende technologieën gebruiken (intertechnologieconcurrentie). Zo kan intratechnologieconcurrentie bijvoorbeeld leiden tot lagere prijzen voor de producten waarin de betrokken technologie is verwerkt, hetgeen niet alleen de consumenten van die producten rechtstreeks en onmiddellijk voordeel kan opleveren, maar ook de concurrentie tussen ondernemingen die concurrerende technologieën gebruiken verder kan aanwakkeren. In een licentiëringscontext moet er tevens rekening mee worden gehouden dat licentienemers hun eigen product verkopen. Zij zijn geen wederverkopers van een product dat door een andere onderneming is geleverd. Er is dus wellicht meer ruimte voor productdifferentiatie en mededinging gebaseerd op kwaliteit tussen licentienemers dan in het geval van verticale overeenkomsten voor de wederverkoop van producten.

28. Om de concurrentieverhouding tussen de partijen te bepalen, moet worden nagegaan of zij zonder de overeenkomst daadwerkelijke of potentiële concurrenten zouden zijn geweest. Indien de partijen zonder de overeenkomst op geen van de relevante markten waarop de overeenkomst van invloed is daadwerkelijke of potentiële concurrenten zouden zijn geweest, worden zij geacht niet-concurrenten te zijn.

29. In principe worden de partijen bij een overeenkomst geacht geen concurrenten te zijn indien zij zich in een blokkeringspositie in één richting of in twee richtingen bevinden. Van een blokkeringspositie in één richting is sprake wanneer een technologierecht niet kan worden geëxploiteerd zonder inbreuk te maken op een ander geldig technologierecht of wanneer de ene partij niet op het commercieel levensvatbare wijze op de relevante markt actief kan zijn zonder inbreuk te maken op het geldige technologierecht van de andere partij. Dit is bijvoorbeeld het geval wanneer een technologierecht betrekking heeft op de verbetering van een ander technologierecht en deze verbetering niet rechtmatig kan worden gebruikt zonder licentie voor het basistechnologierecht. Er is sprake van een blokkeringspositie in twee richtingen wanneer geen van beide technologierechten kan worden geëxploiteerd zonder inbreuk te maken op het andere geldige technologierecht of wanneer geen van beide partijen op een commercieel levensvatbare wijze op de relevante markt actief kan zijn zonder inbreuk te maken op het geldige technologierecht van de andere partij, en wanneer de partijen derhalve van elkaar een licentie of een

---

(28) Zie ook punt 157.

gebruiksrecht moeten verkrijgen [29]. In de praktijk zullen er echter gevallen zijn waarin het niet zeker is of een bepaald technologierecht geldig is en of er inbreuk op is gemaakt.
30. De partijen zijn daadwerkelijke concurrenten op de productmarkt indien beide vóór het sluiten van de overeenkomst reeds op dezelfde relevante productmarkt actief zijn. Het feit dat beide partijen al op diezelfde relevante productmarkt actief zijn zonder een licentieovereenkomst te hebben gesloten, wijst er duidelijk op dat de partijen elkaar niet blokkeren. In een dergelijk scenario worden de partijen geacht daadwerkelijke concurrenten te zijn tenzij en totdat een blokkeringspositie is bewezen (met name in een definitieve rechterlijke uitspraak).
31. De licentienemer wordt geacht een potentiële concurrent op de productmarkt te zijn indien het waarschijnlijk is dat hij zonder de overeenkomst de vereiste extra investeringen zou verrichten om bij een geringe maar duurzame stijging van de productprijzen de relevante markt te betreden. Een waarschijnlijke markttoetreding moet op grond van realistische overwegingen worden beoordeeld, d.w.z. op basis van de feiten van de zaak in kwestie. Een markttoetreding zal eerder het geval zijn indien de licentienemer middelen bezit die gemakkelijk kunnen worden gebruikt om de markt te betreden zonder significante verzonken kosten of indien hij reeds plannen heeft ontwikkeld om de markt te betreden, of op andere wijze is begonnen met investeren. Er moeten reële en concrete mogelijkheden bestaan dat de licentienemer de betrokken markt kan betreden en met de daarop gevestigde ondernemingen kan concurreren [30]. Zo mag een licentienemer niet als potentiële concurrent worden aangemerkt indien zijn toetreding tot de markt niet beantwoordt aan een levensvatbare economische strategie [31].
32. In de specifieke context van het intellectuele-eigendomsrecht is een bijkomende factor om te beoordelen of de partijen potentiële concurrenten zijn op een bepaalde markt de mogelijkheid dat hun intellectuele-eigendomsrechten zich in een blokkeringspositie bevinden, d.w.z. dat de licentienemer de respectieve markt niet kan betreden zonder inbreuk te maken op de intellectuele-eigendomsrechten van de andere partij.
33. Indien er geen zekerheid is over het bestaan van een blokkeringspositie, bijvoorbeeld wanneer het gerecht geen definitieve beslissing heeft genomen, moeten de partijen, om de vraag te beantwoorden of zij potentiële concurrenten zijn, zich baseren op al het op dat ogenblik beschikbare bewijsmateriaal, met inbegrip van de mogelijkheid dat inbreuk wordt gemaakt op intellectuele-eigendomsrechten en de vraag of er mogelijkheden bestaan om de bestaande intellectuele-eigendomsrechten te omzeilen. Aanzienlijke reeds gedane investeringen of vergevorderde plannen om een bepaalde markt te betreden, kunnen de stelling ondersteunen dat de partijen minstens potentiële concurrenten zijn, zelfs indien een blokkeringspositie niet kan worden uitgesloten. Bijzonder overtuigend bewijsmateriaal van het bestaan van een blokkeringspositie kan vereist zijn wanneer de partijen er een gemeenschappelijk belang bij hebben om aanspraak te maken op het

---

(29) In een scenario waarbij ondernemingen een algemene verbintenis zijn aangegaan om bepaalde intellectuele-eigendomsrechten in licentie te geven, bijvoorbeeld een licentie van rechtswege of een FRAND-verbintenis, kan er op basis van deze intellectuele-eigendomsrechten niet van worden uitgegaan dat de partijen zich in een blokkeringspositie bevinden.
(30) Arrest van het Gerecht van 15 september 1998 in gevoegde zaken T-374/94, T-375/94, T-384/94 en T-388/94, European Night Services e.a./Commissie, Jurispr. 1998, blz. II-3141, punt 137.
(31) Arrest van het Gerecht van 14 april 2011 in zaak T-461/07, Visa Europe Ltd en Visa International Service/Europese Commissie, Jurispr. 2011, blz. II-1729, punt 167.

bestaan van een blokkeringspositie om als niet-concurrenten te worden aangemerkt, bijvoorbeeld wanneer de beweerde blokkeringspositie technologieën betreft die uit technisch oogpunt substitueerbaar zijn (zie punt 22) of wanneer er sprake is van een belangrijke financiële prikkel van de licentiegever aan de licentienemer.

34. Om een realistische concurrentiefactor te zijn, is het noodzakelijk dat toetreding waarschijnlijk binnen een korte periode plaatsvindt [32]. Normaal gesproken is een periode van één à twee jaar passend. In individuele gevallen kunnen evenwel langere perioden in aanmerking worden genomen. De periode die reeds op de markt aanwezige ondernemingen nodig hebben om hun capaciteit aan te passen, kan als maatstaf worden gebruikt om deze periode te bepalen. Zo zullen de partijen doorgaans als potentiële concurrenten op de productmarkt worden beschouwd wanneer de licentienemer op de ene geografische markt produceert op basis van zijn eigen technologie en op een andere geografische markt begint te produceren op basis van een in licentie gegeven, concurrerende technologie. In een dergelijk geval zou de licentienemer waarschijnlijk de tweede geografische markt kunnen betreden op basis van zijn eigen technologie, tenzij dat wordt verhinderd door objectieve factoren, zoals het bestaan van blokkerende intellectuele-eigendomsrechten.

35. De partijen zijn daadwerkelijke concurrenten op de technologiemarkt indien zij reeds beide substitueerbare technologierechten in licentie geven, of indien de licentienemer zijn technologierechten reeds in licentie geeft en de licentiegever de technologiemarkt betreedt door de licentienemer een licentie te verlenen voor concurrerende technologierechten.

36. De partijen worden geacht potentiële concurrenten op de technologiemarkt te zijn indien zij beschikken over eigen substitueerbare technologieën en de licentienemer zijn eigen technologie niet in licentie geeft, terwijl hij dat waarschijnlijk wel zou doen bij een geringe maar duurzame stijging van de technologieprijzen. In het geval van technologiemarkten is het over het algemeen moeilijker te beoordelen of de partijen potentiële concurrenten zijn. Daarom wordt voor de toepassing van de GVTO potentiële concurrentie op de technologiemarkt niet in aanmerking genomen (zie punt 83) en worden de partijen als niet-concurrenten behandeld.

37. In sommige gevallen kan wellicht ook worden geconcludeerd dat, hoewel de licentiegever en de licentienemer concurrerende producten vervaardigen, zij niet-concurrenten zijn op de relevante productmarkt en op de relevante technologiemarkt, omdat de in licentie gegeven technologie een zo drastische innovatie inhoudt dat de technologie van de licentienemer achterhaald en niet meer concurrerend is. In dergelijke gevallen schept de technologie van de licentiegever een nieuwe markt of stoot zij de technologie van de licentienemer uit de bestaande markt. Vaak is het evenwel niet mogelijk tot deze conclusie te komen op het ogenblik waarop de overeenkomst wordt gesloten. Gewoonlijk wordt pas wanneer de technologie of de producten waarin zij verwerkt is reeds enige tijd ter beschikking van de consument staan, duidelijk dat de oude technologie achterhaald en niet meer concurrerend is geworden. Toen bijvoorbeeld de cd-technologie werd ontwikkeld en de eerste spelers en schijfjes op de markt werden gebracht, was het niet duidelijk dat deze nieuwe technologie de lp-technologie zou vervangen. Dit is pas enkele jaren later gebleken. Bijgevolg zullen de partijen worden beschouwd als concurrenten indien het op het ogenblik van het sluiten van de overeenkomst niet duidelijk is dat de technologie van de licentienemer achterhaald en niet meer concurrerend is. Aangezien zowel artikel 101,

---

(32) Arrest van het Gerecht van 14 april 2011 in zaak T-461/07, Visa Europe Ltd en Visa International Service/Europese Commissie, Jurispr. 2011, blz. II-1729, punt 189.

lid 1, als artikel 101, lid 3, van het Verdrag moeten worden toegepast met inachtneming van de feitelijke omstandigheden waarin de overeenkomst ten uitvoer wordt gelegd, hebben wezenlijke wijzigingen in de feitelijke omstandigheden gevolgen voor de beoordeling. De classificatie van de verhouding tussen de partijen zal dan ook worden gewijzigd in een verhouding tussen niet-concurrenten indien later blijkt dat de technologie van de licentienemer achterhaald raakt en niet meer concurrerend is op de markt.

38. Soms kunnen de partijen na de sluiting van de overeenkomst concurrenten worden omdat de licentienemer een concurrerende technologie ontwikkelt of verwerft en begint te exploiteren. In dergelijke gevallen moet er rekening mee worden gehouden dat de partijen ten tijde van de sluiting van de overeenkomst niet-concurrenten waren en dat de overeenkomst onder die omstandigheden werd gesloten. De Commissie zal haar aandacht derhalve voornamelijk richten op de invloed van de overeenkomst op de mogelijkheden van de licentienemer om zijn eigen (concurrerende) technologie te exploiteren. Met name zal de lijst van hardcorebeperkingen die op overeenkomsten tussen concurrenten van toepassing is, niet op dergelijke overeenkomsten worden toegepast tenzij de overeenkomst later, nadat de partijen concurrenten zijn geworden, op enig wezenlijk punt wordt gewijzigd (zie artikel 4, lid 3, van de GVTO).

39. De ondernemingen die partij zijn bij een overeenkomst kunnen eveneens concurrenten worden na de sluiting van de overeenkomst wanneer de licentienemer reeds vóór het verwerven van de licentie actief was op de relevante markt waar het contractproduct wordt verkocht en wanneer de licentiegever later deze markt betreedt, hetzij op basis van de in licentie gegeven technologierechten of van een nieuwe technologie. Ook in dit geval blijft de hardcorelijst die voor overeenkomsten tussen niet-concurrenten geldt op de overeenkomst van toepassing, tenzij deze later op enig wezenlijk punt wordt gewijzigd (zie artikel 4, lid 3, van de GVTO). Een wezenlijke wijziging houdt ook het sluiten van een nieuwe overeenkomst inzake technologieoverdracht tussen de partijen in met betrekking tot concurrerende technologierechten die kunnen worden gebruikt voor het vervaardigen van met de contractproducten concurrerende producten.

3 Toepassing van de GVTO

3.1 De gevolgen van de GVTO

40. Categorieën overeenkomsten inzake technologieoverdracht die voldoen aan de in de GVTO gestelde voorwaarden, krijgen ontheffing van het verbod van artikel 101, lid 1, van het Verdrag. Groepsgewijs vrijgestelde overeenkomsten zijn geldig in rechte en afdwingbaar. Dergelijke overeenkomsten kunnen alleen voor de toekomst worden verboden, en alleen na een intrekking van de groepsvrijstelling door de Commissie en de mededingingsautoriteiten van de lidstaten. Groepsgewijs vrijgestelde overeenkomsten kunnen door een nationale rechter in het kader van een geschil tussen particulieren niet op grond van artikel 101 ongeldig worden verklaard.

41. De groepsgewijze vrijstelling van categorieën overeenkomsten inzake technologieoverdracht is gebaseerd op het vermoeden dat deze overeenkomsten — in zoverre zij onder artikel 101, lid 1, van het Verdrag vallen — voldoen aan de vier voorwaarden van artikel 101, lid 3. Vermoed wordt derhalve dat de overeenkomsten economische verbeteringen opleveren, dat de in de overeenkomsten opgenomen beperkingen onmisbaar zijn voor het bereiken van die verbeteringen, dat een billijk aandeel in de efficiëntieverbeteringen de gebruikers op de betrokken markten ten goede zal komen en dat de overeenkomsten aan de betrokken ondernemingen niet de mogelijkheid zullen geven, voor een wezenlijk deel van de betrokken producten de mededinging uit te schakelen. De in de GVTO vervatte marktaandeeldrempels (artikel 3), lijst van hardcorebeperkingen (artikel 4) en uitgesloten beperkingen (artikel 5) beogen te garanderen dat alleen beperkende overeenkomsten die redelijkerwijs geacht mogen worden aan de vier voorwaarden van artikel 101, lid 3, te voldoen, onder de groepsvrijstelling vallen.

42. Zoals in deel 4 van deze richtsnoeren wordt besproken, vallen veel licentieovereenkomsten buiten de toepassing van artikel 101, lid 1, van het Verdrag, ofwel omdat zij de mededinging in het geheel niet beperken, ofwel omdat deze beperking van de mededinging niet merkbaar is [33]. Voor zover dergelijke overeenkomsten hoe dan ook onder de toepassing van de GVTO zouden vallen, is het niet nodig vast te stellen of zij onder het verbod van artikel 101, lid 1, vallen [34].

43. Buiten het toepassingsgebied van de groepsvrijstelling is het van belang te onderzoeken of de overeenkomst in het individuele geval onder het verbod van artikel 101, lid 1, van het Verdrag valt, en zo ja, of aan de voorwaarden van artikel 101, lid 3, is voldaan. Er bestaat geen vermoeden dat overeenkomsten inzake technologieoverdracht die buiten de groepsvrijstelling vallen, onder het verbod van artikel 101, lid 1 vallen of onverenigbaar zijn met artikel 101, lid 3. Met name vormt het loutere feit dat de marktaandelen van de partijen boven de in artikel 3 van de GVTO gestelde marktaandeeldrempels liggen geen voldoende grond om te concluderen dat de overeenkomst onder het verbod van artikel 101, lid 1 valt. Een individuele beoordeling van de waarschijnlijke gevolgen van de overeenkomst is vereist. Alleen wanneer de overeenkomsten hardcorebeperkingen bevatten, kan normaliter worden aangenomen dat zij verboden zijn krachtens artikel 101.

3.2 Toepassingsgebied en geldigheidsduur van de GVTO

3.2.1 Het begrip overeenkomsten inzake technologieoverdracht

44. De GVTO en deze richtsnoeren hebben betrekking op overeenkomsten voor de overdracht van technologie. Volgens artikel 1, lid 1, onder b), van de GVTO omvat het begrip 'technologierechten' zowel knowhow als octrooien, gebruiksmodellen, ontwerprechten, topografieën van halfgeleiderproducten, aanvullende beschermingscertificaten voor geneesmiddelen of andere producten waarvoor een dergelijk aanvullend beschermingscertificaat kan worden verkregen, kwekerscertificaten en auteursrechten voor softwareproducten of een combinatie daarvan, alsook de aanvragen van deze rechten en de aanvragen tot inschrijving ervan. De in licentie gegeven technologierechten moeten de licentienemer in staat stellen om, met of zonder andere input, de contractproducten te produceren. De GVTO is enkel van toepassing in lidstaten waar de licentiegever relevante technologierechten bezit, anders is er geen sprake van technologierechten die in de zin van de GVTO kunnen worden overgedragen.

---

(33) Zie in dit verband de Bekendmaking inzake overeenkomsten van geringe betekenis, reeds aangehaald in voetnoot 10 in deel 2.2.

(34) Volgens artikel 3, lid 2, van Verordening (EG) nr. 1/2003 kunnen overeenkomsten die de handel tussen lidstaten kunnen beïnvloeden maar die niet verboden zijn door artikel 101, ook niet worden verboden door het nationale mededingingsrecht.

45. Knowhow wordt in artikel 1, lid 1, onder i), van de GVTO gedefinieerd als een geheel van praktische kennis die voortvloeit uit ervaring en onderzoek en die geheim, wezenlijk en bepaald is:
a) 'geheim' betekent dat de knowhow niet algemeen bekend of gemakkelijk verkrijgbaar is;
b) 'wezenlijk' betekent dat de knowhow informatie omvat die belangrijk en nuttig is voor de vervaardiging van de producten die onder de licentieovereenkomst vallen, of voor de toepassing van het procedé waarop de licentieovereenkomst betrekking heeft. Met andere woorden, de informatie moet in belangrijke mate bijdragen tot of bevorderlijk zijn voor de productie van de contractproducten. Wanneer de in licentie gegeven knowhow veeleer betrekking heeft op een product dan op een procedé, houdt deze voorwaarde in dat de knowhow nuttig is voor de vervaardiging van het contractproduct. Aan deze voorwaarde is niet voldaan wanneer het contractproduct op basis van vrij beschikbare technologie kan worden geproduceerd. Deze voorwaarde betekent echter niet dat het contractproduct een grotere waarde moet hebben dan de producten die met vrij beschikbare technologie worden vervaardigd. In het geval van procestechnologie houdt deze voorwaarde in dat de knowhow nuttig is in zoverre bij de sluiting van de overeenkomst redelijkerwijs kan worden verwacht dat deze in staat is de concurrentiepositie van de licentienemer aanzienlijk te verbeteren, bijvoorbeeld door zijn productiekosten te verminderen;
c) 'bepaald' betekent dat kan worden nagegaan of de in licentie gegeven knowhow aan de criteria van geheim-zijn en wezenlijkheid voldoet. Aan deze voorwaarde wordt voldaan wanneer de in licentie gegeven knowhow in een handleiding of in enig ander schriftelijk document wordt beschreven. In sommige gevallen is dit evenwel redelijkerwijs niet mogelijk. De in licentie gegeven knowhow kan uit praktische kennis bestaan waarover de werknemers van de licentiegever beschikken. De werknemers van de licentiegever kunnen bijvoorbeeld over geheime en wezenlijke kennis inzake een bepaald productieprocedé beschikken die in de vorm van een opleiding aan de werknemers van de licentienemer wordt overgedragen. In dergelijke gevallen is het voldoende in de overeenkomst de algemene aard van de knowhow te beschrijven en de werknemers te registreren die bij deze overdracht aan de licentienemer zullen worden betrokken of betrokken zijn geweest.

46. Bepalingen in overeenkomsten inzake technologieoverdracht betreffende de aankoop van producten door de licentienemer vallen enkel onder de GVTO indien en voor zover deze bepalingen rechtstreeks verband houden met het vervaardigen of verkopen van de contractproducten. Daarom is de GVTO niet van toepassing op onderdelen van een overeenkomst inzake technologieoverdracht betreffende input en/of apparatuur die voor andere doeleinden dan de productie van de contractproducten wordt gebruikt. Wanneer melk bijvoorbeeld samen wordt verkocht met de licentie voor de technologie om kaas te produceren, valt enkel de melk die voor de productie van kaas op basis van de in licentie gegeven technologie wordt geproduceerd, onder de GVTO.

47. Bepalingen in overeenkomsten inzake technologieoverdracht betreffende de licentiëring van andere soorten intellectuele eigendom, zoals merken en auteursrechten op andere werken dan software (voor auteursrechten op software, zie de punten 44 en 62), vallen enkel onder de GVTO indien en voor zover die rechtstreeks verband houden met het vervaardigen of verkopen van de contractproducten. Deze voorwaarde zorgt ervoor dat de groepsvrijstelling geldt voor bepalingen betreffende andere soorten intellectuele-eigendomsrechten voor zover die andere intellectuele-eigendomsrechten dienen om de licentienemer in staat te stellen de in licentie gegeven technologierechten beter te exploiteren. Wanneer een licentiegever een licentienemer bijvoorbeeld machtigt om zijn merk te gebruiken voor de producten waarin de in licentie gegeven technologie is verwerkt, maakt de merklicentie het de licentienemer wellicht mogelijk de in licentie gegeven technologie beter te exploiteren doordat de consumenten gemakkelijker een rechtstreeks verband kunnen leggen tussen het product en de kenmerken die het ontleent aan de in licentie gegeven technologierechten. Een verplichting voor de licentienemer om het merk van de licentiegever te gebruiken kan eveneens de verspreiding van de technologie bevorderen doordat de licentiegever zich kan bekendmaken als de bron van de technologie waarop de producten zijn gebaseerd. De GVTO heeft betrekking op overeenkomsten inzake technologieoverdracht volgens dit scenario zelfs indien de partijen meer belang hebben bij het exploiteren van het merk dan van de technologie [35].

48. De GVTO heeft geen betrekking op de licentiëring van andere vormen van auteursrecht dan het auteursrecht op software (met uitzondering van de in punt 47 beschreven situatie). De Commissie zal als algemene regel echter de in de GVTO en onderhavige richtsnoeren neergelegde beginselen hanteren bij de toetsing van de licentiëring van auteursrechten voor de vervaardiging van contractproducten op grond van artikel 101 van het Verdrag.

49. Daarentegen wordt de licentiëring van verhuurrechten en rechten op openbare uitvoeringen die door het auteursrecht worden beschermd, met name voor films of muziek, geacht bijzondere vragen op te roepen en het is wellicht niet gerechtvaardigd dit soort licenties te beoordelen op basis van de beginselen die in deze richtsnoeren worden ontwikkeld. Bij de toepassing van artikel 101 moet rekening worden gehouden met de specifieke kenmerken van het werk en de wijze waarop het wordt geëxploiteerd [36]. De Commissie zal de GVTO en deze richtsnoeren derhalve niet naar analogie op de licentiëring van deze andere rechten toepassen.

50. De Commissie zal de in de GVTO en deze richtsnoeren ontwikkelde beginselen evenmin uitbreiden tot merklicenties (met uitzondering van de in punt 47 beschreven situatie). Merklicenties worden vaak verleend in het kader van de distributie en wederverkoop van goederen en diensten, en vertonen over het algemeen meer gelijkenis met distributieovereenkomsten dan met technologielicentieovereenkomsten. Wanneer een merklicentie rechtstreeks verband houdt met het gebruik, de verkoop of de wederverkoop van goederen en diensten en niet het primaire voorwerp van de overeenkomst vormt, valt de licentieovereenkomst onder de toepassing van Verordening (EU) nr. 330/2010 van de Commissie [37].

---

(35) De GVTO kan in dit verband betrekking hebben op de overeenkomst inzake technologieoverdracht die werd onderzocht in de beschikking van de Commissie in de zaak *Moosehead/Whitbread* (PB L 100 van 20.4.1990, blz. 32), zie met name punt 16 van deze beschikking.
(36) Zie in dit verband arrest van het Hof van 6 oktober 1982 in zaak 262/81, Coditel SA, Compagnie générale pour la diffusion de la télévision, e.a./Ciné-Vog Films SA e.a., Jurispr. 1982, blz. 3381.
(37) *PB* L 102 van 23.4.2010, blz. 1.

3.2.2 Het begrip 'overdracht'

51. Het begrip 'overdracht' houdt in dat de technologie moet overgaan van de ene onderneming naar de andere. Een dergelijke overdracht vindt normaliter plaats in de vorm van een licentie, waarbij de licentiegever aan de licentienemer het recht verleent om zijn technologierechten te gebruiken tegen betaling van royalty's.

52. Zoals bepaald in artikel 1, lid 1, onder c), van de GVTO worden overdrachten van technologierechten waarbij een deel van het met de exploitatie van de technologierechten verbonden risico bij de overdrager blijft berusten, eveneens als overeenkomsten inzake technologieoverdracht beschouwd. Dit is met name het geval wanneer het bedrag dat voor de verkoop moet worden betaald, afhangt van de omzet die de afnemer behaalt met de producten die met behulp van de overgedragen technologie worden geproduceerd, of van de hoeveelheid producten die worden vervaardigd dan wel van het aantal verrichtingen uitgevoerd met behulp van de betrokken technologie.

53. Een overeenkomst waarbij de licentiegever zich ertoe verbindt zijn technologierechten niet tegen de licentienemer uit te oefenen, kan ook als een overdracht van technologierechten worden beschouwd. De essentie van een zuivere octrooilicentie is immers het recht om binnen de werkingssfeer van het exclusieve recht op het octrooi te opereren. Hieruit volgt dat de GVTO ook van toepassing is op zogenaamde overeenkomsten inzake de niet-uitoefening van rechten en schikkingen waarbij de licentiegever de licentienemer toestaat binnen de werkingssfeer van het octrooi te produceren [38].

3.2.3 Overeenkomsten tussen twee partijen

54. Overeenkomstig artikel 1, lid 1, onder c), van de GVTO heeft de verordening enkel betrekking op overeenkomsten inzake technologieoverdracht 'tussen twee ondernemingen'. Overeenkomsten inzake technologieoverdracht tussen meer dan twee ondernemingen vallen niet onder de GVTO [39]. Doorslaggevend voor het onderscheid tussen overeenkomsten tussen twee ondernemingen en multilaterale overeenkomsten is of de betrokken overeenkomst gesloten is tussen meer dan twee ondernemingen.

55. Overeenkomsten die gesloten zijn tussen twee ondernemingen vallen onder de toepassing van de GVTO, zelfs indien de overeenkomst voorwaarden bevat voor meer dan één handelsniveau. Zo is de GVTO bijvoorbeeld van toepassing op een licentieovereenkomst die niet alleen betrekking heeft op het productiestadium maar ook op het distributiestadium en die voorschrijft welke verplichtingen de licentienemer moet of mag opleggen aan wederverkopers van de producten die in licentie worden geproduceerd [40].

56. Overeenkomsten betreffende de oprichting van technologiepools en het in licentie geven vanuit technologiepools zijn over het algemeen multilaterale overeenkomsten en

---

(38) Met de termen 'licentie' en 'in licentie gegeven' worden in deze richtsnoeren ook overeenkomsten inzake de niet-uitoefening van rechten en schikkingen bedoeld, voor zover sprake is van een overdracht van technologierechten zoals beschreven in dit hoofdstuk. Zie ook punt 234 e.v. over schikkingen.

(39) Krachtens Verordening (EEG) nr. 19/65 van de Raad van 2 maart 1965 betreffende de toepassingen van artikel 85, lid 3, van het Verdrag op groepen van overeenkomsten en onderling afgestemde feitelijke gedragingen, *PB* 36 van 6.3.1965, blz. 35, is de Commissie niet bevoegd om een groepsvrijstelling te verlenen voor overeenkomsten inzake technologieoverdracht tussen meer dan twee ondernemingen.

(40) Zie overweging 6 van de GVTO en onder 3.2.6.

vallen daarom niet onder de GVTO [41]. Het begrip technologiepools slaat op overeenkomsten waarbij twee of meer partijen overeenkomen hun respectieve technologieën bijeen te brengen in een pool en deze als een pakket in licentie te geven. Het begrip technologiepools dekt tevens regelingen waarbij twee of meer ondernemingen overeenkomen een licentie te geven aan een derde en deze machtigen het technologiepakket verder in licentie te geven.

57. Licentieovereenkomsten die worden gesloten tussen meer dan twee ondernemingen geven vaak aanleiding tot dezelfde problemen als licentieovereenkomsten van dezelfde aard die tussen twee ondernemingen worden gesloten. Bij de individuele beoordeling van licentieovereenkomsten die van dezelfde aard zijn als die welke onder de groepsvrijstelling vallen maar die zijn gesloten tussen meer dan twee ondernemingen, zal de Commissie naar analogie de in de GVTO vervatte beginselen toepassen. Technologiepools en het in licentie geven vanuit technologiepools worden specifiek behandeld in punt 4.4.

3.2.4 Overeenkomsten betreffende de productie van contractproducten

58. Uit artikel 1, lid 1, onder c), van de GVTO volgt dat licentieovereenkomsten slechts onder de GVTO vallen indien zij zijn gesloten 'met het oog op de vervaardiging van contractproducten', d.w.z. producten waarin de in licentie gegeven technologierechten zijn verwerkt of die ermee zijn vervaardigd. De licentie moet de licentienemer en/of zijn toeleverancier(s) toestaan de in licentie gegeven technologie voor de productie van goederen of diensten te exploiteren (zie overweging 7 in de preambule van de GVTO).

59. Indien de overeenkomst niet het vervaardigen van contractproducten tot doel heeft, maar bijvoorbeeld louter de ontwikkeling van een concurrerende technologie wil verhinderen, valt de licentieovereenkomst niet onder de GVTO en zijn deze richtsnoeren mogelijk ook niet geschikt om de overeenkomst te beoordelen. Meer in het algemeen, als de partijen nalaten de in licentie gegeven technologierechten te exploiteren, vindt er geen efficiëntieverbeterende activiteit plaats, in welk geval de wezenlijke reden voor de toekenning van de groepsvrijstelling afwezig is. Exploitatie behoeft evenwel niet de vorm van een integratie van productiemiddelen aan te nemen. Exploitatie vindt ook plaats wanneer de licentie de licentienemer vrijheid van ontwerp toekent door hem in staat te stellen zijn eigen technologie te exploiteren zonder het risico van inbreukvorderingen door de licentiegever. Bij licenties tussen concurrenten kan het feit dat de partijen de in licentie gegeven technologie niet exploiteren een aanwijzing zijn dat de regeling een vermomd kartel is. Daarom zal de Commissie gevallen van niet-exploitatie zeer grondig onderzoeken.

60. De GVTO is van toepassing op licentieovereenkomsten met het oog op de vervaardiging van contractproducten door de licentienemer en/of zijn toeleverancier(s). Daarom is de GVTO niet van toepassing op (de delen van) overeenkomsten inzake technologieoverdracht die sublicentiëring mogelijk maken. De Commissie zal evenwel naar analogie de beginselen van de GVTO en deze richtsnoeren toepassen op 'hoofdlicentieovereenkomsten' tussen de licentiegever en de licentienemer (d.w.z. overeenkomsten waarbij de licentiegever sublicentiëring van de technologie door de licentienemer toelaat). De overeenkomsten tussen de licentienemer en sublicentienemers voor de productie van contractproducten vallen onder de GVTO.

---

(41) Zie punt 247.

61. De term 'contractproducten' omvat goederen en diensten die zijn geproduceerd met gebruikmaking van de in licentie gegeven technologierechten. Dit is zowel het geval wanneer de in licentie gegeven technologie wordt gebruikt in het productieproces als wanneer deze in het product zelf is verwerkt. In deze richtsnoeren worden met de term 'producten waarin de in licentie gegeven technologie is verwerkt' beide situaties bedoeld. De GVTO is van toepassing in alle gevallen waarin technologierechten in licentie worden gegeven met het oog op de productie van goederen of diensten. Het kader van de GVTO en deze richtsnoeren is gebaseerd op de veronderstelling dat er een rechtstreekse band bestaat tussen de in licentie gegeven technologierechten en een contractproduct. Wanneer een dergelijke band niet bestaat, d.w.z. wanneer de overeenkomst niet het vervaardigen van contractproducten tot doel heeft, zijn het beoordelingskader van de GVTO en deze richtsnoeren wellicht niet geschikt.

62. De licentiëring van auteursrechten op software enkel met het oog op de reproductie en distributie van het beschermde werk, d.w.z. de vervaardiging van kopieën voor wederverkoop, wordt niet als 'productie' beschouwd in de zin van de GVTO en valt derhalve niet onder de GVTO en deze richtsnoeren. Deze reproductie met het oog op distributie valt daarentegen naar analogie onder Verordening (EU) nr. 330/2010 van de Commissie [42] en de richtsnoeren inzake verticale beperkingen [43]. Er is sprake van reproductie met het oog op distributie wanneer een licentie wordt gegeven om de software op een drager te reproduceren, ongeacht de technische middelen waarmee de software wordt verspreid. De GVTO en deze richtsnoeren hebben bijvoorbeeld geen betrekking op de licentiëring van auteursrechten op software waarbij de licentienemer een origineel van de software ter beschikking krijgt om deze te reproduceren en aan eindverbruikers te verkopen. Zij hebben evenmin betrekking op de licentiëring van auteursrechten op software en op de distributie van software door middel van 'shrink wrap'-licenties, d.w.z. een reeks in de verpakking van de harde kopie opgenomen voorwaarden die de eindgebruiker wordt geacht door het openen van de verpakking te aanvaarden, of op de licentiëring van auteursrechten op software en op de distributie van software door online downloaden.

63. Echter, wanneer de in licentie gegeven software door de licentienemer in het contractproduct wordt verwerkt, is geen sprake van louter reproductie, maar van productie. Zo valt bijvoorbeeld de licentiëring van auteursrechten op software waarbij de licentienemer het recht heeft de software te reproduceren door deze in een toestel te verwerken waarmee de software interopereert, onder de GVTO en deze richtsnoeren.

64. De GVTO heeft tevens betrekking op 'toelevering' waarbij de licentiegever technologierechten in licentie geeft aan de licentienemer, die zich ertoe verbindt op grond daarvan bepaalde producten exclusief voor de licentiegever te produceren. Toelevering kan ook behelzen dat de licentiegever apparatuur ter beschikking stelt die moet worden gebruikt bij de productie van de goederen en diensten die onder de overeenkomst vallen. Deze laatste vorm van toelevering kan, als onderdeel van een overeenkomst inzake technologieoverdracht, enkel onder de GVTO vallen indien de ter beschikking gestelde apparatuur rechtstreeks verband houdt met de vervaardiging van de contractproducten. Toelevering valt tevens onder de bekendmaking van de Commissie betreffende toeleveringsover-

---

(42) Verordening (EU) nr. 330/2010 van de Commissie van 20 april 2010 betreffende de toepassing van artikel 101, lid 3, van het Verdrag betreffende de werking van de Europese Unie op groepen verticale overeenkomsten en onderling afgestemde feitelijke gedragingen, *PB* L 102 van 23.4.2010, blz. 1.
(43) *PB* C 130 van 19.5.2010, blz. 1.

eenkomsten [44]. Volgens deze bekendmaking, die nog steeds van toepassing is, vallen toeleveringsovereenkomsten waarbij de toeleverancier zich ertoe verbindt bepaalde producten uitsluitend voor de opdrachtgever te produceren in de regel niet onder artikel 101, lid 1, van het Verdrag. Ook toeleveringsovereenkomsten waarbij de opdrachtgever voor het intermediaire contractproduct de overdrachtsprijs bepaalt tussen toeleveranciers binnen een toeleveringswaardeketen, vallen over het algemeen niet onder artikel 101, lid 1, voor zover de contractproducten uitsluitend voor de opdrachtgever worden vervaardigd. Andere aan de toeleverancier opgelegde beperkingen, zoals het verbod op het verrichten van exploiteren van eigen onderzoek en ontwikkeling, kunnen echter wel onder het verbod van artikel 101 vallen [45].

65. De GVTO is eveneens van toepassing op overeenkomsten waarbij de licentienemer ontwikkelingswerkzaamheden moet verrichten alvorens een product of procedé tot stand te brengen dat klaar is voor commerciële exploitatie, in zoverre een contractproduct is bepaald. Ook al zijn dergelijke verdere werkzaamheden en investeringen noodzakelijk, toch is het voorwerp van de overeenkomst de vervaardiging van een bepaald contractproduct, d.w.z. producten die met de in licentie gegeven technologierechten zijn vervaardigd.

66. De GVTO en deze richtsnoeren zijn niet van toepassing op overeenkomsten waarbij technologierechten in licentie worden gegeven om de licentienemer in staat te stellen op verschillende gebieden verder onderzoek en ontwikkeling te verrichten, onder meer de verdere ontwikkeling van een product dat het resultaat is van dit soort onderzoek en ontwikkeling [46]. Zo zijn de GVTO en de richtsnoeren bijvoorbeeld niet van toepassing op de licentiëring van een technologisch onderzoeksinstrument dat in het kader van verder onderzoekswerk wordt gebruikt. Zij hebben evenmin betrekking op toelevering op het gebied van onderzoek en ontwikkeling, waarbij de licentienemer zich ertoe verbindt verder onderzoek en ontwikkeling te verrichten op het gebied dat door de in licentie gegeven technologie wordt bestreken en het verbeterde technologiepakket aan de licentiegever terug te geven [47]. Het voornaamste voorwerp van dergelijke overeenkomsten is de levering van diensten op het gebied van onderzoek en ontwikkeling met het doel de technologie te verbeteren, en niet de productie van goederen en diensten op basis van de in licentie gegeven technologie.

3.2.5 Duur van de vrijstelling

67. Afhankelijk van de duur van de GVTO, die op 30 april 2026 verstrijkt, geldt de groepsvrijstelling zolang het in licentie gegeven eigendomsrecht niet is vervallen, verstreken of nietigverklaard. In het geval van knowhow geldt de groepsvrijstelling zolang de in licentie gegeven knowhow geheim blijft, behalve wanneer de knowhow algemeen bekend raakt door toedoen van de licentienemer, in welk geval de vrijstelling geldt voor de duur van de overeenkomst (zie artikel 2 van de GVTO).

---

(44) Bekendmaking van de Commissie van 18 december 1978 betreffende de beoordeling van toeleveringsovereenkomsten in het licht van artikel 85, lid 1, van het Verdrag tot oprichting van de Europese Economische Gemeenschap, *PB* C 1 van 3.1.1979, blz. 2.
(45) Zie punt 3 van de bekendmaking van de Commissie betreffende toeleveringsovereenkomsten, reeds aangehaald in voetnoot 3 in deel 3.2.4.
(46) Zie ook 3.2.6.1.
(47) Dit laatste voorbeeld valt echter onder Verordening (EU) nr. 1217/2010, reeds aangehaald in voetnoot 2 in deel 3.2.6, zie ook 3.2.6.1.

68. De groepsvrijstelling geldt voor elk in licentie gegeven technologierecht dat onder de overeenkomst valt, en vervalt op het ogenblik van het verstrijken, de nietigverklaring of de algemene bekendwording van het laatste technologierecht in de zin van de GVTO.

3.2.6 Relatie met andere groepsvrijstellingsverordeningen

69. De GVTO heeft betrekking op overeenkomsten tussen twee ondernemingen betreffende het in licentie geven van technologierechten met het oog op de vervaardiging van contractproducten. Technologierechten kunnen evenwel ook een onderdeel vormen van andere soorten overeenkomsten. Daarenboven worden de producten waarin de in licentie gegeven technologie is verwerkt vervolgens op de markt verkocht. Bijgevolg moet de relatie worden onderzocht tussen de GVTO en Verordening (EU) nr. 1218/2010 van de Commissie betreffende specialisatieovereenkomsten [48], Verordening (EU) nr. 1217/2010 van de Commissie betreffende onderzoeks- en ontwikkelingsovereenkomsten [49] en Verordening (EU) nr. 330/2010 van de Commissie betreffende verticale overeenkomsten [50].

3.2.6.1 De groepsvrijstellingsverordeningen inzake specialisatie- en O&O-overeenkomsten

70. De GVTO is niet van toepassing op licentiëring in het kader van specialisatieovereenkomsten die onder Verordening (EU) nr. 1218/2010 vallen of op licentiëring in het kader van onderzoeks- en ontwikkelingsovereenkomsten die onder Verordening (EU) nr. 1217/2010 vallen (zie overweging 7 en artikel 9 van de GVTO).

71. Volgens artikel 1, lid 1, onder d), van Verordening (EU) nr. 1218/2010 inzake specialisatieovereenkomsten heeft de verordening in het bijzonder betrekking op overeenkomsten betreffende gezamenlijke productie, waarbij twee of meer partijen zich ertoe verbinden bepaalde producten gezamenlijk te produceren. De verordening is ook van toepassing op bepalingen betreffende de verkoop of het gebruik van intellectuele-eigendomsrechten, voor zover die niet het voornaamste voorwerp van de overeenkomst vormen, maar rechtstreeks daarmee verband houden en voor de tenuitvoerlegging ervan noodzakelijk zijn.

72. Wanneer ondernemingen een gemeenschappelijke productieonderneming oprichten en aan deze joint venture een licentie geven om technologie te exploiteren die wordt gebruikt bij de productie van de producten die door de gemeenschappelijke onderneming worden vervaardigd, valt die licentie onder Verordening (EU) nr. 1218/2010 inzake specialisatieovereenkomsten en niet onder de GVTO. Licenties in het kader van een gemeenschappelijke productieonderneming dienen derhalve normaliter te worden getoetst aan Verordening (EU) nr. 1218/2010. Wanneer de joint venture echter aan derden licenties voor de technologie verleent, staat deze activiteit los van de productie door de joint venture zelf en valt zij derhalve niet onder die verordening. Dergelijke licentieregelingen, waarbij de technologieën van de partijen worden bijeengebracht, zijn technologiepools, waarop onder 4.4 van deze richtsnoeren nader wordt ingegaan.

---

(48) Verordening (EU) nr. 1218/2010 van de Commissie van 14 december 2010 betreffende de toepassing van artikel 101, lid 3, van het Verdrag betreffende de werking van de Europese Unie op bepaalde groepen specialisatieovereenkomsten, *PB* L 335 van 18.12.2010, blz. 43.
(49) Verordening (EU) nr. 1217/2010 van de Commissie van 14 december 2010 betreffende de toepassing van artikel 101, lid 3, van het Verdrag betreffende de werking van de Europese Unie op bepaalde groepen onderzoeks- en ontwikkelingsovereenkomsten, *PB* L 335 van 18.12.2010, blz. 36.
(50) Reeds aangehaald in voetnoot 1 in deel 3.2.4.

73. Verordening (EU) nr. 1217/2010 inzake onderzoeks- en ontwikkelingsovereenkomsten heeft betrekking op overeenkomsten waarbij twee of meer ondernemingen overeenkomen gemeenschappelijk onderzoek en ontwikkeling te verrichten en gemeenschappelijk de resultaten daarvan te exploiteren. Volgens artikel 1, lid 1, onder m), van die verordening geschieden onderzoek en ontwikkeling, en de exploitatie van de resultaten ervan, gemeenschappelijk wanneer de daarmee verbonden taken door een gemeenschappelijke werkgroep, een gemeenschappelijke organisatie of gemeenschappelijke ondernemingen worden verricht, gemeenschappelijk aan een derde partij worden toevertrouwd, of onder de partijen volgens specialisatie bij onderzoek, ontwikkeling, productie en distributie (met inbegrip van licentiëring) worden verdeeld. Deze verordening heeft ook betrekking op betaalde onderzoeks- en ontwikkelingsovereenkomsten waarbij twee of meer of meer ondernemingen overeenkomen dat onderzoek en ontwikkeling door de ene partij worden uitgevoerd en door de andere partij worden gefinancierd, met of zonder gemeenschappelijke exploitatie van de resultaten ervan (zie artikel 1, lid 1, onder a), punt vi), van Verordening (EU) nr. 1217/2010).

74. Daaruit volgt dat Verordening (EU) nr. 1217/2010 inzake onderzoeks- en ontwikkelingsovereenkomsten van toepassing is op licentiëring tussen de partijen en op licentiëring door de partijen aan een gemeenschappelijke eenheid in het kader van een onderzoeks- en ontwikkelingsovereenkomst. Dergelijke licentiëring valt enkel onder Verordening (EU) nr. 1217/2010 en niet onder de GVTO. In het kader van een dergelijke overeenkomst kunnen de partijen tevens de voorwaarden vaststellen voor het in licentie geven van de vruchten van de onderzoeks- en ontwikkelingsovereenkomst aan derden. Aangezien derden-licentienemers evenwel geen partijen zijn bij de onderzoeks- en ontwikkelingsovereenkomst, valt een individuele licentieovereenkomst die met derden wordt gesloten niet onder Verordening (EU) nr. 1217/2010. Een dergelijke overeenkomst valt onder de groepsvrijstelling van de GVTO indien aan de voorwaarden daarvan is voldaan.

3.2.6.2 De groepsvrijstellingsverordening inzake verticale overeenkomsten

75. Verordening (EU) nr. 330/2010 van de Commissie inzake verticale overeenkomsten heeft betrekking op overeenkomsten die worden gesloten tussen twee of meer, met het oog op de toepassing van de overeenkomst elk in een verschillend stadium van de productie- of distributieketen werkzame ondernemingen en die betrekking hebben op de voorwaarden waaronder de partijen bepaalde goederen of diensten kunnen kopen, verkopen of doorverkopen. Zij is dus van toepassing op leverings- en distributieovereenkomsten [51].

76. Aangezien de GVTO alleen betrekking heeft op overeenkomsten tussen twee partijen en een licentienemer die producten verkoopt waarin de in licentie gegeven technologie is verwerkt een leverancier is in de zin van Verordening (EU) nr. 330/2010, bestaat er een nauw verband tussen deze twee groepsvrijstellingsverordeningen. De overeenkomst tussen de licentiegever en de licentienemer valt onder de GVTO, terwijl overeenkomsten tussen een licentienemer en de afnemers van de contractproducten

---

[51] Zie de brochure 'Concurrentiebeleid in Europa — De concurrentieregels voor leverings- en distributieovereenkomsten', Europese Commissie, Bureau voor publicaties van de Europese Unie 2012, Luxemburg.

onderworpen zijn aan Verordening (EU) nr. 330/2010 en de richtsnoeren inzake verticale beperkingen [52].

77. De GVTO verleent ook een vrijstelling voor overeenkomsten tussen de licentiegever en de licentienemer wanneer de overeenkomst aan de licentienemer verplichtingen oplegt met betrekking tot de wijze waarop hij de producten waarin de in licentie gegeven technologie is verwerkt moet verkopen. Met name kan de licentienemer ertoe verplicht worden een bepaald type distributiesysteem op te zetten, zoals exclusieve of selectieve distributie. Om in aanmerking te komen voor een groepsvrijstelling moeten de distributieovereenkomsten die voor het nakomen van die verplichtingen worden gesloten evenwel in overeenstemming zijn met Verordening (EU) nr. 330/2010. De licentiegever kan de licentienemer bijvoorbeeld verplichten een systeem op te zetten dat gebaseerd is op exclusieve distributie volgens bepaalde regels. Uit artikel 4, onder b), van Verordening (EU) nr. 330/2010 kan evenwel worden afgeleid dat passieve verkoop in het gebied van andere exclusieve distributeurs van de licentienemer in de regel geoorloofd moet zijn.

78. Volgens Verordening (EU) nr. 330/2010 inzake verticale overeenkomsten moet het de distributeurs voorts in principe vrij staan zowel actief als passief te verkopen in gebieden die bestreken worden door de distributiesystemen van andere leveranciers, d.w.z. andere licentienemers die op basis van de in licentie gegeven technologierechten hun eigen producten vervaardigen. Dit komt doordat, voor de toepassing van Verordening (EU) nr. 330/2010, elke licentienemer een afzonderlijke leverancier is. De redenen die ten grondslag liggen aan de door die verordening verleende groepsvrijstelling voor beperkingen op de actieve verkoop binnen het distributiesysteem van een leverancier, kunnen echter eveneens gelden wanneer de producten waarin de in licentie gegeven technologie verwerkt is door verschillende licentienemers verkocht worden onder een gemeenschappelijke merknaam, die aan de licentiegever toebehoort. Wanneer de producten waarin de in licentie gegeven technologie verwerkt is onder een gemeenschappelijke merknaam verkocht worden, kunnen dezelfde doelmatigheidsoverwegingen een reden zijn om dezelfde soorten beperkingen toe te passen tussen distributiesystemen van licentienemers onderling als binnen een enkel verticaal distributiesysteem. In dergelijke gevallen is het onwaarschijnlijk dat de Commissie beperkingen zou aanvechten wanneer naar analogie aan de vereisten van Verordening (EU) nr. 330/2010 is voldaan. Wil er sprake zijn van verkoop onder een gemeenschappelijke merknaam, dan moeten de producten worden verkocht en op de markt gebracht onder eenzelfde merknaam die bepalend is voor het uitdrukken van kwaliteit en het overbrengen van andere relevante informatie aan de consument. Het is niet voldoende dat het product naast de merknamen van de licentienemers ook die van de licentiegever draagt, waarmee laatstgenoemde als de bron van de in licentie gegeven technologie wordt geïdentificeerd.

3.3 De marktaandeeldrempels van de veilige haven

79. Krachtens artikel 3 van de GVTO geldt de groepsvrijstelling voor beperkende overeenkomsten, met andere woorden de veilige haven van de GVTO, slechts beneden bepaalde marktaandeeldrempels, waardoor de werkingssfeer van de groepsvrijstelling wordt beperkt tot overeenkomsten die, hoewel zij soms de mededinging beperken, over het algemeen geacht mogen worden te voldoen aan de voorwaarden van artikel 101, lid 3, van het Verdrag. Buiten de veilige haven die door de marktaandeeldrempels wordt geschapen,

---

(52) Respectievelijk *PB* L 102 van 23.4.2010, blz. 1 en *PB* C 130 van 19.5.2010, blz. 1.

is individuele beoordeling van overeenkomsten vereist. Het feit dat marktaandelen de drempels overschrijden, doet geen vermoeden ontstaan dat de overeenkomst onder het verbod van artikel 101, lid 1, valt of dat de overeenkomst niet aan de voorwaarden van artikel 101, lid 3 voldoet. Indien er geen sprake is van hardcorebeperkingen in de zin van artikel 4 van de GVTO moet een marktonderzoek worden uitgevoerd.

Relevante marktaandeeldrempels

80. Welke marktaandeeldrempel in verband met de door de GVTO geboden veilige haven van toepassing is, hangt af van de vraag of de overeenkomst is gesloten tussen concurrenten of niet-concurrenten.

81. De marktaandeeldrempels zijn zowel van toepassing op de relevante markt(en) van de in licentie gegeven technologierechten als op de relevante markt(en) van de contractproducten. Indien de toepasselijke marktaandeeldrempel op één of meerdere product- en technologiemarkten wordt overschreden, is de groepsvrijstelling niet van toepassing op de overeenkomst voor die relevante markt(en). Indien de licentieovereenkomst bijvoorbeeld betrekking heeft op twee afzonderlijke productmarkten is het mogelijk dat de groepsvrijstelling op een van de markten van toepassing is en niet op de andere.

82. Krachtens artikel 3, lid 1, van de GVTO is de veilige haven van artikel 2 van de GVTO van toepassing op overeenkomsten tussen concurrenten op voorwaarde dat het gezamenlijke marktaandeel van de partijen op elke relevante markt niet groter is dan 20 %. De marktaandeeldrempel van artikel 3, lid 1, van de GVTO is van toepassing indien de partijen daadwerkelijke concurrenten of potentiële concurrenten op de productmarkt(en) en/of daadwerkelijke concurrenten op de technologiemarkt zijn (zie punt 27 e.v. met betrekking tot het onderscheid tussen concurrenten en niet-concurrenten).

83. Potentiële concurrentie op de technologiemarkt wordt niet in aanmerking genomen voor de toepassing van de marktaandeeldrempel of van de lijst van hardcorebeperkingen met betrekking tot overeenkomsten tussen concurrenten. Buiten de veilige haven van de GVTO wordt met potentiële mededinging op de technologiemarkt rekening gehouden, maar dit leidt niet tot de toepassing van de lijst van hardcorebeperkingen voor overeenkomsten tussen concurrenten.

84. Wanneer de ondernemingen die partij zijn bij de licentieovereenkomst geen concurrenten zijn, is de marktaandeeldrempel van artikel 3, lid 2, van de GVTO van toepassing. Een overeenkomst tussen niet-concurrenten valt dus onder de vrijstelling indien het marktaandeel van elke partij op de betrokken relevante technologie- en productmarkten niet groter is dan 30 %.

85. Indien de partijen op een later tijdstip concurrenten worden in de zin van artikel 3, lid 1, van de GVTO, bijvoorbeeld wanneer de licentienemer reeds vóór het verwerven van de licentie actief was op de relevante markt waar de contractproducten worden verkocht en de licentiegever later op dezelfde relevante markt een daadwerkelijke of potentiële leverancier wordt, is de marktaandeeldrempel van 20 % van toepassing vanaf het tijdstip waarop zij concurrenten werden. In dat geval blijft de hardcorelijst die geldt voor overeenkomsten tussen niet-concurrenten echter op de overeenkomst van toepassing, tenzij de overeenkomst vervolgens op enig wezenlijk punt wordt gewijzigd (zie artikel 4, lid 3, van de GVTO en punt 39 van deze richtsnoeren).

Berekening van marktaandelen van technologiemarkten voor de toepassing van de veilige haven

86. Om de in punt 87 van deze richtsnoeren genoemde redenen wijkt de berekening van de marktaandelen of de relevante markten waarop de technologierechten in licentie zijn gegeven krachtens de GVTO af van de gangbare praktijk. Voor technologiemarkten

moet het marktaandeel van de licentiegever overeenkomstig artikel 8, onder d), van de GVTO, zowel voor de productdimensie als voor de geografische dimensie van de relevante markt, worden berekend op basis van de verkopen door de licentiegever en al zijn licentienemers van producten waarin de in licentie gegeven technologie is verwerkt. Bij deze benadering worden de gezamenlijke verkopen van contractproducten door de licentiegever en zijn licentienemers berekend als onderdeel van de totale verkoop van concurrerende producten, ongeacht of deze concurrerende producten met een in licentie gegeven technologie zijn geproduceerd.

87. Deze benadering, waarbij het marktaandeel van de licentiegever op de technologiemarkt als zijn 'voetafdruk' op productniveau wordt berekend, werd gekozen omdat het in de praktijk moeilijk is het marktaandeel van een licentiegever te berekenen op basis van de opbrengsten uit royalty's (zie punt 25). Naast de algemene moeilijkheid om betrouwbare gegevens over de opbrengsten uit royalty's te krijgen, kan met de werkelijke opbrengsten uit royalty's de positie van een technologie op de markt ook sterk onderschat worden indien royalty's lager uitvallen door wederzijdse licentiëring of door de levering van gekoppelde producten. Dit risico kan worden vermeden door het marktaandeel van de licentiegever op de technologiemarkt te baseren op de met deze technologie vervaardigde producten in vergelijking met producten die met concurrerende technologieën zijn geproduceerd. Over het algemeen wordt met een dergelijke voetafdruk op productniveau de marktpositie van de technologie goed weerspiegeld.

88. Deze voetafdruk wordt idealiter berekend door de met interne, niet in licentie gegeven technologieën vervaardigde producten van de productmarkt uit te sluiten, omdat deze interne technologieën enkel een indirecte belemmering vormen voor de in licentie gegeven technologie. Daar het in de praktijk echter moeilijk kan zijn voor de licentiegever en de licentienemers om te achterhalen of andere producten op dezelfde productmarkt met in licentie gegeven of interne technologieën worden geproduceerd, wordt de berekening van het technologiemarktaandeel voor de toepassing van de GVTO gebaseerd op de producten die met de in licentie gegeven technologie worden geproduceerd als aandeel van alle producten die op deze productmarkt worden verkocht. Met deze benadering op basis van de voetafdruk van de technologie op de algemene productmarkt(en) zal het berekende marktaandeel wellicht lager uitvallen doordat rekening wordt gehouden met producten die met interne technologieën worden geproduceerd, maar over het algemeen zal deze aanpak toch een goede indicator zijn van de sterkte van de technologie. Om te beginnen wordt rekening gehouden met eventuele potentiële concurrentie van ondernemingen die produceren op basis van een eigen technologie en die deze technologie wellicht in licentie gaan geven bij een kleine maar duurzame stijging van de prijzen voor licenties. Ten tweede heeft de licentiegever, zelfs indien het onwaarschijnlijk is dat andere technologiebezitters zouden beginnen te licentiëren, niet noodzakelijk marktmacht op de technologiemarkt, ook al heeft hij een groot aandeel in de totale opbrengsten van licenties. Indien de downstreamproductmarkt concurrerend is, kan concurrentie op dat niveau de licentiegever daadwerkelijk aan banden leggen. Een verhoging van de royalty's upstream heeft invloed op de kosten van de licentienemer, waardoor hij minder concurrerend wordt en omzet kan verliezen. Het aandeel van de technologie op de productmarkt houdt met dit element rekening en is derhalve doorgaans een goede indicator voor de marktmacht van een licentiegever op de technologiemarkt.

89. Om de sterkte van de technologie in te schatten, moet ook rekening worden gehouden met de geografische dimensie van de technologiemarkt. Deze kan soms afwijken van de geografische dimensie van de respectieve downstreamproductmarkt. Voor de toepassing van de GVTO wordt de geografische dimensie van de relevante technologiemarkt ook door de productmarkt(en) bepaald. Buiten de veilige haven van de GVTO kan het echter passend zijn ook een mogelijk ruimer geografisch gebied in aanmerking te nemen waarin de licentiegever en licentienemers van concurrerende technologieën betrokken zijn bij het in licentie geven van deze technologieën, waarin de concurrentievoorwaarden voldoende homogeen zijn, en dat van aangrenzende gebieden kan worden onderscheiden doordat daar duidelijk afwijkende concurrentievoorwaarden heersen.

90. In het geval van nieuwe technologieën die in het voorgaande kalenderjaar geen verkoop hebben opgeleverd, wordt een marktaandeel van 0 % toegekend. Wanneer met de verkoop wordt begonnen, begint de technologie een marktaandeel op te bouwen. Wanneer het marktaandeel vervolgens boven de relevante drempel van 20 % of 30 % stijgt, zal de veilige haven nog steeds van toepassing zijn gedurende een periode van twee opeenvolgende kalenderjaren volgend op het jaar waarin de drempel werd overschreden (zie artikel 8, onder e), van de GVTO).

Berekening van marktaandelen van productmarkten voor de toepassing van de veilige haven

91. Voor relevante markten waarop de contractproducten worden verkocht, dient het marktaandeel van de licentienemer te worden berekend op basis van de verkoop, door de licentienemer, van producten waarin de technologie van de licentiegever is verwerkt en van concurrerende producten, d.w.z. de totale omzet van de licentienemer op de betrokken productmarkt. Wanneer de licentiegever tevens een leverancier van producten is op de relevante markt, moet de omzet van de licentiegever op de betrokken productmarkt eveneens in aanmerking worden genomen. Bij de berekening van de marktaandelen op productmarkten wordt evenwel geen rekening gehouden met de omzet van andere licentienemers wanneer het marktaandeel van de licentienemer en/of de licentiegever wordt berekend.

92. De marktaandelen dienen te worden berekend aan de hand van gegevens betreffende de waarde van de verkopen in het voorafgaande jaar voor zover die beschikbaar zijn. Die gegevens geven doorgaans een nauwkeuriger indicatie van de sterkte van een technologie dan gegevens betreffende het verkochte volume. Wanneer er echter geen gegevens over de waarde van de verkopen beschikbaar zijn, kan gebruik worden gemaakt van ramingen die op andere betrouwbare marktinformatie, waaronder gegevens betreffende de omvang van de verkopen op de markt, gebaseerd zijn.

93. De in punt 3.3 van deze richtsnoeren uiteengezette beginselen kunnen worden geïllustreerd aan de hand van de volgende voorbeelden:

Licentiëring tussen niet-concurrenten

Voorbeeld 1.Onderneming A is gespecialiseerd in de ontwikkeling van biotechnologische producten en technieken en heeft een nieuw product, Xeran, ontwikkeld. Zij houdt zich niet zelf bezig met de productie van Xeran, waarvoor zij noch de productie- noch de distributiefaciliteiten heeft. Onderneming B is een van de producenten van concurrerende producten, die worden vervaardigd op basis van vrij toegankelijke, niet-beschermde technologieën. In jaar 1 verkocht B voor 25 miljoen EUR aan producten die op basis van vrij toegankelijke technologie waren vervaardigd. In jaar 2 verleent A een licentie aan B voor de productie van Xeran. In dat jaar verkoopt B voor 15 miljoen EUR producten op basis van vrij toegankelijke technologieën en voor 15 miljoen EUR Xeran. In jaar 3 en de daaropvolgende jaren produceert en verkoopt B alleen Xeran, voor een bedrag van 40 miljoen EUR per jaar. Daarnaast verleent A in jaar 2 tevens een licentie aan C. C was niet eerder actief op die productmarkt. C produceert en verkoopt uitsluitend Xeran, voor 10 miljoen EUR in jaar 2 en voor 15 miljoen EUR in jaar 3 en de daaropvolgende jaren. Vast staat dat de totale markt voor Xeran en vervangproducten, waarop B en C actief zijn, een waarde van 200 miljoen EUR per jaar vertegenwoordigt.

In jaar 2, het jaar waarin de licentieovereenkomsten worden gesloten, bedraagt het marktaandeel van A op de technologiemarkt 0 %, aangezien dit marktaandeel moet worden berekend op basis van de totale verkoop van Xeran in het voorafgaande jaar. In jaar 3 bedraagt het marktaandeel van A op de technologiemarkt 12,5 %, hetgeen de waarde vertegenwoordigt van de in het voorafgaande jaar 2 door B en C geproduceerde Xeran. In jaar 4 en in de daaropvolgende jaren bedraagt het marktaandeel van A op de technologiemarkt 27,5 %, hetgeen de waarde vertegenwoordigt van de in het voorafgaande jaar door B en C geproduceerde Xeran.

In jaar 2 bedraagt het marktaandeel van B op de productmarkt 12,5 %, hetgeen de 25 miljoen EUR omzet van B in jaar 1 vertegenwoordigt. In jaar 3 bedraagt het marktaandeel van B 15 %, omdat haar omzet is gestegen tot 30 miljoen EUR in jaar 2. In jaar 4 en de daaropvolgende jaren bedraagt het marktaandeel van B 20 %, met een jaaromzet van 40 miljoen EUR. Het marktaandeel van C op de productmarkt bedraagt 0 % in jaar 1 en 2, 5 % in jaar 3 en 7,5 % in de daaropvolgende jaren.

Aangezien de licentieovereenkomsten tussen A en B en tussen A en C licentieovereenkomsten tussen niet-concurrenten zijn en de individuele marktaandelen van A, B en C elk jaar minder dan 30 % bedragen, valt elk van deze overeenkomsten binnen de door de GVTO geboden veilige haven.

Voorbeeld 2. De situatie is dezelfde als in voorbeeld 1, maar B en C zijn nu actief op verschillende geografische markten. Het is vastgesteld dat de totale markt voor Xeran en vervangproducten een waarde vertegenwoordigt van 100 miljoen EUR per jaar op elke geografische markt.

In dit geval moet het marktaandeel van A op de relevante technologiemarkten worden berekend op basis van de omzetgegevens van alle producten voor elk van de twee geografische markten afzonderlijk. Op de markt waarop B actief is, hangt het marktaandeel van A af van de omzet die B behaalt met Xeran. Aangezien de totale markt in dit voorbeeld bij hypothese 100 miljoen EUR bedraagt, d.w.z. dat hij half zo groot is als in voorbeeld 1, bedraagt het marktaandeel van A 0 % in jaar 2, 15 % in jaar 3 en 40 % in de daaropvolgende jaren. Het marktaandeel van B bedraagt 25 % in jaar 2, 30 % in jaar 3 en 40 % daarna. In jaar 2 en 3 bedraagt het marktaandeel van zowel A als B minder dan de 30 %-drempel. De drempel wordt echter overschreden vanaf jaar 4 en dit betekent dat, krachtens artikel 8, onder e), van de GVTO, de licentieovereenkomst tussen A en B na jaar 6 niet meer in aanmerking komt voor de vrijstelling en individueel moet worden beoordeeld.

Op de markt waarop C actief is, hangt het marktaandeel van A af van de omzet die C behaalt met Xeran. Het marktaandeel van A op de technologiemarkt, op basis van de omzet van C in het voorafgaande jaar, bedraagt derhalve 0 % in jaar 2, 10 % in jaar 3 en 15 % in de daaropvolgende jaren. Het marktaandeel van C op de productmarkt is hetzelfde: 0 % in jaar 2, 10 % in jaar 3 en 15 % in de daaropvolgende jaren. De licentieovereenkomst tussen A en C valt derhalve gedurende de gehele periode binnen de veilige haven.

Licentiëring tussen concurrenten
Voorbeeld 3. De ondernemingen A en B zijn actief op dezelfde relevante productmarkt en geografische markt voor een bepaald chemisch product. Zij bezitten elk ook een octrooi op verschillende technologieën die worden gebruikt voor de vervaardiging van dat product. In jaar 1 ondertekenen A en B een wederkerige licentieovereenkomst, waarbij zij elkaar een licentie verlenen voor het gebruik van hun respectieve technologieën. In jaar 1 produceren A en B uitsluitend op basis van hun eigen technologie en verkoopt A voor 15 miljoen EUR van het product en B voor 20 miljoen EUR. Vanaf jaar 2 gebruiken zij beide hun eigen en elkaars technologie. Vanaf dat jaar verkoopt A voor 10 miljoen EUR van het product op basis van haar eigen technologie en voor 10 miljoen EUR op basis van de technologie van B. Vanaf jaar 2 verkoopt B voor 15 miljoen EUR van het product op basis van haar eigen technologie en voor 10 miljoen EUR op basis van de technologie van A. Vast staat dat de totale markt voor het product en zijn vervangproducten een waarde van 100 miljoen EUR per jaar vertegenwoordigt.

Om de licentieovereenkomst in het kader van de GVTO te beoordelen, moeten de marktaandelen van A en B, zowel op de technologiemarkt als op de productmarkt, worden berekend. Het marktaandeel van A op de technologiemarkt hangt af van de hoeveelheid van het product die in het voorgaande jaar is verkocht en die door zowel A als B is geproduceerd op basis van de technologie van A. In jaar 2 bedraagt het marktaandeel van A op de technologiemarkt derhalve 15 %, hetgeen overeenkomt met haar eigen productie en verkoop van 15 miljoen EUR in jaar 1. Vanaf jaar 3 bedraagt het marktaandeel van A op de technologiemarkt 20 %, hetgeen overeenkomt met de omzet van 20 miljoen EUR die werd behaald met de verkoop van het product dat op basis van de technologie van A is geproduceerd en verkocht door A en door B (10 miljoen EUR elk). Op dezelfde wijze berekend, bedraagt het marktaandeel van B op de technologiemarkt in jaar 2 20 % en in de daaropvolgende jaren 25 %.

De marktaandelen van A en B op de productmarkt hangen af van hun respectieve omzet van het product in het voorafgaande jaar, ongeacht de gebruikte technologie. Het marktaandeel van A op de productmarkt bedraagt 15 % in jaar 2 en 20 % in de daaropvolgende jaren. Het marktaandeel van B op de productmarkt bedraagt 20 % in jaar 2 en 25 % in de daaropvolgende jaren.

Aangezien het een overeenkomst tussen concurrenten betreft, moet hun gezamenlijke marktaandeel, zowel op de technologiemarkt als op de productmarkt, beneden de marktaandeeldrempel van 20 % blijven om in aanmerking te komen voor de veilige haven. Het is duidelijk dat dat hier niet het geval is. Het gezamenlijke marktaandeel op de technologiemarkt en op de productmarkt bedraagt 35 % in jaar 2 en 45 % in de daaropvolgende jaren. Deze overeenkomst tussen concurrenten zal derhalve individueel moeten worden beoordeeld.

3.4 Hardcorebeperkingen van de mededinging in het kader van de groepsvrijstellingsverordening

3.4.1 Algemene beginselen
94. Artikel 4 van de GVTO bevat een lijst van meest ingrijpende beperkingen ('hardcorebeperkingen') van de mededinging. De kwalificatie van een beperking als een hardcorebeperking van de mededinging is gebaseerd op de aard van de beperking en op de ervaring, die leert dat dergelijke beperkingen bijna altijd concurrentieverstorend zijn.

Volgens de jurisprudentie van het Hof van Justitie en het Gerecht [53] kan een dergelijke beperking blijken uit het klaarblijkelijke doel van de overeenkomst of uit de omstandigheden van het individuele geval (zie punt 14). Hardcorebeperkingen kunnen in uitzonderlijke gevallen objectief noodzakelijk zijn voor een overeenkomst van een bepaalde soort of aard [54] en daarom buiten de toepassing van artikel 101, lid 1, van het Verdrag vallen. Bovendien kunnen ondernemingen zich in individuele gevallen krachtens artikel 101, lid 3, altijd beroepen op efficiëntieverbeteringen [55].

95. Wanneer een overeenkomst inzake technologieoverdracht een hardcorebeperking van de mededinging bevat, valt de overeenkomst krachtens artikel 4, lid 1 en lid 2, van de GVTO in zijn geheel buiten de werkingssfeer van de groepsvrijstelling. Voor de toepassing van de GVTO kunnen hardcorebeperkingen niet van de rest van de overeenkomst worden gescheiden. Voorts is de Commissie van mening dat hardcorebeperkingen bij een individuele beoordeling waarschijnlijk niet zullen voldoen aan de vier voorwaarden van artikel 101, lid 3 (zie punt 18).

96. Artikel 4 van de GVTO maakt onderscheid tussen overeenkomsten tussen concurrenten en overeenkomsten tussen niet-concurrenten.

3.4.2 Overeenkomsten tussen concurrenten

97. Artikel 4, lid 1, van de GVTO bevat een lijst van de hardcorebeperkingen bij het verlenen van licenties tussen concurrenten. Volgens deze bepaling is de GVTO niet van toepassing op overeenkomsten die, als zodanig of in combinatie met andere factoren waarover de partijen controle hebben, direct of indirect tot doel hebben:
a) de mogelijkheden van een partij tot vaststelling van zijn prijzen bij verkoop van producten aan derden, te beperken;
b) de productie te beperken, met uitzondering van beperkingen van de productie van contractproducten die aan de licentienemer worden opgelegd in een niet-wederkerige overeenkomst of die aan slechts één van de licentienemers worden opgelegd in een wederkerige overeenkomst;
c) markten of klanten toe te wijzen, met uitzondering van:
  i) de verplichting die in een niet-wederkerige overeenkomst aan de licentiegever en/of de licentienemer werd opgelegd om met de in licentie gegeven technologierechten niet te produceren in het aan de andere partij voorbehouden exclusieve gebied, en/of niet actief en/of passief te verkopen in het exclusieve gebied of aan de exclusieve klantenkring die aan de andere partij is voorbehouden;
  ii) de beperking, in een niet-wederkerige overeenkomst, van actieve verkoop door de licentienemer in het exclusieve gebied of aan de exclusieve klantenkring die door de licentiegever aan een andere licentienemer is toegewezen, mits laatstgenoemde ten tijde van het sluiten van zijn licentieovereenkomst geen concurrerende onderneming van de licentiegever was;
  iii) de verplichting die aan de licentienemer wordt opgelegd om de contractproducten uitsluitend te produceren voor eigen gebruik, mits de licentienemer

---

(53) Zie bijvoorbeeld de in voetnoot 6 in deel 2.2 geciteerde jurisprudentie.
(54) Zie punt 18 van de Richtsnoeren van de Commissie betreffende de toepassing van artikel 81, lid 3, van het Verdrag, reeds geciteerd in voetnoot 3 in deel 3.
(55) Zie het arrest van het Gerecht van eerste aanleg van 15 juli 1994 in zaak T-17/93, Matra Hachette SA/Commissie, Jurispr. 1994, blz. II-595, punt 85.

niet wordt beperkt met betrekking tot de actieve of passieve verkoop van de contractproducten als reserveonderdelen voor zijn eigen producten;

iv) de verplichting die in een niet-wederkerige overeenkomst aan de licentienemer wordt opgelegd om de contractproducten uitsluitend te produceren voor een specifieke afnemer, indien de licentie is verleend om die afnemer een alternatieve voorzieningsbron te bieden;

d) de beperking van de mogelijkheden van de licentienemer om zijn eigen technologierechten te exploiteren of de beperking van de mogelijkheden van enige partij bij de overeenkomst om onderzoek en ontwikkeling te verrichten, tenzij die laatste beperking noodzakelijk is om te voorkomen dat de in licentie gegeven knowhow aan derden wordt bekendgemaakt.

Onderscheid tussen wederkerige en niet-wederkerige overeenkomsten tussen concurrenten

98. Voor een aantal hardcorebeperkingen maakt de GVTO een onderscheid tussen wederkerige en niet-wederkerige overeenkomsten. De hardcorelijst is strikter voor wederkerige overeenkomsten dan voor niet-wederkerige overeenkomsten tussen concurrenten. Wederkerige overeenkomsten zijn overeenkomsten waarbij wederzijdse licenties worden verleend en de in licentie gegeven technologieën concurrerende technologieën zijn of gebruikt kunnen worden voor de productie van concurrerende producten. Niet-wederkerige overeenkomsten zijn overeenkomsten waarbij slechts één van de partijen haar technologierechten aan de andere partij in licentie geeft of waarbij, in het geval van wederzijdse licenties, de in licentie gegeven technologierechten geen concurrerende technologieën zijn en de in licentie gegeven rechten niet kunnen worden gebruikt voor de productie van concurrerende producten. Een overeenkomst is niet wederkerig in de zin van de GVTO louter omdat zij een *grant-back* verplichting bevat of omdat de licentienemer de door hem aangebrachte verbeteringen in de in licentie gegeven technologie weer aan de licentiegever in licentie geeft. Ingeval een niet-wederkerige overeenkomst vervolgens een wederkerige overeenkomst wordt omdat een tweede licentieovereenkomst tussen dezelfde partijen wordt gesloten, zullen deze partijen eventueel de eerste licentieovereenkomst moeten herzien om te voorkomen dat de overeenkomst een hardcorebeperking bevat. Bij de beoordeling van het individuele geval zal de Commissie rekening houden met de tijd die tussen de sluiting van de eerste en de tweede licentieovereenkomst is verstreken.

Prijsbeperkingen tussen concurrenten

99. De hardcorebeperking van de mededinging waarvan sprake is in artikel 4, lid 1, onder a), van de GVTO betreft overeenkomsten tussen concurrenten die ten doel hebben prijzen vast te stellen voor de verkoop van hun producten aan derden, met inbegrip van de producten waarin de in licentie gegeven technologie is verwerkt. Prijsafspraken tussen concurrenten vormen door hun doel zelf een beperking van de mededinging. Prijsafspraken kunnen de vorm aannemen van een rechtstreekse overeenkomst over de exacte prijs die moet worden aangerekend of over een prijslijst met maximum toegestane kortingen. Of de overeenkomst vaste, minimale, maximale of aanbevolen prijzen betreft, speelt geen rol. Prijsafspraken kunnen ook indirect tot stand komen door het gebruik van prikkels om afwijkingen van een overeengekomen prijsniveau te ontmoedigen, bijvoorbeeld door te bepalen dat het tarief van royalty's zal stijgen indien de productprijzen beneden een bepaald niveau dalen. Een aan de licentienemer opgelegde verplichting om een bepaalde minimumroyalty te betalen vormt op zich echter geen prijsafspraak.

100. Wanneer royalty's worden berekend op basis van de individuele omzet van de betrokken producten, heeft het bedrag van de royalty's een rechtstreekse invloed op de marginale kosten van het product en dus ook op de productprijzen [56]. Concurrenten kunnen derhalve wederzijdse licenties met wederkerige *running* royalty's (royalty's berekend op basis van de individuele verkoop van producten) gebruiken om de prijzen op downstreamproductmarkten op elkaar af te stemmen en/of te verhogen [57]. De Commissie zal wederzijdse licenties met wederkerige *running* royalty's slechts als een prijsafspraak beschouwen indien de overeenkomst geen enkel concurrentiebevorderend doel heeft en derhalve geen bonafide licentieovereenkomst is. In dergelijke gevallen, waarin de overeenkomst geen enkele waarde schept en derhalve geen geldige commerciële rechtvaardiging heeft, is het een pseudolicentie en houdt zij kartelvorming in.

101. De hardcorebeperking waarvan sprake in artikel 4, lid 1, onder a), van de GVTO heeft eveneens betrekking op overeenkomsten waarbij de royalty's worden berekend op basis van de totale omzet van alle producten, ongeacht of de in licentie gegeven technologie is gebruikt. Dergelijke overeenkomsten vallen eveneens onder artikel 4, lid 1, onder d), volgens hetwelk de licentienemer niet mag worden beperkt in de mogelijkheden om zijn eigen technologierechten te exploiteren (zie punt 116 van deze richtsnoeren). Dergelijke overeenkomsten beperken over het algemeen de mededinging, aangezien de overeenkomst de kosten van het gebruik van de eigen concurrerende technologierechten van de licentienemer verhoogt en de mededinging die zonder de overeenkomst bestond, beperkt [58]. Dit geldt zowel voor wederkerige als voor niet-wederkerige overeenkomsten.

102. Uitzonderlijk kan een overeenkomst waarbij de royalty's worden berekend op basis van de totale omzet van alle producten in een individueel geval toch voldoen aan de voorwaarden van artikel 101, lid 3, wanneer op basis van objectieve factoren kan worden vastgesteld dat de beperking onmisbaar is voor het tot stand brengen van concurrentiebevorderende licentiëring. Dit kan het geval zijn wanneer het zonder de beperking onmogelijk of bijzonder moeilijk zou zijn de door de licentienemer te betalen royalty's te berekenen en te controleren, bijvoorbeeld omdat de technologie van de licentiegever geen zichtbare sporen nalaat in het eindproduct en er geen andere, praktisch toepasbare controlemethodes voorhanden zijn.

Productiebeperkingen tussen concurrenten

103. De hardcorebeperking van de mededinging waarvan sprake is in artikel 4, lid 1, onder b), van de GVTO betreft wederzijdse productiebeperkingen die aan de partijen worden opgelegd. Een productiebeperking is een beperking van de hoeveelheid die een partij mag produceren en verkopen. Artikel 4, lid 1, onder b), is niet van toepassing op productiebeperkingen die een licentienemer in een niet-wederkerige overeenkomst worden opgelegd, of productiebeperkingen die aan één van de licentienemers in een wederkerige overeenkomst worden opgelegd, mits de productiebeperking slechts betrekking heeft op producten die met de in licentie gegeven technologie zijn geproduceerd.

---

(56) Zie in dit verband punt 98 van de Richtsnoeren betreffende de toepassing van artikel 81, lid 3, van het Verdrag, aangehaald in voetnoot 3 in deel 1.
(57) Dit is eveneens het geval wanneer de ene partij een licentie verleent aan de andere en ermee instemt van de licentienemer een materiële input te kopen. De koopprijs kan dezelfde functie hebben als de royalty's
(58) Zie in dit verband arrest van het Hof van 25 februari 1986 in zaak 193/83, Windsurfing International Inc./Commissie, Jurispr. 1986, blz. 611, punt 67.

Artikel 4, lid 1, onder b), merkt derhalve wederkerige productiebeperkingen die aan de partijen, en productiebeperkingen die aan de licentiegever worden opgelegd wat zijn eigen technologie betreft, als hardcorebeperkingen aan. Wanneer concurrenten instemmen met wederzijdse beperkingen van de productie, is het doel en het waarschijnlijke gevolg van de overeenkomst dat de productie in de markt wordt verminderd. Hetzelfde geldt voor overeenkomsten die de prikkel voor de partijen om de productie te verhogen verminderen, bijvoorbeeld door wederkerige *running* royalty's per eenheid die stijgen naarmate de productie toeneemt of doordat aan elke partij de verplichting wordt opgelegd een vergoeding te betalen indien een bepaald productieniveau wordt overschreden.
104. De gunstigere behandeling van niet-wederkerige hoeveelheidsbeperkingen is gebaseerd op de overweging dat een eenzijdige beperking niet noodzakelijkerwijs tot een lagere productie op de markt leidt, terwijl het risico dat de overeenkomst geen bonafide licentieovereenkomst is ook geringer is wanneer de beperking niet-wederkerig is. Wanneer een licentienemer bereid is een eenzijdige beperking te aanvaarden, is het waarschijnlijk dat de overeenkomst leidt tot een echte integratie van complementaire technologieën of tot een efficiëntieverbeterende integratie van de superieure technologie van de licentiegever met de productiemiddelen van de licentienemer. Evenzo is het in een wederkerige overeenkomst waarschijnlijk dat een productiebeperking die slechts aan één van de licentienemers wordt opgelegd de hogere waarde weerspiegelt van de door een van de partijen in licentie gegeven technologie, en concurrentiebevorderende licentiëring wellicht aanmoedigt.
Toewijzing van markten en klanten tussen concurrenten
105. De hardcorebeperking van de mededinging waarvan sprake is in artikel 4, lid 1, onder c), van de GVTO betreft de toewijzing van markten en klanten. Overeenkomsten waarbij concurrenten markten en klanten verdelen hebben de beperking van de mededinging ten doel. Het is een hardcorebeperking wanneer concurrenten in een wederkerige overeenkomst overeenkomen om in bepaalde gebieden niet te produceren of in bepaalde gebieden of aan bepaalde klanten, welke aan de andere partij zijn voorbehouden, niet actief en/of passief te verkopen. Zo worden wederzijdse exclusieve licenties tussen concurrenten bijvoorbeeld als marktverdeling beschouwd.
106. Artikel 4, lid 1, onder c), is van toepassing, ongeacht of de licentienemer zijn eigen technologierechten mag blijven gebruiken. Wanneer de licentienemer zijn apparatuur eenmaal heeft aangepast voor het gebruik van de technologie van de licentiegever met het oog op het vervaardigen van een bepaald product, zal het wellicht veel geld kosten om een afzonderlijke productielijn te handhaven waarbij van een andere technologie gebruik wordt gemaakt om klanten te bedienen die onder de beperkingen vallen. Gelet op het concurrentiebeperkende potentieel van de beperkingen zal de licentienemer bovendien waarschijnlijk niet sterk geneigd zijn om op basis van zijn eigen technologie te produceren. Het is bovendien zeer onwaarschijnlijk dat dergelijke beperkingen noodzakelijk zijn voor concurrentiebevorderende licentiëring.
107. Krachtens artikel 4, lid 1, onder c), punt i), is het geen hardcorebeperking wanneer de licentiegever de licentienemer in een niet-wederkerige overeenkomst een exclusieve licentie verleent om op basis van de in licentie gegeven technologie in een specifiek gebied te produceren, en hij er aldus mee instemt de contractproducten niet zelf in dat gebied te produceren of deze vanuit dat gebied te leveren. Deze exclusieve licenties zijn vrijgesteld, ongeacht de omvang van het gebied. Indien de licentie voor de gehele wereld geldt, houdt de exclusiviteit in dat de licentiegever ervan afziet de markt te betreden of

daarop aanwezig te blijven. De groepsvrijstelling is eveneens van toepassing wanneer de licentienemer in een niet-wederkerige overeenkomst niet mag produceren in een exclusief aan de licentiegever voorbehouden gebied. Het doel bij dergelijke overeenkomsten kan zijn de licentiegever en/of licentienemer te stimuleren om in de in licentie gegeven technologie te investeren en deze verder te ontwikkelen. Het doel van de overeenkomst is derhalve niet noodzakelijkerwijs een verdeling van de markten.

108. Krachtens artikel 4, lid 1, onder c), punt i), en om dezelfde reden is de groepsvrijstelling eveneens van toepassing op niet-wederkerige overeenkomsten waarbij de partijen afspreken niet actief of passief te verkopen in een exclusief gebied of aan een exclusieve klantenkring die aan de andere partij is voorbehouden. Voor de toepassing van de GVTO interpreteert de Commissie 'actieve' en 'passieve' verkoop zoals gedefinieerd in de richtsnoeren inzake verticale beperkingen [59]. Voor beperkingen op de licentienemer of de licentiegever om actief en/of passief te verkopen in een gebied of aan een klantenkring van de andere partij geldt de groepsvrijstelling enkel indien dit gebied of deze klantenkring exclusief aan de andere partij is voorbehouden. In sommige specifieke omstandigheden kunnen overeenkomsten met dergelijke verkoopbeperkingen echter in een individueel geval toch ook voldoen aan de voorwaarden van artikel 101, lid 3, wanneer de exclusiviteit op ad-hocbasis wordt gedeeld, bijvoorbeeld om een tijdelijk tekort op te vangen in de productie van de licentiegever of licentienemer aan wie het gebied of de klantenkring exclusief is toegewezen. In dergelijke gevallen is het waarschijnlijk dat de licentiegever of licentienemer nog steeds voldoende is beschermd tegen actieve en/of passieve verkoop om bereid te zijn om zijn technologie in licentie te geven of te investeren in de in licentie gegeven technologie. Dergelijke beperkingen, ook als deze de mededinging verminderen, zouden bevorderlijk zijn voor een concurrentiebevorderende verspreiding en integratie van die technologie in de productiemiddelen van de licentienemer.

109. Daaruit vloeit voort dat het feit dat de licentiegever de licentienemer aanwijst als zijn enige licentienemer in een specifiek gebied, hetgeen impliceert dat derden geen licentie zullen verkrijgen om op basis van de technologie van de licentiegever in het betrokken gebruiksgebied te produceren, evenmin een hardcorebeperking vormt. Bij dergelijke *sole licences* is de groepsvrijstelling van toepassing, ongeacht of de overeenkomst wederkerig is of niet, aangezien de overeenkomst de mogelijkheden van de partijen om hun eigen technologierechten in de betrokken gebieden volledig te exploiteren, niet aantast.

110. Bij artikel 4, lid 1, onder c), punt ii), zijn van de hardcorelijst uitgesloten, en wordt derhalve, mits de marktaandeeldrempel in acht wordt genomen, vrijstelling verleend voor beperkingen, in een niet-wederkerige overeenkomst, van de actieve verkoop door een licentienemer in het gebied of aan de klantenkring die door de licentiegever aan een andere licentienemer zijn toegewezen. Dit veronderstelt evenwel dat de beschermde licentienemer geen concurrent was van de licentiegever toen de overeenkomst werd gesloten. Het is niet gerechtvaardigd om dergelijke beperkingen in deze situatie als hardcorebeperkingen te behandelen. Deze beperkingen zullen, doordat zij de licentiegever in staat stellen een licentienemer die nog niet op de markt aanwezig was te beschermen tegen de actieve verkoop door licentienemers die concurrenten van de licentiegever zijn en die daarom reeds op de markt aanwezig waren, de licentienemer waarschijnlijk aanmoedigen de in licentie gegeven technologie efficiënter te exploiteren. Komen de licentienemers evenwel onderling overeen om niet actief of passief in bepaalde gebieden

---

(59) *PB* C 130 van 19.5.2010, blz. 1, punt 51.

of aan bepaalde klantenkringen te verkopen, dan behelst de overeenkomst een kartel van de licentienemers. Aangezien een dergelijke overeenkomst geen technologieoverdracht met zich brengt, valt zij bovendien buiten het toepassingsgebied van de GVTO.

111. Artikel 4, lid 1, onder c), punt iii), voorziet in een andere uitzondering op de hardcorebeperking van artikel 4, lid 1, onder c), namelijk beperkingen tot eigen gebruik; het betreft bepalingen dat de licentienemer de producten waarin de in licentie gegeven technologie is verwerkt alleen voor eigen gebruik mag produceren. Wanneer bijvoorbeeld het contractproduct een bestanddeel is, kan de licentienemer worden verplicht dat bestanddeel alleen te produceren voor verwerking in zijn eigen producten en het niet aan andere producenten te verkopen. De licentienemer moet echter de bestanddelen kunnen verkopen als reserveonderdelen voor zijn eigen producten en moet dus kunnen leveren aan derden die klantenservice verlenen met betrekking tot die producten. Beperkingen tot eigen gebruik kunnen noodzakelijk zijn om de verspreiding van technologie, inzonderheid onder concurrenten, aan te moedigen en vallen onder de groepsvrijstelling. Deze beperkingen worden besproken onder 4.2.5.

112. Ten slotte is krachtens artikel 4, lid 1, onder c), punt iv), van de hardcorelijst uitgesloten, de verplichting die in een niet-wederkerige overeenkomst aan de licentienemer wordt opgelegd om de contractproducten uitsluitend voor een specifieke afnemer te produceren om die afnemer een alternatieve voorzieningsbron te bieden. Voorwaarde voor de toepassing van artikel 4, lid 1, onder c), punt iv), is derhalve dat de licentie beperkt is tot het creëren van een alternatieve voorzieningsbron voor die specifieke afnemer. Het is echter geen voorwaarde dat slechts één dergelijke licentie wordt verleend. Artikel 4, lid 1, onder c), punt iv), is eveneens van toepassing op situaties waarbij aan meer dan één onderneming licentie wordt verleend om aan dezelfde afnemer te leveren. Artikel 4, lid 1, onder c), punt iv), is van toepassing ongeacht de duur van de licentieovereenkomst. Een eenmalige licentie om te voldoen aan de eisen van een project van een bepaalde klant valt bijvoorbeeld onder deze uitzondering. De mogelijkheid dat dergelijke overeenkomsten tot marktverdeling leiden, is beperkt wanneer de licentie uitsluitend wordt verleend om aan een specifieke afnemer te leveren. In een dergelijk geval kan er met name niet van worden uitgegaan dat de overeenkomst de licentienemer ertoe zal brengen de exploitatie van zijn eigen technologie te staken.

113. In overeenkomsten tussen concurrenten opgenomen beperkingen die inhouden dat een licentie slechts op één of meer productmarkten of op één of meer technische gebruiksgebieden [60] mag worden geëxploiteerd, zijn geen hardcorebeperkingen. Deze beperkingen zijn tot een marktaandeeldrempel van 20 % vrijgesteld, ongeacht of de overeenkomst wederkerig is of niet. Dergelijke beperkingen worden niet geacht het toewijzen van markten of klanten ten doel te hebben. Een voorwaarde voor de toepassing van de groepsvrijstelling is echter wel dat de beperkingen ten aanzien van het gebruiksgebied niet verder gaan dan het toepassingsgebied van de in licentie gegeven technologieën. Wanneer licentienemers bijvoorbeeld ook beperkt worden in de technische gebieden waarop zij hun eigen technologierechten mogen gebruiken, komt de overeenkomst neer op marktverdeling.

114. De groepsvrijstelling is van toepassing ongeacht of de beperking van het gebruiksgebied symmetrisch of asymmetrisch is. Een asymmetrische beperking van het gebruiksgebied in een wederkerige licentieovereenkomst houdt in dat beide partijen de

---

(60) Beperkingen ten aanzien van het gebruiksgebied worden in punt 208 e.v. besproken.

respectievelijke technologieën die zij in licentie nemen slechts mogen gebruiken binnen verschillende gebruiksgebieden. Zolang de partijen geen beperkingen worden opgelegd ten aanzien van de exploitatie van hun eigen technologieën wordt er niet van uitgegaan dat de overeenkomst de partijen ertoe zal brengen het gebruiksgebied waarvoor de aan de andere partij verleende licentie geldt, te verlaten of niet te betreden. Zelfs indien de licentienemers hun apparatuur aanpassen om de in licentie gegeven technologie te exploiteren in het gebruiksgebied waarvoor de licentie geldt, heeft dit niet noodzakelijkerwijs gevolgen voor de productiemiddelen die worden gebruikt om buiten het toepassingsgebied van de licentie te produceren. Het is in dit verband van belang dat de beperking slechts betrekking heeft op onderscheiden productmarkten, industriële sectoren of gebruiksgebieden en niet op klanten, hetzij per gebied hetzij per klantenkring toegewezen, die producten kopen die in dezelfde productmarkt of in hetzelfde technische gebruiksgebied vallen. Het gevaar van marktverdeling wordt in het laatstgenoemde geval aanmerkelijk groter geacht (zie punt 106). Bovendien kunnen beperkingen ten aanzien van het gebruiksgebied noodzakelijk zijn om concurrentiebevorderende licentiëring te stimuleren (zie punt 212).

Beperkingen van de mogelijkheden van de partijen om onderzoek en ontwikkeling te verrichten
115. De hardcorebeperking van de mededinging waarvan sprake is in artikel 4, lid 1, onder d), betreft beperkingen ten aanzien van de mogelijkheden van een van de partijen tot het verrichten van onderzoek en ontwikkeling. Het moet beide partijen vrij staan onafhankelijk onderzoek en ontwikkeling te verrichten. Deze regel geldt ongeacht of de beperking betrekking heeft op een gebied dat onder de licentie valt dan wel op andere gebieden. Het loutere feit dat de partijen overeenkomen elkaar toekomstige verbeteringen van hun respectievelijke technologieën ter beschikking te stellen houdt als zodanig geen beperking van onafhankelijk onderzoek en ontwikkeling in. De gevolgen van dergelijke overeenkomsten voor de mededinging moeten in het licht van de omstandigheden van het individuele geval worden beoordeeld. Artikel 4, lid 1, onder d), geldt evenmin voor beperkingen om onderzoek en ontwikkeling met derden te verrichten die aan een partij worden opgelegd om de knowhow van de licentiegever tegen openbaarmaking te beschermen. Om onder de uitzondering te vallen, dienen de beperkingen opgelegd om de knowhow van de licentiegever tegen openbaarmaking te beschermen, noodzakelijk en evenredig te zijn om een dergelijke bescherming te waarborgen. Wanneer de overeenkomst bijvoorbeeld bepaalt dat specifieke werknemers van de licentienemer moeten worden opgeleid in en verantwoordelijk zijn voor het gebruik van de in licentie gegeven knowhow, is het wellicht voldoende om de licentienemer te verplichten deze werknemers niet toe te staan om bij onderzoek en ontwikkeling met derde partijen betrokken te zijn. Andere voorzorgsmaatregelen kunnen eveneens passend zijn.

Beperkingen voor de licentienemer op het gebruik van de eigen technologie
116. Krachtens artikel 4, lid 1, onder d), mag de licentienemer ook geen beperking worden opgelegd ten aanzien van het gebruik van zijn eigen concurrerende technologierechten, voor zover hij daarbij geen gebruik maakt van de technologierechten die hij van de licentiegever in licentie neemt. Met betrekking tot zijn eigen technologierechten mag de licentienemer niet onderworpen zijn aan beperkingen met betrekking tot de plaats waar hij produceert of verkoopt, de technische gebruiksgebieden of productmarkten waarop hij produceert, de hoeveelheid die hij produceert of verkoopt en de prijs waartegen hij verkoopt. Hij mag evenmin verplicht zijn royalty's te betalen voor producten die

zijn vervaardigd op basis van zijn eigen technologierechten (zie punt 101). Bovendien mag aan de licentienemer geen beperking worden opgelegd met betrekking tot het in licentie geven van zijn eigen technologierechten aan derden. Wanneer aan de licentienemer beperkingen worden opgelegd met betrekking tot het gebruik van zijn eigen technologierechten of met betrekking tot het recht om onderzoek en ontwikkeling te verrichten, wordt het concurrentievermogen van de technologie van de licentienemer verzwakt. Dit leidt tot een vermindering van de concurrentie op de bestaande product- en technologiemarkten en tot een vermindering van de prikkel voor de licentienemer om te investeren in de ontwikkeling en verbetering van zijn technologie. Artikel 4, lid 1, onder d), geldt niet voor beperkingen met betrekking tot het gebruik door de licentienemer van technologie van derden die concurreert met de in licentie gegeven technologie. Hoewel dergelijke niet-concurrentiebedingen marktafschermingseffecten kunnen hebben op de technologieën van derden (zie 4.2.7), leiden deze er gewoonlijk niet toe dat licentienemers minder gestimuleerd worden om in de ontwikkeling en verbetering van hun eigen technologieën te investeren.

3.4.3 Overeenkomsten tussen niet-concurrenten

117. Artikel 4, lid 2, van de GVTO bevat een lijst van de hardcorebeperkingen bij het verlenen van licenties tussen niet-concurrenten. Volgens deze bepaling is de GVTO niet van toepassing op overeenkomsten die, als zodanig of in combinatie met andere factoren waarover de partijen controle hebben, direct of indirect tot doel hebben:
a) de mogelijkheden van een partij tot vaststelling van zijn prijzen bij verkoop van producten aan derden te beperken, onverminderd de mogelijkheid een maximumprijs op te leggen of een verkoopprijs aan te raden, mits dit niet als gevolg van door een van de partijen uitgeoefende druk of gegeven prikkels hetzelfde effect heeft als een vaste prijs of minimumprijs;
b) het gebied waarin, of de afnemers waaraan de licentienemer de contractproducten passief mag verkopen te beperken, met uitzondering van:
   i) de beperking van de passieve verkoop in een exclusief gebied of aan een exclusieve klantenkring, voorbehouden aan de licentiegever;
   ii) de verplichting om de contractproducten uitsluitend te produceren voor eigen gebruik, mits de licentienemer geen beperkingen worden opgelegd ten aanzien van de actieve en passieve verkoop van de contractproducten als reserveonderdelen voor zijn eigen producten;
   iii) de verplichting om de contractproducten uitsluitend te produceren voor een specifieke afnemer, indien de licentie is verleend om die afnemer een alternatieve voorzieningsbron te bieden;
   iv) de beperking van de verkoop aan eindgebruikers door een op groothandelsniveau werkzame licentienemer;
   v) de beperking van de verkoop aan niet-erkende distributeurs door de leden van een selectief distributiestelsel;
c) de actieve of passieve verkoop aan eindgebruikers door een licentienemer die lid is van een selectief distributiestelsel en die op detailhandelsniveau werkzaam is, te beperken, onverminderd de mogelijkheid om een lid van het stelsel te verbieden vanuit een niet-erkende plaats van vestiging werkzaam te zijn.

Prijsafspraken

118. De hardcorebeperking van de mededinging waarvan sprake in artikel 4, lid 2, onder a), betreft het vaststellen van prijzen voor de verkoop van producten aan derden. Meer in het bijzonder heeft die bepaling betrekking op beperkingen die direct of indirect ten doel hebben een vaste prijs of minimumprijs dan wel een vast prijsniveau of minimumprijsniveau vast te stellen, dat door de licentiegever of de licentienemer bij de verkoop van producten aan derden in acht moet worden genomen. In het geval van overeenkomsten die rechtstreeks de verkoopprijs vaststellen, is de beperking duidelijk. Het vaststellen van verkoopprijzen kan echter ook met indirecte middelen worden bereikt. Voorbeelden daarvan zijn overeenkomsten die winstmarges vastleggen, het maximumniveau van kortingen bepalen, de verkoopprijs koppelen aan die van de concurrenten, en verder ook bedreigingen, intimidaties, waarschuwingen, sancties of het beëindigen van contracten in verband met de inachtneming van een bepaald prijsniveau. Directe of indirecte maatregelen om tot prijsafspraken te komen kunnen doeltreffender worden gemaakt wanneer zij gecombineerd worden met maatregelen om verkopen onder de prijs op te sporen, zoals de toepassing van een controlesysteem op de prijzen of het opleggen van de verplichting aan licentienemers om prijsafwijkingen te melden. Directe of indirecte prijsbinding kan eveneens doeltreffender worden gemaakt wanneer deze gecombineerd wordt met maatregelen die voor de licentienemer de prikkel verminderen om zijn verkoopprijs te verlagen, bijvoorbeeld wanneer de licentiegever de licentienemer verplicht een beding van 'meest begunstigde klant' toe te passen, d.w.z. een verplichting om aan een afnemer dezelfde gunstigere voorwaarden aan te bieden die aan een andere afnemer worden aangeboden. Dezelfde maatregelen kunnen worden gebruikt om maximumprijzen of aanbevolen prijzen te laten fungeren als vaste prijzen of minimumprijzen. Het verstrekken van een lijst met aanbevolen prijzen of het opleggen van een maximumprijs aan de licentienemer door de licentiegever wordt echter op zich niet beschouwd als een maatregel die tot vaste prijzen of minimumprijzen leidt.

Beperkingen op actieve verkoop door de licentienemer

119. Artikel 4, lid 2, onder b), rekent tot hardcorebeperkingen van de mededinging overeenkomsten of onderling afgestemde feitelijke gedragingen die direct of indirect tot doel hebben de passieve verkoop [61] door de licentienemer van producten waarin de in licentie gegeven technologie is verwerkt, te beperken [62]. Aan de licentienemer opgelegde passieve verkoopbeperkingen kunnen het resultaat zijn van rechtstreekse verplichtingen, zoals de verplichting om niet aan bepaalde afnemers of aan afnemers in bepaalde gebieden te verkopen, of de verplichting om de orders van deze afnemers op andere licentienemers over te dragen. Zij kunnen tevens voortvloeien uit indirecte

---

(61) Voor een definitie van passieve verkoop, zie punt 108 van deze richtsnoeren en de richtsnoeren inzake verticale beperkingen, aangehaald in voetnoot 2 in deel 3.2.6.2, punt 51.

(62) Deze hardcorebeperking is van toepassing op overeenkomsten inzake technologieoverdracht met betrekking tot de handel binnen de Unie. Voor zover overeenkomsten inzake technologieoverdracht betrekking hebben op uitvoer naar een derde land of op invoer/wederinvoer in de Unie zie arrest van het Hof van 28 april 1998 in zaak C-306/96, Javico/Yves Saint Laurent, Jurispr. 1998, blz. I-1983. In dit arrest was het Hof van Justitie in punt 20 van oordeel 'dat een overeenkomst waarbij de wederverkoper zich tegenover de producent heeft verplicht de contractproducten uitsluitend op een markt buiten de Gemeenschap in de handel te brengen, niet kan worden geacht tot doel te hebben de mededinging binnen de gemeenschappelijke markt merkbaar te beperken, en als zodanig het handelsverkeer tussen de lidstaten ongunstig te kunnen beïnvloeden'.

maatregelen om de licentienemer ertoe te brengen van dergelijke verkoop af te zien, zoals financiële prikkels en de invoering van een controlesysteem om de daadwerkelijke bestemming van de in licentie gegeven producten na te gaan. Hoeveelheidsbeperkingen kunnen een indirect middel zijn om passieve verkoop te beperken. De Commissie zal er niet van uitgaan dat hoeveelheidsbeperkingen als zodanig daartoe leiden. De zaken liggen echter anders wanneer hoeveelheidsbeperkingen worden gebruikt om een achterliggende overeenkomst tot verdeling van de markt ten uitvoer te leggen. Periodieke aanpassingen van de hoeveelheden om uitsluitend de lokale vraag te dekken, de combinatie van hoeveelheidsbeperkingen en een verplichting om minimumhoeveelheden in een gebied te verkopen, alsook minimumroyaltyverplichtingen gekoppeld aan verkoop in het gebied, gedifferentieerde royaltytarieven naargelang van de bestemming van de producten en systemen van controle op de bestemming van de producten die door de individuele licentienemers worden verkocht, zijn aanwijzingen voor het bestaan van een dergelijke overeenkomst. Op de algemene hardcorebeperking inzake passieve verkoop door licentienemers bestaan een aantal uitzonderingen, die in de punten 120 tot en met 125 worden besproken.

120. Uitzondering 1: Artikel 4, lid 2, onder b), heeft geen betrekking op verkoopbeperkingen (noch actieve, noch passieve) die aan de licentiegever worden opgelegd. Alle verkoopbeperkingen voor de licentiegever beneden een marktaandeeldrempel van 30 % vallen onder de groepsvrijstelling. Hetzelfde geldt voor alle beperkingen met betrekking tot de actieve verkoop door de licentienemer, met uitzondering van hetgeen over actieve verkoop wordt opgemerkt in punt 125. De groepsvrijstelling voor beperkingen op actieve verkoop berust op de veronderstelling dat dergelijke beperkingen bevorderlijk zijn voor de investeringen, voor niet-prijsconcurrentie en voor verbeteringen in de kwaliteit van de diensten geboden door de licentienemers, doordat zij *free-rider*- en *hold-up*problemen kunnen oplossen. In geval van beperkingen ten aanzien van de actieve verkoop tussen gebieden of klantenkringen van licentienemers, is het niet noodzakelijk dat aan de beschermde licentienemer een exclusief verkoopgebied of een exclusieve klantenkring is toegewezen. De groepsvrijstelling is ook van toepassing op beperkingen op de actieve verkoop wanneer een specifiek verkoopgebied of een specifieke klantenkring aan meer dan één licentienemer is toegewezen. Het is waarschijnlijk dat investeringen in efficientieverbeteringen worden bevorderd wanneer een licentienemer er zeker van kan zijn dat hij slechts concurrentie op het punt van de actieve verkoop te duchten heeft van een beperkt aantal licentienemers in het verkoopgebied en niet tevens van licentienemers van buiten dat gebied.

121. Uitzondering 2: Beperkingen op de actieve en passieve verkoop door licentienemers in een exclusief verkoopgebied of aan een exclusieve klantenkring die aan de licentiegever is voorbehouden, vormen geen hardcorebeperkingen van de mededinging (zie artikel 4, lid 2, onder b), punt i)) en vallen onder de groepsvrijstelling. Aangenomen wordt dat dergelijke beperkingen, ook als zij de mededinging inperken, tot aan de marktaandeeldrempel bevorderlijk zijn voor een concurrentiebevorderende verspreiding van de technologie en voor de integratie van die technologie in de productiemiddelen van de licentienemer. Dat een verkoopgebied of klantenkring aan een licentiegever is voorbehouden, houdt niet in dat de licentiegever met de in licentie gegeven technologie daadwerkelijk in het desbetreffende gebied of voor de desbetreffende klantenkring produceert. Een verkoopgebied of klantenkring kan tevens aan de licentiegever zijn voorbehouden voor latere exploitatie.

122. Uitzondering 3: Artikel 4, lid 2, onder b), punt ii), kent het voordeel van de groepsvrijstelling toe voor een beperking waarbij de licentienemer ertoe wordt verplicht producten waarin de in licentie gegeven technologie is verwerkt uitsluitend voor zijn eigen gebruik te produceren. Wanneer het contractproduct een bestanddeel is, kan de licentienemer aldus verplicht worden dat product uitsluitend te gebruiken voor verwerking in zijn eigen producten en kan hem een verbod worden opgelegd het te verkopen aan andere producenten. De licentienemer moet de producten echter wel actief en passief kunnen verkopen als reserveonderdelen voor zijn eigen producten en moet derhalve kunnen leveren aan derden die klantenservice verlenen met betrekking tot die producten. Beperkingen tot eigen gebruik worden ook besproken onder 4.2.5.

123. Uitzondering 4: Evenals het geval is bij overeenkomsten tussen concurrenten (zie punt 112) is de groepsvrijstelling van toepassing op overeenkomsten waarbij de licentienemer wordt verplicht de contractproducten uitsluitend voor een specifieke afnemer te produceren om hem een alternatieve voorzieningsbron te bieden, ongeacht de duur van de licentieovereenkomst (zie artikel 4, lid 2, onder b), punt iii)). Bij overeenkomsten tussen niet-concurrenten vallen dergelijke beperkingen meestal niet onder het verbod van artikel 101, lid 1, van het Verdrag.

124. Uitzondering 5: Artikel 4, lid 2, onder b), punt iv), kent het voordeel van de groepsvrijstelling toe voor een verplichting die aan de op groothandelsniveau werkzame licentienemer wordt opgelegd om niet te verkopen aan eindgebruikers en dus alleen aan detailhandelaars te verkopen. Door een dergelijke verplichting kan de licentiegever de groothandelsdistributie toewijzen aan de licentienemer; deze verplichting valt normaliter buiten de werkingssfeer van artikel 101, lid 1 [63].

125. Uitzondering 6: Artikel 4, lid 2, onder b), punt v), ten slotte kent het voordeel van de groepsvrijstelling toe voor een verbod dat aan de licentienemer wordt opgelegd om aan niet-erkende distributeurs te verkopen. Deze uitzondering maakt het de licentiegever mogelijk aan de licentienemers een verplichting op te leggen om deel uit te maken van een selectief distributiestelsel. In dat geval moet het de licentienemers volgens artikel 4, lid 2, onder c), evenwel vrij staan zowel actief als passief aan eindgebruikers te verkopen, onverminderd de mogelijkheid om de verkopen van de licentienemer te beperken tot het groothandelsniveau, zoals bepaald in artikel 4, lid 2, onder b), punt iv) (zie punt 124). Binnen het gebied waar de licentienemer een selectief distributiesysteem exploiteert, kan dit systeem niet worden gecombineerd met exclusieve verkoopgebieden of exclusieve klantenkringen indien het de actieve of passieve verkoop aan eindgebruikers zou beperken, aangezien dit zou leiden tot een hardcorebeperking in de zin van artikel 4, lid 2, onder c), onverminderd de mogelijkheid een licentienemer te verbieden vanuit een niet-erkende plaats van vestiging werkzaam te zijn.

126. Beperkingen op de passieve verkoop door licentienemers in een exclusief verkoopgebied of aan een exclusieve klantenkring die zijn toegewezen aan een andere licentienemer zijn normaal gezien hardcorebeperkingen, maar kunnen gedurende enige tijd buiten het toepassingsgebied van artikel 101, lid 1, van het Verdrag vallen indien zij objectief gezien noodzakelijk zijn voor de beschermde licentienemer om een nieuwe markt te kunnen betreden. Dit kan het geval zijn indien licentienemers aanzienlijk moeten investeren in productiemiddelen en promotieactiviteiten om een nieuwe markt te betreden en te

---

[63] Zie in dit verband conclusie van 9 juni 1977 in zaak 26/76, Metro SB-Großmärkte GmbH & Co. KG/Commissie, Jurispr. 1977, blz. 1875.

ontwikkelen. De risico's voor een nieuwe licentienemer kunnen derhalve aanzienlijk zijn, met name omdat de promotieuitgaven en de investeringen in productiemiddelen die vereist zijn om op grond van een bepaalde technologie te gaan produceren, vaak verzonken kosten zijn, d.w.z. dat de investering bij beëindiging van de activiteit op het betrokken gebied door de licentienemer niet voor andere activiteiten kan worden gebruikt of zonder aanzienlijk verlies kan worden verkocht. De licentienemer kan bijvoorbeeld de eerste producent en verkoper van een nieuw producttype zijn of de eerste die een nieuwe technologie toepast. In dergelijke omstandigheden zouden de licentienemers waarschijnlijk de licentieovereenkomst niet sluiten zonder gedurende een bepaalde periode beschermd te zijn tegen passieve (en actieve) verkoop in hun verkoopgebied of aan hun klantenkringen door andere licentienemers. Indien licentienemers aanzienlijk moeten investeren om een nieuwe markt te betreden en te ontwikkelen, vallen beperkingen op de passieve verkoop door andere licentienemers in een dergelijk gebied of aan een dergelijke klantenkring buiten het toepassingsgebied van artikel 101, lid 1, en dit gedurende de periode die de licentienemer nodig heeft om de investering terug te verdienen. In de meeste gevallen wordt een periode van twee jaar vanaf de datum waarop het contractproduct voor het eerst door de betrokken licentienemer in het exclusieve gebied op de markt is gebracht of aan zijn exclusieve klantenkring is verkocht, voldoende geacht voor de licentienemer om de gedane investeringen terug te verdienen. In bepaalde gevallen kan een langere periode van bescherming van de licentienemer echter nodig zijn voor deze licentienemer om de gemaakte kosten te compenseren.

127. Evenzo is een aan alle licentienemers opgelegd verbod om aan bepaalde categorieën eindgebruikers te verkopen doorgaans niet concurrentiebeperkend indien een dergelijke beperking, om redenen van veiligheid of gezondheid gezien de gevaarlijke aard van het betrokken product, objectief gezien noodzakelijk is.

3.5 Uitgesloten beperkingen

128. Artikel 5 van de GVTO vermeldt drie soorten beperkingen waarvoor de groepsvrijstelling niet geldt en waarvoor dus een individuele beoordeling van hun concurrentiebeperkende en concurrentiebevorderende effecten vereist is. Het doel van artikel 5 is te voorkomen dat een groepsvrijstelling wordt verleend voor overeenkomsten die de prikkel tot innovatie kunnen verminderen. Uit artikel 5 volgt dat het voorkomen in een licentieovereenkomst van een van de in dat artikel genoemde beperkingen niet aan de toepassing van de groepsvrijstelling op de rest van de overeenkomst in de weg staat, indien het resterende deel scheidbaar is van de uitgesloten beperking(en). De groepsvrijstelling is alleen op de desbetreffende bepaling zelf niet van toepassing, wat impliceert dat een individuele beoordeling vereist is.

Exclusieve 'grant backs'

129. Artikel 5, lid 1, onder a), van de GVTO betreft exclusieve *grant-back*verplichtingen (d.w.z. wanneer de licentienemer de door hem aangebrachte verbetering exclusief weer aan de licentiegever in licentie geeft) of overdrachten aan de licentiegever van verbeteringen van de in licentie gegeven technologie. Een verplichting om de licentiegever een exclusieve licentie te verlenen op verbeteringen van de in licentie gegeven technologie of om dergelijke verbeteringen aan hem over te dragen, zal voor de licentienemer waarschijnlijk de prikkel tot innovatie verminderen, aangezien dit hem hindert bij de exploitatie van de verbeteringen, onder meer door ze in licentie te geven aan derden. Onder een exclusieve *grant back* wordt verstaan een *grant back* die de licentienemer (die de innovator is en in dit geval de licentiegever van de verbetering) verhindert om de verbetering te exploiteren (ofwel voor zijn eigen productie, ofwel voor het in licentie geven aan derden). Dit is zowel het geval wanneer de verbetering dezelfde toepassing betreft als de in licentie gegeven technologie, als wanneer de licentienemer nieuwe toepassingen voor de in licentie gegeven technologie ontwikkelt. Krachtens artikel 5, lid 1, onder a), geldt de groepsvrijstelling niet voor dergelijke verplichtingen.

130. De toepassing van artikel 5, lid 1, onder a), hangt niet af van de vraag of de licentiegever al dan niet een vergoeding betaalt in ruil voor de verwerving van de verbetering of voor het verkrijgen van een exclusieve licentie. Of er betaald wordt, en hoeveel, kan echter wel een relevante factor zijn in het kader van een individuele beoordeling op grond van artikel 101. Wanneer *grant backs* plaatsvinden tegen betaling, is het minder waarschijnlijk dat de verplichting de licentienemer ontmoedigt om te innoveren. Bij de beoordeling van exclusieve *grant backs* buiten de werkingssfeer van de groepsvrijstelling is de marktpositie van de licentiegever op de technologiemarkt eveneens een relevante factor. Hoe sterker de positie van de licentiegever, hoe waarschijnlijker het is dat exclusieve *grant-back*verplichtingen de concurrentie op het gebied van innovatie zullen beperken. Hoe sterker de positie van de technologie van de licentiegever, des te belangrijker is het dat de licentienemer een belangrijke bron van innovatie en toekomstige mededinging kan worden. Voorts kan de negatieve invloed van *grant-back*verplichtingen toenemen in geval van naast elkaar bestaande netwerken van licentieovereenkomsten die dergelijke verplichtingen bevatten. Wanneer de beschikbare technologieën in handen zijn van een beperkt aantal licentiegevers die exclusieve *grant-back*verplichtingen opleggen aan de licentienemers, is het risico op concurrentieverstorende effecten groter dan wanneer er een aantal technologieën voorhanden zijn waarvan slechts enkele op exclusieve *grant-back*voorwaarden in licentie worden gegeven.

131. Niet-exclusieve *grant-back*verplichtingen vallen binnen de veilige haven van de GVTO. Dit is zelfs het geval wanneer deze niet wederkerig zijn, d.w.z. wanneer deze alleen gelden voor de licentienemer, en wanneer de licentiegever krachtens de overeenkomst gerechtigd is de verbeteringen aan andere licentienemers door te geven. Een niet-wederkerige *grant-back*verplichting kan de verspreiding van nieuwe technologieën bevorderen doordat zij de licentiegever de mogelijkheid biedt vrij te bepalen of en in welke mate hij zijn eigen verbeteringen aan zijn licentienemers doorgeeft. Een doorgeefbeding kan eveneens de verspreiding van de technologie bevorderen, in het bijzonder wanneer elke licentienemer bij het aangaan van de overeenkomst weet dat hij op gelijke voet staat met andere licentienemers met betrekking tot de technologie op basis waarvan hij produceert.

132. In het geval van wederzijdse licenties tussen concurrenten kunnen niet-exclusieve *grant-back*verplichtingen in het bijzonder negatieve effecten op de innovatie hebben wanneer een *grant-back*verplichting voor beide partijen gecombineerd wordt met een verplichting voor beide partijen om verbeteringen van de eigen technologie met de tegenpartij te delen. Het delen van alle verbeteringen onder concurrenten kan het beiden onmogelijk maken een concurrentievoordeel op de ander te behalen (zie ook punt 241). Het is evenwel onwaarschijnlijk dat het de partijen onmogelijk wordt gemaakt om een concurrentievoordeel op de ander te behalen wanneer het doel van de licentie is hen in staat te stellen hun respectievelijke technologieën te ontwikkelen, en wanneer de licentie niet als gevolg heeft dat zij bij het ontwerp van hun producten van dezelfde technologische basis gebruik maken. Dit is het geval wanneer de licentie veeleer bedoeld is om vrijheid van ontwerp tot stand te brengen dan om de technologische basis van de licentienemer te verbeteren.

Niet-aanvechtings- en beëindigingsbedingen

133. De in artikel 5, lid 1, onder b), van de GVTO genoemde uitgesloten beperking betreft niet-aanvechtingsbedingen, d.w.z. directe of indirecte verplichtingen om de geldigheid van intellectuele-eigendomsrechten van de licentiegever niet aan te vechten, onverminderd de mogelijkheid voor de licentiegever om, ingeval van een exclusieve licentie, de overeenkomst inzake technologieoverdracht te beëindigen indien de licentienemer de geldigheid van een van de in licentie gegeven technologierechten aanvecht.

134. De reden waarom dergelijke niet-aanvechtingsbedingen van de werkingssfeer van de groepsvrijstelling worden uitgesloten, is het feit dat licentienemers normaliter in de beste positie verkeren om te beoordelen of een intellectuele-eigendomsrecht al dan niet ongeldig is. In het belang van een onvervalste mededinging en in overeenstemming met de beginselen die aan de bescherming van intellectuele eigendom ten grondslag liggen, dienen ongeldige intellectuele-eigendomsrechten te worden geëlimineerd. Ongeldige intellectuele eigendom remt de innovatie, veeleer dan die te bevorderen. Artikel 101, lid 1, van het Verdrag is bijna steeds van toepassing op niet-aanvechtingsbedingen wanneer de in licentie gegeven technologie waardevol is en derhalve een concurrentienadeel in het leven roept voor ondernemingen die er geen gebruik van kunnen maken of die er alleen tegen betaling van royalty's gebruik van kunnen maken. In dergelijke gevallen zal waarschijnlijk niet voldaan zijn aan de voorwaarden van artikel 101, lid 3. Indien de in licentie gegeven technologie echter verband houdt met een technisch achterhaald procedé dat de licentienemer niet gebruikt, of indien de licentie gratis wordt gegeven, doet zich geen beperking van de mededinging voor [64]. Voor niet-aanvechtingsbedingen in het kader van schikkingen, zie de punten 242 en 243.

135. Een beding dat de licentienemer verplicht de eigendom van de technologierechten niet aan te vechten, vormt over het algemeen geen beperking van de mededinging in de zin van artikel 101, lid 1. Ongeacht of de licentiegever de technologierechten in eigendom heeft, voor het gebruik van de technologie moet de licentienemer of elke andere partij hoe dan ook een licentie verkrijgen; de mededinging zou dus over het algemeen niet negatief worden beïnvloed [65].

136. In artikel 5, lid 1, onder b), van de GVTO wordt, in het kader van niet-exclusieve licenties, ook het recht van de licentiegever om de overeenkomst te beëindigen wanneer de licentienemer de geldigheid van een van de intellectuele-eigendomsrechten die de licentiegever binnen de Unie bezit, aanvecht, van de veilige haven uitgesloten. Een dergelijk beëindigingsrecht kan dezelfde gevolgen hebben als een niet-aanvechtingsbeding, in het bijzonder wanneer de licentienemer door over te schakelen naar een andere technologie dan die van de licentiegever een aanzienlijk verlies zou maken (bijvoorbeeld wanneer de licentienemer al in specifieke machines of apparatuur heeft geïnvesteerd die niet kunnen worden gebruikt om met een andere technologie te produceren) of wanneer de technologie van de licentiegever een noodzakelijke input is voor de productie van de licentienemer. Bijvoorbeeld in de context van essentiële standaardoctrooien zal een

---

(64) Zie in dit verband arrest van het Hof van 27 september 1988 in zaak 65/86, Bayer AG en Maschinenfabrik Hennecke GmbH/Heinz Süllhöfer, Jurispr. 1988, blz. 5249.

(65) Zie in verband met het aanvechten van de eigendom van een handelsrecht de beschikking van de Commissie in de zaak *Moosehead/Whitbread* (*PB* L 100 van 20.4.1990, blz. 32).

licentienemer die een goedgekeurd standaardproduct vervaardigt alle octrooien die op de standaard rusten, moeten gebruiken. Als in een dergelijk geval de geldigheid van de octrooien in kwestie wordt aangevochten, kan dit leiden tot een aanzienlijk verlies wanneer de licentieovereenkomst wordt beëindigd. Indien de technologie van de licentiegever geen essentiële standaardtechnologie is, maar een zeer belangrijke marktpositie inneemt, kan dit de licentienemer sterk ontmoedigen om de geldigheid aan te vechten, omdat het moeilijk zal zijn om een levensvatbare alternatieve technologie te vinden die hij in licentie kan nemen. De vraag of de gederfde winst van de licentienemer aanzienlijk zou zijn en een aanvechting dus sterk zou ontmoedigen, moet per geval worden beoordeeld.

137. In de in punt 136 beschreven scenario's kan de licentienemer ervan worden weerhouden om de geldigheid van het intellectuele-eigendomsrecht aan te vechten, aangezien hij het risico loopt dat de licentieovereenkomst wordt beëindigd en hij daarbij met grote risico's wordt geconfronteerd die veel verder reiken dan zijn royaltyverplichtingen. Hierbij moet echter ook worden opgemerkt dat een beëindigingsbeding in andere dan deze scenario's vaak geen sterke ontmoediging zal vormen om de geldigheid aan te vechten en derhalve niet hetzelfde effect zal hebben als een niet-aanvechtingsbeding.

138. Het algemene belang om licentiegevers meer te stimuleren om te licentiëren door niet verplicht te zijn zaken te blijven doen met een licentienemer die het voorwerp zelf van de licentieovereenkomst aanvecht, moet worden afgewogen tegen het algemene belang dat gediend is met het uit de weg ruimen van elke belemmering van de economische activiteit als gevolg van een ten onrechte toegekend intellectuele-eigendomsrecht [66]. Bij de afweging van deze belangen moet in aanmerking worden genomen of de licentienemer op het ogenblik van de aanvechting aan alle verplichtingen van de overeenkomst voldoet, in het bijzonder aan de verplichting om de overeengekomen royalty's te betalen.

139. Alles in aanmerking genomen, zullen beëindigingsbedingen bij exclusieve licenties over het algemeen waarschijnlijk minder concurrentieverstorende effecten hebben. Zodra de licentie is verleend, kan de licentiegever in een bijzondere situatie van afhankelijkheid terechtkomen, omdat de licentienemer zijn enige bron van inkomsten zal zijn uit de in licentie gegeven technologierechten als de royalty's afhangen van de productie met de in licentie gegeven technologierechten, wat vaak een efficiënte manier is om royaltybetalingen te structureren. In dit scenario kunnen de stimulansen om te innoveren en te licentiëren worden ondermijnd indien de licentiegever bijvoorbeeld gebonden is aan een overeenkomst met een exclusieve licentienemer die geen aanzienlijke inspanningen meer doet om het met de in licentie gegeven technologierechten vervaardigde of te vervaardigen product te ontwikkelen, te produceren en op de markt te brengen [67]. Om deze reden verleent de GVTO een groepsvrijstelling voor beëindigingsbedingen van exclusieve licentieovereenkomsten zolang ook aan de andere voorwaarden voor de veilige haven, zoals het in acht nemen van de marktaandeeldrempel, is voldaan. Buiten

---

(66) Zie arrest van het Hof van 25 februari 1986 in zaak 193/83, Windsurfing International, Jurispr. 1986, blz. 611, punt 92.

(67) In het kader van een overeenkomst die technisch gezien geen exclusieve overeenkomst is en waarbij een beëindigingsbeding dus niet binnen de veilige haven van de GVTO valt, kan de licentiegever zich in bepaalde gevallen in een vergelijkbare situatie van afhankelijkheid van een licentienemer met aanzienlijke kopersmacht bevinden. Bij de individuele beoordeling zal met dergelijke afhankelijkheid rekening worden gehouden.

de veilige haven moet per geval worden geoordeeld, rekening houdend met de verschillende in punt 138 beschreven belangen.

140. De Commissie staat bovendien positiever tegenover niet-aanvechtings- en beëindigingsbedingen met betrekking tot knowhow waarbij het doorgaans onmogelijk of zeer moeilijk is om de in licentie gegeven knowhow te recupereren wanneer deze eenmaal bekend is gemaakt. In dergelijke gevallen bevordert een aan de licentienemer opgelegde verplichting om de in licentie gegeven knowhow niet aan te vechten de verspreiding van nieuwe technologie, met name doordat zwakkere licentiegevers in staat worden gesteld sterkere licentienemers licenties te verlenen zonder dat zij het risico lopen dat de knowhow wordt aangevochten wanneer deze eenmaal door de licentienemer is geabsorbeerd. Daarom zijn niet-aanvechtings- en beëindigingsbedingen die enkel knowhow betreffen niet van het toepassingsgebied van de GVTO uitgesloten.

Beperking van het gebruik of de ontwikkeling van eigen technologie door de licentienemer (tussen niet-concurrenten)

141. Ingeval van overeenkomsten tussen niet-concurrenten sluit artikel 5, lid 2, elke directe of indirecte verplichting die de mogelijkheden van de licentienemer om zijn eigen technologierechten te exploiteren, of de mogelijkheden van de partijen bij de overeenkomst om onderzoek en ontwikkeling te verrichten, beperkt, van de toepassing van de groepsvrijstelling uit, tenzij die beperking noodzakelijk is om te voorkomen dat de in licentie gegeven knowhow aan derden wordt bekendgemaakt. Het voorwerp van deze voorwaarde is identiek met dat van artikel 4, lid 1, onder d), van de hardcorelijst betreffende overeenkomsten tussen concurrenten, welke bepaling in de punten 115 en 116 van deze richtsnoeren is besproken. Bij overeenkomsten tussen niet-concurrenten mag evenwel niet worden aangenomen dat dergelijke beperkingen over het algemeen negatieve effecten hebben voor de mededinging of dat in het algemeen niet is voldaan aan de voorwaarden van artikel 101, lid 3, van het Verdrag [68]. Een individuele beoordeling is daarom vereist.

142. Bij overeenkomsten tussen niet-concurrenten bezit de licentienemer doorgaans geen concurrerende technologie. Er kunnen echter gevallen zijn waarin de partijen voor de toepassing van de groepsvrijstelling als niet-concurrenten worden beschouwd terwijl de licentienemer toch een concurrerende technologie bezit. Dit is het geval wanneer de licentienemer een technologie bezit maar deze niet in licentie geeft en de licentiegever geen daadwerkelijke of potentiële concurrent is op de productmarkt. Voor de toepassing van de groepsvrijstelling zijn de partijen in dat geval noch op de technologiemarkt noch op de downstreamproductmarkt concurrenten [69]. In dergelijke gevallen is het van belang ervoor te zorgen dat de licentienemer niet wordt beperkt in zijn mogelijkheden om zijn eigen technologie te exploiteren en verder te ontwikkelen. Die technologie zorgt voor concurrentiedruk op de markt, die in stand moet worden gehouden. In een dergelijk geval worden beperkingen op de exploitatie van zijn eigen technologierechten door de licentienemer of op onderzoek en ontwikkeling doorgaans geacht de concurrentie te beperken en niet te voldoen aan de voorwaarden van artikel 101, lid 3, van het Verdrag. Bijvoorbeeld, een aan de licentienemer opgelegde verplichting om niet alleen royalty's te betalen op basis van de door hem met de in licentie gegeven technologie geproduceerde producten maar ook op basis van de producten die hij enkel met zijn eigen

---
[68] Zie punt 14.
[69] Zie punt 36.

technologie produceert, zal in de regel de mogelijkheden van de licentienemer om zijn eigen technologie te exploiteren, beperken en is dan ook van het toepassingsgebied van de groepsvrijstelling uitgesloten.

143. In gevallen waar de licentienemer geen concurrerende technologie bezit en niet reeds bezig is met de ontwikkeling van een dergelijke technologie, kan het beperken van de mogelijkheden van de partijen tot het verrichten van onafhankelijk onderzoek en ontwikkeling concurrentiebeperkend zijn wanneer er slechts enkele technologieën beschikbaar zijn. In dat geval kunnen de partijen een belangrijke (potentiële) bron van innovatie zijn op de markt. Dit is inzonderheid het geval wanneer de partijen over de nodige productiemiddelen en vaardigheden beschikken om verder onderzoek en ontwikkeling te verrichten. In dat geval is het onwaarschijnlijk dat aan de voorwaarden van artikel 101, lid 3, van het Verdrag is voldaan. In andere gevallen, waarin een aantal technologieën beschikbaar is en waarin de partijen geen bijzondere productiemiddelen of vaardigheden bezitten, zal een beperking op onderzoek en ontwikkeling waarschijnlijk ofwel buiten de toepassing van artikel 101, lid 1, vallen omdat zij geen merkbare concurrentiebeperkende effecten heeft, ofwel voldoen aan de voorwaarden van artikel 101, lid 3. De beperking kan de verspreiding van nieuwe technologie bevorderen doordat zij de licentiegever garandeert dat de licentie geen nieuwe concurrent in het leven roept en doordat de licentienemer wordt aangespoord zich te concentreren op de exploitatie en ontwikkeling van de in licentie gegeven technologie. Bovendien is artikel 101, lid 1, alleen van toepassing wanneer de overeenkomst de prikkel voor de licentienemer om zijn eigen technologie te verbeteren en te exploiteren, vermindert. Dit geldt bijvoorbeeld doorgaans niet indien de licentiegever het recht heeft de licentieovereenkomst te beëindigen wanneer de licentienemer op basis van zijn eigen concurrerende technologie begint te produceren. Dit recht tast de prikkel voor de licentienemer om te innoveren niet aan, omdat de overeenkomst alleen kan worden beëindigd wanneer een commercieel levensvatbare technologie is ontwikkeld en de op basis daarvan vervaardigde producten klaar zijn om in de handel te worden gebracht.

3.6 Intrekking en niet-toepassing van de groepsvrijstellingsverordening

3.6.1 Intrekkingsprocedure
144. Krachtens artikel 6 van de GVTO kunnen de Commissie en de mededingingsautoriteiten van de lidstaten het voordeel van de groepsvrijstelling intrekken ten aanzien van individuele overeenkomsten die waarschijnlijk concurrentieverstorende effecten zullen hebben (waarbij rekening moet worden gehouden met zowel daadwerkelijke als potentiële gevolgen) en die niet voldoen aan de voorwaarden van artikel 101, lid 3, van het Verdrag. De bevoegdheid van de mededingingsautoriteiten van de lidstaten om het voordeel van de groepsvrijstelling in te trekken is beperkt tot gevallen waarin de relevante geografische markt niet ruimer is dan het grondgebied van de betrokken lidstaat.
145. De vier voorwaarden van artikel 101, lid 3, gelden cumulatief en moeten alle vier vervuld zijn voor de toepassing van de vrijstelling [70]. De groepsvrijstelling kan dan ook worden ingetrokken wanneer een bepaalde overeenkomst niet voldoet aan één of meer van de vier voorwaarden.

---
(70) Zie in dit verband punt 42 van de Richtsnoeren betreffende de toepassing van artikel 81, lid 3, van het Verdrag, aangehaald in voetnoot 3 in deel 1.

146. Wanneer de intrekkingsprocedure wordt toegepast, rust op de intrekkende autoriteit de last om te bewijzen dat de overeenkomst onder de toepassing van artikel 101, lid 1, valt en niet aan alle vier de voorwaarden van artikel 101, lid 3, voldoet. Aangezien de intrekking impliceert dat de overeenkomst de mededinging beperkt in de zin van artikel 101, lid 1, en niet aan de voorwaarden van artikel 101, lid 3, voldoet, gaat de intrekking noodzakelijkerwijs gepaard met een negatief besluit op basis van de artikelen 5, 7 of 9 van Verordening (EG) nr. 1/2003.

147. Krachtens artikel 6 van de GVTO kan intrekking met name plaatsvinden wanneer:
a) de toegang van technologieën van derden tot de markt wordt belemmerd, bijvoorbeeld door het cumulatieve effect van naast elkaar bestaande netwerken van gelijksoortige beperkende overeenkomsten die de licentienemers het gebruik van technologieën van derden verbieden;
b) de toegang van potentiële licentienemers tot de markt wordt beperkt, bijvoorbeeld door het cumulatieve effect van naast elkaar bestaande netwerken van gelijksoortige beperkende overeenkomsten die de licentiegevers verbieden om licenties te verlenen aan andere licentienemers, of doordat de enige eigenaar van technologie die de relevante technologierechten in licentie geeft een exclusieve licentie verleent aan een licentienemer die reeds op de productmarkt actief is op basis van substitueerbare technologierechten. Om als relevant te worden aangemerkt, moeten de technologierechten zowel technisch als commercieel substitueerbaar zijn, wil de licentienemer op de relevante productmarkt actief kunnen zijn.

148. De artikelen 4 en 5 van de GVTO, die respectievelijk een lijst bevatten van hardcorebeperkingen van de mededinging en uitgesloten beperkingen, beogen te garanderen dat overeenkomsten waarvoor de groepsvrijstelling geldt de prikkel tot innovatie niet verminderen, de verspreiding van technologie niet vertragen en de mededinging tussen licentiegever en licentienemer of tussen licentienemers onderling niet onnodig beperken. De lijsten met hardcorebeperkingen en uitgesloten beperkingen houden echter geen rekening met alle mogelijke gevolgen van licentieovereenkomsten. Met name houdt de groepsvrijstelling geen rekening met enig cumulatief effect van gelijksoortige beperkingen in netwerken van licentieovereenkomsten. Licentieovereenkomsten kunnen leiden tot de uitsluiting van derden, zowel op het niveau van de licentiegever als van de licentienemer. De uitsluiting van andere licentiegevers kan het gevolg zijn van het cumulatieve effect van netwerken van licentieovereenkomsten die de licentienemers verbieden om concurrerende technologieën te exploiteren, hetgeen leidt tot de uitsluiting van andere (potentiële) licentiegevers. De kans op een dergelijke marktafscherming is groot wanneer de meeste ondernemingen op de markt die (met succes) een concurrerende licentie zouden kunnen nemen, daarvan worden weerhouden door beperkende overeenkomsten en wanneer voor potentiële licentienemers de drempel om de markt te betreden vrij hoog is. De uitsluiting van andere licentienemers kan het gevolg zijn van het cumulatieve effect van licentieovereenkomsten die de licentiegevers verbieden licentie te verlenen aan andere licentienemers, waardoor potentiële licentienemers de toegang tot de noodzakelijke technologie wordt ontzegd. Het vraagstuk van marktafscherming wordt grondiger behandeld onder 4.2.2 en 4.2.7. Bovendien zal de Commissie doorgaans het voordeel van de groepsvrijstelling intrekken wanneer een aanzienlijk aantal licentiegevers van concurrerende technologieën hun licentienemers in individuele overeenkomsten verplichten de gunstigere voorwaarden die zij met andere licentiegevers zijn overeengekomen tot hen uit te breiden.

3.6.2 Niet-toepassing van de groepsvrijstellingsverordening

149. Artikel 7 van de GVTO biedt de Commissie de mogelijkheid om bij verordening naast elkaar bestaande netwerken van gelijksoortige overeenkomsten die meer dan 50 % van een relevante markt bestrijken, uit te sluiten van de werkingssfeer van de GVTO. Een dergelijke maatregel is niet gericht tot individuele ondernemingen, maar geldt voor alle ondernemingen die betrokken zijn bij overeenkomsten van het type zoals omschreven in de verordening waarbij de GVTO buiten toepassing wordt verklaard.

150. Terwijl de intrekking van het voordeel van de GVTO door de Commissie op grond van artikel 6 meebrengt dat een besluit op grond van de artikelen 7 of 9 van Verordening (EG) nr. 1/2003 moet worden vastgesteld, heeft een verordening van de Commissie op grond van artikel 7 van de GVTO waarin de GVTO buiten toepassing wordt verklaard uitsluitend tot gevolg dat het voordeel van de toepassing van de GVTO wegvalt en dat artikel 101, lid 1 en lid 3, van het Verdrag opnieuw onverkort van toepassing worden ten aanzien van de betrokken beperkingen en markten. Na de vaststelling van een verordening waarbij de GVTO voor een bepaalde markt buiten toepassing wordt verklaard ten aanzien van overeenkomsten waarin bepaalde beperkingen zijn opgenomen, moet worden teruggegrepen naar de criteria die zijn ontwikkeld in de desbetreffende jurisprudentie van de Europese rechterlijke instanties en in de mededelingen en eerdere besluiten van de Commissie, als richtsnoer voor de toepassing van artikel 101 op individuele overeenkomsten. Indien nodig zal de Commissie een besluit vaststellen in een individuele zaak, aan de hand waarvan alle ondernemingen die op de betrokken markt werkzaam zijn, kunnen weten waar ze aan toe zijn.

151. Bij de berekening van de marktdekkingsgraad van 50 % moet rekening worden gehouden met elk individueel netwerk van licentieovereenkomsten die beperkingen of combinaties van beperkingen bevatten welke soortgelijke effecten hebben op de markt.

152. Artikel 7 van de GVTO houdt voor de Commissie niet de verplichting in om op te treden wanneer de marktdekkingsgraad van 50 % is overschreden. In het algemeen is het passend een verordening in de zin van artikel 7 vast te stellen wanneer het waarschijnlijk is dat de toegang tot de relevante markt of de mededinging op die markt merkbaar wordt beperkt. Bij het afwegen van de wenselijkheid om artikel 7 toe te passen zal de Commissie nagaan of een individuele intrekking eventueel een meer geschikte oplossing zou zijn. Dit kan met name afhangen van het aantal concurrerende ondernemingen dat bijdraagt aan het cumulatieve effect op de markt of van het aantal geografische markten binnen de Unie waarop de gevolgen zich doen gevoelen.

153. Elke verordening die krachtens artikel 7 wordt vastgesteld, moet duidelijk haar reikwijdte omschrijven. Daarom moet de Commissie in de eerste plaats de relevante productmarkt(en) en geografische markt(en) omschrijven en in de tweede plaats aangeven voor welk type licentiebeperkingen de GVTO niet langer van toepassing zal zijn. Wat dit laatste aspect betreft, kan de Commissie de werkingssfeer van de verordening aanpassen naargelang van het concurrentieprobleem dat zij wil aanpakken. Wanneer bijvoorbeeld alle naast elkaar bestaande netwerken van niet-concurrentieovereenkomsten in aanmerking worden genomen voor de vaststelling van de marktdekkingsgraad van 50 %, kan de Commissie toch de reikwijdte van de verordening beperken tot niet-concurrentiebedingen van meer dan een bepaalde duur. Zo kunnen overeenkomsten van kortere duur of van minder beperkende aard ongemoeid worden gelaten wegens de geringere mate van marktafscherming die zij teweegbrengen. Eventueel kan de Commissie ook aangeven welk marktaandeelniveau in de specifieke marktcontext kan worden beschouwd als te gering om te kunnen spreken van een significante bijdrage van een individuele onderneming tot het cumulatieve effect. Wanneer het marktaandeel van de producten waarin de technologie van een individuele licentiegever is verwerkt niet groter is dan 5 %, wordt de overeenkomst of het netwerk van overeenkomsten die betrekking hebben op die technologie in het algemeen niet geacht in aanzienlijke mate bij te dragen tot een cumulatief marktafschermingseffect [71].

154. De overgangsperiode van niet minder dan zes maanden die de Commissie krachtens artikel 7, lid 2, moet vaststellen, is bedoeld om de betrokken ondernemingen in staat te stellen hun overeenkomsten aan te passen om rekening te houden met de verordening waarbij de GVTO buiten toepassing wordt verklaard.

155. Een verordening waarbij de GVTO buiten toepassing wordt verklaard, laat de geldigheid van de groepsvrijstelling voor de betrokken overeenkomsten in de periode die voorafgaat aan haar inwerkingtreding, onverlet.

4 Toepassing van artikel 101, lid 1 en lid 3, van het Verdrag buiten het toepassingsgebied van de GVTO

4.1 Algemeen kader van de analyse

156. Overeenkomsten die buiten de toepassing van de groepsvrijstelling vallen, bijvoorbeeld omdat de marktaandeeldrempels zijn overschreden of omdat er meer dan twee partijen bij de overeenkomst betrokken zijn, worden individueel getoetst. Overeenkomsten die de mededinging niet beperken in de zin van artikel 101, lid 1, van het Verdrag of die voldoen aan de voorwaarden van artikel 101, lid 3, zijn geldig en afdwingbaar. Er wordt op gewezen dat er geen vermoeden van onwettigheid bestaat ten aanzien van overeenkomsten die buiten de werkingssfeer van de groepsvrijstelling vallen, voor zover zij geen hardcorebeperkingen van de mededinging bevatten. Met name is er geen vermoeden dat artikel 101, lid 1, van toepassing is op grond van het loutere feit dat de marktaandeeldrempels zijn overschreden. Een individuele toetsing op basis van de in deze richtsnoeren beschreven beginselen is altijd vereist.

Veilige haven bij voldoende onafhankelijke technologieën

157. Om, afgezien van de toepassing van de GVTO, de voorspelbaarheid te bevorderen en uitvoerig onderzoek te beperken tot gevallen die waarschijnlijk aanleiding geven tot reële mededingingsbezwaren, is de Commissie van mening dat, de hardcorebeperkingen buiten beschouwing gelaten, inbreuk op artikel 101 van het Verdrag onwaarschijnlijk is indien er, naast de technologieën die onder het gezag staan van de partijen bij de overeenkomst, vier of meer onafhankelijke technologieën zijn die de in licentie gegeven technologie tegen vergelijkbare kosten voor de gebruiker kunnen vervangen. Wanneer wordt beoordeeld of de technologieën voldoende substitueerbaar zijn, moet het relatieve commerciële gewicht van de betrokken technologieën in aanmerking worden genomen. De concurrentiedruk die van een technologie uitgaat, is beperkt indien deze technologie geen commercieel levensvatbaar alternatief voor de in licentie gegeven technologie vormt. Indien consumenten bijvoorbeeld als gevolg van netwerkeffecten op de markt, een sterke voorkeur hebben voor producten waarin de in licentie gegeven technologie is verwerkt, is het mogelijk dat andere technologieën die reeds op de markt

---

(71) Zie in dit verband punt 8 van de mededeling van de Commissie inzake overeenkomsten van geringe betekenis, reeds aangehaald in voetnoot 10 in deel 2.2.

zijn of waarschijnlijk binnen een redelijke termijn op de markt komen, geen daadwerkelijk alternatief vormen en derhalve slechts een beperkte concurrentiedruk uitoefenen.
158. Het feit dat een overeenkomst buiten de in punt 157 beschreven veilige haven valt, houdt niet in dat de overeenkomst onder het verbod van artikel 101, lid 1, van het Verdrag valt en, indien dit geval is, dat niet aan de voorwaarden van artikel 101, lid 3, is voldaan. Deze bijkomende veilige haven doet slechts een vermoeden ontstaan dat de overeenkomst niet onder het verbod van artikel 101 valt, zoals dat ook geldt voor de door de GVTO met behulp van het marktaandeel geboden veilige haven. Buiten de veilige haven is de afzonderlijke beoordeling van de overeenkomst op basis van de in deze richtsnoeren ontwikkelde beginselen noodzakelijk.

4.1.1 Relevante factoren

159. Bij de toepassing van artikel 101 van het Verdrag op individuele gevallen moet rekening worden gehouden met de wijze waarop de mededinging op de betrokken markt functioneert. In dat verband zijn met name de volgende factoren relevant:
a) de aard van de overeenkomst;
b) de marktpositie van de partijen;
c) de marktpositie van de concurrenten;
d) de marktpositie van de afnemers op de relevante markten;
e) belemmeringen voor het betreden van de markt; en
f) de rijpheid van de markt.

160. Het belang van elke factor afzonderlijk kan van geval tot geval verschillen en hangt af van alle andere factoren. Zo is bijvoorbeeld een groot marktaandeel van de partijen doorgaans een goede maatstaf voor hun marktmacht, maar indien er weinig belemmeringen zijn om de markt te betreden is het wellicht geen aanwijzing voor het bestaan van marktmacht. Er kunnen dan ook geen vaste regels worden gegeven voor het belang van de factoren afzonderlijk.

161. Overeenkomsten inzake technologieoverdracht kunnen vele vormen aannemen. Het is dan ook van belang de aard van de overeenkomst, voor wat betreft de concurrentieverhouding tussen de partijen en de beperkingen die deze meebrengt, te onderzoeken. Daarbij mag men, voor wat de beperkingen betreft, zich niet beperken tot het onderzoek van de uitdrukkelijke bewoordingen van de overeenkomst. Het bestaan van impliciete beperkingen kan worden afgeleid uit de manier waarop de overeenkomst door de partijen is toegepast en uit de prikkels die er op hen worden uitgeoefend.

162. De marktpositie van de partijen, met inbegrip van ondernemingen die feitelijk of wettelijk onder de zeggenschap van de partijen staan, geeft een aanwijzing voor de mate van marktmacht die de licentiegever, de licentienemer of beiden eventueel bezitten. Hoe groter het marktaandeel, hoe groter de marktmacht wellicht zal zijn. Dit is met name het geval wanneer het marktaandeel een gevolg is van kostenvoordelen of andere concurrentievoordelen ten opzichte van de concurrenten. Deze concurrentievoordelen kunnen bijvoorbeeld voortvloeien uit het feit dat men de eerste speler is op een markt, uit het bezit van essentiële octrooien of uit het feit dat men beschikt over een superieure technologie. Marktaandelen vormen echter steeds maar één factor bij het beoordelen van marktposities. In het bijzonder in het geval van technologiemarkten zijn marktaandelen bijvoorbeeld niet altijd een goede indicator voor de relatieve sterkte van de technologie in kwestie en kunnen de cijfers inzake de marktaandelen naargelang van de verschillende berekenmethoden aanzienlijk verschillen.

163. Marktaandelen en mogelijke concurrentievoordelen en -nadelen worden eveneens gebruikt om de marktpositie van de concurrenten te bepalen. Hoe sterker en hoe talrijker de daadwerkelijke concurrenten zijn, hoe kleiner het risico dat de partijen in staat zullen zijn individueel marktmacht uit te oefenen. Indien het aantal concurrenten echter vrij klein is en hun marktpositie (omvang, kosten, O&O-potentieel, enz.) gelijkwaardig is, kan deze marktstructuur het risico op collusie vergroten.

164. De marktpositie van de afnemers geeft een indicatie of een of meer afnemers al dan niet beschikken over kopersmacht. De belangrijkste maatstaf voor kopersmacht is het marktaandeel van de afnemer op de kopersmarkt. Dit aandeel geeft aan hoe belangrijk zijn vraag is voor potentiële leveranciers. Andere aanwijzingen hebben te maken met de positie van de afnemer op zijn wederverkoopmarkt, waarbij kenmerken zoals een ruime geografische spreiding van zijn verkooppunten en zijn merkimago bij de eindgebruikers een rol spelen. In bepaalde omstandigheden kan kopersmacht voorkomen dat de licentiegever en/of de licentienemer marktmacht uitoefenen; zo kan kopersmacht soms een concurrentieprobleem oplossen dat anders zou zijn ontstaan. Dit is met name het geval wanneer sterke afnemers de capaciteit en de prikkels hebben om nieuwe bevoorradingsbronnen op de markt te brengen bij een kleine maar duurzame stijging van de betrokken prijzen. Wanneer de sterke afnemers zich ertoe beperken gunstige voorwaarden van de leveranciers te verkrijgen of alle prijsstijgingen aan hun klanten doorgeven, is de positie van de afnemers niet van dien aard dat zij de uitoefening van marktmacht door de licentienemer op de productmarkt verhindert en lost zij derhalve het concurrentieprobleem op die markt niet op [72].

165. Belemmeringen voor het betreden van de markt worden afgemeten aan de mate waarin gevestigde ondernemingen hun prijs boven het concurrerende niveau kunnen verhogen zonder nieuwkomers op de markt aan te trekken. Indien er geen belemmeringen zijn voor het betreden van de markt, zou een gemakkelijke en snelle toetreding tot de markt prijsverhogingen onrendabel maken. Wanneer het waarschijnlijk is dat daadwerkelijk binnen een of twee jaar nieuwkomers hun intrede maken op de markt – hetgeen de uitoefening van marktmacht zou voorkomen of bemoeilijken – kan worden gesteld dat de toetredingsdrempels over het algemeen laag zullen zijn.

166. De toetredingsdrempels kunnen het gevolg zijn van een hele reeks factoren, zoals schaalvoordelen en meerproductvoordelen, overheidsvoorschriften, met name wanneer die exclusieve rechten in het leven roepen, overheidssteun, invoertarieven, intellectuele-eigendomsrechten, het bezit van grondstoffen wanneer de voorraden bijvoorbeeld wegens natuurlijke beperkingen gelimiteerd zijn, het beschikken over essentiële faciliteiten, het voordeel om de eerste speler op een markt te zijn geweest of merktrouw van de consumenten die is opgebouwd door langdurige en uitgebreide reclame. Beperkende overeenkomsten tussen ondernemingen kunnen eveneens een toetredingsdrempel vormen, doordat zij de toegang bemoeilijken en (potentiële) concurrenten uitsluiten. Toetredingsdrempels kunnen zich voordoen in alle stadia van onderzoek en ontwikkeling, productie en distributie. Of sommige van de genoemde factoren moeten worden beschouwd als toetredingsdrempels, hangt vooral af van de vraag of zij verzonken kosten met zich brengen. Verzonken kosten zijn kosten die moeten worden gemaakt om de markt te betreden of er actief op te zijn maar die niet kunnen worden gerecupereerd

---

(72) Zie in dit verband arrest van het Gerecht van 7 oktober 1999 in zaak T-228/97, Irish Sugar/Commissie, Jurispr. 1999, blz. II-2969, punt 101.

wanneer men de markt verlaat. Hoe groter de verzonken kosten, hoe ernstiger potentiële nieuwkomers de risico's van het betreden van de markt moeten afwegen en hoe geloofwaardiger de gevestigde ondernemingen kunnen dreigen dat zij nieuwe concurrentie zullen bestrijden, aangezien de verzonken kosten het voor de gevestigde ondernemingen duur maken om de markt te verlaten. In het algemeen zijn verzonken kosten noodzakelijk bij het betreden van de markt, soms in mindere, soms in meerdere mate. Daarom is daadwerkelijke concurrentie in het algemeen doeltreffender en zal zij bij de beoordeling meer gewicht in de schaal leggen dan potentiële concurrentie.

167. Op een rijpe markt, dat wil zeggen een markt die al enige tijd bestaat, waarop de gebruikte technologie algemeen bekend en wijdverspreid is en niet sterk verandert en waarop de vraag vrij stabiel is of terugloopt, is het waarschijnlijker dat beperkingen van de mededinging negatieve effecten hebben dan op meer dynamische markten.

168. Bij de beoordeling van sommige beperkingen moeten wellicht andere factoren in aanmerking worden genomen. Dit zijn onder meer cumulatieve effecten, d.w.z. de dekking van de markt door gelijksoortige overeenkomsten, de looptijd van de overeenkomsten, het regelgevingskader en gedragingen die wijzen op collusie of deze kunnen vergemakkelijken, zoals prijsleiderschap, vooraf aangekondigde prijsstijgingen en overleg over de 'juiste' prijs, prijsstarheid als reactie op overcapaciteit, prijsdiscriminatie en het bestaan van collusie in het verleden.

4.1.2 Negatieve effecten van beperkende licentieovereenkomsten

169. De negatieve effecten voor de mededinging op de markt die kunnen voortvloeien uit beperkende overeenkomsten inzake technologieoverdracht, omvatten:
a) vermindering van de intertechnologieconcurrentie tussen de ondernemingen die actief zijn op een technologiemarkt of op een markt van producten waarin de betrokken technologieën zijn verwerkt, met inbegrip van het vergemakkelijken van collusie, zowel uitdrukkelijk als stilzwijgend;
b) uitsluiting van concurrenten door het verhogen van hun kosten, het beperken van hun toegang tot essentiële inputs of het op andere wijze verhogen van de toetredingsdrempels; en
c) vermindering van de intratechnologieconcurrentie tussen ondernemingen die producten vervaardigen op basis van dezelfde technologie.

170. Overeenkomsten inzake technologieoverdracht kunnen de intertechnologieconcurrentie verminderen, d.w.z. de concurrentie tussen ondernemingen die licenties verlenen of produceren op basis van verwisselbare technologieën. Dit is met name het geval wanneer wederkerige verplichtingen worden opgelegd. Wanneer bijvoorbeeld concurrenten concurrerende technologieën aan elkaar overdragen en daarbij wederzijds de verplichting opleggen elkaar toekomstige verbeteringen van hun respectievelijke technologieën ter beschikking te stellen, en deze overeenkomst ertoe leidt dat geen van beide concurrenten een technologische voorsprong op de ander kan behalen, wordt de concurrentie op het gebied van innovatie tussen de partijen beperkt (zie ook punt 241).

171. Licenties tussen concurrenten kunnen tevens collusie vergemakkelijken. De kans op collusie is met name groot in geconcentreerde markten. Voor collusie moeten de betrokken ondernemingen dezelfde kijk hebben op wat hun gemeenschappelijk belang is en hoe de coördinatiemechanismen functioneren. Wil collusie succes hebben, dan moeten de ondernemingen ook in staat zijn elkaars marktgedrag te controleren en dienen er

doeltreffende afschrikkingsmechanismen te zijn om afwijkingen van de gemeenschappelijke gedragslijn op de markt te ontmoedigen, terwijl de toetredingsdrempels hoog genoeg moeten zijn om de toegang of expansie van derden te beperken. Overeenkomsten kunnen collusie vergemakkelijken door de transparantie op de markt te vergroten, bepaald gedrag te controleren en de toetredingsdrempels te verhogen. Collusie kan voorts in uitzonderlijke gevallen worden vergemakkelijkt door licentieovereenkomsten die leiden tot een hoge mate van gemeenschappelijke kosten, omdat ondernemingen die vergelijkbare kosten hebben waarschijnlijk ook soortgelijke ideeën hebben over de wijze waarop coördinatie moet worden aangepakt [73].

172. Licentieovereenkomsten kunnen de intertechnologieconcurrentie ook negatief beïnvloeden door het opwerpen van belemmeringen voor het betreden van de markt en voor de groeimogelijkheden van concurrenten. Dergelijke marktafschermingseffecten kunnen voortvloeien uit beperkingen die de licentienemers beletten om licenties te nemen bij derden of die hen ontmoedigen om dat te doen. Derden kunnen bijvoorbeeld worden uitgesloten wanneer gevestigde licentiegevers aan de licentienemers niet-concurrentiebedingen opleggen die zo ver gaan dat er voor derden een ontoereikend aantal licentienemers overblijft en wanneer het betreden van de markt op het niveau van de licentienemers moeilijk is. Leveranciers van concurrerende technologieën kunnen voorts worden uitgesloten wanneer een licentiegever met een voldoende mate van marktmacht verschillende bestanddelen van een technologie samenvoegt en deze als een pakket in licentie geeft, terwijl slechts een deel van het pakket noodzakelijk is voor de vervaardiging van een bepaald product.

173. Licentieovereenkomsten kunnen ook de intratechnologieconcurrentie beperken, d.w.z. de concurrentie tussen ondernemingen die produceren op basis van dezelfde technologie. Een overeenkomst die aan de licentienemers territoriale beperkingen oplegt en hen verbiedt om in elkaars gebied te verkopen, vermindert de onderlinge concurrentie tussen hen. Licentieovereenkomsten kunnen voorts de intratechnologieconcurrentie beperken door collusie tussen licentienemers te vergemakkelijken. Daarenboven kunnen licentieovereenkomsten die de intratechnologieconcurrentie verminderen collusie tussen de bezitters van concurrerende technologieën vergemakkelijken of de intertechnologieconcurrentie verminderen door het opwerpen van belemmeringen voor het betreden van de markt.

4.1.3 Positieve effecten van beperkende licentieovereenkomsten en het toetsingskader voor de analyse van dergelijke effecten

174. Zelfs beperkende licentieovereenkomsten hebben vaak ook concurrentiebevorderende effecten in de vorm van efficiëntieverbeteringen die mogelijk opwegen tegen de concurrentieverstorende effecten. De beoordeling van de mogelijke concurrentiebevorderende effecten vindt plaats in het kader van artikel 101, lid 3, dat voorziet in een uitzondering op het verbod van artikel 101, lid 1, van het Verdrag. Om voor die uitzondering in aanmerking te komen moet de licentieovereenkomst objectieve economische voordelen opleveren, moeten de beperkingen van de mededinging onmisbaar zijn om die efficiëntieverbeteringen te bereiken, moet een billijk aandeel in de efficiëntieverbeteringen de gebruikers ten goede komen en mag de overeenkomst de partijen niet de mogelijkheid

---

(73) Zie in dit verband punt 36 van de Richtsnoeren inzake horizontale samenwerkingsovereenkomsten, reeds aangehaald in voetnoot 4 in deel 2.3.

geven voor een wezenlijk deel van de betrokken producten de mededinging uit te schakelen. Een onderneming die zich op artikel 101, lid 3, beroept, moet met overtuigende argumenten en bewijsmateriaal aantonen dat is voldaan aan de voorwaarden om voor vrijstelling in aanmerking te komen [74].

175. De toetsing van beperkende overeenkomsten aan artikel 101, lid 3, van het Verdrag vindt plaats in samenhang met de feitelijke omstandigheden waarin zij zich afspelen [75] en op basis van de op een bepaald tijdstip bestaande feiten. Deze toets is daarom gevoelig voor substantiële veranderingen in de feiten. De uitzonderingsregeling van artikel 101, lid 3, is van toepassing zolang voldaan is aan de vier voorwaarden, en houdt op van toepassing te zijn wanneer zulks niet langer het geval is [76]. Bij de toepassing van artikel 101, lid 3, is het evenwel noodzakelijk rekening te houden met de initiële verzonken investeringen die de partijen hebben gedaan, evenals met de tijd die nodig is en de beperkingen die vereist zijn om een efficiëntieverbeterende investering vast te leggen en terug te verdienen. Artikel 101 kan niet worden toegepast zonder rekening te houden met een dergelijke voorafgaande investering en de risico's die daarmee verband houden. Het risico dat de partijen nemen en de verzonken investering die moet worden vastgelegd om de overeenkomst ten uitvoer te leggen, kunnen er bijgevolg toe leiden dat de overeenkomst, naargelang van het geval, buiten het toepassingsgebied van artikel 101, lid 1, valt of aan de voorwaarden van artikel 101, lid 3, voldoet gedurende de tijd die nodig is om de investering terug te verdienen.

176. De eerste voorwaarde van artikel 101, lid 3, van het Verdrag vereist een toetsing van de objectieve voordelen die de overeenkomst oplevert in de vorm van efficiëntieverbeteringen. In dit verband bieden licentieovereenkomsten met name de mogelijkheid om complementaire technologieën en andere productiemiddelen bijeen te brengen, waardoor nieuwe of verbeterde producten op de markt kunnen worden gebracht of bestaande producten tegen lagere kosten kunnen worden vervaardigd. Hardcorekartels buiten beschouwing gelaten, vindt licentiëring vaak plaats omdat het voor de licentiegever doeltreffender is de technologie in licentie te geven dan ze zelf te exploiteren. Dit kan met name het geval zijn wanneer de licentienemer reeds toegang heeft tot de nodige productiemiddelen. De overeenkomst geeft de licentienemer dan toegang tot een technologie die met deze productiemiddelen kan worden gecombineerd en die hem aldus in staat stelt nieuwe of verbeterde technologieën te exploiteren. Een ander voorbeeld van potentieel efficiëntievergrotende licentiëring is het geval waarin de licentienemer reeds een technologie bezit en de combinatie van deze technologie met die van de licentiegever leidt tot synergieën. Wanneer de twee technologieën worden gecombineerd, kan de licentienemer wellicht tot een configuratie van kosten en productie komen die anders niet haalbaar zou zijn. Licentieovereenkomsten kunnen voorts net als verticale distributieovereenkomsten aanleiding geven tot efficiëntieverbeteringen

---

(74) Conclusie van 30 juni 2009 in gevoegde zaken C-501/06 P, C-513/06 P, C-515/06 P en C-519/06 P, GlaxoSmithKline Services e.a./Commissie e.a., Jurispr. 2009, blz. I-9291, punt 82.
(75) Conclusie van 8 mei 1985 in gevoegde zaken 25/84 en 26/84, Ford, Jurispr. 1985, blz. 2725; Conclusie van 30 juni 2009 in gevoegde zaken C-501/06 P, C-513/06 P, C-515/06 P en C-519/06 P, GlaxoSmithKline Services e.a./Commissie e.a., Jurispr. 2009, blz. I-9291, punt 103.
(76) Zie in dit verband bijvoorbeeld de beschikking van de Commissie van 3 maart 1999 in de zaak *TPS* (*PB* L 90 van 2.4.1999, blz. 6). Evenzo geldt het verbod van artikel 101, lid 1, enkel zolang de overeenkomst mededingingsbeperking tot doel of als gevolg heeft.

in het distributiestadium. Dergelijke efficiëntieverbeteringen kunnen de vorm aannemen van kostenbesparingen of van het verstrekken van waardevolle diensten aan gebruikers. De positieve effecten van verticale overeenkomsten worden beschreven in de richtsnoeren inzake verticale beperkingen [77]. Een ander voorbeeld van mogelijke efficiëntieverbeteringen kan worden gevonden in overeenkomsten waarbij bezitters van technologieën een technologiepakket samenstellen om aan derden in licentie te geven. Dergelijke poolingregelingen kunnen met name de transactiekosten verminderen doordat de licentienemers geen afzonderlijke licentieovereenkomsten met elke licentiegever behoeven te sluiten. Concurrentiebevorderende licentiëring kan ook plaatsvinden om de vrijheid van ontwerp te waarborgen. In sectoren waar sprake is van grote aantallen intellectuele-eigendomsrechten en waar de afzonderlijke producten mogelijk inbreuk maken op een aantal bestaande en toekomstige eigendomsrechten, bevorderen licentieovereenkomsten waarbij de partijen afspreken hun eigendomsrechten niet tegen elkaar uit te oefenen dikwijls de concurrentie omdat zij de partijen in staat stellen hun respectievelijke technologieën te ontwikkelen zonder het risico te lopen dat naderhand inbreukvorderingen worden ingediend.

177. Bij het toetsen van de onmisbaarheid waarvan sprake in artikel 101, lid 3, van het Verdrag zal de Commissie met name nagaan of een bepaalde beperking het mogelijk maakt de betrokken activiteit doeltreffender uit te voeren dan het geval zou zijn geweest zonder de betrokken beperking. Bij het uitvoeren van deze beoordeling moeten de marktvoorwaarden en de zakelijke realiteit waarmee de partijen bij de overeenkomst te maken hebben, in aanmerking worden genomen. Ondernemingen die de toepassing inroepen van artikel 101, lid 3, zijn niet verplicht louter hypothetische of theoretische alternatieven te onderzoeken. Zij moeten enkel uiteenzetten en aantonen waarom kennelijk realistische en minder beperkende alternatieven aanzienlijk minder efficiënt zouden zijn. Indien de toepassing van een schijnbaar zakelijk, realistisch en minder beperkend alternatief zou leiden tot een aanzienlijk verlies van efficiëntie, wordt de betrokken beperking als onmisbaar beschouwd. In sommige gevallen is het wellicht ook noodzakelijk na te gaan of de overeenkomst als zodanig onmisbaar is voor het bereiken van de efficiëntieverbeteringen. Dit kan bijvoorbeeld het geval zijn bij technologiepools waarin ook complementaire maar niet-essentiële technologieën zijn opgenomen [78], in welk geval moet worden onderzocht in welke mate de opneming van deze technologieën aanleiding geeft tot specifieke efficiëntieverbeteringen dan wel of de pool zonder een noemenswaardig verlies van efficiëntie kan worden beperkt tot technologieën waarvoor er geen vervangingstechnologie bestaat. Bij een gewone licentieverlening tussen twee partijen is het in het algemeen niet noodzakelijk meer te doen dan te onderzoeken of de individuele beperkingen onmisbaar zijn. Normaliter is er geen minder beperkend alternatief voor de licentieovereenkomst als zodanig.

178. De voorwaarde dat een billijk aandeel in de voordelen de gebruikers ten goede moet komen, houdt in dat de gebruikers van de in licentie vervaardigde producten op zijn minst compensatie moeten krijgen voor de negatieve effecten van de overeenkomst [79]. Dit betekent dat de efficiëntieverbeteringen ten volle moeten opwegen tegen de vermoe-

---

(77) Reeds aangehaald in voetnoot 2 in deel 3.2.6.2. Zie met name punt 106 e.v.
(78) Wat deze begrippen betreft, zie onder 4.4.1.
(79) Zie punt 85 van de Richtsnoeren betreffende de toepassing van artikel 81, lid 3, van het Verdrag, reeds aangehaald in voetnoot 3 in deel 1.

delijke negatieve effecten van de overeenkomst op de prijzen, de productie en andere relevante factoren. Dit kan gebeuren door een wijziging van de kostenstructuur van de betrokken ondernemingen, hetgeen hen een prikkel geeft om de prijzen te verlagen, of door de gebruikers nieuwe of verbeterde producten aan te bieden, als compensatie voor een mogelijke prijsstijging [80].

179. De laatste voorwaarde van artikel 101, lid 3, van het Verdrag volgens welke de overeenkomst de partijen niet de mogelijkheid mag geven voor een wezenlijk deel van de betrokken producten de mededinging uit te schakelen, veronderstelt dat wordt nagegaan hoe groot de resterende concurrentiedruk op de markt is en wat de invloed van de overeenkomst op de bestaande bronnen van mededinging is. Bij de toepassing van de laatste voorwaarde van artikel 101, lid 3, moet aandacht worden besteed aan de relatie tussen artikel 101, lid 3, en artikel 102. Volgens vaste rechtspraak staat de toepassing van artikel 101, lid 3, niet aan de toepassing van artikel 102 van het Verdrag in de weg [81]. Aangezien de artikelen 101 en 102 allebei beogen een daadwerkelijke mededinging op de markt te handhaven, veronderstelt met consequente rechtstoepassing daarenboven dat artikel 101, lid 3, zodanig wordt uitgelegd dat elke toepassing van de uitzonderingsregel op beperkende overeenkomsten die een misbruik van een machtspositie inhouden, uitgesloten is [82].

180. Het feit dat de overeenkomst één dimensie van de mededinging aanzienlijk beperkt, betekent niet noodzakelijk dat de mededinging wordt uitgeschakeld in de zin van artikel 101, lid 3. Een technologiepool bijvoorbeeld kan leiden tot een industrienorm, waardoor een situatie ontstaat waarbij er weinig mededinging is op het gebied van technologische procedés of uitvoering. Wanneer de belangrijkste marktdeelnemers eenmaal een bepaald procedé of een bepaalde uitvoering in gebruik hebben genomen, kunnen netwerkeffecten ervoor zorgen dat alternatieve procedés of uitvoeringen zeer moeilijk kunnen overleven. Dit betekent echter niet dat de totstandkoming van een feitelijke industrienorm altijd leidt tot uitschakeling van de mededinging in de zin van de laatste voorwaarde van artikel 101, lid 3. Binnen de norm kunnen leveranciers concurreren op prijs, kwaliteit en productkenmerken. Wil de overeenkomst echter in aanmerking komen voor de toepassing van artikel 101, lid 3, dan moet worden gegarandeerd dat zij de mededinging niet onnodig beperkt en toekomstige innovatie niet al te zeer afremt.

4.2 Toepassing van artikel 101 op verschillende soorten licentiebeperkingen

181. In dit deel worden verschillende soorten beperkingen besproken die vaak voorkomen in licentieovereenkomsten. Gezien hun gangbaarheid is het zinvol om inzicht te verschaf-

---

(80) Idem, punten 98 en 102.
(81) Zie naar analogie arrest van het Hof van 16 maart 2000 in gevoegde zaken C-395/96 P en C-396/96 P, Compagnie Maritime Belge, reeds aangehaald in voetnoot 3 in deel 1, punt 130. Artikel 101, lid 3, staat evenmin aan de toepassing van de verdragsregels inzake het vrije verkeer van goederen, diensten, personen en kapitaal in de weg. Deze bepalingen zijn onder bepaalde omstandigheden van toepassing op overeenkomsten, besluiten en onderling afgestemde feitelijke gedragingen in de zin van artikel 101; zie in dat verband arrest van het Hof van 19 februari 2002 in zaak C-309/99, J. C. J. Wouters, J. W. Savelbergh en Price Waterhouse Belastingadviseurs BV / Algemene Raad van de Nederlandse Orde van Advocaten, Jurispr. 2002, blz. I-1577, punt 120.
(82) Zie in dit verband arrest van het Gerecht van 10 juli 1990 in zaak T-51/89, Tetra Pak Rausing SA/Commissie, Jurispr. 1990, blz. II-309. Zie tevens punt 106 van de Richtsnoeren betreffende de toepassing van artikel 81, lid 3, van het Verdrag, reeds aangehaald in voetnoot 3 in deel 1.

fen over de manier waarop zij worden beoordeeld wanneer zij niet onder de vrijstelling van de GVTO vallen. De beperkingen die reeds besproken zijn in de andere delen van deze richtsnoeren, met name onder 3.4 en 3.5, worden in dit deel slechts kort behandeld.
182. Dit deel heeft betrekking zowel op overeenkomsten tussen niet-concurrenten als op overeenkomsten tussen concurrenten. Wat deze laatste betreft, wordt — indien nodig — een onderscheid gemaakt tussen wederkerige en niet-wederkerige overeenkomsten. Dat onderscheid behoeft voor overeenkomsten tussen niet-concurrenten niet te worden gemaakt. Wanneer ondernemingen geen daadwerkelijke of potentiële concurrenten zijn op een relevante technologiemarkt of op een markt van producten waarin de in licentie gegeven technologie is verwerkt, is een wederkerige overeenkomst vanuit praktisch oogpunt inderdaad niet verschillend van twee afzonderlijke licenties. Dit is anders bij regelingen waarbij de partijen een technologiepakket samenstellen dat vervolgens aan derden in licentie wordt gegeven. Dergelijke regelingen zijn technologiepools, die in deel 4 worden besproken.

183. In dit deel wordt niet ingegaan op verplichtingen in licentieovereenkomsten die in de regel niet concurrentiebeperkend zijn in de zin van artikel 101, lid 1, van het Verdrag. Het gaat onder meer om de volgende verplichtingen:
a) verplichtingen tot geheimhouding;
b) verplichtingen voor de licentienemers om geen sublicenties te verlenen;
c) verplichtingen om de in licentie gegeven technologierechten niet te gebruiken na het verstrijken van de overeenkomst, voor zover de in licentie gegeven technologierechten geldig en van kracht blijven;
d) verplichtingen om de licentiegever bij te staan bij de handhaving van de in licentie gegeven intellectuele-eigendomsrechten;
e) verplichtingen om een minimumbedrag aan royalty's te betalen of om een minimumhoeveelheid producten te produceren waarin de in licentie gegeven technologie is verwerkt; en
f) verplichtingen om het handelsmerk van de licentiegever te gebruiken of om de naam van de licentiegever op het product te vermelden.

4.2.1 Royaltyverplichtingen
184. Het staat de partijen bij een licentieovereenkomst normaliter vrij de royalty's te bepalen die door de licentienemer moeten worden betaald en vast te stellen op welke wijze die betaling moet gebeuren, zonder dat de overeenkomst hierdoor onder artikel 101, lid 1, van het Verdrag valt. Dit beginsel geldt zowel voor overeenkomsten tussen concurrenten als voor overeenkomsten tussen niet-concurrenten. Royaltyverplichtingen kunnen bijvoorbeeld de vorm aannemen van een betaling ineens, een percentage van de verkoopprijs of van een vast bedrag voor elk product waarin de in licentie gegeven technologie is verwerkt. Wanneer de in licentie gegeven technologie te maken heeft met een input die in een eindproduct wordt verwerkt, is het over het algemeen niet concurrentiebeperkend dat de royalty's worden berekend op basis van de prijs van

het eindproduct, mits daarin de in licentie gegeven technologie is verwerkt [83]. Bij het in licentie geven van software is het berekenen van royalty's op basis van het aantal gebruikers en per machine in de regel verenigbaar met artikel 101, lid 1.

185. In het geval van overeenkomsten tussen concurrenten moet in gedachten worden gehouden (zie de punten 100 tot 101 en punt 116) dat royaltyverplichtingen in een klein aantal gevallen kunnen neerkomen op prijsbinding, wat wordt beschouwd als een hardcorebeperking overeenkomstig artikel 4, lid 1, onder a). Het is een hardcorebeperking ingevolge artikel 4, lid 1, onder a), wanneer concurrenten wederkerige *running* royalty's verlenen terwijl de overeenkomst een pseudolicentie is omdat zij geen integratie van complementaire technologieën beoogt noch enig ander concurrentiebevorderend doel heeft. Het is tevens een hardcorebeperking op grond van artikel 4, lid 1, onder a) en d), wanneer royalty's zich uitstrekken tot producten die uitsluitend met de eigen technologierechten van de licentienemer zijn geproduceerd.

186. Andere soorten royaltyregelingen tussen concurrenten zijn tot een marktaandeeldrempel van 20 % vrijgesteld, zelfs indien zij de mededinging beperken. Buiten de veilige haven die de groepsvrijstellingsverordening biedt, kan artikel 101, lid 1, van het Verdrag van toepassing zijn wanneer concurrenten wederzijdse licenties verlenen en *running* royalty's opleggen die duidelijk onevenredig zijn met de marktwaarde van de licentie en wanneer dergelijke royalty's aanzienlijke gevolgen hebben voor de marktprijzen. Om te beoordelen of de royalty's onevenredig zijn, is het noodzakelijk om de royalty's te onderzoeken die door andere licentienemers op de productmarkt voor identieke of vervangingstechnologieën worden betaald. In dergelijke gevallen is het niet waarschijnlijk dat aan de voorwaarden van artikel 101, lid 3, is voldaan.

187. Ofschoon de groepsvrijstelling slechts van toepassing is zolang de technologierechten geldig en van kracht zijn, kunnen de partijen normaliter overeenkomen de royaltyverplichtingen uit te breiden tot na de geldigheidsduur van de in licentie gegeven intellectuele-eigendomsrechten zonder inbreuk te maken op artikel 101, lid 1, van het Verdrag. Wanneer deze rechten eenmaal zijn vervallen, kunnen derden de betrokken technologie op wettige wijze exploiteren en concurreren met de partijen bij de overeenkomst. Die daadwerkelijke en potentiële concurrentie zal normaliter voldoende zijn om te garanderen dat de betrokken verplichting geen merkbare concurrentieverstorende effecten heeft.

188. In het geval van overeenkomsten tussen niet-concurrenten dekt de groepsvrijstelling overeenkomsten waarbij de royalty's worden berekend op basis van zowel de producten die met de in licentie gegeven technologie zijn geproduceerd als de producten die met door derden in licentie gegeven technologieën zijn geproduceerd. Dergelijke overeenkomsten kunnen het bepalen van het bedrag van de royalty's vergemakkelijken. Zij kunnen echter eveneens leiden tot marktafscherming doordat zij de kosten van het gebruik van de input van derden verhogen en bijgevolg soortgelijke effecten kunnen hebben als een niet-concurrentiebeding. Indien royalty's niet alleen worden betaald voor producten die met de in licentie gegeven technologie worden vervaardigd, maar ook voor de producten die met behulp van de technologie van derden zijn vervaardigd, dan verhogen

---

(83) Dit doet geen afbreuk aan de eventuele toepassing van artikel 102 VWEU op de vaststelling van de royalty's (zie arrest van het Hof van 14 februari 1978 in zaak 27/76, United Brands Company en United Brands Continentaal B.V./Commissie, punt 250, evenals het arrest van het Hof van 16 juli 2009 in zaak C-385/07 P, Der Grüne Punkt — Duales System Deutschland GmbH/Commissie, Jurispr. 2009, blz. I-6155, punt 142).

de royalty's ook de kosten van laatstgenoemde producten en verminderen zij de vraag naar de technologie van derden. Buiten de werkingssfeer van de groepsvrijstelling moet de vraag dan ook worden beantwoord of de beperking marktafschermingseffecten heeft. Daartoe dient het onder 4.2.7 beschreven beoordelingskader te worden gebruikt. Indien er merkbare marktafschermingseffecten zijn, vallen dergelijke overeenkomsten onder het verbod van artikel 101, lid 1, van het Verdrag en is het onwaarschijnlijk dat zij aan de voorwaarden van artikel 101, lid 3, voldoen, tenzij er geen andere praktische manier is om betalingen van royalty's te berekenen en te controleren.

4.2.2 Exclusieve licenties en verkoopbeperkingen

189. In het kader van deze richtsnoeren is het zinvol om een onderscheid te maken tussen beperkingen ten aanzien van de productie binnen een bepaald grondgebied (exclusieve licenties en *sole licences*) en beperkingen op de verkoop van producten waarin de in licentie gegeven technologie is verwerkt binnen een bepaald grondgebied en ten behoeve van een bepaalde klantenkring (verkoopbeperkingen).

4.2.2.1 Exclusieve licenties en sole licences

190. Onder een 'exclusieve licentie' wordt verstaan dat de licentiegever zelf op basis van de in licentie gegeven technologierechten niet mag produceren of de in licentie gegeven technologierechten aan derden in licentie mag geven, noch in het algemeen, noch voor een specifiek gebruik, noch binnen een bepaald gebied. Dit betekent dat de licentienemer in het algemeen of voor dat specifieke gebruik of binnen dat bepaalde gebied de enige is die op basis van de in licentie gegeven technologierechten mag produceren.

191. Wanneer de licentiegever zich ertoe verbindt niet zelf te produceren of anderen een licentie te verlenen om binnen een bepaald gebied te produceren, kan dit gebied de hele wereld of elk deel ervan zijn. Wanneer de licentiegever slechts toezegt niet aan derden een licentie te zullen verlenen om binnen een bepaald gebied te produceren, is er sprake van een *sole licence*. Exclusieve licenties en *sole licences* gaan dikwijls gepaard met verkoopbeperkingen ten aanzien van het gebied waarin de partijen de producten waarin de in licentie gegeven technologie is verwerkt, mogen verkopen.

192. Wederzijdse exclusieve licenties tussen concurrenten vallen onder artikel 4, lid 1, onder c), van de GVTO waarin marktverdeling tussen concurrenten als een hardcorebeperking wordt aangemerkt. Wederzijdse *sole licences* tussen concurrenten zijn echter vrijgesteld tot de marktaandeeldrempel van 20 %. Krachtens een dergelijke overeenkomst verplichten de partijen zich om hun concurrerende technologieën niet aan derden in licentie te geven. Wanneer de partijen een aanzienlijke marktmacht bezitten, kunnen dergelijke overeenkomsten collusie in de hand werken doordat zij waarborgen dat de op de in licentie gegeven technologie gebaseerde producten uitsluitend door de partijen worden geproduceerd.

193. Niet-wederzijdse exclusieve licenties tussen concurrenten zijn vrijgesteld tot de marktaandeeldrempel van 20 %. Boven de marktaandeeldrempel moeten de vermoedelijke concurrentiebeperkende gevolgen van de exclusieve licentie worden onderzocht. Is de exclusieve licentie wereldwijd van toepassing, dan betekent dit dat de licentiegever de markt verlaat. In gevallen waarin de exclusiviteit beperkt blijft tot een specifiek gebied, zoals een lidstaat, dan houdt de overeenkomst in dat de licentiegever ervan afziet in het desbetreffende gebied goederen en diensten te produceren. In het kader van artikel 101, lid 1, van het Verdrag moet met name worden nagegaan wat de positie van de licentiegever op de markt is vanuit het oogpunt van de mededinging. Heeft de licentiegever een beperkte positie op de productmarkt of is hij niet in staat de technologie in het gebied van de licentienemer daadwerkelijk te exploiteren, dan is het onwaarschijnlijk dat de overeenkomst onder artikel 101, lid 1, valt. Een speciale situatie doet zich voor wanneer de licentiegever en de licentienemer alleen op de technologiemarkt concurrenten zijn en de licentiegever, bijvoorbeeld een onderzoeksinstelling of een kleine op onderzoek gebaseerde onderneming, niet over de productie- en distributiemiddelen beschikt om producten waarin de in licentie gegeven technologie is verwerkt, daadwerkelijk op de markt te brengen. In dergelijke gevallen is het niet waarschijnlijk dat inbreuk wordt gemaakt op artikel 101, lid 1.

194. Exclusieve licenties tussen niet-concurrenten — in zoverre deze onder het verbod van artikel 101, lid 1, van het Verdrag vallen [84] — voldoen meestal aan de voorwaarden van artikel 101, lid 3. Het recht om een exclusieve licentie te verlenen is over het algemeen noodzakelijk om de licentienemer in de in licentie gegeven technologie te doen investeren en de producten tijdig op de markt te brengen. Dit geldt met name wanneer een licentienemer grote maatregelen moet doen om de in licentie gegeven technologie verder te ontwikkelen. Het nemen van maatregelen tegen deze exclusiviteit wanneer de licentienemer de in licentie gegeven technologie tot een commercieel succes heeft gemaakt, zou de licentienemer beletten om van zijn succes te profiteren en zou schadelijk zijn voor de mededinging, de verspreiding van technologie en de innovatie. De Commissie zal derhalve slechts bij uitzondering optreden tegen exclusieve licenties in overeenkomsten tussen niet-concurrenten, en wel ongeacht het geografische toepassingsgebied van de licentie.

195. Als de licentienemer echter reeds een concurrerende technologie bezit die hij voor interne productie gebruikt, is de exclusieve licentie mogelijk niet noodzakelijk om de licentienemer te stimuleren om een product op de markt te brengen. In een dergelijk scenario kan de exclusieve licentie daarentegen onder artikel 101, lid 1, van het Verdrag vallen, met name wanneer de licentienemer marktmacht heeft op de productmarkt. De voornaamste situatie waarin maatregelen nodig kunnen zijn, is wanneer een licentienemer met een dominante marktpositie een exclusieve licentie verwerft voor een of meer concurrerende technologieën. Dergelijke overeenkomsten vallen doorgaans onder het verbod van artikel 101, lid 1, en voldoen naar alle waarschijnlijkheid niet aan de voorwaarden van artikel 101, lid 3. Opdat artikel 101, lid 1, van toepassing zou zijn, moet de technologiemarkt evenwel moeilijk toegankelijk zijn en moet de in licentie gegeven technologie een werkelijke bron van concurrentie op de markt zijn. In dergelijke gevallen kan een exclusieve licentie derde licentienemers uitsluiten, de drempel om de markt te betreden verhogen en de licentienemer in staat stellen zijn marktmacht te behouden.

196. Overeenkomsten waarbij twee of meer partijen elkaar wederzijds licenties verlenen en zich ertoe verbinden geen licenties aan derden te verlenen, geven aanleiding tot bijzondere bezorgdheid wanneer het pakket technologieën dat uit de wederzijdse licenties voortvloeit een feitelijke industrienorm in het leven roept waartoe derden toegang moeten hebben om daadwerkelijk te kunnen concurreren op de markt. In dergelijke gevallen creëert de overeenkomst een besloten norm waartoe alleen de partijen toegang hebben. De Commissie zal dergelijke overeenkomsten beoordelen op grond van dezelfde beginselen als die welke worden toegepast op technologiepools (zie deel 4.4). Normaliter

---

(84) Zie het arrest in de zaak Nungesser, reeds aangehaald in voetnoot 3 in deel 2.2.

zal worden verlangd dat de technologieën die een dergelijke norm ondersteunen op eerlijke, redelijke en niet-discriminerende voorwaarden aan derden in licentie worden gegeven [85]. Wanneer de partijen bij de overeenkomst met derden concurreren op een bestaande productmarkt en de overeenkomst betrekking heeft op die productmarkt, zal een besloten norm doorgaans ernstige uitsluitingseffecten hebben. Deze negatieve beïnvloeding van de mededinging kan slechts worden vermeden door ook aan derden licenties te verlenen.

4.2.2.2 Verkoopbeperkingen

197. Ook ten aanzien van verkoopbeperkingen moet een belangrijk onderscheid worden gemaakt tussen het verlenen van licenties tussen concurrenten en tussen niet-concurrenten.

198. Beperkingen, in een wederkerige overeenkomst tussen concurrenten, op de actieve en passieve verkoop door één of beide partijen zijn hardcorebeperkingen van de mededinging op grond van artikel 4, lid 1, onder c), van de GVTO. Dergelijke verkoopbeperkingen vallen onder het verbod van artikel 101, lid 1, en voldoen naar alle waarschijnlijkheid niet aan de voorwaarden van artikel 101, lid 3. Dergelijke beperkingen worden in de regel als marktverdeling beschouwd, omdat zij de betrokken partij beletten actief en passief te verkopen in het grondgebied en aan de klantenkring die zij daadwerkelijk bediende of zonder de overeenkomst redelijkerwijs had kunnen bedienen.

199. In het geval van niet-wederkerige overeenkomsten tussen concurrenten is de groepsvrijstelling van toepassing op beperkingen op de actieve en/of passieve verkoop door de licentiegever of de licentienemer in het exclusieve gebied of aan de exclusieve klantenkring die aan de andere partij is voorbehouden (zie artikel 4, lid 1, onder c), punt i), van de GVTO). Boven de marktaandeeldrempel van 20 % vallen verkoopbeperkingen tussen de licentiegever en licentienemer onder het verbod van artikel 101, lid 1, van het Verdrag wanneer één partij of beide partijen een behoorlijke mate van marktmacht bezitten. Dergelijke beperkingen kunnen evenwel onmisbaar zijn voor de verspreiding van waardevolle technologieën en kunnen derhalve voldoen aan de voorwaarden van artikel 101, lid 3. Dit kan het geval zijn wanneer de licentiegever een betrekkelijk zwakke marktpositie heeft in het gebied waar hij de technologie zelf exploiteert. In dergelijke gevallen kunnen beperkingen, en met name beperkingen op de actieve verkoop, onmisbaar zijn om de licentiegever ertoe te brengen de licentie te verlenen. Zonder deze beperkingen zou de licentiegever waarschijnlijk te maken krijgen met actieve concurrentie op zijn voornaamste terrein van activiteit. Evenzo kunnen beperkingen op de actieve verkoop door de licentiegever onmisbaar zijn, met name wanneer de licentienemer een betrekkelijk zwakke marktpositie heeft in het aan hem toegewezen gebied en aanzienlijke investeringen moet verrichten om de in licentie gegeven technologie doeltreffend te exploiteren.

200. De groepsvrijstelling dekt tevens beperkingen op de actieve verkoop in het gebied of aan de klantenkring die zijn toegewezen aan een andere licentienemer, indien deze geen concurrent van de licentiegever was toen hij de licentieovereenkomst met de licentiegever sloot. Dit is echter enkel het geval indien de overeenkomst tussen de partijen in

---

(85) Zie in dit verband de mededeling van de Commissie in de zaak Canon/Kodak (*PB* C 330 van 1.11.1997, blz. 10), en de zaak IGR Stereo Television, genoemd in het Elfde Verslag over het mededingingsbeleid (1981), punt 94.

kwestie niet-wederkerig is (zie artikel 4, lid 1, onder c), punt ii), van de GVTO). Boven de marktaandeeldrempel vallen dergelijke beperkingen ten aanzien van de actieve verkoop doorgaans onder het verbod van artikel 101, lid 1, van het Verdrag wanneer de partijen een aanzienlijke mate van marktmacht hebben. De beperking zal niettemin doorgaans onmisbaar zijn in de zin van artikel 101, lid 3, gedurende de periode die de beschermde licentienemer nodig heeft om een nieuwe markt te betreden en een marktaanwezigheid te verwerven in het toegewezen gebied of ten aanzien van de toegewezen klantenkring. Deze bescherming tegen actieve verkoop stelt de licentienemer in staat om de asymmetrische situatie waarmee hij wordt geconfronteerd omdat een aantal licentienemers concurrenten zijn van de licentiegever en derhalve reeds op de markt aanwezig zijn, te overwinnen. Beperkingen op de passieve verkoop door licentienemers in een gebied of aan een klantenkring die aan een andere licentienemer zijn toegewezen, vormen hardcorebeperkingen ingevolge artikel 4, lid 1, onder c), van de GVTO.

201. Bij overeenkomsten tussen niet-concurrenten geldt een vrijstelling voor verkoopbeperkingen tussen de licentiegever en een licentienemer zolang de marktaandeeldrempel van 30 % niet is overschreden. Boven de marktaandeeldrempel kunnen beperkingen op actieve en passieve verkoop door licentienemers in verkoopgebieden of aan klantenkringen die exclusief aan de licentiegever zijn voorbehouden onmisbaar zijn voor de verspreiding van waardevolle technologieën en derhalve buiten het toepassingsgebied van artikel 101, lid 1, vallen of voldoen aan de voorwaarden van artikel 101, lid 3, van het Verdrag. Dit kan het geval zijn wanneer de licentiegever een betrekkelijk zwakke marktpositie heeft in het gebied waar hij de technologie zelf exploiteert. In dergelijke gevallen kunnen beperkingen, en met name beperkingen op de actieve verkoop, onmisbaar zijn om de licentiegever ertoe te brengen de licentie te verlenen. Zonder deze beperkingen zou de licentiegever waarschijnlijk te maken krijgen met actieve concurrentie op zijn voornaamste terrein van activiteit. In andere gevallen kunnen verkoopbeperkingen ten aanzien van de licentienemer onder het verbod van artikel 101, lid 1, vallen en niet voldoen aan de voorwaarden van artikel 101, lid 3. Dit zal waarschijnlijk het geval zijn wanneer de licentiegever individueel een behoorlijke mate van marktmacht bezit en wanneer een aantal gelijksoortige overeenkomsten die zijn gesloten door licentiegevers die tezamen een sterke positie op de markt bekleden een cumulatief effect hebben.

202. Verkoopbeperkingen die aan de licentiegever worden opgelegd, zullen – voor zover zij onder het verbod van artikel 101, lid 1, van het Verdrag vallen – doorgaans voldoen aan de voorwaarden van artikel 101, lid 3, tenzij er geen reële alternatieven voor de technologie van de licentiegever op de markt zijn of tenzij de licentienemer die alternatieven van derde partijen onder licentie heeft. Dergelijke beperkingen, en met name beperkingen op de actieve verkoop, zullen doorgaans onmisbaar zijn in de zin van artikel 101, lid 3, om de licentienemer ertoe te brengen te investeren in de productie, het op de markt brengen en de verkoop van de producten waarin de in licentie gegeven technologie is verwerkt. De prikkel tot investeren zou waarschijnlijk sterk verminderen indien de licentienemer te maken zou krijgen met rechtstreekse concurrentie van de licentiegever, wiens productiekosten niet worden bezwaard door royaltybetalingen, hetgeen mogelijk kan leiden tot een suboptimaal investeringsniveau.

203. Wat verkoopbeperkingen tussen licentienemers onderling in overeenkomsten tussen niet-concurrenten betreft, verleent de GVTO een groepsvrijstelling voor beperkingen op de actieve verkoop tussen verkoopgebieden of klantenkringen. Boven de marktaandeeldrempel van 30 % verminderen beperkingen op de actieve verkoop tussen de verkoopgebieden en klantenkringen van de licentienemers de intratechnologieconcurrentie en vallen zij doorgaans onder het verbod van artikel 101, lid 1, van het Verdrag wanneer de individuele licentienemer een aanzienlijke mate van marktmacht bezit. Dergelijke beperkingen kunnen evenwel voldoen aan de voorwaarden van artikel 101, lid 3, wanneer zij noodzakelijk zijn om free riding te voorkomen en om de licentienemer ertoe te brengen binnen zijn verkoopgebied de investeringen te doen die noodzakelijk zijn voor een doeltreffende exploitatie van de in licentie gegeven technologie, en de verkoop van de in licentie vervaardigde producten te bevorderen. Beperkingen op de passieve verkoop vallen onder de hardcorelijst van artikel 4, lid 2, onder b), van de GVTO (zie de punten 119 tot en met 127).

4.2.3 Productiebeperkingen

204. Wederkerige productiebeperkingen in licentieovereenkomsten tussen concurrenten vormen een hardcorebeperking in de zin van artikel 4, lid 1, onder b), van de GVTO (zie punt 103). Genoemde bepaling is niet van toepassing op productiebeperkingen op de technologie van de licentiegever die aan de licentienemer worden opgelegd in een niet-wederkerige overeenkomst of aan een van de licentienemers in een wederkerige overeenkomst. Dergelijke beperkingen zijn vrijgesteld tot de marktaandeeldrempel van 20 %. Boven de marktaandeeldrempel kunnen productiebeperkingen die aan de licentienemer worden opgelegd de mededinging beperken wanneer de partijen een aanzienlijke mate van marktmacht hebben. Artikel 101, lid 3, zal echter doorgaans van toepassing zijn in gevallen waarin de technologie van de licentiegever aanzienlijk beter is dan die van de licentienemer en de productiebeperking de productie van de licentienemer vóór het sluiten van de overeenkomst ruim overschrijdt. In dat geval is het effect van de productiebeperking gering, zelfs op markten met een groeiende vraag. Bij de toepassing van artikel 101, lid 3, van het Verdrag moet er tevens rekening mee worden gehouden dat dergelijke beperkingen noodzakelijk kunnen zijn om de licentiegever ertoe te brengen zijn technologie te verspreiden, en wel op een zo ruim mogelijke schaal. Een licentiegever zou bijvoorbeeld terughoudend kunnen zijn om licenties te verlenen aan zijn concurrenten indien hij de licentie niet kan beperken tot een bepaalde productievestiging met een welomschreven capaciteit (een 'site-licentie'). Wanneer de licentieovereenkomst een werkelijke integratie van complementaire productiemiddelen tot gevolg heeft, is het derhalve mogelijk dat de productiebeperkingen die aan de licentienemer worden opgelegd voldoen aan de voorwaarden van artikel 101, lid 3. Dit is echter doorgaans niet het geval wanneer de partijen een aanzienlijke marktmacht bezitten.

205. Productiebeperkingen in licentieovereenkomsten tussen niet-concurrenten vallen onder de groepsvrijstelling zolang de marktaandeeldrempel van 30 % niet is overschreden. Het belangrijkste risico op concurrentieverstoringen dat uit productiebeperkingen opgelegd aan licentienemers in overeenkomsten tussen niet-concurrenten voortvloeit, is een vermindering van de intratechnologieconcurrentie tussen licentienemers. De omvang van dergelijke concurrentieverstorende effecten hangt af van de marktpositie van de licentiegever en de licentienemers en van de mate waarin de licentienemer, als gevolg van de productiebeperking, niet in staat is om aan de vraag naar producten waarin de in licentie gegeven technologie is verwerkt, te voldoen.

206. Wanneer productiebeperkingen gecombineerd worden met exclusieve verkoopgebieden of exclusieve klantenkringen, nemen de beperkende effecten toe. De combinatie van de twee soorten beperkingen maakt het waarschijnlijker dat de overeenkomst tot verdeling van de markten leidt.

207. Productiebeperkingen die aan de licentienemers worden opgelegd in overeenkomsten tussen niet-concurrenten kunnen ook concurrentiebevorderende effecten hebben doordat zij de verspreiding van technologie in de hand werken. Als leverancier van technologie dient de licentiegever normaliter vrij te kunnen bepalen welk productievolume door de licentienemer met de in licentie gegeven technologie mag worden geproduceerd. Indien het de licentiegever niet vrij stond de productie van de licentienemer te bepalen, zou een aantal licentieovereenkomsten wellicht helemaal niet worden gesloten, hetgeen een negatieve invloed zou hebben op de verspreiding van nieuwe technologie. Dit zal met name het geval zijn wanneer de licentiegever tevens een producent is, aangezien de productie van de licentienemer uiteindelijk terecht kan komen in het gebied waar de licentiegever voornamelijk actief is en zij dus rechtstreekse gevolgen kan hebben voor die activiteiten. Het is daarentegen minder waarschijnlijk dat productiebeperkingen noodzakelijk zijn om de verspreiding van de technologie van de licentiegever te bevorderen wanneer deze gecombineerd worden met verkoopbeperkingen waarbij aan de licentienemer een verbod wordt opgelegd om te verkopen in een gebied of aan een klantenkring die is voorbehouden aan de licentiegever.

4.2.4 Beperkingen van het gebruiksgebied

208. Bij een beperking van het gebruiksgebied wordt de licentie ofwel beperkt tot een of meer technische toepassingsgebieden, ofwel tot een of meer productmarkten. Een industriële sector kan meerdere productmarkten omvatten, maar geen deel van een productmarkt. In veel gevallen kan dezelfde technologie worden gebruikt om verschillende producten te maken of kan deze worden verwerkt in producten die tot verschillende productmarkten behoren. Een nieuwe giettechnologie kan bijvoorbeeld worden gebruikt om plastic flessen en plastic glazen te maken, waarbij elk product tot een afzonderlijke productmarkt behoort. Eén enkele productmarkt kan evenwel verscheidene technische gebruiksgebieden omvatten. Zo kan nieuwe technologie op het gebied van motoren zowel in vier- als in zescylindermotoren worden gebruikt. Evenzo kan een technologie voor de vervaardiging van chipsets worden gebruikt om chipsets te maken met maximaal vier of meer dan vier CVE's. Een licentie waarbij het gebruik van de in licentie gegeven technologie wordt beperkt tot de productie van bijvoorbeeld viercylindermotoren en chipsets met maximaal vier CVE's vormt een beperking van het technische gebruiksgebied.

209. Aangezien voor beperkingen van het gebruiksgebied de groepsvrijstelling geldt en bepaalde beperkingen van de klantenkring hardcorebeperkingen zijn overeenkomstig artikel 4, lid 1, onder c), en artikel 4, lid 2, onder b), van de GVTO, is het van belang om een onderscheid te maken tussen deze twee categorieën beperkingen. Een beperking van de klantenkring veronderstelt dat er bepaalde klantenkringen worden afgebakend en dat aan de partijen beperkingen worden opgelegd met betrekking tot de verkoop aan de aldus afgebakende groepen. Het feit dat een beperking van het technische gebruiksgebied mogelijk overeenkomt met een bepaalde klantenkring in een productmarkt betekent niet dat de beperking moet worden aangemerkt als een beperking van de klantenkring. Bijvoorbeeld, het feit dat bepaalde afnemers voornamelijk of uitsluitend chipsets kopen met meer dan vier CVE's betekent niet dat een licentie die beperkt is tot chipsets met maximaal vier CVE's een beperking van de klantenkring inhoudt. Het gebruiksgebied

moet evenwel objectief worden gedefinieerd aan de hand van welbepaalde en betekenisvolle technische kenmerken van het contractproduct.

210. Aangezien bepaalde productiebeperkingen hardcorebeperkingen zijn overeenkomstig artikel 4, lid 1, onder b), van de GVTO is het van belang om op te merken dat beperkingen van het gebruiksgebied niet als productiebeperkingen worden beschouwd, omdat een beperking van het gebruiksgebied de mogelijke productie van de licentienemer binnen het gebruiksgebied waarvoor de licentie geldt, niet beperkt.

211. Een beperking van het gebruiksgebied beperkt de exploitatie van de in licentie gegeven technologie door de licentienemer tot een of meer welbepaalde gebruiksgebieden zonder de mogelijkheden van de licentiegever om de in licentie gegeven technologie te exploiteren, aan banden te leggen. Daarenboven kunnen deze gebruiksgebieden, evenals verkoopgebieden, op grond van een exclusieve licentie of *sole licence* aan de licentienemer worden toegewezen. Beperkingen van het gebruiksgebied in combinatie met een exclusieve licentie of *sole licence* beperken dan ook de mogelijkheden van de licentiegever om zijn eigen technologie te exploiteren door hem te beletten deze zelf te exploiteren, inclusief via aan anderen verleende licenties. In geval van een *sole licence* is alleen het verlenen van licenties aan derden aan beperkingen onderworpen. Beperkingen van het gebruiksgebied in combinatie met exclusieve licenties en *sole licences* worden op dezelfde wijze behandeld als de exclusieve licenties en *sole licences* in deel 4.2.2. Met name voor licentiëring tussen concurrenten houdt dit in dat wederzijds exclusieve licenties een hardcorebeperking zijn overeenkomstig artikel 4, lid 1, onder c).

212. Beperkingen van het gebruiksgebied kunnen een concurrentiebevorderend effect hebben doordat zij de licentiegever aanmoedigen zijn technologie in licentie te geven voor toepassingen die buiten zijn voornaamste aandachtsgebied vallen. Indien de licentiegever de licentienemers niet zou kunnen verhinderen om actief te worden in gebieden waarin hij de technologie zelf exploiteert of in gebieden waar de waarde van de technologie nog niet is vastgesteld, zou dit waarschijnlijk voor hem een reden zijn om geen licentie te verlenen of om een hogere royalty te bedingen. Verder moet er rekening mee worden gehouden dat in sommige sectoren licenties dikwijls worden gebruikt om de vrijheid van ontwerp te waarborgen doordat inbreukvorderingen worden vermeden. Binnen de werkingssfeer van de licentie kan de licentienemer zijn eigen technologie ontwikkelen zonder inbreukinvorderingen door de licentiegever te hoeven vrezen.

213. Beperkingen van het gebruiksgebied die aan licentienemers worden opgelegd in overeenkomsten tussen daadwerkelijke of potentiële concurrenten zijn vrijgesteld beneden de marktaandeeldrempel van 20 %. Het belangrijkste bezwaar van dergelijke beperkingen uit mededingingsoogpunt is het risico dat de licentienemer ophoudt een bron van concurrentie te zijn buiten het gebruiksgebied van de in licentie gegeven technologie. Dit risico is het grootst bij wederzijdse licenties tussen concurrenten waarbij de overeenkomst asymmetrische beperkingen van het gebruiksgebied omvat. Een beperking van een gebruiksgebied is asymmetrisch wanneer de ene partij de in licentie gegeven technologie binnen een industriële sector, productmarkt of technisch gebruiksgebied mag exploiteren en de andere partij de andere in licentie gegeven technologie mag gebruiken in een andere industriële sector, een andere productmarkt of een ander technisch gebruiksgebied. Er kunnen met name mededingingsbezwaren rijzen wanneer de productiefaciliteit van de licentienemer, die is aangepast voor het gebruik van de in licentie gegeven technologie, ook wordt gebruikt voor het vervaardigen, met zijn eigen technologie, van producten buiten het gebruiksgebied waarvoor de licentie geldt.

Indien de overeenkomst er waarschijnlijk toe leidt dat de licentienemer zijn productie vermindert buiten het gebruiksgebied waarvoor de licentie geldt, valt zij doorgaans onder artikel 101, lid 1. Symmetrische beperkingen van het gebruiksgebied, d.w.z. overeenkomsten waarbij de partijen elkaars technologie in hetzelfde gebruiksgebied/dezelfde gebruiksgebieden mogen exploiteren, vallen doorgaans niet onder artikel 101, lid 1, van het Verdrag. Deze overeenkomsten zullen de mededinging die zonder de overeenkomst zou bestaan, vermoedelijk niet beperken. Verder is het onwaarschijnlijk dat artikel 101, lid 1, van toepassing is op overeenkomsten die de licentienemer enkel in staat stellen zijn eigen technologie te ontwikkelen en te exploiteren binnen het toepassingsgebied van de licentie, zonder inbreukvorderingen van de licentiegever te hoeven vrezen. In dergelijke gevallen vormen beperkingen van het gebruiksgebied als zodanig geen beperking van de mededinging die zonder de overeenkomst bestond. Zonder de overeenkomst zou de licentienemer ook het risico lopen van inbreukvorderingen buiten het gebruiksgebied waarvoor de licentie geldt. Indien de licentienemer evenwel zonder zakelijke rechtvaardiging zijn activiteiten in het gebied buiten het gebruiksgebied waarop de licentie van toepassing is, beëindigt of vermindert, kan dit een aanwijzing zijn voor een onderliggende marktverdelingsregeling die een hardcorebeperking vormt ingevolge artikel 4, lid 1, onder c), van de GVTO.

214. Beperkingen van het gebruiksgebied die aan licentienemers en licentiegevers worden opgelegd in overeenkomsten tussen niet-concurrenten vallen onder de groepsvrijstelling beneden een marktaandeeldrempel van 30 %. Beperkingen van het gebruiksgebied in overeenkomsten tussen niet-concurrenten, waarbij de licentiegever een of meer productmarkten of technische gebruiksgebieden voor zichzelf reserveert, zijn over het algemeen ofwel niet-concurrentiebeperkend, ofwel efficiëntiebevorderend. Zij bevorderen de verspreiding van nieuwe technologie door de licentiegever een prikkel te geven om licenties te verlenen voor exploitatie in gebieden waarin hij de technologie niet zelf wil exploiteren. Indien de licentiegever de licentienemers niet zou kunnen verhinderen actief te worden in gebieden waarin hij de technologie zelf exploiteert, zou dit voor hem waarschijnlijk een reden zijn om geen licenties te verlenen.

215. In overeenkomsten tussen niet-concurrenten heeft de licentiegever normaliter ook het recht om aan verschillende licentienemers *sole licences* of exclusieve licenties te verlenen die beperkt zijn tot één of meer gebruiksgebieden. Dergelijke beperkingen verminderen de intratechnologieconcurrentie tussen licentienemers op dezelfde wijze als exclusieve licenties, en worden op dezelfde wijze onderzocht (zie 4.2.2.1).

4.2.5 Beperkingen tot eigen gebruik

216. Een beperking tot eigen gebruik kan worden gedefinieerd als een verplichting die aan de licentienemer wordt opgelegd om zijn productie van het in licentie vervaardigde product te beperken tot de hoeveelheden die vereist zijn voor de vervaardiging van zijn eigen producten en voor onderhoud en reparatie van zijn eigen producten. Dit soort beperking van het gebruik neemt met andere woorden de vorm aan van een verplichting voor de licentienemer om de producten waarin de in licentie gegeven technologie is verwerkt uitsluitend te gebruiken voor verwerking in zijn eigen productie; zij geldt niet voor de verkoop van het in licentie vervaardigde product voor verwerking in de producten van andere producenten. Beperkingen tot eigen gebruik vallen onder de groepsvrijstelling zolang de respectieve marktaandeeldrempels van 20 % en 30 % niet worden overschreden. Buiten de werkingssfeer van de groepsvrijstelling moeten de concurrentiebevorderende en concurrentieverstorende effecten van de beperking worden onderzocht. In dit verband moeten overeenkomsten tussen concurrenten worden onderscheiden van overeenkomsten tussen niet-concurrenten.

217. Bij licentieovereenkomsten tussen concurrenten verhindert een beperking die aan de licentienemer de verplichting oplegt producten in licentie alleen te vervaardigen voor verwerking in zijn eigen producten, dat hij bestanddelen aan andere producenten levert. Indien de licentienemer vóór het sluiten van de overeenkomst geen daadwerkelijke of potentiële leverancier van bestanddelen aan andere producenten was, verandert de beperking tot eigen gebruik niets ten opzichte van de reeds bestaande toestand. In dat geval wordt de beperking op dezelfde wijze beoordeeld als bij overeenkomsten tussen niet-concurrenten. Indien de licentienemer daarentegen een daadwerkelijke of potentiële leverancier van onderdelen is, moet worden onderzocht wat het effect van de overeenkomst op die activiteit is. Indien de licentienemer, door zijn productiefaciliteiten af te stemmen op het gebruik van de technologie van de licentiegever, ophoudt zijn eigen technologie op zelfstandige basis te gebruiken en aldus een leverancier van onderdelen te zijn, beperkt de overeenkomst de mededinging die vóór de overeenkomst bestond. Dit kan op de markt ernstige negatieve effecten hebben wanneer de licentiegever een aanzienlijke mate van marktmacht op de markt voor bestanddelen heeft.

218. Bij licentieovereenkomsten tussen niet-concurrenten zijn er twee belangrijke risico's voor de concurrentie verbonden aan beperkingen tot eigen gebruik: een beperking van de intratechnologieconcurrentie op de markt voor de levering van inputs, en de uitsluiting van arbitrage tussen licentienemers, hetgeen het de licentiegever gemakkelijker maakt discriminerende royalty's op te leggen aan licentienemers.

219. Beperkingen tot eigen gebruik kunnen echter ook concurrentiebevorderende licenties in de hand werken. Indien de licentiegever een leverancier van bestanddelen is, kan de beperking noodzakelijk zijn om te komen tot verspreiding van de technologie tussen niet-concurrenten. Zonder de beperking zal de licentiegever eventueel geen licentie verlenen of uitsluitend tegen hogere royalty's, omdat hij anders rechtstreekse concurrentie voor zichzelf op de bestanddelenmarkt in het leven zou roepen. In dergelijke gevallen is een beperking tot eigen gebruik gewoonlijk niet concurrentiebeperkend of valt zij onder artikel 101, lid 3, van het Verdrag. De licentienemer mag evenwel niet worden beperkt in de verkoop van het in licentie gegeven product als reserveonderdelen voor zijn eigen producten. De licentienemer moet klantenservice na verkoop voor zijn eigen producten kunnen aanbieden, ook via onafhankelijke serviceorganisaties die onderhoud en reparaties verrichten voor de door hem geproduceerde producten.

220. Wanneer de licentiegever geen leverancier van bestanddelen is op de relevante productmarkt, is de bovengenoemde reden voor het opleggen van beperkingen tot eigen gebruik niet voorhanden. In dat geval kan een beperking tot eigen gebruik in principe de verspreiding van de technologie bevorderen doordat zij voorkomt dat de licentienemers verkopen aan producenten die met de licentiegever concurreren op andere productmarkten. Het opleggen van een beperking aan de licentienemer om niet te verkopen aan bepaalde klantenkringen die aan de licentiegever zijn voorbehouden, vormt echter doorgaans een minder beperkend alternatief. Bijgevolg is in dergelijke gevallen een beperking tot eigen gebruik doorgaans niet noodzakelijk voor de verspreiding van de technologie.

4.2.6 Koppelverkoop en bundeling

221. In het kader van de licentiëring van technologie vindt koppelverkoop plaats wanneer de licentiegever het verlenen van een licentie op de ene technologie (het 'koppelende' product) afhankelijk maakt van de bereidheid van de licentienemer om ook een licentie te nemen op een andere technologie of om een product te kopen van de licentiegever of van iemand die door hem is aangewezen (het 'gekoppelde' product). Bundeling vindt plaats wanneer twee technologieën of een technologie en een product uitsluitend samen, als een bundel, worden verkocht. In beide gevallen geldt evenwel als voorwaarde dat de betrokken producten en technologieën onderscheiden zijn in die zin dat er een onderscheiden vraag bestaat naar elk van de producten en technologieën die deel uitmaken van het gekoppelde of gebundelde product. Dit is normaliter niet het geval wanneer de technologieën of producten noodzakelijkerwijs zodanig met elkaar verweven zijn dat de in licentie gegeven technologie niet kan worden geëxploiteerd zonder het gekoppelde product, of dat beide onderdelen van de bundel niet afzonderlijk kunnen worden geëxploiteerd. In het vervolg verwijst de term 'koppelverkoop' zowel naar het begrip 'koppelverkoop' als naar het begrip 'bundeling'.

222. Artikel 3 van de GVTO, dat de toepassing van de groepsvrijstelling afhankelijk maakt van marktaandeeldrempels, waarborgt dat koppelverkoop en bundeling niet onder de groepsvrijstelling vallen boven de marktaandeeldrempels van 20 % bij overeenkomsten tussen concurrenten en 30 % bij overeenkomsten tussen niet-concurrenten. De marktaandeeldrempels gelden voor elke relevante technologie- of productmarkt waarop de licentieovereenkomst betrekking heeft, met inbegrip van de markt voor het gekoppelde product. Boven de marktaandeeldrempels moeten de concurrentieverstorende en concurrentiebevorderende effecten van koppelverkoop tegen elkaar worden afgewogen.

223. Het belangrijkste beperkende effect van koppelverkoop is uitsluiting van concurrerende leveranciers van het gekoppelde product. Koppelverkoop kan de licentiegever tevens in staat stellen marktmacht op de markt voor het koppelende product te behouden, doordat nieuwkomers kunnen worden gedwongen verschillende markten tegelijkertijd te betreden en aldus de toetredingsdrempels worden verhoogd. Bovendien kan koppelverkoop de licentiegever in staat stellen de royalty's te verhogen, met name wanneer het koppelende en het gekoppelde product gedeeltelijk substitueerbaar zijn en de twee producten niet in vaste verhoudingen worden gebruikt. Koppelverkoop verhindert dat de licentienemer bij een verhoging van de royalty's voor het koppelende product overschakelt op vervangingsproducten. Deze concurrentiebezwaren gelden ongeacht of de partijen bij de overeenkomst concurrenten zijn of niet. Het risico op concurrentieverstorende effecten van koppelverkoop is slechts groot wanneer de licentiegever een aanzienlijke mate van marktmacht bezit op de markt voor het koppelende product, zodat hij de concurrentie met betrekking tot het gekoppelde product kan beperken. Zonder marktmacht op de markt voor het koppelende product kan de licentiegever zijn technologie niet gebruiken voor het concurrentieverstorende doel om leveranciers van de markt voor het gekoppelde product uit te sluiten. Net zoals bij niet-concurrentiebedingen moet de koppeling daarenboven een bepaald percentage van de markt voor het gekoppelde product bestrijken; zo niet zullen zich geen merkbare marktafschermingseffecten voordoen. Wanneer de licentiegever op de markt voor het gekoppelde product meer marktmacht bezit dan op de markt voor het koppelende product, wordt de beperking beschouwd als een niet-concurrentiebeding of als een afnamequotering, op grond van het feit dat een eventueel concurrentieprobleem zijn oorsprong vindt op de markt voor het 'gekoppelde' product en niet op de markt voor het 'koppelende' product [86].

224. Koppelverkoop kan ook leiden tot efficiëntieverbeteringen. Dit is bijvoorbeeld het geval wanneer het gekoppelde product noodzakelijk is voor een uit technisch oogpunt bevredigende exploitatie van de in licentie gegeven technologie of om te kunnen garanderen dat de in licentie vervaardigde producten voldoen aan de kwaliteitsnormen die door de licentiegever en andere licentienemers in acht worden genomen. In dergelijke gevallen is koppelverkoop normalerwijs ofwel niet-concurrentiebeperkend, ofwel gedekt door artikel 101, lid 3, van het Verdrag. Indien de licentienemers het handelsmerk of de merknaam van de licentiegever gebruiken of indien het anderszins voor de consument duidelijk is dat er een verband is tussen het product waarin de in licentie gegeven technologie is verwerkt en de licentiegever, heeft de licentiegever er een gewettigd belang bij dat wordt gegarandeerd dat de kwaliteit van de producten van dien aard is dat de waarde van zijn technologie of zijn reputatie als marktdeelnemer er niet door wordt ondermijnd. Bovendien is het, wanneer het de consumenten bekend is dat de licentienemers (en de licentiegever) op basis van dezelfde technologie produceren, onwaarschijnlijk dat licentienemers bereid zouden zijn een licentie te nemen tenzij de technologie door alle betrokkenen op bevredigende wijze wordt geëxploiteerd.

225. Koppelverkoop zal waarschijnlijk ook concurrentiebevorderend zijn wanneer het gekoppelde product de licentienemer in staat stelt om de in licentie gegeven technologie op aanzienlijk efficiëntere wijze te exploiteren. Wanneer de licentiegever bijvoorbeeld een bepaalde procestechnologie in licentie geeft, kunnen de partijen eveneens overeenkomen dat de licentienemer bij de licentiegever een katalysator koopt die is ontwikkeld voor gebruik met de in licentie gegeven technologie en die het mogelijk maakt die technologie efficiënter te exploiteren dan met andere katalysatoren het geval zou zijn. Wanneer in dergelijke gevallen de beperking onder het verbod van artikel 101, lid 1, valt, zal waarschijnlijk voldaan zijn aan de voorwaarden van artikel 101, lid 3, zelfs boven de marktaandeeldrempels.

4.2.7 Niet-concurrentiebedingen

226. Niet-concurrentiebedingen nemen in het kader van de licentiëring van technologie de vorm aan van een verplichting voor de licentienemer om geen technologieën van derden te gebruiken die met de in licentie gegeven technologie concurreren. Een niet-concurrentiebeding dat betrekking heeft op een product of een extra technologie die door de licentiegever wordt geleverd, is reeds besproken in 4.2.6 betreffende koppelverkoop.

227. De GVTO verleent vrijstelling voor niet-concurrentiebedingen, zowel in het kader van overeenkomsten tussen concurrenten als in het kader van overeenkomsten tussen niet-concurrenten, tot de marktaandeeldrempels van respectievelijk 20 % en 30 %.

228. Het belangrijkste gevaar voor de mededinging dat niet-concurrentiebedingen opleveren, is de uitsluiting van technologieën van derden. Daarnaast kunnen niet-concurrentiebedingen collusie tussen licentiegevers vergemakkelijken wanneer meerdere licentiegevers een dergelijk beding in verschillende overeenkomsten gebruiken (dit is het geval bij cumulatief gebruik). De uitsluiting van concurrerende technologieën vermindert de concurrentiedruk op de royalty's die worden berekend door de licentiegever

---

(86) Voor het toepasselijke beoordelingskader, zie deel 4.2.7 en punt 129 e.v. van de Richtsnoeren inzake verticale beperkingen, reeds aangehaald in voetnoot 2 in deel 3.2.6.2.

en vermindert de concurrentie tussen de gevestigde technologieën doordat de mogelijkheden voor licentienemers om over te schakelen tussen concurrerende technologieën worden beperkt. Aangezien uitsluiting in beide gevallen het hoofdprobleem is, kan in het algemeen dezelfde analyse worden gemaakt in het geval van overeenkomsten tussen concurrenten en overeenkomsten tussen niet-concurrenten. Bij wederzijdse licenties tussen concurrenten waarbij beiden ermee instemmen geen technologieën van derden te gebruiken, kan de overeenkomst evenwel collusie tussen hen op de productmarkt vergemakkelijken, hetgeen de lagere marktaandeeldrempel van 20 % rechtvaardigt.

229. Marktafscherming kan zich voordoen wanneer een aanzienlijk deel van de potentiële licentienemers reeds gebonden zijn aan één of, in het geval van cumulatieve effecten, meer bronnen van technologie en het hen onmogelijk wordt gemaakt concurrerende technologieën te exploiteren. Marktafschermingseffecten kunnen het gevolg zijn van overeenkomsten die zijn gesloten door een enkele licentiegever met een aanzienlijke mate van marktmacht, of van het cumulatieve effect van overeenkomsten die door meerdere licentiegevers zijn gesloten, zelfs wanneer elke individuele overeenkomst of elk netwerk van overeenkomsten op zichzelf onder de GVTO valt. In het laatste geval zal een ernstig cumulatief effect zich echter waarschijnlijk niet voordoen zolang minder dan 50 % van de markt gebonden is. Boven die drempel is een aanzienlijke mate van marktafscherming waarschijnlijk wanneer er relatief hoge toetredingsdrempels voor nieuwe licentienemers bestaan. Indien de toetredingsdrempels laag zijn, kunnen nieuwe licentienemers de markt betreden en commercieel aantrekkelijke technologieën van derden exploiteren; zo kunnen zij een reëel alternatief vormen voor de gevestigde licentienemers. Om te bepalen hoe reëel de toetredings- en groeikansen van derden zijn, moet tevens rekening worden gehouden met de mate waarin de distributeurs door niet-concurrentiebedingen gebonden zijn aan licentienemers. Voor technologieën van derden bestaat slechts een reële toetredingsmogelijkheid indien zij toegang hebben tot de noodzakelijke productiemiddelen en distributiekanalen. Het gemak van de toegang hangt met andere woorden niet alleen af van de beschikbaarheid van licentienemers, maar ook van de mate waarin zij toegang hebben tot distributie. Bij het toetsen van de afschermingseffecten op distributieniveau zal de Commissie het beoordelingskader toepassen dat is uiteengezet onder VI.2.1 van de richtsnoeren inzake verticale beperkingen [87].

230. Wanneer de licentiegever een aanzienlijke mate van marktmacht bezit, kunnen verplichtingen die aan licentienemers worden opgelegd om de technologie uitsluitend van de licentiegever te betrekken, leiden tot aanzienlijke marktafschermingseffecten. Hoe sterker de marktpositie van de licentiegever, hoe groter het risico op uitsluiting van concurrerende technologieën. Om tot merkbare marktafschermingseffecten te leiden, is het niet noodzakelijk dat de niet-concurrentiebedingen betrekking hebben op een groot deel van de markt. Zelfs zonder een groot marktbereik kunnen aanzienlijke marktafschermingseffecten zich voordoen wanneer de niet-concurrentiebedingen gericht zijn op ondernemingen die het meest in aanmerking komen om concurrerende technologieën in licentie te nemen. Het risico op marktafscherming is bijzonder groot wanneer er slechts een beperkt aantal potentiële licentienemers zijn en de licentieovereenkomst betrekking heeft op een technologie die door de licentienemers wordt gebruikt om een input voor hun eigen gebruik te maken. In dat geval is de toetredingsdrempel voor een nieuwe licentiegever waarschijnlijk hoog. Marktafscherming is doorgaans minder waarschijnlijk

---

(87) Vgl. voetnoot 2 in deel 3.2.6.2.

wanneer de technologie wordt gebruikt om een product te maken dat aan derden wordt verkocht. Hoewel in dat geval de beperking tevens productiecapaciteit bindt voor de betrokken input, bindt deze de downstreamvraag van de licentienemers niet. Om in dit laatste geval de markt te betreden, dienen licentiegevers alleen toegang te hebben tot een of meer licentienemer(s) die over de juiste productiecapaciteit beschikken. Tenzij slechts enkele ondernemingen de productiemiddelen bezitten of kunnen verkrijgen die vereist zijn om in licentie te produceren, is het onwaarschijnlijk dat de licentiegever door het opleggen van niet-concurrentiebedingen aan zijn licentienemers concurrenten de toegang tot efficiënte licentienemers zou kunnen ontzeggen.

231. Niet-concurrentiebedingen kunnen ook concurrentiebevorderende effecten hebben. Om te beginnen kunnen dergelijke verplichtingen de verspreiding van technologie bevorderen door het risico op misbruik van de in licentie gegeven technologie, met name knowhow, te verminderen. Indien de licentienemer het recht heeft om concurrerende technologieën van derden in licentie te nemen, bestaat het risico dat specifiek in licentie gegeven knowhow zou worden gebruikt bij de exploitatie van concurrerende technologieën en zo de concurrenten ten goede zou komen. Wanneer een licentienemer ook concurrerende technologieën exploiteert, maakt dit gewoonlijk ook het toezicht op royaltybetalingen moeilijker, hetgeen licentiëring kan ontmoedigen.

232. In de tweede plaats kunnen niet-concurrentiebedingen, eventueel in combinatie met een exclusief gebied, noodzakelijk zijn om de licentienemer te stimuleren om in de in licentie gegeven technologie te investeren en deze doelmatig te exploiteren. Wanneer de overeenkomst onder artikel 101, lid 1, van het Verdrag valt vanwege een aanzienlijk marktafschermingseffect kan het, om gebruik te kunnen maken van artikel 101, lid 3, noodzakelijk zijn om een minder beperkend alternatief te kiezen, zoals bijvoorbeeld het opleggen van minimumverplichtingen op het gebied van productie of royalty's, welke doorgaans minder gemakkelijk tot uitsluiting van concurrerende technologieën zullen leiden.

233. In de derde plaats kunnen, wanneer de licentiegever zich ertoe verbindt aanzienlijke klantgebonden investeringen te doen, bijvoorbeeld in opleiding of in het aanpassen van de in licentie gegeven technologie aan de behoeften van de licentienemer, niet-concurrentiebedingen of anders minimumverplichtingen op het gebied van productie of royalty's noodzakelijk zijn om de licentiegever ertoe te brengen de investering te doen en *hold-up*problemen te vermijden. In de regel zal de licentiegever voor die investeringen echter rechtstreeks kunnen doen betalen in de vorm van een bedrag ineens, hetgeen betekent dat minder beperkende alternatieven voorhanden zijn.

4.3 Schikkingen

234. Het verlenen van licenties voor technologierechten in schikkingen kan dienen als middel om geschillen minnelijk te regelen of om te voorkomen dat de ene partij haar intellectuele-eigendomsrechten uitoefent om de andere te verhinderen haar eigen technologierechten te exploiteren[88].

235. Schikkingen in het kader van technologiegeschillen zijn in beginsel, zoals het geval is bij vele andere soorten handelsconflicten, een legitieme wijze om bij een bonafide juridisch geschil een voor beide partijen aanvaardbaar compromis te bereiken. De partijen

---

(88) De GVTO en deze richtsnoeren laten de toepassing van artikel 101 op schikkingen die geen licentieovereenkomst bevatten onverlet.

kunnen er de voorkeur aan geven het geschil of het proces stop te zetten vanwege de hoge kosten, de tijdrovendheid en/of de onzekere uitkomst ervan. Schikkingen kunnen rechtbanken en/of bevoegde administratieve instanties eveneens de moeite besparen om de zaak te behandelen, wat een welvaartsverhogend effect heeft. Anderzijds is het in het algemeen belang om ongeldige intellectuele-eigendomsrechten in te trekken omdat zij onrechtmatige belemmeringen voor innovatie en economische activiteit vormen [89].

236. Het verlenen van licenties, met inbegrip van het wederzijds verlenen van licenties in het kader van schikkingen, is in de regel als zodanig niet-concurrentiebeperkend, aangezien het de partijen de mogelijkheid biedt hun technologieën te exploiteren nadat de overeenkomst is gesloten. Wanneer het, bij ontstentenis van de licentie, mogelijk is dat de licentienemer van de markt wordt uitgesloten, valt de toegang voor de licentienemer tot de technologie in kwestie via een schikking over het algemeen niet onder artikel 101, lid 1.

237. De specifieke bepalingen en voorwaarden van schikkingen kunnen echter onder artikel 101, lid 1, vallen. Het verlenen van licenties in het kader van schikkingen wordt op dezelfde wijze behandeld als andere licentieovereenkomsten [90]. In dergelijke gevallen is het in het bijzonder noodzakelijk om te beoordelen of de partijen potentiële of daadwerkelijke concurrenten zijn.

Beperking tegen betaling bij schikkingen

238. Schikkingen van het type 'beperking tegen betaling' (*pay-for-restriction*) of 'uitstel tegen betaling' (*pay-for-delay*) brengen vaak geen overdracht van technologierechten met zich, maar zijn gebaseerd op een waardeoverdracht van de ene partij in ruil voor een beperking van de toegang tot en/of de expansie op de markt van de andere partij, en kunnen onder artikel 101, lid 1, vallen [91].

239. Indien een dergelijke schikking echter ook een licentie van de bij het onderliggende geschil betrokken technologierechten inhoudt en leidt tot een vertraagde of anderszins beperkte mogelijkheid voor de licentienemer om het product op een van de betrokken markten te lanceren, kan de schikking onder artikel 101, lid 1, vallen en zou deze dan in het bijzonder in het licht van artikel 4, lid 1, onder c), en artikel 4, lid 1, onder d), van de GVTO moeten worden onderzocht (zie punt 3.4.2). Wanneer de partijen bij een dergelijke schikking daadwerkelijke of potentiële concurrenten zijn en er sprake was van een aanzienlijke waardeoverdracht van de licentiegever naar de licentienemer zal de Commissie bijzondere aandacht besteden aan het risico op toewijzing/verdeling van de markt.

Wederzijdse licenties bij schikkingen

240. Schikkingen waarbij de partijen elkaar wederzijds licenties verlenen en beperkingen opleggen met betrekking tot het gebruik van hun technologieën, inclusief beperkingen op het in licentie geven ervan aan derden, kunnen onder artikel 101, lid 1, van het Verdrag vallen. Wanneer de partijen een aanzienlijke mate van marktmacht bezitten en de overeenkomst beperkingen oplegt die duidelijk verder gaan dan hetgeen nodig is om een blokkeringspositie op te heffen, zal de overeenkomst vermoedelijk onder artikel 101, lid 1 vallen, zelfs indien er waarschijnlijk sprake is van een wederzijdse blokkeringspositie. Artikel 101, lid 1, zal met name naar alle waarschijnlijkheid van toepassing zijn wan-

---

(89) Zie arrest van het Hof van 25 februari 1986 in zaak 193/83, Windsurfing International Inc./Commissie, Jurispr. 1986, blz. 611, punt 92.

(90) Zie arrest van het Hof van 27 september 1988 in zaak 65/86, Bayer AG en Maschinenfabrik Hennecke GmbH/Heinz Süllhöfer, Jurispr. 1988, blz. 5249, punt 15.

(91) Zie bijvoorbeeld het besluit van de Commissie in de zaak Lundbeck, nog niet gepubliceerd.

neer de partijen markten verdelen of wederkerige *running* royalty's vaststellen die een aanzienlijke invloed op de marktprijzen hebben.

241. Wanneer de partijen krachtens de schikking gerechtigd zijn elkaars technologie te gebruiken en de overeenkomst ook betrekking heeft op toekomstige ontwikkelingen, moet worden beoordeeld wat de invloed van de overeenkomst is op de prikkel voor de partijen om te innoveren. Wanneer de partijen een behoorlijke mate van marktmacht bezitten, zal de overeenkomst waarschijnlijk onder artikel 101, lid 1, van het Verdrag vallen wanneer zij de partijen verhindert een concurrentievoorsprong ten opzichte van elkaar te behalen. Overeenkomsten die de mogelijkheden van een partij om een concurrentievoorsprong ten opzichte van de ander te behalen wegnemen of in aanzienlijke mate beperken, verminderen de prikkel om te innoveren en hebben daarom een schadelijke invloed op een wezenlijk deel van het mededingingsproces. Daarnaast is het onwaarschijnlijk dat dergelijke overeenkomsten aan de voorwaarden van artikel 101, lid 3, voldoen. Het is met name onwaarschijnlijk dat de beperking als onmisbaar kan worden beschouwd in de zin van de derde voorwaarde van artikel 101, lid 3. Voor het bereiken van het doel van de overeenkomst, namelijk ervoor te zorgen dat de partijen hun eigen technologie kunnen blijven exploiteren zonder geblokkeerd te worden door de andere partij, is het niet vereist dat de partijen overeenkomen toekomstige innovaties met elkaar te delen. Het is echter onwaarschijnlijk dat de partijen worden verhinderd om een concurrentievoorsprong op de ander te behalen wanneer het doel van de licentie is hen in staat te stellen hun respectievelijke technologieën te ontwikkelen en zij als gevolg van de licentie niet van dezelfde technologische oplossingen gebruikmaken. Deze overeenkomsten brengen slechts vrijheid van ontwerp tot stand door toekomstige inbreukvorderingen van de andere partij uit te sluiten.

Niet-aanvechtingsclausules in schikkingen

242. In het kader van een schikking worden niet-aanvechtingsclausules over het algemeen geacht buiten de toepassing van artikel 101, lid 1, van het Verdrag te vallen. Het is eigen aan dergelijke overeenkomsten dat de partijen overeenkomen achteraf niet de intellectuele-eigendomsrechten aan te vechten die de kern van het geschil vormden. Het is inderdaad het wezenlijke doel van de overeenkomst bestaande geschillen te beslechten en/of toekomstige geschillen te voorkomen.

243. Niet-aanvechtingsbedingen in schikkingen kunnen in bepaalde omstandigheden echter concurrentiebeperkend zijn en onder artikel 101, lid 1, van het Verdrag vallen. De beperking van de vrijheid om een intellectueel-eigendomsrecht aan te vechten, maakt geen deel uit van het specifieke voorwerp van een intellectueel-eigendomsrecht en kan de mededinging beperken. Een niet-aanvechtingsclausule kan bijvoorbeeld in strijd zijn met artikel 101, lid 1, wanneer een intellectuele-eigendomsrecht was verleend na het verstrekken van onjuiste of misleidende informatie [92]. Nauwlettender onderzoek van dergelijke bedingen kan ook nodig zijn indien de licentiegever, naast het in licentie geven van de technologierechten, de licentienemer met financiële prikkels of anderszins overhaalt om de geldigheid van de technologierechten niet aan te vechten of indien de technologierechten een noodzakelijke input zijn voor de productie van de licentienemer (zie ook punt 136).

---

[92] Arrest van het Hof van 6 december 2012 in zaak C-457/10 P, AstraZeneca AB en AstraZeneca plc/Commissie, Jurispr. 2012, nog niet gepubliceerd.

4.4 Technologiepools

244. Technologiepools worden gedefinieerd als regelingen waarbij twee of meer partijen een pakket technologie samenstellen dat niet alleen aan de deelnemers aan de pool, maar ook aan derden in licentie wordt gegeven. Wat hun structuur betreft, kunnen technologiepools de vorm aannemen van gewone overeenkomsten tussen een beperkt aantal partijen, maar ook van ingewikkelde organisatorische regelingen waarbij de organisatie van de licentiëring van de gepoolde technologieën wordt toevertrouwd aan een afzonderlijke entiteit. In beide gevallen kan de pool licentienemers de mogelijkheid bieden op de markt actief te zijn op basis van een enkele licentie.

245. Er is geen noodzakelijk verband tussen technologiepools en normen, maar vaak ondersteunen de technologieën in de pool, geheel of gedeeltelijk, een feitelijke of wettelijke industrienorm [93]. Verschillende technologiepools kunnen concurrerende normen ondersteunen [94]. Technologiepools kunnen concurrentiebevorderende effecten hebben, met name door het beperken van de transactiekosten en het stellen van een bovengrens aan cumulatieve royalty's om dubbele marginalisatie te voorkomen. De oprichting van een pool maakt *one-stop* licentiëring van de in de pool opgenomen technologieën mogelijk. Dit is met name van belang in sectoren waar intellectuele-eigendomsrechten een grote rol spelen en waar van een aanzienlijk aantal licentiegevers licenties moeten worden verkregen om op de markt actief te kunnen zijn. Wanneer de licentienemers voortdurende service ontvangen met betrekking tot de toepassing van de in licentie gegeven technologie, kan gezamenlijke licentiëring en dienstverlening leiden tot een verdere vermindering van de kosten. Octrooipools kunnen eveneens een positieve rol spelen bij de toepassing van concurrentiebevorderende normen.

246. Technologiepools kunnen ook concurrentiebeperkend zijn. De oprichting van een technologiepool houdt noodzakelijkerwijs in dat de gepoolde technologieën gezamenlijk worden verkocht, wat in het geval van pools die uitsluitend of in hoofdzaak bestaan uit vervangingstechnologieën neerkomt op een prijsbindingskartel. Behalve dat zij de mededinging tussen de partijen beperken, kunnen technologiepools daarenboven, met name wanneer zij een industrienorm ondersteunen of een feitelijke industrienorm tot stand brengen, ook tot vermindering van innovatie leiden door alternatieve technologieën uit te sluiten. Het bestaan van de norm en een daarmee verbonden technologiepool kan het voor nieuwe en verbeterde technologieën moeilijk maken een plaats op de markt te veroveren.

247. Overeenkomsten betreffende de oprichting van technologiepools waarin de voorwaarden voor het functioneren ervan worden vastgelegd, vallen – ongeacht het aantal partijen – niet onder de groepsvrijstelling, aangezien de overeenkomst om de pool op te richten een bepaalde licentienemer niet de toestemming geeft om contractproducten te vervaardigen (zie onder 3.2.4). Op dergelijke overeenkomsten zijn alleen deze richtsnoeren van toepassing. Poolingovereenkomsten stellen een aantal specifieke vraagstukken aan de orde in verband met de keuze van de erin opgenomen technologieën en het

---

(93) Met betrekking tot de behandeling van normen en de behandeling van standaardiseringsovereenkomsten, zie de horizontale richtsnoeren, punt 257 e.v., reeds aangehaald in voetnoot 4 in deel 2.3.
(94) Zie in dit verband het persbericht van de Commissie IP/02/1651 betreffende de licentiëring van octrooien voor de derde generatie (3G) mobiele telefoondiensten. Bij die zaak waren vijf technologiepools betrokken, die vijf verschillende technologieën hebben ontwikkeld, die elk zouden kunnen worden gebruikt voor de productie van 3G-apparatuur.

functioneren van de pool, die in het kader van andere soorten licentieovereenkomsten geen rol spelen. Licentiëring vanuit de pool is over het algemeen een multilaterale overeenkomst omdat de deelnemers de voorwaarden hiervoor gezamenlijk vaststellen, en valt daarom niet onder de groepsvrijstelling. Licentiëring vanuit de pool wordt besproken in punt 261 en in 4.4.2.

4.4.1 Beoordeling van de oprichting en exploitatie van technologiepools

248. De wijze waarop een technologiepool wordt gevormd, georganiseerd en geëxploiteerd, kan het risico verminderen dat deze ten doel of ten gevolge heeft de mededinging te beperken en kan de garantie bieden dat de regeling concurrentiebevorderend is. Bij het beoordelen van de mogelijke risico's voor de mededinging en efficiëntieverbeteringen zal de Commissie onder meer rekening houden met de transparantie bij de totstandbrenging van de pool en de selectie en de aard van de gepoolde technologieën, waaronder de mate waarin onafhankelijke deskundigen betrokken zijn bij de oprichting en de exploitatie van de pool, en zal zij nagaan of er beschermingsmaatregelen tegen het uitwisselen van gevoelige informatie en onafhankelijke mechanismen voor geschillenbeslechting zijn vastgesteld.

Open deelname
249. Wanneer deelname aan de totstandbrenging van normen en pools openstaat voor alle belanghebbenden is de kans groter dat de technologieën die worden opgenomen in de pool worden gekozen op grond van prijs-kwaliteitoverwegingen dan wanneer de pool wordt opgezet door een beperkte groep technologiebezitters.

Selectie en aard van de gepoolde technologieën
250. De risico's voor de mededinging en de mogelijkheden tot efficiëntieverbetering die aan technologiepools verbonden zijn, hangen in ruime mate af van de betrekkingen tussen de gepoolde technologieën onderling en met technologieën buiten de pool. Daarbij moet een fundamenteel onderscheid worden gemaakt tussen a) complementaire technologieën en vervangingstechnologieën enerzijds, en b) essentiële en niet-essentiële technologieën anderzijds.

251. Twee technologieën zijn complementair en geen vervangingstechnologieën, wanneer beide technologieën vereist zijn om het product te vervaardigen of het procedé uit te voeren waarop de technologieën betrekking hebben. Omgekeerd zijn twee technologieën substituten van elkaar wanneer de bezitter ervan met een van de technologieën het product kan vervaardigen of het procedé kan uitvoeren waarop de technologieën betrekking hebben.

252. Een technologie kan essentieel zijn ofwel om a) een bepaald product te vervaardigen of een bepaald procedé uit te voeren waarop de technologieën betrekking hebben, ofwel om b) een dergelijk product te vervaardigen of een dergelijk procedé uit te voeren in overeenstemming met een norm die de gepoolde technologieën omvat. In het eerste geval is een technologie essentieel (en in het omgekeerde geval niet-essentieel) indien er binnen of buiten de pool geen levensvatbare substituten (zowel commercieel als technisch gezien) voor die technologie zijn en de betrokken technologie een noodzakelijk onderdeel van het pakket technologieën vormt met het oog op de vervaardiging van het product of de producten dan wel de uitvoering van het procedé of de procedés waarop de pool betrekking heeft. In het tweede geval is een technologie essentieel indien deze een noodzakelijk onderdeel (dat wil zeggen dat er geen goede vervangproducten zijn) van de gepoolde technologieën vormt die nodig zijn om te voldoen aan de door de pool ondersteunde norm (voor de essentiële standaardtechnologieën). Technologieën die essentieel zijn, zijn noodzakelijkerwijs ook complementair. Het feit dat de eigenaar van een technologie verklaart dat deze technologie essentieel is, betekent niet dat een dergelijke technologie essentieel is volgens de in dit punt beschreven criteria.

253. Wanneer de technologieën in een pool vervangingstechnologieën zijn, zullen de royalty's waarschijnlijk hoger liggen dan anders het geval zou zijn, omdat de licentienemers geen profijt trekken van de rivaliteit tussen de betrokken technologieën. Wanneer de technologieën in de pool complementair zijn, vermindert de technologiepool de transactiekosten en kan zij leiden tot lagere royalty's, omdat de partijen een gezamenlijke royalty kunnen vaststellen voor het pakket en niet iedere partij voor haar eigen technologie een royalty hoeft vast te stellen zonder rekening te houden met het feit dat een hogere royalty voor de ene technologie gewoonlijk de vraag naar complementaire technologieën zal verminderen. Wanneer royalty's voor complementaire technologieën individueel worden vastgesteld, kan het totaal van deze royalty's vaak meer bedragen dan wat gezamenlijk door een pool zou zijn vastgesteld voor het pakket met dezelfde complementaire technologieën. De beoordeling van de rol van vervangproducten buiten de pool wordt beschreven in punt 262.

254. Het onderscheid tussen complementaire technologieën en vervangingstechnologieën is niet steeds haarscherp te maken, aangezien technologieën gedeeltelijk substituten en gedeeltelijk complementair kunnen zijn. Wanneer het wegens de efficiëntieverbeteringen die voortvloeien uit de integratie van twee technologieën waarschijnlijk is dat de licentienemers voor beide technologieën een licentie zullen vragen, worden deze technologieën als complementair beschouwd, zelfs indien zij gedeeltelijk substituten zijn. In dergelijke gevallen is het waarschijnlijk dat de licentienemers zonder de pool beide technologieën in licentie zouden willen nemen wegens het bijkomende economische voordeel van het gebruik van beide technologieën in plaats van slechts één ervan. Zonder dergelijk op de vraag gebaseerd bewijsmateriaal over de complementariteit van de gepoolde technologieën is het een aanwijzing dat deze technologieën complementair zijn als i) de partijen die een technologie voor de pool leveren vrij blijven om hun technologie individueel in licentie te geven en ii) de pool bereid is om niet enkel het pakket technologieën van alle partijen in licentie te geven, maar daarnaast ook de technologie van elke partij afzonderlijk in licentie te geven, en iii) de royalty's die worden geheven wanneer afzonderlijke licenties voor alle gepoolde technologieën worden genomen in totaal niet meer bedragen dan de door de pool geheven royalty's voor het volledige pakket technologieën.

255. Het opnemen van vervangingstechnologieën in de pool beperkt over het algemeen de intertechnologieconcurrentie omdat dit op collectieve bundeling kan neerkomen en tot prijsbinding tussen concurrenten kan leiden. In het algemeen is de Commissie van oordeel dat het opnemen van belangrijke vervangingstechnologieën in de pool een inbreuk vormt op artikel 101, lid 1, van het Verdrag. De Commissie is tevens van oordeel dat het onwaarschijnlijk is dat aan de voorwaarden van artikel 101, lid 3, zal zijn voldaan wanneer de pools in belangrijke mate vervangingstechnologieën omvatten. Aangezien de betrokken technologieën alternatieven voor elkaar zijn, levert het opnemen van beide technologieën in de pool geen besparing van transactiekosten op. Zonder de pool zouden de licentienemers niet om beide technologieën gevraagd hebben. Om de mededingingsbezwaren te milderen, is het niet voldoende dat het de partijen vrij blijft staan onafhankelijk licenties te verlenen. De reden hiervoor is dat de partijen

waarschijnlijk niet erg geneigd zijn om onafhankelijk licenties te verlenen teneinde de licentiëringsactiviteiten van de pool, die hen in staat stellen gezamenlijk marktmacht uit te oefenen, niet te ondermijnen.

Selectie en taken van onafhankelijke deskundigen

256. Een andere relevante factor bij de beoordeling van de risico's voor de mededinging en de efficiëntieverbeteringen van de technologiepools is de mate waarin onafhankelijke deskundigen betrokken zijn bij de oprichting en de exploitatie van de pool. Zo is bijvoorbeeld de afweging of een technologie al dan niet essentieel is voor een door een pool ondersteunde norm vaak een complexe aangelegenheid die een bijzondere deskundigheid vereist. Het betrekken van onafhankelijke deskundigen bij de selectie kan van groot belang zijn om ervoor te zorgen dat een verbintenis om alleen essentiële technologieën op te nemen ook in de praktijk wordt waargemaakt. Wanneer de selectie van de in de pool op te nemen technologieën geschiedt door een onafhankelijke deskundige, kan dit eveneens de concurrentie tussen de beschikbare technologische oplossingen bevorderen.

257. De Commissie zal er rekening mee houden hoe de deskundigen worden gekozen en welke taken zij moeten vervullen. De deskundigen dienen onafhankelijk te zijn van de ondernemingen die de pool hebben gevormd. Indien de deskundigen verbonden zijn met de licentiegevers (of de licentiëringsactiviteiten van de pool) of anderszins van hen afhankelijk zijn, zal aan het betrekken van een deskundige bij de selectie minder belang worden gehecht. De deskundigen moeten tevens de noodzakelijke technische kennis bezitten om de diverse taken die hun zijn toevertrouwd te vervullen. De taken van onafhankelijke deskundigen kunnen met name betrekking hebben op de beoordeling van technologieën die voor opneming in de pool worden voorgesteld geldig zijn en of zij al dan niet essentieel zijn.

258. Ten slotte is elk eventueel systeem van geschillenbeslechting waarin de statuten van de pool voorzien relevant en moet hiermee rekening worden gehouden. Hoe meer geschillenbeslechting wordt overgelaten aan instanties of personen die onafhankelijk zijn van de pool en de leden daarvan, hoe waarschijnlijker het is dat de geschillenbeslechting op neutrale wijze zal verlopen.

Beschermingsmaatregelen tegen de uitwisseling van gevoelige informatie

259. Voorts is het relevant rekening te houden met de regelingen voor het uitwisselen van gevoelige informatie tussen de partijen [95]. Op oligopolistische markten kan de uitwisseling van gevoelige informatie over onderwerpen zoals prijs en omzet collusie vergemakkelijken [96]. In dergelijke gevallen zal de Commissie rekening houden met de mate waarin beschermingsmaatregelen zijn getroffen die ervoor zorgen dat gevoelige informatie niet wordt uitgewisseld. Een onafhankelijke deskundige of licentiëringsinstantie kan hierbij een belangrijke rol spelen door ervoor te zorgen dat productie- en omzetgegevens, die wellicht noodzakelijk zijn om de royalty's te berekenen en te controleren, niet worden bekendgemaakt aan ondernemingen die concurreren op de betrokken markten.

260. Bijzondere aandacht moet worden besteed aan het treffen van dergelijke beschermingsmaatregelen wanneer belanghebbende partijen gelijktijdig deelnemen aan activiteiten voor het vormen van pools met concurrerende normen en dit aanleiding kan geven tot het uitwisselen van gevoelige informatie tussen de concurrerende pools.

---

(95) Voor details inzake informatie-uitwisseling, zie de horizontale richtsnoeren, punt 55 e.v., reeds aangehaald in voetnoot 4 in deel 2.3.

(96) Zie in dit verband het arrest in de zaak John Deere, reeds aangehaald in voetnoot 1 in deel 2.2.

Veilige haven
261. De oprichting en de exploitatie van de pool, met inbegrip van licentiëring vanuit de pool, vallen in het algemeen buiten het toepassingsgebied van artikel 101, lid 1, van het Verdrag, ongeacht de marktpositie van de partijen, indien aan al de volgende voorwaarden is voldaan:
a) deelname aan het proces inzake de totstandbrenging van pools staat open voor alle betrokken eigenaren van technologierechten;
b) er zijn voldoende beschermingsmaatregelen genomen om te garanderen dat enkel essentiële technologieën (die daarom noodzakelijkerwijs ook complementair zijn) worden gepoold;
c) er zijn voldoende beschermingsmaatregelen genomen om te garanderen dat het uitwisselen van gevoelige informatie (zoals prijs en omzet) beperkt blijft tot wat noodzakelijk is voor het oprichten en exploiteren van de pool;
d) de gepoolde technologieën worden op niet-exclusieve basis aan de pool in licentie gegeven;
e) de gepoolde technologieën worden aan alle potentiële licentienemers onder FRAND [97] -voorwaarden in licentie gegeven;
f) het staat de partijen die met een technologie aan de pool bijdragen en de licentienemers vrij de geldigheid en de essentialiteit van de gepoolde technologieën aan te vechten; en
g) het blijft de partijen die met een technologie aan de pool bijdragen en de licentienemers geoorloofd concurrerende producten en technologieën te ontwikkelen.

Buiten de veilige haven
262. Wanneer belangrijke complementaire maar niet-essentiële octrooien in de pool zijn opgenomen, bestaat er een gevaar voor uitsluiting van technologieën van derden. Wanneer een technologie eenmaal is opgenomen in de pool en als een onderdeel van het pakket in licentie is gegeven, zullen de licentienemers waarschijnlijk niet erg geneigd zijn een licentie te nemen op een concurrerende technologie, aangezien de voor het pakket betaalde royalty reeds een vervangingstechnologie omvat. Het opnemen van technologieën die niet noodzakelijk zijn voor de vervaardiging van het product of de producten of voor de uitvoering van het procedé of de procedés waarop de technologiepool betrekking heeft, of om te voldoen aan de norm die de gepoolde technologie omvat, dwingt de licentienemers daarenboven te betalen voor een technologie die zij eventueel niet nodig hebben. Het opnemen van dergelijke complementaire technologie komt dus neer op collectieve bundeling. Wanneer een pool niet-essentiële technologieën omvat, zal de overeenkomst waarschijnlijk onder artikel 101, lid 1, vallen indien de pool een belangrijke positie bekleedt op een van de relevante markten.

263. Aangezien vervangingstechnologieën en complementaire technologieën na de oprichting van de pool kunnen worden ontwikkeld, betekent de oprichting van de pool niet noodzakelijk dat het niet meer nodig is de essentialiteit te beoordelen. Een technologie kan na de oprichting van de pool niet-essentieel worden als gevolg van de opkomst van nieuwe technologieën van derden. Wanneer het onder de aandacht van de pool wordt gebracht dat er een aanbod van en een vraag naar een dergelijke nieuwe technologie van derden is bij de licentienemers, kunnen afschermingseffecten worden vermeden door

---
(97) Voor details inzake FRAND, zie de horizontale richtsnoeren, punt 287 e.v., reeds aangehaald in voetnoot 4 in deel 2.3.

nieuwe en bestaande licentienemers een licentie aan te bieden zonder de technologie die niet langer essentieel is en tegen een dienovereenkomstig verlaagd royaltytarief. Er kunnen echter nog andere manieren zijn om ervoor te zorgen dat de technologieën van derden niet van de markt worden uitgesloten.

264. Bij haar algemene beoordeling van technologiepools die niet-essentiële maar complementaire technologieën omvatten, zal de Commissie in haar algehele beoordeling onder meer rekening houden met de volgende factoren:
a) zijn er concurrentiebevorderende redenen om de niet-essentiële technologieën op te nemen in de pool, zoals bijvoorbeeld de kosten voor het beoordelen of alle technologieën essentieel zijn, gezien het grote aantal technologieën?
b) blijft het de licentiegevers vrij staan hun respectieve technologieën onafhankelijk in licentie te geven? Wanneer de pool uit een beperkt aantal technologieën bestaat en er buiten de pool vervangingstechnologieën voorhanden zijn, kan het voor licentienemers wellicht wenselijk zijn zelf hun eigen technologiepakket samen te stellen, deels met technologieën die deel uitmaken van de pool en deels met technologieën van derden;
c) biedt de pool, wanneer de gepoolde technologieën verschillende toepassingen kennen en voor sommige daarvan niet alle gepoolde technologieën noodzakelijk zijn, de technologieën uitsluitend als één pakket aan of biedt hij verschillende pakketten voor onderscheiden toepassingen, die elk alleen die technologieën bevatten die relevant zijn voor de toepassing in kwestie? In het laatste geval worden technologieën die niet essentieel zijn voor een bepaald product of procedé niet gekoppeld aan essentiële technologieën;
d) zijn de gepoolde technologieën uitsluitend als een pakket verkrijgbaar of hebben licentienemers de mogelijkheid om een licentie te nemen op slechts een deel van het pakket met een dienovereenkomstige verlaging van royalty's? De mogelijkheid om een licentie te nemen op slechts een deel van het pakket kan het gevaar voor uitsluiting van technologieën van derden die niet tot de pool behoren, verminderen, met name indien de licentienemer een dienovereenkomstige verlaging van royalty's verkrijgt. Dit veronderstelt dat aan elke technologie in de pool een fractie van het totale royaltybedrag is toegewezen. Wanneer de licentieovereenkomsten tussen de pool en individuele licentienemers een relatief lange looptijd hebben en de gepoolde technologie een feitelijke industrienorm ondersteunt, moet er tevens rekening mee worden gehouden dat de pool de toegang tot de markt kan belemmeren voor nieuwe vervangingstechnologieën. Bij de beoordeling van het risico op marktafscherming dient in dergelijke gevallen rekening te worden gehouden met de vraag of de licentienemers al dan niet met een redelijke opzegtermijn een deel van de licentie kunnen opzeggen en een dienovereenkomstige verlaging van royalty's kunnen verkrijgen.

265. Zelfs concurrentiebeperkende overeenkomsten inzake technologiepools kunnen concurrentiebevorderende efficiëntieverbeteringen teweegbrengen (zie punt 245) die in het licht van artikel 101, lid 3, dienen te worden onderzocht en moeten worden afgewogen tegen de negatieve effecten voor de mededinging. Indien de technologiepool bijvoorbeeld niet-essentiële octrooien bevat, maar aan alle andere in punt 261 opgesomde criteria van de veilige haven heeft voldaan, indien er concurrentiebevorderende redenen zijn om niet-essentiële octrooien in de pool op te nemen (zie punt 264) en indien licentienemers de mogelijkheid hebben om een licentie te nemen op slechts een deel van het pakket met een dienovereenkomstige verlaging van royalty's (zie punt 264), zal waarschijnlijk voldaan zijn aan de voorwaarden van artikel 101, lid 3.

4.4.2 Beoordeling van individuele beperkingen in overeenkomsten tussen de pool en zijn licentienemers

266. Wanneer de overeenkomst voor het opzetten van een technologiepool niet in strijd is met artikel 101 van het Verdrag, moet als volgende stap de concurrentiële invloed van de door de pool goedgekeurde licenties op zijn licentienemers worden onderzocht. De voorwaarden waarop deze licenties worden verleend, kunnen onder artikel 101, lid 1, vallen. In dit deel wordt een aantal beperkingen behandeld die gewoonlijk in de één of andere vorm worden aangetroffen in licentieovereenkomsten van technologiepools en die in de algemene context van de pool dienen te worden beoordeeld. Gewoonlijk is de GVTO niet van toepassing op licentieovereenkomsten die worden gesloten tussen de pool en derden-licentienemers (zie punt 247). Hier wordt daarom ingegaan op de individuele beoordeling van licentievraagstukken die specifiek zijn voor licentiëring in de context van technologiepools.

267. Bij haar beoordeling van overeenkomsten inzake technologieoverdracht tussen de pool en zijn licentienemers zal de Commissie zich in hoofdzaak laten leiden door de volgende principes:
a) hoe sterker de marktpositie van de pool, des te groter het gevaar voor concurrentieverstorende effecten;
b) hoe sterker de marktpositie van de pool, hoe meer waarschijnlijk het is dat een besluit om niet te licentiëren aan alle potentiële licentienemers of het licentiëren op discriminerende voorwaarden in strijd zal zijn met artikel 101;
c) pools mogen zonder goede reden technologieën van derden niet uitsluiten van de markt en de oprichting van andere pools niet beperken;
d) de overeenkomsten inzake technologieoverdracht mogen geen van de in artikel 4 van de GVTO opgesomde hardcorebeperkingen bevatten (zie 3.4).

268. Ondernemingen die een technologiepool opzetten die verenigbaar is met artikel 101 van het Verdrag kunnen doorgaans vrijelijk, in onderling overleg, de royalty's voor het technologiepakket vaststellen (mits wordt voldaan aan de eventuele verbintenis om op eerlijke, redelijke en niet-discriminerende voorwaarden (FRAND) licenties te verlenen) en het aandeel van elke technologie in de royalty's bepalen, hetzij voordat de norm wordt vastgesteld, hetzij erna. Een overeenkomst daarover is een noodzakelijk aspect van het opzetten van de pool en kan op zichzelf niet als concurrentiebeperkend worden beschouwd. Het kan in sommige gevallen efficiënter zijn de royalty's van de pool te bepalen voordat de norm is gekozen, om te voorkomen dat de keuze van de norm tot een stijging van het tarief van de royalty's leidt doordat een of meer essentiële technologieën een aanzienlijke mate van marktmacht krijgen. De licentienemers moeten evenwel vrij blijven om de prijs van de in licentie vervaardigde producten te bepalen.

269. Wanneer de pool een machtspositie bekleedt op de markt, dienen de royalty's en andere licentievoorwaarden niet-buitensporig en niet-discriminerend te zijn en moeten de licenties niet-exclusief zijn [98]. Deze voorwaarden moeten vervuld zijn om te garanderen dat de pool open is en niet leidt tot marktafscherming en andere concurrentieverstorende

---
(98) Indien een technologiepool geen marktmacht heeft, zal licentiëring vanuit de pool doorgaans echter niet in strijd zijn met artikel 101, lid 1, zelfs niet indien niet aan deze voorwaarden is voldaan.

effecten op de downstreammarkten. Deze voorwaarden sluiten evenwel niet uit dat verschillende royaltytarieven kunnen gelden voor verschillende gebruiksdoeleinden. Het wordt in het algemeen niet als concurrentiebeperkend beschouwd om verschillende royaltytarieven toe te passen op verschillende productmarkten, hoewel er binnen productmarkten geen discriminatie mag zijn. Met name mogen licentienemers van de pool niet anders worden behandeld naargelang zij al dan niet zelf ook licentiegevers zijn. De Commissie zal dan ook in aanmerking nemen of licentiegevers en licentienemers dezelfde royalty's moeten betalen.

270. Het moet licentiegevers en licentienemers vrij staan concurrerende producten en normen te ontwikkelen. Het moet hen eveneens vrij staan licenties te verlenen en te verkrijgen buiten de pool. Deze eisen zijn noodzakelijk om het risico van uitsluiting van de technologieën van derden te beperken en te garanderen dat de pool de innovatie niet beperkt en de totstandkoming van concurrerende technologische oplossingen niet onmogelijk maakt. Wanneer gepoolde technologie in een (feitelijke) industrienorm is opgenomen en wanneer de partijen onderworpen zijn aan niet-concurrentiebedingen, bestaat met name het risico dat de pool de ontwikkeling van nieuwe en verbeterde technologieën en normen belemmert.

271. Grant-backverplichtingen dienen niet-exclusief te zijn en beperkt te blijven tot ontwikkelingen die essentieel of belangrijk zijn voor het gebruik van de gepoolde technologie. Zo kan de pool profiteren van verbeteringen in de gepoolde technologie en deze verbeteringen doorgeven. De partijen zijn gerechtigd er door middel van *grant-back*verplichtingen voor te zorgen dat de exploitatie van de gepoolde technologie niet kan worden tegengehouden door licentienemers, met inbegrip van toeleveranciers die onder de licentie van de licentienemer werken, die essentiële octrooien bezitten of verkrijgen.

272. Een van de problemen die met betrekking tot technologiepools zijn vastgesteld, is het gevaar dat zij ongeldige octrooien kunnen beschermen. De pooling kan de kosten/risico's verhogen om een octrooi met succes aan te vechten, omdat de poging kan falen indien één enkel octrooi in de pool geldig is. De bescherming van ongeldige octrooien in de pool kan de licentienemers ertoe verplichten hogere royalty's te betalen en kan tevens de innovatie belemmeren op het gebied dat door een ongeldig octrooi wordt bestreken. In deze context zullen niet-aanvechtingsbedingen, waaronder beëindigingsbedingen [99], in een overeenkomst inzake technologieoverdracht tussen de pool en derden waarschijnlijk binnen het toepassingsgebied van artikel 101, lid 1, van het Verdrag vallen.

273. Pools bevatten vaak zowel octrooien als octrooiaanvragen. Indien aanvragers van octrooien die, in voorkomend geval, hun octrooiaanvraag bij pools indienen de octrooiaanvraagprocedures toepassen waarmee sneller een octrooi kan worden verleend, zal sneller zekerheid kunnen worden verkregen over de geldigheid en het toepassingsgebied van deze octrooien.

---

[99] Zie 3.5.

III SECTORSPECIFIEKE WET- EN REGELGEVING

III.A Landbouw

Verordening (EU) Nr. 1308/2013 tot vaststelling van een gemeenschappelijke ordening van de markten voor landbouwproducten, zoals laatstelijk gewijzigd op 17 december 2013, PbEU L 347 - Deel IV Mededingingsregels

Verordening van het Europees Parlement en de Raad van 17 december 2013 tot vaststelling van een gemeenschappelijke ordening van de markten voor landbouwproducten en tot intrekking van de Verordeningen (EEG) nr. 922/72, (EEG) nr. 234/79, (EG) nr. 1037/2001 en (EG) nr. 1234/2007 van de Raad, PbEU 2013, L 347, zoals laatstelijk gewijzigd op 2 december 2021, PbEU 2021, L 435 (i.w.tr. 07-12-2021)

HET EUROPEES PARLEMENT EN DE RAAD VAN DE EUROPESE UNIE,
Gezien het Verdrag betreffende de werking van de Europese Unie, en met name artikel 42, eerste alinea, en artikel 43, lid 2,
Gezien het voorstel van de Europese Commissie,
Na toezending van het ontwerp van wetgevingshandeling aan de nationale parlementen,
Gezien het advies van de Rekenkamer [1],
Gezien de adviezen van het Europees Economisch en Sociaal Comité [2],
Gezien het advies van het Comité van de Regio's [3],
Handelend volgens de gewone wetgevingsprocedure [4],
Overwegende hetgeen volgt:

(1) In de Mededeling van de Commissie aan het Europees Parlement, de Raad, het Europees Economisch en Sociaal Comité en het Comité van de Regio's met als titel, 'Het GLB tot 2020: inspelen op de uitdagingen van de toekomst inzake voedsel, natuurlijke hulpbronnen en territoriale evenwichten' worden de mogelijke uitdagingen en doelstellingen voor het gemeenschappelijk landbouwbeleid ('het GLB') in de periode na 2013 uiteengezet en wordt aangegeven welke richting het GLB in die periode zal uitgaan. Als de besprekingen over die mededeling volgens plan verlopen, zou het hervormde GLB op 1 januari 2014 in werking moeten treden. De hervorming moet betrekking hebben op alle belangrijke instrumenten

---

(1) Advies van 8 maart 2012 (nog niet bekendgemaakt in het *Publicatieblad*).
(2) *PB* C 191 van 29.6.2012, blz. 116, en *PB* C 44 van 15.2.2013, blz. 158.
(3) *PB* C 225 van 27.7.2012, blz. 174.
(4) Standpunt van het Europees Parlement van 20 november 2013 (nog niet in het *Publicatieblad* bekendgemaakt)

van het GLB, inclusief Verordening (EG) nr. 1234/2007 [5]. Gezien de reikwijdte van de hervorming dient die verordening te worden ingetrokken en te worden vervangen door een nieuwe verordening inzake de gemeenschappelijke ordening van de markten voor landbouwproducten. Bovendien moet in het kader van de hervorming worden gestreefd naar een optimale harmonisatie, stroomlijning en vereenvoudiging van de bepalingen, met name de bepalingen die op meer dan één landbouwsector van toepassing zijn, onder meer door ervoor te zorgen dat de Commissie door middel van gedelegeerde handelingen niet-essentiële onderdelen van maatregelen kan vaststellen.

(2) Deze verordening dient alle basisonderdelen van de gemeenschappelijke ordening van de markten voor landbouwproductente bevatten.

(3) Om tegemoet te komen aan de in artikel 40, lid 1, van het Verdrag betreffende de werking van de Europese Unie (VWEU) vastgestelde eis een gemeenschappelijke ordening van de markten tot stand te brengen, dient deze verordening van toepassing te zijn op alle in bijlage I bij het Verdrag betreffende de Europese Unie (VEU) en het VWEU (samen 'de Verdragen'vermelde landbouwproducten.

(4) Duidelijk moet zijn dat Verordening (EU) nr. 1306/2013 van het Europees Parlement en de Raad [6] en de op grond daarvan vastgestelde bepalingen in beginsel van toepassing zijn op de in de onderhavige verordening opgenomen maatregelen. Met name omvat Verordening (EU) nr. 1306/2013 bepalingen die de naleving van de uit de GLB-bepalingen voortvloeiende verplichtingen moeten garanderen, onder meer op het gebied van controles en de toepassing van administratieve maatregelen en administratieve sancties bij niet-naleving, en tevens voorschriften inzake het stellen en vrijgeven van zekerheden en het terugvorderen van ten onrechte verrichte betalingen.

(5) Overeenkomstig artikel 43, lid 3, VWEU dient de Raad maatregelen voor de bepaling van de prijzen, de heffingen, de steun en de kwantitatieve beperkingen vast te stellen. Indien artikel 43, lid 3, VWEU van toepassing is, dient in deze verordening ter wille van de duidelijkheid expliciet te worden vermeld dat de maatregelen op die rechtsgrondslag door de Raad zullen worden vastgesteld.

(6) Om bepaalde niet-essentiële onderdelen van deze verordening aan te vullen of te wijzigen, moet aan de Commissie de bevoegdheid worden overgedragen om overeenkomstig artikel 290 VWEU handelingen vast te stellen. Het is van groot belang dat de Commissie bij haar voorbereidende werkzaamheden tot passende raadpleging overgaat, onder meer op deskundigenniveau. De Commissie moet er bij het voorbereiden en opstellen van gedelegeerde handelingen voor zorgen dat de desbetreffende documenten tijdig en op gepaste wijze, gelijktijdig worden toegezonden aan het Europees Parlement en de Raad.

---

(5) Verordening (EG) nr. 1234/2007 van de Raad van 22 oktober 2007 houdende een gemeenschappelijke ordening van de landbouwmarkten en specifieke bepalingen voor een aantal landbouwproducten (Integrale-GMO-verordening) (PB L 299 van 16.11.2007, blz. 1).
(6) Verordening (EU) nr. 1306/2013 van het Europees Parlement en de Raad van 17 december 2013 inzake de financiering, het beheer en de monitoring van het gemeenschappelijk landbouwbeleid en tot intrekking van Verordeningen (EEG) nr. 352/78, (EG) nr. 165/94, (EG) nr. 2799/98, (EG) nr. 814/2000, (EG), nr. 1290/2005 en (EG) nr. 485/2008 van de Raad (Zie bladzijde 549 van dit *Publicatieblad*).

(7) In deze verordening moeten bepaalde definities betreffende bepaalde sectoren worden opgenomen. Teneinde rekening te houden met de specifieke kenmerken van de rijstsector moet aan de Commissie de bevoegdheid worden overgedragen om bepaalde handelingen vast te stellen met betrekking tot de wijziging van de definities inzake de rijstsector voor zover het nodig is deze te actualiseren in het licht van de ontwikkelingen op de markt.

(8) Deze verordening verwijst naar productomschrijvingen en bevat posten en postonderverdelingen van de gecombineerde nomenclatuur. Wijzigingen van de nomenclatuur van het gemeenschappelijk douanetarief kunnen tot gevolg hebben dat de deze verordening in technisch opzicht aan die wijzigingen moet worden aangepast. Teneinde met die wijzigingen rekening te houden, moet aan de Commissie de bevoegdheid worden overgedragen om bepaalde handelingen vast te stellen met betrekking tot het aanbrengen van de nodige technische aanpassingen. In het belang van de duidelijkheid en de eenvoud dient Verordening (EEG) nr. 234/79 [7], die voorziet in deze bevoegdheid, te worden ingetrokken en dient die bevoegdheid in deze verordening te worden geïntegreerd.

(9) Voor granen, rijst, suiker, gedroogde voedergewassen, zaaizaad, wijn, olijfolie en tafelolijven, vlas en hennep, groenten en fruit, verwerkte groenten en fruit, bananen, melk en zuivelproducten, en zijderupsen moeten verkoopseizoenen worden vastgesteld die zo goed mogelijk moeten worden afgestemd op de biologische productiecyclus van elk van deze producten.

(10) Om de markten te stabiliseren en de landbouwbevolking een redelijke levensstandaard te garanderen is voor de verschillende sectoren een gedifferentieerd systeem van marktondersteuning ontwikkeld, en zijn regelingen inzake rechtstreekse steunverlening ingevoerd, rekening houdend met enerzijds de uiteenlopende behoeften van elk van deze sectoren en anderzijds de onderlinge afhankelijkheid van de verschillende sectoren. Deze maatregelen nemen de vorm aan van openbare interventie of de betaling van steun voor particuliere opslag. De marktondersteunende maatregelen dienen te worden behouden, zij het in gestroomlijnde en vereenvoudigde vorm.

(11) Er moeten Unieschema's voor de indeling, identificatie en aanbiedingsvorm van karkassen in de sectoren rundvlees, varkensvlees, en schapen- en geitenvlees worden vastgesteld ten behoeve van de notering van prijzen en van de toepassing van de interventieregelingen in die sectoren. Daarnaast dienen die schema's van de Unie het doel van een betere markttransparantie.

(12) Met het oog op duidelijkheid en transparantie moeten de bepalingen inzake openbare interventie een gemeenschappelijke structuur krijgen, terwijl het in elke sector gevoerde beleid in stand moet worden gehouden. Met dat doel voor ogen dient een onderscheid te worden gemaakt tussen referentiedrempels en interventieprijzen en deze laatste te definiëren. Daarbij is het belangrijk te verduidelijken dat slechts de voor openbare interventie geldende interventieprijzen overeenstemmen met de toegepaste regelingsprijs waarnaar wordt verwezen in bijlage 3, punt 8, eerste zin, van de WTO-overeenkomst inzake de landbouw

---

(7) Verordening (EEG) nr. 234/79 van de Raad van 5 februari 1979 inzake de procedure voor aanpassingen van de nomenclatuur van het gemeenschappelijk douanetarief voor landbouwproducten (*PB* L 34 van 9.2.1979, blz. 2).

(d.w.z. marktprijs ondersteuning). In dit verband dient duidelijk te zijn dat op de markt kan worden geïntervenieerd via openbare interventie en via andere vormen van interventie waarbij geen gebruik wordt gemaakt van vooraf vastgestelde prijsindicaties.

(13) Afhankelijk van de praktijk en de ervaring die in het kader van vorige gemeenschappelijke marktordeningen ('GMO's') is opgedaan, moet de openbare-interventieregeling in de verschillende sectoren gedurende bepaalde perioden van het jaar beschikbaar zijn en moet gedurende die periodes hetzij permanent hetzij afhankelijk van de marktprijzen worden opengesteld.

(14) De openbare-interventieprijs dient te bestaan uit een vaste prijs voor bepaalde hoeveelheden van bepaalde producten, en dient in andere gevallen conform de met vorige GMO's opgedane praktijk en ervaring te worden bepaald in het kader van de betrokken openbare inschrijving.

(15) Deze verordening moet de mogelijkheid bieden de voor openbare interventie aangekochte producten af te zetten. Dergelijke maatregelen moeten op zodanige wijze worden genomen dat marktverstoring wordt voorkomen en dat de kopers op voet van gelijkheid worden behandeld en gelijke toegang tot deze producten hebben.

(16) De bestaande, in het kader van het GLB vastgestelde regeling voor de voedselverstrekking aan de meest hulpbehoevenden in de Unie moet worden vervat in een afzonderlijke verordening waarin de met die regeling beoogde bevordering van de sociale samenhang tot uiting komt. Niettemin moet in deze verordening worden voorzien in de mogelijkheid om producten uit openbare-interventievoorraden af te zetten door deze voor gebruik in het kader van die regeling beschikbaar te stellen.

(17) Om de markt in evenwicht te brengen en de marktprijzen te stabiliseren, kan het nodig zijn steun te verlenen voor de particuliere opslag van specifieke landbouwproducten. Teneinde de markttransparantie te garanderen moet aan de Commissie de bevoegdheid worden overgedragen om bepaalde handelingen vast te stellen met betrekking tot de voorwaarden waaronder zij aan beslissen steun voor particuliere opslag te verlenen, rekening houdend met de marktsituatie.

(18) Teneinde ervoor te zorgen dat producten die in het kader van de openbare interventie worden aangekocht of waarvoor particuliere opslagsteun wordt verleend, geschikt zijn voor langdurige opslag en van gezonde, deugdelijke en gebruikelijke handelskwaliteit zijn, alsmede rekening te houden met de specifieke kenmerken van de verschillende sectoren met het oog op een kostenefficiënt functioneren van openbare interventie en particuliere opslag, moet aan de Commissie de bevoegdheid worden overgedragen om bepaalde handelingen vast te stellen ter bepaling van de eisen en voorwaarden waaraan die producten moeten voldoen wat hun kwaliteit en subsidiabiliteit betreft, naast de in deze verordening vervatte voorschriften.

(19) Teneinde rekening te houden met de specifieke kenmerken van de graansector en de padiesector moet aan de Commissie de bevoegdheid worden overgedragen om bepaalde handelingen vast te stellen ter bepaling van kwaliteitscriteria voor de aan- en verkoop van die producten.

(20) Teneinde voldoende opslagcapaciteit en de doeltreffendheid van de openbare-interventieregeling uit het oogpunt van kostenefficiëntie, distributie en toegang

voor marktdeelnemers te garanderen en de kwaliteit van de voor openbare interventie aangekochte producten met het oog op het afzetten ervan aan het einde van de opslagperiode in stand te houden, moet aan de Commissie de bevoegdheid worden overgedragen om bepaalde handelingen vast te stellen ter bepaling van de eisen waaraan de opslagruimten voor alle onder de openbare-interventieregeling vallende producten moeten voldoen, de voorschriften inzake de opslag van producten in en buiten de lidstaat die verantwoordelijk is voor de producten en voor de behandeling van deze producten op het gebied van douanerechten en andere bedragen die krachtens het GLB voor deze producten moeten worden toegekend of over deze producten moeten worden geheven.

(21) Teneinde te garanderen dat de particuliere opslag het gewenste effect op de markt heeft, moet aan de Commissie de bevoegdheid worden overgedragen om bepaalde handelingen vast te stellen met betrekking tot de voorschriften en voorwaarden die van toepassing zijn wanneer de opgeslagen hoeveelheid kleiner is dan de gegunde hoeveelheid, en met betrekking tot de voorwaarden voor de toekenning van een voorschot alsmede de voorwaarden die van toepassing zijn voor het opnieuw in de handel brengen of het afzetten van een product waarvoor een contract voor particuliere opslag is gesloten.

(22) Teneinde het correct functioneren van de maatregelen voor openbare interventie en particuliere opslag te garanderen, moet aan de Commissie de bevoegdheid worden overgedragen om bepaalde handelingen vast te stellen ter bepaling van het gebruik van openbare inschrijvingen en tot vaststelling van de aanvullende voorwaarden waar marktdeelnemers aan moeten voldoen en van de verplichting voor de marktdeelnemer tot het stellen van een zekerheid.

(23) Teneinde rekening te houden met de technische ontwikkelingen en de behoeften van de sectoren rundvlees, varkensvlees en schapen- en geitenvlees, alsmede met de noodzaak om de aanbiedingsvorm van de verschillende producten te standaardiseren ten behoeve van de markttransparantie, de notering van prijzen en de toepassing van marktinterventieregelingen, moet aan de Commissie de bevoegdheid worden overgedragen om bepaalde handelingen vast te stellen met betrekking tot de aanpassing en actualisering van de Unieschema's voor de indeling van karkassen in deze sectoren alsmede met betrekking tot het vastleggen van bepaalde aanvullende bepalingen en afwijkingen in verband hiermee.

(24) De consumptie van groenten en fruit en van melk en zuivelproducten door kinderen op school moet worden aangemoedigd teneinde het aandeel van deze producten in het dieet van kinderen blijvend te vergroten in het stadium waarin hun eetgewoonten worden gevormd, en zodoende bij te dragen aan de verwezenlijking van de doelstellingen van het GLB, in het bijzonder het stabiliseren van de markten en het veiligstellen van zowel de huidige als de toekomstige voorziening. Daarom moet Uniesteun ter financiering of cofinanciering van de verstrekking van die producten aan kinderen in onderwijsinstellingen worden bevorderd.

(25) Met het oog op een gezond begrotingsbeheer voor de schoolfruit- en groentenregeling en schoolmelkregeling van de Unie moeten voor elke regeling adequate bepalingen worden vastgesteld. De Uniesteun dient niet te worden gebruikt ter vervanging van financiering voor bestaande nationale schoolfruit- en groentenregelingen en schoolmelkregelingen. In het licht van de budgettaire beperkingen moeten de lidstaten echter de mogelijkheid hebben hun financiële bijdrage aan

die regelingen te vervangen door bijdragen van de particuliere sector. In het belang van de doeltreffendheid van hun schoolfruit- en groentenregelingen begeleidende maatregelen nodig zijn waarvoor zij nationale steun mogen toekennen. De lidstaten die aan de regelingen deelnemen, moeten bekendheid geven aan de subsidiërende rol van de Uniesteun.

(26) Teneinde gezonde eetgewoonten bij kinderen te bevorderen en ervoor te zorgen dat de steun gaat naar kinderen die regelmatig onderwijs volgen bij een door de lidstaten beheerde of erkende onderwijsinstelling, moet aan de Commissie de bevoegdheid worden overgedragen om met betrekking tot de schoolfruit- en groentenregeling bepaalde handelingen vast te stellen betreffende de aanvullende criteria inzake de doelgroepen van de steun, de erkenning en de selectie van steunaanvragers, en de opstelling van nationale of regionale strategieën en begeleidende maatregelen.

(27) Teneinde een doeltreffend en gericht gebruik van de Europese fondsen te waarborgen, moet aan de Commissie de bevoegdheid worden overgedragen om met betrekking tot de schoolfruit- en groentenregeling bepaalde handelingen vast te stellen betreffende de methode voor de herverdeling van de steun over de lidstaten op basis van de ontvangen verzoeken om steun, de in Unieverband subsidiabele kosten, met inbegrip van de mogelijkheid om een algemeen maximum voor die kosten vast te stellen, en de verplichting voor de lidstaten de doeltreffendheid van hun schoolfruit- en groentenregelingen te monitoren en te evalueren.

(28) Teneinde de kennis omtrent de schoolfruit- en groentenregeling te stimuleren, moet aan de Commissie de bevoegdheid worden overgedragen om bepaalde handelingen vast te stellen met betrekking het van de deelnemende lidstaten met een schoolfruit- en groentenregeling op school verlangen dat zij bekendheid geven aan de subsidiërende rol van de Uniesteun daaraan.

(29) Teneinde rekening te houden met de evolutie van consumptiepatronen voor zuivelproducten, met de innovatie en ontwikkelingen op de zuivelmarkt, met de beschikbaarheid van de producten op de verschillende markten van de Unie en met voedingswaardeaspecten, moet aan de Commissie de bevoegdheid worden overgedragen om met betrekking tot de schoolmelkregeling bepaalde handelingen vast te stellen betreffende de producten die in het kader van de regeling subsidiabel zijn, de nationale of regionale strategieën van de lidstaten, in voorkomend geval met inbegrip van begeleidende maatregelen, en de monitoring en evaluatie van de regeling.

(30) Teneinde ervoor te zorgen dat de juiste begunstigden en aanvragers recht hebben op de Uniesteun en dat die steun efficiënt en doeltreffend wordt gebruikt, moet aan de Commissie de bevoegdheid worden overgedragen om bepaalde handelingen vast te stellen met betrekking tot de voorschriften inzake de begunstigden en aanvragers die in aanmerking komen voor de steun, de eis dat de aanvragers aan erkenning door de lidstaten zijn onderworpen, en het gebruik van zuivelproducten bij de bereiding van maaltijden in onderwijsinstellingen.

(31) Teneinde ervoor te zorgen dat de steunaanvragers hun verplichtingen nakomen, moet aan de Commissie de bevoegdheid worden overgedragen om bepaalde handelingen vast te stellen met betrekking tot de vereisten voor het stellen van een zekerheid wanneer een voorschot op de steun wordt betaald.

(32) Om de kennis omtrent de schoolmelkregeling te vergroten, moet aan de Commissie de bevoegdheid worden overgedragen om bepaalde handelingen vast te stellen met betrekking tot de voorwaarden waaronder de lidstaten hun deelname aan de schoolmelkregeling bekendmaken en daarbij de Unie als subsidieverstrekker aanduiden.

(33) Teneinde ervoor te zorgen dat de steun zijn weerslag vindt in de prijs van het product, moet aan de Commissie de bevoegdheid worden overgedragen om bepaalde handelingen vast te stellen met betrekking tot de invoering van prijscontrole in het kader van de schoolmelkregeling.

(34) Er is Uniefinanciering nodig om erkende producentenorganisaties, unies van producentenorganisaties of brancheorganisaties aan te moedigen tot het opstellen van activiteitenprogramma's om de productie en de afzet van olijfolie en tafelolijven te verbeteren. In dat verband dient in deze verordening te worden bepaald dat de Uniesteun moet worden toegewezen naargelang van de prioriteit die wordt gegeven aan hetgeen in het kader van de betrokken activiteitenprogramma's wordt ondernomen. De cofinanciering moet echter worden verlaagd, zodat de efficiëntie van de programma's verbetert.

(35) Teneinde ervoor te zorgen dat de producentenorganisaties, unies van producentenorganisaties of brancheorganisaties in de sector olijfolie en tafelolijven de Uniesteun die hen werd toegekend efficiënt en doeltreffend gebruiken en teneinde de productiekwaliteit van olijfolie en tafelolijven daadwerkelijk te verbeteren, moet aan de Commissie de bevoegdheid worden overgedragen om bepaalde vast te stellen met betrekking tot de specifieke maatregelen die door middel van de steun van de Unie kunnen worden gefinancierd en de activiteiten en kosten die niet op een dergelijke wijze kunnen worden gefinancierd, de minimumtoewijzing van Uniefinanciering aan specifieke gebieden, de eis dat zekerheid wordt gesteld, alsmede de criteria die door de lidstaten in aanmerking moeten worden genomen bij het selecteren en goedkeuren van activiteitenprogramma's.

(36) Er dient in deze verordening onderscheid te worden gemaakt tussen enerzijds groenten en fruit, waaronder groenten en fruit voor rechtstreekse consumptie en groenten en fruit voor verwerking, en verwerkte groenten en fruit, anderzijds. De voorschriften inzake actiefondsen, operationele programma's en financiële steun van de Unie mogen alleen van toepassing zijn op de eerste categorie, en beide soorten groenten en fruit binnen die categorie moeten gelijk behandeld worden.

(37) De productie van groenten en fruit is onvoorspelbaar en de producten zijn bederfelijk. Zelfs beperkte overschotten kunnen de markt in sterke mate uit evenwicht brengen. Daarom moeten crisisbeheersmaatregelen worden vastgesteld die net als vroeger in de operationele programma's moeten worden opgenomen.

(38) Bij de productie en de afzet van groenten en fruit moet rekening worden gehouden met milieueisen in verband met de teelt, het beheer van afval en de afzet van uit de markt genomen producten, vooral wat betreft de bescherming van de kwaliteit van het water, de instandhouding van de biodiversiteit en de landschapsverzorging.

(39) In het kader van het plattelandsontwikkelingsbeleid moeten alle sectoren in alle lidstaten in aanmerking komen voor steun voor de oprichting van producentengroeperingen. Bijgevolg moet de specifieke steun in de sector groenten en fruit worden beëindigd.

(40) Om de producentenorganisaties en de unies daarvan in de sector groenten en fruit meer verantwoordelijkheid te geven, met name wat hun financiële beslissingen betreft, en om ervoor te zorgen dat de hun van overheidswege toegewezen financiële middelen toekomstgericht worden besteed, moeten voorwaarden worden vastgesteld voor het gebruik van deze financiële middelen. Gezamenlijke financiering van door producentenorganisaties en de unies daarvan ingestelde actiefondsen is een adequate oplossing. In bepaalde gevallen dient aanvullende financiering te worden toegestaan. Actiefondsen mogen slechts worden gebruikt om operationele programma's in de sector groenten en fruit te financieren. Met het oog op de beheersing van de Unie-uitgaven moet de steun aan producentenorganisaties en de unies daarvan die een actiefonds instellen, worden begrensd.

(41) In regio's waar de productie in de sector groenten en fruit zwak is georganiseerd, dient de toekenning van extra nationale financiële bijdragen te worden toegestaan. Indien lidstaten op structureel gebied sterk benadeeld zijn, moeten die bijdragen door de Unie kunnen worden vergoed.

(42) Teneinde een doeltreffende, gerichte en duurzame steunverlening aan producentenorganisaties in de sector groenten en fruit te garanderen, moet aan de Commissie de bevoegdheid worden overgedragen om bepaalde handelingen vast te stellen met betrekking tot actiefondsen en operationele programma's, het nationaal kader en de nationale strategie voor operationele programma's betreffende de verplichting om de doeltreffendheid van het nationaal kader en de nationale strategieën te controleren en te evalueren, de financiële steun van de Unie, crisispreventie- en crisisbeheersmaatregelen, en nationale financiële steun.

(43) Het is belangrijk te zorgen voor steunmaatregelen in de wijnsector die erop gericht zijn de concurrentiestructuren te versterken. Hoewel deze maatregelen door de Unie moeten worden vastgesteld en gefinancierd, moet het aan de lidstaten worden overgelaten een passend geheel aan maatregelen te kiezen die voorzien in de behoeften van hun regionale groeperingen, met inachtneming van hun specifieke kenmerken, en waar nodig, deze maatregelen in de nationale steunprogramma's op te nemen. De lidstaten moeten worden belast met de uitvoering van deze programma's.

(44) De afzetbevordering van wijn uit de Unie is een essentiële maatregel die in het kader van nationale steunprogramma's subsidiabel moet zijn. Steun voor innovatie kan de afzetbaarheid en het concurrentievermogen van wijnbouwproducten uit de Unie vergroten. Herstructurering- en omschakeling moeten verder worden gefinancierd wegens de positieve structurele effecten ervan op de wijnsector. Ook moet steun beschikbaar zijn voor investeringen in de wijnsector die erop gericht zijn de economische prestaties van de ondernemingen te verbeteren. Steun voor de distillatie van bijproducten moet ter beschikking staan van lidstaten die dit instrument willen gebruiken om de kwaliteit van de wijn te waarborgen en tegelijkertijd het milieu te beschermen.

(45) Preventiegerichte instrumenten zoals oogstverzekeringen, onderlinge fondsen en groen oogsten, moeten ter bevordering van een verantwoordelijke aanpak van crisissituaties in het kader van de steunprogramma's voor wijn subsidiabel zijn.

(46) De bepalingen inzake de door de lidstaten besloten steunverlening aan wijnbouwers via de toekenning van betalingsrechten zijn krachtens artikel 103 quindecies

van Verordening (EG) nr. 1234/2007, onder voorbehoud van de daarin vastgestelde voorwaarden, definitief gemaakt vanaf het begrotingsjaar 2015.

(47) Teneinde ervoor te zorgen dat met de steunprogramma's van de lidstaten voor wijn de doelstellingen worden verwezenlijkt en de middelen van de Unie efficiënt en doeltreffend worden gebruikt, moet aan de Commissie de bevoegdheid worden overgedragen om bepaalde handelingen vast te stellen met betrekking tot voorschriften inzake de verantwoordelijkheid voor de uitgaven die worden gedaan tussen de datum van ontvangst door de Commissie van de steunprogramma's en van wijzigingen in steunprogramma's, en de datum van toepassing ervan, voorschriften inzake de inhoud van de steunprogramma's en de uitgaven, administratieve en personeelskosten en acties die in de steunprogramma's van de lidstaten kunnen worden opgenomen en de voorwaarden voor, en de mogelijkheid tot het verrichten van betalingen via tussenpersonen in het geval van steun voor oogstverzekeringen, voorschriften inzake de eis dat een zekerheid wordt gesteld in het geval dat er een voorschot wordt betaald, voorschriften inzake het gebruik van bepaalde vermeldingen, de vaststelling van een uitgavenmaximum voor de herbeplanting van wijngaarden om sanitaire en fytosanitaire redenen, voorschriften inzake het voorkomen van dubbele financiering van projecten, voorschriften inzake de voorwaarden waaronder producenten bijproducten van de wijnbereiding aan de markt moeten onttrekken, en inzake de uitzonderingen op deze verplichting teneinde bijkomende administratieve lasten te voorkomen, en voorschriften voor de vrijwillige certificering van distilleerders, en voorschriften waarbij lidstaten worden toegelaten om voorwaarden te bepalen voor het naar behoren functioneren van steunmaatregelen.

(48) In de bijenteelt lopen de productieomstandigheden en de opbrengsten sterk uiteen en zijn diverse en verspreid wonende marktdeelnemers actief, zowel bij de productie als bij de afzet. Bovendien is het nodig dat de Unie, gezien de toenemende gevolgen voor de gezondheid van bijen van bepaalde vijanden van de bijenvolken, en met name gezien de verspreiding van de varroamijtziekte in tal van lidstaten in de afgelopen jaren en de problemen die deze ziekte veroorzaakt voor de honingproductie, haar acties voortzet, omdat de varroamijtziekte niet volledig kan worden uitgeroeid en met goedgekeurde producten moet worden behandeld. Daarom, en ter bevordering van de productie en de afzet van bijenteeltproducten in de Unie, moeten om de drie jaar nationale programma's voor de sector worden opgesteld ter verbetering van de algemene voorwaarden voor de productie en de afzet van producten van de bijenteelt. Die nationale programma's dienen gedeeltelijk door de Unie te worden gefinancierd.

(49) De maatregelen die in de bijenteeltprogramma's kunnen worden opgenomen, moeten worden gespecificeerd. Teneinde ervoor te zorgen dat de steunregeling van de Unie afgestemd is op de jongste ontwikkelingen en dat de onder de steunregeling vallende maatregelen op een doeltreffende wijze verbetering brengen in de algemene voorwaarden voor de productie en afzet van de producten van de bijenteelt, moet aan de Commissie de bevoegdheid worden overgedragen om bepaalde handelingen vast te stellen met betrekking tot de aanpassing van de lijst van bestaande maatregelen door nieuwe maatregelen toe te voegen of bestaande maatregelen aan te passen.

Vo. 1308/2013 gemeenschappelijke ordening markten voor landbouwproducten

(50) Teneinde ervoor te zorgen dat de financiële middelen voor de bijenteelt van de Unie efficiënt en doeltreffend worden gebruikt, moet aan de Commissie de bevoegdheid worden overgedragen om bepaalde handelingen vast te stellen met betrekking tot het voorkomen van dubbele financiering voor de bijenteeltprogramma's en de plattelandsontwikkelingsprogramma's van de lidstaten enerzijds, en de grondslag voor de toewijzing van de financiële bijdrage van de Unie aan iedere deelnemende lidstaat anderzijds.

(51) Overeenkomstig Verordening (EG) nr. 73/2009 van de Raad [8] is de areaalsteun voor hop met ingang van 1 januari 2010 ontkoppeld. Teneinde de activiteiten van de organisaties van hopproducenten onveranderd te doen voortgaan, moet specifiek worden bepaald dat in de betrokken lidstaat gelijke bedragen kunnen worden gebruikt voor dezelfde activiteiten. Teneinde ervoor te zorgen dat met de steun de in deze verordening opgenomen doeleinden van de producentenorganisaties worden gefinancierd, moet aan de Commissie de bevoegdheid worden overgedragen om bepaalde handelingen vast te stellen met betrekking tot steunaanvragen, voorschriften betreffende het voor steun in aanmerking komende hopareaal en de berekening van de steunbedragen.

(52) De Uniesteun voor de zijderupsenteelt moet worden ontkoppeld en geïntegreed (*red.*: lees: geïntegreerd) in het stelsel van de rechtstreekse betalingen overeenkomstig de aanpak voor steunverlening in andere sectoren.

(53) De steun voor magere melk die en mageremelkpoeder dat in de Unie voor voederdoeleinden en voor verwerking tot caseïne en caseïnaten wordt geproduceerd, heeft de markt niet voldoende ondersteund en moet daarom worden stopgezet, evenals de voorschriften inzake het gebruik van caseïne en caseïnaten bij de kaasbereiding.

(54) Het besluit om het tijdelijke verbod op het aanplanten van wijnstokken op Unieniveau te beëindigen, vindt zijn rechtvaardiging in de verwezenlijking van de voornaamste doelstellingen van de in 2008 doorgevoerde hervorming van de wijnmarktordening in de Unie, met name tegen het einde van het sinds lang bestaande structurele wijnproductieoverschot en de geleidelijke verbetering van het concurrentievermogen en de marktgerichtheid van de wijnsector in de Unie. Die positieve ontwikkelingen zijn het resultaat van een vermindering van de wijnbouwoppervlakten in de gehele Unie, het afhaken van minder concurrerende producenten en het afbouwen van bepaalde marktondersteuningsmaatregelen, waardoor stimulansen voor economisch niet levensvatbare investeringen zijn weggenomen. De vermindering van de voorzieningscapaciteit en de steun voor structurele maatregelen en bevordering van de wijnuitvoer hebben het mogelijk gemaakt beter in te spelen op de afnemende vraag op Unieniveau, die het gevolg is van een geleidelijke consumptiedaling in de lidstaten die van oudsher wijn produceren.

---

[8] Verordening (EG) nr. 73/2009 van de Raad van 19 januari 2009 tot vaststelling van gemeenschappelijke voorschriften voor regelingen inzake rechtstreekse steunverlening aan landbouwers in het kader van het gemeenschappelijk landbouwbeleid en tot vaststelling van bepaalde steunregelingen voor landbouwers, tot wijziging van Verordeningen (EG) nr. 1290/2005, (EG) nr. 247/2006, (EG) nr. 378/2007 en tot intrekking van Verordening (EG) nr. 1782/2003 (*PB* L 30 van 31.1.2009, blz. 16).

(55) De vooruitzichten op een geleidelijke groei van de vraag op de wereldmarkt zetten aan tot een verhoging van de voorzieningscapaciteit en dus tot het aanplanten van nieuwe wijnstokken in het komende decennium. Hoewel het belangrijk is te streven naar verbetering van het concurrentievermogen van de wijnsector van de Unie om geen marktaandeel op de wereldmarkt te verliezen, zou een buitensporig snelle toename van aanplant van nieuwe wijnstokken als reactie op de geraamde ontwikkelingen in de internationale vraag op de middellange termijn opnieuw tot een buitensporige voorzieningscapaciteit kunnen leiden, met mogelijke sociale en milieugevolgen in bepaalde wijnbouwzones. Met het oog op een ordelijke groei van de aanplant in de periode 2016-2030 moet een nieuw systeem voor het beheer van de aanplant op Unieniveau worden ingevoerd, in de vorm van een vergunningenstelsel voor het aanplanten van wijnstokken.

(56) In dat nieuwe stelsel kunnen zonder dat kosten worden aangerekend voor de producenten vergunningen voor het aanplanten van wijnstokken worden verleend, die na drie jaar aflopen ingeval zij niet worden gebruikt. Dat zou bijdragen tot een snel en direct gebruik van de vergunningen door de wijnproducenten aan wie zij zijn verleend, en zodoende speculatie tegengaan.

(57) De groei van de aanplant van nieuwe wijnstokken moet omkaderd worden door een vrijwaringsmechanisme op Unieniveau dat berust op een verplichting van de lidstaten om elk jaar vergunningen voor nieuwe aanplant beschikbaar te stellen die 1 % vertegenwoordigen van de aangeplante wijnbouwoppervlakten maar dat toch een zekere flexibiliteit toelaat om te reageren op de specifieke omstandigheden van elke lidstaat. De lidstaten moeten op objectieve en niet-discriminerende gronden kunnen besluiten of ze op nationaal of regionaal niveau minder oppervlakte beschikbaar stellen, mede op het niveau van gebieden die in aanmerking komen voor specifieke beschermde oorsprongsbenamingen en beschermde geografische aanduidingen, met dien verstande dat de gestelde beperkingen meer dan 0 % moeten bedragen en niet te restrictief ten opzichte van de nagestreefde doelstellingen mogen zijn.

(58) Er moeten criteria worden vastgesteld om te voorkomen dat bij het verlenen van vergunningen wordt gediscrimineerd, en in het bijzonder wanneer het totale aantal hectaren dat beschikbaar wordt gesteld in de door de lidstaten verleende vergunningen hoger is dan het totaal aantal hectaren aangevraagd in de door producenten ingediende vergunningaanvragen.

(59) Vergunningen voor producenten die een bestaande wijngaard rooien moeten op aanvraag en los van het vrijwaringsmechanisme voor nieuwe aanplant automatisch worden verleend, omdat zij niet bijdragen tot vergroting van de totale aangeplante oppervlakte. In specifieke zones die in aanmerking komen voor de productie van wijnen met een beschermde oorsprongsbenaming of een beschermde geografische aanduiding, moeten de lidstaten het verlenen van herbeplantingsvergunningen kunnen beperken op grond van aanbevelingen van erkende en representatieve beroepsorganisaties.

(60) Dit nieuwe vergunningenstelsel voor het aanplanten van wijnstokken moet niet gelden voor lidstaten die de overgangsregeling inzake aanplantrechten van de Unie niet toepassen, en moet facultatief zijn voor lidstaten waar, hoewel de aanplantrechten van toepassing zijn, de aangeplante oppervlakte beneden een bepaalde drempel blijft.

(61) In overgangsbepalingen moet een vlotte overgang tussen de vroegere regeling inzake aanplantrechten en het nieuwe stelsel worden geregeld om te voorkomen dat er vóór de inwerkingtreding van de nieuwe regeling buitensporig veel wijnstokken worden aangeplant. De lidstaten moeten over een bepaalde flexibiliteit beschikken voor het bepalen van de termijn voor het indienen van verzoeken voor de omzetting van aanplantrechten in vergunningen van 31 december 2015 tot en met 31 december 2020.

(62) Met het oog op een geharmoniseerde en doeltreffende toepassing van het nieuwe vergunningenstelsel voor aanplant van wijnstokken moet aan de Commissie de bevoegdheid worden overgedragen om bepaalde handelingen vast te stellen met betrekking tot de voorwaarden waaronder bepaalde aanplant kunnen worden vrijgesteld van het stelsel, de voorschriften in verband met de subsidiabiliteits- en prioriteitscriteria, de toevoeging van subsidiabiliteits- en prioriteitscriteria, het naast elkaar bestaan van te rooien en nieuw aangeplante wijnstokken, en de gronden waarop de lidstaten het verlenen van herbeplantingsvergunningen kunnen beperken.

(63) De controle van niet-vergunde aanplant moet doeltreffend worden uitgevoerd om ervoor te zorgen dat de voorschriften van de nieuwe regeling worden nageleefd.

(64) De toepassing van normen voor de afzet van landbouwproducten kan helpen de economische voorwaarden voor de productie en afzet van deze producten en de kwaliteit van de producten te verbeteren. De toepassing van dergelijke normen is dan ook in het belang van producenten, handelaren en consumenten.

(65) In aansluiting op de mededeling van de Commissie over het kwaliteitsbeleid ten aanzien van landbouwproducten en de daaropvolgende debatten is het dienstig handelsnormen per sector of product te handhaven, teneinde rekening te houden met de verwachtingen van de consument, en de economische voorwaarden voor de productie en de afzet van landbouwproducten en de kwaliteit van deze producten te helpen verbeteren.

(66) Voor de handelsnormen moeten horizontale bepalingen worden vastgesteld.

(67) De handelsnormen dienen te worden opgesplitst in verplichte voorschriften voor specifieke sectoren of producten en facultatieve gereserveerde vermeldingen, vast te stellen op sectorale of op productbasis.

(68) Voor alle betrokken landbouwproducten die in de Unie in de handel worden gebracht, moeten in beginsel handelsnormen gelden.

(69) In deze verordening moet een lijst worden opgenomen van de sectoren en producten waarvoor handelsnormen kunnen gelden. Teneinde rekening te houden met de verwachtingen van de consument en met de noodzaak de kwaliteit van landbouwproducten en de economische productie- en afzetvoorwaarden ervoor te verbeteren, moet aan de Commissie de bevoegdheid worden overgedragen om onder strikte voorwaarden bepaalde handelingen met betrekking tot de wijziging van die lijst vast te stellen.

(70) Teneinde rekening te houden met de verwachtingen van de consument, en ter verbetering van de economische voorwaarden voor de productie, de afzet en de kwaliteit van bepaalde landbouwproducten, om de aanpassing aan de constant veranderende marktomstandigheden en aan de veranderende vraag van de consument te bevorderen, en teneinde rekening te houden met de ontwikkelingen in de toepasselijke internationale normen en om te voorkomen dat er hinder-

nissen voor productinnovatie worden opgeworpen, moet aan de Commissie de bevoegdheid worden overgedragen om bepaalde handelingen vast te stellen met betrekking tot sector- of productspecifieke handelsnormen voor elke afzetfase alsmede met betrekking tot afwijkingen en vrijstellingen van dergelijke normen. In de handelsnormen moet rekening worden gehouden met onder andere de natuurlijke en essentiële kenmerken van het betrokken product, om te vermijden dat de handelsnormen aanzienlijke veranderingen teweegbrengen in de gewone samenstelling van dat product. Daarnaast moeten de handelsnormen rekening houden met het mogelijke risico dat de consument wordt misleid als gevolg van zijn vaste verwachtings- en ideeënpatroon. Afwijkingen of vrijstellingen van de normen mogen geen extra kosten met zich meebrengen die alleen door de landbouwers moeten worden gedragen.

(71) Er moeten handelsnormen worden toegepast om ervoor te zorgen dat de markt gemakkelijk met gestandaardiseerde producten van toereikende kwaliteit wordt bevoorraad, welke normen in het bijzonder betrekking moeten hebben op de technische definities, de indeling, het merken en de etikettering, de verpakking, de productiemethode, de bewaring, de opslag, het vervoer, de betrokken administratieve documenten, de certificering en de termijnen, en beperkingen op het gebruik en de verwijdering.

(72) Met name moet het, gezien het belang dat de producent heeft bij het kenbaar maken van het product en de productiekenmerken, en het belang dat de consument heeft bij adequate en transparante productinformatie, mogelijk zijn om per geval op het juiste geografische niveau de ligging van het landbouwbedrijf en/of de plaats van oorsprong te bepalen, rekening houdend met de specifieke kenmerken van bepaalde sectoren, met name wat verwerkte landbouwproducten betreft.

(73) Er moeten bijzondere voorschriften worden vastgesteld voor producten die uit derde landen worden ingevoerd, mits het op grond van in derde landen geldende nationale bepalingen gerechtvaardigd is af te wijken van de handelsnormen en op voorwaarde dat gelijkwaardigheid met de Uniewetgeving wordt gegarandeerd. Ook dienen voorschriften met betrekking tot de toepassing van de handelsnormen op uit de Unie uitgevoerde producten te worden vastgesteld.

(74) Producten van de sector groenten en fruit die zijn bestemd om vers aan de consument te worden verkocht, mogen alleen in de handel worden gebracht als zij van een gezonde, deugdelijk en gebruikelijke handelskwaliteit zijn en als het land van oorsprong is vermeld. Teneinde een juiste toepassing van die eis te waarborgen en om rekening te houden met bepaalde specifieke situaties, moet aan de Commissie de bevoegdheid worden overgedragen om bepaalde handelingen vast te stellen met betrekking tot specifieke afwijkingen van die eis.

(75) In de hele Unie moet een kwaliteitsbeleid worden gevoerd door toepassing van een certificeringsprocedure voor producten van de hopsector en door het verbieden van het in de handel brengen van die producten waarvoor geen certificaat is afgegeven. Teneinde een juiste toepassing van die eis te waarborgen en rekening te houden met bepaalde specifieke situaties, moet aan de Commissie de bevoegdheid worden overgedragen om bepaalde handelingen vast te stellen met betrekking tot maatregelen die afwijken van die eis, zodat kan worden voldaan

aan de handelseisen van bepaalde derde landen of aan de eisen voor producten die voor bijzondere gebruiksdoeleinden bestemd zijn.

(76) Van bepaalde sectoren en/of producten zijn definities, aanduidingen en verkoopbenamingen een belangrijk element voor de vaststelling van de mededingingsvoorwaarden. Het is dan ook dienstig voor die sectoren en producten definities, aanduidingen en verkoopbenamingen vast te stellen die in de Unie uitsluitend mogen worden gebruikt voor de afzet van producten die aan de overeenkomstige eisen voldoen.

(77) Teneinde de definities en verkoopbenamingen van bepaalde producten aan te passen aan de behoeften die voortvloeien uit de veranderende vraag van de consument, de technische vooruitgang of de behoefte aan productinnovatie, moet aan de Commissie de bevoegdheid worden overgedragen om bepaalde handelingen vast te stellen met betrekking tot de wijzigingen, afwijkingen of vrijstellingen van definities en verkoopbenamingen.

(78) Om ervoor te zorgen dat de voor bepaalde sectoren vastgestelde definities en verkoopbenamingen voor zowel de marktdeelnemers als de lidstaten duidelijk en goed te begrijpen zijn, moet aan de Commissie de bevoegdheid worden overgedragen om bepaalde handelingen vast te stellen met betrekking tot de voorschriften over de nadere invulling en de toepassing ervan.

(79) Teneinde rekening te houden met de specifieke kenmerken van elk product of elke sector, de verschillende afzetstadia, de technische voorwaarden, eventuele grote praktische problemen, en de nauwkeurigheid en herhaalbaarheid van de analysemethoden, moet aan de Commissie de bevoegdheid worden overgedragen om bepaalde handelingen vast te stellen met betrekking tot het vatsleggen van een tolerantie voor een of meer specifieke normen bij overschrijding waarvan de hele partij producten als niet conform de betrokken norm wordt beschouwd.

(80) Er dienen bepaalde oenologische procedés en beperkingen voor de productie van wijn te worden vastgesteld, met name op het gebied van de versnijding en het gebruik van bepaalde soorten druivenmost, druivensap en verse druiven van oorsprong uit derde landen. Om te voldoen aan de internationale normen moet de Commissie voor verdere oenologische procedés rekening houden met de oenologische procedés die worden aanbevolen door de Internationale Organisatie voor wijnbouw en wijnbereiding (International Organisation of Vine and Wine — OIV).

(81) Er moeten voorschriften voor de indeling van wijndruivenrassen worden vastgesteld op grond waarvan lidstaten die meer dan 50 000 hectoliter per jaar produceren, verantwoordelijk moeten blijven voor de indeling van de wijndruivenrassen waarvan op hun grondgebied wijn mag worden gemaakt. Sommige wijndruivenrassen moeten worden uitgesloten.

(82) Voor smeerbare vetproducten moeten de lidstaten de mogelijkheid hebben bepaalde nationale voorschriften met betrekking tot kwaliteitsniveaus te behouden of vast te stellen.

(83) In de wijnsector moeten de lidstaten ertoe worden toegestaande toepassing van bepaalde oenologische procedés te beperken of uit te sluiten, moet het hen toegestaan worden stringentere beperkingen voor op hun grondgebied geproduceerde wijnen te behouden en moet het hen toegestaan worden het experimentele gebruik van niet-toegestane oenologische procedés toe te staan.

(84) Teneinde ervoor te zorgen dat de nationale voorschriften voor bepaalde producten en sectoren in het licht van de handelsnormen correct en transparant worden toegepast, moet aan de Commissie de bevoegdheid worden overgedragen om bepaalde handelingen vast te stellen met betrekking tot het bepalen van de voorwaarden voor de toepassing van deze handelsnormen en van de voorwaarden voor het in bezit hebben, in het verkeer brengen en gebruiken van producten die via experimentele procedés zijn verkregen.

(85) Naast handelsnormen moeten er facultatieve kwaliteitsvermeldingen worden vastgesteld om ervoor te zorgen dat er op de markt geen misbruik wordt gemaakt van vermeldingen die bepaalde productkenmerken dan wel teelt- of verwerkingseigenschappen beschrijven, en dat de consumenten deze kunnen vertrouwen bij het onderscheiden van verschillende productkwaliteiten. In het licht van de doelstellingen van deze verordening en ter wille van de duidelijkheid moeten de bestaande facultatieve kwaliteitsvermeldingen onder deze verordening vallen.

(86) Het moet de lidstaten worden toegestaan voorschriften vast te stellen betreffende de afzet van wijnproducten die niet aan de eisen van deze verordening voldoen. Ter waarborging van een correcte en transparante toepassing van de nationale voorschriften betreffende wijnproducten moet aan de Commissie de bevoegdheid worden overgedragen om bepaalde handelingen vast te stellen ter bepaling van de gebruiksvoorwaarden voor wijnproducten die niet aan de eisen van deze verordening voldoen.

(87) Teneinde rekening te houden met de marktsituatie en met de ontwikkelingen van de handelsnormen en de internationale normen, moet aan de Commissie de bevoegdheid worden overgedragen om bepaalde handelingen vast te stellen met betrekking tot het reserveren van een bijkomende facultatieve vermelding, het vaststellen en wijzigen van de voorwaarden voor het gebruik ervan, en het annuleren van een facultatieve gereserveerde vermelding.

(88) Teneinde rekening te houden met de kenmerken van bepaalde sectoren en de verwachtingen van de consument, moet aan de Commissie de bevoegdheid worden overgedragen om bepaalde handelingen vast te stellen met betrekking tot de nadere bepaling van de eisen voor het invoeren van een bijkomende facultatieve gereserveerde vermelding.

(89) Teneinde ervoor te zorgen dat met facultatieve gereserveerde vermeldingen beschreven producten voldoen aan de toepasselijke gebruiksvoorwaarden, moet aan de Commissie de bevoegdheid worden overgedragen om bepaalde handelingen vast te stellen met betrekking tot het vastleggen van aanvullende voorschriften betreffende het gebruik van facultatieve gereserveerde vermeldingen.

(90) Teneinde rekening te houden met de specifieke kenmerken van de handel tussen de Unie en bepaalde derde landen en met de bijzondere aard van sommige landbouwproducten, moet aan de Commissie de bevoegdheid worden overgedragen om bepaalde handelingen vast te stellen met betrekking tot de voorwaarden onder welke ingevoerde producten kunnen worden geacht een equivalent niveau van conformiteit met de eisen van de Unie betreffende de handelsnormen te hebben, en de voorwaarden onder welke maatregelen kunnen worden genomen tot afwijking van de voorschriften inhoudende dat de producten slechts conform deze normen in de Unie in de handel moeten worden gebracht, en de

voorschriften inzake de toepassing van de handelsnormen op uit de Unie uitgevoerde producten.

(91) De bepalingen betreffende wijn moeten worden toegepast in het licht van de internationale overeenkomsten die in overeenstemming met het VWEU zijn gesloten.

(92) Het concept van kwaliteitswijn in de Unie is onder meer gebaseerd op de specifieke kenmerken die zijn toe te schrijven aan de geografische oorsprong van de wijn. De consument kan deze wijn herkennen aan de hand van beschermde oorsprongsbenamingen en geografische aanduidingen. Om de kwaliteitsaanspraken voor de betrokken producten te onderbouwen met een transparant en beter uitgewerkt kader, dient een systeem te worden vastgesteld waarin aanvragen voor een oorsprongsbenaming of een geografische aanduiding op dezelfde wijze worden onderzocht als in het kader van het horizontale kwaliteitsbeleid van de Unie voor andere levensmiddelen dan wijn en gedistilleerde dranken dat is vastgelegd in Verordening (EU) nr. 1151/2012 van het Europees Parlement en de Raad [9].

(93) Om de specifieke kwaliteitskenmerken van wijn met een beschermde oorsprongsbenaming of een beschermde geografische aanduiding te handhaven, moet het de lidstaten worden toegestaan op dit gebied stringentere regels toe te passen.

(94) Om in de Unie beschermd te kunnen worden, moeten oorsprongsbenamingen en geografische aanduidingen voor wijn op Unieniveau worden erkend en geregistreerd overeenkomstig door de Commissie vastgestelde procedurele voorschriften.

(95) Oorsprongsbenamingen en geografische aanduidingen van derde landen die in het land van oorsprong beschermd zijn, dienen ook in de Unie voor bescherming in aanmerking te komen.

(96) De registratieprocedure moet iedere natuurlijke of rechtspersoon met een belang in een lidstaat of een derde land de gelegenheid bieden zijn rechten te doen gelden door bezwaar aan te tekenen.

(97) Geregistreerde oorsprongsbenamingen en geografische aanduidingen moeten worden beschermd tegen elk gebruik waarbij wordt geprofiteerd van de reputatie die verbonden is aan producten die aan de eisen voldoen. Om eerlijke concurrentie te bevorderen en de consument niet te misleiden, moet deze bescherming ook worden uitgebreid voor producten en diensten die niet onder deze verordening vallen, met inbegrip van die welke niet in bijlage I bij de Verdragen zijn genoemd.

(98) Teneinde rekening te houden met de bestaande etiketteringspraktijken, moet aan de Commissie de bevoegdheid worden overgedragen om bepaalde handelingen vast te stellen met betrekking tot het toestaan van het gebruik van een wijndruivenrasbenaming die geheel of gedeeltelijk bestaat uit een beschermde oorsprongsbenaming of een beschermde geografische aanduiding.

(99) Teneinde rekening te houden met de specifieke kenmerken van de productie in het afgebakende geografische gebied, moet aan de Commissie de bevoegdheid worden overgedragen om bepaalde handelingen vast te stellen met betrek-

---

(9) Verordening (EU) nr. 1151/2012 van het Europees Parlement en de Raad van 21 november 2012 inzake kwaliteitsregelingen voor landbouwproducten en levensmiddelen (*PB* L 343 van 14.12.2012, blz. 1).

king tot het vastleggen van de aanvullende criteria voor de afbakening van het geografische gebied en de beperkingen en afwijkingen voor de productie in het afgebakende geografische gebied.

(100) Teneinde de kwaliteit en de traceerbaarheid van het product te garanderen, moet aan de Commissie de bevoegdheid worden overgedragen om bepaalde handelingen vast te stellen met betrekking tot de voorwaarden waaronder het productdossier aanvullende eisen kan bevatten.

(101) Om ervoor te zorgen dat de legitieme rechten en belangen van de producenten en de marktdeelnemers te worden beschermd, moet aan de Commissie de bevoegdheid worden overgedragen om bepaalde handelingen vast te stellen met betrekking tot het type aanvrager dat de bescherming van een oorsprongsbenaming of een geografische aanduiding kan aanvragen, de voorwaarden voor het aanvragen van de bescherming van een oorsprongsbenaming of een geografische aanduiding, het onderzoek door de Commissie, de bezwaarprocedure en de procedures inzake de wijziging, annulering en omzetting van beschermde oorsprongsbenamingen en beschermde geografische aanduidingen. Die bevoegdheidsdelegatie dient eveneens te omvatten: de voorwaarden met betrekking tot grensoverschrijdende aanvragen, de voorwaarden voor aanvragen die geografische gebieden in derde landen betreffen, de datum waarop de bescherming of de wijziging van een bescherming ingaat, en de voorwaarden voor wijziging van productdossiers.

(102) Om een adequaat beschermingsniveau te garanderen, moet aan de Commissie de bevoegdheid worden overgedragen om bepaalde handelingen vast te stellen met betrekking tot voor de beschermde benaming geldende beperkingen.

(103) Teneinde te voorkomen dat de marktdeelnemers en de bevoegde autoriteiten onterecht nadeel ondervinden van de toepassing van deze verordening op wijnnamen waarvoor vóór 1 augustus 2009 bescherming is verleend, of waarvoor vóór die datum een beschermingsaanvraag is ingediend, moet aan de Commissie de bevoegdheid worden overgedragen om bepaalde handelingen vast te stellen met betrekking tot het vaststellen van overgangsvoorschriften betreffende die wijnnamen, wijnen die vóór een specifieke datum in de handel zijn gebracht of geëtiketteerd, en wijzigingen van het productdossier.

(104) Bepaalde aanduidingen worden traditoneel in de Unie gebruikt om de consument informatie te verstrekken over de bijzondere kenmerken en de kwaliteit van wijn, die een aanvulling vormt op de informatie die in de beschermde oorsprongsbenamingen en geografische aanduidingen besloten ligt. Teneinde de werking van de interne markt en de eerlijke concurrentie te garanderen en te voorkomen dat consumenten worden misleid, moeten deze traditionele aanduidingen in de Unie kunnen worden beschermd.

(105) Teneinde een adequaat beschermingsniveau te garanderen, moet aan de Commissie de bevoegdheid worden overgedragen om bepaalde handelingen vast te stellen met betrekking tot de taal en de spelling van een te beschermen traditionele aanduiding.

(106) Om ervoor te zorgen dat de legitieme rechten van producenten en marktdeelnemers worden beschermd, moet aan de Commissie de bevoegdheid worden overgedragen om bepaalde handelingen vast te stellen met betrekking tot het type aanvragers die bescherming van een traditionele aanduiding mogen aanvragen, de voorwaarden waaronder een aanvraag om erkenning van een traditionele

aanduiding als ontvankelijk wordt beschouwd, de gronden voor bezwaar tegen het voorstel tot bescherming van een traditionele aanduiding, de reikwijdte van de bescherming, waaronder het verband met merken, beschermde traditionele aanduidingen, beschermde oorsprongsbenamingen of beschermde geografische aanduidingen, homoniemen of bepaalde wijndruivenrassen, de redenen voor de annulering van een traditionele aanduiding, de datum voor indiening van een aanvraag of een verzoek, en de procedures voor het aanvragen van bescherming van een traditionele aanduiding, inclusief het onderzoek daarvan door de Commissie, de bezwaarprocedure en de procedures voor annulering en wijziging.
(107) Teneinde rekening te houden met de specifieke kenmerken van het handelsverkeer tussen de Unie en bepaalde derde landen, moet aan de Commissie de bevoegdheid worden overgedragen om bepaalde handelingen vast te stellen tot bepaling van de voorwaarden waaronder traditionele aanduidingen mogen worden gebruikt op producten van derde landen en tot bepaling van afwijkingen in dat verband.
(108) De omschrijving, de aanduiding en de aanbiedingsvorm van de onder deze verordening vallende producten van de wijnsector kunnen belangrijke gevolgen hebben voor de afzetbaarheid van deze producten op de markt. Verschillen tussen de nationale wettelijke bepalingen betreffende de etikettering van producten van de wijnsector kunnen de goede werking van de interne markt belemmeren. Bijgevolg moeten voorschriften worden vastgesteld waarin de legitieme belangen van de consumenten en de producenten in aanmerking worden genomen. Daarom dienen Unievoorschriften inzake etikettering en aanbiedingsvorm te worden vastgesteld.
(109) Teneinde de naleving van bestaande etiketteringspraktijken te garanderen, moet aan de Commissie de bevoegdheid worden overgedragen om bepaalde handelingen vast te stellen met betrekking tot het vastleggen van uitzonderlijke omstandigheden die het weglaten van de vermelding 'beschermde oorsprongsbenaming' of 'beschermde geografische aanduiding' rechtvaardigen.
(110) Teneinde met de specifieke kenmerken van de wijnsector rekening te houden, moet aan de Commissie de bevoegdheid worden overgedragen om bepaalde handelingen vast te stellen met betrekking tot de aanbiedingsvorm en het gebruik van andere etiketteringsaanduidingen dan de in deze verordening bedoelde, bepaalde verplichte aanduidingen en facultatieve aanduidingen, en presentatie.
(111) Om ervoor te zorgen dat de legitieme belangen van de marktdeelnemersworden beschermd, moet aan de Commissie de bevoegdheid worden overgedragen om bepaalde handelingen vast te stellen met betrekking tot de tijdelijke etikettering en presentatie van wijnen met een oorsprongsbenaming of een geografische aanduiding, mits die oorsprongsbenaming of geografische aanduiding voldoet aan de nodige eisen.
(112) Teneinde ervoor te zorgen dat marktdeelnemers niet worden benadeeld, moet aan de Commissie de bevoegdheid worden overgedragen om bepaalde handelingen vast te stellen met betrekking tot overgangsbepalingen voor wijn die overeenkomstig de vóór 1 augustus 2009 toepasselijke voorschriften in de handel is gebracht en geëtiketteerd.
(113) Teneinde rekening te houden met de specifieke kenmerken van de handel in producten van de wijnsector tussen de Unie en bepaalde derde landen, moet aan

de Commissie de bevoegdheid worden overgedragen om bepaalde handelingen vast te stellen met betrekking tot de afwijkingen van de voorschriften betreffende de etikettering en de aanbiedingsvorm van voor de uitvoer bestemde producten indien het recht van het betrokken derde land dat vereist.

(114) Na het verstrijken van de quotaregeling zullen nog steeds specifieke instrumenten nodig zijn om op het gebied van rechten en plichten voor een redelijk evenwicht tussen de suikerondernemingen en de suikerbietentelers te zorgen. Hiervoor moet een kader met standaardbepalingen worden vastgelegd, die de schriftelijke sectorale overeenkomsten onder de partijen beheren.

(115) De in 2006 doorgevoerde hervorming van de suikerregeling heeft ingrijpende veranderingen in de suikersector van de Unie teweeggebracht. Om de suikerbietentelers in staat te stellen zich volledig aan de nieuwe marktsituatie aan te passen en aan het marktgerichter werken van de sector, dient het huidige suikerquotumstelsel te worden verlengd tot de afschaffing ervan aan het eind van het verkoopseizoen 2016/2017.

(116) Teneinde rekening te houden met de specifieke kenmerken van de suikersector, moet aan de Commissie de bevoegdheid worden overgedragen om bepaalde handelingen vast te stellen met betrekking tot het actualiseren van de technische definities in verband met de suikersector, het actualiseren van de aankoopvoorwaarden voor biet vastgelegd in deze verordening, en met betrekking tot nadere voorschriften ter bepaling van het brutogewicht, de tarra en het suikergehalte van aan een bedrijf geleverde suiker, alsmede voorschriften betreffende suikerpulp.

(117) Recente ervaringen hebben uitgewezen dat er specifieke maatregelen moeten worden genomen om een toereikende suikervoorziening aan de Uniemarkt te garanderen voor de resterende toepassingsduur van de suikerquota.

(118) Teneinde rekening te houden met de specifieke kenmerken van de suikersector en te waarborgen dat terdege rekening wordt gehouden met de belangen van alle partijen, en gezien de noodzaak om verstoringen van de markt te voorkomen, moet aan de Commissie de bevoegdheid worden overgedragen om bepaalde handelingen vast te stellen met betrekking tot aankoopvoorwaarden en leveringsovereenkomsten, de actualisering van de aankoopvoorwaarden voor biet vastgelegd in deze verordening, en de criteria die de suikerondernemingen moeten toepassen bij de verdeling over de bietenverkopers van de hoeveelheden bieten waarop de vóór de inzaai gesloten leveringscontracten betrekking moeten hebben.

(119) Teneinde rekening te houden met de technische ontwikkelingen moet aan de Commissie de bevoegdheid worden overgedragen om bepaalde handelingen vast te stellen met betrekking tot de vaststelling van een lijst van producten die met industriële suiker, industriële isoglucose of industriële inulinestroop mogen worden vervaardigd.

(120) Teneinde ervoor te zorgen dat erkende ondernemingen die suiker, isoglucose of inulinestroop produceren of verwerken, hun verplichtingen nakomen, moet aan de Commissie de bevoegdheid worden overgedragen om bepaalde handelingen vast te stellen met betrekking tot de verlening en de intrekking van de erkenning van die ondernemingen, alsmede de criteria voor administratieve sancties.

(121) Om rekening te houden met de specifieke kenmerken van de suikersector en om ervoor te zorgen dat de belangen van alle partijen terdege in aanmerking worden

genomen, moet aan de Commissie de bevoegdheid worden overgedragen om bepaalde handelingen vast te stellen inzake de betekenis van bepaalde termen voor de toepassing van de quotaregeling en inzake de voorwaarden voor de verkoop aan ultraperifere gebieden.

(122) Om ervoor te zorgen dat de telers nauw worden betrokken bij een besluit om een bepaalde hoeveelheid van de productie over te boeken, moet aan de Commissie de bevoegdheid worden overgedragen om bepaalde handelingen vast te stellen met betrekking tot overboeking van suiker.

(123) Voor een beter beheer van het wijnbouwpotentieel dienen de lidstaten bij de Commissie een op het wijnbouwkadaster gebaseerde inventaris van hun productiepotentieel in te dienen. Om de lidstaten aan te moedigen deze inventaris in te dienen, moet worden bepaald dat de herstructurerings- en omschakelingssteun slechts wordt verleend aan lidstaten die de inventaris hebben ingediend.

(124) Teneinde de monitoring en de verificatie van het productiepotentieel door de lidstaten te vergemakkelijken, moet aan de Commissie de bevoegdheid worden overgedragen om bepaalde handelingen vast te stellen met betrekking tot de inhoud van het wijnbouwkadaster en de vrijstellingen.

(125) Om ervoor te zorgen dat de betrokken producten voldoende traceerbaar zijn, met name met het oog op de bescherming van de consument, moet worden worden (*red.*: lees: worden) vereist van alle onder deze verordening vallende producten van de wijnsector die zich binnen de Unie in het verkeer bevinden, dat zij vergezeld gaan van een begeleidend document.

(126) Teneinde het vervoer van wijnbouwproducten en de verificatie daarvan door de lidstaten te vergemakkelijken, moet aan de Commissie de bevoegdheid worden overgedragen om bepaalde handelingen vast te stellen met betrekking tot de voorschriften betreffende het begeleidende document en het gebruik ervan, betreffende de voorwaarden waaronder een begeleidend document moet worden beschouwd als een document dat een beschermde oorsprongsbenaming of een beschermde geografische aanduiding certificeert, betreffende de verplichting een register te voeren en met betrekking tot het gebruik ervan, betreffende de vraag wie er een register moet voeren, betreffende de vraag in welke gevallen van de verplichting tot het voeren van een register kan worden afgeweken, alsook betreffende de vraag welke transacties in het register moeten worden opgenomen.

(127) Bij gebreke van Uniewetgeving betreffende geformaliseerde, schriftelijke contracten, kunnen de lidstaten in het kader van nationaal overeenkomstenrecht het gebruik van dergelijke contracten verplicht stellen, op voorwaarde dat het recht van de Unie hierbij in acht wordt genomen en met name de goede werking van de interne markt en van de gemeenschappelijke marktordening wordt gewaarborgd. Gezien de verscheidenheid in de Unie op dit gebied, moet een daartoe strekkend besluit, in het belang van de subsidiariteit, worden overgelaten aan de lidstaten. Wat de sector melk en zuivelproducten betreft, moet op Unieniveau wel een aantal basisvoorwaarden voor het gebruik van dergelijke contracten worden vastgesteld, teneinde te garanderen dat deze contracten aan bepaalde minimumnormen voldoen en dat zowel de interne markt als de gemeenschappelijke marktordening goed blijft werken. Over deze basisvoorwaarden moet vrij worden onderhandeld. Aangezien sommige zuivelcoöperaties wellicht voorschriften met een soortgelijke werking in hun statuten hebben opgenomen, dienen zij in het be-

lang van de vereenvoudiging te worden vrijgesteld van de contractplicht. Met het oog op een grotere doeltreffendheid van een dergelijke regeling van contracten, dienen de lidstaten te bepalen of zij tevens van toepassing moet zijn in gevallen waarin tussenpersonen de melk bij de landbouwers inzamelen om deze aan de verwerkers te leveren.

(128) Om een duurzame ontwikkeling van de productie en een daaruit voortvloeiende billijke levensstandaard voor de melkproducenten te waarborgen, moet de onderhandelingspositie van deze producenten ten opzichte van de zuivelverwerkers worden versterkt, wat tot een eerlijker verdeling van de meerwaarde in de hele keten zou moeten leiden. Met het oog op de verwezenlijking van die doelstellingen van het GLB, moet een bepaling op grond van artikel 42 en artikel 43, lid 2, VWEU worden vastgesteld teneinde uit melkproducenten bestaande producentenorganisaties of unies van producentenorganisaties in staat te stellen om, met betrekking tot de rauwemelkproductie van al hun leden of een gedeelte daarvan, gezamenlijk met een zuivelfabrikant te onderhandelen over contractvoorwaarden, inclusief de prijs. Met het oog op doeltreffende mededinging op de zuivelmarkt moeten aan deze mogelijkheid adequate kwantitatieve beperkingen worden verbonden. Om het goed functioneren van coöperaties niet in het gedrang te brengen en omwille van de duidelijkheid moet uitdrukkelijk worden gesteld dat wanneer het lidmaatschap van een landbouwer van een coöperatie de verplichting inhoudt dat de rauwe melkproductie van de landbouwer geheel of gedeeltelijk dient te worden geleverd overeenkomstig de voorwaarden die in de statuten van de coöperatie of de op grond van deze statuten vastgestelde voorschriften en besluiten zijn neergelegd, over deze voorwaarden niet met een producentenorganisatie hoeft te worden onderhandeld.

(129) Gezien het belang van beschermde oorsprongsbenamingen en beschermde geografische aanduidingen, met name voor kwetsbare landbouwgebieden, alsmede om de toegevoegde waarde te waarborgen en de kwaliteit van, met name, kazen met beschermde oorsprongsbenamingen en beschermde geografische aanduidingen te handhaven, moet het de lidstaten in het licht van de aanstaande afloop van de melkquotaregeling vrij staan om, op verzoek van een brancheorganisatie, een producentenorganisatie of een groepering in de zin van Verordening (EU) nr. 1151/2012, voorschriften voor de regulering van het gehele aanbod van dergelijke in het bedoelde gebied geproduceerde kazen toe te passen. Het reguleringsverzoek moet worden gesteund door een ruime meerderheid van de melkproducenten, die het merendeel van de voor de productie van deze kaas gebruikte melk vertegenwoordigen, en in het geval van brancheorganisaties en groeperingen, door een ruime meerderheid van kaasproducenten die het merendeel van de productie van deze kaas vertegenwoordigen.

(130) Om de ontwikkelingen op de markt te kunnen volgen, dient de Commissie tijdig over informatie inzake de hoeveelheden geleverde rauwe melk te beschikken. Derhalve is een bepaling nodig die ervoor moet zorgen dat de eerste koper deze informatie geregeld aan de lidstaten meedeelt en dat de lidstaat de Commissie hiervan in kennis stelt.

(131) Producentenorganisaties en unies van producentenorganisaties kunnen een nuttige rol spelen bij de concentratie van het aanbod, bij hetverbeteren van de afzet, de planning en de afstemming van de productie op de vraag, het optimaliseren

van de productiekosten en het stabiliseren van de producentenprijzen, het verrichten van onderzoek, het bevorderen van beste praktijken en het verstrekken van technische bijstand, het beheren van bijproducten en de risicobeheersingsinstrumenten waarover hun leden beschikken, kunnen zodoende bijdragen aan het versterken van de positie van de producenten in de voedselketen.

(132) Brancheorganisaties kunnen een belangrijke rol spelen door de dialoog tussen de in de bevoorradingsketen actieve partijen mogelijk te maken en door goede praktijken en markttransparantie te stimuleren.

(133) De bestaande voorschriften inzake de omschrijving en de erkenning van producentenorganisaties, unies van producentenorganisaties, en brancheorganisaties moeten derhalve worden geharmoniseerd, gestroomlijnd en uitgebreid teneinde in de mogelijkheid te voorzien deze organisaties en unies daarvan op verzoek te erkennen krachtens statuten die in overeenstemming met deze verordening voor bepaalde sectoren zijn vastgesteld. Meer bepaald moeten de erkenningscriteria en de statuten van de producentenorganisaties garanderen dat dergelijke instanties worden opgericht op initiatief van producenten en dat zij worden gereglementeerd door voorschriften op grond waarvan de aangesloten producenten op democratische wijze toezicht kunnen uitoefenen op hun organisatie en haar besluiten.

(134) De in diverse sectoren geldende bepalingen die de werking van producentenorganisaties, unies van producentenorganisaties en brancheorganisaties versterken door de lidstaten toe te staan om sommige voorschriften van dergelijke organisaties onder bepaalde voorwaarden van toepassing te verklaren voor niet bij die organisaties aangesloten marktdeelnemers, zijn doeltreffend gebleken en moeten geharmoniseerd, gestroomlijnd en tot alle sectoren uitgebreid worden.

(135) De mogelijkheid moet worden geboden om, met het oog op een vlottere aanpassing van het aanbod aan de eisen van de markt, bepaalde maatregelen vast te stellen die ertoe kunnen bijdragen dat de markten worden gestabiliseerd en een redelijke levensstandaard van de betrokken landbouwgemeenschap wordt verzekerd.

(136) Teneinde producentenorganisaties, unies van producentenorganisaties en brancheorganisaties aan te moedigen tot initiatieven om de aanpassing van het aanbod aan de eisen van de markt te vergemakkelijken, met uitzondering van initiatieven tot het uit de markt nemen van producten, moet aan de Commissie de bevoegdheid worden overgedragen om bepaalde handelingen vast te stellen met betrekking tot maatregelen om de kwaliteit te verhogen, de organisatie van productie, verwerking en afzet te verbeteren, de notering van het prijsverloop op de markten te vergemakkelijken en het opstellen van korte- en langetermijnramingen aan de hand van gegevens betreffende de gebruikte productiemiddelen mogelijk te maken.

(137) Om de werking van de markt voor wijn te verbeteren, moeten de lidstaten in staat zijn besluiten van brancheorganisaties uit te voeren. Die besluiten mogen evenwel geen betrekking hebben op praktijken die de concurrentie kunnen verstoren.

(138) Het gebruik van geformaliseerde schriftelijke contracten in de melksector wordt door afzonderlijke bepalingen geregeld, maar daarnaast kan het gebruik van dergelijke contracten de verantwoordelijkheidszin van marktdeelnemers in andere sectoren vergroten en hen doen inzien dat zij meer rekening dienen te houden

met de signalen van de markt, alsmede bijdragen tot de doorrekening van de prijzen, betere afstemming van het aanbod op de vraag en voorkoming van bepaalde oneerlijke handelspraktijken. Bij gebrek aan wetgeving van de Unie over dergelijke contracten kunnen de lidstaten binnen het kader van hun nationaal overeenkomstenrecht besluiten om het gebruik van dergelijke contracten te verplichten, mits zij daarbij het recht van de Unie naleven en het goed functioneren van de interne markt en van de gemeenschappelijke marktordening wordt gewaarborgd.

(139) Ter waarborging van een duurzame ontwikkeling van de productie en een billijke levensstandaard voor de producenten in de rundvlees- en in de olijfoliesector, alsmede voor de telers van bepaalde akkerbouwgewassen, moet de onderhandelingspositie van deze producenten ten opzichte van de downstream-marktdeelnemers worden versterkt, zodat een eerlijker verdeling van de meerwaarde in de hele keten wordt bewerkstelligd. Om deze GLB-doelstellingen te kunnen verwezenlijken, moeten erkende producentenorganisaties in staat zijn om, onverminderd kwantitatieve beperkingen, met betrekking tot de productie van al hun leden of een gedeelte daarvan, over leveringscontractvoorwaarden, inclusief de prijzen, te onderhandelen, mits die organisaties een of meer van de doelstellingen inzake concentratie van het aanbod, het in de handel brengen van de producten van hun leden en optimalisering van de productiekosten nastreven en mits het nastreven van die doelstellingen tot de integratie van activiteiten leidt en die integratie naar alle waarschijnlijkheid aanzienlijke efficiëntiewinst zal opleveren, zodat de activiteiten van de producentenorganisaties per saldo bijdragen aan de verwezenlijking van de doelstellingen van artikel 39 VWEU. Dat is haalbaar mits de producentenorganisaties bepaalde specifieke activiteiten verrichten die significant zijn vanuit het oogpunt van productievolume, de productiekosten en het in de handel brengen van het product.

(140) Teneinde de meerwaarde te garanderen, en de kwaliteit in stand te houden, van met name gezouten ham met een beschermde oorsprongsbenaming of een beschermde geografische aanduiding, moet het de lidstaten onder strikte voorwaarden zijn toegestaan voorschriften toe te passen om het aanbod van deze gezouten ham te reguleren, mits die voorschriften worden gesteund door een grote meerderheid van de producenten ervan en, in voorkomend geval, van de varkensfokkers in het geografische gebied met betrekking tot die ham.

(141) De registratieverplichting van alle contracten voor de levering van in de Unie geproduceerde hop is omslachtig en moet worden stopgezet.

(142) Teneinde ervoor te zorgen dat de doelstellingen en verantwoordelijkheden van producentenorganisaties, unies van producentenorganisaties en brancheorganisaties duidelijk worden omschreven, in het belang van een grotere doeltreffendheid van de maatregelen van die organisaties en unies, zonder onevenredige administratieve lasten en zonder afbreuk te doen aan het beginsel van vrijheid van vereniging, in het bijzonder voor niet-leden van die organisaties, moet aan de Commissie de bevoegdheid worden overgedragen om bepaalde handelingen vast te stellen met betrekking tot: voorschriften over de specifieke doelstellingen die organisaties en unies kunnen, moeten of niet mogen nastreven, en voor zover van toepassing, moeten worden toegevoegd aan de bij deze verordening vastgestelde doelstellingen, de regelgeving voor deze organisaties en unies, de statuten van

andere organisaties dan producentenorganisaties, de specifieke voorwaarden die voor de producentenorganisaties in bepaalde sectoren gelden, onder meer inzake afwijkingen, structuur, lidmaatschapsduur, omvang en democratische verantwoordingsplicht, alsmede de activiteiten van deze organisaties en unies, de gevolgen van fusies, de voorwaarden voor erkenning, en intrekking en opschorting van erkenning, de gevolgen daarvan, alsmede eisen in verband met het nemen van corrigerende maatregelen indien niet aan de erkenningscriteria wordt voldaan; transnationale organisaties en unies en de voorschriften inzake administratieve bijstand in het geval van transnationale samenwerking, de sectoren waarvoor de lidstaten toestemming voor uitbesteding moeten geven en de aard van de activiteiten die kunnen worden uitbesteed, de terbeschikkingstelling van technische middelen door organisaties of unies, de grondslag voor de berekening van het minimumvolume of de minimumwaarde van de afzetbare productie van organisaties of unies, voorschriften inzake de berekening van het volume rauwe melk waarover door een producentenorganisatie wordt onderhandeld, het opnemen van leden die geen producent zijn in producentenorganisaties, of van leden die geen producentenorganisatie zijn in een unie van producentenorganisaties; het algemeen verbindend verklaren van bepaalde voorschriften van de organisaties voor niet-leden en de verplichte betaling van een lidmaatschapsbijdrage door niet-leden, inclusief het gebruik en de toewijzing van die betaling door deze organisaties en een lijst van stringentere productievoorschriften die verbindend kunnen worden verklaard voor niet-leden, aanvullende eisen inzake de representativiteit, de betrokken economische gebieden, met inbegrip van het door de Commissie te verrichten onderzoek van de omschrijving daarvan, de minimumperioden waarin de voorschriften van toepassing moeten zijn alvorens verbindend te kunnen worden verklaard voor niet-leden, de personen of organisaties voor wie/ waarvoor de voorschriften of de bijdragen gelden, en de omstandigheden waarin de Commissie kan eisen de verbindendverklaring van de voorschriften of de verplichte betaling van de bijdragen af te wijzen of in te trekken.

(143) De monitoring van de handelsstromen is bij uitstek een beheerskwestie die op flexibele wijze moet worden aangepakt. Bij het nemen van het besluit tot oplegging van certificaatverplichtingen moet worden nagegaan of certificaten noodzakelijk zijn voor het beheer van de betrokken markten en, met name, voor de monitoring van de invoer en de uitvoer van de betrokken producten.

(144) Teneinde rekening te houden met de internationale verplichtingen van de Unie en de toepasselijke sociale normen, milieunormen en normen voor dierenwelzijn van de Unie, de noodzaak om de ontwikkelingen in de handel en op de markt, alsmede in invoer en uitvoer van producten te monitoren, de markt goed te beheren en de administratieve lasten te verminderen, moet aan de Commissie de bevoegdheid worden overgedragen om bepaalde handelingen vast te stellen met betrekking tot de lijst van de producten waarvoor een invoer- of een uitvoercertificaat moet worden overgelegd, en de gevallen en omstandigheden waarin geen invoer- of uitvoercertificaat hoeft te worden overgelegd.

(145) Teneinde de certificaatregeling verder vorm te geven, moet aan de Commissie de bevoegdheid worden overgedragen om bepaalde handelingen vast te stellen met betrekking tot voorschriften betreffende de rechten en plichten die uit het

certificaat voortvloeien, de rechtsgevolgen van het certificaat, alsmede de gevallen waarin tolerantie voor de naleving van de invoer- of uitvoerverplichting van de in het certificaat vermelde hoeveelheid geldt, of de oorsprong moet worden aangeduid, de koppeling van de afgifte van een invoercertificaat of de vrijgave voor het vrije verkeer aan de overlegging van een door een derde land of een entiteit afgegeven document waarin onder meer de oorsprong, de authenticiteit en de kwaliteitskenmerken van de betrokken producten worden gecertificeerd, de overdracht van het certificaat of de beperkingen waaraan die overdraagbaarheid gebonden is, aanvullende voorwaarden voor invoercertificaten voor hennep en het beginsel administratieve samenwerking tussen de lidstaten om gevallen van fraude en onregelmatigheden te voorkomen of in behandeling te nemen, alsmede de gevallen en situaties waarin al dan niet een zekerheid moet worden gesteld die garandeert dat de producten binnen de geldigheidsduur van het certificaat worden ingevoerd of uitgevoerd.

(146) De essentiële elementen van de douanerechten voor landbouwproducten die op grond van WTO-overeenkomsten en bilaterale overeenkomsten gelden, zijn in het gemeenschappelijk douanetarief vastgesteld. De Commissie dient bevoegd te zijn maatregelen vast te stellen voor de gedetailleerde berekening van de invoerrechten die uit deze essentiële elementen voortvloeien.

(147) Het invoerprijssysteem moet voor bepaalde producten worden behouden. Om te zorgen voor de doeltreffende werking van dat systeem, moet aan de Commissie de bevoegdheid worden overgedragen om bepaalde handelingen vast te stellen met betrekking tot de controle op de juistheid van de opgegeven prijs van een zending aan de hand van een forfaitaire waarde bij invoer, en ter bepaling van de voorwaarden waaronder het stellen van een zekerheid vereist is.

(148) Om de nadelige gevolgen te voorkomen of te beperken die de Uniemarkt zou kunnen ondervinden van de invoer van bepaalde landbouwproducten, moet in bepaalde situaties bij invoer van die producten een aanvullend recht worden geheven indien aan bepaalde voorwaarden is voldaan.

(149) Onder bepaalde voorwaarden dienen tariefcontingenten voor invoer te worden geopend en beheerd die voortvloeien uit overeenkomstig het VWEU gesloten internationale overeenkomsten of uit andere rechtshandelingen van de Unie. Voor invoertariefcontingenten moet de gekozen beheersmethode terdege rekening worden gehouden met de voorzieningsbehoeften van de bestaande en opkomende productie-, verwerkings- en consumptiemarkt van de Unie, wat het concurrentievermogen en de voorzieningszekerheid en -continuïteit betreft, en met de noodzaak de markt in evenwicht te houden.

(150) Ter inachtneming van de verbintenissen die zijn vervat in de overeenkomsten als onderdeel van de multilaterale handelsbesprekingen van de Uruguayronde betreffende de tariefcontingenten voor de invoer in Spanje van 2 000 000 ton maïs en 300 000 ton sorgho, en betreffende de tariefcontingenten voor de invoer in Portugal van 500 000 ton maïs, moet aan de Commissie de bevoegdheid worden overgedragen om bepaalde handelingen vast te stellen met betrekking tot het vastleggen van de vereiste bepalingen inzake de verrichting van de invoer in het kader van het tariefcontingent alsmede, in voorkomend geval, inzake de openbare opslag van de door de betaalorganen van de betrokken lidstaten ingevoerde hoeveelheden.

(151) Teneinde in het kader van de tariefcontingenten te zorgen voor een eerlijke toegang tot de beschikbare hoeveelheden en voor de gelijke behandeling van de marktdeelnemers, moet aan de Commissie de bevoegdheid worden overgedragen om bepaalde handelingen vast te stellen tot bepaling van de voorwaarden en eisen waaraan een marktdeelnemer moet voldoen om een aanvraag in het kader van het tariefcontingent te kunnen indienen, tot bepaling van voorschriften betreffende de overdracht van rechten tussen marktdeelnemers en, waar nodig, beperkingen die van toepassing zijn op de overdracht in het kader van het beheer van de tariefcontingenten, tot koppeling van de toegang tot een tariefcontingent aan het stellen van een zekerheid, om te voorzien, waar nodig, in eventuele specifieke kenmerken, eisen of beperkingen welke aangaande de tariefcontingenten zijn vastgesteld in de internationale overeenkomst of in een andere toepasselijke handeling

(152) In sommige gevallen kunnen landbouwproducten die voldoen aan bepaalde specificaties en/of prijsvoorwaarden, in aanmerking komen voor een speciale behandeling bij invoer in een derde land. Met het oog op een correcte toepassing van een dergelijke regeling moeten de autoriteiten van het invoerende derde land en die van de Unie op administratief vlak met elkaar samenwerken. Daartoe moeten de producten vergezeld gaan van een in de Unie afgegeven certificaat.

(153) Teneinde ervoor te zorgen dat producten die worden uitgevoerd, op grond van overeenkomstig het VWEU door de Unie gesloten internationale overeenkomsten onder bepaalde voorwaarden in aanmerking kunnen komen voor een speciale behandeling bij invoer in een derde land, moet aan de Commissie de bevoegdheid worden overgedragen om bepaalde handelingen vast te stellen met betrekking tot de aan de bevoegde autoriteiten van de lidstaten op te leggen verplichting om, op verzoek en nadat zij de nodige controles hebben verricht, een document af te geven houdende een verklaring dat de voorwaarden zijn vervuld.

(154) Om te voorkomen dat illegale hennepteelt de markt voor vezelhennep verstoort, dient deze verordening te voorzien in controles op de invoer van hennep en hennepzaad, die moeten garanderen dat de betrokken producten bepaalde garanties bieden met betrekking tot hun gehalte aan tetrahydrocannabinol. Bovendien moet de invoer van ander dan voor inzaai bestemd hennepzaad onderworpen blijven aan een controleregeling die de erkenning van de betrokken importeurs omvat.

(155) In de hele Unie wordt voor de producten van de hopsector een kwaliteitsbeleid gevoerd. Ten aanzien van ingevoerde producten moeten in deze verordening bepalingen worden opgenomen om te garanderen dat alleen producten die aan equivalente minimumkwaliteitskenmerken voldoen, worden ingevoerd. Om de administratieve lasten tot een minimum te beperken, moet aan de Commissie de bevoegdheid worden overgedragen om bepaalde handelingen vast te stellen met betrekking tot de gevallen waarin de verplichtingen inzake de gelijkwaardigheidsverklaring en de etikettering van de verpakking niet van toepassing zijn.

(156) De Unie heeft verscheidene regelingen voor preferentiële markttoegang getroffen met derde landen, die het die landen mogelijk maken onder gunstige voorwaarden rietsuiker uit te voeren naar de Unie. De betrokken bepalingen betreffende

de raming van de behoefte van de raffinaderijen aan suiker voor raffinage en, onder bepaalde voorwaarden, de reservering van invoercertificaten voor gespecialiseerde gebruikers van aanzienlijke hoeveelheden ingevoerde ruwe rietsuiker, die worden geacht voltijdraffinaderijen in de Unie te zijn, moeten gedurende een bepaalde periode worden gehandhaafd. Teneinde te waarborgen dat ingevoerde suiker voor raffinage in overeenstemming met die eisen wordt geraffineerd, moet aan de Commissie de bevoegdheid worden overgedragen om bepaalde handelingen vast te stellen met betrekking tot het gebruik van aanduidingen voor de werking van invoerregelingen, de voorwaarden en eisen waaraan een marktdeelnemer moet voldoen om een aanvraag voor een invoercertificaat in te dienen, inclusief het stellen van een zekerheid, en de voorschriften inzake op te leggen administratieve sancties.

(157) Het stelsel van douanerechten maakt het mogelijk af te zien van iedere andere beschermende maatregel aan de buitengrenzen van de Unie. In uitzonderlijke omstandigheden kan komen vast te staan dat de interne markt en het stelsel van rechten echter tekortschieten. Om de Uniemarkt dan niet onbeschermd te laten tegen de mogelijke verstoring, moet de Unie in staat worden gesteld onverwijld alle vereiste maatregelen te nemen. Die maatregelen moeten in overeenstemming zijn met de internationale verbintenissen van de Unie.

(158) Het is wenselijk de toepassing van de regelingen actief en passief veredelingsverkeer te schorsen wanneer de markt van de Unie door dergelijke regelingen wordt verstoord of dreigt te worden verstoord.

(159) Als maatregel voor bepaalde producten waarop deze verordening van toepassing is wanneer de voorwaarden in de interne markt zijn zoals de voorwaarden beschreven voor uitzonderlijke maatregelen, zou moeten worden gedacht aan restituties bij uitvoer naar derde landen, die gebaseerd zijn op het verschil tussen de prijzen in de Unie en die op de wereldmarkt, en die binnen de grenzen blijven van de verbintenissen die in het kader van de WTO zijn aangegaan. De gesubsidieerde uitvoer moet, wat waarde en hoeveelheid betreft, worden beperkt, en de beschikbare restitutie moet, onverminderd de toepassing van uitzonderlijke maatregelen, 0 EUR bedragen.

(160) De inachtneming van de grenzen aan de waarde van de restituties bij uitvoer moet bij de vaststelling van die restituties worden veiliggesteld via monitoring van de betalingen overeenkomstig de voorschriften betreffende het Europees Landbouwgarantiefonds. De monitoring moet door verplichte vaststelling vooraf van de uitvoerrestituties worden vergemakkelijkt, waarbij in het geval van gedifferentieerde restituties de mogelijkheid moet worden geboden om binnen een geografisch gebied waarvoor één enkel uitvoerrestitutiebedrag geldt, de vermelde bestemming door een andere te vervangen. Bij wijziging van de bestemming dient de voor de werkelijke bestemming geldende uitvoerrestitutie te worden betaald, met als maximum het bedrag dat geldt voor de vooraf vastgestelde bestemming.

(161) De inachtneming van de kwantitatieve beperkingen moet worden gegarandeerd door middel van een betrouwbaar en doeltreffend monitoringsysteem. Daartoe moet de toekenning van uitvoerrestituties afhankelijk worden gesteld van de overlegging van een uitvoercertificaat. Uitvoerrestituties dienen te worden toegekend voor maximaal de hoeveelheden waarvoor dit binnen de gestelde

grenzen mogelijk is, afhankelijk van de specifieke situatie voor elk betrokken product. Op deze regel kunnen alleen uitzonderingen worden gemaakt voor niet in bijlage I bij de Verdragen genoemde verwerkte producten, waarvoor geen volumebeperkingen gelden. Van de verieste (*red.*: lees: vereiste) van een strikte toepassing van deze beheersvoorschriften moet kunnen worden afgeweken in het geval van uitvoer met uitvoerrestituties waarbij het niet waarschijnlijk is dat de vastgestelde hoeveelheid zal worden overschreden.

(162) Wat de uitvoer van levende runderen betreft, mogen uitvoerrestituties slechts worden toegekend en betaald als de in de Uniewetgeving vastgestelde bepalingen inzake dierenwelzijn, en met name die betreffende de bescherming van dieren tijdens het vervoer, in acht worden genomen.

(163) Teneinde ervoor te zorgen dat de uitvoerrestitutieregeling goed functioneert, is de Commissie bevoegd om bepaalde handelingen vast te stellen met betrekking tot de vereiste een zekerheid te stellen teneinde te garanderen dat de marktdeelnemers hun verplichtingen nakomen.

(164) Teneinde de administratieve lasten voor de marktdeelnemers en de autoriteiten tot een minimum te beperken, moet aan de Commissie de bevoegdheid worden overgedragen om bepaalde handelingen vast te stellen met betrekking tot het bepalen van de drempel onder welke niet vereist is dat een uitvoercertificaat wordt afgegeven of overgelegd, voor welke bestemmingen of transacties vrijstelling kan worden verleend van de verplichting een uitvoercertificaat over te leggen, en voor het in gerechtvaardigde situaties toestaan dat een uitvoercertificaat achteraf wordt afgegeven.

(165) Teneinde tegemoet te komen aan praktische situaties die een volledige of gedeeltelijke subsidiabiteit van uitvoerrestituties rechtvaardigen, en teneinde de marktdeelnemers te helpen de periode tussen de aanvraag van de uitvoerrestitutie en de uiteindelijke uitbetaling ervan te overbruggen, moet aan de Commissie de bevoegdheid worden overgedragen om bepaalde handelingen vast te stellen met betrekking tot voorschriften inzake een andere datum voor de restitutie, voorschotten op de uitvoerrestitutie, met inbegrip van de voorwaarden voor het stellen en het vrijgeven van de zekerheid, aanvullende bewijsstukken indien twijfels bestaan over de werkelijke bestemming van de producten, en de mogelijkheid van wederinvoer op het douanegebied van de Unie, de bestemmingen die met uitvoer uit de Unie worden gelijkgesteld en de opname van op het douanegrondgebied van de Unie gelegen bestemmingen die in aanmerking komen voor uitvoerrestituties.

(166) Teneinde ervoor te zorgen dat exporteurs van in bijlage I bij de Verdragen vermelde producten en van daarvan vervaardigde producten gelijke toegang hebben tot uitvoerrestituties, moet aan de Commissie de bevoegdheid worden overgedragen om bepaalde handelingen vast te stellen met betrekking tot de toepassing van bepaalde voor landbouwproducten geldende voorschriften op producten die worden uitgevoerd in de vorm van verwerkte producten.

(167) Teneinde ervoor te zorgen dat de producten waarvoor uitvoerrestituties worden betaald, uit het douanegebied van de Unie worden uitgevoerd, te voorkomen dat zij op dat grondgebied terugkeren, en de administratieve lasten voor de marktdeelnemers bij het opstellen en het indienen van bewijsstukken waaruit blijkt dat de producten waarvoor gedifferentieerde restituties worden

betaald, een bestemmingsland hebben bereikt, tot een minimum te beperken, moet aan de Commissie de bevoegdheid worden overgedragen om bepaalde handelingen vast te stellen tot bepaling van voorschriften inzake de termijn waarbinnen de producten het douanegebied van de Unie moeten hebben verlaten, met inbegrip van de termijn waarin zij er tijdelijk weer mogen zijn ingevoerd, de verwerking die de producten waarvoor uitvoerrestituties worden betaald, tijdens die periode mogen ondergaan, het bewijs, om in aanmerking te komen voor gedifferentieerde restituties, dat de producten een bestemming hebben bereikt, de restitutiedrempels en de voorwaarden waaronder de exporteurs van de betrokken bewijslast kunnen worden vrijgesteld en de voorwaarden waaronder onafhankelijke derden het bewijs waaruit blijkt dat een bestemming is bereikt, mogen leveren waar gedifferentieerde restituties van toepassing zijn.

(168) Teneinde de naleving van de dierenwelzijnsvoorschriften door de exporteurs te bevorderen en om de bevoegde autoriteiten in staat te stellen om na te gaan of de uitbetaling van aan de naleving van dierenwelzijnsvoorschriften gekoppelde uitvoerrestituties correct heeft plaatsgevonden, moet aan de Commissie de bevoegdheid worden overgedragen om bepaalde handelingen vast te stellen met betrekking tot dierenwelzijnsvoorschriften buiten het douanegrondgebied van de Unie, ook wat het inzetten van onafhankelijke derden betreft.

(169) Teneinde rekening te houden met de specifieke kenmerken van de verschillende sectoren, moet aan de Commissie de bevoegdheid worden overgedragen om bepaalde handelingen vast te stellen met betrekking tot specifieke eisen en voorwaarden voor de marktdeelnemers, met betrekking tot de producten die voor uitvoerrestituties in aanmerking komen en de vaststelling van de coëfficiënten voor de berekening van de uitvoerrestituties, rekening houdend met het verouderingsproces van bepaalde uit granen gedistilleerde dranken.

(170) De minimumprijzen voor de uitvoer van bloembollen hebben geen nut meer en moeten worden afgeschaft.

(171) Overeenkomstig artikel 42 VWEU zijn de in het VWEU neergelegde bepalingen over mededinging slechts op de productie van en de handel in landbouwproducten van toepassing voor zover dat bij de Uniewetgeving is vastgesteld in het kader van artikel 43, lid 2 VWEU en volgens de daarin bepaalde procedure.

(172) Gezien de specifieke kenmerken van de landbouwsector en het feit dat deze afhangt van de goede werking van de volledige toeleveringsketen, met inbegrip van de doeltreffende toepassing van de mededingingsvoorschriften in alle relevante sectoren in de volledige voedselketen, die sterk geconcentreerd kan zijn, moet bijzondere aandacht uitgaan naar de toepassing van de mededingingsvoorschriften bedoeld in artikel 42 VWEU. Daartoe moeten de Commissie en de mededingingsautoriteiten van de lidstaten nauw samenwerken. Voorts zijn de in voorkomend geval door de Commissie vastgestelde richtsnoeren een passend instrument voor het bieden van sturing aan ondernemingen en andere betrokken belanghebbenden.

(173) Er dient te worden bepaald dat de mededingingsregels betreffende de in artikel 101 VWEU bedoelde overeenkomsten, besluiten en gedragingen en betreffende misbruik van machtspositie op de productie van en de handel in landbouwpro-

ducten van toepassing zijn mits dit geen belemmering vormt voor de verwezenlijking van de doelstellingen van het GLB.
(174) Er moet worden voorzien in een speciale benadering in het geval van producentenorganisaties en unies van producentenorganisaties die tot doel hebben gezamenlijk landbouwproducten te produceren of af te zetten, of gezamenlijke voorzieningen te gebruiken, tenzij dat gezamenlijk optreden mededinging uitsluit of de verwezenlijking van de doelstellingen van artikel 39 VWEU in gevaar brengt.
(175) Onverminderd de regulering van de levering van bepaalde producten, zoals kaas en ham met een beschermde oorsprongsbenaming of geografische aanduiding, of wijn, waarvoor een reeks specifieke voorschriften geldt, moet voor bepaalde activiteiten van brancheorganisaties een speciale benadering worden gevolgd, op voorwaarde dat die activiteiten niet tot compartimentering van de markten leiden, de goede werking van de GMO niet belemmeren, de concurrentie niet verstoren of uitschakelen, geen vaststelling van prijzen of quota omvatten en geen discriminatie creëren.
(176) De goede werking van de interne markt zou door de verlening van nationale steun in gevaar worden gebracht. Daarom moeten de bepalingen van het VWEU betreffende staatssteun in de regel van toepassing zijn op landbouwproducten. Niettegenstaande moeten in sommige gevallen uitzonderingen kunnen worden toegestaan. Als dergelijke uitzonderingen bestaan, moet de Commissie in staat zijn een lijst van bestaande, nieuwe of voorgestelde nationale steunmaatregelen op te stellen, ten aanzien van de lidstaten passende opmerkingen te maken en geschikte maatregelen voor te stellen.
(177) De bepalingen inzake de rooipremie en bepaalde maatregelen in het kader van de steunprogramma's voor wijn mogen op zich geen beletsel vormen voor de verlening van nationale steun voor dezelfde doeleinden.
(178) Finland en Zweden moeten de mogelijkheid krijgen om wegens de specifieke economische situatie van de productie en de afzet van rendieren en rendierproducten, op dat gebied nationale betalingen te blijven toekennen.
(179) De suikerbietenteelt in Finland vindt plaats in bijzondere geografische en klimatologische omstandigheden die, naast de algemene gevolgen van de hervorming van de suikersector, een negatieve invloed hebben op de teelt. Deze lidstaat moet daarom toestemming krijgen om permanent nationale betalingen aan zijn suikerbietentelers toe te kennen.
(180) De lidstaten moeten nationale betalingen kunnen toekennen voor de cofinanciering van de in het kader van deze verordening vastgestelde maatregelen ten aanzien van de bijenteelt, voor de bescherming van bedrijven uit de bijenteeltsector die te kampen hebben met ongunstige structurele of natuurlijke omstandigheden, of onder voorbehoud van programma's voor economische ontwikkeling, behalve wanneer het gaat om nationale betalingen ten behoeve van de productie of de handel.
(181) Lidstaten die aan de regelingen ter verbetering van de toegang tot levensmiddelen voor kinderen deelnemen, moeten naast de Uniesteun nationale steun kunnen toekennen voor de levering van de producten en bepaalde daarmee gepaard gaande kosten.

(182) Om in gerechtvraardige gevallen van een crisis ook na het einde van de overgangsperiode te kunnen optreden, moeten de lidstaten nationale betalingen voor crisisdistillatie kunnen toekennen binnen een totale begrotingsgrens van 15 % van de respectieve waarde van de desbetreffende jaarbegroting die de lidstaat voor zijn nationale steunprogramma heeft uitgetrokken. Deze nationale betalingen moeten aan de Commissie worden gemeld en worden goedgekeurd voordat zij worden verleend.

(183) Teneinde de gevolgen van de ontkoppeling in het kader van de vroegere steunregeling van de Unie voor noten te verzachten, moeten de lidstaten toestemming krijgen om nationale betalingen voor noten te blijven toekennen in de zin van artikel 120 van Verordening (EG) nr. 73/2009. Aangezien die verordening dient te worden ingetrokken, moeten die nationale betalingen met het oog op de duidelijkheid in de onderhavige verordening worden geregeld.

(184) Er dient te worden voorzien in bijzondere interventiemaatregelen om efficiënt en doeltreffend te kunnen reageren op dreigende marktverstoringen. Het toepassingsgebied van deze maatregelen moet worden omschreven.

(185) Teneinde efficiënt en doeltreffend te kunnen reageren op dreigende marktverstoringen als gevolg van aanzienlijke prijsstijgingen of -dalingen op interne of externe markten of andere gebeurtenissen en omstandigheden die de markt aanzienlijk verstoren of aanzienlijjk (*red.*: lees: aanzienlijk) dreigen te verstoren, indien die situatie of het effect daarvan op de markt waarschijnlijk zal aanhouden of verslechteren, moet aan de Commissie de bevoegdheid worden overgedragen om bepaalde handelingen vast te stellen met betrekking tot de maatregelen die noodzakelijk zijn om het hoofd te bieden aan die marktsituatie, met inachtneming van de verplichtingen uit hoofde van internationale overeenkomsten en mits alle andere op grond van deze verordening beschikbare maatregelen onvoldoende blijken, waaronder maatregelen om het toepassingsgebied, de looptijd of andere aspecten van andere in deze verordening vastgestelde maatregelen uit te breiden of te wijzigen, of om te voorzien in uitvoerrestituties, of om de toepassing van de invoerrechten voor bepaalde hoeveelheden of gedurende bepaalde perioden indien nodig, geheel of gedeeltelijk, te schorsen.

(186) Beperkingen van het vrije verkeer die voortvloeien uit de toepassing van maatregelen om de verspreiding van dierziekten tegen te gaan, kunnen in een of meer lidstaten moeilijkheden op de markt veroorzaken. De ervaring wijst uit dat ernstige marktverstoringen zoals een aanzienlijke daling van de consumptie of van de prijzen verband kunnen houden met een verlies van vertrouwen bij de consument als gevolg van risico's voor de volksgezondheid of voor de gezondheid van dieren of planten. Gezien de opgedane ervaring moeten ook voor plantaardige producten maatregelen kunnen worden genomen in verband met verlies van het consumentenvertrouwen.

(187) De buitengewone marktondersteunende maatregelen voor rundvlees, melk en zuivelproducten, varkensvlees, schapen- en geitenvlees, eieren en pluimveevlees moeten rechtstreeks in verband staan met de sanitaire en veterinaire maatregelen die zijn genomen om de verspreiding van ziekten tegen te gaan. Deze maatregelen moeten op verzoek van de lidstaten worden genomen om ernstige marktverstoring te vermijden.

(188) Teneinde doeltreffend in te kunnen spelen op uitzonderlijke omstandigheden, moet aan de Commissie de bevoegdheid worden overgedragen om bepaalde handelingen vast te stellen met betrekking tot de uitbreiding van de lijst van producten, als opgenomen in deze verordening, waarvoor uitzonderlijke steunmaatregelen kunnen worden vastgesteld.

(189) De Commissie dient bevoegd te zijn in spoedeisende situaties de maatregelen vast te stellen die nodig zijn voor de oplossing van specifieke problemen.

(190) Efficiënt en doeltreffend reageren op dreigingen van marktverstoring kan van bijzonder belang zijn voor de zuivelsector. In spoedeisende gevallen kunnen zich eveneens specifieke problemen in die sector voordoen. Daarom moet worden beklemtoond dat de vaststelling door de Commissie van de bovengenoemde maatregelen in geval van marktverstoringen, waaronder marktonevenwichtigheden, of van de maatregelen die noodzakelijk zijn om in spoedeisende gevallen specifieke problemen op te lossen, specifiek voor de zuivelsector mogen gelden.

(191) Om in te kunnen spelen op periodes van ernstige marktonevenwichtigheden, kunnen specifieke categorieën van collectieve acties van particuliere marktdeelnemers geschikt zijn om als uitzonderlijke maatregel de betrokken sectoren te stabiliseren, behoudens precieze garanties, grenzen en voorwaarden. Indien dergelijke acties onder artikel 101, lid 1, VWEU kunnen vallen, moet de Commissie in een afwijking voor een berpekte periode kunnen voorzien. Die acties moeten evenwel een aanvulling vormen op het optreden van de Unie in het kader van openbare interventie en particuliere opslag of van bij deze verordening beoogde uitzonderlijke maatregelen, en mogen het functioneren van de interne markt niet in het gedrang brengen.

(192) Er moet in de mogelijkheid worden voorzien om ondernemingen, lidstaten of derde landen te verplichten tot het melden van gegevens met het oog op de toepassing van deze verordening, monitoring en analyse en beheer van de markt voor landbouwproducten, het waarborgen van de markttransparantie en de goede werking van de GLB-maatregelen, controle, monitoring, evaluatie en audit betreffende GLB-maatregelen, en in overeenstemming met de eisen die zijn vastgelegd in internationale overeenkomsten, met inbegrip van de kennisgevingsverplichtingen uit hoofde van die overeenkomsten. Teneinde een geharmoniseerde, gestroomlijnde en vereenvoudigde aanpak te garanderen, moet de Commissie bevoegd zijn de nodige maatregelen aangaande meldingen vast te stellen. De Commissie dient daarbij rekening te houden met de gegevensbehoeften en de synergieën tussen potentiële gegevensbronnen.

(193) Om te zorgen voor de integriteit van informatiesystemen en de echtheid en leesbaarheid van doorgestuurde documenten en daarmee verband houdende gegevens, moet aan de Commissie de bevoegdheid worden overgedragen om bepaalde handelingen vast te stellen met betrekking tot de aard en de soort van de informatie die wordt verstrekt, de categorieën te verwerken gegevens en de maximumtermijnen voor de bewaring van die gegevens, de doeleinden van verwerking, in het bijzonder in geval van publicatie en overdracht van de gegevens aan derde landen, de toegangsrechten voor de beschikbaar gestelde

informatie of informatiesystemen en de voorwaarden voor bekendmaking van de informatie.
(194) Het recht van de Unie betreffende de bescherming van natuurlijke personen in verband met de verwerking van persoonsgegevens en betreffende het vrije verkeer is van toepassing, met name Richtlijn 95/46/EG van het Europees Parlement en de Raad [10] en Verordening (EG) nr. 45/2001 van het Europees Parlement en de Raad [11].
(195) De Europese Toezichthouder voor gegevensbescherming is geraadpleegd en hij heeft op 14 december 2011 een advies uitgebracht [12].
(196) Overeenkomstig de voorwaarden en de procedure die zijn vastgelegd in artikel 24 van Verordening (EU) nr. 1306/2013 [horizontale verordening] en in punt 22 van het Interinstitutioneel Akkoord tussen het Europees Parlement, de Raad en de Commissie betreffende de begrotingsdiscipline, de samenwerking in begrotingszaken en een goed financieel beheer [13], moeten financiële middelen worden overgeheveld uit de reserve voor crises in de landbouwsector, en er moet duidelijk worden bepaald dat deze verordening de toepasselijke basishandeling vormt.
(197) Om ervoor te zorgen dat de overgang van de in de Verordening (EG) nr. 1234/2007 vastgestelde regelingen naar de in de onderhavige vastgestelde regelingen vlot verloopt, moet aan de Commissie de bevoegdheid worden overgedragen om bepaalde handelingen vast te stellen met betrekking tot de opstelling van de hiertoe vereiste maatregelen, met name de maatregelen die nodig zijn om de verworven rechten en de legitieme verwachtingen van de ondernemingen te vrijwaren.
(198) Bij de vaststelling van gedelegeerde handelingen uit hoofde van deze verordening dient de spoedprocedure uitsluitend te worden toegepast in uitzonderlijke gevallen, waarin dat om dwingende redenen van urgentie vereist is om efficiënt en doeltreffend te kunnen optreden in geval van een dreigende of bestaande marktverstoring. De keuze van een spoedprocedure moet worden gemotiveerd en er moet worden bepaald in welke gevallen de spoedprocedure dient te worden gebruikt.
(199) Teneinde eenvormige voorwaarden voor de toepassing van deze verordening te waarborgen, moeten aan de Commissie uitvoeringsbevoegdheden worden toegekend. Die bevoegdheden moeten worden uitgeoefend overeenkomstig Verordening (EU) nr. 182/2011 van het Europees Parlement en de Raad [14].

---

(10) Richtlijn 95/46/EG van het Europees Parlement en de Raad van 24 oktober 1995 betreffende de bescherming van natuurlijke personen in verband met de verwerking van persoonsgegevens en betreffende het vrije verkeer van die gegevens (*PB* L 281 van 23.11.1995, blz. 31).
(11) Verordening (EG) nr. 45/2001 van het Europees Parlement en de Raad van 18 december 2000 betreffende de bescherming van natuurlijke personen in verband met de verwerking van persoonsgegevens door de communautaire instellingen en organen en betreffende het vrije verkeer van die gegevens (*PB* L 8 van 12.1.2001, blz. 1).
(12) *PB* C 35 van 9.2.2012, blz. 1.
(13) *PB* C 373 van 20.12.2013, blz. 1.
(14) Verordening (EU) nr. 182/2011 van het Europees Parlement en de Raad van 16 februari 2011 tot vaststelling van de algemene voorschriften en beginselen die van toepassing zijn op de wijze waarop de lidstaten de uitoefening van de uitvoeringsbevoegdheden door de Commissie controleren (*PB* L 55 van 28.2.2011, blz. 13).

(200) Voor de vaststelling van handelingen ter uitvoering van de onderhavige verordening moet gebruik worden gemaakt van de onderzoeksprocedure, aangezien die handelingen betrekking hebben op het GLB in de zin van artikel 2, lid 2, onder b), ii), van Verordening (EU) nr. 182/2011. Voor de vaststelling van handelingen ter uitvoering van de onderhavige verordening die betrekking hebben op mededingingsaangelegenheden, dient echter gebruik te worden gemaakt van de raadplegingsprocedure, aangezien die procedure in het algemeen wordt toegepast bij het vaststellen van uitvoeringshandelingen op het gebied van het mededingingsrecht.

(201) De Commissie dient inmiddelijk toepasselijke uitvoeringshandelingen vast te stellen die verband houden met het vaststellen, wijzigen of intrekken van beschermingsmaatreglen van de Unie, met het schorsen van de toepassing van de regelingen voor actieve of passieve veredelingen wanneer dit noodzakelijk is om onmiddellijk op de marktsituatie te reageren, en die verband houden met het oplossen van specifieke problemen in een noodsituatie die onmiddellijk moeten worden behandeld, wanneer, in naar behoren gemotiveerde gevallen, dwingende redenen van urgentie dit vereisen.

(202) Voor sommige maatregelen in het kader van deze verordening waarbij snel moet worden opgetreden of waarbij in specifieke gevallen simpelweg algemene regels moeten worden toegepast zonder dat er ruimte is voor interpretatie, dient de Commissie de bevoegdheid te krijgen uitvoeringshandelingen vast te stellen zonder toepassing van Verordening (EU) nr. 182/2011.

(203) Voorts dient de Commissie bevoegd te zijn bepaalde administratieve of beheerstaken uit te voeren waarvoor geen gedelegeerde handelingen of uitvoeringshandelingen vereist zijn.

(204) Overeenkomstig de akte van toetreding van Kroatië dient deze verordening in bepaalde specifieke voorschriften betreffende Kroatië te voorzien [15].

(205) Op grond van Verordening (EG) nr. 1234/2007 zullen verschillende maatregelen per sector binnen een redelijke termijn na de inwerkingtreding van de onderhavige verordening verstrijken. Na de intrekking van Verordening (EG) nr. 1234/2007 moeten de betrokken bepalingen van toepassing blijven totdat de desbetreffende regelingen aflopen.

(206) Verordening (EEG) nr. 922/72 van de Raad [16] betreffende de steun voor zijderupsen voor het teeltseizoen 1972/1973 is overbodig geworden; Verordening (EEG) nr. 234/79 inzake de procedure voor aanpassingen van de nomenclatuur van het gemeenschappelijk douanetarief voor landbouwproducten wordt vervangen door de onderhavige verordening; Verordening (EG) nr. 1601/96 van de Raad [17] betreffende steun aan hoptelers voor de oogst 1995 is een tijdelijke maatregel die, gezien de aard ervan, inmiddels achterhaald is. Aangezien de bepalingen

---

(15) *PB* L 112 van 24.4.2012, blz. 21.
(16) Verordening (EEG) nr. 922/72 van de Raad tot vaststelling van de algemene voorschriften voor het verlenen van steun voor zijderupsen voor het teeltseizoen 1972/1973 (*PB* L 106 van 5.5.1972, blz. 1).
(17) Verordening (EG) nr. 1601/96 van de Raad van 30 juli 1996 tot vaststelling van het bedrag van de steun aan de telers voor de oogst 1995 in de sector hop (*PB* L 206 van 16.8.1996, blz. 46).

van de bij Besluit 2006/232/EG van de Raad [18] gesloten Overeenkomst tussen de Europese Gemeenschap en de Verenigde Staten van Amerika betreffende de handel in wijn, in de plaats zijn getreden van de bepalingen van Verordening (EG) nr. 1037/2001 van de Raad [19] houdende machtiging tot aanbieding of levering van bepaalde ingevoerde wijnen, is de eerstgenoemde verordening achterhaald.

(207) Bepaalde voorschriften in de sector melk en zuivelproducten, in het bijzonder betreffende contractuele betrekkingen en onderhandelingen, regulering van het aanbod via kaas met een beschermde oorsprongsbenaming of een beschermde geografische aanduiding, verklaringen van eerste kopers, producentenorganisaties, unies van producentenorganisaties en brancheorganisaties, zijn recentelijk van kracht geworden en zijn nog steeds gerechtvaardigd in het licht van de huidige economische situatie op de zuivelmarkt en de structuur van de bevoorradingsketen. Deze voorschriften moeten derhalve in de betrokken sector lang genoeg worden toegepast (zowel voor als na de afschaffing van de melkquota) om een optimaal effect te sorteren. Anderzijds moeten deze voorschriften een tijdelijk karakter hebben en moeten zij worden geëvalueerd. De Commissie dient hiertoe verslagen over de ontwikkeling van de melkmarkt vast te stellen waarin met name aandacht moet worden besteed aan eventuele initiatieven om de melkproducenten ertoe aan te zetten gezamenlijke productieafspraken te maken, het eerste van die verslagen moet uiterlijk op 30 juni 2014 worden overgelegd, en het tweede uiterlijk op 31 december 2018,

HEBBEN DE VOLGENDE VERORDENING VASTGESTELD:

DEEL I
Inleidende bepalingen

Artikel 1
Toepassingsgebied

1. Bij deze verordening wordt een gemeenschappelijke ordening van de markten voor landbouwproducten vastgesteld, d.w.z. alle in bijlage I bij de Verdragen vermelde producten, met uitzondering van de visserij- en de aquacultuurproducten die zijn vermeld in de wetgevingshandelingen van de Unie houdende een gemeenschappelijke marktordening voor visserijproducten en aquacultuurproducten.

2. De in lid 1 bedoelde landbouwproducten worden ingedeeld in de volgende, in de respectievelijke delen van bijlage I vermelde sectoren:
a) granen, deel I;
b) rijst, deel II;
c) suiker, deel III;
d) gedroogde voedergewassen, deel IV;

---

(18) Besluit 2006/232/EC van de Raad van 20 december 2005 inzake de sluiting van de Overeenkomst tussen de Europese Gemeenschap en de Verenigde Staten van Amerika betreffende de handel in wijn (*PB* L 87 van 24.3.2006, blz. 1).
(19) Verordening (EG) nr. 1037/2001 van de Raad van 22 mei 2001 houdende machtiging tot aanbieding of levering, voor rechtstreekse menselijke consumptie, van bepaalde ingevoerde wijnen waarop oenologische procédés kunnen zijn toegepast die niet zijn geregeld in Verordening (EG) nr. 1493/1999 (*PB* L 145 van 31.5.2001, blz. 12).

Vo. 1308/2013 gemeenschappelijke ordening markten voor landbouwproducten

e) zaaizaad, deel V;
f) hop, deel VI;
g) olijfolie en tafelolijven, deel VII;
h) vlas en hennep, deel VIII;
i) groenten en fruit, deel IX;
j) verwerkte groenten en fruit, deel X;
k) bananen, deel XI;
l) wijn, deel XII;
m) levende planten en producten van de bloementeelt, deel XIII;
n) tabak, deel XIV;
o) rundvlees, deel XV;
p) melk en zuivelproducten, deel XVI;
q) varkensvlees, deel XVII;
r) schapen- en geitenvlees, deel XVIII;
s) eieren, deel XIX;
t) pluimveevlees, deel XX;
u) ethylalcohol uit landbouwproducten, deel XXI;
v) producten van de bijenteelt, deel XXII;
w) zijderupsen, deel XXIII;
x) andere producten, deel XXIV.
[17-12-2013, PbEU L 347, i.w.tr. 20-12-2013/regelingnummer 1308/2013]

Artikel 2
Algemene bepalingen van het gemeenschappelijk landbouwbeleid (GLB)
Verordening (EU) 2021/2116 van het Europees Parlement en de Raad [1] en de op grond daarvan vastgestelde bepalingen zijn van toepassing op de in de onderhavige verordening bepaalde maatregelen.
[02-12-2021, PbEU L 435, i.w.tr. 07-12-2021/regelingnummer 2021/2117]

Artikel 3
Definities
1. Voor de toepassing van deze verordening zijn de definities die in bijlage II voor bepaalde sectoren zijn vastgesteld, van toepassing.
2. (Vervallen.)

---

(1) Verordening (EU) 2021/2116 van het Europees Parlement en de Raad van 2 december 2021 inzake de financiering, het beheer en de monitoring van het gemeenschappelijk landbouwbeleid en tot intrekking van Verordening (EU) nr. 1306/2013 (*PB* L 435 van 6.12.2021, blz. 187).

3. Tenzij in deze verordening anders is bepaald, zijn voor de toepassing ervan de in Verordening (EU) 2021/2116 en Verordening (EU) 2021/2115 van het Europees Parlement en de Raad [2] vastgestelde definities van toepassing.

4. De Commissie is bevoegd om overeenkomstig artikel 227 gedelegeerde handelingen vast te stellen tot wijziging van de definities inzake de in bijlage II vermelde sectoren voor zover dit noodzakelijk is om de definities aan de marktontwikkelingen aan te passen, zonder nieuwe definities toe te voegen.

5. Voor de toepassing van deze verordening wordt verstaan onder
a) 'minder ontwikkelde gebieden': de gebieden die als zodanig zijn gedefinieerd in artikel 90, lid 2, eerste alinea, onder a), van Verordening (EU) nr. 1303/2013 van het Europees Parlement en de Raad [3].
b) 'ongunstige weersomstandigheden die met een natuurramp kunnen worden gelijkgesteld': weersomstandigheden, zoals vorst, hagel, ijs, regen of droogte, die voor een landbouwer leiden tot een verlies van meer dan 30 % van de gemiddelde jaarproductie in de laatste drie jaar of de gemiddelde productie van drie van de laatste vijf jaar, de hoogste en de laagste productie niet meegerekend.

[02-12-2021, PbEU L 435, i.w.tr. 07-12-2021/regelingnummer 2021/2117]

Artikel 4
Aanpassingen aan de voor landbouwproducten gebruikte nomenclatuur van het gemeenschappelijk douanetarief

Indien dat nodig is om rekening te houden met wijzigingen die in de gecombineerde nomenclatuur zijn aangebracht, is de Commissie bevoegd om overeenkomstig artikel 227 gedelegeerde handelingen vast te stellen tot aanpassing van de productomschrijvingen en verwijzingen in deze verordening naar posten en postonderverdelingen van de gecombineerde nomenclatuur.

[17-12-2013, PbEU L 347, i.w.tr. 20-12-2013/regelingnummer 1308/2013]

Artikel 5
Omrekeningspercentages voor rijst

De Commissie kan uitvoeringshandelingen vaststellen tot bepaling van de omrekeningspercentages voor rijst in de verschillende bewerkingsstadia.

---

(2) Verordening (EU) 2021/2116 van het Europees Parlement en de Raad van 2 december 2021 tot vaststelling van voorschriften inzake steun voor de strategische plannen die de lidstaten in het kader van het gemeenschappelijk landbouwbeleid opstellen (strategische GLB-plannen) en die uit het Europees Landbouwgarantiefonds (ELGF) en het Europees Landbouwfonds voor plattelandsontwikkeling (Elfpo) worden gefinancierd, en tot intrekking van Verordening (EU) nr. 1305/2013 van het Europees Parlement en de Raad en van Verordening (EU) nr. 1307/2013 van het Europees Parlement en de Raad (*PB* L 435 van 6.12.2021, blz. 1).

(3) Verordening (EU) nr. 1303 /2013 van het Europees Parlement en de Raad van 17 december 2013 houdende gemeenschappelijke bepalingen inzake het Europees Fonds voor regionale ontwikkeling, het Europees Sociaal Fonds, het Cohesiefonds, het Europees Landbouwfonds voor plattelandsontwikkeling en het Europees Fonds voor maritieme zaken en visserij en algemene bepalingen inzake het Europees Fonds voor regionale ontwikkeling, het Europees Sociaal Fonds, het Cohesiefonds en het Europees Fonds voor maritieme zaken en visserij, en tot intrekking van Verordening (EG) nr. 1083/2006 van de Raad (Zie bladzijde 85 van dit *Publicatieblad*)

Die uitvoeringshandelingen worden volgens de in artikel 229, lid 2, bedoelde onderzoeksprocedure vastgesteld.
[02-12-2021, PbEU L 435, i.w.tr. 07-12-2021/regelingnummer 2021/2117]

Artikel 6
Verkoopseizoenen

De volgende verkoopseizoenen worden vastgesteld:
a) 1 januari tot en met 31 december van een bepaald jaar voor de sector groenten en fruit, de sector verwerkte groenten en fruit en de sector bananen;
b) 1 april tot en met 31 maart van het daaropvolgende jaar voor de sector gedroogde voedergewassen en de sector zijderupsen;
c) 1 juli tot en met 30 juni van het daaropvolgende jaar voor:
 i) de sector granen;
 ii) de sector zaaizaad;
 iii) de sector vlas en hennep;
 iv) de sector melk en zuivelproducten;
d) 1 augustus tot en met 31 juli van het daaropvolgende jaar voor de wijnsector;
e) 1 september tot en met 31 augustus van het daaropvolgende jaar voor de rijstsector en ten aanzien van tafelolijven;
f) 1 oktober tot en met 30 september van het daaropvolgende jaar voor de suikersector en ten aanzien van olijfolie.

[02-12-2021, PbEU L 435, i.w.tr. 07-12-2021/regelingnummer 2021/2117]

Artikel 7
Referentiedrempels

1. De volgende referentiedrempels worden vastgesteld:
a) voor de sector granen, 101,31 EUR per ton, voor het stadium van de groothandel voor aan het pakhuis geleverde goederen, niet gelost;
b) voor padie, 150 EUR per ton, voor de standaardkwaliteit volgens de definitie in punt A van bijlage III, voor het stadium van de groothandel voor aan het pakhuis geleverde goederen, niet gelost;
c) voor suiker van de standaardkwaliteit volgens de definitie in punt B van bijlage III, voor onverpakte suiker, af fabriek:
 i) voor witte suiker: 404,4 EUR per ton;
 ii) voor ruwe suiker: 335,2 EUR per ton;
d) voor de sector rundvlees, 2 224 EUR per ton voor karkassen van mannelijke runderen van bevleesdheids-/vetheids-klasse R3 zoals omschreven in het in bijlage IV, punt A, bepaalde indelingsschema van de Unie voor karkassen van runderen die ten minste acht maanden oud zijn;
e) voor de sector melk en zuivelproducten:
 i) 246,39 EUR per 100 kg voor boter;
 ii) 169,80 EUR per 100 kg voor mageremelkpoeder;
f) 1 509,39 EUR per ton voor karkassen van varkens van de standaardkwaliteit zoals in termen van gewicht en magervleesaandeel als volgt omschreven in het in bijlage IV, punt B, bepaalde indelingsschema van de Unie voor karkassen van varkens:
 i) karkassen met een gewicht van 60 tot minder dan 120 kg: klasse E;

ii) karkassen met een gewicht van 120 tot 180 kg: klasse R.
g) voor de sector olijfolie:
   i) 1 779 EUR per ton voor extra olijfolie van de eerste persing;
   ii) 1710 EUR per ton voor olijfolie van de eerste persing;
   iii) 1 524 EUR per ton voor olijfolie voor verlichting waarvan het gehalte aan vrije vetzuren twee graden bedraagt, welk bedrag met 36,70 EUR per ton wordt verlaagd voor elke extra graad zuurgehalte.

2. De Commissie houdt toezicht op de referentiedrempels vastgesteld in lid 1, rekening houdend met objectieve criteria, onder meer ontwikkelingen in de productie, productiekosten (met name inputs) en markttendensen. Indien nodig worden de referentiedrempels volgens de gewone wetgevingsprocedure geactualiseerd in het licht van de ontwikkelingen in de productie en op de markten.
[17-12-2013, PbEU L 347, i.w.tr. 20-12-2013/regelingnummer 1308/2013]

DEEL II
Interne markt

TITEL I
Marktinterventie

HOOFDSTUK I
Openbare interventie en steun voor particuliere opslag

AFDELING 1
Algemene bepalingen inzake openbare interventie en steun voor particuliere opslag

Artikel 8
Toepassingsgebied

In dit hoofdstuk worden voorschriften inzake marktinterventie vastgesteld die betrekking hebben op:
a) openbare interventie, in het kader waarvan de bevoegde autoriteiten van de lidstaten producten aankopen en opslaan totdat deze worden afgezet, en
b) de verlening van steun voor de opslag van producten door particuliere marktdeelnemers.
[17-12-2013, PbEU L 347, i.w.tr. 20-12-2013/regelingnummer 1308/2013]

Artikel 9
Oorsprong van in aanmerking komende producten

Producten die in aanmerking komen voor aankoop in het kader van de openbare interventie of voor verlening van steun voor particuliere opslag zijn van oorsprong uit de Unie. Indien deze producten afkomstig zijn van gewassen, zijn de gewassen bovendien in de Unie geoogst, en indien deze producten afkomstig zijn van melk, is de melk bovendien in de Unie geproduceerd.
[17-12-2013, PbEU L 347, i.w.tr. 20-12-2013/regelingnummer 1308/2013]

Artikel 10
Schema's van de Unie voor de indeling van karkassen

De schema's van de Unie voor de indeling van karkassen zijn overeenkomstig, respectievelijk de punten A en B van bijlage IV van toepassing in de rundvleessector met betrekking tot karkassen van runderen die ten minste acht maanden oud zijn en in de varkensvleessector met betrekking tot andere varkens dan fokvarkens.

In de sector schapen- en geitenvlees kunnen de lidstaten een schema van de Unie voor de indeling van schapenkarkassen toepassen overeenkomstig de voorschriften van bijlage IV, punt C.

[17-12-2013, PbEU L 347, i.w.tr. 20-12-2013/regelingnummer 1308/2013]

AFDELING 2
Openbare interventie

Artikel 11
Voor openbare interventie in aanmerking komende producten

De openbare interventie geldt, onder de in deze afdeling vastgestelde voorwaarden en overeenkomstig eventuele aanvullende eisen en voorwaarden die de Commissie door middel van gedelegeerde handelingen overeenkomstig artikel 19 en uitvoeringshandelingen overeenkomstig artikel 20 kan vaststellen, voor de volgende producten:
a) zachte tarwe, durumtarwe, gerst en maïs;
b) padie;
c) vers of gekoeld rundvlees van de GN-codes 0201 10 00 en 0201 20 20 tot en met 0201 20 50;
d) boter die in een erkend bedrijf in de Unie rechtstreeks en uitsluitend is geproduceerd uit rechtstreeks en uitsluitend uit koemelk verkregen room en die een minimumgehalte aan botervet van 82 gewichtspercenten en een maximumgehalte aan water van 16 gewichtspercenten heeft;
e) mageremelkpoeder van eerste kwaliteit dat in een erkend bedrijf in de Unie volgens het verstuivingsprocedé uit koemelk is bereid en een minimumgehalte aan eiwit van 34,0 gewichtspercenten op de vetvrije droge stof heeft.

[17-12-2013, PbEU L 347, i.w.tr. 20-12-2013/regelingnummer 1308/2013]

Artikel 12
Openbare-interventieperioden

De openbare interventie is open voor:
a) zachte tarwe, van 1 oktober tot en met 31 mei;
b) durumtarwe, gerst en maïs, het hele jaar door;
c) padie, het gehele jaar door;
d) rund- en kalfsvlees, het gehele jaar door;
e) boter en mageremelkpoeder, van 1 februari tot en met 30 september.

[02-12-2021, PbEU L 435, i.w.tr. 07-12-2021/regelingnummer 2021/2117]

Artikel 13
Opening en sluiting van de openbare interventie

1. Gedurende de in artikel 12 genoemde perioden geldt dat de openbare interventie:
a) open is voor zachte tarwe, boter en magere melkpoeder;

b) door de Commissie door middel van uitvoeringshandelingen kan worden geopend voor durumtarwe, gerst, maïs en padie (inclusief specifieke variëteiten of types padie) indien de marktsituatie dat vereist. Die uitvoeringshandelingen worden vastgesteld volgens de in artikel 229, lid 2, bedoelde onderzoeksprocedure vastgesteld.
c) door de Commissie, door middel van uitvoeringshandelingen die zonder toepassing van de procedure bedoeld in artikel 229, lid 2 of lid 3, worden vastgesteld, kan worden geopend voor rundvlees, wanneer, gedurende een overeenkomstig artikel 20, eerste alinea, onder c), vastgestelde representatieve periode, de gemiddelde marktprijs die in een lidstaat, of een regio van een lidstaat, op basis van het in bijlage IV, punt A, bedoelde schema van de Unie voor de indeling van karkassen van runderen wordt genoteerd, onder 85 % van de in artikel 7, lid 1, onder d), bedoelde referentiedrempel blijft.

2. De Commissie kan uitvoeringshandelingen vaststellen waarin de openbare interventie voor de runds- en kalfsvleessector wordt gesloten wanneer gedurende een overeenkomstig artikel 20, eerste alinea, onder c), vastgestelde representatieve periode de in lid 1, onder c), van het onderhavige artikel bepaalde voorwaarden niet langer vervuld zijn. Die uitvoeringshandelingen worden vastgesteld zonder toepassing van de procedure bedoeld in artikel 229, lid 2 of lid 3.

[17-12-2013, PbEU L 347, i.w.tr. 20-12-2013/regelingnummer 1308/2013]

Artikel 14
Aankoop tegen een vaste prijs of in het kader van een openbare inschrijving

Indien de openbare interventie open is overeenkomstig artikel 13, lid 1, worden de maatregelen inzake de bepaling van aankoopprijzen voor de producten bedoeld in artikel 11, alsmede, indien van toepassing, de maatregelen inzake kwantitatieve beperkingen in het geval van aankopen tegen een vaste prijs, overeenkomstig artikel 43, lid 3 VWEU door de Raad vastgesteld.

[17-12-2013, PbEU L 347, i.w.tr. 20-12-2013/regelingnummer 1308/2013]

Artikel 15
Openbare-interventieprijs

1. Onder openbare-interventieprijs wordt verstaan:
a) de prijs waartegen producten in het kader van de openbare interventie worden aangekocht, in het geval van aankopen tegen een vaste prijs, of
b) de maximumprijs waartegen voor openbare interventie in aanmerking komende producten mogen worden aangekocht, in het geval van aankopen in het kader van openbare inschrijvingen.

2. De maatregelen inzake de bepaling van het niveau van de openbare-interventieprijs, de bedragen van toeslagen en kortingen daaronder begrepen, worden overeenkomstig artikel 43, lid 3 VWEU door de Raad vastgesteld.

[17-12-2013, PbEU L 347, i.w.tr. 20-12-2013/regelingnummer 1308/2013]

Artikel 16
Algemene beginselen inzake het afzetten van producten uit de openbare interventie

1. Producten die in het kader van de openbare interventie zijn aangekocht, worden op zodanige wijze afgezet dat:

a) marktverstoring wordt voorkomen;
b) de kopers gelijke toegang hebben tot de goederen en op voet van gelijkheid worden behandeld; en
c) de verbintenissen die voortvloeien uit overeenkomstig het VWEU gesloten internationale overeenkomsten worden nagekomen.

2. Producten die in het kader van de openbare interventie worden aangekocht, kunnen worden afgezet door deze beschikbaar te stellen voor de regeling voor de voedselverstrekking aan de meest hulpbehoevenden in de Unie als opgenomen in de relevante rechtshandelingen van de Unie. In die gevallen, is de boekwaarde van deze producten gelijk aan het toepasselijke, in artikel 15, lid 2, van deze verordening bedoelde niveau van de openbare-interventieprijs.

2 bis. De lidstaten verstrekken de Commissie alle informatie die nodig is om toezicht te kunnen houden op de naleving van de in lid 1 vastgelegde beginselen.

3. Jaarlijks publiceert de Commissie de details over de voorwaarden op basis waarvan de in het kader van de openbare interventie aangekochte producten in het vorige jaar werden aangekocht of verkocht. Die gegevens omvatten de relevante volumes en de aan- en verkoopprijzen.

[02-12-2021, PbEU L 435, i.w.tr. 07-12-2021/regelingnummer 2021/2117]

AFDELING 3
Steun voor particuliere opslag

Artikel 17
In aanmerking komende producten

Steun voor particuliere opslag kan worden toegekend, onder de in deze afdeling vastgestelde voorwaarden en overeenkomstig eventuele verdere eisen en voorwaarden die de Commissie door middel van gedelegeerde handelingen overeenkomstig de artikel 18, lid 1, of artikel 19 en uitvoeringshandelingen overeenkomstig de artikel 18, lid 2, of artikel 20 kan vaststellen, voor de volgende producten:
a) witte suiker;
b) olijfolie en tafelolijven;
c) vezelvlas;
d) vers of gekoeld vlees van runderen die ten minste acht maanden oud zijn;
e) boter die is geproduceerd uit rechtstreeks en uitsluitend uit koemelk verkregen room;
f) kaas;
g) uit koemelk geproduceerd mageremelkpoeder;
h) varkensvlees;
i) schapen- en geitenvlees.

Punt f) van de eerste alinea geldt alleen voor kaas met een beschermde oorsprongsbenaming of beschermde geografische aanduiding overeenkomstig Verordening (EG) nr. 1151/2012 die langer wordt opgeslagen dan de rijpingsduur die is bepaald in het in artikel 7 van die verordening bedoelde productdossier voor het betrokken product en/of een rijpingsduur die bijdraagt tot het verhogen van de waarde van de kaas.

[02-12-2021, PbEU L 435, i.w.tr. 07-12-2021/regelingnummer 2021/2117]

Artikel 18
Voorwaarden voor de verlening van steun

1. Om te zorgen voor markttransparantie, is de Commissie bevoegd om, indien dat nodig is, overeenkomstig artikel 227 gedelegeerde handelingen vast te stellen om de voorwaarden te bepalen op grond waarvan zij kan beslissen steun voor particuliere opslag voor de in artikel 17 vermelde producten te verlenen, rekening houdend met:
a) de genoteerde gemiddelde marktprijzen in de Unie en met de referentiedrempels, en met de productiekosten voor de betrokken producten; en/of
b) de noodzaak tijdig te reageren op een bijzonder nijpende marktsituatie of bijzonder nijpende economische ontwikkelingen die aanzienlijke negatieve gevolgen hebben voor de marges in de sector.

2. De Commissie kan uitvoeringshandelingen vaststellen waarin wordt besloten:
a) steun voor particuliere opslag te verlenen voor de in artikel 17 vermelde producten, rekening houdend met de in lid 1 van dit artikel bedoelde voorwaarden,
b) het verlenen van steun voor particuliere opslag te beperken.
Die uitvoeringshandelingen worden volgens de in artikel 229, lid 2, bedoelde onderzoeksprocedure vastgesteld.

3. De maatregelen ter bepaling van het bedrag van de in artikel 17 bedoelde steun voor particuliere opslag worden overeenkomstig artikel 43, lid 3 VWEU door de Raad vastgesteld.

[17-12-2013, PbEU L 347, i.w.tr. 20-12-2013/regelingnummer 1308/2013]

AFDELING 4
Gemeenschappelijke bepalingen inzake openbare interventie en steun voor particuliere opslag

Artikel 19
Gedelegeerde bevoegdheden

1. Om ervoor te zorgen dat producten die in het kader van de openbare interventie worden aangekocht of waarvoor particuliere opslagsteun wordt verleend, geschikt zijn voor langdurige opslag en van gezonde, deugdelijke en gebruikelijke handelskwaliteit zijn, alsmede om rekening te houden met de specifieke kenmerken van de verschillende sectoren met het oog op het kosteneffectief functioneren van openbare interventie en particuliere opslag, is de Commissie bevoegd om overeenkomstig artikel 227 gedelegeerde handelingen vast te stellen ter bepaling van de eisen en voorwaarden waaraan die producten moeten voldoen, naast de in deze verordening vervatte voorschriften. Deze eisen en voorwaarden hebben ten doel, voor de aangekochte en opgeslagen producten het volgende te garanderen:
a) de kwaliteit van die producten, uit het oogpunt van kwaliteitsparameters, kwaliteitsgroepen, kwaliteitsklassen, categorieën productkenmerken en leeftijden;
b) de subsidiabiliteit op het gebied van hoeveelheden, verpakking, inclusief etikettering, bewaring, eerdere opslagcontracten, erkenning van ondernemingen en het stadium van de producten waarop de openbare-interventieprijs en de steun voor particuliere opslag betrekking hebben.

2. Teneinde rekening te houden met de specifieke kenmerken van de graansector en de padiesector is de Commissie bevoegd om overeenkomstig artikel 227 gedele-

geerde handelingen vast te stellen ter bepaling van kwaliteitscriteria uit het oogpunt van zowel aankoop als verkoop van zachte tarwe, durumtarwe, gerst, maïs en padie.

3. Om voldoende opslagcapaciteit en de doeltreffendheid van de openbare-interventieregeling uit het oogpunt van kosteneffectiviteit, distributie en toegang voor marktdeelnemers te garanderen en om de kwaliteit van de in het kader van de openbare interventie aangekochte producten met het oog op het wegwerken ervan aan het einde van de opslagperiode in stand te houden, is de Commissie bevoegd om overeenkomstig artikel 227 gedelegeerde handelingen vast te stellen ter bepaling van:
a) de eisen waaraan de opslagruimten voor alle onder de openbare-interventieregeling vallende producten moeten voldoen;
b) de voorschriften inzake de opslag van producten in en buiten de lidstaat die verantwoordelijk is voor de producten en voor de behandeling van deze producten op het gebied van douanerechten en andere bedragen die krachtens het GLB voor deze producten moeten worden toegekend of over deze producten moeten worden geheven

4. Teneinde de steun voor particuliere opslag het gewenste effect op de markt te laten sorteren, is de Commissie bevoegd om overeenkomstig artikel 227 gedelegeerde handelingen vast te stellen ter bepaling van:
a) de voorschriften en voorwaarden die van toepassing zijn indien de opgeslagen hoeveelheid kleiner is dan de gegunde hoeveelheid;
b) de voorwaarden voor de toekenning van een voorschot;
c) de voorwaarden waaronder kan worden besloten dat producten waarvoor contracten voor particuliere opslag zijn gesloten, opnieuw mogen worden afgezet of op andere wijze mogen worden weggewerkt.

5. Teneinde ervoor te zorgen dat de regelingen voor openbare interventie en voor particuliere opslag goed functioneren, is de Commissie bevoegd om overeenkomstig artikel 227 gedelegeerde handelingen vast te stellen ter bepaling van:
a) het gebruik van openbare inschrijvingen op zodanige wijze dat marktdeelnemers gelijke toegang tot de goederen hebben en op voet van gelijkheid worden behandeld;
b) de aanvullende voorwaarden waaraan marktdeelnemers moeten voldoen om het doeltreffend beheer van en het toezicht op de regeling voor lidstaten en marktdeelnemers te faciliteren;
c) de eis voor marktdeelnemers tot het stellen van een zekerheid die garandeert dat marktdeelnemers hun verplichtingen nakomen.

6. Teneinde rekening te houden met de technische evolutie en de behoeften van de in artikel 10 bedoelde sectoren, alsmede met de noodzaak de aanbiedingsvorm van de verschillende producten te standaardiseren in het belang van de markttransparantie, de notering van prijzen en de toepassing van marktinterventiemaatregelen, is de Commissie bevoegd om overeenkomstig artikel 227 gedelegeerde handelingen vast te stellen:
a) tot aanpassing en actualisering van de bepalingen van bijlage IV betreffende de schema's van de Unie voor de indeling, identificatie en aanbiedingsvorm van karkassen;
b) tot vaststelling van aanvullende bepalingen betreffende de indeling, inclusief de indeling door gekwalificeerde classificateurs, en volgens geautomatiseerde indelingstechnieken, de identificatie, de weging en het merken van karkassen, en

betreffende de berekening van gemiddelde Unieprijzen en de daarbij gehanteerde wegingscoëfficiënten;
c) tot vaststelling, in de sector rundvlees, van uitzonderingen op bepalingen en specifieke afwijkingen die de lidstaten kunnen verlenen aan slachthuizen waarin een gering aantal runderen wordt geslacht, alsmede aanvullende bepalingen voor de betrokken producten, onder meer inzake de bevleesdheids- en de vetbedekkingsklassen, en, in de sector schapenvlees, aanvullende bepalingen inzake gewicht, vleeskleur en vetbedekking en de criteria voor de indeling van karkassen van lichte lammeren;
d) tot verlening van de toestemming aan de lidstaten het indelingsschema voor varkenskarkassen niet toe te passen en van de toestemming andere beoordelingscriteria te hanteren naast gewicht en geschat magervleesaandeel of tot vaststelling van afwijkingen van dat schema.

[17-12-2013, PbEU L 347, i.w.tr. 20-12-2013/regelingnummer 1308/2013]

Artikel 20
Uitvoeringsbevoegdheden overeenkomstig de onderzoeksprocedure

De Commissie stelt uitvoeringshandelingen vast waarin de maatregelen worden vastgelegd die nodig zijn voor de uniforme toepassing van dit hoofdstuk in de Unie. Die maatregelen kunnen in het bijzonder betrekking hebben op:
a) de door een marktdeelnemer te betalen kosten in het geval dat de interventieproducten niet aan de minimumkwaliteitseisen voldoen;
b) het vaststellen van de minimumopslagcapaciteit voor de interventieopslagruimten;
c) de voor de toepassing van dit hoofdstuk vereiste representatieve perioden, markten en marktprijzen;
d) de levering van de in het kader van de openbare interventie aangekochte producten, de ten laste van de aanbieder komende vervoerkosten, de overname van de producten door de betaalorganen en de betaling;
e) de verschillende bewerkingen waarmee het uitbeningsproces in de sector rundvlees gepaard gaat;
f) de praktische regeling voor het verpakken, het op de markt brengen en de etikettering van producten;
g) de procedures voor de erkenning van ondernemingen die boter en mageremelkpoeder produceren, voor de toepassing van dit hoofdstuk;
h) de toestemming om producten op te slaan buiten het grondgebied van de lidstaat waar de producten zijn aangekocht en opgeslagen;
i) het verkopen of het afzetten van de in het kader van de openbare interventie aangekochte producten, in het bijzonder met betrekking tot verkoopprijzen, de voorwaarden voor de uitslag en het latere gebruik of de bestemming van de uitgeslagen producten, met inbegrip van procedures betreffende producten die beschikbaar worden gesteld voor gebruik in het kader van de regeling als bedoeld in artikel 16, lid 2, overdrachten tussen lidstaten daaronder begrepen;
j) voor producten die in het kader van de openbare interventie worden aangekocht, de bepalingen betreffende de verkoop, onder de verantwoordelijkheid van de lidstaten, van kleine hoeveelheden die in de lidstaten in opslag zijn gebleven en die niet meer mogen worden herverpakt of die kwaliteitsverlies hebben geleden;

k) met betrekking tot particuliere opslag, de sluiting en de inhoud van contracten tussen de bevoegde autoriteit van de lidstaat en de aanvragers;
l) de inslag, de opslag en de uitslag van producten in het kader van de particuliere opslag;
m) de duur van de particuliere opslag en de voorwaarden waaronder die termijnen, nadat ze in de contracten zijn vastgelegd, kunnen worden verkort of verlengd;
n) de voor het aankopen tegen een vastgestelde prijs te volgen procedures, met inbegrip van de procedures voor het stellen van een zekerheid en het bedrag daarvan en voor het verlenen van vooraf bepaalde steun voor particuliere opslag;
o) het gebruik van openbare inschrijvingen, zowel voor openbare interventie als voor particuliere opslag, meer bepaald wat betreft:
  i) de indiening van de offertes of de inschrijvingen en de minimumhoeveelheid voor de indiening van een offerte of inschrijving;
  ii) de procedures voor het stellen van een zekerheid en voor het bepalen van het bedrag van de zekerheid; en
  iii) de selectie van de offertes, waarbij in acht moet worden genomen dat de voorkeur moet uitgaan naar de offerte die het gunstigst is voor de Unie en dat de openbare inschrijving niet noodzakelijk leidt tot het gunnen van een contract;
p) de toepassing van schema's van de Unie voor de indeling van runder-, varkens- en schapenkarkassen;
q) een andere dan de in bijlage IV, punt A.IV, vastgestelde aanbiedingsvorm van hele en halve karkassen met het oog op het constateren van de marktprijzen;
r) de door de lidstaten toe te passen correctiefactoren voor een andere aanbiedingsvorm van runder- en schapenkarkassen indiende referentie-aanbiedingsvorm niet wordt gebruikt;
s) de praktische regeling voor het merken van ingedeelde karkassen en voor de berekening door de Commissie van de gewogen gemiddelde Unieprijs voor runder-, varkens- en schapenkarkassen;
t) het verlenen van toestemming aan de lidstaten om voor de op hun grondgebied geslachte varkens een andere dan de in bijlage IV, punt B.III, vastgestelde aanbiedingsvorm van varkenskarkassen vast te stellen indien aan één van de volgende voorwaarden is voldaan:
  i) de normale handelspraktijk op hun grondgebied wijkt af van de in bijlage IV, punt B. III, eerste alinea, omschreven standaard aanbiedingsvorm;
  ii) het is op grond van technische eisen gerechtvaardigd;
  iii) de karkassen worden op uniforme wijze onthuid.
u) de bepalingen betreffende het ter plaatse toetsen van het toepassen van de indeling van karkassen in de lidstaten door een uit deskundigen van de Commissie en door de lidstaten aangewezen deskundigen samengesteld comité van de Unie. In die bepalingen wordt er tevens in voorzien dat de Unie de uit het toetsen voortvloeiende kosten voor haar rekening neemt.

Die uitvoeringshandelingen worden volgens de in artikel 229, lid 2, bedoelde onderzoeksprocedure vastgesteld.

[17-12-2013, PbEU L 347, i.w.tr. 20-12-2013/regelingnummer 1308/2013]

Artikel 21
Andere uitvoeringsbevoegdheden

De Commissie stelt de uitvoeringshandelingen vast om de lidstaten toestemming te verlenen om in afwijking van bijlage IV, punt C.III voor lammeren met een slachtgewicht van minder dan 13 kg, de onderstaande indelingscriteria te hanteren:
a) slachtgewicht;
b) kleur van het vlees;
c) vetbedekking.

Die uitvoeringshandelingen worden vastgesteld zonder toepassing van de in artikel 229, lid 2 of lid 3, bedoelde procedure.

[17-12-2013, PbEU L 347, i.w.tr. 20-12-2013/regelingnummer 1308/2013]

HOOFDSTUK II
Steun voor de verstrekking van groenten en fruit en van melk en zuivelproducten in onderwijsinstellingen

Artikel 22
Doelgroep

De steunregeling ter verbetering van de distributie van landbouwproducten en ter verbetering van de eetgewoonten van kinderen is bedoeld voor kinderen die regelmatig naar een crèche, kleuterschool of een basisschool of middelbare school gaan die door de bevoegde autoriteiten van de lidstaten wordt beheerd of is erkend.

[11-05-2016, PbEU L 135, i.w.tr. 13-06-2016/regelingnummer 2016/791]

Artikel 23
Steun voor de verstrekking van schoolgroenten en -fruit en van schoolmelk, begeleidende educatieve maatregelen en daarmee gepaard gaande kosten

1. Er wordt Uniesteun verleend ten behoeve van kinderen in de in artikel 22 bedoelde onderwijsinstellingen:
a) voor de verstrekking en verdeling van subsidiabele producten als bedoeld in de punten 3, 4 en 5 van dit artikel;
b) voor begeleidende educatieve maatregelen, en
c) ter dekking van bepaalde daarmee gepaard gaande kosten voor apparatuur, publiciteit, toezicht en evaluatie, alsmede logistiek en verdeling, voor zover die kosten niet onder a) vallen.

De Raad stelt overeenkomstig artikel 43, lid 3 VWEU beperkingen vast voor het aandeel Uniesteun voor maatregelen en kosten als bedoeld in de punten b) en c) van de eerste alinea van dit lid.

2. Voor de toepassing van deze afdeling wordt verstaan onder:
a) 'schoolgroenten en -fruit': de producten bedoeld in lid 3, onder a) en lid 4, onder a);
b) 'schoolmelk': de producten bedoeld in lid 3, onder b), en lid 4, onder b), alsmede de producten bedoeld in bijlage V.

3. Lidstaten die wensen deel te nemen aan de overeenkomstig lid 1 vastgestelde steunregeling ('de schoolregeling') en om de overeenkomstige Uniesteun verzoeken, moe-

ten, rekening houdend met de nationale omstandigheden, voorrang verlenen aan de verstrekking van producten van een of beide van de volgende groepen:
a) verse groenten en fruit en verse producten van de bananensector;
b) consumptiemelk en de lactosevrije versies daarvan.

4. Niettegenstaande lid 3, en teneinde de consumptie van bepaalde producten te bevorderen en/of tegemoet te komen aan de specifieke voedingsbehoeften van kinderen op hun grondgebied, kan een lidstaat zorgen voor de verstrekking van producten uit een of beide van de volgende groepen:
a) verwerkte groente- en fruitproducten, naast de producten bedoeld in lid 3, onder a);
b) kaas, wrongel, yoghurt en andere gegiste of aangezuurde zuivelproducten zonder toegevoegde aroma's, vruchten, noten of cacao, naast de producten in lid 3, onder b).

5. Ingeval de lidstaten het nodig achten voor het bereiken van de doelstellingen van de schoolregeling en de doelstellingen genoemd in de in lid 8 bedoelde strategieën, mogen zij naast de producten bedoeld in de leden 3 en 4 ter aanvulling ook de in bijlage V bedoelde producten verstrekken.

In dat geval wordt de Uniesteun slechts uitgekeerd voor het melkbestanddeel van het verstrekte product. Dat melkbestanddeel mag qua gewicht niet lager zijn dan 90 % voor producten van categorie I van bijlage V, en 75 % voor producten van categorie II van bijlage V.

De Raad bepaalt de hoogte van de Uniesteun voor het melkbestanddeel overeenkomstig artikel 43, lid 3, VWEU.

6. Producten die in het kader van de schoolregeling worden verstrekt, bevatten niets van het volgende:
a) toegevoegde suiker;
b) toegevoegd zout;
c) toegevoegde vetten;
d) toegevoegde zoetstoffen;
e) toegevoegde kunstmatige smaakversterkers E 620 tot en met E 650 als omschreven in Verordening (EG) nr. 1333/2008 van het Europees Parlement en de Raad [1]

Niettegenstaande de eerste alinea van dit lid kan iedere lidstaat besluiten, nadat daarvoor toestemming is verkregen van zijn voor gezondheid en voeding verantwoordelijke nationale autoriteiten, conform zijn nationale procedures, dat subsidiabele producten als bedoeld in de punten 4 en 5 beperkte hoeveelheden toegevoegde suikers, toegevoegd zout en/of toegevoegde vetten mogen bevatten.

7. Naast de producten bedoeld in de leden 3, 4 en 5 van dit artikel, kunnen de lidstaten bepalen dat andere landbouwproducten worden opgenomen in het kader van de begeleidende educatieve maatregelen, met name die welke worden genoemd in artikel 1, lid 2, onder g) en v).

8. Als voorwaarde voor zijn deelname aan de schoolregeling stelt een lidstaat, voorafgaand aan zijn deelname en vervolgens om de zes jaar, op nationaal of regionaal niveau een strategie voor de uitvoering daarvan vast. Deze strategie kan worden gewijzigd door de autoriteit die verantwoordelijk is voor de opstelling daarvan op nationaal of

---

(1) Verordening (EG) nr. 1333/2008 van het Europees Parlement en de Raad van 16 december 2008 inzake levensmiddelenadditieven (*PB* L 354 van 31.12.2008, blz. 16).

regionaal niveau, in het bijzonder in het licht van monitoring en evaluatie, en van de bereikte resultaten. In de strategie wordt op zijn minst aangegeven in welke behoeften moet worden voorzien en hoe deze zijn geprioriteerd, wat de doelgroep is, welke resultaten moeten worden bereikt en, indien voorhanden, wat de gekwantificeerde streefdoelen ten opzichte van de uitgangssituatie zijn. Ook wordt aangegeven wat de meest geschikte instrumenten en acties zijn om die doelstellingen te bereiken.

De strategieën kunnen specifieke elementen in verband met de uitvoering van de schoolregeling bevatten, waaronder die ter vereenvoudiging van het beheer ervan.

9. De lidstaten stellen in het kader van hun strategieën een lijst op van alle producten die in het kader van de schoolregeling moeten worden geleverd, hetzij door reguliere verstrekking of in het kader van educatieve begeleidende maatregelen. Onverminderd lid 6, moeten zij er ook voor zorgen dat de voor gezondheid en voeding verantwoordelijke nationale autoriteiten voldoende betrokken zijn bij de opstelling van die lijst, of dat deze autoriteiten de gepaste toestemming hebben gegeven voor die lijst, in overeenstemming met nationale procedures.

10. Om de schoolregeling doeltreffend te doen functioneren, voorzien de lidstaten tevens in begeleidende educatieve maatregelen, die onder meer maatregelen en activiteiten kunnen omvatten welke erop zijn gericht kinderen weer in contact te brengen met landbouw via activiteiten, zoals boerderijbezoeken, en de verstrekking van een grotere verscheidenheid aan landbouwproducten zoals bedoeld in lid 7. Deze maatregelen kunnen ook bedoeld zijn voor de educatie van kinderen ten aanzien van daarmee verband houdende kwesties, zoals gezonde eetgewoonten, lokale voedselketens, biologische landbouw, duurzame productie of de strijd tegen voedselverspilling

11. De lidstaten selecteren de producten die worden verstrekt of worden opgenomen in begeleidende educatieve maatregelen, op basis van één of meer van de volgende objectieve criteria: gezondheids- en milieuoverwegingen, seizoensgebondenheid, verscheidenheid en beschikbaarheid van lokale of regionale producten, waarbij voor zover mogelijk voorrang wordt gegeven aan uit de Unie afkomstige producten. De lidstaten kunnen met name lokale of regionale aankopen, biologische producten, korte toeleveringsketens of milieubaten, waaronder duurzame verpakkingen, en, indien nodig, producten aanmoedigen die op grond van de kwaliteitsregelingen van Verordening (EU) nr. 1151/2012 zijn erkend.

De lidstaten kunnen in hun strategieën voorrang geven aan overwegingen betreffende duurzaamheid en eerlijke handel.

[02-12-2021, PbEU L 435, i.w.tr. 07-12-2021/regelingnummer 2021/2117]

Artikel 23 bis
Financiële bepalingen

1. Onverminderd lid 4 van dit artikel bedraagt de steun die uit hoofde van de schoolregeling wordt toegewezen voor de verstrekking van producten, de begeleidende educatieve maatregelen en de daarmee gepaard gaande kosten, als bedoeld in artikel 23, lid 1, niet meer dan 220 804 135 EUR per schooljaar. Binnen dat algemene maximum bedraagt de steun maximaal:
a) voor schoolgroenten en -fruit: 130 608 466 EUR per schooljaar;
b) voor schoolmelk: 90 195 669 EUR per schooljaar.

2. Bij de toewijzing van de in lid 1 bedoelde steun wordt voor elke lidstaat rekening gehouden met het volgende:

a) het aantal kinderen van zes tot tien jaar in de betrokken lidstaat;
b) de mate van ontwikkeling van de gebieden in de betrokken lidstaat, zodat aan minder ontwikkelde gebieden en aan de kleinere eilanden in de Egeïsche Zee in de zin van artikel 1, lid 2, van Verordening (EU) nr. 229/2013 meer steun wordt toegewezen, en
c) voor schoolmelk, naast de onder a) en b) vermelde criteria, de besteding in het verleden van de Uniesteun voor de verstrekking van melk en zuivelproducten aan kinderen.

De toewijzingen voor de betrokken lidstaten moeten ervoor zorgen dat hogere steun wordt toegekend aan de in artikel 349 VWEU genoemde ultraperifere gebieden, om rekening te houden met de specifieke situatie van deze regio's wat betreft het betrekken van producten, en om te stimuleren dat ultraperifere gebieden die geografisch dicht bij elkaar liggen, producten van elkaar betrekken.

Bij de toewijzingen voor schoolmelk op grond van de in dit lid genoemde criteria moet ervoor worden gezorgd dat alle lidstaten recht hebben op ten minste een minimumbedrag aan Uniesteun per kind in de leeftijdsgroep bedoeld in de eerste alinea, onder a).

De Raad neemt overeenkomstig artikel 43, lid 3, VWEU maatregelen voor de vaststelling van indicatieve en definitieve toewijzingen en voor de herverdeling van Uniesteun voor schoolgroenten en -fruit en voor schoolmelk.

3. Lidstaten die willen deelnemen aan de schoolregeling dienen elk jaar een verzoek in voor Uniesteun in, onder vermelding van het gevraagde bedrag voor schoolgroenten en -fruit en schoolmelk die ze willen verstrekken.

4. Een lidstaat kan één keer per schooljaar maximaal 20 % van een of meer van zijn indicatieve toewijzingen overdragen, mits het in lid 1 vastgestelde algemene maximum van 220 804 135 EUR niet wordt overschreden.

Dit percentage mag tot 25 % worden verhoogd voor lidstaten met ultraperifere gebieden vermeld in artikel 349 VWEU en in andere naar behoren gemotiveerde gevallen, bijvoorbeeld indien een lidstaat een specifieke marktsituatie moet aanpakken in de sector waarop de schoolregeling van toepassing is, zijn bijzondere bezorgdheid over de geringe consumptie van een bepaalde groep producten, of andere maatschappelijke veranderingen.

Overdrachten kunnen worden gedaan:
a) voorafgaand aan de vaststelling van de definitieve toewijzingen voor het volgende schooljaar, tussen de indicatieve toewijzingen van de lidstaat, of
b) na het begin van het schooljaar, tussen de definitieve toewijzingen van de lidstaat, indien die toewijzingen zijn vastgesteld voor de betrokken lidstaat.

De in punt a) van de derde alinea bedoelde overdrachten mogen niet worden gedaan uitgaande van de indicatieve toewijzing voor de groep producten waarvoor de betrokken lidstaat om een bedrag verzoekt dat hoger is dan zijn indicatieve toewijzing. De lidstaten stellen de Commissie in kennis van het bedrag van de overdrachten tussen de indicatieve toewijzingen.

5. De schoolregeling laat aparte nationale schoolregelingen die verenigbaar zijn met Unierecht, onverlet. De in artikel 23 bedoelde Uniesteun kan worden gebruikt om het toepassingsgebied of de doeltreffendheid van bestaande nationale schoolregelingen of regelingen voor de verstrekking van schoolgroenten en -fruit en schoolmelk te vergroten, maar mag niet in de plaats komen van de financiering voor die bestaande nationale regelingen, behalve voor de gratis verstrekking van maaltijden aan kinderen in onderwijsinstellingen. Indien een lidstaat besluit de werkingssfeer van een

bestaande nationale schoolregeling uit te breiden of doeltreffender te maken door te verzoeken om Uniesteun, vermeldt hij in de in artikel 23, lid 8, bedoelde strategie hoe dit zal worden gerealiseerd.
6. De lidstaten kunnen de Uniesteun aanvullen met nationale steun voor de financiering van de schoolregeling.
De lidstaten kunnen die steun financieren met de opbrengsten van een door de betrokken sector te betalen heffing of met een andere door de particuliere sector te leveren bijdrage.
7. De Unie kan krachtens artikel 6 van Verordening (EU) nr. 1306/2013 tevens financiering verlenen voor voorlichtings-, publiciteits-, monitoring- en evaluatiemaatregelen met betrekking tot de schoolregeling, onder meer door maatregelen voor de bewustmaking van het publiek van de doelstellingen van de regeling, en voor gerelateerde maatregelen op het gebied van netwerkvorming die gericht zijn op de uitwisseling van ervaring en beste praktijken ter vergemakkelijking van de tenuitvoerlegging en het beheer van de regeling.
De Commissie kan, overeenkomstig artikel 24, lid 4, van deze verordening, een gemeenschappelijke identiteit of grafische elementen voor de vergroting van de zichtbaarheid van de schoolregeling ontwikkelen.
8. De aan de schoolregeling deelnemende lidstaten maken in de schoolgebouwen of op andere relevante plaatsen bekend dat zij aan de schoolregeling deelnemen en wijzen daarbij op de rol van de Unie als subsidieverstrekker. De lidstaten mogen alle geschikte publiciteitsmiddelen gebruiken, daaronder begrepen posters, specifieke websites, informatief grafisch materiaal, en voorlichtings- en bewustmakingscampagnes. De lidstaten dragen zorg voor de meerwaarde en zichtbaarheid van de schoolregeling van de Unie ten opzichte van de verstrekking van andere maaltijden in onderwijsinstellingen.
[02-12-2021, PbEU L 435, i.w.tr. 07-12-2021/regelingnummer 2021/2117]

Artikel 24
Gedelegeerde bevoegdheden

1. Teneinde gezonde eetgewoonten bij kinderen te bevorderen en ervoor te zorgen dat de steun die uit hoofde van de schoolregeling wordt verstrekt, ten bate komt van kinderen in de in artikel 22 genoemde doelgroep, wordt aan de Commissie de bevoegdheid toegekend om overeenkomstig artikel 227 gedelegeerde handelingen vast te stellen betreffende voorschriften inzake:
a) de aanvullende criteria inzake de subsidiabiliteit van de in artikel 22 bedoelde doelgroep;
b) de erkenning en selectie van steunaanvragers door de lidstaten;
c) de opstelling van de nationale of regionale strategieën en inzake de begeleidende educatieve maatregelen.
2. Teneinde een doelmatige en doelgerichte besteding van de Uniemiddelen te waarborgen en de uitvoering van de schoolregeling te vergemakkelijken, wordt aan de Commissie de bevoegdheid toegekend om overeenkomstig artikel 227 gedelegeerde handelingen vast te stellen met betrekking tot:
a) de vaststelling van de kosten en maatregelen die in aanmerking komen voor Uniesteun;
b) de verplichting voor de lidstaten om de doeltreffendheid van hun schoolregeling te monitoren en te evalueren.

3. Teneinde rekening te houden met de wetenschappelijke ontwikkelingen, wordt de Commissie gemachtigd gedelegeerde handelingen vast te stellen overeenkomstig artikel 227, met het oog op het aanvullen van de lijst van kunstmatige smaakversterkers bedoeld in artikel 23, lid 6, eerste alinea, onder e).

Teneinde ervoor te zorgen dat de producten die zijn verstrekt overeenkomstig artikel 23, leden 3, 4 en 5, voldoen aan de doelstellingen van de schoolregeling, wordt aan de Commissie de bevoegdheid toegekend om gedelegeerde handelingen vast te stellen overeenkomstig artikel 227, ter bepaling van de maximumgehalten voor toegevoegde suiker, toegevoegd zout en toegevoegd vet die door de lidstaten kunnen worden toegestaan overeenkomstig artikel 23, lid 6, tweede alinea, en die technisch noodzakelijk zijn voor de bereiding of vervaardiging van verwerkte producten.

4. Teneinde de schoolregeling onder de aandacht van het publiek te brengen en de zichtbaarheid van de Uniesteun te vergroten, wordt aan de Commissie de bevoegdheid toegekend om overeenkomstig artikel 227 gedelegeerde handelingen vast te stellen waarbij de lidstaten die aan de schoolregeling deelnemen, ertoe worden verplicht duidelijk bekendheid te geven aan het feit dat zij Uniesteun krijgen voor de uitvoering van de regeling, onder meer met betrekking tot:
a) indien nodig, de vaststelling van specifieke criteria inzake de presentatie, de samenstelling, de afmetingen en het ontwerp van de gemeenschappelijke identiteit of de grafische elementen;
b) de specifieke criteria inzake het gebruik van publiciteitsmiddelen.

5. Teneinde de meerwaarde en de zichtbaarheid van de schoolregeling te waarborgen, wordt aan de Commissie de bevoegdheid toegekend om overeenkomstig artikel 227 gedelegeerde handelingen vast te stellen met betrekking tot de voorschriften voor de verstrekking van producten ten opzichte van de verstrekking van andere maaltijden in onderwijsinstellingen

6. Aangezien ervoor moet worden gezorgd dat de Uniesteun tot uitdrukking komt in de prijs waartegen de producten in het kader van de schoolregeling beschikbaar worden gesteld, wordt aan de Commissie de bevoegdheid toegekend om overeenkomstig artikel 227 gedelegeerde handelingen vast te stellen, waarbij de lidstaten worden verplicht in hun strategieën uit te leggen hoe dit zal worden gerealiseerd.

[11-05-2016, PbEU L 135, i.w.tr. 13-06-2016/regelingnummer 2016/791]

Artikel 25
Uitvoeringsbevoegdheden overeenkomstig de onderzoeksprocedure

De Commissie kan bij wege van uitvoeringshandelingen de voor de toepassing van deze afdeling vereiste maatregelen vaststellen, onder andere met betrekking tot:
a) de informatie die in de strategieën van de lidstaten moet worden opgenomen;
b) de steunaanvragen en betalingen, met inbegrip van de vereenvoudiging van de procedures die voortvloeien uit het gemeenschappelijk kader voor de schoolregeling;
c) de methoden voor de bekendmaking van de schoolregeling en de maatregelen op het gebied van netwerkvorming in het kader van de regeling;
d) de indiening, vorm en inhoud van de jaarlijkse verzoeken om steun en de monitoring- en evaluatieverslagen van de aan de schoolregeling deelnemende lidstaten;
e) de toepassing van artikel 23 bis, lid 4, onder meer wat betreft de termijnen voor de overdrachten en de indiening, de vorm en de inhoud van de desbetreffende kennisgevingen.

Die uitvoeringshandelingen worden volgens de in artikel 229, lid 2, bedoelde onderzoeksprocedure vastgesteld.
[11-05-2016, PbEU L 135, i.w.tr. 13-06-2016/regelingnummer 2016/791]

Artikel 26-60
(Vervallen.)
[11-05-2016, PbEU L 135, i.w.tr. 13-06-2016/regelingnummer 2016/791]

HOOFDSTUK III
Vergunningenstelsel voor het aanplanten van wijnstokken

Artikel 61
Looptijd
Het in dit hoofdstuk vastgestelde vergunningenstelsel voor aanplant van wijnstokken is van toepassing met ingang van 1 januari 2016 tot en met 31 december 2045; de Commissie verricht twee tussentijdse evaluaties, meer bepaald in 2028 en in 2040, om het functioneren van de regeling te beoordelen en doet, indien nodig, wetgevingsvoorstellen.
[02-12-2021, PbEU L 435, i.w.tr. 07-12-2021/regelingnummer 2021/2117]

AFDELING 1
Beheer van het vergunningenstelsel voor het aanplanten van wijnstokken

Artikel 62
Vergunningen
1. Stokken van wijndruivenrassen die volgens artikel 81, lid 2, zijn ingedeeld, mogen alleen geplant of opnieuw geplant worden indien onder de voorwaarden van dit hoofdstuk een vergunning is afgegeven overeenkomstig de artikelen 64, 66 en 68.
2. De lidstaten verlenen de in lid 1 bedoelde vergunning voor een in hectaren uitgedrukte specifieke oppervlakte wanneer producenten bij hen een aanvraag indienen die voldoet aan de criteria voor een objectieve en niet-discriminerende verlening. Die vergunning wordt zonder kosten voor de producent verleend.
3. De in lid 1 bedoelde vergunningen zijn drie jaar geldig. Ingeval een producent een hem verleende vergunning gedurende de geldigheidsduur niet gebruikt, worden hem overeenkomstig artikel 89, lid 4, van Verordening (EU) nr. 1306/2013 administratieve sancties opgelegd.
In afwijking van de eerste alinea kunnen de lidstaten besluiten dat, wanneer herbeplanting plaatsvindt op hetzelfde perceel of dezelfde percelen als die waarop het rooien plaatsvond, de in artikel 66, lid 1, bedoelde vergunningen zes jaar geldig zijn vanaf de datum waarop zij zijn verleend. In die vergunningen wordt duidelijk aangegeven op welk perceel of welke percelen de rooiing en de herbeplanting zullen plaatsvinden.
In afwijking van de eerste alinea wordt de geldigheid van de overeenkomstig artikel 64 en artikel 66, lid 1, verleende vergunningen die in 2020 en 2021 verstrijken, verlengd tot en met 31 december 2022.
In afwijking van de eerste alinea van dit lid worden producenten met overeenkomstig artikel 64 en artikel 66, lid 1, van deze verordening verleende vergunningen die in 2020 en 2021 verstrijken, niet onderworpen aan de in artikel 89, lid 4, van Verordening

(EU) nr. 1306/2013 bedoelde administratieve sanctie mits zij de bevoegde autoriteiten uiterlijk op 28 februari 2022 meedelen dat zij niet voornemens zijn gebruik te maken van hun vergunning en evenmin van de verlengde geldigheidsduur als bedoeld in de derde alinea van dit lid. Indien producenten die houder zijn van een vergunning waarvan de geldigheidsduur is verlengd tot en met 31 december 2021 uiterlijk op 28 februari 2021 aan de bevoegde autoriteit hebben verklaard dat zij niet voornemens zijn gebruik te maken van die vergunningen, mogen zij hun verklaringen uiterlijk op 28 februari 2022 door middel van een schriftelijke mededeling aan de bevoegde autoriteit intrekken en mogen zij van hun vergunningen binnen de in de derde alinea bepaalde verlengde geldigheidsduur gebruikmaken.

4. Dit hoofdstuk is niet van toepassing op het beplanten of herbeplanten van oppervlakten voor experimentele doeleinden, voor het opzetten van verzamelingen wijnstokrassen voor de instandhouding van de genetische hulpbronnen of voor de teelt van moederplanten voor netstokken, noch op oppervlakten waarvan de opbrengst aan wijn of wijnproducten uitsluitend bestemd is voor consumptie door de wijnbouwer en zijn gezin of oppervlakten die voor het eerst zullen worden beplant, als resultaat van verplichte aankopen in het openbaar belang overeenkomstig de nationale wetgeving.

5. Lidstaten kunnen dit hoofdstuk toepassen op oppervlakten waarop wijn wordt geproduceerd die geschikt is voor de productie van wijn-eau-de-vie met een geografische aanduiding als geregistreerd in bijlage III bij Verordening (EG) nr. 110/2008 van het Europees Parlement en de Raad [1]. Voor de toepassing van dit hoofdstuk kunnen die oppervlakten worden behandeld als oppervlakten waar wijnen met een beschermde oorsprongsbenaming of beschermde geografische aanduiding kunnen worden geproduceerd.

[02-12-2021, PbEU L 435, i.w.tr. 07-12-2021/regelingnummer 2021/2117]

Artikel 63
Vrijwaringsmechanisme voor nieuwe aanplant

1. De lidstaten stellen elk jaar vergunningen voor nieuwe aanplant beschikbaar voor ofwel:
a) 1 % van de totale werkelijk met wijnstokken beplante oppervlakte op hun grondgebied, zoals gemeten op 31 juli van het voorgaande jaar, of
b) 1 % van een oppervlakte die bestaat uit de totale werkelijk met wijnstokken beplante oppervlakte op hun grondgebied, zoals gemeten op 31 juli 2015, en de oppervlakte op hun grondgebied waarvoor overeenkomstig artikel 85 nonies, artikel 85 decies of artikel 85 duodecies van Verordening (EG) nr. 1234/2007 aan producenten aanplantrechten zijn verleend die op 1 januari 2016 beschikbaar waren voor omzetting in vergunningen als bedoeld in artikel 68 van deze verordening.

2. De lidstaten kunnen besluiten:
a) op nationaal niveau een lager dan het in lid 1 vermelde percentage toe te passen;
b) de afgifte van vergunningen op regionaal niveau te beperken voor specifieke oppervlakten die in aanmerking komen voor de productie van wijnen met een

---

[1] Verordening (EG) nr. 110/2008 van het Europees Parlement en de Raad van 15 januari 2008 betreffende de definitie, de aanduiding, de presentatie, de etikettering en de bescherming van geografische aanduidingen van gedistilleerde dranken en tot intrekking van Verordening (EEG) nr. 1576/89 van de Raad (*PB* L 39 van 13.2.2008, blz. 16).

beschermde oorsprongsbenaming, voor oppervlakten die in aanmerking komen voor de productie van wijnen met een beschermde geografische aanduiding, of voor oppervlakten zonder geografische aanduiding.

De lidstaten die de afgifte van vergunningen op regionaal niveau beperken voor specifieke gebieden die in aanmerking komen voor de productie van wijnen met een beschermde oorsprongsbenaming of voor gebieden die overeenkomstig de eerste alinea, punt b), in aanmerking komen voor de productie van wijnen met een beschermde geografische aanduiding, kunnen eisen dat dergelijke vergunningen in die gebieden worden gebruikt.

3. Elk van de in lid 2 bedoelde beperkingen draagt bij tot een ordelijke groei van de aanplant, wordt boven 0 % vastgesteld, en wordt op een of meer van de volgende specifieke gronden gerechtvaardigd:
a) de noodzaak een voldoende aangetoond risico van overaanbod van wijnproducten in verhouding tot de marktvooruitzichten voor die producten te vermijden, met dien verstande dat de beperking deze noodzaak niet overschrijdt;
b) de noodzaak een voldoende aangetoond risico van waardevermindering van een bepaalde beschermde oorsprongsbenaming of beschermde geografische aanduiding te vermijden;
c) de wil om bij te dragen aan de ontwikkeling van de betrokken producten en tegelijkertijd de kwaliteit van die producten in stand te houden.

3 bis. De lidstaten kunnen alle nodige regelgevende maatregelen nemen om te voorkomen dat marktdeelnemers op grond van de leden 2 en 3 genomen beperkende maatregelen omzeilen.

4. De lidstaten maken alle ingevolge lid 2 genomen besluiten openbaar en motiveren deze naar behoren. De lidstaten stellen de Commissie onverwijld in kennis van alle door hen genomen besluiten, met de motivering.

[02-12-2021, PbEU L 435, i.w.tr. 07-12-2021/regelingnummer 2021/2117]

Artikel 64
Verlening van vergunningen voor nieuwe aanplant

1. Indien de totale oppervlakte waarop de subsidiabele aanvragen in een bepaald jaar betrekking hebben, niet groter is dan de door de lidstaat beschikbaar gestelde oppervlakte, worden al die aanvragen aanvaard.

De lidstaten kunnen voor de toepassing van dit artikel één of meer van de volgende objectieve en niet-discriminerende subsidiabiliteitscriteria toepassen op nationaal of regionaal niveau:
a) de aanvrager beschikt over cultuurgrond met een oppervlakte die niet kleiner is dan de oppervlakte waarvoor hij de vergunning aanvraagt;
b) de aanvrager beschikt over voldoende vakbekwaamheid en deskundigheid;
c) de aanvraag houdt geen aanzienlijk risico van misbruik van de bekendheid van de specifieke beschermde oorsprongsbenamingen in, hetgeen wordt verondersteld tenzij het bestaan van een dergelijk risico wordt aangetoond door de overheidsinstanties;
c bis) de aanvrager heeft geen wijnstokken aangeplant zonder de in artikel 71 van deze verordening bedoelde vergunning of zonder een in de artikelen 85 bis en 85 ter van Verordening (EG) nr. 1234/2007 bedoeld aanplantrecht;

d) in naar behoren gemotiveerde gevallen, één of meer van de in lid 2 bedoelde criteria, mits deze op objectieve en niet-discriminerende wijze worden toegepast.

2. Indien de in lid 1 bedoelde totale oppervlakte waarop de subsidiabele aanvragen in een bepaald jaar betrekking hebben, groter is dan de door de lidstaat beschikbaar gestelde oppervlakte, worden de vergunningen verhoudingsgewijs per hectare over alle aanvragers verdeeld op basis van de oppervlakte waarvoor zij de vergunning hebben aangevraagd. Bij de verlening van de vergunningen kan een minimum- en/of een maximumoppervlakte per aanvrager worden vastgesteld, en de vergunningen kunnen tevens geheel of gedeeltelijk worden verleend overeenkomstig één of meer van de volgende objectieve en niet-discriminerende prioriteitscriteria die op nationaal of op regionaal niveau kunnen worden toegepast:

a) producenten die voor het eerst wijnstokken planten en die bedrijfshoofd zijn (nieuwkomers);
b) gebieden waar wijngaarden bijdragen tot behoud van het milieu of de instandhouding van de genetische hulpbronnen van wijnstokken;
c) oppervlakten die voor het eerst zullen worden beplant, in het kader van landconsolidatieprojecten;
d) gebieden met natuurlijke of andere specifieke beperkingen;
e) de duurzaamheid van ontwikkelings- of herbeplantingsprojecten op basis van een economische evaluatie;
f) voor het eerst te beplanten oppervlakten die bijdragen tot productieverhoging van bedrijven in de wijnbouwsector die aantoonbaar beter presteren op het gebied van kostenefficiëntie of concurrentievermogen of aanwezigheid op de markten;
g) projecten die de mogelijkheid bieden de kwaliteit van producten met geografische aanduidingen te verbeteren;
h) voor het eerst te beplanten oppervlakten in het kader van het vergroten van de omvang van kleine en middelgrote wijnbouwbedrijven.

2 bis. Indien de lidstaat besluit een of meer van de in lid 2 bedoelde criteria toe te passen, kan hij besluiten de extra voorwaarde toe te voegen dat de aanvrager een natuurlijk persoon moet zijn die niet ouder is dan 40 jaar in het jaar van de indiening van de aanvraag.

2 ter. De lidstaten kunnen alle nodige regelgevende maatregelen nemen om te voorkomen dat de beperkende criteria die zij overeenkomstig de leden 1, 2 en 2 bis hanteren, door marktdeelnemers worden omzeild.

3. De lidstaten maken de in de leden 1, 2 en 2 bis bedoelde criteria die zij toepassen, bekend en stellen de Commissie onverwijld daarvan in kennis.

[02-12-2021, PbEU L 435, i.w.tr. 07-12-2021/regelingnummer 2021/2117]

Artikel 65
Rol van beroepsorganisaties

Bij de toepassing van artikel 63, lid 2, neemt een lidstaat de aanbevelingen in overweging van de in de artikelen 152, 156 en 157 bedoelde erkende beroepsorganisaties die in de wijnsector actief zijn, van de in artikel 95 bedoelde belanghebbende producentengroeperingen of van andere op grond van diens wetgeving erkende beroepsorganisaties, op voorwaarde dat over die aanbevelingen vooraf door de betrokken representatieve partijen in het geografische referentiegebied een akkoord is bereikt.

De aanbevelingen gelden voor een periode van ten hoogste drie jaar.
[02-12-2021, PbEU L 435, i.w.tr. 07-12-2021/regelingnummer 2021/2117]

Artikel 66
Herbeplantingen

1. De lidstaten verlenen automatisch een vergunning aan producenten die per 1 januari 2016 een met wijnstokken beplante oppervlakte hebben gerooid en een aanvraag hebben ingediend. Die vergunning geldt voor een gelijkwaardige oppervlakte uitgedrukt in uitsluitend met wijnstokken beplante cultuurgrond. De onder die vergunningen vallende oppervlakten tellen niet meer voor de doeleinden van artikel 63.
2. De lidstaten kunnen de in lid 1 bedoelde vergunning verlenen aan producenten die beloven een met wijnstokken beplante oppervlakte te zullen rooien indien de oppervlakte wordt gerooid uiterlijk aan het eind van het vierde jaar vanaf de datum waarop de nieuwe wijnstokken zijn aangeplant.
3. De in lid 1 bedoelde vergunning wordt gebruikt op het bedrijf waar de rooiing heeft plaatsgevonden. De lidstaten kunnen in gebieden die in aanmerking komen voor productie van wijn met beschermde oorspongsbenamingen of beschermde geografische aanduidingen, op basis van een aanbeveling van een beroepsorganisatie overeenkomstig artikel 65, de herbeplanting beperken tot wijnstokken die aan dezelfde specificatie inzake beschermde oorsprongsbenaming of beschermde geografische aanduiding voldoen als de gerooide oppervlakte.
4. Dit artikel geldt niet in geval van het rooien van niet-toegestane aanplant.
[17-12-2013, PbEU L 347, i.w.tr. 20-12-2013/regelingnummer 1308/2013]

Artikel 67
De minimis

1. Het in dit hoofdstuk vastgestelde vergunningenstelsel voor nieuwe aanplant van wijnstokken is niet van toepassing in lidstaten waar de overgangsregeling inzake aanplantrechten, die is vastgesteld in deel II, titel I, hoofdstuk III, afdeling IVa, onderafdeling II, van Verordening (EG) nr. 1234/2007, niet van toepassing was op 31 december 2007.
2. Lidstaten waar de in lid 1 bedoelde regeling op 31 december 2007 van toepassing was en die momenteel een met wijnstokken beplante oppervlakte van ten hoogste 10 000 hectaren hebben, kunnen besluiten het in dit hoofdstuk vastgestelde vergunningenstelsel voor aanplant van wijnstokken niet toe te passen.
[17-12-2013, PbEU L 347, i.w.tr. 20-12-2013/regelingnummer 1308/2013]

Artikel 68
Overgangsbepalingen

1. De aan producenten overeenkomstig de artikelen 85 nonies, 85 decies en 85 duodecies van Verordening (EG) nr. 1234/2007 vóór 31 december 2015 verleende aanplantrechten die niet door die producenten zijn gebruikt en op die datum nog geldig zijn, kunnen per 1 januari 2016 worden omgezet in vergunningen onder dit hoofdstuk. Die omzetting vindt plaats wanneer die producenten daartoe voor 31 december 2015 een verzoek indienen. De lidstaten kunnen besluiten producenten toe te staan dit verzoek tot omzetting van rechten in vergunningen in te dienen tot en met 31 december 2022.

2. Ingevolge lid 1 verleende vergunningen hebben dezelfde geldigheidsduur als de in lid 1 vermelde aanplantrechten. Niet-gebruikte vergunningen verstrijken uiterlijk op 31 december 2018, of, indien een lidstaat het in lid 1, tweede alinea, bedoelde besluit heeft genomen, uiterlijk op 31 december 2025.
2 bis. Met ingang van 1 januari 2023 blijft een oppervlakte die overeenkomt met de oppervlakte waarvoor aanplantrechten zijn verleend die in aanmerking kwamen voor omzetting in aanplantvergunningen op 31 december 2022 maar nog niet overeenkomstig lid 1 in vergunningen zijn omgezet, ter beschikking van de betrokken lidstaten, die voor deze oppervlakte tot uiterlijk 31 december 2025 overeenkomstig artikel 64 vergunningen kunnen verlenen.
3. De oppervlakten die vallen onder de ingevolge lid 1 en lid 2 bis van dit artikel verleende vergunningen tellen niet mee voor de toepassing van artikel 63.
[02-12-2021, PbEU L 435, i.w.tr. 07-12-2021/regelingnummer 2021/2117]

Artikel 69
Gedelegeerde bevoegdheden

De Commissie is bevoegd om overeenkomstig artikel 227 gedelegeerde handelingen vast te stellen betreffende:
a) de voorwaarden voor de toepassing van de in artikel 62, lid 4, bedoelde vrijstelling;
b) de voorschriften in verband met de in artikel 64, leden 1 en 2, bedoelde criteria;
c) de toevoeging van criteria aan die welke zijn vermeld in artikel 64, leden 1 en 2;
d) het naast elkaar bestaan van wijnstokken die de producent heeft beloofd te zullen rooien, en wijnstokken die ingevolge artikel 66, lid 2, nieuw zijn aangeplant;
e) de redenen voor de besluiten van de lidstaten op grond van artikel 66, lid 3.
[17-12-2013, PbEU L 347, i.w.tr. 20-12-2013/regelingnummer 1308/2013]

Artikel 70
Uitvoeringsbevoegdheden overeenkomstig de onderzoeksprocedure

De Commissie kan uitvoeringshandelingen vaststellen waarin de nodige maatregelen worden vastgelegd met betrekking tot:
a) de procedures voor het verlenen van vergunningen;
b) de door de lidstaten bij te houden administratie en de aan de Commissie te verzenden kennisgevingen.
Die uitvoeringshandelingen worden volgens de in artikel 229, lid 2, bedoelde onderzoeksprocedure vastgesteld.
[17-12-2013, PbEU L 347, i.w.tr. 20-12-2013/regelingnummer 1308/2013]

AFDELING 2
Beheer van het vergunningenstelsel voor het aanplanten van wijnstokken

Artikel 71
Niet-toegestane aanplant

1. Producenten rooien op eigen kosten oppervlakten die zonder vergunning met wijnstokken zijn beplant.
2. Indien producenten de betrokken oppervlakte niet rooien binnen vier maanden na de datum van kennisgeving van de onregelmatigheid, zorgen de lidstaten er binnen twee jaar na het verstrijken van de periode van vier maanden voor dat de niet-

toegestane aanplant worden gerooid. De kosten daarvan worden bij de betrokken producenten in rekening gebracht.
3. De lidstaten delen de Commissie uiterlijk 1 maart van elk jaar de totale omvang mede van de oppervlakten waarvan is vastgesteld dat zij na 1 januari 2016 zonder vergunning met wijnstokken zijn beplant, alsmede de overeenkomstig de leden 1 en 2 gerooide oppervlakten.
4. Ingeval een producent niet heeft voldaan aan de in lid 1 van dit artikel vervatte verplichting, worden hem overeenkomstig artikel 64 van Verordening (EU) nr. 1306/2013 sancties opgelegd.
5. Zonder vergunning met wijnstokken beplante oppervlakten komen niet in aanmerking voor nationale of uniesteunmaatregelen.
[17-12-2013, PbEU L 347, i.w.tr. 20-12-2013/regelingnummer 1308/2013]

Artikel 72
Uitvoeringsbevoegdheden overeenkomstig de onderzoeksprocedure
De Commissie kan uitvoeringshandelingen vaststellen waarin de nodige maatregelen worden vastgelegd ter bepaling van de bijzonderheden van de kennisgevingseisen die de lidstaten moeten naleven, met inbegrip van mogelijke verminderingen van de in bijlage VI vermelde begrotingslimieten in geval van niet-naleving.
Die uitvoeringshandelingen worden volgens de in artikel 229, lid 2, bedoelde onderzoeksprocedure vastgesteld.
[17-12-2013, PbEU L 347, i.w.tr. 20-12-2013/regelingnummer 1308/2013]

TITEL II
Voorschriften betreffende de afzet en de producentenorganisaties

HOOFDSTUK I
Afzetvoorschriften

AFDELING 1
Handelsnormen

ONDERAFDELING 1
Inleidende bepalingen

Artikel 73
Toepassingsgebied
Onverminderd andere bepalingen die op landbouwproducten van toepassing zijn, en de bepalingen die in de veterinaire sector, de fytosanitaire sector en de levensmiddelensector zijn vastgesteld om te garanderen dat de producten aan de hygiëne- en gezondheidsnormen voldoen en om de gezondheid van dieren, planten en mensen te beschermen, worden in deze afdeling voorschriften betreffende handelsnormen voor landbouwproducten vastgesteld. Die voorschriften worden onderverdeeld in verplichte voorschriften en facultatieve gereserveerde vermeldingen voor landbouwproducten.
[17-12-2013, PbEU L 347, i.w.tr. 20-12-2013/regelingnummer 1308/2013]

ONDERAFDELING 2
Sector- of productspecifieke handelsnormen

Artikel 74
Algemeen beginsel

De producten waarvoor overeenkomstig deze onderafdeling sector- of productspecifieke handelsnormen zijn vastgesteld, mogen slechts in de Unie worden afgezet als zij aan die normen voldoen.
[17-12-2013, PbEU L 347, i.w.tr. 20-12-2013/regelingnummer 1308/2013]

Artikel 75
Vaststelling en inhoud

1. Handelsnormen kunnen worden toegepast op een of meer van de volgende producten en sectoren:
a) olijfolie en tafelolijven;
b) groenten en fruit;
c) op basis van groenten en fruit verwerkte producten;
d) bananen;
e) levende planten;
f) eieren;
g) vlees van pluimvee;
h) smeerbare vetproducten voor menselijke consumptie;
i) hop.

2. Teneinde rekening te houden met de verwachtingen van de consument en de economische voorwaarden voor de productie en de afzet voor landbouwproducten, alsmede de kwaliteit van de onder de leden 1 en 4 van dit artikel vallende producten te verbeteren, is de Commissie bevoegd om overeenkomstig artikel 227 gedelegeerde handelingen vast te stellen met betrekking tot sector- of productspecifieke handelsnormen voor alle handelsstadia, alsmede afwijkingen en vrijstellingen van de toepassing van die normen, met het doel in te spelen op voortdurend veranderende marktomstandigheden, op de veranderende vraag van de consument, op ontwikkelingen in de toepasselijke internationale normen en op het voorkomen van hinderpalen voor productinnovatie.

3. Onverminderd artikel 26 van Verordening (EU) nr. 1169/2011 van het Europees Parlement en de Raad [1] kunnen de in lid 1 bedoelde handelsnormen betrekking hebben op een of meer van de volgende elementen te bepalen op sector- of productspecifieke grondslag, die berusten op de kenmerken van de sector, op de noodzaak het op de markt brengen te reguleren en op de in lid 5 van dit artikel bepaalde voorwaarden:

---

[1] Verordening (EU) nr. 1169/2011 van het Europees Parlement en de Raad van 25 oktober 2011 betreffende de verstrekking van voedselinformatie aan consumenten, tot wijziging van Verordeningen (EG) nr. 1924/2006 en (EG) nr. 1925/2006 van het Europees Parlement en de Raad en tot intrekking van Richtlijn 87/250/EEG van de Commissie, Richtlijn 90/496/EEG van de Raad, Richtlijn 1999/10/EG van de Commissie, Richtlijn 2000/13/EG van het Europees Parlement en de Raad, Richtlijnen 2002/67/EG en 2008/5/EG van de Commissie en Verordening (EG) nr. 608/2004 van de Commissie (*PB* L 304 van 22.11.2011, blz. 18).

a) de technische definities, aanduidingen en verkoopbenamingen voor andere sectoren dan die welke in artikel 78 zijn vermeld;
b) de indelingscriteria, zoals indeling in klassen, naar gewicht, naar grootte, naar leeftijd en in categorieën;
c) de soort, het planten- of dierenras of het handelstype;
d) de aanbiedingsvorm, de met de verplichte handelsnormen verband houdende etikettering, de verpakking, de voor verpakkingscentra geldende voorschriften, het merken, het oogstjaar en het gebruik van specifieke aanduidingen, onverminderd de artikelen 92 tot en met 123;
e) criteria zoals uiterlijk, consistentie, bevleesdheid, productkenmerken en watergehalte (uitgedrukt in procenten);
f) de specifieke stoffen die bij de productie worden gebruikt, of de componenten of bestanddelen, met inbegrip van hun gewichtsaandeel, zuiverheid en identificatie;
g) de productierichting en de productiemethode, met inbegrip van oenologische procédés en geavanceerde systemen van duurzame productie;
h) de versnijding van most en wijn, met inbegrip van definities daarvan, het mengen en de daarvoor geldende beperkingen;
i) de frequentie van inzameling, levering, bewaring en behandeling, de bewaarmethode en -temperatuur, de opslag en het vervoer;
j) de ligging van het landbouwbedrijf, en/of de oorsprong, uitgezonderd voor vlees van pluimvee en smeerbare vetproducten;
k) de beperkingen wat het gebruik van bepaalde stoffen en bepaalde procedés betreft;
l) het specifieke gebruik;
m) de voorwaarden inzake het afzetten, in bezit hebben, in het verkeer brengen en gebruiken van producten die niet in overeenstemming zijn met de op grond van lid 1 vastgestelde handelsnormen of de in artikel 78 bedoelde definities, aanduidingen en verkoopbenamingen, en inzake het verwijderen van bijproducten.

4. Naast hetgeen is bepaald in lid 1, mogen de handelsnormen op de wijnsector worden toegepast. Lid 3, onder f), g), h), k) en m) is van toepassing op de wijnsector.

5. De op grond van lid 1 van dit artikel vastgestelde sector- of productspecifieke handelsnormen gelden onverminderd hetgeen in de artikelen 84 tot en met 88 en bijlage IX is bepaald, met inachtneming van het volgende:

a) de specifieke kenmerken van het betrokken product;
b) de noodzaak om de voorwaarden te bewerkstelligen die het op de markt brengen van de producten vergemakkelijken;
c) het belang van de producent om het product en de productiekenmerken kenbaar te maken en het belang dat de consumenten hebben bij het ontvangen van adequate en transparante productinformatie, onder meer over de ligging van het landbouwbedrijf die per geval op het geschikte geografische niveau moet worden vastgesteld, na verrichting van een beoordeling die met name betrekking heeft op de kosten en administratieve lasten voor de marktdeelnemers, evenals op de voordelen voor de producenten en de eindconsument;
d) de beschikbare methoden om de fysische, chemische en organoleptische kenmerken van de producten te bepalen;
e) de standaardaanbevelingen van de internationale instanties;

f) het feit dat de natuurlijke en essentiële kenmerken van het product dienen te worden behouden en dat de samenstelling van het product geen ingrijpende veranderingen mag ondergaan.
6. Teneinde rekening te houden met de verwachtingen van de consument en de noodzaak om de kwaliteit en de economische voorwaarden voor de productie en afzet van landbouwproducten te verbeteren, is de Commissie bevoegd om overeenkomstig artikel 227 gedelegeerde handelingen vast te stellen om de in lid 1 vervatte lijst van sectoren te wijzigen. Die gedelegeerde handelingen zijn strikt beperkt tot de aangetoonde behoeften die voortvloeien uit de veranderende vraag van de consument, de technische vooruitgang of de behoefte aan productinnovatie, en worden behandeld in een verslag van de Commissie aan het Europees Parlement en aan de Raad waarin met name de behoeften van de consument, de kosten en de administratieve lasten voor de marktdeelnemers, waaronder het effect op de interne markt en op de internationale handel, alsook de voordelen voor producenten en de eindconsument worden beoordeeld.
[17-12-2013, PbEU L 347, i.w.tr. 20-12-2013/regelingnummer 1308/2013]

Artikel 76
Aanvullende eisen betreffende de afzet van producten in de sector groenten en fruit

1. Naast de toepasselijke, in artikel 75 bedoelde, handelsnormen, in voorkomend geval, mogen producten in de sectoren groenten en fruit die bestemd zijn om vers aan de consument te worden verkocht, slechts worden afgezet als ze gezond, deugdelijk en van gebruikelijke handelskwaliteit zijn, en het land van oorsprong is aangeduid.
2. De in lid 1 bedoelde handelsnormen, en alle overeenkomstig deze onderafdeling vastgestelde handelsnormen voor de sector groenten en fruit, zijn van toepassing tijdens alle handelsstadia, met inbegrip van de in- en uitvoer, en kunnen betrekking hebben op de kwaliteit, de indeling, het gewicht, de omvang, de onmiddellijke verpakking, de eindverpakking, de opslag, het vervoer, de aanbiedingsvorm en de afzet.
3. De houder van producten van de sector groenten en fruit waarvoor handelsnormen zijn vastgesteld, mag die producten binnen de Unie alleen uitstallen, te koop aanbieden, leveren of op enige andere wijze verhandelen indien zij aan die normen voldoen. De houder van de producten is verantwoordelijk voor de naleving van deze bepaling.
4. Om te zorgen voor de correcte toepassing van de vereisten bepaald in de eerste alinea van dit artikel en om rekening te houden met bepaalde specifieke situaties, is de Commissie bevoegd om overeenkomstig artikel 227 gedelegeerde handelingen vast te stellen betreffende specifieke afwijkingen van dit artikel die nodig zijn voor de correcte toepassing ervan.
[17-12-2013, PbEU L 347, i.w.tr. 20-12-2013/regelingnummer 1308/2013]

Artikel 77
Certificering voor hop

1. Naast de toepasselijke handelsnormen, in voorkomend geval, is op de producten van de hopsector die in de Unie worden geoogst of vervaardigd, een certificeringsprocedure krachtens dit artikel van toepassing.
2. De certificaten mogen slechts worden afgegeven voor producten die voldoen aan minimumkwaliteitskenmerken voor een bepaald handelsstadium. Voor hopmeel,

met lupuline verrijkt hopmeel, hopextract en mengproducten van hop mogen de certificaten slechts worden afgegeven als het alfazuurgehalte van deze producten niet lager is dan dat van de hop waaruit zij zijn bereid
3. Op de certificaten dienen ten minste te worden vermeld:
a) de plaats(en) waar de hop is geteeld;
b) het oogstjaar (de oogstjaren); en
c) het ras of de rassen.
4. De producten van de hopsector mogen alleen in de handel worden gebracht of uitgevoerd als zij vergezeld gaan van een overeenkomstig dit artikel afgegeven certificaat. Voor ingevoerde producten van de hopsector wordt de in artikel 190, lid 2, vastgestelde verklaring erkend als gelijkwaardig aan het certificaat.
5. De Commissie is bevoegd om overeenkomstig artikel 227 gedelegeerde handelingen vast te stellen waarin maatregelen worden vastgelegd die afwijken van lid 4 van dit artikel:
a) om aan de commerciële eisen van bepaalde derde landen te voldoen; of
b) voor producten die bestemd zijn voor bijzondere gebruiksdoeleinden.
De in de eerste alinea bedoelde maatregelen:
i) mogen niet nadelig zijn voor de normale afzet van de producten waarvoor het certificaat is afgegeven; en
ii) moeten vergezeld gaan van garanties om elke verwarring met de bovenbedoelde producten te voorkomen.
[17-12-2013, PbEU L 347, i.w.tr. 20-12-2013/regelingnummer 1308/2013]

Artikel 78
Definities, aanduidingen en verkoopbenamingen voor bepaalde sectoren en producten

1. Naast de toepasselijke handelsnormen, in voorkomend geval, gelden de in bijlage VII opgenomen definities, aanduidingen en verkoopbenamingen voor de volgende sectoren of producten:
a) rund- en kalfsvlees;
b) wijn;
c) melk en zuivelproducten voor menselijke consumptie;
d) vlees van pluimvee;
e) eieren;
f) smeerbare vetproducten voor menselijke consumptie; en
g) olijfolie en tafelolijven.
2. De in bijlage VII opgenomen definitie, aanduiding of verkoopbenaming mag in de Unie uitsluitend worden gebruikt voor het afzetten van een product dat voldoet aan de overeenkomstige in die bijlage vastgestelde eisen.
3. De Commissie is bevoegd om overeenkomstig artikel 227 gedelegeerde handelingen vast te stellen met betrekking tot de wijzigingen, afwijkingen of vrijstellingen van de in bijlage VII opgenomen definities en verkoopbenamingen. Die gedelegeerde handelingen hebben uitsluitend betrekking op de aangetoonde behoeften die voortvloeien uit de evoluerende vraag van de consument, technische vooruitgang of de behoeften aan productinnovatie.
4. Teneinde ervoor te zorgen dat de definities en verkoopbenamingen in bijlage VII voor zowel de marktdeelnemers als de lidstaten duidelijk en goed te begrijpen zijn,

is de Commissie bevoegd om overeenkomstig artikel 227 gedelegeerde handelingen vast te stellen tot bepaling van de voorschriften voor de nadere invulling en de toepassing daarvan.

5. Teneinde rekening te houden met de verwachtingen van de consumenten en met de ontwikkeling van de zuivelsector, is de Commissie bevoegd om overeenkomstig artikel 227 gedelegeerde handelingen vast te stellen om de zuivelproducten te bepalen waarvoor moet worden vermeld van welke diersoort de melk afkomstig is, indien zij niet afkomstig is van runderen, en om de nodige voorschriften vast te stellen.
[17-12-2013, PbEU L 347, i.w.tr. 20-12-2013/regelingnummer 1308/2013]

Artikel 79
Tolerantie

1. Teneinde rekening te houden met de specifieke kenmerken van elk product of elke sector, de verschillende afzetstadia, de technische voorwaarden, eventuele grote praktische problemen, en de nauwkeurigheid en herhaalbaarheid van de analysemethoden, is de Commissie bevoegd om overeenkomstig artikel 227 gedelegeerde handelingen vast te stellen met betrekking tot tolerantie voor een of meer specifieke normen bij overschrijding waarvan de hele partij producten als niet conform de betrokken norm wordt beschouwd.

2. Bij het vaststellen van de in lid 1 bedoelde handelingen houdt de Commissie er rekening mee dat de intrinsieke eigenschappen van het product niet gewijzigd mogen worden en dat de kwaliteit ervan niet mag dalen.
[17-12-2013, PbEU L 347, i.w.tr. 20-12-2013/regelingnummer 1308/2013]

Artikel 80
Oenologische procédés en analysemethoden

1. Voor de productie en de bewaring van de in bijlage VIII, deel II, opgenomen wijnbouwproducten in de Unie wordt uitsluitend gebruikgemaakt van de oenologische procédés die op grond van bijlage VII zijn toegestaan en die worden bedoeld in artikel 75, lid 3, onder g), en in artikel 83, leden 2 en 3.
De eerste alinea is niet van toepassing op:
a) druivensap en geconcentreerd druivensap; en
b) voor de bereiding van druivensap bestemde druivenmost en geconcentreerde druivenmost.

De toegestane oenologische procédés mogen slechts worden toegepast om een goede bereiding, een goede bewaring of een goede ontwikkeling van het product te waarborgen.
De in bijlage VII, deel II, opgenomen wijnbouwproducten worden in de Unie geproduceerd in overeenstemming met de in bijlage VIII vastgestelde voorschriften.

2. De in bijlage VII, deel II, opgenomen producten mogen in de volgende gevallen niet in de Unie in de handel worden gebracht:
a) indien zij met niet door de Unie toegestane oenologische procédés zijn geproduceerd,
b) indien zij met niet-toegestane nationale oenologische procédés zijn geproduceerd, of
c) indien zij niet in overeenstemming zijn met de in bijlage VIII vastgestelde voorschriften.

De wijnbouwproducten die overeenkomstig de eerste alinea niet kunnen worden afgezet, worden vernietigd. In afwijking van dit voorschrift kunnen de lidstaten toestemming verlenen voor het gebruik van sommige van die producten, waarvan zij de kenmerken bepalen, door distilleerderijen of azijnfabrieken, dan wel voor industriële doeleinden, op voorwaarde dat deze toestemming geen stimulans wordt om wijnbouwproducten te produceren met behulp van niet-toegestane oenologische procedés.

3. Wanneer de Commissie oenologische procedés voor wijn als bedoeld in artikel 75, lid 3, onder g) toestaat:
a) houdt zij rekening met de door de OIV aanbevolen en gepubliceerde oenologische procedés en analysemethoden en met de resultaten die zijn geboekt met het experimentele gebruik van vooralsnog niet-toegestane oenologische procedés;
b) houdt zij rekening met overwegingen op het gebied van de bescherming van de menselijke gezondheid;
c) houdt zij rekening met het risico dat de consument door zijn vaste ideeënpatroon en bijbehorende verwachtingen ten aanzien van het product wordt misleid en gaat zij na of dat risico aan de hand van beschikbare voorlichting kan worden uitgesloten;
d) maakt zij de instandhouding van de natuurlijke en essentiële kenmerken van de wijn mogelijk zonder dat daarbij de samenstelling van het betrokken product substantieel wordt gewijzigd;
e) ziet zij erop toe dat een aanvaardbaar minimumniveau van milieuzorg wordt gehandhaafd;
f) neemt zij de algemene voorschriften inzake oenologische procedés en de in bijlage VIII vastgestelde voorschriften in acht.

4. Teneinde de zorgen voor een correcte behandeling van wijnbouwproducten die niet kunnen worden afgezet, is de Commissie bevoegd om overeenkomstig artikel 227 gedelegeerde handelingen vast te stellen tot bepaling van de voorschriften inzake de nationale procedures bedoeld in de tweede alinea van lid 2 van dit artikel, en afwijkingen daarvan voor de terugname of vernietiging van wijnbouwproducten die niet aan de eisen.

5. Indien nodig stelt de Commissie uitvoeringshandelingen vast waarin de in artikel 75, lid 5, onder d), bedoelde methoden worden vastgelegd voor de in bijlage VII, deel II, vermelde producten. Deze methoden zijn gebaseerd op relevante methoden die zijn aanbevolen en gepubliceerd door de OIV, tenzij zij ondoeltreffend of ongeschikt zouden zijn om de door de Unie nagestreefde doelstelling te verwezenlijken. Die uitvoeringshandelingen worden volgens de in artikel 229, lid 2, bedoelde onderzoeksprocedure vastgesteld.

In afwachting van de vaststelling van die uitvoeringshandelingen worden de methoden en voorschriften toegepast die door de betrokken lidstaat zijn toegestaan.
[17-12-2013, PbEU L 347, i.w.tr. 20-12-2013/regelingnummer 1308/2013]

Artikel 81
Wijndruivenrassen

1. De in de Unie geproduceerde producten van bijlage VII, deel II, worden verkregen van wijndruivenrassen die overeenkomstig lid 2 in een indeling mogen worden opgenomen.
2. Met inachtneming van lid 3 stellen de lidstaten in een indeling vast welke wijndruivenrassen op hun grondgebied met het oog op de wijnbereiding mogen worden aangeplant, heraangeplant of geënt.

Uitsluitend wijndruivenrassen die voldoen aan de volgende voorwaarden mogen in de indeling van de lidstaten worden opgenomen:
a) het betrokken ras behoort tot de soort Vitis vinifera of is verkregen uit een kruising van deze soort met andere soorten van het geslacht Vitis;
b) het ras is niet een van de volgende rassen: Noah, Othello, Isabelle, Jacquez, Clinton of Herbemont.

Indien een wijndruivenras uit de in de eerste alinea bedoelde indeling wordt geschrapt, worden de wijnstokken van dit ras binnen vijftien jaar na die schrapping gerooid.

3. Lidstaten met een wijnproductie van niet meer dan 50 000 hectoliter per wijnoogstjaar, berekend op basis van de gemiddelde productie gedurende de laatste vijf wijnoogstjaren, worden vrijgesteld van de in lid 2, eerste alinea, bedoelde verplichting tot indeling.

Eveneens in die lidstaten mogen met het oog op de wijnbereiding evenwel uitsluitend wijndruivenrassen worden aangeplant, heraangeplant of geënt die voldoen aan het bepaalde in lid 2, tweede alinea.

4. In afwijking van lid 2, eerste en derde alinea, en lid 3, tweede alinea, staan de lidstaten in het kader van wetenschappelijk onderzoek en experimenten het aanplanten, heraanplanten of enten van de volgende wijndruivenrassen toe:
a) wijndruivenrassen die niet zijn ingedeeld, indien het gaat om een andere dan in lid 3 bedoelde lidstaat;
b) wijndruivenrassen die niet voldoen aan het bepaalde in lid 2, tweede alinea, indien het gaat om de in lid 3 bedoelde lidstaten.

5. Oppervlakten die met het oog op de wijnbereiding met wijndruivenrassen zijn beplant in strijd met de leden 2, 3 en 4, worden gerooid.

De verplichting tot rooien van dergelijke oppervlakten vervalt evenwel indien de betrokken productie uitsluitend bestemd is om door de wijnbouwer en zijn gezin te worden geconsumeerd.

6. Voor oppervlakten die voor andere doeleinden dan de wijnproductie zijn aangeplant met wijnstokrassen die, in het geval van andere dan de in lid 3 bedoelde lidstaten, niet zijn ingedeeld, of die in het geval van de in lid 3 bedoelde lidstaten niet voldoen aan lid 2, tweede alinea, geldt geen rooiverplichting.

Het in deel II, titel I, hoofdstuk III, vastgestelde vergunningenstelsel voor het aanplanten en herbeplanten van de in de eerste alinea bedoelde wijnstokrassen voor andere doeleinden dan de wijnproductie is niet van toepassing.

[02-12-2021, PbEU L 435, i.w.tr. 07-12-2021/regelingnummer 2021/2117]

Artikel 82
Specifiek gebruik van wijn die niet overeenstemt met de in bijlage VII, deel II, opgenomen categorieën

Met uitzondering van wijn in flessen waarvan aantoonbaar is dat deze vóór 1 september 1971 is gebotteld, mag wijn die is verkregen van wijndruivenrassen die zijn opgenomen in overeenkomstig artikel 81, lid 2, eerste alinea, opgestelde indelingen, maar niet overeenstemt met een van de in bijlage VII, deel II, opgenomen categorieën, slechts worden gebruikt voor consumptie door de individuele wijnbouwer en zijn gezin, voor de vervaardiging van wijnazijn of voor distillatie.

[17-12-2013, PbEU L 347, i.w.tr. 20-12-2013/regelingnummer 1308/2013]

Artikel 83
Nationale voorschriften voor bepaalde producten en/of sectoren
1. Onverminderd artikel 75, lid 2, kunnen de lidstaten nationale voorschriften inzake andere kwaliteitsniveaus van smeerbare vetproducten vaststellen of handhaven. Deze voorschriften moeten de mogelijkheid bieden om deze kwaliteitsniveaus te beoordelen aan de hand van criteria in het bijzonder, met betrekking tot de verwerkte grondstoffen, de organoleptische kenmerken van de producten en de fysische en microbiologische stabiliteit van de producten.
De lidstaten die gebruik maken van de in de eerste alinea geboden mogelijkheid, zorgen ervoor dat met betrekking tot de in andere lidstaten vervaardigde producten die aan de in deze nationale voorschriften vastgestelde criteria voldoen, onder niet-discriminerende voorwaarden gebruik mag worden gemaakt van vermeldingen die aangeven dat aan deze criteria is voldaan.
2. De lidstaten mogen het gebruik van bepaalde krachtens de Uniewetgeving toegestane oenologische procedés voor op hun grondgebied geproduceerde wijn beperken of verbieden en voorzien in strengere voorschriften met het oog op de bevordering van het behoud van de wezenlijke kenmerken van wijn met een beschermde oorsprongsbenaming of een beschermde geografische aanduiding, mousserende wijn en likeurwijn.
3. De lidstaten kunnen toestemming verlenen voor het experimentele gebruik van niet-toegestane oenologische procedés.
4. Teneinde een correcte en transparante toepassing van dit artikel te garanderen, is de Commissie bevoegd om overeenkomstig artikel 227 gedelegeerde handelingen vast te stellen met betrekking tot de voorwaarden voor de toepassing van de leden 1, 2 en 3 van dit artikel, en de voorwaarden voor het in bezit hebben, in het verkeer brengen en gebruiken van de producten die zijn verkregen volgens de in lid 3 bedoelde experimentele procedés.
5. De lidstaten kunnen uitsluitend aanvullende nationale bepalingen aannemen of handhaven voor producten die onder een handelsnorm van de Unie vallen, indien die bepalingen in overeenstemming zijn met het recht van de Unie, met name wat de eerbiediging van het beginsel van vrij verkeer van goederen betreft, en mits wordt voldaan aan Richtlijn 98/34/EG van het Europees Parlement en de Raad [1].
[17-12-2013, PbEU L 347, i.w.tr. 20-12-2013/regelingnummer 1308/2013]

ONDERAFDELING 3
Facultatieve gereserveerde vermeldingen

Artikel 84
Algemene bepaling
Er wordt een regeling voor sector- of productspecifieke facultatieve gereserveerde vermeldingen ingesteld, die producenten van landbouwproducten met waardetoevoegende kenmerken of eigenschappen beter in staat moet stellen deze kenmerken of

---
(1) Richtlijn 98/34/EG van het Europees Parlement en de Raad van 22 juni 1998 betreffende een informatieprocedure op het gebied van normen en technische voorschriften en regels betreffende de diensten van de informatiemaatschappij (*PB* L 204 van 21.7.1998, blz. 37).

eigenschappen op de interne markt kenbaar te maken, en die met name de specifieke handelsnormen moet ondersteunen en aanvullen.
Deze onderafdeling is niet van toepassing op de in artikel 92, lid 1, bedoelde wijnbouwproducten.
[17-12-2013, PbEU L 347, i.w.tr. 20-12-2013/regelingnummer 1308/2013]

Artikel 85
Bestaande facultatieve gereserveerde vermeldingen
1. De op 20 december 2013 onder deze regeling vallende facultatieve gereserveerde vermeldingen zijn vervat in bijlage IX bij deze verordening; de voorwaarden voor het gebruik ervan worden overeenkomstig artikel 86, onder a), vastgesteld.
2. De in lid 1 van dit artikel bedoelde facultatieve gereserveerde vermeldingen blijven, eventueel in gewijzigde vorm, van kracht, tenzij zij overeenkomstig artikel 86 worden geannuleerd.
[17-12-2013, PbEU L 347, i.w.tr. 20-12-2013/regelingnummer 1308/2013]

Artikel 86
Reservering, wijziging en annulering van facultatieve gereserveerde vermeldingen
Teneinde rekening te houden met de consumentenverwachtingen, onder meer met betrekking tot productiemethoden en duurzaamheid in de toeleveringsketen, de ontwikkelingen in de wetenschappelijke en technische kennis, de marktsituatie en de ontwikkelingen inzake handelsnormen en internationale normen, is de Commissie bevoegd om overeenkomstig artikel 227 gedelegeerde handelingen vast te stellen met betrekking tot:
a) de reservering van een bijkomende facultatieve gereserveerde vermelding, waarmee de gebruiksvoorwaarden ervan worden vastgelegd;
b) de wijziging van de voorwaarden voor het gebruik van een facultatieve gereserveerde vermelding, of
c) de annulering van een facultatieve gereserveerde vermelding.
[02-12-2021, PbEU L 435, i.w.tr. 07-12-2021/regelingnummer 2021/2117]

Artikel 87
Bijkomende facultatieve gereserveerde vermeldingen
1. Een vermelding komt in aanmerking om te worden gereserveerd als bijkomende facultatieve gereserveerde vermelding, indien zij voldoet aan de volgende eisen:
a) de vermelding heeft betrekking op een productkenmerk of op een teelt- of verwerkingseigenschap en op een sector of product;
b) de vermelding maakt de meerwaarde voor het product van de specifieke productkenmerken of de teelt- of verwerkingseigenschappe (*red.*: lees: verwerkingseigenschappen) duidelijker kenbaar;
c) wanneer het product in de handel wordt gebracht, maakt het kenmerk of de eigenschap, bedoeld in punt a), het product herkenbaar voor de consument in verscheidene lidstaten;

d) de voorwaarden waaronder de vermelding wordt gebruikt zijn in overeenstemming met Richtlijn 2000/13/EG van het Europees Parlement en de Raad [(1)] of Verordening (EU) nr. 1169/2011.

Bij het invoeren van een bijkomende facultatieve gereserveerde vermelding houdt de Commissie rekening met alle toepasselijke internationale normen en met de bestaande gereserveerde vermeldingen voor de betrokken producten en sectoren.

2. Teneinde rekening te houden met de bijzondere kenmerken van bepaalde sectoren alsook met de consumentenverwachtingen, is de Commissie bevoegd om overeenkomstig artikel 227 gedelegeerde handelingen vast te stellen tot nadere bepaling van de eisen voor het invoeren van een bijkomende facultatieve gereserveerde vermelding, als bedoeld in lid 1 van dit artikel.

[17-12-2013, PbEU L 347, i.w.tr. 20-12-2013/regelingnummer 1308/2013]

Artikel 88
Beperkingen inzake het gebruik van facultatieve gereserveerde vermeldingen

1. Een facultatieve gereserveerde vermelding mag uitsluitend worden gebruikt ter beschrijving van producten die voldoen aan de toepasselijke gebruiksvoorwaarden.
2. De lidstaten stellen passende maatregelen vast die ervoor zorgen dat de productetikettering geen aanleiding geeft tot verwarring met facultatieve gereserveerde vermeldingen.
3. Teneinde ervoor te zorgen dat met facultatieve gereserveerde vermeldingen beschreven producten voldoen aan de toepasselijke gebruiksvoorwaarden, is de Commissie bevoegd om overeenkomstig artikel 227 gedelegeerde handelingen vast te stellen tot nadere bepaling van de aanvullende voorschriften betreffende het gebruik van facultatieve gereserveerde vermeldingen.

[17-12-2013, PbEU L 347, i.w.tr. 20-12-2013/regelingnummer 1308/2013]

ONDERAFDELING 4
Handelsnormen betreffende invoer en uitvoer

Artikel 89
Algemene bepalingen

Teneinde rekening te houden met de specifieke kenmerken van de handel tussen de Unie en bepaalde derde landen en met de bijzondere aard van sommige landbouwproducten, is de Commissie bevoegd om overeenkomstig artikel 227 gedelegeerde handelingen vast te stellen met betrekking tot:
a) de voorwaarden waaronder ingevoerde producten kunnen worden geacht een equivalent niveau van conformiteit met de handelsnormen van de Unie te bieden, alsmede de voorwaarden voor het toestaan van afwijkingen van artikel 74; en
b) de voorschriften voor de toepassing van de handelsnormen op uit de Unie uitgevoerde producten.

[17-12-2013, PbEU L 347, i.w.tr. 20-12-2013/regelingnummer 1308/2013]

---

(1) Richtlijn 2000/13/EG van het Europees Parlement en de Raad van 20 maart 2000 betreffende de onderlinge aanpassing van de wetgeving der lidstaten inzake de etikettering en presentatie van levensmiddelen alsmede inzake de daarvoor gemaakte reclame (*PB* L 109 van 6.5.2000, blz. 29).

Artikel 90
Bijzondere bepalingen voor de invoer van wijn

1. Tenzij anders is bepaald in overeenkomstig het VWEU gesloten internationale overeenkomsten, zijn de bepalingen inzake oorsprongsbenamingen, geografische aanduidingen en etikettering van wijn, vastgesteld in afdeling 2 van dit hoofdstuk, en de in artikel 78 van deze verordening bedoelde definities, aanduidingen en verkoopbenamingen van toepassing op in de Unie ingevoerde producten die vallen binnen de GN-codes 2009 61, 2009 69, 2204 en, indien van toepassing, ex 2202 99 19 (andere, alcoholvrije wijn met een alcoholvolumegehalte van niet meer dan 0,5 %).

2. Tenzij anders is bepaald in overeenkomstig het VWEU gesloten internationale overeenkomsten, worden de in lid 1 bedoelde producten geproduceerd overeenkomstig oenologische procedés die zijn toegestaan door de Unie op grond van deze verordening, of, voorafgaand aan de toestemming uit hoofde van artikel 80, lid 3, geproduceerd overeenkomstig oenologische procedés die worden aanbevolen en gepubliceerd door de OIV.

3. Tenzij anders is bepaald in overeenkomstig het VWEU gesloten internationale overeenkomsten, worden voor de invoer van de in lid 1 bedoelde producten de volgende documenten overgelegd:
a) een bewijs van naleving van de in de leden 1 en 2 bedoelde bepalingen, dat in het land van oorsprong van het product is opgesteld door een bevoegde instantie die is opgenomen in een door de Commissie te publiceren lijst;
b) met betrekking tot voor rechtstreekse menselijke consumptie bestemde producten, een analyseverslag dat is opgesteld door een door het land van oorsprong van het product aangewezen instantie of dienst.

[02-12-2021, PbEU L 435, i.w.tr. 07-12-2021/regelingnummer 2021/2117]

ONDERAFDELING 4 BIS
Controles en sancties

Artikel 90 bis
Controles en sancties inzake marktvoorschriften

1. De lidstaten nemen maatregelen om ervoor te zorgen dat de in artikel 119, lid 1, bedoelde producten die niet overeenkomstig deze verordening zijn geëtiketteerd, hetzij niet in de handel worden gebracht, hetzij, indien zij reeds in de handel zijn gebracht, uit de handel worden genomen.

2. Onverminderd eventuele, door de Commissie vast te stellen specifieke bepalingen worden de in de Unie ingevoerde producten als omschreven in artikel 189, lid 1, punten a) en b), onderworpen aan controles op de naleving van de voorwaarden die in lid 1 van dat artikel worden genoemd.

3. De lidstaten verrichten controles op basis van een risicoanalyse om na te gaan of de in artikel 1, lid 2, bedoelde producten voldoen aan de voorschriften van deze afdeling, en passen zo nodig administratieve sancties toe.

4. Onverminderd op grond van artikel 58 van Verordening (EU) 2021/2116 vastgestelde handelingen betreffende de wijnsector, passen de lidstaten, in geval van een inbreuk op de Unievoorschriften in de wijnsector, overeenkomstig titel IV, hoofdstuk I, van die verordening administratieve sancties toe die evenredig, doeltreffend en afschrikkend

zijn. De lidstaten passen dergelijke sancties niet toe indien het om niet-naleving van geringe belang gaat.

5. Ter bescherming van de financiële middelen van de Unie en van de identiteit, de herkomst en de kwaliteit van wijn uit de Unie is de Commissie bevoegd om overeenkomstig artikel 227 gedelegeerde handelingen ter aanvulling van deze verordening vast te stellen met betrekking tot:
a) het opzetten of actualiseren van een analytische databank van isotopische gegevens op basis van door de lidstaten verzamelde monsters, om fraude te helpen constateren;
b) voorschriften inzake de controle-instanties en de door hen te verlenen onderlinge bijstand;
c) voorschriften inzake het gemeenschappelijke gebruik van bevindingen van de lidstaten.

6. De Commissie kan door middel van uitvoeringshandelingen de maatregelen vaststellen die nodig zijn voor:
a) de procedures met betrekking tot de respectieve databanken van de lidstaten en de in lid 5, punt a), bedoelde analytische databank van isotopische gegevens;
b) de procedures voor de samenwerking en bijstand tussen de controleautoriteiten en -instanties;
c) wat de in lid 3 bedoelde verplichting betreft, de voorschriften voor het verrichten van controles op de naleving van de handelsnormen, de voorschriften betreffende de instanties die verantwoordelijk zijn voor het verrichten van de controles, alsmede de voorschriften betreffende de inhoud en de frequentie van de controles en het afzetstadium waarop die controles van toepassing moeten zijn.

Die uitvoeringshandelingen worden volgens de in artikel 229, lid 2, bedoelde onderzoeksprocedure vastgesteld.

[02-12-2021, PbEU L 435, i.w.tr. 07-12-2021/regelingnummer 2021/2117]

ONDERAFDELING 5
Gemeenschappelijke bepalingen

Artikel 91
Uitvoeringsbevoegdheden overeenkomstig de onderzoeksprocedure

De Commissie kan uitvoeringshandelingen vaststellen waarin:
a) de lijst wordt opgesteld van de melk- en zuivelproducten, bedoeld in bijlage VII, deel III, punt 5, tweede alinea, en de smeerbare vetten, bedoeld in bijlage VII, deel VII, punt I, zesde alinea, onder a), op basis van de door de lidstaten aan de Commissie toe te sturen indicatieve lijsten van producten die volgens de lidstaten, op hun grondgebied, overeenstemmen met deze bepalingen;
b) voorschriften worden vastgelegd voor de toepassing van de sector- en productspecifieke handelsnormen;
c) voorschriften worden vastgelegd op grond waarvan wordt bepaald of de producten behandelingen hebben ondergaan die strijdig zijn met de toegestane oenologische procedés;
(d) voorschriften inzake de analysemethoden voor het bepalen van de kenmerken van producten worden vastgelegd;
e) voorschriften voor het bepalen van het tolerantieniveau worden vastgelegd;

f) voorschriften voor de uitvoering van de in artikel 89 bedoelde maatregelen worden vastgelegd;
g) voorschriften worden vastgesteld inzake de identificatie of registratie van de producent en/of de industriële installaties waar het product is bereid of verwerkt, inzake de certificatieprocedures en inzake de handelsdocumenten, begeleidende documenten en bescheiden die moeten worden bijgehouden.

Die uitvoeringshandelingen worden volgens de in artikel 229, lid 2, bedoelde onderzoeksprocedure vastgesteld.
[17-12-2013, PbEU L 347, i.w.tr. 20-12-2013/regelingnummer 1308/2013]

AFDELING 2
Oorsprongsbenamingen, geografische aanduidingen en traditionele aanduidingen in de wijnsector

ONDERAFDELING 1
Inleidende bepalingen

Artikel 92
Toepassingsgebied

1. De in deze afdeling vastgestelde voorschriften inzake oorsprongsbenamingen, geografische aanduidingen en traditionele aanduidingen zijn van toepassing op de producten, bedoeld in bijlage VII, deel II, punten 1, 3 tot en met 6, 8, 9, 11, 15 en 16.
De in deze afdeling vastgestelde voorschriften zijn evenwel niet van toepassing op de in bijlage VII, deel II, punten 1, 4, 5, 6, 8 en 9, bedoelde producten, wanneer deze producten een volledige dealcoholisatiebehandeling hebben ondergaan overeenkomstig bijlage VIII, deel I, sectie E.

2. De in lid 1 bedoelde voorschriften zijn gebaseerd op:
a) het beschermen van de rechtmatige belangen van consumenten en producenten;
b) het waarborgen van de soepele werking van de interne markt voor de betrokken producten; en
c) het bevorderen van de productie van in deze afdeling bedoelde kwaliteitsproducten, terwijl ruimte wordt gelaten voor nationale maatregelen op het gebied van kwaliteitsbeleid.

[02-12-2021, PbEU L 435, i.w.tr. 07-12-2021/regelingnummer 2021/2117]

ONDERAFDELING 2
Oorsprongsbenamingen en geografische aanduidingen

Artikel 93
Definities

1. Voor de toepassing van deze afdeling wordt verstaan onder:
a) 'oorsprongsbenaming': een naam, daaronder begrepen een traditioneel gebruikte naam, die een in artikel 92, lid 1, bedoeld product aanduidt:
   i) waarvan de kwaliteit of de kenmerken hoofdzakelijk of uitsluitend zijn toe te schrijven aan een specifieke geografische omgeving met haar eigen door de natuur en de mens bepaalde factoren;

ii) dat afkomstig is uit een bepaalde plaats, een bepaalde streek of, in uitzonderlijke gevallen, een bepaald land;
iii) dat is bereid uit druiven die uitsluitend afkomstig zijn uit dat geografische gebied;
iv) waarvan de productie in dat geografische gebied plaatsvindt, alsmede
v) dat is verkregen van wijnstokrassen die tot de soort *Vitis vinifera* behoren of die het resultaat zijn van een kruising van die soort met andere soorten van het geslacht *Vitis*;
b) 'geografische aanduiding': een naam, daaronder begrepen een traditioneel gebruikte naam, die een in artikel 92, lid 1, bedoeld product aanduidt:
   i) waarvan de specifieke kwaliteit, reputatie of andere kenmerken aan diens geografische oorsprong toe te schrijven zijn;
   ii) dat afkomstig is uit een bepaalde plaats, een bepaalde streek of, in uitzonderlijke gevallen, uit een bepaald land;
   iii) waarvan ten minste 85 % van de voor de bereiding van het product gebruikte druiven afkomstig zijn uit dat geografische gebied;
   iv) waarvan de productie plaatsvindt in dat geografische gebied, en
   v) dat is verkregen van wijnstokrassen die tot de soort *Vitis vinifera* behoren of die het resultaat zijn van een kruising van die soort met andere soorten van het geslacht *Vitis*.

2. (Vervallen.)

3. Oorsprongsbenamingen en geografische aanduidingen, waaronder die welke betrekking hebben op geografische gebieden in derde landen, komen in aanmerking voor bescherming in de Unie overeenkomstig de in deze onderafdeling vastgestelde voorschriften.

4. De in lid 1, punt a), iv), en punt b), iv), bedoelde productie omvat alle betrokken acties, van het oogsten van de druiven tot de voltooiing van het wijnbereidingsproces, met uitzondering van het oogsten van de druiven die niet afkomstig zijn uit het betrokken geografisch gebied als bedoeld in lid 1, punt b), iii), en met uitzondering van eventuele procédés die na het productiestadium plaatsvinden.

5. Voor de toepassing van lid 1, onder b), ii), geldt dat het maximumpercentage van 15 % druiven die van buiten het afgebakende gebied afkomstig mogen zijn, afkomstig moeten zijn uit de betrokken lidstaat of het derde land waarin het afgebakende gebied gelegen is.

[02-12-2021, PbEU L 435, i.w.tr. 07-12-2021/regelingnummer 2021/2117]

Artikel 94
Beschermingsaanvraag

1. Een aanvraag om een naam te beschermen als oorsprongsbenaming of als geografische aanduiding omvat:
a) de naam die moet worden beschermd;
b) de naam en het adres van de aanvrager;
c) het in lid 2 bedoelde productdossier; en
d) het algemeen document, waarin het in lid 2 bedoelde productdossier is samengevat.

2. De betrokken partijen kunnen aan de hand van het productdossier de omstandigheden nagaan in verband met de betrokken oorsprongsbenaming of geografische aanduiding.

Het productdossier bestaat ten minste uit de volgende elementen:
a) de naam die moet worden beschermd;
b) een beschrijving van de wijn(en):
   i) met betrekking tot een oorsprongsbenaming, de belangrijkste analytische en organoleptische kenmerken;
   ii) met betrekking tot een geografische aanduiding, de belangrijkste analytische kenmerken en een beoordeling of indicatie van de organoleptische kenmerken;
c) in voorkomend geval, de specifieke bij de productie van de wijn(en) gebruikte oenologische procedés, alsmede de betrokken beperkingen bij de productie ervan;
d) de afbakening van het betrokken geografische gebied;
e) de maximumopbrengst per hectare;
f) het wijndruivenras of de wijndruivenrassen waarvan de wijn(en) is (zijn) verkregen;
g) de gegevens tot staving van het verband bedoeld in artikel 93, lid 1, punt a), i), of, in voorkomend geval, punt b), i):
   i) met betrekking tot een beschermde oorsprongsbenaming, het verband tussen de kwaliteit of de kenmerken van het product en de geografische omgeving, als bedoeld in artikel 93, lid 1, punt a), i); de gegevens betreffende de menselijke factoren van die geografische omgeving kunnen, indien van toepassing, worden beperkt tot een beschrijving van het bodem-, plantgoed- en landschapsbeheer, teeltpraktijken of andere relevante menselijke bijdragen aan de instandhouding van de natuurlijke factoren van de geografische omgeving, als bedoeld in dat punt;
   ii) met betrekking tot een beschermde geografische aanduiding, het verband tussen een kenmerkende kwaliteit, de reputatie of een ander kenmerk van het product en de geografische oorsprong, als bedoeld in artikel 93, lid 1, punt b), i);
h) de toepasselijke eisen die zijn vastgesteld in Uniewetgeving of in nationale wetgeving of, indien daarin door de lidstaten is voorzien, door een organisatie die de beschermde oorsprongsbenaming of de beschermde geografische aanduiding beheert, met dien verstande dat die eisen objectief, niet-discriminerend en verenigbaar met het Unierecht moeten zijn;
i) de naam en het adres van de autoriteiten of organen die verifiëren of de bepalingen van het productdossier worden nageleefd, alsmede hun specifieke taken.

Het productdossier kan een beschrijving bevatten van de bijdrage van de oorsprongsbenaming of de geografische aanduiding aan duurzame ontwikkeling.

Wanneer de wijn of wijnen gedeeltelijk gedealcoholiseerd mogen worden, bevat het productdossier ook een overeenkomstige beschrijving van de gedeeltelijk gedealcoholiseerde wijn of wijnen overeenkomstig de tweede alinea, punt b), en, in voorkomend geval, de specifieke oenologische procedés die voor de bereiding van de gedeeltelijk gedealcoholiseerde wijn of wijnen worden toegepast, alsmede de beperkingen die gelden voor de bereiding van die wijn of wijnen.

3. Een beschermingsaanvraag met betrekking tot een geografisch gebied in een derde land bevat naast de in de leden 1 en 2 vermelde elementen het bewijs dat de betrokken naam in het land van oorsprong van het betrokken product beschermd is.
[02-12-2021, PbEU L 435, i.w.tr. 07-12-2021/regelingnummer 2021/2117]

Artikel 95
Aanvragers

1. De bescherming van een oorsprongsbenaming of een geografische aanduiding wordt aangevraagd door een belanghebbende producentengroepering of, in uitzonderlijke gevallen en mits terdege gemotiveerd, door een individuele producent. Andere betrokken partijen mogen zich bij de aanvraag aansluiten.
2. Producenten mogen slechts bescherming aanvragen voor door hen geproduceerde wijn.
3. Voor namen die een grensoverschrijdend geografisch gebied aanduiden of voor traditionele namen die verbonden zijn met een dergelijk gebied, mag een gemeenschappelijke aanvraag worden ingediend.
[17-12-2013, PbEU L 347, i.w.tr. 20-12-2013/regelingnummer 1308/2013]

Artikel 96
Inleidende nationale procedure

1. De aanvraag tot bescherming van een oorsprongsbenaming of geografische aanduiding voor wijn van oorsprong uit de Unie wordt behandeld in het kader van een inleidende nationale procedure.
2. De beschermingsaanvraag wordt ingediend in de lidstaat op het grondgebied waarvan de oorsprongsbenaming of geografische aanduiding is ontstaan.
3. De betrokken lidstaat gaat na of de beschermingsaanvraag voldoet aan de in deze onderafdeling vastgestelde voorwaarden.
De door die lidstaat te volgen nationale procedure houdt in dat de aanvraag naar behoren wordt bekendgemaakt en dat op het grondgebied van de betrokken lidstaat woonachtige of gevestigde natuurlijke of rechtspersonen met een legitiem belang gedurende ten minste twee maanden na de datum van bekendmaking van de beschermingsaanvraag bezwaar kunnen aantekenen tegen de voorgestelde bescherming door een met redenen omkleed bezwaarschrift in te dienen bij de betrokken lidstaat.
4. Indien de lidstaat die de aanvraag onderzoekt, oordeelt dat een oorsprongsbenaming of geografische aanduiding niet aan de voorwaarden van deze onderafdeling voldoet of onverenigbaar is met de Uniewetgeving, wijst hij de aanvraag af.
5. Indien de lidstaat die de aanvraag onderzoekt, oordeelt dat aan de eisen is voldaan, wordt het productdossier door hem volgens een adequate nationale procedure in ieder geval op het internet gepubliceerd en zendt de lidstaat de aanvraag naar de Commissie. Wanneer een lidstaat een beschermingsaanvraag naar de Commissie zendt overeenkomstig de eerste alinea van dit lid, voegt hij daarbij een verklaring dat hij van oordeel is dat de ingediende aanvraag voldoet aan de voorwaarden voor bescherming als bedoeld in deze afdeling en de uit hoofde daarvan vastgestelde bepalingen, en dat het in artikel 94, lid 1, punt d), bedoelde algemeen document een getrouwe samenvatting van het productdossier is.
De lidstaten stellen de Commissie in kennis van ontvankelijke bezwaarschriften die overeenkomstig de nationale procedure zijn ingediend.

6. Indien bij een nationale rechtbank of een andere nationale instantie een procedure wordt ingeleid met betrekking tot een beschermingsaanvraag die door een lidstaat overeenkomstig lid 5 naar de Commissie is verzonden, brengt die lidstaat de Commissie daar onverwijld van op de hoogte, alsmede indien de aanvraag op nationaal niveau ongeldig is verklaard door een onmiddellijk uitvoerbare, doch niet definitieve rechterlijke beslissing.

[02-12-2021, PbEU L 435, i.w.tr. 07-12-2021/regelingnummer 2021/2117]

Artikel 97
Onderzoek door de Commissie

1. De Commissie maakt de termijn bekend voor de indiening van een aanvraag tot bescherming van een oorsprongsbenaming of geografische aanduiding.

2. De Commissie onderzoekt de beschermingsaanvragen die zij overeenkomstig artikel 96, lid 5, ontvangt. De Commissie ziet erop toe dat de aanvragen de vereiste informatie bevatten en dat ze geen kennelijke fouten bevatten, rekening houdend met de uitkomst van de inleidende nationale procedure die door de betrokken lidstaat is gevolgd. Dat onderzoek spitst zich in het bijzonder toe op het in artikel 94, lid 1, punt d), bedoelde algemeen document.

Het onderzoek door de Commissie mag niet langer dan zes maanden duren, te rekenen vanaf de datum waarop zij de aanvraag van de lidstaat heeft ontvangen. Indien die termijn wordt overschreden, stelt de Commissie de aanvragers schriftelijk in kennis van de redenen voor deze vertraging.

3. De Commissie wordt vrijgesteld van de verplichting om de termijn voor het verrichten van het in lid 2, tweede alinea, bedoelde onderzoek in acht te nemen en de aanvrager in kennis te stellen van de redenen voor de vertraging indien het van een lidstaat een mededeling ontvangt betreffende een overeenkomstig artikel 96, lid 5, bij de Commissie ingediende registratieaanvraag, waarbij hetzij:

a) de Commissie ervan in kennis wordt gesteld dat de aanvraag op nationaal niveau ongeldig is verklaard door een onmiddellijk uitvoerbare, doch niet definitieve rechterlijke beslissing, hetzij

b) de Commissie verzocht wordt het in lid 2 bedoelde onderzoek op te schorten omdat er een nationale gerechtelijke procedure is ingeleid om de geldigheid aan te vechten van de aanvraag en de lidstaat oordeelt dat die procedure op geldige gronden is gebaseerd.

De vrijstelling geldt totdat de Commissie door de lidstaat ervan in kennis is gesteld dat de oorspronkelijke aanvraag opnieuw geldig is, onderscheidenlijk dat de lidstaat zijn verzoek om opschorting intrekt.

4. Indien de Commissie, op basis van het op grond van lid 2 van dit artikel uitgevoerde onderzoek, van mening is dat is voldaan aan de in de artikelen 93, 100 en 101 vastgestelde voorwaarden, stelt zij uitvoeringshandelingen vast inzake de bekendmaking in het *Publicatieblad van de Europese Unie* van het in artikel 94, lid 1, punt d), bedoelde algemeen document en de verwijzing naar de bekendmaking van het productdossier die tijdens de inleidende nationale procedure heeft plaatsgevonden. Die uitvoeringshandelingen worden vastgesteld zonder toepassing van de in artikel 229, lid 2 of lid 3, bedoelde procedure.

Indien de Commissie op basis van het op grond van lid 2 van dit artikel gevoerde onderzoek van oordeel is dat niet is voldaan aan de voorwaarden van de artikelen 93, 100 en 101, stelt zij een uitvoeringshandeling vast waarbij de aanvraag wordt afgewezen. Die uitvoeringshandelingen worden volgens de in artikel 229, lid 2, bedoelde onderzoeksprocedure vastgesteld.
[02-12-2021, PbEU L 435, i.w.tr. 07-12-2021/regelingnummer 2021/2117]

Artikel 98
Bezwaarprocedure
1. Binnen drie maanden na de datum van de bekendmaking van het in artikel 94, lid 1, punt d), bedoelde algemeen document in het *Publicatieblad van de Europese Unie* kunnen de autoriteiten van een lidstaat of van een derde land of een natuurlijke of rechtspersoon die in een derde land woonachtig of gevestigd is en een rechtmatig belang heeft, bij de Commissie een met redenen omkleed bezwaarschrift tegen de voorgestelde bescherming indienen.
Iedere natuurlijke of rechtspersoon die in een andere lidstaat dan de lidstaat die de beschermingsaanvraag heeft verzonden, woonachtig of gevestigd is en een rechtmatig belang heeft, kan het bezwaarschrift indienen via de autoriteiten van de lidstaat waarin hij woonachtig of gevestigd is, binnen een termijn die het mogelijk maakt het bezwaarschrift in te dienen overeenkomstig de eerste alinea.
2. Indien de Commissie van oordeel is dat het bezwaarschrift ontvankelijk is, verzoekt zij de autoriteit, de natuurlijke of rechtspersoon die het bezwaarschrift heeft ingediend, en de autoriteit, de natuurlijke of rechtspersoon die de beschermingsaanvraag heeft ingediend, om gedurende een redelijke termijn die niet langer is dan drie maanden op gepaste wijze overleg te plegen. Dat verzoek wordt gedaan binnen vijf maanden na de datum waarop de beschermingsaanvraag waarop het met redenen omklede bezwaarschrift betrekking heeft, in het *Publicatieblad van de Europese Unie* werd bekendgemaakt. Het verzoek gaat vergezeld van een kopie van het met redenen omklede bezwaarschrift. De Commissie kan tijdens deze drie maanden op verzoek van de autoriteit of de natuurlijke of rechtspersoon die de aanvraag heeft ingediend, te allen tijde de overlegtermijn met ten hoogste drie maanden verlengen.
3. De autoriteit of de persoon die het bezwaarschrift heeft ingediend en de autoriteit of de persoon die de beschermingsaanvraag heeft ingediend, vangen het in lid 2 bedoelde overleg zonder onnodige vertraging aan. Zij verstrekken elkaar de informatie die nodig is om te beoordelen of de beschermingsaanvraag voldoet aan deze verordening en de uit hoofde daarvan vastgestelde bepalingen.
4. Indien de autoriteit of de persoon die het bezwaarschrift heeft ingediend en de autoriteit of de persoon die de beschermingsaanvraag heeft ingediend overeenstemming bereiken, stellen de in het derde land gevestigde aanvrager of de autoriteiten van de lidstaat of van het derde land van waaruit de beschermingsaanvraag werd ingediend, de Commissie in kennis van de resultaten van het overleg en van alle factoren die tot die overeenstemming hebben geleid, waaronder de standpunten van de partijen. Indien de op grond van artikel 97, lid 4, bekendgemaakte gegevens ingrijpend zijn gewijzigd, herhaalt de Commissie het in artikel 97, lid 2, bedoelde onderzoek nadat een nationale procedure is gevolgd die een adequate bekendmaking van die gewijzigde gegevens garandeert. Indien na de overeenstemming geen wijzigingen in het productdossier worden aangebracht of indien de wijzigingen van het productdossier

niet substantieel zijn, stelt de Commissie overeenkomstig artikel 99, lid 1, een besluit vast waarbij bescherming wordt verleend aan de oorsprongsbenaming of de geografische aanduiding, niettegenstaande de ontvangst van een ontvankelijk bezwaarschrift.
5. Indien de partijen geen overeenstemming bereiken, stellen hetzij de in het derde land gevestigde aanvrager, hetzij de autoriteiten van de lidstaat of van het derde land van waaruit de beschermingsaanvraag werd ingediend, de Commissie in kennis van de resultaten van het overleg dat heeft plaatsgevonden en van alle daarmee verband houdende informatie en documenten. De Commissie neemt overeenkomstig artikel 99, lid 2, een besluit tot verlening van bescherming of tot afwijzing van de aanvraag.
[02-12-2021, PbEU L 435, i.w.tr. 07-12-2021/regelingnummer 2021/2117]

Artikel 99
Beschermingsbesluit

1. Wanneer de Commissie geen ontvankelijk bezwaarschrift overeenkomstig artikel 98 heeft ontvangen, stelt zij een uitvoeringshandeling vast tot verlening van bescherming. Die uitvoeringshandeling wordt zonder toepassing van de in artikel 229, lid 2 of 3, bedoelde procedure vastgesteld.
2. Wanneer de Commissie een ontvankelijk bezwaarschrift heeft ontvangen, stelt zij een uitvoeringshandeling vast tot verlening van bescherming of tot afwijzing van de aanvraag. Die uitvoeringshandelingen worden volgens de in artikel 229, lid 2, bedoelde onderzoeksprocedure vastgesteld.
3. De uit hoofde van dit artikel verleende bescherming laat de verplichting van producenten om andere voorschriften van de Unie na te leven, met name die welke betrekking hebben op het in de handel brengen van producten en de etikettering van levensmiddelen, onverlet.
[02-12-2021, PbEU L 435, i.w.tr. 07-12-2021/regelingnummer 2021/2117]

Artikel 100
Homoniemen

1. Bij de registratie van een naam waarvoor een aanvraag is ingediend en die volledig of gedeeltelijk homoniem is met een naam die overeenkomstig deze verordening is geregistreerd, wordt naar behoren rekening gehouden met de plaatselijke en traditionele gebruiken en elk risico op verwarring.
Een homonieme naam die bij de consument ten onrechte de indruk wekt dat de producten van oorsprong zijn van een ander grondgebied, wordt niet geregistreerd, ook al is de naam juist wat het grondgebied, de regio of de plaats van oorsprong van deze producten betreft.
Het gebruik van een geregistreerde homonieme naam is slechts toegestaan indien de praktische omstandigheden garanderen dat de in tweede instantie geregistreerde homonieme naam zich duidelijk onderscheidt van de reeds geregistreerde naam, voor zover de betrokken producenten een billijke behandeling krijgen en de consument niet wordt misleid.
2. Lid 1 is van overeenkomstige toepassing wanneer een benaming waarvoor een aanvraag is ingediend, volledig of gedeeltelijk homoniem is met een geografische aanduiding die als dusdanig is beschermd krachtens het nationale recht van de lidstaten.

3. Namen van wijndruivenrassen die geheel of gedeeltelijk bestaan uit een beschermde oorsprongsbenaming of een beschermde geografische aanduiding, worden niet gebruikt voor de etikettering van landbouwproducten.
Teneinde rekening te houden met de bestaande etiketteringspraktijken is de Commissie bevoegd om overeenkomstig artikel 227 bij gedelegeerde handeling uitzonderingen op dat voorschrift vast te stellen.

4. De bescherming van oorsprongsbenamingen en geografische aanduidingen voor producten die onder artikel 93 van deze verordening vallen, geldt onverminderd de beschermde
geografische aanduidingen die van toepassing zijn op gedistilleerde dranken in de zin van Verordening (EG) nr. 110/2008 van het Europees Parlement en de Raad [1].
[17-12-2013, PbEU L 347, i.w.tr. 20-12-2013/regelingnummer 1308/2013]

Artikel 101
Aanvullende redenen tot weigering van de bescherming

1. Een naam die een soortnaam is geworden, wordt niet beschermd als oorsprongsbenaming of geografische aanduiding.
In de zin van deze afdeling wordt onder een 'naam die een soortnaam is geworden', verstaan de naam van een wijn die weliswaar verband houdt met de plaats of regio waar deze wijn oorspronkelijk werd geproduceerd of afgezet, maar in de Unie de gangbare naam van die wijn is geworden.
Om vast te stellen of een naam een soortnaam is geworden, wordt rekening gehouden met alle ter zake doende factoren, met name:
a) de bestaande situatie in de Unie, vooral in de consumptiegebieden;
b) het ter zake relevante Unie- of nationale recht.

2. Een naam wordt niet als oorsprongsbenaming of geografische aanduiding beschermd indien de bescherming, rekening houdend met de reputatie en bekendheid van een merk, de consument kan misleiden ten aanzien van de werkelijke identiteit van de wijn.
[17-12-2013, PbEU L 347, i.w.tr. 20-12-2013/regelingnummer 1308/2013]

Artikel 102
Verband met merken

1. Wanneer een oorsprongsbenaming of een geografische aanduiding overeenkomstig deze verordening wordt geregistreerd, wordt de registratie van een merk waarvan het gebruik in strijd zou zijn met artikel 103, lid 2, en dat betrekking heeft op een product dat onder een van de in bijlage VII, deel II, vermelde categorieën valt, geweigerd indien de registratieaanvraag van het merk werd ingediend na de datum waarop de registratieaanvraag betreffende de oorsprongsbenaming of geografische aanduiding bij de Commissie is ingediend.
Merken die in strijd met de bepalingen van de eerste alinea zijn geregistreerd, worden nietig verklaard.

---

(1) Verordening (EG) nr. 110/2008 van het Europees Parlement en de Raad van 15 januari 2008 betreffende de definitie, de aanduiding, de presentatie, de etikettering en de bescherming van geografische aanduidingen van gedistilleerde dranken (*PB* L 39 van 13.2.2008, blz. 16).

2. Onverminderd artikel 101, lid 2, van deze verordening mag een merk waarvan het gebruik in strijd is met artikel 103, lid 2, van deze verordening en dat vóór de datum van indiening van de aanvraag tot bescherming van de oorsprongsbenaming of de geografische aanduiding bij de Commissie, te goeder trouw op het grondgebied van de Unie is gedeponeerd, is geregistreerd of, mits de desbetreffende wetgeving in deze mogelijkheid voorziet, rechten heeft verworven door gebruik, verder worden gebruikt en mag de duur van de registratie worden verlengd niettegenstaande de registratie van de oorsprongsbenaming of geografische aanduiding, op voorwaarde dat er geen redenen zijn om het merk nietig te verklaren of vervallen te verklaren op grond van Richtlijn (EU) 2015/2436 van het Europees Parlement en de Raad [2] of Verordening (EU) 2017/1001 van het Europees Parlement en de Raad [3].

In dergelijke gevallen wordt zowel het gebruik van de oorsprongsbenaming of de geografische aanduiding als het gebruik van de merken toegestaan.

[02-12-2021, PbEU L 435, i.w.tr. 07-12-2021/regelingnummer 2021/2117]

Artikel 103
Bescherming

1. Beschermde oorsprongsbenamingen en beschermde geografische aanduidingen mogen worden gebruikt door alle marktdeelnemers die een overeenkomstig het betrokken productdossier geproduceerde wijn afzetten.

2. Beschermde oorsprongsbenamingen en beschermde geografische aanduidingen, alsmede de wijnen die deze beschermde namen overeenkomstig het productdossier dragen, worden beschermd tegen:
a) elk direct of indirect commercieel gebruik van die beschermde naam, met inbegrip van het gebruik voor als ingrediënt gebruikte producten:
   i) voor vergelijkbare producten die niet in overeenstemming zijn met het bij de beschermde naam horende productdossier, of
   ii) voor zover dat gebruik neerkomt op het uitbuiten van de reputatie van een oorsprongsbenaming of geografische aanduiding;
b) elk misbruik, elke nabootsing of elke voorstelling, zelfs indien de werkelijke oorsprong van het product of de dienst is aangegeven of indien de beschermde naam is vertaald, getranscribeerd of getranslitereerd of vergezeld gaat van uitdrukkingen zoals 'soort', 'type', 'methode', 'op de wijze van', 'imitatie', 'smaak', 'zoals' en dergelijke, ook indien die producten als ingrediënt worden gebruikt;
c) elke andere onjuiste of misleidende aanduiding met betrekking tot de herkomst, de oorsprong, de aard of de wezenlijke kenmerken van het product op de binnen- of buitenverpakking of in reclamemateriaal of documenten betreffende het betrokken wijnproduct, alsmede het verpakken in een recipiënt die aanleiding kan geven tot misverstanden over de oorsprong van het product;
d) andere praktijken die de consument kunnen misleiden aangaande de werkelijke oorsprong van het product.

---

(2) Richtlijn (EU) 2015/2436 van het Europees Parlement en de Raad van 16 december 2015 betreffende de aanpassing van het merkenrecht der lidstaten (*PB* L 336 van 23.12.2015, blz. 1).

(3) Verordening (EU) 2017/1001 van het Europees Parlement en de Raad van 14 juni 2017 inzake het Uniemerk (*PB* L 154 van 16.6.2017, blz. 1).

3. Beschermde oorsprongsbenamingen en beschermde geografische aanduidingen worden in de Unie geen soortnamen in de zin van artikel 101, lid 1.
4. De in lid 2 bedoelde bescherming is ook van toepassing op:
a) goederen die het douanegebied van de Unie binnenkomen zonder dat zij binnen het douanegebied van de Unie in het vrije verkeer worden gebracht, en
b) goederen die worden verkocht door middel van verkoop op afstand, zoals elektronische handel.

Voor goederen die het douanegebied van de Unie binnenkomen zonder dat zij binnen dat gebied in het vrije verkeer worden gebracht, kan de groep producenten of iedere marktdeelnemer die het recht heeft de beschermde oorsprongsbenaming of beschermde geografische aanduiding te gebruiken, alle derde partijen beletten om in het kader van handel goederen in de Unie binnen te brengen zonder dat zij er in het vrije verkeer worden gebracht, indien dergelijke goederen, met inbegrip van de verpakking, uit derde landen afkomstig zijn en zonder toestemming van de beschermde oorsprongsbenaming of beschermde geografische aanduiding zijn voorzien.
[02-12-2021, PbEU L 435, i.w.tr. 07-12-2021/regelingnummer 2021/2117]

Artikel 104
Registreren

De Commissie stelt een openbaar toegankelijk elektronisch register van beschermde oorsprongsbenamingen en beschermde geografische aanduidingen voor wijn op en houdt dat bij. Oorsprongsbenamingen en geografische aanduidingen die betrekking hebben op producten van derde landen die in de Unie zijn beschermd krachtens een internationale overeenkomst waarbij de Unie een overeenkomstsluitende partij is, mogen in het register worden opgenomen. Tenzij deze in de genoemde overeenkomsten specifiek worden aangeduid als beschermde oorsprongsbenaming in de zin van deze verordening, worden zulke namen in het register opgenomen als beschermde geografische aanduiding.
[17-12-2013, PbEU L 347, i.w.tr. 20-12-2013/regelingnummer 1308/2013]

Artikel 105
Wijzigingen van het productdossier

1. Een aanvrager die voldoet aan de in artikel 95 vastgestelde voorwaarden, mag om goedkeuring van een wijziging van het productdossier inzake een beschermde oorsprongsbenaming of een beschermde geografische aanduiding verzoeken, met name om rekening te houden met wetenschappelijke en technische ontwikkelingen of om de in artikel 94, lid 2, tweede alinea, punt d), bedoelde afbakening van het geografische gebied te veranderen. In het verzoek worden de voorgestelde wijzigingen beschreven en gemotiveerd.
2. Wijzigingen van een productdossier worden naargelang de belangrijkheid ervan ingedeeld in twee categorieën: wijzigingen op Unieniveau, waarvoor een bezwaarprocedure op Unieniveau moet worden gevolgd, en standaardwijzigingen, die moeten worden behandeld op het niveau van een lidstaat of derde land.

Voor de toepassing van deze verordening wordt onder een 'wijziging op Unieniveau' verstaan: een wijziging van een productdossier die:
a) een wijziging behelst van de naam van de beschermde oorsprongsbenaming of de beschermde geografische aanduiding;

b) bestaat uit een wijziging, schrapping of toevoeging van een categorie wijnbouwproducten als bedoeld in bijlage VII, deel II;
c) het verband als bedoeld in artikel 93, lid 1, punt a), i), voor beschermde oorsprongsbenamingen of het verband als bedoeld in artikel 93, lid 1, punt b), i), voor beschermde geografische aanduidingen teniet dreigt te doen;
d) verdere beperkingen meebrengt voor de afzet van het product. Onder 'standaardwijziging' wordt verstaan: elke wijziging van een productdossier die geen wijziging op Unieniveau betreft. Onder 'tijdelijke wijziging' wordt verstaan: een standaardwijziging betreffende een tijdelijke verandering van het productdossier als gevolg van door de overheid opgelegde verplichte sanitaire of fytosanitaire maatregelen of als gevolg van natuurrampen of ongunstige weersomstandigheden die door de bevoegde autoriteiten officieel zijn erkend.

3. Wijzigingen op Unieniveau worden goedgekeurd door de Commissie. De goedkeuringsprocedure volgt op overeenkomstige wijze de in artikel 94 en de artikelen 96 tot en met 99 vastgestelde procedure.

Aanvragen tot goedkeuring van wijzigingen op Unieniveau die door derde landen of producenten uit derde landen worden ingediend, bevatten bewijsstukken waaruit blijkt dat de gevraagde wijziging strookt met de wetgeving inzake de bescherming van oorsprongsbenamingen of geografische aanduidingen die in dat derde land van kracht is.

Aanvragen tot goedkeuring van wijzigingen op Unieniveau hebben uitsluitend betrekking op wijzigingen op Unieniveau. Als een aanvraag voor een wijziging op Unieniveau ook betrekking heeft op standaardwijzigingen, worden de delen die betrekking hebben op standaardwijzigingen als niet ingediend beschouwd en geldt de procedure voor wijzigingen op Unieniveau alleen voor de delen die betrekking hebben op die wijziging op Unieniveau.

Het onderzoek van dergelijke aanvragen richt zich op de voorgestelde wijzigingen op Unieniveau.

4. Standaardwijzigingen worden goedgekeurd en openbaar gemaakt door de lidstaten op het grondgebied waarvan het geografische gebied van het betrokken product zich bevindt, en worden meegedeeld aan de Commissie.

Wat derde landen betreft, worden wijzigingen goedgekeurd volgens de geldende wetgeving van het derde land in kwestie.

[02-12-2021, PbEU L 435, i.w.tr. 07-12-2021/regelingnummer 2021/2117]

Artikel 106
Annulering

De Commissie kan, op eigen initiatief of naar aanleiding van een met redenen omkleed verzoek van een lidstaat, een derde land of een natuurlijke of rechtspersoon met een rechtmatig belang, in een van de volgende omstandigheden uitvoeringshandelingen vaststellen waarin de bescherming van een oorsprongsbenaming of geografische aanduiding wordt geannuleerd:
a) wanneer de naleving van het desbetreffende productdossier niet langer gegarandeerd is;
b) wanneer gedurende ten minste zeven opeenvolgende jaren geen product met de oorsprongsbenaming of de geografische aanduiding in de handel is gebracht;

c) wanneer een aanvrager die voldoet aan de voorwaarden van artikel 95, verklaart dat hij de bescherming van een oorsprongsbenaming of een geografische aanduiding niet langer wenst te behouden.

De uitvoeringshandelingen worden volgens de in artikel 229, lid 2, bedoelde onderzoeksprocedure vastgesteld.

[02-12-2021, PbEU L 435, i.w.tr. 07-12-2021/regelingnummer 2021/2117]

Artikel 106 bis
Voorlopige etikettering en presentatie

Nadat een aanvraag tot bescherming van een oorsprongsbenaming of geografische aanduiding naar de Commissie is doorgestuurd, mogen de producenten bij de etikettering en presentatie van het product vermelden dat een aanvraag is ingediend en nationale logo's en aanduidingen gebruiken overeenkomstig het recht van de Unie, met name Verordening (EU) nr. 1169/2011.

De symbolen van de Unie waarop de beschermde oorsprongsbenaming of beschermde geografische aanduiding wordt vermeld en de aanduidingen van de Unie 'beschermde oorsprongsbenaming' of 'beschermde geografische aanduiding' mogen pas op het etiket worden aangebracht na de openbaarmaking van het besluit waarbij die oorsprongsbenaming of geografische aanduiding is beschermd.

Wanneer een aanvraag wordt afgewezen, mogen wijnbouwproducten die overeenkomstig de eerste alinea zijn geëtiketteerd, worden verhandeld totdat de voorraden zijn uitgeput.

[02-12-2021, PbEU L 435, i.w.tr. 07-12-2021/regelingnummer 2021/2117]

Artikel 107
Bestaande beschermde wijnnamen

1. Wijnnamen als bedoeld in de artikelen 51 en 54 van Verordening (EG) nr. 1493/1999 van de Raad [4] en in artikel 28 van Verordening (EG) nr. 753/2002 van de Commissie [5], worden automatisch beschermd uit hoofde van de onderhavige verordening. De Commissie neemt deze namen op in het in artikel 104 van de onderhavige verordening bedoelde register.

2. De Commissie neemt door middel van uitvoeringshandelingen die zonder toepassing van de in artikel 229, lid 2 of 3, bedoelde procedure worden vastgesteld, de nodige administratieve maatregelen om ervoor te zorgen dat wijnnamen waarop artikel 118 vicies, lid 3, van Verordening (EG) nr. 1234/2007 van toepassing is, uit het in artikel 104 bedoelde register worden geschrapt.

3. Artikel 106 is niet van toepassing op de in lid 1 bedoelde bestaande beschermde wijnnamen.

Tot en met 31 december 2014 kan de Commissie op eigen initiatief uitvoeringshandelingen vaststellen waarin de bescherming van de in lid 1 bedoelde bestaande be-

---

(4) Verordening (EG) nr. 1493/1999 van de Raad van 17 mei 1999 houdende een gemeenschappelijke ordening van de wijnmarkt (*PB* L 179 van 14.7.1999, blz. 1).

(5) Verordening (EG) nr. 753/2002 van de Commissie van 29 april 2002 tot vaststelling van uitvoeringsbepalingen van Verordening (EG) nr. 1493/1999 van de Raad wat betreft de omschrijving, de aanduiding, de aanbiedingsvorm en de bescherming van bepaalde wijnbouwproducten (*PB* L 118 van 4.5.2002, blz. 1).

schermde wijnnamen wordt geannuleerd, indien deze namen niet voldoen aan de in artikel 93 vastgestelde voorwaarden.
Die uitvoeringshandelingen worden volgens de in artikel 229, lid 2, bedoelde onderzoeksprocedure vastgesteld.
4. Wat Kroatië betreft, worden de wijnnamen die in het *Publicatieblad van de Europese Unie* [6] bekend zijn gemaakt, uit hoofde van deze verordening beschermd mits de bezwaarprocedure een gunstig resultaat heeft. De Commissie neemt deze namen op in het in artikel 104 bedoelde register.
[17-12-2013, PbEU L 347, i.w.tr. 20-12-2013/regelingnummer 1308/2013]

Artikel 108
Leges

De lidstaten mogen leges heffen ter dekking van door hen gemaakte kosten in verband met onder meer het onderzoek van beschermingsaanvragen, bezwaarschriften, wijzigingsverzoeken en annuleringsverzoeken uit hoofde van deze onderafdeling.
[17-12-2013, PbEU L 347, i.w.tr. 20-12-2013/regelingnummer 1308/2013]

Artikel 109
Gedelegeerde bevoegdheden

1. Teneinde rekening te houden met de specifieke kenmerken van de productie in het afgebakende geografische gebied, is de Commissie bevoegd om overeenkomstig artikel 227 gedelegeerde handelingen vast te stellen met betrekking tot:
a) de aanvullende criteria voor de afbakening van het geografische gebied; en
b) de beperkingen en afwijkingen met betrekking tot de productie in het afgebakende geografische gebied.

2. Teneinde de kwaliteit en de traceerbaarheid van de producten te waarborgen, is de Commissie bevoegd om overeenkomstig artikel 227 gedelegeerde handelingen vast te stellen tot bepaling van de voorwaarden onder welke het productdossier aanvullende eisen kan bevatten.

3. Om ervoor te zorgen dat de legitieme rechten en belangen van de producenten en de marktdeelnemers worden beschermd, is de Commissie bevoegd om overeenkomstig artikel 227 gedelegeerde handelingen vast te stellen met betrekking tot:
a) het type aanvrager dat de bescherming van een oorsprongsbenaming of een geografische aanduiding kan aanvragen;
b) de voorwaarden voor het aanvragen van de bescherming van een oorsprongsbenaming of een geografische aanduiding, het onderzoek door de Commissie, de bezwaarprocedure en de procedures inzake de wijziging, annulering en omzetting van beschermde oorsprongsbenamingen en beschermde geografische aanduidingen;
c) de voorwaarden met betrekking tot grensoverschrijdende aanvragen;
d) de voorwaarden voor aanvragen die geografische gebieden in derde landen betreffen;
e) de datum met ingang waarvan de bescherming of de wijziging ervan van toepassing is;
f) de voorwaarden voor wijziging van productdossiers.

---

(6) *PB* C 116 van 14.4.2011, blz. 12.

4. Teneinde een adequaat beschermingsniveau te waarborgen, is de Commissie bevoegd om overeenkomstig artikel 227 gedelegeerde handelingen vast te stellen met betrekking tot beperkingen ten aanzien van de beschermde naam.

5. Teneinde ervoor te zorgen dat de marktdeelnemers en de bevoegde autoriteiten geen te groot nadeel ondervinden van de toepassing van deze onderafdeling op wijnnamen waarvoor vóór 1 augustus 2009 bescherming is verleend of waarvoor vóór die datum een beschermingsaanvraag is ingediend, is de Commissie bevoegd om overeenkomstig artikel 227 gedelegeerde handelingen vast te stellen waarin overgangsbepalingen worden vastgelegd met betrekking tot:
a) wijnnamen die vóór 1 augustus 2009 door de Commissie als oorsprongsbenaming of als geografische aanduiding zijn erkend, en wijnnamen waarvoor vóór die datum een beschermingsaanvraag is ingediend;
b) wijnen die vóór een specifieke datum in de handel zijn gebracht of geëtiketteerd; en
c) wijzigingen van het productdossier.

[17-12-2013, PbEU L 347, i.w.tr. 20-12-2013/regelingnummer 1308/2013]

Artikel 110
Uitvoeringsbevoegdheden overeenkomstig de onderzoeksprocedure

1. De Commissie kan uitvoeringshandelingen vaststellen waarin de nodige maatregelen worden vastgelegd met betrekking tot:
a) de in het productdossier te verstrekken informatie over het verband tussen het geografische gebied en het eindproduct;
b) de openbare bekendmaking van besluiten over de goedkeuring of de afwijzing van beschermingsaanvragen;
c) het opstellen en bijhouden van het in artikel 104 bedoelde register;
d) de omzetting van een beschermde oorsprongsbenaming in een beschermde geografische aanduiding;
e) de indiening van grensoverschrijdende aanvragen.

Die uitvoeringshandelingen worden volgens de in artikel 229, lid 2, bedoelde onderzoeksprocedure vastgesteld.

2. De Commissie kan uitvoeringshandelingen vaststellen waarin de nodige maatregelen worden vastgelegd betreffende de procedure voor het onderzoeken van aanvragen om bescherming van een geografische oorsprongsbenaming of van een geografische aanduiding, en van verzoeken om goedkeuring van een wijziging van een oorsprongbenaming of van een geografische aanduiding, de procedure voor bezwaarschriften, annuleringsverzoeken en omzettingsverzoeken, en de procedure voor het indienen van informatie over bestaande beschermde wijnnamen, in het bijzonder met betrekking tot:
a) de modeldocumenten en het transmissieformat;
b) de termijnen;
c) gedetailleerde bepalingen inzake de feitelijke informatie, het bewijsmateriaal en de ondersteunende documenten die ter staving van de aanvraag of het verzoek moeten worden overgelegd.

Die uitvoeringshandelingen worden volgens de in artikel 229, lid 2, bedoelde onderzoeksprocedure vastgesteld.

[17-12-2013, PbEU L 347, i.w.tr. 20-12-2013/regelingnummer 1308/2013]

Vo. 1308/2013 gemeenschappelijke ordening markten voor landbouwproducten

Artikel 111
(Vervallen.)
[02-12-2021, PbEU L 435, i.w.tr. 07-12-2021/regelingnummer 2021/2117]

ONDERAFDELING 3
Traditionele aanduidingen

Artikel 112
Definitie

Onder 'traditionele aanduiding' wordt verstaan de aanduiding die in de lidstaten traditioneel voor de in artikel 92, lid 1, bedoelde producten wordt gebruikt:
a) om aan te geven dat het product een beschermde oorsprongsbenaming of een beschermde geografische aanduiding heeft overeenkomstig de Uniewetgeving of de nationale wetgeving; of
b) ter aanduiding van de productie- of rijpingsmethode, de kwaliteit, de kleur, de aard van de productieplaats, of een historische gebeurtenis in verband met het product met een beschermde oorsprongsbenaming of een beschermde geografische aanduiding.

[17-12-2013, PbEU L 347, i.w.tr. 20-12-2013/regelingnummer 1308/2013]

Artikel 113
Bescherming

1. Een beschermde traditionele aanduiding mag uitsluitend worden gebruikt voor een product dat is geproduceerd overeenkomstig de in artikel 112, opgenomen definitie. Traditionele aanduidingen worden beschermd tegen onrechtmatig gebruik.
2. Traditionele aanduidingen worden uitsluitend in de in de aanvraag gebruikte taal en voor de in de aanvraag vermelde wijncategorieën beschermd tegen:
a) elk misbruik van de beschermde traditionele aanduiding, zelfs wanneer de beschermde traditionele aanduiding vergezeld gaat van uitdrukkingen als 'soort', 'type', 'methode', 'op de wijze van', 'imitatie', 'smaak', 'zoals' of dergelijke;
b) enige andere bedrieglijke of misleidende vermelding over de aard, de kenmerken of de wezenlijke kwaliteiten van het product op de binnen- of de buitenverpakking, in reclamemateriaal of in documenten die betrekking hebben op het product;
c) andere praktijken die de consument kunnen misleiden, met name praktijken die de indruk wekken dat de wijn recht heeft op de beschermde traditionele aanduiding.
3. Traditionele aanduidingen worden in de Unie geen soortnamen.

[17-12-2013, PbEU L 347, i.w.tr. 20-12-2013/regelingnummer 1308/2013]

Artikel 114
Gedelegeerde bevoegdheden

1. Teneinde een adequaat beschermingsniveau te waarborgen, is de Commissie bevoegd overeenkomstig artikel 227 gedelegeerde handelingen vast te stellen met betrekking tot de taal en de schrijfwijze van de te beschermen traditionele aanduiding.

2. Om de legitieme rechten en belangen van de producenten en de marktdeelnemers te beschermen, is de Commissie bevoegd om overeenkomstig artikel 227 gedelegeerde handelingen vast te stellen inzake:
a) het type aanvragers die bescherming van een traditionele aanduiding mogen aanvragen;
b) de voorwaarden waaronder een aanvraag om bescherming van een traditionele aanduiding als ontvankelijk wordt beschouwd;
c) de gronden voor bezwaar tegen een voorstel tot erkenning van een traditionele aanduiding;
d) de reikwijdte van de bescherming, het verband met handelsmerken, beschermde traditionele aanduidingen, beschermde oorsprongsbenamingen of beschermde geografische aanduidingen, homoniemen of bepaalde namen van wijndruivenrassen;
e) de redenen voor annulering van een traditionele aanduiding;
f) de datum voor indiening van een annuleringsverzoek of bezwaarschrift;
g) de procedures voor het aanvragen van bescherming van een traditionele aanduiding, inclusief het onderzoek daarvan door de Commissie, de bezwaarprocedures en de procedures voor annulering en wijziging.

3. Teneinde rekening te houden met de specifieke kenmerken van het handelsverkeer tussen de Unie en bepaalde derde landen, is de Commissie bevoegd om overeenkomstig artikel 227 gedelegeerde handelingen vast te stellen tot bepaling van de voorwaarden onder welke traditionele aanduidingen mogen worden gebruikt op producten van derde landen en tot bepaling van afwijkingen van artikel 112 en artikel 113, lid 2.
[17-12-2013, PbEU L 347, i.w.tr. 20-12-2013/regelingnummer 1308/2013]

Artikel 115
Uitvoeringsbevoegdheden overeenkomstig de onderzoeksprocedure

1. De Commissie kan uitvoeringshandelingen vaststellen waarin de nodige maatregelen worden vastgelegd betreffende de procedure voor het onderzoeken van aanvragen om bescherming van een traditionele aanduiding en van verzoeken om goedkeuring van een wijziging van een traditionele aanduiding, en betreffende de procedure voor bezwaarschriften en annuleringsverzoeken, in het bijzonder met betrekking tot:
a) de modeldocumenten en het transmissieformat;
b) de termijnen;
c) gedetailleerde bepalingen inzake de feitelijke informatie, het bewijsmateriaal en de ondersteunende documenten die ter staving van de aanvraag of het verzoek moeten worden overgelegd;
d) gedetailleerde voorschriften betreffende de openbare bekendmaking van beschermde traditionele aanduidingen.

2. De Commissie stelt uitvoeringshandelingen vast ter goedkeuring of ter afwijzing van aanvragen tot bescherming van een traditionele aanduiding, verzoeken om goedkeuring van een wijziging van een traditionele aanduiding of goedkeuring van aanvragen tot annulering van de bescherming van een traditionele aanduiding.

3. De Commissie stelt uitvoeringshandelingen vast ter bescherming van traditionele aanduidingen waarvoor een beschermingsaanvraag is goedgekeurd, met name door deze in te delen overeenkomstig artikel 112 en door een definitie en/of de gebruiksvoorwaarden bekend te maken.

4. De in de leden 1, 2 en 3 van het onderhavige artikel bedoelde uitvoeringshandelingen worden volgens de in artikel 229, lid 2, bedoelde onderzoeksprocedure vastgesteld.
[17-12-2013, PbEU L 347, i.w.tr. 20-12-2013/regelingnummer 1308/2013]

Artikel 116
Andere uitvoeringsbevoegdheden

Wanneer een bezwaar als onontvankelijk wordt beschouwd, stelt de Commissie een uitvoeringshandeling vast waarin wordt besloten om dit bezwaar op grond van onontvankelijkheid af te wijzen. Die uitvoeringshandeling wordt vastgesteld zonder toepassing van de in artikel 229, lid 2 of lid 3, bedoelde procedure.
[17-12-2013, PbEU L 347, i.w.tr. 20-12-2013/regelingnummer 1308/2013]

ONDERAFDELING 4
Controles in verband met oorsprongsbenamingen, geografische aanduidingen en traditionele aanduidingen

Artikel 116 bis
Controles

1. De lidstaten zetten de nodige stappen om een einde te maken aan het in deze verordening bedoelde onrechtmatige gebruik van beschermde oorsprongsbenamingen, beschermde geografische aanduidingen en beschermde traditionele aanduidingen.
2. De lidstaten wijzen de bevoegde autoriteit aan die verantwoordelijk is voor het uitvoeren van controles met betrekking tot de in deze afdeling vastgestelde verplichtingen. Daartoe zijn artikel 4, leden 2 en 4, en artikel 5, leden 1, 4 en 5, van Verordening (EU) 2017/625 van het Europees Parlement en de Raad [1] van toepassing.
3. In de Unie wordt de naleving van productdossiers jaarlijks zowel tijdens de productie van wijn als tijdens of na de verpakking ervan gecontroleerd door de in lid 2 van dit artikel bedoelde bevoegde autoriteit of door een of meer gemachtigde instanties in de zin van artikel 3, punt 5, van Verordening (EU) 2017/625 die optreden als certificerende instantie voor het product overeenkomstig de in titel II, hoofdstuk III, van die verordening vastgestelde criteria.
4. De Commissie stelt uitvoeringshandelingen vast met betrekking tot:
a) de mededeling die de lidstaten aan de Commissie moeten versturen;

---

(1) Verordening (EU) 2017/625 van het Europees Parlement en de Raad van 15 maart 2017 betreffende officiële controles en andere officiële activiteiten die worden uitgevoerd om de toepassing van de levensmiddelen- en diervoederwetgeving en van de voorschriften inzake diergezondheid, dierenwelzijn, plantgezondheid en gewasbeschermingsmiddelen te waarborgen, tot wijziging van de Verordeningen (EG) nr. 999/2001, (EG) nr. 396/2005, (EG) nr. 1069/2009, (EG) nr. 1107/2009, (EU) nr. 1151/2012, (EU) nr. 652/2014, (EU) 2016/429 en (EU) 2016/2031 van het Europees Parlement en de Raad, de Verordeningen (EG) nr. 1/2005 en (EG) nr. 1099/2009 van de Raad en de Richtlijnen 98/58/EG, 1999/74/EG, 2007/43/EG, 2008/119/EG en 2008/120/EG van de Raad, en tot intrekking van de Verordeningen (EG) nr. 854/2004 en (EG) nr. 882/2004 van het Europees Parlement en de Raad, de Richtlijnen 89/608/EEG, 89/662/EEG, 90/425/EEG, 91/496/EEG, 96/23/EG, 96/93/EG en 97/78/EG van de Raad en Besluit 92/438/EEG van de Raad (verordening officiële controles) (*PB* L 95 van 7.4.2017, blz. 1)."

b) de voorschriften voor de instantie die verantwoordelijk is voor de controle op de naleving van productdossiers, ook indien het geografische gebied in een derde land is gelegen;
c) de door de lidstaten te nemen maatregelen om het onrechtmatige gebruik van beschermde oorsprongsbenamingen, beschermde geografische aanduidingen en beschermde traditionele aanduidingen te voorkomen;
d) de door de lidstaten uit te voeren controles en verificaties, inclusief tests.

Die uitvoeringshandelingen worden volgens de in artikel 229, lid 2, bedoelde onderzoeksprocedure vastgesteld.
[02-12-2021, PbEU L 435, i.w.tr. 07-12-2021/regelingnummer 2021/2117]

AFDELING 3
Etikettering en presentatie in de wijnsector

Artikel 117
Definitie

Voor de toepassing van deze afdeling wordt verstaan onder:
a) 'etikettering': de vermeldingen, aanwijzingen, fabrieksmerken, handelsmerken, afbeeldingen of tekens die voorkomen op verpakkingsmiddelen, documenten, schriftstukken, etiketten, banden of labels die bij een product zijn gevoegd of daarop betrekking hebben;
b) 'presentatie': informatie die de consument kan afleiden uit de verpakking van het product, waaronder de vorm en het type van de fles.

[17-12-2013, PbEU L 347, i.w.tr. 20-12-2013/regelingnummer 1308/2013]

Artikel 118
Toepasbaarheid van horizontale voorschriften

Tenzij in deze verordening anders is bepaald, zijn Richtlijn 89/396/EEG van de Raad [1], Richtlijn 2000/13/EG en Richtlijn 2007/45/EG van het Europees Parlement en de Raad [2], Richtlijn 2008/95/EG en Verordening (EU) nr. 1169/2011 van toepassing op de etikettering en presentatie.

Bij de etikettering van de producten bedoeld in bijlage VII, deel II, punten 1 tot en met 11, 13, 15 en 16, mogen geen andere aanduidingen worden gebruikt dan die welke in deze verordening zijn bedoeld, tenzij die aanduidingen voldoen aan de vereisten van Richtlijn 2000/13/EG of Verordening (EU) nr. 1169/2011.

[17-12-2013, PbEU L 347, i.w.tr. 20-12-2013/regelingnummer 1308/2013]

---

[1] Richtlijn 89/396/EEG van de Raad van 14 juni 1989 betreffende de vermeldingen of merktekens die het mogelijk maken de partij waartoe een levensmiddel behoort te identificeren (*PB* L 186 van 30.6.1989, blz. 21).
[2] Richtlijn 2007/45/EG van het Europees Parlement en de Raad van 5 september 2007 tot vaststelling van regels betreffende nominale hoeveelheden voor voorverpakte producten, tot intrekking van de Richtlijnen 75/106/EEG en 80/232/EEG van de Raad en tot wijziging van Richtlijn 76/211/EEG van de Raad (*PB* L 247 van 21.9.2007, blz. 17).

Artikel 119
Verplichte aanduidingen
1. Bij de etikettering en presentatie van de in bijlage VII, deel II, punten 1 tot en met 11, 13, 15 en 16, vermelde producten die in de Unie in de handel worden gebracht of bestemd zijn voor uitvoer, worden de volgende aanduidingen vermeld:
a) één van de in bijlage VII, deel II, opgenomen categorieën van wijnbouwproducten; voor de in bijlage VII, deel II, punt 1, en de punten 4 tot en met 9, gedefinieerde categorieën wijnbouwproducten, die overeenkomstig bijlage VIII, deel I, afdeling E, een dealcoholisatiebehandeling hebben ondergaan, gaat de aanduiding van die categorie vergezeld van:
   i) de vermelding 'alcoholvrij' indien het effectief alcoholvolumegehalte van het product ten hoogste 0,5 % bedraagt, of
   ii) de vermelding 'gedeeltelijk gedealcoholiseerd' indien het effectief alcoholvolumegehalte van het product meer dan 0,5 % bedraagt en indien het effectieve alcoholvolumegehalte van het product minder bedraagt dan de categorie vóór gedeeltelijke dealcoholisatie.
b) voor wijn met een beschermde oorsprongsbenaming of een beschermde geografische aanduiding:
   i) de vermelding 'beschermde oorsprongsbenaming' of 'beschermde geografische aanduiding'; en
   ii) de naam van de beschermde oorsprongsbenaming of de beschermde geografische aanduiding;
c) het effectieve alcoholvolumegehalte;
d) de herkomst;
e) de bottelaar of, indien het mousserende wijn, mousserende wijn waaraan koolzuurgas is toegevoegd, mousserende kwaliteitswijn of aromatische mousserende kwaliteitswijn betreft, de naam van de producent of de verkoper;
f) de importeur, indien het ingevoerde wijn betreft; en
g) indien het mousserende wijn, mousserende wijn waaraan koolzuurgas is toegevoegd, mousserende kwaliteitswijn of aromatische mousserende kwaliteitswijn betreft, het suikergehalte.
h) de voedingswaardevermelding op grond van artikel 9, lid 1, punt l), van Verordening (EU) nr. 1169/2011;
i) de lijst van ingrediënten op grond van artikel 9, lid 1, punt b), van Verordening (EU) nr. 1169/2011;
j) in het geval van wijnbouwproducten die een dealcoholisatiebehandeling hebben ondergaan overeenkomstig bijlage VIII, deel I, afdeling E, en met een effectief alcoholvolumegehalte van minder dan 10 %, de datum van minimale houdbaarheid op grond van artikel 9, lid 1, punt f), van Verordening (EU) nr. 1169/2011.

2. In afwijking van lid 1, punt a), mag voor andere wijnbouwproducten dan die welke overeenkomstig bijlage VIII, deel I, afdeling E, een dealcoholisatiebehandeling hebben ondergaan, de vermelding van de categorie van het wijnbouwproduct worden weggelaten voor wijnen waarvan de etikettering de naam van een beschermde oorsprongsbenaming of een beschermde geografische aanduiding bevat.

3. In afwijking van het bepaalde in lid 1, onder b), mag de vermelding 'beschermde oorsprongsbenaming' of 'beschermde geografische aanduiding' in de volgende gevallen worden weggelaten:

Art. 120

a) indien op het etiket een traditionele aanduiding overeenkomstig artikel 112, onder a), wordt vermeld conform het in artikel 94, lid 2, bedoelde productdossier;
b) in uitzonderlijke en naar behoren gemotiveerde omstandigheden die de Commissie door middel van overeenkomstig artikel 227 vastgestelde gedelegeerde handelingen bepaalt teneinde te waarborgen dat de bestaande etiketteringspraktijken worden nageleefd.

4. In afwijking van lid 1, punt h), mag de voedingswaardevermelding op de verpakking of op een daarop bevestigd etiket worden beperkt tot de energetische waarde, die kan worden uitgedrukt met het symbool 'E' voor energie. In dergelijke gevallen wordt de volledige voedingswaardevermelding verstrekt met de op de verpakking of op een daarop bevestigd etiket vermelde elektronische middelen. Die voedingswaardevermelding mag niet samen met andere informatie voor verkoop- of afzetdoeleinden worden weergegeven en er mogen geen gebruikersgegevens worden verzameld of getraceerd.

5. In afwijking van lid 1, punt i), mag de lijst van ingrediënten via de op de verpakking of op een daarop bevestigd etiket vermelde elektronische middelen worden verstrekt. In dergelijke gevallen zijn de volgende voorschriften van toepassing:
a) er worden geen gebruikersgegevens verzameld of getraceerd;
b) de lijst van ingrediënten mag niet samen met andere informatie voor verkoop- of afzetdoeleinden worden getoond, en
c) de in artikel 9, lid 1, punt c), van Verordening (EU) nr. 1169/2011 bedoelde vermelding wordt rechtstreeks aangebracht op de verpakking of op een daarop bevestigd etiket.

De in dit lid, eerste alinea, punt c), bedoelde vermelding omvat het woord 'bevat', gevolgd door de naam van de stof of het product zoals vermeld in bijlage II bij Verordening (EU) nr. 1169/2011.

[02-12-2021, PbEU L 435, i.w.tr. 07-12-2021/regelingnummer 2021/2117]

Artikel 120
Facultatieve aanduidingen

1. Bij de etikettering en presentatie van de in bijlage VII, deel II, punten 1 tot en met 11 en punten 13, 15 en 16, vermelde producten mogen, met name, de volgende facultatieve aanduidingen worden vermeld:
a) het wijnoogstjaar;
b) de naam van één of meer wijndruivenrassen;
c) voor andere dan de in artikel 119, lid 1, onder g), bedoelde wijnen, het suikergehalte;
d) indien het wijn met een beschermde oorsprongsbenaming of een beschermde geografische aanduiding betreft, traditionele aanduidingen overeenkomstig artikel 112, onder b);
e) het Uniesymbool voor beschermde oorsprongsbenamingen of beschermde geografische aanduidingen;
f) aanduidingen die verwijzen naar bepaalde productiemethoden;
g) voor wijnen met een beschermde oorsprongsbenaming of een beschermde geografische aanduiding, de naam van een andere geografische eenheid die kleiner of groter is dan het gebied dat aan de oorsprongsbenaming of de geografische aanduiding ten grondslag ligt.

2. Onverminderd artikel 100, lid 3, en met betrekking tot het gebruik van in lid 1, onder a) en b), van het onderhavige artikel bedoelde aanduidingen voor wijnen zonder beschermde oorsprongsbenaming of beschermde geografische aanduiding:
a) voeren de lidstaten wettelijke of bestuursrechtelijke bepalingen in om te zorgen voor certificerings-, goedkeurings- en verificatieprocedures die moeten waarborgen dat de betrokken informatie waarheidsgetrouw is;
b) kunnen de lidstaten, op basis van niet-discriminerende en objectieve criteria en met inachtneming van de eerlijke concurrentie, voor wijnen die worden bereid uit op hun grondgebied voorkomende druivenrassen, lijsten opstellen van wijndruivenrassen die worden uitgesloten, in het bijzonder:
   i) wanneer het gevaar bestaat dat bij de consument verwarring ontstaat omtrent de werkelijke oorsprong van de wijn, omdat het betrokken wijndruivenras een wezenlijk deel uitmaakt van een bestaande beschermde oorsprongsbenaming of beschermde geografische aanduiding;
   ii) wanneer de betrokken controles niet kosteneffectief zouden zijn omdat het betrokken wijndruivenras slechts een zeer klein gedeelte van het wijnbouwareaal van de lidstaat vertegenwoordigt;
c) worden voor mengsels van wijnen uit verschillende lidstaten geen wijndruivenrassen op het etiket vermeld, tenzij de betrokken lidstaten anders beslissen en voor uitvoerbare certificerings-, goedkeurings- en verificatieprocedures zorgen.
[17-12-2013, PbEU L 347, i.w.tr. 20-12-2013/regelingnummer 1308/2013]

Artikel 121
Talen
1. De in de artikelen 119 en 120 bedoelde verplichte en facultatieve aanduidingen worden, wanneer deze in woorden worden weergegeven, in één of meer officiële talen van de Unie op het etiket vermeld.
2. Onverminderd lid 1 worden beschermde oorsprongsbenamingen, beschermde geografische aanduidingen of traditionele aanduidingen als bedoeld in artikel 112, onder b), op het etiket vermeld in de taal of talen waarvoor de bescherming geldt. Indien het beschermde oorsprongsbenamingen, beschermde geografische aanduidingen of specifieke nationale aanduidingen in een niet-Latijns alfabet betreft, kan de naam tevens in één of meer officiële talen van de Unie worden vermeld.
[17-12-2013, PbEU L 347, i.w.tr. 20-12-2013/regelingnummer 1308/2013]

Artikel 122
Gedelegeerde bevoegdheden
1. Teneinde rekening te houden met de specifieke kenmerken van de wijnsector is de Commissie bevoegd om overeenkomstig artikel 227 gedelegeerde handelingen vast te stellen met betrekking tot voorschriften en beperkingen inzake:
a) de presentatie en het gebruik van andere etiketteringsaanduidingen dan die waarin bij deze afdeling wordt voorzien;
b) verplichte aanduidingen betreffende:
   i) de formulering van de verplichte aanduidingen en de voorwaarden voor het gebruik daarvan;
   ii) (Vervallen;)

iii) bepalingen waarbij de producerende lidstaten toestemming wordt verleend aanvullende voorschriften inzake verplichte aanduidingen vast te stellen;
iv) bepalingen waarbij extra afwijkingen worden toegestaan naast de in artikel 119, lid 2, bedoelde afwijkingen betreffende het weglaten van de vermelding van de categorie van het wijnproduct; en
v) bepalingen inzake het gebruik van talen;
vi) voorschriften voor de vermelding en aanduiding van ingrediënten voor de toepassing van artikel 119, lid 1, punt i).

c) facultatieve aanduidingen, met name met betrekking tot:
   i) de formulering van de facultatieve aanduidingen en de voorwaarden voor het gebruik daarvan;
   ii) bepalingen waarbij de producerende lidstaten toestemming wordt verleend aanvullende voorschriften inzake facultatieve aanduidingen vast te stellen;
   iii) de aanduidingen die naar een bedrijf verwijzen en de voorwaarden voor het gebruik daarvan.

d) de presentatie, met name met betrekking tot:
   i) de voorwaarden voor het gebruik van bepaalde flesvormen en van sluitingen, en een lijst van bepaalde specifieke flesvormen;
   ii) de voorwaarden voor het gebruik van flessen en sluitingen van het type dat wordt gebruikt voor 'mousserende wijnen';
   iii) bepalingen waarbij de producerende lidstaten toestemming wordt verleend aanvullende voorschriften inzake de presentatie vast te stellen;
   iv) bepalingen inzake het gebruik van talen.

2. Teneinde de bescherming van de rechtmatige belangen van de marktdeelnemers te waarborgen, is de Commissie bevoegd om overeenkomstig artikel 227 gedelegeerde handelingen vast te stellen met betrekking tot voorschriften inzake de tijdelijke etikettering en presentatie van wijnen met een oorsprongsbenaming of een geografische aanduiding, mits die oorsprongsbenaming of geografische aanduiding voldoet aan de nodige eisen.

3. Teneinde ervoor te zorgen dat marktdeelnemers niet worden benadeeld, is de Commissie bevoegd om overeenkomstig artikel 227 gedelegeerde handelingen vast te stellen met betrekking tot overgangsbepalingen voor wijn die overeenkomstig de vóór 1 augustus 2009 geldende toepasselijke voorschriften in de handel is gebracht en geëtiketteerd.

4. Teneinde rekening te houden met de specifieke kenmerken van de handel tussen de Unie en bepaalde derde landen, is de Commissie bevoegd om overeenkomstig artikel 227 gedelegeerde handelingen vast te stellen met betrekking tot afwijkingen van het bepaalde in deze afdeling ten aanzien van de uit te voeren producten, indien die op grond van het recht van het betrokken derde land zijn vereist.

[02-12-2021, PbEU L 435, i.w.tr. 07-12-2021/regelingnummer 2021/2117]

Artikel 123
Uitvoeringsbevoegdheden overeenkomstig de onderzoeksprocedure

De Commissie kan uitvoeringshandelingen vaststellen waarin de nodige maatregelen worden vastgelegd met betrekking tot de procedures en de technische criteria die op deze afdeling van toepassing zijn, met inbegrip van de maatregelen welke nodig zijn voor de certificerings-, goedkeuring- en verificatieprocedures die gelden voor wijnen

zonder beschermde oorsprongsbenaming of beschermde geografische aanduiding. Die uitvoeringshandelingen worden volgens de in artikel 229, lid 2, bedoelde onderzoeksprocedure vastgesteld.
[17-12-2013, PbEU L 347, i.w.tr. 20-12-2013/regelingnummer 1308/2013]

HOOFDSTUK II
Specifieke bepalingen voor individuele sectoren

AFDELING 1
Suiker

Artikel 124
(Vervallen.)
[02-12-2021, PbEU L 435, i.w.tr. 07-12-2021/regelingnummer 2021/2117]

Artikel 125
Overeenkomsten in de suikersector

1. De voorwaarden voor de aankoop van suikerbieten en suikerriet, inclusief vóór de inzaai gesloten leveringscontracten, worden geregeld in schriftelijke sectorale overeenkomsten die worden gesloten tussen enerzijds telers in de Unie van suikerbieten en suikerriet of, namens hen, de organisaties waarvan zij lid zijn, en anderzijds suikerproducerende ondernemingen van de Unie of, namens hen, de organisaties waarvan zij lid zijn.
2. Sectorale overeenkomsten als beschreven in bijlage II, deel II, afdeling A, punt 6, worden door de suikerproducerende ondernemingen gemeld aan de bevoegde instanties van de lidstaat waar zij suiker produceren
3. Sectorale overeenkomsten voldoen aan de aankoopvoorwaarden in bijlage X.
4. Teneinde rekening te houden met de specifieke kenmerken van de suikersector en de ontwikkeling van de sector in de periode na beëindiging van de productiequota is de Commissie bevoegd om overeenkomstig artikel 227 gedelegeerde handelingen vast te stellen teneinde:
a) de voorwaarden bedoeld in bijlage II, deel II, afdeling A, te actualiseren;
b) de aankoopvoorwaarden voor biet bedoeld in bijlage X te actualiseren;
c) nadere voorschriften vast te stellen ter bepaling van het brutogewicht, de tarra en het suikergehalte van aan een bedrijf geleverde suikerbieten, alsook voorschriften betreffende suikerbietenpulp vast te stellen.
5. De Commissie kan voor de uitvoering van dit artikel nodige uitvoeringshandelingen vaststellen, waaronder met betrekking tot de procedures, de kennisgevingen en de administratieve bijstand in het geval van sectorale overeenkomsten die meer dan één lidstaat betreffen. Die uitvoeringshandelingen worden vastgesteld volgens de in artikel 229, lid 2, bedoelde onderzoeksprocedure.
[02-12-2021, PbEU L 435, i.w.tr. 07-12-2021/regelingnummer 2021/2117]

Artikel 126
Mededeling van de prijzen in de suikermarkt

De Commissie kan uitvoeringshandelingen vaststellen om een informatiesysteem inzake prijzen op de suikermarkt op te zetten, met inbegrip van een systeem voor

de bekendmaking van de prijsniveaus voor deze markt. Die uitvoeringshandelingen worden volgens de in artikel 229, lid 2, bedoelde onderzoeksprocedure vastgesteld.
Het in de eerste alinea bedoelde systeem is gebaseerd op informatie die wordt verstrekt door ondernemingen die witte suiker produceren, of door andere bij de handel in suiker betrokken marktdeelnemers. Deze informatie wordt vertrouwelijk behandeld.
De Commissie zorgt ervoor dat de specifieke prijzen of de namen van de individuele bedrijven niet worden bekendgemaakt.
[17-12-2013, PbEU L 347, i.w.tr. 20-12-2013/regelingnummer 1308/2013]

Artikel 127-144
(Vervallen.)
[02-12-2021, PbEU L 435, i.w.tr. 07-12-2021/regelingnummer 2021/2117]

AFDELING 2
Wijn

Artikel 145
Wijnbouwkadaster en inventaris van het productiepotentieel
1. De lidstaten houden een wijnbouwkadaster bij met bijgewerkte gegevens over het productiepotentieel. Met ingang van 1 januari 2016 geldt deze verplichting alleen indien de lidstaten het vergunningenstelsel voor het aanplanten van wijnstokken of een nationaal steunprogramma toepassen.
2. Tot 31 december 2015 geldt de in lid 1 van het onderhavige artikel vastgestelde verplichting niet voor lidstaten waarin de totale oppervlakte die is beplant met wijnstokken van overeenkomstig artikel 81, lid 2, in een indeling opgenomen druivenrassen, minder dan 500 ha bedraagt.
3. De lidstaten die in hun strategische GLB-plannen overeenkomstig artikel 58, lid 1, eerste alinea, punt a), van Verordening (EU) 2021/2115 voorzien in de herstructurering en omschakeling van wijngaarden, dienen uiterlijk op 1 maart van elk jaar een op het wijnbouwkadaster gebaseerde, bijgewerkte inventaris van hun productiepotentieel in bij de Commissie. Met ingang van 1 januari 2016 worden de bijzonderheden van de kennisgevingen aan de Commissie betreffende het wijnbouwareaal vastgelegd door de Commissie middels uitvoeringshandelingen. Die uitvoeringshandelingen worden volgens de in artikel 229, lid 2, bedoelde onderzoeksprocedure vastgesteld.
4. Teneinde de monitoring en de verificatie van het productiepotentieel door de lidstaten te vergemakkelijken, is de Commissie bevoegd om overeenkomstig artikel 227 gedelegeerde handelingen vast te stellen met betrekking tot voorschriften betreffende de inhoud van het wijnbouwkadaster en vrijstellingen daarvan.
[02-12-2021, PbEU L 435, i.w.tr. 07-12-2021/regelingnummer 2021/2117]

Artikel 146
Bevoegde nationale autoriteiten bevoegd voor de wijnsector
1. Onverminderd andere bepalingen in deze verordening betreffende de aanwijzing van bevoegde nationale autoriteiten wijzen de lidstaten één of meer autoriteiten aan die bevoegd zijn voor de handhaving van de EU-bepalingen in de wijnsector. Met name wijzen de lidstaten de laboratoria aan die officiële analysen in de wijnsector mogen

uitvoeren. De aangewezen laboratoria moeten voldoen aan de in norm ISO/IEC 17025 vastgestelde algemene criteria voor de werking van testlaboratoria.
2. De lidstaten delen de Commissie de naam en het adres van de in lid 1 bedoelde autoriteiten en laboratoria mee. De Commissie maakt deze inlichtingen openbaar en actualiseert deze regelmatig.
[17-12-2013, PbEU L 347, i.w.tr. 20-12-2013/regelingnummer 1308/2013]

Artikel 147
Begeleidende documenten en register

1. De wijnbouwproducten mogen binnen de Unie slechts met een officieel goedgekeurd begeleidend document in het verkeer worden gebracht.
2. De natuurlijke of rechtspersonen of groepen van personen die voor de uitoefening van hun beroep houder van wijnbouwproducten zijn, met name producenten, bottelaars, verwerkers en handelaren, zijn verplicht registers van de in- en uitslag van de betrokken producten bij te houden.
3. Teneinde het vervoer van wijnbouwproducten en de verificatie daarvan door de lidstaten te vergemakkelijken, is de Commissie bevoegd om overeenkomstig artikel 227 gedelegeerde handelingen vast te stellen met betrekking tot:
a) de voorschriften betreffende het begeleidende document en het gebruik ervan;
b) de voorwaarden onder welke een begeleidend document moet worden beschouwd als een document dat een beschermde oorsprongsbenaming of een beschermde geografische aanduiding certificeert;
c) de verplichting tot het bijhouden van een register en het gebruik ervan;
d) het specificeren van de personen die verplicht zijn een register bij te houden en van de gevallen waarin van die verplichting kan worden afgeweken;
e) de transacties die in het register moeten worden opgenomen.
4. De Commissie kan uitvoeringshandelingen vaststellen waarin het volgende wordt vastgelegd:
a) voorschriften betreffende de samenstelling van de registers, de daarin op te nemen producten, de termijnen voor het opnemen van vermeldingen in de registers en het afsluiten van de registers;
b) maatregelen op grond waarvan de lidstaten het maximaal aanvaardbare percentage voor verliezen moeten bepalen;
c) algemene en overgangsbepalingen voor het bijhouden van de registers;
d) voorschriften betreffende de bewaringstermijn voor de begeleidende documenten en de registers.
Die uitvoeringshandelingen worden volgens de in artikel 229, lid 2, bedoelde onderzoeksprocedure vastgesteld.
[17-12-2013, PbEU L 347, i.w.tr. 20-12-2013/regelingnummer 1308/2013]

Artikel 147 bis
Betalingstermijnen voor de verkoop van onverpakte wijn

In afwijking van artikel 3, lid 1, van Richtlijn (EU) 2019/633 kunnen de lidstaten, op verzoek van een uit hoofde van artikel 157 van deze verordening erkende brancheorganisatie die actief is in de wijnsector, bepalen dat het in artikel 3, lid 1, eerste alinea, punt a), van Richtlijn (EU) 2019/633 bedoelde verbod niet van toepassing is op betalingen in het kader van leveringsovereenkomsten tussen producenten of

verkopers van wijn en hun directe afnemers voor verkooptransacties betreffende onverpakte wijn, mits:
a) specifieke voorwaarden die toestaan dat betalingen worden verricht na 60 dagen zijn opgenomen in standaardcontracten voor verkooptransacties betreffende onverpakte wijn die vóór 30 oktober 2021 door de lidstaat overeenkomstig artikel 164 van deze verordening bindend zijn verklaard, en deze verlenging van de standaardcontracten vanaf die datum door de lidstaat is hernieuwd zonder dat de betalingsvoorwaarden ten nadele van de leveranciers van onverpakte wijn ingrijpend worden gewijzigd, en
b) de leveringsovereenkomsten tussen leveranciers van onverpakte wijn en hun directe afnemers meerjarig zijn of meerjarig worden.
[02-12-2021, PbEU L 435, i.w.tr. 07-12-2021/regelingnummer 2021/2117]

AFDELING 3
Melk en zuivelproducten

Artikel 148
Contractuele betrekkingen in de sector melk en zuivelproducten
1. Indien een lidstaat besluit dat voor elke levering van rauwe melk op zijn grondgebied door een landbouwer aan een verwerker van rauwe melk, een schriftelijk contract tussen de partijen moet worden gesloten en/of besluit dat een eerste koper een landbouwer voor een contract betreffende de levering van rauwe melk een schriftelijk voorstel moet doen, dienen dat contract en/of dat voorstel voor een contract te voldoen aan de in lid 2 vastgestelde voorwaarden.
Een lidstaat die besluit dat voor leveringen van rauwe melk van een landbouwer aan een verwerker van rauwe melk een schriftelijk contract tussen de partijen moet worden gesloten, bepaalt tevens, indien de rauwe melk door één of meer inzamelaars wordt geleverd, welk leveringsstadium of welke leveringsstadia onder dit contract vallen.
Voor de toepassing van dit artikel wordt onder 'inzamelaar' verstaan: een onderneming die rauwe melk vervoert van een landbouwer of een andere inzamelaar naar een verwerker van rauwe melk of een andere inzamelaar, met dien verstande dat de eigendom van de melk telkens wordt overgedragen.
1 bis. Indien de lidstaten geen gebruikmaken van de mogelijkheden die worden geboden in lid 1 van dit artikel, kunnen producenten, een producentenorganisatie of een unie van producentenorganisaties eisen dat voor elke levering van rauwe melk aan een verwerker van rauwe melk een schriftelijk contract wordt gesloten tussen de partijen en/of dat een schriftelijk voorstel voor een contract wordt gedaan door de eerste kopers, onder de in lid 4, eerste alinea, van dit artikel vastgestelde voorwaarden.
Indien de eerste koper een kleine, middelgrote of micro-onderneming in de zin van Aanbeveling 2003/361/EG is, is het contract en/of het voorstel voor een contract niet verplicht, onverminderd de mogelijkheid voor de partijen om gebruik te maken van een door een brancheorganisatie opgesteld standaardcontract.
2. Het contract en/of het voorstel voor een contract bedoeld in de leden 1 en 1 bis:
a) worden vóór de levering gesloten;
b) worden schriftelijk opgesteld; en
c) bevatten in het bijzonder de volgende gegevens:

i) de voor de levering verschuldigde prijs, die:
   – statisch moet zijn en in het contract moet zijn vermeld, en/of
   – moet worden berekend aan de hand van een combinatie van verschillende in het contract vermelde factoren, waaronder objectieve indicatoren, indexcijfers en methoden voor de berekening van de definitieve prijs, die gemakkelijk toegankelijk en begrijpelijk zijn en rekening houden met veranderingen in de marktomstandigheden, de geleverde hoeveelheid en de kwaliteit of de samenstelling van de geleverde rauwe melk; die indicatoren kunnen worden gebaseerd op relevante prijzen en productie- en afzetkosten; daartoe kunnen de lidstaten indicatoren vaststellen op basis van objectieve criteria die zijn gebaseerd op studies over de productie en de voedseltoeleveringsketen; het staat de partijen bij de contracten vrij te verwijzen naar deze indicatoren of andere indicatoren die zij relevant achten;
ii) de hoeveelheid rauwe melk die kan en/of moet worden geleverd en de leveringstermijn daarvan,
iii) de looptijd van het contract, waarbij onder vermelding van verstrijkingsbepalingen, hetzij bepaalde, hetzij een onbepaalde looptijd is toegestaan;
iv) details betreffende betalingstermijnen en -procedures;
v) de modaliteiten voor de inzameling of levering van de rauwe melk, en
vi) de voorschriften bij overmacht.

3. In afwijking van de leden 1 en 1 bis is een contract en/of een voorstel voor een contract niet vereist wanneer rauwe melk door een lid van een coöperatie wordt geleverd aan de coöperatie waarbij dat lid is aangesloten, op voorwaarde dat in de statuten van die coöperatie of in de bij deze statuten vastgestelde of daaruit voortvloeiende voorschriften en besluiten bepalingen zijn opgenomen van dezelfde strekking als het bepaalde in lid 2, onder a), b) en c).

4. De partijen onderhandelen in alle vrijheid over alle elementen in door producenten, inzamelaars of verwerkers van rauwe melk gesloten contracten voor de levering van rauwe melk, met inbegrip van de in lid 2, onder c), bedoelde elementen.

Niettegenstaande de eerste alinea geldt één of meer van de volgende mogelijkheden:
a) indien een lidstaat besluit dat voor de levering van rauwe melk overeenkomstig lid 1 een schriftelijk contract moet worden gesloten, kan de lidstaat:
   i) een verplichting voor de partijen vaststellen om een verhouding overeen te komen tussen een bepaalde geleverde hoeveelheid en de prijs die voor die levering moet worden betaald;
   ii) een minimale looptijd vaststellen die echter alleen van toepassing is op schriftelijke contracten tussen een landbouwer en de eerste koper van rauwe melk; de aldus vastgestelde minimale looptijd bedraagt ten minste zes maanden en mag de goede werking van de interne markt niet in het gedrang brengen;
b) indien een lidstaat besluit dat de eerste koper van rauwe melk de landbouwer voor een contract overeenkomstig lid 1 een schriftelijk voorstel dient te doen, kan de lidstaat bepalen dat het voorstel de ter zake in het nationale recht geldende minimale looptijd voor het contract moet omvatten; de aldus vastgestelde minimale looptijd bedraagt ten minste zes maanden, en mag de goede werking van de interne markt niet in het gedrang brengen.

De tweede alinea laat de rechten onverlet van de landbouwer om een dergelijke minimale looptijd schriftelijk te weigeren. In dat geval onderhandelen de partijen in alle vrijheid over alle elementen van het contract, met inbegrip van de in lid 2, onder c), bedoelde elementen.
5. De lidstaten die van de bij dit artikel geboden mogelijkheden gebruik maken, stellen de Commissie in kennis van de wijze waarop de mogelijkheden worden toegepast.
6. De Commissie kan uitvoeringshandelingen vaststellen met de nodige maatregelen voor de uniforme toepassing van lid 2, onder a) en b), en lid 3, alsook voorschriften met betrekking tot de kennisgevingen die krachtens dit artikel door de lidstaten moeten worden gedaan. Die uitvoeringshandelingen worden volgens de in artikel 229, lid 2, bedoelde onderzoeksprocedure vastgesteld.
[02-12-2021, PbEU L 435, i.w.tr. 07-12-2021/regelingnummer 2021/2117]

Artikel 149
Contractuele onderhandelingen in de sector melk en zuivelproducten

1. Een producentenorganisatie in de sector melk en zuivelproducten die krachtens artikel 161, lid 1, is erkend, kan namens haar leden uit de landbouwsector, met betrekking tot de volledige gezamenlijke productie van die leden of een gedeelte daarvan, onderhandelen over contracten voor de levering van rauwe melk door een landbouwer aan een verwerker van rauwe melk of aan een inzamelaar in de zin van artikel 148, lid 1, derde alinea.
2. De producentenorganisatie kan de onderhandelingen voeren:
a) ongeacht of de eigendom van de rauwe melk door de landbouwers wordt overgedragen aan de producentenorganisatie;
b) ongeacht of de via onderhandelingen tot stand gekomen prijs geldt voor de gezamenlijke productie van alle, dan wel een deel van de aangesloten landbouwers;
c) op voorwaarde dat, voor een welbepaalde producentenorganisatie aan alle volgende voorwaarden is voldaan:
   i) het volume rauwe melk waarover onderhandeld wordt niet meer dan 4 % van de totale productie van de Unie bedraagt;
   ii) het volume rauwe melk waarover onderhandeld wordt en dat in een bepaalde lidstaat wordt geproduceerd niet meer dan 33 % van de totale nationale productie van die lidstaat bedraagt, en
   iii) het volume rauwe melk waarover onderhandeld wordt en dat in een bepaalde lidstaat wordt geleverd, niet meer dan 33 % van de totale nationale productie van die lidstaat bedraagt;
d) op voorwaarde dat de betrokken landbouwers niet zijn aangesloten bij een andere producentenorganisatie die eveneens namens hen onderhandelingen over contracten voert; lidstaten kunnen evenwel in naar behoren gemotiveerde gevallen afwijken van deze voorwaarde indien landbouwers twee verschillende productie-eenheden hebben die zich in verschillende geografische gebieden bevinden;
e) op voorwaarde dat het lidmaatschap van de landbouwer van een coöperatie geen verplichting inhoudt dat de rauwe melk dient te worden geleverd overeenkomstig de voorwaarden die in de statuten van de coöperatie of de op grond van deze statuten vastgestelde voorschriften en besluiten zijn neergelegd; en

f) op voorwaarde dat de producentenorganisatie de bevoegde autoriteiten van de lidstaat of lidstaten waar zij actief is, in kennis stelt van het volume rauwe melk waarover onderhandeld wordt.

3. Niettegenstaande de voorwaarden bepaald in lid 2, onder c), ii) en iii), mogen producentenorganisaties de onderhandelingen krachtens lid 1 voeren op voorwaarde dat per producentenorganisatie het volume rauwe melk waarover onderhandeld wordt en dat in een lidstaat met een totale jaarlijkse rauwe melkproductie van minder dan 500 000 ton wordt geproduceerd of geleverd, niet meer dan 45 % van de totale nationale productie van die lidstaat bedraagt.

4. Voor de toepassing van dit artikel wordt met 'producentenorganisatie' tevens 'een unie van producentenorganisaties' bedoeld.

5. Voor de toepassing van lid 2, onder c), en lid 3, maakt de Commissie aan de hand van de meest recente beschikbare gegevens op de door haar passend geachte wijze de in de Unie en de lidstaten geproduceerde hoeveelheden rauwe melk bekend.

6. In afwijking van lid 2, onder c), en lid 3 kan de in de tweede alinea van het onderhavige lid bedoelde mededingingsautoriteit, zelfs wanneer de daarin vastgestelde maxima niet worden overschreden, in een individueel geval besluiten dat de onderhandelingen door de producentenorganisatie moeten worden heropend of dat niet door de producentenorganisatie mag worden onderhandeld, indien zij dit noodzakelijk acht om te voorkomen dat de mededinging wordt uitgesloten of dat de kmo's de rauwe melk op haar grondgebied verwerken, ernstig worden benadeeld.

Het in de eerste alinea bedoelde besluit wordt, met betrekking tot onderhandelingen over meer dan één lidstaat, door de Commissie genomen zonder toepassing van de in artikel 229, lid 2 of lid 3, bedoelde procedure. In andere gevallen wordt dit besluit genomen door de nationale mededingingsautoriteit van de lidstaat waarop de onderhandelingen betrekking hebben.

De in dit lid bedoelde besluiten worden pas van toepassing op de datum van kennisgeving van het besluit aan de betrokken ondernemingen.

7. Voor de toepassing van dit artikel wordt verstaan onder:
a) 'nationale mededingingsautoriteit': de autoriteit als bedoeld in artikel 5 van Verordening (EG) nr. 1/2003 van de Raad [1];
b) 'KMO': een kleine, middelgrote of micro-onderneming in de zin van Aanbeveling 2003/361/EG.

8. De lidstaten waar de in dit artikel bedoelde onderhandelingen plaatsvinden, stellen de Commissie in kennis van de toepassing van lid 2, onder f), en van lid 6.
[02-12-2021, PbEU L 435, i.w.tr. 07-12-2021/regelingnummer 2021/2117]

Artikel 150
(Vervallen.)
[02-12-2021, PbEU L 435, i.w.tr. 07-12-2021/regelingnummer 2021/2117]

---

(1) Verordening (EG) nr. 1/2003 van de Raad van 16 december 2002 betreffende de uitvoering van de mededingingsregels van de artikelen 101 en 102 van het Verdrag (*PB* L 1 van 4.1.2003, blz. 1).

Artikel 151
Verplichte aangiften in de sector melk en zuivelproducten

De eerste kopers van rauwe melk geven aan de bevoegde nationale autoriteit de hoeveelheid rauwe melk door die maandelijks aan hen is geleverd, evenals de betaalde gemiddelde prijs. Er wordt een onderscheid gemaakt tussen biologische en niet-biologische melk.

Voor de toepassing van dit artikel en artikel 148 wordt onder 'eerste koper' verstaan een onderneming of groepering die van een producent melk koopt:
a) om deze, ook in het kader van een contract, in te zamelen, te verpakken, op te slaan, te koelen of te verwerken;
b) om deze door te verkopen aan een of meer ondernemingen die melk of andere zuivelproducten behandelen of verwerken.

De lidstaten stellen de Commissie in kennis van de in de eerste alinea bedoelde hoeveelheden rauwe melk en gemiddelde prijzen.

De Commissie kan uitvoeringshandelingen vaststellen tot bepaling van voorschriften betreffende inhoud, vorm en termijnen van dergelijke aangiften en tot bepaling van maatregelen in verband met de kennisgevingen die overeenkomstig dit artikel door de lidstaten moeten worden gedaan. Die uitvoeringshandelingen worden volgens de in artikel 229, lid 2, bedoelde onderzoeksprocedure vastgesteld.

[02-12-2021, PbEU L 435, i.w.tr. 07-12-2021/regelingnummer 2021/2117]

HOOFDSTUK III
Producentenorganisaties en unies van producentenorganisaties en brancheorganisaties

AFDELING 1
Definitie en erkenning

Artikel 152
Producentenorganisaties

1. De lidstaten kunnen, op verzoek, producentenorganisaties erkennen, die:
a) bestaan uit, en overeenkomstig artikel 153, lid 2, onder c), gecontroleerd worden door, producenten uit een in artikel 1, lid 2, bedoelde specifieke sector;
b) zijn opgericht op initiatief van de producenten zelf en ten minste een van de volgende activiteiten verrichten:
   i) gezamenlijke verwerking;
   ii) gezamenlijke distributie, waaronder gezamenlijke verkoopplatformen of gezamenlijk vervoer;
   iii) gezamenlijke verpakking, etikettering of verkoopbevordering;
   iv) gezamenlijke organisatie van kwaliteitscontrole;
   v) gezamenlijk gebruik van uitrusting of opslagfaciliteiten;
   vi) gezamenlijk beheer van afval dat rechtstreeks voortkomt uit de productie;
   vii) gezamenlijke aanschaf van productiemiddelen;
   viii) andere gezamenlijke activiteiten in verband met diensten waarbij een van de onder c) van dit lid opgesomde doelstellingen wordt nagestreefd;
c) een specifieke doelstelling nastreven, die kan bestaan uit ten minste één van de volgende doelen:

i) verzekeren dat de productie wordt gepland en op de vraag wordt afgestemd, met name wat omvang en kwaliteit betreft;
ii) het aanbod en de afzet van de producten van haar leden concentreren, ook via direct marketing;
iii) de productiekosten en het rendement op investeringen om de normen met betrekking tot milieu en dierenwelzijn te halen, optimaliseren en de producentenprijzen stabiliseren;
iv) onderzoek verrichten en initiatieven ontwikkelen op het gebied van duurzame productiemethoden, innovatieve praktijken, economische concurrentiekracht en marktontwikkelingen;
v) het gebruik van milieuvriendelijke teeltmethoden, productietechnieken en goede praktijken en technieken op het gebied van dierenwelzijn bevorderen en daarvoor technische bijstand verstrekken;
(vi) het gebruik van productienormen bevorderen en daarvoor technische bijstand verstrekken, de productkwaliteit verbeteren en producten ontwikkelen met een beschermde oorsprongsbenaming, een beschermde geografische aanduiding of een nationaal kwaliteitskeurmerk;
vii) bijproducten, reststromen en afval, beheren en valoriseren in het bijzonder ter bescherming van de water-, bodem- en landschapskwaliteit, en de biodiversiteit in stand houden of verbeteren en circulariteit stimuleren;
viii) bijdragen tot duurzaam gebruik van de natuurlijke hulpbronnen en tot matiging van de klimaatverandering;
ix) initiatieven ontwikkelen op het gebied van afzetbevordering;
x) beheren van onderlinge fondsen;
xi) de nodige technische ondersteuning verlenen voor het gebruik van de regelingen voor termijnmarkten en landbouwverzekeringsstelsels;

1 bis. In afwijking van artikel 101, lid 1, VWEU, kan een op grond van lid 1 van dit artikel erkende producentenorganisatie namens haar leden met betrekking tot de totale productie van die leden of een gedeelte daarvan, de productie plannen, de productiekosten optimaliseren, producten op de markt brengen en over contracten voor de levering van landbouwproducten onderhandelen.

De in de eerste alinea bedoelde activiteiten kunnen worden verricht:
a) op voorwaarde dat een of meer van de activiteiten als bedoeld in lid 1, onder b), i) tot en met vii), werkelijk worden verricht, waardoor wordt bijgedragen tot de verwezenlijking van de doelstellingen van artikel 39 VWEU;
b) op voorwaarde dat de producentenorganisatie het aanbod concentreert en de producten van zijn leden op de markt brengt, ongeacht of de eigendom van de landbouwproducten door de producenten wordt overgedragen aan de producentenorganisatie;
c) ongeacht of de onderhandelde prijs geldt voor de gecombineerde productie van alle, dan wel een deel van de leden;
d) op voorwaarde dat de betrokken producenten niet zijn aangesloten bij een andere producentenorganisatie wat betreft de producten waarop in de eerste alinea bedoelde activiteiten betrekking hebben;
e) op voorwaarde dat het lidmaatschap van de landbouwer van een coöperatie die zelf geen lid is van de betrokken producentenorganisaties, geen verplichting inhoudt dat het landbouwproduct dient te worden geleverd overeenkomstig de

voorwaarden die in de statuten van de coöperatie of de bij die statuten vastgestelde of daaruit voortvloeiende voorschriften en besluiten zijn neergelegd.

Lidstaten kunnen evenwel in naar behoren gemotiveerde gevallen afwijken van de in de tweede alinea, punt d), omschreven voorwaarde indien landbouwers twee verschillende productie-eenheden hebben die zich in verschillende geografische gebieden bevinden.

1 ter. Voor de toepassing van dit artikel worden met 'producentenorganisaties' tevens unies van producentenorganisaties die zijn erkend op grond van artikel 156, lid 1, bedoeld, voor zover dergelijke unies voldoen aan de vereisten van het eerste lid van dit artikel.

1 quater. De nationale mededingingsautoriteit als bedoeld in artikel 5 van Verordening (EG) nr. 1/2003 kan in individuele gevallen besluiten dat, in de toekomst, een of meer van de in lid 1 bis, eerste alinea, bedoelde activiteiten moeten worden aangepast, stopgezet of helemaal niet mogen plaatshebben, indien zij dit noodzakelijk acht om te voorkomen dat de mededinging wordt uitgesloten of indien zij van oordeel is dat de doelstellingen van artikel 39 VWEU in gevaar worden gebracht.

Het in de eerste alinea van dit lid bedoelde besluit wordt, met betrekking tot onderhandelingen over meer dan één lidstaat, door de Commissie genomen zonder toepassing van de in artikel 229, lid 2 of lid 3, bedoelde procedure.

Wanneer de nationale mededingingsautoriteit overeenkomstig de eerste alinea van dit lid handelt, stelt zij de Commissie vóór of onmiddellijk na het initiëren van de eerste formele maatregel van het onderzoek hiervan schriftelijk op de hoogte, en deelt zij de Commissie de besluiten mee direct nadat ze genomen zijn.

De in dit lid bedoelde besluiten worden pas van toepassing op de datum van kennisgeving van het besluit aan de betrokken ondernemingen.

2. Een uit hoofde van lid 1 erkende producentenorganisatie kan verder erkend blijven indien zij actief is in de afzet van andere producten die onder GN-code ex 2208 vallen dan die bedoeld in bijlage I bij de Verdragen, mits het aandeel van deze producten niet meer bedraagt dan 49 % van de totale waarde van de in de handel gebrachte productie van de producentenorganisatie en deze producten geen steunmaatregelen van de Unie genieten. Deze producten worden, voor de producentenorganisaties in de sector groenten en fruit, niet in aanmerking genomen bij de berekening van de waarde van de afgezette productie met het oog op de toepassing van artikel 34, lid 2.

[02-12-2021, PbEU L 435, i.w.tr. 07-12-2021/regelingnummer 2021/2117]

Artikel 153
Statuten van producentenorganisaties

1. Op grond van de statuten van een producentenorganisatie zijn de aangesloten producenten met name verplicht:
a) de door de producentenorganisaties vastgestelde voorschriften inzake de verstrekking van productiegegevens, productie, afzet en milieubescherming toe te passen;
b) zich per geproduceerd product slechts bij een enkele producentenorganisatie aan te sluiten; lidstaten kunnen evenwel in naar behoren gemotiveerde gevallen afwijken van deze voorwaarde indien landbouwers twee verschillende productie-eenheden hebben die zich in verschillende geografische gebieden bevinden;

c) de door de producentenorganisatie voor statistische doeleinden gevraagde inlichtingen te verstrekken.

2. De statuten van een producentenorganisatie voorzien ook in:
a) procedures voor het bepalen, het vaststellen en het wijzigen van de in lid 1, onder a), bedoelde voorschriften;
b) door de leden te betalen financiële bijdragen voor de financiering van de producentenorganisatie;
c) voorschriften op grond waarvan de aangesloten producenten op democratische wijze toezicht kunnen uitoefenen op hun organisatie en haar besluiten, evenals op haar rekeningen en begrotingen;
d) sancties bij overtreding van de statutaire verplichtingen, met name bij niet-betaling van de financiële bijdragen, of van de door de telersvereniging vastgestelde voorschriften;
e) voorschriften ten aanzien van de toelating van nieuwe leden, in het bijzonder een minimale lidmaatschapsduur van een jaar;
f) de voor de werking van de organisatie vereiste boekhoudkundige en budgettaire voorschriften.

2 bis. De statuten van een producentenorganisatie kunnen voorzien in de mogelijkheid dat de aangesloten producenten rechtstreeks contact hebben met de kopers, mits dergelijk rechtstreeks contact de concentratie van het aanbod en het in de handel brengen van de producten door de producentenorganisatie niet in gevaar brengt. Concentratie van het aanbod wordt geacht te zijn gewaarborgd indien over de belangrijkste elementen van de verkoop, zoals prijs, kwaliteit en volume, door de producentenorganisatie wordt onderhandeld en deze elementen door de producentenorganisatie worden bepaald.

3. De leden 1, 2 en 2 bis zijn niet van toepassing op producentenorganisaties in de sector melk en zuivelproducten.

[02-12-2021, PbEU L 435, i.w.tr. 07-12-2021/regelingnummer 2021/2117]

Artikel 154
Erkenning van producentenorganisaties

1. Teneinde erkend te worden door een lidstaat, is de producentenorganisatie die deze erkenning vraagt een rechtspersoon of een duidelijk omschreven deel van een rechtspersoon die:
a) voldoet aan de in artikel 152, lid 1, onder a), b) en c), gestelde eisen;
b) een door de betrokken lidstaat vast te stellen minimum ledental heeft en/of over een minimale hoeveelheid of waarde afzetbare producten beschikt in het afzetgebied waar zij actief is; dergelijke bepalingen mogen geen belemmering vormen voor de erkenning van op kleinschalige productie gerichte producentenorganisaties;
c) voldoende bewijs levert dat zij in staat is haar werk naar behoren te verrichten, vanuit het oogpunt van duur, efficiëntie, personele, materiële en technische ondersteuning van haar leden, alsook zoals passende van concentratie van het aanbod;
d) over statuten beschikt die in overeenstemming zijn met de onder a), b) en c).

1 bis. De lidstaten kunnen, op verzoek, besluiten meer dan één erkenning toe te kennen aan een producentenorganisatie die in verscheidene van de in artikel 1, lid 2, bedoelde sectoren werkzaam is, op voorwaarde dat die producentenorganisatie voor elke sector waarvoor zij de erkenning vraagt, aan de in lid 1 van dit artikel bedoelde voorwaarden voldoet.

2. De lidstaten kunnen besluiten dat producentenorganisaties die vóór 1 januari 2018 zijn erkend en die aan de voorwaarden van lid 1 van dit artikel voldoen, geacht worden als producentenorganisatie erkend te zijn overeenkomstig artikel 152.

3. De lidstaten trekken de erkenning van producentenorganisaties die zijn erkend vóór 1 januari 2018, maar die niet voldoen aan de voorwaarden van lid 1 van dit artikel, uiterlijk op 31 december 2020 in.

4. De lidstaten:
a) nemen, binnen vier maanden na de indiening van een met alle nodige bewijsstukken gestaafd erkenningsverzoek, een besluit inzake de erkenning van een producentenorganisatie; het verzoek wordt ingediend bij de lidstaat waarin de organisatie haar hoofdkantoor gevestigd is;
b) verrichten op gezette tijden die zij zelf bepalen, controles om zich ervan te verzekeren dat de erkende producentenorganisaties dit hoofdstuk naleven;
c) leggen die producentenorganisaties en unies van producentenorganisaties in geval van niet-naleving van of onregelmatigheden bij de toepassing van de in dit hoofdstuk bedoelde maatregelen de toepasselijke sancties op die zij hebben vastgesteld, en besluiten zo nodig de erkenning in te trekken;
d) brengen de Commissie elk jaar uiterlijk op 31 maart, op de hoogte van alle gedurende het voorgaande kalenderjaar genomen besluiten tot toekenning, weigering of intrekking van erkenning.

[02-12-2021, PbEU L 435, i.w.tr. 07-12-2021/regelingnummer 2021/2117]

Artikel 155
Uitbesteding

De lidstaten mogen een erkende producentenorganisatie of een erkende unie van producentenorganisaties in de door de Commissie overeenkomstig artikel 173, lid 1, onder f), vastgestelde sectoren toestaan haar werkzaamheden (met uitzondering van de productie) uit te besteden, ook aan filialen, indien de producentenorganisatie of unie van producentenorganisaties verantwoordelijk blijft voor de uitvoering van de uitbestede activiteit en de algehele zeggenschap over en het toezicht op de commerciële regeling inzake de verrichting van de activiteit houdt.

[17-12-2013, PbEU L 347, i.w.tr. 20-12-2013/regelingnummer 1308/2013]

Artikel 156
Unies van producentenorganisaties

1. De lidstaten kunnen, op verzoek, unies van producentenorganisaties erkennen die actief zijn in een in artikel 1, lid 2, bedoelde specifieke sector en die zijn opgericht op initiatief van erkende producentenorganisaties.

Met inachtneming van de op grond van artikel 173 vastgestelde voorschriften kunnen unies van producentenorganisaties dezelfde activiteiten of taken uitvoeren als producentenorganisaties.

2. In afwijking van lid 1, kunnen de lidstaten, op verzoek, een unie van erkende producentenorganisaties in de sector melk en zuivelproducten erkennen indien de betrokken lidstaat van oordeel is dat de unie in staat is alle activiteiten van een erkende

producentenorganisatie daadwerkelijk te verrichten en voldoet aan de in artikel 161, lid 1, vastgestelde voorwaarden.
[17-12-2013, PbEU L 347, i.w.tr. 20-12-2013/regelingnummer 1308/2013]

Artikel 157
Brancheorganisaties

1. De lidstaten kunnen daarom verzoekende brancheorganisaties erkennen die actief zijn op nationaal en regionaal niveau en op het niveau van de in artikel 164, lid 2, bedoelde economische gebieden, in een specifieke, in artikel 1, lid 2, vermelde sector en die:
a) bestaan uit vertegenwoordigers van beroepsgroepen die betrokken zijn bij de productie en bij ten minste een van de volgende stadia van de toeleveringsketen: de verwerking of verhandeling, met inbegrip van de distributie, van producten van één of meer sectoren;
b) zijn opgericht op initiatief van alle of een deel van de aangesloten organisaties of unies;
c) ter behartiging van de belangen van hun leden en de consumenten een specifieke doelstelling nastreven, die in het bijzonder kan bestaan uit één van de volgende doelen:
    i) de kennis inzake en de doorzichtigheid van de productie en de markt verbeteren, onder meer door bekendmaking van geaggregeerde statistische gegevens over de productiekosten en de prijzen – eventueel vergezeld van prijsindicatoren, de volumes en de looptijd van vooraf gesloten contracten – alsook middels terbeschikkingstelling van analyses van potentiële toekomstige marktontwikkelingen op regionaal, nationaal of internationaal niveau;
    ii) de raming van het productiepotentieel, en de notering van de publieke marktprijzen;
    iii) bijdragen tot een betere coördinatie van de wijze waarop producten op de markt worden gebracht, in het bijzonder aan de hand van onderzoek en marktstudies;
    iv) verkenning van potentiële exportmarkten;
    v) onverminderd de artikelen 148 en 168, het opstellen van standaardcontracten die verenigbaar zijn met de voorschriften van de Unie voor de verkoop van landbouwproducten aan kopers en/of de toelevering van verwerkte producten aan distributeurs en kleinhandelaren, rekening houdend met de noodzaak om eerlijke mededingingsvoorwaarden tot stand te brengen en verstoringen van de markt te voorkomen;
    vi) het potentieel van de producten optimaal benutten, ook wat de afzetmogelijkheden betreft, en initiatieven ontwikkelen om de economische concurrentiekracht en het innovatievermogen te verbeteren;
    vii) gegevens verschaffen en onderzoek verrichten om de productie en in voorkomend geval de verwerking en de afzet te vernieuwen, te rationaliseren, te verbeteren en te richten op producten die beter op de eisen van de markt en op de smaak en de verwachtingen van de consument zijn afgestemd, met name wat de kwaliteit van de producten betreft, inclusief de specifieke kenmerken van producten met een beschermde oorsprongsbenaming of een

beschermde geografische aanduiding, en wat de bescherming van het milieu, klimaatactie, diergezondheid en dierenwelzijn betreft;

viii) methoden zoeken die minder diergeneesmiddelen en gewasbeschermingsmiddelen vergen, het verbruik van andere productiemiddelen optimaliseren, de kwaliteit van de producten en het behoud van bodem en water garanderen, de voedselveiligheid met name middels traceerbaarheid van producten bevorderen, alsook de gezondheid en het welzijn van dieren verbeteren;

ix) methoden en instrumenten ontwikkelen om de kwaliteit van het product te verbeteren in alle stadia van de productie, alsook in voorkomend geval van de verwerking en de afzet;

x) alles in het werk stellen om de biologische landbouw, de oorsprongsbenamingen, de kwaliteitslabels en de geografische aanduidingen te verdedigen, te beschermen en te bevorderen;

xi) onderzoek naar een geïntegreerde, duurzame productie of naar andere milieuvriendelijke productiemethoden bevorderen en verrichten;

xii) een gezonde en verantwoorde consumptie van de producten in de interne markt stimuleren en/of voorlichting verstrekken over de schade die wordt veroorzaakt door riskante consumptiepatronen;

xiii) de consumptie van de producten bevorderen en/of voorlichting over de producten in de interne markt en de externe markten verstrekken;

xiv) bijdragen aan het beheer en de ontwikkeling van initiatieven voor de valorisatie van bijproducten en bijdragen aan de beperking en het beheer van afvalstoffen;

xv) standaardclausules betreffende waardeverdeling, waaronder op de markt gegenereerde winsten en verliezen, in de zin van artikel 172 bis vaststellen, waarin wordt bepaald hoe ontwikkelingen van de relevante marktprijzen van de betrokken producten of andere grondstoffenmarkten tussen hen moeten worden toegewezen;

xvi) maatregelen bevorderen en uitvoeren om risico's in verband met de gezondheid van dieren, gewasbescherming en het milieu te voorkomen, te beheersen en te beheren, onder meer door onderlinge fondsen op te richten en te beheren of door bij te dragen aan deze fondsen, met het oog op de betaling van financiële compensaties aan landbouwers voor de kosten en economische verliezen die voortvloeien uit de bevordering en uitvoering van deze maatregelen;

1 bis. De lidstaten kunnen op verzoek besluiten om meer dan één erkenning te verlenen aan een brancheorganisatie die actief is in meerdere in artikel 1, lid 2, vermelde sectoren, op voorwaarde dat die brancheorganisatie voor elke sector waarom het om erkenning verzoekt, aan de in lid 1 genoemde voorwaarden voldoet.

2. In naar behoren gemotiveerde gevallen kunnen de lidstaten evenwel volgens objectieve en niet-discriminerende criteria besluiten dat de voorwaarde in artikel 158, lid 1, onder c), vervuld is door het aantal brancheorganisaties op regionaal of nationaal niveau te beperken, indien de nationale voorschriften die vóór 1 januari 2014 van kracht zijn, daarin voorzien en indien de werking van de interne markt daardoor niet wordt gehinderd.

[02-12-2021, PbEU L 435, i.w.tr. 07-12-2021/regelingnummer 2021/2117]

Artikel 158
Erkenning van brancheorganisaties

1. De lidstaten kunnen de brancheorganisaties erkennen die een verzoek daartoe indienen, op voorwaarde dat deze:
a) voldoen aan de in artikel 157 uiteengezette eisen;
b) in een of meer regio's van het betrokken gebied actief zijn;
c) een aanzienlijk deel van de in artikel 157, lid 1, onder a), genoemde economische activiteiten vertegenwoordigen;
c bis) streven naar een evenwichtige vertegenwoordiging van de organisaties van de in artikel 157, lid 1, punt a), bedoelde stadia van de toeleveringsketen, die de brancheorganisatie vormen;
d) met uitzondering van de in artikel 162 bedoelde gevallen zelf geen productie-, verwerkings- of afzetactiviteiten verrichten.

2. De lidstaten kunnen brancheorganisaties die vóór 1 januari 2014 krachtens nationaal recht zijn erkend en aan de voorwaarden van lid 1 van dit artikel voldoen, aanmerken als erkende brancheorganisatie overeenkomstig artikel 157.

3. Brancheorganisaties die vóór 1 januari 2014 krachtens nationaal recht zijn erkend en niet aan de voorwaarden van lid 1 voldoen, kunnen hun activiteiten tot 1 januari 2015 voortzetten overeenkomstig het nationaal recht.

4. De lidstaten kunnen erkenning verlenen aan brancheorganisaties in alle sectoren die vóór 1 januari 2014 bestaan, ongeacht of deze op verzoek werden erkend, dan wel bij wet werden opgericht, ook al voldoen zij niet aan de voorwaarde van artikel 157, lid 1, punt b).

5. Indien lidstaten overeenkomstig lid 1 of lid 2 overgaan tot erkenning van een brancheorganisatie:
a) nemen zij binnen vier maanden na de indiening van een met alle nodige bewijsstukken gestaafd erkenningsverzoek, een besluit inzake de erkenning van de organisatie; dit verzoek wordt ingediend bij de lidstaat waarin de organisatie haar hoofdzetel heeft gevestigd;
b) verrichten zij op gezette tijden die zij zelf bepalen, controles om zich ervan te verzekeren dat de erkende brancheorganisaties voldoen aan de voorwaarden die aan hun erkenning verbonden zijn;
c) leggen zij de brancheorganisaties in geval van niet-naleving van of onregelmatigheden bij de uitvoering van de in deze verordening bedoelde maatregelen de toepasselijke sancties op die zij hebben vastgesteld en besluiten zij zo nodig hun erkenning in te trekken;
d) trekken zij de erkenning in als niet meer wordt voldaan aan de in dit artikel vastgestelde erkenningsvoorschriften en -voorwaarden;
e) brengen zij de Commissie elk jaar, uiterlijk op 31 maart, op de hoogte van alle gedurende het vorige kalenderjaar genomen besluiten tot toekenning, weigering of intrekking van erkenning.

[02-12-2021, PbEU L 435, i.w.tr. 07-12-2021/regelingnummer 2021/2117]

AFDELING 2
Aanvullende voorschriften voor specifieke sectoren

Artikel 159
Verplichte erkenning

In afwijking van de artikelen 152 tot en met 158 verlenen de lidstaten, op verzoek, erkenning aan:
a) producentenorganisaties in:
    i) de sector groenten en fruit voor zover het gaat om één of meer producten van deze sector en/of dergelijke, uitsluitend voor verwerking bestemde producten;
    ii) de sector olijfolie en tafelolijven;
    iii) de sector zijderupsen;
    iv) de hopsector;
b) brancheorganisaties in de sector olijfolie en tafelolijven en de tabakssector.
[17-12-2013, PbEU L 347, i.w.tr. 20-12-2013/regelingnummer 1308/2013]

Artikel 160
Producentenorganisaties in de sector groenten en fruit

In de sector groenten en fruit streven producentenorganisaties ten minste één van de in artikel 152, lid 1, onder c), i), ii), en iii), genoemde doelstellingen na.
Op grond van de statuten van een producentenorganisatie zijn de aangesloten producenten verplicht hun volledige productie via de producentenorganisatie af te zetten.
Producentenorganisaties en unies van producentenorganisaties in de sector groenten en fruit worden geacht in economische aangelegenheden binnen hun mandaat op te treden in naam van, en namens, hun leden.
[17-12-2013, PbEU L 347, i.w.tr. 20-12-2013/regelingnummer 1308/2013]

Artikel 161
Erkenning van producentenorganisaties in de sector melk en zuivelproducten

1. De lidstaten erkennen op verzoek als producentenorganisatie in de sector melk en zuivelproducten alle rechtspersonen of duidelijk omschreven onderdelen van die rechtspersonen, op voorwaarde dat:
a) zij bestaan uit producenten in de sector melk en zuivelproducten en op hun initiatief zijn opgericht en zij een specifieke doelstelling nastreven, die kan bestaan uit een of meer van de volgende doelen:
    i) verzekeren dat de productie wordt gepland en op de vraag wordt afgestemd, met name wat omvang en kwaliteit betreft;
    ii) het aanbod en het op de markt brengen van de producten van hun leden concentreren;
    iii) de productiekosten optimaliseren en de producentenprijzen stabiliseren;
b) zij een minimumaantal leden hebben en/of beschikken over een door de betrokken lidstaat vastgesteld minimumvolume verkoopbare productie in het gebied waar zij actief zijn;

c) er voldoende bewijs voorhanden is dat zij in staat zijn hun activiteiten naar behoren te verrichten, vanuit het oogpunt van duur, doeltreffendheid en concentratie van het aanbod;
d) zij over statuten beschikken die in overeenstemming zijn met de onder a), b) en c).

2. De lidstaten kunnen besluiten dat producentenorganisaties die krachtens nationaal recht vóór 2 april 2012 zijn erkend en die de in lid 1 bepaalde voorwaarden vervullen, als erkende producentenorganisatie dienen te worden beschouwd.

3. De lidstaten:
a) nemen, binnen vier maanden na de indiening van een van alle relevante bewijsstukken vergezeld erkenningsverzoek, een besluit inzake de erkenning van een producentenorganisatie; dit verzoek wordt ingediend in de lidstaat waar de organisatie haar hoofdzetel heeft;
b) verrichten, op gezette tijden die zij bepalen, controles om zich ervan te vergewissen dat de erkende producentenorganisaties en unies van producentenorganisaties het bepaalde in dit hoofdstuk naleven;
c) leggen die producentenorganisaties en unies van producentenorganisaties in geval van niet-naleving van of onregelmatigheden bij de uitvoering van de in dit hoofdstuk bedoelde maatregelen de toepasselijke sancties op die zij hebben vastgesteld, en besluiten zo nodig de erkenning in te trekken;
d) brengen de Commissie elk jaar, uiterlijk op 31 maart, op de hoogte van alle gedurende het vorige kalenderjaar genomen besluiten tot toekenning, weigering of intrekking van erkenning.

[13-12-2017, PbEU L 350, i.w.tr. 30-12-2017/regelingnummer 2017/2393]

Artikel 162
Brancheorganisaties in de sector olijfolie en tafelolijven en de sector tabak

Wat brancheorganisaties in de sector olijfolie en tafelolijven en de sector tabak betreft, kan de in artikel 157, lid 1, onder c), bedoelde specifieke doelstelling tevens ten minste één van de volgende doelen omvatten:
a) het aanbod en de afzet van de producten van de leden concentreren en coördineren;
b) de productie en de verwerking gezamenlijk aanpassen aan de eisen van de markt, en het product verbeteren;
c) de rationalisatie en de verbetering van de productie en de verwerking bevorderen.

[17-12-2013, PbEU L 347, i.w.tr. 20-12-2013/regelingnummer 1308/2013]

Artikel 163
Erkenning van brancheorganisaties in de sector melk en zuivelproducten

1. De lidstaten kunnen brancheorganisaties in de sector melk en zuivelproducten erkennen op voorwaarde dat deze organisaties:
a) voldoen aan de in artikel 157 vastgestelde voorwaarden;
b) in een of meer regio's van het betrokken gebied actief zijn;
c) een aanzienlijk deel van de in artikel 157, lid 1, punt a), bedoelde economische activiteiten vertegenwoordigen;
d) zich niet zelf bezighouden met de productie, de verwerking of de verhandeling van producten in de sector melk en zuivelproducten.

2. De lidstaten kunnen besluiten dat brancheorganisaties die op basis van nationaal recht vóór 2 april 2012 zijn erkend en die de in lid 1 van dit artikel bepaalde voorwaarden vervullen, worden geacht overeenkomstig artikel 157, lid 1, als brancheorganisatie erkend te zijn.

3. Wanneer de lidstaten gebruik maken van de mogelijkheid een brancheorganisatie te erkennen overeenkomstig lid 1 of lid 2,

a) nemen zij, binnen vier maanden na de indiening van een van alle relevante bewijsstukken vergezeld erkenningsverzoek, een besluit inzake de erkenning van de brancheorganisatie; dit verzoek wordt ingediend in de lidstaat waar de organisatie haar hoofdzetel heeft;
b) verrichten zij op gezette tijden die zij zelf bepalen, controles om zich ervan te verzekeren dat de erkende brancheorganisaties voldoen aan de voorwaarden die aan hun erkenning verbonden zijn;
c) leggen zij de brancheorganisaties in geval van niet-naleving van of onregelmatigheden bij de uitvoering van de in deze verordening bedoelde maatregelen de toepasselijke sancties op die zij hebben vastgesteld en besluiten zij zo nodig de erkenning in te trekken;
d) trekken zij de erkenning in als niet langer wordt voldaan aan de in dit artikel vastgestelde eisen en voorwaarden voor erkenning;
e) brengen zij de Commissie elk jaar, uiterlijk op 31 maart, op de hoogte van alle gedurende het vorige kalenderjaar genomen besluiten tot toekenning, weigering of intrekking van erkenning.

[02-12-2021, PbEU L 435, i.w.tr. 07-12-2021/regelingnummer 2021/2117]

AFDELING 3
Uitbreidingvan de voorschriften en verplichte bijdragen

Artikel 164
Uitbreiding van de voorschriften

1. Als een erkende producentenorganisatie, een erkende unie van producentenorganisaties of een erkende brancheorganisatie die in één of meer specifieke economische regio's van een lidstaat werkzaam is, wordt beschouwd als representatief voor de productie, de verhandeling of de verwerking van een bepaald product, kan de betrokken lidstaat op verzoek van die organisatie of unie bepaalde overeenkomsten, besluiten of onderling afgestemde feitelijke gedragingen van die organisatie of unie voor een beperkte periode verbindend te verklaren voor andere marktdeelnemers of groeperingen van marktdeelnemers, die in de betrokken economische regio of regio's werkzaam zijn en die niet bij deze organisatie of unie zijn aangesloten.

2. Voor de toepassing van deze afdeling wordt onder 'economische regio' verstaan: een geografische zone die bestaat uit aan elkaar grenzende of naburige productiegebieden met homogene productie- en afzetomstandigheden of, voor producten met een uit hoofde van het Unierecht erkende beschermde oorsprongsbenaming of beschermde geografische aanduiding, de in het productdossier bepaalde geografische zone.

3. Een organisatie of unie wordt als representatief beschouwd wanneer deze in de betrokken economische regio of de betrokken economische regio's van een lidstaat het volgende vertegenwoordigt:

a) een aandeel van de productie, verhandeling of verwerking van het betrokken product of de betrokken producten dat overeenstemt met:
  i) ten minste 60 % voor producentenorganisaties in de sector groenten en fruit, of
  ii) ten minste twee derde in andere gevallen, en
b) in het geval van producentenorganisaties, meer dan 50 % van de betrokken producenten.

Indien, met betrekking tot brancheorganisaties, de bepaling van het aandeel van de productie, de verhandeling of de verwerking van het betrokken product of de betrokken producten praktische moeilijkheden oplevert, kan een lidstaat evenwel nationale voorschriften vaststellen om het in de eerste alinea, onder a), ii) bedoelde niveau van representativiteit te bepalen.

Wanneer het verzoek tot het verbindend verklaren van de voorschriften voor andere marktdeelnemers betrekking heeft op meer dan één economische regio, levert de organisatie of de unie het bewijs voor de in de eerste alinea gedefinieerde minimumrepresentativiteit voor elke bij haar aangesloten branche in elke betrokken economische regio.

4. Een verzoek tot verbindendverklaring voor andere marktdeelnemers, als bedoeld in lid 1, kan slechts worden ingediend voor voorschriften die gericht zijn op één van de volgende doelen:
a) rapportage over productie en afzet;
b) productievoorschriften die stringenter zijn dan de in de nationale of de regelgeving van de Unie vastgestelde voorschriften;
c) de opstelling van met de regelgeving van de Unie verenigbare standaardcontracten;
d) de afzet;
e) de milieubescherming;
f) maatregelen om het potentieel van producten te bevorderen en optimaal te benutten;
g) maatregelen ter bescherming van de biologische landbouw, oorsprongsbenamingen, kwaliteitslabels en geografische aanduidingen;
h) onderzoek met het oog op de valorisatie van de producten, met name via nieuwe gebruiksmogelijkheden die de volksgezondheid niet in gevaar brengen;
i) studies om de productkwaliteit te verbeteren;
j) onderzoek naar met name teeltmethoden die een geringer gebruik van gewasbeschermingsmiddelen of diergeneesmiddelen mogelijk maken en het behoud van de bodem en het behoud of de verbetering van het milieu garanderen;
k) de definitie van minimumkenmerken en -normen inzake verpakking en aanbiedingsvorm;
l) het gebruik van gecertificeerd zaaizaad, behalve wanneer het wordt gebruikt voor de biologische productie in de zin van Verordening (EU) 2018/848, en de monitoring van de kwaliteit van de producten;
m) de preventie en de beheersing van fytosanitaire risico's en risico's op het gebied van diergezondheid, voedselveiligheid of milieu;
n) het beheer en de valorisatie van bijproducten.

Deze voorschriften mogen in de betrokken lidstaat of de Unie andere marktdeelnemers geen schade berokkenen of voorkomen dat nieuwe marktdeelnemers de markt

betreden, geen van de in artikel 210, lid 4, genoemde gevolgen hebben en niet anderszins onverenigbaar zijn met het Unierecht of de vigerende nationale voorschriften.
5. De uitbreiding van de in lid 1 bedoelde voorschriften wordt integraal ter kennis van de marktdeelnemers gebracht door middel van bekendmaking in een officiële publicatie van de betrokken lidstaat.
6. De lidstaten stellen de Commissie in kennis van de uit hoofde van dit artikel genomen besluiten.
[02-12-2021, PbEU L 435, i.w.tr. 07-12-2021/regelingnummer 2021/2117]

Artikel 165
Financiële bijdragen van niet-leden

Indien de voorschriften van een erkende producentenorganisatie, een erkende unie van producentenorganisaties of een erkende brancheorganisatie krachtens artikel 164 worden uitgebreid alsmede de activiteiten waarop die voorschriften van toepassing zijn, van algemeen economisch belang zijn voor marktdeelnemers wier activiteiten met de betrokken producten verband houden, kan de lidstaat die de erkenning heeft verleend nadat zij alle relevante belanghebbenden heeft geraadpleegd, besluiten dat ook niet bij de organisatie aangesloten individuele marktdeelnemers of groepen die voordeel hebben bij deze activiteiten, de volle financiële bijdrage die de leden betalen of een gedeelte daarvan aan de organisatie of de unie moeten betalen, voor zover die financiële bijdragen bestemd zijn voor de kosten die rechtstreeks uit een of meer van de betrokken activiteiten voortvloeien. Elke organisatie die uit hoofde van dit artikel bijdragen van niet-leden ontvangt, stelt op verzoek van een lid of een niet-lid dat financieel bijdraagt aan de activiteiten van de organisatie, de delen van haar jaarlijkse begroting beschikbaar die betrekking hebben op de uitoefening van de in artikel 164, lid 4, genoemde activiteiten.
[02-12-2021, PbEU L 435, i.w.tr. 07-12-2021/regelingnummer 2021/2117]

AFDELING 4
Aanpassing van het aanbod

Artikel 166
Maatregelen om de aanpassing van het aanbod aan de eisen van de markt te vergemakkelijken

Teneinde de initiatieven van de in de artikelen 152 tot en met 163 bedoelde organisaties en unies om de aanpassing van het aanbod aan de eisen van de markt te vergemakkelijken, te stimuleren, uitgezonderd de initiatieven voor het uit de markt nemen van producten, is de Commissie bevoegd om overeenkomstig artikel 227 gedelegeerde handelingen vast te stellen met betrekking tot maatregelen in de in artikel 1, lid 2, opgenomen sectoren die tot doel hebben:
a) de kwaliteit te verbeteren;
b) een betere organisatie van productie, verwerking en afzet te propageren;
c) de notering van de marktprijstendensen te vergemakkelijken;
d) en het opstellen van korte- en langetermijnramingen aan de hand van gegevens betreffende de gebruikte productiemiddelen mogelijk te maken.

[17-12-2013, PbEU L 347, i.w.tr. 20-12-2013/regelingnummer 1308/2013]

Artikel 166 bis
Regulering van het aanbod van landbouwproducten met een beschermde oorsprongsbenaming of beschermde geografische aanduiding

1. Onverminderd de artikelen 167 en 167 bis van deze verordening kunnen lidstaten, op verzoek van een uit hoofde van artikel 152, lid 1, of artikel 161, lid 1, van deze verordening erkende producentenorganisatie of unie van producentenorganisaties of, een uit hoofde van artikel 157, lid 1, van deze verordening erkende brancheorganisatie of een groepering van marktdeelnemers als bedoeld in artikel 3, lid 2, van Verordening (EU) nr. 1151/2012 of een groep producenten als bedoeld in artikel 95, lid 1, van deze verordening voor een beperkte periode bindende voorschriften vaststellen tot regulering van het aanbod van in artikel 1, lid 2, van deze verordening bedoelde landbouwproducten met een beschermde oorsprongsbenaming of beschermde geografische aanduiding uit hoofde van artikel 5, leden 1 en 2, van Verordening (EU) nr. 1151/2012 of artikel 93, lid 1, punten a) en b), van deze verordening.

2. Voor de in lid 1 van dit artikel bedoelde voorschriften is een voorafgaande overeenkomst vereist, die moet worden gesloten tussen ten minste twee derde van de in lid 1 van dit artikel bedoelde producenten van het product of hun vertegenwoordigers, die ten minste twee derde van de productie van dat product vertegenwoordigen in het geografische gebied als bedoeld in artikel 7, lid 1, punt c), van Verordening (EU) nr. 1151/2012, of artikel 93, lid 1, punt a), iii), en punt b), iv), van deze verordening, voor wijn. Wanneer de productie van het in lid 1 van dit artikel bedoelde product verwerking omvat en het productdossier als bedoeld in artikel 7, lid 1, van Verordening (EU) nr. 1151/2012 of in artikel 94, lid 2, van deze verordening het betrekken van de grondstof tot een specifiek geografisch gebied beperkt, eisen de lidstaten voor de toepassing van de volgens lid 1 van dit artikel vast te stellen voorschriften dat:

a) de producenten van die grondstof in het specifieke geografische gebied worden geraadpleegd voordat de in dit lid bedoelde overeenkomst wordt gesloten, of
b) ten minste twee derde van de producenten van de grondstof of hun vertegenwoordigers die ten minste twee derde van de productie vertegenwoordigen van de grondstof die in het specifieke geografische gebied bij de verwerking wordt gebruikt, eveneens partij zijn bij de in dit lid bedoelde overeenkomst.

3. In afwijking van lid 2 van dit artikel geldt voor de productie van kaas met een beschermde oorsprongsbenaming of een beschermde geografische aanduiding dat de in lid 1 van dit artikel bedoelde regels vooraf zijn overeengekomen tussen ten minste twee derde van de melkproducenten of hun vertegenwoordigers die goed zijn voor ten minste twee derde van de rauwe melk die voor de kaasbereiding wordt gebruikt en, in voorkomend geval, ten minste twee derde van de producenten van die kaas of hun vertegenwoordigers die goed zijn voor ten minste twee derde van de productie van die kaas in het geografische gebied als bedoeld in artikel 7, lid 1, punt c), van Verordening (EU) nr. 1151/2012.

Voor de toepassing van de eerste alinea van dit lid, met betrekking tot kaas met een beschermde geografische aanduiding, is het in het productdossier van de kaas vastgestelde geografische gebied van oorsprong van de rauwe melk hetzelfde als het in artikel 7, lid 1, punt c), van Verordening (EU) nr. 1151/2012 bedoelde geografische gebied voor deze kaas.

4. De in lid 1 bedoelde voorschriften:

a) mogen uitsluitend betrekking hebben op de regulering van het aanbod van het betrokken product en, in voorkomend geval, de grondstoffen ervan, met het doel het aanbod van dat product af te stemmen op de vraag;
b) mogen alleen van invloed zijn op het betrokken product en, in voorkomend geval, op de betrokken grondstof;
c) mogen niet voor langer dan drie jaar verplicht worden gesteld maar mogen na die periode worden verlengd na een nieuw verzoek als bedoeld in lid 1;
d) mogen geen schade toebrengen aan de handel in andere producten dan die waarop die voorschriften betrekking hebben;
e) mogen geen betrekking hebben op enige transactie nadat het product in kwestie voor de eerste keer in de handel is gebracht;
f) mogen niet leiden tot de afkondiging van vaste prijzen, zelfs niet van richt- of adviesprijzen;
g) mogen niet leiden tot het onverkrijgbaar zijn van grote hoeveelheden van het betrokken product die anders wel verkrijgbaar waren geweest;
h) mogen niet leiden tot discriminatie, geen obstakel vormen voor nieuwe toetreders tot de markt, of geen negatieve gevolgen hebben voor kleine producenten;
i) moeten bijdragen tot de handhaving van de kwaliteit van het betrokken product of tot de ontwikkeling van het betrokken product;
j) moeten het bepaalde in artikel 149 en artikel 152, lid 1 bis, onverlet laten.

5. De in lid 1 bedoelde voorschriften worden bekendgemaakt in een officiële publicatie van de betrokken lidstaat.

6. De lidstaten verrichten controles om zich ervan te verzekeren dat de in lid 4 vastgestelde voorwaarden zijn vervuld. Indien de bevoegde nationale instanties vaststellen dat de voorwaarden niet zijn vervuld, trekken de lidstaten de in lid 1 bedoelde voorschriften in.

7. De lidstaten stellen de Commissie onverwijld in kennis van de in lid 1 bedoelde voorschriften die zij hebben vastgesteld. De Commissie stelt de overige lidstaten op de hoogte van deze kennisgevingen.

8. De Commissie kan te allen tijde uitvoeringshandelingen vaststellen waarbij wordt bepaald dat een lidstaat de door hem overeenkomstig lid 1 van dit artikel vastgestelde voorschriften intrekt, indien de Commissie van oordeel is dat deze voorschriften niet voldoen aan de in lid 4 van dit artikel vastgestelde voorwaarden, de mededinging in een wezenlijk deel van de interne markt hinderen of verstoren, de vrije handel belemmeren of het bereiken van de doelstellingen van artikel 39 VWEU in het gedrang brengen. Die uitvoeringshandelingen worden zonder toepassing van de in artikel 229, leden 2 en 3, van deze verordening bedoelde procedures vastgesteld.
[02-12-2021, PbEU L 435, i.w.tr. 07-12-2021/regelingnummer 2021/2117]

Artikel 167
Afzetvoorschriften ter verbetering en stabilisering van de werking van de gemeenschappelijke markt voor wijn

1. Teneinde de werking van de gemeenschappelijke markt voor wijn, met inbegrip van de voor de vervaardiging van die wijn gebruikte druiven, most en wijn, te verbeteren en te stabiliseren, kunnen de producerende lidstaten afzetvoorschriften vaststellen om het aanbod te reguleren, met name door middel van besluiten van krachtens artikel 157 en artikel 158 erkende brancheorganisaties.

Die voorschriften moeten in verhouding staan tot het nagestreefde doel en mogen geen voorschriften betreffen:
a) die betrekking hebben op transacties die volgen op het tijdstip waarop het betrokken product voor het eerst is afgezet;
b) die prijsstellingen mogelijk maken, zelfs als het richtsnoeren of aanbevelingen betreft;
c) die een buitensporig groot gedeelte van de normaliter beschikbare oogst blokkeren;
d) die ruimte bieden voor weigering van de afgifte van nationale en uniebewijsstukken die nodig zijn om wijn in het verkeer te brengen en af te zetten, wanneer die afzet in overeenstemming is met de betrokken voorschriften.

2. De in lid 1 bedoelde voorschriften worden integraal ter kennis van de marktdeelnemers gebracht door middel van hun bekendmaking in een officiële publicatie van de betrokken lidstaat.
3. De lidstaten stellen de Commissie in kennis van de uit hoofde van dit artikel genomen besluiten.
[17-12-2013, PbEU L 347, i.w.tr. 20-12-2013/regelingnummer 1308/2013]

Artikel 167 bis
Afzetvoorschriften ter verbetering en stabilisering van de werking van de gemeenschappelijke markt voor olijfolie

1. Teneinde de werking van de gemeenschappelijke markt voor olijfolie, inclusief de olijven waarvan olijfolie wordt gemaakt, te verbeteren en te stabiliseren, kunnen de producerende lidstaten afzetvoorschriften vaststellen om het aanbod te reguleren.
Dergelijke voorschriften staan in verhouding tot het nagestreefde doel en betreffen geen voorschriften die:
a) betrekking hebben op transacties die volgen op het tijdstip waarop het betrokken product voor het eerst is afgezet;
b) prijsstellingen mogelijk maken, zelfs als het richtsnoeren of aanbevelingen betreft;
c) leiden tot het onverkrijgbaar zijn van grote hoeveelheden van de productie van het verkoopseizoen die anders wel verkrijgbaar waren geweest.

2. De in lid 1 bedoelde voorschriften worden integraal ter kennis van de marktdeelnemers gebracht door middel van bekendmaking in een officiële publicatie van de betrokken lidstaat.
3. De lidstaten stellen de Commissie in kennis van de uit hoofde van dit artikel genomen besluiten.
[23-12-2020, PbEU L 437, i.w.tr. 29-12-2020/regelingnummer 2020/2220]

AFDELING 5
Systemen voor het afsluiten van contracten

Artikel 168
Contractuele betrekkingen

1. Onverminderd het bepaalde in artikel 148 inzake de sector melk en zuivelproducten en artikel 125 inzake de suikersector, geldt dat indien een lidstaat inzake landbouw-

producten afkomstig van een in artikel 1, lid 2, bedoelde andere sector dan melk en zuivelproducten en suiker, het volgende besluit:
a) dat elke levering op zijn grondgebied van die producten door een producent aan een verwerker of een distributeur, verplicht moet worden gesloten met een schriftelijk contract tussen de partijen, en /of
b) dat de eerste kopers een schriftelijk voorstel moeten doen voor een contract betreffende de levering op zijn grondgebied van die landbouwproducten door de producent,

dat contract of dat voorstel voor een contract aan de in de leden 4 en 6 van dit artikel vastgestelde voorwaarden moet voldoen.

1 bis. Indien de lidstaten geen gebruikmaken van de mogelijkheden die worden geboden in lid 1 van dit artikel, kan een producent, een producentenorganisatie of een unie van producentenorganisaties, inzake landbouwproducten afkomstig van een in artikel 1, lid 2, bedoelde andere sector dan melk en zuivelproducten en suiker, eisen dat voor een levering van zijn producten aan een verwerker of een distributeur een schriftelijk contract wordt gesloten tussen de partijen en/of dat een schriftelijk voorstel voor een contract wordt gedaan door de eerste kopers, onder de in lid 4 en lid 6, eerste alinea, van dit artikel vastgestelde voorwaarden.

Indien de eerste koper een kleine, middelgrote of micro-onderneming in de zin van Aanbeveling 2003/361/EG is, is het contract en/of het voorstel voor een contract niet verplicht, onverminderd de mogelijkheid voor de partijen om gebruik te maken van een door een brancheorganisatie opgesteld standaardcontract.

2. Indien een lidstaat besluit dat voor leveringen van de onder dit artikel vallende producten van producent aan een koper een schriftelijk contract tussen de partijen moet worden gesloten, dan bepaalt de lidstaat tevens welke leveringsstadia onder dit contract vallen ingeval de levering van de desbetreffende producten via een of meer tussenpersonen gaat.

De lidstaten zorgen ervoor dat de bepalingen die zij uit hoofde van dit artikel vaststellen, de goede werking van de interne markt niet in het gedrang brengen.

3. In het in lid 2 beschreven geval kunnen de lidstaten een bemiddelingsmechanisme instellen voor gevallen waarin er geen onderlinge overeenstemming over het sluiten van een dergelijk contract is, zodat billijke contractuele betrekkingen worden gegarandeerd.

4. Alle in de leden 1 en 1 bis bedoelde contracten of voorstellen voor contracten:
a) worden vóór de levering gesloten;
b) worden schriftelijk opgesteld; en
c) bevatten in het bijzonder de volgende gegevens:
   i) de voor de levering verschuldigde prijs, die:
      – statisch moet zijn en in het contract moet zijn vermeld, en/of
      – moet worden berekend op grond van een combinatie van verschillende in het contract opgenomen factoren, waaronder eventueel objectieve indicatoren, indexcijfers en methoden voor de berekening van de definitieve prijs, die gemakkelijk toegankelijk en begrijpelijk zijn en rekening houden met veranderingen in de marktomstandigheden, de geleverde hoeveelheden en de kwaliteit of samenstelling van de geleverde landbouwproducten; die indicatoren kunnen worden gebaseerd op relevante prijzen en productie- en afzetkosten; daartoe kunnen de lidstaten in-

dicatoren vaststellen op basis van objectieve criteria die zijn gebaseerd op studies over de productie en de voedseltoeleveringsketen; het staat de partijen bij de contracten vrij te verwijzen naar deze indicatoren of andere indicatoren die zij relevant achten.
ii) de hoeveelheid en kwaliteit van de desbetreffende producten die geleverd kunnen of moeten worden en de leveringstermijn daarvan;
iii) de looptijd van het contract, waarbij onder vermelding van verstrijkingsbepalingen hetzij een bepaalde hetzij een onbepaalde looptijd is toegestaan;
iv) details betreffende betalingstermijnen en -procedures;
v) de modaliteiten voor de inzameling of levering van de landbouwproducten; en
vi) de voorschriften bij overmacht.

5. In afwijking van de leden 1 en 1 bis is een contract of een voorstel voor een contract niet vereist wanneer de betrokken producten door een lid van een coöperatie worden geleverd aan de coöperatie waarbij dat lid is aangesloten, op voorwaarde dat in de statuten van die coöperatie of in de bij deze statuten vastgestelde of daaruit voortvloeiende voorschriften en besluiten bepalingen zijn opgenomen van vergelijkbare strekking als het bepaalde in lid 4, onder a), b) en c).

6. De partijen onderhandelen in alle vrijheid over alle elementen in door producenten, inzamelaars, verwerkers of distributeurs van landbouwproducten gesloten contracten, met inbegrip van de in lid 4, c), bedoelde elementen.

Niettegenstaande de eerste alinea geldt één of beide van de volgende mogelijkheden:
a) indien een lidstaat besluit dat voor de levering van landbouwproducten overeenkomstig lid 1 een schriftelijk contract moet worden gesloten, kan de lidstaat een minimale looptijd vaststellen die echter uitsluitend van toepassing is op schriftelijke contracten tussen een producent en de eerste koper van de landbouwproducten. De aldus vastgestelde minimale looptijd bedraagt ten minste zes maanden en mag de goede werking van de interne markt niet in het gedrang brengen;
b) indien een lidstaat besluit dat de eerste koper van landbouwproducten de producent voor een contract overeenkomstig lid 1 een schriftelijk voorstel dient te doen, kan de lidstaat bepalen dat het voorstel te zake in de nationale wetgeving geldende minimale looptijd voor het contract moet omvatten. De aldus vastgestelde minimale looptijd bedraagt ten minste zes maanden en mag de goede werking van de interne markt niet in het gedrang brengen.

De tweede alinea laat de rechten van de producent om een dergelijke minimale looptijd schriftelijk te weigeren onverlet. In dat geval onderhandelen de partijen in alle vrijheid over alle elementen van het contract, met inbegrip van de in lid 4, c), bedoelde elementen.

7. De lidstaten die van de bij dit artikel geboden mogelijkheden gebruik maken, zorgen ervoor dat de bepalingen die zij vaststellen, de goede werking van de interne markt niet in het gedrang brengen.

De lidstaten stellen de Commissie in kennis van de wijze waarop zij de uit hoofde van dit artikel ingevoerde maatregelen toepassen.

8. De Commissie kan uitvoeringshandelingen vaststellen met de nodige maatregelen voor de uniforme toepassing van lid 4, onder a) en b), en lid 5, alsook voorschriften met betrekking tot de kennisgevingen die krachtens dit artikel door de lidstaten moeten worden gedaan.

Die uitvoeringshandelingen worden volgens de in artikel 229, lid 2, bedoelde onderzoeksprocedure vastgesteld.
[02-12-2021, PbEU L 435, i.w.tr. 07-12-2021/regelingnummer 2021/2117]

Artikel 169-172
(Vervallen.)
[02-12-2021, PbEU L 435, i.w.tr. 07-12-2021/regelingnummer 2021/2117]

AFDELING 5 BIS
Clausules betreffende waardeverdeling

Artikel 172 bis
Waardeverdeling
Onverminderd eventuele specifieke clausules betreffende waardeverdeling in de suikersector, kunnen landbouwers, met inbegrip van landbouworganisaties, met partijen verder in de keten clausules betreffende waardeverdeling, waaronder op de markt gegenereerde winsten en verliezen, overeenkomen waarin wordt bepaald hoe ontwikkelingen van de relevante marktprijzen van de betrokken producten of andere grondstoffenmarkten tussen hen moeten worden toegewezen.
[02-12-2021, PbEU L 435, i.w.tr. 07-12-2021/regelingnummer 2021/2117]

Artikel 172 ter
Richtsnoeren van brancheorganisaties voor de verkoop van druiven voor wijnen met een beschermde oorsprongsbenaming of een beschermde geografische aanduiding
In afwijking van artikel 101, lid 1, VWEU kunnen uit hoofde van artikel 157 van deze verordening erkende brancheorganisaties die actief zijn in de wijnsector niet-verplichte prijsrichtsnoeren verstrekken voor de verkoop van druiven voor de productie van wijnen met een beschermde oorsprongsbenaming of een beschermde geografische aanduiding, mits deze richtsnoeren de mededinging niet uitschakelen voor een aanzienlijk deel van de betrokken producten.
[02-12-2021, PbEU L 435, i.w.tr. 07-12-2021/regelingnummer 2021/2117]

AFDELING 6
Procedurevoorschriften

Artikel 173
Gedelegeerde bevoegdheden
1. Teneinde ervoor te zorgen dat de doelstellingen en verantwoordelijkheden van producentenorganisaties, unies van producentenorganisaties, organisaties van marktdeelnemers en brancheorganisaties duidelijk worden omschreven, in het belang van een grotere doeltreffendheid van de maatregelen van die organisaties en unies, zonder onevenredige administratieve lasten als gevolg en zonder afbreuk te doen aan het beginsel van vrijheid van vereniging, in het bijzonder voor niet-leden, is de Commissie bevoegd om overeenkomstig artikel 227 gedelegeerde handelingen vast te stellen met betrekking tot de volgende aangelegenheden inzake producentenorganisaties, unies van producentenorganisaties, brancheorganisaties en organisaties van marktdeel-

nemers voor een of meer sectoren bedoeld in artikel 1, lid 2, of specifieke producten van deze sectoren:
a) de specifieke doelstellingen die deze organisaties en unies kunnen moeten of niet mogen nastreven; en, waar van toepassing, benevens de doelstellingen van de artikelen 152 tot en met 163;
b) de voorschriften van die organisaties en unies, de statuten van andere organisaties dan producentenorganisaties, de specifieke voorwaarden die van toepassing zijn op de statuten van producentenorganisaties in bepaalde sectoren, daaronder begrepen de afwijkingen van de in artikel 160, tweede alinea, bedoelde verplichting de volledige productie via de producentenorganisatie af te zetten, de structuur, de lidmaatschapsduur, de omvang, de verantwoordingsplicht en de activiteiten van die organisaties en verenigingen, de gevolgen van de erkenning, de intrekking van de erkenning, alsmede fusies;
c) de voorwaarden voor erkenning, intrekking en opschorting van erkenning, de gevolgen van erkenning, intrekking en opschorting van erkenning, en de verplichting voor dergelijke organisaties en unies om corrigerende maatregelen te nemen indien niet aan de erkenningscriteria wordt voldaan;
d) transnationale organisaties en unies, onder meer inzake de onder a), b) en c), van dit lid bedoelde voorschriften;
e) de voorschriften inzake vestiging en de voorwaarden voor administratieve bijstand door de bevoegde autoriteiten bij grensoverschrijdende samenwerking;
f) de sectoren waarop artikel 155 van toepassing is, de voorwaarden voor de uitbesteding van activiteiten, de aard van de activiteiten die kunnen worden uitbesteed en de terbeschikkingstelling van technische middelen door organisaties of unies;
g) de grondslag voor de berekening van het minimumvolume of de minimumwaarde van de afzetbare productie van organisaties of unies;
h) het opnemen van leden die geen producent zijn in producentenorganisaties en van leden die geen producentenorganisatie zijn in unies van producentenorganisaties;
i) de in artikel 164 bedoelde verbindendverklaring van bepaalde voorschriften van organisaties of unies voor niet-leden en de in artikel 165 bedoelde verplichte betaling van een lidmaatschapsbijdrage door niet-leden, inclusief het gebruik en de toewijzing van die betaling door deze organisaties en een lijst van in artikel 164, lid 4, eerste alinea, onder b), bedoelde stringentere productievoorschriften die verbindend kunnen worden verklaard, waarbij ervoor wordt gezorgd dat deze organisaties transparant zijn en verantwoording verschuldigd zijn aan niet-leden en dat leden niet gunstiger worden behandeld dan niet-leden, in het bijzonder wat het gebruik van de verplichte betaling van een lidmaatschapsbijdrage betreft;
j) aanvullende eisen met betrekking tot de representativiteit van de in artikel 164 bedoelde organisaties, de betrokken economische regio's, met inbegrip van het door de Commissie te verrichten onderzoek van de omschrijving daarvan, de minimumperioden gedurende welke de voorschriften van toepassing moeten zijn alvorens verbindend te kunnen worden verklaard, de personen of organisaties voor welke de voorschriften of de bijdragen gelden, en de omstandigheden waarin de Commissie kan eisen dat de verbindendverklaring van de voorschriften of de verplichte betaling van bijdragen wordt afgewezen of ingetrokken.

2. In afwijking van lid 1 en teneinde te garanderen dat de doelstellingen en verantwoordelijkheden van producentenorganisaties, unies van producentenorganisaties en

brancheorganisaties in de sector melk en zuivelproducten helder worden gedefinieerd, zodat deze organisaties doeltreffender kunnen werken zonder onnodig te worden belast, is de Commissie bevoegd om overeenkomstig artikel 227 uitvoeringshandelingen vast te stellen tot bepaling van het volgende:
a) de voorwaarden voor de erkenning van grensoverschrijdende producentenorganisaties en grensoverschrijdende unies van producentenorganisaties;
b) de voorschriften inzake vestiging en de voorwaarden voor administratieve bijstand aan producentenorganisaties, evenals unies van producentenorganisaties, door de bevoegde autoriteiten bij grensoverschrijdende samenwerking;
c) bijkomende voorschriften betreffende de berekening van het volume rauwe melk waarover overeenkomstig artikel 149, lid 2, onder c), en artikel 149, lid 3, wordt onderhandeld.
d) voorschriften inzake de uitbreiding van bepaalde in artikel 164 vastgestelde voorschriften van de organisaties tot niet-leden en de in artikel 165 bedoelde verplichte betaling van een lidmaatschapsbijdrage door niet-leden.
[17-12-2013, PbEU L 347, i.w.tr. 20-12-2013/regelingnummer 1308/2013]

Artikel 174
Uitvoeringsbevoegdheden overeenkomstig de onderzoeksprocedure
1. De Commissie kan uitvoeringshandelingen vaststellen waarin de maatregelen worden vastgelegd die nodig zijn voor de toepassing van dit hoofdstuk, in het bijzonder:
a) maatregelen voor de uitvoering van de voorwaarden voor de erkenning van producentenorganisaties en brancheorganisaties, zoals bepaald in artikel 154 en 158;
b) de procedures in het geval van fusie van producentenorganisaties;
c) de door de lidstaten vast te stellen procedures met betrekking tot de minimumomvang en de minimumduur van het lidmaatschap;
d) de procedures voor de uitbreiding van de voorschriften en de financiële bijdragen als bedoeld in de artikelen 164 en 165, met name de toepassing van het begrip 'economische regio' als bedoeld in artikel 164, lid 2;
e) de procedures voor de administratieve bijstand;
f) de procedures voor het uitbesteden van activiteiten;
g) de procedures en technische voorwaarden voor de tenuitvoerlegging van de in de artikel 166 bedoelde maatregelen.

Die uitvoeringshandelingen worden volgens de in artikel 229, lid 2, bedoelde onderzoeksprocedure vastgesteld.

2. In afwijking van lid 1 kan de Commissie met betrekking tot de sector melk en zuivelproducten uitvoeringshandelingen vaststellen tot bepaling van de gedetailleerde voorschriften die nodig zijn voor:
a) de uitvoering van de in de artikelen 161 en 163 bepaalde voorwaarden voor de erkenning van producentenorganisaties, unies van producentenorganisaties en brancheorganisaties;
b) de kennisgeving bedoeld in artikel 149, lid 2, onder f);
c) de kennisgevingen van de lidstaten aan de Commissie overeenkomsti149rtikel (*red.*: lees: overeenkomstig artikel) 161, lid 3, onder d), artikel 163, lid 3, onder e), artikel 149, lid 8, en artikel 150, lid 7;
d) de procedures met betrekking tot administratieve bijstand bij grensoverschrijdende samenwerking.

Die uitvoeringshandelingen worden volgens de in artikel 229, lid 2, bedoelde onderzoeksprocedure vastgesteld.
[17-12-2013, PbEU L 347, i.w.tr. 20-12-2013/regelingnummer 1308/2013]

Artikel 175
Andere uitvoeringsbevoegdheden

De Commissie kan door middel van uitvoeringshandelingen individuele besluiten nemen met betrekking tot:
a) de erkenning van organisaties die in meer dan één lidstaat activiteiten verrichten overeenkomstig de krachtens artikel 173, lid 1, onder d), bepaalde voorschriften;
b) het bezwaar tegen of de intrekking van de erkenning van een brancheorganisatie door een lidstaat;
c) de lijst van economische regio's die de lidstaten overeenkomstig de op grond van artikel 173, lid 1, onder i), en lid 2, onder d), vastgestelde voorschriften hebben gemeld;
d) de eis dat een lidstaat een door die lidstaat genomen besluit tot verbindendverklaring van voorschriften voor, of tot verplichte betaling van financiële bijdragen door niet-leden, weigert of intrekt.

Die uitvoeringshandelingen worden vastgesteld zonder toepassing van de in artikel 229, lid 2 of 3 bedoelde procedure.
[17-12-2013, PbEU L 347, i.w.tr. 20-12-2013/regelingnummer 1308/2013]

DEEL III
Handel met derde landen

HOOFDSTUK I
Invoer- en uitvoercertificaten

Artikel 176
Algemene voorschriften

1. Onverminderd de gevallen waarin op grond van deze verordening invoer- of uitvoercertificaten moeten worden overgelegd, kunnen certificaten verplicht worden gesteld wanneer één of meer producten van de volgende sectoren in de Unie worden ingevoerd om daar in het vrije verkeer te worden gebracht of wanneer één of meer producten van de volgende sectoren uit de Unie worden uitgevoerd:
a) granen;
b) rijst;
c) suiker;
d) zaaizaad;
e) olijfolie en tafelolijven, voor wat betreft de producten van de GN-codes 1509, 1510 00, 0709 92 90, 0711 20 90, 2306 90 19, 1522 00 31 en 1522 00 39;
f) vlas en hennep, voor wat hennep betreft;
g) groenten en fruit;
h) verwerkte groenten en fruit;
i) bananen;
j) wijn;
k) levende planten;

l) rundvlees;
m) melk en zuivelproducten;
n) varkensvlees;
o) schapen- en geitenvlees;
p) eieren;
q) pluimveevlees;
r) ethylalcohol uit landbouwproducten.

2. De certificaten worden door de lidstaten afgegeven aan elke aanvrager, ongeacht zijn plaats van vestiging in de Unie, tenzij anders is bepaald in een overeenkomstig artikel 43, lid 2, VWEU vastgestelde rechtshandeling, en onverminderd de toepassing van de artikelen 177, 178 en 179 van deze verordening.

3. De certificaten zijn in de hele Unie geldig.

[17-12-2013, PbEU L 347, i.w.tr. 20-12-2013/regelingnummer 1308/2013]

Artikel 177
Gedelegeerde bevoegdheden

1. Teneinde rekening te houden met de internationale verplichtingen van de Unie en de toepasselijke sociale normen, milieunormen en normen voor dierenwelzijn van de Unie, alsmede met de noodzaak om toe te zien op de ontwikkelingen in de handel en op de markt, alsook de invoer en uitvoer van producten te monitoren, de markt goed te beheren en de administratieve lasten te verminderen, is de Commissie bevoegd om overeenkomstig artikel 227 gedelegeerde handelingen vast te stellen tot bepaling van:
a) de lijst van de producten van de in artikel 176, lid 1, bedoelde sectoren waarvoor een invoer- of een uitvoercertificaat moet worden overgelegd;
b) de gevallen en situaties waarin geen invoer- of uitvoercertificaat hoeft te worden overgelegd, rekening houdend met de douanestatus van de betrokken producten, de in acht te nemen handelsregelingen, de doelstellingen van de transacties, de rechtsstatus van de aanvrager, en de betrokken hoeveelheden.

2. Teneinde te voorzien in verdere elementen van de certificaatregeling is de Commissie bevoegd om overeenkomstig artikel 227 gedelegeerde handelingen vast te stellen voor het regelen van:
a) de rechten en plichten die uit het certificaat voortvloeien, de rechtsgevolgen van het certificaat en de gevallen waarin er een tolerantie geldt met betrekking tot de naleving van de verplichting tot invoer of uitvoer van de in het certificaat vermelde hoeveelheid of de plaats waar in het certificaat de oorsprong moet worden vermeld;
b) het koppelen van de afgifte van een invoercertificaat of de vrijgave voor het vrije verkeer aan de overlegging van een door een derde land of een entiteit afgegeven document waarin onder meer de oorsprong, de authenticiteit en de kwaliteitskenmerken van de producten worden gecertificeerd;
c) de overdracht van het certificaat of de beperkingen waaraan de overdraagbaarheid ervan gebonden is;
d) aanvullende voorwaarden voor invoercertificaten voor hennep overeenkomstig artikel 189 en het beginsel van administratieve samenwerking tussen de lidstaten om gevallen van fraude en onregelmatigheden te voorkomen of in behandeling te nemen;

Vo. 1308/2013 gemeenschappelijke ordening markten voor landbouwproducten

e) de gevallen en situaties waarin al dan niet een zekerheid moet worden gesteld die garandeert dat de producten binnen de geldigheidsduur van het certificaat worden ingevoerd of uitgevoerd.

[17-12-2013, PbEU L 347, i.w.tr. 20-12-2013/regelingnummer 1308/2013]

Artikel 178
Uitvoeringsbevoegdheden overeenkomstig de onderzoeksprocedure

De Commissie stelt uitvoeringshandelingen vast waarin de maatregelen worden vastgelegd die nodig zijn voor de toepassing van dit hoofdstuk, mede omvattende voorschriften inzake:
a) de vorm en de inhoud van het certificaat;
b) de indiening van aanvragen en de afgifte van certificaten, alsmede het gebruik ervan;
c) de periode van geldigheid van het certificaat;
d) de procedures voor het stellen van een zekerheid en het bedrag daarvan;
e) bewijsstukken die aantonen dat aan de eisen voor het gebruik van de certificaten is voldaan;
f. het tolerantieniveau ten aanzien van de naleving van de verplichting tot invoer of uitvoer van de in het certificaat vermelde hoeveelheid;
g) het afgeven van vervangingscertificaten en duplicaatcertificaten;
h) de verwerking van certificaten door de lidstaten en de voor het beheer van de regeling vereiste informatie-uitwisseling, met inbegrip van de procedures voor de specifieke administratieve samenwerking tussen de lidstaten.

Die uitvoeringshandelingen worden volgens de in artikel 229, lid 2, bedoelde onderzoeksprocedure vastgesteld.

[17-12-2013, PbEU L 347, i.w.tr. 20-12-2013/regelingnummer 1308/2013]

Artikel 179
Andere uitvoeringsbevoegdheden

De Commissie kan uitvoeringshandelingen vaststellen -waarin:
a) de hoeveelheden waarvoor certificaten kunnen worden afgegeven, worden beperkt;
b) de aangevraagde hoeveelheden worden afgewezen; en
c) de indiening van aanvragen worden opgeschort om de markt te kunnen beheren wanneer grote hoeveelheden worden aangevraagd.

Die uitvoeringshandelingen worden vastgesteld zonder toepassing van de in artikel 229, lid 2 of lid 3 bedoelde procedure.

[17-12-2013, PbEU L 347, i.w.tr. 20-12-2013/regelingnummer 1308/2013]

HOOFDSTUK II
Invoerrechten

Artikel 180
Uitvoering van internationale overeenkomsten en bepaalde andere handelingen

De Commissie stelt uitvoeringshandelingen vast waarin maatregelen worden vastgelegd tot naleving van de eisen betreffende de berekening van de invoerrechten voor landbouwproducten die zijn vervat in overeenkomstig het VWEU gesloten internationale overeenkomsten, of in andere relevante, overeenkomstig artikel 43, lid 2, of artikel 207 VWEU vastgestelde handelingen, of in het gemeenschappelijk douanetarief. De uitvoeringshandelingen worden volgens de in artikel 229, lid 2, bedoelde onderzoeksprocedure vastgesteld.

[17-12-2013, PbEU L 347, i.w.tr. 20-12-2013/regelingnummer 1308/2013]

Artikel 181
Invoerprijssysteem voor bepaalde producten van de sectoren groenten en fruit, verwerkte groenten en fruit en wijn

1. Met het oog op de toepassing van het in het kader van het gemeenschappelijk douanetarief geldende douanerecht voor producten van de sectoren groenten en fruit en verwerkte groenten en fruit en voor druivensap en most, is de invoerprijs van een zending gelijk aan de douanewaarde van die zending, berekend overeenkomstig Verordening (EEG) nr. 2913/92 van de Raad [1] ('het douanewetboek') en Verordening (EEG) nr. 2454/93 van de Commissie [2].

2. Om de doeltreffendheid van het systeem te garanderen, is de Commissie bevoegd overeenkomstig artikel 227 gedelegeerde handelingen vast te stellen om te bepalen dat de gedeclareerde invoerprijs van een zendingmoet worden gecontroleerd aan de hand van een forfaitaire waarde bij invoer, en om de voorwaarden te bepalen waaronder het stellen van een zekerheid is vereist.

3. De Commissie stelt uitvoeringshandelingen vast waarin voorschriften worden vastgelegd voor de berekening van de in lid 2bedoelde forfaitaire waarde bij invoer. De uitvoeringshandelingen worden volgens de in artikel 229, lid 2, bedoelde onderzoeksprocedure vastgesteld.

[17-12-2013, PbEU L 347, i.w.tr. 20-12-2013/regelingnummer 1308/2013]

Artikel 182
Aanvullende invoerrechten

1. De Commissie kan uitvoeringshandelingen vaststellen om te bepalen op welke tegen het in het gemeenschappelijk douanetarief bedoelde invoerrecht geïmporteerde producten van de sectoren granen, rijst, suiker, groenten en fruit, verwerkte groenten en fruit, rundvlees, melk en zuivelproducten, varkensvlees, schapen- en geitenvlees, eieren, pluimveevlees en bananen, evenals druivensap en druivenmost, een aanvullend invoerrecht moet worden geheven om mogelijke nadelige gevolgen van die invoer voor de markt van de Unie te voorkomen of te neutraliseren, indien:
a) de invoer plaatsvindt tegen een prijs die lager is dan het niveau dat de Unie aan de WTO heeft gemeld ('de reactieprijs'); of
b) het invoervolume in een bepaald jaar een bepaald niveau overschrijdt ('het reactievolume').

---

(1) Verordening (EEG) nr. 2913/92 van de Raad van 12 oktober 1992 tot vaststelling van het communautair douanewetboek (*PB* L 302 van 19.10.1992, blz. 1).

(2) Verordening (EEG) nr. 2454/93 van de Commissie van 2 juli 1993 houdende vaststelling van enkele bepalingen ter uitvoering van Verordening (EEG) nr. 2913/92 van de Raad tot vaststelling van het communautair douanewetboek (*PB* L 253 van 11.10.1993, blz. 1).

Het reactievolume is gelijk aan 125 %, 110 % of 105 %, afhankelijk van de vraag of de markttoegang, gedefinieerd als invoer uitgedrukt als percentage van het overeenkomstige binnenlandse verbruik in de voorgaande drie jaren, respectievelijk kleiner dan of gelijk is aan 10 %, groter dan 10 % maar kleiner of gelijk aan 30 %, of groter is dan 30 %.
Wanneer geen rekening wordt gehouden met het binnenlandse verbruik, is het reactievolume gelijk aan 125 %.
Die uitvoeringshandelingen worden volgens de in artikel 229, lid 2, bedoelde onderzoeksprocedure vastgesteld.
2. Er worden geen aanvullende invoerrechten geheven wanneer de invoer de EU-markt niet dreigt te verstoren of de gevolgen niet in verhouding zouden staan tot het beoogde doel.
3. Voor de toepassing van lid 1, eerste alinea, onder a), worden de invoerprijzen vastgesteld op basis van de cif-invoerprijzen van de betrokken zending. De cif-invoerprijzen worden geverifieerd aan de hand van de representatieve prijzen voor het betrokken product op de wereldmarkt of op de invoermarkt van de Unie voor dat product.
4. De Commissie kan uitvoeringshandelingen vaststellen waarin de voor de toepassing van dit artikel vereiste maatregelen worden vastgelegd. Die uitvoeringshandelingen worden volgens de in artikel 229, lid 2, bedoelde onderzoeksprocedure vastgesteld.
[02-12-2021, PbEU L 435, i.w.tr. 07-12-2021/regelingnummer 2021/2117]

Artikel 183
Andere uitvoeringsbevoegdheden

De Commissie kan uitvoeringshandelingen vaststellen waarin:
a) het niveau van het toepasselijke invoerrecht wordt bepaald volgens de voorschriften die ter zake zijn opgenomen in overeenkomstig het VWEU gesloten internationale overeenkomsten, in het gemeenschappelijk douanewetboek en in de in artikel 180 bedoelde uitvoeringshandelingen;
b) de representatieve prijzen en de reactievolumes worden bepaald met het oog op de toepassing van aanvullende invoerrechten in het kader van de op grond van artikel 182, lid 1, eerste alinea, vastgestelde voorschriften.

Die uitvoeringshandelingen worden vastgesteld zonder toepassing van de in artikel 229, lid 2 of lid 3, bedoelde procedure.
[17-12-2013, PbEU L 347, i.w.tr. 20-12-2013/regelingnummer 1308/2013]

HOOFDSTUK III
Beheer van tariefcontingenten en speciale behandeling bij invoer in derde landen

Artikel 184
Tariefcontingenten

1. De tariefcontingenten voor de invoer van voor het vrije verkeer in de Unie of een deel daarvan bestemde landbouwproducten en de gedeeltelijk of geheel door de Unie te beheren tariefcontingenten voor de invoer van uit de Unie afkomstige landbouwproducten in derde landen, die voortvloeien uit overeenkomstig het VWEU gesloten internationale overeenkomsten of uit enige andere, op grond van artikel 43, lid 2, of artikel 207 VWEU vastgestelde handeling, worden door de Commissie geopend en/of beheerd door middel van gedelegeerde handelingen op grond van artikel 186

van deze verordening en uitvoeringshandelingen op grond van artikel 187 van deze verordening.

2. De tariefcontingenten worden beheerd op een wijze die elke vorm van discriminatie tussen de betrokken marktdeelnemers voorkomt, door één van de volgende methoden of een combinatie daarvan of een andere passende methode toe te passen:
a) op basis van de chronologische volgorde waarin de aanvragen zijn ingediend (het beginsel 'wie het eerst komt, het eerst maalt');
b) op basis van de evenredige verdeling van de hoeveelheden waarom bij de indiening van de aanvragen is verzocht (de 'methode van het gelijktijdige onderzoek');
c) op basis van de traditionele handelsstromen (de 'methode van de traditionele/ nieuwe marktdeelnemers').

3. In het kader van de gekozen beheersmethode moet:
a) met betrekking tot de invoertariefcontingenten terdege rekening worden gehouden met de voorzieningsbehoeften van de bestaande en opkomende productie-, verwerkings- en consumptiemarkt van de Unie, wat het concurrentievermogen en de voorzieningszekerheid en -continuïteit betreft, en met de noodzaak die markt in evenwicht te houden, en
b) met betrekking tot de uitvoertariefcontingenten ten volle gebruik kunnen worden gemaakt van alle mogelijkheden van die contingenten.

[13-12-2017, PbEU L 350, i.w.tr. 30-12-2017/regelingnummer 2017/2393]

Artikel 185
Specifieke tariefcontingenten

Om het tariefcontingent voor invoer in Spanje van 2 000 000 ton maïs en 300 000 ton sorgho en het tariefcontingent voor invoer in Portugal van 500 000 ton maïs uit te voeren, is de Commissie bevoegd om overeenkomstig artikel 227 gedelegeerde handelingen vast te stellen tot vaststelling van de nodige bepalingen inzake de verrichting van de invoer in het kader van het tariefcontingent alsmede, in voorkomend geval, inzake de openbare opslag van de ingevoerde hoeveelheden door de betaalorganen van de betrokken lidstaten en de afzet van die hoeveelheden op de markt van die lidstaten.
[17-12-2013, PbEU L 347, i.w.tr. 20-12-2013/regelingnummer 1308/2013]

Artikel 186
Gedelegeerde bevoegdheden

1. Teneinde in het kader van de tariefcontingenten een eerlijke toegang tot de beschikbare hoeveelheden en de gelijke behandeling van de marktdeelnemers te garanderen, is de Commissie bevoegd overeenkomstig artikel 227 gedelegeerde handelingen vast te stellen:
a) tot bepaling van de voorwaarden en eisen waaraan een marktdeelnemer moet voldoen om een aanvraag in het kader van het tariefcontingent te kunnen indienen; in het kader van deze bepalingen kan worden vereist dat de marktdeelnemer beschikt over een zekere minimumervaring op het gebied van handel met derde landen en daaraan gelijkgestelde gebieden of op het gebied van verwerking, die wordt uitgedrukt als een minimumhoeveelheid waarmee en een minimumperiode waarin hij in een bepaalde marktsector actief is geweest; deze bepalingen kunnen specifieke voorschriften omvatten om in te spelen op de behoeften en

praktijken van een bepaalde sector en de gebruikswijzen en behoeften in de verwerkingssector;
b) tot bepaling van voorschriften betreffende de overdracht van rechten tussen marktdeelnemers en, waar nodig, beperkingen op die overdracht in het kader van het beheer van de tariefcontingenten,
c) tot koppeling van toegang tot een tariefcontingent aan het stellen van een zekerheid,
d) tot vaststelling, waar nodig, van specifieke kenmerken, eisen of beperkingen die van toepassing zijn op de tariefcontingenten zoals vastgesteld in internationale overeenkomsten of andere rechtshandelingen als bedoeld in artikel 184, lid 1.

2. Teneinde ervoor te zorgen dat producten die worden uitgevoerd, uit hoofde van overeenkomstig het VWEU door de Unie gesloten internationale overeenkomsten onder bepaalde voorwaarden in aanmerking kunnen komen voor een speciale behandeling bij invoer in een derde land, is de Commissie bevoegd overeenkomstig artikel 227 gedelegeerde handelingen vast te stellen met betrekking tot voorschriften die de bevoegde autoriteiten van de lidstaten ertoe verplichten om op verzoek en nadat zij de nodige controles hebben verricht, een document af te geven waarin wordt verklaard dat deze voorwaarden zijn vervuld.

[17-12-2013, PbEU L 347, i.w.tr. 20-12-2013/regelingnummer 1308/2013]

Artikel 187
Uitvoeringsbevoegdheden overeenkomstig de onderzoeksprocedure

De Commissie kan uitvoeringshandelingen vaststellen waarin het volgende is vastgelegd:
a) de jaarlijkse tariefcontingenten, zo nodig over het jaar gespreid, alsmede de toe te passen beheersmethode;
b) procedures voor de toepassing van de in de overeenkomst of rechtshandeling tot vaststelling van de invoer- of uitvoerregeling opgenomen specifieke bepalingen, met name op het gebied van:
   i) garanties betreffende de aard, de herkomst en de oorsprong van het product;
   ii) de erkenning van het document aan de hand waarvan de in punt i) bedoelde garanties kunnen worden gecontroleerd;
   iii) de overlegging van een door het land van uitvoer afgegeven document;
   iv) de bestemming en het gebruik van de producten;
c) de geldigheidsduur van de certificaten of de vergunningen;
d) de procedures voor het stellen van zekerheid en het bedrag daarvan;
e) het gebruik van de certificaten en, waar nodig, specifieke maatregelen inzake met name de voorwaarden voor de indiening van invoeraanvragen en de verlening van toestemming voor de invoer in het kader van de tariefcontingenten;
f) procedures en technische criteria voor de toepassing van artikel 185;
g) de nodige maatregelen betreffende de inhoud, de vorm, de afgifte en het gebruik van het in artikel 186, lid 2, bedoelde document.

Die uitvoeringshandelingen worden volgens de in artikel 229, lid 2, bedoelde onderzoeksprocedure vastgesteld.

[17-12-2013, PbEU L 347, i.w.tr. 20-12-2013/regelingnummer 1308/2013]

Artikel 188
Toewijzing van tariefcontingenten
1. De Commissie maakt de resultaten van de toewijzing van de tariefcontingenten, naar aanleiding van de aangemelde aanvragen en rekening houdend met de beschikbare tariefcontingenten en de aangemelde aanvragen, openbaar via een passende webpublicatie.
2. Bij de in lid 1 bedoelde openbaarmaking wordt, in voorkomend geval, ook vermeld of in behandeling zijnde aanvragen moesten worden afgewezen, de indiening van aanvragen moest worden opgeschort of ongebruikte hoeveelheden moesten worden verdeeld.
3. De lidstaten verlenen invoer- en uitvoercertificaten voor de in het kader van de tariefcontingenten voor invoer en uitvoer aangevraagde hoeveelheden, afhankelijk van de respectieve toewijzingscoëfficiënten en nadat deze door de Commissie overeenkomstig lid 1 openbaar zijn gemaakt.
[13-12-2017, PbEU L 350, i.w.tr. 30-12-2017/regelingnummer 2017/2393]

HOOFDSTUK IV
Bijzondere bepalingen voor de invoer van bepaalde producten

Artikel 189
Invoer van hennep
1. De volgende producten mogen slechts in de Unie worden ingevoerd als aan de volgende voorwaarden wordt voldaan:
a) ruwe hennep van GN-code 5302 10 00 moet voldoen aan de voorwaarden van artikel 32, lid 6, en in artikel 35, lid 3, van Verordening (EU) nr. 1307/2013;
b) zaaizaad voor de inzaai van henneprassen van GN-code ex 1207 99 20 moet vergezeld gaan van het bewijs dat het gehalte aan tetrahydrocannabinol van het betrokken ras niet hoger is dan de waarde die is vastgesteld overeenkomstig artikel 32, lid 6, en in artikel 35, lid 3, van Verordening (EU) nr. 1307/2013;
c) niet voor inzaai bestemd hennepzaad binnen GN-code 1207 99 91 en alleen ingevoerd door importeurs die door de lidstaat zijn erkend, teneinde te garanderen dat het zeker niet voor inzaai wordt gebruikt.
2. Dit artikel geldt onverminderd restrictievere bepalingen die de lidstaten vaststellen in overeenstemming met het VWEU en met inachtneming van de verplichtingen die voortvloeien uit de WTO-Overeenkomst inzake de landbouw.
[17-12-2013, PbEU L 347, i.w.tr. 20-12-2013/regelingnummer 1308/2013]

Artikel 190
Invoer van hop
1. De producten van de hopsector mogen slechts uit derde landen worden ingevoerd als de kwaliteitsnormen ten minste gelijkwaardig zijn aan die welke zijn vastgesteld voor soortgelijke producten die in de Unie worden geoogst of uit dergelijke in de Unie geoogste producten worden vervaardigd.
2. De producten worden geacht aan de in lid 1 bedoelde normen te voldoen als zij vergezeld gaan van een door de autoriteiten van het land van oorsprong afgegeven verklaring die is erkend als gelijkwaardig met het in artikel 77 bedoelde certificaat.

Voor hopmeel, met lupuline verrijkt hopmeel, hopextract en mengproducten van hop kan de verklaring slechts als gelijkwaardig met het certificaat worden erkend als het alfazuurgehalte van die producten niet lager is dan dat van de hop waaruit zij zijn vervaardigd.

3. Om de administratieve lasten tot een minimum te beperken, is de Commissie bevoegd om overeenkomstig artikel 227 gedelegeerde handelingen vast te stellen tot bepaling van de voorwaarden waaronder de verplichtingen inzake de gelijkwaardigheidsverklaring en de etikettering van de verpakking niet van toepassing zijn.

4. De Commissie stelt uitvoeringshandelingen vast waarin de maatregelen worden vastgelegd die nodig zijn voor de toepassing van dit artikel, waaronder de voorwaarden voor de erkenning van gelijkwaardigheidsverklaringen en de controle van de invoer van hop. Die uitvoeringshandelingen worden volgens de in artikel 229, lid 2, bedoelde onderzoeksprocedure vastgesteld.

[17-12-2013, PbEU L 347, i.w.tr. 20-12-2013/regelingnummer 1308/2013]

Artikel 191
Afwijkingen voor ingevoerde producten en de bijzondere zekerheid in de wijnsector

Overeenkomstig artikel 43, lid 2, VWEU kunnen voor ingevoerde producten op grond van de internationale verplichtingen van de Unie afwijkingen van bijlage VIII, deel II, punt B.5 of punt C worden vastgesteld.

Wanneer wordt afgeweken van bijlage VIII, deel II, punt B.5, stellen de importeurs op het ogenblik van het in het vrije verkeer brengen bij de aangewezen douaneautoriteiten een zekerheid voor de betrokken producten. De zekerheid wordt vrijgegeven zodra de importeur ten genoegen van de douaneautoriteiten van de lidstaat waar de producten in het vrije verkeer worden gebracht, kan aantonen dat:
a) op de producten geen afwijkingen zijn toegepast, of
b) de producten waarvoor afwijkingen zijn toegepast, niet tot wijn zijn verwerkt, of, wanneer zij wel tot wijn zijn verwerkt, de daaruit verkregen producten adequaat zijn geëtiketteerd.

De Commissie kan uitvoeringshandelingen vaststellen waarin de voorschriften worden vastgelegd die nodig zijn voor de uniforme toepassing van dit artikel, onder meer inzake de bedragen van de zekerheid en de adequate etikettering. Die uitvoeringshandelingen worden volgens de in artikel 229, lid 2, bedoelde onderzoeksprocedure vastgesteld.

[17-12-2013, PbEU L 347, i.w.tr. 20-12-2013/regelingnummer 1308/2013]

Artikel 192-193
(Vervallen.)
[02-12-2021, PbEU L 435, i.w.tr. 07-12-2021/regelingnummer 2021/2117]

Artikel 193 bis
Schorsing van invoerrechten voor melasse

1. De Commissie is bevoegd om overeenkomstig artikel 227 gedelegeerde handelingen ter aanvulling van deze verordening vast te stellen tot vaststelling van voorschriften voor de volledige of gedeeltelijke schorsing van invoerrechten voor melasse vallend onder GN-code 1703.

Art. 194

2. Ter uitvoering van de in lid 1 van dit artikel bedoelde voorschriften kan de Commissie zonder toepassing van de in artikel 229, leden 2 of 3, bedoelde procedure, gedelegeerde handelingen vaststellen ter volledige of gedeeltelijke schorsing van invoerrechten voor melasse vallend onder GN-code 1703.
[02-12-2021, PbEU L 435, i.w.tr. 07-12-2021/regelingnummer 2021/2117]

HOOFDSTUK V
Vrijwaring en actieve veredeling

Artikel 194
Vrijwaringsmaatregelen

1. Vrijwaringsmaatregelen tegen invoer in de Unie worden, met inachtneming van lid 3 van dit artikel, door de Commissie genomen overeenkomstig de Verordeningen (EG) nr. 260/2009 [1] en (EG) nr. 625/2009 [2] van de Raad.

2. Tenzij in andere rechtshandelingen van het Europees Parlement en de Raad, of in andere rechtshandelingen van de Raad anders is bepaald, worden vrijwaringsmaatregelen tegen invoer in de Unie waarin is voorzien in op grond van het VWEU gesloten internationale overeenkomsten, door de Commissie genomen overeenkomstig lid 3 van dit artikel.

3. De Commissie kan uitvoeringshandelingen vaststellen waarin de in de leden 1 en 2 bedoelde maatregelen worden vastgelegd op verzoek van een lidstaat of op eigen initiatief. Die uitvoeringshandelingen worden volgens de in artikel 229, lid 2, bedoelde onderzoeksprocedure vastgesteld.

Als de Commissie een dergelijk verzoek van een lidstaat ontvangt, neemt zij daarover binnen vijf werkdagen na ontvangst van het verzoek een besluit door middel van uitvoeringshandelingen. Die uitvoeringshandelingen worden volgens de in artikel 229, lid 2, bedoelde onderzoeksprocedure vastgesteld.

Om naar behoren gemotiveerde dwingende redenen van urgentie stelt de Commissie volgens de in artikel 229, lid 3, bedoelde procedure onmiddellijk toepasselijke uitvoeringshandelingen vast.

De genomen maatregelen worden onverwijld aan de lidstaten gemeld en zijn met onmiddellijke ingang van toepassing.

4. De Commissie kan uitvoeringshandelingen vaststellen waarin de op grond van lid 3 vastgestelde vrijwaringsmaatregelen van de Unie worden ingetrokken of gewijzigd. Die uitvoeringshandelingen worden volgens de in artikel 229, lid 2, bedoelde onderzoeksprocedure vastgesteld.

Om naar behoren gemotiveerde dwingende redenen van urgentie stelt de Commissie volgens de in artikel 229, lid 3, bedoelde procedure onmiddellijk toepasselijke uitvoeringshandelingen vast.
[17-12-2013, PbEU L 347, i.w.tr. 20-12-2013/regelingnummer 1308/2013]

---

(1) Verordening (EG) nr. 260/2009 van de Raad van 26 februari 2009 betreffende de gemeenschappelijke invoerregeling (*PB* L 84 van 31.3.2009, blz. 1).

(2) Verordening (EG) nr. 625/2009 van de Raad van 7 juli 2009 betreffende de gemeenschappelijke regeling voor de invoer uit bepaalde derde landen (*PB* L 185 van 17.7.2009, blz. 1).

Artikel 195
Schorsing van de regelingen voor verwerking en voor actieve veredeling

Wanneer de markt van de Unie wordt verstoord of dreigt te worden verstoord door regelingen voor verwerking of voor actieve veredeling, kan de Commissie uitvoeringshandelingen vaststellen, op verzoek van een lidstaat of op eigen initiatief, waarin het gebruik van regelingen voor verwerking of voor actieve veredeling geheel of gedeeltelijk wordt geschorst voor de producten van de sectoren granen, rijst, suiker, olijfolie en tafelolijven, groenten en fruit, verwerkte groenten en fruit, wijn, rundvlees, melk en zuivelproducten, varkensvlees, schapen- en geitenvlees, eieren, pluimveevlees en ethylalcohol uit landbouwproducten. Die uitvoeringshandelingen worden volgens de in artikel 229, lid 2, bedoelde onderzoeksprocedure vastgesteld.

Als de Commissie een dergelijk verzoek van een lidstaat ontvangt, neemt zij daarover binnen vijf werkdagen na ontvangst van het verzoek een besluit door middel van uitvoeringshandelingen. Die uitvoeringshandelingen worden volgens de in artikel 229, lid 2, bedoelde onderzoeksprocedure vastgesteld.

Om naar behoren gemotiveerde dwingende redenen van urgentie stelt de Commissie volgens de in artikel 229, lid 3, bedoelde procedure onmiddellijk toepasselijke uitvoeringshandelingen vast.

De genomen maatregelen worden onverwijld aan de lidstaten gemeld en zijn met onmiddellijke ingang van toepassing.

[17-12-2013, PbEU L 347, i.w.tr. 20-12-2013/regelingnummer 1308/2013]

HOOFDSTUK VI

Artikel 196-204
(Vervallen.)
[02-12-2021, PbEU L 435, i.w.tr. 07-12-2021/regelingnummer 2021/2117]

HOOFDSTUK VII
Passieve veredeling

Artikel 205
Schorsing van de regeling passieve veredeling

Wanneer de markt van de Unie wordt verstoord of dreigt te worden verstoord door regelingen voor passieve veredeling, kan de Commissie uitvoeringshandelingen vaststellen, op verzoek van een lidstaat of op eigen initiatief, waarbij het gebruik van de regelingen voor passieve veredeling geheel of gedeeltelijk worden geschorst voor de producten van de sectoren granen, rijst, groenten en fruit, verwerkte groenten en fruit, wijn, rundvlees, varkensvlees, schapen- en geitenvlees en pluimveevlees. Die uitvoeringshandelingen worden volgens de in artikel 229, lid 2, bedoelde onderzoeksprocedure vastgesteld.

Als de Commissie een dergelijk verzoek van een lidstaat ontvangt, neemt zij daarover binnen vijf werkdagen na ontvangst van het verzoek een besluit door middel van uitvoeringshandelingen. Die uitvoeringshandelingen worden volgens de in artikel 229, lid 2, bedoelde onderzoeksprocedure vastgesteld.

Om naar behoren gemotiveerde dwingende redenen van urgentie stelt de Commissie volgens de in artikel 229, lid 3, bedoelde procedure onmiddellijk toepasselijke uitvoeringshandelingen vast.

De genomen maatregelen worden onverwijld aan de lidstaten gemeld en zijn met onmiddellijke ingang van toepassing.

[17-12-2013, PbEU L 347, i.w.tr. 20-12-2013/regelingnummer 1308/2013]

DEEL IV
Mededingingsregels

HOOFDSTUK I
Regels voor ondernemingen

Artikel 206
Richtsnoeren van de Commissie betreffende de toepassing van mededingingsregels op landbouw

Tenzij in deze verordening anders is bepaald, en overeenkomstig artikel 42 VWEU, gelden de artikelen 101 tot en met 106 VWEU, evenals de daarvoor vastgestelde uitvoeringsbepalingen, voor alle in artikel 101, lid 1, en artikel 102 VWEU bedoelde overeenkomsten, besluiten en feitelijke gedragingen die betrekking hebben op de productie van of de handel in landbouwproducten, onder voorbehoud van de artikelen 207 tot en met 210 bis van deze verordening.

Teneinde de werking van de interne markt en de eenvormige toepassing van de mededingingsregels van de Unie te waarborgen, passen de Commissie en de mededingingsautoriteiten van de lidstaten de mededingingsregels van de Unie in nauw overleg toe. Voorts publiceert de Commissie, waar nodig, richtsnoeren ten behoeve van de nationale mededingingsautoriteiten en de ondernemingen.

[02-12-2021, PbEU L 435, i.w.tr. 07-12-2021/regelingnummer 2021/2117]

Artikel 207
Relevante markt

Door de relevante markt te definiëren, kunnen de grenzen van de mededinging tussen ondernemingen worden vastgesteld en afgebakend. Het gaat hierbij om twee elkaar aanvullende dimensies:
a) de relevante productmarkt: onder 'productmarkt' wordt voor de doeleinden van dit hoofdstuk verstaan de markt die alle producten bevat die op grond van hun kenmerken, hun prijzen en het gebruik waarvoor zij zijn bestemd, door de consument als onderling verwisselbaar of substitueerbaar worden beschouwd;
b) de relevante geografische markt: onder 'geografische markt' wordt voor de doeleinden van dit hoofdstuk verstaan de markt die het gebied omvat waarbinnen de betrokken ondernemingen de relevante producten aanbieden, waarbinnen de concurrentievoorwaarden voldoende homogeen zijn en dat van aangrenzende gebieden kan worden onderscheiden, met name doordat daar duidelijk afwijkende concurrentievoorwaarden heersen.

[17-12-2013, PbEU L 347, i.w.tr. 20-12-2013/regelingnummer 1308/2013]

Vo. 1308/2013 gemeenschappelijke ordening markten voor landbouwproducten

Artikel 208
Machtspositie

Onder 'machtspositie' wordt voor de doeleinden van dit hoofdstuk verstaan: het feit dat een onderneming een dusdanig economisch sterke positie inneemt dat zij daardoor de instandhouding van een daadwerkelijke mededinging op de relevante markt kan belemmeren en zich in belangrijke mate onafhankelijk kan gedragen tegenover haar concurrenten, haar leveranciers, haar afnemers en, uiteindelijk, de consumenten.
[02-12-2021, PbEU L 435, i.w.tr. 07-12-2021/regelingnummer 2021/2117]

Artikel 209
Uitzonderingen met betrekking tot de doelstellingen van het GLB en met betrekking tot landbouwers en verenigingen van landbouwers

1. Artikel 101, lid 1, VWEU is niet van toepassing op de in artikel 206, lid 1, van deze verordening bedoelde overeenkomsten, besluiten en feitelijke gedragingen die vereist zijn voor de verwezenlijking van de in artikel 39 VWEU omschreven doelstellingen.
Artikel 101, lid 1, VWEU is niet van toepassing op de overeenkomsten, besluiten en onderling afgestemde feitelijke gedragingen van landbouwers, verenigingen van landbouwers of unies van deze verenigingen, krachtens artikel 152 of artikel 161 van deze verordening erkende producentenorganisaties of krachtens artikel 156 van deze verordening erkende unies van producentenorganisaties, voor zover deze betrekking hebben op de productie of de verkoop van landbouwproducten of het gebruik van gemeenschappelijke installaties voor het opslaan, behandelen of verwerken van landbouwproducten, tenzij de doelstellingen van artikel 39 VWEU in gevaar worden gebracht.
Dit lid is niet van toepassing op overeenkomsten, besluiten en onderling afgestemde feitelijke gedragingen die de verplichting inhouden identieke prijzen toe te passen of waardoor mededinging wordt uitgesloten.

2. Overeenkomsten, besluiten en onderling afgestemde feitelijke gedragingen die voldoen aan de in lid 1 van dit artikel bedoelde voorwaarden zijn niet verboden, zonder dat daartoe een voorafgaand besluit vereist is.
Landbouwers, verenigingen van landbouwers of unies van deze verenigingen, krachtens artikel 152 of artikel 161 van deze verordening erkende producentenorganisaties of krachtens artikel 156 van deze verordening erkende unies van producentenorganisaties, kunnen de Commissie evenwel om advies vragen over de verenigbaarheid van die overeenkomsten, besluiten en onderling afgestemde feitelijke gedragingen met de doelstellingen van artikel 39 VWEU.
De Commissie behandelt verzoeken om advies onverwijld en zij stuurt de aanvrager binnen vier maanden na ontvangst van een volledig verzoek haar advies toe. De Commissie kan, op eigen initiatief of op verzoek van een lidstaat, de inhoud van een advies wijzigen, met name wanneer de aanvrager onjuiste gegevens heeft verstrekt of misbruik heeft gemaakt van het advies.
In alle nationale of unieprocedures tot toepassing van artikel 101 VWEU levert de partij of autoriteit die beweert dat een inbreuk op artikel 101, lid 1, VWEU is gepleegd, het bewijs van die inbreuk. De partij die zich op de in lid 1 van dit artikel bedoelde vrijstellingen beroept, bewijst dat aan de voorwaarden van dat lid is voldaan.
[13-12-2017, PbEU L 350, i.w.tr. 30-12-2017/regelingnummer 2017/2393]

Artikel 210
Overeenkomsten en onderling afgestemde feitelijke gedragingen van erkende brancheorganisaties

1. Artikel 101, lid 1, VWEU is niet van toepassing op overeenkomsten, besluiten en onderling afgestemde feitelijke gedragingen van krachtens artikel 157 van deze verordening erkende brancheorganisaties die nodig zijn voor de verwezenlijking van de doelstellingen van artikel 157, lid 1, punt c), van deze verordening of, wat de sector olijfolie en tafelolijven en de sector tabak betreft, van de in artikel 162 van deze verordening vermelde doelstellingen, en die niet onverenigbaar zijn met Unievoorschriften uit hoofde van lid 4 van dit artikel.
Overeenkomsten, besluiten en onderling afgestemde feitelijke gedragingen die voldoen aan de in de eerste alinea van dit lid bedoelde voorwaarden mogen niet worden niet verboden, en daartoe is geen voorafgaand besluit vereist.

2. Erkende brancheorganisaties kunnen de Commissie advies vragen over de verenigbaarheid met dit artikel van de in lid 1 bedoelde overeenkomsten, besluiten en onderling afgestemde feitelijke gedragingen. De Commissie zendt de daarom vragende brancheorganisatie haar advies binnen vier maanden na ontvangst van een volledige aanvraag.
Indien de Commissie op enig moment na het uitbrengen van een advies vaststelt dat niet langer is voldaan aan de in lid 1 van dit artikel bedoelde voorwaarden, verklaart zij dat artikel 101, lid 1, VWEU voortaan van toepassing is op de overeenkomst, het besluit of de onderling afgestemde feitelijke gedraging in kwestie en stelt zij de brancheorganisatie daarvan in kennis.
De Commissie kan, op eigen initiatief of op verzoek van een lidstaat, de inhoud van een advies wijzigen, met name wanneer de daarom vragende brancheorganisatie onjuiste gegevens heeft verstrekt of misbruik heeft gemaakt van het advies.

3. (Vervallen.)

4. Overeenkomsten, besluiten en onderling afgestemde feitelijke gedragingen worden in ieder geval als onverenigbaar met de Unievoorschriften aangemerkt indien zij:
a) kunnen leiden tot compartimentering van de markten binnen de Unie, ongeacht in welke vorm;
b) de goede werking van de marktordening in gevaar kunnen brengen;
c) concurrentieverstoringen kunnen teweegbrengen die niet volstrekt noodzakelijk zijn voor de verwezenlijking van de met de activiteit van de brancheorganisatie nagestreefde doelstellingen van het GLB;
d) de vaststelling van prijzen of quota omvatten;
e) discriminatie kunnen veroorzaken of de concurrentie voor een aanzienlijk deel van de betrokken producten kunnen uitschakelen.

5. (Vervallen.)
6. (Vervallen.)
7. De Commissie kan uitvoeringshandelingen vaststellen met de nodige maatregelen voor de uniforme toepassing van dit artikel. Die uitvoeringshandelingen worden volgens de in artikel 229, lid 2, bedoelde onderzoeksprocedure vastgesteld.
[02-12-2021, PbEU L 435, i.w.tr. 07-12-2021/regelingnummer 2021/2117]

Artikel 210 bis
Verticale en horizontale duurzaamheidsinitiatieven

1. Artikel 101, lid 1, VWEU is niet van toepassing op overeenkomsten, besluiten en onderling afgestemde feitelijke gedragingen van producenten van landbouwproducten die verband houden met de productie van of de handel in landbouwproducten en die tot doel hebben een duurzaamheidsnorm toe te passen die verder gaat dan hetgeen door het Unierecht of het nationale recht is voorgeschreven, mits die overeenkomsten, besluiten en onderling afgestemde feitelijke gedragingen slechts die mededingingsbeperkingen opleggen welke onontbeerlijk zijn voor het behalen van die norm.

2. Lid 1 is van toepassing op overeenkomsten, besluiten en onderling afgestemde feitelijke gedragingen van producenten van landbouwproducten waarbij meerdere producenten partij zijn of waarbij één of meer producenten en één of meer marktdeelnemers op verschillende niveaus van de productie, verwerking en handel binnen de voedseltoeveleringsketen, waaronder de distributie, partij zijn.

3. Voor de toepassing van lid 1 wordt onder 'duurzaamheidsnorm' verstaan: een norm die tot doel heeft bij te dragen tot een of verscheidene van de volgende doelstellingen:
a) milieudoelstellingen, waaronder matiging van en aanpassing aan de klimaatverandering, duurzaam gebruik en bescherming van landschappen, water en bodem, de transitie naar een circulaire economie, daaronder begrepen de vermindering van voedselverspilling, preventie en bestrijding van verontreiniging, en de bescherming en herstel van biodiversiteit en ecosystemen;
b) de productie van landbouwproducten, op zodanige wijze dat het gebruik van bestrijdingsmiddelen wordt verminderd en de risico's van dergelijk gebruik worden beheerst, of het gevaar van antimicrobiële resistentie bij de landbouwproductie wordt verminderd, en
c) gezondheid en welzijn van dieren.

4. Overeenkomsten, besluiten en onderling afgestemde feitelijke gedragingen die voldoen aan de in dit artikel bedoelde voorwaarden zijn niet verboden, zonder dat daartoe een voorafgaand besluit vereist is.

5. De Commissie vaardigt uiterlijk op 8 december 2023 richtsnoeren voor marktdeelnemers uit betreffende de voorwaarden voor de toepassing van dit artikel.

6. Met ingang van 8 december 2023 kunnen producenten als bedoeld in lid 1 de Commissie om advies vragen over de verenigbaarheid met dit artikel van de in lid 1 bedoelde overeenkomsten, besluiten en onderling afgestemde feitelijke gedragingen. De Commissie zendt de aanvrager haar advies binnen vier maanden na ontvangst van een volledige aanvraag.

Indien de Commissie op enig moment na het uitbrengen van een advies vaststelt dat niet langer wordt voldaan aan de in de leden 1, 3 en 7 van dit artikel bedoelde voorwaarden, verklaart zij artikel 101, lid 1, VWEU voortaan van toepassing op de overeenkomst, het besluit of de onderling afgestemde feitelijke gedraging in kwestie en stelt zij de producenten daarvan in kennis.

De Commissie kan, op eigen initiatief of op verzoek van een lidstaat, de inhoud van een advies wijzigen, met name wanneer de aanvrager onjuiste gegevens heeft verstrekt of misbruik heeft gemaakt van het advies.

7. De nationale mededingingsautoriteit als bedoeld in artikel 5 van Verordening (EG) nr. 1/2003 kan in individuele gevallen besluiten dat, in de toekomst, een of meer van de overeenkomsten, besluiten of onderling afgestemde feitelijke gedragingen moeten worden aangepast, stopgezet of helemaal niet mogen plaatshebben, indien zij een dergelijk besluit noodzakelijk acht om te voorkomen dat de mededinging wordt uitgesloten of indien zij van oordeel is dat de doelstellingen van artikel 39 VWEU in gevaar worden gebracht.

Het in de eerste alinea van dit lid bedoelde besluit wordt, met betrekking tot overeenkomsten, besluiten of onderling afgestemde feitelijke gedragingen die meer dan één lidstaat betreffen, door de Commissie genomen zonder toepassing van de in artikel 229, leden 2 en 3, bedoelde procedure.

Wanneer de nationale mededingingsautoriteit overeenkomstig de eerste alinea van dit lid handelt, stelt zij de Commissie na het initiëren van de eerste formele maatregel van het onderzoek hiervan schriftelijk op de hoogte, en deelt zij de Commissie daaruit voortvloeiende besluiten mee direct nadat die zijn vastgesteld.

De in dit lid bedoelde besluiten worden pas van toepassing op de datum van kennisgeving van het besluit aan de betrokken ondernemingen.

[02-12-2021, PbEU L 435, i.w.tr. 07-12-2021/regelingnummer 2021/2117]

HOOFDSTUK II
Regels inzake staatssteun

Artikel 211
Toepassing van de artikelen 107, 108 en 109 VWEU

1. De artikelen 107, 108 en 109 VWEU zijn van toepassing op de productie en de verhandeling van landbouwproducten.
2. In afwijking van lid 1 zijn de artikelen 107, 108 en 109 VWEU niet van toepassing op betalingen die de lidstaten doen op grond van en in overeenstemming met een van de volgende bepalingen:
a) de in deze verordening bedoelde maatregelen die geheel of gedeeltelijk door de Unie worden gefinancierd;
b) de artikelen 213 tot en met 218 van deze verordening.
3. In afwijking van lid 1 van dit artikel zijn de artikelen 107, 108 en 109 VWEU niet van toepassing op nationale begrotingsmaatregelen waarmee de lidstaten besluiten om van de algemene belastingregels af te wijken door de voor landbouwers geldende heffingsgrondslag voor de inkomstenbelasting te berekenen op basis van een meerjarige periode teneinde de belastinggrondslag over een aantal jaren te spreiden.

[23-12-2020, PbEU L 437, i.w.tr. 29-12-2020/regelingnummer 2020/2220]

Artikel 212
(Vervallen.)
[02-12-2021, PbEU L 435, i.w.tr. 07-12-2021/regelingnummer 2021/2117]

Artikel 213
Nationale betalingen voor rendieren in Finland en Zweden

Als de Commissie daarvoor machtiging verleent zonder toepassing van de in artikel 229, lid 2 of lid 3, bedoelde procedure, mogen Finland en Zweden nationale betalingen voor de productie en de afzet van rendieren en rendierproducten (GN-codes ex 0208

en ex 0210) toekennen voor zover die betalingen niet gepaard gaan met een verhoging van de traditionele productieniveaus.
[17-12-2013, PbEU L 347, i.w.tr. 20-12-2013/regelingnummer 1308/2013]

Artikel 214
Nationale betalingen voor de suikersector in Finland
Finland mag per verkoopseizoen nationale betalingen aan suikerbietentelers toekennen ten bedrage van maximaal 350 EUR per hectare.
[17-12-2013, PbEU L 347, i.w.tr. 20-12-2013/regelingnummer 1308/2013]

Artikel 214 bis
Nationale betalingen voor bepaalde sectoren in Finland
Onder voorbehoud van toestemming van de Commissie mag Finland de nationale steun die het in 2022 op basis van dit artikel aan producenten heeft toegekend, voor de periode 2023-2027 blijven toekennen op voorwaarde dat:
a) het totale bedrag aan inkomenssteun over de gehele periode geleidelijk wordt verminderd en in 2027 nog maximaal 67 % van het in 2022 toegekende bedrag bedraagt, en
b) alvorens van deze mogelijkheid gebruik wordt gemaakt, voor de betrokken sectoren ten volle gebruik is gemaakt van de regelingen inzake steunverlening in het kader van het gemeenschappelijk landbouwbeleid.
De Commissie stelt haar toestemming vast zonder toepassing van de in artikel 229, leden 2 of 3, van deze verordening bedoelde procedure.
[02-12-2021, PbEU L 435, i.w.tr. 07-12-2021/regelingnummer 2021/2117]

Artikel 215
Nationale betalingen voor de bijenteelt
De lidstaten kunnen nationale betalingen toekennen ter bescherming van bedrijven uit de bijenteeltsector die te kampen hebben met ongunstige structurele of natuurlijke omstandigheden, of nationale betalingen toekennen in het kader van programma's voor economische ontwikkeling, behalve wanneer het gaat om nationale betalingen ten behoeve van de productie of de handel.
[17-12-2013, PbEU L 347, i.w.tr. 20-12-2013/regelingnummer 1308/2013]

Artikel 216
Nationale betalingen voor distillatie van wijn in crisisgevallen
1. De lidstaten mogen in gerechtvaardigde crisisgevallen nationale betalingen aan wijnproducenten toekennen voor de vrijwillige of verplichte distillatie van wijn.
Deze betalingen moeten evenredig zijn en een oplossing bieden voor de crisis.
Het totaalbedrag dat een lidstaat in een bepaald jaar voor die betalingen uittrekt, mag niet hoger zijn dan 15 % van de totale beschikbare middelen die in bijlage VI per lidstaat voor dat jaar zijn vastgesteld.
2. Lidstaten die gebruik wensen te maken van de in lid 1 bedoelde nationale betalingen, leggen de Commissie een met redenen omklede melding voor. De Commissie besluit, zonder toepassing van de in artikel 229, lid 2 of lid 3, bedoelde procedure, of de maatregel wordt goedgekeurd en de betalingen mogen worden toegekend.

3. Teneinde elke concurrentieverstoring te voorkomen, wordt de uit de in lid 1 bedoelde distillatie verkregen alcohol uitsluitend gebruikt voor industriële of energiedoeleinden.
4. De Commissie kan uitvoeringshandelingen vaststellen waarin de voor de toepassing van dit artikel vereiste maatregelen worden vastgelegd. Die uitvoeringshandelingen worden volgens de in artikel 229, lid 2, bedoelde onderzoeksprocedure vastgesteld.
[17-12-2013, PbEU L 347, i.w.tr. 20-12-2013/regelingnummer 1308/2013]

Artikel 217
Nationale betalingen voor de verstrekking van producten aan kinderen
De lidstaten kunnen nationale betalingen verrichten voor de financiering van de verstrekking, aan kinderen in onderwijsinstellingen, van de groepen subsidiabele producten bedoeld in artikel 23, voor begeleidende educatieve maatregelen in verband met dergelijke producten en voor de daarmee gepaard gaande kosten, zoals bedoeld in artikel 23, lid 1, onder c).
De lidstaten kunnen deze betalingen financieren met de opbrengsten van een door de betrokken sector te betalen heffing of met een andere door de particuliere sector te leveren bijdrage.
[11-05-2016, PbEU L 135, i.w.tr. 13-06-2016/regelingnummer 2016/791]

Artikel 218
Nationale betalingen voor noten
1. De lidstaten kunnen nationale betalingen ten belope van maximaal 120,75 EUR per hectare per jaar toekennen aan landbouwers die de volgende producten produceren:
a) amandelen die onder de GN-codes 0802 11 en 0802 12 vallen;
b) hazelnoten die onder de GN-codes 0802 21 en 0802 22 vallen;
c) walnoten die onder de GN-codes 0802 31 00 en 0802 32 00 vallen;
d) pimpernoten (pistaches) die onder de GN-code 0802 51 00 en 0802 52 00 vallen;
e) Sint-Jansbrood dat onder de GN-code 1212 92 00 valt.
2. Het maximumareaal waarvoor de in lid 1 bedoelde nationale betalingen kunnen worden toegekend, is vastgesteld in de onderstaande tabel.

Lidstaat	Maximumareaal (ha)
België	100
Bulgarije	11 984
Duitsland	1 500
Griekenland	41 100
Spanje	568 200
Frankrijk	17 300
Italië	130 100
Cyprus	5 100
Luxemburg	100
Hongarije	2 900
Nederland	100
Polen	4 200

Vo. 1308/2013 gemeenschappelijke ordening markten voor landbouwproducten

Lidstaat	Maximumareaal (ha)
Portugal	41 300
Roemenië	1 645
Slovenië	300
Slowakije	3 100

3. De lidstaten kunnen het toekennen van de in lid 1 bedoelde nationale betalingen koppelen aan de voorwaarde dat de landbouwers lid zijn van een krachtens artikel 152 erkende producentenorganisatie.
[02-12-2021, PbEU L 435, i.w.tr. 07-12-2021/regelingnummer 2021/2117]

DEEL V
Algemene bepalingen

HOOFDSTUK I
Uitzonderlijke maatregelen

AFDELING 1
Marktverstoringen

Artikel 219
Maatregelen ter bestrijding van marktverstoringen

1. Teneinde efficiënt en doeltreffend te kunnen reageren op dreigende marktverstoringen als gevolg van aanzienlijke prijsstijgingen of -dalingen op interne of externe markten of andere gebeurtenissen en omstandigheden die de betrokken markt ernstig verstoren of dreigen te verstoren, voor zover deze situatie of de weerslag daarvan op de markt zou kunnen voortduren of verslechteren, is de Commissie bevoegd overeenkomstig artikel 227 gedelegeerde handelingen vast te stellen met betrekking tot de maatregelen die nodig zijn om die situatie op de markt te verhelpen, zulks met inachtneming van de verplichtingen die voortvloeien uit overeenkomstig het VWEU gesloten internationale overeenkomsten en mits andere in deze verordening bedoelde maatregelen niet blijken te volstaan of niet geschikt blijken te zijn.

Indien dwingende redenen van urgentie dat in het geval van de in de eerste alinea van dit lid bedoelde dreigende marktverstoringen vereisen, is de in artikel 228 bedoelde procedure van toepassing op de op grond van de eerste alinea van dit lid vast te stellen gedelegeerde handelingen.

Die dwingende redenen van urgentie kunnen inhouden dat onmiddellijk moet worden opgetreden om marktverstoring te verhelpen of te voorkomen, indien de dreigende marktverstoring zich zo snel of onverwacht voordoet dat onmiddellijk optreden nodig is om de situatie efficiënt en doeltreffend te kunnen verhelpen, of indien optreden zou voorkomen dat de dreigende marktverstoring werkelijkheid wordt, aanhoudt of een ernstig of langdurig karakter krijgt, of indien niet-onmiddellijk optreden de verstoring zou veroorzaken of verergeren, of ertoe zou leiden dat later ingrijpender maatregelen nodig zouden zijn om de dreiging of de verstoring te verhelpen, dan wel schadelijk zou zijn voor de productie of de marktomstandigheden.

Dergelijke maatregelen kunnen, voor zover en zolang dat nodig is om de marktverstoring of de dreiging daarvan te verhelpen, het toepassingsgebied, de looptijd of andere aspecten van in deze verordening bedoelde maatregelen uitbreiden of wijzigen, of de invoerrechten geheel of gedeeltelijk aanpassen of opschorten, inclusief voor bepaalde hoeveelheden of perioden wanneer dat nodig is, of kunnen de vorm aannemen van tijdelijke vrijwillige productieverminderingen, met name in geval van overaanbod.

2. De in lid 1 bedoelde maatregelen zijn niet van toepassing op de in bijlage I, deel XXIV, afdeling 2, vermelde producten.

De Commissie kan echter door middel van gedelegeerde handelingen die overeenkomstig de in artikel 228 bedoelde spoedprocedure worden vastgesteld, besluiten dat de in lid 1 bedoelde maatregelen van toepassing zijn op een of meer producten als vermeld in bijlage I, deel XXIV, afdeling 2.

3. De Commissie kan uitvoeringshandelingen vaststellen waarin de procedurevoorschriften en technische criteria worden vastgelegd die nodig zijn voor de toepassing van de in lid 1 van dit artikel bedoelde maatregelen. Die uitvoeringshandelingen worden volgens de in artikel 229, lid 2, bedoelde onderzoeksprocedure vastgesteld.

[02-12-2021, PbEU L 435, i.w.tr. 07-12-2021/regelingnummer 2021/2117]

AFDELING 2
Marktondersteunende maatregelen in verband met dierziekten en plantenplagen en verlies van consumentenvertrouwen als gevolg van risico's voor de gezondheid van mensen, dieren of planten

Artikel 220
Maatregelen in verband met dierziekten en plantenplagen en het verlies van consumentenvertrouwen als gevolg van risico's voor de gezondheid van mensen, dieren of planten

1. De Commissie kan uitvoeringshandelingen vaststellen waarin uitzonderlijke steunmaatregelen worden genomen voor de getroffen markt om rekening te houden met:
a) de beperkingen van het intra-unie handelsverkeer en het handelsverkeer met derde landen die kunnen voortvloeien uit de toepassing van maatregelen om de verspreiding van dierziekten of de verspreiding van plantenplagen tegen te gaan, en;
b) ernstige marktverstoringen die rechtstreeks verband houden met verlies van vertrouwen bij de consument als gevolg van risico's voor de gezondheid van mensen, dieren of planten, en risico's op ziekten.

Die uitvoeringshandelingen worden volgens de in artikel 229, lid 2, bedoelde onderzoeksprocedure vastgesteld.

2. De in lid 1 bedoelde maatregelen gelden voor elk van de volgende sectoren:
-a) groenten en fruit;
a) rundvlees;
b) melk en zuivelproducten;
c) varkensvlees;
d) schapen- en geitenvlees;
e) eieren;
f) pluimveevlees.

Vo. 1308/2013 gemeenschappelijke ordening markten voor landbouwproducten

De in lid 1, eerste alinea, onder b) bedoelde maatregelen in verband met verlies van vertrouwen bij de consument als gevolg van risico's voor de gezondheid van mensen of planten zijn tevens van toepassing op alle andere dan de in bijlage I, deel XXIV, afdeling 2, opgenomen landbouwproducten.

De Commissie is bevoegd om overeenkomstig de in artikel 228 bedoelde spoedprocedure gedelegeerde handelingen vast te stellen die de lijst met producten in de eerste en de tweede alinea van dit lid, uitbreiden.

3. De in lid 1 bedoelde maatregelen worden genomen op verzoek van de betrokken lidstaat.

4. De in lid 1, eerste alinea, punt a), bedoelde maatregelen mogen pas worden genomen wanneer de betrokken lidstaat de nodige sanitaire, veterinaire of fytosanitaire maatregelen heeft genomen om de dierziekte snel uit te roeien of de plaagorganismen te monitoren, te controleren en uit te roeien of te beheersen, en slechts voor zover het bereik en de duur van de maatregelen niet verder gaan dan hetgeen strikt noodzakelijk is voor de ondersteuning van de betrokken markt.

5. De Unie cofinanciert 50 % van de uitgaven van de lidstaten voor de in lid 1 bedoelde maatregelen.

Voor de sectoren rundvlees, melk en zuivelproducten, varkensvlees en schapen- en geitenvlees neemt de Unie, in het geval van bestrijding van mond- en klauwzeer, 60 % van deze uitgaven voor haar rekening.

6. De lidstaten zorgen ervoor dat, wanneer producenten bijdragen in de uitgaven van de lidstaten, zulks niet leidt tot een vervalsing van de concurrentie tussen producenten in verschillende lidstaten.

[02-12-2021, PbEU L 435, i.w.tr. 07-12-2021/regelingnummer 2021/2117]

AFDELING 3
Specifieke problemen

Artikel 221
Maatregelen om specifieke problemen op te lossen

1. De Commissie stelt uitvoeringshandelingen vast waarin de noodmaatregelen worden genomen die nodig en gerechtvaardigd zijn voor de oplossing van specifieke problemen. Die maatregelen mogen van deze verordening afwijken, doch slechts voor zover en zolang dat strikt noodzakelijk is. Die uitvoeringshandelingen worden volgens de in artikel 229, lid 2, bedoelde onderzoeksprocedure vastgesteld.

2. Teneinde specifieke problemen op te lossen, en om naar behoren gemotiveerde dwingende redenen van urgentie die verband houden met omstandigheden waarin de voorwaarden voor de productie en de afzet snel dreigen te verslechteren en die moeilijk te verhelpen zouden kunnen zijn indien de maatregelen worden uitgesteld, stelt de Commissie volgens de in artikel 229, lid 3, bedoelde procedure, onmiddellijk toepasselijke uitvoeringshandelingen vast.

3. De Commissie stelt de in lid 1 of lid 2 bedoelde maatregelen slechts vast indien de vereiste noodmaatregelen niet overeenkomstig artikel 219 of artikel 220 kunnen worden vastgesteld.

4. Overeenkomstig lid 1 of lid 2 vastgestelde maatregelen blijven niet langer dan twaalf maanden van kracht. Indien de specifieke problemen die aanleiding waren voor het vaststellen van die maatregelen zich na deze periode nog steeds voordoen, kan de

Commissie met het oog op een permanente oplossing gedelegeerde handelingen overeenkomstig artikel 227 vaststellen met betrekking tot de kwestie of passende wetgevingsvoorstellen doen.

5. De Commissie stelt het Europees Parlement en de Raad in kennis van overeenkomstig lid 1 of lid 2 aangenomen maatregelen binnen twee werkdagen na de vaststelling ervan.

[17-12-2013, PbEU L 347, i.w.tr. 20-12-2013/regelingnummer 1308/2013]

AFDELING 4
Overeenkomsten en besluiten gedurende periodes van ernstige marktverstoring

Artikel 222
Toepassing van artikel 101, lid 1, VWEU

1. Gedurende perioden van ernstige marktverstoring kan de Commissie uitvoeringshandelingen vaststellen om ervoor te zorgen dat artikel 101, lid 1, VWEU niet van toepassing is op overeenkomsten en besluiten van landbouwers, verenigingen van landbouwers of unies van deze verenigingen, of erkende producentenorganisaties, unies van erkende producentenorganisaties en erkende brancheorganisaties in de in artikel 1, lid 2, van deze verordening bedoelde sectoren, voor zover deze overeenkomsten en besluiten de goede werking van de interne markt niet ondermijnen, uitsluitend tot doel hebben de betrokken sector te stabiliseren en onder een of meer van de volgende categorieën vallen:
a) het uit de markt nemen of gratis verstrekken van hun producten;
b) bewerking en verwerking;
c) opslag door particuliere marktdeelnemers;
d) gezamenlijke afzetbevorderingsmaatregelen;
e) overeenkomsten inzake kwaliteitseisen;
f) gezamenlijke inkoop van productiemiddelen die nodig zijn om de verspreiding van plagen en ziekten in dieren en planten in de Unie tegen te gaan, of van productiemiddelen die nodig zijn om de gevolgen van natuurrampen in de Unie te bestrijden;
g) tijdelijke planning van de productie, rekening houdend met de specifieke aard van de productiecyclus.

De Commissie specificeert in uitvoeringshandelingen het materiële en geografische toepassingsgebied van deze afwijking en, met inachtneming van lid 3, de periode waarbinnen de afwijking geldt.

Die uitvoeringshandelingen worden volgens de in artikel 229, lid 2, bedoelde onderzoeksprocedure vastgesteld.

2. (Vervallen.)

3. De in lid 1 bedoelde overeenkomsten en besluiten zijn maximaal zes maanden geldig.

De Commissie kan echter uitvoeringshandelingen vaststellen op grond waarvan dergelijke overeenkomsten en besluiten worden verlengd met een periode van maximaal zes maanden. Die uitvoeringshandelingen worden volgens de in artikel 229, lid 2, bedoelde onderzoeksprocedure vastgesteld.

[13-12-2017, PbEU L 350, i.w.tr. 30-12-2017/regelingnummer 2017/2393]

HOOFDSTUK I BIS
Transparantie van de markt

Artikel 222 bis
Uniemarktwaarnemingsposten

1. Om de transparantie in de voedseltoeleveringsketen te verbeteren, ervoor te zorgen dat marktdeelnemers en overheidsinstanties geïnformeerde keuzes kunnen maken en de monitoring van marktontwikkelingen en dreigende marktverstoringen te faciliteren, stelt de Commissie Uniemarktwaarnemingsposten in.
2. De Commissie kan besluiten voor welke van de in artikel 1, lid 2, genoemde landbouwsectoren Uniemarktwaarnemingsposten worden ingesteld.
3. De Uniemarktwaarnemingsposten stellen voor de monitoring van marktontwikkelingen en dreigende marktverstoringen statistische gegevens en informatie beschikbaar, en met name statistische gegevens over:
a) de productie, het aanbod en de voorraden;
b) de prijzen, de kosten en, voor zover mogelijk, de winstmarges op alle niveaus van de voedselvoorzieningsketen;
c) de prognoses over de marktontwikkelingen op korte en middellange termijn;
d) de in- en uitvoer van landbouwproducten, in het bijzonder de benutting van de tariefcontingenten voor de invoer van landbouwproducten op het grondgebied van de Unie.
De Uniemarktwaarnemingsposten stellen verslagen op die de in de eerste alinea bedoelde elementen bevatten.
4. De lidstaten verzamelen de in lid 3 bedoelde gegevens en verstrekken deze aan de Commissie.
[02-12-2021, PbEU L 435, i.w.tr. 07-12-2021/regelingnummer 2021/2117]

Artikel 222 ter
Verslaglegging door de Commissie over marktontwikkelingen

1. De op grond van artikel 222 bis ingestelde Uniemarktwaarnemingsposten vermelden in hun verslagen dreigende marktverstoringen die verband houden met aanzienlijke prijsstijgingen of -dalingen op de interne of externe markten of andere gebeurtenissen of omstandigheden met een vergelijkbaar effect.
2. De Commissie informeert het Europees Parlement en de Raad op geregelde tijdstippen over de marktsituatie voor landbouwproducten, over de oorzaken van marktverstoringen en, over de mogelijk te nemen maatregelen in antwoord op die marktverstoringen, met name de in deel II, titel I, hoofdstuk I, en de artikelen 219, 220, 221 en 222 bepaalde maatregelen, en de motivering van die maatregelen.
[02-12-2021, PbEU L 435, i.w.tr. 07-12-2021/regelingnummer 2021/2117]

HOOFDSTUK II
Melding en verslaglegging

Artikel 223
Meldingsvereisten

1. Voor de toepassing van deze verordening kan de Commissie overeenkomstig de in lid 2 bedoelde procedure de nodige maatregelen vaststellen met betrekking tot meldingen die de ondernemingen, lidstaten en derde landen moeten doen op het gebied van het monitoren, analyseren en beheren van de markt voor landbouwproducten, het waarborgen van de markttransparantie en van de goede werking van de GLB-maatregelen, het controleren, monitoren, evalueren en auditen van de GLB-maatregelen, en de vervulling van de eisen die zijn vastgesteld bij overeenkomstig het VWEU gesloten internationale overeenkomsten, met inbegrip van de meldingseisen in het kader van die overeenkomsten. Hierbij houdt de Commissie rekening met de gegevensbehoeften en de synergieën tussen potentiële gegevensbronnen.

De verkregen gegevens kunnen worden doorgestuurd naar of ter beschikking worden gesteld van internationale organisaties, financiële toezichthouders van de Unie en de lidstaten en de bevoegde autoriteiten van derde landen, en kunnen openbaar worden gemaakt, op voorwaarde dat de persoonsgegevens worden beschermd en rekening wordt gehouden met het legitieme belang dat ondernemingen hebben bij de bescherming van hun bedrijfsgeheimen, waaronder hun prijzen.

De Commissie werkt samen en wisselt informatie uit met de overeenkomstig artikel 22 van Verordening (EU) nr. 596/2014 aangewezen bevoegde autoriteiten en met de Europese Autoriteit voor effecten en markten (*European Securities and Market Authority* – 'ESMA') om die autoriteiten te helpen bij het vervullen van hun in Verordening (EU) nr. 596/2014 vastgestelde taken.

2. Teneinde zorg te dragen voor de integriteit van informatiesystemen en de echtheid en leesbaarheid van doorgestuurde documenten en daarmee verband houdende gegevens, is de Commissie bevoegd overeenkomstig artikel 227 gedelegeerde handelingen vast te stellen met betrekking tot:
a) de aard en de soort van informatie die moet worden verstrekt;
b) de categorieën te verwerken gegevens, de maximumtermijnen voor de bewaring van die gegevens, alsmede de doeleinden van verwerking, in het bijzonder in geval van publicatie en overdracht van die gegevens aan derde landen;
c) de rechten inzake toegang tot de beschikbaar gestelde informatie of informatiesystemen;
d) de voorwaarden voor bekendmaking van de informatie.

3. De Commissie stelt uitvoeringshandelingen vast waarin de maatregelen worden vastgelegd die nodig zijn voor de toepassing van dit artikel, met inbegrip van:
a) de wijze van melding,
b) voorschriften betreffende de te melden informatie;
c) regelingen voor het beheer van de te melden informatie, alsmede voor de inhoud en het format en voor de termijnen en de frequentie van de kennisgevingen;
d) de regelingen voor het doorsturen of het ter beschikking stellen van informatie en documenten aan lidstaten, internationale organisaties, bevoegde autoriteiten in derde landen of het publiek, op voorwaarde dat de persoonsgegevens worden

beschermd en rekening wordt gehouden met het legitieme belang dat ondernemingen hebben bij het bewaren van hun zakengeheimen.
Die uitvoeringshandelingen worden volgens de in artikel 229, lid 2, bedoelde onderzoeksprocedure vastgesteld.
[02-12-2021, PbEU L 435, i.w.tr. 07-12-2021/regelingnummer 2021/2117]

Artikel 224
Verwerking en bescherming van persoonsgegevens

1. De lidstaten en de Commissie verzamelen persoonsgegevens voor de in artikel 223, lid 1, bedoelde doeleinden en verwerken die gegevens op geen enkele wijze die onverenigbaar is met deze doeleinden.

2. Wanneer persoonsgegevens worden verwerkt voor de monitorings- en evaluatiedoeleinden bedoeld in artikel 223, lid 1, worden ze anoniem gemaakt en uitsluitend in samengevoegde vorm verwerkt.

3. Persoonsgegevens worden verwerkt overeenkomstig Richtlijn 95/46/EG en Verordening (EG) nr. 45/2001. Met name mogen die gegevens in een vorm die het mogelijk maakt de betrokkenen te identificeren, niet langer worden bewaard dan noodzakelijk is voor de verwezenlijking van de doeleinden waarvoor zij worden verzameld of vervolgens worden verwerkt, rekening houdend met de minimumtermijnen voor bewaring die in het toepasselijke nationale recht en het Unierecht zijn vastgesteld.

4. De lidstaten stellen de betrokkenen ervan in kennis dat hun persoonsgegevens door nationale en instanties van de Unie overeenkomstig lid 1 kunnen worden verwerkt, en dat zij in dit verband de rechten genieten die zijn vastgesteld in respectievelijk Richtlijn 95/46/EG en Verordening (EG) nr. 45/2001.

[17-12-2013, PbEU L 347, i.w.tr. 20-12-2013/regelingnummer 1308/2013]

Artikel 225
Verslagleggingsplicht van de Commissie

De Commissie brengt verslag uit aan het Europees Parlement en aan de Raad:
a) (Vervallen.)
b) (Vervallen.)
c) (Vervallen.)
d) uiterlijk op 31 december 2025, en om de zeven jaar daarna, over de toepassing van de mededingingsregels van deze verordening op de landbouwsector in alle lidstaten;
d bis) uiterlijk op 31 december 2023 over de overeenkomstig artikel 222 bis ingestelde Uniemarktwaarnemingsposten;
d ter) uiterlijk op 31 december 2023, en om de drie jaar daarna, over het gebruik van de met name uit hoofde van de artikelen 219 tot en met 222 vastgestelde crisismaatregelen;
d quater) uiterlijk op 31 december 2024 over het gebruik van nieuwe informatie- en communicatietechnologieën met het oog op een betere markttransparantie als bedoeld in artikel 223;
d quinquies) uiterlijk op 30 juni 2024 over de verkoopbenamingen en de indeling van karkassen in de sector schapen- en geitenvlees;
e) uiterlijk op 31 juli 2023, over de toepassing van de toewijzingscriteria bedoeld in artikel 23 bis, lid 2;

f) uiterlijk op 31 juli 2023, over het effect van de in artikel 23 bis, lid 4, bedoelde overdrachten op de doeltreffendheid van de schoolregeling ten opzichte van de verdeling van schoolgroenten en -fruit en schoolmelk.

[02-12-2021, PbEU L 435, i.w.tr. 07-12-2021/regelingnummer 2021/2117]

HOOFDSTUK III

Artikel 226
(Vervallen.)
[02-12-2021, PbEU L 435, i.w.tr. 07-12-2021/regelingnummer 2021/2117]

DEEL VI
Delegatie van bevoegdheden en uitvoeringsbepalingen overgangs- en slotbepalingen

HOOFDSTUK I
Delegatie van bevoegdheden en uitvoeringsbepalingen

Artikel 227
Uitoefening van de bevoegdheidsdelegatie

1. De bevoegdheid om gedelegeerde handelingen vast te stellen, wordt aan de Commissie toegekend onder de in dit artikel neergelegde voorwaarden.
2. De bevoegdheid om de in deze verordening bedoelde gedelegeerde handelingen vast te stellen, wordt aan de Commissie toegekend voor een termijn van zeven jaar met ingang van 20 december 2013. De Commissie stelt uiterlijk negen maanden voor het einde van de termijn van zeven jaar een verslag op over de bevoegdheidsdelegatie. De bevoegdheidsdelegatie wordt stilzwijgend met termijnen van dezelfde duur verlengd, tenzij het Europees Parlement of de Raad zich uiterlijk drie maanden voor het einde van elke termijn tegen deze verlenging verzet.
3. Het Europees Parlement of de Raad kan de in deze verordening bedoelde bevoegdheidsdelegatie te allen tijde intrekken. Het besluit tot intrekking beëindigt de delegatie van de in dat besluit genoemde bevoegdheid. Het wordt van kracht op de dag na die van de bekendmaking ervan in het *Publicatieblad van de Europese Unie* of op een daarin genoemde latere datum. Het laat de geldigheid van de reeds van kracht zijnde gedelegeerde handelingen onverlet.
4. Zodra de Commissie een gedelegeerde handeling heeft vastgesteld, doet zij daarvan gelijktijdig kennisgeving aan het Europees Parlement en de Raad.
5. Een krachtens deze verordening vastgestelde gedelegeerde handeling treedt alleen in werking indien het Europees Parlement noch de Raad daartegen binnen een termijn van twee maanden na de kennisgeving van de handeling aan het Europees Parlement en de Raad bezwaar heeft gemaakt, of indien zowel het Europees Parlement als de Raad voor het verstrijken van die termijn de Commissie hebben medegedeeld dat zij daartegen geen bezwaar zullen maken. Die termijn wordt op initiatief van het Europees Parlement of de Raad met twee maanden verlengd.

[17-12-2013, PbEU L 347, i.w.tr. 20-12-2013/regelingnummer 1308/2013]

Artikel 228
Spoedprocedure

1. Een overeenkomstig dit artikel vastgestelde gedelegeerde handeling treedt onverwijld in werking en is van toepassing zolang geen bezwaar wordt gemaakt overeenkomstig lid 2. In de kennisgeving van een krachtens dit artikel vastgestelde gedelegeerde handeling aan het Europees Parlement en de Raad wordt vermeld om welke redenen gebruik wordt gemaakt van de spoedprocedure.

2. Het Europees Parlement of de Raad kan overeenkomstig de in artikel 227, lid 5, bedoelde procedure bezwaar maken tegen een overeenkomstig dit artikel vastgestelde gedelegeerde handeling. In dat geval trekt de Commissie de handeling onverwijld in na kennisgeving van het besluit waarbij het Europees Parlement of de Raad bezwaar maakt.

[17-12-2013, PbEU L 347, i.w.tr. 20-12-2013/regelingnummer 1308/2013]

Artikel 229
Comitéprocedure

1. De Commissie wordt bijgestaan door een comité, het zogeheten 'Comité voor de gemeenschappelijke ordening van de landbouwmarkten'. Dat comité is een comité in de zin van Verordening (EU) nr. 182/2011.

2. Wanneer naar dit lid wordt verwezen, is artikel 5 van Verordening (EU) nr. 182/2011 van toepassing.

Voor de in artikel 80, lid 5, artikel 91, onder c) en d), artikel 97, lid 4, artikel 99, artikel 106 en artikel 107, lid 3, bedoelde handelingen stelt de Commissie, indien door het comité geen advies wordt uitgebracht, de ontwerpuitvoeringshandeling niet vast en is artikel 5, lid 4, derde alinea, van Verordening (EU) nr. 182/2011 van toepassing.

3. Wanneer naar dit lid wordt verwezen, is artikel 8 juncto artikel 5 van Verordening (EU) nr. 182/2011 van toepassing.

[17-12-2013, PbEU L 347, i.w.tr. 20-12-2013/regelingnummer 1308/2013]

HOOFDSTUK II
Overgangs- en slotbepalingen

Artikel 230
Intrekkingen

1. Verordening (EG) nr. 1234/2007 wordt ingetrokken.
De volgende bepalingen van Verordening (EG) nr. 1234/2007 blijven evenwel van toepassing:
a) wat de regeling ter beperking van de melkproductie betreft, de in deel II, titel I, hoofdstuk III, afdeling III, artikel 55, artikel 85 en in de bijlagen IX en X vastgestelde bepalingen, tot en met 31 maart 2015;
b) wat de wijnsector betreft:
   i) de artikelen 85 bis tot en met 85 sexies met betrekking tot de in artikel 85 bis, lid 2, bedoelde oppervlakten die nog niet zijn gerooid en met betrekking tot de in artikel 85 ter, lid 1, bedoelde oppervlakten die nog niet zijn geregulariseerd, totdat deze oppervlakten zijn gerooid of geregulariseerd, en artikel 188 bis, leden 1 en 2,

ii) de overgangsregeling inzake aanplantrechten die is vastgesteld in deel II, titel I, hoofdstuk III, afdeling IV a, onderafdeling II, tot en met 31 december 2015;
iii) artikel 118 quaterdecies, lid 5, totdat de op 1 juli 2013 bestaande wijnvoorraden onder de benaming 'Mlado vino portugizac' zijn opgebruikt;
iv) artikel 118 vicies, lid 5, tot 1 july 2017;
b bis) artikel 111 tot en met 31 maart 2015;
c) artikel 113 bis, lid 4, de artikelen 114, 115 en 116, artikel 117, leden 1 tot en met 4, en artikel 121, onder e), iv), alsmede bijlage XIV, deel A, IV), deel B, I), punten 2 en 3, en III), punt 1, en deel C, alsmede bijlage XV, II), punten 1, 3, 5 en 6, en IV), punt 2, voor de toepassing van deze artikelen, tot de datum waarop de bij gedelegeerde handeling in de zin van artikel 75, lid 2, artikel 76, lid 4, artikel 78, leden 3 en 4, artikel 79, lid 1, artikel 80, lid 4, artikel 83, lid 4, artikel 86, artikel 87, lid 2, artikel 88, lid 3, en artikel 89 van deze verordening vast te stellen overeenkomstige afzetvoorschriften van kracht worden;
c bis) artikel 125 bis, lid 1, onder e), en artikel 125 bis, lid 2, en, met betrekking tot de groenten- en fruitsector, bijlage XVI bis, tot de datum waarop de uit hoofde van de in artikel 173, lid 1, onder b) en i), bedoelde gedelegeerde handelingen vast te stellen overeenkomstige voorschriften van toepassing worden;
d) de artikelen 133 bis, lid 1, en 140 bis, tot en met 30 september 2014;
d bis) de artikelen 136, 138 en 140, alsmede bijlage XVIII met het oog op de toepassing van die artikelen, tot de datum waarop de uit hoofde van de in artikel 180 en artikel 183, onder a), bedoelde uitvoeringshandelingen vast te stellen voorschriften van toepassing worden of tot en met 30 juni 2014, naargelang welke datum eerder is;
e) artikel 182, lid 3, eerste en tweede alinea, tot het einde van het verkoopseizoen voor suiker 2013/2014 op 30 september 2014;
f) artikel 182, lid 4, tot en met 31 december 2017;
g) artikel 182, lid 7, tot en met 31 maart 2014;
h) bijlage XV, deel III, punt 3), tot en met 31 december 2015;
i) bijlage XX tot en met datum van inwerkingtreding van de wetgevingshandeling tot vervanging van Verordening (EG) nr. 1216/2009 en Verordening EG) nr. 614/2009 van de Raad [1].

2. Verwijzingen naar Verordening (EG) nr. 1234/2007 gelden als verwijzingen naar de onderhavige verordening en naar Verordening (EU) nr. 1306/2013 volgens de concordantietabel in bijlage XIV bij de onderhavige verordening.

3. De Verordeningen (EEG) nr. 922/72, (EEG) nr. 234/79, (EG) nr. 1601/96 en (EG) nr. 1037/2001 van de Raad worden ingetrokken.

[17-12-2013, PbEU L 347, i.w.tr. 20-12-2013/regelingnummer 1310/2013]

Artikel 231
Overgangsbepalingen

1. Om ervoor te zorgen dat de overgang van de in Verordening (EG) nr. 1234/2007 vastgestelde regelingen naar de in de onderhavige vastgestelde regelingen vlot verloopt, is

---

(1) Verordening EG) nr. 614/2009 van de Raad van 7 juli 2009 betreffende een gemeenschappelijke regeling van het handelsverkeer voor ovoalbumine en lactoalbumine (*PB* L 181 van 14.7.2009, blz. 8).

de Commissie bevoegd om overeenkomstig artikel 227 gedelegeerde handelingen vast te stellen met betrekking tot de maatregelen die nodig zijn om de verworven rechten en de legitieme verwachtingen van de ondernemingen te vrijwaren.
2. Alle meerjarenprogramma's die voor 1 januari 2014 zijn aangenomen, blijven na de inwerkingtreding van deze verordening vallen onder de betrokken bepalingen van Verordening (EG) nr. 1234/2007 totdat zij afgelopen zijn.
[17-12-2013, PbEU L 347, i.w.tr. 20-12-2013/regelingnummer 1308/2013]

Artikel 232
Inwerkingtreding en toepassing

1. Deze verordening treedt in werking op de dag van de bekendmaking ervan in het *Publicatieblad van de Europese Unie.*
Zij is van toepassing met ingang van 1 januari 2014.
Daarbij geldt echter het volgende:
a) artikel 181 is van toepassing met ingang van 1 oktober 2014;
b) punt II(3) van bijlage VII, deel VII, is van toepassing met ingang van 1 januari 2016;
2. (Vervallen.)
3. De artikelen 127 tot en met 144 en de artikelen 192 en 193 gelden tot het eind van het verkoopseizoen 2016/2017 voor suiker op 30 september 2017.
[13-12-2017, PbEU L 350, i.w.tr. 30-12-2017/regelingnummer 2017/2393]

BIJLAGE I

Lijst van in artikel 1, lid 2, genoemde producten

Deel I. Granen
De in de onderstaande tabel opgenomen producten vallen onder de sector granen.

	GN-code	Omschrijving
a)	1001 91 20	Zachte tarwe en mengkoren, zaaigoed
	ex 1001 99 00	Spelt, zachte tarwe en mengkoren, niet bestemd voor zaaidoeleinden
	1002	Rogge
	1003	Gerst
	1004	Haver
	1005 10 90	Maïs, zaaigoed, andere dan hybriden
	1005 90 00	Maïs, andere dan zaaigoed
	1007 10 90, 1007 90 00	Graansorgho, andere dan hybriden bestemd voor zaaidoeleinden
	1008	Boekweit, gierst (andere dan sorgho) en kanariezaad; andere granen
b)	1001 11 00, 1001 19 00	Harde tarwe

Bijlage I

	GN-code	Omschrijving
c)	1101 00	Meel van tarwe of van mengkoren
	1102 90 70	Roggemeel
	1103 11	Gries en griesmeel van tarwe
	1107	Mout, ook indien gebrand
d)	ex 0714	Maniokwortel, arrowroot (pijlwortel), salepwortel en dergelijke wortels en knollen met een hoog gehalte aan zetmeel of inuline, vers, gekoeld, bevroren of gedroogd, ook indien in stukken of in pellets, met uitzondering van bataten (zoete aardappelen) van onderverdeling 0714 20 en aardperen van onderverdeling ex 0714 90 90; merg van de sagopalm;
	ex 1102	Meel van granen, andere dan van tarwe of van mengkoren:
	1102 20	- Maïsmeel
	1102 90	- Andere:
	1102 90 10	-- Meel van gerst
	1102 90 30	-- Havermeel
	1102 90 90	-- Andere
	ex 1103	Gries, griesmeel en pellets van granen, met uitzondering van gries en griesmeel van tarwe (onderverdeling 1103 11), gries en griesmeel van rijst (onderverdeling 1103 19 50) en pellets van rijst (onderverdeling 1103 20 50)
	ex 1104	Op andere wijze bewerkte granen (bijvoorbeeld gepeld, geplet, in vlokken, gepareld, gesneden of gebroken), andere dan rijst bedoeld bij post 1006 en vlokken van rijst van onderverdeling 1104 19 91; graankiemen, ook indien geplet, in vlokken of gemalen
	1106 20	Meel, gries en poeder, van sago en van wortels of knollen bedoeld bij post 0714
	ex 1108	Zetmeel; inuline:
		- Zetmeel:
	1108 11 00	-- Tarwezetmeel
	1108 12 00	-- Maïszetmeel
	1108 13 00	-- Aardappelzetmeel
	1108 14 00	-- Maniokzetmeel (cassave)
	ex 1108 19	-- Ander zetmeel
	1108 19 90	--- Andere
	1109 00 00	Tarwegluten, ook indien gedroogd
	1702	Andere suiker, chemisch zuivere lactose, maltose, glucose en fructose (levulose) daaronder begrepen, in vaste vorm; suikerstroop, niet gearomatiseerd en zonder toegevoegde kleurstoffen; kunsthoning, ook indien met natuurhoning vermengd; karamel:
	ex 1702 30	- Glucose en glucosestroop, in droge toestand geen of minder dan 20 gewichtspercenten fructose bevattend:
		-- Andere:

GN-code	Omschrijving
ex 1702 30 50	--- In wit kristallijn poeder, ook indien geagglomereerd, bevattende, in droge toestand, minder dan 99 gewichtspercenten glucose
ex 1702 30 90	--- Andere, bevattende, in droge toestand, minder dan 99 gewichtspercenten glucose
ex 1702 40	- Glucose en glucosestroop, in droge toestand 20 of meer doch minder dan 50 gewichtspercenten fructose bevattend, met uitzondering van invertsuiker:
1702 40 90	-- Andere
ex 1702 90	- Andere, invertsuiker daaronder begrepen en andere suiker en suikerstropen die in droge toestand 50 gewichtspercenten fructose bevatten:
1702 90 50	-- Maltodextrine en maltodextrinestroop
	-- Karamel:
	--- Andere:
1702 90 75	---- In poeder, ook indien geagglomereerd
1702 90 79	---- Andere
2106	Producten voor menselijke consumptie, elders genoemd noch elders onder begrepen:
ex 2106 90	- Andere
	-- Suikerstroop, gearomatiseerd of met toegevoegde kleurstoffen:
	--- Andere
2106 90 55	---- Van glucose en van maltodextrine
ex 2302	Zemelen, slijpsel en andere resten van het zeven, van het malen of van andere bewerkingen van granen, ook indien in pellets
ex2303	Afvallen van zetmeelfabrieken en dergelijke afvallen, bietenpulp, uitgeperst suikerriet (ampas) en andere afvallen van de suikerindustrie, bostel (brouwerijafval), afvallen van branderijen, ook indien in pellets:
2303 10	- Afvallen van zetmeelfabrieken en dergelijke afvallen
2303 30 00	- Bostel (bouwerijafval) en afvallen van branderijen
ex2306	Perskoeken en andere vaste afvallen, verkregen bij de winning van plantaardige vetten of oliën, ook indien fijngemaakt of in pellets, andere dan die bedoeld bij post 2304 of 2305:
	- Andere
2306 90 05	-- Van maïskiemen

Bijlage I

GN-code	Omschrijving
ex 2308 00	Plantaardige zelfstandigheden en plantaardig afval, plantaardige residu's en bijproducten, ook indien in pellets, van de soort gebruikt voor het voederen van dieren, elders genoemd noch elders onder begrepen:
2308 00 40	- Eikels en wilde kastanjes; draf (droesem) van vruchten, andere dan druiven
2309	Bereidingen van de soort gebruikt voor het voederen van dieren:
ex 2309 10	- Honden- en kattenvoer, opgemaakt voor de verkoop in het klein:
2309 10 11	-- Bevattende zetmeel, glucose (druivensuiker), glucosestroop,
2309 10 13	maltodextrine of maltodextrinestroop, bedoeld bij de onderverdelingen 1702 30 50, 1702 30 90, 1702 40 90, 1702 90 50 en 2106 90 55, of zuivelproducten
2309 10 31	
2309 10 33	
2309 10 51	
2309 10 53	
ex 2309 90	- Andere:
2309 90 20	-- Producten bedoeld bij aanvullende aantekening 5 bij hoofdstuk 23 van de gecombineerde nomenclatuur
	- Andere, zogenaamde 'premelanges' daaronder begrepen:
2309 90 31	--- Bevattende zetmeel, glucose (druivensuiker), glucosestroop,
2309 90 33	maltodextrine of maltodextrinestroop, bedoeld bij de onderverdelingen 1702 30 50, 1702 30 90, 1702 40 90, 1702 90 50 en 2106 90 55, of zuivelproducten
2309 90 41	
2309 90 43	
2309 90 51	
2309 90 53	

(1) Voor de toepassing van deze onderverdeling wordt onder zuivelproducten de producten verstaan die vallen onder de posten 0401 tot en met 0406 en onder de onderverdelingen 1702 11 00, 1702 19 00 en 2106 90 51.

Deel II. Rijst
De in de onderstaande tabel opgenomen producten vallen onder de sector rijst.

	GN-code	Omschrijving
a)	1006 10 21 tot 1006 10 98	Rijst (padie), andere dan voor zaaidoeleinden
	1006 20	Gedopte rijst
	1006 30	Halfwitte of volwitte rijst, ook indien gepolijst of geglansd
b)	1006 40 00	Breukrijst
c)	1102 90 50	Rijstmeel
	1103 19 50	Gries en griesmeel, van rijst
	1103 20 50	Pellets van rijst
	1104 19 91	Vlokken van rijst

Vo. 1308/2013 gemeenschappelijke ordening markten voor landbouwproducten

GN-code	Omschrijving
ex 1104 19 99	Geplette rijstkorrels
1108 19 10	Rijstzetmeel

Deel III. Suiker
De in de onderstaande tabel opgenomen producten vallen onder de sector suiker.

	GN-code	Omschrijving
a)	1212 91	Suikerbieten
	1212 93 00	Suikerriet
b)	1701	Rietsuiker en beetwortelsuiker, alsmede chemisch zuivere sacharose, in vaste vorm
c)	1702 20	Ahornsuiker en ahornsuikerstroop
	1702 60 95 en 1702 90 95	Andere suiker in vaste vorm en suikerstroop, niet gearomatiseerd en zonder toegevoegde kleurstoffen, met uitzondering van lactose, glucose, maltodextrine en isoglucose
	1702 90 71	Karamel bevattende, in droge toestand, 50 of meer gewichtspercenten sacharose
	2106 90 59	Suikerstroop, gearomatiseerd of met toegevoegde kleurstoffen, andere dan stroop van isoglucose, van lactose, van glucose en van maltodextrine
d)	1702 30 10	isoglucose
	1702 40 10	
	1702 60 10	
	1702 90 30	
e)	1702 60 80	Inulinestroop
	1702 90 80	
f)	1703	Melasse verkregen bij de extractie of de raffinage van suiker
g)	2106 90 30	Isoglucosestroop, gearomatiseerd of met toegevoegde kleurstoffen
h)	2303 20	Bietenpulp, uitgeperst suikerriet (ampas) en andere afvallen van de suikerindustrie

Bijlage I

Deel IV. Gedroogde voedergewassen
De in de onderstaande tabel opgenomen producten vallen onder de sector gedroogde voedergewassen.

	GN-code	Omschrijving
a)	ex 1214 10 00	- Meel en pellets van luzerne, kunstmatig gedroogd door middel van een warmtebehandeling
		- Meel en pellets van luzerne, anders gedroogd en vermalen
	ex 1214 90 90	- Luzerne, hanenkammetjes (esparcette), klaver, lupine, wikke en dergelijke voedergewassen kunstmatig gedroogd door middel van een warmtebehandeling, met uitzondering van hooi en voederkool, alsmede van producten welke hooi bevatten
		- Luzerne, hanenkammetjes (esparcette), klaver, lupine, wikke, honingklaver, zaailathyrus en rolklaver, anders gedroogd en vermalen
b)	ex 2309 90 96	- Proteïneconcentraten verkregen uit luzerne- en grassap;
		- Kunstmatig gedroogde producten, uitsluitend verkregen uit vast afval en sap die afkomstig zijn van de bereiding van de bovengenoemde concentraten

Deel V. Zaaizaad
De in de onderstaande tabel opgenomen producten vallen onder de sector zaaizaad.

	GN-code	Omschrijving
	0712 90 11	Hybriden van suikermaïs,
		- Als zaaigoed
	0713 10 10	Erwten (Pisum sativum):
		- Als zaaigoed
ex	0713 20 00	Kekers (garbanzos)
		- Als zaaigoed
ex	0713 31 00	Bonen van de soort Vigna mungo (L.) Hepper of Vigna radiata (L.) Wilczek:
		- Als zaaigoed
ex	0713 32 00	bonen van de soort Phaseolus angularis of Vigna angularis (adzukibonen):
		- Als zaaigoed
	0713 33 10	Bonen van de soort Phaseolus vulgaris:
		- Als zaaigoed
ex	0713 34 00	Bambarabonen (Vigna subterranea of Voandzeia subterranea):
ex	0713 35 00	- Als zaaigoed

Vo. 1308/2013 gemeenschappelijke ordening markten voor landbouwproducten

	GN-code	Omschrijving
ex	0713 39 00	Koeienerwten (Vigna unguiculata) - Als zaaigoed Andere: - Als zaaigoed
ex	0713 40 00	Linzen: - Als zaaigoed
ex	0713 50 00	Tuinbonen (Vicia faba var. major), paardenbonen (Vicia faba var. equina) en duivenbonen (Vicia faba var. minor):
ex	0713 60 00	- Als zaaigoed Struikerwten (Cajanus cajan): - Als zaaigoed
ex	0713 90 00	Andere gedroogde zaden van peulgroenten: - Als zaaigoed
	1001 91 10	Spelt, - zaaigoed
	1001 91 90	Andere: - zaaigoed
ex	1005 10	Hybriden van maïs, zaaigoed
	1006 10 10	Rijst (padie): - Als zaaigoed
	1007 10 10	Hybriden van graansorgho: - zaaigoed
	1201 10 00	Sojabonen, ook indien gebroken: - zaaigoed
	1202 30 00	Grondnoten, niet gebrand of op andere wijze door verhitting bereid, ook indien gedopt of gebroken: - zaaigoed
	1204 00 10	Lijnzaad, ook indien gebroken: - Als zaaigoed
ex	1205 10 10 en 1205 90 00	Kool- en raapzaad, ook indien gebroken: - Als zaaigoed
	1206 00 10	Zonnebloempitten, ook indien gebroken: - Als zaaigoed
ex	1207	Andere oliehoudende zaden en vruchten, ook indien gebroken, - Als zaaigoed
	1209	Zaaigoed, sporen daaronder begrepen als zaaigoed

Bijlage I

Deel VI. Hop
De in de onderstaande tabel opgenomen producten vallen onder de sector hop.

GN-code	Omschrijving
1210	Hopbellen, vers of gedroogd, ook indien fijngemaakt, gemalen of in pellets; lupuline
1302 13 00	Plantensappen en plantenextracten van hop

Deel VII. Olijfolie en tafelolijven
De in de onderstaande tabel opgenomen producten vallen onder de sector olijfolie en tafelolijven.

	GN-code	Omschrijving
a)	1509	Olijfolie en fracties daarvan, ook indien geraffineerd, doch niet chemisch gewijzigd
	1510 00	Andere olie en fracties daarvan, uitsluitend verkregen uit olijven, ook indien geraffineerd, doch niet chemisch gewijzigd, mengsels daarvan met olijfolie of fracties daarvan, bedoeld bij post 1509, daaronder begrepen
b)	0709 92 10	Olijven, vers of gekoeld, bestemd voor andere doeleinden dan het vervaardigen van olie
	0709 92 90	Andere olijven, vers of gekoeld
	0710 80 10	Olijven, ook indien gestoomd of in water gekookt, bevroren
	0711 20	Olijven, voorlopig verduurzaamd (bijvoorbeeld door middel van zwaveldioxide of in water waaraan, voor het voorlopig verduurzamen, zout, zwavel of andere stoffen zijn toegevoegd), doch als zodanig niet geschikt voor dadelijke consumptie
ex	0712 90 90	Olijven, gedroogd, ook indien in stukken of in schijven gesneden, dan wel fijngemaakt of in poedervorm, doch niet op andere wijze bereid
	2001 90 65	Olijven, bereid of verduurzaamd in azijn of azijnzuur
ex	2004 90 30	Olijven, op andere wijze bereid of verduurzaamd dan in azijn of azijnzuur, bevroren
	2005 70 00	Olijven, op andere wijze bereid of verduurzaamd dan in azijn of azijnzuur, niet bevroren
c)	1522 00 31	Afvallen, afkomstig van de bewerking van vetstoffen of van dierlijke of plantaardige was, welke olie bevatten die de kenmerken van olijfolie heeft
	1522 00 39	
	2306 90 11	Perskoeken van olijven en andere bij de winning van olijfolie verkregen vaste afvallen
	2306 90 19	

Vo. 1308/2013 gemeenschappelijke ordening markten voor landbouwproducten

Deel VIII. Vlas en hennep

De in de onderstaande tabel opgenomen producten vallen onder de sector vlas en hennep.

GN-code	Omschrijving
5301	Vlas, ruw of bewerkt, doch niet gesponnen; werk en afval (afval van garen en rafelingen daaronder begrepen), van vlas
5302	Hennep (Cannabis sativa L.), ruw of bewerkt, doch niet gesponnen; werk en afval (afval van garen en rafelingen daaronder begrepen), van hennep

Deel IX. Groenten en fruit

De in de onderstaande tabel opgenomen producten vallen onder de sector groenten en fruit.

	GN-code	Omschrijving
	0702 00 00	Tomaten, vers of gekoeld
	0703	Uien, sjalotten, knoflook, prei en andere eetbare looksoorten, vers of gekoeld
	0704	Rode kool, witte kool, bloemkool, spruitjes, koolrabi, boerenkool en dergelijke eetbare kool van het geslacht 'Brassica', vers of gekoeld
	0705	Sla (Lactuca sativa), andijvie, witloof en andere cichoreigroenten (Cichorium spp.), vers of gekoeld
	0706	Wortelen, rapen, kroten, schorseneren, knolselderij, radijs en dergelijke eetbare wortelen [(2)], vers of gekoeld
	0707 00	Komkommers en augurken, vers of gekoeld
	0708	Peulgroenten, ook indien gedopt, vers of gekoeld
ex	0709	Andere groenten, vers of gekoeld, met uitzondering van groenten van de onderverdelingen 0709 60 91, 0709 60 95, van de onderverdeling ex 0709 60 99 van het geslacht Pimenta en van de onderverdelingen 0709 92 10 en 0709 92 90
	0714 20	Bataten
ex	0714 90 90	Aardperen
ex	0802	Andere noten, vers of gedroogd, ook zonder dop of schaal, al dan niet gepeld, met uitzondering van arecanoten (of betelnoten) en colanoten van onderverdeling 0802 70 00, 0802 80 00
	0803 10 10	Plantains, vers
	0803 10 90	Plantains, gedroogd
	0804 20 10	Verse vijgen
	0804 30 00	Ananassen
	0804 40 00	Advocaten (avocado's)
	0804 50 00	Guaves, manga's en manggistans,
	0805	Citrusvruchten, vers of gedroogd

---

(2) Inclusief voederrapen.

Bijlage I

	GN-code	Omschrijving
	0806 10 10	Druiven voor tafelgebruik
	0807	Meloenen (watermeloenen daaronder begrepen) en papaja's, vers
	0808	Appelen, peren, kweeperen, vers
	0809	Abrikozen, kersen, perziken (nectarines daaronder begrepen), pruimen en sleepruimen, vers
	0810	Ander fruit, vers
	0813 50 31	Mengsels uitsluitend bestaande uit noten bedoeld bij de pos-
	0813 50 39	ten 0801 en 0802
	0910 20	Saffraan
ex	0910 99	Tijm, vers of gekoeld
ex	1211 90 86	Basilicum, melissa, munt, oregano/wilde marjolein (origanum vulgare), rozemarijn en salie, vers of gekoeld
	1212 92 00	Sint-Jansbrood

Deel X. Verwerkte groenten en verwerkt fruit
De in de onderstaande tabel opgenomen producten vallen onder de sector verwerkte groenten en verwerkt fruit.

	GN-code	Omschrijving
a)	ex 0710	Groenten, ook indien gestoomd of in water gekookt, bevroren van onderverdeling 0710 40 00, olijven van onderverdeling 0710 80 10 en vruchten van de geslachten Capsicum of Pimenta van onderverdeling 0710 80 59
	ex 0711	Groenten, voorlopig verduurzaamd (bijvoorbeeld door middel van zwaveldioxide of in water waaraan, voor het voorlopig verduurzamen, zout, zwavel of andere stoffen zijn toegevoegd), doch als zodanig niet geschikt voor dadelijke consumptie, met uitzondering van olijven van onderverdeling 0711 20, vruchten van de geslachten Capsicum en Pimenta van onderverdeling 0710 80 59
	ex 0712	Gedroogde groenten, ook indien in stukken of in schijven gesneden, dan wel fijngemaakt of in poedervorm, doch niet op andere wijze bereid, met uitzondering van kunstmatig door middel van een warmtebehandeling gedroogde aardappelen, niet geschikt voor menselijke consumptie, van onderverdeling ex 0712 90 05 en olijven van onderverdeling ex 0712 90 90
	0804 20 90	Gedroogde vijgen
	0806 20	Rozijnen en krenten
	ex 0811	Vruchten, ook indien gestoomd of in water gekookt, bevroren, zonder toegevoegde suiker of andere zoetstoffen, met uitzondering van bevroren bananen van onderverdeling ex 0811 90 95

1385

Vo. 1308/2013 gemeenschappelijke ordening markten voor landbouwproducten

GN-code	Omschrijving
ex 0812	Vruchten, voorlopig verduurzaamd (bijvoorbeeld door middel van zwaveldioxyde of in water waaraan, voor het voorlopig verduurzamen, zout, zwavel of andere stoffen zijn toegevoegd), doch als zodanig niet geschikt voor dadelijke consumptie, met uitzondering van voorlopig verduurzaamde bananen van onderverdeling ex 0812 90 98
ex 0813	Vruchten, andere dan bedoeld bij de posten 0801 tot en met 0806, gedroogd; mengsels van noten en gedroogde vruchten, bedoeld bij dit hoofdstuk, met uitzondering van mengsels uitsluitend bestaande uit noten bedoeld bij de posten 0801 en 0802 van de onderverdelingen 0813 50 31 en 0813 50 39
0814 00 00	Schillen van citrusvruchten en van meloenen (watermeloenen daaronder begrepen), vers, bevroren, gedroogd, dan wel in water waaraan, voor het voorlopig verduurzamen, zout, zwavel of andere stoffen zijn toegevoegd
0904 21 10	Niet-scherpsmakende pepers, gedroogd, niet fijngemaakt en niet gemalen
b) ex 0811	Vruchten, ook indien gestoomd of in water gekookt, bevroren, met toegevoegde suiker of andere zoetstoffen
ex 1302 20	Pectinestoffen en pectinaten
ex 2001	Groenten, vruchten en andere eetbare plantendelen, bereid of verduurzaamd in azijn of in azijnzuur, met uitzondering van: – scherpsmakende vruchten van het geslacht Capsicum van onderverdeling 2001 90 20 – broodwortelen, bataten (zoete aardappelen) en dergelijke eetbare plantendelen met een zetmeelgehalte van 5 of meer gewichtspercenten van onderverdeling 2001 90 40 – palmharten van onderverdeling ex 2001 90 92 – olijven van onderverdeling 2001 90 65 – wijnstokbladeren, hopscheuten en dergelijke eetbare plantendelen van onderverdeling ex 2001 90 97
2002	Tomaten, op andere wijze bereid of verduurzaamd dan in azijn of azijnzuur
2003	Paddenstoelen en truffels, op andere wijze bereid of verduurzaamd dan in azijn of azijnzuur
ex 2004	Andere groenten, op andere wijze bereid of verduurzaamd dan in azijn of azijnzuur, bevroren, andere dan de producten bedoeld bij post 2006, olijven van onderverdeling ex 2004 90 30 en aardappelen, bereid of verduurzaamd in de vorm van meel, gries, griesmeel of vlokken van onderverdeling 2004 10 91

Bijlage I

GN-code	Omschrijving
ex 2005	Andere groenten, op andere wijze bereid of verduurzaamd dan in azijn of azijnzuur, niet bevroren, andere dan de producten bedoeld bij post 2006, met uitzondering van olijven van onderverdeling 2005 70 00, scherpsmakende vruchten van het geslacht Capsicum van onderverdeling 2005 99 10 en aardappelen, bereid of verduurzaamd in de vorm van meel, gries, griesmeel of vlokken van onderverdeling 2005 20 10
ex 2006 00	Groenten, vruchten, vruchtenschillen en andere plantendelen, gekonfijt met suiker (uitgedropen, geglaceerd of uitgekristalliseerd), met uitzondering van met suiker gekonfijte bananen van de onderverdelingen ex 2006 00 38 en ex 2006 00 99
ex 2007	Jam, vruchtengelei, marmelade, vruchtenmoes en vruchtenpasta, door koken of stoven verkregen, met of zonder toegevoegde suiker of andere zoetstoffen, met uitzondering van: – gehomogeniseerde bereidingen van bananen van onderverdeling ex 2007 10 – jam, gelei, marmelade, vruchtenmoes en vruchtenpasta van bananen van de onderverdelingen ex 2007 99 39, ex 2007 99 50 en ex 2007 99 97
ex 2008	Vruchten en andere eetbare plantendelen, op andere wijze bereid of verduurzaamd, ook indien met toegevoegde suiker, andere zoetstoffen of alcohol, elders genoemd noch elders onder begrepen, met uitzondering van: – pindakaas van onderverdeling 2008 11 10 – palmharten van onderverdeling 2008 91 00 – maïs van onderverdeling 2008 99 85 – broodwortelen, bataten (zoete aardappelen) en dergelijke eetbare plantendelen met een zetmeelgehalte van 5 of meer gewichtspercenten van onderverdeling 2008 99 91 – wijnstokbladeren, hopscheuten en dergelijke eetbare plantendelen van onderverdeling ex 2008 99 99 – mixtures of banana otherwise prepared or preserved of subheadings ex 2008 97 59, ex 2008 97 78, ex 2008 97 93 and ex 2008 97 98 – op andere wijze bereide of verduurzaamde bananen van de onderverdelingen ex 2008 99 49, ex 2008 99 67 en ex 2008 99 99

GN-code	Omschrijving
ex 2009	Ongegiste vruchtensappen (uitgezonderd druivensap en druivenmost van de onderverdelingen 2009 61 en 2009 69 en bananensap van onderverdeling ex 2009 89 35, 2009 89 38, 2009 89 79, 2009 89 86, 2009 89 89 en 2009 89 99)) en ongegiste groentesappen, zonder toegevoegde alcohol, ook indien met toegevoegde suiker of andere zoetstoffen

Deel XI. Bananen
De in de onderstaande tabel opgenomen producten vallen onder de sector bananen:

GN-code	Omschrijving
0803 90 10	Bananen, met uitzondering van 'plantains', vers
0803 90 90	Bananen, met uitzondering van 'plantains', gedroogd
ex 0812 90 98	Voorlopig verduurzaamde bananen
ex 0813 50 99	Mengsels met gedroogde bananen
1106 30 10	Meel, gries en poeder van bananen
ex 2006 00 99	Met suiker gekonfijte bananen
ex 2007 10 99	Gehomogeniseerde bereidingen van bananen
ex 2007 99 39	Jam, gelei, marmelade, vruchtenmoes en vruchtenpasta van bananen
ex 2007 99 50	
ex 2007 99 97	
ex 2008 97 59	Mengsels met op andere wijze bereide of verduurzaamde bananen, zonder toegevoegde alcohol
ex 2008 97 78	
ex 2008 97 93	
ex 2008 97 96	
ex 2008 97 98	
ex 2008 99 49	Op andere wijze bereide of verduurzaamde bananen, zonder toegevoegde alcohol
ex 2008 99 67	
ex 2008 99 99	
ex 2009 89 35	Bananensap
ex 2009 89 38	
ex 2009 89 79	
ex 2009 89 86	
ex 2009 89 89	
ex 2009 89 99	

Bijlage I

Deel XII. Wijn
De in de onderstaande tabel opgenomen producten vallen onder de sector wijn.

	GN-code	Omschrijving
a)	2009 61 2009 69 2204 30 92 2204 30 94 2204 30 96 2204 30 98	Druivensap (druivenmost daaronder begrepen) Andere druivenmost, andere dan gedeeltelijk gegiste druivenmost, ook indien de gisting op andere wijze dan door toevoegen van alcohol is gestuit
b)	ex 2204	Wijn van verse druiven, wijn waaraan alcohol is toegevoegd daaronder begrepen; druivenmost, andere dan bedoeld bij post 2009, met uitzondering van andere druivenmost van de onderverdelingen 2204 30 92, 2204 30 94, 2204 30 96 en 2204 30 98
c)	0806 10 90 2209 00 11 2209 00 19	Druiven, andere dan voor tafelgebruik Wijnazijn
d)	2206 00 10 2307 00 11 2307 00 19 2308 00 11 2308 00 19	Piquette Wijnmoer Draf (droesem) van druiven
e)	ex 2202 99 19	andere, alcoholvrije wijn met een alcoholvolumegehalte van niet meer dan 0,5 % vol.

Deel XIII. Levende planten en producten van de bloementeelt
De in hoofdstuk 6 van de gecombineerde nomenclatuur opgenomen producten vallen onder de sector levende planten.

Deel XIV. Tabak
Ruwe en niet tot verbruik bereide tabak en afvallen van tabak van GN-code 2401 vallen onder de sector tabak.

Deel XV. Rundvlees
De in de onderstaande tabel opgenomen producten vallen onder de sector rundvlees.

	GN-code	Omschrijving
a)	0102 29 05 t/m 0102 29 99, 0102 39 10 en 0102 90 91	Levende runderen (huisdieren), andere dan fokdieren van zuiver ras
	0201 0202	Vlees van runderen, vers of gekoeld Vlees van runderen bevroren

Vo. 1308/2013 gemeenschappelijke ordening markten voor landbouwproducten

GN-code	Omschrijving
0206 10 95	Longhaasjes en omlopen, vers of gekoeld
0206 29 91	Longhaasjes en omlopen, bevroren
0210 20	Vlees van runderen, gezouten, gepekeld, gedroogd of gerookt
0210 99 51	Longhaasjes en omlopen, gezouten gepekeld, gedroogd of gerookt
0210 99 90	Eetbaar meel en eetbaar poeder van vlees of van slachtafvallen
1602 50 10	Andere bereidingen en conserven van vlees of van slachtafvallen van runderen, niet gekookt en niet gebakken; mengsels van vlees of slachtafvallen gekookt of gebakken met niet gekookt en niet gebakken;
1602 90 61	Andere bereidingen en conserven, bevattende vlees of slachtafvallen van runderen, niet gekookt en niet gebakken; mengsels van vlees of slachtafvallen gekookt of gebakken met, niet gekookt en niet gebakken;
b) 0102 21, 0102 31 00 en 0102 90 20	Levende runderen, fokdieren van zuiver ras
0206 10 98	Eetbare slachtafvallen van runderen, zonder longhaasjes en omlopen vers of gekoeld, andere dan bestemd voor de vervaardiging van farmaceutische producten
0206 21 00 0206 22 00 0206 29 99	Eetbare slachtafvallen van runderen, zonder longhaasjes en omlopen, bevroren, andere dan bestemd voor de vervaardiging van farmaceutische producten
0210 99 59	Eetbare slachtafvallen van runderen, gezouten, gepekeld, gedroogd of gerookt, andere dan longhaasjes en omlopen
ex1502 10 90	Rundervet, ander dan dat bedoeld bij post 1503
1602 50 31 en 1602 50 95	Andere bereidingen en conserven, van vlees of van slachtafvallen van runderen, andere dan niet-gekookt en niet-gebakken, en dan mengsels van vlees of slachtafvallen, gekookt of gebakken met niet-gekookt en niet-gebakken
1602 90 69	Andere bereidingen en conserven, bevattende vlees of slachtafvallen van runderen, andere dan niet-gekookt en niet-gebakken, en dan mengsels van vlees of of slachtafvallen, gekookt of gebakken met niet-gekookt en niet-gebakken

Deel XVI. Melk en zuivelproducten
De in de onderstaande tabel opgenomen producten vallen onder de sector melk en zuivelproducten.

	GN-code	Omschrijving
a)	0401	Melk en room, niet ingedikt, zonder toegevoegde suiker of andere zoetstoffen
b)	0402	Melk en room, ingedikt of met toegevoegde suiker of andere zoetstoffen

Bijlage I

	GN-code	Omschrijving
c)	0403 10 11 tot 0403 10 39 0403 9011 tot 0403 90 69	Karnemelk, gestremde melk en room, yoghurt, kefir en andere gegiste of aangezuurde melk en room, ook indien ingedikt of met toegevoegde suiker of andere zoetstoffen, niet gearomatiseerd noch met toegevoegde vruchten of cacao
d)	0404	Wei, ook indien ingedikt of met toegevoegde suiker of andere zoetstoffen; producten bestaande uit natuurlijke bestanddelen van melk, ook indien met toegevoegde suiker of andere zoetstoffen, elders genoemd noch elders onder begrepen
e)	ex 0405	Boter en andere van melk afkomstige vetstoffen; zuivelpasta's, met een vetgehalte van meer dan 75 gewichtspercenten doch minder dan 80 gewichtspercenten
f)	0406	Kaas en wrongel
g)	1702 19 00	Lactose (melksuiker) en melksuikerstroop, niet gearomatiseerd en zonder toegevoegde kleurstoffen, bevattende minder dan 99 gewichtspercenten lactose (melksuiker), uitgedrukt in kristalwatervrije lactose, berekend op de droge stof
h)	2106 90 51	Suikerstroop van lactose, gearomatiseerd of met toegevoegde kleurstoffen
i)	ex 2309 ex 2309 10 2309 10 15 2309 10 19 2309 10 39 2309 10 59 2309 10 70 ex 2309 90 2309 90 35 2309 90 39 2309 90 49 2309 90 59 2309 90 70	Bereidingen van de soort gebruikt voor het voederen van dieren: - Honden- en kattenvoer, opgemaakt voor de verkoop in het klein: -- Bevattende zetmeel, glucose (druivensuiker), glucosestroop, maltodextrine of maltodextrinestroop, bedoeld bij de onderverdelingen 1702 30 50, 1702 30 90, 1702 40 90, 1702 90 50 en 2106 90 55, of zuivelproducten - Andere: -- Andere, zogenaamde 'premelanges' daaronder begrepen: --- Bevattende zetmeel, glucose (druivensuiker), glucosestroop, maltodextrine of maltodextrinestroop, bedoeld bij de onderverdelingen 1702 30 50, 1702 30 90, 1702 40 90, 1702 90 50 en 2106 90 55, of zuivelproducten

Deel XVII. Varkensvlees
De in de onderstaande tabel opgenomen producten vallen onder de sector varkensvlees.

	GN-code	Omschrijving
a)	ex 0103	Levende varkens (huisdieren), andere dan fokdieren van zuiver ras
b)	ex 0203 ex 0206	Vlees van varkens (huisdieren), vers, gekoeld of bevroren Eetbare slachtafvallen van varkens (huisdieren), andere dan voor de vervaardiging van farmaceutische producten, vers, gekoeld of bevroren

Vo. 1308/2013 gemeenschappelijke ordening markten voor landbouwproducten

	GN-code	Omschrijving
	0209 10	Spek (ander dan doorregen spek), alsmede niet-gesmolten of anderszins geëxtraheerd varkensvet, vers, gekoeld, bevroren, gezouten, gepekeld, gedroogd of gerookt
ex	0210	Vlees en eetbare slachtafvallen van varkens (huisdieren), gezouten, gepekeld, gedroogd of gerookt
	1501 10	Varkensvet (reuzel daaronder begrepen)
	1501 20	
c)	1601 00	Worst van alle soorten, van vlees, van slachtafvallen of van bloed; bereidingen van deze producten, voor menselijke consumptie
	1602 10 00	Gehomogeniseerde bereidingen van vlees, van slachtafvallen of van bloed
	1602 20 90	Bereidingen en conserven van levers van dieren van alle soorten, andere dan levers van ganzen of van eenden
	1602 41 10	Andere bereidingen en conserven, vlees of slachtafvallen van varkens (huisdieren) bevattend
	1602 42 10	
	1602 49 11 tot	
	1602 49 50	
	1602 90 10	Bereidingen van bloed van dieren van alle soorten
	1602 90 51	Andere bereidingen en conserven, vlees of slachtafvallen van varkens (huisdieren) bevattend
	1902 20 30	Gevulde deegwaren, ook indien gekookt of op andere wijze bereid, bevattende meer dan 20 gewichtspercenten worst, vlees of slachtafvallen van alle soorten, met inbegrip van vet van alle soorten of oorsprong

Deel XVIII. Schapen- en geitenvlees
De in de onderstaande tabel opgenomen producten vallen onder de sector schapen- en geitenvlees.

	GN-code	Omschrijving
a)	0104 10 30	Lammeren (tot de leeftijd van één jaar)
	0104 10 80	Levende schapen, andere dan fokdieren van zuiver ras en dan lammeren
	0104 20 90	Levende geiten, andere dan fokdieren van zuiver ras
	0204	Vlees van schapen of van geiten, vers, gekoeld of bevroren
	0210 99 21	Vlees van schapen en van geiten, met been, gezouten, gepekeld, gedroogd of gerookt
	0210 99 29	Vlees van schapen en van geiten, zonder been, gezouten, gepekeld, gedroogd of gerookt

Bijlage I

	GN-code	Omschrijving
b)	0104 10 10	Levende schapen, fokdieren van zuiver ras
	0104 20 10	Levende geiten, fokdieren van zuiver ras
	0206 80 99	Eetbare slachtafvallen van schapen en van geiten, vers of gekoeld, andere dan bestemd voor de vervaardiging van farmaceutische producten
	0206 90 99	Eetbare slachtafvallen van schapen en van geiten, bevroren, andere dan bestemd voor de vervaardiging van farmaceutische producten
	0210 99 85	Eetbare slachtafvallen van schapen en van geiten, gezouten, gepekeld, gedroogd of gerookt
	ex 1502 90 90	Schapen- of geitenvet, ander dan dat bedoeld bij post 1503
c)	1602 90 91	Andere bereidingen en conserven, van vlees of van vleesafvallen, van schapen of van geiten;
	1602 90 95	

Deel XIX. Eieren
De in de onderstaande tabel opgenomen producten vallen onder de sector eieren.

	GN-code	Omschrijving
a)	0407 11 00	Eieren van pluimvee in de schaal, vers, verduurzaamd of gekookt
	0407 19 11	
	0407 19 19	
	0407 21 00	
	0407 29 10	
	0407 90 10	
b)	0408 11 80	Andere eieren uit de schaal en ander eigeel, vers, gedroogd, gestoomd of in water gekookt, in een bepaalde vorm gebracht, bevroren of op andere wijze verduurzaamd, ook indien met toegevoegde suiker of andere zoetstoffen, geschikt voor menselijke consumptie
	0408 19 81	
	0408 19 89	
	0408 91 80	
	0408 99 80	

Deel XX. Pluimveevlees
De in de onderstaande tabel opgenomen producten vallen onder de sector pluimveevlees.

	GN-code	Omschrijving
a)	0105	Levend pluimvee (hanen, kippen, eenden, ganzen, kalkoenen en parelhoenders)
b)	ex 0207	Vlees en eetbare slachtafvallen van pluimvee bedoeld bij post 0105, vers, gekoeld of bevroren, met uitzondering van levers bedoeld in punt c)

Vo. 1308/2013 gemeenschappelijke ordening markten voor landbouwproducten

	GN-code	Omschrijving
c)	0207 13 91 0207 14 91 0207 26 91 0207 27 91 0207 43 00 0207 44 91 0207 45 93 0207 45 95	Levers van pluimvee, vers, gekoeld, bevroren
	0210 99 71 0210 99 79	Levers van pluimvee, gezouten, gepekeld, gedroogd of gerookt
d)	0209 90 00	Vet van gevogelte (niet gesmolten of anderszins geëxtraheerd), vers, gekoeld, bevroren, gezouten, gepekeld, gedroogd of gerookt
e)	1501 90 00	Vet van gevogelte
f)	1602 20 10	Andere bereidingen en conserven van levers van ganzen of van eenden
	1602 31 1602 32 1602 39	Andere bereidingen en conserven van vlees of van slachtafvallen van pluimvee bedoeld bij post 0105.

Deel XXI. Ethylalcohol uit landbouwproducten
1. De in de onderstaande tabel opgenomen producten vallen onder de sector ethylalcohol.

GN-code	Omschrijving
ex 2207 10 00	Ethylalcohol, niet gedenatureerd, met een alcoholvolumegehalte van 80 % vol of meer, verkregen uit in bijlage I bij de Verdragen vermelde landbouwproducten
ex 2207 20 00	Ethylalcohol en gedistilleerde dranken, gedenatureerd, ongeacht het gehalte, verkregen uit in bijlage I bij de Verdragen vermelde landbouwproducten
ex 2208 90 91 en ex 2208 90 99	Ethylalcohol, niet gedenatureerd, met een alcoholvolumegehalte van minder dan 80 % vol, verkregen uit in bijlage I bij de Verdragen vermelde landbouwproducten

2. De sector ethylalcohol omvat tevens producten op basis van ethylalcohol uit landbouwproducten van GN-code 2208 die worden aangeboden in recipiënten met een inhoud van meer dan twee liter en die alle kenmerken vertonen van de ethylalcohol zoals omschreven in punt 1.

Bijlage I

Deel XXII. Producten van de bijenteelt
De in de onderstaande tabel opgenomen producten vallen onder de sector bijenteelt.

	GN-code	Omschrijving
	0409 00 00	Natuurhoning
ex	0410 00 00	Eetbare koninginnengelei en propolis
ex	0511 99 85	Niet-eetbare koninginnengelei en propolis
ex	1212 99 95	Pollen
ex	1521 90	Bijenwas

Deel XXIII. Zijderupsen
Zijderupsen van GN-code ex 0106 90 00 en eieren van zijderupsen van GN-code ex 0511 99 85 vallen onder de sector zijderupsen.

Deel XXIV. Andere producten
Onder 'andere producten' wordt verstaan alle landbouwproducten behalve de producten die worden vermeld in de delen I tot en met XXIII, met inbegrip van de in onderstaande afdelingen 1 en 2 van dit deel vermelde producten.
Afdeling 1.

	GN-code	Omschrijving
ex	0101	Levende paarden, ezels, muildieren en muilezels:
		- Paarden
	0101 21 00	-- Fokdieren van zuiver ras (*):
	0101 29	-- Andere:
	0101 29 90	--- Andere dan slachtpaarden
	0101 30 00	-- Ezels
	0101 90 00	- Andere
ex	0102	Levende runderen:
		-- Andere dan fokdieren van zuiver ras:
	0102 39 90,	--- Andere dan huisdieren
	0102 90 99 en	
ex	0103	Levende varkens:
	0103 10 00	- Fokdieren van zuiver ras (**)
		- Andere:
ex	0103 91	-- Met een gewicht van minder dan 50 kg:
	0103 91 90	--- Andere dan huisdieren
ex	0103 92	-- Met een gewicht van 50 kg of meer
	0103 92 90	--- Andere dan huisdieren
	0106	Andere levende dieren
ex	0203	Vlees van varkens, vers, gekoeld of bevroren:
		- Vers of gekoeld:
ex	0203 11	-- Hele en halve karkassen:
	0203 11 90	--- Andere dan van varkens (huisdieren)

Vo. 1308/2013 gemeenschappelijke ordening markten voor landbouwproducten

	GN-code	Omschrijving
ex	0203 12	-- Hammen, schouders en delen daarvan, met been:
	0203 12 90	--- Andere dan van varkens (huisdieren)
ex	0203 19	-- Andere:
	0203 19 90	--- Andere dan van varkens (huisdieren): -Bevroren
ex	0203 21	-- Hele en halve karkassen:
	0203 21 90	--- Andere dan van varkens (huisdieren)
ex	0203 22	-- Hammen, schouders en delen daarvan, met been:
	0203 22 90	--- Andere dan van varkens (huisdieren)
ex	0203 29	-- Andere:
	0203 29 90	--- Andere dan van varkens (huisdieren)
ex	0205 00	Vlees van ezels, van muildieren of van muilezels, vers, gekoeld of bevroren
ex	0206	Eetbare slachtafvallen van runderen, van varkens, van schapen, van geiten, van paarden, van ezels, van muildieren of van muilezels, vers, gekoeld of bevroren:
ex	0206 10	- Van runderen, vers of gekoeld:
	0206 10 10	-- Bestemd voor de vervaardiging van farmaceutische producten (***) — Van runderen, bevroren:
ex	0206 22 00	-- Levers: --- Bestemd voor de vervaardiging van farmaceutische producten (****)
ex	0206 29	-- Andere:
	0206 29 10	--- Bestemd voor de vervaardiging van farmaceutische producten (****)
ex	0206 30 00	- Van varkens, vers of gekoeld: -- Bestemd voor de vervaardiging van farmaceutische producten (****) -- Andere: --- Andere dan van varkens (huisdieren) - Van varkens, bevroren:
ex	0206 41 00	-- Levers: --- Bestemd voor de vervaardiging van farmaceutische producten (****) --- Andere: ---- Andere dan van varkens (huisdieren)
ex	0206 49 00	-- Andere: --- Van varkens (huisdieren): ---- Bestemd voor de vervaardiging van farmaceutische producten (****) --- Andere

Bijlage I

	GN-code	Omschrijving
ex	0206 80	- Andere, vers of gekoeld:
	0206 80 10	-- Bestemd voor de vervaardiging van farmaceutische producten (****)
		-- Andere:
	0206 80 91	--- Van paarden, van ezels, van muildieren en van muilezels
ex	0206 90	- Andere, bevroren:
	0206 90 10	-- Bestemd voor de vervaardiging van farmaceutische producten (****)
		-- Andere:
	0206 90 91	--- Van paarden, van ezels, van muildieren en van muilezels
	0208	Ander vlees en andere eetbare slachtafvallen, vers, gekoeld of bevroren
ex	0210	Vlees en eetbare slachtafvallen, gezouten, gepekeld, gedroogd of gerookt; meel en poeder van vlees of van slachtafvallen, geschikt voor menselijke consumptie:
		- Vlees van varkens:
ex	0210 11	-- Hammen, schouders en delen daarvan, met been:
	0210 11 90	--- Andere dan van varkens (huisdieren)
ex	0210 12	-- Buiken (buikspek) en delen daarvan:
	0210 12 90	--- Andere dan van varkens (huisdieren)
ex	0210 19	-- Andere:
	0210 19 90	--- Andere dan van varkens (huisdieren)
		- Andere, meel en poeder van vlees of van slachtafvallen, geschikt voor menselijke consumptie, daaronder begrepen:
	0210 91 00	-- Van primaten
	0210 92	-- Van walvissen, van dolfijnen of van bruinvissen (zoogdieren van de orde Cetacea); van lamantijnen of van doejongs (zoogdieren van de orde Sirenia); zeehonden, zeeleeuwen en walrussen (zoogdieren van de suborde Pinnipedia)
	0210 93 00	-- Van reptielen (slangen en zeeschildpadden daaronder begrepen)
ex	0210 99	-- Andere:
		--- Vlees:
	0210 99 31	---- Van rendieren
	0210 99 39	---- Andere
		--- Slachtafvallen:
		---- Andere dan van varkens (huisdieren), runderen, schapen en geiten
	0210 99 85	----- andere dan levers van pluimvee
ex	0407	Vogeleieren in de schaal, vers, verduurzaamd of gekookt:
	0407 19 90, 0407 29 90 en 0407 90 90	- Andere dan van pluimvee

Vo. 1308/2013 gemeenschappelijke ordening markten voor landbouwproducten

GN-code	Omschrijving
ex 0408	Vogeleieren uit de schaal en eigeel, vers, gedroogd, gestoomd of in water gekookt, in een bepaalde vorm gebracht, bevroren of op andere wijze verduurzaamd, ook indien met toegevoegde suiker of andere zoetstoffen:
	- Eigeel:
ex 0408 11	-- Gedroogd:
0408 11 20	--- Ongeschikt voor menselijke consumptie (***)
ex 0408 19	-- Andere:
0408 19 20	--- Ongeschikt voor menselijke consumptie (***)
	- Andere:
ex 0408 91	-- Gedroogd:
0408 91 20	--- Ongeschikt voor menselijke consumptie (***)
ex 0408 99	-- Andere:
0408 99 20	--- Ongeschikt voor menselijke consumptie (***)
0410 00 00	Eetbare producten van dierlijke oorsprong, elders genoemd noch elders onder begrepen
0504 00 00	Darmen, blazen en magen van dieren (andere dan die van vissen), in hun geheel of in stukken, vers, gekoeld, bevroren, gezouten, gepekeld, gedroogd of gerookt
ex 0511	Producten van dierlijke oorsprong, elders genoemd noch elders onder begrepen; dode dieren van de soorten bedoeld bij hoofdstuk 1 of 3, niet geschikt voor menselijke consumptie:
0511 10 00	- Rundersperma
	- Andere:
ex 0511 99	-- Andere:
0511 99 85	--- Andere
ex 0709	Andere groenten, vers of gekoeld:
ex 0709 60	- Vruchten van de geslachten Capsicum en Pimenta:
	-- Andere:
0709 60 91	---- Capsicumsoorten bestemd voor de vervaardiging van capsaïcine of van tincturen (****)
0709 60 95	--- Bestemd voor de industriële vervaardiging van etherische oliën of van harsaroma's (****)
ex 0709 60 99	--- Andere, van het geslacht Pimenta
ex 0710	Groenten, ook indien gestoomd of in water gekookt, bevroren:
ex 0710 80	- Andere groenten:
	-- Vruchten van de geslachten Capsicum en Pimenta:
0710 80 59	--- Andere dan niet-scherpsmakende pepers
ex 0711	Groenten, voorlopig verduurzaamd (bijvoorbeeld door middel van zwaveldioxide of in water waaraan, voor het voorlopig verduurzamen, zout, zwavel of andere stoffen zijn toegevoegd), doch als zodanig niet geschikt voor dadelijke consumptie:

Bijlage I

	GN-code	Omschrijving
ex	0711 90	- Andere groenten; mengsels van groenten:
		-- Groenten:
	0711 90 10	---- Vruchten van de geslachten Capsicum en Pimenta, andere dan niet-scherpsmakende pepers
ex	0713	Gedroogde zaden van peulgroenten, ook indien gepeld (bijvoorbeeld spliterwten):
ex	0713 10	- Erwten (Pisum sativum):
	0713 10 90	-- Andere dan voor zaaidoeleinden
ex	0713 20 00	- Kekers (garbanzos)
		-- Andere dan voor zaaidoeleinden
		- Bonen (Vigna spp., Phaseolus spp.):
ex	0713 31 00	-- Bonen van de soort Vigna mungo (L) Hepper of Vigna radiata (L) Wilczek:
		--- Andere dan voor zaaidoeleinden
ex	0713 32 00	-- bonen van de soort Phaseolus angularis of Vigna angularis (adzukibonen):
		--- Andere dan voor zaaidoeleinden
ex	0713 33	-- Bonen van de soort Phaseolus vulgaris:
	0713 33 90	--- Andere dan voor zaaidoeleinden
ex	0713 34 00	-- Bambarabonen (Vigna subterranea of Voandzeia subterranea)
ex	0713 35 00	--- Andere dan voor zaaidoeleinden
ex	0713 39 00	-- Koeienerwten (Vigna unguiculata)
		--- Andere dan voor zaaidoeleinden
		-- Andere:
		--- Andere dan voor zaaidoeleinden
ex	0713 40 00	- Linzen:
		-- Andere dan voor zaaidoeleinden
ex	0713 50 00	- Tuinbonen (Vicia faba var. major), paardenbonen (Vicia faba var. equina) en duivenbonen (Vicia faba var. minor):
		-- Andere dan voor zaaidoeleinden
ex	0713 60 00	- Struikerwten (Cajanus cajan):
		-- Andere dan voor zaaidoeleinden
ex	0713 90 00	- Andere:
		-- Andere dan voor zaaidoeleinden
	0801	Kokosnoten, paranoten en cashewnoten, vers of gedroogd, ook zonder dop of schaal
ex	0802	Andere noten, vers of gedroogd, ook zonder dop of schaal, al dan niet gepeld:
	0802 70 00	- Kolanoten (Cola spp.)
	0802 80 00	- Arecanoten (of betelnoten)
ex	0804	Dadels, vijgen, ananassen, advocaten (avocado's), guaves, manga's en manggistans, vers of gedroogd:
	0804 10 00	- Dadels
	0902	Thee, ook indien gearomatiseerd

Vo. 1308/2013 gemeenschappelijke ordening markten voor landbouwproducten

	GN-code	Omschrijving
ex	0904	Peper van het geslacht Piper; vruchten van de geslachten Capsicum en Pimenta, gedroogd, fijngemaakt of gemalen, met uitzondering van niet-scherpsmakende pepers van onderverdeling 0904 21 10
	0905	Vanille
	0906	Kaneel en kaneelknoppen
	0907	Kruidnagels, moernagels en kruidnagelstelen
	0908	Muskaatnoten, foelie, amomen en kardemon
	0909	Anijszaad, steranijszaad, venkelzaad, korianderzaad, komijnzaad en karwijzaad; jeneverbessen
ex	0910	Gember, kurkuma, laurierblad, kerrie en andere specerijen, met uitzondering van tijm en saffraan
ex	1106	Meel, gries en poeder van gedroogde zaden van peulgroenten bedoeld bij post 0713, van sago en van wortels of knollen bedoeld bij post 0714 of van vruchten bedoeld bij hoofdstuk 8:
	1106 10 00	- van gedroogde zaden van peulgroenten bedoeld bij post 0713
ex	1106 30	- Van vruchten bedoeld bij hoofdstuk 8:
	1106 30 90	-- Andere dan van bananen
ex	1108	Zetmeel; inuline:
	1108 20 00	- Inuline
	1201 90 00	Sojabonen, ook indien gebroken, andere dan zaaigoed
	1202 41 00	Grondnoten, niet gebrand of op andere wijze door verhitting bereid, in de dop, andere dan zaaigoed
	1202 42 00	Grondnoten, niet gebrand of op andere wijze door verhitting bereid, ook indien gedopt of gebroken, andere dan zaaigoed
	1203 00 00	Kopra
	1204 00 90	Lijnzaad, ook indien gebroken, ander dan voor zaaidoeleinden
	1205 10 90 en ex 1205 90 00	Kool- en raapzaad, ook indien gebroken, ander dan voor zaaidoeleinden
	1206 00 91 1206 00 99	Zonnebloempitten, ook indien gebroken, andere dan voor zaaidoeleinden
	1207 29 00	Katoenzaad, ook indien gebroken, ander dan voor zaaidoeleinden
	1207 40 90	Sesamzaad, ook indien gebroken, ander dan voor zaaidoeleinden
	1207 50 90	Mosterdzaad, ook indien gebroken, ander dan voor zaaidoeleinden
	1207 91 90	Papaverzaad, ook indien gebroken, ander dan voor zaaidoeleinden
	1207 99 91	Hennepzaad, ook indien gebroken, ander dan voor zaaidoeleinden
ex	1207 99 96	Andere oliehoudende zaden en vruchten, ook indien gebroken, andere dan voor zaaidoeleinden
	1208	Meel van oliehoudende zaden en vruchten, ander dan mosterdmeel

Bijlage I

GN-code	Omschrijving
ex 1211	Planten, plantendelen, zaden en vruchten, van de soort hoofdzakelijk gebruikt in de reukwerkindustrie, in de geneeskunde of voor insecten- of parasietenbestrijding of dergelijke doeleinden, vers of gedroogd, ook indien gesneden, gebroken of in poedervorm, behalve de producten van GN-code ex 1211 90 86 in deel IX;
ex 1212	Sint-Jansbrood, zeewier en andere algen, suikerbieten en suikerriet, vers, gekoeld, bevroren of gedroogd, ook indien in poedervorm; vruchtenpitten, ook indien in de steen en andere plantaardige producten (ongebrande cichoreiwortels van Cichorium intybus var sativum daaronder begrepen) hoofdzakelijk gebruikt voor menselijke consumptie, elders genoemd noch elders onder begrepen:
ex 1212 99	-- Andere dan suikerriet:
1212 99 41 en 1212 99 49	--- Sint-Jansbroodpitten
ex 1212 99 95	--- Andere, met uitzondering van cichoreiwortels
1213 00 00	Stro en kaf van graangewassen, onbewerkt, ook indien gehakt, gemalen, geperst of in pellets
ex 1214	Koolrapen, voederbieten, voederwortels, hooi, luzerne, klaver, hanenkammetjes (esparcette), mergkool, lupine, wikke en dergelijke voedergewassen, ook indien in pellets:
ex 1214 10 00	- Luzernemeel en luzerne in pellets met uitzondering van luzerne, kunstmatig gedroogd door middel van een warmtebehandeling of luzerne, anders gedroogd en vermalen
ex 1214 90	- Andere:
1214 90 10	-- Mangelwortels (voederbieten), voederrapen en andere voederwortels
ex 1214 90 90	-- Andere, met uitzondering van: - Luzerne, hanenkammetjes, klaver, lupine, wikke en dergelijke voedergewassen, kunstmatig door warmte gedroogd, andere dan hooi en voederkool en producten bevattende hooi - Luzerne, hanenkammetjes (esparcette), klaver, lupine, wikke, honingklaver, zaailathyrus en rolklaver, anders gedroogd en vermalen
ex 1502	Rund-, schapen- of geitenvet, ander dan dat bedoeld bij post 1503:
ex 1502 10 10	- Bestemd voor ander industrieel gebruik dan voor de vervaardiging van producten voor menselijke consumptie, met uitzondering van beendervet en kadavervet (****)
ex 1502 90 10	
1503 00	Varkensstearine, spekolie, oleostearine, oleomargarine en talkolie, niet geëmulgeerd, niet vermengd, noch op andere wijze bereid

Vo. 1308/2013 gemeenschappelijke ordening markten voor landbouwproducten

GN-code	Omschrijving
ex 1504	Vetten en oliën, van vis of van zeezoogdieren, alsmede fracties daarvan, ook indien geraffineerd, doch niet chemisch gewijzigd, met uitzondering van oliën uit vislevers en fracties daarvan van de postonderverdelingen 1504 10 en 1504 20 en vetten en oliën en fracties daarvan, van vis, andere dan oliën uit vislevers van post 1504 20
1507	Sojaolie en fracties daarvan, ook indien geraffineerd, doch niet chemisch gewijzigd
1508	Grondnotenolie en fracties daarvan, ook indien geraffineerd, doch niet chemisch gewijzigd
1511	Palmolie en fracties daarvan, ook indien geraffineerd, doch niet chemisch gewijzigd
1512	Zonnebloemzaad-, saffloer- en katoenzaadolie, alsmede fracties daarvan, ook indien geraffineerd, doch niet chemisch gewijzigd
1513	Kokosolie (kopraolie), palmpitten- en babassunotenolie, alsmede fracties daarvan, ook indien geraffineerd, doch niet chemisch gewijzigd
1514	Koolzaad-, raapzaad- en mosterdzaadolie, alsmede fracties daarvan, ook indien geraffineerd, doch niet chemisch gewijzigd
ex 1515	Andere plantaardige vetten en vette oliën (uitgezonderd jojobaolie van onderverdeling ex 1515 90 11), alsmede fracties daarvan, ook indien geraffineerd, doch niet chemisch gewijzigd
ex 1516	Dierlijke en plantaardige vetten en oliën, alsmede fracties daarvan, geheel of gedeeltelijk gehydrogeneerd, veresterd, opnieuw veresterd of geëlaïdiniseerd, ook indien geraffineerd, doch niet verder bereid (uitgezonderd gehydrogeneerde ricinusolie, zogenaamde 'opal wax' van onderverdeling 1516 20 10)
ex 1517	Margarine; mengsels en bereidingen, voor menselijke consumptie, van dierlijke of plantaardige vetten of oliën of van fracties van verschillende vetten en oliën bedoeld bij dit hoofdstuk, andere dan de vetten en oliën of fracties daarvan, bedoeld bij post 1516, uitgezonderd de onderverdelingen 1517 10 10, 1517 90 10 en 1517 90 93
1518 00 31 en 1518 00 39	Mengsels van plantaardige oliën, vloeibaar, voor ander technisch of industrieel gebruik dan voor de vervaardiging van producten voor menselijke consumptie ([****])
1522 00 91	Droesem of bezinksel van olie; soapstocks, afkomstig van de bewerking van vetstoffen of van dierlijke of plantaardige was, uitgezonderd die welke olie bevatten die de kenmerken van olijfolie heeft
1522 00 99	Andere afvallen afkomstig van de bewerking van vetstoffen of van dierlijke of plantaardige was, uitgezonderd die welke olie bevatten die de kenmerken van olijfolie heeft

Bijlage I

GN-code	Omschrijving
ex 1602	Andere bereidingen en conserven, van vlees, van slachtafvallen of van bloed:
	- Van varkens:
ex 1602 41	-- Hammen en delen daarvan:
1602 41 90	--- Andere dan van varkens (huisdieren)
ex 1602 42	-- Schouders en delen daarvan
1602 42 90	--- Andere dan van varkens (huisdieren)
ex 1602 49	-- Andere, mengsels daaronder begrepen:
1602 49 90	--- Andere dan van varkens (huisdieren)
ex 1602 90	- Andere, bereidingen van bloed van dieren van alle soorten daaronder begrepen:
	-- Andere dan bereidingen van bloed van dieren van alle soorten:
1602 90 31	--- Van wild of van konijn
	--- Andere:
	---- Andere dan vlees of slachtafvallen van varkens (huisdieren) bevattend:
	----- Andere dan vlees of slachtafvallen van runderen bevattend:
1602 90 99	------ Andere dan van schapen of van geiten
ex 1603 00	Extracten en sappen van vlees
1801 00 00	Cacaobonen, ook indien gebroken, al dan niet gebrand
1802 00 00	Cacaodoppen, cacaoschillen, cacaovliezen en andere afvallen van cacao
ex 2001	Groenten, vruchten en andere eetbare plantendelen, bereid of verduurzaamd in azijn of azijnzuur:
ex 2001 90	- Andere:
2001 90 20	-- Scherpsmakende vruchten van het geslacht Capsicum
ex 2005	Andere groenten, op andere wijze bereid of verduurzaamd dan in azijn of azijnzuur, niet bevroren, andere dan de producten bedoeld bij post 2006:
ex 2005 99	- Andere groenten en mengsels van groenten:
2005 99 10	-- Scherpsmakende vruchten van het geslacht Capsicum
ex 2206	Andere gegiste dranken (bijvoorbeeld appelwijn, perenwijn, honingdrank); mengsels van gegiste dranken en mengsels van gegiste dranken met alcoholvrije dranken, elders genoemd noch elders onder begrepen:
2206 31 91 tot 2206 00 89	- Andere dan piquette
ex 2301	Meel, poeder en pellets van vlees, van slachtafvallen, van vis, van schaaldieren, van weekdieren of van andere ongewervelde waterdieren, ongeschikt voor menselijke consumptie; kanen:
2301 10 00	- Meel, poeder en pellets van vlees of van slachtafvallen; kanen

Vo. 1308/2013 gemeenschappelijke ordening markten voor landbouwproducten

GN-code	Omschrijving
ex 2302	Zemelen, slijpsel en andere resten van het zeven, van het malen of van andere bewerkingen van granen of van peulvruchten, ook indien in pellets:
2302 50 00	- Van peulvruchten
2304 00 00	Perskoeken en andere vaste afvallen, verkregen bij de winning van sojaolie, ook indien fijngemaakt of in pellets
2305 00 00	Perskoeken en andere vaste afvallen, verkregen bij de winning van grondnotenolie, ook indien fijngemaakt of in pellets
ex 2306	Perskoeken en andere vaste afvallen, ook indien fijngemaakt of in pellets, verkregen bij de winning van plantaardige vetten of oliën, andere dan bedoeld bij post 2304 of 2305, met uitzondering van subpost 2306 90 05 (Perskoeken en andere vaste afvallen, verkregen bij de winning van maïskiemen) en 2306 90 11 en 2306 90 19 (perskoeken en andere vaste afvallen verkregen bij de winning van olijfolie)
ex 2307 00	Wijnmoer; ruwe wijnsteen:
2307 00 90	- Ruwe wijnsteen
ex 2308 00	Plantaardige zelfstandigheden en plantaardig afval, plantaardige residu's en bijproducten, ook indien in pellets, van de soort gebruikt voor het voederen van dieren, elders genoemd noch elders onder begrepen:
2308 00 90	- Andere dan draf (droesem) van druiven en eikels en wilde kastanjes en draf (droesem) van andere vruchten
ex 2309	Bereidingen van de soort gebruikt voor het voederen van dieren:
ex 2309 10	- Honden- en kattenvoer, opgemaakt voor de verkoop in het klein:
2309 10 90	-- Andere dan die bevattende zetmeel, glucose (druivensuiker), glucosestroop, maltodextrine of maltodextrinestroop, bedoeld bij de onderverdelingen 1702 30 50, 1702 30 90, 1702 40 90, 1702 90 50 en 2106 90 55, of zuivelproducten
ex 2309 90	- Andere:
ex 2309 90 10	-- Andere, zogenaamde 'premelanges' daaronder begrepen:
	-- Perswater van zeezoogdieren

Bijlage I

GN-code	Omschrijving
ex 2309 90 91 tot 2309 90 96	--- Andere dan die bevattende zetmeel, glucose (druivensuiker), glucosestroop, maltodextrine of maltodextrinestroop, bedoeld bij de onderverdelingen 1702 30 50, 1702 30 90, 1702 40 90, 1702 90 50 en 2106 90 55, of zuivelproducten, met uitzondering van - Proteïneconcentraten verkregen uit luzerne- en grassap; - Gedehydrateerde producten uitsluitend verkregen uit vaste afvallen en sappen voortvloeiend uit de bereiding van concentraten zoals bedoeld bij het eerste streepje

(*) Indeling onder deze onderverdeling is onderworpen aan de voorwaarden en bepalingen, vastgesteld bij de op dit gebied geldende Unie-bepalingen (zie Richtlijn 94/28/EG van de Raad [(1) Richtlijn 94/28/EG van de Raad van 23 juni 1994 tot vaststelling van de beginselen inzake de zoötechnische en genealogische voorschriften voor de invoer uit derde landen van dieren, alsmede van sperma, eicellen en embryo's en tot wijziging van Richtlijn 77/504/EEG betreffende raszuivere fokrunderen (PB L 178 van 12.7.1994, blz. 66).] en Verordening (EG) nr. 504/2008 van de Commissie [(2) Verordening (EG) nr. 504/2008 van de Commissie van 6 juni 2008 ter uitvoering van de Richtlijnen 90/426/EEG en 90/427/EEG van de Raad wat betreft methoden voor de identificatie van paardachtigen (PB L 149 van 7.6.2008, blz. 3).])

(**) Indeling onder deze onderverdeling is onderworpen aan de voorwaarden en bepalingen, vastgesteld bij de op dit gebied geldende Unie-bepalingen (zie Richtlijn 88/661 /EEG van de Raad [(3) Richtlijn 88/661 /EEG van de Raad van 19 december 1988 betreffende de zoötechnische normen die gelden voor fokvarkens (PB L 381 van 31.12.1988, blz. 36).], Richtlijn 94/28/EG en Beschikking 96/510/EG [(4) Beschikking 96/510/EG van de Commissie van 18 juli 1996 tot vaststelling van de stamboek- en fokkerijcertificaten voor de invoer van fokdieren en van sperma, eicellen en embryo's daarvan (PB L 210 van 20.8.1996, blz. 53).] van de Commissie).

(***) Voor indeling onder deze code gelden de voorwaarden die zijn vastgelegd in de betreffende Unie-bepalingen (zie de artikelen 291 tot en met 300 van Verordening (EEG) nr. 2454/93.

(****) Voor indeling onder deze code gelden de voorwaarden die zijn vastgelegd in de betreffende Unie-bepalingen (zie de artikelen 291 tot en met 300 van Verordening (EEG) nr. 2454/93.

Afdeling 2.

GN-code	Omschrijving
0101 29 10	Slachtpaarden (*)
ex 0205 00	Vlees van paarden, vers, gekoeld of bevroren
0210 99 10	Vlees van paarden, gezouten, gepekeld of gedroogd
0511 99 10	Pezen en zenen; snippers en dergelijk afval van ongelooide huiden of vellen
0701	Aardappelen, vers of gekoeld
0901	Koffie, cafeïnevrije koffie daaronder begrepen, ook indien gebrand; bolsters en schillen van koffie; koffiesurrogaten die koffie bevatten, ongeacht de mengverhouding
1105	Meel, gries, poeder, vlokken, korrels en pellets, van aardappelen
1212 94 00	Cichoreiwortels

Vo. 1308/2013 gemeenschappelijke ordening markten voor landbouwproducten

GN-code	Omschrijving
2209 00 91 en 2209 00 99	Tafelazijn, natuurlijke of verkregen uit azijnzuur, andere dan wijnazijn
4501	Natuurkurk, ruw of eenvoudig bewerkt; kurkafval; gebroken, gegranuleerd of gemalen

(*) Voor indeling onder deze code gelden de voorwaarden die zijn vastgelegd in de betreffende bepalingen van de Unie (zie de artikelen 291 tot en met 300 van Verordening (EEG) nr. 2454/93).

[02-12-2021, PbEU L 435, i.w.tr. 07-12-2021/regelingnummer 2021/2117]

BIJLAGE II

In artikel 3, lid 1, bedoelde definities

Deel I. Definities met betrekking tot de rijstsector
I. Onder padie, gedopte rijst, halfwitte rijst, volwitte rijst, rondkorrelige rijst, halflangkorrelige rijst, langkorrelige rijst A of B en breukrijst wordt het volgende verstaan:
1. a) 'Padie': rijst waarvan na het dorsen het kroonkafje niet is verwijderd.
    b) 'Gedopte rijst': padie waarvan alleen het kroonkafje is verwijderd. Hieronder valt met name de rijst die in de handel wordt aangeduid als 'bruine rijst', 'cargorijst', 'loonzainrijst' en 'riso sbramato'.
    c) 'Halfwitte rijst': padie waarvan het kroonkafje, een gedeelte van de kiem en alle of een deel van de buitenlagen van het zilvervlies zijn verwijderd, maar niet de binnenlagen.
    d) 'Volwitte rijst': padie waarvan het kroonkafje, alle buiten- en binnenlagen van het zilvervlies, de volledige kiem in het geval van langkorrelige rijst en halflangkorrelige rijst, en ten minste een deel van de kiem in het geval van rondkorrelige rijst, zijn verwijderd, ook als overlangse witte strepen overblijven op ten hoogste 10 % van de korrels.
2. a) 'Rondkorrelige rijst': rijst waarvan de korrels een lengte hebben van 5,2 mm of minder en waarvan de verhouding lengte/breedte kleiner is dan 2.
    b) 'Halflangkorrelige rijst': rijst waarvan de korrels een lengte hebben van meer dan 5,2 mm doch niet meer dan 6,0 mm en waarvan de verhouding lengte/breedte niet groter is dan 3.
    c) 'Langkorrelige rijst':
        i) langkorrelige rijst A: rijst waarvan de korrels een lengte hebben van meer dan 6,0 mm en waarvan de verhouding lengte/breedte groter is dan 2 en kleiner dan 3;
        ii) langkorrelige rijst B: rijst waarvan de korrels een lengte hebben van meer dan 6,0 mm en waarvan de verhouding lengte/breedte gelijk is aan of groter dan 3.
    d) 'Meting van de korrels': de korrels worden gemeten bij volwitte rijst volgens de onderstaande methode:
        i) uit de partij wordt een representatief monster getrokken;
        ii) het monster wordt gesorteerd zodat uitsluitend met volledige korrels, waaronder onrijpe korrels, wordt gewerkt;

iii) er worden twee metingen met telkens 100 korrels verricht en daarvan wordt het gemiddelde berekend;
iv) de resultaten worden uitgedrukt in millimeter en afgerond tot op één decimaal.
3. 'Breukrijst': brokstukken van korrels waarvan de lengte gelijk is aan of kleiner is dan driekwart van de gemiddelde lengte van de volledige korrel.

II. Voor rijstkorrels en breukrijst die niet van onberispelijke kwaliteit zijn, gelden de volgende definities.
1. 'Hele korrels': korrels waarvan, ongeacht de aan ieder bewerkingsstadium eigen kenmerken, ten hoogste een gedeelte van de punt ontbreekt.
2. 'Ontpunte korrels': korrels waarvan de punt geheel ontbreekt.
3. 'Gebroken korrels' of 'deeltjes': korrels waarvan meer dan de punt ontbreekt: deze categorie omvat:
    i) grote gebroken korrels (korreldeeltjes waarvan de lengte gelijk is aan of meer is dan de helft van die van de hele korrel, maar die geen hele korrel vormen),
    ii) middelgrote gebroken korrels (korreldeeltjes waarvan de lengte gelijk is aan of meer is dan een vierde van die van de hele korrel, maar die niet de minimumafmeting van grote gebroken korrels hebben),
    iii) fijne gebroken korrels (korreldeeltjes waarvan de lengte minder dan een vierde van die van de hele korrel bedraagt, maar die niet door een zeef met mazen van 1,4 mm gaan),
    iv) deeltjes (fijne deeltjes of korreldeeltjes die door een zeef met mazen van 1,4 mm kunnen); gespleten korrels (ontstaan door het overlangs splijten van de korrel) worden beschouwd als deeltjes.
4. 'Groene korrels': niet geheel rijpe korrels.
5. 'Korrels die natuurlijke misvormingen vertonen': als natuurlijke misvormingen worden beschouwd de al dan niet erfelijke misvormingen ten opzichte van de normale morfologische kenmerken van de variëteit.
6. 'Krijtachtige korrels': korrels die over ten minste drie vierde van het oppervlak een ondoorschijnend en meelachtig uiterlijk vertonen.
7. 'Roodgestreepte korrels': korrels die in de lengte rode strepen van diverse intensiteit en schakering vertonen, welke door resten van het zilvervlies worden veroorzaakt.
8. 'Gespikkelde korrels': korrels die kleine, duidelijk afgetekende donkere min of meer regelmatige ronde vlekjes vertonen; als gespikkelde korrels worden eveneens beschouwd, korrels die lichte, oppervlakkige zwarte strepen vertonen; de strepen en vlekken mogen geen geel of donker aureool hebben.
9. 'Gevlekte korrels': korrels die over een klein gedeelte van hun oppervlak duidelijk hun normale kleur hebben verloren; de vlekken kunnen van diverse kleur zijn (zwartachtig, roodachtig, bruin, enz.); diepe zwarte strepen worden eveneens als vlekken beschouwd. Wanneer de vlekken een zodanige kleurintensiteit (zwart, roze, bruin-roodachtig) hebben dat zij onmiddellijk opvallen en wanneer zij de helft of meer dan de helft van de korrel bedekken, moeten de betrokken korrels als gele korrels worden beschouwd.
10. 'Gele korrels': korrels waarvan het oppervlak door een andere oorzaak dan het drogen geheel of gedeeltelijk zijn normale kleur heeft verloren en een van citroengeel tot oranjegeel variërende kleur heeft gekregen.

11. 'Barnsteenkleurige korrels': korrels waarvan de kleur door een andere oorzaak dan het drogen een uniforme, lichte en algemene verandering heeft ondergaan; door die verandering is de kleur van de korrels helder ambergeel geworden.

Deel II. Technische definities met betrekking tot de suikersector
A. Algemene definities
1 'witte suiker': suiker die niet is gearomatiseerd en waaraan geen kleurstoffen noch andere stoffen zijn toegevoegd en die in droge toestand 99,5 of meer gewichtspercenten sacharose bevat, bepaald met behulp van de polarimeter;
2 'ruwe suiker': suiker die niet is gearomatiseerd en waaraan geen kleurstoffen noch andere stoffen zijn toegevoegd en die in droge toestand minder dan 99,5 gewichtspercenten sacharose bevat, bepaald met behulp van de polarimeter;
3 'isoglucose': het uit glucose of glucosepolymeren verkregen product, dat ten minste 10 gewichtspercenten fructose bevat, berekend op de droge stof;
4 'inulinestroop': het onmiddellijk na hydrolyse van inuline of oligofructose verkregen product dat in droge toestand ten minste 10 % vrije fructose of fructose in de vorm van sacharose bevat, uitgedrukt in suiker/isoglucose-equivalent;
5 'leveringscontract': een contract dat tussen een verkoper en een onderneming wordt gesloten voor de levering van bieten voor de productie van suiker;
6 'sectorale overeenkomst':
a) een overeenkomst die vóór het sluiten van de leveringscontracten tot stand is gekomen tussen ondernemingen of een door de betrokken lidstaat erkende organisatie van ondernemingen of een groepering van zulke organisaties van ondernemingen, enerzijds, en een door de betrokken lidstaat erkende vereniging van verkopers of een groepering van zulke verenigingen van verkopers, anderzijds;
b) bij ontstentenis van een overeenkomst als bedoeld in punt a), de vennootschapsrechtelijke of coöperatiefrechtelijke bepalingen voor zover deze de levering van suikerbieten door de aandeelhouders of leden van een suikerproducerende vennootschap of coöperatie regelen;
B.
Vervallen.

Deel III. Definities met betrekking tot de hopsector
1 'hop': de gedroogde katjes, ook hopbellen genaamd, van de (vrouwelijke) hopplant (humulus lupulus); deze katjes, groen-geel en eivormig, hebben een steel en worden over het algemeen ten hoogste 2 à 5 cm groot.
2 'Hopmeel': het door het malen van hop verkregen product dat alle natuurlijke bestanddelen daarvan bevat.
3 'Met lupuline verrijkt hopmeel': het door het malen van hop na mechanische verwijdering van een deel van de bladeren, stengels, schutbladeren en hopspillen verkregen product.
4 'Hopextract': de door de inwerking van oplosmiddelen uit hop of hopmeel verkregen concentraten.
5 'Mengproducten van hop': het mengsel van twee of meer van de in punt 1 tot en met 4 bedoelde producten.

Deel IV. Definities met betrekking tot de wijnsector
Wijnstokgerelateerd
1. 'Rooien': volledige verwijdering van de wijnstokken die zich op een met wijnstokken beplante oppervlakte bevinden.
2. 'Aanplant': de definitieve aanplant van wijnstokken of delen daarvan, al dan niet geënt, met het oog op de productie van druiven of het kweken van entstokken.
3. 'Overenting': het enten van een wijnstok die voordien reeds werd geënt.

Productgerelateerd
4. 'Verse druiven': vruchten van de wijnstok, gebruikt bij de wijnbereiding, rijp of zelfs licht ingedroogd, die met bij de wijnbereiding gebruikelijke middelen kunnen worden gekneusd of geperst en spontane alcoholische gisting kunnen doen ontstaan.
5. 'Druivenmost waarvan de gisting door de toevoeging van alcohol is gestuit':
    a) een product dat een effectief alcoholvolumegehalte heeft van ten minste 12 % vol en ten hoogste 15 % vol:
    b) wordt verkregen door de toevoeging, aan niet-gegiste druivenmost die een natuurlijk alcoholgehalte van ten minste 8,5 % vol heeft en die uitsluitend afkomstig is van wijndruivenrassen die overeenkomstig artikel 81, lid 2, in een indeling kunnen worden opgenomen, van
        i) hetzij neutrale alcohol uit wijnbouwproducten, met inbegrip van alcohol verkregen door de distillatie van rozijnen en krenten, met een effectief alcoholvolumegehalte van ten minste 96 % vol:
        ii) hetzij een niet-gerectificeerd product verkregen door de distillatie van wijn en met een effectief alcoholvolumegehalte van ten minste 52 % vol en ten hoogste 80 % vol.
6. 'Druivensap': het niet-gegiste doch voor gisting vatbare vloeibare product dat
    a) door middel van passende behandelingen wordt verkregen om als zodanig te worden geconsumeerd;
    b) wordt verkregen uit verse druiven of uit druivenmost of door reconstitutie. In het laatste geval wordt het product gereconstitueerd uit geconcentreerde druivenmost of geconcentreerd druivensap.

    Druivensap mag een effectief alcoholvolumegehalte hebben van ten hoogste 1 % vol. 'Geconcentreerd druivensap':
7. 'Niet-gekarameliseerd druivensap': dat wordt verkregen door gedeeltelijke dehydratatie van druivensap door middel van elk ander toegestaan procedé dan de rechtstreekse werking van vuur, en op zodanige wijze dat bij een temperatuur van 20 °C met een refractometer volgens een nader te bepalen methode een waarde van niet minder dan 50,9 % wordt gemeten. Geconcentreerd druivensap mag een effectief alcoholvolumegehalte hebben van ten hoogste 1 % vol.
8. 'Wijnmoer':
    a) het bezinksel dat zich in recipiënten met wijn vormt na de gisting, bij de opslag of na toegestane behandeling;
    b) het residu dat wordt verkregen bij het filtreren of centrifugeren van het onder a) bedoelde product;
    c) het bezinksel dat zich in recipiënten met druivenmost vormt bij de opslag of na toegestane behandeling; of
    d) het residu dat wordt verkregen bij het filtreren of centrifugeren van het onder c) bedoelde product.

9. 'Druivendraf: de na het persen van verse druiven overblijvende substantie, al dan niet gegist.
10. 'Piquette': een product dat wordt verkregen door:
    a) vergisting van onbehandelde druivendraf, gemacereerd in water; of
    b) uitloging, met water, van gegiste druivendraf.
11. 'Distillatiewijn': een product dat
    a) een product dat een effectief alcoholvolumegehalte heeft van ten minste 18 % vol en ten hoogste 24 % vol;
    b) uitsluitend wordt verkregen door aan wijn die geen suikerresidu bevat, een niet-gerectificeerd product toe te voegen dat wordt verkregen door distillatie van wijn en dat een effectief alcoholgehalte heeft van maximaal 86 % vol; of
    c) een gehalte aan vluchtige zuren heeft van ten hoogste 1,5 g per liter, uitgedrukt in azijnzuur.
12. 'Cuvée':
    a) de druivenmost;
    b) de wijn; of
    c) het resultaat van de vermenging van druivenmost en/of van wijnen met verschillende kenmerken,
    die bestemd zijn om een bepaalde soort mousserende wijnen te verkrijgen.

Alcoholgehalte

13. 'Effectief alcoholvolumegehalte': het aantal volume-eenheden zuivere alcohol bij een temperatuur van 20 °C, in 100 volume-eenheden van het betrokken product bij die temperatuur.
14. 'Potentieel alcoholvolumegehalte': het aantal volume-eenheden zuivere alcohol bij een temperatuur van 20 °C dat kan ontstaan door totale vergisting van de suikers in 100 volume-eenheden van het betrokken product bij die temperatuur.
15. 'Totaal alcoholvolumegehalte': de som van het effectieve en het potentiële alcoholvolumegehalte.
16. 'Natuurlijk alcoholvolumegehalte': het totale alcoholvolumegehalte van het betrokken product, vóór verrijking.
17. 'Effectief alcoholmassagehalte': het aantal kilogram zuivere alcohol in 100 kg van het product.
18. 'Potentieel alcoholmassagehalte': het aantal kilogram zuivere alcohol dat kan ontstaan door totale vergisting van de suikers in 100 kg van het product.
19. 'Totaal alcoholmassagehalte': de som van het effectieve en het potentiële alcoholmassagehalte.

Deel V. Definities met betrekking tot de rundvleessector
'Runderen': levende runderen (huisdieren) van de GN-codes 0102 21, ex 0102 31 00, 0102 90 20, ex 0102 29 10 tot en met ex 0102 29 99, 0102 39 10, 0102 90 91.

Deel VI. Definities betreffende de sector melk en zuivelproducten
Voor de toepassing van het tariefcontingent voor boter uit Nieuw-Zeeland wordt onder 'rechtstreeks bereid uit melk of room' tevens verstaan boter die zonder gebruikmaking van opgeslagen materialen uit melk of room is bereid volgens één enkel volledig apart en ononderbroken procedé waarbij de room een fase van geconcentreerd melkvet en/of fractionering van dat melkvet kan doorlopen.

Deel VII. Definities met betrekking tot de eiersector
1 'Eieren in de schaal': eieren van pluimvee, in de schaal, vers, verduurzaamd of gekookt, andere dan de in punt 2 bedoelde broedeieren.
2 'Broedeieren': broedeieren van pluimvee.
3 'Heel ei': eieren uit de schaal, van gevogelte, ook indien met toegevoegde suiker of andere zoetstoffen, geschikt voor menselijke consumptie.
4 'Eigeel': eigeel van gevogelte, ook indien met toegevoegde suiker of andere zoetstoffen, geschikt voor menselijke consumptie.

Deel VIII. Definities met betrekking tot de sector vlees van pluimvee
1 'Levend pluimvee': hanen, kippen, eenden, ganzen, kalkoenen en parelhoenders met een gewicht per stuk van meer dan 185 gram.
2 'Kuikens': levend pluimvee (hanen, kippen, eenden, ganzen, kalkoenen en parelhoenders) met een gewicht per stuk van niet meer dan 185 gram.
3 'Geslacht pluimvee': dood pluimvee (hanen, kippen, eenden, ganzen, kalkoenen en parelhoenders), hele dieren, ook zonder slachtafvallen.
4 'Afgeleide producten':
a) in bijlage I, deel XX, onder a), genoemde producten;
b) in bijlage I, deel XX, onder b), genoemde producten, 'delen van pluimvee' genoemd, met uitzondering van geslacht pluimvee en van eetbare slachtafvallen;
c) in bijlage I, deel XX, onder b), genoemde eetbare slachtafvallen;
d) in bijlage I, deel XX, onder c), genoemde producten;
e) in bijlage I, deel XX, onder d) en e), genoemde producten;
f) in bijlage I, deel XX, onder f), genoemde producten, andere dan die van de GN-code 1602 20 10.

Deel IX. Definities met betrekking tot de bijenteeltsector
1 Honing wordt beschouwd als honing in de zin van Richtlijn 2001/110/EG van de Raad [1], met inbegrip van wat de voornaamste soorten honing betreft.
2 Onder 'producten van de bijenteelt' wordt verstaan honing, bijenwas, koninginnengelei, propolis of pollen.
[02-12-2021, PbEU L 435, i.w.tr. 07-12-2021/regelingnummer 2021/2117]

---

(1) Richtlijn 2001/110/EG van de Raad van 20 december 2001 inzake honing (*PB* L 10 van 12.1.2002, blz. 47).

BIJLAGE III

In artikel 1 bis van Verordening (EU) nr. 1370/2013 [1] **bedoelde standaardkwaliteit van rijst en van suiker**

A. Standaardkwaliteit van padie

Padie van standaardkwaliteit:
a) is rijst van gezonde, deugdelijke en gebruikelijke handelskwaliteit, geurloos;
b) heeft een vochtgehalte van ten hoogste 13 %;
c) heeft bij verwerking tot volwitte rijst een rendement van 63 gewichtspercenten hele korrels (met maximaal 3 % ontpunte korrels), waarvan het maximumgewichtspercentage aan niet onberispelijke korrels volwitte rijst als volgt is:

krijtachtige korrels van padie van de GN-codes 1006 10 27 en 1006 10 98	1,5 %
krijtachtige korrels van padie van andere GN-codes dan de GN-codes 1006 10 27 en 1006 10 98	2,0 %
roodgestreepte korrels	1,0 %
gespikkelde korrels	0,50 %
gevlekte korrels	0,25 %
gele korrels	0,02 %
barnsteenkleurige korrels	0,05 %

B. Standaardkwaliteit van suiker

I. Standaardkwaliteit van suikerbieten

Vervallen.

II. Standaardkwaliteit van witte suiker

1 Witte suiker van de standaardkwaliteit heeft de volgende kenmerken:
a) gezond, deugdelijk en van gebruikelijke handelskwaliteit; droog, in kristallen van uniforme grootte, vrij lopend;
b) minimale polarisatie: 99,7;
c) maximaal vochtgehalte: 0,06 %;
d) maximaal gehalte aan invertsuiker: 0,04 %;
e) het overeenkomstig punt 2 vastgestelde aantal punten bedraagt in totaal niet meer dan 22 en bedraagt niet meer dan:
  — 15 voor het asgehalte,
  — 9 voor kleurtype, bepaald volgens de methode van het Institut für landwirtschaftliche Technologie und Zuckerindustrie Braunschweig ('methode Braunschweig'),
  — 6 voor kleuring van de oplossing, bepaald volgens de methode van de International Commission for Uniform Methods of Sugar Analysis, ('methode ICUMSA').

2 Een punt wordt toegekend:
a) per 0,0018 % asgehalte, bepaald volgens de methode ICUMSA bij 28°Brix;
b) per 0,5 kleurtype-eenheid, bepaald volgens de methode Braunschweig;

---

(1) Verordening (EU) nr. 1370/2013 van de Raad van 16 december 2013 houdende maatregelen tot vaststelling van steun en restituties in het kader van de gemeenschappelijke ordening van de markten voor landbouwproducten (*PB* L 346 van 20.12.2013, blz. 12)

c) per 7,5 eenheden voor de kleuring van de oplossing, bepaald volgens de methode ICUMSA.
3 De methoden voor de bepaling van de in punt 1 bedoelde elementen zijn dezelfde als de methoden die daarvoor worden gebruikt in het kader van de interventiemaatregelen.

III. Standaardkwaliteit van ruwe suiker
1 Ruwe suiker van de standaardkwaliteit is suiker met een rendement aan witte suiker van 92 %.
2 Het rendement van ruwe bietsuiker wordt berekend door op het getal van de polarisatiegraad van deze suiker in mindering te brengen:
a) het viervoud van het procentuele asgehalte;
b) het dubbele van het procentuele gehalte aan invertsuiker;
c) het getal 1.
3 Het rendement van ruwe rietsuiker wordt berekend door op het dubbele van zijn polarisatiegraad het getal 100 in mindering te brengen.
[02-12-2021, PbEU L 435, i.w.tr. 07-12-2021/regelingnummer 2021/2117]

BIJLAGE IV

Schema's van de unie voor de indeling van geslachte dieren, als bedoeld in artikel 10

A. Schema van de Unie voor de indeling van karkassen van runderen die ten minste acht maanden oud zijn

I. Definities
De volgende definities zijn van toepassing:
1. 'heel karkas': het hele geslachte dier na het uitbloeden, het verwijderen van de ingewanden en het villen;
2. 'half karkas': het product dat verkregen wordt door het scheiden van het hele geslachte dier in twee symmetrische delen door het midden van alle hals-, rug-, lende- en staartwervels en door het midden van het borstbeen en het bekken.

II. Categorieën
De runderkarkassen worden verdeeld in de volgende categorieën:
Z: karkassen van runderen die ten minste 8 maanden oud zijn, maar jonger zijn dan 12 maanden;
A: karkassen van niet-gecastreerde mannelijke dieren die ten minste 12 maanden oud zijn, maar jonger zijn dan 24 maanden;
B: karkassen van niet-gecastreerde mannelijke dieren die ten minste 24 maanden oud zijn;
C: karkassen van gecastreerde mannelijke dieren die ten minste 12 maanden oud zijn;
D: karkassen van vrouwelijke dieren die gekalfd hebben;
E: karkassen van andere vrouwelijke dieren die ten minste 12 maanden oud zijn.

III. Indeling
De karkassen worden ingedeeld na beoordeling van achtereenvolgens:
1. Bevleesdheid, als volgt gedefinieerd: Vorm van profielen van het geslachte dier, in het bijzonder de hoogwaardige delen (stomp, rug en schouder)

Vleesklasse	Omschrijving
S Superieur	Alle profielen uiterst rond; uitzonderlijke spierontwikkeling met dubbele spieren (type dikbil)
E Uitstekend	Alle profielen rond tot zeer rond; uitzonderlijke spierontwikkeling
U Zeer goed	Profielen over het geheel rond; sterke spierontwikkeling
R Goed	Over het geheel rechte profielen; goede spierontwikkeling
O Matig	Profielen recht tot hol; middelmatige spierontwikkeling
P Gering	Alle profielen hol tot zeer hol; beperkte spierontwikkeling

2. Vetheid, als volgt gedefinieerd:
   – Hoeveelheid vet aan de buitenkant van het karkas en aan de binnenzijde van de borstholte

Vetklasse	Omschrijving
1 Gering	Geen of zeer weinig vetbedekking
2 Licht	Lichte vetbedekking; vlees nog bijna overal zichtbaar
3 Middelmatig	Behalve op stomp en schouder is het vlees bijna overal bedekt met vet; lichte vetafzettingen in de borstholte
4 Sterk vervet	Vlees bedekt met vet, echter op stomp en schouder nog gedeeltelijk zichtbaar; enige duidelijke vetafzettingen in de borstholte
5 Zeer sterk vervet	Karkas totaal met vet afgedekt; sterke afzettingen in de borstholte

De lidstaten mogen de klassen van de punten 1 en 2 onderverdelen in ten hoogste drie subklassen.

IV. *Aanbiedingsvorm*

Hele en halve karkassen worden aangeboden:
a) zonder kop en zonder poten; de kop moet van de romp zijn gescheiden ter hoogte van de bovenste halswervel (atlaswervel), de poten moeten zijn afgescheiden ter hoogte van de voorkniegewrichten, respectievelijk spronggewrichten;
b) zonder de organen in de borst- en buikholte, met of zonder nieren, het niervet en het slotvet;
c) zonder de geslachtsorganen met de bijbehorende spieren, zonder de uier en het uiervet.

Bijlage IV

V. Indeling en identificatie

Slachthuizen die zijn erkend uit hoofde van artikel 4 van Verordening (EG) nr. 853/2004 van het Europees Parlement en de Raad [1], nemen maatregelen om ervoor te zorgen dat alle hele en halve karkassen van ten minste acht maanden oude runderen die in die slachthuizen zijn geslacht en voorzien zijn van een keurmerk volgens artikel 5, lid 2, in samenhang met bijlage I, afdeling I, hoofdstuk III, van Verordening (EG) nr. 854/2004 van het Europees Parlement en de Raad [2], worden ingedeeld en geïdentificeerd volgens het indelingsschema van de Unie.

Voorafgaand aan identificatie middels merken, mogen de lidstaten toestemming geven voor het verwijderen van vet aan de buitenkant van de hele en halve geslachte karkassen, indien de vetbedekking dit rechtvaardigt.

B. Schema van de Unie voor de indeling van varkenskarkassen

I. Definitie

'varkenskarkas': het geslachte dier, na verbloeding en verwijdering van de ingewanden, geheel of in twee helften verdeeld.

II. Indeling

Varkenskarkassen worden ingedeeld volgens hun geschatte aandeel mager vlees en worden dienovereenkomstig in categorieën ingedeeld:

Klassen	Mager vlees als percentage van het gewicht van het karkas
S	60 of meer
E	55 of meer, maar minder dan 60
U	50 of meer, maar minder dan 55
R	45 of meer, maar minder dan 50
O	40 of meer, maar minder dan 45
P	minder dan 40

III. Aanbiedingsvorm

Karkassen worden aangeboden zonder tong, borstels, hoeven, geslachtsorganen, niervet, nieren en middenrif.

IV. Magervleesaandeel

1 Het aandeel mager vlees wordt geschat volgens door de Commissie toegestane indelingsmethoden. Uitsluitend statistisch bewezen schattingsmethoden op basis van de fysieke opmeting van een of meer onderdelen van de anatomie van het varkenskarkas mogen worden toegestaan. Indelingsmethoden worden slechts toegelaten als een maximumtolerantie voor de statistische fout bij de schatting in acht wordt genomen.

2 De handelswaarde van de karkassen wordt echter niet uitsluitend door hun geschatte aandeel mager vlees bepaald.

---

(1) Verordening (EG) nr. 853/2004 van het Europees Parlement en de Raad van 29 april 2004 houdende vaststelling van specifieke hygiënevoorschriften voor levensmiddelen van dierlijke oorsprong (*PB* L 139 van 30.4.2004, blz. 55).

(2) Verordening (EG) nr. 854/2004 van het Europees Parlement en de Raad van 29 april 2004 houdende vaststelling van specifieke voorschriften voor de organisatie van de officiële controles van voor menselijke consumptie bestemde producten van dierlijke oorsprong (*PB* L 139 van 30.4.2004, blz. 206).

Vo. 1308/2013 gemeenschappelijke ordening markten voor landbouwproducten

V. Identificatie van karkassen
Tenzij door de Commissie anders is bepaald, worden ingedeelde karkassen overeenkomstig het indelingsschema van de Unie geïdentificeerd aan de hand van een merkteken.

C. Indelingsschema van de Unie voor schapenkarkassen
I. Definitie
Voor 'hele karkassen' en 'halve karkassen' gelden de definities van punt A.I.
II. Categorieën
De karkassen worden verdeeld in de volgende categorieën:
A.: karkassen van schapen van minder dan twaalf maanden,
B.: overige schapenkarkassen
III. Indeling
De karkassen worden ingedeeld door overeenkomstige toepassing van het bepaalde in punt A.III. De term 'stomp' in punt A.III.1 en in de rijen 3 en 4 van de tabel in punt A.III.2 wordt evenwel vervangen door de term 'achtervoet'.
IV. Aanbiedingsvorm
Hele en halve karkassen worden aangeboden zonder kop (deze moet van de romp zijn gescheiden ter hoogte van de bovenste halswervel (atlaswervel)), poten (deze moeten zijn afgescheiden ter hoogte van de voorkniegewrichten of spronggewrichten), staart (deze moet zijn afgescheiden tussen de zesde en de zevende staartwervel), uier, geslachtsorganen, lever en hartslag. De nieren en het niervet zijn in het karkas begrepen. De lidstaten worden evenwel gemachtigd om andere aanbiedingsvormen toe te staan, wanneer deze referentieaanbiedingsvorm niet wordt gebruikt.
V. Identificatie van karkassen
Ingedeelde hele en halve karkassen worden overeenkomstig het indelingsschema van de Unie geïdentificeerd aan de hand van een merkteken.
[17-12-2013, PbEU L 347, i.w.tr. 20-12-2013/regelingnummer 1308/2013]

BIJLAGE V

producten als bedoeld in artikel 23, lid 5

Categorie I
- Gefermenteerde zuivelproducten zonder vruchtensap, natuurlijk gearomatiseerd
- Gefermenteerde zuivelproducten met vruchtensap, natuurlijk gearomatiseerd of niet-gearomatiseerd
- Dranken op basis van melk met cacao, vruchtensap of natuurlijk gearomatiseerd

Categorie II
- Gefermenteerde of niet-gefermenteerde zuivelproducten met fruit, natuurlijk gearomatiseerd of niet-gearomatiseerd.

[11-05-2016, PbEU L 135, i.w.tr. 13-06-2016/regelingnummer 2016/791]

BIJLAGE VI

(Vervallen.)
[02-12-2021, PbEU L 435, i.w.tr. 07-12-2021/regelingnummer 2021/2117]

BIJLAGE VII

definities, aanduidingen en verkoopbenamingen van producten, bedoeld in artikel 78

Met het oog op de toepassing van deze bijlage wordt onder 'verkoopbenaming' verstaan: de naam waaronder een levensmiddel wordt verkocht, in de zin van artikel 5, lid 1, van Richtlijn 2000/13/EG of de naam van het levensmiddel, in de zin van artikel 17 van Verordening (EU) nr. 1169/2011.

Deel I. Vlees van runderen die jonger zijn dan 12 maanden
I. Definitie
Met het oog op de toepassing van dit deel wordt onder 'vlees' verstaan: geslachte dieren, vlees met of zonder been en slachtafvallen, al dan niet versneden, bestemd voor menselijke consumptie, van runderen die jonger zijn dan 12 maanden, aangeboden in verse, gekoelde of bevroren toestand, al dan niet voorzien van een onmiddellijke verpakking of een verpakking.

II. Indeling in het slachthuis van vlees van runderen die jonger zijn dan 12 maanden
Op het moment van het slachten delen de marktdeelnemers, onder toezicht van de bevoegde autoriteit, alle runderen die jonger zijn dan 12 maanden, in één van de volgende twee categorieën in:

A) Categorie V: runderen die jonger zijn dan 8 maanden Identificatieletter: V;
B) Categorie Z: runderen die ten minste 8 maanden oud zijn, maar jonger zijn dan 12 maanden Identificatieletter: Z.

Deze indeling vindt plaats op basis van het paspoort waarvan de runderen vergezeld gaan, of, bij gebrek daaraan, op basis van de gegevens uit het gecomputeriseerde gegevensbestand als bedoeld in artikel 5 van Verordening (EG) nr. 1760/2000 van het Europees Parlement en de Raad [1].

Op verzoek van een groepering als bedoeld in artikel 3, lid 2, van Verordening (EU) nr. 1151/2012 kan de betrokken lidstaat besluiten dat de in dit punt bedoelde voorwaarden niet van toepassing zijn op vlees van runderen met een overeenkomstig Verordening (EU) nr. 1151/2012 beschermde oorsprongsbenaming of beschermde geografische aanduiding die vóór 29 juni 2007 is geregistreerd.

III. Verkoopbenamingen
1 Vlees van runderen die jonger zijn dan twaalf maanden, mag in de verschillende lidstaten slechts worden afgezet onder de volgende, voor iedere lidstaat vastgestelde verkoopbenaming(en):

A) voor vlees van runderen die jonger zijn dan acht maanden (identificatieletter: V):

Land van afzet	Verplichte verkoopbenaming
België	veau, viande de veau/kalfsvlees/Kalbfleisch
Bulgarije	Мeco OT ManKM TeneTa
Tsjechische Republiek	Telecí

---

[1] Verordening (EG) nr. 1760/2000 van het Europees Parlement en de Raad van 17 juli 2000 tot vaststelling van een identificatie- en registratieregeling voor runderen en inzake de etikettering van rundvlees en rundvleesproducten (*PB* L 204 van 11.8.2000, blz. 1).

Vo. 1308/2013 gemeenschappelijke ordening markten voor landbouwproducten

Land van afzet	Verplichte verkoopbenaming
Denemarken	Lyst kalveked
Duitsland	Kalbfleisch
Estland	Vasikaliha
Ierland	Veal
Griekenland	μοσχάρι γάλακτος
Spanje	Ternera blanca, carne de ternera blanca
Frankrijk	veau, viande de veau
Kroatië	teletina
Italië	vitello, carne di vitello
Cyprus	μοσχάρι γάλακτος
Letland	Teļa gaļa
Litouwen	Veršiena
Luxemburg	veau, viande de veau/Kalbfleisch
Hongarije	Borjúhús
Malta	Vitella
Nederland	Kalfsvlees
Oostenrijk	Kalbfleisch
Polen	Cielęcina
Portugal	Vitela
Roemenië	carne de vitel
Slovenië	Teletina
Slowakije	Tel'acie mäso
Finland	vaalea vasikanliha/ljust kalvkött
Zweden	ljust kalvkött

B) voor vlees van runderen die ten minste 8 maanden oud zijn, maar jonger zijn dan 12 maanden (identificatieletter: Z):

Land van afzet	Verplichte verkoopbenaming
België	jeune bovin, viande de jeune bovin/jongrundvlees/Jungrindfleisch
Bulgarije	TeneuiKO Meco
Tsjechische Republiek	hovězí maso z mladého skotu
Denemarken	Kalvekød
Duitsland	Jungrindfleisch
Estland	noorloomaliha
Ierland	rosé veal
Griekenland	νεαρό μοσχάρι
Spanje	Ternera, carne de ternera
Frankrijk	jeune bovin, viande de jeune bovin
Kroatië	mlada junetina
Italië	vitellone, carne di vitellone
Cyprus	νεαρό μοσχάρι

Bijlage VII

Land van afzet	Verplichte verkoopbenaming
Letland	jaunlopa gaļa
Litouwen	Jautiena
Luxemburg	jeune bovin, viande de jeune bovin/Jungrindfleisch
Hongarije	Növendék marha húsa
Malta	Vitellun
Nederland	rosé kalfsvlees
Oostenrijk	Jungrindfleisch
Polen	młoda wołowina
Portugal	Vitelão
Roemenië	carne de tineret bovin
Slovenië	meso težjih telet
Slowakije	mäso z mladého dobytka
Finland	vasikanliha/kalvkött
Zweden	Kalvkött

2 De in lid 1 bedoelde verkoopbenamingen mogen worden aangevuld met de vermelding van de benaming of de aanduiding van de betrokken stukken vlees of van het betrokken slachtafval.
3 De verkoopbenamingen voor categorie V die in deel A) van de tabel in lid 1 zijn opgenomen, en eventuele nieuwe benamingen die van die verkoopbenamingen zijn afgeleid, mogen uitsluitend worden gebruikt indien aan alle eisen van deze bijlage wordt voldaan. Meer bepaald mag in een verkoopbenaming of op een etiket van vlees van runderen die ouder zijn dan 12 maanden, geen gebruik worden gemaakt van de termen 'veau', 'teleci', 'Kalb', 'μοσχάρι', 'ternera', 'kalv', 'veal', 'vitello', 'vitella', 'kalf,' 'vitela' en 'teletina'.
4 De in lid 1 bedoelde voorwaarden zijn niet van toepassing op vlees van runderen waarvoor vóór 29 juni 2007 een beschermde oorsprongsbenaming of geografische aanduiding is geregistreerd overeenkomstig Verordening (EG) nr. 1121/2012 van de Raad.

IV. *Verplichte vermelding op het etiket*

1 Onverminderd Richtlijn 2000/13/EG, Verordening (EU) nr. 1169/2011 en de artikelen 13, 14 en 15 van Verordening (EG) nr. 1760/2000, brengen de marktdeelnemers in ieder stadium van de productie en de afzet de volgende gegevens aan op het etiket van vlees van runderen die niet ouder zijn dan twaalf maanden:
a) de verkoopbenaming overeenkomstig punt III vandit deel;
b) de slachtleeftijd van de dieren, door middel van de vermelding
   — 'slachtleeftijd: tot 8 maanden';
   — 'slachtleeftijd: van 8 tot 12 maanden'.
In afwijking van punt b) van de eerste alinea, kunnen de marktdeelnemers de vermelding van de slachtleeftijd vervangen door de vermelding van de categorie, respectievelijk: 'categorie V' of 'categorie Z', in de stadia voorafgaand aan de aanbieding aan de eindverbruiker.
2 De voorschriften voor het aanbrengen van de in lid 1 bedoelde vermeldingen op het etiket van vlees van runderen die niet ouder zijn dan twaalf maanden en dat in nietvoorverpakte vorm in de detailhandel wordt aangeboden aan de eindverbruiker, worden door de lidstaten vastgesteld.

V. Registratie

In elk stadium van de productie en de afzet registreren de marktdeelnemers de volgende gegevens:
a) het identificatienummer en de geboortedatum van de dieren, alleen in het slachthuis;
b) een referentienummer voor de vaststelling van het verband tussen, enerzijds, de identificatie van het dier waarvan het vlees afkomstig is en, anderzijds, de op het etiket van het vlees vermelde verkoopbenaming, slachtleeftijd en identificatieletter van de betrokken categorie;
c) de datum waarop de dieren en het vlees de inrichting respectievelijk binnengekomen zijn en verlaten hebben.

VI. Officiële controles

1 De lidstaten wijzen de bevoegde autoriteiten aan die verantwoordelijk zijn voor de officiële controles waarmee wordt nagegaan of dit deel wordt toegepast, en delen de betrokken gegevens mee aan de Commissie.

2 De in lid 1 bedoelde bevoegde autoriteiten voeren officiële controles uit overeenkomstig de algemene beginselen van Verordening (EG) nr. 882/2004 van het Europees Parlement en de Raad [2].

3 De deskundigen van de Commissie voeren, zo nodig, samen met de betrokken bevoegde autoriteiten en, in voorkomend geval, met deskundigen van de lidstaten, controles ter plaatse uit om zich ervan te vergewissen dat de bepalingen van deze bijlage worden toegepast.

4 De lidstaten op het grondgebied waarvan een controle wordt uitgevoerd, verlenen de Commissie alle medewerking die zij bij het verrichten van haar taak nodig heeft.

5 Met betrekking tot uit derde landen ingevoerd vlees zorgt de bevoegde autoriteit die door dat derde land is aangewezen, of, in voorkomend geval, een onafhankelijke dienst ervoor dat aan de eisen van dit deel wordt voldaan. Deze dienst biedt de nodige garanties waaruit blijkt dat hij zich houdt aan de Europese norm EN 45011 of ISO/IEC Guide 65.]

Deel II. Wijncategorieën

De categorieën wijnbouwproducten zijn die welke zijn vastgesteld in de punten 1 tot en met 17. De in punt 1 en de punten 4 tot en met 9 vastgestelde categorieën wijnbouwproducten mogen een volledige of gedeeltelijke dealcoholisatie ondergaan overeenkomstig bijlage VIII, deel I, sectie E, nadat zij volledig beantwoorden aan hun respectieve in die punten omschreven kenmerken.

(1) Wijn. Onder 'wijn' wordt verstaan: het product dat uitsluitend wordt verkregen door gehele of gedeeltelijke alcoholische vergisting van al dan niet gekneusde verse druiven of van druivenmost.

Wijn heeft:
a) na de eventuele behandelingen als bedoeld in bijlage VIII, deel I, punt B, een feitelijk alcoholvolumegehalte van ten minste 8,5 % vol, mits deze wijn uitsluitend afkomstig is van druiven die zijn geoogst in de wijnbouwzones A en B zoals bedoeld in het aanhangsel I bij deze bijlage, en van ten minste 9 % vol voor de overige wijnbouwzones;
b) wanneer hij een beschermde oorsprongsbenaming of een beschermde geografische aanduiding heeft, in afwijking van het doorgaans geldende minimale effectieve

---

(2) *Verordening (EG) Nr. 882/2004 van de het Europees Parlement en de Raad* van 29 april 2004 inzake officiële controles op de naleving van de wetgeving inzake diervoeders en levensmiddelen en de voorschriften inzake diergezondheid en dierenwelzijn (*PB* L 165 van 30.4.2004, blz. 1).

Bijlage VII

alcoholvolumegehalte en na de eventuele behandelingen zoals bedoeld in bijlage VIII, deel I, punt B, een feitelijk alcoholvolumegehalte van ten minste 4,5 % vol;
c) een totaal alcoholvolumegehalte van ten hoogste 15 % vol. In afwijking daarvan:
   – kan voor wijn die zonder verrijking is verkregen op bepaalde wijnbouwoppervlakten van de Unie die de Commissie overeenkomstig artikel 75, lid 2, door middel van gedelegeerde handelingen vaststelt, de bovengrens van het totale alcoholvolumegehalte tot 20 % vol worden verhoogd,
   – kan de bovengrens van het totale alcoholvolumegehalte tot meer dan 15 % vol worden verhoogd voor wijn met een beschermde oorsprongsbenaming die is verkregen zonder verrijking, of uitsluitend verrijkt door de in bijlage VIII, deel I, afdeling B, punt 1, genoemde procedés van gedeeltelijke concentratie, mits het productdossier in het technisch dossier van de betrokken beschermde oorsprongsbenaming die mogelijkheid bevat;
d) behoudens eventuele afwijkingen die de Commissie overeenkomstig artikel 75, lid 2, door middel van gedelegeerde handelingen kan vaststellen, een totaal gehalte aan zuren, uitgedrukt in wijnsteenzuur, van ten minste 3,5 gram per liter of 46,6 milli-equivalent per liter.

'Retsina': wijn die uitsluitend wordt voortgebracht op het geografische grondgebied van Griekenland uit druivenmost die met hars van de Aleppopijnboom is behandeld. Het gebruik van hars van de Aleppopijnboom is alleen toegestaan om 'retsina'-wijn overeenkomstig de toepasselijke Griekse voorschriften te verkrijgen.

In afwijking van het bepaalde in punt b) van de tweede alinea worden 'Tokaji eszencia' en 'Tokajská esencia' als wijn beschouwd.

De lidstaten mogen evenwel toestaan dat het woord 'wijn' wordt gebruikt indien:
a) het vergezeld gaat van de naam van een vrucht in samengestelde benamingen om producten, verkregen door vergisting van andere vruchten dan druiven, af te zetten; of
b) het onderdeel is van een samengestelde benaming.

Iedere verwarring met producten die onder de wijncategorieën van deze bijlage vallen, moet worden voorkomen.

(2) Jonge, nog gistende wijn. Onder 'jonge, nog gistende wijn' wordt verstaan, wijn waarvan de alcoholische gisting nog niet is geëindigd en die nog niet is ontdaan van de wijnmoer.

(3) Likeurwijn. Onder 'likeurwijn' wordt verstaan, het product:
a) dat een effectief alcoholvolumegehalte heeft van ten minste 15 % vol. en ten hoogste 22 % vol. Bij wijze van uitzondering, en voor wijnen met een langere rijping, kunnen deze grenspercentages verschillen bij bepaalde likeurwijnen met een oorsprongsbenaming of geografische aanduiding die voorkomen op de lijst die de Commissie door middel van gedelegeerde handelingen heeft vastgesteld overeenkomstig artikel 75, lid 2, op voorwaarde dat:
   – de wijnen die in het rijpingsproces worden gebracht, voldoen aan de definitie van likeurwijn, en
   – de gerijpte wijn een effectief alcoholvolumegehalte heeft van ten minste 14 % vol.;
b) dat een totaal alcoholvolumegehalte heeft van ten minste 17,5 % vol, met uitzondering van bepaalde likeurwijnen met een oorsprongsbenaming of een geografische

aanduiding, die voorkomen op een lijst die de Commissie overeenkomstig artikel 75, lid 2, door middel van gedelegeerde handelingen opstelt;
c) dat verkregen is uit:
   – gedeeltelijk gegiste druivenmost,
   – wijn,
   – een mengsel van bovengenoemde producten, of
   – druivenmost of een mengsel van druivenmost en wijn als het gaat om bepaalde, door de Commissie overeenkomstig artikel 75, lid 2, door middel van gedelegeerde handelingen vast te stellen likeurwijnen met een beschermde oorsprongsbenaming of een beschermde geografische aanduiding;
d) dat een oorspronkelijk natuurlijk alcoholvolumegehalte heeft van ten minste 12 % vol, met uitzondering van bepaalde likeurwijnen met een beschermde oorsprongsbenaming of een beschermde geografische aanduiding, die voorkomen op een lijst die de Commissie overeenkomstig artikel 75, lid 2, door middel van gedelegeerde handelingen opstelt;
e) waaraan zijn toegevoegd:
   i) een van de volgende producten of een mengsel daarvan:
      – neutrale alcohol uit wijnbouwproducten, met inbegrip van alcohol verkregen door de distillatie van rozijnen en krenten, met een feitelijk alcoholvolumegehalte van ten minste 96 % vol,
      – distillaat van wijn of van rozijnen en krenten met een feitelijk alcoholvolumegehalte van ten minste 52 % vol en ten hoogste 86 % vol;
   ii) alsmede, in voorkomend geval, een of meer van de volgende producten:
      – geconcentreerde druivenmost,
      – een mengsel van een van de onder e), i), genoemde producten met druivenmost zoals bedoeld onder c), eerste en vierde streepje;
f) waaraan, in afwijking van het bepaalde in punt e), voor zover het gaat om likeurwijnen met een beschermde oorsprongsbenaming of een beschermde geografische aanduiding die voorkomen op een lijst die de Commissie overeenkomstig artikel 75, lid 2, door middel van gedelegeerde handelingen opstelt, zijn toegevoegd:
   i) een van de onder e), i), genoemde producten of een mengsel daarvan; of
   ii) een of meer van de volgende producten:
      – alcohol van wijn of van rozijnen en krenten, met een feitelijk alcoholvolumegehalte van ten minste 95 % vol en ten hoogste 96 % vol,
      – eau-de-vie van wijn of van druivendraf, met een feitelijk alcoholvolumegehalte van ten minste 52 % vol en ten hoogste 86 % vol,
      – eau-de-vie van rozijnen en krenten, met een feitelijk alcoholvolumegehalte van ten minste 52 % vol doch minder dan 94,5 % vol; en
   iii) in voorkomend geval, een of meer van de volgende producten:
      – gedeeltelijk gegiste druivenmost van ingedroogde druiven,
      – geconcentreerde druivenmost verkregen door rechtstreekse werking van vuur, die, afgezien van deze bewerking, voldoet aan de definitie van geconcentreerde druivenmost,
      – geconcentreerde druivenmost,
      – een mengsel van een van de onder f), ii), genoemde producten met druivenmost als bedoeld onder c), eerste en vierde streepje.

(4) Mousserende wijn. Onder 'mousserende wijn' wordt verstaan, het product dat:

a) is verkregen door eerste of tweede alcoholische vergisting:
   — van verse druiven,
   — van druivenmost, of
   — van wijn;
b) wordt gekenmerkt door het feit dat bij het openen van de recipiënten koolzuurgas vrijkomt dat uitsluitend door vergisting is ontstaan;
c) bij bewaring in gesloten recipiënten bij 20 °C, een door koolzuurgas in oplossing teweeggebrachte overdruk heeft van ten minste 3 bar; en
d) wordt bereid uit cuvées met een totaal alcoholvolumegehalte van ten minste 8,5 % vol.

(5) Mousserende kwaliteitswijn. Onder 'mousserende kwaliteitswijn' wordt verstaan, het product dat:
a) is verkregen door eerste of tweede alcoholische vergisting:
   — van verse druiven,
   — van druivenmost, of
   — van wijn;
b) wordt gekenmerkt door het feit dat bij het openen van de recipiënten koolzuurgas vrijkomt dat uitsluitend door vergisting is ontstaan;
c) bij bewaring in gesloten recipiënten bij 20 °C, een door koolzuurgas in oplossing teweeggebrachte overdruk heeft van ten minste 3,5 bar; en
d) wordt bereid uit cuvées met een totaal alcoholvolumegehalte van ten minste 9 % vol.

(6) Aromatische mousserende kwaliteitswijn. Onder 'aromatische mousserende kwaliteitswijn' wordt verstaan, het product dat:
a) is verkregen door voor de cuvée uitsluitend gebruik te maken van druivenmost of gedeeltelijk gegiste druivenmost van specifieke wijndruivenrassen die zijn opgenomen op een lijst die de Commissie overeenkomstig artikel 75, lid 2, door middel van gedelegeerde handelingen opstelt. De aromatische mousserende kwaliteitswijnen die traditioneel worden bereid met gebruikmaking van wijnen voor de cuvée, worden door de Commissie overeenkomstig artikel 75, lid 2, door middel van gedelegeerde handelingen vastgesteld;
b) bij bewaring in gesloten recipiënten bij 20 °C, een door koolzuurgas in oplossing teweeggebrachte overdruk heeft van ten minste 3 bar;
c) een feitelijk alcoholvolumegehalte heeft van ten minste 6 % vol; en
d) een totaal alcoholvolumegehalte heeft van ten minste 10 % vol.

(7) Mousserende wijn waaraan koolzuurgas is toegevoegd. Onder 'mousserende wijn waaraan koolzuurgas is toegevoegd', wordt verstaan, het product dat:
a) is verkregen uit wijn zonder een beschermde oorsprongsbenaming of een beschermde geografische aanduiding;
b) bij het openen van de recipiënten, koolzuurgas laat ontsnappen dat geheel of gedeeltelijk is toegevoegd; en
c) bij bewaring in gesloten recipiënten bij 20 °C, een door koolzuurgas in oplossing teweeggebrachte overdruk heeft van ten minste 3 bar.

(8) Parelwijn. Onder 'parelwijn' wordt verstaan, het product dat:
a) is verkregen uit wijn, uit jonge nog gistende wijn, uit druivenmost of uit gedeeltelijk gegiste druivenmost, voor zover het totale alcoholvolumegehalte van die producten ten minste 9 % vol bedraagt;

b) een feitelijk alcoholvolumegehalte heeft van ten minste 7 % vol;
c) bij bewaring in gesloten recipiënten bij 20 °C, een door endogeen koolzuurgas in oplossing teweeggebrachte overdruk heeft van ten minste 1 en ten hoogste 2,5 bar; en
d) wordt opgeslagen in recipiënten van 60 l of minder.

(9) Parelwijn waaraan koolzuurgas is toegevoegd. Onder 'parelwijn waaraan koolzuurgas is toegevoegd' wordt verstaan, het product dat:
a) is verkregen uit wijn, uit jonge nog gistende wijn, uit druivenmost of uit gedeeltelijk gegiste druivenmost;
b) een feitelijk alcoholvolumegehalte heeft van ten minste 7 % vol en een totaal alcoholvolumegehalte van ten minste 9 % vol;
c) bij bewaring in gesloten recipiënten bij 20 °C, een door geheel of gedeeltelijk toegevoegd koolzuurgas in oplossing teweeggebrachte overdruk heeft van ten minste 1 en ten hoogste 2,5 bar; en
d) wordt opgeslagen in recipiënten van 60 l of minder.

(10) Druivenmost. Onder 'druivenmost' wordt verstaan: de vloeistof die op natuurlijke wijze of via natuurkundige procedés uit verse druiven wordt verkregen. Druivenmost mag een feitelijk alcoholvolumegehalte hebben van ten hoogste 1 % vol.

(11) Gedeeltelijk gegiste druivenmost. Onder 'gedeeltelijk gegiste druivenmost' wordt verstaan: het product dat wordt verkregen door vergisting van druivenmost en dat een feitelijk alcoholvolumegehalte heeft van meer dan 1 % vol doch minder dan drie vijfde van het totale alcoholvolumegehalte.

(12) Gedeeltelijk gegiste druivenmost van ingedroogde druiven. Onder 'gedeeltelijk gegiste druivenmost van ingedroogde druiven' wordt verstaan: het product dat wordt verkregen door de gedeeltelijke vergisting van druivenmost van ingedroogde druiven, waarvan het totale gehalte aan suiker vóór de gisting ten minste 272 g per liter bedraagt en waarvan het natuurlijke en effectieve alcoholvolumegehalte niet minder mag bedragen dan 8 % vol. Bepaalde door de Commissie overeenkomstig artikel 75, lid 2, door middel van gedelegeerde handelingen vast te stellen wijnen die aan deze eisen voldoen, worden echter niet als gedeeltelijk gegiste druivenmost van ingedroogde druiven beschouwd.

(13) Geconcentreerde druivenmost. Onder 'geconcentreerde druivenmost' wordt verstaan: de niet-gekarameliseerde druivenmost die wordt verkregen door gedeeltelijke dehydratatie van druivenmost door middel van elk ander toegestaan procedé dan de rechtstreekse werking van vuur, en op zodanige wijze dat bij een temperatuur van 20 °C met een refractometer volgens een overeenkomstig artikel 80, lid 5, eerste alinea, en artikel 91, eerste alinea, onder d), voor te schrijven methode een waarde van niet minder dan 50,9 % wordt gemeten.

Geconcentreerde druivenmost mag een feitelijk alcoholvolumegehalte hebben van ten hoogste 1 % vol.

(14) Gerectificeerde geconcentreerde druivenmost. Onder 'gerectificeerde geconcentreerde druivenmost' wordt verstaan:
a) de niet-gekarameliseerde vloeistof die:
   i) wordt verkregen door gedeeltelijke dehydratatie van druivenmost door middel van elk ander toegestaan procedé dan de rechtstreekse werking van vuur, en op zodanige wijze dat bij een temperatuur van 20 °C met een refractometer volgens een overeenkomstig artikel 80, lid 5, eerste alinea, en artikel 91, eerste

alinea, onder d), voor te schrijven methode een waarde van niet minder dan 61,7 % wordt gemeten;
ii) een toegestane behandeling voor ontzuring en eliminatie van andere bestanddelen dan suiker heeft ondergaan;
iii) de volgende kenmerken vertoont:
- pH niet hoger dan 5 bij 25°Brix,
- optische dichtheid bij 425 nm en een dikte van 1 cm, niet hoger dan 0,100, voor geconcentreerde druivenmost bij 25°Brix,
- sucrosegehalte niet vast te stellen met een nader te bepalen analysemethode;
- Folin-Ciocalteau-index niet hoger dan 6,00 bij 25°Brix,
- getitreerde zuurgraad niet hoger dan 15 milli-equivalent per kilogram suiker totaal;
- gehalte aan zwaveldioxide niet hoger dan 25 mg per kilogram suiker totaal,
- gehalte aan kationen totaal niet hoger dan 8 milli-equivalent per kilogram suiker totaal,
- conductiviteit bij 25 Brix en 20 °C niet hoger dan 120 micro-Siemens/cm,
- gehalte aan hydroxymethylfurfural niet hoger dan 25 mg per kilogram suiker totaal;
- aanwezigheid van meso-inositol.

b) de niet-gekarameliseerde vaste stof die:
i) zonder gebruik van oplosmiddelen wordt verkregen door kristallisatie van vloeibare gerectificeerde geconcentreerde druivenmost;
ii) een toegestane behandeling voor ontzuring en eliminatie van andere bestanddelen dan suiker heeft ondergaan;
iii) na verdunning bij 25 °Brix de volgende kenmerken vertoont;
- pH niet hoger dan 7,5;
- optische dichtheid bij 425 nm en een dikte van 1 cm, niet hoger dan 0,100;
- sucrosegehalte niet vast te stellen met een nader te bepalen analysemethode;
- Folin-Ciocalteu-index niet hoger dan 6,00;
- getitreerde zuurgraad niet hoger dan 15 milli-equivalent per kilogram suiker totaal;
- gehalte aan zwaveldioxide niet hoger dan 10 mg per kilogram suiker totaal;
- gehalte aan kationen totaal niet hoger dan 8 milli-equivalent per kilogram suiker totaal;
- conductiviteit bij 20 °C niet hoger dan 120 micro-Siemens/cm;
- gehalte aan hydroxymethylfurfural niet hoger dan 25 mg per kilogram suiker totaal;
- aanwezigheid van meso-inositol.

Geconcentreerde druivenmost mag een feitelijk alcoholvolumegehalte hebben van ten hoogste 1 % vol.

(15) Wijn van ingedroogde druiven. Onder 'wijn van ingedroogde druiven' wordt verstaan: het product dat:
a) zonder verrijking is verkregen van druiven die in de zon of de schaduw hebben gelegen met het oog op gedeeltelijke dehydratatie;
b) een totaal alcoholvolumegehalte heeft van ten minste 16 % vol en een feitelijk alcoholvolumegehalte van ten minste 9 % vol; en
c) een natuurlijk alcoholvolumegehalte heeft van ten minste 16 % vol (of 272 g suiker/liter).

(16) Wijn van overrijpe druiven. Onder 'wijn van overrijpe druiven' wordt verstaan: het product dat:
a) wordt bereid zonder verrijking;
b) een natuurlijk alcoholvolumegehalte heeft van meer dan 15 % vol; en
c) een totaal alcoholvolumegehalte heeft van ten minste 15 % vol en een feitelijk alcoholvolumegehalte van ten minste 12 % vol.

De lidstaten kunnen voor dit product een rijpingsperiode voorschrijven.

(17) Wijnazijn. Onder 'wijnazijn' wordt verstaan: azijn die:
a) uitsluitend wordt verkregen door azijnzure vergisting van wijn; en
b) een totaal zuurgehalte heeft van ten minste 60 g per liter, uitgedrukt in azijnzuur.

Deel III. Melk en zuivelproducten

1 Onder 'melk' wordt uitsluitend vestaan: het product dat normaal door de melkklieren wordt afgescheiden en bij één of meer melkbeurten is verkregen, zonder dat daaraan stoffen worden toegevoegd of onttrokken.

De benaming 'melk' mag evenwel tevens worden gebruikt:
a) voor melk die een behandeling heeft ondergaan waardoor de samenstelling niet wordt gewijzigd of voor melk waarvan het vetgehalte overeenkomstig deel IV is gestandaardiseerd;
b) samen met één of meer woorden, om het type, de kwaliteitsklasse, de oorsprong en/of het voorgenomen gebruik van de melk aan te geven, of om de fysieke behandeling te omschrijven waaraan de melk is onderworpen of de wijzigingen in de samenstelling die de melk heeft ondergaan, mits deze wijzigingen beperkt blijven tot het toevoegen en/of het onttrekken van natuurlijke melkbestanddelen aan de melk.

2 Met het oog op de toepassing van dit deel wordt onder 'zuivelproducten' verstaan: producten die uitsluitend zijn verkregen uit melk, met dien verstande dat stoffen die voor de bereiding ervan noodzakelijk zijn, mogen worden toegevoegd, mits deze stoffen niet worden gebruikt voor de volledige of gedeeltelijke vervanging van één van de bestanddelen van de melk.

Voor zuivelproducten mogen uitsluitend de onderstaande benamingen worden gebruikt:
a) de volgende benamingen, die in alle handelsstadia worden gebruikt
   i) wei,
   ii) room,
   iii) boter,
   iv) karnemelk of botermelk,
   v) boterolie,
   vi) caseïne,
   vii) watervrij melkvet,

Bijlage VII

    viii) kaas,
    ix) yoghurt,
    x) kefir,
    xi) koemis,
    xii) viili/fil,
    xiii) smetana,
    xiv) fil,
    xv) rjaženka,
    xvi) rūgušpiens;
b) benamingen in de zin van artikel 5 van Richtlijn 2000/13/EG of artikel 17 van Verordening (EU) nr. 1169/2011 die daadwerkelijk voor zuivelproducten worden gebruikt.

3 De benaming 'melk' en de voor de omschrijving van zuivelproducten gebruikte benamingen mogen eveneens worden gebruikt samen met één of meer woorden voor het omschrijven van samengestelde producten waarvan geen enkel element de plaats van een bestanddeel van melk inneemt of met dit doel wordt toegevoegd, en waarvan de melk of een zuivelproduct een essentieel bestanddeel is, hetzij door zijn hoeveelheid, hetzij omdat zijn effect kenmerkend is voor het product.

4 Wat melk betreft, moet worden vermeld van welke diersoort de melk afkomstig is, indien zij niet afkomstig is van runderen.

5 De in de punten 1, 2 en 3 bedoelde benamingen mogen niet voor andere dan de in die punten bedoelde producten worden gebruikt.

Deze bepaling is evenwel niet van toepassing op de benaming van producten waarvan de precieze aard op grond van traditioneel gebruik duidelijk is, en/of wanneer duidelijk is dat de benamingen bedoeld zijn om een kenmerkende eigenschap van het product te omschrijven.

6 Voor andere dan de in de punten 1, 2 en 3 van dit deel bedoelde producten mogen geen etiketten, handelsdocumenten, reclamemateriaal of enige vorm van reclame als omschreven in artikel 2 van Richtlijn 2006/114/EG [1] van de Raad of enige vorm van presentatie worden gebruikt waarmee wordt aangegeven, geïmpliceerd of gesuggereerd dat het betrokken product een zuivelproduct is.

Voor producten die melk- of zuivelproducten bevatten, mogen de benaming 'melk' en de in punt 2, tweede alinea, van dit deel bedoelde benamingen echter uitsluitend worden gebruikt om een beschrijving van de grondstoffen en een opsomming van de ingrediënten te geven overeenkomstig Richtlijn 2000/13/EG of Verordening (EU) nr. 1169/2011.

Deel IV. Melk voor menselijke consumptie van GN-code 0401
I. Definities. Met het oog op de toepassing van dit deel wordt verstaan onder:
a) 'melk': het door het melken van één of meer koeien verkregen product;
b) 'consumptiemelk': de in punt III vermelde producten, bestemd om als zodanig aan de consument te worden geleverd;
c) 'vetgehalte': de massaverhouding van de delen melkvetstof tot 100 delen van de betrokken melk;

---

(1) Richtlijn 2006/114/EG van het Europees Parlement en de Raad van 12 december 2006 betreffende misleidende reclame en vergelijkende reclame (*PB* L 376 van 27.12.2006, blz. 21).

d) 'eiwitgehalte': de massaverhouding van de delen melkeiwit tot 100 delen van de betrokken melk berekend door het totale stikstofgehalte van de melk, uitgedrukt als massapercentage, te vermenigvuldigen met 6,38.

II. Levering of verkoop aan de eindverbruiker.

1. Alleen melk die voldoet aan de eisen voor consumptiemelk mag zonder verwerking aan de eindconsument worden geleverd of verkocht, hetzij rechtstreeks, hetzij via restaurants, ziekenhuizen, kantines of andere soortgelijke instellingen.
2. De verkoopbenamingen voor deze producten zijn die welke zijn vastgesteld in punt III. Deze verkoopbenamingen mogen uitsluitend voor de in dat punt gedefinieerde producten worden gebruikt, onverminderd de mogelijkheid om ze te gebruiken in samengestelde benamingen.
3. De lidstaten stellen maatregelen vast om de consument over de aard of de samenstelling van de producten te informeren in alle gevallen waarin het ontbreken van deze informatie bij de consument tot verwarring kan leiden.

III. Consumptiemelk.

1. De volgende producten worden als consumptiemelk beschouwd:
    a) rauwe melk: melk die niet is verwarmd tot boven 40 °C en die evenmin een behandeling met een gelijkwaardig effect heeft ondergaan;
    b) volle melk: warmtebehandelde melk die, wat het vetgehalte betreft, aan één van de volgende eisen voldoet:
        i) gestandaardiseerde volle melk: melk met een vetgehalte van ten minste 3,50 % (m/m). De lidstaten mogen evenwel een extra categorie volle melk met een vetgehalte van 4,00 % (m/m) of meer vaststellen;
        ii) niet-gestandaardiseerde volle melk: melk waarvan het vetgehalte sedert het melken niet is gewijzigd, noch door toevoeging of verwijdering van melkvet, noch door vermenging met melk waarvan het natuurlijke vetgehalte is gewijzigd. Het vetgehalte mag evenwel niet lager zijn dan 3,50 % (m/m);
    c) halfvolle melk: warmtebehandelde melk waarvan het vetgehalte op ten minste 1,50 % (m/m) en ten hoogste 1,80 % (m/m) is gebracht;
    d) magere melk: warmtebehandelde melk waarvan het vetgehalte op ten hoogste 0,50 % (m/m) is gebracht.

   Warmtebehandelde melk die niet voldoet aan de in de eerste alinea, punten b), c) en d), vastgestelde eisen ten aanzien van het vetgehalte, wordt als consumptiemelk beschouwd op voorwaarde dat het vetgehalte tot op de eerste decimaal duidelijk en gemakkelijk leesbaar op de verpakking is aangebracht, en wel als volgt: '... % vet'. Die melk mag niet worden omschreven als volle melk, halfvolle melk of magere melk.
2. Onverminderd het bepaalde in punt 1, onderdeel b), onder ii), zijn slechts de volgende wijzigingen toegestaan:
    a) om de voor consumptiemelk voorgeschreven vetgehalten in acht te nemen, wijziging van het natuurlijke vetgehalte van de melk door verwijdering of toevoeging van room of door toevoeging van volle, halfvolle of magere melk;

Bijlage VII

b) verrijking van de melk met uit melk afkomstige eiwitten, minerale zouten of vitaminen overeenkomstig Verordening (EG) nr. 1925/2006 van het Europees Parlement en de Raad [1];

c) vermindering van het lactosegehalte, door omzetting van lactose in glucose en galactose.

De onder b) en c) bedoelde wijzigingen in de samenstelling van de melk zijn alleen toegestaan indien zij duidelijk zichtbaar, goed leesbaar en onuitwisbaar op de verpakking van het product worden vermeld. Deze vermelding doet echter niets af aan de verplichting tot voedingswaarde-etikettering zoals bedoeld in Verordening (EU) nr. 1169/2011. In geval van verrijking met eiwitten dient het eiwitgehalte van de verrijkte melk 3,8 % (m/m) of meer te bedragen.

De lidstaten kunnen de onder b) en c) bedoelde wijzigingen in de samenstelling van de melk echter beperken of verbieden.

3. Consumptiemelk moet aan de volgende eisen voldoen:
   a) een vriespunt hebben dat het gemiddelde vriespunt van rauwe melk in de regio waar de consumptiemelk wordt ingezameld, dicht benadert;
   b) een massagewicht van ten minste 1 028 gram per liter hebben voor melk met een vetgehalte van 3,5 % (m/m) bij een temperatuur van 20 °C, of het equivalent daarvan per liter voor melk met een ander vetgehalte;
   c) ten minste 2,9 % (m/m) eiwit bevatten voor melk met een vetgehalte van 3,5 % (m/m), of het equivalent daarvan voor melk met een ander vetgehalte.

Deel V. Producten van de sector pluimveevlees

I. Dit deel is van toepassing op het, in het kader van de uitoefening van een beroep of bedrijf, in de Unie afzetten van bepaalde soorten en aanbiedingsvormen van pluimveevlees, alsmede van bereidingen en producten op basis van pluimveevlees of slachtafval van pluimvee, van de volgende soorten:
— hanen en kippen (Gallus domesticus),
— eenden,
— ganzen,
— kalkoenen,
— parelhoenders.

Deze bepalingen zijn ook van toepassing op gepekeld pluimveevlees van GN-code 0210 99 39.

II. Definities

(1) 'Pluimveevlees': het voor menselijke consumptie geschikt vlees van pluimvee dat geen enkele andere behandeling dan een koudebehandeling heeft ondergaan:

(2) 'Vers pluimveevlees': pluimveevlees dat op geen enkel moment door koude is verstijfd voorafgaand aan de bewaring bij een temperatuur die niet lager mag zijn dan - 2 °C en niet hoger dan + 4 °C. De lidstaten kunnen evenwel enigszins afwijkende temperatuureisen vaststellen voor de minimumduur die vereist is voor het uitsnijden en behandelen van vers vlees van pluimvee in detailhandelszaken of in aan verkooppunten grenzende lokalen, waar het vlees uitsluitend wordt versneden

---

(1) Verordening (EG) nr. 1925/2006 van het Europees Parlement en de Raad van 20 december 2006 betreffende de toevoeging van vitaminen en mineralen en bepaalde andere stoffen aan levensmiddelen (*PB* L 404, 30.12.2006, blz. 26).

en behandeld om ter plaatse rechtstreeks aan de consument te kunnen worden geleverd;
(3) 'Bevroren pluimveevlees': pluimveevlees dat, zodra dit in het kader van de normale slachtprocedures mogelijk is, moet worden bevroren en moet te allen tijde worden bewaard bij een temperatuur van ten hoogste - 12 °C;
(4) 'Diepgevroren pluimveevlees': pluimveevlees dat moet worden bewaard bij een temperatuur van ten hoogste — 18 °C, met inachtneming van de in Richtlijn 89/108/EEG van de Raad [1] vastgestelde toleranties;
(5) 'Bereiding op basis van pluimveevlees': pluimveevlees, met inbegrip van pluimveevlees dat in kleine stukken is gehakt, waaraan levensmiddelen, kruiden of additieven zijn toegevoegd of dat een verwerking heeft ondergaan die niet volstaat om de inwendige spierweefselstructuur van het vlees te veranderen;
(6) 'Bereiding op basis van vers pluimveevlees': een bereiding op basis van pluimveevlees waarvoor vers vlees van pluimvee is gebruikt. De lidstaten kunnen evenwel enigszins afwijkende temperatuureisen vaststellen voor de minimumduur die nodig is, en slechts voor zover nodig, voor het behandelen en uitsnijden in de fabriek tijdens de productie van bereidingen op basis van vers vlees van pluimvee;
(7) 'Pluimveevleesproduct': een vleesproduct als omschreven in bijlage I, punt 7.1, van Verordening (EG) nr. 853/2004, waarvoor pluimveevlees is gebruikt.

III. Vlees van pluimvee en bereidingen op basis van vlees van pluimvee worden in een van de volgende staten in de handel gebracht:
— vers,
— bevroren,
— diepgevroren.

Deel VI. Eieren van kippen van de soort Gallus gallus
I. Toepassingsgebied
1. Onverminderd artikel 75 betreffende de normen voor de productie van en de handel in broedeieren en kuikens van pluimvee is dit deel van toepassing op de handel binnen de Unie van in de Unie geproduceerde, uit derde landen ingevoerde of voor uitvoer uit de Unie bestemde eieren.
2. De lidstaten kunnen vrijstelling verlenen van de toepassing van de in dit deel opgenomen eisen, uitgezonderd afdeling III, punt 3, voor eieren die door de producent rechtstreeks aan de eindverbruiker worden verkocht:
   a) in de productie-inrichting, of
   b) op een lokale openbare markt of bij huis-aan-huisverkoop in het productiegebied van de betrokken lidstaat.
   Indien een dergelijke vrijstelling wordt verleend, moet elke producent kunnen kiezen of hij de vrijstelling al dan niet toepast. Indien de vrijstelling wordt toegepast, mogen de eieren niet worden ingedeeld naar kwaliteit en gewicht.
   De lidstaat kan overeenkomstig de nationale wetgeving de definitie van de termen lokale openbare markt, huis-aan-huisverkoop en productiegebied bepalen.

---

(1) Richtlijn 89/108/EEC van de Raad van 21 december 1988 betreffende de onderlinge aanpassing van de wetgevingen der lidstaten inzake voor menselijke voeding bestemde diepvriesproducten (*PB* L 40 van 11.2.1999, blz. 34).

II. Indeling naar kwaliteit en gewicht
1. De eieren worden ingedeeld in de volgende kwaliteitsklassen:
   a) klasse A of 'verse eieren',
   b) klasse B.
2. Eieren van klasse A worden ook ingedeeld naar gewicht. Indeling naar gewicht wordt echter niet geëist voor eieren die worden geleverd aan de levensmiddelen- en de niet-levensmiddelenindustrie.
3. Eieren van klasse B worden uitsluitend geleverd aan de levensmiddelen- en de niet-levensmiddelenindustrie.

III. Het merken van eieren
1. Eieren van klasse A worden gemerkt met de producentencode. Eieren van klasse B worden gemerkt met de producentencode en/of met een andere vermelding. De lidstaten kunnen eieren van klasse B die uitsluitend op hun grondgebied in de handel worden gebracht evenwel vrijstellen van deze eis.
2. Het merken van de eieren overeenkomstig het bepaalde in lid 1 vindt plaats in de productie-inrichting of in het eerste pakstation waaraan de eieren worden geleverd.
3. Eieren die door de producent aan de eindverbruiker worden verkocht op een lokale openbare markt in het productiegebied van de betrokken lidstaat, worden gemerkt overeenkomstig punt 1. De lidstaten kunnen evenwel producenten met minder dan 50 legkippen vrijstellen van deze eis, op voorwaarde dat de naam en het adres van de producent worden vermeld op het verkooppunt.

Deel VII. Smeerbare vetproducten
I. Verkoopbenamingen. De in artikel 78, lid 1, punt f), bedoelde producten mogen slechts zonder verwerking rechtstreeks of via restaurants, ziekenhuizen, kantines en andere soortgelijke instellingen aan de eindverbruiker worden geleverd of afgestaan, indien zij aan de in het aanhangsel II vastgestelde eisen voldoen.

De verkoopbenamingen voor deze producten worden onverminderd afdeling II, punten 2, 3 en 4, in aanhangsel II gespecificeerd.

De in aanhangsel II vermelde verkoopbenamingen zijn uitsluitend bestemd voor de in dit deel omschreven producten van de onderstaande GN-codes die een vetgehalte van minstens 10, maar minder dan 90 gewichtspercenten hebben:
a) melkvetten van de GN-codes 0405 en ex 2106;
b) vetten van GN-code ex 1517;
c) uit plantaardige en/of dierlijke producten samengestelde vetten van de GN-codes ex 1517 en ex 2106.

Het vetgehalte exclusief zout bedraagt ten minste twee derde van de droge stof.

Die verkoopbenamingen gelden evenwel alleen voor producten die bij een temperatuur van 20 °C hun vaste vorm behouden en als smeersel kunnen worden gebruikt.

Deze definities zijn niet van toepassing op:
a) de benaming van producten waarvan de precieze aard op grond van traditioneel gebruik duidelijk is en/of wanneer duidelijk is dat de benaming bedoeld is om een kenmerkende eigenschap van het product te omschrijven;
b) geconcentreerde producten (boter, margarine, melanges) met een vetgehalte van ten minste 90 %.

II. Terminologie

1. De term 'traditioneel' mag in combinatie met de in deel A, punt 1, van het aanhangsel II vastgestelde vermelding 'boter' worden gebruikt, wanneer het product rechtstreeks wordt verkregen uit melk of room. In dit punt wordt verstaan onder 'room': het product dat wordt verkregen uit melk, in de vorm van een emulsie van het type olie in water, met een melkvetgehalte van ten minste 10 %.
2. Voor in het aanhangsel II bedoelde producten zijn vermeldingen verboden waarbij een ander dan het daar vermelde vetgehalte wordt genoemd, geïmpliceerd of gesuggereerd.
3. In afwijking van punt 2 mag de vermelding 'met verminderd vetgehalte' of 'light' worden toegevoegd voor in het aanhangsel II genoemde producten met een vetgehalte van ten hoogste 62 %. De vermelding 'met verminderd vetgehalte' en de vermelding 'light' mogen echter in de plaats komen van de in het aanhangsel gebruikte vermeldingen '¾' en 'halfvolle'.
4. De verkoopbenamingen 'minarine' en 'halvarine' mogen worden gebruikt voor in deel B, punt 3, van het aanhangsel II bedoelde producten.
5. De aanduiding 'plantaardig' mag samen met de in deel B van het aanhangsel II vermelde verkoopbenamingen worden gebruikt indien het product alleen vet van plantaardige oorsprong bevat, met een tolerantie voor dierlijk vet van 2 % van het vetgehalte. Deze tolerantie is ook van toepassing wanneer wordt verwezen naar een plantensoort.

Deel VIII. Benamingen en definities van olijfoliën en oliën uit perskoeken van olijven

Het gebruik van de in dit deel vermelde benamingen en definities van olijfoliën en oliën uit perskoeken van olijven is verplicht bij de afzet van de betrokken producten in de Unie en, voor zover verenigbaar met de bindende internationale regels, in het handelsverkeer met derde landen.

In het stadium van de detailhandel mogen alleen de oliën als bedoeld in punt 1, onder a) en b), en in de punten 3 en 6 worden afgezet.

(1) Olijfolie van de eerste persing
  'Olijfolie van de eerste persing': oliën die uit de vrucht van de olijfboom uitsluitend zijn verkregen langs zuiver mechanische weg of via andere natuurkundige procédés onder omstandigheden waardoor de olie niet wordt aangetast, en die geen andere behandeling hebben ondergaan dan wassen, decanteren, centrifugeren en filtreren, met uitsluiting van oliën die zijn verkregen door middel van oplosmiddelen of andere adjuvantia met een chemische of biochemische werking, of door herverestering, en van alle mengsels met oliën van een andere soort.
  Deze oliën worden uitsluitend als volgt ingedeeld en omschreven:
  a) Extra olijfolie van de eerste persing 'Extra olijfolie van de eerste persing': olijfolie van de eerste persing, met een gehalte aan vrije vetzuren, uitgedrukt in oliezuur, van ten hoogste 0,8 gram per 100 gram en waarvan de andere kenmerken overeenkomen met die welke door de Commissie overeenkomstig artikel 75, lid 2, voor deze categorie zijn vastgesteld.
  b) Olijfolie van de eerste persing 'Olijfolie van de eerste persing': olijfolie van de eerste persing, met een gehalte aan vrije vetzuren, uitgedrukt in oliezuur, van ten hoogste 2 gram per 100 gram en waarvan de andere kenmerken overeen-

komen met die welke door de Commissie overeenkomstig artikel 75, lid 2, voor deze categorie zijn vastgesteld.
c) Olijfolie van de eerste persing, voor verlichting 'Olijfolie van de eerste persing, voor verlichting': olijfolie van eerste persing met een gehalte aan vrije vetzuren, uitgedrukt in oliezuur, van meer dan 2 gram per 100 gram en/of waarvan de andere kenmerken overeenkomen met die welke door de Commissie overeenkomstig artikel 75, lid 2, voor deze categorie zijn vastgesteld.

(2) Geraffineerde olijfolie 'Geraffineerde olijfolie': olijfolie verkregen door raffinering van olijfolie van de eerste persing, met een gehalte aan vrije vetzuren, uitgedrukt in oliezuur, van niet meer dan 0,3 gram per 100 gram en waarvan de andere kenmerken overeenkomen met de door de Commissie overeenkomstig artikel 75, lid 2, voor deze categorie vastgestelde kenmerken.

(3) Olijfolie – bestaande uit geraffineerde olijfolie en olijfolie van de eerste persing 'Olijfolie – bestaande uit geraffineerde olijfolie en olijfolie van de eerste persing': olijfolie verkregen door het mengen van geraffineerde olijfolie met olijfolie van de eerste persing, andere dan die voor verlichting, met een gehalte aan vrije vetzuren, uitgedrukt in oliezuur, van ten hoogste 1 gram per 100 gram en waarvan de andere kenmerken overeenkomen met de door de Commissie overeenkomstig artikel 75, lid 2, voor deze categorie vastgestelde kenmerken.

(4) Ruwe olie van perskoeken van olijven 'Ruwe olie van perskoeken van olijven': olie verkregen uit perskoeken van olijven door behandeling met oplosmiddelen of via fysische methodes, of die, op bepaalde kenmerken na, overeenstemt met olijfolie voor verlichting, met uitsluiting van olie die is verkregen door herverestering, en van alle mengsels met olie van een andere soort, en waarvan de andere kenmerken overeenkomen met die welke door de Commissie overeenkomstig artikel 75, lid 2, voor deze categorie zijn vastgesteld.

(5) Geraffineerde olie uit perskoeken van olijven 'Geraffineerde olie uit perskoeken van olijven': olie verkregen door de raffinering van ruwe olie uit perskoeken van olijven, met een gehalte aan vrije vetzuren, uitgedrukt in oliezuur, van ten hoogste 0,3 gram per 100 gram en waarvan de andere kenmerken overeenkomen met de door de Commissie overeenkomstig artikel 75, lid 2, voor deze categorie vastgestelde kenmerken.

(6) Olie uit perskoeken van olijven 'Olie uit perskoeken van olijven': olie verkregen door het mengen van geraffineerde olie uit perskoeken van olijven met olijfolie van de eerste persing, andere dan die voor verlichting, met een gehalte aan vrije vetzuren, uitgedrukt in oliezuur, van ten hoogste 1 gram per 100 gram en waarvan de andere kenmerken overeenkomen met de door de Commissie overeenkomstig artikel 75, lid 2, voor deze categorie vastgestelde kenmerken.

[02-12-2021, PbEU L 435, i.w.tr. 07-12-2021/regelingnummer 2021/2117]

AANHANGSEL I

Wijnbouwzones

De wijnbouwzones zijn de volgende:
(1) Wijnbouwzone A omvat:
   a) in Duitsland: de andere met wijnstokken beplante oppervlakten dan die van punt 2, onder a);
   b) in Luxemburg: het Luxemburgse wijnbouwgebied;
   c) in België, Denemarken, Estland, Ierland, Litouwen, Nederland, Polen en Zweden: het wijnbouwareaal van deze lidstaten;
   d) in Tsjechië: het wijnbouwgebied Čechy.
(2) Wijnbouwzone B omvat:
   a) in Duitsland: de met wijnstokken beplante oppervlakten in de regio Baden;
   b) in Frankrijk: de met wijnstokken beplante oppervlakten in de niet in deze bijlage genoemde departementen, alsmede in de volgende departementen:
      — Alsace: Bas-Rhin, Haut-Rhin,
      — Lorraine: Meurthe-et-Moselle, Meuse, Moselle, Vosges,
      — Champagne: Aisne, Aube, Marne, Haute-Marne, Seine-et-Marne,
      — Jura: Ain, Doubs, Jura, Haute-Saône,
      — Savoie: Savoie, Haute-Savoie, Isère (de gemeente Chapareillan),
      — Val de Loire: Cher, Deux-Sèvres, Indre, Indre-et-Loire, Loir-et-Cher, Loire-Atlantique, Loiret, Maine-et-Loire, Sarthe, Vendée, Vienne, alsmede, in het departement Nièvre, de met wijnstokken beplante oppervlakten in het arrondissement Cosne-sur-Loire;
   c) in Oostenrijk: het Oostenrijkse wijnbouwareaal;
   d) in Tsjechië: het wijnbouwgebied Morava en de met wijnstokken beplante oppervlakten die niet in punt 1, onder d), zijn vermeld;
   e) in Slowakije: de met wijnstokken beplante oppervlakten in de volgende regio's: Malokarpatská vinohradnícka oblasť, Južnoslovenská vinohradnícka oblasť, Nitrianska vinohradnícka oblasť, Stredoslovenská vinohradnícka oblasť, Východoslovenská vinohradnícka oblasť en de niet in punt 3, onder f), vermelde wijnbouwgebieden;
   f) in Slovenië: de met wijnstokken beplante oppervlakten in de volgende regio's:
      — de regio Podravje: Štajerska Slovenija, Prekmurje,
      — de regio Posavje: Bizeljsko Sremič, Dolenjska en Bela krajina, en de niet in punt 4, onder d), vermelde met wijnstokken beplante oppervlakten;
   g) in Roemenië: het wijnbouwgebied Podișul Transilvaniei.
   h) in Kroatië: de met wijnstokken beplante oppervlakten in de volgende subregio's: Moslavina, Prigorje-Bilogora, Plešivica, Pokuplje en Zagorje-Međimurje.
(3) Wijnbouwzone C I omvat:
   a) in Frankrijk: de met wijnstokken beplante oppervlakten:
      — in de volgende departementen: Allier, Alpes-de-Haute-Provence, Hautes-Alpes, Alpes-Maritimes, Ariège, Aveyron, Cantal, Charente, Charente-Maritime, Corrèze, Côte-d'Or, Dordogne, Haute-Garonne, Gers, Gironde, Isère (met uitzondering van de gemeente Chapareillan), Landes, Loire, Haute-Loire, Lot, Lot-et-Garonne, Lozère, Nièvre (met uitzondering van

het arrondissement Cosne-sur-Loire), Puy-de-Dôme, Pyrénées Atlantiques, Hautes-Pyrénées, Rhône, Saône-et-Loire, Tarn, Tarn-et-Garonne, Haute-Vienne, Yonne,
- in de arrondissementen Valence en Die van het departement Drôme (met uitzondering van de kantons Dieulefit, Loriol, Marsanne en Montélimar),
- in het arrondissement Tournon, in de kantons Antraigues, Burzet, Coucouron, Montpezat-sous-Bauzon, Privas, Sainte- Étienne-de-Lugdarès, Saint-Pierreville, Valgorge en La Voulte-sur-Rhône van het departement Ardèche;

b) in Italië: de met wijnstokken beplante oppervlakten in de regio Valle d'Aosta en de provincies Sondrio, Bolzano, Trento en Belluno;
c) in Spanje: de met wijnstokken beplante oppervlakten in de provincies A Coruña, Asturias, Cantabria, Guipúzcoa en Vizcaya;
d) in Portugal: de met wijnstokken beplante oppervlakten in dat deel van de regio Norte dat overeenstemt met het bepaalde wijnproductiegebied van 'Vinho Verde', alsmede de 'concelhos' Bombarral, Lourinhã, Mafra en Torres Vedras (met uitzondering van de 'freguesias' Carvoeira en Dois Portos), die behoren tot de 'Região vitícola da Extremadura';
e) in Hongarije: alle met wijnstokken beplante oppervlakten;
f) in Slowakije: de met wijnstokken beplante oppervlakten in de regio Tokajská vinohradnícka oblasť,
g) in Roemenië: de met wijnstokken beplante oppervlakten die niet in punt 2, onder g) of punt 4, onder f), zijn vermeld.
h) in Kroatië: de met wijnstokken beplante oppervlakten in de volgende subregio's: Hrvatsko Podunavlje en Slavonija.

(4) Wijnbouwzone C II omvat:
 a) in Frankrijk: de met wijnstokken beplante oppervlakten:
   - in de volgende departementen: Aude, Bouches-du-Rhône, Gard, Hérault, Pyrénées-Orientales (met uitzondering van de kantons Olette en Arles-sur-Tech), Vaucluse,
   - in het gedeelte van het departement Var dat ten zuiden wordt begrensd door de noordelijke grens van de gemeenten Evenos, Le Beausset, Solliès-Toucas, Cuers, Puget-Ville, Collobrières, La Garde-Freinet, Plan-de-la-Tour en Sainte-Maxime,
   - in het arrondissement Nyons en het kanton Loriol-sur-Drôme in het departement Drôme,
   - in de niet in punt 3, onder a), vermelde administratieve eenheden van het departement Ardèche;
 b) de met wijnstokken beplante oppervlakten in de volgende regio's: Abruzzi, Campania, Emilia-Romagna, Friuli-Venezia Giulia, Lazio, Liguria, Lombardia (met uitzondering van de provincie Sondrio), Marche, Molise, Piemonte, Toscana, Umbria, Veneto (met uitzondering van de provincie Belluno), met inbegrip van de eilanden die tot deze regio's behoren, zoals het eiland Elba en de overige eilanden van de Arcipelago Toscano, de eilanden van de Arcipelago Ponziano en de eilanden Capri en Ischia;
 c) in Spanje: de met wijnstokken beplante oppervlakten in de volgende provincies:

- Lugo, Orense, Pontevedra,
- Ávila (met uitzondering van de gemeenten die overeenstemmen met de 'comarca' Cebreros), Burgos, León, Palencia, Salamanca, Segovia, Soria, Valladolid, Zamora,
- La Rioja,
- Álava,
- Navarra,
- Huesca,
- Barcelona, Girona, Lleida,
- het gedeelte van de provincie Zaragoza ten noorden van de rivier de Ebro,
- de gemeenten van de provincie Tarragona begrepen in de oorsprongsbenaming Penedés,
- het gedeelte van de provincie Tarragona dat overeenstemt met de 'comarca' Conca de Barberá;

d) in Slovenië: de met wijnstokken beplante oppervlakten in de volgende regio's: Brda of Goriška Brda, Vipavska dolina of Vipava, Kras en Slovenska Istra;

e) in Bulgarije: de met wijnstokken beplante oppervlakten in de volgende regio's: Dunavska Ravnina (Дунавска равнина), Chernomorski Rayon (Черноморска район), Rozova Dolina (Розова долина);

f) in Roemenië: de met wijnstokken beplante oppervlakten in de volgende wijnbouwgebieden: Dealurile Munteniei şi Olteniei met de wijngaarden Dealurile Buzăului, Dealu Mare, Severinului en Plaiurile Drâncei, Colinele Dobrogei, Terasele Dunării, het zuidelijke wijngebied met zandgronden en andere gunstige regio's;

g) in Kroatië: de met wijnstokken beplante oppervlakten in de volgende subregio's: Hrvatska Istra, Hrvatsko primorje en Dalmatinska zagora.

(5) Wijnbouwzone C III a) omvat:
   a) in Griekenland: de met wijnstokken beplante oppervlakten in de volgende nomoi: Florina, Imathia, Kilkis, Grevena, Larissa, Ioannina, Lefkada, Achaia, Messenia, Arkadia, Korinthe, Heraklion, Chania, Rethymno, Samos, Lassithi, alsmede op het eiland Thira (Santorini);
   b) in Cyprus: de met wijnstokken beplante oppervlakten die hoger zijn gelegen dan 600 m;
   c) in Bulgarije: de met wijnstokken beplante oppervlakten die niet in punt 4, onder e), zijn vermeld.

(6) Wijnbouwzone C III b) omvat:
   a) in Frankrijk: de met wijnstokken beplante oppervlakten:
      - in de departementen van Corsica,
      - in het gedeelte van het departement Var dat gelegen is tussen de zee en de lijn die wordt gevormd door de (erin begrepen) gemeenten Evenos, Le Beausset, Solliès-Toucas, Cuers, Puget-Ville, Collobrières, La Garde-Freinet, Plan-de-la-Tour en Sainte-Maxime,
      - de kantons Olette en Arles-sur-Tech in het departement Pyrénées-Orientales;
   b) de met wijnstokken beplante oppervlakten in de volgende regio's: de met wijnstokken beplante oppervlakten in de volgende regio's: Calabrië, Basilicata,

Apulië, Sardinië, Sicilië, met inbegrip van de eilanden die tot deze regio's behoren, zoals het eiland Pantelleria, de Eolische, Egadische en Pelagische eilanden;
c) in Griekenland: de met wijnstokken beplante oppervlakten die niet in punt 5, onder a), zijn vermeld;
d) in Spanje: de met wijnstokken beplante oppervlakten die niet in punt 3, onder c), of punt 4, onder c), zijn vermeld;
e) in Portugal: de met wijnstokken beplante oppervlakten die niet in punt 3, onder d), zijn vermeld;
f) in Cyprus: de met wijnstokken beplante oppervlakten die niet hoger zijn gelegen dan 600 m;
g) in Malta: de met wijnstokken beplante oppervlakten;
h) in Kroatië: de met wijnstokken beplante oppervlakten in de volgende subregio's: Sjeverna Dalmacija en Srednja i Južna Dalmacija.
(7) De grenzen van de in dit aanhangsel vermelde administratieve eenheden zijn die welke zijn vastgesteld in de op 15 december 1981 geldende nationale bepalingen en, wat Spanje en Portugal betreft, de respectievelijk op 1 maart 1986 en op 1 maart 1998 geldende nationale bepalingen.

[02-12-2021, PbEU L 435, i.w.tr. 07-12-2021/regelingnummer 2021/2117]

AANHANGSEL II

Smeerbare vetten

Vetgroep Definities	Verkoopbenamingen	Productcategorieën Aanvullende beschrijving van de categorie met een aanduiding van het vetgehalte in gewichtspercenten
A. Melkvetten Producten in de vorm van een vaste of kneedbare emulsie, voornamelijk van het type water in olie, die uitsluitend van melk en/of van bepaalde zuivelproducten zijn afgeleid en waarvan het vet het essentiële valoriserende bestanddeel is. Andere bij de bereiding benodigde stoffen mogen evenwel worden toegevoegd, mits deze stoffen niet gebruikt worden voor volledige of gedeeltelijke vervanging van een van de melkbestanddelen.	1. Boter	Het product met een melkvetgehalte van ten minste 80 % en minder dan 90 % en een gehalte aan water van ten hoogste 16 % en aan droge en vetvrije, van melk afkomstige stof van ten hoogste 2 %.
	2. ¾ boter [1]	Het product met een melkvetgehalte van ten minste 60 % en ten hoogste 62 %.
	3. Halfvolle boter [2]	Het product met een melkvetgehalte van ten minste 39 % en ten hoogste 41 %.
	4. Melkvetproduct X %	Het product met de volgende melkvetgehalten: — minder dan 39 gewichtspercenten; — meer dan 41 % en minder dan 60 %, — meer dan 62 % en minder dan 80 %.
B. Vetten Producten in de vorm van een vaste of kneedbare emulsie, voornamelijk van het type water in olie, die van vaste en/of vloeibare plantaardige en/of dierlijke vetten zijn afgeleid, voor menselijke consumptie geschikt zijn en een melkvetgehalte hebben van ten hoogste 3 % van het vetgehalte.	1. Margarine	Het product dat wordt verkregen uit plantaardige en/of dierlijke vetten, met een vetgehalte van ten minste 80 % en ten hoogste 90 %.
	2. ¾ margarine [3]	Het product dat wordt verkregen uit plantaardige en/of dierlijke vetten, met een vetgehalte van ten minste 60 % en ten hoogste 62 %.
	3. Halfvolle margarine [4]	Het product dat wordt verkregen uit plantaardige en/of dierlijke vetten, met een vetgehalte van ten minste 39 % en ten hoogste 41 %.

---

(1) stemt in het Deens overeen met 'smør 60'.
(2) stemt in het Deens overeen met 'smør 40'.
(3) stemt in het Deens overeen met 'margarine 60'.
(4) stemt in het Deens overeen met 'margarine 40'.

Bijlage VIII

Vetgroep Definities	Productcategorieën	
	Verkoopbena- mingen	Aanvullende beschrijving van de ca- tegorie met een aanduiding van het vetgehalte in gewichtspercenten
	4. Product met vet X %	Het product dat wordt verkregen uit plantaardige en/of dierlijke vetten, met de volgende vetgehalten: — minder dan 39 gewichtspercenten; — meer dan 41 % en minder dan 60 %, — meer dan 62 % en minder dan 80 %.
C. Uit plantaardige en/of dier- lijke producten samengestelde vetten	1. Melange	Het product dat wordt verkregen uit een melange van plantaardige en/of dierlijke vetten, met een vetgehalte van ten minste 80 % en minder dan 90 %.
De producten in de vorm van een vaste of kneedbare emul- sie, voornamelijk van het type water in olie, die van vaste en/ of vloeibare plantaardige en/of	2. ¾ me- lange (5)	Het product dat wordt verkregen uit een melange van plantaardige en/of dierlijke vetten, met een vetgehalte van ten minste 60 % en ten hoogste 62 %.
dierlijke vetten zijn afgeleid, voor menselijke consumptie geschikt zijn en een melkvet- gehalte hebben van ten minste	3. Halfvolle melange (6)	Het product dat wordt verkregen uit een melange van plantaardige en/of dierlijke vetten, met een vetgehalte van ten minste 39 % en ten hoogste 41 %.
10 % en ten hoogste 80 % van het totale vetgehalte.	4. Melange- product X %	Het product dat wordt verkregen uit een melange van plantaardige en/of dierlijke vetten, met de volgende vet- gehalten: — minder dan 39 gewichtspercenten; — meer dan 41 % en minder dan 60 %, — meer dan 62 % en minder dan 80 %.

Het melkvetbestanddeel van de in de bijlage genoemde producten mag alleen via fysische processen worden gewijzigd.
[17-12-2013, PbEU L 347, i.w.tr. 20-12-2013/regelingnummer 1308/2013]

BIJLAGE VIII

Oenologische procedés zoals bedoeld in artikel 80

Deel I. Verrijking, aanzuring en ontzuring in bepaalde wijnbouwzones en dealcoholisatie
A. Maxima voor verrijking
1. Wanneer de weersomstandigheden zulks in bepaalde wijnbouwzones van de Unie noodzakelijk hebben gemaakt, kunnen de betrokken lidstaten een verhoging toestaan van het natuurlijke alcoholvolumegehalte van verse druiven, druivenmost, gedeeltelijk

---
(5) stemt in het Deens overeen met 'blandingsprodukt 60'.
(6) stemt in het Deens overeen met 'blandingsprodukt 40'.

gegiste druivenmost, jonge, nog gistende wijn en wijn die is verkregen uit wijndruivenrassen die overeenkomstig artikel 81 in een indeling mogen worden opgenomen.

2. Het natuurlijke alcoholvolumegehalte wordt volgens de in punt B genoemde oenologische procedés verhoogd en de verhoging mag de volgende maxima niet overschrijden:
a) 3 % vol in wijnbouwzone A;
b) 2 % vol in wijnbouwzone B;
c) 1,5 % vol in de wijnbouwzone C.

3. In de jaren waarin de weersomstandigheden uitzonderlijk ongunstig zijn geweest, kunnen de lidstaten de in punt 2 genoemde maxima bij wijze van uitzondering voor de betrokken regio's met 0,5 % verhogen. De lidstaten stellen de Commissie in kennis van dergelijke verhogingen.

B. Verrijkingsprocedés

1. Het natuurlijke alcoholvolumegehalte mag slechts als volgt overeenkomstig punt A worden verhoogd:
a) voor druiven, gedeeltelijk gegiste druivenmost of jonge, nog gistende wijn: door toevoeging van sucrose, geconcentreerde druivenmost of gerectificeerde geconcentreerde druivenmost;
b) voor druivenmost: door toevoeging van sucrose, geconcentreerde druivenmost of gerectificeerde geconcentreerde druivenmost of door gedeeltelijke concentratie, met inbegrip van omgekeerde osmose;
c) voor wijn, door gedeeltelijke concentratie door afkoeling.

2. Gebruikmaking van een van de in punt 1 bedoelde behandelingen sluit gebruikmaking van de overige behandelingen uit wanneer wijn of druivenmost wordt verrijkt met geconcentreerde druivenmost of gerectificeerde geconcentreerde druivenmost, en steun wordt verleend uit hoofde van artikel 103 sexies van Verordening (EG) nr. 1234/2007.

3. Toevoeging van sacharose als bedoeld in punt 1, onder a) en b), mag alleen in de vorm van droge suiker, en alleen in de volgende gebieden:
a) wijnbouwzone A;
b) wijnbouwzone B;
c) wijnbouwzone C,

met uitzondering van de wijngaarden in Griekenland, Spanje, Italië, Cyprus, Portugal en in de Franse departementen die vallen onder de Cours d'appel (Hoven van beroep) te:
— Aix-en-Provence,
— Nîmes,
— Montpellier,
— Toulouse,
— Agen,
— Pau,
— Bordeaux,
— Bastia.

Voor verrijking door droge suiker mag evenwel bij wijze van uitzondering door de nationale autoriteiten vergunning worden verleend in de in punt c) genoemde Franse departementen. Frankrijk stelt de Commissie en de andere lidstaten onverwijld in kennis van dergelijke vergunningen.

4. Toevoeging van geconcentreerde druivenmost of gerectificeerde geconcentreerde druivenmost mag niet leiden tot een toename van het oorspronkelijke volume gekneusde verse druiven, druivenmost, gedeeltelijk gegiste druivenmost of jonge, nog gistende wijn met meer dan 11 % in wijnbouwzone A, 8 % in wijnbouwzone B en 6,5 % in de wijnbouwzone C.

5. Concentratie van druivenmost of wijn die één van de in punt 1 bedoelde behandelingen heeft ondergaan:
a) mag niet tot gevolg hebben dat het oorspronkelijke volume van deze producten met meer dan 20 % afneemt;
b) mag, niettegenstaande afdeling A, punt 2, onder c, het natuurlijke alcoholvolumegehalte van deze producten niet met meer dan 2 % vol verhogen.

6. De in de punten 1 en 5 bedoelde behandelingen mogen niet tot gevolg hebben dat het totale alcoholvolumegehalte van verse druiven, druivenmost, gedeeltelijk gegiste druivenmost, jonge, nog gistende wijn of wijn wordt verhoogd:
a) tot meer dan 11,5 % vol in wijnbouwzone A;
b) tot meer dan 12 % vol in wijnbouwzone B;
c) tot meer dan 12,5 % vol in wijnbouwzone C I;
d) tot meer dan 13 % vol in wijnbouwzone C II; en
e) tot meer dan 13,5 % vol in wijnbouwzone C III.

7. In afwijking van het bepaalde in punt 6 kunnen de lidstaten:
a) voor rode wijn de bovengrens van het totale alcoholvolumegehalte van de in punt 6 genoemde producten verhogen tot 12 % vol in wijnbouwzone A en 12,5 % vol in wijnbouwzone B;
b) voor de productie van wijn met een beschermde oorsprongsbenaming of een beschermde geografische aanduiding het totale alcoholvolumegehalte van de in punt 6 bedoelde producten verhogen tot een door de lidstaten vast te stellen waarde.

C. *Aanzuring en ontzuring*

1. Verse druiven, druivenmost, gedeeltelijk gegiste druivenmost, jonge, nog gistende wijn en wijn mogen worden aangezuurd en ontzuurd.

2. De in punt 1 bedoelde producten mogen slechts worden aangezuurd tot een maximum van 4 gram per liter, uitgedrukt in wijnsteenzuur, ofwel. 53,3 milli-equivalent per liter.

3. Wijn mag slechts worden ontzuurd tot een maximum van 1 gram per liter, uitgedrukt in wijnsteenzuur, ofwel 13,3 milli-equivalent per liter.

4. Voor concentratie bestemde druivenmost mag gedeeltelijk worden ontzuurd.

5. Aanzuring en verrijking, behoudens afwijkingen die de Commissie overeenkomstig artikel 75, lid 2, bij gedelegeerde handeling vaststelt, en aanzuring en ontzuring van eenzelfde product sluiten elkaar uit.

D. *Behandelingen*

1. Elk van de in de punten B en C genoemde behandelingen, met uitzondering van aanzuring en ontzuring van wijn, wordt slechts toegestaan indien zij, onder de voorwaarden die de Commissie overeenkomstig artikel 75, lid 2, bij gedelegeerde handeling vaststelt, in de wijnbouwzone waar de gebruikte verse druiven zijn geoogst wordt uitgevoerd bij de verwerking van verse druiven, druivenmost, gedeeltelijk gegiste druivenmost of jonge, nog gistende wijn, tot wijn of tot een andere voor rechtstreekse menselijke consumptie bestemde drank uit de sector wijn, met uitzondering van mousserende wijn of mousserende wijn waaraan koolzuurgas is toegevoegd.

2. Concentratie van wijn moet plaatsvinden in de wijnbouwzone waar de gebruikte verse druiven zijn geoogst.

3. Aanzuring en ontzuring van wijn mogen alleen plaatsvinden in de wijnbouwzone waar de voor de bereiding van de desbetreffende wijn gebruikte druiven zijn geoogst.
4. Elk van de in de punten 1, 2 en 3 bedoelde behandelingen moet bij de bevoegde autoriteiten worden gemeld. Hetzelfde geldt voor de hoeveelheden geconcentreerde druivenmost, gerectificeerde geconcentreerde druivenmost of sucrose, die natuurlijke of rechtspersonen, of groepen personen, met name producenten, bottelaars, verwerkers en handelaars — door de Commissie overeenkomstig artikel 75, lid 2, bij gedelegeerde handeling vastgesteld — voor de uitoefening van hun beroep, terzelfder tijd en op dezelfde plaats in voorraad hebben als verse druiven, druivenmost, gedeeltelijk gegiste druivenmost of onverpakte wijn. De melding van deze hoeveelheden mag evenwel worden vervangen door opneming ervan in een voorraadregister.
5. Elk van de in de punten B en C genoemde behandelingen moet worden geregistreerd in het in artikel 147 bedoelde begeleidende document waarmee de aldus behandelde producten in het verkeer worden gebracht.
6. De behandelingen bedoeld in de afdelingen B en C mogen, behoudens afwijkingen op grond van uitzonderlijke weersomstandigheden, niet plaatsvinden:
a) na 1 januari in de wijnbouwzones C;
b) na 16 maart in de wijnbouwzones A en B, en mogen slechts worden toegepast op producten die afkomstig zijn van de laatste aan deze data voorafgaande druivenoogst.
7. In afwijking van het bepaalde in punt 6 zijn concentratie door afkoeling, alsmede aanzuring en ontzuring van wijn, het hele jaar door toegestaan.

E. *Dealcoholisatieprocessen*

Elk van de onderstaande dealcoholisatieprocessen mogen afzonderlijk of in combinatie met andere vermelde dealcoholisatieprocessen worden gebruikt om het ethanolgehalte van de in bijlage VII, deel II, punten 1 en 4 tot en met 9, bedoelde wijnbouwproducten deels of bijna volledig te verlagen:
a) gedeeltelijke vacuümverdamping;
b) membraantechnieken;
c) distillatie.
De gebruikte dealcoholisatieprocessen mogen bij het wijnbouwproduct geen organoleptische gebreken veroorzaken. De verwijdering van ethanol uit wijnbouwproduct gaat niet gepaard met een verhoging van het suikergehalte in de druivenmost.

Deel II. Beperkingen
A. *Algemeen*
1. Bij alle toegestane oenologische procedés is de toevoeging van water uitgesloten, behalve in gevallen waarin dat om specifieke technische redenen noodzakelijk is.
2. Bij alle toegestane oenologische procedés is de toevoeging van alcohol uitgesloten, behalve bij procedés voor het verkrijgen van verse druivenmost waarvan de gisting door de toevoeging van alcohol is gestuit, likeurwijn, mousserende wijn, distillatiewijn en parelwijn.
3. Distillatiewijn mag alleen voor distillatie worden gebruikt.

B. *Verse druiven, druivenmost en druivensap*
1. Verse druivenmost waarvan de gisting door toevoeging van alcohol is gestuit, mag slechts worden gebruikt voor de bereiding van niet onder de GN-codes 2204 10, 2204 21 en 2204 29 vallende producten. Dit geldt onverminderd stringentere bepalingen die

de lidstaten kunnen toepassen voor de bereiding van niet onder de GN-codes 2204 10, 2204 21 en 2204 29 vallende producten op hun grondgebied.

2. Druivensap en geconcentreerd druivensap mogen niet worden verwerkt tot noch worden toegevoegd aan wijn. Het is verboden deze producten op het grondgebied van de Unie tot alcoholische vergisting te brengen.

3. De punten 1 en 2 zijn niet van toepassing op producten die zijn bestemd voor de productie, in Ierland en Polen, van onder GN-code 2206 00 vallende producten waarvoor de lidstaten het gebruik van een samengestelde benaming waarin de verkoopbenaming 'wijn' voorkomt, mogen toestaan.

4. Gedeeltelijk gegiste druivenmost van ingedroogde druiven mag slechts op de markt worden gebracht voor de vervaardiging van likeurwijnen in de wijnbouwgebieden waar dit gebruik op 1 januari 1985 traditioneel bestond, en voor de vervaardiging van wijn van overrijpe druiven.

5. Verse druiven, druivenmost, gedeeltelijk gegiste druivenmost, geconcentreerde druivenmost, gerectificeerde geconcentreerde druivenmost, druivenmost waarvan de gisting door de toevoeging van alcohol is gestuit, druivensap en geconcentreerd druivensap of mengsels van deze producten, van oorsprong uit derde landen, mogen op het grondgebied van de Unie niet worden verwerkt tot noch worden toegevoegd aan in bijlage VII, deel II, vermelde producten.

C. Vermenging van wijn

Het versnijden van wijn van oorsprong uit een derde land met wijn uit de Unie en het versnijden van wijnen van oorsprong uit derde landen in de Unie is verboden.

D. Bijproducten

1. Intense persing van druiven is verboden. De lidstaten stellen, rekening houdend met plaatselijke en technische omstandigheden, de minimumhoeveelheid alcohol in de draf en de wijnmoer na persing van de druiven vast.

De hoeveelheid alcohol in die bijproducten wordt door de lidstaten vastgesteld op ten minste 5 % van het alcoholvolume in de geproduceerde wijn.

2. Met uitzondering van alcohol, eau-de-vie en piquette mogen wijnen of andere voor rechtstreekse menselijke consumptie bestemde dranken niet uit wijnmoer of druivendraf worden bereid. Het begieten van druivenmoer, druivendraf of geperste aszú-pulp met wijn is toegestaan onder voorwaarden die door de Commissie overeenkomstig artikel 75, lid 2, bij gedelegeerde handeling worden vastgesteld, wanneer die praktijk traditioneel wordt aangewend voor de bereiding van 'Tokaji fordítás' en 'Tokaji máslás' in Hongarije en 'Tokajský forditáš' en 'Tokajský mášláš' in Slowakije.

3. Het persen van wijnmoer en het opnieuw vergisten van druivendraf voor andere doeleinden dan distillatie of de vervaardiging van piquette zijn verboden. Filtrering en centrifugering van wijnmoer worden niet als persing beschouwd wanneer de verkregen producten van gezonde, deugdelijke en gebruikelijke handelskwaliteit zijn.

4. Piquette, voor zover de vervaardiging ervan door de betrokken lidstaat wordt toegestaan, mag uitsluitend voor distillatie of voor consumptie door wijnproducenten en hun gezin worden gebruikt.

5. Onverminderd de mogelijkheid dat de lidstaten de verwerking van bijproducten door middel van distillatie verplicht stellen, zijn alle natuurlijke of rechtspersonen of groepen personen verplicht de bijproducten die zij in voorraad hebben, te verwerken volgens

Vo. 1308/2013 gemeenschappelijke ordening markten voor landbouwproducten

de voorwaarden die de Commissie overeenkomstig artikel 75, lid 2, bij gedelegeerde handeling vaststelt.
[02-12-2021, PbEU L 435, i.w.tr. 07-12-2021/regelingnummer 2021/2117]

BIJLAGE IX

Facultatieve gereserveerde vermeldingen

Productcategorie (verwijzing naar indeling in de gecombineerde nomenclatuur)	Facultatieve gereserveerde vermelding
vlees van pluimvee (GN-codes 0207 en 0210)	gevoerd met ... % ... haver vetgemeste gans scharrel ... binnengehouden scharrel ... met uitloop boerenscharrel ... met uitloop/hoeve ... met uitloop boerenscharrel ... met vrije uitloop/hoeve ... met vrije uitloop. leeftijd bij het slachten duur van de mestperiode
eieren (GN-code 0407)	vers extra of extra vers vermelding van de voedingswijze van de leghennen
olijfolie (GN-code 1509)	eerste koude persing koude extractie zuurgraad pikant fruitigheid: rijp of groen bitter krachtig gemiddeld delicaat evenwichtig zachte olie

[04-05-2016, PbEU L 202, i.w.tr. 31-07-2016/regelingnummer 2016/1226]

BIJLAGE X

Aankoopvoorwaarden voor suikerbiet gedurende de in artikel 125, lid 3 bedoelde periode

Afdeling I.
1 Het leveringscontract wordt schriftelijk en voor een bepaalde hoeveelheid suikerbieten gesloten.
2 Het leveringscontract kan over meerdere jaren lopen.
3 In het leveringscontract kan worden bepaald of en onder welke voorwaarden een extra hoeveelheid suikerbieten kan worden geleverd.

Afdeling II.
1 In het leveringscontract worden de aankoopprijzen voor de hoeveelheden suikerbieten als bedoeld in afdeling I vermeld.
2 De in punt 1 bedoelde prijs geldt voor suikerbieten van gezonde, deugdelijke en gebruikelijke handelskwaliteit met een suikergehalte van 16 % bij de inontvangstneming. De prijs wordt door middel van voorafgaandelijk door de partijen overeengekomen verhogingen of verlagingen aangepast om rekening te houden met afwijkingen van de in de eerste alinea bedoelde kwaliteit.
3 In het leveringscontract wordt bepaald hoe de ontwikkeling van de marktprijzen tussen de partijen moet worden toegewezen.
4 In het leveringscontract wordt voor de suikerbieten een suikergehalte vastgesteld. Het leveringscontract bevat een omrekeningstabel met de verschillende suikergehalten en de coëfficiënten waarmee de geleverde hoeveelheden suikerbieten worden omgerekend in hoeveelheden die met het in het leveringscontract vermelde suikergehalte overeenkomen.
De tabel wordt vastgesteld op basis van het met de verschillende suikergehalten overeenkomende rendement.

Afdeling III.
Het leveringscontract bevat bepalingen betreffende de normale duur van de leveringen van suikerbieten en de spreiding van deze leveringen in de tijd.

Afdeling IV.
1 In het leveringscontract worden verzamelplaatsen voor suikerbieten vermeld en worden de voorwaarden inzake levering en transport vastgesteld.
2 Het leveringscontract stipuleert duidelijk wie verantwoordelijk is voor de laad- en transportkosten vanaf de verzamelplaatsen duidelijk worden bepaald. Indien het leveringscontract bepaalt dat de suikerproducerende onderneming moet bijdragen in de laad- en transportkosten, moet dit percentage of het bedrag duidelijk vooraf worden vastgelegd.
3 Het leveringscontract voorziet erin dat de kosten die elk van de partijen moet dragen, duidelijk worden gespecificeerd.

Afdeling V.
1   In het leveringscontract worden de plaatsen van ontvangst van de suikerbieten vastgesteld.
2   Voor een bietenverkoper met wie de suikerproducerende onderneming reeds een leveringscontract voor het voorgaande verkoopseizoen had gesloten, gelden de plaatsen van ontvangst die tussen hem en de onderneming voor levering in dat verkoopseizoen waren overeengekomen. In een sectorale overeenkomst kan van deze bepaling worden afgeweken.

Afdeling VI.
1   Het leveringscontract schrijft voor dat het suikergehalte wordt bepaald volgens de polarimetrische methode of, teneinde rekening te houden met technologische ontwikkelingen, volgens een andere tussen beide partijen overeengekomen methode. De monsterneming vindt plaats bij de ontvangst.
2   In een sectorale overeenkomst kan een ander stadium voor de monsterneming worden vastgesteld. In dat geval wordt in het leveringscontract een correctiefactor vastgesteld ter compensatie van een eventuele vermindering van het suikergehalte tussen de ontvangst en de monsterneming.

Afdeling VII.
In het leveringscontract wordt geregeld dat brutogewicht, tarra en suikergehalte worden bepaald volgens procedures die zijn overeengekomen:
a)   door de suikerproducerende onderneming en de beroepsorganisatie van de suikerbiettelers gezamenlijk, indien zulks in een sectorale overeenkomst is bepaald;
b)   door de suikerproducerende onderneming onder toezicht van de beroepsorganisatie van de suikerbiettelers;
c)   door de suikerproducerende onderneming onder toezicht van een door de betrokken lidstaat erkende deskundige, mits de bietenverkoper de kosten van dat toezicht voor zijn rekening neemt.

Afdeling VIII.
1   Het leveringscontract voorziet voor de suikerproducerende onderneming in één of meer van de onderstaande verplichtingen met betrekking tot de totale geleverde hoeveelheid suikerbieten:
a)   teruggave aan de bietenverkoper, zonder kosten en af fabriek, van de verse pulp die afkomstig is van de geleverde hoeveelheid suikerbieten;
b)   teruggave aan de bietenverkoper, zonder kosten en af fabriek, van een gedeelte van deze pulp, geperst dan wel gedroogd of gedroogd en met melasse vermengd;
c)   teruggave aan de bietenverkoper, af fabriek, van de pulp, geperst of gedroogd; in dit geval kan de suikerproducerende onderneming van de bietenverkoper verlangen dat hij de kosten van het persen of drogen vergoedt;
d)   betaling aan de bietenverkoper van een vergoeding bij de vaststelling waarvan rekening wordt gehouden met de mogelijkheden om de betrokken pulp te verkopen.
2   Wanneer gedeelten van de totale geleverde hoeveelheid suikerbieten verschillend moeten worden behandeld, voorziet het leveringscontract in meer dan een van de in lid 1 genoemde verplichtingen.

3 In een sectorale overeenkomst kan een ander leveringsstadium voor de pulp worden vastgesteld dan het in lid 1, onder a), b) en c), genoemde stadium.

Afdeling IX.
In het leveringscontract worden de termijnen vastgesteld voor de betaling van de eventuele voorschotten en voor de betaling van de aankoopprijs van de suikerbieten.

Afdeling X.
Indien het leveringscontract in deze bijlage behandelde aangelegenheden nader regelt of andere aangelegenheden regelt, mogen de bepalingen en de gevolgen van dat leveringscontract niet in strijd zijn met deze bijlage.

Afdeling XI.
1 Een sectorale overeenkomst als bedoeld in bijlage II, deel II, afdeling A, punt 6, bevat verzoenings- of bemiddelingsmechanismen en een arbitrageclausule.
2 In de sectorale overeenkomst kan een standaardmodel voor leveringscontracten worden vastgelegd dat verenigbaar is met deze verordening en de voorschriften van de Unie.
3 Indien een sectorale overeenkomst op unie-, regionaal of plaatselijk niveau in deze verordening behandelde aangelegenheden nader regelt of andere aangelegenheden regelt, mogen de bepalingen en de gevolgen van die sectorale overeenkomst niet in strijd zijn met deze bijlage.
4 In de in lid 3 bedoelde sectorale overeenkomst wordt met name het volgende geregeld:
a) de in afdeling II, punt 4, bedoelde omrekeningstabel;
b) de keuze van de te telen rassen van suikerbieten en de levering van zaaizaad daarvan;
c) een minimumsuikergehalte voor de te leveren suikerbieten;
d) de vereiste van raadpleging van de bietenverkopers door de suikerproducenten voordat de begindatum van de bietenlevering wordt vastgelegd;
e) de betaling van premies aan de bietenverkopers voor vroege of late leveringen;
f) bijzonderheden betreffende de voorwaarden en de kosten in verband met pulp als bedoeld in afdeling VIII;
g) de verwijdering van de pulp door de bietenverkoper;
h) voorschriften inzake prijsaanpassingen ingeval meerjarencontracten worden overeengekomen;
i) voorschriften inzake de monsterneming en de methoden ter bepaling van het brutogewicht, de tarra en het suikergehalte.
5 Een suikerproducerende onderneming en de betrokken bietenverkopers mogen clausules over het delen van waarden, waaronder op de markt gegenereerde winsten en verliezen, overeenkomen waarin wordt bepaald hoe ontwikkelingen van de relevante marktprijzen voor suiker of andere grondstoffen tussen hen moeten worden toegewezen.
[02-12-2021, PbEU L 435, i.w.tr. 07-12-2021/regelingnummer 2021/2117]

Vo. 1308/2013 gemeenschappelijke ordening markten voor landbouwproducten

BIJLAGE XI-XIII

(Vervallen.)
[02-12-2021, PbEU L 435, i.w.tr. 07-12-2021/regelingnummer 2021/2117]

BIJLAGE XIV

Concordantietabel als bedoeld in artikel 230

Verordening (EG) nr. 1234/2007	Deze verordening	Verordening (EU) nr. 1306/2013
Artikel 1	Artikel 1	-
Artikel 2, lid 1	Artikel 3, leden 1 en 2	-
Artikel 2, lid 2, onder a) en b)	-	-
Artikel 2, lid 2, onder c)	Artikel 15, lid 1, onder a)	-
Artikel 3	Artikel 6	-
Artikel 4	-	-
Artikel 5, lid 1	-	-
Artikel 5, lid 2, eerste deel	Artikel 3, lid 4	-
Artikel 5, lid 2, tweede deel	-	-
Artikel 5, lid 3	Artikel 5, onder a)	-
Artikel 6	-	-
Artikel 7	Artikel 9	-
Artikel 8	Artikel 7	-
Artikel 9	Artikel 126	-
Artikel 10	Artikel 11	-
Artikel 11	Artikel 12	-
Artikel 12	Artikel 13	-
Artikel 13	Artikel 14 (*)	-
Artikel 14 (geschrapt)	-	-
Artikel 15 (geschrapt)	-	-
Artikel 16 (geschrapt)	-	-
Artikel 17 (geschrapt)	-	-
Artikel 18, leden 1 t/m 4	Artikel 15, lid 2 (*)	-
Artikel 18, lid 5	-	-
Artikel 19 (geschrapt)	-	-
Artikel 20 (geschrapt)	-	-
Artikel 21 (geschrapt)	-	-
Artikel 22 (geschrapt)	-	-
Artikel 23 (geschrapt)	-	-
Artikel 24 (geschrapt)	-	-
Artikel 25	Artikel 16, lid 1	-
Artikel 26	-	-
Artikel 27	-	-
Artikel 28	-	-

Bijlage XIV

Verordening (EG) nr. 1234/2007	**Deze verordening**	**Verordening (EU) nr. 1306/2013**
Artikel 29	–	–
Artikel 30 (geschrapt)	–	–
Artikel 31	Artikel 17	–
Artikel 32	–	–
Artikel 33	[Artikel 18]	–
Artikel 34	[Artikel 18]	–
Artikel 35 (geschrapt)	–	–
Artikel 36 (geschrapt)	–	–
Artikel 37	[Artikel 18]	–
Artikel 38	[Artikel 18]	–
Artikel 39	[Artikel 19, lid 3]	–
Artikel 40	[Artikel 19, lid 5, onder a) en Artikel 20, onder o), iii)]	–
Artikel 41	–	–
Artikel 42, lid 1	Artikel 10	–
Artikel 42, lid 2	Artikel 20, onder u)	–
Artikel 43, onder a) t/m f), i), j) en l)	Artikelen 19 en 20	–
Artikel 43, onder g), h) en k)	–	–
Artikel 44	Artikel 220, lid 1, onder a), leden 2 en 3	–
Artikel 45	Artikel 220, lid 1, onder b), leden 2 en 3	–
Artikel 46, lid 1	Artikel 220, lid 5	–
Artikel 46, lid 2	Artikel 220, lid 6	–
Artikel 47	Artikel 219	–
Artikel 48	Artikel 219	–
Artikel 49	Artikel 135 (*)	–
Artikel 50	Artikelen 125 en 127	–
Artikel 51	Artikel 128 (*)	–
Artikel 52	Artikel 130	–
Artikel 52 bis	–	–
Artikel 53, onder a)	Artikel 132, onder c)	–
Artikel 53, onder b)	Artikel 130, lid 2	–
Artikel 53, onder c)	Artikel 130, lid 6	–
Artikel 54	Artikel 166	–
Artikel 55	– (**)	–
Artikel 56	Artikel 136	–
Artikel 57	Artikel 137	–
Artikel 58	–	–
Artikel 59	–	–
Artikel 60	Artikel 138	–
Artikel 61	Artikel 139	–

Vo. 1308/2013 gemeenschappelijke ordening markten voor landbouwproducten

Verordening (EG) nr. 1234/2007	Deze verordening	Verordening (EU) nr. 1306/2013
Artikel 62	Artikel 140	-
Artikel 63	Artikel 141	-
Artikel 64, lid 1	Artikel 142, lid 1	-
Artikel 64, leden 2 en 3	Artikel 142, lid 2 (*)	-
Artikel 65	- (**)	-
Artikel 66	- (**)	-
Artikel 67	- (**)	-
Artikel 68	- (**)	-
Artikel 69	- (**)	-
Artikel 70	- (**)	-
Artikel 71	- (**)	-
Artikel 72	- (**)	-
Artikel 73	- (**)	-
Artikel 74	- (**)	-
Artikel 75	- (**)	-
Artikel 76	- (**)	-
Artikel 77	- (**)	-
Artikel 78	- (**)	-
Artikel 79	- (**)	-
Artikel 80	- (**)	-
Artikel 81	- (**)	-
Artikel 82	- (**)	-
Artikel 83	- (**)	-
Artikel 84	- (**)	-
Artikel 85	Wat melk betreft: - (**)	-
	Wat de andere sectoren betreft:	
Artikel 85, onder a)	Artikel 143, lid 1, en artikel 144, onder a)	-
Artikel 85, onder b)	Artikel 144, onder j)	-
Artikel 85, onder c)	Artikel 144, onder i)	-
Artikel 85, onder d)	-	-
Artikel 85 bis	- (*)	-
Artikel 85 ter	- (*)	-
Artikel 85 quater	- (*)	-
Artikel 85 quinquies	- (*)	-
Artikel 85 sexies	- (*)	-
Artikel 85 septies	- (*)	-
Artikel 85 octies	- (*)	-
Artikel 85 nonies	- (*)	-
Artikel 85 decies	- (*)	-
Artikel 85 undecies	- (*)	-
Artikel 85 duodecies	- (*)	-

Bijlage XIV

Verordening (EG) nr. 1234/2007	Deze verordening	Verordening (EU) nr. 1306/2013
Artikel 85 terdecies	– (*)	–
Artikel 85 quaterdecies	– (*)	–
Artikel 85 quindecies	– (*)	–
Artikel 85 sexdecies	–	–
Artikel 85 septdecies	–	–
Artikel 85 octodecies	–	–
Artikel 85 novodecies	–	–
Artikel 85 vicies	–	–
Artikel 85 unvicies	–	–
Artikel 85 duovicies	–	–
Artikel 85 tervicies	–	–
Artikel 85 quatervicies	–	–
Artikel 85 quinvicies	–	–
Artikel 86 (geschrapt)	–	–
Artikel 87 (geschrapt)	–	–
Artikel 88 (geschrapt)	–	–
Artikel 89 (geschrapt)	–	–
Artikel 90 (geschrapt)	–	–
Artikel 91	–	–
Artikel 92	–	–
Artikel 93	–	–
Artikel 94	–	–
Artikel 94 bis	–	–
Artikel 95	–	–
Artikel 95 bis	–	–
Artikel 96 (geschrapt)	–	–
Artikel 97	Artikel 129 (*)	–
Artikel 98	– (*)	–
Artikel 99	–	–
Artikel 100	–	–
Artikel 101 (geschrapt)	–	–
Artikel 102	Artikel 26 (*)	–
Artikel 102, lid 2	Artikel 217	–
Artikel 102 bis	Artikel 58	–
Artikel 103	Artikelen 29, 30 en 31	–
Artikel 103 bis	–	–
Artikel 103 ter	Artikel 32	–
Artikel 103 quater	Artikel 33	–
Artikel 103 quinquies	Artikel 34	–
Artikel 103 sexies	Artikel 35	–
Artikel 103 septies	Artikel 36	–
Artikel 103 octies	Artikel 33, lid 1, artikel 37, onder a), en artikel 38, onder b)	–

Vo. 1308/2013 gemeenschappelijke ordening markten voor landbouwproducten

Verordening (EG) nr. 1234/2007	Deze verordening	Verordening (EU) nr. 1306/2013
Artikel 103 octies bis	Artikel 23	
Artikel 103 octies bis, lid 7	Artikel 217	
Artikel 103 nonies, onder a) t/m e)	Artikelen 37 en 38	
Artikel 103 nonies, onder f)	Artikelen 24 en 25	
Artikel 103 decies	Artikel 39	
Artikel 103 undecies	Artikel 40	
Artikel 103 duodecies	Artikel 41	
Artikel 103 terdecies	Artikel 42	
Artikel 103 quaterdecies	Artikel 43	
Artikel 103 quindecies	Artikel 44	
Artikel 103 quindecies, lid 4	Artikel 212	
Artikel 103 sexdecies	-	
Artikel 103 septdecies	Artikel 45	
Artikel 103 octodecies	Artikel 46	
Artikel 103 novodecies	Artikel 47	
Artikel 103 vicies	Artikel 48	
Artikel 103 unvicies	Artikel 49	
Artikel 103 duovicies, lid 1, onder a)	Artikel 50	
Artikel 103 duovicies, lid 1, onder b)	Artikel 51	
Artikel 103 duovicies, leden 2 t/m 5	Artikel 52	
Artikel 103 tervicies	Artikel 50	
Artikel 103 quatervicies	-	
Artikel 103 quinvicies	-	
Artikel 103 sexvicies	-	
Artikel 103 septvicies	-	
Artikel 103 octovicies	Artikelen 53 en 54	
Artikel 104	-	
Artikel 105, lid 1	Artikel 55, lid 1	
Artikel 105, lid 2	Artikel 215	
Artikel 106	Artikel 55, lid 4	
Artikel 107	Artikel 55, lid 3	
Artikel 108, lid 1	Artikel 55, lid 2	
Artikel 108, lid 2	-	
Artikel 109, eerste zin	Artikel 55, lid 1, laatste zin	
Artikel 110	Artikelen 56 en 57	
Artikel 111	-	
Artikel 112	-	
Artikel 113, lid 1	Artikel 75, leden 1 en 2	
Artikel 113, lid 2	Artikel 75, lid 5	

Bijlage XIV

Verordening (EG) nr. 1234/2007	Deze verordening	Verordening (EU) nr. 1306/2013
Artikel 113, lid 3, eerste alinea	Artikel 74	-
Artikel 113, lid 3, tweede alinea	-	Artikel 89
Artikel 113a, leden 1 t/m 3	Artikel 76	-
Artikel 113 bis, lid 4	- (**)	-
Artikel 113 ter	Artikel 78	-
Artikel 113 quater	Artikel 167	-
Artikel 113 quinquies, lid 1, eerste alinea	Artikel 78, leden 1 en 2	-
Artikel 113 quinquies, lid 1, tweede alinea	Bijlage VII, Deel II, lid 1	-
Artikel 113 quinquies, lid 2	Artikel 78, lid 3	-
Artikel 113 quinquies, lid 3	Artikel 82	-
Artikel 114	Artikel 78, lid 1 (**)	-
Artikel 115	Artikel 78, lid 1, artikel 75, lid 1, onder h) (**)	-
Artikel 116	Artikel 78, lid 1, artikel 75, lid 1, onder f) en g) (**)	-
Artikel 117	Artikel 77	-
Artikel 118	Artikel 78, lid 1	-
Artikel 118 bis	Artikel 92	-
Artikel 118 ter	Artikel 93	-
Artikel 118 quater	Artikel 94	-
Artikel 118 quinquies, lid 1	Artikel 94, lid 3	-
Artikel 118 quinquies, leden 2 en 3	[Artikel 109, lid 3]	-
Artikel 118 sexies	Artikel 95	-
Artikel 118 septies	Artikel 96	-
Artikel 118 octies	Artikel 97	-
Artikel 118 nonies	Artikel 98	-
Artikel 118 decies	Artikel 99	-
Artikel 118 undecies	Artikel 100	-
Artikel 118 duodecies	Artikel 101	-
Artikel 118 terdecies	Artikel 102	-
Artikel 118 quaterdecies	Artikel 103	-
Artikel 118 quindecies	Artikel 104	-
Artikel 118 sexdecies	-	Artikel 90, lid 2
Artikel 118 septdecies	-	Artikel 90, lid 3
Artikel 118 octodecies	Artikel 105	-
Artikel 118 novodecies	Artikel 106	-
Artikel 118 vicies	Artikel 107	-
Artikel 118 unvicies	Artikel 108	-
Artikel 118 duovicies	Artikel 112	-
Artikel 118 tervicies	Artikel 113	-

Vo. 1308/2013 gemeenschappelijke ordening markten voor landbouwproducten

Verordening (EG) nr. 1234/2007	Deze verordening	Verordening (EU) nr. 1306/2013
Artikel 118 quatervicies	Artikel 117	-
Artikel 118 quinvicies	Artikel 118	-
Artikel 118 sexvicies	Artikel 119	-
Artikel 118 septvicies	Artikel 120	-
Artikel 118 octovicies	Artikel 121	-
Artikel 118 novovicies	-	-
Artikel 119	-	-
Artikel 120	-	-
Artikel 120 bis	Artikel 81	-
Artikel 120 ter	-	-
Artikel 120 quater	Artikel 80	-
Artikel 120 quinquies, eerste alinea	Artikel 83, lid 2	-
Artikel 120 quinquies, tweede alinea	[Artikel 223]	-
Artikel 120 sexies, lid 1	Artikel 75, leden 3 en 4	-
Artikel 120 sexies, lid 2	Artikel 83, leden 3 en 4	-
Artikel 120 septies	Artikel 80, lid 3	-
Artikel 120 octies	Artikel 80(5) en Artikel 91, onder c)	-
Artikel 121, onder a), i)	Artikel 75, lid 2	-
Artikel 121, onder a), ii)	Artikel 75, lid 3	-
Artikel 121, onder a), iii)	Artikel 89	-
Artikel 121, onder a), iv)	Artikel 75, lid 2 en Artikel 91, onder b)	-
Artikel 121, onder b)	Artikel 91, onder a)	-
Artikel 121, onder c), i)	Artikel 91, onder a)	-
Artikel 121, onder c), ii) en iii)	Artikel 91, onder d)	-
Artikel 121, onder c), iv)	[Artikel 223]	-
Artikel 121, onder d), i)	Artikel 78, lid 1	-
Artikel 121, onder d), ii) t/m v) en vii)	Artikel 75, lid 2 en, lid 3	-
Artikel 121, onder d), vi)	Artikel 89	-
Artikel 121, onder e), i)	Artikel 78, lid 1	-
Artikel 121, onder e), ii) t/m v), vii)	Artikel 75, lid 3	-
Artikel 121, onder e), vi)	Artikel 75, lid 2	-
Artikel 121, onder f), i)	Artikel 78, lid 1	-
Artikel 121, onder f), ii), iii) en v)	Artikel 75, lid 3	-
Artikel 121, onder f), iv) en vii)	Artikel 91, onder g)	-
Artikel 121, onder f), vi)	[Artikel 223]	-
Artikel 121, onder g)	Artikel 75, lid 3	-
Artikel 121, onder h)	Artikel 91, onder d)	-

Bijlage XIV

Verordening (EG) nr. 1234/2007	Deze verordening	Verordening (EU) nr. 1306/2013
Artikel 121, onder i)	-	-
Artikel 121, onder j), i)	Artikel 75, lid 3	-
Artikel 121, onder j), ii)	-	Artikel 89
Artikel 121, onder k)	Artikel 122	-
Artikel 121, onder l)	Artikelen 114, 115 en 116	-
Artikel 121, onder m)	Artikel 122	-
Artikel 121, lid 2	Artikel 78, lid 3	-
Artikel 121, lid 3	Artikel 75, lid 3 en, lid 4	-
Artikel 121, lid 4, onder a) t/m f)	Artikel 75, lid 3	-
Artikel 121, lid 4, onder g)	Artikel 75, lid 3, onder m)	-
Artikel 121, lid 4, onder h)	Artikel 80, lid 4	-
Artikel 122	Artikelen 152 en 160	-
Artikel 123	Artikel 157	-
Artikel 124	-	-
Artikel 125	-	-
Artikel 125 bis	Artikelen 153 en 160	-
Artikel 125 ter	Artikel 154	-
Artikel 125 quater	Artikel 156	-
Artikel 125 quinquies	Artikel 155	-
Artikel 125 sexies	-	-
Artikel 125 septies	Artikel 164	-
Artikel 125 octies	Artikel 164, lid 6	-
Artikel 125 nonies	Artikel 175, onder d)	-
Artikel 125 decies	Artikel 165	-
Artikel 125 undecies	Artikel 164	-
Artikel 125 duodecies	Artikel 158	-
Artikel 125 terdecies	Artikel 164	-
Artikel 125 quaterdecies	Artikel 164(6) [en Artikel 175, onder d)]	-
Artikel 125 quindecies	Artikel 165	-
Artikel 125 sexdecies	Artikelen 154 en 158	-
Artikel 126	Artikel 165	-
Artikel 126 bis	Artikel 154, lid 3	-
Artikel 126 ter	Artikel 163	-
Artikel 126 quater	Artikel 149	-
Artikel 126 quinquies	Artikel 150	-
Artikel 126 sexies	Artikel 173, lid 2 en Artikel 174, lid 2	-
Artikel 127	Artikel 173	-
Artikel 128	-	-
Artikel 129	-	-
Artikel 130	Artikel 176, lid 1	-
Artikel 131	Artikel 176, lid 2	-

Vo. 1308/2013 gemeenschappelijke ordening markten voor landbouwproducten

Verordening (EG) nr. 1234/2007	Deze verordening	Verordening (EU) nr. 1306/2013
Artikel 132	Artikel 176, lid 3	-
Artikel 133	[Artikel 177, lid 2, onder e)]	-
Artikel 133 bis, lid 1	Artikel 181	-
Artikel 133 bis, lid 2	Artikel 191	-
Artikel 134	Artikelen 177 en 178	-
Artikel 135	-	-
Artikel 136	[Artikel 180]	-
Artikel 137	[Artikel 180]	-
Artikel 138	[Artikel 180]	-
Artikel 139	[Artikel 180]	-
Artikel 140	[Artikel 180]	-
Artikel 140 bis	Artikel 181	-
Artikel 141	Artikel 182	-
Artikel 142	Artikel 193	-
Artikel 143	Artikel 180	-
Artikel 144	Artikel 184	-
Artikel 145	Artikel 187, onder a)	-
Artikel 146, lid 1	-	-
Artikel 146, lid 2	Artikel 185	-
Artikel 147	-	-
Artikel 148	Artikel 187	-
Artikel 149	[Artikel 180]	-
Artikel 150	[Artikel 180]	-
Artikel 151	[Artikel 180]	-
Artikel 152	[Artikel 180]	-
Artikel 153	Artikel 192	-
Artikel 154	-	-
Artikel 155	-	-
Artikel 156	Artikel 192, lid 5	-
Artikel 157	Artikel 189	-
Artikel 158	Artikel 190	-
Artikel 158 bis	Artikel 90	-
Artikel 159	Artikel 194	-
Artikel 160	Artikel 195	-
Artikel 161	Artikelen 176, 177, 178 en 179	-
Artikel 162	Artikel 196	-
Artikel 163	Artikel 197	-
Artikel 164, lid 1	Artikel 198, lid 1	-
Artikel 164, leden 2 t/m 4	Artikel 198, lid 2 (*)	-
Artikel 165	- (*)	-
Artikel 166	- (*)	-
Artikel 167	Artikel 199	-
Artikel 168	Artikel 200	-

Bijlage XIV

Verordening (EG) nr. 1234/2007	Deze verordening	Verordening (EU) nr. 1306/2013
Artikel 169	Artikel 201	-
Artikel 170	Artikelen 202 en 203	-
Artikel 171	Artikel 184	-
Artikel 172	[Artikel 186, lid 2]	-
Artikel 173	-	-
Artikel 174	Artikel 205	-
Artikel 175	Artikel 206	-
Artikel 176	Artikel 209	-
Artikel 176 bis	Artikel 210	-
Artikel 177	Artikel 210	-
Artikel 177 bis	Artikel 210	-
Artikel 178	Artikel 164	-
Artikel 179	Artikel 210, lid 7	-
Artikel 180	Artikel 211	-
Artikel 181	Artikel 211	-
Artikel 182, lid 1	Artikel 213	-
Artikel 182, lid 2	-	-
Artikel 182, lid 3, derde alinea	Artikel 214	-
Artikel 182, lid 3, eerste, tweede en vierde alinea	-	-
Artikel 182, leden 4 t/m 7	-	-
Artikel 182 bis	Artikel 216	-
Artikel 183	-	-
Artikel 184, lid 1	-	-
Artikel 184, lid 2	Artikel 225, onder a)	-
Artikel 184, leden 3 t/m 8	-	-
Artikel 184, lid 9	Artikel 225, onder b)	-
Artikel 185	-	-
Artikel 185 bis	Artikel 145	-
Artikel 185 ter	Artikel 223	-
Artikel 185 quater	Artikel 147	-
Artikel 185 quinquies	Artikel 146	-
Artikel 185 sexies	Artikel 151	-
Artikel 185 septies	Artikel 148	-
Artikel 186	Artikel 219	-
Artikel 187	Artikel 219	-
Artikel 188	Artikel 219	-
Artikel 188 bis, leden 1 en 2	- (*)	-
Artikel 188 bis, leden 3 en 4	-	-
Artikel 188 bis, leden 5 t/m 7	[Artikel 223]	-
Artikel 189	[Artikel 223]	-
Artikel 190	-	-
Artikel 190a	-	-

1457

Vo. 1308/2013 gemeenschappelijke ordening markten voor landbouwproducten

Verordening (EG) nr. 1234/2007	Deze verordening	Verordening (EU) nr. 1306/2013
Artikel 191	Artikel 221	-
Artikel 192	Artikel 223	-
Artikel 193	-	-
Artikel 194	-	Artikelen 62 en 64
Artikel 194 bis	-	Artikel 61
Artikel 195	Artikel 229	-
Artikel 196	-	-
Artikel 196 bis	Artikel 227	-
Artikel 196 ter	Artikel 229	-
Artikel 197	-	-
Artikel 198	-	-
Artikel 199	-	-
Artikel 200	-	-
Artikel 201	230, leden 1 en 3	-
Artikel 202	230, lid 2	-
Artikel 203	-	-
Artikel 203 bis	Artikel 231	-
Artikel 203 ter	Artikel 231	-
Artikel 204	Artikel 232	-
Bijlage I	Bijlage I (Delen I t/m XX, XXIV/1)	-
Bijlage II	Bijlage I (Delen XXI t/m XXIII)	-
Bijlage III	Bijlage II	-
Bijlage IV	Bijlage III	-
Bijlage V	Bijlage IV	-
Bijlage VI	Bijlage XII	-
Bijlage VII	-	-
Bijlage VII bis	-	-
Bijlage VII ter	-	-
Bijlage VII quater	-	-
Bijlage VIII	Bijlage XIII	-
Bijlage IX	- (*)	-
Bijlage X	- (*)	-
Bijlage X bis	-	-
Bijlage X ter	Bijlage VI	-
Bijlage X quater	-	-
Bijlage X quinquies	-	-
Bijlage X sexies	-	-
Bijlage XI	-	-
Bijlage XI bis	Bijlage VII, Deel I	-
Bijlage XI ter	Bijlage VII, Deel II	-
Bijlage XII	Bijlage VII, Deel III	-
Bijlage XIII	Bijlage VII, Deel IV	-

Bijlage XIV

Verordening (EG) nr. 1234/2007	Deze verordening	Verordening (EU) nr. 1306/2013
Bijlage XIV.A, punten I, II en III	Bijlage VII, deel VI	-
Bijlage XIV.A, punt IV	Artikel 89	-
Bijlage XIV.B	Bijlage VII, Deel V	-
Bijlage XIV.C	Artikel 75, leden 2 en 3 [*]	-
Bijlage XV	Bijlage VII, Deel VII	-
Bijlage XV bis	Bijlage VIII, Deel I	-
Bijlage XV ter	Bijlage VIII, Deel II	-
Bijlage XVI	Bijlage VII, Deel VIII	-
Bijlage XVI bis	[Artikel 173, lid 1, onder i)]	-
Bijlage XVII	[Artikel 180]	-
Bijlage XVIII	[Artikel 180]	-
Bijlage XIX	-	-
Bijlage XX	-	-
Bijlage XXI	-	-
Bijlage XXII	Bijlage XIV	-

[17-12-2013, PbEU L 347, i.w.tr. 20-12-2013/regelingnummer 1308/2013]

(*) Zie ook Verordening (EU) nr. 1370/2013 van de Raad van 16 december 2013 houdende maatregelen tot vaststelling van steun en restituties in het kader van de gemeenschappelijke ordening van de markten voor landbouwproducten (*PB* L 346 van 20.12.2013, blz. 12).
(**) Zie evenwel artikel 230.

Verordening (EU) Nr. 1379/2013 houdende een gemeenschappelijke marktordening voor visserijproducten en aquacultuurproducten, zoals laatstelijk gewijzigd op 20 mei 2015, PbEU L 133

Verordening van het Europees Parlement en de Raad van 11 december 2013 houdende een gemeenschappelijke marktordening voor visserijproducten en aquacultuurproducten, tot wijziging van Verordeningen (EG) nr. 1184/2006 en (EG) nr. 1224/2009 van de Raad en tot intrekking van Verordening (EG) nr. 104/2000 van de Raad, PbEU 2013, L 354, zoals laatstelijk gewijzigd op 23 april 2020, PbEU 2020, L 130 (i.w.tr. 25-04-2020)

HET EUROPEES PARLEMENT EN DE RAAD VAN DE EUROPESE UNIE,
Gezien het Verdrag betreffende de werking van de Europese Unie, en met name artikel 42 en artikel 43, lid 2,
Gezien het voorstel van de Europese Commissie,
Na toezending van het ontwerp van wetgevingshandeling aan de nationale parlementen,
Gezien het advies van het Europees Economisch en Sociaal Comité [1],
Gezien het advies van het Comité van de Regio's [2],
Handelend volgens de gewone wetgevingsprocedure [3],
Overwegende hetgeen volgt:
(1) Het toepassingsgebied van het gemeenschappelijk visserijbeleid (GVB) omvat marktmaatregelen in verband met visserijproducten en aquacultuurproducten in de Unie. De gemeenschappelijke marktordening voor visserij- en aquacultuurproducten (GMO) maakt integrerend deel uit van het GVB en moet bijdragen tot de verwezenlijking van de doelstellingen daarvan. Aangezien het GVB momenteel wordt herzien, moet de GMO dienovereenkomstig worden aangepast.
(2) Verordening (EG) nr. 104/2000 van de Raad [4] moet worden herzien zodat rekening wordt gehouden met de bij de uitvoering van de thans geldende bepalingen

---

(1) *PB* C 181 van 21.6.2012, blz. 183.
(2) *PB* C 225 van 27.7.2012, blz. 20.
(3) Standpunt van het Europees Parlement van 12 september 2012 (nog niet bekendgemaakt in het *Publicatieblad*) en standpunt van de Raad in eerste lezing van 17 oktober 2013 (nog niet bekendgemaakt in het *Publicatieblad*). Standpunt van het Europees Parlement van 9 december 2013 (nog niet bekendgemaakt in het *Publicatieblad*).
(4) Verordening (EG) nr. 104/2000 van de Raad van 17 december 1999 houdende een gemeenschappelijke ordening der markten in de sector visserijproducten en producten van de aquacultuur (*PB* L 17 van 21.1.2000, blz. 22).

vastgestelde tekortkomingen, de recente ontwikkelingen in de Uniemarkt en op de wereldmarkten en de ontwikkeling van de visserij- en aquacultuuractiviteiten.
(3) De visserij is bijzonder belangrijk voor de economie van de kustregio's van de Unie, met inbegrip van de ultraperifere gebieden. Daar deze activiteit voorziet in het levensonderhoud van de vissers in die regio's, dient de stabiliteit van de markt en een betere correlatie tussen vraag en aanbod bevorderd te worden.
(4) Bij de uitvoering van de bepalingen van de GMO moet rekening worden gehouden met de internationale verplichtingen van de Unie, in het bijzonder met de verplichtingen die voortvloeien uit de voorschriften van de Wereldhandelsorganisatie. In de handel in visserij- en aquacultuurproducten met derde landen moet aan de voorwaarden voor eerlijke concurrentie worden voldaan, met name door het naleven van duurzaamheid en de toepassing van sociale normen die gelijkwaardig zijn met die welke ten aanzien van de Unieproducten gelden.
(5) Belangrijk is dat het beheer van de GMO stoelt op de beginselen van goed bestuur van het GVB.
(6) Het is met het oog op het welslagen van de GMO van essentieel belang dat consumenten, middels marketing- en educatieve campagnes, worden geïnformeerd over het belang van de consumptie van vis en de grote verscheidenheid aan beschikbare vissoorten, alsook worden gewezen op het belang van het begrijpen van de op etiketten vermelde informatie.
(7) Producentenorganisaties voor visserijproducten en producentenorganisaties voor aquacultuurproducten ('producentenorganisaties') zijn de spil voor de verwezenlijking van de doelstellingen van het GVB en van de GMO. Hun verantwoordelijkheden moeten dan ook worden uitgebreid en zij moeten de noodzakelijke financiële steun krijgen om een pregnantere rol te kunnen spelen in het dagelijkse visserijbeheer, waarbij zij het door de doelstellingen van het GVB gedefinieerde kader naleven. Het is daarnaast noodzakelijk om ervoor te zorgen dat hun leden hun visserij- en aquacultuuractiviteiten op duurzame wijze uitoefenen, de voorwaarden voor het op de markt brengen van producten verbeteren, informatie over aquacultuur verzamelen en hun inkomen verbeteren. Bij de verwezenlijking van deze doelstellingen moeten producentenorganisaties rekening houden met de verschillen in de diverse visserij- en aquacultuursectoren in de Unie, in het bijzonder wat de ultraperifere gebieden betreft, en met name met de specifieke kenmerken van de kleinschalige visserij en extensieve aquacultuur. De bevoegde nationale autoriteiten moeten de verantwoordelijkheid kunnen nemen voor de verwezenlijking van deze doelstellingen en daarbij op het gebied van beheersaangelegenheden nauw samenwerken met producentenorganisaties, ook, in voorkomend geval, wat de toewijzing van quota en het beheer van de visserij-inspanning betreft, afhankelijk van de behoeften van iedere specifieke visserijtak.
(8) Er moeten maatregelen worden genomen om de passende en representatieve deelname van kleinschalige producenten aan te moedigen.
(9) Om het concurrentievermogen en de levensvatbaarheid van producentenorganisaties te versterken dienen passende criteria met betrekking tot de oprichting ervan duidelijk te worden gedefinieerd.
(10) Brancheorganisaties die uit verschillende categorieën van marktdeelnemers in de visserij- en aquacultuursector bestaan, zijn in staat bij te dragen tot een betere co-

ordinatie van afzetactiviteiten langs de bevoorradingsketen, en tot de ontwikkeling van maatregelen die van belang zijn voor de hele sector.
(11) Het is dienstig gemeenschappelijke voorwaarden vast te stellen voor de erkenning van producenten- en brancheorganisaties door de lidstaten, voor de uitbreiding van de door producenten- en brancheorganisaties vastgestelde voorschriften en voor de verdeling van de uit een dergelijke uitbreiding voortvloeiende kosten. De uitbreiding van de voorschriften moet door de Commissie worden goedgekeurd.
(12) Aangezien visbestanden gedeelde bestanden zijn, kan de duurzame en efficiënte exploitatie ervan in bepaalde gevallen beter worden bereikt door organisaties met leden uit verschillende lidstaten en verschillende regio's. Derhalve moet ook de mogelijkheid tot oprichting van verenigingen van producentenorganisaties op nationaal of transnationaal niveau worden bevorderd, eventueel op basis van de biogeografische regio's. Dergelijke organisaties moeten partnerschappen zijn die erop gericht zijn gemeenschappelijke, bindende regels op te stellen, en te voorzien in gelijke concurrentievoorwaarden voor alle belanghebbenden in de visserijsector. Bij het opzetten van deze organisaties is het noodzakelijk ervoor te zorgen dat zij onder de mededingingsregels van deze verordening blijven vallen en dat de noodzaak om het verband tussen afzonderlijke kustgemeenschappen en de door hen van oudsher geëxploiteerde visserijtakken en wateren te handhaven, in acht wordt genomen.
(13) De Commissie moet steunmaatregelen om de deelname van vrouwen in producentenorganisaties voor aquacultuurproducten te bevorderen, aanmoedigen.
(14) Opdat producentenorganisaties hun leden tot duurzame visserij- en aquacultuuractiviteiten kunnen aanzetten, moeten zij een productie- en afzetprogramma voorbereiden en aan de bevoegde autoriteiten van de lidstaten voorleggen met de maatregelen die nodig zijn om de doelstellingen van de betrokken producentenorganisatie te verwezenlijken.
(15) Teneinde de doelstellingen van het GVB op het gebied van teruggooi te verwezenlijken, moet grootschalig gebruik worden gemaakt van selectief vistuig waarmee ondermaatse vangst wordt voorkomen.
(16) Vanwege de onvoorspelbaarheid van de visserijactiviteiten is het dienstig een mechanisme in te stellen voor de opslag van visserijproducten voor menselijke consumptie, teneinde de marktstabiliteit te bevorderen en de winst op de producten te verhogen door met name een meerwaarde te creëren. Dat mechanisme moet bijdragen tot de stabilisering en de convergentie van de plaatselijke markten in de Unie met het oog op de voltooiing van de doelstellingen van de interne markt.
(17) Teneinde rekening te houden met de uiteenlopende prijzen in de Unie moet elke visserijproducentenorganisatie worden gerechtigd een drempelprijs voor toepassing van het opslagmechanisme voor te stellen. Die drempelprijs moet op zodanige wijze worden vastgesteld dat eerlijke concurrentie tussen de marktdeelnemers wordt behouden.
(18) De bepaling en de toepassing van gemeenschappelijke handelsnormen moet het mogelijk maken de markt te bevoorraden met duurzame producten, het potentieel van de interne markt voor visserij- en aquacultuurproducten volledig te benutten en handelsactiviteiten op basis van eerlijke mededinging te vergemakkelijken, mede waardoor de productie rendabeler zal worden. Daartoe dienen de bestaande handelsnormen verder van toepassing te zijn.

(19) Het is noodzakelijk ervoor te zorgen dat producten die op de markt van de Unie worden ingevoerd aan dezelfde eisen en handelsnormen voldoen als die waaraan de producenten van de Unie moeten voldoen.
(20) Teneinde een hoog niveau van bescherming van de menselijke gezondheid te garanderen, dienen visserij- en aquacultuurproducten die in de Unie op de markt worden gebracht, ongeacht hun oorsprong, te voldoen aan de toepasselijke voorschriften inzake voedselveiligheid en hygiëne.
(21) Teneinde de consumenten in staat te stellen om weloverwogen keuzes te maken, is het noodzakelijk dat zij duidelijke en volledige informatie krijgen, onder meer met betrekking tot de oorsprong en de productiemethode van de producten.
(22) Het gebruik van een milieukeurmerk voor visserij- en aquacultuurproducten, of ze nu van oorsprong zijn uit de Unie of van buiten de Unie, biedt de mogelijkheid om duidelijke informatie te verstrekken met betrekking tot de ecologische duurzaamheid van dergelijke producten. Het is in dit verband noodzakelijk dat de Commissie de mogelijkheid onderzoekt om minimumcriteria te ontwikkelen en vast te stellen voor de totstandbrenging van een voor de gehele Unie geldend milieukeurmerk voor visserij- en aquacultuurproducten.
(23) Met het oog op consumentenbescherming moeten de bevoegde nationale autoriteiten die met het toezicht op en de handhaving van de naleving van de in deze verordening vastgelegde verplichtingen belast zijn, optimaal gebruik maken van de beschikbare technologie, met inbegrip van DNA-tests, teneinde verkeerde etikettering van vangsten door marktdeelnemers te ontmoedigen.
(24) De mededingingsregels betreffende de in artikel 101 van het Verdrag betreffende de werking van de Europese Unie (VWEU) bedoelde overeenkomsten, besluiten en gedragingen mogen slechts op de productie en de afzet van visserij- en aquacultuurproducten worden toegepast voor zover de toepassing ervan geen belemmering vormt voor de werking van de GMO en evenmin het bereiken van de doelstellingen bepaald in artikel 39 VWEU in gevaar brengt.
(25) Het is dienstig mededingingsregels voor de productie en de afzet van visserij- en aquacultuurproducten vast te stellen, rekening houdend met de specifieke kenmerken van de visserij- en aquacultuursector, inclusief de fragmentering van de sector, het feit dat vis een gedeeld bestand is en de omvang van de invoer, die aan dezelfde voorschriften onderworpen moet zijn als de visserij- en aquacultuurproducten van de Unie. Ter vereenvoudiging dienen de relevante bepalingen van Verordening (EG) nr. 1184/2006 van de Raad [5] in deze verordening te worden opgenomen. Derhalve dient te worden bepaald dat Verordening (EG) nr. 1184/2006 niet langer geldt voor visserij- en aquacultuurproducten.
(26) Het verzamelen, verwerken en verspreiden van economische informatie over de markten voor visserij- en aquacultuurproducten in de Unie dient te worden verbeterd.
(27) Teneinde uniforme voorwaarden voor de uitvoering van de bepalingen van deze verordening te waarborgen ten aanzien van: de termijnen, procedures en de vorm van verzoeken om erkenning van producenten- en brancheorganisaties en voor de

---

(5) Verordening (EG) nr. 1184/2006 van de Raad van 24 juli 2006 inzake de toepassing van bepaalde regels betreffende de mededinging op de voortbrenging van en de handel in landbouwproducten (*PB* L 214 van 4.8.2006, blz. 7).

intrekking van die erkenning; het formaat, de termijnen en de procedures die door de lidstaten in acht moeten worden genomen voor de mededeling aan de Commissie van elk besluit tot verlening of intrekking van de erkenning; het formaat en de procedure van kennisgeving die door de lidstaten in acht moeten worden genomen voor de voorschriften die voor alle producenten of marktdeelnemers verbindend zijn; het formaat en de structuur van productie- en afzetprogramma's, en de procedure en de termijnen voor de indiening en goedkeuring daarvan; en het formaat van de bekendmaking van de drempelprijzen, moeten aan de Commissie uitvoeringsbevoegdheden worden toegekend. Die bevoegdheden moeten worden uitgeoefend overeenkomstig Verordening (EU) nr. 182/2011 van het Europees Parlement en de Raad [6].

(28) Verordening (EG) nr. 104/2000 moet worden ingetrokken. Met het oog op de continuïteit van de bepaling inzake consumenteninformatie moet artikel 4 derhalve tot en met 12 december 2014 van toepassing blijven.

(29) Aangezien de doelstelling van deze verordening, namelijk de instelling van een gemeenschappelijke marktordening voor visserijproducten en aquacultuurproducten, vanwege het gemeenschappelijke karakter van de markt voor visserij- en aquacultuurproducten niet voldoende door de lidstaten kan worden verwezenlijkt en zij derhalve, gezien de omvang en de gevolgen ervan en de noodzaak van gezamenlijk optreden, beter door de Unie kan worden verwezenlijkt, kan de Unie maatregelen nemen overeenkomstig het in artikel 5 van het Verdrag betreffende de Europese Unie neergelegde subsidiariteitsbeginsel. Overeenkomstig het in hetzelfde artikel neergelegde evenredigheidsbeginsel gaat deze verordening niet verder dan hetgeen nodig is om die doelstelling te verwezenlijken.

(30) Verordeningen (EG) nr. 1184/2006 en (EG) nr. 1224/2009 moeten derhalve dienovereenkomstig worden gewijzigd,

HEBBEN DE VOLGENDE VERORDENING VASTGESTELD:

HOOFDSTUK I
Algemene bepalingen

Artikel 1
Onderwerp

1. Er wordt een gemeenschappelijke marktordening voor visserijproducten en aquacultuurproducten ingesteld ('de gemeenschappelijke marktordening' (GMO)).

2. De GMO omvat de volgende elementen:
a) beroepsorganisaties;
b) handelsnormen;
c) consumenteninformatie;
d) mededingingsregels;
e) informatie over de markt.

---

(6) Verordening (EU) nr. 182/2011 van het Europees Parlement en de Raad van 16 februari 2011 tot vaststelling van de algemene voorschriften en beginselen die van toepassing zijn op de wijze waarop de lidstaten de uitoefening van de uitvoeringsbevoegdheden door de Commissie controleren (PB L 55 van 28.2.2011, blz. 13).

Vo. 1379/2013 gemeenschappelijke marktordening voor visserij- en aquacultuurproducten

3. De GMO wordt wat de externe aspecten betreft aangevuld bij Verordening (EU) nr. 1220/2012 van de Raad [1] en bij Verordening (EU) nr. 1026/2012 van het Europees Parlement en de Raad [2].
4. De uitvoering van de GMO komt in aanmerking voor financiële steun van de Unie overeenkomstig een toekomstige rechtshandeling van de Unie tot vaststelling van de voorwaarden voor financiële steun voor het maritiem en visserijbeleid voor de periode 2014–2020.
[11-12-2013, PbEU L 354, i.w.tr. 29-12-2013/regelingnummer 1379/2013]

Artikel 2
Toepassingsgebied
De GMO geldt voor de in bijlage I bij deze verordening genoemde visserij- en aquacultuurproducten die in de Unie worden afgezet.
[11-12-2013, PbEU L 354, i.w.tr. 29-12-2013/regelingnummer 1379/2013]

Artikel 3
Doelstellingen
De doelstellingen van de gemeenschappelijke marktordening zijn die van artikel 35 van Verordening (EU) nr. 1380/2013 van het Europees Parlement en de Raad [3].
[11-12-2013, PbEU L 354, i.w.tr. 29-12-2013/regelingnummer 1379/2013]

Artikel 4
Beginselen
De gemeenschappelijke marktordening wordt gestoeld op door de in artikel 3 van Verordening (EU) nr. 1380/2013 vastgestelde beginselen van goed bestuur.
[11-12-2013, PbEU L 354, i.w.tr. 29-12-2013/regelingnummer 1379/2013]

---

(1) Verordening (EU) nr. 1220/2012 van de Raad van 3 december 2012 houdende handelsgerelateerde maatregelen om voor bepaalde visserijproducten de bevoorrading voor de verwerkende industrie in de EU te garanderen voor de periode 2013–2015, tot wijziging van Verordeningen (EG) nr. 104/2000 en (EU) nr. 1344/2011 (*PB* L 349 van 19.12.2012, blz. 4).
(2) Verordening (EU) nr. 1026/2012 van het Europees Parlement en de Raad van 25 oktober 2012 betreffende bepaalde maatregelen met het oog op de instandhouding van visbestanden ten aanzien van landen die niet-duurzame visserij toelaten (*PB* L 316 van 14.11.2012, blz. 34).
(3) Verordening (EU) nr 1380/2013 van het Europees Parlement en de Raad van 11 december 2013 inzake het gemeenschappelijk visserijbeleid, houdende wijziging van Verordeningen (EG) nr. 1954/2003 en (EG) nr. 1224/2009 van de Raad en tot intrekking van Verordeningen (EG) nr. 2371/2002, (EG) nr. 639/2004 van de Raad en Besluit 2004/585/EG van de Raad (Zie bladzijde 22 van dit *Publicatieblad*).

Artikel 5
Definities

Voor de toepassing van deze verordening gelden de definities, bedoeld in artikel 4 van Verordening (EU) nr. 1380/2013, in artikel 4 van Verordening (EG) nr. 1224/2009 [4], in artikel 2 van Verordening (EU) nr. 1169/2011 van het Europees Parlement en de Raad [5], in de artikelen 2 en 3 van Verordening (EG) nr. 178/2002 van het Europees Parlement en de Raad [6], en in artikel 3 van Verordening (EG) nr. 1333/2008 van het Europees Parlement en de Raad [7]. Daarnaast gelden de volgende definities:

a) 'visserijproducten': aquatische organismen die in het kader van een visserijactiviteit worden verkregen, of daarvan afgeleide producten, zoals vermeld in bijlage I;
b) 'aquacultuurproducten': aquatische organismen in alle stadia van hun levenscyclus, die voortkomen uit aquacultuuractiviteiten, of daarvan afgeleide producten, zoals vermeld in bijlage I;
c) 'producent': elke natuurlijke of rechtspersoon die op het verkrijgen van visserij- of aquacultuurproducten gerichte productiemiddelen exploiteert met het doel die producten op de markt te brengen;
d) 'visserij- en aquacultuursector': de economische sector die alle activiteiten voor de productie, verwerking en afzet van visserij- of aquacultuurproducten omvat;
e) 'op de markt aanbieden': het in het kader van een handelsactiviteit, al dan niet tegen betaling, verstrekken van een visserij- of aquacultuurproduct met het oog op distributie, consumptie of gebruik op de markt van de Unie;
f) 'op de markt brengen': het voor het eerst in de Unie op de markt aanbieden van een visserij- of aquacultuurproduct;
g) 'detailhandel': het hanteren en/of verwerken van levensmiddelen en het opslaan daarvan op de plaats van verkoop of levering aan de eindverbruiker, waaronder distributieterminals, cateringdiensten, bedrijfskantines, institutionele maaltijdvoorziening, restaurants en andere soortgelijke diensten voor voedselvoorziening,

---

(4) Verordening (EG) nr. 1224/2009 van de Raad van 20 november 2009 tot vaststelling van een communautaire controleregeling die de naleving van de regels van het gemeenschappelijk visserijbeleid moet garanderen, tot wijziging van Verordeningen (EG) nr. 847/96, (EG) nr. 2371/2002, (EG) nr. 811/2004, (EG) nr. 768/2005, (EG) nr. 2115/2005, (EG) nr. 2166/2005, (EG) nr. 388/2006, (EG) nr. 509/2007, (EG) nr. 676/2007, (EG) nr. 1098/2007, (EG) nr. 1300/2008, (EG) nr. 1342/2008 en tot intrekking van Verordeningen (EEG) nr. 2847/93, (EG) nr. 1627/94 en (EG) nr. 1966/2006 (PB L 343 van 22.12.2009, blz. 1).

(5) Verordening (EU) nr. 1169/2011 van het Europees Parlement en de Raad van 25 oktober 2011 betreffende de verstrekking van voedselinformatie aan consumenten, tot wijziging van Verordeningen (EG) nr. 1924/2006 en (EG) nr. 1925/2006 van het Europees Parlement en de Raad, en tot intrekking van Richtlijn 87/250/EEG van de Commissie, Richtlijn 90/496/EEG van de Raad, Richtlijn 1999/10/EG van de Commissie, Richtlijn 2000/13/EG van het Europees Parlement en de Raad, Richtlijnen 2002/67/EG en 2008/5/EG van de Commissie en Verordening (EG) nr. 608/2004 van de Commissie (PB L 304 van 22.11.2011, blz. 18).

(6) Verordening (EG) nr. 178/2002 van het Europees Parlement en de Raad van 28 januari 2002 tot vaststelling van de algemene beginselen en voorschriften van de levensmiddelenwetgeving, tot oprichting van een Europese Autoriteit voor voedselveiligheid en tot vaststelling van procedures voor voedselveiligheidsaangelegenheden (PB L 31 van 1.2.2002, blz. 1).

(7) Verordening (EG) nr. 1333/2008 van het Europees Parlement en de Raad van 16 december 2008 inzake levensmiddelenadditieven (PB L 354 van 31.12.2008, blz. 16).

winkels, supermarkten en groothandelsbedrijven waar levensmiddelen worden verkocht;
h) 'voorverpakte visserij- en aquacultuurproducten': visserij- en aquacultuurproducten die 'voorverpakte levensmiddelen' zijn in de zin van artikel 2, lid 2, onder e), van Verordening (EG) (red.: lees: (EU)) nr. 1169/2011.

[11-12-2013, PbEU L 354, i.w.tr. 29-12-2013/regelingnummer 1379/2013]

HOOFDSTUK II
Beroepsorganisaties

AFDELING I
Oprichting, doelstellingen en maatregelen

Artikel 6
Oprichting van producentenorganisaties voor visserijproducten en producentenorganisaties voor aquacultuurproducten

1. Op initiatief van producenten van visserij- of aquacultuurproducten kunnen producentenorganisaties voor visserijproducten en producentenorganisaties voor aquacultuurproducten ('producentenorganisaties'), in één of meer lidstaten worden opgericht en overeenkomstig afdeling II worden erkend.
2. Bij de oprichting van producentenorganisaties wordt in voorkomend geval rekening gehouden met de specifieke situatie van de kleinschalige producenten.
3. Een producentenorganisatie die representatief is voor zowel de visserij- als de aquacultuuractiviteiten kan als gezamenlijke producentenorganisatie voor visserij- en aquacultuurproducten worden opgericht.

[11-12-2013, PbEU L 354, i.w.tr. 29-12-2013/regelingnummer 1379/2013]

Artikel 7
Doelstellingen van producentenorganisaties

1. Producentenorganisaties voor visserijproducten streven de volgende doelstellingen na:
a) de rentabiliteit en duurzaamheid van de visserijactiviteiten van hun leden verbeteren, in volledige overeenstemming met het, met name in Verordening (EU) nr. 1380/2013 en in de milieuwetgeving vastgestelde, instandhoudingsbeleid en met inachtneming van het sociaal beleid; indien de betrokken lidstaat dit besluit, neemt de producentenorganisatie voor visserijproducten tevens deel aan het beheer van de biologische rijkdommen van de zee;
b) ongewenste vangsten van commerciële bestanden zo veel mogelijk vermijden en beperken en, waar nodig, deze vangsten zo goed mogelijk benutten zonder een markt te creëren voor vangsten die kleiner zijn dan de minimuminstandhoudingsreferentiegrootte, overeenkomstig artikel 15 van Verordening (EU) nr. 1380/2013*;
c) bijdragen tot de traceerbaarheid van visserijproducten en aan de toegang tot duidelijke en uitgebreide consumenteninformatie;
d) bijdragen tot de uitbanning van illegale, ongemelde en ongereglementeerde visserij.

2. Producentenorganisaties voor aquacultuurproducten streeft de volgende doelstellingen na:
a) de duurzaamheid van de aquacultuuractiviteiten van hun leden bevorderen door hun ontwikkelingskansen te bieden in volledige overeenstemming met Verordening (EU) nr. 1380/2013* en de milieuwetgeving, met inachtneming van het sociaal beleid;
b) erop toezien dat de activiteiten van hun leden consistent zijn met de in artikel 34 van Verordening (EU) nr. 1380/2013 bedoelde nationale strategische plannen;
c) ernaar streven te waarborgen dat uit de visserij afkomstig voeder voor de aquacultuur uit duurzaam beheerde visserij afkomstig is.

3. Producentenorganisaties streven, naast de in de leden 1 en 2 genoemde doelstellingen, twee of meer van de volgende doelstellingen na:
a) de voorwaarden voor het op de markt brengen van de visserij- en aquacultuurproducten van hun leden verbeteren;
b) de economische rentabiliteit vergroten;
c) de markten stabiliseren;
d) bijdragen tot de voedselvoorziening en bevorderen van hoge normen voor voedselkwaliteit en voedselveiligheid, terwijl de werkgelegenheid in kust- en plattelandsgebieden eveneens wordt bevorderd;
e) het milieueffect van visserij beperken, waaronder door middel van maatregelen om de selectiviteit van het vistuig te verbeteren.

4. Producentenorganisaties mogen bijkomende doelstellingen nastreven.
[11-12-2013, PbEU L 354, i.w.tr. 29-12-2013/regelingnummer 1379/2013]

Artikel 8
Maatregelen van producentenorganisaties

1. Producentenorganisaties kunnen, om de in artikel 7 genoemde doelstellingen te verwezenlijken, onder meer de volgende maatregelen toepassen:
a) de productie aanpassen aan de behoeften van de markt;
b) het aanbod en de afzet van de producten van hun leden kanaliseren;
c) van de Unie afkomstige visserij- en aquacultuurproducten van hun leden op niet-discriminerende wijze promoten door, bijvoorbeeld, gebruik te maken van certificering, en in het bijzonder oorsprongsbenamingen, kwaliteitslabels, geografische aanduidingen, gegarandeerde traditionele specialiteiten en duurzaamheidsmerites;
d) nagaan of en maatregelen nemen om ervoor te zorgen dat de activiteiten van hun leden in overeenstemming zijn met de voorschriften van de betrokken producentenorganisatie;
e) beroepsopleidingen en samenwerkingsprogramma's stimuleren om jonge mensen aan te moedigen tot de sector toe te treden;
f) het milieueffect van visserij beperken, met name door middel van maatregelen om de selectiviteit van het vistuig te verbeteren;
g) het gebruik van informatie- en communicatietechnologie bevorderen om een betere afzet en hogere prijzen te waarborgen;
h) de toegang van consumenten tot informatie over visserij- en aquacultuurproducten stimuleren.

2. Producentenorganisaties voor visserijproducten kunnen ook de volgende maatregelen toepassen:
a) de visserijactiviteiten van hun leden collectief plannen en beheren, onder voorbehoud van de wijze waarop het beheer van biologische rijkdommen van de zee door de lidstaten is georganiseerd, en met name maatregelen ter verbetering van de selectiviteit van visserijactiviteiten ontwikkelen en uitvoeren, en de bevoegde autoriteiten adviseren;
b) ongewenste vangsten vermijden en tot een minimum beperken door een rol te spelen in de ontwikkeling en toepassing van technische maatregelen, en ongewenste vangsten van commerciële bestanden optimaal gebruiken zonder een markt te creëren voor vangsten die kleiner zijn dan de minimuminstandhoudingsreferentiegrootte, overeenkomstig, naargelang het geval, artikel 15, lid 11, van Verordening (EU) nr. 1380/2013 en artikel 34, lid 2, van deze verordening;
c) de tijdelijke opslag van visserijproducten beheren overeenkomstig de artikelen 30 en 31 van deze verordening.

3. Producentenorganisaties voor aquacultuurproducten kunnen ook de volgende maatregelen toepassen:
a) een duurzame aquacultuur bevorderen, met name in termen van milieubescherming en gezondheid en welzijn van dieren;
b) informatie verzamelen over de op de markt gebrachte producten, inclusief economische informatie over de eerste verkoop en productieprognoses;
c) milieuinformatie verzamelen;
d) het beheer van de aquacultuuractiviteiten van hun leden plannen;
e) ondersteunen van professionele programma's om duurzame aquacultuurproducten te bevorderen;
f) de tijdelijke opslag van aquacultuurproducten beheren overeenkomstig de artikelen 30 en 31 van deze verordening.

[23-04-2020, PbEU L 130, i.w.tr. 25-04-2020/regelingnummer 2020/560]

Artikel 9
Oprichting van verenigingen van producentenorganisaties

1. Op initiatief van in één of meer lidstaten erkende producentenorganisaties kan een vereniging van producentenorganisaties worden opgericht.

2. De voor de producentenorganisaties geldende bepalingen van de onderhavige verordening zijn eveneens van toepassing op verenigingen van producentenorganisaties, tenzij anders is bepaald.

[11-12-2013, PbEU L 354, i.w.tr. 29-12-2013/regelingnummer 1379/2013]

Artikel 10
Doelstellingen van verenigingen van producentenorganisaties

1. Een vereniging van producentenorganisaties streeft de volgende doelstellingen na:
a) de in artikel 7 vastgestelde doelstellingen van de aangesloten producentenorganisaties op een doeltreffendere en duurzamere wijze verwezenlijken;
b) activiteiten van gemeenschappelijk belang voor de aangesloten producentenorganisaties coördineren en ontwikkelen.

2. Een vereniging van producentenorganisaties komt in aanmerking voor financiële steun overeenkomstig een toekomstige rechtshandeling van de Unie tot vaststelling

van de voorwaarden voor financiële steun voor het maritiem en visserijbeleid voor de periode 2014–2020.
[11-12-2013, PbEU L 354, i.w.tr. 29-12-2013/regelingnummer 1379/2013]

Artikel 11
Oprichting van brancheorganisaties
Op initiatief van marktdeelnemers op het gebied van visserij- en aquacultuurproducten kan een brancheorganisatie in één of meer lidstaten worden opgericht en overeenkomstig afdeling II worden erkend.
[11-12-2013, PbEU L 354, i.w.tr. 29-12-2013/regelingnummer 1379/2013]

Artikel 12
Doelstellingen van brancheorganisaties
Brancheorganisaties verbeteren de coördinatie van, en de voorwaarden voor, het op de markt van de Unie aanbieden van visserij- en aquacultuurproducten.
[11-12-2013, PbEU L 354, i.w.tr. 29-12-2013/regelingnummer 1379/2013]

Artikel 13
Maatregelen van brancheorganisaties
Om de in artikel 12 genoemde doelstellingen te verwezenlijken, kan een brancheorganisatie de volgende maatregelen toepassen:
a) standaardcontracten opstellen die verenigbaar zijn met de wetgeving van de Unie;
b) visserij- en aquacultuurproducten van de Unie op niet-discriminerende wijze promoten door, bijvoorbeeld, gebruik te maken van certificering, met name oorsprongsbenamingen, kwaliteitslabels, geografische aanduidingen, gegarandeerde traditionele specialiteiten en duurzaamheidsmerites;
c) voorschriften inzake de productie en afzet van visserij- en aquacultuurproducten vaststellen die stringenter zijn dan die van de nationale wetgeving of wetgeving van de Unie;
d) kwaliteit, kennis en transparantie van de productie en de markt verbeteren en beroepsopleidingen en -activiteiten uitvoeren, bijvoorbeeld met betrekking tot kwaliteit en traceerbaarheid en voedselveiligheid en om initiatieven op het gebied van onderzoek aan te moedigen;
e) onderzoek en marktstudies uitvoeren en technieken ontwikkelen om de marktwerking te optimaliseren, inclusief door middel van informatie- en communicatietechnologie, en sociaal-economische gegevens verzamelen;
f) informatie verstrekken en onderzoek verrichten met het oog op een duurzaam aanbod dat qua kwantiteit, kwaliteit en prijs overeenstemt met de behoeften van de markt en de verwachtingen van de consument;
g) soorten uit gezonde visbestanden met een hoge voedingswaarde die momenteel niet wijdverspreid geconsumeerd worden promoten bij consumenten;
h) nagaan of de activiteiten van hun leden in overeenstemming zijn met de voorschriften van de betrokken producentenorganisatie en maatregelen nemen met het oog op de naleving daarvan.
[11-12-2013, PbEU L 354, i.w.tr. 29-12-2013/regelingnummer 1379/2013]

AFDELING II
Erkenning

Artikel 14
Erkenning van producentenorganisaties

1. De lidstaten kunnen elke op initiatief van producenten van visserijproducten of van aquacultuurproducten opgerichte groepering die een verzoek om erkenning indient, als producentenorganisatie erkennen, mits deze:
a) de beginselen in artikel 17 en de voorschriften ter uitvoering daarvan in acht neemt;
b) op het grondgebied van de lidstaat in kwestie of een deel daarvan in voldoende mate economisch actief is, met name wat het aantal leden of de hoeveelheid afzetbare producten betreft;
c) overeenkomstig het nationale recht van de betrokken lidstaat rechtspersoonlijkheid heeft, daar gevestigd is en haar statutaire zetel op het grondgebied ervan heeft;
d) kan bijdragen tot de verwezenlijking van de in artikel 7 genoemde doelstellingen;
e) de in hoofdstuk V bedoelde mededingingsregels in acht neemt;
f) op een bepaalde markt geen misbruik maakt van een machtspositie; en
g) relevante details over lidmaatschap, bestuur en financieringsbronnen verstrekt.

2. Producentenorganisaties die voor 29 december 2013 zijn erkend, worden beschouwd als erkende producentenorganisaties in de zin van deze verordening, en worden geacht te zijn gebonden door de bepalingen van deze verordening.
[11-12-2013, PbEU L 354, i.w.tr. 29-12-2013/regelingnummer 1379/2013]

Artikel 15
Financiële steun aan producentenorganisaties of verenigingen van producentenorganisaties

Overeenkomstig een toekomstige rechtshandeling van de Unie tot vaststelling van de voorwaarden voor financiële steun voor het maritiem en visserijbeleid voor de periode 2014–2020 kan financiële steun worden verleend voor afzetmaatregelen ten bate van visserij- en aquacultuurproducten die ten doel hebben een producentenorganisatie of een vereniging van producentenorganisaties op te richten of te hervormen.
[11-12-2013, PbEU L 354, i.w.tr. 29-12-2013/regelingnummer 1379/2013]

Artikel 16
Erkenning van brancheorganisaties

1. De lidstaten kunnen een op hun grondgebied gevestigde groepering van marktdeelnemers die een verzoek om erkenning indient, als brancheorganisatie erkennen, mits deze:
a) de beginselen in artikel 17 en de voorschriften ter uitvoering daarvan in acht neemt;
b) op significante wijze representatief is voor de productieactiviteit en voor de verwerkings- of de afzetactiviteit of voor beide, met betrekking tot visserij- en aquacultuurproducten of verwerkte visserij- en aquacultuurproducten;
c) zelf geen visserij- en aquacultuurproducten of verwerkte visserij- en aquacultuurproducten produceert, verwerkt of afzet;

d) overeenkomstig het nationale recht van een lidstaat rechtspersoonlijkheid heeft, daar is gevestigd en haar statutaire zetel op het grondgebied ervan heeft;
e) in staat is de in artikel 12 bepaalde doelstellingen na te streven;
f) rekening houdt met de belangen van de consument;
g) de goede werking van de GMO niet belemmert; en
h) de in hoofdstuk V bedoelde mededingingregels in acht neemt.

2. Een vóór 29 december 2013 opgerichte organisatie kan als brancheorganisatie in de zin van deze verordening worden erkend, indien de betrokken lidstaat ervan overtuigd is dat zij voldoet aan de bepalingen van deze verordening betreffende brancheorganisaties.

3. Een brancheorganisatie die voor 29 december 2013 is erkend, wordt beschouwd als erkende brancheorganisatie in de zin van deze verordening en wordt geacht te zijn gebonden door de bepalingen van deze verordening.
[11-12-2013, PbEU L 354, i.w.tr. 29-12-2013/regelingnummer 1379/2013]

Artikel 17
Intern functioneren van producentenorganisaties en brancheorganisaties

Het interne functioneren van een producentenorganisatie en een brancheorganisatie als bedoeld in de artikelen 14 en 16 berust op de volgende beginselen:
a) de leden houden zich aan de door de organisaties vastgestelde voorschriften inzake exploitatie van visbestanden en productie en afzet van visserijproducten;
b) non-discriminatie tussen de leden, in het bijzonder niet op grond van nationaliteit of vestigingsplaats;
c) de leden betalen een financiële bijdrage om de organisatie te financieren;
d) de democratisch functionerende organisatie en haar besluiten kunnen door de leden aan kritisch onderzoek worden onderworpen;
e) bij overtreding van de statutaire verplichtingen van de betrokken organisatie, in het bijzonder bij niet-betaling van de financiële bijdragen, worden effectieve, afschrikkende en proportionele sancties opgelegd;
f) er bestaan regels voor de toetreding van nieuwe leden en de intrekking van het lidmaatschap;
g) de voor het functioneren van het bestuur van de organisatie vereiste boekhoudkundige en budgettaire voorschriften worden vastgesteld.

[11-12-2013, PbEU L 354, i.w.tr. 29-12-2013/regelingnummer 1379/2013]

Artikel 18
Controles en intrekking van de erkenning door de lidstaten

1. De lidstaten voeren regelmatig controles uit om te verifiëren of de producenten- en brancheorganisaties voldoen aan de respectievelijk in artikel 14 en artikel 16 vastgestelde erkenningsvoorwaarden. Indien een overtreding wordt geconstateerd, kan de erkenning worden ingetrokken.

2. De lidstaat waar de officiële zetel van een producentenorganisatie of een brancheorganisatie met leden uit verschillende lidstaten, of van een vereniging van in verschillende lidstaten erkende producentenorganisaties is gevestigd, zet in samenwerking met de andere betrokken lidstaten de nodige administratieve samenwerking op om de activiteiten van de betrokken organisatie of vereniging te controleren.

[11-12-2013, PbEU L 354, i.w.tr. 29-12-2013/regelingnummer 1379/2013]

Artikel 19
Toewijzing van vangstmogelijkheden
Bij de uitoefening van zijn taken, leeft een producentenorganisatie waarvan de leden onderdanen van verschillende lidstaten zijn, of een vereniging van in verschillende lidstaten erkende producentenorganisaties, de bepalingen na inzake de toewijzing van de vangstmogelijkheden aan de lidstaten overeenkomstig artikel 16 van Verordening (EU) nr. 1380/2013.
[11-12-2013, PbEU L 354, i.w.tr. 29-12-2013/regelingnummer 1379/2013]

Artikel 20
Controles door de Commissie
1. Om ervoor te zorgen dat wordt voldaan aan de in de respectievelijk, artikelen 14 en 16 vastgestelde voorwaarden voor de erkenning van producenten- of brancheorganisaties, kan de Commissie controles verrichten en verzoekt zij de lidstaten in voorkomend geval de erkenning van producenten- of brancheorganisaties in te trekken.
2. De lidstaten delen de Commissie langs elektronische weg elk besluit tot verlening of intrekking van de erkenning mee. De Commissie maakt al deze informatie openbaar.
[11-12-2013, PbEU L 354, i.w.tr. 29-12-2013/regelingnummer 1379/2013]

Artikel 21
Uitvoeringshandelingen
1. De Commissie stelt uitvoeringshandelingen vast betreffende:
a) de termijnen en procedures voor de erkenning en de vorm van het verzoek om erkenning van producenten- en brancheorganisaties, respectievelijk overeenkomstig de artikelen 14 en 16, en voor de intrekking van de erkenning overeenkomstig artikel 18;
b) het formaat, de termijnen en de procedures die door de lidstaten in acht moeten worden genomen voor de mededeling aan de Commissie van elk besluit tot verlening of intrekking van de erkenning overeenkomstig artikel 20, lid 2.

De uitvoeringshandelingen onder a), worden, in voorkomend geval, aangepast aan de specifieke kenmerken van de kleinschalige visserij en aquacultuur.
2. De in lid 1 bedoelde uitvoeringshandelingen worden vastgesteld volgens de in artikel 43, lid 2, bedoelde onderzoeksprocedure.
[11-12-2013, PbEU L 354, i.w.tr. 29-12-2013/regelingnummer 1379/2013]

AFDELING III
Uitbreiding van de voorschriften

Artikel 22
Uitbreiding van de voorschriften van producentenorganisaties
1. De lidstaten kunnen de binnen een producentenorganisatie overeengekomen voorschriften verbindend verklaren voor producenten die niet bij die organisatie zijn aangesloten en die in het gebied waar de producentenorganisatie representatief is, één of meer producten op de markt brengen, op voorwaarde dat:
a) de producentenorganisatie al minstens een jaar bestaat en representatief wordt geacht voor de productie en de afzet, mede, indien van toepassing, van de klein-

schalige en ambachtelijke sector, in een bepaalde lidstaat, en daartoe een verzoek richt tot de bevoegde autoriteiten van die lidstaat;
b) de uit te breiden voorschriften betrekking hebben op één of meer van de in artikel 8, lid 1, onder a), b) en c), in artikel 8, lid 2, onder a) en b), en in artikel 8, lid 3, onder a) tot en met e), vastgestelde maatregelen;
c) aan de in hoofdstuk V bedoelde mededingingsregels wordt voldaan.

2. Voor de toepassing van lid 1, onder a), wordt een producentenorganisatie voor visserijproducten representatief geacht wanneer zij goed is voor ten minste 55 % van de hoeveelheid van het betrokken product die in het voorgaande jaar is afgezet in het gebied waarvoor de uitbreiding van de voorschriften wordt voorgesteld.

3. Voor de toepassing van lid 1, onder a), wordt een producentenorganisatie voor aquacultuurproducten representatief geacht wanneer zij goed is voor ten minste 40 % van de hoeveelheid van het betrokken product die in het voorgaande jaar is afgezet in het gebied waarvoor de uitbreiding van de voorschriften wordt voorgesteld.

4. De tot niet-leden uit te breiden voorschriften zijn verbindend voor een periode van 60 dagen tot 12 maanden.

[11-12-2013, PbEU L 354, i.w.tr. 29-12-2013/regelingnummer 1379/2013]

Artikel 23
Uitbreiding van de voorschriften van brancheorganisaties

1. Een lidstaat kan bepaalde binnen een brancheorganisatie gesloten overeenkomsten, genomen besluiten of onderling afgestemde feitelijke gedragingen in één of meer specifieke gebieden verbindend verklaren voor andere marktdeelnemers die niet bij die organisatie zijn aangesloten, op voorwaarde dat:
a) ten minste 65 % van elke van ten minste twee van de volgende activiteiten via de brancheorganisatie verloopt: productie, verwerking of afzet van het betrokken product in het voorgaande jaar in één of meer gebieden van die lidstaat, en de organisatie daartoe een verzoek richt tot de bevoegde nationale autoriteiten; en
b) de tot andere marktdeelnemers uit te breiden voorschriften betrekking hebben op één of meer van de in artikel 13, onder a) tot en met g), vastgestelde maatregelen van brancheorganisaties en geen schade toebrengen aan andere marktdeelnemers in de betrokken lidstaat of in de Unie.

2. De uitbreiding van de voorschriften mag voor maximaal drie jaar verbindend worden verklaard, onverminderd artikel 25, lid 4.

[11-12-2013, PbEU L 354, i.w.tr. 29-12-2013/regelingnummer 1379/2013]

Artikel 24
Aansprakelijkheid

In het geval van voorschriften die overeenkomstig de artikelen 22 en 23 worden uitgebreid tot niet-leden, kan de betrokken lidstaat besluiten dat deze niet-leden de producentenorganisatie of de brancheorganisatie een bedrag moeten betalen dat gelijk is aan alle of een deel van de kosten voor de leden als gevolg van de toepassing van de voorschriften die zijn uitgebreid tot de niet-leden.

[11-12-2013, PbEU L 354, i.w.tr. 29-12-2013/regelingnummer 1379/2013]

Artikel 25
Goedkeuring door de Commissie

1. De lidstaten delen de Commissie de voorschriften mee die zij voor alle producenten of marktdeelnemers van één of meer specifieke gebieden overeenkomstig de artikelen 22 en 23 verbindend willen verklaren.
2. De Commissie stelt een besluit vast tot goedkeuring van de uitbreiding van de door een lidstaat meegedeelde voorschriften bedoeld in lid 1, op voorwaarde dat:
   a) aan het bepaalde in de artikelen 22 en 23 is voldaan;
   b) aan de in hoofdstuk V bedoelde mededingingsregels is voldaan;
   c) de uitbreiding het vrije handelsverkeer niet belemmert; en
   d) de verwezenlijking van de doelstellingen in artikel 39 VWEU niet in gevaar wordt gebracht.
3. Binnen één maand na ontvangst van de mededeling neemt de Commissie een besluit tot goedkeuring of weigering van de uitbreiding van de voorschriften en stelt zij de lidstaten hiervan in kennis. Indien de Commissie binnen één maand vanaf de ontvangst van de kennisgeving, geen besluit heeft genomen, dan wordt de uitbreiding van de voorschriften geacht door haar te zijn goedgekeurd.
4. Een goedgekeurde uitbreiding van de voorschriften mag na afloop van de eerste termijn, ook met stilzwijgend akkoord, zonder dat de goedkeuring uitdrukkelijk wordt verlengd, verder worden toegepast, op voorwaarde dat de betrokken lidstaat de Commissie minstens één maand voor afloop van de eerste termijn in kennis heeft gesteld van de verlengde toepassing en de Commissie die verlengde toepassing heeft goedgekeurd of er niet binnen één maand na ontvangst van de kennisgeving bezwaar tegen heeft aangetekend.

[11-12-2013, PbEU L 354, i.w.tr. 29-12-2013/regelingnummer 1379/2013]

Artikel 26
Intrekking van de goedkeuring

De Commissie kan controles uitvoeren en de goedkeuring van de uitbreiding van de voorschriften intrekken wanneer zij constateert dat niet is voldaan aan één of meer van de voorwaarden voor deze goedkeuring. De Commissie stelt de lidstaten van die intrekking in kennis.

[11-12-2013, PbEU L 354, i.w.tr. 29-12-2013/regelingnummer 1379/2013]

Artikel 27
Uitvoeringshandelingen

De Commissie stelt uitvoeringshandelingen vast inzake het formaat en de procedure van de in artikel 25, lid 1, bedoelde kennisgeving. Die uitvoeringshandelingen worden volgens de in artikel 43, lid 2, bedoelde onderzoeksprocedure, vastgesteld.

[11-12-2013, PbEU L 354, i.w.tr. 29-12-2013/regelingnummer 1379/2013]

AFDELING IV
Planning van productie en afzet

Artikel 28
Productie- en afzetprogramma

1. Elke producentenorganisatie dient bij de bevoegde nationale autoriteiten van haar lidstaat ter goedkeuring ten minste een productie- en afzetprogramma voor haar belangrijkste soorten op de markt in. Dat productie- en afzetprogramma is gericht op de verwezenlijking van de doelstellingen in de artikelen 3 en 7.
2. Het productie- en afzetprogramma omvat:
   a) een productieprogramma voor gevangen of gekweekte soorten;
   b) een afzetstrategie om de hoeveelheid, de kwaliteit en de aanbiedingsvorm van het aanbod af te stemmen op de eisen van de markt;
   c) maatregelen die de producentenorganisatie moet nemen om bij te dragen tot de verwezenlijking van de doelstellingen in artikel 7;
   d) bijzondere maatregelen voor een preventieve regulering van het aanbod voor soorten die traditioneel tijdens het seizoen met afzetmoeilijkheden te kampen hebben;
   e) sancties tegen de leden die de voor de uitvoering van het betrokken programma vastgestelde besluiten niet naleven.
3. De bevoegde nationale autoriteiten keuren het productie- en afzetprogramma goed. Zodra het programma is goedgekeurd, wordt het door de producentenorganisatie uitgevoerd.
4. De producentenorganisaties kunnen het productie- en afzetprogramma herzien; zij leggen de herziening aan de bevoegde nationale autoriteiten ter goedkeuring voor.
5. Een producentenorganisatie bereidt jaarlijks een verslag over haar activiteiten in het kader van het productie- en afzetprogramma voor en legt het ter goedkeuring aan de bevoegde nationale autoriteiten voor.
6. Een producentenorganisatie kan financiële steun krijgen voor het opstellen en uitvoeren van productie- en afzetprogramma's overeenkomstig een toekomstige rechtshandeling van de Unie tot vaststelling van de voorwaarden voor financiële steun voor het maritiem en visserijbeleid voor de periode 2014-2020.
7. De lidstaten voeren controles uit om ervoor te zorgen dat elke producentenorganisatie de in dit artikel vastgestelde verplichtingen nakomt. Indien wordt geconstateerd dat er sprake is van niet-naleving kan de erkenning worden ingetrokken.
8. Voor het verwezenlijken van de doelstelling van artikel 7, lid 1, punt b), zorgen de producentenorganisaties er in de overeenkomstig lid 1 van dit artikel door hen ingediende productie- en afzetprogramma's voor dat de aanlanding van mariene organismen die kleiner zijn dan de minimuminstandhoudingsreferentiegrootte niet leidt tot de ontwikkeling van activiteiten die specifiek gericht zijn op het vangen van die mariene organismen.
Bij het uitvoeren van de controles overeenkomstig lid 7 van dit artikel zorgen de lidstaten ervoor dat de producenten organisaties de in de eerste alinea van dit lid bedoelde verplichting nakomen.
[20-05-2015, PbEU L 133, i.w.tr. 01-06-2015/regelingnummer 2015/812]

Artikel 29
Uitvoeringshandelingen
1. De Commissie stelt uitvoeringshandelingen vast betreffende:
a) het formaat en de structuur van het in artikel 28 bedoelde productie- en afzetprogramma;
b) de procedure en de termijnen voor de indiening van het in artikel 28 bedoelde productie- en afzetprogramma door de producentenorganisatie en de goedkeuring ervan door de lidstaat.

2. De in lid 1 bedoelde uitvoeringshandelingen worden volgens de in artikel 43, lid 2, bedoelde onderzoeksprocedure vastgesteld.

[11-12-2013, PbEU L 354, i.w.tr. 29-12-2013/regelingnummer 1379/2013]

AFDELING V
Stabilisering van de markten

Artikel 30
Opslagmechanisme

Producentenorganisaties in de visserij- en aquacultuursector kunnen financiële steun ontvangen voor de opslag van in bijlage II vermelde producten of van producten die vallen onder GN-code 0302 zoals in bijlage I, onder a), bij deze verordening vermeld, op voorwaarde dat:
a) aan de bij Verordening (EU) nr. 508/2014 van het Europees Parlement en de Raad [1] vastgestelde voorwaarden voor opslagsteun is voldaan;
b) de producten door de producentenorganisaties op de markt zijn gebracht en er tegen de in artikel 31 bedoelde drempelprijs geen koper te vinden bleek;
c) indien van toepassing, de producten aan de overeenkomstig artikel 33 vastgestelde gemeenschappelijke handelsnormen voldoen en een voor menselijke consumptie geschikte kwaliteit hebben;
d) de producten door invriezen, hetzij aan boord, hetzij in inrichtingen aan land, zouten, drogen, marineren of in voorkomend geval koken en pasteuriseren, verduurzaamd of verwerkt zijn en zijn opgeslagen in tanks of kooien, ongeacht of de producten zijn gefileerd, in moten gesneden of, in voorkomend geval, gekopt;
e) aquacultuurproducten niet levend worden opgeslagen;
f) de producten vanuit de opslag weer op de markt worden gebracht voor menselijke consumptie in een latere fase, en
g) de producten ten minste vijf dagen worden opgeslagen.

[23-04-2020, PbEU L 130, i.w.tr. 25-04-2020/regelingnummer 2020/560]

Artikel 31
Drempelprijzen voor toepassing van het opslagmechanisme

1. Vóór het begin van elk jaar kan elke producentenorganisatie individueel een drempelprijs voor toepassing van het in artikel 30 bedoelde opslagmechanisme voorstellen

---

(1) Verordening (EU) nr. 508/2014 van het Europees Parlement en de Raad van 15 mei 2014 inzake het Europees Fonds voor maritieme zaken en visserij en tot intrekking van de Verordeningen (EG) nr. 2328/2003, (EG) nr. 861/2006, (EG) nr. 1198/2006 en (EG) nr. 791/2007 van de Raad en Verordening (EU) nr. 1255/2011 van het Europees Parlement en de Raad (*PB* L 149 van 20.5.2014, blz. 1).

voor in bijlage II vermelde producten of producten die vallen onder GN-code 0302 zoals in bijlage I, onder a), bij deze verordening vermeld.
2. De drempelprijs bedraagt niet meer dan 80 % van het gewogen gemiddelde van de prijs die voor het betrokken product in het werkgebied van de betrokken producentenorganisatie is genoteerd in de drie jaren die onmiddellijk voorafgaan aan het jaar waarvoor de drempelprijs wordt vastgesteld.
3. Bij de vaststelling van de drempelprijs wordt rekening gehouden met:
a) de ontwikkeling van de productie en de vraag;
b) de stabilisatie van de marktprijzen;
c) de convergentie van de markten;
d) het inkomen van de producenten;
e) de belangen van de consument.
4. Na onderzoek van de voorstellen van de op hun grondgebied erkende producentenorganisaties stellen de lidstaten de door de producentenorganisaties toe te passen drempelprijzen vast. Bij de vaststelling van die prijzen worden de in de leden 2 en 3 bedoelde criteria gehanteerd. De prijzen worden bekendgemaakt.
5. Indien een lidstaat vóór de Covid-19-uitbraak geen drempelprijzen overeenkomstig lid 4 heeft vastgesteld, stelt deze lidstaat de betrokken drempelprijzen onverwijld vast op basis van de in de leden 2 en 3 bedoelde criteria. De prijzen worden bekendgemaakt.
[23-04-2020, PbEU L 130, i.w.tr. 25-04-2020/regelingnummer 2020/560]

Artikel 32
Uitvoeringshandelingen
De Commissie stelt uitvoeringshandelingen vast inzake het formaat van de bekendmaking van de drempelprijzen op grond van artikel 31, lid 4. Die uitvoeringshandelingen worden volgens de in artikel 43, lid 2, bedoelde onderzoeksprocedure vastgesteld.
[11-12-2013, PbEU L 354, i.w.tr. 29-12-2013/regelingnummer 1379/2013]

HOOFDSTUK III
Gemeenschappelijke handelsnormen

Artikel 33
Vaststelling van gemeenschappelijke handelsnormen
1. Onverminderd artikel 47 kunnen gemeenschappelijke handelsnormen voor de in bijlage I vermelde voor menselijke consumptie bestemde visserijproducten, ongeacht hun oorsprong (Unie of ingevoerd), worden vastgesteld.
2. De in lid 1 bedoelde normen kunnen betrekking hebben op de kwaliteit, grootte, gewicht, verpakking, aanbiedingsvorm of etikettering van de producten, en met name op:
a) de minimummaten voor de afzet, die worden vastgesteld op basis van de best beschikbare wetenschappelijke adviezen; zulke minimummaten voor de afzet komen, waar dat relevant is, overeen met minimuminstandhoudingsreferentierooten overeenkomstig artikel 15, lid 10, van Verordening (EU) nr. 1380/2013;
b) specificaties voor geconserveerde producten in overeenstemming met de conserveringseisen en de internationale verplichtingen.
3. De leden 1 en 2 zijn van toepassing onverminderd:
a) Verordening (EG) nr. 178/2002;

b) Verordening (EG) nr. 852/2004 van het Europees Parlement en de Raad [1];
c) Verordening (EG) nr. 853/2004 van het Europees Parlement en de Raad [2];
d) Verordening (EG) nr. 854/2004 van het Europees Parlement en de Raad [3];
e) Verordening (EG) Nr. 882/2004 van het Europees Parlement en de Raad [4];
f) Verordening (EG) nr. 1005/2008 van de Raad [5]; en
g) Verordening (EG) nr. 1224/2009.
[11-12-2013, PbEU L 354, i.w.tr. 29-12-2013/regelingnummer 1379/2013]

Artikel 34
Naleving van de gemeenschappelijke handelsnormen

1. De voor menselijke consumptie bestemde producten waarvoor gemeenschappelijke handelsnormen zijn vastgesteld, mogen slechts op de markt van de Unie worden aangeboden indien zij in overeenstemming zijn met deze normen.

2. Alle aangelande visserijproducten, inclusief die welke niet in overeenstemming zijn met de gemeenschappelijke handelsnormen, mogen worden gebruikt voor andere doeleinden dan rechtstreekse menselijke consumptie, mede voor vismeel, visolie, diervoeder, levensmiddelenadditieven, geneesmiddelen of cosmetica.

[11-12-2013, PbEU L 354, i.w.tr. 29-12-2013/regelingnummer 1379/2013]

HOOFDSTUK IV
Consumenteninformatie

Artikel 35
Verplichte informatie

1. Onverminderd Verordening (EU) nr. 1169/2011 mogen de in bijlage I, onder a), b), c) en e), bij deze verordening vermelde visserij- en aquacultuurproducten die in de Unie worden afgezet, ongeacht hun oorsprong of de toegepaste methode, slechts voor verkoop aan de eindverbruiker of aan een grote cateraar worden aangeboden mits door middel van een adequate afffichering of etikettering de volgende gegevens worden medegedeeld:
a) de handelsbenaming en de wetenschappelijke naam van de soort;

---

[1] Verordening (EG) nr. 852/2004 van het Europees Parlement en de Raad van 29 april 2004 inzake levensmiddelenhygiëne (*PB* L 139 van 30.4.2004, blz. 1).
[2] Verordening (EG) nr. 853/2004 van het Europees Parlement en de Raad van 29 april 2004 houdende vaststelling van specifieke hygiënevoorschriften voor levensmiddelen van dierlijke oorsprong (*PB* L 139 van 30.4.2004, blz. 55).
[3] Verordening (EG) nr. 854/2004 van het Europees Parlement en de Raad van 29 april 2004 houdende vaststelling van specifieke voorschriften voor de organisatie van de officiële controles van voor menselijke consumptie bestemde producten van dierlijke oorsprong (*PB* L 226 van 25.6.2004, blz. 83).
[4] Verordening (EG) nr. 882/2004 van het Europees Parlement en de Raad van 29 april 2004 inzake officiële controles op de naleving van de wetgeving inzake diervoeders en levensmiddelen en de voorschriften inzake diergezondheid en dierenwelzijn (*PB* L 165 van 30.4.2004, blz. 1).
[5] Verordening (EG) nr. 1005/2008 van de Raad van 29 september 2008 houdende de totstandbrenging van een communautair systeem om illegale, ongemelde en ongereglementeerde visserij te voorkomen, tegen te gaan en te beëindigen, tot wijziging van Verordeningen (EEG) nr. 2847/93, (EG) nr. 1936/2001 en (EG) nr. 601/2004 en tot intrekking van Verordeningen (EG) nr. 1093/94 en (EG) nr. 1447/1999 (*PB* L 286 van 29.10.2008, blz. 1).

b) de productiemethode, met name de volgende woorden: '... gevangen ...' of '... in zoet water gevangen ...' of '... gekweekt ...';
c) het gebied waar het product is gevangen of gekweekt en de in de wildvangst gebruikte categorie vistuig, zoals bepaald in de eerste kolom van bijlage III bij deze verordening;
d) of het product ontdooid is;
e) de datum van minimale houdbaarheid, in voorkomend geval.

Het voorschrift onder d) is niet van toepassing op:
a) de in het eindproduct aanwezige ingrediënten;
b) levensmiddelen waarvoor invriezen een technisch noodzakelijke stap is in het productieproces;
c) visserij- en aquacultuurproducten die om redenen van gezondheidsbescherming voorafgaand zijn bevroren overeenkomstig bijlage III, sectie VIII, van Verordening (EG) nr. 853/2004;
d) visserij- en aquacultuurproducten die zijn ontdooid vóór het roken, zouten, koken, pekelen, drogen of een combinatie van die bewerkingen.

2. Voor niet-voorverpakte visserij- en aquacultuurproducten kunnen de in lid 1 vermelde verplichte gegevens voor verkoop in de detailhandel worden verstrekt door middel van commerciële voorlichtingsmiddelen, zoals borden of posters.

3. Indien voor verkoop aan de eindverbruiker of aan een grote cateraar een gemengd product wordt aangeboden dat uit dezelfde soorten bestaat, maar die met verschillende productiemethoden zijn verkregen, moet de methode voor elke partij worden vermeld. Indien voor verkoop aan de eindgebruiker of een grote cateraar een gemengd product wordt aangeboden dat uit dezelfde soorten bestaat, maar die afkomstig zijn uit verschillende vangstgebieden of visteeltlanden, wordt ten minste het gebied vermeld van de qua hoeveelheid meest representatieve partij, vergezeld van de vermelding dat de producten ook afkomstig zijn uit andere vangst- of visteeltgebieden.

4. De lidstaten mogen kleine hoeveelheden rechtstreeks vanaf vissersvaartuigen aan de consumenten verkochte producten vrijstellen van de eisen bedoeld in lid 1, mits die hoeveelheden niet hoger zijn dan de waarde in artikel 58, lid 8, van Verordening (EG) nr. 1224/2009.

5. Visserij- en aquacultuurproducten en hun verpakkingen die vóór 13 december 2014 zijn geëtiketteerd of gemerkt en die niet aan dit artikel voldoen, mogen worden verkocht totdat de voorraden ervan zijn uitgeput.

6. Tot 31 december 2021 gelden de leden 1, 2 en 3 niet voor producten die voor verkoop in het klein worden aangeboden aan de eindverbruiker in Mayotte als ultraperifere regio in de zin van artikel 349 VWEU.

[17-12-2013, PbEU L 354, i.w.tr. 01-01-2014/regelingnummer 1385/2013]

Artikel 36
Verslaglegging inzake toekenning van milieukeurmerken

Na raadpleging van de lidstaten en de belanghebbenden legt de Commissie, vóór 1 januari 2015, aan het Europees Parlement en de Raad een haalbaarheidsverslag voor betreffende de opties voor een systeem van milieukeurmerken voor visserij- en aquacultuurproducten, in het bijzonder de invoering van dit systeem in de gehele Unie

en de vaststelling van minimumvereisten voor het gebruik van een milieukeurmerk van de Unie door de lidstaten.
[11-12-2013, PbEU L 354, i.w.tr. 29-12-2013/regelingnummer 1379/2013]

Artikel 37
Handelsbenaming

1. Voor de toepassing van artikel 35, lid 1, wordt door de lidstaten een lijst van de op hun grondgebied toegestane handelsbenamingen — met de wetenschappelijke benaming — opgesteld en bekendgemaakt. De lijst omvat het volgende:
a) de wetenschappelijke naam voor elke soort, overeenkomstig het informatiesysteem Fishbase of volgens de ASFIS-database van de Voedsel- en Landbouworganisatie (FAO), indien van toepassing;
b) de handelsbenaming:
   i) de benaming van de soort in de officiële taal of de officiële talen van de betrokken lidstaat;
   ii) indien van toepassing, elke andere erkende of toegestane lokale of regionale benaming of benamingen.
2. Alle soorten vis die een ingrediënt vormen van een ander levensmiddel mogen worden aangeduid als 'vis', tenzij de benaming en de aanbiedingsvorm van dit levensmiddel duiden op een speciale soort.
3. Alle wijzigingen in de lijst van de door een lidstaat toegelaten handelsbenamingen worden onverwijld aan de Commissie meegedeeld, die de andere lidstaten ervan in kennis stelt.
[11-12-2013, PbEU L 354, i.w.tr. 29-12-2013/regelingnummer 1379/2013]

Artikel 38
Vermelding van het vangst- of productiegebied

1. De vermelding van het vangst- of productiegebied overeenkomstig artikel 35, lid 1, onder c), omvat de volgende elementen:
a) voor op zee gevangen visserijproducten, de naam, in geschreven vorm, van het deelgebied of de sector zoals vermeld in de lijst van FAO-visserijzones, alsmede de naam van dat gebied in voor de consument begrijpelijke bewoordingen of een kaart of een pictogram waarop dat gebied is aangegeven; voor visserijproducten die in andere wateren dan het noordoostelijk deel van de Atlantische Oceaan (FAO-visserijzone 27) en de Middellandse Zee en de Zwarte Zee (FAO-visserijzone 37) gevangen zijn volstaat, bij wijze van uitzondering op dit voorschrift, de vermelding van de FAO-visserijzone;
b) voor in zoet water gevangen visserijproducten de vermelding van het water van oorsprong in de lidstaat of het derde land van herkomst van het product;
c) voor aquacultuurproducten de vermelding van de lidstaat of het derde land waar het product meer dan de helft van zijn uiteindelijke gewicht heeft bereikt of meer dan de helft van de kweekperiode heeft verbleven of, in het geval van schaaldieren, een laatste fase, met een duur van ten minste zes maanden, van de kweek of de teelt heeft ondergaan.
2. Als aanvulling op de in lid 1 bedoelde gegevens mogen de marktdeelnemers een nauwkeuriger vangst- of productiegebied aangeven.
[11-12-2013, PbEU L 354, i.w.tr. 29-12-2013/regelingnummer 1379/2013]

Artikel 39
Aanvullende facultatieve informatie
1. Als aanvulling op de op grond van artikel 35 vereiste verplichte gegevens mag facultatief eveneens de volgende informatie worden verstrekt, op voorwaarde dat zij duidelijk en eenduidig is:
a) voor visserijproducten de datum van de vangst en voor aquacultuurproducten de datum van de oogst;
b) de datum van aanlanding van de visserijproducten of informatie over de haven van aanlanding;
c) nadere gegevens over het soort vistuig, zoals bedoeld in de tweede kolom van bijlage III;
d) voor op zee gevangen visserijproducten, de vermelding van de vlaggenstaat van het vaartuig dat die producten heeft gevangen;
e) milieu-informatie;
f) informatie van ethische of sociale aard;
g) informatie over productietechnieken en praktijken;
h) informatie over de voedingswaarde van het product.
2. Er kan een Quick Respons (QR)-code worden gebruikt voor alle of een deel van de in artikel 35, lid 1, genoemde informatie.
3. De vermelding van de facultatieve informatie mag niet ten koste gaan van de voor de verplichte afffichering of etikettering beschikbare ruimte.
4. Er wordt geen vrijwillige informatie verstrekt die niet kan worden geverifieerd.
[11-12-2013, PbEU L 354, i.w.tr. 29-12-2013/regelingnummer 1379/2013]

HOOFDSTUK V
Mededingingsregels

Artikel 40
Toepassing van de mededingingsregels
De artikelen 101 tot en met 106 VWEU en de uitvoeringsbepalingen daarvan zijn van toepassing op de in artikel 101, lid 1, en artikel 102 VWEU bedoelde overeenkomsten, besluiten en gedragingen die betrekking hebben op de productie of afzet van visserij- en aquacultuurproducten.
[11-12-2013, PbEU L 354, i.w.tr. 29-12-2013/regelingnummer 1379/2013]

Artikel 41
Uitzonderingen op de toepassing van de mededingingsregels
1. Niettegenstaande het bepaalde in artikel 40 van deze verordening is artikel 101, lid 1, VWEU niet van toepassing op overeenkomsten, besluiten en gedragingen van producentenorganisaties, voor zover deze betrekking hebben op de voortbrenging of de verkoop van visserij- en aquacultuurproducten of op het gebruik van gezamenlijke voorzieningen voor de opslag, de behandeling of de verwerking van visserij- en aquacultuurproducten, en die:
a) noodzakelijk zijn voor de verwezenlijking van de doelstellingen in artikel 39 VWEU;
b) geen verplichting inhouden een bepaalde prijs toe te passen;
c) niet leiden tot compartimentering van de markten binnen de Unie;

d) mededinging niet uitsluiten; en
e) de mededinging niet uitschakelen voor een aanzienlijk deel van de betrokken producten.

2. Niettegenstaande het bepaalde in artikel 40 van deze verordening is artikel 101, lid 1, VWEU niet van toepassing op overeenkomsten, besluiten en gedragingen van brancheorganisaties die:
a) noodzakelijk zijn voor de verwezenlijking van de doelstellingen in artikel 39 VWEU;
b) geen verplichting inhouden om een vastgestelde prijs toe te passen;
c) niet leiden tot compartimentering van de markten binnen de Unie;
d) geen ongelijke voorwaarden toepassen voor equivalente transacties met andere handelspartners, die voor hen uit concurrentieoogpunt nadelig zijn;
e) de mededinging niet uitschakelen voor een aanzienlijk deel van de betrokken producten; en
f) geen andere concurrentiebeperkingen teweegbrengen die niet van essentieel belang zijn voor de verwezenlijking van de doelstellingen van het GVB.

[11-12-2013, PbEU L 354, i.w.tr. 29-12-2013/regelingnummer 1379/2013]

HOOFDSTUK VII
Informatie over de markt

Artikel 42
Informatie over de markt

1. De Commissie:
a) verzamelt, analyseert en verspreidt economische kennis over en inzicht in de markt van de Unie voor visserij- en aquacultuurproducten in de hele bevoorradingsketen, rekening houdend met de internationale context;
b) verleent praktische ondersteuning aan producentenorganisaties en brancheorganisaties teneinde de informatievoorziening tussen marktdeelnemers en verwerkers beter te coördineren;
c) doet regelmatig onderzoek naar de prijzen voor visserij- en aquacultuurproducten in de hele bevoorradingsketen van de markt van de Unie en verricht analyses over marktontwikkelingen;
d) voert ad-hocmarktstudies uit en voorziet in een methodologie voor onderzoeken inzake prijsvorming.

2. Voor de uitvoering van lid 1 neemt de Commissie de volgende maatregelen:
a) de toegang tot overeenkomstig het recht van de Unie verzamelde beschikbare gegevens over visserij- en aquacultuurproducten vergemakkelijken;
b) marktinformatie, zoals prijsenquêtes, marktanalyses en marktstudies, op een toegankelijke en begrijpelijke wijze beschikbaar stellen voor de belanghebbenden en het publiek, onder voorbehoud van Verordening (EG) nr. 45/2001 van het Europees Parlement en de Raad [1].

---

(1) Verordening (EG) nr. 45/2001 van het Europees Parlement en de Raad van 18 december 2000 betreffende de bescherming van natuurlijke personen in verband met de verwerking van persoonsgegevens door de communautaire instellingen en organen en betreffende het vrije verkeer van die gegevens (*PB* L 8 van 12.1.2001, blz. 1).

3. De lidstaten dragen bij tot de verwezenlijking van de in lid 1 genoemde doelstellingen.
[11-12-2013, PbEU L 354, i.w.tr. 29-12-2013/regelingnummer 1379/2013]

HOOFDSTUK VII
Procedurele bepalingen

Artikel 43
Comitéprocedure
1. De Commissie wordt bijgestaan door een comité. Dit comité is een comité in de zin van Verordening (EU) nr. 182/2011.
2. Wanneer naar dit lid wordt verwezen, is artikel 5 van Verordening (EU) nr. 182/2011 van toepassing.
[11-12-2013, PbEU L 354, i.w.tr. 29-12-2013/regelingnummer 1379/2013]

HOOFDSTUK VIII
Slotbepalingen

Artikel 44
Wijziging van Verordening (EG) nr. 1184/2006
(Bevat wijzigingen in artikel 1 van Verordening (EG) nr. 1184/2006.)
[11-12-2013, PbEU L 354, i.w.tr. 29-12-2013/regelingnummer 1379/2013]

Artikel 45
Wijzigingen van Verordening (EG) nr. 1224/2009
(Bevat wijzigingen in de artikelen 57 en 58 van Verordening (EG) nr. 1224/2009.)
[11-12-2013, PbEU L 354, i.w.tr. 29-12-2013/regelingnummer 1379/2013]

Artikel 46
Intrekking
Verordening (EG) nr. 104/2000 wordt ingetrokken. Artikel 4 is echter van toepassing tot en met 12 december 2014.
Verwijzingen naar de ingetrokken verordening gelden als verwijzingen naar de onderhavige verordening en worden gelezen volgens de concordantietabel in bijlage IV.
[11-12-2013, PbEU L 354, i.w.tr. 29-12-2013/regelingnummer 1379/2013]

Artikel 47
Voorschriften tot vaststelling van gemeenschappelijke handelsnormen
1. Onverminderd lid 2 blijven de voorschriften tot vaststelling van gemeenschappelijke handelsnormen, met name die welke zijn opgenomen in Verordening (EEG) nr. 2136/89 van de Raad [1], Verordening (EEG) nr. 1536/92 van de Raad [2] en Verordening (EG)

---
(1) Verordening (EEG) nr. 2136/89 van de Raad van 21 juni 1989 tot vaststelling van gemeenschappelijke normen voor het in de handel brengen van sardineconserven (*PB* L 212 van 22.7.1989, blz. 79).
(2) Verordening (EEG) nr. 1536/92 van de Raad van 9 juni 1992 tot vaststelling van gemeenschappelijke handelsnormen voor tonijn- en bonietconserven (*PB* L 163 van 17.6.1992, blz. 1).

nr. 2406/96 van de Raad (3), alsmede andere voorschriften die zijn vastgesteld voor de toepassing van gemeenschappelijke handelsnormen, zoals Verordening (EEG) nr. 3708/85 van de Commissie (4), van toepassing.
2. Indien minimuminstandhoudingsreferentiegrootten worden vastgesteld, vormen die de minimummaten voor de afzet.
[20-05-2015, PbEU L 133, i.w.tr. 01-06-2015/regelingnummer 2015/812]

Artikel 48
Herziening
Uiterlijk 31 december 2022 dient de Commissie bij het Europees Parlement en de Raad een verslag in over de resultaten van de toepassing van deze verordening.
[11-12-2013, PbEU L 354, i.w.tr. 29-12-2013/regelingnummer 1379/2013]

Artikel 49
Inwerkingtreding
Deze verordening treedt in werking op de dag na die van de bekendmaking ervan in het *Publicatieblad van de Europese Unie*.
Zij is van toepassing met ingang van 1 januari 2014, behoudens hoofdstuk IV en artikel 45, die van toepassing zijn met ingang van 13 december 2014.
[11-12-2013, PbEU L 354, i.w.tr. 29-12-2013/regelingnummer 1379/2013]

BIJLAGE I

Onder de GMO vallende visserij- en acquacultuurproducten

	GN-code	Omschrijving
a)	0301	Levende vis
	0302	Vis, vers of gekoeld, andere dan visfilets en ander visvlees bedoeld bij post 0304
	0303	Bevroren vis, andere dan visfilets en ander visvlees bedoeld bij post 0304
	0304	Visfilets en ander visvlees (ook indien fijngemaakt), vers, gekoeld of bevroren
b)	0305	Vis, gedroogd, gezouten of gepekeld; gerookte vis, ook indien voor of tijdens het roken gekookt; meel, poeder en pellets, van vis, geschikt voor menselijke consumptie

---

(3) Verordening (EG) nr. 2406/96 van de Raad van 26 november 1996 houdende vaststelling van gemeenschappelijke handelsnormen voor bepaalde visserijproducten (*PB* L 334 van 23.12.1996, blz. 1).
(4) Verordening (EEG) nr. 3703/85 van de Commissie van 23 december 1985 houdende uitvoeringsbepalingen inzake de gemeenschappelijke handelsnormen voor bepaalde soorten verse of gekoelde vis (*PB* L 351 van 28.12.1985, blz. 63).

Bijlage I

	GN-code	Omschrijving
c)	0306	Schaaldieren, ook indien ontdaan van de schaal, levend, vers, gekoeld, bevroren, gedroogd, gezouten of gepekeld; schaaldieren in de schaal, gestoomd of in water gekookt, ook indien gekoeld, bevroren, gedroogd, gezouten of gepekeld; meel, poeder en pellets, van schaaldieren, geschikt voor menselijke consumptie
	0307	Weekdieren, ook indien ontdaan van de schelp, levend, vers, gekoeld, bevroren, gedroogd, gezouten of gepekeld; ongewervelde waterdieren, andere dan schaal- en weekdieren, levend, vers, gekoeld, bevroren, gedroogd, gezouten of gepekeld; meel, poeder en pellets, van ongewervelde waterdieren andere dan schaaldieren, geschikt voor menselijke consumptie
d)		Producten van dierlijke oorsprong, niet elders genoemd noch elders onder begrepen; dode dieren van de soorten bedoeld bij hoofdstuk 1 of 3, niet geschikt voor menselijke consumptie - Ander: -- Producten van vis, van schaaldieren, van weekdieren of van andere ongewervelde waterdieren; dode dieren van de soorten bedoeld bij hoofdstuk 3:
	0511 91 10	--- Visafvallen
	0511 91 90	--- Ander
e)	1212 20 00	- Zeewier en andere algen
f)		Vetten en oliën, van vis, alsmede fracties daarvan, ook indien geraffineerd, doch niet chemisch gewijzigd:
	1504 10	- Oliën uit vislevers en fracties daarvan
	1504 20	- Vetten en oliën van vis, alsmede fracties daarvan, andere dan oliën uit vislevers
g)	1603 00	Extracten en sappen van vlees, van vis, van schaaldieren, van weekdieren of van andere ongewervelde waterdieren
h)	1604	Bereidingen en conserven van vis; kaviaar en kaviaarsurrogaten bereid uit kuit
i)	1605	Bereidingen en conserven van schaaldieren, van weekdieren of van andere ongewervelde waterdieren
j)		Deegwaren, ook indien gekookt of gevuld (met vlees of andere zelfstandigheden), dan wel op andere wijze bereid, zoals spaghetti, macaroni, noedels, lasagne, gnocchi, ravioli en cannelloni; couscous, ook indien bereid
	1902 20	- Gevulde deegwaren (ook indien gekookt of op andere wijze bereid):
	1902 20 10	-- Bevattende meer dan 20 gewichtspercenten vis, schaal- of weekdieren of andere ongewervelde waterdieren

Vo. 1379/2013 gemeenschappelijke marktordening voor visserij- en aquacultuurproducten

GN-code	Omschrijving
k)	Meel, poeder en pellets van vlees, van slachtafvallen, van vis, van schaaldieren, van weekdieren of van andere ongewervelde waterdieren, ongeschikt voor menselijke consumptie; kanen:
2301 20 00	- Meel, poeder en pellets, van vis, van schaaldieren, van weekdieren of van andere ongewervelde waterdieren
l)	Bereidingen van de soort gebruikt voor het voederen van dieren
2309 90	- Andere:
ex 2309 90 10	-- Visperssap

[11-12-2013, PbEU L 354, i.w.tr. 29-12-2013/regelingnummer 1379/2013]

BIJLAGE II

Producten die onder het opslagmechanisme vallen

	GN-Code	Omschrijving
	0302 22 00	Schol (*Pleonectes platessa*)
ex	0302 29 90	Schar (*Limanda limanda*)
	0302 29 10	Schartong (*Lepidorhombus* spp.)
ex	0302 29 90	Bot (*Platichthys flesus*)
	0302 31 10 en 0302 31 90	Witte tonijn (*Thunnus alalunga*)
ex	0302 40	Haring van de soort *Clupea harengus*
	0302 50 10	Kabeljauw van de soort *Gadus morhua*
	0302 61 10	Sardines van de soort *Sardina pilchardus*
ex	0302 61 80	Sprot (*Sprattus sprattus*)
	0302 62 00	Schelvis (*Melanogrammus aeglefinus*)
	0302 63 00	Koolvis (*Pollachius virens*)
ex	0302 64	Makreel van de soorten *Scomber scombrus* en *Scomber japonicus*
	0302 65 20 en 0302 65 50	Doornhaai en hondshaai (*Squalus acanthias* en *Scyliorhinus* spp.)
	0302 69 31 en 0302 69 33	Roodbaars (*Sebastes* spp.)
	0302 69 41	Wijting (*Merlangius merlangus*)
	0302 69 45	Leng (*Molva* spp.)
	0302 69 55	Ansjovis (*Engraulis* spp.)
ex	0302 69 68	Heek van de soort *Merluccius merluccius*
	0302 69 81	Zeeduivel (*Lophius* spp.)
ex	0302 69 99	Goudmakreel (*Coryphaena hippurus*)
ex	0307 41 10	Inktvis (*Sepia officinalis* en *Rossia macrosoma*)

Bijlage II

	GN-Code	Omschrijving
ex	0306 23 10	Garnalen van de soort *Crangon crangon* en Noorse garnaal (*Pandalus borealis*)
ex	0306 23 31	
ex	0306 23 39	
	0302 23 00	Tong (*Solea* spp.)
	0306 24 30	Noordzeekrabben (*Cancer pagurus*)
	0306 29 30	Langoustine (*Nephrops norvegicus*)
	0303 31 10	Zwarte heilbot (*Reinhardtius hipoglossoides*)
	0303 78 11	Heek van het geslacht *Merluccius*
	0303 78 12	
	0303 78 13	
	0303 78 19	
	en	
	0304 29 55	
	0304 29 56	
	0304 29 58	
	0303 79 71	Zeebrasem (*Dentex dentex* en *Pagellus* spp.)
	0303 61 00	Zwaardvis (*Xiphias gladius*)
	0304 21 00	
	0304 91 00	
	0306 13 40	Garnalen van de *Penaeidae*-familie
	0306 13 50	
ex	0306 13 80	
	0307 49 18	Inktvissen (*Sepia officinalis*, *Rossia macrosoma* en *Sepiola rondeletti*)
	0307 49 1	
	0307 49 31	Pijlinktvis (*Loligo* spp.)
	0307 49 33	
	0307 49 35	
	en	
	0307 49 38	
	0307 49 51	Pijlinktvis (*Ommastrephes sagittatus*)
	0307 59 10	Achtarmige inktvissen (*Octopus* spp.)
	0307 99 11	*Illex* spp.
	0303 41 10	Witte tonijn (*Thunnus alalunga*)
	0302 32 10	Geelvintonijn (*Thunnus albacares*)
	0303 42 12	
	0303 42 18	
	0303 42 42	
	0303 42 48	
	0302 33 10	Gestreepte tonijn (*Katsuwomus pelamis*)
	0303 43 10	
	0303 45 10	Blauwvintonijn (*Thunnus thynnus*)

Vo. 1379/2013 gemeenschappelijke marktordening voor visserij- en aquacultuurproducten

	GN-Code	Omschrijving
	0302 39 10	Andere soorten van de geslachten *Thunnus* en *Euthynnus*
	0302 69 21	
	0303 49 30	
	0303 79 20	
ex	0302 29 90	Tongschar (*Microstomus kitt*)
	0302 35 10	Blauwvintonijn (*Thunnus thynnus*)
	en	
	0302 35 90	
ex	0302 69 51	Pollak (*Pollachius pollachius*)
	0302 69 75	Braam (*Brama* spp.)
ex	0302 69 82	Blauwe wijting (*Micromesistius poutassou*)
ex	0302 69 99	Steenbolk (*Trisopterus luscus*) en dwergbolk (*Trisopterus minutus*)
ex	0302 69 99	Bokvis (*Boops boops*)
ex	0302 69 99	Pikarel (*Spicara smaris*)
ex	0302 69 99	Congeraal (*Conger conger*)
ex	0302 69 99	Poon (*Trigla* spp.)
ex	0302 69 91	
ex	0302 69 99	Horsmakreel (*Trachurus* spp.)
ex	0302 69 99	Harders (*Mugil* spp.)
ex	0302 69 99	Rog (*Raja* spp.)
	en	
ex	0304 19 99	
ex	0302 69 99	Haarstaart (*Lepidopus caudatus* en *Aphanopus carbo*)
ex	0307 21 00	Sint-Jacobsschelp (*Pecten maximus*)
ex	0307 91 00	Wulk (*Buccinum undatum*)
ex	0302 69 99	Gestreepte zeebarbeel of mul (*Mullus surmuletus*, *Mullus barbatus*)
ex	0302 69 99	Zeekarper (*Spondyliosoma cantharus*)

[11-12-2013, PbEU L 354, i.w.tr. 29-12-2013/regelingnummer 1379/2013]

BIJLAGE III

Informatie over het vistuig

Verplichte informatie over de categorie vistuig	Bijzonderheden omtrent vistuig en codes overeenkomstig Verordening (EG) nr. 26/2004 van de Commissie [1] en Uitvoeringsverordening (EU) nr. 404/2011 van de Commissie [2]	
Zegens	Strandzegens	SB
	Deense zegens	SDN
	Schotse zegens	SSC
	Spanzegens	SPR
Trawlnetten	Boomkorren	TBB
	Bodemottertrawls	OTB
	Spantrawls	PTB
	Zwevende ottertrawls	OTM
	Pelagische spantrawls	PTM
	Dubbelebordentrawls	OTT
Kieuwnetten en soortgelijke netten	Geankerde kieuwnetten	GNS
	Drijfnetten	GND
	Omringende kieuwnetten	GNC
	Schakels	GTR
	Gecombineerde kieuwnetten en schakels	GTN
Ringnetten en kruisnetten	Ringzegen	PS
	Lampara's	LA
	Vanaf een schip bediende kruisnetten	LNB
	Vanaf de oever bediende kruisnetten	LNS
Haken en lijnen	Handlijnen en hengelsnoeren (met de hand bediend)	LHP
	Handlijnen en hengelsnoeren (machinaal)	LHM
	Grondbeugen	LLS
	Drijvende beugen	LLD
	Sleeplijnen	LTL
Sleeplijnen	Vanaf een schip bediende korren	DRB
	Vanaf een vaartuig bediende handkorren	DRH
	Gemechaniseerde dreggen (waaronder zuigers)	HMD
Korven en vallen	Korven (vallen)	FPO

[11-12-2013, PbEU L 354, i.w.tr. 29-12-2013/regelingnummer 1379/2013]

---

(1) Verordening (EG) nr. 26/2004 van de Commissie van 30 december 2003 betreffende het communautaire gegevensbestand over de visserstvloot (*PB* L 5 van 9.1.2004, blz. 25).
(2) Uitvoeringsverordening (EU) nr. 404/2011 van de Commissie van 8 april 2011 houdende bepalingen voor de uitvoering van Verordening (EG) nr. 1224/2009 van de Raad tot vaststelling van een communautaire controleregeling die de naleving van de regels van het gemeenschappelijk visserijbeleid moet garanderen (*PB* L 112 van 30.4.2011, blz. 1).

Vo. 1379/2013 gemeenschappelijke marktordening voor visserij- en aquacultuurproducten

BIJLAGE IV

Concordantietabel

Verordening (EG) nr. 104/2000	Deze verordening
Artikel 1	Artikelen 1 tot 5
Artikelen 2 en 3	Artikelen 33 en 34
Artikel 4	Artikelen 35 tot 39
Artikel 5, lid 1	Artikelen 6, 7, 8
Artikel 5, leden 2, 3 en 4, en artikel 6	Artikelen 14, 18 tot 21
Artikel 7	Artikelen 22 en 24 tot 27
Artikel 8	-
Artikelen 9 tot 12	Artikelen 28, 29
Artikel 13	Artikelen 11, 12, 13, 16, 18, 20 en 21
Artikel 14	Artikel 41, lid 2
Artikel 15	Artikel 23
Artikel 16	Artikelen 24 tot 27
Artikelen 17 tot 27	Artikelen 30, 31 en 32
Artikel 33	-
Artikel 34	Artikelen 20, lid 2, 21 en 32
Artikel 35	-
Artikel 36	-
Artikel 37	Artikel 43
Artikelen 38 en 39	Artikel 43
Artikel 40	-
Artikel 41	Artikel 48
Artikel 42	Artikelen 44, 45 en 46
Artikel 43	Artikel 49
-	Artikel 40
-	Artikel 41, lid 1
-	Artikel 42

[11-12-2013, PbEU L 354, i.w.tr. 29-12-2013/regelingnummer 1379/2013]

Verordening (EG) nr. 1184/2006 inzake de toepassing van bepaalde regels betreffende de mededinging op de voortbrenging van en de handel in bepaalde landbouwproducten

(gecodificeerde versie)

Verordening van de Raad van 24 juli 2006 inzake de toepassing van bepaalde regels betreffende de mededinging op de voortbrenging van en de handel in bepaalde landbouwproducten, PbEU 2006, L 214, zoals laatstelijk gewijzigd op 11 december 2013, PbEU 2013, L 354 (i.w.tr. 29-12-2013)

DE RAAD VAN DE EUROPESE UNIE,
Gelet op het Verdrag tot oprichting van de Europese Gemeenschap, en met name op de artikelen 36 en 37,
Gezien het voorstel van de Commissie,
Gezien het advies van het Europees Parlement [1],
Overwegende hetgeen volgt:
(1) Verordening nr. 26 van de Raad van 4 april 1962 inzake de toepassing van bepaalde regels betreffende de mededinging op de voortbrenging van en de handel in landbouwproducten [2] is inhoudelijk gewijzigd [3]. Ter wille van de duidelijkheid en een rationele ordening van de tekst dient tot codificatie van deze verordening te worden overgegaan.
(2) Uit artikel 36 van het Verdrag vloeit voort, dat de toepassing van de bij het Verdrag voorgeschreven regels betreffende de mededinging op de voortbrenging van en de handel in landbouwproducten een der bestanddelen van het gemeenschappelijk landbouwbeleid vormt. De bepalingen van deze verordening moeten derhalve worden aangevuld met inachtneming van de ontwikkeling van dit beleid.
(3) De regels betreffende de mededinging die gelden voor de in artikel 81 van het Verdrag bedoelde overeenkomsten, besluiten en gedragingen, alsmede de regels geldende voor het misbruik maken van machtsposities dienen toegepast te worden op de voortbrenging van en de handel in landbouwproducten, voorzover hun toepassing geen belemmering vormt voor de werking van de nationale organisaties

---

(1) Advies van het Europees Parlement van 27 april 2006 (nog niet bekendgemaakt in het *Publicatieblad*).
(2) *PB* 30 van 20.4.1962, blz. 993/62. Verordening gewijzigd bij Verordening nr. 49 (*PB* 53 van 1.7.1962, blz. 1571/62).
(3) Zie bijlage I.

van de landbouwmarkten en de verwezenlijking van de doelstellingen van het gemeenschappelijk landbouwbeleid niet in gevaar brengt.
(4) Bijzondere aandacht dient te worden besteed aan de positie van de verenigingen van landbouwondernemers, voorzover deze met name de gemeenschappelijke voortbrenging van of handel in landbouwproducten of het gebruik van gemeenschappelijke installaties ten doel hebben, tenzij dit gemeenschappelijk optreden de mededinging uitsluit of de verwezenlijking van de doelstellingen van artikel 33 van het Verdrag in gevaar brengt.
(5) Zowel om de ontwikkeling van een gemeenschappelijk landbouwbeleid niet in gevaar te brengen als om de rechtszekerheid en de niet-discriminerende behandeling van de betrokken ondernemingen te waarborgen, moet uitsluitend de Commissie, onder voorbehoud van het toezicht van het Hof van Justitie, bevoegd zijn om vast te stellen of, met betrekking tot de in artikel 81 van het Verdrag bedoelde overeenkomsten, besluiten en gedragingen, aan de in de twee voorgaande overwegingen omschreven voorwaarden is voldaan.
(6) Met het oog op de toepassing in het kader van de ontwikkeling van het gemeenschappelijk landbouwbeleid, van de regels inzake steunmaatregelen ten gunste van de voortbrenging van of de handel in landbouwproducten, moet de Commissie in staat worden gesteld een inventaris op te maken van de bestaande, nieuwe of ontworpen steunmaatregelen, aan de lidstaten terzake dienstige opmerkingen te doen toekomen en hun passende maatregelen voor te stellen,
HEEFT DE VOLGENDE VERORDENING VASTGESTELD:

Artikel 1
Bij deze verordening worden de regels vastgesteld inzake de toepasselijkheid van de artikelen 101 tot en met 106 en van artikel 108, leden 1 en 3, van het Verdrag betreffende de werking van de Europese Unie (VWEU) inzake de voortbrenging van, of de handel in de in bijlage I van het VWEU vermelde producten, met uitzondering van de producten die vallen onder Verordening (EG) nr. 1234/2007 van de Raad van 22 oktober 2007 [1] en Verordening (EU) nr. 1379/2013 van het Europees Parlement en de Raad [2].
[11-12-2013, PbEU L 354, i.w.tr. 29-12-2013/regelingnummer 1379/2013]

Artikel 1 bis
De artikelen 81 tot en met 86 van het Verdrag, evenals de voor de toepassing daarvan uitgevaardigde bepalingen, gelden voor alle in artikel 81, lid 1, en in artikel 82 van het Verdrag bedoelde overeenkomsten, besluiten en onderling afgestemde gedragingen die betrekking hebben op de voortbrenging van of de handel in de in bijlage I bij het

---

(1) Verordening (EG) nr. 1234/2007 van de Raad van 22 oktober 2007 houdende een gemeenschappelijke ordening van de landbouwmarkten en specifieke bepalingen voor een aantal landbouwproducten (integrale GMO-verordening) (*PB* L 299 van 16.11.2007, blz. 1).
(2) Verordening (EU) nr. 1379/2013 van het Europees Parlement en de Raad van 11 december 2013 houdende een gemeenschappelijke marktordening voor visserijproducten en aquacultuurproducten, tot wijziging van Verordeningen (EG) nr. 1184/2006 en (EG) nr. 1224/2009 van de Raad en tot intrekking van Verordening (EG) nr. 104/2000 van de Raad (*PB* L 354 van 28.12.2013, blz. 1).

Verdrag vermelde producten, onder voorbehoud van de bepalingen van artikel 2 van deze verordening.
[22-10-2007, PbEU L 299, i.w.tr. 23-11-2007/regelingnummer 1234/2007]

Artikel 2
1. Artikel 81, lid 1, van het Verdrag is niet van toepassing op de in artikel 1 bis van deze verordening bedoelde overeenkomsten en onderling afgestemde gedragingen die een wezenlijk bestanddeel uitmaken van een nationale marktorganisatie of die vereist zijn voor de verwezenlijking van de in artikel 33 van het Verdrag omschreven doelstellingen.

Het is in het bijzonder niet van toepassing op de overeenkomsten, besluiten en gedragingen van landbouwondernemers, verenigingen van landbouwondernemers of verenigingen van deze verenigingen binnen één lidstaat, voorzover deze, zonder de verplichting in te houden een bepaalde prijs toe te passen, betrekking hebben op de voortbrenging of de verkoop van landbouwproducten of het gebruik van gemeenschappelijke installaties voor het opslaan, behandelen of verwerken van landbouwproducten, tenzij de Commissie vaststelt dat de mededinging zodoende wordt uitgesloten of dat de doeleinden van artikel 33 van het Verdrag in gevaar worden gebracht.

2. Onder voorbehoud van het toezicht van het Hof van Justitie is uitsluitend de Commissie bevoegd om, na de lidstaten te hebben geraadpleegd en de belanghebbende ondernemingen of ondernemersverenigingen, alsmede elke andere natuurlijke of rechtspersoon waarvan zij het noodzakelijk acht de mening in te winnen, te hebben gehoord, in een te publiceren beschikking vast te stellen welke overeenkomsten, besluiten en gedragingen aan de in lid 1 bedoelde voorwaarden voldoen.

De Commissie gaat over tot deze vaststelling, hetzij ambtshalve, hetzij op verzoek van een bevoegde autoriteit van een lidstaat of van een belanghebbende onderneming of ondernemersvereniging.

3. De bekendmaking vermeldt de betrokken partijen en de essentiële gedeelten van de beschikking, waarbij rekening wordt gehouden met het rechtmatig belang van de ondernemingen dat hun zakengeheimen niet aan de openbaarheid worden prijsgegeven.
[22-10-2007, PbEU L 299, i.w.tr. 23-11-2007/regelingnummer 1234/2007]

Artikel 3
Artikel 88, lid 1, en lid 3, eerste zin, van het Verdrag is van toepassing op de steunmaatregelen ten gunste van de voortbrenging van of de handel in de in artikel 1 bedoelde producten.
[22-10-2007, PbEU L 299, i.w.tr. 23-11-2007/regelingnummer 1234/2007]

Artikel 4
Verordening nr. 26 wordt ingetrokken.
Verwijzingen naar de ingetrokken verordening gelden als verwijzingen naar de onderhavige verordening en worden gelezen volgens de concordantietabel in bijlage II.
[24-07-2006, PbEU L 214, i.w.tr. 24-08-2006/regelingnummer 1184/2006]

Vo. 1184/2006 toepassing mededingingsregel op landbouwproducten

Artikel 5
Deze verordening treedt in werking op de twintigste dag volgende op die van haar bekendmaking in het *Publicatieblad van de Europese Unie*.
[24-07-2006, PbEU L 214, i.w.tr. 24-08-2006/regelingnummer 1184/2006]

BIJLAGE I

Ingetrokken verordening met de wijziging ervan

Verordening nr. 26 van de Raad	(*PB* 30 van 20.4.1962, blz. 993/62)
Verordening nr. 49 van de Raad	(*PB* 53 van 1.7.1962, blz. 1571/62) uitsluitend artikel 1, lid 1, onder g)

[24-07-2006, PbEU L 214, i.w.tr. 24-08-2006/regelingnummer 1184/2006]

BIJLAGE II

Concordantietabel

Verordening nr. 26	De onderhavige verordening
Artikel 1	Artikel 1
Artikel 2, lid 1	Artikel 2, lid 1
Artikel 2, lid 2	Artikel 2, lid 2, eerste alinea
Artikel 2, lid 3	Artikel 2, lid 2, tweede alinea
Artikel 2, lid 4	Artikel 2, lid 3
Artikel 3	-
Artikel 4	Artikel 3
-	Artikel 4
Artikel 5	Artikel 5
-	Bijlage I
-	Bijlage II

[24-07-2006, PbEU L 214, i.w.tr. 24-08-2006/regelingnummer 1184/2006]

III.B Motorvoertuigen

Verordening (EU) Nr. 461/2010 betreffende de toepassing van artikel 101, lid 3, van het Verdrag betreffende de werking van de Europese Unie op groepen verticale overeenkomsten en onderling afgestemde feitelijke gedragingen in de motorvoertuigensector

(voor de EER relevante tekst)

Verordening van de Commissie van 27 mei 2010 betreffende de toepassing van artikel 101, lid 3, van het Verdrag betreffende de werking van de Europese Unie op groepen verticale overeenkomsten en onderling afgestemde feitelijke gedragingen in de motorvoertuigensector, PbEU 2010, L 129 (i.w.tr. 01-06-2010)

DE EUROPESE COMMISSIE,
Gelet op het Verdrag betreffende de werking van de Europese Unie,
Gelet op Verordening nr. 19/65/EEG van de Raad van 2 maart 1965 betreffende de toepassing van artikel 85, lid 3, van het Verdrag op groepen van overeenkomsten en onderling afgestemde feitelijke gedragingen [1], en met name op artikel 1,
Na bekendmaking van de ontwerp-verordening,
Na raadpleging van het Adviescomité voor mededingingsregelingen en economische machtsposities,
Overwegende hetgeen volgt:
(1) Op grond van Verordening nr. 19/65/EEG is de Commissie bevoegd artikel 101, lid 3, van het Verdrag betreffende de werking van de Europese Unie [*] bij verordening toe te passen op bepaalde groepen verticale overeenkomsten en soortgelijke onderling afgestemde feitelijke gedragingen die onder artikel 101, lid 1, van het Verdrag vallen. Groepsvrijstellingsverordeningen gelden voor verticale overeenkomsten die aan bepaalde voorwaarden voldoen, en kunnen algemeen of sectorspecifiek zijn.
(2) De Commissie heeft een groep verticale overeenkomsten bepaald, waarvan zij aanneemt dat die in de regel voldoen aan de voorwaarden van artikel 101, lid 3, van het Verdrag, en heeft daartoe Verordening (EU) nr. 330/2010 van de Commissie van 20 april 2010 betreffende de toepassing van artikel 101, lid 3, van het Verdrag betreffende de werking van de Europese Unie op groepen verticale overeenkomsten

---
[1] PB 36 van 6.3.1965, blz. 533/65.
[*] Artikel 81 van het EG-Verdrag is met ingang van 1 december 2009 artikel 101 van het Verdrag betreffende de werking van de Europese Unie geworden. De twee artikelen zijn in wezen identiek. Voor zover van toepassing, dienen in deze verordening de verwijzingen naar artikel 101 van het Verdrag betreffende de werking van de Europese Unie te worden gelezen als verwijzingen naar artikel 81 van het EG-Verdrag.

en onderling afgestemde feitelijke gedragingen [2] vastgesteld, waarbij Verordening (EG) nr. 2790/1999 van de Commissie [3] wordt ingetrokken.

(3) Voor de motorvoertuigensector, die zowel personenauto's als bedrijfsvoertuigen omvat, hebben sinds 1985 specifieke groepsvrijstellingsverordeningen gegolden, waarvan de meest recente Verordening (EG) nr. 1400/2002 van de Commissie van 31 juli 2002 betreffende de toepassing van artikel 81, lid 3, van het Verdrag op groepen verticale overeenkomsten en onderling afgestemde feitelijke gedragingen in de motorvoertuigensector [4] is. Verordening (EG) nr. 2790/1999 bepaalde uitdrukkelijk dat zij niet van toepassing was op verticale overeenkomsten waarvan het onderwerp binnen het toepassingsbereik van andere groepsvrijstellingsverordeningen viel. De motorvoertuigensector viel dus buiten het toepassingsbereik van die verordening.

(4) Verordening (EG) nr. 1400/2002 verstrijkt op 31 mei 2010. De motorvoertuigensector moet echter recht op een groepsvrijstelling blijven houden om voor de betrokken ondernemingen de administratieve controle te vereenvoudigen en de nalevingskosten te beperken, terwijl overeenkomstig artikel 103, lid 2, onder b), van het Verdrag, een doelmatig toezicht op de markten wordt verzekerd.

(5) De sinds 2002 opgedane ervaring met de distributie van nieuwe motorvoertuigen, de distributie van reserveonderdelen en het verrichten van herstellings- en onderhoudsdiensten voor motorvoertuigen, maakt het mogelijk groepen verticale overeenkomsten in de motorvoertuigensector te bepalen, waarvan mag worden aangenomen dat deze gewoonlijk aan de voorwaarden van artikel 101, lid 3, van het Verdrag voldoen.

(6) Deze groep omvat de verticale overeenkomsten betreffende de aankoop, verkoop of wederverkoop van nieuwe motorvoertuigen, de verticale overeenkomsten betreffende de aankoop, verkoop of door verkoop van reserveonderdelen voor motorvoertuigen en de verticale overeenkomsten betreffende het verrichten van herstellings- en onderhoudsdiensten voor deze voertuigen, ingeval die overeenkomsten worden gesloten tussen niet-concurrerende ondernemingen, tussen bepaalde concurrenten of door bepaalde verenigingen van kleinhandelaren of herstellers. Zij omvat eveneens verticale overeenkomsten die nevenbepalingen betreffende de overdracht of het gebruik van intellectuele-eigendomsrechten bevatten. Het begrip 'verticale overeenkomsten' dient derhalve zodanig te worden bepaald dat daaronder zowel die overeenkomsten als de daarmee overeenstemmende onderling afgestemde feitelijke gedragingen worden verstaan.

(7) Bepaalde soorten verticale overeenkomsten kunnen de economische efficiëntie binnen een productie- of distributieketen verbeteren door een betere coördinatie tussen de deelnemende ondernemingen mogelijk te maken. In het bijzonder kunnen zij tot een daling van de transactie- en distributiekosten van de partijen leiden en tot een optimalisering van de hoogte van hun verkopen en investeringen.

(8) De kans dat een dergelijke efficiëntiebevorderende werking zwaarder weegt dan de mededingingverstorende gevolgen van in verticale overeenkomsten vervatte beperkingen, hangt af van de mate waarin de betrokken ondernemingen marktmacht bezitten en derhalve van de mate waarin deze ondernemingen concurrentie

---

(2) *PB* L 102 van 23.4.2010, blz. 1.
(3) *PB* L 336 van 29.12.1999, blz. 21.
(4) *PB* L 203 van 1.8.2002, blz. 30.

ondervinden van andere leveranciers van goederen of diensten die op grond van hun productkenmerken, hun prijzen en het gebruik waartoe zij zijn bestemd, door de afnemer als onderling verwisselbaar of substitueerbaar worden beschouwd. Verticale overeenkomsten die beperkingen bevatten waarvan kan worden verwacht dat deze de mededinging beperken en de consumenten kunnen schaden, of die niet onmisbaar zijn om de efficiëntie verhogende gevolgen te hebben, dienen van het voordeel van de groepsvrijstelling te worden uitgesloten.

(9) Om het passende toepassingsbereik van een groepsvrijstellingsverordening te bepalen moet de Commissie rekening houden met de mededingingssituatie in de betrokken sector. In verband daarmee hebben de conclusies van een diepgaand onderzoek van de motorvoertuigensector, die zijn opgenomen in het evaluatieverslag van de Commissie over de werking van Verordening (EG) nr. 1400/2002 van 28 mei 2008 [5] en in de mededeling van de Commissie betreffende het toekomstige kader voor het mededingingsrecht in de motorvoertuigensector van 22 juli 2009 [6] aangetoond, dat moet worden onderscheiden tussen overeenkomsten betreffende de distributie van nieuwe motorvoertuigen en overeenkomsten betreffende het verrichten van herstellings- en onderhoudsdiensten en de distributie van reserveonderdelen.

(10) Ten aanzien van de distributie van nieuwe motorvoertuigen blijken er geen aanzienlijke tekortkomingen op het gebied van de mededinging te zijn, waardoor deze sector zich zou onderscheiden van andere economische sectoren en die zouden kunnen verlangen dat regels worden toegepast die verschillen van en strenger zijn dan de in Verordening (EU) nr. 330/2010 neergelegde regels. De marktaandeeldrempel, de uitsluiting van bepaalde verticale overeenkomsten en de andere in die verordening vastgestelde voorwaarden zorgen er in de regel voor dat verticale overeenkomsten betreffende de distributie van nieuwe motorvoertuigen aan de voorwaarden van artikel 101, lid 3, van het Verdrag voldoen. Daarom moeten deze overeenkomsten van de door Verordening (EU) nr. 330/2010 verleende vrijstelling kunnen profiteren, onder alle daarin vastgestelde voorwaarden.

(11) Ten aanzien van de overeenkomsten betreffende de distributie van reserveonderdelen en betreffende het verrichten van herstellings- en onderhoudsdiensten, dient met een aantal specifieke kenmerken van de vervolgmarkt voor motorvoertuigen rekening te worden gehouden. Meer bepaald blijkt uit de ervaring die de Commissie bij de toepassing van Verordening (EG) nr. 1400/2002 heeft opgedaan, dat prijsverhogingen voor individuele herstellingswerkzaamheden slechts ten dele tot uiting komen in een toegenomen betrouwbaarheid van de moderne auto's en in een langere tijd tussen de servicebeurten. Deze laatste tendensen houden verband met de technologische ontwikkeling en de toenemende complexiteit en betrouwbaarheid van auto-onderdelen die de voertuigfabrikanten afnemen bij de leveranciers van originele uitrustingsstukken. Deze leveranciers zetten hun producten als reserveonderdelen af op de vervolgmarkt, zowel via de erkende herstellingsnetwerken van de voertuigfabrikanten als via onafhankelijke kanalen, en zijn aldus een belangrijke concurrentiekracht op de vervolgmarkt voor motorvoertuigen. De kosten die de consumenten van de Unie gemiddeld betalen voor herstellings- en onderhoudsdiensten

---

(5) SEC(2008) 1946.
(6) COM(2009) 388.

aan motorvoertuigen vertegenwoordigen een zeer hoog aandeel van de totale uitgaven van de consumenten voor motorvoertuigen.
(12) De concurrentievoorwaarden op de vervolgmarkt voor motorvoertuigen hebben ook een directe invloed op de openbare veiligheid, doordat het onveilig kan zijn met slecht herstelde voertuigen te rijden, maar ook op de volksgezondheid en het milieu, doordat de uitstoot van kooldioxide en andere luchtvervuilende stoffen hoger kan zijn bij voertuigen die niet regelmatig worden onderhouden.
(13) Voor zover een afzonderlijke vervolgmarkt kan worden bepaald, hangt daadwerkelijke mededinging op de markten voor de aan- en verkoop van reserveonderdelen en voor het verrichten van herstellings- en onderhoudsdiensten voor motorvoertuigen af van de mate van de concurrentiële interactie tussen de erkende herstellers, dat wil zeggen de herstellers die binnen al dan niet rechtstreeks door een voertuigfabrikant opgezette netwerken van herstellers werken, almede tussen de erkende en de onafhankelijke marktdeelnemers, waaronder begrepen de onafhankelijke leveranciers van reserveonderdelen en herstellers. De mogelijkheden van deze laatsten om te concurreren, zijn afhankelijk van de onbeperkte toegang tot de essentiële middelen, zoals reserveonderdelen en technische informatie.
(14) Gelet op deze bijzondere kenmerken, zijn de regels van Verordening (EU) nr. 330/2010, waaronder de eenvormige marktaandeeldrempel van 30 %, noodzakelijk doch niet voldoende om te garanderen dat de groepsvrijstelling alleen ten goede komt aan verticale overeenkomsten betreffende de distributie van reserveonderdelen en betreffende het verrichten van herstellings- en onderhoudsdiensten waarvan met voldoende zekerheid kan worden aangenomen, dat aan de voorwaarden van artikel 101, lid 3, van het Verdrag is voldaan.
(15) Verticale overeenkomsten betreffende de distributie van reserveonderdelen en betreffende het verrichten van herstellings- en onderhoudsdiensten moeten daarom alleen een groepsvrijstelling krijgen indien zij, behalve aan de in Verordening (EU) nr. 330/2010 vastgestelde vrijstellingsvoorwaarden, ook aan de strengere eisen voldoen betreffende bepaalde soorten ernstige mededingingsbeperkingen die de levering en het gebruik van reserveonderdelen op de vervolgmarkt voor motorvoertuigen kunnen beperken.
(16) Met name dient de groepsvrijstelling niet te worden verleend voor overeenkomsten die de verkoop beperken van reserveonderdelen door leden van een selectief distributiestelsel aan een voertuigfabrikant aan onafhankelijke herstellers, die deze onderdelen gebruiken voor het verrichten van herstellings- óf onderhoudsdiensten. Zonder de toegang tot deze reserveonderdelen zouden onafhankelijke herstellers niet daadwerkelijk kunnen concurreren met erkende herstellers, omdat zij de consumenten geen diensten van goede kwaliteit kunnen leveren die tot het veilige en betrouwbare functioneren van motorvoertuigen bijdragen.
(17) Bovendien dient, ten einde daadwerkelijke mededinging op de herstellings- en onderhoudsmarkt te garanderen en herstellers in staat te stellen de eindgebruikers concurrerende reserveonderdelen aan te bieden, de groepsvrijstelling niet te gelden voor verticale overeenkomsten die weliswaar voldoen aan Verordening (EU) nr. 330/2010, maar die de mogelijkheden van een producent van reserveonderdelen beperken om die onderdelen te verkopen aan erkende herstellers binnen het distributiestelsel van een voertuigfabrikant, aan onafhankelijke distributeurs van reserveonderdelen, aan onafhankelijke herstellers of aan eindgebruikers. Dit

doet niets af aan de burgerrechtelijke aansprakelijkheid van de producenten van reserveonderdelen of aan de mogelijkheid voor voertuigfabrikanten, van erkende herstellers binnen hun distributiestelsel te eisen dat zij alleen reserveonderdelen gebruiken die beantwoorden aan de kwaliteit van de onderdelen die bij de assemblage van een bepaald motorvoertuig worden gebruikt. Bovendien dient, gezien de directe contractuele betrokkenheid van de voertuigfabrikanten bij herstellingen onder garantie, bij kosteloze onderhoudsbeurten en bij terugroepacties, de vrijstelling te gelden voor overeenkomsten die aan erkende herstellers de verplichting opleggen voor deze herstellingen alleen reserveonderdelen te gebruiken die door de voertuigfabrikant zijn geleverd.

(18) Ten slotte dient, ten einde de erkende en onafhankelijke herstellers en eindgebruikers in staat te stellen de fabrikant van onderdelen voor motorvoertuigen of van reserveonderdelen te identificeren en tussen alternatieve onderdelen te kiezen, de groepsvrijstelling niet te gelden voor overeenkomsten waarbij een fabrikant van motorvoertuigen de mogelijkheid van een fabrikant van onderdelen of originele reserveonderdelen beperkt om zijn merk of logo daadwerkelijk en zichtbaar op die onderdelen aan te brengen.

(19) Om alle marktdeelnemers de tijd te bieden zich aan deze verordening aan te passen dient de toepassingsduur van Verordening (EG) nr. 1400/2002 met betrekking tot verticale overeenkomsten betreffende de aankoop, verkoop en wederverkoop van nieuwe motorvoertuigen tot en met 31 mei 2013 te worden verlengd. Ten aanzien van verticale overeenkomsten betreffende de distributie van reserveonderdelen en betreffende het verrichten van herstellings- en onderhoudsdiensten dient deze verordening vanaf 1 juni 2010 van toepassing te zijn, zodat een afdoende bescherming van de mededinging op de vervolgmarkten voor motorvoertuigen verzekerd blijft.

(20) De Commissie zal doorlopend toezicht houden op de ontwikkelingen in de motorvoertuigensector en de nodige correctieve maatregelen nemen indien zich op het gebied van de mededinging tekortkomingen voordoen die schade voor de consumenten doen ontstaan op de markten voor de distributie van nieuwe motorvoertuigen, voor de levering van reserveonderdelen of voor de service na verkoop voor motorvoertuigen.

(21) De Commissie kan, overeenkomstig artikel 29, lid 1, van Verordening (EG) nr. 1/2003 van de Raad van 16 december 2002 betreffende de uitvoering van de mededingingsregels van de artikelen 81 en 82 van het Verdrag [7], deze verordening intrekken wanneer zij in een bepaald geval van oordeel is, dat een overeenkomst waarop de in de onderhavige verordening vastgestelde vrijstelling van toepassing is, niettemin met artikel 101, lid 3, van het Verdrag onverenigbare gevolgen heeft.

(22) De mededingingsautoriteit van een lidstaat kan, overeenkomstig artikel 29, lid 2, van Verordening (EG) nr. 1/2003, ten aanzien van het grondgebied van die lidstaat, of een gedeelte daarvan, deze verordening intrekken wanneer in een bepaald geval een overeenkomst die onder de toepassing van de bij de onderhavige verordening vastgestelde vrijstelling valt, toch op het grondgebied van die lidstaat, of een gedeelte daarvan, met artikel 101, lid 3, van het Verdrag onverenigbare gevolgen heeft en wanneer dat grondgebied alle kenmerken van een afzonderlijke geografische markt vertoont.

---

(7) PB L 1 van 4.1.2003, blz. 1.

(23) Ter bepaling, of de onderhavige verordening overeenkomstig artikel 29 van Verordening (EG) nr. 1/2003 dient te worden ingetrokken, zijn de mededingingverstorende gevolgen welke eventueel voortvloeien uit het bestaan van naast elkaar bestaande netwerken van verticale overeenkomsten die gelijkaardige gevolgen hebben welke de toegang tot een relevante markt of de mededinging op die markt aanzienlijk beperken, van bijzonder belang. Dergelijke cumulatieve gevolgen kunnen bijvoorbeeld optreden in het geval van selectieve distributie of niet-concurrentiebedingen.
(24) Ter versterking van het toezicht op naast elkaar bestaande netwerken van verticale overeenkomsten die soortgelijke mededingingsbeperkende gevolgen hebben en meer dan 50 % van een bepaalde markt bestrijken, kan de Commissie bij verordening deze verordening voor verticale overeenkomsten die bepaalde met de betrokken markt verband houdende beperkingen bevatten, buiten toepassing verklaren en daardoor de volledige toepassing van artikel 101 van het Verdrag op die overeenkomsten herstellen.
(25) Om te kunnen beoordelen wat de gevolgen van deze verordening zijn voor de mededinging bij de kleinhandel in motorvoertuigen, bij het leveren van reserveonderdelen en bij de service na verkoop voor motorvoertuigen op de interne markt, is het passend dat een beoordelingsverslag over de werking van deze verordening wordt opgesteld,

HEEFT DE VOLGENDE VERORDENING VASTGESTELD:

HOOFDSTUK I
Gemeenschappelijke bepalingen

Artikel 1
Definities

1. Voor de toepassing van deze richtlijn wordt verstaan onder:
a) 'verticale overeenkomst': een overeenkomst of onderling afgestemde feitelijke gedraging waarbij twee of meer, met het oog op de toepassing van de overeenkomst of de onderling afgestemde feitelijke gedraging, elk in een verschillend stadium van de productie- of distributieketen werkzame ondernemingen partij zijn en die betrekking heeft op de voorwaarden waaronder de partijen bepaalde goederen of diensten kunnen kopen, verkopen of wederverkopen;
b) 'verticale beperking': een beperking van de mededinging in een verticale overeenkomst die binnen het toepassingsgebied van artikel 101, lid 1, van het Verdrag valt;
c) 'erkende hersteller': een verrichter van herstellings- en onderhoudsdiensten voor motorvoertuigen, die actief is binnen het distributiestelsel dat door een leverancier van motorvoertuigen is opgezet;
d) 'erkende distributeur': een distributeur van reserveonderdelen voor motorvoertuigen, die actief is binnen het distributiestelsel dat door een leverancier van motorvoertuigen is opgezet;
e) 'onafhankelijke hersteller':
   i) een verrichter van herstellings- en onderhoudsdiensten voor motorvoertuigen, die niet actief is binnen het distributiestelsel dat is opgezet door de leverancier van de motorvoertuigen waarvoor hij herstellingen of het onderhoud verricht,

    ii) een erkende hersteller binnen het distributiestelsel van een bepaalde leverancier, voor zover deze herstellings- of onderhoudsdiensten verricht voor motorvoertuigen ten aanzien waarvan hij geen lid is van het distributiestelsel van de betrokken leverancier;
f) 'onafhankelijke distributeur':
    i) een distributeur van reserveonderdelen voor motorvoertuigen, die niet actief is binnen het distributiestelsel dat is opgezet door de leverancier van de motorvoertuigen waarvoor hij reserveonderdelen distribueert,
    ii) een erkende distributeur binnen het distributiestelsel van een bepaalde leverancier, voor zover deze reserveonderdelen voor motorvoertuigen distribueert, ten aanzien waarvan hij geen lid is van het distributiestelsel van de betrokken leverancier;
g) 'motorvoertuig': een voertuig met drie of meer wielen dat zich op eigen kracht voortbeweegt en bestemd is voor gebruik op de openbare weg;
h) 'reserveonderdelen': producten die ter vervanging van onderdelen van het voertuig in of op dat voertuig worden gemonteerd, met inbegrip van producten zoals smeermiddelen, die voor het gebruik van het voertuig noodzakelijk zijn, met uitzondering van brandstof;
i) 'selectief distributiestelsel': een distributiestelsel waarbij de leverancier zich ertoe verbindt de contractgoederen of -diensten, direct of indirect, slechts aan distributeurs te verkopen die op grond van vastgestelde criteria zijn uitgekozen, en waarbij deze distributeurs zich ertoe verbinden deze goederen of diensten niet te verkopen aan niet-erkende distributeurs binnen het grondgebied waarop de leverancier heeft besloten dat systeem toe te passen.

2. Voor de toepassing van deze verordening omvatten de termen 'onderneming', 'leverancier', 'fabrikant' en 'afnemer' de respectievelijk met hen verbonden ondernemingen.

'Verbonden ondernemingen' zijn:
a) ondernemingen waarbij een partij bij de overeenkomst rechtstreeks of onrechtstreeks:
    i) de bevoegdheid heeft meer dan de helft van de stemrechten uit te oefenen,
    ii) de bevoegdheid heeft meer dan de helft van de leden van de raad van toezicht, de raad van bestuur of de krachtens de wet tot vertegenwoordiging bevoegde organen te benoemen, of
    iii) het recht heeft de zaken van de onderneming te leiden;
b) ondernemingen die ten aanzien van een partij bij de overeenkomst rechtstreeks of onrechtstreeks over de onder a) genoemde rechten of bevoegdheden beschikken;
c) ondernemingen waarin een onderneming als onder b) rechtstreeks of onrechtstreeks over de onder a) genoemde rechten of bevoegdheden beschikt;
d) ondernemingen waarin een partij bij de overeenkomst gezamenlijk met één of meer van de ondernemingen als bedoeld onder a), b) of c), of waarin twee of meer van de laatstgenoemde ondernemingen gezamenlijk over de onder a) genoemde rechten of bevoegdheden beschikken;
e) ondernemingen waarin over de onder a) genoemde rechten of bevoegdheden gezamenlijk wordt beschikt door:
    i) partijen bij de overeenkomst of de respectieve met hen verbonden ondernemingen als bedoeld onder a) tot en met d), of

ii) één of meer van de partijen bij de overeenkomst of één of meer van de met hen verbonden ondernemingen als bedoeld onder a) tot en met d) en één of meer derde partijen.
[27-05-2010, PbEU L 129, i.w.tr. 01-06-2010/regelingnummer 461/2010]

HOOFDSTUK II
Verticale overeenkomsten betreffende de aankoop, verkoop of wederverkoop van nieuwe motorvoertuigen

Artikel 2
Toepassing van Verordening (EG) nr. 1400/2002

Overeenkomstig artikel 101, lid 3, van het Verdrag, is artikel 101, lid 1, van het Verdrag van 1 juni 2010 tot en met 31 mei 2013 niet van toepassing op verticale overeenkomsten betreffende de voorwaarden waaronder de partijen nieuwe motorvoertuigen kunnen kopen, verkopen of wederverkopen die voldoen aan de vrijstellingsvoorwaarden van Verordening (EG) nr. 1400/2002 welke specifiek op verticale overeenkomsten voor de aankoop, verkoop of wederverkoop van nieuwe motorvoertuigen betrekking hebben.
[27-05-2010, PbEU L 129, i.w.tr. 01-06-2010/regelingnummer 461/2010]

Artikel 3
Toepassing van Verordening (EU) nr. 330/2010

Vanaf 1 juni 2013 is Verordening (EU) nr. 330/2010 van toepassing op verticale overeenkomsten betreffende de aankoop, verkoop of wederverkoop van nieuwe motorvoertuigen.
[27-05-2010, PbEU L 129, i.w.tr. 01-06-2010/regelingnummer 461/2010]

HOOFDSTUK III
Verticale overeenkomsten betreffende de vervolgmarkt voor motorvoertuigen

Artikel 4
Vrijstelling

Overeenkomstig artikel 101, lid 3, van het Verdrag en onverminderd deze verordening, is artikel 101, lid 1, van het Verdrag niet van toepassing ten aanzien van verticale overeenkomsten betreffende de voorwaarden waaronder de partijen reserveonderdelen voor motorvoertuigen kunnen kopen, verkopen of wederverkopen of herstellings- en onderhoudsdiensten voor motorvoertuigen kunnen verrichten die voldoen aan de vrijstellingsvoorwaarden op grond van Verordening (EU) nr. 330/2010, en die geen van de in artikel 5 van de onderhavige verordening genoemde hardcore bepalingen bevatten. Deze vrijstelling geldt voor zover die overeenkomsten verticale beperkingen bevatten.
[27-05-2010, PbEU L 129, i.w.tr. 01-06-2010/regelingnummer 461/2010]

Artikel 5
Beperkingen die het voordeel van de groepsvrijstelling tenietdoen — hardcore beperkingen

De in artikel 4 vervatte vrijstelling is niet van toepassing op verticale overeenkomsten die, op zich of in combinatie met andere factoren waarover de partijen controle hebben, direct of indirect, tot doel hebben:
a) de beperking van de verkoop van reserveonderdelen voor motorvoertuigen door leden van een selectief distributiestelsel aan onafhankelijke herstellers die deze onderdelen gebruiken voor de herstelling en het onderhoud van een motorvoertuig;
b) de tussen een leverancier van reserveonderdelen, herstellingsgereedschap, diagnose- of andere apparatuur en een fabrikant van motorvoertuigen overeengekomen beperking van de mogelijkheid van de leverancier, deze goederen aan erkende of onafhankelijke distributeurs of aan erkende of onafhankelijke herstellers of eindgebruikers te verkopen;
c) de tussen een fabrikant van motorvoertuigen die onderdelen gebruikt voor de aanvankelijke assemblage van motorvoertuigen, en de leverancier van die onderdelen overeengekomen beperking van de mogelijkheid van de leverancier, zijn merk of logo daadwerkelijk en op een duidelijk zichtbare wijze op de geleverde onderdelen of op de reserveonderdelen aan te brengen.
[27-05-2010, PbEU L 129, i.w.tr. 01-06-2010/regelingnummer 461/2010]

HOOFDSTUK IV
Slotbepalingen

Artikel 6
Niet-toepassing van deze verordening

De Commissie kan overeenkomstig artikel 1 bis van Verordening nr. 19/65/EEG, wanneer naast elkaar bestaande netwerken van gelijksoortige verticale beperkingen meer dan 50 % van een relevante markt bestrijken, bij verordening verklaren dat de onderhavige verordening niet van toepassing is op verticale overeenkomsten die bepaalde beperkingen bevatten die op die markt betrekking hebben.
[27-05-2010, PbEU L 129, i.w.tr. 01-06-2010/regelingnummer 461/2010]

Artikel 7
Toezicht en beoordelingsverslag

De Commissie houdt toezicht op de werking van deze verordening en stelt uiterlijk op 31 mei 2021 een verslag op over de werking ervan, in het bijzonder gelet op de in artikel 101, lid 3, van het Verdrag neergelegde voorwaarden.
[27-05-2010, PbEU L 129, i.w.tr. 01-06-2010/regelingnummer 461/2010]

Artikel 8
Geldigheidsduur

Deze verordening treedt in werking op 1 juni 2010.
Zij vervalt op 31 mei 2023.
[27-05-2010, PbEU L 129, i.w.tr. 01-06-2010/regelingnummer 461/2010]

Aanvullende richtsnoeren 2010/C 138/05 betreffende verticale beperkingen in overeenkomsten voor de verkoop en herstelling van motorvoertuigen en voor de distributie van reserveonderdelen voor motorvoertuigen

(voor de EER relevante tekst)

Aanvullende richtsnoeren van 28 mei 2010 betreffende verticale beperkingen in overeenkomsten voor de verkoop en herstelling van motorvoertuigen en voor de distributie van reserveonderdelen voor motorvoertuigen, PbEU 2010, C 138 (i.w.tr. 28-05-2010)

I Inleiding

1 Het doel van deze richtsnoeren

(1)

Deze richtsnoeren zetten de beginselen uiteen die als maatstaf dienen om specifieke kwesties in verband met verticale beperkingen in overeenkomsten voor de verkoop en herstelling van motorvoertuigen en voor de distributie van reserveonderdelen aan artikel 101 van het Verdrag betreffende de werking van de Europese Unie [1] te toetsen. Deze richtsnoeren horen bij Verordening (EU) nr. 461/2010 van de Commissie betreffende de toepassing van artikel 101, lid 3, van het Verdrag betreffende de werking van de Europese Unie op groepen verticale overeenkomsten en onderling afgestemde feitelijke gedragingen in de motorvoertuigensector [2] (hierna 'de groepsvrijstellingsverordening motorvoertuigen' genoemd) en zijn bedoeld om ondernemingen te helpen dit soort overeenkomsten zelf te beoordelen.

[28-05-2010, PbEU C 138, i.w.tr. 28-05-2010/regelingnummer 2010/C138/05]

---

(1) De artikelen 81 en 82 van het EG-Verdrag zijn sinds 1 december 2009 de artikelen 101 en 102 van het Verdrag betreffende de werking van de Europese Unie (VWEU). De respectieve bepalingen zijn in wezen identiek. Voor zover van toepassing, dienen in deze richtsnoeren de verwijzingen naar de artikelen 101 en 102 VWEU te worden gelezen als verwijzingen naar de artikelen 81 en 82 van het EG-Verdrag. Bij het VWEU zijn ook enkele wijzigingen in de terminologie aangebracht, zoals de vervanging van 'Gemeenschap' door 'Unie' en van 'gemeenschappelijke markt' door 'interne markt'. In deze richtsnoeren wordt de terminologie van het VWEU gebezigd.
(2) *PB* L 129 van 28.5.2010, blz. 52.

(2)
Deze richtsnoeren geven een toelichting met betrekking tot vraagstukken die voor de motorvoertuigensector van bijzonder belang zijn, alsmede een interpretatie van een aantal bepalingen van Verordening (EU) nr. 330/2010 van de Commissie van 20 april 2010 betreffende de toepassing van artikel 101, lid 3, van het Verdrag betreffende de werking van de Europese Unie op groepen verticale overeenkomsten en onderling afgestemde feitelijke gedragingen [1] (hierna 'de algemene verticale groepsvrijstellingsverordening' genoemd). Zij laten de toepassing van de algemene richtsnoeren inzake verticale beperkingen [2] (hierna 'de algemene verticale richtsnoeren' genoemd) onverlet en dienen dan ook te worden gelezen in samenhang met en als aanvulling op die algemene verticale richt snoeren.
[28-05-2010, PbEU C 138, i.w.tr. 28-05-2010/regelingnummer 2010/C138/05]

(3)
De onderhavige richtsnoeren gelden zowel voor verticale overeenkomsten en onderling afgestemde feitelijke gedragingen met betrekking tot de voorwaarden waaronder de partijen reserveonderdelen kunnen kopen, verkopen of wederverkopen en/of herstellings- en onderhoudsdiensten voor motorvoertuigen kunnen verrichten, als voor verticale overeenkomsten en onderling afgestemde feitelijke gedragingen met betrekking tot de voorwaarden waaronder de partijen nieuwe motorvoertuigen kunnen kopen, verkopen of wederverkopen. Zoals uiteengezet in deel II van de onderhavige richtsnoeren, blijft deze laatste categorie overeenkomsten en onderling afgestemde feitelijke gedragingen tot en met 31 mei 2013 onder de desbetreffende bepalingen van Verordening (EG) nr. 1400/2002 van de Commissie van 31 juli 2002 betreffende de toepassing van artikel 81, lid 3, van het Verdrag op groepen verticale overeenkomsten en onderling afgestemde feitelijke gedragingen in de motorvoertuigensector [3] vallen. Ten aanzien van verticale overeenkomsten en onderling afgestemde feitelijke gedragingen betreffende de koop, verkoop of wederverkoop van nieuwe motorvoertuigen, gelden deze richtsnoeren derhalve pas vanaf 1 juni 2013. De onderhavige richtsnoeren zijn niet van toepassing op verticale overeenkomsten in andere sectoren dan die van de motorvoertuigen, en de hierin uiteengezette beginselen zijn niet noodzakelijkerwijs toepasbaar bij de beoordeling van overeenkomsten in andere sectoren.
[28-05-2010, PbEU C 138, i.w.tr. 28-05-2010/regelingnummer 2010/C138/05]

(4)
Deze richtsnoeren laten de mogelijke parallelle toepassing van artikel 102 van het Verdrag op verticale overeenkomsten in de motorvoertuigensector of de eventueel door het Hof van Justitie van de Europese Unie met betrekking tot de toepassing van artikel 101 van het Verdrag op verticale overeenkomsten gegeven uitlegging onverlet.
[28-05-2010, PbEU C 138, i.w.tr. 28-05-2010/regelingnummer 2010/C138/05]

---

(1) PB L 102 van 23.4.2010, blz. 1.
(2) PB C 130 van 19.5.2010, blz. 1.
(3) PB L 203 van 1.8.2002, blz. 30.

(5)
Tenzij anders vermeld, gelden de in deze richtsnoeren uiteengezette analyse en argumenten voor alle handelsniveaus. De termen 'leverancier' en 'distributeur' [1] worden voor alle handelsniveaus gebruikt. De algemene verticale groepsvrijstellingsverordening en de groepsvrijstellingsverordening motorvoertuigen worden hier tezamen 'de groepsvrijstellingsverordeningen' genoemd.
[28-05-2010, PbEU C 138, i.w.tr. 28-05-2010/regelingnummer 2010/C138/05]

(6)
De in deze richtsnoeren uiteengezette normen moeten in elk afzonderlijk geval worden toegepast met inachtneming van de feitelijke en juridische omstandigheden van dat geval. De Commissie zal deze richtsnoeren op redelijke en flexibele wijze toepassen [2] en daarbij rekening houden met de ervaring die zij bij de vervulling van haar handhavings- en markttoezichttaken heeft opgedaan.
[28-05-2010, PbEU C 138, i.w.tr. 28-05-2010/regelingnummer 2010/C138/05]

(7)
Uit de handhaving van de mededingingsregels in deze sector tot dusver blijkt dat bepaalde beperkingen ofwel als gevolg van uitdrukkelijke, directe contractuele verplichtingen, ofwel via indirecte verplichtingen tot stand kunnen worden gebracht, dan wel met indirecte middelen, waarmee niettemin hetzelfde mededingingsverstorende resultaat wordt bereikt. Een leverancier die het concurrentiegedrag van een distributeur wil beïnvloeden, kan bijvoorbeeld overgaan tot bedreigingen of intimidatie, waarschuwingen of sancties. Ook kan hij leveringen vertragen of schorsen, of ermee dreigen de contracten op te zeggen van distributeurs die aan buitenlandse consumenten verkopen of een bepaald prijspeil niet in acht nemen. Als er transparante relaties tussen de contractpartijen zijn, is doorgaans het risico kleiner dat fabrikanten hun toevlucht nemen tot dergelijke indirecte vormen van druk om mededingingsverstorende resultaten te bereiken. Een gedragscode is een van de middelen om in zakelijke betrekkingen tussen partijen tot grotere transparantie te komen. Een gedragscode kan onder meer bepalingen bevatten met betrekking tot opzegtermijnen voor het beëindigen van contracten, die afhankelijk kunnen zijn van de looptijd van het contract, de compensatie die verschuldigd is voor uitstaande relatiespecifieke investeringen van de dealer indien het contract zonder geldige reden vervroegd wordt opgezegd, en arbitrage als alternatief mechanisme voor geschillenbeslechting. Indien een leverancier een dergelijke gedragscode in zijn overeenkomsten met distributeurs en herstellers opneemt, deze gedragscode algemeen beschikbaar stelt, en de bepalingen daarvan in acht neemt, wordt dit bij de beoordeling van het handelen van de leverancier in een individueel geval als een relevante factor in aanmerking genomen.
[28-05-2010, PbEU C 138, i.w.tr. 28-05-2010/regelingnummer 2010/C138/05]

---

(1) Distributeurs op detailhandelsniveau worden in de sector meestal 'dealers' genoemd.
(2) Sinds de modernisering van de mededingingsregels van de Unie ligt de verantwoordelijkheid voor een dergelijke beoordeling in de eerste plaats bij de partijen bij een overeenkomst. De Commissie kan echter, uit eigen beweging of na een klacht, overeenkomsten op hun verenigbaarheid met artikel 101 van het Verdrag onderzoeken.

2 De structuur van deze richtsnoeren

(8)

Deze richtsnoeren zijn als volgt gestructureerd:
a) het toepassingsbereik van de groepsvrijstellingsverordening motorvoertuigen en de verhouding tot de algemene verticale groepsvrijstellingsverordening (deel II);
b) de toepassing van de aanvullende bepalingen van de groepsvrijstellingsverordening motorvoertuigen (deel III);
c) de beoordeling van specifieke beperkingen: merkexclusiviteit en selectieve distributie (deel IV).

[28-05-2010, PbEU C 138, i.w.tr. 28-05-2010/regelingnummer 2010/C138/05]

II Het toepassingsbereik van de groepsvrijstellingsverordening motorvoertuigen en de verhouding tot de algemene verticale groepsvrijstellingsverordening

(9)

De groepsvrijstellingsverordening motorvoertuigen geldt, overeenkomstig artikel 4 daarvan, voor verticale overeenkomsten betreffende de koop, verkoop of wederverkoop van reserveonderdelen voor motorvoertuigen en voor de verrichting van herstellings- en onderhoudsdiensten voor motorvoertuigen.

[28-05-2010, PbEU C 138, i.w.tr. 28-05-2010/regelingnummer 2010/C138/05]

(10)

Met artikel 2 van de groepsvrijstellingsverordening motorvoertuigen wordt de toepassing van de desbetreffende bepalingen van Verordening (EG) nr. 1400/2002 verlengd tot en met 31 mei 2013 voor zover het verticale overeenkomsten voor de koop, verkoop of wederverkoop van nieuwe motorvoertuigen betreft. Vanaf 1 juni 2013 vallen, overeenkomstig artikel 3 van de groepsvrijstellingsverordening motorvoertuigen, verticale overeenkomsten voor de koop, verkoop en wederverkoop van nieuwe motorvoertuigen onder de algemene verticale groepsvrijstellingsverordening [1].

[28-05-2010, PbEU C 138, i.w.tr. 28-05-2010/regelingnummer 2010/C138/05]

(11)

Het in het nieuwe kader gemaakte onderscheid tussen markten voor de verkoop van nieuwe motorvoertuigen en de vervolgmarkten voor motorvoertuigen weerspiegelt de verschillende concurrentievoorwaarden op die markten.

[28-05-2010, PbEU C 138, i.w.tr. 28-05-2010/regelingnummer 2010/C138/05]

---

[1] Het feit dat Verordening (EG) nr. 1400/2002 verstrijkt en door een nieuw, in deze richtsnoeren toegelicht rechtskader wordt vervangen, behoeft op zich niet te betekenen dat bestaande contracten dienen te worden beëindigd. Zie bijvoorbeeld het arrest van het Hof van 7 september 2006, zaak C-125/05, *Vulcan Silkeborg A/S/Skandinavisk Motor Co. A/S*, Jurispr. blz. I-7637.

(12)

Uit een diepgaande marktanalyse zoals opgenomen in het evaluatieverslag van de Commissie over de werking van Verordening (EG) nr. 1400/2002 van 28 mei 2008 [1] en in de mededeling van de Commissie 'Het toekomstige kader voor het mededingingsrecht in de motorvoertuigensector' van 22 juli 2009 [2] blijkt dat er geen aanzienlijke tekortkomingen op het gebied van de mededinging zijn die de sector van de distributie van nieuwe motorvoertuigen van andere economische sectoren onderscheiden en die de toepassing van andere en strengere regels dan de in de algemene verticale groepsvrijstellingsverordening vastgestelde regels zouden kunnen vergen. Bijgevolg zullen de toepassing van een marktaandeeldrempel van 30 % [3], het feit dat bepaalde verticale beperkingen niet worden vrijgesteld en de voorwaarden van de algemene verticale groepsvrijstellingsverordening er doorgaans voor zorgen dat verticale overeenkomsten voor de distributie van nieuwe motorvoertuigen aan de voorwaarden van artikel 101, lid 3, van het Verdrag voldoen zonder dat aanvullende voorwaarden nodig zijn die verder gaan dan die welke voor andere sectoren gelden.
[28-05-2010, PbEU C 138, i.w.tr. 28-05-2010/regelingnummer 2010/C138/05]

(13)

Om alle marktdeelnemers evenwel de tijd te gunnen zich aan de algemene regeling aan te passen, wordt, met name gelet op langlopende relatiegebonden investeringen, de toepassingstermijn van Verordening (EG) nr. 1400/2002 met drie jaar verlengd tot en met 31 mei 2013 ten aanzien van de voorwaarden die specifiek betrekking hebben op verticale overeenkomsten voor de koop, verkoop of wederverkoop van nieuwe motorvoertuigen. Van 1 juni 2010 tot en met 31 mei 2013 gelden de bepalingen van Verordening (EG) nr. 1400/2002 die betrekking hebben op zowel overeenkomsten voor de distributie van nieuwe motorvoertuigen als overeenkomsten voor de koop, verkoop en wederverkoop van reserveonderdelen voor motorvoertuigen en/of het verrichten van herstellings- en onderhoudsdiensten, alleen ten aanzien van de eerstgenoemde groep. Gedurende die periode zullen de onderhavige richtsnoeren niet worden gebruikt om de bepalingen van Verordening (EG) nr. 1400/2002 uit te leggen. In plaats daarvan, moet de verklarende brochure bij die verordening [4] worden geraadpleegd.
[28-05-2010, PbEU C 138, i.w.tr. 28-05-2010/regelingnummer 2010/C138/05]

---

(1) SEC(2008) 1946.
(2) COM(2009) 388.
(3) Overeenkomstig artikel 7 van de algemene verticale groepsvrijstellingsverordening vindt de berekening van deze marktaandeeldrempel in de regel plaats aan de hand van gegevens betreffende de waarde van de verkopen op de markt of, ingeval dergelijke gegevens niet beschikbaar zijn, aan de hand van andere betrouwbare marktinformatie, waaronder de omvang van de verkopen op de markt. In dat verband neemt de Commissie nota van het feit dat, wat de distributie van nieuwe motorvoertuigen betreft, in deze bedrijfstak marktaandelen thans worden berekend aan de hand van het aantal door de leverancier op de betrokken markt afgezette voertuigen, hetgeen ook alle motorvoertuigen omvat die, op grond van hun kenmerken, hun prijzen en het gebruik waartoe zij zijn bestemd, door de koper als onderling verwisselbaar of substitueerbaar worden beschouwd.
(4) Verklarende brochure bij Verordening (EG) nr. 1400/2002 van de Commissie van 31 juli 2002 — Distributie en klantenservice van motorvoertuigen in de Europese Unie.

(14)
Wat betreft verticale overeenkomsten met betrekking tot de voorwaarden waarop de partijen reserveonderdelen voor motorvoertuigen kunnen kopen, verkopen of wederverkopen en/of herstellings- en onderhoudsdiensten voor motorvoertuigen kunnen verrichten, is de groepsvrijstellingsverordening motorvoertuigen vanaf 1 juni 2010 van toepassing. Dit betekent dat, willen die overeenkomsten op grond van artikel 4 van die verordening op een vrijstelling aanspraak kunnen maken, zij niet alleen moeten voldoen aan de voorwaarden voor een vrijstelling uit hoofde van de algemene verticale groepsvrijstellingsverordening, maar dat zij ook geen van de in artikel 5 van de groepsvrijstellingsverordening motorvoertuigen genoemde ernstige beperkingen van de mededinging, veelal hardcore beperkingen genoemd, mogen bevatten.
[28-05-2010, PbEU C 138, i.w.tr. 28-05-2010/regelingnummer 2010/C138/05]

(15)
Gezien het doorgaans merkspecifieke karakter van de markten voor herstellings- en onderhoudsdiensten en voor de distributie van reserveonderdelen, is de concurrentie op deze markten inherent minder scherp dan op de markt voor de verkoop van nieuwe motorvoertuigen. Ook al is, dankzij de technologische verbeteringen, de betrouwbaarheid toegenomen en de tijd tussen servicebeurten langer geworden, toch wordt deze ontwikkeling ingehaald door een tendens van stijgende prijzen voor individuele herstellings- en onderhoudsopdrachten. Op de markten voor reserveonderdelen krijgen onderdelen met het merk van motorvoertuigfabrikanten te maken met concurrentie van onderdelen die door leveranciers van originele uitrustingsstukken (Original Equipment Suppliers, OES) en andere partijen worden geleverd. Een en ander houdt de prijzen op die markten onder druk, hetgeen dan weer de prijzen op de herstellings- en onderhoudsmarkten onder druk houdt, omdat reserveonderdelen een hoog percentage van de kosten van een gemiddelde herstelling vertegenwoordigen. Bovendien vertegenwoordigen herstelling en onderhoud samen een zeer groot aandeel van de totale uitgaven van consumenten aan motorvoertuigen, die op hun beurt een aanzienlijk deel van het gemiddelde budget van de consumenten vormen.
[28-05-2010, PbEU C 138, i.w.tr. 28-05-2010/regelingnummer 2010/C138/05]

(16)
Om specifieke mededingingsproblemen aan te pakken die zich op de vervolgmarkten voor motorvoertuigen voordoen, is de algemene verticale groepsvrijstellingsverordening in de groepsvrijstellingsverordening motorvoertuigen aangevuld met nog drie hardcore beperkingen met betrekking tot overeenkomsten voor de herstelling en het onderhoud van motorvoertuigen en tot de levering van reserveonderdelen. Nadere uitleg over die deze bijkomende hardcore beperkingen is te vinden in deel III van deze richtsnoeren.
[28-05-2010, PbEU C 138, i.w.tr. 28-05-2010/regelingnummer 2010/C138/05]

III De toepassing van de aanvullende bepalingen van de groepsvrijstellingsverordening motorvoertuigen

(17)
Overeenkomsten kunnen niet voor de groepsvrijstelling in aanmerking komen indien zij hardcore beperkingen bevatten. Deze beperkingen worden genoemd in artikel 4 van de algemene verticale groepsvrijstellingsverordening en in artikel 5 van de groepsvrijstellingsverordening motorvoertuigen. Wanneer een van die beperkingen in een overeenkomst is opgenomen, leidt dat tot het vermoeden dat de overeenkomst onder artikel 101, lid 1, van het Verdrag valt. Een en ander leidt ook tot het vermoeden dat die overeenkomst waarschijnlijk niet aan de voorwaarden van artikel 101, lid 3, van het Verdrag voldoet, hetgeen dan ook de reden is waarom de groepsvrijstelling niet van toepassing is. Dit is evenwel een weerlegbaar vermoeden dat ondernemingen de mogelijkheid laat om in een individueel geval aan te voeren dat er sprake is van efficiëntieverbeteringen in de zin van artikel 101, lid 3, van het Verdrag ('efficiency defence').
[28-05-2010, PbEU C 138, i.w.tr. 28-05-2010/regelingnummer 2010/C138/05]

(18)
Een van de doelstellingen van de Commissie in het mededingingsbeleid ten aanzien van de motorvoertuigensector is de toegang van fabrikanten van reserveonderdelen tot de vervolgmarkten voor motorvoertuigen te beschermen, zodat concurrerende merken van reserveonderdelen beschikbaar blijven voor zowel onafhankelijke als erkende herstellers, maar ook voor groothandelaren in onderdelen. De beschikbaarheid van die onderdelen levert de consumenten aanzienlijke voordelen op, met name omdat er vaak grote prijsverschillen zijn tussen onderdelen die door een autofabrikant worden verkocht of doorverkocht en alternatieve onderdelen. Alternatieven voor onderdelen met het handelsmerk van de motorvoertuigfabrikant (onderdelen van de Original Equipment Manufacturer, OEM-onderdelen) zijn onder meer originele onderdelen die door leveranciers van originele uitrustingsstukken worden vervaardigd en gedistribueerd (OES-onderdelen), terwijl andere onderdelen die in kwaliteit overeenstemmen met de originele onderdelen, worden geleverd door fabrikanten van onderdelen van gelijke kwaliteit.
[28-05-2010, PbEU C 138, i.w.tr. 28-05-2010/regelingnummer 2010/C138/05]

(19)
'Originele onderdelen of uitrustingsstukken' zijn onderdelen of uitrustingsstukken die worden geproduceerd volgens specificaties en productienormen die de fabrikant van motorvoertuigen heeft vastgesteld voor de productie van onderdelen of uitrustingsstukken die bestemd zijn voor de assemblage van het betrokken motorvoertuig. Hieronder vallen ook onderdelen en uitrustingsstukken die in dezelfde productielijn als de betrokken onderdelen of uitrustingsstukken geproduceerd zijn. Tot het bewijs van het tegendeel, wordt ervan uitgegaan dat onderdelen originele onderdelen zijn indien de onderdelenfabrikant certificeert dat de onderdelen van gelijke kwaliteit zijn als de onderdelen die voor de assemblage van het betrokken motorvoertuig zijn gebruikt en dat zij volgens de specificaties en productienormen van het motorvoertuig zijn vervaardigd (zie artikel 3, punt 26, van Richtlijn 2007/46/EG van het Europees Parlement

en de Raad van 5 september 2007 tot vaststelling van een kader voor de goedkeuring van motorvoertuigen en aanhangwagens daarvan en van systemen, onderdelen en technische eenheden die voor dergelijke voertuigen zijn bestemd (kaderrichtlijn)[1].
[28-05-2010, PbEU C 138, i.w.tr. 28-05-2010/regelingnummer 2010/C138/05]

(20)
Om als 'van gelijke kwaliteit' te kunnen worden beschouwd, moeten de onderdelen van voldoende hoge kwaliteit zijn zodat het gebruik ervan de reputatie van het betrokken erkende netwerk niet in gevaar brengt. Zoals bij iedere andere selectienorm, kan de motorvoertuigfabrikant het bewijs leveren dat een bepaald reserveonderdeel niet aan dit vereiste voldoet.
[28-05-2010, PbEU C 138, i.w.tr. 28-05-2010/regelingnummer 2010/C138/05]

(21)
Volgens artikel 4, onder e), van de algemene verticale groepsvrijstellingsverordening is er bij een overeenkomst tussen een leverancier van onderdelen en een afnemer die deze onderdelen inbouwt, sprake van een hardcore beperking wanneer de leverancier wordt belet of wordt beperkt in zijn mogelijkheden om zijn onderdelen te verkopen aan eindgebruikers, onafhankelijke herstellers of andere dienstverrichters aan wie de afnemer de herstelling of het onderhoud van zijn goederen niet heeft toevertrouwd. Artikel 5, onder a), b) en c), van de groepsvrijstellingsverordening motorvoertuigen bevat drie bijkomende hardcore beperkingen met betrekking tot overeenkomsten voor de levering van reserveonderdelen.
[28-05-2010, PbEU C 138, i.w.tr. 28-05-2010/regelingnummer 2010/C138/05]

(22)
Artikel 5, onder a), van de groepsvrijstellingsverordening motorvoertuigen betreft de beperking van de verkoop van reserveonderdelen voor motorvoertuigen door leden van een selectief distributiestelsel aan onafhankelijke herstellers. Deze bepaling is vooral relevant voor een bepaalde categorie onderdelen, soms ook wel captive parts genoemd, die alleen verkrijgbaar zijn bij de motorvoertuigfabrikant of bij leden van zijn erkende netwerken. Wanneer een leverancier en een distributeur overeenkomen dat dergelijke onderdelen niet aan onafhankelijke herstellers mogen worden geleverd, valt te vrezen dat dergelijke herstellers met die overeenkomst de markt voor herstellings- en onderhoudsdiensten voor zich afgeschermd zien, en zou aldus inbreuk worden gemaakt op artikel 101 van het Verdrag.
[28-05-2010, PbEU C 138, i.w.tr. 28-05-2010/regelingnummer 2010/C138/05]

(23)
Artikel 5, onder b), van de groepsvrijstellingsverordening motorvoertuigen ziet op een directe of indirecte beperking die is overeengekomen tussen een leverancier van reserveonderdelen, reparatiegereedschap, diagnose- of andere apparatuur en een fabrikant van motorvoertuigen, waardoor de mogelijkheden van de leverancier worden beperkt om deze goederen te verkopen aan erkende en/of onafhankelijke distributeurs en herstellers. Zogeheten 'tooling arrangements' tussen leveranciers van onderdelen

---

(1) PB L 263 van 9.10.2007, blz. 1.

en motorvoertuigfabrikanten zijn een voorbeeld van mogelijke indirecte beperkingen van dat type. In dit verband zij verwezen naar de bekendmaking van de Commissie van 18 december 1978 betreffende de beoordeling van toeleveringsovereenkomsten in het licht van artikel 85, lid 1, van het EEG-Verdrag [1] ('de toeleveringsbekendmaking'). Normaal is artikel 101, lid 1, van het Verdrag niet van toepassing op een regeling waarbij een motorvoertuigfabrikant aan een onderdelenfabrikant het voor de productie van bepaalde onderdelen vereiste gereedschap levert, deelneemt in diens kosten voor productontwikkeling, of noodzakelijke [2] intellectuele-eigendomsrechten en knowhow inbrengt, en niet toestaat dat deze inbreng wordt gebruikt voor de productie van reserveonderdelen die rechtstreeks op de vervolgmarkt worden afgezet. Wanneer een motorvoertuigfabrikant daarentegen een onderdelenleverancier verplicht zijn eigendom van dergelijk gereedschap, zijn intellectuele-eigendomsrechten of knowhow over te dragen, of slechts een onaanzienlijk deel van de kosten voor productontwikkeling draagt, of geen noodzakelijk gereedschap, intellectuele-eigendomsrechten of knowhow inbrengt, wordt de betrokken overeenkomst niet beschouwd als een echte toeleveringsregeling. Daarom kan dit soort overeenkomsten onder artikel 101, lid 1, van het Verdrag vallen en aan de bepalingen van de groepsvrijstellingsverordeningen worden getoetst.

[28-05-2010, PbEU C 138, i.w.tr. 28-05-2010/regelingnummer 2010/C138/05]

(24)
Artikel 5, onder c), van de groepsvrijstellingsverordening motorvoertuigen ziet op de beperking die is overeengekomen tussen een motorvoertuigfabrikant die onderdelen voor de aanvankelijke assemblage van motorvoertuigen gebruikt, en de leverancier van dergelijke onderdelen, waardoor de mogelijkheden van die leverancier worden beperkt om zijn merk of logo daadwerkelijk en op een duidelijk zichtbare wijze aan te brengen op de geleverde onderdelen of op reserveonderdelen. Om de consumenten een betere keuze te bieden, dient het voor herstellers en consumenten mogelijk te zijn om te bepalen welke reserveonderdelen van alternatieve leveranciers, naast die met het merk van de automobielproducent, bij een bepaald motorvoertuig passen. Door de merknaam of het logo op onderdelen en reserveonderdelen aan te brengen kan eenvoudig worden vastgesteld welke bij leveranciers van originele uitrustingsstukken verkrijgbare reserveonderdelen compatibel zijn. Door deze mogelijkheid niet toe te staan, kunnen motorvoertuigfabrikanten de verkoop van OES-onderdelen en de keuze van de consumenten zodanig beperken dat zulks in strijd is met artikel 101 van het Verdrag.

[28-05-2010, PbEU C 138, i.w.tr. 28-05-2010/regelingnummer 2010/C138/05]

---

(1) *PB* C 1 van 3.1.1979, blz. 2.
(2) Wanneer een motorvoertuigfabrikant gereedschap, intellectuele-eigendomsrechten en/of knowhow aan de onderdelenleverancier verschaft, komt deze regeling niet in aanmerking voor toepassing van de toeleveringsbekendmaking indien de onderdelenleverancier al over dit gereedschap of deze intellectuele-eigendomsrechten of knowhow beschikt, of deze op redelijke voorwaarden kan verkrijgen, omdat onder die omstandigheden de bijdrage niet noodzakelijk zou zijn.

IV De beoordeling van specifieke beperkingen

(25)
Partijen bij verticale overeenkomsten in de motorvoertuigensector dienen deze richtsnoeren als aanvulling op en in samenhang met de algemene verticale richtsnoeren te gebruiken om specifieke beperkingen op hun verenigbaarheid met artikel 101 van het Verdrag te toetsen. In dit deel worden specifieke aanwijzingen gegeven met betrekking tot merkexclusiviteit en selectieve distributie, twee thema's die van bijzonder belang kunnen zijn bij het beoordelen van de in deel II van deze richtsnoeren bedoelde groep overeenkomsten.
[28-05-2010, PbEU C 138, i.w.tr. 28-05-2010/regelingnummer 2010/C138/05]

1 Merkexclusiviteit

i) De beoordeling van binnen het toepassingsbereik van de groepsvrijstellingsverordeningen vallende merkexclusiviteitsbedingen

(26)
Overeenkomstig artikel 3 van de groepsvrijstellingsverordening motorvoertuigen, gelezen in samenhang met artikel 5, lid 1, onder a), van de algemene verticale groepsvrijstellingsverordening, kunnen een leverancier van motorvoertuigen en een distributeur van wie het marktaandeel niet meer dan 30 % van de relevante markt bedraagt, een merkexclusiviteitsbeding overeenkomen waarbij de distributeur wordt verplicht motorvoertuigen alleen van de leverancier of van andere door de leverancier aangewezen ondernemingen af te nemen, mits de duur van dat niet-concurrentiebeding beperkt blijft tot ten hoogste vijf jaar. Dezelfde beginselen gelden voor overeenkomsten tussen leveranciers en hun erkende herstellers en/of distributeurs van reserveonderdelen. Voor een verlenging na afloop van die termijn van vijf jaar is de uitdrukkelijke instemming van beide partijen vereist, en er mogen geen hinderpalen zijn die de distributeur beletten het niet-concurrentiebeding na het verstrijken van die vijf jaar daadwerkelijk te beëindigen. Niet-concurrentiebedingen vallen niet onder de groepsvrijstellingsverordeningen wanneer de looptijd ervan onbeperkt is of meer dan vijf jaar bedraagt, al zouden onder die omstandigheden de groepsvrijstellingsverordeningen wel blijven gelden voor het overige gedeelte van de verticale overeenkomst. Hetzelfde geldt voor niet-concurrentiebedingen die na een periode van vijf jaar stilzwijgend kunnen worden verlengd. Hinderpalen, dreiging met opzegging of hints dat opnieuw merkexclusiviteit zal worden ingevoerd voordat voldoende tijd is verstreken om de distributeur of de nieuwe leverancier in de gelegenheid te stellen hun verzonken investeringen af te schrijven, zou neerkomen op een stilzwijgende verlenging van de betrokken merkexclusiviteit.
[28-05-2010, PbEU C 138, i.w.tr. 28-05-2010/regelingnummer 2010/C138/05]

(27)
Overeenkomstig artikel 5, lid 1, onder c), van de algemene verticale groepsvrijstellingsverordening vallen alle directe of indirecte verplichtingen waardoor de leden van een selectief distributiestelsel de merken van bepaalde concurrerende leveranciers niet kunnen verkopen, niet onder de vrijstelling. Bijzondere aandacht dient te gaan

naar de wijze waarop merkexclusiviteit wordt toegepast op bestaande distributeurs van verschillende merken, om ervoor te zorgen dat de betrokken verplichtingen geen onderdeel zijn van een algemene strategie om concurrentie van één of meer specifieke leveranciers, en met name nieuwkomers of zwakkere concurrenten, uit te schakelen. Dit soort bezwaren kunnen met name spelen indien de in punt 34 van deze richtsnoeren genoemde marktaandeeldrempels worden overschreden en indien de leverancier die dit soort beperking toepast, op de relevante markt een positie inneemt waardoor zulks in aanzienlijke mate bijdraagt tot het algehele afschermingseffect [1].
[28-05-2010, PbEU C 138, i.w.tr. 28-05-2010/regelingnummer 2010/C138/05]

(28)
Niet-concurrentiebedingen in verticale overeenkomsten vormen geen hardcore beperkingen maar kunnen, afhankelijk van de marktomstandigheden, niettemin negatieve effecten hebben waardoor deze overeenkomsten onder artikel 101, lid 1, van het Verdrag gaan vallen [2]. Een dergelijk schadelijk effect kan zich voordoen wanneer drempels worden opgeworpen voor markttoegang of voor uitbreiding die de markt voor leveranciers afschermen, en de consumenten kunnen schaden met name doordat de prijzen van de producten gaan stijgen, het productassortiment wordt beperkt, de kwaliteit ervan afneemt of het peil van de productinnovatie daalt.
[28-05-2010, PbEU C 138, i.w.tr. 28-05-2010/regelingnummer 2010/C138/05]

(29)
Niettemin kunnen niet-concurrentiebedingen ook positieve effecten hebben, die de toepassing van artikel 101, lid 3, van het Verdrag kunnen rechtvaardigen. Met name kunnen zij een probleem van 'meeliftgedrag' (free-rider problem) helpen te ondervangen, waarbij één leverancier profiteert van investeringen van een andere leverancier. Een leverancier kan bijvoorbeeld investeren in de locatie van een distributeur, maar daarmee klanten aantrekken voor een concurrerend merk dat ook op diezelfde locatie wordt verkocht. Hetzelfde geldt ook voor andere soorten investeringen van de leverancier – in bijvoorbeeld opleiding – die de distributeur voor de verkoop van motorvoertuigen van concurrerende fabrikanten kan gebruiken.
[28-05-2010, PbEU C 138, i.w.tr. 28-05-2010/regelingnummer 2010/C138/05]

(30)
Een ander positief effect van niet-concurrentiebedingen in de motorvoertuigensector houdt verband met de verbetering van het merkimago en de reputatie van het distributienetwerk. Dergelijke beperkingen kunnen tot het creëren en de instandhouding van een merkimago bijdragen doordat van distributeurs een zekere mate van een-

---

(1) Bekendmaking van de Commissie inzake overeenkomsten van geringe betekenis die de mededinging niet merkbaar beperken in de zin van artikel 81, lid 1, van het Verdrag tot oprichting van de Europese Gemeenschap (de minimis), *PB* C 368 van 22.12.2001, blz. 13.
(2) Zie, voor de relevante factoren die in aanmerking moeten worden genomen bij de toetsing van niet-concurrentiebedingen aan artikel 101, lid 1, van het Verdrag, het betrokken deel van de algemene verticale richtsnoeren, en met name de punten 129 tot 150.

vormigheid en kwaliteit wordt verlangd, waardoor het merk voor de eindgebruiker aantrekkelijker wordt en de verkoop ervan stijgt.
[28-05-2010, PbEU C 138, i.w.tr. 28-05-2010/regelingnummer 2010/C138/05]

(31)
In artikel 1, onder d), van de algemene verticale groepsvrijstellingsverordening wordt een niet-concurrentiebeding als volgt omschreven:
a) elke directe of indirecte verplichting van de afnemer om geen goederen of diensten te produceren, te kopen, te verkopen of door te verkopen die met de contractgoederen of -diensten concurreren; of
b) elke directe of indirecte verplichting van de afnemer om op de relevante markt meer dan 80 % van zijn totale aankopen van de contractgoederen of -diensten en substituten daarvan bij de leverancier of een door de leverancier aangewezen onderneming te betrekken.
[28-05-2010, PbEU C 138, i.w.tr. 28-05-2010/regelingnummer 2010/C138/05]

(32)
Een leverancier kan, naast rechtstreekse middelen om de distributeur aan zijn eigen merk of merken te binden, ook gebruikmaken van indirecte middelen die hetzelfde effect hebben. In de motorvoertuigensector kan het bij dit soort indirecte middelen onder meer gaan om kwaliteitsnormen die specifiek zijn ontworpen om de distributeurs te ontmoedigen producten van concurrerende merken te verkopen [1], om bonussen die afhankelijk zijn gesteld van de instemming van de distributeur om uitsluitend één merk te verkopen, om 'doelkortingen' of om bepaalde andere eisen zoals de eis om voor het concurrerende merk een afzonderlijke rechtspersoon op te richten of de verplichting om het andere concurrerende merk te presenteren in een afzonderlijke showroom op een geografische locatie waar de inachtneming van dat vereiste, economisch niet levensvatbaar is (bijvoorbeeld in dunbevolkte gebieden).
[28-05-2010, PbEU C 138, i.w.tr. 28-05-2010/regelingnummer 2010/C138/05]

(33)
De groepsvrijstelling die met de algemene verticale groepsvrijstellingsverordening wordt verleend, bestrijkt alle vormen van directe of indirecte niet-concurrentiebedingen, mits de marktaandelen van zowel de leverancier als diens distributeur niet meer dan 30 % belopen en de looptijd van dat niet-concurrentiebeding niet meer dan vijf jaar bedraagt. Toch kan, zelfs in gevallen waarin individuele overeenkomsten aan deze voorwaarden voldoen, het gebruik van niet-concurrentiebedingen resulteren in mededingingsverstorende effecten die niet worden goedgemaakt door de positieve effecten ervan. In de motorvoertuigensector kunnen dergelijke, per saldo mededingingsverstorende effecten met name het gevolg zijn van cumulatieve effecten die resulteren in marktafscherming ten koste van concurrerende merken.
[28-05-2010, PbEU C 138, i.w.tr. 28-05-2010/regelingnummer 2010/C138/05]

---

(1) Zie de zaak-*BMW*, IP/06/302 van 13.3.2006 en de zaak-*Opel* 2006, IP/06/303 van 13.3.2006.

(34)
Voor de distributie van motorvoertuigen op detailhandelsniveau is het weinig waarschijnlijk dat dit soort afscherming zich voordoet op markten waarop alle leveranciers marktaandelen van minder dan 30 % hebben en waarop het totale gebonden marktaandeel voor alle motorvoertuigen ten aanzien waarvan op de betrokken markt merkexclusiviteitsbedingen gelden (het totale gebonden marktaandeel) minder dan 40 % bedraagt [1]. In een situatie waarin er één niet-dominante leverancier is met een marktaandeel van meer dan 30 % van de relevante markt, terwijl de marktaandelen van alle overige leveranciers minder dan 30 % bedragen, vallen geen cumulatieve mededingingsverstorende effecten te verwachten zolang het totale gebonden marktaandeel niet meer dan 30 % bedraagt.
[28-05-2010, PbEU C 138, i.w.tr. 28-05-2010/regelingnummer 2010/C138/05]

(35)
Indien de toegang tot en de mededinging op de betrokken markt voor de afzet van nieuwe motorvoertuigen aanzienlijk worden beperkt door het cumulatieve effect van parallelle netwerken van vergelijkbare verticale overeenkomsten die merkexclusiviteitsbedingen bevatten, kan de Commissie, overeenkomstig artikel 29 van Verordening (EG) nr. 1/2003 van de Raad van 16 december 2002 betreffende de uitvoering van de mededingingsregels van de artikelen 81 en 82 van het Verdrag [2], de groepsvrijstelling intrekken. Een besluit tot intrekking van de groepsvrijstelling kan met name worden gericht tot de leveranciers die in aanzienlijke mate tot een cumulatief marktafschermingseffect bijdragen. Wanneer dit effect op een nationale markt speelt, kunnen de mededingingsautoriteiten van die lidstaat eveneens de groepsvrijstelling ten aanzien van dat grondgebied intrekken.
[28-05-2010, PbEU C 138, i.w.tr. 28-05-2010/regelingnummer 2010/C138/05]

(36)
Voorts kan de Commissie, indien parallelle netwerken van overeenkomsten die vergelijkbare verticale beperkingen bevatten welke meer dan 50 % van een bepaalde markt bestrijken, een verordening vaststellen waarbij de groepsvrijstelling voor de betrokken markt ten aanzien van die beperkingen buiten toepassing wordt verklaard. Met name kan zich een dergelijke situatie voordoen indien cumulatieve effecten als gevolg van het wijdverbreide gebruik van merkexclusiviteitsbedingen de consumenten op die markt schade kunnen berokkenen.
[28-05-2010, PbEU C 138, i.w.tr. 28-05-2010/regelingnummer 2010/C138/05]

(37)
Wat betreft de beoordeling van minimumafnameverplichtingen, berekend op basis van de totale jaarbehoefte van de distributeur, kan het gerechtvaardigd zijn de groepsvrijstelling in te trekken indien cumulatieve concurrentiebeperkende effecten ontstaan, zelfs indien de leverancier een minimumafnameverplichting oplegt die onder de 80 drempel van artikel 1, onder d), van de algemene verticale groepsvrijstellingsverordening blijft. De partijen dienen na te gaan, of in het licht van de be-

---
(1) Zie punt 141 van de algemene verticale richtsnoeren.
(2) PB L 1 van 4.1.2003, blz. 1.

trokken feitelijke omstandigheden, een verplichting voor de distributeur om een bepaald percentage van zijn totale aantal afgenomen motorvoertuigen met het merk van de leverancier, die distributeur belet een of meer andere concurrerende merken op te nemen. Uit dat oogpunt bezien komt zelfs een minimumafnameverplichting die is vastgesteld op minder dan 80 % van de totale jaarafname van de distributeur op een merkexclusiviteitsbeding neer indien een distributeur die een nieuw merk van een concurrerende fabrikant wil voeren, verplicht wordt zodanig veel meer motorvoertuigen af te nemen van het merk dat hij momenteel verkoopt, dat het bedrijf van die distributeur economisch niet levensvatbaar wordt [1]. Een dergelijke minimumafnameverplichting komt ook neer op een merkexclusiviteitsbeding indien een concurrerende leverancier daardoor gedwongen is om zijn voor een bepaald gebied geplande verkoopsvolume over verschillende distributeurs te spreiden, met dubbele investeringen en een gefragmenteerde aanwezigheid in de verkoop tot gevolg.
[28-05-2010, PbEU C 138, i.w.tr. 28-05-2010/regelingnummer 2010/C138/05]

ii) **De beoordeling van buiten het toepassingsbereik van de groepsvrijstellingsverordeningen vallende merkexclusiviteitsbedingen**

(38)
De mogelijkheid bestaat ook dat partijen merkexclusiviteitsbedingen op hun verenigbaarheid met de mededingingsregels moeten beoordelen in het geval van overeenkomsten die niet voor een groepsvrijstelling in aanmerking komen omdat de marktaandelen van de partijen hoger ligt dan 30 % of omdat de looptijd van de overeenkomsten langer is dan vijf jaar. Daarom zal dit soort overeenkomsten individueel moeten worden onderzocht om na te gaan of deze onder artikel 101, lid 1, van het Verdrag vallen en zo ja, of efficiëntieverbeteringen die een eventueel mededingingsverstorend effect compenseren, kunnen worden aangetoond. Als dat het geval is, kunnen deze overeenkomsten in aanmerking komen voor de uitzondering van artikel 101, lid 3, van het Verdrag. Voor de beoordeling die in een individueel geval moet worden verricht, gelden de algemene beginselen zoals die in punt VI.2.1 van de algemene verticale richtsnoeren zijn uiteengezet.
[28-05-2010, PbEU C 138, i.w.tr. 28-05-2010/regelingnummer 2010/C138/05]

(39)
Meer bepaald vallen overeenkomsten tussen een motorvoertuigfabrikant, of diens importeur, en distributeurs van reserveonderdelen en/of erkende herstellers, buiten de groepsvrijstellingsverordeningen wanneer de marktaandelen van de partijen de 30 %-drempel overschrijden, hetgeen bij de meeste van dat soort overeenkomsten

---

(1) Wanneer een dealer in een bepaald jaar bijvoorbeeld 100 auto's van merk A afneemt om te voldoen aan de vraag, en 100 auto's van merk B wil kopen, zou een minimumafnameverplichting van 80 % voor merk A betekenen dat de dealer het jaar nadien 160 auto's van merk A moet afnemen. Aangezien de penetratiegraad waarschijnlijk betrekkelijk stabiel is, valt daardoor te verwachten dat de dealer met een grote, onverkochte voorraad van merk A blijft zitten. Daardoor zou hij, wil hij een dergelijke situatie voorkomen, worden verplicht om zijn verkopen van merk B drastisch in te krimpen. Afhankelijk van de specifieke omstandigheden van het geval, kan een dergelijke praktijk als een merkexclusiviteitsbeding worden beschouwd.

waarschijnlijk het geval zal zijn. Merkexclusiviteitsbedingen welke onder die omstandigheden dienen te worden beoordeeld, zijn onder meer alle soorten beperkingen die, rechtstreeks of indirect, de mogelijkheden van erkende distributeurs of herstellers beperken om bij derden originele reserveonderdelen of reserveonderdelen van gelijke kwaliteit te betrekken. Een verplichting echter voor een erkende hersteller om door de motorvoertuigfabrikant geleverde originele reserveonderdelen te gebruiken voor herstellingen die onder garantie worden uitgevoerd, gratis servicebeurten en werkzaamheden aan auto's bij terugroepacties, zouden niet als een merkexclusiviteitsbeding worden beschouwd, maar juist als een objectief gerechtvaardigde verplichting.
[28-05-2010, PbEU C 138, i.w.tr. 28-05-2010/regelingnummer 2010/C138/05]

(40)
Merkexclusiviteitsbedingen in overeenkomsten voor de distributie van nieuwe motorvoertuigen zullen wellicht ook individueel moeten worden beoordeeld, wanneer de looptijd ervan meer dan vijf jaar bedraagt en/of het marktaandeel van de leverancier meer dan 30 % bedraagt, hetgeen bij bepaalde leveranciers in een aantal lidstaten het geval kan zijn. Onder dergelijke omstandigheden zouden de partijen niet alleen het marktaandeel van de leverancier en de afnemer in aanmerking moeten nemen, maar ook het totale gebonden marktaandeel, rekening houdende met de in punt 34 genoemde drempels. Worden die drempels overschreden, dan worden individuele gevallen beoordeeld volgens de algemene beginselen zoals die in punt VI.2.1 van de algemene verticale richtsnoeren zijn uiteengezet.
[28-05-2010, PbEU C 138, i.w.tr. 28-05-2010/regelingnummer 2010/C138/05]

(41)
Buiten het toepassingsbereik van de groepsvrijstellingsverordeningen zullen bij de beoordeling van minimumafnameverplichtingen berekend op basis van de totale jaarbehoeften van de distributeur alle relevante feitelijke omstandigheden in aanmerking worden genomen. Met name komt een minimumafnameverplichting die op minder dan 80 % van de totale jaarafname van de distributeur is vastgesteld, neer op een merkexclusiviteitsbeding indien het gevolg daarvan is dat distributeurs wordt belet één of meer bijkomende concurrerende merken te voeren.
[28-05-2010, PbEU C 138, i.w.tr. 28-05-2010/regelingnummer 2010/C138/05]

2 Selectieve distributie

(42)
Selectieve distributie is momenteel de meest voorkomende distributiemethode in de motorvoertuigensector. Het gebruik ervan is wijdverbreid voor de distributie van motorvoertuigen, maar ook voor herstelling en onderhoud en voor de distributie van reserveonderdelen.
[28-05-2010, PbEU C 138, i.w.tr. 28-05-2010/regelingnummer 2010/C138/05]

(43)
Bij zuiver kwalitatieve selectieve distributie worden distributeurs en herstellers geselecteerd louter op basis van objectieve criteria die door de aard van het product of dienst vereist zijn, zoals de technische vaardigheden van het verkooppersoneel, de

inrichting van verkooplocaties, verkoopstechnieken en het door de distributeur te leveren soort verkoopsservice [1]. Door dergelijke criteria toe te passen, wordt als zodanig geen directe beperking gesteld aan het aantal tot het netwerk van de leverancier toegelaten distributeurs of herstellers. Zuiver kwalitatieve selectieve distributie wordt over het algemeen geacht buiten het toepassingsgebied van artikel 101, lid 1, van het Verdrag te vallen omdat geen concurrentiebeperkende effecten optreden, mits aan drie voorwaarden is voldaan. Ten eerste moet van de aard van het betrokken product het gebruik van een selectief distributiestelsel noodzakelijk maken, in die zin dat een dergelijk stelsel, vanwege de aard van het betrokken product, een gewettigd vereiste moet zijn om de kwaliteit van het product te bewaren en het correcte gebruik ervan te garanderen. Ten tweede moeten distributeurs of herstellers worden geselecteerd op basis van objectieve kwaliteitscriteria die op eenvormige wijze voor alle kandidaat-distributeurs of -herstellers worden vastgesteld en zonder discriminatie worden toegepast. Ten derde mogen de vastgestelde criteria niet verder gaan dan nodig is.
[28-05-2010, PbEU C 138, i.w.tr. 28-05-2010/regelingnummer 2010/C138/05]

(44)
Terwijl bij kwalitatieve selectieve distributie de selectie van distributeurs of herstellers uitsluitend plaatsvindt op basis van objectieve criteria die door de aard van het product of de dienst zijn vereist, worden bij kwantitatieve selectie aanvullende selectiecriteria toegevoegd waardoor het potentiële aantal distributeurs of herstellers op directere wijze wordt beperkt, hetzij door het aantal vast te stellen, hetzij door bijvoorbeeld een minimum omzetvolume te eisen. Netwerken die op kwantitatieve criteria zijn gebaseerd, worden doorgaans als beperkender beschouwd dan netwerken die alleen op kwalitatieve selectie berusten, en de kans is dan ook groter dat zij onder artikel 101, lid 1, van het Verdrag vallen.
[28-05-2010, PbEU C 138, i.w.tr. 28-05-2010/regelingnummer 2010/C138/05]

(45)
Wanneer selectieve-distributieovereenkomsten onder artikel 101, lid 1, van het Verdrag vallen, dienen de partijen na te gaan of hun overeenkomsten voor toepassing van de groepsvrijstellingsverordeningen in aanmerking komen, dan wel in een individueel geval, voor een vrijstelling op grond van artikel 101, lid 3, van het Verdrag.
[28-05-2010, PbEU C 138, i.w.tr. 28-05-2010/regelingnummer 2010/C138/05]

---

(1) Niettemin dient eraan te worden herinnerd dat, volgens vaste rechtspraak van het Hof van Justitie van de Europese Unie, zuiver kwalitatieve selectieve-distributiestelsels de mededinging toch kunnen beperken wanneer er zoveel systemen van dat type bestaan dat er geen ruimte overblijft voor andere, op een ander mededingingsbeleid gebaseerde distributievormen. Deze situatie zal zich meestal niet voordoen op de markten voor de afzet van nieuwe motorvoertuigen, waar leasing en andere gelijksoortige regelingen een valabel alternatief zijn voor de gewone aanschaf van een motorvoertuig, noch op de markt voor herstelling en onderhoud zolang onafhankelijke herstellers de consumenten een alternatief kanaal bieden voor het onderhoud van hun voertuigen. Zie bijv. het arrest van het Gerecht van 12 december 1996, zaak T-88/92, *Groupement d'achat Édouard Leclerc /Commissie*, Jurispr. blz. II-1961.

i) **De beoordeling van binnen het toepassingsbereik van de groepsvrijstellingsverordeningen vallende selectieve distributie**

(46)
Met de groepsvrijstellingsverordeningen worden selectieve-distributieovereenkomsten vrijgesteld, ongeacht of kwantitatieve of zuiver kwalitatieve selectiecriteria worden gehanteerd, zolang de marktaandelen van de partijen niet meer dan 30 % bedragen. Niettemin is aan deze vrijstelling de voorwaarde verbonden dat de overeenkomsten geen van de in artikel 4 van de algemene verticale groepsvrijstellingsverordening en in artikel 5 van de groepsvrijstellingsverordening motorvoertuigen uiteengezette hardcore beperkingen, noch een van de in artikel 5 van de algemene verticale groepsvrijstellingsverordening beschreven uitgesloten beperkingen bevatten.
[28-05-2010, PbEU C 138, i.w.tr. 28-05-2010/regelingnummer 2010/C138/05]

(47)
Drie van de hardcore beperkingen in de algemene verticale groepsvrijstellingsverordening hebben specifiek betrekking op selectieve distributie. Artikel 4, onder b), noemt als hardcore beperking de beperking van het gebied waarbinnen of de klanten waaraan een afnemer die partij is bij de overeenkomst, contractgoederen of -diensten mag verkopen, met uitzondering van de beperking van de verkoop door de leden van een selectief distributiestelsel aan niet-erkende distributeurs in markten waarin een dergelijk stelsel functioneert. Artikel 4, onder c), noemt als hardcore beperking de overeenkomsten die de actieve of passieve verkoop aan eindgebruikers door de op detailhandelsniveau werkzame leden van een selectief distributiestelsel uitsluiten, zonder afbreuk te doen aan de mogelijkheid om een lid van dat stelsel te verbieden vanuit een niet-erkende plaats van vestiging werkzaam te zijn, terwijl artikel 4, onder d), ziet op de beperking van onderlinge leveringen tussen distributeurs binnen een selectief distributiestelsel, ook wanneer de distributeurs op verschillende handelsniveaus werkzaam zijn. Deze drie hardcore beperkingen zijn van bijzonder belang voor de distributie van motorvoertuigen.
[28-05-2010, PbEU C 138, i.w.tr. 28-05-2010/regelingnummer 2010/C138/05]

(48)
Dankzij de interne markt kunnen consumenten motorvoertuigen in andere lidstaten kopen en hun voordeel doen met prijsverschillen tussen lidstaten, en de Commissie ziet de bescherming van parallelhandel in deze sector als een belangrijke doelstelling van haar mededingingsbeleid. De mogelijkheid voor consumenten om goederen in andere lidstaten te kopen, is in het geval van motorvoertuigen van bijzonder belang, gezien de hoge waarde van de goederen en de rechtstreekse voordelen in de vorm van lagere prijzen die consumenten moeten betalen wanneer zij elders in de Unie motorvoertuigen kopen. Daarom ziet de Commissie er op toe dat distributieovereenkomsten de parallelhandel niet beperken, aangezien het weinig waarschijnlijk is dat

dergelijke beperkingen aan de voorwaarden van artikel 101, lid 3, van het Verdrag zullen voldoen [1].
[28-05-2010, PbEU C 138, i.w.tr. 28-05-2010/regelingnummer 2010/C138/05]

(49)
De Commissie heeft diverse zaken ingeleid tegen motorvoertuigfabrikanten wegens belemmering van dit soort handel, en haar besluiten zijn grotendeels bevestigd door de Europese rechterlijke instanties [2]. De aldus opgedane ervaring leert dat beperkingen op parallelhandel een aantal vormen kunnen aannemen. Een leverancier kan bijvoorbeeld distributeurs onder druk zetten, ermee dreigen hun contract op te zeggen, geen bonussen uitkeren, weigeren de garanties na te komen voor motorvoertuigen die zijn ingevoerd door consumenten of via onderlinge levering tussen distributeurs uit verschillende lidstaten, of een distributeur aanzienlijk langer laten wachten op de levering van een identiek motorvoertuig wanneer de betrokken consument ingezetene van een andere lidstaat is.
[28-05-2010, PbEU C 138, i.w.tr. 28-05-2010/regelingnummer 2010/C138/05]

(50)
Een specifiek geval van indirecte beperkingen op parallelhandel is de situatie waarin een distributeur geen nieuwe motorvoertuigen met de voor grensoverschrijdende verkoop vereiste specificaties kan krijgen. In die specifieke omstandigheden kan de groepsvrijstelling afhankelijk worden gesteld van het feit of een leverancier zijn distributeurs voertuigen levert met dezelfde specificaties als die welke in andere lidstaten worden verkocht aan consumenten uit die landen (de zogenoemde 'beschikbaarheidsclausule') [3].
[28-05-2010, PbEU C 138, i.w.tr. 28-05-2010/regelingnummer 2010/C138/05]

(51)
Voor de toepassing van de groepsvrijstellingsverordeningen, en met name ten aanzien van de toepassing van artikel 4, onder c), van de algemene verticale groepsvrijstellingsverordening, omvat het begrip 'eindgebruikers' ook leasingmaatschappijen. Dit betekent met name dat distributeurs binnen selectieve-distributiestelsels niet mogen worden belet nieuwe motorvoertuigen te verkopen aan leasingmaatschappijen van

---

(1) De opvatting dat beperkingen op het grensoverschrijdende handelsverkeer consumenten schade kunnen berokkenen, is bevestigd door het Hof van Justitie in het arrest van 6 april 2006 in zaak C-551/03 P, *General Motors BV/Commissie*, Jurispr. 2006, blz. I-3173, punten 67 en 68; en het arrest van 18 september 2003 in zaak C-338/00 P, *Volkswagen AG/Commissie*, Jurispr. blz. I-9189, punten 44 en 49, en door het Gerecht in het arrest van 9 juli 2009 in zaak T-450/05, *Automobiles Peugeot SA en Peugeot Nederland NV/Commissie*, (nog niet gepubliceerd in de Jurispr.), punten 46–49.
(2) Beschikking 98/273/EG van de Commissie van 28 januari 1998 in zaak IV/35.733 – *VW*, *PB* L 124 van 25.4.1998, blz. 60; Beschikking 2001/146/EG van de Commissie van 20 september 2000 in zaak COMP/36.653 – *Opel*, *PB* L 59 van 28.2.2001, blz. 1; Beschikking 2002/758/EG van de Commissie van 10 oktober 2001 in zaak COMP/36.264 – *Mercedes-Benz*, *PB* L 257 van 25.9.2002, blz. 1, en Beschikking 2006/431/EG van de Commissie van 5 oktober 2005 in zaken COMP/F-2/36.623/36.820/37.275-SEP e.a./*Automobiles Peugeot SA*.
(3) Arrest van het Hof van 17 september 1985 in de gevoegde zaken 25 en 26/84, *Ford-Werke AG en Ford of Europe Inc./Commissie*, Jurispr. blz. 2725.

hun keuze. Toch kan een leverancier die met selectieve distributie werkt, zijn distributeurs beletten nieuwe motorvoertuigen aan leasingmaatschappijen te verkopen wanneer er een aantoonbaar risico bestaat dat die ondernemingen deze nieuw zullen doorverkopen. Een leverancier kan dus eisen dat een dealer, voordat hij aan een bepaald bedrijf verkoopt, de toegepaste algemene leasingvoorwaarden controleert om na te gaan of het betrokken bedrijf daadwerkelijk een leasingmaatschappij is en geen niet-erkende wederverkoper. Niettemin kan een verplichting voor een dealer om zijn leverancier kopieën te verstrekken van iedere leasingovereenkomst voordat de dealer een motorvoertuig aan een leasingmaatschappij verkoopt, neerkomen op een indirecte beperking van de verkopen.
[28-05-2010, PbEU C 138, i.w.tr. 28-05-2010/regelingnummer 2010/C138/05]

(52)
Het begrip 'eindgebruikers' omvat ook consumenten die via een tussenpersoon aankopen. Een tussenpersoon is een persoon of onderneming die een nieuw motorvoertuig namens een bepaalde consument koopt zonder zelf lid te zijn van het distributienetwerk. Deze marktdeelnemers vervullen een belangrijke rol in de sector motorvoertuigen, met name omdat zij aankopen van motorvoertuigen in andere lidstaten mede mogelijk maken. Het feit dat iemand als tussenpersoon optreedt, dient in de regel te blijken uit een vóór de transactie verkregen geldige opdracht of verzoek met de naam en het adres van de consument. Het feit dat via internet wordt gewerkt om voor een bepaalde reeks motorvoertuigen klanten aan te trekken en van hen elektronische opdrachten te krijgen, doet geen afbreuk aan hun positie als tussenpersonen. Tussenpersonen dienen te worden onderscheiden van onafhankelijke wederverkopers, die motorvoertuigen met het oog op de wederverkoop aankopen en niet namens bepaalde consumenten handelen. Onafhankelijke wederverkopers dienen voor de toepassing van de groepsvrijstellingsverordeningen niet als eindgebruikers te worden beschouwd.
[28-05-2010, PbEU C 138, i.w.tr. 28-05-2010/regelingnummer 2010/C138/05]

ii) **De beoordeling van buiten het toepassingsbereik van de groepsvrijstellingsverordeningen vallende selectieve distributie**

(53)
Zoals in punt 175 van de algemene verticale richtsnoeren wordt uiteengezet, zijn de mogelijke risico's die selectieve distributie voor de mededinging met zich brengt, een vermindering van de concurrentie binnen een merk en, met name in het geval van een cumulatief effect, afscherming van de markt voor een bepaald type of voor bepaalde typen distributeurs en het bevorderen van collusie tussen leveranciers of afnemers.
[28-05-2010, PbEU C 138, i.w.tr. 28-05-2010/regelingnummer 2010/C138/05]

(54)
Om de mogelijke concurrentiebeperkende effecten van selectieve distributie aan artikel 101, lid 1, van het Verdrag te toetsen, moet een onderscheid worden gemaakt tussen zuiver kwalitatieve selectieve distributie en kwantitatieve selectieve distributie. Zoals reeds in punt 43 is uiteengezet, valt kwalitatieve selectieve distributie in de regel niet onder artikel 101, lid 1, van het Verdrag.
[28-05-2010, PbEU C 138, i.w.tr. 28-05-2010/regelingnummer 2010/C138/05]

(55)
Het feit dat een netwerk van overeenkomsten geen groepsvrijstelling geniet omdat het marktaandeel van een of meer partijen de 30 %-drempel voor een vrijstelling overschrijdt, betekent niet dat dergelijke overeenkomsten onrechtmatig zijn. Integendeel, de partijen bij dergelijke overeenkomsten dienen deze op individuele basis te onderzoeken om na te gaan of deze onder artikel 101, lid 1, van het Verdrag vallen en zo ja, of zij dan niettemin in aanmerking kunnen komen voor de uitzondering van artikel 101, lid 3, van het Verdrag.
[28-05-2010, PbEU C 138, i.w.tr. 28-05-2010/regelingnummer 2010/C138/05]

(56)
Wat betreft het specifieke karakter van de distributie van nieuwe motorvoertuigen, zal kwantitatieve selectieve distributie doorgaans voldoen aan de voorwaarden van artikel 101, lid 3, van het Verdrag indien de marktaandelen van de partijen niet hoger liggen dan 40 %. Toch dienen de partijen bij dit soort overeenkomsten voor ogen te houden dat het opnemen van bepaalde selectienormen invloed kan hebben op de vraag of hun overeenkomsten voldoen aan de voorwaarden van artikel 101, lid 3, van het Verdrag. Een voorbeeld: hoewel het gebruik van zogenoemde locatieclausules bij selectieve-distributieovereenkomsten voor nieuwe motorvoertuigen, d.w.z. overeenkomsten waarin aan een lid van een selectief distributiestelsel een verbod wordt opgelegd om vanuit een niet-erkende vestigingsplaats werkzaam te zijn, meestal efficiëntievoordelen oplevert in de vorm van een efficiëntere logistieke organisatie en een beter voorspelbare netwerkdekking, wegen deze voordelen misschien niet tegen de nadelen op indien het marktaandeel van de leverancier zeer hoog is, zodat onder die omstandigheden dit soort clausules wellicht niet in aanmerking komt voor de uitzondering van artikel 101, lid 3, van het Verdrag.
[28-05-2010, PbEU C 138, i.w.tr. 28-05-2010/regelingnummer 2010/C138/05]

(57)
Een individuele beoordeling van selectieve distributie voor erkende herstellers stelt ook specifieke vragen aan de orde. Voor zover er een markt bestaat [1] voor herstel-

---

(1) Onder sommige omstandigheden kan een systeemmarkt worden afgebakend, die motorvoertuigen en reserveonderdelen samen omvat, op basis van onder meer de levensduur van het motorvoertuig en de voorkeuren en het aankoopgedrag van de gebruikers. Zie punt 56 van de bekendmaking van de Commissie inzake de bepaling van de relevante markt voor het gemeenschappelijke mededingingsrecht, *PB* C 372 van 9.12.1997, blz. 5. Een belangrijke factor daarbij is de vraag of een aanzienlijk deel van de kopers hun keuze maken op basis van de kosten van het motorvoertuig gedurende zijn hele levensduur. Het koopgedrag kan bijvoorbeeld sterk verschillen naargelang het gaat om kopers van vrachtwagens, die een vloot vrachtwagens aanschaffen en exploiteren en die de onderhoudskosten in aanmerking nemen op het tijdstip dat zij het voertuig kopen, en kopers van personenauto's. Een andere relevante factor is het bestaan en de relatieve positie van leveranciers van reserveonderdelen, herstellers en/of distributeurs van reserveonderdelen die, onafhankelijk van voertuigenfabrikanten, op de vervolgmarkt actief zijn. In de meeste gevallen zal er waarschijnlijk een merkspecifieke vervolgmarkt zijn, met name omdat de meerderheid van de kopers particulieren zijn of kleine en middelgrote ondernemingen die motorvoertuigen en vervolgmarktdiensten afzonderlijk aankopen en geen systematische toegang hebben tot gegevens de hand waarvan zij de totale kosten van het bezit van een motorvoertuig vooraf kunnen inschatten.

lings- en onderhoudsdiensten welke van die voor de afzet van nieuwe motorvoertuigen valt te onderscheiden, wordt deze als merkspecifiek beschouwd. Op deze markt is de mededinging vooral afkomstig van de concurrentiestrijd tussen onafhankelijke herstellers en erkende herstellers van het betrokken merk.
[28-05-2010, PbEU C 138, i.w.tr. 28-05-2010/regelingnummer 2010/C138/05]

(58)
Met name de concurrentiedruk die uitgaat van onafhankelijke herstellers, is van vitaal belang, omdat hun bedrijfsmodel en hun daarmee verband houdende kosten verschillen van die binnen de erkende netwerken. Bovendien doen onafhankelijke garages, anders dan erkende herstellers die in ruime mate onderdelen met het merk van de motorvoertuigfabrikant gebruiken, doorgaans meer een beroep op andere merken, zodat de eigenaar van een motorvoertuig tussen concurrerende onderdelen kan kiezen. Daarnaast is het, gelet op het feit dat het overgrote deel van de herstellingen voor nieuwere motorvoertuigen momenteel wordt uitgevoerd in werkplaatsen van erkende herstellers, van belang dat de concurrentie tussen erkende herstellers blijft spelen, hetgeen alleen het geval kan zijn indien voor nieuwkomers de toegang tot de netwerken open blijft.
[28-05-2010, PbEU C 138, i.w.tr. 28-05-2010/regelingnummer 2010/C138/05]

(59)
Het nieuwe rechtskader maakt het voor de Commissie en de nationale mededingingsautoriteiten eenvoudiger om de concurrentie tussen onafhankelijke garages en erkende herstellers, maar ook tussen de leden van netwerken van erkende herstellers onderling te beschermen. Met name het feit dat de marktaandeeldrempel voor vrijstelling van kwalitatieve selectieve distributie van 100 % tot 30 % is verlaagd, verruimt de mogelijkheden voor mededingingsautoriteiten om op te treden.
[28-05-2010, PbEU C 138, i.w.tr. 28-05-2010/regelingnummer 2010/C138/05]

(60)
Wanneer de partijen het effect van verticale overeenkomsten op de concurrentie op de vervolgmarkten voor motorvoertuigen beoordelen, moeten zij zich ervan bewust zijn dat de Commissie vastbesloten is de concurrentie tussen leden van netwerken van erkende herstellers onderling en tussen die leden en onafhankelijke herstellers in stand te houden. Met het oog daarop dient bijzondere aandacht te gaan naar drie specifieke gedragingen die dit soort concurrentie kunnen beperken, namelijk onafhankelijke herstellers de toegang tot technische informatie ontzeggen, misbruik van wettelijke en/of uitgebreide garanties om zo onafhankelijke herstellers uit te sluiten, en de toegang tot netwerken van erkende herstellers afhankelijk stellen van andere dan kwalitatieve criteria.
[28-05-2010, PbEU C 138, i.w.tr. 28-05-2010/regelingnummer 2010/C138/05]

(61)
Hoewel de volgende drie afdelingen specifiek over selectieve distributie handelen, kunnen dezelfde mededingingsverstorende afschermingseffecten worden veroorzaakt door andere soorten verticale overeenkomsten die, rechtstreeks of indirect, het

aantal servicepartners beperken dat contractueel aan een motorvoertuigfabrikant is gebonden.
[28-05-2010, PbEU C 138, i.w.tr. 28-05-2010/regelingnummer 2010/C138/05]

Toegang van onafhankelijke marktdeelnemers tot technische informatie

(62)
Ook al wordt van zuiver kwalitatieve selectieve distributie over het algemeen aangenomen dat deze buiten het toepassingsgebied van artikel 101, lid 1, van het Verdrag valt omdat deze geen mededingingsverstorende effecten oplevert [1], toch kunnen kwalitatieve selectieve-distributieovereenkomsten met erkende herstellers en/of onderdelendistributeurs onder artikel 101, lid 1, van het Verdrag vallen indien, in het kader van die overeenkomsten, een van de partijen zodanig handelt dat zij de markt afschermt voor onafhankelijke marktdeelnemers, bijvoorbeeld omdat zij hun geen technische herstellings- en onderhoudsinformatie geeft. In dit verband omvat het begrip 'onafhankelijke marktdeelnemers' onafhankelijke herstellers, producenten en distributeurs van reserveonderdelen, fabrikanten van reparatie-uitrusting of -gereedschap, uitgevers van technische informatie, automobielclubs, pechhulpdiensten, aanbieders van inspectie- en testdiensten, en marktdeelnemers die opleidingen voor herstellers aanbieden.
[28-05-2010, PbEU C 138, i.w.tr. 28-05-2010/regelingnummer 2010/C138/05]

(63)
Leveranciers bieden hun erkende herstellers het volledige scala van technische informatie die nodig is om herstellings- en onderhoudswerkzaamheden aan motorvoertuigen van hun merk te kunnen uitvoeren, en vaak zijn zij de enige ondernemingen die herstellers alle technische informatie kunnen geven die dezen over de betrokken merken nodig hebben. Onder die omstandigheden kunnen, wanneer de leverancier onafhankelijke marktdeelnemers niet de nodige toegang biedt tot zijn merkspecifieke technische herstellings- en onderhoudsinformatie, eventuele uit diens overeenkomsten met erkende herstellers en/of onderdelendistributeurs voortvloeiende negatieve effecten worden versterkt, waardoor deze overeenkomsten onder artikel 101, lid 1, van het Verdrag gaan vallen.
[28-05-2010, PbEU C 138, i.w.tr. 28-05-2010/regelingnummer 2010/C138/05]

(64)
Bovendien kan het feit dat onafhankelijke marktdeelnemers geen toegang hebben tot de noodzakelijke technische informatie, hun marktpositie aantasten, hetgeen de consumenten schade kan berokkenen, door een aanzienlijke beperking van het aanbod reserveonderdelen, hogere prijzen voor herstellings- en onderhoudsdiensten, een beperking van de keuze tussen herstellingsbedrijven en mogelijke veiligheidsproblemen. Onder die omstandigheden zouden de efficiëntieverbeteringen die doorgaans van overeenkomsten met betrekking tot erkende herstelling en onderdelendistributie

---

(1) Zoals in punt 54 is gesteld, is dit gewoonlijk niet het geval op de markt voor herstelling en onderhoud zolang onafhankelijke herstellers de consumenten een alternatief kanaal bieden voor het onderhoud van hun motorvoertuigen.

mogen worden verwacht, als dusdanig niet opwegen tegen deze mededingingsverstorende effecten, en zouden de betrokken overeenkomsten dan ook niet voldoen aan de voorwaarden van artikel 101, lid 3, van het Verdrag.
[28-05-2010, PbEU C 138, i.w.tr. 28-05-2010/regelingnummer 2010/C138/05]

(65)
Door Verordening (EG) nr. 715/2007 van het Europees Parlement en de Raad van 20 juni 2007 betreffende de typegoedkeuring van motorvoertuigen met betrekking tot emissies van lichte personen- en bedrijfsvoertuigen (Euro 5 en Euro 6) en de toegang tot reparatie- en onderhoudsinformatie [1] en door Verordening (EG) nr. 692/2008 van de Commissie van 18 juli 2008 tot uitvoering en wijziging van Verordening (EG) nr. 715/2007 van het Europees Parlement en de Raad betreffende de typegoedkeuring van motorvoertuigen met betrekking tot emissies van lichte personen- en bedrijfsvoertuigen (Euro 5 en Euro 6) en de toegang tot reparatie- en onderhoudsinformatie [2] wordt voorzien in een systeem voor de verspreiding van reparatie- en onderhoudsinformatie ten aanzien van personenauto's die vanaf 1 september 2009 op de markt worden gebracht. Door Verordening (EG) nr. 595/2009 van het Europees Parlement en de Raad van 18 juni 2009 betreffende de typegoedkeuring van motorvoertuigen en motoren met betrekking tot emissies van zware bedrijfsvoertuigen (Euro 6) en de toegang tot reparatie- en onderhoudsinformatie [3], en de bijbehorende uitvoeringsmaatregelen wordt voorzien in een dergelijk systeem voor bedrijfsvoertuigen die vanaf 1 januari 2013 op de markt worden gebracht. De Commissie houdt met deze verordeningen rekening wanneer zij zaken te beoordelen krijgt waarin wordt vermoed dat technische reparatie- en onderhoudsinformatie wordt achtergehouden met betrekking tot motorvoertuigen die vóór die data in de handel zijn gebracht. Bij het onderzoek van de vraag of het onthouden van bepaalde informatie ertoe kan leiden dat de betrokken overeenkomsten onder artikel 101, lid 1, van het Verdrag vallen, dient een aantal factoren te worden onderzocht, waaronder de volgende vragen:
a) is de betrokken informatie technische informatie, of andersoortige informatie, zoals commerciële informatie [4], die legitiem mag worden achtergehouden;
b) heeft het achterhouden van deze technische informatie een merkbare invloed op de mogelijkheden van onafhankelijke marktdeelnemers om hun taken uit te voeren en op de markt concurrentiedruk uit te oefenen;
c) is de betrokken informatie beschikbaar gesteld aan leden van het desbetreffende erkende herstellingsnetwerk? Indien het onder enigerlei vorm aan het erkende netwerk beschikbaar is gesteld, dient het ook op niet-discriminerende basis aan onafhankelijke marktdeel nemers beschikbaar te worden gesteld;

---
(1) *PB* L 171 van 29.6.2007, blz. 1.
(2) *PB* L 199 van 28.7.2008, blz. 1.
(3) *PB* L 188 van 18.7.2009, blz. 1.
(4) Als commerciële informatie kan worden beschouwd, informatie die wordt gebruikt om een herstellings- en onderhoudsbedrijf te exploiteren, maar die niet vereist is om motorvoertuigen te herstellen of te onderhouden. Voorbeelden daarvan zijn onder meer facturatiesoftware of informatie over de uurtarieven die binnen het erkende netwerk worden berekend.

d) zal de betrokken technische informatie uiteindelijk [1] worden gebruikt voor de herstelling en het onderhoud van motorvoertuigen, dan wel voor een ander doel [2], zoals de productie van reserveonderdelen of gereedschap.
[28-05-2010, PbEU C 138, i.w.tr. 28-05-2010/regelingnummer 2010/C138/05]

(66)
Technologische vooruitgang houdt in dat wat als 'technische informatie' kan gelden, evolueert. Momenteel zijn specifieke voorbeelden van technische informatie onder meer software, foutcodes en andere parameters, samen met updates, die nodig zijn om aan Electronic Control Units te kunnen werken om door de leverancier aanbevolen settings in te geven of te herstellen, voertuigidentificatienummers of andere methoden voor voertuigidentificatie, onderdelencatalogi, herstellings- en onderhoudsprocedures, oplossingen waarvan uit de praktijk is gebleken dat zij werken en die verband houden met problemen die zich meestal voordoen bij een bepaald model of een bepaalde batch, en berichten over terugroepacties en andere berichten waarin herstellingen worden genoemd die kosteloos binnen het erkende herstellingsnetwerk kunnen worden uitgevoerd. Ook de onderdeelcode en alle andere informatie die nodig is voor de identificatie van het juiste, in een bepaald motorvoertuig te monteren reserveonderdeel met het merk van de motorvoertuigfabrikant (d.w.z. het onderdeel dat de motorvoertuigfabrikant in de regel aan de leden van zijn erkende herstellingsnetwerken zou leveren voor herstellingen aan het betrokken voertuigen) zijn technische informatie [3]. De in artikel 6, lid 2, van Verordening (EG) nr. 715/2007 en Verordening (EG) nr. 595/2009 gegeven lijst met informatie kan ook als leidraad dienen voor wat het standpunt van de Commissie is ten aanzien van technische informatie waar het gaat om de toepassing van artikel 101 van het Verdrag.
[28-05-2010, PbEU C 138, i.w.tr. 28-05-2010/regelingnummer 2010/C138/05]

(67)
Hoe die technische informatie concreet wordt aangeleverd, is eveneens van belang bij de toetsing van overeenkomsten inzake erkende herstelling aan artikel 101 van het Verdrag. Deze toegang dient op verzoek en zonder onnodige vertraging te worden verleend, de informatie moet in een bruikbare vorm worden verschaft, en de prijs die daarvoor wordt berekend, mag een onafhankelijke marktdeelnemer er niet van weerhouden toegang te zoeken, doordat geen rekening wordt gehouden met de mate waarin hij van de informatie gebruikmaakt. Een leverancier van motorvoertuigen dient te worden verplicht onafhankelijke marktdeelnemers op hetzelfde tijdstip toegang te geven tot technische informatie over nieuwe motorvoertuigen als zijn erkende

---

(1) Zoals informatie die uitgevers aangeleverd krijgen en weer doorleveren aan herstellers van motorvoertuigen.
(2) Informatie gebruikt om een reserveonderdeel in een motorvoertuig aan te brengen of om gereedschap voor een voertuig te gebruiken, moet worden beschouwd als te worden gebruikt voor herstelling en onderhoud, terwijl informatie over het ontwerp, het productieproces of de voor de fabricage van de reserveonderdelen gebruikte materialen niet moet worden beschouwd in deze groep te vallen en daarom mag worden onthouden.
(3) De onafhankelijke marktdeelnemer behoeft het betrokken reserveonderdeel niet te kopen, om dit soort informatie te kunnen krijgen.

herstellers, en mag onafhankelijke marktdeelnemers in geen geval verplichten meer informatie af te nemen dan voor de uitvoering van de werkzaamheden in kwestie nodig is. Artikel 101 van het Verdrag houdt echter geen verplichting in voor een leverancier om technische informatie in een gestandaardiseerd formaat of via een bepaald technisch systeem aan te leveren, zoals de CEN/ISO-norm en het OASIS-formaat, zoals bepaald in Verordening (EG) nr. 715/2007 en Verordening (EG) nr. 295/2009 van de Commissie van 18 maart 2009 tot indeling van bepaalde goederen in de gecombineerde nomenclatuur [1].
[28-05-2010, PbEU C 138, i.w.tr. 28-05-2010/regelingnummer 2010/C138/05]

(68)
Deze overwegingen gelden ook ten aanzien van het beschikbaar zijn van gereedschap en opleidingen voor onafhankelijke marktdeelnemers. 'Gereedschap' omvat in dit verband elektronische diagnose- en andere reparatieapparatuur en de daarmee verband houdende software, daaronder begrepen de periodieke updates ervan, en service na verkoop voor dit soort apparatuur.
[28-05-2010, PbEU C 138, i.w.tr. 28-05-2010/regelingnummer 2010/C138/05]

Misbruik van garanties

(69)
Kwalitatieve selectieve-distributieovereenkomsten kunnen ook onder artikel 101, lid 1, van het Verdrag vallen indien de leverancier en de leden van diens erkende netwerk reserveonderdelen voor bepaalde categorieën motorvoertuigen expliciet of impliciet voorbehouden aan de leden van het erkende netwerk. Dit kan bijvoorbeeld gebeuren indien de wettelijke of uitgebreide garantie van de fabrikant jegens de koper afhankelijk wordt gesteld van de eis dat eindgebruikers herstellings- en onderhoudswerkzaamheden die niet onder de garantie vallen, uitsluitend binnen de erkende herstellingsnetwerken laten uitvoeren. Hetzelfde geldt voor garantievoorwaarden die voorschrijven dat reserveonderdelen van het merk van de fabrikant worden gebruikt bij vervangingen van onderdelen die niet onder de garantievoorwaarden vallen. Het lijkt ook twijfelachtig dat selectieve-distributieovereenkomsten die dergelijke praktijken bevatten, de consumenten voordelen kunnen opleveren zodat de desbetreffende overeenkomsten voor de uitzondering van artikel 101, lid 3, van het Verdrag in aanmerking komen. Indien een leverancier echter terecht weigert een garantieclaim te honoreren omdat er een oorzakelijk verband is tussen de situatie die tot de betrokken claim leidt en het feit dat een hersteller bepaalde herstellings- of onderhoudshandelingen niet correct heeft uitgevoerd of reserveonderdelen van lage kwaliteit heeft gebruikt, heeft die situatie geen invloed op de verenigbaarheid van de herstellingsovereenkomsten van de leverancier met de mededingingsregels.
[28-05-2010, PbEU C 138, i.w.tr. 28-05-2010/regelingnummer 2010/C138/05]

---

(1)   *PB* L 95 van 9.4.2009, blz. 7.

Toegang tot erkende herstellingsnetwerken

(70)
Concurrentie tussen erkende en onafhankelijke herstellers is niet de enige vorm van concurrentie waarmee rekening moet worden gehouden wanneer overeenkomsten betreffende erkende herstelling op hun verenigbaarheid met artikel 101 van het Verdrag worden getoetst. De partijen dienen ook na te gaan in hoeverre erkende herstellers binnen het betrokken netwerk onderling kunnen concurreren. Een van de belangrijkste factoren die deze concurrentie stimuleren, betreft de voorwaarden voor toegang tot het netwerk dat op grond van de standaardovereenkomsten voor erkende herstellers is opgezet. Gezien de doorgaans sterke marktpositie van netwerken van erkende herstellers, het bijzondere belang ervan voor eigenaren van nieuwere motorvoertuigen en het feit dat consumenten niet bereid zijn lange afstanden af te leggen om hun auto's te laten repareren, vindt de Commissie het ook belangrijk dat de toegang tot de erkende herstellingsnetwerken over het algemeen blijft openstaan voor alle ondernemingen die aan vastgestelde kwaliteitscriteria voldoen. Kandidaat-leden aan kwantitatieve selectie onderwerpen, zal er waarschijnlijk toe leiden dat de overeenkomst onder artikel 101, lid 1, van het Verdrag valt.
[28-05-2010, PbEU C 138, i.w.tr. 28-05-2010/regelingnummer 2010/C138/05]

(71)
Een bijzonder geval doet zich voor wanneer overeenkomsten erkende herstellers verplichten ook nieuwe motorvoertuigen te verkopen. Dergelijke overeenkomsten zouden waarschijnlijk onder artikel 101, lid 1, van het Verdrag vallen, omdat de betrokken verplichting niet vereist is door de aard van de contractdiensten. Bovendien zouden bij een gevestigd merk overeenkomsten die een dergelijke verplichting bevatten, in de regel geen aanspraak kunnen maken op de uitzondering van artikel 101, lid 3, van het Verdrag omdat het gevolg daarvan zou zijn dat de toegang tot het erkende herstellingsnetwerk ernstig wordt beperkt, en aldus de mededinging wordt beperkt zonder dat zulks overeenkomstige voordelen aan de consumenten oplevert. Toch kan in bepaalde gevallen een leverancier die een merk op een bepaalde geografische markt wil lanceren, moeilijkheden ondervinden om distributeurs aan te trekken die bereid zijn de nodige investeringen te doen, tenzij dezen de zekerheid hebben dat zij geen concurrentie krijgen van 'geïsoleerde' erkende herstellers die op deze aanloopinvesteringen proberen mee te liften. In die omstandigheden zou de contractuele koppeling van beide activiteiten voor een beperkte periode een concurrentiebevorderend effect kunnen hebben op de markt voor de afzet van motorvoertuigen, doordat een nieuw merk op de markt kan komen, en zouden er geen gevolgen zijn op de potentiële markt voor merkspecifieke herstellingen, die hoe dan ook niet zou bestaan indien de motorvoertuigen niet konden worden verkocht. Daardoor is het weinig waarschijnlijk dat de betrokken overeenkomsten onder artikel 101, lid 1, van het Verdrag zouden vallen.
[28-05-2010, PbEU C 138, i.w.tr. 28-05-2010/regelingnummer 2010/C138/05]

III.C Vervoer

Zeevervoer

Verordening (EG) Nr. 906/2009 betreffende de toepassing van artikel 81, lid 3, van het Verdrag op bepaalde groepen overeenkomsten, besluiten en onderling afgestemde feitelijke gedragingen tussen lijnvaartondernemingen (consortia)

(Voor de EER relevante tekst)

Verordening van de Commissie van 28 september 2009 betreffende de toepassing van artikel 81, lid 3, van het Verdrag op bepaalde groepen overeenkomsten, besluiten en onderling afgestemde feitelijke gedragingen tussen lijnvaartondernemingen (consortia), PbEU 2009, L 256, zoals laatstelijk gewijzigd op 24 maart 2020, PbEU 2020, L 90 (i.w.tr. 14-04-2020)

DE COMMISSIE VAN DE EUROPESE GEMEENSCHAPPEN,
Gelet op het Verdrag tot oprichting van de Europese Gemeenschap,
Gelet op Verordening (EG) nr. 246/2009 van de Raad van 26 februari 2009 betreffende de toepassing van artikel 81, lid 3, van het Verdrag op bepaalde groepen overeenkomsten, besluiten en onderling afgestemde feitelijke gedragingen tussen lijnvaartondernemingen (consortia)[1], en met name op artikel 1,
Na bekendmaking van de ontwerp-verordening [2],
Na raadpleging van het Adviescomité voor mededingingsregelingen en economische machtsposities,
Overwegende hetgeen volgt:
(1) De Commissie is krachtens Verordening (EG) nr. 246/2009 bevoegd artikel 81, lid 3, van het Verdrag bij verordening toe te passen op bepaalde overeenkomsten, besluiten of onderling afgestemde feitelijke gedragingen tussen scheepvaartondernemingen met betrekking tot de gezamenlijke exploitatie van lijnvaartdiensten (consortia), die door de samenwerking die zij tussen de deelnemende scheepvaartondernemingen doen ontstaan, mogelijk de mededinging binnen de gemeenschappelijke markt beperken en de handel tussen lidstaten ongunstig beïn-

---
(1) *PB* L 79 van 25.3.2009, blz. 1.
(2) *PB* C 266 van 21.10.2008, blz. 1.

vloeden, en derhalve onder het verbod van artikel 81, lid 1, van het Verdrag kunnen vallen.
(2) Uit hoofde van haar bevoegdheid heeft de Commissie Verordening (EG) nr. 823/2000 van de Commissie van 19 april 2000 houdende toepassing van artikel 81, lid 3, van het EG-Verdrag op bepaalde groepen overeenkomsten, besluiten en onderling afgestemde feitelijke gedragingen tussen lijnvaartondernemingen (consortia) [3] vastgesteld, die op 25 april 2010 verstrijkt. Op basis van de ervaring die de Commissie tot dusver heeft opgedaan, kan worden geconcludeerd dat de rechtvaardigingsgronden voor een groepsvrijstelling voor lijnvaartconsortia nog steeds gelden. Er zijn evenwel bepaalde wijzigingen noodzakelijk, zoals het schrappen van de verwijzingen naar Verordening (EEG) nr. 4056/86 van de Raad van 22 december 1986 tot vaststelling van de wijze van toepassing van de artikelen 85 en 86 van het Verdrag op het zeevervoer [4], die lijnvaartondernemingen toestond afspraken te maken over prijzen en capaciteit, maar die thans is ingetrokken. Tevens zijn wijzigingen nodig met het oog op een nauwere samenhang met andere bestaande groepsvrijstellingsverordeningen voor horizontale samenwerking, weliswaar met inachtneming van de heersende marktgebruiken in de lijnvaartsector.
(3) Consortiumovereenkomsten kunnen onderling sterk verschillen, variërend van een sterke integratie die grote investeringen vereist, bijvoorbeeld in geval van de aankoop of de huur van schepen door de leden, specifiek voor het opzetten van het consortium of de oprichting van gezamenlijke exploitatiecentra, tot flexibele overeenkomsten over de uitwisseling van slots op schepen. In de onderhavige verordening wordt onder een consortiumovereenkomst een regeling verstaan die bestaat uit één overeenkomst of een aantal afzonderlijke maar onderling samenhangende overeenkomsten tussen lijnvaartondernemingen, op basis waarvan de partijen de gemeenschappelijke dienst exploiteren. De rechtsvorm van de regelingen is minder belangrijk dan de onderliggende economische realiteit dat de partijen een gemeenschappelijke dienst aanbieden.
(4) Het voordeel van de groepsvrijstelling dient te worden beperkt tot overeenkomsten ten aanzien waarvan met voldoende zekerheid kan worden aangenomen dat zij aan de voorwaarden van artikel 81, lid 3, van het Verdrag voldoen. Er geldt evenwel geen vermoeden dat consortia die het voordeel van deze verordening niet genieten binnen de werkingssfeer van artikel 81, lid 1, van het Verdrag vallen of – als zij wel onder dat lid vallen – niet voldoen aan de voorwaarden van artikel 81, lid 3, van het Verdrag. Wanneer de partijen bij dergelijke consortia voor zichzelf de verenigbaarheid van hun overeenkomst met artikel 81 van het Verdrag willen beoordelen, is het aan te bevelen dat zij rekening houden met de specifieke kenmerken van markten waarop slechts kleine volumes worden vervoerd of met situaties waarin de marktaandeeldrempel wordt overschreden als gevolg van de aanwezigheid in het consortium van een kleine vervoerder zonder aanzienlijke middelen en wiens bijdrage aan het totale marktaandeel van het consortium slechts onbetekenend is.
(5) De in deze verordening omschreven consortia dragen in het algemeen bij tot verbetering van de productiviteit en de kwaliteit van de aangeboden lijnvaartdiensten wegens de rationalisatie van de activiteiten van de deelnemende ondernemingen

---

(3) *PB* L 100 van 20.4.2000, blz. 24.
(4) *PB* L 378 van 31.12.1986, blz. 4.

die hiervan het gevolg is en door de schaalvoordelen waartoe zij bij het gebruik van schepen en van haveninstallaties leiden. Zij dragen tevens bij tot de bevordering van de technische en economische vooruitgang doordat zij een ruimer gebruik van containers en een efficiëntere benutting van de scheepscapaciteit aanmoedigen en vergemakkelijken. Zeer belangrijk en kenmerkend voor consortia is dat zij, met het oog op de invoering en de exploitatie van een gemeenschappelijke dienst, de capaciteit aan de fluctuaties in vraag en aanbod kunnen aanpassen. Daarentegen is het onwaarschijnlijk dat een ongerechtvaardigde beperking van de capaciteit en afzet, de gezamenlijke vaststelling van vrachttarieven of de verdeling van markten en klanten tot enige efficiëntieverbetering leidt. De door deze verordening verleende vrijstelling dient dan ook niet te gelden voor consortiumovereenkomsten die dergelijke bepalingen behelzen, ongeacht de marktmacht van de partijen.

(6) Een billijk aandeel in de voordelen die uit de efficiëntieverbetering voortvloeien moet aan de vervoergebruikers worden doorgegeven. De gebruikers van de door consortia aangeboden scheepvaartdiensten kunnen voordeel hebben bij de verbetering van de productiviteit die door consortia mogelijk wordt gemaakt. Deze voordelen kunnen onder andere bestaan in een grotere frequentie van afvaart en aanloop of in een betere regeling daarvan, alsmede in een betere kwaliteit en individualisering van de aangeboden diensten door het gebruik van modernere schepen en modernere haven- of andere faciliteiten.

(7) Die voordelen komen de gebruikers slechts daadwerkelijk ten goede voor zover er in de relevante markten waarin de consortia actief zijn, voldoende mededinging is. Aan deze voorwaarde moet worden geacht te zijn voldaan indien het consortium onder een bepaalde marktaandeeldrempel blijft en derhalve kan worden aangenomen dat het daadwerkelijke, reële dan wel potentiële, concurrentie ondervindt van niet bij het consortium aangesloten ondernemingen. Bij de beoordeling van de relevante markt dient niet alleen rekening te worden gehouden met het rechtstreekse scheepvaartverkeer tussen de havens die door een consortium worden aangedaan, maar ook met de eventuele mededinging van andere lijnvaartdiensten vanuit havens die met die van het consortium substitueerbaar zijn en, in voorkomend geval, van andere wijzen van vervoer.

(8) Overeenkomsten die mededingingsbeperkingen bevatten welke niet onontbeerlijk zijn ter verwezenlijking van de doelstellingen die het verlenen van de vrijstelling rechtvaardigen, dienen niet door deze verordening te worden vrijgesteld. Daarom moeten bepalingen die de mededinging sterk beperken (hardekernbeperkingen) en die betrekking hebben op de vaststelling van de aan derden berekende prijzen, de beperking van de capaciteit of de afzet en de verdeling van markten of klanten, van het voordeel van deze verordening worden uitgesloten. Behalve de activiteiten die uitdrukkelijk door deze verordening worden vrijgesteld, dienen alleen ondersteunende activiteiten die rechtstreeks verband houden met het functioneren van het consortium, en die voor de uitvoering noodzakelijk en evenredig zijn, onder deze verordening te vallen.

(9) De marktaandeeldrempel en de overige in deze verordening genoemde voorwaarden, alsook de uitsluiting van bepaalde gedragingen van de vrijstelling moeten normaal gezien waarborgen dat de overeenkomsten waarop de groepsvrijstelling van toepassing is de betrokken ondernemingen niet de mogelijkheid bieden de mededinging voor een wezenlijk deel van de relevante markt uit te schakelen.

(10) Om na te gaan of een consortium aan de marktaandeelvoorwaarde voldoet, moeten de totale marktaandelen van de leden van het consortium worden opgeteld. Bij het vaststellen van het marktaandeel van elk lid moet rekening worden gehouden met het totale vervoerde volume binnen en buiten het consortium. In het laatste geval moeten alle volumes in aanmerking worden genomen die dat lid binnen een ander consortium of in het kader van een individueel door dat lid aangeboden dienst vervoert, ongeacht of dit gebeurt met eigen schepen dan wel met schepen van derden op grond van contractuele afspraken zoals 'slot charters'.

(11) Bovendien moet het voordeel van de groepsvrijstelling slechts worden verleend wanneer elk lid van het consortium het recht heeft om met inachtneming van een redelijke opzegtermijn het consortium te verlaten. Voor sterk geïntegreerde consortia dient evenwel de mogelijkheid van een langere opzegtermijn en een langere aanloopvrije termijn zonder opzegmogelijkheid te worden geboden, om rekening te houden met de grote investeringen die voor de oprichting ervan werden gedaan en met het feit dat bij vertrek van een van de leden een meer ingrijpende reorganisatie noodzakelijk is.

(12) In bijzondere gevallen waarin de onder deze verordening vallende overeenkomsten toch gevolgen hebben die onverenigbaar zijn met artikel 81, lid 3, van het Verdrag, kan de Commissie op grond van Verordening (EG) nr. 1/2003 van de Raad van 16 december 2002 betreffende de uitvoering van de mededingingsregels van de artikelen 81 en 82 van het Verdrag [5] het voordeel van de groepsvrijstelling intrekken. In dit verband zijn de ongunstige gevolgen die kunnen voortvloeien uit het bestaan van banden tussen het consortium en/of zijn leden en andere consortia en/of lijnvaartondernemingen die op dezelfde relevante markt actief zijn, van bijzonder belang.

(13) Voorts kan, wanneer overeenkomsten op het grondgebied, of een gedeelte van het grondgebied, van een lidstaat dat alle kenmerken van een afzonderlijke geografische markt vertoont, met artikel 81, lid 3, van het Verdrag onverenigbare gevolgen hebben, de mededingingsautoriteit van die lidstaat krachtens Verordening (EG) nr. 1/2003 de groepsvrijstelling op het betrokken grondgebied intrekken.

(14) Deze verordening laat de toepassing van artikel 82 van het Verdrag onverlet.

(15) Met het oog op het verstrijken van Verordening (EG) nr. 823/2000 is het dienstig om een nieuwe verordening vast te stellen, waarbij de generieke vrijstelling wordt hernieuwd,

HEEFT DE VOLGENDE VERORDENING VASTGESTELD:

HOOFDSTUK I
Werkingssfeer en definities

Artikel 1
Werkingssfeer

Deze verordening is slechts op consortia van toepassing voor zover deze internationale lijnvaartdiensten verzorgen van of naar een of meer havens van de Gemeenschap.
[28-09-2009, PbEU L 256, i.w.tr. 26-04-2010/regelingnummer 906/2009]

---

(5) PB L 1 van 4.1.2003, blz. 1.

Artikel 2
Definities
Voor de toepassing van deze verordening wordt verstaan onder:
1. 'consortium': een overeenkomst of een aantal onderling samenhangende overeenkomsten tussen twee of meer vervoerders die schepen exploiteren en uitsluitend voor goederenvervoer in een of meer vaargebieden geregelde internationale lijnvaartdiensten verzorgen, welke overeenkomst tot voorwerp heeft een samenwerking tot stand te brengen voor de gemeenschappelijke exploitatie van een zeevervoerdienst en die de dienst welke zonder het consortium individueel door elk van zijn leden zou worden aangeboden, verbetert, teneinde door middel van technische, operationele en/of commerciële regelingen, hun activiteiten te rationaliseren;
2. 'lijnvaart': vervoer van goederen dat op geregelde wijze geschiedt op (een) welbepaalde route(s) tussen havens en volgens vooraf aangekondigde uurregelingen en reisdata, en dat voor alle vervoergebruikers tegen betaling zelfs op incidentele basis beschikbaar is;
3. 'vervoergebruiker': een onderneming (bijvoorbeeld een verlader, consignataris of expediteur) die met een lid van een consortium voor het vervoer van goederen een contractuele overeenkomst heeft gesloten of voornemens is te sluiten;
4. 'aanvang van de dienst': de datum waarop het eerste schip afvaart in het kader van de dienst.
[28-09-2009, PbEU L 256, i.w.tr. 26-04-2010/regelingnummer 906/2009]

HOOFDSTUK II
Vrijstellingen

Artikel 3
Vrijgestelde overeenkomsten
Artikel 81, lid 1, van het Verdrag wordt uit hoofde van artikel 81, lid 3, van het Verdrag, onder de in deze verordening genoemde voorwaarden, buiten toepassing verklaard ten aanzien van de volgende activiteiten van een consortium:
1. de gemeenschappelijke exploitatie van lijnvaartdiensten, welke de volgende activiteiten omvat:
    a) onderlinge afstemming en/of gemeenschappelijke vaststelling van de dienstregelingen en van de aanloophavens;
    b) uitwisseling, verkoop of wederzijdse bevrachting van scheepsruimte of van slots op schepen;
    c) gemeenschappelijk gebruik ('pooling') van schepen en/of haveninstallaties;
    d) gebruik van een of meer gemeenschappelijke kantoren voor de exploitatie;
    e) beschikbaarstelling van containers, chassis of andere uitrustingen en/of overeenkomsten van huur, leasing of koop van deze uitrustingen;
2. capaciteitsaanpassingen naar gelang van de fluctuaties in vraag en aanbod;
3. gemeenschappelijke exploitatie of gemeenschappelijk gebruik van haventerminals en de daarmee verbonden diensten (bijvoorbeeld diensten inzake overlading op lichters en stuwage);
4. elke andere activiteit die met de in de punten 1), 2) en 3) genoemde activiteiten verbonden en voor de uitoefening daarvan onontbeerlijk is, zoals:

a) het gebruik van een computersysteem voor gegevensuitwisseling;
b) een aan de leden van een consortium opgelegde verplichting om op de relevante markt(en) aan het consortium toegewezen vaartuigen te gebruiken en een verbod om ruimte op schepen van derden te bevrachten;
c) een aan de leden van een consortium opgelegd verbod om zonder voorafgaande toestemming van de andere leden van het consortium aan andere vervoerders die op de relevante markt(en) schepen exploiteren ruimte toe te wijzen of voor bevrachting aan te bieden.

[28-09-2009, PbEU L 256, i.w.tr. 26-04-2010/regelingnummer 906/2009]

Artikel 4
Hardekernbeperkingen

De in artikel 3 bedoelde vrijstelling geldt niet voor een consortium dat, op zichzelf of in combinatie met andere factoren waarover de partijen controle hebben, direct of indirect tot doel heeft:
1. de vaststelling van de prijzen bij verkoop van lijnvaartdiensten aan derden;
2. de beperking van capaciteit of afzet, met uitzondering van de in artikel 3, punt 2), bedoelde capaciteitsaanpassingen;
3. de toewijzing van markten of klanten.

[28-09-2009, PbEU L 256, i.w.tr. 26-04-2010/regelingnummer 906/2009]

HOOFDSTUK III
Voorwaarden voor de vrijstelling

Artikel 5
Voorwaarden betreffende het marktaandeel

1. Om voor de in artikel 3 bedoelde vrijstelling in aanmerking komen mag het gezamenlijke marktaandeel van alle leden van het consortium op de relevante markt waarop het consortium actief is, niet meer dan 30 % bedragen, gerekend in totaal volume van de vervoerde goederen in scheepston of 20-voets-container-equivalent.

2. Ter vaststelling van het marktaandeel van een lid van het consortium worden de totale volumes van de door dat lid op de relevante markt vervoerde goederen in aanmerking genomen, ongeacht of deze volumes worden vervoerd:
a) binnen het betrokken consortium;
b) binnen een ander consortium waaraan het lid deelneemt, of
c) buiten een consortium, met eigen schepen van het lid of op schepen van derden.

3. De in artikel 3 bedoelde vrijstelling blijft gelden indien gedurende een periode van twee opeenvolgende kalenderjaren het in lid 1 van dit artikel bedoelde marktaandeel met niet meer dan één tiende wordt overschreden.

4. Indien een van de in de leden 1 en 3 van dit artikel genoemde drempels wordt overschreden, blijft de in artikel 3 bedoelde vrijstelling gelden gedurende een periode van zes maanden te rekenen vanaf het einde van het kalenderjaar waarin de overschrijding plaatsvond. Die periode wordt op twaalf maanden gebracht indien de overschrijding is toe te schrijven aan het feit dat een niet bij het consortium aangesloten zeevervoerder de betrokken markt heeft verlaten.

[28-09-2009, PbEU L 256, i.w.tr. 26-04-2010/regelingnummer 906/2009]

Artikel 6
Andere voorwaarden

Om voor de in artikel 3 bedoelde vrijstelling in aanmerking te komen moet een consortium zijn leden het recht toekennen om zich terug te trekken zonder enige financiële of andere sanctie, zoals met name de verplichting om alle vervoersactiviteiten op de relevante markt of betrokken markten te staken, al dan niet in combinatie met de voorwaarde dat deze activiteiten na een bepaalde termijn kunnen worden hervat. Voor de uitoefening van dit recht geldt een opzegtermijn van ten hoogste 6 maanden. Het consortium kan evenwel bepalen dat opzegging pas kan geschieden na een aanlooptermijn van ten hoogste 24 maanden, te rekenen vanaf de datum van inwerkingtreding van de overeenkomst of, indien deze later valt, de aanvang van de dienst.

In het geval van een sterk geïntegreerd consortium kan de opzegtermijn worden verlengd tot 12 maanden en kan het consortium bepalen dat opzegging pas kan geschieden na een aanlooptermijn van ten hoogste 36 maanden, te rekenen vanaf de datum van inwerkingtreding van de overeenkomst of, indien deze later valt, de aanvang van de dienst

[28-09-2009, PbEU L 256, i.w.tr. 26-04-2010/regelingnummer 906/2009]

HOOFDSTUK IV
Slotbepalingen

Artikel 7
Inwerkingtreding

Deze verordening treedt in werking op 26 april 2010.
Zij is van toepassing tot en met 25 april 2024.
[24-03-2020, PbEU L 90, i.w.tr. 14-04-2020/regelingnummer 2020/436]

Vervoer per spoor, over de weg en binnenwateren

Verordening (EG) nr. 169/2009 van de Raad van 26 februari 2009 houdende de toepassing van mededingingsregels op het gebied van het vervoer per spoor, over de weg en over de binnenwateren

(Gecodificeerde versie) (Voor de EER relevante tekst)

Verordening van de Raad van 26 februari 2009, PbEU 2009, L 61 (i.w.tr. 25-03-2009)

DE RAAD VAN DE EUROPESE UNIE,
Gelet op het Verdrag tot oprichting van de Europese Gemeenschap, en met name op artikel 83,
Gezien het voorstel van de Commissie,
Gezien het advies van het Europees Parlement [1],
Gezien het advies van het Europees Economisch en Sociaal Comité [2],
Overwegende hetgeen volgt:

(1) Verordening (EEG) nr. 1017/68 van de Raad van 19 juli 1968 houdende de toepassing van mededingingsregels op het gebied van het vervoer per spoor, over de weg en over de binnenwateren [3] is herhaaldelijk en ingrijpend gewijzigd [4]. Ter wille van de duidelijkheid en een rationele ordening van de tekst dient tot codificatie van deze verordening te worden overgegaan.

(2) De mededingingsregels die toepasselijk zijn op het vervoer per spoor, over de weg en over de binnenwateren, vormen een der elementen van het gemeenschappelijk vervoerbeleid en van de algemene economische politiek.

(3) De op deze sectoren toepasselijke mededingingsregels dienen rekening te houden met de bijzondere aspecten van het vervoer.

(4) Het is, aangezien de mededingingsregels voor het vervoer afwijken van de algemene mededingingsregels, noodzakelijk dat de ondernemingen in staat worden gesteld te weten welke regeling in elk concreet geval toepasselijk is.

(5) De mededingingsregeling voor het vervoer dient daarbij de gemeenschappelijke financiering of verwerving van materieel en benodigdheden voor het vervoer voor de gemeenschappelijke exploitatie van bepaalde groepen ondernemingen, alsmede bepaalde werkzaamheden van tussenpersonen voor het vervoer per spoor, over de weg en over de binnenwateren, in dezelfde mate te betrekken.

(6) Ten einde te voorkomen dat de handel tussen lidstaten ongunstig wordt beïnvloed en de mededinging binnen de interne markt wordt vervalst, met betrekking tot de

---
(1) PB C 219 E van 28.8.2008, blz. 67.
(2) PB C 161 van 13.7.2007, blz. 100.
(3) PB L 175 van 23.7.1968, blz. 1.
(4) Zie bijlage I.

drie bovenbedoelde takken van vervoer, dienen overeenkomsten tussen ondernemingen, besluiten van ondernemersverenigingen en onderling afgestemde feitelijke gedragingen van ondernemingen, alsmede misbruik van een machtspositie op de interne markt, waaruit zodanige gevolgen zouden kunnen voortvloeien, in beginsel te worden verboden.

(7) Bepaalde soorten overeenkomsten, besluiten en onderling afgestemde feitelijke gedragingen op vervoergebied, die uitsluitend de toepassing van technische verbeteringen of de technische samenwerking tot doel en ten gevolge hebben, kunnen worden ontheven van het kartelverbod, aangezien zij bijdragen tot een verhoogde productiviteit. De Raad zal, in het licht der opgedane ervaring en op grond van de toepassing van de onderhavige verordening, op voorstel van de Commissie, aanleiding kunnen hebben de lijst van deze soorten overeenkomsten te wijzigen.

(8) Om een verbetering te bevorderen van de te grote versnippering die veelal bestaat in de sectoren van het vervoer over de weg en over de binnenwateren, dienen eveneens van het kartelverbod te worden ontheven de overeenkomsten, besluiten en onderling afgestelde feitelijke gedragingen die de oprichting en de werking van groepen ondernemingen voor deze twee takken van vervoer, met inbegrip van de gemeenschappelijke financiering of verwerving van vervoermaterieel of -benodigdheden voor de gemeenschappelijke exploitatie beogen. Deze algemene ontheffing kan slechts worden toegekend, indien de totale ladingscapaciteit van een groep een vastgesteld maximum niet te boven gaat en de individuele capaciteit van de ondernemingen die tot de groep behoren, zekere gestelde grenzen niet overschrijdt, zulks ten einde te voorkomen dat één onderneming binnen de groep een machtspositie kan innemen. De Commissie dient niettemin over de mogelijkheid te beschikken om in te grijpen, indien in een bepaald geval dergelijke overeenkomsten gevolgen zouden hebben die onverenigbaar zijn met de voorwaarden die zijn gesteld voor het als geoorloofd erkennen van een mededingingsregeling en indien zij een misbruik van de ontheffing zouden vormen. Evenwel sluit het feit, dat de groep over een totale ladingscapaciteit beschikt die groter is dan het vastgestelde maximum, of het feit dat zij op grond van de individuele capaciteit der tot de groep behorende ondernemingen niet kan profiteren van de algemene ontheffing, daarom nog niet de mogelijkheid uit, dat zij een geoorloofde onderling afgestemde feitelijke gedraging vormt voorzover zij voldoet aan de in de onderhavige verordening gestelde relevante voorwaarden.

(9) In eerste instantie dienen de ondernemingen zelf af te wegen wat in hun overeenkomsten, besluiten of onderling afgestemde feitelijke gedragingen de overhand heeft, een op beperking der mededinging gerichte werking dan wel een in economisch opzicht gunstige werking die deze beperkingen vermag te rechtvaardigen, en zij dienen aldus onder eigen verantwoordelijkheid het al dan niet geoorloofde karakter van deze overeenkomsten, besluiten of onderling afgestemde feitelijke gedragingen te beoordelen.

(10) Men moet derhalve de ondernemingen toestaan om overeenkomsten te sluiten en toe te passen zonder deze te moeten aanmelden, waarbij zij dus worden blootgesteld aan het risico van nietigverklaring met terugwerkende kracht indien deze overeenkomsten zouden worden onderzocht op grond van een klacht of een ambtshalve optreden van de Commissie, dit onverminderd de mogelijkheid dat deze overeen-

komsten met terugwerkende kracht geoorloofd worden verklaard in het geval dat een dergelijk onderzoek achteraf plaatsvindt,
HEEFT DE VOLGENDE VERORDENING VASTGESTELD:

Artikel 1
Toepassingsgebied

Op het gebied van het vervoer per spoor, over de weg en over de binnenwateren is deze verordening van toepassing op overeenkomsten, besluiten en onderling afgestemde feitelijke gedragingen, welke tot doel of ten gevolge hebben, het bepalen van vrachtprijzen en vervoervoorwaarden, het beperken of controleren van het vervoersaanbod, het verdelen van de vervoermarkten, de toepassing van technische verbeteringen of de technische samenwerking, de gemeenschappelijke financiering of verwerving van materieel of benodigdheden voor vervoer, die rechtstreeks verband houdt (*red.:* lees: verband houden) met vervoersprestaties, voor zover zulks noodzakelijk is voor de gemeenschappelijke exploitatie van een groep ondernemingen voor vervoer over de weg of over de binnenwateren, zoals omschreven in artikel 3, en op machtsposities op de vervoermarkt. Deze verordening is eveneens van toepassing op handelingen van tussenpersonen in het vervoer welke hetzelfde doel of dezelfde gevolgen hebben.
[26-02-2009, PbEU L 61, i.w.tr. 25-03-2009/regelingnummer 169/2009]

Artikel 2
Wettelijke uitzondering voor technische overeenkomsten

1. Het verbod van artikel 81, lid 1, van het Verdrag is niet van toepassing op overeenkomsten, besluiten en onderling afgestemde feitelijke gedragingen, die uitsluitend tot doel en ten gevolge hebben de toepassing van technische verbeteringen of de technische samenwerking door middel van:
a) de uniforme toepassing van normen en typen voor het materieel, de bedrijfsbenodigdheden voor het vervoer, de vervoermiddelen en de vaste installaties;
b) de uitwisseling of het gemeenschappelijk gebruik, voor het vervoerbedrijf, van personeel, materieel, vervoermiddelen en vaste installaties;
c) de organisatie en uitvoering van opeenvolgend, aanvullend, vervangend of gecombineerd vervoer, alsmede de vaststelling en toepassing van algemene vervoerprijzen en -voorwaarden, met inbegrip van mededingingsprijzen;
d) de regeling van het vervoer binnen één en dezelfde vervoerstak via trajecten die uit bedrijfseconomisch oogpunt het meest rationeel zijn;
e) de coördinatie van dienstregelingen op opvolgende trajecten;
f) het samenvoegen van afzonderlijke zendingen;
g) de invoering van uniforme regels betreffende de structuur en de toepassingsvoorwaarden van vervoertarieven, voor zover daarin geen vervoerprijzen en -voorwaarden worden vastgesteld.

2. De Commissie zal de Raad, zo nodig, voorstellen voorleggen tot uitbreiding of beperking van de in lid 1 opgenomen lijst.
[26-02-2009, PbEU L 61, i.w.tr. 25-03-2009/regelingnummer 169/2009]

Artikel 3
Vrijstelling voor groepen kleine en middelgrote ondernemingen
1. Overeenkomsten, besluiten en onderling afgestemde feitelijke gedragingen overeenkomstig artikel 81, lid 1, van het Verdrag zijn van het verbod van dat artikel vrijgesteld, indien zij tot doel hebben:
a) de vorming en werking van groepen ondernemingen voor vervoer over de weg of over de binnenwateren met het oog op de verrichting van vervoersactiviteiten,
b) de gemeenschappelijke financiering of verwerving van materieel of benodigdheden voor vervoer, die rechtstreeks verband houden met vervoersprestaties voor zover zulks noodzakelijk is voor de gemeenschappelijke exploitatie van deze groepen,

en indien de totale ladingscapaciteit van de groep niet groter is dan:
i) 10 000 ton voor het vervoer over de weg;
ii) 500 000 ton voor het vervoer over de binnenwateren.

De individuele capaciteit van elk der aan de groep deelnemende ondernemingen mag niet groter zijn dan 1 000 ton voor het vervoer over de weg of 50 000 ton voor het vervoer over de binnenwateren.
2. Indien de uitvoering van de in lid 1 bedoelde overeenkomsten, besluiten of onderling afgestemde feitelijke gedragingen in bepaalde gevallen gevolgen met zich meebrengt die onverenigbaar zijn met de voorwaarden van artikel 81, lid 3, van het Verdrag, kunnen de ondernemingen en ondernemersverenigingen verplicht worden aan deze gevolgen een einde te maken.
[26-02-2009, PbEU L 61, i.w.tr. 25-03-2009/regelingnummer 169/2009]

Artikel 4
Intrekking
Verordening (EEG) nr. 1017/68, zoals gewijzigd bij de verordeningen in bijlage I, deel A, wordt ingetrokken met uitzondering van artikel 13, lid 3, dat van toepassing blijft op beschikkingen die vóór 1 mei 2004 overeenkomstig artikel 5 van Verordening (EEG) nr. 1017/68 zijn aangenomen tot de datum waarop die beschikkingen vervallen. Verwijzingen naar de ingetrokken verordening gelden als verwijzingen naar de onderhavige verordening en worden gelezen volgens de concordantietabel in bijlage II.
[26-02-2009, PbEU L 61, i.w.tr. 25-03-2009/regelingnummer 169/2009]

Artikel 5
Inwerkingtreding, bestaande mededingingsregelingen
1. Deze verordening treedt in werking op de twintigste dag volgende op die van haar bekendmaking in het *Publicatieblad van de Europese Unie*.
2. Het in artikel 81, lid 1, van het Verdrag vervatte verbod is niet van toepassing op overeenkomsten, besluiten en onderling afgestemde feitelijke gedragingen die reeds bestonden op de datum van toetreding van Oostenrijk, Finland en Zweden of op de datum van toetreding van Tsjechië, Estland, Cyprus, Letland, Litouwen, Hongarije, Malta, Polen, Slovenië en Slowakije en die ingevolge de toetreding onder het toepassingsgebied van artikel 81, lid 1, van het Verdrag vallen, indien zij binnen zes maanden na de datum van toetreding zodanig worden gewijzigd dat zij voldoen aan de voorwaarden van het artikel 3 van deze verordening. Dit lid is niet van toepassing op

overeenkomsten, besluiten en onderling afgestemde feitelijke gedragingen die op de datum van de toetreding reeds onder artikel 53, lid 1, van de EER-overeenkomst vallen.
[26-02-2009, PbEU L 61, i.w.tr. 25-03-2009/regelingnummer 169/2009]

BIJLAGE I

Deel A. Ingetrokken verordening met de achtereenvolgende wijzigingen ervan
(bedoeld in artikel 4)

Verordening (EEG) nr. 1017/68 van de Raad (PB L 175 van 23.7.1968, blz. 1)	behalve artikel 13, lid 3
Verordening (EG) nr. 1/2003 van de Raad (PB L 1 van 4.1.2003, blz. 1)	uitsluitend artikel 36

Deel B. Niet-ingetrokken achtereenvolgende wijzigingen
Toetredingsakte van 1972
Toetredingsakte van 1979
Toetredingsakte van 1994
Toetredingsakte van 2003
[26-02-2009, PbEU L 61, i.w.tr. 25-03-2009/regelingnummer 169/2009]

BIJLAGE II

Concordantietabel

Verordening (EEG) nr. 1017/68	De onderhavige verordening
Artikel 1	Artikel 1
Artikel 3	Artikel 2
Artikel 4, lid 1, eerste alinea, eerste aanhef, eerste streepje	Artikel 3, lid 1, eerste alinea, eerste aanhef, onder a)
Artikel 4, lid 1, eerste alinea, eerste aanhef, tweede streepje	Artikel 3, lid 1, eerste alinea, eerste aanhef, onder b)
Artikel 4, lid 1, eerste alinea, tweede aanhef, eerste streepje	Artikel 3, lid 1, eerste alinea, tweede aanhef, punt i)
Artikel 4, lid 1, eerste alinea, tweede aanhef, tweede streepje	Artikel 3, lid 1, eerste alinea, tweede aanhef, punt ii)
Artikel 4, lid 1, tweede alinea	Artikel 3, lid 1, tweede alinea
Artikel 4, lid 2	Artikel 3, lid 2
-	Artikel 4
Artikel 30, lid 1	Artikel 5, lid 1
Artikel 30, lid 3, tweede alinea	Artikel 5, lid 2
Artikel 31	-
-	Bijlage I
-	Bijlage II

[26-02-2009, PbEU L 61, i.w.tr. 25-03-2009/regelingnummer 169/2009]

III.D Zorg
Richtsnoeren Zorggroepen

Richtsnoeren van 17 augustus 2010, www.nmanet.nl (i.w.tr. 01-01-2011)

Voorwoord

Zowel de Nederlandse Mededingingsautoriteit (NMa) als de Nederlandse Zorgautoriteit (NZa) krijgen regelmatig signalen dat onduidelijk is wat mededingingsrechtelijk wel en niet toegestaan is ten aanzien van samenwerking tussen zorggroepen en de aanbieders bij wie zij zorg inkopen en tussen zorggroepen onderling. Beide toezichthouders hebben oog voor het feit dat de markt waarin de zorggroepen zich begeven in transitie is. Wanneer zorg uit meerdere componenten bestaat kan het van belang zijn om deze op een integrale gecoördineerde manier aan te bieden. Het is echter ook van belang dat hierbij de Mededingingswet (Mw) en de Wet marktordening gezondheidszorg (Wmg) worden gerespecteerd. Deze beogen immers om de markten zodanig te laten werken respectievelijk in te richten dat de belangen van de patiënten optimaal worden behartigd. In deze Richtsnoeren wordt ingegaan op de toepassing van de Mw en de Wmg ten aanzien van zorggroepen. De NMa en de NZa beogen hiermee eventuele onduidelijkheid over de mededingingsregels zoveel mogelijk weg te nemen. Partijen kunnen deze Richtsnoeren en ander beschikbaar materiaal zoals de Richtsnoeren voor de zorgsector[1] en de Beleidsregel AMM[2], gebruiken als leidraad bij de vormgeving van hun organisatie en hun onderlinge relaties met andere spelers opdat de positie van de cliënt optimaal tot zijn recht komt.

De onderhavige Richtsnoeren zijn tot stand gekomen na een consultatie. Op 18 december 2009 hebben de NMa en NZa het consultatiedocument 'Zorggroepen' gepubliceerd. Dit document is voorgelegd aan zorggroepen, verzekeraars en onafhankelijke deskundigen met het verzoek om de in dit document gestelde vragen te beantwoorden en om aan te geven waar er nog onduidelijkheid bestaat over de toepassing van de mededingingsregels van de Mw en de Wmg.

Naar aanleiding van het consultatiedocument hebben in totaal 31 partijen een zienswijze ingediend, mondeling (in een consultatiebijeenkomst op 8 februari 2010) en/of schriftelijk. Veel partijen vroegen om meer uitleg over wat wel toegestaan is in de contacten tussen aanbieders onderling en tussen aanbieders en zorggroepen. Met de reacties op het consultatiedocument is zo goed mogelijk rekening gehouden in deze Richtsnoeren. De openbare versies van de zienswijzen worden gepubliceerd op de websites van de NMa (www.nmanet.nl) en de NZa (www.nza.nl).

---

1 Te vinden op www.nmanet.nl
2 Te vinden op *www.nza.nl*

Richtsnoeren Zorggroepen

Wij stellen het zeer op prijs dat veel partijen de moeite hebben genomen om hun reactie te geven op het consultatiedocument. Wij willen hen daarvoor hartelijk danken.
Namens de Raad van Bestuur van de
Nederlandse Mededingingsautoriteit,
F.J.H. Don
lid van de Raad van Bestuur
Nederlandse Zorgautoriteit,
mw. C.C. van Beek
lid Raad van Bestuur/plv. voorzitter

1   Inleiding

1. In de zorg, met name in de eerste lijn, is een ontwikkeling gaande waarin de zorg voor chronische aandoeningen steeds meer multidisciplinair wordt georganiseerd en als één product wordt aangeboden. Het gaat dan bijvoorbeeld om zorg voor de aandoeningen diabetes, COPD, hartfalen, cardiovasculair risicomanagement (CVR), astma, obesitas en depressie. In een diabetesprogramma werken bijvoorbeeld verschillende disciplines als huisartsen, doktersassistenten, Praktijk Ondersteuners Huisarts (POH's), diëtisten, fysiotherapeuten, verpleegkundigen, internisten, oogartsen, apotheken en diagnostische centra samen. Om deze multidisciplinaire zorgproducten (ketenzorg) te organiseren worden onder meer zogenoemde zorggroepen opgericht. Deze zorggroepen richten zich nu vooral op diabeteszorg.

2. De ontwikkeling naar ketenzorg wordt actief gestimuleerd door de Nederlandse overheid, onder meer door middel van de wijze van bekostiging. Voor ketenzorg op het gebied van diabetes en CVR is het per 1 januari 2010 mogelijk een integrale prijs te declareren, voor COPD is dit per 1 juli 2010 ook mogelijk. Daarnaast zijn er voor vormen van ketenzorg mogelijkheden om aanvullende bekostiging te verwerven ter dekking van de kosten voor samenwerking. Dit kan op grond van de beleidsregel Innovatie ten behoeve van nieuwe zorgprestaties, de beleidsregel Samenwerking ten behoeve van geïntegreerde eerstelijnszorgproducten (GEZ) en door gebruik te maken van de Module Modernisering & Innovatie (M&I).

3. Het beeld dat de NMa en NZa hebben van de huidige zorggroepen is dat er in veel regio's maar één zorggroep actief is. De zorggroep sluit in die regio's dan met het grootste gedeelte van de daar actieve beroepsbeoefenaren contracten af om de benodigde zorg in te kopen en te kunnen leveren.

4. De samenwerking in het kader van zorggroepen beoogt optimale zorg voor patiënten, maar kan mede afhankelijk van de wijze waarop ze zijn georganiseerd, mededingingsproblemen met zich brengen en de daadwerkelijke concurrentie belemmeren. Aandachtspunten zijn bijvoorbeeld prijsafspraken tussen aanbieders die zorg leveren aan de zorggroep en het risico op uitsluiting van aanbieders als de zorggroep over aanmerkelijke marktmacht (AMM) beschikt.

Rolverdeling NMa/NZa bij zorggroepen

5. De NMa en de NZa hebben beide taken in het markttoezicht op zorggroepen.
– De NMa ziet toe op de naleving van het kartelverbod. Kartelafspraken zijn afspraken tussen aanbieders die de mededinging beperken, zoals bijvoorbeeld marktverdelings- of prijsafspraken. De NMa kan daarnaast optreden als een zorggroep met een economische machtspositie daarvan misbruik maakt. Hierbij is sprake van *ex post* toezicht. De NMa treedt sanctionerend op.

- De NZa treedt als eerste op bij AMM, ofwel wanneer een machtspositie van een zorggroep in potentie de publieke belangen kan schaden door uitbuiting of uitsluiting. We spreken dan van *ex ante* toezicht. De NZa treedt regulerend op.
- Voorts ziet de NMa *ex ante* toe op de vorming van (grotere) concentraties (indien deze een zodanige omvang hebben dat de meldingsdrempels worden overschreden).

6. Voor die gevallen waar samenloop met betrekking tot aanmerkelijke marktmacht en misbruik van een economische machtspositie aan de orde is, voorziet artikel 18 Wmg in een voorrangsregeling. De toepassing van deze voorrangsregeling is nader uitgewerkt in het Samenwerkingsprotocol tussen de NMa en de NZa.[1] Hoofdlijn is dat bij samenloop van de betreffende bevoegdheden de beide autoriteiten bevorderen dat belanghebbenden zich in eerste instantie wenden tot de NZa. Hiervan kan worden afgeweken indien de NMa en de NZa gezamenlijk vaststellen dat een zaak op basis van effectiviteit van het wettelijke instrumentarium, uit efficiëntie of uit andere overwegingen, beter door de NMa of door de NMa en de NZa gezamenlijk kan worden behandeld. De NZa dient zich te richten naar de uitleg van begrippen die de NMa hanteert in het kader van het mededingingsrecht.

Kader

7. Zoals aangegeven willen de NMa en de NZa met deze Richtsnoeren partijen een kader meegeven voor het beantwoorden van vragen over de toepassing van de mededingingsregels van de Mw en de Wmg op zorggroepen. Hiermee geven de NMa en de NZa tevens nadere invulling aan een verzoek van de Minister van Volksgezondheid Welzijn en Sport (VWS) in de brief Ruimte en Rekenschap om bij samenwerking in zorggroepen zo concreet mogelijk aan te geven wat wel en niet is toegestaan.[2] Dit laat onverlet dat partijen zelf verantwoordelijk zijn om zich aan de Mw en de Wmg te houden, en om zelf te toetsen of de manier waarop zij samenwerken, past binnen het kader van de Mw en de Wmg.

8. De ingezette koers van het ministerie van VWS om de zorg voor de hierboven genoemde chronische aandoeningen op een integrale manier te organiseren en functioneel te bekostigen is eenduidig. Het is daarnaast een feit dat de wet- en regelgeving zorggroepen voldoende ruimte biedt om met elkaar te concurreren.[3] Ook de aanbieders bij wie de zorggroep zorg kan inkopen kunnen vrij met elkaar concurreren.

9. Het is goed om op voorhand te benadrukken dat onderstaande Richtsnoeren niet alle vragen van partijen kunnen beantwoorden. Zo kan niet elke manier waarop een zorggroep kan worden georganiseerd of elke wijze waarop aanbieders met elkaar samenwerken voor elke specifieke zorggroep worden behandeld. De markten zijn nu eenmaal volop in ontwikkeling en er ontstaan steeds nieuwe initiatieven om het aanbod van ketenzorg te organiseren. Het is dan ook niet de bedoeling om een vastomlijnde organisatievorm te presenteren waaraan elke zorggroep zich idealiter zou moeten houden of spiegelen.

Leeswijzer Richtsnoeren

10. De Richtsnoeren zijn als volgt opgebouwd. In hoofdstuk 2 wordt kort stil gestaan bij de twee hoofdvormen die met betrekking tot zorggroepen zijn ontstaan. Aan de hand

---

1 Zie artikel 4 van het Samenwerkingsprotocol tussen de NMa en de NZa.
2 Brief van de Minister van Volksgezondheid, Welzijn en Sport d.d. 9 juli 2009 over ruimte en rekenschap voor zorg en ondersteuning (*Kamerstukken II* 2009–2010, 32 012, nr. 1)
3 Zie NZa Visie 'Functionele bekostiging van vier niet-complexe chronische zorgvormen' van april 2009, en NZa Uitvoeringstoets 'Mededingingsanalyse Zorggroepen' van juli 2010.

van de beschrijving van de hoofdvormen kunnen partijen zelf beoordelen hoe zij hun relatie tot de zorggroep moeten zien.
11. Hoofdstuk 3 geeft een korte toelichting op de afbakening van de markt. Partijen kunnen aan de hand van vuistregels die in dat hoofdstuk worden gegeven hun positie op de markt bepalen en zelf beoordelen of zij bijvoorbeeld over een AMM-positie beschikken.
12. Hoofdstuk 4 behandelt het kartelverbod van artikel 6 van de Mededingingswet. De NMa ziet toe op de naleving van deze bepaling. In dat hoofdstuk wordt beschreven wat wel en niet is toegestaan ten aanzien van samenwerking tussen aanbieders onderling, aanbieders en zorggroepen en tussen zorggroepen onderling. Aan de hand van concrete voorbeelden wordt de toepassing van dit onderdeel van de Mw uitgelegd.
13. Hoofdstuk 5 gaat nader in op de mogelijke mededingingsrechtelijke problemen als zorggroepen over sterke marktposities beschikken. In dit hoofdstuk kunnen partijen informatie vinden over hoe de NZa bepaalt of er sprake is van een AMM-positie en hoe partijen zich moeten gedragen als zij over een AMM-positie beschikken.

2 Organisatie van zorggroepen

14. In dit hoofdstuk worden twee hoofdvormen van zorggroepen beschreven. De NMa en NZa realiseren zich dat er in de sector mogelijk andere definities leven of dat zorgaanbieders een andere beleving hebben bij de gehanteerde terminologie. Voor de mededingingsrechtelijke beoordeling is het echter van belang een eenduidige terminologie te hanteren, waarbij het onderscheid in twee hoofdvormen van belang is om deze mededingingsrechtelijk te duiden.
15. De NMa en de NZa achten een zorggroep aanwezig als een partij een afzonderlijke rechtsvorm heeft gecreëerd om een coördinerende rol te spelen op het gebied van de behandeling van een of meer chronische ziekten. De coördinatie richt zich op het aanbod aan de patiënt. Het oprichten van zorggroepen is nu vooral het initiatief van zorgaanbieders. Een zelfde beoordeling is echter van toepassing op derden die een coördinerende rol op zich nemen op het gebied van de behandeling van een of meer chronische ziekten en dus als zorggroep gedefinieerd kunnen worden. De rechtsvormen waarvoor zorggroepen kiezen zijn in de praktijk stichtingen, coöperaties en besloten vennootschappen, maar ook maatschappen komen voor.
16. Een zorggroep sluit contracten met zorgverzekeraars om ten aanzien van een of meer chronische aandoeningen het leveren van zorg te coördineren en uit te voeren en heeft hierbij als doel de operationele kwaliteit van zorg te verbeteren.[1] De zorggroep maakt met zorgverzekeraars afspraken over de uitvoering van bijvoorbeeld een diabetesprogramma. Deze afspraken kunnen betrekking hebben op de inhoud (aan de hand van zorgstandaarden) en prijs van het programma. Over de prijs voor de verschillende zorgproducten kunnen de zorggroep en zorgverzekeraars vrij onderhandelen.[2] De zorggroep is ten opzichte van de zorgverzekeraar verantwoordelijk voor het bewaken van de

---

[1] Zie ook visiedocument NZa, functionele bekostiging vier niet-complexe chronische zorgvormen (2009).
[2] Door de inkoop van zorg voor zijn rekening te nemen neemt de zorggroep indien hij een vast bedrag van de verzekeraar krijgt voor een patiënt ook een deel van het financiële risico over van de zorgverzekeraar. De zorggroep kan dit op zijn beurt weer bij de aanbieders waarbij hij zorg inkoopt neerleggen door deze bijvoorbeeld ook een vast bedrag per patiënt te geven.

kwaliteit van de zorgverlening.[1] De zorggroep bepaalt al dan niet in samenspraak met de zorgverzekeraar ook de verdeling van de verschillende taken/diensten die binnen het programma geleverd moeten worden door de verschillende zorgaanbieders (bijvoorbeeld hoeveel uur diëtetiek, hoeveel uur fysiotherapie).

17. In de praktijk zien we grofweg twee hoofdvormen van zorggroepen, plus een mengvorm:
- Hoofdvorm I De zorgaanbieders blijven zelfstandige ondernemers, los van de zorggroep.[2] De zorggroep is een juridische entiteit die zelfstandig opereert. De zorggroep vormt de schakel tussen de zorgverzekeraar aan wie hij zorg verkoopt en de individuele aanbieders bij wie hij zorg inkoopt. De zorggroep is hoofdcontractant en de aanbieders die zorg leveren zijn 'onderaannemers'. Over de hoogte van de door de betrokken zorgaanbieders in rekening te brengen prijzen kan vrij onderhandeld worden. De onderaannemers maken dus geen deel uit van de zorggroep, maar leveren als zelfstandige ondernemers zorg krachtens een daartoe met de zorggroep gesloten overeenkomst. In deze structuur opereren zowel de zorggroep als de zorgaanbieders als zelfstandige ondernemingen en dus als meerdere aparte entiteiten.[3] Figuur 1 geeft deze organisatievorm weer.

Figuur 1 Hoofdvorm I: de zorgaanbieders blijven zelfstandig

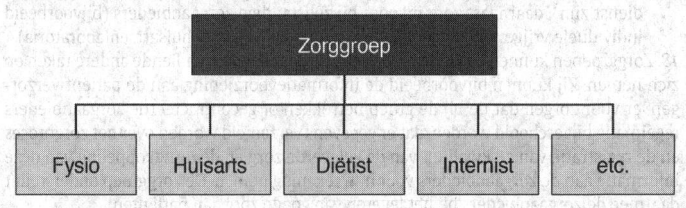

```
                    Zorggroep
    ┌──────┬──────────┬─────────┬──────────┬──────┐
   Fysio  Huisarts  Diëtist  Internist   etc.
```

- Hoofdvorm II Zorgaanbieders zijn onderdeel van de zorggroep. Er is sprake van verschillende mogelijkheden. A) De zorgaanbieders brengen als zij al actief waren hun onderneming geheel of gedeeltelijk in de zorggroep in en houden op zelfstandig

---

1 Ook de zorgverzekeraar heeft op basis van de zorgplicht een verantwoordelijkheid met betrekking tot de borging van kwaliteit.
2 Met 'zelfstandige ondernemers' worden zowel individuele beroepsbeoefenaren als combinaties van die beroepsbeoefenaren die met elkaar een onderneming vormen bedoeld. Waar het om gaat is dat de zorggroep en de 'onderaannemers' van elkaar te onderscheiden zelfstandige ondernemingen zijn. Het bestuur van een zorggroep kan bestaan uit zelfstandige zorgaanbieders die ook zorg leveren aan de zorggroep. Er is dan wel sprake van dubbele petten, aangezien de individuele aanbieder als bestuurder van de zorggroep meewerkt aan het inkopen van zorg bij zichzelf en dus invloed heeft op de prijs die hij als individuele aanbieder van de zorggroep krijgt.
3 Ook wanneer de zorggroep de vorm van een coöperatieve vereniging heeft is doorgaans van deze situatie sprake. De coöperatie vormt immers doorgaans niet één economische eenheid met haar leden. De NMa-NZa hebben uit de markt vernomen dat de individuele aanbieders bij wie zorg wordt ingekocht, dit mogelijk anders ervaren omdat zij lid zijn van een zorggroep of, bijvoorbeeld, omdat zij de oprichting hiervan mede hebben gefinancierd. Voor de NMa is bij deze hoofdvorm echter sprake van meerdere aparte entiteiten.

ondernemer te zijn voor het deel van de activiteiten dat zij aan de zorggroep hebben overgedragen. B) De zorggroep neemt zorgaanbieders in loondienst om de zorg te leveren. Figuur 2 geeft deze organisatievorm weer.

Figuur 2 Hoofdvorm II: zorgaanbieders als onderdeel van de zorggroep

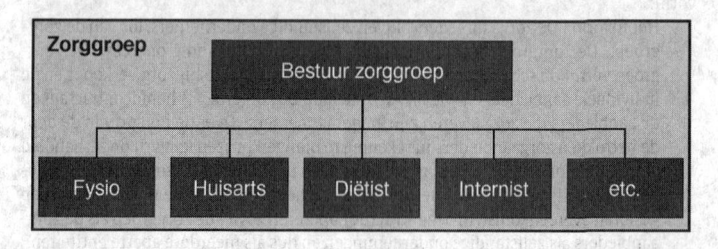

[Organogram: Zorggroep met Bestuur zorggroep, daaronder Fysio, Huisarts, Diëtist, Internist, etc.]

– Mengvorm Daarnaast kan er sprake zijn van een mengvorm, waarbij een zorggroep als onder II, die dus zorg aanbiedt door middel van zorgaanbieders die bij haar in dienst zijn[1], daarnaast zorg inkoopt bij zelfstandige zorgaanbieders (bijvoorbeeld individuele vrijgevestigde aanbieders, zorginstellingen of huisartsenlaboratoria).

18. Zorggroepen kunnen naast de reeds genoemde taken verschillende andere taken op zich nemen. Zij kunnen bijvoorbeeld de informatievoorziening aan de patiënt verzorgen, er voor zorgen dat de bij de groep betrokken of gecontracteerde zorgaanbieders regelmatig bijgeschoold worden, dat er gegevens verzameld worden over het zorgproces en de registratie van de kwaliteit van de geleverde zorg en de terugkoppeling van deze informatie aan de zorgaanbieders voor hun rekening nemen. De zorggroep ondersteunt daarmee de zorgaanbieders bij het leveren van goede zorg aan patiënten.

19. De bestaande zorggroepen zijn veelal opgezet door huisartsen. In veel regio's zijn huisartsen daarom bestuurder en/of (mede-)eigenaar van de zorggroep.[2] Maar er zijn ook gevallen waarin ziekenhuizen en huisartsenlaboratoria samen met huisartsen, of samen met fysiotherapeuten een zorggroep hebben opgezet. Zowel eerstelijns als tweedelijns aanbieders kunnen een zorggroep opzetten, maar ook andere partijen kunnen hiertoe het initiatief nemen. In de toekomst zouden daarom bijvoorbeeld ook apothekers, zorgverzekeraars of zelfs patiëntenorganisaties het initiatief kunnen nemen om een zorggroep op te richten.

Mogelijke relevantie concentratietoezicht Mw

20. Bij de vorming van een zorggroep zoals hierboven beschreven onder II en III kan sprake zijn van een concentratie in de zin van de Mw. Er kan immers sprake zijn van een fusie, of van de verkrijging van zeggenschap door een zorggroep over de ondernemingen

---

1 Zorggroepen die volgens de mengvorm zijn georganiseerd, hebben over het algemeen medewerkers in dienst die ondersteunende taken verrichten, zoals POH'ers en gespecialiseerde verpleegkundigen.

2 Huisartsen hebben deze rol opgepakt omdat zij in de praktijk nu veelal regievoerder zijn van de chronische zorg en daarnaast ook uitvoerder van (delen van) de zorg.

van voorheen zelfstandige zorgaanbieders (art. 27 Mw). Ook kan sprake zijn van het tot stand brengen van een gemeenschappelijke onderneming. Indien de omzetten van de betrokken ondernemingen de meldingsdrempels overschrijden zal de concentratie voorafgaand aan de totstandbrenging bij de NMa moeten worden gemeld.

21. Om te bepalen of sprake is van een concentratie in de zin van de Mededingingswet moet worden gekeken naar wijzigingen van de zeggenschap in de betrokken ondernemingen. Het gaat hier dan niet om de zeggenschap bij uitoefening van het dagelijks bestuur van een onderneming, maar om zeggenschap bij belangrijke beslissingen zoals het benoemen en ontslaan van bestuurders, het vaststellen of goedkeuren van het bedrijfsplan en het budget en belangrijke investeringen.[1]

22. Voor de zorgsector heeft de Minister van Economische Zaken besloten om met ingang van 1 januari 2008 de drempelwaarden die voor ondernemingen gelden om een concentratie te melden voor een periode van vijf jaar te verlagen.[2] Dit houdt in dat een concentratie in de zorgsector bij de NMa gemeld moet worden als de ondernemingen gezamenlijk in het kalenderjaar voorafgaand aan de concentratie in totaal meer dan EUR 55.000.000 wereldwijd omzetten, minstens twee van hen binnen Nederland elk een jaaromzet van minimaal EUR 10.000.000 realiseren en ten minste twee van hen elk een jaaromzet van minimaal EUR 5.500.000 met het verlenen van zorg behalen. De eerste twee omzetdrempels maken geen onderscheid naar omzet die gegenereerd wordt binnen en buiten de zorg. Ook omzet die gegenereerd wordt buiten de zorg moet worden meegerekend.

23. De NMa toetst of de concentratie de daadwerkelijke mededinging op (een deel van) de Nederlandse markt op significante wijze zou belemmeren, met name door het tot stand brengen of het versterken van een economische machtspositie. De NZa kan een zienswijze afgeven aan de NMa in concentratiezaken indien deze de zorgsector betreffen. Voor de factoren die worden onderzocht bij het bepalen of er sprake is van een significante belemmering van de daadwerkelijke mededinging wordt verwezen naar de Richtsnoeren voor de zorgsector. Indien de concentratie de mededinging significant belemmert, kan de NMa de concentratie in het uiterste geval verbieden.[3]

3 Afbakening relevante markt

3.1 Algemene beschrijving

24. De afbakening van de relevante markt is het startpunt voor een mededingingsanalyse. In de kern gaat het er hierbij om vast te stellen welke producten of diensten met elkaar

---

1 Zie ook de Geconsolideerde mededeling van de Commissie over bevoegdheidskwesties op grond van Verordening (EG) nr. 139/2004 betreffende de controle op concentraties van ondernemingen, *Pb.* C95 van 16 april 2008, p. 7, rnr. 16.
2 Besluit van 6 december 2007, houdende tijdelijke verruiming van het toepassingsbereik van het concentratietoezicht op ondernemingen die zorg verlenen, *Staatsblad* 2007, 518. De reden voor de verlaging van de drempelwaarden voor de zorgsector is dat voordien concentraties in de zorg die wellicht op een regionale of lokale markt de mededinging op significante wijze zouden kunnen belemmeren als gevolg van relatief lage omzetten niet onder het concentratietoezicht vielen.
3 Zie ook hoofdstuk 5 van de Richtsnoeren voor de zorgsector waarin wordt toegelicht op welke manier de NMa toeziet op concentraties en deze toetst, te vinden op www.nmanet.nl.

concurreren in welk gebied. Het afbakenen van de markt is van belang om de positie van een onderneming ten opzichte van andere ondernemingen op de markt te bepalen.

25. Hieronder wordt ingegaan op de afbakening van de relevante markt voor zorggroepen. Het betreft een eerste aanzet, met het doel betrokken partijen een indicatie te geven van de relevante markt. De daadwerkelijke marktafbakening kan van geval tot geval verschillen, afhankelijk van de omstandigheden in een specifieke casus. De NMa en de NZa hebben in hun toezichtpraktijk nog geen uitspraak gedaan over de afbakening van de markt waarop zorggroepen actief zijn. Voor het navolgende betekent dit dat, als over de markt of marktaandelen op die markt wordt gesproken, sprake is van een hypothetische relevante markt in mededingingsrechtelijke zin.

26. Zorggroepen bieden per definitie ketenzorg. Ketenzorg kan worden gezien als een gebundelde dienst; een set van diensten die ook los aangeboden kunnen worden. De huisarts, de diëtist, de apotheker, de fysiotherapeut, de verpleegkundige, de medisch specialist, etc. kunnen er immers ook voor kiezen chronisch zieke patiënten te behandelen buiten een keten om en hierover apart afspraken te maken met de zorgverzekeraar. De meerwaarde van de gebundelde dienst kan bestaan uit kwaliteitsvoordelen, lagere transactiekosten en het voorkomen van dubbele bekostiging.

27. Voor zorggroepen geldt dat het zwaartepunt van de door hen geleverde zorg ligt in de eerstelijn, voor patiënten met chronische aandoeningen. Het gaat hierbij in ieder geval om zorg voor patiënten met de volgende aandoeningen[1]:

— Diabetes
— Cardiovasculair risicomanagement (CVR)
— COPD
— Hartfalen
— Artrose
— Astma
— CVA
— Obesitas

28. Het aanbod van ketenzorg wordt voor diabeteszorg, CVR en COPD op dit moment op twee afzonderlijke manieren bekostigd: via keten-dbc's en via 'losse' financiering. Losse bekostiging vindt plaats door middel van consultarieven[2] aangevuld met een vergoeding voor de samenwerkings- en coördinatiekosten via de beleidsregels Innovatie, GEZ en de module M&I van de NZa. Voor de overige vormen van ketenzorg zijn op dit moment geen keten-dbc's beschikbaar, maar is wel losse bekostiging mogelijk. In onderstaande figuren zijn de verschillende wijzen van bekostiging schematisch weergegeven.

---

1 Zie ook NZa Uitvoeringstoets Integrale Bekostiging Ketenzorg, januari 2010.
2 Afhankelijk van de geleverde prestatie kan het hier om een gereguleerd tarief gaan of een tarief dat tot stand komt op basis van onderhandelingen tussen zorgverzekeraar en zorgaanbieder.

Richtsnoeren Zorggroepen

Figuur 1 'Losse bekostiging' ketenzorg[1]

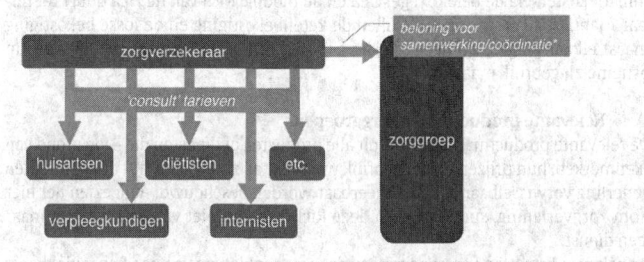

*) vergoeding voor de samenwerkings/coördinatiekosten via de NZa-beleidsregels Innovatie, GEZ en de module M&I

Figuur 2 DBC-bekostiging ketenzorg

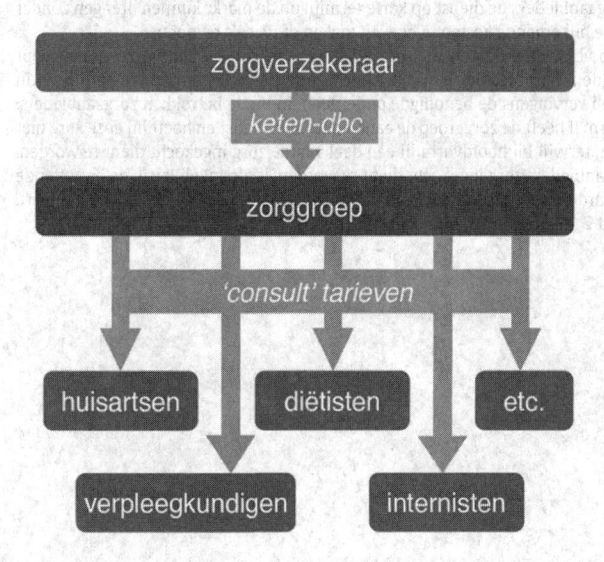

---

1 Het betreft hier een illustratie. Het type zorgaanbieder dat gecontracteerd wordt, en de invulling van de onderaannemingscontracten kunnen per zorgvorm verschillen.

29. Op dit moment staat in beginsel vast dat de vergoeding voor samenwerkings- en coördinatiekosten via de beleidsregel GEZ en de module M&I van de NZa duurt tot minimaal 1 januari 2013. Tot die tijd zullen de ketenbekostiging en de losse bekostiging dus naast elkaar mogelijk blijven, en kan het veld zelf beslissen van welke vorm van bekostiging zij gebruik maakt.

3.2 Relevante productmarkt zorggroepen

30. De relevante productmarkt bestaat uit alle producten of diensten die – op grond van hun kenmerken, hun prijzen en het gebruik waarvoor zij zijn bestemd – door patiënten als onderling verwisselbaar of substitueerbaar worden beschouwd. Aangezien het hier gaat om zorgverlening, spreken we in deze Richtsnoeren niet van een product maar van een dienst.

31. De belangrijkste bron van concurrentiedruk op aanbieders van een bepaalde dienst is de mogelijkheid van een afnemer om op andere diensten over te stappen. Dit wordt ook wel vraagsubstitutie genoemd. Concurrentiedruk kan ook ontstaan doordat bepaalde ondernemingen, die nu nog andere diensten produceren, makkelijk en snel de betreffende dienst op de markt zouden kunnen brengen omdat zij over alle bronnen en expertise beschikken. De vakterm hiervoor is aanbodsubstitutie. Voorwaarde hiervoor is dat die zorgaanbieders de dienst op korte termijn op de markt kunnen brengen zonder aanzienlijke bijkomende kosten te hoeven maken of risico's te lopen.

32. Er is op verschillende niveaus sprake van een 'markt'. De zorgverzekeraar koopt zorg in bij de zorggroep. Dit is markt 1 (zie figuur 3). De zorggroep koopt althans in hoofdvorm I vervolgens de benodigde onderdelen in bij de betrokken zorgaanbieders. In hoofdvorm II heeft de zorggroep de aanbieders al in dienst en hoeft hij deze zorg niet in te kopen, terwijl bij hoofdvorm III een deel van de zorg ingekocht dient te worden. Bij welke aanbieders zorg ingekocht dient te worden, is afhankelijk van de betreffende zorgstandaard en het specifieke zorgprogramma dat de betreffende zorggroep hanteert. Dit is markt 2 (zie figuur 3).

Figuur 3 Markten zorggroepen

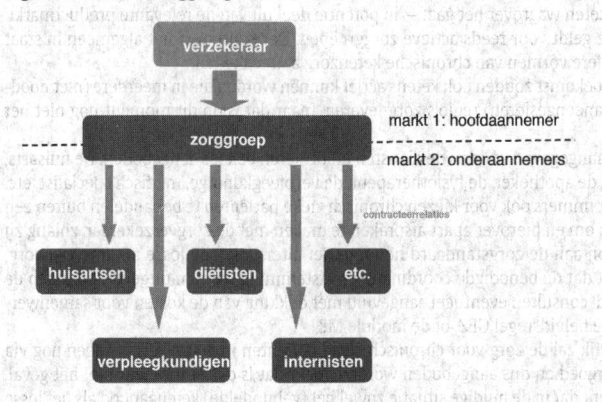

[Figure: Diagram showing "verzekeraar" at top, connecting to "zorggroep" (markt 1: hoofdaannemer), which connects via contracteerrelaties (markt 2: onderaannemers) to: huisartsen, diëtisten, etc., verpleegkundigen, internisten.]

33. In principe kan iedereen een zorggroep beginnen. Voorwaarde om op markt 1 een aanbod neer te kunnen zetten is dat de benodigde zorg (in hoofdvorm I) wordt ingekocht bij de verschillende aanbieders die op de verschillende verkoopmarkten op markt 2 opereren. Bij de afbakening van de relevante markt dient rekening gehouden te worden met het perspectief van de patiënt, de zorgaanbieders en de zorgverzekeraars.

Markt 1

34. In principe kan iedereen die dat wil een zorggroep oprichten. Voorwaarde op grond van de beleidsregels die betrekking hebben op keten-dbc's is wel dat hij over de competenties dient te beschikken (c.q. deze competenties dient te hebben gecontracteerd) om basis huisartsgeneeskundige zorg te kunnen aanbieden. Dit hoeft niet uitsluitend een zorgaanbieder te zijn. Ook voor bijvoorbeeld een zorgverzekeraar, een patiëntenorganisatie of een externe commerciële partij bestaat de mogelijkheid om toe te treden tot deze markt en deze zorg aan te bieden.[1]

35. Aanbieders kunnen tot de relevante markt gerekend worden wanneer zij makkelijk en snel tot de productmarkt kunnen toetreden omdat zij over alle bronnen en expertise beschikken c.q. kunnen beschikken. Voorwaarde hiervoor is dat de aanbieders daadwerkelijk kunnen overschakelen en het product of de dienst op korte termijn op de markt kunnen brengen zonder aanzienlijke bijkomende kosten en risico's te lopen.

36. Op dit moment wordt ketenzorg met het zwaartepunt in de eerste lijn voor zover bekend voornamelijk aangeboden door individuele zorgaanbieders, zorggroepen en gezondheidscentra.

37. Andere mogelijke aanbieders van ketenzorg – zoals thuiszorgorganisaties, verpleeg- en verzorgingsinstellingen, GGZ-instellingen en ziekenhuizen – hebben op dit moment reeds (een deel van) de benodigde zorgaanbieders onder contract en beschikken bovendien over de benodigde organisatiestructuur, daarom moet elk van deze partijen in staat

---

1 Zorggroepen die zorg verlenen waarop aanspraak op grond van Zvw of AWBZ bestaat, dienen een toelating te hebben op grond van de Wet Toelating Zorginstellingen (WTZi).

geacht worden om ketenzorg aan te bieden. Om die reden maken zij – afhankelijk van het type keten waarover het gaat – in potentie deel uit van de relevante productmarkt. Het zelfde geldt voor reeds actieve zorggroepen. Deze zijn over het algemeen in staat om meerdere vormen van chronische ketenzorg aan te bieden.

38. In de toekomst zouden ook ketens actief kunnen worden die in meerdere (niet noodzakelijk aaneengesloten) regio's zorg leveren, maar dat is op dit moment nog niet het geval.

39. Zoals aangegeven worden de diensten uit de keten ook los aangeboden. De huisarts, de diëtist, de apotheker, de fysiotherapeut, de verpleegkundige, medisch specialist, etc. kunnen er immers ook voor kiezen chronisch zieke patiënten te behandelen buiten een zorggroep om en hierover apart afspraken te maken met de zorgverzekeraar, zolang zij zich hierbij aan de zorgstandaard houden. Het alternatief, de losse afname van zorg, impliceert dat de benodigde coördinatie en afstemming worden uitgevoerd binnen de 'standaard' consulten eventueel aangevuld met dekking van de kosten voor samenwerking via de beleidsregel GEZ, of de module M&I.

40. Mogelijk zal de zorg voor chronisch zieke patiënten in de toekomst alleen nog via ketens vergoed en dus aangeboden worden, maar dat is op dit moment niet het geval. Dit betekent dat in de huidige situatie zowel het (gebundelde) ketenaanbod als het losse aanbod in beginsel tot dezelfde markt behoren.

41. De zorgverzekeraar dient op grond van zijn zorgplicht zorg in te kopen of te vergoeden waar de verzekerden op grond van behoefte en aanspraak recht op hebben. Indien de zorgverzekeraar een keten-dbc inkoopt, betreft dit voor een groot deel zorg die onder de basisverzekering valt, maar bevat deze mogelijk ook elementen buiten de te verzekeren prestaties.

42. De zorg die de zorgverzekeraar voor chronisch zieke patiënten dient in te kopen is vastgelegd in de zorgstandaard (als deze ontwikkeld is). Bij zorg voor chronisch zieke patiënten betekent dit dat de zorgverzekeraar ofwel meerdere zorgaanbieders/beroepsgroepen zal moeten contracteren ofwel de zorg gebundeld contracteert bij een zorggroep. Net zoals de zorgaanbieders niet verplicht zijn deze zorg als (gebundelde) keten aan te bieden, zijn zorgverzekeraars niet verplicht deze als (gebundelde) keten af te nemen. In principe kan de zorgverzekeraar kiezen of hij de zorg voor chronisch zieke patiënten los inkoopt of gebundeld.

Markt 2

43. Vanuit het perspectief van de chronisch zieke patiënt is de relevante zorg die hij geboden krijgt de zorg zoals omschreven in de zorgstandaard (als deze ontwikkeld is) voor de betreffende chronische aandoening. Dit is in ieder geval de zorg waar hij volgens de basisverzekering recht op heeft, mogelijk aangevuld met elementen die buiten de te verzekeren prestaties vallen (artikel 10 en 11 Zorgverzekeringswet).

44. Daar waar de zorgstandaard vereist dat minimaal een aantal zorgaanbieders betrokken is bij de behandeling, zoals de huisarts, de fysiotherapeut en de diëtist in het geval van diabeteszorg, dient deze zorg al dan niet gebundeld ingekocht te worden.

45. Vanuit het perspectief van de chronisch zieke patiënt is relevant dat een andere vorm van zorg voor bijvoorbeeld diabeteszorg geen alternatief is. Een diabetespatiënt heeft niets aan COPD-zorg, althans niet zonder dat hem ook diabeteszorg wordt verleend. In economische termen: er is geen sprake van vraagsubstitutie tussen verschillende vormen van zorg voor chronische aandoeningen.

Richtsnoeren Zorggroepen

46. Voor een aantal vormen van zorg voor chronisch zieke patiënten geldt dat de zorg inhoudelijk op elkaar lijkt. Dit is bijvoorbeeld het geval voor diabeteszorg en CVR. Op grond van regelgeving is het echter niet mogelijk dat een patiënt zowel CVR als diabeteszorg ontvangt, omdat deze keten-dbc's niet tegelijk open mogen staan.

Conclusie productmarkt

47. Op grond van bovenstaande kan vooralsnog aangenomen worden dat sprake is van separate relevante markten voor elk van de genoemde chronische zorgvormen: diabeteszorg, cardiovasculair risicomanagement, COPD, hartfalen, artrose, astma, CVA en obesitas. Voor de leesbaarheid wordt in het vervolg van dit document gesproken van 'ketenzorg', daar waar deze productmarkten bedoeld worden. De daadwerkelijke productmarkt afbakening hangt af van de specifieke situatie.

3.3 Relevante geografische markt zorggroepen

48. De relevante geografische markt is het gebied waarbinnen de bij de zorggroep in dienst zijnde of door de zorggroep gecontracteerde aanbieders zorg aanbieden (markt 2), waarbinnen vraag is naar hun diensten en de concurrentievoorwaarden voldoende gelijkwaardig zijn én duidelijk afwijken van die in aangrenzende gebieden. Van belang voor de afbakening van de markt zijn de reistijden en de reisbereidheid van patiënten, omdat patiënten bij de keuze voor een zorgaanbieder reistijd vaak een rol laten spelen. De reisbereidheid van patiënten hangt af van het type zorg en het type patiënt.

Perspectief van de patiënt

49. Vanuit de patiënt bezien is de behoefte aan zorg, zeker waar het gaat om chronische zorg, doorgaans lokaal of regionaal. Voor meer specialistische vormen van zorg die planbaar zijn, zal een patiënt eerder bereid zijn om meer reistijd te accepteren. Bij het afbakenen van de relevante markt moet met dergelijke verschillen rekening worden gehouden.

50. De relevante geografische markt voor zorg aangeboden door zorggroepen wordt dus bepaald door de tijd die patiënten in de praktijk bereid zijn te reizen naar de zorgaanbieders die betrokken zijn bij de keten. Deze reistijd kan gemeten worden vanaf het huisadres van de patiënt, maar ook bijvoorbeeld vanaf het adres van de werkgever.[1] Van de betrokken zorgaanbieders in de keten bevindt de huisarts zich in afstand tot de patiënt doorgaans het dichtst bij, en dient voor andere zorgaanbieders zoals de fysiotherapeut in voorkomende gevallen een (iets) grotere afstand afgelegd te worden. Hoewel sterk vanuit het bestaande aanbod geredeneerd, en dus de vraag gerechtvaardigd is of in werkelijkheid de reisbereidheid voor patiënten niet anders is, is dit een sterke indicatie voor het bestaan van een lokale/regionale markt.

Perspectief van de zorgaanbieder

51. De zorg geleverd door zorggroepen is afkomstig van vrije beroepsbeoefenaren (waaronder huisartsen, fysiotherapeuten, verpleegkundig specialisten, diëtisten) en medisch specialisten. Uit de beschikkingenpraktijk van de NMa en monitors van de NZa[2] blijkt dat voor deze soorten aanbieders de relevante geografische markt in hoofdzaak lokaal/regionaal van aard zijn. Vrije beroepsbeoefenaren in de eerstelijnszorg opereren doorgaans

---

1 De reistijd vanaf het adres van de werkgever is relevant bij een bezoek van een werknemer aan een zorgaanbieder tijdens, voor of na werktijd in de omgeving van de werkgever.
2 Zie onder meer NZa Visiedocument fysiotherapie (2005), Visiedocument dieetadvisering (2008), Langetermijnvisie geneesmiddelenbeleid (2008), Monitor Huisartsenzorg (2009).

op lokaal niveau (huisarts, fysiotherapeut) en/of regionaal niveau (medisch specialist). Derhalve geldt dat ook voor ketenzorg de geografische markt lokaal/regionaal van aard is.
Perspectief van de zorgverzekeraar
52. Voor de zorgverzekeraar is het perspectief van de patiënt leidend. Gegeven de beperkte reisbereidheid van patiënten betekent dit dat ook voor de zorgverzekeraar de relevante geografische inkoopmarkt van zorg lokaal/regionaal bepaald is.
Conclusie relevante geografische markt
53. Gegeven de waargenomen beperkte reisbereidheid van patiënten lijkt de relevante geografische markt voor zorg die wordt geleverd door of namens de zorggroep lokaal of regionaal. De daadwerkelijke geografische marktafbakening hangt af van de specifieke situatie. Voor deze Richtsnoeren is het vooralsnog voldoende om ervan uit te gaan dat de geografische markt voor ketenzorg naar alle waarschijnlijkheid lokaal of regionaal bepaald is.

3.4 Conclusie relevante markt zorggroepen
54. Vooralsnog kan ervan worden uitgegaan dat sprake is van separate relevante productmarkten voor elk van de genoemde chronische zorgvormen: diabeteszorg, cardiovasculair risicomanagement, COPD, hartfalen, artrose, astma, CVA en obesitas. De relevante geografische markt wordt vooralsnog lokaal of regionaal afgebakend.
55. De NMa en de NZa hebben in hun toezichtpraktijk nog geen uitspraak gedaan over de afbakening van de markt(en) waarop zorggroepen actief zijn. Voor het navolgende betekent dit dat, als over een markt of marktaandelen op die markt wordt gesproken, sprake is van een hypothetische relevante markt in mededingingsrechtelijke zin. Een relevante markt wordt pas 'definitief' afgebakend in een specifieke casus, afhankelijk van de omstandigheden van het geval. Verder is de afbakening niet statisch. Het is bijvoorbeeld denkbaar dat wanneer de transparantie over kwaliteit toeneemt en kwaliteitsverschillen tussen aanbieders en zorggroepen inzichtelijk worden, patiënten bereid zullen zijn verder te gaan reizen en zo de omvang van de geografische markt toeneemt.

4 Zorggroepen en het kartelverbod
56. De NMa ziet toe op de naleving van het kartelverbod. Kartelafspraken zijn afspraken tussen aanbieders die de mededinging beperken, zoals marktverdelings- of prijsafspraken. Het kartelverbod staat in artikel 6 van de Mededingingswet.
57. In dit hoofdstuk wordt toegelicht op welke manier het kartelverbod van toepassing is en welke vrijstellingen er gelden voor zorggroepen en de individuele aanbieders bij wie zij zorg inkopen. Het besteedt ook aandacht aan de vraag welke afspraken zorggroepen en individuele aanbieders mogen maken op het gebied van prijs en kwaliteit.

4.1 Kader Mededingingswet
58. De Mw is van toepassing op ondernemingen. Het begrip 'onderneming' omvat elke eenheid die een economische activiteit uitoefent, ongeacht de rechtsvorm van deze eenheid en haar wijze van financiering. Het leveren van zorg is in principe een economische activiteit en zorgaanbieders zijn ondernemingen in de zin van de Mw. Een zorggroep die een of meer keten-dbc's verkoopt aan zorgverzekeraars is eveneens een onderneming in de zin van de Mw. Of de zorggroep deze zorg feitelijk zelf levert of inkoopt bij individuele zorgaanbieders is hiervoor niet van belang.
59. Afspraken binnen één onderneming worden niet geraakt door het kartelverbod.

60. Voordat wordt toegelicht op welke manier het kartelverbod van toepassing is op zorggroepen en de individuele aanbieders bij wie zij zorg inkopen, is het goed om te benadrukken dat de Mw samenwerking tussen individuele aanbieders in een keten niet verbiedt. In veel gevallen kan samenwerking vanuit kwaliteits- of doelmatigheidsoogpunt zeer wenselijk zijn. Zolang samenwerking tussen ondernemingen de concurrentie niet belemmert, zal deze niet in strijd zijn met de Mw. Ook wanneer er wel sprake is van een belemmering van de concurrentie zijn afspraken die gericht zijn op samenwerking en voordelen opleveren voor de consument die zwaarder wegen dan de eventuele nadelen voor de concurrentie in beginsel toegestaan (zie ook randnummers 68-70).

61. Op grond van artikel 6, lid 1 Mw (het kartelverbod) zijn overeenkomsten tussen ondernemingen, besluiten van ondernemingsverenigingen en onderling afgestemde feitelijke gedragingen van ondernemingen verboden als zij ertoe strekken of ten gevolge hebben dat de mededinging op de Nederlandse markt of een deel daarvan wordt verhinderd, beperkt of vervalst. Voorbeelden van dergelijke afspraken zijn prijsafspraken, marktverdelingsafspraken over bijvoorbeeld de geografische verdeling van markten of de verdeling van klanten, en afspraken tot een boycot i.e. een gemeenschappelijke weigering tot levering van bepaalde producten of diensten. Samenwerkingsverbanden bij gemeenschappelijke inkoop hebben in het algemeen niet tot doel de concurrentie te beperken. Dit geldt bijvoorbeeld voor de gezamenlijke inkoop van software. Deze samenwerkingsverbanden beogen de kosten voor inkoop te verlagen en voor een uniforme standaard van gebruik te zorgen. Toch kunnen de afspraken nadelige gevolgen hebben voor de mededinging. Het is hierbij van belang dat de inkoopovereenkomsten in hun juridische en economische context beoordeeld worden.[1] Wanneer in het hierna volgende gesproken wordt over overeenkomsten worden daaronder mede besluiten van ondernemingsverenigingen en onderling afgestemde feitelijke gedragingen begrepen.[2]

62. Niet alle overeenkomsten tussen (concurrerende) ondernemingen vallen onder het kartelverbod. In de volgende randnummers wordt nader ingegaan op de verschillende uitzonderingen.[3]

Bagatelbepaling

63. Het kartelverbod is niet van toepassing op overeenkomsten tussen een beperkt aantal ondernemingen met een geringe omzet, de zogeheten bagatelbepaling. In artikel 7, lid 1, Mw, is geregeld dat het kartelverbod niet van toepassing is op overeenkomsten waarbij niet meer dan acht ondernemingen (lees individuele aanbieders) betrokken zijn en de totale gezamenlijke omzet[4] niet hoger is dan EUR 1.100.000 (in geval van diensten).[5]

64. Indien deze grenzen worden overschreden, kunnen overeenkomsten tussen ondernemingen die daadwerkelijke of potentiële concurrenten zijn nog steeds uitgezonderd zijn van het kartelverbod. Daartoe moet voldaan worden aan de tweede bagatelbepaling,

---

1   Zie ook Richtsnoeren voor de zorgsector, randnummers 279-283.
2   Voor een toelichting op het kartelverbod zie ook Richtsnoeren voor de zorgsector, hoofdstuk 6, randnummers 179-195.
3   In de Richtsnoeren voor de zorgsector worden in hoofdstuk 6 de verschillende beoordelingstappen behandeld om te kunnen beoordelen of er sprake is van een uitzondering op het kartelverbod.
4   De berekening van de omzet voor de bagatelbepaling van artikel 7, lid 1, Mw gaat uit van de netto-omzet van een onderneming. Van belang is dat de totale netto-omzet van de onderneming meetelt, niet slechts de omzet die gemoeid is met de overeenkomst.
5   Zie ook Richtsnoeren voor de zorgsector, randnummers 196-200.

zoals neergelegd in lid 2 van artikel 7 Mw, namelijk dat het gezamenlijke marktaandeel van de betrokken ondernemingen op de relevante markt niet groter is dan 5% en de totale gezamenlijke omzet voor de betrokken diensten niet hoger is dan EUR 40.000.000.[1] Om te kunnen beoordelen of aan het marktaandeelcriterium wordt voldaan, dient eerst te worden bepaald wat de relevante markt is en vervolgens wat het aandeel van de betrokken onderneming(en) is op die markt. Wanneer een overeenkomst is uitgezonderd van het kartelverbod op grond van het lid 1 van artikel 7 Mw, is een toets aan artikel 7, lid 2, Mw niet meer nodig.

65. De reden van de vrijstelling van deze overeenkomsten van het kartelverbod is dat deze overeenkomsten weliswaar nadelen hebben voor de afnemers, maar dat het effect hiervan zo gering wordt verondersteld, dat zij op voorhand van de werking van het verbod zijn uitgezonderd.

Geringe beïnvloeding van de mededinging

66. Voor de toepassing van het kartelverbod moet sprake zijn van een merkbare mededingingsbeperking. Het is mogelijk dat een mededingingsbeperking die niet valt onder de bagatelgrenzen van artikel 7 Mw, toch niet leidt tot een merkbare beïnvloeding van de concurrentie en om die reden alsnog buiten de reikwijdte van het kartelverbod van artikel 6 Mw valt.[2]

Groepsvrijstellingen

67. Sommige mededingingsbeperkende overeenkomsten kunnen gunstig zijn voor de samenleving. Zij kunnen ertoe bijdragen dat er een betere coördinatie ontstaat tussen ondernemingen, waardoor bijvoorbeeld het zorgaanbod beter aansluit op de vraag van patiënten. Specifieke uitzonderingen op het kartelverbod voor efficiëntiebevorderende overeenkomsten zijn neergelegd in zogenoemde groepsvrijstellingen. Voor zorggroepen kan vooral de groepsvrijstelling voor verticale overeenkomsten relevant zijn. Deze groepsvrijstelling geldt voor overeenkomsten tussen ondernemingen die elk in een verschillende schakel van de productie- of distributieketen werkzaam zijn. Bijvoorbeeld een zorggroep en de aanbieders bij wie hij zorg contracteert zoals huisartsen en fysiotherapeuten. Er bestaan ook groepsvrijstellingen voor specialisatieovereenkomsten en onderzoeks- en ontwikkelingsovereenkomsten. Voornoemde groepsvrijstellingen zijn alleen van toepassing wanneer de marktaandelen van de betrokken ondernemingen op de relevante markt onder een bepaald niveau blijven.[3]

Individuele toets

68. Ook kunnen sommige overeenkomsten die mededingingsbeperkende effecten hebben, toelaatbaar zijn op basis van een individuele toets aan de vereisten van artikel 6, lid 3, Mw.[4] De afspraak is alleen toegestaan als de economische en maatschappelijke

---

1 De Staten-Generaal heeft recent een initiatiefwetsvoorstel aangenomen waarmee de bagatelbepaling in artikel 7, lid 2, Mw wordt aangepast (marktaandeelgrens naar 10%, omzetgrens vervalt). De Minister van Economische Zaken heeft de Tweede Kamer op 8 juli 2010 bij brief meegedeeld dat bij de Europese Commissie geïnformeerd zal worden of zij het initiatiefwetsvoorstel verenigbaar acht met het Europese recht. Afhankelijk van de reactie van de Europese Commissie zal worden bezien of al dan niet tot bekrachtiging van het wetsvoorstel over kan worden gegaan.
2 Zie ook Richtsnoeren voor de zorgsector, randnummers 201–203.
3 Voor een toelichting op deze vrijstellingen wordt verwezen naar de Richtsnoeren voor de zorgsector, paragraaf 6.2.2.
4 De toelichting op artikel 6, lid 3 komt overeen met die in de Richtsnoeren voor de zorgsector, randnummers 224–227.

voordelen de nadelige effecten voor de concurrentie overtreffen en de afspraken per saldo dus gunstig zijn voor de consument. Om te kunnen profiteren van een individuele uitzondering op het kartelverbod op grond van artikel 6, lid 3, Mw dient aan de volgende vier criteria te worden voldaan:
1. de overeenkomst moet bijdragen tot verbetering van de productie of van de distributie of tot bevordering van de technische of economische vooruitgang;
2. de voordelen die voortvloeien uit de overeenkomst moeten voor een billijk aandeel ten goede komen aan de afnemers;
3. de mededingingsbeperkingen moeten onmisbaar zijn voor het bereiken van de doelstellingen; en
4. er moet in de markt voldoende concurrentie overblijven.

69. Uit de criteria blijkt dat de mededingingsbeperkende overeenkomsten een duidelijk voordeel moeten bieden aan de economie en de cliënt. Het gaat om een objectief economisch voordeel, waarbij in het geval van zorggroepen met name gedacht kan worden aan een verbetering van de kwaliteit of de doelmatigheid van de zorg die namens hen wordt aangeboden. Ondernemingen moeten dit voordeel ook kunnen bewijzen. Ook moeten de betrokken ondernemingen aantonen dat een redelijk deel van de voordelen wordt doorgegeven aan de afnemers. Dit betekent dat mogelijke doelmatigheidsopbrengsten bijvoorbeeld in de vorm van lagere prijzen of een hogere kwaliteit ook daadwerkelijk bij patiënten en zorgverzekeraars terecht moeten komen. Ook moeten de concurrentiebeperkingen in verhouding staan tot het te bereiken doel (proportioneel zijn). Dat betekent dat er gekozen moet worden voor de wijze waarop de concurrentie zo min mogelijk wordt beperkt. De overeenkomst mag er tot slot niet voor zorgen dat de concurrentie op de desbetreffende markt nagenoeg wordt uitgeschakeld. Als er niet voldoende concurrentie overblijft, is immers het risico groot dat de behaalde voordelen niet worden doorgegeven aan de afnemers.

70. Het is in eerste instantie aan zorgaanbieders en zorggroepen zélf om te bepalen of aan de criteria van artikel 6, lid 3, is voldaan. Voorts dienen zij dit te bewijzen, wanneer de NMa constateert dat er sprake is van strijd met artikel 6, lid 1, Mw (zie randnummer 61). Iedere zaak dient daarbij aan de hand van de specifieke omstandigheden te worden beoordeeld. De zorgaanbieders c.q. zorggroepen moeten duidelijk maken wat de aard is van de verbetering, wat het verband is tussen de overeenkomst en de verbetering, wat de waarschijnlijkheid is dat de verbetering zich gaat voordoen en wat de omvang daarvan is en hoe en wanneer de verbetering zal worden gerealiseerd en op welke wijze deze ten goede komt aan de afnemer.

71. Indien bij een mededingingsbeperkende overeenkomst (vrijwel) alle op de relevante geografische markt gevestigde aanbieders zijn betrokken, dan is het erg onwaarschijnlijk dat aan de eis van voldoende restconcurrentie is voldaan. Het risico is dan groot dat de voordelen van samenwerking niet in voldoende mate terecht komen bij de patiënten of de zorgverzekeraar.

72. In de Richtsnoeren voor de zorgsector wordt het kartelverbod van artikel 6 Mw nader toegelicht. Hieronder wordt een aantal voorbeelden gegeven van de toepassing van de bagatelbepaling voor zorggroepen en de aanbieders bij wie zij zorg inkopen.

Voorbeelden toepassing bagatelbepaling

Voorbeeld 1

Een zorggroep wil zorg inkopen in een middelgrote gemeente en neemt hierover contact op met de daar actieve huisartsen. In reactie hierop spreken zeven huisartsen af om gezamenlijk op te trekken in hun contacten met de zorggroep. Zij vormen daartoe het samenwerkingsverband 'Diabetes-zorg gemeente A' en maken onder meer gezamenlijk afspraken over de prijzen waarover zij met de zorggroep willen onderhandelen. De huisartsen hebben een gezamenlijke totale omzet van EUR 1.800.000. De totale omzet op het gebied van diabeteszorg is EUR 150.000. Valt deze afspraak onder de bagatelbepaling?
Antwoord:
De omzet voor de bagatelbepaling is de optelsom van de totale netto-omzetten van alle zorgaanbieders die aangesloten zijn bij het samenwerkingsverband. In dit geval zijn er uitsluitend ondernemingen betrokken die hoofdzakelijk diensten leveren, zodat de drempel van EUR 1.100.000 geldt (artikel 7, lid 1, sub b onder 2). In dit geval komt de totale omzet van het samenwerkingsverband (te weten EUR 1.800.000 en niet slechts de EUR 150.000 die wordt omgezet met diabeteszorg) uit boven de eerste drempel van de bagatelbepaling. Om vast te kunnen stellen of de samenwerkingsovereenkomst getoetst moet worden aan artikel 6 Mw, zal vervolgens nog gekeken moeten worden of deze voldoet aan de tweede drempel (marktaandeel gelijk aan of minder dan 5% en maximaal EUR 40.000.000 totale gezamenlijke omzet). Aan het omzetcriterium in de tweede drempel is met EUR 150.000 voldaan. Of de samenwerkingsovereenkomst onder de bagatelregeling valt zal daarmee afhankelijk zijn van het gezamenlijke marktaandeel van de zeven huisartsen op diabeteszorg. Indien het marktaandeel groter dan 5% is, komt de samenwerkingsovereenkomst boven de tweede drempel uit en moet deze getoetst worden aan artikel 6 Mw.

Voorbeeld 2

Drie zorggroepen in regio B met gezamenlijk een totale netto-omzet van EUR 12.000.000 maken gezamenlijk afspraken over het leveren van diabeteszorg aan zorgverzekeraar X. Deze zorggroepen kopen hun diensten in bij individuele aanbieders en hebben een gezamenlijk marktaandeel van 4% van alle Nederlandse diabetespatiënten. Vallen zij hiermee onder de bagatelbepaling van artikel 7, lid 2 van de Mw?
Antwoord:
Om het gezamenlijke marktaandeel te berekenen van de diensten die door de zorggroepen worden geleverd, dient de relevante geografische markt afgebakend te worden. En hiervoor is de reisbereidheid van patiënten van belang. Het is niet aannemelijk dat patiënten heel Nederland door reizen voor een aanbieder van diabeteszorg. Op basis van de verwachte reistijd van patiënten zal de geografische markt naar verwachting hooguit regionaal zijn. Als het landelijke marktaandeel 4% bedraagt, zal het marktaandeel op de relevante geografische markt in regio B zo goed als zeker groter dan 5% zijn. Het ziet er dus naar uit dat de samenwerking niet onder de bagatelbepaling van artikel 7, lid 2 valt en getoetst moet worden aan artikel 6 Mw. De exacte afbakening dient voor iedere specifieke casus apart te worden vastgesteld aan de hand van het reisgedrag van de patiënt in een specifieke regio voor een specifieke dienst.

4.2 Samenwerking en afstemming tussen individuele aanbieders en zorggroepen

73. Een belangrijk verschil tussen de in hoofdstuk 2 onderscheiden hoofdvormen van zorggroepen betreft de toepasselijkheid van het kartelverbod. In hoofdvorm I zijn afspraken tussen zorgverleners onderling en tussen de zorgverleners en de zorggroep onderworpen aan het kartelverbod. Immers, zowel de zorgverleners als de zorggroep zijn ondernemingen in de zin van de Mw en de bedoelde afspraken zijn dus afspraken tussen ondernemingen. In hoofdvorm II wordt deze samenwerking *binnen* één onderneming geregeld en is het kartelverbod dus niet van toepassing. Dit geldt vanzelfsprekend alleen voor zover de zorgaanbieders deel zijn gaan uitmaken van de zorggroep en daarmee met de zorggroep tot één economische eenheid[1] zijn gaan behoren. De rechtsvorm van de economische eenheid is niet van belang. Zowel in hoofdvorm I als II zijn afspraken tussen zorggroepen onderling onderworpen aan artikel 6 Mw.

(i) De zorgaanbieders blijven zelfstandig

74. De zorggroep sluit in dit geval doorgaans met een zorgverzekeraar een contract voor het leveren van gebundelde zorgproducten en koopt de onderdelen van de bundel in bij de individuele zorgaanbieders die feitelijk de zorg leveren. De zorggroep sluit als hoofdcontractant met iedere zorgaanbieder bij wie hij zorg inkoopt een overeenkomst over de te leveren zorg en de prijs. Indien zij met meerdere aanbieders contracten moet sluiten kan zij er uiteraard ook voor kiezen om aanbieders een standaardcontract aan te bieden.

75. De afspraken tussen de individuele zorgaanbieders onderling en tussen de zorgaanbieders en de zorggroep zijn in dit geval, zoals hierboven ook al aangegeven, onderworpen aan het kartelverbod omdat het om afspraken tussen ondernemingen gaat.

76. Bij de beoordeling van de afspraken tussen ondernemingen wordt ervan uitgegaan dat aanbieders zoals huisartsen en diëtisten mogelijkheden en ruimte hebben om onderling met elkaar te concurreren bij het leveren van zorg aan zorggroepen. De prijs die zij voor hun product vragen is vrij onderhandelbaar. Het is voorts niet vanzelfsprekend dat alle aanbieders een contract krijgen van de zorggroep. De zorggroep heeft er immers belang bij om de aanbieders die de beste prijs- kwaliteit verhouding aanbieden te contracteren. Aanbieders kunnen dus ook onderling concurreren om een contract met de zorggroep. Daarnaast kunnen patiënten, als zij niet tevreden zijn over de geleverde kwaliteit, overstappen naar andere aanbieders die door een zorggroep zijn gecontracteerd of naar een andere aanbieder die door een andere zorggroep is gecontracteerd.[2]

77. Voor ketenzorg geldt dat de afspraken die individuele aanbieders met elkaar maken zowel horizontaal als verticaal van aard kunnen zijn. Zo kan binnen een diabetesketen zowel samenwerking tussen huisarts en diëtist (verticaal) als samenwerking tussen

---

1 Voor het begrip economische eenheid kan worden verwezen naar de Geconsolideerde mededeling van de Commissie over bevoegdheidskwesties op grond van Verordening (EG) nr. 139/2004 betreffende de controle op concentraties van ondernemingen (*Pb* 2008, C 95/01), randnummer 10. Eén van de voorwaarden voor het bestaan van één economische eenheid is het bestaan van één permanent ondernemingsbestuur dat beslist over de commerciële strategie van de onderneming. Zie ook de Richtsnoeren voor de zorgsector randnummers 238 tot en met 244.

2 Prijsconcurrentie tussen individuele aanbieders zal alleen ontstaan als de zorggroep gedifferentieerd inkoopt en patiënten actief stuurt naar de huisartsen waar zij de beste prijsafspraken mee heeft gemaakt. Kwaliteitsconcurrentie kan worden bevorderd als inzichtelijk wordt gemaakt hoe aanbieders presteren. Hierin kunnen verschillen tussen aanbieders zijn, ondanks dat zij veelal via hetzelfde protocol/zorgprogramma werken.

huisartsen onderling (horizontaal) plaatsvinden. Het is vooral de verticale component die zal bijdragen aan een betere afstemming van de verschillende zorgdisciplines op de zorgvraag en die dus voordelen voor de patiënt oplevert. De verticale component in het samenwerkingsverband zal in het algemeen minder snel tot een beperking van de mededinging leiden dan de horizontale component (bijvoorbeeld de samenwerking tussen huisartsen).[1]

78. In onderstaande randnummers wordt toegelicht op welke manier individuele aanbieders mogen samenwerken. Daarbij wordt nader ingegaan op de risico's voor de mededinging die bij samenwerking kunnen ontstaan. Met betrekking tot samenwerking op het gebied van kwaliteit zal in veel gevallen de zorggroep bepalen op welke manier de aanbieders moeten samenwerken volgens daartoe ontwikkelde protocollen etc. Overleg tussen aanbieders om uitvoering aan deze afspraken te geven en invulling aan ketenzorg te geven, is uiteraard toegestaan.

Niet-concurrenten

79. Er bestaan in principe geen mededingingsrechtelijke bezwaren wanneer aanbieders van verschillende disciplines elkaar informeren of afspraken met elkaar maken over hun opstelling richting de zorggroep. Zo zal bijvoorbeeld een mededeling van een huisarts aan een fysiotherapeut over de hoogte van zijn prijs voor de dienst die hij aan een zorggroep levert in de regel niet tot een beperking van de mededinging leiden, op die vlakken waar geen concurrentie bestaat tussen de huisarts en de fysiotherapeut.[2]

Concurrenten
Kwaliteitsafspraken[3]

80. De samenwerking tussen zelfstandige zorgaanbieders (horizontaal) die zorg leveren aan een zorggroep en de zorggroep zelf, mag zich richten op bijvoorbeeld een betere coördinatie van de zorg, verbetering van de kwaliteit van zorg en stroomlijning van administratie en procedures. Afspraken over kwaliteitsbevordering tussen concurrenten leveren in het algemeen geen verboden gedraging op indien deze er enkel op gericht zijn om via objectieve en transparante criteria de verantwoordelijkheden en bekwaamheden van de zorgaanbieders binnen een keten zeker te stellen en het algemene kwaliteitsniveau van de te leveren zorg te bevorderen. Derhalve zijn afspraken zoals vastgelegd in landelijke standaarden, protocollen, nascholing en bijscholing, en afspraken over het registreren van kwaliteit niet aan te merken als verboden mededingingsbeperkingen in de zin van artikel 6 Mw wanneer zij zuiver en alleen de kwaliteit van de te verlenen zorg betreffen en gericht zijn op de bevordering daarvan (zie ook randnummer 94). Ook afspraken over administratieve procedures leveren vaak geen overtreding op. Hierover mogen zorggroepen met de individuele aanbieders die zij contracteren dus in de regel afspraken maken.

81. De zorggroep mag ook overleg voeren met de aanbieders waarbij hij zorg inkoopt over het opzetten van plannen voor het starten van nieuwe ketenproducten zoals bijvoorbeeld CVRM of hartfalen. Daarnaast kan de zorggroep een klankbordgroep instellen om hem te helpen bij de invulling van een zorgprogramma.

---

1   Zie ook Richtsnoeren voor de zorgsector, randnummer 235.
2   Als de fysiotherapeut deze informatie vervolgens doorgeeft aan een andere huisarts ontstaat er wel een probleem.
3   Zie ook Richtsnoeren voor de zorgsector, randnummers 273–278.

82. Kwaliteitsafspraken tussen zelfstandige zorgaanbieders kunnen evenwel niet als argument dienen om (minimum) prijzen af te spreken. Zelfstandige zorgaanbieders mogen boven de bagatelgrens niet gezamenlijk afspraken maken om de (operationele) kwaliteit te beperken of op een bepaald niveau te handhaven.[1]

Prijsafspraken[2]

83. Boven de bagatelgrens is samenwerking tussen zorgaanbieders niet toegestaan indien die (mede) gericht is op beperking van de mededinging of dit effect heeft en geen voordeel voor de patiënt oplevert. Dit zal bijvoorbeeld zeer waarschijnlijk het geval zijn als het gaat om de afstemming van prijzen. Een aantal situaties is hierbij denkbaar.

I. Ten eerste kan het gaan om afstemming op horizontaal niveau (tussen soortgelijke aanbieders) ten opzichte van de zorggroep. Denk hierbij aan de mogelijkheid dat alle diëtisten gezamenlijk afspreken welke prijs zij willen ontvangen van de zorggroep. Als aanbieders als collectief afspraken maken over prijzen, kunnen ze die prijs aan de zorggroep opleggen. Dit is dus niet toegestaan.

II. Ten tweede kan het strijdig zijn met art. 6 Mw, indien de zorggroep als hoofdcontractant de prijs die wordt aangeboden aan de zorgverzekeraar afstemt met de aanbieders waarbij de zorggroep zorg inkoopt (de 'onderaannemers'). De zorggroep bepaalt dan immers samen met de individuele aanbieders de prijs. Zij treden dan als collectief op. Dit is niet toegestaan boven de bagatelgrens. De zorggroep mag niet als platform opereren voor prijsafstemming.

Marktverdelingsafspraken[3]

84. In het voorgaande is aangegeven dat zorgaanbieders niet hun prijzen mogen afstemmen als zij boven de bagatelgrens uitkomen. Op grond van de Mw mogen aanbieders ook niet afspreken dat zij elkaars patiënten niet overnemen als deze van zorgaanbieder willen wisselen. Hierdoor worden patiënten immers beperkt in hun keuzemogelijkheden en nemen de prikkels voor aanbieders om goede kwaliteit te leveren af. Deze afspraken (die getypeerd kunnen worden als marktverdelingsafspraken) mogen ook niet worden gemaakt tussen zorggroepen onderling en de aanbieders die namens hen zorg aanbieden, omdat hiermee de keuzevrijheid van de patiënt geschaad wordt.

Verticale afspraken
Exclusieve relaties

85. Indien een zorggroep in het contract dat hij sluit met een zorgaanbieder opneemt dat de zorgaanbieder bepaalde zorg alleen namens de zorggroep mag aanbieden is er sprake van een zogenaamde exclusieve leveringsafspraak, waarvoor mogelijk de Europese groepsvrijstelling voor verticale overeenkomsten van toepassing is.[4] Dit kan aan de orde zijn wanneer het marktaandeel van de zorggroep op de inkoopmarkt en/of dat van de zorgaanbieders op de verkoopmarkt lager is dan 30%. Wanneer de marktaandelen hoger zijn dan 30% dient de afspraak individueel getoetst te worden.[5]

---

1 Kwaliteitsaspecten, als openingstijden, extra service of wachttijden kunnen als concurrentieparameter worden aangemerkt. Onderlinge afspraken daarover kunnen de mededinging mogelijk raken en in strijd zijn met artikel 6 Mw.
2 Zie ook Richtsnoeren voor de zorgsector, randnummers 248-250.
3 Zie ook Richtsnoeren voor de zorgsector, randnummer 256
4 Verordening (EU) Nr. 330/2010 van de Commissie van 20 april 2010, *Pb.*L.102/1.
5 Zie ook Richtsnoeren voor de zorgsector, randnummers 221-223.

86. Eveneens kan er zich een probleem voordoen indien een door een zorggroep gecontracteerde onderaannemer de zorggroep beperkt in het contracteren van andere onderaannemers (exclusieve afname); deze afspraak kan in strijd zijn met artikel 6 Mw. Dit is bijvoorbeeld het geval indien een door de zorggroep gecontracteerde diëtist bepaalt welke diëtisten verder mogen of moeten worden gecontracteerd door de zorggroep. Indien het marktaandeel van de zorggroep op de inkoopmarkt en/of dat van de zorgaanbieders op de verkoopmarkt hoger is dan 30%, dan valt de exclusieve leveringsverplichting niet onder de voornoemde groepsvrijstelling en dient de afspraak individueel getoetst te worden.

Weigering te contracteren

87. Zorggroepen zouden kunnen weigeren om bijvoorbeeld bepaalde aanbieders in dienst te nemen of te contracteren. Zorggroepen zijn in principe vrij in hun keuze om niet elke aanbieder toe te laten tot hun organisatie of om niet elke aanbieder te contracteren. Dit wordt mogelijk anders indien de zorggroep beschikt over een positie van aanmerkelijke marktmacht; zie hierover verder randnummer 95 e.v.

(ii) Zorgaanbieders als onderdeel van de zorggroep

88. Als zorgaanbieders (of een deel van hun onderneming) opgaan in de zorggroep komt ook de zeggenschap over hun activiteiten bij de zorggroep te berusten. De betrokken individuele zorgaanbieders hebben dan – in ieder geval voor wat betreft de door de zorggroep te leveren ketenzorg – geen zelfstandige zeggenschap meer.

89. Het overleg binnen de zorggroep over bijvoorbeeld prijzen vindt in dit geval plaats binnen één onderneming en betreft de prijzen van die onderneming voor de verschillende diensten die zij levert. Op dergelijk overleg is het karteltoezicht niet van toepassing; het vindt immers niet plaats *tussen* ondernemingen. Dit toezicht blijft wel van toepassing op eventuele afspraken tussen de zorggroep enerzijds en individuele aanbieders anderzijds en tussen individuele aanbieders onderling over eventuele activiteiten die de aanbieders daarnaast nog als zelfstandige ondernemers verrichten. Binnen de zorggroep mogen zij dus alleen afspraken maken over de producten die de zorggroep levert (en waarvoor zij niet meer zelfstandig zijn). Zij mogen bijvoorbeeld de prijzen van andere producten niet met elkaar afstemmen. In het geval van huisartsen gaat het dan bijvoorbeeld om de reguliere huisartsenzorg die zij onder hun eigen zeggenschap leveren. De deelname aan de zorggroep legitimeert niet het maken van afspraken ten aanzien van activiteiten die zijn blijven behoren tot het eigen zelfstandig ondernemerschap.

90. Tot slot en voor de goede orde: het bovenstaande is geen uitputtende beschrijving van de toelaatbaarheid van denkbare afspraken. Of er in een concreet geval sprake is van schending van het kartelverbod zal mede afhangen van de concrete omstandigheden van het geval, zoals de organisatievorm van de zorggroep, de positie van de zorggroep op de markt en de inhoud van de afspraken.

Enkele voorbeelden

Voorbeeld 3

In een bepaalde geografische markt wordt eerstelijnszorg aangeboden in een gezondheidscentrum. Dit gezondheidscentrum levert ketenzorg en kan daarom gedefinieerd worden als zorggroep. In deze zorggroep werken 10 huisartsen, 5 fysiotherapeuten en 1 diëtist. Zij worden ondersteund door 3 praktijkondersteuners. De individuele zorgaanbieders zijn in loondienst van de zorggroep. De zorggroep heeft onderhandeld met zorgverzekeraar Y over de inhoud van de diabetes keten DBC en de totale prijs voor dat

product. Op het wekelijks werkoverleg wordt over de hoogte van de bij de zorgverzekeraar neergelegde prijs gesproken en wordt gevraagd of men zich hierin kan vinden. Mag dit?
Antwoord:
Ja, de zorggroep vormt één onderneming. Het overleg over de prijs vindt in dit geval niet plaats tussen ondernemingen. Van belang is hierbij dat de zorgaanbieders in loondienst zijn en dus geen individuele zeggenschap hebben over de praktijkvoering, los van hun eventuele medischinhoudelijke professionele autonomie.

Voorbeeld 4
Zorggroep A in regio Y wil een contract sluiten met een zorgverzekeraar om in regio Y diabeteszorg te leveren. De componenten daarvan worden ingekocht bij zelfstandige individuele aanbieders. Vanzelfsprekend wil de zorggroep eerst inzicht hebben in de kostprijs van het product dat hij aanbiedt. De zorggroep stelt daartoe een klankbordgroep samen waarbij de zorggroep voor elke discipline in de keten één aanbieder vraagt om deel te nemen in de klankbordgroep. De klankbordgroep krijgt als taak om met een advies over een integrale kostprijs te komen. De zorggroep vraagt ook aan de klankbordgroep om er voor te zorgen dat dit advies ten aanzien van de verschillende componenten waaruit de integrale prijs is opgebouwd de instemming heeft van de aanbieders uit de verschillende disciplines die de zorggroep contracteert. Mag dit?
Antwoord:
Het is een zorggroep toegestaan om informatie te verzamelen bij de aanbieders bij wie hij zorg inkoopt om tot een adequate prijsstelling richting zorgverzekeraar te komen. Daartoe kan een zorggroep bij de individuele zorgaanbieders (zoals een aantal huisartsen, diëtisten) afzonderlijk informatie inwinnen. Hij kan ook een marktonderzoek laten uitvoeren, of op basis van algemeen beschikbare marktinformatie tot een calculatie komen. Ook de hierboven beschreven klankbordgroep, die bestaat uit zorgaanbieders die niet met elkaar concurreren is toegestaan. Het is niet toegestaan dat de klankbordgroep het advies collectief afstemt met alle aanbieders die de zorg aan de zorggroep willen gaan leveren. De klankbordgroep mag niet, evenmin als de zorggroep zelf, een platform bieden voor concurrenten om gezamenlijk de prijs van de door hen te leveren zorg te bepalen. In veel gevallen zijn het zorgaanbieders die (mede) het bestuur van de zorggroep vormen of voor de zorggroep optreden, bijv. bij het contracteren met de zorgverzekeraar. Hoewel het op zich niet verboden is dat twee of meer zorgaanbieders die concurrenten van elkaar zijn bijv. bestuurslid van een zorggroep zijn, worden de risico's voor mededingingsbeperkende gedragingen wel groter naarmate het aantal concurrerende zorgaanbieders dat in het bestuur van een zorggroep zitting heeft groter is. Ook komt het voor dat zorggroepen professionele managers aantrekken. Het risico op mededingingsbeperkende gedragingen is dan een stuk kleiner omdat professionele managers geen concurrenten zijn van de zorgaanbieders met wie zij tezamen het bestuur van de zorggroep vormen. Met betrekking tot de invulling van de kwaliteitsaspecten van een zorgprogramma is het toegestaan dat een zorggroep een klankbordgroep instelt waarin huisartsen, verpleegkundigen, diëtisten en aanbieders van andere disciplines zijn vertegenwoordigd om vanuit hun verschillende expertises tot de invulling van een zorgprogramma te komen. De zorggroep kan ook zelf een aanzet doen voor de invulling van een zorgprogramma en dit ter consultatie voorleggen aan een aantal aanbieders.

Als de zorggroep zorg inkoopt bij een derde partij, bijvoorbeeld de component fysiotherapie, en die derde partij deze zorg op haar beurt inkoopt bij individuele fysiotherapeuten, dan mag de zorggroep met deze derde partij overleggen over de invulling van de kwaliteitsparagraaf.

Voorbeeld 5
Op een bepaalde geografische markt zijn 25 diëtisten werkzaam die zelfstandig een eigen praktijk voeren. Deze aanbieders hebben een contract gesloten met de lokale zorggroep X om zorg aan diabetespatiënten te leveren. Zij zijn het echter niet eens met de door de zorggroep voorgestelde prijs en komen bij elkaar om een tegenvoorstel te formuleren. Zij spreken af dat als de zorggroep niet met dit voorstel akkoord gaat, zij gezamenlijk zullen weigeren om zorg aan deze zorggroep te leveren. Mag dit?
Antwoord:
Omdat het om 25 diëtisten gaat, valt de afspraak niet onder de eerste drempel van de bagatelbepaling. Als hun gezamenlijke marktaandeel boven de 5% uitkomt dan wordt ook niet voldaan aan de tweede drempel van de bagatelbepaling. Als dit laatste het geval is mogen zij dus niet gezamenlijk afspreken om een tegenvoorstel te formuleren over de prijs die zij willen vragen. Daarnaast mogen zij niet gezamenlijk afspreken om niet in te gaan op het aanbod van de zorggroep, er zou dan namelijk sprake zijn van een collectieve boycot. De diëtisten moeten in principe individueel bepalen of zij ingaan op het aanbod van de zorggroep of niet of zich houden aan de bagatelgrens.

Voorbeeld 6
In een bepaalde geografische markt, zeg regio C, hebben 63 huisartsen, 20 fysiotherapeuten en 14 diëtisten een contract gesloten met een zorggroep om voor die zorggroep zorg te leveren. Iedere zorgverlener houdt zelfstandig zeggenschap over zijn eigen praktijkvoering. De zorggroep (de hoofdcontractant), bestuurd door twee huisartsen, een fysiotherapeut en een diëtist, heeft met
zorgverzekeraar Z onderhandeld over de inhoud van de keten, de wijze van dossiervorming en de prijs van het te leveren product. De zorggroep heeft een omzet van 11 miljoen euro. Op een vergadering van de zorggroep, waarvoor alle betrokken zorgaanbieders die zorg leveren zijn uitgenodigd, worden afspraken gemaakt over de minimale kwaliteitscriteria, logistiek en de manier waarop er met patiënten afspraken worden gemaakt over behandelplannen en zelfmanagement. De prijzen waarvoor de zorgaanbieders zorg leveren aan de zorggroep worden afgesproken in individuele gesprekken tussen het bestuur van de zorggroep en de zorgaanbieders. De zorgaanbieders stemmen deze prijzen niet met elkaar af. Mag deze vorm van samenwerking?
Antwoord:
Ja dit mag. Deze afspraken beperken de onderlinge concurrentie tussen aanbieders niet.

4.3 Samenwerking en afstemming tussen zorggroepen
Uitwisseling concurrentiegevoelige informatie.
91. Zorgverzekeraars onderhandelen met verschillende zorggroepen over de prijs en inhoud van te leveren diensten. Hierdoor bouwen zij inzicht op in de prijs- en kwaliteitsverschillen tussen zorggroepen en deze informatie kunnen zij gebruiken ten behoeve van de inkoop.

Richtsnoeren Zorggroepen

92. Zorggroepen mogen deze informatie van hun kant niet met elkaar delen als zij concurrent van elkaar zijn. Zij dienen individueel en onafhankelijk van elkaar de prijs te bepalen waarover zij willen onderhandelen met de zorgverzekeraar. De uitwisseling van (concurrentiegevoelige) prijsinformatie kan namelijk leiden tot een uitschakeling van de normale onzekerheid in de markt over de vast te stellen prijs en dat kan leiden tot hogere prijzen.[1]

93. Uitwisseling van informatie tussen met elkaar concurrerende zorggroepen is toegestaan, zolang de informatie geen betrekking heeft op concurrentieparameters.[2] De uitwisseling van bijvoorbeeld informatie over de inrichting van de administratie zal niet nadelig zijn voor de patiënt. De uitwisseling over prijzen, marges en hoeveelheden wel, wanneer dit als doel of effect heeft dat de mededinging hierdoor beperkt wordt.

94. Zorggroepen mogen kwaliteitsinformatie met elkaar uitwisselen als het gaat om het uitwisselen van *best practices*. Het is echter niet de bedoeling dat de uitwisseling van informatie tot de afstemming van een bepaald kwaliteitsniveau leidt. Zorggroepen moeten zich houden aan de zorgstandaarden, maar hebben binnen deze standaarden voldoende ruimte om zich van elkaar te onderscheiden. Het is niet toegestaan dat deze ruimte wordt ingeperkt doordat zorggroepen hierover afspraken maken en dus ook de ruimte van zorggroepen om zich van elkaar te onderscheiden naar de zorgverzekeraar beperken.

Voorbeeld 7
Een zorggroep heeft een contract gesloten met een huisarts voor uitvoering van een deel van een keten-dbc. De huisarts publiceert het contract dat hij heeft afgesloten met de zorggroep op zijn website. Mag dit?
Antwoord:
Voor een mededingingsrechtelijke beoordeling is het vooral van belang om te achterhalen wat het effect van publicatie op de werking van de markt is. Indien de huisarts de publicatie gebruikt als middel om te komen tot afstemming over prijzen of andere concurrentieparameters met andere huisartsen (en zo tot vermindering van de normale onzekerheid in de markt) en uit de feiten blijkt dat deze afstemming tussen huisartsen inderdaad daadwerkelijk tot stand is gekomen, dan is dit niet toegestaan.

5 Zorggroepen met een machtspositie

95. Zoals al in hoofdstuk 1 is aangegeven, hebben de NMa en de NZa beide taken in het markttoezicht op de zorggroepen en treedt de NZa in principe als eerste op bij Aanmerkelijke Marktmacht (AMM), ofwel wanneer een machtspositie van een zorggroep in potentie de publieke belangen kan schaden door uitbuiting of uitsluiting. In het kader van de Mw wordt gesproken over een economische machtpositie terwijl de Wmg over AMM spreekt. Het begrip AMM sluit aan bij het begrip economische machtspositie.

96. In dit hoofdstuk kunnen partijen informatie vinden of er sprake is van een AMM-positie en hoe partijen zich moeten gedragen als zij over een AMM-positie beschikken.

---

1 Door prijsinformatie met elkaar te delen kan een gemiddeld door zorggroepen vastgestelde prijs als richtprijs gaan werken waaronder zorggroepen niet bereid zijn te werken, ook al geeft de regionale situatie hier geen reden toe.
2 Factoren die de concurrentiepositie van een aanbieder bepalen.

5.1 Kader AMM

97. Het kader dat de NZa gebruikt bij de beoordeling van machtsposities van zorggroepen is dat van AMM. AMM is de positie van een of meer zorgaanbieder(s) of ziektekostenverzekeraar(s) om alleen dan wel gezamenlijk de ontwikkeling van daadwerkelijke concurrentie op de Nederlandse markt of een deel daarvan te kunnen belemmeren door de mogelijkheid zich in belangrijke mate onafhankelijk te gedragen van: zijn concurrenten; ziektekostenverzekeraars indien het een zorgaanbieder betreft; zorgaanbieders indien het een ziektekostenverzekeraar betreft; of consumenten (zie artikel 47 Wmg). AMM-partijen kunnen hun concurrenten in potentie uitsluiten en/of afnemers uitbuiten, zonder dat de markt hen daarvoor 'afstraft'. De NZa heeft op grond van artikel 48 en 49 Wmg de bevoegdheid op te treden in situaties waar er sprake is van AMM.

98. Het doel van inzet van AMM-verplichtingen is om te voorkomen dat de ontwikkeling van de concurrentie wordt verhinderd ofwel om de concurrentie in markten in transitie op gang te brengen. Zo kunnen toetredings- of overstapsdrempels weggenomen worden om de concurrentie te stimuleren.

99. De AMM-verplichting is een specifieke verplichting ('op maat') gericht op het gedrag van één partij.[1] Inzet van instrumenten door de NZa dient aan het proportionaliteitsvereiste te voldoen. Dat wil zeggen dat de keuze voor het instrument ingegeven is door geschiktheid en noodzaak. Het lichtste instrument waarmee het doel kan worden bereikt dient te worden ingezet. Ook dient er een belangafweging tussen de nadelen van een AMM-verplichting voor de AMM-partij en de voordelen voor de publieke belangen te worden gemaakt. Bovendien is een AMM-maatregel tijdelijk. De wet schrijft een duur van maximaal 3 jaar voor. Er bestaat vervolgens de mogelijkheid – met inachtneming van alle voorwaarden hiervoor – om de verplichting te verlengen.

100. In de beleidsregel AMM en de toelichting daarop[2] geeft de NZa uitleg over de wijze waarop zij artikel 48 en 49 Wmg beoordeelt en toepast. Deze Richtsnoeren hanteren dezelfde uitleg en toepassing, maar dan toegespitst op zorggroepen.

101. Voor het vaststellen van de aanwezigheid van een of meerdere partijen met een AMM-positie is de specifieke situatie van belang. Vastgesteld moet worden:
- de afbakening van de relevante product- en geografische markt;
- de positie van marktpartijen op de relevante markt;
- het bestaan van (potentiële) mededingingsproblemen door toedoen van een AMM-positie.

5.2 Marktafbakening

102. De wijze van afbakening van de relevante markt is reeds uiteengezet in hoofdstuk 3. Hierin is aangegeven dat een afbakening van de markt afhangt van de specifieke situatie. Dit document voorziet niet in een dergelijke afbakening van de markt, want er ligt geen AMM-onderzoek in de zin van artikel 48 of 49 Wmg aan ten grondslag. Dit geldt ook voor de in dit hoofdstuk uitgevoerde AMM-analyse.

---

1   In geval van collectief AMM gaat het om meerdere partijen, maar dit bestrijkt niet de hele (deel)-markt zoals het geval is bij een generieke maatregel.

2   Zie www.nza.nl voor de 'Beleidsregel AMM' en de 'Toelichting op de beleidsregel'. De NZa is op grond van artikel 57 Wmg overgegaan tot het vaststellen van deze beleidsregel.

5.3 Aanmerkelijke marktmacht
Marktaandeel
103. De grootte van het marktaandeel van de zorggroep is een belangrijke aanwijzing voor AMM. Hoe hoger het marktaandeel, hoe sterker de indicatie voor de aanwezigheid van een AMM-positie. Hierbij is geen exacte grens te trekken, maar wel bij benadering aan te geven waar de gevarenzone zich bevindt. De Memorie van Toelichting bij de Wmg geeft een aantal categorieën weer. Een marktaandeel lager dan 25% zal niet snel een probleem opleveren, het bestaan van AMM is dan onwaarschijnlijk. Tussen de 25 en de 40% marktaandeel is een AMM-positie mogelijk, bijvoorbeeld wanneer sprake is van essentiële voorzieningen. Tussen de 40 en de 55% marktaandeel is AMM aannemelijk en nader onderzoek vereist. Bij meer dan 55% marktaandeel kan geconcludeerd worden dat sprake is van AMM, tenzij er andere factoren zijn die er sterk op wijzen dat er toch effectieve concurrentie is (zie NZa beleidsregel AMM en de toelichting hierop).
104. Het marktaandeel wordt berekend (met als grondslag de relevante markt), door de omzet en/of het volume van de betrokken aanbieder te delen door de omzet en/of het volume van de gehele relevante markt.

Voorbeeld 8
Zorggroep A in regio B biedt diabeteszorg aan alle patiënten van de aangesloten huisartsen bij zorggroep A. Als ter illustratie de markt voor huisartsenzorg in regio B als relevante markt zou worden beschouwd dan kan het marktaandeel van zorggroep A als vuistregel worden ingeschat als: (1) het aantal ingeschreven patiënten van de bij de zorggroep aangesloten of door hem gecontracteerde huisartsen, gedeeld door (2) het totaal aantal ingeschreven patiënten bij alle huisartsen in het werkgebied van de zorggroep.

105. Uit de consultatie blijkt dat veel partijen verwachten dat hun marktaandeel ruim boven de drempel van 55% uitkomt. De informatie die de NZa ter beschikking staat, bevestigt dit beeld. Zoals hiervoor weergegeven kunnen er factoren zijn die er op wijzen dat er toch effectieve concurrentie is. In alle gevallen geldt dat het marktaandeel in zijn context moet worden bezien om te beoordelen of er werkelijk sprake is van AMM. Factoren die hierbij een rol spelen zijn de aanwezigheid van toetredingsmogelijkheden, overstapkosten en de mate van compenserende inkoopmacht van zorgverzekeraars. Deze factoren worden hierna nader uitgewerkt.
Toetredingsmogelijkheden
106. Een partij met AMM kan blijvend de mededinging beïnvloeden als zij geen of onvoldoende dreiging ondervindt van een nieuwkomer die toetreedt tot de relevante markt en daarmee voor (bijvoorbeeld) prijsdruk zorgt. Als er nauwelijks toetredingsdrempels bestaan kan alleen al de dreiging van potentiële toetreding een partij met een potentiële AMM-positie er van weerhouden zijn prijzen zodanig te verhogen dat ze boven een concurrerend niveau liggen, zelfs als uiteindelijk geen daadwerkelijke toetreding plaatsvindt. In dit geval zal vermoedelijk geen AMM bestaan zelfs al heeft de partij een hoog marktaandeel.
107. Er zijn verschillende opties voor toetreding tot de markt door andere zorggroepen (zorggroepen die in een ander en/of aanpalend werkgebied opereren), door nieuwe toetreders (bijvoorbeeld thuiszorgaanbieders, ziekenhuizen) en/of door betrokken zorgaanbieders die verbonden zijn of gecontracteerd zijn door de bestaande zorggroep (die uittreden uit de zorggroep of hun contract verbreken).

108. Een van de belangrijkste aspecten die de toetredingsmogelijkheden van nieuwe aanbieders bepalen is de duur en exclusiviteit van de contracten die de zorggroep heeft gesloten met zijn onderaannemers. Als een nieuwe zorggroep niet kan toetreden tot de markt, omdat de bestaande zorggroep met alle aanbieders in een regio exclusieve contracten heeft gesloten waarin (onredelijk) lange opzegtermijnen zijn opgenomen, dan is er waarschijnlijk sprake van AMM. Nieuwe partijen kunnen dan immers niet tot de markt toetreden en dit leidt tot een verstarring van de markt. Dit kan bijvoorbeeld leiden tot een eenvormig aanbod (weinig differentiatie) of te hoge prijzen. Aannemelijk moet worden dat de toetredende partijen voor deze toetreding afhankelijk zijn van de door de bestaande zorggroep gecontracteerde aanbieders.

Overstapdrempels
109. Als bij een geringe of afnemende patiënttevredenheid het aantal patiënten dat van zorggroep verandert relatief beperkt blijft, duidt dit op de mogelijke aanwezigheid van overstapdrempels. Overstapdrempels worden beïnvloed door het bewustzijn van de patiënt (weet hij dat hij kan overstappen, weet hij dat hij zich in het programma van een zorggroep bevindt) en de mate waarin eventuele kwaliteitsverschillen tussen zorggroepen transparant zijn. Een andere belangrijke factor is de bereidheid van betrokken zorgaanbieders om patiënten van elkaar over te nemen en/of zij capaciteit hebben om deze patiënten over te nemen. Voor het bestaan van AMM is van belang in hoeverre de patiënten overstapdrempels ervaren, zodanig dat de kansen voor eventuele concurrenten bemoeilijkt worden.

Inkoopmacht
110. Wanneer (bepaalde) afnemers, zoals de zorgverzekeraars, een sterke positie hebben in de onderhandelingen met de zorggroep, beperkt dit de mogelijkheid van deze aanbieder om zich onafhankelijk te gedragen. Inkoopmacht kan gebaseerd zijn op de omvang van de afnemer, zijn commerciële betekenis voor de leverancier en het vermogen om over te stappen naar andere (potentiële) leveranciers, dan wel zelf tot de markt toe te treden (de vroegere afnemer wordt dan concurrent).

111. Hoe groter het aandeel is dat de ingekochte dienst uitmaakt van de totale kosten van de verzekeraar of hoe groter het absolute bedrag is dat voor de ingekochte dienst betaald zou moeten worden, hoe groter de prikkel van een verzekeraar is om scherp te onderhandelen. In het algemeen wordt aangenomen dat een zekere mate van inkoopmacht voordelen met zich meebrengt zolang de voordelen doorgeven worden aan de consument (via de premies).

112. Of er in het geval van zorggroepen sprake is van compenserende inkoopmacht van de zorgverzekeraar dient per geval bekeken te worden. Factoren die meewegen zijn:
– de zorgplicht van de zorgverzekeraar: hij moet de toegang tot de zorg voor zijn verzekerden mogelijk maken;
– alternatieven zoals inkoop van losse diensten;
– angst voor reputatieschade bij zorgverzekeraars, wanneer ketens van een zorggroep niet worden ingekocht;
– de (on)mogelijkheden van sturing van verzekerden;
– concurrentie op de zorgverzekeringsmarkt: als een concurrent wel inkoopt, welke (potentiële) gevolgen heeft dat voor verzekeraar die niet inkoopt;
– (on)mogelijkheden voor de zorgverzekeraar om de toetreding van andere zorggroepen te faciliteren.

113. Daarnaast is er de invloed van de 'dominante' verzekeraar: als die een goed contract weet af te sluiten, lijken andere zorgverzekeraars daar van mee te kunnen profiteren. Het omgekeerde kan ook het geval zijn, wanneer een voorheen volgende verzekeraar andere contractvoorwaarden eist dan de dominante verzekeraar, omdat hij die elders (vaak in zijn eigen werkgebied) heeft weten te bedingen.
114. Indien een zorgverzekeraar gelet op deze elementen geen of onvoldoende inkoopmacht kan uitoefenen, vormt dit een belangrijke aanwijzing van AMM van de betreffende zorggroep.

Conclusie AMM zorggroepen
115. De ontwikkeling van zorggroepen lijkt zich nu nog in de beginfase te bevinden. De daadwerkelijke aanwezigheid van aanmerkelijke marktmacht van een zorggroep hangt af van de specifieke situatie. De NZa benadrukt dat het hebben een hoog marktaandeel op zichzelf geen probleem hoeft te zijn. Van belang is om te beoordelen of dit hoge marktaandeel waardoor een partij een sterke positie op de markt heeft, gecompenseerd wordt door andere factoren. Indien deze factoren het hoge marktaandeel onvoldoende compenseren, kan er sprake zijn van AMM. De NZa kan in dat geval ex ante (op voorhand) ingrijpen, wanneer het risico op mededingingsproblemen reëel is. Zoals reeds eerder gesteld dient de daadwerkelijke aanwezigheid van AMM in de praktijk per geval onderzocht te worden.

5.4 Potentiële mededingingsproblemen

116. In het specifieke geval van zorggroepen kunnen zich in potentie tenminste de volgende mededingingsproblemen voordoen, wanneer sprake is van AMM van de betreffende zorggroep.

Uitbuiting
117. Er is sprake van uitbuiting wanneer een zorggroep door te beschikken over AMM voordelen kan behalen die in normale marktomstandigheden niet behaald zouden kunnen worden. In zijn algemeenheid kan het hierbij bijvoorbeeld gaan om gedragingen als te hoge prijzen richting zorgverzekeraar, te lage prijzen voor onderaannemers, te lage kwaliteit, etc. (zie beleidsregel AMM en de toelichting erop).
118. In het geval van zorggroepen kan het risico van uitbuiting zich in de eerste plaats voordoen wanneer zorggroepen te hoge (integrale) prijzen rekenen aan zorgverzekeraars. Door te hoge prijzen te rekenen kan een zorggroep winsten genereren die niet in verhouding staan tot de onderliggende kosten. In de tweede plaats kan uitbuiting zich voordoen wanneer zorggroepen te lage prijzen berekenen aan onderaannemers, waardoor verschraling ontstaat van het zorgaanbod. Roofprijzen kunnen leiden tot het verdwijnen van concurrenten door structurele bevoordeling van de eigen onderneming.

Uitsluiting
119. Er is sprake van uitsluiting wanneer een zorggroep door te beschikken over AMM de eigen positie verder kan versterken door die van haar (efficiënte) concurrenten te verzwakken of toetreding te bemoeilijken. In zijn algemeenheid kan het hierbij bijvoorbeeld gaan om gedragingen als exclusief contracteren.
120. In het geval van zorggroepen doet het risico van uitsluiting zich in de eerste plaats voor wanneer een zorggroep welke beschikt over AMM met bepaalde zorgaanbieders geen contracten afsluit. Een zorggroep zou bijvoorbeeld kunnen weigeren een of meerdere fysiotherapeuten deel te laten nemen aan het zorgprogramma. Zorggroepen zijn echter in principe vrij in hun keuze om niet elke fysiotherapeut of huisarts te contracte-

ren. De weigering als zodanig van een zorggroep om geen contract aan te gaan met een onderaannemer, of om individueel te onderhandelen over een voorgelegd contract is in de meeste gevallen dan ook toegestaan. Dit volgt uit de wettelijke contracteervrijheid. Er is sprake van een mededingingsprobleem wanneer de weigering om een contract te sluiten of bepaalde exclusiviteitsafspraken in een contract er toe leiden dat concurrentie op de relevante markt structureel wordt belemmerd.

121. In de tweede plaats bestaat in potentie het risico van uitsluiting van andere zorggroepen door exclusieve – al dan niet langlopende – contracten met 'schaarse' faciliteiten zoals bijvoorbeeld een huisartsenlaboratorium of een ziekenhuis.

Voorbeeld 9
In een bepaalde provincie is één zorggroep actief die zich bezighoudt met ketenzorg voor COPD. Daags na het verdwijnen van haar laatste concurrent verhoogt deze zorggroep de prijzen met 50%, zonder dat er daarbij inhoudelijk wijzigingen optreden in het zorgaanbod. Deze prijsverhoging lokt geen toetreding uit en leidt niet tot verlaging van het marktaandeel van de zorggroep. Mag dit (lees: brengt dit gedrag het risico op een AMM-verplichting met zich mee?)?[1]
Antwoord:
Het kunnen doorvoeren van een structurele forse prijsverhoging zonder dat de onderliggende kostprijs aantoonbaar (flink) is gestegen, is een sterke aanwijzing voor het bestaan van een AMM-positie. De aanzienlijke prijsverhoging kan worden gezien als onafhankelijk gedrag, en er is dus reden de aanwezigheid van een AMM-positie nader te onderzoeken.

Voorbeeld 10
Zorggroep X beschikt over een AMM-positie en heeft een contract gesloten met de verzekeraar voor het leveren van diabeteszorg. In het kader van deze zorg moet zij zorg inkopen bij diëtisten. In de specifieke regio waarvoor zij een contract heeft gesloten zijn 40 diëtisten werkzaam. De zorggroep wil echter een contract sluiten met 20 diëtisten, omdat zij hiermee aan haar zorgvraag kan voldoen. Hiertoe doet de zorggroep een openbare aanbesteding met transparante normen voor contractering. Een diëtist die in eerste instantie niet gecontracteerd is, benadert de zorggroep met het verzoek verder te onderhandelen. De zorggroep meldt de diëtist in een brief dat zij voldoende diëtisten heeft gecontracteerd en dat ze niet op zijn aanbod om verder te onderhandelen ingaat. Mag dit (lees: brengt dit gedrag het risico op een AMM-verplichting met zich mee?)?
Antwoord:
Ja, dat mag (de zorggroep riskeert hiermee geen AMM-verplichting). De zorggroep heeft aan de hand van transparante en objectieve criteria bepaald met welke diëtisten zij een contract sluit. Er is niet automatisch sprake van uitsluiting als een zorggroep met bepaalde individuele zorgaanbieders geen contract afsluit.

---

1 In het geval van AMM is er geen sprake van een verbod. Pas als er sprake is van een AMM-regulering, dat wil zeggen dat de NZa een verplichting heeft opgelegd, dan dient een AMM-partij zich te gedragen naar de verplichting. In het geval de verplichting niet wordt nageleefd, is er pas sprake van een overtreding.

5.5 AMM-verplichtingen

122. Wanneer er sprake is van AMM kan de NZa op grond van artikel 48 Wmg verplichtingen opleggen. In de beleidsregel AMM zijn deze nader omschreven. Om deze verplichtingen op te leggen dient de NZa per geval een AMM-onderzoek uit te voeren.

123. In algemene termen kan de NZa in het geval van zorggroepen de volgende maatregelen nemen om potentiële mededingingsproblemen tegen te gaan:[1]

- Transparantie: zorggroepen kunnen worden verplicht om de volgende informatie aan de NZa te rapporteren: hoogte integrale prijzen; tariefopbouw integrale prijzen; aantal en locaties van aangesloten huisartsen; bij die huisartsen aangesloten patiënten (met locaties); totaal aantal patiënten in werkgebied; winst- en verliesrekening; prestatieindicatoren. Bepaalde gegevens kunnen mogelijk worden doorgegeven aan zorgverzekeraars om hun onderhandelingspositie te verbeteren en lagere integrale prijzen te bedingen.
- Non-discriminatie: zorggroepen kunnen worden verplicht om kleinere zorgverzekeraars in een regio dezelfde prijzen aan te bieden als de grotere zorgverzekeraars. Hierdoor kunnen kleinere zorgverzekeraars 'meeliften' op de minder zwakke onderhandelingspositie van grotere zorgverzekeraars.[2]
- Berekeningsmethode/kostentoerekening: zorggroepen kunnen verplicht worden om prijzen vast te stellen op basis van een bepaalde berekeningsmethode dan wel een kostentoerekeningssysteem te hanteren op basis van kostentoerekeningsprincipes.
- Ontbundeling: zorggroepen kunnen verplicht worden de ketenzorg in losse consulten te blijven aanbieden, zodat de zorgverzekeraar een alternatief heeft bij de inkoop.
- Openbaar aanbod: zorggroepen zouden verplicht kunnen worden een openbaar aanbod aan zorgverzekeraars te doen. Mits aan bepaalde, redelijke eisen wordt voldaan kan elke zorgverzekeraar dan in principe een contract afsluiten.

Voor de keuze of de NZa een AMM-onderzoek uitvoert met als mogelijk gevolg het opleggen van een AMM-verplichting hanteert de NZa prioriteringscriteria. Naast het vermoeden van AMM zijn dit het consumentenbelang, de ernst van de situatie, in hoeverre optreden van de NZa doelmatig en doeltreffend is en in hoeverre uitvoering van het onderzoek mogelijk is gelet op de beschikbare mensen en middelen. De NZa kan ambtshalve (uit eigen initiatief) of naar aanleiding van een klacht of signaal AMM verplichtingen opleggen.

5.6 Conclusie NZa-kader

124. De NZa heeft naast deze Richtsnoeren een uitvoeringstoets opgesteld ten behoeve van de Minister van VWS, waarin onder meer de vraag beantwoord wordt of de NZa aanvullende maatregelen zou moeten nemen ten aanzien van zorggroepen, om mededingingsproblemen te voorkomen en zo het publieke belang te borgen. In de uitvoeringstoets

---

1 Zie beleidsregel AMM en de toelichting daarop voor een volledige omschrijving van de maatregelen die de NZa kan opleggen in geval van AMM.
2 De NZa signaleert dat, om transactiekosten te besparen, kleinere verzekeraars nu vaak al dezelfde voorwaarden hebben als de 'dominante' verzekeraar in de regio. Indien het risico aanwezig is dat deze praktijk zou kunnen gaan veranderen, zou het wenselijk kunnen zijn om dit via een verplichtingen te faciliteren.

analyseert de NZa mogelijke interventiescenario's, variërend van deregulering tot zware (prijs)regulering.

125. Conclusie van de NZa in de uitvoeringstoets is dat de huidige regulering geen aanpassing behoeft, maar dat wel verscherpt toezicht aangewezen is. De NZa zal de Minister adviseren op korte termijn de bestaande tarief- en prestatieregulering van zorggroepen niet aan te passen. Zwaarwegend argument bij deze keuze is dat het hier gaat om een markt in transitie. De ontwikkeling naar ketenzorg komt nog op gang. Zo is pas zeer recent een integraal tarief ingevoerd. Om die reden is het naar oordeel van de NZa te vroeg om structurele stappen vooruit of terug te doen. De nadelen van de inzet van aanvullende (marktbrede) regulering lijken op dit moment groter dan de voordelen. De NZa zal indien noodzakelijk overwegen het AMM-instrument in te zetten ten aanzien van individuele zorggroepen. Mocht de monitoring daartoe aanleiding geven, dan kan de NZa alsnog beslissen aanvullende (marktbrede) regulering in te zetten.

126. Deze Richtsnoeren bevatten handvatten voor zorggroepen voor de beoordeling van een AMM-situatie. Alle zorgaanbieders, dus ook zorggroepen, dienen zich te gedragen volgens de mededingingsregels vervat in de Wmg. Zorggroepen kunnen voor zichzelf beoordelen in hoeverre zij voldoen aan deze regels, door de volgende stappen langs te lopen:

Stappenplan AMM
Stap 1: bereken marktaandeel.
— Indien groter dan 55%, ga naar stap 2/3.
Stap 2: Voorkom mededingingsproblemen, met name:
— Te hoge integrale prijs ketenzorg
— Uitsluiting zorgverzekeraars en/of andere zorgaanbieders
En
Stap 3: Gedraag je naar eventuele regulering, met name:
— Transparantie
— Openbaar aanbod
— Non-discriminatie
— Ontbundeling
— Kostengeoriënteerde prijzen

6 Slotbepalingen
Aanvulling
127. De Richtsnoeren Zorggroepen zijn voor het NMa gedeelte een aanvulling op de Richtsnoeren voor de zorgsector.
Publicatie
128. Deze regeling zal in de *Staatscourant* worden geplaatst.
Inwerkingtreding
129. Deze regeling treedt in werking met ingang van de eerste dag na dagtekening van de *Staatscourant* waarin het wordt geplaatst.
Citeertitel
130. Deze regeling wordt aangehaald als: Richtsnoeren zorggroepen.
131. Aldus, gelet op de artikelen 1, 5I, 6, 7, 11, 24 en hoofdstuk 5 Mw vastgesteld door de Raad van Bestuur van de Nederlandse Mededingingsautoriteit,
132. Aldus, gelet op de artikelen 1, 3, 16,18, 32, 47 en 48 Wmg vastgesteld door de Raad van Bestuur van de Nederlandse Zorgautoriteit,

Richtsnoeren voor de zorgsector

Richtsnoeren van 9 maart 2010, www.nmanet.nl (i.w.tr. 01-01-2011)

1 Inleiding

1.1 Introductie

1

De Nederlandse Mededingingsautoriteit (NMa) heeft haar Richtsnoeren voor de Zorgsector (Richtsnoeren) herzien. De reden om na een relatief korte periode (de vorige versie was van december 2007) de Richtsnoeren opnieuw aan te passen is de wens om steeds nauw aan te sluiten bij ontwikkelingen in de zorgsector. Zo willen wij steeds helderheid verschaffen over actuele thema's en antwoord geven op vragen uit de praktijk. De Richtsnoeren zijn na een uitgebreide consultatieronde aangevuld met nieuwe voorbeelden en onderwerpen. Ook zijn de Richtsnoeren op punten aangepast of aangescherpt op de mededingingsrechtelijke inhoud, bijvoorbeeld als gevolg van nieuwe Europese Richtsnoeren, visiedocumenten en Europese en Nederlandse jurisprudentie.
[09-03-2010, www.nmanet.nl, i.w.tr. 12-03-2010]

2

De Richtsnoeren vormen een toelichting op de toepassing door de NMa van de Mededingingswet (Mw) en een aantal mededingingsbepalingen uit het Verdrag betreffende de werking van de Europese Unie (VWEU)(voorheen: EG-Verdrag). Zij bieden een handvat voor de toepassing van de mededingingswetgeving op verschillende soorten overeenkomsten en gedragingen in de zorgsector.
[09-03-2010, www.nmanet.nl, i.w.tr. 12-03-2010]

3

De NMa wil met haar Richtsnoeren een zorgvuldige en volledige toelichting geven op haar beoordelingskader. De Richtsnoeren bevatten dan ook uitvoeringsregels die het toezicht van de NMa ten aanzien van de zorgsector beschrijven. Dit vergt een juridische nauwkeurigheid en volledigheid die soms de leesbaarheid voor partijen in het zorgveld bemoeilijkt. Om meer helderheid te verschaffen voor lezers zonder mededingingsrechtelijke achtergrond, zal de NMa naast deze uitgebreide en meer 'juridische' versie van de Richtsnoeren ook een beknoptere versie uitbrengen.
[09-03-2010, www.nmanet.nl, i.w.tr. 12-03-2010]

4

De NMa ziet dat met name zorgaanbieders een spagaat ervaren tussen de roep om meer onderlinge samenwerking, zoals verschillende vormen van ketenzorg, door bij-

voorbeeld het Ministerie van Volksgezondheid, Welzijn en Sport (VWS) en de grenzen
die de Mededingingswet aan die samenwerking stelt. In deze Richtsnoeren wil de
NMa duidelijk maken dat de Mededingingswet samenwerking niet verbiedt. Veel
samenwerkingsvormen zijn, misschien wel juist in de zorg, vanuit kwaliteits- of doelmatigheidsoogpunt zeer wenselijk. Zolang gedragingen van – en in het bijzonder
samenwerking tussen – ondernemingen de concurrentie niet belemmeren, zullen
deze ook niet in strijd zijn met de Mededingingswet. Ook wanneer de concurrentie
mogelijk wel wordt belemmerd, zijn bepaalde afspraken tussen ondernemingen vanwege hun geringe impact toegestaan op grond van de zogenaamde bagatelregeling.
Daarnaast kan sprake zijn van afspraken die gericht zijn op samenwerking tussen
ondernemingen die voordelen opleveren voor de consument die zwaarder wegen
dan de eventuele nadelen voor de concurrentie. Ook dergelijke afspraken zijn onder
bepaalde omstandigheden toegestaan.
[09-03-2010, www.nmanet.nl, i.w.tr. 12-03-2010]

5
Markten laten werken. Dat is de missie van de NMa. Dit houdt in dat de NMa ruimte
wil laten aan de markt waarin zorgverzekeraars en zorgaanbieders als ondernemingen
opereren. Zij hebben de vrijheid om zelfstandig of in samenspel tot een goed en betaalbaar zorgaanbod te komen dat inspeelt op de wens van de zorgvrager. Het houdt
ook in dat wij op grond van de Mededingingswet zullen ingrijpen op het moment
dat gedragingen van en tussen ondernemingen de concurrentie en de keuzevrijheid
voor patiënten of verzekerden belemmeren. Dit betreft met name afspraken tussen
concurrenten over de te hanteren verkoopprijzen, afspraken die gericht zijn op het
verdelen van markten of afspraken wie als laagste mag inschrijven bij aanbestedingen.
Ook afspraken die gericht zijn op gemeenschappelijke leveringsweigering (collectieve
boycot) zijn vrijwel altijd in strijd met het mededingingsrecht.
[09-03-2010, www.nmanet.nl, i.w.tr. 12-03-2010]

6
De Richtsnoeren geven aan wat de mogelijkheden en grenzen zijn van samenwerking
tussen ondernemingen. Veel situaties zijn overigens uniek en blijven vragen om een
individuele beoordeling. De NMa probeert met de Richtsnoeren de meest voorkomende praktijksituaties te behandelen.
[09-03-2010, www.nmanet.nl, i.w.tr. 12-03-2010]

1.2 De Richtsnoeren

7
De Mededingingswet gaat er vanuit dat partijen zelf beoordelen of bepaalde gedragingen niet in strijd zijn met de wet. De Richtsnoeren bieden een handvat bij deze
'self-assessment'. De Richtsnoeren geven door middel van beschrijvingen en voorbeelden inzicht in de beoordelingscriteria die worden gehanteerd bij de handhaving
van het kartelverbod (artikel 6, eerste lid, Mw), de uitzondering daarop (zoals neergelegd in artikel 6, derde lid, Mw) en het verbod op misbruik van een economische
machtspositie (artikel 24 Mw) met betrekking tot afspraken en gedragingen binnen
de zorgsector. Tevens wordt aandacht besteed aan de wijze waarop de NMa concen-

traties in de zorg beoordeelt. Daarnaast wordt in deze Richtsnoeren nader ingegaan op de wijze waarop het toezicht op de mededinging in de zorgsector in Nederland is vormgegeven. Hierbij komt ook de rolverdeling tussen de NMa en de Nederlandse Zorgautoriteit (NZa) aan de orde.
[09-03-2010, www.nmanet.nl, i.w.tr. 12-03-2010]

8
De Richtsnoeren bevatten geen uitputtende beschrijving van alle bestaande wettelijke bepalingen en jurisprudentie. Bovendien kunnen ook afspraken en gedragingen die niet in deze Richtsnoeren zijn opgenomen in strijd zijn met de Mededingingswet. Andersom kunnen afspraken waarvan niet uitdrukkelijk wordt vermeld dat zij zijn toegestaan, met de Mededingingswet verenigbaar zijn.
[09-03-2010, www.nmanet.nl, i.w.tr. 12-03-2010]

9
De Europese Commissie heeft met betrekking tot haar groepsvrijstellingen eveneens richtsnoeren gepubliceerd. De Europese richtsnoeren hebben geen automatische doorwerking zoals de groepsvrijstellingen zelf maar de NMa past in de praktijk artikel 6 Mw toe conform deze door de Europese Commissie opgestelde richtsnoeren. De belangrijkste regels/bepalingen voor de zorgsector zijn de 'Richtsnoeren inzake verticale beperkingen'[1] en de 'Richtsnoeren inzake de toepasselijkheid van artikel 81 van het EG-Verdrag op horizontale samenwerkingsovereenkomsten' (nu artikel 101 van het VWEU).[2] Doel van deze Europese richtsnoeren is het standpunt van de Europese Commissie uiteen te zetten betreffende de toetsingscriteria die op de verschillende soorten overeenkomsten en gedragingen worden toegepast. Daarnaast heeft de Europese Commissie algemene richtsnoeren gepubliceerd met betrekking tot de toepasselijkheid van artikel 81, derde lid, EG (nu artikel 101, derde lid, VWEU).[3] Ook deze richtsnoeren kunnen nuttig zijn bij de beoordeling van voorgenomen samenwerkingsverbanden.
[09-03-2010, www.nmanet.nl, i.w.tr. 12-03-2010]

10
De Richtsnoeren zijn een nadere uitwerking van een aantal onderwerpen zoals behandeld in de 'Richtsnoeren Samenwerking Ondernemingen' van de NMa.[4] Bovendien is een aantal aanvullende onderwerpen opgenomen dat voor de zorgsector specifiek van belang is.
[09-03-2010, www.nmanet.nl, i.w.tr. 12-03-2010]

---

1 Richtsnoeren van de Europese Commissie inzake verticale beperkingen, *Pb.* C 291 van 13 oktober 2000, p. 1–44.
2 Richtsnoeren van de Europese Commissie inzake de toepasselijkheid van artikel 81 van het EG-Verdrag op horizontale samenwerkingsovereenkomsten, *Pb.* C 3 van 6 januari 2001, p. 2–30.
3 Richtsnoeren van de Europese Commissie betreffende de toepassing van artikel 81, derde lid, van het EG-Verdrag, *Pb.* C 101 van 27 april 2004, p. 97–118.
4 Richtsnoeren Samenwerking Ondernemingen, gepubliceerd in *Staatscourant* van 21 april 2008 (nr. 77, blz. 14).

11

De Richtsnoeren laten de eventuele uitleg van de Mededingingswet door de rechter respectievelijk de uitleg van de Europese mededingingsregels door het Gerecht en door het Hof van Justitie van de Europese Unie onverlet.
[09-03-2010, www.nmanet.nl, i.w.tr. 12-03-2010]

1.3 Leeswijzer

12

De opbouw van de Richtsnoeren is als volgt. Allereerst wordt in hoofdstuk 2 kort stilgestaan bij de rol van mededinging in de zorgsector en wordt een aantal relevante ontwikkelingen benoemd die de context bepalen waarbinnen de Mededingingswet haar toepassing vindt. Ook komt in hoofdstuk 2 de organisatie en opbouw van het toezicht op de mededinging in de zorgsector aan de orde. Hierbij wordt ingegaan op de rol die de NMa, maar ook de NZa, speelt bij het toezicht. Ook wordt hier de rol van de Inspectie voor de Gezondheidszorg (IGZ) bij het toezicht op de mededinging benoemd. Door middel van voorbeelden verheldert dit hoofdstuk welke toezichthouder in welk geval het eerste aanspreekpunt vormt.[1] Tenslotte komen hier ook de bevoegdheden van de verschillende toezichthouders en de clementieregeling van de NMa aan de orde.
[09-03-2010, www.nmanet.nl, i.w.tr. 12-03-2010]

13

In hoofdstuk 3 komt een aantal algemene begrippen uit de Mededingingswet aan de orde. Zo zal hier worden ingegaan op de begrippen 'onderneming' en 'relevante markt'. Deze begrippen zijn van toepassing op alle onderdelen van de Mededingingswet en zullen daarom in een algemeen hoofdstuk worden behandeld. Overige begrippen komen in de specifieke hoofdstukken terug.
[09-03-2010, www.nmanet.nl, i.w.tr. 12-03-2010]

14

Hoofdstuk 4 gaat in op het verbod op misbruik van een economische machtspositie. We besteden aandacht aan factoren die van belang zijn bij het bepalen of daadwerkelijk sprake is van een economische machtspositie. Ook gaan we in op mogelijke vormen van misbruik, namelijk uitbuiting en uitsluiting. We spitsen dit toe op de inkoop- en verkooprelatie tussen zorgaanbieder en zorgverzekeraar.
[09-03-2010, www.nmanet.nl, i.w.tr. 12-03-2010]

15

Hoofdstuk 5 behandelt de concentratiecontrole. Het zet uiteen wat concentratiecontrole betekent voor ondernemingen in de zorg. Hierbij wordt eerst uitgelegd dat de Mededingingswet drie soorten concentraties onderscheidt: fusies, overnames en bepaalde typen joint ventures. Vervolgens wordt uitgelegd welke financiële drempels er gelden voor toepassing van het concentratietoezicht waarboven een meldingsplicht geldt. Voor de zorgsector zijn specifieke drempels vastgesteld. Hierna wordt de proce-

---

1 Overigens moet worden opgemerkt dat deze Richtsnoeren niet beogen de Nederlandse Zorgautoriteit te binden bij de uitvoering van de aan haar opgedragen taken.

dure voor toetsing en de inhoudelijke toetsing van concentraties uiteengezet, waarbij onderscheid wordt gemaakt tussen de meldingsfase en de vergunningsfase. Tenslotte worden de uitzonderingen op een mogelijk verbod tot concentreren weergegeven, te weten eventuele efficiëntieverbeteringen, het reddingsfusieverweer en diensten van algemeen economisch belang.
[09-03-2010, www.nmanet.nl, i.w.tr. 12-03-2010]

16
In hoofdstuk 6 wordt het kartelverbod uit artikel 6 van de Mededingingswet uiteengezet. Daarbij komen de verschillende begrippen die gehanteerd worden aan de orde en de wijze van beoordeling. Er wordt ingegaan op de drempel voor toepassing van het kartelverbod, de zogeheten bagatelbepaling. Vervolgens wordt ingegaan op de uitzonderingen op het kartelverbod waardoor bepaalde afspraken tussen aanbieders alsnog zijn toegestaan. Het gaat hierbij om groepsvrijstellingen van de Europese Commissie, maar ook om individuele vrijstellingen. Er zal worden uiteengezet dat bepaalde afspraken die in beginsel verboden zijn onder de Mededingingswet toch toegestaan kunnen zijn, omdat deze afspraken aanwijsbare voordelen opleveren voor consumenten die opwegen tegen de nadelen van de beperking van de concurrentie. Tot slot wordt ingegaan op de regeling die is gecreëerd voor de zogenaamde diensten van algemeen economisch belang, waarvoor onder omstandigheden een uitzondering op de toepasselijkheid van de mededingingsregels geldt.
[09-03-2010, www.nmanet.nl, i.w.tr. 12-03-2010]

17
De meeste aandacht zal in hoofdstuk 6 gaan naar de verschillende samenwerkingsvormen die in de zorgsector voorkomen. Er wordt hierbij onderscheid gemaakt tussen afspraken binnen één onderneming, afspraken tussen concurrenten (horizontale overeenkomsten) en afspraken tussen niet-concurrenten (verticale overeenkomsten en ketenzorg). Ten slotte wordt ingegaan op de rol van brancheorganisaties.
[09-03-2010, www.nmanet.nl, i.w.tr. 12-03-2010]

18
In de Richtsnoeren wordt ter verheldering veel gebruik gemaakt van voorbeelden. Om de voorbeelden overzichtelijk te houden zullen niet altijd alle relevante mededingingsrechtelijk aspecten aan de orde komen, maar slechts die aspecten die voor de illustratie van een specifieke thema van belang zijn. In veel voorbeelden gaan we er bijvoorbeeld vanuit dat een afspraak niet meer binnen de bagatelregeling valt en dat een afspraak merkbaar zou zijn.
[09-03-2010, www.nmanet.nl, i.w.tr. 12-03-2010]

19
De NMa is samen met de NZa bezig om een beoordelingskader op te stellen op basis van de Mededingingswet en de Wet Marktordening Gezondheidszorg met betrekking tot de mededingingsrechtelijke aspecten van zorggroepen rondom een bepaalde patiëntencategorie. Naar verwachting zal dit medio 2010 gereed zijn. Dit kader zal na vaststelling aan de Richtsnoeren worden toegevoegd.
[09-03-2010, www.nmanet.nl, i.w.tr. 12-03-2010]

2 Mededinging en toezicht in de zorg

2.1 Mededinging in de zorgsector

20

De (gedeeltelijke) centrale sturing door de overheid, die in bepaalde zorgsectoren geldt of tot voor kort heeft gegolden, wordt geleidelijk vervangen door een systeem van (gereguleerde) marktwerking. Dit wil niet zeggen dat de zorgsector daarmee in alle facetten gelijkgesteld wordt met meer commerciële sectoren. De zorgsector (zorgmarkt) heeft specifieke kenmerken waarmee het zich onderscheidt. Hierbij kan gedacht worden aan het belang van het (geïntegreerde) zorgproduct, de complexiteit van het product en de gewenste solidariteit in het financieringsstelsel. De overheid kiest daarom voor de benadering: marktwerking waar mogelijk, regulering waar nodig.[1] Dat de zorgsector een bijzondere sector is, betekent echter niet dat de basisprincipes van marktwerking of de Mededingingswet niet zouden gelden. Ook in de gezondheidszorg worden mensen en ondernemingen gestimuleerd als een andere aanbieder hen voorbij lijkt te streven op het gebied van kwaliteit of omzet. De Mededingingswet beschermt dit principe, waarbij zij oog houdt voor bijzondere kenmerken van de zorgmarkt en de specifieke context van specifieke gevallen.
[09-03-2010, www.nmanet.nl, i.w.tr. 12-03-2010]

21

Zorgaanbieders krijgen, als marktpartijen, meer vrijheden en verantwoordelijkheden. De consument kan kiezen voor de zorgverzekeraar en zorgaanbieder die het beste aansluit bij zijn wensen. De zorgverzekeraars zullen door onderlinge concurrentie geprikkeld worden om tot een optimaal polisaanbod voor hun verzekerden te komen. Zorgverzekeraars kunnen met zorgaanbieders onderhandelen over prijs, kwaliteit en organisatie van de zorg. Zij hebben een wettelijke zorgplicht voor hun verzekerden, wat betekent dat zij de plicht hebben om ervoor te zorgen dat hun verzekerden toegang hebben tot de zorg die zij nodig hebben. Zorgaanbieders zullen door middel van bijvoorbeeld prijs, kwaliteit en productdifferentiatie verzekeraars en verzekerden voor zich moeten winnen. De concurrentie stimuleert zo zorgaanbieders en zorgverzekeraars om hun aanbod goed op de vraag af te stemmen, de kwaliteit steeds te verbeteren en om kostenbewust te werken.
[09-03-2010, www.nmanet.nl, i.w.tr. 12-03-2010]

22

De keuze voor marktwerking in de zorgsector houdt niet in dat er geen ruimte meer is voor samenwerking. Van oudsher wordt in de zorgsector intensief samengewerkt om de zorg goed op de zorgvraag van de patiënt af te stemmen en om de kwaliteit van het aanbod op een hoger niveau te brengen. Samenwerkingsverbanden, en in bepaalde gevallen concentratie van zorgaanbod, kunnen een belangrijke bijdrage leveren aan het verbeteren van de kwaliteit van de zorg. De NMa staat in principe dan ook positief tegenover samenwerking in de zorgsector als die nodig is om de kwaliteit, efficiëntie

---

1 Er zijn deelmarkten waar aanbodregulering geldt en deelmarkten waar een vorm van marktregulering geldt.

en innovatie in de sector te vergroten. De voordelen van de samenwerking moeten wel ten gunste van de eindgebruiker, de patiënt en/of verzekerde komen.
[09-03-2010, www.nmanet.nl, i.w.tr. 12-03-2010]

2.2 Ontwikkelingen in de zorgsector

23
Er is een aantal ontwikkelingen op het gebied van samenwerking in de zorgsector. In de eerste plaats bestaat er een tendens tot het beter coördineren van de zorg rondom de zorgvraag van de patiënt door het opzetten van integrale zorgketens. Een zorgketen is een samenwerkingsverband van verschillende typen instellingen en beroepsbeoefenaren in de zorg. Het doel van de samenwerking is een samenhangend, integraal aanbod voor specifieke patiëntencategorieën. Doordat de verschillende behandelaars van een specifieke patiëntencategorie de zorg die zij leveren procedureel en zorginhoudelijk op elkaar afstemmen, kan de kwaliteit van de zorg worden verbeterd. Ketenzorg komt daardoor in beginsel de patiënt ten goede. Een voorbeeld is de ketenzorg rondom dementie waarbij zowel AWBZ- gefinancierde instellingen, zoals thuiszorg en verpleeghuizen, betrokken zijn als eerstelijns zorgaanbieders. Een ander voorbeeld is de gestage opzet van zorggroepen in de eerstelijn rondom bepaalde chronische ziekten, zoals diabetes en COPD. Voor een behandeling van de mededingingsrechtelijk relevante aspecten van ketenzorg zie paragraaf 6.3.3.2. Zoals aangegeven zal over zorggroepen een separaat kader verschijnen.
[09-03-2010, www.nmanet.nl, i.w.tr. 12-03-2010]

24
Het aanbieden van samenhangende en integrale zorg vindt steeds meer weerslag in de financiering van de zorg. Ook in de komende jaren zal in een steeds groter deel van de zorg prestatiebekostiging plaatsvinden. Met de invoering van prestatiebekostiging nemen de mogelijkheden voor onderlinge concurrentie toe.
[09-03-2010, www.nmanet.nl, i.w.tr. 12-03-2010]

25
De NMa signaleert daarnaast dat zorgaanbieders steeds meer een 'full service-benadering' hanteren. In plaats van één of meer specifieke zorgproducten aan te bieden, bieden zij een volledig (samenhangend) pakket van zorgproducten of –diensten aan.
[09-03-2010, www.nmanet.nl, i.w.tr. 12-03-2010]

26
De NMa signaleert tevens een tendens tot extramuralisering. Dit houdt in dat zorg die voorheen werd aangeboden in een intramurale setting steeds meer wordt vervangen door extramurale zorg. Een voorbeeld hiervan is de zorg die wordt geleverd in woonzorgcomplexen. Dit onderwerp wordt behandeld in paragraaf 6.3.3.3.
[09-03-2010, www.nmanet.nl, i.w.tr. 12-03-2010]

27
Ook worden er in de zorg steeds meer professionele standaarden ontwikkeld. Het kan daarbij gaan om protocollen voor het leveren van zorg, keurmerken en kwaliteitscer-

tificaten. Hierbij wordt ook steeds meer duidelijkheid geschapen over de minimum kwaliteitseisen waaraan zorgaanbieders moeten voldoen. Dergelijke afspraken kunnen de kwaliteit van de zorg en de transparantie van het aanbod verhogen. Voor de mededingingsrechtelijke aspecten van het hanteren van professionele standaarden zie paragraaf 6.3.2.5.
[09-03-2010, www.nmanet.nl, i.w.tr. 12-03-2010]

28
De ontwikkeling van minimale kwaliteitseisen door het veld, bijvoorbeeld in de vorm van een minimum aantal verrichtingen bij zeer complexe behandelingen, kan leiden tot specialisatie in het aanbod van zorgproducten. Zorgaanbieders kiezen er in dat geval voor om zich toe te leggen op het leveren van één of meerdere specifieke vormen van zorg. Dit wordt mogelijk versterkt door het feit dat de Inspectie voor de Gezondheidszorg (IGZ) met betrekking tot bepaalde vormen van zorg nadrukkelijk de minimale kwaliteitseisen handhaaft. Specialisatie kan enerzijds leiden tot een verbetering van de efficiëntie en de kwaliteit van de zorg die de patiënt ten goede kunnen komen. Anderzijds kunnen de keuzemogelijkheden van patiënten (sterk) afnemen als die specialisatie het resultaat is van afstemming tussen vergelijkbare zorgaanbieders over wie welke zorg zal leveren. Een bijzondere vorm van specialisatie, namelijk de specialisatieovereenkomst, wordt behandeld in paragraaf 6.2.2.1. Overige aspecten van samenwerking tussen concurrenten komen aan de orde in paragraaf 6.3.2.
[09-03-2010, www.nmanet.nl, i.w.tr. 12-03-2010]

29
Misbruik van een economische machtspositie kan zowel voorkomen bij zorgverzekeraars als bij zorgaanbieders. Zorgverzekeraars hebben van de wetgever een belangrijke rol gekregen in het zorgstelsel. Het idee daarbij is dat een concurrerende zorgverzekeraar geprikkeld wordt om de beste zorg tegen de beste prijs in te kopen. Een sterke positie in de onderhandelingen is dan gunstig voor de verzekerden van die zorgverzekeraar. Een aanhoudende zorg bij sommige zorgaanbieders is dat zorgverzekeraars misbruik zouden maken van een economische machtspositie. In hoofdstuk 4 zullen we met name ingaan op de vraag in welke gevallen zorgverzekeraars misbruik zouden maken van een economische machtspositie.
[09-03-2010, www.nmanet.nl, i.w.tr. 12-03-2010]

2.3 Toezicht op mededinging

30
De hiervoor genoemde ontwikkelingen laten, zonder daarbij uitputtend te zijn, zien dat er veel vormen van samenwerking of concentratie bestaan die ten goede kunnen komen aan consumenten. Maar partijen kunnen – bedoeld of onbedoeld – door onderlinge afspraken of door concentratievorming ook juist de kwaliteit, innovatie en doelmatigheid van het aanbod verminderen. Want als door concentratie of samenwerking ook de concurrentie tussen partijen wegvalt, vervalt ook de keuzemogelijkheid voor patiënten en de prikkel voor zorgaanbieders om zich positief te onderscheiden in de kwaliteit van het zorgaanbod of de prijsstelling. Ook zullen zorgaanbieders dan minder snel geneigd zijn om voordelen door te geven aan de patiënt of via de zorg-

verzekeraar aan de verzekerden. Daarnaast kunnen partijen met een economische machtspositie in bepaalde gevallen misbruik maken van die positie. Ook dit kan leiden tot een beperking van de kwaliteit of een onterechte verhoging van prijzen. Daarom zijn er bepaalde regels waaraan marktpartijen zich moeten houden. Deze regels zijn neergelegd in de Mededingingswet op basis waarvan de NMa toezicht houdt.
[09-03-2010, www.nmanet.nl, i.w.tr. 12-03-2010]

31
Op grond van de Wet Marktordening Gezondheidszorg (hierna: Wmg) is ook de NZa bevoegd om toezicht te houden op de mededinging in de zorgsector. Zo oordeelt de NZa of er sprake is van problemen op het gebied van marktwerking die het noodzakelijk maken om generieke regels op grond van artikel 45 Wmg vast te stellen. Ook oordeelt de NZa of er sprake is van verstoring van de werking van markten door een gebrek aan transparantie. Op grond van de artikelen 38 en 39 Wmg kan de NZa generieke regels stellen ten aanzien van transparantie. Ten slotte heeft de NZa ook ten aanzien van economische machtsposities of aanmerkelijke marktmacht een toezichthoudende rol. Met betrekking tot het toezicht op de mededinging in de zorgsector hebben dus zowel de NMa als de NZa een rol.
[09-03-2010, www.nmanet.nl, i.w.tr. 12-03-2010]

2.4 Rollen NMa en NZa

32
De NMa houdt toezicht op naleving van de Mededingingswet (Mw) en is onder meer belast met:
a. toezicht op en onderzoek naar overtredingen van het verbod op overeenkomsten tussen ondernemingen, besluiten van ondernemersverenigingen en onderling afgestemde feitelijke gedragingen van ondernemingen, die ertoe strekken of ten gevolge hebben dat de mededinging wordt verhinderd, beperkt of vervalst (kartelverbod); De NMa houdt toezicht op naleving van het kartelverbod, en zal optreden als ondernemingen afspraken maken die de mededinging verhinderen, beperken of vervalsen.
b. toezicht op en onderzoek naar overtredingen van het verbod voor ondernemingen om misbruik te maken van een economische machtspositie;
c. het toetsen van voorgenomen concentraties.
[09-03-2010, www.nmanet.nl, i.w.tr. 12-03-2010]

33
De NZa is ingesteld op basis van de Wet Marktordening Gezondheidszorg (Wmg) en onder meer belast met:
a. het toezicht op (de marktstructuur van) de zorgverlenings-, zorgverzekerings- en zorginkoopmarkten en het marktgedrag van ziektekostenverzekeraars en zorgaanbieders op deze markten, alsmede het reguleren van deze markten, waaronder begrepen het reguleren van tarieven en prestaties. Toezicht op de markten vindt onder meer plaats door het vooraf opleggen van verplichtingen aan marktpartijen met aanmerkelijke marktmacht (AMM), het stellen van generieke regels op

grond van artikel 45 Wmg en het bevorderen van transparantie van markten en het sturen op het beschikbaar komen van keuze-informatie voor consumenten;
b. toezicht op de rechtmatige uitvoering door zorgverzekeraars van de Zorgverzekeringswet (Zvw);
c. toezicht op de rechtmatige en doelmatige uitvoering van de Algemene Wet Bijzondere Ziektekosten (AWBZ) door zorgverzekeraars, zorgkantoren en het Centraal administratiekantoor AWBZ.

[09-03-2010, www.nmanet.nl, i.w.tr. 12-03-2010]

34
De NMa en NZa hebben dus beide een rol in het toezicht op de mededinging in de zorgsector. De NMa heeft concentratiecontrole en handhaving van het kartelverbod als exclusieve bevoegdheid. Met betrekking tot organisaties met een economische machtspositie of, in termen van de Wmg, aanmerkelijke marktmacht, hebben zowel de NMa als de NZa een bevoegdheid. De NZa kan verplichtingen opleggen aan zorgaanbieders of ziektekostenverzekeraars[1] als blijkt dat zij alleen of gezamenlijk over aanmerkelijke marktmacht beschikken. Deze verplichtingen zijn gericht op het voorkomen van misbruik. De NMa ziet toe op het verbod aan ondernemingen om misbruik te maken van een economische machtspositie. Hierbij kan de NMa sancties opleggen voor gedragingen in het verleden. (Bij een samenloop van bevoegdheden gaat de NZa voor, artikel 18 Wmg, zie paragraaf 2.4.1)

[09-03-2010, www.nmanet.nl, i.w.tr. 12-03-2010]

35
Hierna is schematisch weergegeven in welk geval welke autoriteit bevoegd is ten aanzien van toezicht op mededinging in de zorgsector.

Bevoegdheidsverdeling NMa en NZa

Bevoegdheid	NMa	NZa
Handhaving kartelverbod	Bevoegd om kartels op te sporen en handhavend op te treden (art. 6 Mw)	Geen bevoegdheid.
Concentratiecontrole	Bevoegd om concentraties te beoordelen (art. 34 Mw)	Geen bevoegdheid. NMa vraagt of NZa een zienswijze wenst af te geven.

---

1 Onder ziektekostenverzekeraars verstaat artikel 1 Wmg zowel de zorgverzekeraars, de zorgkantoren, als de particuliere ziektekostenverzekeraars.

Richtsnoeren voor de zorgsector

Bevoegdheid	NMa	NZa
Toezicht op economische machtsposities/aanmerkelijke marktmacht	Handhaven verbod misbruik economische machtspositie (art. 24 Mw). Repressieve (ex post) toets van gedrag. Mogelijkheid om sancties op te leggen.	Kan vooraf verplichtingen opleggen aan marktpartijen met aanmerkelijke marktmacht (artikel 48 Wmg). Preventieve (ex ante) toets van gedrag. Bij een samenloop van bevoegdheden heeft de NZa voorrang boven de NMa bij het oppakken van aanmerkelijke marktmacht.

[09-03-2010, www.nmanet.nl, i.w.tr. 12-03-2010]

36
Zowel de NMa als de NZa kan proactief optreden om consumentenbelangen te beschermen. Zo kan de NMa ook op eigen initiatief onderzoek doen naar misbruik van economische machtsposities, kartels en fusies die ten onrechte niet gemeld zijn en kan de NZa ambtshalve onderzoek doen naar AMM-situaties.
[09-03-2010, www.nmanet.nl, i.w.tr. 12-03-2010]

37
Hieronder staat ter illustratie een (niet uitputtende) opsomming van voorkomende situaties en de autoriteit die in eerste instantie de klacht of tip in behandeling zal nemen.

Behandeling door NMa of NZa?

Voorbeeldsituatie	Beoordeling	Autoriteit
Een patiënt meldt dat hij vermoedt dat twee instellingen hebben afgesproken geen patiënten van elkaar over te nemen.	Het betreft een vermoeden van een kartel (marktverdeling) dat de mededinging belemmert.	NMa

Voorbeeldsituatie	Beoordeling	Autoriteit
Een zelfstandig behandelcentrum voor orthopedie meldt dat het dominante ziekenhuis in de regio orthopedische zorg aanbiedt tegen prijzen die onder de kostprijs liggen.	Het betreft een vermoeden van aanmerkelijke marktmacht (misbruik van een economische machtspositie) door het ziekenhuis. In dit geval gaat het mogelijk om uitsluiting.	NZa[1]
In bovenstaand voorbeeld blijkt het geen zelfstandige beslissing te zijn van het dominante ziekenhuis, maar een afspraak tussen het ziekenhuis en de zorgverzekeraar.	Het betreft nu een vermoedelijke afspraak *tussen* ondernemingen die de mededinging mogelijk belemmert (kartel) en niet van een gedraging van één *zelfstandige* onderneming. De NZa zal het signaal overdragen aan de NMa. Als het de melder op voorhand al duidelijk was dat het een afspraak (afstemming) tussen ondernemingen betrof had de melder zich direct tot de NMa kunnen richten.	NMa
Een individuele zorgaanbieder vindt dat de overeenkomst die hij van een zorgverzekeraar krijgt bepalingen bevat die hij nooit zou afspreken als hij minder afhankelijk zou zijn geweest van de betreffende zorgverzekeraar.	Het betreft een vermoeden van aanmerkelijke marktmacht (misbruik van een economische machtspositie) door de zorgverzekeraar. In dit geval gaat het mogelijk om uitbuiting.	NZa
Een individuele zorgaanbieder zou zich graag aansluiten bij een keten van zelfstandige zorgaanbieders. De zorgaanbieders in de keten hebben echter met elkaar afgesproken geen nieuwe concurrenten toe te laten.	Het betreft een vermoeden van afstemming tussen concurrenten die de mededinging beperkt (kartel). In dit geval gaat het mogelijk om uitsluiting.	NMa

---

[1] Waar in deze tabel de NZa als eerst aangewezen toezichthouder wordt genoemd is ook de NMa bevoegd om op te treden. Op basis van de voorrangsregel is bepaald dat de NZa als eerste aanspreekpunt fungeert.

Voorbeeldsituatie	Beoordeling	Autoriteit
Een huisarts wil zich aansluiten bij een huisartsenpost voor de avond-, nacht- en weekenddiensten. Op onduidelijke gronden wordt dit door de post geweigerd. De huisartsenpost is een zelfstandige onderneming.	Het betreft een mogelijk geval van aanmerkelijke marktmacht (misbruik van een economische machtspositie) door de huisartsenpost. Dit is een voorbeeld van uitsluiting. Het verschil met het bovenstaande geval is dat het hier een beslissing van een zelfstandige onderneming (zorgaanbieder) betreft en niet een afspraak tussen concurrerende ondernemingen (zorgaanbieders).	NZa
Twee zorginstellingen willen fuseren. De instellingen hebben ieder een jaaromzet van EUR 70 miljoen.	Het betreft een meldingsplichtige concentratie.	NMa

[09-03-2010, www.nmanet.nl, i.w.tr. 12-03-2010]

38

De NMa en de NZa werken nauw samen om hun eigen taken effectiever uit te kunnen oefenen. De twee organisaties hebben op basis van artikel 17 Wmg een samenwerkingsprotocol gesloten waarbij de wijze van samenwerking bij aangelegenheden van wederzijds belang of bij overlap van bevoegdheden is uitgewerkt.[1] De NMa en de NZa zullen elkaar met raad en daad bijstaan in de uitvoering van hun taken. Zij hebben onder meer de mogelijkheid om op grond van artikel 90 en 91 Mw en artikel 70 Wmg, onderling informatie uit te wisselen. De samenwerking beoogt op deze wijze ook een vermindering van de administratieve lasten voor marktpartijen. Ook zullen de NMa en de NZa elkaar over en weer consulteren en naar elkaar doorverwijzen als de andere toezichthouder beter toegerust is om op te treden.
[09-03-2010, www.nmanet.nl, i.w.tr. 12-03-2010]

39

Zorgkantoren en gemeenten zijn geen ondernemingen in de zin van de Mededingingswet. Om die reden vallen zij dan ook niet onder het toezicht van de NMa. Dit laat onverlet dat zorgaanbieders, die wel als onderneming worden aangemerkt, wel onder de Mededingingswet en daarmee onder het toezicht van de NMa vallen. Dat zij op verzoek van een zorgkantoor of gemeenten zorg leveren doet hier niet aan af. Op grond van de Wmg vallen zorgkantoren wel onder het toezicht van de NZa.
[09-03-2010, www.nmanet.nl, i.w.tr. 12-03-2010]

---

1 Protocol tussen de Nederlandse Mededingingsautoriteit en de Nederlandse Zorgautoriteit over de wijze van samenwerking bij aangelegenheden van wederzijds belang (hierna: Samenwerkingsprotocol NMa-NZa), 10 oktober 2006, www.nmanet.nl.

2.4.1 Samenloop bevoegdheden NMa en NZa: misbruik van machtspositie en aanmerkelijke marktmacht

40
Samenloop van bevoegdheden kan bestaan bij de handhaving door de NMa van het verbod op misbruik van een economische machtspositie. Ook de NZa heeft namelijk bevoegdheden ten aanzien van zorgaanbieders en ziektekostenverzekeraars met (gezamenlijke) aanmerkelijke marktmacht. Zo kan zij aan deze partijen specifieke verplichtingen opleggen, zoals bijvoorbeeld de verplichting om een bepaalde berekeningsmethode voor de kostprijs van een product te hanteren.[1] Het verschil is dat de NMa de bevoegdheid heeft om te handhaven wanneer zij misbruik van een economische machtspositie heeft vastgesteld, terwijl de NZa de bevoegdheid heeft om ook verplichtingen op te leggen in situaties waarin er nog geen sprake is van misbruik, maar een belemmering van de mededinging zich zou kunnen voordoen gericht op het voorkomen van misbruik. De NZa dient zich bij de uitoefening van haar bevoegdheden omtrent aanmerkelijke marktmacht te richten naar de uitleg van begrippen die de NMa hanteert bij de toepassing van het mededingingsrecht. Voor die gevallen waar mogelijk sprake is van een samenloop van bevoegdheden, bepaalt artikel 18 Wmg dat de NZa als eerste aan zet is.
[09-03-2010, www.nmanet.nl, i.w.tr. 12-03-2010]

41
Hoofdlijn van deze voorrangsregeling en de samenwerkingsafspraken tussen de NMa en de NZa is dat bij samenloop van bevoegdheden de beide autoriteiten bevorderen dat belanghebbenden zich in eerste instantie wenden tot de NZa. Van deze hoofdlijn kan worden afgeweken als de NZa en de NMa gezamenlijk vaststellen dat een zaak op basis van effectiviteit van het wettelijke instrumentarium, uit efficiëntie of uit andere overwegingen, beter door de NMa of door de NMa en de NZa gezamenlijk kan worden behandeld. De NMa en NZa verwijzen naar elkaar door indien een belanghebbende zich tot één van beide toezichthouders wendt, die niet bevoegd is of zich niet aangewezen acht.[2]
[09-03-2010, www.nmanet.nl, i.w.tr. 12-03-2010]

2.4.2 Rolverdeling bij concentraties

42
Alleen de NMa is bevoegd om een voorgenomen concentratie te beoordelen. De NZa kan zowel in de meldings- als vergunningsfase een zienswijze afgeven over de gemelde concentratie. De NZa onderzoekt dan of de concentratie nadelige gevolgen zou hebben voor publieke belangen: betaalbaarheid, kwaliteit en toegankelijkheid van zorg. De NMa zal de zienswijze van de NZa in haar beoordeling betrekken. Als er verschillende inzichten bestaan, zal de NMa een eventuele afwijking van de zienswijze in haar besluit gemotiveerd aangeven. De IGZ geeft input aan de NZa over mogelijke kwaliteitseffecten bij een voorgenomen fusie. In de Wmg is bepaald dat de NZa het kwaliteitsoordeel

---
1 Beleidsregel en toelichting Aanmerkelijke Marktmacht in de Zorg, 20 oktober 2008, www.nza.nl.
2 Samenwerkingsprotocol NMa-NZa, artikel 2.

van de IGZ volgt. Aangezien concentratiecontrole een exclusieve bevoegdheid is van de NMa, komt het daarnaast ook voor dat er tijdens een behandeling van een zaak direct contact is tussen de IGZ en de NMa, bijvoorbeeld voor een nadere toelichting op specifieke kwaliteitsaspecten in een zaak.
[09-03-2010, www.nmanet.nl, i.w.tr. 12-03-2010]

2.5 Algemeen beoordelingskader NMa

2.5.1 Hoe toetst de NMa?

43
De Mededingingswet kent twee vormen van toezicht, namelijk toezicht op de structuur van de markt (bijvoorbeeld het aantal zorgverzekeraars of het aantal zorgaanbieders) en toezicht op gedragingen op de markt (bijvoorbeeld de afspraken tussen zorgverzekeraars of zorgaanbieders). Zo zal een voorgenomen concentratie de structuur van een markt veranderen. Omdat een structuur niet eenvoudig kan worden hersteld, vergt dit toezicht vooraf (ex ante toezicht). De NMa beoordeelt daarom op voorhand of het aannemelijk is dat een voorgenomen concentratie de marktstructuur zodanig zal veranderen dat dit de mededinging op die markt significant belemmert.
[09-03-2010, www.nmanet.nl, i.w.tr. 12-03-2010]

44
Het maken van afspraken tussen ondernemingen is een voorbeeld van gedragingen op een markt. Dergelijke gedragingen worden door de NMa alleen achteraf getoetst (ex post toezicht). Het systeem van de Mededingingswet komt er ten aanzien van de gedragingen (kartelvorming en misbruik van een economische machtspositie) op neer dat 'wat niet is verboden, is toegestaan'. Het past niet bij dit systeem en de toezichtsrol van de NMa om alle voorgenomen samenwerkingsvormen vooraf te toetsen. Voor de beoordeling van overeenkomsten of samenwerkingsvormen geldt steeds een 'case by case' benadering, waarbij in ieder afzonderlijk geval gekeken wordt naar de concrete omstandigheden. Zorgaanbieders en zorgverzekeraars moeten vooraf zelf beoordelen of hun gedrag in overeenstemming is met de Mededingingswet. Dit wordt 'self-assessment' genoemd.
[09-03-2010, www.nmanet.nl, i.w.tr. 12-03-2010]

45
De noodzaak voor een casuïstische benadering wordt misschien nog wel vergroot door de bijzondere kenmerken van de zorgsector. De context bepaalt deels of sprake is van een verboden belemmering van de mededinging. Zo kan een bepaalde afstemming tussen concurrerende zorgaanbieders de mededinging belemmeren maar tegelijk noodzakelijk zijn om de zorg aan te kunnen bieden. Dergelijke afstemming is dan ook mogelijk toegestaan, zie ook hoofdstuk 6.
[09-03-2010, www.nmanet.nl, i.w.tr. 12-03-2010]

46

In bepaalde gevallen is de NMa bereid om door middel van een toelichting aan marktpartijen advies te geven inzake de mededingingsrechtelijke aspecten en risico's van hun gedragingen. Dit advies zal in veel gevallen mondeling worden gegeven.
[09-03-2010, www.nmanet.nl, i.w.tr. 12-03-2010]

2.6 Overzicht van bevoegdheden van de NMa

47

Om een gedegen beoordeling te kunnen maken van bepaalde gesignaleerde gedragingen en om bijvoorbeeld klachten te kunnen verifiëren, heeft de NMa informatie nodig. Informatie verkrijgt de NMa door haar bevoegdheden te gebruiken. In deze paragraaf wordt kort ingegaan op de bevoegdheden van de NMa. Een uitgebreide beschrijving vindt u in de brochure 'Bevoegdheden van de NMa'.[1] Hierin wordt ook uitgelegd hoe de bevoegdheden in de praktijk worden toegepast.
[09-03-2010, www.nmanet.nl, i.w.tr. 12-03-2010]

48

De belangrijkste bevoegdheden van de NMa zijn de volgende:
a. Het betreden van plaatsen zoals bedrijfsruimtes en vervoermiddelen;[2]
b. Het betreden van woningen;[3]
c. Inlichtingen vorderen, zowel in mondelinge als schriftelijke vorm;[4]
d. Inzage vorderen, dat wil zeggen de bevoegdheid zakelijke gegevens en bescheiden in te zien en te kopiëren.[5]

[09-03-2010, www.nmanet.nl, i.w.tr. 12-03-2010]

49

Op basis van verkregen informatie kan de NMa het noodzakelijk achten actie te ondernemen. De NMa beschikt ten aanzien van overtredingen van het kartelverbod of bij misbruik van een economische machtspositie over diverse handhavingsinstrumenten. De belangrijkste zijn:
a. het accepteren van een toezegging;
b. het geven van een bindende aanwijzing;
c. het opleggen van een last onder dwangsom;
d. het opleggen van een bestuurlijke boete;
e. het opleggen van een structurele maatregel;
f. het intrekken, wijzigen of schorsen van een (leverings)vergunning of een ontheffing.

---

1 Brochure 'Bevoegdheden van de NMa', NMa oktober 2009, www.nmanet.nl.
2 Artikel 5:15 Algemene wet bestuursrecht (hierna: Awb).
3 Bevoegdheid op grond van artikel 55 Mw.
4 Bevoegdheid op grond van artikel 5:16 Awb.
5 Bevoegdheid op grond van artikel 5:17 Awb.

Onderstaand wordt kort ingegaan op de handhavingsinstrumenten toezegging en boetes. Voor een uitgebreide beschrijving, zie de beleidsregel Handhaving.[1] Over de handhavingsinstrumenten voor concentraties wordt in hoofdstuk 5 kort ingegaan.
[09-03-2010, www.nmanet.nl, i.w.tr. 12-03-2010]

50
Op grond van artikel 49a Mw heeft de NMa de bevoegdheid tot het bindend verklaren van
toezeggingen gedaan door ondernemingen en ondernemingsverenigingen. Deze toezeggingen houden in dat zij hun gedrag, dat mogelijk in strijd is met de Mededingingswet, aantoonbaar staken of niet (meer) vertonen.
[09-03-2010, www.nmanet.nl, i.w.tr. 12-03-2010]

51
Het is een bevoegdheid die de NMa kan toepassen, als aan alle drie voorwaarden is voldaan:
a. de NMa is van oordeel dat met de toezegging de onderneming of ondernemersvereniging zal handelen in overeenstemming met artikel 6, eerste lid, of 24, eerste lid, van de Mededingingswet;
b. er is sprake van een controleerbare naleving van de toezegging en
c. de NMa is ervan overtuigd dat de toezegging in het concrete geval doelmatiger is dan het opleggen van een boete of een last onder dwangsom.
[09-03-2010, www.nmanet.nl, i.w.tr. 12-03-2010]

52
De aanvraag tot het nemen van een toezeggingsbesluit moet bovendien betrekking hebben op bepaalde specifieke en concrete gedragingen van de betrokken ondernemingen. De verklaring van een onderneming om in de toekomst de Mededingingswet na te leven, voldoet hier niet aan.[2] De bevoegdheid van de NMa tot het bindend verklaren van toezeggingen is een discretionaire bevoegdheid. Als er aan alle voorwaarden voldaan wordt dan kan de NMa de aanvraag honoreren, maar de NMa is daar niet toe verplicht. De betrokken ondernemingen kunnen een toezeggingsbesluit aanvragen zowel voor of na het opmaken van een rapport door de NMa (artikel 59 Mw), maar voordat de NMa een sanctiebesluit vastgesteld heeft (artikel 62 Mw). Als het moment van de aanvraag te vroeg of te laat in de procedure valt, kan de NMa de aanvraag afwijzen.
[09-03-2010, www.nmanet.nl, i.w.tr. 12-03-2010]

53
Bij overtreding van het kartelverbod of van het verbod op het misbruik van een economische machtspositie kan de NMa de betrokken ondernemingen een boete opleggen. Boetes kunnen oplopen tot maximaal 10 procent van de totale jaaromzet van de onderneming. Ook kan de NMa een boete opleggen aan de persoon die is aan te merken als

---

1 'Handhaving door de Nederlandse Mededingingsautoriteit', *Staatscourant*, nr 63, 1 april 2009.
2 Zie het besluit van de Raad van Bestuur van de NMa van 11 februari 2009 in zaak 6435, rnrs. 31–36.

opdrachtgever of feitelijk leidinggever met betrekking tot de ondernemingsgedraging. Persoonlijke boetes bedragen maximaal EUR 450.000.
[09-03-2010, www.nmanet.nl, i.w.tr. 12-03-2010]

2.7 Clementie in kartelzaken

54
Ondernemingen en bepaalde natuurlijke personen die betrokken zijn of zijn geweest bij een kartel, kunnen algehele boetevrijstelling of een boeteverlaging krijgen. Voorwaarde is dat zij tijdig een verzoek hiertoe (clementieverzoek) indienen bij het clementiebureau van de NMa en volledige medewerking verlenen tijdens de procedure. Bij een natuurlijke persoon moet het gaan om iemand aan wie de NMa een boete kan opleggen omdat hij of zij is aan te merken als opdrachtgever of feitelijk leidinggever met betrekking tot het kartel zoals bedoeld in artikel 51 Wetboek van Strafrecht (hierna: 'persoon'). In deze Richtsnoeren gaan we kort in op de clementiemogelijkheid. Voor de volledige beleidsregels wordt er verwezen naar de Beleidsregels Clementie en Toelichting op Beleidsregels Clementie.[1]
[09-03-2010, www.nmanet.nl, i.w.tr. 12-03-2010]

55
Wie kan een clementieverzoek indienen
- een onderneming
- een natuurlijk persoon voor zichzelf
- meerdere personen tegelijk voor henzelf, mits werkzaam bij dezelfde onderneming

[09-03-2010, www.nmanet.nl, i.w.tr. 12-03-2010]

56
Wat levert een clementieverzoek op
De eerste clementieverzoeker uit een kartel kan een boete geheel ontlopen. Mede afhankelijk van het tijdstip van indiening, de vraag of de NMa al een onderzoek naar het kartel is gestart en de waarde van de informatie die met het clementieverzoek wordt verstrekt, kan een verzoeker de volgende clementie krijgen:

Plaats in de clementierangorde	Onderzoek NMa al gestart	Clementiecategorie	Boetevermindering
[1]1e *	Nee	A	100 procent
1e *	Ja	B	60–100 procent
A2e of volgende	Eventueel	C	10–40 procent

[09-03-2010, www.nmanet.nl, i.w.tr. 12-03-2010]

---

1 Beleidsregels Clementie en Toelichting op Beleidsregels Clementie oktober 2009; www.nmanet.nl.
1 Als een eerste clementieverzoeker een andere onderneming zou hebben gedwongen aan het kartel deel te nemen, komt hij in aanmerking voor categorie C

57
Het is altijd mogelijk om informeel (op anonieme of 'hypothetische' basis) van gedachten te wisselen met de clementiefunctionaris van de NMa. Een dergelijk gesprek blijft vertrouwelijk als dit niet leidt tot een clementieverzoek en een clementietoezegging.
[09-03-2010, www.nmanet.nl, i.w.tr. 12-03-2010]

58
Ondernemingen of natuurlijke personen die voor kartelvorming beboetbaar zijn, kunnen (eventueel anoniem) bij het clementiebureau navragen of categorie A nog beschikbaar is. Dit moet via een advocaat. De NMa zal alleen antwoord geven als de advocaat namens zijn cliënt toezegt het clementieverzoek onmiddellijk in te dienen als categorie A nog beschikbaar is.
[09-03-2010, www.nmanet.nl, i.w.tr. 12-03-2010]

3 Algemeen kader: het begrip 'onderneming' en de 'relevante markt'

59
De NMa controleert de naleving van de Mededingingswet. De Mededingingswet is van toepassing op ondernemingen en schrijft onder andere voor dat bepaalde concentraties niet tot stand mogen worden gebracht voordat ze gemeld zijn bij de NMa en een termijn van 4 weken is verstreken. Daarnaast verbiedt de Mededingingwet ondernemingen misbruik te maken van hun machtspositie en afspraken te maken die de mededinging belemmeren, zoals bijvoorbeeld prijsafspraken en marktverdelingsafspraken.
[09-03-2010, www.nmanet.nl, i.w.tr. 12-03-2010]

60
Het begrip 'onderneming' wordt in dit hoofdstuk uiteen gezet. De begrippen machtspositie en misbruik worden gedefinieerd in hoofdstuk 4, het begrip concentratie wordt uiteengezet in hoofdstuk 5 en de begrippen overeenkomst, onderling afgestemde feitelijke gedraging en besluit van een ondernemersvereniging komen aan bod in hoofdstuk 6.
[09-03-2010, www.nmanet.nl, i.w.tr. 12-03-2010]

3.1 Onderneming

61
Onder het begrip onderneming in de zin van de Mededingingswet wordt verstaan elke eenheid die een economische activiteit uitoefent, ongeacht de rechtsvorm van deze eenheid en haar wijze van financiering.[1] Het leveren van goederen of diensten tegen een vergoeding is in principe een economische activiteit.[2] Als een rechtspersoon niet zelfstandig zijn marktgedrag bepaalt, maar handelt volgens instructies die al dan niet

---

1 Arrest van het Hof van Justitie van de Europese Gemeenschappen van 23 april 1991, *Höfner en Elser*, C-41/90, *Jur.* 1991, p. 1979, r.o. 21 en beschikking van de Europese Commissie van 30 januari 1995, *Coapi*, *Pb.* 1995, L 122/37, ov. 32–33.
2 Arrest van het Hof van Justitie van de Europese Gemeenschappen van 16 juni 1987, *Commissie t. Italië*, C-118/85, *Jur.* 1987, p. 2599, r.o. 7.

rechtstreeks door zijn 100 procent moedermaatschappij worden gegeven, vormt deze tezamen met zijn moedermaatschappij een economische eenheid en dus één *onderneming* in mededingingsrechtelijke zin. Voor de bepaling van het begrip onderneming in de zin van de Mededingingswet is de juridische vorm niet bepalend. Het begrip onderneming valt dus niet noodzakelijkerwijze samen met het begrip 'rechtspersoon' en kan, afhankelijk van de omstandigheden, worden gevormd door meerdere rechtspersonen tezamen. Ook natuurlijke personen die economische activiteiten uitoefenen worden als onderneming aangemerkt.
[09-03-2010, www.nmanet.nl, i.w.tr. 12-03-2010]

Zorgaanbieders

62
Zorgaanbieders kunnen worden aangemerkt als ondernemingen. Een voorbeeld hiervan is te vinden in het besluit van de NMa in zaak 165/*Sophia Ziekenhuis – Ziekenhuis-Verpleeghuis De Weezenlanden*, waarin is vastgesteld dat ziekenhuizen ondernemingen zijn voor zover zij activiteiten tegen vergoeding verrichten. Dergelijke activiteiten zijn economische activiteiten. Immers, de ziekenhuizen verrichten diensten: zij bieden verpleegkundige hulp, een medisch-specialistisch dienstenpakket[1] en verpleeghuiszorg aan. Daarnaast doen zij röntgen- en laboratoriumonderzoek ten behoeve van huisartsen, stellen zij bedden ter beschikking, bieden zij voedsel en drank aan etcetera. Voor het verrichten van deze diensten ontvangen zij als tegenprestatie vergoedingen van zorgverzekeraars en verzekerden. Dat ziekenhuizen en andere zorgaanbieders aan overheidsregelgeving onderworpen zijn, sluit niet uit dat sprake is van het verrichten van economische activiteiten.[2]
[09-03-2010, www.nmanet.nl, i.w.tr. 12-03-2010]

63
Ook thuiszorgaanbieders kunnen worden gekwalificeerd als ondernemingen. Dat blijkt onder andere uit de besluiten in zaken 5851/*Thuiszorg 't Gooi* en 6108/*Thuiszorg Kennemerland*. Thuiszorgaanbieders verrichten economische activiteiten, aangezien zij thuiszorgdiensten aanbieden op een markt en hiervoor een vergoeding ontvangen van het zorgkantoor, de gemeente, of de cliënten zelf.
[09-03-2010, www.nmanet.nl, i.w.tr. 12-03-2010]

64
Niet alleen instellingen maar ook vrije beroepsbeoefenaren zoals bijvoorbeeld huisartsen, zijn aan te merken als ondernemingen in de zin van de Mededingingswet. In het besluit in zaak 513/*Landelijke Huisartsenvereniging* concludeert de NMa dat individuele, vrijgevestigde huisartsen ondernemingen zijn, aangezien zij zelfstandig economische activiteiten van commerciële aard ontplooien, bestaande uit het aan-

---

1 Onder meer omvattende: interne geneeskunde, chirurgie, cardiologie, gynaecologie, oogheelkunde, keel-, neus- en ooraandoeningen, neurologie, anesthesie, en radiodiagnostiek.
2 Zie besluit van de d–g NMa van 5 juni 1998 in zaak 165/*Sophia Ziekenhuis- Ziekenhuis-Verpleeghuis De Weezenlanden*, rnr. 16–27.

bieden van huisartsenzorg op duurzame basis.[1] Dit betekent dat de Mededingingswet ook van toepassing is op huisartsen.
[09-03-2010, www.nmanet.nl, i.w.tr. 12-03-2010]

Zorgverzekeraars/ Zorgkantoren

65

Zorgverzekeraars zijn ook ondernemingen in de zin van de Mededingingswet omdat zij economische activiteiten verrichten.[2] Zij bieden ziektekostenverzekeringen aan en kopen zorg in.[3] Ook artikel 122 Zvw bepaalt dat zorgverzekeraars ondernemingen zijn in de zin van de Mededingingswet.
[09-03-2010, www.nmanet.nl, i.w.tr. 12-03-2010]

66

In het visiedocument AWBZ-zorgmarkten van januari 2004, heeft de NMa vastgesteld dat zorgkantoren niet kunnen worden aangemerkt als ondernemingen waar het gaat om hun activiteiten met betrekking tot de volksverzekering AWBZ. Dit geldt ook als het gaat om het inkopen van AWBZ-zorg. De uitvoering van de taken van de zorgkantoren komt ten laste van de AWBZ. De aanspraken uit de AWBZ liggen vast op grond van de wet en verzekerden zijn automatisch bij een zorgverzekeraar voor de AWBZ-verzekering ingeschreven. Er is dus geen sprake van een economische activiteit maar van een mechanische wetstoepassing.[4] Zorgkantoren kunnen daarom niet aangemerkt worden als ondernemingen in de zin van de Mededingingswet. De Mededingingswet is dan ook niet van toepassing op zorgkantoren.[5] De Mededingingswet is wel van toepassing op zorgaanbieders die AWBZ-zorg aanbieden. Ook houdt de NMa, bijvoorbeeld in haar toezicht op de totstandkoming van concentraties, wel rekening met eventuele afnemersmacht van zorgkantoren ter disciplinering van het ontstaan van een economische machtspositie van de aanbieders.
[09-03-2010, www.nmanet.nl, i.w.tr. 12-03-2010]

---

1 Zie besluit van de d-g NMa van 12 april 2001 in zaak 513/*Landelijke Huisartsenvereniging*, rnr. 71.
2 Als in dit document wordt gesproken over zorgverzekeraars, wordt ervan uitgegaan dat zij optreden in de hoedanigheid van verzekeraar. In de gevallen dat zij optreden als zorgaanbieder, zoals in het geval waarin een zorgverzekeraar zeggenschap heeft over een apotheek, worden zij geschaard onder het begrip zorgaanbieder.
3 Zie besluit van de Raad van Bestuur NMa van 9 oktober 2006 in zaak 5154/*VGZ-IZA-Trias- Univé*.
4 De conclusie dat zorgkantoren voor de AWBZ geen onderneming in de zin van de Mededingingswet zijn, is mede gebaseerd op het arrest Fenin (Hof van Justitie van de Europese Gemeenschappen van 10 november 2005, *Fenin*, C-205/03, *Jur.* 2006, p. 6295). Het Europese Hof van Justitie heeft in de zaak Fenin geoordeeld dat de beheersorganen van het Spaanse nationale gezondheidsstelsel geen ondernemingen in de zin van het mededingingsrecht zijn. In haar overwegingen stelt het Hof dat wanneer een entiteit producten inkoopt, deze entiteit niet als gevolg van het enkele feit dat er ingekocht wordt kan worden aangemerkt als een onderneming in de zin van het Mededingingsrecht. In Fenin was er namelijk geen sprake van het aanbieden van deze goederen of diensten op een bepaalde markt in het kader van een economische activiteit. De entiteit handelde niet als onderneming, aangezien werd ingekocht puur en alleen in een sociale context en de goederen of diensten gratis werden aangeboden aan de burger.
5 Zorgkantoren vallen wel onder het toezicht van de NZa.

3.2 Afbakening van de relevante markt

67

In het mededingingsrecht is de afbakening van de relevante markt vaak een belangrijk hulpmiddel bij het maken van de mededingingsrechtelijke analyse. De relevante markt van een product of een dienst A omvat alle producten en diensten die als alternatief kunnen worden gezien voor A en waarmee dus concurrentiedruk uitgeoefend wordt op de producent van A.[1] Het afbakenen van de markt kan van belang zijn om de positie te bepalen van de onderneming die betrokken is bij een concentratie, een mededingingsbeperkende overeenkomst of misbruik van een economische machtspositie is ten opzichte van andere ondernemingen op de markt. Marktaandelen kunnen behulpzaam zijn om bijvoorbeeld de impact te beoordelen van een gedraging op de concurrentieverhoudingen op die markt. Immers, wanneer bijvoorbeeld een concentratie of mededingingsbeperkende overeenkomst tot stand komt tussen twee ondernemingen met hoge marktaandelen, zal dit meer impact hebben dan wanneer de marktaandelen van de betrokken ondernemingen klein zijn. Bij kleine marktaandelen in een concurrerende markt zullen patiënten of verzekerden namelijk meer keuzemogelijkheden overhouden en zullen zorgaanbieders of zorgverzekeraars daardoor meer geneigd zijn om eventuele voordelen uit de overeenkomst door te geven aan de patiënt of verzekerde als gevolg van de concurrentiedruk en de mogelijkheid van patiënten of verzekerden om over te stappen. Overigens is niet altijd een exacte afbakening van de relevante markt noodzakelijk.[2] Wel zal – zoals steeds geldt – een onderzoek naar de relevante omstandigheden voor de casus moeten plaatsvinden.
[09-03-2010, www.nmanet.nl, i.w.tr. 12-03-2010]

68

De relevante markt heeft twee dimensies, te weten: de relevante productmarkt en de relevante geografische markt. Hierna wordt nader ingegaan op beide dimensies en worden enkele voorbeelden gegeven. Opgemerkt wordt dat de afbakening van de relevante markt steeds een 'case by case' benadering vraagt. Zeker in de zorgsector is er, als gevolg van wijzigingen in wet- en regelgeving en het inspelen daarop door zorgaanbieders en zorgverzekeraars, sprake van markten die in beweging zijn.
[09-03-2010, www.nmanet.nl, i.w.tr. 12-03-2010]

69

Ondanks het feit dat markten in beweging zijn, kunnen eerdere besluiten van de NMa, de Europese Commissie of het Hof van Justitie van de Europese Unie een handvat bieden bij de afbakening van de relevante markt in een concreet geval. De Europese Commissie heeft in een Bekendmaking aangegeven op welke wijze zij de begrippen relevante productmarkt en relevante geografische markt toepast bij haar toezicht op

---

1 In deze Richtsnoeren wordt veelvuldig gesproken over 'markten' (bijvoorbeeld: zorgmarkt, verzekerdenmarkt, inkoopmarkt). De betekenis van het begrip 'markt' hoeft in een gegeven context niet altijd samen te vallen met het mededingingsrechtelijke begrip 'markt' zoals dat in deze paragraaf wordt omschreven.
2 Zie arrest van het Gerecht van Eerste Aanleg van de Europese Gemeenschappen van 6 juli 2000, *Volkswagen vs. Commissie*, T-62/98, *Jur.* 2000, p. 2707, ro. 230–231.

de naleving van het mededingingsrecht.[1] Deze Bekendmaking is ook voor de NMa een belangrijke leidraad.
[09-03-2010, www.nmanet.nl, i.w.tr. 12-03-2010]

Relevante productmarkt

70
Volgens de Bekendmaking van de Europese Commissie omvat de 'relevante productmarkt' alle producten en/of diensten die op grond van hun kenmerken, hun prijzen en het gebruik waarvoor zij zijn bestemd, door de afnemer als onderling verwisselbaar of substitueerbaar worden beschouwd.[2] Het gaat dus om producten die met elkaar concurreren. Om de relevante productmarkt vast te stellen is het onder meer nodig om de specifieke kenmerken van het betreffende product en het beoogde gebruik daarvan te analyseren. Op basis daarvan kan vastgesteld worden welke andere producten een mogelijk alternatief vormen voor het betreffende product. Daarnaast kan het van belang zijn om de prijsgevoeligheid van de afnemer van het product te bepalen. Als afnemers ondanks een (grote) prijsstijging van product A niet voor product B kiezen, kan dit betekenen dat product A en B niet met elkaar concurreren en dus niet tot dezelfde productmarkt behoren.
[09-03-2010, www.nmanet.nl, i.w.tr. 12-03-2010]

71
De belangrijkste bron van concurrentiedruk op aanbieders van een bepaald product is de mogelijkheid van de afnemer om op andere producten over te stappen. Dit wordt ook wel 'vraagsubstitutie' genoemd. Concurrentiedruk kan ook ontstaan doordat bepaalde ondernemingen, die nu nog andere goederen produceren, makkelijk en snel het betreffende product op de markt zouden kunnen brengen omdat zij alle bronnen en expertise in huis hebben. Als een zorgaanbieder die nu alleen product A levert gemakkelijk ook product B zou kunnen leveren, oefent deze zorgaanbieder dus concurrentiedruk uit op zorgaanbieders die product B leveren. Voorwaarde hiervoor is dat de betreffende aanbieders daadwerkelijk kunnen overschakelen op de productie van het product dan wel de levering van een bepaalde dienst en deze zo korte termijn op de markt kunnen brengen zonder aanzienlijke bijkomende kosten of risico's. De vakterm hiervoor is 'aanbodsubstitutie'.
[09-03-2010, www.nmanet.nl, i.w.tr. 12-03-2010]

Relevante geografische markt

72
Naast de relevante productmarkt moet ook de relevante geografische markt afgebakend worden. Volgens de eerdergenoemde Bekendmaking omvat de 'relevante geografische markt' het gebied waarbinnen de betrokken ondernemingen een rol spelen

---

[1] Bekendmaking Europese Commissie inzake de bepaling van de relevante markt voor het gemeenschappelijke mededingingsrecht, 9 december 1997, *Pb* 1997 C372, p. 5.
[2] Bekendmaking Europese Commissie inzake de bepaling van de relevante markt voor het gemeenschappelijke mededingingsrecht, 9 december 1997, *Pb* 1997 C372, p. 5, rnr. 7.

in de vraag naar en het aanbod van goederen of diensten, waarbinnen de concurrentievoorwaarden voldoende homogeen zijn en dat van aangrenzende gebieden kan worden onderscheiden doordat daar duidelijk afwijkende concurrentievoorwaarden heersen.[1] Het gaat dus om het geografische gebied waarbinnen de betreffende ondernemingen actief zijn en waarbinnen zij van andere ondernemingen concurrentiedruk ondervinden. De relevante geografische markt kan qua omvang bijvoorbeeld lokaal, regionaal, landelijk of Europees zijn. Ondernemingen die actief zijn op verschillende relevante geografische markten zijn in de regel geen concurrenten van elkaar.
[09-03-2010, www.nmanet.nl, i.w.tr. 12-03-2010]

73
Bij de afbakening van de geografische markt in de zorgsector spelen onder meer de reisbereidheid en reistijden van patiënten een belangrijke rol. Patiënten laten bij hun keuze voor een zorgaanbieder de reistijd vaak een rol spelen. Vanuit de patiënt bezien is de behoefte aan zorg vaak lokaal of regionaal. In dat geval zal de relevante geografische markt vanuit de vraagzijde (de patiënt) klein (lokaal) zijn. [2] De reisbereidheid van de patiënt hangt af van het type zorg. Voor meer specialistische vormen van zorg zal de patiënt eerder bereid zijn om meer reistijd te accepteren. In dat geval zal de omvang van de relevante geografische markt groter zijn.
[09-03-2010, www.nmanet.nl, i.w.tr. 12-03-2010]

74
Bij de afbakening van de relevante geografische markt kan aanbodsubstitutie een rol spelen. Er moet daarom worden nagegaan of aanbieders hun werkgebied kunnen vergroten door relatief eenvoudig op korte termijn en zonder al te hoge investeringen activiteiten in een andere (naburige) regio te gaan ontplooien. In dat geval oefenen zij concurrentiedruk uit op aanbieders in de naburige regio en kunnen de relevante geografische markten mogelijk ruimer zijn dan dat vanuit de vraagzijde (de patiënt) het geval is.
[09-03-2010, www.nmanet.nl, i.w.tr. 12-03-2010]

75
Hierna wordt ter illustratie ingegaan op de wijze waarop de NMa in eerdere besluiten naar de afbakening van markten in de zorgsector heeft gekeken.
[09-03-2010, www.nmanet.nl, i.w.tr. 12-03-2010]

---

1 Bekendmaking Europese Commissie inzake de bepaling van de relevante markt voor het gemeenschappelijke mededingingsrecht, 9 december 1997, *Pb* 1997 C372, p. 5, rnr. 8.
2 Zie bijvoorbeeld het besluit van de d–g NMa van 15 juli 2004 in zaak 3897/*Ziekenhuis Hilversum – Ziekenhuis Gooi-Noord*. In deze zaak deed de NMa onderzoek naar de geografische omvang van de markt voor algemene ziekenhuiszorg. De NMa heeft in dit verband de reisbereidheid van patiënten in de regio Het Gooi onderzocht.

Zorgverzekeringen

76

Consumenten sluiten een verzekering af met een zorgverzekeraar ter financiering of verstrekking van de zorg. In eerdere zaken heeft de NMa bekeken op welke relevante productmarkten de zorgverzekeraars actief zijn. In zaak 5682/*Delta Lloyd-Agis-Menzis*[1] is de mogelijkheid opengelaten dat er binnen de markt voor zorgverzekeringen aparte markten bestaan voor de basisverzekering en de aanvullende zorgverzekering. Daarnaast is er bekeken of daarbinnen mogelijk aparte markten bestaan voor individuele en collectieve zorgverzekeringen en of nader onderscheid moet worden gemaakt tussen zorgverzekeringen in natura en via restitutie. Voor deze concrete zaak was het niet noodzakelijk alle mogelijke deelmarkten te onderzoeken en heeft de materiële beoordeling zich toegespitst op de zorgverzekeringsmarkt.
[09-03-2010, www.nmanet.nl, i.w.tr. 12-03-2010]

77

In zaak 5105/*VGZ-IZA-Trias*[2] is de NMa voor de geografische afbakening van de relevante markt voor zorgverzekeringen uitgegaan van mogelijke provinciale markten. Reden daarvoor is gelegen in het 'regionaal mechanisme'.[3] Het regionaal mechanisme houdt in dat zorgverzekeraars met van oudsher sterke regionale posities beter in staat zijn dan andere verzekeraars om gunstige onderhandelingsresultaten op het gebied van de inkoop van zorg te boeken. Deze voordelen kunnen vervolgens door de regionaal sterke zorgverzekeraars worden benut voor een gunstiger aanbod van regiospecifieke (natura)polissen. De inwoners van de betreffende regio zullen in dat geval in beginsel een voorkeur hebben voor de regionale zorgpolis van de sterke regionale verzekeraar, waardoor het moeilijker wordt voor andere zorgverzekeraars een substantiële marktpositie op te bouwen of te handhaven. Deze voorkeur kan zo sterk zijn dat de regionaal sterke verzekeraar geen concurrentiedruk ondervindt van andere verzekeraars.
[09-03-2010, www.nmanet.nl, i.w.tr. 12-03-2010]

78

De invoering van de Zvw per 1 januari 2006 heeft geleid tot een aantal, voor de geografische marktafbakening mogelijk relevante ontwikkelingen. Zo is wettelijk vastgesteld dat zorgverzekeraars met meer dan 850.000 verzekerden als werkgebied geheel Nederland hebben.[4] Een groot aantal verzekerden is daarnaast overgestapt of heeft zich aangesloten bij een collectiviteit. Als gevolg van deze ontwikkelingen is in de zaak 5682/*Delta Lloyd-Agis-Menzis* de conclusie getrokken dat er sprake is van een duide-

---

1 Zie het besluit van de Raad van Bestuur NMa van 10 oktober 2006 in zaak 5682/*Delta Lloyd-Agis-Menzis*, rnrs. 18 tot en met 32.
2 Zie het besluit van de Raad van Bestuur NMa van 23 november 2005 in zaak 5105/*VGZ-IZA-Trias*, rnr. 39.
3 Eveneens verwoord in NMa, *Monitor Financiële Sector 2005*, hoofdstuk 5: De geografische dimensie van de zorgverzekeringsmarkt.
4 Artikel 29 Zorgverzekeringswet.

lijke tendens naar een landelijke markt voor zorgverzekeringen.[1] Toch valt op basis van het hiervoor beschreven regionale mechanisme niet uit te sluiten dat in bepaalde gebieden structureel van de landelijke markt afwijkende concurrentieverhoudingen kunnen voorkomen, waardoor in die gevallen wel sprake zou kunnen zijn van kleinere geografische markten.
[09-03-2010, www.nmanet.nl, i.w.tr. 12-03-2010]

Zorginkoop

79

Zorgverzekeraars, en in sommige gevallen de patiënt[2], onderhandelen met zorgaanbieders over de in te kopen zorg, het volume, de kwaliteit en de tarieven. Ook tussen zorgaanbieders onderling wordt zorg ingekocht en vinden onderhandelingen plaats.
[09-03-2010, www.nmanet.nl, i.w.tr. 12-03-2010]

80

Onder de Zvw wordt door de zorgverzekeraars zorg ingekocht voor polissen waar zorg deels in natura wordt aangeboden. Het is denkbaar dat op de markt of markten voor de inkoop van zorg een nader onderscheid kan worden gemaakt naar bijvoorbeeld type beroepsgroep (tandarts, huisarts, fysiotherapeut e.d.), type instelling (ziekenhuis, verzorgingshuis e.d.) of type hulpmiddel.[3] Per geval moet worden beoordeeld of het gaat om één inkoopmarkt, of dat een nadere onderverdeling noodzakelijk is.
[09-03-2010, www.nmanet.nl, i.w.tr. 12-03-2010]

81

Zoals eerder aangegeven kan de fysieke afstand tot de zorgaanbieder een belangrijke factor zijn bij de keuze voor een bepaalde zorgaanbieder. Zorgverzekeraars worden als gevolg van de op hen rustende zorgplicht[4] bij het inkopen van zorg gestuurd door de behoeften van hun verzekerden. Zo is de verwachting bijvoorbeeld dat de inkoopmarkt voor huisartsenzorg doorgaans lokaal zal zijn. Het is tenslotte niet goed voorstelbaar dat een patiënt uit Den Haag gebruik zal maken van een huisarts in Amsterdam.
[09-03-2010, www.nmanet.nl, i.w.tr. 12-03-2010]

Zorgverlening

82

De zorgaanbieder verleent zorg aan de patiënt. Er bestaan afzonderlijke productmarkten voor de verschillende soorten zorg, geleverd door verschillende aanbieders/beroepsgroepen (bijvoorbeeld ziekenhuizen, verpleeghuizen, thuiszorginstellingen,

---

1   Zie het besluit van de Raad van Bestuur NMa van 10 oktober 2006 in zaak 5682/*Delta Lloyd-Agis-Menzis*, rnr. 45.
2   Hierbij kan het gaan om niet verzekerde zorg of om zorg waarvoor eigen betalingen gelden, maar ook om de situatie waarin de patiënt zorg inkoopt door middel van een persoonsgebonden budget.
3   Zie bijvoorbeeld het besluit van de Raad van Bestuur NMa van 7 juli 2005 in zaak 5052/*CZ – OZ*, rnrs. 47 en 48.
4   Zie artikel 11 Zorgverzekeringswet.

apothekers, fysiotherapeuten, oefentherapeuten, huisartsen of tandartsen). Deze vormen van zorg zijn immers voor de patiënten niet of nauwelijks uitwisselbaar. Er gaat van een fysiotherapeut geen concurrentiedruk uit op een tandarts. De NMa heeft in verschillende zaken beoordeeld wat de relevante markten zijn waarop aanbieders zich begeven. Hieronder wordt ter illustratie de afbakening van de relevante productmarkt in een aantal sectoren beschreven.
[09-03-2010, www.nmanet.nl, i.w.tr. 12-03-2010]

Farmaceutische hulpverlening

83

Bij de beoordeling van overeenkomsten tussen apotheken is de NMa uitgegaan van een relevante productmarkt die farmaceutische hulpverlening omvat. Daaronder wordt verstaan de verstrekking van voorgeschreven receptgeneesmiddelen, de bijbehorende zorg als medicatiebewaking en voorlichting, verstrekking van hulpmiddelen en zelfzorggeneesmiddelen.[1]
[09-03-2010, www.nmanet.nl, i.w.tr. 12-03-2010]

84

De relevante geografische markt voor deze farmaceutische hulpverlening is afgebakend als een lokale markt, te weten de gemeente waar de betrokken apotheken gevestigd waren.[2] Reden hiervoor was dat het overgrote deel van de bij de apotheken ingeschreven patiënten afkomstig was uit de vestigingsplaats.
[09-03-2010, www.nmanet.nl, i.w.tr. 12-03-2010]

Zorg voor verstandelijk gehandicapten

85

Een ander voorbeeld kan worden gevonden in de zorg voor verstandelijk gehandicapten. In zaak 4245 /Vizier – De Wendel heeft de NMa aangegeven dat er nader onderscheid gemaakt moet worden tussen intramurale en extramurale zorg voor verstandelijk gehandicapten. In het zelfde onderzoek is ook geconcludeerd dat bijzondere klinieken zoals speciale crisiscentra of kindercentra met bijzondere extra functies een aparte productmarkt vormen naast de intramurale zorg voor verstandelijk gehandicapten.[3]
[09-03-2010, www.nmanet.nl, i.w.tr. 12-03-2010]

---

1 Zie het besluit van de d–g NMa van 21 juni 2004 in zaak 2501/*Dienstapotheek Regio Assen*, rnr. 69 en 71 en het besluit van de d–g NMa van 21 juni 2004 in zaak 2688/*Stadsapotheken Tilburg*, rnr. 84.
2 Zie het besluit van de d–g NMa van 21 juni 2004 in zaak 2501/*Dienstapotheek Regio Assen*, rnr. 74 en 75 en het besluit van de d–g NMa van 21 juni 2004 in zaak 2688/*Stadsapotheken Tilburg*, rnr. 92.
3 Zie bijvoorbeeld het besluit van de d–g NMa van 7 maart 2005 in zaak 4245/*Vizier – De Wendel*, rnr. 17 e.v.

Geestelijke gezondheidszorg

86

In het besluit in zaak 5632/*GGZ Noord-Holland-Noord — GGZ Dijk en Duin*[1] is door de NMa aangegeven dat er een aparte productmarkt voor niet-klinische geestelijke gezondheidszorg (GGZ) voor volwassenen en ouderen is. GGZ voor kinderen en jeugdigen wordt vooralsnog als een aparte productmarkt beschouwd. Dit wordt bevestigd in het besluit in zaak 6068/*AMC de Meren — JellinekMentrum*[2]. De niet-klinische GGZ wordt beschouwd als één heterogene productmarkt waarin geïntegreerde GGZ-instellingen concurreren met vrijgevestigden en niet-geïntegreerde GGZ-aanbieders. Ten aanzien van de klinische GGZ is geconcludeerd dat de kortdurende en langdurige GGZ deel uit maken van dezelfde productmarkt. Met betrekking tot de geografische markt in deze zaak is onderzocht of de markt ruimer zou moeten worden afgebakend dan de regio Amsterdam en Diemen omdat patiënten steeds meer bereid zouden zijn om voor klinische en niet-klinische GGZ te reizen. Uit het onderzoek bleek echter dat er onvoldoende concrete aanwijzingen zijn dat het reisgedrag in de nabije toekomst daadwerkelijk zal veranderen en er dus onvoldoende aanleiding is om de markt ruimer af te bakenen.

[09-03-2010, www.nmanet.nl, i.w.tr. 12-03-2010]

Ziekenhuiszorg

87

Zorgaanbieders die actief zijn in de algemene ziekenhuiszorg kunnen actief zijn op de afzonderlijke productmarkt voor klinische zorg of op de productmarkt voor niet-klinische zorg.[3] De NMa heeft vooralsnog in het midden gelaten of een nader onderscheid moet worden gemaakt naar (clusters van) specialismen omdat een dergelijk onderscheid voor de beoordelingspraktijk nog niet nodig was. De ontwikkelingen ten aanzien van Diagnose Behandeling Combinaties (DBC's) en de toekomstige DBC's op weg naar transparantie (DOT) kunnen mogelijk een reden zijn om in de toekomst wel een nader onderscheid te maken. De NMa houdt deze ontwikkelingen in de gaten.

[09-03-2010, www.nmanet.nl, i.w.tr. 12-03-2010]

Huishoudelijke zorg en Persoonlijke verzorging en verpleging

88

Voor zorgverlening op grond van de AWBZ heeft de NMa geoordeeld dat een onderscheid moet worden gemaakt naar extramurale en intramurale AWBZ-zorg.[4] Binnen

---

1 Besluit van de Raad van Bestuur van 2 november 2006 in zaak 5632/*GGZ Noord-Holland-Noord — GGZ Dijk en Duin*, rnr. 39.

2 Besluit van de Raad van Bestuur van 16 april 2008 in zaak 6068/*AMC de Meren — JellinekMentrum*, rnr. 17 e.v.

3 Zie bijvoorbeeld het besluit van de Raad van Bestuur NMa van 18 november 2005 in zaak 5196/*Ziekenhuis Walcheren — Oosterscheldeziekenhuizen*, rnrs. 8 tot en met 13.

4 Zie bijvoorbeeld het besluit van de d–g NMa van 31 december 2004 in zaak 4295/*Stichting Icare — Sensire — Thuiszorg Groningen*, rnr. 13.

de extramurale AWBZ-zorg worden vervolgens de huishoudelijke verzorging enerzijds en persoonlijke verzorging en verpleging anderzijds als afzonderlijke productmarkten aangemerkt.[1] Met ingang van 2007 is de huishoudelijke verzorging overgeheveld naar de Wet maatschappelijke ondersteuning (Wmo). Vanaf dat moment zijn de gemeenten verantwoordelijk voor de inkoop van huishoudelijke verzorging en niet meer de zorgkantoren. Binnen de intramurale AWBZ-zorg wordt onderscheid gemaakt in verzorgingshuiszorg en verpleeghuiszorg[2], waarbij binnen de laatste weer nader onderscheid wordt gemaakt in somatische verpleeghuiszorg en psychogeriatrische verpleeghuiszorg.[3]
[09-03-2010, www.nmanet.nl, i.w.tr. 12-03-2010]

Geografische marktafbakening in de zorgsector

89

De NMa is in diverse besluiten over concentraties op het gebied van de AWBZ ervan uitgegaan dat de omvang van de relevante geografische markt ten minste het werkgebied van een aanbieder omvat en niet ruimer is dan een zorgkantoorregio.[4] Hierbij is gekeken naar onder meer de herkomst van cliënten en de voorkeuren van cliënten om dichtbij huis zorg te verkrijgen.[5] Ook wordt onderzocht in hoeverre aanbieders in andere gebieden dan hun eigen werkgebied actief kunnen worden. Dergelijke overwegingen spelen ook een rol bij de vaststelling van de relevante geografische markt voor verzorgingshuiszorg, verpleeghuiszorg, GGZ en ziekenhuiszorg. In concentratiezaken is onder meer bekeken wat de reistijd voor het merendeel van de patiënten is naar het huidige ziekenhuis en het ziekenhuis waarmee zal worden gefuseerd. Dat wordt afgezet tegen de reistijd naar alternatieve ziekenhuizen in de omgeving. Zo kan worden bekeken in hoeverre ziekenhuizen – niet zijnde de fusiepartners – reële alternatieven zijn voor de patiënten en of er na de concentratie voldoende keuzemogelijkheden overblijven.[6]
[09-03-2010, www.nmanet.nl, i.w.tr. 12-03-2010]

90

Hiervoor is een korte schets gegeven van een aantal mogelijke markten binnen de zorgsector en de wijze waarop de NMa dergelijke analyses uitvoert. Zoals duidelijk

---

1 Zie bijvoorbeeld het besluit van de Raad van Bestuur van 18 augustus 2005 in zaak 4988/*Oosterlengte – Thuiszorg Groningen* – Sensire, rnr. 11 e.v.
2 Zie bijvoorbeeld het besluit van de Raad van Bestuur van 11 augustus 2005 in zaak 4198/*Proteion – TML – LvGG*, rnr. 18 tot en met 23.
3 Zie bijvoorbeeld het besluit van de Raad van Bestuur van 4 november 2005 in zaak 4212/*De Basis – Thuiszorg Gooi en Vechtstreek – Vivium*, rnr. 18 tot en met 34.
4 Zie bijvoorbeeld het besluit van de Raad van Bestuur NMa in zaak 4988/*Oosterlengte- Thuiszorg Groningen- Sensire* en het besluit van de Raad van Bestuur NMa van 28 juli 2006 in zaak 5206/*Pantein – STBNO*, rnr. 25 e.v.
5 Zie bijvoorbeeld het besluit de d-g NMa van 7 maart 2005 in zaak 4245/*Vizier – De Wendel*, rnr. 58 e.v.
6 Zie bijvoorbeeld het besluit van de Raad van Bestuur NMa in zaak 5196/*Ziekenhuis Walcheren – Oosterscheldeziekenhuizen*, rnr. 15 e.v.

moge zijn, is de zorgsector erg in ontwikkeling. In iedere zaak zal de NMa daarom toetsen of de ontwikkelingen in deze sector leiden tot een andere marktafbakening.
[09-03-2010, www.nmanet.nl, i.w.tr. 12-03-2010]

4   Misbruik economische machtspositie

91

In hoofdstuk 2 is al ingegaan op de bevoegdheidsverdeling tussen de NMa en de NZa met betrekking tot machtsposities in de zorgsector. In eerste instantie beoordeelt de NZa machtsposities in de zorgsector. Van deze afspraak kan worden afgeweken als op basis van effectiviteit van het wettelijke instrumentarium, uit efficiëntie of uit andere overwegingen, de situatie beter door de NMa beoordeeld kan worden. In het verleden heeft de NMa met betrekking tot misbruik van een economische machtspositie in de zorgsector met name klachten ontvangen over de machtspositie van zorgverzekeraars (als inkopers van zorg) ten opzichte van individuele extramurale zorgaanbieders.[1] Dit hoofdstuk spitst zich daarom toe op dit vraagstuk van inkoopmacht.[2]
[09-03-2010, www.nmanet.nl, i.w.tr. 12-03-2010]

92

Artikel 24 Mw verbiedt ondernemingen misbruik te maken van een economische machtspositie. Het hebben van een economische machtspositie op zichzelf is niet in strijd met de Mededingingswet.[3] Een economische machtspositie kan namelijk het resultaat zijn van bijzondere prestaties, zoals bijvoorbeeld een hoge mate van innovatie en technologische kennis, efficiënte verkoop- en distributiekanalen, ervaring en reputatie, schaalvoordelen en andere omstandigheden die een voorsprong kunnen geven op de concurrenten.
[09-03-2010, www.nmanet.nl, i.w.tr. 12-03-2010]

93

Een onderneming met een economische machtspositie is evenwel in staat zich in belangrijke mate onafhankelijk te gedragen ten opzichte van haar concurrenten, leveranciers, afnemers of de eindgebruikers. Daarom gelden voor een dergelijke onderneming strengere regels dan voor een onderneming zonder een economische machtspositie. Dat is nodig om de mededinging te beschermen en daarmee de belangen van eindgebruikers.[4]
[09-03-2010, www.nmanet.nl, i.w.tr. 12-03-2010]

---

1   In een recente studie gaat de NMa uitgebreid in op de onderhandelingspositie van zorgverzekeraars en individuele zorgaanbieders. Zie Visiedocument 'Individueel en collectief onderhandelen tussen vrijgevestigde extramurale zorgaanbieders en zorgverzekeraars' NMa, december 2009.
2   Zie voor het algemene kader ook de brochure 'Misbruik van een economische machtspositie', www.nmanet.nl.
3   Wijzigingen in de structuur van ondernemingen door fusies en overnames kunnen ook leiden tot het vormen of versterken van een economische machtspositie. Hierop is het in de Mededingingswet opgenomen concentratietoezicht van toepassing, zie hoofdstuk 6.
4   Daarnaast kan de NZa krachtens de Wet Marktordening Gezondheidszorg verplichtingen opleggen aan ondernemingen in de zorg met een positie van Aanmerkelijke Marktmacht. Over de bevoegdheidsverdeling tussen NMa en NZa is reeds gesproken in hoofdstuk 2.

4.1 Definitie economische machtspositie

94
Veel ondernemingen hebben een bepaalde mate van marktmacht, bijvoorbeeld omdat hun product of dienst zodanig gepositioneerd is dat het relatief weinig concurrentiedruk ondervindt. Marktmacht is echter niet hetzelfde als een economische machtspositie. Van een economische machtspositie wordt gesproken als een onderneming in staat is de daadwerkelijke mededinging op de Nederlandse markt of een deel daarvan te verhinderen door de mogelijkheid zich in belangrijke mate onafhankelijk van concurrenten, leveranciers, afnemers of eindgebruikers te gedragen.[1] De Wmg spreekt in dat geval van aanmerkelijke marktmacht.
[09-03-2010, www.nmanet.nl, i.w.tr. 12-03-2010]

95
Van een economische machtspositie kan sprake zijn als een onderneming over een hoog marktaandeel op de relevante markt beschikt en er hoge toetredingsdrempels zijn. Dit kan zich manifesteren op de aanbodzijde (verkoopmacht) en/of op de vraagzijde (inkoopmacht) van de relevante markt. Bij verkoopmacht of inkoopmacht is het van belang om zich te realiseren dat de Mededingingswet zich richt op het uiteindelijke effect (voordeel of nadeel) voor de eindgebruiker en niet in de eerste plaats op de marges van de leveranciers of inkopers. Zo zal de vraag of inkoopmacht schadelijk kan zijn voor de mededinging sterk afhangen van de positie die de inkoper heeft op zijn verkoopmarkt. Wanneer een sterke inkoper op de verkoopmarkt voldoende concurrentiedruk ondervindt, zal deze partij het voordeel dat hij behaalt als sterke inkoper moeten doorgeven aan zijn klant, omdat die anders overstappen naar de concurrent.
[09-03-2010, www.nmanet.nl, i.w.tr. 12-03-2010]

4.2 Factoren om een economische machtspositie te bepalen

96
Om te bepalen of er sprake is van een economische machtspositie in de zin van artikel 24 Mw, en dus niet enkel van marktmacht, zal in veel gevallen ook de relevante markt worden afgebakend. In hoofdstuk 3 is al ingegaan op het afbakenen van relevante markten in de zorgsector en zijn enkele voorbeelden daarvan gegeven.
[09-03-2010, www.nmanet.nl, i.w.tr. 12-03-2010]

97
Om de positie van de betrokken onderneming op de relevante markt te bepalen wordt vervolgens gekeken naar de marktstructuur en de daaruit af te leiden marktaandelen. Marktaandelen vormen echter slechts een eerste aanwijzing voor het vaststellen van een economische machtspositie.
[09-03-2010, www.nmanet.nl, i.w.tr. 12-03-2010]

---

1 Zie de definitie in artikel 1, onder *i*, Mw. Zie ook arrest van het Hof van Justitie van de Europese Gemeenschappen van 24 mei 1977, in zaak 85/76, *Hoffmann La Roche v Commissie*, Jur. 1978, p. 207.

98

Het marktaandeel moet in zijn context worden bezien om te beoordelen of er werkelijk sprake is van een economische machtspositie. Daarbij geldt dat rekening moet worden gehouden met mogelijke sterke fluctuaties van het marktaandeel, bijvoorbeeld door de marktaandelen over een langere periode te bestuderen. Bovendien kan een hoog marktaandeel onder meer worden gecompenseerd door de posities van concurrenten en de afnemers. Het is mogelijk dat de concurrenten ook over sterke posities beschikken of andere voordelen hebben zoals netwerken, nieuwe technologieën en grotere financiële reserves, waardoor de betrokken onderneming een relatief hoog marktaandeel heeft, maar zich niet onafhankelijk kan gedragen. Als de afnemers van de betrokken onderneming sterke spelers zijn, kunnen ook zij de betrokken onderneming mogelijk disciplineren.
[09-03-2010, www.nmanet.nl, i.w.tr. 12-03-2010]

99

Ook in de relatie tussen inkoper en leverancier is het van belang naar andere factoren te kijken dan alleen naar het aandeel van de inkoper op de inkoopmarkt. Zo is het van belang te weten via welke andere kanalen de zorgaanbieder zijn diensten kan leveren. In de zorgsector speelt daarnaast bijvoorbeeld ook een mogelijke informatievoorsprong (informatieasymmetrie) aan de kant van de verkopende partij, de zorgaanbieder. Verder kan wetgeving de positie van partijen versterken of verzwakken. Zo volgt uit de wettelijke zorgplicht voor zorgverzekeraars dat zij altijd voldoende zorg van voldoende kwaliteit moeten inkopen. Dit beperkt de mogelijkheden van een zorgverzekeraar om het aanbod van een zorgaanbieder naast zich neer te leggen.
[09-03-2010, www.nmanet.nl, i.w.tr. 12-03-2010]

100

Naast bovengenoemde aspecten moeten ook de toetredingsmogelijkheden tot de betrokken markt in het onderzoek worden meegenomen. Het is mogelijk dat een onderneming een aanzienlijk marktaandeel heeft, maar dat (potentiële) concurrenten relatief eenvoudig en binnen een relatief korte termijn tot de markt kunnen toetreden en daarmee de betrokken onderneming kunnen disciplineren. In dat geval is de positie van de onderneming mogelijk minder sterk dan uit het marktaandeel blijkt. Dit kan anders zijn als de markt gekenmerkt wordt door (hoge) toetredingsdrempels. Als er hoge toetredingsdrempels zijn, is het moeilijk voor nieuwkomers om toe te treden tot de betreffende markt waardoor er weinig concurrentiedruk is voor de gevestigde partijen op die markt. Toetredingsdrempels kunnen bijvoorbeeld bestaan als gevolg van wet- en regelgeving. Bijvoorbeeld als een nieuwe toetreder aan hoge financiële (solvabiliteits)eisen moet voldoen om te kunnen toetreden. Toetredingsdrempels kunnen ook gelegen zijn in het feit dat een nieuwe toetreder grote investeringen moet doen of dat de gevestigde partij over een grote naamsbekendheid beschikt.
[09-03-2010, www.nmanet.nl, i.w.tr. 12-03-2010]

4.3 Vormen van misbruik en hun schadelijke effecten

101

Zoals eerder is opgemerkt wordt art. 24 van de Mededingingswet pas overtreden als een onderneming over een economische machtspositie beschikt en deze vervolgens ook misbruikt door concrete feitelijke gedragingen in de markt. In de eerder genoemde klachten van zorgaanbieders over zorgverzekeraars worden twee vormen van mogelijk misbruik genoemd: onredelijke contractvoorwaarden en de weigering om (individueel) te onderhandelen.
[09-03-2010, www.nmanet.nl, i.w.tr. 12-03-2010]

102

Bij de beoordeling van dergelijke gedragingen is de belangrijkste vraag of en op welke wijze zij het concurrentieproces verstoren en hoe zij de consument schade kunnen berokkenen. In het kader van de genoemde klachten over een vermoeden van misbruik van inkoopmacht door zorgverzekeraars, kan dit als volgt worden toegelicht.
[09-03-2010, www.nmanet.nl, i.w.tr. 12-03-2010]

103

Misbruik van inkoopmacht kan inhouden dat een dominante zorgverzekeraar als inkoper van zorg de toegang voor andere zorgverzekeraars op de zorginkoopmarkt verhindert. Dit kan zodanig zijn dat die concurrerende zorgverzekeraars ook niet meer kunnen opereren op de verkoopmarkt van de dominante zorgverzekeraar. Dit is een vorm van uitsluiting. Ook zouden eventuele nieuwe zorgverzekeraars niet meer op de verzekeringsmarkt kunnen toetreden. De (potentieel) concurrerende zorgverzekeraars zouden in dat geval op de verzekeringsmarkt namelijk niet voldoende zorg aan hun verzekerden kunnen garanderen. Dit heeft tot gevolg dat de dominante zorgverzekeraar minder gedisciplineerd wordt. Verzekerden zouden min of meer gedwongen zijn om de zorgverzekering bij de dominante zorgverzekeraar af te sluiten. De dominante zorgverzekeraar creëert op deze wijze een economische machtspositie op de verzekeringmarkt, waardoor de verzekerde of patiënt met een relatief slechter (toekomstig) product kan worden geconfronteerd, dan onder ongestoorde concurrentie het geval zou zijn geweest.
[09-03-2010, www.nmanet.nl, i.w.tr. 12-03-2010]

4.3.1 Onredelijke voorwaarden in inkoopcontracten

104

In het geval van klachten van zorgaanbieders over te lage tarieven en andere leveringsvoorwaarden heeft de NMa misbruik niet aannemelijk geacht, mede omdat aannemelijk is dat zorgverzekeraars op de verkoopmarkt niet over een economische machtspositie beschikken.[1] In dat geval mag worden aangenomen dat de verzekeraar producten of diensten inkoopt tegen voorwaarden waarvan hij inschat dat hij zijn klanten het beste kan bedienen en hij zich voordelig onderscheidt van zijn concurrenten. Omdat de inkopende partij voldoende moet kunnen inkopen is niet aannemelijk dat

---

1   Zie besluit van de Raad van Bestuur van de NMa van 31 mei 2006 in zaak 5142/*KNGF*.

dit tot bijvoorbeeld structureel te lage prijzen of onredelijke voorwaarden zal leiden. Op het moment dat voorwaarden zodanig slecht zijn dat onvoldoende zorgaanbieders nog een contract willen of kunnen tekenen en als gevolg daarvan van de markt moeten verdwijnen, snijdt de zorgverzekeraar zichzelf in de vingers omdat hij zijn klanten niet meer kan bedienen.
[09-03-2010, www.nmanet.nl, i.w.tr. 12-03-2010]

4.3.2 Weigering om (individueel) te onderhandelen

105

Een zorgverzekeraar die weigert om een contract aan te gaan met een zorgaanbieder of die weigert met individuele zorgaanbieders te onderhandelen over een door hem voorgelegd (standaard)contract maakt niet op voorhand misbruik van een economische machtspositie. Ook niet als zou zijn aangetoond dat deze zorgverzekeraar over een economische machtspositie beschikt. Van misbruik kan sprake zijn als de inhoud van het aangeboden contract zou leiden tot uitbuiting van zorgaanbieders of uitsluiting van concurrenten, zodanig dat de verzekerde met een relatief slechter (toekomstig) product wordt geconfronteerd. Alleen als er voldoende aanwijzingen zijn voor een dergelijke verstoring van de markt waarop de zorgaanbieder zijn diensten aanbiedt kan de NMa aanleiding zien voor nader onderzoek.[1] Zoals in paragraaf 4.3.1 is beschreven, is een dergelijke verstoring van de markt niet aannemelijk zolang zorgverzekeraars op de verzekeringmarkt concurreren waardoor de verzekerde de keuze heeft tussen verschillende zorgverzekeraars en polissen en zolang de inhoud van het (standaard)-contract geen aanleiding geeft om marktverstorende ontwikkelingen te vermoeden.
[09-03-2010, www.nmanet.nl, i.w.tr. 12-03-2010]

5 Concentratiecontrole

106

Naast het toezicht op het kartelverbod en het verbod op misbruik van een economische machtspositie houdt de NMa ook toezicht op fusies, overnames en de totstandkoming van bepaalde gemeenschappelijke ondernemingen (*joint ventures*) in Nederland. Dit concentratietoezicht is preventief: de NMa toetst vooraf of een concentratie de mededinging kan beperken. Zolang een concentratie, die onder het concentratietoezicht van de NMa valt (zie hierna) niet is gemeld en de NMa de concentratie niet binnen de wettelijk vastgestelde termijn heeft beoordeeld, is het verboden de concentratie tot stand te brengen.
[09-03-2010, www.nmanet.nl, i.w.tr. 12-03-2010]

107

Concentraties van ondernemingen kunnen resulteren in machtige ondernemingen die dominant genoeg zijn om op een bepaalde markt de concurrentie significant te beïnvloeden of uit te schakelen. Om te voorkomen dat dit zal gebeuren, moeten

---

[1] College van Beroep voor het bedrijfsleven van 24 november 2009, *Nederlandse Vereniging van Mondhygiënisten v NMa*, AWB 07/736 en College van Beroep voor het bedrijfsleven van 24 november 2009, *Van der Werff v NMa*, AWB 07/737.

concentraties waarbij ondernemingen zijn betrokken die bepaalde omzetdrempels overschrijden, bij de NMa worden gemeld.
[09-03-2010, www.nmanet.nl, i.w.tr. 12-03-2010]

5.1 Vormen van concentraties

108
Concentraties tussen daadwerkelijke concurrenten of potentiële concurrenten op dezelfde relevante markt, worden *horizontale concentraties* genoemd. Concentraties tussen niet-concurrenten worden *niet-horizontale concentraties* genoemd. Onder deze categorie vallen (i) verticale concentraties, dat wil zeggen concentraties tussen ondernemingen die elk in een verschillend stadium van de totstandkoming van een dienst of product actief zijn (zoals farmaceutische groothandels en apotheken, of zorgverzekeraars en zorgaanbieders); en (ii) conglomerate concentraties. Dit zijn concentraties tussen aanbieders in gerelateerde markten, zoals ziekenhuizen en thuiszorginstellingen.
[09-03-2010, www.nmanet.nl, i.w.tr. 12-03-2010]

109
De Mededingingswet onderscheidt daarnaast drie soorten concentraties naar type, namelijk: fusies, overnames en bepaalde typen *joint ventures*. Om te bepalen of sprake is van een concentratie in de zin van de Mededingingswet moet worden gekeken naar wijzigingen in de zeggenschap in de betrokken ondernemingen. De zeggenschap waarop hier wordt gedoeld[1], ziet op de mogelijkheid om een beslissende invloed met betrekking tot de strategische en commerciële beslissingen van een onderneming uit te oefenen. Het gaat hier niet om de uitoefening van het dagelijks bestuur van een onderneming, maar om belangrijke beslissingen zoals het benoemen en ontslaan van bestuurders en het goedkeuren van het bedrijfsplan en het budget.[2]
[09-03-2010, www.nmanet.nl, i.w.tr. 12-03-2010]

110
Om te bepalen of sprake is van een concentratie in de zin van de Mededingingswet moet worden gekeken naar wijzigingen in de zeggenschap in de betrokken ondernemingen. Het gaat hier niet om de uitoefening van het dagelijks bestuur van een onderneming, maar om belangrijke beslissingen zoals het benoemen en ontslaan van bestuurders en het goedkeuren van het bedrijfsplan en het budget.[3]
[09-03-2010, www.nmanet.nl, i.w.tr. 12-03-2010]

---

1 Zie ook Geconsolideerde mededeling van de Commissie over bevoegdheidskwesties op grond van Verordening (EG) nr. 139/2004 betreffende de controle op concentraties van ondernemingen, *Pb.* C95 van 16 april 2008, p. 7, rnr. 16.
2 Zie ook Geconsolideerde mededeling van de Commissie over bevoegdheidskwesties op grond van Verordening (EG) nr. 139/2004 betreffende de controle op concentraties van ondernemingen, *Pb.* C95 van 16 april 2008, p. 18, rnr. 67.
3 Zie ook Geconsolideerde mededeling van de Commissie over bevoegdheidskwesties op grond van Verordening (EG) nr. 139/2004 betreffende de controle op concentraties van ondernemingen, *Pb.* C95 van 16 april 2008, p. 18, rnr. 67.

111

Een *fusie* betreft twee of meer zelfstandige ondernemingen die opgaan in één nieuwe onderneming. Van een fusie is ook sprake wanneer juridisch geen fusie plaatsvindt, maar de activiteiten van voorheen onafhankelijke ondernemingen zodanig gecombineerd worden dat er een *economische eenheid* ontstaat (een 'bestuurlijke fusie'). Hiervan kan bijvoorbeeld sprake zijn als twee zorginstellingen weliswaar als afzonderlijke rechtspersonen blijven voortbestaan, maar bij overeenkomst een gemeenschappelijk ondernemingsbestuur in het leven roepen. Als dit in feite leidt tot het samengaan van de betrokken ondernemingen in een werkelijke economische eenheid, wordt de operatie als een fusie beschouwd.[1] In paragraaf 3.1 is nader ingegaan op de vraag wanneer er sprake is van één economische eenheid.

[09-03-2010, www.nmanet.nl, i.w.tr. 12-03-2010]

112

Bij een *overname* verkrijgt een onderneming zeggenschap over een andere onderneming,

bijvoorbeeld door het kopen van een pakket aandelen of activa[2]. Het verkrijgen van de zeggenschap houdt in dat die partij een beslissende invloed krijgt op de activiteiten van de over te nemen onderneming.

[09-03-2010, www.nmanet.nl, i.w.tr. 12-03-2010]

113

Een *joint venture* is een gemeenschappelijke onderneming die onder leiding staat van twee of meer bestaande ondernemingen. Hierbij kan bijvoorbeeld worden gedacht aan twee ziekenhuizen die samen een zelfstandig behandelcentrum oprichten dat knieoperaties gaat uitvoeren. Het concentratietoezicht is beperkt tot joint ventures die een compleet bedrijf vormen, dat wil zeggen die duurzaam alle functies van een zelfstandige economische eenheid vervullen.[3] Dit worden full-function joint ventures genoemd. De voorwaarden voor de toepasselijkheid van het concentratietoezicht zijn dus de volgende:
a. Er is sprake van gezamenlijke zeggenschap over de joint venture;
b. Beoogd is dat de joint venture op duurzame basis werkzaam zal zijn;[4]

---

1 Zie bijvoorbeeld het besluit van de Raad van Bestuur NMa van 28 juli 2006 in zaak 5206/*Stichting Pantein – Stichting Thuiszorg Brabant Noord-Oost*, het besluit van de Raad van Bestuur NMa van 16 november 2005 in zaak 5186/*Carint – Reggeland*, rnr. 4. Voor de totstandbrenging van een concentratie door de oprichting van een holdingstichting met daarin een gezamenlijke Raad van Bestuur; zie het besluit van de Raad van Bestuur van de NMa van 13 september 2007 in zaak 5886/*Medisch Centrum Alkmaar – Gemini*, rnrs. 4 en 5.

2 Zie voor een activa transactie bijvoorbeeld het besluit van de Raad van bestuur van de NMa van 9 september 2008 in zaak 6417/*Thuiszorgservice Nederland – Thuishulp Nederland* en het besluit van de Raad van bestuur van de NMa van 23 maart 2009 in zaak 6632/*Asito – Meavita Hulp Den Haag*.

3 Zie ook Geconsolideerde mededeling van de Commissie over bevoegdheidskwesties op grond van Verordening (EG) nr. 139/2004 betreffende de controle op concentraties van ondernemingen, *Pb.* C95 van 16 april 2008, p. 23, rnr. 92.

4 Geconsolideerde mededeling van de Commissie over bevoegdheidskwesties op grond van Verordening (EG) nr. 139/2004 betreffende de controle op concentraties van ondernemingen, *Pb.* C95 van 16 april 2008, rnr. 103.

c. De joint venture vervult alle functies van een zelfstandige eenheid. Dit houdt in dat (i) de joint venture over de vrijheid en over voldoende middelen beschikt om alle functies van een zelfstandig bedrijf te kunnen ontplooien en (ii) dat zij niet alleen functies ten behoeve van de moeders ontplooit.[1]

[09-03-2010, www.nmanet.nl, i.w.tr. 12-03-2010]

114

Als een joint venture alleen wordt opgericht om bijvoorbeeld een kortdurend project, laboratoriumfuncties, de administratie of andere ondersteunende diensten uit te voeren, zonder dat de joint venture ook activiteiten voor andere ondernemingen, is geen sprake van een onderneming die zelfstandig actief is op de markt en dus ook niet van een full-function joint venture.[2] De joint venture hoeft dan niet gemeld te worden bij de NMa. Op de samenwerking is wel het karteltoezicht van toepassing. Zie hiervoor hoofdstuk 6. Het kan echter zijn dat een samenwerkingsverband niet als een full-function joint venture start, maar door bepaalde omstandigheden wel overgaat in een full-function joint venture, bijvoorbeeld wanneer een bepaald project overgaat in een structurele organisatie. Op dat moment wordt de joint venture beschouwd als een concentratie en zal dus mogelijk gemeld moeten worden bij de NMa.

[09-03-2010, www.nmanet.nl, i.w.tr. 12-03-2010]

5.2 Belangrijke procedurele bepalingen

5.2.1 Omzetdrempels

115

In het algemeen is het concentratietoezicht alleen van toepassing op concentraties waarbij de ondernemingen gezamenlijk in het kalenderjaar voorafgaand aan de concentratie in totaal meer dan EUR 113.450.000 wereldwijd omzetten en minstens twee van hen binnen Nederland elk een jaaromzet van minimaal EUR 30.000.000 realiseren. Voor de zorgsector heeft de Minister van Economische Zaken echter besloten om deze drempelwaarden met ingang van 1 januari 2008 voor een periode van 5 jaar te verlagen.[3] Dit houdt in dat een concentratie in de zorgsector bij de NMa gemeld moet worden als de ondernemingen gezamenlijk in het kalenderjaar voorafgaand aan de concentratie in totaal meer dan EUR 55.000.000 wereldwijd omzetten, minstens twee van hen binnen Nederland elk een jaaromzet van minimaal EUR 10.000.000 realiseren en ten minste twee van hen elk een jaaromzet van minimaal EUR 5.500.000 met

---

1 Geconsolideerde mededeling van de Commissie over bevoegdheidskwesties op grond van Verordening (EG) nr. 139/2004 betreffende de controle op concentraties van ondernemingen, *Pb.* C95 van 16 april 2008, rnr. 94.
2 Geconsolideerde mededeling van de Commissie over bevoegdheidskwesties op grond van Verordening (EG) nr. 139/2004 betreffende de controle op concentraties van ondernemingen, *Pb.* C95 van 16 april 2008, p. 24, rnr. 95.
3 Besluit van 6 december 2007, houdende tijdelijke verruiming van het toepassingsbereik van het concentratietoezicht op ondernemingen die zorg verlenen, *Staatsblad* 2007, 518. De reden voor de verlaging van de drempelwaarden voor de zorgsector is dat voordien concentraties in de zorg die wellicht op een regionale of lokale markt de mededinging op significante wijze zouden kunnen belemmeren als gevolg van relatief lage omzetten niet onder het concentratietoezicht vielen.

het verlenen van zorg behalen. De eerste twee omzetdrempels maken geen onderscheid naar omzet die gegenereerd wordt binnen en buiten de zorg. Ook omzet die gegenereerd wordt buiten de zorg moet worden meegerekend. Als de omzetten van de betrokken ondernemingen niet boven de genoemde drempelwaarden uitkomen, hoeft een concentratie niet vooraf gemeld te worden bij de NMa.[1]
[09-03-2010, www.nmanet.nl, i.w.tr. 12-03-2010]

116
De verlaagde omzetdrempels gelden dus alleen voor concentraties waarbij ten minste twee van de betrokken ondernemingen in het voorafgaande kalenderjaar met het verlenen van zorg, ieder afzonderlijk een omzet heeft behaald van meer dan EUR 5.500.000.[2] Met het verlenen van zorg wordt bedoeld het verlenen van AWBZ-zorg[3], het verlenen van gezondheidszorg (zoals in ziekenhuizen, door huisartsen en apothekers[4], ambulancezorg)[5] en het verlenen van huishoudelijke zorg, gefinancierd uit de Wet Maatschappelijke Ondersteuning (zoals door thuiszorgorganisaties)[6]. Voorbeelden van activiteiten van zorgaanbieders die buiten het toepassingsbereik van de verlaagde omzetdrempels vallen, zijn het verlenen van forensische GGZ[7] en het leveren van geneesmiddelen aan groothandels en apotheken.

	Gezamenlijke wereldwijde omzet	Individuele omzet in Nederland van ten minste twee ondernemingen	Individuele omzet behaald met het verlenen van zorg van ten minste twee ondernemingen
Normale drempels	EUR 113.450.000	EUR 30.000.000	N.v.t.
Verlaagde ('zorg') drempels	EUR 55.000.000	EUR 10.000.000	EUR 5.500.000

[09-03-2010, www.nmanet.nl, i.w.tr. 12-03-2010]

1 Concentraties van zeer grote ondernemingen met een communautaire dimensie waarbij de omzetdrempels van de Europese concentratieverordening worden overschreden, moeten bij de Europese Commissie worden gemeld in plaats van bij de NMa. In de brochure 'Concentratietoezicht' van de NMa wordt nader ingegaan op de hoogte van de Europese drempels. Zie www.nmanet.nl en de website van de Europese Commissie, http://ec.europa.eu/competition/mergers/overview_en.html.
2 Dit criterium voorkomt dat concentraties tussen ondernemingen wier totale omzet boven de verlaagde drempels valt, maar waarvan één onderneming slechts een zeer gering aandeel uit zorgactiviteiten behaalt een meldingsplicht hebben, terwijl de verlaging van de omzetdrempels in de zorg daar evident niet voor is bedoeld.
3 Zorg als bedoeld in artikel 2, eerste lid, onderdeel a tot en met l, van het Besluit zorgaanspraken AWBZ.
4 Zorg als bedoeld in artikel 10 van de Zorgverzekeringswet.
5 Zie het besluit van de Raad van Bestuur van de NMa van 24 juli 2009 in zaak 6774/*AMC-VZA*.
6 Zorg als bedoeld in artikel 1, sub h, van de Wet maatschappelijke ondersteuning.
7 Zie het besluit van de Raad van Bestuur van de NMa van 3 december 2008 in zaak 6529/*Bouwman GGZ — De Kijvelanden*.

5.2.2 Gegevensverstrekking

117
Concentraties moeten gemeld worden met behulp van het volledig ingevuld Formulier melding concentratie (hierna: Meldingsformulier).[1] De NMa heeft de 'Leidraad voor zorginstellingen met fusie- of overnameplannen' samengesteld waarin specifiek wordt ingegaan op de informatie die aangeleverd moet worden bij het melden van een concentratie.[23]
[09-03-2010, www.nmanet.nl, i.w.tr. 12-03-2010]

118
Als de melding van een concentratie onvolledig is, bijvoorbeeld doordat niet alle vragen uit het Meldingsformulier beantwoord zijn, kan de NMa verzoeken om toezending van de ontbrekende gegevens.[4] De periode van de beoordeling van de concentratie zal dan pas beginnen zodra de NMa de ontbrekende informatie alsnog ontvangen heeft.[5]
[09-03-2010, www.nmanet.nl, i.w.tr. 12-03-2010]

119
Ook kan de NMa op ieder moment gedurende de behandeltermijn om aanvulling van de melding vragen als dat nodig is voor de beoordeling. In dat geval wordt de behandeltermijn opgeschort met ingang van de dag waarop de NMa aanvullende vragen stelt tot de dag waarop die aanvulling door de NMa is ontvangen.[6]
[09-03-2010, www.nmanet.nl, i.w.tr. 12-03-2010]

120
Ondernemingen moeten de NMa juiste en volledige gegevens over de concentratie verstrekken, zodat de NMa een adequate en rechtmatige beoordeling van de voorgenomen concentratie kan maken. Partijen die onvolledige en/of onjuiste gegevens aan de NMa verstrekken, lopen het risico een boete opgelegd te krijgen.[7]
[09-03-2010, www.nmanet.nl, i.w.tr. 12-03-2010]

---

1   Zie bijlage 1 van het Besluit vaststelling formulieren Mededingingswet 2007 (*Staatscourant* 2007, nr. 187). Het meldingsformulier is ook te vinden op www.nmanet.nl.
2   Deze Leidraad gaat met name in op thuiszorg en intramurale ouderenzorg en is te vinden op www.nmanet.nl.
3   De Mededingingswet bepaalt dat bij een melding de bij algemene maatregel van bestuur aangewezen gegevens dienen te worden verstrekt.
4   Zie artikel 38 lid 1 Mw. De NMa dient dit verzoek te doen binnen vijf werkdagen na ontvangst van de melding.
5   Artikel 35 lid 1 Mw.
6   Zie artikelen 35 lid 2 en 38 lid 2 Mw.
7   De NMa heeft eerder een boete van EUR 468.000 opgelegd voor het verstrekken van onjuiste en onvolledige productiegegevens bij een melding in september 2008. Zie persbericht van de NMa van 6 augustus 2009, www.nmanet.nl.

5.2.3 Gun-jumping

121

Ondernemingen mogen niet al voorafgaand aan het moment van totstandkoming van een concentratie een valse start maken door alvast te opereren als één onderneming in de zin van de Mededingingswet. Deze gedraging wordt 'gun-jumping' genoemd en omvat zowel (i) de vroegtijdige implementatie van een meldingsplichtige concentratie, als (ii) een overtreding van het kartelverbod (artikel 6 Mw) in de context van een (al dan niet meldingsplichtige) concentratie.
[09-03-2010, www.nmanet.nl, i.w.tr. 12-03-2010]

5.2.3.1 Vroegtijdige implementatie

122

Als een concentratie tot stand gebracht wordt zonder melding aan de NMa, of zonder dat de behandeltermijn van de NMa is afgewacht, kan de NMa een last onder dwangsom opleggen om de concentratie ongedaan te maken. Ook kan de NMa een boete opleggen van ten hoogste 10 procent van de jaaromzet van de ondernemingen die betrokken zijn bij de concentratie.[1]
[09-03-2010, www.nmanet.nl, i.w.tr. 12-03-2010]

123

Het samenvoegen van activiteiten van twee afzonderlijke ondernemingen voorafgaand aan de goedkeuring van de concentratie door de NMa, kan onder omstandigheden worden gekwalificeerd als het niet respecteren van de wachtperiode. Bijvoorbeeld als twee ziekenhuizen hun voorgenomen concentratie bij de NMa hebben gemeld en een groot deel van de maatschappen van deze ziekenhuizen al worden samengevoegd, voordat de wachtperiode is verstreken. Als deze samenvoeging leidt tot de overgang van zeggenschap over het nieuw te vormen ziekenhuis, dan is er sprake van een vroegtijdige implementatie van de concentratie. Naarmate er meer maatschappen samengevoegd worden en er een nauwe band bestaat tussen de ziekenhuisbesturen en de maatschappen in de medische staf, zal de kans op overgang van zeggenschap groter zijn.[2]
[09-03-2010, www.nmanet.nl, i.w.tr. 12-03-2010]

124

De partijen die een melding van een concentratie ingediend hebben, kunnen de NMa verzoeken om ontheffing te verlenen van het verbod om de concentratie tot stand te brengen voordat de wachtperiode is verstreken als daarvoor gewichtige redenen

---

1 Zie het besluit van de Raad van Bestuur van de NMa van 19 november 2008 in zaak 6286/ *Nooteboom – Pacton*, waarin de bij de melding betrokken partijen (zowel koper als verkoper) een boete werd opgelegd wegens het niet en/of te laat melden.
2 Zie over het onderwerp van de fusie van maatschappen de brief van de Minister van VWS aan de Tweede Kamer van 3 december 2007, http://www.minvws.nl/kamerstukken/cz/2007/fusie-van-maatschappen.asp.

aanwezig zijn.[1] Van gewichtige reden is sprake als onherstelbare schade wordt toegebracht aan een voorgenomen concentratie[2] door het in acht nemen van de verplichte wachtperiode.[3] Dit kan bijvoorbeeld het geval zijn bij een (dreigend) faillissement van één van de partijen.
[09-03-2010, www.nmanet.nl, i.w.tr. 12-03-2010]

5.2.3.2 Overtreding van het kartelverbod/artikel 6 Mw

125
In de praktijk blijkt dat zorgaanbieders vaak al in een pril stadium van de samenwerking en ruim voor de daadwerkelijke totstandkoming van de voorgenomen concentratie, geneigd zijn om concurrentiegevoelige informatie uit te wisselen en bedrijfsstrategieën onderling af te stemmen. Gevaar bestaat dat zorgaanbieders op deze wijze hun marktgedrag afstemmen. Daarmee beperken de betrokken ondernemingen de onderlinge concurrentie(mogelijkheden), hetgeen onder andere een ongewenst prijsverhogend effect in de markt kan hebben.
[09-03-2010, www.nmanet.nl, i.w.tr. 12-03-2010]

126
Voorop staat dat ondernemingen die voornemens zijn te fuseren, nog niet zijn te beschouwen als één onderneming in de zin van de Mededingingwet. Dit zijn zij pas na het officiële moment van samengaan. Tot het daadwerkelijke en officiële moment van samengaan zullen de betrokken ondernemingen zich dan ook moeten gedragen als onafhankelijke ondernemingen en de spelregels van de Mededingingswet met betrekking tot samenwerking moeten respecteren. Dit geldt ook op het moment dat de NMa heeft geoordeeld dat de gemelde concentratie tot stand mag worden gebracht, maar de concentratie nog niet feitelijk tot stand is gekomen. Het risico bestaat namelijk dat een concentratie uiteindelijk toch niet doorgaat terwijl inmiddels concurrentiegevoelige informatie is uitgewisseld. In deze voorbereidingstijd mogen zij in principe geen afspraken maken of informatie uitwisselen die een concurrentiebeperking op de markt tot gevolg (kan) hebben.
[09-03-2010, www.nmanet.nl, i.w.tr. 12-03-2010]

127
Om te bepalen wat zorgaanbieders in de periode voorafgaand aan de concentratie al met elkaar mogen uitwisselen en afspreken, is het van belang om vast te stellen of er een noodzaak is voor de uitwisseling cq. afstemming op dit moment en in deze vorm. Vaak wordt hetzelfde doel namelijk ook gediend wanneer de informatie in meer geaggregeerde vorm uitgewisseld wordt en/of de afstemming op een later tijdstip gebeurt.
[09-03-2010, www.nmanet.nl, i.w.tr. 12-03-2010]

---

1 Op basis van artikel 40 lid 1 Mw.
2 Zoals bedoeld in de Memorie van Toelichting (*Kamerstukken II*, 1995–96, 24707, nr.3, blz. 78).
3 Zie bijvoorbeeld het besluit van de Raad van bestuur van de NMa van 27 februari 2009 in zaak 6632/ *Asito – Meavita Hulp Den Haag.*

128
Sommige informatie-uitwisseling is noodzakelijk voorafgaand aan de concentratie en is ook zonder meer toegestaan. Zo zal er bijvoorbeeld altijd een zogeheten (wederzijds) boekenonderzoek (*due diligence*) moeten plaatsvinden. Het is namelijk van belang dat beide aanbieders op de hoogte zijn van de waarde van het voorwerp van de transactie. Het uitwisselen van financiële gegevens, zoals de boekwaarde van een onderneming en fiscale gegevens, is noodzakelijk voor de totstandkoming van de fusie en daarom gerechtvaardigd.
[09-03-2010, www.nmanet.nl, i.w.tr. 12-03-2010]

129
Echter, wanneer de informatie-uitwisseling dan wel de afstemming in dit stadium niet noodzakelijk is voor de totstandbrenging van de voorgenomen concentratie, dan wordt deze in het licht van artikel 6 Mw (kartelverbod) beoordeeld. Te denken valt dan bijvoorbeeld aan het afstemmen van huidige prijzen en het maken van afspraken over inschrijvingen op aanbestedingen ten tijde van de voorbereidingstijd.
[09-03-2010, www.nmanet.nl, i.w.tr. 12-03-2010]

130
De centrale vraag bij de beoordeling van de gedraging in het kader van artikel 6 Mw is of de uitwisseling van informatie dan wel de afstemming kan leiden tot een coördinatie van marktgedrag van partijen. De aard van de informatie en afstemming is dan met name van belang. Als de informatie niet noodzakelijkerwijs hoeft te worden uitgewisseld en deze bovendien coördinatie van marktgedrag in de hand kan werken, dan is het aannemelijk dat de gedraging in strijd zal zijn met artikel 6 Mw.
[09-03-2010, www.nmanet.nl, i.w.tr. 12-03-2010]

131
Stel bijvoorbeeld dat twee aanbieders die misschien gaan fuseren op voorhand al afstemmen welke prijs ze nu al offreren voor hun zorg. Wanneer zij elkaar hier niet over hadden geïnformeerd waren zij afzonderlijk misschien op een lagere offerteprijs uitgekomen. Nu hebben de aanbieders geen prikkel meer om elkaar te beconcurreren op prijs.
[09-03-2010, www.nmanet.nl, i.w.tr. 12-03-2010]

5.3 Procedure en werkwijze bij concentratiecontrole

132
De procedure voor toetsing van concentraties bestaat uit de meldingsfase en eventueel uit de vergunningsfase. Hierna wordt kort ingegaan op de procedure die ondernemingen moeten doorlopen voor de toetsing van de concentratie door de NMa. Een uitgebreide uiteenzetting van de procedure en werkwijze is te vinden in de 'Spelregels bij Concentratiezaken' en in de 'Leidraad voor zorginstellingen met fusie- en overnameplannen'.[1]
[09-03-2010, www.nmanet.nl, i.w.tr. 12-03-2010]

---

1 Beide documenten zijn te vinden op www.nmanet.nl.

5.3.1 Meldingsfase

133

Ondernemingen die een concentratie boven de hiervoor genoemde drempels tot stand willen brengen, moeten hun voornemen melden bij de NMa. De NMa moet binnen een wettelijke termijn van vier weken na ontvangst van de melding de betrokken ondernemingen berichten of voor de concentratie al dan niet een vergunning is vereist. Tijdens de periode van beoordeling van de melding blijft de totstandbrenging van de concentratie verboden. De termijn van vier weken kan worden opgeschort doordat de NMa voor de beoordeling noodzakelijke vragen stelt aan de betrokken ondernemingen. De termijn wordt opgeschort totdat de vragen voldoende beantwoord zijn.[1] In de praktijk kan de termijn van behandeling dus langer zijn dan de genoemde vier weken.
[09-03-2010, www.nmanet.nl, i.w.tr. 12-03-2010]

134

In de meldingsfase onderzoekt de NMa of de concentratie de daadwerkelijke mededinging op de Nederlandse markt of een deel daarvan op significante wijze zou kunnen belemmeren, met name door het creëren of het versterken van een economische machtspositie. De NMa onderzoekt onder meer de positie van de betrokken ondernemingen op de relevante markten[2] waarop de ondernemingen actief zijn, de posities van andere aanbieders op die markten, in welke mate afnemers afhankelijk zijn van de nieuw te vormen onderneming (afnemersmacht), in welke mate leveranciers afhankelijk zijn van de nieuw te vormen onderneming en de mogelijkheden van derden om tot de markt toe te treden. De NMa houdt bij dit onderzoek ook rekening met de (beleidsmatige) ontwikkelingen in een markt of sector. Bij haar onderzoek zal de NMa in veel gevallen ook andere spelers in de markt of bijvoorbeeld het zorgkantoor benaderen.
[09-03-2010, www.nmanet.nl, i.w.tr. 12-03-2010]

135

Als het aannemelijk is dat de daadwerkelijke mededinging niet op een significante wijze kan worden belemmerd, zal de NMa de betrokken ondernemingen berichten dat voor de concentratie geen vergunning is vereist. De betrokken ondernemingen mogen de concentratie dan tot stand brengen. Als de mededinging wel op een significante wijze zou kunnen worden belemmerd, zal de NMa de betrokken ondernemingen berichten dat voor de voorgenomen concentratie een vergunning is vereist. De betrokken ondernemingen mogen dan de concentratie niet tot stand brengen voordat een vergunningaanvraag is ingediend, nader onderzoek is verricht en een vergunning is verleend.
[09-03-2010, www.nmanet.nl, i.w.tr. 12-03-2010]

136

In de praktijk is gebleken dat betrokken ondernemingen, na kennisgeving door de NMa dat zij voornemens is om een vergunningseis te stellen, soms de mogelijkheid

---

1 Zie paragraaf 5.2.2 hiervoor.
2 In paragraaf 3.2 is reeds ingegaan op het begrip relevante markt.

aangrijpen om de voorgenomen transactie en de melding daarvan zodanig te wijzigen dat de door de NMa gesignaleerde mededingingsbezwaren niet meer zullen optreden en er alsnog een goedkeuring in de meldingsfase kan worden gegeven.[1] Op grond van artikel 37, vierde en zesde lid, Mw is er een bevoegdheid gecreëerd om al in de meldingsfase – in plaats van het wijzigen van de melding/transactie – door partijen voorgestelde remedies (voorwaarden) te accepteren. Totdat aan de gestelde voorwaarden is voldaan blijft het tot stand brengen van de concentratie verboden. Voldoen partijen niet of niet tijdig aan de voorwaarden, dan is alsnog een vergunning vereist.
[09-03-2010, www.nmanet.nl, i.w.tr. 12-03-2010]

137
In dit verband kan worden verwezen naar zaak 5206/*Stichting Pantein – Stichting Thuiszorg Brabant Noord-Oost*. In deze zaak, waarin de NMa mededingingsbezwaren voorzag, hebben partijen voorafgaand aan de voorgenomen fusie een deel van hun activiteiten op het gebied van thuiszorg overgedragen aan een toetreder tot de regio. Met de overdracht van de zorgactiviteiten zijn tevens de bijbehorende personeelsleden en cliënten (die daarmee hebben ingestemd) overgegaan naar de nieuwe toetreder. De NMa heeft nader onderzocht of de toetreder levensvatbaar kan zijn. Door deze overdracht bleven er voldoende alternatieve aanbieders voor cliënten over in het betreffende gebied. De NMa heeft de fusie in de meldingsfase goedgekeurd.[2]
[09-03-2010, www.nmanet.nl, i.w.tr. 12-03-2010]

138
De NMa heeft de mogelijkheid om meldingen van voorgenomen concentraties door middel van een verkort besluit af te doen. Dit betekent dat de vermelding van een motivering van het besluit achterwege gelaten wordt. De NMa zal in ieder geval concentratiebesluiten motiveren indien aan de volgende voorwaarden is voldaan:
a. voor de concentratie een vergunning is vereist en de NMa diepgaand onderzoek naar de gevolgen van de concentratie wenselijk acht;
b. een concentratiebesluit afwijkt van een advies over de concentratie door de NZa[3]; en
c. bij de behandeling van de concentratie sprake is van relevante bezwaren van belanghebbenden.[4]
[09-03-2010, www.nmanet.nl, i.w.tr. 12-03-2010]

---

1 Zie de Richtsnoeren Remedies 2007. www.nmanet.nl, waarin wordt beschreven wanneer een wijziging van de melding mogelijk is en aan welke voorwaarden deze moet voldoen. Zie bijvoorbeeld besluit van de d-g NMa van 31 december 2004 in zaak 4295/*Stichting Icare – Stichting Sensire – Stichting Thuiszorg Groningen*, besluit van de Raad van Bestuur van de NMa van 31 juli 2006 in zaak 5206/ *Stichting Pantein – Stichting Thuiszorg Brabant Noord-Oost*.
2 Zie ook het besluit van de Raad van Bestuur van de NMa van 10 juni 2008 in zaak 6196/*Amsterdam Thuiszorg – Cordaan Groep* en besluit van de Raad van Bestuur van de NMa van 1 april 2008 in zaak 6141/*Evean Groep – Philadelphia – Woonzorg Nederland*.
3 Zie hierna, paragraaf 5.3.3.
4 Zie NMa Uitvoeringsregel verkorte afdoening 2008, *Staatscourant* 5 september 2008, nr. 172 en Spelregels bij Concentratiezaken, p. 16, www.nmanet.nl.

5.3.2 Vergunningsfase

139

Als de NMa op basis van de melding oordeelt dat een voorgenomen concentratie de mededinging zou kunnen belemmeren dan moet een vergunning worden aangevraagd bij de NMa. Op een vergunningsaanvraag moet door de NMa binnen dertien weken worden beslist. Tijdens de periode van de beoordeling van de aanvraag blijft het tot stand brengen van de concentratie verboden. Ook hier geldt dat de termijn wordt opgeschort als het voor de beoordeling nodig is om aanvullende vragen te stellen aan de betrokken ondernemingen.
[09-03-2010, www.nmanet.nl, i.w.tr. 12-03-2010]

140

In de vergunningsfase onderzoekt de NMa of de voorgenomen concentratie zal leiden tot een significante belemmering van de daadwerkelijke mededinging op (een deel van) de Nederlandse markt, met name door het creëren of het versterken van een economische machtspositie. In deze fase is over het algemeen een diepgaand onderzoek vereist.
[09-03-2010, www.nmanet.nl, i.w.tr. 12-03-2010]

141

Alleen als wordt vastgesteld dat de voorgenomen concentratie de daadwerkelijke mededinging op de relevante markt(en) niet significant belemmert, wordt een vergunning verleend en mogen de betrokken ondernemingen de concentratie tot stand brengen. Wordt de vergunning niet verleend, dan is de concentratie verboden. Ook is het mogelijk dat de betrokken ondernemingen hun vergunningsaanvraag intrekken, nadat de NMa haar voorlopige bezwaren naar aanleiding van het vergunningsonderzoek bekend heeft gemaakt.[1] Indien de betrokken ondernemingen nadien alsnog besluiten tot een nauwe samenwerking, dan zullen zij zelf dienen te beoordelen of dit op basis van artikel 6 Mw is toegestaan (zie ook hiervoor, paragraaf 5.2.3.2).
[09-03-2010, www.nmanet.nl, i.w.tr. 12-03-2010]

142

De betrokken ondernemingen hebben ook in deze fase de mogelijkheid remedies aan te bieden. In sommige gevallen kan de NMa namelijk een vergunning verlenen onder beperkingen en/of met voorschriften (remedies). De voorschriften verplichten de partijen maatregelen te nemen die noodzakelijk zijn om te voorkomen dat de concentratie zou leiden tot een significante belemmering van de daadwerkelijke mededinging op (een deel van) de Nederlandse markt. Hierbij kan onder andere worden gedacht aan het afstoten van een deel van de onderneming.[2] Het initiatief tot het doen van voor-

---

1 Hiervan was bijvoorbeeld sprake in zaak 6320/*Carinova Leiboom Groep — Vérian — Sutfene*.
2 Zie de Richtsnoeren Remedies 2007 voor aan een vergunning te verbinden beperkingen en voorschriften, www.nmanet.nl.

stellen voor remedies ligt bij partijen, nadat zij door de NMa op de hoogte zijn gesteld van de gesignaleerde mededingingsproblemen. [1]
[09-03-2010, www.nmanet.nl, i.w.tr. 12-03-2010]

5.3.3 Zienswijze NZa

143

De NMa zal in de meldings- en de vergunningsfase de NZa (zie paragraaf 2.4.2) vragen of zij een zienswijze wil afgeven over de gemelde concentratie. De NZa onderzoekt of, als gevolg van de concentratie, nadelige gevolgen voor de publieke belangen (de betaalbaarheid, kwaliteit en toegankelijkheid van de zorg) zullen ontstaan. De NZa dient bij het geven van haar zienswijze het oordeel van de IGZ aangaande (minimum) kwaliteit te volgen. De NMa zal de zienswijze van de NZa in haar beoordeling betrekken. Als er verschillende inzichten bestaan, zal de NMa een eventuele afwijking van de zienswijze in haar besluit gemotiveerd aangeven.[23] Aangezien concentratiecontrole een exclusieve bevoegdheid is van de NMa, komt het daarnaast ook voor dat er tijdens een behandeling van een zaak direct contact is tussen de IGZ en de NMa, bijvoorbeeld voor een nadere toelichting op specifieke kwaliteitsaspecten in een zaak.
[09-03-2010, www.nmanet.nl, i.w.tr. 12-03-2010]

5.3.4 Beleidsregel concentraties van zorgaanbieders

144

In september 2009 is de Beleidsregel concentraties van zorgaanbieders [4] van kracht geworden. Deze beleidsregel legt de NMa twee specifieke verplichtingen op bij de beoordeling van een melding van een concentratie tussen zorgaanbieders. Deze verplichtingen gelden alleen voor concentraties waarbij het gezamenlijke marktaandeel van de betrokken ondernemingen op één of meer relevante markten als gevolg van de concentratie 35 procent of meer zal bedragen.
[09-03-2010, www.nmanet.nl, i.w.tr. 12-03-2010]

145

De eerste verplichting bestaat uit het nader motiveren van een aantal zorgspecifieke aspecten voor de relevante markten waarop het marktaandeel 35 procent of meer zal zijn. Het betreft: (i) de transparantie van kwaliteit van zorg, (ii) het reisgedrag of de reisbereidheid van cliënten, (iii) de mogelijkheden voor toetreding van nieuwe

---

1 Richtsnoeren Remedies, 2007, rnr. 39.
2 Zie ook het tussen de NMa en NZa overeengekomen Samenwerkingsprotocol NZa – NMa op www.nmanet.nl.
3 Zie besluit van de Raad van Bestuur van de NMa van 1 april 2008 in zaak 6141/*Evean Groep – Philadelphia – Woonzorg Nederland*, zaak besluit van de Raad van Bestuur van de NMa van 25 maart 2009 in zaak 6424/*Ziekenhuis Walcheren – Oosterscheldeziekenhuizen* en besluit van de Raad van Bestuur van de NMa van 24 juli 2009 in zaak 6704/*AMC-VZA*.
4 Beleidsregel van de Minister van Economische Zaken van 9 september 2009, houdende bijzondere regels betreffende concentraties van zorgaanbieders, *Staatscourant* 2009, nr. 13389, (hierna: Beleidsregel concentraties van zorgaanbieders).

zorgaanbieders, en (iv) de mate waarin zorginkopers invloed hebben op het keuzegedrag van cliënten.[12]
[09-03-2010, www.nmanet.nl, i.w.tr. 12-03-2010]

146
De tweede verplichting houdt in dat de NMa de meest betrokken cliëntenraad[3] van de betrokken zorgaanbieders en gemeenten die in de betrokken regio's zorginkoper zijn in het kader van de Wet maatschappelijke ondersteuning, uitnodigt een zienswijze te geven over de voorgenomen concentratie. Deze zienswijzen dient de NMa in haar besluit op de melding te betrekken.[4]
[09-03-2010, www.nmanet.nl, i.w.tr. 12-03-2010]

147
Een consequentie van beide verplichtingen is, dat de NMa meldingen van concentraties die onder deze beleidsregel vallen, niet door middel van een verkort besluit zal afdoen (zie paragraaf 5.3.1).
[09-03-2010, www.nmanet.nl, i.w.tr. 12-03-2010]

5.3.5 Kosten

148
Voor een besluit op een concentratiemelding en de aanvraag van een vergunning zijn bepaalde vergoedingen vastgesteld.[5] De hoogte van het bedrag dat aan de meldende ondernemingen gezamenlijk in rekening wordt gebracht, bedraagt in de meldingsfase EUR 15.000,- en in de vergunningsfase EUR 30.000,-.[6]
[09-03-2010, www.nmanet.nl, i.w.tr. 12-03-2010]

5.4 Inhoudelijke toets

5.4.1 Is er sprake van een significante belemmering van de mededinging?

149
De NMa toetst, zoals hiervoor beschreven is, of de concentratie de mededinging op (een deel van) de Nederlandse markt op significante wijze zou belemmeren, met name door het tot stand komen of het versterken van een economische machtspositie. Voor de

---

1 Zie artikel 2 lid 1 van de Beleidsregel concentraties van zorgaanbieders en paragraaf I.3 van de toelichting.
2 Zie voor toepassing hiervan bijvoorbeeld besluit van de Raad van Bestuur van de NMa van 7 december 2009 in zaak 6786/*Steinmetz I De Compaan — Paus Johannes XXIII* en besluit van de Raad van Bestuur van de NMa van 22 december 2009 in zaak 6774/*De Borg — 't Gooregt*.
3 Doorgaans zal dit de centrale cliëntenraad zijn.
4 Zie artikel 2 lid 2 van de Beleidsregel concentraties van zorgaanbieders en paragraaf I.4 van de toelichting.
5 Besluit kostenverhaal NMa, *Staatsblad* 2006, 717. Zie ook www.nmanet.nl.
6 Op het Meldingsformulier dienen partijen aan te geven welke onderneming de factuur zal voldoen.

factoren die worden onderzocht bij het bepalen van een economische machtspositie, wordt verwezen naar hoofdstuk 4.
[09-03-2010, www.nmanet.nl, i.w.tr. 12-03-2010]

150
Dit hoofdstuk beschrijft hoe de NMa bovenstaande toets hanteert bij het beoordelen van horizontale en verticale concentraties.
[09-03-2010, www.nmanet.nl, i.w.tr. 12-03-2010]

5.4.1.1 Beoordeling van horizontale concentraties

151
De beoordeling van horizontale concentraties richt zich op de vraag of de concentratie tussen daadwerkelijke of potentiële concurrenten een significante belemmering van de concurrentie tot gevolg heeft op de relevante markten waarop zij actief zijn, zogenaamde horizontale effecten. De Raad van Bestuur van de NMa heeft besloten[1] om bij de beoordeling hiervan aan te sluiten bij de richtsnoeren die de Europese Commissie heeft vastgesteld voor de beoordeling van horizontale concentraties (horizontale richtsnoeren).[2]
[09-03-2010, www.nmanet.nl, i.w.tr. 12-03-2010]

152
De horizontale richtsnoeren geven aan dat marktaandelen en de graad van markconcentratie bruikbare eerste aanwijzingen vormen voor de marktstructuur en het belang voor de mededinging van zowel de partijen betrokken bij de concentratie als hun concurrenten.[3] Verder gaan de horizontale richtsnoeren in op de kans dat afnemersmacht kan functioneren als tegenwicht tegen een toename van marktmacht als gevolg van een concentratie[4] en gaan zij in op de kans dat markttoetreding door nieuwe ondernemingen daadwerkelijke mededinging op de relevante markt in stand houdt.[5]
[09-03-2010, www.nmanet.nl, i.w.tr. 12-03-2010]

153
Ook worden in de horizontale richtsnoeren de beoordeling van efficiëntieverbeteringen en voorwaarden voor het aanvaarden van een reddingsfusie ('failing firm defence') beschreven. Deze twee onderwerpen worden hierna in paragraaf 5.4.2 besproken.
[09-03-2010, www.nmanet.nl, i.w.tr. 12-03-2010]

---

1 Dit besluit is weergegeven in de Beleidsregel NMa Beoordeling horizontale concentraties, *Staatscourant* 2007, 173.
2 Mededeling van de Commissie van de Europese Gemeenschappen van 5 februari 2004,'Richtsnoeren voor de beoordeling van horizontale fusies op grond van de Verordening van de Raad inzake de controle op concentraties van ondernemingen' (*Pb* 2004, C 31, blz. 5–18).
3 Horizontale richtsnoeren, rnr. 14.
4 Horizontale richtsnoeren, rnrs. 64–67.
5 Horizontale richtsnoeren, rnrs. 68–75.

5.4.1.2 Beoordeling van verticale concentraties

154

De beoordeling van verticale concentraties richt zich op de vraag of de concentratie tussen ondernemingen die actief zijn op verschillende niveaus van dezelfde bedrijfskolom een significante belemmering van de concurrentie tot gevolg heeft op de verschillende relevante markten waarop zij actief zijn als gevolg van marktafsluiting (de zogeheten niet-horizontale effecten). De NMa sluit bij de beoordeling hiervan aan bij de richtsnoeren die de Europese Commissie heeft vastgesteld voor de beoordeling van niet-horizontale concentraties.[1] Ter illustratie van het beoordelingskader bij verticale concentraties wordt hierna ingegaan op een concentratie tussen een zorgverzekeraar en een zorgaanbieder.[2]
[09-03-2010, www.nmanet.nl, i.w.tr. 12-03-2010]

155

Een concentratie tussen een zorgverzekeraar en een zorgaanbieder zal vaak gestalte krijgen door de verwerving van zeggenschap (bijvoorbeeld door een meerderheidsbelang in het aandelenkapitaal) van de zorgverzekeraar over de zorgaanbieder. Ook kan het voorkomen dat een zorgverzekeraar en een zorgaanbieder gezamenlijk een joint venture oprichten. In het algemeen zullen verticale concentraties niet zo snel tot mededingingsbezwaren leiden, omdat er geen verlies is van directe horizontale concurrentie en omdat zij vaak mogelijkheden bieden voor efficiëntie die ook de patiënt/verzekerde ten goede komt. Zo kan een concentratie tussen een zorgverzekeraar en een zorgaanbieder het voordeel hebben dat investeringen in kwaliteit gemakkelijker tot stand komen, wanneer de verzekeraar daarin als aandeelhouder risicodragend deelneemt. Verticale integratie kan de verzekeraar ook in staat stellen beter te sturen op kwaliteit en preventie, waardoor hij kosten kan besparen en zijn verzekerden een betere kwaliteit zorg kan bieden.
[09-03-2010, www.nmanet.nl, i.w.tr. 12-03-2010]

156

Onder bepaalde omstandigheden kan een verticale concentratie tussen een verzekeraar en een zorgaanbieder echter wel tot mededingingsbezwaren leiden. Dit kan het geval zijn wanneer de concentratie leidt tot marktafsluiting op de markt van de zorgverzekeraar of de zorgaanbieder, bijvoorbeeld omdat de zorgaanbieder en/of de zorgverzekeraar als gevolg van de concentratie patiënten/verzekerden zodanig kan sturen dat concurrerende zorgaanbieders en/of verzekeraars minder in staat zijn om effectieve concurrentie uit te oefenen. Marktafsluiting op de zorgaanbiedersmarkt kan

---

1 Richtsnoeren van de Europese Commissie voor de beoordeling van niet-horizontale fusies op grond van de Verordening van de Raad inzake de controle op concentraties van ondernemingen, *Pb* C 265 van 18 oktober 2008. Naast verticale concentraties onderscheidt de Europese Commissie ook conglomerate concentraties als een vorm van een niet-horizontale concentraties. In dit document zal niet worden ingegaan op conglomerate concentraties.
2 Een andere vorm van een verticale concentratie is de concentratie tussen een ziekenhuis en een ambulancevervoerder, zie het besluit van de Raad van Bestuur van de NMa van 24 juli 2009 in zaak 6704/AMC-VZA.

plaatsvinden wanneer de verzekeraar patiënten exclusief stuurt naar de geïntegreerde zorgaanbieder, ten nadele van de concurrentiekracht van concurrerende zorgaanbieders. Marktafsluiting op de zorgverzekeraarsmarkt kan plaatsvinden wanneer de zorgaanbieder exclusief verzekerden van de geïntegreerde verzekeraar toelaat, ten nadele van de concurrentiekracht van concurrerende zorgverzekeraars.
[09-03-2010, www.nmanet.nl, i.w.tr. 12-03-2010]

157
Een eerste voorwaarde voor de aannemelijkheid van dergelijke scenario's is dat ten minste één van beide partijen al over significante marktmacht beschikt in de betrokken geografische zorgverleners- c.q. zorgverzekeringsmarkt(en). Wanneer geen van beide partijen op ten minste één van de verticaal gerelateerde markten een marktaandeel van 30 procent[1] of meer heeft, is het onwaarschijnlijk dat de mededinging significant belemmerd wordt omdat op beide markten voldoende uitwijkmogelijkheden zijn. Behalve in uitzonderlijke omstandigheden zal de NMa dergelijke zaken niet diepgaand onderzoeken.
[09-03-2010, www.nmanet.nl, i.w.tr. 12-03-2010]

158
De marktaandelen vormen dus een eerste aanwijzing. Wanneer er op ten minste één van de verticaal gerelateerde markten sprake is van significante marktmacht, zal de NMa ten eerste onderzoeken of de onderneming na de concentratie de mogelijkheid zou hebben om de markt af te sluiten. Ten tweede zal de NMa onderzoeken of de onderneming de prikkel zal hebben om dit te doen. En ten derde zal de NMa het effect van een dergelijke marktafsluitingsstrategie op de effectieve concurrentie onderzoeken.[2]
[09-03-2010, www.nmanet.nl, i.w.tr. 12-03-2010]

159
In het onderzoek zal de NMa bijvoorbeeld bekijken wat de wettelijke mogelijkheden en belemmeringen zijn om patiënten/cliënten te sturen, en hoe gevoelig zij zijn voor sturingsmechanismen. Het onderzoek naar de prikkels behelst vooral de vraag of een dergelijke strategie winstgevend zou kunnen zijn, onder meer tegen de achtergrond van het risico dat cliënten overstappen naar een andere zorgverzekeraar. Het onderzoek naar het effect behelst ten slotte de vraag of deze strategie de mededinging significant kan belemmeren.
[09-03-2010, www.nmanet.nl, i.w.tr. 12-03-2010]

160
Om tot de conclusie te komen dat de concentratie de mededinging significant beperkt, moet in het geval van patiëntsturing het aannemelijk zijn dat concurrerende zorgaanbieders, door de beperking van hun klantenbasis, minder in staat zullen zijn om te concurreren, en dit in de markt leidt tot hogere prijzen, minder kwaliteit en/of minder keuze op de zorgaanbiedersmarkt. In het geval van exclusieve behandeling van eigen verzekerden moet het aannemelijk zijn dat concurrerende zorgverzekeraars

---
1. Niet-horizontale richtsnoeren, randnummer 25.
2. Niet-horizontale richtsnoeren, randnummer 59.

als gevolg daarvan minder goed in staat zullen zijn om te concurreren, en dit in de markt voor zorgverzekeringen leidt tot hogere prijzen, minder kwaliteit en/of minder keuze voor de verzekerden.
[09-03-2010, www.nmanet.nl, i.w.tr. 12-03-2010]

5.4.2 Uitzonderingsgronden

161
Binnen de concentratiecontrole geldt een aantal uitzonderingen op grond waarvan een concentratie die zou leiden tot een significante belemmering van de mededinging, toch kan worden toegestaan. Het aantal voorbeelden van de toepassing van deze uitzonderingsgronden is beperkt, omdat de NMa een beroep op (één van) deze uitzonderingsgronden slechts honoreert als aan strikte voorwaarden is voldaan en er in weinig gevallen een beroep op deze uitzonderingsgronden wordt gedaan.
[09-03-2010, www.nmanet.nl, i.w.tr. 12-03-2010]

5.4.2.1 Efficiëntieverweer

162
De Mededingingswet biedt ruimte om efficiëntieverbeteringen als deze door partijen zijn aangevoerd, mee te wegen bij de beoordeling van een concentratiemelding of vergunningaanvraag.[1] De efficiëntieverbeteringen die voortvloeien uit een concentratie kunnen opwegen tegen de negatieve mededingingseffecten. Van een efficiëntieverbetering is sprake wanneer afnemers de verandering van een dienst of product in alle facetten (zoals kwaliteit, prijs en bereikbaarheid) gezamenlijk positief waarderen. Enkel een prijsdaling van een dienst houdt dan ook geen efficiëntie in als daarbij het kwaliteitsniveau daalt. Omgekeerd geldt ook dat een kwaliteitstoename niet leidt tot een efficiëntieverbetering als daarmee de prijs zal stijgen of de bereikbaarheid evenredig zal afnemen.
[09-03-2010, www.nmanet.nl, i.w.tr. 12-03-2010]

163
Partijen kunnen bij een voorgenomen concentratie een zogenoemd efficiëntieverweer voeren. Dit is zinvol wanneer zij verwachten, ofwel ervan op de hoogte zijn gesteld, dat de NMa het aannemelijk acht dat die concentratie de daadwerkelijke mededinging op de Nederlandse markt, of een deel daarvan, op significante wijze zal (vergunningsfase) of zou kunnen (meldingsfase) belemmeren, met name als het resultaat van het in het leven roepen of het versterken van een economische machtspositie.
[09-03-2010, www.nmanet.nl, i.w.tr. 12-03-2010]

---

1 Efficiëntieverbeteringen worden meegenomen bij de toets van de ontwikkeling van de technisch en economische vooruitgang, zie Memorie van Toelichting bij de Wijziging van de Mededingingswet als gevolg van de evaluatie van die wet (*Kamerstukken II*, 2004-2005, 30 071, nr. 3, p. 21).

164
Partijen zullen overtuigend moeten aantonen dat de door hen geclaimde efficiëntieverbeteringen: [1]
a. in voldoende mate ten goede komen aan de afnemers op die relevante markten waar anders waarschijnlijk mededingingsproblemen zouden ontstaan;
b. specifiek een direct resultaat zijn van de aangemelde concentratie en niet in dezelfde mate kunnen worden bereikt met minder concurrentiebeperkende middelen; én
c. zich daadwerkelijk zullen voordoen. Zij moeten substantieel en tijdig zijn. Zij moeten voldoende nauwkeurig zijn gedocumenteerd, waar mogelijk worden gekwantificeerd.
[09-03-2010, www.nmanet.nl, i.w.tr. 12-03-2010]

165
De efficiëntieverbeteringen moeten ten slotte opwegen tegen mogelijke negatieve mededingingseffecten die anders uit de fusie zouden kunnen voortvloeien. Hoe groter de mogelijke negatieve mededingingseffecten zijn, des te meer moet het zeker zijn dat de beweerde efficiëntieverbeteringen substantieel zijn, naar alle waarschijnlijkheid tot stand zullen worden gebracht, en in voldoende mate aan de afnemers worden doorgegeven.
[09-03-2010, www.nmanet.nl, i.w.tr. 12-03-2010]

166
De Raad van Bestuur van de NMa heeft in haar besluit van 25 maart 2009 in zaak 6424/ *Ziekenhuis Walcheren – Oosterscheldeziekenhuizen* een door de fuserende partijen gevoerd efficiëntieverweer aanvaard. Hierbij speelden de bijzondere omstandigheden een doorslaggevende rol: het door externe factoren (op termijn) niet kunnen voldoen aan een minimum kwaliteit van de zorg.
[09-03-2010, www.nmanet.nl, i.w.tr. 12-03-2010]

167
Het in bovengenoemde zaak gevoerde efficiëntieverweer is beoordeeld aan de hand van boven geschetst toetsingskader en de toets is als volgt nader ingevuld:
a. Efficiëntieverbeteringen moeten ten goede komen aan de afnemers. De effecten van een fusie moeten naar het oordeel van de Raad van Bestuur van de NMa slechts dan als efficiëntieverbeteringen worden beschouwd wanneer het voldoende aannemelijk is dat afnemers de verandering van het aanbod in alle facetten gezamenlijk positief waarderen. Of sprake is van een efficiëntieverbetering kan daarom alleen bepaald worden als alle relevante kenmerken van het aanbod bekend zijn en in de afweging kunnen worden meegenomen. Positieve kwaliteitseffecten zijn in deze optiek op zichzelf nog niet voldoende om efficiëntieverbeteringen aan te nemen. Naast kwaliteit spelen in de zorgsector bijvoorbeeld ook bereikbaarheid en prijs een rol. Als na de concentratie prijsstijgingen doorgevoerd

---
1 Deze criteria worden voorgeschreven door de Europese Commissie in haar Richtsnoeren voor de beoordeling van horizontale fusies op grond van de Verordening van de Raad inzake de controle op concentraties van ondernemingen, *Pb* C 31 van 5 februari 2004, rnrs. 76–88.

kunnen worden die niet in verhouding staan tot de verbetering van de kwaliteit van het zorgaanbod, kan naar het oordeel van de NMa niet worden gesteld dat sprake is van efficiëntieverbeteringen die ten goede komen aan de afnemers. Een kwaliteitsverbetering waarvoor een onevenredig hoge prijs moet worden betaald, zal immers in het algemeen door de afnemers niet worden beschouwd als een daadwerkelijke (netto) efficiëntieverbetering. Hoe hoger het marktaandeel van partijen na de concentratie wordt, des te meer gevaar er bestaat voor onevenredige prijsstijgingen. De NMa heeft de mogelijkheid om in een dergelijk geval voorschriften te verbinden aan haar besluit om te voorkomen dat te hoge prijzen in rekening worden gebracht. In het besluit in zaak 6424/*Ziekenhuis Walcheren – Oosterscheldeziekenhuizen* is dit in het licht van de bijzondere omstandigheden gedaan (door het vaststellen van een prijsplafond voor het B-segment).
b. Efficiëntieverbeteringen moeten specifiek uit de concentratie voortvloeien. Als er andere minder mededingingsbeperkende manieren zijn om de efficiëntieverbeteringen te realiseren, is aan dit criterium niet voldaan en kan het efficiëntieverweer niet worden gehonoreerd. Hierbij kan bijvoorbeeld gedacht worden aan een samenwerkingsverband ten aanzien van één of enkele functies (of deelterreinen) die de betrokken marktpartijen vervullen, dat echter niet in strijd met artikel 6 Mw mag zijn. Wanneer uit de feiten blijkt dat een zeer brede samenwerking tussen partijen noodzakelijk is om de gewenste efficiëntieverbeteringen te kunnen bereiken, bijvoorbeeld vanwege de onderlinge samenhang van de verschillende functies die de partijen vervullen, ligt een algehele concentratie meer voor de hand. Daarnaast kan een rol spelen welke adherentie is vereist om de efficiëntieverbeteringen te kunnen bereiken. Beide genoemde factoren (onderlinge samenhang van functies en vereiste adherentie) waren in zaak 6424/*Ziekenhuis Walcheren – Oosterscheldeziekenhuizen* aan de orde en leidden ertoe dat een algehele fusie de enige oplossing was.
c. Efficiëntieverbeteringen moeten verifieerbaar zijn. De efficiëntieverbeteringen moeten daarom nauwkeurig beschreven worden. Ze moeten substantieel zijn en (zo mogelijk) worden gekwantificeerd. Daar waar kwantificering niet mogelijk is, bestaat de mogelijkheid om de gestelde efficiëntieverbeteringen en het daaruit voor de afnemers voortvloeiende voordeel op andere wijze te onderbouwen. In zaak 6424/*Ziekenhuis Walcheren – Oosterscheldeziekenhuizen* heeft een belangrijke rol gespeeld dat de IGZ bepaalde kwaliteitsverbeteringen noodzakelijk achtte en heeft aangevoerd dat het kwaliteitsniveau van de zorg in deze regio zonder fusie onder het minimum zou komen. Het voorkomen van dit scenario door middel van een fusie werd door de Raad van Bestuur beschouwd als een extra en substantiële kwaliteitsverbetering op zichzelf. Verder moeten de efficiëntieverbeteringen voldoende concreet zijn, in die zin dat zij zich tijdig en met een voldoende mate van zekerheid voor zullen doen. Om zeker te stellen dat de efficiëntieverbeteringen daadwerkelijk en tijdig tot stand worden gebracht heeft de Raad van Bestuur van de NMa voorschriften aan het besluit verbonden.

[09-03-2010, www.nmanet.nl, i.w.tr. 12-03-2010]

5.4.2.2 Reddingsfusie (Failing firm- verweer)

168
De Raad van Bestuur van de NMa kan besluiten dat een concentratie die op basis van het hierboven beschreven beoordelingskader geen doorgang kan vinden, toch tot stand kan worden gebracht wanneer één van de ondernemingen in (financiële) moeilijkheden verkeert. Het is mogelijk dat een fusie de enige manier is om een onderneming te redden. Vandaar dat in dit verband over een reddingsfusie wordt gesproken. [1]
[09-03-2010, www.nmanet.nl, i.w.tr. 12-03-2010]

169
Als basisvereiste geldt dat de verslechtering van de mededingingsstructuur die na de voorgenomen concentratie plaatsvindt, niet het gevolg is van de voorgenomen concentratie[2]. Dit is het geval wanneer de mededingingsstructuur van de markt zonder de concentratie minstens in even sterke mate zou verslechteren[3], omdat zonder de concentratie de onderneming van de markt zal verdwijnen, waardoor de aanbodstructuur van de markt wijzigt. Er is dan geen causaliteit tussen de concentratie en de verslechtering.
[09-03-2010, www.nmanet.nl, i.w.tr. 12-03-2010]

170
Voor de toepassing van een reddingsfusie acht de NMa in het bijzonder de volgende drie criteria van belang:[4]
a. De onderneming zou anders de markt verlaten door financiële moeilijkheden;
b. Er is geen overnamealternatief dat de concurrentie minder zou belemmeren; en
c. Zonder de transactie verdwijnen de activa van de onderneming onvermijdelijk van de markt.
[09-03-2010, www.nmanet.nl, i.w.tr. 12-03-2010]

171
Ten eerste zal aangetoond moeten worden dat de in moeilijkheden verkerende onderneming, zonder de beoogde concentratie, in de nabije toekomst van de markt zal verdwijnen door financiële moeilijkheden. Met 'financiële moeilijkheden' wordt bedoeld: problemen die onvermijdelijk een faillissement tot gevolg zullen hebben.

---

1 Zie de Richtsnoeren voor de beoordeling van horizontale fusies op grond van de Verordening van de Raad inzake de controle op concentraties van ondernemingen, *Pb* C 31 van 5 februari 2004.
2 Zie het arrest van het Hof van Justitie van de Europese Gemeenschappen in gevoegde zaken C-68/94 en C-30/95, Kali en Salz, punt 110.
3 Zie het arrest Kali en Salz, reeds aangehaald, punt 114. Zie ook Beschikking 2002/365/EG van de Commissie in zaak COMP/M.2314-BASF/Pantochim/Eurodiol, *PB* L 132 van 17.5.2002, blz. 45, punten 157–160. Dit vereiste hangt samen met het algemene beginsel dat in rnr. 9 van de Richtsnoeren voor de beoordeling van horizontale fusies op grond van de Verordening van de Raad inzake de controle op concentraties van ondernemingen, *Pb* C 31 van 5 februari 2004 is neergelegd.
4 Zie Richtsnoeren voor de beoordeling van horizontale fusies op grond van de Verordening van de Raad inzake de controle op concentraties van ondernemingen, *Pb* C 31 van 5 februari 2004, rnrs. 89–91.

Wanneer het niet zeker is dat de onderneming zonder de beoogde concentratie de markt zal moeten verlaten, is niet voldaan aan dit criterium.
[09-03-2010, www.nmanet.nl, i.w.tr. 12-03-2010]

172
Ten tweede zal aangetoond moeten worden dat er geen overnamealternatief bestaat dat de concurrentie minder zou belemmeren. Als er een alternatief is voor de beoogde concentratie, dan verdient dat de voorkeur. Op die manier kan de schade voor de mededingingsstructuur immers geheel of gedeeltelijk voorkomen worden. Als er dus een overnamealternatief mogelijk is, dan is niet voldaan aan dit criterium. Het is aan partijen om aan te tonen dat er geen alternatieve transactie mogelijk is. In de regel is er echter vaak wel een mogelijk alternatief. Dit is alleen niet altijd tegen de beoogde voorwaarden. In de zorgsector is het denkbaar dat inherent aan de productieomstandigheden slechts enkele potentiële kandidaten bestaan voor de concentratie. [1]
In een dergelijke situatie zal eerder aangetoond kunnen worden dat er geen overnamealternatief bestaat.
[09-03-2010, www.nmanet.nl, i.w.tr. 12-03-2010]

173
Ten derde zal aangetoond moeten worden dat de activa van de onderneming in moeilijkheden zonder een fusie onvermijdelijk van de markt verdwijnen. Dit betekent dat er geen reorganisatie voor (een deel van de) activa mogelijk is, waardoor de productiecapaciteit van de activa behouden blijft op de relevante markt. Het is aan partijen om aan te tonen welke activa zullen verdwijnen zonder de beoogde overname.
[09-03-2010, www.nmanet.nl, i.w.tr. 12-03-2010]

174
Tot slot moeten de meldende partijen tijdig alle informatie verstrekken die noodzakelijk is om aan te tonen dat de verslechtering van de mededingingsstructuur die plaatsvindt na de voorgenomen concentratie, niet door de concentratie wordt veroorzaakt.
[09-03-2010, www.nmanet.nl, i.w.tr. 12-03-2010]

5.4.2.3 Diensten van algemeen economisch belang

175
Wanneer ten minste één van de ondernemingen die bij een concentratie betrokken is bij wettelijk voorschrift of door een bestuursorgaan is belast met het beheer van diensten van algemeen economisch belang, kan een vergunning alleen geweigerd worden als dit de vervulling van de hun toevertrouwde taak niet verhindert (zie artikel 41, derde lid, Mw). Uit de jurisprudentie blijkt dat uitzonderingen op de algemene

---

1 Dit was aan de orde en is meer uitvoerig besproken in het besluit van de Raad van Bestuur van de NMa van 25 maart 2009 in zaak 6424/*Ziekenhuis Walcheren – Oosterscheldeziekenhuizen*.

regel, waardoor de werking van het mededingingsregime wordt beperkt, restrictief moeten worden uitgelegd.[1]
[09-03-2010, www.nmanet.nl, i.w.tr. 12-03-2010]

176
De uitzondering van artikel 41, derde lid, Mw is van toepassing als aan alle drie voorwaarden wordt voldaan:
i) er moet sprake zijn van een dienst van algemeen economisch belang;
ii) er moet ten minste één betrokken onderneming *belast* zijn met deze dienst van algemeen economisch belang bij wettelijk voorschrift of door een besluit van een bestuursorgaan[2]; en
iii) er moet aangetoond worden dat het de uitoefening van de dienst van algemeen economisch belang verhindert als de vergunning wordt geweigerd. Tot op heden is er geen uitzondering op artikel 41 Mw aangemerkt op grond van deze voorwaarden.
[09-03-2010, www.nmanet.nl, i.w.tr. 12-03-2010]

177
Artikel 41, derde lid, Mw behelst een uitzondering op de onverkorte toepassing van de Mededingingswet, die zoals eerder werd aangegeven, beperkt moet worden uitgelegd. Mededingingsbeperkingen ten behoeve van algemeen economisch belang mogen daarbij niet verder gaan dan nodig is ter vervulling van de opgedragen taken. De proportionaliteit en noodzakelijkheid zijn in het Europese mededingingsrecht aanvaarde criteria.[3]
[09-03-2010, www.nmanet.nl, i.w.tr. 12-03-2010]

178
Ten slotte moet opgemerkt worden dat het verweer omtrent de dienst van algemeen economisch belang ook kan gelden voor een onder artikel 6 Mw verboden kartelafspraak. Wil het verweer daar een kans van slagen hebben, zullen partijen aan vergelijkbare criteria moeten voldoen. Zie hiervoor paragraaf 6.2.4.
[09-03-2010, www.nmanet.nl, i.w.tr. 12-03-2010]

6 Kartelverbod

179
In dit hoofdstuk wordt het kartelverbod uit artikel 6 Mw nader uiteengezet. Naast het kartelverbod uit artikel 6 Mw is de NMa tevens verplicht om het Europese kartelverbod

---
1 Arrest van het Hof van Justitie van de Europese Gemeenschappen van 24 juli 2003, Zaak C-280/00, *Altmark Trans en Regierungspräsidium Magdeburg*.
2 In bijzondere gevallen kan de dienst van algemeen economisch belang ook worden afgeleid uit een conglomeraat van regelgeving, overeenkomsten en besluiten, zie onder meer Memorie van Toelichting op de Mededingingswet, Tweede Kamer, vergaderjaar 1995 – 1996, 24 707, nr. 3, pagina 64 en arrest van het Hof van Justitie van de Europese Gemeenschappen van 23 oktober 1997, Commissie v Nederland, C-157/94, *Jur.* 1997, p. 5699, r.o. 40.
3 Memorie van toelichting Mededingingswet, pagina 27.

te volgen. Dit is neergelegd in artikel 101, eerste lid, van het VWEU (voorheen: artikel 81, eerste lid, van het EG-Verdrag).[1] Bovendien werkt de Europese regelgeving deels rechtstreeks door in de Mededingingswet. Tenzij anders aangegeven ziet dit hoofdstuk op nationale en Europese regelgeving.
[09-03-2010, www.nmanet.nl, i.w.tr. 12-03-2010]

6.1 Begrippen

6.1.1 Kartelverbod

180
Het kartelverbod is vastgelegd in artikel 6, eerste lid, Mw en luidt: *'Verboden zijn overeenkomsten tussen ondernemingen, besluiten van ondernemersverenigingen en onderling afgestemde feitelijke gedragingen van ondernemingen, die ertoe strekken of ten gevolge hebben dat de mededinging op de Nederlandse markt of een deel daarvan wordt verhinderd, beperkt of vervalst.'* De NMa is bevoegd samenwerkingsverbanden tussen ondernemingen te toetsen aan het kartelverbod van artikel 6 Mw.
[09-03-2010, www.nmanet.nl, i.w.tr. 12-03-2010]

181
Onder het begrip onderneming in de zin van de Mededingingswet wordt verstaan elke eenheid die een economische activiteit uitoefent, ongeacht de rechtsvorm van deze eenheid en haar wijze van financiering.[2] Het begrip onderneming is verder uitgebreid behandeld in hoofdstuk 3. Naast het feit dat er sprake moet zijn van ondernemingen, moet er voor de toepasbaarheid van het verbod van artikel 6 Mw ook sprake zijn van een overeenkomst, een onderling afgestemde feitelijke gedraging of een besluit van een ondernemingsvereniging. Deze begrippen worden hier onder toegelicht.
[09-03-2010, www.nmanet.nl, i.w.tr. 12-03-2010]

6.1.2 Overeenkomst

182
Er is sprake van een overeenkomst in de zin van het kartelverbod wanneer de betrokken ondernemingen de gemeenschappelijke wil te kennen hebben gegeven zich op een bepaalde manier in de markt te gedragen. De vorm van de overeenkomst is niet doorslaggevend voor de toepasselijkheid van het mededingingsrecht. Zo is het bijvoor-

---

1 De inhoudelijke toets van artikel 101 VWEU (voorheen: artikel 81 EG) is gelijk aan de inhoudelijke toets van artikel 6, eerste lid, Mw. Er is echter één verschil: voor de toepassing van het Europese kartelverbod geldt een extra vereiste. Dit betreft de mogelijk ongunstige beïnvloeding van de handel tussen de lidstaten. Dit zogenaamde 'interstatelijke effect' is aanwezig wanneer de handel tussen lidstaten wordt of kan worden beïnvloed. Dit is bijvoorbeeld het geval bij grensoverschrijdend economisch verkeer. Meer informatie over het begrip 'interstatelijk effect' is te vinden in de Richtsnoeren van de Europese Commissie betreffende het begrip 'beïnvloeding van de handel' in de artikelen 81 en 82 EG-Verdrag, *Pb.* 2004, C101 van 27 april 2004, p. 13.
2 Arrest van het Hof van Justitie van de Europese Gemeenschappen van 23 april 1991, *Höfner en Elser*, gevoegde zaken C-41/90, *Jur.* 1991, p. 1979, r.o. 21.

beeld niet noodzakelijk dat de overeenkomst schriftelijk is.[1] Wanneer twee of meer ondernemingen mondeling afspraken maken over hun voorgenomen marktgedrag, is dus sprake van een overeenkomst in de zin van de Mededingingswet.
[09-03-2010, www.nmanet.nl, i.w.tr. 12-03-2010]

6.1.3 Onderling afgestemde feitelijke gedraging

183
Het kartelverbod ziet naast het begrip overeenkomst ook toe op de onderling afgestemde feitelijke gedraging. Dit betreft een vorm van coördinatie tussen ondernemingen die, zonder dat het tot een overeenkomst komt, de risico's van de onderlinge concurrentie bewust vervangt door een feitelijke samenwerking of afstemming.[2] Een voorbeeld van een onderlinge afgestemde feitelijke gedraging is het geval waarbij een groep zorgaanbieders (die concurrenten van elkaar zijn) tijdens een regionale bijeenkomst elkaar informeren over hun (eventuele) plannen tot verhoging van hun tarieven. Zonder hier daadwerkelijk met elkaar af te spreken dat zij allemaal hun tarieven zullen verhogen (en met hoeveel), kunnen alle partijen wel hun individuele gedrag afstemmen op de uitgewisselde informatie, waardoor sprake kan zijn van een verboden. afstemming. De uitgewisselde informatie kan namelijk als een richtpunt dienen voor de partijen bij het bepalen van hun individuele tarieven.[3]
[09-03-2010, www.nmanet.nl, i.w.tr. 12-03-2010]

6.1.4 Besluit van een ondernemersvereniging

184
In een ondernemersvereniging zijn ondernemingen uit dezelfde branche verenigd. De rechtsvorm van de ondernemersvereniging is voor de toepassing van artikel 6 Mw niet relevant. Essentieel is dat de ondernemersvereniging de gemeenschappelijke belangen van de aangesloten ondernemingen vertegenwoordigt. Voorbeelden van ondernemersverenigingen zijn de Landelijke Huisartsen Vereniging, Zorgverzekeraars Nederland, Actiz en de Nederlandsche Internisten Vereeniging.
[09-03-2010, www.nmanet.nl, i.w.tr. 12-03-2010]

185
Onder het begrip 'besluit' van een ondernemersvereniging vallen alle handelingen van een ondernemersvereniging met het oogmerk de risico's van de onderlinge concurrentie tussen de leden bewust te vervangen door feitelijke samenwerking of afstemming. Het is niet van doorslaggevend belang hoe men zelf een bepaalde afspraak

---

1 Onder andere arrest van het Hof van Justitie van de Europese Gemeenschappen van 6 januari 2004, *Commissie t. Bayer*, gevoegde zaken C-2/01 en C-3/01, *Jur.* 2004, p. 23, r.o. 117-124.
2 Arrest van het Hof van Justitie van de Europese Gemeenschappen van 14 juli 1972, *Imperial Chemical Industries t. Commissie*, 48/69, *Jur.* 1972, p. 619, r.o. 64. Arrest van het Hof van Justitie van de Europese Gemeenschappen van 8 juli 1999, *Commissie vs Anic Partecipationi SpA*, 49/92, *Jur.* 1999, p. 4125.
3 Arrest van het Hof van Justitie van de Europese Gemeenschappen van 4 juni 2009, *T-Mobile Netherlands BV, KPN Mobile NV, Vodafone Libertel NV t. Raad van Bestuur van de NMa*, C-8/08.

juridisch karakteriseert.[1] Volgens vaste jurisprudentie omvat het begrip besluit van een ondernemersvereniging zowel juridisch bindende beslissingen als beslissingen die, hoewel niet juridisch bindend, wel door de leden worden gevolgd, alsook niet bindende beslissingen die de getrouwe weergave vormen van de wil van de vereniging om het gedrag van haar leden op de betrokken markt te coördineren en dit voor de leden van de vereniging kenbaar is.[2] Zo kan een oproep van een branchevereniging aan haar leden om geen contracten meer te sluiten met bepaalde zorgverzekeraars een besluit van een ondernemersvereniging zijn.
[09-03-2010, www.nmanet.nl, i.w.tr. 12-03-2010]

186
De wil van de vereniging om het gedrag van haar leden op de betrokken markt te coördineren moet uit de concrete omstandigheden afgeleid worden. In ieder geval is hiervoor vereist dat de adviezen aan de leden kenbaar gemaakt zijn of bekend zijn.[3] Om aan te kunnen nemen dat sprake is van een besluit van een ondernemingsvereniging is het niet van belang in hoeverre de adviezen zijn opgevolgd. Ook is niet vereist dat de leden bij het opvolgen van adviezen gecontroleerd of bestraft worden als zij de adviezen niet opvolgen.[4] Evenmin is vereist dat de ondernemersvereniging bevoegd is krachtens haar statuten een dergelijk besluit te nemen.[5]
[09-03-2010, www.nmanet.nl, i.w.tr. 12-03-2010]

187
Ook een vrijblijvende aanbeveling kan in een bepaalde context dus een besluit van een ondernemersvereniging zijn.[6] Om onder het begrip besluit van een ondernemersvereniging te vallen, is een formeel besluit niet noodzakelijk. Het gaat er alleen om of de ondernemersverenigingen of de aangesloten ondernemingen handelingen verrichten

---

1   Besluit van de d–g NMa van 26 april 2004 in zaak 3310/*Nederlands Tandtechnisch Genootschap*, rnr 79 en besluit van de d–g NMa van 26 april 2004 in zaak 3309/*NIP, LVE, NVP en NVVP*, rnr. 94. Zie daarnaast de uitspraken van de Rechtbank Rotterdam van 17 juli 2006, *NIP/NVVP/LVE*, MEDED 05/2213 en van 28 februari 2006, *Bovag/NCBRM*, MEDED 04/3141.
2   Arrest van het Hof van Justitie van de Europese Gemeenschappen van 29 oktober 1980, *van Landeyck e.a.*, 209 tot 215 en 218/78, *Jur.* 1980, p. 3125, r.o. 88; arrest van het Hof van Justitie van de Europese Gemeenschappen van 8 november 1983, *Navewa*, gevoegde zaken 96–102, 104, 105, 108 en 110/82, *Jur.* 1983, p. 3369, r.o. 20; arrest van het Hof van Justitie van de Europese Gemeenschappen van 27 januari 1987, *Verband der Sachversicherer*, 45/85, *Jur.* 1987, p. 405, r.o. 32; beschikking van de Europese Commissie van 5 juni 1996, *FENEX, Pb.* 1996, L 181/28, ov. 41–42; besluit van de d–g NMa van 26 april 2004 in zaak 3310/*Nederlands Tandtechnisch Genootschap*, rnr. 79.
3   Uitspraak van de Rechtbank Rotterdam van 17 juli 2006, *NIP/NVVP/LVE*, MEDED 05/2213.
4   Beschikking van de Europese Commissie van 24 juni 2004, *Ereloonregeling Belgische Architecten, Pb.* 2005, L 4/10, ov. 70 en Hof van Justitie van de Europese Gemeenschappen van 27 januari 1987, *Verband der Sachversicherer*, 45/85, *Jur.* 1987, p. 405, r.o. 30.
5   Arrest van het Hof van Justitie van de Europese Gemeenschappen van 27 januari 1987, *Verband der Sachversicherer*, 45/85, *Jur.* 1987, p. 405, r.o. 31.
6   Arrest van het Hof van Justitie van de Europese Gemeenschappen van 27 januari 1987, *Verband der Sachversicherer*, 45/85, *Jur.* 1987, p. 405, r.o. 26–32 en zaak 3310/*Nederlands Tandtechnisch Genootschap*, besluit van de d–g NMa van 26 april 2004, rnr. 79.

die de mededinging beperken.[1] Zo kan bijvoorbeeld een vestigingsbeleid dat wordt gecommuniceerd vanuit een ondernemersvereniging of een calculatieschema voor prijzen dat aan de leden wordt verstrekt onder het kartelverbod vallen.
[09-03-2010, www.nmanet.nl, i.w.tr. 12-03-2010]

188
Overeenkomsten, onderling afgestemde feitelijke gedragingen en besluiten van ondernemersverenigingen kunnen in de praktijk verschillende vormen aannemen. In het vervolg van deze Richtsnoeren zullen deze begrippen worden aangeduid als 'overeenkomst'.
[09-03-2010, www.nmanet.nl, i.w.tr. 12-03-2010]

6.2   Beoordeling

189
Veel overeenkomsten tussen (concurrerende) ondernemingen vallen helemaal niet onder het kartelverbod. Ten eerste zijn er overeenkomsten die niet onder het kartelverbod vallen, simpelweg omdat zij de mededinging niet beperken. Zo wordt door het bespreken van de zorgvraag van een cliënt, het delen van *best practices* of het gezamenlijk uitwerken van kwaliteitsprotocollen de mededinging in principe niet beperkt. Ten tweede vallen bepaalde overeenkomsten buiten het toepassingsbereik van artikel 6 Mw, omdat de overeenkomsten gesloten zijn tussen een beperkt aantal ondernemingen met een gezamenlijk omzet die niet boven een wettelijk vastgesteld bedrag uitkomt. In paragraaf 6.2.1.1 wordt nader ingegaan op deze bagatelgrens. Ten derde is het mogelijk dat overeenkomsten gesloten worden tussen ondernemingen die allen afzonderlijk en gezamenlijk een zodanig zwakke positie hebben op de markt, dat de overeenkomst slechts van zeer geringe invloed is op de markt. Dit kan het geval zijn bij zeer beperkte marktaandelen. Deze overeenkomsten vallen om die reden ook niet onder het kartelverbod.
[09-03-2010, www.nmanet.nl, i.w.tr. 12-03-2010]

190
Op grond van artikel 6 Mw zijn overeenkomsten verboden die tot doel of als gevolg hebben dat de mededinging wordt verhinderd, beperkt of vervalst. Dit beoordeelt de NMa in de economische context van de overeenkomst. De NMa betrekt in deze beoordeling de doelstellingen van partijen, de wijze waarop zij op de markt optreden, de producten of diensten waarop de overeenkomst betrekking heeft, de structuur van de betrokken markt en de werkelijke omstandigheden waaronder deze functioneert.[2] Bij

---

1   Arrest van het Hof van Justitie van de Europese Gemeenschappen van 15 mei 1975, *Frubo t. Commissie*, 71/74, *Jur.* 1975, p. 563, r.o. 30; arrest van het Hof van Justitie van de Europese Gemeenschappen van 29 oktober 1980, *van Landeyck e.a.*, 209 tot 215 en 218/78, *Jur.* 1980, p. 3125, r.o. 88 en arrest van het Hof van Justitie van de Europese Gemeenschappen van 8 november 1983, *Navewa*, gevoegde zaken 96–102, 104, 105, 108 en 110/82, *Jur.* 1983, p. 3369, r.o. 20.
2   College van Beroep voor het Bedrijfsleven van 28 oktober 2005, *Modint vs NMa*, r.o. 7.2.2; zie ook Hof van Justitie van de Europese Gemeenschappen van 30 juni 1966, *Société Technique Minièr vs. Machinenbau Ulm GmbH*, 56/65, *Jur.* 1960, p. 337.

sommige overeenkomsten is bijna altijd sprake van een mededingingsbeperkend doel, zoals prijsafspraken, marktverdelingsafspraken, bepaalde aanbestedingsafspraken (*bid rigging*) en collectieve boycots. Dit soort beperkingen wordt als zeer nadelig voor de concurrentie beschouwd en komt daarom ook bijna nooit voor een vrijstelling in aanmerking. Bij andere overeenkomsten is dat minder eenduidig en zal meer onderzoek nodig zijn.
[09-03-2010, www.nmanet.nl, i.w.tr. 12-03-2010]

191
Sommige overeenkomsten die mededingingsbeperkende gevolgen hebben, kunnen per saldo ook gunstig zijn voor de (economische) welvaart. In het Europese recht geldt een uitzondering op het kartelverbod voor bepaalde groepen van overeenkomsten onder een bepaald marktaandeel. Deze uitzonderingen, die zijn neergelegd in groepsvrijstellingen, hebben rechtstreekse werking in het nationale recht. Overeenkomsten die voldoen aan vastgestelde criteria, zijn volgens de groepsvrijstellingen toegestaan. In paragraaf 6.2.2 worden de groepsvrijstellingen verder behandeld.
[09-03-2010, www.nmanet.nl, i.w.tr. 12-03-2010]

192
Ten derde kan rechtstreeks zijn voldaan aan de voorwaarden van artikel 6, derde lid, Mw.[1] De betrokken ondernemingen moeten zelf beoordelen of de overeenkomst voldoet aan deze voorwaarden. Ondernemingen die zich op deze uitzondering beroepen, moeten op grond van artikel 6, vierde lid, Mw aan tonen dat aan de voorwaarden is voldaan. Als aan alle criteria is voldaan, is de overeenkomst toegestaan. In de paragrafen 6.2.2. en 6.2.3 wordt nader ingegaan op de vrijstellingscriteria van artikel 6, derde lid, Mw.
[09-03-2010, www.nmanet.nl, i.w.tr. 12-03-2010]

193
Ten slotte kan op grond van artikel 11 Mw nog sprake zijn van een uitzondering op het kartelverbod als één van de betrokken ondernemingen belast is met diensten van algemeen economisch belang. Artikel 6, eerste lid, Mw is dan alleen van toepassing als het de vervulling van deze bijzondere taak niet verhindert. Zie verder paragraaf 6.2.4.
[09-03-2010, www.nmanet.nl, i.w.tr. 12-03-2010]

194
Bovenstaande kan schematisch als volgt worden weergegeven:

	Geen mededingingsbeperking
Artikel 7 Mw	
Bagatel	
Kartelverbod niet van toepassing	(Paragraaf 6.2.1.1)

---

1 En eventueel in geval van interstatelijk effect ook aan artikel 101, derde lid, VWEU.

	Geringe beïnvloeding van de markt door de zwakke positie van partijen op deze markt (Paragraaf 0)
Kartelverbod wel van toepassing, uitzondering bijna nooit van toepassing	Prijsafspraken Marktverdeling Aanbestedingsafspraken (*bid rigging*) Collectieve boycot (Paragraaf 6.3.2.1 – 6.3.2.4)
Kartelverbod van toepassing, uitzondering mogelijk van toepassing	Artikel 6 derde lid Mw • Groepsvrijstelling Verticalen • Groepsvrijstelling Specialisatieovereenkomsten • Groepsvrijstelling Onderzoek & Ontwikkeling • Individuele beoordeling Artikel 11 Mw • Diensten van algemeen economisch belang (Paragraaf 6.2.2–6.2.4)

[09-03-2010, www.nmanet.nl, i.w.tr. 12-03-2010]

195
Hierna worden de verschillende beoordelingsstappen achtereenvolgens behandeld.
[09-03-2010, www.nmanet.nl, i.w.tr. 12-03-2010]

6.2.1 Overeenkomsten die buiten toepassing van de Mededingingswet vallen

6.2.1.1 Bagatelbepaling

196
In artikel 7 Mw, de zogeheten bagatelbepaling, is geregeld dat het kartelverbod niet van toepassing is op overeenkomsten tussen een beperkt aantal ondernemingen met een geringe omzet. Reden hiervan is dat deze overeenkomsten de mededinging niet significant belemmeren.[1]
[09-03-2010, www.nmanet.nl, i.w.tr. 12-03-2010]

197
Artikel 7, eerste lid, Mw bepaalt dat het kartelverbod niet geldt voor afspraken waarbij niet meer dan acht ondernemingen betrokken zijn en waarvan de totale gezamenlijke omzet niet hoger is dan EUR 5.500.000, indien daarbij uitsluitend ondernemingen zijn betrokken wier activiteiten zich in hoofdzaak richten op het leveren van goederen, en

---

1 Indien een overeenkomst die onder de drempel van artikel 7 Mw blijft, gezien de marktverhoudingen in aanzienlijke mate afbreuk doet aan de mededinging, dan kan de NMa het kartelverbod alsnog op deze afspraak van toepassing verklaren (artikel 9 Mw).

EUR 1.100.000 in alle andere gevallen, bijvoorbeeld het leveren van diensten. Bij de verkoop van goederen kan gedacht worden aan de verkoop van hulpmiddelen door een hulpmiddelenleverancier. De therapeutische behandelingen die een fysiotherapeut verleent, zijn voorbeelden van een dienst. Wanneer een overeenkomst ziet op zowel het leveren van goederen als diensten, geldt de omzetdrempel voor het leveren van diensten, dus EUR 1.100.000.
[09-03-2010, www.nmanet.nl, i.w.tr. 12-03-2010]

198
Daarnaast geldt een tweede bagatelbepaling voor overeenkomsten tussen ondernemingen die daadwerkelijke of potentiële concurrenten zijn (zogenaamde horizontale overeenkomsten). Het kartelverbod geldt volgens artikel 7, tweede lid, Mw niet indien het gezamenlijke marktaandeel van de betrokken ondernemingen niet groter is dan 5 procent en de gezamenlijke omzet met betrekking tot de goederen of diensten waarop de afspraak betrekking heeft niet hoger is dan EUR 40.000.000. Om te kunnen beoordelen of aan het marktaandeelcriterium wordt voldaan, dient eerst te worden bepaald wat de relevante markt is en vervolgens wat het aandeel van de betrokken onderneming(en) is ten opzichte van de andere ondernemingen op die markt. Wanneer een overeenkomst is uitgezonderd van het kartelverbod op grond van het eerste lid van artikel 7 Mw, is een toets aan artikel 7, tweede lid, Mw niet meer nodig.
[09-03-2010, www.nmanet.nl, i.w.tr. 12-03-2010]

199
De berekening van de omzet voor de bagatelbepaling van artikel 7, eerste lid, Mw gaat uit van de netto-omzet van een onderneming.[1] Van belang is dat de totale netto-omzet van de onderneming meetelt, niet slechts de omzet die gemoeid is met de overeenkomst. Wanneer bijvoorbeeld twee thuiszorgorganisaties met totale netto-omzetten van EUR 80.000.000 en EUR 40.000.000 waarvan de omzetten van hulpmiddelen respectievelijk EUR 2.000.000 en EUR 1.750.000 bedragen een mededingingsbeperkende afspraak maken over het leveren van hulpmiddelen, vallen zij niet onder de bagatelgrens van artikel 7, eerste lid, Mw. Immers, hun totale netto-omzet voor de toepasselijkheid van de bagatelgrens is EUR 120.000.000. Als een onderneming behoort tot een groep, worden de omzetten van alle tot die groep behorende ondernemingen opgeteld.[2] In de zorg werken instellingen vaak op basis van een toegekend budget. Het berekenen van de omzetdrempels gebeurt dan in principe aan de hand van dit budget.
[09-03-2010, www.nmanet.nl, i.w.tr. 12-03-2010]

---

1   De jaaromzet: de netto-omzet van de onderneming, zijnde de opbrengst uit de verkoop van goederen en/of de levering van diensten uit de onderneming, onder aftrek van kortingen en dergelijke en van over de omzet geheven belastingen (vergelijk artikel 377, lid 6, boek 2 Burgerlijk Wetboek).
2   Zie ook Geconsolideerde mededeling van de Commissie over bevoegdheidskwesties op grond van Verordening (EG) nr. 139/2004 betreffende de controle op concentraties van ondernemingen, *Pb.* C95 van 16 april 2008, p. 39.

200

Bij de berekening van de marktaandelen voor de bagatelbepaling van artikel 7, tweede lid, Mw moet gekeken worden naar de marktaandelen op de gehele relevante markt waartoe de activiteiten behoren die vallen onder de te beoordelen overeenkomst.
[09-03-2010, www.nmanet.nl, i.w.tr. 12-03-2010]

6.2.1.2 Geringe beïnvloeding van de mededinging

201

Voor de toepassing van het kartelverbod moet sprake zijn van een 'merkbare mededingingsbeperking'. Het is mogelijk dat een mededingingsbeperking die niet valt onder de bagatelgrenzen van artikel 7 Mw, toch niet leidt tot een merkbare beïnvloeding van de concurrentie en om die reden alsnog buiten de reikwijdte van het kartelverbod van artikel 6 Mw valt. Dit kan bijvoorbeeld het geval zijn als de betrokken ondernemingen zeer beperkte marktaandelen hebben.
[09-03-2010, www.nmanet.nl, i.w.tr. 12-03-2010]

202

Bij ernstige mededingingsbeperkingen, zoals prijsafspraken, marktverdelingsafspraken, bepaalde aanbestedingsafspraken (*bid rigging*) en collectieve boycots[1], wordt bij de beoordeling van de merkbaarheid hiervan gekeken of de betrokken ondernemingen niet een zodanig zwakke positie hebben op de markt, dat van een beïnvloeding van de markt door de overeenkomst niet of nauwelijks sprake kan zijn.[2] Er wordt niet snel van uitgegaan dat van een dergelijk zwakke positie sprake is.
[09-03-2010, www.nmanet.nl, i.w.tr. 12-03-2010]

203

Bij op het eerste gezicht minder ernstige beperkingen van de mededinging, zoals bepaalde vormen van informatie-uitwisseling[3], moet de NMa toch ook de merkbaarheid vaststellen. Daarnaast wordt een uitgebreider onderzoek gedaan naar de context en het effect van deze beperkingen. Hierbij wordt gekeken naar de effecten die de informatie-uitwisseling op de markt kan hebben. Pas wanneer de informatie-uitwisseling tot gevolg heeft gehad dat de mededinging merkbaar is beperkt, zal sprake kunnen zijn van een overtreding van het kartelverbod.
[09-03-2010, www.nmanet.nl, i.w.tr. 12-03-2010]

---

1 Zie hiervoor, randnummer 190.
2 College van Beroep voor het Bedrijfsleven van 28 oktober 2005 *Modint v. NMa*, AWB 04/794 en AWB 04/829, LJN: AU5316 ro 7.2.2.
3 Zie voor een toetsingskader de Richtsnoeren Samenwerking Ondernemingen, gepubliceerd in *Staatscourant* van 21 april 2008 nr. 77, paragraaf 4.2.

6.2.2 Uitzondering kartelverbod op grond van artikel 6, derde lid, Mw: groepsvrijstellingen

204
Zoals eerder is aangegeven, kunnen sommige mededingingsbeperkende overeenkomsten ook gunstig zijn voor de samenleving. Zij kunnen ertoe bijdragen dat er een betere coördinatie ontstaat tussen ondernemingen, waardoor bijvoorbeeld het zorgaanbod beter aansluit op de vraag van patiënten. Soms wegen deze voordelen op tegen de nadelen van de mededingingsbeperking. Daarom bestaan er in het Europese recht specifieke uitzonderingen op het kartelverbod voor bepaalde groepen van overeenkomsten onder een bepaald marktaandeel. Of dergelijke efficiëntiebevorderende gevolgen zwaarder wegen dan de mededingingsverstorende gevolgen van de overeenkomst, hangt onder meer af van de vorm van de overeenkomst en de marktmacht van de samenwerkende ondernemingen.
[09-03-2010, www.nmanet.nl, i.w.tr. 12-03-2010]

205
Specifieke uitzonderingen op het kartelverbod voor efficiëntiebevorderende overeenkomsten zijn neergelegd in zogenoemde groepsvrijstellingen. De Europese groepsvrijstellingen zijn een invulling van artikel 101, derde lid, VWEU en werken op grond van artikel 12 Mw rechtstreeks door in het Nederlandse mededingingsrecht. De groepsvrijstellingen bieden zorgaanbieders die betrokken zijn bij een overeenkomst een concreet beoordelingskader voor een vrijstelling van het kartelverbod onder artikel 6, derde lid, Mw. Wanneer is voldaan aan de strikte vereisten van een groepsvrijstelling, wordt aan de partijen bij een overeenkomst een zogeheten 'veilige haven' geboden. Een samenwerking die voldoet aan de voorwaarden voor toepassing van de groepsvrijstelling is toegestaan, omdat aangenomen wordt dat voldaan wordt aan de voorwaarden van artikel 101, derde lid, VWEU (en dus ook aan de voorwaarden van artikel 6, derde lid, Mw). Dit betekent dat een overeenkomst die aan de criteria van een groepsvrijstelling voldoet, uitgezonderd is van het kartelverbod. Een verzoek hiertoe of aanmelding van de overeenkomst is niet nodig. Samenwerkende ondernemingen moeten zelf beoordelen of hun overeenkomst onder een groepsvrijstelling valt.. Als een samenwerkingsovereenkomst niet onder één van de groepsvrijstellingen valt, kan deze alsnog worden uitgezonderd van het kartelverbod op grond van een individuele toetsing aan de vereisten van artikel 6, derde lid, Mw. Deze beoordeling dient eveneens door de samenwerkende ondernemingen uitgevoerd te worden (zie hierna, paragraaf 6.2.3).
[09-03-2010, www.nmanet.nl, i.w.tr. 12-03-2010]

206
Alle groepsvrijstellingen kennen specifieke criteria, waarbij dikwijls onder meer de marktpositie van de betrokken partijen en de duur van een afspraak van belang is. Voor de specifieke criteria wordt verwezen naar de betreffende groepsvrijstellingen, die in deze paragraaf worden besproken. Belangrijke voorwaarde voor toepassing van een groepsvrijstelling is dat de overeenkomst geen ernstige beperkingen van de mededinging bevat, zoals prijsafspraken of marktverdelingen. Als dit wel het geval is, vervalt het voordeel van de groepsvrijstelling voor de gehele overeenkomst.
[09-03-2010, www.nmanet.nl, i.w.tr. 12-03-2010]

207
Wanneer een overeenkomst niet voldoet aan de voorwaarden voor toepassing van een groepsvrijstelling hoeft geen sprake te zijn van strijd met het kartelverbod. Mogelijk wordt in dat specifieke geval toch wel op individuele basis voldaan aan de voorwaarden van artikel 6, derde lid, Mw. Het verschil is dat als aan de voorwaarden voor een groepsvrijstelling wordt voldaan, niet meer hoeft te worden getoetst of daadwerkelijk is voldaan aan de voorwaarden van artikel 6, derde lid, Mw. Er is dus sprake van een veilige haven.[1]
[09-03-2010, www.nmanet.nl, i.w.tr. 12-03-2010]

208
De groepsvrijstellingen zijn ook voor de Nederlandse zorgsector van belang. Het gaat dan met name om de groepsvrijstellingen voor specialisatieovereenkomsten[2], onderzoeks- en ontwikkelingsovereenkomsten[3] en voor verticale overeenkomsten.[4]
[09-03-2010, www.nmanet.nl, i.w.tr. 12-03-2010]

6.2.2.1 Specialisatieovereenkomsten

209
De Europese groepsvrijstelling voor specialisatieovereenkomsten[5] heeft betrekking op concurrerende ondernemingen die afspreken om bepaalde goederen of diensten gezamenlijk te vervaardigen met het oog op efficiëntie. Hierbij is het van belang dat de partijen bij de overeenkomst ook alle producten of diensten blijven aanbieden. Een specialisatieovereenkomst is een vorm van horizontale samenwerking, dat wil zeggen dat het gaat om afspraken tussen ondernemingen die werkzaam zijn op hetzelfde niveau of dezelfde niveaus van een markt, bijvoorbeeld tussen ziekenhuizen onderling of tussen huisartsen onderling.[6]
[09-03-2010, www.nmanet.nl, i.w.tr. 12-03-2010]

---

1 Zie in dit verband ook artikel 6, vierde lid, Mw, waarin wordt aangegeven dat de onderneming die zich op beroept op de uitzondering van artikel 6, derde lid, Mw zal moeten kunnen aantonen dat aan de voorwaarden is voldaan.
2 Verordening nr. 2658/2000 van de Europese Commissie betreffende de toepassing van artikel 81, derde lid, van het Verdrag op groepen specialisatieovereenkomsten, *Pb.* L 304 van 29 november 2000, p. 5.
3 Verordening nr. 2659/2000 van de Europese Commissie betreffende de toepassing van artikel 81, derde lid, van het Verdrag op groepen onderzoeks- en ontwikkelingsovereenkomsten, *Pb.* L 304 van 29 november 2000, p. 7.
4 Verordening nr. 2790/2999 (red.: lees: Verordening nr. 2790/1999) van de Europese Commissie betreffende de toepassing van artikel 81, derde lid, van het Verdrag op groepen verticale overeenkomsten en onderling afgestemde feitelijke gedragingen, *Pb.* L 336 van 22 december 1999, p. 21.
5 Verordening nr. 2658/2000 van de Europese Commissie betreffende de toepassing van artikel 81, derde lid, van het Verdrag op groepen specialisatieovereenkomsten, *Pb.* L 304 van 29 november 2000, p. 5.
6 Indien de samenwerking ziet op eenzijdige specialisatie tussen niet-concurrenten, valt deze samenwerking niet onder de toepassingsbereik van deze groepsvrijstelling, omdat dan in feite sprake is van een verticale overeenkomst. In dat geval dient de samenwerking beoordeeld te worden onder de groepsvrijstelling voor verticale overeenkomsten.

210
Specialisatie in de zin van de groepsvrijstelling ziet vooral op specialisatie ten aanzien van de vervaardiging/levering van (delen van) een bepaald product of een bepaalde dienst. Om ervoor te zorgen dat de voordelen van de specialisatie daadwerkelijk worden verwezenlijkt zonder dat één van de partijen dit product of deze dienst niet meer aanbiedt, moeten specialisatieovereenkomsten voorzien in leverings- en afnameverplichtingen voor de betrokken ondernemingen ten aanzien van de onderdelen waarop wordt gespecialiseerd. Op deze wijze wordt gegarandeerd dat de specialiserende onderneming(en) de (lager in de productieketen gelegen) markten niet verlaten.[1]
[09-03-2010, www.nmanet.nl, i.w.tr. 12-03-2010]

211
In de praktijk blijkt dat de meeste samenwerkingsverbanden in de zorg niet voldoen aan de voorwaarden de groepsvrijstelling specialisatieovereenkomsten. Bij specialisatieovereenkomsten tussen concurrenten in de zorgsector komt het als gevolg van de aard van de specialisatie met name vaak voor dat één of meer van de specialiserende ondernemingen zich helemaal terugtrekken uit de markt. Zij bieden dan het betrokken product of de betrokken dienst waarop zij zich niet specialiseren in het geheel niet meer aan. De (noodzakelijke) leverings- en afnameverplichtingen ontbreken in dat geval dan ook. Dit is uitdrukkelijk niet de bedoeling van de groepsvrijstelling. Er zou mogelijk zelfs sprake kunnen zijn van een verboden verdeling van de markt. Een dergelijke afspraak valt dan ook niet in/onder de veilige haven en is alleen toegestaan als kan worden voldaan aan de voorwaarden van de individuele vrijstelling volgens artikel 6, derde lid, Mw (zie paragraaf 6.2.3).
[09-03-2010, www.nmanet.nl, i.w.tr. 12-03-2010]

212
Verschillende vormen van specialisatieovereenkomsten in de zin van de Mededingingswet zijn denkbaar. Zo kan sprake zijn van een overeenkomst waarbij één onderneming van de vervaardiging van bepaalde producten of de verrichting van bepaalde diensten afziet en dit aan een andere onderneming overlaat (eenzijdige specialisatie). Een andere mogelijkheid is een overeenkomst waarbij elke betrokken onderneming van de vervaardiging van een bepaald product of de verrichting van een bepaalde dienst afziet en dit aan een andere onderneming in de samenwerking overlaat (wederkerige specialisatie). Ten slotte bestaan er overeenkomsten waarbij de ondernemingen zich ertoe verbinden gezamenlijk bepaalde producten te vervaardigen of bepaalde diensten te verrichten (gezamenlijke productie). Bij alle vormen van specialisatie blijven de betrokken ondernemingen het product of de dienst aanbieden, doordat zij onderlinge leveringen overeenkomen en zo beiden als aanbieders op de markten aanwezig blijven.. Specialisatie kan bijdragen aan de verbetering van de productie of distributie van goederen, omdat de betrokken ondernemingen zich op de vervaardiging van bepaalde producten kunnen toeleggen, waardoor zij efficiënter kunnen

---

1 Verordening nr. 2658/2000 van de Europese Commissie betreffende de toepassing van artikel 81, derde lid, van het Verdrag op groepen specialisatieovereenkomsten, *Pb.* L 304 van 29 november 2000, p. 4, ov. 12.

werken en de producten goedkoper kunnen aanbieden. In de zorg kan specialisatie bovendien leiden tot een toename van de kwaliteit van de aangeboden zorg.
[09-03-2010, www.nmanet.nl, i.w.tr. 12-03-2010]

213

De groepsvrijstelling specialisatieovereenkomsten ziet op samenwerkingsverbanden die vaak grote investeringen vragen en waarbij samenwerking een duidelijke technische of economische verbetering oplevert. Er moet een duidelijk kwalitatieve meerwaarde zijn voor bijvoorbeeld de patiënt, dus niet zozeer voor de deelnemende ondernemingen, die niet op een andere manier bereikt kan worden dan door specialisatie.
[09-03-2010, www.nmanet.nl, i.w.tr. 12-03-2010]

214

Om voor een vrijstelling van het kartelverbod op grond van deze groepsvrijstelling in aanmerking te komen, moet voldaan worden aan een aantal strikte voorwaarden. In de eerste plaats geldt de vrijstelling niet voor overeenkomsten over het vaststellen van verkoopprijzen, een beperking van de verkoop of de productie of de toewijzing van markten of klanten.[1] Verder mag het gezamenlijke marktaandeel van de betrokken partijen niet hoger zijn dan 20 procent.[2] Deze marktaandeelgrens moet garanderen dat er voldoende concurrentie overblijft en er dus een prikkel aanwezig is om de gerealiseerde voordelen aan de afnemers door te geven.
[09-03-2010, www.nmanet.nl, i.w.tr. 12-03-2010]

215

Bij de beoordeling of een overeenkomst onder de groepsvrijstelling valt, kunnen ook de 'Richtsnoeren inzake de toepasselijkheid van artikel 81 van het EG-Verdrag (nu artikel 101 van het VWEU)op horizontale samenwerkingsovereenkomsten'[3] van de Europese Commissie geraadpleegd worden.
[09-03-2010, www.nmanet.nl, i.w.tr. 12-03-2010]

216

Als een afspraak niet voldoet aan de voorwaarden voor de groepsvrijstelling, bijvoorbeeld omdat het gezamenlijke marktaandeel van partijen meer dan 20 procent bedraagt, betekent dit niet direct dat er sprake is van strijd met het kartelverbod. Het is namelijk mogelijk dat in dat specifieke (individuele) geval toch wel voldaan is aan de voorwaarden van artikel 6, derde lid, Mw.[4] De groepsvrijstellingen zijn immers

---

1 Verordening nr. 2658/2000 van de Europese Commissie betreffende de toepassing van artikel 81, derde lid, van het Verdrag op groepen specialisatieovereenkomsten, *Pb.* L 304 van 29 november 2000, p. 4, artikel 5.
2 Het marktaandeel wordt berekend door te bezien wat de behaalde omzet van de betrokken ondernemingen voor een bepaalde dienst of een product is, in vergelijking met andere ondernemingen die actief zijn op de betreffende relevante markt (zie voor een beschrijving van de relevante markt hoofdstuk 3).
3 Richtsnoeren van de Europese Commissie inzake de toepasselijkheid van artikel 81 van het EG-Verdrag op horizontale samenwerkingsovereenkomsten, *Pb.* C 3 van 6 januari 2001, p. 2–30.
4 Zie paragraaf 6.2.3.

specifieke uitwerkingen van artikel 6, derde lid, Mw op basis waarvan sprake is van een zogenoemde veilige haven. De groepsvrijstellingen vormen geen limitatieve uitzonderingsgronden.
[09-03-2010, www.nmanet.nl, i.w.tr. 12-03-2010]

6.2.2.2 Onderzoeks- en ontwikkelingsovereenkomsten

217
De groepsvrijstelling voor onderzoeks- en ontwikkelingsovereenkomsten is van toepassing als concurrerende ondernemingen overeenkomen om gezamenlijk te werken aan onderzoek en ontwikkeling van nieuwe producten.[1] Ook in dit geval is sprake van horizontale samenwerking. Ook kunnen ondernemingen afspraken maken over de gezamenlijke exploitatie van de resultaten van onderzoek en ontwikkeling. Samenwerking op het gebied van onderzoek en ontwikkeling en de gemeenschappelijke exploitatie daarvan bevordert over het algemeen de technische en economische vooruitgang, doordat dan meer knowhow uitgewisseld wordt en overlappingen bij onderzoek en ontwikkeling vermeden worden.[2]
[09-03-2010, www.nmanet.nl, i.w.tr. 12-03-2010]

218
Voor de toepassing van de groepsvrijstelling dient aan een aantal cumulatieve criteria voldaan te worden. Ten eerste mag het gezamenlijke marktaandeel van de samenwerkende ondernemingen op de relevante markt niet hoger zijn dan 25 procent. Ten tweede geldt dat de groepsvrijstelling niet van toepassing is als de overeenkomst direct of indirect tot doel heeft om verkoopprijzen vast te stellen, de verkoop of de productie te beperken, de passieve verkoop te belemmeren in het gebied dat op basis van de overeenkomst is voorbehouden aan de andere partij, of het belemmeren van actieve verkoop na het verstrijken van een periode van zeven jaar vanaf de start van de overeenkomst in het gebied dat op basis van de overeenkomst is voorbehouden aan de andere partij. Ten derde mag de overeenkomst de betrokken ondernemingen niet belemmeren bij het verrichten van onderzoeks- of ontwikkelingswerkzaamheden of bij het aanvechten van intellectuele eigendomsrechten over het gezamenlijk ontwikkelde product.[3]
[09-03-2010, www.nmanet.nl, i.w.tr. 12-03-2010]

---

1 In het kader van de onderhavige Richtsnoeren is alleen beknopte beschrijving van de groepsvrijstelling voor onderzoeks- en ontwikkelingsovereenkomsten mogelijk. Voor de volledige tekst van de groepsvrijstelling zie Verordening nr. 2659/2000 van de Europese Commissie betreffende de toepassing van artikel 81, derde lid, van het Verdrag op groepen onderzoeks- en ontwikkelingsovereenkomsten, *Pb.* L 304 van 29 november 2000, p. 7.
2 Verordening nr. 2659/2000 van de Europese Commissie betreffende de toepassing van artikel 81, derde lid, van het Verdrag op groepen onderzoeks- en ontwikkelingsovereenkomsten, *Pb.* L 304 van 29 november 2000, p. 7, ov. 10.
3 Verordening nr. 2659/2000 van de Europese Commissie betreffende de toepassing van artikel 81, derde lid, van het Verdrag op groepen onderzoeks- en ontwikkelingsovereenkomsten, *Pb.* L 304 van 29 november 2000, p. 7, artikel 5.

219
Ten aanzien van bovengenoemde criteria geldt dat de actieve verkoop[1] voor een bepaalde periode beperkt mag worden in het geval van onderzoeks- en ontwikkelingsovereenkomsten. De betrokken partijen mogen afspreken wie in welk gebied actief haar product in de markt gaat zetten, bijvoorbeeld door het plaatsen van advertenties. De gedachte hierachter is dat op deze wijze investeringen in onderzoek en ontwikkelingen kunnen worden terugverdiend. De passieve verkoop[2] mag echter niet worden beperkt. Dus wanneer een klant een andere aanbieder benadert dan degene die in het betreffende gebied werft, mag de klant niet worden doorverwezen naar deze aanbieder.
[09-03-2010, www.nmanet.nl, i.w.tr. 12-03-2010]

220
Bij de beoordeling of een overeenkomst onder de groepsvrijstelling valt, kunnen ook de 'Richtsnoeren inzake de toepasselijkheid van artikel 81 van het EG-Verdrag (nu artikel 101 van het VWEU) op horizontale samenwerkingsovereenkomsten' van de Europese Commissie[3] geraadpleegd worden.
[09-03-2010, www.nmanet.nl, i.w.tr. 12-03-2010]

6.2.2.3 Verticale overeenkomsten

221
Ondernemingen die hun gedrag afstemmen, kunnen elk in een verschillende schakel van de productie- of distributieketen werkzaam zijn. Als dat het geval is, dan is er sprake van verticale afstemming. Verticale overeenkomsten zijn bijvoorbeeld afspraken tussen een leverancier en een afnemer zoals tussen een groothandel in geneesmiddelen en een apotheek.
[09-03-2010, www.nmanet.nl, i.w.tr. 12-03-2010]

---

1 Actieve verkoop is het in de markt zetten van een product of dienst, waarbij wordt geïnvesteerd in het werven van klanten/cliënten. Zo kan het maken van reclame voor een product worden gezien als actieve verkoop.
2 Passieve verkoop is het leveren van een product of een dienst aan klanten/cliënten die uit eigen beweging naar een onderneming toekomen. Er worden geen inspanningen gedaan om klanten/cliënten (in een bepaald gebied) te werven, bijvoorbeeld door het inzetten van advertenties.
3 Richtsnoeren van de Europese Commissie inzake de toepasselijkheid van artikel 81 van het EG-Verdrag op horizontale samenwerkingsovereenkomsten, *Pb.* C 3 van 6 januari 2001, p. 2–30.

222

De groepsvrijstelling voor verticale overeenkomsten[1] geldt voor verticale afspraken over de voorwaarden waaronder de betrokken ondernemingen bepaalde goederen of diensten kunnen kopen, verkopen of doorverkopen en die in beginsel mededingingsbeperkend zijn (exclusiviteitsvoorwaarden). Een voorbeeld van een verticale overeenkomst is een overeenkomst tussen een groothandel en een apotheek voor de levering van medicijnen. Verticale overeenkomsten kunnen de economische efficiëntie binnen een productie of distributieketen bevorderen door een betere coördinatie tussen de deelnemende ondernemingen mogelijk te maken. Verticale overeenkomsten kunnen leiden tot een vermindering van transactie- en distributiekosten.[2]
[09-03-2010, www.nmanet.nl, i.w.tr. 12-03-2010]

223

De groepsvrijstelling geldt niet voor verticale overeenkomsten die de mogelijkheden van de afnemer tot het vaststellen van zijn verkoopprijs beperken, met uitzondering van het vaststellen van een maximumprijs.[3] Ook geldt de groepsvrijstelling niet voor verticale overeenkomsten die specifieke beperkingen bevatten ten aanzien van waar of aan wie de goederen of diensten verkocht mogen worden (met name beperkingen ten aanzien van de passieve verkoop).[4] Voorwaarde voor de groepsvrijstelling is dat het marktaandeel van de *leverancier* op de relevante markt niet meer dan 30 procent bedraagt. De reden daarvan is dat in het algemeen alleen een leverancier met een aanzienlijk marktaandeel de concurrentie kan beperken door middel van dergelijke overeenkomsten. Als de overeenkomst echter exclusieve leveringsverplichtingen bevat, moet het marktaandeel van de *afnemer* in aanmerking genomen worden om

---

1   Verordening nr. 2790/2999 (*red.*: lees: Verordening nr. 2790/1999) van de Europese Commissie betreffende de toepassing van artikel 81, derde lid, van het Verdrag op groepen verticale overeenkomsten en onderling afgestemde feitelijke gedragingen, *Pb.* L 336 van 22 december 1999, p. 21. Deze Verordening verloopt in mei 2010. Momenteel werkt de Europese Commissie aan een nieuwe groepsvrijstelling voor verticale overeenkomsten, die de huidige zal gaan vervangen. Per 1 mei 2010 treedt er een nieuwe Groepsvrijstelling Verticale overeenkomsten in werking. In deze groepsvrijstelling verandert dit safe haven begrip en komt er een dubbele eis inzake het marktaandeel. Vanaf 1 mei 2010 geldt dat zowel marktaandeel van leverancier als afnemer niet hoger mag zijn dan 30 procent om van de groepsvrijstelling te kunnen profiteren. De verwachting is dat er verder geen substantiële wijzigingen zullen plaatsvinden ten opzichte van de huidige groepsvrijstelling.
2   Verordening nr. 2790/2999 (*red.*: lees: Verordening nr. 2790/1999) van de Europese Commissie betreffende de toepassing van artikel 81, derde lid, van het Verdrag op groepen verticale overeenkomsten en onderling afgestemde feitelijke gedragingen, *Pb.* L 336 van 22 december 1999, p. 21, ov. 6.
3   De leverancier mag in beginsel wel een maximumprijs opleggen of verkoopprijs aanraden. Dit mag echter alleen als dit niet ten gevolge van door een van de partijen uitgeoefende druk of gegeven prikkels hetzelfde effect heeft als een vaste prijs of minimumprijs.
4   Verordening nr. 2790/2999 (*red.*: lees: Verordening nr. 2790/1999) van de Europese Commissie betreffende de toepassing van artikel 81, derde lid, van het Verdrag op groepen verticale overeenkomsten en onderling afgestemde feitelijke gedragingen, *Pb.* L 336 van 22 december 1999, p. 21, artikel 4.

de uitwerking van de overeenkomst op de markt te beoordelen.[1] Toepassing van de groepsvrijstelling wordt nader uiteengezet in de 'Richtsnoeren inzake verticale beperkingen van de Europese Commissie'.[2]
[09-03-2010, www.nmanet.nl, i.w.tr. 12-03-2010]

6.2.3 Uitzondering kartelverbod op grond van artikel 6, derde lid, Mw: individueel

224
Mededingingsbeperkende overeenkomsten die buiten de groepsvrijstellingen vallen kunnen toelaatbaar zijn op basis van een individuele toets aan de vereisten van artikel 6, derde lid, Mw.[3] De afspraak is alleen toegestaan als de economische en maatschappelijke voordelen de nadelige effecten op de concurrentie overtreffen. Hiervoor zijn vier criteria opgenomen in artikel 6, derde lid, Mw.
[09-03-2010, www.nmanet.nl, i.w.tr. 12-03-2010]

225
Het kartelverbod is niet van toepassing als aan alle volgende criteria is voldaan:
1. de overeenkomst moet bijdragen tot verbetering van de productie of van de distributie of tot bevordering van de technische of economische vooruitgang;
2. de voordelen die voortvloeien uit de overeenkomst moeten voor een billijk aandeel ten goede komen aan de afnemers;
3. de beperkingen mogen niet onmisbaar zijn voor het bereiken van de doelstellingen; en
4. er moet in de markt voldoende concurrentie overblijven.[4]

[09-03-2010, www.nmanet.nl, i.w.tr. 12-03-2010]

226
Uit de criteria blijkt dat de mededingingsbeperkende overeenkomsten een duidelijk voordeel moeten bieden aan de economie en de cliënt. Het gaat om een objectief economisch voordeel, waarbij ook kan worden gedacht aan kwaliteitsverbeteringen. Ondernemingen moeten dit voordeel ook kunnen bewijzen. Verder is niet voldoende dat de betrokken ondernemingen een voordeel behalen maar ze moeten ook aantonen dat de voordelen voor een billijk aandeel doorgegeven worden aan de afnemers. De

---

1 Verordening nr. 2790/2999 (*red.*: lees: Verordening nr. 2790/1999) van de Europese Commissie betreffende de toepassing van artikel 81, derde lid, van het Verdrag op groepen verticale overeenkomsten en onderling afgestemde feitelijke gedragingen, *Pb.* L 336 van 22 december 1999, p. 21, artikel 3.
2 Richtsnoeren van de Europese Commissie inzake verticale beperkingen, *Pb* C291 van 13 oktober 2000,, rnrs. 21 tot en met 70.
3 In het Europese recht is in artikel 101, derde lid, VWEU een uitzondering opgenomen op het verbod van artikel 101, eerste lid, VWEU. De voorwaarden van artikel 101, derde lid, VWEU zijn gelijk aan de voorwaarden van artikel 6, derde lid, Mw.
4 Zie Richtsnoeren van de Europese Commissie betreffende de toepassing van artikel 81, derde lid, van het EG-Verdrag, *Pb.* C 101 van 27 april 2004, p. 8. Zie ook Richtsnoeren van de Europese Commissie inzake de toepasselijkheid van artikel 81 van het EG-Verdrag op horizontale samenwerkingsovereenkomsten, *Pb.* C 3 van 6 januari 2001, p. 2, paragraaf 1.3.2.

voordelen moeten voor de afnemers in ieder geval opwegen tegen de nadelen van de mededingingsbeperking. In de zorgsector betekent dit dat mogelijke doelmatigheidsopbrengsten bijvoorbeeld in de vorm van lagere prijzen of een hogere kwaliteit worden doorgegeven aan de zorgverzekeraar, het zorgkantoor of de gemeente. Ook moeten de concurrentiebeperkingen in verhouding staan tot het te bereiken doel. Dat betekent dat er gekozen moet worden voor de wijze waarop de concurrentie zo min mogelijk wordt beperkt. De overeenkomst mag er tot slot niet voor zorgen dat de concurrentie op de desbetreffende markt nagenoeg wordt uitgeschakeld.
[09-03-2010, www.nmanet.nl, i.w.tr. 12-03-2010]

227
De bij de overeenkomst betrokken ondernemingen moeten zelf beoordelen of de overeenkomst voldoet aan de criteria die zijn genoemd in artikel 6, derde lid, Mw. Een voorafgaande toets door de NMa is niet nodig. Als handvat bij de beoordeling kunnen ondernemingen ook de Europese Richtsnoeren gebruiken, waaronder de 'Richtsnoeren van de Europese Commissie betreffende de toepassing van artikel 81, derde lid, van het EG-Verdrag (nu artikel 101 van het VWEU)'[1] (zie ook paragraaf 1.2). Zoals al in de inleiding is gesteld, moeten bij de toepassing van de criteria beschreven in deze Richtsnoeren altijd de specifieke omstandigheden van het geval in acht genomen worden zodat geen sprake kan zijn van een mechanische toepassing van deze Richtsnoeren. Iedere zaak dient op basis van de feiten te worden beoordeeld.
[09-03-2010, www.nmanet.nl, i.w.tr. 12-03-2010]

6.2.4 Uitzondering kartelverbod: diensten van algemeen economisch belang

228
Als ten minste één van de bij de afspraak betrokken ondernemingen bij wettelijk voorschrift of door een bestuursorgaan is belast met het beheer van een dienst van algemeen economisch belang, geldt artikel 6 Mw alleen als dit deze bijzondere taak niet verhindert (zie artikel 11 Mw). Uit de jurisprudentie blijkt dat uitzonderingen op de algemene regel, waardoor de werking van het mededingingsregime wordt beperkt, restrictief moeten worden uitgelegd.
[09-03-2010, www.nmanet.nl, i.w.tr. 12-03-2010]

229
Voor uitzondering van artikel 11 Mw moet voldaan zijn aan alle volgende voorwaarden:
i) er moet sprake zijn van een dienst van algemeen economisch belang;

---

1 De NMa heeft bekendgemaakt dat bij de toepassing van artikel 6, derde lid, Mededingingswet wordt aangesloten bij de Richtsnoeren van de Europese Commissie inzake artikel 81, derde lid, EG-Verdrag. Zie mededeling van de d-g NMa van 22 februari 2005, *Staatscourant* 8 maart 2005, nr. 47, p. 22.

ii) er moet ten minste één betrokken onderneming *belast* zijn met deze dienst van algemeen economisch belang bij wettelijk voorschrift of door een besluit van een bestuursorgaan[1]; en
iii) de uitoefening van de dienst van algemeen economisch belang wordt verhinderd als artikel 6 Mw onverkort toegepast zou worden.
[09-03-2010, www.nmanet.nl, i.w.tr. 12-03-2010]

230
De derde voorwaarde van artikel 11 Mw houdt in dat de betrokken onderneming bij onverkorte toepassing van artikel 6 Mw de haar toevertrouwde bijzondere taak, zoals die door de haar opgelegde verplichtingen en feitelijke beperkingen wordt afgebakend, niet (onder economisch aanvaardbare omstandigheden) kan vervullen.[2]
[09-03-2010, www.nmanet.nl, i.w.tr. 12-03-2010]

231
Artikel 11 Mw behelst een uitzondering op de onverkorte toepassing van de Mededingingswet, welke zoals eerder is aangegeven, restrictief moet worden uitgelegd. Mededingingsbeperkingen ten behoeve van de vervulling van taken van algemeen economisch belang mogen daarbij niet verder gaan dan nodig is ter vervulling van de opgedragen taken. De proportionaliteit en noodzakelijkheid zijn in het Europese mededingingsrecht aanvaarde criteria.[3]
[09-03-2010, www.nmanet.nl, i.w.tr. 12-03-2010]

6.3 Samenwerkingsvormen

232
In paragraaf 6.2 is het algemene beoordelingskader van de Mededingingswet uiteengezet. De Mededingingwet biedt veel ruimte voor samenwerking en kent, zelfs waar samenwerking de mededinging beperkt, een scala aan uitzonderingsmogelijkheden, op basis waarvan mogelijk mededingingsbeperkende overeenkomsten toch zijn toegestaan. Van belang bij de beoordeling van de toelaatbaarheid van een overeenkomst is de positie van de betrokken partijen op de markt(en), de aard van de overeenkomst en het uiteindelijke voordeel voor de afnemers.
[09-03-2010, www.nmanet.nl, i.w.tr. 12-03-2010]

---

1 In bijzondere gevallen kan de dienst van algemeen economisch belang ook worden afgeleid uit een conglomeraat van regelgeving, overeenkomsten en besluiten, zie onder meer Memorie van Toelichting op de Mededingingswet, Tweede Kamer, vergaderjaar 1995 – 1996, 24 707, nr, 3, pagina 64 en Hof van Justitie van de Europese Gemeenschappen van 23 oktober 1997, *Commissie v Nederland*, C-157/94, *Jur.* 1997, p. 5699, r.o. 40. Factoren die kunnen duiden op het bestaan van een dienst van algemeen economisch belang zijn (onder meer) aanbodregulering, de regulering van prijs en kwaliteit en het feit dat de betreffende activiteiten uit de algemene middelen bekostigd worden.
2 Arrest van het Hof van Justitie van de Europese Gemeenschappen van 23 oktober 1997, *Commissie v Nederland*, C-157/94, *Jur.* 1997, p. 5699, r.o. 52.
3 Memorie van toelichting Mededingingswet, pagina 27.

233
Samenwerkingsverbanden kunnen een belangrijke bijdrage leveren aan het verbeteren van de kwaliteit en efficiëntie van zorgverlening. Samenwerking kan zijn gericht op het afstemmen van de zorg ten behoeve van de zorgvraag van cliënten. Samenwerking kan bovendien een middel zijn om risico's te delen, kosten te besparen, efficiëntievoordelen te behalen, knowhow gezamenlijk te benutten en (sneller) te innoveren. Zo kunnen ondernemingen in de thuiszorg door het gezamenlijk inkopen van hulpmiddelen bijvoorbeeld kosten besparen. De NMa staat in beginsel positief tegenover samenwerking, als ondernemingen daardoor in staat zijn efficiënter te werken, meer te innoveren en betere kwaliteit te leveren.
[09-03-2010, www.nmanet.nl, i.w.tr. 12-03-2010]

234
Bepaalde samenwerkingsverbanden kunnen echter ook nadelige gevolgen hebben voor de concurrentie en op die manier leiden tot ondoelmatigheid en lagere kwaliteit en daarom in strijd zijn met de regels van de Mededingingswet. In dit hoofdstuk wordt aan de hand van een aantal concrete voorbeelden aangegeven welke grenzen de Mededingingswet stelt aan samenwerking. Benadrukt wordt, dat zelfs als de conclusie is dat de samenwerking in strijd is met artikel 6, eerste lid, Mw, deze niet direct ook verboden hoeft te zijn (zie hoofdstuk 6.2).
[09-03-2010, www.nmanet.nl, i.w.tr. 12-03-2010]

235
In de praktijk kan een overeenkomst tussen ondernemingen elementen bevatten van zowel horizontale als verticale afstemming.[1] Zo kan een diabetesketen bestaan uit een samenwerking tussen diëtisten en huisartsen (verticaal) en uit een samenwerking tussen huisartsen onderling (horizontaal). Het is vooral de verticale component die zal bijdragen aan een betere afstemming van de verschillende zorgdisciplines op de zorgvraag en dus de voordelen voor de patiënt oplevert. Bij een samenwerkingsverband met horizontale en verticale aspecten moeten eerst de horizontale aspecten van de overeenkomst getoetst worden aan de Mededingingswet. Reden hiervoor is dat de verticale component in het samenwerkingsverband (bijvoorbeeld de samenwerking tussen huisarts en diëtist) in het algemeen minder snel tot een beperking van de mededinging leidt dan de horizontale component (bijvoorbeeld de samenwerking tussen huisartsen). Als geoordeeld wordt dat de horizontale componenten in het samenwerkingsverband strijdig zijn met de Mededingingswet is het samenwerkingsverband in die vorm niet toegestaan en is een aparte beoordeling van de verticale beperkingen niet meer aan de orde, terwijl de verticale component mogelijk zelfstandig niet als mededingingsbelemmerend zou worden gezien. In het geval de horizontale aspecten van het samenwerkingsverband zodanig zijn dat ze geen merkbare beperking van de mededinging opleveren, zullen evenwel nog de verticale aspecten beoordeeld moeten worden. Ondanks de hypothese dat verticale afstemming over het algemeen voordelen op kan leveren voor patiënten, kunnen er in bijzondere gevallen ook marktafsluitende effecten optreden (zie ook paragraaf 6.3.3.2). Deze benadering geldt daarom ook voor

---

1   Zie rnrs. 221 en 245 voor nadere uitleg wat verticale respectievelijk horizontale afstemming is.

de in dit hoofdstuk opgenomen samenwerkingsvormen voor zover deze zowel horizontale als verticale aspecten bevatten.
[09-03-2010, www.nmanet.nl, i.w.tr. 12-03-2010]

236
In de praktijk ontstaan vaak nieuwe samenwerkingsvormen. De voorbeelden in dit hoofdstuk zijn dan ook niet uitputtend. De voorbeelden betreffen een aantal representatieve situaties in verschillende deelsectoren van de zorg. De NMa maakt hierbij dankbaar gebruik van de vele suggesties voor praktijkvoorbeelden die tijdens de afgelopen consultatieronde zijn aangereikt. Ook hier geldt weer dat voor de beoordeling van overeenkomsten steeds een 'case by case benadering' nodig is, waarbij in ieder afzonderlijk geval gekeken moet worden naar de concrete omstandigheden.
[09-03-2010, www.nmanet.nl, i.w.tr. 12-03-2010]

237
In paragraaf 6.3.1 komt de samenwerking binnen één onderneming aan bod. In paragraaf 6.3.2 worden de mogelijkheden voor samenwerking tussen concurrenten nader toegelicht. In paragraaf 6.3.3 komen de afspraken tussen niet-concurrenten aan de orde en in paragraaf 6.3.4 wordt ten slotte aangegeven hoe bepaalde activiteiten van branche- of beroepsverenigingen zich verhouden tot de Mededingingswet.
[09-03-2010, www.nmanet.nl, i.w.tr. 12-03-2010]

6.3.1 Afspraken binnen één onderneming

238
Zoals in hoofdstuk 3 uiteen is gezet, is het kartelverbod alleen van toepassing op afspraken *tussen* twee of meer ondernemingen, dan wel besluiten van ondernemersverenigingen. Afspraken *binnen* één onderneming vallen niet onder het kartelverbod. Van één onderneming is sprake als de verschillende aanbieders één economische eenheid vormen. Dit staat los van de vraag of er sprake is van één rechtspersoon; de rechtsvorm van de economische eenheid is niet van belang. De economische eenheid hoeft dus niet samen te vallen met het bestaan van één rechtspersoon. Eén van de voorwaarden voor het bestaan van één economische eenheid is het bestaan van één permanent ondernemingsbestuur dat beslist over de strategische en commerciële belangen van de onderneming. Wanneer een dochteronderneming puur uitvoering geeft aan het strategische en commerciële beleid van haar moeder, kan zij dus niet als een zelfstandige onderneming worden gezien en worden moeder en dochter onder de Mededingingswet als één onderneming gezien.
Andere relevante factoren kunnen zijn: de interne verrekening van winst en verlies, gezamenlijke aansprakelijkheid jegens derden en gezamenlijke presentatie naar buiten toe.
[09-03-2010, www.nmanet.nl, i.w.tr. 12-03-2010]

239
Ondernemingen kunnen vele verschillende juridische en organisatorische vormen aannemen. Zoals gezegd, is de juridische vorm van een onderneming niet beslissend voor de vraag of sprake is van één onderneming in de zin van de Mededingingswet.

Hieronder wordt ingegaan op een aantal verschillende ondernemingsvormen die veel voorkomen in de zorgsector.
[09-03-2010, www.nmanet.nl, i.w.tr. 12-03-2010]

240
De maatschap is een voorbeeld van een onderneming die in de zorg kan voorkomen. De maatschap is een samenwerkingsvorm tussen twee of meer 'maten', die met wat zij inbrengen een bepaald doel nastreven. De inbreng van de maten kan bestaan uit arbeid, geld en/of goederen. De winsten en verliezen worden in beginsel verdeeld al dan niet in verhouding tot ieders inbreng. Soms beperkt de samenwerking zich uitsluitend tot het delen van bepaalde gezamenlijk te maken kosten, zoals ondersteuning en/of huur van een bedrijfsruimte. Een dergelijke 'kostenmaatschap' kan meestal niet als één onderneming worden beschouwd omdat de samenwerking beperkt is tot het delen van bepaalde kosten.
[09-03-2010, www.nmanet.nl, i.w.tr. 12-03-2010]

241
De maatschap en de maten vormen één onderneming wanneer de maten ieder voor zich geen commerciële vrijheid meer hebben en zelfstandig geen commerciële besluiten meer kunnen nemen.[1] Gekeken moet worden naar de invloed van de maatschap op de beslissingen die van essentieel belang zijn voor het strategische commerciële gedrag van de 'maat'. Om te kunnen spreken van één onderneming is het niet voldoende dat de maten hun beslissingsvrijheid op slechts een enkel terrein overdragen aan de maatschap en voor het overige alle commerciële vrijheid behouden.
[09-03-2010, www.nmanet.nl, i.w.tr. 12-03-2010]

242
In de praktijk zal van geval tot geval onderzocht moeten worden wat de commerciële vrijheid van de maten binnen de maatschap is. Aan de hand daarvan zal duidelijk worden of in het concrete geval de maat of de maatschap als onderneming moet worden beschouwd. In geval de maten ondernemingen zijn, zal de maatschapsovereenkomst onder artikel 6 Mededingingswet kunnen vallen. In geval de maatschap als onderneming aangemerkt moet worden en de maten niet, is er sprake van afspraken binnen één onderneming.
[09-03-2010, www.nmanet.nl, i.w.tr. 12-03-2010]

243
Een coöperatie is een rechtsvorm die ook veel voorkomt in de zorgsector. Een coöperatie is een vorm van een vereniging (coöperatieve vereniging). Wanneer meerdere zorgaanbieders tezamen een coöperatieve vereniging oprichten en/of daar lid van worden dan zullen zij in het algemeen zelf ook zelfstandige ondernemers blijven. Voor besluiten die worden genomen binnen een coöperatieve vereniging, waarvan

---

1   Zie besluit van de Commissie van 20 mei 1998, in zaak IV/M.1016 – *Price Waterhouse/Coopers & Lybrand*, punt 10.

de leden ondernemers zijn, geldt onverkort hetgeen in paragraaf 6.1.4 over ondernemersverenigingen wordt gezegd.
[09-03-2010, www.nmanet.nl, i.w.tr. 12-03-2010]

244
Als er feitelijk sprake is van het opgaan van verschillende ondernemingen in één onderneming, dan wordt de samenwerking niet meer beschouwd als een samenwerking tussen zelfstandige ondernemingen. De deelnemende ondernemingen worden voor de desbetreffende samenwerking gezien als één onderneming, het kartelverbod is in deze gevallen niet van toepassing. Wel kan dan sprake zijn van het tot stand brengen van een concentratie die, als de meldingsdrempels worden overschreden, vooraf gemeld moet worden bij de NMa. Zie in dit kader hoofdstuk 5.
[09-03-2010, www.nmanet.nl, i.w.tr. 12-03-2010]

6.3.2 Afspraken tussen concurrenten

245
Afspraken tussen concurrenten, ook wel aangeduid als horizontale overeenkomsten, zijn afspraken tussen ondernemingen die werkzaam zijn op hetzelfde niveau in de markt.[1] Het gaat dan bijvoorbeeld om afspraken tussen huisartsen onderling of thuiszorginstellingen onderling. Onder concurrenten worden zowel daadwerkelijke als potentiële[2] concurrenten verstaan.
[09-03-2010, www.nmanet.nl, i.w.tr. 12-03-2010]

246
Deze paragraaf gaat in op omstandigheden waaronder concurrenten wel en niet mogen samenwerken. In de navolgende tekst en voorbeelden wordt uitgegaan van samenwerkingsverbanden die boven de grenzen van de bagatelbepaling uitkomen en niet vallen onder een groepsvrijstelling. Een uitleg over de bagatelbepaling is te vinden in paragraaf 6.2.1.1.
[09-03-2010, www.nmanet.nl, i.w.tr. 12-03-2010]

247
Ingegaan wordt op vormen van samenwerking tussen concurrerende ondernemingen die bijna altijd verboden zijn, zoals het maken van prijsafspraken (waaronder het gezamenlijk onderhandelen over prijzen met een zorgverzekeraar) en het maken van

---

1 Vergelijk Richtsnoeren van de Europese Commissie inzake de toepasselijkheid van artikel 81 van het EG-verdrag op horizontale samenwerkingsovereenkomsten, *Pb.* C 3 van 6 januari 2001, p. 2, onder 1.
2 Een onderneming wordt als potentiële concurrent beschouwd indien er aanwijzingen zijn dat deze onderneming in staat is om op de korte of middellange termijn de vereiste investeringen te doen om de relevante markt te betreden, en dat waarschijnlijk ook werkelijk zou doen in reactie op een toename van winstmogelijkheden in de markt. Voorwaarde is dat er geen toetredingsdrempels zijn die toetreding onmogelijk maken. Zie hiervoor, rnr. 71 en 74.

marktverdelingafspraken.[1] Daarnaast worden vormen van samenwerking besproken die in de regel niet in strijd zijn met het kartelverbod. Een self-assesment kan in het concrete geval uitwijzen of mededingingsrisico's zich daadwerkelijk voordoen en of de overeenkomst moet worden aangepast.
[09-03-2010, www.nmanet.nl, i.w.tr. 12-03-2010]

6.3.2.1 Prijsafspraken

248
In het algemeen strekken prijsafspraken tussen concurrenten, voor welk product of welke dienst dan ook, ertoe de mededinging te beperken.[2] Dergelijke beperkingen verminderen de normale ondernemersrisico's. Overeenkomsten tussen ondernemingen die betrekking hebben op prijzen en tarieven, waaronder kortingen en toeslagen worden gerekend, vallen in de regel onder het kartelverbod.
[09-03-2010, www.nmanet.nl, i.w.tr. 12-03-2010]

249
In het verleden werd, vaak in het kader van de regulering in de zorg, door zorgaanbieders onderling op grote schaal gezamenlijk onderhandeld met de zorgverzekeraar. Dit gebeurde bijvoorbeeld via de beroepsorganisaties waarin de zorgaanbieders verenigd zijn. De Mededingingswet stelt beperkingen aan het gezamenlijk onderhandelen als hierbij prijsafspraken worden gemaakt. Prijsafspraken tussen concurrerende ondernemingen leiden er vrijwel altijd toe dat de afnemer hogere prijzen betaalt of niet de gewenste hoeveelheden ontvangt. De concurrentie wordt op deze wijze altijd beperkt, waardoor de prikkel voor ondernemingen om zich te onderscheiden op kosteneffectiviteit of kwaliteit wordt verminderd. Het uitgangspunt is dan ook dat concurrerende zorgaanbieders individueel met een zorgverzekeraar onderhandelen over de prijs van de te leveren zorg.[34]
[09-03-2010, www.nmanet.nl, i.w.tr. 12-03-2010]

---

1 Zie bijvoorbeeld het besluit van de d-g NMa van 11 april 2001 in de zaak 537/*Landelijke Huisartsen Vereniging* en besluit op bezwaar in zaak 537 van 21 december 2001 en het besluit van de d-g NMa van 15 december 2000 in zaken 590, 1570 en 1972/*Amicon – Vrijgevestigde Fysiotherapeuten*. Zie tevens de besluiten van de Raad van Bestuur van de NMa van 19 september 2008 in zaak 5851, *Thuiszorg 't Gooi*, en in zaak 6108, *Thuiszorg Kennemerland*..
2 Zie besluit van de d-g NMa van 27 augustus 1998 in zaak 379/*KNMvD*, rnr. 64; besluit van de d-g NMa van 29 juli 1999 in zaak 613/*NVZP en LTO 1*, rnr. 33; besluit van de d-g NMa van 9 juli 1999 in zaak 642/*NVZP en LTO 2*, rnr. 46 en besluit van de d-g NMa van 30 juli 1999 in zaak 234/*Centrale Organisatie voor de Vleesgroothandel*, rnr. 25.
3 Dit kan eventueel met behulp van een zorgmakelaar gebeuren (zie hierna, rnr. 251).
4 Het is de zorgverzekeraar die marktleider is binnen het verzorgingsgebied van een ziekenhuis wel toegestaan om met betrekking tot het budgetgefinancierde A-segment tezamen met een vertegenwoordiger van een collectief van de overige zorgverzekeraars (de zogenaamde regiovertegenwoordiger) productie- en/ of capaciteitsafspraken te maken met het betreffende ziekenhuis. Op grond van de wet- en regelgeving zijn deze collectieve onderhandelingen namelijk te beschouwen als niet meer dan een noodzakelijke stap in de procedure van de totstandkoming van een besluit van de NZa. Zie ook de informele zienswijze 'Regiovertegenwoordiging' van de NMa van 9 maart 2006, www.nmanet.nl.

250

Een verbod op het collectief onderhandelen door zorgaanbieders betekent niet dat de zorgverzekeraar verplicht is om met elke zorgaanbieder op individuele basis te onderhandelen. In de praktijk werken zorgverzekeraars regelmatig met standaardovereenkomsten, waarover niet of nauwelijks op individuele basis wordt onderhandeld. Dat is in beginsel toelaatbaar. Zie in dit kader ook hoofdstuk 4, dat ziet op de beoordeling van het misbruik van een machtspositie onder de Mededingingswet. Van belang is dat de zorgaanbieders individueel moeten bepalen of zij instemmen met de (standaard)voorwaarden die door de zorgverzekeraar worden gesteld.
[09-03-2010, www.nmanet.nl, i.w.tr. 12-03-2010]

6.3.3 Onderhandelen via een zorgmakelaar

251

Zorgaanbieders kunnen hun onderhandelingen met de zorgverzekeraar uitbesteden aan een zorgmakelaar. Een zorgmakelaar[1] treedt op als bemiddelaar tussen zorgaanbieder en zorgverzekeraar. Vaak onderhandelen meerdere zorgaanbieders met behulp van dezelfde zorgmakelaar.
[09-03-2010, www.nmanet.nl, i.w.tr. 12-03-2010]

252

Het inschakelen van een zorgmakelaar door zorgaanbieders zal in het algemeen efficiëntievoordelen kunnen hebben. Maar het onderhandelen via dezelfde zorgmakelaar door concurrerende zorgaanbieders kan ook leiden tot afstemming van marktgedrag. Het inschakelen van een zorgmakelaar valt onder het kartelverbod van artikel 6 Mw als de overeenkomst leidt tot afgestemde uniformering van het marktgedrag van de zorgaanbieders. Dit is het geval wanneer de concurrerende zorgaanbieders gezamenlijk een zorgmakelaar inschakelen met het doel om gezamenlijk te onderhandelen of als concurrentiegevoelige informatie uitgewisseld wordt. De zorgmakelaar mag bovendien geen kartels faciliteren, bijvoorbeeld door de betreffende zorgaanbieders te adviseren om allen hetzelfde tarief te hanteren.
[09-03-2010, www.nmanet.nl, i.w.tr. 12-03-2010]

253

Vanzelfsprekend zal het onderhandelen via een zorgmakelaar door niet-concurrerende zorgaanbieders meestal geen probleem opleveren, aangezien er dan geen sprake is van een mededingingsbeperking. Dit is bijvoorbeeld het geval wanneer het aanbieders van verschillende producten betreft (bijvoorbeeld huisartsen en fysiotherapeuten) of wanneer de aanbieders in verschillende geografische markten actief zijn.
[09-03-2010, www.nmanet.nl, i.w.tr. 12-03-2010]

---

1 Of een persoon optreedt als zorgmakelaar hangt af van de feitelijke activiteiten die hij verricht. In de praktijk treden advocaten ook wel op als zorgmakelaar. Ook in die gevallen geldt de onderhavige paragraaf van de Richtsnoeren onverkort. Het verdient in dat verband aanbeveling dat in de gevallen waarin een advocaat als zorgmakelaar optreedt, hij zich als zodanig ook kenbaar maakt.

254

Zorgmakelaars maken in sommige gevallen gebruik van een zogeheten 'klankbordgroep'. De klankbordgroep is meestal een door de zorgmakelaar samengestelde groep zorgaanbieders. Door middel van een klankbordgroep laat de zorgmakelaar zich informeren over onder andere zorginhoudelijke of beroepstechnische aangelegenheden. Ook krijgt de klankbordgroep de gelegenheid om voor haar belangrijke aspecten aan de zorgmakelaar kenbaar te maken. Een klankbordgroep is in beginsel toelaatbaar onder de Mededingingswet, maar mag in geen geval worden gebruikt als een forum om concurrentiegevoelige informatie te bespreken en/of gedrag af te stemmen, waarmee het een platform zou bieden voor een verkapt kartel. Een klankbordgroep van zorgaanbieders die de zorgmakelaar adviseert met betrekking tot tarieven of andere concurrentieparameters kan tot afstemming van gedrag van concurrenten leiden. Daardoor heeft het mededingingsbeperkende effecten en valt de overeenkomst onder het kartelverbod.

[09-03-2010, www.nmanet.nl, i.w.tr. 12-03-2010]

255

Opgemerkt wordt dat wanneer een zorgmakelaar optreedt voor één onderneming, zoals bijvoorbeeld wanneer hij of zij een maatschap bijstaat of adviseert, dit niet leidt tot strijdigheid met het kartelverbod. Het begrip één onderneming is in paragraaf 6.3.1 toegelicht.

[09-03-2010, www.nmanet.nl, i.w.tr. 12-03-2010]

6.3.3.1 Marktverdelingsafspraken

256

Marktverdelingsafspraken zijn afspraken over vestiging, afspraken over de geografische verdeling van markten, afspraken over de verdeling van productmarkten en afspraken over de verdeling van klanten en patiëntenstromen. Marktverdelingsafspraken tussen concurrenten, voor welk product of welke dienst dan ook, in welke vorm dan ook, strekken ertoe de mededinging te beperken en zijn in beginsel verboden.[1] Het effect van dergelijke afspraken kan zijn dat de ondernemingen verzekerd zijn van afname en daardoor geen prikkel hebben om te innoveren of om op prijs te concurreren. Het is dan ook vaste jurisprudentie dat dit typen overeenkomsten tussen ondernemingen in beginsel onder het kartelverbod vallen en dat het niet aannemelijk is dat wordt voldaan aan de wettelijke uitzonderingscriteria (zie paragraaf 6.2.3).

[09-03-2010, www.nmanet.nl, i.w.tr. 12-03-2010]

---

1 Zie besluit van de d-g NMa van 27 augustus 1998 in Zaak 379/*KNMvD*, rnrs. 71-73; besluiten van de d-g NMa van 1 maart 2000 in zaken 1131, 1151, 1250/*Vestigingsbeleid eerstelijns psychologen*, rnrs. 24-27; besluit van de d-g NMa van 23 maart 1999 in zaak 374/*Stichting Saneringsfonds Varkensslachterijen*, rnr. 61 en besluit op bezwaar van 24 maart 2000, rnr. 113.

6.3.3.1.1 Nieuwe gebieden

257

In de praktijk wordt de zorg in zogeheten 'nieuwe gebieden' soms georganiseerd met behulp van afspraken tussen zorgaanbieders. Wanneer nieuwe woonwijken worden gerealiseerd of wanneer bestaande woonwijken door stedelijke vernieuwing ingrijpend veranderen, worden zorgaanbieders (en ook gemeenten en zorgkantoren) geconfronteerd met de vraag hoe het zorgaanbod in een dergelijke wijk georganiseerd kan worden. Zo moeten bijvoorbeeld nieuwe locaties voor intramurale verzorging en verpleging en dienstencentra in deze 'nieuwe gebieden' worden gerealiseerd.
[09-03-2010, www.nmanet.nl, i.w.tr. 12-03-2010]

258

Het komt regelmatig voor dat zorgaanbieders bij elkaar komen om te spreken over het zorgaanbod in nieuwe gebieden. Afstemming tussen de zorgaanbieders over puur zorginhoudelijke aspecten kan noodzakelijk zijn, bijvoorbeeld wanneer verschillende vormen van zorg voor één cliënt door verschillende zorgaanbieders worden aangeboden. Aangenomen mag worden dat dit de kwaliteit van de zorg ten goede komt en dergelijke afstemming zal meestal ook geen probleem opleveren met de Mw.
[09-03-2010, www.nmanet.nl, i.w.tr. 12-03-2010]

259

Het is echter mogelijk dat de afstemming (veel) verder gaat dan puur zorginhoudelijke aspecten. Zo kan het zijn dat de zorgaanbieders bij elkaar komen om te bepalen wie op welke locatie in de wijk een bepaalde vorm van zorg levert. Dergelijke afstemming leidt tot een ernstige beperking van de mededinging wanneer zij feitelijk een marktverdeling tussen de betreffende zorgaanbieders realiseert.
Marktverdelingsafspraken tussen zorgaanbieders sluiten de onderlinge concurrentie uit en zijn dus in principe in strijd met de Mededingingswet.
[09-03-2010, www.nmanet.nl, i.w.tr. 12-03-2010]

260

Het is mogelijk dat het leveren van bepaalde vormen van zorg in een (deel van een) gemeente of een groep van gemeenten voor zorgaanbieders niet rendabel is. Dit kan worden veroorzaakt door kenmerken van een gebied, zoals dunbevolktheid, of doordat relatief weinig mensen gebruik maken van een bepaalde vorm van zorg. In het laatste geval kan het gaan om 24-uurs zorg, zoals nachtzorg en persoonlijke alarmering. De kosten van het leveren van deze zorg zijn voor zorgaanbieders soms hoger dan de opbrengsten. Dit geldt in sterkere mate wanneer meerdere zorgaanbieders met elkaar concurreren om de gunst van de cliënt in het betreffende gebied of voor de betreffende vorm van zorg. Het gevolg hiervan kan zijn dat het voor één zorgaanbieder zonder samenwerking niet mogelijk is het product aan te bieden.
[09-03-2010, www.nmanet.nl, i.w.tr. 12-03-2010]

261

Het komt dan ook voor dat zorgaanbieders bij elkaar komen om te spreken over het zorgaanbod van 24-uurs zorg of zorg in gebieden waar het voor één zorgaanbieder

ondoelmatig zou zijn een specifiek product aan te bieden. Zo is het mogelijk dat de zorgaanbieders voor deze specifieke vormen van zorg afspreken welke aanbieder op welk moment van de dag of de week de zorg aanbiedt. Dit is toegestaan. Een bepaalde mate van afstemming tussen de zorgaanbieders kan tenslotte noodzakelijk zijn om de verlening van deze specifieke vormen van zorg te kunnen garanderen. Afstemming die niet verder gaat dan strikt noodzakelijk om zorgverlening te kunnen verzekeren zal dan ook geen strijd met de Mededingingswet opleveren. De zorg moet dus niet op een minder beperkende manier kunnen worden gewaarborgd.
[09-03-2010, www.nmanet.nl, i.w.tr. 12-03-2010]

262
Zorgaanbieders die afspraken maken over levering van zorg in dunbevolkte gebieden of over 24-uurs zorg, maken soms ook afspraken die verder gaan dan wat noodzakelijk en proportioneel is voor het leveren van deze zorg. Dat is bijvoorbeeld het geval wanneer er meer zorgaanbieders bij betrokken worden dan strikt noodzakelijk. Een ander voorbeeld is het geval dat thuiszorgaanbieders naast de afspraken over 24-uurs zorg ook afspraken maken over het leveren van andere vormen van zorg, zoals huishoudelijke hulp en persoonlijke verpleging of verzorging. Het is niet noodzakelijk en proportioneel om bijvoorbeeld aanvullend af te spreken dat thuiszorgaanbieders geen persoonlijke verzorging in bepaalde gebieden zullen leveren. De hiervoor beschreven vormen van afstemming leiden tot een ernstige beperking van de mededinging, die niet kan worden gerechtvaardigd door de afspraken die zorgverlening moeten veiligstellen. Dergelijke afspraken zullen in principe in strijd zijn met de Mededingingswet.
[09-03-2010, www.nmanet.nl, i.w.tr. 12-03-2010]

6.3.3.2 Aanbestedingsafspraken

263
Als zorginkopers bij het inkopen van zorg gebruik maken van aanbestedingsprocedures brengt dit voor zorgaanbieders onzekerheden met zich mee. Wanneer een zorgaanbieder in de regio waar hij actief is geen gunning krijgt, kan deze daar in principe geen zorg meer leveren. Dit kan zeer grote gevolgen hebben voor het personeel, het marktaandeel en de levensvatbaarheid van deze zorgaanbieder. Toch is het van belang dat de aanbieder die de economisch voordeligste inschrijving heeft gedaan de aanbesteding wint.
[09-03-2010, www.nmanet.nl, i.w.tr. 12-03-2010]

264
Om de onzekerheden die een aanbesteding met zich brengt te verminderen en/of kansen om een gunning te krijgen te vergroten, zijn er zorgaanbieders die elkaar opzoeken voorafgaand aan het aanbestedingsproces. Als deze zorgaanbieders concurrenten van elkaar zijn, in veel gevallen is dat al zo wanneer zij dezelfde zorg leveren, moeten zij oppassen dat zij de Mededingingswet niet overtreden.
[09-03-2010, www.nmanet.nl, i.w.tr. 12-03-2010]

265
Aanbestedingsafspraken zijn afspraken tussen individuele inschrijvers, bijvoorbeeld zorgaanbieders, die tot doel hebben het concurrentieproces bij een aanbesteding te beïnvloeden. Bij een aanbestedingsafspraak stemmen de betrokken ondernemingen hun marktgedrag ten aanzien van een aanbesteding (vooraf) met elkaar af. Een voorbeeld van een dergelijke afspraak vormt het vooroverleg tussen zorgaanbieders waarbij wordt bepaald onder welke (prijs)voorwaarden wordt ingeschreven. Hiermee wordt door de betrokken ondernemingen ook getracht te bepalen welke onderneming de opdracht zal krijgen en de diensten zal gaan leveren. Dergelijke afspraken beperken de mededinging en zijn zeer zware overtredingen van de Mededingingswet. Ondernemingen moeten zelfstandig besluiten of zij inschrijven op een aanbesteding en onder welke voorwaarden zij dat doen. Het is niet aannemelijk dat aanbestedingsafspraken aan de wettelijke uitzonderingscriteria op het kartelverbod voldoen. Meestal zullen aanbestedingsafspraken niet noodzakelijk en proportioneel zijn om een inhoudelijke samenwerking te realiseren.
[09-03-2010, www.nmanet.nl, i.w.tr. 12-03-2010]

266
Het probleem van contacten tussen concurrenten voorafgaand aan het indienen van de offertes is dat zij mogelijk een hogere prijs kunnen offreren of een lagere kwaliteit kunnen bieden, dan zij zonder deze contacten hadden gekund. Dit geldt in principe wanneer er prijsafspraken of marktverdelingsafspraken gemaakt worden. Ook als niet onderling één prijs afgesproken wordt, maar de zorgaanbieders aan elkaar meedelen welke prijs zij zelf van plan zijn te hanteren, kan dit leiden tot een hogere prijs. Er behoort onzekerheid te zijn over het toekomstige marktgedrag van concurrenten. Als die onzekerheid wordt verminderd, beperkt dit de mededinging, wat tot gevolg kan hebben dat de geoffreerde prijzen hoger uitvallen.
[09-03-2010, www.nmanet.nl, i.w.tr. 12-03-2010]

267
Er moet onderscheid worden gemaakt tussen aanbestedingsafspraken als hierboven bedoeld en de zogeheten 'combinatieovereenkomsten'. In de Beleidsregels combinatieovereenkomsten 2009[1] worden combinatieovereenkomsten als volgt omschreven: *'(...) overeenkomsten tussen twee of meer zelfstandige ondernemingen waarin ter zake van een aanbesteding de gezamenlijke indiening door die ondernemingen van een inschrijfcijfer voor de desbetreffende opdracht en de gezamenlijke uitvoering van die opdracht worden geregeld.'* Een combinatieovereenkomst is dus een overeenkomst waarbij twee of meer zelfstandige ondernemingen gezamenlijk (als één inschrijver) inschrijven op een aanbesteding. Van belang is dat de prijs waartegen gezamenlijk wordt ingeschreven bij een combinatieovereenkomst, gezamenlijk mag worden bepaald door de deelnemende partijen.
[09-03-2010, www.nmanet.nl, i.w.tr. 12-03-2010]

---

1 Beleidsregels van de Minister van Economische Zaken van 11 september 2009, nr. WJZ/9153048, met betrekking tot de toepassing door de Raad van Bestuur van de Nederlandse Mededingingsautoriteit van artikel 6 van de Mededingingswet ten aanzien van combinatieovereenkomsten (hierna: Beleidsregels combinatieovereenkomsten 2009), *Staatscourant* 2009, nr. 14082.

268
Bepaalde combinatieovereenkomsten vallen op grond van de Beleidsregels combinatieovereenkomsten 2009 door hun aard niet onder het kartelverbod van artikel 6 Mw. Dit is het geval wanneer:
i) de betrokken ondernemingen geen concurrenten van elkaar zijn,
ii) de betrokken ondernemingen concurrenten van elkaar zijn, maar geen van de betrokken ondernemingen in staat is de opdracht zelfstandig uit te voeren,
iii) de combinatieovereenkomst de mededinging niet merkbaar beperkt. De betrokken ondernemingen hebben gezamenlijk niet meer dan 10 procent marktaandeel,
iv) de combinatieovereenkomst wordt afgedwongen door de opdrachtgever, of
v) de combinatieovereenkomst is gesloten tussen ondernemingen die tot hetzelfde concern behoren.
[09-03-2010, www.nmanet.nl, i.w.tr. 12-03-2010]

269
Combinatieovereenkomsten vallen wel onder het kartelverbod, wanneer zij ertoe strekken de mededinging te beperken. Hiervan is bijvoorbeeld sprake wanneer alle ondernemingen die een bepaalde opdracht zelfstandig kunnen uitvoeren, één combinatie vormen voor een aanbesteding met de bedoeling de concurrentie uit te schakelen. Een ander voorbeeld is indien één partij bij de overeenkomst alleen pro forma deelneemt. In dit soort gevallen is dan sprake van een verboden 'pseudo-combinatieovereenkomst'.[1] Nog een voorbeeld van een verboden combinatieovereenkomst is de situatie waarin ondernemingen afspreken voor een onbepaald aantal toekomstige aanbestedingen telkens bij elkaar na te gaan of zij gezamenlijk willen inschrijven.
[09-03-2010, www.nmanet.nl, i.w.tr. 12-03-2010]

270
Indien geen van de in randnummer 268 genoemde gevallen van toepassing is en een combinatie ook niet verboden is omdat zij ertoe strekt de mededinging te beperken, kan zij toch onder dat verbod vallen indien zij als gevolg heeft dat zij de mededinging beperkt. Van negatieve gevolgen voor de mededinging vallen te verwachten, indien partijen al een zekere marktmacht hebben of verwerven en wanneer de combinatieovereenkomst bijdraagt tot het tot stand brengen, behouden of versterken van die marktmacht, dan wel partijen in staat stelt dergelijke marktmacht te gebruiken.
[09-03-2010, www.nmanet.nl, i.w.tr. 12-03-2010]

271
Inschrijven in onderaanneming is, net als combinatievorming, een wijze van samenwerken bij aanbestedingen. Wanneer hoofdaannemer en onderaannemer concurrenten van elkaar zijn, is het mogelijk dat de overeenkomst van onderaanneming onder artikel 6 Mw valt.[2] Onderaanneming kan in bepaalde situaties echter wel toelaatbaar zijn. Zo is het denkbaar dat een kleine zorgaanbieder alleen niet kan voldoen aan bepaalde eisen van de aanbestedende dienst, zoals het kunnen leveren van een bepaald minimum volume zorg. Het is dan toegestaan dat deze (concurrerende) zorgaanbieder

---
1 Beleidsregels combinatieovereenkomsten 2009, rnr. 43.
2 Beleidsregels combinatieovereenkomsten 2009, rnr. 33.

in onderaanneming inschrijft bij een andere zorgaanbieder die wel aan de eisen van de aanbestedende dienst kan voldoen. Daarnaast is het toegestaan om, wanneer het aanbestedingsbestek hiertoe ruimte laat, na het verlenen van de gunningen door de gemeenten een onderaannemingsovereenkomst te sluiten.
[09-03-2010, www.nmanet.nl, i.w.tr. 12-03-2010]

6.3.3.3 Gemeenschappelijke leveringsweigering

272
Ook afspraken die een gemeenschappelijke leveringsweigering (boycot) beogen, beperken de mededinging in de regel. Elke onderneming moet in principe individueel besluiten of zij aan een andere partij producten of diensten wil leveren. Een collectieve boycot of leveringsweigering is een afgestemde weigering van een groep van ondernemingen om met één of meer andere ondernemingen, bijvoorbeeld leveranciers of afnemers, een overeenkomst aan te gaan. Dit kan ook het geval zijn wanneer de leveringsweigering vanuit een ondernemings- of branchevereniging wordt gecoördineerd, bijvoorbeeld de afspraak dat geen diensten worden geleverd aan niet-leden of 'niet-erkende' wederpartijen.[1] Het is niet aannemelijk dat dergelijke afspraken voldoen aan de wettelijke uitzonderingscriteria op het kartelverbod.
[09-03-2010, www.nmanet.nl, i.w.tr. 12-03-2010]

6.3.3.4 Zuivere kwaliteitsafspraken

273
Afspraken over kwaliteitsbevordering leveren in het algemeen geen concurrentiebeperking op wanneer deze enkel tot doel hebben om via *objectieve en transparante criteria* de verantwoordelijkheden en de bekwaamheden van de zorgaanbieders zeker te stellen en het algemene kwaliteitsniveau van de te verlenen zorg te bevorderen.[2] Daarom zijn afspraken zoals vastgelegd in standaarden en protocollen over nascholing, intercollegiale toetsing, technische aspecten van automatisering en objectieve (minimum-) kwaliteitseisen niet aan te merken als mededingingsbeperkingen in de zin van artikel 6 Mw, aangezien zij zuiver en alleen de kwaliteit van de te verlenen zorg betreffen. Ook overleg over administratieve procedures levert in deze context

---

1 Zie het besluit van de d-g NMa van 29 augustus 2002 in zaak 2422/*Tolsma vs AUV en Aesculaap*; het arrest van het Hof van Justitie van de Europese Gemeenschappen van 26 november 1975, *Papiers Peints t. Commissie*, in zaak 73/74, *Jur.* 1975, p. 1491 in beroep tegen beschikking van de Europese Commissie van 23 juli 1974, *Papiers Peints de Belgique*, *Pb* 1974 L237/3; het arrest van het Hof van Justitie van de Europese Gemeenschappen van 29 oktober 1980, Landewyck Sarl & Ors tegen Commissie, gevoegde zaken 209 tot 215 en 218/78, *Jur* 1980, p. 3125 in beroep tegen beschikking van de Europese Commissie van 20 juli 1978, *FEDETAB*, *Pb* 1978 L224/29.
2 Vergelijk de beschikking van de Commissie van 7 april 1999, *EPI-Gedragscode*, *Pb* 1999, L 106/14, rnr. 29. Zie ook het besluit van de d-g NMa van 15 december 2000 in zaken 590, 1570 en 1972/*Amicon — Vrijgevestigde Fysiotherapeuten*.

geen concurrentiebeperkingen op, aangezien de samenwerking uitsluitend ziet op een efficiënte procedurele en administratieve bedrijfsvoering.[1]
[09-03-2010, www.nmanet.nl, i.w.tr. 12-03-2010]

274
Als afspraken over kwaliteit gekoppeld worden aan andere doelstellingen of afspraken die niet direct met kwaliteit samenhangen, moeten deze aanvullende afspraken apart op hun verenigbaarheid met het kartelverbod getoetst worden. Dergelijke aanvullende afspraken kunnen betrekking hebben op belangrijke concurrentieparameters, bijvoorbeeld door vast te stellen hoeveel behandelingen onderdeel zijn van een Diagnose Behandel Combinatie. Daarnaast kan worden gedacht aan het uitwisselen van informatie tussen de betrokken ondernemingen. Als zorgaanbieders bijvoorbeeld afspraken maken over protocollen en daarbij tevens (concurrentiegevoelige) informatie met betrekking tot het prijsbeleid uitwisselen, moet apart worden getoetst of de informatie-uitwisseling verenigbaar is met het kartelverbod.[2] Per geval moet dus beoordeeld te worden welke aspecten van een afspraak mededingingsbeperkend kunnen zijn.
[09-03-2010, www.nmanet.nl, i.w.tr. 12-03-2010]

275
In elk geval mogen kwaliteitsafspraken niet in de weg staan van innovaties. Ontwikkelingen van bijvoorbeeld nieuwe behandelmethodes mogen niet worden geremd door de gemaakte afspraken. Ook mogen kwaliteitsafspraken geen belemmering vormen voor diversiteit en vernieuwing van organisatievormen, –formules en combinaties waarin de zorg wordt aangeboden.
[09-03-2010, www.nmanet.nl, i.w.tr. 12-03-2010]

276
Daarnaast kan de uitzondering voor het maken van kwaliteitsafspraken ook niet worden aangegrepen voor een redenering dat hoge (minimum)prijzen en tarieven noodzakelijk zijn om de kwaliteit van de zorg te waarborgen.
[09-03-2010, www.nmanet.nl, i.w.tr. 12-03-2010]

277
Ten slotte geldt dat bepaalde kwaliteitsaspecten, denk bijvoorbeeld aan openingstijden, extra service, wachttijden of duur van een consult, wel als concurrentieparameter worden aangemerkt. Onderlinge afspraken daarover kunnen de mededinging mogelijk ook raken en zijn dan ook in strijd met artikel 6 Mw.
[09-03-2010, www.nmanet.nl, i.w.tr. 12-03-2010]

278
Zo is de inspanningsverplichting voor bijvoorbeeld huisartsen en verloskundigen om binnen een bepaalde tijd zorg te kunnen bieden aan hun patiënten in het geval van

---

1 Zie ook het besluit van de d–g NMa van 21 december 2001 in bezwaar in zaak 537/*Landelijke Huisartsen Vereniging*, rnr. 88.
2 Zie voor de mededingingsrechtelijke aspecten van informatie-uitwisseling paragraaf 6.3.4.3.

spoedgevallen in beginsel een aanvaardbaar kwaliteitsaspect. Dit geldt eveneens voor de zogenaamde Huisartsenposten, aangezien binnen deze samenwerkingsverbanden de acute zorgvraag buiten kantooruren wordt georganiseerd. Indien huisartsen en verloskundigen evenwel op basis van postcodes de werkgebieden onderling zouden verdelen, wordt dit beschouwd als een verkapte marktverdeling die geraakt wordt door het kartelverbod.
[09-03-2010, www.nmanet.nl, i.w.tr. 12-03-2010]

6.3.3.5 Gemeenschappelijke inkoop

279
Vaak sluiten ondernemingen overeenkomsten over de gemeenschappelijke inkoop van – voor het aanbieden van hun zorgdienst benodigde – producten, zoals operatiemateriaal. Gezamenlijke inkoop kan de kosten van de inkoop verlagen en daarmee de concurrentie met derden bevorderen. De gemeenschappelijke inkoop kan op vele manieren worden vormgegeven. Bijvoorbeeld door een onderneming die onder de gezamenlijke zeggenschap van een aantal ondernemingen staat, of door een onderneming waarin vele ondernemingen een deelneming van geringe omvang hebben of door middel van een contractuele afspraak.[1]
[09-03-2010, www.nmanet.nl, i.w.tr. 12-03-2010]

280
Samenwerkingsverbanden bij gemeenschappelijke inkoop hebben in het algemeen niet tot doel de concurrentie te beperken. Deze samenwerkingsverbanden beogen de kosten voor inkoop te verlagen. Toch kunnen de afspraken nadelige gevolgen hebben voor de mededinging. Het is hierbij van belang dat de inkoopovereenkomsten in hun juridische en economische context beoordeeld worden. In het onderzoek moeten zowel de inkoop- als de verkoopmarkten betrokken worden.
[09-03-2010, www.nmanet.nl, i.w.tr. 12-03-2010]

281
Er zijn twee markten waarvoor de gemeenschappelijke inkoop gevolgen kan hebben. Ten eerste de markt waarop de samenwerking rechtstreeks betrekking heeft: de relevante inkoopmarkt. Bij gezamenlijke inkoop van geneesmiddelen door zorgverzekeraars is dat bijvoorbeeld de markt waartoe het ingekochte geneesmiddel behoort. Ten tweede de verkoopmarkt, dat wil zeggen de markt waar de deelnemers aan de gezamenlijke inkoopovereenkomst als aanbieder optreden. Bij een inkoopgemeenschap van zorgverzekeraars voor geneesmiddelen is dat de markt voor de verkoop van zorgverzekeringen.
[09-03-2010, www.nmanet.nl, i.w.tr. 12-03-2010]

282
Inkoopovereenkomsten worden vaak gesloten tussen ondernemingen die op de inkoopmarkt met elkaar concurreren. Als de ondernemingen op de verkoopmarkt (afzetmarkt) geen concurrenten zijn, dan is de inkoopsamenwerking alleen in strijd

---
1   Zie ook NMa visiedocument 'Inkoopmacht', www.nmanet.nl.

met de Mededingingswet als de partijen een zeer sterke positie op de inkoopmarkt bezitten.[1] Het uitgangspunt van de analyse is de zogenoemde afnemersmacht van de partijen. Afnemersmacht is aannemelijk wanneer een inkoopsamenwerkingsverband een zodanig groot aandeel van de totale inkopen op die markt voor zijn rekening neemt dat hij in staat is om de prijzen onder het concurrerende niveau te drukken of de toegang tot de markt voor concurrerende kopers af te sluiten.[2] Dit kan leiden tot uitsluitingseffecten op de verkoopmarkt.
[09-03-2010, www.nmanet.nl, i.w.tr. 12-03-2010]

283
De positie van de ondernemingen op de verkoopmarkt is ook van belang. Afstemming tussen de ondernemingen op de verkoopmarkt kan worden vergemakkelijkt door gezamenlijke inkoop, doordat de ondernemingen die gezamenlijke inkopen in hoge mate gemeenschappelijke kosten hebben. De marktmacht op de verkoopmarkt kan bovendien worden versterkt doordat concurrenten moeite hebben met het inkopen van hetgeen zij nodig hebben om hun producten of diensten aan te bieden.[3]
[09-03-2010, www.nmanet.nl, i.w.tr. 12-03-2010]

6.3.3.6 Gezamenlijk preferentiebeleid

284
Een speciale vorm van gezamenlijke inkoop is het gezamenlijke preferentiebeleid dat gehanteerd kan worden door zorgverzekeraars. Twee of meer zorgverzekeraars kunnen afspreken om een gezamenlijk preferentiebeleid te voeren ten aanzien van bijvoorbeeld bepaalde (groepen) geneesmiddelen. Dit houdt in dat zij gezamenlijk één procedure hanteren voor het selecteren van één of meer preferente leveranciers die het geneesmiddel c.q. de groep geneesmiddelen mogen leveren. De zorgverzekeraars kopen het geneesmiddel c.q. de groep geneesmiddelen dan feitelijk gezamenlijk in bij dezelfde leverancier(s).
[09-03-2010, www.nmanet.nl, i.w.tr. 12-03-2010]

285
Een dergelijke samenwerking heeft niet tot doel de mededinging te beperken. Het is de zorgverzekeraars er vaak juist om te doen prijsconcurrentie tussen leveranciers te stimuleren, zo een lagere prijs af te dwingen en daarmee tot een meer doelmatige geneesmiddelenvoorziening te komen. Een leverancier wordt immers geprikkeld om op prijs te concurreren teneinde als preferente leverancier aangewezen te worden.
[09-03-2010, www.nmanet.nl, i.w.tr. 12-03-2010]

---

1 Zie de Richtsnoeren van de Europese Commissie inzake de toepasselijkheid van artikel 81 van het EG-Verdrag op horizontale samenwerkingsovereenkomsten, *Pb.* C 3 van 6 januari 2001, p. 2, rnr. 123.
2 De omvang van het aandeel hangt af van de concrete omstandigheden van het geval, zoals de positie van andere inkopende partijen.
3 Zie de Richtsnoeren van de Europese Commissie inzake de toepasselijkheid van artikel 81 van het EG-Verdrag op horizontale samenwerkingsovereenkomsten, *Pb.* C 3 van 6 januari 2001, p. 2, rnrs. 126 en 129. Zie het besluit van de d–g NMa van 13 oktober 2000 in de gevoegde zaken 652 en 145/*Inkoopsamenwerkingsovereenkomst ziekenfondsen VGZ, OZ en CZ*.

286

Toch kan dit negatieve effecten hebben voor de concurrentie tussen zorgverzekeraars. Er kunnen twee gevolgen worden onderscheiden: i) een deel van de kosten voor geneesmiddelen zal voor de zorgverzekeraars gelijk zijn en ii) de zorgverzekeraars onderscheiden zich niet meer ten opzichte van hun verzekerden ten aanzien van welke leveranciers zij vergoeden. Meer gelijke kosten kan het risico van prijsafstemming verhogen, hetgeen de concurrentie tussen zorgverzekeraars zou beperken. Minder onderscheid tussen zorgverzekeraars in welke leveranciers zij vergoeden, kan de onderlinge concurrentiedruk verminderen. Of deze gevolgen zich voor kunnen doen en ook (merkbaar) mededingingsbeperkend zijn, is afhankelijk van het aandeel dat de geneesmiddelen uitmaken van de totale kosten van de zorgverzekeraars en welk deel het gezamenlijk preferentiebeleid uitmaakt van het verzekerde pakket. Daarnaast is het van belang dat de zorgverzekeraars vrij blijven hun verkoopprijs individueel vast te stellen. Zo moeten zij bijvoorbeeld vrij zijn om de lagere kosten als gevolg van het preferentiebeleid geheel of gedeeltelijk te vertalen in een lagere premie voor de verzekerden.

[09-03-2010, www.nmanet.nl, i.w.tr. 12-03-2010]

287

Overigens zal alleen een beoordeling van het concrete geval uit kunnen wijzen of de hiervoor aangegeven effecten zich daadwerkelijk voordoen. In het kader van deze Richtsnoeren is het daardoor niet mogelijk om een grens aan te geven waarboven in élk geval sprake zou zijn van een mededingingsbeperking. Een samenwerking die de concurrentie beperkt kan mogelijk toch toegestaan zijn als de positieve effecten van het preferentiebeleid zwaarder wegen dan de negatieve effecten. Dit kan bijvoorbeeld het geval zijn bij het bereiken van lagere prijzen voor de betreffende geneesmiddelen. De samenwerking kan dan zijn vrijgesteld, mits uiteraard ook voldaan wordt aan de overige criteria van artikel 6, derde lid, Mw. Zie paragraaf 6.2.2 voor de beoordeling onder artikel 6, derde lid, Mw.

[09-03-2010, www.nmanet.nl, i.w.tr. 12-03-2010]

288

Een gezamenlijk preferentiebeleid is primair een horizontale samenwerking tussen zorgverzekeraars, maar heeft ook een verticale dimensie, doordat leveranciers van geneesmiddelen als preferent worden aangemerkt. In het preferentiebeleid krijgen de leveranciers die als preferent worden aangemerkt voor een bepaalde periode exclusiviteit toegekend, althans de geneesmiddelen die worden geleverd door andere leveranciers worden niet vergoed. Op zichzelf hoeft dat geen mededingingsrechtelijk probleem te zijn, zolang op het moment van toekenning van preferentie voldoende concurrentiemogelijkheden zijn en de looptijd van de exclusiviteit niet te lang is. Met andere woorden, het is van belang dat er (regelmatig terugkerende) momenten zijn waarop concurrentie kan plaatsvinden tussen de leveranciers.

[09-03-2010, www.nmanet.nl, i.w.tr. 12-03-2010]

6.3.3.7 Afspraken over waarneming

289
Het is in het algemeen niet in strijd met het kartelverbod als zorgaanbieders gezamenlijk de waarneming organiseren, zoals bij lokale waarneemgroepen of grotere dienstenstructuren. Zorgaanbieders mogen samenwerken als zij het project of de activiteit waarop de samenwerking betrekking heeft niet zelfstandig kunnen uitvoeren (zie in dit kader ook paragraaf 6.3.3.1.2).[1] Gezamenlijke waarneming is noodzakelijk om de continuïteit in de zorgverlening te waarborgen. Er kan niet van een individuele zorgaanbieder verwacht worden dat hij 24 uur per dag en zeven dagen per week voor zijn patiënten beschikbaar is. Een gezamenlijke waarneming heeft voordelen met betrekking tot efficiëntie en waarborgt de kwaliteit van de zorgverlening. Deelname aan een waarneemregeling is doorgaans voor zorgaanbieders van belang om zich op de markt te handhaven, bijvoorbeeld omdat deelname aan een waarneemgroep een voorwaarde is voor een contract met zorgverzekeraars.
[09-03-2010, www.nmanet.nl, i.w.tr. 12-03-2010]

290
Aan deelname aan de waarnemingsregeling mogen bepaalde voorwaarden worden gesteld op het gebied van bijvoorbeeld beschikbaarheid en bereikbaarheid.[2] Wel moeten deze voorwaarden open, objectief, transparant en niet-discriminerend zijn.[3]
[09-03-2010, www.nmanet.nl, i.w.tr. 12-03-2010]

291
De waarneming kan in strijd met het kartelverbod zijn als de betrokken ondernemingen gezamenlijk over een sterke positie op de markt beschikken en de samenwerking waarschijnlijk tot uitsluiting van derden zal leiden.[4] Daarvan is bijvoorbeeld sprake als er voor de zorgaanbieder geen mogelijkheid bestaat om de waarneming gezamenlijk met andere zorgaanbieders te organiseren en hij daardoor zijn dienst niet aan kan bieden. Bovendien mag de samenwerking niet verder gaan dan strikt noodzakelijk is voor de waarneming. Wanneer de samenwerking zich uitstrekt tot diensten waarop de ondernemingen wel zelfstandig actief zouden kunnen zijn, dan moet de samenwerking opnieuw worden getoetst aan het kartelverbod. Ook in dit geval geldt dat het niet is toegestaan om onder het mom van waarneming feitelijk mededingingsbeperkende afspraken te maken.
[09-03-2010, www.nmanet.nl, i.w.tr. 12-03-2010]

---

1 Zie de Richtsnoeren van de Europese Commissie inzake de toepasselijkheid van artikel 81 van het EG-Verdrag op horizontale samenwerkingsovereenkomsten, *Pb.* C 3 van 6 januari 2001, p. 2, rnr. 24.
2 Zie bijvoorbeeld het besluit van de d–g NMa van 5 september 2003 in zaak 3169/37 — *Regenboogapotheek vs Apothekersvereniging Breda/Dienstapotheek Breda B.V.*
3 De beoordeling van gezamenlijke waarnemingsregelingen is vergelijkbaar met die van 'erkenningsregelingen', zie hiervoor rnrs. 201–204 en hoofdstuk 4.2 van de Richtsnoeren Samenwerking Ondernemingen, gepubliceerd in *Staatscourant* van 21 april 2008 (nr. 77, blz. 14).
4 Zie de Richtsnoeren van de Europese Commissie inzake de toepasselijkheid van artikel 81 van het EG-Verdrag op horizontale samenwerkingsovereenkomsten, *Pb.* C 3 van 6 januari 2001, p. 2, rnr. 24.

6.3.3.8 Gezamenlijk opzetten van elektronische netwerken en informatie-uitwisseling

292
In de zorgsector wordt in toenemende mate gebruik gemaakt van elektronische netwerken. Zelfstandige zorgaanbieders koppelen hun computersystemen of schaffen een gemeenschappelijke server aan om patiëntengegevens uit te wisselen of om elektronisch receptenverkeer mogelijk te maken.
[09-03-2010, www.nmanet.nl, i.w.tr. 12-03-2010]

293
Elektronische netwerken, onder meer ten behoeve van het elektronisch patiëntendossier en het elektronisch medicatiedossier, worden onmisbare instrumenten om de zorg in de toekomst kwalitatief hoogwaardig, efficiënt en effectief te kunnen organiseren. Dergelijke samenwerking valt meestal niet onder het kartelverbod. Er geldt wel een aantal voorwaarden.
[09-03-2010, www.nmanet.nl, i.w.tr. 12-03-2010]

294
Ten eerste mag elektronische koppeling niet gebruikt worden voor het uitwisselen van concurrentiegevoelige informatie tussen concurrenten. Zoals eerder aangegeven kan de uitwisseling van dergelijke informatie er namelijk toe leiden dat ondernemingen minder scherp met elkaar concurreren. Als ondernemingen door informatieverstrekking niet meer onzeker zijn over de marktbeslissingen van de concurrenten, zullen deze ondernemingen geen of minder moeite doen om het eigen gedrag in reactie op de marktvraag zelfstandig te bepalen. Onder concurrentiegevoelige informatie verstaat men in het algemeen recente, tot een specifieke persoon of onderneming herleidbare gegevens over bijvoorbeeld tarieven, kortingen van toeleveranciers, omzet en kosten.[1] Informatie over zorginhoudelijke aspecten, zoals het uitwisselen van informatie tussen huisartsen over de werking van een bepaald geneesmiddel of een bepaalde behandeling, zal daar niet onder vallen. Ook de vertrouwelijkheid en de gedetailleerdheid van de uitgewisselde informatie spelen een rol bij de beoordeling van de verenigbaarheid van de informatie-uitwisseling met het mededingingsrecht. De NMa staat met name negatief tegenover de uitwisseling van informatie als de uitwisseling wordt benut om de nakoming van eventuele bestaande (verboden) prijs-, productie- of marktverdelingsafspraken of andere verboden mededingingsbeperkende afspraken te controleren.[2] Met andere woorden, elektronische netwerken mogen niet worden gebruikt als dekmantel voor een kartel.
[09-03-2010, www.nmanet.nl, i.w.tr. 12-03-2010]

---

1 Zie ook het arrest van het Gerecht van Eerste Aanleg van 27 oktober 1994, *John Deere Ltd. tegen Commissie*, T-34 en 35/92, *Jur.* 1994 p.-957, r.o. 51.
2 Beschikking van de Europese Commissie van 2 december 1986, *Vetzuren, Pb.* 1987, L 3/17, ov. 45; 24ᵉ-ste Mededingingsverslag 1994 van de Europese Commissie, p. 642. Zie voor een nadere toelichting op de mogelijkheden en beperkingen verbonden aan het uitwisselen van informatie, de Richtsnoeren Samenwerking Ondernemingen, gepubliceerd in *Staatscourant* van 21 april 2008 (nr. 77, blz. 14).

295

Het samenwerkingsverband moet open, transparant en non-discriminatoir zijn. Als een aansluiting op een dergelijk elektronisch netwerk belangrijke economische voordelen met zich brengt die niet op een andere manier zelfstandig kunnen worden behaald, dan kan een situatie ontstaan waarbij het voor een zorgaanbieder moeilijk wordt om zich op de markt te vestigen of te handhaven zonder een dergelijke aansluiting.[1] In deze situatie mag aan andere zorgaanbieders alleen toegang worden geweigerd op basis van een objectieve rechtvaardiging.[2] Aan de toetreder mag wel worden gevraagd om een passende investeringsbijdrage te leveren. De NZa heeft op basis van artikel 45 Wmg een regeling vastgesteld die belemmeringen bij de uitwisseling van patiëntgegevens en informatie over wachtlijsten wegneemt. Ook zijn procedures vastgesteld die bepalen wie onder welke voorwaarden toegang hebben tot die gegevens.[3]
[09-03-2010, www.nmanet.nl, i.w.tr. 12-03-2010]

6.3.3.9 Samenwerking op administratief gebied

296

Ook wordt vaak samengewerkt op administratief gebied, zoals het gebruik van gezamenlijke declaratiesystemen. Samenwerking tussen zorgverzekeraars onderling of zorgaanbieders onderling op het gebied van de boekhouding en gemeenschappelijke incasso hoeft niet van invloed te zijn op het aanbod van diensten van de samenwerkende ondernemingen. Als de samenwerking zich beperkt tot de administratieve verwerking van de bedrijfsactiviteiten en de samenwerking de beslissingen ten aanzien van de activiteiten zelf niet beïnvloedt is het niet concurrentiebeperkend en valt het dus niet onder het kartelverbod. Dat is wel het geval als de samenwerking verder gaat dan noodzakelijk is voor het bereiken van de beoogde voordelen op administratief gebied en er bijvoorbeeld concurrentiegevoelige informatie wordt uitgewisseld, zoals informatie over (te hanteren) tarieven.
[09-03-2010, www.nmanet.nl, i.w.tr. 12-03-2010]

6.3.3.10 Samenwerking in een HOED

297

Naast de samenwerking in een gezondheidscentrum (zie ook verderop paragraaf 6.3.3.6) worden in de zorg in toenemende mate ook zogeheten onder-een-dak constructies opgericht. In de huisartsenzorg bijvoorbeeld, wordt dit aangeduid als HOED-constructies. De HOED is een samenwerkingsverband van twee of meer huisartsenpraktijken in eenzelfde gebouw. Het vormen van een HOED betekent niet direct dat

---

1 Zie besluit van de d-g NMa van 21 juni 2004 in zaak 2501, *Wilhelmina apotheek- Dienstapotheek regio Assen*. De beoordeling van de toegang tot een dergelijk samenwerkingsverband is vergelijkbaar met die van 'erkenningsregelingen', zie hiervoor rnrs. 201-204 en hoofdstuk 4.2 van de Richtsnoeren Samenwerking Ondernemingen, gepubliceerd in *Staatscourant* van 21 april 2008 (nr. 77, blz. 14).
2 Zoals bijvoorbeeld technische onmogelijkheden. Dit mag echter niet zo ver gaan dat een samenwerkingsverband bewust voor een techniek kiest die toetreding belemmert.
3 Regeling Voorwaarden voor overeenkomsten inzake elektronische netwerken met betrekking tot zorg, NZa, december 2009, Regeling CI/NR-100.099

de huisartsen ook één onderneming in de zin van de Mededingingswet vormen (in dat geval is het kartelverbod niet van toepassing op onderlinge afspraken tussen de huisartsen). Zoals eerder opgemerkt is geen sprake van één onderneming wanneer de samenwerkende huisartsen bijvoorbeeld alleen de kosten delen en daarnaast ieder afzonderlijk hun eigen patiënten blijven behandelen, hun eigen verdiensten hebben en risico's lopen. Een dergelijke samenwerking, die er dus puur op gericht is om bepaalde kosten te delen zal in de praktijk weinig mededingingsrechtelijke problemen opleveren. Wanneer de huisartsen daarnaast gezamenlijk met een zorgverzekeraar willen onderhandelen over het tarief en/of volume van de door hen te leveren zorg, dan wordt dit beoordeeld als een samenwerking tussen concurrenten. In paragraaf 6.3.2 is uiteengezet welke factoren een rol spelen bij de beoordeling van een dergelijke samenwerking. Zoals eerder is aangegeven, is gezamenlijk onderhandelen door concurrenten in principe verboden. Het is overigens dan nog mogelijk dat een HOED op grond van de bagatelbepaling van het kartelverbod is vrijgesteld.
[09-03-2010, www.nmanet.nl, i.w.tr. 12-03-2010]

6.3.4 Afspraken tussen niet-concurrenten

298
In de vorige paragraaf zijn verschillende vormen van samenwerking tussen concurrenten beschreven, oftewel horizontale samenwerkingsvormen. Daarnaast kan samenwerking plaatsvinden tussen niet-concurrenten. Ondernemingen zijn bijvoorbeeld geen concurrent van elkaar als zij op verschillende geografische markten actief zijn. Te denken valt bijvoorbeeld aan de samenwerking tussen een huisarts in Groningen en een huisarts in Zuid-Limburg. Daarnaast kan sprake zijn van samenwerking tussen ondernemingen die elk in een verschillend stadium van de productie- of distributieketen werkzaam zijn. Als dat het geval is, dan is er sprake van verticale samenwerking. Verticale overeenkomsten zijn bijvoorbeeld afspraken tussen een toeleverancier en een afnemer. Het betreft bijvoorbeeld afspraken tussen een groothandel in geneesmiddelen en een apotheek of samenwerking tussen een zorgaanbieder en een zorgverzekeraar.
[09-03-2010, www.nmanet.nl, i.w.tr. 12-03-2010]

299
In het geval van verticale samenwerking is het van belang om bij de beoordeling alert te zijn op mogelijke horizontale effecten. Zo kunnen quota die worden opgelegd door een leverancier op een lager marktniveau leiden tot prijsverhogingen. Daarnaast kan verticale samenwerking ook horizontale samenwerkingsaspecten bevatten, bijvoorbeeld omdat er in het verticale samenwerkingsverband een aantal concurrenten actief is. Als de samenwerking ook horizontale elementen bevat, moet dit deel van de samenwerking eerst beoordeeld worden. Verder kan ook bij verticale samenwerkingvormen sprake zijn van beperkingen die tot doel hebben om de mededinging te beperken en die niet zijn toegestaan. Voor zover dit niet het geval is, zal per concreet geval doorgaans uitgebreider worden getoetst, waarbij alle feiten en omstandigheden van de samenwerking in aanmerking genomen worden (zie tabel 1).
[09-03-2010, www.nmanet.nl, i.w.tr. 12-03-2010]

6.3.4.1 Afspraken tussen ondernemingen die actief zijn op verschillende markten

300

Samenwerking tussen ondernemingen die niet op dezelfde geografische markten of op dezelfde productmarkten actief zijn, heeft vaak voordelen. Zo kunnen bepaalde overheadkosten bespaard worden en kan kennis gedeeld worden. Ondernemingen die geen concurrenten van elkaar zijn, bijvoorbeeld omdat zij actief zijn op verschillende geografische en productmarkten[1], kunnen hun krachten bundelen. Wanneer zorgaanbieders die geen (potentiële) concurrent van elkaar zijn gezamenlijk onderhandelen en zij onderling contact zouden hebben over relevante concurrentieparameters zoals prijs, service of kwaliteit, zijn er in principe geen mededingingsrechtelijke bezwaren. Zie in dit kader ook paragraaf 250, voor de regels over onderhandelingen via een zorgmakelaar.

[09-03-2010, www.nmanet.nl, i.w.tr. 12-03-2010]

6.3.4.2 Ketenzorg

301

In toenemende mate ontstaan er in de zorg initiatieven waarin zorgaanbieders uit verschillende disciplines nauw samenwerken om de gespecialiseerde zorg aan bijvoorbeeld chronisch zieken te organiseren. De multidisciplinaire samenwerking wordt dan bijvoorbeeld georganiseerd in zorgketens. Zorgketens zijn verticaal van aard. Dat wil zeggen dat de betrokken zorgaanbieders in verschillende stadia in de keten actief zijn en dus geen concurrenten zijn. De NMa signaleert dat zorgketens ook steeds vaker horizontale aspecten krijgen, doordat er meerdere zorgaanbieders op hetzelfde niveau in de keten (bijvoorbeeld huisartsen) in één keten actief zijn. Zie het einde van deze paragraaf voor mogelijke mededingingsrechtelijke problemen als gevolg van horizontale effecten.

[09-03-2010, www.nmanet.nl, i.w.tr. 12-03-2010]

302

Multidisciplinaire samenwerkingsbanden zijn vaak gericht op het soepeler laten verlopen van de doorstroom van patiënten van de ene zorgverlener naar de andere, of op het verbeteren van de kwaliteit van de zorg. Dit wordt bijvoorbeeld bereikt door het maken van afspraken over het behandeltraject van een patiënt. Als gevolg hiervan komt samenwerking in een zorgketen de patiënt ten goede. Een dergelijke samenwerking kan een vorm van exclusiviteit inhouden (over en weer). De samenwerkende zorgaanbieders zullen hun patiënten doorgaans exclusief doorverwijzen naar elkaar. Hierna worden de mededingingsrechtelijk relevante aspecten van deze samenwerkingsvormen nader toegelicht.

[09-03-2010, www.nmanet.nl, i.w.tr. 12-03-2010]

303

Een zorgketen bestaat uit verschillende zorgaanbieders die allen een ander onderdeel van het zorgproces verzorgen. Een voorbeeld van zo'n multidisciplinaire keten

---

1 Zie paragraaf 3.2 voor een toelichting op het begrip relevante markt.

is de ketenzorg voor diabetes in de vorm van zorggroepen.[1] In deze zorggroepen zijn een huisarts, een verpleegkundige, een diëtiste en een fysiotherapeut verenigd, die gezamenlijk de zorgverlening aan een diabetespatiënt op zich nemen.
[09-03-2010, www.nmanet.nl, i.w.tr. 12-03-2010]

304
Een ander voorbeeld is de samenwerking tussen een thuiszorginstelling en een ziekenhuis.[2] Concreet kan worden gedacht aan de situatie dat een thuiszorginstelling en een ziekenhuis afspreken dat het ziekenhuis patiënten doorverwijst naar die thuiszorginstelling. Deze aanbieders bieden dan niet gezamenlijk een zorgproduct maar leveren 'aanpalende' diensten.[3]
[09-03-2010, www.nmanet.nl, i.w.tr. 12-03-2010]

305
Uit de praktijk blijkt dat ondernemingen in een zorgketen steeds nauwere banden met elkaar kunnen aangaan. Dit kan er uiteindelijk toe leiden dat er geen sprake meer is van samenwerking tussen zelfstandige ondernemingen maar van de vorming van één onderneming. In dat laatste geval moet er getoetst worden aan de regels over concentraties (zie hiervoor hoofdstuk 5).
[09-03-2010, www.nmanet.nl, i.w.tr. 12-03-2010]

306
Wanneer binnen een keten alleen zorgaanbieders actief zijn die geen potentiële of daadwerkelijke concurrent van elkaar zijn, zijn er wanneer zij gezamenlijk onderhandelen met zorgverzekeraars in principe geen mededingingsrechtelijke bezwaren. Dit geldt ook als ze onderling onderhandelen over relevante concurrentieparameters (zoals prijs, omvang en de patiënten) van de ketenzorg.
[09-03-2010, www.nmanet.nl, i.w.tr. 12-03-2010]

307
Als het marktaandeel van de samenwerkende partijen relatief groot is, dan kan de overeenkomst mogelijk een uitsluitingseffect hebben. In de eerder genoemde samenwerking tussen het ziekenhuis en de thuiszorginstelling kan een exclusiviteitsovereenkomst ertoe leiden dat andere thuiszorginstellingen niet meer kunnen concurreren om de gunst van de ziekenhuispatiënten. Als deze groep een relatief groot deel van het totaal aantal patiënten van thuiszorginstellingen uitmaakt, kan dit ertoe leiden dat andere thuiszorginstellingen onvoldoende patiënten hebben om nog rendabel te opereren en uiteindelijk de markt moeten verlaten. Om te kunnen vaststellen of er

---
1 De NMa is momenteel bezig met een algemeen onderzoek naar de ontwikkelingen ten aanzien van zorggroepen. In het kader van dit onderzoek vindt tevens een consultatieronde plaats. De uitkomsten van het onderzoek zullen in het voorjaar van 2010 worden gepubliceerd op www.nmanet.nl.
2 Hoewel ziekenhuizen en thuiszorginstellingen beide aanbieders zijn van zorg, vormen zij geen directe concurrenten van elkaar. Waar ziekenhuizen zich met name richten op curatieve zorg, richten thuiszorginstellingen zich meer op verplegende en verzorgende dienstverlening. Er is sprake van complementaire diensten.
3 Deze vorm wordt ook wel aangeduid als strategische alliantie.

daadwerkelijk sprake is van een mededingingsrechtelijk relevant uitsluitingseffect, is inzicht nodig in de herkomst en de beïnvloeding van de totale stroom van patiënten. In deze analyse is het ook van belang te kijken naar de duur van de overeenkomst. Als de contracten slechts van relatief korte duur[1] zijn dan kunnen thuiszorginstellingen periodiek met elkaar concurreren om deze contracten te verkrijgen. Er is dan sprake van concurrentie om de markt. In dit verband kan de opzegtermijn ook relevant zijn. Hoe korter de opzegtermijn hoe minder belemmerend deze afspraak waarschijnlijk is.
[09-03-2010, www.nmanet.nl, i.w.tr. 12-03-2010]

308
De samenwerking tussen niet-concurrenten in een keten of in een strategische alliantie zal naar verwachting niet mededingingsbeperkend zijn als het marktaandeel van de betrokken ondernemingen relatief klein is. Zie in dit verband de in hoofdstuk 3 beschreven Europese groepsvrijstellingen voor verticale overeenkomsten. Er kan van worden uitgegaan dat, wanneer de zorgaanbieders een marktaandeel van niet meer dan 30 procent op de relevante markt hebben, en zij voor het overige voldoen aan de voorwaarden van de groepsvrijstelling (zie paragraaf 6.2.2.) de samenwerking niet onder het kartelverbod valt. Wanneer de groepsvrijstelling niet van toepassing is, kan een (eigen) beoordeling nog uitwijzen of de vrijstelling van artikel 6, derde lid, Mw van toepassing is (zie voor de voorwaarden paragraaf 6.2.3).
[09-03-2010, www.nmanet.nl, i.w.tr. 12-03-2010]

6.3.4.3 Meerdere parallelle ketens

309
Wanneer er meerdere zorgketens naast elkaar bestaan, kan er een cumulatief effect optreden op de markt, doordat het (gezamenlijke) marktaandeel van de aangesloten ondernemingen groot is. Hierna wordt nader ingegaan op de beperkingen die hiermee samenhangen.
[09-03-2010, www.nmanet.nl, i.w.tr. 12-03-2010]

310
Een cumulatief effect kan zich voordoen als op een markt meerdere samenwerkingsverbanden zijn waarbinnen soortgelijke afspraken met soortgelijke effecten gelden.[2] Het naast elkaar bestaan van meerdere ketens kan dan een marktafsluitend effect hebben dat schadelijk is voor de concurrentie, zelfs wanneer de betrokken samenwerkingsverbanden ieder een relatief klein marktaandeel hebben.
[09-03-2010, www.nmanet.nl, i.w.tr. 12-03-2010]

---

1 Bijvoorbeeld een periode van 3 jaar. Hierbij wordt wel opgemerkt dat gekeken moet worden naar de effectieve duur van de overeenkomsten. Als het ziekenhuis en de thuiszorginstelling door de bestaande samenwerking en eventuele gezamenlijke investeringen min of meer aan elkaar zijn vastgeklonken, dan zegt de formele contractsduur feitelijk niet zoveel.
2 Ook bij een dergelijke analyse dient rekening te worden gehouden met de bestaande economische context, het bestaande niveau van concurrentie en eventuele beperkingen van de toetredingsmogelijkheden.

311

De NMa kan beslissen om de groepsvrijstelling voor verticale overeenkomsten in te trekken voor overeenkomsten die een cumulatief effect hebben.[1] Een cumulatief effect van verschillende ketens kan namelijk leiden tot een vermindering van de concurrentie op het horizontale niveau van één van de zorgaanbieders die werkzaam is in de keten. De NMa zal het bekendmaken als zij van plan is de groepsvrijstelling in te trekken. In dat geval moeten ondernemingen dan alsnog zelfstandig toetsen of de uitzondering van artikel 6, derde lid, Mededingingswet van toepassing is.[2]
[09-03-2010, www.nmanet.nl, i.w.tr. 12-03-2010]

6.3.4.3.1 Horizontale effecten van samenwerkende ketens

312

Als meerdere ketens van zorgaanbieders uit verschillende disciplines nauw met elkaar gaan samenwerken kunnen horizontale mededingingsbeperkingen optreden. Als meerdere ketens bijvoorbeeld gezamenlijk onderhandelen, kan dat in strijd zijn met het kartelverbod. Gedacht kan worden aan de situatie waarin meerdere ketens in een regio gezamenlijk met een zorgverzekeraar gaan onderhandelen over de prijs voor de te leveren zorgproducten. De ketens zijn in dit voorbeeld concurrenten van elkaar. De gezamenlijke onderhandelingen moeten dan als afspraken tussen concurrenten worden beoordeeld. In paragraaf 6.3.2 is al ingegaan op de grenzen die de Mededingingswet stelt aan de samenwerking tussen concurrenten, onder andere aan collectieve onderhandelingen tussen concurrenten.
[09-03-2010, www.nmanet.nl, i.w.tr. 12-03-2010]

6.3.4.4 Exclusieve woonzorgcombinaties

313

Een woningcorporatie en een zorgaanbieder kunnen gezamenlijk besluiten tot de ontwikkeling en bouw van zorgappartementen en aanleunwoningen. De woningcorporatie en de zorgaanbieder kunnen daarbij overeenkomen dat wanneer het project is gerealiseerd, de zorg in het project exclusief geleverd zal worden door de betrokken zorgaanbieder. Deze vorm van samenwerking komt steeds vaker voor. De mededingingsrechtelijke beoordeling komt overeen met die van zorgketens, bijvoorbeeld op het gebied van horizontale effecten van samenwerkende ketens. Zie hiervoor paragraaf 6.3.3.2.2.
[09-03-2010, www.nmanet.nl, i.w.tr. 12-03-2010]

---

1   Zie artikelen 13, tweede, derde en vierde lid en 89a van de Mededingingswet alsmede artikel 6 van de Verordening van de Europese Commissie nr. 2790/1999 betreffende toepassing van artikel 81, derde lid, van het Verdrag op groepen verticale overeenkomsten en onderling afgestemde feitelijke gedragingen, *Pb* L 336 van 22 december 1999, p. 21.
2   Hof van Justitie van de Europese Gemeenschappen van 28 februari 1991, *Delimitis vs. Henningner Bräu*, zaak C-234/89, *Jur.* 1991, p. 935, Hof van Justitie van de Europese Gemeenschappen van 12 december 1967, *Brasserie de Haecht vs. Wilkin I*, 23/67, *Jur.* 1967, p. 525,

314

De NMa staat in het algemeen positief tegenover samenwerking tussen zorginstellingen en woningcorporaties. Dit kan bijdragen aan efficiëntere en kwalitatief betere zorg voor de cliënt. Maar onder omstandigheden, kunnen er ook nadelen aan verbonden zijn. Dat kan zich bijvoorbeeld voordoen als er een exclusieve samenwerking is tussen een grote thuiszorgverlener en een woningcorporatie waardoor de overige thuiszorginstellingen onvoldoende patiënten overhouden om nog rendabel te opereren. Dergelijke exclusieve afspraken vormen ook voor potentiële nieuwe toetreders extra toetredingsbelemmeringen. Als gevolg van de exclusiviteitsafspraak tussen de woningcorporatie en de zorgaanbieder wordt de mededinging beperkt als (i) de keuze voor de cliënten zou wegvallen, (ii) de zittende thuiszorgaanbieder, bij gebrek aan concurrentiedruk, minder of zelfs niet geprikkeld wordt om de kwaliteit van zijn zorg te verbeteren of om te innoveren. De afspraak kan dan in strijd zijn met het kartelverbod van artikel 6 Mw.
[09-03-2010, www.nmanet.nl, i.w.tr. 12-03-2010]

315

Om te beoordelen of een afspraak van een woonzorgcombinatie inderdaad in strijd is met artikel 6 Mededingingswet, is het van belang om te beoordelen of de afspraak een concurrentievermindering of zelfs een uitsluitingseffect kan hebben. Zo'n concurrentievermindering of een uitsluitingseffect zal onwaarschijnlijk zijn als het marktaandeel op de beïnvloede markt van elk van de betrokken partijen niet meer dan 30 procent bedraagt.[1] Het is namelijk onwaarschijnlijk dat bijvoorbeeld de zorgaanbieder dan in de positie verkeert om de concurrentie voldoende te verminderen of om andere aanbieders uit te sluiten. Er zijn tenslotte ook nog voldoende andere partijen met wie de samenwerking kan worden aangegaan. Deze 30 procent volgt uit de Europese regelgeving voor verticale overeenkomsten.[2] Zie paragraaf 5.4.1.2.
[09-03-2010, www.nmanet.nl, i.w.tr. 12-03-2010]

316

Boven de 30 procent kunnen beide ondernemingen gezamenlijk een zodanige marktmacht hebben dat zij daarmee concurrenten uit de markt kunnen weren. Daarom moet in dat geval iedere afspraak op de eigen kenmerken en context beoordeeld worden. Zo zal dan specifiek gekeken worden naar de hoeveelheid patiënten en de mate van beïnvloeding van de markt. Want alleen afspraken die de mededinging merkbaar hadden kunnen beperken zijn verboden op grond van artikel 6 Mw. Dus wanneer het slechts gaat om een hele kleine groep patiënten of als er voldoende andere veel grotere concurrenten op de markt actief zijn, dan is de afspraak in het algemeen niet mededingingsbeperkend.
[09-03-2010, www.nmanet.nl, i.w.tr. 12-03-2010]

---

1   Zie paragraaf 5.4.1.2 voor het algemene beoordelingskader voor verticale overeenkomsten.
2   Verordening van 22 december 1999 (2790/99), *PbEG* L 336, betreffende de toepassing van artikel 81 derde lid van het Verdrag op groepen van verticale overeenkomsten en onderling afgestemde feitelijke gedragingen, gewijzigd 16 april 2003, *PbEU* L 236

317

Wanneer de conclusie is dat de overeenkomst daadwerkelijk de mededinging kan beperken en het marktaandeel van betrokken partijen op de te beïnvloeden markt boven de 30 procent uitkomt, is de overeenkomst niet per definitie in strijd met artikel 6 Mw. In het concrete geval van de overeenkomst tussen de thuiszorginstelling en de woningbouwcorporatie zou deze nog kunnen worden vrijgesteld van het kartelverbod op grond van artikel 6, derde lid, Mw (zie paragraaf 6.2.3). Bijvoorbeeld omdat het gezamenlijk optrekken betekent dat de bewoners van het complex op deze wijze 24 uur per dag een flexibele toegang hebben tot zorg, omdat deze dichtbij huis aanwezig is. Deze zorgverlening moet zonder de exclusieve overeenkomst tussen de zorgaanbieder en woningcorporatie niet mogelijk zijn. De zorgaanbieder en de woningcorporatie zullen te allen tijde zelf de efficiëntie- en kwaliteitsvoordelen van hun samenwerking goed en concreet onderbouwd moeten kunnen aangeven bij de NMa. Bovendien moeten deze voordelen ook aannemelijk zijn. Zie voor een nadere uitleg over de voorwaarden van deze uitzondering ook het hoofdstuk over artikel 6 derde lid Mw.
[09-03-2010, www.nmanet.nl, i.w.tr. 12-03-2010]

6.3.4.5 Samenwerking in een gezondheidscentrum

318

In toenemende mate concentreren eerstelijns zorgaanbieders van verschillende disciplines hun zorgverlening op één plaats. Vaak gebeurt dit door het oprichten van een gezondheidscentrum, waar de patiënt voor uiteenlopende zorgvragen terecht kan. Het is ook mogelijk dat zorgaanbieders voor sommige zorgproducten tot gezamenlijke zorgverlening overgaan. Zo is het denkbaar dat zorgaanbieders voor een deel van hun werktijd een zelfstandige praktijk voeren en voor het andere deel in een samenwerkingsverband werken, bijvoorbeeld ten behoeve van gespecialiseerde zorgverlening. Wanneer bijvoorbeeld een oefentherapeut zijn eigen praktijk heeft, maar één dag per week dienst doet in een gezondheidscentrum, dan kan voor deze ene dag sprake zijn van gezamenlijke zorgverlening met de andere leden van het gezondheidscentrum.
[09-03-2010, www.nmanet.nl, i.w.tr. 12-03-2010]

319

Bij de oprichting van een dergelijk vergaand samenwerkingsverband waarbij zorgaanbieders gezamenlijk zorg verlenen, zal de mededingingsrechtelijke beoordeling in de regel anders zijn dan bij andere, lossere vormen van samenwerking. Samenwerking kan grote voordelen hebben. Het gemeenschappelijk aanbieden van zorg kan bijvoorbeeld leiden tot een efficiëntere praktijkorganisatie, een betere inzet van assistenten en meer mogelijkheden voor automatisering.
[09-03-2010, www.nmanet.nl, i.w.tr. 12-03-2010]

320

Wanneer zorgaanbieders die geen potentiële of daadwerkelijke concurrenten van elkaar zijn (zoals bijvoorbeeld een huisarts, een fysiotherapeut en een apotheek) gezamenlijk een gezondheidscentrum opzetten, zijn daartegen in principe geen mededingingsrechtelijke bezwaren. Het is dan ook bijvoorbeeld toegestaan om als samenwerkingsverband gezamenlijk met de zorgverzekeraar te onderhandelen over het product

dat men gezamenlijk aanbiedt of inkoopt. Wel moet worden gekeken naar mogelijke verticale aspecten die de mededinging kunnen beperken, zoals uitsluitingseffecten die kunnen optreden wanneer de verschillende beroepsgroepen hoge marktaandelen hebben of wanneer er door verschillende ketens die naast elkaar bestaan cumulatieve effecten optreden.
[09-03-2010, www.nmanet.nl, i.w.tr. 12-03-2010]

321
Ook in het geval van samenwerking binnen een gezondheidscentrum moeten mogelijke horizontale aspecten niet vergeten worden. Wanneer niet alleen zorgaanbieders van verschillende disciplines een gezondheidscentrum vormen, maar bovendien meerdere zorgaanbieders van dezelfde discipline deelnemen, bijvoorbeeld drie huisartsen, dan moet de samenwerking eerst op mogelijke horizontale beperkingen beoordeeld worden omdat de overeenkomst tussen de huisartsen op grond van het kartelverbod verboden kan zijn.
[09-03-2010, www.nmanet.nl, i.w.tr. 12-03-2010]

6.3.5 Rol van de brancheorganisatie

322
In de zorgsector zijn zorgaanbieders en zorgverzekeraars vaak georganiseerd in beroepsorganisaties of brancheorganisaties (hierna: brancheorganisaties). Brancheorganisaties kunnen een nuttige rol vervullen bij het voorkomen van overtredingen van de Mededingingswet. De NMa juicht het toe als een brancheorganisatie de leden ondersteunt bij mededingingsvraagstukken door bijvoorbeeld voorlichting of het opzetten van compliance programma's. De NMa staat ook positief tegenover vormen van ondersteuning waarmee de beroepsbeoefenaren in de zorg hun bedrijfsvoering kunnen verbeteren en daarmee hun slagvaardigheid in het concurrentieproces vergroten.
[09-03-2010, www.nmanet.nl, i.w.tr. 12-03-2010]

323
Daar staat tegenover dat brancheorganisaties zelf ook onder de reikwijdte van de Mededingingswet kunnen vallen. In paragraaf 6.1.4 is toegelicht dat artikel 6 Mw ook van toepassing is op mededingingsbeperkende gedragingen door een brancheorganisatie. Wanneer een ondernemersvereniging het marktgedrag van haar leden voorschrijft of als blijkt dat zij het gedrag van de leden wil coördineren, is het niet nodig om daarnaast wilsovereenstemming tussen de leden onderling of aanvaarding door de leden aan te tonen.[1] Ook als de vereniging zelf geen marktactiviteiten ontplooit, kan zij door eigen optreden de mededinging tussen de leden beperken.[2] Dit staat los van

---

1 Hof van Justitie van de Europese Gemeenschappen van 27 januari 1987, *Verband der Sachversicherer*, zaak 45/85, *Jur.* 1987, p. 405, r.o. 32.
2 Krachtens jurisprudentie valt ook een (mededingingsbeperkende) overeenkomst dan wel afstemming *tussen ondernemersverenigingen* onder het toepassingsgebied van artikel 6 Mw, hoewel dit uit de letterlijke tekst niet is op te maken; Hof van Justitie van de Europese Gemeenschappen van 15 mei 1975, Frubo, 71/74, *Jur.* 1975, p. 563, r.o. 30–31, Hof van Justitie van de Europese Gemeenschappen van 8 november 1983, *NAVEWA*, gevoegde zaken 96–102, 104–105, 108, 110/82, *Jur.* 1983, p. 3396, r.o. 20.

de mogelijkheid dat leden de organisatie gebruiken als forum of dekmantel voor onderlinge kartelafspraken of voor afstemming.[1] Hierna wordt ingegaan op een aantal specifieke vormen van samenwerking waarin de brancheorganisaties een belangrijke rol spelen. Daarbij wordt vermeld hoe de rol van de brancheorganisatie zich in die gevallen verhoudt tot de Mededingingswet.
[09-03-2010, www.nmanet.nl, i.w.tr. 12-03-2010]

6.3.5.1 Gezamenlijke onderhandelingen

324
De brancheorganisatie mag niet namens de aangesloten leden collectieve onderhandelingen voeren over factoren die de concurrentie beïnvloeden, zoals tarieven of vestiging. Te denken valt aan de situatie waarin een brancheorganisatie namens de aangesloten leden met de zorgverzekeraar onderhandelt over het tarief. In dat geval is in de regel sprake van een overtreding van het kartelverbod. Het uitgangspunt is namelijk dat iedere ondernemer zelf zijn commerciële beleid en prijzen moet vaststellen zonder het voorgenomen marktgedrag af te stemmen met zijn concurrenten (de leden van de brancheorganisatie).
[09-03-2010, www.nmanet.nl, i.w.tr. 12-03-2010]

325
Een branchevereniging mag wel haar achterban in algemene zin vertegenwoordigen. Zo kan bijvoorbeeld een regionale vereniging van zorgaanbieders bepaalde knelpunten in de zorgvraag of in het aanbod bij een zorgverzekeraar aangeven. De zorgverzekeraar zal vervolgens de vrijheid moeten houden om te bepalen wat uiteindelijk aan individuele zorgaanbieders wordt aangeboden en wat wordt afgesproken. Het is de branchevereniging niet toegestaan om, bijvoorbeeld naar aanleiding van gesprekken met een zorgverzekeraar, haar leden te adviseren over de omvang of de prijsstelling van het aanbod naar de zorgverzekeraar. Ten aanzien van kwaliteit ligt dit genuanceerder. Een branchevereniging mag adviseren over zuiver medisch inhoudelijke en op wetenschappelijk bewijs gestoelde standaarden en prestatie-indicatoren. Waar het advies over de kwaliteit van zorg echter verder gaat dan professionele standaarden en prestatie-indicatoren is dat niet toegestaan. Dit zal de keuzemogelijkheden onnodig beperken. Zie hierover ook paragraaf 6.3.2.5.
[09-03-2010, www.nmanet.nl, i.w.tr. 12-03-2010]

6.3.5.2 Prijsadviezen

326
Als een brancheorganisatie tarieven (dwingend) voorschrijft, of vestigingsplaatsen, respectievelijk werkzaamheden onder haar leden verdeelt (marktverdeling), staat dit in feite gelijk aan een horizontaal kartel tussen de leden. Evenmin mag een brancheorganisatie collectieve prijsadviezen aan de leden kenbaar maken. Met een collectief

---

[1] Gerecht van Eerste Aanleg van 16 december 2003, *FEG en Technische Unie*, gevoegde zaken T-5 en 6/00, *Jur.* 2003, p. 5761 en of van Justitie van de Europese Gemeenschappen van 21 september 2006, *FEG en TU*, C-105/04 P en C-113/04 P, *Jur.* 2006, p. 8725.

prijsadvies wordt bedoeld dat een brancheorganisatie haar leden adviseert om een bepaalde (minimum)prijs te hanteren. Dit is niet toegestaan omdat – zelfs bij het ontbreken van een afdwingbare verplichting – het advies dan waarschijnlijk een ijkpunt vormt voor de prijsstelling van de leden en zij hun tarieven daaraan zullen aanpassen ongeacht hun individuele kostenstructuur. Een zorgaanbieder zal namelijk eerder geneigd zijn een bepaald prijsniveau te handhaven of zelfs zijn prijzen te verhogen als hij met een bepaalde mate van zekerheid kan voorzien dat de concurrenten dit ook zullen doen. Hierdoor valt bij een collectief prijsadvies deels de prikkel weg voor de individuele ondernemingen om zo efficiënt mogelijk te werken, waardoor afnemers benadeeld worden en in hun keuzevrijheid beperkt worden.[1] Uitgangspunt van het mededingingsrecht is daarom dat ondernemingen zelfstandig, ieder voor zich, hun gedrag op de markt moeten bepalen.

[09-03-2010, www.nmanet.nl, i.w.tr. 12-03-2010]

327

Het bovenstaande is ook van toepassing op individuele prijsadviezen ('op aanvraag'), waarbij ongeacht de individuele situatie steeds hetzelfde tarief wordt aanbevolen. Ook is het van toepassing op adviezen van brancheorganisaties over onderdelen van prijzen en tarieven, met inbegrip van kortingen en toeslagen.[2] Het uitdrukkelijk door de brancheorganisatie aankondigen van een bepaalde percentuele algemene prijsverhoging, die bijvoorbeeld 'noodzakelijk' of 'onafwendbaar' wordt geacht op grond van een voorziene kostenontwikkeling, wordt dezelfde wijze beoordeeld. Ten slotte kan het coördineren van (vrije, dat wil zeggen, niet van overheidswege gereguleerde) prijzen niet worden gerechtvaardigd met het argument dat de mededinging zich voornamelijk afspeelt ten aanzien van andere concurrentieparameters, met name kwaliteit van de dienstverlening. Uiteraard zijn adviezen met betrekking tot vaste prijzen en minimumprijzen potentieel gevaarlijker voor de mededinging dan adviezen met betrekking tot maximumprijzen, maar dat neemt niet weg dat in de praktijk ook maximumprijsadviezen voor de leden een richtpunt kunnen vormen, zodat deze in feite als vaste prijs of minimumprijs gaan functioneren. Daarom vallen de beschreven gedragingen van brancheorganisaties onder het kartelverbod van artikel 6, eerste lid, Mw.

[09-03-2010, www.nmanet.nl, i.w.tr. 12-03-2010]

328

Dat prijsadviezen in alle genoemde varianten *in beginsel* de mededinging beperken, geeft aan dat de economische en juridische context in aanmerking moet worden genomen, teneinde vast te stellen of een advies inderdaad tot doel of tot gevolg heeft dat

---

1 Hof van Justitie van de Europese Gemeenschappen van 17 oktober 1972, *Vereniging van Cementhandelaren*, zaak 8/72, *Jur.* 1972, p. 977, r.o. 18–21; beschikking van de Europese Commissie van 5 juni 1996, *FENEX, Pb.* 1996, L 181/26, rnr. 61; beschikking van de Europese Commissie van 24 juni 2004, *Ereloonregeling Belgische Architecten, Pb* 2005, L 4, p. 10, rnr. 88; beschikking Commissie 29 november 1995, SCK en FNK, *Pb* 1995, L312/79; Rechtbank Rotterdam 23 oktober 2001, *Centrale Organisatie voor de Vleesgroothandel vs d-g NMa*, MEDED 00/910.
2 Zie onder andere Rechtbank Rotterdam van 23 oktober 2001, *Centrale Organisatie voor de Vleesgroothandel t. d-g NMa*, MEDED 00/910-SIMO; Rechtbank Rotterdam 17 augustus 2004, *Modint*, MEDED 02/1087 RIP, en Rechtbank Rotterdam 17 augustus 2004, *NTC*, MEDED 02/1438 RIP.

de mededinging beperkt wordt.[1] Een mededingingsbeperkend doel kan bijvoorbeeld blijken uit (subjectieve) intentieverklaringen en motiveringen bij de besluitvorming die tot de aanbeveling leidt.
[09-03-2010, www.nmanet.nl, i.w.tr. 12-03-2010]

329
Er zijn veel factoren die de NMa ingevolge de jurisprudentie[2] in aanmerking neemt bij het beoordelen van een prijsadvies. Het betreft, onder meer:
a. de bevoegdheden en taken van de vereniging;
b. de dekkingsgraad van het lidmaatschap van de vereniging in verhouding tot het aantal zorgaanbieders in de desbetreffende beroepsgroep;
c. de inhoud en bewoordingen van de aanbeveling;
d. het feit dat de naleving van de aanbeveling wordt gecontroleerd.[3]
Het voorgaande is geen uitputtende opsomming, noch staan de aspecten in een bepaalde rangorde. Altijd geldt dat het geheel van factoren in onderlinge samenhang bezien, beslissend is.
[09-03-2010, www.nmanet.nl, i.w.tr. 12-03-2010]

---

1 Zie College van Beroep voor het Bedrijfsleven op 6 oktober 2008, *NIP/NVVP/LVE*, AWB 06/667. Zie ook College van Beroep voor het Bedrijfsleven van 28 oktober 2005, *Modint*, AWB 04/794 en 04/829, par. 7.2.2: 'Teneinde vast te stellen of een gedraging ertoe strekt of ten gevolge heeft dat de mededinging wordt beperkt, moet de gedraging worden onderzocht binnen de economische context waarin zij toepassing vindt, rekening houdend met de doelstellingen van partijen en de wijze waarop zij daadwerkelijk op de markt optreden, de producten of diensten waarop de gedraging betrekking heeft, de structuur van de betrokken markt en de werkelijke omstandigheden waaronder deze functioneert.' Met betrekking tot het merkbaarheidsvereiste hanteert het College van het Beroep voor het Bedrijfsleven soortgelijke bewoordingen in College van Beroep voor het Bedrijfsleven van 7 december 2005, *Secon*, AWB 04/237 en 04/249, par. 6.5. De Rechtbank Rotterdam baseert zich hierop, onder meer in de uitspraak van 28 februari 2006, *Bovag en NCBRM*, MEDED 04/3141 en de aangehaalde uitspraak in de zaak van NIP c.s.
2 Arrest van het Hof van Justitie van de Europese Gemeenschappen van 27 januari 1987, *Verband der Sachversicherer vs Commissie*, 45/85, Jur. 1987, p. 405; Beschikking 89/44/EEG van de Europese Commissie van 12 december 1988, *Publishers Association — Net Book Agreements*, Pb 1989, L 22/12; Beschikking van de Europese Commissie van 29 november 1995, *SCK en FNK*, Pb 1995, L312/79; beschikking 96/438/EG van de Europese Commissie van 5 juni 1996, *FENEX*, Pb 1996, L 181/28; beschikking Commissie van 26 oktober 1999, *FEG en TU*, Pb 1999, L039/1; beschikking van de Europese Commissie van 24 juni 2004, *Ereloonregeling Belgische Architecten*, Pb 2005, L 4/10.
3 Daarnaast houdt de NMa onder meer rekening met de wijze waarop de advisering past binnen het statutaire doel van de brancheorganisatie, het gemeenschappelijke belang dat de leden van de vereniging bij het vaststellen en verspreiden van de aanbeveling hebben (bijvoorbeeld in een situatie van overcapaciteit), de gezaghebbendheid van de branchevereniging(en) in kwestie, de mate van detaillering van de tarieven voor diverse verrichtingen, de historische achtergrond van de aanbevelingen (bijvoorbeeld het feit dat voorheen gereguleerde tarieven golden en aldus de status quo worden bestendigd wordt), de frequentie en duur waarmee aanbevelingen worden verstrekt en het uitoefenen van feitelijke druk of dwang ter bevordering van de opvolging van de aanbevelingen.

330

Als alle factoren worden meegewogen en een mededingingsbeperkend doel of gevolg kan worden vastgesteld, hoeft de NMa niet aan te tonen dat zonder de uitgevaardigde adviezen sprake zou zijn geweest van een andere – lagere – prijsstelling op de markt.
[09-03-2010, www.nmanet.nl, i.w.tr. 12-03-2010]

6.3.5.3 Informatie-uitwisseling

331

Wanneer een brancheorganisatie beschikt over concurrentiegevoelige informatie van haar leden, zoals bijvoorbeeld prijsinformatie, kan het toegankelijk maken van die informatie voor de leden afstemming in de hand werken. De uitwisseling van (concurrentiegevoelige) informatie kan namelijk leiden tot een uitschakeling van de normale onzekerheid in de markt over het (voorgenomen) marktgedrag van ondernemingen en daarmee tot een aantasting van de concurrentie. Of dit het geval zal zijn, moet beoordeeld worden in het licht van de precieze aard van de informatie, de specifieke kenmerken van de informatie-uitwisseling en de concrete omstandigheden op de markt. Wat betreft de aard van de informatie geldt dat deze bijvoorbeeld openbaar of vertrouwelijk, globaal of gedetailleerd en historisch of actueel kan zijn. Bij de specifieke kenmerken van de informatie-uitwisseling spelen de frequentie van de uitwisseling en het belang van de informatie voor de vaststelling van de prijzen, de hoeveelheden en/of de leveringsvoorwaarden een belangrijke rol.[1] Bij de beoordeling van de omstandigheden op de markt moet rekening worden gehouden met de economische voorwaarden op de betrokken markten en de structuur van de markt waarop de informatie-uitwisseling betrekking heeft. Wanneer er sprake is van een 'oligopolistische' markt, dat wil zeggen dat er weinig spelers zijn op de markt, van een homogeen product en van hoge toetredingsdrempels zal het uitwisselen van informatie eerder mededingingsbeperkend kunnen zijn.
[09-03-2010, www.nmanet.nl, i.w.tr. 12-03-2010]

6.3.5.4 Calculatieschema's

332

Het verstrekken van kosteninformatie door beroepsverenigingen en of brancheorganisaties is in het algemeen toelaatbaar, tenzij het een verkapte prijsaanbeveling betreft. Voor dat geval geldt hetgeen hierboven is opgemerkt. Zorgaanbieders en zorgverzekeraars kunnen gezamenlijk of in het kader van een vereniging calculatieschema's opstellen. Hier mag in opgenomen worden welke posten in het algemeen van belang zijn bij het berekenen van tarieven. Ook kostenramingen of in een calculatieschema genoemde bedragen of verhogingspercentages zijn in principe toelaatbaar, mits deze beperkt blijven tot openbare informatie, die het voor ondernemingen eenvoudiger maakt de eigen kostprijsstructuur te berekenen en aldus zelfstandig de verkoopprijzen vast te stellen. Een brancheorganisatie die dergelijke informatie voorziet van de suggestie om kostenontwikkelingen door te berekenen of om een bepaalde marge

---

[1] Arrest van het Hof van Justitie van de Europese Gemeenschappen van 23 november 2006, Asnef-Equifax vs Ausbanc,, C-238/05, *Jur.* 2006,p. 11125, r.o. 54.

of winstopslag te hanteren, handelt echter al gauw in strijd met artikel 6 Mw. De adviezen kunnen dan namelijk aangemerkt worden als mededingingsbeperkend, zie paragraaf 6.3.4.2.[1]
[09-03-2010, www.nmanet.nl, i.w.tr. 12-03-2010]

333
De ondernemingen mogen niet met elkaar afspreken dat zij alle posten die in het calculatieschema zijn opgenomen ook daadwerkelijk aan de afnemers doorberekenen of welke posten in een concreet geval wel of niet op een bepaalde manier worden doorberekend. Dit geldt ook voor een advies van een ondernemersvereniging hierover, hetgeen in dat geval wordt aangemerkt als een besluit van een ondernemingsvereniging. Zo moet bijvoorbeeld een zorgaanbieder zelf beslissen of hij een verhoging in de eigen arbeidsongeschiktheidsverzekeringspremie aan de patiënt/zorgverzekeraar doorberekent. Bovendien mogen calculatieschema's niet aangeven welke bedragen of percentages voor deze posten berekend moeten worden. Dit zou namelijk kunnen leiden tot een uniformering van het prijsgedrag. Op dat moment zijn de calculatieschema's wel mededingingsbeperkend en vallen zij onder het kartelverbod.
[09-03-2010, www.nmanet.nl, i.w.tr. 12-03-2010]

6.3.5.5 Erkenningsregelingen

334
De mededingingsregels zijn ook van toepassing op kwaliteitsregelingen zoals certificeringsregelingen[2], keurmerkregelingen, kwaliteitsregisters of kwaliteitsregelingen die bijvoorbeeld deel uitmaken van statuten of van lidmaatschapscriteria van een brancheorganisatie. Deze regelingen zijn aan te merken als erkenningsregelingen. Brancheorganisaties spelen vaak een belangrijke rol bij de totstandkoming en uitvoering van erkenningsregelingen. Erkenningsregelingen zijn regelingen waarbij de activiteiten van ondernemingen worden getoetst aan een aantal kwalitatieve criteria (kwaliteitsregelingen). Als de activiteiten van een onderneming aan die criteria voldoen, mag deze onderneming zich 'erkend' noemen. Erkende ondernemingen krijgen vaak het recht om door middel van een logo of anderszins aan het publiek kenbaar te maken dat zij erkend zijn.
[09-03-2010, www.nmanet.nl, i.w.tr. 12-03-2010]

335
De NMa staat in het algemeen positief tegenover erkenningsregelingen. De regelingen kunnen namelijk bijdragen aan de kwaliteit van de productie, transparantie, dienstverlening en distributie en de informatievoorziening en keuzemogelijkheden van de afnemer. Maar erkenningsregelingen kunnen ook de concurrentie beperken. Van een mededingingsbeperkend effect is onder meer sprake als van de erkenningsregeling een (potentieel) uitsluitingseffect uitgaat. Wanneer een erkenningsregeling voor de

---

1 Ook hier geldt weer dat de gedraging uiteraard beoordeeld dient te worden in haar economische en juridische context.
2 Waarbij de certificering en de controle op de kwaliteitseisen geschiedt door een onafhankelijke instantie.

activiteiten van de deelnemers op de markt belangrijke economische voordelen biedt die zij niet anderszins zelf kunnen behalen, dan kan een situatie ontstaan waarin het voor ondernemingen moeilijk wordt om zonder deelname aan die regeling op de markt te opereren of te kunnen toetreden. Dit zal het geval zijn als de deelnemende ondernemingen een groot deel van de markt vertegenwoordigen én cliënten of zakelijke afnemers de bewuste erkenning als een belangrijke voorwaarde zien om goederen of diensten af te nemen.
[09-03-2010, www.nmanet.nl, i.w.tr. 12-03-2010]

336
Om ongerechtvaardigde uitsluiting te voorkomen en te waarborgen dat een ieder die aan de eisen van de erkenningsregeling voldoet daaraan kan deelnemen, moet de erkenningsregeling voldoen aan de volgende voorwaarden:
a. de erkenningsregeling moet een open karakter[1] hebben;
b. de eisen die de erkenningsregeling stelt, moeten objectief, niet-discriminerend en vóóraf duidelijk zijn;
c. de (toelatings)procedure voor erkenning moet transparant zijn; en
d. de (toelatings)procedure voor erkenning moet voorzien in een onafhankelijke beslissing[2] over de toelating bij de eerste beoordeling, of nadat erkenning is geweigerd, in beroep.
[09-03-2010, www.nmanet.nl, i.w.tr. 12-03-2010]

337
In de Richtsnoeren Samenwerking Ondernemingen[3] van de NMa wordt specifiek uiteengezet op welke wijze erkenningsregelingen zich verhouden tot de Mededingingswet.
[09-03-2010, www.nmanet.nl, i.w.tr. 12-03-2010]

---

1 Van een open karakter is sprake wanneer de erkenningsregeling toegankelijk is voor iedereen die aan de voorwaarden voor toelating voldoet. Wanneer een erkenningsregeling gelijkwaardige waarborgen (bijvoorbeeld vergelijkbare diploma's of certificaten) accepteert, dan wordt de erkenningsregeling als open gezien. Zie in dit kader de Richtsnoeren Samenwerking Ondernemingen, gepubliceerd in *Staatscourant* van 21 april 2008 (nr. 77, blz. 14).
2 Een erkenningsregeling is onafhankelijk, wanneer het besluit over toelating tot de erkenningsregeling onafhankelijk wordt genomen. Dit kan bij de eerste beoordeling het geval zijn, of, indien van toepassing, in beroep. De onafhankelijkheid moet zijn gewaarborgd in de samenstelling van het toetsende orgaan. Zo is er geen sprake van onafhankelijkheid, wanneer directe concurrenten beslissen over het al dan niet toelaten van een nieuwe zorgaanbieder. Zie in dit kader de Richtsnoeren Samenwerking Ondernemingen, gepubliceerd in *Staatscourant* van 21 april 2008 (nr. 77, blz. 14).
3 Zie in dit kader de Richtsnoeren Samenwerking Ondernemingen, gepubliceerd in *Staatscourant* van 21 april 2008 (nr. 77, blz. 14).

7 Slotbepalingen

Intrekking

338
De Richtsnoeren voor de zorgsector 2007 worden ingetrokken.
[09-03-2010, www.nmanet.nl, i.w.tr. 12-03-2010]

Publicatie

339
Deze regeling zal in de *Staatscourant* worden geplaatst.
[09-03-2010, www.nmanet.nl, i.w.tr. 12-03-2010]

Inwerkingtreding

340
Deze regeling treedt in werking met ingang van de eerste dag na dagtekening van de *Staatscourant* waarin het wordt geplaatst.
[09-03-2010, www.nmanet.nl, i.w.tr. 12-03-2010]

Citeertitel

341
Deze regeling wordt aangehaald als: Richtsnoeren voor de zorgsector.
[09-03-2010, www.nmanet.nl, i.w.tr. 12-03-2010]

BIJLAGE

Stappenplan bij samenwerking
stappenplan bij de Richtsnoeren voor de zorgsector: Wat mag wel en wat mag niet bij samenwerking?

Markten laten werken. Dat is de missie van de NMa. De wet verbiedt ondernemingen niet om onderling afspraken te maken maar wel om afspraken te maken die de concurrentie beperken. Onder 'afspraken' vallen overeenkomsten, onderling afgestemde feitelijke gedragingen of besluiten van ondernemersverenigingen (hierna: afspraken). Dit verbod geldt voor schriftelijke overeenkomsten maar ook voor onderlinge afstemming die niet (schriftelijk) in een afspraak is vastgelegd.
Dit stappenplan helpt u te beoordelen welke afspraken u als onderneming in de zorgsector met andere ondernemingen in de zorgsector wel of niet mag maken. Als onderneming dient u zelf te beoordelen of gedragingen of afspraken verenigbaar zijn met het mededingingsrecht. Dit wordt ook wel 'self-assessment' genoemd. Het stappenplan biedt u daarbij houvast.
Het stappenplan vormt een handzaam hulpmiddel bij de Richtsnoeren voor de zorgsector. Hierin heeft de Nederlandse Mededingingsautoriteit (NMa) vastgelegd hoe zij aankijkt tegen afspraken tussen ondernemingen in de zorgsector. De NMa baseert zich

Bijlage

op de geldende wetgeving, rechterlijke uitspraken en de toepassingspraktijk van de Europese Commissie.

Het stappenplan helpt u via acht stappen:
1. Is er sprake van een onderneming volgens de Mededingingswet?
2. Is er sprake van een afspraak volgens de Mededingingswet?
3. Is de afspraak vrijgesteld van het kartelverbod?
4. Tussen wie geldt de afspraak?
5. Hoe is de beoordeling van specifieke afspraken tussen concurrenten?
6. Hoe is de beoordeling van specifieke afspraken tussen niet-concurrenten?
7. Hoe is de beoordeling van (besluiten van) brancheorganisaties?
8. Is de afspraak toegestaan?

Toepassing van het stappenplan biedt u een indicatie, maar geen volledige juridische en economische beoordeling. Aan dit stappenplan kunnen dan ook geen rechten worden ontleend. Meer informatie is te vinden in de Richtsnoeren voor de zorgsector, te downloaden en/of te bestellen via www.nmanet.nl en via de NMa-Informatielijn (e-mail: info@nmanet.nl of tel. 0800-0231 885).

In dit stappenplan vindt u per stap een verwijzing naar de relevante informatie in de volgende bronnen:
- Mededingingswet (Mw)
- Specifieke randnummers in de Richtsnoeren voor de zorgsector (Rnr.)
- Website www.nmanet.nl (www)

STAPPEN:	Als:	Dan:	Meer info:
1	**STAP 1: IS ER SPRAKE VAN EEN ONDERNEMING IN DE ZIN VAN DE MEDEDINGINGSWET?**		
Wordt er een economische activiteit uitgeoefend?	Nee ▶	Mw niet van toepassing	Rnr. 61–66
	Ja ▶	Ga naar stap 2	
2	**STAP 2: IS ER SPRAKE VAN EEN AFSPRAAK IN DE ZIN VAN DE MEDEDINGINGSWET?**		
Is sprake van een afspraak tussen ondernemingen?	Nee ▶	Mw niet van toepassing	Rnr. 181–188
	Ja ▶	Ga naar stap 3	
3	**STAP 3: IS DE AFSPRAAK VRIJGESTELD VAN TOEPASSING VAN ARTIKEL 6 MW?**		
3.1 Zijn er meer dan acht ondernemingen bij de afspraak betrokken?	Ja ▶	Ga naar stap 3.2	Art. 7 Mw Rnr.196–200
	Nee ▼		
Richten de activiteiten van de betrokken ondernemingen zich in hoofdzaak op het leveren van goederen?			
		Zo ja, is de gezamenlijke omzet hoger dan EUR 5.500.000?	

STAPPEN:		Als:	Dan:	Meer info:
		Nee ▶	Afspraak mag	Rnr. 197
		\multicolumn{3}{l}{Zo nee, is de gezamenlijke omzet hoger dan EUR 1.100.000?}	
		Nee ▶	Afspraak mag	Rnr. 197
		Ja ▶	Ga naar stap 3.2	
3.2	Is er sprake van een afspraak tussen daadwerkelijke of potentiële concurrenten?	Nee ▶	Ga naar stap 3.4	Rnr. 198, 245
		Ja ▼		
	Is het gezamenlijke marktaandeel van de ondernemingen niet groter dan 5% en hun gezamenlijke omzet niet hoger dan EUR 40.000.000?	Ja ▶	Afspraak mag	Rnr. 198
		Nee ▶	Ga naar stap 3.3	
3..3	Valt de afspraak onder de Beleidsregels combinatieovereenkomsten 2009?	Ja ▶	Afspraak mag	Art. 15 Mw Rnr. 267–271 www
		Nee ▼		
	Valt de afspraak onder de Europese groepsvrijstelling voor specialisatieovereenkomsten?	Ja ▶	Afspraak mag	Art. 12/13 Mw Rnr. 204–208, 209–216
		Nee ▼		
	Valt de afspraak onder de Europese groepsvrijstelling voor onderzoeks- en ontwikkelingsovereenkomsten?	Ja ▶	Afspraak mag	Art. 12/13 Mw Rnr. 204–208, 217–220
		Nee ▶	Ga naar stap 4	
3.4	Valt de afspraak onder de Europese groepsvrijstelling voor verticale overeenkomsten?	Ja ▶	Afspraak mag	Art. 12/13 Mw Rnr. 204–208, 221–223
		Nee ▶	Ga naar stap 4	
4	**STAP 4: TUSSEN WIE GELDT DE AFSPRAAK?**			
	Gaat het om een afspraak binnen één onderneming?	Ja ▶	Afspraak mag	Rnr. 238–244
		Nee ▼		

	STAPPEN:	Als:	Dan:	Meer info:
	Gaat het om een afspraak tussen concurrenten?	Ja ▶	Ga naar stap 5	Rnr. 245–247
	Nee ▼			
	Gaat het om een afspraak tussen niet-concurrenten? (bijv. verticale keten)	Ja ▶	Ga naar stap 6	Rnr. 298–300
	Nee ▼			
	Gaat het om een (besluit van een) branche-organisatie?	Ja ▶	Ga naar stap 7	Rnr. 322–323
5	**STAP 5: HOE IS DE BEOORDELING VAN SPECIFIEKE AFSPRAKEN TUSSEN CONCURRENTEN?**			
5.1	Is het een prijsafspraak?	Ja ▶	Ga naar stap 8	Rnr. 248–250
	Nee ▼			
	Is het een marktverdelingsafspraak? (al dan niet 'nieuwe gebieden', dunbevolkte gebieden of 24-uurs zorg)	Ja ▶	Ga naar stap 8	Rnrs. 256–262
	Nee ▼			
	Is het een aanbestedingsafspraak?	Ja ▶	Ga naar stap 8	Rnr. 263–267
	Nee ▼			
	Beoogt de afspraak gemeenschappelijke leveringsweigering (boycot)?	Ja ▶	Ga naar stap 8	Rnr. 272
	Nee ▶		Ga naar stap 5.2	
5.2	**Gaat het om onderhandelingen via een zorgmakelaar?**	Nee ▶	Ga naar stap 5.3	Rnr. 251–255
		Ja ▶	Ga naar stap 5.2.1	
5.2.1	Worden de beslissingen met betrekking tot concurrentieparameters individueel door de zorgaanbieder genomen?	Nee ▶	Ga naar stap 8	Rnr. 252
		Ja ▶	Afspraak mag	Rnr. 252
5.3	**Gaat het om zuivere kwaliteitsafspraken, zoals afspraken met betrekking tot standaarden, protocollen, nascholing, intercollegiale toetsing, technische aspecten van automatisering en objectieve (minimum-) kwaliteitseisen?**	Nee ▶	Ga naar stap 5.4	Rnr. 273–277

Richtsnoeren voor de zorgsector

STAPPEN:		Als:	Dan:	Meer info:
	Ja ▼			
	Worden de mogelijkheden voor innovaties en nieuwe ontwikkelingen als gevolg van de afspraak beperkt?	Ja ▶	Ga naar stap 8	Rnr. 275
	Nee ▼			
	Hebben de afspraken (tevens) betrekking op concurrentieparameters, zoals openingstijden, extra service of inrichting van de praktijk?	Ja ▶	Ga naar stap 8	Rnr. 277, 278
		Nee ▶	Afspraak mag	
5.4	**Betreffen de afspraken gemeenschappelijke inkoop?**	Nee ▶	Ga naar stap 5.5	Rnr. 279–283
	Ja ▼			
	Leidt de gemeenschappelijke inkoop tot inkoopmacht op markten waar wordt ingekocht?	Ja ▶	Ga naar stap 9	Rnr. 282
	Nee ▼			
	Leidt de gemeenschappelijke inkoop tot een aanzienlijke mate van gemeenschappelijke kosten?	Ja ▶	Ga naar stap 8	Rnr. 283
		Nee ▶	Afspraak mag	
5.5	**Hebben de afspraken betrekking op een gezamenlijk te voeren preferentiebeleid?**	Nee ▶	Ga naar stap 5.6	Rnr. 284–288
	Ja ▼			
	Bestaan er op het moment van toekenning van de preferentie voldoende mogelijkheden voor concurrentie?	Nee ▶	Ga naar stap 8	Rnr. 288
	Ja ▼			
	Is de looptijd van de exclusiviteit zodanig dat er sprake is van regelmatig terugkerende momenten waarop concurrentie kan plaatsvinden?	Nee ▶	Ga naar stap 8	Rnr. 288
	Ja ▼			

STAPPEN:	Als:	Dan:	Meer info:
Is de procedure voor het aanwijzen van de preferente aanbieder voldoende objectief en non-discriminatoir?	Nee ▶	Ga naar stap 8	Rnr. 288
Ja ▼			
Zijn de verzekeraars vrij om hun premies te verlagen als gevolg van de lagere kosten?	Nee ▶	Ga naar stap 8	Rnr. 286
Ja ▼			
Nemen er veel verzekeraars deel aan het preferentiebeleid?	Ja ▶	Ga naar stap 8	Rnr. 286–288
Nee ▼			
Vallen er veel groepen geneesmiddelen binnen het gehanteerde preferentiebeleid?	Ja ▶	Ga naar stap 8	Rnr. 286–288
Nee ▶		Afspraak mag	
5.6 Hebben de afspraken betrekking op waarneming?	Nee ▶	Ga naar stap 5.7	Rnr. 289–291
Ja ▼			
Zijn de voorwaarden voor deelname aan de waarnemingsafspraken open, objectief, transparant en niet-discriminerend?	Nee ▶	Ga naar stap 8	Rnr. 290
Ja ▼			
Is het passief werven van patiënten van collega's voor wie wordt waargenomen toegestaan?	Nee ▶	Ga naar stap 8	Rnr. 290
Ja ▼			
Gaan de waarnemingsafspraken verder dan noodzakelijk voor de waarneming?	Ja ▶	Ga naar stap 8	Rnr. 291
Nee ▼			
Beschikken de deelnemers aan de waarneming gezamenlijk over marktmacht?	Nee ▶	Afspraak mag	Rnr. 291
Ja ▼			
Leidt de waarnemingsregeling tot uitsluiting van derden?	Ja ▶	Ga naar stap 8	Rnr. 291

STAPPEN:		Als:	Dan:	Meer info:
		Nee ▶	Afspraak mag	
5.7	Betreft de afspraak informatie-uitwisseling tussen concurrenten?	Nee ▶	Ga naar 5.8	Rnr. 294, 331
		Ja ▼		
	Wordt de informatie-uitwisseling benut om de nakoming van verboden mededingingsbeperkende afspraken te controleren?	Ja ▶	Ga naar stap 8	Rnr. 294
		Nee ▶	Ga naar stap 5.7.1	
5.7.1	Aard, frequentie en bestemming van de uitgewisselde informatie			Rnr. 294, 331
	Betreft het publiek toegankelijke informatie?	Ja ▶	Afspraak mag	Rnr. 331
		Nee ▼		
	Gaat de uitgewisselde informatie over prijzen, productie, afzet of klanten?	Ja ▶	Ga naar stap 8	Rnr. 294, 331
		Nee ▼		
	Is de uitgewisselde informatie niet herleidbaar tot individuele marktdeelnemers en is de informatie ouder dan 12 maanden?	Ja ▶	Afspraak mag	Rnr. 294, 331
		Nee ▶	Ga naar stap 5.7.2	
5.7.2	Marktstructuur			Rnr. 331
	Is er sprake van weinig spelers op de markt, van een homogeen product en van hoge toetredingsdrempels?	Ja ▶	Ga naar stap 8	Rnr. 331
		Nee ▶	Afspraak mag	
5.8	Heeft de afspraak betrekking op het gezamenlijk opzetten van elektronische netwerken, bijvoorbeeld ten behoeve van het elektronische patiënten- of medicatiedossier?	Nee ▶	Ga naar stap 5.9	Rnr. 292–293
		Ja ▼		
	Is (de toegang tot) het samenwerkingsverband open, transparant en non-discriminatoir?	Nee ▶	Ga naar stap 8	Rnr. 295

Bijlage

STAPPEN:	Als:	Dan:	Meer info:
	Ja ▼		
Wordt de elektronische koppeling gebruikt voor het uitwisselen van concurrentiegevoelige informatie?	Ja ▶	Ga naar stap 5.7	Rnr. 293 Stap 5.7
	Nee ▶	Afspraak mag	
5.9 Is er sprake van samenwerking op administratiegebied, zoals bijvoorbeeld het gebruik van gezamenlijke declaratiesystemen?	Nee ▶	Ga naar stap 5.10	Rnr. 296
	Ja ▼		
Beperkt de samenwerking zich tot de administratieve verwerking van bedrijfsactiviteiten?	Nee ▶	Ga naar stap 8	Rnr. 296
	Ja ▶	Afspraak mag	
5.10 Heeft de afspraak betrekking op samenwerking in een HOED?	Nee ▶	Ga naar stap 5.11	Rnr. 297
	Ja ▼		
Vormen de samenwerkende huisartsen één onderneming?	Ja ▶	Afspraak mag	Rnr. 235–236, 297
	Nee ▼		
Onderhandelen de huisartsen gezamenlijk met verzekeraars over tarief en/of volume?	Ja ▶	Ga naar stap 8	Rnr. 297
	Nee ▼		
5.11 Heeft de samenwerking andere mededingingsbeperkende effecten?	Ja ▶	Ga naar stap 8	
	Nee ▶	Afspraak mag	
6 STAP 6: HOE IS DE BEOORDELING VAN SPECIFIEKE AFSPRAKEN TUSSEN NIET-CONCURRENTEN?			
6.1 Hebben de afspraken betrekking op ketenzorg of een strategische alliantie?	Nee ▶	Ga naar stap 6.2	Rnr. 301–308
	Ja ▼		
Hebben de bij de samenwerking betrokken ondernemingen een (relatief) groot marktaandeel?	Nee ▶	Ga naar stap 6.1.1	Rnr. 308

STAPPEN:	Als:	Dan:	Meer info:
Ja ▼			
Zijn er binnen de keten exclusiviteitsafspraken gemaakt die een uitsluitingseffect tot gevolg kunnen hebben?	Nee ▶	Ga naar stap 6.1.1	Rnr. 304, 307
		Dit kan bijvoorbeeld het geval zijn indien er sprake is exclusieve doorverwijzing binnen de keten/alliantie.	
Ja ▼			
Hebben deze afspraken een (relatief) beperkte duur en een korte opzegtermijn?	Nee ▶	Ga naar stap 8	Rnr. 307
	Ja ▶	Ga naar stap 6.1.1	
6.1.1 Zijn er op dezelfde markt meerdere soortgelijke ketens/ strategische allianties aanwezig die soortgelijke afspraken maken?	Nee ▶	Afspraak mag	Rnr. 309–311
Ja ▼			
Is er sprake van een marktafsluitend effect als gevolg van de verschillende (parallelle) ketens/ strategische allianties?	Ja ▶	Ga naar stap 8	Rnr. 310
Nee ▼			
Worden er met de andere ketens/ strategische allianties afspraken gemaakt?	Ja ▶	Ga naar stap 5	Rnr. 312
	Nee ▶	Afspraak mag	
6.2 Is er sprake van samenwerking in een gezondheidscentrum?	Nee ▶	Ga naar stap 6.3	Rnr. 318–321
Ja ▼			
Zijn er ook (potentiële) concurrenten bij de samenwerking betrokken?	Nee ▶	Afspraak mag	Rnr. 245, 320–321
	Ja ▶	Ga naar stap 5	Rnr. 321
6.3 Heeft de afspraak andere mededingingsbeperkende effecten?	Nee ▶	Afspraak mag	
	Ja ▶	Ga naar stap 8	
7 STAP 7: HOE IS DE BEOORDELING VAN EEN (BESLUIT VAN EEN) BRANCHEORGANISATIE?			

Bijlage

STAPPEN:	Als:	Dan:	Meer info:
7.1 **Voert de brancheorganisatie namens de aangesloten leden collectieve onderhandelingen over factoren die de concurrentie beïnvloeden, zoals bijvoorbeeld tarieven of vestiging?**	Ja ▶	Ga naar stap 8	Rnr. 324
	Nee ▼		
Schrijft de brancheorganisatie dwingend tarieven of vestigingsplaatsen voor aan haar leden?	Ja ▶	Ga naar stap 8	Rnr. 324–325
	Nee ▼		
Verdeelt de brancheorganisatie werk onder de aangesloten leden?	Ja ▶	Ga naar stap 8	Rnr. 324–325
		Ga naar stap 7.2	
	Nee ▶		
7.2 **Gaat het om adviezen van een brancheorganisatie aan haar leden?**	Nee ▶	Ga naar 7.3	Rnr. 326–333
	Ja ▼		
Hebben de adviezen alleen betrekking op belangenbehartiging, voorlichting, aanspreekpunten, onderzoek of de stimulering van kwaliteit?	Ja ▶	Afspraak mag	
	Nee ▼		
Hebben de adviezen betrekking op adviesprijzen en -tarieven, met inbegrip van kortingen, minimaal benodigde marges of minimumprijzen?	Ja ▶	Ga naar stap 8	Rnr. 326–327
	Nee ▼		
Hebben de adviezen bestrekking op calculatieschema's en kostenramingen?	Ja ▶	Afspraak mag	Rnr. 332–333
		Dit is afhankelijk van de objectiviteit van de inlichtingen, of er een aanbeveling over doorberekening van kosten wordt gegeven, van de aard van de verstrekte informatie (openbaar of niet), de marktstructuur en van het feit of de leden zelfstandig hun verkoopprijzen kunnen vaststellen.	
	Nee ▶	Ga naar stap 8	

1695

STAPPEN:	Als:	Dan:	Meer info:
7.3 **Stelt de branchevereniging informatie beschikbaar aan haar leden?**	Nee ▶	Ga naar 7.4	Rnr. 331
Ja ▼			
Wordt de uitwisseling benut om nakoming van verboden mededingingsbeperkende afspraken te controleren?	Ja ▶	Ga naar stap 8	Rnr. 294
Nee ▼			
Wordt er concurrentiegevoelige informatie beschikbaar gesteld aan de leden van de branchevereniging?	Ja ▶	Ga naar stap 5.7	Rnr. 294, 331
Nee ▶		Afspraak mag	
7.4 **Gaat het om een erkenningsregeling, zoals een certificeringsregeling, keurmerkregeling, kwaliteitsregister of kwaliteitsregeling?**	Nee ▶	Ga naar stap 7.5	Rnr. 334–337 www
Ja ▼			
Vertegenwoordigen de ondernemingen slechts een gering deel van de markt (minder dan 20% marktaandeel) en zijn er geen bepalingen die tot doel hebben de mededinging te beperken?	Ja ▶	Afspraak mag	Rnr. 335 www
Nee ▼			
Wordt er in de markt belang gehecht aan deelname aan een erkenningsregeling?	Nee ▶	Afspraak mag	Rnr. 335
Ja ▼			
Heeft de erkenningsregeling mededingingsbeperkende effecten, bijvoorbeeld doordat het zonder deelname aan de erkenningsregeling niet goed mogelijk is om op de betreffende markt te opereren of om tot deze markt toe te treden?	Nee ▶	Afspraak mag	Rnr. 335 www
Ja ▼			

Bijlage

STAPPEN:	Als:	Dan:	Meer info:
Voldoet de erkenningsregeling aan de volgende cumulatieve voorwaarden: – open karakter – objectieve, niet-discriminerende en vooraf duidelijke eisen – toelatings)procedure is transparant – (toelatings)procedure voorziet in onafhankelijke beslissing over toelating bij eerste beoordeling of na weigering in beroep	Ja ▶	Afspraak mag	Rnr. 335 www
	Nee ▶	Ga naar stap 8	
7.5 Heeft de afspraak andere concurrentiebeperkende effecten?	Nee ▶	Afspraak mag	
	Ja ▶	Ga naar stap 8	
8 STAP 8: IS DE AFSPRAAK TOEGESTAAN?			
Is de mededingingsbeperking merkbaar?	Nee ▶	Afspraak mag	Rnr. 201, 203
Bij op het eerste gezicht minder ernstige beperkingen van de mededinging, zoals bepaalde vormen van informatie-uitwisseling, wordt een uitgebreider onderzoek gedaan. Hierbij wordt gekeken naar de mogelijke effecten die de informatie-uitwisseling op de markt kan hebben. Pas wanneer de informatie-uitwisseling tot gevolg heeft gehad dat de mededinging merkbaar is beperkt, zal sprake kunnen zijn van een overtreding van het kartelverbod.			
Wanneer sprake is van een ernstige mededingingsbeperking, zoals prijsafspraken, marktverdelingsafspraken, aanbestedingsafstemmingen en collectieve boycots, wordt gekeken of de betrokken ondernemingen niet een zodanig zwakke positie hebben op de markt, dat van een beïnvloeding van de markt door de overeenkomst niet of nauwelijks sprake kan zijn. Er wordt niet snel van uitgegaan dat van een dergelijk zwakke positie sprake is.			*Rnr. 202*
	Ja ▼		

STAPPEN:	Als:	Dan:	Meer info:
Dragen de afspraken bij tot verbetering van de productie/distributie of tot bevordering van de technische of economische vooruitgang?	Nee ▶	Afspraak mag niet	6.3 Mw Rnr. 224–227
Ja ▼			
Komt een billijk aandeel in de daaruit voortvloeiende voordelen ten goede aan de gebruikers?	Nee ▶	Afspraak mag niet	6.3 Mw Rnr. 224–227
Ja ▼			
Worden aan de betrokken ondernemingen beperkingen opgelegd die voor het bereiken van deze doelstellingen niet onmisbaar zijn?	Ja ▶	Afspraak mag niet	6.3 Mw Rnr. 224–227
Nee ▼			
Wordt aan de betrokken ondernemingen de mogelijkheid geboden voor een wezenlijk deel van de betrokken goederen en diensten de mededinging uit te schakelen?	Ja ▶	Afspraak mag niet	6.3 Mw Rnr. 224–227
	Nee ▶	Afspraak mag	

[09-03-2010, www.nmanet.nl, i.w.tr. 12-03-2010]

Beleidsregel concentraties van zorgaanbieders en zorgverzekeraars

Beleidsregel van 5 juli 2013, houdende bijzondere regels betreffende concentraties van zorgaanbieders en zorgverzekeraars, Stcrt. 2013, 19570 (i.w.tr. 16-07-2013)

De Minister van Economische Zaken;
Gelet op artikel 21 van de Kaderwet zelfstandige bestuursorganen en artikel 5d van de Mededingingswet;
Besluit:

Artikel 1
In deze beleidsregel wordt verstaan onder:
a. *cliëntenraad:* cliëntenraad als bedoeld in artikel 2 van de Wet medezeggenschap cliënten zorginstellingen;
b. *zorg:* zorg als bedoeld in artikel 1, tweede lid, van het Besluit van 6 december 2007, houdende tijdelijke verruiming van het toepassingsbereik van het concentratietoezicht op ondernemingen die zorg verlenen (*Stb.* 2007, 518);
c. *zorgaanbieder:* onderneming die zorg verleent;
d. *zorgverzekeraar:* zorgverzekeraar als bedoeld in artikel 1, onderdeel b, van de Zorgverzekeringswet;
e. *concentratie van zorgaanbieders:* concentratie als bedoeld in artikel 1, eerste lid, van het Besluit van 6 december 2007, houdende tijdelijke verruiming van het toepassingsbereik van het concentratietoezicht op ondernemingen die zorg verlenen (*Stb.* 2007, 518);
f. *concentratie van zorgverzekeraars:* concentratie als bedoeld in artikel 27 van de Mededingingswet van zorgverzekeraars;
g. *ACM:* Autoriteit Consument en Markt, bedoeld in artikel 2 van de Instellingswet Autoriteit Consument en Markt;
h. *mededeling:* mededeling van de ACM of voor een concentratie een vergunning is vereist als bedoeld in artikel 37, eerste lid, van de Mededingingswet;
i. *zorginkoper:* ziektekostenverzekeraar als bedoeld in artikel 1, onderdeel f, van de Wet marktordening gezondheidszorg, verbindingskantoor als bedoeld in artikel 1, onder c, van het Administratiebesluit Bijzondere Ziektekostenverzekering of gemeente.

[05-07-2013, Stcrt. 19570, i.w.tr. 16-07-2013/regelingnummer WJZ/13118300]

Artikel 2
1. Indien naar het oordeel van de ACM sprake is van een voornemen tot concentratie van zorgaanbieders waarvan het gezamenlijk marktaandeel van de betrokken on-

dernemingen voor de relevante markt of markten als gevolg van de concentratie 35% of meer betreft, betrekt de ACM voor die relevante markt of markten voor het nemen van een beslissing over een mededeling in ieder geval de volgende voor zorg specifieke aspecten:
a. de transparantie van kwaliteit van zorg;
b. het reisgedrag of de reisbereidheid van cliënten;
c. de mogelijkheden voor toetreding van zorgaanbieders;
d. de mate waarin zorginkopers invloed hebben op het keuzegedrag van cliënten.

2. In de gevallen, bedoeld in het eerste lid, nodigt de ACM per onderneming die onderdeel uitmaakt van de concentratie van zorgaanbieders de meest betrokken cliëntenraad en, in voorkomend geval, de betrokken gemeenten in hun rol van zorginkoper uit tot het geven van een zienswijze over het voornemen tot concentratie.

3. In de gevallen, bedoeld in het eerste lid, gaat de ACM in de mededeling nader in op de afbakening van de voor de concentratie relevante markten, de in het eerste lid genoemde aspecten en de in het tweede lid bedoelde zienswijzen.
[05-07-2013, Stcrt. 19570, i.w.tr. 16-07-2013/regelingnummer WJZ/13118300]

Artikel 3

1. De ACM betrekt bij een beslissing over een mededeling over een voorgenomen concentratie van zorgverzekeraars in ieder geval de volgende voor zorg specifieke aspecten:
a. de verbinding tussen de polismarkt en de inkoopmarkt;
b. de mogelijkheden voor toetreding van zorgverzekeraars en de rol van kleine zorgverzekeraars;
c. de differentiatie van de polismarkt;
d. coördinatie-effecten.

2. De ACM nodigt per onderneming die onderdeel uitmaakt van de voorgenomen concentratie van zorgverzekeraars de verzekerden door middel van een in de statuten van de zorgverzekeraar op grond van artikel 28 van de Zorgverzekeringswet getroffen voorziening, uit tot het geven van een zienswijze over het voornemen tot concentratie.

3. De ACM gaat in de mededeling nader in op de voor de concentratie relevante markten, de in het eerste lid genoemde aspecten en de in het tweede lid bedoelde zienswijzen.
[05-07-2013, Stcrt. 19570, i.w.tr. 16-07-2013/regelingnummer WJZ/13118300]

Artikel 4
De Beleidsregel concentraties van zorgaanbieders wordt ingetrokken.
[05-07-2013, Stcrt. 19570, i.w.tr. 16-07-2013/regelingnummer WJZ/13118300]

Artikel 5
Deze beleidsregel wordt aangehaald als: Beleidsregel concentraties van zorgaanbieders en zorgverzekeraars.
[05-07-2013, Stcrt. 19570, i.w.tr. 16-07-2013/regelingnummer WJZ/13118300]

Artikel 6
Deze beleidsregel treedt in werking met ingang van de dag na de dagtekening van de *Staatscourant* waarin hij wordt geplaatst, en vervalt op het tijdstip waarop het Besluit

Art. 6

van 6 december 2007, houdende tijdelijke verruiming van het toepassingsbereik van het concentratietoezicht op ondernemingen die zorg verlenen (*Stb.* 2007, 518) vervalt.
[05-07-2013, Stcrt. 19570, i.w.tr. 16-07-2013/regelingnummer WJZ/13118300]

Besluit tijdelijke verruiming toepassingsbereik concentratietoezicht op ondernemingen die zorg verlenen

Besluit van 6 december 2007, houdende tijdelijke verruiming van het toepassingsbereik van het concentratietoezicht op ondernemingen die zorg verlenen, Stb. 2007, 518, zoals laatstelijk gewijzigd op 13 december 2017, Stb. 2017, 503 (i.w.tr. 01-01-2018)

Wij Beatrix, bij de gratie Gods, Koningin der Nederlanden, Prinses van Oranje-Nassau, enz. enz. enz.
Op de voordracht van Onze Minister van Economische Zaken van 15 juni 2007, nr. WJZ 7070387;
Gelet op artikel 29, derde lid, van de Mededingingswet;
De Raad van State gehoord (advies van 16 juli 2007, nr. W10.07.0176/III);
Gezien het nader rapport van Onze Minister van Economische Zaken van 3 december 2007, nr. WJZ 7142467;
Hebben goedgevonden en verstaan:

Artikel 1
1. Bij concentraties waarbij ten minste twee van de betrokken ondernemingen in het voorafgaande kalenderjaar met het verlenen van zorg, als bedoeld in het tweede lid, ieder afzonderlijk een omzet hebben behaald van meer dan € 5 500 000, worden de bedragen, bedoeld in artikel 29, eerste lid, van de Mededingingswet, als volgt verlaagd:
a. het bedrag van € 150 000 000 wordt verlaagd tot € 55 000 000;
b. het bedrag van € 30 000 000 wordt verlaagd tot € 10 000 000.
2. Als zorg, bedoeld in het eerste lid, wordt aangemerkt:
a. zorg als bedoeld in artikel 3.1.1 van de Wet langdurige zorg;
b. zorg als bedoeld in artikel 10 van de Zorgverzekeringswet;
c. voorzieningen als bedoeld in artikel 1.1.1 van de Wet maatschappelijke ondersteuning 2015 voor zover die betrekking hebben op het leveren van de zorg voor het schoon en op orde houden van het huishouden en de zorg voor het kunnen beschikken over schoon beddengoed en schone kleding.

[13-12-2017, Stb. 503, i.w.tr. 01-01-2018]

Artikel 2
Dit besluit treedt in werking met ingang van 1 januari 2008 en vervalt met ingang van 1 januari 2023.
[13-12-2017, Stb. 503, i.w.tr. 01-01-2018]

Uitgangspunten toezicht ACM op zorgaanbieders in de eerste lijn

Regeling van 19 september 2015, www.acm.nl (i.w.tr. 19-09-2015)

1 Inleiding
ACM ziet dat zorgaanbieders in de eerste lijn terughoudend zijn om samen te werken. Ook als dat in het belang is van patiënten en verzekerden. Het beeld is ontstaan dat de Mededingingswet veel vormen van samenwerking verbiedt en dat een boete steeds dreigt. Deze terughoudendheid mag zorginhoudelijke samenwerking en innovatie in de eerstelijnszorg niet belemmeren. ACM geeft daarom met dit document inzicht in de wijze waarop zij toezicht houdt op zorgaanbieders in de eerste lijn. ACM licht toe dat de Mededingingswet ruimte biedt voor samenwerking die het belang van de patiënt en verzekerde dient. Het toezicht van ACM richt zich op het voorkomen van schadelijke samenwerking tussen zorgaanbieders en het bevorderen van een snelle aanpassing van schadelijke samenwerkingsvormen.

2 Het zorgstelsel en de Mededingingswet
Zorgaanbieders mogen keuzemogelijkheden voor patiënten en zorgverzekeraars alleen beperken als dat in het belang is van patiënten en verzekerden
Met de Zorgverzekeringswet heeft de wetgever gekozen voor een zorgstelsel waarin zorgaanbieders hun aanbod naar eigen inzicht kunnen inrichten. Patiënten en zorgverzekeraars moeten daarbij vrij zijn om te kiezen voor het aanbod dat het beste aansluit op hun behoeften. Dit stimuleert zorgaanbieders om te blijven inspelen op de behoeften van patiënten en verzekerden. De Mededingingswet bepaalt dat zorgaanbieders de keuzevrijheid van patiënten en zorgverzekeraars niet door onderlinge afstemming mogen beperken. Dat mag alleen als dat in het belang is van die patiënten en verzekerden. ACM houdt toezicht op de naleving van de regels van de Mededingingswet door zorgaanbieders en zorgverzekeraars. Hierbij zet ACM de belangen van de patiënt en verzekerde centraal.

3 Uitgangspunten in het toezicht van ACM op de eerstelijnszorg
ACM is een open toezichthouder
Om goed toezicht te kunnen houden, is het van belang dat ACM weet wat er in de sector speelt. ACM is daarom veel in gesprek met zorgaanbieders, patiëntenverenigingen en zorgverzekeraars en streeft daarbij naar een constructieve dialoog. Op die manier houdt ACM aansluiting op relevante ontwikkelingen en weten zorgaanbieders en zorgverzekeraars waar zij aan toe zijn.

Uitgangspunten toezicht ACM op zorgaanbieders in de eerste lijn

ACM grijpt in als samenwerking de belangen van patiënten en verzekerden schaadt
ACM grijpt pas in als afstemming schadelijk is voor patiënten en/of verzekerden. Voor de verzekerde kan afstemming bijvoorbeeld nadelig uitpakken als hierdoor de premies voor zorgverzekering hoger worden. Voor de patiënt is afstemming schadelijk als dat bijvoorbeeld tot vermindering van kwaliteit en/of keuzemogelijkheden leidt. Als ACM signalen ontvangt dat mogelijk sprake is van nadelige samenwerking tussen zorgaanbieders dan kan ACM dat probleem nader onderzoeken op mogelijke strijdigheid met de mededingingsregels. Het zorgstelsel en de Mededingingswet gaan er vanuit dat de vrijheid van handelen van zorgaanbieders, zorgverzekeraars, patiënten en verzekerden er voor zorgt dat zij elkaar scherp houden. Hierbij past volgens ACM vertrouwen in betrokken partijen. Dit veronderstelt wel dat de samenwerking niet heimelijk plaatsvindt. Zolang zorgaanbieders, patiënten (of hun vertegenwoordigers) en zorgverzekeraars er gezamenlijk uitkomen, is er voor ACM geen aanleiding om aan te nemen dat een samenwerking schadelijk uitpakt.

ACM is gericht op oplossing van het probleem
Het is goed als zorgaanbieders en zorgverzekeraars met elkaar zoeken naar mogelijkheden om de zorg op een hoger plan te brengen. De Mededingingswet biedt daarvoor ook ruimte. Als ACM toch tot de conclusie komt dat de samenwerking de mededinging beperkt en schadelijk is voor patiënten of verzekerden, dan staat voor ACM het oplossen van het probleem centraal. Eventueel optreden van ACM zal dan ook gericht zijn op snelle en effectieve aanpassing van de ongewenste elementen van de samenwerking. Als betrokkenen voortvarend zorgdragen voor de nodige bijstelling, is er voor ACM geen reden om een onderzoek te starten gericht op het opleggen van een boete.

Het kan zijn dat de betrokken zorgaanbieders het niet met ACM eens zijn dat de samenwerking in strijd is met de Mededingingswet en dat zij de samenwerking willen voortzetten. ACM kan in dat geval naleving van de Mededingingswet met een formeel besluit afdwingen. Ook dan blijft het doel voor ACM om de schadelijke elementen van de samenwerking snel te beeindigen en de norm naar de toekomst toe te verhelderen. Besluiten die de norm verhelderen zijn in het belang van de betrokken partijen en de markt. ACM wil met deze aanpak bereiken dat zorgaanbieders, ook zonder voorafgaande toestemming van ACM, voldoende duidelijkheid hebben over het toezicht van ACM om binnen de kaders van de Mededingingswet samen te werken aan verbeteringen in de zorg.

4 Vuistregels bij de beoordeling van samenwerking en overleg
De Mededingingswet verbiedt samenwerkingsverbanden die keuzemogelijkheden voor patiënten en zorgverzekeraars beperken en die schadelijk uitpakken voor patiënten en verzekerden. Om te voorkomen dat een samenwerking of gezamenlijke onderhandeling tussen concurrerende zorgaanbieders[1] tot een klacht van een zorgaanbieder, patiënt of zorgverzekeraar leidt en in strijd is met de Mededingingswet, zijn er enkele vuistre-

---

1 Zorgaanbieders zijn concurrenten van elkaar wanneer zij door patiënten als alternatieven worden beschouwd. Zorgaanbieders zijn alternatieven voor elkaar als zij dezelfde zorg aanbieden (bijvoorbeeld fysiotherapie) en als zij in dezelfde regio actief zijn (bijvoorbeeld twee fysiotherapeuten in Delft). Samenwerkingen tussen zorgaanbieders die geen concurrenten van elkaar zijn is (vrijwel) altijd toegestaan. Voor een nadere uitleg over wanneer zorgaanbieders worden gezien als concurrenten verwijst ACM naar de Richtsnoeren Zorg op onze website.

gels waar zorgaanbieders zich aan kunnen houden. Voor concrete praktijkvoorbeelden van de beoordeling van samenwerkingsinitiatieven door ACM wordt verwezen naar de website van ACM.

Voor ACM staat voorop dat wanneer partijen bij een samenwerking de belangen van patiënten en verzekerden centraal stellen, in veel gevallen de voordelen voor patiënten en verzekerden inderdaad zullen opwegen tegen de nadelen. Dan is de samenwerking niet in strijd met de Mededingingswet.

4.1 Samenwerking die is toegestaan

De Mededingingswet biedt veel ruimte aan samenwerking en overleg tussen zorgaanbieders. Veel onderwerpen van samenwerking en overleg beïnvloeden de keuzemogelijkheden voor patiënten en verzekerden namelijk niet. Denk hierbij aan het opstellen van medisch inhoudelijke standaarden en prestatie-indicatoren of het afstemmen van administratieve processen. Andere onderwerpen zijn toegestaan omdat duidelijk is dat afstemming hiervan in het belang is van patiënten en verzekerden. Denk hierbij aan het gezamenlijk opzetten van nieuwe zorginhoudelijke initiatieven en het benchmarken van de praktijkvoering.

Hieronder staan voorbeelden van onderwerpen die over het algemeen gezamenlijk kunnen worden besproken zonder dat dat strijd met de mededingingsregels oplevert:
- Landelijke ontwikkelingen en beleid
- Regionale ontwikkelingen: sociaal, economisch, demografisch
- Zorginhoudelijke ontwikkelingen: nieuwe standaarden, beschikbare technologie
- Regionale behoeften: zorgbehoeften van verschillende doelgroepen, toe- of afname van een bepaalde zorgvraag, afstemmingsvraagstukken tussen verschillende zorgaanbieders
- Regionaal zorgaanbod: signaleren van regionale 'witte vlekken', problemen in infrastructuur
- Ontwikkeling van kwaliteitsstandaarden en -indicatoren
- Bespreken van de beschikbaarheid in expertisegebieden en vaardigheden
- Delen van zorginhoudelijke benchmarkinformatie
- Ontwikkeling van innovatieve projecten of diensten
- Opstellen businesscases, in kaart brengen van noodzakelijke randvoorwaarden, investeringskosten, kostenopbouw materiaal en personeel.

4.2 Samenwerking die niet is toegestaan

Bepaalde vormen van samenwerking of afstemming zijn meestal schadelijk voor patiënten of verzekerden en dan in strijd met de mededingingsregels. Het gaat hier in essentie om de volgende vormen van afstemming tussen concurrerende zorgaanbieders:
- Het beperken van de keuzevrijheid van patiënten, bijvoorbeeld door het verdelen van patiënten (bijvoorbeeld naar postcode) zonder zorginhoudelijk doel.
- Het beperken van innovatie in de zorg, bijvoorbeeld door het gezamenlijk reguleren van de toetreding door zorgaanbieders.
- Het verhogen van de prijs, bijvoorbeeld door het maken van tariefafspraken of uitwisselen van informatie over tarieven zonder zorginhoudelijk doel.
- Het collectief beperken van het aanbod richting patiënten of collectief boycotten van een contractvoorstel van een zorgverzekeraar.

ACM zal bij dergelijke afstemming een snelle aanpassing van het schadelijke gedrag eisen.

4.3 'Grijze gevallen'

Het is niet altijd op voorhand duidelijk of een gezamenlijk initiatief is toegestaan. Zo kan een overleg vanuit een zorginhoudelijke doelstelling starten, maar ook 'ondernemersbelangen' dienen. Deze ondernemersbelangen kunnen de overhand krijgen en tot een ongeoorloofde beperking van de mededinging leiden. Het is in eerste instantie aan de betrokken partijen om die grenzen te bewaken. ACM moedigt partijen in het veld aan om met de belangen van patiënten en verzekerden voor ogen de zorg op een hoger plan te brengen. In veel gevallen zullen de voordelen voor patiënten en verzekerden opwegen tegen de nadelen en kan het initiatief probleemloos worden voortgezet. In sommige gevallen zal ACM naderhand bijstelling verlangen van het initiatief. In geval van voortvarend snelle aanpassing door partijen zal ACM in de regel geen aanleiding zien voor nadere actie.

ACM gaat bij breder spelende samenwerkingsvraagstukken graag op voorhand met de sector in gesprek over de mogelijkheden en eventuele risico's van voorgenomen samenwerkingen.

CONCENTRATIECONTROLE

I Materieel

EU

Verordening (EG) nr. 139/2004 betreffende de controle op concentraties van ondernemingen (EG-concentratieverordening)

Verordening van de Raad van 20 januari 2004 betreffende de controle op concentraties van ondernemingen, PbEG 2004, L 24 (i.w.tr. 18-02-2004)

DE RAAD VAN DE EUROPESE UNIE,
Gelet op het Verdrag tot oprichting van de Europese Gemeenschap, en met name op de artikelen 83 en 308,
Gezien het voorstel van de Commissie [1],
Gezien het advies van het Europees Parlement [2],
Gezien het advies van het Europees Economisch en Sociaal Comité [3],
Overwegende hetgeen volgt:

(1) Verordening (EEG) nr. 4064/89 van de Raad van 21 december 1989 betreffende de controle op concentraties van ondernemingen [4] is ingrijpend gewijzigd. In verband met nieuwe wijzigingen moet duidelijkheidshalve een herschikking van deze verordening plaatsvinden.

(2) Teneinde de doelstellingen van het Verdrag te bereiken, stelt artikel 3, lid 1, onder g), van dat Verdrag de Gemeenschap ten doel een regime in te stellen waardoor wordt verzekerd dat de mededinging binnen de interne markt niet wordt vervalst. Artikel 4, lid 1, van het Verdrag bepaalt dat de lidstaten en de Gemeenschap optreden met inachtneming van het beginsel van een open markteconomie met vrije mededinging. Deze beginselen zijn van wezenlijk belang voor de verdere ontwikkeling van de interne markt.

(3) De voltooiing van de interne markt en van de economische en monetaire unie, de uitbreiding van de Europese Unie en de beperking van de internationale belemmeringen voor handel en investeringen zullen aanleiding blijven geven tot ingrijpende

---

[1] *PB* C 20 van 28.1.2003, blz. 4.
[2] Advies uitgebracht op 9 oktober 2003 (nog niet verschenen in het *Publicatieblad*).
[3] Advies uitgebracht op 24 oktober 2003 (nog niet verschenen in het *Publicatieblad*).
[4] *PB* L 395 van 30.12.1989, blz. 1. Verordening gerectificeerd in *PB* L 257 van 21.9.1990, blz. 13, en laatstelijk gewijzigd bij Verordening (EG) nr. 1310/97 (*PB* L 180 van 9.7.1997, blz. 1. Verordening (EG) nr. 1310/97 gerectificeerd in *PB* L 40 van 13.2.1998, blz. 17.

structuurveranderingen in het bedrijfsleven, met name in de vorm van concentraties.
(4) Die structuurveranderingen moeten positief worden beoordeeld, voorzover zij aan de vereisten van een dynamische mededinging beantwoorden en tot versterking van het concurrentievermogen van de Europese industrie, verbetering van de voorwaarden voor de groei en verhoging van de levensstandaard in de Gemeenschap kunnen leiden.
(5) Er moet evenwel voor worden gezorgd dat het herstructureringsproces de mededinging niet blijvend schaadt; daarom moet het Gemeenschapsrecht bepalingen bevatten welke gelden voor concentraties die de daadwerkelijke mededinging op de gemeenschappelijke markt of een wezenlijk deel daarvan op significante wijze kunnen belemmeren.
(6) Een specifiek rechtsinstrument is dan ook vereist waardoor alle concentraties daadwerkelijk kunnen worden getoetst op hun effect op de mededingingsstructuur in de Gemeenschap, en dit moet het enige voor concentraties geldende instrument zijn. Verordening (EEG) nr. 4064/89 heeft het mogelijk gemaakt op dit gebied een Gemeenschapsbeleid tot ontwikkeling te brengen. Thans dient deze verordening evenwel in het licht van de opgedane ervaring te worden herschikt en omgezet in bepalingen die aan de uitdagingen van een sterker geïntegreerde markt en de komende uitbreiding van de Europese Unie zijn aangepast. Overeenkomstig de beginselen van subsidiariteit en evenredigheid zoals bedoeld in artikel 5 van het Verdrag, gaat deze richtlijn niet verder dan hetgeen nodig is voor het bereiken van de doelstelling dat de mededinging op de gemeenschappelijke markt niet wordt vervalst, in overeenstemming met het beginsel van een open markteconomie met vrije mededinging.
(7) De artikelen 81 en 82 gelden volgens de jurisprudentie van het Hof van Justitie weliswaar voor bepaalde concentraties, maar zijn toch niet voldoende om alle transacties te toetsen die onverenigbaar kunnen blijken met het door het Verdrag gewenste regime van niet vervalste mededinging. Deze verordening dient derhalve niet alleen op artikel 83, maar hoofdzakelijk op artikel 308 van het Verdrag te worden gebaseerd, op grond waarvan de Gemeenschap zich de aanvullende bevoegdheden kan toe-eigenen welke voor de verwezenlijking van haar doelstellingen noodzakelijk zijn, ook met betrekking tot concentraties op de markten voor landbouwproducten zoals genoemd in bijlage I bij het Verdrag.
(8) De in deze verordening vast te stellen bepalingen dienen te gelden voor ingrijpende structuurveranderingen waarvan de gevolgen voor de markt verder reiken dan de nationale grenzen van één lidstaat. Dergelijke concentraties dienen in de regel alleen op Gemeenschapsniveau te worden onderzocht, overeenkomstig het eenloketssysteem en met inachtneming van het subsidiariteitsbeginsel. Concentraties waarop deze verordening niet van toepassing is, behoren in beginsel tot de bevoegdheid van de lidstaten.
(9) Het toepassingsgebied van deze verordening dient aan de hand van het geografische bereik van de activiteit van de betrokken ondernemingen te worden vastgesteld en door kwantitatieve drempels te worden beperkt, teneinde daaronder die concentraties te doen vallen welke een communautaire dimensie hebben. De Commissie dient aan de Raad verslag uit te brengen over de toepassing van de geldende drempels en criteria, zodat de Raad deze, evenals de regels betreffende verwijzing vóór

aanmelding, op grond van artikel 202 van het Verdrag geregeld kan aanpassen in het licht van de opgedane ervaring. Dit veronderstelt dat de lidstaten aan de Commissie statistische gegevens verstrekken die haar in staat stellen dergelijke verslagen en eventuele voorstellen voor aanpassingen op te stellen. De verslagen en voorstellen van de Commissie moeten gebaseerd zijn op relevante informatie die regelmatig door de lidstaten wordt verstrekt.

(10) Er moet worden geacht sprake te zijn van een concentratie met een communautaire dimensie indien de gezamenlijke omzet van de betrokken ondernemingen bepaalde drempels overschrijdt; hierbij speelt het geen rol of de ondernemingen die de concentratie tot stand brengen, hun zetel of hun belangrijkste werkterreinen in de Gemeenschap hebben, mits zij er aanzienlijke activiteiten ontplooien.

(11) De regels voor de verwijzing van concentraties door de Commissie naar de lidstaten en door de lidstaten naar de Commissie dienen in het licht van het subsidiariteitsbeginsel als een doeltreffend correctiemechanisme te functioneren. Deze regels beschermen op afdoende wijze de belangen op concurrentiegebied van de lidstaten en houden rekening met de rechtszekerheid en het eenloketsbeginsel.

(12) Concentraties tussen lidstaten kunnen in aanmerking komen voor onderzoek op grond van een aantal nationale stelsels van concentratiecontrole indien zij beneden de in deze verordening genoemde omzetdrempels blijven. Meervoudige aanmelding van dezelfde transactie vergroot de rechtsonzekerheid, alsmede de moeite en de kosten voor de ondernemingen, en kan leiden tot tegenstrijdige beoordelingen. Het systeem volgens hetwelk concentraties door de betrokken lidstaten naar de Commissie kunnen worden verwezen, dient derhalve verder te worden ontwikkeld.

(13) De Commissie dient te handelen in nauw en voortdurend contact met de bevoegde autoriteiten van de lidstaten waarvan zij opmerkingen en inlichtingen krijgt.

(14) De Commissie en de bevoegde autoriteiten van de lidstaten dienen tezamen een netwerk van overheidsinstanties te vormen die hun respectieve bevoegdheden in nauwe samenwerking toepassen, waarbij zij zich bedienen van doelmatige kennisgevings- en raadplegingsmechanismen, teneinde te waarborgen dat de zaak wordt behandeld door de meest geschikte autoriteit, met inachtneming van het subsidiariteitsbeginsel en teneinde meervoudige aanmeldingen van eenzelfde concentratie zoveel mogelijk te vermijden. Verwijzingen van concentraties door de Commissie naar de lidstaten en door de lidstaten naar de Commissie dienen doelmatig te geschieden en er moet zoveel mogelijk worden vermeden dat een concentratie zowel vóór als na aanmelding ervan het voorwerp van een verwijzing is.

(15) De Commissie moet in staat zijn aangemelde concentraties met een communautaire dimensie die in significante mate gevolgen voor de mededinging dreigen te hebben op een markt in een lidstaat welke alle kenmerken van een afzonderlijke markt vertoont, naar die lidstaat te verwijzen. Indien de concentratie gevolgen heeft voor de mededinging op een dergelijke markt, die geen wezenlijk deel van de gemeenschappelijke markt vormt, moet de Commissie verplicht zijn de zaak, op verzoek, geheel of gedeeltelijk naar de betrokken lidstaat te verwijzen. Een lidstaat moet in staat zijn een concentratie die geen communautaire dimensie heeft maar die de handel tussen de lidstaten beïnvloedt en in significante mate gevolgen voor de mededinging op zijn grondgebied dreigt te hebben, naar de Commissie te verwijzen. Andere lidstaten die ook bevoegd zijn om de concentratie te toetsen, moeten in staat zijn zich bij het verzoek aan te sluiten. In dergelijke situaties dienen ter wille

van de doelmatigheid en de voorspelbaarheid van het systeem nationale termijnen opgeschort te worden totdat een besluit is genomen over de verwijzing van de zaak. De Commissie moet de bevoegdheid hebben om namens een verzoekende lidstaat of verzoekende lidstaten een concentratie te onderzoeken en in behandeling te nemen.

(16) De betrokken ondernemingen dienen in de gelegenheid te worden gesteld te verzoeken om verwijzing naar of door de Commissie voordat een concentratie wordt aangemeld, teneinde de doelmatigheid van het stelsel van concentratiecontrole in de Gemeenschap verder te verbeteren. In dergelijke situaties dienen de Commissie en de nationale mededingingsautoriteiten ter wille van de doelmatigheid van het stelsel binnen korte en duidelijk bepaalde termijnen te besluiten of er een verwijzing naar of door de Commissie moet plaatsvinden. Op verzoek van de betrokken ondernemingen moet de Commissie in staat zijn een concentratie met een communautaire dimensie die in significante mate gevolgen kan hebben voor de mededinging op een markt in die lidstaat welke alle kenmerken van een afzonderlijke markt vertoont, naar een lidstaat te verwijzen. De betrokken ondernemingen zouden evenwel niet moeten hoeven aantonen dat de gevolgen van de concentratie schadelijk zouden zijn voor de mededinging. Een concentratie dient door de Commissie niet naar een lidstaat te worden verwezen die te kennen heeft gegeven het niet eens te zijn met de verwijzing. Voordat een concentratie bij de nationale autoriteiten wordt aangemeld, dienen de betrokken ondernemingen in de gelegenheid te worden gesteld, te verzoeken dat een concentratie zonder een communautaire dimensie die vatbaar is voor toetsing krachtens de nationale mededingingswetgeving van ten minste drie lidstaten, naar de Commissie wordt verwezen. Dergelijke verzoeken om verwijzing naar de Commissie vóór aanmelding zouden met name pertinent zijn in situaties waarin de concentratie ook buiten het grondgebied van een bepaalde lidstaat gevolgen voor de mededinging zou hebben. Indien een concentratie die vatbaar is voor toetsing krachtens de mededingingswetgeving van drie of meer lidstaten, vóór enige nationale aanmelding naar de Commissie wordt verwezen en geen enkele tot toetsing bevoegde lidstaat te kennen geeft het niet eens te zijn met deze verwijzing, dient de Commissie de uitsluitende bevoegdheid te worden gegeven om de concentratie te toetsen, en een dergelijke concentratie zou geacht moeten worden een communautaire dimensie te hebben. Dergelijke verwijzingen vóór aanmelding door lidstaten naar de Commissie dienen evenwel niet plaats te vinden, indien ten minste één tot toetsing van de zaak bevoegde lidstaat te kennen heeft gegeven het niet eens te zijn met een dergelijke verwijzing.

(17) Onverminderd het toezicht door het Hof van Justitie, moet aan de Commissie de uitsluitende bevoegdheid worden toegekend om deze verordening toe te passen.

(18) De lidstaten mogen hun nationale mededingingswetgeving niet op concentraties met een communautaire dimensie toepassen, tenzij deze verordening daarin voorziet. De desbetreffende bevoegdheden van de nationale autoriteiten moeten worden beperkt tot de gevallen waarin een daadwerkelijke mededinging op het grondgebied van een lidstaat, wanneer de Commissie niet optreedt, op significante wijze dreigt te worden belemmerd en de mededingingsbelangen van die lidstaat niet voldoende anderszins door deze verordening kunnen worden beschermd. De betrokken lidstaten moeten in dergelijke gevallen snel optreden. In deze verordening kan vanwege het uiteenlopende karakter van de nationale wetgevingen niet één enkele uiterste

datum voor het geven van eindbeschikkingen krachtens het nationale recht worden vastgesteld.
(19) De exclusieve toepassing van deze verordening op concentraties met een communautaire dimensie laat overigens artikel 296 van het Verdrag onverlet en verhindert niet dat de lidstaten passende maatregelen nemen ter bescherming van andere rechtmatige belangen dan die welke in deze verordening in aanmerking worden genomen, voorzover die maatregelen verenigbaar zijn met de algemene beginselen en de overige bepalingen van het Gemeenschapsrecht.
(20) Het is wenselijk het begrip 'concentratie' dusdanig te definiëren dat het betrekking heeft op transacties welke een blijvende wijziging in de zeggenschap over de betrokken ondernemingen en derhalve in de structuur van de markt teweegbrengen. Het is daarom dienstig dat alle gemeenschappelijke ondernemingen die duurzaam alle functies van een zelfstandige economische eenheid vervullen, onder de toepassing van deze verordening vallen. Bovendien is het wenselijk om transacties die nauw verweven zijn, in die zin dat zij van elkaar afhangen of de vorm aannemen van een reeks effectentransacties die binnen een redelijk korte tijdspanne plaatsvinden, als één concentratie te behandelen.
(21) Deze verordening dient van toepassing te zijn wanneer de betrokken ondernemingen beperkingen aanvaarden die rechtstreeks verband houden met en nodig zijn voor de totstandbrenging van de concentratie. Beschikkingen van de Commissie waarbij concentraties uit hoofde van deze verordening verenigbaar worden verklaard met de gemeenschappelijke markt, dienen automatisch betrekking te hebben op dergelijke beperkingen, zonder dat de Commissie verplicht is deze beperkingen in ieder afzonderlijk geval te beoordelen. Op verzoek van de betrokken ondernemingen dient de Commissie evenwel in zaken die aanleiding geven tot werkelijke onzekerheid omdat hierin nieuwe of onopgeloste vragen rijzen, uitdrukkelijk te beoordelen of een beperking al dan niet rechtstreeks verband houdt met en nodig is voor de totstandbrenging van de concentratie. In een zaak rijst een nieuwe of onopgeloste vraag die aanleiding geeft tot werkelijke onzekerheid indien de vraag niet wordt bestreken door de daarop toepasselijke mededeling van de Commissie of door een bekendgemaakte beschikking van de Commissie.
(22) Bij de in te voeren regeling voor controle op concentraties moet, onverminderd artikel 86, lid 2, van het Verdrag, het beginsel van non-discriminatie ten aanzien van de overheids- en particuliere sector worden gehonoreerd. In de overheidssector moet daarom bij de berekening van de omzet van een onderneming die aan de concentratie deelneemt, rekening worden gehouden met ondernemingen die een economisch geheel vormen met een zelfstandige beslissingsbevoegdheid, ongeacht de vraag wie het kapitaal ervan bezit of welke regels inzake administratief toezicht daarop van toepassing zijn.
(23) Vastgesteld moet worden of concentraties met een communautaire dimensie al dan niet verenigbaar zijn met de gemeenschappelijke markt, in verband met de noodzaak op de gemeenschappelijke markt een daadwerkelijke mededinging te handhaven en te ontwikkelen. Bij haar beoordeling moet de Commissie uitgaan van het algemene kader van de verwezenlijking van de in artikel 2 van het Verdrag tot oprichting van de Europese Gemeenschap en artikel 2 van het Verdrag betreffende de Europese Unie bedoelde fundamentele doelstellingen.

(24) Om een stelsel van ongestoorde mededinging op de gemeenschappelijke markt te waarborgen, in het kader van een in overeenstemming met het beginsel van een open markteconomie met vrije mededinging gevoerd beleid, moet deze verordening een daadwerkelijke toetsing van alle concentraties op hun gevolgen voor de mededinging in de Gemeenschap mogelijk maken. Daarom is in Verordening (EEG) nr. 4064/89 het beginsel vastgelegd dat concentraties met een communautaire dimensie die een machtspositie op de markt in het leven roepen of versterken welke tot gevolg heeft dat een daadwerkelijke mededinging in de gemeenschappelijke markt of in een wezenlijk gedeelte van die markt op significante wijze wordt belemmerd, onverenigbaar met de gemeenschappelijke markt moeten worden verklaard.

(25) Gelet op de gevolgen die concentraties in oligopolistische marktstructuren kunnen hebben, is het des te meer noodzakelijk op dergelijke markten de daadwerkelijke mededinging te handhaven. Op vele oligopolistische markten bestaat een gezonde mate van mededinging. Onder bepaalde omstandigheden kunnen concentraties die gepaard gaan met het wegvallen van aanzienlijke remmingen die de fuserende partijen van tevoren door de mededinging op elkaar uitoefenden, en met een verlaging van de concurrentiedruk voor de overige concurrenten, evenwel tot gevolg hebben dat daadwerkelijke mededinging op significante wijze wordt belemmerd, zelfs wanneer coördinatie tussen leden van de oligopolie onwaarschijnlijk is. Tot dusverre hebben de communautaire rechtscolleges Verordening (EEG) nr. 4064/89 echter niet uitdrukkelijk uitgelegd in die zin dat concentraties die dergelijke niet aan coördinatie toe te schrijven gevolgen teweegbrengen, onverenigbaar dienen te worden verklaard met de gemeenschappelijke markt. De rechtszekerheid gebiedt derhalve te expliciteren dat deze verordening voorziet in effectieve controle op dergelijke concentraties door uit te gaan van het beginsel dat concentraties die de daadwerkelijke mededinging op significante wijze zouden belemmeren, onverenigbaar met de gemeenschappelijke markt moeten worden verklaard. Het bepaalde in artikel 2, leden 3 en 4, heeft ten doel het begrip 'significante belemmering van daadwerkelijke mededinging' uit te leggen in die zin dat het, naast het begrip 'machtspositie', alleen de mededingingbelemmerende gevolgen van een concentratie bestrijkt welke voortvloeien uit niet-gecoördineerd gedrag van ondernemingen die geen machtspositie op de betrokken markt zouden hebben.

(26) Aangezien significante belemmering van daadwerkelijke mededinging pleegt voort te vloeien uit het in het leven roepen of versterken van een machtspositie en teneinde de richtsnoeren die kunnen worden ontleend aan de vaste jurisprudentie van de Europese rechtscolleges en de beschikkingen van de Commissie uit hoofde van Verordening (EEG) nr. 4064/89 te vrijwaren en tegelijkertijd consistentie te betrachten met de standaarden van schade voor de mededinging die door de Commissie en de communautaire rechtscolleges zijn gehanteerd om te bepalen of een concentratie verenigbaar is met de gemeenschappelijke markt, moet in deze verordening het beginsel worden vastgelegd dat concentraties met een communautaire dimensie die de daadwerkelijke mededinging op de gemeenschappelijke markt of een wezenlijk deel daarvan op significante wijze zouden belemmeren, met name door een machtspositie in het leven te roepen of te versterken, onverenigbaar met de gemeenschappelijke markt moeten worden verklaard.

(27) Voorts moeten de criteria van artikel 81, leden 1 en 3, van het Verdrag worden toegepast op gemeenschappelijke ondernemingen die duurzaam alle functies van

een zelfstandige economische eenheid vervullen, voorzover de oprichting ervan tot gevolg heeft dat de mededinging tussen onafhankelijk blijvende ondernemingen merkbaar wordt beperkt.
(28) Om te verduidelijken en uit te leggen hoe de Commissie in het licht van deze verordening concentraties beoordeelt, is het wenselijk dat de Commissie richtsnoeren bekendmaakt die een degelijk economisch kader bieden voor de beoordeling van concentraties, teneinde vast te stellen of zij al dan niet verenigbaar kunnen worden verklaard met de gemeenschappelijke markt.
(29) Bij het vaststellen van de invloed van een concentratie op de mededinging in de gemeenschappelijke markt is het dienstig rekening te houden met alle waarschijnlijke efficiëntieverbeteringen die de betrokken ondernemingen aannemelijk maken. Het is mogelijk dat de efficiëntieverbeteringen die de concentratie teweegbrengt, opwegen tegen de gevolgen voor de mededinging, in het bijzonder tegen de mogelijke schade voor de consumenten, die er anders uit zouden kunnen voortvloeien en dat de concentratie bijgevolg de daadwerkelijke mededinging op de gemeenschappelijke markt of een wezenlijk deel daarvan niet op significante wijze zou belemmeren, met name door een machtspositie in het leven te roepen of te versterken. De Commissie dient te verduidelijken onder welke voorwaarden zij rekening kan houden met efficiëntieverbeteringen.
(30) Indien de betrokken ondernemingen een aangemelde concentratie wijzigen, met name door het aanbieden van verbintenissen om de concentratie verenigbaar te maken met de gemeenschappelijke markt, moet de Commissie de gewijzigde concentratie verenigbaar kunnen verklaren met de gemeenschappelijke markt. Dergelijke verbintenissen dienen in verhouding te staan tot het mededingingsprobleem en dit probleem volledig weg te werken. Het is tevens dienstig vóór de inleiding van de procedure verbintenissen te aanvaarden, voorzover het mededingingsprobleem scherp is omlijnd en gemakkelijk kan worden verholpen. Er dient uitdrukkelijk te worden bepaald dat de Commissie aan haar beschikking voorwaarden en verplichtingen kan verbinden die moeten waarborgen dat de betrokken ondernemingen tijdig en doelmatig de verbintenissen nakomen die zij zijn aangegaan om de concentratie verenigbaar te maken met de gemeenschappelijke markt. Transparantie en daadwerkelijke raadpleging van zowel de lidstaten als belanghebbende derden dienen gedurende de gehele procedure te worden verzekerd.
(31) De Commissie dient over passende instrumenten te beschikken om de nakoming van verbintenissen af te dwingen en om op te treden in gevallen waarin ze niet worden nagekomen. In gevallen waarin niet voldaan wordt aan een voorwaarde die is opgelegd bij een beschikking waarbij de concentratie verenigbaar wordt verklaard met de gemeenschappelijke markt, komt de situatie waardoor de concentratie verenigbaar zou zijn met de gemeenschappelijke markt niet tot stand en wordt de aldus tot stand gebrachte concentratie derhalve niet door de Commissie goedgekeurd. Indien de concentratie tot stand wordt gebracht, dient deze bijgevolg op dezelfde wijze te worden behandeld als een niet-aangemelde concentratie welke zonder goedkeuring tot stand is gebracht. Bovendien dient de Commissie de bevoegdheid te hebben om rechtstreeks de ontbinding van de concentratie te gelasten indien zij reeds heeft vastgesteld dat de concentratie bij ontbreken van de voorwaarde onverenigbaar zou zijn met de gemeenschappelijke markt, zulks om de situatie te herstellen die vóór de totstandbrenging van de concentratie bestond. Indien een verplichting die ver-

bonden is aan een beschikking waarbij de concentratie verenigbaar wordt verklaard met de gemeenschappelijke markt, niet wordt nagekomen, dient de Commissie in de gelegenheid te zijn haar beschikking in te trekken. Voorts dient de Commissie in staat te zijn passende financiële sancties op te leggen indien voorwaarden of verplichtingen niet worden nagekomen.

(32) Van concentraties die, wegens het beperkte marktaandeel van de betrokken ondernemingen, de daadwerkelijke mededinging niet kunnen belemmeren, kan worden vermoed dat zij met de gemeenschappelijke markt verenigbaar zijn. Onverminderd de artikelen 81 en 82 van het Verdrag, is een indicatie in die zin aanwezig wanneer het marktaandeel van de betrokken ondernemingen noch in de gemeenschappelijke markt, noch in een wezenlijk gedeelte daarvan, 25 % overschrijdt.

(33) De Commissie dient tot taak te hebben alle beschikkingen te geven die nodig zijn om vast te stellen of concentraties met een communautaire dimensie al dan niet verenigbaar zijn met de gemeenschappelijke markt, alsmede beschikkingen waarmee het herstel van de situatie vóór de totstandbrenging van een concentratie die onverenigbaar met de gemeenschappelijke markt is verklaard, wordt beoogd.

(34) Met het oog op een doeltreffende controle moet aan ondernemingen de verplichting worden opgelegd concentraties met een communautaire dimensie vooraf aan te melden, na de sluiting van de overeenkomst, de aankondiging van het openbare overnamebod of de verwerving van een zeggenschapsdeelneming. Aanmelding dient eveneens mogelijk te zijn indien de betrokken ondernemingen ten overstaan van de Commissie hun voornemen aannemelijk maken een overeenkomst voor een voorgestelde concentratie aan te gaan, alsook aan de Commissie aantonen dat hun plan voor die voorgenomen concentratie voldoende concreet is, bijvoorbeeld aan de hand van een principeakkoord, een memorandum van overeenstemming of een intentieverklaring welke door alle betrokken ondernemingen is ondertekend of, in het geval van een openbaar overnamebod, indien zij publiekelijk een voornemen tot het doen van een dergelijk bod hebben aangekondigd, voorzover de voorgenomen overeenkomst of het voorgenomen bod zou leiden tot een concentratie met een communautaire dimensie. Concentraties moeten worden opgeschort totdat een eindbeschikking is gegeven. Het moet evenwel mogelijk zijn in voorkomend geval, op verzoek van de betrokken ondernemingen, van deze opschorting af te zien. Bij haar besluit om al dan niet van opschorting af te zien, moet de Commissie rekening houden met alle terzake doende factoren, zoals de aard en de ernst van de schade voor de betrokken ondernemingen of voor derden en de bedreiging die de concentratie voor de mededinging inhoudt. In het belang van de rechtszekerheid moet de geldigheid van de transacties niettemin zoveel als nodig is worden beschermd.

(35) Er moet worden voorzien in een termijn waarbinnen de Commissie terzake van een aangemelde concentratie de procedure moet inleiden, alsmede in een termijn waarbinnen zij over verenigbaarheid of onverenigbaarheid van een concentratie met de gemeenschappelijke markt een eindbeschikking moet geven. Deze termijnen moeten worden verlengd indien de betrokken ondernemingen verbintenissen aanbieden om de concentratie verenigbaar te maken met de gemeenschappelijke markt, teneinde voldoende tijd te bieden voor de analyse van en het marktonderzoek betreffende de voorgestelde verbintenissen, alsmede voor de raadpleging van de lidstaten en belanghebbende derden. Een beperkte verlenging van de termijn waarbinnen de Commissie haar eindbeschikking moet geven, moet eveneens mo-

gelijk zijn, teneinde voldoende tijd te bieden voor het onderzoek van de zaak en de verificatie van de feiten en argumenten die aan de Commissie zijn voorgelegd.

(36) De Gemeenschap eerbiedigt de grondrechten en neemt de beginselen in acht die erkend zijn in het Handvest van de grondrechten van de Europese Unie [5]. Derhalve dient deze verordening te worden uitgelegd en toegepast in overeenstemming met deze rechten en beginselen.

(37) Aan de betrokken ondernemingen moet het recht worden toegekend om, zodra de procedure is ingeleid, door de Commissie te worden gehoord. Ook aan de leden van de bestuurs- of toezichtorganen en aan de erkende werknemersvertegenwoordigers in de betrokken ondernemingen, alsmede aan belanghebbende derden, moet de gelegenheid worden geboden om te worden gehoord.

(38) Teneinde haar in staat te stellen concentraties correct te beoordelen, dient aan de Commissie het recht te worden verleend in de gehele Gemeenschap alle noodzakelijke inlichtingen op te vragen en alle noodzakelijke inspecties te verrichten. Daartoe en met het oog op een doeltreffende bescherming van de mededinging dienen de onderzoeksbevoegdheden van de Commissie te worden uitgebreid. De Commissie moet met name het recht hebben iedere persoon te horen die mogelijkerwijs over nuttige informatie beschikt, en diens verklaringen op te tekenen.

(39) Tijdens een inspectie moeten de door de Commissie gemachtigde functionarissen het recht hebben alle informatie op te vragen die met het voorwerp en het doel van de inspectie verband houdt. Zij dienen tevens het recht te hebben zegels aan te brengen tijdens inspecties, met name in omstandigheden waarin er redelijke gronden bestaan om te vermoeden dat een concentratie tot stand is gebracht zonder aanmelding, dat onjuiste, onvolledige of misleidende informatie aan de Commissie is verstrekt of dat de betrokken ondernemingen of personen een bij een beschikking van de Commissie opgelegde voorwaarde of verplichting niet zijn nagekomen. Zegels dienen slechts in uitzonderlijke omstandigheden te worden aangebracht, en slechts gedurende de periode die strikt noodzakelijk is voor de inspectie, normaliter niet meer dan 48 uur.

(40) Onverminderd de rechtspraak van het Hof van Justitie, is het zinvol te bepalen hoe ver het toetsingsrecht van de nationale rechter reikt wanneer die overeenkomstig het nationale recht en bij wijze van voorzorgsmaatregel machtiging verleent voor bijstaan van de handhavingsinstanties om het mogelijke verzet van een onderneming tegen een bij beschikking van de Commissie gelaste inspectie, waaronder het aanbrengen van zegels, te overwinnen. Uit de rechtspraak vloeit voort dat de nationale rechter de Commissie met name om nadere informatie mag verzoeken die hij voor die toetsing nodig heeft, en dat hij die machtiging kan weigeren indien hij die informatie niet krijgt. De rechtspraak bevestigt tevens de bevoegdheid van de nationale rechter om te toetsen of de nationale voorschriften betreffende het gebruik van dwangmaatregelen correct zijn toegepast. De bevoegde autoriteiten van de lidstaten moeten de Commissie bij de uitoefening van haar onderzoeksbevoegdheden actief medewerking verlenen.

(41) Indien zij gevolg geven aan een beschikking van de Commissie, kunnen de betrokken personen en ondernemingen niet worden gedwongen te erkennen dat zij inbreuken hebben gepleegd, maar zij zijn er steeds toe gehouden vragen over feiten te beant-

---

(5) PB C 364 van 18.12.2000, blz. 1.

woorden en documenten te verstrekken, zelfs als deze informatie kan dienen om ten aanzien van hen of van anderen het bestaan van een inbreuk aan te tonen.
(42) Ter wille van de transparantie dient aan alle beschikkingen van de Commissie die niet van louter procedurele aard zijn, een ruime bekendheid te worden gegeven. Het recht van verdediging van de betrokken ondernemingen, met name het recht op inzage in het dossier, moet worden gewaarborgd, maar het is van essentieel belang dat zakengeheimen worden beschermd. Voorts moet de vertrouwelijkheid van de binnen het netwerk en met de bevoegde autoriteiten van derde landen uitgewisselde gegevens worden gewaarborgd.
(43) De naleving van deze verordening moet in voorkomend geval met geldboeten en dwangsommen kunnen worden afgedwongen. Aan het Hof van Justitie dient in dezen overeenkomstig artikel 229 van het Verdrag volledige rechtsmacht te worden verleend.
(44) De voorwaarden waaronder in derde landen concentraties tot stand komen waaraan ondernemingen deelnemen die hun zetel of hun belangrijkste werkterreinen in de Gemeenschap hebben, moeten worden bestudeerd en de Commissie moet de mogelijkheid hebben om van de Raad een passend onderhandelingsmandaat te krijgen teneinde voor ondernemingen uit de Gemeenschap een non-discriminatoire behandeling te verkrijgen.
(45) Deze verordening doet op geen enkele wijze afbreuk aan de collectieve rechten van werknemers, zoals die in de betrokken ondernemingen zijn erkend, met name voor wat betreft een eventuele verplichting om op grond van het Gemeenschapsrecht of het nationale recht hun erkende vertegenwoordigers te informeren of te raadplegen.
(46) De Commissie moet bepalingen tot uitvoering van deze verordening kunnen vaststellen volgens de procedure voor de uitoefening van de aan de Commissie verleende uitvoeringsbevoegdheden. Voor de vaststelling van die uitvoeringsbepalingen dient de Commissie te worden bijgestaan door een adviescomité zoals bedoeld in artikel 23, dat is samengesteld uit vertegenwoordigers van de lidstaten,

HEEFT DE VOLGENDE VERORDENING VASTGESTELD:

Artikel 1
Toepassingsgebied

1. Deze verordening geldt onverminderd artikel 4, lid 5, en artikel 22, voor alle concentraties die in de zin van dit artikel worden beschouwd als concentraties met een communautaire dimensie.

2. Een concentratie heeft een communautaire dimensie indien
a) de totale omzet die over de gehele wereld door alle betrokken ondernemingen tezamen is behaald, meer dan 5 miljard EUR bedraagt, en
b) ten minste twee van de betrokken ondernemingen elk afzonderlijk een totale omzet binnen de Gemeenschap hebben behaald die meer dan 250 miljoen EUR bedraagt,

tenzij elk van de betrokken ondernemingen meer dan tweederde van haar totale omzet binnen de Gemeenschap in een en dezelfde lidstaat behaalt.

3. Een concentratie die niet voldoet aan de in lid 2 vastgestelde drempels, wordt beschouwd als een concentratie met een communautaire dimensie indien
a) de totale omzet die over de gehele wereld door alle betrokken ondernemingen tezamen is behaald, meer dan 2,5 miljard EUR bedraagt,

b) de totale omzet die door alle betrokken ondernemingen in elk van ten minste drie lidstaten is behaald, meer dan 100 miljoen EUR bedraagt,
c) in elk van de drie lidstaten die ten behoeve van letter b) in aanmerking zijn genomen, ten minste twee van de betrokken ondernemingen elk afzonderlijk een totale omzet hebben behaald die meer dan 25 miljoen EUR bedraagt, en
d) ten minste twee van de betrokken ondernemingen elk afzonderlijk een totale omzet binnen de Gemeenschap hebben betaald die meer dan 100 miljoen EUR bedraagt,

tenzij elk van de betrokken ondernemingen meer dan tweederde van haar totale omzet binnen de Gemeenschap in een en dezelfde lidstaat behaalt.

4. De Commissie brengt uiterlijk op 1 juli 2009 op basis van statistische gegevens die haar regelmatig door de lidstaten kunnen worden verstrekt, aan de Raad verslag uit over de toepassing van de in de leden 2 en 3 bepaalde drempels en criteria en zij kan voorstellen uit hoofde van lid 5 indienen.

5. Ingevolge het in lid 4 bedoelde verslag kan de Raad, op voorstel van de Commissie, de in lid 3 bepaalde drempels en criteria met gekwalificeerde meerderheid van stemmen wijzigen.

[20-01-2004, PbEG L 24, i.w.tr. 18-02-2004/regelingnummer 139/2004]

Artikel 2
Beoordeling van concentraties

1. Concentraties in de zin van deze verordening worden aan de hand van onderstaande bepalingen getoetst op hun verenigbaarheid of onverenigbaarheid met de gemeenschappelijke markt.

Bij die beoordeling houdt de Commissie rekening
a) met de noodzaak, op de gemeenschappelijke markt de daadwerkelijke mededinging te handhaven en te ontwikkelen in het licht van, met name, de structuur van alle betrokken markten en van de bestaande of potentiële mededinging van binnen of buiten de Gemeenschap gevestigde ondernemingen;
b) met de marktpositie van de betrokken ondernemingen, hun economische en financiële macht, de keuzemogelijkheden van leveranciers en afnemers, hun toegang tot voorzieningsbronnen en afzetmarkten, het bestaan van juridische of feitelijke hinderpalen voor de toegang tot de markt, de ontwikkeling van de vraag naar en het aanbod van de betrokken producten en diensten, de belangen van de tussen- en eindverbruikers, alsmede de ontwikkeling van de technische en economische vooruitgang voorzover deze in het voordeel van de consument is en geen belemmering vormt voor de mededinging.

2. Concentraties die de daadwerkelijke mededinging op de gemeenschappelijke markt of een wezenlijk deel daarvan niet op significante wijze zouden belemmeren, met name door een machtspositie in het leven te roepen of te versterken, moeten verenigbaar verklaard worden met de gemeenschappelijke markt.

3. Concentraties die de daadwerkelijke mededinging op de gemeenschappelijke markt of een wezenlijk deel daarvan op significante wijze zouden belemmeren, met name als het resultaat van het in het leven roepen of versterken van een machtspositie, moeten onverenigbaar verklaard worden met de gemeenschappelijke markt.

4. Indien de oprichting van een gemeenschappelijke onderneming die een concentratie vormt in de zin van artikel 3, de coördinatie beoogt of tot stand brengt van het concurrentiegedrag van ondernemingen die onafhankelijk blijven, dan wordt die coördinatie beoordeeld overeenkomstig de criteria van artikel 81, leden 1 en 3, van het Verdrag, teneinde vast te stellen of de transactie al dan niet verenigbaar is met de gemeenschappelijke markt.

5. Bij die beoordeling houdt de commissie onder meer rekening met
– het significant en gelijktijdig actief blijven van twee of meer oprichtende ondernemingen op dezelfde markt als die van de gemeenschappelijke onderneming, of op een downstream- of upstreammarkt van laatstgenoemde markt, of op een nauw met die markt verbonden aangrenzende markt,
– de mogelijkheid die aan de betrokken ondernemingen wordt gegeven om, via de coördinatie die het rechtstreekse gevolg is van de oprichting van de gemeenschappelijke onderneming, de mededinging voor een wezenlijk deel van de betrokken producten en diensten uit te schakelen.

[20-01-2004, PbEG L 24, i.w.tr. 18-02-2004/regelingnummer 139/2004]

Artikel 3
Definitie van concentraties

1. Een concentratie komt tot stand indien er een duurzame wijziging van zeggenschap voortvloeit uit:
a) de fusie van twee of meer voorheen onafhankelijke ondernemingen of delen van ondernemingen, of
b) het verkrijgen, door één of meer personen die reeds zeggenschap over ten minste één onderneming bezitten, of door één of meer ondernemingen, van zeggenschap – door de verwerving van participaties in het kapitaal of vermogensbestanddelen, bij overeenkomst of op elke andere wijze –, rechtstreeks of middellijk, over één of meer andere ondernemingen of delen daarvan.

2. Zeggenschap berust op rechten, overeenkomsten of andere middelen die, afzonderlijk of gezamenlijk, met inachtneming van alle feitelijke en juridische omstandigheden, het mogelijk maken een beslissende invloed uit te oefenen op de activiteiten van een onderneming, met name
a) eigendoms- of gebruiksrechten op alle vermogensbestanddelen van een onderneming of delen daarvan;
b) rechten of overeenkomsten die een beslissende invloed verschaffen op de samenstelling, het stemgedrag of de besluiten van de ondernemingsorganen.

3. Zeggenschap wordt verkregen door de persoon/personen of de onderneming/ondernemingen:
a) die zelf rechthebbenden zijn of aan deze overeenkomsten rechten ontlenen, of
b) die, hoewel zij zelf geen rechthebbenden zijn, noch aan deze overeenkomsten rechten ontlenen, de bevoegdheid hebben de daaruit voortvloeiende rechten uit te oefenen.

4. De oprichting van een gemeenschappelijke onderneming die duurzaam alle functies van een zelfstandige economische eenheid vervult, vormt een concentratie in de zin van lid 1, onder *b*).

5. Een concentratie wordt geacht niet tot stand te komen
a) wanneer kredietinstellingen of andere financiële instellingen of verzekeringsmaatschappijen tot de normale werkzaamheden waarvan de verhandeling van effecten voor eigen rekening of voor rekening van derden behoort, tijdelijke deel-

nemingen houden die zij in een onderneming hebben verworven, teneinde deze deelnemingen weer te verkopen, mits zij de aan deze deelnemingen verbonden stemrechten niet uitoefenen om het concurrentiegedrag van deze onderneming te bepalen of mits zij deze stemrechten slechts uitoefenen om de verkoop van deze onderneming of van haar activa, geheel of gedeeltelijk, of de verkoop van deze deelnemingen voor te bereiden en deze verkoop plaatsvindt binnen een jaar na de verwerving; deze termijn kan op verzoek door de Commissie verlengd worden, wanneer deze instellingen of maatschappijen aantonen dat de verkoop binnen de gestelde termijn redelijkerwijs niet mogelijk was;

b) wanneer de zeggenschap door een lasthebber van de overheid is verkregen krachtens de wetgeving van een lidstaat inzake liquidatie, faillissement, insolventie, staking van betalingen, akkoord of soortgelijke procedures;

c) wanneer de in lid 1, onder b), bedoelde handelingen worden uitgevoerd door participatiemaatschappijen zoals bedoeld in artikel 5, lid 3, van Richtlijn 78/660/EEG van de Raad van 25 juli 1978 betreffende de jaarrekening van bepaalde vennootschapsvormen, met dien verstande echter dat de stemrechten die aan de in bezit zijnde deelnemingen zijn verbonden, slechts worden uitgeoefend om, met name door de benoeming van de leden van de raden van bestuur en van toezicht van de ondernemingen waarin zij deelnemingen houden, de volledige waarde van deze investeringen veilig te stellen en niet om rechtstreeks of onrechtstreeks het concurrentiegedrag van die ondernemingen te bepalen.

[20-01-2004, PbEG L 24, i.w.tr. 18-02-2004/regelingnummer 139/2004]

Artikel 4
Voorafgaande aanmelding van concentraties en verwijzing vóór aanmelding op verzoek van de aanmeldende partijen

1. Concentraties met een communautaire dimensie in de zin van deze verordening moeten bij de Commissie worden aangemeld vóór de totstandbrenging ervan en na de sluiting van de overeenkomst, de aankondiging van het openbare overnamebod of de verwerving van een zeggenschapsdeelneming.

Een aanmelding kan eveneens worden gedaan indien de betrokken ondernemingen aan de Commissie aantonen dat zij te goeder trouw voornemens zijn een overeenkomst te sluiten of, in het geval van een openbaar overnamebod, indien zij publiekelijk een voornemen tot het doen van een dergelijk bod hebben aangekondigd, voorzover de voorgenomen overeenkomst of het voorgenomen bod zou leiden tot een concentratie met een communautaire dimensie.

In deze verordening wordt onder een aangemelde concentratie ook een voorgenomen concentratie verstaan die overeenkomstig de tweede alinea is aangemeld. In de leden 4 en 5 wordt onder een concentratie ook een voorgenomen concentratie verstaan in de zin van de tweede alinea van dit lid.

2. Concentraties door fusie in de zin van artikel 3, lid 1, onder *a)*, of door totstandkoming van een gezamenlijke zeggenschap in de zin van artikel 3, lid 1, onder *b)*, moeten gezamenlijk worden aangemeld door de partijen bij de fusie of door de partijen die de gezamenlijke zeggenschap verkrijgen. In alle andere gevallen moet de aanmelding plaatsvinden door de persoon of de onderneming die de zeggenschap over één of meer ondernemingen of een gedeelte daarvan verwerft.

3. Indien de Commissie vaststelt dat een aangemelde concentratie onder deze verordening valt, publiceert zij het feit van de aanmelding, met vermelding van de namen van de betrokken ondernemingen, hun land van herkomst, de aard van de concentratie en de betrokken bedrijfstakken. De Commissie houdt rekening met het gerechtvaardigde belang van de ondernemingen bij het bewaren van hun zakengeheimen.

4. Vóór de aanmelding van een concentratie in de zin van lid 1 kunnen de in lid 2 genoemde ondernemingen of personen de Commissie door middel van een gemotiveerde kennisgeving ervan in kennis stellen dat de concentratie in significante mate gevolgen kan hebben voor de mededinging op een markt in een lidstaat die alle kenmerken van een afzonderlijke markt vertoont en dat deze concentratie derhalve geheel of gedeeltelijk door die lidstaat dient te worden onderzocht.

De Commissie zendt deze kennisgeving onverwijld door aan alle lidstaten. De in de gemotiveerde kennisgeving genoemde lidstaat geeft binnen 15 werkdagen na ontvangst van deze kennisgeving te kennen of hij al dan niet instemt met het verzoek om verwijzing van de zaak. Indien die lidstaat binnen deze termijn geen beslissing terzake neemt, wordt hij geacht ermee in te stemmen.

Tenzij die lidstaat er niet mee instemt, kan de Commissie, indien zij van oordeel is dat er sprake is van een dergelijke afzonderlijke markt en dat de concentratie in significante mate gevolgen kan hebben voor de mededinging op die markt, besluiten de zaak geheel of gedeeltelijk te verwijzen naar de bevoegde autoriteiten van die lidstaat met het oog op de toepassing van de nationale mededingingswetgeving van die staat. Het besluit om de zaak al dan niet overeenkomstig het bepaalde in de derde alinea door te verwijzen, moet worden genomen binnen 25 werkdagen, te rekenen vanaf de ontvangst van de gemotiveerde kennisgeving door de Commissie. De Commissie stelt de overige lidstaten en de betrokken personen of ondernemingen in kennis van haar besluit. Indien de Commissie binnen deze termijn geen besluit neemt, wordt zij geacht een besluit te hebben genomen om de zaak overeenkomstig de door de betrokken personen of ondernemingen ingediende kennisgeving te verwijzen.

Indien de Commissie besluit, of geacht kan worden te hebben besloten, overeenkomstig het bepaalde in de derde en de vierde alinea de zaak geheel te verwijzen, behoort geen aanmelding overeenkomstig lid 1 te worden verricht en is de nationale mededingingswetgeving van toepassing. Artikel 9, leden 6 tot en met 9, is van overeenkomstige toepassing.

5. Met betrekking tot een concentratie zoals gedefinieerd in artikel 3 die geen communautaire dimensie heeft in de zin van artikel 1 en die vatbaar is voor toetsing krachtens de nationale mededingingswetgeving van ten minste drie lidstaten, kunnen de in lid 2 bedoelde personen of ondernemingen vóór enige aanmelding ervan bij de bevoegde autoriteiten of Commissie middels een gemotiveerde kennisgeving ervan in kennis stellen dat de concentratie door de Commissie dient te worden onderzocht. De Commissie zendt deze kennisgeving onverwijld door aan alle lidstaten.

Iedere lidstaat die krachtens zijn mededingingswetgeving bevoegd is de concentratie te onderzoeken, kan binnen 15 werkdagen na ontvangst van de gemotiveerde kennisgeving kenbaar maken het niet eens te zijn met het verzoek tot verwijzing van de zaak. Indien ten minste één lidstaat overeenkomstig de derde alinea binnen 15 werkdagen kenbaar heeft gemaakt het niet eens te zijn met de verwijzing van de zaak, wordt de zaak niet verwezen. De Commissie stelt onverwijld alle lidstaten en de betrokken personen of ondernemingen in kennis van de kennisgeving van niet-akkoordverklaring.

Art. 5

Indien geen van de lidstaten overeenkomstig de derde alinea binnen 15 werkdagen kenbaar heeft gemaakt het niet eens te zijn met de verwijzing van de zaak, wordt de concentratie geacht een communautaire dimensie te hebben en dient zij overeenkomstig de leden 1 en 2 bij de Commissie te worden aangemeld. In dergelijke situaties mag een lidstaat niet zijn nationale mededingingswetgeving op de concentratie toepassen.

6. De Commissie brengt uiterlijk op 1 juli 2009 aan de Raad verslag uit over de werking van de leden 4 en 5. Ingevolge dit verslag en op voorstel van de Commissie kan de Raad de leden 4 en 5 met gekwalificeerde meerderheid van stemmen wijzigen.
[20-01-2004, PbEG L 24, i.w.tr. 18-02-2004/regelingnummer 139/2004]

Artikel 5
Berekening van de omzet

1. De totale omzet in de zin van deze verordening omvat de bedragen met betrekking tot de verkoop van goederen en het leveren van diensten door de betrokken ondernemingen tijdens het laatste boekjaar in het kader van de normale bedrijfsuitoefening, onder aftrek van kortingen, van belasting over de toegevoegde waarde en van andere rechtstreeks met de omzet samenhangende belastingen. Bij de totale omzet van een betrokken onderneming wordt geen rekening gehouden met transacties tussen de in lid 4 bedoelde ondernemingen.

De in de Gemeenschap of in een lidstaat behaalde omzet omvat de in de Gemeenschap respectievelijk in die lidstaat aan ondernemingen of consumenten verkochte producten en verleende diensten.

2. Vindt de concentratie plaats via de verwerving van delen van één of meer ondernemingen, welke delen al dan niet een eigen rechtspersoonlijkheid bezitten, dan moet, in afwijking van lid 1, ten aanzien van de vervreemder of vervreemders alleen rekening worden gehouden met de omzet van de delen die het voorwerp zijn van de concentratie.

Indien echter twee of meer transacties als bedoeld in de eerste alinea binnen een periode van twee jaar plaatsvinden tussen dezelfde personen of ondernemingen dan worden deze aangemerkt als één en dezelfde concentratie die plaats heeft gevonden op de dag van de laatste transactie.

3. De omzet wordt vervangen door:
a) bij kredietinstellingen en andere financiële instellingen: de som van de onderstaande batenposten zoals omschreven in Richtlijn 86/635/EEG van de Raad [6], in voorkomend geval na aftrek van de belasting over de toegevoegde waarde en van andere rechtstreeks met de betrokken baten samenhangende belastingen:
  i) rente en soortgelijke baten;
  ii) opbrengsten uit effecten:
    — opbrengsten uit aandelen en andere niet-vastrentende effecten;
    — opbrengsten uit deelnemingen;
    — opbrengsten uit aandelen in verbonden ondernemingen;
  iii) ontvangen provisie;
  iv) nettobaten uit financiële transacties;

---
[6] *PB* L 372 van 31.12.1986, blz. 1. Verordening laatstelijk gewijzigd bij Richtlijn 2003/51/EG van het Europees Parlement en de Raad (*PB* L 178 van 17.7.2003, blz. 16).

v) overige bedrijfsopbrengsten.

De omzet van een kredietinstelling of een financiële instelling in de Gemeenschap of in een lidstaat omvat de hierboven omschreven batenposten van het bijkantoor dat of de afdeling van deze instelling die gevestigd is in de Gemeenschap of in de betrokken lidstaat, naar gelang van het geval;

b) bij verzekeringsmaatschappijen: de waarde van de bruto geboekte premies, die alle uit hoofde van de door of namens de verzekeringsonderneming gesloten verzekeringsovereenkomsten ontvangen en te ontvangen bedragen omvatten, met inbegrip van de aan herverzekering afgestane premies en na aftrek van belastingen en parafiscale bijdragen of heffingen over het bedrag van de afzonderlijke premies of het totale premievolume; voor wat betreft artikel 1, lid 2, onder *b)*, en lid 3, onder *b), c)* en *d)*, en de laatste zinsnede van beide leden, wordt respectievelijk rekening gehouden met de brutopremies, ontvangen van ingezetenen van de Gemeenschap en van ingezetenen van een lidstaat.

4. Onverminderd lid 2, moeten voor de berekening van de omzet van een betrokken onderneming in de zin van deze verordening de omzetten van de volgende ondernemingen worden opgeteld:
a) de betrokken onderneming;
b) de ondernemingen waarin de betrokken onderneming, rechtstreeks of middellijk:
   i) hetzij meer dan de helft van het kapitaal of de bedrijfsactiva bezit,
   ii) hetzij de bevoegdheid heeft om meer dan de helft van de stemrechten uit te oefenen,
   iii) hetzij de bevoegdheid heeft om meer dan de helft van de leden van de raad van toezicht of van bestuur of de krachtens de wet tot vertegenwoordiging bevoegde organen te benoemen,
   iv) hetzij het recht heeft de zaken van de onderneming te leiden;
c) ondernemingen die in de betrokken onderneming over de onder *b)* genoemde rechten of bevoegdheden beschikken;
d) ondernemingen waarin een onderneming zoals bedoeld onder *c)* over de onder *b)* genoemde rechten of bevoegdheden beschikt;
e) ondernemingen waarin twee of meer ondernemingen zoals bedoeld onder *a)* tot en met *d)* gezamenlijk over de onder *b)* genoemde rechten of bevoegdheden beschikken.

5. Indien bij de concentratie betrokken ondernemingen gezamenlijk beschikken over de in lid 4, onder *b)*, genoemde rechten of bevoegdheden, dient bij de berekening van de omzet van de betrokken ondernemingen in de zin van deze verordening:
a) geen rekening te worden gehouden met de omzet die het resultaat is van de verkoop van producten en het verlenen van diensten tussen de gemeenschappelijke onderneming en elk van de betrokken ondernemingen of enige andere met een van die ondernemingen verbonden onderneming in de zin van lid 4, onder *b)* tot en met *e)*;
b) rekening te worden gehouden met de omzet die het resultaat is van de verkoop van producten en het verlenen van diensten tussen de gemeenschappelijke onderneming en derde ondernemingen. Deze omzet wordt in gelijke delen aan de betrokken ondernemingen toegerekend.

[20-01-2004, PbEG L 24, i.w.tr. 18-02-2004/regelingnummer 139/2004]

Artikel 6
Onderzoek van de aanmelding en inleiding van de procedure

1. De Commissie onderzoekt de aanmelding terstond na ontvangst.
   a) Indien de Commissie tot de conclusie komt dat de aangemelde concentratie niet binnen het toepassingsgebied van deze verordening valt, stelt zij dat bij beschikking vast.
   b) Indien de Commissie constateert dat de aangemelde concentratie weliswaar binnen het toepassingsgebied van de verordening valt, maar dat er geen ernstige twijfel bestaat over de verenigbaarheid ervan met de gemeenschappelijke markt, besluit zij zich niet tegen de concentratie te verzetten en verklaart zij deze verenigbaar met de gemeenschappelijke markt. Een beschikking waarbij verklaard wordt dat de concentratie verenigbaar is met de gemeenschappelijke markt, wordt geacht betrekking te hebben op beperkingen die rechtstreeks verband houden met en noodzakelijk zijn voor de totstandbrenging van de concentratie.
   c) Indien de Commissie constateert dat de aangemelde concentratie binnen het toepassingsgebied van deze verordening valt en dat er ernstige twijfel bestaat over de verenigbaarheid ervan met de gemeenschappelijke markt, besluit zij de procedure in te leiden, onverminderd het bepaalde in lid 2. Onverminderd artikel 9, wordt een dergelijke procedure overeenkomstig artikel 8, leden 1 tot en met 4, met een beschikking afgesloten, tenzij de betrokken ondernemingen ten genoegen van de Commissie hebben aangetoond dat zij van de concentratie afzien.

2. Indien de Commissie constateert dat er, gelet op de door de betrokken ondernemingen aangebrachte wijzigingen, niet langer ernstige twijfel in de zin van lid 1, onder c), bestaat ten aanzien van een aangemelde concentratie, verklaart zij de concentratie overeenkomstig lid 1, onder b), verenigbaar met de gemeenschappelijke markt.

De Commissie kan aan haar beschikking krachtens lid 1, onder b), voorwaarden en verplichtingen verbinden die moeten waarborgen dat de betrokken ondernemingen de verbintenissen nakomen welke zij tegenover de Commissie zijn aangegaan om de concentratie verenigbaar te maken met de gemeenschappelijke markt.

3. De Commissie kan de beschikking die zij krachtens lid 1, onder a) of b), heeft gegeven, intrekken indien:
   a) de beschikking berust op verkeerde informatie waarvoor een van de ondernemingen verantwoordelijk is of wanneer die met bedrog is verkregen, of
   b) de betrokken ondernemingen in strijd met één van de bij de beschikking opgelegde verplichtingen handelen.

4. In de in lid 3 genoemde gevallen kan de Commissie krachtens lid 1 een beschikking geven zonder gebonden te zijn aan de in artikel 10, lid 1, genoemde termijnen.

5. De Commissie deelt haar beschikking onverwijld mee aan de betrokken ondernemingen, alsmede aan de bevoegde autoriteiten van de lidstaten.

[20-01-2004, PbEG L 24, i.w.tr. 18-02-2004/regelingnummer 139/2004]

Artikel 7
Opschorting van de totstandbrenging van de concentratie

1. Een concentratie met een communautaire dimensie, zoals omschreven in artikel 1, of een concentratie die door de Commissie overeenkomstig artikel 4, lid 5, dient te worden onderzocht, mag niet tot stand worden gebracht zolang zij niet is aangemeld

en met de gemeenschappelijke markt verenigbaar is verklaard bij een krachtens artikel 6, lid 1, onder *b)*, of artikel 8, lid 1 of lid 2, gegeven beschikking, dan wel mag worden geacht verenigbaar te zijn verklaard overeenkomstig artikel 10, lid 6.

2. Lid 1 belet niet de tenuitvoerlegging van een openbaar overnamebod of van een reeks transacties met effecten, inclusief effecten converteerbaar in andere effecten, die ter verhandeling worden toegelaten tot een markt, zoals een effectenbeurs, en waardoor zeggenschap in de zin van artikel 3 wordt verkregen van meerdere verkopers, mits

a) de concentratie overeenkomstig artikel 4 onverwijld bij de Commissie wordt aangemeld en

b) de verkrijger de aan de betrokken effecten verbonden stemrechten niet uitoefent dan wel slechts uitoefent om de volle waarde van zijn belegging te handhaven op basis van een door de Commissie overeenkomstig lid 3 verleende ontheffing.

3. De Commissie kan op verzoek ontheffing verlenen van de in lid 1 of 2 bedoelde verplichtingen. Het verzoek om ontheffing moet met redenen zijn omkleed. Bij haar beslissing houdt de Commissie met name rekening met de gevolgen van de opschorting voor één of meer bij de concentratie betrokken ondernemingen of voor derden, alsook met de bedreiging die de concentratie voor de mededinging kan inhouden. Aan een dergelijke ontheffing kunnen voorwaarden en verplichtingen worden verbonden om de voorwaarden voor de daadwerkelijke mededinging te waarborgen. De ontheffing kan te allen tijde, ook vóór de aanmelding en na de transactie, worden aangevraagd en verleend.

4. De geldigheid van transacties die zonder inachtneming van lid 1 tot stand komen, is afhankelijk van de beschikking die is gegeven krachtens artikel 6, lid 1, onder *b)*, of krachtens artikel 8, lid 1, 2 of 3, dan wel van het vermoeden overeenkomstig artikel 10, lid 6.

Dit artikel tast evenwel niet de geldigheid aan van transacties met effecten, inclusief effecten converteerbaar in andere effecten, die ter verhandeling worden toegelaten tot een markt, zoals een effectenbeurs, tenzij de kopers en de verkopers wisten of dienden te weten dat de transactie tot stand is gebracht zonder inachtneming van lid 1.

[20-01-2004, PbEG L 24, i.w.tr. 18-02-2004/regelingnummer 139/2004]

Artikel 8
Bevoegdheid van de Commissie tot het geven van beschikkingen

1. Indien de Commissie vaststelt dat een aangemelde concentratie voldoet aan het in artikel 2, lid 2, gedefinieerde criterium en, in de in artikel 2, lid 4, bedoelde gevallen, aan de criteria van artikel 81, lid 3, van het Verdrag, geeft zij een beschikking waarbij zij verklaart dat de concentratie verenigbaar is met de gemeenschappelijke markt.

Een beschikking waarbij verklaard wordt dat de concentratie verenigbaar is met de gemeenschappelijke markt, wordt geacht tevens betrekking te hebben op beperkingen die rechtstreeks verband houden met en noodzakelijk zijn voor de totstandbrenging van de concentratie.

2. Indien de Commissie vaststelt dat een aangemelde concentratie, na door de betrokken ondernemingen gewijzigd te zijn, voldoet aan het in artikel 2, lid 2, gedefinieerde criterium en, in de in artikel 2, lid 4, bedoelde gevallen, aan de criteria van artikel 81, lid 3, van het Verdrag, geeft zij een beschikking waarbij zij verklaart dat de concentratie verenigbaar is met de gemeenschappelijke markt.

De Commissie kan aan haar beschikking voorwaarden en verplichtingen verbinden die moeten waarborgen dat de betrokken ondernemingen de verbintenissen nakomen die zij tegenover de Commissie zijn aangegaan om de concentratie verenigbaar te maken met de gemeenschappelijke markt.

Een beschikking waarbij verklaard wordt dat de concentratie verenigbaar is met de gemeenschappelijke markt, wordt geacht tevens betrekking te hebben op beperkingen die rechtstreeks verband houden met en noodzakelijk zijn voor de totstandbrenging van de concentratie.

3. Indien de Commissie vaststelt dat een concentratie aan het in artikel 2, lid 3, gedefinieerde criterium voldoet of, in de in artikel 2, lid 4, bedoelde gevallen, niet voldoet aan de criteria van artikel 81, lid 3, van het Verdrag, geeft zij een beschikking waarbij verklaard wordt dat de concentratie onverenigbaar is met de gemeenschappelijke markt.

4. Indien de Commissie vaststelt dat een concentratie
a) reeds tot stand is gebracht en die concentratie onverenigbaar is verklaard met de gemeenschappelijke markt, of
b) tot stand is gebracht zonder inachtneming van een bij een krachtens lid 2 gegeven beschikking opgelegde voorwaarde en in deze beschikking is geconstateerd dat de concentratie bij ontbreken van die voorwaarde zou voldoen aan het criterium van artikel 2, lid 3, of, in de in artikel 2, lid 4, bedoelde gevallen, niet zou voldoen aan de criteria van artikel 81, lid 3, van het Verdrag,

kan de Commissie de volgende maatregelen opleggen:
— de Commissie kan de betrokken ondernemingen verplichten de concentratie te ontbinden, met name door ontbinding van de fusie of door verkoop van alle verkregen aandelen of vermogensbestanddelen, met het oog op het herstel van de situatie zoals die was vóór de totstandbrenging van de concentratie. Indien herstel van de situatie zoals die was vóór de totstandbrenging van de concentratie door middel van ontbinding van de concentratie niet mogelijk is, kan de Commissie elke andere passende maatregel nemen om voorzover mogelijk een dergelijk herstel te bereiken;
— de Commissie kan elke andere passende maatregel gelasten om te bereiken dat de betrokken ondernemingen de concentratie ontbinden of andere herstelmaatregelen nemen zoals opgelegd in haar beschikking.

In de in de eerste alinea, onder *a)*, bedoelde gevallen kunnen dergelijke maatregelen bij een beschikking overeenkomstig lid 3 of bij een afzonderlijke beschikking worden opgelegd.

5. De Commissie kan passende voorlopige maatregelen nemen om de daadwerkelijke mededinging te herstellen of te handhaven, wanneer een concentratie
a) tot stand is gebracht zonder inachtneming van artikel 7 en er nog geen beschikking is gegeven over de verenigbaarheid van de concentratie met de gemeenschappelijke markt;
b) tot stand is gebracht zonder inachtneming van een voorwaarde die is opgelegd bij een beschikking op grond van artikel 6, lid 1, onder *b)*, of van lid 2 van dit artikel;
c) reeds tot stand is gebracht en onverenigbaar is verklaard met de gemeenschappelijke markt.

6. De Commissie kan de beschikking die zij krachtens lid 1 of lid 2 heeft gegeven, intrekken indien:

a) de verklaring van verenigbaarheid berust op onjuiste gegevens, waarvoor één van de betrokken ondernemingen verantwoordelijk is, of met bedrog is verkregen, of
b) de betrokken ondernemingen in strijd met een van de bij de beschikking opgelegde verplichtingen handelen.

7. De Commissie kan krachtens de leden 1 tot en met 3 een beschikking geven zonder dat zij gebonden is aan de in artikel 10, lid 3, genoemde termijnen in gevallen waarin
a) zij vaststelt dat een concentratie tot stand is gebracht
   i) zonder inachtneming van een voorwaarde die is opgelegd bij een beschikking op grond van artikel 6, lid 1, onder b), of
   ii) zonder inachtneming van een voorwaarde die is opgelegd bij een beschikking op grond van lid 2 en overeenkomstig artikel 10, lid 2, waarbij is vastgesteld dat bij ontbreken van de voorwaarde de concentratie tot ernstige twijfels omtrent verenigbaarheid ervan met de gemeenschappelijke markt zou leiden, of
b) een beschikking op grond van lid 6 is ingetrokken.

8. De Commissie stelt de betrokken ondernemingen en de bevoegde autoriteiten van de lidstaten onverwijld in kennis van haar beschikking.
[20-01-2004, PbEG L 24, i.w.tr. 18-02-2004/regelingnummer 139/2004]

Artikel 9
Verwijzing naar de bevoegde autoriteiten van de lidstaten

1. De Commissie kan bij beschikking, die zij onverwijld aan de betrokken ondernemingen meedeelt en waarvan zij de bevoegde autoriteiten van de andere lidstaten in kennis stelt, een aangemelde concentratie onder de volgende voorwaarden naar de bevoegde autoriteiten van de betrokken lidstaat verwijzen.

2. Binnen 15 werkdagen na de datum van ontvangst van het afschrift van de aanmelding kan een lidstaat, uit eigen beweging of op verzoek van de Commissie, de Commissie, die op haar beurt de betrokken ondernemingen op de hoogte brengt, ervan in kennis stellen dat een concentratie
a) in significante mate gevolgen dreigt te hebben voor de mededinging op een markt in die lidstaat welke alle kenmerken van een afzonderlijke markt vertoont, of
b) gevolgen heeft voor de mededinging op een markt in die lidstaat welke alle kenmerken vertoont van een afzonderlijke markt en welke geen wezenlijk deel van de gemeenschappelijke markt vormt.

3. Indien de Commissie van oordeel is dat, gelet op de markt van de betrokken goederen of diensten en de in aanmerking te nemen geografische markt in de zin van lid 7, een dergelijke afzonderlijke markt bestaat en dat een dergelijke dreiging bestaat:
a) behandelt zij zelf het geval op grond van deze verordening, of
b) verwijst zij de zaak in haar geheel of voor een gedeelte door naar de bevoegde autoriteit van de betrokken lidstaat met het oog op de toepassing van diens nationale mededingingswetgeving.

Indien de Commissie evenwel meent dat een dergelijke afzonderlijke markt of dreiging niet bestaat, geeft zij een beschikking in die zin welke zij tot de betrokken lidstaat richt, en behandelt zij het geval zelf op grond van deze verordening.

Ingeval een lidstaat de Commissie overeenkomstig lid 2, onder b), ervan in kennis stelt dat een concentratie gevolgen heeft voor een afzonderlijke markt op zijn grondgebied welke geen wezenlijk deel vormt van de gemeenschappelijke markt, verwijst de

Commissie, indien zij van mening is dat een dergelijke afzonderlijke markt inderdaad gevolgen ondervindt, de desbetreffende zaak in haar geheel of voor een gedeelte dat betrekking heeft op de betrokken afzonderlijke markt, door naar de bevoegde autoriteit.

4. Beschikkingen tot verwijzing of houdende weigering tot verwijzing overeenkomstig lid 3 worden gegeven:
   a) in het algemeen binnen de in artikel 10, lid 1, tweede alinea, gestelde termijn, wanneer de Commissie overeenkomstig artikel 6, lid 1, onder b), geen procedure heeft ingeleid, of
   b) uiterlijk binnen 65 werkdagen na de aanmelding van de betrokken concentratie, wanneer de Commissie overeenkomstig artikel 6, lid 1, onder c), een procedure heeft ingeleid, zonder voorbereidende stappen tot het nemen van de maatregelen welke krachtens artikel 8, lid 2, 3 of 4, noodzakelijk zijn om de daadwerkelijke mededinging op de betrokken markt te handhaven of te herstellen.

5. Indien de Commissie binnen de in lid 4, onder b), gestelde termijn van 65 werkdagen, ondanks een door de betrokken lidstaat aan haar gerichte herinnering, niet de in lid 3 bedoelde beschikking tot verwijzing of houdende weigering van verwijzing heeft gegeven, noch de in lid 4, onder b), bedoelde voorbereidende stappen heeft genomen, wordt zij geacht te hebben besloten de zaak overeenkomstig lid 3, onder b), naar de betrokken lidstaat te verwijzen.

6. De bevoegde autoriteit van de betrokken lidstaat neemt onverwijld een besluit over de zaak.

Binnen 45 werkdagen na de verwijzing door de Commissie stelt de bevoegde autoriteit van de betrokken lidstaat de betrokken ondernemingen in kennis van het resultaat van de voorlopige mededingingsbeoordeling en van de eventuele door haar voorgenomen maatregelen. De betrokken lidstaat kan deze termijn in uitzonderlijke gevallen opschorten, indien de betrokken ondernemingen hem niet de volgens de nationale mededingingswetgeving noodzakelijke gegevens hebben verstrekt.

Indien op grond van de nationale wetgeving een aanmelding wordt verlangd, vangt de periode van 45 werkdagen aan op de eerste werkdag na de ontvangst van een volledige aanmelding door de bevoegde autoriteit van de lidstaat.

7. De in aanmerking te nemen geografische markt wordt gevormd door een gebied waarin de betrokken ondernemingen zijn betrokken bij de vraag naar en het aanbod van goederen en diensten, waarin de mededingingsvoorwaarden voldoende homogeen zijn en dat van de aangrenzende gebieden kan worden onderscheiden, met name vanwege de mededingingsvoorwaarden die duidelijk afwijken van die welke in die gebieden heersen. Bij de desbetreffende beoordeling wordt met name rekening gehouden met de aard en de kenmerken van de betrokken producten of diensten, het bestaan van hinderpalen voor de toegang tot de markt of van voorkeuren van consumenten, alsmede het bestaan tussen het betrokken gebied en de aangrenzende gebieden van aanzienlijke verschillen in marktaandelen van de ondernemingen of van wezenlijke prijsverschillen.

8. Voor de toepassing van dit artikel kan de betrokken lidstaat slechts de maatregelen treffen die strikt nodig zijn voor het handhaven of herstellen van de daadwerkelijke mededinging op de betrokken markt.

9. Overeenkomstig de terzake dienende bepalingen van het Verdrag kan elke lidstaat een beroep bij het Hof van Justitie instellen en in het bijzonder de toepassing vragen

van artikel 243 van het Verdrag, met het oog op de toepassing van zijn nationale mededingingswetgeving.
[20-01-2004, PbEG L 24, i.w.tr. 18-02-2004/regelingnummer 139/2004]

Artikel 10
Termijnen voor het inleiden van de procedure en voor het geven van de beschikkingen

1. Onverminderd artikel 6, lid 4, moeten de in artikel 6, lid 1, genoemde beschikkingen uiterlijk binnen 25 werkdagen worden gegeven. Deze termijn vangt aan op de eerste werk dag (*red.*: lees: werkdag) na de ontvangst van de aanmelding of, indien de bij de aanmelding te verstrekken gegevens onvolledig zijn, op de eerste werk dag (*red.*: lees: werkdag) na de ontvangst van de volledige gegevens.

Deze termijn wordt tot 35 werkdagen verlengd, indien een lidstaat overeenkomstig artikel 9, lid 2, een verzoek bij de Commissie indient of indien de betrokken ondernemingen overeenkomstig artikel 6, lid 2, verbintenissen aanbieden teneinde de concentratie verenigbaar te maken met de gemeenschappelijke markt.

2. Beschikkingen op grond van artikel 8, lid 1 of lid 2, met betrekking tot aangemelde concentraties moeten gegeven worden zodra de in artikel 6, lid 1, onder *c*), genoemde ernstige twijfel blijkt te zijn weggenomen, met name doordat de betrokken ondernemingen wijzigingen hebben aangebracht, en uiterlijk binnen de in lid 3 gestelde termijn.

3. Onverminderd artikel 8, lid 7, moeten krachtens artikel 8, leden 1 tot en met 3, gegeven beschikkingen betreffende aangemelde concentraties uiterlijk worden gegeven binnen 90 werkdagen na de dag waarop de procedure is ingeleid. Deze termijn wordt tot 105 werkdagen verlengd indien de betrokken ondernemingen overeenkomstig artikel 8, lid 2, tweede alinea, verbintenissen aanbieden om de concentratie verenigbaar te maken met de gemeenschappelijke markt, tenzij die verbintenissen minder dan 55 werkdagen na de inleiding van de procedure zijn aangeboden.

De in de eerste alinea genoemde termijnen worden eveneens verlengd, indien de aanmeldende partijen uiterlijk binnen 15 werkdagen na de inleiding van de procedure op grond van artikel 6, lid 1, onder *c*), een verzoek daartoe indienen. De aanmeldende partijen kunnen slechts één dergelijk verzoek indienen. Evenzo kunnen op elk ogenblik na de inleiding van de procedure de in de eerste alinea genoemde termijnen met instemming van de aanmeldende partijen door de Commissie worden verlengd. De totale duur van de verlenging of verlengingen die overeenkomstig deze alinea worden toegestaan, mag niet meer dan 20 werkdagen bedragen.

4. De in de leden 1 en 3 gestelde termijnen worden bij uitzondering geschorst indien de Commissie zich door omstandigheden die aan een der bij de concentratie betrokken ondernemingen kunnen worden toegerekend, genoodzaakt zag bij beschikking overeenkomstig artikel 11 inlichtingen te vragen of bij beschikking op grond van artikel 13 een inspectie te gelasten.

Het bepaalde in de eerste alinea is ook van toepassing op de in artikel 9, lid 4, onder *b*), bedoelde termijn.

5. Wanneer het Hof van Justitie een arrest wijst waarbij een beschikking van de Commissie die binnen een in dit artikel gestelde termijn moet worden gegeven, geheel of gedeeltelijk wordt vernietigd, wordt de concentratie door de Commissie opnieuw onderzocht met het oog op het geven van een beschikking overeenkomstig artikel 6, lid 1.

De concentratie wordt opnieuw onderzocht in het licht van de marktomstandigheden. De aanmeldende partijen dienen onverwijld een nieuwe aanmelding in of vullen de oorspronkelijke aanmelding aan, indien de oorspronkelijke aanmelding onvolledig is geworden doordat er zich wijzigingen hebben voorgedaan in de marktomstandigheden of in de verstrekte informatie. Indien er zich geen dergelijke wijzigingen hebben voorgedaan, leggen de partijen onverwijld een verklaring in die zin af.

De in lid 1 gestelde termijnen vangen aan op de eerste werkdag na de ontvangst van volledige gegevens in een nieuwe aanmelding, van een aanvullende aanmelding of van een verklaring zoals bedoeld in de derde alinea.

Het bepaalde in de tweede en de derde alinea is ook van toepassing op de in artikel 6, lid 4, en in artikel 8, lid 7, bedoelde gevallen.

6. Indien de Commissie noch uit hoofde van artikel 6, lid 1, onder b) of c), noch uit hoofde van artikel 8, lid 1, 2 of 3, binnen de respectievelijk in de leden 1 en 3 vastgestelde termijnen een beschikking heeft gegeven, wordt de concentratie geacht verenigbaar met de gemeenschappelijke markt te zijn verklaard, onverminderd artikel 9.
[20-01-2004, PbEG L 24, i.w.tr. 18-02-2004/regelingnummer 139/2004]

Artikel 11
Verzoeken om inlichtingen en bevoegdheid tot het opnemen van verklaringen

1. Ter vervulling van de haar bij deze verordening opgedragen taken kan de Commissie met een gewoon verzoek of bij beschikking de in artikel 3, lid 1, onder b), bedoelde personen, alsmede ondernemingen en ondernemersverenigingen, vragen alle nodige inlichtingen te verstrekken.

2. Bij het toezenden van een gewoon verzoek om inlichtingen aan een persoon, een onderneming of een ondernemersvereniging vermeldt de Commissie de rechtsgrond voor en het doel van het verzoek, geeft zij aan welke inlichtingen worden gevraagd en stelt zij de termijn vast waarbinnen de inlichtingen moeten worden verstrekt. Tevens vermeldt zij de sancties die bij artikel 14 op het verstrekken van onjuiste of misleidende inlichtingen zijn gesteld.

3. Indien de Commissie bij beschikking van personen, ondernemingen of ondernemersverenigingen verlangt dat zij gegevens verstrekken, vermeldt zij de rechtsgrond voor en het doel van het verzoek, geeft zij aan welke inlichtingen worden gevraagd en stelt zij de termijn vast waarbinnen deze inlichtingen moeten worden verstrekt. Zij vermeldt tevens de sancties waarin artikel 14 voorziet en de sancties waarin artikel 15 voorziet, of zij legt deze laatste sancties op. Zij wijst ook op het recht, bij het Hof van Justitie beroep tegen de beschikking in te stellen.

4. Tot het verstrekken van de gevraagde inlichtingen namens de betrokken onderneming zijn gehouden de eigenaren van de ondernemingen of hun vertegenwoordigers en, in het geval van rechtspersonen, vennootschappen of verenigingen zonder rechtspersoonlijkheid, en de krachtens de wet of hun statuten tot vertegenwoordiging bevoegde personen. Naar behoren gemachtigde personen kunnen namens hun opdrachtgevers de gevraagde inlichtingen verstrekken. De opdrachtgevers blijven ten volle verantwoordelijk voor de volledigheid, de juistheid en de oprechtheid van de verstrekte inlichtingen.

5. De Commissie zendt onverwijld een afschrift van de overeenkomstig lid 3 gegeven beschikking toe aan de bevoegde autoriteiten van de lidstaat op het grondgebied

waarvan de woonplaats van de persoon of de zetel van de onderneming of de ondernemersvereniging gevestigd is en aan de bevoegde autoriteit van de lidstaat op het grondgebied waarvan de mededingingskwestie speelt. Op verzoek van de bevoegde autoriteit van een lidstaat zendt de Commissie aan deze autoriteit ook afschriften toe van gewone verzoeken om inlichtingen betreffende een aangemelde concentratie.

6. Op verzoek van de Commissie verstrekken de regeringen en bevoegde autoriteiten van de lidstaten de Commissie alle inlichtingen die zij nodig heeft om de haar bij deze verordening opgedragen taken te vervullen.

7. Ter vervulling van de haar bij deze verordening opgedragen taken kan de Commissie alle natuurlijke en rechtspersonen horen die daarin toestemmen, teneinde inlichtingen te verkrijgen over het onderwerp van het onderzoek. Bij de aanvang van het verhoor, dat telefonisch of met andere elektronische middelen kan worden afgenomen, vermeldt de Commissie de rechtsgrond voor en het doel van het verhoor.

Wanneer een verhoor niet in de gebouwen van de Commissie of telefonisch of met andere elektronische middelen wordt afgenomen, wordt de bevoegde autoriteit van de lidstaat op het grondgebied waarvan het verhoor plaatsvindt, hiervan door de Commissie van tevoren op de hoogte gesteld. Indien de bevoegde autoriteit van die lidstaat hierom verzoekt, mogen functionarissen van deze autoriteit de functionarissen en andere personen die door de Commissie zijn gemachtigd om het verhoor af te nemen, bijstand verlenen.

[20-01-2004, PbEG L 24, i.w.tr. 18-02-2004/regelingnummer 139/2004]

Artikel 12
Inspecties door de autoriteiten van de lidstaten

1. Op verzoek van de Commissie verrichten de bevoegde autoriteiten van de lidstaten de inspecties welke de Commissie op grond van artikel 13, lid 1, nodig oordeelt of welke zij krachtens artikel 13, lid 4, bij beschikking heeft gelast. De functionarissen van de bevoegde autoriteiten van de lidstaten die met het verrichten van deze inspecties zijn belast, alsmede de door hen gemachtigde of aangewezen functionarissen, oefenen hun bevoegdheid uit overeenkomstig hun nationale recht.

2. Door de Commissie gemachtigde functionarissen en andere begeleidende personen kunnen, op verzoek van de Commissie of op verzoek van de bevoegde autoriteit van de lidstaat op het grondgebied waarvan de inspectie moet worden verricht, de functionarissen van deze autoriteit bijstand verlenen.

[20-01-2004, PbEG L 24, i.w.tr. 18-02-2004/regelingnummer 139/2004]

Artikel 13
Bevoegdheid van de Commissie tot inspectie

1. Ter vervulling van de haar bij deze verordening opgedragen taken kan de Commissie bij ondernemingen en ondernemersverenigingen alle noodzakelijke inspecties verrichten.

2. De door de Commissie tot het verrichten van een inspectie gemachtigde functionarissen en andere begeleidende personen beschikken over de volgende bevoegdheden:
a) het betreden van alle ruimten, terreinen en vervoermiddelen van ondernemingen en ondernemersverenigingen;
b) het controleren van de boeken en alle andere bescheiden betreffende het bedrijf, ongeacht de aard van de drager;

c) het maken of verkrijgen van afschriften of uittreksels, in welke vorm dan ook, van die boeken en bescheiden;
d) het verzegelen van ruimten, en boeken en andere bescheiden van het bedrijf voor de duur van en voorzover nodig voor de inspectie;
e) het verzoeken van vertegenwoordigers of personeelsleden van de betrokken onderneming of ondernemersvereniging om toelichting bij feiten of documenten die verband houden met het voorwerp en het doel van de inspectie, en het optekenen van hun antwoorden.

3. De door de Commissie tot het verrichten van een inspectie gemachtigde functionarissen en andere begeleidende personen oefenen hun bevoegdheden uit op vertoon van een schriftelijke machtiging waarin het voorwerp en het doel van de inspectie worden vermeld en waarin wordt gewezen op de sanctie waarin artikel 22 voorziet voor het geval dat de ter inzage verlangde boeken of andere bescheiden in verband met het bedrijf niet volledig worden getoond of dat de antwoorden op de overeenkomstig lid 2 gestelde vragen onjuist of misleidend zijn. De Commissie stelt de bevoegde autoriteit van de lidstaat op het grondgebied waarvan de inspectie zal worden verricht, geruime tijd vóór de inspectie hiervan in kennis.

4. Wanneer de Commissie bij beschikking een inspectie gelast, zijn de betrokken ondernemingen en ondernemersverenigingen verplicht zich aan die inspectie te onderwerpen. In de beschikking wordt vermeld wat het voorwerp en het doel van de inspectie zijn en op welke datum de inspectie een aanvang neemt, en wordt gewezen op de sancties waarin de artikelen 14 en 15 voorzien, alsook op het recht om bij het Hof van Justitie beroep tegen de beschikking in te stellen. De Commissie geeft de beschikking na de bevoegde autoriteit van de lidstaat op het grondgebied waarvan de inspectie moet worden verricht, te hebben gehoord.

5. De functionarissen van de bevoegde autoriteit van de lidstaat op het grondgebied waarvan de inspectie zal worden verricht, alsook de door die autoriteit gemachtigde of aangewezen functionarissen, verlenen, op verzoek van deze autoriteit of van de Commissie, de door de Commissie gemachtigde functionarissen en andere begeleidende personen actief bijstand. Daartoe beschikken zij over de in lid 2 genoemde bevoegdheden.

6. Wanneer de door de Commissie gemachtigde functionarissen en andere begeleidende personen vaststellen dat een onderneming zich tegen een op grond van dit artikel gelaste inspectie, met inbegrip van de verzegeling van ruimten, boeken en bescheiden verzet, verleent de betrokken lidstaat hun de nodige bijstand om hen in staat te stellen deze inspectie te verrichten, zo nodig door een beroep te doen op de politie of een gelijkwaardige handhavingsautoriteit.

7. Indien het nationale recht voorschrijft dat voor de in lid 6 bedoelde bijstand de toestemming van een rechterlijke instantie vereist is, dient die toestemming te worden gevraagd. Die toestemming kan ook bij wijze van voorzorgsmaatregel worden gevraagd.

8. Indien wordt verzocht om toestemming zoals bedoeld in lid 7, toetst de nationale rechterlijke instantie de beschikking van de Commissie op haar echtheid en gaat zij na of de voorgenomen dwangmaatregelen niet willekeurig zijn, noch buitensporig in verhouding tot het voorwerp van de inspectie. Bij de toetsing van de evenredigheid van de dwangmaatregelen kan de nationale rechterlijke instantie de Commissie rechtstreeks of via de bevoegde autoriteit van de betrokken lidstaat om nadere uitleg betreffende het voorwerp van de inspectie verzoeken. De nationale rechterlijke

instantie mag evenwel niet in twijfel trekken dat de inspectie noodzakelijk is, noch gegevens uit het Commissiedossier verlangen. Uitsluitend het Hof van Justitie kan de beschikking van de Commissie op haar wettigheid toetsen.
[20-01-2004, PbEG L 24, i.w.tr. 18-02-2004/regelingnummer 139/2004]

Artikel 14
Geldboeten

1. De Commissie kan bij beschikking aan de in artikel 3, lid 1, onder b), bedoelde personen, aan ondernemingen en aan ondernemersverenigingen geldboeten opleggen van ten hoogste 1 % van de totale omzet van de betrokken onderneming of ondernemersvereniging, zoals bedoeld in artikel 5, indien zij opzettelijk of uit onachtzaamheid:
a) in een kennisgeving, verklaring, aanmelding of aanvulling op een aanmelding, zoals bedoeld in artikel 4, artikel 10, lid 5, of artikel 22, lid 3, onjuiste of misleidende inlichtingen verstrekken;
b) in antwoord op een verzoek in de zin van artikel 11, lid 2, onjuiste of misleidende inlichtingen verstrekken;
c) in antwoord op een verzoek bij een beschikking overeenkomstig artikel 11, lid 3, onjuiste, onvolledige of misleidende inlichtingen verstrekken, dan wel de inlichtingen niet verstrekken binnen de vastgestelde termijn;
d) tijdens een inspectie overeenkomstig artikel 13 geen volledige inzage geven in de ter inzage verlangde boeken of andere bescheiden in verband met het bedrijf, dan wel zich niet aan een overeenkomstig artikel 13, lid 4, bij beschikking gelaste inspectie onderwerpen;
e) in antwoord op een overeenkomstig artikel 13, lid 2, onder e), gestelde vraag
  – een onjuist of misleidend antwoord geven,
  – nalaten binnen een door de Commissie gestelde termijn een door een personeelslid gegeven onjuist, onvolledig of misleidend antwoord te rectificeren, dan wel
  – nalaten of weigeren een volledig antwoord te geven met betrekking tot feiten in verband met het voorwerp en het doel van een overeenkomstig artikel 13, lid 4, bij beschikking gelaste inspectie;
f) zegels die door de door de Commissie gemachtigde functionarissen of andere begeleidende personen overeenkomstig artikel 13, lid 2, onder d), zijn aangebracht, verbreken.

2. De Commissie kan aan de in artikel 3, lid 1, onder b), bedoelde personen of aan de betrokken ondernemingen bij beschikking geldboeten van ten hoogste 10 % van de totale omzet van de betrokken onderneming, zoals bedoeld in artikel 5, opleggen, indien zij opzettelijk of uit onachtzaamheid:
a) nalaten een concentratie overeenkomstig artikel 4 of artikel 22, lid 3, vóór de totstandkoming ervan aan te melden, tenzij zij daartoe uitdrukkelijk zijn gemachtigd krachtens artikel 7, lid 2, dan wel bij een overeenkomstig artikel 7, lid 3, gegeven beschikking;
b) een concentratie tot stand brengen zonder inachtneming van artikel 7;
c) een concentratie tot stand brengen die bij beschikking krachtens artikel 8, lid 3, onverenigbaar met de gemeenschappelijke markt is verklaard, of niet de bij een overeenkomstig artikel 8, lid 4 of lid 5, gegeven beschikking voorgeschreven maatregelen treffen;

d) handelen in strijd met een voorwaarde of een verplichting opgelegd bij een krachtens artikel 6, lid 1, onder b), artikel 7, lid 3, of artikel 8, lid 2, tweede alinea, gegeven beschikking.
3. Bij de vaststelling van het bedrag van de geldboete dient met de aard, de zwaarte en de duur van de inbreuk rekening te worden gehouden.
4. De krachtens de leden 1, 2 en 3 gegeven beschikkingen hebben geen strafrechtelijk karakter.
[20-01-2004, PbEG L 24, i.w.tr. 18-02-2004/regelingnummer 139/2004]

Artikel 15
Dwangsommen

1. De Commissie kan bij beschikking aan de in artikel 3, lid 1, onder b), bedoelde personen, aan ondernemingen of aan ondernemersverenigingen dwangsommen opleggen van ten hoogste 5 % van de gemiddelde dagelijkse gezamenlijke omzet van de betrokken ondernemingen en ondernemersverenigingen, zoals bedoeld in artikel 5, voor elke werkdag waarmee de in haar beschikking vastgestelde termijn wordt overschreden, teneinde hen te dwingen:
a) in antwoord op een overeenkomstig artikel 11, lid 3, bij beschikking gedaan verzoek volledige en juiste inlichtingen te verstrekken;
b) zich aan een overeenkomstig artikel 13, lid 4, bij beschikking gelaste inspectie te onderwerpen;
c) een verplichting na te komen die is opgelegd bij een krachtens artikel 6, lid 1, onder b), artikel 7, lid 3, of artikel 8, lid 2, tweede alinea, gegeven beschikking, of
d) maatregelen toe te passen die zijn opgelegd bij een krachtens artikel 8, lid 4 of lid 5, gegeven beschikking.
2. Wanneer de in artikel 3, lid 1, onder b), bedoelde personen, ondernemingen of ondernemersverenigingen de verplichting zijn nagekomen voor welker nakoming de dwangsom was opgelegd, kan de Commissie de definitieve dwangsom vaststellen op een bedrag dat lager is dan het bedrag dat uit de oorspronkelijke beschikking zou voortvloeien.
[20-01-2004, PbEG L 24, i.w.tr. 18-02-2004/regelingnummer 139/2004]

Artikel 16
Toezicht door het Hof van Justitie

Het Hof van Justitie heeft terzake van beroep tegen beschikkingen van de Commissie waarbij een geldboete of dwangsom wordt vastgesteld, volledige rechtsmacht in de zin van artikel 229 van het Verdrag; het kan de opgelegde geldboete of dwangsom intrekken, verlagen of verhogen.
[20-01-2004, PbEG L 24, i.w.tr. 18-02-2004/regelingnummer 139/2004]

Artikel 17
Geheimhoudingsplicht

1. De krachtens deze verordening ingewonnen inlichtingen mogen slechts worden gebruikt voor het doel waarvoor zij zijn gevraagd, voor controledoeleinden of voor het horen van de betrokkenen of derden.
2. Onverminderd artikel 4, lid 3, en de artikelen 18 en 20, zijn de Commissie en de bevoegde autoriteiten van de lidstaten, hun ambtenaren en overige personeelsle-

den, en andere onder het toezicht van deze autoriteiten werkende personen, alsook functionarissen en ambtenaren van andere autoriteiten van de lidstaten verplicht de inlichtingen die zij bij de toepassing van deze verordening hebben ingewonnen en die naar hun aard onder de geheimhoudingsplicht vallen, niet openbaar te maken.
3. De leden 1 en 2 vormen geen beletsel voor de openbaarmaking van overzichten of studies die geen gegevens bevatten met betrekking tot individuele ondernemingen of ondernemersverenigingen.
[20-01-2004, PbEG L 24, i.w.tr. 18-02-2004/regelingnummer 139/2004]

Artikel 18
Het horen van betrokkenen en van derden

1. Alvorens de in artikel 6, lid 3, artikel 7, lid 3, in artikel 8, leden 2 tot en met 6, en in de artikelen 14 en 15 bedoelde beschikkingen te geven, stelt de Commissie de betrokken personen, ondernemingen en ondernemersverenigingen in de gelegenheid om hun standpunt ten aanzien van de tegen hen aanvoerde (*red.*: lees: aangevoerde) bezwaren in alle fasen van de procedure tot aan de raadpleging van het adviescomité kenbaar te maken.
2. In afwijking van lid 1, kunnen de in artikel 7, lid 3, en in artikel 8, lid 5, bedoelde beschikkingen voorlopig worden gegeven zonder de betrokken personen, ondernemingen en ondernemersverenigingen in de gelegenheid te stellen hun standpunt van tevoren kenbaar te maken, mits de Commissie hen daartoe zo snel mogelijk na haar beschikking te hebben gegeven in de gelegenheid stelt.
3. De Commissie baseert haar beschikkingen uitsluitend op bezwaren waarover de betrokkenen hun opmerkingen kenbaar hebben kunnen maken. De rechten inzake de verdediging van de betrokkenen worden bij het verloop van de procedure ten volle gewaarborgd. Het dossier is ten minste toegankelijk voor de rechtstreeks betrokken partijen, met inachtneming van het rechtmatige belang van de ondernemingen dat hun zakengeheimen niet aan de openbaarheid worden prijsgegeven.
4. Indien de Commissie of de bevoegde autoriteiten van de lidstaten zulks noodzakelijk achten, kunnen zij ook andere natuurlijke of rechtspersonen horen. Indien natuurlijke of rechtspersonen die aantonen daarbij voldoende belang te hebben, en met name leden van de bestuurs- of directieorganen van de betrokken ondernemingen of erkende vertegenwoordigers van de werknemers van deze ondernemingen, verzoeken om gehoord te worden, wordt aan hun verzoek voldaan.
[20-01-2004, PbEG L 24, i.w.tr. 18-02-2004/regelingnummer 139/2004]

Artikel 19
Contact met de autoriteiten van de lidstaten

1. De Commissie doet de bevoegde autoriteiten van de lidstaten binnen drie werkdagen een afschrift toekomen van de aanmeldingen, alsmede, zo spoedig mogelijk, van de belangrijkste stukken die zij krachtens deze verordening ontvangt of verzendt. Verbintenissen die de betrokken ondernemingen overeenkomstig artikel 6, lid 2, of artikel 8, lid 2, tweede alinea, tegenover de Commissie aanbieden om de concentratie verenigbaar te maken met de gemeenschappelijke markt, worden als dergelijke stukken beschouwd.
2. De Commissie voert de in deze verordening genoemde procedures uit in nauw en voortdurend contact met de bevoegde autoriteiten van de lidstaten, die hun opmerkin-

gen over deze procedures kunnen indienen. Met het oog op de toepassing van artikel 9 wint zij inlichtingen in van de bevoegde autoriteit van de in lid 2 van dat artikel bedoelde lidstaat en stelt zij deze in de gelegenheid haar standpunt kenbaar te maken in alle stadia van de procedure, tot aan het vaststellen van een beschikking krachtens lid 3 van dat artikel, waartoe zij deze autoriteit inzage in het dossier verschaft.
3. Een adviescomité voor concentraties moet vóór het geven van enige beschikking uit hoofde van artikel 8, leden 1 tot en met 6, artikel 14 of artikel 15, met uitzondering van voorlopige beschikkingen die overeenkomstig artikel 18, lid 2, worden gegeven, worden gehoord.
4. Het adviescomité is samengesteld uit vertegenwoordigers van de bevoegde autoriteiten van de lidstaten. Elke lidstaat wijst één of twee vertegenwoordigers aan die in geval van verhindering elk door een andere vertegenwoordiger kunnen worden vervangen. Ten minste één van deze vertegenwoordigers moet deskundig zijn op het gebied van mededingingsregelingen en economische machtsposities.
5. De raadpleging vindt plaats in een gemeenschappelijke vergadering op uitnodiging van de Commissie, die het voorzitterschap ervan bekleedt. De uitnodiging gaat vergezeld van een samenvatting van de zaak, met vermelding van de belangrijkste stukken, alsmede van een ontwerp-beschikking voor elk van de te onderzoeken gevallen. De vergadering wordt op zijn vroegst tien werkdagen na verzending van de uitnodiging gehouden. De Commissie kan in uitzonderlijke gevallen deze termijn op passende wijze verkorten om ernstige schade bij één of meer bij een concentratie betrokken ondernemingen te voorkomen.
6. Het adviescomité brengt advies uit over de ontwerp-beschikking van de Commissie. Zo nodig wordt een stemming gehouden. Het adviescomité kan zijn advies ook uitbrengen wanneer sommige leden van het comité of hun vertegenwoordigers niet aanwezig en niet vertegenwoordigd zijn. Dit advies moet op schrift worden gesteld en bij de ontwerp-beschikking worden gevoegd. De Commissie houdt zoveel mogelijk rekening met het advies van het comité. Zij deelt het comité mee op welke wijze zij met het advies rekening heeft gehouden.
7. De Commissie doet het advies van het adviescomité samen met de beschikking toekomen aan de geadresseerden van de beschikking. Zij maakt het advies samen met de beschikking openbaar, met inachtneming van het rechtmatige belang van de ondernemingen dat hun zakengeheimen niet aan de openbaarheid worden prijsgegeven.
[20-01-2004, PbEG L 24, i.w.tr. 18-02-2004/regelingnummer 139/2004]

Artikel 20
Bekendmaking van beschikkingen
1. De Commissie maakt de beschikkingen die zij op grond van artikel 8, leden 1 tot en met 6, en de artikelen 14 en 15 geeft, samen met het advies van het adviescomité bekend in het *Publicatieblad van de Europese Unie,* met uitzondering van voorlopige beschikkingen die overeenkomstig artikel 18, lid 2, worden gegeven.
2. De bekendmaking vermeldt de betrokken partijen en de essentiële gedeelten van de beschikking; hierbij wordt rekening gehouden met het rechtmatige belang van de ondernemingen bij het bewaren van hun zakengeheimen.
[20-01-2004, PbEG L 24, i.w.tr. 18-02-2004/regelingnummer 139/2004]

Artikel 21
Toepassing van deze verordening en rechtsbevoegdheid

1. Op concentraties zoals omschreven in artikel 3 is uitsluitend deze verordening van toepassing; de Verordeningen (EG) nr. 1/2003, (EEG) nr. 1017/68, (EEG) nr. 4056/86 en (EEG) nr. 3975/87 zijn niet van toepassing, behalve op gemeenschappelijke ondernemingen welke geen communautaire dimensie hebben en de coördinatie beogen of tot stand brengen van het concurrentiegedrag van ondernemingen die onafhankelijk blijven.
2. Onder voorbehoud van het toezicht door het Hof van Justitie is uitsluitend de Commissie bevoegd de in deze verordening bedoelde beschikkingen te geven.
3. De lidstaten passen hun nationale mededingingswetgeving niet toe op concentraties met een communautaire dimensie.

De eerste alinea laat onverlet de bevoegdheid van de lidstaten om het onderzoek te verrichten dat nodig is voor de toepassing van artikel 4, lid 4, en artikel 9, lid 2, en om na verwijzing overeenkomstig artikel 9, lid 3, eerste alinea, onder b), of lid 5, de maatregelen te nemen die strikt noodzakelijk zijn voor de toepassing van artikel 9, lid 8.
4. Onverminderd de leden 2 en 3, kunnen de lidstaten passende maatregelen nemen ter bescherming van andere gewettigde belangen dan die welke in deze verordening in aanmerking zijn genomen en die met de algemene beginselen en de overige bepalingen van het Gemeenschapsrecht verenigbaar zijn.

Als gewettigde belangen in de zin van de eerste alinea worden beschouwd de openbare veiligheid, de pluraliteit van de media en de toezichtsregels.

Elk ander openbaar belang moet door de betrokken lidstaat aan de Commissie worden meegedeeld en door haar worden erkend nadat zij de verenigbaarheid ervan met de algemene beginselen en de overige bepalingen van het Gemeenschapsrecht heeft onderzocht, alvorens bovengenoemde maatregelen kunnen worden genomen. De Commissie stelt de betrokken lidstaat binnen 25 werkdagen na deze mededeling in kennis van haar beschikking.

[20-01-2004, PbEG L 24, i.w.tr. 18-02-2004/regelingnummer 139/2004]

Artikel 22
Verwijzing naar de Commissie

1. Eén of meer lidstaten kunnen de Commissie verzoeken een concentratie zoals omschreven in artikel 3, die geen communautaire dimensie heeft in de zin van artikel 1 maar die de handel tussen de lidstaten beïnvloedt en in significante mate gevolgen dreigt te hebben voor de mededinging op het grondgebied van de lidstaat of de lidstaten van welke het verzoek uitgaat, te onderzoeken.

Een dergelijk verzoek moet uiterlijk binnen 15 werkdagen na de dag waarop de concentratie is aangemeld of, indien geen aanmelding vereist is, waarop de concentratie op andere wijze kenbaar is gemaakt aan de betrokken lidstaat, worden ingediend.
2. De Commissie stelt de bevoegde autoriteiten van de lidstaten en de betrokken ondernemingen onverwijld in kennis van elk verzoek krachtens lid 1 dat zij ontvangt.

Elke andere lidstaat heeft het recht zich binnen 15 werkdagen na de dag waarop hij door de Commissie in kennis is gesteld van het oorspronkelijke verzoek, bij het oorspronkelijke verzoek aan te sluiten.

Alle nationale termijnen met betrekking tot de concentratie worden opgeschort totdat volgens de in dit artikel beschreven procedure is besloten waar de concentratie zal worden onderzocht. Zodra een lidstaat de Commissie en de betrokken ondernemingen ervan in kennis heeft gesteld dat hij zich niet zal aansluiten bij het verzoek, eindigt de opschorting van zijn nationale termijnen.

3. De Commissie kan uiterlijk tien werkdagen na het verstrijken van de in lid 2 genoemde termijn besluiten de concentratie te onderzoeken, indien zij van oordeel is dat deze de handel tussen de lidstaten beïnvloedt en in significante mate gevolgen dreigt te hebben voor de mededinging op het grondgebied van de lidstaat of de lidstaten die het verzoek doet respectievelijk doen. Indien de Commissie binnen de gestelde termijn geen besluit neemt, wordt zij geacht een besluit te hebben genomen om de concentratie overeenkomstig het verzoek te onderzoeken.

De Commissie stelt alle lidstaten en de betrokken ondernemingen in kennis van haar besluit. Zij kan verlangen dat een aanmelding overeenkomstig artikel 4 wordt ingediend.

De lidstaat of lidstaten die het verzoek heeft of hebben ingediend, past of passen niet langer zijn of hun nationale mededingingswetgeving toe op de concentratie.

4. Artikel 2, artikel 4, leden 2 en 3, en de artikelen 5, 6 en 8 tot en met 21 zijn van toepassing wanneer de Commissie een concentratie onderzoekt op grond van lid 3. Artikel 7 is van toepassing, voorzover de concentratie nog niet tot stand is gebracht op de datum waarop de Commissie de betrokken ondernemingen ervan in kennis stelt dat een verzoek is ingediend.

Indien een aanmelding overeenkomstig artikel 4 niet vereist is, vangt de bij artikel 10, lid 1, gestelde termijn waarbinnen een procedure kan worden ingeleid, aan op de werkdag volgende op die waarop de Commissie de betrokken ondernemingen ervan in kennis stelt dat zij heeft besloten de concentratie overeenkomstig lid 3 te onderzoeken.

5. De Commissie kan één of meer lidstaten ervan in kennis stellen dat een concentratie naar haar oordeel aan de criteria van lid 1 voldoet. In dat geval kan de Commissie die lidstaat of lidstaten uitnodigen een verzoek zoals bedoeld in lid 1 in te dienen.

[20-01-2004, PbEG L 24, i.w.tr. 18-02-2004/regelingnummer 139/2004]

Artikel 23
Uitvoeringsbepalingen

1. De Commissie is bevoegd tot het vaststellen, volgens de in lid 2 bedoelde procedure, van
a) uitvoeringsbepalingen met betrekking tot vorm, inhoud en overige bijzonderheden van kennisgevingen en aanmeldingen op grond van artikel 4;
b) uitvoeringsbepalingen met betrekking tot de termijnen vermeld in artikel 4, leden 4 en 5, alsmede in de artikelen 7, 9, 10 en 22 *l*;
c) de procedure en de termijnen voor het aanbieden en uitvoeren van verbintenissen overeenkomstig artikel 6, lid 2, en artikel 8, lid 2;
d) uitvoeringsbepalingen met betrekking tot het horen van betrokkenen en derden overeenkomstig artikel 18.

2. De Commissie wordt bijgestaan door een adviescomité dat is samengesteld uit vertegenwoordigers van de lidstaten.
a) Alvorens ontwerp-uitvoeringsbepalingen bekend te maken en alvorens dergelijke bepalingen vast te stellen, raadpleegt de Commissie het adviescomité.
b) De raadpleging vindt plaats in een gemeenschappelijke vergadering op uitnodiging van de Commissie, die het voorzitterschap ervan bekleedt. De uitnodiging

gaat vergezeld van het ontwerp van de uitvoeringsbepalingen. De vergadering wordt op zijn vroegst 14 dagen na verzending van de uitnodiging gehouden.
c) Het adviescomité brengt advies uit over de ontwerp-beschikking van de Commissie. Zo nodig wordt een stemming gehouden. De Commissie houdt met het advies van het comité zoveel mogelijk rekening.
[20-01-2004, PbEG L 24, i.w.tr. 18-02-2004/regelingnummer 139/2004]

Artikel 24
Betrekkingen met derde landen

1. De lidstaten stellen de Commissie in kennis van alle moeilijkheden van algemene aard die hun ondernemingen in een derde landen ondervinden bij concentraties zoals bedoeld in artikel 3.
2. De Commissie stelt, voor de eerste maal niet later dan één jaar na de inwerkingtreding van deze verordening en vervolgens periodiek, een verslag op waarin de in de leden 3 en 4 bedoelde behandeling van ondernemingen die hun zetel of hun belangrijkste werkterreinen in de Gemeenschap hebben, met betrekking tot concentraties in derde landen wordt onderzocht. De Commissie legt deze verslagen, eventueel vergezeld van aanbevelingen, voor aan de Raad.
3. Indien de Commissie op grond van de in lid 2 bedoelde verslagen of op basis van andere informatie vaststelt dat een derde land de ondernemingen die hun zetel of hun belangrijkste werkterreinen in de Gemeenschap hebben, geen behandeling geeft die vergelijkbaar is met die welke de Gemeenschap toekent aan ondernemingen van dat derde land, kan zij aan de Raad voorstellen doen om een passend onderhandelingsmandaat te verkrijgen, teneinde voor ondernemingen die hun zetel of hun belangrijkste werkterreinen in de Gemeenschap hebben, een vergelijkbare behandeling te verkrijgen.
4. Onverminderd artikel 307 van het Verdrag, moeten de krachtens dit artikel getroffen maatregelen stroken met de verplichtingen van de Gemeenschap of van de lidstaten, uit hoofde van bilaterale of multilaterale internationale overeenkomsten.
[20-01-2004, PbEG L 24, i.w.tr. 18-02-2004/regelingnummer 139/2004]

Artikel 25
Intrekking

1. Onverminderd artikel 26, lid 2, worden de Verordeningen (EEG) nr. 4064/89 en (EG) nr. 1310/97 ingetrokken met ingang van 1 mei 2004.
2. Verwijzingen naar de ingetrokken verordeningen worden beschouwd als verwijzingen naar de onderhavige verordening en moeten worden gelezen overeenkomstig de in de bijlage opgenomen concordantietabel.
[20-01-2004, PbEG L 24, i.w.tr. 18-02-2004/regelingnummer 139/2004]

Artikel 26
Inwerkingtreding en overgangsbepalingen

1. Deze verordening treedt in werking op de twintigste dag volgende op die van haar bekendmaking in het *Publicatieblad van de Europese Unie*.
Zij is van toepassing met ingang van 1 mei 2004.
2. Verordening (EEG) nr. 4064/89 blijft van toepassing op concentraties ten aanzien waarvan de overeenkomst, de openbaarmaking of de verwerving in de zin van artikel

Bijlage

4, lid 1, van die verordening tot stand is gekomen vóór de inwerkingtreding van deze verordening, met inachtneming van de bepalingen betreffende de toepasselijkheid ervan zoals vervat in artikel 25, leden 2 en 3, van Verordening (EEG) nr. 4064/89 en artikel 2 van Verordening (EG) nr. 1310/97.

3. Ten aanzien van concentraties waarop deze verordening door toetreding van toepassing is, wordt de datum van toepassing van deze verordening vervangen door de datum van toetreding.

[20-01-2004, PbEG L 24, i.w.tr. 18-02-2004/regelingnummer 139/2004]

BIJLAGE

Concordantietabel

Verordening (EEG) nr. 4064/89	Deze verordening
Artikel 1, leden 1, 2 en 3	Artikel 1, leden 1, 2 en 3
Artikel 1, lid 4	Artikel 1, lid 4
Artikel 1, lid 5	Artikel 1, lid 5
Artikel 2, lid 1	Artikel 2, lid 1
—	Artikel 2, lid 2
Artikel 2, lid 2	Artikel 2, lid 3
Artikel 2, lid 3	Artikel 2, lid 4
Artikel 2, lid 4	Artikel 2, lid 5
Artikel 3, lid 1	Artikel 3, lid 1
Artikel 3, lid 2	Artikel 3, lid 4
Artikel 3, lid 3	Artikel 3, lid 2
Artikel 3, lid 4	Artikel 3, lid 3
—	Artikel 3, lid 4
Artikel 3, lid 5	Artikel 3, lid 5
Artikel 4, lid 1, eerste zin	Artikel 4, lid 1, eerste alinea
Artikel 4, lid 1, tweede zin	—
—	Artikel 4, lid 1, tweede en derde alinea
Artikel 4, leden 2 en 3	Artikel 4, leden 2 en 3
—	Artikel 4, leden 4 tot en met 6
Artikel 5, leden 1 tot en met 3	Artikel 5, leden 1 tot en met 3
Artikel 5, lid 4, inleiding	Artikel 5, lid 4, inleiding
Artikel 5, lid 4, onder *a*)	Artikel 5, lid 4, onder *a*)
Artikel 5, lid 4, onder *b*), inleiding	Artikel 5, lid 4, onder *b*), inleiding
Artikel 5, lid 4, onder *b*), eerste streepje	Artikel 5, lid 4, onder *b*), i)
Artikel 5, lid 4, onder *b*), tweede streepje	Artikel 5, lid 4, onder *b*), ii)
Artikel 5, lid 4, onder *b*), derde streepje	Artikel 5, lid 4, onder *b*), iii)
Artikel 5, lid 4, onder *b*), vierde streepje	Artikel 5, lid 4, onder *b*), iv)
Artikel 5, lid 4, onder *c*), *d*) en *e*)	Artikel 5, lid 4, onder *c*), *d*) en *e*)
Artikel 5, lid 5	Artikel 5, lid 5
Artikel 6, lid 1, inleiding	Artikel 6, lid 1, inleiding
Artikel 6, lid 1, onder *a*) en *b*)	Artikel 6, lid 1, onder *a*) en *b*)

Vo. 139/2004 EG-concentratieverordening

Verordening (EEG) nr. 4064/89	Deze verordening
Artikel 6, lid 1, onder c)	Artikel 6, lid 1, onder c), eerste zin
Artikel 6, leden 2 tot en met 5	Artikel 6, leden 2 tot en met 5
Artikel 7, lid 1	Artikel 7, lid 1
Artikel 7, lid 3	Artikel 7, lid 2
Artikel 7, lid 4	Artikel 7, lid 3
Artikel 7, lid 5	Artikel 7, lid 4
Artikel 8, lid 1	Artikel 6, lid 1, onder c), tweede zin
Artikel 8, lid 2	Artikel 8, leden 1 en 2
Artikel 8, lid 3	Artikel 8, lid 3
Artikel 8, lid 4	Artikel 8, lid 4
–	Artikel 8, lid 5
Artikel 8, lid 5	Artikel 8, lid 6
Artikel 8, lid 6	Artikel 8, lid 7
–	Artikel 8, lid 8
Artikel 9, leden 1 tot en met 9	Artikel 9, leden 1 tot en met 9
Artikel 9, lid 10	–
Artikel 10, leden 1 en 2	Artikel 10, leden 1 en 2
Artikel 10, lid 3	Artikel 10, lid 3, eerste alinea, eerste zin
–	Artikel 10, lid 3, eerste alinea, tweede zin
–	Artikel 10, lid 3, tweede alinea
Artikel 10, lid 4	Artikel 10, lid 4, eerste alinea
–	Artikel 10, lid 4, tweede alinea
Artikel 10, lid 5	Artikel 10, lid 5, eerste en vierde alinea
–	Artikel 10, lid 5, tweede, derde en vijfde alinea
Artikel 10, lid 6	Artikel 10, lid 6
Artikel 11, lid 1	Artikel 11, lid 1
Artikel 11, lid 2	–
Artikel 11, lid 3	Artikel 11, lid 2
Artikel 11, lid 4	Artikel 11, lid 4, eerste zin
–	Artikel 11, lid 4, tweede en derde zin
Artikel 11, lid 5, eerste zin	–
Artikel 11, lid 5, tweede zin	Artikel 11, lid 3
Artikel 11, lid 6	Artikel 11, lid 5
–	Artikel 11, leden 6 en 7
Artikel 12	Artikel 12
Artikel 13, lid 1, eerste alinea	Artikel 13, lid 1
Artikel 13, lid 1, tweede alinea, inleiding	Artikel 13, lid 2, inleiding
Artikel 13, lid 1, tweede alinea, onder a)	Artikel 13, lid 2, onder b)
Artikel 13, lid 1, tweede alinea, onder b)	Artikel 13, lid 2, onder c)
Artikel 13, lid 1, tweede alinea, onder c)	Artikel 13, lid 2, onder e)
Artikel 13, lid 1, tweede alinea, onder d)	Artikel 13, lid 2, onder a)
–	Artikel 13, lid 2, onder d)
Artikel 13, lid 2	Artikel 13, lid 3

Bijlage

Verordening (EEG) nr. 4064/89	Deze verordening
Artikel 13, lid 3	Artikel 13, lid 4, eerste en tweede zin
Artikel 13, lid 4	Artikel 13, lid 4, derde zin
Artikel 13, lid 5	Artikel 13, lid 5, eerste zin
—	Artikel 13, lid 5, tweede zin
Artikel 13, lid 6, eerste zin	Artikel 13, lid 6
Artikel 13, lid 6, tweede zin	—
—	Artikel 13, leden 7 en 8
Artikel 14, lid 1, inleiding	Artikel 14, lid 1, inleiding
Artikel 14, lid 1, onder a)	Artikel 14, lid 2, onder a)
Artikel 14, lid 1, onder b)	Artikel 14, lid 1, onder a)
Artikel 14, lid 1, onder c)	Artikel 14, lid 1, onder b) en c)
Artikel 14, lid 1, onder d)	Artikel 14, lid 1, onder d)
—	Artikel 14, lid 1, onder e) en f)
Artikel 14, lid 2, inleiding	Artikel 14, lid 2, inleiding
Artikel 14, lid 2, onder a)	Artikel 14, lid 2, onder d)
Artikel 14, lid 2, onder b) en c)	Artikel 14, lid 2, onder b) en c)
Artikel 14, lid 3	Artikel 14, lid 3
Artikel 14, lid 4	Artikel 14, lid 4
Artikel 15, lid 1, inleiding	Artikel 15, lid 1, inleiding
Artikel 15, lid 1, onder a) en b)	Artikel 15, lid 1, onder a) en b)
Artikel 15, lid 2, inleiding	Artikel 15, lid 1, inleiding
Artikel 15, lid 2, onder a)	Artikel 15, lid 1, onder c)
Artikel 15, lid 2, onder b)	Artikel 15, lid 1, onder d)
Artikel 15, lid 3	Artikel 15, lid 2
Artikelen 16 tot en met 20	Artikelen 16 tot en met 20
Artikel 21, lid 1	Artikel 21, lid 2
Artikel 21, lid 2	Artikel 21, lid 3
Artikel 21, lid 3	Artikel 21, lid 4
Artikel 22, lid 1	Artikel 21, lid 1
Artikel 22, lid 3	—
—	Artikel 22, leden 1 tot en met 3
Artikel 22, lid 4	Artikel 22, lid 4
Artikel 22, lid 5	—
—	Artikel 22, lid 5
Artikel 23	Artikel 23, lid 1
—	Artikel 23, lid 2
Artikel 24	Artikel 24
—	Artikel 25
Artikel 25, lid 1	Artikel 26, lid 1, eerste alinea
—	Artikel 26, lid 1, tweede alinea
Artikel 25, lid 2	Artikel 26, lid 2
Artikel 25, lid 3	Artikel 26, lid 3
—	Bijlage

[20-01-2004, PbEG L 24, i.w.tr. 18-02-2004/regelingnummer 139/2004]

Geconsolideerde mededeling 2008/C 95/01 over bevoegdheidskwesties op grond van Verordening (EG) nr. 139/2004 betreffende de controle op concentraties van ondernemingen

Mededeling van de Commissie van 16 april 2008 over bevoegdheidskwesties op grond van Verordening (EG) nr. 139/2004 betreffende de controle op concentraties van ondernemingen, PbEU 2008, C 95 (i.w.tr. 16-04-2008)

A   Inleiding

(1)

Deze mededeling heeft tot doel richtsnoeren te verstrekken over de bevoegdheidkwesties die kunnen rijzen op grond van Verordening (EG) nr. 139/2004 van de Raad (*PB* L 24 van 29.1.2003 (*red.*: lees: 2004), blz. 1) (hierna 'de concentratieverordening' genoemd)[1]. Aan de hand van deze formele richtsnoeren zouden ondernemingen sneller en nog voor zij met de Commissie contact opnemen, moeten kunnen vaststellen of en in hoeverre hun transacties onder toepassing van de communautaire controle op concentraties kunnen vallen.

[16-04-2008, PbEU C 95, i.w.tr. 16-04-2008/regelingnummer 2008/C95/01]

(2)

Deze mededeling vervangt de mededeling betreffende het begrip 'concentratie'[2], de mededeling inzake het begrip 'volwaardige gemeenschappelijke onderneming'[3], de mededeling betreffende het begrip 'betrokken onderneming'[4] en de mededeling betreffende de berekening van de omzet[5].

[16-04-2008, PbEU C 95, i.w.tr. 16-04-2008/regelingnummer 2008/C95/01]

---

(1) Indien in deze mededeling onderscheid moet worden gemaakt tussen Verordening (EG) nr. 139/2004 van de Raad en Verordening (EEG) nr. 4064/89 van de Raad (*PB* L 395 van 30.12.1989, gerectificeerd in *PB* L 257 van 21.9.1990, blz. 13, verordening laatstelijk gewijzigd bij Verordening (EG) nr. 1310/97, *PB* L 180 van 9.7.1997, blz. 1, gerectificeerd in *PB* L 40 van 13.2.1998, blz. 17), zal de verordening van 2004 'de herschikte concentratieverordening' worden genoemd en de verordening van 1989 'de vroegere concentratieverordening'. Artikelen zonder referentie verwijzen naar de herschikte concentratieverordening.
(2) *PB* C 66 van 2.3.1998, blz. 5.
(3) *PB* C 66 van 2.3.1998, blz. 1.
(4) *PB* C 66 van 2.3.1998, blz. 14.
(5) *PB* C 66 van 2.3.1998, blz. 25.

(3)
Deze mededeling betreft de in de artikelen 1, 3 en 5 van de concentratieverordening omschreven begrippen concentratie, volwaardige gemeenschappelijke onderneming en betrokken onderneming alsook de berekening van de omzet. Kwesties in verband met verwijzingen komen aan bod in de mededeling betreffende de verwijzing[1]. De in deze mededeling gegeven uitlegging van de Commissie van de artikelen 1, 3 en 5 doet geen afbreuk aan de uitlegging die kan worden gegeven door het Hof van Justitie of het Gerecht van eerste aanleg van de Europese Gemeenschappen.
[16-04-2008, PbEU C 95, i.w.tr. 16-04-2008/regelingnummer 2008/C95/01]

(4)
De in deze mededeling uiteengezette richtsnoeren zijn de neerslag van de ervaring die de Commissie heeft opgedaan bij de toepassing van de herschikte concentratieverordening en de vroegere concentratieverordening, sedert laatstgenoemde verordening op 21 september 1990 in werking trad. De algemene beginselen in verband met de kwesties die in deze mededeling aan bod komen, zijn niet gewijzigd door de inwerkingtreding van Verordening (EG) nr. 139/2004, doch indien zich wijzigingen hebben voorgedaan, komen die wijzigingen in deze mededeling uitdrukkelijk aan bod. De in deze mededeling vervatte beginselen zullen door de Commissie in individuele gevallen worden toegepast en verder ontwikkeld.
[16-04-2008, PbEU C 95, i.w.tr. 16-04-2008/regelingnummer 2008/C95/01]

(5)
Ingevolge artikel 1 van de concentratieverordening geldt de verordening slechts voor transacties die aan twee voorwaarden voldoen. Ten eerste moet er sprake zijn van een concentratie van twee of meer ondernemingen in de zin van artikel 3 van de concentratieverordening. Ten tweede moet de omzet van de betrokken ondernemingen, die overeenkomstig artikel 5 moet worden berekend, voldoen aan de drempels die in artikel 1 van de verordening zijn vastgesteld. De eerste voorwaarde, namelijk het begrip concentratie, komt met inbegrip van de bijzondere vereisten voor gemeenschappelijke ondernemingen aan bod in deel B van deze mededeling. De tweede voorwaarde, namelijk de vaststelling van de betrokken ondernemingen en de berekening van hun omzet, komt aan bod in deel C van deze mededeling.
[16-04-2008, PbEU C 95, i.w.tr. 16-04-2008/regelingnummer 2008/C95/01]

(6)
De Commissie behandelt het vraagstuk van haar bevoegdheid in beschikkingen overeenkomstig artikel 6 van de concentratieverordening [2].
[16-04-2008, PbEU C 95, i.w.tr. 16-04-2008/regelingnummer 2008/C95/01]

---

(1) *PB* C 56 van 5.3.2005, blz. 2.
(2) Zie ook de conclusie van advocaat-generaal Kokott van 26 april 2007 in zaak C-202/06 P, Cementbouw/Commissie, punt 56 (nog niet gepubliceerd).

B   Het begrip concentratie

(7)

Volgens artikel 3, lid 1, van de concentratieverordening heeft een concentratie slechts betrekking op transacties waarbij er een duurzame wijziging van zeggenschap in de betrokken ondernemingen plaatsvindt. In overweging 20 van de concentratieverordening is voorts uiteengezet dat het de bedoeling is het begrip concentratie dusdanig te definiëren dat het betrekking heeft op transacties die een blijvende wijziging in de structuur van de markt teweegbrengen. Omdat bij de toetsing aan artikel 3 het begrip zeggenschap centraal staat, hangt het bestaan van een concentratie in grote mate af van kwalitatieve eerder dan van kwantitatieve criteria.
[16-04-2008, PbEG C 95, i.w.tr. 16-04-2008/regelingnummer 2008/C95/01]

(8)

In artikel 3, lid 1, van de concentratieverordening zijn twee categorieën concentraties omschreven:
— die welke tot stand komen door een fusie van twee of meer voorheen onafhankelijke ondernemingen (onder a));
— die welke tot stand komen door het verkrijgen van zeggenschap (onder b)).

Deze twee categorieën worden respectievelijk behandeld in de hoofdstukken I en II.
[16-04-2008, PbEU C 95, i.w.tr. 16-04-2008/regelingnummer 2008/C95/01]

I   Fusies van voorheen onafhankelijke ondernemingen

(9)

Van een fusie in de zin van artikel 3, lid 1, onder a), van de concentratieverordening is sprake wanneer twee of meer onafhankelijke ondernemingen opgaan in een nieuwe onderneming en ophouden te bestaan als afzonderlijke rechtspersonen. Voorts is van een fusie sprake wanneer een onderneming door een andere wordt opgeslorpt, waarbij laatstgenoemde haar rechtspersoonlijkheid behoudt, doch eerstgenoemde ophoudt als rechtspersoon te bestaan [1].
[16-04-2008, PbEU C 95, i.w.tr. 16-04-2008/regelingnummer 2008/C95/01]

(10)

Van een fusie in de zin van artikel 3, lid 1, onder a), is ook sprake wanneer juridisch gezien geen fusie plaatsvindt, doch de activiteiten van voorheen onafhankelijke ondernemingen zodanig gecombineerd worden dat er één economische eenheid ontstaat

---

(1) Zie bijvoorbeeld zaak COMP/M.1673 (Veba/VIAG) van 13 juni 2000; zaak COMP/M.1806 (AstraZeneca/Novartis) van 26 juli 2000; zaak COMP/M.2208 (Chevron/Texaco) van 26 januari 2001, en zaak IV/M.1383 (Exxon/Mobil) van 29 september 1999. Er is geen sprake van een fusie in de zin van artikel 3, lid 1, onder a), indien de doelvennootschap fuseert met een dochteronderneming van de verwervende vennootschap waardoor de moedervennootschap over de doelvennootschap zeggenschap verkrijgt in de zin van artikel 3, lid 1, onder b) (zie zaak COMP/M.2510 (Cendant/Galileo) van 24 september 2001.

[1]. Hiervan kan met name sprake zijn wanneer twee of meer ondernemingen weliswaar als afzonderlijke rechtspersonen blijven voortbestaan, doch bij overeenkomst een gemeenschappelijk ondernemingsbestuur [2] of de structuur van een 'dual listed' vennootschap [3] in het leven roepen. Indien dit leidt tot een feitelijk samengaan van de betrokken ondernemingen in één economische eenheid, wordt de transactie als een fusie beschouwd. De voorwaarde voor een dergelijke feitelijke fusie is het bestaan van één duurzaam ondernemingsbestuur. Andere relevante factoren zijn de interne verrekening van winst en verlies, de verdeling van inkomsten over de verschillende entiteiten van de groep en hun gezamenlijke aansprakelijkheid of delen van externe risico's. De feitelijke fusie kan uitsluitend op contractuele afspraken zijn gebaseerd [4], doch kan ook worden versterkt door kruisparticipaties tussen de ondernemingen die de economische eenheid vormen.
[16-04-2008, PbEU C 95, i.w.tr. 16-04-2008/regelingnummer 2008/C95/01]

II Verkrijgen van zeggenschap

1 Het begrip zeggenschap

1.1 Persoon of onderneming die zeggenschap verkrijgt

(11)
In artikel 3, lid 1, onder b), is bepaald dat een concentratie tot stand komt bij het verkrijgen van zeggenschap. Zeggenschap kan worden verkregen door een onderneming die alleen handelt of door verschillende gezamenlijk handelende ondernemingen.
[16-04-2008, PbEU C 95, i.w.tr. 16-04-2008/regelingnummer 2008/C95/01]

Persoon met zeggenschap over een andere onderneming

(12)
Zeggenschap kan ook worden verkregen door een persoon die reeds (alleen of met anderen) zeggenschap over ten minste één andere onderneming bezit, of gezamenlijk door een aantal personen (die zeggenschap over een andere onderneming bezitten) en ondernemingen. Het begrip persoon heeft in dit verband zowel betrekking op

---

(1) Wanneer wordt nagegaan of de ondernemingen voorheen onafhankelijk waren, kan de kwestie van de zeggenschap van belang zijn, aangezien de fusie anders misschien niet meer is dan een interne herstructurering binnen de groep. In die specifieke context volgt de beoordeling van de zeggenschap ook het algemene begrip dat hieronder is uiteengezet en omvat het zowel de juridische als de feitelijke zeggenschap.
(2) Dit kan bijvoorbeeld het geval zijn bij een 'Gleichordnungskonzern' naar Duits recht, bepaalde 'groupements d'intérêt économique' naar Frans recht en de fusie van maatschappen zoals in zaak IV/M.1016 (Price Waterhouse/Coopers&Lybrand) van 20 mei 1998.
(3) Zaak IV/M.660 (RTZ/CRA) van 7 december 1995, en zaak COMP/M.3071 (Carnival Corporation/P&O Princess II) van 24 juli 2002.
(4) Zie zaak IV/M.1016 (Price Waterhouse/Coopers&Lybrand) van 20 mei 1998, en zaak COMP/M.2824 (Ernst & Young/Andersen Germany) van 27 augustus 2002.

publiekrechtelijke [1] als op privaatrechtelijke lichamen, alsook op natuurlijke personen. Verkrijgingen van zeggenschap door natuurlijke personen worden slechts geacht een duurzame wijziging in de structuur van de betrokken ondernemingen teweeg te brengen, indien die natuurlijke personen andere economische activiteiten voor eigen rekening verrichten of indien zij zeggenschap over ten minste één andere onderneming bezitten [2].
[16-04-2008, PbEU C 95, i.w.tr. 16-04-2008/regelingnummer 2008/C95/01]

Verkrijger van zeggenschap

(13)
Zeggenschap wordt normaal gesproken verkregen door personen of ondernemingen die zelf rechthebbenden zijn of aan de betrokken overeenkomsten zeggenschapsrechten ontlenen (artikel 3, lid 3, onder a)). Er doen zich echter ook situaties voor waarin de formele houder van een zeggenschapsbelang en de persoon of onderneming die in feite de werkelijke bevoegdheid heeft de daaruit voortvloeiende rechten uit te oefenen, niet dezelfde zijn. Dit kan bijvoorbeeld het geval zijn wanneer een onderneming voor het verkrijgen van een zeggenschapsbelang gebruik maakt van een andere persoon of onderneming en de bevoegdheid heeft via deze persoon of onderneming de zeggenschapsrechten uit te oefenen, dat wil zeggen laatstgenoemde is formeel gezien de rechthebbende, doch treedt slechts als stroman op. In een dergelijke situatie wordt zeggenschap verkregen door de onderneming die in werkelijkheid achter de transactie zit en in feite de bevoegdheid heeft zeggenschap over de doelonderneming uit te oefenen (artikel 3, lid 3, onder b)). Het Gerecht van eerste aanleg heeft uit deze bepaling geconcludeerd dat zeggenschap die in handen is van een handelsvennootschap, aan haar enige aandeelhouder, haar meerderheidsaandeelhouders of haar aandeelhouders met gezamenlijke zeggenschap over de vennootschap kan worden toegeschreven, aangezien een handelsvennootschap zich in elk geval voegt naar de beslissingen van deze aandeelhouders [3]. Een zeggenschapsdeelneming die in handen is van verschillende entiteiten van een groep wordt normaal gesproken toegekend aan de onderneming die zeggenschap uitoefent over de verschillende formele rechthebbenden. In andere gevallen kan dit soort onrechtstreekse zeggenschap worden aangetoond met bijvoorbeeld participaties, contractuele betrekkingen, bronnen van financiering of familiebanden [4], factoren die zich afzonderlijk of in combinatie kunnen voordoen en die per geval dienen te worden beoordeeld.
[16-04-2008, PbEU C 95, i.w.tr. 16-04-2008/regelingnummer 2008/C95/01]

---

(1) Met inbegrip van de staat zelf, zie bijvoorbeeld zaak IV/M. 157 (Air France/Sabena) van 5 oktober 1992 met betrekking tot de Belgische staat; voor andere publiekrechtelijke lichamen, zoals de Treuhandanstalt, zie zaak IV/M.308 (Kali und Salz/MDK/Treuhand) van 14 december 1993. Zie echter overweging 22 van de concentratieverordening.
(2) Zaak IV/M.82 (Asko/Jacobs/Adia) van 16 mei 1991 waarin een van de betrokken ondernemingen een particulier was, en zaak COMP/M.3762 (Apax/Travelex) van 16 juni 2005 waarin een particulier die zeggenschap verkreeg niet als een betrokken onderneming werd beschouwd.
(3) Arrest van het Gerecht van eerste aanleg van 23 februari 2006 in zaak T-282/02, Cementbouw/Commissie, Jurispr. 2006, blz. II-319, punt 72.
(4) Zie zaak M.754 (Anglo American Corporation/Lonrho) van 23 april 1997.

Verkrijgen van zeggenschap door investeringsfondsen

(14)
In het geval van verkrijging van zeggenschap door investeringsfondsen rijzen specifieke vragen. De Commissie zal geval per geval de structuren analyseren waarbij investeringsfondsen zijn betrokken, doch op basis van de vroegere ervaring van de Commissie kunnen enkele algemene kenmerken van dergelijke structuren worden geschetst.
[16-04-2008, PbEU C 95, i.w.tr. 16-04-2008/regelingnummer 2008/C95/01]

(15)
Investeringsfondsen worden vaak opgericht in de rechtsvorm van commanditaire vennootschappen, waarin de investeerders als commanditaire vennoot deelnemen, gewoonlijk zonder individueel of collectief zeggenschap uit te oefenen. De investeringsfondsen verwerven doorgaans de aandelen en stemrechten die zeggenschap verschaffen over de vennootschappen die in portefeuille worden gehouden. Naargelang de omstandigheden wordt de zeggenschap uitgeoefend door de investeringsmaatschappij die het fonds heeft opgericht, aangezien het fonds zelf doorgaans niet meer is dan een louter investeringsinstrument. In meer uitzonderlijke omstandigheden kan de zeggenschap door het fonds zelf worden uitgeoefend. De investeringsmaatschappij oefent de zeggenschap doorgaans via de organisatorische structuur uit, bijvoorbeeld door zeggenschap uit te oefenen over de beherende vennoot van fondsvennootschappen of op grond van contractuele afspraken, zoals adviesovereenkomsten, of op grond van een combinatie van beide. Dit kan het geval zijn zelfs indien de investeringsmaatschappij niet zelf de vennootschap bezit die als beherende vennoot optreedt, doch de aandelen daarvan in handen zijn van natuurlijke personen (die banden kunnen hebben met de investeringsmaatschappij) of van een trust. Contractuele afspraken met de investeringsmaatschappij, met name adviesovereenkomsten, worden zelfs nog belangrijker indien de beherende vennoot geen eigen middelen en personeel heeft voor het beheer van de vennootschappen die in portefeuille worden gehouden, doch slechts een vennootschapsstructuur vormt wier handelingen worden verricht door personen die banden hebben met de investeringsmaatschappij. In die omstandigheden verkrijgt de investeringsmaatschappij normaal gesproken onrechtstreekse zeggenschap in de zin van artikel 3, lid 1, onder b), en artikel 3, lid 3, onder b), van de concentratieverordening en heeft zij de bevoegdheid de rechten uit te oefenen die rechtstreeks in handen zijn van het investeringsfonds [1].
[16-04-2008, PbEU C 95, i.w.tr. 16-04-2008/regelingnummer 2008/C95/01]

1.2 Middelen van zeggenschap

(16)
Zeggenschap is in artikel 3, lid 2, van de concentratieverordening gedefinieerd als de mogelijkheid een beslissende invloed uit te oefenen op de activiteiten van een onderneming. Er hoeft derhalve niet te worden aangetoond dat de beslissende invloed

---

(1) Deze structuur heeft ook een effect op de berekening van de omzet in situaties waarbij investeringsfondsen zijn betrokken, zie punt 189 en volgende.

daadwerkelijk wordt of zal worden uitgeoefend. De mogelijkheid om die invloed uit te oefenen moet echter reëel zijn [1]. Artikel 3, lid 2, bepaalt voorts dat de mogelijkheid beslissende invloed uit te oefenen op een onderneming, kan berusten op rechten, overeenkomsten of andere middelen, hetzij afzonderlijk hetzij gezamenlijk, met inachtneming van alle feitelijke en juridische omstandigheden. Een concentratie kan derhalve op een feitelijke of een juridische basis tot stand komen, kan de vorm aannemen van individuele of gezamenlijke zeggenschap en kan betrekking hebben op één of meer ondernemingen of delen daarvan (zie artikel 3, lid 1, onder b)).
[16-04-2008, PbEU C 95, i.w.tr. 16-04-2008/regelingnummer 2008/C95/01]

Zeggenschap door de verwerving van aandelen of vermogensbestanddelen

(17)
Of een transactie tot verkrijging van zeggenschap leidt, is derhalve afhankelijk van een aantal juridische en/of feitelijke factoren. De meeste gebruikelijke manier om zeggenschap te verkrijgen, is de verwerving van aandelen, mogelijk in combinatie met een aandeelhoudersovereenkomst in gevallen van gezamenlijke zeggenschap, of de verwerving van vermogensbestanddelen.
[16-04-2008, PbEU C 95, i.w.tr. 16-04-2008/regelingnummer 2008/C95/01]

Zeggenschap op een contractuele grondslag

(18)
Zeggenschap kan ook op een contractuele grondslag worden verkregen. Om zeggenschap te verschaffen, moet de overeenkomst leiden tot een soortgelijke zeggenschap over het beheer en de middelen van de andere onderneming als bij verkrijging van aandelen of vermogensbestanddelen. Dergelijke overeenkomsten moeten niet alleen zeggenschap over het beheer en de middelen verschaffen, doch ook worden gekenmerkt door een uiterst lange duur (doorgaans zonder de mogelijkheid dat de partij die de contractuele rechten verleent, de overeenkomst vroegtijdig opzegt). Alleen dergelijke overeenkomsten kunnen een wijziging in de structuur van de markt teweegbrengen [2]. Voorbeelden van dergelijke overeenkomsten zijn de organisatorische overeenkomsten krachtens het nationale vennootschapsrecht [3] of andere soorten overeenkomsten, bijvoorbeeld in de vorm van overeenkomsten voor de huur van het bedrijf, waarbij de verkrijger zeggenschap verkrijgt over het beheer en de middelen, ofschoon de eigendomsrechten of de aandelen niet worden overgedragen. In dit verband is artikel 3, lid 2, onder a), bepaald dat zeggenschap ook kan bestaan in

---

(1) Zie arrest Cementbouw/Commissie, reeds aangehaald, punt 58.
(2) In zaak COMP/M.3858 (Lehman Brothers/SCG/Starwood/Le Meridien) van 20 juli 2005 hadden de beheersovereenkomsten een duur van 10–15 jaar, en in zaak COMP/M.2632 (Deutsche Bahn/ECT International/United Depots/JV) van 11 februari 2002 had de overeenkomst een duur van 8 jaar.
(3) Voorbeelden van dergelijke specifieke overeenkomsten krachtens het nationale vennootschapsrecht zijn het 'Beherrschungsvertrag' naar Duits recht of het 'contrato de subordinação' naar Portugees recht. Dit soort overeenkomsten bestaat niet in alle lidstaten.

een gebruiksrecht op de vermogensbestanddelen van een onderneming [1]. Dergelijke overeenkomsten kunnen ook leiden tot een situatie van gezamenlijke zeggenschap, indien zowel de eigenaar van de vermogensbestanddelen als de onderneming die zeggenschap heeft over het beheer, een vetorecht hebben ten aanzien van strategische commerciële beslissingen [2].

[16-04-2008, PbEU C 95, i.w.tr. 16-04-2008/regelingnummer 2008/C95/01]

Zeggenschap op andere wijzen

(19)
Op grond van deze overwegingen verschaffen franchiseovereenkomsten als zodanig de franchisegever normaal gezien geen zeggenschap over de onderneming van de franchisenemer. De franchisenemer exploiteert de middelen van de onderneming doorgaans voor eigen rekening, zelfs indien essentiële onderdelen van de vermogensbestanddelen eigendom van de franchisegever kunnen zijn [3]. Voorts vormen louter financiële overeenkomsten, zoals sale-and-lease-backtransacties met afspraken in verband met de terugkoop van vermogensbestanddelen aan het einde van de termijn, doorgaans geen concentratie aangezien zij de zeggenschap over het beheer en de middelen niet wijzigen.

[16-04-2008, PbEU C 95, i.w.tr. 16-04-2008/regelingnummer 2008/C95/01]

(20)
Voorts kan zeggenschap ook op andere wijzen tot stand komen. Louter economische betrekkingen kunnen een doorslaggevende rol spelen voor de verkrijging van zeggenschap. In uitzonderlijke omstandigheden kan een situatie van economische afhankelijkheid feitelijk tot zeggenschap leiden, bijvoorbeeld wanneer zeer belangrijke langlopende leveringsovereenkomsten of door leveranciers of afnemers verstrekte kredieten in combinatie met structurele banden, een beslissende invloed verschaf-

---

(1) Zie zaak COMP/M.2060 (Bosch/Rexroth) van 12 januari 2001 betreffende een 'Beherrschungsvertrag' in combinatie met een huur van het bedrijf; zaak COMP/M.3136 (GE/Agfa NDT) van 5 december 2003 betreffende een specifieke overeenkomst waarbij de zeggenschap over de middelen van de onderneming, het beheer en de risico's werden overgedragen, en zaak COMP/M.2632 (Deutsche Bahn/ECT International/United Depots/JV) van 11 februari 2002 betreffende de huur van een bedrijf.
(2) Zaak COMP/M.3858 (Lehman Brothers/SCG/Starwood/Le Meridien) van 20 juli 2005, en ook zaak IV/M.126 (Accor/Wagon-Lits) van 28 april 1992 in het kader van artikel 5, lid 4, onder b), van de concentratieverordening.
(3) Zaak M.940 (UBS/Mister Minit) in het kader van artikel 5, lid 4, onder b), van de concentratieverordening. Voor de behandeling van betrekkingen uit hoofde van franchiseovereenkomsten bij de beoordeling vanuit het oogpunt van de mededinging, zie zaak COMP/M.4220 (Food Service Project/Tele Pizza) van 6 juni 2006. De situatie in zaak IV/M.126 (Accor/Wagon-Lits) van 28 april 1992 moet echter van franchiseovereenkomsten worden onderscheiden. In die zaak, die ook aan artikel 5, lid 4, onder b), werd getoetst, had het hotelbedrijf het recht ook hotels te beheren waarin het slechts een minderheidsdeelneming bezat, aangezien in de langdurige overeenkomsten betreffende het hotelbeheer een clausule was opgenomen waardoor het beslissende invloed kon uitoefenen op de dagelijkse werking van deze hotels, waaronder op beslissingen in verband met financiële kwesties.

fen [1]. In een dergelijke situatie zal de Commissie zorgvuldig nagaan of dergelijke economische banden in combinatie met andere banden volstaan om tot een duurzame wijziging van zeggenschap te leiden [2].
[16-04-2008, PbEU C 95, i.w.tr. 16-04-2008/regelingnummer 2008/C95/01]

(21)
De zeggenschap kan worden verkregen zelfs indien de partijen niet die bedoeling hadden of indien de verkrijger alleen passief is en de verkrijging van zeggenschap door handelingen van derden teweeg is gebracht. Voorbeelden zijn situaties waarin de wijziging van zeggenschap het gevolg is van de nalatenschap van een aandeelhouder of waar de uittrede van een aandeelhouder een wijziging van zeggenschap meebrengt, inzonderheid een wijziging van gezamenlijke zeggenschap naar uitsluitende zeggenschap [3]. Artikel 3, lid 1, onder b), is op dergelijke scenario's van toepassing door de formulering dat zeggenschap ook 'op elke andere wijze' kan worden verkregen.
[16-04-2008, PbEU C 95, i.w.tr. 16-04-2008/regelingnummer 2008/C95/01]

Zeggenschap en nationaal vennootschapsrecht

(22)
De nationale wetgeving van een lidstaat kan specifieke regels vaststellen voor de samenstelling van de organen waarin zich het besluitvormingsproces in een onderneming voltrekt. Ofschoon dergelijke wetgeving een zekere zeggenschap kan verschaffen aan personen die geen aandeelhouder zijn, bijvoorbeeld werknemersvertegenwoordigers, houdt het begrip zeggenschap in de zin van de concentratieverordening geen verband met dergelijke wijzen van verkrijging van zeggenschap, aangezien de concentratieverordening vooral betrekking heeft op beslissende invloed die kan worden uitgeoefend op basis van rechten, vermogensbestanddelen of overeenkomsten of gelijkwaardige feitelijke middelen. Beperkingen in de statuten van de vennootschap of in het gemeenrecht ten aanzien van de personen die lid kunnen zijn van de raad van bestuur, zoals bepalingen die vereisen dat onafhankelijke leden worden benoemd of die de benoeming van werknemers of vertegenwoordigers van de moedervennootschappen verbieden, sluiten niet uit dat er sprake is van zeggenschap, zolang de aandeelhouders beslissen over de samenstelling van de besluitvormingsorganen [4]. En ook indien de vennootschapsorganen volgens de nationale wetgeving in het belang van de vennootschap beslissingen moeten nemen, zijn het de personen die over de stemrechten beschikken, die de bevoegdheid hebben die

---

(1) Zie zaak IV/M.794 (Coca-Cola/Amalgamated Beverages GB) van 22 januari 1997; zaak IV/ECSC.1031 (US/Sollac/Bamessa) van 28 juli 1993, en zaak IV/M.625 (Nordic Capital/Transpool) van 23 augustus 1995. Voor de criteria zie ook zaak IV/M.697 (Lockheed Martin Corporation/Loral Corporation) van 27 maart 1996.
(2) Zie zaak IV/M.258 (CCIE/GTE) van 25 september 1992 waarin de Commissie concludeerde dat er van zeggenschap geen sprake was omdat de betrokken handelsovereenkomsten tijdelijk van aard waren.
(3) Zie zaak COMP/M.3330 (RTL/M6) van 12 maart 2004, en zaak COMP/M.452 (Avesta (II)) van 9 juni 1994.
(4) Zie arrest Cementbouw/Commissie, reeds aangehaald, punten 70, 73 en 74.

beslissingen te nemen en derhalve de mogelijkheid hebben beslissende invloed uit te oefenen op de vennootschap [1].
[16-04-2008, PbEU C 95, i.w.tr. 16-04-2008/regelingnummer 2008/C95/01]

Zeggenschap op andere terreinen van de wetgeving

(23)
Het begrip zeggenschap in de zin van de concentratieverordening kan afwijken van het begrip dat wordt toegepast op bepaalde terreinen van de communautaire en de nationale wetgeving, bijvoorbeeld op het gebied van de prudentiële regels, belastingen, luchtvervoer of de media. De uitlegging van het begrip zeggenschap op andere terreinen is derhalve niet noodzakelijkerwijs bepalend voor het begrip zeggenschap in de zin van de concentratieverordening.
[16-04-2008, PbEU C 95, i.w.tr. 16-04-2008/regelingnummer 2008/C95/01]

1.3 Voorwerp van zeggenschap

(24)
Artikel 3, lid 1, onder b), en artikel 3, lid 2, van de concentratieverordening bepalen dat het voorwerp van zeggenschap kan bestaan uit één of meer ondernemingen die rechtspersoonlijkheid bezitten, of delen daarvan, of uit de vermogensbestanddelen van een onderneming of delen daarvan. De verkrijging van zeggenschap over vermogensbestanddelen kan alleen als een concentratie worden beschouwd indien die vermogensbestanddelen het geheel of een deel van een onderneming vormen, dat wil zeggen een bedrijf dat op de markt aanwezig is en waaraan duidelijk een marktomzet kan worden toegewezen [2]. De overdracht van het klantenbestand van een bedrijf kan aan deze criteria voldoen, indien dit volstaat om een bedrijf met een marktomzet over te dragen [3]. Een transactie die beperkt is tot immateriële vermogensbestanddelen, zoals merken, octrooien of auteursrechten, kan ook als een concentratie worden beschouwd indien die vermogensbestanddelen een bedrijf met omzet op de markt vormen. In elk geval kan de overdracht van licenties voor merken, octrooien of auteursrechten, zonder aanvullende vermogensbestanddelen, slechts aan deze criteria voldoen indien de licenties ten minste op een bepaald grondgebied exclusief zijn en de overdracht van de omzetgenererende activiteit door de overdracht van licenties tot stand komt [4]. Voor niet-exclusieve licenties kan worden uitgesloten dat zij als zodanig een bedrijf vormen waaraan een omzet op de markt is gekoppeld.
[16-04-2008, PbEU C 95, i.w.tr. 16-04-2008/regelingnummer 2008/C95/01]

---

(1) Zie arrest Cementbouw/Commissie, reeds aangehaald, punt 79.
(2) Zie bijvoorbeeld zaak COMP/M.3867 (Vattenfall/Elsam en E2 Assets) van 22 december 2005.
(3) Zaak COMP/M.2857 (ECS/IEH) van 23 december 2002.
(4) Daarenboven zullen de toekenning van licenties en de overdracht van licenties voor octrooien slechts een concentratie vormen indien dit op duurzame wijze geschiedt. In dit verband gelden dezelfde overwegingen die hierboven in punt 18 zijn uiteengezet in verband met de verkrijging van zeggenschap op grond van (langetermijn)overeenkomsten.

(25)
Specifieke vragen rijzen in zaken waarin een onderneming eigen activiteiten, zoals het verrichten van diensten of het vervaardigen van producten, aan een dienstverrichter uitbesteedt (outsourcing). Een typisch geval is de outsourcing van IT-diensten aan gespecialiseerde IT-bedrijven. Outsourcingovereenkomsten kunnen verschillende vormen aannemen. Hun gemeenschappelijke kenmerk is dat de dienstverrichter aan wie de diensten zijn uitbesteed, die diensten zal verrichten voor de klant die deze diensten vroeger zelf verrichtte. Bij eenvoudige outsourcing is er geen sprake van overdracht van vermogensbestanddelen of werknemers aan de dienstverrichter aan wie de diensten zijn uitbesteed, doch houdt de klant doorgaans vermogensbestanddelen of werknemers. Een dergelijke outsourcingovereenkomst lijkt op een normaal dienstencontract en zelfs indien de dienstverrichter aan wie de diensten zijn uitbesteed, het recht verwerft om deze vermogensbestanddelen en werknemers van de klant te beheren, is er geen sprake van een concentratie indien de vermogensbestanddelen en de werknemers uitsluitend zullen worden gebruikt om diensten voor de klant te verrichten.
[16-04-2008, PbEU C 95, i.w.tr. 16-04-2008/regelingnummer 2008/C95/01]

(26)
De situatie kan er anders uitzien indien de dienstverrichter aan wie de diensten zijn uitbesteed, niet alleen een bepaalde activiteit overneemt die vroeger intern werd verricht, doch ook de nodige vermogensbestanddelen en/of personeelsleden overneemt. In die omstandigheden is er slechts sprake van een concentratie indien de vermogensbestanddelen het geheel of een deel van een onderneming vormen, dat wil zeggen een bedrijf met toegang tot de markt. Dit vereist dat de vermogensbestanddelen die vroeger door de verkoper voor interne activiteiten werden gebruikt, de dienstverrichter aan wie de diensten zijn uitbesteed in staat zullen stellen niet alleen voor de uitbestedende klant diensten te verrichten, doch ook voor derden, hetzij onmiddellijk, hetzij binnen een korte termijn na de overdracht. Dit is het geval indien de overdracht betrekking heeft op een interne bedrijfseenheid of een dochteronderneming die reeds voor derden diensten verricht. Indien er nog geen diensten voor derden worden verricht, moeten in het geval van vervaardiging de overgedragen vermogensbestanddelen onder meer bestaan uit productiefaciliteiten, de productknowhow (het volstaat dat de overgedragen vermogensbestanddelen het mogelijk maken om die capaciteit in de nabije toekomst op te bouwen) en, indien er nog geen toegang tot de markt bestaat, de middelen waarmee de verkrijger binnen een korte termijn toegang tot de markt kan ontwikkelen (bijvoorbeeld aan de hand van bestaande overeenkomsten of merken) [1]. In het geval van het verrichten van diensten moeten de overgedragen vermogensbestanddelen onder meer bestaan uit de vereiste knowhow (bijvoorbeeld de betrokken personeelsleden en de intellectuele eigendom) en de faciliteiten die markttoegang mogelijk maken (bijvoorbeeld afzetfaciliteiten) [2]. De overgedragen vermogensbe-

---

(1) Zie zaak COMP/M.1841 (Celestica/IBM) van 25 februari 2000; zaak COMP/M.1849 (Solectron/Ericsson) van 29 februari 2000; zaak COMP/M.2479 (Flextronics/Alcatel) van 29 juni 2001, en zaak COMP/M.2629 (Flextronics/Xerox) van 12 november 2001.
(2) Zie, in het kader van gemeenschappelijke ondernemingen, zaak IV/M.560 (EDS/Lufthansa) van 11 mei 1995, en zaak COMP/M.2478 (IBM Italia/Business Solutions/JV) van 29 juni 2001.

standdelen moeten derhalve ten minste die essentiële onderdelen omvatten waarmee de verkrijger op de markt vaste voet kan krijgen binnen een termijn die vergelijkbaar is met de aanloopperiode voor gemeenschappelijke ondernemingen (zie de uiteenzetting hieronder in de punten 97 en 100). Net als bij gemeenschappelijke ondernemingen zal de Commissie bij de beoordeling de uitgebreide ondernemingsplannen en de algemene kenmerken van de markt in aanmerking nemen.
[16-04-2008, PbEU C 95, i.w.tr. 16-04-2008/regelingnummer 2008/C95/01]

(27)
Indien de overgedragen vermogensbestanddelen de koper niet ten minste in staat stellen een aanwezigheid op de markt te ontwikkelen, is het waarschijnlijk dat deze vermogensbestanddelen alleen zullen worden gebruikt om diensten voor de uitbestedende klant te verrichten. In die omstandigheden zal de transactie geen duurzame wijziging in de structuur van de markt teweegbrengen en lijkt de outsourcingovereenkomst opnieuw op een dienstencontract. De transactie zal geen concentratie vormen. De specifieke voorwaarden waaronder een gemeenschappelijke onderneming voor het verrichten van outsourcingdiensten als een concentratie kan worden beschouwd, worden in deze mededeling besproken in het deel over de volwaardige gemeenschappelijke ondernemingen.
[16-04-2008, PbEU C 95, i.w.tr. 16-04-2008/regelingnummer 2008/C95/01]

1.4 Duurzame wijziging van zeggenschap

(28)
Artikel 3, lid 1, van de concentratieverordening definieert het begrip concentratie zodanig dat het slechts van toepassing is op transacties die leiden tot een duurzame wijziging in de zeggenschap over de betrokken ondernemingen en, zoals toegevoegd in overweging 20, in de structuur van de markt. De concentratieverordening is derhalve niet van toepassing op transacties die slechts een tijdelijke wijziging van zeggenschap teweegbrengen. Een duurzame wijziging van zeggenschap is echter niet uitgesloten door het feit dat voor een bepaalde termijn tot de onderliggende overeenkomsten wordt toegetreden, mits deze overeenkomsten hernieuwbaar zijn. Er kan zelfs sprake zijn van een concentratie in gevallen waarin overeenkomsten een definitieve einddatum hebben, indien de overeengekomen periode voldoende lang is om een duurzame wijziging in de zeggenschap over de betrokken onderneming teweeg te brengen [1].
[16-04-2008, PbEU C 95, i.w.tr. 16-04-2008/regelingnummer 2008/C95/01]

---

(1) Zie, voor gemeenschappelijke ondernemingen, zaak COMP/M.2903 (DaimlerChrysler/Deutsche Telekom/JV) van 30 april 2003 waarin een periode van 12 jaar voldoende lang werd geacht, en zaak COMP/M.2632 (Deutsche Bahn/ECT International/United Depots/JV) van 11 februari 2002) waarin de overeenkomst een duur van 8 jaar had. In zaak COMP/M.3858 (Lehman Brothers/Starwoord/Le Meridien) van 20 juli 2005 achtte de Commissie een minimumduur van 10–15 jaar voldoende, doch een periode van 3 jaar onvoldoende. De verkrijging van zeggenschap door de verwerving van aandelen of vermogensbestanddelen is normaal gesproken niet beperkt tot een bepaalde periode en wordt derhalve verondersteld een duurzame wijziging van zeggenschap teweeg te brengen. Alleen in de in punt 29 en volgende besproken scenario's zal een verkrijging van zeggenschap door aandelen of vermogensbestanddelen uitzonderlijk van voorbijgaande aard worden geacht en geacht worden niet te leiden tot een duurzame wijziging in de zeggenschap over de betrokken ondernemingen.

(29)
De vraag of een transactie een duurzame wijziging in de structuur van de markt teweegbrengt, is ook van belang voor de beoordeling van verschillende transacties die elkaar opvolgen, indien de eerste transactie louter van voorbijgaande aard is. In dit verband kunnen verschillende scenario's worden onderscheiden.
[16-04-2008, PbEU C 95, i.w.tr. 16-04-2008/regelingnummer 2008/C95/01]

(30)
In het ene scenario komen verschillende ondernemingen samen, uitsluitend om een andere onderneming te verwerven en onmiddellijk na de voltooiing van de transactie op basis van een overeenkomst de verworven vermogensbestanddelen te verdelen volgens een vooraf bestaand plan. In die omstandigheden wordt de volledige doelvennootschap in een eerste stap verworven door één of meer ondernemingen. In een tweede stap worden de verkregen vermogensbestanddelen verdeeld over verschillende ondernemingen. De vraag is dan of de eerste transactie moet worden beschouwd als een afzonderlijke concentratie die leidt tot de verkrijging van de uitsluitende zeggenschap (in het geval van één koper) of van gezamenlijke zeggenschap (in het geval van gezamenlijke aankoop) over de volledige doelonderneming, dan wel of alleen de verkrijgingen in de tweede stap concentraties vormen, waarbij elk van de verwervende ondernemingen haar relevante deel van de doelonderneming verkrijgt.
[16-04-2008, PbEU C 95, i.w.tr. 16-04-2008/regelingnummer 2008/C95/01]

(31)
De Commissie is van oordeel dat de eerste transactie geen concentratie vormt en onderzoekt de verkrijgingen van zeggenschap door de uiteindelijke verkrijgers, mits aan een aantal voorwaarden is voldaan. Ten eerste moet de verdeling na de eerste transactie op een juridisch bindende wijze tussen de verschillende kopers zijn overeengekomen. Ten tweede mag er geen onzekerheid bestaan over het feit dat de tweede stap, de verdeling van de verworven vermogensbestanddelen, binnen een korte termijn na de eerste verkrijging zal plaatsvinden. De Commissie is van oordeel dat de verdeling van de vermogensbestanddelen normaal gesproken binnen een termijn van ten hoogste één jaar zou moeten plaatsvinden [1].
[16-04-2008, PbEU C 95, i.w.tr. 16-04-2008/regelingnummer 2008/C95/01]

(32)
Indien aan beide voorwaarden is voldaan, leidt de eerste verkrijging niet tot een duurzame structurele wijziging. Er is geen daadwerkelijke concentratie van economische macht tussen de verkrijger(s) en de doelvennootschap in haar geheel, aangezien de verkregen vermogensbestanddelen niet op duurzame wijze onverdeeld in stand worden gehouden, doch uitsluitend voor de periode die nodig is om de onmiddellijke verdeling van de verkregen vermogensbestanddelen tot stand te brengen. In die omstandigheden vormen slechts de verkrijgingen van de verschillende delen van de onderneming in de tweede stap concentraties, waarbij elk van deze verkrijgingen

---

(1) Zie bijvoorbeeld zaak COMP/M.3779 (Pernod Ricard/Allied Domecq) van 24 juni 2005 en zaak COMP/M.3813 (Fortune Brands/Allied Domecq) van 10 juni 2005, waarin de verdeling van de vermogensbestanddelen moest plaatsvinden binnen een termijn van 6 maanden na de verkrijging.

door verschillende kopers een afzonderlijke concentratie zal vormen. Dit is ongeacht het feit of bij de eerste verkrijging slechts één onderneming is betrokken [1] dan wel de verschillende ondernemingen die ook bij de tweede stap zijn betrokken [2]. In elk geval laat de goedkeuringsbeschikking de overname van de volledige doelvennootschap slechts toe, indien de verdeling kort daarna kan plaatsvinden en de verschillende delen van de doelonderneming rechtstreeks worden verkocht aan de respectieve uiteindelijke kopers.
[16-04-2008, PbEU C 95, i.w.tr. 16-04-2008/regelingnummer 2008/C95/01]

(33)
Is echter niet aan deze voorwaarden voldaan, met name wanneer het niet zeker is dat de tweede stap zal plaatsvinden binnen een korte termijn na de eerste verkrijging, dan zal de Commissie de eerste transactie als een afzonderlijke concentratie beschouwen, waarbij de volledige doelonderneming is betrokken. Dit is bijvoorbeeld het geval indien de eerste transactie ook los van de tweede transactie kan worden gesloten [3] of indien voor de verdeling van de doelonderneming een langere overgangsperiode nodig is [4].
[16-04-2008, PbEU C 95, i.w.tr. 16-04-2008/regelingnummer 2008/C95/01]

(34)
Het tweede scenario is een transactie die in een aanloopperiode tot gezamenlijke zeggenschap leidt, die echter krachtens juridisch bindende overeenkomsten zal worden omgezet in uitsluitende zeggenschap van een van de aandeelhouders. Omdat de situatie van gezamenlijke zeggenschap geen duurzame wijziging van zeggenschap vormt, kan de volledige transactie worden beschouwd als een verkrijging van uitsluitende zeggenschap. In het verleden heeft de Commissie aanvaard dat een dergelijke aanloopperiode tot drie jaar kon duren [5]. Een dergelijke periode lijkt te lang om uit te sluiten dat het scenario met gezamenlijke zeggenschap effect heeft op de structuur van de markt. De periode mag derhalve, algemeen gesproken, niet langer duren dan één jaar en de periode van gezamenlijke zeggenschap moet van voorbijgaande aard zijn [6]. Alleen bij een dergelijke relatief korte periode is het onwaarschijnlijk dat de periode van gezamenlijke zeggenschap een duidelijk effect heeft op de structuur van

---

(1) Voor een eerste verkrijging door slechts één onderneming, zie zaak COMP/M.3779 (Pernod Ricard/Allied Domecq) van 24 juni 2005 en zaak COMP/M.3813 (Fortune Brands/Allied Domecq/Pernod Ricard) van 10 juni 2005, en zaak COMP/M.2060 (Bosch/Rexroth) van 12 januari 2001.
(2) Voor een gezamenlijke verkrijging, zie zaak COMP/M.1630 (Air Liquide/BOC) van 18 januari 2000; zaak COMP/M.1922 (Siemens/Bosch/Atecs) van 11 augustus 2000, en zaak COMP/M.2059 (Siemens/Demactic/VDO Sachs) van 29 augustus 2000.
(3) Zie zaak COMP/M.2498 (UPM-Kynmene/Haindl) van 21 november 2001 en zaak COMP/M.2499 (Norske Skog/Parenco/Walsum) van 21 november 2001.
(4) Zaak COMP/M.3372 (Carlsberg/Holsten) van 16 maart 2004.
(5) Zaak IV/M.425 (British Telecom/Santander) van 28 maart 1994.
(6) Zie zaak M.2389 (Shell/DEA) van 20 december 2001 waarin de uiteindelijke verkrijger van de uitsluitende zeggenschap tijdens de periode van gezamenlijke zeggenschap een sterke invloed had op de bedrijfsvoering, en zaak M.2854 (RAG/Degussa) van 18 november 2002 waarin de overgangsperiode bedoeld was om de interne herstructurering na de fusie te vergemakkelijken.

de markt en kan derhalve worden beschouwd als een periode die niet leidt tot een duurzame wijziging van zeggenschap.
[16-04-2008, PbEU C 95, i.w.tr. 16-04-2008/regelingnummer 2008/C95/01]

(35)
In een derde scenario wordt een onderneming 'geparkeerd' bij een tussentijdse koper, vaak een bank, op basis van een overeenkomst betreffende de toekomstige verkoop van het bedrijf aan een uiteindelijke verkrijger. Meestal verwerft de tussentijdse koper aandelen 'namens' de uiteindelijke verkrijger, die vaak het leeuwendeel van de economische risico's draagt en aan wie ook specifieke rechten kunnen worden toegekend. In die omstandigheden wordt de eerste transactie slechts gesloten om de tweede transactie te vergemakkelijken en heeft de eerste koper rechtstreekse banden met de uiteindelijke verkrijger. Anders dan in de situatie van het eerste scenario dat in de punten 30 tot en met 33 is beschreven, is er geen andere uiteindelijke verkrijger betrokken, blijft de doelvennootschap ongewijzigd en komt de reeks transacties uitsluitend op initiatief van de enige uiteindelijke verkrijger op gang. Vanaf de datum van goedkeuring van deze mededeling zal de Commissie de verkrijging van zeggenschap door de uiteindelijke verkrijger onderzoeken, zoals die in de overeenkomsten tussen de partijen is afgesproken. De Commissie zal de transactie waarmee de tussentijdse koper in die omstandigheden zeggenschap verkrijgt, beschouwen als de eerste stap van één enkele concentratie die de duurzame verkrijging van zeggenschap door de uiteindelijke koper omvat.
[16-04-2008, PbEU C 95, i.w.tr. 16-04-2008/regelingnummer 2008/C95/01]

1.5 Nauw verweven transacties

1.5.1 Verhouding tussen artikel 3 en artikel 5, lid 2, tweede alinea

(36)
Verschillende transacties kunnen hetzij op grond van de algemene regel van artikel 3, indien de transacties onderling verband houden, hetzij op grond van de specifieke bepaling van artikel 5, lid 2, tweede alinea, als één enkele concentratie in de zin van de concentratieverordening worden beschouwd.
[16-04-2008, PbEU C 95, i.w.tr. 16-04-2008/regelingnummer 2008/C95/01]

(37)
Artikel 5, lid 2, tweede alinea, heeft betrekking op een andere situatie dan die welke in artikel 3 van de concentratieverordening aan bod komt. Artikel 3 definieert het bestaan van een concentratie in algemene en materiële bewoordingen, doch bepaalt niet rechtstreeks de kwestie van de bevoegdheid van de Commissie in verband met concentraties. Artikel 5 heeft tot doel de draagwijdte van de concentratieverordening te specificeren, met name door de omzet te definiëren waarmee rekening moet worden gehouden om te bepalen of een concentratie een communautaire dimensie heeft, en artikel 5, lid 2, tweede alinea, maakt het in dit verband voor de Commissie mogelijk twee of meer tot concentratie leidende transacties als één en dezelfde concentratie aan te merken met het oog op de berekening van de omzet van de betrokken ondernemingen. Alvorens de vraag van artikel 5, lid 2, tweede alinea, aan de orde is, moet

1.5.2 Van elkaar afhangende transacties en artikel 3

(38)
De in artikel 3, lid 1, opgenomen algemene en op het doel gerichte definitie van een concentratie, waarbij het resultaat bestaat in zeggenschap over één of meer ondernemingen, impliceert dat het van geen belang is of de zeggenschap is verkregen met één of verschillende juridische transacties, voor zover dit één enkele concentratie als eindresultaat oplevert. In het kader van artikel 3 vormen twee of meer transacties één enkele concentratie, indien zij een eenheid vormen. Er moet derhalve worden nagegaan of het resultaat erin bestaat dat één of meer ondernemingen rechtstreeks of middellijk economische zeggenschap verkrijgen over de activiteiten van één of meer andere ondernemingen. Voor de beoordeling moet de aan de transacties onderliggende economische werkelijkheid worden vastgesteld en derhalve het economische doel dat door de partijen wordt nagestreefd. Om na te gaan of de betrokken transacties een eenheid vormen, moet met andere woorden geval per geval worden bepaald of die transacties zodanig nauw verweven zijn dat de ene transactie niet zou zijn gesloten zonder de andere [2].
[16-04-2008, PbEU C 95, i.w.tr. 16-04-2008/regelingnummer 2008/C95/01]

(39)
In overweging 20 van de concentratieverordening is dienaangaande toegelicht dat het wenselijk is transacties die nauw verweven zijn, in die zin dat zij van elkaar afhangen, als één enkele concentratie te behandelen. Het vereiste dat de transacties onderling samenhangen, dat door het Gerecht van eerste aanleg in het arrest Cementbouw [3] is uitgelegd, stemt derhalve overeen met de in overweging 20 opgenomen toelichting dat de transacties van elkaar afhangen.
[16-04-2008, PbEU C 95, i.w.tr. 16-04-2008/regelingnummer 2008/C95/01]

(40)
Deze algemene aanpak weerspiegelt enerzijds dat transacties die samenhangen op grond van de economische doelstellingen die de partijen willen bereiken, uit hoofde van de concentratieverordening ook in één procedure moeten worden geanalyseerd. In die omstandigheden wordt de wijziging in de structuur van de markt immers door deze transacties samen teweeggebracht. Indien anderzijds verschillende transacties niet onderling samenhangen en indien de partijen een van de transacties zouden sluiten zonder dat de andere transacties worden gesloten, lijkt het wenselijk deze transacties afzonderlijk aan de concentratieverordening te toetsen.
[16-04-2008, PbEU C 95, i.w.tr. 16-04-2008/regelingnummer 2008/C95/01]

---

(1) Zie arrest Cementbouw/Commissie, reeds aangehaald, punten 113 tot en met 119.
(2) Zie arrest Cementbouw/Commissie, reeds aangehaald, punten 104 tot en met 109.
(3) Zie arrest Cementbouw/Commissie, reeds aangehaald, punten 106 tot en met 109.

(41)
Verschillende van elkaar afhangende transacties kunnen echter slechts als één enkele concentratie worden aangemerkt, indien de zeggenschap uiteindelijk door dezelfde onderneming(en) wordt verkregen. Alleen in die omstandigheden kunnen twee of meer transacties als een eenheid worden aangemerkt en derhalve als één enkele concentratie worden beschouwd in de zin van artikel 3[(1)]. Hierdoor worden liquidaties van gemeenschappelijke ondernemingen uitgesloten, waarbij verschillende delen van een onderneming over haar vroegere moedervennootschappen worden verdeeld. De Commissie zal deze transacties als afzonderlijke concentraties beschouwen [(2)]. Dit geldt ook voor transacties waarbij twee (of meer) vennootschappen vermogensbestanddelen uitwisselen in transacties in verband met ontbindingen van gemeenschappelijke ondernemingen of swaps van vermogensbestanddelen. Ofschoon de partijen deze transacties normaal gesproken als onderling samenhangend zullen beschouwen, moeten de resultaten van elk van deze transacties uit hoofde van het doel van de concentratieverordening afzonderlijk worden beoordeeld. Verschillende ondernemingen verkrijgen zeggenschap over verschillende vermogensbestanddelen. Voor elk van de verwervende ondernemingen vindt een afzonderlijke combinatie van middelen plaats en het effect op de markt van elk van deze verkrijgingen van zeggenschap moet uit hoofde van de concentratieverordening afzonderlijk worden geanalyseerd.
[16-04-2008, PbEU C 95, i.w.tr. 16-04-2008/regelingnummer 2008/C95/01]

(42)
De verkrijging van verschillende niveaus van zeggenschap (bijvoorbeeld gezamenlijke zeggenschap over één bedrijf en uitsluitende zeggenschap over een ander bedrijf) doet specifieke vragen rijzen. Een transactie waarbij over een deel van een onderneming gezamenlijke zeggenschap wordt verkregen en uitsluitende zeggenschap over een ander deel, wordt in beginsel beschouwd als twee afzonderlijke concentraties in de zin van de concentratieverordening[(3)]. Deze transacties vormen slechts één enkele concentratie indien zij onderling samenhangen en indien de onderneming die uitsluitende zeggenschap verkrijgt ook gezamenlijke zeggenschap verkrijgt. In elk geval wordt een dergelijk scenario als één enkele concentratie beschouwd indien een ondernemingsentiteit wordt verkregen waartoe zowel de onderneming waarover uitsluitende zeggenschap wordt uitgeoefend behoort als de onderneming waarover gezamenlijke zeggenschap wordt uitgeoefend. Op basis van de in overweging 20 opgenomen toelichting wordt de situatie waarin dezelfde onderneming de uitsluitende en de gezamenlijke zeggenschap over andere ondernemingen verkrijgt op grond van onderling samenhangende overeenkomsten, niet anders behandeld. Indien deze transacties onderling samenhangen, vormen zij derhalve één enkele concentratie.
[16-04-2008, PbEU C 95, i.w.tr. 16-04-2008/regelingnummer 2008/C95/01]

---

(1) Dit heeft ook betrekking op situaties waarin een onderneming een bedrijf aan een koper verkoopt en vervolgens de verkoper met inbegrip van het verkochte bedrijf verwerft, zie zaak COMP/M.4521 (LGI/Telenet) van 26 februari 2007.
(2) Zie soortgelijke zaken COMP/M.3293 (Shell/BEB) en COMP/M.3294 (ExxonMobil/BEB) van 20 november 2003, en zaak IV/M.197 (Solvay/Laporte) van 30 april 1992.
(3) Zie zaak IV/M.409 (ABB/Renault Automation) van 9 maart 1994.

Vereiste van onderlinge afhankelijkheid

(43)
De vereiste onderlinge afhankelijkheid impliceert dat geen van de transacties zou worden gesloten zonder dat de andere transacties worden gesloten, en dat zij derhalve één enkele verrichting vormen [1]. Deze onderlinge afhankelijkheid komt normaal gesproken vast te staan indien de transacties juridisch gezien verband houden, dat wil zeggen dat de overeenkomsten zelf verband houden door wederzijdse voorwaarden. Indien de transacties feitelijk van elkaar afhangen en dit naar behoren kan worden aangetoond, volstaat dit om de transacties als één enkele concentratie te behandelen. Dit vereist een economische beoordeling van de vraag of elk van de transacties noodzakelijkerwijs afhangt van de sluiting van de andere transacties [2]. Verdere aanwijzingen van de onderlinge samenhang van verschillende transacties kunnen de verklaringen van de partijen zelf zijn of de gelijktijdige sluiting van de relevante overeenkomsten. Het zal moeilijk zijn om te concluderen dat verschillende transacties feitelijk van elkaar afhangen, indien deze transacties niet gelijktijdig hebben plaatsgevonden. Indien transacties die juridisch gezien van elkaar afhangen echter zeer duidelijk niet gelijktijdig plaatsvinden, kan hun werkelijke onderlinge samenhang in twijfel worden getrokken.
[16-04-2008, PbEU C 95, i.w.tr. 16-04-2008/regelingnummer 2008/C95/01]

(44)
Het beginsel dat verschillende transacties onder deze voorwaarden als één enkele concentratie kunnen worden behandeld, geldt slechts indien het resultaat erin bestaat dat dezelfde perso(o)n(en) of onderneming(en) zeggenschap verkrijgen over één of meer ondernemingen. Dit is ten eerste het geval indien een bedrijf of onderneming via verschillende juridische transacties wordt verworven. Ten tweede kan ook de verkrijging van zeggenschap over verschillende ondernemingen — wat even zovele concentraties kan vormen — zodanig verbonden zijn dat er sprake is van één enkele concentratie. Het is uit hoofde van de concentratieverordening echter niet mogelijk om verschillende juridische transacties te verbinden die slechts ten dele betrekking hebben op de verkrijging van zeggenschap over ondernemingen, en voor het overige op de verkrijging van andere vermogensbestanddelen, zoals minderheidsdeelnemingen in andere vennootschappen die geen zeggenschap verschaffen. Het zou niet passen in het algemene kader en de algemene opzet van de concentratieverordening, indien verschillende van elkaar afhangende transacties als een geheel aan de concentratieverordening zouden worden getoetst, indien slechts sommige van die transacties een wijziging in de zeggenschap over een bepaalde doelvennootschap teweegbrengen.
[16-04-2008, PbEU C 95, i.w.tr. 16-04-2008/regelingnummer 2008/C95/01]

---

(1) Zie arrest Cementbouw/Commissie, reeds aangehaald, punt 127 en volgende.

(2) Zie arrest Cementbouw/Commissie, reeds aangehaald, punt 131 en volgende. Zie zaak COMP/M.4521 (LGI/Telenet) van 26 februari 2007 waarin de onderlinge samenhang gebaseerd was op het feit dat de twee transacties gelijktijdig waren afgesproken en gesloten en dat volgens de economische doelstellingen van de partijen geen van beide transacties zonder de andere zou zijn gesloten.

Verkrijging van één enkel bedrijf

(45)
Er kan derhalve sprake zijn van één enkele concentratie indien de zeggenschap over één enkel bedrijf, dat wil zeggen één enkele economische eenheid, door dezelfde koper(s) wordt verkregen via verschillende juridische transacties die van elkaar afhangen. Dit is het geval ongeacht of het bedrijf in een vennootschapsstructuur wordt verkregen die uit één of verschillende vennootschappen bestaat, dan wel of verschillende vermogensbestanddelen worden verkregen die één enkel bedrijf vormen, dat wil zeggen één enkele economische eenheid die beheerd wordt voor een gemeenschappelijk commercieel doel waartoe alle vermogensbestanddelen bijdragen. Een dergelijk bedrijf kan meerderheids- en minderheidsdeelnemingen in vennootschappen omvatten, alsook materiële en immateriële vermogensbestanddelen. Indien verschillende van elkaar afhangende juridische transacties nodig zijn om een dergelijk bedrijf over te dragen, vormen deze transacties één enkele concentratie [1].
[16-04-2008, PbEU C 95, i.w.tr. 16-04-2008/regelingnummer 2008/C95/01]

Gelijktijdige en opeenvolgende verkrijgingen van zeggenschap

(46)
Om verschillende verkrijgingen van zeggenschap als één enkele concentratie te behandelen, zijn in de vroegere praktijk van de Commissie verschillende scenario's aan bod gekomen. Een van die scenario's is de gelijktijdige verkrijging van zeggenschap, dat wil zeggen onderneming A verkrijgt gelijktijdig zeggenschap over onderneming B en onderneming C van verschillende verkopers, op voorwaarde dat A niet moet kopen en geen van beide verkopers moet verkopen, tenzij beide transacties worden gesloten [2]. Een ander scenario is de opeenvolgende verkrijging van zeggenschap, dat wil zeggen onderneming A verkrijgt zeggenschap over onderneming B, op voorwaarde dat B voorafgaandelijk of gelijktijdig zeggenschap verkrijgt over onderneming C (zie de zaak Kingfisher [3]).
[16-04-2008, PbEU C 95, i.w.tr. 16-04-2008/regelingnummer 2008/C95/01]

---

(1) Zie zaak IV/M.470 (Gencor/Shell) van 29 augustus 1994; zaak COMP/M.3410 (Total/Gaz de France) van 8 oktober 2004; zaak IV/M.957 (L'Oréal/Procase/Cosmétique Iberica/Albesa) van 19 september 1997), en zaak IV/M.861 (Textron/Kautex) van 18 december 1996 waarin alle vermogensbestanddelen ook in dezelfde productmarkt werden gebruikt. Dezelfde overwegingen gelden voor een gemeenschappelijke onderneming die door verschillende vennootschappen wordt opgericht en die één enkel bedrijf vormt, zie zaak M.4048 (Sonae Industria/Tarkett) van 12 juni 2006 waarin de onderlinge samenhang van de transacties tot oprichting van een gemeenschappelijke onderneming voor respectievelijk de productie en de distributie nodig was om aan te tonen dat er één enkele concentratie tot stand kwam die een volwaardige gemeenschappelijke onderneming vormde.

(2) Zaak COMP/M.1922 (EQT/H&R/Dragoco) van 16 september 2002. Dezelfde overwegingen gelden voor de vraag wanneer verschillende fusies één enkele concentratie vormen in de zin van artikel 3, lid 1, onder a). Zie zaak COMP/M.2824 (Ernst & Young/Andersen Germany) van 27 augustus 2002.

(3) Zaak IV/M.1188 (Kingfisher/Wegert/Promarkt) van 18 juni 1998, en zaak COMP/M.2650 (Haniel/Cementbouw/JV (CVK)) van 26 juni 2002.

Opeenvolgende verkrijging van uitsluitende of gezamenlijke zeggenschap

(47)

De Commissie volgt dezelfde aanpak als in het Kingfisherscenario voor zaken waarin een onderneming in opeenvolgende transacties ermee instemt eerst uitsluitende zeggenschap over een doelonderneming te verkrijgen, met de bedoeling delen van het verkregen belang in de doelonderneming onmiddellijk te verkopen aan een andere onderneming, met als eindresultaat gezamenlijke zeggenschap van beide verkrijgers over de doelvennootschap. Indien beide verkrijgingen van elkaar afhangen, vormen de twee transacties één enkele concentratie en zal alleen het eindresultaat van de transacties, namelijk de verkrijging van gezamenlijke zeggenschap, door de Commissie worden behandeld [1].

[16-04-2008, PbEU C 95, i.w.tr. 16-04-2008/regelingnummer 2008/C95/01]

1.5.3 Opeenvolgende effectentransacties

(48)

In overweging 20 van de concentratieverordening is voorts toegelicht dat er ook sprake is van één concentratie in gevallen waarin binnen een redelijk korte tijdspanne zeggenschap over één onderneming wordt verkregen door middel van een reeks effectentransacties met één of verschillende verkopers. In die scenario's is de concentratie niet beperkt tot de verkrijging van het 'ene doorslaggevende' belang, doch heeft zij betrekking op alle verkrijgingen van effecten die binnen een redelijk korte tijdspanne plaatsvinden.

[16-04-2008, PbEU C 95, i.w.tr. 16-04-2008/regelingnummer 2008/C95/01]

1.5.4 Artikel 5, lid 2, tweede alinea

(49)

Artikel 5, lid 2, tweede alinea, stelt een specifieke regel vast op basis waarvan de Commissie opeenvolgende transacties binnen een bepaalde periode als één enkele concentratie kan beschouwen met het oog op de berekening van de omzet van de betrokken ondernemingen. Deze bepaling heeft tot doel ervoor te zorgen dat dezelfde personen een transactie niet in een reeks verkopen van vermogensbestanddelen over een periode opdelen, met de bedoeling de krachtens de concentratieverordening aan de Commissie verleende bevoegdheid te omzeilen [2].

[16-04-2008, PbEU C 95, i.w.tr. 16-04-2008/regelingnummer 2008/C95/01]

(50)

Indien twee of meer transacties (die elk een verkrijging van zeggenschap teweegbrengen) binnen een periode van twee jaar tussen dezelfde personen of ondernemingen

---

(1) Zaak COMP/M.2420 (Mitsui/CVRD/Caemi) van 30 oktober 2001.
(2) Zie arrest Cementbouw/Commissie, reeds aangehaald, punt 118.

plaatsvinden, worden zij als één enkele concentratie aangemerkt [1], ongeacht of deze transacties al dan niet betrekking hebben op delen van hetzelfde bedrijf of concern in dezelfde sector. Dit is niet van toepassing indien aan sommige van de betrokken transacties dezelfde personen of ondernemingen doch ook andere personen of ondernemingen deelnemen. De transacties hoeven niet tussen dezelfde vennootschappen plaats te vinden, het volstaat dat zij plaatsvinden tussen vennootschappen die tot dezelfde respectieve groepen behoren. De bepaling is ook van toepassing op twee of meer transacties tussen dezelfde personen of ondernemingen indien zij gelijktijdig worden gesloten. Wanneer zij leiden tot verkrijgingen van zeggenschap door dezelfde onderneming, vormen dergelijke gelijktijdige transacties tussen dezelfde partijen één enkele concentratie, zelfs indien zij niet van elkaar afhangen [2]. Artikel 5, lid 2, tweede alinea, lijkt echter niet van toepassing te zijn op verschillende transacties waarbij in ten minste één transactie de betrokken onderneming verschilt van de gemeenschappelijke verkoper(s) en koper(s). In situaties met twee transacties, waarbij de ene transactie tot uitsluitende zeggenschap leidt en de andere tot gezamenlijke zeggenschap, is artikel 5, lid 2, tweede alinea, derhalve niet van toepassing, tenzij de andere moedervennootschap(pen) die in de laatstgenoemde transactie gezamenlijke zeggenschap uitoefen(t)(en), de partij is die in de eerstgenoemde transactie het uitsluitende zeggenschapsbelang verkoopt.

[16-04-2008, PbEU C 95, i.w.tr. 16-04-2008/regelingnummer 2008/C95/01]

1.6 Interne herstructurering

(51)
Een concentratie in de zin van de concentratieverordening komt slechts tot stand bij wijzigingen van zeggenschap. Een interne herstructurering binnen een groep ondernemingen kan niet als een concentratie worden aangemerkt. Dit is bijvoorbeeld het geval bij verhogingen van deelnemingen die geen wijzigingen van zeggenschap teweegbrengen of bij herstructureringstransacties, zoals de fusie van een aan twee beurzen genoteerde vennootschap tot één rechtspersoon of een fusie van dochterondernemingen. Er kan slechts een concentratie tot stand komen indien de transactie leidt tot een wijziging van de kwaliteit van de zeggenschap over een onderneming en derhalve niet langer louter intern is.

[16-04-2008, PbEU C 95, i.w.tr. 16-04-2008/regelingnummer 2008/C95/01]

1.7 Concentraties waarbij staatsondernemingen betrokken zijn

(52)
Een bijzondere situatie doet zich voor wanneer zowel de verkrijgende als de verworven onderneming een overheidsbedrijf is, dat eigendom is van dezelfde staat (of van hetzelfde publiekrechtelijke lichaam of dezelfde gemeente). In dat geval is het ant-

---

(1) Zie zaak COMP/M.3173 (E.ON/Fortum Burghausen/Smaland/Endenderry) van 13 juni 2003. Dit geldt ook voor situaties waarin uitsluitende zeggenschap wordt verkregen en voordien slechts delen van de onderneming onder gezamenlijke zeggenschap van de verkrijgende onderneming stonden, zie zaak COMP/M.2679 (EdF/TXU/Europe/24 Seven) van 20 december 2001.
(2) Zaak IV/M.1283 (Volkswagen/RollsRoyce/Cosworth) van 24 augustus 1998.

woord op de vraag of de transactie al dan niet als een interne herstructurering moet worden aangemerkt, afhankelijk van de vraag of beide ondernemingen voorheen deel uitmaakten van dezelfde economische eenheid. Indien de ondernemingen voorheen deel uitmaakten van verschillende economische eenheden met onafhankelijke beslissingsbevoegdheden, wordt de transactie als een concentratie aangemerkt en niet als een interne herstructurering [1]. Indien de verschillende economische eenheden echter ook na de transactie onafhankelijke beslissingsbevoegdheden behouden, wordt de transactie slechts als een interne herstructurering aangemerkt, zelfs indien de aandelen van de ondernemingen die verschillende economische eenheden vormen, in handen zouden zijn van één enkele eenheid, zoals een loutere houdstermaatschappij [2].
[16-04-2008, PbEU C 95, i.w.tr. 16-04-2008/regelingnummer 2008/C95/01]

(53)
Ten slotte kunnen de prerogatieven van een staat die optreedt als overheid in plaats van als aandeelhouder, voor zover deze beperkt blijven tot de handhaving van het openbare belang, geen zeggenschap in de zin van de concentratieverordening teweegbrengen indien zij niet tot doel of tot gevolg hebben dat de staat beslissende invloed kan uitoefenen op de activiteit van de onderneming [3].
[16-04-2008, PbEU C 95, i.w.tr. 16-04-2008/regelingnummer 2008/C95/01]

2 Uitsluitende zeggenschap

(54)
Uitsluitende zeggenschap wordt verkregen indien één enkele onderneming alleen een beslissende invloed op een onderneming kan uitoefenen. Er kunnen twee algemene situaties worden onderscheiden waarin een onderneming uitsluitende zeggenschap heeft. Ten eerste heeft de onderneming met uitsluitende zeggenschap de bevoegdheid de strategische commerciële beslissingen van de andere onderneming te bepalen. Deze bevoegdheid wordt doorgaans verkregen door de verwerving van een meerderheid van de stemrechten in een vennootschap. Ten tweede doet er zich een situatie van uitsluitende zeggenschap voor indien slechts één aandeelhouder in staat is tegen strategische beslissingen van een onderneming een veto uit te spreken, doch hij niet als enige de bevoegdheid heeft dergelijke beslissingen op te leggen (de zogenaamde negatieve uitsluitende zeggenschap). In die omstandigheden oefent één minderheidsaandeelhouder dezelfde mate van invloed uit die doorgaans wordt uitgeoefend door een aandeelhouder die gezamenlijke zeggenschap over een vennootschap heeft, dat wil zeggen hij is bij machte van de goedkeuring van strategische beslissingen te blokkeren. In tegenstelling tot de situatie in een vennootschap waarover gezamenlijke zeggenschap wordt uitgeoefend, zijn er geen andere aandeelhouders die dezelfde mate van invloed genieten en de aandeelhouder die over de negatieve uitsluitende zeggenschap

---

(1) Zaak IV/M.097 (Péchiney/Usinor) van 24 juni 1991; zaak IV/M.216 (CEA Industrie/France Télécom/SGS-Thomson) van 22 februari 1993, en zaak IV/M.931 (Neste/IVO) van 2 juni 1998. Zie ook overweging 22 van de concentratieverordening.
(2) Specifieke vragen in verband met de berekening van de omzet van staatsondernemingen komen aan bod in de punten 192–194.
(3) Zaak IV/M.493 (Tractebel/Distrigaz II) van 1 september 1994.

beschikt, hoeft niet noodzakelijkerwijs met specifieke andere aandeelhouders samen te werken bij het bepalen van het strategische gedrag van de onderneming waarover zeggenschap wordt uitgeoefend. Aangezien deze aandeelhouder een patstelling kan teweegbrengen, verkrijgt hij beslissende invloed in de zin van artikel 3, lid 2, en derhalve zeggenschap in de zin van de concentratieverordening[(1)].
[16-04-2008, PbEU C 95, i.w.tr. 16-04-2008/regelingnummer 2008/C95/01]

(55)
Uitsluitende zeggenschap kan rechtens en/of feitelijk worden verkregen.
[16-04-2008, PbEU C 95, i.w.tr. 16-04-2008/regelingnummer 2008/C95/01]

Uitsluitende zeggenschap rechtens

(56)
Uitsluitende zeggenschap wordt normaal gesproken rechtens verkregen indien een onderneming een meerderheid van de stemrechten in een vennootschap verwerft. Zijn er geen andere factoren, dan kan een verwerving die geen meerderheid van de stemrechten omvat, normaal gesproken geen zeggenschap verschaffen, zelfs indien het grootste deel van het aandelenkapitaal wordt verworven. Indien de statuten van de vennootschap voor strategische beslissingen een supermeerderheid vereisen, kan de verwerving van een gewone meerderheid van de stemrechten niet de bevoegdheid verschaffen de strategische beslissingen te bepalen, doch wel volstaan om de verkrijger een blokkeringsrecht en derhalve negatieve zeggenschap te verschaffen.
[16-04-2008, PbEU C 95, i.w.tr. 16-04-2008/regelingnummer 2008/C95/01]

(57)
Zelfs bij een minderheidsdeelneming kan uitsluitende zeggenschap zich rechtens voordoen in situaties waarbij aan die deelneming specifieke rechten zijn verbonden. Deze rechten kunnen de vorm hebben van preferente aandelen waaraan bijzondere rechten zijn verbonden waardoor de minderheidsaandeelhouder het strategische commerciële gedrag van de doelvennootschap kan bepalen, zoals de bevoegdheid meer dan de helft van de leden van de raad van commissarissen of de raad van bestuur te benoemen. Uitsluitende zeggenschap kan ook worden uitgeoefend door een minderheidsaandeelhouder die het recht heeft de activiteiten van de vennootschap te beheren en haar bedrijfsbeleid te bepalen op basis van de organisatorische structuur (bijvoorbeeld als de beherende vennoot in een commanditaire vennootschap die vaak zelfs geen deelneming heeft).
[16-04-2008, PbEU C 95, i.w.tr. 16-04-2008/regelingnummer 2008/C95/01]

(58)
Een typische situatie van negatieve zeggenschap doet zich voor wanneer een aandeelhouder een deelneming van 50 % in een onderneming bezit, terwijl de overige 50 % in handen is van verschillende andere aandeelhouders (in de veronderstelling dat dit niet feitelijk tot positieve uitsluitende zeggenschap leidt) of wanneer er voor strategische

---
(1) Aangezien deze aandeelhouder de enige onderneming is die een beheersende invloed verwerft, is alleen hij krachtens de concentratieverordening verplicht aanmelding te doen.

beslissingen een supermeerderheid vereist is die in feite slechts één aandeelhouder een vetorecht verschaft, ongeacht of het om een meerderheids- of minderheidsaandeelhouder gaat [1].
[16-04-2008, PbEU C 95, i.w.tr. 16-04-2008/regelingnummer 2008/C95/01]

Feitelijke uitsluitende zeggenschap

(59)
Een minderheidsaandeelhouder kan ook op grond van feitelijke omstandigheden geacht worden uitsluitende zeggenschap te bezitten. Dit is met name het geval wanneer het uiterst waarschijnlijk is dat de aandeelhouder op de aandeelhoudersvergaderingen een meerderheid zal kunnen halen, gelet op de omvang van zijn deelneming en de aanwezigheid van de aandeelhouders op de aandeelhoudersvergaderingen van de voorgaande jaren [2]. Op basis van het vroegere stemgedrag zal de Commissie een prospectieve analyse uitvoeren en rekening houden met voorzienbare wijzigingen in de aanwezigheid van de aandeelhouders, die zich in de toekomst na de transactie kunnen voordoen [3]. De Commissie zal de positie van de andere aandeelhouders verder analyseren en hun rol beoordelen. Criteria voor een dergelijke beoordeling zijn met name of de overblijvende aandelen ruim verspreid zijn, of andere belangrijke aandeelhouders structurele, economische of familiebanden hebben met de grote minderheidsaandeelhouder en of andere aandeelhouders in de doelvennootschap een strategisch of een louter financieel belang hebben. Deze criteria zullen geval per geval worden beoordeeld [4]. Indien een minderheidsaandeelhouder op basis van zijn deelneming, het historische stemgedrag op de aandeelhoudersvergadering en de positie van andere aandeelhouders waarschijnlijk over een stabiele meerderheid van de stemmen op de aandeelhoudersvergadering beschikt, wordt hij geacht uitsluitende zeggenschap te hebben [5].
[16-04-2008, PbEU C 95, i.w.tr. 16-04-2008/regelingnummer 2008/C95/01]

---

(1) Zie de opeenvolgende zaken COMP/M.3537 (BBVA/BNL) van 20 augustus 2004 en M.3768 (BBVA/BNL) van 27 april 2005; zaak M.3198 (VW-Audi/VW-Audi Vertriebszentren) van 29 juli 2003; zaak COMP/M.2777 (Cinven Limited/Angel Street Holdings) van 8 mei 2002, en zaak IV/M.258 (CCIE/GTE) van 25 september 1992. In zaak COMP/M.3876 (Diester Industrie/Bunge/JV) van 30 september 2005 ging het om een specifieke situatie waarin een gemeenschappelijke onderneming een deelneming in een vennootschap bezat die haar negatieve uitsluitende zeggenschap over die vennootschap verschafte.
(2) Zaak IV/M.343 (Generale Maatschappij van België/Generale Bank) van 3 augustus 1993; zaak COMP/M.3330 (RTL/M6) van 12 maart 2004, en zaak IV/M.159 (Mediobanca/Generali) van 19 december 1991.
(3) Zie zaak COMP/M.4336 (MAN/Scania) van 20 december 2006 in verband met de vraag of Volkswagen zeggenschap over MAN had verkregen.
(4) Zaak IV/M.754 (Anglo American/Lonrho) van 23 april 1997, en zaak IV/M.025 (Arjomari/Wiggins Teape) van 10 februari 1990.
(5) Zie ook zaak COMP/M.2574 (Pirelli/Edizione/Olivetti/Telecom Italia) van 20 september 2001, en zaak IV/M.1519 (Renault/Nissan) van 12 mei 1999.

(60)
Een optie om aandelen te kopen of te converteren kan op zichzelf niet tot uitsluitende zeggenschap leiden, tenzij de optie op grond van juridisch bindende overeenkomsten in de nabije toekomst zal worden uitgeoefend [1]. In uitzonderlijke omstandigheden kan een optie samen met andere elementen echter leiden tot de conclusie dat er sprake is van feitelijke uitsluitende zeggenschap [2].
[16-04-2008, PbEU C 95, i.w.tr. 16-04-2008/regelingnummer 2008/C95/01]

Uitsluitende zeggenschap verkregen op andere wijzen dan op grond van stemrechten

(61)
De overwegingen die in deze mededeling in deel 1.2 betreffende de verkrijging van uitsluitende zeggenschap door aankoop van vermogensbestanddelen, bij overeenkomst of met alle andere middelen zijn opgenomen, gelden niet alleen voor de verkrijging van uitsluitende zeggenschap op grond van stemrechten, doch ook hiervoor.
[16-04-2008, PbEU C 95, i.w.tr. 16-04-2008/regelingnummer 2008/C95/01]

3 Gezamenlijke zeggenschap

(62)
Er is sprake van gezamenlijke zeggenschap indien twee of meer ondernemingen of personen de mogelijkheid hebben beslissende invloed op een andere onderneming uit te oefenen. Beslissende invloed betekent in dit verband normaal gesproken dat de betrokkenen bij machte zijn maatregelen die het strategische commerciële gedrag van een onderneming bepalen, te blokkeren. In tegenstelling tot de uitsluitende zeggenschap, die een bepaalde aandeelhouder de bevoegdheid verschaft de strategische beslissingen in een onderneming te bepalen, wordt gezamenlijke zeggenschap gekenmerkt door de mogelijkheid van patstelling als gevolg van het feit dat twee of meer moedervennootschappen bij machte zijn voorgestelde strategische beslissingen te verwerpen. Hieruit volgt derhalve dat deze aandeelhouders het eens moeten worden bij het bepalen van het commerciële beleid van de gemeenschappelijke onderneming en dat zij moeten samenwerken [3].
[16-04-2008, PbEU C 95, i.w.tr. 16-04-2008/regelingnummer 2008/C95/01]

(63)
Net als bij uitsluitende zeggenschap kan ook de verkrijging van gezamenlijke zeggenschap rechtens of feitelijk worden aangetoond. Er is van gezamenlijke zeggenschap sprake indien de aandeelhouders (de moedervennootschappen) overeenstemming

---

(1) Arrest van 19 mei 1994 in zaak T-2/93, Air France/Commissie, Jurispr. 1994, blz. II-323. Ofschoon een optie op zichzelf normaal gesproken niet tot een concentratie leidt, kan ermee rekening worden gehouden voor de materiële beoordeling in een verbonden concentratie, zie zaak COMP/M.3696 (E.ON/MOL) van 21 december 2005, punten 12 tot en met 14, 480 en 762 en volgende.
(2) Zaak IV/M.397 (Ford/Hertz) van 7 maart 1994.
(3) Zie arrest Cementbouw/Commissie, reeds aangehaald, punten 42, 52 en 67.

moeten bereiken over belangrijke beslissingen betreffende de onderneming waarover zij zeggenschap uitoefenen (de gemeenschappelijke onderneming).
[16-04-2008, PbEU C 95, i.w.tr. 16-04-2008/regelingnummer 2008/C95/01]

3.1 Gelijkheid qua stemrechten of benoeming in besluitvormingsorganen

(64)
De duidelijkste vorm van gezamenlijke zeggenschap bestaat wanneer de stemrechten in de gemeenschappelijke onderneming gelijkelijk verdeeld zijn over slechts twee moedervennootschappen. In dat geval is het niet noodzakelijk dat er een formele overeenkomst tussen beide bestaat. Indien er echter een formele overeenkomst bestaat, moet deze in overeenstemming zijn met het beginsel van gelijkheid tussen de moedervennootschappen, bijvoorbeeld doordat is vastgelegd dat beide moedervennootschappen recht hebben op een gelijk aantal vertegenwoordigers in de besluitvormingsorganen en dat geen van de leden daarvan een beslissende stem heeft [1]. Gelijkheid kan ook worden bewerkstelligd door beide moedervennootschappen het recht te geven een gelijk aantal leden in de besluitvormingsorganen van de gemeenschappelijke onderneming te benoemen.
[16-04-2008, PbEU C 95, i.w.tr. 16-04-2008/regelingnummer 2008/C95/01]

3.2 Vetorechten

(65)
Zelfs indien beide moedervennootschappen qua stemrecht of vertegenwoordiging in de besluitvormingsorganen niet gelijk zijn of indien er meer dan twee moedervennootschappen zijn, kan er sprake zijn van gezamenlijke zeggenschap. Dit is het geval indien minderheidsaandeelhouders over aanvullende rechten beschikken die hun de mogelijkheid verschaffen een veto uit te spreken tegen beslissingen die van essentieel belang zijn voor het strategische commerciële gedrag van de gemeenschappelijke onderneming [2]. Deze vetorechten kunnen in de statuten van de gemeenschappelijke onderneming zijn opgenomen of kunnen bij overeenkomst tussen haar moedervennootschappen zijn verleend. De vetorechten zelf kunnen de vorm hebben van een bepaald quorum dat vereist is voor beslissingen die in de aandeelhoudersvergadering of in de raad van bestuur worden genomen, voor zover de moederondervennootschappen in deze raad van bestuur vertegenwoordigd zijn. Ook is het mogelijk dat strategische beslissingen moeten worden goedgekeurd door een orgaan, bijvoorbeeld de raad van commissarissen, waarin de minderheidsaandeelhouders vertegenwoordigd zijn en deel uitmaken van het quorum dat voor die beslissingen vereist is.
[16-04-2008, PbEU C 95, i.w.tr. 16-04-2008/regelingnummer 2008/C95/01]

(66)
Deze vetorechten moeten verband houden met strategische beslissingen inzake het bedrijfsbeleid van de gemeenschappelijke onderneming. Zij moeten verder gaan

---
(1) Zaak COMP/M.3097 (Maersk Data/Eurogate IT/Global Transport Solutions JV) van 12 maart 2003, en zaak IV/M.272 (Matra/CAP Gemini Sogeti) van 17 maart 1993.
(2) Arrest Air France/Commissie, reeds aangehaald, en zaak IV/M.010 (Conagra/Idea) van 3 mei 1991.

dan de vetorechten die normaal gesproken aan minderheidsaandeelhouders worden verleend ter bescherming van hun financiële belangen als investeerders in de gemeenschappelijke onderneming. Deze normale bescherming van de rechten van minderheidsaandeelhouders houdt verband met beslissingen over zaken die de kern van de gemeenschappelijke onderneming raken, zoals wijzigingen van de statuten, verhoging of vermindering van het kapitaal en liquidatie. Een vetorecht waarmee bijvoorbeeld de verkoop of het faillissement van de gemeenschappelijke onderneming kan worden voorkomen, verschaft de betrokken minderheidsaandeelhouder geen gezamenlijke zeggenschap [(1)].
[16-04-2008, PbEU C 95, i.w.tr. 16-04-2008/regelingnummer 2008/C95/01]

(67)
Bij vetorechten die gezamenlijke zeggenschap verschaffen, gaat het daarentegen doorgaans om beslissingen over zaken als de begroting, het ondernemingsplan, belangrijke investeringen of de benoeming van de directie. Voor het verkrijgen van gezamenlijke zeggenschap is het evenwel niet vereist dat de verkrijger bij machte is op de dagelijkse bedrijfsvoering een beslissende invloed uit te oefenen. Het cruciale element is dat de vetorechten voldoende zijn om de moedervennootschappen in staat te stellen een dergelijke invloed uit te oefenen met betrekking tot het strategische gedrag van de gemeenschappelijke onderneming. Voorts hoeft niet te worden aangetoond dat degene die gezamenlijke zeggenschap over de gemeenschappelijke onderneming verkrijgt, daadwerkelijk van zijn beslissende invloed gebruik zal maken. De mogelijkheid om die invloed uit te oefenen — en derhalve het loutere bestaan van de vetorechten — volstaat.
[16-04-2008, PbEU C 95, i.w.tr. 16-04-2008/regelingnummer 2008/C95/01]

(68)
Om de gezamenlijke zeggenschap te krijgen, hoeft een minderheidsaandeelhouder niet over alle bovengenoemde vetorechten te beschikken. Het kan voldoende zijn dat er sprake is van slechts een paar of zelfs één van deze rechten. Of dit al dan niet het geval is, is afhankelijk van de precieze inhoud van het vetorecht zelf en ook van het belang van dit recht in het kader van de specifieke activiteiten van de gemeenschappelijke onderneming.
[16-04-2008, PbEU C 95, i.w.tr. 16-04-2008/regelingnummer 2008/C95/01]

Benoeming van de directie en vaststelling van de begroting

(69)
Van groot belang zijn de vetorechten tegen beslissingen inzake de benoeming en het ontslag van de directie en de goedkeuring van de begroting. De bevoegdheid de samenstelling van de directie, zoals de leden van de raad van bestuur, mede te bepalen, verschaft de rechthebbende gewoonlijk de bevoegdheid een beslissende invloed uit te oefenen op het commerciële beleid van een onderneming. Hetzelfde geldt voor beslissingen inzake de begroting, omdat de begroting het precieze kader voor de

---
(1) Zaak IV/M.062 (Eridania/ISI) van 30 juli 1991.

activiteiten van de gemeenschappelijke onderneming bepaalt en met name voor de investeringen die zij doet.
[16-04-2008, PbEU C 95, i.w.tr. 16-04-2008/regelingnummer 2008/C95/01]

Ondernemingsplan

(70)
Het ondernemingsplan stelt normaal gezien de bijzonderheden vast van de doelstellingen van een vennootschap en de maatregelen die worden genomen om deze doelstellingen te verwezenlijken. Een vetorecht tegen dit soort ondernemingsplan kan volstaan om de gezamenlijke zeggenschap te verkrijgen, zelfs indien andere vetorechten ontbreken. Indien daarentegen het ondernemingsplan slechts algemene uitspraken bevat over de bedrijfsdoelstellingen van de gemeenschappelijke onderneming, zal het bestaan van een vetorecht slechts één element vormen in de algemene beoordeling van de gezamenlijke zeggenschap, doch zal het op zichzelf onvoldoende zijn om gezamenlijke zeggenschap te verschaffen.
[16-04-2008, PbEU C 95, i.w.tr. 16-04-2008/regelingnummer 2008/C95/01]

Investeringen

(71)
Het belang van een vetorecht tegen investeringen is in de eerste plaats afhankelijk van het bedrag van de investeringen die door de moedervennootschappen moeten worden goedgekeurd, en in de tweede plaats van de mate waarin investeringen een essentieel kenmerk vormen van de markt waarop de gemeenschappelijke onderneming actief is. Met betrekking tot het eerste criterium geldt dat indien het bedrag van de investeringen waarvoor goedkeuring door de moedervennootschappen vereist is, extreem hoog is, dit vetorecht dichter in de buurt komt van de normale bescherming van de belangen van een minderheidsaandeelhouder en geen recht vormt dat de bevoegdheid verschaft het commerciële beleid van de gemeenschappelijke onderneming mede te bepalen. Ten aanzien van het tweede criterium is het investeringsbeleid van een onderneming normaal gesproken een belangrijk element in de beoordeling van de vraag of er al dan niet van gezamenlijke zeggenschap sprake is. Op sommige markten spelen investeringen echter geen belangrijke rol in het marktgedrag van een onderneming.
[16-04-2008, PbEU C 95, i.w.tr. 16-04-2008/regelingnummer 2008/C95/01]

Rechten die voor bepaalde markten specifiek zijn

(72)
Afgezien van de bovengenoemde typische vetorechten bestaan er andere mogelijke vetorechten met betrekking tot bepaalde beslissingen die belangrijk zijn in het kader van de specifieke markt waarop de gemeenschappelijke onderneming actief is. Een voorbeeld hiervan is de beslissing inzake de door de gemeenschappelijke onderneming te gebruiken technologie, indien technologie een cruciaal aspect is van de activiteiten van de gemeenschappelijke onderneming. Een ander voorbeeld houdt verband met markten die gekenmerkt worden door productdifferentiatie en een hoge mate van innovatie. Op dergelijke markten kan een vetorecht tegen beslissingen inzake nieuwe

productlijnen die door de gemeenschappelijke onderneming moeten worden ontwikkeld, ook een belangrijk element zijn bij de beoordeling van de vraag of er sprake is van gezamenlijke zeggenschap.
[16-04-2008, PbEU C 95, i.w.tr. 16-04-2008/regelingnummer 2008/C95/01]

Algemene omstandigheden

(73)
Bestaan er verschillende vetorechten, dan mogen deze bij de beoordeling van het relatieve belang daarvan niet afzonderlijk in aanmerking worden genomen. Om te bepalen of er al dan niet van gezamenlijke zeggenschap sprake is, moeten deze rechten integendeel in hun geheel worden beoordeeld. Een vetorecht dat geen betrekking heeft op het strategische commerciële beleid, de benoeming van de directie, de begroting of het ondernemingsplan, kan echter niet geacht worden de rechthebbende zeggenschap te verschaffen [1].
[16-04-2008, PbEU C 95, i.w.tr. 16-04-2008/regelingnummer 2008/C95/01]

3.3 Gezamenlijke uitoefening van stemrechten

(74)
Zelfs indien bepaalde vetorechten ontbreken, kunnen twee of meer ondernemingen die minderheidsdeelnemingen in een andere onderneming verwerven, de gezamenlijke zeggenschap verkrijgen. Dit kan het geval zijn indien de minderheidsdeelnemingen tezamen het mogelijk maken over de doelonderneming zeggenschap uit te oefenen. Dit betekent dat de minderheidsaandeelhouders samen de meerderheid van de stemrechten zullen hebben en dat zij samen zullen optreden bij de uitoefening van die stemrechten. Dit kan voortvloeien uit een juridisch bindende overeenkomst dienaangaande of kan feitelijk worden vastgesteld.
[16-04-2008, PbEU C 95, i.w.tr. 16-04-2008/regelingnummer 2008/C95/01]

(75)
Het juridische instrument om te zorgen voor de gezamenlijke uitoefening van stemrechten kan de vorm hebben van een houdstermaatschappij (die onder gezamenlijke zeggenschap staat) waaraan de minderheidsaandeelhouders hun rechten overdragen, of van een overeenkomst uit hoofde waarvan zij zich ertoe verbinden op dezelfde wijze te handelen (overeenkomst tot samenvoeging van belangen).
[16-04-2008, PbEU C 95, i.w.tr. 16-04-2008/regelingnummer 2008/C95/01]

(76)
Bij hoge uitzondering kan feitelijk worden vastgesteld dat er sprake is van collectief handelen, wanneer de minderheidsaandeelhouders zodanig grote gemeenschappelijke belangen hebben dat zij bij de uitoefening van hun rechten met betrekking tot de gemeenschappelijke onderneming niet in strijd met elkaars belangen zouden handelen. Hoe groter het aantal moedervennootschappen dat bij een dergelijke ge-

---

(1) Zaak IV/M.295 (SITA-RPC/SCORI) van 19 maart 1993.

meenschappelijke onderneming betrokken is, des te minder waarschijnlijk wordt het echter dat deze situatie zich zal voordoen.
[16-04-2008, PbEU C 95, i.w.tr. 16-04-2008/regelingnummer 2008/C95/01]

(77)
Een hoge mate van wederzijdse afhankelijkheid tussen de moedervennootschappen bij het verwezenlijken van de strategische doelstellingen van de gemeenschappelijke onderneming is een indicator van dergelijke gemeenschappelijke belangen. Dit is met name het geval wanneer elke moedervennootschap een bijdrage tot de gemeenschappelijke onderneming levert die voor de activiteiten daarvan van vitaal belang is (bijvoorbeeld bepaalde technologie, plaatselijke knowhow of leveringsovereenkomsten) [1]. In die omstandigheden kunnen de moedervennootschappen in staat zijn de strategische beslissingen van de gemeenschappelijke onderneming te blokkeren en kunnen zij dus de gemeenschappelijke onderneming enkel met elkaars akkoord over de strategische beslissingen met succes besturen, zelfs indien er geen sprake is van een uitdrukkelijke bepaling in verband met vetorechten. De moedervennootschappen zullen derhalve moeten samenwerken [2]. Verdere factoren zijn besluitvormingsprocedures die zodanig zijn opgesteld dat de moedervennootschappen gezamenlijke zeggenschap kunnen uitoefenen, zelfs indien er geen uitdrukkelijke overeenkomsten zijn die vetorechten toekennen of andere banden tussen de minderheidsaandeelhouders met betrekking tot de gemeenschappelijke onderneming [3].
[16-04-2008, PbEU C 95, i.w.tr. 16-04-2008/regelingnummer 2008/C95/01]

(78)
Een dergelijk scenario kan zich niet alleen voordoen in een situatie waarin twee of meer minderheidsaandeelhouders feitelijk gezamenlijke zeggenschap over een onderneming uitoefenen, doch ook in de situatie waarin een meerderheidsaandeelhouder in hoge mate afhankelijk is van een minderheidsaandeelhouder. Dit kan het geval zijn indien de gemeenschappelijke onderneming economisch en financieel afhankelijk is van de minderheidsaandeelhouder of indien alleen de minderheidsaandeelhouder de vereiste knowhow heeft en een grote rol zal spelen in de werking van de gemeenschappelijke onderneming terwijl de meerderheidsaandeelhouder louter een financiële investeerder is [4]. In die omstandigheden zal de meerderheidsaandeelhouder zijn positie niet kunnen versterken, maar de partner in de gemeenschappelijke onderneming kan in staat zijn strategische beslissingen te blokkeren, zodat beide moederondernemingen voortdurend zullen moeten samenwerken. Dit leidt tot een situatie van feitelijke gezamenlijke zeggenschap die voorrang heeft boven een zuivere juridische

---

(1) Zaak COMP/JV.55 (Hutchison/RCPM/ECT) van 3 juli 2001, en ook zaak IV/M.553 (RTL/Veronica/Endemol) van 20 september 1995.

(2) Zie arrest Cementbouw/Commissie, reeds aangehaald, punten 42, 52 en 67.

(3) Zaak COMP/JV.55 (Hutchison/RCPM/ECT) van 3 juli 2001, en ook zaak IV/M.553 (RTL/Veronica/Endemol) van 20 september 1995.

(4) Zaak IV/M.967 (KLM/Air UK) van 22 september 1997, en zaak COMP/M.4085 (Arcelor/Oyak/Erdemir) van 13 februari 2006.

beoordeling volgens welke de meerderheidsaandeelhouder geacht zou kunnen worden uitsluitende zeggenschap te hebben.
[16-04-2008, PbEU C 95, i.w.tr. 16-04-2008/regelingnummer 2008/C95/01]

(79)
Deze criteria zijn zowel op de vorming van een nieuwe gemeenschappelijke onderneming van toepassing als op verkrijgingen van minderheidsdeelnemingen die tezamen gezamenlijke zeggenschap verschaffen. Bij verkrijgingen van deelnemingen is het waarschijnlijker dat er gemeenschappelijke belangen zijn indien de deelnemingen door coördinatie van gedrag zijn verworven. Een verkrijging door coördinatie van gedrag is echter op zichzelf niet voldoende om aan te tonen dat er sprake is van feitelijke gezamenlijke zeggenschap. Over het algemeen vormt een gemeenschappelijk belang van financiële investeerders in een vennootschap (of schuldeisers van vennootschap) bestaande in rendement op investering, geen gemeenschappelijk belang dat leidt tot de uitoefening van feitelijke gezamenlijke zeggenschap.
[16-04-2008, PbEU C 95, i.w.tr. 16-04-2008/regelingnummer 2008/C95/01]

(80)
Indien er geen sterke gemeenschappelijke belangen als hierboven bedoeld bestaan, sluit de mogelijkheid van wisselende coalities van minderheidsaandeelhouders normaal gesproken het vermoeden van gezamenlijke zeggenschap uit. Wanneer er in de besluitvormingsprocedure geen stabiele meerderheid is en de meerderheid bij elke gelegenheid uit verscheidene mogelijke combinaties van minderheidsaandeelhouders kan bestaan, mag er niet van worden uitgegaan dat de minderheidsaandeelhouders (of een bepaalde groep daarvan) de gezamenlijke zeggenschap over de onderneming uitoefenen [(1)]. In dit verband is het niet voldoende dat er tussen twee of meer partijen met een gelijk aandeel in het kapitaal van een onderneming overeenkomsten bestaan, waarin voor de partijen gelijke rechten en bevoegdheden zijn vastgesteld, indien deze rechten en bevoegdheden geen strategische vetorechten vormen. Bijvoorbeeld in het geval van een onderneming waarin drie aandeelhouders elk een derde van het aandelenkapitaal in handen hebben en elke aandeelhouder een derde van de leden van de raad van bestuur benoemt, hebben de aandeelhouders geen gezamenlijke zeggenschap, omdat beslissingen van de raad van bestuur bij gewone meerderheid worden genomen.
[16-04-2008, PbEU C 95, i.w.tr. 16-04-2008/regelingnummer 2008/C95/01]

3.4 Andere overwegingen in verband met gezamenlijke zeggenschap

Ongelijke rol van de moedervennootschappen

(81)
Gezamenlijke zeggenschap is niet onverenigbaar met het feit dat een van de moedervennootschappen specifieke kennis en/of ervaring heeft op het gebied van de activiteiten van de gemeenschappelijke onderneming. In dergelijke gevallen speelt de andere moedervennootschap wellicht een bescheiden of in het geheel geen rol

---
(1) Zaak IV/JV.12 (Ericsson/Nokia/Psion/Motorola) van 22 december 1998.

in het dagelijkse bestuur van de gemeenschappelijke onderneming, aangezien aan haar aanwezigheid daarin overwegingen van financiële aard, langetermijnstrategie, merkimago of algemeen beleid ten grondslag liggen. Desalniettemin moet zij altijd de werkelijke mogelijkheid behouden de beslissingen van de andere moedervennootschap te betwisten op basis van de gelijkheid qua stemrechten of benoeming in besluitvormingsorganen, of op basis van vetorechten in verband met strategische kwesties. Zonder dit zou er sprake zijn van uitsluitende zeggenschap.
[16-04-2008, PbEU C 95, i.w.tr. 16-04-2008/regelingnummer 2008/C95/01]

Doorslaggevende stem

(82)
Opdat er van gezamenlijke zeggenschap sprake zou zijn, mag geen van de moedervennootschappen een doorslaggevende stem hebben, omdat dit zou leiden tot uitsluitende zeggenschap van de vennootschap die de doorslaggevende stem bezit. Er kan echter sprake zijn van gezamenlijke zeggenschap indien die doorslaggevende stem in de praktijk van beperkt belang en beperkte werking is. Dit kan het geval zijn wanneer de doorslaggevende stem pas na verschillende fasen van arbitrage en pogingen tot verzoening of slechts op een uiterste beperkt gebied kan worden uitgeoefend, wanneer de uitoefening van de doorslaggevende stem een putoptie in werking stelt die een ernstige financiële last impliceert of wanneer de wederzijdse onderlinge afhankelijkheid van de moedervennootschappen de uitoefening van de doorslaggevende stem onwaarschijnlijk maakt [1].
[16-04-2008, PbEU C 95, i.w.tr. 16-04-2008/regelingnummer 2008/C95/01]

III Wijzigingen in de kwaliteit van de zeggenschap

(83)
De concentratieverordening is van toepassing op transacties die leiden tot de verkrijging van uitsluitende of gezamenlijke zeggenschap, waaronder transacties die leiden tot wijzigingen in de kwaliteit van de zeggenschap. Ten eerste vindt een dergelijke wijziging in de kwaliteit van de zeggenschap plaats, met een concentratie als resultaat, indien er een verschuiving is van uitsluitende naar gezamenlijke zeggenschap of omgekeerd. Ten tweede vindt er bij scenario's van gezamenlijke zeggenschap vóór en na de transactie een wijziging in de kwaliteit van de zeggenschap plaats, indien er sprake is van een verhoging van het aantal aandeelhouders met zeggenschap of een wijziging van hun identiteit. Er is echter geen wijziging in de kwaliteit van de zeggenschap indien negatieve uitsluitende zeggenschap in positieve uitsluitende zeggenschap wordt omgezet. Een dergelijke wijziging heeft geen effect op de stimulansen van de aandeelhouder met negatieve zeggenschap noch op de aard van de zeggenschapstructuur, aangezien de aandeelhouder met zeggenschap niet noodzakelijkerwijs met specifieke aandeelhouders moest samenwerken toen hij negatieve zeggenschap had. In elk geval vormen loutere wijzigingen in de omvang van de deelnemingen van dezelfde aan-

---

(1) Zie ook zaak COMP/M.2574 (Pirelli/Edizione/Olivetti/Telecom Italia) van 20 september 2001, en zaak IV/M.553 (RTL/Veronica/Endemol) van 20 september 1995. zaak IV/M.425 (British Telecom/Santander) van 28 maart 1994.

deelhouders met zeggenschap, zonder wijzigingen in de bevoegdheden die zij in een vennootschap bezitten en in de samenstelling van de zeggenschapstructuur van de vennootschap, geen wijziging in de kwaliteit van de zeggenschap en derhalve vormen zij geen concentratie die moet worden aangemeld.
[16-04-2008, PbEU C 95, i.w.tr. 16-04-2008/regelingnummer 2008/C95/01]

(84)
Deze wijzigingen in de kwaliteit van de zeggenschap zullen in twee categorieën worden besproken: ten eerste de intrede van één of meer nieuwe aandeelhouders met zeggenschap, ongeacht of zij al dan niet in de plaats treden van bestaande aandeelhouders met zeggenschap, en ten tweede een vermindering van het aantal aandeelhouders met zeggenschap.
[16-04-2008, PbEU C 95, i.w.tr. 16-04-2008/regelingnummer 2008/C95/01]

1 Intrede van aandeelhouders met zeggenschap

(85)
De intrede van nieuwe aandeelhouders met zeggenschap die leidt tot een scenario van gezamenlijke zeggenschap, kan het resultaat zijn van ofwel een verschuiving van uitsluitende zeggenschap naar gezamenlijke zeggenschap, ofwel de intrede van een extra aandeelhouder of een vervanging van een bestaande aandeelhouder in een onderneming waarover reeds gezamenlijke zeggenschap wordt uitgeoefend.
[16-04-2008, PbEU C 95, i.w.tr. 16-04-2008/regelingnummer 2008/C95/01]

(86)
Een verschuiving van uitsluitende zeggenschap naar gezamenlijke zeggenschap wordt beschouwd als een transactie die moet worden aangemeld, aangezien zij de kwaliteit van de zeggenschap over de gemeenschappelijke onderneming wijzigt. Ten eerste is er een nieuwe verkrijging van zeggenschap voor de aandeelhouder die intreedt in de onderneming waarover zeggenschap wordt uitgeoefend. Ten tweede wordt de onderneming waarover zeggenschap wordt uitgeoefend, alleen door de nieuwe verkrijging van zeggenschap tot een gemeenschappelijke onderneming omgevormd, waardoor ook de situatie van de overblijvende onderneming met zeggenschap definitief wordt gewijzigd uit hoofde van de concentratieverordening. In de toekomst moet zij rekening houden met de belangen van één of meer andere aandeelhouder(s) met zeggenschap en moet zij voortdurend samenwerken met de nieuwe aandeelhouder(s). Voordien kon zij het strategische gedrag van de onderneming waarover zeggenschap werd uitgeoefend, alleen bepalen (in het geval van uitsluitende zeggenschap) of moest zij geen rekening houden met de belangen van bepaalde andere aandeelhouders, en evenmin moest zij voortdurend met die aandeelhouders samenwerken.
[16-04-2008, PbEU C 95, i.w.tr. 16-04-2008/regelingnummer 2008/C95/01]

(87)
De intrede van een nieuwe aandeelhouders in een onderneming waarover gezamenlijke zeggenschap wordt uitgeoefend — hetzij naast de aandeelhouders die reeds zeggenschap hebben hetzij in vervanging van een van hen — vormt ook een concentratie die moet worden aangemeld, ofschoon zowel vóór als na de transactie over de onder-

neming gezamenlijke zeggenschap wordt uitgeoefend [1]. Ten eerste is er ook in dit scenario een aandeelhouder die voor het eerst zeggenschap over de gemeenschappelijke onderneming verkrijgt. Ten tweede wordt de kwaliteit van de zeggenschap over de gemeenschappelijke onderneming bepaald door de identiteit van alle aandeelhouders met zeggenschap. Omdat elke aandeelhouder alleen ten aanzien van strategische beslissingen een blokkeringsrecht heeft, ligt het in de aard van de gezamenlijke zeggenschap dat de aandeelhouders met gezamenlijke zeggenschap rekening moeten houden met elkaars belangen en moeten samenwerken om het strategische gedrag van de gemeenschappelijke onderneming te bepalen [2]. De aard van de gezamenlijke zeggenschap is meer dan de louter mathematische optelsom van de blokkeringsrechten die door verschillende aandeelhouders worden uitgeoefend, doch wordt bepaald door de samenstelling van de aandeelhouders met gezamenlijke zeggenschap. Een van de meest duidelijke scenario's die leidt tot een definitieve wijziging in de aard van de zeggenschapstructuur van een onderneming waarover gezamenlijke zeggenschap wordt uitgeoefend, is de situatie waarbij in een gemeenschappelijke onderneming die onder gezamenlijke zeggenschap staat van een concurrent van de gemeenschappelijke onderneming en een financiële investeerder, die financiële investeerder door een andere concurrent wordt vervangen. In die omstandigheden kunnen de zeggenschapstructuur en de stimulansen van de gemeenschappelijke onderneming volledig wijzigen, niet alleen als gevolg van de nieuwe aandeelhouder met zeggenschap, doch ook door wijzigingen in het gedrag van de overblijvende aandeelhouder. De vervanging van een aandeelhouder met zeggenschap of de intrede van een nieuwe aandeelhouder in een onderneming waarover gezamenlijke zeggenschap wordt uitgeoefend, vormt derhalve een wijziging in de kwaliteit van de zeggenschap [3].
[16-04-2008, PbEU C 95, i.w.tr. 16-04-2008/regelingnummer 2008/C95/01]

(88)
De intrede van nieuwe aandeelhouders vormt echter pas een aan te melden concentratie indien één of verschillende aandeelhouders dankzij de transactie uitsluitende of gezamenlijke zeggenschap verkrijgen. De intrede van nieuwe aandeelhouders kan leiden tot een situatie waarin gezamenlijke zeggenschap rechtens noch feitelijk kan worden aangetoond, omdat de komst van de nieuwe aandeelhouder meebrengt dat wijzigende coalities tussen minderheidsaandeelhouders mogelijk zijn [4].
[16-04-2008, PbEU C 95, i.w.tr. 16-04-2008/regelingnummer 2008/C95/01]

---

(1) Zie bijvoorbeeld zaak COMP/M.3440 (ENI/EDP/GdP) van 9 december 2004.
(2) Zie arrest Cementbouw/Commissie, reeds aangehaald, punt 67.
(3) In het algemeen zal de Commissie de middellijke vervanging van een aandeelhouder met zeggenschap in een scenario van gezamenlijke zeggenschap, die plaatsvindt door middel van een verkrijging van zeggenschap over een van haar moederondernemingen, niet als een afzonderlijke concentratie beoordelen. De Commissie zal alle wijzigingen in de concurrentiesituatie van de gemeenschappelijke onderneming beoordelen in het kader van de globale verkrijging van zeggenschap over haar moederonderneming. In die omstandigheden zullen de andere aandeelhouders met zeggenschap in de gemeenschappelijke onderneming derhalve geen ondernemingen zijn die betrokken zijn bij de concentratie die verband houdt met haar moederonderneming.
(4) Zaak IV/JV.12 (Ericsson/Nokia/Psion/Motorola) van 22 december 1998.

2 Vermindering van het aantal aandeelhouders

(89)
Een vermindering van het aantal aandeelhouders met zeggenschap vormt een wijziging in de kwaliteit van de zeggenschap en moet derhalve als een concentratie worden beschouwd indien het uittreden van één of meer aandeelhouders met zeggenschap een verschuiving van gezamenlijke naar uitsluitende zeggenschap meebrengt. Beslissende invloed die alleen wordt uitgeoefend verschilt in essentie van beslissende invloed die gezamenlijk wordt uitgeoefend, aangezien in het laatste geval de aandeelhouders met gezamenlijke zeggenschap rekening moeten houden met de mogelijk verschillende belangen van de andere betrokken partij of partijen [1].
[16-04-2008, PbEU C 95, i.w.tr. 16-04-2008/regelingnummer 2008/C95/01]

(90)
Indien de transactie betrekking heeft op een vermindering van het aantal aandeelhouders met gezamenlijke zeggenschap zonder dat dit leidt tot een verschuiving van gezamenlijke naar uitsluitende zeggenschap, zal de transactie normaal gesproken niet leiden tot een aan te melden concentratie.
[16-04-2008, PbEU C 95, i.w.tr. 16-04-2008/regelingnummer 2008/C95/01]

IV Gemeenschappelijke ondernemingen — het begrip volwaardigheid

(91)
Artikel 3, lid 1, onder b), bepaalt dat een concentratie wordt geacht tot stand te komen indien door *één of meer* ondernemingen zeggenschap wordt verkregen over één of meer andere ondernemingen of delen daarvan. De nieuwe verkrijging van een andere onderneming door verschillende ondernemingen met gezamenlijke zeggenschap vormt derhalve een concentratie in de zin van de concentratieverordening. Net als bij de verkrijging van uitsluitende zeggenschap over een onderneming zal een dergelijke verkrijging van gezamenlijke zeggenschap leiden tot een structurele wijziging van de markt, zelfs indien volgens de plannen van de verkrijgende ondernemingen de verkregen onderneming na de transactie niet langer volwaardig kan worden geacht (bijvoorbeeld omdat zij in de toekomst uitsluitend aan de moederondernemingen zal verkopen). Een transactie waarbij verschillende ondernemingen zijn betrokken die van derden gezamenlijke zeggenschap verkrijgen over een andere onderneming of delen daarvan, en die voldoet aan de in punt 23 uiteengezette criteria, zal dus een

---

[1] Zie zaak IV/M.023 (ICI/Tioxide) van 28 november 1990, en zie ook punt 5, onder d), van de mededeling van de Commissie betreffende een vereenvoudigde procedure voor de behandeling van bepaalde concentratietransacties krachtens Verordening (EG) nr. 139/2004 van de Raad.

concentratie vormen op grond van artikel 3, lid 1, zonder dat het criterium volwaardigheid moet worden beoordeeld [1].
[16-04-2008, PbEU C 95, i.w.tr. 16-04-2008/regelingnummer 2008/C95/01]

(92)
Artikel 3, lid 4, bepaalt voorts dat de oprichting van een gemeenschappelijke onderneming die duurzaam alle functies van een zelfstandige economische eenheid vervult (de zogenaamde volwaardige gemeenschappelijke ondernemingen) een concentratie vormt in de zin van de concentratieverordening. Het criterium volwaardigheid bakent derhalve de toepassing af van de concentratieverordening voor de oprichting van gemeenschappelijke ondernemingen door de partijen, ongeacht of een dergelijke gemeenschappelijke onderneming vanuit het niets wordt opgericht dan wel of de partijen aan de gemeenschappelijke onderneming vermogensbestanddelen toekennen die voordien hun individueel eigendom waren. In die omstandigheden moet de gemeenschappelijke onderneming voldoen aan het criterium volwaardigheid om een concentratie te vormen.
[16-04-2008, PbEU C 95, i.w.tr. 16-04-2008/regelingnummer 2008/C95/01]

(93)
Het feit dat een gemeenschappelijke onderneming een volwaardige onderneming kan zijn en derhalve in operationeel opzicht economisch zelfstandig is, betekent niet dat zij zelfstandig is wat de goedkeuring van haar strategische beslissingen betreft. Anders zou een onderneming waarover gezamenlijke zeggenschap wordt uitgeoefend, nooit als een volwaardige gemeenschappelijke onderneming kunnen worden aangemerkt en bijgevolg zou nooit aan de voorwaarde van artikel 3, lid 4, worden voldaan [2]. Voor het criterium volwaardigheid volstaat het derhalve indien de gemeenschappelijke onderneming in operationeel opzicht zelfstandig is.
[16-04-2008, PbEU C 95, i.w.tr. 16-04-2008/regelingnummer 2008/C95/01]

1   Voldoende middelen om onafhankelijk op een markt werkzaam te zijn

(94)
Volwaardigheid betekent in wezen dat een gemeenschappelijke onderneming werkzaam moet zijn op een markt en daar alle functies vervult die andere op die markt werkzame ondernemingen normaal gesproken vervullen. De gemeenschappelijke onderneming moet daartoe beschikken over een bestuur dat zich aan haar dagelijkse bedrijfsvoering wijdt en over toegang tot voldoende middelen, waaronder financiën, personeel en (materiële en immateriële) vermogensbestanddelen, zodat zij binnen de grenzen van de overeenkomst inzake de gemeenschappelijke onderneming op

---

[1] Deze overwegingen gelden niet op dezelfde wijze voor artikel 2, lid 4. Terwijl de uitleg van artikel 3, leden 1 en 4, betrekking heeft op de toepassing van de concentratieverordening op gemeenschappelijke ondernemingen, heeft artikel 2, lid 4, betrekking op de materiële analyse van gemeenschappelijke ondernemingen. De 'oprichting van een gemeenschappelijke onderneming die een concentratie vormt in de zin van artikel 3', waarvan sprake in artikel 2, lid 4, omvat de verkrijging van gezamenlijke zeggenschap overeenkomstig artikel 3, leden 1 en 4.

[2] Zie arrest Cementbouw/Commissie, reeds aangehaald, punt 62.

duurzame wijze haar bedrijfswerkzaamheid kan uitoefenen [1]. Het personeel hoeft niet noodzakelijkerwijs in dienst van de gemeenschappelijke onderneming zelf te zijn. Indien het in de bedrijfstak waarin de gemeenschappelijke onderneming werkzaam is, vaste praktijk is, kan het volstaan dat derden krachtens een operationele overeenkomst de bedoeling hebben personeel te leveren of dat personeel door een agentschap voor uitzendarbeid ter beschikking wordt gesteld. Ook kan het volstaan dat de moedervennootschappen personeel detacheert, voor zover dit slechts in de aanloopperiode gebeurt of voor zover de gemeenschappelijke onderneming met de moedervennootschappen op dezelfde wijze onderhandelt als met derden. In dat laatste geval moeten de onderhandelingen tussen de gemeenschappelijke onderneming en de moedervennootschappen onder normale commerciële voorwaarden en met gepaste afstand plaatsvinden en moet het de gemeenschappelijke onderneming ook vrijstaan haar eigen werknemers aan te werven of via derden personeel aan te trekken.

[16-04-2008, PbEU C 95, i.w.tr. 16-04-2008/regelingnummer 2008/C95/01]

2 Werkzaamheden buiten een bepaalde functie voor de moedervennootschappen

(95)
Een gemeenschappelijke onderneming is niet volwaardig indien zij binnen de bedrijfswerkzaamheden van de moedervennootschappen slechts één bepaalde functie overneemt zonder eigen toegang of aanwezigheid op de markt. Dit is bijvoorbeeld het geval bij gemeenschappelijke ondernemingen die zich uitsluitend met O&O of productie bezighouden. Dergelijke gemeenschappelijke ondernemingen vervullen een hulpfunctie ten behoeve van de bedrijfswerkzaamheden van de moedervennootschappen. Dit is ook het geval wanneer een gemeenschappelijke onderneming zich nagenoeg uitsluitend met de distributie of afzet van de producten van haar moedervennootschappen bezighoudt en dus overwegend als verkoopkantoor fungeert. Dat een gemeenschappelijke onderneming gebruik maakt van het distributienet of de verkoopinrichting van één of meer van haar moedervennootschappen, is normaal gesproken echter geen reden om haar niet als een volwaardige gemeenschappelijke onderneming te beschouwen, zolang de moedervennootschappen uitsluitend als agent van de gemeenschappelijke onderneming handelen [2].

[16-04-2008, PbEU C 95, i.w.tr. 16-04-2008/regelingnummer 2008/C95/01]

---

(1) Zaak IV/M.527 (Thomson CSF/Deutsche Aerospace) van 2 december 1994 (intellectuele-eigendomsrechten); zaak IV/M.560 (EDS/Lufthansa) van 11 mei 1995 (outsourcing); zaak IV/M.585 (Voest Alpine Industrieanlagenbau GmbH/Davy International Ltd) van 7 september 1995 (recht van de gemeenschappelijke onderneming om van de moedervennootschappen extra knowhow en personeel te verlangen); zaak IV/M.686 (Nokia/Autoliv) van 5 februari 1996 (gemeenschappelijke onderneming die dienstencontracten met een moedervennootschap mocht opzeggen en van de bedrijfsterreinen van een moedervennootschap mocht wegtrekken), en zaak IV/M.791 (British Gas Trading Ltd/Group 4 Utility Services Ltd) van 7 oktober 1996 (overdracht van de geplande vermogensbestanddelen van de gemeenschappelijke onderneming aan een leasingmaatschappij en leasing door de gemeenschappelijke onderneming).

(2) Zaak IV/M.102 (TNT/Canada Post e.a.) van 2 december 1991.

(96)
Deze vraag rijst vaak bij gemeenschappelijke ondernemingen waarin onroerende goederen doorgaans om fiscale en andere financiële redenen worden ondergebracht. Zolang het doel van de gemeenschappelijke onderneming beperkt is tot de verwerving en/of instandhouding van bepaalde onroerende goederen ten behoeve van de moedervennootschappen en gebaseerd is op financiële middelen van die moedervennootschappen, wordt zij doorgaans niet als volwaardig aangemerkt, aangezien zij geen zelfstandige, duurzame bedrijfswerkzaamheid op de markt uitoefent en meestal ook niet over de nodige middelen beschikt om onafhankelijk werkzaam te zijn. Dit geval moet worden onderscheiden van gemeenschappelijke ondernemingen die actief een onroerendgoedportefeuille beheren en voor eigen rekening op de markt werkzaam zijn, wat een typische indicator van volwaardigheid is [1].
[16-04-2008, PbEU C 95, i.w.tr. 16-04-2008/regelingnummer 2008/C95/01]

3 Afzet aan en bevoorrading bij de moedervennootschappen

(97)
Een sterke aanwezigheid van de moedervennootschappen op zich hoger of lager in de bedrijfskolom bevindende markten is een factor die bij de beoordeling van het volwaardige karakter van een gemeenschappelijke onderneming in aanmerking moet worden genomen, wanneer deze situatie tot gevolg heeft dat de verkoop of de aankoop tussen de moedervennootschappen en de gemeenschappelijke onderneming aanzienlijk in omvang is. Dat de gemeenschappelijke onderneming enkel tijdens een aanloopperiode voor haar afzet of bevoorrading vrijwel geheel op de moedervennootschappen steunt, doet normaal gesproken niets af aan haar karakter van volwaardige gemeenschappelijke onderneming. Een dergelijke aanloopperiode kan voor de gemeenschappelijke onderneming nodig zijn om op de markt voet aan de grond te krijgen. Maar die periode zal in de regel niet langer duren dan drie jaar, afhankelijk van de specifieke omstandigheden op de betrokken markt [2].
[16-04-2008, PbEU C 95, i.w.tr. 16-04-2008/regelingnummer 2008/C95/01]

Afzet aan de moedervennootschappen

(98)
Wanneer het de bedoeling is dat de gemeenschappelijke onderneming op duurzame basis aan de moederondervennootschappen blijft verkopen, is de vraag in essentie of

---

(1) Zie zaak IV/M.929 (DIA/Veba Immobilien/Deutschbau) van 23 juni 1997, en zaak COMP/M.3325 (Morgan Stanley/Glick/Canary Wharf) van 23 januari 2004.
(2) Zaak IV/M.560 (EDS/Lufthanse) van 11 mei 1995, en zaak IV/M.868 (Nokia/Autoliv) van 5 februari 1996. In tegengestelde zin: zaak IV/M.904 (RSB/Tenex/Fuel Logistics) van 2 april 1997, en zaak IV/M.979 (Preussag/Voest-Alpine) van 1 oktober 1997. Een bijzonder geval doet zich voor wanneer de afzet van een gemeenschappelijke onderneming aan haar moedervennootschap voortvloeit uit een wettelijk monopolie lager in de bedrijfskolom, zie zaak IV/M.468 (Siemens/Italtel) van 17 februari 1995, of wanneer de afzet aan een moedervennootschap bestaat uit bijkomstige producten die voor de gemeenschappelijke onderneming van weinig belang zijn, zie zaak IV/M.550 (Union Carbide/Enichem) van 13 maart 1995.

de gemeenschappelijke onderneming ondanks deze afzet erop is ingesteld een actieve rol op de markt te spelen en in operationeel opzicht als economisch zelfstandig kan worden aangemerkt. Een belangrijke factor in dit verband is de verhouding tussen de omvang van de afzet aan de moedervennootschappen en de totale productie van de gemeenschappelijke onderneming. Vanwege de specifieke kenmerken van elk afzonderlijk geval is het onmogelijk om een specifieke verhouding vast te stellen waardoor volwaardige gemeenschappelijke ondernemingen zich van andere gemeenschappelijke ondernemingen onderscheiden. Het feit dat de omzet van de gemeenschappelijke onderneming voor meer dan 50 % uit afzet aan derden bestaat, is vaak een indicator van volwaardigheid. Onder deze indicatieve drempel moet geval per geval tot analyse worden overgegaan, waarbij de verhouding tussen de gemeenschappelijke onderneming en haar moedervennootschappen werkelijk commercieel moet zijn, wil de gemeenschappelijke onderneming in operationeel opzicht zelfstandig zijn. Te dien einde moet worden aangetoond dat de gemeenschappelijke onderneming haar goederen of diensten zal leveren aan de afnemer die deze het meest valoriseert en er het meest voor zal betalen en dat de gemeenschappelijke onderneming onder normale commerciële voorwaarden en met gepaste afstand met haar moedervennootschappen onderhandelt [1]. In die omstandigheden, dat wil zeggen indien de gemeenschappelijke onderneming haar moedervennootschappen in commercieel opzicht op dezelfde manier behandelt als zij derden behandelt, kan het volstaan dat ten minste 20 % van de verwachte omzet van de gemeenschappelijke onderneming aan derden zal worden afgezet. Hoe groter het aandeel van de waarschijnlijke afzet aan de moedervennootschappen, hoe duidelijker echter moet worden aangetoond dat de betrekkingen commercieel van aard zijn.
[16-04-2008, PbEU C 95, i.w.tr. 16-04-2008/regelingnummer 2008/C95/01]

(99)
Om de verhouding tussen de afzet aan de moedervennootschappen en de afzet aan derden vast te stellen, zal de Commissie vroegere rekeningen en gedetailleerde ondernemingsplannen in aanmerking nemen. Zij zal haar oordeel echter ook op de algemene structuur van de markt baseren, vooral wanneer er niet snel een aanmerkelijke afzet aan derden kan worden verwacht. Dit kan ook een relevante factor zijn voor de beoordeling van de vraag of de gemeenschappelijke onderneming met gepaste afstand met haar moedervennootschappen zal onderhandelen.
[16-04-2008, PbEU C 95, i.w.tr. 16-04-2008/regelingnummer 2008/C95/01]

(100)
Deze vragen rijzen vaak in verband met outsourcingovereenkomsten, waarbij een onderneming met een dienstverrichter een gemeenschappelijke onderneming opricht [2], die functies zal overnemen die vroeger door de onderneming intern werden verricht. In die scenario's kan de gemeenschappelijke onderneming doorgaans niet als volwaardig worden aangemerkt: zij verricht haar diensten uitsluitend voor de klant-

---

(1) Zaak IV/M.556 (Zeneca/Vanderhave) van 9 april 1996, en zaak IV/M.751 (Bayer/Hüls) van 3 juli 1996.

(2) De vraag onder welke omstandigheden een outsourcingovereenkomst als een concentratie moet worden beschouwd, komt aan bod in de punten 24 en volgende van deze mededeling.

onderneming en voor die diensten is zij afhankelijk van input van de dienstverrichter. Deze beoordeling wordt niet gewijzigd door het feit dat het ondernemingsplan van de gemeenschappelijke onderneming doorgaans niet uitsluit dat zij haar diensten voor derden kan verrichten, aangezien in de typische outsourcingstructuur alle inkomsten van derden waarschijnlijk ondergeschikt blijven aan de hoofdwerkzaamheden van de gemeenschappelijke onderneming voor de klant-onderneming. Deze algemene regel sluit echter niet uit dat er gevallen van outsourcing zijn waarin de partners van de gemeenschappelijke onderneming bijvoorbeeld vanwege de schaalvoordelen een gemeenschappelijke onderneming oprichten teneinde op een bepaalde markt vaste voet te krijgen. Hierdoor kan de gemeenschappelijke onderneming als volwaardig worden aangemerkt, indien een omvangrijke afzet aan derden gepland is, de verhouding tussen de gemeenschappelijke onderneming en haar moedervennootschap werkelijk commercieel van aard is en zij onder normale commerciële voorwaarden met haar moedervennootschappen onderhandelt.
[16-04-2008, PbEU C 95, i.w.tr. 16-04-2008/regelingnummer 2008/C95/01]

Bevoorrading bij de moedervennootschappen

(101)
Indien de gemeenschappelijke onderneming zich bij haar moedervennootschappen bevoorraadt, rijst de vraag of zij volwaardig van aard is, in het bijzonder wanneer op het niveau van de gemeenschappelijke onderneming zelf weinig waarde aan de betrokken producten of diensten wordt toegevoegd. In die situatie kan de gemeenschappelijke onderneming meer weg hebben van een gemeenschappelijk verkoopkantoor.
[16-04-2008, PbEU C 95, i.w.tr. 16-04-2008/regelingnummer 2008/C95/01]

Handelsmarkten

(102)
Is een gemeenschappelijke onderneming daarentegen op een handelsmarkt werkzaam en vervult zij de normale functies van een handelsonderneming op die markt, dan gaat het normaal gesproken niet om een verkoopkantoor met een hulpfunctie, doch om een volwaardige gemeenschappelijke onderneming. Een handelsmarkt wordt gekenmerkt door het bestaan van vennootschappen die in de verkoop en distributie van producten gespecialiseerd zijn zonder dat zij verticaal geïntegreerd zijn, naast vennootschappen die wel geïntegreerd zijn, en door de mogelijkheid de betrokken producten bij verschillende bronnen aan te kopen. Bovendien is het op heel wat handelsmarkten een vereiste dat de marktdeelnemers investeren in specifieke voorzieningen zoals verkooppunten, voorraden, opslagplaatsen, depots, eigen vervoermiddelen en verkoop- en dienstenpersoneel. Opdat een gemeenschappelijke onderneming op een handelsmarkt als volwaardig kan worden aangemerkt, moet zij over de noodzakelijke voorzieningen beschikken en moet het waarschijnlijk zijn dat zij een aanzienlijk deel van de producten die zij nodig heeft niet alleen bij haar moedervennootschappen doch ook bij hun concurrenten aankoopt [1].
[16-04-2008, PbEU C 95, i.w.tr. 16-04-2008/regelingnummer 2008/C95/01]

---

(1) Zaak IV/M.788 (AgrEVO/Marubeni) van 3 september 1996.

4 Werking op duurzame basis

(103)
Voorts moet het de bedoeling zijn dat de gemeenschappelijke onderneming op duurzame basis werkzaam zal zijn. Dit blijkt gewoonlijk uit het feit dat de moedervennootschappen de gemeenschappelijke onderneming de hierboven beschreven middelen verschaffen. In overeenkomsten tot oprichting van een gemeenschappelijke onderneming worden vaak ook bepalingen opgenomen met het oog op zekere eventualiteiten, zoals het falen van de gemeenschappelijke onderneming of fundamentele onenigheid tussen de moedervennootschappen [1]. Zo kan worden bepaald dat in dergelijke gevallen de gemeenschappelijke onderneming zelf wordt ontbonden of dat één of meer moedervennootschappen zich uit de gemeenschappelijke onderneming kunnen terugtrekken. Dit soort bedingen vormt geen beletsel om de gemeenschappelijke onderneming als werkzaam op duurzame basis aan te merken. Hetzelfde mag doorgaans worden aangenomen wanneer in de overeenkomst is bepaald dat de gemeenschappelijke onderneming voor een bepaalde tijd wordt opgericht, voor zover die periode lang genoeg is om een blijvende verandering in de structuur van de betrokken ondernemingen [2] teweeg te brengen of de overeenkomst erin voorziet dat de gemeenschappelijke onderneming na die periode kan worden voortgezet.
[16-04-2008, PbEU C 95, i.w.tr. 16-04-2008/regelingnummer 2008/C95/01]

(104)
Een gemeenschappelijke onderneming zal daarentegen niet worden geacht op duurzame basis werkzaam te zijn, indien zij voor een korte, aflopende periode wordt opgericht. Dit zal bijvoorbeeld het geval zijn wanneer een gemeenschappelijke onderneming voor een bepaald project wordt opgericht, zoals het bouwen van een krachtcentrale, doch na de voltooiing van de bouw niet bij de exploitatie betrokken zal zijn.
[16-04-2008, PbEU C 95, i.w.tr. 16-04-2008/regelingnummer 2008/C95/01]

(105)
Het ontbreekt een gemeenschappelijke onderneming ook aan voldoende werkzaamheden op duurzame basis in de fase waarin nog gewacht wordt op door derden te nemen beslissingen die van essentieel belang zijn voor het opstarten van de bedrijfswerkzaamheden van de gemeenschappelijke onderneming. Bij deze scenario's gaat het om beslissingen die meer zijn dan loutere formaliteiten en waarvan het doorgaans onzeker is of zij zullen worden genomen. Voorbeelden zijn de toekenning van een contract (bijvoorbeeld in procedures voor het plaatsen van overheidsopdrachten), licenties (bijvoorbeeld in de telecomsector) of toegangsrechten tot eigendom (bijvoorbeeld exploratierechten voor olie en gas). In afwachting van de beslissing over dergelijke factoren is het onduidelijk of de gemeenschappelijke onderneming eigenlijk

---

(1) Zaak IV/M.891 (Deutsche Bank/Commerzbank/J.M. Voith) van 23 april 1997.
(2) Zie zaak COMP/M.2903 (DaimlerChrysler/Deutsche Telekom/JV) van 30 april 2003, waarin een periode van 12 jaar voldoende lang werd geacht, en zaak COMP/M.2632 (Deutsche Bahn/ECT International/United Depots/JV) van 11 februari 2002) waarin de overeenkomst een duur van 8 jaar had. In zaak COMP/M.3858 (Lehman Brothers/Starwood/Le Meridien) van 20 juli 2005 achtte de Commissie een minimumduur van 10–15 jaar voldoende, doch een periode van 3 jaar onvoldoende.

wel werkzaam zal worden. In die fase kan de gemeenschappelijke onderneming dus niet worden geacht op duurzame basis economische functies te vervullen en kan zij bijgevolg niet als volwaardig worden aangemerkt. Zodra een beslissing ten gunste van de betrokken gemeenschappelijke onderneming is genomen, is echter aan dit criterium voldaan en komt een concentratie tot stand [1].
[16-04-2008, PbEU C 95, i.w.tr. 16-04-2008/regelingnummer 2008/C95/01]

5 Wijzigingen in de werkzaamheden van de gemeenschappelijke onderneming

(106)
In de loop van het bestaan van een gemeenschappelijke onderneming kunnen haar moedervennootschappen beslissen de reikwijdte van haar werkzaamheden uit te breiden. Dit wordt als een nieuwe concentratie beschouwd, die mogelijk moet worden aangemeld indien deze uitbreiding de verkrijging omvat van een andere onderneming van de moedervennootschappen of delen daarvan, die op zichzelf als een concentratie zou worden beschouwd (zie de uiteenzetting in punt 24 van deze mededeling) [2].
[16-04-2008, PbEU C 95, i.w.tr. 16-04-2008/regelingnummer 2008/C95/01]

(107)
Er kan ook een concentratie tot stand komen indien de moedervennootschappen aanzienlijke aanvullende vermogensbestanddelen, overeenkomsten, knowhow of andere rechten aan de gemeenschappelijke onderneming overdragen en deze vermogensbestanddelen en rechten de basis of de kern vormen van een uitbreiding van de werkzaamheden van de gemeenschappelijke onderneming tot andere producten of geografische markten die geen deel uitmaakten van de oorspronkelijke gemeenschappelijke onderneming en indien de gemeenschappelijke onderneming deze werkzaamheden op duurzame basis verricht. Aangezien uit de overdracht van vermogensbestanddelen of rechten blijkt dat de moedervennootschappen de werkelijke actoren zijn achter de uitbreiding van de reikwijdte van de gemeenschappelijke onderneming, kan de uitbreiding van de werkzaamheden van de gemeenschappelijke onderneming op dezelfde manier worden beschouwd als de oprichting van een nieuwe gemeenschappelijke onderneming in de zin van artikel 3, lid 4 [3].
[16-04-2008, PbEU C 95, i.w.tr. 16-04-2008/regelingnummer 2008/C95/01]

(108)
Indien de reikwijdte van een gemeenschappelijke onderneming wordt uitgebreid zonder dat aanvullende vermogensbestanddelen, overeenkomsten, knowhow of rechten worden overgedragen, komt er geen concentratie tot stand.
[16-04-2008, PbEU C 95, i.w.tr. 16-04-2008/regelingnummer 2008/C95/01]

---

(1) Afhankelijk van de andere criteria die in dit hoofdstuk van deze mededeling worden besproken.
(2) Zie zaak COMP/M.3039 (Soprol/Céréol/Lesieur) van 30 januari 2003.
(3) In een dergelijk geval is de aanleiding tot aanmelding de overeenkomst of het juridische document waarin de overdracht van vermogensbestanddelen, overeenkomsten, knowhow of andere rechten is vastgelegd.

(109)
Een concentratie komt tot stand indien er zich in de werkzaamheden van een bestaande, niet-volwaardige gemeenschappelijke onderneming een wijziging voordoet waardoor een volwaardige gemeenschappelijke onderneming in de zin van artikel 3, lid 4, wordt opgericht. Volgende voorbeelden kunnen worden gegeven: een wijziging van de organisatorische structuur van een gemeenschappelijke onderneming zodat aan het criterium volwaardigheid wordt voldaan [1], een gemeenschappelijke onderneming die alleen aan de moedervennootschappen leverde en die vervolgens een belangrijke werkzaamheid op de markt begint of scenario's als die welke in punt 105 zijn beschreven, waarin een gemeenschappelijke onderneming haar werkzaamheden op de markt pas kan aanvatten nadat zij essentiële input heeft gekregen (zoals een licentie voor een gemeenschappelijke onderneming in de telecommunicatiesector). Voor een dergelijke wijziging in de werkzaamheden van de gemeenschappelijke onderneming is doorgaans een beslissing van haar aandeelhouders of haar directie vereist. Zodra de beslissing is genomen die meebrengt dat de gemeenschappelijke onderneming aan het criterium volwaardigheid voldoet, komt een concentratie tot stand.
[16-04-2008, PbEU C 95, i.w.tr. 16-04-2008/regelingnummer 2008/C95/01]

V Uitzonderingen

(110)
In artikel 3, lid 5, zijn uitzonderingsgevallen beschreven waarin de verwerving van een zeggenschapsbelang geen concentratie vormt in de zin van de concentratieverordening.
[16-04-2008, PbEU C 95, i.w.tr. 16-04-2008/regelingnummer 2008/C95/01]

(111)
Ten eerste wordt de verwerving van effecten door ondernemingen tot de normale werkzaamheden waarvan de verhandeling van effecten voor eigen rekening of voor rekening van derden behoort, niet geacht een concentratie tot stand te brengen indien de effecten in het raam van dergelijke werkzaamheden worden verworven en slechts tijdelijk worden gehouden (artikel 3, lid 5, onder a)). Om deze uitzondering van toepassing te laten zijn, moet aan de volgende voorwaarden voldaan zijn:
— de verwervende onderneming moet een kredietinstelling, een andere financiële instelling of een verzekeringsmaatschappij zijn, waarvan de normale werkzaamheden overeenkomen met de hierboven gegeven beschrijving;
— de effecten moeten worden verworven met het oog op het weer verkopen ervan;
— de verwervende onderneming mag de stemrechten niet uitoefenen om het strategische commerciële gedrag van de doelvennootschap te bepalen en mag deze stemrechten uitsluitend uitoefenen om de gehele of gedeeltelijke verkoop van de onderneming, haar activa of de effecten voor te bereiden;
— de verwervende onderneming moet haar zeggenschapsbelang binnen één jaar na de verwerving verkopen, dat wil zeggen dat zij haar belang in het aandelenkapitaal binnen deze periode van één jaar moet verminderen tot een niveau dat haar niet langer zeggenschap verschaft. Deze termijn kan echter door de Commissie

---
(1) Zaak COMP/M.2276 (The Coca-Cola Company/Nestlé/JV) van 27 september 2001.

worden verlengd, indien de verwervende onderneming kan aantonen dat verkoop binnen de gestelde termijn van één jaar redelijkerwijs niet mogelijk was.
[16-04-2008, PbEU C 95, i.w.tr. 16-04-2008/regelingnummer 2008/C95/01]

(112)
Ten tweede komt er geen wijziging van zeggenschap en derhalve geen concentratie in de zin van de concentratieverordening tot stand wanneer de zeggenschap door een lasthebber van de overheid is verkregen krachtens de wetgeving van een lidstaat inzake liquidatie, faillissement, insolventie, staking van betalingen, akkoord of soortgelijke procedures (artikel 3, lid 5, onder b)).
[16-04-2008, PbEU C 95, i.w.tr. 16-04-2008/regelingnummer 2008/C95/01]

(113)
Ten derde komt er geen concentratie tot stand wanneer een participatiemaatschappij in de zin van artikel 5, lid 3, van Richtlijn 78/660/EEG van de Raad [1] zeggenschap verkrijgt. Het begrip participatiemaatschappij is dus beperkt tot vennootschappen die uitsluitend ten doel hebben het verkrijgen van deelnemingen in andere ondernemingen, zonder zich rechtstreeks of middellijk in te laten met de bedrijfsvoering van de betrokken ondernemingen, zulks onverminderd de rechten van de participatiemaatschappij in haar hoedanigheid van aandeelhouder. Dergelijke investeringsmaatschappijen moeten voorts zodanig gestructureerd zijn dat naleving van de beperkingen welke aan de activiteiten van deze maatschappijen zijn gesteld, door overheid of rechter kan worden gecontroleerd. De concentratieverordening voorziet in een aanvullende voorwaarde voor de toepassing van deze uitzondering: dergelijke maatschappijen mogen de stemrechten in de andere ondernemingen slechts uitoefenen om de volledige waarde van deze investeringen veilig te stellen en niet om rechtstreeks of onrechtstreeks het concurrentiegedrag te bepalen van de onderneming waarover zeggenschap wordt uitgeoefend.
[16-04-2008, PbEU C 95, i.w.tr. 16-04-2008/regelingnummer 2008/C95/01]

(114)
De uitzonderingen uit hoofde van artikel 3, lid 5, van de concentratieverordening zijn slechts op een heel beperkt terrein van toepassing. Om te beginnen zijn deze uitzonderingen slechts van toepassing indien de transactie anders op zichzelf een concentratie zou vormen, doch niet indien de transactie deel uitmaakt van één ruimere concentratie, in omstandigheden waarin de uiteindelijke verkrijger van zeggenschap niet onder

---

(1) Vierde Richtlijn 78/660/EEG van de Raad van 25 juli 1978 op de grondslag van artikel 54, lid 3, onder g), van het verdrag betreffende de jaarrekening van bepaalde vennootschapsvormen, *PB* L 222 van 14.8.1978, blz. 11. Richtlijn laatstelijk gewijzigd bij Richtlijn 2003/51/EG van 18 juni 2003 (*PB* L 178 van 17.7.2003, blz. 16). Artikel 5, lid 3, van die richtlijn definieert participatiemaatschappijen als maatschappijen die uitsluitend ten doel hebben het verkrijgen van deelnemingen in andere ondernemingen en het beheer en de exploitatie van deze deelnemingen, zonder zich rechtstreeks of middellijk in te laten met de bedrijfsvoering van de betrokken ondernemingen, zulks onverminderd de rechten van de participatiemaatschappij in haar hoedanigheid van aandeelhouder. De naleving van de beperkingen welke aan de activiteiten van deze maatschappijen zijn gesteld, moet door overheid of rechter kunnen worden gecontroleerd.

de voorwaarden van artikel 3, lid 5, zou vallen (zie bijvoorbeeld hierboven punt 35). Ten tweede zijn de uitzonderingen uit hoofde van artikel 3, lid 5, onder a), en artikel 3, lid 5, onder c), slechts van toepassing op verkrijgingen van zeggenschap door middel van de aankoop van effecten, en niet op verkrijgingen van vermogensbestanddelen.
[16-04-2008, PbEU C 95, i.w.tr. 16-04-2008/regelingnummer 2008/C95/01]

(115)
De uitzonderingen gelden niet voor typische investeringsfondsstructuren. Volgens hun doelstellingen beperken deze fondsen zich doorgaans niet in de uitoefening van de stemrechten, doch keuren zij beslissingen goed inzake de benoeming van de leden van de raad van bestuur en de toezichthoudende organen van de ondernemingen of gaan zij zelfs over tot herstructurering van deze ondernemingen. Dit is niet verenigbaar met het vereiste van artikel 3, lid 5, onder a), en artikel 3, lid 5, onder c), dat de verkrijgende vennootschappen de stemrechten niet uitoefenen om het concurrentiegedrag van de andere onderneming te bepalen [1].
[16-04-2008, PbEU C 95, i.w.tr. 16-04-2008/regelingnummer 2008/C95/01]

(116)
De vraag kan rijzen of een transactie om een onderneming vóór of van insolventieprocedures te redden, een concentratie vormt in de zin van de concentratieverordening. Kenmerkend voor een dergelijke reddingstransactie is de omzetting van bestaande schulden in een nieuwe vennootschap, via welke een bankensyndicaat de gezamenlijke zeggenschap over de betrokken onderneming kan verwerven. Indien een dergelijke transactie beantwoordt aan de hierboven uiteengezette criteria voor gezamenlijke zeggenschap zal zij normaal gesproken als een concentratie worden beschouwd [2]. Ofschoon de belangrijkste bedoeling van de banken de financiële herstructurering van de betrokken onderneming is met het oog op haar wederverkoop, komt een dergelijke reddingstransactie normaal gesproken niet in aanmerking voor de uitzondering van artikel 3, lid 5, onder a). Op dezelfde manier als hierboven uiteengezet voor investeringsfondsen worden de banken er door het herstructureringsplan toe genoopt het strategische commerciële gedrag van de geredde onderneming te bepalen. Voorts is het in normale omstandigheden niet realistisch te veronderstellen dat een geredde onderneming binnen de toegelaten termijn van één jaar tot een commercieel levensvatbare eenheid kan worden omgevormd en kan worden wederverkocht. Bovendien kan de termijn die noodzakelijk is om dit doel te bereiken, dermate onzeker zijn dat het moeilijk is een verlenging van de termijn voor verkoop toe te staan.
[16-04-2008, PbEU C 95, i.w.tr. 16-04-2008/regelingnummer 2008/C95/01]

VI Afzien van concentraties

(117)
Een concentratie houdt op te bestaan en de concentratieverordening is niet langer van toepassing indien de betrokken ondernemingen van de concentratie afzien.
[16-04-2008, PbEU C 95, i.w.tr. 16-04-2008/regelingnummer 2008/C95/01]

---

(1) Zaak IV/M.669 (Charterhouse/Porterbrook) van 11 december 1995.
(2) Zaak IV/M.116 (Kelt/American Express) van 28 augustus 1991.

(118)
In dit verband is in de herschikte concentratieverordening 139/2004 een nieuwe bepaling ingevoerd in verband met de afsluiting van procedures betreffende de controle op concentraties zonder definitieve beschikking nadat de Commissie uit hoofde van artikel 6, lid 1, onder c), eerste zin, een procedure heeft ingeleid. Die zin luidt als volgt: 'Onverminderd artikel 9, wordt een dergelijke procedure overeenkomstig artikel 8, leden 1 tot en met 4, met een beschikking afgesloten, tenzij de betrokken ondernemingen ten genoegen van de Commissie hebben aangetoond dat zij van de concentratie afzien.'. Voorafgaand aan de inleiding van de procedure geldt dit vereiste niet.
[16-04-2008, PbEU C 95, i.w.tr. 16-04-2008/regelingnummer 2008/C95/01]

(119)
In beginsel stemmen de vereisten voor het bewijs van het afzien qua rechtsvorm, intensiteit en dergelijke, overeen met de oorspronkelijke handeling op basis waarvan de concentratie moest worden aangemeld. Indien de partijen in de loop van de procedure vanuit die oorspronkelijke handeling hun contractuele banden versterken, bijvoorbeeld door een bindende overeenkomst te sluiten nadat de transactie was aangemeld op basis van een voornemen te goeder trouw, moet het bewijs van het afzien van de concentratie overeenstemmen met de aard van de laatste handeling.
[16-04-2008, PbEU C 95, i.w.tr. 16-04-2008/regelingnummer 2008/C95/01]

(120)
Overeenkomstig dit beginsel moet in geval van tenuitvoerlegging van de concentratie voorafgaand aan de beschikking van de Commissie, het herstel van de status quo ante worden aangetoond. De loutere intrekking van de aanmelding wordt niet voldoende bewijs geacht dat van de concentratie is afgezien in de zin van artikel 6, lid 1, onder c). Evenmin kunnen kleine wijzigingen van een concentratie die niet van invloed zijn op de wijziging van zeggenschap of de kwaliteit van die wijziging, als een afzien van de oorspronkelijke concentratie worden beschouwd [1].
- Bindende overeenkomst: bewijs van de juridische bindende opzegging van de overeenkomst in de vorm die door de oorspronkelijke overeenkomst wordt opgelegd (doorgaans een document dat door alle partijen is ondertekend) is vereist. Intentieverklaringen in verband met de opzegging van de overeenkomst of in verband met het niet ten uitvoer leggen van de aangemelde concentratie, en eenzijdige verklaringen van (een van) de partijen worden niet voldoende geacht [2].
- Voornemens te goeder trouw tot het sluiten van een overeenkomst: bij een intentieverklaring of een memorandum van overeenstemming waaruit het voornemen te goeder trouw blijkt, moeten documenten worden overgelegd waaruit blijkt dat de grondslag voor het voornemen te goeder trouw is verdwenen. Wordt het

---

(1) Dit punt doet geen afbreuk aan de beoordeling van de vraag of de wijziging vereist dat er aanvullende informatie aan de Commissie wordt verstrekt uit hoofde van artikel 5, lid 3, van Verordening (EG) nr. 802/2004.
(2) Zie zaak COMP/M.4381 (JCI/VB/FIAMM) van 10 mei 1997, punt 15, waarin slechts één partij een overeenkomst niet langer wenste uit te voeren, terwijl de andere partij de overeenkomst nog steeds bindend en uitvoerbaar achtte.

voornemen te goeder trouw in een andere vorm uitgedrukt, dan moet het afzien dat voornemen te goeder trouw omkeren en qua vorm en intensiteit met de oorspronkelijke uitdrukking van het voornemen te goeder trouw overeenstemmen.
— Openbare aankondiging van een openbaar overnamebod of van het voornemen een openbaar overnamebod uit te brengen: een openbare aankondiging waarbij de biedprocedure wordt beëindigd of waarbij wordt afgezien van het voornemen een openbaar bod uit te brengen, is vereist. De vorm en het bereik van die aankondiging moet vergelijkbaar zijn met die van de oorspronkelijke aankondiging.
— Ten uitvoer gelegde concentraties: indien de concentratie ten uitvoer is gelegd voorafgaand aan een beschikking van de Commissie, moeten de partijen aantonen dat de voorafgaand aan de tenuitvoerlegging van de concentratie bestaande situatie hersteld is.

[16-04-2008, PbEU C 95, i.w.tr. 16-04-2008/regelingnummer 2008/C95/01]

(121)

De partijen moeten tijdig de nodige stukken verstrekken teneinde aan deze vereisten te voldoen.

[16-04-2008, PbEU C 95, i.w.tr. 16-04-2008/regelingnummer 2008/C95/01]

VII Wijzigingen van transacties na een goedkeuringsbeschikking van de Commissie

(122)

In sommige gevallen kunnen de partijen na goedkeuring van de concentratie door de Commissie wensen dat de concentratie niet in de geplande vorm ten uitvoer wordt gelegd. De vraag rijst of de gewijzigde vorm van de transactie nog steeds gedekt is door de goedkeuringsbeschikking van de Commissie.

[16-04-2008, PbEU C 95, i.w.tr. 16-04-2008/regelingnummer 2008/C95/01]

(123)

In grote lijnen is het zo dat indien de structuur van de transactie vóór de tenuitvoerlegging van de goedgekeurde concentratie wordt gewijzigd van een verkrijging van zeggenschap, die onder toepassing valt van artikel 3, lid 1, onder b), in een fusie overeenkomstig artikel 3, lid 1, onder a), of omgekeerd, de wijziging van de structuur van de transactie als een andere concentratie in de zin van de concentratieverordening wordt beschouwd en een nieuwe aanmelding vereist is [1]. Minder belangrijke wijzigingen van de transactie, bijvoorbeeld kleine wijzigingen van de omvang van de deelnemingen die niet van invloed zijn op de wijziging van zeggenschap of de

(1) Zie zaak COMP/M.2706 (Carnival Corporation/P&O Princess) van 11 april 2002, en zaak COMP/M.3071 (Carnival Corporation/P&O Princess) van 10 februari 2003. In die omstandigheden wijzigt de identiteit van de aanmeldende partijen, aangezien bij een fusie beide partijen tot aanmelding moeten overgaan, terwijl in het andere geval alleen de partij die zeggenschap verkrijgt hiertoe verplicht is. Indien de partijen een verkrijging van zeggenschap over een doelvennootschap ten uitvoer leggen en pas *daarna* besluiten met de nieuw verworven dochteronderneming te fuseren, wordt dit echter als een herstructurering beschouwd die geen wijziging van zeggenschap teweegbrengt en derhalve niet onder toepassing valt van artikel 3 van de concentratieverordening.

kwaliteit van die wijziging, wijzigingen van de aangeboden prijs bij een openbaar overnamebod of wijzigingen in de vennootschapsstructuur waarmee de transactie ten uitvoer wordt gelegd, die geen effect hebben op de relevante situatie op het gebied van zeggenschap in de zin van de concentratieverordening, worden echter geacht door de goedkeuringsbeschikking van de Commissie te zijn gedekt.
[16-04-2008, PbEU C 95, i.w.tr. 16-04-2008/regelingnummer 2008/C95/01]

C Communautaire dimensie

I Drempels

(124)
Twee criteria bepalen welke transacties binnen het toepassingsgebied van de concentratieverordening vallen. Het eerste criterium is dat de transactie een concentratie moet zijn in de zin van artikel 3. Het tweede criterium omvat de in artikel 1 opgenomen drempelwaarden voor de omzet, die dienen om te bepalen welke transacties van invloed zijn op de Gemeenschap en geacht kunnen worden een 'communautaire dimensie' te hebben. De omzet wordt gebruikt om de in een concentratie samengevoegde economische middelen bij wijze van benadering weer te geven en wordt geografisch toegerekend teneinde de geografische verdeling van deze middelen weer te geven.
[16-04-2008, PbEU C 95, i.w.tr. 16-04-2008/regelingnummer 2008/C95/01]

(125)
In artikel 1 zijn twee reeksen drempels opgenomen om te bepalen of de transactie een communautaire dimensie heeft. Artikel 1, lid 2, stelt drie verschillende criteria vast: de drempel voor de totale omzet over de gehele wereld dient om de totale omvang van de betrokken ondernemingen te bepalen, de drempel voor de omzet binnen de Gemeenschap dient om te bepalen of de concentratie een minimumniveau van activiteiten in de Gemeenschap betreft, en de tweederderegel is bestemd om zuiver nationale transacties van de bevoegdheid van de Gemeenschap uit te sluiten.
[16-04-2008, PbEU C 95, i.w.tr. 16-04-2008/regelingnummer 2008/C95/01]

(126)
De tweede reeks drempels, die in artikel 1, lid 3, is opgenomen, is bedoeld om die concentraties aan te pakken die niet voldoen aan het in artikel 1, lid 2, vastgestelde criterium communautaire dimensie, doch die in ten minste drie lidstaten een aanzienlijk effect zouden hebben en op grond van de nationale mededingingsregels van die lidstaten tot verschillende aanmeldingen aanleiding zouden geven. Te dien einde voorziet artikel 1, lid 3, in lagere omzetdrempels, zowel over de gehele wereld als binnen de Gemeenschap, en in een minimumniveau van activiteiten van de betrokken ondernemingen, gezamenlijk en afzonderlijk, in ten minste drie lidstaten. Net

als artikel 1, lid 2, bevat ook artikel 1, lid 3, een tweederderegel die voornamelijk binnenlandse concentraties uitsluit [1].
[16-04-2008, PbEU C 95, i.w.tr. 16-04-2008/regelingnummer 2008/C95/01]

(127)
De drempels als zodanig zijn bedoeld om de bevoegdheid te bepalen en niet om de marktpositie van de partijen bij de concentratie noch het effect van de transactie te beoordelen. Daarbij gaat het om de omzet die wordt behaald met alle activiteiten van de partijen en derhalve met de daarvoor gebruikte middelen, en niet alleen om de activiteiten die rechtstreeks bij de concentratie betrokken zijn. De drempels zijn zuiver kwantitatief, aangezien zij alleen gebaseerd zijn op een berekening van de omzet in plaats van op marktaandeel of andere criteria. De bedoeling is te voorzien in een eenvoudig en objectief mechanisme dat gemakkelijk kan worden gebruikt door de bij een fusie betrokken vennootschappen om te bepalen of hun transactie een communautaire dimensie heeft en derhalve moet worden aangemeld.
[16-04-2008, PbEU C 95, i.w.tr. 16-04-2008/regelingnummer 2008/C95/01]

(128)
Terwijl artikel 1 numerieke drempels vaststelt om de bevoegdheid te bepalen, heeft artikel 5 tot doel uiteen te zetten hoe omzet moet worden berekend opdat de resultaten een getrouw beeld zouden geven van de economische realiteit.
[16-04-2008, PbEU C 95, i.w.tr. 16-04-2008/regelingnummer 2008/C95/01]

II Het begrip betrokken onderneming

1 Algemeen

(129)
Met het oog op het bepalen van de bevoegdheid zijn de betrokken ondernemingen de ondernemingen die aan een concentratie deelnemen, dat wil zeggen een fusie of een verkrijging van zeggenschap in de zin van artikel 3, lid 1. De afzonderlijke en de gezamenlijke omzet van die ondernemingen zal van doorslaggevend belang zijn om te bepalen of de drempels zijn bereikt.
[16-04-2008, PbEU C 95, i.w.tr. 16-04-2008/regelingnummer 2008/C95/01]

(130)
Zodra is vastgesteld welke ondernemingen bij een bepaalde transactie zijn betrokken, moet ter bepaling van de bevoegdheid hun omzet worden berekend overeenkomstig de voorschriften van artikel 5. Artikel 5, lid 4, stelt gedetailleerde criteria vast om te bepalen van welke ondernemingen de omzet aan de betrokken onderneming moet worden toegerekend vanwege bepaalde rechtstreekse of onrechtstreekse banden met de betrokken onderneming. De wetgever had de bedoeling concrete regels vast

---
[1] Een concentratie wordt voorts geacht een communautaire dimensie te hebben, indien zij op grond van artikel 4, lid 5, van de concentratieverordening naar de Commissie is verwezen. Deze zaken komen aan bod in de mededeling van de Commissie betreffende de verwijzing van concentratiezaken (*PB* C 56 van 5.3.2005, blz. 2).

te stellen die tezamen kunnen worden gebruikt om het begrip groep te bepalen met het oog op de omzetdrempels in de concentratieverordening. In de volgende delen zal de term 'groep' uitsluitend worden gebruikt om te verwijzen naar de verzameling ondernemingen wier betrekkingen met een betrokken onderneming voldoen aan de voorwaarden die zijn opgenomen in één of meer van de leden van artikel 5, lid 4, van de concentratieverordening.
[16-04-2008, PbEU C 95, i.w.tr. 16-04-2008/regelingnummer 2008/C95/01]

(131)
Bij verwijzing naar de verschillende ondernemingen die bij een procedure betrokken kunnen zijn, is het van belang dat het begrip betrokken onderneming in de zin van de artikelen 1 en 5 niet wordt verward met de terminologie die in de concentratieverordening en in Verordening (EG) nr. 802/2004 van de Commissie van 7 april 2004 betreffende de aanmeldingen, de termijnen en het horen van betrokkenen en derden overeenkomstig Verordening (EEG) nr. 139/2004 van de Raad betreffende de controle op concentraties van ondernemingen (hierna 'de uitvoeringsverordening' genoemd) [1] wordt gebruikt om te verwijzen naar de verschillende ondernemingen die bij een procedure betrokken kunnen zijn. Die terminologie verwijst naar de aanmeldende partijen, andere betrokkenen, derden en personen aan wie geldboeten of dwangsommen kunnen worden opgelegd, en zij zijn omschreven in hoofdstuk IV van de uitvoeringsverordening, tezamen met hun respectieve rechten en verplichtingen.
[16-04-2008, PbEU C 95, i.w.tr. 16-04-2008/regelingnummer 2008/C95/01]

2 Fusies

(132)
In een fusie zijn de betrokken ondernemingen alle fuserende entiteiten.
[16-04-2008, PbEU C 95, i.w.tr. 16-04-2008/regelingnummer 2008/C95/01]

3 Verkrijging van zeggenschap

(133)
In de overblijvende gevallen is het begrip verkrijging van zeggenschap bepalend voor de vaststelling van de betrokken ondernemingen. Aan de verwervende zijde kunnen er één of meer ondernemingen zijn die alleen of gezamenlijk zeggenschap verkrijgen. Aan de verworven zijde kunnen er één of meer ondernemingen zijn of delen daarvan. Bij wijze van algemene regel zal elk van die ondernemingen een betrokken onderneming zijn in de zin van de concentratieverordening.
[16-04-2008, PbEU C 95, i.w.tr. 16-04-2008/regelingnummer 2008/C95/01]

---

(1) *PB* L 133 van 30.4.2004, blz. 1.

Verkrijging van uitsluitende zeggenschap

(134)
Verkrijging van uitsluitende zeggenschap over de gehele onderneming is het meest duidelijke geval van verkrijging van zeggenschap. De betrokken ondernemingen zijn de verwervende onderneming en de doelonderneming.
[16-04-2008, PbEU C 95, i.w.tr. 16-04-2008/regelingnummer 2008/C95/01]

(135)
Indien de doelonderneming door een groep wordt verworven via één van haar dochterondernemingen, zijn de betrokken ondernemingen de doelonderneming en de verwervende dochteronderneming voor zover zij geen louter instrument voor de verwerving is. Ofschoon met het oog op de berekening van de omzet de betrokken onderneming normaal gesproken de dochteronderneming is, wordt echter de omzet van alle ondernemingen waarmee de betrokken onderneming de in artikel 5, lid 4, beschreven banden heeft, in de berekeningen van de drempel opgenomen. In dit verband wordt de groep als één economische eenheid beschouwd en de verschillende vennootschappen die tot dezelfde groep behoren kunnen niet als verschillende betrokken ondernemingen worden beschouwd voor het bepalen van de bevoegdheid in het kader van de concentratieverordening. De aanmelding zelf kan zowel door de betrokken dochteronderneming als door haar moedervennootschap worden gedaan.
[16-04-2008, PbEU C 95, i.w.tr. 16-04-2008/regelingnummer 2008/C95/01]

Verkrijging van delen van een onderneming en gespreide transacties — Artikel 5, lid 2

(136)
Volgens artikel 5, lid 2, eerste alinea, van de concentratieverordening moet, indien de transactie via de verwerving van delen van één of meer ondernemingen plaatsvindt, ten aanzien van de vervreemder alleen rekening worden gehouden met die delen welke het voorwerp van de transactie vormen. Het mogelijke effect van de transactie op de markt zal alleen afhangen van de economische en financiële middelen die het voorwerp van de transactie vormen in combinatie met die van de verkrijger, en niet van het overblijvende bedrijf van de vervreemder. In dat geval zijn de betrokken ondernemingen de verkrijger(s) en het verworven deel of de verworven delen van de doelonderneming, doch de overblijvende bedrijven van de vervreemder zullen niet in aanmerking worden genomen.
[16-04-2008, PbEU C 95, i.w.tr. 16-04-2008/regelingnummer 2008/C95/01]

(137)
In artikel 5, lid 2, tweede alinea, is een bijzondere bepaling opgenomen in verband met gespreide transacties of follow-upakkoorden. De vorige concentraties (binnen twee jaar) waarbij dezelfde partijen zijn betrokken, moeten (opnieuw) worden aangemeld met de meest recente transactie, op voorwaarde dat die een concentratie vormt, indien de drempels zijn bereikt, hetzij voor één of meer transacties afzonderlijk, hetzij samen.

In dat geval zijn de betrokken ondernemingen de verkrijger(s) en de verschillende verworven delen of het verworven deel van de doelvennootschap, in hun geheel genomen.
[16-04-2008, PbEU C 95, i.w.tr. 16-04-2008/regelingnummer 2008/C95/01]

Verschuiving van gezamenlijke zeggenschap naar uitsluitende zeggenschap

(138)
In de verkrijging van zeggenschap tot stand komt door een verschuiving van gezamenlijke zeggenschap naar uitsluitende zeggenschap verwerft normaal gesproken één aandeelhouder het belang dat voordien in handen was van de andere aandeelhouder(s). In die situatie zijn de betrokken ondernemingen de verwervende aandeelhouder en de gemeenschappelijke onderneming. Net zo min als alle andere vervreemders is de uittredende aandeelhouder een betrokken onderneming [1].
[16-04-2008, PbEU C 95, i.w.tr. 16-04-2008/regelingnummer 2008/C95/01]

Verkrijging van gezamenlijke zeggenschap

(139)
In het geval van verkrijging van gezamenlijke zeggenschap over een nieuw opgerichte onderneming zijn de betrokken ondernemingen alle ondernemingen die zeggenschap uitoefenen over de nieuw opgerichte gemeenschappelijke onderneming (die, omdat zij nog niet bestaat, nog niet als een betrokken onderneming kan worden beschouwd en daarenboven nog geen eigen omzet heeft). Dezelfde regel is van toepassing wanneer een onderneming een reeds bestaande dochteronderneming of een bedrijf (waarover het voordien uitsluitende zeggenschap uitoefende) in een nieuw opgerichte gemeenschappelijke onderneming inbrengt. In die omstandigheden worden alle ondernemingen die gezamenlijke zeggenschap uitoefenen, als een betrokken onderneming beschouwd, terwijl de vennootschap die of het bedrijf dat in de gemeenschappelijke onderneming wordt ingebracht, geen betrokken onderneming is en haar of zijn omzet deel uitmaakt van de omzet van de oorspronkelijke moedervennootschap.
[16-04-2008, PbEU C 95, i.w.tr. 16-04-2008/regelingnummer 2008/C95/01]

(140)
De situatie is anders indien ondernemingen voor het eerst gezamenlijke zeggenschap verwerven over een reeds bestaande onderneming of een reeds bestaand bedrijf. De betrokken ondernemingen zijn enerzijds alle ondernemingen die gezamenlijke zeggenschap verwerven, en anderzijds de reeds bestaande verworven onderneming of het reeds bestaande verworven bedrijf.
[16-04-2008, PbEU C 95, i.w.tr. 16-04-2008/regelingnummer 2008/C95/01]

(141)
De verwerving van een vennootschap met de bedoeling de vermogensbestanddelen onmiddellijk te verdelen (zie hierboven punt 32), wordt meestal niet als een verkrijging van gezamenlijke zeggenschap over de volledige doelvennootschap beschouwd, doch als de verkrijging van uitsluitende zeggenschap door elk van de uiteindelijke

---

(1) Zaak IV/M.023 (ICI/Tioxide) van 28 november 1990.

verkrijgers van de respectieve delen van de doelvennootschap. Overeenkomstig de overwegingen in verband met de verkrijging van uitsluitende zeggenschap zijn de betrokken ondernemingen de verwervende ondernemingen en de verworven delen in elk van de transacties.
[16-04-2008, PbEU C 95, i.w.tr. 16-04-2008/regelingnummer 2008/C95/01]

Wijzigingen in het aandeelhouderschap in gevallen van gezamenlijke zeggenschap over een bestaande gemeenschappelijke onderneming

(142)
Er kan een aan te melden concentratie tot stand komen (zie hierboven), indien er zich in een structuur van gezamenlijke zeggenschap een wijziging in de kwaliteit van zeggenschap voordoet ingevolge de intrede van nieuwe aandeelhouders met zeggenschap, ongeacht of zij al dan niet in de plaats treden van bestaande aandeelhouders met zeggenschap.
[16-04-2008, PbEU C 95, i.w.tr. 16-04-2008/regelingnummer 2008/C95/01]

(143)
In het geval waarin één of meer aandeelhouders zeggenschap verkrijgen, hetzij door intrede, hetzij door in de plaats te treden van één of meer aandeelhouders, in een situatie van gezamenlijke zeggenschap vóór en na de transactie, zijn de betrokken ondernemingen de aandeelhouders (zowel de bestaande als de nieuwe) die gezamenlijke zeggenschap uitoefenen en de gemeenschappelijke onderneming zelf [1]. Net als bij de verkrijging van uitsluitende zeggenschap over een bestaande vennootschap kan enerzijds de gemeenschappelijke onderneming zelf als een betrokken onderneming worden beschouwd, aangezien zij een reeds bestaande onderneming is. Anderzijds is de intrede van een nieuwe aandeelhouder zoals gezegd niet alleen als zodanig een nieuwe verkrijging van zeggenschap, doch zij brengt ook een wijziging in de kwaliteit van zeggenschap teweeg voor de overblijvende aandeelhouders met zeggenschap, aangezien de kwaliteit van zeggenschap over de gemeenschappelijke onderneming bepaald is door de identiteit en de samenstelling van de aandeelhouders met zeggenschap en derhalve ook door hun onderlinge betrekkingen. Voorts beschouwt de concentratieverordening een gemeenschappelijke onderneming als een combinatie van de economische middelen van de moedervennootschappen, samen met de gemeenschappelijke onderneming indien zij reeds omzet op de markt behaalt. Om deze redenen zijn de nieuw ingetreden aandeelhouders met zeggenschap betrokken ondernemingen, samen met de overblijvende aandeelhouders met zeggenschap. Vanwege de wijziging in de kwaliteit van zeggenschap worden zij allen geacht zeggenschap te verkrijgen.
[16-04-2008, PbEU C 95, i.w.tr. 16-04-2008/regelingnummer 2008/C95/01]

(144)
Aangezien artikel 4, lid 2, eerste zin, van de concentratieverordening bepaalt dat alle verkrijgingen van gezamenlijke zeggenschap gezamenlijk moeten worden aangemeld door de partijen die gezamenlijke zeggenschap verkrijgen, moeten in beginsel

---

(1) Zie zaak IV/M.376 (Synthomer/Yule Catto) van 22 oktober 1993.

bestaande en nieuwe aandeelhouders gezamenlijk concentraties aanmelden die tot stand komen door dergelijke wijzigingen in scenario's van gezamenlijke zeggenschap.
[16-04-2008, PbEU C 95, i.w.tr. 16-04-2008/regelingnummer 2008/C95/01]

Verkrijging van zeggenschap door een gemeenschappelijke onderneming

(145)
In transacties waarbij een gemeenschappelijke onderneming zeggenschap over een andere vennootschap verkrijgt, rijst de vraag of de gemeenschappelijke onderneming al dan niet als de betrokken onderneming moet worden beschouwd (in haar omzet zou dan de omzet van haar moedervennootschappen worden opgenomen), dan wel of elk van haar moedervennootschappen afzonderlijk als een betrokken onderneming moet worden beschouwd. Deze vraag kan van doorslaggevend belang zijn bij het bepalen van de bevoegdheid [1]. Ofschoon in beginsel de gemeenschappelijke onderneming als de rechtstreekse deelnemer in de verkrijging van zeggenschap de betrokken onderneming is, kunnen er zich omstandigheden voordoen waarin vennootschappen een lege vennootschap oprichten en de moedervennootschappen afzonderlijk als betrokken ondernemingen zullen worden beschouwd. In dit soort situatie zal de Commissie de economische realiteit van de transactie in aanmerking nemen, teneinde vast te stellen welke de betrokken ondernemingen zijn.
[16-04-2008, PbEU C 95, i.w.tr. 16-04-2008/regelingnummer 2008/C95/01]

(146)
Indien de zeggenschap wordt verkregen door een volwaardige gemeenschappelijke onderneming, met de hierboven beschreven kenmerken, die reeds op dezelfde markt werkzaam is, zal de Commissie normaal gesproken de gemeenschappelijke onderneming zelf en de doelonderneming als de betrokken ondernemingen beschouwen (en niet de moedervennootschappen van de gemeenschappelijke onderneming).
[16-04-2008, PbEU C 95, i.w.tr. 16-04-2008/regelingnummer 2008/C95/01]

(147)
Kan de gemeenschappelijke onderneming daarentegen alleen als een louter instrument voor een verkrijging door de moedervennootschappen worden beschouwd, dan zal de Commissie elke moedervennootschap zelf (eerder dan de gemeenschappelijke onderneming) samen met de doelvennootschap tot de betrokken ondernemingen

---

(1) Uitgaande van het volgende scenario: de doelvennootschap heeft een totale omzet in de Gemeenschap van minder dan 250 miljoen EUR en de verwervende partijen zijn twee (of meer) ondernemingen die elk een omzet in de Gemeenschap hebben van meer dan 250 miljoen EUR. Indien het doel wordt verworven door een lege vennootschap die is opgericht door de verwervende ondernemingen, zou er slechts één onderneming zijn (de lege vennootschap) met een omzet in de Gemeenschap van meer dan 250 miljoen EUR en zou dus niet voldaan zijn aan een van de cumulatieve drempelvoorwaarden die bepalend zijn voor de bevoegdheid van de Gemeenschap, namelijk het bestaan van ten minste twee ondernemingen met een omzet in de Gemeenschap van meer dan 250 miljoen EUR. Indien daarentegen de verwervende ondernemingen niet via een dergelijke lege vennootschap handelen, doch zelf de doelonderneming verwerven, zou de omzetdrempel zijn bereikt en zou de concentratieverordening op deze transactie van toepassing zijn. Soortgelijke overwegingen gelden ten aanzien van de in artikel 1, lid 3, bedoelde drempels inzake nationale omzet.

rekenen. Dit is met name het geval wanneer de gemeenschappelijke onderneming speciaal met het oog op de verwerving van de doelvennootschap is opgericht of nog niet werkzaam is, wanneer een bestaande gemeenschappelijke onderneming niet volwaardig is in de hierboven uiteengezette zin of wanneer de gemeenschappelijke onderneming een vereniging van ondernemingen is. Hetzelfde geldt wanneer er aanwijzingen zijn dat de moedervennootschappen in feite de echte actoren achter de transactie zijn. Het feit dat de moedervennootschappen zelf een belangrijke rol in het initiatief tot, de organisatie en de financiering van de transactie spelen, kan een factor zijn welke in die richting wijst. In die gevallen worden de moedervennootschappen als betrokken ondernemingen beschouwd.

[16-04-2008, PbEU C 95, i.w.tr. 16-04-2008/regelingnummer 2008/C95/01]

Opsplitsing van gemeenschappelijke ondernemingen en uitwisseling van vermogensbestanddelen

(148)

Indien twee (of meer) ondernemingen een gemeenschappelijke onderneming opsplitsen en de vermogensbestanddelen (die bedrijven vormen) onderling verdelen, wordt dit normaal gesproken als meer dan één verkrijging van zeggenschap beschouwd (zie hierboven punt 41). Bijvoorbeeld onderneming A en onderneming B richten een gemeenschappelijke onderneming op die zij daarna verdelen, met name met een nieuwe configuratie van de vermogensbestanddelen. De opsplitsing van de gemeenschappelijke onderneming brengt een verschuiving teweeg van gezamenlijke zeggenschap over alle vermogensbestanddelen van de gemeenschappelijke onderneming naar uitsluitende zeggenschap over de verdeelde vermogensbestanddelen door elk van de verwervende ondernemingen [1].

[16-04-2008, PbEU C 95, i.w.tr. 16-04-2008/regelingnummer 2008/C95/01]

(149)

Overeenkomstig de overweging in verband met de verkrijging van uitsluitende zeggenschap, zijn bij elke transactie tot opsplitsing de betrokken ondernemingen enerzijds de verwervende partij en anderzijds de vermogensbestanddelen welke die onderneming zal verwerven.

[16-04-2008, PbEU C 95, i.w.tr. 16-04-2008/regelingnummer 2008/C95/01]

(150)

De situatie waarin twee (of meer) vennootschappen vermogensbestanddelen uitwisselen die aan elke zijde een bedrijf vormen, lijkt op het opsplitsingsscenario. In dat geval wordt elke verkrijging van zeggenschap beschouwd als een onafhankelijke verkrijging van uitsluitende zeggenschap. Bij elke transactie zijn de betrokken ondernemingen de verwervende vennootschappen en de verworven onderneming of vermogensbestanddelen.

[16-04-2008, PbEU C 95, i.w.tr. 16-04-2008/regelingnummer 2008/C95/01]

---

(1) Zie soortgelijke zaken COMP/M.3293 (Shell/BEB) en COMP/M.3294 (ExxonMobil/BEB) van 20 november 2003, en zaak IV/M.197 (Solvay/Laporte) van 30 april 1992.

Verkrijging van zeggenschap door natuurlijke personen

(151)
Zeggenschap kan ook door natuurlijke personen worden verkregen, in de zin van artikel 3 van de concentratieverordening, indien die personen zelf andere economische activiteiten verrichten (en derhalve op die grond als economische ondernemingen worden aangemerkt) of indien zij zeggenschap uitoefenen over één of meer andere economische ondernemingen. In die situatie zijn de betrokken ondernemingen de doelonderneming en de individuele verkrijger (waarbij de omzet van de onderneming(en) waarover die natuurlijke persoon zeggenschap uitoefent, in de berekening van de omzet van de natuurlijke persoon wordt opgenomen, voor zover aan de voorwaarden van artikel 5, lid 4, is voldaan) [1].
[16-04-2008, PbEU C 95, i.w.tr. 16-04-2008/regelingnummer 2008/C95/01]

(152)
Een verkrijging van zeggenschap over een onderneming door haar directeurs is ook een verkrijging door natuurlijke personen en punt 151 is ook hier relevant. De directeurs kunnen hun belangen echter ook samenbrengen in een vehikelonderneming, om met één enkele stem te spreken alsook om de besluitvorming te vergemakkelijken. Een dergelijke vehikelonderneming kan een betrokken onderneming zijn, doch dit hoeft niet. De in de punten 145 tot en met 147 gegeven algemene richtsnoeren inzake verkrijgingen van zeggenschap door een gemeenschappelijke onderneming zijn ook hier van toepassing.
[16-04-2008, PbEU C 95, i.w.tr. 16-04-2008/regelingnummer 2008/C95/01]

Verkrijging van zeggenschap door een staatsonderneming

(153)
Zoals hierboven gezegd kan een fusie of een verkrijging van zeggenschap tussen twee ondernemingen die eigendom zijn van dezelfde staat (of van hetzelfde publiekrechtelijke lichaam) een concentratie vormen, indien de ondernemingen vroeger deel uitmaakten van verschillende economische eenheden met onafhankelijke beslissingbevoegdheden. Indien dit het geval is, zullen beide ondernemingen als betrokken ondernemingen worden beschouwd, ofschoon beide eigendom zijn van dezelfde staat [2].
[16-04-2008, PbEU C 95, i.w.tr. 16-04-2008/regelingnummer 2008/C95/01]

---

(1) Zie zaak IV/M.082 (Asko/Jacobs/Adia) van 16 mei 1991 waarin een natuurlijke persoon met andere economische activiteiten gezamenlijke zeggenschap over een onderneming verkreeg en als een betrokken onderneming werd beschouwd.
(2) Zie overweging 22 van de concentratieverordening, die rechtstreeks verband houdt met de berekening van de omzet van een betrokken onderneming die een staatsonderneming is, in het kader van artikel 5, lid 4.

III Relevante datum voor het bepalen van de bevoegdheid

(154)
De wettelijke regeling voor het bepalen van de bevoegdheid van de Commissie is gewijzigd in de herschikte concentratieverordening. In de vroegere concentratieverordening was de relevante datum de aanleiding van de aanmelding overeenkomstig artikel 4, lid 1, van die verordening (de sluiting van een definitieve overeenkomst, de openbaarmaking van het openbare aanbod of de verwerving van een zeggenschapsdeelneming) of uiterlijk een termijn waarbinnen de partijen moesten aanmelden (dat wil zeggen binnen een week na de aanleiding tot een aanmelding) [1].
[16-04-2008, PbEU C 95, i.w.tr. 16-04-2008/regelingnummer 2008/C95/01]

(155)
In de herschikte concentratieverordening hoeven de partijen niet langer binnen een bepaalde termijn aan te melden (voor zover de partijen de geplande concentratie niet voor aanmelding ten uitvoer leggen). Meer nog, volgens artikel 4, lid 1, tweede alinea, kunnen de betrokken ondernemingen de transactie reeds aanmelden op basis van een voornemen te goeder trouw tot het sluiten van een overeenkomst of, in het geval van een openbaar overnamebod, indien zij publiekelijk een voornemen tot het doen van een dergelijk bod hebben aangekondigd. Uiterlijk bij de aanmelding moet de Commissie of de nationale mededingingsautoriteit haar bevoegdheid kunnen bepalen. Artikel 4, lid 1, eerste alinea, van de concentratieverordening bepaalt in het algemeen dat concentraties na de sluiting van de overeenkomst, de aankondiging van het openbare overnamebod of de verwerving van een zeggenschapsdeelneming moeten worden aangemeld. De data van deze gebeurtenissen zijn in de herschikte concentratieverordening derhalve nog steeds van doorslaggevend belang voor het vaststellen van de relevante datum voor het bepalen van de bevoegdheid, indien er geen aanmelding wordt gedaan alvorens die gebeurtenissen plaatsvinden op basis van een voornemen te goeder trouw of een aangekondigd voornemen [2].
[16-04-2008, PbEU C 95, i.w.tr. 16-04-2008/regelingnummer 2008/C95/01]

(156)
De relevante datum voor het bepalen van de bevoegdheid van de Gemeenschap voor een concentratie is derhalve de datum van de sluiting van de juridisch bindende overeenkomst, de aankondiging van een openbaar overnamebod of de verwerving van een zeggenschapsdeelneming, dan wel de datum van de eerste aanmelding [3]. Hierbij kan

---

(1) Zie zaak COMP/M.1741 (MCI Worldcom/Sprint) van 28 juni 2000.
(2) De andere mogelijkheid dat de omzet zou worden berekend op de laatste datum waarop de betrokken partijen een aanmelding moeten doen (zeven dagen na de relevante gebeurtenis uit hoofde van de vroegere concentratieverordening) bestaat niet langer in de herschikte concentratieverordening, aangezien er geen termijn voor aanmelding is bepaald.
(3) Zie ook de conclusie van advocaat-generaal Kokott van 26 april 2007 in zaak C-202/06 P, Cementbouw/Commissie, punt 46 (nog niet gepubliceerd). Alleen de herschikte concentratieverordening heeft voorzien in de mogelijkheid om met de datum van de eerste aanmelding rekening te houden indien deze de datum van de sluiting van de juridisch bindende overeenkomst, de aankondiging van een openbaar overnamebod of de verwerving van een zeggenschapsdeelneming voorafgaat (zie voetnoot 35 van de conclusie).

het gaan om een aanmelding aan de Commissie of een aanmelding aan een autoriteit van de lidstaat. Een en ander is met name van belang voor de vraag of verkrijgingen of afstotingen die zich voordoen na de periode die door de relevante jaarrekeningen is gedekt, doch vóór de relevante datum, meebrengen dat die jaarrekeningen moeten worden aangepast overeenkomstig de beginselen die hieronder in de punten 172 en 173 zijn uiteengezet.
[16-04-2008, PbEU C 95, i.w.tr. 16-04-2008/regelingnummer 2008/C95/01]

IV Omzet

1 Het begrip omzet

(157)
Het in artikel 5 van de concentratieverordening omschreven begrip omzet betreft 'de bedragen met betrekking tot de verkoop van goederen en het leveren van diensten'. Doorgaans komen deze bedragen in de jaarrekeningen van de vennootschap voor onder de rubriek 'verkopen'. Voor goederen kan de omzet probleemloos worden bepaald. Het gaat met name om elke commerciële handeling die een eigendomsoverdracht impliceert.
[16-04-2008, PbEU C 95, i.w.tr. 16-04-2008/regelingnummer 2008/C95/01]

(158)
Voor diensten verschilt de berekeningsmethode van de omzet in het algemeen niet van die welke voor goederen wordt gebruikt: de Commissie neemt het totaalbedrag van de verkopen in aanmerking. De berekening van de bedragen die voortkomen uit het verrichten van diensten kan echter meer complex zijn, aangezien de methode afhangt van de precieze dienst die wordt verricht en de onderliggende juridische en economische regelingen in de betrokken bedrijfstak. Wanneer een onderneming de volledige dienst rechtstreeks voor de klant verricht, bestaat de omzet van de betrokken onderneming in het totaalbedrag van de verkopen voor het verrichten van diensten in het laatste boekjaar.
[16-04-2008, PbEU C 95, i.w.tr. 16-04-2008/regelingnummer 2008/C95/01]

(159)
Op andere terreinen kan dit algemene beginsel moeten worden aangepast aan de specifieke voorwaarden van de verrichte dienst. In bepaalde dienstensectoren (zoals pakketreizen en reclame) kan de dienst via tussenpersonen worden verkocht [1]. Zelfs indien de tussenpersoon het volledige bedrag aan de eindverbruiker factureert, bestaat de omzet van de onderneming die als tussenpersoon optreedt uitsluitend in het bedrag van haar commissie. Bij pakketreizen wordt het volledige bedrag dat door de eindverbruiker wordt betaald, vervolgens toegerekend aan de touroperator die het reisagentschap als distributienetwerk gebruikt. Bij reclame worden enkel de

---
(1) Een onderneming treedt normaal gesproken niet op als tussenpersoon indien zij producten verkoopt via een commerciële handeling die een eigendomsoverdracht impliceert (arrest van het Gerecht van eerste aanleg van 14 juli 2006 in zaak T-417/05, Endesa/Commissie, Jurispr. 2006, blz. II-2533, punt 213).

ontvangen bedragen (zonder de commissie) als de omzet van het televisiekanaal of het tijdschrift beschouwd, aangezien de media-agentschappen die als tussenpersoon optreden, niet het distributiekanaal voor de verkopers van advertentieruimte vormen doch gekozen worden door de klanten, dat wil zeggen door de ondernemingen die reclame willen maken.
[16-04-2008, PbEU C 95, i.w.tr. 16-04-2008/regelingnummer 2008/C95/01]

(160)
De aangehaalde voorbeelden tonen aan dat er zich vanwege de diversiteit van diensten veel verschillende situaties kunnen voordoen en de onderliggende juridische en economische betrekkingen moeten zorgvuldig worden geanalyseerd. Ook op het gebied van krediet, financiën en verzekering kunnen zich bij de berekening van de omzet specifieke situaties voordoen. Deze kwesties komen afzonderlijk aan bod in deel VII van deze mededeling.
[16-04-2008, PbEU C 95, i.w.tr. 16-04-2008/regelingnummer 2008/C95/01]

2 Normale bedrijfsuitoefening

(161)
In artikel 5, lid 1, is bepaald dat de voor de berekening van de omzet in aanmerking te nemen bedragen betrekking moeten hebben op de 'normale bedrijfsuitoefening' van de betrokken ondernemingen. Dit is de omzet die wordt behaald uit de verkoop van producten of het verrichten van diensten in het normale verloop van het bedrijf. Dit sluit doorgaans de bedragen uit die in de jaarrekeningen van de vennootschap zijn opgenomen onder de rubrieken 'financiële opbrengsten' of 'buitengewone opbrengsten'. Dergelijke buitengewone opbrengsten kunnen voortkomen uit de verkoop van bedrijven of van vaste activa. In de jaarrekeningen van de vennootschap zijn de uit gewone activiteiten voortvloeiende inkomsten echter niet noodzakelijkerwijs afgebakend op de manier die in het kader van de concentratieverordening voor de berekening van de omzet vereist is. In sommige gevallen moet de kwalificatie van bedragen in de jaarrekeningen worden aangepast aan de vereisten van de concentratieverordening [1].
[16-04-2008, PbEU C 95, i.w.tr. 16-04-2008/regelingnummer 2008/C95/01]

(162)
De inkomsten moeten niet noodzakelijkerwijs voortkomen van de afnemer van de producten of diensten. Steun die door publiekrechtelijke lichamen aan ondernemingen wordt toegekend, moet in de berekening van de omzet worden opgenomen, indien de onderneming zelf de ontvanger van de steun is en die steun rechtstreeks verband houdt met de verkoop van producten en het verrichten van diensten door de onderneming. De steun is derhalve een opbrengst van de onderneming uit de verkoop van

---

[1] In zaak IV/M.126 (Accor/Wagons-Lits) van 28 april 1992 besloot de Commissie bepaalde opbrengsten van de verhuur van auto's te beschouwen als inkomsten uit de gewone activiteiten, ook al waren deze opbrengsten in de winst-en- verliesrekening van Wagons Lits onder de rubriek 'andere opbrengsten' opgenomen.

producten of het verrichten van diensten naast de prijs die door de afnemer wordt betaald [1].
[16-04-2008, PbEU C 95, i.w.tr. 16-04-2008/regelingnummer 2008/C95/01]

(163)
Specifieke kwesties rijzen bij de berekening van de omzet van een bedrijfseenheid die in het verleden enkel interne inkomsten had. Dit kan met name het geval zijn bij transacties waarbij diensten worden uitbesteed door overdracht van een bedrijfseenheid (outsourcing). Indien een dergelijke transactie een concentratie vormt op grond van de overwegingen in de punten 25 en volgende van deze mededeling, is het vaste praktijk van de Commissie dat de omzet normaal gesproken wordt berekend op basis van de vroegere interne omzet of op basis van beursgenoteerde prijzen indien dergelijke prijzen voorhanden zijn (bijvoorbeeld in de petroleumindustrie). Indien de vroegere interne omzet niet overeen lijkt te stemmen met de marktwaarde van de betrokken activiteiten (en dus met de verwachte toekomstige omzet op de markt), kunnen de verwachte inkomsten die op basis van een overeenkomst met de vroegere moedervennootschap zullen worden ontvangen, bij wijze van benadering worden gebruikt.
[16-04-2008, PbEU C 95, i.w.tr. 16-04-2008/regelingnummer 2008/C95/01]

3 Netto-omzet

(164)
De in aanmerking te nemen omzet is een netto-omzet, dat wil zeggen de omzet na aftrek van een aantal uitdrukkelijk in de verordening genoemde posten. Bedoeling is de omzet zodanig te zuiveren dat het werkelijke economische gewicht van de onderneming wordt weergegeven.
[16-04-2008, PbEU C 95, i.w.tr. 16-04-2008/regelingnummer 2008/C95/01]

3.1 Aftrek van kortingen en belastingen

(165)
In artikel 5, lid 1, is bepaald dat kortingen alsmede de belasting over de toegevoegde waarde en andere rechtstreeks met de omzet samenhangende belastingen moeten worden afgetrokken. Onder kortingen moeten worden verstaan alle rabatten en verminderingen die door de ondernemingen aan hun afnemers worden toegekend en die rechtstreeks van invloed zijn op de bedragen met betrekking tot de verkoop.
[16-04-2008, PbEU C 95, i.w.tr. 16-04-2008/regelingnummer 2008/C95/01]

---

(1) Zie zaak IV/M.156 (Cereol/Continentale Italiana) van 27 november 1991. In die zaak nam de Commissie de communautaire steun niet in de berekening van de omzet op, omdat die steun niet diende ter ondersteuning van de verkoop van producten die door een van de bij de fusie betrokken ondernemingen werden vervaardigd, doch wel ter ondersteuning van de producenten van de grondstoffen (granen) die gebruikt werden door de onderneming, die gespecialiseerd was in het vergruizen van graan.

(166)
Met betrekking tot de aftrek van belastingen worden in de concentratieverordening de btw en 'andere rechtstreeks met de omzet samenhangende belastingen' genoemd. Het begrip rechtstreeks met de omzet samenhangende belastingen doelt duidelijk op indirecte belastingen die met de omzet samenhangen, zoals bijvoorbeeld de belasting op alcoholhoudende dranken of sigaretten.
[16-04-2008, PbEU C 95, i.w.tr. 16-04-2008/regelingnummer 2008/C95/01]

3.2 Behandeling van de 'interne' omzet

(167)
Volgens artikel 5, lid 1, eerste alinea, wordt 'bij de totale omzet van de betrokken onderneming (...) geen rekening gehouden met transacties tussen de in lid 4 van dit artikel bedoelde ondernemingen', dat wil zeggen de groep waartoe de betrokken onderneming behoort. Beoogd wordt de opbrengsten van de commerciële betrekkingen binnen een groep uit te sluiten, zodat alleen rekening wordt gehouden met het werkelijke economische gewicht van elke entiteit in de vorm van omzet op de markt. De volgens de concentratieverordening in aanmerking genomen 'bedragen' geven daarom enkel de transacties weer die tussen de groep ondernemingen enerzijds en derden anderzijds zijn gesloten.
[16-04-2008, PbEU C 95, i.w.tr. 16-04-2008/regelingnummer 2008/C95/01]

(168)
Het beginsel dat dubbeltelling moet worden voorkomen, wordt door artikel 5, lid 5, onder a), van de concentratieverordening specifiek toegepast op de situatie waarin twee of meer bij een concentratie betrokken ondernemingen gezamenlijk in een andere vennootschap over de in artikel 5, lid 4, onder b), genoemde rechten of bevoegdheden beschikken. Volgens artikel 5, lid 5, onder a), hoeft geen rekening te worden gehouden met de omzet die het resultaat is van de verkoop van producten of het verlenen van diensten tussen de gemeenschappelijke onderneming en elk van de betrokken ondernemingen of enige andere met een van die ondernemingen verbonden onderneming in de zin van artikel 5, lid 4. Voor zover bij gemeenschappelijke ondernemingen tussen betrokken ondernemingen en derden op grond van artikel 5, lid 4, onder b), met de omzet rekening wordt gehouden (zie hieronder punt 181), wordt op grond van artikel 5, lid 1, geen rekening gehouden met de omzet uit de verkoop tussen de gemeenschappelijke onderneming en de betrokken onderneming (alsook de ondernemingen die met de betrokken onderneming banden hebben die voldoen aan de in artikel 5, lid 4, vastgestelde criteria).
[16-04-2008, PbEU C 95, i.w.tr. 16-04-2008/regelingnummer 2008/C95/01]

4 Berekening van de omzet en financiële rekeningen

4.1 De algemene regel

(169)
De Commissie streeft ernaar haar berekeningen te baseren op de meest precieze en betrouwbare gegevens die beschikbaar zijn. In de regel zal de Commissie zich baseren

op rekeningen die betrekking hebben op het boekjaar dat het dichtst bij de datum van de transactie ligt en die gecontroleerd zijn overeenkomstig de normen die gelden voor de betrokken onderneming en verplicht zijn voor het relevante boekjaar [1]. Gecontroleerde gegevens kunnen enkel worden aangepast indien dit vereist is uit hoofde van de bepalingen van de concentratieverordening, waaronder in de gevallen die hieronder in punt 172 meer in detail zijn besproken.
[16-04-2008, PbEU C 95, i.w.tr. 16-04-2008/regelingnummer 2008/C95/01]

(170)
De Commissie baseert zich liever niet op de rekeningen van de directie of andere vormen van voorlopige rekeningen, behoudens in uitzonderlijke omstandigheden [2]. Indien een concentratie in de eerste maanden van het jaar tot stand komt en er voor het meest recente boekjaar nog geen gecontroleerde jaarrekeningen beschikbaar zijn, worden de gegevens van het voorafgaande jaar in aanmerking genomen. Wanneer er een groot verschil bestaat tussen de twee reeksen jaarrekeningen ingevolge aanzienlijke en duurzame wijzigingen in de betrokken onderneming en inzonderheid wanneer de definitieve conceptcijfers voor het meest recente jaar door de raad van bestuur zijn goedgekeurd, kan de Commissie besluiten de conceptcijfers in aanmerking te nemen.
[16-04-2008, PbEU C 95, i.w.tr. 16-04-2008/regelingnummer 2008/C95/01]

(171)
In gevallen waarin grote verschillen tussen de boekhoudnormen van de Gemeenschap en die van een niet-lidstaat worden vastgesteld, kan de Commissie van de algemene regel afwijken indien zij het met het oog op de berekening van de omzet nodig acht deze jaarrekeningen opnieuw vast te stellen volgens de normen van de Gemeenschap.
[16-04-2008, PbEU C 95, i.w.tr. 16-04-2008/regelingnummer 2008/C95/01]

4.2 Aanpassingen na de datum van de laatste gecontroleerde jaarrekeningen

(172)
Los van het bovenstaande moeten de jaarrekeningen altijd worden aangepast teneinde rekening te houden met duurzame wijzigingen in de economische realiteit van de betrokken ondernemingen, zoals verwervingen of afstotingen die niet of niet volledig in de gecontroleerde jaarrekeningen zijn weergegeven. Met dergelijke wijzigingen moet rekening worden gehouden teneinde vast te stellen welke werkelijke middelen geconcentreerd worden en de economische situatie van de betrokken ondernemingen beter weer te geven. Die aanpassingen zijn slechts selectief van aard en doen geen afbreuk aan het beginsel dat er een eenvoudig en objectief mechanisme moet zijn om de bevoegdheid van de Commissie te bepalen, aangezien zij geen volledige herziening van de gecontroleerde jaarrekeningen vereisen [3]. Ten eerste geldt dit voor verwervingen, afstotingen of sluitingen van delen van het bedrijf na de datum van de gecontroleerde

---

(1) Zie zaak COMP/M.3986 (Gas Natural/Endesa) van 15 november 2005, bevestigd door het arrest Endesa/Commissie, reeds aangehaald, punten 128 en 131.
(2) Zie zaak COMP/M.3986 (Gas Natural/Endesa) van 15 november 2005, bevestigd door het arrest Endesa/Commissie, reeds aangehaald, punten 176 en 179.
(3) Zie arrest Endesa/Commissie, reeds aangehaald, punt 209.

jaarrekeningen. Dit is relevant indien een vennootschap een transactie sluit in verband met de afstoting en sluiting van een deel van haar bedrijf op een tijdstip vóór de relevante datum voor het bepalen van de bevoegdheid (zie hierboven punt 154) of indien een dergelijke afstoting of sluiting van een bedrijf een voorwaarde voor de transactie is [1]. In dat geval moet de aan dat deel van het bedrijf toe te rekenen omzet worden afgetrokken van de omzet van de aanmeldende partij, zoals die omzet blijkt uit haar laatste gecontroleerde jaarrekeningen. Indien een overeenkomst inzake de verkoop van een deel van het bedrijf ondertekend is, doch de verkoop nog niet voltrokken is (met andere woorden de juridische tenuitvoerlegging en de overdracht van de titels voor de verworven aandelen of vermogensbestanddelen hebben nog niet plaatsgevonden), wordt met een dergelijke wijziging geen rekening gehouden [2], tenzij de verkoop een voorafgaande voorwaarde voor de aangemelde transactie is. Omgekeerd moet de omzet van die bedrijven waarvan de aankoop voltrokken is na de voorbereiding van de meest recente gecontroleerde jaarrekeningen, doch vóór de relevante datum voor het bepalen van de bevoegdheid, met het oog op de aanmelding bij de omzet van een vennootschap worden gevoegd.
[16-04-2008, PbEU C 95, i.w.tr. 16-04-2008/regelingnummer 2008/C95/01]

(173)
Ten tweede kan een aanpassing ook nodig zijn voor verwervingen, afstotingen of sluitingen van een deel van het bedrijf die hebben plaatsgevonden tijdens het boekjaar waarvoor de gecontroleerde jaarrekeningen zijn opgesteld. Indien verwervingen, afstotingen of sluitingen van een deel van het bedrijf in de loop van die periode plaatsvinden, worden de wijzigingen in de economische middelen slechts ten dele in de gecontroleerde jaarrekeningen van de betrokken onderneming weergegeven. Aangezien de omzet van de verworven bedrijven pas vanaf het tijdstip van verwerving in de jaarrekeningen mag worden opgenomen, kan de volledige jaaromzet van het verworven bedrijf niet worden weergegeven. Omgekeerd mag de omzet van de afgestoten of gesloten bedrijven nog tot de datum waarop zij daadwerkelijk worden afgestoten of gesloten, in de gecontroleerde jaarrekeningen worden opgenomen. In die gevallen moeten aanpassingen worden gedaan om de omzet die de afgestoten of gesloten bedrijven tot de datum van deconsolidatie hebben behaald, uit de gecontroleerde jaarrekeningen te halen en de omzet die de verworven bedrijven in het jaar tot de datum van consolidatie hebben behaald, aan de jaarrekeningen toe te voegen. Het resultaat is dat de omzet van de afgestoten of gesloten bedrijven volledig moet worden uitgesloten en de volledige jaaromzet van de verworven bedrijven moet worden opgenomen.
[16-04-2008, PbEU C 95, i.w.tr. 16-04-2008/regelingnummer 2008/C95/01]

---

(1) Arrest van het Gerecht van eerste aanleg van 24 maart 1994 in zaak T-3/93, Air France/Commissie, Jurispr. 1994, blz. II-121, punten 100 en volgende, in verband met zaak IV/M.278 (British Airways/Dan Air) van 17 februari 1993, en zaak IV/M.588 (Ingersoll-Rand/Clark Equipment) van 15 mei 1995.
(2) Zaak IV/M.632 (Rhône Poulenc Rorer/Fisons) van 21 september 1995, en zaak COMP/M.1741 (MCI Worldcom/Sprint) van 28 juni 2000.

(174)

Andere factoren die tijdelijk invloed op de omzet kunnen hebben, zoals een daling van de bestellingen van het product of een vertraging in het productieproces in de periode die aan de transactie voorafgaat, zullen voor de berekening van de omzet niet in aanmerking worden genomen. De definitieve jaarrekeningen zullen niet worden aangepast om dergelijke factoren erin te verwerken.
[16-04-2008, PbEU C 95, i.w.tr. 16-04-2008/regelingnummer 2008/C95/01]

5 Toerekening van omzet uit hoofde van artikel 5, lid 4

5.1 Vaststelling van de ondernemingen wier omzet in aanmerking wordt genomen

(175)

Indien een bij een concentratie betrokken onderneming tot een groep behoort, wordt niet alleen rekening gehouden met de omzet van de betrokken onderneming, doch de concentratieverordening vereist dat ook rekening wordt gehouden met de omzet van die ondernemingen waarmee de betrokken onderneming banden heeft die bestaan in de in artikel 5, lid 4, genoemde rechten of bevoegdheden, teneinde na te gaan of de in artikel 1 van de concentratieverordening vastgestelde drempels zijn bereikt. Het doel is opnieuw de totale omvang weer te geven van de economische middelen die door de transactie worden gecombineerd, ongeacht of de economische activiteiten rechtstreeks door de betrokken onderneming worden verricht dan wel onrechtstreeks door ondernemingen waarmee de betrokken onderneming banden heeft in de zin van artikel 5, lid 4.
[16-04-2008, PbEU C 95, i.w.tr. 16-04-2008/regelingnummer 2008/C95/01]

(176)

De concentratieverordening bakent het begrip groep niet met een abstracte definitie af, doch somt in artikel 5, lid 4, onder b), bepaalde rechten of bevoegdheden op. Indien een betrokken onderneming rechtstreeks of middellijk dergelijke banden met andere vennootschappen heeft, worden deze met het oog op de berekening van de omzet in het kader van de concentratieverordening geacht van haar groep deel uit te maken.
[16-04-2008, PbEU C 95, i.w.tr. 16-04-2008/regelingnummer 2008/C95/01]

(177)

In artikel 5, lid 4, van de concentratieverordening is het volgende bepaald:
'Onverminderd lid 2 (verwerving van delen), moeten voor de berekening van de omzet van een betrokken onderneming in de zin van deze verordening de omzetten van de volgende ondernemingen worden opgeteld:
a) de betrokken onderneming;
b) de ondernemingen waarin de betrokken onderneming, rechtstreeks of middellijk:
   i) hetzij meer dan de helft van het kapitaal of de bedrijfsactiva bezit,
   ii) hetzij de bevoegdheid heeft meer dan de helft van de stemrechten uit te oefenen,

iii) hetzij de bevoegdheid heeft om meer dan de helft van de leden van de raad van toezicht of van bestuur of de krachtens de wet tot vertegenwoordiging bevoegde organen te benoemen,

iv) hetzij het recht heeft de zaken van de onderneming te leiden;

c) ondernemingen die in de betrokken onderneming over de onder b), genoemde rechten of bevoegdheden beschikken;

d) ondernemingen waarin een onderneming zoals bedoeld onder c), over de onder b) genoemde rechten of bevoegdheden beschikt;

e) ondernemingen waarin twee of meer ondernemingen zoals bedoeld onder a) tot en met d), gezamenlijk over de onder b), genoemde rechten of bevoegdheden beschikken.'.

Een onderneming die in een andere onderneming over de in artikel 5, lid 4, onder b), genoemde rechten en bevoegdheden beschikt, zal in dit deel van deze mededeling over de berekening van de omzet 'de moedervennootschap' worden genoemd, en laatstgenoemde 'de dochteronderneming'. Artikel 5, lid 4, bepaalt kortom dat de omzet van de bij de concentratie betrokken onderneming (onder a)) die van haar dochterondernemingen (onder b)), haar moedervennootschappen (onder c)), de andere dochterondernemingen van haar moedervennootschappen (onder d)) en alle andere dochterondernemingen waarover de in onder a) tot en met d) bedoelde ondernemingen gezamenlijke zeggenschap uitoefenen, moet omvatten.

[16-04-2008, PbEU C 95, i.w.tr. 16-04-2008/regelingnummer 2008/C95/01]

(178)

Dit kan met volgend voorbeeld worden geïllustreerd.
De betrokken onderneming en haar groep:

---

a: de betrokken onderneming [1]

b: haar dochterondernemingen, vennootschappen waarover samen met derden gezamenlijke zeggenschap wordt uitgeoefend (b3) en hun eigen dochterondernemingen (b1 en b2)

c: haar moedervennootschappen en hun eigen moedervennootschappen (c1)

d: andere dochterondernemingen van de moedervennootschappen van de betrokken onderneming

e: vennootschappen waarover twee (of meer) vennootschappen van de groep gezamenlijke zeggenschap uitoefenen

x: derden

Opmerking: de letters a tot en met e komen overeen met de relevante punten van artikel 5, lid 4. De percentages in het voorbeeld hebben betrekking op het percentage van stemrechten dat in handen is van de respectieve moedervennootschap.

$$\text{EOX} = \frac{\text{conc. standaard}}{\text{schaaldelen standaard}} \times \frac{V}{1000} \times \frac{1000}{G} \times \text{schaaldelen monster}$$

[16-04-2008, PbEU C 95, i.w.tr. 16-04-2008/regelingnummer 2008/C95/01]

(1) Voor het voorbeeld wordt aangenomen dat de gemeenschappelijke onderneming zelf de betrokken onderneming is volgens de criteria die in punt 146 zijn uiteengezet (verwerving van een volwaardige gemeenschappelijke onderneming die op dezelfde markt werkzaam is).

(179)
De in artikel 5, lid 4, onder b), i) tot en met iii), genoemde rechten of bevoegdheden kunnen vrij duidelijk worden vastgesteld, aangezien zij verwijzen naar kwantitatieve drempels. Deze drempels zijn bereikt, indien de betrokken onderneming meer dan de helft van het kapitaal of de bedrijfsactiva van andere ondernemingen bezit, meer dan de helft van de stemrechten heeft of juridisch gezien de bevoegdheid heeft om meer dan de helft van de leden van de raad van bestuur van andere ondernemingen te benoemen. De drempels worden echter ook bereikt indien de betrokken onderneming feitelijk de bevoegdheid heeft om meer dan de helft van de stemrechten op de aandeelhoudersvergadering uit te oefenen of het recht heeft om meer dan de helft van de leden van de raad van bestuur van andere ondernemingen te benoemen [1].
[16-04-2008, PbEU C 95, i.w.tr. 16-04-2008/regelingnummer 2008/C95/01]

(180)
De bepaling in artikel 5, lid 4, onder b), iv), verwijst naar het recht de zaken van de onderneming te leiden. Een dergelijk recht de zaken te leiden bestaat krachtens het vennootschapsrecht met name op basis van organisatorische overeenkomsten, zoals een 'Beherrschungsvertrag' naar Duits recht, op basis van bedrijfshuurovereenkomsten of op basis van de organisatorische structuur voor de beherende vennoot in een commanditaire vennootschap [2]. Het recht de zaken te leiden kan echter ook voortvloeien uit het houden van stemrechten (alleen of in combinatie met contractuele afspraken, zoals een aandeelhoudersovereenkomst) die het mogelijk maken het strategische gedrag van een onderneming op een duurzame juridische grondslag te bepalen.
[16-04-2008, PbEU C 95, i.w.tr. 16-04-2008/regelingnummer 2008/C95/01]

(181)
Het recht de zaken te leiden heeft ook betrekking op situaties waarin de betrokken onderneming samen met derden het recht heeft de zaken van een onderneming te leiden [3]. De daaraan ten grondslag liggende overweging is dat de ondernemingen die gezamenlijke zeggenschap uitoefenen, gezamenlijk het recht hebben de zaken te leiden van de onderneming waarover zeggenschap wordt uitgeoefend, zelfs indien elk van hen afzonderlijk die rechten slechts in negatieve zin heeft, dat wil zeggen in de vorm van vetorechten. In het voorbeeld wordt de onderneming b3 waarover door de betrokken onderneming a en een derde x gezamenlijke zeggenschap wordt uitgeoefend, in aanmerking genomen, omdat a en x op basis van hun gelijke deelneming in b3 allebei vetorechten in b3 hebben [4]. In het kader van artikel 5, lid 4, onder b), iv), houdt de Commissie alleen rekening met die gemeenschappelijke ondernemingen waarin de betrokken onderneming en derden juridisch gezien duidelijke rechten hebben de zaken van de onderneming te leiden. Gemeenschappelijke ondernemingen worden derhalve alleen maar in aanmerking genomen in situaties waarin de betrokken onderneming en derden op basis van een overeenkomst, bijvoorbeeld een aandeelhou-

---

(1) Zaak IV/M.187 (Ifint/Exor) van 2 maart 1992, en zaak IV/M.062 (Eridania/ISI) van 30 juli 1991.
(2) Zaak IV/M.126 (Accor/Wagons-Lits) van 28 april 1992.
(3) Zaak COMP/M.1741 (MCI Worldcom/Sprint) van 28 juni 2000; zaak IV/M.187 (Ifint/Exor), en zaak IV/M.1046 (Ameritech/Tele Danmark).
(4) Echter slechts de helft van de omzet van b3 wordt in rekening gebracht, zie hieronder punt 187.

dersovereenkomst, gezamenlijk het *recht* hebben de zaken van de onderneming te leiden, of waarin de betrokken onderneming en een derde gelijke stemrechten hebben waardoor zij het recht hebben evenveel leden in de besluitvormingsorganen van de gemeenschappelijke onderneming te benoemen.
[16-04-2008, PbEU C 95, i.w.tr. 16-04-2008/regelingnummer 2008/C95/01]

(182)
Ook wanneer twee of meer vennootschappen gezamenlijke zeggenschap uitoefenen over de betrokken onderneming in die zin dat de instemming van elk van hen nodig is om de zaken van de onderneming te leiden, moet de omzet van al deze ondernemingen in aanmerking worden genomen. In het voorbeeld zouden de twee moedervennootschappen c van de betrokken onderneming a in aanmerking moeten worden genomen, evenals hun eigen moedervennootschappen (c1 in het voorbeeld). Deze uitlegging vloeit voort uit de verwijzing in artikel 5, lid 4, onder c) – dat op dit geval van toepassing is – naar artikel 5, lid 4, onder b), dat van toepassing is op vennootschappen waarover gezamenlijke zeggenschap wordt uitgeoefend zoals uiteengezet in het vorige punt.
[16-04-2008, PbEU C 95, i.w.tr. 16-04-2008/regelingnummer 2008/C95/01]

(183)
Wanneer een op grond van artikel 5, lid 4, vastgestelde vennootschap de in artikel 5, lid 4, genoemde banden ook met andere ondernemingen heeft, moeten deze ondernemingen ook in de berekening worden opgenomen. In het voorbeeld heeft een dochteronderneming van de betrokken onderneming a (b genoemd) op haar beurt eigen dochterondernemingen b1 en b2 en een van de moedervennootschappen (c genoemd) heeft haar eigen dochteronderneming d.
[16-04-2008, PbEU C 95, i.w.tr. 16-04-2008/regelingnummer 2008/C95/01]

(184)
Artikel 5, lid 4, bepaalt specifieke criteria voor het vaststellen van ondernemingen wier omzet aan de betrokken onderneming kan worden toegekend. Deze criteria, waaronder 'het recht de zaken van de onderneming te leiden', vallen niet samen met het begrip 'zeggenschap' in artikel 3, lid 2. Er zijn aanzienlijke verschillen tussen de artikelen 3 en 5, aangezien deze bepalingen een verschillende rol spelen. De verschillen zijn het duidelijkst op het gebied van feitelijke zeggenschap. Terwijl krachtens artikel 3, lid 2, zelfs een situatie van economische afhankelijkheid kan leiden tot feitelijke zeggenschap (zie hierboven voor de bijzonderheden), wordt een dochteronderneming waarover uitsluitende zeggenschap wordt uitgeoefend, slechts op feitelijke grondslag krachtens artikel 5, lid 4, onder b), in aanmerking genomen, indien duidelijk kan worden aangetoond dat de betrokken onderneming de bevoegdheid heeft om meer dan de helft van de stemrechten uit te oefenen of meer dan de helft van de leden van de raad van bestuur te benoemen. Artikel 5, lid 4, onder b), iv), is van toepassing op scenario's van gezamenlijke zeggenschap, indien de ondernemingen met zeggenschap gezamenlijk het recht hebben de zaken van de onderneming te leiden op basis van individuele vetorechten. Artikel 5, lid 4, is echter niet van toepassing op situaties waarin de gezamenlijke zeggenschap feitelijk tot stand komt op grond van sterke gemeenschappelijke belangen tussen verschillende minderheidsaandeelhou-

ders van de gemeenschappelijke onderneming op basis van de aanwezigheid van de aandeelhouders. Het verschil vindt zijn neerslag in het feit dat artikel 5, lid 4, onder b), iv), verwijst naar het *recht* de zaken van de onderneming te leiden, en niet naar de *bevoegdheid* (wat wel het geval is in onder b), ii) en iii)), wat wordt verklaard door het feit dat er behoefte bestaat aan precisie en zekerheid in de criteria voor de berekening van de omzet zodat de bevoegdheid gemakkelijk kan worden vastgesteld. In het kader van artikel 3, lid 3, wordt de vraag of een concentratie tot stand kan komen echter veel grondiger onderzocht. Daarnaast zijn situaties van negatieve uitsluitende zeggenschap slechts bij uitzondering gedekt (indien in het specifieke geval aan de voorwaarden van artikel 5, lid 4, onder b), i) tot en met iii), is voldaan): 'het recht de zaken van de onderneming te leiden' heeft in het kader van artikel 5, lid 4, onder b), iv), geen betrekking op scenario's van negatieve zeggenschap. Ten slotte heeft artikel 5, lid 4, onder b), i), bijvoorbeeld betrekking op situaties waarin het mogelijk is dat er op grond van artikel 3, lid 2, geen sprake is van 'zeggenschap'.
[16-04-2008, PbEU C 95, i.w.tr. 16-04-2008/regelingnummer 2008/C95/01]

5.2 Toerekening van omzet aan de vastgestelde ondernemingen

(185)
Algemeen gesproken zal zolang aan het criterium van artikel 5, lid 4, onder b), is voldaan, de volledige omzet van de betrokken dochteronderneming in aanmerking worden genomen, ongeacht hoe groot de deelneming van de betrokken onderneming in de dochteronderneming in werkelijkheid is. In het voorbeeld zal de volledige omzet van de drie dochterondernemingen b van de betrokken onderneming a in aanmerking worden genomen.
[16-04-2008, PbEU C 95, i.w.tr. 16-04-2008/regelingnummer 2008/C95/01]

(186)
De concentratieverordening bevat echter specifieke regels voor gemeenschappelijke ondernemingen. Artikel 5, lid 5, onder b), bepaalt dat voor gemeenschappelijke ondernemingen tussen twee of meer betrokken ondernemingen de omzet van de gemeenschappelijke onderneming (voor zover de omzet voortvloeit uit activiteiten met derden zoals hierboven uiteengezet in punt 168) in gelijke delen aan de betrokken ondernemingen moet worden toegerekend, ongeacht hoe groot hun aandeel in het kapitaal of de stemrechten is.
[16-04-2008, PbEU C 95, i.w.tr. 16-04-2008/regelingnummer 2008/C95/01]

(187)
Het in artikel 5, lid 5, onder b), vastgelegde beginsel wordt bij analogie gevolgd voor de toerekening van omzet bij gemeenschappelijke ondernemingen tussen betrokken ondernemingen en derden, indien hun omzet in aanmerking wordt genomen overeenkomstig artikel 5, lid 4, onder b), zoals hierboven uiteengezet in punt 181. De praktijk van de Commissie bestaat erin aan de betrokken onderneming de omzet van de gemeenschappelijke onderneming toe te rekenen per capita volgens het aantal ondernemingen dat gezamenlijke zeggenschap uitoefent. In het voorbeeld komt de helft van de omzet van onderneming b3 in aanmerking.
[16-04-2008, PbEU C 95, i.w.tr. 16-04-2008/regelingnummer 2008/C95/01]

(188)
De regels van artikel 5, lid 4, moeten ook worden aangepast in situaties waarbij een verschuiving van gezamenlijke zeggenschap naar uitsluitende zeggenschap plaatsvindt, teneinde te voorkomen dat de omzet van de gemeenschappelijke onderneming dubbel wordt geteld. Zelfs indien de verwervende vennootschap in de gemeenschappelijke onderneming rechten of bevoegdheden heeft die voldoen aan de vereisten van artikel 5, lid 4, moet de omzet van de verwervende aandeelhouder worden berekend zonder de omzet van de gemeenschappelijke onderneming, en de omzet van de gemeenschappelijke onderneming moet worden genomen zonder de omzet van de verwervende aandeelhouder.
[16-04-2008, PbEU C 95, i.w.tr. 16-04-2008/regelingnummer 2008/C95/01]

5.3 Toerekening van omzet bij investeringsfondsen

(189)
Zoals hierboven gezegd in punt 15, verwerft de investeringsmaatschappij normaal gesproken onrechtstreekse zeggenschap over de vennootschappen die door een investeringsfonds in portefeuille worden gehouden. Op dezelfde manier kan de investeringsmaatschappij geacht worden middellijk de in artikel 5, lid 4, onder b), genoemde rechten en bevoegdheden te hebben, in het bijzonder middellijk de bevoegdheid om de stemrechten uit te oefenen in de vennootschappen die door het investeringsfonds in portefeuille worden gehouden.
[16-04-2008, PbEU C 95, i.w.tr. 16-04-2008/regelingnummer 2008/C95/01]

(190)
Dezelfde overwegingen als die welke hierboven in het kader van artikel 3 zijn uiteengezet (punt 15), kunnen ook van toepassing zijn indien een investeringsmaatschappij verschillende investeringsfondsen opricht met mogelijk verschillende investeerders. Op basis van de organisatorische structuur, met name banden tussen de investeringsmaatschappij en de beherende venno(o)t(en) van de verschillende fondsen die als commanditaire vennootschappen zijn georganiseerd, of op basis van contractuele afspraken, in het bijzonder adviesovereenkomsten tussen de beherende vennoot of het investeringsfonds en de investeringsmaatschappij, heeft de investeringsmaatschappij doorgaans middellijk de bevoegdheid om de stemrechten uit te oefenen in de vennootschappen die door het investeringsfonds in portefeuille worden gehouden of heeft zij middellijk een van de andere in artikel 5, lid 4, onder b), genoemde rechten of bevoegdheden. In die omstandigheden kan de investeringsmaatschappij een gemeenschappelijke zeggenschapsstructuur uitoefenen over de verschillende fondsen die zij heeft opgericht en de gemeenschappelijke werking van de verschillende fondsen van de investeringsmaatschappij komt vaak tot uiting in een gemeenschappelijk merk voor de fondsen.
[16-04-2008, PbEU C 95, i.w.tr. 16-04-2008/regelingnummer 2008/C95/01]

(191)
Een dergelijke organisatie van de verschillende fondsen door de investeringsmaatschappij kan bijgevolg tot resultaat hebben dat de omzet van alle vennootschappen die door de verschillende fondsen in portefeuille worden gehouden, in rekening wordt ge-

bracht bij de beoordeling van de vraag of de omzetdrempels van artikel 1 zijn bereikt, indien de investeringsmaatschappij via één van de fondsen middellijke zeggenschap verkrijgt over een vennootschap die in portefeuille wordt gehouden.
[16-04-2008, PbEU C 95, i.w.tr. 16-04-2008/regelingnummer 2008/C95/01]

5.4 Toerekening van omzet voor staatsondernemingen

(192)
Voor de berekening van de omzet van staatsondernemingen moet artikel 5, lid 4, samen worden gelezen met overweging 22 van de concentratieverordening. In deze overweging wordt gesteld dat, teneinde discriminatie tussen de overheids- en de particuliere sector te voorkomen, rekening moet worden gehouden met 'ondernemingen die een economisch geheel vormen met een zelfstandige beslissingsbevoegdheid, ongeacht de vraag wie het kapitaal ervan bezit of welke regels inzake administratief toezicht daarop van toepassing zijn' [1].
[16-04-2008, PbEU C 95, i.w.tr. 16-04-2008/regelingnummer 2008/C95/01]

(193)
Deze overweging verduidelijkt dat lidstaten (of andere publiekrechtelijke lichamen) niet beschouwd worden als 'ondernemingen' in de zin van artikel 5, lid 4, louter omdat zij in andere ondernemingen belangen hebben die voldoen aan de voorwaarden van artikel 5, lid 4. Voor de berekening van de omzet van staatsondernemingen moet derhalve enkel rekening worden gehouden met die ondernemingen die tot dezelfde economische eenheid met een zelfstandige beslissingsbevoegdheid behoren.
[16-04-2008, PbEU C 95, i.w.tr. 16-04-2008/regelingnummer 2008/C95/01]

(194)
Indien een staatsonderneming niet gecoördineerd wordt met andere houdstermaatschappijen waarover de staat zeggenschap uitoefent, moet zij derhalve voor de toepassing van artikel 5 als onafhankelijk worden beschouwd en hoeft de omzet van andere vennootschappen die in handen van die staat zijn, niet in rekening te worden gebracht. Indien echter verschillende staatsondernemingen deel uitmaken van hetzelfde onafhankelijke centrum van commerciële besluitvorming, wordt de omzet van die bedrijven voor de toepassing van artikel 5 beschouwd als deel van de groep van de betrokken onderneming.
[16-04-2008, PbEU C 95, i.w.tr. 16-04-2008/regelingnummer 2008/C95/01]

V Geografische toerekening van omzet

(195)
Met de in artikel 1, leden 2 en 3, van de concentratieverordening bepaalde drempelwaarden voor de omzet over de gehele wereld en binnen de Gemeenschap wordt beoogd de zaken te selecteren die een voldoende omzet binnen de Gemeenschap hebben om van communautair belang te zijn en die voornamelijk van grensoverschrijdende

---
(1) Zie ook zaak IV/M.216 (CEA Industrie/France Télécom/FinMeccanica/SGS-Thomsom) van 22 februari 1993.

aard zijn. Deze drempels vereisen dat omzet geografisch wordt toegerekend aan de Gemeenschap en aan de afzonderlijke lidstaten. Omdat de gegevens in de gecontroleerde jaarrekeningen doorgaans niet geografisch zijn opgesplitst zoals vereist door de concentratieverordening, zal de Commissie zich baseren op de beste beschikbare gegevens die door de ondernemingen worden verstrekt. In artikel 5, lid 1, tweede alinea, is bepaald dat de plaats van de omzet bepaald wordt door de plaats waar de afnemer is gevestigd op het tijdstip van de transactie:
'De in de Gemeenschap of in een lidstaat behaalde omzet omvat de in de Gemeenschap respectievelijk in die lidstaat aan ondernemingen of consumenten verkochte producten en verleende diensten.'
[16-04-2008, PbEU C 95, i.w.tr. 16-04-2008/regelingnummer 2008/C95/01]

Algemene regel

(196)
De concentratieverordening maakt geen onderscheid tussen 'verkochte producten' en 'verleende diensten' voor de geografische toerekening van omzet. In beide gevallen is de algemene regel dat omzet moet worden toegekend aan de plaats waar de afnemer is gevestigd. Het onderliggende beginsel is dat omzet moet worden toegerekend aan de plaats waar mededinging met alternatieve leveranciers plaatsvindt. Die plaats is normaal gesproken ook de plaats waar de kenmerkende handeling uit hoofde van de betrokken overeenkomst moet worden verricht, dat wil zeggen waar de dienst daadwerkelijk wordt verricht en het product daadwerkelijk wordt geleverd. Bij internettransacties kan het voor de ondernemingen moeilijk zijn om de plaats te bepalen waar de afnemer gevestigd is op het tijdstip waarop de overeenkomst via internet wordt gesloten. Indien het product of de dienst zelf niet via internet wordt geleverd of verricht, kunnen deze moeilijkheden worden voorkomen door zich te concentreren op de plaats waar de kenmerkende handeling uit hoofde van de overeenkomst wordt verricht. De verkoop van goederen en het verrichten van diensten komen hieronder afzonderlijk aan bod, aangezien zij met het oog op de toerekening van de omzet verschillende kenmerken hebben.
[16-04-2008, PbEU C 95, i.w.tr. 16-04-2008/regelingnummer 2008/C95/01]

Verkoop van goederen

(197)
Bij de verkoop van goederen kunnen zich bijzondere situaties voordoen indien de plaats waar de afnemer bij het sluiten van de aankoopovereenkomst was gevestigd, niet het facturatieadres en/of de plaats van levering is. In die situaties zijn de plaats waar de aankoopovereenkomst werd gesloten en de plaats van levering van groter belang dan het facturatieadres. Aangezien de levering doorgaans de kenmerkende handeling van de verkoop van goederen is, kan zelfs voorrang worden gegeven aan de plaats van levering boven de plaats waar de afnemer bij het sluiten van de aankoopovereenkomst was gevestigd. Dit zal afhangen van de vraag of de plaats van levering moet worden beschouwd als de plaats waar de mededinging voor de verkoop van goederen plaatsvindt dan wel of de mededinging eerder plaatsvindt op de plaats waar de afnemer is gevestigd. In het geval van een verkoop van mobiele goederen, zoals

een motorvoertuig, aan een eindverbruiker, is de plaats waar de auto aan de afnemer wordt geleverd van doorslaggevend belang, zelfs indien de overeenkomst voordien per telefoon of via internet was gesloten.
[16-04-2008, PbEU C 95, i.w.tr. 16-04-2008/regelingnummer 2008/C95/01]

(198)
Een specifieke situatie doet zich voor indien een multinationale onderneming een op de Gemeenschap afgestemde aankoopstrategie heeft en al het nodige voor een goed in één plaats betrekt. Omdat een centrale aankooporganisatie verschillende vormen kan aannemen, is het noodzakelijk om haar concrete vorm onder de loep te nemen, aangezien die bepalend kan zijn voor de wijze van toerekening van de omzet. Indien goederen worden aangekocht door en geleverd aan de centrale aankooporganisatie en vervolgens intern worden herverdeeld over verschillende sites in diverse lidstaten, wordt de omzet alleen toegerekend aan de lidstaat waar de centrale aankooporganisatie is gevestigd. In dat geval is er sprake van mededinging op de plaats waar de centrale aankooporganisatie is gevestigd en dit is ook de plaats waar de kenmerkende handeling uit hoofde van de verkoopovereenkomst wordt verricht. De situatie ziet er anders uit indien er rechtstreekse contacten bestaan tussen de verkoper en de verschillende dochterondernemingen. Dit omvat het geval waarin de centrale aankooporganisatie een loutere kaderovereenkomst sluit, doch de afzonderlijke bestellingen worden geplaatst door en de producten rechtstreeks worden geleverd aan de dochterondernemingen in verschillende lidstaten, alsook het geval waarin de afzonderlijke bestellingen via de centrale aankooporganisatie worden geplaatst doch de producten rechtstreeks aan de dochterondernemingen worden geleverd. In beide gevallen wordt omzet toegerekend aan de verschillende lidstaten waarin de dochterondernemingen zijn gevestigd, ongeacht of de centrale aankooporganisatie dan wel de dochterondernemingen de facturen ontvangen en de betaling verrichten. De reden is dat er in beide gevallen voor de levering van producten aan de verschillende dochterondernemingen mededinging met alternatieve leveranciers plaatsvindt, ook al is de overeenkomst centraal gesloten. In het eerste geval is het bovendien zo dat in feite de dochterondernemingen zelf beslissen over de te leveren hoeveelheden en over een element dat van essentieel belang is voor de mededinging.
[16-04-2008, PbEU C 95, i.w.tr. 16-04-2008/regelingnummer 2008/C95/01]

Verrichten van diensten

(199)
Voor diensten bepaalt de concentratieverordening dat de plaats waar zij voor de afnemer worden verricht, relevant is. Diensten met grensoverschrijdende elementen kunnen in drie algemene categorieën worden ondergebracht. De eerste categorie omvat gevallen waarin de dienstverrichter reist, de tweede die waarin de afnemer reist. De derde categorie omvat die gevallen waarin een dienst wordt verricht en noch de dienstverrichter, noch de afnemer hoeft te reizen. In de eerste twee categorieën moet de behaalde omzet worden toegerekend aan de plaats van bestemming van de reiziger, dat wil zeggen de plaats waar de dienst daadwerkelijk voor de afnemer wordt verricht. In de derde categorie wordt de omzet doorgaans toegerekend aan de plaats

waar de afnemer is gevestigd. Voor de centrale aankoop van diensten gelden bij analogie de hierboven uiteengezette beginselen inzake de centrale aankoop van goederen.
[16-04-2008, PbEU C 95, i.w.tr. 16-04-2008/regelingnummer 2008/C95/01]

(200)
Een voorbeeld van de eerste categorie is een situatie waarin een niet-Europese vennootschap bijzondere diensten op het gebied van vliegtuigonderhoud verricht voor een luchtvaartmaatschappij in een lidstaat. In dat geval reist de dienstverrichter naar de Gemeenschap waar de dienst daadwerkelijk wordt verricht en waar ook de mededinging voor deze dienst plaatsvindt. Indien een Europese toerist rechtstreeks in de Verenigde Staten een auto huurt of een hotel boekt, wordt dit in de tweede categorie ondergebracht, aangezien de dienst buiten de Gemeenschap wordt verricht en de mededinging plaatsvindt tussen de hotels en autoverhuurbedrijven op de gekozen plaats. Bij pakketreizen ziet de situatie er echter anders uit. Voor dit soort vakantie vangt de dienst aan met de verkoop van het pakket via een reisagentschap op de plaats waar de afnemer is gevestigd en de mededinging voor de verkoop van vakanties via reisagentschappen is net als bij kleinhandel plaatselijk, ofschoon delen van de dienst in een aantal verafgelegen plaatsen kunnen worden verricht. Het geval wordt derhalve in de derde categorie ondergebracht en de behaalde omzet moet worden toegerekend aan de plaats waar de afnemer is gevestigd. De derde categorie omvat ook gevallen als de levering van software of de distributie van films die buiten de Gemeenschap zijn gemaakt, doch aan een afnemer in een lidstaat worden geleverd zodat de dienst in feite binnen de Gemeenschap voor de afnemer wordt verricht.
[16-04-2008, PbEU C 95, i.w.tr. 16-04-2008/regelingnummer 2008/C95/01]

(201)
Gevallen van goederenvervoer zijn anders, aangezien de afnemer voor wie deze diensten worden verricht, niet reist, doch de vervoerdienst voor de afnemer wordt verricht op de plaats waar hij is gevestigd. Die gevallen worden in de derde categorie ondergebracht en de plaats waar de afnemer is gevestigd, is het relevante criterium voor de toerekening van de omzet.
[16-04-2008, PbEU C 95, i.w.tr. 16-04-2008/regelingnummer 2008/C95/01]

(202)
Bij telecommunicatiediensten doet de kwalificatie van gespreksafgiftediensten vragen rijzen. Ofschoon gespreksafgifte in de derde categorie lijkt te kunnen worden ondergebracht, zijn er redenen om deze dienst anders te behandelen. Gespreksafgiftediensten worden bijvoorbeeld verricht in situaties waarin een van een Europese exploitant uitgaand gesprek in de Verenigde Staten wordt afgegeven. Ofschoon noch de Europese, noch de Amerikaanse exploitant reist, reist het signaal en wordt de dienst in de Verenigde Staten voor de Europese exploitant door het Amerikaanse netwerk verricht. Dit is ook de plaats waar mededinging plaatsvindt (voor zover daar sprake van is). De omzet moet derhalve als omzet buiten de Gemeenschap worden beschouwd [1].
[16-04-2008, PbEU C 95, i.w.tr. 16-04-2008/regelingnummer 2008/C95/01]

---

(1) Dit is niet van invloed op de omzet die de Europese telefonie-exploitant ten aanzien van zijn eigen afnemer met dit gesprek behaalt.

Specifieke bedrijfstakken

(203)
In bepaalde bedrijfstakken doen zich bij de geografische toerekening van de omzet echter zeer bijzondere problemen voor. Deze komen hieronder in deel VI aanbod.
[16-04-2008, PbEU C 95, i.w.tr. 16-04-2008/regelingnummer 2008/C95/01]

VI   Omrekening van de omzet in euro

(204)
Bij de omrekening van de omzetcijfers in euro moet de nodige aandacht uitgaan naar de te gebruiken wisselkoers. De jaaromzet van een vennootschap moet worden omgerekend tegen de gemiddelde koers voor de betrokken twaalf maanden. Dit gemiddelde kan worden gevonden op de website van DG Mededinging [1]. De gecontroleerde cijfers van de jaaromzet moeten als zodanig worden omgerekend en mogen niet in afzonderlijk om te rekenen trimestriële of maandelijkse cijfers worden opgesplitst.
[16-04-2008, PbEU C 95, i.w.tr. 16-04-2008/regelingnummer 2008/C95/01]

(205)
Wanneer de onderneming in een reeks valuta's verkoopt, is de procedure niet anders. De totale omzet in de geconsolideerde gecontroleerde jaarrekeningen en in de verslaggevingsvaluta van de vennootschap wordt in euro omgerekend tegen de gemiddelde koers voor de twaalf maanden. Verkopen in plaatselijke valuta moeten niet rechtstreeks in euro worden omgerekend, daar deze cijfers niet aan de geconsolideerde gecontroleerde jaarrekeningen van de onderneming zijn ontleend.
[16-04-2008, PbEU C 95, i.w.tr. 16-04-2008/regelingnummer 2008/C95/01]

VII   Bepalingen inzake kredietinstellingen en andere financiële instellingen en verzekeringsmaatschappijen

1   Toepassingsgebied

(206)
Vanwege de specifieke aard van de bedrijfstak bevat artikel 5, lid 3, specifieke voorschriften voor de berekening van de omzet van kredietinstellingen en andere financiële instellingen alsook van verzekeringsmaatschappijen.
[16-04-2008, PbEU C 95, i.w.tr. 16-04-2008/regelingnummer 2008/C95/01]

(207)
Om de termen 'kredietinstellingen en andere financiële instellingen' in de zin van de concentratieverordening te definiëren, is het vaste praktijk van de Commissie de definities te volgen die zijn gegeven in de toepasselijke Europese regelgeving in de

---

[1] Zie http://europa.eu.int/comm/competition/mergers/others/exchange_rates.html#footnote_1. De website verwijst naar het maandbulletin van de Europese Centrale Bank.

banksector. De richtlijn betreffende de toegang tot en de uitoefening van de werkzaamheden van kredietinstellingen [1] geeft volgende definities:
- 'kredietinstellingen': ondernemingen waarvan de werkzaamheden bestaan in het van het publiek in ontvangst nemen van deposito's of van andere terugbetaalbare gelden en het verlenen van kredieten voor eigen rekening;
- 'financiële instelling': een onderneming die geen kredietinstelling is en waarvan de hoofdwerkzaamheid bestaat in het verwerven van deelnemingen of in het uitoefenen van een of meer van de onder de punten 2 tot en met 12 van de lijst in bijlage I opgenomen werkzaamheden.

[16-04-2008, PbEU C 95, i.w.tr. 16-04-2008/regelingnummer 2008/C95/01]

(208)
Financiële instellingen in de zin van artikel 5, lid 3, van de concentratieverordening zijn dienovereenkomstig enerzijds houdstermaatschappijen en anderzijds ondernemingen die op gezette tijden als hoofdactiviteit een of meer van de onder de punten 2 tot en met 12 van de bijlage bij de bankrichtlijn opgenomen werkzaamheden uitoefenen. Deze werkzaamheden zijn:
- het verstrekken van leningen (onder meer consumentenkrediet, hypothecair krediet, factoring);
- leasing;
- betalingsverrichtingen;
- uitgifte en beheer van betaalmiddelen (bijvoorbeeld kredietkaarten, reischeques en kredietbrieven);
- het verlenen van garanties en het stellen van borgtochten;
- handelingen voor eigen rekening of voor rekening van klanten met betrekking tot geldmarktinstrumenten (cheques, wissels, depositocertificaten enzovoort), valuta's, financiële futures en opties, swaps en soortgelijke financieringsinstrumenten, effecten;
- deelneming aan effectenemissies en dienstverrichting in verband daarmee;
- bemiddeling op interbankmarkten;
- vermogensbeheer en -advies, en
- bewaarneming en beheer van effecten.

[16-04-2008, PbEU C 95, i.w.tr. 16-04-2008/regelingnummer 2008/C95/01]

2 Berekening van de omzet

(209)
De methoden voor de berekening van de omzet voor kredietinstellingen en andere financiële instellingen en voor verzekeringsmaatschappijen zijn beschreven in artikel 5, lid 3, van de concentratieverordening. In het volgende deel komen enkele aanvullende kwesties in verband met de berekening van de omzet voor bovengenoemde soorten ondernemingen aan bod.

[16-04-2008, PbEU C 95, i.w.tr. 16-04-2008/regelingnummer 2008/C95/01]

---

[1] De definities kunnen worden gevonden in de leden 1 en 5 van artikel 1 van Richtlijn 2000/12/EG van het Europees Parlement en de Raad van 20 maart 2000 betreffende de toegang tot en de uitoefening van de werkzaamheden van kredietinstellingen (*PB* L 126 van 26.5.2000, blz. 1).

2.1 Berekening van de omzet van kredietinstellingen en financiële instellingen (andere dan financiële houdstermaatschappijen)

2.1.1 Algemeen

(210)
Gewoonlijk doen er zich geen bijzondere moeilijkheden voor bij het toepassen van het criterium van de bankopbrengsten voor het bepalen van de wereldomzet van kredietinstellingen en andere financiële instellingen.
Bij de geografische toerekening van omzet aan de Gemeenschap en de afzonderlijke lidstaten is de specifieke bepaling van artikel 5, lid 3, onder a), tweede alinea, van toepassing. Daarin is bepaald dat de omzet moet worden toegerekend aan het bijkantoor dat of de afdeling die gevestigd is in de Gemeenschap of in de lidstaat die deze opbrengsten ontvangt.
[16-04-2008, PbEU C 95, i.w.tr. 16-04-2008/regelingnummer 2008/C95/01]

2.1.2 Omzet van leasingmaatschappijen

(211)
Er moet een fundamenteel onderscheid worden gemaakt tussen financiële leasing en operationele leasing. Financiële leasing gebeurt hoofdzakelijk voor langere perioden dan operationele leasing en de eigendom wordt in het algemeen tegen een gering bedrag overgedragen aan de huurder aan het eind van de huurtermijn krachtens een koopoptie die in de leasingovereenkomst is opgenomen. Bij een operationele leasing daarentegen wordt de eigendom aan het eind van de huurtermijn niet aan de huurder overgedragen en zijn de kosten voor onderhoud, herstel en verzekering van de gehuurde uitrusting in de te betalen huurbedragen begrepen. Financiële leasing fungeert derhalve als een door de verhuurder verstrekte lening om de huurder in staat te stellen een bepaald vermogensbestanddeel te kopen.
[16-04-2008, PbEU C 95, i.w.tr. 16-04-2008/regelingnummer 2008/C95/01]

(212)
Zoals hierboven reeds gezegd is een vennootschap met als hoofdactiviteit financiële leasing een financiële instelling in de zin van artikel 5, lid 3, onder a), wier omzet moet worden berekend overeenkomstig de specifieke regels die in die bepaling zijn opgenomen. Alle betalingen in het kader van financiële leasingovereenkomsten, met uitzondering van het met de terugbetaling overeenstemmende deel, moeten in aanmerking worden genomen. Een verkoop van toekomstige huurbetalingen bij de aanvang van de overeenkomst met het oog op herfinanciering is niet relevant.
[16-04-2008, PbEU C 95, i.w.tr. 16-04-2008/regelingnummer 2008/C95/01]

(213)
Operationele leasing wordt echter niet geacht door financiële instellingen te worden verricht en derhalve zijn de algemene regels voor de berekening van de omzet van artikel 5, lid 1, van toepassing [1].
[16-04-2008, PbEU C 95, i.w.tr. 16-04-2008/regelingnummer 2008/C95/01]

2.2 Verzekeringsmaatschappijen

(214)
In verband met de meting van de omzet van verzekeringsmaatschappijen bepaalt artikel 5, lid 3, onder b), van de concentratieverordening dat bruto geboekte premies in aanmerking moeten worden genomen. De bruto geboekte premies zijn de som van de ontvangen premies, waaronder alle ontvangen herverzekeringspremies indien de betrokken onderneming werkzaam is op het gebied van herverzekering. De aan herverzekering afgestane premies, dat wil zeggen alle bedragen die door de betrokken onderneming zijn betaald of moeten worden betaald om herverzekeringsdekking te krijgen, zijn slechts kosten in verband met het verrichten van verzekeringsdekking en mogen niet van de bruto geboekte premies worden afgetrokken.
[16-04-2008, PbEU C 95, i.w.tr. 16-04-2008/regelingnummer 2008/C95/01]

(215)
De premies die in aanmerking moeten worden genomen, zijn niet alleen de premies voor nieuwe verzekeringsovereenkomsten die tijdens het betrokken boekjaar zijn gesloten, doch tevens alle premies voor overeenkomsten die in voorafgaande jaren zijn gesloten en die tijdens de betrokken periode van kracht blijven.
[16-04-2008, PbEU C 95, i.w.tr. 16-04-2008/regelingnummer 2008/C95/01]

(216)
Met het oog op de vorming van de nodige reserves voor de betaling van vorderingen beschikken verzekeringsmaatschappijen doorgaans over een portefeuille investeringen in aandelen, rentedragende effecten, onroerend goed en andere vermogensbestanddelen die jaarlijkse inkomsten opleveren. De jaarlijkse inkomsten uit deze bronnen worden niet beschouwd als omzet van de verzekeringsmaatschappijen in de zin van artikel 5, lid 3, onder b). Er moet echter een onderscheid worden gemaakt tussen louter financiële investeringen, die de verzekeringsmaatschappij niet de in artikel 5, lid 4, genoemde rechten en bevoegdheden verschaffen in de ondernemingen waarin de investering is gedaan, en die investeringen welke leiden tot de verwerving van een belang dat voldoet aan de in artikel 5, lid 4, onder b), genoemde criteria. In het laatste geval is artikel 5, lid 4, van de concentratieverordening van toepassing en de omzet van die onderneming moet worden opgeteld bij de omzet van de verzekeringsmaatschappij, berekend overeenkomstig artikel 5, lid 3, onder b), voor de bepaling van de in de concentratieverordening vastgelegde drempels [2].
[16-04-2008, PbEU C 95, i.w.tr. 16-04-2008/regelingnummer 2008/C95/01]

---

(1) Zie zaak IV/M.234 (GECC/Avis Lease) van 15 juli 1992.
(2) Zie zaak IV/M.018 (AG/AMEV) van 21 november 1990.

2.3 Financiële houdstermaatschappijen

(217)
Aangezien een financiële houdstermaatschappij een 'andere financiële instelling' in de zin van artikel 5, lid 3, onder a), van de concentratieverordening is, moet haar omzet worden berekend volgens de daarin opgenomen specifieke regels. Net als bij de verzekeringsmaatschappijen is artikel 5, lid 4, echter van toepassing op die deelnemingen die voldoen aan de in artikel 5, lid 4, onder b), genoemde criteria. Daarom moet de omzet van een financiële houdstermaatschappij in beginsel worden berekend volgens artikel 5, lid 3, doch het kan noodzakelijk zijn om de omzet van de ondernemingen die in de in artikel 5, lid 4, genoemde categorieën kunnen worden ondergebracht, daarbij op te tellen ('artikel 5, lid 4-ondernemingen') [1].
[16-04-2008, PbEU C 95, i.w.tr. 16-04-2008/regelingnummer 2008/C95/01]

(218)
In de praktijk moet eerst de omzet van de financiële houdstermaatschappij in aanmerking worden genomen. Vervolgens moet daarbij de omzet van de 'artikel 5, lid 4-ondernemingen' worden opgeteld, terwijl tezelfdertijd dividenden en andere inkomsten die door deze vennootschappen aan de financiële houdstermaatschappij worden uitgekeerd, in mindering moeten worden gebracht. Hieronder volgt een voorbeeld van een dergelijke berekening:

Miljoen euro

1. Omzet uit financiële werkzaamheden (uit niet-geconsolideerde winst-en-verliesrekening)	3 000
2. Omzet uit artikel 5, lid 4-vennootschappen (verzekering/bruto geboekte premies)	300
3. Omzet uit artikel 5, lid 4-vennootschappen (industrie)	2 000
4. Aftrek van dividenden en andere inkomsten uit de artikel 5, lid 4-vennootschappen 2 en 3	−200
Totale omzet van de financiële houdstermaatschappij en haar groep	5 100

[16-04-2008, PbEU C 95, i.w.tr. 16-04-2008/regelingnummer 2008/C95/01]

(219)
Het is mogelijk dat in dergelijke berekeningen rekening moet worden gehouden met verschillende boekhoudkundige regels. Terwijl deze overweging geldt voor elk type onderneming waarop de concentratieverordening van toepassing is, is zij van bijzonder belang in het geval van financiële houdstermaatschappijen [2], waarin het aantal en de verscheidenheid van de ondernemingen waarover zeggenschap wordt uitgeoefend, en de mate van zeggenschap van de houdstermaatschappij over haar

---

(1) De beginselen voor financiële houdstermaatschappijen kunnen in zekere mate op vennootschappen voor fondsbeheer worden toegepast.
(2) Zie bijvoorbeeld zaak IV/M.166 (Torras/Sarrió) van 24 februari 1992.

dochterondernemingen, verbonden ondernemingen en andere ondernemingen waarin zij deelnemingen heeft, zorgvuldig moeten worden onderzocht.
[16-04-2008, PbEU C 95, i.w.tr. 16-04-2008/regelingnummer 2008/C95/01]

(220)
De berekening van de omzet voor financiële houdstermaatschappijen kan in de praktijk een zware taak blijken. Derhalve zal een strenge en gedetailleerde toepassing van deze methode alleen maar nodig zijn in de gevallen waarin de omzet van een financiële houdstermaatschappij naar alle waarschijnlijkheid dicht bij de drempelwaarden van de concentratieverordening ligt. In andere gevallen kan het zeer duidelijk zijn dat de omzet ver van de drempelwaarden van de concentratieverordening verwijderd is, zodat de gepubliceerde jaarrekeningen afdoende zijn voor het bepalen van de bevoegdheid.
[16-04-2008, PbEU C 95, i.w.tr. 16-04-2008/regelingnummer 2008/C95/01]

Richtsnoeren voor de beoordeling van horizontale fusies op grond van de Verordening van de Raad inzake de controle op concentraties van ondernemingen

Richtsnoeren van 5 februari 2004, PbEU 2004, C 31 (i.w.tr. 05-02-2004)

I. Inleiding

1. Artikel 2 van Verordening nr. 139/2004 van de Raad van 20 januari 2004 betreffende de controle op concentraties van ondernemingen [1] (hierna 'de concentratieverordening' genoemd) bepaalt dat de Europese Commissie concentraties in de zin van de concentratieverordening moet toetsen op hun verenigbaarheid met de gemeenschappelijke markt. Daartoe moet de Commissie overeenkomstig artikel 2, leden 2 en 3, nagaan of een concentratie op de gemeenschappelijke markt of een wezenlijk deel daarvan de daadwerkelijke mededinging op significante wijze zou belemmeren, met name ten gevolge van het in het leven roepen of versterken van een machtspositie.

2. De Commissie moet bijgevolg rekening houden met elke significante belemmering van de daadwerkelijke mededinging waartoe een concentratie vermoedelijk zal leiden. Het in het leven roepen of versterken van een machtspositie is een belangrijke vorm van een dergelijke concurrentieverstoring. In de context van Verordening (EEG) nr. 4064/89 van de Raad van 21 december 1989 betreffende de controle op concentraties van ondernemingen (hierna: ' Verordening nr. 4064/89') werd het begrip machtspositie als volgt gedefinieerd:

'een situatie waarin één of meer ondernemingen een economische macht bezitten die hen in de gelegenheid stelt de handhaving van een daadwerkelijke mededinging op de betrokken markt te verhinderen doordat hun de mogelijkheid wordt geboden zich in aanzienlijke mate onafhankelijk te gedragen van hun concurrenten, hun afnemers en, ten slotte, de consument' [2].

3. Bij de uitlegging van het begrip machtspositie in de context van Verordening nr. 4064/89 verwees het Hof van Justitie naar het feit dat deze verordening 'ziet op alle concentraties van communautaire dimensie die wegens hun effect op de mededingings-

---

(1) Verordening (EG) nr. 139/2004 van de Raad van 20 januari 2004 (*PB* L 24, 29.1.2004, blz. 1).
(2) Zie zaak T-102/96, Gencor/Commissie, Jurispr. 1999, blz. II-753, punt 200. Zie het arrest in gevoegde zaken C-68/94 en C-30/95, Frankrijk e.a./Commissie (hierna: 'de Kali en Salz-zaak'), Jurispr. 1998, blz. I-1375, punt 221. In uitzonderlijke omstandigheden kan een fusie leiden tot het in het leven roepen of versterken van een machtspositie voor een onderneming die geen partij is bij de aangemelde transactie (zie zaak IV/M.1383 – Exxon/Mobil, punten 225-229; zaak COMP/M.2434 – Grupo Villar MIR/EnBW/Hidroelectrica del Cantabrico, punten 67-71).

structuur in de Gemeenschap onverenigbaar kunnen blijken met het door het Verdrag beoogde regime van niet-vervalste mededinging' [3].

4. Het feit dat een fusie een machtspositie in het leven roept of versterkt voor één bepaalde onderneming in de markt, is tot dusver de meest voorkomende reden geweest om te concluderen dat een concentratie zou leiden tot een significante belemmering van de daadwerkelijke mededinging. Daarnaast is in een oligopolistische context het begrip machtspositie eveneens toegepast op gevallen van collectieve dominantie. De verwachting is dat ook in de toekomst de meeste gevallen van onverenigbaarheid van een concentratie met de gemeenschappelijke markt gebaseerd zullen zijn op de vaststelling dat er sprake zal zijn van een machtspositie. Dat begrip geeft dan ook een belangrijke indicatie voor de norm die inzake concurrentieverstoring wordt gehanteerd bij het bepalen of een concentratie vermoedelijk de daadwerkelijke mededinging in significante mate zal verstoren, en bijgevolg ook voor de waarschijnlijkheid van een overheidsingrijpen [4]. Daarom worden in deze mededeling de beleidslijnen die uit de bestaande beschikkingspraktijk kunnen worden afgeleid overgenomen en wordt ten volle rekening gehouden met de bestaande jurisprudentie van de communautaire rechtscolleges.

5. In deze mededeling wil de Commissie toelichten hoe zij concentraties [5] beoordeelt wanneer de betrokken ondernemingen daadwerkelijke of potentiële concurrenten zijn op dezelfde relevante markt [6]. Hierna zullen dit soort concentraties worden aangeduid als 'horizontale fusies'. In de mededeling wordt de analytische methode uiteengezet die de Commissie volgt bij de beoordeling van horizontale fusies, maar er kan niet in detail worden ingegaan op alle mogelijke toepassingen van die werkwijze. De Commissie past de in de mededeling beschreven methode toe op de specifieke feiten en omstandigheden van elke zaak.

6. De aanwijzingen die in deze mededeling worden gegeven bouwen zowel voort op de zich ontwikkelende ervaring van de Commissie bij de toetsing van horizontale fusies aan Verordening nr. 4064/89 sinds deze op 21 september 1990 van kracht werd, als op de jurisprudentie van het Hof van Justitie en het Gerecht van Eerste Aanleg van de Europese Gemeenschappen. De in de voorliggende mededeling omschreven beginselen zullen door de Commissie worden toegepast en verder worden uitgewerkt en verfijnd bij de behandeling van specifieke zaken. De Commissie kan deze mededeling van tijd tot tijd herzien om rekening te houden met toekomstige ontwikkelingen.

7. De interpretatie die de Commissie aan de concentratieverordening geeft met betrekking tot de beoordeling van horizontale fusies, loopt niet vooruit op de uitlegging die eventueel wordt gegeven door het Hof van Justitie of het Gerecht van Eerste Aanleg van de Europese Gemeenschappen.

---

(3) Zie eveneens het arrest in gevoegde zaken C-68/94 en C-30/95, de Kali en Salz-zaak, punt 170.
(4) Zie overwegingen 25 en 26 bij de concentratieverordening.
(5) De in de concentratieverordening gebruikte term concentratie dekt uiteenlopende soorten operaties zoals fusies, acquisities, overnames en bepaalde soorten gemeenschappelijke ondernemingen (joint ventures). Tenzij anders aangegeven, zal in de rest van deze mededeling de term 'fusie' worden gebruikt als synoniem voor 'concentratie', en zal hij dus alle bovengenoemde soorten operaties dekken.
(6) Deze mededeling gaat niet over de beoordeling van de gevolgen van een fusie op de mededinging in andere markten, met inbegrip van verticale en conglomerate effecten. Evenmin gaat zij over de beoordeling van de effecten van een gemeenschappelijke onderneming als bedoeld in artikel 2, lid 4, van de concentratieverordening.

II. Overzicht

8. Daadwerkelijke mededinging levert veel voordelen op voor consumenten, zoals lage prijzen, produkten van een goede kwaliteit, een ruim aanbod aan goederen en diensten, en innovatie. Door haar controle op concentraties voorkomt de Commissie fusies die de afnemers die voordelen dreigen te ontzeggen doordat ze de marktmacht van ondernemingen significant vergroten. Onder 'grotere marktmacht' wordt verstaan de mogelijkheid voor een of meer ondernemingen om op winstvergrotende wijze de prijzen te verhogen, de produktie te verlagen, de keuze aan produkten of diensten te verkleinen, de kwaliteit van produkten of diensten te verlagen, innovatie af te remmen of op andere wijze de krachtlijnen van concurrentie te beïnvloeden. In deze mededeling wordt de uitdrukking 'hogere prijzen' vaak gebruikt als een korte aanduiding van deze diverse wijzen waarop een fusie kan leiden tot concurrentieschade [7]. Zowel leveranciers als kopers kunnen marktmacht bezitten. Voor alle duidelijkheid wordt hier doorgaans marktmacht van een leverancier bedoeld. Wanneer het om marktmacht van een koper gaat, wordt de term 'kopersmacht' of 'afnemersmacht' gebruikt.

9. Bij het beoordelen van de gevolgen die een fusie heeft voor de mededinging vergelijkt de Commissie de mededingingssituatie die uit de fusie zou voortvloeien, met die welke zonder de fusie zou hebben bestaan [8]. In de meeste gevallen is de bestaande mededingingssituatie het meest relevante vergelijkingspunt om de effecten van een fusie te beoordelen. In bepaalde omstandigheden kan de Commissie evenwel rekening houden met toekomstige ontwikkelingen van de markt die redelijkerwijs te voorspellen zijn [9]. De Commissie kan met name rekening houden met de kans dat ondernemingen in een situatie zonder de fusie de markt zullen betreden of deze zullen verlaten, wanneer zij nagaat wat het relevante vergelijkingspunt is [10].

10. De beoordeling van een concentratie door de Commissie bestaat normaal gesproken uit:
a) de bepaling van de relevante productmarkt en de relevante geografische markt,
b) de beoordeling van de fusie vanuit mededingingsoogpunt.

Het belangrijkste doel van marktbepaling is het op systematische wijze vaststellen van de rechtstreekse concurrentiedruk waarmee de gefuseerde entiteit te maken krijgt. Aanwijzingen in dit verband zijn te vinden in de bekendmaking van de Commissie inzake de bepaling van de relevante markt voor het gemeenschappelijke mededingingsrecht [11]. Diverse overwegingen die bij de afbakening van de relevante markten een rol spelen, kunnen ook van belang zijn bij het beoordelen van de fusie vanuit het oogpunt van de mededinging.

11. Deze mededeling is opgebouwd rond de volgende elementen:

---

(7) Onder deze term moeten ook situaties worden begrepen waarin bijvoorbeeld prijzen minder dalen, of de kans dat zij dalen geringer is dan het geval was geweest zonder de fusie, of waarin de prijzen sterker stijgen, of de kans dat zij stijgen groter is dan het geval was geweest zonder de fusie.
(8) In het geval van een fusie die ten uitvoer is gelegd zonder te zijn aangemeld, zou de Commissie deze fusie naar analogie beoordelen met inachtneming van de mededingingssituatie die zou hebben bestaan zonder de ten uitvoer gelegde fusie.
(9) Zie bv. Beschikking 98/526/EG in zaak IV/M.950 – Hoffmann La Roche/Boehringer Mannheim, PB L 234 van 21.8.1998, blz. 14, punt 13; zaak IV/M.1846 – Glaxo Wellcome/SmithKline Beecham, punten 70–72; zaak COMP/M.2547 – Bayer/Aventis Crop Science, punten 324 e.v.
(10) Zie bv. zaak T-102/96, Gencor/Commissie, Jurispr. 1999, blz. II–753, punten 247–263.
(11) PB C 372 van 9.12.1997, blz. 5.

a) de benaderingswijze van de Commissie met betrekking tot marktaandeel- en concentratiedrempels (hoofdstuk III);
b) de kans dat een fusie concurrentieverstorende effecten heeft op de relevante markten, bij gebreke van factoren die voor tegenwicht zorgen (hoofdstuk IV);
c) de kans dat afnemersmacht kan functioneren als tegenwicht tegen een toename van marktmacht als gevolg van de fusie (hoofdstuk V);
d) de kans dat markttoetreding door nieuwe ondernemingen daadwerkelijke mededinging op de relevante markten in stand houdt (hoofdstuk VI);
e) de kans dat efficiëntieverbeteringen kunnen functioneren als tegenwicht tegen de schadelijke effecten die anders uit de fusie zouden kunnen voortvloeien (hoofdstuk VII);
f) de voorwaarden voor aanvaarding van een reddingsfusie ('failing firm defence') (hoofdstuk VIII).

12. Om de voorzienbare gevolgen [12] van een fusie voor de relevante markten te beoordelen, analyseert de Commissie de mogelijke concurrentieverstorende gevolgen ervan en de relevante factoren die voor tegenwicht zorgen, zoals afnemersmacht, de omvang van de toetredingsbarrières en de eventuele efficiëntieverbeteringen die door de partijen naar voren worden gebracht. In uitzonderlijke omstandigheden gaat de Commissie na of aan de voorwaarden voor het aanvaarden van een reddingsfusie is voldaan.

13. Gelet op die elementen bepaalt de Commissie overeenkomstig artikel 2 van de concentratieverordening of de fusie de daadwerkelijke mededinging op significante wijze belemmert, met name door het in het leven roepen of versterken van een machtspositie, en derhalve onverenigbaar met de gemeenschappelijke markt moet worden verklaard. Het spreekt vanzelf dat deze factoren geen 'checklist' vormen die in elk concreet geval mechanisch kan worden toegepast. De analyse van de mededingingssituatie in een concreet geval zal eerder gebaseerd zijn op een globale beoordeling van de voorzienbare gevolgen van de fusie, gelet op de relevante factoren en voorwaarden. Niet alle elementen zullen in alle gevallen relevant zijn voor elke horizontale fusie, en het zal wellicht niet steeds noodzakelijk zijn alle elementen van een zaak even grondig te onderzoeken.

III. Marktaandelen en marktconcentratie

14. De marktaandelen en de graad van marktconcentratie bieden bruikbare, eerste aanwijzingen voor de marktstructuur en voor het belang van zowel de fuserende partijen als hun concurrenten voor de mededinging.

15. Normaliter baseert de Commissie zich in haar analyse op de bestaande marktaandelen [13]. De bestaande marktaandelen kunnen evenwel worden gecorrigeerd om rekening te houden met redelijk zekere toekomstige veranderingen, bijvoorbeeld het feit dat ondernemingen de markt zullen verlaten of betreden, of zullen uitbreiden [14] De marktaandelen ná de fusie worden berekend op grond van de veronderstelling dat het gecombineerde marktaandeel van de fuserende partijen na de fusie de som is van hun

---

(12) Zie zaak T-102/96, Gencor/Commissie, Jurispr. 1999, blz. II-753, punt 262; en zaak T-342/99, Airtours/Commissie, Jurispr. 2002, blz. II-2585, punt 280.

(13) Voor de berekening van marktaandelen, zie ook de bekendmaking van de Commissie inzake de bepaling van de relevante markt voor het gemeenschappelijke mededingingsrecht, PB C 372 van 9.12.1997, blz. 3, punten 54–55.

(14) Zie bv. zaak COMP/M.1806 – Astra Zeneca/Novartis, punten 150 en 415.

marktaandelen vóór de fusie [15]. Historische gegevens kunnen worden gebruikt indien de marktaandelen aan sterke fluctuaties onderhevig zijn geweest, bijvoorbeeld wanneer de markt wordt gekenmerkt door grote, onregelmatige bestellingen. Veranderingen in historische marktaandelen kunnen nuttige informatie verschaffen over de werking van de concurrentie en, doordat bijvoorbeeld blijkt welke ondernemingen marktaandeel hebben gewonnen of verloren, over het te verwachten toekomstige belang van de verschillende concurrenten. In ieder geval interpreteert de Commissie de marktaandelen in het licht van de vermoedelijke marktomstandigheden, bijvoorbeeld indien de markt zeer dynamisch van aard is en indien de marktstructuur fluctueert als gevolg van innovatie of groei [16].

16. Ook uit de graad van concentratie op een markt kan nuttige informatie worden afgeleid over de concurrentiesituatie op de markt. Om de marktconcentratie te meten past de Commissie vaak de Herfindahl-Hirschman Index (HHI) [17] toe. De HHI wordt berekend door de som te maken van de gekwadrateerde individuele marktaandelen van alle ondernemingen op de markt [18]. De HHI verleent verhoudingsgewijs een groter gewicht aan de marktaandelen van de grotere ondernemingen. Het verdient weliswaar de voorkeur alle ondernemingen in de berekening op te nemen, maar het ontbreken van gegevens over zeer kleine ondernemingen is doorgaans niet zo belangrijk, omdat dit soort ondernemingen de hoogte van de HHI niet significant beïnvloedt. Het absolute niveau van de HHI geeft een eerste aanwijzing voor de concurrentiedruk op de markt ná de fusie; de wijziging in de HHI (meestal de 'delta' genoemd) is dan weer een geschikte graadmeter voor de verandering in de concentratiegraad die rechtstreeks uit de fusie voortvloeit [19].

---

(15) Indien dit relevant is, kunnen de marktaandelen gecorrigeerd worden, in het bijzonder om rekening te houden met zeggenschapsdeelnemingen in andere ondernemingen (zie bv. zaak IV/M.1383 – Exxon/Mobil, punten 446–458; zaak COMP/M.1879 – Boeing/Hughes, punten 60–79; zaak COMP/JV 55 – Hutchison/RCPM/ECT, punten 66–75), of met andere afspraken met derden (zie bijvoorbeeld, met betrekking tot onderaannemers, Beschikking 2001/769/EG van de Commissie in zaak COMP/M.1940 – Framatome/Siemens/Cogema, *PB* L 289 van 6.11.2001, blz. 8, punt 142).
(16) Zie bv. zaak COMP/M.2256 – Philips/Agilent Health Care Technologies, punten 31–32, en zaak COMP/M.2609 – HP/Compaq, punt 39.
(17) Zie bv. zaak IV/M.1365 – FCC/Vivendi, punt 40; zaak COMP/JV 55 – Hutchison/RCPM/ECT, punt 50. Indien dit nuttig is, kan de Commissie ook andere graadmeters van marktconcentratie gebruiken, zoals bijvoorbeeld concentratieratio's, die het gezamenlijke marktaandeel van een klein aantal (meestal drie of vier) leidende ondernemingen op een markt meten.
(18) Om een voorbeeld te geven: een markt met vijf ondernemingen met marktaandelen van, onderscheidenlijk, 40 %, 20 %, 15 %, 15 %, en 10 %, heeft een HHI van 2 550 ($40^2 + 20^2 + 15^2 + 15^2 + 10^2$ = 2 550). Een HHI kan variëren van bijna nul (in een sterk versplinterde markt) tot 10 000 (in het geval van een zuiver monopolie).
(19) De toename van de concentratiegraad die met de HHI wordt gemeten, kan – onafhankelijk van de algemene marktconcentratie – berekend worden door het product van de marktaandelen van de fuserende ondernemingen te verdubbelen. Zo zou bijvoorbeeld een fusie van twee ondernemingen met een marktaandeel van, onderscheidenlijk, 30 % en 15 % de HHI met 900 doen stijgen ($30 \times 15 \times 2$ = 900). De verklaring voor deze methode is als volgt: vóór de fusie was de HHI de som van de gekwadrateerde marktaandelen van de fuserende ondernemingen afzonderlijk: $(a)^2 + (b)^2$. Ná de fusie is de HHI het kwadraat van hun som: $(a+b)^2$, wat gelijk is aan $(a)^2 + (b)^2 + 2ab$. De stijging van de HHI is dus $2ab$.

Marktaandeelniveaus

17. Volgens een vaste rechtspraak kunnen zeer grote marktaandelen — 50 % of meer — op zichzelf een voldoende bewijs vormen voor het bestaan van een machtspositie op de markt [20]. Kleinere concurrenten kunnen evenwel een voldoende sterke inperkende invloed hebben, bijvoorbeeld indien zij in staat zijn en geneigd zijn om waar mogelijk hun leveringen op te voeren. Ook een fusie waarbij het gaat om een onderneming met een marktaandeel na de fusie van minder dan 50 %, kan aanleiding geven tot bedenkingen uit concurrentieoogpunt, op grond van andere factoren zoals de sterkte van de concurrenten en hun aantal, het bestaan van capaciteitsbeperkingen of de mate waarin de produkten van de fuserende partijen onderling inwisselbaar zijn. De Commissie heeft zo in meerdere gevallen geoordeeld dat fusies die resulteerden in ondernemingen met marktaandelen tussen 40 % en 50 % [21] — en in enkele gevallen minder dan 40 % [22] — toch leidden tot het in het leven roepen of versterken van een machtspositie.

18. Van concentraties die, vanwege het beperkte marktaandeel van de betrokken ondernemingen, een daadwerkelijke mededinging niet kunnen belemmeren, kan worden vermoed dat zij met de gemeenschappelijke markt verenigbaar zijn. Onverminderd de artikelen 81 en 82 van het Verdrag is een indicatie in die zin met name aanwezig wanneer het marktaandeel van de betrokken ondernemingen 25 % niet overschrijdt [23], noch op de gemeenschappelijke markt, noch op een wezenlijk deel daarvan [24].

HHI-niveaus

19. Het is onwaarschijnlijk dat de Commissie horizontale mededingingsbezwaren zal zien op een markt waar de HHI na de fusie minder dan 1 000 bedraagt. Dergelijke markten behoeven doorgaans niet grondig geanalyseerd te worden.

20. Het is evenzeer onwaarschijnlijk dat de Commissie horizontale mededingingsbezwaren zal zien in geval van een fusie met een HHI na fusie tussen 1 000 en 2 000 en een delta van minder dan 250, of in geval van een fusie met een HHI van meer dan 2 000 en een delta van minder dan 150, behalve wanneer bijzondere omstandigheden zich voordoen zoals bijvoorbeeld een of meer van de volgende situaties:

a) een fusie waarbij een potentiële nieuwkomer of een recente nieuwkomer met een klein marktaandeel betrokken is;
b) een of meer van de fusiepartners zijn sterk innoverend op een wijze die niet tot uiting komt in de marktaandelen;

---

(20) Zie het arrest in zaak T-221/95, Endemol/Commissie, Jurispr. 1999, blz. II-1299, punt 134, en het arrest in zaak T-102/96, Gencor/Commissie, Jurispr. 1999, blz. II-753, punt 205. Een andere vraag is of een machtspositie in het leven is geroepen of is versterkt ten gevolge van de fusie.

(21) Zie bv. zaak COMP/M.2337 — Nestlé/Ralston Purina, punten 48–50.

(22) Zie bv. Beschikking 1999/674/EG van de Commissie in zaak IV/M.1221 — Rewe/Meinl, PB L 274 van 23.10.1999, blz. 1, punten 98–114; zaak COMP/M.2337 — Nestlé/Ralston Purina, punten 44–47.

(23) Voor de berekening van marktaandelen is de marktomschrijving van cruciaal belang. Het moge duidelijk zijn dat de Commissie niet noodzakelijk de door de partijen voorgestelde marktomschrijving aanvaardt.

(24) Zie overweging 32 bij de concentratieverordening. Die indicatie is echter niet toepasbaar in gevallen waarin de voorgenomen concentratie een collectieve machtspositie in het leven roept of versterkt, waarbij naast de 'betrokken ondernemingen' ook andere derden betrokken zijn (zie het arrest in de gevoegde zaken C-68/94 en C-30/95, de Kali en Salz-zaak, Jurispr. 1998, blz. I-1375, punten 171 e.v.; en zaak T-102/96, Gencor/Commissie, Jurispr. 1999, blz. II-753, punten 134 e.v..

c) er bestaan significante wederzijdse participaties tussen de marktdeelnemers [25];
d) een van de fuserende ondernemingen is een zeer eigenzinnige speler ('buitenbeentje') die met hoge waarschijnlijkheid gecoördineerde marktgedragingen verstoort;
e) er zijn aanwijzingen dat marktcoördinatie heeft plaatsgevonden of nog plaatsvindt, of dat er sprake is van praktijken die marktcoördinatie vergemakkelijken;
f) een van de fusiepartners heeft reeds vóór de fusie een marktaandeel van 50 % of meer [26].

21. Al deze HHI-niveaus kunnen, in combinatie met de betrokken delta's, een eerste aanwijzing vormen voor het feit dat er geen bezwaren zijn uit mededingingsoogpunt. Een vermoeden dat er al dan niet dergelijke bezwaren bestaan, kan er evenwel niet uit worden afgeleid.

IV. Mogelijke concurrentiebeperkende effecten van horizontale fusies

22. Er zijn twee belangrijke manieren waarop horizontale fusies de daadwerkelijke mededinging op significante wijze kunnen belemmeren, met name door het in het leven roepen of versterken van een machtspositie:
a) doordat zij belangrijke concurrentiedruk op één of meer ondernemingen wegnemen, hetgeen vervolgens zou leiden tot een grotere marktmacht, zonder dat daarvoor coördinatie van marktgedrag nodig is (effecten zonder marktcoördinatie/niet-gecoördineerde effecten);
b) doordat zij de aard van de mededinging zodanig veranderen dat ondernemingen die voorheen hun gedragingen op de markt niet coördineerden, nu in significante mate sterker geneigd zijn hun marktgedrag te coördineren en de prijzen te verhogen of de daadwerkelijke mededinging op andere wijze te belemmeren. Een fusie kan coördinatie ook eenvoudiger, stabieler en doeltreffender maken voor ondernemingen die al vóór de fusie coördineerden (effecten met marktcoördinatie/gecoördineerde effecten).

23. De Commissie onderzoekt of de door de fusie teweeggebrachte veranderingen tot deze effecten zouden leiden. Beide bovengenoemde mogelijkheden kunnen van belang zijn voor de beoordeling van een bepaalde operatie.

Effecten zonder marktcoördinatie (niet-gecoördineerde effecten) [27]

24. Een fusie kan de daadwerkelijke mededinging op een markt op significante wijze belemmeren door het wegnemen van belangrijke concurrentiedruk op één of meer aanbieders, die daardoor een grotere marktmacht verwerven. Het meest directe effect van de fusie zal het wegvallen van concurrentie zijn tussen de fuserende ondernemingen. Indien een van de fuserende ondernemingen bijvoorbeeld vóór de fusie haar prijzen had verhoogd, zou zij in zekere mate omzet hebben verloren aan de andere fuserende onderneming. Door de fusie wordt deze specifieke vorm van druk uitgeschakeld. Ook ondernemingen op dezelfde markt die niet bij de fusie betrokken zijn, kunnen profiteren van de verminderde concurrentiedruk die door de fusie ontstaat, omdat de prijsverhoging

---
(25) Op markten met veel wederzijdse participaties of gemeenschappelijke ondernemingen kan de Commissie een aangepaste HHI toepassen, die rekening houdt met dergelijke wederzijdse participaties (zie bv. zaak IV/M.1383 — Exxon/Mobil, punt 256).
(26) Zie supra punt 17.
(27) Vaak ook 'unilaterale' effecten genoemd.

door de fuserende ondernemingen kan zorgen voor een overschakeling van een deel van de vraag naar de concurrerende ondernemingen, die het op hun beurt voordelig kunnen vinden hun prijzen te verhogen [28]. Een dergelijke vermindering van de concurrentiedruk kan leiden tot aanzienlijke prijsverhogingen op de relevante markt.

25. In het algemeen zou een fusie die dergelijke niet-gecoördineerde effecten heeft, de daadwerkelijke mededinging op significante wijze belemmeren door het in het leven roepen of versterken van een machtspositie voor één enkele onderneming, één die in de meeste gevallen na de fusie een aanmerkelijk groter marktaandeel heeft dan de eerstvolgende concurrent. Daarnaast kunnen concentraties op oligopolistische markten [29], die gepaard gaan met de uitschakeling van belangrijke concurrentiedruk die de fuserende partijen voorheen op elkaar uitoefenden en met een vermindering van de concurrentiedruk op de overige concurrenten, zelfs zonder dat coördinatie tussen de leden van het oligopolie waarschijnlijk is, eveneens leiden tot een significante belemmering van de mededinging. De concentratieverordening maakt duidelijk dat alle fusies die dergelijke effecten voortbrengen, ook onverenigbaar met de gemeenschappelijke markt moeten worden verklaard [30].

26. Een aantal factoren, die op zichzelf niet noodzakelijk doorslaggevend zijn, kunnen bepalen of een fusie vermoedelijk aanleiding zal geven tot significante niet-gecoördineerde effecten. Niet al deze factoren hoeven aanwezig te zijn om te kunnen stellen dat dergelijke effecten waarschijnlijk zijn. Evenmin mag deze lijst als volledig worden beschouwd.

De fuserende ondernemingen hebben hoge marktaandelen

27. Hoe hoger het marktaandeel, hoe groter de kans dat een onderneming marktmacht bezit. En hoe groter de samenvoeging van marktaandelen, hoe groter de kans dat een fusie zal leiden tot een significante toename van marktmacht. Hoe groter de omzetbasis waarop na een prijsverhoging een hogere winstmarge kan worden toegepast, des te groter de kans dat de fuserende ondernemingen een dergelijke prijsverhoging voordelig zullen vinden ondanks de ermee gepaard gaande vermindering van de afzet. Hoewel het marktaandeel en de samengevoegde marktaandelen slechts een eerste aanwijzing geven over de marktmacht en de vergroting van de marktmacht, zijn zij doorgaans belangrijke factoren bij de beoordeling van de fusie [31].

---

(28) Dergelijke verwachte reacties van de concurrenten kunnen een relevante factor zijn die een invloed heeft op de geneigdheid van de fusieonderneming om de prijzen te verhogen.
(29) Van een oligopolistische markt is sprake bij een marktstructuur met een beperkt aantal vrij grote ondernemingen. Omdat de gedragingen van één onderneming een aanmerkelijke impact hebben op de algemene marktsituatie — en dus indirect op de situatie van elk van de overige ondernemingen — verkeren oligopolistische ondernemingen in een onderling afhankelijke positie.
(30) Zie overweging 25 bij de concentratieverordening.
(31) Zie met name de punten 17 en 18.

De fuserende ondernemingen zijn naaste concurrenten

28. Binnen een relevante markt kunnen de producten gedifferentieerd zijn [32], in die zin dat sommige producten onderling sterker inwisselbaar zijn dan andere [33]. Hoe groter de onderlinge substitueerbaarheid tussen de producten van de fuserende ondernemingen, hoe groter de kans dat de fuserende ondernemingen hun prijzen significant zullen verhogen [34]. Zo kan bijvoorbeeld een fusie tussen twee producenten die producten aanbieden die door een groot aantal afnemers als hun eerste en tweede keuze worden beschouwd, resulteren in een aanzienlijke prijsverhoging. Het feit dat de rivaliteit tussen de partijen een belangrijke bron van concurrentie was op de markt, kan bijgevolg een cruciale factor zijn in de analyse [35]. Hoge winstmarges vóór de fusie [36] kunnen significante prijsverhogingen eveneens waarschijnlijker maken. De prikkel voor fuserende ondernemingen om hun prijzen te verhogen wordt beperkter gehouden wanneer concurrerende ondernemingen sterk inwisselbare producten vervaardigen dan wanneer hun producten minder inwisselbaar zijn [37]. Het is dan ook minder waarschijnlijk dat een fusie de daadwerkelijke mededinging op significante wijze zal belemmeren — met name door het in het leven roepen of versterken van een machtspositie — wanneer er een hoge mate van inwisselbaarheid bestaat tussen de producten van de fuserende ondernemingen en die van rivaliserende producenten.

29. Wanneer de gegevens beschikbaar zijn, kan de inwisselbaarheid worden beoordeeld aan de hand van studies van consumentenvoorkeuren, een analyse van inkooppatronen,

---

(32) Producten kunnen op verschillende manieren gedifferentieerd zijn. Differentiatie kan bijvoorbeeld geografisch zijn, op basis van de locatie van de filialen of de winkels; zo is de locatie bijvoorbeeld van belang voor de detailhandel, banken, reisbureaus of benzinepompen. Differentiatie kan ook gebaseerd zijn op merkimago, technische specificaties, kwaliteit of niveau van de dienstverlening. De hoeveelheid reclame die op een markt wordt gemaakt kan een aanwijzing zijn van de inspanningen van de ondernemingen om hun producten te differentiëren. Voor andere producten kunnen afnemers te maken krijgen met overschakelingskosten wanneer zij een product van een concurrent willen gaan gebruiken.

(33) Voor de bepaling van de relevante markt, zie de bekendmaking van de Commissie inzake de bepaling van de relevante markt voor het gemeenschappelijke mededingingsrecht, die reeds werd aangehaald.

(34) Zie bijvoorbeeld zaak COMP/M.2817 — Barilla/BPS/Kamps, punt 34; Beschikking 2001/403/EG in zaak COMP/M.1672 — Volvo/Scania, *PB* L 143 van 29.5.2001, blz. 74, punt 107–148.

(35) Zie bv. Beschikking 94/893/EG in zaak IV/M.430 — Procter & Gamble/VP Schickedanz (II), *PB* L 354 van 31.12.1994, blz. 32, en het arrest in zaak T-290/94, Kaysersberg/Commissie, Jurispr. 1997, blz. II-2137, punt 153; Beschikking 97/610/EG van de Commissie in zaak IV/M.774 -Saint-Gobain/Wacker-Chemie/NOM, *PB* L 247 van 10.9.1997, blz. 1, punt 179; Beschikking 2002/156/EG van de Commissie in zaak COMP/M.2097 — SCA/Metsa Tissue, *PB* L 57 van 27.2.2002, blz. 1, punten 94–108; arrest in zaak T-310/01, Schneider/Commissie, Jurispr. 2002, blz. II-4071, punt 418.

(36) De relevante winstmarge (m) is normaal gesproken het verschil tussen de prijs (p) en de marginale kosten (c) voor het leveren van één extra eenheid product, uitgedrukt als een percentage van de prijs ($m = (p-c)/p$)).

(37) Zie bv. zaak IV/M.1980 — Volvo/Renault VI, punt 34; zaak COMP/M.2256 — Philips Agilent/Health Care Solutions, punten 33–35; zaak COMP/M.2537 — Philips/Marconi Medical Systems, punten 31–34.

een raming van de kruislingse prijselasticiteiten van de betrokken produkten [38] of verschuivingsratio's *(diversion ratios)* [39]. Op biedmarkten kan worden gemeten of in het verleden een van de fuserende partijen zich bij het bieden heeft laten beperken door de aanwezigheid van de andere fusiepartner [40].

30. Op sommige markten is het voor de actieve ondernemingen betrekkelijk eenvoudig en niet al te duur om hun producten te herpositioneren of hun productassortiment uit te breiden. Met name gaat de Commissie na of de mogelijkheid van herpositionering of uitbreiding van de productlijn door de fuserende partijen of hun concurrenten een invloed kan hebben op de prikkel voor de fusieonderneming haar prijzen te verhogen. Een herpositionering van producten of een uitbreiding van de productlijn brengt echter vaak risico's en zware verzonken kosten *(sunk costs)* [41] mee, en kan minder rendabel zijn dan de bestaande productlijn.

De afnemers hebben weinig mogelijkheden om van leverancier te veranderen
31. De afnemers van de fuserende partijen kunnen het moeilijk hebben om van leverancier te veranderen omdat er weinig alternatieve leveranciers [42] zijn of omdat daarmee aanzienlijke overschakelingskosten gemoeid zijn [43]. Dergelijke afnemers zijn bijzonder kwetsbaar in geval van prijsverhogingen. De fusie kan een negatieve invloed hebben op de mogelijkheid van deze afnemers om zich tegen prijsverhogingen te beschermen. Dit zal waarschijnlijk met name het geval zijn voor afnemers die gespreid inkochten bij de twee fuserende ondernemingen als middel om concurrerende prijzen te verkrijgen. Empirische gegevens over overschakelingspatronen en reacties op prijswijzigingen in het verleden kunnen in dit verband belangrijke informatie opleveren.

De kans dat de concurrenten meer gaan leveren als de prijzen stijgen, is klein
32. Indien de marktomstandigheden van dien aard zijn dat de concurrenten van de fuserende ondernemingen vermoedelijk niet noemenswaardig meer gaan leveren wanneer de prijzen stijgen, kan dit voor de fuserende ondernemingen een prikkel vormen om hun productie te verminderen tot beneden het niveau van hun gezamenlijke omzet vóór de fusie en zo de marktprijzen te doen stijgen [44]. De fusie vergroot de prikkel om de productie te beperken doordat zij de fusieonderneming een ruimere omzetbasis biedt waarop de hogere winstmarges die uit een prijsstijging ten gevolge van een productiebeperking voortvloeien, van toepassing zijn.

---

(38) Met de kruislingse prijselasticiteit van de vraag wordt gemeten in hoeverre — in een voorts ongewijzigde situatie — de omvang van de vraag naar een product verandert als gevolg van een verandering in de prijs van een ander product. Met de eigen-prijselasticiteit wordt gemeten in hoeverre de vraag naar een product verandert als gevolg van een verandering in de prijs van het betrokken product.
(39) Met de verschuivingsratio van product A ten opzichte van product B wordt gemeten welk deel van de omzet van product A die verloren gaat bij een prijsverhoging van A wordt opgepikt door product B.
(40) Beschikking 97/816/EG van de Commissie in zaak IV/M.877 — Boeing/McDonnell Douglas, *PB* L 336 van 8.12.1997, blz. 16, punt 58 e.v.; zaak COMP/M.3083 — GE/Instrumentarium, punten 125 e.v.
(41) Verzonken kosten zijn kosten die niet gerecupereerd kunnen worden wanneer men de markt verlaat.
(42) Zie bv. Beschikking 2002/156/EG van de Commissie in zaak IV/M.877 — Boeing/McDonnell Douglas, *PB* L 336 van 8.12.1997, blz. 16, punt 70.
(43) Zie bv. zaak IV/M.986 — Agfa Gevaert/DuPont, *PB* L 211 van 29.7.1998, blz. 22, punten 63–71.
(44) Zie bv. zaak COMP/M.2187 — CVC/Lenzing, punten 162–170.

33. Wanneer de marktomstandigheden daarentegen van dien aard zijn dat concurrerende ondernemingen over voldoende capaciteit beschikken, en het voldoende verhogen van de verkoop voor hen winstvergrotend is, is de kans klein dat de Commissie tot de conclusie komt dat de fusie een machtspositie in het leven zal roepen of zal versterken, of anderszins de daadwerkelijke mededinging op significante wijze zal belemmeren.

34. Een dergelijke uitbreiding van de productie is met name niet erg waarschijnlijk wanneer concurrenten te maken hebben met bindende capaciteitsbeperkingen en de uitbreiding van de capaciteit duur is [45], of indien de exploitatie van het bestaande capaciteitsoverschot aanzienlijk duurder is dan de exploitatie van de reeds benutte capaciteit.

35. Hoewel capaciteitsbeperkingen waarschijnlijk het belangrijkst zijn wanneer de producten betrekkelijk homogeen zijn, kunnen zij ook van belang zijn in het geval dat ondernemingen gedifferentieerde producten aanbieden.

De fusieonderneming kan de groei van concurrenten bemoeilijken

36. Sommige voorgenomen fusies zouden, indien zij werden toegestaan, de daadwerkelijke mededinging op significante wijze belemmeren doordat zij de fusieonderneming de mogelijkheid en de prikkel zouden geven om de groei van kleinere ondernemingen of potentiële concurrenten te bemoeilijken of om de concurrentiemogelijkheden van rivaliserende ondernemingen anderszins te beperken. In een dergelijk geval kan het zijn dat concurrenten individueel of gezamenlijk niet in staat zijn de fuserende ondernemingen in voldoende mate aan banden te leggen om te verhinderen dat zij haar prijzen verhoogt of andere concurrentiebeperkende maatregelen neemt. De fusieonderneming kan bijvoorbeeld een zo sterke controle of invloed hebben op de levering van grondstoffen [46] of op de distributiemogelijkheden [47] dat het voor concurrerende ondernemingen duurder wordt te groeien of de markt te betreden. Ook de controle van de fusieonderneming over octrooien [48] of andere soorten intellectuele-eigendomsrechten (bv. merken [49]) kan de groei of markttoetreding van concurrenten bemoeilijken. Op markten waarop interoperabiliteit tussen verschillende infrastructuren of platforms belangrijk is [50], kan een fusie de fusieonderneming de mogelijkheid en de prikkel geven om de kosten van haar concurrenten te verhogen of de kwaliteit van de dienstverlening van haar concurrenten te verlagen [51]. Bij het vormen van een oordeel hierover kan de Commissie onder meer

---

(45) Bij het analyseren van de eventuele capaciteitsuitbreiding bij concurrenten houdt de Commissie rekening met soortgelijke factoren als die welke in deel VI over markttoetreding worden beschreven. Zie bv. zaak COMP/M.2187 — CVC/Lenzing, punten 162–173.
(46) Zie bv. het arrest in zaak T-221/95, Endemol/Commissie, Jurispr. 1999, blz. II–1299, punt 167.
(47) Zie bv. het arrest in zaak T-22/97, Kesko/Commissie, Jurispr. 1999, blz. II-3775, punten 141 e.v.
(48) Zie bv. Beschikking 2001/684/EG van de Commissie in zaak COMP/M.1671 — Dow Chemical/Union Carbide, PB L 245 van 14.9.2001, blz. 1, punten 107–114.
(49) Zie bv. Beschikking 96/435/EG van de Commissie in zaak IV/M.623 — Kimberly-Clark/Scott, PB L 183 van 23.7.1996, blz. 1; en zaak T-114/2002, Babyliss SA/Commissie ('Seb/Moulinex'), Jurispr. 2003, blz. II-000, punten 343 e.v.
(50) Dit is bijvoorbeeld het geval in sectoren die van een netwerk gebruik maken, zoals de energie-, telecommunicatie- en andere communicatiesectoren.
(51) Beschikking 99/287/EG van de Commissie in zaak IV/M.1069 — Worldcom/MCI, PB L 116 van 4.5.1999, blz. 1, punten 117 e.v.; zaak IV/M.1741 — MCI Worldcom/Sprint, punten 145 e.v.; zaak IV/M.1795 — Vodafone Airtouch/Mannesmann, punten 44 e.v.

rekening houden met de financiële draagkracht van de fusieonderneming in vergelijking met die van haar concurrenten [52].

De fusie schakelt een belangrijke concurrentiefactor uit

37. Sommige ondernemingen hebben een grotere invloed op het mededingingsproces dan hun marktaandeel of soortgelijke graadmeters zouden doen vermoeden. Een fusie waarbij een dergelijke onderneming betrokken is, kan de concurrentiedynamiek op significante, concurrentiebeperkende wijze veranderen, met name wanneer de markt reeds sterk geconcentreerd is [53]. Een onderneming kan bijvoorbeeld een nieuwkomer zijn, waarvan wordt verwacht dat zij in de toekomst aanzienlijke concurrentiedruk zal gaan uitoefenen op andere ondernemingen in de markt.

38. Op markten waarop innovatie een belangrijke concurrentiefactor is, kan een fusie voor de ondernemingen de mogelijkheid en de prikkel vergroten om innovaties op de markt te brengen en zo ook de concurrentiedruk op concurrenten opvoeren om op die markt te innoveren. Omgekeerd kan de daadwerkelijke concurrentie op significante wijze worden belemmerd door een fusie tussen twee belangrijke innovatoren, bijvoorbeeld tussen twee ondernemingen die voor een specifieke productmarkt producten 'in de pijplijn' hebben. Zo kan ook een onderneming met een betrekkelijk klein marktaandeel toch een belangrijke concurrentiefactor zijn indien zij veelbelovende producten in de pijplijn heeft [54].

Effecten met marktcoördinatie (gecoördineerde effecten).

39. Op sommige markten kan de structuur van dien aard zijn dat ondernemingen het mogelijk, economisch rationeel en dus verkieslijk vinden om duurzaam één front te vormen op de markt met het doel om tegen hogere prijzen te verkopen. Een fusie op een geconcentreerde markt kan de daadwerkelijke mededinging op significante wijze belemmeren door het in het leven roepen of versterken van een collectieve machtspositie, omdat zij de kans vergroot dat ondernemingen zo hun gedrag kunnen coördineren en de prijzen kunnen verhogen, zelfs zonder een overeenkomst te sluiten of tot onderling afgestemde feitelijke gedragingen te komen in de zin van artikel 81 van het Verdrag [55]. Een fusie kan marktcoördinatie ook gemakkelijker, stabieler en doeltreffender maken voor ondernemingen die al vóór de fusie coördineerden, door de marktcoördinatie te verstevigen of door de ondernemingen de kans te geven om te coördineren bij nog hogere prijzen.

40. Marktcoördinatie kan diverse vormen aannemen. Op sommige markten bestaat de meest waarschijnlijke vorm van coördinatie erin dat prijzen worden gehandhaafd boven het concurrerende niveau. Op andere markten kan marktcoördinatie gericht zijn op het beperken van de productie of de omvang van de nieuwe capaciteit die op de markt wordt gebracht. Ondernemingen kunnen ook coördineren door de markt te verdelen in

---

(52) Zie het arrest in zaak T-156/98, RJB Mining/Commissie, Jurispr. 2001, blz. II-337.
(53) Beschikking 2002/156/EG van de Commissie in zaak IV/M.877 — Boeing/McDonnell Douglas, PB L 336 van 8.12.1997, blz. 16, punt 58; zaak COMP/M.2568 — Haniel/Ytong, punt 126.
(54) Voor een voorbeeld van een onderneming die partij is bij een fusie en die producten in de pijplijn heeft die waarschijnlijk een concurrentiedreiging gaan vormen voor de bestaande of in ontwikkeling zijnde producten van haar fusiepartner, zie zaak IV/M.1846 — Glaxo Wellcome/SmithKline Beecham, punt 188.
(55) Zie zaak T-102/96, Gencor/Commissie, Jurispr. 1999, blz. II-753, punt 277; Zie het arrest in zaak T-342/99, Airtours/Commissie, Jurispr. 2002, blz. II-2585, punt 61.

bijvoorbeeld geografische gebieden [56] of volgens andere afnemerskenmerken, of door contracten onderling te verdelen op biedmarkten.

41. De kans is groter dat marktcoördinatie opduikt op markten waar het betrekkelijk eenvoudig is om tot een verstandhouding te komen over de coördinatievoorwaarden. Daarenboven moet aan drie voorwaarden voldaan zijn om tot duurzame coördinatie te komen. Ten eerste moeten de coördinerende ondernemingen in voldoende mate kunnen controleren of de verstandhouding wordt nageleefd. Ten tweede moet er een geloofwaardig disciplineringsmechanisme zijn dat in werking kan worden gesteld wanneer afwijkend gedrag aan het licht komt. Ten derde mogen de met de coördinatie beoogde resultaten niet in gevaar kunnen worden gebracht door het optreden van buitenstaanders, zoals huidige en toekomstige concurrenten die niet aan de marktcoördinatie deelnemen, en afnemers [57].

42. De Commissie onderzoekt of het mogelijk zou zijn tot marktcoördinatie te komen en of de coördinatie waarschijnlijk van duurzame aard kan zijn. Daarbij houdt de Commissie rekening met de wijzigingen die de fusie teweegbrengt. De vermindering van het aantal ondernemingen op de markt kan op zichzelf een factor zijn die marktcoördinatie vergemakkelijkt. Een fusie kan de waarschijnlijkheid of de omvang van concurrentiebeperkende effecten bij coördinatie van gedragingen echter ook op andere wijzen vergroten. Zo kan er bij een fusie een onderneming betrokken zijn die als 'buitenbeentje' te boek staat omdat zij al eerder onderlinge afstemming heeft verhinderd of verstoord, bijvoorbeeld doordat zij de door haar concurrenten toegepaste prijsverhogingen niet volgde, of die kenmerken heeft waardoor zij geneigd is andere strategische keuzen te maken dan de concurrenten zouden willen. Indien de fusieonderneming een strategie zou volgen die overeenstemt met die van de overige concurrenten, zou het voor de overblijvende ondernemingen eenvoudiger zijn tot afstemming te komen, en zou de fusie de waarschijnlijkheid, de duurzaamheid of de doeltreffendheid van marktcoördinatie doen toenemen.

43. Bij de afweging hoe groot de kans op concurrentiebeperkende effecten met coördinatie van gedragingen is, houdt de Commissie rekening met alle beschikbare relevante informatie over de kenmerken van de betrokken markten, inclusief structurele aspecten en de eerdere gedragingen van de ondernemingen [58]. Het feit dat er in het verleden coördinatie heeft plaatsgevonden is van belang indien de relevante kenmerken van de markt niet noemenswaardig zijn gewijzigd en waarschijnlijk in de nabije toekomst ook niet zullen veranderen [59]. Gegevens over coördinatie op soortgelijke markten kunnen eveneens nuttige informatie zijn.

Het komen tot een verstandhouding

44. De kans is groter dat marktcoördinatie opduikt wanneer concurrenten gemakkelijk tot een gemeenschappelijke opvatting kunnen komen over hoe de coördinatie dient te verlopen. Coördinerende ondernemingen dienen in grote lijnen gelijke opvattingen te hebben over welk gedrag in overeenstemming is met de gezamenlijke gedragslijn en welk gedrag niet.

---

(56) Dit kan het geval zijn wanneer de oligopolistische marktdeelnemers hun verkopen om historische redenen op verschillende gebieden hebben geconcentreerd.
(57) Zie het arrest in zaak T-342/99, Airtours/Commissie, Jurispr. 2002, blz. II-2585, punt 62.
(58) Zie Beschikking 92/553/EG van de Commissie in zaak IV/M.190 — Nestlé/Perrier, PB L 356 van 5.12.1992, blz. 1, punten 117–118.
(59) Zie bv. zaak IV/M.580 — ABB/Daimler-Benz, punt 95.

45. In de regel is het zo dat hoe minder complex en hoe stabieler de economische omgeving is, des te eenvoudiger het voor de ondernemingen is tot overeenstemming te komen over de coördinatievoorwaarden. Met een paar deelnemers is het bijvoorbeeld gemakkelijker coördineren dan met vele. Coördinatie van de prijs van één enkel, homogeen product is ook eenvoudiger dan coördinatie van honderden prijzen op een markt met veel verschillende producten. Evenzo is prijscoördinatie eenvoudiger wanneer vraag- en aanbodsituatie betrekkelijk stabiel zijn dan wanneer de situatie voortdurend aan verandering onderhevig is [60]. In dit verband kan een sterk fluctuerende vraag, aanzienlijke interne groei van sommige ondernemingen op de markt of een frequente toetreding van nieuwe ondernemingen tot de markt er op wijzen dat de huidige situatie niet voldoende stabiel is om coördinatie waarschijnlijk te maken [61]. Op markten waarop innovatie belangrijk is, kan coördinatie moeilijker zijn omdat innovaties (in het bijzonder, significante innovaties) een onderneming een groot voordeel kunnen opleveren ten opzichte van haar concurrenten.

46. Coördinatie via marktverdeling zal eenvoudiger zijn wanneer afnemers eenvoudige kenmerken vertonen die de coördinerende ondernemingen in staat stellen hen gemakkelijk onder elkaar te verdelen. Dergelijke kenmerken kunnen een geografische basis hebben, gebaseerd zijn op het soort afnemer of op het enkele feit dat bepaalde afnemers vrijwel steeds kopen bij één welbepaalde onderneming. Coördinatie via marktverdeling kan vrij duidelijk zijn indien gemakkelijk kan worden vastgesteld wie van elke afnemer de leverancier is en indien de coördinatie erin bestaat dat bestaande klanten aan hun vaste leverancier worden toegewezen.

47. Coördinerende ondernemingen kunnen echter andere middelen dan marktverdeling vinden om problemen te overwinnen die voortvloeien uit complexe economische omgevingen. Zij kunnen bijvoorbeeld eenvoudige prijszettingsregels vaststellen waardoor de complexiteit van de coördinatie van een groot aantal prijzen afneemt. Een voorbeeld van een dergelijke regel is het vaststellen van een klein aantal prijspunten, hetgeen het coördinatieprobleem beperkt. Een ander voorbeeld is het leggen van een vaste relatie tussen bepaalde basisprijzen en een aantal andere prijzen, zodat deze prijzen eigenlijk parallel bewegen. Vrij beschikbare essentiële informatie, uitwisseling van informatie via beroepsorganisaties of informatie verkregen door middel van wederzijdse participaties of door het samen opzetten van gemeenschappelijke ondernemingen, kan eveneens helpen om tot coördinatieafspraken te komen. Hoe complexer de marktsituatie is, hoe meer transparantie of communicatie normaliter vereist zal zijn om tot overeenstemming te komen over de coördinatievoorwaarden.

48. Ondernemingen zullen wellicht gemakkelijker tot een verstandhouding komen over de coördinatievoorwaarden indien zij onderling vrij symmetrisch zijn [62], met name op

---

(60) Zie bv. Beschikking 2002/156/EG van de Commissie in zaak COMP/M.2097 — SCA/Metsä Tissue, *PB* L 57 van 27.2.2002, blz. 1, punt 148.
(61) Zie bv. zaak IV/M.1298 — Kodak/Imation, punt 60.
(62) Zie zaak T-102/96, Gencor/Commissie, Jurispr. 1999, blz. II-753, punt 222; Beschikking 92/553/EG van de Commissie in zaak IV/M.190 — Nestlé/Perrier, *PB* L 356 van 5.12.1992, blz. 1, punten 63–123.

het stuk van kostenstructuur, marktaandeel, capaciteitsniveau of verticale integratie [63]. Structurele banden zoals wederzijdse participaties of gezamenlijke deelname aan gemeenschappelijke ondernemingen kunnen er eveneens toe bijdragen dat de coördinerende ondernemingen in dezelfde mate tot coördinatie geneigd zijn [64].

Controle op afwijkend gedrag

49. Coördinerende ondernemingen verkeren vaak in de verleiding hun marktaandelen te verhogen door af te wijken van de coördinatieafspraken, bijvoorbeeld door prijzen te verlagen, geheime kortingen aan te bieden, de productkwaliteit te verbeteren, hun capaciteit uit te breiden of te proberen nieuwe afnemers aan te trekken. Alleen de geloofwaardige dreiging met een snelle en afdoende represaille weerhoudt de ondernemingen ervan afwijkend gedrag te vertonen. Markten moeten dus voldoende transparant zijn om de coördinerende ondernemingen in staat te stellen afdoende te controleren of andere ondernemingen afwijkend gedrag vertonen, en zo te weten wanneer represailles moeten worden genomen [65].

50. De transparantie op de markt is vaak groter naarmate het aantal actieve marktdeelnemers geringer is. Hoe groot de transparantie is, hangt verder vaak af van de manier waarop transacties op een bepaalde markt verlopen. Zo zal de transparantie waarschijnlijk groot zijn op een markt waarop de transacties plaatsvinden op een openbare beurs of via publieke veilingen [66]. Omgekeerd zal de transparantie wellicht gering zijn op een markt waarop de transacties vertrouwelijk zijn en bilateraal wordt onderhandeld tussen kopers en verkopers [67]. Bij het beoordelen van het niveau van de transparantie op de markt, komt het er vooral op aan te bepalen wat ondernemingen kunnen afleiden uit de beschikbare informatie over het optreden van andere ondernemingen [68]. De coördinerende ondernemingen moeten met enige zekerheid kunnen uitmaken of onverwachte gedragingen het resultaat zijn van afwijkingen van de onderlinge verstandhouding. Zo kan het in onstabiele omgevingen bijvoorbeeld moeilijk zijn voor een onderneming te weten te komen of haar omzetverlies te wijten is aan een veralgemeende daling van de vraag dan wel aan het feit dat een concurrent bijzonder lage prijzen aanbiedt. Evenzo kan het, wanneer de totale vraag of de kosten fluctueren, moeilijk uit te maken zijn of een concurrent zijn prijzen verlaagt omdat hij verwacht dat de gecoördineerde prijzen zullen dalen, dan wel omdat hij afwijkt van een afgesproken gedragslijn.

51. Op sommige markten waar de algemene omstandigheden het moeilijk lijken te maken zicht te houden op afwijkende gedragingen, kunnen ondernemingen niettemin initiatieven nemen die tot gevolg hebben dat dergelijk inzicht wordt vereenvoudigd, ook al zijn die initiatieven niet noodzakelijk met dat doel genomen. Dergelijke initiatieven — bij-

---

(63) Voor de beoordeling of een fusie al dan niet de symmetrie van de diverse op de markt aanwezige ondernemingen kan vergroten, kunnen efficiëntieverbeteringen belangrijke aanwijzingen vormen (zie ook punt 82 van deze mededeling).

(64) Zie bv. Beschikking 2001/519/EG van de Commissie in zaak COMP/M.1673 — VEBA/VIAG, PB L 188 van 10.7.2001, blz. 1, punt 226; zaak COMP/M.2567 — Nordbanken/Postgirot, punt 54.

(65) Zie bv. zaak COMP/M.2389 — Shell/DEA, punten 112 e.v.; en zaak COMP/M.2533 — BP/E.ON, punten 102 e.v.

(66) Zie ook Beschikking 2000/42/EG van de Commissie in zaak IV/M.1313 — Danish Crown/Vestjyske Slagterier, PB L 20 van 25.1.2000, blz. 1, punten 176-179.

(67) Zie bv. zaak COMP/M.2640 — Nestlé/Schöller, punt 37; Beschikking 1999/641/EG in zaak IV/M.1225 — Enso/Stora, PB L 254 van 29.9.1999, blz. 9, punten 67-68.

(68) Zie bv. zaak IV/M.1939 — Rexam(PLM)/American National Can, punt 24.

voorbeeld verkoopcondities zoals 'bij-ons-de-laagste-prijs-die-u-bij-de-concurrentie-vindt' of een 'meestbegunstigde afnemer'-beding, vrijwillige bekendmaking van informatie, aankondigingen of uitwisseling van informatie via beroepsorganisaties — kunnen de transparantie vergroten of concurrenten helpen de gemaakte keuzes te interpreteren. Ook wederzijdse vertegenwoordiging op directieniveau (cross-directorships), deelname aan gemeenschappelijke ondernemingen en vergelijkbare regelingen kunnen het zicht op marktgedragingen vereenvoudigen.

Disciplineringsmechanismen

52. Marktcoördinatie is niet houdbaar tenzij de gevolgen van afwijkend gedrag voldoende ernstig zijn om alle coördinerende ondernemingen ervan te overtuigen dat het in hun eigen belang is de verstandhouding na te leven. Het is dus de dreiging van een toekomstige vergelding die de coördinatie levensvatbaar houdt [69]. De dreiging is echter alleen geloofwaardig indien het voldoende zeker is dat, bij het aan het licht komen van afwijkend gedrag van een van de ondernemingen, een disciplineringsmechanisme ook echt in werking wordt gesteld [70].

53. Bij sancties die pas na geruime tijd volgen of die niet zeker worden toegepast, is de kans kleiner dat zij afdoende zijn om op te wegen tegen de voordelen van afwijkend gedrag. Wanneer een markt bijvoorbeeld wordt gekenmerkt door incidentele, omvangrijke orders, kan het moeilijk zijn een voldoende krachtig disciplineringsmechanisme vast te stellen, aangezien de winst die afwijkend gedrag op het juiste ogenblik oplevert, wellicht groot, zeker en onmiddellijk is, terwijl het verlies dat het gevolg is van een bestraffing, wellicht gering en onzeker is, en zich pas na een zekere tijd zou laten gevoelen. De snelheid waarmee disciplineringsmechanismen kunnen worden geactiveerd, houdt verband met de transparantie. Wanneer ondernemingen alleen met een aanzienlijke vertraging de gedragingen van hun concurrenten kunnen waarnemen, zal de sanctionering evenzeer vertraagd worden, hetgeen invloed kan hebben op de vraag of de afschrikking afdoende is.

54. De geloofwaardigheid van het disciplineringsmechanisme hangt af van de mate waarin de overige coördinerende ondernemingen een prikkel hebben om bestraffend op te treden. Sommige disciplineringsmechanismen, zoals het bestraffen van de overtreder door tijdelijk een prijzenoorlog te voeren of de productie significant op te voeren, kunnen op korte termijn ook economisch verlies meebrengen voor de ondernemingen die de sanctie toepassen. Dit neemt niet noodzakelijk de prikkel weg om op te treden, want het verlies op korte termijn zal wellicht geringer zijn dan het voordeel dat de sanctionering op lange termijn oplevert doordat wordt teruggekeerd naar een systeem met coördinatie.

55. De sanctionering hoeft niet noodzakelijkerwijs plaats te vinden op dezelfde markten als die waar zich het afwijkende gedrag zich voordoet [71]. Indien de coördinerende ondernemingen commercieel met elkaar te maken hebben op andere markten, kunnen deze

---

(69) Zie zaak COMP/M.2389 — Shell/DEA, punt 121; en zaak COMP/M.2533 — BP/E.ON, punt 111.
(70) Ook al worden disciplineringsmechanismen soms 'bestraffingsmechanismen' of 'afschrikkingsmechanismen' genoemd, toch hoeft dit niet te worden geïnterpreteerd als zou een dergelijk mechanisme noodzakelijkerwijs een onderneming die afwijkend gedrag vertoonde individueel bestraffen. De verwachting dat de marktcoördinatie voor een bepaalde tijd uiteenvalt indien iemand afwijkend marktgedrag vertoont, vormt wellicht op zich al een afdoende disciplineringsmechanisme.
(71) Zie bv. Beschikking 2000/42/EG van de Commissie in zaak IV/M.1313 — Danish Crown/Vestjyske Slagterier, PB L 20 van 25.1.2000, blz. 1, punt 177.

diverse mogelijkheden tot sanctionering bieden [72]. De sanctionering kan verschillende vormen aannemen, waaronder het stopzetten van gemeenschappelijke ondernemingen of andere vormen van samenwerking, of de verkoop van aandelen in ondernemingen in gemeenschappelijk bezit.

Reacties van buitenstaanders

56. Wil marktcoördinatie kunnen slagen, dan mogen de van coördinatie verwachte resultaten niet in gevaar gebracht kunnen worden door de acties van niet-coördinerende ondernemingen en potentiële concurrenten, of van afnemers. Indien de coördinatie ten doel heeft de totale capaciteit op de markt te beperken, zal dit alleen de consumenten treffen wanneer niet-coördinerende ondernemingen niet in staat zijn op deze inkrimping te reageren door hun eigen capaciteit voldoende te vergroten om een netto verlies aan capaciteit te voorkomen of althans om de gecoördineerde capaciteitsinkrimping onrendabel te maken [73].

57. De gevolgen van markttoetreding en van kopersmacht bij de afnemers worden in volgende hoofdstukjes besproken. Bijzondere aandacht gaat evenwel uit naar de mogelijke impact van deze elementen op de stabiliteit van de coördinatie. Door een groot deel van zijn behoeften te betrekken bij slechts één aanbieder of door langetermijncontracten aan te bieden, kan een grote afnemer bijvoorbeeld de marktcoördinatie destabiliseren doordat hij erin slaagt een van de coördinerende ondernemingen ertoe te brengen van de afgesproken gedragslijn af te wijken om flink wat extra klandizie binnen te halen.

Fusie met een potentiële concurrent

58. Concentraties waarbij een onderneming die reeds actief is op een relevante markt fuseert met een potentiële concurrent op die markt, kunnen soortgelijke concurrentiebeperkende gevolgen hebben als fusies tussen twee ondernemingen die reeds actief zijn op dezelfde relevante markt, en dus de daadwerkelijke mededinging op significante wijze belemmeren, met name door het in het leven roepen of versterken van een machtspositie.

59. Een fusie met een potentiële concurrent kan horizontale concurrentiebeperkende effecten hebben, met of zonder coördinatie van gedragingen, indien de potentiële concurrent de gedragingen van de op de markt actieve onderneming in aanzienlijke mate intoomt. Dit is het geval wanneer de potentiële concurrent activa bezit die gemakkelijk kunnen worden gebruikt om de markt te betreden zonder daarvoor grote verzonken kosten te moeten maken. Concurrentiebeperkende effecten kunnen zich eveneens voordoen wanneer de kans groot is dat de fusiepartner de nodige kosten zal maken om de markt binnen een betrekkelijk korte periode te betreden en dat die onderneming daarna de gedragingen van de op de markt reeds actieve ondernemingen zou intomen [74].

60. Wil een fusie met een potentiële concurrent belangrijke concurrentiebeperkende effecten hebben, dan moet zijn voldaan aan twee basisvoorwaarden. Ten eerste moet de potentiële concurrent reeds een sterke beperkende invloed uitoefenen of moet het erg waarschijnlijk zijn dat hij zou uitgroeien tot een daadwerkelijke concurrentiekracht.

---

(72) Zie zaak T-102/96, Gencor/Commissie, Jurispr. 1999, blz. II-753, punt 281.

(73) Deze factoren worden op soortgelijke wijze geanalyseerd als bij concurrentiebeperkende effecten zonder marktcoördinatie.

(74) Zie bv. zaak IV/M.1630 – Air Liquide/BOC, punten 201 e.v. Voor een voorbeeld van een zaak waarin markttoetreding door de andere fuserende onderneming op korte tot middellange termijn niet voldoende waarschijnlijk was, zie zaak T-158/00, ARD/ Commissie, Jurispr. 2003, blz. II-000, punten 115–127).

Bewijzen dat een potentiële concurrent plannen heeft om op significante wijze een markt te betreden, zouden de Commissie tot die conclusie kunnen helpen komen [75]. Ten tweede mag er geen voldoende aantal andere potentiële concurrenten zijn die voldoende concurrentiedruk kunnen handhaven [76].

Fusies die kopersmacht op stroomopwaartse markten in het leven roepen of versterken
61. De Commissie kan ook nagaan in hoeverre een fusieonderneming haar kopersmacht zal uitbreiden als afnemer op stroomopwaartse (upstream) markten. Aan de ene kant kan een fusie die de marktmacht van een afnemer in het leven roept of versterkt, de daadwerkelijke mededinging op significante wijze belemmeren, met name door het in het leven roepen of versterken van een machtspositie. De fusieonderneming kan dan wellicht lagere prijzen verkrijgen door haar aankoop van inputs te verminderen. Dit kan dan weer leiden tot een verlaging van het niveau van haar productie op de markt voor eindproducten, en zodoende ten koste gaan van de welvaart van de consumenten [77]. Dit soort situaties kan zich met name voordoen wanneer de stroomopwaartse verkopersmarkt vrij versnipperd is. De mededinging op de stroomafwaartse (downstream) markten kan ook ongunstig worden beïnvloed, met name wanneer de kans groot is dat de fusieonderneming haar afnemersmacht zal gebruiken ten aanzien van haar leveranciers, om zo de markt tegen haar concurrenten af te schermen [78].

62. Daarnaast is het echter ook zo dat toegenomen afnemersmacht vaak gunstig uitwerkt voor de mededinging. Wanneer toegenomen afnemersmacht de productiekosten verlaagt zonder dat de mededinging of de totale productie worden beperkt, zal een aandeel in die kostenbesparingen waarschijnlijk aan de gebruikers worden doorgegeven in de vorm van lagere prijzen.

63. Om te kunnen beoordelen of een fusie de daadwerkelijke mededinging op significante wijze zou belemmeren door het in het leven roepen of versterken van afnemersmacht, moet dan ook werk worden gemaakt van een analyse van de concurrentieomstandigheden op de stroomopwaartse markten en van een inschatting van de mogelijke positieve en negatieve effecten waarnaar hierboven wordt verwezen.

V. Compenserende afnemersmacht

64. Concurrentiedruk op een leverancier wordt niet alleen uitgeoefend door de concurrenten, maar kan ook uitgaan van zijn afnemers. Zelfs ondernemingen met zeer grote marktaandelen zullen na een fusie wellicht niet in staat zijn de daadwerkelijke mededinging op significante wijze te belemmeren, en zich met name onafhankelijk op te stellen ten opzichte van hun afnemers, wanneer deze over afnemersmacht beschikken [79]. In deze context moet compenserende afnemersmacht worden begrepen als de sterke on-

---

(75) Beschikking 2001/98/EG van de Commissie in zaak IV/M.1439 — Telia/Telenor, *PB* L 40 van 9.2.2001, blz. 1, punten 330–331; en zaak IV/M.1681 — Akzo Nobel/Hoechst Roussel Vet, overweging 64.

(76) Zaak IV/M.1630 — Air Liquide/BOC, punt 219; Beschikking 2002/164/EG in zaak COMP/M.1853 — EDF/EnBW, *PB* L 59 van 28.2.2002, blz. 1, punten 54–64.

(77) Zie Beschikking 1999/674/EG van de Commissie in zaak IV/M.1221 — Rewe/Meinl, *PB* L 274 van 23.10.1999, blz. 1, punten 71–74.

(78) Zie zaak T-22/97, Kesko/Commissie, Jurispr. 1999, blz. II-3775, punt 157; Beschikking 2002/156/EG van de Commissie in zaak IV/M.877 — Boeing/McDonnell Douglas, OJ L 336 van 8.12.1997, blz. 16, punten 105–108.

(79) Zie bv. de beschikking in zaak IV/M.1882 — Pirelli/BICC, punten 73–80.

derhandelingspositie van de afnemer in commerciële onderhandelingen met de verkoper, welke hij te danken heeft aan zijn omvang, zijn commerciële betekenis voor de verkoper en zijn vermogen om over te schakelen op andere leveranciers.

65. Waar nodig, gaat de Commissie na in hoeverre afnemers in een positie verkeren om tegenwicht te bieden tegen de toegenomen marktmacht waartoe een fusie anders vermoedelijk zou leiden. Eén vorm van compenserende afnemersmacht zou erin kunnen bestaan dat een afnemer op geloofwaardige wijze kan dreigen om binnen een redelijke termijn zijn toevlucht te nemen tot andere bevoorradingsbronnen indien de aanbieder zou besluiten de prijzen te verhogen [80] dan wel de kwaliteit of de leveringsvoorwaarden anderszins te verslechteren. Dit zou het geval zijn wanneer de afnemer onmiddellijk kan overschakelen naar andere leveranciers [81], of er geloofwaardig mee kan dreigen om verticaal te integreren op de stroomopwaartse markt of om uitbreiding of toetreding op deze stroomopwaartse markt te ondersteunen [82] (bijvoorbeeld door een potentiële toetreder te overtuigen daadwerkelijk toe te treden door toe te zeggen grote orders bij die onderneming te zullen plaatsen). Dat afnemers dit soort compenserende afnemersmacht bezitten, valt eerder te verwachten van grote en geavanceerde afnemers dan van kleinere ondernemingen in een gefragmenteerde bedrijfstak [83]. Een afnemer kan compenserende afnemersmacht ook uitoefenen door te weigeren andere producten van de leverancier te kopen of, met name in het geval van duurzame producten, aankopen uit te stellen.

66. In sommige gevallen kan het van belang zijn bijzondere aandacht te besteden aan de prikkels voor afnemers om hun afnemersmacht te gebruiken [84]. Zo zal bijvoorbeeld een stroomafwaartse (downstream) onderneming mogelijk niet de investering willen uitvoeren die vereist is voor het ondersteunen van nieuwe toetreding wanneer ook haar concurrenten van dergelijke toetreding de voordelen kunnen plukken in de vorm van lagere inputkosten.

67. In geen geval kan worden vastgesteld dat compenserende afnemersmacht in voldoende mate opweegt tegen de mogelijke ongunstige gevolgen van een fusie, indien ze er alleen voor zorgt dat een specifiek segment van de afnemers [85], met een bijzonder sterke onderhandelingspositie, na de fusie niet te maken krijgt met aanzienlijk hogere prijzen

---

(80) Zie bv. zaak IV/M.1245 – Valeo/ITT Industries, punt 26.
(81) Zelfs een klein aantal afnemers zal wellicht niet voldoende afnemersmacht hebben indien zij in hoge mate 'vast zitten' vanwege de hoge overschakelingskosten (zie zaak COMP/M.2187 – CVC/Lenzing, punt 223).
(82) Beschikking 1999/641/EG in zaak IV/M.1225 – Enso/Stora, *PB* L 254 van 29.9.1999, blz. 9, punten 89–91.
(83) Het kan ook nodig zijn de marktconcentratie aan de afnemerszijde te vergelijken met de marktconcentratie aan de aanbodzijde (Zaak COMP/JV 55 – Hutchison/RCPM/ECT, punt 119, en Beschikking 1999/641/EG van de Commissie in zaak IV/M.1225 – Enso/Stora, OJ L 254 van 29.9.1999, blz. 9, punt 97).
(84) Zaak COMP/JV 55 – Hutchison/RCPM/ECT, punten 129–130.
(85) Zie Beschikking 2002/156/EG van de Commissie in zaak COMP/M.2097 – SCA/Metsä Tissue, *PB* L 57 van 27.2.2002, punt 88. Prijsdiscriminatie tussen verschillende categorieën afnemers kan in sommige gevallen relevant zijn in het kader van de bepaling van de markt (zie de bekendmaking van de Commissie inzake de bepaling van de relevante markt, reeds geciteerd, punt 43).

of verslechterde voorwaarden [86]. Bovendien is het niet voldoende dat er afnemersmacht bestaat vóór de toetreding, hij moet ook nog ná de fusie blijven bestaan en werkzaam blijven. De reden hiervoor is dat een fusie van twee aanbieders de afnemersmacht kan reduceren wanneer daarmee een geloofwaardig alternatief wordt weggenomen.

VI. Markttoetreding

68. Wanneer toetreding tot de markt voldoende vlot gaat, is de kans klein dat een fusie een significant risico voor de vrije mededinging zou vormen. Het analyseren van de toetreding is dan ook een belangrijk element in de algemene beoordeling van de concurrentieaspecten. Wil toetreding in voldoende mate concurrentiedruk op de fuserende ondernemingen kunnen leggen, dan moet worden aangetoond dat de toetreding waarschijnlijk, tijdig en in voldoende mate zal plaatsvinden om de eventuele concurrentiebeperkende gevolgen van de fusie te voorkomen of te neutraliseren.

Waarschijnlijkheid van toetreding

69. De Commissie onderzoekt of markttoetreding waarschijnlijk is en of die potentiële toetreding waarschijnlijk een remmende invloed zal hebben op het gedrag van de gevestigde marktdeelnemers na de fusie. Markttoetreding is slechts waarschijnlijk indien ze voldoende rendabel is, waarbij rekening moet worden gehouden met de prijseffecten van het op de markt brengen van extra productie en met de mogelijke reacties van de gevestigde marktspelers. Toetreding is dus minder waarschijnlijk indien deze stap economisch slechts haalbaar zou zijn op grote schaal, waardoor de prijsniveaus aanzienlijk zouden dalen. En toetreding is waarschijnlijk moeilijker wanneer de gevestigde marktdeelnemers hun marktaandelen kunnen beschermen door het aanbieden van langetermijncontracten of door het geven van gerichte, vooraf aangekondigde kortingen aan de afnemers die de nieuwkomer voor zich tracht te winnen. Voorts kunnen een hoog risico op mislukking van de toetreding en de kosten daarvan markttoetreding minder waarschijnlijk maken. Hoe hoger het niveau van de verzonken kosten (sunk costs) bij toetreding, hoe hoger de kosten van een mislukte toetreding zullen oplopen [87].

70. Potentiële nieuwkomers kunnen stuiten op toetredingsdrempels die bepalend zijn voor de risico's en kosten van toetreding en die dus een invloed hebben op de winstgevendheid van toetreding. Toetredingsdrempels zijn specifieke kenmerken van de markt, die de gevestigde ondernemingen een voordeel bezorgen ten opzichte van potentiële concurrenten. Zijn de toetredingsdrempels laag, dan is de kans groter dat de fuserende partijen in toom zullen worden gehouden door nieuwe toetredingen. Omgekeerd zouden, wanneer de toetredingsdrempels hoog zijn, prijsverhogingen door de fuserende ondernemingen niet noemenswaardig worden afgeremd door toetreding. Historische voorbeelden van markttoetreding en -verlating in de bedrijfstak kunnen nuttige informatie opleveren over de hoogte van de toetredingsdrempels.

71. Toetredingsdrempels kunnen verschillende vormen aannemen:
a) Juridische bevoordeling, onder meer in de vorm van bij regelgeving vastgestelde drempels die het aantal marktdeelnemers beperken door bijvoorbeeld het aantal

---

(86) Bijgevolg kan de Commissie beoordelen of de diverse afnemers compenserende afnemersmacht zullen hebben (zie bv. Beschikking 1999/641/EG van de Commissie in zaak IV/M.1225 — Enso/Stora, *PB* L 254 van 29.9.1999, blz. 9, punten 84–97).

(87) Beschikking 97/610/EG van de Commissie in zaak IV/M.774 — Saint-Gobain/Wacker-Chemie/NOM, *PB* L 247 van 10.9.1997, blz. 1, punt 184.

vergunningen te beperken [88]. Ook tarifaire en niet-tarifaire handelsbelemmeringen behoren tot deze categorie [89].

b) De gevestigde ondernemingen kunnen ook technische voordelen genieten, zoals preferente toegang tot essentiële faciliteiten, natuurlijke hulpbronnen [90], innovatie en O & O [91], of intellectuele-eigendomsrechten [92], hetgeen het voor andere ondernemingen moeilijk maakt met succes te concurreren. In bepaalde bedrijfstakken kan het bijvoorbeeld moeilijk zijn om essentiële grondstoffen te verkrijgen, of kunnen produkten of procédés beschermd zijn door octrooien. Ook andere factoren zoals schaalvoordelen, distributie- en verkoopnetwerken [93], toegang tot de belangrijke technologieën kunnen toegangsdrempels vormen.

c) Voorts kunnen er ook toetredingsdrempels bestaan ten gevolge van de gevestigde positie van de bestaande ondernemingen op de markt. Met name kan het moeilijk zijn toegang te krijgen tot een specifieke bedrijfstak omdat ervaring of reputatie — twee elementen die mogelijk moeilijk te verwerven zijn door een nieuwkomer — noodzakelijk zijn om daadwerkelijk te concurreren. Factoren zoals consumententrouw aan een specifiek merk [94], de nauwe relaties tussen leveranciers en afnemers, het belang van verkoopbevordering of reclame, of andere aan een reputatie verbonden voordelen [95] zullen in dit verband in ogenschouw worden genomen. Van toetredingsdrempels kan ook sprake zijn in situaties waarin de gevestigde ondernemingen reeds hebben gezorgd voor de opbouw van een ruime overcapaciteit [96], of waar de kosten voor afnemers om over te schakelen naar een nieuwe leverancier, de toetreding kunnen afremmen.

72. Bij het beoordelen van de vraag of markttoetreding al dan niet winstgevend is, moet de verwachte marktevolutie mee in rekening worden genomen. Op een markt waar voor de toekomst sterke groei wordt verwacht [97], zal toetreding waarschijnlijker zijn dan op een markt die rijp is of naar verwachting zal krimpen [98]. Schaalvoordelen of netwerk-

---

(88) Zaak IV/M.1430 — Vodafone/Airtouch, punt 27; Zaak IV/M.2016 — France Télécom/Orange, punt 33.
(89) Beschikking 2002/174/EG van de Commissie in zaak COMP/M.1693 — Alcoa/Reynolds, L 58 van 28.2.2002, punt 87.
(90) Beschikking 95/335/EG van de Commissie in zaak IV/M.754 — Anglo American Corp./Lonrho, *PB* L 149 van 20.5.1998, blz. 21, punten 118–119.
(91) Beschikking 97/610/EG van de Commissie in zaak IV/M.774 — Saint-Gobain/Wacker-Chemie/NOM, *PB* L 247 van 10.9.1997, blz. 1, punten 184–187.
(92) Beschikking 94/811/EG van de Commissie in zaak IV/M. 269 — Shell/Montecatini, *PB* L 332 van 28.2.1994, blz. 48, punt 32.
(93) Beschikking 98/327/EG van de Commissie in zaak IV/M. 833 — The Coca-Cola Company/Carlsberg A/S, *PB* L 145 van 15.5.1998, blz. 41, punt 74.
(94) Beschikking 98/327/EG van de Commissie in zaak IV/M.833 — The Coca-Cola Company/Carlsberg A/S, *PB* L 145 van 15.5.1998, blz. 41, punten 72–73.
(95) Beschikking 2002/156/EG van de Commissie in zaak COMP/M.2097 — SCA/Metsä Tissue, *PB* L 57 van 27.2.2002, blz. 1, punten 83–84.
(96) Beschikking 2001/432/EG van de Commissie in zaak COMP/M.1813 — Industri Kapital Nordkem/Dyno, *PB* L 154 van 9.6.2001, blz. 41, punt 100.
(97) Zie bv. Beschikking 98/475/EG van de Commissie in zaak IV/M.986 — Agfa-Gevaert/Dupont, *PB* L 211 van 29.7.1998, blz. 22, punten 84–85.
(98) Zie zaak T-102/96, Gencor/Commissie, Jurispr. 1999, blz. II–753, punt 237.

effecten maken dat toetreding waarschijnlijk niet winstgevend is, tenzij de toetredende onderneming een voldoende groot marktaandeel kan verwerven [99].

73. Markttoetreding valt vooral te verwachten wanneer leveranciers op andere markten al beschikken over productiefaciliteiten die eventueel kunnen worden gebruikt om de betrokken markt te betreden, hetgeen de verzonken kosten van de toetreding beperkt. Hoe kleiner het verschil in winstgevendheid tussen toetreding en niet-toetreding vóór de fusie, hoe waarschijnlijker een dergelijke herbestemming van productiefaciliteiten is.

Tijdigheid

74. De Commissie onderzoekt of de toetreding voldoende snel en duurzaam zal zijn om de uitoefening van marktmacht te beletten of te neutraliseren. Wat daarvoor de geschikte termijn is, hangt af van de kenmerken en dynamiek van de markt, alsmede van de specifieke mogelijkheden van de potentiële toetreder [100]. Normaliter wordt toetreding echter slechts als tijdig beschouwd indien zij binnen twee jaar plaatsvindt.

Voldoende omvang

75. De markttoetreding moet een voldoende omvang hebben om de concurrentiebeperkende gevolgen van de fusie te voorkomen of te neutraliseren [101]. Toetreding op kleine schaal, bijvoorbeeld in bepaalde 'niche'-markten zal wellicht niet voldoende worden geacht.

VII. Efficiëntieverbeteringen

76. Reorganisaties binnen het bedrijfsleven in de vorm van fusies kunnen beantwoorden aan de vereisten van een dynamische mededinging en kunnen het concurrentievermogen van de industrie verbeteren, waardoor zij ook leiden tot verbetering van de voorwaarden voor de groei en verhoging van de levensstandaard in de Gemeenschap [102]. Het is mogelijk dat de uit de fusie voortvloeiende efficiëntieverbeteringen een tegenwicht bieden tegen de effecten op de mededinging – en in het bijzonder tegen de mogelijke schade voor de consument – die de fusie anders zou kunnen veroorzaken [103]. Om te kunnen beoordelen of een fusie de daadwerkelijke mededinging op significante wijze zou belemmeren, met name door het in het leven roepen of versterken van een machtspositie, in de zin van artikel 2, leden 2 en 3, van de concentratieverordening, voert de Commissie een algehele doorlichting van de fusie uit mededingingsoogpunt uit. Daarbij houdt de Commissie rekening met de in artikel 2, lid 1, genoemde factoren, waaronder de ontwikkeling van de technische en economische vooruitgang voorzover deze in het voordeel van de consument is en geen belemmering vormt voor de mededinging [104].

77. Bij haar algemene beoordeling van de fusie houdt de Commissie rekening met elke onderbouwde stelling dat efficiëntieverbeteringen zullen worden behaald. Zij kan besluiten dat er, dankzij de efficiëntieverbeteringen die de fusie teweegbrengt, geen reden is om

---

(99) Zie bv. Beschikking 2000/718/EG van de Commissie in zaak IV/M.1578 – Sanitec/Sphinx, *PB* L 294 van 22.11.2000, blz. 1, punt 114.
(100) Zie bv. Beschikking 2002/174/EG van de Commissie in zaak COMP/M.1693 – Alcoa/Reynolds, L 58 van 28.2.2002, punten 31–32 en 38.
(101) Beschikking 91/535/EEG van de Commissie in zaak IV/M.68 – Tetra Pak/Alfa Laval, *PB* L 290 van 22.10.1991, blz. 35, punt 3.4.
(102) Zie overweging 4 bij de concentratieverordening.
(103) Zie overweging 29 bij de concentratieverordening.
(104) Zie artikel 2, lid 1, onder *b*), van de concentratieverordening.

de fusie overeenkomstig artikel 2, lid 3, van de concentratieverordening onverenigbaar te verklaren met de gemeenschappelijke markt. Dit is het geval wanneer de Commissie in staat is, op basis van voldoende bewijsmateriaal, te concluderen dat de door de fusie gegenereerde efficiëntieverbeteringen de mogelijkheid en de prikkel voor de fusieonderneming waarschijnlijk zullen versterken om concurrentiebevorderend op te treden ten voordele van gebruikers, en daarmee de negatieve effecten op de mededinging tegengaan die de fusie anders zou hebben veroorzaakt.

78. Wil de Commissie in haar beoordeling van de fusie rekening kunnen houden met beweerde efficiëntieverbeteringen en tot de conclusie kunnen komen dat er dankzij die efficiëntieverbeteringen geen reden is om de fusie onverenigbaar met de gemeenschappelijke markt te verklaren, moeten de verbeteringen ten goede komen aan de verbruikers, specifiek uit de fusie voortvloeien en verifieerbaar zijn. Deze voorwaarden gelden cumulatief.

Voordeel voor de verbruikers (consumenten).

79. De te hanteren toetssteen bij de beoordeling van beweerde efficiëntieverbeteringen is dat de verbruikers [105] niet slechter af mogen zijn ten gevolge van de fusie. Daarom moeten de efficiëntieverbeteringen substantieel en tijdig zijn en in beginsel de verbruikers ten goede komen op die relevante markten waar anders waarschijnlijk mededingingsproblemen zouden ontstaan.

80. Fusies kunnen verschillende soorten efficiëntieverbeteringen meebrengen, die kunnen leiden tot lagere prijzen of andere voordelen voor verbruikers. Zo kunnen kostenbesparingen in de productie of distributie de fusieonderneming bijvoorbeeld de mogelijkheid en de prikkel geven om na de fusie lagere prijzen te berekenen. In het kader van de noodzaak vast te stellen of de efficiëntieverbeteringen de verbruikers een netto voordeel opleveren, zullen kostenbesparingen die resulteren in verlagingen van variabele of marginale kosten [106] waarschijnlijk relevanter zijn voor de beoordeling van de efficiëntieverbeteringen dan verlagingen van vaste kosten; de kans dat het eerste soort kosten resulteert in lagere prijzen voor de verbruiker is immers groter [107]. Kostenverlagingen die uitsluitend het gevolg zijn van concurrentieverstorende productiebeperkingen, kunnen niet worden beschouwd als efficiëntieverbeteringen die de verbruiker ten goede komen.

81. Verbruikers kunnen ook profijt trekken van nieuwe of verbeterde producten of diensten, bijvoorbeeld ten gevolge van efficiëntieverbeteringen op het gebied van O & O en innovatie. Een gemeenschappelijke onderneming (joint venture) die wordt opgezet om een nieuw product te ontwikkelen, kan het soort efficiëntieverbeteringen opleveren dat de Commissie in aanmerking kan nemen.

---

(105) Volgens artikel 2, lid 1, onder *b*), omvat het begrip 'verbruikers' zowel tussen- als eindverbruikers (consumenten), d.w.z. de gebruikers van de producten waarop de fusie betrekking heeft. Verbruikers in de zin van deze bepaling zijn met andere woorden de — potentiële en/of daadwerkelijke — afnemers van de fuserende ondernemingen.

(106) Variabele kosten zijn de kosten die in de relevante periode variëren naargelang van het niveau van de productie of de omzet. Marginale kosten zijn de kosten die voortvloeien uit een verdere verhoging van de productie of de omzet.

(107) Over het algemeen wordt aan besparingen in de vaste kosten niet hetzelfde belang gehecht, aangezien de relatie tussen vaste kosten en consumentenprijzen meestal minder direct is, althans op korte termijn.

82. In het kader van concurrentiebeperkende effecten met marktcoördinatie kunnen efficiëntieverbeteringen de fusie-onderneming een sterkere prikkel geven om de productie te verhogen en de prijzen te verlagen, en aldus de prikkel om haar marktgedrag af te stemmen met andere ondernemingen op de markt verkleinen. Efficiëntieverbeteringen kunnen dan ook leiden tot een beperking van het risico op concurrentiebeperkende effecten met marktcoördinatie op de betrokken markt.

83. In het algemeen kan worden gesteld dat hoe later de efficiëntieverbeteringen zich naar verwachting zullen voordoen, hoe geringer het gewicht is dat de Commissie eraan kan toekennen. Dit brengt mee dat, om te worden beschouwd als een factor die een tegenwicht vormt, de efficiëntieverbeteringen tijdig moeten plaatsvinden.

84. De prikkel voor de fusieonderneming om efficiëntieverbeteringen door te geven aan de verbruikers is vaak gerelateerd aan het bestaan van concurrentiedruk die uitgaat van de op de markt overblijvende ondernemingen en van potentiële nieuwkomers op de markt. Hoe groter de mogelijke negatieve mededingingseffecten zijn, des te meer moet de Commissie zeker zijn dat de beweerde efficiëntieverbeteringen substantieel zijn, naar alle waarschijnlijkheid tot stand zullen worden gebracht, en in voldoende mate aan de verbruikers worden doorgegeven. Het is hoogst onwaarschijnlijk dat een fusie die leidt tot een marktpositie welke die van een monopolie benadert, of tot een soortgelijk niveau van marktmacht, met de gemeenschappelijke markt verenigbaar kan worden verklaard op grond van het feit dat de efficiëntieverbeteringen de mogelijke concurrentiebeperkende gevolgen tegengaan.

Specifiek resultaat van de fusie

85. Efficiëntieverbeteringen zijn relevant voor de beoordeling van een fusie uit mededingingsoogpunt wanneer zij een direct resultaat zijn van de aangemelde fusie en niet in dezelfde mate kunnen worden bereikt met minder concurrentiebeperkende middelen. In dat geval worden de efficiëntieverbeteringen geacht door de fusie te zijn veroorzaakt en dus een specifiek resultaat van de fusie te zijn.[108] Het staat aan de fuserende partijen om tijdig alle relevante informatie te verstrekken die noodzakelijk is om aan te tonen dat er voor de aangemelde fusie geen minder concurrentiebeperkende, realistische en haalbare alternatieven zijn, die toch dezelfde efficiëntieverbeteringen opleveren, of het nu gaat om alternatieven die niet het karakter van een concentratie hebben (bv. een licentieovereenkomst, of een gemeenschappelijke onderneming met het karakter van een samenwerkingsverband), of alternatieven die dat karakter wel hebben (bv. een gemeenschappelijke onderneming met het karakter van een concentratie, of een anders opgezette fusie). De Commissie neemt alleen alternatieven in aanmerking die, gelet op de vaste commerciële gebruiken in de sector, praktisch realiseerbaar zijn in de commerciële context waarin de fuserende partijen zich bevinden.

Verifieerbaarheid

86. Efficiëntieverbeteringen moeten verifieerbaar zijn zodat de Commissie redelijk zeker kan zijn dat de efficiëntieverbeteringen zich ook daadwerkelijk zullen voordoen, en ze moeten substantieel genoeg zijn om de potentiële schade die de fusie kan meebrengen voor de verbruikers tegen te gaan. Hoe nauwkeuriger en overtuigender de efficiëntieverbeteringen worden beschreven, hoe beter de Commissie de beweerde verbeteringen kan beoordelen. Indien redelijkerwijs mogelijk, dienen de efficiëntieverbeteringen en het

---

(108) In overeenstemming met het algemene beginsel dat in punt 9 van deze mededeling is neergelegd.

daaruit voor de verbruikers voortvloeiende voordeel te worden gekwantificeerd. Indien de noodzakelijke gegevens niet voorhanden zijn om een nauwkeurige kwantitatieve analyse te maken, moeten duidelijk aanwijsbare – niet slechts marginale – positieve gevolgen voor de verbruikers te voorzien zijn. Hoe verder in de toekomst het begin van de efficiëntieverbeteringen verwacht wordt, des te minder de Commissie in het algemeen geneigd zal zijn aan te nemen dat de efficiëntieverbeteringen daadwerkelijk tot stand zullen worden gebracht.

87. Het merendeel van de informatie op grond waarvan de Commissie kan beoordelen of de fusie het soort efficiëntieverbeteringen zal opleveren die het haar mogelijk maken een fusie goed te keuren, is uitsluitend in handen van de fuserende partijen. Het staat dan ook aan de aanmeldende partijen om tijdig alle relevante informatie te verstrekken die noodzakelijk is om aan te tonen dat de beweerde efficiëntieverbeteringen een specifiek resultaat van de fusie zijn en waarschijnlijk tot stand zullen worden gebracht. Evenzo staat het aan de aanmeldende partijen om aan te tonen in welke mate de efficiëntieverbeteringen waarschijnlijk zullen opwegen tegen mogelijke negatieve mededingingseffecten die anders uit de fusie zouden kunnen voortvloeien, en derhalve ten goede zullen komen aan de gebruikers.

88. Als bewijsmateriaal dat dienstig is voor de beoordeling van efficiëntieverbeteringen, zijn onder meer te beschouwen, interne documenten die door de directies werden gebruikt om tot de fusie te beslissen, verklaringen van de directies aan de eigenaars en de financiële markten over de verwachte efficiëntieverbeteringen en de voordelen voor de consument, alsmede vóór de fusie uitgevoerde studies van deskundigen over het soort en de omvang van de verwachte efficiëntieverbeteringen en over de mate waarin dat de verbruikers waarschijnlijk ten goede zal komen.

VIII. Reddingsfusie (failing firm defence)

89. De Commissie kan besluiten dat een anders problematische fusie niettemin verenigbaar is met de gemeenschappelijke markt indien een van de ondernemingen een bedrijf in moeilijkheden (failing firm) is. De basisvereiste is dat de verslechtering van de mededingingsstructuur die op de fusie volgt, niet kan worden beschouwd als veroorzaakt door de fusie [109]. Dit zal het geval zijn wanneer de mededingingsstructuur van de markt zonder de fusie minstens in even sterke mate zou verslechteren [110].

90. Voor de toepassing van een reddingsfusie (failing firm defence) acht de Commissie in het bijzonder de volgende drie criteria van belang. Ten eerste zou de beweerde in moeilijkheden verkerende onderneming, wanneer zij niet door een andere onderneming wordt overgenomen, in de nabije toekomst uit de markt moeten gaan door financiële moeilijkheden. Ten tweede mag er geen minder concurrentiebeperkend overname-

---

(109)   Zie het arrest in gevoegde zaken C-68/94 en C-30/95, de Kali en Salz-zaak, punt 110.
(110)   Zie het arrest in gevoegde zaken C-68/94 en C-30/95, de Kali en Salz-zaak, punt 114. Zie ook Beschikking 2002/365/EG van de Commissie in zaak COMP/M.2314 – BASF/Pantochim/Eurodiol, *PB* L 132 van 17.5.2002, blz. 45, punten 157–160. Dit vereiste hangt samen met het algemene beginsel dat in punt 9 van deze mededeling is neergelegd.

alternatief bestaan dan de aangemelde fusie. Ten derde zouden de activa van de onderneming in moeilijkheden zonder een fusie onvermijdelijk van de markt verdwijnen [111].
91. Het staat aan de aanmeldende partijen om tijdig alle relevante informatie te verstrekken die noodzakelijk is om aan te tonen dat de verslechtering van de mededingingsstructuur die het gevolg is van de fusie, niet door de fusie wordt veroorzaakt.

---

(111) De onvermijdelijkheid van het verdwijnen van de activa van de onderneming in moeilijkheden van de betrokken markt kan, met name bij een tot monopolievorming leidende fusie, ten grondslag liggen aan de conclusie dat het marktaandeel van de onderneming in moeilijkheden hoe dan ook in elk geval door de andere fusiepartner zou worden opgeslorpt. Zie het arrest in gevoegde zaken C-68/94 en C-30/95, de Kali en Salz-zaak, punten 115–116.

Richtsnoeren 2008/C 265/07 voor de beoordeling van niet-horizontale fusies op grond van de Verordening van de Raad inzake de controle op concentraties van ondernemingen

Richtsnoeren van 18 oktober 2008 voor de beoordeling van niet-horizontale fusies op grond van de Verordening van de Raad inzake de controle op concentraties van ondernemingen, PbEU 2008, C 265 (i.w.tr. 18-10-2008)

I. Inleiding
1. Artikel 2 van Verordening (EG) nr. 139/2004 van de Raad van 20 januari 2004 betreffende de controle op concentraties van ondernemingen [1] (hierna 'de concentratieverordening' genoemd) bepaalt dat de Commissie concentraties in de zin van de concentratieverordening moet toetsen op hun verenigbaarheid met de gemeenschappelijke markt. Daartoe moet de Commissie, overeenkomstig artikel 2, leden 2 en 3, nagaan of een concentratie de daadwerkelijke mededinging op de gemeenschappelijke markt of een wezenlijk deel daarvan op significante wijze zou belemmeren, met name door een machtspositie in het leven te roepen of te versterken.
2. In dit document worden aanwijzingen geformuleerd over de wijze waarop de Commissie concentraties beoordeelt [2] wanneer de betrokken ondernemingen op verschillende relevante markten actief zijn [3]. In dit document worden dergelijke concentraties 'niet-horizontale fusies' genoemd.
3. Er kunnen twee grote categorieën niet-horizontale fusies worden onderscheiden: verticale fusies en fusies met een conglomeraatkarakter.
4. Bij verticale fusies zijn ondernemingen betrokken die op verschillende niveaus van de leveringsketen actief zijn. Wanneer bijvoorbeeld een producent van een bepaald

---

(1) Verordening (EG) nr. 139/2004 van de Raad van 20 januari 2004 (*PB* L 24 van 29.1.2004, blz. 1).
(2) De in de concentratieverordening gebruikte term 'concentratie' dekt uiteenlopende soorten operaties zoals fusies, acquisities, overnames en bepaalde soorten gemeenschappelijke ondernemingen. In de rest van dit document zal de term 'fusie', tenzij anders aangegeven, worden gebruikt als synoniem voor 'concentratie', en zal hij dus alle bovengenoemde soorten operaties dekken.
(3) Aanwijzingen over de beoordeling van fusies waarbij ondernemingen betrokken zijn die daadwerkelijke of potentiële concurrenten op dezelfde markt zijn ('horizontale fusies'), zijn te vinden in de mededeling van de Commissie — Richtsnoeren betreffende de beoordeling van horizontale fusies op grond van de verordening van de Raad inzake de controle op concentraties van ondernemingen (*PB* C 31 van 5.2.2004, blz. 5) (hierna 'de mededeling horizontale fusies' genoemd).

product ('de bovenwaartse onderneming') fuseert met een van zijn distributeurs ('de benedenwaartse onderneming'), dan heet dit een verticale fusie [4].

5. Fusies met een conglomeraatkarakter zijn fusies tussen ondernemingen waarvan de onderlinge betrekkingen noch horizontaal zijn (zoals tussen concurrenten op dezelfde relevante markt), noch verticaal (zoals tussen leveranciers of afnemers) [5]. In de praktijk ligt in deze richtsnoeren de nadruk op fusies tussen ondernemingen die actief zijn op nauw verwante markten (bv. fusies tussen leveranciers van complementaire producten of producten die tot hetzelfde assortiment behoren)

6. De algemene aanwijzingen die al werden gegeven in de mededeling over horizontale fusies zijn ook relevant in het kader van niet-horizontale fusies. Dit document richt zich op de mededingingsaspecten die van belang zijn voor de specifieke context van niet-horizontale fusies. Daarnaast wordt de benadering van de Commissie ten aanzien van marktaandelen en concentratiedrempels in deze context uiteengezet.

7. In de praktijk kunnen fusies zowel horizontale als niet-horizontale effecten hebben. Dit kan bijvoorbeeld het geval zijn wanneer de fuserende ondernemingen niet alleen verticale of conglomeraatbetrekkingen hebben, maar ook elkaars daadwerkelijke of potentiële concurrenten zijn op een of meer van de betrokken relevante markten [6]. In een dergelijk geval beoordeelt de Commissie de horizontale, verticale en/of conglomeraateffecten op grond van de in de desbetreffende mededelingen vervatte aanwijzingen [7].

8. De aanwijzingen die in dit document worden gegeven, bouwen voort op en zijn een verdere uitwerking van de voortschrijdende ervaring van de Commissie met de toetsing van niet-horizontale fusies aan Verordening (EEG) nr. 4064/89 sinds deze op 21 september 1990 van kracht werd, de thans vigerende concentratieverordening en de jurisprudentie van het Hof van Justitie en het Gerecht van Eerste Aanleg van de Europese Gemeenschappen. De in de voorliggende mededeling omschreven beginselen zullen door de Commissie worden toegepast en verder worden uitgewerkt en verfijnd bij de behandeling van specifieke zaken. De Commissie kan deze mededeling over niet-horizontale

---

(4) In dit document worden de begrippen 'benedenwaarts' ('downstream') en 'bovenwaarts' ('upstream') gebruikt om de (potentiële) zakelijke betrekkingen die de fuserende bedrijven met elkaar hebben, te beschrijven. Meestal bestaat de zakelijke relatie erin dat de benedenwaartse onderneming de productie van de bovenwaartse onderneming aankoopt en gebruikt als input voor haar eigen productie, die zij vervolgens aan haar klanten verkoopt. De markt waar het eerste type transacties plaatsvindt, wordt de intermediaire markt (bovenwaartse markt) genoemd. Het tweede type markt wordt de benedenwaartse markt genoemd.

(5) Het onderscheid tussen fusies met een conglomeraatkarakter en horizontale fusies kan subtiel zijn, bv. wanneer het bij een fusie met conglomeraatkarakter gaat om producten die onderling slechts beperkt substitueerbaar zijn. Hetzelfde geldt voor het onderscheid tussen fusies met een conglomeraatkarakter en verticale fusies. Zo kunnen bijvoorbeeld producten worden geleverd door bepaalde ondernemingen waarbij de input al is geïntegreerd (verticale betrekkingen), terwijl andere producenten het aan de afnemers overlaten om de input zelf te selecteren en te assembleren (conglomeraatbetrekkingen).

(6) Zo zijn op bepaalde markten bovenwaartse of benedenwaartse ondernemingen vaak geijkte kandidaten voor toetreding. Zie bv. in de stroom- en gassector zaak COMP/M.3440 – EDP/ENI/GDP (2004). Hetzelfde kan ook gelden voor producenten van complementaire producten. Zie bv. in de sector verpakkingen voor vloeistoffen zaak COMP/M.2416 – TetraLaval/Sidel(2001).

(7) Aanwijzingen voor de beoordeling van fusies met een potentiële concurrent zijn te vinden in de mededeling horizontale fusies, met name punten 58, 59 en 60.

fusies van tijd tot tijd herzien om rekening te houden met toekomstige ontwikkelingen en evoluerende inzichten.
9. De uitlegging die de Commissie aan de concentratieverordening geeft met betrekking tot de beoordeling van niet-horizontale fusies, loopt niet vooruit op de uitlegging die eventueel wordt gegeven door het Hof van Justitie of het Gerecht van Eerste Aanleg van de Europese Gemeenschappen.

II. Overzicht

10. Daadwerkelijke mededinging levert veel voordelen op voor consumenten, zoals lage prijzen, producten van hoge kwaliteit, een ruim aanbod aan goederen en diensten, en innovatie. Door haar controle op concentraties voorkomt de Commissie de totstandkoming van fusies die de afnemers van die voordelen kunnen beroven doordat zij de marktmacht van bedrijven significant vergroten. Onder 'grotere marktmacht' wordt in deze context verstaan de mogelijkheid voor een of meer ondernemingen om op winstvergrotende wijze de prijzen te verhogen, de productie te verlagen, de keuze aan producten of diensten te verkleinen, de kwaliteit van producten of diensten te verlagen, innovatie af te remmen of op andere wijze de krachtlijnen van de concurrentie te beïnvloeden [8].
11. Bij niet-horizontale fusies is de kans dat zij de daadwerkelijke mededinging op significante wijze kunnen belemmeren, doorgaans kleiner dan bij horizontale fusies.
12. In de eerste plaats leiden verticale fusies of fusies met een conglomeraatkarakter doorgaans niet tot een verlies van rechtstreekse concurrentie tussen de fuserende ondernemingen op dezelfde relevante markt [9]. Daardoor ontbreekt bij verticale fusies en fusies met een conglomeraatkarakter de belangrijkste oorzaak van de concurrentieverstorende effecten van horizontale fusies.
13. Ten tweede bieden verticale fusies en fusies met een conglomeraatkarakter aanzienlijke ruimte voor efficiëntieverbeteringen. Een kenmerk van verticale fusies en bepaalde fusies met een conglomeraatkarakter is dat de activiteiten en/of de producten van de betrokken ondernemingen onderling *complementair* zijn [10]. De integratie van complementaire activiteiten of producten binnen een onderneming kan aanzienlijke efficiëntieverbeteringen opleveren en kan goed zijn voor de concurrentie. Bij verticale betrekkingen zal bijvoorbeeld, als gevolg van de complementariteit, een daling van de prijsopslagen benedenwaarts ook bovenwaarts tot een hogere vraag leiden. Deze vraagstijging zal ten dele aan bovenwaartse leveranciers ten goede komen. Een geïntegreerde onderneming

---

(8) In dit document wordt de uitdrukking 'hogere prijzen' vaak gebruikt als een korte aanduiding van deze diverse wijzen waarop een fusie kan leiden tot concurrentieschade. Onder deze term moeten ook situaties worden begrepen waarin bijvoorbeeld prijzen minder dalen, of de kans dat zij dalen geringer is dan het geval was geweest zonder de fusie, of waarin de prijzen sterker stijgen, of de kans dat zij stijgen groter is dan het geval was geweest zonder de fusie.
(9) Een dergelijk verlies van rechtstreekse concurrentie kan zich echter toch voordoen wanneer een van de fuserende ondernemingen een potentiële concurrent is op de relevante markt waarop de andere fuserende onderneming actief is. Zie punt 7.
(10) In dit document worden producten of diensten 'complementair' (of 'economische complementen') genoemd wanneer zij voor een gebruiker meer waard zijn wanneer ze samen worden ge- of verbruikt dan wanneer ze apart worden ge- of verbruikt. Ook een fusie tussen bovenwaartse en benedenwaartse bedrijfsactiviteiten kan worden beschouwd als een combinatie van complementen die in het eindproduct worden verwerkt. Zo vervullen zowel productie als distributie een complementaire rol bij het op de markt brengen van een product.

zal met deze winst rekening houden. Verticale integratie kan dus een versterkte prikkel vormen om prijzen te verlagen en de productie te verhogen, omdat de geïntegreerde onderneming een groter gedeelte van de winst kan opstrijken. Dit wordt dikwijls 'de internalisering van dubbele opslagen' genoemd. Evenzo kunnen andere inspanningen om de verkopen op een bepaald niveau te laten stijgen (bv. verbetering van dienstverlening of bevordering van innovatie) een hoger rendement opleveren voor een geïntegreerde onderneming die rekening houdt met de voordelen die op andere niveaus ontstaan.

14. Integratie kan ook de transactiekosten doen dalen en maakt een betere coördinatie mogelijk wat betreft productontwerp, de organisatie van het productieproces en de wijze waarop de producten worden verkocht. Evenzo kunnen fusies waarbij het gaat om producten uit een productassortiment of productportfolio die doorgaans aan dezelfde groep afnemers worden verkocht (ongeacht of ze complementair zijn), voordelen opleveren voor de afnemers, zoals het feit dat zij nu via 'een loket' worden bediend.

15. Toch zijn er ook omstandigheden waaronder niet-horizontale fusies de daadwerkelijke mededinging op significante wijze kunnen belemmeren, met name doordat zij een machtspositie in het leven roepen of versterken. Dit komt in hoofdzaak doordat een niet-horizontale fusie de mogelijkheid en de prikkel van de fuserende ondernemingen en hun concurrenten om te concurreren zodanig kan veranderen dat zulks ten koste van de verbruikers gaat.

16. In het mededingingsrecht omvat het begrip 'verbruikers' zowel tussen- als eindverbruikers (consumenten) [11]. Wanneer tussenverbruikers daadwerkelijke of potentiële concurrenten zijn van de fusiepartijen, richt de Commissie haar aandacht op de impact van de fusie op de verbruikers waaraan door de fusieonderneming en die concurrenten wordt verkocht. Bijgevolg is het feit dat een fusie een ongunstig effect op concurrenten heeft op zich geen probleem. Het is het effect op de daadwerkelijke mededinging dat van belang is, niet de loutere impact op concurrenten op een bepaald niveau in de leveringsketen [12]. Met name het feit dat concurrenten kunnen worden benadeeld als gevolg van de efficiëntieverbeteringen die de fusie met zich meebrengt kan op zich geen mededingingsbezwaren doen rijzen.

17. Er zijn twee belangrijke manieren waarop niet-horizontale fusies de daadwerkelijke mededinging kunnen belemmeren: niet-gecoördineerde effecten en gecoördineerde effecten [13].

18. Niet-gecoördineerde effecten kunnen zich vooral voordoen wanneer niet-horizontale fusies marktafscherming teweegbrengen. In dit document wordt het begrip 'marktaf-

---

(11) Zie artikel 2, lid 1, onder b), van de concentratieverordening en punt 84 van de mededeling van de Commissie 'Richtsnoeren betreffende de toepassing van artikel 81, lid 3, van het Verdrag' (*PB* C 101 van 27.4.2004, blz. 97).

(12) Een voorbeeld van deze benadering is te vinden in zaak COMP/M. 36533 – Siemens/VA Tech (2005), waar de Commissie de impact heeft onderzocht van de transactie op de twee complementaire markten voor elektrische spoorvoertuigen en elektrische tractiesystemen voor spoorvoertuigen, die samen een volledig spoorvoertuig vormen. Hoewel werd beweerd dat de fusie het aantal onafhankelijke leveranciers van elektrische tractiesystemen zou beperken, zouden er nog steeds meerdere geïntegreerde leveranciers zijn die spoorvoertuigen kunnen aanbieden. De Commissie concludeerde dan ook dat, zelfs indien de fusie negatieve effecten had voor onafhankelijke leveranciers van elektrische spoorvoertuigen, er toch nog voldoende concurrentie zou blijven bestaan op de relevante benedenwaartse markt voor spoorvoertuigen.

(13) Zie hoofdstuk II; van de mededeling horizontale fusies.

scherming' gebruikt om elke situatie te beschrijven waarin als gevolg van de fusie de toegang van daadwerkelijke of potentiële concurrenten tot voorzieningsbronnen of afzetmarkten wordt belemmerd of geblokkeerd, waardoor de mogelijkheid en/of prikkel van deze ondernemingen om te concurreren wordt verminderd. Door dergelijke marktafscherming kunnen de fuserende ondernemingen — en eventueel ook een aantal van hun concurrenten — in staat zijn de prijzen die zij de verbruikers aanrekenen, op winstgevende wijze verhogen [14]. Dergelijke situaties komen neer op een significante belemmering van de daadwerkelijke mededinging en worden daarom hierna 'concurrentieverstorende marktafscherming' genoemd.

19. Gecoördineerde effecten doen zich voor wanneer de fusie de aard van de mededinging zodanig verandert dat ondernemingen die voorheen hun gedragingen niet coördineerden, nu in significante mate sterker geneigd zijn hun marktgedrag te coördineren en de prijzen te verhogen of de daadwerkelijke mededinging op andere wijze te belemmeren. Een fusie kan coördinatie ook eenvoudiger, stabieler of doeltreffender maken voor ondernemingen die al voor de fusie coördineerden.

20. Bij het beoordelen van de gevolgen die een fusie heeft voor de mededinging, vergelijkt de Commissie de mededingingssituatie die uit de aangemelde fusie zou voortvloeien, met die welke zonder de fusie zou hebben bestaan [15]. In de meeste gevallen is de bestaande mededingingssituatie het meest relevante vergelijkingspunt om de effecten van een fusie te beoordelen. In bepaalde omstandigheden kan de Commissie evenwel rekening houden met toekomstige ontwikkelingen van de markt die redelijkerwijs te voorspellen zijn. De Commissie kan met name, wanneer zij nagaat wat het relevante vergelijkingspunt is, de vermoedelijke markttoetreding of — uittreding van ondernemingen zonder de fusie in aanmerking nemen. De Commissie kan ook rekening houden met toekomstige marktontwikkelingen die het gevolg zijn van aanstaande wijzigingen in regelgeving of regulering [16].

21. Bij haar beoordeling houdt de Commissie rekening met zowel de negatieve, concurrentieverstorende effecten van de fusie als de mogelijke positieve, concurrentiebevorderende effecten die dankzij nader onderbouwde efficiëntieverbeteringen zullen worden behaald ten voordele van de verbruikers [17]. De Commissie onderzoekt de diverse ketens van oorzaak en gevolg om na te gaan welke het meest waarschijnlijk is. Naarmate de gepercipieerde concurrentieverstorende effecten van een fusie meer onmiddellijk en rechtstreeks zijn, is de kans groter dat de Commissie mededingingsbezwaren zal hebben. Evenzo is, naarmate de concurrentiebevorderende effecten van een fusie meer onmiddellijk en rechtstreeks zijn, de kans groter dat de Commissie tot de conclusie komt dat deze effecten een tegenwicht bieden aan eventuele concurrentieverstorende effecten.

---

(14) Voor de betekenis van de woorden 'hogere prijzen', zie voetnoot 8.
(15) Analoog hieraan zal, in het geval van een fusie die ten uitvoer is gelegd zonder te zijn aangemeld, de Commissie deze fusie beoordelen met inachtneming van de mededingingssituatie die zou hebben bestaan zonder de ten uitvoer gelegde fusie.
(16) Dit kan met name relevant zijn bij zaken waar naar verwachting daadwerkelijke mededinging zal ontstaan als gevolg van de openstelling van een markt. Zie bv. zaak COMP/M.3696 — E.ON/MOL (2005), overwegingen 457 tot 463.
(17) Zie hoofdstuk VII; over efficiëntieverbeteringen van de mededeling horizontale fusies.

22. Dit document beschrijft de voornaamste scenario's van concurrentieschade en bronnen van efficiëntieverbeteringen, eerst in het kader van verticale fusies en nadien in het kader van fusies met een conglomeraatkarakter.

III. Marktaandelen en marktconcentratie

23. Niet-horizontale fusies vormen geen bedreiging voor de daadwerkelijke mededinging tenzij het fusiebedrijf over een aanzienlijke mate van marktmacht beschikt (die niet noodzakelijkerwijs hoeft neer te komen op een machtspositie) op ten minste een van de betrokken markten. De Commissie zal dit punt onderzoeken vooraleer de impact van de fusie op de mededinging na te gaan.

24. Marktaandelen en de graad van marktconcentratie bieden bruikbare, eerste aanwijzingen voor de marktstructuur en voor het belang van zowel de fuserende partijen als hun concurrenten voor de mededinging [18].

25. Het is onwaarschijnlijk dat de Commissie bezwaren zal hebben tegen niet-horizontale fusies, van gecoördineerde of niet-gecoördineerde aard, wanneer het marktaandeel van de nieuwe entiteit na de fusie op elk van de betrokken markten niet groter is dan 30 % [19] en de HHI (Herfindahl-Hirschman Index) na de fusie minder dan 2 000 bedraagt.

26. In de praktijk zal de Commissie dergelijke fusies niet grondig analyseren, behalve wanneer zich bijzondere omstandigheden voordoen, zoals bijvoorbeeld:
a) een van de fuserende ondernemingen zal zich waarschijnlijk in de nabije toekomst sterk uitbreiden, bijvoorbeeld als gevolg van een recente innovatie;
b) er bestaan significante wederzijdse aandelenparticipaties of vertegenwoordigingen op directieniveau tussen de marktdeelnemers;
c) een van de fusiepartners is een onderneming die met grote waarschijnlijkheid gecoördineerde marktgedragingen verstoort;
d) er zijn aanwijzingen dat marktcoördinatie heeft plaatsgevonden of nog plaatsvindt, of dat er sprake is van praktijken die marktcoördinatie vergemakkelijken.

27. De Commissie zal de bovengenoemde marktaandelen- en HHI-drempels als eerste aanwijzing gebruiken om te concluderen dat er geen problemen zijn vanuit mededingingsoogpunt. Een wettelijk vermoeden kan er evenwel niet uit worden afgeleid. De Commissie is van oordeel dat het in de onderhavige context minder passend is om aan te geven boven welke marktaandelen en marktconcentratieniveaus mededingingsbezwaren waarschijnlijk worden geacht, omdat het bestaan van een aanzienlijke mate van marktmacht op ten minste een van de betrokken markten weliswaar een noodzakelijke, maar geen voldoende voorwaarde is voor concurrentieschade [20].

---

(18) Zie ook hoofdstuk III; van de mededeling horizontale fusies. Voor de berekening van marktaandelen is de marktbepaling van cruciaal belang (zie bekendmaking van de Commissie inzake de bepaling van de relevante markt voor het gemeenschappelijke mededingingsrecht, *PB* C 372 van 9.12.1997, blz. 5). Bijzonderen opgelet moet worden bij gevallen waarin verticaal geïntegreerde ondernemingen intern producten leveren.

(19) Overeenkomstig de aanwijzingen die zijn gegeven in Verordening (EG) nr. 2790/1999 van de Commissie van 22 december 1999 betreffende de toepassing van artikel 81, lid 3, van het Verdrag op groepen verticale overeenkomsten en onderling afgestemde feitelijke gedragingen (*PB* L 336 van 29.12.1999, blz. 21). Wanneer het fusiebedrijf een marktaandeel heeft van iets meer dan de 30 %-drempel op de ene markt maar een aanzienlijk lager aandeel op andere, gerelateerde markten liggen mededingingsbezwaren minder voor de hand.

(20) Zie hoofdstukken IV; en V.

IV. Vertificale fusies

28. Dit hoofdstuk behandelt het analytisch kader op basis waarvan de Commissie verticale fusies beoordeelt. Bij haar beoordeling houdt de Commissie rekening met zowel de negatieve, concurrentieverstorende effecten van de fusie als met de eventuele positieve, concurrentiebevorderende effecten als gevolg van (nader door de partijen onderbouwde) efficiëntieverbeteringen.

A. Niet-gecoördineerde effecten: marktafscherming

29. Een fusie wordt geacht tot marktafscherming te leiden wanneer de toegang van daadwerkelijke of potentiële concurrenten tot voorzieningsbronnen of afzetmarkten door de fusie wordt belemmerd of geblokkeerd, waardoor de mogelijkheid en/of prikkel van deze ondernemingen om te concurreren wordt verminderd. Deze afscherming kan de toetreding of expansie van concurrenten ontmoedigen of hen ertoe brengen de markt te verlaten. Marktafscherming kan zich derhalve ook voordoen indien de afgeschermde concurrenten niet worden gedwongen de markt te verlaten: het volstaat indien de concurrenten worden benadeeld en daardoor minder doeltreffend kunnen concurreren. Een dergelijke afscherming wordt als concurrentieverstorend beschouwd wanneer de fuserende ondernemingen – en eventueel ook een aantal van hun concurrenten – hierdoor de prijzen die zij aan de verbruikers aanrekenen op winstgevende wijze kunnen verhogen [21].

30. Er kunnen twee soorten marktafscherming worden onderscheiden. De eerste doet zich voor wanneer de fusie de kosten van benedenwaartse ondernemingen waarschijnlijk zal doen stijgen doordat zij hun toegang tot een belangrijke voorzieningsbron beperkt (bronafscherming). Het tweede type houdt in dat de fusie bovenwaartse concurrenten waarschijnlijk van de markt zal afschermen door hun toegang tot een toereikend klantenbestand te beperken (klantafscherming) [22].

1. Bronafscherming

31. Bronafscherming doet zich voor wanneer het waarschijnlijk is dat de nieuwe entiteit na de fusie de toegang tot de producten en diensten die zij zonder de fusie zou hebben geleverd respectievelijk verricht, waardoor zij de kosten voor de concurrerende benedenwaartse onderneming verhoogt doordat deze grotere moeite heeft om zich tegen vergelijkbare prijzen en onder vergelijkbare voorwaarden als zonder de fusie het geval zou zijn geweest, van voorzieningsbronnen te voorzien. Dit kan ertoe leiden dat het fusiebedrijf de aan de verbruikers berekende prijs op winstgevende wijze kan verhogen, waardoor de daadwerkelijke mededinging op significante wijze zou worden belemmerd. Zoals hierboven reeds is opgemerkt kan bronafscherming tot schade voor de consument leiden ook zonder dat de concurrenten van de gefuseerde onderneming noodzakelijkerwijs gedwongen worden de markt te verlaten. Het relevante criterium is of de gestegen inputkosten tot hogere prijzen voor de verbruikers zouden leiden. Eventuele efficiëntieverbeteringen als gevolg van de fusie zouden het fusiebedrijf er echter toe kunnen brengen de prijzen te verlagen, zodat het vermoedelijke totale effect op de verbruikers neutraal of positief is. In figuur 1 wordt dit mechanisme grafisch weergegeven.

---

(21) Voor de betekenis van de term 'hogere prijzen', zie voetnoot 8. Voor de betekenis van de term 'verbruikers', zie punt 16.
(22) Zie concentratieverordening, artikel 2, lid 1, onder b), waarin respectievelijk wordt verwezen naar 'toegang tot voorzieningsbronnen' en 'toegang tot (…) afzetmarkten'.

Figuur 1 Bronafscherming

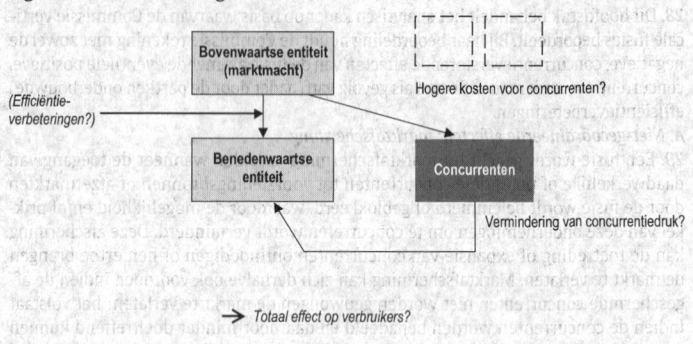

```
                    ┌─────────────────────┐          ┌ ─ ─ ┐  ┌ ─ ─ ┐
                    │ Bovenwaartse entiteit│          │     │  │     │
                    │    (marktmacht)     │          └ ─ ─ ┘  └ ─ ─ ┘
                    └─────────────────────┘
  (Efficiëntie-                                     Hogere kosten voor concurrenten?
  verbeteringen?)           │
          ─────────────────▶│
                            ▼
                    ┌─────────────────────┐          ┌─────────────────────┐
                    │    Benedenwaartse    │          │                     │
                    │      entiteit        │          │    Concurrenten     │
                    └─────────────────────┘          └─────────────────────┘

                                                     Vermindering van concurrentiedruk?

                     ──▶ Totaal effect op verbruikers?
```

32. Bij de beoordeling van de waarschijnlijkheid dat een concurrentieverstorende vorm van bronafscherming zich voor zal doen onderzoekt de Commissie ten eerste of de gefuseerde entiteit na de fusie de mogelijkheid zou hebben om de toegang tot voorzieningsbronnen in hoge mate af te schermen, ten tweede of zij de prikkel zou hebben om dit te doen, en ten derde, of een afschermingsstrategie de concurrentie benedenwaarts aanzienlijk zou schaden [23]. In de praktijk worden deze factoren dikwijls tezamen onderzocht omdat zij onderling nauw samenhangen.

A. Mogelijkheid om de toegang tot voorzieningsbronnen af te schermen [24]

33. Bronafscherming kan in verschillende vormen voorkomen. De fusieonderneming kan besluiten geen transacties te verrichten met haar daadwerkelijke of potentiële concurrenten in de verticaal gerelateerde markt. Evenzo kan de gefuseerde onderneming besluiten de leveringen te beperken en/of de prijzen voor de leveringen aan concurrenten te verhogen en/of anderszins de leveringsvoorwaarden minder gunstig te maken dan zij zonder de fusie zouden zijn geweest [25]. Verder kan de gefuseerde entiteit ervoor opteren in de nieuwe onderneming van een specifieke technologie gebruik te maken die niet compatibel is met de door concurrerende ondernemingen gekozen technologieën [26]. Bronafscherming kan ook meer subtiele vormen aannemen, zoals de verslechtering van de kwaliteit van de geleverde input [27]. In haar beoordeling kan de Commissie een reeks mogelijke alternatieve of complementaire strategieën onderzoeken.

---

(23) Zie bijvoorbeeld zaken COMP/M.4300 – Philips/Intermagnetics, COMP/M.4314 –Johnson & Johnson/Pfizer Consumer Healthcare, COMP/M.4389 – WLR/BST, COMP/M.4403 – Thales/Finmeccanica/Alcatel Alenia Space en Telespazio, COMP/M.4494 – Evraz/Highveld, en COMP/M.4561 – GE/ Smiths Aerospace.
(24) De term 'voorzieningsbron' *('input')* wordt hier in algemene zin gebruikt en kan tevens betrekking hebben op diensten, toegang tot infrastructuur en toegang tot intellectuele-eigendomsrechten.
(25) Zie bijvoorbeeld zaak COMP/M.1693 – Alcoa/Reynolds (2000), zaak COMP/M.4403 – Thales/ Finmeccanica/Alcatel Alenia Space/Telespazio, overwegingen 257-260.
(26) Zie bijvoorbeeld zaak COMP/M.2861 – Siemens/Dragerwerk/JV (2003), zaak COMP/M.3998 Axalto, overweging 75.
(27) Zie bijvoorbeeld zaak COMP/M.4314 –Johnson & Johnson/Pfizer Consumer Healthcare, overwegingen 127-130.

34. Bronafscherming kan alleen concurrentieproblemen oproepen indien zij betrekking heeft op een belangrijke voorzieningsbron voor het benedenwaartse product [28]. Dit geldt bijvoorbeeld wanneer de desbetreffende voorzieningsbron een belangrijke kostenfactor vertegenwoordigt met betrekking tot de prijs van het benedenwaartse product. Afgezien van de kosten kan de voorzieningsbron tevens om andere redenen van vrij groot belang zijn. De voorzieningsbron kan bijvoorbeeld een essentieel onderdeel zijn zonder welk het benedenwaartse product niet kan worden vervaardigd of daadwerkelijk op de markt verkocht [29], of kan een belangrijke bron van productdifferentiatie voor het benedenwaartse product vormen [30]. Ook kan het overschakelen op een andere input betrekkelijk hoge kosten met zich meebrengen.

35. Bronafscherming vormt slechts een probleem indien de verticaal geïntegreerde onderneming die als gevolg van de fusie is ontstaan een aanzienlijke mate van marktmacht op de bovenwaartse markt heeft. Slechts indien dit het geval is kan worden verwacht dat de gefuseerde onderneming een aanzienlijke invloed heeft op de concurrentievoorwaarden op de bovenwaartse markt en daarom mogelijk ook op de prijzen en leveringsvoorwaarden op de benedenwaartse markt.

36. Het fusiebedrijf zal slechts de mogelijkheid hebben om benedenwaartse concurrenten af te schermen indien zij, door de toegang tot haar eigen bovenwaartse producten of -diensten te beperken, de algemene beschikbaarheid van voorzieningsbronnen voor de benedenwaartse markt in termen van prijs of kwaliteit negatief zou kunnen beïnvloeden. Dit kan het geval zijn naarmate de resterende bovenwaartse leveranciers minder efficiënt zijn, de producten die zij aanbieden minder de voorkeur genieten, of naarmate zij niet de mogelijkheid hebben om hun afzet uit te breiden in reactie op de leveringsbeperking, bijvoorbeeld omdat zij capaciteitsproblemen hebben of, meer in het algemeen, kampen met afnemende schaalopbrengsten [31]. Ook de aanwezigheid van exclusieve overeenkomsten tussen het fusiebedrijf en onafhankelijke inputleveranciers kan de mogelijkheid van benedenwaartse concurrenten om voldoende toegang tot voorzieningsbronnen te krijgen, beperken.

37. Wanneer wordt bepaald in hoeverre bronafscherming zich in een bepaald geval kan voordoen dient er rekening mee te worden gehouden dat indien het fusiebedrijf besluit om gebruik te maken van de levering van inputs door haar eigen bovenwaartse divisie, hierdoor ook capaciteit kan vrijkomen bij de resterende inputleveranciers waarvan de benedenwaartse divisie voor de fusie aankocht. In feite kan de fusie er soms slechts toe leiden dat de aankooppatronen van concurrerende ondernemingen worden gewijzigd.

38. Wanneer de mededinging op de inputmarkt oligopolistisch van aard is wordt, indien de gefuseerde onderneming besluit om de toegang tot haar voorzieningsbronnen te beperken, de concurrentiedruk die op de overige inputleveranciers wordt uitgeoefend ver-

---

(28)   Zie bijvoorbeeld zaak COMP/M.3868 – Dong/Elsam/Energi E2, zaak COMP/M.4094 – Ineos/BP Dormagen, overwegingen 183-184, zaak COMP/M.4561–GE/Smiths Aerospace, overwegingen 48-50.
(29)   Bijvoorbeeld, een startmotor kan als essentieel onderdeel van een motor worden beschouwd (zaak T-210/01, General Electric/Commissie, *Jurispr.* 2005, blz. II-000); zie ook bijvoorbeeld zaak COMP/M.3410 – Total/GDF, punten 53-54 en 60-61.
(30)   Bijvoorbeeld, persoonlijke computers worden dikwijls verkocht met specifieke aanduiding van de microprocessor die zij bevatten.
(31)   Zie bijvoorbeeld zaak COMP/M.4494 – Evraz/Highveld, overwegingen 92 en 97-112.

minderd, waardoor zij mogelijk in staat zijn de inputprijs die zij aan niet-geïntegreerde benedenwaartse concurrenten berekenen, te verhogen. In wezen kan bronafscherming door de gefuseerde entiteit haar benedenwaartse concurrenten blootstellen aan niet-verticaal geïntegreerde leveranciers met toegenomen marktmacht [32]. Deze toename van de marktmacht van derden zal groter zijn naarmate het niveau van productdifferentiatie tussen de gefuseerde entiteit en andere bovenwaartse leveranciers lager is en de graad van bovenwaartse concentratie hoger is. De poging om de inputprijs te verhogen kan evenwel mislukken wanneer onafhankelijke inputleveranciers op de dalende vraag naar hun producten (vanuit de benedenwaartse divisie van de gefuseerde entiteit of van onafhankelijke benedenwaartse ondernemingen) reageren met een agressiever prijsbeleid [33].

39. Bij haar beoordeling zal de Commissie op basis van de beschikbare informatie nagaan of er doeltreffende en snel uitvoerbare tegenmaatregelen zijn die de concurrerende ondernemingen waarschijnlijk zouden nemen. Tot dergelijke tegenmaatregelen behoren de mogelijkheid om het productieproces te wijzigen teneinde minder afhankelijk te zijn van de desbetreffende voorzieningsbron, of het bevorderen van de toetreding van nieuwe bovenwaartse leveranciers.

B. Prikkel om de toegang tot voorzieningsbronnen af te schermen

40. De prikkel tot afscherming hangt af van de mate waarin afscherming rendabel zou zijn. De verticaal geïntegreerde onderneming zal in aanmerking nemen hoe haar leveringen van voorzieningsbronnen aan benedenwaartse concurrenten niet alleen de winst van haar bovenwaartse divisie, maar ook van haar benedenwaartse divisie zullen beïnvloeden. In wezen moet de gefuseerde entiteit de winst die op de bovenwaartse markt verloren gaat als gevolg van een vermindering van de inputverkoop aan (daadwerkelijke of potentiële) concurrenten afwegen tegen de winst die zij op korte of langere termijn kan behalen dankzij een stijging van de verkoop benedenwaarts of, in voorkomend geval, een mogelijke verhoging van de prijzen voor verbruikers.

41. Het resultaat van deze afweging hangt vermoedelijk af van de omvang van de winst die de gefuseerde entiteit bovenwaarts en benedenwaarts behaalt [34]. Bij overigens gelijkblijvende omstandigheden geldt dat hoe lager de marges bovenwaarts zijn, des te geringer de verliezen zijn als gevolg van een beperking van de inputverkoop. Evenzo geldt dat hoe hoger de benedenwaartse marges, des te groter de winsttoename als gevolg van een uitbreiding van het marktaandeel benedenwaarts ten koste van afgeschermde concurrenten [35].

---

(32) De analyse van het vermoedelijke effect van verminderde concurrentiedruk is vergelijkbaar met de analyse van niet-gecoördineerde effecten bij horizontale fusies (zie hoofdstuk IV; van de mededeling horizontale fusies).

(33) Daarnaast kan de aard van de leveringsovereenkomsten tussen bovenwaartse leveranciers en onafhankelijke benedenwaartse ondernemingen in dit verband van belang zijn. Wanneer in deze overeenkomsten bijvoorbeeld een prijssysteem wordt gebruikt waarbij een vaste vergoeding wordt gecombineerd met een leveringsprijs per eenheid, kan het effect op de marginale kosten van de benedenwaartse concurrenten minder groot zijn dan wanneer in deze overeenkomsten slechts sprake is van leveringsprijzen per eenheid.

(34) Zie bijvoorbeeld zaak COMP/M.4300 – Philips/Intermagnetics, overwegingen 56-62, zaak COMP/M.4576 – AVR/Van Gansewinkel, overwegingen 33-38.

(35) Opgemerkt zij dat de marges bovenwaarts en benedenwaarts kunnen veranderen als gevolg van de fusie. Dit kan gevolgen hebben voor de prikkel van de gefuseerde entiteit om tot marktafscherming over te gaan.

42. De prikkel voor de geïntegreerde onderneming om de kosten voor de concurrenten op te drijven hangt verder ervan af in hoeverre de benedenwaartse vraag aan de uitgesloten concurrenten kan worden onttrokken en welk aandeel van die vraag door de benedenwaartse divisie van de geïntegreerde onderneming kan worden bemachtigd [36]. Dit aandeel zal normaal gesproken groter zijn naarmate de gefuseerde onderneming minder met capaciteitsproblemen kampt dan haar niet-afgeschermde benedenwaartse concurrenten, en naarmate de producten van de gefuseerde entiteit en van de afgeschermde concurrenten meer onderling substitueerbaar zijn. Het effect op de benedenwaartse vraag zal tevens groter zijn naarmate de betrokken input een aanzienlijk deel van de kosten van de benedenwaartse concurrent uitmaakt of indien de betrokken input een essentieel onderdeel van het benedenwaartse product vormt [37].

43. De prikkel om daadwerkelijke of potentiële concurrenten af te schermen kan tevens afhangen van de vraag in hoeverre mag worden verwacht dat de benedenwaartse divisie van de geïntegreerde onderneming zal kunnen profiteren van de hogere prijsniveaus benedenwaarts als gevolg van een strategie om de kosten van concurrenten op te drijven [38]. Hoe groter de marktaandelen van de gefuseerde entiteit benedenwaarts zijn, des te hoger is de omzetbasis waarop een hogere winstmarge kan worden genoten [39].

44. Een bovenwaartse monopolist die zich op verticaal geïntegreerde markten reeds alle beschikbare winst kan toe-eigenen zal wellicht geenszins geneigd zijn na een verticale fusie concurrenten uit te sluiten. De mogelijkheid om de beschikbare winst aan de verbruikers te onttrekken vloeit niet rechtstreeks voort uit een zeer groot marktaan-

---

(36) Zie bijvoorbeeld zaak COMP/M.3943 — Saint-Gobain/BPB (2005), overweging 78. De Commissie merkte hier op dat het zeer onwaarschijnlijk was dat BPB, de grootste leverancier van gipsplaat in het Verenigd Koninkrijk, haar leveringen aan concurrerende distributeurs van Saint-Gobain zou inkrimpen, ten dele omdat de uitbreiding van de distributiecapaciteit van Saint-Gobain problematisch was.
(37) Omgekeerd geldt dat, indien de input slechts een klein deel vormt van het benedenwaartse product en hiervan geen essentieel onderdeel vormt, zelfs een groot bovenwaarts marktaandeel de gefuseerde entiteit mogelijk niet de prikkel zal geven om benedenwaartse concurrenten uit te sluiten, omdat de verkopen zich nauwelijks of niet naar de benedenwaartse divisie van de geïntegreerde onderneming zouden verplaatsen. Zie bijvoorbeeld zaak COMP/M.2738 — GEES/Unison; zaak COMPM.4561 — GE/Smiths Aerospace, overwegingen 60-62.
(38) Zie bijvoorbeeld zaak COMP/M.4314 — Johnson & Johnson/Pfizer Consumer Healthcare, overwegingen 131-132.
(39) Opgemerkt zij dat hoe minder de gefuseerde onderneming in staat is zich op een specifieke benedenwaartse markt te richten, des te minder waarschijnlijk het is dat zij haar prijzen voor de input die zij levert zal verhogen, omdat zij op andere benedenwaartse markten opportuniteitskosten zou moeten dragen. In dit verband kan rekening worden gehouden met de mate waarin de gefuseerde entiteit prijsdiscriminatie kan toepassen indien zij verscheidene benedenwaartse markten en/of nevenmarkten belevert (bijvoorbeeld voor reserveonderdelen).

deel [40]. Hiertoe moet een meer diepgaande analyse worden gemaakt van de bestaande en toekomstige druk waaronder de monopolist opereert. Wanneer het niet mogelijk is alle beschikbare winst te onttrekken, kan een verticale fusie – zelfs indien hierbij een bovenwaartse monopolist betrokken is – de gefuseerde entiteit stimuleren de kosten van benedenwaartse concurrenten op te drijven, waarbij de concurrentiedruk die zij op de gefuseerde entiteit op de benedenwaartse markt uitoefenen, wordt verminderd.

45. Bij haar onderzoek naar de prikkel van de gefuseerde onderneming om haar concurrenten af te schermen kan de Commissie verschillende factoren in aanmerking nemen zoals de eigendomsstructuur van de gefuseerde onderneming [41], het soort strategieën dat zij in het verleden op de markt heeft gevolgd [42] of de inhoud van interne beleidsdocumenten zoals bedrijfsplannen.

46. Bovendien onderzoekt de Commissie, wanneer een bepaalde gedraging van de fusieonderneming een cruciale stap vormt in de richting van marktafscherming, zowel de prikkels om tot dergelijke gedragingen over te gaan als van de factoren die deze prikkels kunnen verzwakken of zelfs wegnemen, zoals de eventuele onrechtmatigheid van die gedraging. Gedragingen kunnen onder andere onrechtmatig zijn omdat zij in strijd zijn met de mededingingsregels of sectorspecifieke regels op EU- of nationaal niveau. Om deze gedragingen te beoordelen is het echter niet nodig een volledig en gedetailleerd onderzoek te verrichten naar de in de verschillende rechtsorden eventueel toepasselijke regels en het daarin gevoerde handhavingsbeleid [43]. Bovendien is het mogelijk dat de

---

(40) Een situatie waarin dit wellicht problematisch is, is wanneer de monopolist een toeleggingsprobleem (commitmentprobleem) heeft dat hij niet kan oplossen. Bijvoorbeeld, een benedenwaartse koper kan bereid zijn een hoge prijs aan een bovenwaartse monopolist te betalen indien laatstgenoemde vervolgens geen extra volumes aan een concurrent verkoopt. Maar wanneer de leveringsvoorwaarden eenmaal met een benedenwaartse onderneming zijn vastgelegd, kan de bovenwaartse leverancier geneigd zijn zijn leveringen aan andere benedenwaartse ondernemingen uit te breiden waardoor de eerste aankoop onrendabel wordt vanuit het oogpunt van de eerste aankoper. Aangezien benedenwaartse ondernemingen op dit soort opportunistisch gedrag zullen anticiperen, zal de bovenwaartse leverancier niet in staat zijn zijn marktmacht ten volle te benutten. Door verticale integratie kan de mogelijkheid van de bovenwaartse leverancier worden hersteld om zich ertoe te verbinden de verkoop van voorzieningsbronnen niet te verhogen omdat dit zijn eigen benedenwaartse divisie zou schaden. Een ander geval waarin de monopolist zich niet alle beschikbare monopoliewinst kan toe-eigenen kan zich voordoen wanneer de onderneming haar afnemers geen verschillende prijzen kan aanrekenen.

(41) Bijvoorbeeld, in gevallen waarin twee ondernemingen gezamenlijke zeggenschap uitoefenen over een onderneming die actief is op de bovenwaartse markt terwijl slechts een van beide benedenwaartse activiteiten verricht, dan heeft de onderneming zonder benedenwaartse activiteiten er wellicht weinig belang bij om inputverkopen te verliezen. In dergelijke gevallen is de prikkel tot afscherming minder groot dan wanneer de bovenwaartse onderneming onder volledige zeggenschap staat van een onderneming met benedenwaartse activiteiten. Zie bijvoorbeeld zaak COMP/M.3440 – EDP/ENI/GDP (2004), zaak COMP/M.4403 – Thales/Finmeccanica/Alcatel Alenia Space/Telespazio, overwegingen 121 en 268.

(42) Het feit dat een concurrent met een vergelijkbare marktpositie als de gefuseerde entiteit in het verleden de levering van input heeft gestaakt, toont wellicht aan dat een dergelijke strategie vanuit commercieel oogpunt rationeel is (zie bijvoorbeeld Alcan/Pechiney, zaak COMP/M.3225 (2004), overweging 40).

(43) Zaak C-12/03 P, Commissie/Tetra Laval BV, *Jurispr.* blz. I-000, punten 74–76. zaak T-210/01, General Electric/Commissie, *Jurispr.* 2005,blz. II-000, punt 73.

onrechtmatigheid van een gedraging slechts onder bepaalde omstandigheden een sterk negatieve prikkel voor de gefuseerde entiteit vormt om tot een dergelijke gedraging over te gaan. De Commissie zal, op basis van een summiere analyse, met name de volgende punten onderzoeken:
i) de kans dat deze gedraging volgens het Gemeenschapsrecht duidelijk of zeer waarschijnlijk onrechtmatig is [44],
ii) de kans dat deze onrechtmatige gedraging wordt ontdekt [45], en
iii) de sancties die kunnen worden opgelegd.

C. Het vermoedelijke totale effect op de daadwerkelijke mededinging

47. Over het algemeen zal een fusie aanleiding geven tot mededingingsbezwaren in verband met bronafscherming wanneer zij tot hogere prijzen op de benedenwaartse markt leidt en derhalve de daadwerkelijke mededinging op significante wijze wordt belemmerd.

48. In de eerste plaats kan er sprake zijn van concurrentieverstorende marktafscherming wanneer fuserende partijen als gevolg van een verticale fusie de kosten voor benedenwaartse concurrenten op de markt kunnen opdrijven, waardoor een opwaartse druk op hun verkoopprijzen ontstaat. Van aanzienlijke concurrentieschade kan normaal slechts worden gesproken indien de afgeschermde ondernemingen een voldoende belangrijke rol spelen in het concurrentieproces op de benedenwaartse markt. Hoe groter het percentage concurrenten op de benedenwaartse markt dat wordt afgeschermd, des te groter is de kans dat de fusie een aanzienlijke prijsverhoging op de benedenwaartse markt zal veroorzaken en derhalve de daadwerkelijke concurrentie op die markt op significante wijze zal belemmeren [46]. Een bepaalde onderneming kan, ook indien zij een betrekkelijk klein marktaandeel heeft in vergelijking met andere marktdeelnemers, in mededingingsopzicht toch een relatief belangrijke rol spelen [47], bijvoorbeeld omdat zij een naaste concurrent van de verticaal geïntegreerde onderneming is of omdat zij een bijzonder agressieve concurrent is.

49. In de tweede plaats kan de daadwerkelijke mededinging op significante wijze worden belemmerd doordat de toetredingsdrempels voor potentiële concurrenten worden verhoogd [48]. Een verticale fusie kan potentiële concurrentie op de benedenwaartse markt uitsluiten wanneer het waarschijnlijk is dat het fusiebedrijf niet aan potentiële nieuwkomers op de benedenwaartse markt zal leveren, of slechts onder minder gunstige voorwaarden dan zonder de fusie. De waarschijnlijkheid dat het fusiebedrijf na de fusie een afschermingsstrategie ten uitvoer zal leggen kan op zich reeds een sterk

---

(44) Zaak T-210/01, General Electric/Commission, *Jurispr.* 2005, blz. II-000, in het bijzonder punten 74–75 en 311–312.

(45) Bijvoorbeeld, in zaak COMP/M.3696 – E.ON/MOL (2005), overwegingen 433 en 443–446, hechtte de Commissie belang aan het feit dat de nationale Hongaarse toezichthouder voor de gassector verklaarde dat hij in een aantal situaties, hoewel hij het recht heeft de marktdeelnemers te controleren en te dwingen tot niet-discriminerend gedrag, niet in staat was adequate informatie te verkrijgen over het commerciële gedrag van de betrokken ondernemingen. Zie ook zaak COMP/M.3440 – EDP/ENI/GDP (2004), overweging 424.

(46) Zie bijvoorbeeld zaak COMP/M.4494 – Evraz/Highveld, overwegingen 97–112.

(47) Zie bijvoorbeeld zaak COMP/M. 3440 – EDP/ENI/GDP (2004).

(48) Zie bijvoorbeeld zaak COMP/M.4180 – Gaz de France/Suez, overwegingen 876–931, zaak COMP/M.4576 – AVR/Van Gansewinkel, overwegingen 33–38.

afschrikkende uitwerking hebben op potentiële nieuwkomers [49]. De daadwerkelijke mededinging op de benedenwaartse markt kan op significante wijze worden belemmerd door de verhoging van de toetredingsdrempels, met name indien bronafscherming deze potentiële concurrenten zou nopen zowel op benedenwaarts als op bovenwaarts niveau toe te treden om op enige markt doeltreffend te kunnen concurreren. Het probleem van verhoogde toetredingsdrempels speelt met name in de sectoren die zich momenteel voor concurrentie openstellen of dat in de nabije toekomst zullen doen [50].

50. Indien er voldoende geloofwaardige benedenwaartse concurrenten overblijven waarvan de kosten waarschijnlijk niet zullen stijgen, bij voorbeeld omdat zij zelf verticaal geïntegreerd zijn [51] of in staat zijn om over te schakelen op voldoende alternatieve voorzieningsbronnen, dan kan de concurrentie van deze ondernemingen voldoende druk op de gefuseerde entiteit uitoefenen om te voorkomen dat de prijzen op benedenwaarts niveau de niveaus overschrijden die voor de fusie van toepassing waren.

51. Het effect op de concurrentie op de benedenwaartse markt moet tevens worden onderzocht in het licht van compenserende factoren zoals afnemersmacht [52] of de waarschijnlijkheid dat toetreding tot de bovenwaartse markt de daadwerkelijke mededinging intact zal houden [53].

52. Verder dient het effect op de mededinging te worden beoordeeld in het licht van (door de fuserende partijen onderbouwde) efficiëntieverbeteringen [54]. De Commissie kan besluiten dat er, dankzij de efficiëntieverbeteringen die de fusie teweegbrengt, geen reden is om de fusie overeenkomstig artikel 2, lid 3, van de concentratieverordening onverenigbaar te verklaren met de gemeenschappelijke markt. Dit is het geval wanneer de Commissie, op basis van voldoende bewijsmateriaal, kan concluderen dat de door de fusie gegenereerde efficiëntieverbeteringen de mogelijkheid en de prikkel voor de fusieonderneming waarschijnlijk zullen versterken om concurrentiebevorderend op te treden ten voordele van de verbruikers, en daarmee de negatieve effecten op de mededinging tegengaan die de fusie anders zou hebben veroorzaakt.

53. Bij de beoordeling van efficiëntieverbeteringen in het kader van niet-horizontale fusies past de Commissie de beginselen toe die reeds in hoofdstuk VII; van de mededeling horizontale fusies zijn uiteengezet. Wil de Commissie bij haar beoordeling van de fusie rekening houden met beweerde efficiëntieverbeteringen, dan moeten deze verbeteringen ten goede komen aan de verbruikers, specifiek uit de fusie voortvloeien en verifieerbaar zijn. Deze voorwaarden gelden cumulatief [55].

54. Verticale fusies kunnen bepaalde specifieke efficiëntieverbeteringen met zich meebrengen, die hier niet uitputtend kunnen worden opgesomd.

55. Met name stelt een verticale fusie de gefuseerde entiteit in staat eventuele bestaande dubbele opslagen die een gevolg zijn van het feit dat beide partijen voor de fusie hun

---

(49) Zie zaak COMP/M.3696 — E.ON/MOL (2005), overweging 662 e.v.
(50) Zie punt 20. Het is belangrijk dat regelgevingsmaatregelen waarmee wordt beoogd een markt open te stellen, niet hun werking verliezen doordat verticaal gerelateerde gevestigde ondernemingen fuseren en daarmee de markt afsluiten, of zij elkaar als potentiële nieuwkomers uitsluiten.
(51) Zie bijvoorbeeld zaak COMP/M. 3653 — Siemens/VA Tech (2005), overweging 164.
(52) Zie hoofdstuk V; over compenserende afnemersmacht in de mededeling horizontale fusies.
(53) Zie hoofdstuk VI; over markttoetreding in de mededeling horizontale fusies.
(54) Zie hoofdstuk VII; over efficiëntieverbeteringen in de mededeling horizontale fusies.
(55) Zie met name de punten 79 tot en met 88 van de mededeling horizontale fusies.

prijzen onafhankelijk vaststellen, te internaliseren [56]. Afhankelijk van de marktvoorwaarden kan de verlaging van de dubbele opslag (ten opzichte van een situatie waar de prijsbesluiten op de twee niveaus niet worden afgestemd) de verticale geïntegreerde onderneming in staat stellen de afzet op de benedenwaartse markt op winstgevende wijze te verhogen [57].

56. Verder kan een verticale fusie de partijen in staat stellen het productie- en distributieproces beter op elkaar af te stemmen, en daarmee ook op opslagkosten te besparen.

57. Meer algemeen kan een verticale fusie ervoor zorgen dat de partijen in dezelfde mate geneigd zijn om te investeren in nieuwe producten, nieuwe productieprocessen en de afzet van producten. Terwijl bijvoorbeeld een benedenwaartse distributieonderneming voor de fusie wellicht terughoudend zou zijn geweest ten aanzien van het investeren in advertenties en voorlichting van de afnemers over de kwaliteit van de producten van de bovenwaartse onderneming, ook al zou deze investering de verkopen van andere benedenwaartse ondernemingen ten goede komen, wordt deze terughoudendheid mogelijk door de fusie verminderd.

2. Klantafscherming

58. Klantafscherming kan zich voordoen wanneer een leverancier integreert met een belangrijke afnemer op de benedenwaartse markt [58]. Door deze benedenwaartse aanwezigheid kan de fusieonderneming haar daadwerkelijke of potentiële concurrenten in de bovenwaartse markt (de inputmarkt) de toegang tot een toereikend klantenbestand ontzeggen en hun mogelijkheid of prikkel om te concurreren, verminderen. Dit kan vervolgens de kosten voor de benedenwaartse concurrenten verhogen doordat zij meer moeite hebben om zich tegen vergelijkbare prijzen en onder vergelijkbare voorwaarden van inputs te voorzien als zonder de fusie het geval zou zijn geweest. Hierdoor kan de gefuseerde entiteit de prijzen op de benedenwaartse markt op winstgevende wijze verhogen. Eventuele efficiëntieverbeteringen als gevolg van de fusie kunnen de gefuseerde entiteit er eventueel toe brengen de prijzen te verlagen zodat het totale effect op de verbruikers niet negatief is. Klantafscherming kan tot schade voor de verbruiker leiden ook zonder dat de concurrenten van de gefuseerde onderneming noodzakelijkerwijs gedwongen worden de markt te verlaten. Het relevante criterium is of de hogere input-

---

(56) Zie ook punt 13.
(57) Erkend moet evenwel worden dat het probleem van dubbele opslagen voor de fusie zich niet altijd voordoet of van grote betekenis is, bijvoorbeeld omdat de fuserende partijen reeds een leveringsovereenkomst hadden afgesloten met een prijsmechanisme dat voorziet in volumekortingen, die de opslag doen verdwijnen. De efficiëntieverbeteringen in verband met de verdwijning van dubbele opslagen vloeien derhalve niet altijd uit de fusie voort, omdat verticale samenwerking of verticale overeenkomsten zonder fusie vergelijkbare voordelen kunnen opleveren met minder concurrentieverstorende gevolgen. Bovendien is het mogelijk dat een dubbele opslag door een fusie niet volledig uit de weg wordt geruimd wanneer de levering van voorzieningsbronnen wordt beperkt door capaciteitsproblemen en een even rendabele alternatieve gebruiksmogelijkheid voor de input bestaat. Onder dergelijke omstandigheden brengt het interne gebruik van de input opportuniteitskosten voor de verticaal geïntegreerde onderneming met zich mee: een ruimer intern gebruik van voorzieningsbronnen om de productie benedenwaarts te verhogen betekent dat op de andere markt minder kan worden verkocht. Hierdoor is de prikkel om de input intern te gebruiken en de productie benedenwaarts te verhogen minder groot dan wanneer er geen opportuniteitskosten zijn.
(58) Zie voetnoot 4 voor de definitie van 'benedenwaarts' en 'bovenwaarts'.

kosten tot hogere prijzen voor de verbruikers leiden. In figuur 2 wordt dit mechanisme grafisch weergegeven.

Figuur 2 Klantafscherming

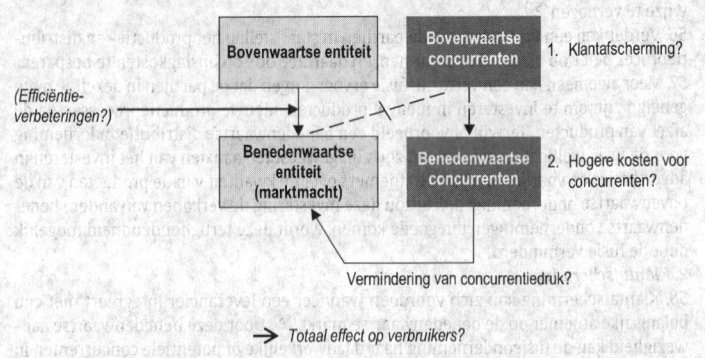

```
                    ┌──────────────────┐     ┌──────────────────┐
                    │ Bovenwaartse     │     │ Bovenwaartse     │  1. Klantafscherming?
                    │ entiteit         │     │ concurrenten     │
                    └──────────────────┘     └──────────────────┘
(Efficiëntie-              │                        ╲
verbeteringen?)            │                         ╲
                           ▼                          ▼
                    ┌──────────────────┐     ┌──────────────────┐
                    │ Benedenwaartse   │     │ Benedenwaartse   │  2. Hogere kosten voor
                    │ entiteit         │◄────│ concurrenten     │     concurrenten?
                    │ (marktmacht)     │     │                  │
                    └──────────────────┘     └──────────────────┘
                                   Vermindering van concurrentiedruk?

                        ──►  Totaal effect op verbruikers?
```

59. Bij de beoordeling van de waarschijnlijkheid dat een concurrentieverstorende vorm van klantafscherming zich voordoet onderzoekt de Commissie eerst of de gefuseerde entiteit na de fusie de mogelijkheid zou hebben om de toegang tot benedenwaartse markten te belemmeren door haar aankopen bij bovenwaartse concurrenten te beperken, ten tweede zij de prikkel zou hebben om dit te doen, en ten derde of een afschermingsstrategie de verbruikers op de benedenwaartse markt aanzienlijk zou schaden [59].

A. *Mogelijkheid om de toegang tot benedenwaartse markten af te schermen*

60. Een verticale fusie kan van invloed zijn op de bovenwaartse concurrenten doordat hun kosten voor toegang tot benedenwaartse afnemers worden verhoogd of doordat hun toegang tot een toereikend klantenbestand wordt beperkt. Klantafscherming kan diverse vormen aannemen. De gefuseerde entiteit kan bijvoorbeeld besluiten al haar benodigde goederen of diensten van haar bovenwaartse divisie te betrekken en daarmee haar aankopen bij bovenwaartse concurrenten staken. Ook kan zij haar aankopen bij bovenwaartse concurrenten beperken of tegen minder gunstige voorwaarden van deze concurrenten kopen dan zij zonder de fusie zou hebben gedaan [60].

61. Wanneer de Commissie nagaat of het fusiebedrijf de mogelijkheid zou hebben om de toegang tot benedenwaartse markten af te schermen, onderzoekt zij of er op de benedenwaartse markt voldoende economische alternatieven zijn voor de bovenwaartse concurrenten (daadwerkelijke of potentiële concurrenten) om hun productie te ver-

---

(59) Zie bijvoorbeeld zaak COMP/M.4389—WLR/BST.
(60) De gefuseerde entiteit kan bijvoorbeeld op het gebied van distributie minder gemakkelijk onder dezelfde voorwaarden toegang tot haar verkooppunten verlenen dan zonder de fusie het geval zou zijn geweest.

kopen [61]. Klantafscherming is slechts een probleem indien bij de verticale fusie een onderneming betrokken is die een belangrijke afnemer is met een aanzienlijke mate van marktmacht op de benedenwaartse markt [62]. Indien er daarentegen een voldoende groot huidig of toekomstig klantenbestand is dat vermoedelijk een beroep zal doen op onafhankelijke leveranciers, dan is het onwaarschijnlijk dat de Commissie om die reden mededingingsbezwaren naar voren zal brengen [63].

62. Klantafscherming kan tot hogere inputprijzen leiden, met name wanneer er omvangrijke schaalvoordelen of bereikvoordelen op de inputmarkt bestaan of wanneer de vraag wordt gekenmerkt door netwerkeffecten [64]. Het is vooral onder deze omstandigheden dat de mogelijkheid om te concurreren van bovenwaartse concurrenten, of zij nu daadwerkelijke of potentiële concurrenten zijn, kan worden beperkt.

63. Klantafscherming van afnemers kan bijvoorbeeld tot hogere inputprijzen leiden wanneer de bovenwaartse concurrenten dicht op de minimale omvang zitten om rendabel te opereren. In zoverre klantafscherming en het daarmee samenhangende volumeverlies voor de bovenwaartse concurrenten hun variabele productiekosten doet stijgen, kan dit resulteren in een opwaartse druk op de prijzen die zij hun afnemers die op de benedenwaartse markt opereren, aanrekenen.

64. In geval van schaalvoordelen of bereikvoordelen kan klantafscherming eveneens de bovenwaartse toetreding van potentiële nieuwkomers onaantrekkelijk maken doordat hun verwachte inkomsten aanzienlijk worden gereduceerd. Wanneer klantafscherming daadwerkelijk toetreding afschrikt kunnen de inputprijzen op een hoger niveau blijven dan anders het geval zou zijn geweest, waardoor de kosten van de levering van inputs aan benedenwaartse concurrenten van de gefuseerde onderneming stijgen.

65. Verder zij opgemerkt dat, hoewel klantafscherming in eerste instantie gevolgen heeft voor de inkomstenstromen van bovenwaartse concurrenten, deze afscherming hun mogelijkheid en prikkel om in kostenverlaging, O&O en productkwaliteit te investeren

---

(61) Het verlies van de geïntegreerde onderneming als afnemer is gewoonlijk minder belangrijk indien de aankopen van die onderneming van niet-geïntegreerde ondernemingen voor de fusie slechts een klein percentage vormen van de voor deze ondernemingen beschikbare omzetbasis. In dat geval is het waarschijnlijker dat er voldoende alternatieve afnemers beschikbaar zijn. De aanwezigheid van exclusieve overeenkomsten tussen de gefuseerde entiteit en andere benedenwaartse ondernemingen kan de mogelijkheid van bovenwaartse concurrenten om een toereikend verkoopvolume te behalen, beperken.
(62) Zie bijvoorbeeld zaak COMP/M.2822 — ENBW/ENI/GVS (2002), overwegingen 54-57.
(63) Zie bijvoorbeeld zaak COMP/M.81 — VIAG/Continental Can (1991), overweging 51 en zaak COMP/M.4389 — WLR/BST, overwegingen 33-35.
(64) Schaalvoordelen en bereikvoordelen bestaan wanneer een toename van de omvang of de reikwijdte van een productie tot een verlaging van de gemiddelde kosten per eenheid leidt. Netwerkeffecten ontstaan wanneer de waarde van een product voor een afnemer stijgt naarmate het aantal andere afnemers die dit product eveneens gebruiken, toeneemt. Voorbeelden zijn communicatieapparatuur, bepaalde softwareprogramma's, producten waarvoor normalisatie nodig is, en platforms die kopers en verkopers samenbrengen.

aanzienlijk kan verminderen [65]. Dit kan hun mogelijkheid om te concurreren op de lange duur aantasten en mogelijk zelfs marktverlating tot gevolg hebben.

66. Bij haar beoordeling kan de Commissie rekening houden met het bestaan van uiteenlopende markten overeenkomstig het verschillend gebruik dat van de voorzieningsbronnen wordt gemaakt. Indien een aanzienlijk deel van de benedenwaartse markt is afgeschermd, is het mogelijk dat een bovenwaartse leverancier geen efficiënte omvang kan bereiken en ook op de overige markt(en) tegen hogere kosten opereert. Omgekeerd kan een bovenwaartse leverancier efficiënt blijven opereren indien hij andere toepassingen of secundaire markten voor zijn input vindt zonder dat zijn kosten daardoor aanmerkelijk stijgen.

67. Bij haar beoordeling zal de Commissie op basis van de beschikbare informatie nagaan of er doeltreffende en snel uitvoerbare en duurzame tegenmaatregelen zijn die de concurrerende ondernemingen waarschijnlijk zullen nemen. Tot dergelijke tegenmaatregelen behoren de mogelijkheid dat bovenwaartse concurrenten besluiten een agressiever prijsbeleid te voeren om hun verkoopniveau op de benedenwaartse markt te handhaven en aldus het effect van afscherming tegen te gaan [66].

B. Prikkel om de toegang tot benedenwaartse markten af te schermen

68. De prikkel tot afscherming hangt af van de mate waarin het rendabel is. De fusieonderneming moet een afweging maken tussen de mogelijke kosten in verband met het niet-aankopen van producten van bovenwaartse concurrenten en de eventuele winst die zij hiermee kan behalen, bijvoorbeeld omdat zij hierdoor de prijzen op de bovenwaartse of benedenwaartse markt kan verhogen.

69. De kosten in verband met de vermindering van de aankoop van concurrerende bovenwaartse leveranciers zijn hoger, naarmate de bovenwaartse divisie van de geïntegreerde onderneming minder efficiënt is dan de uitgesloten leveranciers. Deze kosten zijn eveneens hoger naarmate de bovenwaartse divisie van de gefuseerde onderneming capaciteitsproblemen heeft of de producten van de concurrenten aantrekkelijker zijn als gevolg van productdifferentiatie.

70. De prikkel om tot klantafscherming over te gaan hangt verder af van de mate waarin de bovenwaartse divisie van de fusieonderneming kan profiteren van eventuele hogere prijsniveaus in de bovenwaartse markt als gevolg van de afscherming van bovenwaartse concurrenten. De prikkel om tot dergelijke afscherming over te gaan wordt tevens sterker naarmate de kans groter is dat de benedenwaartse divisie van de geïntegreerde onderneming kan profiteren van de hogere prijsniveaus als gevolg van de afschermingsstrategie.

---

(65) Een inputleverancier die van een belangrijke afnemer wordt afgeschermd kan er de voorkeur aan geven de markt niet meer te betreden indien hij na de investering niet een bepaalde minimumomvang kan bereiken die levensvatbaarheid garandeert. Een dergelijke minimumomvang kan echter wel worden bereikt indien een potentiële nieuwkomer toegang heeft tot een groter klantenbestand dat ook afnemers op andere relevante markten omvat. Zie zaak COMP/M. 1879 – Boeing/Hughes (2000); zaak COMP/M.2978 – Lagardère/Natexis/VUP (2003).

(66) Bijvoorbeeld, in zaak COMP/M.1879 – Boeing/Hughes (2000) werd in overweging 100 geoordeeld dat, naast verscheidene andere factoren, de hoge vaste kosten tot gevolg hadden dat indien concurrerende fabrikanten van satelliet-lanceervoertuigen minder kostenefficiënt zouden worden dan de gefuseerde onderneming, deze zouden trachten de prijzen te verlagen teneinde het volume veilig te stellen en tenminste een gedeelte van de vaste kosten terug te verdienen in plaats van een contract te verliezen en grotere verliezen te moeten dragen. De meest waarschijnlijke uitkomst zou derhalve meer prijs-concurrentie zijn, niet monopolievorming op de markt.

In dit verband geldt dat hoe groter de marktaandelen van de gefuseerde entiteit zijn, des te hoger de omzetbasis is waarop een hogere winstmarge kan worden genoten [67].

71. Wanneer een specifieke gedraging van de fusieonderneming een cruciale stap vormt in de richting van marktafscherming, onderzoekt de Commissie zowel de prikkel om tot een dergelijke gedraging over te gaan als de factoren die deze prikkel zouden kunnen verminderen of zelfs wegnemen, zoals de mogelijkheid dat de gedraging onrechtmatig is [68].

C. Het vermoedelijke totale effect op de daadwerkelijke mededinging

72. De afscherming van concurrenten in de bovenwaartse markt kan nadelige gevolgen hebben voor de benedenwaartse markt en de verbruikers. Door bovenwaartse concurrenten de toegang tot een aanzienlijk klantenbestand voor hun producten te ontzeggen kan de fusie hun mogelijkheid om te concurreren in de voorzienbare toekomst beperken. Daardoor is het waarschijnlijk dat ook de benedenwaartse concurrenten in een nadelige positie worden gebracht, bijvoorbeeld in de vorm van hogere kosten voor voorzieningsbronnen. Dit kan de fusieonderneming op haar beurt in staat stellen de prijzen op winstgevende wijze te verhogen of de totale afzet op de benedenwaartse markt te beperken.

73. Het is mogelijk dat het negatieve effect op verbruikers pas na enige tijd merkbaar wordt wanneer de klantafscherming voornamelijk gevolgen heeft voor de inkomstenstromen van bovenwaartse concurrenten en hierdoor hun geneigdheid afneemt om te investeren in kostenverlaging, productkwaliteit of andere maatregelen om concurrerend te blijven.

74. Slechts wanneer als gevolg van de verticale fusie een voldoende groot gedeelte van de bovenwaartse afzet door een daling van inkomsten wordt beïnvloed, kan de fusie de daadwerkelijke mededinging op de bovenwaartse markt op significante wijze belemmeren. Indien er een aantal bovenwaartse concurrenten overblijven die niet worden beïnvloed, kan de concurrentie van deze ondernemingen voldoende zijn om te voorkomen dat de prijzen op de bovenwaartse markt, en daardoor ook op de benedenwaartse markt, stijgen. Voldoende concurrentie van deze niet-afgeschermde bovenwaartse ondernemingen vereist dat zij niet geconfronteerd worden met belemmeringen die hun expansie in de weg staan, bijvoorbeeld in de vorm van capaciteitsproblemen of productdifferentiatie [69]. Wanneer de vermindering van de bovenwaartse concurrentie een aanzienlijk gedeelte van de benedenwaartse afzet ongunstig beïnvloedt, is het, net als bij bronafscherming, waarschijnlijk dat dit tot een aanzienlijke stijging van het prijsniveau op de benedenwaartse markt zal leiden en daarmee tot een significante belemmering van de daadwerkelijke mededinging [70].

75. Daadwerkelijke mededinging op de bovenwaartse markt kan eveneens op significante wijze worden belemmerd door het verhogen van de toetredingsdrempels voor potentiële concurrenten. Dit is met name het geval wanneer klantafscherming deze potentiële concurrenten zou nopen zowel de benedenwaartse als de bovenwaartse markt

---

(67) Indien de verticaal geïntegreerde onderneming een deel van de input aan benedenwaartse concurrenten levert, kan zij de mogelijkheid benutten om haar verkoop uit te breiden, of in voorkomend geval, de inputprijzen te verhogen.

(68) De analyse van deze prikkels zal worden verricht op de in punt 46 aangegeven wijze.

(69) De analyse van dergelijke niet-gecoördineerde effecten vertoont gelijkenis met de analyse van niet-gecoördineerde effecten bij horizontale fusies (zie hoofdstuk IV; van de mededeling horizontale fusies).

(70) Zie punten 47–50 van de onderhavige mededeling.

te betreden om op enige markt doeltreffend te kunnen concurreren. In een dergelijke situatie kunnen klantafscherming en bronafscherming deel uitmaken van dezelfde strategie. De verhoging van toetredingsdrempels is een bijzonder belangrijk probleem in die sectoren die zich momenteel openstellen voor concurrentie of dat in de nabije toekomst zullen doen [71].

76. De gevolgen voor de mededinging moeten worden beoordeeld in het licht van compenserende factoren als het bestaan van een compenserende afnemersmacht [72] of de waarschijnlijkheid dat toetreding de daadwerkelijke mededinging op de bovenwaartse of benedenwaartse markt intact zal laten [73].

77. Verder dient het effect op de concurrentie te worden beoordeeld in het licht van (door de fuserende partijen onderbouwde) efficiëntieverbeteringen [74].

B. Andere niet-gecoördineerde effecten

78. De gefuseerde onderneming kan door verticale integratie toegang verkrijgen tot commercieel gevoelige informatie over de bovenwaartse of benedenwaartse activiteiten van concurrenten [75]. Een onderneming kan bijvoorbeeld, doordat zij leverancier van een benedenwaartse concurrent wordt, kritische informatie verkrijgen, waardoor zij in staat is op de benedenwaartse markt een minder agressief prijsbeleid te voeren, hetgeen ten koste gaat van de verbruikers [76]. Verder kan zij concurrenten in een nadelige positie plaatsen waardoor zij ervan worden weerhouden de markt te betreden of hun aanwezigheid op de markt uit te breiden.

C. Gecoördineerde effecten

79. Zoals in hoofdstuk IV; van de mededeling horizontale fusies wordt uiteengezet kan een fusie de aard van de mededinging zodanig veranderen dat ondernemingen die voorheen hun gedragingen op de markt niet coördineerden, veel sterker geneigd zullen zijn hun prijzen te coördineren en te verhogen of de daadwerkelijke mededinging anderszins te schaden. Een fusie kan coördinatie ook eenvoudiger, stabieler en doeltreffender maken voor ondernemingen die al voor de fusie coördineerden [77].

80. Marktcoördinatie kan zich voordoen wanneer concurrenten, zelfs zonder een overeenkomst te sluiten of tot onderling afgestemde feitelijke gedragingen over te gaan in de zin van artikel 81 van het Verdrag, gemeenschappelijke doelstellingen vaststellen en nastreven, waarbij zij de normale onderlinge concurrentiedruk uit de weg gaan door middel van een samenhangend systeem van impliciete bedreigingen. In een normale concurrentiesituatie wordt elke onderneming voortdurend geprikkeld tot concurreren.

---

(71) Het is belangrijk dat regelgevingsmaatregelen waarmee de openstelling van een markt wordt beoogd, niet hun werking verliezen doordat verticaal gerelateerde gevestigde ondernemingen fuseren en daarmee de markt afsluiten, of elkaar als potentiële nieuwkomers uitsluiten.
(72) Zie hoofdstuk V; over compenserende afnemersmacht in de mededeling horizontale fusies.
(73) Zie hoofdstuk VI; over toetreding in de mededeling horizontale fusies.
(74) Voor de beoordeling van efficiëntieverbeteringen in een verticale situatie, zie hoofdstuk V;.A.1 hierboven.
(75) Zie zaak COMP/M.1879 – Boeing/Hughes (2000); zaak COMP/M.2510 – Cendant/Galileo, overweging 37; zaak COMP/M.2738 – Gees/Unison, overweging 21; zaak COMP/M.2925 – Charterhouse/CDC/Telediffusionde France, overwegingen 37-38; zaak COMP/M.3440 – EDP/ENL/GDP (2004).
(76) Zie bijvoorbeeld zaak COMP/M.2822 – ENBW/ENI/GVS (2002), overweging 56; zaak COMP/M.3440 – EDP/ENI/GDP (2004), overwegingen 368-379, zaak COMP/M.3653 – Siemens/VATech (2005) overwegingen 159-164.
(77) Zie zaak COMP/M.3101 – Accor/Hilton/Six Continents, overwegingen 23-28.

Deze prikkel is uiteindelijk datgene wat de prijzen laag houdt, en wat ondernemingen ervan weerhoudt gezamenlijk hun winst te maximaliseren. Coördinatie betekent dat van een normale concurrentiesituatie wordt afgeweken in die zin dat ondernemingen in staat zijn prijzen te handhaven boven het niveau dat bij onafhankelijke winstmaximalisatie op korte termijn zou worden bereikt. Ondernemingen zullen er niet toe overgaan om onder de hoge prijzen van hun concurrenten te gaan zitten die op gecoördineerde wijze tot stand zijn gebracht omdat zij verwachten dat dergelijk gedrag marktcoördinatie in de toekomst in gevaar zou kunnen brengen. Gecoördineerde effecten kunnen slechts ontstaan indien de winst die ondernemingen zouden kunnen behalen door op korte termijn agressief te concurreren ('afwijkend gedrag' te vertonen) minder groot is dan het verwachte verlies aan inkomsten dat dit gedrag op langere termijn met zich mee zou brengen, omdat hierdoor een agressieve reactie van de concurrenten kan worden verwacht ('vergelding').

81. De kans is groter dat marktcoördinatie opduikt in markten waar het betrekkelijk eenvoudig tot een verstandhouding te komen over de coördinatievoorwaarden. Daarenboven moet aan drie voorwaarden voldaan zijn om tot duurzame coördinatie te komen. Ten eerste moeten de coördinerende ondernemingen in voldoende mate kunnen controleren of de verstandhouding wordt nageleefd. Ten tweede moet er een disciplineringsmechanisme zijn dat in werking kan worden gesteld wanneer afwijkend gedrag aan het licht komt. Ten derde mogen de met de coördinatie beoogde resultaten niet in gevaar kunnen worden gebracht door het optreden van buitenstaanders, zoals huidige en toekomstige concurrenten die niet aan de marktcoördinatie deelnemen, en afnemers [78].

Het komen tot een verstandhouding

82. Een verticale fusie kan het voor de ondernemingen in de bovenwaartse of benedenwaartse markt gemakkelijker maken om tot een gemeenschappelijke opvatting te komen over hoe de marktcoördinatie dient te verlopen [79].

83. Bijvoorbeeld, wanneer een verticale fusie tot marktafscherming leidt [80], loopt het aantal daadwerkelijke concurrenten op de markt terug. Over het algemeen geldt dat een beperking van het aantal spelers marktcoördinatie onder de resterende marktdeelnemers vergemakkelijkt.

84. Verticale fusies kunnen voorts de symmetrie van de diverse op de markt aanwezige ondernemingen vergroten [81]. Hierdoor kan de kans op marktcoördinatie toenemen, aangezien het gemakkelijker wordt tot een verstandhouding te komen over de coördinatievoorwaarden. Evenzo kan verticale integratie de markttransparantie bevorderen waardoor de overblijvende marktspelers gemakkelijker tot marktcoördinatie kunnen overgaan.

85. Verder kan een fusie ertoe leiden dat een zeer eigenzinnige speler wordt geëlimineerd. Dit is een leverancier die om redenen die hem eigen zijn niet bereid de uitkomst van de marktcoördinatie te accepteren en derhalve agressieve concurrentie handhaaft.

---

(78) Zie zaak T-342/99, Airtours/Commission, *Jurispr.* 2002, blz. II-2585, punt 62.
(79) Zie bijvoorbeeld zaak COMP/M. 3314 – Air Liquide/Messer Targets, overwegingen 91-100.
(80) Marktafscherming zou door de Commissie moeten worden aangetoond op de in deel A van dit hoofdstuk uiteengezette wijze.
(81) Zie zaak COMP/M.2389 – Shell/DEA; zaak COMP/M.2533 – BP/EON. Anderzijds kan verticale integratie de symmetrie van de op de markt aanwezige ondernemingen ook verminderen, waardoor coördinatie moeilijker wordt.

De verticale integratie van deze speler kan zijn prikkel zodanig veranderen dat marktcoördinatie niet langer wordt voorkomen.

Controle op afwijkend gedrag

86. Verticale integratie kan de coördinatie bevorderen doordat de markttransparantie dankzij de toegang tot gevoelige informatie over concurrenten toeneemt of doordat het in het oog houden van de prijzen wordt vergemakkelijkt. Deze punt van zorg kan zich voordoen wanneer bijvoorbeeld de prijstransparantie benedenwaarts groter is dan bovenwaarts. Dit kan het geval zijn wanneer de prijzen die de eindverbruikers worden aangerekend openbaar zijn, terwijl de transacties op de intermediaire markt vertrouwelijk zijn. Verticale integratie kan bovenwaartse producenten de controle geven over eindprijzen waardoor doeltreffender toezicht kan worden uitgeoefend op afwijkend gedrag.

87. Wanneer een verticale fusie marktafscherming tot gevolg heeft kan ook het aantal daadwerkelijke concurrenten op een markt worden beperkt. Een beperking van het aantal spelers kan het toezicht op elkaars marktgedrag vereenvoudigen.

Disciplineringsmechanismen

88. Verticale fusies kunnen een invloed hebben op de prikkel van coördinerende ondernemingen om de onderlinge verstandhouding na te leven. Een verticaal geïntegreerde onderneming kan bijvoorbeeld concurrerende ondernemingen doeltreffender bestraffen wanneer zij ervoor kiezen van de coördinatievoorwaarden af te wijken, omdat zij een zeer belangrijke afnemer of leverancier van hen is [82].

Reacties van buitenstaanders

89. Verticale fusies kunnen de mogelijkheden voor buitenstaanders om de marktcoördinatie te destabiliseren beperken door de toetredingsdrempels te verhogen of anderszins de mogelijkheid om te concurreren voor ondernemingen die niet aan de marktcoördinatie deelnemen, te verkleinen.

90. Een verticale fusie kan verder de marktaanwezigheid van een verstorende afnemer beëindigen. Indien bovenwaartse ondernemingen de verkoop aan een bepaalde afnemer als belangrijk genoeg beschouwen, dan kunnen zij geneigd zijn van de verstandhouding af te wijken om hun verkopen te zeker te stellen. Evenzo kan een grote afnemer de coördinerende ondernemingen ertoe brengen van hun verstandhouding af te wijken door een groot deel van zijn behoeften te betrekken bij een leverancier of door langetermijncontracten aan te bieden. De overname van een dergelijke afnemer kan de kans op coördinatie op een markt vergroten.

V. Fusies met een conglomeraatkarakter

91. Fusies met een conglomeraatkarakter zijn fusies tussen ondernemingen waarvan de onderlinge betrekkingen noch louter horizontaal zijn (zoals tussen concurrenten op

---

(82) Bijvoorbeeld in een zaak die later werd ingetrokken (zaak COMP/M.2322 — CRH/Addtek (2001)) was een bovenwaartse leverancier van cement met een machtspositie bij de fusie betrokken evenals een benedenwaartse producent van voorgespannen betonproducten, beide actief in Finland. De Commissie was in eerste instantie in de administratieve procedure van oordeel dat de nieuwe entiteit de benedenwaartse concurrenten zou kunnen disciplineren door gebruik te maken van het feit dat zij in hoge mate afhankelijk zouden zijn van de cementleveringen van het fusiebedrijf. Daardoor zou de benedenwaartse onderneming de prijs van haar voorgespannen betonproducten kunnen verhogen en er tegelijkertijd voor kunnen zorgen dat de concurrenten deze prijsverhogingen zouden volgen, en niet zouden overschakelen op cementinvoer uit de Baltische staten en Rusland.

dezelfde relevante markt), noch verticaal (zoals tussen leverancier en afnemer). In de praktijk ligt in deze richtsnoeren de nadruk op fusies tussen ondernemingen die actief zijn op nauw verwante markten [83] (bijvoorbeeld fusies tussen leveranciers van complementaire producten of van producten die tot een assortiment behoren dat doorgaans door hetzelfde soort afnemers voor hetzelfde eindgebruik wordt afgenomen).

92. Hoewel erkend wordt dat fusies met een conglomeraatkarakter in de meeste gevallen niet tot concurrentieproblemen zullen leiden, kan er in bepaalde specifieke gevallen sprake zijn van concurrentieschade. In haar beoordeling zal de Commissie zowel de mogelijke concurrentiebeperkende effecten van fusies met een conglomeraatkarakter onderzoeken als de eventuele concurrentiebevorderende effecten die dankzij (nader door de partijen onderbouwde) efficiëntieverbeteringen zullen worden behaald.

A. Niet-gecoördineerde effecten: marktafscherming

93. Het voornaamste probleem dat zich in het kader van fusies met een conglomeraatkarakter kan voordoen is marktafscherming. De combinatie van producten op gerelateerde markten kan het fusiebedrijf de mogelijkheid en de prikkel geven om een sterke marktpositie op de ene markt over te hevelen naar een andere markt ('hefboomeffect') [84] door middel van koppelverkoop, bundeling of andere afschermingspraktijken [85]. Koppelverkoop en bundeling als zodanig zijn veel voorkomende praktijken die dikwijls geen concurrentiebeperkende gevolgen hebben. Ondernemingen gaan over tot koppelverkoop en bundeling om hun afnemers op efficiënte wijze van betere producten of aanbiedingen te voorzien. Niettemin kunnen deze praktijken er onder bepaalde omstandigheden toe leiden dat de mogelijkheid of de prikkel van de daadwerkelijke of potentiële concurrenten om te concurreren, wordt beperkt. Dit kan de concurrentiedruk op de gefuseerde entiteit verminderen waardoor zij haar prijzen kan verhogen.

94. Bij de beoordeling van de waarschijnlijkheid van een dergelijk scenario onderzoekt de Commissie ten eerste of de gefuseerde onderneming de mogelijkheid heeft om haar concurrenten uit te sluiten, ten tweede of zij de economische prikkel heeft om dit te doen en ten derde of een dergelijke afschermingsstrategie een aanzienlijke ongunstige invloed op de mededinging zou hebben en daardoor de verbruikers zou benadelen [86]. In de praktijk worden deze factoren dikwijls tezamen onderzocht omdat zij onderling nauw samenhangen.

A. Mogelijkheid tot marktafscherming

95. De meest rechtstreekse manier waarop het fusiebedrijf haar marktmacht in de ene markt kan gebruiken om concurrenten van een andere markt af te schermen, is door de verkoop op zodanige wijze te organiseren dat producten op de verschillende markten met elkaar worden verbonden. De meest rechtstreekse wijze om dit te doen is door koppelverkoop of door bundeling.

---

(83) Zie ook formulier CO, deel IV, rubriek 6.3, onder c).
(84) Er bestaat geen algemene definitie van 'hefboomeffect', maar in neutrale zin wordt hiermee bedoeld dat de onderneming in staat is de verkoop van een product op de ene markt (de 'gekoppelde markt' of 'gebundelde markt') te verhogen dankzij de sterke marktpositie van het product waaraan het gekoppeld is of waarmee het gebundeld is (de 'koppelende markt' of 'hefboommarkt').
(85) Deze begrippen worden hieronder nader gedefinieerd.
(86) Zie zaak T-210/01, General Electric/Commissie, *Jurispr.* 2005, blz. II-000, punten 327, 362, 363, 405; zaak COMP/M.3304 — GE/Amersham (2004), overweging 37, en zaak COMP/M.4561 — GE/Smiths Aerospace, overwegingen 116-126.

Richtsnoeren beoordeling niet-horizontale fusies ex EG-concentratieverordening

96. Onder 'bundeling' wordt gewoonlijk de wijze verstaan waarop producten door de het fusiebedrijf worden aangeboden en geprijsd. Er kan onderscheid worden gemaakt tussen zuivere en gemengde bundeling. Bij zuivere bundeling worden de producten uitsluitend tezamen en in vaste verhoudingen verkocht. Bij gemengde bundeling zijn de producten ook apart verkrijgbaar, maar is de som van de prijzen voor de afzonderlijke producten hoger dan de prijs voor het gebundelde product [87]. Kortingen kunnen, wanneer zij afhankelijk worden gemaakt van de aankoop van andere goederen, als een vorm van gemengde bundeling worden beschouwd.

97. 'Koppelverkoop' betreft doorgaans situaties waarbij klanten die een product kopen (het koppelende product) ook een ander product van de producent moeten afnemen (het gekoppelde product). Koppelverkoop kan op technische of op contractuele basis plaatsvinden. Technische koppelverkoop doet zich bijvoorbeeld voor wanneer het koppelende product op zodanig wijze is ontworpen dat het uitsluitend tezamen met het gekoppelde product kan functioneren (en niet met de door concurrenten aangeboden alternatieve producten). Contractuele koppelverkoop houdt in dat de klant zich er bij de aankoop van het koppelende product toe verbindt alleen het gekoppelde product af te nemen (en niet de alternatieve producten van de concurrenten).

98. De specifieke kenmerken van de producten kunnen van belang zijn om vast te stellen of het fusiebedrijf over deze methoden beschikt om verkopen op verschillende markten met elkaar te verbinden. Het is bijvoorbeeld zeer onwaarschijnlijk dat zuivere bundeling mogelijk is indien producten niet tegelijkertijd of door dezelfde afnemers worden gekocht [88]. Evenzo behoort technische koppelverkoop slechts in bepaalde industriële sectoren tot de mogelijkheden.

99. Om concurrenten te kunnen afschermen moet de nieuwe entiteit een aanzienlijke mate van marktmacht (die niet noodzakelijkerwijs hoeft neer te komen op een machtspositie) op een van de betrokken markten hebben. Er kunnen alleen aanzienlijke effecten van bundeling of koppelverkoop worden verwacht wanneer tenminste een van de producten van de fuserende partijen door veel afnemers als bijzonder belangrijk wordt beschouwd en er weinig geschikte alternatieven voor dat product zijn, bijvoorbeeld als gevolg van productdifferentiatie [89] of capaciteitsproblemen bij de concurrenten.

100. Verder is marktafscherming slechts een potentieel probleem indien er een grote gemeenschappelijke groep van afnemers voor de desbetreffende afzonderlijke producten bestaat. Hoe meer afnemers geneigd zijn beide producten te kopen (in plaats van slechts een van de producten), des te meer zal de vraag naar de afzonderlijke producten worden beïnvloed door bundeling of koppelverkoop. Naar alle waarschijnlijkheid zal van een dergelijk aankooppatroon sterker sprake zijn wanneer de producten in kwestie complementaire producten zijn.

101. Over het algemeen zullen de afschermingseffecten van bundeling en koppelverkoop waarschijnlijk groter zijn in industriële sectoren waar schaalvoordelen bestaan en het

---

(87) Het onderscheid tussen gemengde bundeling en zuivere bundeling is niet steeds duidelijk. Gemengde bundeling kan sterke gelijkenis vertonen met zuivere bundeling wanneer de prijzen die voor de afzonderlijke producten worden aangerekend hoog zijn.
(88) Zie bijvoorbeeld zaak COMP.M.3304 – GE/Amersham (2004), overweging 35.
(89) Bijvoorbeeld, op het gebied van merkproducten worden bijzonder belangrijke producten ook wel 'producten die je moet hebben' ('must-stock'-producten) genoemd. Zie bijvoorbeeld zaak COMP/M.3732 – Procter&Gamble/Gillette (2005), overweging 110.

vraagpatroon op elk gegeven moment dynamische gevolgen heeft voor de toekomstige aanbodsomstandigheden op de markt. Met name wanneer een leverancier van complementaire producten marktmacht heeft ten aanzien van een van de producten (product A), dan kan bundeling of koppelverkoop resulteren in een daling van het verkoopvolume van de niet-geïntegreerde leveranciers van het complementaire product (product B). Indien voorts netwerkexternaliteiten een rol spelen [90], dan worden de mogelijkheden voor deze concurrenten om de verkoop van product B in de toekomst uit te breiden, aanzienlijk beperkt. In het andere geval kan, wanneer potentiële nieuwkomers het complementaire product op de markt willen introduceren, de bundeling door de gefuseerde entiteit ertoe leiden dat deze toetreding wordt belemmerd. De beperkte beschikbaarheid van complementaire producten waarmee kan worden gecombineerd kan op haar beurt potentiële nieuwkomers ontmoedigen om tot markt A toe te treden.

102. Verder zij opgemerkt dat de mogelijkheden tot marktafscherming geringer plegen te zijn wanneer de fuserende partijen zich er niet toe kunnen verbinden hun praktijken op het gebied van koppelverkoop of bundeling tot een duurzame strategie te maken, bijvoorbeeld door technische koppelverkoop of bundeling die slechts tegen hoge kosten kan worden teruggedraaid.

103. Bij haar beoordeling onderzoekt de Commissie, op basis van de beschikbare informatie, of er doeltreffende en snel uitvoerbare tegenmaatregelen zijn die de concurrerende ondernemingen zullen nemen. Zo zou bijvoorbeeld een bundelingsstrategie kunnen mislukken doordat ondernemingen die ieder slechts een product vervaardigen, hun aanbiedingen zouden combineren om deze aantrekkelijker voor klanten te maken [91]. Verder is het minder waarschijnlijk dat bundeling tot marktafscherming leidt naarmate een onderneming op de markt de gebundelde producten zou kopen en deze ongebundeld met winst zou doorverkopen. Bovendien kunnen concurrenten een agressiever prijsbeleid voeren om hun marktaandeel te behouden, waardoor het effect van marktafscherming wordt tegengegaan [92].

104. Afnemers kunnen een sterke prikkel hebben om de reeks betrokken producten van een enkele bron aan te kopen ('een loket'/*one stop shop*') en niet van verschillende leveranciers, bijvoorbeeld omdat zij hiermee op transactiekosten besparen. Het feit dat de gefuseerde entiteit een breed assortiment of portfolio van producten heeft, geeft als zodanig geen aanleiding tot mededingingsbezwaren [93].

B. Prikkel tot marktafscherming

105. De prikkel tot afscherming door middel van bundeling of koppelverkoop hangt af van de mate waarin een dergelijke strategie winstgevend is. Het fusiebedrijf dient een afweging te maken tussen de mogelijke kosten die bundeling of koppelverkoop van haar

---

(90) Wanneer een product netwerkexternaliteiten heeft, betekent dit dat afnemers of producenten er baat bij hebben dat hetzelfde product ook door andere afnemers of producenten wordt gebruikt. Voorbeelden zijn communicatieapparatuur, specifieke software-programma's, producten waarvoor normalisatie nodig is en platforms die kopers en verkopers samenbrengen.
(91) Zie bijvoorbeeld zaak COMP/M.3304 — GE/Amersham (2004), overweging 39.
(92) Zie bijvoorbeeld zaak COMP/M.1879 — Boeing/Hughes (2000), overweging 100; zaak COMP/M.3304 — GE/Amersham (2004), overweging 39. Het daaruit voortvloeiende verlies aan inkomsten kan echter onder bepaalde omstandigheden gevolgen hebben voor de mogelijkheid van concurrenten om te concurreren. Zie deel C.
(93) Zie bijvoorbeeld zaak COMP/M.2608 — INA/FAG, overweging 34.

producten met zich meebrengt en de winst die kan worden gemaakt door een uitbreiding van de marktaandelen op de betrokken markt(en) of, in voorkomend geval, omdat zij de prijzen op die markt(en) dankzij haar marktmacht kan verhogen.

106. Zuivere bundeling en koppelverkoop kunnen tot verliezen leiden voor de gefuseerde onderneming zelf. Indien bijvoorbeeld een aanzienlijk aantal afnemers niet geïnteresseerd is in het gebundelde product maar er de voorkeur aan geeft slechts een product te kopen (bijvoorbeeld het product dat als hefboom wordt gebruikt), dan kan de verkoop van dat product (deel uitmakend van de bundel) sterk teruglopen. Verder kunnen verliezen op het hefboomproduct ontstaan wanneer afnemers die voor de fusie gewoonlijk het hefboomproduct van de gefuseerde onderneming combineerden met het product van een andere onderneming, besluiten de bundel van concurrenten te kopen of volledig van aankoop af te zien [94].

107. In dit verband kan het dus van belang zijn om de relatieve waarde van de verschillende producten te onderzoeken. Het is bijvoorbeeld onwaarschijnlijk dat het fusiebedrijf bereid zou zijn af te zien van haar verkopen op een zeer winstgevende markt om marktaandelen te verwerven op een andere markt waar de omzet relatief gering is en de winst bescheiden.

108. Het besluit tot bundeling en koppelverkoop kan echter ook de winst verhogen doordat marktmacht wordt verworven op de markt voor gekoppelde producten, de markmacht op de markt voor koppelende producten wordt beschermd, of een combinatie van beide (zie deel C hieronder).

109. Bij haar beoordeling van de vermoedelijke prikkels van de gefuseerde onderneming kan de Commissie rekening houden met andere factoren zoals de eigendomsstructuur van de gefuseerde entiteit [95], het soort strategieën dat zij in het verleden op de markt heeft gevolgd of de inhoud van interne beleidsdocumenten zoals bedrijfsplannen.

110. Wanneer een bepaalde gedraging van de gefuseerde entiteit een cruciale stap vormt in de richting van marktafscherming, onderzoekt de Commissie zowel de prikkels om tot een dergelijke gedraging over te gaan als de factoren die deze prikkels kunnen verzwakken of zelfs wegnemen, zoals de mogelijkheid dat de gedraging onwettig is [96].

C. Het vermoedelijke totale effect op prijzen en keuze

111. Bundeling of koppelverkoop kan ertoe leiden dat de verkoopmogelijkheden van concurrenten op de markt die slechts een component verkopen, sterk teruglopen. Deze verkoopdaling bij de concurrenten is op zich geen probleem. In bepaalde industriële sectoren echter kan deze daling, indien zij een bepaalde omvang bereikt, de mogelijkheid of prikkel van de concurrenten om te concurreren, aantasten. Hierdoor zou de gefuseerde entiteit vervolgens marktmacht kunnen verwerven (op de markt voor het

---

(94) Zie bijvoorbeeld zaak COMP/M.3304 — GE/Amersham (2004), overweging 59.
(95) Bijvoorbeeld, in gevallen waarin twee ondernemingen gezamenlijke zeggenschap uitoefenen over een onderneming die actief is op de ene markt, en slechts een daarvan is actief op de aangrenzende markt, dan kan de onderneming die niet actief is op de laatstgenoemde markt er weinig belang bij hebben om haar verkopen op de eerstgenoemde markt te verliezen. Zie bijvoorbeeld zaak T-210/01, General Electric/Commissie, *Jurispr.* 2005, blz. II-000, punt 385 en zaak COMP M.4561 — GE/Smiths Aerospace, overweging 119.
(96) Het onderzoek van deze prikkels zal worden verricht op de in punt 46 hierboven aangegeven wijze.

gekoppelde of gebundelde product) en/of marktmacht behouden (op de markt voor het koppelende of hefboomproduct).

112. Afschermingspraktijken kunnen met name de toetreding van potentiële concurrenten tegengaan. Dit kan gebeuren op een specifieke markt, waarbij zij de verkoopverwachtingen voor potentiële concurrenten op die markt dermate negatief beïnvloeden dat deze geen uitzicht meer hebben op minimale rentabiliteit. In het geval van complementaire producten kan het middels bundeling of koppelverkoop bemoeilijken van de toetreding tot de ene markt, het fusiebedrijf tevens in staat stellen de toetreding tot een andere markt te belemmeren indien potentiële concurrenten door de bundeling of koppelverkoop gedwongen worden beide productmarkten tegelijk te betreden in plaats van slechts een markt, of in plaats van beide markten achtereenvolgens te betreden. Dit kan aanzienlijke gevolgen hebben, met name voor die industriële sectoren waar het vraagpatroon op enig moment dynamische gevolgen heeft voor de toekomstige aanbodsomstandigheden op de markt.

113. Slechts wanneer een voldoende groot gedeelte van de afzet wordt beïnvloed door marktafscherming als gevolg van de fusie, kan de fusie de daadwerkelijke mededinging op significante wijze belemmeren. Indien er op elk van de markten doeltreffende producenten met een enkel product blijven bestaan, is het onwaarschijnlijk dat de mededingingssituatie als gevolg van een fusie met een conglomeraatkarakter zal verslechteren. Hetzelfde geldt wanneer slechts enkele concurrenten overblijven die een enkel product produceren, maar zij wel de mogelijkheid en de prikkel hebben om hun afzet uit te breiden.

114. Het effect op de concurrentie moet worden beoordeeld in het licht van compenserende factoren zoals afnemersmacht [97] of de kans dat toetreding de daadwerkelijke mededinging op de bovenwaartse of de benedenwaartse markt intact laat [98].

115. Verder dient het effect op de concurrentie te worden onderzocht in het licht van (door de fuserende partijen onderbouwde) efficiëntieverbeteringen [99].

116. Veel van de efficiëntieverbeteringen in het kader van verticale fusies kunnen, mutatis mutandis, ook van toepassing zijn op fusies met een conglomeraatkarakter waarbij complementaire producten betrokken zijn.

117. In het bijzonder zullen producenten van complementaire producten die hun prijzen onafhankelijk van elkaar bepalen, geen rekening houden met het positieve effect van een daling van de prijs van hun product op de verkoop van het andere product. Afhankelijk van de marktvoorwaarden kan een gefuseerde onderneming dit effect internaliseren en een zekere prikkel hebben om de marges te verlagen indien dit over het geheel genomen tot hogere winst leidt (deze prikkel wordt dikwijls het 'Cournot effect' genoemd). In de meeste gevallen zal de gefuseerde onderneming dit effect zoveel mogelijk benutten

---

(97) Zie hoofdstuk V; over compenserende afnemersmacht in de mededeling horizontale fusies.
(98) Zie bijvoorbeeld zaak COMP/M.3732 – Procter&Gamble/Gillette (2005), overweging 131. Zie ook hoofdstuk VI; over toetreding in de mededeling horizontale fusies.
(99) Zie hoofdstuk VII; over efficiëntieverbeteringen in de mededeling horizontale fusies.

door middel van gemengde bundeling, dat wil zeggen door de prijsdaling afhankelijk te maken van de aankoop van beide producten door de afnemer [100].

118. Een specifiek kenmerk van fusies met een conglomeraatkarakter is dat zij kostenbesparingen kunnen genereren in de vorm van bereikvoordelen (hetzij aan de productie- hetzij aan de consumptiezijde), waardoor het inherent voordeliger is om de producten tezamen te leveren dan apart [101]. Het kan bijvoorbeeld efficiënter zijn om bepaalde componenten tezamen als bundel aan te bieden dan afzonderlijk. Voor de afnemer kunnen waardestijgingen optreden als gevolg van een betere compatibiliteit en kwaliteitsborging van complementaire componenten. Dergelijke bereikvoordelen echter zijn weliswaar noodzakelijk, maar niet toereikend om bundeling of koppelverkoop om redenen van efficiëntie te rechtvaardigen. Immers, bereikvoordelen kunnen dikwijls worden behaald zonder dat technische of contractuele bundeling nodig is.

B. Gecoördineerde effecten

119. Fusies met een conglomeraatkarakter kunnen onder bepaalde omstandigheden concurrentieverstorende marktcoördinatie vergemakkelijken, zelfs zonder overeenkomst of onderling afgestemde feitelijke gedragingen in de zin van artikel 81 van het Verdrag. De richtsnoeren die in hoofdstuk IV van de mededeling horizontale fusies worden uiteengezet, zijn ook in deze situatie van toepassing. De kans is met name groter dat marktcoördinatie zich voordoet op markten waar het betrekkelijk eenvoudig is om tot een onderlinge verstandhouding te komen en waar deze coördinatie duurzaam is.

120. Een van de wijzen waarop een fusie met een conglomeraatkarakter het bereiken van een met coördinatie beoogd resultaat op een bepaalde markt kan beïnvloeden, is door het aantal daadwerkelijke concurrenten zodanig te beperken dat stilzwijgende coördinatie een reële mogelijkheid wordt. Ook indien concurrenten niet van de markt worden uitgesloten kunnen zij zich in een kwetsbare positie bevinden. Daarom kunnen afgeschermde concurrenten er de voorkeur aan geven zich niet tegen de coördinatie te verzetten maar voort zaken te doen onder de bescherming van het hogere prijsniveau.

121. Verder kan een fusie met een conglomeraatkarakter de omvang en het belang van meervoudige marktconcurrentie doen toenemen. De meervoudige interactie tussen concurrenten op verscheidene markten kan de reikwijdte en doeltreffendheid van disciplineringsmechanismen die ervoor moeten zorgen dat de onderlinge verstandhouding wordt nageleefd, bevorderen.

---

(100) Erkend moet echter worden dat het probleem van dubbele opslagen voor de fusie niet altijd bestaat of van grote betekenis is. In het kader van de gemengde bundeling moet verder worden opgemerkt dat hoewel de gefuseerde onderneming wellicht een prikkel heeft om de prijs voor de bundel te verlagen, het effect op de prijzen van de individuele producten minder duidelijk is. De prikkel voor de gefuseerde entiteit om de prijzen voor haar afzonderlijke producten te verhogen kan voortvloeien uit het feit dat zij erop rekent in plaats daarvan meer gebundelde producten te verkopen. De prijs die het fusiebedrijf voor gebundelde producten en (in voorkomend geval) voor afzonderlijke producten aanrekent, zal verder afhangen van de reacties op deze prijs van de concurrenten op de markt.
(101) Zie bijvoorbeeld zaak COMP/M.3732 — Procter&Gamble/Gillette (2005), overweging 131.

Mededeling 2008/C 267/01 betreffende op grond van Verordening (EG) nr. 139/2004 van de Raad en Verordening (EG) nr. 802/2004 van de Commissie aanvaardbare corrigerende maatregelen

(Voor de EER relevante tekst)

Mededeling van de Commissie van 22 oktober 2008 betreffende op grond van Verordening (EG) nr. 139/2004 van de Raad en Verordening (EG) nr. 802/2004 van de Commissie aanvaardbare corrigerende maatregelen, PbEU 2008, C 267 (i.w.tr. 22-10-2008)

I   Inleiding

1

In Verordening (EG) nr. 139/2004 van de Raad van 20 januari 2004 betreffende de controle op concentraties van ondernemingen [1], hierna 'de concentratieverordening' genoemd, is in artikel 6, lid 2, en artikel 8, lid 2, uitdrukkelijk bepaald dat de Commissie kan besluiten een concentratie verenigbaar met de gemeenschappelijke markt te verklaren ingevolge door de betrokken partijen voorgestelde wijzigingen [2], en dit zowel vóór als na de inleiding van de procedure. Daartoe kan de Commissie aan haar beschikking voorwaarden en verplichtingen verbinden die moeten waarborgen dat de betrokken ondernemingen de verbintenissen nakomen die zij tegenover de Commissie zijn aangegaan om de concentratie verenigbaar te maken met de gemeenschappelijke markt [3].

[22-10-2008, PbEU C 267, i.w.tr. 22-10-2008/regelingnummer 2008/C267/01]

---

(1)   PB L 24 van 29.1.2004, blz. 1–22.
(2)   Wanneer in deze tekst sprake is van 'partijen' en 'fuserende partijen', heeft zulks ook betrekking op gevallen waarin er slechts één aanmeldende partij is.
(3)   Zie de tweede alinea van, onderscheidenlijk, artikel 6, lid 2, en artikel 8, lid 2. Zie ook overweging 30 bij de concentratieverordening waarin staat dat '[i]ndien de betrokken ondernemingen een aangemelde concentratie wijzigen, met name door het aanbieden van verbintenissen om de concentratie verenigbaar te maken met de gemeenschappelijke markt, de Commissie de gewijzigde concentratie verenigbaar [moet] kunnen verklaren met de gemeenschappelijke markt. Dergelijke verbintenissen dienen in verhouding te staan tot het mededingingsprobleem en dit probleem volledig weg te werken'. In overweging 30 staat voorts dat '[h]et tevens dienstig [is] vóór de inleiding van de procedure verbintenissen te aanvaarden, voor zover het mededingingsprobleem scherp is omlijnd en gemakkelijk kan worden verholpen'.

2

Doel van deze Mededeling is de nodige houvast te bieden met betrekking tot wijzigingen van concentraties, en meer in het bijzonder met betrekking tot verbintenissen van de betrokken ondernemingen om een concentratie te wijzigen. Dergelijke aanpassingen worden gewoonlijk 'corrigerende maatregelen' (of 'remedies') genoemd omdat zij ten doel hebben de door de Commissie geconstateerde mededingingsbezwaren [4] weg te nemen. De houvast die in deze Mededeling wordt geboden, is het resultaat van de ervaring die de Commissie met de jaren heeft opgedaan op het gebied van de beoordeling, de aanvaarding en de tenuitvoerlegging van corrigerende maatregelen op grond van de concentratieverordening sinds de inwerkingtreding van deze verordening op 21 september 1990. Aanleiding voor deze herziening van de mededeling van de Commissie over corrigerende maatregelen van 2001 [5] is de inwerkingtreding per 1 mei 2004 van de herschikte concentratieverordening, Verordening (EG) nr. 139/2004 [6], en van Verordening (EG) nr. 802/2004 van de Commissie [7] (hierna 'de uitvoeringsverordening' genoemd), de rechtspraak van het Hof van Justitie en het Gerecht van eerste aanleg, de conclusies die werden getrokken uit de stelselmatige ex-postbeoordeling door de Commissie van eerdere zaken met corrigerende maatregelen [8], en de beschikkingspraktijk van de Commissie in zaken met corrigerende maatregelen in de voorbije jaren. De in de voorliggende mededeling omschreven beginselen zullen door de Commissie worden toegepast en verder worden uitgewerkt en verfijnd bij de behandeling van specifieke zaken. De in deze mededeling gegeven aanwijzingen laten een eventuele uitlegging van het Hof van Justitie of het Gerecht van eerste aanleg van de Europese Gemeenschappen onverlet.
[22-10-2008, PbEU C 267, i.w.tr. 22-10-2008/regelingnummer 2008/C267/01]

3

In deze mededeling wordt een overzicht gegeven van de algemene beginselen waaraan corrigerende maatregelen moeten voldoen om door de Commissie te kunnen worden aanvaard, de voornaamste soorten verbintenissen die de Commissie kan aanvaarden in zaken welke zij op grond van de concentratieverordening behandelt, de specifieke

---

(4) Tenzij anders bepaald, stemt in dit document de term 'mededingingsbezwaren' overeen met, afhankelijk van de fase van de procedure, ernstige twijfel of voorlopige bevindingen dat de concentratie een daadwerkelijke mededinging binnen de gemeenschappelijke markt (of een wezenlijk deel daarvan) significant zal belemmeren, met name als het resultaat van het in leven roepen of het versterken van een machtspositie.
(5) Mededeling van de Commissie betreffende op grond van Verordening (EEG) nr. 4064/89 van de Raad en Verordening (EG) nr. 447/98 van de Commissie aanvaardbare corrigerende maatregelen (*PB* C 68 van 2.3.2001, blz. 3).
(6) Ter vervanging van Verordening (EEG) nr. 4064/89 van de Raad (*PB* L 395 van 30.12.1989, blz. 1). Verordening gerectificeerd in *PB* L 257 van 21.9.1990, blz. 13.
(7) Verordening (EG) nr. 802/2004 van de Commissie van 21 april 2004 tot uitvoering van Verordening (EG) nr. 139/2004 van de Raad betreffende de controle op concentraties van ondernemingen (*PB* L 133 van 30.4.2004, blz. 1). Deze verordening vervangt Verordening (EG) nr. 447/98 van de Commissie betreffende de aanmeldingen, de termijnen en het horen van betrokkenen en derden overeenkomstig Verordening (EEG) nr. 4064/89 van de Raad betreffende de controle op concentraties van ondernemingen (*PB* L 61 van 2.3.1998, blz. 1).
(8) DG COMP, *Merger Remedies Study*, oktober 2005.

vereisten waaraan aangeboden verbintenissen in beide fasen van de procedure moeten voldoen, en de belangrijkste vereisten voor de tenuitvoerlegging van verbintenissen. In ieder geval houdt de Commissie afdoende rekening met de specifieke omstandigheden van een individuele zaak.
[22-10-2008, PbEU C 267, i.w.tr. 22-10-2008/regelingnummer 2008/C267/01]

II Algemene beginselen

4

Overeenkomstig de concentratieverordening onderzoekt de Commissie of een aangemelde concentratie verenigbaar is met de gemeenschappelijke markt door het effect ervan op de mededingingsstructuur in de Gemeenschap na te gaan [9]. Het criterium om uit te maken of een aangemelde concentratie overeenkomstig artikel 2, leden 2 en 3, van de concentratieverordening verenigbaar is met de gemeenschappelijke markt, is de vraag of de concentratie op de gemeenschappelijke markt of een wezenlijk deel daarvan een daadwerkelijke mededinging op significante wijze zal belemmeren, met name als het resultaat van het in leven roepen of het versterken van een machtspositie. Een concentratie die een daadwerkelijke mededinging op de hierboven beschreven wijze significant belemmert, is onverenigbaar met de gemeenschappelijke markt en dient door de Commissie te worden verboden. Bij de oprichting van een gemeenschappelijke onderneming toetst de Commissie de concentratie eveneens aan artikel 2, lid 4, van de concentratieverordening. De in deze mededeling uiteengezette beginselen gelden doorgaans ook voor corrigerende maatregelen die worden aangeboden om de op grond van artikel 2, lid 4, geconstateerde mededingingsbezwaren weg te nemen.
[22-10-2008, PbEU C 267, i.w.tr. 22-10-2008/regelingnummer 2008/C267/01]

5

Wanneer een concentratie aanleiding geeft tot mededingingsbezwaren doordat zij een daadwerkelijke mededinging op significante wijze kan belemmeren, met name als het resultaat van het in leven roepen of het versterken van een machtspositie, kunnen de partijen trachten de concentratie zodanig te wijzigen dat de mededingingsbezwaren worden weggenomen, zodat hun concentratie kan worden goedgekeurd. Dergelijke aanpassingen kunnen volledig ten uitvoer worden gelegd nog voordat een goedkeuringsbeschikking wordt gegeven. Het is echter gebruikelijker dat de partijen verbintenissen aanbieden met de bedoeling de concentratie verenigbaar te maken met de gemeenschappelijke markt en dat deze verbintenissen na de goedkeuring van de concentratie ten uitvoer worden gelegd.
[22-10-2008, PbEU C 267, i.w.tr. 22-10-2008/regelingnummer 2008/C267/01]

6

Binnen de structuur van de concentratieverordening staat het aan de Commissie om aan te tonen dat een concentratie de mededinging op significante wijze zal belemmeren [10]. De Commissie deelt haar mededingingsbezwaren aan de partijen mee, om hen

---

(9)   Zie overweging 6 bij de concentratieverordening.
(10)   In fase I en vóór het uitgaan van een mededeling van punten van bezwaar stemt zulks overeen met *ernstige twijfel* wat betreft de significante belemmering van een daadwerkelijke mededinging.

de kans te bieden passende en daaraan beantwoordende voorstellen voor corrigerende maatregelen te formuleren [11]. Daarna is het aan de partijen bij de concentratie om verbintenissen voor te stellen; de Commissie kan niet eenzijdig voorwaarden aan een goedkeuringsbeschikking verbinden, doch alleen op grond van de verbintenissen van de partijen [12]. De Commissie deelt de partijen haar voorlopige beoordeling van de voorstellen voor corrigerende maatregelen mee. Indien de partijen echter geen degelijk voorstel doen voor corrigerende maatregelen die geschikt zijn om de mededingingsbezwaren weg te nemen, dan rest de Commissie als enige optie een verbodsbeschikking te geven [13].
[22-10-2008, PbEU C 267, i.w.tr. 22-10-2008/regelingnummer 2008/C267/01]

7
De Commissie dient na te gaan of de voorgestelde corrigerende maatregelen, wanneer zij eenmaal ten uitvoer zijn gelegd, de geconstateerde mededingingsbezwaren zouden wegnemen. Alleen de partijen beschikken over alle relevante informatie die voor een dergelijke beoordeling nodig is, met name wat betreft de haalbaarheid van de voorgestelde verbintenissen en de levensvatbaarheid en het concurrentievermogen van de voor afstoting voorgestelde activa. Daarom is het aan de partijen om alle dergelijke beschikbare gegevens te verschaffen die de Commissie voor de beoordeling van de voorgestelde corrigerende maatregelen nodig heeft. Met het oog daarop verplicht de uitvoeringsverordening de aanmeldende partijen om, samen met de verbintenissen, zoals aangegeven op de bijlage bij de uitvoeringsverordening ('formulier RM'), nadere informatie te verschaffen over de inhoud van de aangeboden verbintenissen, de voorwaarden voor de tenuitvoerlegging ervan, waaruit blijkt dat zij geschikt zijn om elke significante belemmering van een daadwerkelijke mededinging wordt weggenomen. Voor verbintenissen die uit het afstoten van een bedrijfsonderdeel bestaan,

---

(11) In de concentratieverordening zijn de formele stappen vastgelegd voor het mededelen aan de partijen van de door de Commissie geconstateerde mededingingsbezwaren (beschikking ex artikel 6, lid 1, onder c), mededeling van punten van bezwaar). Daarnaast wordt in de *Best Practices on the conduct of EC merger control proceedings* van DG Concurrentie ook voorzien in de mogelijkheid om op cruciale fases in de procedure 'stand van zaken'-bijeenkomsten te houden; daar zal de Commissie haar bezwaren aan de partijen uiteenzetten om hun de gelegenheid te bieden hierop te antwoorden met voorstellen voor corrigerende maatregelen.
(12) Zie arrest van het Gerecht van eerste aanleg in zaak T-210/01, General Electric Company/Commissie, Jurispr. 2005, blz. II-5575, punt 52; arrest van het Gerecht van eerste aanleg in zaak T-87/05, EDP/Commissie, Jurispr. 2005, blz. II-3745, punt 105.
(13) Zie beschikking van 3 juli 2001 in zaak COMP/M.2220 — GE/Honeywell, bevestigd door het arrest-General Electric, reeds aangehaald, punten 555 e.v., 612 e.v; beschikking van 9 december 2004 in zaak COMP/M.3440 — EDP/ENI/GDP, bevestigd door het arrest-EDP, reeds aangehaald, punten 63 e.v., 75 e.v.; beschikking van 9 november 1994 in zaak IV/M.469 — MSG Media Service; beschikking van 19 juli 1995 in zaak IV/M.490 — Nordic Satellite Distribution; beschikking van 20 september 1995 in zaak IV/M.553 — RTL/Veronica/Endemol; beschikking van 27 mei 1998 in zaak IV/M.993 — Bertelsmann/Kirch/Premiere; beschikking van 27 mei 1998 in zaak IV/M.1027 — Deutsche Telekom BetaResearch; beschikking van 4 december 1996 in zaak IV/M.774 — St Gobain/Wacker Chemie; beschikking van 2 oktober 1991 in zaak IV/M.53 — Aerospatiale/Alenia/De Havilland, en beschikking van 24 april 1996 in zaak IV/M.619 — Gencor/Lonrho, bevestigd door het arrest van het Gerecht van eerste aanleg in zaak T-102/96, Gencor/Commissie, Jurispr. 1999, blz. II-753.

beschrijven de partijen met name in detail hoe het af te stoten bedrijfsonderdeel thans wordt geëxploiteerd. Deze gegevens moeten de Commissie in staat stellen de levensvatbaarheid, concurrentiekracht en verkoopbaarheid van het bedrijfsonderdeel te beoordelen door de bestaande bedrijfsvoering te vergelijken met de in het kader van de verbintenissen beoogde omvang. De Commissie kan de precieze vereisten aanpassen aan de informatie die in de betrokken zaak nodig is, en staat open voor overleg met de partijen over de omvang van de te verschaffen informatie vooraleer het formulier RM wordt ingediend.
[22-10-2008, PbEU C 267, i.w.tr. 22-10-2008/regelingnummer 2008/C267/01]

8

Waar het aan de partijen is om verbintenissen aan te bieden die geschikt zijn om de mededingingsbezwaren weg te nemen en om de informatie te verschaffen die nodig is om deze te beoordelen, dan staat het aan de Commissie om te bepalen of een concentratie, in de door de geldig ingediende verbintenissen gewijzigde vorm, al dan niet onverenigbaar moeten worden verklaard met de gemeenschappelijke markt, omdat deze, ondanks de verbintenissen, in een significante belemmering van een daadwerkelijke mededinging resulteert. Voor een door verbintenissen gewijzigde concentratie gelden op het punt van de bewijslast derhalve dezelfde criteria als voor een ongewijzigde [14].
[22-10-2008, PbEU C 267, i.w.tr. 22-10-2008/regelingnummer 2008/C267/01]

Basisvoorwaarden voor aanvaardbare verbintenissen

9

Volgens de concentratieverordening is de Commissie alleen bevoegd verbintenissen te accepteren die als geschikt kunnen gelden om de concentratie verenigbaar met de gemeenschappelijke markt te maken, zodat daarmee een significante belemmering van een daadwerkelijke mededinging wordt voorkomen. De verbintenissen nemen de mededingingsbezwaren volledig weg [15] en zijn in alle opzichten volledig en effectief [16]. Voorts is het mogelijk dat verbintenissen op korte termijn effectief ten uitvoer worden gelegd, aangezien de mededingingsvoorwaarden op de markt pas gehandhaafd zullen zijn wanneer de verbintenissen volledig zijn nagekomen.
[22-10-2008, PbEU C 267, i.w.tr. 22-10-2008/regelingnummer 2008/C267/01]

10

Structurele verbintenissen, met name afstotingen, die de partijen voorstellen, voldoen alleen aan deze voorwaarden voor zover de Commissie met de nodige zekerheid kan concluderen dat de uitvoering ervan mogelijk is en dat de daardoor in het leven geroepen nieuwe commerciële structuren voldoende werkbaar en duurzaam zijn om

---

(14)   Zie arrest-EDP, reeds aangehaald, punten 62 e.v.
(15)   Zie overweging 30 bij de concentratieverordening, en het arrest van het Gerecht van eerste aanleg in zaak T-282/02, Cementbouw/Commissie, Jurispr. 2006, blz. II-319, punt 307.
(16)   Zie arrest-General Electric, reeds aangehaald, punt 52; arrest-EDP, reeds aangehaald, punt 105.

zeker te stellen dat het niet zal komen tot een significante belemmering van een daadwerkelijke mededinging [17].
[22-10-2008, PbEU C 267, i.w.tr. 22-10-2008/regelingnummer 2008/C267/01]

11

De nodige zekerheid betreffende de tenuitvoerlegging van de aangeboden verbintenissen kan met name worden beïnvloed door de aan de overdracht van een af te stoten bedrijfsonderdeel verbonden risico's, zoals de voorwaarden die partijen aan de afstoting verbinden, de rechten van derden ten aanzien van het bedrijfsonderdeel of de risico's van het vinden van een geschikte koper, maar ook de risico's wat betreft waardeverlies van de activa in afwachting dat de afstoting heeft plaatsgevonden. Het staat dan ook aan de partijen om dit soort onzekerheden ten aanzien van de tenuitvoerlegging van de corrigerende maatregel weg te nemen wanneer deze bij de Commissie wordt ingediend [18].
[22-10-2008, PbEU C 267, i.w.tr. 22-10-2008/regelingnummer 2008/C267/01]

12

Bij het beoordelen van de tweede voorwaarde (is het waarschijnlijk dat de aangeboden verbintenis de geconstateerde mededingingsbezwaren wegneemt?) zal de Commissie alle factoren in aanmerking nemen die voor de aangeboden corrigerende maatregel relevant zijn, daaronder begrepen onder meer het soort voorgestelde maatregel, de omvang en de draagwijdte ervan, beoordeeld in het licht van de structuur en de bijzondere kenmerken van de markt waarop de mededingingsbezwaren rijzen, waarbij ook rekening wordt gehouden met de positie van de partijen en van andere marktdeelnemers.
[22-10-2008, PbEU C 267, i.w.tr. 22-10-2008/regelingnummer 2008/C267/01]

13

Om aan deze beginselen te kunnen voldoen, worden de verbintenissen effectief ten uitvoer gelegd en is het mogelijk daarop toezicht uit te oefenen [19]. Daar waar afstotingen, wanneer deze eenmaal zijn doorgevoerd, geen verdere toezichtsmaatregelen behoeven, vergen andere soorten verbintenissen wel effectieve toezichtsmechanismen om te garanderen dat het effect ervan niet door de partijen wordt beperkt of zelfs uitgeschakeld. Anders zouden dergelijke verbintenissen als loutere intentieverklaringen van de partijen moeten worden aanzien en zouden zij niet neerkomen op bindende verplichtingen, aangezien, door het ontbreken van effectieve toezichtsmechanismen,

---

(17) Zie arrest-General Electric, reeds aangehaald, punten 555 en 612.
(18) Afhankelijk van de aard van de risico's, kan worden geprobeerd deze met specifieke beschermingsmaatregelen te compenseren. Zo kan bijvoorbeeld het risico dat voortvloeit uit de rechten ten aanzien van de af te stoten activa, worden gecompenseerd door een voorstel voor een alternatieve afstoting. Dergelijke waarborgen zullen hierna nog nader worden besproken.
(19) Arrest van het Gerecht van eerste aanleg in zaak T-177/04, easyJet/Commissie, Jurispr. 2006, blz. II-1931, punt 188.

schending van deze verplichtingen, volgens de bepalingen van de concentratieverordening, niet kan leiden tot de intrekking van de beschikking [20].
[22-10-2008, PbEU C 267, i.w.tr. 22-10-2008/regelingnummer 2008/C267/01]

14

Wanneer de partijen evenwel corrigerende maatregelen voorstellen die zo ruim en zo complex zijn dat de Commissie op het tijdstip dat zij haar beschikking geeft, niet met de nodige zekerheid kan uitmaken of deze corrigerende maatregelen volledig uitvoerbaar zijn en daarvan mag worden verwacht dat zij een daadwerkelijke mededinging op de markt handhaven, kan geen goedkeuringsbeschikking worden gegeven [21]. De Commissie kan dergelijke corrigerende maatregelen verwerpen, met name op grond van het feit dat de tenuitvoerlegging ervan lastig kan worden gecontroleerd en het feit dat het ontbreken van effectief toezicht de impact van de aangeboden verbintenissen vermindert of zelfs te niet doet.
[22-10-2008, PbEU C 267, i.w.tr. 22-10-2008/regelingnummer 2008/C267/01]

Geschiktheid van de verschillende soorten corrigerende maatregelen

15

Volgens rechtspraak van de Gemeenschapsrechter zijn verbintenissen in de eerste plaats bedoeld om concurrerende marktstructuren te waarborgen [22]. Bijgevolg vallen verbintenissen van structurele aard, zoals de verbintenis om een bedrijfsonderdeel te verkopen, vanuit de doelstelling van de concentratieverordening in de regel te verkiezen, voor zover dergelijke verbintenissen duurzaam de mededingingsbezwaren die de concentratie in haar aangemelde vorm zou doen rijzen, voorkomen en voor zover zij bovendien geen toezichtmaatregelen op middellange of lange termijn vergen. Toch kan niet bij voorbaat worden uitgesloten dat ook andere soorten verbintenissen kunnen beletten dat een daadwerkelijke mededinging op significante wijze wordt belemmerd [23].
[22-10-2008, PbEU C 267, i.w.tr. 22-10-2008/regelingnummer 2008/C267/01]

16

De Commissie benadrukt dat de vraag of een corrigerende maatregel en, meer specifiek, welk soort corrigerende maatregel geschikt is om de geconstateerde mededingingsbezwaren weg te nemen, van geval tot geval moet worden beoordeeld.
[22-10-2008, PbEU C 267, i.w.tr. 22-10-2008/regelingnummer 2008/C267/01]

---

(20)   Arrest-easyJet, reeds aangehaald, punt 186 e.v.; arrest-EDP, reeds aangehaald, punt 72.
(21)   Voor een voorbeeld van een dergelijke complexe en ongeschikte corrigerende maatregel, zie de beschikking van 9 december 2004 in zaak COMP/M.3440 – ENI/EDP/GDP, bevestigd bij arrest-EDP, reeds aangehaald, punt 102, en beschikking van 15 maart 2000 in zaak COMP/M.1672 –Volvo/Scania.
(22)   Zie overweging 8 bij de concentratieverordening; arrest-Gencor, reeds aangehaald, punt 316; arrest van het Hof van Justitie in zaak C-12/03 P, Commissie/Tetra Laval, Jurispr. 2005, blz. I-987, punt 86, en arrest van het Gerecht van eerste aanleg in zaak T-158/00, ARD/Commissie, Jurispr. 2003, blz. II-3825, punten 192 e.v.
(23)   Arrest-Tetra Laval, reeds aangehaald, punt 86; arrest-Gencor, reeds aangehaald, punten 319 e.v; arrest-ARD, reeds aangehaald, punt 193; arrest-easyJet, reeds aangehaald, punt 182, en arrest-EDP, reeds aangehaald, punt 101.

17

Niettemin valt een algemeen onderscheid te maken tussen afstotingen, andere structurele corrigerende maatregelen (zoals toegang tot vitale infrastructuur of input op niet-discriminerende voorwaarden), en verbintenissen wat betreft de toekomstige gedragingen van de nieuw geconcentreerde onderneming. Verbintenissen tot afstoting zijn het beste middel om de uit horizontale overlappingen ontstane mededingingsbezwaren weg te nemen, en zijn mogelijk ook het beste middel om problemen op te lossen die voortkomen uit verticale bezwaren of uit bezwaren die resulteren uit conglomeraatsstructuren [24]. Andere structurele verbintenissen kunnen geschikt zijn om alle soorten bezwaren weg te nemen indien die corrigerende maatregelen, wat de effecten ervan betreft, gelijkwaardig zijn aan afstotingen, zoals in de punten 61 en verder nader wordt uiteengezet. Verbintenissen met betrekking tot het toekomstige handelen van toekomstige gedragingen van de nieuw geconcentreerde onderneming kunnen alleen uitzonderlijk, in zeer specifieke omstandigheden acceptabel zijn [25]. Met name kunnen verbintenissen waarbij wordt toegezegd prijzen niet te verhogen, het productaanbod in te krimpen of merken uit de markt te nemen enz., in de regel niet de door horizontale overlappingen veroorzaakte mededingingsbezwaren wegnemen. In ieder geval kan dit soort corrigerende maatregelen alleen in uitzonderlijke omstandigheden worden geaccepteerd indien de werkbaarheid ervan volledig wordt gegarandeerd door effectieve tenuitvoerlegging en effectief toezicht in lijn met de in de punten 13-14, 66 en 69 gemaakte overwegingen, én indien er geen risico bestaat dat zulks tot mededingingsverstorende effecten leidt [26].

[22-10-2008, PbEU C 267, i.w.tr. 22-10-2008/regelingnummer 2008/C267/01]

Procedure

18

De Commissie kan in elk van beide fasen van de procedure verbintenissen aanvaarden [27]. Aangezien echter alleen in fase II een grondig marktonderzoek wordt uitgevoerd, moeten de verbintenissen die in fase I aan de Commissie worden voorgelegd, evenwel onmiskenbaar afdoende zijn om alle 'ernstige twijfel' in de zin van artikel 6, lid 1, onder c), van de concentratieverordening weg te nemen [28]. Overeenkomstig artikel 10, lid 2, van de concentratieverordening geeft de Commissie een goedkeu-

---

(24) Zie, voor de afstoting van opslagfaciliteiten, de beschikking van 14 maart 2006 in zaak COMP/M.3868 — DONG/Elsam/ Energi E2, overwegingen 170 e.v.; beschikking van 21 december 2005 in zaak COMP/M.3696 — E.ON/MOL, overwegingen 735 e.v., voor een voorbeeld van 'eigendomsontbundeling' die een eind moet maken aan de structurele banden tussen de partijen in de sector gasopslag; en voorts de beschikking van 11 december 2006 in zaak COMP/M.4314 — Johnson & Johnson/ Pfizer, en de beschikking van 20 februari 2007 in zaak COMP/M.4494 — Evraz/Highveld.
(25) Zie, wat conglomeraatseffecten van een concentratie betreft, het arrest-Tetra Laval, reeds aangehaald, punten 85 en 89.
(26) Bv. verbintenissen wat betreft een bepaald prijszettingsgedrag zoals maximumprijzen die het risico inhouden van mededingingsverstorende prijsafstemming tussen concurrenten.
(27) Zoals in overweging 30 bij de concentratieverordening is aangegeven, zal de Commissie in beide fases van de procedure transparantie en daadwerkelijke raadpleging van de lidstaten verzekeren.
(28) In fase I ingediende verbintenissen worden slechts in welbepaalde situaties aanvaard; zie punt 81.

ringsbeschikking zodra de in artikel 6, lid 1, onder c), van de concentratieverordening bedoelde ernstige twijfel is weggenomen ingevolge verbintenissen die door de partijen zijn ingediend. Deze regel geldt voor verbintenissen die in fase II van de procedure worden ingediend vooraleer de Commissie een mededeling van punten van bezwaar doet uitgaan [29]. Wanneer de Commissie het voorlopige standpunt inneemt dat de concentratie resulteert in een significante belemmering van een daadwerkelijke mededinging en een mededeling van punten van bezwaar doet uitgaan, moeten de verbintenissen afdoende zijn om een dergelijke significante belemmering van een daadwerkelijke mededinging te verhinderen.
[22-10-2008, PbEU C 267, i.w.tr. 22-10-2008/regelingnummer 2008/C267/01]

19
Ondanks dat verbintenissen door de partijen zelf moeten worden aangeboden, kan de Commissie de tenuitvoerlegging ervan afdwingen door haar goedkeuring van de concentratie afhankelijk te stellen van de nakoming van deze verbintenissen. Hierbij wordt een onderscheid gemaakt tussen voorwaarden en verplichtingen. Het vereiste dat het tot een structurele verandering van de markt komt – zoals bijvoorbeeld dat een bedrijfsonderdeel wordt afgestoten – is een voorwaarde. De uitvoeringsmaatregelen die voor het behalen van dit resultaat benodigd zijn – zoals bijvoorbeeld de aanstelling van een trustee met een onherroepelijke opdracht om dat bedrijfsonderdeel te verkopen – zijn doorgaans verplichtingen waaraan de partijen moeten voldoen.
[22-10-2008, PbEU C 267, i.w.tr. 22-10-2008/regelingnummer 2008/C267/01]

20
Wanneer de betrokken ondernemingen een verplichting niet nakomen, kan de Commissie goedkeuringsbeschikkingen welke op grond van artikel 6, lid 2, of artikel 8, lid 2, van de concentratieverordening zijn gegeven, intrekken op grond van, onderscheidenlijk, artikel 6, lid 3, en artikel 8, lid 6. Bij niet-nakoming van een verplichting kunnen de partijen ook geldboeten en dwangsommen worden opgelegd uit hoofde van, onderscheidenlijk, artikel 14, lid 2, onder d), en artikel 15, lid 1, onder c), van de concentratieverordening. Wanneer evenwel een voorwaarde wordt geschonden (een bedrijfsonderdeel wordt bijvoorbeeld niet binnen het in de verbintenissen bepaalde tijdschema afgestoten of wordt nadien weer overgenomen), dan is de beschikking waarbij de transactie verenigbaar wordt verklaard, niet langer van toepassing. Onder die omstandigheden kan de Commissie, overeenkomstig artikel 8, lid 5, onder b), van de concentratieverordening, eerst voorlopige maatregelen nemen die geschikt zijn om de daadwerkelijke mededinging te handhaven. Ten tweede kan zij, indien aan de voorwaarden van artikel 8, lid 4, onder b), is voldaan, elke andere passende maatregel gelasten om te bereiken dat de betrokken ondernemingen de concentratie ontbinden of andere herstelmaatregelen nemen, dan wel, overeenkomstig artikel 8, lid 7, een beschikking op grond van artikel 8, leden 1, 2 en 3, geven. Voorts kunnen

---

(29) Zie o.m. beschikking van 23 juli 2003 in zaak COMP/M.2972 – DSM/Roche Vitamins; beschikking van 30 april 2003 in zaak COMP/M.2861 – Siemens/Drägerwerk/JV; beschikking van 30 maart 1999 in zaak IV/JV.15 – BT/AT & T, en beschikking van 29 september 1999 in zaak IV/M.1532 – BP Amoco/Arco.

de partijen uit hoofde van artikel 14, lid 2, onder c), van de concentratieverordening ook geldboeten worden opgelegd.
[22-10-2008, PbEU C 267, i.w.tr. 22-10-2008/regelingnummer 2008/C267/01]

Modelteksten voor verbintenissen tot afstoting

21
De diensten van de Commissie hebben richtsnoeren met goede praktijken voor verbintenissen tot afstoting gepubliceerd, bestaande uit een modeltekst voor verbintenissen tot afstoting en een modeltekst voor de opdracht van trustees [30]. Deze modelteksten zijn niet bedoeld om uitvoerig alle aspecten te bestrijken die in alle zaken van belang kunnen worden, noch gaat het om juridisch bindende documenten voor partijen bij een concentratieprocedure. Zij vormen een aanvulling op de onderhavige mededeling, omdat zij in een voor de partijen bruikbaar formaat een overzicht bieden van de gebruikelijke regelingen voor verbintenissen inzake afstoting. Tegelijk bieden de modelteksten de nodige flexibiliteit om ze aan te passen aan de vereisten van de bewuste zaak.
[22-10-2008, PbEU C 267, i.w.tr. 22-10-2008/regelingnummer 2008/C267/01]

III   Verschillende soorten corrigerende maatregelen

1   Een bedrijfsonderdeel wordt afgestoten aan een geschikte koper

22
Wanneer een voorgenomen concentratie een daadwerkelijke mededinging op significante wijze dreigt te belemmeren, bestaat, afgezien van een verbod, de meest doelmatige methode om een daadwerkelijke mededinging te herstellen erin de voorwaarden tot stand te brengen waaronder een nieuwe concurrerende entiteit kan ontstaan of waarin via afstoting door de fuserende partijen bestaande concurrenten worden versterkt.
[22-10-2008, PbEU C 267, i.w.tr. 22-10-2008/regelingnummer 2008/C267/01]

1.1   Afstoting van een levensvatbaar en concurrerend bedrijfsonderdeel

23
De afgestoten activiteiten worden ondergebracht in een levensvatbaar bedrijfsonderdeel dat, wanneer dit bedrijfsonderdeel door een geschikte koper wordt geëxploiteerd, effectief en op duurzame wijze met de nieuw geconcentreerde onderneming kan concurreren, zodat bij afstoting de continuïteit van de onderneming (*going concern*) is gewaarborgd [31]. Om de levensvatbaarheid van een bedrijfsonderdeel te waarborgen, kan

---

(30)   Zie website van DG COMP, gepubliceerd in mei 2003, beschikbaar onder: http://ec.europa.eu/comm/competition/mergers/legislation/legislation.html. Deze modelteksten kunnen voortdurend worden bijgewerkt en, mocht dat nodig blijken, kunnen verdere richtsnoeren met goede praktijken voor corrigerende maatregelen worden bekendgemaakt.

(31)   Dit omvat, in bepaalde omstandigheden, ook bedrijfsonderdelen die van de activiteiten of individuele activa van een partij moeten worden afgesplitst; zie punten 35 e.v.

het noodzakelijk blijken ook activiteiten af te stoten die verband houden met markten waarvoor de Commissie geen mededingingsbezwaren vaststelde, indien zulks vereist is om op de betrokken markten een daadwerkelijke concurrent te laten ontstaan [32].
[22-10-2008, PbEU C 267, i.w.tr. 22-10-2008/regelingnummer 2008/C267/01]

24
Wanneer een levensvatbaar bedrijfsonderdeel voor afstoting wordt voorgesteld, wordt rekening gehouden met de onzekerheden en risico's die aan de overdracht van een bedrijfsonderdeel aan een nieuwe eigenaar zijn verbonden. Deze risico's kunnen de impact van het af te stoten bedrijfsonderdeel op de mededinging beperken en zodoende aanleiding geven tot een marktsituatie waarin de mededingingsbezwaren niet noodzakelijkerwijze worden weggenomen.
[22-10-2008, PbEU C 267, i.w.tr. 22-10-2008/regelingnummer 2008/C267/01]

Omvang van het af te stoten bedrijfsonderdeel

25
Het bedrijfsonderdeel omvat alle activa die bijdragen aan de bestaande bedrijfsvoering of die noodzakelijk zijn om de levensvatbaarheid en het concurrentievermogen ervan te garanderen, en alle werknemers die momenteel in dienst zijn of die noodzakelijk zijn om de levensvatbaarheid en het concurrentievermogen van het bewuste bedrijfsonderdeel te garanderen [33].
[22-10-2008, PbEU C 267, i.w.tr. 22-10-2008/regelingnummer 2008/C267/01]

26
Ook de werknemers en activa die momenteel door het af te stoten bedrijfsonderdeel en andere bedrijfsonderdelen van de partijen worden gedeeld, maar die aan de exploitatie van het bedrijfsonderdeel bijdragen of die noodzakelijk zijn om de levensvatbaarheid en het concurrentievermogen ervan te garanderen, dienen bij de afstotingsoperatie te worden betrokken. Anders zouden de levensvatbaarheid en het concurrentievermogen van het af te stoten bedrijfsonderdeel in gevaar komen. Daarom omvat het af te stoten bedrijfsonderdeel ook de medewerkers die vitale functies voor dat bedrijfsonderdeel vervullen, zoals bijvoorbeeld de medewerkers van het concern die op het gebied van O&O en informatietechnologie actief zijn, zelfs indien die medewerkers momenteel in dienst zijn bij andere bedrijfsonderdelen van de partijen – ten minste in een voldoende mate om tegemoet te komen aan de bestaande behoeften van het af te

---

(32) Beschikking van 18 november 1997 in zaak IV/M.942 – Siemens/Elektrowatt; beschikking van 1 december 1999 in zaak IV/M.1578 – Sanitec/Sphinx, overweging 255; beschikking van 8 maart 2000 in zaak COMP/M.1802 – Unilever/Amora Maille, en beschikking van 28 september 2000 in zaak COMP/M.1990 – Unilever/Bestfoods.

(33) De aanmeldende partijen zeggen in hun verbintenissen toe dat het af te stoten bedrijfsonderdeel al die activa en medewerkers omvat. Wanneer de nadere beschrijving van het bedrijfsonderdeel die de partijen volgens punt 27 moeten geven, achteraf onvolledig blijkt te zijn en de partijen het bedrijfsonderdeel niet aanvullen met de nodige aanvullende activa of medewerkers, kan de Commissie overwegen de beschikking waarbij de transactie onder voorwaarden wordt goedgekeurd, in te trekken.

stoten bedrijfsonderdeel. Evenzo dienen gedeelde activa te worden opgenomen, zelfs indien die activa eigendom zijn van of toegewezen aan een ander bedrijfsonderdeel.
[22-10-2008, PbEU C 267, i.w.tr. 22-10-2008/regelingnummer 2008/C267/01]

27
Om de Commissie in staat te stellen de omvang van het af te stoten bedrijfsonderdeel te bepalen, nemen de partijen een precieze omschrijving van de omvang van het af te stoten bedrijfsonderdeel in hun verbintenissen op. Deze beschrijving dient te worden aangepast aan de individuele zaak die wordt behandeld, en bevat alle elementen die van het af te stoten bedrijfsonderdeel deel uitmaken: materiële activa (bv. O&O-, productie-, distributie-, verkoop- en marketingactiviteiten) en immateriële activa (zoals intellectuele-eigendomsrechten, knowhow en goodwill); licenties, door overheidsorganisaties aan het bedrijfsonderdeel verleende vergunningen en machtigingen; overeenkomsten, huurovereenkomsten en verbintenissen (bv. regelingen met leveranciers en afnemers) ten faveure van het af te stoten bedrijfsonderdeel, en klanten-, krediet- en andere gegevens. In hun beschrijving van het bedrijfsonderdeel nemen de partijen de over te dragen werknemers in algemene bewoordingen op, daaronder begrepen gedetacheerde en tijdelijke werknemers, en voegen zij een lijst bij van het personeel op sleutelfuncties, het personeel dus dat van essentieel belang is voor de levensvatbaarheid en het concurrentievermogen van het bedrijfsonderdeel. De overdracht van deze medewerkers laat de toepassing onverlet van de richtlijnen van de Raad betreffende collectieve ontslagen [34], het behoud van de rechten van werknemers bij overgang van ondernemingen [35] en de informatie en raadpleging van werknemers [36], alsmede de nationale bepalingen tot omzetting van deze richtlijnen en andere nationale wetgeving. De corrigerende maatregel dient ook een niet-wervings-verbintenis van de partijen ten aanzien van medewerkers op sleutelfuncties te omvatten.
[22-10-2008, PbEU C 267, i.w.tr. 22-10-2008/regelingnummer 2008/C267/01]

28
Bij hun beschrijving van het bedrijfsonderdeel zetten de partijen ook de regelingen uit voor de levering van producten en diensten door hen aan het af te stoten bedrijfsonderdeel, of door het af te stoten bedrijfsonderdeel aan hen. Dergelijke lopende relaties van het af te stoten bedrijfsonderdeel zijn misschien nodig om de volledige economische levensvatbaarheid en het concurrentievermogen van het af te stoten bedrijfsonderdeel gedurende een overgangsfase in stand te houden. De Commissie

---

(34) Richtlijn 98/59/EG van de Raad van 20 juli 1998 betreffende de aanpassing van de wetgevingen van de lidstaten inzake collectief ontslag (*PB* L 225 van 12.8.1998, blz. 16).
(35) Richtlijn 2001/23/EG van de Raad van 12 maart 2001 inzake de onderlinge aanpassing van de wetgevingen der lidstaten betreffende het behoud van de rechten van de werknemers bij overgang van ondernemingen, vestigingen of onderdelen van ondernemingen of vestigingen (*PB* L 82 van 22.3.2001, blz. 16).
(36) Richtlijn 94/45/EG van de Raad van 22 september 1994 inzake de instelling van een Europese ondernemingsraad of van een procedure in ondernemingen of concerns met een communautaire dimensie ter informatie en raadpleging van de werknemers (*PB* L 254 van 30.9.1994, blz. 64). Richtlijn 2002/14/EG van het Europees Parlement en de Raad van 11 maart 2002 tot vaststelling van een algemeen kader betreffende de informatie en de raadpleging van de werknemers in de Europese Gemeenschap (*PB* L 80 van 23.2.2002, blz. 29).

stemt alleen met dergelijke regelingen in indien deze niet ten koste gaan van de onafhankelijkheid van het af te stoten bedrijfsonderdeel ten opzichte van de partijen.
[22-10-2008, PbEU C 267, i.w.tr. 22-10-2008/regelingnummer 2008/C267/01]

29
Om alle misverstanden over het af te stoten bedrijfsonderdeel te vermijden, dienen activa of medewerkers die worden ingezet binnen of in dienst zijn bij het bedrijfsonderdeel maar die, volgens de partijen, bij de afstotingsoperatie niet mogen overgaan, door de partijen uitdrukkelijk te worden uitgesloten in hun document met verbintenissen. De Commissie aanvaardt dergelijke uitsluiting van activa of medewerkers alleen wanneer de partijen duidelijk aan kunnen tonen dat zulks niet ten koste gaat van de levensvatbaarheid en het concurrentievermogen van het bedrijfsonderdeel.
[22-10-2008, PbEU C 267, i.w.tr. 22-10-2008/regelingnummer 2008/C267/01]

30
Het af te stoten bedrijfsonderdeel dient als dusdanig levensvatbaar te zijn. Daarom kan de Commissie de middelen van een kandidaat-koper of zelfs van een vermoede toekomstige koper niet in aanmerking nemen wanneer zij de corrigerende maatregel beoordeelt. De situatie is anders wanneer reeds tijdens de procedure een koop-/verkoopovereenkomst wordt gesloten met een specifieke koper wiens middelen bij het beoordelen van de verbintenis in aanmerking kunnen worden genomen. Deze situatie komt nader aan bod in de punten 56 en verder.
[22-10-2008, PbEU C 267, i.w.tr. 22-10-2008/regelingnummer 2008/C267/01]

31
Wanneer na het geven van een goedkeuringsbeschikking een koper is gevonden, heeft de beoogde koper sommige in het af te stoten bedrijfsonderdeel opgenomen activa of medewerkers misschien niet meer nodig. Tijdens de procedure voor de goedkeuring van de koper kan de Commissie, op verzoek van de partijen, en rekening houdend met de middelen van de beoogde koper, erin toestemmen dat het bedrijfsonderdeel aan de beoogde koper wordt afgestoten zonder een of meerdere activa of delen van het personeelsbestand mits zulks na de verkoop niet ten koste gaat van de levensvatbaarheid en het concurrentievermogen van het af te stoten bedrijfsonderdeel.
[22-10-2008, PbEU C 267, i.w.tr. 22-10-2008/regelingnummer 2008/C267/01]

1.2 Een zelfstandig functionerend bedrijfsonderdeel en voorwaarden waarop alternatieven acceptabel zijn

32
In de regel is een bedrijfsonderdeel levensvatbaar wanneer het zelfstandig kan functioneren (op *stand-alone* basis), waarmee wordt bedoeld dat het alleen gedurende een overgangsperiode voor de levering van productiemiddelen of voor andere vormen van samenwerking op de fuserende partijen mag zijn aangewezen.
[22-10-2008, PbEU C 267, i.w.tr. 22-10-2008/regelingnummer 2008/C267/01]

Mededeling aanvaardbare corrigerende maatregelen

33
De Commissie heeft een duidelijke voorkeur voor een bestaand, zelfstandig functionerend bedrijfsonderdeel. Het kan hierbij gaan om een reeds bestaande onderneming of groep van ondernemingen, of om een ondernemingsdivisie die voorheen niet als dusdanig een rechtspersoon vormde.
[22-10-2008, PbEU C 267, i.w.tr. 22-10-2008/regelingnummer 2008/C267/01]

34
Hebben de mededingingsbezwaren te maken met horizontale overlappingen, dan zijn de partijen misschien in staat te kiezen tussen twee bedrijfsonderdelen. Bij een vijandig bod kan een verbintenis om activiteiten van de doelonderneming af te stoten, in dergelijke omstandigheden waarbij de aanmeldende partijen over beperkte informatie over het af te stoten bedrijfsonderdeel beschikken, het risico doen toenemen dat dit bedrijfsonderdeel, na een afstoting, misschien geen levensvatbare concurrent wordt, die op duurzame basis effectief op de markt kan concurreren. Daarmee is het voor de partijen misschien beter om in dergelijke scenario's voor te stellen activiteiten van de overnemende onderneming af te stoten.
[22-10-2008, PbEU C 267, i.w.tr. 22-10-2008/regelingnummer 2008/C267/01]

Afsplitsingen

35
Ondanks dat in de regel de afstoting van een bestaand, levensvatbaar, zelfstandig functionerend bedrijfsonderdeel is vereist, kan de Commissie, rekening houdend met het evenredigheidsbeginsel, ook de afstoting overwegen van bedrijfsonderdelen die sterke banden hebben met of ten dele zijn geïntegreerd in bedrijfsonderdelen die de partijen behouden, en die dus in dat opzicht moeten worden afgesplitst (*carve-out*). Om de risico's voor de levensvatbaarheid en het concurrentievermogen in dergelijke omstandigheden tot een minimum te beperken, hebben de partijen de mogelijkheid om verbintenissen in te dienen waarbij wordt voorgesteld om die delen van een bestaand bedrijfsonderdeel af te splitsen die niet noodzakelijkerwijs hoeven te worden afgestoten. Onder die omstandigheden wordt een bestaand, zelfstandig functionerend bedrijfsonderdeel afgestoten, ook al kunnen de partijen – bij wijze van 'omgekeerde afsplitsing' – de beperkte delen die zij willen behouden, afsplitsen.
[22-10-2008, PbEU C 267, i.w.tr. 22-10-2008/regelingnummer 2008/C267/01]

36
In ieder geval kan de Commissie alleen instemmen met verbintenissen die de afsplitsing van een bedrijfsonderdeel vergen indien zij er zeker kan van zijn dat, ten minste op het tijdstip waarop het bedrijfsonderdeel aan de koper wordt overgedragen, een levensvatbaar, zelfstandig functionerend bedrijfsonderdeel wordt afgestoten en dat de door deze afsplitsing voor de levensvatbaarheid en het concurrentievermogen veroorzaakte risico's tot een minimum beperkt blijven. De partijen zorgen daarom ervoor dat, zoals in punt 113 nader wordt uiteengezet, de afsplitsing wordt ingezet in de interim-periode – de periode die loopt van het tijdstip waarop de Commissie haar beschikking geeft, tot de voltooiing van de afstoting (dus de juridische en feitelijke overdracht van het bedrijfsonderdeel aan de koper). Dit houdt dan ook in dat aan het

eind van deze periode een levensvatbaar, zelfstandig functionerend bedrijfsonderdeel wordt afgestoten. Mocht dit niet mogelijk blijken of blijkt de afsplitsing bijzonder lastig te zijn, dan kunnen de partijen de Commissie de nodige zekerheid bieden door een oplossing met een *up-front*-koper, zoals die in punt 55 nader wordt uiteengezet.
[22-10-2008, PbEU C 267, i.w.tr. 22-10-2008/regelingnummer 2008/C267/01]

Afstoting van activa, met name van merken en licenties

37

Een afstoting waarbij bepaalde activa die voordien geen uniform en levensvatbaar bedrijfsonderdeel vormden, samengaan, draagt risico's in zich wat betreft de levensvatbaarheid en het concurrentievermogen van het daaruit ontstane bedrijfsonderdeel. Dit is met name het geval wanneer het gaat om activa van meer dan één partij. Een dergelijke aanpak kan door de Commissie alleen worden geaccepteerd indien de levensvatbaarheid van het bedrijfsonderdeel is gegarandeerd, hoewel de activa voordien geen uniform bedrijfsonderdeel vormden. Dit kan het geval zijn wanneer de individuele activa reeds als een levensvatbaar en concurrerend bedrijfsonderdeel kunnen worden beschouwd [37]. Evenzo kan, zij het alleen in uitzonderlijke gevallen, het pakket af te stoten activa uitsluitend bestaan uit merken en ondersteunende productie- en/of distributieactiva, hetgeen kan volstaan om de voorwaarden te creëren voor een daadwerkelijke mededinging [38]. Onder dergelijke omstandigheden moet het pakket merken en activa voldoende zijn om de Commissie in staat te stellen te concluderen dat het daaruit ontstane bedrijfsonderdeel onmiddellijk levensvatbaar is wanneer het in de handen komt van een geschikte koper.
[22-10-2008, PbEU C 267, i.w.tr. 22-10-2008/regelingnummer 2008/C267/01]

38

Afstotingen van een bedrijfsonderdeel lijken doorgaans te verkiezen boven het toekennen van licenties op intellectuele-eigendomsrechten, omdat het verlenen van een licentie meer onzekerheden inhoudt, de licentienemer voor de mogelijkheid biedt onmiddellijk op de markt te concurreren, een lopende relatie met de partijen vereist, hetgeen de licentiegever ook de kans biedt om de licentienemer in zijn concurrentiegedrag te beïnvloeden, en aanleiding kan geven tot geschillen tussen licentiegever en de licentienemer over het toepassingsbereik en de voorwaarden van de licentie. Daarom zal, wanneer de afstoting van een bedrijfsonderdeel haalbaar lijkt, het verlenen van een licentie doorgaans niet als een geschikte corrigerende maatregel worden beschouwd. Wanneer de mededingingsbezwaren voortvloeien uit de marktpositie voor dergelijke technologie of dergelijke intellectuele-eigendomsrechten, valt de afstoting van de technologie of de intellectuele-eigendomsrechten als corrigerende maatregel

---

(37) Beschikking van 26 juli 2000 in zaak COMP/M.1806 – AstraZeneca/Novartis; beschikking van 9 februari 2000 in zaak COMP/M.1628 – TotalFina/Elf, en beschikking van 14 november 1995 in zaak IV/M.603 – Crown Cork & Seal/CarnaudMetalbox.
(38) Beschikking van 15 februari 2002 in zaak COMP/M.2544 – Masterfoods/Royal Canin; beschikking van 27 juli 2001 in zaak COMP/M.2337 – Nestlé/Ralston Purina; beschikking van 16 januari 1996 in zaak IV/M.623 – Kimberly-Clark/Scott Paper, en beschikking van 24 juni 2005 in zaak COMP/M.3779 – Pernod Ricard/Allied Domecq.

te verkiezen, omdat daarmee een blijvende band tussen de nieuw geconcentreerde onderneming en haar concurrenten wordt verbroken [39]. Toch kan de Commissie licentieringsregelingen als alternatief voor een afstoting accepteren in gevallen waar de afstoting bijvoorbeeld doelmatig, lopend onderzoek zou dwarsbomen of waar een afstoting onmogelijk is door de aard van het bedrijfsonderdeel [40]. Dankzij dergelijke licenties kan de licentienemer effectief met de partijen concurreren, op eenzelfde wijze als had er een afstoting plaatsgevonden. Normaal gesproken gaat het om exclusieve licenties zonder enige beperkingen voor de licentienemer wat betreft toepassingsbereik of geografisch werkingssfeer. Wanneer er mogelijk onzekerheid is ten aanzien van de omvang of de voorwaarden van de licentie, stoten de partijen de onderliggende intellectuele-eigendomsrechten af, maar kunnen zij een licentie wel terugkrijgen. Wanneer het onzeker is of de licentie effectief aan een geschikte licentienemer zal worden verleend, kunnen de partijen overwegen om een vooraf geselecteerde (*upfront*) licentienemer of een *fix-it-first*-oplossing voor te stellen, in lijn met de in punt 56 uiteengezette overwegingen, zodat de Commissie met de nodige zekerheid kan besluiten dat de corrigerende maatregel ten uitvoer zal worden gelegd [41].
[22-10-2008, PbEU C 267, i.w.tr. 22-10-2008/regelingnummer 2008/C267/01]

Rebranding

39
In uitzonderlijke gevallen heeft de Commissie ingestemd met verbintenissen om een exclusieve, in de tijd beperkte licentie voor een merk te verlenen, om de licentienemer in staat te stellen het product in de geplande periode te rebranden. Na een eerste fase van de licentie van deze zogenaamde rebrandingverbintenissen verbinden de partijen zich in een tweede fase ertoe om ervan af te zien het merk op enigerlei wijze te gebruiken (*blackout*-fase). Doel van dergelijke verbintenissen is de licentienemer de kans te bieden de klanten van het gelicentieerde merk over te dragen naar zijn eigen merk, om zo een levensvatbare concurrent te creëren, zonder dat het gelicentieerde merk duurzaam wordt afgestoten.
[22-10-2008, PbEU C 267, i.w.tr. 22-10-2008/regelingnummer 2008/C267/01]

40
Een corrigerende maatregel met rebranding houdt voor het herstel van een daadwerkelijke mededinging wezenlijk hogere risico's in dan een afstoting – ook de afstoting van een merk – aangezien er aanzienlijke onzekerheid is of de licentienemer erin zal

---
(39) Zie beschikking van 23 juli 2003 in zaak COMP/M.2972 – DSM/Roche Vitamins; beschikking van 9 augustus 1999 in zaak IV/M.1378 – Hoechst/Rhône-Poulenc; beschikking van 1 december 1999 in zaak COMP/M.1601 – AlliedSignal/Honeywell, en beschikking van 3 mei 2000 in zaak COMP/M.1672 – Dow/UCC.
(40) Beschikking van 30 oktober 2002 in zaak COMP/M.2949 – Finmeccanica/Alenia Telespazio; beschikking van 11 april 2005 in zaak COMP/M.3593 – Apollo/Bakelite (verbintenis betreffende licentie voor hittebestendige koolstofverbindingen). Voor zaken in de farmaceutische industrie, zie beschikking van 23 juli 2003 in zaak COMP/M.2972 – DSM/Roche Vitamins en beschikking van 28 februari 1995 in zaak IV/M. 555 – Glaxo/Wellcome.
(41) Zie beschikking van 23 juli 2003 in zaak COMP/M.2972 – DSM/Roche Vitamins.

slagen om zich op basis van het gerebrande product als een actieve concurrent in de markt te vestigen. Een corrigerende maatregel met rebranding kan acceptabel zijn in omstandigheden waarin het betrokken merk ruim wordt gebruikt en een hoog deel van de omzet daarvan afkomstig is van markten buiten die waarvoor de mededingingsbezwaren werden geconstateerd [42]. Onder die omstandigheden wordt een corrigerende maatregel met rebranding zo afgebakend dat verzekerd is dat met het verlenen van de licentie de mededinging op de markt daadwerkelijk duurzaam wordt gehandhaafd en dat de licentienemer na de rebranding van de producten een daadwerkelijke concurrent is.
[22-10-2008, PbEU C 267, i.w.tr. 22-10-2008/regelingnummer 2008/C267/01]

41

Aangezien het welslagen van verbintenissen tot rebranding in wezen gekoppeld is aan de levensvatbaarheid van het gelicentieerde merk dient het ontwerp van dit soort verbintenissen aan een aantal voorafgaande voorwaarden te voldoen. Ten eerste moet het over te dragen merk goed bekend zijn en sterk genoeg zijn om zowel de onmiddellijke levensvatbaarheid van het gelicentieerde merk als de economische overlevingskansen ervan in de periode van rebranding te garanderen. Ten tweede is, met het oog op de levensvatbaarheid van de corrigerende maatregel, misschien een deel van de activa met betrekking tot de productie of de distributie van de onder het gelicentieerde merk op de markt gebrachte producten of de overdracht van knowhow nodig [43]. Ten derde is de licentie exclusief en normaal gesproken omvattend (zij mag dus niet beperkt blijven tot een reeks producten op een specifieke markt) en omvat zij de intellectuele-eigendomsrechten, om te verzekeren dat klanten het gerebrande product als vertrouwd erkennen. De partijen mogen geen gelijksoortige woorden of tekens gebruiken die het effect van deze rebranding zouden kunnen aantasten [44]. Ten vierde moeten, gelet op de specifieke kenmerken van de zaak, zowel de licentieperiode als de

---

[42] Toch kan zelfs onder die omstandigheden de afstoting van het merk geschikter zijn, met name indien de daaruit resulterende splitsing van het eigendom van het merk tot de gebruikelijke praktijken in de sector behoort; zie voor de farmaceutische sector de beschikking van 19 november 2004 in zaak COMP/M.3544 — Bayer Healthcare/Roche (OTC), overweging 59 (over de afstoting van het merk Desenex).

[43] Zie zaak COMP/M.3149 — Procter & Gamble/Wella, overweging 60; beschikking van 16 januari 1996 in zaak IV/M.623 — Kimberly-Clark/Scott Paper, overweging 236, punt i). Dit is met name van belang tijdens de licentieringsfase waarin de licentienemer de lancering van een nieuw, concurrerend merk moet voorbereiden. Dergelijke lancering van een nieuw merk lijkt niet doenbaar wanneer de koper aanzienlijke middelen moet inzetten voor productie, marketing en distributie van het gelicentieerde merk; zie beschikking van 27 juli 2001 in zaak COMP/M.2337 — Nestlé/Ralston Purina, overwegingen 67 e.v., en beschikking van 8 januari 2002 in zaak COMP/M.2621 — SEB/Moulinex, overweging 140.

[44] Beschikking van 30 juli 2003 in zaak COMP/M.3149 — Procter & Gamble/Wella, overweging 61; beschikking van 27 juli 2001 in zaak COMP/M.2337 — Nestlé/Ralston Purina, overwegingen 68; beschikking van 8 januari 2002 in zaak COMP/M.2621 — SEB/Moulinex, overweging 141, en beschikking van 16 januari 1996 in zaak IV/M.623 — Kimberly-Clark/Scott Paper, overweging 236, punt ii).

black-outperiode voldoende lang zijn, wil de corrigerende maatregel met rebranding gevolgen hebben welke met die van een afstoting te vergelijken zijn [45].
[22-10-2008, PbEU C 267, i.w.tr. 22-10-2008/regelingnummer 2008/C267/01]

42
De identiteit van de kandidaat-licentienemer speelt een bepalende rol voor het welslagen van de verbintenis. Bestaat er onzekerheid dat er een aantal geschikte licentienemers beschikbaar is die de mogelijkheid en sterke prikkels hebben om de rebranding door te voeren, dan kunnen de partijen een *up-front-* of *fix-it-first-*oplossing voorstellen, in lijn met de in punt 53 uiteengezette overwegingen.
[22-10-2008, PbEU C 267, i.w.tr. 22-10-2008/regelingnummer 2008/C267/01]

1.3 Niet-wederovername-beding

43
Om het structurele effect van een corrigerende maatregel te vrijwaren, dienen de verbintenissen erin te voorzien dat de nieuw geconcentreerde onderneming achteraf geen invloed [46] kan verwerven over een deel of het geheel van het af te stoten bedrijfsonderdeel. In de verbintenissen is normaal gesproken bepaald dat geen wezenlijke invloed mag worden verworven over een significante periode, doorgaans 10 jaar. De verbintenissen kunnen echter ook in een *waiver* voorzien waardoor de Commissie de partijen van deze verplichting kan ontheffen, indien zij nadien vaststelt dat de marktstructuur zodanig is veranderd dat het ontbreken van invloed over het af te stoten bedrijfsonderdeel niet langer noodzakelijk is om de concentratie met de gemeenschappelijke markt verenigbaar te kunnen verklaren. Zelfs indien er geen dergelijk uitdrukkelijk beding is, zou een wederovername van het bedrijfsonderdeel een schending zijn van een impliciete verplichting voor de partijen uit hoofde van de verbintenissen, omdat dit ten koste zou gaan van de effectiviteit van de corrigerende maatregelen.
[22-10-2008, PbEU C 267, i.w.tr. 22-10-2008/regelingnummer 2008/C267/01]

1.4 Alternatieve afstotingsverbintenissen: kroonjuwelen

44
In bepaalde gevallen kan de tenuitvoerlegging van de afstotingsoptie waaraan de partijen de voorkeur geven (de verkoop van een levensvatbaar bedrijfsonderdeel waarmee de mededingingsproblemen worden verholpen), met onzekerheid zijn omgeven, bijvoorbeeld omdat er derden zijn die voorkeursrechten kunnen doen gelden of omdat er

---

(45) Voor een voorbeeld waarbij de levenscyclus van producten in aanmerking wordt genomen, cf. beschikking van 8 januari 2002 in zaak COMP/M.2621 — SEB/Moulinex, overweging 141, waar de looptijd van de verbintenis daadwerkelijk een periode bestreek die overeenstemde met ongeveer drie levenscycli van producten; bevestigd bij arrest van het Gerecht van eerste aanleg in zaak T-119/02, Royal Philips Electronics NV/Commissie, Jurispr. 2003, blz. II-1433, punten 112 e.v.
(46) Invloed van de vorige eigenaar van het bedrijfsonderdeel op het concurrentiegedrag van het af te stoten bedrijfsonderdeel, hetgeen de doelstelling van de corrigerende maatregel dreigt te doorkruisen.

onzekerheid heerst ten aanzien van de overdraagbaarheid van essentiële contracten, intellectuele-eigendomsrechten, of onzekerheid dat wel een geschikte koper wordt gevonden. Niettemin kunnen de partijen de mening zijn toegedaan dat zij in staat zullen zijn voor het desbetreffende bedrijfsonderdeel binnen een zeer kort tijdsbestek een geschikte koper te vinden.
[22-10-2008, PbEU C 267, i.w.tr. 22-10-2008/regelingnummer 2008/C267/01]

45
Onder dergelijke omstandigheden mag de Commissie echter niet het risico nemen dat een daadwerkelijke mededinging uiteindelijk toch niet wordt gehandhaafd. Bijgevolg zal de Commissie dergelijke verbintenissen tot afstoting alleen accepteren op de volgende voorwaarden:
a) wanneer er onzekerheid heerst, is het eerste voorstel tot afstoting in de verbintenissen de afstoting van een levensvatbaar bedrijfsonderdeel, en
b) de partijen stellen een tweede alternatieve afstoting voor die zij ten uitvoer zouden moeten leggen indien zij niet erin slagen de eerste verbintenis ten uitvoer te leggen binnen het voor de eerste afstoting bepaalde tijdschema [47].

Een dergelijke alternatieve verbintenis is in de regel een 'kroonjuweel' [48] (deze is dus ten minste even geschikt als de eerst voorgestelde afstoting hetgeen inhoudt dat door de tenuitvoerlegging ervan een levensvatbare concurrent ontstaat), zij mag onzekerheden inhouden op het punt van de tenuitvoerlegging ervan en is uitvoerbaar om te vermijden dat de totale periode voor tenuitvoerlegging langer duurt dan hetgeen in de omstandigheden van de betrokken markt normaal gesproken als acceptabel zou gelden. Om de risico's tijdens deze interimperiode te beperken, is het van onmisbaar belang dat tussentijdse instandhoudings- en scheidingsmaatregelen gelden voor alle activa die in de beide alternatieven voor afstoting voorkomen. Voorts dient de verbintenis duidelijke criteria en een strak tijdschema te omvatten wat betreft de wijze en het tijdstip waarop de alternatieve verplichting tot afstoting van kracht wordt; de Commissie kan voor de tenuitvoerlegging daarvan kortere perioden eisen.
[22-10-2008, PbEU C 267, i.w.tr. 22-10-2008/regelingnummer 2008/C267/01]

46
Ingeval er onzekerheid bestaat ten aanzien van de tenuitvoerlegging van de afstoting door rechten van een derde partij of over het vinden van een geschikte koper, kunnen verbintenissen inzake kroonjuwelen en *up-front*-kopers zoals die in punt 54 aan bod komen, diezelfde bezwaren wegnemen en kunnen de partijen dan ook tussen beide structuren kiezen.
[22-10-2008, PbEU C 267, i.w.tr. 22-10-2008/regelingnummer 2008/C267/01]

---

(47) Zie arrest-General Electric, reeds aangehaald, punt 617, en beschikking van 8 april 1999 in zaak COMP/M.1453 — AXA/GRE.
(48) Als alternatief kan gelden een volledig ander bedrijfsonderdeel of, ingeval niet zeker is dat een geschikte koper wordt gevonden, verdere bedrijfsonderdelen en activa die bij het initiële pakket worden gevoegd.

1.5 Overdracht aan een geschikte koper

47

Het beoogde effect van de afstoting wordt alleen verkregen indien het bedrijfsonderdeel wordt overgedragen aan een geschikte koper in wiens handen het een actieve concurrentiefactor op de markt wordt. Het aantrekkingspotentieel van een bedrijfsonderdeel op een geschikte koper, is bijgevolg een factor waaraan de Commissie veel belang hecht wanneer zij de aangeboden verbintenis op haar geschiktheid beoordeelt [49]. Om ervoor te zorgen dat het bedrijfsonderdeel aan een geschikte koper wordt afgestoten, dienen de verbintenissen criteria te omvatten om de geschiktheid van de koper te bepalen, zodat de Commissie aan de hand daarvan kan concluderen dat dankzij afstoting van het bedrijfsonderdeel aan die koper de geconstateerde mededingingsbezwaren waarschijnlijk worden weggenomen.

[22-10-2008, PbEU C 267, i.w.tr. 22-10-2008/regelingnummer 2008/C267/01]

a) Geschiktheid van een koper

48

Een koper voldoet aan de volgende standaardeisen (hierna 'het kopersprofiel' genoemd):
- de koper is onafhankelijk van en heeft geen banden met de partijen;
- de koper beschikt over de financiële middelen, bewezen relevante deskundigheid, en heeft de prikkels en de mogelijkheid om het af te stoten bedrijfsonderdeel in stand te houden en te ontwikkelen als een levensvatbare en actieve concurrentiefactor voor de partijen en andere concurrenten; en
- de verwerving van het bedrijfsonderdeel door een beoogde koper mag niet het risico in zich dragen dat nieuwe mededingingsproblemen ontstaan, noch dat de tenuitvoerlegging van de verbintenissen wordt vertraagd. Daarom mag van de kandidaat-koper redelijkerwijs worden verwacht dat deze van de betrokken toezichthouders voor de verwerving van het af te stoten bedrijfsonderdeel alle nodige toestemmingen krijgt.

[22-10-2008, PbEU C 267, i.w.tr. 22-10-2008/regelingnummer 2008/C267/01]

49

Het kopersprofiel kan van geval tot geval worden aangevuld. Een voorbeeld is het vereiste dat de koper, in voorkomend geval, uit de industrie komt in plaats van uit de financiële sector [50]. De verbintenissen bevatten doorgaans een dergelijke clausule waarmee, door de specifieke omstandigheden van de zaak, een financiële koper misschien niet de mogelijkheid noch de prikkels heeft om het bedrijfsonderdeel uit te bouwen tot een levensbare en concurrerende kracht op de markt, zelfs indien deze

---

(49) Beschikking van 18 november 1997 in zaak IV/M.942 — Siemens/Elektrowatt.
(50) Zie beschikking van 8 januari 2002 in zaak COMP/M.2621 — SEB/Moulinex, die erin voorzien dat de licentienemer moet beschikken over een eigen handelsmerk dat in de betrokken sector wordt gebruikt. Op bepaalde markten is mogelijk een voldoende mate van herkenbaarheid door klanten vereist, wil een koper het af te stoten bedrijfsonderdeel tot een concurrentiefactor op de markt kunnen ombouwen.

de nodige managementsexpertise kan aantrekken (bv. door managers in dienst te nemen die in de betrokken sector ervaring hebben), en daarom zou de overname door een financiële koper de mededingingsbezwaren niet met voldoende zekerheid kunnen wegnemen.
[22-10-2008, PbEU C 267, i.w.tr. 22-10-2008/regelingnummer 2008/C267/01]

b) Het vinden van een geschikte koper

50

Over het algemeen zijn er drie methoden om ervoor te zorgen dat het overgedragen bedrijfsonderdeel een geschikte koper vindt. Ten eerste wordt het bedrijfsonderdeel binnen een vaste termijn na het geven van de beschikking overgedragen aan een koper die door de Commissie wordt goedgekeurd op basis van het kopersprofiel. Ten tweede wordt, naast de voorwaarden uit de eerste categorie, in de verbintenissen bepaald dat de partijen de aangemelde transactie niet tot stand mogen brengen vooraleer zij met een door de goedgekeurde koper voor het bedrijfsonderdeel een bindende overeenkomst zijn aangegaan (de zgn. *up-front*-koper). Ten derde vinden de partijen een koper voor het bedrijfsonderdeel en sluiten zij nog tijdens de procedure voor de Commissie een bindende overeenkomst [51] (de zgn. *fix-it-first* corrigerende maatregel [52]). Het belangrijkste verschil tussen deze twee laatste opties is dat in het geval van een *up-front*-koper de identiteit van de koper niet aan de Commissie bekend is voordat zij haar goedkeuringsbeschikking geeft.
[22-10-2008, PbEU C 267, i.w.tr. 22-10-2008/regelingnummer 2008/C267/01]

51

Welke categorie wordt gekozen, hangt af van de risico's die aan de zaak zijn verbonden, en dus van de maatregelen die de Commissie in staat stellen om met de nodige zekerheid te concluderen dat de verbintenis ten uitvoer zal worden gelegd. Een en ander hangt af van de aard en de omvang van het af te stoten bedrijfsonderdeel, de risico's op waardeverlies van het bedrijfsonderdeel tijdens de interimperiode tot aan de afstoting, en eventuele onzekerheden die aan de overdracht en de tenuitvoerlegging daarvan verbonden zijn, met name de risico's van het vinden van een geschikte koper.
[22-10-2008, PbEU C 267, i.w.tr. 22-10-2008/regelingnummer 2008/C267/01]

1 Verkoop van het af te stoten bedrijfsonderdeel binnen een vaste termijn na de beschikking

52

In de eerste categorie kunnen de partijen op basis van het kopersprofiel het af te stoten bedrijfsonderdeel verkopen binnen een vaste termijn nadat de beschikking is gegeven. Deze procedure is waarschijnlijk in het merendeel van de zaken geschikt, mits er voor een levensvatbaar bedrijfsonderdeel een aantal kopers in beeld komt en er geen specifieke kwesties zijn die de afstoting compliceren of daaraan in de weg staan.

---

(51) De overdracht van het bedrijfsonderdeel kan ten uitvoer worden gelegd nadat de Commissie haar beschikking heeft gegeven.

(52) Deze terminologie kan in andere jurisdicties in een andere betekenis worden gebruikt.

Wanneer de koper over speciale kwalificaties moet beschikken, kan deze procedure geschikt zijn indien er voldoende, belangstellende kandidaat-kopers voorhanden zijn die beantwoorden aan het specifieke kopersprofiel dat in dit soort zaken in de verbintenis wordt opgenomen. Onder die omstandigheden is de Commissie misschien in staat te concluderen dat de afstoting ten uitvoer wordt gelegd en dat er geen redenen zijn om de totstandbrenging van de aangemelde concentratie op te schorten nadat de Commissie haar beschikking heeft gegeven.
[22-10-2008, PbEU C 267, i.w.tr. 22-10-2008/regelingnummer 2008/C267/01]

2 Up-front-koper

53

Er zijn zaken waarin de Commissie alleen wanneer een *up-front*-koper wordt voorgesteld, met de nodige zekerheid kan concluderen dat het bedrijfsonderdeel daadwerkelijk aan een geschikte koper wordt afgestoten. Daarom dienen de partijen in de verbintenissen toe te zeggen dat zij de aangemelde transactie niet tot stand zullen brengen vooraleer zij met een door de Commissie goedgekeurde koper voor het af te stoten bedrijfsonderdeel een bindende overeenkomst zijn aangegaan [53].
[22-10-2008, PbEU C 267, i.w.tr. 22-10-2008/regelingnummer 2008/C267/01]

54

Ten eerste gaat het hier om zaken waar er aanzienlijke hinderpalen zijn voor een afstoting, zoals rechten van derden, of onzekerheden om een geschikte koper te vinden [54]. In dergelijke zaken kan de Commissie, wanneer er een *up-front*-koper is, met de nodige zekerheid concluderen dat de verbintenissen ten uitvoer zullen worden gelegd, aangezien dergelijke verbintenissen de partijen sterkere prikkels geven om de afstotingsprocedure af te ronden zodat ze in staat zijn hun eigen concentratie tot stand te brengen. Onder deze omstandigheden kunnen de partijen, zoals in punt 46 werd uiteengezet, kiezen tussen het voorstellen van een *up-front*-koper en een alternatieve verbintenis tot afstoting.
[22-10-2008, PbEU C 267, i.w.tr. 22-10-2008/regelingnummer 2008/C267/01]

55

Ten tweede is een *up-front*-koper misschien nodig in zaken die aanzienlijke risico's opleveren voor de instandhouding van de concurrentiepositie en de verkoopbaarheid van het af te stoten bedrijfsonderdeel in de interim-periode tot aan de eigenlijke afstoting. Deze categorie omvat zaken waar de risico's op waardeverlies van het af te stoten bedrijfsonderdeel hoog lijken te zijn, met name door het risico op verlies van medewerkers die voor het bedrijfsonderdeel van cruciaal belang zijn, of waar de risico's in

---

(53) Beschikking van 19 juli 2006 van zaak COMP/M.3796 – Omya/Huber PCC; beschikking van 23 juli 2003 in zaak COMP/M.2972 – DSM/Roche Vitamins; beschikking van 13 december 2000 in zaak COMP/M.2060 – Bosch/Rexroth; beschikking van 27 juli 2001 in zaak COMP/M.2337 – Nestlé/Ralston Purina; beschikking van 15 februari 2002 in zaak COMP/M.2544 – Masterfoods/Royal Canin, en beschikking van 11 juni 2003 in zaak COMP/M.2947 – Verbund/Energie Allianz.
(54) Zie beschikking van 13 december 2000 in zaak COMP/M.2060 – Bosch/Rexroth, overweging 92.

de tussenperiode toenemen omdat de partijen niet in staat zijn het afsplitsingsproces in de interimperiode door te voeren, maar waar de afsplitsing pas kan plaatsvinden nadat met een koper een koop-/verkoopovereenkomst is gesloten. Het vereiste van een *up-front*-koper kan, gezien de sterkere prikkels voor de partijen om de afstotingsprocedure af te ronden zodat zij hun eigen concentratie tot stand kunnen brengen, de overdracht van het af te stoten bedrijfsonderdeel zozeer bespoedigen dat de Commissie dankzij deze verbintenissen met de nodige zekerheid kan concluderen dat die risico's beperkt zijn en dat de afstoting effectief ten uitvoer zal worden gelegd [55].
[22-10-2008, PbEU C 267, i.w.tr. 22-10-2008/regelingnummer 2008/C267/01]

3 Fix-it-first corrigerende maatregel

56
Bij de derde categorie gaat het om zaken waar de partijen tijdens de procedure voor de Commissie een koper vinden en met hem een juridisch bindende overeenkomst aangaan, waarin de belangrijkste punten van de verkoop zijn geschetst [56]. De Commissie kan in de eindbeschikking uitmaken of met de overdracht van het af te stoten bedrijfsonderdeel aan de gevonden koper de mededingingsbezwaren worden weggenomen. Wanneer de Commissie de aangemelde concentratie goedkeurt, is voor de goedkeuring van de koper geen verder besluit van de Commissie nodig en kan de afronding van de verkoop van het af te stoten bedrijfsonderdeel kort nadien plaatsvinden.
[22-10-2008, PbEU C 267, i.w.tr. 22-10-2008/regelingnummer 2008/C267/01]

57
De Commissie verwelkomt *fix-it-first* corrigerende maatregelen met name in gevallen waarin de identiteit van de koper van cruciaal belang is voor de effectiviteit van de voorgestelde corrigerende maatregelen. Dit betreft zaken waar, gezien de omstandigheden, slechts zeer weinig kandidaat-kopers als geschikt kunnen gelden, met name omdat het af te stoten bedrijfsonderdeel geen op zich levensvatbaar bedrijfsonderdeel is, maar waarvan de levensvatbaarheid alleen door specifieke activa van de koper is verzekerd, of waar de koper specifieke kenmerken moet vertonen, wil de

---

(55) Zie beschikking van 13 december 2000 in zaak COMP/M.2060 – Bosch/Rexroth, overweging 95.
(56) Dergelijke overeenkomsten zijn normaal gesproken voorwaardelijk totdat de Commissie haar eindbeschikking heeft gegeven en de betrokken corrigerende maatregel daarin aanvaardt.

corrigerende maatregel de mededingingsbezwaren kunnen wegnemen [57]. Wanneer de partijen ervoor kiezen om tijdens de procedure bij wege van *fix-it-first-oplossing* een bindende overeenkomst met een geschikte koper aan te gaan, kan de Commissie in die omstandigheden met de nodige zekerheid concluderen dat de verbintenissen ten uitvoer zullen worden gezegd dankzij een verkoop aan een geschikte koper. Onder die omstandigheden wordt een oplossing met een *up-front*-koper die een specifiek kopersprofiel omvat, doorgaans als gelijkwaardig en acceptabel beschouwd.
[22-10-2008, PbEU C 267, i.w.tr. 22-10-2008/regelingnummer 2008/C267/01]

2 Verbreken van banden met concurrenten

58

Verbintenissen tot afstoting kunnen ook worden gebruikt om banden tussen de partijen en concurrenten te verbreken in zaken waar deze banden bijdragen aan de mededingingsbezwaren die de concentratie doet rijzen. Misschien is het nodig een minderheidsbelang in een gemeenschappelijke onderneming af te stoten, om zo een structurele band met een belangrijke concurrent [58] te verbreken; hetzelfde kan ook gelden voor de afstoting van een minderheidsbelang in een concurrent [59].
[22-10-2008, PbEU C 267, i.w.tr. 22-10-2008/regelingnummer 2008/C267/01]

59

Hoewel de afstoting van dergelijke belangen de oplossing is die de voorkeur verdient, kan de Commissie bij wijze van uitzondering ook instemmen met het afstand doen van de rechten die verbonden zijn aan een minderheidsbelang in een concurrent wanneer, gezien de specifieke omstandigheden van de zaak, valt uit te sluiten dat de financiële voordelen die uit het minderheidsbelang in een concurrent voortvloeien, op zich mededingingsbezwaren doen rijzen [60]. Onder dergelijke omstandigheden zien de partijen af van alle aan een dergelijk belang verbonden rechten die relevant zijn wat hun concurrentiegedragingen betreft, zoals vertegenwoordigingen in de raad van

---

(57) Zie beschikking van 20 april 2006 in zaak COMP/M.3916 – T-Mobile Austria/tele.ring, waar bepaalde sites en frequenties voor mobiele telefonie, die op zich geen levensvatbaar bedrijfsonderdeel vormen, alleen konden worden afgestoten naar een concurrent van wie kon worden verwacht dat hij een op de markt een vergelijkbare rol zou spelen als tele.ring; beschikking van 4 juli 2006 in zaak COMP/M.4000 – Inco/Falconbridge, waar het bedrijfsonderdeel nikkelverwerking alleen kon worden afgestoten aan een concurrent die verticaal was geïntegreerd met de levering van nikkel; beschikking van 12 december 2006 in zaak COMP/M.4187 – Metso/Aker Kvaerner, waar slechts één koper geschikt was voor de acquisitie van de af te stoten bedrijfsonderdelen, omdat deze als enige over de nodige knowhow en de nodige aanwezigheid op aangrenzende markten beschikte; beschikking van 26 oktober 2004 in zaak COMP/M.3436 – Continental/Phoenix, waar alleen de partner in de gemeenschappelijke onderneming op distributiegebied in staat was om het af te stoten bedrijfsonderdeel levensvatbaar te maken, en beschikking van 5 december 2003 in zaak COMP/M.3136 – GE/AGFA.
(58) Beschikking van 3 december 1997 in zaak IV/M.942 – VEBA/Degussa.
(59) Beschikking van 13 juli 2005 in zaak COMP/M.3653 – Siemens/VA Tech, overwegingen 491, 493 e.v.
(60) Zie beschikking van 13 juli 2005 in zaak COMP/M.3653 – Siemens/VA Tech, overwegingen 327 e.v, waar de gevolgen van het minderheidsbelang op financieel gebied konden worden uitgesloten aangezien een put-optie voor de verkoop van dit belang reeds was uitgeoefend.

bestuur, vetorechten, maar ook rechten op informatie [61]. De Commissie kan alleen instemmen met het verbreken van de banden met een concurrent indien volledig en duurzaam van deze rechten wordt afgezien [62].
[22-10-2008, PbEU C 267, i.w.tr. 22-10-2008/regelingnummer 2008/C267/01]

60
Wanneer de mededingingsbezwaren veroorzaakt worden door overeenkomsten met ondernemingen die dezelfde producten leveren of dezelfde diensten aanbieden, kan een geschikte corrigerende maatregel erin bestaan dat de betrokken overeenkomst wordt stopgezet, zoals distributieovereenkomsten met concurrenten [63] of overeenkomsten die resulteren in coördinatie van bepaalde commerciële gedragingen [64]. Toch worden met de stopzetting van een distributieovereenkomst alleen de mededingingsbezwaren weggenomen indien de zekerheid bestaat dat het product van een concurrent ook in de toekomst zal worden gedistribueerd en daadwerkelijk concurrentiedruk op de partijen zal uitoefenen.
[22-10-2008, PbEU C 267, i.w.tr. 22-10-2008/regelingnummer 2008/C267/01]

3   Andere corrigerende maatregelen

61
Afstotingen of het verbreken van banden met concurrenten krijgen weliswaar de voorkeur, maar toch zijn dit niet de enig mogelijke corrigerende maatregelen om bepaalde mededingingsbezwaren weg te nemen. Afstotingen blijven echter wel de toetssteen om andere corrigerende maatregelen op hun effectiviteit en doelmatigheid te beoordelen. Daarom kan de Commissie ook instemmen met andere soorten corrigerende maatregelen, doch alleen in omstandigheden waarin het andere voorstel van corrigerende maatregel, wat effecten betreft, ten minste gelijkwaardig is aan een afstoting [65].
[22-10-2008, PbEU C 267, i.w.tr. 22-10-2008/regelingnummer 2008/C267/01]

Corrigerende maatregelen op het gebied van toegang

62
In een aantal gevallen heeft de Commissie ingestemd met corrigerende maatregelen waarbij toegang werd verleend tot cruciale infrastructuur, netwerken, cruciale technologie (zoals octrooien, knowhow of andere intellectuele-eigendomsrechten) en

---

(61)   Beschikking van 19 september 2006 in zaak COMP/M.4187 – Toshiba/Westinghouse.
(62)   Zie beschikking van 9 december 2004 in zaak COMP/M.3440 – ENI/EDP/GDP, overwegingen 648 e.v, 672.
(63)   Voor de stopzetting van distributieovereenkomsten, zie de beschikking van 24 juni 2005 in zaak COMP/M.3779 – Pernod Ricard/Allied Domecq; beschikking van 3 maart 2005 in zaak COMP/M.3658 – Orkla/Chips.
(64)   Zie met name in de sector van het zeevervoer beschikking van 29 juli 2005 in zaak COMP/M.3829 – Maersk/PONL en beschikking van 12 oktober 2005 in zaak COMP/M.3863 – TUI/CP Ships. In die zaken verbonden de partijen zich tot terugtrekking uit bepaalde lijnvaartconferenties en -consortia.
(65)   Beschikking van 28 april 2005 in zaak COMP/M.3680 – Alcatel/Finmeccanica/Alcatel Alenia Space & Telespazio, waar een afstoting niet mogelijk was.

onmisbare grondstoffen. Normaal gesproken verlenen de partijen dergelijke toegang aan derden op niet-discriminerende en transparante basis.
[22-10-2008, PbEU C 267, i.w.tr. 22-10-2008/regelingnummer 2008/C267/01]

63

Verbintenissen waarbij tot infrastructuur en netwerken toegang wordt verleend, kunnen worden ingediend om markttoetreding van concurrenten te faciliëren. Dit soort verbintenissen kan voor de Commissie acceptabel zijn in omstandigheden waarin afdoende duidelijk is dat er daadwerkelijke toetreding van nieuwe concurrenten zal plaatsvinden, waardoor alle significante belemmeringen voor een daadwerkelijke mededinging worden uitgeschakeld [66]. Andere voorbeelden van verbintenissen waarbij toegang werd verleend, zijn verbintenissen waarbij toegang werd verleend tot betaaltelevisieplatforms [67] en tot energie via programma's voor het vrijgeven van volumes gas [68]. Vaak worden toegangsdrempels niet voldoende afgebouwd door individuele maatregelen, maar wel door een pakket bestaande uit een combinatie van corrigerende maatregelen met afstotingen en verbintenissen om toegang te verlenen, of door een pakket verbintenissen dat de algemene toegang van concurrenten door een hele reeks uiteenlopende maatregelen bevordert. Wanneer die verbintenissen daadwerkelijk ervoor zorgen dat voldoende nieuwe concurrenten tijdig en waarschijnlijk zullen toetreden, kunnen deze gelden als maatregelen waarvan het effect op de mededinging op de markt vergelijkbaar is met dat van een afstoting. Wanneer niet valt uit te sluiten dat, wanneer door de voorgestelde verbintenissen de toetredingsdrempels worden verlaagd, te verwachten valt dat nieuwe concurrenten de markt betreden, zal de Commissie een dergelijk pakket corrigerende maatregelen verwerpen [69].
[22-10-2008, PbEU C 267, i.w.tr. 22-10-2008/regelingnummer 2008/C267/01]

64

Verbintenissen waarbij op niet-discriminerende wijze toegang wordt verleend tot infrastructuur of netwerken van de fuserende partijen, kunnen ook worden ingediend om ervoor te zorgen dat de mededinging niet, als gevolg van afscherming, op significante wijze wordt belemmerd. Eerdere beschikkingen van de Commissie bevatten

---

(66) Zie arrest-easyJet Airline, reeds aangehaald, punten 197 e.v.
(67) Zie beschikking van 2 april 2003 in zaak COMP/M.2876 — Newscorp/Telepiù, overwegingen 225 e.v., waar het pakket verbintenissen ook toegang van concurrenten tot alle cruciale onderdelen van een betaaltelevisienetwerk omvatte, zoals 1. toegang tot de nodige content, 2. toegang tot het technische platform, en 3. toegang tot de noodzakelijke technische diensten. Evenzo heeft de Commissie in haar beschikking van 21 maart 2000 in zaak COMP/JV.37 — BskyB/Kirch Pay TV, die werd bevestigd door het arrest-ARD, reeds aangehaald, ingestemd met een pakket verbintenissen waardoor andere exploitanten uitgebreide toegang konden krijgen tot de betaaltelevisiemarkt.
(68) Zie beschikking van 21 december 2005 in zaak COMP/M.3696 — E.ON/MOL; beschikking van 14 maart 2006 in zaak COMP/M.3868 — DONG/Elsam/Energi E2.
(69) In concentraties in de luchtvaartsector, is een loutere vermindering van het aantal toetredingsdrempels door een verbintenis van de partijen om slots op specifieke luchthavens aan te bieden, misschien niet altijd voldoende om ervoor te zorgen dat op de routes waar mededingingsproblemen rijzen, nieuwe concurrenten toetreden en de corrigerende maatregel, wat de effecten ervan betreft, gelijkwaardig is aan een afstoting.

verbintenissen om toegang te verlenen tot pijpleidingen [70] en tot telecommunicatie- of vergelijkbare netwerken [71]. De Commissie kan met dergelijke verbintenissen alleen instemmen indien kan worden geconcludeerd dat deze verbintenissen effectief zullen zijn en dat concurrenten er waarschijnlijk van zullen gebruikmaken, zodat de bezwaren wat betreft marktafscherming kunnen worden weggenomen. In specifieke zaken kan het dienstig zijn een dergelijke verbintenis te koppelen aan een verbintenis met een *up-front*-koper of een *fix-it-first*-oplossing, wil de Commissie met de nodige zekerheid kunnen concluderen dat de verbintenis ten uitvoer zal worden gelegd [72].
[22-10-2008, PbEU C 267, i.w.tr. 22-10-2008/regelingnummer 2008/C267/01]

65
Evenzo kan de controle over cruciale technologie of intellectuele-eigendomsrechten bezwaren doen rijzen dat concurrenten die van deze technologie of intellectuele-eigendomsrechten afhankelijk zijn, worden afgeschermd van input die onmisbaar is voor hun activiteiten op een downstreammarkt. Hierbij gaat het bijvoorbeeld om zaken waar mededingingsbezwaren rijzen doordat de partijen informatie achterhouden die voor de interoperabiliteit van verschillende apparatuur noodzakelijk is. Onder die omstandigheden kunnen verbintenissen om concurrenten toegang te verlenen tot de noodzakelijke informatie, de mededingingsbezwaren wegnemen [73]. Evenzo kunnen in sectoren waar spelers doorgaans samenwerken door elkaar octrooilicenties te verlenen, bezwaren dat de nieuw geconcentreerde onderneming niet langer de prikkels krijgt om in dezelfde mate en op dezelfde voorwaarden als voordien licenties te verlenen, worden weggenomen door verbintenissen om ook in de toekomst op dezelfde basis licenties te verlenen [74]. In dergelijke gevallen zouden de verbintenissen moeten voorzien in niet-exclusieve licenties of het op niet-exclusieve basis vrijgeven van informatie aan alle derden die voor hun activiteiten van de intellectuele-eigendomsrechten of gegevens afhankelijk zijn. Voorts dient te worden gegarandeerd dat door de voorwaarden waarop de licenties worden verleend, de effectieve tenuitvoerlegging van een dergelijke corrigerende maatregel voor licenties niet wordt belemmerd. Indien er op de betrokken markt geen duidelijk geconstateerde voorwaarden voor de verlening van licenties bestaan, dienen de voorwaarden, daaronder begrepen de prijszetting, duidelijk uit de verbintenissen (bv. door formules voor prijszetting) te blijken. Een

---

(70) Beschikking van 20 december 2001 in zaak COMP/M.2533 – BP/E.ON (toegang tot pijpleidingen, naast afstoting van aandelen in een pijpleidingmaatschappij), en beschikking van 20 december 2001 in zaak COMP/M.2389 – Shell/DEA (toegang tot een invoerterminal voor ethyleen).
(71) Voor toegang tot telecomnetwerken, zie beschikking van 10 juli 2002 in zaak COMP/M.2803 – Telia/Sonera; beschikking van 13 oktober 1999 in zaak IV/M.1439 – Telia/Telenor; beschikking van 12 april 2000 in zaak COMP/M.1795 – Vodafone/Mannesmann. Zie ook beschikking van 30 april 2003 in zaak COMP/M.2903 – DaimlerChrysler/Deutsche Telekom/JV, waar de Commissie instemde met een pakket verbintenissen waarbij derden toegang werd verleend tot een telematicanetwerk en waarbij de toegangsdrempels werden verlaagd door derden toe te staan door de partijen verschafte delen te gebruiken van een voor heffing van wegentol ontworpen telematicatoestel (*Maut*).
(72) Zie het 'kwalitatieve moratorium' in beschikking van 30 april 2003 in zaak COMP/M.2903 – DaimlerChrysler/Deutsche Telekom/JV, overweging 76.
(73) Beschikking van 2 september 2003 in zaak COMP/M.3083 – GE/Instrumentarium, en beschikking van 30 april 2003 in zaak COMP/M.2861 – Siemens/Drägerwerk/JV.
(74) Zie beschikking van 19 mei 2006 in zaak COMP/M.3998 – Axalto/Gemplus.

alternatieve oplossing kan zijn dat met licenties, vrij van royalty's, wordt gewerkt. Voorts kan, afhankelijk van de zaak, de licentieverlener via licentiering ook gevoelige informatie in handen krijgen over het concurrentiegedrag van de licentienemers die als concurrenten op de downstreammarkt actief zijn, bijvoorbeeld doordat het aantal op de downstreammarkt gebruikte licenties wordt doorgegeven. In dergelijke gevallen moeten de verbintenissen dergelijke vertrouwelijkheidsproblemen uitsluiten, wil de corrigerende maatregel als geschikt kunnen gelden. Over het algemeen stemt de Commissie, zoals in het voorgaande punt werd uiteengezet, alleen met dergelijke verbintenissen in wanneer kan worden geconcludeerd dat zij zullen functioneren en dat concurrenten er waarschijnlijk zullen van gebruikmaken.
[22-10-2008, PbEU C 267, i.w.tr. 22-10-2008/regelingnummer 2008/C267/01]

66

Verbintenissen waarbij toegang wordt verleend, zijn vaak complex van aard en omvatten noodzakelijkerwijs algemene bepalingen voor het vaststellen van de voorwaarden waarop toegang wordt verleend. Om dergelijke verbintenissen effectief te maken, dienen zij de procedurele vereisten te bevatten die benodigd zijn om daarop toezicht te kunnen houden, zoals het vereiste van een gescheiden boekhouding voor de infrastructuur, zodat de desbetreffende kosten kunnen worden onderzocht [75], en passende toezichtsinstrumenten. In de regel dient dergelijk toezicht te worden uitgevoerd door de marktdeelnemers zelf, bijvoorbeeld door de onderneming die voordeel willen halen bij de verbintenissen. Maatregelen waardoor derden zelf de verbintenissen kunnen afdwingen, zijn met name toegang tot een mechanisme voor snelle geschillenbeslechting via arbitrageprocedures (samen met trustees) [76] of via arbitrageprocedures waarbij nationale toezichthouders betrokken zijn, voor zover die voor de betrokken markten bestaan [77]. Wanneer de Commissie kan concluderen dat dankzij de in verbintenissen uitgewerkte mechanismen de marktdeelnemers deze verbintenissen zelf tijdig en effectief kunnen doen naleven, is er geen permanent toezicht van de Commissie op de nakoming van de verbintenissen vereist. In dergelijke zaken zou de Commissie alleen hoeven in te grijpen wanneer de partijen zich niet houden aan de oplossingen die via deze mechanismen voor geschillenbeslechting worden gevonden [78]. Toch kan de Commissie dergelijke verbintenissen alleen accepteren wanneer de complexiteit ervan van bij de aanvang geen risico inhoudt voor de effectieve tenuitvoerlegging ervan én wanneer de voorgestelde toezichtsinstrumenten de garantie bieden dat die verbintenissen effectief ten uitvoer zullen worden gelegd en dat het mechanisme om deze te doen naleven, snel resultaten oplevert [79].
[22-10-2008, PbEU C 267, i.w.tr. 22-10-2008/regelingnummer 2008/C267/01]

---

(75) Zie bv. de beschikking van 10 juli 2002 in zaak COMP/M.2803 — Telia/Sonera; beschikking van 30 april 2003 in zaak COMP/M.2903 — DaimlerChrysler/Deutsche Telekom/JV.
(76) Wat betreft de gevolgen van arbitrageclausules, zie arrest-ARD, reeds aangehaald, punten 212, 295, 352, en arrest-easyJet Airline, reeds aangehaald, punt 186.
(77) Zie zaak COMP/M.2876 — Newscorp/Telepiù; zaak COMP/M.3916 — T-Mobile Austria/tele.ring.
(78) Arrest-ARD, reeds aangehaald, de punten 212, 295, 352.
(79) Zie arrest-EDP, reeds aangehaald, punten 102 e.v, en arrest-easyJet Airline, reeds aangehaald, punt 188 e.v.

Aanpassing langlopende exclusieve contracten

67

De uit een voorgenomen concentratie voortvloeiende verandering in de marktstructuur kan ten gevolge hebben dat bestaande contractuele regelingen nadelig zijn voor een daadwerkelijke mededinging. Dit is met name het geval bij langlopende exclusieve leveringsovereenkomsten, indien daarmee upstream de input voor concurrenten of downstream hun toegang tot afnemers wordt afgeschermd. Wanneer de nieuw geconcentreerde onderneming de mogelijkheden en de prikkels heeft om de markt op die wijze voor haar concurrenten af te schermen, kunnen de afschermingseffecten die uit bestaande exclusieve overeenkomsten resulteren, ertoe bijdragen dat een daadwerkelijke mededinging op significante wijze wordt belemmerd [80].
[22-10-2008, PbEU C 267, i.w.tr. 22-10-2008/regelingnummer 2008/C267/01]

68

Onder dergelijke omstandigheden kan de stopzetting of aanpassing van bestaande exclusieve overeenkomsten als geschikt gelden om de mededingingsbezwaren weg te nemen [81]. Toch moet de Commissie aan de hand van het beschikbare bewijsmateriaal duidelijk kunnen bepalen dat de exclusiviteit niet in de feiten gehandhaafd blijft. Voorts is dergelijke aanpassing van langlopende overeenkomsten doorgaans alleen voldoende als onderdeel van een pakket corrigerende maatregelen die de geconstateerde mededingingsbezwaren moeten verwijderen.
[22-10-2008, PbEU C 267, i.w.tr. 22-10-2008/regelingnummer 2008/C267/01]

Corrigerende maatregelen, andere dan afstotingen

69

Zoals in punt 17 werd aangegeven, nemen niet-structurele corrigerende maatregelen zoals beloften om zich te onthouden van bepaalde commerciële gedragingen (bv. het bundelen van producten), doorgaans niet de mededingingsbezwaren weg die uit horizontale overlappingen resulteren. In ieder geval is het misschien moeilijk de vereiste mate van effectiviteit van een dergelijke corrigerende maatregel te behalen, doordat het ontbreekt aan effectief toezicht op de tenuitvoerlegging ervan,

---

(80) Zie de mededeling van de Commissie 'Richtsnoeren voor de beoordeling van niet-horizontale fusies op grond van de Verordening van de Raad inzake de controle op concentraties van ondernemingen' (beschikbaar onder: http://ec.europa.eu/comm/competition/mergers/legislation/ notices_on_substance.html#remedies); beschikking van 11 februari 1998 in zaak IV/M.986 — AGFA Gevaert/DuPont.
(81) Beschikking van 2 april 2003 in zaak COMP/M.2876 — Newscorp/Telepiù, overwegingen 225 e.v, waarbij aanbieders van televisiecontent eenzijdige opzegrechten kregen, het toepassingsbereik van exclusiviteitsbedingen werd beperkt en de looptijd van toekomstige exclusieve overeenkomsten voor de levering van content werd beperkt; beschikking van 17 december 2002 in zaak COMP/M.2822 — ENI/EnBW/GVS, waar alle lokale gasdistributeurs het recht kregen langlopende gasleveringsovereenkomsten vervroegd op te zeggen; beschikking van 28 oktober 1999 in zaak IV/M.1571 — New Holland; beschikking van 19 april 1999 in zaak IV/M.1467 — Rohm and Haas/Morton.

zoals reeds in de punten 13 en verder werd uiteengezet [82]. Het valt voor de Commissie immers onmogelijk na te gaan of de verbintenis werd nageleefd en zelfs andere marktdeelnemers, zoals concurrenten, kunnen misschien helemaal niet of niet met de nodige zekerheid uitmaken of de partijen in de praktijk de voorwaarden van de verbintenis nakomen. Voorts hebben concurrenten misschien ook niet de prikkel om de Commissie te waarschuwen omdat zij niet direct baat hebben bij de verbintenissen. Daarom kan de Commissie corrigerende maatregelen, andere dan afstotingen, zoals beloften op gebied van gedrag, alleen uitzonderlijk in specifieke omstandigheden onderzoeken, zoals ten aanzien van mededingingsbezwaren die resulteren uit conglomeraatsstructuren [83].
[22-10-2008, PbEU C 267, i.w.tr. 22-10-2008/regelingnummer 2008/C267/01]

Termijn voor corrigerende maatregelen, andere dan afstotingen

70

De Commissie kan instemmen met corrigerende maatregelen, andere dan afstotingen, die in de tijd beperkt zijn. Of een dergelijke beperking in de tijd en of de duur van die looptijd aanvaardbaar is, hangt af van de individuele omstandigheden van de zaak en kan in de onderhavige mededeling niet vooraf, op algemene wijze worden omschreven.
[22-10-2008, PbEU C 267, i.w.tr. 22-10-2008/regelingnummer 2008/C267/01]

4   Wijzigingsclausule

71

Ongeacht het soort corrigerende maatregelen, omvatten verbintenissen doorgaans een wijzigingsclausule [84]. Daardoor kan de Commissie, op verzoek van de partijen die daarvoor voldoende redenen kunnen aanvoeren, een verlenging van de termijnen toestaan of, in uitzonderlijke omstandigheden, een of meer van de aangegane verbintenissen opheffen, wijzigen of vervangen.
[22-10-2008, PbEU C 267, i.w.tr. 22-10-2008/regelingnummer 2008/C267/01]

72

Verbintenissen wijzigen door de termijnen te verlengen is van bijzonder belang bij verbintenissen tot afstoting. De partijen dienen binnen de termijn een verzoek tot termijnverlenging in. Wanneer de partijen vragen de eerste afstotingsperiode te verlengen, aanvaardt de Commissie alleen dat de partijen voldoende redenen hebben aangevoerd indien zij niet in staat zijn de termijn na te leven om redenen buiten hun verantwoordelijkheid en indien te verwachten valt dat de partijen nadien wel erin zullen slagen het bedrijfsonderdeel op korte termijn af te stoten. Anders is de met de

---

(82)   Zie, voor een voorbeeld van dergelijke corrigerende maatregelen, de beschikking van 9 december 2004 in zaak COMP/M.3440 — ENI/EDP/GDP, overwegingen 663, 719.
(83)   Zie, wat conglomeraatseffecten van een concentratie betreft, het arrest-Tetra Laval, reeds aangehaald, punten 85 en 89.
(84)   Deze herzieningsclausule is van bijzonder belang in het geval van corrigerende maatregelen waarbij toegang wordt verleend. Deze dienen stelselmatig een dergelijke clausule te bevatten; zie punt 74.

afstoting belaste trustee beter in staat om de afstoting uit te voeren en de verbintenissen voor de partijen na te komen.
[22-10-2008, PbEU C 267, i.w.tr. 22-10-2008/regelingnummer 2008/C267/01]

73
Alleen in uitzonderlijke omstandigheden kan de Commissie partijen van hun verbintenissen ontslaan of instemmen met wijzigingen of vervangende verbintenissen. Dit zal bij verbintenissen tot afstoting slechts zeer zelden relevant zijn. Aangezien verbintenissen tot afstoting binnen een korte termijn na het geven van de beschikking ten uitvoer dienen te zijn gelegd, is het hoogst onwaarschijnlijk dat veranderingen in de marktomstandigheden op dergelijke korte termijn zullen plaatsvinden. De Commissie stemt op basis van de algemene wijzigingsclausule in de regel niet in met wijzigingen. Voor specifieke situaties bevatten de verbintenissen normaal gesproken meer gerichte wijzigingsclausules [85].
[22-10-2008, PbEU C 267, i.w.tr. 22-10-2008/regelingnummer 2008/C267/01]

74
Ontheffing, wijziging of vervanging van verbintenissen kan relevanter zijn in het geval van verbintenissen, andere dan afstotingen, zoals verbintenissen toegang te verlenen, die over een aantal jaren kunnen lopen en waarvoor niet alle scenario's kunnen worden voorspeld op het tijdstip dat de Commissie haar beschikking geeft. Uitzonderlijke omstandigheden die ontheffing, wijziging of vervanging van dit soort verbintenissen rechtvaardigen, kunnen ten eerste worden geaccepteerd indien de partijen aantonen dat de marktomstandigheden op significante en duurzame wijze zijn veranderd. Om dit aan te kunnen tonen, ligt er een voldoende lange periode, van normaal gesproken ten minste meerdere jaren, tussen de beschikking van de Commissie en het verzoek van de partijen. Ten tweede kan ook van uitzonderlijke omstandigheden sprake zijn indien de partijen aan kunnen tonen dat uit de ervaring die bij de tenuitvoerlegging van de corrigerende maatregel werd opgedaan, blijkt dat de met die corrigerende maatregel beoogde doelstelling beter wordt behaald indien de toepassingsvoorwaarden voor de betrokken verbintenis worden gewijzigd. Bij ontheffing, wijziging of vervanging van verbintenissen zal de Commissie ook rekening houden met het standpunt van derden en met de impact die een wijziging kan hebben op de positie van derden – en dus op de algehele effectiviteit van de corrigerende maatregel. In dat verband zal de Commissie ook nagaan of wijzigingen een impact hebben op de rechten die derden na de tenuitvoerlegging van de corrigerende maatregel al hebben verworven [86].
[22-10-2008, PbEU C 267, i.w.tr. 22-10-2008/regelingnummer 2008/C267/01]

---

(85) Zoals in punt 30 werd aangegeven, kan de Commissie een koper goedkeuren zonder een deel van de voorziene activa of de medewerkers, indien dit geen impact heeft op het concurrentievermogen en de levensvatbaarheid van het af te stoten bedrijfsonderdeel. Evenzo staat het niet-wederovernamebeding, zoals in punt 43 aangegeven, alleen aan het opnieuw verwerven van zeggenschap over de afgestoten activa in de weg indien de Commissie voordien niet tot de bevinding is gekomen dat de marktstructuur zodanig is veranderd dat de afstoting niet langer noodzakelijk is.
(86) Zie de voorbeelden in het arrest-Royal Philips Electronics, reeds aangehaald, punt 184.

75

Wanneer de Commissie op het tijdstip dat zij haar beschikking geeft, om bepaalde redenen niet alle mogelijke scenario's ten aanzien van de tenuitvoerlegging van dergelijke verbintenissen kan voorzien, is het misschien ook dienstig dat de partijen in de verbintenissen een clausule opnemen die de Commissie de mogelijkheid biedt beperkte wijzigingen van de verbintenissen door te voeren. Dergelijke wijzigingen zijn soms ook nodig indien met de oorspronkelijke verbintenissen niet de in die verbintenissen uiteengezette uitkomsten worden behaald — en de mededingingsbezwaren daarmee dus niet daadwerkelijk worden weggenomen. Procedureel gezien, kunnen de partijen in dergelijke gevallen misschien worden verplicht een wijziging van de verbintenissen voor te stellen om de in die verbintenissen omschreven uitkomst te bereiken, of kan de Commissie zelf, nadat zij de partijen heeft gehoord, de aan haar beschikking verbonden voorwaarden en verplichtingen wijzigen. Dit soort clausule is meestal beperkt tot gevallen waar specifieke toepassingsvoorwaarden de effectieve tenuitvoerlegging van de verbintenissen in gevaar dreigen te brengen. Dit soort clausules is bijvoorbeeld gebruikt ten aanzien van de toepassingsvoorwaarden van programma's voor het vrijgeven van gasvolumes [87].
[22-10-2008, PbEU C 267, i.w.tr. 22-10-2008/regelingnummer 2008/C267/01]

76

De Commissie kan, op verzoek, een formele beschikking geven voor iedere ontheffing, wijziging of vervanging van verbintenissen of kan gewoon kennisnemen van bevredigende wijzigingen van de corrigerende maatregel door de partijen, wanneer dergelijke wijzigingen de effectiviteit van de corrigerende maatregel verbeteren en resulteren in voor de partijen juridisch bindende verplichtingen, bijvoorbeeld door middel van contractuele regelingen. Een wijziging van verbintenissen geldt normaal gesproken *ex nunc*. Dit betekent ook dat met een wijziging van de verbintenissen niet retroactief een schending van de verbintenissen die vóór het tijdstip van de wijziging heeft plaatsgevonden, kan worden goedgemaakt. Daarom kan de Commissie, in voorkomend geval, deze schending verder behandelen op grond van de artikelen 14 en 15 van de concentratieverordening.
[22-10-2008, PbEU C 267, i.w.tr. 22-10-2008/regelingnummer 2008/C267/01]

IV Procedurele aspecten voor het indienen van verbintenissen

1 Fase I

77

Overeenkomstig artikel 6, lid 2, van de concentratieverordening kan de Commissie ook vooraleer de procedure wordt ingeleid, een concentratie verenigbaar met de gemeenschappelijke markt verklaren wanneer zij ervan overtuigd is dat de aangemelde concentratie, dankzij de wijziging ervan, niet langer aanleiding geeft tot ernstige twijfel in de zin van lid 1, onder c).
[22-10-2008, PbEU C 267, i.w.tr. 22-10-2008/regelingnummer 2008/C267/01]

---

(87) Zie beschikking van 14 maart 2006 in zaak COMP/M.3868 — DONG/Elsam/Energi E2, punt 24 van de bijlage.

78

De partijen kunnen zelfs vóór de aanmelding van een concentratie informeel aan de Commissie voorstellen voor verbintenissen doen. De partijen dienen hun verbintenissen in, uiterlijk twintig dagen na de datum van ontvangst van de aanmelding [88]. De Commissie stelt de partijen vóór het verstrijken van die termijn tijdig van haar ernstige twijfel in kennis [89]. Wanneer de partijen verbintenissen indienen, wordt de termijn waarin de Commissie een beschikking moet geven, overeenkomstig artikel 6, lid 1, verlengd van 25 tot 35 werkdagen [90].
[22-10-2008, PbEU C 267, i.w.tr. 22-10-2008/regelingnummer 2008/C267/01]

79

Om de grondslag te kunnen vormen voor een beschikking overeenkomstig artikel 6, lid 2, voldoen de desbetreffende voorstellen aan de volgende vereisten:
a) zij geven een volledige beschrijving van de inhoud en uitvoeringswijze van de door de partijen aangegane verplichtingen;
b) zij zijn ondertekend door een daartoe gemachtigd persoon;
c) zij gaan vergezeld van de informatie over de aangeboden verbintenissen die in de uitvoeringsverordening wordt verlangd (zoals hier in punt 7 werd uiteengezet); en
d) zij gaan vergezeld van een niet-vertrouwelijke versie van de verbintenissen [91], die kan worden gebruikt om bij derden een markttest uit te voeren. Aan de hand van deze niet-vertrouwelijke versie van de verbintenissen moeten derden kunnen nagaan of de corrigerende maatregelen die worden voorgesteld om de mededingingsbezwaren weg te nemen, werkbaar en effectief zijn.
[22-10-2008, PbEU C 267, i.w.tr. 22-10-2008/regelingnummer 2008/C267/01]

80

Voorstellen die door de partijen overeenkomstig deze vereisten zijn ingediend, worden onderzocht door de Commissie. De Commissie raadpleegt ook de autoriteiten in de lidstaten over de voorgestelde verbintenissen en, waar zulks dienstig wordt geacht, ook derden in de vorm van een markttest, met name die derden en de erkende vertegenwoordigers van de werknemers [92] van wie de posities rechtstreeks door de voorgestelde corrigerende maatregelen worden getroffen. Op markten met nationale toezichthouders kan de Commissie, in voorkomend geval, ook de bevoegde nationale

---

(88) Artikel 19, lid 1, van de uitvoeringsverordening.
(89) De aanmeldende partijen krijgen in de regel de gelegenheid om in die omstandigheden deel te nemen aan een 'stand van zaken'-bijeenkomst; zie *Best Practices on the conduct of EC merger control proceedings* van DG Concurrentie, punt 33.
(90) Artikel 10, lid 1, tweede alinea, van de concentratieverordening.
(91) Artikel 20, lid 2, van de uitvoeringsverordening.
(92) Cf. artikel 2, lid 1, onder c), van Richtlijn 2001/23/EG van de Raad van 12 maart 2001 inzake de onderlinge aanpassing van de wetgevingen der lidstaten betreffende het behoud van de rechten van de werknemers bij overgang van ondernemingen, vestigingen of onderdelen van ondernemingen of vestigingen (*PB* L 82 van 22.3.2001, blz. 16). Zie ook artikel 2, lid 1, onder g), van Richtlijn 94/45/EG van de Raad van 22 september 1994 inzake de instelling van een Europese ondernemingsraad of van een procedure in ondernemingen of concerns met een communautaire dimensie ter informatie en raadpleging van de werknemers (*PB* L 254 van 30.9.1994, blz. 64).

toezichthouders raadplegen [93]. Voorts kunnen in gevallen waarin de geografische markt ruimer is dan de Europese Economische Ruimte (hierna 'de EER' genoemd), of waarin — om redenen die met de levensvatbaarheid van het bedrijfsonderdeel verband houden — de omvang van de af te stoten activiteiten ruimer is dan het grondgebied van de EER, de voorgestelde corrigerende maatregelen ook worden besproken met mededingingsautoriteiten van buiten de EER, in het kader van de bilaterale samenwerkingsovereenkomsten van de Gemeenschap met die landen.
[22-10-2008, PbEU C 267, i.w.tr. 22-10-2008/regelingnummer 2008/C267/01]

81

Verbintenissen kunnen alleen in fase I worden geaccepteerd wanneer het mededingingsprobleem scherp omlijnd is en gemakkelijk kan worden verholpen [94]. Het mededingingsprobleem moet zo onmiskenbaar zijn en de corrigerende maatregelen zo voor de hand liggend, dat geen grondig onderzoek hoeft te worden ingesteld en dat de verbintenissen onmiskenbaar volstaan om alle 'ernstige twijfel' in de zin van artikel 6, lid 1, onder c), van de concentratieverordening weg te nemen [95]. Wanneer het onderzoek bevestigt dat de voorgestelde verbintenissen de redenen voor de ernstige twijfel op die basis wegnemen, keurt de Commissie de concentratie in fase I goed.
[22-10-2008, PbEU C 267, i.w.tr. 22-10-2008/regelingnummer 2008/C267/01]

82

Door de krappe termijnen in fase I is het van bijzonder belang dat de partijen de door de uitvoeringsverordening verlangde gegevens tijdig bij de Commissie indienen, zodat deze de verbintenissen op hun inhoud en werkbaarheid kan beoordelen en kan nagaan of deze geschikt zijn om de voorwaarden voor een daadwerkelijke mededinging op de gemeenschappelijke markt op duurzame wijze in stand te houden. Wanneer de partijen deze verplichting uit hoofde van de uitvoeringsverordening niet nakomen, is de Commissie misschien niet in staat te concluderen dat de voorgestelde verbintenissen de redenen voor ernstige twijfel wegnemen.
[22-10-2008, PbEU C 267, i.w.tr. 22-10-2008/regelingnummer 2008/C267/01]

83

Wanneer het onderzoek uitwijst dat de aangeboden verbintenissen niet volstaan om de mededingingsbezwaren waartoe de concentratie aanleiding geeft, weg te nemen, worden de partijen daarvan op de hoogte gesteld. Aangezien de corrigerende maatregelen uit fase I zijn bedoeld om een duidelijk antwoord te geven voor een scherp omlijnd mededingingsprobleem, kunnen alleen beperkte wijzigingen van de voorgestelde verbintenissen worden aanvaard. Dergelijke wijzigingen, die worden voorgesteld als onmiddellijke reactie op de uitkomst van het overleg, zijn onder meer verduidelijkingen, verfijningen en/of andere verbeteringen die ervoor moeten zorgen dat de verbintenissen werkbaar en effectief zijn. Toch kunnen dergelijke wijzigingen

---

(93) Voor de rol van nationale toezichthouders bij een mechanisme voor geschillenbeslechting, zie punt 66.
(94) Zie overweging 30 bij de concentratieverordening.
(95) Zie arrest-Royal Philips Electronics, reeds aangehaald, punten 79 e.v.

alleen worden geaccepteerd in omstandigheden die garanderen dat de Commissie die verbintenissen correct kan beoordelen [96].
[22-10-2008, PbEU C 267, i.w.tr. 22-10-2008/regelingnummer 2008/C267/01]

84
Wanneer uit de uiteindelijke beoordeling door de Commissie blijkt dat een zaak op één of meer markten geen mededingingsbezwaren doet rijzen, worden de partijen daarvan op de hoogte gesteld en kunnen zij de voor die markten niet noodzakelijke verbintenissen intrekken. Wanneer de partijen deze niet intrekken, houdt de Commissie in haar beschikking daarmee in de regel geen rekening. In ieder geval vormen dergelijke voorstellen voor verbintenissen geen voorwaarde om een transactie goed te keuren.
[22-10-2008, PbEU C 267, i.w.tr. 22-10-2008/regelingnummer 2008/C267/01]

85
Wanneer de partijen op de hoogte worden gesteld van het feit dat de Commissie voornemens is in haar eindbeschikking staande te houden dat de transactie op een specifieke markt mededingingsbezwaren doet rijzen, is het aan de partijen om verbintenissen voor te stellen. De Commissie kan niet eenzijdig voorwaarden aan een goedkeuringsbeschikking verbinden, doch alleen op grond van verbintenissen van de partijen [97]. Toch zal de Commissie nagaan of de door de partijen ingediende verbintenissen in verhouding staan tot het mededingingsprobleem, wanneer zij moet uitmaken of zij deze verbintenissen als voorwaarden en verplichtingen aan haar eindbeschikking verbindt [98]. Niettemin dient te worden benadrukt dat in een voorstel voor verbintenissen alle elementen die benodigd zijn om te voldoen aan de basisvoorwaarden voor aanvaardbare verbintenissen zoals die in de punten 9 en verder zijn uiteengezet, als noodzakelijk worden beschouwd. Dit en het voorgaande punt gelden ook voor in fase II aangeboden verbintenissen.
[22-10-2008, PbEU C 267, i.w.tr. 22-10-2008/regelingnummer 2008/C267/01]

86
Wanneer de Commissie tot de conclusie komt dat met de door de partijen aangeboden verbintenissen de ernstige twijfel niet wordt weggenomen, geeft zij een beschikking op grond van artikel 6, lid 1, onder c), en leidt zij de procedure in.
[22-10-2008, PbEU C 267, i.w.tr. 22-10-2008/regelingnummer 2008/C267/01]

2 Fase II

87
Overeenkomstig artikel 8, lid 2, van de concentratieverordening verklaart de Commissie een concentratie verenigbaar met de gemeenschappelijke markt wanneer een aangemelde concentratie, na aanpassing ervan, een daadwerkelijke mededinging niet

---

(96) Zie overweging 17 bij de uitvoeringsverordening en arrest-Royal Philips Electronics, reeds aangehaald, punten 237 e.v.
(97) Zie punt 6.
(98) Arrest van het Gerecht van eerste aanleg van 18 december 2007 in zaak C-202/06 P, Cementbouw/Commissie, punt 54, Jurispr. 2007.

langer op significante wijze belemmert in de zin van artikel 2, lid 3, van de concentratieverordening.
[22-10-2008, PbEU C 267, i.w.tr. 22-10-2008/regelingnummer 2008/C267/01]

88
De verbintenissen die overeenkomstig artikel 8, lid 2, aan de Commissie worden voorgesteld, worden binnen 65 werkdagen te rekenen vanaf de dag waarop de procedure is ingeleid, bij de Commissie ingediend. Wanneer de termijnen voor het geven van een eindbeschikking overeenkomstig artikel 10, lid 3, van de concentratieverordening zijn verlengd, worden ook de termijnen voor het indienen van corrigerende maatregelen automatisch met hetzelfde aantal dagen verlengd [99]. Alleen in uitzonderlijke omstandigheden kan de Commissie ermee instemmen dat pas na het verstrijken van deze periode voor het eerst verbintenissen worden ingediend. Het verzoek van de partijen om de termijn te verlengen, wordt binnen die termijn ingediend en daarin worden de uitzonderlijke omstandigheden beschreven die, volgens de partijen, dit verzoek rechtvaardigen. Een verlenging van de termijn kan slechts worden toegestaan indien er niet alleen sprake is van buitengewone omstandigheden, maar er bovendien voldoende tijd is om een adequate beoordeling van het voorstel door de Commissie mogelijk te maken, en passend overleg met de lidstaten en belanghebbenden mogelijk is [100].
[22-10-2008, PbEU C 267, i.w.tr. 22-10-2008/regelingnummer 2008/C267/01]

89
Het antwoord op de vraag of door het indienen van corrigerende maatregelen voor de Commissie al dan niet de termijn wordt verlengd om een eindbeschikking te geven, hangt af van het tijdstip in de procedure waarop de verbintenissen worden ingediend. Wanneer de partijen verbintenissen indienen minder dan 55 werkdagen na het inleiden van de procedure, geeft de Commissie een eindbeschikking binnen 90 werkdagen na het tijdstip waarop de procedure is ingeleid [101]. Wanneer de partijen verbintenissen indienen op werkdag 55 of nadien (zelf nà werkdag 65, indien die verbintenissen acceptabel zijn als gevolg van de uitzonderlijke omstandigheden zoals die in punt 88 werden beschreven), wordt de termijn waarbinnen de Commissie een eindbeschikking moet geven, overeenkomstig artikel 10, lid 3, tweede alinea, verlengd tot 105 werkdagen. Ook wanneer de partijen binnen 55 werkdagen verbintenissen indienen, maar een gewijzigde versie pas op werkdag 55 (of nadien) indienen, wordt de termijn voor het geven van een eindbeschikking verlengd tot 105 werkdagen.
[22-10-2008, PbEU C 267, i.w.tr. 22-10-2008/regelingnummer 2008/C267/01]

---

(99) Artikel 19, lid 2, tweede alinea, van de uitvoeringsverordening.
(100) Artikel 19, lid 2, derde alinea, van de uitvoeringsverordening. Zie beschikking van 13 oktober 1999 in zaak COMP/M.1439 — Telia/Telenor, en beschikking van 23 april 1997 in zaak IV/M.754 — Anglo American Corporation/Lonrho.
(101) Wanneer de termijn voor het geven van de eindbeschikking, overeenkomstig artikel 10, lid 3, tweede alinea, van de concentratieverordening, vóór werkdag 55 is verlengd, wordt deze periode eveneens verlengd.

90

De Commissie staat open voor overleg over geschikte verbintenissen ruim voor het verstrijken van de termijn van 65 werkdagen. De partijen worden aangemoedigd om ontwerp-voorstellen in te dienen waarin wordt ingegaan op de materiële en uitvoeringsaspecten die benodigd zijn om ervoor te zorgen dat de verbintenissen volledig uitvoerbaar zijn. Wanneer de partijen van mening zijn dat meer tijd nodig is voor het onderzoek van de mededingingsbezwaren en om nadien geschikte verbintenissen uit te werken, kunnen zij de Commissie ook voorstellen de uiterste termijn op grond van artikel 10, lid 3, eerste alinea, te verlengen. Een dergelijk verzoek wordt ingediend vóór het eind van de termijn van 65 werkdagen. De Commissie zal doorgaans de termijn voor het geven van een eindbeschikking op grond van artikel 10, lid 3, eerste alinea, immers niet verlengen wanneer het verzoek om een verlenging van de termijn wordt ingediend nadat de in de uitvoeringsverordening vastgestelde termijn voor het indienen van corrigerende maatregelen is verstreken – dus na werkdag 65 [102].

[22-10-2008, PbEU C 267, i.w.tr. 22-10-2008/regelingnummer 2008/C267/01]

91

Om de grondslag te kunnen vormen voor een beschikking overeenkomstig artikel 8, lid 2, voldoen de desbetreffende voorstellen aan de volgende vereisten:
a) zij nemen alle mededingingsbezwaren die de concentratie doet rijzen weg, en geven een volledige beschrijving van de inhoud en uitvoeringswijze van de door de partijen aangegane verplichtingen;
b) zij zijn ondertekend door een daartoe gemachtigd persoon;
c) zij gaan vergezeld van de informatie over de aangeboden verbintenissen die in de uitvoeringsverordening wordt verlangd (zoals hier in punt 7 werd uiteengezet); en
d) zij gaan vergezeld van een niet-vertrouwelijke versie van de verbintenissen [103] die kan worden gebruikt om bij derden een markttest uit te voeren, die voldoet aan de vereisten zoals die in punt 79 zijn uiteengezet.

[22-10-2008, PbEU C 267, i.w.tr. 22-10-2008/regelingnummer 2008/C267/01]

92

Voorstellen die door de partijen overeenkomstig deze vereisten zijn ingediend, worden onderzocht door de Commissie. Wanneer dit onderzoek bevestigt dat de voorgestelde

---

(102) Het Gerecht van eerste aanleg bevestigde dat Commissie, krachtens de concentratieverordening en de uitvoeringsverordening, niet verplicht is na de uiterste datum aangeboden verbintenissen te accepteren, zoals hier in punt 94 nader wordt uiteengezet; zie arrest-EDP, reeds aangehaald, punt 161. Daarom is de Commissie niet verplicht rekening te houden met corrigerende maatregelen die door de partijen worden ingediend na de uiterste datum voor het indienen van corrigerende maatregelen, zelfs indien de partijen het ermee eens zijn de uiterste datum te verschuiven. Bovendien zou een en nader, zoals uiteengezet in overweging 35 bij de concentratieverordening, niet beantwoorden aan de doelstelling van de in artikel 10, lid 3, bedoelde termijnverlengingen. De in artikel 10, lid 3, eerste alinea, beoogde verlenging van de termijnen is bedoeld om voldoende tijd te bieden voor het onderzoeken van de mededingingsbezwaren, terwijl de in artikel 10, lid 3, tweede alinea, beoogde verlenging van de termijnen is bedoeld om voldoende tijd te bieden voor het onderzoek en de markttest van verbintenissen.

(103) Artikel 20, lid 2, van de uitvoeringsverordening.

verbintenissen de ernstige twijfel wegnemen (ingeval de Commissie nog geen mededeling van punten van bezwaar heeft doen uitgaan) of de mededingingsbezwaren die in de mededeling van punten van bezwaar werden geformuleerd, geeft de Commissie, na het overleg zoals dat in punt 80 werd beschreven, een beschikking waarmee de concentratie onder voorwaarden wordt goedgekeurd.
[22-10-2008, PbEU C 267, i.w.tr. 22-10-2008/regelingnummer 2008/C267/01]

93
Wanneer daarentegen uit dit onderzoek blijkt dat de aangeboden verbintenissen niet lijken te volstaan om de mededingingsbezwaren die de concentratie doet rijzen, weg te nemen, worden de partijen hiervan op de hoogte gesteld [104].
[22-10-2008, PbEU C 267, i.w.tr. 22-10-2008/regelingnummer 2008/C267/01]

94
De Commissie is volgens de concentratieverordening niet verplicht na de uiterste datum aangeboden verbintenissen te accepteren, tenzij zij in specifieke omstandigheden vrijwillig toezegt de verbintenissen te onderzoeken [105]. In het licht daarvan accepteert de Commissie, wanneer de partijen de voorgestelde verbintenissen na de termijn van 65 werkdagen wijzigen, deze gewijzigde verbintenissen alleen indien zij — op basis van haar beoordeling van de gegevens die zij in de loop van het onderzoek reeds heeft ontvangen, daaronder begrepen de uitkomsten van eerdere markttests, en zonder dat een verdere markttest hoeft plaats te vinden — duidelijk kan vaststellen dat met de tenuitvoerlegging van deze verbintenissen de geconstateerde mededingingsbezwaren zonder twijfel en volledig worden weggenomen, én wanneer er voldoende tijd wordt gelaten voor een passende beoordeling door de Commissie en een passend overleg met lidstaten [106][107]. De Commissie verwerpt in de regel gewijzigde verbintenissen die niet aan deze vereisten voldoen [108].
[22-10-2008, PbEU C 267, i.w.tr. 22-10-2008/regelingnummer 2008/C267/01]

---

(104) Zie de *Best Practices on the conduct of EC merger control proceedings* van DG Concurrentie, punten 30 e.v., die voorzien in meerdere 'stand van zaken'-bijeenkomsten tussen de Commissie en de partijen in de loop van de hele procedure.
(105) Zie arrest-EDP, reeds aangehaald, punten 161 e.v. Zie ook arrest van het Gerecht van eerste aanleg in zaak T-290/94, Kaysersberg SA/Commissie, Jurispr. 1997, blz. II-2137.
(106) Zie beschikking van 9 december 2004 in zaak COMP/M.3440 — ENI/EDP/GDP, overwegingen 855 e.v, bevestigd door het arrest-EDP, reeds aangehaald, punten 162 e.v; beschikking van 9 februari 2000 in zaak COMP/M.1628 — TotalFina/Elf, overweging 345.
(107) Deze raadpleging vereist normaal gesproken dat de Commissie een ontwerp van de eindbeschikking, daaronder begrepen een beoordeling van de gewijzigde verbintenissen, met de lidstaten aan de lidstaten moet kunnen zenden uiterlijk 10 werkdagen vóór de bijeenkomst van het Adviescomité. Deze periode kan alleen in uitzonderlijke omstandigheden worden ingekort (artikel 19, lid 5, van de concentratieverordening).
(108) Zie beschikking van 9 december 2004 in zaak COMP/M.3440 — ENI/EDP/GDP, overweging 913.

Mededeling aanvaardbare corrigerende maatregelen

V   Vereisten voor de tenuitvoerlegging van verbintenissen

95
Verbintenissen worden aangeboden als een middel om de goedkeuring van de concentratie te verkrijgen; de tenuitvoerlegging ervan vindt doorgaans pas plaats nadat de beschikking is gegeven. Verbintenissen vergen daarom de nodige beschermingsmaatregelen om te verzekeren dat zij effectief en tijdig uitvoerbaar zijn. Deze tenuitvoerleggingsbepalingen maken in de regel deel uit van de verbintenissen die door de partijen jegens de Commissie zijn aangegaan.
[22-10-2008, PbEU C 267, i.w.tr. 22-10-2008/regelingnummer 2008/C267/01]

96
Hierna wordt nadere aanwijzingen gegeven voor de tenuitvoerlegging van verbintenissen tot afstoting, omdat het hier om de meest gebruikelijke verbintenissen gaat. Nadien komen bepaalde aspecten van de tenuitvoerlegging van andere soorten verbintenissen aan bod.
[22-10-2008, PbEU C 267, i.w.tr. 22-10-2008/regelingnummer 2008/C267/01]

1   De afstotingsprocedure

97
De afstoting dient binnen een bepaalde, tussen de partijen en de Commissie overeengekomen periode te zijn voltooid. In de beschikkingspraktijk van de Commissie wordt de totale termijn opgesplitst in een periode voor het sluiten van een definitieve overeenkomst en een verdere termijn voor het afronden van de transactie (de overdracht van de eigendomstitel). De periode voor het sluiten van een bindende overeenkomst wordt normaal gesproken verder verdeeld in een eerste periode waarin de partijen kunnen uitkijken naar een geschikte koper (hierna 'de eerste afstotingsperiode' genoemd) en, wanneer de partijen niet erin slagen het bedrijfsonderdeel af te stoten, een tweede periode waarin een trustee de opdracht krijgt om het bedrijfsonderdeel tegen elke prijs af te stoten (hierna 'de periode voor afstoting door een trustee' genoemd).
[22-10-2008, PbEU C 267, i.w.tr. 22-10-2008/regelingnummer 2008/C267/01]

98
De ervaring van de Commissie heeft geleerd dat korte afstotingsperioden sterk bijdragen tot het welslagen van de afstoting omdat het af te stoten bedrijfsonderdeel, anders voor een langere periode aan onzekerheid wordt blootgesteld. Daarom moeten de termijnen zo kort als mogelijk zijn. De Commissie beschouwt in de regel een periode van zo'n zes maanden voor de eerste afstotingsperiode en een periode van nog eens drie maanden voor de periode voor afstoting door een trustee als passend. Normaal gesproken volgt dan nog een periode van drie maanden om de transactie af te ronden. Deze periodes kunnen van geval tot geval worden aangepast. Met name kunnen zij worden ingekort indien er een groot risico is dat de levensvatbaarheid van het bedrijfsonderdeel in de interimperiode wordt aangetast.
[22-10-2008, PbEU C 267, i.w.tr. 22-10-2008/regelingnummer 2008/C267/01]

99

De termijn voor de afstoting vangt in de regel aan op de dag waarop de Commissie haar beschikking heeft gegeven. Een uitzondering kan gerechtvaardigd zijn voor een transactie via een openbaar bod waarbij de partijen zich ertoe verbinden een tot de doelonderneming behorend bedrijfsonderdeel af te stoten. Wanneer onder dergelijke omstandigheden de partijen zich pas op de afstoting van het bedrijfsonderdeel van de doelonderneming kunnen voorbereiden nadat de aangemelde concentratie tot stand is gebracht, kan de Commissie ermee instemmen dat de termijnen voor een dergelijke afstoting pas beginnen te lopen op het tijdstip dat de aangemelde transactie is afgerond. Evenzo valt een dergelijke oplossing te overwegen wanneer de partijen geen vat hebben op het tijdstip van de totstandbrenging van de concentratie, omdat zij bijvoorbeeld goedkeuring van de overheid nodig hebben [109]. Daarentegen kan het dienstig zijn om de termijnen in te krimpen om de onzekerheid voor het af te stoten bedrijfsonderdeel in te krimpen.
[22-10-2008, PbEU C 267, i.w.tr. 22-10-2008/regelingnummer 2008/C267/01]

100

Geldt de zo-even beschreven procedure voor oplossingen met een *up-front*-koper, dan is de procedure anders bij *fix-it-first*-oplossingen. Over het algemeen is reeds een bindende overeenkomst met een koper gesloten terwijl de procedure nog loopt, zodat na de beschikking alleen nog moet worden voorzien in een verdere termijn voor het afronden van de transactie. Wanneer vóór de beschikking alleen een raamovereenkomst met de koper is gesloten, worden de termijn voor het sluiten van een volledige overeenkomsten en vervolgens het afronden van de transactie van geval tot geval bepaald [110].
[22-10-2008, PbEU C 267, i.w.tr. 22-10-2008/regelingnummer 2008/C267/01]

2 Goedkeuring van de koper en van de koop-/verkoopovereenkomst

101

Om de effectiviteit van de verbintenis te garanderen, behoeft de verkoop aan een beoogde koper de voorafgaande goedkeuring van de Commissie. Wanneer de partijen (of de met de afstoting belaste trustee) tot een definitieve overeenkomst met koper zijn gekomen, dienen zij bij de Commissie een gemotiveerd en met documenten gestaafd voorstel in. De partijen dan wel de trustee leveren aan de Commissie afdoend bewijs dat de beoogde koper voldoet aan de het kopersprofiel en dat de wijze waarop het bedrijfsonderdeel wordt afgestoten, in overeenstemming is met de beschikking van de Commissie en de verbintenissen. Wanneer voor de onderscheiden onderdelen van het pakket verschillende kopers worden voorgesteld, beoordeelt de Commissie of elke afzonderlijke beoogde koper aanvaardbaar is en of het totale pakket het mededingingsbezwaar verhelpt.
[22-10-2008, PbEU C 267, i.w.tr. 22-10-2008/regelingnummer 2008/C267/01]

---

(109) Toch zouden ook in die omstandigheden andere bepalingen in de verbintenissen, met name de bepalingen die de beschermingsmaatregelen tijdens de interim-periode vastleggen, beginnen te lopen op het tijdstip dat de beschikking wordt gegeven.
(110) Zie beschikking van 20 april 2006 in zaak COMP/M.3916 – T-Mobile Austria/tele.ring.

102

Bij haar beoordeling van beoogde kopers interpreteert de Commissie de aan de koper gestelde eisen in het licht van de doelstelling van de verbintenissen (onmiddellijke handhaving van een daadwerkelijke mededinging op de markt waarvoor mededingingsbezwaren zijn geconstateerd) en de marktomstandigheden zoals die in de beschikking zijn beschreven [111]. Over het algemeen baseert de Commissie zich voor haar beoordeling van het kopersprofiel op de verklaringen van de partijen, de beoordeling van toezichthoudende trustee en, met name, overleg met de beoogde koper, en op diens businessplan. De Commissie gaat verder na of de onderliggende aannames van de koper in het licht van de marktomstandigheden geloofwaardig lijken.
[22-10-2008, PbEU C 267, i.w.tr. 22-10-2008/regelingnummer 2008/C267/01]

103

Het vereiste dat de koper over de nodige financiële middelen moeten beschikken betreft met name ook de wijze waarop de acquisitie door de beoogde koper wordt gefinancierd. De Commissie stemt in de regel niet in met financiering van de afstoting door de verkoper, vooral niet wanneer de financierende verkoper daardoor in de toekomst een aandeel in de winsten van het af te stoten bedrijfsonderdeel ontvangt.
[22-10-2008, PbEU C 267, i.w.tr. 22-10-2008/regelingnummer 2008/C267/01]

104

Bij haar beoordeling van de vraag of de beoogde koper mededingingsproblemen dreigt te doen ontstaan, maakt de Commissie aan de hand van de gegevens die voor de Commissie beschikbaar zijn tijdens de goedkeuringsprocedure van de koper, een beoordeling op het eerste gezicht. Ingeval de koop resulteert in een concentratie met een communautaire dimensie, wordt de nieuwe transactie overeenkomstig de concentratieverordening gemeld en wordt deze volgens de normale procedures goedgekeurd [112]. Wanneer dat niet het geval is, doet de aanvaarding van een beoogde koper door de Commissie geen afbreuk aan de bevoegdheid inzake concentratiecontrole van de nationale autoriteiten. Voorts wordt van de beoogde koper verwacht dat deze alle overige, noodzakelijke toestemmingen van de bevoegde toezichthouders ontvangt. Wanneer, op basis van de voor de Commissie beschikbare informatie, valt te voorzien dat de tijdige tenuitvoerlegging van de verbintenis door moeilijkheden om de concentratie goedgekeurd te krijgen of om andere toestemmingen te krijgen, al te zeer wordt vertraagd, wordt de beoogde koper beschouwd als een koper die niet aan het kopersprofiel voldoet. Anders zouden de door de Commissie geconstateerde mededingingsbezwaren niet binnen een passende termijn worden weggenomen.
[22-10-2008, PbEU C 267, i.w.tr. 22-10-2008/regelingnummer 2008/C267/01]

---

(111) Zie arrest van het Gerecht van eerste aanleg in zaak T-342/00, Petrolessence SA en Société de gestion de restauration Routière SA (SG2R)/Commissie, Jurispr. 2003, blz. II-1161.
(112) Beschikking van 29 september 1999 in zaak IV/M.1383 – Exxon/Mobil en de beschikkingen van 2 februari 2000 in de follow-up-zaken COMP/M.1820 – BP/JV Dissolution en COMP/M.1822 – Mobil/JV Dissolution.

105

De verplichte goedkeuring door de Commissie betreft niet alleen de identiteit van de koper, maar ook de koop-/verkoopovereenkomst en iedere overeenkomst die tussen de partijen en de beoogde koper wordt gesloten, daaronder begrepen overgangsovereenkomsten. De Commissie gaat na of de afstoting op basis van deze overeenkomsten in lijn is met de verbintenissen [113].
[22-10-2008, PbEU C 267, i.w.tr. 22-10-2008/regelingnummer 2008/C267/01]

106

De Commissie deelt de partijen haar standpunt mee ten aanzien van de vraag of de beoogde koper al dan niet geschikt is. Wanneer de Commissie concludeert dat de beoogde koper niet aan het kopersprofiel voldoet, geeft zij een beschikking dat de beoogde koper geen koper in de zin van de verbintenissen is [114]. Wanneer de Commissie concludeert dat de koop-/verkoopovereenkomst (of eventuele nevenovereenkomsten) niet in een afstoting overeenkomstig de verbintenissen voorzien, deelt de Commissie dit aan de partijen mee zonder de koper noodzakelijkerwijs als dusdanig af te wijzen. Concludeert de Commissie dat de koper volgens de verbintenissen geschikt is en dat de overeenkomsten voorzien in een afstoting die in lijn is met de verbintenissen, dan keurt zij de afstoting aan de beoogde koper goed [115]. De Commissie geeft de vereiste goedkeuring zo snel als mogelijk is.
[22-10-2008, PbEU C 267, i.w.tr. 22-10-2008/regelingnummer 2008/C267/01]

3 Verplichtingen voor de partijen tijdens de interim-periode

107

In de interim-periode (in de zin van punt 36) moeten de partijen bepaalde verplichtingen nakomen. Doorgaans dienen de verbintenissen in dat verband onder meer het volgende te omvatten:
i) beschermingsmaatregelen voor de levensvatbaarheid van het bedrijfsonderdeel tijdens deze interimperiode in stand wordt gehouden;
ii) de noodzakelijke stappen voor een afstotingsprocedure, en, voor zover van toepassing,
iii) de noodzakelijke stappen om de afstoting van het bedrijfsonderdeel voor te bereiden.
[22-10-2008, PbEU C 267, i.w.tr. 22-10-2008/regelingnummer 2008/C267/01]

---

(113) Zoals hier reeds werd besproken, kunnen de partijen bij de Commissie het verzoek indienen om toestemming te verlenen voor de afstoting van het bedrijfsonderdeel aan de beoogde koper zonder een of meerdere activa of delen van het personeelsbestand, indien zulks na de verkoop niet ten koste gaat van de levensvatbaarheid en het concurrentievermogen van het af te stoten bedrijfsonderdeel, rekening houdend met de middelen van de beoogde koper.
(114) Beschikking van 9 februari 2000 in zaak COMP/M.1628 – TotalFina/Elf (tankstations langs de snelweg), bevestigd door arrest-Petrolessence, reeds aangehaald.
(115) Afhankelijk van de omstandigheden van de afstoting, moeten de partijen misschien ook ervoor zorgen (bv. door passende bepalingen in de koopovereenkomst) dat de koper het af te stoten bedrijfsonderdeel als een concurrentiefactor op de markt houdt en dit bedrijfsonderdeel niet op korte termijn verkoopt.

Instandhouding van het af te stoten bedrijfsonderdeel tijdens de interim-periode

108
Het is aan de partijen ervoor te zorgen dat het risico dat het af te stoten bedrijfsonderdeel aan concurrentievermogen inboet wegens de onzekerheid die eigen is aan de overdracht van een onderneming, tot een minimum beperkt blijft. In afwachting van de afstoting van het bedrijfsonderdeel aan de koper verlangt de Commissie dat de partijen zich ertoe verbinden de onafhankelijkheid, de economische levensvatbaarheid, de verkoopbaarheid en de concurrentiekracht van het bedrijfsonderdeel in stand te houden. Alleen met dergelijke verbintenissen kan de Commissie met de nodige zekerheid concluderen dat de afstoting van het bedrijfsonderdeel ten uitvoer wordt gelegd zoals de partijen in de verbintenissen hebben voorgesteld.
[22-10-2008, PbEU C 267, i.w.tr. 22-10-2008/regelingnummer 2008/C267/01]

109
Algemeen genomen dienen deze verbintenissen zodanig te zijn ontworpen dat het bedrijfsonderdeel gescheiden wordt gehouden van de door partijen behouden activiteiten en dat ervoor wordt gezorgd dat het bedrijfsonderdeel als een afzonderlijke en verkoopbare activiteit wordt beheerd in haar eigen beste belang, om te verzekeren dat haar economische levensvatbaarheid, verkoopbaarheid en concurrentievermogen behouden blijft en dat zij haar onafhankelijkheid ten opzichte van de door de partijen behouden activiteiten behoudt.
[22-10-2008, PbEU C 267, i.w.tr. 22-10-2008/regelingnummer 2008/C267/01]

110
De partijen zorgen ervoor dat alle activa van het bedrijfsonderdeel in stand worden gehouden, volgens goed zakelijk gebruik en volgens de normale bedrijfsvoering, en dat geen handelingen worden gesteld met een significant ongunstige impact op het bedrijfsonderdeel. Dit geldt inzonderheid voor de instandhouding van vaste activa, knowhow of commerciële informatie die van vertrouwelijke of anderszins gevoelige aard is, het klantenbestand, alsmede de technische en de commerciële bekwaamheid van de werknemers. Voorts handhaven de partijen het bedrijfsonderdeel in dezelfde toestand als vóór de concentratie; met name verschaffen zij voldoende middelen, zoals kapitaal of een kredietlijn, op basis van en onder voortzetting van bestaande businessplannen, dezelfde administratieve en managementfuncties, of andere factoren die voor het handhaven van de mededinging in de betrokken sector van belang zijn. Daarnaast is in de verbintenissen bepaald dat de partijen alle redelijke stappen ondernemen, daaronder begrepen stimuleringsregelingen, om alle personeel op sleutelfuncties aan te moedigen bij het bedrijfsonderdeel te blijven, en dat de partijen geen personeel weg proberen te halen of over te plaatsen naar hun achterblijvende activiteiten.
[22-10-2008, PbEU C 267, i.w.tr. 22-10-2008/regelingnummer 2008/C267/01]

111
Voorts houden de partijen het bedrijfsonderdeel gescheiden van de activiteiten die zij behouden, en zorgen zij ervoor dat het personeel op sleutelfuncties in het af te stoten bedrijfsonderdeel niet op enigerlei wijze betrokken is bij de behouden activiteiten, en omgekeerd. Wanneer het af te stoten bedrijfsonderdeel een vennootschap is en een

strikte splitsing van de vennootschapsstructuur noodzakelijk blijkt, worden de rechten van de partijen als aandeelhouders, met name hun stemrechten, uitgeoefend door de toezichthoudende trustee, die ook de bevoegdheid heeft om namens de partijen benoemde leden in de raad van bestuur te vervangen. Wat informatie betreft, isoleren de partijen het af te stoten bedrijfsonderdeel (*ring-fencing*) en nemen zij alle nodige maatregelen om ervoor te zorgen dat de partijen geen bedrijfsgevoelige of anderszins vertrouwelijke informatie in handen kunnen krijgen. Vertrouwelijke documenten of gegevens van het bedrijfsonderdeel die de partijen hebben verkregen voordat de beschikking werd gegeven, wordt aan het bedrijfsonderdeel teruggegeven of vernietigd.
[22-10-2008, PbEU C 267, i.w.tr. 22-10-2008/regelingnummer 2008/C267/01]

112

Voorts wordt van de partijen in de regel geëist dat zij een *hold-separate*-manager aanstellen die over de vereiste deskundigheid beschikt; deze wordt belast met het beheer van het bedrijfsonderdeel en de tenuitvoerlegging van de verplichtingen inzake *hold-seperate* en isolatie. De *hold-separate*-manager handelt onder het toezicht van de toezichthoudende trustee, die hem ook instructies kan geven. In de verbintenissen is bepaald dat de aanstelling plaatsvindt onmiddellijk nadat de beschikking is gegeven en zelfs nog vooraleer de partijen de aangemelde concentratie tot stand kunnen brengen. De partijen kunnen weliswaar zelf de *hold-separate*-manager aanstellen, maar in de verbintenissen moet zijn bepaald dat de toezichthoudende trustee de *hold-separate*-manager van zijn opdracht kan ontheffen indien deze niet handelt in overeenstemming met de verbintenissen of de tijdige en correcte tenuitvoerlegging daarvan in het gedrang brengt. Een nieuw aangestelde *hold-separate*-manager moet achteraf door de toezichthoudende trustee worden goedgekeurd.
[22-10-2008, PbEU C 267, i.w.tr. 22-10-2008/regelingnummer 2008/C267/01]

Stappen voor een afsplitsing

113

Zoals in punt 35 werd uiteengezet, kan de Commissie, in voorkomend geval, ermee instemmen dat de afstoting van een bedrijfsonderdeel dat van de achterblijvende activiteiten van de partijen dient te worden afgesplitst, als een geschikte corrigerende maatregel geldt. Niettemin neemt ook onder die omstandigheden alleen de overdracht van een levensvatbaar bedrijfsonderdeel aan een koper die dit bedrijfsonderdeel als een actieve concurrentiefactor in de markt kan houden en verder ontwikkelen, de mededingingsbezwaren van de Commissie weg. Daarom committeren de partijen zich aan een resultaatverbintenis om in de interim-periode een afsplitsing door te voeren van de activa die aan het af te stoten bedrijfsonderdeel bijdragen. De uitkomst is dat aan het eind van de interim-periode een levensvatbaar en concurrerend bedrijfsonderdeel, dat zelfstandig functioneert en is afgescheiden van de andere activiteiten van de partijen, aan een geschikte koper kan worden overgedragen. De partijen dragen de kosten en de risico's die aan een dergelijke afsplitsingsoperatie de interim-periode zijn verbonden.
[22-10-2008, PbEU C 267, i.w.tr. 22-10-2008/regelingnummer 2008/C267/01]

114

De afsplitsing wordt door de partijen uitgevoerd, onder toezicht van de trustee en in samenwerking met de *hold-separate*-manager. Ten eerste worden de activa en delen van het personeelsbestaand (*red.*: lees: personeelsbestand) die het af te stoten bedrijfsonderdeel en de achterblijvende activiteiten van de partijen met elkaar delen, toegewezen aan het bedrijfsonderdeel, voor zover zulks in de verbintenissen niet wordt uitgesloten [116]. Op de toewijzing van de activa en het personeel wordt toezicht gehouden door de toezichthoudende trustee, die ook zijn goedkeuring moet verlenen. Ten tweede is het voor de afsplitsingsprocedure misschien ook nodig dat voor het bedrijfsonderdeel de activa in handen van of de functies uitgevoerd door andere delen van de activiteiten van de partijen worden ontdubbeld indien zulks noodzakelijk is om de levensvatbaarheid en het concurrentievermogen van het af te stoten bedrijfsonderdeel te verzekeren. Een voorbeeld is het stopzetten van de deelname van het bedrijfsonderdeel aan een centraal IT-netwerk en de installatie van een afzonderlijk IT-systeem bij het bedrijfsonderdeel. Over het algemeen wordt over de belangrijkste stappen van een dergelijke afsplitsingsproces en de te ontdubbelen functies van geval tot geval beslist en worden deze in de verbintenissen beschreven.

[22-10-2008, PbEU C 267, i.w.tr. 22-10-2008/regelingnummer 2008/C267/01]

115

Tegelijk wordt ervoor gezorgd dat de levensvatbaarheid van het af te stoten bedrijfsonderdeel niet door dergelijke maatregelen wordt aangetast. In de interim-periode blijven de partijen daarom, zolang het bedrijfsonderdeel nog niet zelfstandig levensvatbaar is, in dezelfde mate als voordien met dit bedrijfsonderdeel activa delen en dit diensten leveren.

[22-10-2008, PbEU C 267, i.w.tr. 22-10-2008/regelingnummer 2008/C267/01]

Specifieke verplichtingen van de partijen wat betreft de afstotingsprocedure

116

Voor de afstotingsprocedure wordt in de verbintenissen ermee rekening gehouden dat kandidaatkopers een diepgaand boekenonderzoek (*due diligence*) kunnen (laten) uitvoeren en dat zij, afhankelijk van de fase van de procedure, over het af te stoten bedrijfsonderdeel voldoende gegevens kunnen krijgen zodat de koper een volledige beoordeling kan maken van de waarde, de omvang en het zakelijke potentieel van het bedrijfsonderdeel, en direct toegang tot het personeel kan hebben. Voorts dienen de partijen op geregelde tijdstippen verslagen in over kandidaat-kopers en de ontwikkelingen bij de onderhandelingen. De afstoting wordt pas ten uitvoer gelegd nadat de transactie is afgerond – dus wanneer de eigendomstitel aan de goedgekeurde koper is overgedragen en de activa daadwerkelijk zijn overgegaan. Aan het eind van de procedure dienen de partijen een eindverslag in, dat bevestigt dat de transactie is afgerond en de activa zijn overgegaan.

[22-10-2008, PbEU C 267, i.w.tr. 22-10-2008/regelingnummer 2008/C267/01]

---

(116) Zie, voor de vraag hoe gedeelde activa in de verbintenissen moeten worden behandeld, punt 26.

4 De toezichthoudende trustee en de met de afstoting belaste trustee

Rol van de toezichthoudende trustee

117
Omdat de Commissie niet van dag tot dag direct betrokken kan zijn bij het toezicht op de tenuitvoerlegging van de verbintenissen, doen de partijen een voorstel voor de aanstelling van een trustee die toeziet op de inachtneming door de partijen van de verbintenissen, en met name hun verplichtingen tijdens de interim-periode en de afstotingsprocedure (de zgn. toezichthoudende trustee). Zodoende garanderen de partijen de effectiviteit van de door hen ingediende verbintenissen en stellen zij de Commissie in staat te garanderen dat de door de partijen voorgestelde wijziging van de aangemelde concentratie met de nodige zekerheid ten uitvoer wordt gelegd.
[22-10-2008, PbEU C 267, i.w.tr. 22-10-2008/regelingnummer 2008/C267/01]

118
De toezichthoudende trustee voert zijn opdracht uit onder toezicht van de Commissie en kan als 'de ogen en oren' van de Commissie worden beschouwd. Hij is de garant dat het bedrijfsonderdeel tijdens de interim-periode wordt beheerd en zijn zelfstandigheid correct bewaart. Daarom kan de Commissie de toezichthoudende trustee alle bevelen en instructies geven die benodigd zijn om de inachtneming van de verbintenissen te garanderen, en kan de trustee de partijen alle maatregelen voorstellen die deze nodig acht om zijn taken uit te kunnen voeren. Daarentegen mogen de patijen (*red.*: lees: partijen) de trustee zonder toestemming van de Commissie geen instructies geven.
[22-10-2008, PbEU C 267, i.w.tr. 22-10-2008/regelingnummer 2008/C267/01]

119
In de verbintenissen wordt de opdracht van de toezichthoudende trustee doorgaans beschreven. Zijn taken en verplichtingen worden nader omschreven in de opdracht van de trustee die de partijen en de trustee met elkaar aangaan, en zijn taken worden nader uitgewerkt in een werkplan. De taken van de toezichthoudende trustee gaan normaal gesproken van start onmiddellijk nadat de Commissie haar beschikking heeft gegeven, en duren ten minste tot de juridische en daadwerkelijke overdracht van het bedrijfsonderdeel aan de goedgekeurde koper. Voor de taken die de toezichthoudende trustee onder het toezicht van de Commissie moet uitvoeren, kan een niet-exhaustieve lijst van vijf taken worden onderscheiden:
— ten eerste is het de taak van de toezichthoudende trustee om toe te zien op de beschermingsmaatregelen voor het af te stoten bedrijfsonderdeel tijdens de interim-periode;
— ten tweede ziet de toezichthoudende trustee, bij afsplitsingen, toe op de opsplitsing van de activa en de verdeling van het personeel tussen het af te stoten bedrijfsonderdeel en de door de partijen behouden activiteiten, alsmede op de ontdubbeling binnen het bedrijfsonderdeel van de activa en functies die voordien door de partijen werden geleverd;
— ten derde is de toezichthoudende trustee belast met het toezicht op de inspanningen van de partijen om een kandidaat-koper te vinden en het bedrijfsonderdeel over te dragen. Over het algemeen licht deze de voortgang van de afstotingspro-

cedure en de daarbij betrokken kandidaat-kopers door. Hij vergewist zich ervan dat kandidaat-kopers voldoende informatie over het bedrijfsonderdeel ontvangen — met name door het *information memorandum* (voor zover beschikbaar), de *data room* of het *due diligence*-proces kritisch te bezien. Wanneer een koper wordt voorgesteld, dient de toezichthoudende trustee bij de Commissie een met redenen omkleed advies in over de vraag of de beoogde koper voldoet aan het kopersprofiel uit de verbintenissen en of de verkoop van het bedrijfsonderdeel in overeenstemming met de verbintenissen verloopt. Aan het eind van de procedure ziet de toezichthoudende trustee toe op de juridische en effectieve overdracht van het bedrijfsonderdeel aan de koper en stelt hij een eindverslag op, waarin de overdracht wordt bevestigd;
— ten vierde treedt de toezichthoudende trustee op als contactpersoon voor alle verzoeken van derden, met name kandidaat-kopers, ten aanzien van de verbintenissen. De partijen delen de belangstellenden de identiteit en de opdracht van de toezichthoudende trustee mee, alsmede alle kandidaat-kopers. Bij meningsverschillen tussen de partijen en derden ten aanzien van in de verbintenissen behandelde kwesties, overlegt de toezichthoudende trustee hierover met beide partijen en brengt hij verslag uit aan de Commissie. Om zijn rol te kunnen vervullen, behandelt de toezichthoudende trustee alle bedrijfsgevoelige informatie van de partijen en van derden vertrouwelijk;
— ten vijfde brengt de toezichthoudende trustee over al deze punten verslag uit bij de Commissie in periodieke verslagen over de inachtneming van de verbintenissen. Op verzoek van de Commissie dient hij ook additionele verslagen in.

[22-10-2008, PbEU C 267, i.w.tr. 22-10-2008/regelingnummer 2008/C267/01]

120
In de verbintenissen worden de behoeften van de toezichthoudende trustee inzake ondersteuning door en medewerking van de partijen ook omstandig uiteengezet; de Commissie ziet op dit punt ook toe op de betrekkingen tussen de partijen en de trustee. Om zijn taken te kunnen vervullen, krijgt de trustee volledige toegang tot de boekhouding, gegevensbestanden en bescheiden van de partijen en in het af te stoten bedrijfsonderdeel, voor zover en voor zolang zulks voor de tenuitvoerlegging van de verbintenissen van belang is, kan hij de partijen om ondersteuning verzoeken op management- en administratief gebied, wordt hij op de hoogte gesteld van kandidaat-kopers en van alle ontwikkelingen in de loop van de afstotingsprocedure, en ontvangt hij alle gegevens die kandidaat-kopers verschaft worden. Daarnaast vergoeden de partijen de trustee en laten zij hem adviseurs aanstellen indien zulks dienstig is voor het vervullen van de hem in het kader van de verbintenissen opgedragen taken. De verbintenissen bieden de Commissie ook de mogelijkheid om de gegevens van de partijen met de toezichthoudende trustee te delen, zodat deze zijn taken kan vervullen. Ten aanzien van deze gegevens geldt voor de toezichthoudende trustee een geheimhoudingsplicht.

[22-10-2008, PbEU C 267, i.w.tr. 22-10-2008/regelingnummer 2008/C267/01]

Rol van de met de afstoting belaste trustee

121

Wat de met de afstoting belaste trustee betreft, doen de partijen een voorstel voor de aanstelling van een met de afstoting belaste trustee die de door de partijen ingediende verbintenissen effectief moet maken en de Commissie in staat stelt te garanderen dat de door de partijen voorgestelde wijziging van de aangemelde concentratie met de nodige zekerheid ten uitvoer wordt gelegd. Wanneer de partijen er niet in slagen in de eerste afstotingsperiode een geschikte koper te vinden, krijgt de met de afstoting belaste trustee in de periode voor afstoting door een trustee de onherroepelijke en exclusieve opdracht om, onder toezicht van de Commissie, het bedrijfsonderdeel binnen een specifieke termijn tegen elke prijs te verkopen. De verbintenissen bieden de met de afstoting belaste trustee de mogelijkheid in de koop-/verkoopovereenkomst alle voorwaarden op te nemen die deze dienstig acht voor een vlotte verkoop, met name de gebruikelijke verklaringen, garanties en schadevergoedingen (WRI-clausule). Voor de verkoop van het bedrijfsonderdeel door de met de afstoting belaste trustee geldt, evenals voor de verkoop door de partijen, dat deze de voorafgaande goedkeuring van de Commissie behoeft.

[22-10-2008, PbEU C 267, i.w.tr. 22-10-2008/regelingnummer 2008/C267/01]

122

In de verbintenissen is bepaald dat de partijen de met de afstoting belaste trustee zullen ondersteunen, hem informeren en met hem samenwerken op dezelfde wijze als voor de toezichthoudende trustee is bepaald. Ten behoeve van de afstoting verlenen de partijen de met de afstoting belaste trustee uitgebreide volmachten, die alle fases van de afstoting bestrijken.

[22-10-2008, PbEU C 267, i.w.tr. 22-10-2008/regelingnummer 2008/C267/01]

Goedkeuring van de trustee en van zijn opdracht

123

Afhankelijk van de verbintenis is de toezichthoudende trustee al dan niet dezelfde persoon of instelling als de met de afstoting belaste trustee. De partijen stellen de Commissie een of meer kandidaat-trustees voor, daaronder begrepen alle voorwaarden van hun opdracht en een schets van een werkplan. Het is van cruciaal belang dat de toezichthoudende trustee onmiddellijk nadat de Commissie haar beschikking heeft gegeven, in functie treedt. Daarom stellen de partijen onmiddellijk na de beschikking van de Commissie een geschikte trustee voor [117] en is in de verbintenissen in de regel bepaald dat de aangemelde concentratie pas tot stand kan worden gebracht na de aanstelling van de vooraf door de Commissie goedgekeurde toezichthoudende trustee [118]. De situatie ligt anders voor de met de afstoting belaste trustee die ruim vóór het eind

---

(117) Normaal gesproken is in de verbintenissen bepaald dat een toezichthoudende trustee wordt voorgesteld binnen twee weken te rekenen vanaf het tijdstip van de beschikking.

(118) Zie beschikking van 14 november 2006 in zaak COMP/M.4180 – GdF/Suez; beschikking van 12 december 2006 in zaak COMP/M.4187 – Metso/Aker Kvaerner, en beschikking van 20 april 2006 in zaak COMP/M.3916 – T-Mobile Austria/tele.ring.

van de eerste afstotingsperiode moet worden aangesteld [119], zodat zijn opdracht kan beginnen te lopen bij de aanvang van de periode voor afstoting door een trustee.
[22-10-2008, PbEU C 267, i.w.tr. 22-10-2008/regelingnummer 2008/C267/01]

124
Beide soorten trustees worden door de partijen aangesteld op basis van een opdracht voor de trustee, die de partijen en de trustee zijn aangegaan. De aanstelling en de opdracht behoeven de goedkeuring van de Commissie, die over beoordelingsvrijheid beschikt bij de selectie van de trustee en nagaat of de beoogde kandidaat geschikt is voor de taken in de betrokken zaak. De trustee is onafhankelijk van de partijen, beschikt over de voor de uitoefening van zijn taak benodigde vakbekwaamheid en heeft geen belangenconflict of zal er geen hebben.
[22-10-2008, PbEU C 267, i.w.tr. 22-10-2008/regelingnummer 2008/C267/01]

125
De Commissie beoordeelt de vereiste kwalificaties in het licht van de vereisten van de betrokken zaak, daaronder begrepen de geografische zone en de betrokken bedrijfstak. De ervaring van de Commissie leert dat accountantskantoren en andere managementadviesbureaus bijzonder geschikt blijken om de taken van een toezichthoudende trustee uit te oefenen. Personen die in de betrokken bedrijfstak hebben gewerkt, zijn mogelijk ook geschikte kandidaten voor het vervullen van die rol wanneer zij over de nodige middelen beschikken om de betrokken taken uit te oefenen. Zakenbanken lijken bijzonder geschikt voor de rol van de met de afstoting belaste trustee. De onafhankelijkheid van de trustee is van cruciaal belang om deze correct zijn opdracht te laten vervullen van toezicht, namens de Commissie, op de inachtneming van de verbintenissen door de partijen en om zijn geloofwaardigheid ten opzichte van derden te verzekeren. Met name zal de Commissie geen personen of instellingen als trustees toelaten die terzelfder tijd accountants van de partijen zijn of bij de afstoting optreden als hun investeringsadviseurs. De betrekkingen van de trustee met de partijen zullen evenwel geen belangenconflicten opleveren indien die betrekkingen niet ten koste gaan van de objectiviteit en de onafhankelijkheid van de trustee bij de uitoefening van zijn taken. Het staat aan de partijen om de Commissie alle nuttige gegevens te verstrekken zodat deze kan nagaan of de trustee aan deze vereisten voldoet. De aanstelling van de trustee wordt onherroepelijk na de goedkeuring door de partijen, tenzij de trustee, met instemming of op verzoek van de Commissie, wordt vervangen.
[22-10-2008, PbEU C 267, i.w.tr. 22-10-2008/regelingnummer 2008/C267/01]

126
In de opdracht van de trustee worden zijn taken zoals die in de verbintenissen zijn aangegeven, verder omschreven; deze opdracht bevat ook alle bepalingen die benodigd zijn om de trustee in staat te stellen zijn taken uit hoofde van de door de Commissie goedgekeurde verbintenissen te vervullen. De vergoeding van de trustee in het kader van diens opdracht valt ten laste van de partijen en de vergoedingsregeling is zodanig dat zij geen afbreuk doet aan de onafhankelijkheid en de effectiviteit van de trustee bij

---

(119) In de regel eist de Commissie dat de aanstelling ten minste één maand vóór het aflopen van de eerste afstotingsperiode plaatsvindt.

het vervullen van zijn opdracht. De Commissie keurt een trustee alleen goed wanneer er een geschikte opdracht voorligt. In voorkomend geval kan zij de identiteit van de trustee en een samenvatting van zijn taken bekendmaken.
[22-10-2008, PbEU C 267, i.w.tr. 22-10-2008/regelingnummer 2008/C267/01]

127
In de opdracht is bepaald dat de trustee, na uitvoering van de specifieke verbintenissen waarop hij diende toe te zien (dus wanneer de eigendomstitel van het af te stoten bedrijfsonderdeel effectief is overgedragen aan de koper en na het aflopen van een aantal specifieke verplichtingen die na de afstoting blijven voortbestaan), de Commissie verzoekt hem van alle verdere verantwoordelijkheid te ontslaan. Zelfs wanneer de Commissie de trustee van alle verantwoordelijkheid heeft ontslagen, bestaat de mogelijkheid dat zij de trustee op basis van de verbintenissen opnieuw moet aanstellen indien zij achteraf tot de vaststelling komt dat de desbetreffende verbintenissen mogelijk niet volledig en naar behoren ten uitvoer zijn gelegd.
[22-10-2008, PbEU C 267, i.w.tr. 22-10-2008/regelingnummer 2008/C267/01]

5 Verplichtingen van de partijen na de tenuitvoerlegging van de afstoting

128
In de verbintenissen is voorts bepaald dat de Commissie gedurende een periode van 10 jaar na het geven van de beschikking waarin de verbintenissen worden goedgekeurd, de partijen om inlichtingen kan verzoeken. Zodoende kan de Commissie toezicht houden op de effectieve tenuitvoerlegging van de corrigerende maatregel.
[22-10-2008, PbEU C 267, i.w.tr. 22-10-2008/regelingnummer 2008/C267/01]

6 Tenuitvoerlegging van andere verbintenissen

129
Van de beginselen voor de tenuitvoerlegging van verbintenissen zoals die hier werden behandeld, zijn er vele ook toepasbaar op andere soorten verbintenissen indien deze na de beschikking ten uitvoer moeten worden gelegd. Wanneer bijvoorbeeld bepaald is dat de begunstigde van een licentie de goedkeuring van de Commissie behoeft, kunnen de overwegingen ten aanzien van de goedkeuring van de koper worden toegepast. Gezien het brede scala van verbintenissen, andere dan afstotingen, kunnen geen algemene en omvattende eisen voor de tenuitvoerlegging van dit soort verbintenissen worden geformuleerd.
[22-10-2008, PbEU C 267, i.w.tr. 22-10-2008/regelingnummer 2008/C267/01]

130
Gezien evenwel de lange periode waarover verbintenissen, andere dan afstotingen, lopen en het feit dat deze vaak complex zijn, zijn vaak ver doorgedreven inspanningen op het gebied van toezicht en specifieke toezichtsinstrumenten vereist, wil de Commissie kunnen concluderen dat zij effectief ten uitvoer worden gelegd. Daarom zal de Commissie vaak eisen dat een trustee toeziet op de tenuitvoerlegging van dergelijke verbintenissen en dat een versnelde arbitrageprocedure wordt uitgewerkt om een mechanisme voor geschillenbeslechting te bieden en ervoor te zorgen dat de

verbintenissen afdwingbaar zijn door de marktdeelnemers zelf. In eerdere zaken heeft de Commissie vaak geëist dat niet alleen een trustee werd aangesteld, maar ook een arbitrageclausule werd opgenomen [120]. Onder die omstandigheden ziet de trustee toe op de tenuitvoerlegging van de verbintenissen, maar kan hij ook bijstand leveren in arbitrageprocedures zodat deze binnen een kort tijdbestek worden afgerond.
[22-10-2008, PbEU C 267, i.w.tr. 22-10-2008/regelingnummer 2008/C267/01]

---

(120) Een dergelijke aanpak van gecombineerd toezicht bestaande uit arbitrage en een toezichthoudende trustee werd bijvoorbeeld gebruikt in beschikking van 10 juli 2002 in zaak COMP/M.2803 — Telia/Sonera; beschikking van 2 september 2003 in zaak COMP/M.3083 — GE/Instrumentarium, en beschikking van 29 september 2003 in zaak COMP/M.3225 — Alcan/ Pechiney II.

Mededeling 2005/C 56/03 betreffende beperkingen die rechtstreeks verband houden met en noodzakelijk zijn voor de totstandbrenging van concentraties

(Voor de EER relevante tekst)

Mededeling van de Commissie 5 maart 2005, PbEU 2005, C 56 (i.w.tr. 05-03-2005)

I. Inleiding

1. Verordening (EG) nr. 139/2004 van de Raad van 20 januari 2004 betreffende de controle op concentraties van ondernemingen (de EG-concentratieverordening) [1], bepaalt in artikel 6, lid 1, onder *b)*, tweede alinea, in artikel 8, lid 1, tweede alinea, en in artikel 8, lid 2, derde alinea, dat een beschikking waarbij een concentratie met de gemeenschappelijke markt verenigbaar wordt verklaard, *'wordt geacht betrekking te hebben op beperkingen die rechtstreeks verband houden met en noodzakelijk zijn voor de totstandbrenging van de concentratie'.*

2. De wijziging van de regels voor de beoordeling van beperkingen die rechtstreeks verband houden met en noodzakelijk zijn voor de totstandbrenging van de concentratie (hierna ook 'nevenrestricties' genoemd) voert het beginsel van zelfbeoordeling van dergelijke beperkingen in. Dit geeft de bedoeling van de wetgever weer, de Commissie niet te verplichten een beoordeling te maken van en afzonderlijk in te gaan op nevenrestricties. De behandeling van nevenrestricties op grond van de EG-concentratieverordening wordt nader uiteengezet in overweging (21) van de aanhef van de EG-concentratieverordening, die als volgt luidt: *'Beschikkingen van de Commissie waarbij concentraties uit hoofde van deze verordening verenigbaar worden verklaard met de gemeenschappelijke markt, dienen automatisch betrekking te hebben op dergelijke beperkingen, zonder dat de Commissie verplicht is deze beperkingen in ieder afzonderlijk geval te beoordelen'.* Deze overweging stelt dat de Commissie een residuele bevoegdheid zal uitoefenen met betrekking tot specifieke nieuwe of onopgeloste vragen die aanleiding geven tot werkelijke onzekerheid, terwijl het in alle overige scenario's de taak van de betrokken ondernemingen is om voor zichzelf te beoordelen of en in welke mate hun overeenkomsten als nevenrestricties ten aanzien van een operatie kunnen worden beschouwd. De nationale rechterlijke instanties zijn bevoegd inzake geschillen over de vraag of beperkingen rechtstreeks verband houden met en noodzakelijk zijn voor de totstandbrenging van de concentratie en derhalve automatisch zijn gedekt door de goedkeuringsbeschikking van de Commissie.

3. Op de residuele bevoegdheid van de Commissie wordt nader ingegaan in overweging (21) van de EG-concentratieverordening. Daarin wordt verklaard dat de Commissie, op verzoek van de betrokken ondernemingen, uitdrukkelijk dient te beoordelen of daad-

---

(1) *PB* L 24 van 29.1.2004, blz. 1.

werkelijk van nevenrestricties sprake is in zaken die aanleiding geven tot *'werkelijke onzekerheid omdat hierin nieuwe of onopgeloste vragen rijzen'*. Vervolgens omschrijft de overweging 'een nieuwe of onopgeloste vraag die aanleiding geeft tot werkelijke onzekerheid' als een vraag die *'niet wordt bestreken door de daarop toepasselijke mededeling van de Commissie of door een bekendgemaakte beschikking van de Commissie'*.

4. Om de betrokken ondernemingen rechtszekerheid te bieden, worden in deze mededeling aanwijzingen gegeven aangaande de uitleg van het begrip 'nevenrestricties'. De aanwijzingen die in de volgende delen worden gegeven, geven de essentie van de beschikkingspraktijk van de Commissie weer en zetten de beginselen uiteen ter beoordeling of en in hoeverre de meest gebruikelijke soorten overeenkomsten worden geacht nevenrestricties te zijn.

5. Toch kunnen zaken, waarbij zich uitzonderlijke omstandigheden voordoen, die niet onder deze mededeling vallen, rechtvaardigen dat van deze beginselen wordt afgeweken. Partijen kunnen in de bekendgemaakte beschikkingen van de Commissie [2] verdere aanwijzingen vinden omtrent de vraag of hun overeenkomsten al dan niet als nevenrestricties kunnen worden beschouwd. Voorzover zaken waarbij zich uitzonderlijke omstandigheden voordoen, die eerder door de Commissie in haar bekendgemaakte beschikkingen zijn behandeld [3], vormen zij geen 'nieuwe of onopgeloste vragen' in de zin van overweging (21) van de EG-concentratieverordening.

6. Bijgevolg geeft een zaak aanleiding tot 'werkelijke onzekerheid omdat hierin nieuwe of onopgeloste vragen rijzen' wanneer die beperkingen niet door deze mededeling worden bestreken en niet eerder door de Commissie in haar bekendgemaakte beschikkingen zijn behandeld. Zoals in overweging (21) van de EG-concentratieverordening is gesteld, zal de Commissie in die zaken, op verzoek van de partijen, uitdrukkelijk dergelijke beperkingen beoordelen. Met inachtneming van de vertrouwelijkheidsvoorschriften zal de Commissie op passende wijze bekendheid geven aan deze beoordelingen waarin de in deze mededeling uiteengezette beginselen verder worden uitgewerkt.

7. Voorzover beperkingen rechtstreeks verband houden met en noodzakelijk zijn voor de totstandbrenging van de concentratie, bepaalt artikel 21, lid 1, van de EG-concentratieverordening dat uitsluitend die verordening van toepassing is, met uitsluiting

---

(2) Voor de toepassing van deze mededeling wordt een beschikking als bekendgemaakt beschouwd wanneer zij in het *Publicatieblad van de Europese Unie* is bekendgemaakt of wanneer zij op de website van de Commissie voor het publiek beschikbaar is gesteld.

(3) Zie bijvoorbeeld de beschikking van de Commissie van 1 september 2000 (COMP/M.1980 – *Volvo/Renault*, overweging 56) – *hoge mate van klantentrouw*; de beschikking van de Commissie van 23 oktober 1998 (IV/M.1298 – *Kodak/Imation*, overweging 73) – *lange levenscyclus van het product*; de beschikking van de Commissie van 13 maart 1995 (IV/M.550 – *Union Carbide/Enichem*, overweging 99) – *beperkt aantal alternatieve producenten*; en de beschikking van de Commissie van 30 april 1992 (IV/M.197 – *Solvay-Laporte/Interox*, overweging 50) – *langere bescherming van knowhow vereist*.

Mededeling beperkingen die verband houden met totstandkoming van concentraties

van de Verordeningen (EG) nr. 1/2003 [4], (EEG) nr. 1017/68 [5] en (EEG) nr. 4056/86 [6]. Daarentegen blijven de artikelen 81 en 82 van het EG-Verdrag potentieel toepasselijk op beperkingen die niet als rechtstreeks verband houdend met en noodzakelijk voor de totstandbrenging van de concentratie kunnen worden beschouwd. Het enkele feit evenwel dat een overeenkomst of regeling niet als nevenrestrictie bij een concentratie wordt beschouwd, laat de juridische status ervan onverlet. Dergelijke overeenkomsten of regelingen moeten worden beoordeeld overeenkomstig de artikelen 81 en 82 van het EG-Verdrag en de desbetreffende wetsteksten en mededelingen [7]. Zij kunnen ook vallen onder de geldende nationale mededingingsregels. Overeenkomsten die een mededingingsbeperking bevatten, maar die op grond van de onderhavige mededeling niet als rechtstreeks verband houdend met en noodzakelijk voor de totstandbrenging van de concentratie worden beschouwd, kunnen derhalve toch onder bovenbedoelde voorschriften vallen.

8. De uitlegging die de Commissie geeft aan artikel 6, lid 1, onder *b),* tweede alinea, aan artikel 8, lid 1, tweede alinea, en aan artikel 8, lid 2, derde alinea, van de EG-concentratieverordening laat de uitlegging onverlet, die door het Hof van Justitie of het Gerecht van eerste aanleg van de Europese Gemeenschappen kan worden gegeven.

9. Deze mededeling vervangt de eerdere bekendmaking van de Commissie betreffende beperkingen die rechtstreeks verband houden met en noodzakelijk zijn voor de totstandkoming van concentraties [8].

II. Algemene beginselen

10. Een concentratie kan bestaan uit contractuele regelingen en overeenkomsten om zeggenschap in de zin van artikel 3, lid 2, van de EG-concentratieverordening tot stand te brengen. Alle overeenkomsten die het voornaamste doel van de concentratie verwezenlijken [9], zoals die betreffende de verkoop van aandelen of activa van een onderneming, maken integrerend deel uit van de concentratie. Naast deze regelingen en overeenkomsten kunnen de partijen bij de concentratie nog andere overeenkomsten aangaan die

---

(4) Verordening (EG) nr. 1/2003 van de Raad van 16 december 2002 betreffende de uitvoering van de mededingingsregels van de artikelen 81 en 82 van het Verdrag, *PB* L 1 van 4.1.2003, blz. 1. Verordening laatstelijk gewijzigd bij Verordening (EG) nr. 411/2004, (*PB* L 68 van 6.3.2004, blz. 1).

(5) Verordening (EEG) nr. 1017/68 van de Raad van 19 juli 1968 houdende de toepassing van mededingingsregels op het gebied van het vervoer per spoor, over de weg en over de binnenwateren, (*PB* L 175 van 23.7.1968, blz. 1). Verordening laatstelijk gewijzigd bij Verordening (EG) nr. 1/2003.

(6) Verordening (EEG) nr. 4056/86 van de Raad van 22 december 1986 tot vaststelling van de wijze van toepassing van de artikelen 81 en 82 van het Verdrag op het zeevervoer, (*PB* L 378 van 31.12.1986, blz. 4). Verordening laatstelijk gewijzigd bij Verordening (EG) nr. 1/2003.

(7) Zie bijvoorbeeld voor licentieovereenkomsten Verordening (EG) nr. 772/2004 (*PB* L 123 van 27.4.2004, blz. 11. Zie bijvoorbeeld voor leverings- en afnameovereenkomsten Verordening (EG) nr. 2790/1999 van de Commissie van 22 december 1999 betreffende de toepassing van artikel 81, lid 3, van het Verdrag op groepen verticale overeenkomsten en onderling afgestemde feitelijke gedragingen, (*PB* L 336 van 29.12.1999, blz. 21).

(8) *PB* C 188 van 4.7.2001, blz. 5.

(9) Zie bijvoorbeeld de beschikking van de Commissie van 10 augustus 1992 (IV/M.206 – *Rhône-Poulenc/SNIA,* overweging 8.3); de beschikking van de Commissie van 19 december 1991 (IV/M.113 – *Courtaulds/SNIA,* overweging 35); de beschikking van de Commissie van 2 december 1991 (IV/M.102 – *TNT/Canada Post/DBP Postdienst/La Poste/PTT Poste & Sweden Post,* overweging 46).

niet een integrerend deel van de concentratie uitmaken, maar die de handelingsvrijheid van de partijen op de markt kunnen beperken. Wanneer deze overeenkomsten nevenrestricties bevatten, vallen deze automatisch onder de beschikking waarbij de concentratie met de gemeenschappelijke markt verenigbaar wordt verklaard.

11. De criteria 'rechtstreeks verband' en 'noodzakelijk' zijn objectief van aard. Beperkingen houden geen rechtstreeks verband met en zijn niet noodzakelijk voor de totstandbrenging van een concentratie enkel omdat de partijen deze als zodanig beschouwen.

12. Om beperkingen als 'rechtstreeks verband houdend met de totstandbrenging van de concentratie' te beschouwen, moeten zij nauw samenhangen met de concentratie zelf. Het is niet voldoende dat een overeenkomst is gesloten in dezelfde context of op hetzelfde tijdstip als de concentratie [10]. Beperkingen die rechtstreeks verband houden met de totstandbrenging van de concentratie houden economisch verband met de voornaamste operatie en zijn erop gericht, een vlotte overgang naar de na de totstandbrenging van de concentratie gewijzigde ondernemingsstructuur mogelijk te maken.

13. Overeenkomsten moeten 'noodzakelijk voor de totstandbrenging van de concentratie' [11] zijn, hetgeen betekent dat, zonder die overeenkomsten, de concentratie niet of slechts onder aanzienlijk onzekerder omstandigheden, tegen aanzienlijk hogere kosten, na een merkbaar langere periode of met veel grotere moeilijkheden tot stand had kunnen worden gebracht [12]. Overeenkomsten die voor de totstandbrenging van een concentratie noodzakelijk zijn, zijn normaal gericht op het beschermen van de overgedragen waarde [13], het zeker stellen van de leveringscontinuïteit na de opsplitsing van een voormalige economische eenheid [14], of maken het opstarten van een nieuwe eenheid mogelijk [15]. Bij het bepalen of een beperking al dan niet noodzakelijk is, dient niet alleen rekening te worden gehouden met de aard ervan, maar moet eveneens erop worden toegezien dat de duur, het onderwerp en het geografische toepassingsgebied niet verder gaan dan hetgeen redelijkerwijs voor de totstandbrenging van de concentratie is vereist. Indien even efficiënte alternatieven beschikbaar zijn om het nagestreefde

---

(10) Evenzo kan een beperking, mits aan alle andere voorwaarden is voldaan, toch 'rechtstreeks verband houden met' de totstandbrenging van de concentratie, ook al dateert zij niet van hetzelfde tijdstip waarop de overeenkomst is gesloten die het voornaamste doel van de concentratie verwezenlijkt.

(11) Zie arrest van het Hof van Justitie van de Europese Gemeenschappen in zaak 42/84 *(Remia)*, Jurispr. 1985, blz. 2545, punt 20; arrest van het Gerecht van eerste aanleg in zaak T-112/99 *(Métropole Télévision — M6)*, Jurispr. 2001, blz. II-2459, punt 106.

(12) Beschikking van de Commissie van 18 december 2000 (COMP/M.1863 — *Vodafone/BT/Airtel JV*, overweging 20).

(13) Beschikking van de Commissie van 30 juli 1998 (IV/M.1245 — *VALEO/ITT Industries*, overweging 59); beschikking van de Commissie van 3 maart 1999 (IV/M.1442 — *MMP/AFP*, overweging 17); beschikking van de Commissie van 9 maart 2001 (COMP/M.2330 — *Cargill/Banks*, overweging 30); beschikking van de Commissie van 20 maart 2001 (COMP/M.2227 — *Goldman Sachs/Messer Griesheim*, overweging 11).

(14) Beschikking van de Commissie van 25 februari 2000 (COMP/M.1841 — *Celestica/IBM*, overweging 21).

(15) Beschikking van de Commissie van 30 maart 1999 (IV/JV.15 — *BT/AT&T*, overwegingen 207-214); beschikking van de Commissie van 22 december 2000 (COMP/M.2243 — *Stora Enso/Assidoman/JV*, overwegingen 49, 56 en 57).

rechtmatige doel te bereiken, moeten de ondernemingen het alternatief kiezen dat de mededinging objectief het minst beperkt.

14. Voor concentraties die in fasen worden uitgevoerd, kunnen de contractuele regelingen met betrekking tot de fasen voorafgaand aan de verkrijging van de zeggenschap in de zin van artikel 3, leden 1 en 2, van de EG-concentratieverordening, doorgaans niet worden beschouwd als rechtstreeks verband houdend met en noodzakelijk voor de totstandbrenging van de concentratie. Een overeenkomst om af te zien van wezenlijke veranderingen in de activiteiten van de over te nemen onderneming totdat de concentratie is voltooid, wordt echter wel beschouwd als rechtstreeks verband houdend met en noodzakelijk voor de totstandbrenging van een gezamenlijk bod [16]. In de context van een gezamenlijk bod, geldt hetzelfde voor een overeenkomst tussen de gezamenlijke verwervers van een onderneming die erop is gericht ervan af te zien een afzonderlijk concurrerend bod uit te brengen op de onderneming of op een andere wijze zeggenschap te verkrijgen.

15. Overeenkomsten die de gezamenlijke verwerving van de zeggenschap vergemakkelijken, kunnen worden beschouwd als rechtstreeks verband houdend met en noodzakelijk voor de totstandbrenging van de concentratie. Dit geldt voor regelingen tussen partijen voor de gezamenlijke verwerving van zeggenschap die zijn gericht op het doorvoeren van de opsplitsing van activa, om de productieinstallaties of de distributienetten en de bestaande handelsmerken van de verworven onderneming onder elkaar te verdelen.

16. Voorzover een dergelijke verdeling de opsplitsing van een bestaande economische eenheid meebrengt, moeten regelingen die de opsplitsing onder redelijke voorwaarden mogelijk maken, overeenkomstig de hierna vermelde beginselen worden beschouwd als rechtstreeks verband houdend met en noodzakelijk voor de totstandbrenging van de concentratie.

III. Beginselen die van toepassing zijn op veel voorkomende beperkingen bij de verwerving van een onderneming

17. De beperkingen die tussen de partijen in het kader van een overdracht van een onderneming zijn overeengekomen, kunnen ten gunste van de koper of de verkoper zijn. Over het algemeen is de behoefte van de koper aan een bepaalde mate van bescherming dwingender dan de overeenkomstige behoefte van de verkoper. Het is de koper die er zeker van moet kunnen zijn dat hij de volledige waarde van de verworven activiteiten zal kunnen verwerven. Derhalve geldt als algemene regel, dat beperkingen die de verkoper ten goede komen, ofwel niet rechtstreeks verband houden met en niet noodzakelijk zijn voor de totstandbrenging van de concentratie [17], ofwel hun reikwijdte en/of duur beperkter dient te zijn dan die van bepalingen die de koper ten goede komen [18].

---

(16) Beschikking van de Commissie van 27 juli 1998 (IV/M.1226 — *GEC/GPTH*, overweging 22); beschikking van de Commissie van 2 oktober 1997 (IV/M.984 — *Dupont/ICI*, overweging 55); beschikking van de Commissie van 19 december 1997 (IV/M.1057 — *Terra Industries/ICI*, overweging 16); beschikking van de Commissie van 18 december 1996 (IV/M.861 — *Textron/Kautex*, overwegingen 19 en 22); beschikking van de Commissie van 7 augustus 1996 (IV/M.727 — *BP/Mobil*, overweging 50).
(17) Beschikking van de Commissie van 27 juli 1998 (IV/M.1226 — *GEC/GPTH*, overweging 24).
(18) Voor een beding ter bescherming van een deel van de activiteiten die bij de verkoper blijven, zie bijvoorbeeld beschikking van de Commissie van 30 augustus 1993 (IV/M.319 — *BHF/CCF/Charterhouse*, overweging 16).

A. Niet-concurrentiebedingen

18. Een concurrentieverbod dat in het kader van de overdracht van een onderneming of een gedeelte ervan aan de verkoper wordt opgelegd, kan rechtstreeks verband houden met en noodzakelijk zijn voor de totstandbrenging van de concentratie. Om de volledige waarde van de overgedragen activa te verkrijgen, moet de koper een zekere mate van bescherming kunnen genieten tegen concurrentie van de verkoper, zodat hij het vertrouwen van de klanten kan winnen en de kennis kan assimileren en aanwenden. Dergelijke niet-concurrentiebedingen waarborgen de overdracht aan de koper van de volledige waarde van de overgedragen activa, die over het algemeen zowel materiële als immateriële activa kunnen omvatten, zoals de door de verkoper opgebouwde goodwill of ontwikkelde knowhow [19]. Deze houden niet alleen rechtstreeks verband met de concentratie, maar zijn ook noodzakelijk voor de totstandbrenging ervan, omdat zonder deze bedingen er redelijke gronden zouden zijn om aan te nemen dat de verkoop van de onderneming of een deel ervan geen doorgang zou vinden.

19. Dergelijke niet-concurrentiebedingen zijn evenwel slechts gerechtvaardigd door de legitieme doelstelling van de totstandbrenging van de concentratie, wanneer de duur, het geografische toepassingsgebied en de materiële en personele reikwijdte ervan niet verder gaan dan wat redelijkerwijs daartoe noodzakelijk kan worden geacht [20].

20. Niet-concurrentiebedingen zijn gerechtvaardigd voor perioden van maximaal drie jaar [21] wanneer de overdracht van de onderneming de overdracht van de klantentrouw in de vorm van zowel goodwill als knowhow omvat [22]. Wanneer die bedingen uitsluitend op goodwill betrekking hebben, zijn zij voor perioden van maximaal twee jaar gerechtvaardigd [23].

21. Daarentegen kunnen niet-concurrentiebedingen niet als noodzakelijk worden aangemerkt wanneer de overdracht feitelijk is beperkt tot materiële activa (zoals grond, gebouwen of machines) of tot exclusieve industriële en commerciële eigendomsrechten (waarbij de rechthebbenden zich onmiddellijk tegen inbreuken door de overdrager van dergelijke rechten kunnen verzetten).

---

(19) In de zin van artikel 1, lid 1, onder i), van Verordening (EG) nr. 772/2004 van de Commissie van 27 april 2004 betreffende de toepassing van artikel 81, lid 3, van het Verdrag op groepen overeenkomsten inzake technologieoverdracht, *PB* L 123 van 27.4.2004, blz. 11.

(20) Zie arrest van het Europees Hof van Justitie in zaak 42/84 (*Remia*), Jurispr. 1985, blz. 2545, punt 20; arrest van het Gerecht van eerste aanleg in zaak T-112/99 (*Métropole Télévision* — M6), Jurispr. 2001, blz. II-2459, punt 106.

(21) Voor uitzonderlijke gevallen waarin langere perioden gerechtvaardigd kunnen zijn, zie bijvoorbeeld beschikking van de Commissie van 1 september 2000 (COMP/M.1980 — *Volvo/Renault V.I,* overweging 56); beschikking van de Commissie van 27 juli 1995 (IV/M.612 — *RWE-DEA/Enichem Augusta,* overweging 37); beschikking van de Commissie van 23 oktober 1998 (IV/M.1298 — *Kodak/Imation,* overweging 74).

(22) Beschikking van de Commissie van 2 april 1998 (IV/M.1127 — *Nestlé/Dalgety,* overweging 33); beschikking van de Commissie van 1 september 2000 (COMP/M.2077 — *Clayton Dubilier & Rice/Iteltel,* overweging 15); beschikking van de Commissie van 2 maart 2001 (COMP/M.2305 — *Vodafone Group PLC/EIRCELL,* overwegingen 21 en 22).

(23) Beschikking van de Commissie van 12 april 1999 (IV/M.1482 — *KingFisher/Grosslabor,* overweging 26); beschikking van de Commissie van 14 december 1997 (IV/M.884 — *KNP BT/Bunzl/Wilhelm Seiler,* overweging 17).

22. De geografische reikwijdte van een niet-concurrentiebeding moet doorgaans worden beperkt tot het gebied waarin de verkoper vóór de overdracht de betrokken producten of diensten heeft aangeboden, daar de koper geen bescherming tegen concurrentie door de verkoper behoeft in gebieden waar de verkoper voordien niet actief was [24]. De geografische reikwijdte kan worden uitgebreid tot de gebieden die de verkoper voornemens was te betreden op het tijdstip van de operatie, op voorwaarde dat hij reeds in de voorbereiding van die stap had geïnvesteerd.

23. Evenzo dienen niet-concurrentiebedingen beperkt te blijven tot producten (waaronder verbeterde versies of aanpassingen van producten, alsmede de opvolgers ervan) en diensten die de economische activiteit van de overgedragen onderneming vormen. Dit kan producten en diensten omvatten die op het tijdstip van de transactie in een gevorderd ontwikkelingsstadium waren of producten die al volledig ontwikkeld zijn, maar nog niet op de markt zijn gebracht. Bescherming tegen concurrentie van de verkoper op product- of dienstenmarkten waarop de overgedragen onderneming vóór de overdracht niet actief was, wordt niet als noodzakelijk beschouwd [25].

24. De verkoper kan zichzelf, zijn dochtermaatschappijen en zijn handelsagenten binden. Een verplichting vergelijkbare beperkingen op te leggen aan derden zou echter niet worden beschouwd als rechtstreeks verband houdend met en noodzakelijk voor de totstandbrenging van de concentratie. Dit geldt vooral voor bepalingen die wederverkopers of gebruikers in hun in- of uitvoermogelijkheden beperken.

25. Bedingen die het recht van de verkoper beperken om aandelen te kopen of te bezitten in een onderneming die met de overgedragen activiteiten concurreert, worden geacht rechtstreeks verband te houden met en noodzakelijk te zijn voor de totstandbrenging van de concentratie onder dezelfde voorwaarden als die welke hierboven zijn uiteengezet voor niet-concurrentiebedingen, tenzij zij de verkoper beletten aandelen te kopen of te bezitten voor louter investeringsdoeleinden zonder dat hem, rechtstreeks of zijdelings, managementfuncties of een wezenlijke invloed in de concurrerende onderneming wordt toegekend [26].

---

(24) Beschikking van de Commissie van 14 december 1997 (IV/M.884 – *KNP BT/Bunzl/Wilhelm Seiler*, overweging 17); beschikking van de Commissie van 12 april 1999 (IV/M.1482 – *KingFisher/ Grosslabor*, overweging 27); beschikking van de Commissie van 6 april 2001 (COMP/M.2355 – *Dow/ Enichem Polyurethane*, overweging 28); beschikking van de Commissie van 4 augustus 2000 (COMP/M.1979 – *CDC/Banco Urquijo/JV*, overweging 18).

(25) Beschikking van de Commissie van 14 december 1997 (IV/M.884 – *KNP BT/Bunzl/Wilhelm Seiler*, overweging 17); beschikking van de Commissie van 2 maart 2001 (COMP/M.2305 – *Vodafone Group PLC/EIRCELL*, overweging 22); beschikking van de Commissie van 6 april 2001 (COMP/M.2355 – *Dow/Enichem Polyurethane*, overweging 28); beschikking van de Commissie van 4 augustus 2000 (COMP/M.1979 – *CDC/Banco Urquijo/JV*, overweging 18).

(26) Beschikking van de Commissie van 4 februari 1993 (IV/M.301 – *Tesco/Catteau*, overweging 14); beschikking van de Commissie van 14 december 1997 (IV/M.884 – *KNP BT/Bunzl/Wilhelm Seiler*, overweging 19); beschikking van de Commissie van 12 april 1999 (IV/M.1482 – *Kingfisher/Grosslabor*, overweging 27); beschikking van de Commissie van 6 april 2000 (COMP/M.1832 – *Ahold/ICA Förbundet/Canica*, overweging 26).

26. Niet-wervingsbedingen en vertrouwelijkheidsbedingen hebben een vergelijkbaar effect, en worden dan ook op soortgelijke wijze als niet-concurrentiebedingen beoordeeld [27].

B. Licentieovereenkomsten

27. Bij de overdracht van een onderneming of een gedeelte ervan kunnen de koper intellectuele-eigendomsrechten of knowhow worden overgedragen met het oog op de volledige exploitatie van de overgedragen activa. De verkoper kan echter eigenaar van de rechten blijven om deze voor andere dan de overgedragen activiteiten te kunnen exploiteren. In deze gevallen is het gebruikelijk dat licentieovereenkomsten ten gunste van de koper worden gesloten om ervoor te zorgen dat deze het volle gebruik van de overgedragen activa krijgt. Ook wanneer de verkoper intellectuele-eigendomsrechten met de activiteiten heeft overgedragen, kan hij bepaalde of alle rechten voor andere dan de overgedragen activiteiten verder willen gebruiken. In een dergelijk geval zal de koper de verkoper een licentie verlenen.

28. Licenties voor octrooien [28], vergelijkbare rechten of knowhow [29] kunnen als noodzakelijk voor de totstandbrenging van de concentratie worden beschouwd. Deze kunnen ook als een integrerend deel van de concentratie worden aangemerkt en behoeven in elk geval niet in de tijd te worden beperkt. Die licenties kunnen exclusief of niet-exclusief zijn en worden beperkt tot bepaalde toepassingen, voorzover deze met de activiteiten van de overgedragen onderneming overeenstemmen.

29. Evenwel zijn territoriale beperkingen aan de productie die het gebied van de overgedragen activiteit weergeven, niet noodzakelijk voor de totstandbrenging van de concentratie. Terzake van door de verkoper van een bedrijf aan de koper verleende licenties, kan de verkoper op dezelfde voorwaarden als die welke voor niet-concurrentiebedingen in het kader van de verkoop van een bedrijf gelden, aan territoriale beperkingen in de licentieovereenkomst worden onderworpen.

30. Beperkingen in licentieovereenkomsten die verder gaan dan de genoemde bepalingen, zoals die welke eerder de licentiegever dan de licentienemer beschermen, zijn niet noodzakelijk voor de totstandbrenging van de concentratie [30].

31. Ook in het geval van licenties voor handelsmerken, handelsnamen, rechten op tekeningen en modellen, auteursrechten of vergelijkbare rechten kunnen zich situaties voordoen waarin de verkoper eigenaar wenst te blijven van de rechten die op de niet-verkochte activiteiten betrekking hebben, maar de koper deze rechten moet kunnen

---

(27) Vertrouwelijkheidsbedingen betreffende klantgegevens, prijzen en hoeveelheden kunnen derhalve niet worden verlengd. Vertrouwelijkheidsbedingen betreffende technische knowhow daarentegen kunnen in uitzonderlijke gevallen voor langere periodes gerechtvaardigd zijn; zie beschikking van de Commissie van 29 april 1998 (IV/M.1167 — *ICI/Williams*, overweging 22); beschikking van de Commissie van 30 april 1992 (IV/M.197 — *Solvay-Laporte/Interox*, overweging 50).

(28) Met inbegrip van octrooiaanvragen, gebruiksmodellen, aanvragen tot inschrijving van gebruiksmodellen, tekeningen en modellen, topografieën van halfgeleiderproducten, aanvullende beschermingscertificaten voor geneesmiddelen of andere producten waarvoor een dergelijk beschermingscertificaat kan worden verkregen, en kwekerscertificaten (zoals bedoeld in artikel 1, lid 1, onder *h*), van Verordening (EG) nr. 772/2004.

(29) In de zin van artikel 1, lid 1, onder *i*), van Verordening (EG) nr. 772/2004.

(30) Voorzover dergelijke overeenkomsten onder artikel 81, lid 1, van het EG-Verdrag vallen, kunnen zij niettemin onder Verordening (EG) nr. 772/2004 of onder andere communautaire wetgeving vallen.

van de vergunningaanvraag zal in Hoofdstuk 7 van onderhavige Richtsnoeren Remedies (hierna: Richtsnoeren) worden ingegaan. Tevens heeft de ACM van de gelegenheid gebruik gemaakt om de Richtsnoeren aan te passen op grond van de inmiddels opgedane ervaringen.

3. In de onderhavige Richtsnoeren is, in voorkomende gevallen en wanneer passend, aansluiting gezocht bij het beleid van de Europese Commissie (hierna: de Commissie) op het gebied van remedies.[5] De ACM heeft tevens de uitkomsten van een studie[6] van de Commissie naar de effectiviteit van remedies in de periode 1996-2000 in aanmerking genomen.

2. Doelstellingen

4. Deze Richtsnoeren hebben de volgende doelstellingen. Allereerst beogen de Richtsnoeren inzicht te geven in de inhoudelijke vereisten waaraan naar het oordeel van de ACM remedies moeten voldoen en de wijze waarop de indiening en tenuitvoerlegging van remedies dient plaats te vinden. Ten tweede beogen de Richtsnoeren het voor partijen eenvoudiger te maken bij het indienen van remedies te anticiperen op de eisen die de ACM in het algemeen aan remedies stelt. De ACM verwacht dat dit een vlotte afhandeling van de zaken zal bevorderen. Hierbij dient aangetekend te worden dat de concrete beoordeling van aangeboden remedies altijd afhankelijk is van de bijzondere omstandigheden van het individuele geval. Voorts ligt het voor de hand dat de Richtsnoeren dieper kunnen ingaan op aangelegenheden waarmee in de toepassingspraktijk ervaring is opgedaan dan op vragen die in de toepassingspraktijk van de ACM nog niet aan de orde zijn geweest.

3. Wettelijk kader

5. De Mededingingswet voorziet in een preventief concentratietoezicht door de ACM dat twee fasen kent, de meldingsfase en de vergunningsfase. Remedies kunnen zich in beide fasen voordoen. Ingevolge artikel 34 Mw is het verboden een concentratie tot stand te brengen voordat het voornemen daartoe aan de ACM is gemeld en vervolgens vier weken zijn verstreken. Na ontvangst van een melding deelt de ACM binnen vier weken mede of voor het tot stand brengen van de concentratie, waarop die melding betrekking heeft, een vergunning is vereist (artikel 37 lid 1 Mw). Dit wordt ook wel de 'meldingsfase' genoemd. De ACM kan bepalen dat een vergunning is vereist voor een concentratie waarvan zij reden heeft om aan te nemen dat die de daadwerkelijke mededinging op de Nederlandse markt of een deel daarvan op significante wijze zou kunnen belemmeren, met name als het resultaat van het in het leven roepen of het versterken van een economische machtspositie (artikel 37 lid 2 Mw). De mededeling dat voor het totstandbrengen van de concentratie geen vergunning is vereist, kan onder voorwaarden worden gedaan (artikel 37 lid 4 Mw). Voor zover voorwaarden noodzakelijk zijn, zullen deze in de regel worden gebaseerd op een voorstel van partijen.

6. Indien een vergunning is vereist en vervolgens is aangevraagd, besluit de ACM op grond van artikel 44 lid 1 Mw binnen dertien weken na ontvangst van de aanvraag of een

---

5 Zie onder andere de *'Mededeling betreffende op grond van Verordening (EEG) nr. 4064/89 van de Raad en Verordening (EG) nr. 477/98 van de Commissie aanvaardbare corrigerende maatregelen'* (Pb 2001, C 68, blz. 3–11), (hierna: Mededeling betreffende remedies).

6 Zie de *'Merger Remedies Study'*, DG COMP, Europese Commissie (oktober 2005).

Richtsnoeren Remedies 2007

Richtsnoeren van 21 september 2007 voor de inhoud, indiening en tenuitvoerlegging van remedies bij concentraties, Stcrt. 2007, 187, zoals laatstelijk gewijzigd op 26 maart 2013, Stcrt. 2013, 8686 (i.w.tr. 01-04-2013)

Richtsnoeren Remedies van 2007, zoals vastgesteld door de Raad van Bestuur van de Nederlandse Mededingingsautoriteit op 21 september 2007

1. Inleiding

1. Het is de taak van de Autoriteit Consument en Markt (hierna: ACM) om te voorkomen dat als gevolg van concentraties tussen ondernemingen mededingingsbezwaren ontstaan op de Nederlandse markt of een deel daarvan. Ter uitvoering van die taak kan de ACM voorwaarden of voorschriften en/of beperkingen verbinden aan de goedkeuring van een concentratie. Dergelijke maatregelen, die de mededingingsbezwaren wegnemen die ontstaan als gevolg van concentraties tussen ondernemingen, staan ook wel bekend als 'remedies'[1].

2. In de Richtsnoeren Remedies, die zijn opgesteld in 2002, is inzicht gegeven in de inhoudelijke en procedurele vereisten voor remedies.[2] Vanwege een aantal redenen is het wenselijk om de Richtsnoeren Remedies aan te vullen en deels te wijzigen. Allereerst kan de ACM als gevolg van een wijziging van de Mededingingswet (hierna: Mw)[3] reeds in de meldingsfase[4] voorwaarden verbinden aan een mededeling dat geen vergunning is vereist voor een concentratie. Voorheen had de ACM die bevoegdheid niet en konden alleen in de vergunningsfase voorschriften en beperkingen aan de goedkeuring van een concentratie worden verbonden. Daarom kwam het in de praktijk voor dat de ondernemingen die een concentratie tot stand willen brengen (hierna ook: partijen), nadat de ACM van mogelijke mededingingsbezwaren had doen blijken, de melding wijzigden om die bezwaren weg te nemen. Alhoewel de ACM thans voorwaarden kan verbinden aan de mededeling dat geen vergunning is vereist voor de concentratie zal het wijzigen van de melding in bepaalde gevallen nog steeds een geschikt instrument kunnen vormen. Ook een vergunningaanvraag kan worden gewijzigd. Op de wijziging van de melding en

---

1 'Remedies' is ook de Engelse aanduiding voor door partijen aangeboden verbintenissen die door de Europese Commissie op grond van EG Verordening (EG) 139/2004 als voorwaarden en verplichtingen aan haar goedkeuringsbesluit worden verbonden.
2 *'Richtsnoeren voor de inhoud, indiening en tenuitvoerlegging van remedies bij concentraties'* van de d−g ACM d.d. 17 december 2002.
3 De Wet van 28 juni 2007, houdende wijziging van de Mededingingswet als gevolg van evaluatie van die wet (*Stb.* 284) is in werking getreden op 1 oktober 2007 (*Stb.* 291).
4 Het preventieve concentratietoezicht door de ACM kent twee fasen, namelijk de meldingsfase en de vergunningsfase. Zie hierna punten 5 en 6.

Uitvoeringsregel ACM pensioenfondsen

Besluit van 19 mei 2009, Stcrt. 2009, 95, zoals laatstelijk gewijzigd op 26 maart 2013, Stcrt. 2013, 8686 (i.w.tr. 01-04-2013)

De Raad van Bestuur van de Nederlandse Mededingingsautoriteit,
Gelet op hoofdstuk 5 van de Mededingingswet en artikel 4:81 van de Algemene wet bestuursrecht;
Besluit:

Artikel 1
Begripsomschrijvingen
In dit besluit wordt verstaan onder:
1. *wet:* de Mededingingswet;
2. *ACM:* de Autoriteit Consument en Markt, genoemd in artikel 2, eerste lid, van de Instellingswet Autoriteit Consument en Markt;
3. *pensioenfonds:* een ondernemingspensioenfonds of een bedrijfstakpensioenfonds als bedoeld in artikel 1 van de Pensioenwet of een beroepspensioenfonds als bedoeld in artikel 1 van de Wet verplichte beroepspensioenregeling.

[26-03-2013, Stcrt. 8686, i.w.tr. 01-04-2013/regelingnummer 500199-25]

Artikel 2
Onderneming
De ACM merkt een pensioenfonds aan als een onderneming als bedoeld in artikel 1, onder f, van de wet.
[26-03-2013, Stcrt. 8686, i.w.tr. 01-04-2013/regelingnummer 500199-25]

Artikel 3
Omzetbepaling
Voor de toepassing van artikel 29, eerste lid, van de wet bepaalt de ACM de omzet van pensioenfondsen aan de hand van de bruto geboekte premies in het voorafgaande kalenderjaar.
[26-03-2013, Stcrt. 8686, i.w.tr. 01-04-2013/regelingnummer 500199-25]

Artikel 4
Citeertitel
Dit besluit wordt aangehaald als: 'Uitvoeringsregel ACM pensioenfondsen'.
[26-03-2013, Stcrt. 8686, i.w.tr. 01-04-2013/regelingnummer 500199-25]

Uitvoeringsregel ACM pensioenfondsen

Artikel 5
Inwerkingtreding
Dit besluit treedt in werking met ingang van de tweede dag na dagtekening van de *Staatscourant*, waarin het wordt geplaatst.
[19-05-2009, Stcrt. 95, i.w.tr. 29-05-2009]

NEDERLAND

Beleidsregel ACM beoordeling horizontale concentraties

Beleidsregel van 4 september 2007, Stcrt. 2007, 173, zoals laatstelijk gewijzigd op 26 maart 2013, Stcrt. 2013, 8686 (i.w.tr. 01-04-2013)

De Raad van Bestuur van de Nederlandse Mededingingsautoriteit,
Gelet op artikel 4:81, eerste lid, van de Algemene wet bestuursrecht en de artikelen 37 en 41 van de Mededingingswet, zoals die zullen luiden met ingang van 1 oktober 2007;
Besluit:

Artikel 1
Bij het toepassen van de artikelen 37 en 41 van de Mededingingswet, zoals deze zullen luiden nadat de Wet van 28 juni 2007, houdende wijziging van de Mededingingswet als gevolg van de evaluatie van die wet (*Stb.* 284), in werking is getreden, zal de Autoriteit Consument en Markt aansluiten bij de mededeling van de Commissie van de Europese Gemeenschappen van 5 februari 2004, getiteld ' Richtsnoeren voor de beoordeling van horizontale fusies op grond van de Verordening van de Raad inzake de controle op concentraties van ondernemingen' (*Pb* 2004, C 31, blz. 5 – 18).
[26-03-2013, Stcrt. 8686, i.w.tr. 01-04-2013/regelingnummer 500199-25]

Artikel 2
Dit besluit wordt aangehaald als: 'Beleidsregel ACM beoordeling horizontale concentraties'.
[26-03-2013, Stcrt. 8686, i.w.tr. 01-04-2013/regelingnummer 500199-25]

Artikel 3
Dit besluit treedt in werking op 1 oktober 2007.
[04-09-2007, Stcrt. 173, i.w.tr. 01-10-2007]

waarop die gemeenschappelijke onderneming krachtens de oprichtingsovereenkomst of de statuten werkzaam zal zijn. Aangenomen wordt evenwel dat het belang van de ene moederonderneming in de gemeenschappelijke onderneming niet behoeft te worden beschermd tegen concurrentie van de andere moederonderneming op andere markten dan die waarop de gemeenschappelijke onderneming van meet af aan werkzaam zal zijn.

40. Voorts houdt een concurrentieverbod tussen moedermaatschappijen zonder zeggenschap en een gemeenschappelijke onderneming geen rechtstreeks verband met en is niet noodzakelijk voor de totstandbrenging van de concentratie.

41. Dezelfde beginselen als voor niet-concurrentiebedingen zijn van toepassing op niet-wervingsbedingen en vertrouwelijkheidsbedingen.

B. Licentieovereenkomsten

42. Een licentie die door de moedermaatschappijen aan de gemeenschappelijke onderneming wordt verleend, kan worden geacht rechtstreeks verband te houden met en noodzakelijk te zijn voor de totstandbrenging van de concentratie. Dit geldt ongeacht of de licentie al dan niet een exclusief karakter heeft of in de tijd is beperkt. De licentie kan worden beperkt tot een bepaald toepassingsgebied dat met de activiteiten van de gemeenschappelijke onderneming overeenstemt.

43. Licenties die door de gemeenschappelijke onderneming aan een van de moedermaatschappijen worden verleend of overeenkomsten inzake een kruislicentie kunnen worden geacht rechtstreeks verband te houden met en noodzakelijk te zijn voor de totstandbrenging van de concentratie op dezelfde voorwaarden als die welke bij de verwerving van een onderneming gelden. Licentieovereenkomsten tussen de moedermaatschappijen worden niet beschouwd als rechtstreeks verband houdend met en noodzakelijk voor de totstandbrenging van een gemeenschappelijke onderneming.

C. Afname- en leveringsverplichtingen

44. Wanneer de moedermaatschappijen aanwezig blijven op een markt die een stroomopwaartse of stroomafwaartse markt vormt ten opzichte van de markt van de gemeenschappelijke onderneming, moeten afname- en leveringsovereenkomsten, waaronder service- en distributieovereenkomsten, worden onderzocht in het licht van de beginselen die van toepassing zijn op de overdracht van een onderneming.

35. Service- en distributieovereenkomsten kunnen gelijksoortige gevolgen hebben als leveringsovereenkomsten. Bijgevolg is het voorgaande daarop van overeenkomstige toepassing.

IV. Beginselen die van toepassing zijn op veel voorkomende beperkingen in het geval van gemeenschappelijke ondernemingen in de zin van artikel 3, lid 4, van de EG-concentratieverordening

A. Concurrentieverbod

36. Een concurrentieverbod tussen de moedermaatschappijen en een gemeenschappelijke onderneming kan als rechtstreeks verband houdend met en noodzakelijk voor de totstandbrenging van de concentratie worden beschouwd, wanneer het betrekking heeft op de producten, diensten en gebieden die onder de oprichtingsovereenkomst of de statuten van de gemeenschappelijke onderneming vallen. Een dergelijk concurrentieverbod geeft ondermeer weer, dat goede trouw tijdens de onderhandelingen noodzakelijk is. Het kan eveneens weergeven dat de activa van de gemeenschappelijke onderneming ten volle moeten worden benut of dat de gemeenschappelijke onderneming in staat moet worden gesteld de door de moedermaatschappijen geleverde knowhow en goodwill te assimileren, of dat de belangen van de moedermaatschappijen in de gemeenschappelijke onderneming moeten worden beschermd tegen concurrentiehandelingen die onder meer worden vergemakkelijkt door de bevoorrechte toegang tot de door de gemeenschappelijke onderneming overgedragen of ontwikkelde knowhow en goodwill. Dergelijke concurrentieverboden tussen de moedermaatschappijen en een gemeenschappelijke onderneming kunnen, voor de levensduur van de gemeenschappelijke onderneming, worden geacht rechtstreeks verband te houden met en noodzakelijk te zijn voor de totstandbrenging van de concentratie.[35]

37. De geografische reikwijdte van een niet-concurrentiebeding dient beperkt te blijven tot het gebied waarop de moedermaatschappijen de relevante producten of diensten voorafgaand aan de oprichting van de gemeenschappelijke onderneming aanboden.[36] Deze geografische reikwijdte kan worden uitgebreid tot gebieden die de moedermaatschappijen voornemens waren te betreden op het tijdstip van de transactie, op voorwaarde dat zij reeds in de voorbereiding van die stap hadden geïnvesteerd.

38. Evenzo moeten niet-concurrentiebedingen worden beperkt tot producten en diensten die de economische activiteit van de gemeenschappelijke onderneming vormen. Dit kan producten en diensten omvatten die zich op het tijdstip van de transactie in een gevorderd ontwikkelingsstadium bevonden, alsmede producten en diensten die volledig zijn ontwikkeld, maar nog niet op de markt zijn gebracht.

39. Wanneer de gemeenschappelijke onderneming wordt opgericht met de bedoeling een nieuwe markt te betreden, zal worden verwezen naar de producten, diensten en gebieden

---

(35) Beschikking van de Commissie van 15 januari 1998 (IV/M.1042 – *Eastman Kodak/Sun Chemical*, overweging 40); beschikking van de Commissie van 7 augustus 1996 (IV/M.727 – *BP/Mobil*, overweging 51); beschikking van de Commissie van 3 juli 1996 (IV/M.751 – *Bayer/Hüls*, overweging 31); beschikking van de Commissie van 6 april 2000 (COMP/M.1832 – *Ahold/ICA Förbundet/Canica*, overweging 26).

(36) Beschikking van de Commissie van 29 augustus 2000 (COMP/M.1913 – *Lufthansa/Menzies/LGS/JV*, overweging 18); beschikking van de Commissie van 22 december 2000 (COMP/M.2243 – *Stora Enso/Assidoman/JV*, overweging 49, laatste zin).

gebruiken om de goederen of diensten welke door de overgedragen onderneming (of het overgedragen gedeelte ervan) worden geproduceerd, op de markt te kunnen aanbieden. Op deze situatie zijn dezelfde overwegingen van toepassing [31].

C. Afname- en leveringsverplichtingen

32. In vele gevallen kan de overdracht van een onderneming of een deel ervan leiden tot de verstoring van de traditionele afname- en leveringspatronen die het resultaat waren van de vroegere integratie van activiteiten binnen de economische eenheid van de verkoper. Om de opsplitsing van de economische eenheid van de verkoper en de gedeeltelijke overdracht van de activa aan de koper op redelijke voorwaarden mogelijk te maken, is het vaak noodzakelijk, gedurende een overgangsperiode bestaande of gelijksoortige banden tussen de verkoper en de koper te handhaven. Dit doel wordt gewoonlijk bereikt door afname- en leveringsverplichtingen voor de verkoper en/of de koper van de onderneming of een deel ervan. Rekening houdend met de bijzondere situatie die uit het verbreken van de economische eenheid van de verkoper voortvloeit, kunnen dergelijke verplichtingen worden erkend als rechtstreeks verband houdend met en noodzakelijk voor de totstandbrenging van de concentratie. Zij kunnen ten gunste van de verkoper of de koper zijn, afhankelijk van de bijzondere omstandigheden van de zaak.

33. Dergelijke verplichtingen kunnen erop zijn gericht voor één van de partijen de continuïteit van de levering van producten te waarborgen die noodzakelijk zijn voor de verrichting van de door de verkoper niet-verkochte of door de koper overgenomen activiteiten. De duur van de afname- en leveringsverplichtingen moet evenwel worden beperkt tot een periode die noodzakelijk is om de afhankelijkheidsrelatie te vervangen door een autonome positie op de markt. Derhalve kunnen voor een overgangsperiode van maximaal vijf jaar, afname- of leveringsverplichtingen die beogen de hoeveelheden te garanderen die voorheen werden geleverd, gerechtvaardigd zijn. [32]

34. Zowel leverings- als afnameverplichtingen die op vaste hoeveelheden betrekking hebben en waaraan mogelijk een variatiebepaling is verbonden, worden erkend als rechtstreeks verband houdend met en noodzakelijk voor de totstandbrenging van de concentratie. Verplichtingen die voor onbeperkte hoeveelheden [33] exclusiviteit of de status van bevoorrechte leverancier of afnemer toekennen [34], zijn evenwel niet noodzakelijk voor de totstandbrenging van de concentratie.

---

(31) Beschikking van de Commissie van 1 september 2000 (COMP/M.1980 – *Volvo/Renault V.I*, overweging 54).

(32) Beschikking van de Commissie van 5 februari 1996 (IV/M.651 – *AT&T/Philips*, VII.); beschikking van de Commissie van 30 maart 1999 (IV/JV.15 – *BT/AT&T*, overweging 209); voor uitzonderlijke gevallen, zie beschikking van de Commissie van 13 maart 1995 (IV/M.550 – *Union Carbide/Enichem*, overweging 99); beschikking van de Commissie van 27 juli 1995 (IV/M.612 – *RWE-DEA/Enichem Augusta*, overweging 45).

(33) Conform het evenredigheidsbeginsel zijn verplichtingen die op vaste hoeveelheden betrekking hebben en waaraan een variatieclausule is verbonden in deze gevallen minder concurrentiebeperkend; zie bijvoorbeeld beschikking van de Commissie van 18 september 1998 (IV/M.1292 – *Continental/ITT*, overweging 19).

(34) Beschikking van de Commissie van 30 juli 1998 (IV/M.1245 – *VALEO/ITT Industries*, overweging 64); voor uitzonderlijke gevallen (bv. ontbreken van een markt), zie beschikking van de Commissie van 13 maart 1995 (IV/M.550 – *Union Carbide/Enichem*, overwegingen 92 tot en met 96); beschikking van de Commissie van 27 juli 1995 (IV/M.612 – *RWE-DEA/Enichem Augusta*, overwegingen 38 e.v.).

vergunning wordt verleend (de zogenaamde 'vergunningsfase'). De ACM kan een dergelijke vergunning onder beperkingen verlenen en tevens aan een vergunning voorschriften verbinden (artikel 41 lid 4 Mw). Deze beperkingen en voorschriften strekken ertoe partijen te verplichten die maatregelen te nemen die noodzakelijk zijn om te voorkomen dat door de concentratie de daadwerkelijke mededinging op de Nederlandse markt of een deel daarvan op significante wijze zou worden belemmerd, met name als het resultaat van het in het leven roepen of het versterken van een economische machtspositie. Ook in de vergunningsfase geldt dat beperkingen en voorschriften, indien deze nodig zijn, doorgaans worden gebaseerd op een voorstel van partijen.

7. De voorwaarden in de meldingsfase en de beperkingen en/of voorschriften in de vergunningsfase worden hierna ook aangeduid als 'remedies'.

8. Partijen hebben gedurende de meldingsfase of de vergunningsfase tevens de mogelijkheid om de melding respectievelijk de vergunningsaanvraag te wijzigen. In de meldingsfase kan daarmee worden voorkomen dat een vergunning wordt vereist. In de vergunningsfase kan daarmee worden voorkomen dat een vergunning wordt geweigerd. In hoofdstuk 7 zal nader worden ingegaan op de wijziging van de melding of de vergunningsaanvraag.

4. Uitgangspunten voor de indiening en de beoordeling van remedies
Gebruikmaking van de prenotificatiefase

9. De wet kent een strikte termijn waarbinnen een besluit in de meldingsfase genomen moet worden. Daarom moedigt de ACM partijen aan om zoveel als mogelijk voorafgaand aan de melding van de voorgenomen concentratie contact op te nemen met de ACM (de zogenaamde prenotificatiefase).[7]

10. Een prenotificatiegesprek biedt de betrokken ondernemingen de mogelijkheid om reeds voorafgaand aan de formele melding van gedachten te wisselen met de ACM over een voorgenomen concentratie. In een prenotificatiegesprek kunnen ook eventuele remedies worden besproken. Mede op grond daarvan kunnen de betrokken ondernemingen beslissen of, en zo ja in welke vorm, een concentratie zal worden gemeld.[8] Voor de ACM is een prenotificatie nuttig om een idee te krijgen van de reikwijdte van het te verrichten onderzoek.

Initiatief bij partijen

11. Partijen kunnen in de meldingsfase en in de vergunningsfase voorstellen doen voor remedies. Als uitgangspunt geldt dat het initiatief tot het doen van dergelijke voorstellen bij partijen ligt.

Effectiviteit

12. De voorgestelde remedie(s) moet(en) passend en effectief zijn. Een remedie is passend en effectief als zij de geconstateerde mededingingsproblemen zonder twijfel en volledig wegneemt.[9] Daartoe dient de remedie zich te richten op de kern van het geconstateerde

---

7 Zie de *'Spelregels bij concentratiezaken'* d.d. 15 juli 2004.
8 *Kamerstukken II*, 1995–1996, 24 707, nr. 3, punt 10.7.3, p. 39.
9 Zie onder meer artikel 37 lid 4 Mw: 'De mededeling dat voor het totstandbrengen van de concentratie geen vergunning is vereist, kan onder voorwaarden worden gedaan, indien uit de terzake van de melding verstrekte gegevens en voorstellen <u>zonder meer blijkt</u> dat de in het tweede en derde lid bedoelde gevolgen kunnen worden vermeden indien aan die voorwaarden is voldaan.' *(onderstreping toegevoegd)*.

mededingingsprobleem. Daarnaast moet de voorgestelde remedie gedetailleerd zijn, alsmede in duidelijke en begrijpelijke bewoordingen zijn opgesteld. Voorts mag de remedie niet voor meerdere uitleg vatbaar zijn. Dit is niet alleen belangrijk voor de effectiviteit van de remedie, maar ook voor de afdwingbaarheid en handhaafbaarheid ervan. Indien geen passende remedie wordt aangeboden die alle mededingingsproblemen oplost, zal in de meldingsfase een vergunning zijn vereist of in de vergunningsfase een vergunning worden geweigerd.

Concurrentie
13. De door de ACM opgelegde remedies strekken ertoe te voorkomen dat de daadwerkelijke mededinging op de Nederlandse markt (of een deel daarvan) als gevolg van de concentratie op significante wijze wordt belemmerd. Het accepteren van remedies heeft uitdrukkelijk niet tot doel bepaalde partijen te beschermen of te bevoordelen. Daarnaast moet het op het eerste gezicht duidelijk zijn dat er geen nieuw mededingingsprobleem dreigt als gevolg van de aangeboden remedie.

5. Soorten remedies
A. Algemeen
14. In beginsel kunnen twee soorten remedies worden onderscheiden: 'structurele remedies' en 'gedragsremedies'. Structurele remedies brengen een structurele verandering op de markt teweeg, zoals de afstoting van één of meer bedrijfsonderdelen van de samen te voegen ondernemingen waardoor de zeggenschap wordt overgedragen aan een derde. Een ander voorbeeld van een structurele remedie is het terugtreden uit een joint-venture. Bij gedragsremedies dient de door de concentratie tot stand gebrachte onderneming zich op een bepaalde wijze te gedragen of zich van bepaald gedrag te onthouden.

15. Structurele remedies verdienen in het algemeen de voorkeur boven gedragsremedies. Het concentratietoezicht is naar zijn aard een vorm van structuurtoezicht. Remedies zullen doorgaans dan ook een structureel karakter dienen te hebben.[10] In tegenstelling tot gedragsremedies veranderen structurele remedies de structuur van de markt op een duurzame wijze en behoeven na uitvoering in beginsel geen verder toezicht.[11] Gedragsremedies vergen evenwel een voortdurende regulering van het gedrag van ondernemingen en zullen in de regel extra lasten (bijvoorbeeld toezichtlasten) voor de ACM met zich meebrengen. Juist het toezicht op de naleving van gedragsremedies kan problematisch zijn, omdat gedragsremedies op onderdelen vaak ruimte voor interpretatie openlaten, zoals de *non-discriminatoire* toegang tot infrastructuur of het voldoen aan redelijke verzoeken tot toegang tot infrastructuur. Hierdoor kunnen ondernemingen de effectiviteit van remedies ondermijnen door weliswaar te voldoen aan de 'letter' van de remedie, maar niet aan de geest ervan.[12]

16. Naast structurele remedies en gedragsremedies kunnen zogenaamde 'quasi-structurele remedies' worden onderscheiden. Quasi-structurele remedies zijn remedies die

---

10 *Kamerstukken II*, 1996-1997, 24 707, nr. 6, p. 97-98. Zie in dit verband ook het besluit van 31 juli 1998 in zaak 47/*RAI — Jaarbeurs*, punten 225 en 226.
11 Wel zal de ACM in alle gevallen erop toezien dat de remedies worden nageleefd en zal de ACM zonodig handhavend optreden (zie ook hierna de punten 63-65 en 73).
12 Een ander nadeel is dat gedragsremedies procompetitief gedrag kunnen belemmeren. Regulering van toekomstig gedrag kan er bijvoorbeeld toe leiden dat de onderneming niet efficiënt kan reageren op veranderende marktomstandigheden.

geen structureel karakter hebben maar die wel duurzame (en min of meer structurele) effecten op de markt hebben. Een voorbeeld van een dergelijke remedie is het geven van een exclusieve en privatieve licentie aan een derde; ondanks het feit dat de nieuw geconcentreerde onderneming het eigendomsrecht behoudt en er in die zin geen sprake is van een structurele remedie is het resultaat de facto dat de nieuwe onderneming geen gebruik van bepaalde activa kan maken.

17. Op de meest voorkomende vorm van een structurele remedie, de afstoting van één of meer bedrijfsonderdelen, zal hieronder worden ingegaan. Vervolgens zal worden ingegaan op gedragsremedies en quasi-structurele remedies.

B. Structurele remedies: afstoting.Voorwaarden af te stoten bedrijfsonderdeel

18. Afstoting van een bedrijfsonderdeel kan dienen om
(a) de horizontale overlap tussen de activiteiten van partijen weg te nemen,
(b) verticale marktafsluitingseffecten tegen te gaan,
(c) structurele banden tussen partijen en concurrenten te verbreken of
(d) andere voor de mededinging nadelige gevolgen van de totstandbrenging van de voorgenomen concentratie weg te nemen.[13]

19. Het af te stoten bedrijfsonderdeel zal aan een aantal voorwaarden moeten voldoen.[14] Allereerst dient het af te stoten bedrijfsonderdeel levensvatbaar te zijn. Onder een levensvatbaar bedrijfsonderdeel wordt verstaan een bestaand bedrijfsonderdeel dat zelfstandig kan functioneren, dat wil zeggen autonoom en onafhankelijk van partijen.[15] Daarnaast zal dit bedrijfsonderdeel in staat moeten zijn om daadwerkelijk, effectief en op duurzame wijze met de nieuwe onderneming te concurreren. In dit verband heeft de ACM een sterke voorkeur voor de afstoting van een reeds bestaand (zelfstandig functionerend) bedrijfsonderdeel, ook wel een *stand-alone* bedrijfsonderdeel genoemd. Afstotingen zullen slechts bij uitzondering kunnen bestaan uit een combinatie van verschillende bedrijfsonderdelen die voorheen afzonderlijk opereerden of onderdeel waren van verschillende andere bedrijfsonderdelen, al dan niet van meerdere bij de concentratie betrokken ondernemingen (ook wel carve-out genoemd). Het is immers minder waarschijnlijk dat een samenvoeging van die verschillende bedrijfsonderdelen onmiddellijk operationeel zal zijn. Daardoor zal de koper van deze bedrijfsonderdelen er overwegend niet direct effectief mee kunnen concurreren.[16] Het af te stoten bedrijfsonderdeel zal voorts voldoende kritische massa en financiële slagkracht moeten hebben om levensvatbaar te zijn en daadwerkelijk, effectief en op duurzame wijze met de nieuwe onderneming te concurreren.

---

13 Zie bijvoorbeeld het besluit van 26 oktober 2006 in zaak 5586/*Ahold — Konmar Superstores*, het besluit van 28 juli 2006 in zaak 5206/*Pantein — STBNO*, het besluit van 6 maart 2006 in zaak 5454/*KPN — Nozema Services*, het besluit van 20 februari 2001 in zaak 2209/*Gran Dorado — Center Parcs*, het besluit van 13 maart 2000 in zaak 1528/*Wegener Arcade — VNU Dagbladen* en het besluit van 20 oktober 1999 in zaak 1331/PNEM/MEGA — EDON.
14 Zie ook de Mededeling betreffende remedies, punt 14.
15 Behalve eventueel gedurende een interimperiode.
16 De Commissie wijst in het door haar uitgevoerde onderzoek naar de effectiviteit van remedies ook op de voordelen van de verkoop van een *stand-alone* bedrijfsonderdeel ten opzichte van een carve-out constructie. De Commissie wijst er onder meer op dat een *carve-out* constructie zeer omvattend kan zijn, dat deze een zeer goede uitwerking behoeft en het bij een dergelijke constructie nodig kan zijn om bepaalde bedrijfsmiddelen te dupliceren. Zie de '*Merger Remedies Study*', DG COMP, Europese Commissie (oktober 2005).

Het afstotingspakket

20. Het af te stoten bedrijfsonderdeel kan, afhankelijk van de omstandigheden van het geval, een bedrijfsonderdeel zijn van elk van de bij de concentratie betrokken ondernemingen.

21. Het af te stoten bedrijfsonderdeel zal deel uitmaken van een afstotingspakket. Het afstotingspakket bevat mede al die elementen die nodig zijn om een bedrijf draaiende te houden en die nodig zijn om ervoor te zorgen dat de koper een effectieve concurrent kan zijn en/of blijven. Met het afstotingspakket wordt beoogd de beperking van de mededinging die ontstaat door de voorgenomen concentratie, in voldoende mate teniet te doen. In verband met de volledigheid van het afstotingspakket kan bijvoorbeeld worden gedacht aan overeenkomsten met derde partijen, de bestaande klantenkring, (verkoop)- personeel en immateriële activa zoals consumenten- of producenteninformatie, rechten en licenties. Het is van belang dat de koper over alle benodigde rechten beschikt om als effectieve concurrent te kunnen opereren.[17]

22. Het is voorts noodzakelijk dat het af te stoten bedrijfsonderdeel direct operationeel is, zodat het daaraan verbonden marktaandeel onmiddellijk en duurzaam overgaat. Daarom kan het in bepaalde gevallen noodzakelijk zijn om in het afstotingspakket activiteiten op te nemen op een gebied waarop geen mededingingsbezwaren zijn gerezen. Dit kan zich bijvoorbeeld voordoen in het geval dat het af te stoten bedrijfsonderdeel alléén niet voldoende garanties biedt voor onmiddellijke operationaliteit.[18] Daarnaast kunnen er ook extra activa nodig zijn om bijvoorbeeld de schaalvoordelen, het voordeel van een breed portfolio of het voordeel van verticale integratie van de verkoper van het af te stoten bedrijfsonderdeel, door te geven.

23. In uitzonderlijke gevallen zal het, om bestaande drempels voor toetreding weg te nemen, voldoende zijn dat de afstoting slechts uit bepaalde activa bestaat, bijvoorbeeld intellectuele eigendomsrechten, of uit de afstoting van productiecapaciteit in plaats van de afstoting van een geheel bedrijfsonderdeel. In deze gevallen is vereist dat de koper van het af te stoten bedrijfsonderdeel reeds de beschikking heeft over die zaken die benodigd zijn om in combinatie met de af te stoten activa of productiecapaciteit direct op de markt te opereren.

Verkoopbaarheid van het af te stoten bedrijfsonderdeel en aanwezigheid van geschikte kopers

24. Of een af te stoten bedrijfsonderdeel ook daadwerkelijk, effectief en op duurzame wijze met de nieuwe onderneming zal kunnen concurreren, is voorts in belangrijke mate afhankelijk van de geschiktheid van de koper. Bij het aanbieden van een remedie moeten partijen aangeven of geschikte kopers voorhanden zijn. Partijen dienen gemotiveerd aan te geven dat het af te stoten bedrijfsonderdeel verkoopbaar is en dat er geschikte kopers[19] zijn om het af te stoten bedrijfsonderdeel ook daadwerkelijk, effectief en op

---

17 Zo kan het in bepaalde gevallen nodig zijn om bijvoorbeeld een tijdelijk niet-wervingsbeding voor personeel op te nemen.

18 Het kan voorkomen dat een productiefaciliteit die verschillende producten fabriceert, ondanks het feit dat zij ook producten fabriceert waarvoor geen mededingingsproblemen zijn geïdentificeerd, geheel dient te worden afgestoten omdat de productiefaciliteit alleen dan onafhankelijk en succesvol kan concurreren.

19 Bij voorkeur dienen partijen ook reeds gemotiveerd aan te geven aan welke ondernemingen zij denken het af te stoten bedrijfsonderdeel te kunnen verkopen.

duurzame wijze te laten concurreren met de nieuwe onderneming. Als er onvoldoende zekerheid bestaat over de verkoopbaarheid van een af te stoten bedrijfsonderdeel en/of de aanwezigheid van geschikte kopers zal de remedie in beginsel niet kunnen worden geaccepteerd. Bij twijfel over de verkoopbaarheid van een af te stoten bedrijfsonderdeel kunnen partijen in de remedie(s) opnemen dat een alternatief bedrijfsonderdeel wordt afgestoten wanneer hun oorspronkelijke voorstel niet uitvoerbaar blijkt te zijn.[20] Vanzelfsprekend dient dit alternatieve afstotingspakket eveneens aan alle eisen voor remedies te voldoen.

25. Als er onvoldoende zekerheid is over het slagen van de remedie, bijvoorbeeld als de identiteit van de koper cruciaal lijkt te zijn voor het welslagen van de remedie, bestaat de mogelijkheid dat de ACM de remedie accepteert, mits de concentratie pas tot stand wordt gebracht nadat het af te stoten bedrijfsonderdeel is overgedragen aan een door de ACM goedgekeurde koper.[21] Het vereiste dat de concentratie pas mag worden voltrokken nadat aan de gestelde voorwaarden is voldaan geldt overigens voor remedies in de meldingsfase reeds op grond van de wet (zie ook punt 38).

26. Ook wanneer een afstoting van een bedrijfsonderdeel als remedie is geaccepteerd door de ACM, blijven partijen verantwoordelijk voor de daadwerkelijke overdracht. De ACM is bevoegd handhavend op te treden indien de verkoop en overdracht niet (tijdig) worden gerealiseerd (zie ook punten 63-65 en 73). Indien het noodzakelijk is om de remedie uit te voeren dienen partijen de verkoopbaarheid van een af te stoten bedrijfsonderdeel te vergroten, bijvoorbeeld door extra activa toe te voegen.

Waarborging structurele effect van de afstoting

27. Om het structurele effect van de afstoting te waarborgen, zal het de partijen of de nieuwe eenheid niet worden toegestaan nadien opnieuw een belang te verwerven in het afgestoten bedrijfsonderdeel. De ACM kan bepalen of dit voor bepaalde of voor onbepaalde tijd geldt. Deze termijn is afhankelijk van de omstandigheden van het specifieke geval.[22] Op dynamische markten (markten die zich snel ontwikkelen) zal de termijn waarop het partijen niet is toegestaan een economisch belang te verwerven in het afgestoten bedrijfsonderdeel veelal korter zijn dan op statische markten.

28. Om ervoor te zorgen dat het structurele effect van afstoting wordt gewaarborgd, is het tevens noodzakelijk dat de verkoper en koper na afstoting van het bedrijfsonderdeel alle onderlinge banden tussen de verkoper en het bedrijfsonderdeel verbreken. In sommige gevallen kan het evenwel noodzakelijk zijn daarvan af te wijken. Een structurele remedie kan bijvoorbeeld tot doel hebben de koper tot die markt te laten toetreden. In dat geval kan een gedragsvoorschrift ervoor zorgen dat de verkoper de koper (desgevraagd) ondersteunt bij de daadwerkelijke realisatie van deze toetreding. Dergelijke ondersteuning mag uiteraard niet verder gaan dan noodzakelijk en dient tijdelijk te zijn, aangezien geen afbreuk mag worden gedaan aan het zelfstandig actief zijn van de koper en verkoper op de betrokken markt(en).[23]

---

20 In het besluit van 20 oktober 1999 in zaak 1331/*PNEM/MEGA — EDON*, punt 232, werden twee opties aangegeven wat betreft de door partijen af te stoten bedrijfsonderdelen.
21 Zie voor de vereisten van de koper hetgeen is opgemerkt in punten 57 tot en met 62.
22 In het besluit in zaak 5586/*Ahold — Konmar Superstores*, punt 65, is bijvoorbeeld gekozen voor een termijn van 10 jaar.
23 In het besluit van 17 juni 2005 in zaak 4245/*Vizier — De Wendel*, punten 58-60, is een gedragsvoorschrift opgenomen dat beoogt dat toetreding daadwerkelijk wordt gerealiseerd.

C. Gedragsremedies

29. De ACM geeft de voorkeur aan structurele remedies boven gedragsremedies (zie punt 15). Desondanks kunnen gedragsremedies onder bepaalde omstandigheden een gesignaleerd mededingingsprobleem oplossen. Dit dient echter steeds per geval te worden beoordeeld. Gedragsremedies kunnen ertoe leiden dat de door de concentratie tot stand gebrachte onderneming zich op een bepaalde wijze dient te gedragen of zich juist van bepaald gedrag dient te onthouden.

30. Gedragsremedies kunnen met name geschikt zijn indien het mededingingsprobleem ziet op uitsluitingseffecten die het gevolg zijn van een verticale relatie. Uitsluiting kan bijvoorbeeld plaatsvinden als gevolg van toegangsweigering of een zogenaamde *price squeeze*[24]. Zo kan het verzekeren van gelijkwaardige toegang voor concurrenten tot bepaalde faciliteiten van een verticaal geïntegreerde entiteit of tot belangrijke infrastructuur er onder bepaalde omstandigheden voor zorgen dat de mededinging niet wordt geschaad. Van de onderneming wordt derhalve verwacht dat zij zich op een bepaalde wijze gedraagt. Een ander voorbeeld van een gedragsremedie is de verplichting om niet te discrimineren tussen klanten. Op deze wijze wordt voorkomen dat de verticaal geïntegreerde onderneming in staat is om afnemers hogere prijzen of andere ongunstige voorwaarden op te leggen. De onderneming dient zich derhalve van bepaald gedrag te onthouden.

31. Gedragsremedies gelden in beginsel voor onbepaalde tijd en kunnen alleen in tijd worden beperkt indien het op voorhand duidelijk is dat het gesignaleerde mededingingsprobleem na een bepaalde periode (zonder de gedragsremedie) niet zal optreden. Een gedragsremedie mag voorts niet zodanig zijn opgesteld dat het partijen een prikkel of mogelijkheid geeft om te handelen tegen de geest van de remedie. Bij de beoordeling van een gedragsremedie zal de ACM dan ook onderzoeken of de remedie zal kunnen leiden tot strategisch gedrag van partijen waardoor de remedie feitelijk ineffectief is. Zo mag een gedragsremedie die ziet op gelijkwaardige toegang voor concurrenten tot een productiefaciliteit er bijvoorbeeld niet toe leiden dat partijen in staat zijn om van concurrenten hogere prijzen te vragen, minder snel ondersteuning te bieden, slechtere service te verlenen (bijvoorbeeld door middel van het inzetten van onervaren medewerkers) of alleen toegang te verschaffen op ongunstige tijdstippen.[25] Om dergelijk strategisch gedrag te voorkomen zullen partijen in hun remedievoorstel veelal moeten voorzien in een snelle arbitrageprocedure die het derden mogelijk maakt om gelijkwaardige toegang zo nodig af te dwingen.

32. Soms bieden partijen aan om bepaalde bedrijfsonderdelen binnen de geconcentreerde entiteit in organisatorisch, boekhoudkundig en juridisch opzicht strikt van elkaar te scheiden. Dit wordt ook wel genoemd het op *'arm's length'* onderbrengen van bepaalde onderdelen van een groep ten opzichte van andere onderdelen van dezelfde

---

24 Het vragen van hoge toegangsprijzen aan afnemers om zo ongunstige marges te creëren en daardoor de concurrentieomstandigheden voor afnemers te bemoeilijken.

25 De Commissie wijst er in haar *Merger Remedies Study* op dat een dergelijke toegangsverplichting verschillende beperkingen met zich mee kan brengen. Zij stelt onder meer vast dat het moeilijk kan zijn om vast te stellen wat non-discriminatoire toegang en redelijke tarieven behelzen, dat toegangsverplichtingen collusie kunnen bevorderen, dat het van belang is dat alle benodigde knowhow wordt overgedragen en dat adequate monitoring van belang is.

groep. Een dergelijke remedie is door de ACM in een bepaalde zaak[26] als onvoldoende aangemerkt om de mededingingsproblemen op te kunnen lossen. Het op *'arm's length'* onderbrengen van bepaalde bedrijfsonderdelen vergt veelal een zeer complexe uitwerking en kent overwegend veel (evenzeer complexe) randvoorwaarden. Dit maakt het toezicht op naleving van een dergelijke remedie moeilijk en ondermijnt daarmee de effectiviteit van de remedie. In het algemeen zal de ACM dit type remedies derhalve niet accepteren.

D. Quasi-structurele remedies
33. Quasi-structurele remedies zien niet op de afstoting van een bedrijfsonderdeel maar hebben wel een duurzaam (en min of meer structureel) effect op de markt. Een voorbeeld van een dergelijke remedie is het geven van een exclusieve en privatieve licentie (zie ook punt 16). Ondanks het feit dat de nieuwe onderneming het eigendomsrecht behoudt en er in die zin geen sprake is van een structurele remedie is het resultaat de facto dat de nieuwe onderneming geen gebruik van bepaalde activa kan maken.[27]

34. Quasi-structurele remedies kunnen met name geschikt zijn indien een tijdelijke structurele oplossing noodzakelijk is om een gesignaleerd mededingingsprobleem weg te nemen, bijvoorbeeld indien het de verwachting is dat marktomstandigheden binnen een bepaalde termijn zullen veranderen. Dit betekent overigens niet dat quasi-structurele remedies op voorhand in tijd zullen worden beperkt. Quasi-structurele remedies zullen alleen in tijd worden beperkt indien het op voorhand duidelijk is dat het gesignaleerde mededingingsprobleem na een bepaalde periode (zonder de remedie) niet zal optreden.

35. De mogelijkheid bestaat dat quasi-structurele remedies extra lasten (bijvoorbeeld toezichtlasten) voor de ACM met zich meebrengen. De ACM zal in dat geval terughoudend zijn in het accepteren van dit soort remedies.

6. Indiening, beoordeling en tenuitvoerlegging van remedies en toezicht door de ACM
36. Voor het indienen van remedies gelden de uitgangspunten zoals beschreven in hoofdstuk 4 (punten 9-13). Daarnaast gelden de navolgende procedurele bepalingen voor de indiening, de beoordeling en de tenuitvoerlegging van remedies.

A. Indiening van remedies
Meldingsfase
37. In het algemeen zullen remedies worden ingediend nadat de ACM partijen heeft geïnformeerd over de gesignaleerde mededingingsproblemen.[28] Het is mogelijk dat partijen vervolgens trachten een vergunningsfase te voorkomen door remedies voor te stellen.[29] De ACM is bereid ter voorkoming van een vergunningsfase te onderzoeken of een door partijen voorgestelde remedie de gesignaleerde mededingingsproblemen

---

26 Zie het besluit van 31 juli 1998 in zaak 47/*RAI — Jaarbeurs*, punten 219 en verder.

27 In het besluit van 8 december 2003 in zaak 3386/*Nuon — Reliant Energy Europe*, punt 202 e.v. heeft de ACM een quasi-structurele remedie gezien als geschikte oplossing voor het gesignaleerde mededingingsprobleem. In deze zaak werd aan de vergunning de voorwaarde verbonden om (periodiek) een bepaalde productiecapaciteit te veilen. Een (periodieke) veiling van productiecapaciteit kan zorg dragen voor een duurzaam (en min of meer structureel) effect op de markt.

28 Dit neemt niet weg dat partijen in de prenotifcatiefase (*red.*: lees: prenotificatiefase) al met de ACM van gedachten kunnen wisselen over remedies (zie ook punten 9 en 10).

29 Een vergunningsfase kan ook worden voorkomen door de melding te wijzigen. Zie hierna, punten 66 e.v.

wegneemt.[30] De ACM zal partijen in het licht van de vier weken-termijn dan ook zo spoedig mogelijk informeren over de door de ACM gesignaleerde mededingingsproblemen. Het is mogelijk dat 'stand van zaken'-besprekingen worden georganiseerd om de door partijen voorgestelde remedies te bespreken, indien dit bijdraagt aan een goede en efficiënte behandeling van de zaak en de behandeltijd het toelaat.[31] Partijen dienen uiterlijk[32] één week voor afloop van de termijn waarbinnen een besluit moet worden genomen, een volledig uitgewerkt voorstel voor remedies in te dienen.

38. Indien partijen in de meldingsfase remedies voorstellen en de ACM deze remedies vervolgens als voorwaarden verbindt aan een mededeling dat voor de concentratie geen vergunning is vereist, mogen partijen de concentratie pas tot stand brengen nadat aan de gestelde voorwaarden is voldaan (artikel 37 lid 6 Mw). In geval van een structurele remedie dienen partijen eerst het betreffende bedrijfsonderdeel te hebben overgedragen alvorens de concentratie doorgang kan vinden. Ingeval van een gedragsremedie geldt dat, zodra dit gedrag wordt ingezet, aan de voorwaarde wordt voldaan en de concentratie tot stand mag worden gebracht.[33]

Vergunningsfase

39. In de vergunningsfase zal de ACM partijen uiterlijk bij het uitbrengen van de Punten van Overweging[34] op de hoogte stellen van de gesignaleerde mededingingsproblemen. Ook in de vergunningsfase is het mogelijk om 'stand van zaken'-besprekingen te organiseren om de door partijen voorgestelde remedies te bespreken. Ook hier gelden de voorwaarden dat deze besprekingen moeten bijdragen aan een goede en efficiënte behandeling van de zaak en dat de behandeltijd dergelijke besprekingen toelaat.

Basisvereisten voor de indiening van remedies

40. Remedies moeten aan de volgende eisen voldoen:
- De voorgestelde remedie(s) moet(en) schriftelijk worden ingediend.
- Bij het voorstel moet een uitvoerige, duidelijke en gedetailleerde omschrijving van de aard en de omvang van de remedie(s) zijn gevoegd, zodat een volledige beoor-

---

30 Zie in dit verband ook hierna, punt 43, waarin is aangegeven, kort gezegd, dat in de meldingsfase alleen remedies kunnen worden geaccepteerd in zaken die zeer helder liggen.

31 Dit is in lijn met de 'Spelregels bij concentratiezaken' d.d. 15 juli 2004. Zowel in de meldingsfase als in de vergunningsfase is het mogelijk om zogenoemde 'stand van zaken-besprekingen' te organiseren. Het doel daarvan is om de geconstateerde mededingingsproblemen met de meldende partijen te bespreken, zodat zij daarop hun visie kunnen geven en eventuele remedies kunnen voorbereiden. Een stand van zaken-bespreking kan ook dienen voor het bespreken van de details en de effectiviteit van de aangeboden remedies.

32 Een en ander is mede afhankelijk van het moment waarop de ACM de mededingingsbezwaren aan partijen kenbaar maakt.

33 *Kamerstukken II*, 2004–2005, 30071, nr. 3, p. 22.

34 De ACM heeft de praktijk ontwikkeld dat, indien er mededingingsbezwaren zijn gerezen, de voorlopige beoordeling van een concentratie in de vergunningsfase alsmede de overwegingen en de onderzoeksresultaten die hieraan ten grondslag liggen, in een document (de Punten van Overweging) worden neergelegd. De Punten van Overweging worden doorgaans vier weken voor afloop van de dertien weken-termijn in de vergunningsfase aan partijen en derden-belanghebbenden toegestuurd.

deling mogelijk is.[35] Zonodig dient eveneens een duidelijke specificatie te worden gegeven van activa die niet worden afgestoten. Het voorstel mag bovendien niet voor verschillende uitleg vatbaar zijn.
- Bij het voorstel moet tevens een schriftelijke toelichting zijn gevoegd waaruit blijkt dat de remedies alle gesignaleerde mededingingsproblemen wegnemen, dat zij uitvoerbaar zijn en hoe de tenuitvoerlegging van de remedies zal plaatsvinden.
- In voorkomend geval zal de toelichting eveneens betrekking moeten hebben op de handelingen die moeten worden verricht om een bedrijfsonderdeel te ontvlechten en het daarbij behorende tijdspad. In geval van een carve-out remedie (zie ook punt 19) dienen partijen gedetailleerd weer te geven op welke wijze en op welke termijn de verschillende bedrijfsonderdelen bijeen worden gebracht in het afstotingspakket.
- De voorgestelde remedie(s) moet(en) tijdig worden ingediend. De ACM moet voldoende tijd hebben voor de beoordeling van het voorstel en voor het uitvoeren van de markttest (zie hierna punt 42 e.v.). Derhalve dienen partijen in de meldingsfase zo snel mogelijk nadat de ACM partijen heeft geïnformeerd over de gesignaleerde mededingingsproblemen en uiterlijk[36] één week voor afloop van de termijn waarbinnen een besluit moet worden genomen, een volledig uitgewerkt voorstel in te dienen. In de vergunningsfase moeten voorstellen uiterlijk drie weken voor het verstrijken van de termijn worden ingediend.
- Bij de voorgestelde remedie(s) moet een niet-vertrouwelijke versie van alle relevante documenten zijn bijgevoegd, aan de hand waarvan de ACM bij marktpartijen een markttest kan uitvoeren naar de effectiviteit en uitvoerbaarheid van de voorgestelde remedies (zie ook punt 44).

Opschorting van de termijn
41. Op grond van artikel 37 lid 1 Mw deelt de ACM binnen vier weken na de ontvangst van een melding mee of voor het tot stand brengen van de concentratie een vergunning is vereist. Op grond van artikel 38 lid 3 Mw kan de ACM deze termijn, naar aanleiding van een met redenen omkleed verzoek van elk van degenen die de melding doen, eenmalig opschorten indien dat naar haar oordeel in het belang van de behandeling van de melding is. De verlenging zal echter slechts van korte duur kunnen zijn, omdat de verlenging in verhouding dient te staan tot de (gehele) duur van de meldingsfase.[37]

B. Beoordeling van remedies
42. Alleen remedies die overeenkomstig de in punt 40 genoemde vereisten worden ingediend, zullen door de ACM worden beoordeeld. Essentieel is dat de remedies het geconstateerde mededingingsprobleem wegnemen.

---

35 Zo dient in het voorstel voor een structurele remedie, zoals de afstoting van een bedrijfsonderdeel, een duidelijke omschrijving te worden gegeven van alles wat wordt afgestoten. De omschrijving dient betrekking te hebben op alle elementen van het af te stoten bedrijfsonderdeel voor zover van belang voor de beoordeling van het concurrerend vermogen van het af te stoten bedrijfsonderdeel. In voorkomend geval zal het nodig zijn een gedetailleerde omschrijving te geven van onder meer de huidige structuur en functies, de relevante activiteiten (bijvoorbeeld activiteiten inzake R&D, productie, distributie, verkoop en marketing) en de immateriële activa (bijvoorbeeld intellectuele eigendomsrechten). Daarnaast dient een lijst van personeel, klanten en alle leverings-, verkoop-, dienstverlenings- en andere relevante overeenkomsten te worden bijgevoegd.
36 Een en ander is mede afhankelijk van het moment waarop ACM de mededingingsbezwaren aan partijen kenbaar maakt.
37 *Kamerstukken II*, 2004–2005, 30071, nr. 3, p. 22.

43. Remedies die in de meldingsfase worden aangeboden, zullen door de ACM alleen worden overgenomen indien het mededingingsprobleem helder is en de remedies dit probleem zonder twijfel en volledig oplossen.[38] In artikel 37 lid 2 Mw is aangegeven dat de ACM in de meldingsfase kan bepalen dat een vergunning is vereist voor een concentratie waarvan zij *reden heeft om aan te nemen* dat die de daadwerkelijke mededinging op de Nederlandse markt of een deel daarvan op significante wijze *zou kunnen belemmeren*. In de vergunningsfase wordt een vergunning geweigerd indien als gevolg van de voorgenomen concentratie de daadwerkelijke mededinging op de Nederlandse markt of een deel daarvan op significante wijze *zou worden belemmerd* (artikel 41 lid 2 Mw). Uit de bewoordingen van deze wetsartikelen volgt dat de bewijslast voor de ACM in een vergunningsfase hoger is dan in de meldingsfase. Het door de ACM in de eerste fase gesignaleerde mededingingsprobleem zal veelal nader onderzoek behoeven in een eventuele vergunningsfase. De daadwerkelijke gevolgen van een gesignaleerd mededingingsprobleem zullen in een meldingsfase vaak nog niet in volle omvang bekend zijn. Gelet hierop zijn remedies in de meldingsfase alleen bedoeld voor zeer helder liggende zaken waarbij het voor de ACM reeds in de eerste fase duidelijk is dat bepaalde remedies de gesignaleerde mededingingsproblemen zonder twijfel oplossen.[39] Voor de zaken waarbij het complex is binnen het kader van een eerste fase onderzoek te bepalen of schadelijke effecten voor de mededinging zullen optreden, zal het vergunningsvereiste gelden.[40]

44. De ACM zal de voorstellen van partijen voor remedies die volgens partijen de geconstateerde mededingingsproblemen wegnemen in de regel voorleggen aan marktpartijen teneinde hun opvattingen over de effectiviteit en uitvoerbaarheid van de voorgestelde remedies te vernemen. Dit wordt aangeduid met de term 'markttest'.

45. Indien uit de beoordeling van de ACM, de eventuele markttest in aanmerking nemend, blijkt dat de aangeboden remedies niet voldoende zijn om de mededingingsbezwaren met zekerheid weg te nemen of anderszins niet voldaan is aan het bepaalde in de Richtsnoeren, worden partijen hiervan onverwijld op de hoogte gesteld. Partijen kunnen, afhankelijk van de omstandigheden van het specifieke geval, vervolgens eventueel gewijzigde voorstellen voor remedies aanbieden. In verband met de strikte wettelijke termijnen is het in zulke situaties van belang dat de ACM direct kan vaststellen dat de gewijzigde remedies, gelet op de eerdere beoordeling en de markttest, wèl afdoende zijn om de mededingingsbezwaren weg te nemen. Complexe wijzigingen kunnen derhalve veelal niet worden geaccepteerd. De ACM moet binnen de wettelijke termijn van vier weken het onderzoek van een melding afronden. Daarom kan het in de meldingsfase voorkomen dat er geen gelegenheid meer is voor de ACM om gewijzigde remedies te beoordelen.

46. De ACM zal in geen enkel geval in gesprekken over een melding, een vergunningsaanvraag of voorstellen voor remedies op voorhand de zekerheid kunnen geven dat voor de voorgenomen concentratie geen vergunning zal zijn vereist respectievelijk dat een vergunning zal worden verleend.

47. Indien naar het oordeel van de ACM blijkt dat aangeboden (gewijzigde) remedies de mededingingsproblemen oplossen, zal in de meldingsfase de mededeling dat voor het totstandbrengen van de concentratie geen vergunning is vereist, onder voorwaarden

---

38 Kamerstukken II, 2004–2005, 30071, nr. 3, p. 6. Zie ook voetnoot 9.
39 *Kamerstukken II*, 2004–2005, 30071, nr. 3, p. 6 en 22.
40 *Kamerstukken II*, 2004–2005, 30071, nr. 3, p. 6 en 22.

worden gedaan (artikel 37 lid 4 Mw). In de vergunningsfase zal een vergunning worden verleend onder beperkingen en/of voorschriften (artikel 41 lid 4 Mw).

C. Tenuitvoerlegging van remedies

48. Een essentieel onderdeel van een voorstel voor remedies is hoe de tenuitvoerlegging van de remedies zal plaatsvinden. Het voorstel moet zekerheid verschaffen over de daadwerkelijke tenuitvoerlegging van de remedies en het optreden van de door de remedies beoogde effecten. Dit houdt onder meer in dat het voorstel partijen rechtens moet binden. In het hiernavolgende zal voor de (meest voorkomende) remedie tot afstoting van een bedrijfsonderdeel nader worden uitgewerkt op welke manier deze zekerheid kan worden bereikt. Deze uitgangspunten gelden in voorkomende gevallen mutatis mutandis voor andere remedies dan afstoting.

49. Hierna zal achtereenvolgens worden ingegaan op (i) de termijn voor afstoting, (ii) de instandhouding van het af te stoten bedrijfsonderdeel tijdens de interimperiode, (iii) de trustee(s), (iv) de goedkeuring van de trustee(s) door de ACM, (v) de opdracht aan de trustee(s) en (vi) de goedkeuring van de koper en de koopovereenkomst door de ACM.

(i) Termijn voor afstoting

50. Partijen dienen in het voorstel voor remedies[41] vast te leggen binnen welke termijn het bedrijfsonderdeel definitief zal worden afgestoten. Deze termijn dient zo kort mogelijk te zijn. Uitgangspunt voor remedies in vergunningszaken is dat afstoting binnen maximaal zes maanden moet zijn voltooid[42]. Voormelde termijn vangt aan op de dag dat de ACM het besluit zoals bedoeld in artikel 41 lid 4 Mw heeft genomen.[43]

(ii) Instandhouding af te stoten bedrijfsonderdeel tijdens interimperiode

51. Partijen dienen in het voorstel voor remedies duidelijk en eenduidig vast te leggen op welke wijze zij het bedrijfsonderdeel gedurende de interimperiode (van het moment van het besluit tot aan de daadwerkelijke afstoting)[44] onafhankelijk en los van partijen in stand zullen houden. Ook dienen partijen aan te geven hoe de levensvatbaarheid, de verkoopbaarheid en het concurrentievermogen worden gewaarborgd. Meer in het bijzonder betekent dit dat partijen zich onder meer dienen te verplichten om:
- de vaste activa, de *knowhow*, de commerciële informatie die vertrouwelijk is of aan intellectuele eigendomsrechten is onderworpen, de klantenbestanden en de technische en commerciële bekwaamheid van de werknemers in stand te houden;
- ervoor te zorgen dat alle relevante beheers- en administratieve functies worden ingevuld, dat er voldoende kapitaal en krediet is, dat het bestaande investeringsniveau

---

[41] In veel gevallen zullen nuttige elementen kunnen worden ontleend aan de door de Commissie gehanteerde 'Model texts for divestiture commiments (*red.*: lees: commitments)', zie: http://ec.europa.eu/comm/competition/mergers/legislation/legislation.html.

[42] Voor remedies in meldingszaken geldt dat de concentratie pas mag worden voltrokken nadat de afstoting heeft plaatsgevonden (zie punt 38). Ook in dat geval dient de termijn voor afstoting zo kort mogelijk te zijn. In die situatie houdt dat met name verband met de actualiteit van de beoordeling die in de zaak heeft plaatsgevonden in relatie tot zich wijzigende marktomstandigheden.

[43] Er wordt aan herinnerd dat de afstoting kan leiden tot een nieuwe concentratie in de zin van artikel 34 Mw (en derhalve in dat geval niet tot stand mag worden gebracht zonder dat het voornemen daartoe aan de ACM is gemeld en vervolgens vier weken zijn verstreken) dan wel kan vallen onder enig concentratieregime buiten Nederland.

[44] Indien partijen al een koper hebben gevonden voor het af te stoten bedrijfsonderdeel en dit bedrijfsonderdeel ook daadwerkelijk hebben afgestoten op het moment dat het besluit wordt genomen, is een interimperiode niet aan de orde.

op peil wordt gehouden en de benodigde investeringen zullen worden gedaan, dat de bestaande service- en kwaliteitsniveaus worden behouden, dat er actief beleid wordt gevoerd om het bestaande personeel te behouden en dat aan alle andere voorwaarden is voldaan die nodig zijn voor het bedrijfsonderdeel om optimaal te kunnen blijven concurreren;
- niets te zullen doen of na te laten en geen enkele ontwikkeling te zullen (doen) voortzetten of gedogen, die de uitvoering van de remedies zou kunnen bemoeilijken of belemmeren;
- de leiding van het af te stoten bedrijfsonderdeel op te dragen aan een afzonderlijk bestuur, niet bestaand uit personen die de leiding hebben over de achterblijvende activiteiten. Om er voor te zorgen dat de waarde van het af te stoten bedrijfsonderdeel zoveel mogelijk behouden blijft, wordt deze taak in de regel door een 'trustee' uitgevoerd (zie hierna punten 52 e.v.);
- tijdens de interimperiode te waarborgen dat het af te stoten bedrijfsonderdeel los staat van partijen en ervoor te zorgen dat het personeel van het af te stoten bedrijfsonderdeel geen invloed heeft in enige andere activiteiten van partijen en vice versa; en
- alle noodzakelijke maatregelen te treffen om te voorkomen dat partijen tijdens de interimperiode de beschikking krijgen over bedrijfsvertrouwelijke gegevens, *knowhow* en/of andere commerciële informatie betreffende het bedrijfsonderdeel.

(iii) Trustee(s)
52. Het voorstel voor remedies moet voorzien in de benoeming van een onafhankelijke gevolmachtigde (hierna: 'trustee') die toezicht op de verplichting van partijen om het af te stoten bedrijfsonderdeel tijdens de interimperiode in stand te houden. De aanwijzing van deze trustee behoeft de voorafgaande schriftelijke goedkeuring van de ACM. De volgende taken van de trustee moeten in het voorstel worden beschreven:

a. Het is de taak van de trustee om de belangen van het af te stoten bedrijfsonderdeel zo goed mogelijk te behartigen. Tijdens de interimperiode moet de trustee onder meer toezien op de volledige nakoming van de verplichting van partijen om het af te stoten bedrijfsonderdeel als een onafhankelijke, levensvatbare, verkoopbare en concurrerende entiteit in stand te houden.[45] Het zal doorgaans nodig zijn dat de trustee voor deze taak een zogenaamde 'hold separate manager' benoemt, die verantwoordelijk is voor de dagelijkse bedrijfsvoering. Ook de benoeming van deze 'hold separate manager' behoeft de voorafgaande schriftelijke goedkeuring van de ACM.

b. Ten aanzien van de afstoting van het bedrijfsonderdeel dient de trustee[46] toezicht te houden op de voortgang van het afstotingsproces, in het bijzonder de inspanningen van partijen om een geschikte koper te vinden.

c. Voor het geval dat partijen er niet in slagen het bedrijfsonderdeel binnen de gestelde termijn (maximaal zes maanden) over te dragen, dient in de remedies opgenomen te worden dat aan een onafhankelijke trustee een opdracht (en volmacht) zal worden

---

45 In het (uitzonderlijke) geval dat er sprake is van gedragsremedies kan de ACM voorschrijven dat partijen een, door de ACM vooraf goedgekeurde, onafhankelijke trustee moeten benoemen die toeziet op de daadwerkelijke en correcte nakoming van de gedragsremedies.
46 De trustee die zich bezighoudt met het afstotingsproces kan een andere zijn dan degene die toezicht op de instandhoudingsverplichting van partijen tijdens de interim-periode uitoefent.

gegeven om het bedrijfsonderdeel alsnog over te dragen[47]. Ook de aanwijzing van deze trustee behoeft de voorafgaande schriftelijke goedkeuring van de ACM. De trustee moet de volmacht hebben het bedrijfsonderdeel, na voorafgaande goedkeuring van de koper door de ACM[48], binnen een specifieke termijn tegen elke prijs[49] te verkopen en over te dragen. Verkoop kan plaatsvinden door middel van een veiling.[50] Deze trustee kan een ander zijn dan de eerder genoemde trustee(s). De ACM behoudt zich de bevoegdheid voor te verlangen dat deze trustee inderdaad een ander is dan de eerder genoemde trustee(s).

(iv) Goedkeuring van de trustee(s) door de ACM

53. Partijen dienen ervoor zorg te dragen dat de trustee zo spoedig mogelijk (normaliter binnen drie weken na het nemen van het besluit) wordt benoemd. De keuze van iedere trustee behoeft de voorafgaande schriftelijke goedkeuring van de ACM. Goedkeuring wordt gegeven als aan de volgende voorwaarden is voldaan:
a. De trustee dient een te goeder naam en faam bekend staande deskundige te zijn en is gewoonlijk, afhankelijk van de specifieke taken, een zakenbank, een managementadviesbureau, een accountantskantoor of een vergelijkbare instelling. De trustee dient te beschikken over ruime accounting expertise en industriekennis en ruime ervaring te hebben op het gebied van business-, informatie-en personeelsmanagement.
b. De trustee moet onafhankelijk zijn van partijen.
c. De trustee dient over de voor de uitoefening van zijn taak benodigde vakbekwaamheid te beschikken.
d. De trustee mag geen strijdige belangen hebben.

54. Partijen dienen de ACM tijdig alle relevante gegevens te verstrekken die benodigd zijn om te beoordelen of de trustee aan de genoemde vereisten voldoet. De kosten van alle diensten die de trustee in het kader van de uitoefening van zijn taken heeft verricht, zijn voor rekening van partijen. De vergoedingsregeling moet zodanig zijn dat zij geen afbreuk doet aan de onafhankelijkheid of de effectiviteit van de trustee bij het vervullen van zijn opdracht. Partijen dienen de trustee in de regel te benoemen binnen een week na goedkeuring van de trustee door de ACM.

(v) De opdracht aan de trustee(s)

55. De trustee vervult, in opdracht van partijen, ten behoeve van de ACM een aantal specifieke taken met het oog op de strikte uitvoering van de remedies door partijen. Deze taken dienen in het voorstel voor de remedies nauwkeurig en duidelijk te worden omschreven en dienen vervolgens te worden uitgewerkt en vastgelegd in de opdracht aan de trustee. De opdracht aan de trustee behoeft de voorafgaande schriftelijke goedkeuring van de ACM.

---

47 In gevallen zoals bedoeld in punt 38 zal de ACM dit niet altijd verlangen.
48 Zie hierna, punten 57 e.v.
49 Dit kan ook een negatieve prijs inhouden.
50 Zie in dit kader het besluit van 6 maart 2006 in zaak 5454/*KPN – Nozema Services*, punt 188 e.v. Daarin is aangegeven dat de opdracht van de trustee onder meer behelst het verkopen van zendmasten aan de hoogste bieder(s) in een door de trustee te organiseren veiling, indien KPN er niet in zou slagen om de zendmasten binnen een bepaalde termijn te verkopen.

56. De opdracht aan de trustee moet alle noodzakelijke bepalingen bevatten om hem in staat te stellen zijn taken te vervullen overeenkomstig de remedies[51]. Het betreft ten minste de volgende bepalingen:
a. In de opdracht moeten de toezichthoudende taken en bevoegdheden van de trustee duidelijk zijn uitgewerkt, alsmede de wijze waarop hij deze taken en bevoegdheden zal uitvoeren.
b. Verder dient in de opdracht de verplichting tot periodieke verslaglegging en eindrapportage aan de ACM te worden vastgelegd.
c. In de opdracht dient te worden bepaald dat de trustee de ACM onverwijld schriftelijk op de hoogte stelt indien de uitvoering van de remedies niet goed verloopt, niet conform de geldende voorwaarden plaatsvindt, of indien iets dergelijks dreigt.
d. In de opdracht dient te worden bepaald dat de trustee alleen met toestemming van de ACM van zijn verantwoordelijkheid kan worden ontheven.
e. Partijen dienen zich in de opdracht te verbinden om de trustee alle medewerking te verlenen en daar waar mogelijk te ondersteunen, zodat deze zijn taken naar behoren kan uitvoeren. Hieronder wordt onder andere verstaan het verlenen van volledige toegang tot de boekhouding, de gegevensbestanden en de bescheiden van partijen.
f. Voorts dient de trustee de mogelijkheid te hebben om het personeel van partijen in te schakelen.
g. Indien de trustee tekortschiet in de vervulling van zijn taken ten behoeve van de ACM dient de ACM zelfstandig bevoegd te zijn de trustee van die taken te ontheffen.

(vi) Goedkeuring van de koper en de koopovereenkomst door de ACM
57. In het voorstel voor remedies dient te worden opgenomen dat partijen of de trustee slechts tot verkoop en overdracht mogen overgaan nadat de ACM de voorgestelde koper en de koop- en leveringsovereenkomst en alle andere overeenkomsten tussen koper en verkoper schriftelijk heeft goedgekeurd.
58. Goedkeuring kan slechts worden gegeven als aan de volgende criteria is voldaan:
a. De koper moet volledig onafhankelijk zijn van partijen en hun groepsondernemingen.
b. De koper moet over voldoende financiële middelen en bewezen deskundigheid en ervaring beschikken om het af te stoten bedrijfsonderdeel duurzaam voort te zetten als een daadwerkelijke concurrent van partijen.
c. De koper moet over de prikkel beschikken om het af te stoten bedrijfsonderdeel duurzaam voort te zetten als een daadwerkelijke concurrent dan wel als leverancier of afnemer van partijen.
d. Het moet op het eerste gezicht duidelijk zijn dat er geen mededingingsproblemen dreigen als gevolg van de verwerving van de bedrijfsonderdelen door de voorgestelde koper.

59. Partijen of de trustee moeten afdoende aannemelijk maken dat de voorgestelde koper voldoet aan de gestelde criteria en dat het bedrijfsonderdeel wordt afgestoten in overeenstemming met de remedies. De ACM kan overleg met de voorgestelde koper verlangen, teneinde vast te stellen of aan de gestelde criteria is voldaan. Wanneer

---

51 In veel gevallen zullen nuttige elementen kunnen worden ontleend aan de door de Commissie gehanteerde 'Model texts for trustee mandates', zie: http://ec.europa.eu/comm/competition/mergers/legislation/legislation.html.

voor diverse bedrijfsonderdelen verschillende kopers worden voorgesteld, behoeft elke voorgestelde koper afzonderlijk de goedkeuring van de ACM.

60. Indien er na de afstoting ter verzekering van de nakoming van de remedies banden zouden blijven bestaan tussen de verkoper en koper van het af te stoten bedrijfsonderdeel, bijvoorbeeld in de vorm van leverings- of samenwerkingsverbanden, kan mogelijke niet-naleving door de verkoper een negatief effect hebben op de mogelijkheden van de koper om effectief te concurreren of de mate waarin deze daadwerkelijk zal concurreren. Daarom kan het in bepaalde gevallen noodzakelijk zijn dat partijen in de leveringscontracten toereikende schadevergoedingsbepalingen en/of boetebepalingen opnemen.

61. De ACM kan in bepaalde gevallen verlangen dat de koper reeds voor de overdracht van het af te stoten bedrijfsonderdeel contracten sluit met derden die de levering van essentiële onderdelen of diensten betreffen die de koper zelf niet ter beschikking heeft.

62. De ACM deelt de uitkomst van haar beoordeling omtrent de koper en de koop- en eventuele andere overeenkomsten onverwijld schriftelijk aan partijen mee.

D. Toezicht door de ACM

63. De ACM zal er in alle gevallen op toezien dat remedies worden nageleefd. Zonodig zal de ACM handhavend optreden.[52] Indien twijfel mogelijk is over de verenigbaarheid van bepaalde (toekomstige) gedragingen met de geldende remedies, dienen partijen of de nieuwe onderneming vooraf contact op te nemen met de ACM. Daarbij geldt vanzelfsprekend dat zij niets zullen doen of nalaten, (doen) voortzetten of gedogen, dat de uitvoering van de remedies zou kunnen bemoeilijken of belemmeren.

Meldingsfase

64. De door partijen in de meldingsfase aangeboden remedies kunnen als voorwaarden worden verbonden aan de mededeling dat voor het totstandbrengen van de concentratie geen vergunning is vereist. De bij de concentratie betrokken partijen mogen de concentratie pas tot stand brengen nadat aan de gestelde voorwaarden is voldaan. Zie in dit verband ook hetgeen is opgemerkt in punt 38. Voldoen partijen niet of niet tijdig aan de voorwaarden, dan is op grond van artikel 37 lid 4 Mw voor de concentratie alsnog een vergunning vereist. Realiseren partijen desondanks toch de concentratie, dan wordt gehandeld in strijd met artikel 75 Mw en kan de ACM een boete[53] opleggen.[54,55]

Vergunningsfase

65. De door partijen in de vergunningsfase aangeboden remedies kunnen als beperkingen en/of voorschriften aan een vergunning worden verbonden. Indien de aan een vergunning

---

52 In één zaak is de ACM overgegaan tot handhaving vanwege het niet naleven van de in die zaak opgelegde voorschriften. Zie in dit verband het besluit van 27 oktober 2005 in zaak 5168/*De Telegraaf – De Limburger*.

53 De boete bedraagt ten hoogste EUR 450.000,- of, indien het een onderneming of ondernemingsvereniging betreft en indien dat meer is, ten hoogste 10% van de omzet van de onderneming, onderscheidenlijk van de gezamenlijke omzet van de ondernemingen die van de vereniging deel uitmaken, in het boekjaar voorafgaande aan de beschikking.

54 Zie ook *Kamerstukken II*, 2004–2005, 30071, nr. 3, p. 22.

55 Daarnaast is de civielrechtelijke geldigheid van de overeenkomsten waarmee de concentratie tot stand komt geenszins verzekerd, zie *Kamerstukken II*, 1995–1996, 24 707, nr. 3, p. 39 en artikel 3:40 BW (strijd met een dwingende wetsbepaling leidt in principe tot nietigheid van de rechtshandeling). Meerzijdige rechtshandelingen die voortbouwen op een nietige rechtshandeling (en die zelf niet eveneens een concentratie tot stand brengen en derhalve nietig zijn) zijn onder omstandigheden op grond van artikel 6:229 BW vernietigbaar.

verbonden beperkingen niet worden nageleefd, is sprake van handelen zonder vergunning in de zin van artikel 41 lid 1 Mw. De ACM kan op grond van artikel 74 lid 1 sub 4 Mw een boete en/of een last onder dwangsom opleggen die ertoe strekt het niet in acht nemen van de aan de vergunning verbonden beperkingen ongedaan te maken.[56] Indien de aan een vergunning verbonden voorschriften niet worden nageleefd, kan de ACM op grond van artikel 75 Mw een boete en/of een last onder dwangsom opleggen die ertoe strekt alsnog de desbetreffende voorschriften te doen naleven.[57]

7. Wijziging van de melding of vergunningsaanvraag
66. Partijen kunnen binnen zekere grenzen[58] de melding of de vergunningsaanvraag wijzigen. Dit komt ook voor nadat partijen zijn ingelicht over de door de ACM gesignaleerde mededingingsproblemen. Het wijzigen van de melding of de vergunningsaanvraag kan dienen ter voorkoming van vertraging in de behandeling door de ACM van een concentratie-zaak. Immers, een wijziging van de melding of de vergunningsaanvraag kan ertoe leiden dat de ACM de gesignaleerde mededingingsproblemen niet meer hoeft te onderzoeken. In geval van een dergelijke wijziging blijven de oorspronkelijke beslistermijnen in de meldings- en vergunningsfase van kracht. Een andere mogelijkheid is het intrekken van de melding of vergunningsaanvraag, gevolgd door een nieuwe melding of vergunningsaanvraag. Hierdoor starten de beslistermijnen voor beide fasen opnieuw.
67. Omdat de materiële effecten van het intrekken en opnieuw indienen dan wel het wijzigen van de melding of de vergunningsaanvraag identiek zijn, geldt hetgeen in het navolgende wordt beschreven over het wijzigen van de melding of de vergunningsaanvraag mutatis mutandis voor het intrekken en opnieuw indienen ervan.

Wijziging melding
68. Naast de mogelijkheid om in de meldingsfase voorwaarden te verbinden aan de goedkeuring van een concentratie, blijft de mogelijkheid voor partijen bestaan om – nadat zij op de hoogte zijn gesteld van de door de ACM gesignaleerde mededingingsproblemen – de melding te wijzigen. De remedie die door partijen wordt ingediend middels een wijziging van de melding dient een structureel[59] karakter te hebben. De uitvoering ervan dient zeker te zijn.[60] Het is voorts van belang dat de wijziging van de melding het

---

56 MvT bij het wetsvoorstel Mededingingswet (*Kamerstukken II*, 1995-1996, 24 707, nr. 3, pagina 96).
57 Zie ook voetnoot 55.
58 Mits de wijziging niet tot een wezenlijk andere concentratie leidt; in dat geval zal een nieuwe melding moeten plaatsvinden.
59 Wijzigingen van de melding die geen structureel karakter hebben, maar die betrekking hebben op een bepaald (toekomstig) gedrag van de betrokken ondernemingen worden in de meldingsfase niet geaccepteerd als remedie om mogelijke mededingingsbezwaren weg te nemen. Dit gelet op het feit dat artikel 34 juncto artikel 74 Mw de ACM geen mogelijkheid biedt de nakoming van gedragsremedies af te dwingen.
60 De Mw (artikel 37 lid 6 Mw) stelt ten aanzien van remedies in de meldingsfase een zekerheidswaarborg (de concentratie mag pas tot stand worden gebracht nadat aan de voorwaarden is voldaan, zie punt 38). Ook ten aanzien van remedies die door middel van een wijziging van de melding worden ingediend dient de ACM zekerheid te hebben omtrent de uitvoering ervan.

gesignaleerde mededingingsprobleem zonder twijfel en volledig oplost.[61] Daarnaast moet het op het eerste gezicht evident zijn dat als gevolg van de gewijzigde melding geen nieuw mededingingsprobleem dreigt.

69. Een wijziging van de melding kan ertoe leiden dat de ACM het gesignaleerde mededingingsprobleem niet nader hoeft te onderzoeken en dat geen vergunning is vereist voor de tot stand te brengen concentratie. Wel zal de ACM onderzoeken of er als gevolg van de gewijzigde transactie reden is om aan te nemen dat de gewijzigde transactie de daadwerkelijke mededinging op de Nederlandse markt of een deel daarvan op significante wijze zou kunnen belemmeren, met name als het resultaat van het in het leven roepen of het versterken van een economische machtspositie.

70. Een wijziging van de melding dient zo snel mogelijk te worden ingediend, bij voorkeur uiterlijk[62] één week voor afloop van de termijn van vier weken waarbinnen in de meldingsfase een besluit moet worden genomen. De ACM moet voldoende tijd hebben voor de beoordeling van de wijziging van de melding en voor het uitvoeren van de markttest. Als de indiening plaatsvindt op een moment in de termijn dat de ACM daartoe geen gelegenheid meer heeft, zal het vergunningsvereiste gelden. Het is raadzaam om vooraf met de ACM te overleggen over de inhoud en strekking van een voorgenomen wijziging van de melding. Hetgeen hierboven in hoofdstuk 4 en 6 is opgemerkt ten aanzien van de indiening, de beoordeling en de tenuitvoerlegging van remedies is van overeenkomstige toepassing op wijzigingen van de melding.

Wijziging vergunningsaanvraag

71. In de vergunningsfase zal de ACM partijen uiterlijk bij het uitbrengen van de Punten van Overweging op de hoogte stellen van een gesignaleerd mededingingsprobleem. Daarna hebben partijen de mogelijkheid een voorstel voor remedies in te dienen. Het is evenwel mogelijk dat partijen een verdere vertraging van hun concentratievoornemens zoveel mogelijk trachten te vermijden door middel van het wijzigen van de vergunningsaanvraag.

72. Een wijziging van de vergunningsaanvraag kan ertoe leiden dat de ACM het gesignaleerde mededingingsprobleem niet nader zal onderzoeken.[63] Wel zal de ACM onderzoeken of als gevolg van de gewijzigde transactie de daadwerkelijke mededinging op de Nederlandse markt of een deel daarvan op significante wijze zou worden belemmerd,

---

61 Zo is in het besluit van 23 december 1998 in zaak 1132/*FCDF – De Kievit*, punten 90 tot en met 100, in de meldingsfase een voorstel tot wijziging van de melding niet geaccepteerd, omdat niet uitgesloten kon worden dat het voorstel mededingingsprobleem niet structureel zou oplossen en uiteindelijk de machtspositie van FCDF op de markt voor boerderijmelk toch versterkt zou worden. In andere zaken heeft de ACM een voorstel tot wijziging van de melding wel geaccepteerd. Zie in dit verband het besluit van 26 oktober 2006 in zaak 5586/*Ahold – Konmar Superstores*, het besluit van 28 juli 2006 in zaak 5206/*Pantein – STBNO*, het besluit van 6 maart 2006 in zaak 5454/*KPN – Nozema*, het besluit van 28 oktober 2005 in zaak 5052/*CZ – OZ* en het besluit van 31 december 2004 in zaak 4295/*Stichting Icare – Sensire – Thuiszorg Groningen*.

62 Een en ander is mede afhankelijk van het moment waarop de ACM de mededingingsbezwaren aan partijen kenbaar maakt.

63 In een bepaalde zaak (zie het besluit van 17 juni 2005 in zaak 4245/*Vizier – De Wendel*, punt 26) zijn partijen in een vroeg stadium van de vergunningsfase in overleg getreden met de ACM over de mogelijkheid tot een wijziging van de aanvraag om vergunning. Dit had onder meer ten doel om de mededingingsbezwaren die de ACM in het besluit in de meldingsfase had geconstateerd, weg te nemen en zodoende een langdurig onderzoek in de vergunningsfase te vermijden.

met name als het resultaat van het in het leven roepen of het versterken van een economische machtspositie. In dit verband is het van belang dat de door partijen voorgestelde wijziging van de vergunningsaanvraag het eerder gesignaleerde mededingingsprobleem zonder twijfel en volledig oplost. Voorts moet het evident zijn dat de gewijzigde vergunningsaanvraag niet leidt tot een nieuw mededingingsprobleem.

Handhaving na wijziging van de melding of vergunningsaanvraag

73. Indien partijen, nadat zij de gesignaleerde mededingingsproblemen hebben opgelost door de melding of vergunningsaanvraag te wijzigen en de ACM heeft geconcludeerd dat geen vergunning is vereist respectievelijk een vergunning wordt verleend, een concentratie tot stand brengen die niet conform de gewijzigde melding of vergunningsaanvraag is, handelen zij in strijd met artikel 34 Mw respectievelijk artikel 41 lid 1 Mw. Op grond van artikel 74 lid 1, sub 1 Mw kan een boete[64] en/of een last onder dwangsom die ertoe strekt de overtreding ongedaan te maken worden opgelegd.[65]

8. Wijziging/herziening van remedies

74. In uitzonderlijke gevallen kan het wenselijk zijn om de aan een melding verbonden voorwaarden of de aan de vergunning verbonden voorschriften/beperkingen te wijzigen of te herzien. Een verzoek tot wijziging of herziening van remedies moet worden ingediend bij de ACM.

75. De ACM heeft in een tweetal zaken[66] een verzoek gekregen tot wijziging/opheffing van de aan een vergunning verbonden voorwaarden. De ACM heeft dit verzoek op dezelfde manier behandeld als een verzoek om een vergunning in de zin van artikel 42 lid 1 Mw. Een verzoek tot wijziging van de aan een melding verbonden voorwaarden zal logischerwijs op eenzelfde manier worden behandeld als de procedure van een melding in de zin van artikel 34 e.v. Mw. 76. Bij het verzoek tot wijziging of herziening van de aan de melding verbonden voorwaarden of de aan de vergunning verbonden voorschriften/beperkingen dienen partijen met redenen omkleed aan te geven waarom een wijziging of opheffing van de remedies gerechtvaardigd is. Partijen zullen moeten aangeven waarom het eerder gesignaleerde mededingingsprobleem zich bij wijziging of opheffing niet zal voordoen.

9. Herziening en inwerkingtreding van de Richtsnoeren Remedies 2007

77. De Richtsnoeren bevatten de huidige inzichten van de ACM ten aanzien van remedies bij voorgenomen concentraties. Deze inzichten ontwikkelen zich. De ACM kan de Richtsnoeren te allen tijde intrekken of wijzigen.

78. De Richtsnoeren worden aangehaald als 'Richtsnoeren Remedies 2007'.

79. De Richtsnoeren Remedies van 17 december 2002 (*Stcrt.* 2003, nr. 39), zoals gewijzigd bij besluit van 27 juni 2005 (*Stcrt.* 2005, nr. 122) worden ingetrokken.

80. Indien vóór het tijdstip van inwerkingtreding van deze Richtsnoeren een melding is ingediend of een vergunning is aangevraagd waarop nog niet is beslist, worden daarop de Richtsnoeren Remedies 2007 toegepast.

---

64 Zie voetnoot 53.
65 Zie ook voetnoot 55.
66 Zie het besluit van 21 januari 2005 in zaak 3386/*Nuon— Reliant Energy Europe* en de besluiten van 8 juli 2005 en 7 december 2005 in zaak 1538/De *Telegraaf — De Limburger.*

81. De Richtsnoeren zullen in de *Staatscourant* worden geplaatst. Deze richtsnoeren treden in werking met ingang van 1 oktober 2007.
Aldus, gelet op artikel 4:81, eerste lid, van de Algemene wet bestuursrecht en de Mededingingswet, zoals die zal luiden met ingang van 1 oktober 2007, vastgesteld door de Raad van Bestuur van de Nederlandse Mededingingsautoriteit,

II   Procedureel

EU

Verordening (EG) nr. 802/2004 tot uitvoering van Verordening (EG) nr. 139/2004 van de Raad betreffende de controle op concentraties van ondernemingen

(Voor de EER relevante tekst)

Verordening van de Commissie van 21 april 2004 tot uitvoering van Verordening (EG) nr. 139/2004 van de Raad betreffende de controle op concentraties van ondernemingen, PbEU 2004, L 133, zoals laatstelijk gewijzigd op 5 december 2013, PbEU 2013, L 336 (i.w.tr. 01-01-2014)

DE COMMISSIE VAN DE EUROPESE GEMEENSCHAPPEN,
Gelet op het Verdrag tot oprichting van de Europese Gemeenschap,
Gelet op de Overeenkomst betreffende de Europese Economische Ruimte,
Gelet op Verordening (EG) nr. 139/2004 van de Raad van 20 januari 2004 betreffende de controle op concentraties van ondernemingen (de 'EG-concentratieverordening') [1], en met name op artikel 23, lid 1,
Gelet op Verordening (EEG) nr. 4064/89 van de Raad van 21 december 1989 betreffende de controle op concentraties van ondernemingen [2], laatstelijk gewijzigd bij Verordening (EG) nr. 1310/97 [3], en met name op artikel 23,
Na raadpleging van het Adviescomité,
Overwegende hetgeen volgt:
(1) Verordening (EEG) nr. 4064/89 van de Raad is herschikt, met ingrijpende wijzigingen van diverse bepalingen van die Verordening.
(2) Verordening (EG) nr. 447/98 [4] van de Commissie betreffende de aanmeldingen, de termijnen en het horen van betrokkenen en derden overeenkomstig Verordening (EEG) nr. 4064/89 van de Raad betreffende de controle op concentraties van ondernemingen dient derhalve te worden gewijzigd om die wijzigingen in aanmerking te nemen. Ter wille van de duidelijkheid dient die verordening bijgevolg te worden ingetrokken en door een nieuwe verordening te worden vervangen.
(3) De Commissie heeft maatregelen goedgekeurd betreffende het mandaat van raadadviseurs-auditeurs in bepaalde mededingingsprocedures.
(4) Verordening (EG) nr. 139/2004 berust op het beginsel dat concentraties moeten worden aangemeld alvorens zij tot stand worden gebracht. Enerzijds heeft een aanmelding belangrijke, voor de partijen bij de voorgenomen concentratie gunstige

---
(1) PB L 24 van 29.1.2004, blz. 1.
(2) PB L 395 van 30.12.1989, blz. 1.
(3) PB L 180 van 9.7.1997, blz. 1.
(4) PB L 61 van 2.3.1998, blz. 1. Verordening zoals gewijzigd bij de Akte van Toetreding van 2003.

rechtsgevolgen, terwijl anderzijds bij niet-nakoming van de aanmeldingsverplichting de aanmeldende partijen geldboeten kunnen worden opgelegd en deze nietnakoming voor hen ook nadelige burgerrechtelijke gevolgen kan hebben. Bijgevolg moeten in het belang van de rechtszekerheid het voorwerp en de inhoud van de in de aanmelding te verstrekken gegevens nauwkeurig worden vastgesteld.

(5) Het staat aan de aanmeldende partijen, de Commissie volledig en naar waarheid in te lichten over de feiten en omstandigheden die voor het geven van een beschikking over de aangemelde concentratie relevant zijn.

(6) Verordening (EG) nr. 139/2004 stelt de betrokken ondernemingen ook in staat vóór enige aanmelding, door middel van een gemotiveerde kennisgeving, te verzoeken dat een concentratie die aan de vereisten van die verordening voldoet, door één of meer lidstaten naar de Commissie wordt verwezen, of door de Commissie naar één of meer lidstaten wordt verwezen, naar gelang het geval. Het is belangrijk de Commissie en de bevoegde autoriteiten van de lidstaten voldoende gegevens te verstrekken, om hen in staat stellen (*red.*: lees: in staat te stellen), op korte termijn te besluiten of een verwijzing noodzakelijk is. Daartoe dient de gemotiveerde kennisgeving een aantal specifieke gegevens te bevatten.

(7) Om het onderzoek van de aanmeldingen en gemotiveerde kennisgevingen te vereenvoudigen en te bespoedigen, is het wenselijk het gebruik van een formulier voor te schrijven.

(8) Daar de aanmelding volgens Verordening (EG) nr. 139/2004 wettelijke termijnen doet ingaan, moet ook worden vastgesteld aan welke voorwaarden deze wettelijke termijnen moeten voldoen en op welk tijdstip zij ingaan.

(9) In het belang van de rechtszekerheid moeten regels worden vastgesteld voor het berekenen van de in Verordening (EG) nr. 139/2004 bepaalde wettelijke termijnen. Met name moeten het begin en einde van die termijnen en de omstandigheden waaronder deze termijnen worden geschorst, worden vastgesteld, met inachtneming van de vereisten die voortvloeien uit het feit dat de genoemde wettelijke termijnen uitzonderlijk kort zijn.

(10) De bepalingen betreffende de procedure voor de Commissie moeten zodanig worden opgesteld, dat het recht te worden gehoord en het recht van verdediging volledig worden gewaarborgd. Daartoe dient de Commissie te onderscheiden tussen de partijen die de concentratie aanmelden, andere betrokkenen bij de voorgenomen concentratie, derden en de partijen ten aanzien waarvan de Commissie voornemens is een beschikking te geven waarbij een geldboete of een dwangsom wordt opgelegd.

(11) De Commissie moet de aanmeldende partijen en andere betrokkenen bij de voorgenomen concentratie desgevraagd in de gelegenheid stellen, vóór de aanmelding informeel en strikt vertrouwelijk met haar over de voorgenomen concentratie van gedachten te wisselen. Bovendien dient de Commissie, voorzover nodig, na de aanmelding nauw contact met deze partijen te houden, om met hen praktische of juridische problemen waarop zij bij haar eerste onderzoek van het geval stuit, te bespreken en, indien mogelijk, in der minne op te lossen.

(12) In overeenstemming met het beginsel van de eerbiediging van het recht van verdediging moeten de aanmeldende partijen in de gelegenheid worden gesteld hun opmerkingen te maken over alle bezwaren die de Commissie voornemens is in haar beschikkingen in aanmerking te nemen. De andere betrokkenen bij de voorgenomen

concentratie moeten eveneens van de bezwaren van de Commissie in kennis worden gesteld en de gelegenheid krijgen hun standpunt kenbaar te maken.
(13) Ook derden die daarbij een voldoende belang kunnen aantonen, moeten in de gelegenheid worden gesteld hun standpunt kenbaar te maken, indien zij daarom schriftelijk verzoeken.
(14) Alle personen die gerechtigd zijn opmerkingen te maken, moeten dit schriftelijk doen, zowel in hun eigen belang als uit oogpunt van behoorlijk bestuur, met dien verstande dat zij het recht moeten hebben zo nodig hun schriftelijke opmerkingen in een formele hoorzitting mondeling aan te vullen. In dringende gevallen moet de Commissie de mogelijkheid hebben de aanmeldende partijen, andere betrokkenen of derden onmiddellijk formeel te horen.
(15) Bepaald moet worden wat de rechten zijn van de personen die moeten worden gehoord, in welke mate hun toegang tot het dossier van de Commissie moet worden verleend en onder welke voorwaarden zij zich kunnen laten vertegenwoordigen of bijstaan.
(16) Bij het verlenen van toegang tot het dossier moet de Commissie de bescherming van hun bedrijfsgeheimen en andere vertrouwelijke informatie waarborgen. De Commissie moet de mogelijkheid hebben ondernemingen die documenten of verklaringen hebben ingediend, te verzoeken aan te geven wat als vertrouwelijke informatie geldt.
(17) Teneinde de Commissie in staat te stellen de verbintenissen die de aanmeldende partijen hebben aangeboden om de concentratie met de gemeenschappelijke markt verenigbaar te maken, naar behoren te beoordelen, en teneinde een passende raadpleging van andere betrokkenen, derden en de autoriteiten van de lidstaten mogelijk te maken, zoals bepaald in Verordening (EG) nr. 139/2004, met name in artikel 18, leden 1 en 4, en artikel 19, leden 1, 2, 3 en 5, daarvan, moeten de procedure en de termijnen voor het indienen van de in artikel 6, lid 2, en artikel 8, lid 2, van die Verordening bedoelde verbintenissen worden vastgesteld.
(18) Ook is het nodig de regels vast te stellen die gelden voor bepaalde door de Commissie vastgestelde termijnen.
(19) Het Adviescomité voor concentraties moet advies uitbrengen op grond van een voorontwerp voor een beschikking. Bijgevolg moet het over een zaak worden geraadpleegd, nadat het onderzoek daarvan is voltooid. Deze raadpleging belet de Commissie evenwel niet zo nodig het onderzoek te heropenen,
HEEFT DE VOLGENDE VERORDENING VASTGESTELD:

HOOFDSTUK I
Toepassingsgebied

Artikel 1
Toepassingsgebied
Deze verordening is van toepassing op de overeenkomstig Verordening (EG) nr. 139/2004 uitgevoerde controle op concentraties.
[21-04-2004, PbEU L 133, i.w.tr. 01-05-2004/regelingnummer 802/2004]

HOOFDSTUK II
Aanmeldingen en andere kennisgevingen

Artikel 2
Tot indiening van aanmeldingen gerechtigden

1. Aanmeldingen worden door de in artikel 4, lid 2, van Verordening (EG) nr. 139/2004 bedoelde personen of ondernemingen ingediend.
2. Wanneer daartoe gemachtigde externe vertegenwoordigers van personen of ondernemingen de aanmeldingen ondertekenen, tonen zij hun vertegenwoordigingsbevoegdheid met schriftelijke bewijsstukken aan.
3. Gemeenschappelijke aanmeldingen worden door een gemeenschappelijke vertegenwoordiger ingediend, die gemachtigd is namens alle aanmeldende partijen documenten over te leggen en in ontvangst te nemen.
[05-12-2013, PbEU L 336, i.w.tr. 01-01-2014/regelingnummer 1269/2013]

Artikel 3
Indiening van de aanmeldingen

1. Aanmeldingen worden ingediend op de wijze die is voorgeschreven in formulier CO, waarvan het model in bijlage I is opgenomen. Op de in bijlage II beschreven voorwaarden mogen aanmeldingen worden ingediend op het verkorte formulier dat in die bijlage is vastgesteld. De gemeenschappelijke aanmeldingen worden op één enkel formulier ingediend.
2. Het formulier CO en de daarbij gevoegde documenten worden bij de Commissie ingediend in het formaat en met het aantal afschriften dat de Commissie op gezette tijdstippen in het *Publicatieblad van de Europese Unie* vaststelt. De aanmelding komt in op het in artikel 23, lid 1, vermelde adres.
3. De bij de aanmelding gevoegde documenten bestaan uit het origineel of uit een afschrift ervan; afschriften worden door de aanmeldende partijen voor eensluidend en volledig verklaard.
4. De aanmelding wordt in een van de officiële talen van de Gemeenschap gesteld. Deze taal is ten aanzien van de aanmeldende partijen ook de taal waarin de procedure verloopt, alsmede die van alle daaropvolgende procedures in verband met dezelfde concentratie. De bijgevoegde documenten worden in de oorspronkelijke taal ervan ingediend. Wanneer de oorspronkelijke taal niet een van de officiële talen van de Gemeenschap is, wordt een vertaling in de taal van de procedure bijgevoegd.
5. Aanmeldingen die uit hoofde van artikel 57 van de Overeenkomst betreffende de Europese Economische Ruimte worden ingediend, mogen ook in een van de officiële talen van de EVA-Staten of in de werktaal van de Toezichthoudende Autoriteit van de EVA worden ingediend. Indien de taal die voor de aanmelding is gekozen, geen officiële taal van de Gemeenschap is, voegen de aanmeldende partijen bij elk door hen ingediend document een vertaling daarvan bij in een officiële taal van de Gemeenschap. De voor de vertaling gekozen taal, is bepalend voor de taal die door de Commissie in de procedure ten aanzien van de aanmeldende partijen wordt gebruikt.
[05-12-2013, PbEU L 336, i.w.tr. 01-01-2014/regelingnummer 1269/2013]

Artikel 4
Te verstrekken inlichtingen en documenten
1. De aanmelding bevat de inlichtingen, met inbegrip van documenten, die worden verlangd in de in de bijlagen I en II opgenomen formulieren die van toepassing zijn. De inlichtingen zijn juist en volledig.
2. De Commissie kan ontheffing verlenen van de verplichting bepaalde inlichtingen, met inbegrip van documenten, te verstrekken of van andere in bijlagen I en II vastgestelde verplichtingen, wanneer zij van oordeel is dat de naleving van die verplichtingen of vereisten voor het onderzoek van de zaak niet nodig is.
3. De Commissie bevestigt de aanmeldende partijen of hun vertegenwoordigers onverwijld schriftelijk de ontvangst van de aanmelding en van het antwoord op een door haar krachtens artikel 5, leden 2 en 3, gezonden brief.
[05-12-2013, PbEU L 336, i.w.tr. 01-01-2014/regelingnummer 1269/2013]

Artikel 5
Datum van de aanmelding
1. Onverminderd de leden 2, 3 en 4, geldt als datum van de aanmelding die van de ontvangst ervan door de Commissie.
2. Wanneer de inlichtingen, met inbegrip van de documenten, in de aanmelding in inhoudelijk opzicht onvolledig zijn, stelt de Commissie de aanmeldende partijen of hun vertegenwoordigers daarvan onverwijld schriftelijk in kennis. In dat geval geldt het tijdstip waarop de Commissie de volledige inlichtingen ontvangt, als datum van de aanmelding.
3. Inhoudelijke wijzigingen in de in de aanmelding vermelde feiten die aan het licht komen na de aanmelding en die de aanmeldende partijen kennen of hadden moeten kennen, of eventuele nieuwe informatie die aan het licht komt en die de aanmeldende partijen kennen of hadden moeten kennen en die, indien deze op het tijdstip van de aanmelding bekend was geweest, had moeten worden aangemeld, worden de Commissie onverwijld meegedeeld. Voorzover in deze gevallen deze inhoudelijke wijzigingen of deze nieuwe informatie een aanzienlijke invloed op de beoordeling van de concentratie kunnen hebben, kan de Commissie het tijdstip waarop zij de desbetreffende inlichtingen ontvangt, als de datum van aanmelding aanmerken; de Commissie stelt de aanmeldende partijen of hun vertegenwoordigers hiervan onverwijld schriftelijk in kennis.
4. Onjuiste of misleidende inlichtingen gelden als onvolledige inlichtingen.
5. Wanneer de Commissie overeenkomstig artikel 4, lid 3, van Verordening (EG) nr. 139/2004 het geschied zijn van de aanmelding bekendmaakt, vermeldt zij de datum waarop zij de aanmelding heeft ontvangen. Wanneer ingevolge de leden 2, 3 en 4, van dit artikel een latere datum dan die welke in deze bekendmaking is vermeld, als datum van de aanmelding geldt, doet de Commissie een nieuwe bekendmaking waarin zij die latere datum vermeldt.
[21-04-2004, PbEU L 133, i.w.tr. 01-05-2004/regelingnummer 802/2004]

Artikel 6
Specifieke bepalingen in verband met gemotiveerde kennisgevingen, aanvullende aanmeldingen en verklaringen

1. De gemotiveerde kennisgevingen in de zin van artikel 4, leden 4 en 5, van Verordening (EG) nr. 139/2004 bevatten de overeenkomstig Bijlage III bij deze Verordening verlangde inlichtingen, met inbegrip van documenten.
2. Artikel 2, artikel 3, lid 1, derde zin, artikel 3, leden 2 tot en met 5, artikel 4, artikel 5, leden 1 tot en met 4, en de artikelen 21 en 23 van deze verordening zijn van overeenkomstige toepassing voor gemotiveerde kennisgevingen in de zin van artikel 4, leden 4 en 5, van Verordening (EG) nr. 139/2004.

Artikel 2, artikel 3, lid 1, derde zin, artikel 3, leden 2 tot en met 5, artikel 4, artikel 5, leden 1 tot en met 4, en de artikelen 21 en 23 van de onderhavige verordening zijn van overeenkomstige toepassing voor aanvullende aanmeldingen en voor verklaringen in de zin van artikel 10, lid 5, van Verordening (EG) nr. 139/2004.
[05-12-2013, PbEU L 336, i.w.tr. 01-01-2014/regelingnummer 1269/2013]

HOOFDSTUK III
Termijnen

Artikel 7
Aanvang van de termijnen

De termijnen gaan in op de werkdag, zoals omschreven in artikel 24 van deze verordening, die volgt op de gebeurtenis waarnaar de desbetreffende bepaling van Verordening (EG) nr. 139/2004 verwijst.
[21-04-2004, PbEU L 133, i.w.tr. 01-05-2004/regelingnummer 802/2004]

Artikel 8
Verstrijken van termijnen

Een in werkdagen uitgedrukte termijn loopt af op het einde van de laatste werkdag van die termijn.
Een door de Commissie door middel van een kalenderdag vastgestelde termijn loopt af op het einde van die dag.
[21-04-2004, PbEU L 133, i.w.tr. 01-05-2004/regelingnummer 802/2004]

Artikel 9
Opschorting van de termijnen

1. De in artikel 9, lid 4, en artikel 10, leden 1 en 3, van Verordening (EG) nr. 139/2004 bedoelde termijnen worden opgeschort indien de Commissie overeenkomstig artikel 11, lid 3, of artikel 13, lid 4, van die verordening om een van de volgende redenen een beschikking moet geven:
a) de inlichtingen waarom de Commissie overeenkomstig artikel 11, lid 2, van Verordening (EG) nr. 139/2004 een van de aanmeldende partijen of een andere betrokkene, zoals omschreven in artikel 11 van deze verordening, heeft verzocht, worden niet of niet volledig binnen de door de Commissie gestelde termijn verstrekt;
b) de inlichtingen waarom de Commissie overeenkomstig artikel 11, lid 2, van Verordening (EG) nr. 139/2004 een derde, zoals omschreven in artikel 11 van deze verordening, heeft verzocht, worden niet of niet volledig binnen de door de Com-

missie gestelde termijn verstrekt wegens omstandigheden waarvoor een van de aanmeldende partijen of een andere betrokkene, zoals omschreven in artikel 11 van deze verordening, verantwoordelijk is;
c) een van de aanmeldende partijen of een andere betrokkene, zoals omschreven in artikel 11 van deze verordening, heeft geweigerd zich aan een door de Commissie noodzakelijk geachte inspectie op grond van artikel 13, lid 1, van Verordening (EG) nr. 139/2004 te onderwerpen of overeenkomstig artikel 13, lid 2, van die verordening daaraan mee te werken;
d) de aanmeldende partijen hebben verzuimd de Commissie in kennis te stellen van belangrijke wijzigingen in de in de aanmelding vermelde feiten, of van nieuwe informatie van het in artikel 5, lid 3, van deze Verordening bedoelde soort.

2. De in artikel 9, lid 4, en artikel 10, leden 1 en 3, van Verordening (EG) nr. 139/2004 bedoelde termijnen worden opgeschort indien de Commissie overeenkomstig artikel 11, lid 3, van die verordening een beschikking moet geven, zonder eerst een eenvoudig verzoek om inlichtingen te doen, door omstandigheden die een der bij de concentratie betrokken ondernemingen kunnen worden toegerekend.

3. De in artikel 9, lid 4, en artikel 10, leden 1 en 3, van Verordening (EG) nr. 139/2004 bedoelde termijnen worden opgeschort:
a) in de in lid 1, onder *a)* en *b)*, bedoelde gevallen, voor de periode begrepen tussen het verstrijken van de in het eenvoudige verzoek om inlichtingen gestelde termijn en de ontvangst van de bij beschikking verlangde volledige en juiste inlichtingen;
b) in het in lid 1, onder *c)*, bedoelde geval, voor de periode begrepen tussen de vergeefse poging de inspectie uit te voeren en de voltooiing van de bij beschikking gelaste inspectie;
c) in het in lid 1, onder *d)*, bedoelde geval, voor de periode begrepen tussen het tijdstip waarop zich de wijziging in de aldaar bedoelde feiten voordoet, en de ontvangst van de volledige en juiste inlichtingen;
d) in de in lid 2 bedoelde gevallen, voor de periode begrepen tussen het verstrijken van de in de beschikking gestelde termijn en de ontvangst van de bij beschikking verlangde volledige en juiste inlichtingen.

4. De opschorting van de termijn gaat in op de werkdag, volgende op die waarop de gebeurtenis die tot de opschorting leidde, zich heeft voorgedaan. Zij verstrijkt op het einde van de dag waarop de reden voor de opschorting is weggevallen. Wanneer deze laatste dag geen werkdag is, verstrijkt de opschorting van de termijn op het einde van de eerstvolgende werkdag.

[21-04-2004, PbEU L 133, i.w.tr. 01-05-2004/regelingnummer 802/2004]

Artikel 10
Naleving van de termijnen

1. De in artikel 4, lid 4, vierde alinea, artikel 9, lid 4, artikel 10, leden 1 en 3, en artikel 22, lid 3, van Verordening (EG) nr. 139/2004 bedoelde termijnen worden geacht te zijn nageleefd indien de Commissie de beschikking geeft alvorens de termijn verstrijkt.

2. De in artikel 4, lid 4, tweede alinea, artikel 4, lid 5, derde alinea, artikel 9, lid 2, artikel 22, lid 1, tweede alinea, en artikel 22, lid 2, tweede alinea, van Verordening (EG) nr. 139/2004 bedoelde termijnen worden geacht door de betrokken lidstaat te zijn nageleefd indien de lidstaat, alvorens de termijn verstrijkt, de Commissie schrif-

telijk in kennis stelt of een schriftelijk verzoek indient dan wel zich daarbij aansluit, al naar gelang het geval.
3. De in artikel 9, lid 6, van Verordening (EG) nr. 139/2004 bedoelde termijnen worden geacht te zijn nageleefd indien de bevoegde autoriteit van een betrokken lidstaat de betrokken onderneming overeenkomstig die bepaling in kennis stelt alvorens de termijn verstrijkt.
[21-04-2004, PbEU L 133, i.w.tr. 01-05-2004/regelingnummer 802/2004]

HOOFDSTUK IV
Uitoefening van het recht te worden gehoord; hoorzittingen

Artikel 11
Te horen partijen
Voor de toepassing van het recht te worden gehoord overeenkomstig artikel 18 van Verordening (EG) nr. 139/2004 worden de volgende partijen onderscheiden:
a) de aanmeldende partijen, zijnde de personen of ondernemingen die overeenkomstig artikel 4, lid 2, van Verordening (EG) nr. 139/2004 een aanmelding indienen;
b) andere betrokkenen, zijnde andere betrokkenen bij de voorgenomen concentratie dan de aanmeldende partijen, zoals de verkoper en de onderneming die het voorwerp van de concentratie is;
c) derden, zijnde natuurlijke of rechtspersonen, zoals afnemers, leveranciers of concurrenten die aantonen daarbij voldoende belang te hebben in de zin van artikel 18, lid 4, tweede zin, van Verordening (EG) nr. 139/2004, hetgeen in het bijzonder het geval is voor:
   – leden van de bestuurs- of directieorganen van de betrokken ondernemingen of erkende vertegenwoordigers van de werknemers van deze ondernemingen;
   – consumentenorganisaties, wanneer de voorgenomen concentratie door eindgebruikers gebruikte producten of diensten betreft;
d) partijen ten aanzien waarvan de Commissie voornemens is een beschikking op grond van artikel 14 of artikel 15 van Verordening (EG) nr. 139/2004 te geven.
[21-04-2004, PbEU L 133, i.w.tr. 01-05-2004/regelingnummer 802/2004]

Artikel 12
Beschikkingen tot opschorting van de totstandbrenging van concentraties
1. Wanneer de Commissie voornemens is op grond van artikel 7, lid 3, van Verordening (EG) nr. 139/2004 een beschikking te geven, die voor een of meer van de partijen ongunstig is, doet zij overeenkomstig artikel 18, lid 1, van die verordening de aanmeldende partijen en andere betrokkenen schriftelijk mededeling van haar bezwaren en stelt zij een termijn vast waarbinnen zij hun standpunt schriftelijk kenbaar kunnen maken.
2. Wanneer de Commissie overeenkomstig artikel 18, lid 2, van Verordening (EG) nr. 139/2004 voorlopig een in lid 1 van het onderhavige artikel bedoelde beschikking heeft gegeven zonder de aanmeldende partijen en andere betrokkenen in de gelegenheid te hebben gesteld hun standpunt kenbaar te maken, zendt zij hun onverwijld de tekst van de voorlopige beschikking en stelt zij een termijn vast waarbinnen zij hun standpunt schriftelijk kenbaar kunnen maken.

Zodra de aanmeldende partijen en andere betrokkenen hun standpunt kenbaar hebben gemaakt, stelt de Commissie een eindbesluit vast waarbij zij het voorlopige besluit intrekt, wijzigt of bevestigt. Wanneer genoemde partijen hun standpunt niet binnen de vastgestelde termijn schriftelijk kenbaar maken, wordt de voorlopige beschikking van de Commissie bij het verstrijken van deze termijn definitief.
[05-12-2013, PbEU L 336, i.w.tr. 01-01-2014/regelingnummer 1269/2013]

Artikel 13
Beschikkingen ten principale

1. Wanneer de Commissie voornemens is een beschikking op grond van artikel 6, lid 3, of artikel 8, leden 2 tot en met 6, van Verordening (EG) nr. 139/2004 te geven, hoort zij de partijen overeenkomstig artikel 18, leden 1 en 3, van die verordening alvorens het Adviescomité voor concentraties te raadplegen.
Artikel 12, lid 2, van deze verordening is van overeenkomstige toepassing wanneer de Commissie op grond van artikel 8, lid 5, van Verordening (EG) nr. 139/2004 voorlopig een beschikking heeft gegeven uit hoofde van artikel 18, lid 2, van die verordening.
2. De Commissie doet de aanmeldende partijen schriftelijk mededeling van haar bezwaren.
De Commissie stelt in de mededeling van punten van bezwaar een termijn vast waarbinnen de aanmeldende partijen hun opmerkingen schriftelijk aan de Commissie kenbaar mogen maken.
De Commissie stelt andere betrokkenen schriftelijk van deze bezwaren in kennis.
De Commissie stelt ook een termijn vast waarbinnen deze andere betrokkenen hun opmerkingen schriftelijk aan de Commissie kenbaar kunnen maken.
De Commissie is niet verplicht rekening te houden met na het verstrijken van een door haar vastgestelde termijn ontvangen opmerkingen.
3. De partijen tot welke de bezwaren van de Commissie zijn gericht of die van deze bezwaren in kennis zijn gesteld, kunnen hun opmerkingen ten aanzien van deze bezwaren kenbaar maken. Zij doen dit schriftelijk binnen de vastgestelde termijn. Zij kunnen in hun schriftelijke opmerkingen alle hun bekende feiten en elementen aanvoeren die voor hun recht van verdediging relevant zijn, en ten bewijze van hetgeen zij aanvoeren, aan hun opmerkingen alle relevante documenten toevoegen. Zij kunnen ook voorstellen dat de Commissie personen hoort die deze elementen kunnen bevestigen. Zij dienen hun opmerkingen bij de Commissie in op het in artikel 23, lid 1, vermelde adres. Het formaat waarin de opmerkingen moeten worden ingediend en het aantal vereiste afschriften worden door de Commissie op gezette tijdstippen in het *Publicatieblad van de Europese Unie* vastgesteld. De Commissie doet de bevoegde autoriteiten in de lidstaten onverwijld een afschrift van deze schriftelijke opmerkingen toekomen.
4. Wanneer de Commissie voornemens is een beschikking op grond van artikel 14 of artikel 15 van Verordening (EG) nr. 139/2004 te geven, hoort zij overeenkomstig artikel 18, leden 1 en 3, van die verordening, alvorens het Adviescomité voor concentraties te raadplegen, de partijen tot welke zij voornemens is deze beschikking te richten.
De procedure van lid 2, eerste en tweede alinea, en lid 3 is van overeenkomstige toepassing.
[05-12-2013, PbEU L 336, i.w.tr. 01-01-2014/regelingnummer 1269/2013]

Artikel 14
Mondelinge toelichting

1. Wanneer de Commissie voornemens is een beschikking te geven op grond van artikel 6, lid 3, of artikel 8, leden 2 tot en met 6, van Verordening (EG) nr. 139/2004, stelt zij de aanmeldende partijen die in hun schriftelijke opmerkingen daarom hebben verzocht, in de gelegenheid tijdens een formele hoorzitting hun standpunt mondeling toe te lichten. Zij kan de aanmeldende partijen ook in andere stadia van de procedure in de gelegenheid stellen hun standpunt mondeling kenbaar te maken.
2. Wanneer de Commissie voornemens is een beschikking te geven op grond van artikel 6, lid 3, of artikel 8, leden 2 tot en met 6, van Verordening (EG) nr. 139/2004, stelt zij ook andere betrokkenen die in hun schriftelijke opmerkingen daarom hebben verzocht, in de gelegenheid in een formele hoorzitting hun standpunt mondeling toe te lichten. Zij kan deze betrokkenen ook in andere stadia van de procedure in de gelegenheid stellen hun standpunt mondeling kenbaar te maken.
3. Wanneer de Commissie voornemens is een beschikking te geven op grond van artikel 14 of 15 van Verordening (EG) nr. 139/2004, stelt zij partijen waaraan zij voornemens is een geldboete of een dwangsom op te leggen, in de gelegenheid in een formele hoorzitting hun standpunt mondeling toe te lichten, indien zij in hun schriftelijke opmerkingen daarom hebben verzocht. Zij kan deze partijen ook in andere stadia van de procedure in de gelegenheid stellen hun standpunt mondeling kenbaar te maken.
[21-04-2004, PbEU L 133, i.w.tr. 01-05-2004/regelingnummer 802/2004]

Artikel 15
Verloop van de formele hoorzitting

1. De formele hoorzitting wordt door de raadadviseur-auditeur in volle onafhankelijkheid geleid.
2. De Commissie roept degenen die zij wil horen, op de door haar bepaalde datum voor de formele hoorzitting op.
3. De Commissie nodigt de bevoegde autoriteiten van de lidstaten uit aan formele hoorzittingen deel te nemen.
4. De uitgenodigde personen verschijnen in persoon of worden vertegenwoordigd door wettelijk of statutair daartoe gemachtigde vertegenwoordigers. Ondernemingen en ondernemersverenigingen mogen ook worden vertegenwoordigd door een naar behoren gemachtigd lid van hun vaste personeel.
5. Degenen die door de Commissie worden gehoord, mogen zich laten bijstaan door hun juristen of door andere, door de raadadviseur-auditeur aanvaarde, gekwalificeerde en naar behoren gemachtigde personen.
6. De formele hoorzitting is niet openbaar. Eenieder kan afzonderlijk of in aanwezigheid van andere uitgenodigde personen worden gehoord, met inachtneming van het rechtmatige belang van de ondernemingen bij de bescherming van hun bedrijfsgeheimen en andere vertrouwelijke informatie.
7. De raadadviseur-auditeur kan alle partijen in de zin van artikel 11, de diensten van de Commissie en de bevoegde autoriteiten van de lidstaten toestaan tijdens de formele hoorzitting vragen te stellen.
De raadadviseur-auditeur kan ter voorbereiding van de hoorzitting een vergadering met de partijen en de diensten van de Commissie beleggen, om een efficiënte organisatie van de formele hoorzitting te vergemakkelijken.

8. De verklaringen van eenieder die wordt gehoord, worden opgenomen. Desgevraagd wordt de opname van de formele hoorzitting beschikbaar gesteld aan eenieder die deze hoorzitting heeft bijgewoond. Daarbij wordt rekening gehouden met het rechtmatige belang van de ondernemingen dat hun bedrijfsgeheimen en andere vertrouwelijke informatie worden beschermd.
[21-04-2004, PbEU L 133, i.w.tr. 01-05-2004/regelingnummer 802/2004]

Artikel 16
Het horen van derden

1. Indien derden overeenkomstig artikel 18, lid 4, tweede zin, van Verordening (EG) nr. 139/2004 schriftelijk verzoeken te worden gehoord, stelt de Commissie hen schriftelijk van de aard en het voorwerp van de procedure in kennis en stelt zij een termijn vast waarbinnen zij hun standpunt kenbaar kunnen maken.
2. De in lid 1 bedoelde derden maken hun standpunt binnen de vastgestelde termijn schriftelijk kenbaar. De Commissie kan in voorkomend geval degenen die in hun schriftelijke opmerkingen daarom hebben verzocht, in de gelegenheid stellen aan een formele hoorzitting deel te nemen. Zij kan ook in andere gevallen deze derden in de gelegenheid stellen hun standpunt mondeling kenbaar te maken.
3. De Commissie kan op dezelfde wijze andere natuurlijke of rechtspersonen verzoeken hun standpunt kenbaar te maken, schriftelijk zowel als mondeling, waaronder begrepen tijdens een formele hoorzitting.
[21-04-2004, PbEU L 133, i.w.tr. 01-05-2004/regelingnummer 802/2004]

HOOFDSTUK V
Toegang tot het dossier en behandeling van vertrouwelijke informatie

Artikel 17
Toegang tot het dossier en gebruik van documenten

1. Op verzoek verleent de Commissie de partijen tot welke zij een mededeling van punten van bezwaar heeft gericht, toegang tot het dossier om hen in staat te stellen hun rechten van verdediging uit te oefenen. Toegang wordt verleend na de kennisgeving van de mededeling van punten van bezwaar.
2. De Commissie verleent ook de andere betrokkenen die van de bezwaren in kennis zijn gesteld, desgevraagd inzage van het dossier, voorzover zulks nodig is om hun opmerkingen te kunnen voorbereiden.
3. Het recht van toegang tot het dossier geldt niet voor vertrouwelijke inlichtingen of interne documenten van de Commissie of van de bevoegde autoriteiten van de lidstaten. Het recht van toegang tot het dossier geldt evenmin voor correspondentie tussen de Commissie en de bevoegde autoriteiten van de lidstaten, tussen de bevoegde autoriteiten van de lidstaten onderling en tussen de Commissie en andere mededingingsautoriteiten.
4. Documenten die door toegang tot het dossier uit hoofde van dit artikel zijn verkregen, mogen slechts worden gebruikt ten behoeve van de betrokken procedure op grond van Verordening (EG) nr. 139/2004.
[05-12-2013, PbEU L 336, i.w.tr. 01-01-2014/regelingnummer 1269/2013]

Artikel 18
Vertrouwelijke informatie

1. Er wordt geen mededeling gedaan van, noch inzage verleend in inlichtingen, met inbegrip van documenten die bedrijfsgeheimen of andere vertrouwelijke informatie bevatten, waarvan de Commissie het voor de procedure niet noodzakelijk acht dat deze openbaar wordt gemaakt.

2. Eenieder die overeenkomstig de artikelen 12, 13 en 16 van deze verordening zijn standpunt of opmerkingen kenbaar maakt, of die inlichtingen verschaft overeenkomstig artikel 11 van Verordening (EG) nr. 139/2004, of die nadien in de loop van diezelfde procedure inlichtingen aan de Commissie verschaft, geeft de elementen die hij vertrouwelijk acht, onder opgave van redenen, duidelijk aan en verstrekt daarvan een afzonderlijke, niet-vertrouwelijke versie binnen de door de Commissie vastgestelde termijn.

3. Onverminderd lid 2, kan de Commissie van de in artikel 3 van Verordening (EG) nr. 139/2004 bedoelde personen, ondernemingen en ondernemersverenigingen verlangen dat zij in alle gevallen waarin zij documenten of verklaringen overeenkomstig Verordening (EG) nr. 139/2004 meedelen of hebben meegedeeld, de documenten of delen van documenten aangeven die volgens hen bedrijfsgeheimen of andere vertrouwelijke informatie bevatten die hun toebehoort, en aangeven ten aanzien van welke ondernemingen die documenten als vertrouwelijk dienen te gelden.

De Commissie kan ook van de in artikel 3 van Verordening (EG) nr. 139/2004 bedoelde personen, ondernemingen en ondernemersverenigingen verlangen dat zij aangeven welke delen van een mededeling van punten van bezwaar, samenvatting van een zaak of een door de Commissie gegeven beschikking volgens hen eventueel bedrijfsgeheimen bevatten.

Wanneer bedrijfsgeheimen of andere vertrouwelijke informatie worden aangegeven, geven de personen, ondernemingen en ondernemersverenigingen daarvoor hun redenen op en verstrekken zij daarvan een afzonderlijke, niet-vertrouwelijke versie binnen de door de Commissie vastgestelde termijn.

4. Wanneer personen, ondernemingen of ondernemersverenigingen lid 2 of lid 3 niet naleven, mag de Commissie aannemen dat de betrokken documenten of verklaringen geen vertrouwelijke informatie bevatten.

[20-10-2008, PbEU L 279, i.w.tr. 23-10-2008/regelingnummer 1033/2008]

HOOFDSTUK VI
Door de betrokken ondernemingen aangeboden verbintenissen

Artikel 19
Termijnen voor de indiening van verbintenissen

1. De door de betrokken ondernemingen overeenkomstig artikel 6, lid 2, van Verordening (EG) nr. 139/2004 aangeboden verbintenissen moeten binnen twintig werkdagen na de datum van ontvangst van de aanmelding bij de Commissie worden ingediend.

2. De door de betrokken ondernemingen overeenkomstig artikel 8, lid 2, van Verordening (EG) nr. 139/2004 aangeboden verbintenissen worden binnen 65 werkdagen na de dag waarop de procedure is ingeleid, bij de Commissie ingediend.

Wanneer de betrokken ondernemingen eerst verbintenissen aanbieden binnen 55 werkdagen na de dag waarop de procedure is ingeleid, maar nadien een gewijzigde

versie van de verbintenissen indienen 55 werkdagen of meer na die dag, worden de gewijzigde verbintenissen geacht nieuwe verbintenissen te zijn voor de toepassing van artikel 10, lid 3, tweede zin, van Verordening (EG) nr. 139/2004.
Wanneer overeenkomstig artikel 10, lid 3, tweede alinea, van Verordening (EG) nr. 139/2004 de periode voor het geven van een beschikking overeenkomstig artikel 8, leden 1, 2 en 3, wordt verlengd, wordt de termijn van 65 werkdagen voor het indienen van verbintenissen automatisch met hetzelfde aantal werkdagen verlengd.
In uitzonderlijke omstandigheden kan de Commissie verbintenissen aanvaarden die na het verstrijken van de in dit lid bedoelde termijn voor het indienen van verbintenissen zijn aangeboden, mits de procedure van artikel 19, lid 5, van Verordening (EG) nr. 139/2004 wordt nageleefd.
3. De artikelen 7, 8 en 9 zijn van overeenkomstige toepassing.
[05-12-2013, PbEU L 336, i.w.tr. 01-01-2014/regelingnummer 1269/2013]

Artikel 20
Procedure voor het indienen van verbintenissen
1. De door de betrokken ondernemingen overeenkomstig artikel 6, lid 2, of artikel 8, lid 2, van Verordening (EG) nr. 139/2004 aangeboden verbintenissen worden bij de Commissie ingediend op het in artikel 23, lid 1, vermelde adres in het formaat en met het aantal afschriften dat de Commissie op gezette tijdstippen in het *Publicatieblad van de Europese Unie* vaststelt. De Commissie zendt de bevoegde autoriteiten in de lidstaten onverwijld een afschrift van deze verbintenissen toe.
1 bis. Naast de vereisten van lid 1, dienen de betrokken ondernemingen, tegelijkertijd met het aanbieden van verbintenissen overeenkomstig artikel 6, lid 2, of artikel 8, lid 2, van Verordening (EG) nr. 139/2004, één origineel in van de inlichtingen en documenten die op het in bijlage IV bij deze verordening opgenomen formulier RM betreffende corrigerende maatregelen ('formulier RM') worden verlangd, samen met het aantal afschriften dat de Commissie op gezette tijdstippen in het *Publicatieblad van de Europese Unie* vaststelt. De ingediende inlichtingen zijn correct en volledig.
2. Bij het aanbieden van verbintenissen overeenkomstig artikel 6, lid 2, of artikel 8, lid 2, van Verordening (EG) nr. 139/2004, geven de betrokken ondernemingen terzelfder tijd duidelijk de informatie aan die zij vertrouwelijk achten onder opgave van redenen, en verstrekken daarvan een afzonderlijke, niet-vertrouwelijke versie.
[05-12-2013, PbEU L 336, i.w.tr. 01-01-2014/regelingnummer 1269/2013]

Artikel 20 bis
Gevolmachtigden
1. De door de betrokken ondernemingen overeenkomstig artikel 6, lid 2, of artikel 8, lid 2, van Verordening (EG) nr. 139/2004 aangeboden verbintenissen kunnen de benoeming, op kosten van de betrokken ondernemingen, omvatten van een onafhankelijke gevolmachtigde (of gevolmachtigden) die de Commissie bijstaat (of bijstaan) bij het toezicht op de inachtneming van de verbintenissen, of die de opdracht heeft (of hebben) de verbintenissen ten uitvoer te leggen. De gevolmachtigde kan worden benoemd door de partijen, nadat de Commissie diens identiteit heeft goedgekeurd, of door de Commissie. De gevolmachtigde voert zijn taken onder toezicht van de Commissie uit.

2. De Commissie kan dergelijke in de verbintenissen vervatte bepalingen inzake gevolmachtigden als voorwaarden en verplichtingen overeenkomstig artikel 6, lid 2, of artikel 8, lid 2, van Verordening (EG) nr. 139/2004 aan haar beschikking verbinden.
[20-10-2008, PbEU L 279, i.w.tr. 23-10-2008/regelingnummer 1033/2008]

HOOFDSTUK VII
Diverse bepalingen

Artikel 21
Bezorging van documenten

1. De Commissie kan documenten en uitnodigingen op een van de volgende wijzen doen toekomen aan degenen voor wie zij zijn bestemd:
a) door afgifte tegen ontvangstbewijs;
b) bij aangetekend schrijven met ontvangstbevestiging;
c) per faxbericht met verzoek om ontvangstbevestiging;
d) via e-mail met verzoek om ontvangstbevestiging.

2. Tenzij anders bepaald in deze verordening, is lid 1 ook van toepassing op de bezorging van documenten van de aanmeldende partijen, van andere betrokkenen of van derden aan de Commissie.

3. In geval van toezending van een document per fax of via e-mail wordt degene voor wie het is bestemd, geacht het op de dag van de verzending ervan te hebben ontvangen.
[05-12-2013, PbEU L 336, i.w.tr. 01-01-2014/regelingnummer 1269/2013]

Artikel 22
Vaststelling van termijnen

Bij de vaststelling van de in artikel 12, leden 1 en 2, artikel 13, lid 2, en artikel 16, lid 1, bedoelde termijnen houdt de Commissie rekening met de tijd die nodig is voor de voorbereiding van de verklaringen, en met de spoedeisendheid van het geval. Zij houdt ook rekening met de werkdagen en met de wettelijke feestdagen in het land van ontvangst van de mededeling van de Commissie.
Termijnen worden aangeduid met precieze kalenderdagen.
[21-04-2004, PbEU L 133, i.w.tr. 01-05-2004/regelingnummer 802/2004]

Artikel 23
Ontvangst van documenten door de Commissie

1. Overeenkomstig artikel 5, lid 1, moeten aanmeldingen bij de Commissie inkomen op het adres van het Directoraat-generaal Concurrentie van de Commissie dat door de Commissie in het *Publicatieblad van de Europese Unie* wordt bekendgemaakt.

2. Aanvullende inlichtingen die strekken tot vervollediging van aanmeldingen, moeten bij de Commissie op het in lid 1 bedoelde adres inkomen.

3. Schriftelijke opmerkingen over mededelingen van de Commissie overeenkomstig artikel 12, leden 1 en 2, artikel 13, lid 2, en artikel 16, lid 1, van deze verordening moeten vóór het verstrijken van de in elke zaak vastgestelde termijn bij de Commissie op het in lid 1 bedoelde adres inkomen.

4. Wanneer de Commissie vaststelt dat bij haar ingediende documenten of eventuele bijkomende afschriften daarvan elektronisch moeten worden ingediend, stelt zij op gezette tijdstippen in het *Publicatieblad van de Europese Unie* vast in welk formaat dat

moet gebeuren. Verklaringen via e-mail worden toegezonden aan het e-mailadres dat de Commissie op gezette tijdstippen in het *Publicatieblad van de Europese Unie* bekendmaakt.
[05-12-2013, PbEU L 336, i.w.tr. 01-01-2014/regelingnummer 1269/2013]

Artikel 24
Definitie van werkdagen
Onder 'werkdagen' wordt in Verordening (EG) nr. 139/2004 en in de onderhavige verordening verstaan, alle andere dagen dan zaterdagen, zondagen en vakantiedagen van de Commissie zoals die vóór de aanvang van elk jaar in het *Publicatieblad van de Europese Unie* worden bekendgemaakt.
[21-04-2004, PbEU L 133, i.w.tr. 01-05-2004/regelingnummer 802/2004]

Artikel 25
Intrekking en overgangsbepaling
1. Onverminderd het bepaalde in de leden 2 en 3, wordt Verordening (EG) nr. 447/98 met ingang van 1 mei 2004 ingetrokken.
Verwijzingen naar de ingetrokken verordening gelden als verwijzingen naar de onderhavige verordening.
2. Verordening (EG) nr. 447/98 blijft van toepassing op concentraties die onder de toepassing van Verordening (EEG) nr. 4064/89 vallen.
3. Voor de toepassing van lid 2 worden de afdelingen 1 tot en met 12 van de Bijlage bij Verordening (EG) nr. 447/98 vervangen door de rubrieken 1 tot en met 11 van Bijlage I bij de onderhavige verordening. In dergelijke gevallen worden verwijzingen in die rubrieken naar de EG-concentratieverorde-ning en de uitvoeringsverordening gelezen als verwijzingen naar de overeenkomstige bepalingen van onderscheidenlijk Verordening (EEG) nr. 4064/89 en Verordening (EG) nr. 447/98.
[21-04-2004, PbEU L 133, i.w.tr. 01-05-2004/regelingnummer 802/2004]

Artikel 26
Inwerkingtreding
Deze verordening treedt in werking op 1 mei 2004.
[21-04-2004, PbEU L 133, i.w.tr. 01-05-2004/regelingnummer 802/2004]

Mededeling 2013/C 366/04 betreffende een vereenvoudigde procedure voor de behandeling van bepaalde concentraties krachtens Verordening (EG) nr. 139/2004

Mededeling van de Commissie van 14 december 2013 betreffende een vereenvoudigde procedure voor de behandeling van bepaalde concentraties krachtens Verordening (EG) nr. 139/2004 van de Raad, PbEU 2013, C 366 (i.w.tr. 14-12-2013)

I Inleiding

1. In deze mededeling wordt een vereenvoudigde procedure beschreven die de Commissie, op grond van Verordening EG nr. 139/2004 van de Raad [1] (hierna 'de concentratieverordening' genoemd), voornemens is toe te passen bij de behandeling van bepaalde concentraties die geen mededingingsbezwaren opleveren. Deze mededeling vervangt de mededeling betreffende een vereenvoudigde procedure voor de behandeling van bepaalde concentraties krachtens Verordening (EEG) nr. 139/2004 van de Raad die in 2005 is bekendgemaakt [2]. Uit de ervaring die de Commissie heeft opgedaan bij de toepassing van de concentratieverordening, daaronder begrepen Verordening (EEG) nr. 4064/89 [3], die voorafging aan de huidige concentratieverordening, is gebleken dat bepaalde categorieën aangemelde concentraties doorgaans goedkeuring krijgen zonder dat zij tot noemenswaardige twijfel aanleiding hebben gegeven, op voorwaarde dat er zich geen bijzondere omstandigheden voordeden.

2. Doel van deze mededeling is uiteen te zetten onder welke voorwaarden de Commissie meestal een verkort besluit vaststelt waarbij een concentratie volgens de vereenvoudigde procedure met de interne markt verenigbaar wordt verklaard, en de nodige aanwijzingen te geven met betrekking tot de procedure zelf. Indien aan alle in punt 5 of 6 van deze mededeling beschreven noodzakelijke voorwaarden is voldaan en voor zover zich geen bijzondere omstandigheden voordoen, stelt de Commissie binnen 25 werkdagen

---

(1) Verordening (EG) nr. 139/2004 van de Raad van 20 januari 2004 betreffende de controle op concentraties van ondernemingen (*PB* L 24 van 29.1.2004, blz. 1).
(2) *PB* C 56 van 5.3.2005, blz. 32.
(3) Verordening (EEG) nr. 4064/89 van de Raad van 21 december 1989 betreffende de controle op concentraties van ondernemingen (*PB* L 395 van 30.12.1989, blz. 1); gerectificeerd in *PB* L 257 van 21.9.1990, blz. 13

Mededeling vereenvoudigde procedure voor de behandeling van bepaalde concentraties

vanaf de datum van de aanmelding, overeenkomstig artikel 6, lid 1, onder b), van de concentratieverordening, een verkort goedkeuringsbesluit vast [4].

3. De Commissie kan echter ook met betrekking tot een voorgestelde concentratie een onderzoek inleiden en/of op grond van de concentratieverordening een volledig besluit vaststellen, met name indien de in de punten 8 tot en met 19 van deze mededeling genoemde beperkingen of uitzonderingen van toepassing zijn.

4. Met de in de volgende delen uiteengezette procedure streeft de Commissie een doelgerichtere en doelmatigere concentratiecontrole van de Unie na.

II Voor de toepassing van de vereenvoudigde procedure in aanmerking komende categorieën concentraties

In aanmerking komende concentraties

5. De Commissie zal in beginsel de vereenvoudigde procedure op de volgende categorieën concentraties toepassen [5]:

a) twee of meer ondernemingen verwerven de gezamenlijke zeggenschap over een gemeenschappelijke onderneming, mits die gemeenschappelijke onderneming niet, of slechts in geringe mate, actief is of zal zijn binnen de Europese Economische Ruimte (hierna 'de EER' genoemd). Dit is het geval wanneer:

   i) de omzet van de gemeenschappelijke onderneming en/of de omzet van de ingebrachte bedrijfsactiviteiten [6] binnen de EER op het tijdstip van de aanmelding minder dan 100 miljoen EUR bedraagt [7], en

---

(4) De aan een aanmelding gestelde voorwaarden zijn uiteengezet in de bijlagen I en II bij Verordening (EG) nr. 802/2004 van de Commissie tot uitvoering van Verordening (EG) nr. 139/2004 van de Raad betreffende de controle op concentraties van ondernemingen (hierna 'de uitvoeringsverordening' genoemd).

(5) De volgende categorieën zijn elk op zich – niet cumulatief – van toepassing, d.w.z. wanneer alle criteria van een van de in punt 5, onder a), b), c) of d), of punt 6 vermelde categorieën zijn vervuld, zal een aangemelde concentratie in beginsel voor de vereenvoudigde procedure in aanmerking komen. Een transactie kan voldoen aan de criteria van meer dan één van de in deze mededeling beschreven categorieën. Aanmeldende partijen kunnen een transactie dan ook aanmelden op basis van meer dan één van de in deze mededeling beschreven categorieën.

(6) De woorden 'en/of' doelen op de verschillende situaties die in aanmerking kunnen komen, bijvoorbeeld:

— bij de gezamenlijke overname van een doelvennootschap is de in aanmerking te nemen omzet die van de doelvennootschap (de gemeenschappelijke onderneming);

— bij de oprichting van een gemeenschappelijke onderneming waarin de moedermaatschappijen hun bedrijfsactiviteiten inbrengen, is de in aanmerking te nemen omzet die van de ingebrachte bedrijfsactiviteiten;

— wanneer zich bij de ondernemingen die zeggenschap over een bestaande gemeenschappelijke onderneming hebben, een onderneming voegt die daartoe voordien niet behoorde, moeten de omzet van de gemeenschappelijke onderneming en de omzet van de door de nieuwe moedermaatschappij ingebrachte bedrijfsactiviteiten (indien een dergelijke inbreng gebeurt) in aanmerking worden genomen.

(7) De omzet van de gemeenschappelijke onderneming kan worden bepaald aan de hand van de recentste gecontroleerde jaarrekeningen van de moedermaatschappijen of van de gemeenschappelijke onderneming zelf, afhankelijk van de vraag of voor de in de gemeenschappelijke onderneming samengevoegde activiteiten afzonderlijke jaarrekeningen beschikbaar zijn.

ii) de totale waarde van de aan de gemeenschappelijke onderneming overgedragen activa binnen de EER op het tijdstip van de aanmelding minder dan 100 miljoen EUR bedraagt [8];
b) twee of meer ondernemingen fuseren, of één of meer ondernemingen de uitsluitende of gezamenlijke zeggenschap over een andere onderneming verwerven, op voorwaarde dat geen van de partijen bij de concentratie bedrijfsactiviteiten op dezelfde productmarkt en geografische markt verricht [9], dan wel op een productmarkt die een upstream- of downstreammarkt is voor een productmarkt waarop een andere partij bij de concentratie actief is [10];
c) twee of meer ondernemingen fuseren, of één of meer ondernemingen de uitsluitende of gezamenlijke zeggenschap over een andere onderneming verwerven, en beide van de onderstaande voorwaarden vervuld zijn:
   i) het gezamenlijke marktaandeel van alle partijen bij de concentratie die zakelijk actief zijn op dezelfde productmarkt en geografische markt [11] (horizontale banden), bedraagt minder dan 20 % [12];
   ii) de individuele of gezamenlijke marktaandelen van alle partijen bij de concentratie die zakelijk actief zijn op een productmarkt die een upstream- of downstreammarkt is voor een productmarkt waarop een andere partij bij de concentratie actief is (verticale banden) [13], minder dan 30 % bedragen [14];

---

(8) De totale waarde van de activa van de gemeenschappelijke onderneming kan worden bepaald aan de hand van de laatste regelmatig opgestelde en goedgekeurde balans van elke moedermaatschappij. Onder 'activa' moet worden verstaan: 1) alle materiële en immateriële activa die aan de gemeenschappelijke onderneming zullen worden overgedragen (tot de materiële activa behoren onder meer de productie-installaties, de afzetvoorzieningen voor groot- en kleinhandel, en de voorraden; tot de immateriële activa behoren onder meer intellectuele-eigendomsrechten en goodwill), en 2) alle leningen of verplichtingen van de gemeenschappelijke onderneming die een moedermaatschappij van de gemeenschappelijke onderneming heeft aanvaard te verstrekken of te waarborgen. Wanneer de overgedragen activa op het tijdstip van aanmelding omzet voortbrengen, mag noch de waarde van de activa noch de jaaromzet meer dan 100 miljoen EUR bedragen.
(9) Zie de bekendmaking van de Commissie inzake de bepaling van de relevante markt voor het gemeenschappelijke mededingingsrecht (*PB* C 372 van 9.12.1997, blz. 5). Wanneer in deze mededeling sprake is van activiteiten van ondernemingen op markten, dient dit te worden begrepen als activiteiten op markten binnen de EER of op markten die de EER omvatten, maar die ruimer kunnen zijn dan de EER.
(10) Verticale banden vooronderstellen normaal gesproken dat het product of de dienst van de op de betrokken upstreammarkt actieve onderneming een belangrijke input is voor het product of de dienst van de op de downstreammarkt actieve onderneming; zie punt 34 van de richtsnoeren van de Commissie voor de beoordeling van niet-horizontale fusies op grond van de Verordening van de Raad inzake de controle op concentraties van ondernemingen (*PB* C 265 van 18.10.2008, blz. 6).
(11) Vgl. voetnoot 9.
(12) De drempels voor horizontale en verticale banden gelden voor elke plausibele alternatieve omschrijving van de productmarkt en geografische markt waarmee in een bepaalde zaak eventueel rekening dient te worden gehouden. Het is belangrijk dat de onderliggende marktomschrijvingen welke in de aanmelding zijn uiteengezet, voldoende precies zijn om de beoordeling te rechtvaardigen dat deze drempels niet worden bereikt, en dat alle eventueel te onderzoeken plausibele alternatieve marktomschrijvingen worden vermeld (waaronder geografische markten die enger zijn dan nationale markten).
(13) Vgl. voetnoot 10.
(14) Vgl. voetnoot 12.

d) een partij uitsluitende zeggenschap verwerft over een onderneming waarover zij al gezamenlijke zeggenschap uitoefent.

6. De Commissie kan de vereenvoudigde procedure ook toepassen wanneer twee of meer ondernemingen fuseren, of één of meer ondernemingen de uitsluitende of gezamenlijke zeggenschap over een andere onderneming verwerven, en beide van de onderstaande voorwaarden vervuld zijn:

i) het gezamenlijke marktaandeel van alle partijen bij de concentratie die horizontale banden met elkaar hebben, bedraagt minder dan 50 %, en

ii) de toename van de Herfindahl-Hirschmann Index (hierna 'HHI-delta' genoemd) als gevolg van de concentratie bedraagt minder dan 150 [15][16].

7. Voor de toepassing van punt 5, onder b) of c), en punt 6 in geval van een verwerving van gezamenlijke zeggenschap, worden banden die alleen bestaan tussen de ondernemingen die gezamenlijke zeggenschap verwerven buiten het werkterrein van de gemeenschappelijke onderneming, voor de toepassing van deze mededeling niet als horizontale of verticale banden beschouwd. Die banden kunnen echter aanleiding geven tot coördinatie als bedoeld in artikel 2, lid 4, van de concentratieverordening; die situaties komen aan bod in punt 15 van deze mededeling.

Beperkingen en uitzonderingen

8. Bij de beoordeling van de vraag of een concentratie binnen een van de in de punten 5 en 6 genoemde categorieën valt, zal de Commissie zich ervan vergewissen dat alle relevante omstandigheden voldoende duidelijk zijn vastgesteld. Daar de marktomschrijvingen bij deze beoordeling waarschijnlijk een cruciale rol zullen spelen, dienen de partijen informatie over alle plausibele alternatieve marktomschrijvingen te verstrekken, in de regel in de fase vóór aanmelding (zie punt 22). Het staat aan de aanmeldende partijen om alle alternatieve relevante productmarkten en geografische markten te omschrijven waarop de aangemelde concentratie gevolgen kan hebben, alsmede gegevens en informatie te verstrekken betreffende de omschrijving van dergelijke markten [17]. De Commissie behoudt de uiteindelijke bevoegdheid om, op grond van een onderzoek van de feitelijke gegevens van de zaak, in laatste instantie de markt te omschrijven. Ingeval de relevante markten of de marktaandelen van de partijen moeilijk te omschrijven zijn,

---

(15) De HHI wordt berekend door de som te maken van de gekwadrateerde individuele marktaandelen van alle ondernemingen op de markt; zie punt 16 van de richtsnoeren van de Commissie voor de beoordeling van horizontale fusies op grond van de Verordening van de Raad inzake de controle op concentraties van ondernemingen (*PB* C 31 van 5.2.2004, blz. 5). Om echter de HHI-delta te berekenen die de concentratie oplevert, is het voldoende om van het kwadraat van de som van de marktaandelen van de partijen bij de concentratie (m.a.w. het kwadraat van het marktaandeel van de uit concentratie ontstane onderneming nà de concentratie) de som van de kwadraten van de individuele marktaandelen van de partijen bij de concentratie af te trekken (de marktaandelen van alle overige concurrenten op de markt blijven immers ongewijzigd zodat er geen invloed is op de uitkomst van de vergelijking). Met andere woorden, de HHI-delta kan worden berekend op basis van uitsluitend de marktaandelen van de partijen bij de concentratie, zonder dat de marktaandelen van andere concurrenten op de markt bekend hoeven te zijn.

(16) Vgl. voetnoot 12.

(17) Evenals bij alle andere aanmeldingen kan de Commissie het verkorte besluit intrekken indien dit berust op verkeerde informatie waarvoor een van de betrokken ondernemingen verantwoordelijk is (artikel 6, lid 3, onder a), van de concentratieverordening).

zal de Commissie de vereenvoudigde procedure niet toepassen. Ook bij concentraties waaraan nieuwe juridische aspecten van algemeen belang verbonden zijn, zal de Commissie doorgaans geen verkort besluit vaststellen maar terugkeren naar een normale eerste fase van de concentratieprocedure.

9. Hoewel doorgaans mag worden aangenomen dat bij concentraties die binnen een van de in de punten 5 en 6 genoemde categorieën vallen, geen ernstige twijfel bestaat omtrent hun verenigbaarheid met de interne markt, kunnen er niettemin bepaalde situaties zijn waarin bij wijze van uitzondering een nader onderzoek en/of een volledig besluit noodzakelijk zijn. In die gevallen mag de Commissie terugkeren naar een normale eerste fase van de concentratieprocedure.

10. Hieronder volgen, ter illustratie, enkele voorbeelden van zaken die van de vereenvoudigde procedure kunnen worden uitgesloten.

11. De kans is kleiner dat de Commissie in het kader van de vereenvoudigde procedure instemt met een voorgenomen concentratie indien een van de bijzondere omstandigheden uit de richtsnoeren van de Commissie voor de beoordeling van horizontale fusies [18] zich voordoet. Daarbij gaat het om gevallen waarin de markt al geconcentreerd is, waarin de voorgenomen concentratie een belangrijke concurrentiefactor uitschakelt, waarin met de voorgenomen concentratie twee belangrijke innovatoren zouden samengaan, waarin bij de voorgenomen concentratie een onderneming betrokken is die veelbelovende producten 'in de pijplijn heeft zitten' of wanneer er aanwijzingen zijn dat de voorgenomen concentratie de partijen bij de concentratie in staat zou stellen om de groei van hun concurrenten te belemmeren.

12. Hetzelfde kan ook gelden wanneer het niet mogelijk is de precieze marktaandelen van de partijen te bepalen. Dit is dikwijls het geval wanneer de partijen op nieuwe of weinig ontwikkelde markten actief zijn.

13. Bepaalde soorten concentraties kunnen de marktmacht van de partijen vergroten doordat technologische, financiële of andere middelen worden samengebracht, zelfs wanneer de partijen bij de concentratie niet op dezelfde markt actief zijn. Ook concentraties waarbij ten minste twee partijen bij de concentratie aanwezig zijn op nauw verbonden aangrenzende markten [19], kunnen voor de vereenvoudigde procedure ongeschikt zijn, in het bijzonder wanneer een of meer partijen bij de concentratie een individueel marktaandeel van ten minste 30 % hebben op een productmarkt waarop tussen de partijen geen horizontale of verticale banden bestaan, maar die een markt is die grenst aan een markt waarop een andere partij actief is [20].

14. De Commissie kan het passend achten om in het kader van de normale concentratieprocedure een volledig onderzoek uit te voeren van bepaalde gemeenschappelijke ondernemingen waarvan de omzet de in punt 5, onder a), genoemde EER-drempel on-

---

(18) Zie de richtsnoeren van de Commissie voor de beoordeling van horizontale fusies op grond van de Verordening van de Raad inzake de controle op concentraties van ondernemingen (*PB* C 31 van 5.2.2004, blz. 5), met name punt 20.

(19) Productmarkten zijn nauw verbonden naburige markten wanneer de producten onderling complementair zijn of wanneer zij tot hetzelfde soort producten behoren die doorgaans door hetzelfde soort afnemers voor hetzelfde eindgebruik worden afgenomen.

(20) Zie de richtsnoeren van de Commissie voor de beoordeling van niet-horizontale fusies op grond van de Verordening van de Raad inzake de controle op concentraties van ondernemingen (*PB* C 265 van 18.10.2008, blz. 6), met name punt 25 en deel V.

derschrijdt, maar waarvan op het tijdstip van de aanmelding kan worden verwacht dat zij deze EER-drempel in de komende drie jaar zullen overschrijden. In zaken die onder punt 5, onder a), vallen, kan een normale procedure ook passend worden geacht, indien er tussen de partijen bij de concentratie horizontale of verticale banden bestaan op basis waarvan niet valt uit te sluiten dat de concentratie ernstige twijfel zal doen rijzen ten aanzien van de verenigbaarheid ervan met de interne markt, of indien een van in punt 11 bedoelde omstandigheden zich voordoet.

15. Voorts kan de Commissie ook terugkeren naar een volledige beoordeling in het kader van de normale concentratieprocedure in gevallen waarin er een coördinatieprobleem speelt als bedoeld in artikel 2, lid 4, van de concentratieverordening.

16. Uit de ervaring van de Commissie tot dusver is gebleken dat bij een verschuiving van gezamenlijke naar uitsluitende zeggenschap uitzonderlijk toch een nader onderzoek en/of een volledig besluit noodzakelijk kunnen zijn. Bijzondere mededingingsbezwaren zouden kunnen rijzen in omstandigheden waarin een vroegere gemeenschappelijke onderneming wordt geïntegreerd in de groep of het netwerk van haar enige overblijvende aandeelhouder met uitsluitende zeggenschap, waardoor de disciplinerende beperkingen als gevolg van mogelijk verschillende prikkels door de verschillende aandeelhouders met zeggenschap, verdwijnen en haar strategische marktpositie kan worden versterkt. Bijvoorbeeld in een scenario waarin de ondernemingen A en B gezamenlijke zeggenschap over gemeenschappelijke onderneming C hebben, kan een concentratie waarbij A uitsluitende zeggenschap over C verkrijgt, mededingingsbezwaren doen rijzen in een situatie waarin C een rechtstreekse concurrent van A is, terwijl C en A een aanzienlijke gezamenlijke marktpositie zullen verwerven en de operatie een mate van onafhankelijkheid doet verdwijnen die C voordien had [21]. In gevallen waarin dergelijke scenario's nader moeten worden onderzocht, kan de Commissie terugkeren naar een normale eerste fase van de concentratieprocedure [22].

17. De Commissie kan ook terugkeren naar een normale eerste fase van de concentratieprocedure wanneer noch de Commissie noch de bevoegde autoriteiten in de lidstaten de eerdere verwerving van gezamenlijke zeggenschap over de betrokken gemeenschappelijke onderneming hebben onderzocht.

18. In het geval van concentraties als beschreven in punt 6, zal de Commissie van geval tot geval beslissen of, in de specifieke omstandigheden van de betrokken zaak, de toename in de concentratiegraad van de markt die de HHI-delta oplevert, zodanig is dat de zaak in een normale eerste fase van de concentratieprocedure moet worden onderzocht.

19. Wanneer een lidstaat binnen 15 werkdagen vanaf de ontvangst van het afschrift van de aanmelding gegronde bezwaren heeft gemaakt betreffende een aangemelde concentratie of wanneer een derde partij gegronde bezwaren heeft gemaakt binnen de termijn die voor dergelijke opmerkingen is vastgesteld, zal de Commissie terugkeren naar een normale eerste fase van de concentratieprocedure.

---

(21) Beschikking van 17 december 2008 in zaak COMP/M.5141 – KLM/Martinair, overwegingen 14 t/m 22.
(22) Beschikking van de Commissie van 18 september 2002 in zaak COMP/M.2908 – Deutsche Post/DHL (II).

Verzoeken om verwijzing
20. De vereenvoudigde procedure zal niet worden toegepast wanneer een lidstaat overeenkomstig artikel 9 van de concentratieverordening om verwijzing van een aangemelde concentratie verzoekt of wanneer de Commissie met een verzoek van een of meer lidstaten instemt om een aangemelde concentratie overeenkomstig artikel 22 van de concentratieverordening te verwijzen.

Verwijzing vóór aanmelding op verzoek van de aanmeldende partijen
21. Onder de in deze mededeling genoemde garanties en uitsluitingen kan de Commissie de vereenvoudigde procedure toepassen op concentraties waarbij:
a) de Commissie, na een gemotiveerde kennisgeving overeenkomstig artikel 4, lid 4, van de concentratieverordening, besluit de zaak niet naar een lidstaat te verwijzen, of
b) de zaak na een gemotiveerde kennisgeving overeenkomstig artikel 4, lid 5, van de concentratieverordening naar de Commissie wordt verwezen.

III Procedurele voorschriften
Aan de aanmelding voorafgaande contacten
22. De Commissie heeft ondervonden dat, zelfs in zaken die ogenschijnlijk geen moeilijkheden opleveren, aan de aanmelding voorafgaande contacten die op vrijwillige basis tussen de aanmeldende partijen en de Commissie plaatsvinden, nuttig zijn [23]. Uit de ervaring van de Commissie met de vereenvoudigde procedure is gebleken dat zaken die voor een vereenvoudigde procedure in aanmerking komen, ingewikkelde problemen kunnen stellen, bijvoorbeeld met betrekking tot de omschrijving van de markt (zie punt 8), die bij voorkeur vóór de aanmelding zouden moeten worden opgelost. Dergelijke contacten bieden de Commissie en de aanmeldende partijen de mogelijkheid de precieze informatie vast te stellen die in de aanmelding moet worden verstrekt. De contacten vóór aanmelding zouden ten minste twee weken vóór het verwachte tijdstip van aanmelding moeten aanvangen. De aanmeldende partijen worden sterk aangemoedigd om aan de aanmelding voorafgaande contacten aan te gaan wanneer zij de Commissie willen vragen de vereenvoudigde procedure toe te passen in de in punt 6 beschreven situaties. Volgens de concentratieverordening hebben aanmeldende partijen het recht een concentratie te allen tijde aan te melden, mits de aanmelding volledig is. De mogelijkheid van aan de aanmelding voorafgaande contacten is een dienstverlening die de Commissie de aanmeldende partijen op vrijwillige basis aanbiedt, ter voorbereiding van de formele procedure inzake concentratiecontrole. Als zodanig kunnen aan de aanmelding voorafgaande contacten, hoewel niet verplicht, toch bijzonder nuttig zijn voor zowel de aanmeldende partijen als de Commissie, omdat dan precies kan worden bepaald welke informatie in de aanmelding moet worden verstrekt, waardoor in de meeste gevallen aanzienlijk minder informatie zal worden verlangd.

23. Niettemin zijn aan de aanmelding voorafgaande contacten, met name het indienen van een ontwerpaanmelding, misschien minder nuttig in zaken die vallen onder punt

---

(23) Zie de goede praktijken van DG Concurrentie (*DG Competition Best Practices on the conduct of EC merger control proceedings*) die te vinden zijn op: http://ec.europa.eu/competition/mergers/legislation/proceedings.pdf

5, onder b), d.w.z. in zaken waarin er geen in de aanmelding te behandelen markten [24] zijn omdat de betrokken partijen niet zakelijk actief zijn op dezelfde productmarkt en geografische markt, of actief zijn op een productmarkt die een upstream- of downstreammarkt is voor een productmarkt waarop een andere partij bij de concentratie actief is. In die omstandigheden geven aanmeldende partijen er misschien de voorkeur aan om onmiddellijk een aanmelding in te dienen, zonder eerst een ontwerpaanmelding in te dienen [25].

24. De vraag of er geen in de aanmelding te behandelen markten zijn, dient te worden beantwoord overeenkomstig punt 8 van deze mededeling. Het blijft dus nog steeds de verantwoordelijkheid van de aanmeldende partijen om alle informatie te verschaffen die de Commissie nodig heeft om te kunnen concluderen dat de voorgenomen concentratie binnen de EER geen in de aanmelding te behandelen markt oplevert. De Commissie zal de vereenvoudigde procedure op grond van punt 5, onder b), niet toepassen indien het moeilijk is om te concluderen dat de voorgenomen concentratie geen in de aanmelding te behandelen markten oplevert. In die gevallen kan de Commissie terugkeren naar de normale procedure en kan zij de aanmelding onvolledig in inhoudelijk opzicht beschouwen, zoals beschreven in punt 26 van deze mededeling.

Bekendmaking van het feit dat een operatie is aangemeld

25. De informatie die zodra een aanmelding is ingekomen, in het *Publicatieblad van de Europese Unie* wordt bekendgemaakt [26], zal omvatten: de namen van de partijen bij de concentratie, hun land van herkomst, de aard van de concentratie en de betrokken bedrijfstakken, alsmede de vermelding dat de concentratie op grond van de door de aanmeldende partij verstrekte informatie voor een vereenvoudigde procedure in aanmerking kan komen. Belanghebbende derden zullen vervolgens in de gelegenheid worden gesteld opmerkingen te maken, met name over omstandigheden die mogelijk nader onderzoek vergen.

Verkort besluit

26. Wanneer de Commissie zich ervan heeft vergewist dat de concentratie voor de vereenvoudigde procedure in aanmerking komt (zie de punten 5 en 6), stelt zij normaal gesproken een verkort besluit vast. Dit geldt ook voor de in aanmerking komende zaken waarvoor zij een volledige aanmelding heeft ontvangen, maar die geen mededingingsbezwaren opleveren. De concentratie zal aldus, overeenkomstig artikel 10, leden 1 en 6, van de concentratieverordening, binnen 25 werkdagen na de datum van aanmelding verenigbaar worden verklaard met de interne markt. De Commissie tracht een verkort besluit vast te stellen zo snel als dit doenbaar is na het verstrijken van de termijn van 15 werkdagen waarbinnen lidstaten overeenkomstig artikel 9 van de concentratieverordening om verwijzing van een aangemelde concentratie kunnen verzoeken. Binnen de termijn van 25 werkdagen behoudt de Commissie evenwel de mogelijkheid naar de normale eerste fase van de concentratieprocedure terug te keren en derhalve een onderzoek in te

---

(24) Zie, voor de omschrijving van de in aanmelding te behandelen markten, rubriek 6.2 van het verkort formulier CO (bijlage II bij de uitvoeringsverordening).
(25) Gelet op de goede praktijken zou de Commissie de partijen wel willen aanmoedigen om vooraf een verzoek in te dienen om de zaak een caseteam binnen DG Concurrentie toe te wijzen.
(26) Artikel 4, lid 3, van de concentratieverordening.

leiden en/of een volledig besluit vast te stellen, zo zij dit in de betrokken zaak dienstig acht. In dat geval kan de Commissie, indien zij geen volledig aanmeldingsformulier heeft ontvangen, de aanmelding overeenkomstig artikel 5, lid 2, van de uitvoeringsverordening als onvolledig in inhoudelijk opzicht beschouwen.

Bekendmaking van het verkorte besluit

27. Evenals bij uitgebreide goedkeuringsbesluiten zal de Commissie in het *Publicatieblad van de Europese Unie* bekendmaken dat het besluit is vastgesteld. De openbare versie van het besluit wordt bekendgemaakt op de website van DG Concurrentie. Het verkorte besluit zal de informatie over de aangemelde concentratie bevatten die bij de aanmelding in het *Publicatieblad* is bekendgemaakt (namen van de partijen, hun land van herkomst, aard van de concentratie en betrokken bedrijfstakken), alsmede een verklaring dat de concentratie met de interne markt verenigbaar is verklaard, omdat zij binnen één of meer categorieën valt die in deze mededeling zijn genoemd. Hierbij wordt of worden de toepasselijke categorie of categorieën uitdrukkelijk aangegeven.

IV Nevenbeperkingen

28. De vereenvoudigde procedure is niet geschikt voor zaken waarin de betrokken ondernemingen verzoeken om een uitdrukkelijke beoordeling van beperkingen die rechtstreeks verband houden met en noodzakelijk zijn voor de totstandbrenging van de concentratie.

Mededeling 2005/C56/02 betreffende de verwijzing van concentratiezaken

(Voor de EER relevante tekst)

Mededeling van de Commissie van 5 maart 2005, PbEU 2005, C 56 (i.w.tr. 05-03-2005)

1. Het doel van deze mededeling is een algemene beschrijving te geven van de motieven die ten grondslag liggen aan het systeem voor de verwijzing van zaken dat in artikel 4, leden 4 en 5, en in de artikelen 9 en 22 van Verordening (EG) nr. 139/2004 van de Raad van 20 januari 2004 betreffende de controle op concentraties van ondernemingen (hierna: 'de concentratieverordening') [1] wordt beschreven. Daarnaast worden in deze mededeling de recente veranderingen van het systeem besproken, wordt een lijst gegeven van de wettelijke criteria waaraan moet zijn voldaan om verwijzingen mogelijk te maken, en worden de factoren beschreven die bij het nemen van verwijzingsbesluiten in aanmerking kunnen worden genomen. Deze mededeling geeft ook praktische aanwijzingen aangaande het concrete functioneren van het verwijzingssysteem, met name wat betreft het mechanisme van verwijzing vóór aanmelding als bedoeld in artikel 4, leden 4 en 5, van de concentratieverordening. De aanwijzingen die in deze mededeling worden gegeven, zijn van overeenkomstige toepassing voor de in de EER-Overeenkomst vervatte verwijzingsregels [2].

I. Inleiding

2. De communautaire bevoegdheid op het gebied van de concentratiecontrole wordt bepaald door de toepassing van de omzetcriteria van artikel 1, leden 2 en 3, van de concentratieverordening. Bij de behandeling van concentraties hebben de Commissie en de lidstaten geen samenlopende bevoegdheid. De concentratieverordening legt juist een heldere bevoegdheidsverdeling vast. Concentraties met een 'communautaire dimensie' — waarbij dus de omzetdrempels van artikel 1 van de concentratieverordening worden overschreden — vallen onder de uitsluitende bevoegdheid van de Commissie. Uit hoofde van artikel 21 van de concentratieverordening kunnen lidstaten hun nationale mededingingswetgeving niet op dergelijke concentraties toepassen. Concentraties welke die drempels niet overschrijden, blijven onder de bevoegdheid van de lidstaten

---

(1) *PB* L 24 van 29.1.2004, blz. 1. Deze verordening is een herschikking van Verordening (EEG) nr. 4064/89 van de Raad van 21 december 1989 betreffende de controle op concentraties van ondernemingen (*PB* L 395 van 30.12.1989, blz. 1. Gerectificeerde versie in *PB* L 257 van 21.9.1990, blz. 13).
(2) Zie Besluit nr. 78/2004 van het Gemengd Comité van de EER van 8 juni 2004 (*PB* L 219 van 8.6.2004, blz. 13).

vallen; de Commissie is niet bevoegd dergelijke concentraties op grond van de concentratieverordening te behandelen.

3. Het feit dat de bevoegdheid uitsluitend aan de hand van vastgestelde omzetcriteria wordt bepaald, biedt fuserende ondernemingen rechtszekerheid. Al zijn de financiële criteria doorgaans een doeltreffende maatstaf voor het soort operaties waarvoor de Commissie de meest geschikte autoriteit is, toch heeft Verordening (EEG) nr. 4064/89 van de Raad deze 'glasheldere' bevoegdheidsregeling aangevuld met de mogelijkheid dat, op verzoek en mits aan bepaalde criteria wordt voldaan, bepaalde zaken door de Commissie opnieuw aan de lidstaten worden toegewezen, of omgekeerd.

4. Toen Verordening (EEG) nr. 4064/89 werd ingevoerd, was het de bedoeling van de Raad en de Commissie dat de verwijzingsprocedure enkel zou moeten worden toegepast 'in uitzonderlijke gevallen' en wanneer 'de belangen van de betrokken lidstaat met betrekking tot de mededinging niet op een andere wijze voldoende zouden kunnen worden beschermd' [3]. Sinds de vaststelling van de Verordening (EEG) nr. 4064/89 heeft zich echter een aantal ontwikkelingen voorgedaan. Allereerst is in bijna alle lidstaten wetgeving inzake concentratiecontrole ingevoerd. Ten tweede heeft de Commissie haar discretionaire bevoegdheid gebruikt om, op grond van artikel 9, een aantal zaken naar de lidstaten te verwijzen in omstandigheden waarvan werd geoordeeld dat de betrokken lidstaat beter in staat was het onderzoek uit te voeren dan de Commissie [4]. Evenzo hebben in een aantal zaken [5] verscheidene lidstaten besloten, op grond van artikel 22, de zaak gezamenlijk te verwijzen wanneer werd geoordeeld dat de Commissie de autoriteit was die beter in staat was het onderzoek uit te voeren [6]. Ten derde is er een toename geweest van het aantal operaties dat niet aan de drempels van artikel 1 van de concentratieverordening voldeed en dat bij meer instanties in de lidstaten moet worden aangemeld; deze trend zal waarschijnlijk nog toenemen naarmate het aantal lidstaten van de Gemeenschap toeneemt. Veel van deze operaties hebben buiten het grondgebied van de afzonderlijke lidstaten gevolgen voor de mededinging [7].

---

(3) Zie de toelichting betreffende Verordening (EEG) nr. 4064/89 van de Raad [*Recht inzake de controle op concentraties in de Europese Unie. Toestand in maart 1998*, Brussel-Luxemburg, Bureau voor officiële publicaties der Europese Gemeenschappen, 1998, blz. 54]. Zie ook het arrest van het Gerecht van eerste aanleg in zaak T-119/02, *Philips/Commissie* [zaak nr. M.2621 — *SEB/Moulinex*], Jurispr. 2003, blz. II-1433, punt 354.

(4) Het is een feit dat sommige concentraties met een communautaire dimensie de mededinging beïnvloeden op nationale of subnationale markten in één of meer lidstaten.

(5) Zaak nr. M.2698 — *Promatech/Sulzer*; zaak nr. M.2738 — *GEES/Unison*, en zaak nr. M.3136 — *GE/Agfa NDT*.

(6) In diezelfde geest hebben de nationale mededingingsautoriteiten, in het kader van de vereniging van Europese mededingingsautoriteiten (ECA), een aanbeveling opgesteld die de nodige aanwijzingen wil geven aangaande de vraag volgens welke beginselen nationale mededingingsautoriteiten zaken moeten behandelen die in aanmerking komen voor gezamenlijke verwijzingen op grond van artikel 22 van de concentratieverordening — *Principles on the application, by National Competition Authorities within the ECA network, of Article 22 of the EC Merger Regulation*.

(7) Al heeft de invoering in 1997 van artikel 1, lid 3, een aantal van deze zaken onder het toepassingsgebied van de concentratieverordening gebracht, toch bleef deze aanpassing voor vele andere zaken zonder gevolgen. Zie het Groenboek van de Commissie van 11 december 2001, COM(2001) 745 definitief, punten 21 e.v.

5. De aanpassingen van het verwijzingssysteem van de concentratieverordening zijn bedoeld om, met inachtneming van het subsidiariteitsbeginsel, de hertoewijzing van zaken tussen de Commissie en de lidstaten te vergemakkelijken, zodat de autoriteit of autoriteiten die het geschiktst is of zijn om het onderzoek van een bepaalde concentratie uit te voeren, de zaak in beginsel moet of moeten behandelen. Tegelijk zijn deze aanpassingen ook bedoeld om de fundamentele kenmerken te behouden van het systeem voor communautaire concentratiecontrole zoals dat in 1989 is ingevoerd: 'één loket' om fusies met grensoverschrijdende gevolgen aan de mededingingsregels te toetsen, en het bieden van een alternatief voor meervoudige aanmeldingen van concentraties binnen de Gemeenschap [8]. Dergelijke meervoudige aanmeldingen brengen vaak aanzienlijke kosten voor zowel de mededingingsautoriteiten als het bedrijfsleven mee.

6. Volgens het systeem voor hertoewijzing van zaken kan een verwijzing ook gebeuren voordat enige formele aanmelding bij een instantie van een lidstaat heeft plaatsgevonden, zodat fuserende ondernemingen in een zo vroeg mogelijk stadium de kans krijgen na te gaan welke autoriteit uiteindelijk bevoegd zal zijn hun operatie te onderzoeken. Dergelijke verwijzingen vóór aanmelding bieden het voordeel dat zij minder extra kosten meebrengen, met name wat betreft de vertraging die aan verwijzing na aanmelding is verbonden.

7. De aanpassingen die Verordening (EG) nr. 139/2004 aan het verwijzingssysteem heeft aangebracht, zijn ingegeven door de wens dat het systeem zou functioneren als een bevoegdheidsmechanisme dat flexibel is [9], maar terzelfder tijd ook daadwerkelijke bescherming van de mededinging garandeert en zoveel mogelijk de ruimte beperkt om aan 'forumshopping' te doen. Gezien met name het belang van de rechtszekerheid, dient evenwel te worden beklemtoond dat verwijzingen een afwijking blijven van de algemene regels, die de bevoegdheid bepalen op basis van objectief vast te stellen omzetdrempels. Bovendien behouden de Commissie en de lidstaten, overeenkomstig artikel 4, leden 4 en 5, artikel 9, lid 2, onder *a*), en artikel 22, een aanzienlijke beoordelingsvrijheid bij het nemen van besluiten om zaken die onder hun 'oorspronkelijke bevoegdheid' vallen, te verwijzen dan wel ermee in te stemmen zaken te behandelen die niet onder hun 'oorspronkelijke bevoegdheid' vallen [10]. In die zin is het de bedoeling van deze mededeling om niet meer dan algemene aanwijzingen te geven voor het beantwoorden van de vraag of bepaalde zaken of bepaalde soorten zaken voor verwijzing in aanmerking komen.

II. Verwijzing van zaken
Leidende beginselen

8. Het systeem van concentratiecontrole dat door de concentratieverordening is ingevoerd, met inbegrip van het daarin vervatte mechanisme voor hertoewijzing van zaken tussen de Commissie en lidstaten, strookt met het in het EG-Verdrag vastgelegde subsidiariteitsbeginsel [11]. Daarom dient in besluiten aangaande de verwijzing van zaken afdoende rekening te worden gehouden met alle aspecten van de toepassing van het

---

(8) Zie overwegingen 11, 12 en 14 van de concentratieverordening.
(9) Zie overweging 11 van de concentratieverordening.
(10) Zie evenwel noot 14. Bovendien dient te worden aangetekend dat, overeenkomstig artikel 4, lid 5, de Commissie geen enkele vrijheid heeft om oorspronkelijk niet onder haar bevoegdheid vallende zaken wel of niet te aanvaarden.
(11) Zie artikel 5 van het EG-Verdrag.

subsidiariteitsbeginsel in deze context, met name wat de meest geschikte autoriteit is om het onderzoek uit te voeren, de voordelen die aan het 'één-loket'-systeem zijn verbonden, en het belang van de rechtszekerheid ten aanzien van de bevoegdheid [12]. Deze factoren hangen onderling nauw samen en het belang dat aan elk van deze factoren wordt gehecht, hangt af van de specifieke kenmerken van een zaak. Vooral echter dienen de Commissie en de lidstaten bij het onderzoeken of zij hun discretionaire bevoegdheid uitoefenen om een zaak te verwijzen of om op een verwijzingsverzoek in te gaan, voor ogen te houden dat een daadwerkelijke bescherming van de mededinging op alle door de operatie getroffen markten moet worden gegarandeerd [13].

Meest geschikte autoriteit
9. In beginsel dient de bevoegdheid alleen opnieuw te worden toegewezen aan een andere mededingingsautoriteit in omstandigheden waarin deze laatste, gezien de specifieke kenmerken van de zaak en de instrumenten en deskundigheid waarover deze autoriteit beschikt, het meest geschikt is om een concentratie te behandelen. Daarbij dient in het bijzonder rekening te worden gehouden met de vraag waar de eventuele gevolgen van de concentratie voor de mededinging naar verwachting te merken zullen zijn. Ook kan rekening worden gehouden met de mogelijke implicaties van een verwijzingsvoornemen, wat de administratieve inspanningen betreft [14].
10. De argumenten om een zaak opnieuw toe te wijzen zijn waarschijnlijk overtuigender wanneer blijkt dat een bepaalde operatie een significante invloed op de mededinging kan hebben en dus mogelijkerwijs zorgvuldig onderzoek verdient.

Eén loket
11. Bij besluiten over de verwijzing van zaken moet ook rekening worden gehouden met de voordelen die zijn verbonden aan het systeem van het 'ene loket', dat een van

---

(12) Zie overwegingen 11 en 14 van de concentratieverordening.
(13) Zie artikel 9, lid 8, van de concentratieverordening. Zie voorts ook het arrest in de zaak Philips/Commissie (reeds aangehaald, punt 343) waar het Gerecht verklaart dat 'ook al kent artikel 9, lid 3, eerste alinea, van Verordening (EEG) nr. 4064/89 de Commissie bij haar besluit om een concentratie al dan niet te verwijzen een ruime discretionaire bevoegdheid toe, de Commissie niet tot verwijzing mag overgaan wanneer bij het onderzoek van het door de betrokken lidstaat ingediende verwijzingsverzoek uit een samenstel van duidelijke en overeenstemmende aanwijzingen blijkt, dat een verwijzing de daadwerkelijke mededinging op de betrokken markt niet kan handhaven of herstellen'; zie ook het arrest van het Gerecht van eerste aanleg van 30 september 2003 in gevoegde zaken T-346/02 en T-347/02, Cableuropa SA e.a./Commissie, nog niet gepubliceerd in de Jurisprudentie, punt 215. Omstandigheden die relevant zijn voor de beoordeling van de Commissie zijn onder meer het feit dat een lidstaat:
i) specifieke regelgeving kent voor de controle op concentraties, alsmede gespecialiseerde organen om deze regelgeving uit te voeren onder toezicht van de nationale rechter, en
ii) de door de concentratie veroorzaakte mededingingsbezwaren op de betrokken markten in die lidstaat nauwkeurig heeft aangeduid (zie het arrest in zaak T-119/02, Philips/Commissie, reeds aangehaald, punten 346 en 347).
(14) Daarbij kan onder meer rekening worden gehouden met de betrokken kosten, vertraging, rechtsonzekerheid en het risico op een tegenstrijdige beoordeling die verbonden zijn aan het feit dat het onderzoek, of een deel van het onderzoek, door meer autoriteiten zou worden gevoerd.

de hoekstenen van de concentratieverordening is [15]. Dit systeem waarbij één loket wordt aangeboden, levert voor zowel de mededingingsautoriteiten als het bedrijfsleven voordelen op. De behandeling van een concentratie door één enkele mededingingsautoriteit zorgt normaal voor meer administratieve efficiëntie, voorkomt dubbel werk en fragmentering van de handhavingsinspanningen en vermijdt een mogelijk gebrek aan samenhang (op het punt van het onderzoek, de beoordeling en mogelijke corrigerende maatregelen) bij de behandeling van één zaak door meer autoriteiten. Dit systeem levert meestal ook voordelen op voor het bedrijfsleven, met name voor fuserende ondernemingen, doordat de aan de verplichting tot meervoudige aanmelding verbonden kosten en lasten worden beperkt, en doordat het risico wordt uitgeschakeld van tegenstrijdige besluiten die voortvloeien uit de samenlopende beoordeling van dezelfde operatie door een aantal mededingingsautoriteiten op grond van verschillende wettelijke regelingen.
12. De opsplitsing van zaken als gevolg van verwijzing dient daarom waar mogelijk te worden vermeden [16], tenzij blijkt dat meer autoriteiten beter in staat zouden zijn te garanderen dat de mededinging op alle door de operatie getroffen markten daadwerkelijk wordt gehandhaafd. Een en ander brengt mee dat gedeeltelijke verwijzingen op grond van artikel 4, lid 4, en artikel 9 weliswaar mogelijk zijn, maar dat het doorgaans passend zou zijn dat de volledige zaak (of ten minste alle daarmee samenhangende delen) door één enkele autoriteit wordt behandeld [17].

Rechtszekerheid
13. Voorts dient ook afdoende rekening te worden gehouden met het belang van de rechtszekerheid wat de bevoegdheid betreft ten aanzien van een bepaalde concentratie, uit het oogpunt van alle betrokkenen [18]. Bijgevolg dient verwijzing normaal enkel te gebeuren wanneer er een dwingende reden is af te wijken van de 'oorspronkelijke bevoegdheid' voor de betrokken zaak, met name in het stadium na de aanmelding. Ook moet zoveel mogelijk worden vermeden dat, wanneer een verwijzing vóór aanmelding heeft plaatsgevonden, in diezelfde zaak een verwijzing na aanmelding geschiedt [19].

---

(15) Zie overweging 11 van de concentratieverordening.
(16) In het arrest in de zaak Philips/Commissie (reeds aangehaald, punt 350) verklaarde het Gerecht, terloops, dat een dergelijke 'opsplitsing', op grond van artikel 9 weliswaar mogelijk is, maar 'onwenselijk [is] vanuit het oogpunt van het 'één-loket'-beginsel, dat de basis vormt van verordening (EEG) nr. 4064/89'. Voorts erkende het Gerecht (zie punten 350 en 380) dat het gevaar van 'tegenstrijdig[e] of zelfs onverenigb[are]' besluiten van de Commissie en de lidstaten weliswaar 'inherent is aan het systeem van verwijzingen dat is ingesteld bij artikel 9 van Verordening nr. 4064/89', maar het maakte ook duidelijk dat het zulks stellig onwenselijk achtte.
(17) Dit strookt met het besluit van de Commissie om in zaak nr. M.2389 *Shell/DEA* en zaak nr. M.2533 — *BP/E.ON* het onderzoek van alle markten voor stroomafwaartse-aardolieproducten naar Duitsland te verwijzen. De Commissie behield het onderzoek van de delen van de zaken die de stroomopwaartse markten betroffen. Evenzo heeft de Commissie in zaak nr. M.2706 — *Carnival Corporation/P&O Princess* van haar bevoegdheid gebruikt gemaakt (red.: lees: gebruik gemaakt) een deel van de zaak niet naar het Verenigd Koninkrijk te verwijzen, omdat zij opsplitsing van de zaak wilde vermijden. (Zie het persbericht van de Commissie van 11.4.2002, IP/02/552).
(18) Zie overweging 11 van de concentratieverordening.
(19) Zie overweging 14 van de concentratieverordening. Een en ander hangt natuurlijk af van de vraag of de partijen in hun aan de aanmelding voorafgaand verwijzingsverzoek over alle relevante feiten volledig en naar waarheid inlichtingen hebben verstrekt.

Mededeling verwijzing van concentratiezaken

14. Het belang van de rechtszekerheid dient ook voor ogen te worden gehouden met betrekking tot de wettelijke criteria voor verwijzing, met name, gezien de krappe termijnen, in de fase vóór de aanmelding. Derhalve dienen verzoeken tot verwijzing vóór aanmelding in beginsel beperkt te blijven tot die zaken waar, van de aanvang af, de omvang van de geografische markt en/of het bestaan van mogelijke gevolgen voor de mededinging betrekkelijk eenvoudig zijn vast te stellen, zodat snel over dit soort verzoeken kan worden beslist.

Verwijzing van zaken: wettelijke vereisten en andere in aanmerking te nemen factoren
Verwijzing vóór aanmelding

15. Het systeem van de verwijzing vóór aanmelding treedt in werking nadat de partijen bij de concentratie een gemotiveerde kennisgeving hebben ingediend. Wanneer de partijen bij een concentratie overwegen een dergelijk verzoek in te dienen, moeten zij allereerst nagaan of aan de desbetreffende wettelijke vereisten zoals die in de concentratieverordening zijn neergelegd, is voldaan. Daarnaast moeten zij ook nagaan of een verzoek tot verwijzing vóór aanmelding in overeenstemming is met de hiervoor genoemde leidende beginselen.

Verwijzing van zaken door de Commissie naar de lidstaten op grond van artikel 4, lid 4
Wettelijke vereisten

16. Wil een verwijzing door de Commissie naar één of meer lidstaten op grond van artikel 4, lid 4, kunnen geschieden, dan dient aan twee wettelijke vereisten te zijn voldaan:
i) er moeten aanwijzingen zijn dat de concentratie in significante mate gevolgen kan hebben voor de mededinging op een markt of markten, en
ii) de betrokken markt of markten moet of moeten in een lidstaat zijn gelegen en *alle kenmerken van een afzonderlijke markt vertonen.*

17. Wat het *eerste criterium* betreft, dienen de verzoekende partijen aan te tonen dat de operatie op een afzonderlijke markt in een lidstaat potentiële gevolgen voor de mededinging kan hebben die significant kan blijken te zijn — en dus nader onderzoek verdient. Aanwijzingen in die zin zijn misschien erg voorlopig van aard, en zouden dan ook niet op de uitkomst van het onderzoek vooruitlopen. Al behoeven de partijen niet aan te tonen dat het effect op de mededinging waarschijnlijk ongunstig is [20], toch moeten zij wijzen op een aantal indicatoren die over het algemeen een aanwijzing kunnen zijn voor het bestaan van bepaalde, uit de operatie resulterende gevolgen voor de mededinging [21].

18. Wat het *tweede criterium* betreft, dienen de verzoekende partijen aan te tonen dat een geografische markt of geografische markten waar de mededinging door de operatie

---

(20) Zie overweging 16, die als volgt luidt: 'De betrokken ondernemingen zouden (…) niet moeten hoeven aantonen dat de gevolgen van de concentratie schadelijk zouden zijn voor de mededinging.'
(21) Het feit dat 'betrokken markten' in de zin van formulier RS bestaan, zou over het algemeen kunnen volstaan om aan de vereisten van artikel 4, lid 4, te voldoen. De partijen kunnen echter op factoren wijzen die relevant kunnen zijn voor de beoordeling van de zaak uit mededingingsoogpunt (overlappende markten, verticale integratie enz.).

op de hiervoor (punt 17) beschreven wijze ongunstig wordt beïnvloed, nationaal is of zijn, dan wel enger dan een nationale markt is of zijn [22].

Andere in aanmerking te nemen factoren
19. Om zoveel mogelijk te anticiperen op de te verwachten uitkomst van een verwijzingsverzoek, dienen de fuserende partijen die een verzoek overwegen niet alleen na te gaan of aan de wettelijke vereisten is voldaan, maar moeten zij ook onderzoeken of mag worden verwacht dat verwijzing van de zaak als passend wordt beschouwd. Daarbij gaat het onder meer om een onderzoek of de voornoemde (punten 8 tot 14) leidende beginselen van toepassing zijn, en met name of de mededingingsautoriteit of mededingingsautoriteiten waarnaar zij met hun verzoek de zaak willen doen verwijzen, de autoriteit of autoriteiten is of zijn die het meest geschikt is of zijn om de zaak te behandelen. Met het oog daarop moet dan weer worden bezien, waar de gevolgen van de operatie voor de mededinging naar verwachting te merken zullen zijn en in hoeverre de nationale mededingingsautoriteit geschikt zijn om de operatie te onderzoeken.

20. Concentraties met een communautaire dimensie waarvan te verwachten is dat zij de mededinging zullen beïnvloeden op markten die een nationale of beperktere omvang hebben en waarvan de gevolgen waarschijnlijk beperkt blijven tot of die vooral een economische impact hebben in één enkele lidstaat [23], zijn zaken die het meest geschikt zijn om naar die lidstaat te worden verwezen. Dit geldt met name voor zaken waarvan de gevolgen zouden spelen op een afzonderlijke markt die geen wezenlijk deel van de gemeenschappelijke markt vormt. Voorzover de zaak naar één enkele lidstaat wordt verwezen, blijft ook het voordeel van het 'ene loket' behouden.

21. Van de specifieke omstandigheden van een zaak hangt af, in hoeverre een concentratie met een communautaire dimensie die, ondanks dat zij potentieel een significante invloed heeft op de mededinging op een markt die één land bestrijkt, niettemin potentieel aanzienlijke grensoverschrijdende gevolgen heeft (bijvoorbeeld omdat de gevolgen van de concentratie op één geografische markt significante gevolgen kunnen hebben op geografische markten in andere lidstaten, of omdat zij potentieel afschermingsgevolgen kunnen hebben en tot compartimentering van de gemeenschappelijke markt kunnen

---

(22) Daartoe dienen de verzoekende partijen rekening te houden met de factoren die meestal wijzen op het bestaan van nationale markten of markten die enger zijn dan nationale markten, zoals in hoofdzaak de productkenmerken (bijv. beperkte waarde van het product ten opzichte van aanzienlijke transportkosten), specifieke kenmerken van vraag (bijv. eindgebruikers bevoorraden zich in de buurt van het centrum van hun activiteiten) en aanbod, aanzienlijke prijsverschillen en marktaandelen tussen verschillende landen, nationale consumentengewoonten, verschillende regelgevingen, belastingen of overige wet- en regelgeving. Verdere aanwijzingen in dit verband zijn te vinden in de bekendmaking van de Commissie inzake de bepaling van de relevante markt voor het gemeenschappelijke mededingingsrecht (*PB* C 372 van 9.12.1997, blz. 5).

(23) Zie bijvoorbeeld de volgende zaken waarin de Commissie het onderzoek van bepaalde, onderscheiden markten voor olieopslag heeft verwezen naar de Franse autoriteiten: zaak nr. M.1021 — *Compagnie Nationale de Navigation/Sogelfa — CIM*; zaak nr. M.1464 *Total/Petrofina* en zaak nr. M. 1628 *TotalFina/Elf*. Zie voorts ook zaak nr. M.1030 — *Lafarge/Redland*; zaak nr. M.1220 — *Alliance Unichem/Unifarma*; zaak nr. M.2760 — *Nehlsen/Rethmann/SWB/Bremerhavener Entsorgungswirtschaft*; zaak nr. M.2154 — *C3D/Rhône/Go Ahead*, en zaak nr. M.2845 — *Sogecable/Canalsatélite Digital/Vía Digital*.

2003

leiden [24]), voor verwijzing in aanmerking komt. Daar zowel de Commissie als de lidstaten even goed toegerust kunnen zijn of in een even goede positie verkeren om dit soort zaken te behandelen, dient een aanzienlijke beoordelingsvrijheid te worden behouden bij het nemen van besluiten om dergelijke zaken al dan niet te verwijzen.

22. In hoeverre concentraties met een communautaire dimensie die potentieel invloed hebben op de mededinging op een aantal nationale markten of markten welke enger zijn dan nationale markten in meer dan één lidstaat, voor verwijzing in aanmerking komen, is afhankelijk van factoren die specifiek zijn voor elke zaak afzonderlijk, zoals het aantal nationale markten dat naar verwachting sterk wordt getroffen, het vooruitzicht op het aanpakken van mogelijke mededingingsbezwaren door middel van evenredige, niet-conflicterende corrigerende maatregelen, en de onderzoekinspanningen welke die zaak kan vereisen. Voorzover een zaak mededingingsbezwaren kan doen rijzen in een aantal lidstaten en gecoördineerd onderzoek en remediërend optreden vereist, kan dit een argument zijn dat er sterk voor pleit dat de Commissie de bevoegdheid over de hele zaak in kwestie behoudt [25]. Daartegenover staat dat, voorzover een zaak mededingingsbezwaren doet rijzen die, ondanks dat het gaat om nationale markten in meer dan één lidstaat, geen gecoördineerd onderzoek en/of remediërend optreden vergen, verwijzing wenselijk kan zijn. In een beperkt aantal zaken [26] is de Commissie zelfs tot de bevinding gekomen dat het passend was een concentratie naar meer dan één lidstaat te verwijzen, gezien de aanzienlijke verschillen in de mededingingsvoorwaarden die de betrokken markten in de betrokken lidstaten kenmerkten. Ook al wordt in dergelijke gevallen door opsplitsing van de behandeling van een zaak de fuserende partijen het voordeel van het 'ene loket' ontnomen, toch doet dit minder terzake in de fase vóór de aanmelding, omdat de verwijzingsprocedure door een vrijwillig verzoek van de fuserende partijen in werking treedt.

23. Voorts dient zo veel mogelijk rekening te worden gehouden met de vraag of de nationale mededingingsautoriteit of mededingingsautoriteiten waarnaar verwijzing van de zaak wordt overwogen, mogelijk beschikt of beschikken over specifieke deskundigheid

---

(24) Zie zaak nr. M.580 — *ABB/Daimler Benz* waar de Commissie niet instemde met een verzoek van Duitsland om een zaak op grond van artikel 9 naar Duitsland te verwijzen in omstandigheden waarin de mededingingsbezwaren weliswaar tot de Duitse markten beperkt bleven, maar de hele operatie (die de grootste aanbieder van spoorweguitrusting ter wereld zou doen ontstaan) aanzienlijke gevolgen in heel Europa had gehad. Zie ook zaak nr. M.2434 — *Grupo Villar Mir/EnBW/Hidroeléctrica del Cantábrico* waar de Commissie, ondanks een verzoek van Spanje om de zaak op grond van artikel 9 te verwijzen, haar onderzoek heeft voortgezet en een beschikking op grond van artikel 8, lid 2, heeft gegeven.

(25) Zie voor voorbeelden zaak nr. M.1383 — *Exxon/Mobil*, waarin de Commissie, ondanks het verzoek van het Verenigd Koninkrijk om het deel van de concentratie dat betrekking had op de motorbrandstoffenkleinhandel in het noordwesten van Schotland te verwijzen, haar onderzoek voortzette omdat in de zaak één enkel en coherent pakket corrigerende maatregelen nodig was om alle problematische kwesties in de betrokken sector weg te werken. Zie ook zaak nr. M.2706 — *Carnival Corporation/P & O Princess*, waar de Commissie, ondanks dat de autoriteiten in het Verenigd Koninkrijk doende waren een concurrerend bod van Royal Caribbean te onderzoeken, niet instemde met een verzoek tot een gedeeltelijke verwijzing, om opsplitsing van de zaak te vermijden en om één enkel onderzoek te garanderen voor de vele nationale markten die door de operatie werden getroffen.

(26) Zie zaak nr. M. 2898 — *Leroy Merlin/Brico*, zaak nr. M.1030 — *Lafarge/Redland* en zaak nr. M. 1684 — *Carrefour/Promodes*.

Mededeling verwijzing van concentratiezaken

op het gebied van plaatselijke markten [27], of bezig is of zijn dan wel op het punt staat of staan een andere operatie in de betrokken sector te onderzoeken [28].

Verwijzing van zaken door de Commissie naar de lidstaten op grond van artikel 4, lid 5
Wettelijke vereisten
24. Krachtens artikel 4, lid 5, behoeft slechts aan twee wettelijke vereisten te zijn voldaan voor een verzoek van de partijen bij de operatie om de zaak naar de Commissie te verwijzen: de operatie moet een concentratie zijn in de zin van artikel 3 van de concentratieverordening, en de concentratie moet *vatbaar* zijn *voor toetsing krachtens de nationale mededingingswetgeving van ten minste drie lidstaten*. (Zie ook de punten 65 e.v. en 70 e.v.)

Andere in aanmerking te nemen factoren
25. Om zoveel mogelijk te anticiperen op de te verwachten uitkomst van een verwijzingsverzoek, dienen de fuserende partijen die een verzoek overwegen niet alleen na te gaan of aan de wettelijke vereisten is voldaan, maar moeten zij ook onderzoeken of mag worden verwacht dat verwijzing van de zaak waarschijnlijk als passend wordt beschouwd. Daarbij zal onder meer ook moeten worden nagegaan of de genoemde leidende beginselen van toepassing zijn, en met name of de Commissie de meest geschikte autoriteit is om de zaak te behandelen.

---

(27) In zaak nr. M.330 — *McCormick/CPC/Rabobank/Ostmann* heeft de Commissie een zaak naar Duitsland verwezen, omdat Duitsland beter in staat was de plaatselijke voorwaarden in 85 000 verkooppunten in Duitsland te onderzoeken. In zaak nr. M.1060 — *Vendex/Bijenkorf* werd de zaak naar Nederland verwezen, omdat Nederland beter in staat was de plaatselijke consumentensmaken en -gewoonten te beoordelen. Zie ook zaak nr. M.1555 — *Heineken/Cruzcampo*, zaak nr. M.2621 — *SEB/Moulinex* (waar consumentenvoorkeuren en commerciële en marketingpraktijken specifiek waren voor de Franse markt), zaak nr. M.2639 — *Compass/Restorama/Rail Gourmet/Gourmet Nova*, en zaak nr. M.2662 — *Danish Crown/Steff-Houlberg*.

(28) In zaak nr. M.716 — *Gehe/Lloyds* bijvoorbeeld heeft de Commissie een zaak verwezen, omdat op Lloyds nog een ander bod was uitgebracht dat niet onder de drempels van de concentratieverordening viel, maar dat door de autoriteiten van het Verenigd Koninkrijk werd onderzocht. Dankzij de verwijzing konden beide biedprocedures door dezelfde autoriteit worden onderzocht. In zaken nr. M.1001 *Preussag/Hapag-Lloyd* en M.1019 — *Preussag/TUI* werden twee operaties naar Duitsland verwezen, die — samen met een derde in Duitsland aangemelde operatie — ernstige mededingingsbezwaren deden rijzen. De verwijzing zorgde ervoor dat de operaties op een vergelijkbare manier werden behandeld. In zaak nr. M.2044 — *Interbrew/Bass* heeft de Commissie de zaak naar de autoriteiten van het Verenigd Koninkrijk verwezen, omdat deze terzelfder tijd doende waren Interbrews acquisitie van een andere brouwerij (Whitbread) te onderzoeken en wegens hun ervaring in recente onderzoeken voor dezelfde markten. Zie voorts ook zaak nr. M.2760 — *Nehlsen/Rethmann/SWB/Bremerhavener Entsorgungswirtschaft*; zaak nr. M.2234 — *Metsäliitto Osuuskunta/Vapo Oy/JV*; zaak nr. M.2495 — *Haniel/Fels*; zaak nr. M.2881 — *Koninklijke BAM NBM/HBG*, en zaken nrs. M.2857/M.3075–3080 — *ECS/IEH* en zes andere acquisities van lokale stroomdistributeuren door Electrabel. In zaak nr. M.2706 — *Carnival Corporation/P&O Princess* heeft de Commissie, ondanks dat de autoriteiten in het Verenigd Koninkrijk doende waren een concurrerend bod van Royal Caribbean te onderzoeken, niet ingestemd met een verzoek voor een gedeeltelijke verwijzing. Bij haar voorlopige onderzoek had de Commissie namelijk mededingingsbezwaren vastgesteld op andere door de concentratie getroffen nationale markten, en daarom wilde zij opsplitsing van de zaak vermijden. (Zie het persbericht van de Commissie van 11.4.2002, IP/02/552).

Mededeling verwijzing van concentratiezaken

26. Dienaangaande stelt overweging 16 van de concentratieverordening dat verzoeken om verwijzing naar de Commissie vóór aanmelding met name pertinent zijn in situaties waarin de concentratie ook buiten het grondgebied van een bepaalde lidstaat gevolgen voor de mededinging zou hebben. Daarbij moet bijzondere aandacht gaan naar de waarschijnlijke plaats van de uit de operatie voortvloeiende gevolgen voor de mededinging en de vraag in hoeverre het passend is dat de Commissie de operatie onderzoekt.

27. Met name dient te worden onderzocht of de zaak daadwerkelijk een grensoverschrijdend karakter heeft, gelet op elementen zoals de waarschijnlijke gevolgen voor de mededinging en de onderzoek- en handhavingsbevoegdheden die waarschijnlijk nodig zijn om eventuele dergelijke effecten aan te pakken. In dit verband moet in het bijzonder rekening worden gehouden met de vraag of de zaak een potentiële invloed kan hebben op de mededinging in de door de concentratie getroffen markt of markten. In ieder geval kunnen aanwijzingen voor een mogelijke invloed op de mededinging louter voorlopig van aard zijn [29], en lopen zij niet vooruit op de uitkomst van het onderzoek. De partijen behoeven evenmin aan te tonen dat de mededinging ongunstig wordt beïnvloed.

28. Zaken waarbij de markt of markten waarop zich potentiële gevolgen voor de mededinging kan voordoen, een ruimer geografische dimensie heeft of hebben dan een nationale markt [30], of waar bepaalde van de potentieel getroffen markten ruimer dan nationaal zijn en waarbij de economische gevolgen van de concentratie vooral met die markten verband houden, zijn de geschiktste zaken om naar de Commissie te worden verwezen. Omdat in dergelijke zaken de effecten op de mededinging merkbaar zijn in gebieden die verder reiken dan de nationale grenzen — en waarvoor dus wellicht onderzoekinspanningen in verscheidene landen en passende handhavingsbevoegdheden nodig zijn — is de Commissie waarschijnlijk het meest geschikt om het onderzoek uit te voeren.

29. De Commissie kan de meest geschikte instantie zijn om zaken te behandelen (hetgeen onder meer onderzoek, beoordeling en mogelijk remediërend optreden kan omvatten) die potentieel mededingingsbezwaren doen rijzen op een aantal nationale markten of markten die enger zijn dan nationale markten, in een aantal verschillende lidstaten [31]. De Commissie is waarschijnlijk het meest geschikt om in die zaken het onderzoek te voeren, omdat het wenselijk is dat in de verschillende landen een samenhangend en doeltreffend onderzoek wordt gevoerd, dat van passende onderzoekbevoegdheden wordt gebruik-

---

(29) Het feit dat 'betrokken markten' in de zin van formulier RS bestaan, zou doorgaans als voldoende worden beschouwd. De partijen kunnen echter op alle factoren wijzen die relevant kunnen zijn voor de beoordeling van de zaak uit mededingingsoogpunt (overlappende markten, verticale integratie enz.).

(30) Zie de gezamenlijke verwijzing door zeven lidstaten naar de Commissie van een operatie die wereldwijde markten trof in zaak nr. M.2738 — *GEES/Unison*, en de gezamenlijke verwijzing door zeven lidstaten naar de Commissie van een operatie die een West-Europese markt trof in zaak nr. M.2698 — *Promatech/Sulzer*. Zie ook punt 11 van de *Principles on the application, by National Competition Authorities within the ECA network, of Article 22 of the EC Merger Regulation*, gepubliceerd door de Europese Mededingingsautoriteiten.

(31) Dit kan bijvoorbeeld het geval zijn bij operaties waar de betrokken markten weliswaar nationaal zijn (of, voor de beoordeling uit mededingingsoogpunt, zelfs enger dan nationaal zijn), maar die niettemin worden gekenmerkt door veel voorkomende Europese of internationale merken, door veel voorkomende Europese of internationale intellectuele-eigendomsrechten, of door gecentraliseerde productie of distributie — ten minste in die mate dat het risico bestaat dat dergelijke gecentraliseerde productie of distributie een invloed kan hebben op eventueel te nemen corrigerende maatregelen.

gemaakt en dat eventuele mededingingsbezwaren door samenhangende corrigerende maatregelen worden aangepakt.

30. Zoals reeds in verband met artikel 4, lid 4, is opgemerkt, hangt het van de specifieke omstandigheden in een zaak af in hoeverre concentraties die weliswaar potentieel significante gevolgen hebben voor de mededinging op een markt die één land bestrijkt, maar niettemin potentieel aanzienlijke grensoverschrijdende effecten sorteren, voor verwijzing in aanmerking kunnen komen. Daar zowel de Commissie als de lidstaten in een even goede positie kunnen verkeren om deze zaken te behandelen, dient een aanzienlijke beoordelingsvrijheid te worden behouden bij het nemen van besluiten om dergelijke zaken al dan niet te verwijzen.

31. Voorts dient zoveel mogelijk rekening te worden gehouden met de vraag of de Commissie bijzonder goed is toegerust om de zaak naar behoren te onderzoeken, met name gelet op factoren zoals de specifieke deskundigheid of haar ervaring uit het verleden in de betrokken sector. Hoe meer potentieel een concentratie heeft om de mededinging te beïnvloeden buiten het grondgebied van één lidstaat, des te groter is ook de kans dat de Commissie beter zal zijn toegerust om het onderzoek te voeren, met name wat het feitenonderzoek en de handhavingsbevoegdheden betreft.

32. Ten slotte bestaat de mogelijkheid dat de partijen bij de concentratie aanvoeren dat, ook al ontbreekt kennelijk enig effect op de mededinging, er toch overtuigende argumenten zijn om de operatie door de Commissie te laten behandelen, met name gelet op factoren zoals de kosten en de vertraging die het indienen van meervoudige aanmeldingen bij de lidstaten meebrengt [32].

Verwijzing na aanmelding
Verwijzingen van de Commissie naar de lidstaten op grond van artikel 9

33. Krachtens artikel 9 beschikt een lidstaat die een zaak wil laten verwijzen nadat deze bij de Commissie is aangemeld, over twee mogelijkheden: artikel 9, lid 2, onder *a)*, of artikel 9, lid 2, onder *b)*.

Artikel 9, lid 2, onder a)
Wettelijke vereisten

34. Een zaak kan op grond van artikel 9, lid 2, onder *a)*, naar een lidstaat of lidstaten worden verwezen, wanneer aan de volgende wettelijke vereisten is voldaan;

i) de concentratie moet in *significante mate gevolgen dreigen te hebben voor de mededinging op een markt,* en

ii) de betrokken markt moet *in de verzoekende lidstaat* zijn gelegen *en alle kenmerken van een afzonderlijke markt vertonen.*

35. Het *eerste criterium* houdt in wezen in, dat een verzoekende lidstaat dient aan te tonen dat, op basis van een voorlopige beoordeling, de operatie een significant ongunstige invloed op de mededinging kan hebben — en dus nader onderzoek verdient. Dergelijke voorlopige aanwijzingen kunnen besloten liggen in de aard van wat op het eerste gezicht bewijzen voor een dergelijke mogelijk significant ongunstige invloed kunnen zijn, maar laten de uitkomst van een volledig onderzoek onverlet.

36. Wat het *tweede criterium* betreft, dient de lidstaat aan te tonen dat een geografische markt of geografische markten waarop de mededinging door de operatie op de hiervoor

---

(32) Zie overwegingen 12 en 16 van de concentratieverordening.

(punt 35) beschreven wijze ongunstig wordt beïnvloed, nationaal is of zijn, dan wel enger is of zijn dan een nationale markt [33].

Andere in aanmerking te nemen factoren
37. Niet alleen moet worden nagegaan of aan de wettelijke vereisten is voldaan, maar bij het beoordelen van de vraag of een zaak waarschijnlijk voor verwijzing geschikt is, moeten ook nog andere factoren in aanmerking worden genomen. Daarbij gaat het onder meer om een onderzoek of de genoemde leidende beginselen van toepassing zijn, en met name of de mededingingsautoriteit of mededingingsautoriteiten waarnaar zij met hun verzoek de zaak willen doen verwijzen, het meest geschikt is of zijn om de zaak te behandelen. Met het oog daarop moet dan weer worden bezien waar de effecten van de operatie op de mededinging naar verwachting te merken zullen zijn en in hoeverre de nationale mededingingsautoriteit geschikt zou zijn om de operatie te onderzoeken. (Zie de punten 19 tot en met 23.)

Artikel 9, lid 2, onder b)
Wettelijke vereisten
38. Een zaak kan op grond van artikel 9, lid 2, onder *b*), naar een lidstaat of lidstaten worden verwezen, wanneer aan de volgende wettelijke vereisten is voldaan:
i) de concentratie moet *gevolgen hebben voor de mededinging op een markt, en*
ii) de betrokken markt moet *in de verzoekende lidstaat* zijn gelegen *en moet alle kenmerken vertonen van een afzonderlijke markt en geen wezenlijk deel van de gemeenschappelijke markt vormen.*

39. Wat het *eerste criterium* betreft, dient een verzoekende lidstaat aan te tonen dat, op basis van een voorlopige beoordeling, de concentratie invloed op de mededinging in een markt kan hebben. Dergelijke voorlopige aanwijzingen kunnen besloten liggen in de aard van wat op het eerste gezicht bewijzen voor een potentieel ongunstige invloed kan zijn, maar laten de uitkomst van een volledig onderzoek onverlet.

40. Wat het *tweede criterium* betreft, dient de verzoekende lidstaat niet alleen aan te tonen dat de markt waarop de mededinging door de operatie op de voornoemde (punt 38) wijze ongunstig wordt beïnvloed, een afzonderlijke markt binnen een lidstaat vormt, maar ook dat de betrokken markt geen wezenlijk deel van de gemeenschappelijke markt

---

(33) Zie de bekendmaking van de Commissie inzake de bepaling van de relevante markt voor het gemeenschappelijke mededingingsrecht (*PB* C 372 van 9.12.1997, blz. 5).

vormt. In dit verband is het, op basis van eerdere praktijk en rechtspraak [34], kennelijk zo dat dergelijke situaties doorgaans beperkt zijn tot markten met een enge geografische dimensie, binnen een lidstaat.
41. Is aan deze voorwaarden voldaan, dan is de Commissie verplicht de zaak te verwijzen.

Verwijzingen van de lidstaten naar de Commissie op grond van artikel 22
Wettelijke vereisten

42. Wil een verwijzing door één of meer lidstaten naar de Commissie op grond van artikel 22 kunnen geschieden, dan dient aan twee wettelijke vereisten te zijn voldaan:
i) De concentratie moet *de handel tussen de lidstaten beïnvloeden, en*
ii) *zij moet in significante mate gevolgen dreigen te hebben voor de mededinging op het grondgebied van de lidstaat of lidstaten van welke het verzoek uitgaat.*

43. Wat het *eerste criterium* betreft, voldoet een concentratie aan dit vereiste voorzover zij enige merkbare invloed op de handelsstromen tussen lidstaten kan hebben.[35]

44. Wat het *tweede criterium* betreft, dient of dienen, evenals op grond van artikel 9, lid 2, onder *a)*, een verwijzende lidstaat of lidstaten aan te tonen dat, op basis van een voorlopige beoordeling, er een reëel gevaar bestaat dat de operatie een significant ongunstige invloed op de mededinging kan hebben — en dus nader onderzoek verdient. Dergelijke

---

(34) Zie de verwijzingen die de Commissie op grond van artikel 9, lid 2, onder *b)*, heeft toegestaan in: zaak nr. M.2446 — *Govia/Connex South Central*, waar de operatie de mededinging in het Verenigd Koninkrijk beïnvloedde op specifieke spoortrajecten in de regio Londen/Gatwick-Brighton; zaak nr. M.2730 — *Connex/DNVBVG/JV*, waar de operatie de mededinging beïnvloedde op de markt voor plaatselijke openbaarvervoersdiensten in de regio-Riesa (Saksen, Duitsland), en in zaak nr. M.3130 — *Arla Foods/Express Diaries*, waar de operatie de mededinging beïnvloedde op de markt voor de thuisbezorging van flessenmelk in de regio's Londen, Yorkshire en Lancashire (Verenigd Koninkrijk). Met het oog op het definiëren van het begrip van een 'markt die geen wezenlijk deel van de gemeenschappelijke markt vormt', zijn enige aanwijzingen te vinden in de rechtspraak over de toepassing van artikel 82 van het EG-Verdrag. In dat verband heeft het Hof van Justitie een vrij ruime omschrijving gegeven van wat een wezenlijk deel van de gemeenschappelijke markt kan vormen, waarbij het onder meer een beroep deed op empirisch bewijsmateriaal. In de rechtspraak zijn bijvoorbeeld aanwijzingen te vinden die in hoofdzaak op praktische criteria zijn gebaseerd, zoals 'de structuur en de omvang van productie en consumptie van genoemd product, alsook [...] de gewoonten en de economische mogelijkheden van kopers en verkopers'; zie het arrest in zaak 40/73, *Suiker Unie e.a./Commissie*, Jurispr. 1975, blz. 1663. Zie ook het arrest in zaak C-179/90, *Porto di Genova*, Jurispr. 1991, blz. I-5889, waar de haven van Genua werd geacht een wezenlijk deel van de gemeenschappelijke markt te vormen. In zijn rechtspraak heeft het Hof ook verklaard dat een reeks afzonderlijke markten kan worden geacht tezamen een wezenlijk deel van de gemeenschappelijke markt te vormen. Zie bijvoorbeeld het arrest in zaak C-323/93, *Centre d'insémination de la Crespelle*, Jurispr. 1994, blz. I-5077, punt 17, waar het Hof verklaarde: 'In het onderhavige geval worden aan de inseminatiestations uitsluitende rechten toegekend door de nationale wetgeving: hun exploitatie is immers aan een vergunning gebonden en elk station verzorgt exclusief een bepaald rayon. Doordat aldus ten gunste van de ondernemingen een aantal naast elkaar liggende monopolies wordt gecreëerd die weliswaar territoriaal begrensd zijn, doch in hun totaliteit het gehele grondgebied van een lidstaat beslaan, doen die nationale bepalingen een machtspositie ontstaan op een wezenlijk deel van de gemeenschappelijke markt in de zin van artikel 86 van het Verdrag.'
(35) Zie naar analogie ook de mededeling van de Commissie — Richtsnoeren betreffende het begrip 'beïnvloeding van de handel' in de artikelen 81 en 82 van het Verdrag, *PB* C 101 van 27.4.2004, blz. 81.

voorlopige aanwijzingen kunnen besloten liggen in de aard van wat op het eerste gezicht bewijzen voor een dergelijke mogelijk significant ongunstige invloed kunnen zijn, maar laten de uitkomst van een volledig onderzoek onverlet.

Andere in aanmerking te nemen factoren

45. Aangezien verwijzingen naar de Commissie die na aanmelding gebeuren, bijkomende kosten en vertragingen voor de fuserende partijen meebrengen, dienen dergelijke verwijzingen normaal beperkt te blijven tot de zaken die een reëel risico op negatieve effecten op de mededinging en de handel tussen de lidstaten lijken te vertegenwoordigen, en waar het er naar uitziet dat deze het best op Gemeenschapsniveau worden aangepakt [36]. De categorieën van zaken die normaal het geschiktst zijn voor verwijzing naar de Commissie op grond van artikel 22, zijn bijgevolg de volgende:

— zaken die ernstige mededingingsbezwaren doen rijzen op een markt of markten met een geografische dimensie die ruimer is dan een nationale markt, of waar bepaalde van de potentieel getroffen markten ruimer dan nationaal zijn en waarbij de economische impact van de concentratie vooral met die markten verband houdt;

— zaken die ernstige mededingingsbezwaren doen rijzen op een reeks van nationale of engere dan nationale markten met een geografische dimensie die ruimer is dan een nationale markt in een aantal lidstaten, in omstandigheden waarin een samenhangende behandeling van de zaak (wat betreft mogelijke corrigerende maatregelen maar, in voorkomend geval, ook de onderzoekinspanningen als dusdanig) wenselijk is, en waarbij de economische invloed van de concentratie in hoofdzaak met die markten verband houdt.

III. Werking van het verwijzingssysteem

A. Overzicht van het verwijzingssysteem

46. In de concentratieverordening zijn de wettelijke regels vervat die op de werking van het verwijzingssysteem van toepassing zijn. In de regels van artikel 4, leden 4 en 5, en van de artikelen 9 en 22 wordt in detail beschreven welke verschillende stappen zijn vereist om een zaak van de Commissie naar de lidstaten te verwijzen, of omgekeerd.

47. In elk van de vier desbetreffende verwijzingsbepalingen is een eigen mechanisme uitgewerkt voor de verwijzing van een bepaalde categorie concentraties. Deze bepalingen kunnen als volgt worden uitgesplitst:

a) Verwijzing vóór aanmelding
    i) van de Commissie naar de lidstaten (artikel 4, lid 4)
    ii) van de lidstaten naar de Commissie (artikel 4, lid 5)
b) Verwijzing na aanmelding
    i) van de Commissie naar de lidstaten (artikel 9)
    ii) van de lidstaten naar de Commissie (artikel 22)

---

(36) Zie de gezamenlijke verwijzing door zeven lidstaten naar de Commissie van een operatie die wereldwijde markten trof in zaak nr. M.2738 — *GEES/Unison*, en de gezamenlijke verwijzing door zeven lidstaten naar de Commissie van een operatie die een West-Europese markt trof in zaak nr. M.2698 — *Promatech/Sulzer*. Zie ook punt 11 van de *Principles on the application, by National Competition Authorities within the ECA network, of Article 22 of the EC Merger Regulation*, gepubliceerd door de Europese Mededingingsautoriteiten.

48. De schema's in bijlage I bij deze mededeling geven een grafische voorstelling van de verschillende procedurele stappen die moeten worden gezet in het verwijzingssysteem dat in artikel 4, leden 4 en 5, en in de artikelen 9 en 22 is uiteengezet.

Verwijzing vóór aanmelding

49. Om verwijzing vóór aanmelding kan alleen door de betrokken ondernemingen worden verzocht [37]. Het staat aan de betrokken ondernemingen na te gaan of de concentratie voldoet aan de criteria vermeld in artikel 4, lid 4 (de concentratie heeft een communautaire dimensie, maar kan in significante mate gevolgen hebben voor de mededinging op een markt in een lidstaat die alle kenmerken van een afzonderlijke markt heeft) of in artikel 4, lid 5 (de concentratie heeft geen communautaire dimensie, maar is vatbaar voor onderzoek krachtens de nationale mededingingswetgeving van ten minste drie lidstaten). De betrokken ondernemingen kunnen vervolgens besluiten te verzoeken om verwijzing naar of door de Commissie, door middel van de indiening van een gemotiveerde kennisgeving op formulier RS. De Commissie zendt dit verzoek onverwijld door aan alle lidstaten. Het verdere verloop van de procedure verschilt, naargelang het gaat om artikel 4, lid 4, dan wel artikel 4, lid 5:

- Op grond van artikel 4, lid 4, heeft of hebben de betrokken lidstaat of lidstaten [38] 15 werkdagen na de datum van ontvangst van deze kennisgeving de tijd om te kennen te geven of zij al dan niet met het verzoek instemmen. Stilzwijgen van een lidstaat wordt als instemming aangemerkt [39]. Wanneer de betrokken lidstaat of lidstaten met de verwijzing instemt of instemmen, beschikt de Commissie over een aanvullende termijn van ongeveer 10 werkdagen (25 werkdagen vanaf het tijdstip waarop de Commissie formulier RS heeft ontvangen) om te beslissen de zaak eventueel te verwijzen. Stilzwijgen van de Commissie geldt als instemming. Wanneer de Commissie instemt, wordt de zaak (of een of meer delen daarvan) naar de lidstaat of lidstaten verwezen, zoals door de betrokken ondernemingen is gevraagd. Vindt de verwijzing plaats, dan past of passen de betrokken lidstaat of lidstaten zijn of hun

---

(37) Het begrip 'betrokken ondernemingen' omvat ook 'personen' in de zin van artikel 3, lid 1, onder b).
(38) De betrokken lidstaat of lidstaten zijn de lidstaten die op formulier RS worden vermeld, en naar wie de zaak zal worden verwezen wanneer het verzoek wordt geaccepteerd.
(39) Dit mechanisme is een essentieel aspect van alle in de concentratieverordening beschreven verwijzingsprocedures. Dit mechanisme kan 'stilzwijgende instemming' of geen bezwaar worden genoemd: het feit dat de Commissie of een lidstaat geen besluit neemt, geldt als het nemen van een gunstig besluit. Dit mechanisme was al een onderdeel van Verordening (EEG) nr. 4064/89 – in artikel 9, lid 5. Het is nu opgenomen in artikel 4, lid 4, tweede en vierde alinea, in artikel 4, lid 5, vierde alinea, in artikel 9, lid 5, en in artikel 22, lid 3, eerste zinsnede van de concentratieverordening. Dit mechanisme van stilzwijgende instemming geldt evenwel niet voor besluiten van lidstaten om zich bij een verzoek op grond (*red.*: lees: op grond van)artikel 22, lid 2, aan te sluiten.

nationale wetgeving op het verwezen deel van de zaak toe [40]. Artikel 9, leden 6 tot en met 9, zijn van toepassing;
- Op grond van artikel 4, lid 5, hebben de betrokken lidstaten [41] 15 werkdagen na de datum van ontvangst van de kennisgeving om te kennen te geven of zij al dan niet met het verzoek instemmen. Na het verstrijken van die termijn gaat de Commissie na of een lidstaat die bevoegd is de concentratie op grond van zijn nationale mededingingswetgeving te onderzoeken, kenbaar heeft gemaakt het niet met het verzoek eens te zijn. Heeft geen van de bevoegde lidstaten kenbaar gemaakt het hiermee niet eens te zijn, dan wordt de zaak geacht een communautaire dimensie te krijgen en wordt zij derhalve ook verwezen naar de Commissie die ten aanzien daarvan uitsluitende bevoegdheid heeft. Het staat dan aan de partijen de zaak bij de Commissie aan te melden door middel van het formulier CO. Wanneer echter één of meer bevoegde lidstaten kenbaar heeft of hebben gemaakt het niet met het verzoek eens te zijn, stelt de Commissie alle lidstaten en de betrokken ondernemingen onverwijld in kennis van deze kennisgeving van niet-akkoordverklaring en wordt de verwijzingsprocedure gestaakt. Het staat dan aan de partijen om alle toepasselijke nationale aanmeldingsregels na te leven.

Verwijzing na aanmelding

50. Overeenkomstig artikel 9, lid 2, en artikel 22, lid 1, wordt het systeem van verwijzingen na aanmelding geactiveerd door de lidstaten, hetzij uit eigen beweging hetzij op verzoek van de Commissie overeenkomstig respectievelijk artikel 9, lid 2, en artikel 22, lid 5. De procedure verschilt naargelang het gaat om een verwijzing van de Commissie naar de lidstaten of een verwijzing van de lidstaten naar de Commissie:
- Op grond van artikel 9 kan een lidstaat verzoeken dat de Commissie een concentratie met een communautaire dimensie (of een deel daarvan) die bij de Commissie is aangemeld, verwijst wanneer deze operatie in significante mate gevolgen dreigt te hebben voor de mededinging op een afzonderlijke markt in die lidstaat (artikel 9, lid 2, onder *a*)), of wanneer deze gevolgen heeft voor de mededinging op een afzonderlijke markt welke geen wezenlijk deel van de gemeenschappelijke markt vormt (artikel 9, lid 2, onder *b*)). Het verzoek moet worden ingediend binnen 15 werkdagen

---

(40) Overeenkomstig artikel 4, lid 4, mogen fuserende partijen om gedeeltelijke of volledige verwijzing van een zaak verzoeken. De Commissie en lidstaten moeten ofwel instemmen met het verzoek of het afwijzen; zij mogen het toepassingsbereik ervan niet wijzigen door bijvoorbeeld slechts een deel van een zaak te verwijzen wanneer om de verwijzing van de volledige zaak is verzocht. In het geval van een gedeeltelijke verwijzing past de betrokken lidstaat zijn nationale mededingingswetgeving op het verwezen deel van de zaak toe. Voor het resterende deel van de zaak blijft de concentratieverordening op de normale wijze gelden: de betrokken ondernemingen zijn dus verplicht het niet-verwezen deel van de concentratie op het formulier CO overeenkomstig artikel 4, lid 1, van de concentratieverordening aan te melden. Wanneer daarentegen de volledige zaak naar een lidstaat wordt verwezen, is in artikel 4, lid 4, laatste alinea, bepaald dat geen verplichting geldt om de zaak ook bij de Commissie aan te melden. De zaak zal dan ook niet door de Commissie worden onderzocht. De betrokken lidstaat past zijn nationale wetgeving op de volledige zaak toe; geen andere lidstaat kan zijn nationale mededingingswetgeving op de bewuste concentratie toepassen.
(41) Dit wil zeggen de lidstaten die bevoegd zouden zijn om de zaak aan hun nationale mededingingswetgeving te toetsen ingeval geen verwijzing plaatsvindt. Zie voor het begrip 'bevoegd om de zaak te toetsen', deel B onder 5.

na de datum van ontvangst van een exemplaar van het formulier CO. De Commissie dient allereerst na te gaan of aan die wettelijke criteria is voldaan. Zij kan vervolgens besluiten de zaak (of een deel daarvan) te verwijzen, daarbij gebruikmakend van haar administratieve discretionaire bevoegdheid. Ingeval een verwijzingsverzoek op grond van artikel 9, lid 2, onder b), plaatsvindt, is de Commissie verplicht – zij heeft dus geen beoordelingsvrijheid – de zaak te verwijzen wanneer aan de wettelijke criteria is voldaan. De beschikking moet zijn genomen binnen 35 werkdagen vanaf het tijdstip van de aanmelding of, wanneer de Commissie de procedure heeft ingeleid, binnen 65 werkdagen [42]. Vindt de verwijzing plaats, dan past de betrokken lidstaat zijn eigen mededingingswetgeving toe, slechts met inachtneming van artikel 9, leden 6 en 8.

– Op grond van artikel 22 kan een lidstaat verzoeken dat de Commissie een concentratie onderzoekt die geen communautaire dimensie heeft, maar die de handel tussen de lidstaten beïnvloedt en in significante mate gevolgen voor de mededinging op zijn grondgebied dreigt te hebben. Het verzoek moet worden ingediend uiterlijk binnen 15 werkdagen na de dag waarop de concentratie is aangemeld of, indien geen aanmelding is vereist, waarop de concentratie op een andere wijze aan de betrokken lidstaat 'kenbaar is gemaakt' [43]. De Commissie zendt het verzoek aan alle lidstaten door. Elke andere lidstaat kan, binnen 15 werkdagen na de dag van ontvangst van een afschrift van het oorspronkelijke verzoek, besluiten zich bij dit verzoek aan te sluiten [44]. Alle nationale termijnen in verband met de concentratie worden opgeschort totdat is besloten waar de concentratie zal worden onderzocht; een lidstaat kan vóór het verstrijken van de periode van 15 werkdagen de nationale termijnen opnieuw doen ingaan door de Commissie en de fuserende partijen mee te delen dat hij zich niet bij het verzoek wil aansluiten. Ten laatste 10 werkdagen na afloop van deze periode van 15 werkdagen moet de Commissie besluiten de zaak al dan niet van de verzoekende lidstaat of lidstaten over te nemen. Aanvaardt de Commissie de bevoegdheid, dan worden de nationale procedures in de verwijzende lidstaat of lidstaten gestaakt en onderzoekt de Commissie de zaak op grond van artikel 22, lid 4, van de concentratieverordening namens de verwijzende lidstaat of

---

(42) Wat betreft zaken waarin de Commissie binnen een termijn van 65 werkdagen voorbereidende stappen heeft genomen, zie artikel 9, lid 4, onder b), en artikel 9, lid 5.
(43) Het begrip 'kenbaar gemaakt' dat is afgeleid uit de bewoording van artikel 22, moet in deze samenhang worden uitgelegd als inhoudend dat voldoende informatie wordt versterkt (red.: lees: verstrekt) om een voorlopige beoordeling te maken of de criteria voorhanden zijn om een verwijzingsverzoek op grond van artikel 22 in te dienen.
(44) Aangetekend zij dat artikel 22 lidstaten in staat stelt zich bij het oorspronkelijke verzoek aan te sluiten, zelfs indien de concentratie hun nog niet ter kennis is gebracht. Lidstaten zijn mogelijk echter niet in staat dat te doen wanneer zij van de fuserende partijen nog niet de nodige informatie hebben ontvangen op het tijdstip dat zij door de Commissie in kennis worden gesteld dat een verwijzingsverzoek door een andere lidstaat is ingediend. Onverlet de mogelijkheid voor lidstaten om met de fuserende partijen contact op te nemen ten einde na te gaan of zij bevoegd zijn een bepaalde operatie te onderzoeken, wordt de aanmeldende partijen stellig aangeraden om, voorzover haalbaar, hun aanmelding terzelfder tijd bij alle bevoegde lidstaten in te dienen.

lidstaten [45]. Lidstaten die geen verzoek hebben ingediend, kunnen hun nationale wetgeving blijven toepassen.

51. In het volgende deel van deze mededeling wordt nader ingegaan op een aantal details van het systeem, met name om verdere houvast te bieden aan ondernemingen die overwegen verzoeken in de fase vóór aanmelding in te dienen, of die mogelijk partij zijn bij de operaties in het geval van een eventuele verwijzing na aanmelding.

B. Details van het verwijzingsmechanisme

52. In dit deel van de mededeling worden aanwijzingen gegeven in verband met bepaalde aspecten van het functioneren van het verwijzingssysteem dat in artikel 4, leden 4 en 5, en in de artikelen 9 en 22 van de concentratieverordening is neergelegd.

1. Het netwerk van mededingingsautoriteiten

53. Artikel 19, lid 2, van de concentratieverordening bepaalt dat de Commissie de in die verordening uiteengezette procedures moet uitvoeren in nauw en voortdurend contact met de bevoegde autoriteiten van de lidstaten (de nationale mededingingsautoriteiten). De samenwerking en dialoog tussen de Commissie en de nationale mededingingsautoriteiten en tussen de nationale mededingingsautoriteiten onderling is van bijzonder belang in het geval van concentraties waarop het in de concentratieverordening neergelegde verwijzingssysteem van toepassing is.

54. Volgens overweging 14 van de concentratieverordening 'dienen de Commissie en de nationale mededingingsautoriteiten tezamen een netwerk van overheidsinstanties te vormen die hun respectieve bevoegdheden in nauwe samenwerking toepassen, waarbij zij zich bedienen van doelmatige kennisgevings- en raadplegingsmechanismen, teneinde te waarborgen dat de zaak wordt behandeld door de meest geschikte autoriteit, met inachtneming van het subsidiariteitsbeginsel en teneinde meervoudige aanmeldingen van eenzelfde concentratie zoveel mogelijk te vermijden'.

55. Het netwerk dient te garanderen dat concentraties in overeenstemming met de in deel II beschreven beginselen doelmatig opnieuw worden toegewezen. Daarbij komt het er niet alleen op aan de soepele werking van het mechanisme inzake verwijzingen vóór aanmelding te bevorderen, maar ook, voorzover valt te voorzien, een systeem uit

---

(45) Wanneer de Commissie overeenkomstig artikel 22 een concentratie namens één of meer lidstaten onderzoekt, kan zij alle materieelrechtelijke besluiten nemen waarin door de artikelen 6 en 8 van de concentratieverordening is voorzien. Daarin is door artikel 22, lid 4, van de concentratieverordening voorzien. Aangetekend zij hier dat de Commissie de concentratie op verzoek van en namens de verzoekende lidstaten onderzoekt. Dit artikel dient derhalve te worden uitgelegd in de zin dat de Commissie de gevolgen van de concentratie op het grondgebied van die lidstaten dient te onderzoeken. De Commissie zal de gevolgen van de concentratie op het grondgebied van lidstaten die zich niet bij het verzoek hebben aangesloten, niet onderzoeken tenzij dit onderzoek noodzakelijk is voor de beoordeling van de gevolgen van de concentratie op het grondgebied van de verzoekende lidstaten (bijv. wanneer de geografische markt ruimer is dan het grondgebied van de verzoekende lidstaat of lidstaten).

te werken waarbij zo snel mogelijk zaken worden geïdentificeerd die mogelijk voor verwijzing na aanmelding in aanmerking komen [46].

56. Overeenkomstig artikel 4, leden 4 en 5, zendt de Commissie de gemotiveerde kennisgevingen van de betrokken ondernemingen 'onverwijld' door [47]. De Commissie zal deze documenten trachten door te zenden op de werkdag volgende op die van ontvangst of afgifte. Informatie binnen het netwerk wordt via diverse middelen uitgewisseld, naar gelang de omstandigheden: via e-mail, per post, via koerierdiensten, per faxbericht of over de telefoon. Aangetekend zij hier dat de uitwisseling van gevoelige of vertrouwelijke informatie verloopt via beveiligde e-mail of over een ander beveiligd communicatiemiddel tussen deze contactpunten.

57. Alle leden van het netwerk, met inbegrip van zowel de Commissie als alle nationale mededingingsautoriteiten, hun ambtenaren en overige personeelsleden, en andere onder het toezicht van deze autoriteiten werkende personen, alsmede functionarissen en ambtenaren van andere autoriteiten van de lidstaten zijn door de in artikel 17 van de concentratieverordening neergelegde geheimhoudingsplicht gebonden. Zij mogen geen niet-openbare informatie vrijgeven die zij bij de toepassing van de concentratieverordening hebben verkregen, tenzij de natuurlijke of rechtspersoon welke die informatie heeft verstrekt, met de vrijgave ervan heeft ingestemd.

58. Raadplegingen en uitwisselingen binnen het netwerk zijn een zaak tussen de openbare handhavingsinstanties en laten eventuele rechten of verplichtingen van ondernemingen die uit het communautaire of nationale recht voortvloeien, onverlet. Elke mededingingsautoriteit is ten volle verantwoordelijk voor de juiste afhandeling van de zaken die zij in behandeling heeft.

2. Inwerkingtreding van het systeem inzake verwijzingen vóór aanmelding; door de verzoekende partijen te verstrekken informatie

59. Wil het verwijzingssysteem snel en soepel kunnen functioneren, dan is het van wezenlijk belang dat de verzoekende partijen, telkens wanneer hun daarom wordt verzocht, volledige en juiste informatie tijdig en op de efficiëntste wijze verschaffen. Wettelijke vereisten betreffende de te verstrekken informatie en de gevolgen van het verstrekken van onjuiste, misleidende of onvolledige informatie zijn neergelegd in de concentratieverordening, Verordening (EG) nr 802/2004 (hierna: de concentratieuitvoeringsverordening) en formulier RS [48].

60. In formulier RS is aangegeven dat alle in een gemotiveerde kennisgeving vermelde informatie juist en volledig dient te zijn. Wanneer partijen onjuiste of onvolledige informatie verstrekken, is de Commissie bevoegd ofwel om een beschikking te geven op grond van artikel 6, lid 1, onder *a*), van de concentratieverordening (ingeval zij tijdens het

---

(46) Wanneer de Commissie bijvoorbeeld vooraf op de hoogte is van een mogelijk verwijzingsverzoek, kan zij daarmee rekening houden bij haar besluit niet in te gaan op het verzoek om een ontheffing van de opschortende werking overeenkomstig artikel 7, lid 3, van de concentratieverordening.

(47) Opgemerkt zij hier dat, overeenkomstig artikel 19, lid 1, van de concentratieverordening, de Commissie ook verplicht is de nationale mededingingsautoriteiten een afschrift te doen toekomen van aanmeldingen en van de belangrijkste stukken die zij ontvangt of verzendt.

(48) Formulier RS is als bijlage gevoegd bij de Verordening (EG) nr. 802/2004 van de Commissie van 7 april 2004 tot uitvoering van Verordening (EG) nr. 139/2004 van de Raad betreffende de controle op concentraties van ondernemingen (*PB* L 133 van 30.4.2004, blz. 1).

onderzoek kennis krijgt van het feit dat niet aan de voorwaarden van artikel 4, lid 5, is voldaan) ofwel om een beschikking op grond van artikel 6 of 8 die zij na een verwijzing van artikel 4, lid 5, heeft gegeven, op grond van artikel 6, lid 3, onder *a)* of artikel 8, lid 6 onder *a)*, van de concentratieverordening in te trekken. Na het geven van een beschikking op grond van artikel 6, lid 1, onder *a)*, of na de intrekking van haar beschikking zou de nationale mededingingswetgeving opnieuw op de operatie van toepassing zijn. Ingeval verwijzingen op grond van artikel 4, lid 4, op onjuiste of onvolledige informatie zijn gebaseerd, kan de Commissie een aanmelding op grond van artikel 4, lid 1, verlangen. Bovendien is de Commissie bevoegd geldboeten op te leggen op grond van artikel 14, lid 1, onder *a)*, van de concentratieverordening. Ten slotte dienen de partijen zich er ook rekenschap van te geven dat, ingeval een verwijzing op basis van onjuiste of onvolledige informatie in het formulier RS gebeurt, de Commissie en/of de lidstaten kunnen overwegen om een verwijzing na aanmelding uit te voeren waarbij een op die onjuiste of onvolledige informatie gebaseerde verwijzing vóór aanmelding wordt ongedaan gemaakt [49].

61. Wanneer de betrokken ondernemingen informatie verstrekken op het formulier RS of, algemeen genomen, een verzoek indienen tot verwijzing vóór aanmelding, is het niet de bedoeling of noodzakelijk dat zij aantonen dat de gevolgen van hun concentratie schadelijk zijn voor de mededinging [50]. Zij dienen echter wel zoveel mogelijk informatie te verstrekken waaruit duidelijk blijkt op welke wijze de concentratie aan de desbetreffende wettelijke criteria van artikel 4, leden 4 en 5, voldoet en waarom de concentratie het beste door de in het verzoek vermelde mededingingsautoriteit of mededingingsautoriteiten wordt behandeld. In de concentratieverordening is niet bepaald dat het feit dat een formulier RS is ingediend, moet worden bekendgemaakt, noch is het de bedoeling dat te doen. Een niet-openbare operatie kan dus het voorwerp uitmaken van een verzoek tot verwijzing vóór aanmelding.

62. Ook al aanvaardt de Commissie volgens de concentratieuitvoeringsverordening een formulier RS in elk der officiële talen van de Gemeenschap, toch wordt de betrokken ondernemingen welke informatie verstrekken die binnen het netwerk zal worden verdeeld, ten stelligste aangeraden bij hun mededeling een taal te gebruiken die gemakkelijk te begrijpen is voor al degenen voor wie de informatie is bestemd. Dit zal de behandeling van dergelijke verzoeken door de lidstaten vergemakkelijken. Wat bovendien verzoeken tot verwijzing naar een lidstaat of naar lidstaten betreft, wordt partijen ten stelligste aangeraden een exemplaar in te sluiten van het verzoek in de taal of talen van de lidstaat of lidstaten waarnaar de zaak volgens het verzoek zou moeten worden verwezen.

63. Naast de in het formulier RS vastgestelde wettelijke vereisten moeten de betrokken ondernemingen bereid zijn zonodig bijkomende informatie te verstrekken en de zaak eerlijk en open met de Commissie en de nationale mededingingsautoriteiten te bespreken, ten einde de Commissie en de nationale mededingingsautoriteiten in staat te stellen te beoordelen of de betrokken concentratie moet worden verwezen.

64. Informele contacten tussen fuserende partijen die overwegen een verzoek tot verwijzing vóór aanmelding in te dienen, en de Commissie en/of de autoriteiten van de lidstaten worden sterk aangemoedigd, zelfs na het indienen van een formulier RS. De

---

(49) Dit kan het passende correctief zijn wanneer de Commissie tijdens haar onderzoek er kennis van krijgt dat de verzoekende partijen onjuiste of onvolledige informatie hebben verstrekt, zonder dat zulks van invloed is op het voldoen aan de voorwaarden van artikel 4, lid 5.
(50) Zie overweging 16 van de concentratieverordening.

Commissie dient informele, vroegtijdige aanwijzingen te geven aan ondernemingen die willen gebruikmaken van het systeem van verwijzing vóór aanmelding, zoals dat in artikel 4, leden 4 en 5, van de concentratieverordening is neergelegd [51].

3. Voor verwijzing in aanmerking komende concentraties

65. Alleen concentraties in de zin van artikel 3 van de concentratieverordening komen voor verwijzing op grond van artikel 4, lid 5, en artikel 22 in aanmerking. Alleen concentraties die binnen het toepassingsbereik van de betrokken nationale mededingingswetgeving inzake concentratiecontrole vallen, komen in aanmerking voor verwijzing op grond van artikel 4, lid 4, en artikel 9 [52].

66. Verzoeken tot verwijzing vóór aanmelding op grond van artikel 4, lid 4, en artikel 4, lid 5, van de concentratieverordening moeten betrekking hebben op concentraties waarvoor de plannen voldoende concreet zijn. In dat verband moet er bij de betrokken ondernemingen ten minste een voornemen te goeder trouw bestaan om te fuseren of, in het geval van een openbaar overnamebod, tenminste een publieke aankondiging zijn van een voornemen tot het uitbrengen van een dergelijk bod [53].

4. Het begrip 'vóór aanmelding' van artikel 4, leden 4 en 5

67. Artikel 4, leden 4 en 5, zijn enkel van toepassing tijdens de fase vóór aanmelding.

68. In artikel 4, lid 4, is bepaald dat de betrokken ondernemingen een verzoek tot verwijzing kunnen indienen door middel van een gemotiveerde kennisgeving (formulier RS) 'vóór de aanmelding van een concentratie in de zin van lid 1'. Dit betekent dat het verzoek enkel kan worden ingediend indien geen formulier CO officieel is ingediend overeenkomstig artikel 4, lid 1.

69. Evenzo is in artikel 4, lid 5, bepaald dat het verzoek kan worden ingediend 'vóór enige aanmelding ervan bij de bevoegde [nationale] autoriteiten'. Dit betekent dat, wil deze bepaling gelden, de betrokken concentratie nog niet formeel mag zijn aangemeld bij een instantie van een lidstaat. Zelfs één aanmelding elders in de Gemeenschap belet de betrokken ondernemingen het mechanisme van artikel 4, lid 5, in werking te stellen. Naar het oordeel van de Commissie behoeft geen sanctie te worden opgelegd voor nietaanmelding van een operatie op het nationale niveau zolang een verzoek op grond van artikel 4, lid 5, hangende is.

5. Het begrip 'concentratie die vatbaar is voor toetsing krachtens de nationale mededingingswetgeving' en het begrip 'bevoegde lidstaat' van artikel 4, lid 5

70. Overeenkomstig artikel 4, lid 5, kunnen de betrokken ondernemingen een verzoek tot verwijzing indienen voor een concentratie die geen communautaire dimensie heeft, en die 'vatbaar is voor toetsing krachtens de nationale mededingingswetgeving van ten minste drie lidstaten'.

---

(51) Een verzoek om een ontheffing van de opschortende werking overeenkomstig artikel 7, lid 3, van de concentratieverordening zou normaal niet stroken met een voornemen een verzoek in te dienen tot verwijzing vóór aanmelding op grond van artikel 4, lid 4.

(52) Daarentegen dient de verwijzing naar de 'nationale mededingingswetgeving' in artikel 21, lid 3, en artikel 22, lid 3, te worden begrepen als een verwijzing naar alle aspecten van de nationale mededingingswetgeving.

(53) Zie overweging 34 en artikel 4, lid 1, van de concentratieverordening.

71. 'Vatbaar voor toetsing' dient te worden uitgelegd als een concentratie die krachtens de nationale mededingingswetgeving inzake concentratiecontrole onder de bevoegdheid van een lidstaat valt. Een verplichting tot aanmelding is niet vereist, dat wil zeggen dat het niet noodzakelijk is dat de concentratie volgens de nationale wetgeving dient te worden aangemeld [54].

72. Overeenkomstig artikel 4, lid 5, derde en vierde alinea, wordt de zaak niet verwezen wanneer ten minste één lidstaat 'die krachtens zijn mededingingswetgeving bevoegd is de concentratie te onderzoeken' kenbaar heeft gemaakt het niet eens te zijn met de verwijzing van de zaak. Een lidstaat is 'bevoegd' wanneer de concentratie in die lidstaat voor toetsing in aanmerking komt en wanneer hij daarom de bevoegdheid heeft de concentratie krachtens zijn nationale mededingingswetgeving te toetsen.

73. Alle lidstaten – en niet alleen de lidstaten die 'bevoegd' zijn de zaak te toetsen – ontvangen een exemplaar van het formulier RS. Evenwel worden voor de toepassing van artikel 4, lid 5, derde en vierde alinea, enkel de tot toetsing 'bevoegde' lidstaten in aanmerking genomen. Overeenkomstig artikel 4, lid 5, derde alinea, hebben 'bevoegde' lidstaten 15 werkdagen na de datum van ontvangst van het formulier RS de tijd om kenbaar te maken of zij het al dan niet eens zijn met de verwijzing. Zijn zij het allen hiermee eens, dan wordt de zaak geacht een communautaire dimensie te hebben overeenkomstig artikel 4, lid 5, vijfde alinea. Wanneer, overeenkomstig artikel 4, lid 5, vierde alinea, daarentegen zelfs maar één 'bevoegde' lidstaat het niet ermee eens is, wordt de zaak niet door een lidstaat verwezen.

74. In het licht van het genoemde mechanisme is het voor een soepel functioneren van artikel 4, lid 5, dus van wezenlijk belang dat *alle* lidstaten waar de zaak in aanmerking komt voor toetsing krachtens de nationale mededingingswetgeving – en die dus 'bevoegd' zijn om de zaak krachtens hun nationale mededingingswetgeving te toetsen – juist worden geïdentificeerd. Daarom moeten volgens formulier RS de betrokken ondernemingen voldoende informatie verstrekken om elke lidstaat in staat te stellen na te gaan of hij al dan niet bevoegd is de concentratie krachtens zijn nationale mededingingswetgeving te toetsen.

75. Wanneer het formulier RS juist is ingevuld, zouden zich geen complicaties mogen voordoen. De betrokken ondernemingen zullen dan namelijk alle lidstaten juist hebben aangegeven die bevoegd zijn om de zaak te toetsen. Wanneer de betrokken ondernemingen formulier RS evenwel niet juist hebben ingevuld of wanneer er daadwerkelijk onenigheid bestaat over de vraag welke lidstaten 'bevoegd' zijn de zaak te toetsen, kunnen er zich complicaties voordoen:

— Binnen de periode van 15 werkdagen die in artikel 4, lid 5, derde alinea, is vastgesteld, kan een lidstaat die in het formulier RS niet als 'bevoegd' is vermeld, de Commissie kenbaar maken dat hij 'bevoegd' is en kan hij, evenals iedere andere 'bevoegde lidstaat', kenbaar maken of hij het al dan niet met de verwijzing eens is;

— Evenzo kan binnen de periode van 15 werkdagen die in artikel 4, lid 5, derde alinea, is vastgesteld, een lidstaat die in het formulier RS als 'bevoegd' is vermeld, de Commissie meedelen dat hij niet 'bevoegd' is. Deze lidstaat zou dan buiten beschouwing worden gelaten voor de toepassing van artikel 4, lid 5.

---

(54) Zelfs in omstandigheden waarin een aanmelding rechtens vrijwillig is, kan het in de praktijk toch zo zijn dat de partijen een zaak willen aanmelden of dat van hen wordt verwacht dat een zaak wordt aangemeld.

76. Zodra de periode van 15 werkdagen is verstreken zonder dat een lidstaat kenbaar heeft gemaakt het niet eens te zijn, wordt de verwijzing als geldig beschouwd. Een en ander garandeert de geldigheid van de beschikkingen die de Commissie op grond van artikel 6 of 8 van de concentratieverordening geeft, na een verwijzing op grond van artikel 4, lid 5.

77. Dit betekent evenwel niet, dat ondernemingen dit systeem kunnen misbruiken door op het formulier RS, opzettelijk of uit onachtzaamheid, onjuiste informatie te verschaffen, met inbegrip van de vraag of de concentratie voor toetsing in de lidstaten in aanmerking komt. Zoals in punt 60 is opgemerkt, kan de Commissie maatregelen nemen om de situatie te rectificeren en ter afschrikking van dergelijke inbreuken. De betrokken ondernemingen dienen zich ook ervan bewust te zijn dat, onder dergelijke omstandigheden waarin een verwijzing op basis van onjuiste of onvolledige informatie is gebeurd, een lidstaat die ervan overtuigd is dat hij bevoegd was de zaak te behandelen maar die niet in de gelegenheid is gesteld zijn veto tegen de verwijzing uit te spreken, kan verzoeken om een verwijzing na aanmelding.

6. Kennisgeving en bekendmaking van besluiten

78. Overeenkomstig artikel 4, lid 4, vierde alinea, artikel 4, lid 5, vierde alinea, artikel 9, lid 1, en artikel 22, lid 3, tweede alinea, stelt de Commissie de betrokken personen of ondernemingen en alle lidstaten in kennis van alle besluiten die, op grond van die bepalingen, ten aanzien van de verwijzing van de concentratie zijn genomen.

79. De informatie wordt verstrekt door middel van een aan de betrokken ondernemingen gericht schrijven (of, in het geval van beschikkingen op grond (*red.*: lees: op grond van)- artikel 9, lid 1, of artikel 22, lid 3, een aan de betrokken lidstaat gericht schrijven). Alle lidstaten ontvangen hiervan een afschrift.

80. Er bestaat geen verplichting dat die beschikkingen in het *Publicatieblad van de Europese Unie* worden bekendgemaakt [55]. De Commissie zal over die beschikkingen echter voldoende informatie geven op de website van het Directoraat-generaal Concurrentie, met inachtneming van de verplichtingen inzake vertrouwelijkheid.

7. Artikel 9, lid 6

81. In artikel 9, lid 6, is bepaald dat, wanneer de Commissie een aangemelde concentratie overeenkomstig artikel 4, lid 4, of artikel 9, lid 3, naar een lidstaat verwijst, de betrokken nationale mededingingsautoriteiten de zaak 'onverwijld' moeten behandelen. Dienovereenkomstig moet de bevoegde autoriteit de zaak zo snel mogelijk overeenkomstig de nationale wetgeving behandelen.

82. Bovendien is in artikel 9, lid 6, bepaald dat de bevoegde nationale autoriteit binnen 45 werkdagen na de verwijzing door de Commissie of nadat een aanmelding op nationaal niveau is ingediend, de betrokken ondernemingen in kennis stelt van het resultaat van de voorlopige beoordeling uit mededingingsoogpunt en van de eventuele door haar voorgenomen maatregelen. Dienovereenkomstig dienen de fuserende partijen, binnen 45 werkdagen na de verwijzing of na aanmelding, voldoende informatie te ontvangen die hen in staat stelt de aard te begrijpen van de voorlopige mededingingsbezwaren die de

---

(55) Overeenkomstig artikel 20 van de concentratieverordening geldt deze verplichting enkel voor beschikkingen die op grond van artikel 8, leden 1 tot en met 6, en de artikelen 14 en 15 worden gegeven.

autoriteit eventueel heeft, en dienen zij te worden ingelicht over de vermoedelijke omvang en duur van het onderzoek. De betrokken lidstaat kan deze termijn enkel in uitzonderlijke gevallen opschorten, indien de betrokken ondernemingen hem niet, zoals door zijn nationale mededingingswetgeving is vereist, de nodige informatie hebben verstrekt.

IV. Slotopmerkingen
83. Deze mededeling zal aan een periodiek onderzoek worden onderworpen, met name na herziening van in de concentratieverordening uiteengezette verwijzingsregels. In dat verband dient te worden opgemerkt dat, overeenkomstig artikel 4, lid 6, van de concentratieverordening, de Commissie uiterlijk op 1 juli 2009 aan de Raad verslag dient uit te brengen over de regels betreffende verwijzing voor aanmelding (artikel 4, leden 4 en 5).
84. Deze mededeling laat de uitlegging van de toepasselijke Verdragsbepalingen en andere wettelijke bepalingen door het Gerecht van eerste aanleg en het Hof van Justitie van de Europese Gemeenschappen onverlet.

BIJLAGE

Schema's verwijzingssysteem

Artikel 4, lid 4
Concentratie met communautaire dimensie

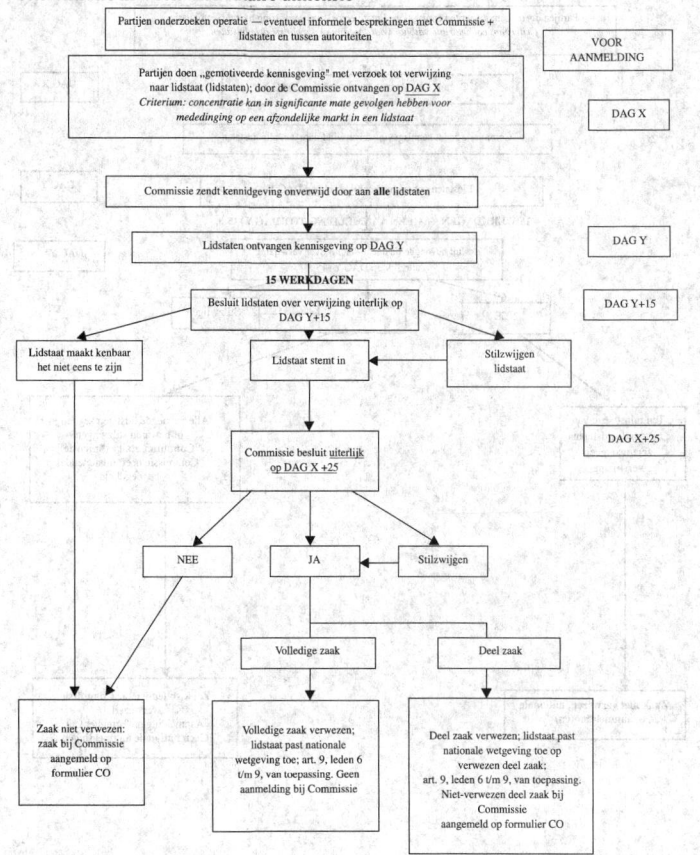

VOOR AANMELDING

Partijen onderzoeken operatie — eventueel informele besprekingen met Commissie + lidstaten en tussen autoriteiten

DAG X

Partijen doen „gemotiveerde kennisgeving" met verzoek tot verwijzing naar lidstaat (lidstaten); door de Commissie ontvangen op DAG X
Criterium: concentratie kan in significante mate gevolgen hebben voor mededinging op een afzonderlijke markt in een lidstaat

Commissie zendt kennidgeving onverwijd door aan **alle** lidstaten

DAG Y

Lidstaten ontvangen kennisgeving op DAG Y

15 WERKDAGEN

DAG Y+15

Besluit lidstaten over verwijzing uiterlijk op DAG Y+15

- Lidstaat maakt kenbaar het niet eens te zijn
- Lidstaat stemt in
- Stilzwijgen lidstaat

DAG X+25

Commissie besluit uiterlijk op DAG X +25

- NEE
- JA
- Stilzwijgen

JA → Volledige zaak / Deel zaak

Zaak niet verwezen: zaak bij Commissie aangemeld op formulier CO

Volledige zaak verwezen; lidstaat past nationale wetgeving toe; art. 9, leden 6 t/m 9, van toepassing. Geen aanmelding bij Commissie

Deel zaak verwezen; lidstaat past nationale wetgeving toe op verwezen deel zaak; art. 9, leden 6 t/m 9, van toepassing. Niet-verwezen deel zaak bij Commissie aangemeld op formulier CO

Mededeling verwijzing van concentratiezaken

Artikel 4, lid 5
Concentratie heeft geen communautaire dimensie en is in minstens drie lidstaten vatbaar voor toetsing krachtens nationale wetgeving

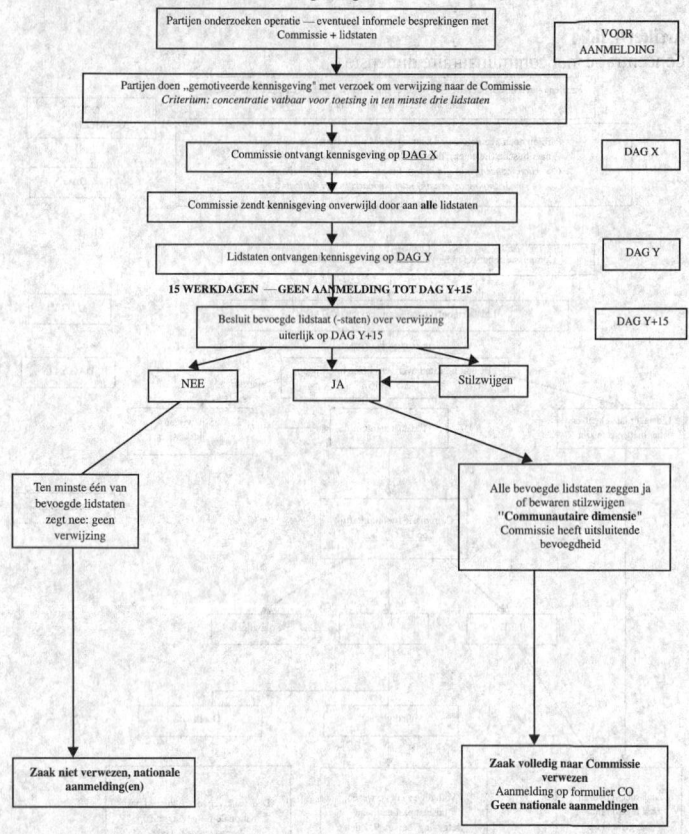

```
┌─────────────────────────────────────────────────────────────────────┐
│ Partijen onderzoeken operatie — eventueel informele besprekingen met│      VOOR
│ Commissie + lidstaten                                               │   AANMELDING
└─────────────────────────────────────────────────────────────────────┘

┌─────────────────────────────────────────────────────────────────────┐
│ Partijen doen „gemotiveerde kennisgeving" met verzoek om verwijzing │
│ naar de Commissie                                                   │
│ Criterium: concentratie vatbaar voor toetsing in ten minste drie    │
│ lidstaten                                                           │
└─────────────────────────────────────────────────────────────────────┘

┌─────────────────────────────────────────┐
│ Commissie ontvangt kennisgeving op DAG X│                             DAG X
└─────────────────────────────────────────┘

┌──────────────────────────────────────────────────────────┐
│ Commissie zendt kennisgeving onverwijld door aan alle    │
│ lidstaten                                                │
└──────────────────────────────────────────────────────────┘

┌─────────────────────────────────────────┐
│ Lidstaten ontvangen kennisgeving op DAG Y│                            DAG Y
└─────────────────────────────────────────┘

  15 WERKDAGEN — GEEN AANMELDING TOT DAG Y+15

┌────────────────────────────────────────────┐
│ Besluit bevoegde lidstaat (-staten) over   │                         DAG Y+15
│ verwijzing uiterlijk op DAG Y+15           │
└────────────────────────────────────────────┘

      NEE        JA        Stilzwijgen
```

NEE: Ten minste één van bevoegde lidstaten zegt nee: geen verwijzing

JA / Stilzwijgen: Alle bevoegde lidstaten zeggen ja of bewaren stilzwijgen
"Communautaire dimensie"
Commissie heeft uitsluitende bevoegdheid

NEE → Zaak niet verwezen, nationale aanmelding(en)

JA → Zaak volledig naar Commissie verwezen
Aanmelding op formulier CO
Geen nationale aanmeldingen

2022

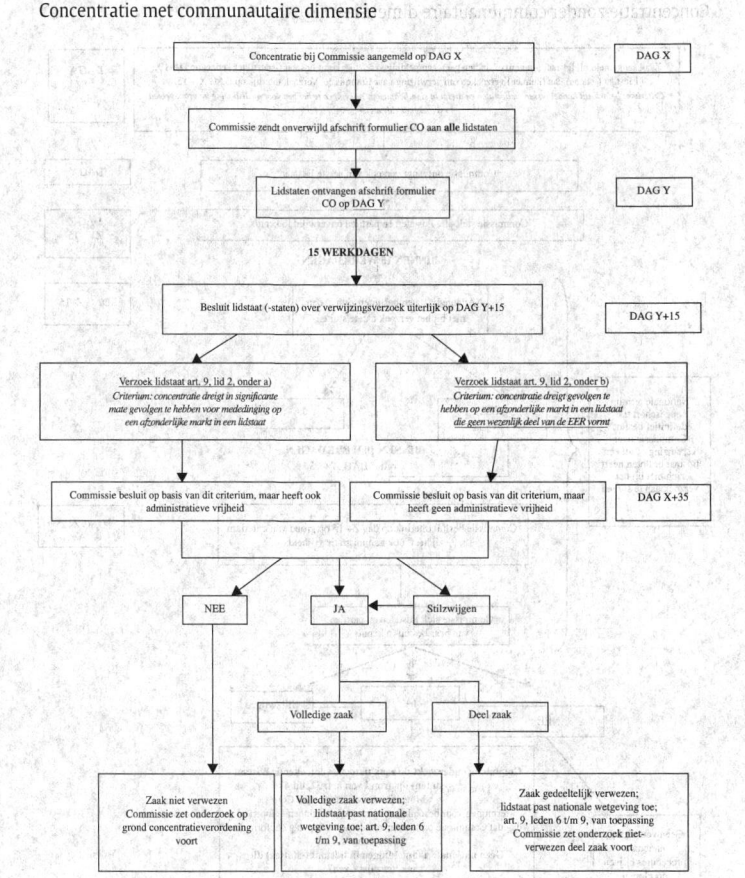

Bijlage

Artikel 9
Concentratie met communautaire dimensie

```
                    ┌─────────────────────────────────────────────┐
                    │ Concentratie bij Commissie aangemeld op DAG X│         DAG X
                    └─────────────────────────────────────────────┘
                                         │
                    ┌─────────────────────────────────────────────┐
                    │ Commissie zendt onverwijld afschrift         │
                    │ formulier CO aan alle lidstaten              │
                    └─────────────────────────────────────────────┘
                                         │
                    ┌─────────────────────────────────────────────┐
                    │ Lidstaten ontvangen afschrift formulier      │         DAG Y
                    │ CO op DAG Y                                  │
                    └─────────────────────────────────────────────┘
                                   15 WERKDAGEN
                                         │
                    ┌─────────────────────────────────────────────┐
                    │ Besluit lidstaat (-staten) over              │         DAG Y+15
                    │ verwijzingsverzoek uiterlijk op DAG Y+15     │
                    └─────────────────────────────────────────────┘
                           │                              │
        ┌──────────────────────────────┐   ┌──────────────────────────────┐
        │ Verzoek lidstaat art. 9,     │   │ Verzoek lidstaat art. 9,     │
        │ lid 2, onder a)              │   │ lid 2, onder b)              │
        │ Criterium: concentratie      │   │ Criterium: concentratie      │
        │ dreigt in significante mate  │   │ dreigt gevolgen te hebben op │
        │ gevolgen te hebben voor      │   │ een afzonderlijke markt in   │
        │ mededinging op een           │   │ een lidstaat die geen        │
        │ afzonderlijke markt in een   │   │ wezenlijk deel van de EER    │
        │ lidstaat                     │   │ vormt                        │
        └──────────────────────────────┘   └──────────────────────────────┘
                       │                                 │
        ┌──────────────────────────────┐   ┌──────────────────────────────┐
        │ Commissie besluit op basis   │   │ Commissie besluit op basis   │    DAG X+35
        │ van dit criterium, maar      │   │ van dit criterium, maar      │
        │ heeft ook administratieve    │   │ heeft geen administratieve   │
        │ vrijheid                     │   │ vrijheid                     │
        └──────────────────────────────┘   └──────────────────────────────┘
                  │         │         │
              ┌───────┐ ┌───────┐ ┌────────────┐
              │ NEE   │ │  JA   │◄│ Stilzwijgen│
              └───────┘ └───────┘ └────────────┘
                  │         │
                  │    ┌─────────────┐    ┌──────────┐
                  │    │ Volledige   │    │ Deel zaak│
                  │    │ zaak        │    │          │
                  │    └─────────────┘    └──────────┘
                  │         │                  │
        ┌──────────────┐ ┌──────────────┐ ┌────────────────────┐
        │ Zaak niet    │ │ Volledige    │ │ Zaak gedeeltelijk  │
        │ verwezen     │ │ zaak         │ │ verwezen;          │
        │ Commissie    │ │ verwezen;    │ │ lidstaat past      │
        │ zet onderzoek│ │ lidstaat past│ │ nationale wetgeving│
        │ op grond     │ │ nationale    │ │ toe;               │
        │ concentratie-│ │ wetgeving    │ │ art. 9, leden 6    │
        │ verordening  │ │ toe; art. 9, │ │ t/m 9, van         │
        │ voort        │ │ leden 6 t/m 9│ │ toepassing         │
        │              │ │ van          │ │ Commissie zet      │
        │              │ │ toepassing   │ │ onderzoek niet-    │
        │              │ │              │ │ verwezen deel zaak │
        │              │ │              │ │ voort              │
        └──────────────┘ └──────────────┘ └────────────────────┘
```

2023

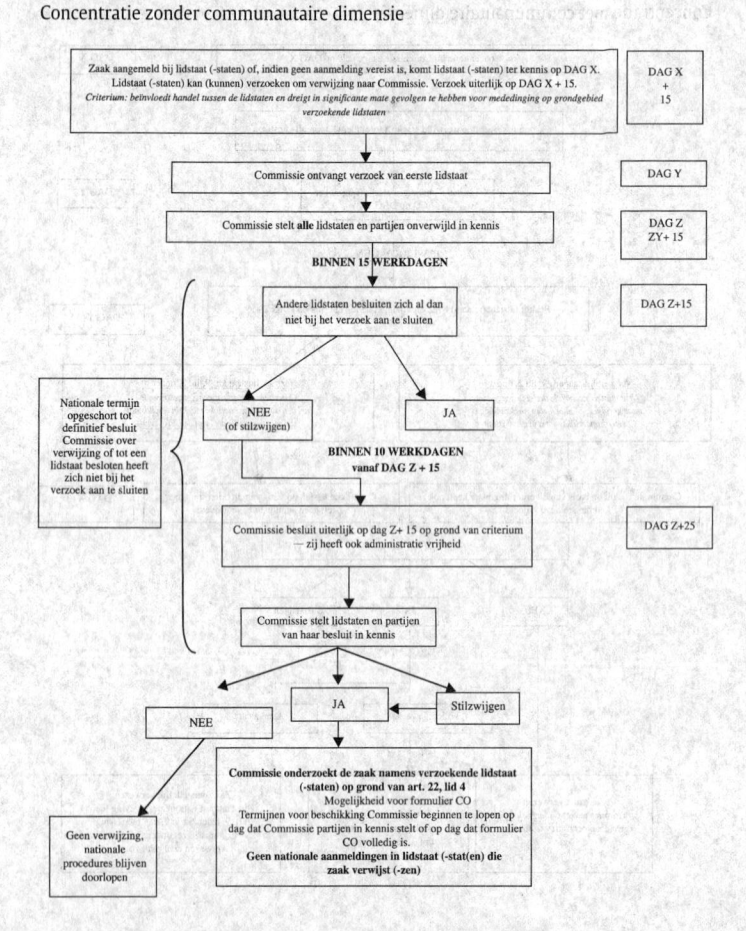

Mededeling verwijzing van concentratiezaken

Artikel 22
Concentratie zonder communautaire dimensie

```
┌─────────────────────────────────────────────────────────────────────────────────────┐
│ Zaak aangemeld bij lidstaat (-staten) of, indien geen aanmelding vereist is, komt   │     DAG X
│ lidstaat (-staten) ter kennis op DAG X. Lidstaat (-staten) kan (kunnen) verzoeken   │      +
│ om verwijzing naar Commissie. Verzoek uiterlijk op DAG X + 15.                      │     15
│ Criterium: beïnvloedt handel tussen de lidstaten en dreigt in significante mate     │
│ gevolgen te hebben voor mededinging op grondgebied verzoekende lidstaten            │
└─────────────────────────────────────────────────────────────────────────────────────┘
                                        │
                                        ▼
                ┌──────────────────────────────────────────────┐            DAG Y
                │ Commissie ontvangt verzoek van eerste lidstaat│
                └──────────────────────────────────────────────┘
                                        │
                                        ▼
                ┌──────────────────────────────────────────────┐            DAG Z
                │ Commissie stelt alle lidstaten en partijen   │            ZY + 15
                │ onverwijld in kennis                          │
                └──────────────────────────────────────────────┘
                        BINNEN 15 WERKDAGEN
                                        │
                                        ▼
                ┌──────────────────────────────────────────────┐            DAG Z+15
                │ Andere lidstaten besluiten zich al dan niet  │
                │ bij het verzoek aan te sluiten                │
                └──────────────────────────────────────────────┘
                            │                    │
                      NEE   │                    │ JA
                  (of stilzwijgen)               │
                            │                    │
            BINNEN 10 WERKDAGEN vanaf DAG Z + 15
                            │
                            ▼
   ┌──────────────────────────────────────────────────────────┐           DAG Z+25
   │ Commissie besluit uiterlijk op dag Z+ 15 op grond van    │
   │ criterium — zij heeft ook administratie vrijheid          │
   └──────────────────────────────────────────────────────────┘
                            │
                            ▼
   ┌──────────────────────────────────────────────────────────┐
   │ Commissie stelt lidstaten en partijen van haar besluit   │
   │ in kennis                                                 │
   └──────────────────────────────────────────────────────────┘
           │                   │                     │
          NEE                  JA ◄──── Stilzwijgen
           │                   │
           ▼                   ▼
   ┌───────────────┐   ┌──────────────────────────────────────────────────┐
   │ Geen          │   │ Commissie onderzoekt de zaak namens verzoekende  │
   │ verwijzing,   │   │ lidstaat (-staten) op grond van art. 22, lid 4   │
   │ nationale     │   │ Mogelijkheid voor formulier CO                    │
   │ procedures    │   │ Termijnen voor beschikking Commissie beginnen te │
   │ blijven       │   │ lopen op dag dat Commissie partijen in kennis    │
   │ doorlopen     │   │ stelt of op dag dat formulier CO volledig is.    │
   └───────────────┘   │ Geen nationale aanmeldingen in lidstaat          │
                       │ (-stat(en) die zaak verwijst (-zen)              │
                       └──────────────────────────────────────────────────┘
```

Nationale termijn opgeschort tot definitief besluit Commissie over verwijzing of tot een lidstaat besloten heeft zich niet bij het verzoek aan te sluiten

[05-03-2005, PbEU C 56, i.w.tr. 05-03-2005/regelingnummer 2005/C56/02]

NEDERLAND

Besluit vaststelling formulieren Mededingingswet 2007

Regeling van 18 september 2007, tot vaststelling van het Besluit vaststelling formulieren Mededingingswet 2007, Stcrt. 2007, 187, zoals laatstelijk gewijzigd op 28 februari 2013, Stb. 2013, 102 (i.w.tr. 01-04-2013)

De Raad van Bestuur van de Nederlandse Mededingingsautoriteit;
Gelet op artikel 4:4 van de Algemene wet bestuursrecht, artikel 35, eerste lid, en artikel 42, tweede lid, van de Mededingingswet;
Besluit:

Artikel 1
De melding van een concentratie, als bedoeld in artikel 35 van de Mededingingswet, geschiedt door de indiening in viervoud bij de Nederlandse Mededingingsautoriteit van de volledige en naar waarheid gegeven antwoorden op de vragen, welke zijn opgenomen in het formulier, waarvan het model met de bijbehorende toelichting als bijlage 1 bij dit besluit is gevoegd.
[18-09-2007, Stcrt. 187, i.w.tr. 01-10-2007]

Artikel 2
De aanvraag van een vergunning voor een concentratie, als bedoeld in artikel 42 van de Mededingingswet, geschiedt door de indiening in vijfvoud bij de Nederlandse Mededingingsautoriteit van de volledige en naar waarheid gegeven antwoorden op de vragen welke zijn opgenomen in het formulier waarvan het model als bijlage 2 bij dit besluit is gevoegd. De toelichting bij het formulier als bedoeld in artikel 1 heeft tevens betrekking op het in dit artikel bedoelde formulier.
[18-09-2007, Stcrt. 187, i.w.tr. 01-10-2007]

Artikel 3
Het Besluit vaststelling formulieren Mededingingswet 2006 wordt ingetrokken.
[18-09-2007, Stcrt. 187, i.w.tr. 01-10-2007]

Artikel 4
Dit besluit wordt aangehaald als: Besluit vaststelling formulieren Mededingingswet 2007.
[18-09-2007, Stcrt. 187, i.w.tr. 01-10-2007]

Artikel 5
Dit besluit treedt in werking met ingang van 1 oktober 2007.
[18-09-2007, Stcrt. 187, i.w.tr. 01-10-2007]

BIJLAGE 1

Bijlage als bedoeld in artikel 1 van het Besluit vaststelling formulieren Mededingingswet 2007

Formulier melding concentratie
1. Inlichtingen betreffende de betrokken ondernemingen.
1.1. Vermeld:
- naam en – indien anders – handelsnaam, en rechtsvorm;
- adres, telefoon- en telefaxnummer en eventueel elektronisch postadres;
- handelsregisternummer of het buitenlands register en registratienummer van de betrokken ondernemingen.

Vermeld welke onderneming de factuur voor de beschikking zal voldoen. Vermeld de naam van de contactpersoon, het adres en het telefoonnummer waarop deze bereikbaar is.

1.2. Geef een beschrijving van de bedrijfsactiviteiten van de betrokken ondernemingen en geef aan in welke sectoren zij werkzaam zijn.

1.3. Vermeld de namen, adressen, telefoonnummers, faxnummers, eventuele elektronische postadressen en functies van de aangewezen contactpersonen.

1.4. Indien een betrokken onderneming deel uitmaakt van een groep als bedoeld in artikel 24b van boek 2 van het Burgerlijk Wetboek:
- geef een aanduiding (naam) van de groep;
- geef de namen van alle ondernemingen die tot de groep behoren;
- beschrijf de zeggenschapsverhoudingen binnen de groep;
- geef aan in welke sectoren de ondernemingen die deel uitmaken van de groep werkzaam zijn;
- geef aan welke van de ondernemingen die deel uitmaken van de groep werkzaam zijn op een markt waarop een betrokken onderneming werkzaam is.

1.5. Verstrek voor elk van de betrokken ondernemingen een opgave van de totale omzet over het voorafgaande kalenderjaar, alsmede van de omzet in Nederland in dat jaar, uitgedrukt in euro.

De gevraagde omzet moet worden berekend op voet van artikel 30 Mededingingswet. Indien het een kredietinstelling of een financiële instelling betreft: verstrek een opgave van:
rentebaten en soortgelijke baten;
opbrengsten uit waardepapieren;
ontvangen provisie;
resultaat uit financiële transacties;
overige bedrijfsopbrengsten.
De waarden die moeten worden opgegeven zijn die welke volgens de regels ingevolge artikel 417 van boek 2 van het Burgerlijk Wetboek zijn opgenomen in de winst- en verliesrekening over het voorafgaande boekjaar, na aftrek van de belasting over de toegevoegde waarde en andere rechtstreeks met de betrokken baten samenhangende belastingen.

Bijlage 1

Indien het een verzekeraar betreft: verstrek een opgave van het bedrag aan bruto geboekte premies in het voorafgaande boekjaar alsmede van het bedrag aan bruto geboekte premies in dat jaar in Nederland.

Wanneer bedragen moeten worden omgerekend vanuit een andere geldeenheid, dan moet dit geschieden naar de gemiddelde koers in het desbetreffende jaar van die andere geldeenheid, zoals gepubliceerd door De Nederlandsche Bank N.V. (te vinden op website: www.dnb.nl).

2. Gegevens betreffende de concentratie.

2.1. Beschrijf het karakter van de operatie. Vermeld daarbij of het gaat om een fusie, de verkrijging van uitsluitende of gezamenlijke zeggenschap of de totstandbrenging van een gemeenschappelijke onderneming, een en ander in de zin van artikel 27 Mededingingswet. Vermeld alle overeenkomsten en transacties die de concentratie belichamen of die daarmee samenhangen. Zet uiteen hoe de structuur van eigendom en zeggenschap er na de concentratie uit zal zien. Met de concentratie samenhangende overeenkomsten en transacties dienen ook te worden vermeld indien deze reeds zijn aangegaan of uitgevoerd.

3. Marktgegevens.

3.1. Geef aan welke markten door de concentratie worden beïnvloed.

3.2. Leg uit hoe de in uw antwoord op de voorgaande vraag genoemde markten zijn afgebakend.

Schenk daarbij aandacht aan de productdimensie en aan de geografische dimensie van de afbakening.

3.3. Doe opgave van de omvang van iedere door de concentratie beïnvloede markt in waarde en volume.

3.4. Geef aan wat de marktaandelen, in waarde en volume, zijn van de bij de concentratie betrokken ondernemingen op de door de concentratie beïnvloede markten.

3.5. Verstrek voor elke door de concentratie beïnvloede markt:

a. Van de vijf belangrijkste concurrenten van elk van de betrokken ondernemingen: de namen, adressen, telefoonnummers, namen van contactpersonen en – in voorkomend geval – telefaxnummers (onder belangrijkst zal als regel kunnen worden verstaan: met de grootste marktaandelen op de markt in kwestie).

b. Van de vijf belangrijkste afnemers van elk van de betrokken ondernemingen: de namen, adressen, telefoonnummers, namen van contactpersonen en – in voorkomend geval – telefaxnummers (de belangrijkste afnemers zijn de afnemers die in het afgelopen jaar de belangrijkste kopers waren van de producten die de onderneming op de markt in kwestie afzette).

c. In voorkomend geval: de namen, adressen, telefoonnummers en namen van contactpersonen van privaatrechtelijke organisaties die tot doel hebben de belangen te behartigen van de ondernemingen die op de desbetreffende markt actief zijn.

3.6. (Alleen van belang indien sprake is van de totstandbrenging van een gemeenschappelijke onderneming)

a) Blijven twee of meer moedermaatschappijen in significante mate actief op dezelfde markt als de gemeenschappelijke onderneming, of op een markt waarop leveranciers of afnemers van die onderneming werkzaam zijn, of op een nauw met die markt verbonden aangrenzende markt? Zo ja, gelieve dan voor elk van voornoemde markten te vermelden:

— de omzet van elke moedermaatschappij in het voorafgaande boekjaar;

- het economische belang van de activiteiten van de gemeenschappelijke onderneming, gerelateerd aan die omzet;
- het marktaandeel van elke moedermaatschappij.

Zo neen, gelieve dan uw antwoord te motiveren.

b) Heeft u op vraag a) bevestigend geantwoord, en leidt de totstandbrenging van de gemeenschappelijke onderneming volgens u niet tot coördinatie van het concurrentiegedrag van moederondernemingen, geef dan de redenen aan waarop u dat oordeel baseert.
c) Indien u van mening bent dat is voldaan aan de uitzonderingsbepaling van artikel 6, derde lid van de Mededingingswet: geef aan waar u dit oordeel op baseert.

N.B. U dient uw antwoorden te baseren op zo recent mogelijke gegevens. Indien u niet over precieze gegevens beschikt m.b.t. de omvang van de markt(en) in kwestie, gelieve een zo precies mogelijke schatting te geven en daarbij aan te geven op welke gegevens deze schatting is gebaseerd en hoe zij is berekend.

4. Mee te zenden documenten.

4.1. De meest recente jaarrekeningen en jaarverslagen van de betrokken ondernemingen. In voorkomend geval tevens de meest recente jaarrekeningen en jaarverslagen van de onderneming die de financiële gegevens van een betrokken onderneming in een geconsolideerde jaarrekening betrekt, behalve wanneer dit een onderneming is die door de concentratie zeggenschap verliest.

4.2. Een gedateerd exemplaar van de meest recente stukken op grond waarvan de concentratie tot stand zal komen. De stukken moeten duidelijkheid geven over de (voorgenomen) binding die ten grondslag ligt aan de concentratie. In het bijzonder moet blijken welke de eigendoms- en zeggenschapsverhoudingen na de concentratie zullen zijn en welke verplichtingen op partijen (zullen) rusten die van invloed zijn op de mededinging tussen partijen en/of met derden.

4.3. Een schriftelijk bewijsstuk, waaruit de vertegenwoordigingsbevoegdheid van de aangewezen contactpersoon of -personen blijkt. Deze vraag heeft zowel betrekking op functionarissen van de betrokken partijen als op externe adviseurs, zoals advocaten.

4.4. Verstrek de volgende marktonderzoeken waarover de betrokken ondernemingen de beschikking hebben:

a. Indien er sprake is van beïnvloede markten, de marktonderzoeken die van belang zijn voor de wijze waarop de relevante markt door de aanmeldende partijen is afgebakend.
b. Indien er sprake is van te onderzoeken markten, in aanvulling op de onder a) bedoelde marktonderzoeken tevens de marktonderzoeken die van belang zijn voor de bepaling van de omvang van de relevante markt en van de positie van partijen daarop en c indien in uw melding wordt verwezen naar andere rapporten, deze rapporten.

5. Nevenrestricties.

5.1. Geef aan welke overeenkomsten, besluiten en gedragingen als bedoeld in artikel 6 Mededingingswet naar het oordeel van de betrokken ondernemingen rechtstreeks verbonden zijn aan de concentratie en noodzakelijk voor de verwezenlijking daarvan.

5.2. Indien u ten aanzien van een of meer van de in vraag 5.1 bedoelde overeenkomsten, besluiten en/of gedragingen een uitspraak van de Raad van Bestuur van de NMa wenst betreffende de vraag of artikel 10 Mededingingswet daarop van toepassing is: gelieve aan te geven welke overeenkomsten, besluiten en/of gedragingen dit betreft.

6. Informatie Europese Unie.

6.1. Geef aan of de bij dit formulier aangemelde concentratie ook bij de mededingingsautoriteit van andere EU-lidstaten is of wordt aangemeld en zo ja, bij welke.

6.2. Geef aan welke omzet de betrokken ondernemingen elk afzonderlijk in de gehele Europese Unie hebben behaald. Vermeld daarbij of de gegevens betrekking hebben op het (meest recente) boek- dan wel kalenderjaar.

Plaats en datum:
Handtekening:
[18-09-2007, Stcrt. 187, i.w.tr. 01-10-2007]

BIJLAGE 2

Formulier aanvraag vergunning
Het formulier dat u heeft ingevuld bij de melding, maakt deel uit van dit formulier. Tenzij er gegevens gewijzigd zijn, kunt u bij vraag 1.1 t/m 1.4 volstaan met een kopie van het door u ingevulde meldingsformulier. U dient dan alleen onder 1.1 de naam in te vullen en bij 1.3 het zaaknummer aan te geven. Indien op het moment van indiening van de aanvraag om vergunning feitelijke wijzigingen zijn opgetreden, of indien nieuwe gegevens beschikbaar zijn gekomen die van invloed zijn op de juiste en volledige beantwoording van de vragen uit het meldingsformulier, dient u deze wijzigingen of nieuwe gegevens mede te delen.

1 INLICHTINGEN OVER DE BETROKKEN ONDERNEMINGEN

1.1 Vermeld:
- naam en – indien anders – handelsnaam, en rechtsvorm;
- adres, telefoon- en telefaxnummers en eventueel elektronisch postadres;
- handelsregisternummer of het buitenlands register en registratienummer van de betrokken ondernemingen.

Vermeld welke onderneming de factuur voor de beschikking zal voldoen. Vermeld de naam van de contactpersoon, het adres en het telefoonnummer waarop deze bereikbaar is.

1.2 Vermeld de namen, adressen, telefoonnummers, faxnummers, eventuele elektronische postadressen en functies van de aangewezen contactpersonen.

1.3 Verstrek een schriftelijk bewijsstuk waaruit de vertegenwoordigingsbevoegdheid blijkt.

2 PERSOONLIJKE EN FINANCIËLE BANDEN EN EERDERE OVERNEMINGEN

2.1 Verstrek voor elk van de betrokken ondernemingen een lijst met de namen van alle andere ondernemingen die op de te onderzoeken markten werkzaam zijn en waarin de bij de concentratie betrokken ondernemingen alleen of gezamenlijk 10% of meer van de stemrechten of van het uitgegeven aandelenkapitaal of andere effecten bezitten. Vermeld de hoogte van het percentage.

2.2 Verstrek de namen van de ondernemingen waarover in de afgelopen drie jaar door de bij de concentratie betrokken ondernemingen een overwegende zeggenschap werd verkregen en die op de te onderzoeken markten werkzaam zijn of waren.

Gegevens over de te onderzoeken markten

3 MARKTOMVANG EN MARKTAANDELEN

3.1 Geef voor elke te onderzoeken markt de geraamde totale omvang van de markt in waarde en in volume van de verkoop.

3.2 Geef aan welk aandeel elk van de bij de concentratie betrokken ondernemingen daarin heeft.

3.3 Geef aan welke andere ondernemingen naar uw weten een aandeel in de te onderzoeken markt hebben van meer dan 10% en geef een schatting van het marktaandeel. Vermeld voor elk van deze concurrenten naam, adres, telefoon- en faxnummer en zo mogelijk de naam van een contactpersoon.

3.4 Vermeld de berekeningsgrondslag en de bronnen van de onder 3.1 tot en met 3.3 gegeven antwoorden.

4 INVOER

4.1 Geef voor elke te onderzoeken markt een raming van de totale waarde van de invoer.

4.2 Geef aan welk gedeelte van de invoer afkomstig is van de bij de concentratie betrokken ondernemingen.

4.3 In welke mate wordt de invoer beïnvloed door quota, invoerrechten of niet-tarifaire handelsbelemmeringen?

4.4 In welke mate wordt de invoer beïnvloed door vervoerskosten of andere kosten?

5 ORGANISATIE VAN DE PRODUCTIE

5.1 Geef voor elke te onderzoeken markt aan hoe de productie geschiedt van de producten en diensten van de bij de concentratie betrokken ondernemingen. Is er bijvoorbeeld sprake van lokale productie?

6 PRIJSNIVEAU

6.1 Beschrijf in welke mate het prijsniveau op de te onderzoeken markten in Nederland afwijkt van dat in België, Duitsland, Frankrijk en Groot-Brittannië.

7 VERTICALE INTEGRATIE

7.1 Beschrijf in hoeverre elk van de bij de concentratie betrokken ondernemingen werkzaam is in opeenvolgende stadia van productie of distributie.

7.2 Beschrijf, voorzover u over gegevens daaromtrent beschikt, in hoeverre de belangrijkste concurrenten werkzaam zijn in opeenvolgende stadia van productie of distributie.

8 INKOOP EN AFZET

8.1 Geef voor elke te onderzoeken markt de namen, adressen, telefoonnummers en contactpersonen van de vijf belangrijkste leveranciers van elk van de bij de concentratie betrokken ondernemingen en vermeld het aandeel van deze leveranciers in de totale aankopen van elk van de partijen.

8.2 Op welke manier is de distributie georganiseerd op de te onderzoeken markt? Beschrijf de bestaande distributiekanalen en geef aan in welke mate de distributie door derden wordt verricht dan wel door ondernemingen die behoren tot de bij de concentratie betrokken ondernemingen.

8.3 Op welke manier is de service georganiseerd op de te onderzoeken markt? Beschrijf de bestaande servicenetten en geef aan in welke mate deze diensten worden verricht door derden dan wel door ondernemingen die behoren tot de bij de concentratie betrokken ondernemingen.

8.4 Geef van de vijf belangrijkste afnemers van elk van bij de concentratie betrokken ondernemingen het aandeel van elk van hen in de totale verkoop van de partijen.

8.5 Hoe belangrijk is de voorkeur van de afnemers (merktrouw, productdifferentiatie, aanbod van een volledig productengamma)?

8.6 Bestaan er verschillende categorieën afnemers?

8.7 Hoe geconcentreerd of gefragmenteerd is de vraag?

8.8 Hoe belangrijk zijn alleen verkoopovereenkomsten en andere soorten langlopende overeenkomsten?

9 ONTWIKKELING VAN DE MARKT

9.1 Geef voor elke te onderzoeken markt, voorzover van toepassing, een raming van de totale capaciteit tijdens de laatste drie jaar en geef aan wat het aandeel van elk van de bij de concentratie betrokken ondernemingen daarin was, alsmede de bezettingsgraad.

9.2 Geef een raming van de groei van productie en afzet in de laatste drie jaar.

9.3 Welke ondernemingen zijn, voorzover u bekend is, de afgelopen drie jaar tot de te onderzoeken markt toegetreden? Vermeld voor elk van de toegetreden ondernemingen naam, adres, telefoon- en faxnummer en zo mogelijk de naam van een contactpersoon.

9.4 Hoe hoog zijn de markttoetredingskosten (onderzoek en ontwikkeling, het opzetten van distributiesystemen, verkoopbevordering, reclame, serviceverlening, enz.) bij een passende schaalgrootte om zich als een belangrijke concurrent te kunnen handhaven?

9.5 Zijn er toetredingsbelemmeringen tengevolge van het bestaan van octrooien, knowhow, andere intellectuele eigendomsrechten, van overheidswege vereiste vergunningen, opgelegde normen of anderszins?

9.6 In welke mate is elk van de bij de concentratie betrokken ondernemingen licentienemer of licentiegever met betrekking tot octrooien, knowhow en andere intellectuele eigendomsrechten op de te onderzoeken markt?

9.7 Hoe belangrijk zijn schaalvoordelen voor de productie op de te onderzoeken markt?

9.8 Hoe belangrijk is onderzoek en ontwikkeling voor een onderneming op de te onderzoeken markt om zich op de lange termijn als concurrent te kunnen handhaven?

10 SAMENWERKINGSOVEREENKOMSTEN

10.1 Beschrijf de samenwerkingsovereenkomsten met concurrerende ondernemingen waarbij de bij de concentratie betrokken ondernemingen op de te onderzoeken markten partij zijn.

11 MARKTPOSITIE BUITEN NEDERLAND

11.1 Geef aan wat naar omvang en marktaandeel de positie van elk van de bij de concentratie betrokken ondernemingen buiten Nederland is.

12 STRATEGISCHE STUKKEN

12.1 Overleg voor alle bij de concentratie betrokken partijen een exemplaar van de analyses, rapporten, studies, onderzoeken en andere gelijksoortige documenten die zijn opgesteld door of ten behoeve van een of meer leden van het bestuur, of van de Raad van Commissarissen (of van ieder ander persoon die vergelijkbare functies uitoefent of aan wie zulke functies zijn gedelegeerd of toevertrouwd), of de aandeelhoudersvergadering met het oog op een evaluatie of analyse van de concentratie op het punt van marktaandelen, mededingingsomstandigheden, (daadwerkelijke en potentiële) concurrenten, de motieven voor de concentratie, het potentieel voor omzetgroei of expansie naar andere product- of geografische markten, en/of algemene marktomstandigheden. Vermeld voor elk van deze documenten (voor zover niet in het document zelf is aangegeven) de datum waarop het is opgesteld en de naam en functie van elke persoon die het betrokken document heeft opgesteld.

13 EFFICIËNTIEVERBETERINGEN

13.1 Indien u wilt dat de NMa nagaat of de kans bestaat dat door de concentratie gegenereerde efficiëntieverbeteringen het vermogen van en de prikkel voor de nieuwe onderneming versterkt om concurrentiebevorderend te handelen in het belang van consumenten, gelieve dan een beschrijving te geven, gestaafd door documenten, van elk van deze efficiëntieverbeteringen (onder meer kostenbesparingen, introductie van nieuwe producten, en verbeterde dienstverlening of producten) die volgens de verwachting van de partijen voor de betrokken producten uit de voorgenomen concentratie zullen voortvloeien. Geef voor elke beweerde efficiëntieverbetering:
i) een gedetailleerde beschrijving van hoe de voorgenomen concentratie de nieuwe onderneming in staat zou stellen deze efficiëntieverbetering tot stand te brengen. Vermeld de verschillende stappen die de partijen denken te nemen om deze efficiëntieverbetering te bereiken, de risico's die aan het behalen van deze efficiëntieverbetering zijn verbonden, en de tijd en kosten die nodig zijn om deze te behalen;
ii) voor zover redelijkerwijs mogelijk een kwantificering van de efficiëntieverbetering en een gedetailleerde verklaring van hoe deze kwantificering werd berekend. Geef, voor zover relevant, ook een raming van de omvang van de efficiëntieverbeteringen die zijn verbonden aan de introductie van nieuwe producten of de verbetering van de kwaliteit. Vermeld, in het geval van efficiëntieverbeteringen die kostenbesparingen opleveren, afzonderlijk de besparingen voor eenmalige vaste kosten, voor

doorlopende vaste kosten en voor variabele kosten (in EUR/eenheid en EUR/per jaar);
iii) de mate waarin afnemers naar verwachting zullen profiteren van de efficiëntieverbetering en een gedetailleerde beschrijving van hoe u tot deze conclusie komt, en
iv) de reden waarom de partij(en) de efficiëntieverbetering van een dergelijke omvang niet konden bereiken via een ander middel dan de voorgenomen concentratie, op een manier die waarschijnlijk geen mededingingsbezwaren doet rijzen.

Plaats en datum:
Handtekening:
[18-09-2007, Stcrt. 187, i.w.tr. 01-10-2007]

ACM Uitvoeringsregel verkorte afdoening

Besluit van 2 september 2008 tot het vaststellen van uitvoeringsregels omtrent het verkort afdoen van concentratiemeldingen, Stcrt. 2008, 172, zoals laatstelijk gewijzigd op 26 maart 2013, Stcrt. 2013, 8686 (i.w.tr. 01-04-2013)

De Raad van Bestuur van de Nederlandse Mededingingsautoriteit,
Gelet op de artikelen 3:48 en 4:81 van de Algemene wet bestuursrecht jo. paragrafen 1 tot en met 3 van hoofdstuk 5 van de Mededingingswet;
Besluit:[1]

Artikel 1
Dit besluit regelt wanneer de Autoriteit Consument en Markt (hierna: ACM) de in artikel 34 van de Mededingingswet bedoelde concentratiemelding verkort kan afdoen door overeenkomstig artikel 3:48 van de Algemene wet bestuursrecht vermelding van de motivering bij de mededeling die op de melding volgt, achterwege te laten.
[26-03-2013, Stcrt. 8686, i.w.tr. 01-04-2013/regelingnummer 500199-25]

Artikel 2
De ACM zal vermelding van de motivering van de in artikel 37 van de Mededingingswet bedoelde mededeling in beginsel achterwege laten indien de mededeling inhoudt dat voor het tot stand brengen van de gemelde concentratie geen vergunning is vereist, en geen van de volgende omstandigheden zich voordoet:
a. de mededeling is gedaan onder voorwaarden als bedoeld in artikel 37, vierde lid, van de Mededingingswet of is het gevolg van een wijziging van de melding;
b. de mededeling wijkt af van een door de Nederlandse Zorgautoriteit (NZa) met betrekking tot de gemelde concentratie aan de ACM uitgebrachte zienswijze of van een door het Commissariaat voor de Media aan de ACM uitgebracht advies;
c. bij de behandeling van de gemelde concentratie is gebleken van relevante bezwaren van belanghebbende derden tegen die concentratie.
[26-03-2013, Stcrt. 8686, i.w.tr. 01-04-2013/regelingnummer 500199-25]

Artikel 3
In de in artikel 2 onder b en c bedoelde gevallen kan de ACM besluiten de motivering van de mededeling ten aanzien van de daar bedoelde zienswijze, resp. het daar bedoelde advies of bezwaar te vermelden en de motivering voor het overige achterwege te laten.
[26-03-2013, Stcrt. 8686, i.w.tr. 01-04-2013/regelingnummer 500199-25]

---

1 Een voorstel voor dit besluit is gedurende een consultatieperiode van een maand op de website van de NMa bekend gemaakt.

Artikel 4
In geval van verkorte afdoening van de mededeling ingevolge artikel 37 van de Mededingingswet zal gebruik worden gemaakt van de standaardvorm als opgenomen in de bijlage bij dit besluit.
[02-09-2008, Stcrt. 172, i.w.tr. 07-09-2008]

Artikel 5
Het Besluit omtrent het afdoen van concentratiemeldingen door middel van een verkort besluit[1] wordt ingetrokken.
[02-09-2008, Stcrt. 172, i.w.tr. 07-09-2008]

Artikel 6
Dit besluit treedt in werking met ingang van de tweede dag na dagtekening van de *Staatscourant* waarin het wordt geplaatst.
[02-09-2008, Stcrt. 172, i.w.tr. 07-09-2008]

Artikel 7
Dit besluit wordt aangeduid als: ACM Uitvoeringsregel verkorte afdoening.
[26-03-2013, Stcrt. 8686, i.w.tr. 01-04-2013/regelingnummer 500199-25]

BIJLAGE

BESLUIT
Nummer:
Betreft zaak:
Datum ontvangst melding:
Op bovenvermelde datum heeft de Autoriteit Consument en Markt (hierna: ACM) een melding ontvangen van een voorgenomen concentratie in de zin van artikel 34 van de Mededingingswet. Hierin is medegedeeld dat
#[Partij 1] en [partij 2] voornemens zijn te fuseren, in de zin van artikel 27, eerste lid, onder a, van de Mededingingswet.
#[Partij 1] voornemens is zeggenschap te verkrijgen, in de zin van artikel 27, eerste lid, onder b, van de Mededingingswet, over [over te nemen (deel van) onderneming].
#[Partij 1] en [partij 2] voornemens zijn een gemeenschappelijke onderneming tot stand te brengen, in de zin van artikel 27, tweede lid, van de Mededingingswet.
Na onderzoek van de melding en de daarbij ingediende gegevens heeft de ACM vastgesteld dat de gemelde operatie binnen de werkingssfeer van het in hoofdstuk 5 van de Mededingingswet geregelde concentratietoezicht valt. De ACM heeft geen reden om aan te nemen dat de concentratie de daadwerkelijke mededinging op de Nederlandse markt of een deel daarvan op significante wijze zou kunnen belemmeren.
Gelet op het bovenstaande deelt de ACM mede dat voor het tot stand brengen van de concentratie waarop de melding betrekking heeft, geen vergunning is vereist.
Datum:
De Raad van Bestuur van de Nederlandse Mededingingsautoriteit, namens deze:
[26-03-2013, Stcrt. 8686, i.w.tr. 01-04-2013/regelingnummer 500199-25]

---

1 *Stcrt.* 2000, 150, nadien gewijzigd in *Stcrt.* 2006, 185 en *Stcrt.* 2007, 227.

Werkwijze bij concentratiezaken

Werkwijze van 30 september 2021, Stcrt. 2021, 43083 (i.w.tr. 07-10-2021)

1
Introductie

1. Deze werkwijze geeft informatie over hoe de Autoriteit Consument en Markt (hierna: de ACM) meldingen en vergunningsaanvragen behandelt in het kader van het concentratietoezicht.[1] Met deze werkwijze wil de ACM handvatten bieden aan meldende en/of aanvragende partijen (hierna: partijen) en betrokken derden voor de procedure van het beoordelen van een concentratie. De werkwijze bindt de ACM niet. Voor zover nodig kan de ACM afwijken van deze werkwijze.
2. Het wettelijke kader voor het concentratietoezicht is te vinden in de Mededingingswet (hierna: Mw), de Europese Concentratieverordening 139/2004[2] en enkele andere wetten, waaronder de Algemene wet bestuursrecht (hierna: Awb) en de Instellingswet Autoriteit Consument en Markt (hierna: Iw). Onder een concentratie wordt verstaan een fusie, overgang van zeggenschap (hierna: overname) of de oprichting van een gemeenschappelijke onderneming die duurzaam alle functies van een zelfstandige eenheid vervult.[3]
3. Ondernemingen die een concentratie tot stand willen brengen (hierna: partijen) moeten dat voornemen melden bij de ACM wanneer de omzet van de betrokken

---

1 Deze werkwijze vervangt de *Spelregels bij concentratiezaken, Staatscourant* (hierna: *Stcrt.*) 2009, nr. 11, laatstelijk gewijzigd in *Stcrt.* 2013 nr. 11059.
2 Verordening (EG) nr. 139/2004 van de Raad van 20 januari 2004 betreffende de controle op concentraties van ondernemingen, *PbEU*, 2004, L24 (hierna: Europese Concentratieverordening).
3 Artikel 27 Mw. Een uitzondering geldt voor bepaalde deelnemingen door financiële instellingen en participatiemaatschappijen en de verkrijging van zeggenschap door curatoren en bewindvoerders (artikel 28 Mw). Zie voor een uitleg van deze begrippen *Geconsolideerde mededeling van de Commissie over bevoegdheidskwesties op grond van Verordening (EG) nr. 139/2004 betreffende de controle op concentraties van ondernemingen*, Pb EU, 2008, C 95, p. 1 (Onderdeel B).

ondernemingen boven de wettelijke omzetdrempels[1] uitkomt maar niet zo hoog is dat de concentratie op grond van de Europese Concentratieverordening bij de Europese Commissie moet worden gemeld.

4. De ACM toetst een concentratie in één of twee fases. De meldingsfase is bedoeld als een korte eerste beoordeling van de concentratie. Indien uit deze eerste beoordeling blijkt dat er geen mededingingsproblemen zijn, mag de concentratie doorgaan. Indien de ACM tot de conclusie komt dat meer (diepgaand) onderzoek nodig is, bepaalt zij dat een vergunning voor de concentratie is vereist. In de vergunningsfase is een grondiger onderzoek mogelijk dat duidelijk moet maken of er daadwerkelijk mededingingsproblemen zijn als gevolg van de concentratie of niet.

5. Indien een vergunning is vereist en door partijen is aangevraagd geeft de ACM na afronding van de vergunningsfase een finaal oordeel (behoudens rechtelijke toetsing) in de vorm van een besluit waarin zij de vergunning al dan niet afgeeft en dus beslist of de concentratie wel of niet mag doorgaan.[2]

6. Partijen mogen de concentratie pas tot stand brengen nadat de ACM op grond van de melding heeft besloten dat voor de concentratie geen vergunning is vereist of wanneer de ACM, na een vergunningsaanvraag, een vergunning heeft afgegeven.[3]

7. Hierna beschrijft de ACM haar werkwijze in de verschillende fases van het concentratietoezicht. In hoofdstuk 2, 3, en 4 bespreekt de ACM de gang van zaken voorafgaand aan een melding. In hoofdstuk 5 beschrijft de ACM de communicatie met partijen in de meldingsfase en de vergunningsfase. In hoofdstuk 6 komt de rol van derden in deze fases aan de orde. In hoofdstuk 7 beschrijft de ACM de werkwijze ten aanzien van vertrouwelijkheid, terinzagelegging en openbaarheid van gegevens en de rol van partijen en derden daarin. In hoofdstukken 8, 9 en 10 komen respectievelijk het verkort afdoen van besluiten, specifieke aspecten van concentraties in de zorgsector en het communicatiebeleid ten behoeve van het concentratietoezicht aan de orde. Tot slot beschrijft de ACM in hoofdstuk 11 de samenwerking met andere (Europese) mededingingsautoriteiten en andere toezichthouders in het concentratietoezicht.

---

1 Partijen moeten een concentratie bij de ACM melden wanneer de betrokken ondernemingen bij elkaar een jaaromzet van meer dan € 150 miljoen hebben én wanneer minstens twee van de betrokken ondernemingen in Nederland ieder een jaaromzet van € 30 miljoen of meer hebben in het voorafgaande kalenderjaar (artikel 29 Mw). Voor pensioenfondsen gelden andere voorwaarden. Hiervoor geldt dat de waarde van de bruto geboekte premies van de betrokken ondernemingen meer dan € 550 miljoen moet bedragen én van dit bedrag minstens twee van de betrokken ondernemingen ieder € 100 miljoen ontvangen van Nederlandse inwoners. Voor de zorgsector gelden ook andere voorwaarden. Het bedrag van € 150 miljoen in artikel 29, eerste lid, Mw is voor deze concentraties verlaagd tot € 55 miljoen en het bedrag van € 30 miljoen is verlaagd tot € 10 miljoen, waarvan € 5,5 miljoen met het verlenen van de genoemde zorg moet zijn behaald. Zie hiervoor ook, randnummer 141 in hoofdstuk 9.

2 De ACM beoordeelt of de concentratie de daadwerkelijke mededinging op de Nederlandse markt of een deel daarvan op significante wijze zal belemmeren. Zie artikel 37 Mw (meldingsfase) en artikel 41 Mw (vergunningsfase).

3 Partijen mogen op grond van artikel 34, eerste lid Mw de concentratie ook tot stand brengen wanneer de wachttermijn is verlopen. Zie daarover ook randnummer 28. Ook in het geval van een openbaar overname- of ruilaanbod mag de concentratie onder voorwaarden tot stand worden gebracht. Zie hierover randnummer 29.

2
Vragen voorafgaand aan een melding

8. Indien partijen voorafgaand aan de melding vragen hebben, kunnen zij deze stellen aan de Directie Mededinging van de ACM via het e-mailadres: Werkregisseur.DM@acm.nl en aan de Directie Zorg van de ACM via het e-mailadres: PoortwachterDZ@acm.nl. De ACM beantwoordt eenvoudige vragen telefonisch via het algemene telefoonnummer van de ACM: 070-722 2222.
9. In de praktijk blijkt dat veel vragen van partijen zien op het bepalen of een transactie valt onder het begrip concentratie als bedoeld in artikel 27 van de Mw en gemeld moet worden op grond van de omzetdrempels in artikel 29 van de Mw. Het gaat hier om zogenoemde jurisdictionele vragen. Die vragen kunnen gaan over de berekening van de omzet, het begrip concentratie, de aard van de zeggenschap en de vraag of er sprake is van een gemeenschappelijke onderneming die gemeld moet worden. Deze vragen lenen zich in beginsel voor een informele beantwoording via bovenstaande e-mailadressen.
10. Partijen kunnen de ACM in het geval van ingewikkeldere vragen om een informele zienswijze of een prenotificatiefase vragen. In de volgende hoofdstukken beschrijft de ACM deze mogelijkheden verder.

3
Informele zienswijze voor concentratiezaken

3.1. Wanneer een informele zienswijze?

11. Indien er andere dan de hiervoor in randnummer 9 bedoelde vragen zijn over hoe de ACM de Mededingingswet uitlegt of ingeval van complexere jurisdictionele vragen, kunnen partijen vragen om een informele zienswijze voorafgaand aan een eventueel prenotificatiefase of een melding. Een informele zienswijze is een voorlopig en informeel oordeel van de ACM. De ACM is niet verplicht tot het geven van informele zienswijzen. De criteria die de ACM hanteert voor het in behandeling nemen en honoreren van verzoeken om informele zienswijzen staan in de *ACM Werkwijze informele zienswijzen*.[1]
12. Bij een verzoek om een informele zienswijze moeten partijen in ieder geval de in de *ACM Werkwijze informele zienswijzen* genoemde informatie verstrekken. Het is verder aan partijen om te bepalen hoeveel extra informatie zij nog meer aanleveren. De ACM kan niet altijd (direct) een antwoord geven, bijvoorbeeld omdat de verstrekte informatie onduidelijk of te beperkt is. In uitzonderlijke gevallen kan de ACM dit oplossen door nadere vragen aan partijen te stellen. Een onderzoek is in het kader van een informele zienswijze niet mogelijk. Dat vindt plaats na de melding. Het kan dus voorkomen dat de ACM geen informele zienswijze afgeeft.
13. Omdat de ACM na de melding pas onderzoek doet, kan het voorkomen dat de ACM bij de beoordeling van de melding tot een ander oordeel komt dan in haar informele zienswijze. Dan beschikt de ACM immers over meer informatie, bijvoorbeeld van derden.

---

1 *Stcrt.* 2019, nr. 11177.

3.2. Termijn waarbinnen de zienswijze wordt gegeven.
14. Er gelden geen wettelijke termijnen voor een informele zienswijze. De ACM beseft dat partijen doorgaans wachten op de zienswijze voordat zij een melding doen. Een snel antwoord is daarom gewenst. De ACM streeft ernaar om de zienswijze binnen twee weken vanaf de ontvangstbevestiging te geven. Of dit ook daadwerkelijk mogelijk is, is afhankelijk van de complexiteit van de vraag en de door partijen verstrekte informatie. Indien mogelijk geeft de ACM de kern van de zienswijze zo snel mogelijk telefonisch door, vooruitlopend op een later volgend schriftelijk bericht.

3.3. Status zienswijze en openbaarheid.
15. De ACM publiceert in principe haar informele zienswijzen op haar website, geschoond van vertrouwelijke informatie.[1] Een informele zienswijze is geen besluit in de zin van de Awb en belet de ACM niet om in een later stadium alsnog anders te oordelen. Een informele zienswijze bindt ook andere instanties die een oordeel moeten vormen over de concentratie niet. Wel kunnen zij de zienswijze gebruiken als richtinggevend document voor hun eigen beoordeling.

4
Prenotificatiefase

16. De prenotificatiefase is een informele voorbereiding op de melding. De prenotificatiefase biedt betrokken ondernemingen een mogelijkheid om voorafgaand aan de formele melding op vertrouwelijke basis met de ACM te spreken over een voorgenomen concentratie.[2] Gezien de strikte en korte wettelijke termijn waarbinnen een besluit in de meldingsfase moet worden genomen, moedigt de ACM partijen aan om bij complexere zaken voorafgaand aan de melding contact op te nemen met de ACM. Een prenotificatiefase is vooral waardevol als partijen onbekend zijn met de procedure bij de ACM of als de zaak complex lijkt, bijvoorbeeld door een aanzienlijke horizontale overlap, belangrijke verticale verbanden of niet eerder gedefinieerde markten. In de prenotificatiefase fase zal de ACM geen uitspraken doen over de uiteindelijke beoordeling van de concentratie.

4.1. Voordelen prenotificatiefase.
17. Een prenotificatiefase draagt er aan bij dat de ACM sneller en gerichter een concentratie kan onderzoeken. Het doel van een prenotificatiefase is dan ook het realiseren van een betere melding en een beter begrip van de transactie en de gevolgen voor de mededinging. De doorlooptijd van de beoordeling kan daardoor korter worden.
18. In de prenotificatiefase kunnen partijen bijvoorbeeld met de ACM bespreken of zij bij de (concept-)melding voldoende relevante informatie aanleveren, of sprake is van beïnvloede markten, hoe die markten afgebakend kunnen worden en op welke wijze de marktaandelen bepaald kunnen worden. Ook kunnen partijen de prenotificatiefase gebruiken om ingewikkeldere jurisdictievragen te bespreken. Een prenotificatiefase is ook zinvol in zaken die door de Europese Commissie zijn verwezen naar de ACM (zie paragrafen 11.2.2 en 11.2.3).

---

1 Deze vertrouwelijke informatie kan ook de namen van betrokken partijen betreffen.
2 *Kamerstukken II*, 1995–1996, 24 707, nr.3, p. 39.

4.2. Op welk moment een prenotificatie?
19. De prenotificatiefase vangt minimaal een week voor de geplande datum van de melding aan. Het is verder aan partijen om te bepalen wanneer een prenotificatiefase precies start. Van belang is dat partijen voldoende duidelijkheid hebben over de vorm en inhoud van de transactie voor de prenotificatiefase.

4.3. Werkwijze in de prenotificatiefase.
20. In de prenotificatiefase is het van belang dat partijen aangeven hoe zij de concentratie willen vormgeven, welke markten betrokken zijn, en welke vragen zij aan de orde willen stellen. De ACM ontvangt deze informatie bij voorkeur in de vorm van een concept-melding.
21. Op basis van de toegestuurde informatie beslist de ACM zo spoedig mogelijk of een gesprek zinvol is. Het gesprek kan dan tot doel hebben om vragen te beantwoorden, de kwaliteit van de melding te verbeteren, of mogelijke knelpunten bij de materiële beoordeling in kaart te brengen. De ACM vindt het belangrijk dat bij prenotificatiegesprekken ook betrokkenen afkomstig van de ondernemingen zelf aanwezig zijn. Dit draagt doorgaans bij aan een goed beeld van de beïnvloede markten en de ratio van de transactie.
22. Tussen het indienen van de informatie van partijen en het prenotificatiegesprek moet voldoende tijd zitten om de ACM in staat te stellen het gesprek goed voor te bereiden.[1] Afhankelijk van de hoeveelheid toegestuurde informatie en de complexiteit daarvan, kan de ACM voor de voorbereiding van het prenotificatiegesprek meer tijd nodig hebben.
23. Ook na het doorlopen van een prenotificatiefase zullen partijen bij de melding een volledig ingevuld meldingsformulier moeten aanleveren. Het is niet zo dat partijen bepaalde informatie weg kunnen laten omdat partijen een prenotificatie hebben doorlopen. Partijen kunnen wel informatie uit de prenotificatiefase opnemen in het meldingsformulier.
24. De ACM streeft ernaar de zaakbehandelaars die betrokken zijn bij de prenotificatie ook deel te laten uitmaken van het behandelteam van de melding of de vergunningsaanvraag. Het kan echter voorkomen dat omstandigheden dit niet toelaten.

5
Proces en communicatie met partijen in de meldingsfase en vergunningsfase

25. In de volgende paragrafen beschrijft de ACM het proces in de meldingsfase en de vergunningsfase en de wijze en momenten waarop de ACM communiceert met partijen in deze fases. Daar waar er verschillen bestaan tussen meldingsfase en de vergunningsfase worden de fases apart besproken.

5.1. Wanneer melden of aanvragen?
26. Het voornemen voor een concentratie moet voldoende concreet zijn voordat de melding kan plaatsvinden. Dit betekent dat er tussen de bij de concentratie betrokken partijen ten minste principeovereenstemming moet bestaan om de concentratie te realiseren (bijvoorbeeld op basis van een intentieverklaring of een overeenkomst op hoofdlijnen), tenzij de concentratie wordt gerealiseerd door middel van een open-

---

1 Dit zijn in de regel ten minste drie werkdagen.

baar overname of ruilaanbod als bedoeld in artikel 39, eerste lid, Mw.[1] Als partijen een melding doen op het moment dat de voorgenomen concentratie onvoldoende concreet is, neemt de ACM de melding niet in behandeling.

27. Een aanvraag voor een vergunning kan pas worden gedaan nadat de ACM in het besluit op de melding heeft bepaald dat voor de concentratie een vergunning is vereist. Indien partijen een vergunningsaanvraag voor dat moment indienen zal de ACM deze aanvraag pas in behandeling nemen nadat de ACM heeft bepaald dat voor de concentratie een vergunning is vereist.[2]

28. Partijen mogen de concentratie pas tot stand brengen nadat zij de concentratie bij de ACM hebben gemeld én er een periode van vier weken is verstreken (de zgn. *standstill*periode of wachttijd) of de ACM de concentratie heeft goedgekeurd.[3] Zie over de periode van vier weken en de mogelijke verlenging hiervan randnummer 39 en verder. In de praktijk betekent dit dat de concentratie tot stand kan worden gebracht als de ACM op grond van de melding heeft besloten dat voor de concentratie geen vergunning is vereist of een vergunning voor de totstandbrenging van de concentratie heeft afgegeven. Indien partijen deze meldplicht en/of de *standstill* verplichting schenden, kan de ACM een boete opleggen van maximaal € 900.000 of, als dat meer is, 10% van de omzet van de betrokken onderneming(en). De ACM kan deze boete ook na eventuele goedkeuring van de concentratie nog opleggen. Daarnaast kan de ACM een last onder dwangsom opleggen.[4]

29. Indien de concentratie wordt gerealiseerd door middel van een openbaar overname- of ruilaanbod gericht op het verkrijgen van een deelname in het kapitaal van een onderneming[5], mag de concentratie tot stand worden gebracht mits partijen de concentratie onverwijld melden aan de ACM en zij de aan de deelname in het kapitaal verbonden stemrechten niet uitoefenen. Het verbod op uitoefening van de stemrechten blijft van toepassing totdat de ACM heeft bepaald dat voor de concentratie geen vergunning is vereist of een vergunning heeft verleend.

5.2. Communicatie met de ACM.

30. In verband met haar planning hoort de ACM het voornemen van partijen om te melden of een vergunning aan te vragen graag een paar dagen voordat partijen de melding of vergunningsaanvraag indienen.

31. Een melding of vergunningsaanvraag kan digitaal worden ingediend.[6] Voor digitale toezending dienen uitsluitend de volgende e-mailadressen te worden gebruikt: ACM-Post@acm.nl en, afhankelijk van de betrokken directie, Werkregisseur.DM@

---

1 Zie randnummer 28.
2 Artikel 44, tweede lid Mw.
3 Artikel 34, eerste lid Mw. Het overtreden van artikel 34, eerste lid Mw wordt ook wel '*gun jumping*' genoemd.
4 Artikel 74 Mw. Zie bijvoorbeeld: Besluit van de NMa in zaak 7941, Motorhuis, van 28 maart 2013, te vinden op: https://www.acm.nl/sites/default/files/old_publication/publicaties/11360_besluit-motorhuis-7491-openbaar.pdf.
5 Zoals bedoeld in artikel 39, eerste lid, Mw.
6 De ACM moedigt partijen aan om een melding of vergunningsaanvraag digitaal in te dienen. Indien de hierna beschreven wijze voor digitale communicatie met de ACM in de toekomst wijzigt, zal de ACM dat vermelden op haar website https://www.acm.nl/.

acm.nl (Directie Mededinging) of PoortwachterDZ@acm.nl (Directie Zorg).[1] Voor grote/omvangrijke bestanden kan ook het digitale bestandsuitwisselingssysteem van de ACM worden gebruikt via https://cryptshare.acm.nl.[2] Ook daarvoor moeten de hiervoor genoemde emailadressen worden gebruikt. Voor de aanlevering van een digitale melding of vergunningsaanvraag gelden vereisten om de digitale indiening overzichtelijk te houden.[3] Een melding of vergunningsaanvraag mag ook fysiek per post of koerier[4] naar de ACM worden toegestuurd. Eén exemplaar voldoet.

32. Bij digitale toezending hoeft niet alsnog een fysiek exemplaar opgestuurd te worden. Indien de melding of vergunningsaanvraag uit meerdere zendingen bestaat (fysiek dan wel digitaal), bijvoorbeeld een melding met losse bijlagen, bepaalt de ACM de ontvangstdatum op basis van de dag waarop alles is ontvangen en de zending zodoende compleet is.[5]

33. Gedurende de behandeling van een zaak kunnen stukken fysiek of digitaal worden verstuurd. Dat gaat in afstemming met de zaakbehandelaars. Bij digitale verzending door de ACM van formele stukken, bijvoorbeeld een vragenbrief, wordt dat vooraf afgestemd met de ontvanger. Gedurende de behandeling van een zaak kan telefonisch en/of per e-mail overlegd worden met de zaakbehandelaars.

5.3. Ontvangstbevestiging en behandelteam.

34. Meldingen en vergunningsaanvragen worden behandeld door een team van zaakbehandelaars onder verantwoordelijkheid van een manager van de betrokken directie van de ACM. Dit team stuurt na ontvangst van de melding of vergunningsaanvraag een ontvangstbevestiging. In deze ontvangstbevestiging vermeldt de ACM het zaaknummer. In alle navolgende correspondentie dienen partijen het zaaknummer te vermelden. De ACM communiceert zo snel als mogelijk na de ontvangstbevestiging de namen van de zaakbehandelaars, hun telefoonnummers en emailadressen aan partijen. De ACM streeft ernaar de samenstelling van het team zo min mogelijk te wijzigen tijdens de behandeling van de zaak.

---

1   Digitale meldingen of vergunningsaanvragen die niet naar deze emailadressen worden gestuurd en alleen aan andere e-mailadressen van (medewerkers van) ACM worden toegezonden, worden niet in behandeling genomen.
2   Het is daarbij van belang dat het benodigde wachtwoord gelijktijdig doch separaat aan de ACM wordt toegestuurd.
3   Zo ontvangt de ACM graag een index van alle aangeleverde bestanden inclusief een index van de bijlagen bij de digitale melding of vergunningsaanvraag. Daarnaast dienen de digitale melding, vergunningsaanvraag en de bijlagen in doorzoekbare pdf-bestanden aangeleverd te worden. Eventuele Excel-bestanden dienen partijen in origineel format aan te leveren. Hierbij is het mogelijk om deze aan te leveren met een wachtwoord. De ACM kan per zaak bekijken of het nodig is om aanvullende eisen aan de digitale indiening te stellen. Hierover kunnen partijen altijd contact opnemen met de ACM.
4   Partijen kunnen de melding of vergunningsaanvraag op werkdagen tot 19:00 uur per koerier afleveren op het kantoor van de ACM.
5   Te allen tijde geldt dat voor communicatie met de ACM die uitsluitend digitaal plaatsvindt, het moment waarop de ACM het bericht op haar systemen heeft ontvangen het tijdstip van ontvangst bepaalt. Voor het digitaal verzenden van stukken door de ACM geldt parallel dat het moment van verzenden door de ACM bepalend is voor het 'ontvangstmoment' en niet het moment van ontvangst op de systemen van de ontvanger.

5.4. Kosten verbonden aan een melding of vergunningsaanvraag.

35. Er zijn kosten (leges) verbonden aan het doen van een melding en een aanvraag van een vergunning voor een concentratie. In de *Regeling doorberekening kosten ACM*[1] zijn de bedragen vastgesteld. In het formulier voor het melden van een concentratie of het aanvragen van een vergunning voor een concentratie wordt gevraagd aan te geven welke onderneming de factuur zal voldoen.
36. Als partijen eenmaal hun melding of vergunningsaanvraag hebben ingediend, zijn zij deze vergoedingen verschuldigd. Dat is niet anders wanneer partijen hun melding, vergunningsaanvraag of ontheffingsverzoek intrekken[2] of als de ACM tot de conclusie komt dat de concentratie niet gemeld had hoeven worden.

5.5. Behandeltermijn en aanvullende vragen.
5.5.1. Meldingsfase.

37. Partijen dienen bij een melding bepaalde gegevens te verstrekken.[3] Deze gegevens zijn aangewezen in de *Regeling gegevensverstrekking Mededingingswet*[4] en vastgelegd in het Formulier melding concentratie.[5] Partijen dienen deze gegevens te verstrekken in het Nederlands. Eventuele bijlagen bij de melding mogen partijen ook in het Engels verstrekken.[6]
38. Indien de ACM een melding ontvangt die niet de aangewezen gegevens bevat (een zogenaamde onvolledige melding) kan de ACM binnen vijf werkdagen[7] na ontvangst van die melding verzoeken om toezending van de ontbrekende gegevens.[8] In dat geval wordt de melding incompleet verklaard en begint de behandeltermijn pas wanneer de ontbrekende gegevens alsnog zijn verstrekt.
39. De behandeltermijn voor een melding bedraagt vier weken, geteld vanaf de werkdag na ontvangst van de melding en alle bijlagen.[9] Indien de wettelijke termijn waarbinnen de ACM een beslissing op de melding dient te nemen eindigt op een zaterdag,

---

1 Artikel 2, tweede lid, en bijlage 2 *Regeling doorberekening kosten ACM*, Stcrt. 2014, nr. 36296, laatstelijk gewijzigd in Stcrt. 2020, nr. 23685.
2 Artikel 6, *Besluit doorberekening kosten ACM* Stb. 2014, nr. 406, laatstelijk gewijzigd in Stb. 2019, nr. 519 (hierna: *Besluit doorberekening kosten ACM*). Zie hierover ook uitspraak van de Rechtbank Rotterdam, 21-07-2016, ECLI:NL:RBROT:2016:5486.
3 Artikel 35, eerste lid, Mw.
4 *Regeling gegevensverstrekking Mededingingswet*, Stcrt. 2014, nr. 19743 (hierna: *Regeling gegevensverstrekking Mededingingswet*).
5 Zie bijlage 1 van het *Besluit vaststelling formulieren Mededingingswet 2007*, Stcrt. 2007, nr. 187 (hierna: *Besluit vaststelling formulieren Mededingingswet 2007*). Dit formulier legt vast welke gegevens bij de melding moeten worden verstrekt op grond van paragraaf 2 van de *Regeling gegevensverstrekking Mededingingswet*. Het meldingsformulier is ook te vinden op: https://www.acm.nl/nl/onderwerpen/concurrentie-en-marktwerking/concentraties-van-bedrijven/fusie-overname-of-joint-venture-melden.
6 Indien partijen bijlagen meesturen in het Engels, kan de ACM verzoeken de melding of vergunningsaanvraag aan te vullen met een vertaling van die bijlagen. De behandeltermijn wordt dan opgeschort totdat deze vertaling is ontvangen.
7 Met dagen worden in deze werkwijze kalenderdagen bedoeld. De werkwijze bij concentratiezaken geeft specifiek aan wanneer zij doelt op werkdagen.
8 Artikel 38, eerste lid, Mw.
9 Artikel 37, vijfde lid Mw.

zondag, of een algemeen erkende feestdag, wordt de termijn verlengd tot en met de eerstvolgende werkdag.[1]

40. De behandeltermijn in de meldingsfase kan worden opgeschort op gemotiveerd verzoek van de partijen.[2] Dit verzoek kan eenmalig worden gehonoreerd indien dat naar het oordeel van de ACM in het belang is van de beoordeling van de melding. Deze verlenging dient in verhouding te staan tot de (gehele) duur van de meldingsfase, waardoor de verlenging slechts van beperkte duur kan zijn.[3]

41. Het komt regelmatig voor dat de meldingen die de ACM ontvangt onvoldoende gegevens bevatten om tot een oordeel te komen. Hierdoor kan de ACM de concentratie niet beoordelen zonder aanvullende vragen te stellen.[4] Zie paragraaf 5.6 voor de gang van zaken bij het stellen van aanvullende vragen. De ACM kan ook informele vragen stellen, zie hiervoor paragraaf 5.7.

42. Met het stellen van formele vragen wordt de behandeltermijn met ingang van de dag waarop de ACM aanvullende vragen stelt tot de dag waarop die aanvulling door de ACM is ontvangen.[5] De ACM brengt de volgende specifieke punten onder de aandacht, die regelmatig ontbreken of niet volledig genoeg zijn bij de melding:
    - gegevens betreffende de transactie (punt 2 van het meldingsformulier); soms is niet (voldoende) duidelijk of het gaat om een concentratie bedoeld in artikel 27, eerste lid, onder a of b of tweede lid Mw;
    - een onderbouwing van de product- en geografische marktafbakening (punt 3.3 van het meldingsformulier);
    - marktvolumes van de betrokken markten (punt 3.3 van het meldingsformulier);
    - de contactgegevens van concurrenten, afnemers en belangenorganisaties (punt 3.5 van het meldingsformulier); en
    - marktonderzoeken waarover partijen de beschikking hebben (punt 4.4 van het meldingsformulier).

43. Het is vanzelfsprekend dat aangeleverde informatie bij een melding door partijen juist en volledig is. De ACM kan geldboetes opleggen indien ondernemingen onjuiste of onvolledige inlichtingen verstrekken bij een melding.[6] Deze geldboetes bedragen ten hoogste € 900.000 of, wanneer dat meer is, ten hoogste 1% van de omzet van de onderneming in het boekjaar voorafgaand aan de beschikking.

44. Indien partijen er niet zeker van zijn hoe de betrokken relevante markten moeten worden afgebakend, kan het nuttig zijn reeds bij de melding de marktaandelen en volumes te geven op basis van meerdere alternatieve relevante product- of geografische markten, bijvoorbeeld uitgaande van de (overwogen) marktafbakeningen in eerdere besluiten van onder meer de Europese Commissie en de ACM. De ACM

---

1 Artikel 37, vijfde lid, Mw en artikel 1, eerste lid, van de Algemene Termijnenwet.
2 Artikel 38, derde lid, Mw.
3 Zie de *memorie van toelichting bij de Wijziging van de Mededingingswet als gevolg van de evaluatie van die wet, Kamerstukken II*, 2004–2005, 30 071, nr. 3, p. 22.
4 Artikel 35, tweede lid, Mw.
5 Artikel 38, tweede lid, Mw. Als partijen de aanvulling aan de ACM niet verstrekken binnen zes maanden na de laatste aanvullende vraag, geldt de melding op grond van artikel 38, vierde lid, Mw als niet gedaan.
6 Artikel 73 Mw. Zie bijvoorbeeld Besluit van de NMa in zaak nr. 6687, Refresco van 5 augustus 2009, te vinden op: https://www.acm.nl/sites/default/files/old_publication/bijlagen/2419_6687BLD.pdf en bijbehorende uitspraak CBb 14 mei 2013, ECLI:NL:CBB:2013:CA3055.

is daarbij met name geïnteresseerd in de marktaandelen en volumes op de meest eng afgebakende relevante markt(en). In het algemeen geldt hier dat hoe meer informatie de ACM reeds bij de melding ontvangt, hoe minder aanvullende vragen nodig zullen zijn.[1]

45. Voor een spoedig verloop van het onderzoek is het ten slotte van belang dat partijen correcte en actuele contactgegevens van concurrenten, afnemers en belangenorganisaties verstrekken (punt 3.5 van het meldingsformulier). Indien partijen niet over de naam van een contactpersoon beschikken, kan het nuttig zijn om in plaats daarvan de functienaam of de naam van de afdeling te vermelden.
46. Zoals aangegeven in hoofdstuk 4 kan een prenotificatiefase, waarin partijen met de ACM overleggen over de bij de melding op te leveren informatie, helpen voorkomen dat de ACM een melding onvolledig moet verklaren of veel aanvullende vragen moet stellen. Een prenotificatiegesprek kan dus helpen de behandeltermijn te bekorten.

5.5.2. Vergunningsfase.

47. In de *Regeling gegevensverstrekking Mededingingswet* is bepaald welke gegevens partijen moeten verstrekken bij de aanvraag voor een vergunning. Dit is vastgelegd in het *Formulier aanvraag vergunning*.[2] De ACM raadt partijen aan om voorafgaand aan het doen van een vergunningsaanvraag met de ACM te overleggen over welke informatie noodzakelijk is en welke informatie eventueel achterwege kan blijven.[3]
48. De behandeltermijn voor een vergunningsaanvraag bedraagt dertien weken, ingaande op de dag van ontvangst van de aanvraag door de ACM.[4] Indien de behandeltermijn in de vergunningsfase volgens de telling zou eindigen op een zaterdag, zondag of een algemeen erkende feestdag, eindigt deze op de werkdag voorafgaand aan deze zaterdag, zondag of algemeen erkende feestdag.[5] De ACM kan de behandeltermijn in de vergunningsfase in overleg met partijen meerdere keren opschorten.[6]
49. In de vergunningsfase kan de ACM ook aanvullende vragen stellen. De ACM stelt de aanvragende partij dan in de gelegenheid om de aanvraag aan te vullen.[7] De ACM stelt daarbij een passende termijn waarbinnen partijen de vragen moeten beantwoorden. De behandeltermijn wordt opgeschort met ingang van de dag nadat de aanvullende vragen worden gesteld tot de dag waarop de aanvulling door de ACM is ontvangen, of de daarvoor gestelde termijn ongebruikt is verstreken.[8] De ACM kan

---

1 Informatie over de wijze waarop relevante markten worden afgebakend is te vinden in: *Bekendmaking van de Commissie inzake de bepaling van de relevante markt voor het gemeenschappelijke mededingingsrecht*, Pb EG, 1997, C 327, p. 5.
2 Zie bijlage 2 van het *Besluit vaststelling formulieren Mededingingswet 2007*. Dit formulier legt vast welke gegevens bij de vergunningsaanvraag moeten worden verstrekt op grond van artikel 9 en paragraaf 3 van de *Regeling gegevensverstrekking Mededingingswet*. Het formulier aanvraag vergunning is ook te vinden op: https://www.acm.nl/nl/onderwerpen/concurrentie-en-marktwerking/concentraties-van-bedrijven/vergunning-aanvragen-voor-fusie-overname-of-joint-venture.
3 Zie *Regeling gegevensverstrekking Mededingingswet*, artikel 11.
4 Artikel 44, eerste lid, Mw.
5 De Algemene Termijnenwet is niet van toepassing op de behandeltermijn van de vergunningsfase, omdat deze meer dan 12 weken bedraagt (artikel 4 onder a van de Algemene Termijnenwet).
6 Op grond van artikel 4:15, tweede lid Awb.
7 Artikel 4:5 Awb.
8 Artikel 4:15 Awb.

de termijn voor beantwoording verlengen indien partijen de aanvullende vragen niet binnen de daarvoor gestelde termijn kunnen beantwoorden.
50. Met betrekking tot de juistheid en volledigheid van de bij de aanvraag voor een vergunning verstrekte informatie geldt hetzelfde als in de meldingsfase (zie randnummer 43). De ACM kan bovendien een verleende vergunning intrekken wanneer de verstrekte gegevens zodanig onjuist waren dat op de aanvraag anders zou zijn beslist als de juiste gegevens wel bekend zouden zijn geweest.[1]

5.5.3. Ontheffing van de wachtperiode.
51. Het verbod van artikel 34 Mw om gedurende de periode van vier weken na melding de concentratie tot stand te brengen kan onder omstandigheden problemen opleveren, bijvoorbeeld in geval van een (dreigend) faillissement dat tot onherstelbare schade leidt. Artikel 40, eerste lid Mw bepaalt daarom dat de ACM om gewichtige redenen op verzoek van degene die de melding heeft gedaan, ontheffing kan verlenen van het verbod.
52. Met een verzoek tot ontheffing van de wachtperiode kan worden voorkomen dat onherstelbare schade aan de voorgenomen concentratie wordt toegebracht, terwijl dat niet altijd kan worden bereikt met een snelle beslissing op de melding zelf.[2] Aan een ontheffing kunnen voorwaarden worden gesteld. Bij de beoordeling maakt de ACM een afweging tussen:
   i. de belangen van de betrokken ondernemingen om de concentratie snel tot stand te brengen;
   ii. het op dat moment bestaande inzicht in de gevolgen voor de mededinging en
   iii. de mate van omkeerbaarheid van de concentratie.[3]
53. Op basis van de ontheffing kan de concentratie al (deels) tot stand worden gebracht voordat de ACM definitief heeft beslist, zij het op risico van de betrokkenen. De beoordeling van de melding vindt afzonderlijk plaats. Als uiteindelijk een vergunning wordt vereist doch niet verleend, dient de concentratie ongedaan te worden gemaakt. Indien een vergunning onder beperkingen of voorschriften wordt verleend, dient de concentratie daarmee in overeenstemming te worden gebracht.[4]
54. Een alternatief voor het aanvragen van een ontheffing is een snelle beslissing van de ACM. Indien eenvoudig kan worden vastgesteld dat de concentratie niet leidt tot een significante beperking van de mededinging, kan de ACM al vanaf 9 dagen na de melding een beslissing nemen. Eerder is niet mogelijk omdat de ACM af moet wachten of er zienswijzen worden ingediend na het plaatsen van de beginmededeling in de *Staatscourant*. Zie, voor het verkort afdoen van besluiten, hoofdstuk 8 van deze werkwijze. Het voordeel van een snel besluit voor partijen is dat zij minder procedures hoeven te doorlopen aangezien de ACM na een ontheffingsbesluit op grond van artikel 40 Mw altijd nog een 'definitief' besluit moet nemen. Een verkort besluit betekent daarmee dus ook minder onzekerheid voor partijen, omdat een verkort besluit een definitief besluit is.
55. Voor de vergunningsfase bestaat eenzelfde mogelijkheid tot het aanvragen van een ontheffing zodat de behandeltermijn niet hoeft te worden afgewacht op basis van

---

1 Artikel 45 Mw.
2 Zie *Kamerstukken II*, 1995–1996, 24 707, nr. 3, blz. 78.
3 Zie *Kamerstukken II*, 1995–1996, 24 707, nr. 3, blz. 39.
4 Artikel 40, derde lid Mw. In geval van overtreding van deze bepaling kan de ACM een boete opleggen.

artikel 46 Mw. De ACM kan hiertoe besluiten op basis van dezelfde redenen als in de meldingsfase.
56. Alvorens een ontheffingsverzoek in te dienen, verzoekt de ACM partijen om eerst contact met haar op te nemen om (de intentie tot) het verzoek te bespreken. Voor de wijze waarop een ontheffingsverzoek kan worden ingediend wordt verwezen naar paragraaf 5.2.

5.6. Gang van zaken bij aanvullende vragen.

57. De ACM kan op ieder moment gedurende de behandeltermijn aanvullende vragen stellen aan bij de concentratie betrokken partijen indien daar aanleiding toe bestaat.
58. Voordat de ACM aanvullende vragen stuurt, neemt één van de zaakbehandelaars in beginsel telefonisch contact op met partijen om de vragen aan te kondigen en waar nodig toe te lichten. Wanneer de zaakbehandelaars partijen telefonisch niet hebben kunnen bereiken, stuurt de ACM de vragen op zonder voorafgaand contact. De ACM raadt partijen aan om contact op te nemen met de zaakbehandelaars, indien bepaalde vragen voor hen niet voldoende duidelijk zijn. Het stellen van aanvullende vragen schort de behandeltermijn op. De ACM kan ook besluiten informele vragen te stellen. Dit schort de behandeltermijn niet op. Zie hiervoor paragraaf 5.7 van deze werkwijze.
59. Partijen dienen aanvullende vragen schriftelijk te beantwoorden. Voor de wijze van communicatie met de ACM wordt verwezen naar paragraaf 5.2.
60. De ACM kan partijen met aanvullende vragen verzoeken om interne documenten te verstrekken. Bij het opvragen van de interne documenten specificeert de ACM waar de documenten betrekking op dienen te hebben, uit welke periode zij komen en het soort documenten dat de ACM van partijen wil ontvangen. Partijen dienen bij het verstrekken van interne documenten toe te lichten op welke wijze zij de interne documenten hebben geselecteerd. De interne documenten zelf dienen partijen digitaal en in het originele bestandstype te verstrekken.
61. Wanneer partijen van mening zijn dat bepaalde documenten geprivilegieerde (*legal professional privilege*, ook wel: LPP[1]) informatie bevatten, moeten zij deze documenten voor beoordeling voorleggen aan de functionaris Verschoningsrecht van de ACM. De functionaris Verschoningsrecht beoordeelt deze claims dan overeenkomstig de *ACM Werkwijze Geheimhoudingsprivilege advocaat 2014*.[2] Wanneer de claim terecht wordt bevonden, krijgt de ACM geen inzage in de geclaimde (delen van de) documenten. Volledigheidshalve merkt de ACM op dat ook bij het verstrekken van interne documenten de dag van ontvangst van de interne documenten bepalend is voor de vaststelling van de behandeltermijn. De eventuele benodigde beoordeling van eventuele LPP-claims op die interne documenten heeft geen invloed op de behandeltermijn.
62. De ACM streeft ernaar om partijen uiterlijk binnen twee werkdagen na ontvangst van de antwoorden te informeren of de vragen al dan niet volledig zijn beantwoord. Indien niet alle vragen volledig zijn beantwoord, laten de zaakbehandelaars de partijen telefonisch weten welke vragen dit betreft, voordat zij hiervan een schriftelijke bevestiging sturen. Wanneer de partijen de aanvullende vragen volledig hebben

---

1 Dit betreft met een advocaat uitgewisselde vertrouwelijke correspondentie.
2 *Stcrt.* 2014, nr. 3991.

beantwoord, stuurt de ACM een bevestiging waarin wordt vermeld hoeveel dagen de termijn opgeschort is geweest.
63. In de praktijk komt het voor dat partijen de antwoorden eerst in concept inleveren, om zeker te weten dat de antwoorden volledig zijn, of om daarover met de zaakbehandelaars nog van gedachten te wisselen. Hiermee kunnen partijen proberen te voorkomen dat de ACM de gegeven antwoorden alsnog onvolledig beschouwd en de behandeltermijn opgeschort blijft. De ACM moedigt partijen aan – en verzoekt dit in de praktijk soms ook aan partijen – reeds gedeelten van antwoorden in concept toe te sturen. Partijen stellen zaakbehandelaars daarmee in staat zo veel mogelijk voortgang te maken met de (verdere) beoordeling van de voorgenomen concentratie. Het toesturen van conceptantwoorden of deelantwoorden heeft geen gevolgen voor de opschorting van de behandeltermijn.

5.7. Gang van zaken bij informele vragen.

64. Om de formele behandeltijd niet onnodig te verlengen, kan de ACM besluiten partijen informele vragen in plaats van formele aanvullende vragen te stellen. De ACM kan dit doen op ieder moment gedurende de behandeltermijn.
65. Het verschil tussen formele en informele vragen is dat het stellen van informele vragen de behandeltermijn niet opschort. Om te voorkomen dat met het informeel stellen van vragen te veel behandeltijd verloren gaat, stelt de ACM alleen informele vragen indien:
   (i)   de behandeltijd het toelaat; en
   (ii) de vragen relatief eenvoudig zijn; en
   (iii) de verwachting bestaat dat partijen de vragen snel (binnen drie werkdagen) kunnen beantwoorden; en
   (iv) het aantal vragen beperkt is.
66. De ACM kondigt de informele vragen telefonisch aan en stelt ze per e-mail. Daarbij stelt de ACM doorgaans een deadline van drie werkdagen voor beantwoording. De ACM vraagt aan partijen een schriftelijke reactie per e-mail gericht aan alle zaakbehandelaars onder vermelding van de zaaknaam en het zaaknummer. Indien partijen de gegeven termijn voor beantwoording niet halen, stelt de ACM de vragen direct formeel waarbij de behandeltermijn wordt opgeschort met ingang van de dag waarop de vragen formeel zijn gesteld.

5.8. 'Stand van zaken'-besprekingen.

67. In zaken waar mogelijke mededingingsproblemen spelen, kunnen zogenoemde stand van zaken-besprekingen een nuttige bijdrage leveren aan een open en goede communicatie tussen de ACM en partijen. Het behandelteam zal daarom stand van zaken-besprekingen organiseren indien dit bijdraagt aan een goede en efficiënte behandeling van de zaak en de behandeltijd het toelaat. Het is ook mogelijk om deze besprekingen te combineren met een werkbezoek op de locatie van de betrokken onderneming(en).
68. De ACM kan stand van zaken-besprekingen voeren op verschillende momenten gedurende het onderzoek zoals:
   i.   op het moment dat bij de ACM de gefundeerde indruk bestaat dat een vergunningsfase-onderzoek noodzakelijk is (zie paragraaf 5.9.1).
   ii. na de start van de vergunningsfase om van gedachten te wisselen over de reikwijdte van het onderzoek en de informatie die de ACM hiervoor nodig heeft.

iii. na het uitbrengen van de Punten van Overweging in de vergunningsfase (zie paragraaf 5.9.2).
iv. nadat partijen remedies hebben aangeboden om de details en effectiviteit van door partijen voorgestelde remedies te bespreken.

69. De ACM vindt het wenselijk dat betrokkenen afkomstig van partijen zelf aanwezig zijn bij de besprekingen, omdat zij bijvoorbeeld kunnen bijdragen aan een goed beeld van de ratio van de transactie of het functioneren van de betrokken markten.

5.9. Signaleren van mededingingsproblemen aan partijen.

5.9.1. In de meldingsfase.

70. Wanneer de ACM mededingingsproblemen signaleert in de meldingsfase en de gefundeerde indruk heeft dat een vergunningsfase-onderzoek noodzakelijk is, stelt zij partijen, voordat zij haar besluit neemt, in de gelegenheid om hier op te reageren. Hiervoor organiseert de ACM doorgaans een stand van zaken-bespreking, zoals toegelicht in paragraaf 5.8 van deze werkwijze.

71. In deze bespreking presenteert de ACM haar voorlopige bevindingen. Hierop kunnen partijen dan direct mondeling en/of, als de resterende behandeltermijn dit toelaat, op een later moment schriftelijk reageren. De ACM stelt daarvoor een termijn. Afhankelijk van relevantie voor het te nemen besluit door de ACM stelt de ACM partijen in de gelegenheid om te reageren op informatie die de ACM uit de markt heeft gekregen en wat de ACM daaruit afleidt. De ACM kan partijen bijvoorbeeld (onderdelen van) zienswijzen van derden en verslagen van gesprekken met marktpartijen en eventuele andere informatie waarop het besluit mogelijk zal worden gebaseerd toesturen, met uitzondering van eventuele vertrouwelijke gegevens (zie paragraaf 7.2.3). Het komt echter voor dat (vertrouwelijke versies van) zienswijzen van derden pas kort voor het einde van de behandeltermijn binnenkomen.

72. Hoewel partijen in beginsel de gelegenheid krijgen te reageren op voor het besluit relevante delen van informatie van derden vóór het nemen van het besluit, kan dit in uitzonderlijke gevallen achterwege worden gelaten indien de behandeltijd het niet toelaat.[1]

73. Partijen kunnen naar aanleiding van de door de ACM gesignaleerde mededingingsproblemen indien gewenst een passend remedievoorstel aanbieden (zie paragraaf 5.10).

74. Nadat de ACM een besluit neemt waarin zij bepaalt dat voor de gemelde concentratie een vergunning is vereist, kunnen partijen tegelijkertijd met het indienen van een vergunningsaanvraag een schriftelijke zienswijze geven op de in dat besluit geformuleerde conclusies over de aannemelijkheid van mededingingsproblemen als gevolg van de gemelde concentratie.

5.9.2. In de vergunningsfase.

75. Wanneer de ACM naar aanleiding van het onderzoek in de vergunningsfase mogelijke mededingingsbezwaren vaststelt, legt de directeur van de behandelende directie[2] een voorlopig oordeel over de concentratie en de hieraan ten grondslag liggende overwegingen en onderzoeksresultaten neer in Punten van Overweging (hierna: PvO). De ACM kan, indien het onderzoek in de vergunningsfase daar aanleiding toe geeft ook bevindingen uit het meldingsbesluit heroverwegen.

---

1 Artikel 4:11 Awb.
2 Dit betreft de Directie Mededinging en de Directie Zorg.

76. De ACM stuurt de PvO aan partijen. De ACM stuurt ook dan (onderdelen van) zienswijzen van derden en verslagen van gesprekken met marktpartijen, waarop het besluit mogelijk zal worden gebaseerd, van tevoren toe aan partijen, uitgezonderd van eventuele vertrouwelijke gegevens. De ACM stelt partijen uiterlijk met het uitbrengen van de PvO op de hoogte van de gesignaleerde (mogelijke) mededingingsproblemen.
77. In een stand van zaken-bespreking kan de ACM de PvO mondeling toelichten en kunnen partijen reageren op de PvO. De ACM stelt partijen ook in de gelegenheid schriftelijk een zienswijze te geven op de PvO. De ACM stelt daarvoor een termijn. Partijen kunnen op basis van de in de PvO gesignaleerde mededingingsproblemen een passend remedievoorstel indienen. Zie hierover paragraaf 5.10.
78. Afhankelijk van de zaak kan de ACM besluiten om de PvO, geschoond van vertrouwelijke gegevens, ook aan bepaalde derden kenbaar maken. Het betreft dan derden die gedurende het onderzoek een actieve rol hebben gespeeld en die naar verwachting een zinvolle reactie kunnen geven op de PvO. Zie hierover ook paragraaf 6.3, onder iv. De reactie van deze derden wordt, geschoond van vertrouwelijke gegevens, gedeeld met partijen.
79. In deze fase van de behandeling van een aanvraag van een vergunning kan de ACM besluiten een hoorzitting te houden, waarbij partijen en derden hun opvattingen over de PvO naar voren kunnen brengen. Zie voor de inbreng van derden voor de PvO ook randnummer 106 - 108. De meerwaarde van een hoorzitting boven andere manieren om partijen en derden te horen kan liggen in de directe confrontatie van de opvattingen van partijen en derden.

5.10. Aanbieden van remedies.

80. In de meldingsfase kunnen partijen proberen een vergunningsfase te voorkomen door een remedie voor te stellen. Een remedie beoogt de geconstateerde mededingingsbezwaren weg te nemen die als gevolg van de concentratie ontstaan. Een remedie kan in de meldingsfase op twee manieren worden ingediend: partijen kunnen de transactie wijzigen en de melding daarop aanpassen, of één of meerdere voorwaarden voorstellen. De ACM kan de voorgestelde remedies als voorwaarden verbinden aan het besluit op de melding.[1]
81. Een remedievoorstel is voor de ACM acceptabel wanneer de mogelijke mededingingsbezwaren die ontstaan als gevolg van de concentratie, geheel worden weggenomen. Een vergunningsfase kan echter niet altijd vermeden worden met een remedievoorstel in de meldingsfase. Soms is nader en uitgebreider onderzoek van de mogelijke mededingingsbezwaren en/of de aangeboden remedies noodzakelijk.
82. In de vergunningsfase kunnen partijen eveneens remedies aanbieden. Indien zij remedies willen aanbieden, dienen partijen tijdig en uiterlijk drie weken voor afloop van de termijn van dertien weken waarbinnen de ACM een besluit moet nemen een volledig uitgewerkt schriftelijk remedievoorstel in te dienen. De ACM kan de remedies als voorschriften of beperkingen aan een vergunning verbinden.[2]

---

1 Artikel 37, vierde lid, Mw.
2 Artikel 41, vierde lid, Mw.

83. De *Richtsnoeren Remedies 2007*[1] gaan nader in op de voorwaarden en voorschriften waaraan remedies in de meldingsfase en de vergunningsfase moeten voldoen en de wijze waarop de ACM de aangeboden remedies beoordeelt.

5.11. Inroepen van een efficiëntieverweer.

84. Partijen kunnen gedurende de meldingsfase en vergunningsfase een beroep doen op een zogenaamd efficiëntieverweer. Een efficiëntieverweer houdt in dat partijen aanvoeren dat de efficiëntieverbeteringen als gevolg van de voorgenomen concentratie opwegen tegen potentiële concurrentiebeperkende effecten.[2] Indien partijen een beroep doen op een efficiëntieverweer, beoordeelt de ACM dit verweer conform de Europese Richtsnoeren horizontale concentraties.[3] Dit geldt zowel voor horizontale concentraties als voor niet-horizontale concentraties.
85. Het is daarbij aan de betrokken partijen om aannemelijk te maken dat voldaan is aan de in de hiervoor genoemde richtsnoeren beschreven voorwaarden: efficiëntieverbeteringen moeten: 1) ten goede komen aan de gebruikers, 2) specifiek het resultaat zijn van de concentratie, en 3) verifieerbaar zijn. Om dit aannemelijk te maken kunnen partijen gebruik maken van interne documenten die zijn opgesteld ter voorbereiding van de transactie, specifiek ten behoeve van de transactie opgestelde economische analyses en andere informatie. De ACM hecht overigens doorgaans meer belang aan documenten en informatie die zijn opgesteld voorafgaand aan de melding van de transactie dan aan documenten en informatie die specifiek voor de beoordeling door de ACM van de transactie zijn opgesteld.[4]
86. De ACM benadrukt dat partijen al in een vroeg stadium van de meldings- en vergunningsfase informatie kunnen verstrekken over efficiëntieverbeteringen die het gevolg zijn van de concentratie. Dit biedt de ACM meer gelegenheid een oordeel hierover te vormen. De ACM ziet het (in een vroeg stadium) aanvoeren van efficiëntieverbeteringen niet als een erkenning door partijen van het ontstaan van mededingingsproblemen als gevolg van de concentratie.
87. Indien reeds in de meldingsfase evident is dat eventuele negatieve gevolgen voor de mededinging als gevolg van de concentratie worden gecompenseerd door efficiëntieverbeteringen die voldoen aan de hiervoor genoemde voorwaarden, kan de ACM die efficiëntieverbeteringen meewegen in de meldingsfase. De ACM zal efficiëntieverbeteringen echter veelal pas in de vergunningsfase kunnen beoordelen, aangezien dan de gevolgen van de concentratie voor de mededinging diepgaand worden onderzocht en omdat de beoordeling van geclaimde efficiëntieverbeteringen veelal een diepgaand en uitgebreid economisch onderzoek vergt.

---

1 *Richtsnoeren Remedies 2007, Stcrt.* 2007, nr. 187, laatstelijk gewijzigd in *Stcrt.* 2013, nr. 8686.
2 Een voorbeeld van een succesvol efficiëntieverweer is te vinden in: Besluit van de NMA in zaak 6424, Ziekenhuis Walcheren – Oosterscheldeziekenhuizen, van 25 maart 2009, te vinden op: https://www.acm.nl/sites/default/files/old_publication/bijlagen/2359_6424BCV.pdf.
3 *Richtsnoeren voor de beoordeling van horizontale fusies op grond van de Verordening van de Raad inzake de controle op concentraties van ondernemingen, PbEU,* 2004, C 31, p. 5, onderdeel VIII (hierna: *Europese Richtsnoeren horizontale concentraties*), randnummers 76–88. De ACM sluit hierbij aan op basis van *Beleidsregel beoordeling horizontale concentraties,Stcrt.* 2007, nr. 173, laatstelijk gewijzigd in *Stcrt.* 2013, nr. 8686 (hierna: *ACM Beleidsregel Horizontale Concentraties*).
4 Zie ook *Europese Richtsnoeren horizontale concentraties,* randnummer 88.

5.12. Inroepen van een reddingsfusieverweer.
88. Partijen kunnen gedurende de beoordeling van de concentratie een beroep doen op een zogenaamd reddingsfusieverweer. Met een reddingsfusieverweer kunnen partijen aannemelijk maken dat de te verwachten toekomstige mededingingssituatie *met* concentratie niet verschilt van de te verwachten mededingingssituatie *zonder* concentratie. Dit kan het geval zijn als zonder de concentratie de mededingingsstructuur van de markt minstens in even sterke mate zou verslechteren, bijvoorbeeld omdat de over te nemen onderneming – meestal door een faillissement – de markt in de nabije toekomst sowieso zou hebben verlaten.[1]
89. Indien partijen een beroep doen op een reddingsfusieverweer beoordeelt de ACM dit verweer conform de Europese Richtsnoeren horizontale concentraties.[2] Dit geldt zowel voor horizontale concentraties als voor niet-horizontale concentraties.
90. Het is daarbij aan de betrokken partijen om te laten zien dat voldaan is aan de geldende voorwaarden.[3] De ACM acht het van belang dat partijen hun beroep op een reddingsfusieverweer expliciet maken en onderbouwen met voldoende informatie en documenten. De ACM denkt daarbij niet alleen aan interne (strategische en financiële) analyses van de onderneming, maar ook aan informatie over en van externe financiers, schuldeisers en schuldenaren van de onderneming, en informatie over en van eventuele alternatieve transacties of kopers die door de onderneming zijn overwogen.
91. De ACM onderkent de gevoeligheid van het inroepen van een reddingsfusieverweer voor de betrokken onderneming en zal om die reden in haar onderzoek zo veel als mogelijk gebruik maken van door de onderneming zelf overgelegde informatie. Zij zal alleen contact opnemen met derden voor zover dit noodzakelijk is voor de beoordeling van het reddingsfusieverweer. Wanneer de ACM contact opneemt met derden, informeert de ACM partijen hierover voorafgaand aan het contact.
92. De ACM benadrukt dat partijen al in een vroeg stadium van de meldingsfase informatie kunnen verstrekken over een mogelijk reddingsfusieverweer, ook als dit nog niet volledig is uitgewerkt. Dit biedt de ACM meer gelegenheid een oordeel hierover te vormen en dit komt de snelheid van de besluitvorming ten goede. De ACM ziet het (in een vroeg stadium) aandragen van een reddingsfusieverweer niet als een erkenning door partijen van het ontstaan van mededingingsproblemen als gevolg van de concentratie.
93. De ACM kan een reddingsfusieverweer zowel in de meldingsfase als in de vergunningsfase beoordelen. Indien reeds in de meldingsfase evident is (of wordt) dat aan de condities voor het accepteren van een reddingsfusieverweer is voldaan, zal de ACM het verweer in de meldingsfase beoordelen. De ACM zal een reddingsfusieverweer echter veelal pas in de vergunningsfase kunnen beoordelen, aangezien de

---

1   Een voorbeeld van een succesvol reddingsfusieverweer is te vinden in: Besluit van de ACM in zaak ACM/18/032520, Stichting ZorgSaam Zorggroep Zeeuws-Vlaanderen en Stichting Warmande, van 21 juni 2018, te vinden op https://www.acm.nl/sites/default/files/documents/concentratiebesluit-stichting-zorgsaam-mag-stichting-warmande-overnemen.pdf.
2   Zie *Europese Richtsnoeren horizontale concentraties*, vanaf randnummer 89 en *ACM Beleidsregel Horizontale Concentraties*.
3   *Europese Richtsnoeren horizontale concentraties* randnummers 89 – 91.

beoordeling van een reddingsfusieverweer veelal een uitgebreid onderzoek vergt waarbij veel informatie van partijen en, waar mogelijk, derden noodzakelijk is.

6
De betrokkenheid van derden in de meldingsfase en vergunningsfase

6.1. Wie zijn derden?
94. Met derden bedoelt de ACM primair afnemers, brancheorganisaties, concurrenten en leveranciers van partijen. Bij de melding en de aanvraag van een vergunning dienen partijen contactgegevens van de belangrijkste derden te verstrekken, zoals randnummer 45 van deze werkwijze omschrijft.

6.2. Belang van de inbreng van derden voor het onderzoek en de beoordeling.
95. Derden zijn een belangrijke bron van informatie en kunnen daardoor een belangrijke rol spelen in het onderzoek naar de gevolgen van concentraties. Op basis van informatie van derden kan de ACM een vollediger beeld krijgen van de te onderzoeken markten, de gegevens (zoals marktomvang) aanvullen die door partijen zijn ingediend en een mogelijk mededingingsprobleem op het spoor komen. In het onderzoek verzamelt de ACM informatie van verschillende spelers op de relevante markt(en). Op deze manier wordt de evenwichtigheid van het onderzoek gewaarborgd en krijgt de ACM een zo volledig mogelijk beeld van deze markt(en).
96. Uit het voorgaande volgt dat de ACM de betrokkenheid van derden in zowel de meldings- en vergunningsfase van belang acht. Het is aan de ACM om gedurende haar onderzoek de noodzakelijkheid van de betrokkenheid van derden te beoordelen en de waarde van de inbreng van derden te wegen. Het is dan ook afhankelijk van de zaak in hoeverre en tot welk moment zij betrokkenheid van derden verlangt.
97. Het is partijen niet toegestaan om de reacties van derden op de voorgenomen concentratie zodanig te beïnvloeden dat de ACM de onafhankelijkheid van de reactie op de voorgenomen concentratie niet kan aannemen.

6.3. Wanneer inbreng van derden mogelijk?
98. In het kader van een onderzoek naar aanleiding van een gemelde transactie of een vergunningsaanvraag zijn er verschillende momenten waarop de ACM derden uitnodigt inbreng te leveren.

(i) Mededeling in de *Staatscourant*
99. De ACM plaatst zo spoedig mogelijk na de ontvangst van de melding of vergunningsaanvraag een bericht in de *Staatscourant*. In de praktijk is dat ongeveer drie tot vijf dagen na de ontvangst van de melding of vergunningsaanvraag. Deze mededelingen publiceert de ACM ook op haar website (www.acm.nl).
100. Op basis van de gegevens in de melding of vergunningsaanvraag beschrijft de ACM in de mededeling de aard van de voorgenomen transactie en de activiteiten van de betrokken ondernemingen in het kort.[1] Daarnaast nodigt de ACM derden uit om binnen een termijn van zeven dagen hun reactie met betrekking tot de transactie bij de ACM in te dienen. De punten die derden naar voren brengen dienen in verband te staan met de gemelde transactie. Indien mogelijk ontvangt de ACM graag bronnen, voorbeelden en/of feitelijk bewijs die de reacties ondersteunen.

---
1 De ACM gaat hierbij uit van de door partijen bij de melding verstrekte omschrijving van de transactie.

101. De termijn van zeven dagen is geen wettelijke termijn. De ACM vindt het wenselijk dat derden hun reacties binnen deze termijn indienen omdat de ACM in de meldingsfase in beginsel binnen vier weken een besluit moet nemen. Indien derden hun reacties na de termijn van zeven dagen indienen, kan de ACM daar, afhankelijk van de resterende behandeltermijn, mogelijk minder aandacht aan besteden. De ACM kan immers na het verlopen van de termijn van zeven dagen maar voor het verstrijken van de termijn van vier weken al een besluit op de melding nemen. Mocht de mededeling in de *Staatscourant* vragen oproepen bij een derde, dan kan deze contact opnemen met de zaakbehandelaars. Indien derden meer informatie over de transactie nodig hebben om hun reactie voor te bereiden, zal de ACM deze derden alleen over niet-vertrouwelijke feiten informeren.

(ii) Het stellen van vragen gedurende het onderzoek

102. De ACM stelt vaak vragen aan derden; het zogenoemde 'onderzoek onder marktpartijen'. Daarmee beoogt de ACM bepaalde gegevens te verifiëren en aanvullende informatie te verzamelen om een vollediger beeld van de markt(en) te krijgen. Dit stelt derden ook in de gelegenheid om mogelijke mededingingsproblemen die als gevolg van de transactie zouden kunnen ontstaan, naar voren te brengen.
103. In de meeste gevallen maakt de ACM een afspraak voor een telefonisch gesprek waarin vooraf toegestuurde vragen zullen worden besproken. De ACM maakt verslagen van deze telefoongesprekken die na afloop ter goedkeuring aan de partij waarmee is gesproken worden toegezonden. Deze partij kan ook aanvullingen en wijzigingen in het verslag aanbrengen. Deze verslagen neemt de ACM daarna op in het dossier. Mogelijk wordt een niet-vertrouwelijke versie van deze verslagen of een niet-vertrouwelijke samenvatting van de inhoud aan de partijen ter beschikking gesteld (zie paragraaf 7.2.3).
104. Indien de ACM schriftelijk vragen stelt aan derden, stelt zij een bepaalde termijn waarbinnen derden de vragen schriftelijk moeten beantwoorden. De ACM kan derden verplichten om bepaalde informatie te verstrekken ten behoeve van het onderzoek.[1] Indien het niet mogelijk blijkt binnen de gestelde termijn te reageren, raadt de ACM aan om contact op te nemen met de zaakbehandelaars. Een verlenging van de termijn is in sommige gevallen mogelijk. Het is van belang dat derden de vragenlijsten zorgvuldig invullen.

(iii) Na het indienen van voorstellen voor remedies[2]

105. De ACM kan derden uitnodigen om een reactie te geven op door partijen voorgestelde remedies. Dit staat bekend als de markttest van remedies. De ACM vraagt dan, op basis van een niet-vertrouwelijke versie van de voorgestelde remedies, een snelle reactie ten aanzien van de effectiviteit en uitvoerbaarheid van de voorgestelde remedies. De ACM benadert hiertoe derden die gedurende het onderzoek een actieve rol hebben gespeeld en/of die naar verwachting een zinvolle reactie kunnen geven.

(iv) Wanneer in de vergunningsfase een hoorzitting plaatsvindt

---

1 Op grond van artikel 6b Iw. Aan een onderneming die in strijd handelt met artikel 6b Iw kan de ACM op grond van artikel 12m van de Instellingswet Autoriteit Consument en Markt een boete opleggen van ten hoogste EUR 900.000,- of, indien dat meer is, van ten hoogste 1% van de omzet van de onderneming.
2 Zowel bij remedies in de meldingsfase als remedies in de vergunningsfase.

Werkwijze bij concentratiezaken

106. Zoals in randnummer 79 al aangegeven, kan de meerwaarde van een hoorzitting liggen in de directe confrontatie van de opvattingen van partijen en derden. De ACM kan dus ook derden voor een hoorzitting uitnodigen. Derden kunnen daar ook zelf om verzoeken. De ACM zal in de regel derden uitnodigen die gedurende het onderzoek een actieve rol hebben gespeeld en/of die naar verwachting een zinvolle bijdrage kunnen leveren.
107. Afhankelijk van de zaak maakt de ACM de zakelijke inhoud van de PvO, geschoond van vertrouwelijke gegevens, ook aan bepaalde derden kenbaar. Voor een goede gang van zaken wordt derden gevraagd om enkele dagen voor de hoorzitting hun reactie schriftelijk in te dienen. Tijdens de hoorzitting krijgen deze derden vervolgens de mogelijkheid hun standpunt over de gevolgen van de concentratie mondeling en in aanwezigheid van partijen naar voren te brengen.
108. De ACM begrijpt dat de door derden verstrekte informatie (deels) bedrijfsvertrouwelijk kan zijn. Paragraaf 7.2.3 gaat nader in op de werkwijze van de ACM bij dergelijke vertrouwelijkheden.

6.4. Derden en niet gemelde transacties.

109. De ACM is ook actief in het opsporen van ten onrechte niet gemelde concentraties, waarbij de informatie van derden nuttig kan zijn. Derden kunnen dan ook contact opnemen met de ACM wanneer een transactie niet is gemeld en zij een goede reden hebben te vermoeden dat de transactie gemeld had moeten worden. Een brief, e-mail of een telefonisch bericht aan de ACM met de nodige gegevens is voldoende.[1] De ACM zal desgewenst in dit geval zorgen voor de anonimiteit van deze derden.

7
Vertrouwelijkheid, terinzagelegging en openbaarheid

7.1. Zorgvuldige omgang met vertrouwelijke informatie.

110. De ACM verzamelt in concentratiezaken veel vertrouwelijke informatie van partijen, maar ook van derden. Met deze vertrouwelijke informatie gaat de ACM zorgvuldig om. Het is namelijk essentieel voor het werk van de ACM dat partijen en derden vertrouwelijke informatie kunnen verstrekken. Deze zorgvuldigheid geldt niet alleen voor de publicatie van de openbare versie van besluiten, maar ook gedurende het onderzoek, bijvoorbeeld indien de ACM standpunten van derden kenbaar maakt aan partijen (zie randnummers 71 en 76).
111. Het is van belang dat partijen of derden die informatie verstrekken, op heldere wijze aangeven welke gegevens naar hun mening een vertrouwelijk karakter hebben. De ACM beoordeelt vervolgens aan de hand van de gronden genoemd in artikel 10 Wet openbaarheid van bestuur (hierna: Wob), in hoeverre hieraan tegemoet kan worden gekomen.
112. In sommige gevallen vraagt de ACM bepaalde informatie niet alleen in een vertrouwelijke versie, maar ook in een openbare versie aan te leveren. Te denken valt bijvoorbeeld aan door partijen aangeboden remedies om deze te kunnen testen in de markt, maar ook bepaalde reacties van derden, zodat deze aan partijen kunnen worden verstrekt.

---

1 De contactgegevens van de ACM kunnen derden vinden op https://www.acm.nl/nl/contact/tips-en-meldingen/uw-tip-of-melding-doorgeven-aan-acm.

113. Paragraaf 7.2 tot en met 7.4 beschrijven de procedure rondom vertrouwelijkheden en terinzagelegging in de aanloop naar het nemen van het besluit. Paragraaf 7.5 beschrijft de procedure rondom vertrouwelijkheden en terinzagelegging in een mogelijke gerechtelijke procedure naar aanleiding van het door de ACM genomen besluit.

7.2. Vertrouwelijkheden in door partijen en derden aangeleverde informatie.
7.2.1. Vertrouwelijkheidstoets.

114. De ACM hanteert voor de beoordeling van vertrouwelijkheid de gronden van artikel 10 Wob.[1] Als de gegevens reeds openbaar zijn (bijvoorbeeld via een jaarverslag, de registers van de Kamer van Koophandel, websites of andere openbare bronnen), kunnen ze niet als vertrouwelijk worden aangemerkt. Ook oude gegevens die hun commerciële waarde hebben verloren, zijn niet vertrouwelijk.[2] Tot slot is de omvang van de markt zelden vertrouwelijk. Dit kan in een uitzonderlijk geval anders zijn, indien partijen bijvoorbeeld de omvang hebben laten berekenen.

7.2.2. Publicatie en vertrouwelijkheden partijen.

115. De ACM publiceert uitgeschreven besluiten en verkorte besluiten.[3] Zie voor het verkort afdoen van besluiten hoofdstuk 8 van deze werkwijze. In verkorte besluiten staat geen vertrouwelijke informatie. Daarom vraagt de ACM enkel bij uitgeschreven besluiten aan partijen in hoeverre zij delen van dit besluit als vertrouwelijk aanmerken. Bij toezending van de vertrouwelijke versie van het besluit aan partijen verzoekt de ACM hen binnen drie werkdagen aan te geven welke gegevens door partijen als vertrouwelijk worden aangemerkt en uit een openbare versie van het besluit zouden moeten worden verwijderd.

116. Als partijen stellen dat bepaalde gegevens vertrouwelijk zijn, dan moeten zij dit gemotiveerd aangeven. De ACM beoordeelt vervolgens of deze informatie als vertrouwelijke informatie wordt aangemerkt. Als de door partijen aangedragen motivering onvoldoende is, vraagt de ACM om een aanvullende motivering. Indien er tussen partijen en de ACM geen verschil van mening bestaat over de vertrouwelijkheid, publiceert de ACM het besluit zo snel mogelijk (dit kan soms enkele weken duren) na bekendmaking aan partijen.

117. Het komt voor dat partijen los van elkaar vertrouwelijke strategische gegevens met de ACM delen (al dan niet via gemachtigden) en dat die gegevens (naar verwachting) dragend zijn voor de beoordeling van de concentratie. De ACM acht het in beginsel een verantwoordelijkheid van partijen en hun gemachtigden om gegevens die tussen de partijen onderling als vertrouwelijk moeten worden beschouwd te identificeren en te zorgen voor de waarborging van de onderlinge vertrouwelijkheid van deze gegevens tussen partijen. De ACM kan beslissen om aparte versies van formele vragen, de PvO of een besluit voor specifieke partijen op te stellen teneinde de onderlinge vertrouwelijkheid van gegevens zo veel mogelijk te waarborgen.

---

1 Op grond van artikel 12w, tweede lid, Iw. Het betreft in de meeste gevallen bedrijfs- en fabricagegegevens en persoonsgegevens (artikel 10, eerste lid, sub c en d Wob).
2 Dit betreft gegevens van minstens vijf jaar oud, tenzij een partij aantoont dat deze nog steeds een wezenlijk onderdeel uitmaken van de commerciële positie van de onderneming of de gegevens van een betrokken derde zijn.
3 Op grond van artikel 12w Iw.

7.2.3. Vertrouwelijkheden in informatie van derden.

118. De informatie die derden verstrekken en waar de ACM haar besluit op wil baseren en dus gebruikt, maakt de ACM kenbaar aan partijen. Daarnaast verwijst de ACM in haar besluit naar informatie die zij heeft verkregen van derden. Afhankelijk van de zaak kan de ACM informatie afkomstig van derden in een samenvatting van de opvattingen uit de markt verstrekken of integraal aan partijen kenbaar maken. Op die manier stelt de ACM partijen in de gelegenheid hierop te reageren. Zie hierover meer in randnummer 70 van deze werkwijze.

119. De ACM verzoekt derden bij de van hen afkomstige informatie aan te geven als (een deel van) deze informatie in dit geval als vertrouwelijk moet worden aangemerkt. De ACM beoordeelt vervolgens aan de hand van artikel 10 van de Wob of de gegevens als vertrouwelijk worden aangemerkt (zie paragraaf 7.2.1). Wanneer sprake is van veel vertrouwelijke gegevens en het document onleesbaar wordt als deze vertrouwelijke gegevens worden verwijderd, kan er ook een samenvatting van het document worden gegeven ten behoeve van deze verstrekking aan partijen.

120. De identiteit en de geuite mening van derden maakt de ACM in beginsel bekend aan partijen. Slechts in zeer bijzondere gevallen waarin wordt aangetoond dat het belang van anonimiteit zwaarder moet wegen dan het belang van terinzagelegging kan de ACM gedurende de zogenoemde administratieve fase[1] anonimiteit toezeggen.[2]

121. Om het onderzoek niet te vertragen, is het van belang dat derden al bij het indienen van hun reactie aangeven welke informatie vertrouwelijk is. Zij kunnen dat bijvoorbeeld doen door deze informatie te markeren of een niet-vertrouwelijke versie mee te sturen. Tijdens een eventuele hoorzitting kan de ACM partijen of derden verplichten de zaal te verlaten, zodat vertrouwelijke informatie in een besloten deel kan worden besproken.

7.2.4. Vervanging vertrouwelijke gegevens door bandbreedtes.

122. In bepaalde gevallen vervangt de ACM vertrouwelijke, procentuele gegevens in het openbare besluit door bandbreedtes. Als de ACM een verzoek om marktaandelen in een besluit als vertrouwelijk aan te merken honoreert, dan geeft zij deze marktaandelen in de openbare versie van het besluit zoveel mogelijk weer met vervangende bandbreedtes van 10%. Bijvoorbeeld: 'onderneming A heeft een marktaandeel van 17%' wordt 'onderneming A heeft een marktaandeel van [10-20]%'. Indien een onderneming met een groter marktaandeel een onderneming met een zeer klein marktaandeel overneemt en de toename van het marktaandeel van de eerste onderneming ten gevolge van de overname zo gering is dat er geen significante wijziging van de marktstructuur optreedt, wordt in plaats van een bandbreedte bijvoorbeeld opgenomen '[minder dan 5]%'. Als het exacte aandelenpercentage van de verwerving van een pakket aandelen vertrouwelijk is, dan verwerkt de ACM dit als volgt in de openbare versie van het besluit: 'onderneming A verwerft 51% van de aandelen' wordt 'onderneming A verwerft [een meerderheid] van de aandelen'.

---

1 En mogelijk in beroep, zie hiervoor paragraaf 7.5.
2 Hierbij dient te worden opgemerkt dat de ACM niet kan uitsluiten dat de identiteit van een geanonimiseerde derde in een eventuele beroepsprocedure bij de rechter alsnog kenbaar moet worden gemaakt.

7.2.5. Gebruik gegevens door externe (economische) onderzoeksbureaus.

123. Indien de ACM bij haar onderzoek gebruik maakt van een extern onderzoeksbureau, verstrekt de ACM de voor het onderzoek noodzakelijke vertrouwelijke informatie niet eerder dan nadat het onderzoeksbureau een geheimhoudingsverklaring heeft getekend. Onderdeel van deze verklaring is dat het bureau de verstrekte vertrouwelijke informatie alleen mag gebruiken ten behoeve van het betreffende onderzoek.

124. De ACM deelt in beginsel zo spoedig mogelijk een niet-vertrouwelijke versie van de rapportage van het externe onderzoeksbureau, inclusief de achterliggende informatie en data, met partijen. Afhankelijk van de aard van het uitgevoerde onderzoek en de gebruikte informatie, is het niet altijd mogelijk om een niet vertrouwelijke versie van de rapportage en/of de achterliggende data en informatie te maken die partijen in staat stelt om een oordeel te vormen over het uitgevoerde onderzoek. Indien dat het geval is en de ACM een voorlopig oordeel over de mededingingsbezwaren bij de concentratie geeft in Punten van Overweging (zie randnummer 75 e.v.), kunnen partijen verzoeken om een 'dataroomprocedure'. In deze procedure krijgen de (economisch) adviseurs van partijen toegang tot de achterliggende informatie en data om inzicht te krijgen in het in opdracht van de ACM uitgevoerde onderzoek. De dataroomprocedure kan ook worden toegepast op door de ACM zelf uitgevoerd economisch onderzoek waarbij vertrouwelijke gegevens zijn gebruikt, bijvoorbeeld indien een fusiesimulatie is uitgevoerd.

125. De dataroom vindt in beginsel plaats op locatie van de ACM[1] en nadat de ACM aan partijen de (mogelijke) mededingingsproblemen kenbaar heeft gemaakt. Pas dan is duidelijk voor partijen hoe de ACM de specifieke informatie weegt in haar oordeel en waarop partijen zodoende kunnen reageren.

126. Indien gebruik wordt gemaakt van een dataroomprocedure zal de ACM altijd maatregelen treffen om de vertrouwelijkheid van informatie van derden te waarborgen. De adviseurs van partijen moeten daarom altijd een geheimhoudingsverklaring ondertekenen en instemmen met gedragsregels over de gang van zaken binnen de dataroom. De partijen zelf krijgen geen toegang tot de achterliggende informatie en data.

127. De wijze waarop de (economisch) adviseurs van partijen hun bevindingen over het onderzoek mogen vastleggen spreekt de ACM per geval met hen af. De (economisch) adviseurs dienen hun rapportage in alle gevallen aan de ACM voor te leggen voordat zij die aan partijen sturen, zodat de ACM kan controleren of de rapportage geen vertrouwelijke gegevens van derden bevat.

7.3. Terinzagelegging van het dossier en publicatie van het besluit.

7.3.1. Terinzagelegging van het onderliggende dossier.

128. Het is de uitdrukkelijke bedoeling van de wetgever dat onderliggende dossiers van concentratieprocedures niet openbaar zijn.[2] In concentratiezaken geldt dan ook geen wettelijke verplichting tot terinzagelegging van het onderliggende dossier en de desbetreffende bepalingen uit de Awb zijn niet van toepassing op het

---

1 In verband met de vertrouwelijkheid van de informatie en omdat dit de (economisch) adviseurs de mogelijkheid biedt mondeling vragen te stellen aan de zaakbehandelaars over de onderzoeksaanpak.
2 Zie *Kamerstukken II*, 1996–1997, 24 707, nr. 12, p. 13 en 14.

Werkwijze bij concentratiezaken

concentratietoezicht.[1] De Instellingswet Autoriteit Consument en Markt voorziet in een uitputtend regime ten aanzien van verstrekking van stukken die door de ACM gekregen of gemaakt zijn in concentratiezaken.[2] De ACM wijst verzoeken om informatie in concentratiezaken op grond van de geheimhoudingsplicht[3] daarom geheel af. Verzoeken om inzage in informatie die de ACM in concentratiezaken zelf heeft gemaakt of in opdracht van de ACM is opgesteld, beoordeelt de ACM aan de hand van artikel 12w Iw. Dit geldt zowel voor dossiers in de meldingsfase als in de vergunningsfase.

7.3.2. Publicatie van openbare versie van besluiten (terinzagelegging).
129. De ACM publiceert de openbare versies van zowel de meldings- als vergunningsbesluiten inzake concentraties op de website van de ACM.[4] Uit de openbare versies die de ACM publiceert wordt vertrouwelijke informatie weggelaten.[5]

7.4. Procedure bij verschil van inzicht over vertrouwelijkheden.
Ten aanzien van het besluit en de door partijen aangeleverde informatie
130. In het geval dat partijen en de ACM in het kader van de openbaarmaking (publicatie) van een besluit een verschil van inzicht hebben over de vertrouwelijkheid van de bij de melding respectievelijk aanvraag verstrekte gegevens, kent artikel 12w jo. artikel 12u Iw voor de openbaarmaking van het besluit een afzonderlijke procedure. Deze procedure houdt in dat gegevens niet eerder openbaar worden gemaakt dan nadat 10 dagen zijn verstreken na de bekendmaking van een daartoe strekkende beschikking van de ACM.
131. Een dergelijke beschikking neemt de ACM in de praktijk pas als de zaakbehandelaars en de partij die het verzoek om vertrouwelijkheid doet, eerst een aantal malen onderling contact hebben gehad. Houden zij na dit contact verschil van inzicht over de vertrouwelijkheid van de informatie, dan zal de ACM een publicatiebesluit nemen zoals bedoeld in artikel 12w jo. artikel 12u Iw. Tegen dat besluit kunnen partijen in bezwaar gaan bij de ACM en zij kunnen de voorzieningenrechter van de Rechtbank Rotterdam verzoeken om een voorlopige voorziening waarin het besluit tot openbaarmaking wordt geschorst.

Ten aanzien van de door derden aangeleverde informatie
132. In het geval dat de ACM de vertrouwelijkheidsclaims van derden niet toekent, kunnen derden een kort geding aanspannen bij de civiele rechter.

7.5. Vertrouwelijkheden en terinzagelegging in beroepsprocedure.
7.5.1. Samenstelling zaaksdossier en vertrouwelijkheden.
133. Tegen concentratiebesluiten staat rechtstreeks beroep open bij de bestuursrechter. Wanneer partijen of een andere belanghebbende beroep instellen tegen een besluit van de ACM, is de ACM op grond van artikel 8:42 Awb verplicht om de 'op de zaak betrekking hebbende stukken'[6] aan de rechter over te leggen.

---

1   Dit neemt niet weg dat de ACM, zoals uiteengezet in randnummers 71 en 76 en voor zover relevant voor het te nemen besluit, partijen in de gelegenheid stelt om te reageren op de informatie die de ACM tijdens haar beoordeling uit de markt heeft verkregen en wat de ACM daaruit afleidt.
2   Artikel 7 en artikel 12w Iw, zie CBb 17 juni 2016, ECLI:NL:CBB:2016:169.
3   Artikel 7 Iw.
4   Op grond van artikel 12w, eerste lid, Iw.
5   Dit betreft vertrouwelijke informatie in de zin van artikel 10 Wob, zie paragraaf 7.2.
6   Ook wel het 'rechtbankdossier' genoemd.

134. Alvorens de ACM het dossier kan overleggen, dient zij de vertrouwelijkheid van de stukken in het rechtbankdossier definitief te beoordelen en een verzoek om vertrouwelijke behandeling overeenkomstig artikel 8:29 Awb in te dienen.[1] Partijen en derden zullen doorgaans in de aanloop naar het besluit al gemotiveerd vertrouwelijkheden aangegeven. De ACM zal in de (hoger)beroepsfase aan de hand hiervan aan de rechter op grond van artikel 8:29 Awb verzoeken om stukken als vertrouwelijk aan te merken. In dit verband kan de ACM partijen en derden vragen om nader te motiveren waarom gegevens als vertrouwelijk moeten worden (blijven) aangemerkt.
135. Het is de rechter die beslist of stukken in de (hoger) beroepsprocedure als vertrouwelijk worden behandeld.[2] Het is vervolgens aan partijen om te bepalen of zij de rechter toestemming geven om zijn beoordeling mede te baseren op de vertrouwelijke gegevens. Wanneer derden-belanghebbenden beroep instellen zal de vertrouwelijkheid opnieuw moeten worden beoordeeld met het oog op hun deelname. Met de definitieve samenstelling van het dossier en de beoordeling van de vertrouwelijkheidtoets kan dus geruime tijd gemoeid zijn.

8
Het verkort afdoen van besluiten

8.1. Wanneer kunnen besluiten verkort worden afgedaan?

136. In de *ACM uitvoeringsregel verkorte afdoening*[3] staat wanneer de ACM een concentratiemelding kan afdoen door middel van een verkort besluit.[4] In een verkort besluit keurt de ACM een concentratie goed zonder de motivering hierachter uit te schrijven. De ACM is niet verplicht om bepaalde zaken verkort af te doen; dit blijft een keuze van de ACM. De ACM kan bijvoorbeeld een voorkeur hebben voor een gemotiveerd besluit als het een voorgenomen concentratie betreft in een sector waarvoor het van belang is openheid te geven in de wijze waarop de ACM deze sector beoordeelt, bijvoorbeeld omdat naar verwachting in de nabije toekomst meerdere concentraties in deze sector zullen plaatsvinden. Een gemotiveerd oordeel van de ACM is dan relevant. De ACM kan geen verkort besluit nemen als de *Beleidsregel concentraties van zorgaanbieders en zorgverzekeraars*[5] van toepassing is (zie hiervoor ook hoofdstuk 9).

---

1 De vertrouwelijkheidstoets die plaatsvindt naar aanleiding van een artikel 8:29 Awb verzoek is een zelfstandige toets die los staat van de vertrouwelijkheidstoets die de ACM uitvoert op basis van artikel 10 Wob, zoals beschreven in randnummer 114.
2 Zie https://www.rechtspraak.nl/Organisatie-en-contact/Organisatie/College-van-Beroep-voor-het-bedrijfsleven/Regels-en-procedures/Paginas/default.aspx.
3 *Stcrt.* 2008, nr. 172 laatstelijk gewijzigd in *Stcrt.* 2013, nr. 8686.
4 Dit is het geval wanneer de ACM besluit dat voor de concentratie geen vergunning is vereist en i) de ACM de concentratie goedkeurt zonder hieraan voorwaarden te verbinden; ii) de goedkeuring van de concentratie niet het gevolg is van een wijziging van de melding; iii) de goedkeuring niet afwijkt van een door de Nederlandse Zorgautoriteit aan de ACM uitgebrachte zienswijze over de concentratie of van een door het Commissariaat voor de Media aan de ACM uitgebracht advies en iv) de ACM bij de behandeling geen relevante bezwaren tegen de concentratie van belanghebbende derden zijn gebleken Zie artikel 2 van de ACM uitvoeringsregel verkorte afdoening.
5 *Beleidsregel concentraties van zorgaanbieders en zorgverzekeraars, Stcrt.* 2013, nr. 19570 (hierna: *Beleidsregel concentraties van zorgaanbieders en zorgverzekeraars*).

8.2. Onderzoek voorafgaand aan een verkort besluit.
137. De mogelijkheid van verkort afdoen betekent niet dat partijen de melding van de voorgenomen concentratie in 'verkorte' vorm kunnen doen. Integendeel, ook in gevallen die zich op voorhand lijken te lenen voor verkorte afdoening, zal de melding alle gegevens moeten bevatten die het meldingsformulier verlangt. De in het meldingsformulier gevraagde gegevens heeft de ACM nodig om tot een oordeel over de voorgenomen concentratie te kunnen komen. Indien partijen de ACM extra gegevens verstrekken kan dat verkorte afdoening zelfs bevorderen. Dit geldt met name wanneer er verschillende marktafbakeningen denkbaar zijn. Hoe meer informatie partijen geven en hoe vollediger het beeld is, hoe groter de kans dat de ACM het verkorte besluit sneller kan nemen. De mogelijkheid van verkorte afdoening betekent niet dat de ACM geen aanvullende (formele) vragen zal stellen of de melding anders zal onderzoeken. Indien een belanghebbende hierom vraagt moet de ACM na een verkorte afdoening immers alsnog een uitgebreide motivering verstrekken.[1]

8.3. Tijdwinst door verkorte afdoening.
138. Verkorte afdoening geeft in de regel tijdwinst. Gemiddeld besteedt de ACM aan zaken met verkorte besluiten minder uren dan aan andere zaken, nu na de oordeelsvorming geen tijd behoeft te worden besteed aan de nauwkeurige schriftelijke weergave van dit oordeel. Voor partijen is het voordeel dat zij sneller een definitief besluit voor de concentratie hebben. Het verkorte besluit zal bovendien in de regel geen vertrouwelijke gegevens bevatten, waardoor het niet noodzakelijk is de vanaf randnummer 115 beschreven procedure te volgen.

9
Specifieke punten concentraties in de zorgsector

9.1. Voorafgaande zorgspecifieke concentratietoets door de Nederlandse Zorgautoriteit (NZa).
139. Een zorgaanbieder mag geen concentratie tot stand brengen zonder voorafgaande goedkeuring van de NZa, zo is bepaald in artikel 49a van de Wet marktordening gezondheidszorg (hierna: Wmg). De NZa toetst door middel van de zorgspecifieke concentratietoets.[2] Meer informatie over de bevoegdheid en de toets van de NZa is te vinden op de website van de NZa.[3]

140. Partijen kunnen geen concentratiemelding doen wanneer een goedkeuring van de NZa voor de concentratie als bedoeld in artikel 49a van de Wmg (dan wel een ontheffing als bedoeld in die wet) ontbreekt.[4] Wanneer de ACM een melding ontvangt zonder de vereiste goedkeuring van de NZa, neemt zij deze melding niet in behandeling.[5]

---

1 Artikel 3:48, tweede lid, Awb.
2 Die houdt kort gezegd in: of als gevolg van de concentratie de normen voor cruciale zorg in gevaar komen en of het concentratieproces zorgvuldig is verlopen.
3 Zie https://www.nza.nl/over-nza/wat-doet-de-nza/toezicht-door-de-nza/fusie-overname-of-gemeenschappelijke-onderneming.
4 Artikel 34, tweede lid, Mw.
5 Er zijn in dit geval geen kosten/vergoedingen verschuldigd, omdat de ACM de melding niet in behandeling heeft kunnen nemen (*Besluit doorberekening kosten ACM*, artikel 6).

9.2. Verlaagde omzetdrempels voor concentraties tussen ondernemingen die zorg verlenen.

141. De omzetdrempels voor het melden van concentraties kunnen voor concentraties van bepaalde categorieën van ondernemingen voor een bepaalde termijn worden verlaagd.[1] Dit is gebeurd voor bepaalde categorieën van ondernemingen die zorg verlenen.[2] Dit betreft ondernemingen die zorg verlenen als bedoeld in de Wet langdurige zorg, de Zorgverzekeringswet en de Wet maatschappelijke ondersteuning voor zover het gaat om huishoudelijke zorg. Daardoor vallen ook concentraties van beperktere omvang tussen ondernemingen die dit soort zorg verlenen onder het concentratietoezicht van de ACM. Het bedrag van € 150 miljoen in artikel 29, eerste lid, Mw is voor deze concentraties verlaagd tot € 55 miljoen en het bedrag van € 30 miljoen is verlaagd tot € 10 miljoen, waarvan € 5,5 miljoen met het verlenen van de genoemde zorg moet zijn behaald.

9.3. Uitgebreidere motivering concentratiebesluiten in de zorgsector.

142. De ACM zal bij de beoordeling van concentraties van zorgaanbieders en van zorgverzekeraars die tot bepaalde marktposities leiden, rekening houden met een aantal zorgspecifieke aspecten en motiveren hoe deze aspecten van invloed zijn geweest op haar besluit.[3]

143. Wanneer een concentratie tussen zorgaanbieders leidt tot een gezamenlijk marktaandeel op een relevante markt van 35% of meer betrekt de ACM bij haar oordeel in ieder geval de volgende aspecten: de transparantie van de kwaliteit van zorg, het reisgedrag of de reisbereidheid van cliënten, de mogelijkheden voor toetreding van zorgaanbieders en de mate waarin zorginkopers invloed hebben op het keuzegedrag van cliënten. Tevens vraagt de ACM de betrokken cliëntenraden en, in voorkomend geval, gemeenten om een zienswijze te geven over de voorgenomen concentratie. Bij een concentratie tussen zorgverzekeraars betrekt de ACM ook een aantal specifieke aspecten, waaronder de verbinding tussen de zorgverzekeringsmarkt(en) en de zorginkoopmarkt(en). De ACM kan de Beleidsregel concentraties van zorgaanbieders en zorgverzekeraars evenwel buiten toepassing laten in gevallen waar het gezamenlijk marktaandeel als gevolg van de concentratie slechts in zodanig beperkte mate toeneemt dat deze toename evident geen invloed heeft op de bestaande concurrentieverhoudingen en de keuzevrijheid van cliënten.[4]

144. Als de Beleidsregel concentraties van zorgaanbieders en zorgverzekeraars van toepassing is, gaat de ACM in haar besluit in op de hiervoor genoemde zorgspecifieke aspecten. Dat betekent dat de ACM in deze gevallen in afwijking van hoofdstuk 8 geen verkort besluit zal nemen.

145. De ACM verzoekt de partijen in deze gevallen al bij de melding de relevante gegevens te verstrekken over de hiervoor genoemde aspecten en bijvoorbeeld ook de contactgegevens van de cliëntenraden direct op te geven.

---

1 Artikel 29, derde lid, Mw.
2 *Besluit tijdelijke verruiming toepassingsbereik concentratietoezicht op ondernemingen die zorg verlenen*, Stb. 2007, nr. 518, laatstelijk gewijzigd in *Stb.* 2017, nr. 503.
3 *Beleidsregel concentraties van zorgaanbieders en zorgverzekeraars*, artikel 2.
4 *Beleidsregel concentraties van zorgaanbieders en zorgverzekeraars, toelichting, paragraaf 4.*

10
Communicatiebeleid ten behoeve van het concentratietoezicht

10.1. In welke gevallen geeft de ACM in het kader van het concentratietoezicht een nieuwsbericht uit?

146. In de *Werkwijze Openbaarmaking ACM*[1] is bepaald dat de ACM een nieuwsbericht kan uitbrengen over in haar ogen belangrijke besluiten, onderzoeksresultaten of andere werkzaamheden. In het concentratietoezicht brengt de ACM een nieuwsbericht uit wanneer in de meldingsfase wordt besloten dat voor de concentratie een vergunning is vereist, wanneer al dan niet een vergunning wordt verleend en in zaken waarin remedies zijn aangeboden en geaccepteerd. Andere voorbeelden van gevallen waarin de ACM een nieuwsbericht uitgeeft zijn concentratiezaken die veel aandacht in de media hebben gekregen of zaken van groot economisch belang. Naast een nieuwsbericht op haar website kan de ACM ook gebruik maken van andere communicatiemiddelen, zoals Twitter en LinkedIn. Over verkorte besluiten publiceert de ACM doorgaans geen nieuwsbericht.

10.2. Werkwijze nieuwsbericht.

147. De ACM informeert partijen tijdig over haar voornemen voor het uitbrengen van een nieuwsbericht. Met de toezending van het besluit stuurt de ACM partijen onder embargo ook het eventuele nieuwsbericht. De ACM is verantwoordelijk voor de inhoud van haar eigen nieuwsbericht. De betrokken ondernemingen krijgen (via hun gemachtigde of advocaat[2]) voor het uitbrengen van het bericht de gelegenheid om te reageren op feitelijke onjuistheden in het bericht. De ACM houdt een marge van minimaal twee uur aan tussen het versturen van het nieuwsbericht aan partijen en het uitbrengen daarvan. Partijen nemen pas contact op met de media over het besluit als het persbericht door de ACM is gepubliceerd.

148. Indien één of meerdere bij de concentratie betrokken ondernemingen zijn genoteerd aan de Amsterdamse effectenbeurs Euronext of een andere handelsbeurs, verspreidt de ACM het nieuwsbericht buiten de openingstijden van de betreffende handelsbeurs. De betrokken ondernemingen hebben zelf de verantwoordelijkheid om aandeelhouders op de hoogte te stellen van het besluit. Indien één of meerdere bij de concentratie betrokken ondernemingen noteringen hebben op verschillende beurzen met verschillende beurstijden, kan dit soms moeilijk zijn. In dergelijke gevallen wordt in overleg met partijen het beste moment gekozen.

11
Samenwerking met andere mededingingsautoriteiten (ECA), de Europese Commissie en overige instellingen

11.1. Samenwerking binnen ECA.

149. De ECA is een netwerk van Europese mededingingsautoriteiten. De leden zijn de mededingingsautoriteiten van de Europese Economische Ruimte (de EU-lidstaten, Noorwegen, IJsland, Liechtenstein, de Europese Commissie en de toezichthoudende autoriteit van de Europese Vrijhandelsassociatie – EVA). Het netwerk functioneert

---

1 *Werkwijze Openbaarmaking ACM, Stcrt.* 2015, nr. 21331, laatstelijk gewijzigd in *Stcrt.* 2020, nr. 7688.
2 Het is dan aan de advocaat om de onderneming tijdig te informeren.

als een forum waarbinnen de autoriteiten elkaar ontmoeten en samenwerken. De ECA besteedt met name aandacht aan het toepassen en handhaven van nationale en Europese mededingingsregels.
150. De ECA heeft zich gericht op het verminderen van de last voor de betrokken ondernemingen bij zogenaamde *meervoudige meldingen*, door de samenwerking tussen de ECA-leden te stimuleren en te verbeteren. Meervoudige meldingen doen zich voor bij transacties die niet onder de 'one-stop-shop' van de Europese Concentratieverordening vallen en die bij mededingingsautoriteiten in meerdere Europese landen moeten worden gemeld (hierna: *multi-jurisdictional mergers*). In dit kader hebben de ECA-leden besloten om elkaar tijdig op de hoogte te stellen van meldingen die in meerdere landen zijn gedaan.
151. De mededingingsautoriteiten die vertegenwoordigd zijn binnen ECA informeren elkaar over *multi-jurisdictional mergers*. Dit doen zij door middel van een zogenaamde 'ECA kennisgeving' die binnen het ECA wordt rondgestuurd indien:
    i. een melding is binnengekomen van een *multi-jurisdictional merger*,
    ii. een *multi-jurisdictional merger* in de meldingsfase is goedgekeurd onder voorwaarden (remedies) of indien besloten wordt dat een vergunningseis zal worden gesteld, en
    iii. als een besluit is genomen op de vergunningsaanvraag van een *multi-jurisdictional merger*.
152. Als een ECA-lid een melding van een concentratie ontvangt die ook is gemeld bij één of meer van de andere ECA-leden, zal deze autoriteit de andere ECA-leden informeren door middel van een ECA-kennisgeving. Contactgegevens van de betrokken zaakbehandelaars en enkele basisgegevens met betrekking tot de transactie worden uitgewisseld tussen de betrokken autoriteiten, zoals de naam van partijen, de mogelijke relevante markt(en) en de termijn voor het afronden van het onderzoek.
153. Naar aanleiding van de ECA-kennisgeving kunnen de betrokken zaakbehandelaars contact opnemen met elkaar om visies op de zaak uit te wisselen indien dit nuttig is voor het onderzoek. De betrokken zaakbehandelaars houden elkaar zo nodig op de hoogte van de voortgang van de zaak. Deze contacten vinden doorgaans op een informele manier plaats, zonder uitwisseling van vertrouwelijke informatie. Uitwisseling van vertrouwelijke informatie naar aanleiding van een ECA-kennisgeving vindt alleen plaats als dit nodig is voor het onderzoek en voor zover nationale wetgeving niet aan uitwisseling van dergelijke informatie in de weg staat of de betrokken partijen met de uitwisseling van vertrouwelijke informatie hebben ingestemd.[1] Artikel 7 Iw maakt het voor de ACM mogelijk dergelijke informatie uit te wisselen. Doorgaans zal daarover eerst overleg met partijen plaatsvinden maar de ACM is daar niet toe verplicht.

11.2. Verwijzingsverzoeken.
154. De artikelen 9 en 22 van de Europese Concentratieverordening gaan over de voorwaarden en procedures voor een verzoek tot verwijzing van een concentratie van de Europese Commissie naar de lidstaat en andersom. De artikelen 4(4) en 4(5) van de Europese Concentratieverordening gaan over de procedures voor verwijzingsver-

---

1 European Competition Authorities, The exchange of information between members on multijurisdictional mergers, Procedures Guide, punt 4, te vinden op: https://ec.europa.eu/competition/ecn/eca_information_exchange_procedures_en.pdf.

Werkwijze bij concentratiezaken

zoeken van betrokken ondernemingen. De Europese Commissie heeft de procedures betreffende verwijzing van concentratiezaken nader uitgewerkt in de *Mededeling van de Commissie betreffende de verwijzing van concentratiezaken*.[1] Hierna bespreekt de ACM kort de werkwijze bij de verschillende vormen van verwijzingsverzoeken.

11.2.1. *Verzoek tot verwijzing van concentraties naar de Europese Commissie onder artikel 22 van de Europese Concentratieverordening.*

155. Op basis van artikel 22 van de Europese Concentratieverordening kan de ACM namens de Minister van Economische Zaken en Klimaat de Europese Commissie verzoeken om een concentratie die niet bij de ACM gemeld hoeft te worden te onderzoeken of de behandeling van een bij de ACM gemelde concentratie over te nemen.[2] Zo een verzoek kan ook gezamenlijk met andere lidstaten van de Europese Unie worden gedaan. Tevens kunnen lidstaten zich aansluiten bij een door een andere lidstaat gedaan verzoek. De Europese Commissie kan ook een lidstaat uitnodigen om een verzoek op basis van artikel 22 te doen.

156. Een verzoek op basis van artikel 22 kan alleen betrekking hebben op een concentratie die geen communautaire dimensie heeft, de handel tussen de lidstaten beïnvloedt en in significante mate gevolgen dreigt te hebben voor de mededinging op het grondgebied van een lidstaat of de lidstaten die het verzoek doet of doen.

157. Als de ACM een verzoek op grond van artikel 22 indient of zich aansluit bij een dergelijk verzoek van een andere lidstaat en de concentratie is bij de ACM gemeld, wordt de behandeltermijn van de Mw opgeschort totdat de Europese Commissie een besluit heeft genomen op het verzoek. Op het moment dat de ACM aan de Europese Commissie laat weten dat zij zich niet aansluit bij een artikel 22 verzoek van een andere lidstaat, eindigt de opschorting van de termijn.[3]

158. Indien partijen die betrokken zijn bij een concentratie twijfels hebben over de vraag of de ACM voornemens is een verzoek op grond van artikel 22 te doen, kunnen zij contact opnemen met de ACM via de in randnummer 8 genoemde contactmogelijkheden. Meer informatie over de toepassing van artikel 22 van de Europese Concentratieverordening is te vinden in de *Mededeling van de Commissie: Handvatten voor de toepassing van het verwijzingsmechanisme van artikel 22 van de concentratieverordening op bepaalde categorieën zaken*.[4]

159. In randnummer 19 van de *ECA Principles*[5] is aangegeven dat bij de beoordeling van een verwijzingsverzoek onder artikel 22 van de Europese Concentratieverordening, rekening moet worden gehouden met de volgende factoren:
- of de omvang van de relevante geografische markt(en) groter is dan nationaal en of de belangrijkste impact van de concentratie zich voordoet op die markt(en),

---

1 *PbEU*, 2004, C56, p. 2. Deze mededeling is te vinden op de website van de Europese Commissie: http://ec.europa.eu/comm/competition/index_nl.html.
2 *Besluit mandaat, volmacht en machtiging Autoriteit Consument en Markt*, *Stcrt.* 2013, nr. 9333, laatstelijk gewijzigd in *Stcrt.* 2020, nr. 35553 (hierna: *Besluit mandaat, volmacht en machtiging Autoriteit Consument en Markt*), artikel 3.
3 Artikel 22, tweede lid, Europese Concentratieverordening.
4 *PbEU*, 2021,C 113, p. 1. Deze mededeling is te vinden op de website van de Europese Commissie: *https://ec.Europa.eu/competition-policy/mergers/legislation/notices-and-guidelines_en*
5 European Competition Authorities, *Principles on the application, by National Competition Authorities within the ECA, of Articles 4 (5) and 22 of the EC Merger Regulation.*

- of de nationale autoriteiten moeilijkheden verwachten met het verkrijgen van informatie, doordat de belangrijkste marktpartijen niet zijn gevestigd in hun eigen lidstaat, en
- of de potentiële significante mededingingsproblemen zich in meerdere (sub-) nationale markten zullen voordoen en of de nationale autoriteiten moeilijkheden verwachten bij het vinden van geschikte remedies en bij het waarborgen van de uitvoering van deze remedies.

11.2.2. Verzoeken betreffende verwijzing van EU concentratiezaken naar de ACM onder artikel 9 van de Europese Concentratieverordening.

160. Artikel 9 van de Europese Concentratieverordening biedt de lidstaten van de Europese Unie de mogelijkheid om aan de Europese Commissie een verzoek te doen om bepaalde Europese concentratiezaken, die onder de Europese Concentratieverordening bij de Europese Commissie zijn gemeld, naar de verzoekende lidstaat te verwijzen. Ook een verzoek op grond van artikel 9 van de Europese Concentratieverordening wordt namens de Minister van Economische Zaken en Klimaat ingediend door de ACM.[1]

161. Bij de afweging om een verzoek in te dienen op grond van artikel 9, is van belang of als gevolg van de voorgenomen concentratie (op het eerste gezicht) voornamelijk negatieve effecten te verwachten zijn binnen een Nederlandse markt of kleinere geografische markt(en). Het feit dat de ACM reeds bezig is om dezelfde markt(en) te onderzoeken of door eerdere zaken ervaring heeft in die sector kan ook een rol spelen bij de afweging. Als met voldoende zekerheid kan worden gezegd dat er geen sprake is van mogelijke negatieve mededingingsgevolgen als gevolg van de gemelde voorgenomen transactie, wordt geen verzoek op grond van artikel 9 ingediend.

162. Op een zaak die de Europese Commissie naar de ACM heeft verwezen zijn artikel 34 en volgende van de Mw van toepassing. Partijen dienen de zaak dus aan de ACM te melden en de in artikel 37 van de Mw bedoelde termijn loopt vanaf het moment van ontvangst van de melding bij de ACM.

11.2.3. Verzoeken van betrokken partijen om verwijzing van EU concentratiezaken naar de ACM c.q. nationale concentratiezaken naar de Europese Commissie onder artikel 4, leden 4 en 5 van de Europese Concentratieverordening.

163. Betrokken partijen kunnen ingevolge artikel 4, vierde lid, van de Europese Concentratieverordening een verzoek indienen tot verwijzing van een EU-concentratiezaak naar één of meerdere lidstaten. Het criterium dat hiervoor wordt gehanteerd is dat de concentratie in significante mate gevolgen kan hebben voor de mededinging op een afzonderlijke markt in een lidstaat. In de *Mededeling van de Europese Commissie betreffende de verwijzing van concentratiezaken* is deze procedure verder uitgewerkt. Voor een goed verloop van deze procedure is tijdig overleg met de ACM raadzaam en de ACM verzoekt partijen dan ook zo snel als mogelijk de intentie tot een verwijzingsverzoek op basis van artikel 4 van de Europese Concentratieverordening met de ACM te bespreken.

164. Ingevolge artikel 4, vijfde lid, van de Europese Concentratieverordening kunnen betrokken partijen een verzoek indienen tot verwijzing van een concentratiezaak zonder communautaire dimensie naar de Europese Commissie. Hiervoor is nodig dat de concentratie in minstens drie lidstaten gemeld dient te worden op grond van

---

1 *Besluit mandaat, volmacht en machtiging Autoriteit Consument en Markt*, artikel 3.

nationale wetgeving. Deze procedure is eveneens nader uitgewerkt in de hiervoor genoemde mededeling van de Europese Commissie. De *ECA Principles* bevatten dezelfde criteria voor een verwijzingsverzoek onder artikel 4, vijfde lid als voor een verwijzingsverzoek onder artikel 22 (zie randnummer 159). Ook hier geldt dat tijdige bespreking met de ACM van een dergelijk voornemen het verloop van de procedure kan bespoedigen.

11.3. Samenwerking met de Europese Commissie in het kader van Europese tweede fase-concentratiezaken: Adviescomités.

165. De ACM en alle andere mededingingsautoriteiten in de lidstaten van de Europese Unie ontvangen kopieën van alle concentratiemeldingen bij de Europese Commissie.[1] Als de gemelde transactie (op het eerste gezicht) tot mogelijke mededingingsproblemen in Nederland zou kunnen leiden vanwege bijvoorbeeld de internationale aard van de betrokken markten, maar de ACM geen verzoek op grond van artikel 9 Europese Concentratieverordening indient, is het mogelijk dat de ACM contact opneemt met het desbetreffende behandelteam van de Europese Commissie. Deze contacten vinden doorgaans ad hoc en op een informele basis plaats. Daar waar de ACM een goede kennis van de onderzochte markt(en) heeft, kan de ACM de Europese Commissie ondersteunen in haar onderzoek.

166. Indien de Europese Commissie besluit tot een diepgaand onderzoek van een zaak, neemt een afvaardiging van de ACM deel aan de bijeenkomsten van het Adviescomité van de lidstaten van de Europese Unie in Brussel. De Europese Commissie raadpleegt het Adviescomité alvorens tot haar definitieve besluit te komen.[2]

167. In een enkel geval nemen betrokken partijen contact op met de ACM om de zaak te bespreken. De ACM staat in principe open voor dit soort besprekingen, met name indien Nederlandse belangen betrokken zijn. Tijdens dergelijke besprekingen zal geen inzage worden gegeven in het standpunt dan wel de inbreng van Nederland in het Adviescomité. De ACM doet geen uitspraken over het tijdstip en de locatie van het Adviescomité en ook niet over de uitkomst daarvan.

11.4. Uitwisseling van vertrouwelijke informatie met de Europese Commissie.

168. De Europese Commissie voert de in Europese Concentratieverordening genoemde procedures uit in nauw en voortdurend contact met de mededingingsautoriteiten van de lidstaten van de Europese Unie, waaronder de ACM.[3] De ACM krijgt kopieën van de belangrijkste stukken (inclusief vertrouwelijke informatie) die de Europese Commissie naar aanleiding van een melding ontvangt of verzendt, zoals bijvoorbeeld het Formulier CO, de Punten van Bezwaar (vergelijkbaar met de PvO) en de voorgestelde remedies. Daarnaast kan de ACM op grond van artikel 19, eerste en tweede lid, van de Europese Concentratieverordening op elk moment opmerkingen indienen bij de Europese Commissie. Ook in het kader van voorbereidende stappen voor een mogelijke toepassing van de artikelen 9 en 22 van de Europese Concentratieverordening kunnen de Europese Commissie en de ACM informatie uitwisselen; dit kan ook vertrouwelijke informatie betreffen. Artikel 19, tweede lid, van de Europese Concentratieverordening en artikel 7 Iw maken deze informatie-uitwisseling mogelijk. In de praktijk zal hierover doorgaans eerst overleg met partijen plaatsvinden. Daarnaast

---

1 Artikel 19, eerste lid, Europese Concentratieverordening.
2 Europese Concentratieverordening, artikel 19, derde lid.
3 Europese Concentratieverordening, artikel 19, tweede lid en artikel 88 Mw.

zal de ACM op grond van artikel 11 van de Europese Concentratieverordening op verzoek van de Europese Commissie alle informatie verstrekken die nodig is voor het uitvoeren van de Europese Concentratieverordening.[1]

11.5. Informeren van andere instellingen binnen Nederland.

169. De ACM informeert in bepaalde concentratiezaken andere instellingen binnen Nederland over zaken die bij haar in behandeling zijn.[2] Het kan hierbij gaan om De Nederlandsche Bank en de Nederlandse Zorgautoriteit. Voor De Nederlandsche Bank is het een en ander geregeld in het daartoe opgestelde *Protocol tussen de Nederlandsche Bank N.V. en de Nederlandse Mededingingsautoriteit betreffende concentraties in de financiële sector in noodsituaties*.[3] Dit protocol is gericht op gevallen waarin sprake is van een acute dreiging van een faillissement van een financiële instelling met belangrijke uitstralingseffecten naar de gehele financiële sector.

170. Bij concentraties in de zorgsector informeert de ACM de NZa. Dit is geregeld in het *Samenwerkingsprotocol tussen de Autoriteit Consument en Markt en de Nederlandse Zorgautoriteit*.[4] De ACM zal in het geval van gemelde concentraties in de zorgsector de NZa vragen of zij een zienswijze wenst af te geven. De ACM zal de zienswijze in haar beoordeling van de concentratie betrekken. Tevens kan op basis van artikel 7 Iw en de artikelen 65, 67 en 70 Wmg informatie-uitwisseling plaatsvinden tussen de ACM en de NZa.

De Werkwijze bij concentratiezaken treedt in werking met ingang van de dag na de datum van uitgifte van de *Staatscourant* waarin zij wordt geplaatst.

---

1 Artikel 17 van de Europese Concentratieverordening verplicht tot geheimhouding van verstrekte informatie en bepaalt dat verstrekte informatie alleen gebruikt mag worden voor het doel waarvoor de Europese Commissie of de ACM erom heeft gevraagd.
2 Artikel 7 Iw.
3 *Stcrt.* 2017, nr 61542. Ook te vinden op de website van ACM: https://www.acm.nl/nl/organisatie/samenwerking/samenwerking-nationaal.
4 *Stcrt.* 2015, nr. 583. Ook te vinden op de website van ACM: https://www.acm.nl/nl/publicaties/publicatie/13738/Samenwerkingsprotocol-Autoriteit-Consument-en-Markt-en-Nederlandse-Zorgautoriteit.

TREFWOORDENREGISTER

aansprakelijkheid/daderschap rechtspersoon Mw 56 (aant. 2)

aanvraag
- – aan ACM tot bindend verklaren toezegging marktorganisatie IACM 12h
- – concentratievergunning Mw 41–46
- – concentratievergunning na weigering Mw 47–49
- intrekking – concentratievergunning Mw 39

aanwijzing
- – ACM als mededingingsautoriteit Mw 88
- – ambtenaren belast met toezicht op naleving wetten door ACM IACM 12a
- bindende – zie: bindende aanwijzing

algemeen bestuur waterschap
vaststelling – of economische activiteit geschiedt in algemeen belang Mw 25h

algemeen economisch belang
geen weigering concentratievergunning in geval van dienst van – Mw 41
onderneming belast met dienst van – Mw 25a–25b, 25d
uitzondering op verbod van mededingingsafspraken in geval van dienst van – Mw 11
uitzondering op verbod van misbruik economische machtspositie in geval van dienst van – Mw 25

ambtenaar
- – belast met toezicht op naleving wetten door ACM IACM 12a; Mw 50–53, 89b–89g
- inlichtingen/inzage vorderen door toezichthoudend – IACM 12a (aant. 2), 12c (aant. 3)
- opmaken verslag omtrent binnentreden woning door - IACM 12f

Autoriteit Consument en Markt IACM 2–12; Mw 2–5a
- aanwijzing – als mededingingsautoriteit Mw 88
- beroep – tegen afwijzing verzoek om machtiging tot betreden woning IACM 12d
- beroep – tegen afwijzing verzoek om machtiging tot doorzoeken bedrijfsgebouw Mw 89c
- beroep – tegen afwijzing verzoek om machtiging tot doorzoeken ruimten/terreinen/vervoermiddelen Mw 53a
- beroep – tegen afwijzing verzoek om machtiging tot doorzoeken woning Mw 51

beroep – tegen afwijzing verzoek om machtiging tot inspectie in woning   Mw 89d
beleidsregels inzake uitoefening bevoegdheden –   Mw 5
beschikking – inzake buitentoepassingverklaring nationale groepsvrijstelling   Mw 15
beschikking – inzake buitentoepassingverklaring verbod van misbruik economische machtspositie   Mw 25
beschikking – inzake concentratievergunning   Mw 44
beschikking – inzake verbod van mededingingsafspraken   Mw 9, 13
beschikking – inzake weigering concentratievergunning   Mw 47
beschikking – tot buiten toepassing verklaren EU–groepsvrijstelling   Mw 89a
beslistermijn – inzake concentratievergunning   Mw 44
beslistermijn – inzake vergunningsvereiste voorgenomen concentratie   Mw 37
besluit – tot vaststelling overtreding   Mw 56
bestuursreglement –   IACM 4
bijzondere geheimhoudingsregeling -   IACM 7 (aant., sub f)
bindend verklaren toezegging marktorganisatie door –   IACM 12h
doelstelling werkzaamheden –   IACM 2
doorgeven informatie op verzoek van mededingingsautoriteit van andere lidstaat door -   Mw 89gb
doorzending gegevens inzake financiële transparantie door –   Mw 25e
evaluatieverslag inzake –   IACM 12
gebruik gegevens e.d. door –   IACM 7
geen instructies minister aan – m.b.t. individuele zaken   IACM 9; Mw 3
gegevensverstrekking aan –   IACM 6a–6b, 8, 12m
gegevensverstrekking door –   IACM 7–8
handelingen/besluiten – op verzoek van mededingingsautoriteit van andere lidstaat   Mw 89ga–89gg
(her)benoeming leden/voorzitter –   IACM 3, 6
indiening aanvraag concentratievergunning bij –   Mw 42
inspectie door – op verzoek van Europese Commissie   Mw 89g
inspectie/verhoor door – namens mededingingsautoriteit van andere lidstaat   Mw 89ga
intrekking concentratievergunning door –   Mw 45
jaarverslag –   IACM 6
mandaatregeling t.a.v. bevoegdheden personeel –   IACM 5
marktonderzoek door –   IACM 2, 6a
mededeling – inzake vergunningsvereiste openbaar bod   Mw 39
mededeling – inzake vergunningsvereiste voorgenomen concentratie   Mw 37, 40, 44
mededeling ontvangst concentratiemelding door –   Mw 36
melding openbaar bod aan –   Mw 39
melding voorgenomen concentratie aan –   Mw 34
onderzoek boekhouding marktorganisatie door –   IACM 12*l*
onpartijdigheid leden –   IACM 3
ontheffing verbod van concentratie zonder vergunning door –   Mw 46
ontheffing verbod van concentratie zonder voorafgaande melding door –   Mw 40

ontslag leden – IACM 3, 6
openbaarmaking andere besluiten/documenten door – IACM 12w
openbaarmaking bestuurlijke sanctie of bindende aanwijzing door – IACM 12u–12v
oplegging bestuurlijke boete door – IACM 12*l*–12q; Mw 56–57, 70a, 71–75
oplegging bindende aanwijzing door – IACM 12j
oplegging last onder dwangsom door – IACM 12m, 12r; Mw 56, 58a, 70a, 70c, 74–75
oplegging zelfstandige last in vorm van voorlopige maatregel door – Mw 58b
opschorting termijn voor verstrekking aanvullende gegevens bij concentratiemelding door – Mw 38
personeel – IACM 5
rapportage door – IACM 2, 6a
rapportage – inzake mededingingseffecten regelgeving Mw 4
samenstelling – IACM 3
schikking door – Mw 56 (aant. 4, sub b)
schorsing leden – IACM 3
stuiting vervaltermijn bevoegdheid tot opleggen bestuurlijke boete door – Mw 64, 82
stuiting vervaltermijn bevoegdheid tot opleggen last onder dwangsom door – Mw 64
taakverwaarlozing door – IACM 11
taken – IACM 2; Mw 2–4
ten laste van marktorganisaties brengen van kosten – IACM 6a
tenuitvoerlegging boete- of dwangsombesluit van mededingingsautoriteit van andere lidstaat door – Mw 89gc
toezicht op naleving Mededingingswet door – Mw 2
toezicht op naleving wetten door – IACM 12a–12g
verklaring – dat zij overtreding heeft vastgesteld Mw 70c
verklaring leden – inzake financiële e.a. belangen IACM 3
verlenging beslistermijn inzake oplegging bestuurlijke boete door – IACM 12k
verlenging termijn voor verkoop tijdelijke deelnemingen door – Mw 28
vernietiging besluit – IACM 10
verval bevoegdheid tot opleggen bestuurlijke boete/last onder dwangsom door – IACM 12h
verwerking gezondheidsgegevens door – IACM 7
verzoek – om aanvullende gegevens bij concentratiemelding Mw 35, 38
voorlichting over rechten/plichten consumenten door – IACM 2
voorwaarden – voor zonder vergunning tot stand brengen van concentratie Mw 37 (aant. 6)
weigering concentratievergunning door – Mw 46–47
werkzaamheden – inzake mededinging krachtens verdragen Mw 3

bagatelvoorziening Mw 7
berekeningswijze omzet bij – Mw 8
buitentoepassingverklaring – Mw 9

bank Mw 28, 31
  openbare –   Mw 25d

bekendmaking
  – beschikking inzake concentratievergunning   Mw 44, 49
  – bestuursreglement ACM   IACM 4
  – mandaatregeling ACM   IACM 5
  – mededeling inzake vergunningsvereiste voorgenomen concentratie   Mw 44
  – ontslag leden ACM   IACM 3

beleidsregels
  – inzake uitoefening bevoegdheden ACM   Mw 5

beperkingen
  – beschikking inzake buitentoepassingverklaring verbod van misbruik economische machtspositie   Mw 25
  – concentratievergunning   Mw 39, 41, 46
  – ontheffing verbod van concentratie zonder vergunning   Mw 46
  – ontheffing verbod van concentratie zonder voorafgaande melding   Mw 40

beroep
  – ACM tegen afwijzing verzoek om machtiging tot betreden woning   IACM 12d
  – ACM tegen afwijzing verzoek om machtiging tot doorzoeken bedrijfsgebouw   Mw 89c
  – ACM tegen afwijzing verzoek om machtiging tot doorzoeken ruimten/terreinen/vervoermiddelen   Mw 53a
  – ACM tegen afwijzing verzoek om machtiging tot doorzoeken woning   Mw 51
  – ACM tegen afwijzing verzoek om machtiging tot inspectie in woning   Mw 89d
  – tegen beschikking inzake weigering concentratievergunning   Mw 47

beroepspensioenregeling   Mw 16

bescheiden
  inzage – door ACM   IACM 6b, 12m; Mw 50
  last onder dwangsom inzake inzage –   IACM 12m

beschikking
  – ACM inzake overtreding verplichtingen m.b.t. economische activiteiten overheden en overheidsbedrijven   Mw 70c
  bezwaar tegen – tot oplegging bestuurlijke boete   IACM 12p, 12u–12v
  – inzake buitentoepassingverklaring EU–groepsvrijstelling   Mw 13, 89a
  – inzake buitentoepassingverklaring nationale groepsvrijstelling   Mw 15
  – inzake buitentoepassingverklaring verbod van misbruik economische machtspositie   Mw 25
  – inzake concentratievergunning   Mw 44, 49
  – inzake verbod van mededingingsafspraken   Mw 9
  – inzake weigering concentratievergunning   Mw 47

– minister op aanvraag concentratievergunning   Mw 49
motivering sanctie–   Mw 56 (aant. 9)
opschorting werking – tot oplegging bestuurlijke boete   IACM 12p

beslistermijn
– inzake concentratievergunning   Mw 44, 49
– inzake vergunningsvereiste voorgenomen concentratie   Mw 37
opschorting – inzake oplegging bestuurlijke boete   Mw 62
verlenging – inzake oplegging bestuurlijke boete   IACM 12k

bestuurlijke boete
afzien van opleggen -   Mw 58c
begripsomschrijving omzet overtreder bij oplegging –   IACM 12o
beperking kring personen belast met werkzaamheden i.v.m. oplegging –   IACM 12q
betaaltermijn -   Mw 56 (aant. 3, sub g)
– bij verboden gegevensgebruik door partijen in procedure m.b.t. mededingingsafspraken of misbruik economische machtspositie   Mw 76b
boeteverhogende en -verlagende omstandigheden   Mw 56 (aant. 3, sub c)
hoogte –   IACM 12n; Mw 56 (aant. 3), 57, 70a, 71–75
invordering – opgelegd aan marktorganisatie   IACM 12s
onderzoek boekhouding marktorganisatie t.b.v. bepaling hoogte –   IACM 12*l*
– opdrachtgever/feitelijk leidinggever   IACM 12n
opschorting beslistermijn inzake oplegging –   Mw 62
opschorting werking beschikking tot oplegging –   IACM 12p
rechterlijke toetsing hoogte -   Mw 56 (aant. 9, sub c)
rechthebbende geldsom inzake –   IACM 12t
recidiveregeling inzake –   IACM 12*l*–12n; Mw 57, 70a, 71–75
schikking -   Mw 56 (aant. 4, sub b)
stuiting vervaltermijn bevoegdheid ACM tot opleggen –   Mw 64, 82
vermenigvuldigingsfactor – bij langdurige overtreding   Mw 57
verminderen van –   Mw 58c
vermindering – bij bijzondere medewerking   Mw 56 (aant. 4)
verval bevoegdheid ACM tot opleggen – na bindend verklaren toezegging marktorganisatie   IACM 12h
– wegens niet meewerken aan onderzoek boekhouding marktorganisatie   IACM 12*l*
– wegens overtreding verbod van mededingingsafspraken enz.   Mw 56–57
– wegens overtreding verplichtingen financiële transparantie   Mw 70a
– wegens overtreding voorschriften ontheffing   Mw 71
– wegens overtreding zelfstandige last enz.   IACM 12m
– wegens verstrekking onjuiste gegevens bij melding of vergunningaanvraag concentratie   Mw 73

bestuurlijke sanctie
openbaarmaking –   IACM 12u–12v

bestuursorgaan
  aanbestedingsverplichting – Mw 25h (aant. 3)
  aanbieden goederen/diensten door – Mw 25h–25i
  economische activiteit – Mw 25h–25i
  gegevensgebruik – voor economische activiteit Mw 25k
  prijsstelling economische activiteit – Mw 25m
  takenscheiding bij economische activiteit door – Mw 25*l*
  toezicht inzake verbod van bevoordeling overheidsbedrijf door – Mw 25ma
  verbod van bevoordeling overheidsbedrijf door – Mw 25j

bestuursreglement ACM IACM 4

bevordering technische of economische vooruitgang Mw 6, 15

bewindvoerder Mw 28

bezwaar
  – tegen beschikking tot oplegging bestuurlijke boete IACM 12p, 12u–12v

bijstand
  – bij inspectie door Europese Commissie Mw 89b–89f

bijzonder recht Mw 25a–25b, 25d
  economische activiteit bestuursorgaan ter uitoefening – Mw 25i–25j

bindend verklaren toezegging marktorganisatie IACM 12h

bindende aanwijzing
  begripsomschrijving – IACM 1
  gevolgen niet naleven – IACM 12j (aant. 3)
  inhoud – IACM 12j (aant. 2)
  kosten ACM m.b.t. oplegging – IACM 6a
  openbaarmaking – IACM 12u–12v
  oplegging – IACM 12j

bindende gedragslijn IACM 1 (aant.)

boekhouding
  onderzoek – marktorganisatie IACM 12*l*

boete-immuniteit/boetereductie Mw 58c

boeterapport
  functiescheiding na opmaken – IACM 12q
  verlenging beslistermijn inzake oplegging bestuurlijke boete na opmaken – door ACM IACM 12k (aant. 1)

buitentoepassingverklaring
 – art. 101, lid 1 EU-verdrag   Mw 12
 – bagatelvoorziening   Mw 9
 – EU-groepsvrijstelling   Mw 13, 89a
 – nationale groepsvrijstelling   Mw 15
 – verbod van misbruik economische machtspositie   Mw 25

bundelovereenkomst   Mw 7

cautiegebod   IACM 12i (aant. 2-3)

collectieve arbeidsovereenkomst   Mw 16

collectieve economische machtspositie   Mw 1 (aant. 8, sub f)

concentratie   Mw 26-49
 begripsomschrijving –   Mw 27
 – bestaande uit meer transacties   Mw 27 (aant. 5)
 conglomerate effecten -   Mw 37 (aant. 4, sub b)
 – en misbruik economische machtspositie   Mw 24
 in overeenstemming brengen – met beperkingen/voorschriften concentratievergunning   Mw 39, 46, 74
 interne reorganisaties of herstructureringen en –   Mw 27 (aant. 1)
 melding voorgenomen –   Mw 34-40
 ongedaanmaking –   Mw 39, 46, 74
 ontheffing verbod van – zonder vergunning   Mw 46, 71
 ontheffing verbod van – zonder voorafgaande melding   Mw 40, 71
 opeenvolgende –s   Mw 30
 'remedies' bij voorgenomen –   Mw 37
 uitzondering op begrip –   Mw 28
 uitzondering op verbod van – zonder voorafgaande melding   Mw 39
 uitzondering op verbod van mededingingsafspraken wegens band met –   Mw 10
 verbod van – zonder vergunning   Mw 41, 46
 verbod van – zonder voorafgaande melding   Mw 34, 40
 vergunningsvereiste –   Mw 37, 39, 41, 44
 voorwaarden ACM voor zonder vergunning tot stand brengen van -   Mw 37 (aant. 6)

concentratiemelding   Mw 34-40
 gegevensverstrekking bij –   Mw 35, 38, 73
 mededeling ontvangst –   Mw 36
 verstrekking (aanvullende) gegevens bij –   Mw 35, 38, 73

concentratietoezicht   Mw 29-31
 overtreding –   Mw 71-75

concentratievergunning   Mw 37, 40, 41-49
 aanvraag –   Mw 41-46

aanvraag – na weigering   Mw 47–49
bekendmaking beschikking inzake –   Mw 44, 49
beperkingen –   Mw 39, 41, 46
beschikking inzake –   Mw 44, 49
beslistermijn inzake –   Mw 44, 49
gegevensverstrekking bij aanvraag –   Mw 42, 45, 73
gegevensverstrekking bij aanvraag – bij minister   Mw 48
intrekking –   Mw 45
verlening – door minister   Mw 47–49
verlening – onder beperkingen   Mw 39, 46
voorschriften aan –   Mw 39, 41, 46, 75
weigering –   Mw 39, 41, 46–47

concurrentie
belemmering daadwerkelijke – bij concentratie   Mw 37, 41
bewaking enz. effectieve – door ACM   IACM 2

consumentenorganisatie
– aangemerkt als belanghebbende   Mw 93
begripsomschrijving –   Mw 1

cumulatie sancties   Mw 56 (aant. 6, sub b), 89 (aant. 3, sub b)

daderschap rechtspersoon   Mw 56 (aant. 2)

deelneming   Mw 28

dienst van algemeen economisch belang
geen weigering concentratievergunning in geval van –   Mw 41
onderneming belast met –   Mw 25a–25b, 25d
uitzondering op verbod van mededingingsafspraken in geval van –   Mw 11
uitzondering op verbod van misbruik economische machtspositie in geval van
 –   Mw 25

discriminatoire prijzen/contractvoorwaarden   Mw 24 (aant. 6, sub b)

doorberekening toezichtskosten aan marktorganisaties   IACM 6a

doorwerking
– EU–groepsvrijstelling   Mw 12–13
– EU–ontheffing   Mw 14

doorzoeking
– en zoekend rondkijken   IACM 12c (aant. 2)
– in het kader van toezicht   Mw 50–53a
– in het kader van inspectie door Europese Commissie   Mw 89c–89f

effectenhandel Mw 28

economische activiteit
gegevensgebruik bestuursorgaan voor – Mw 25k
– in algemeen belang Mw 25h
prijsstelling – bestuursorgaan Mw 25m
sanctiebevoegdheid ACM bij overtreding gedragsregels inzake – in algemeen belang Mw 70c
takenscheiding bij – door bestuursorgaan Mw 25l
– van bestuursorgaan Mw 25h–25i

economische machtspositie Mw 24–25, 37, 41
begripsomschrijving – Mw 1
collectieve – Mw 1 (aant. 8, sub f)
uitzondering op verbod van misbruik – wegens bijzondere taak Mw 25
verbod van misbruik – Mw 24

economische vooruitgang Mw 6, 15

EU-groepsvrijstelling Mw 12–13, 89a

EU-mededingingsregels Mw 88–89g
bevoegdheden bij toepassing – Mw 89

EU-ontheffing Mw 14

European Competition Network Mw 89gg

Europese Commissie
inspectie door – Mw 89b–89f
verzoek – aan ACM tot verrichten inspectie Mw 89g
verzoek – om terbeschikkingstelling gegevens inzake financiële transparantie Mw 25e

exclusieve afnamebepalingen Mw 24 (aant. 6, sub e)

financiële instelling Mw 28, 31

financiële transparantie Mw 25a–25f

follow-on schadevergoedingsprocedure Mw 6 (aant.9)

fusie Mw 26–49
begripsomschrijving – Mw 27 (aant. 2)
'reddings'- Mw 37 (aant. 4, sub g)

gegevensgebruik
 – door bestuursorgaan voor economische activiteit   Mw 25k
 – door partijen in procedure m.b.t. mededingingsafspraken of misbruik economische machtspositie   Mw 49e, 76b

gemeenschappelijke markt   Mw 13, 88

gemeenschappelijke onderneming   Mw 26–49, 27 (aant. 4), 37 (aant. 5)

gemeenteraad
 vaststelling – of economische activiteit geschiedt in algemeen belang   Mw 25h

gescheiden administratie   Mw 25b–25c

getrouwheidskortingen   Mw 24 (aant. 6, sub e)

gewichtige redenen
 – voor ontheffing verbod van concentratie zonder vergunning   Mw 46
 – voor verlening concentratievergunning door minister   Mw 47

gezamenlijke zeggenschap   Mw 26, 29

goedkeuring
 – bestuursreglement ACM   IACM 4
 – mandaatregeling ACM   IACM 5

groepstransacties   Mw 30

groepsvrijstelling
 EU–   Mw 12–13, 89a
 nationale –   Mw 15

handel tussen lidstaten EU   Mw 13, 25d

inlichtingen
 gebruik verkregen – door ACM   IACM 7
 verstrekking – aan ACM   IACM 6b, 8, 12m
 verstrekking ontvangen – door ACM   IACM 7–8
 verwerking – m.b.t. gezondheid door ACM   IACM 7

inspectie
 – door ACM op verzoek van Europese Commissie   Mw 89g
 – door ACM op verzoek van mededingingsautoriteit van andere lidstaat   Mw 89ga
 – door Europese Commissie   Mw 89b–89f

intellectuele eigendomsrechten
 concentratie in geval van transactie m.b.t. –   Mw 27 (aant. 3)

misbruik van –   Mw 24 (aant. 6, sub f)
   overeenkomst over –   Mw 6 (aant. 4, sub d)

intrekking
– aanvraag concentratievergunning   Mw 39, 46
– concentratievergunning   Mw 45
– nationale groepsvrijstelling   Mw 15 (aant. 3)

invordering
– bestuurlijke boete opgelegd aan marktorganisatie   IACM 12s
– t.l.v. marktorganisaties gebrachte kosten door ACM   IACM 6a

jaarverslag ACM   IACM 6

joint venture   Mw 26–49

kartelverbod   *zie*: verbod van mededingingsafspraken

koppelverkoop   Mw 24 (aant. 6, sub b)

kosten
– ACM ten laste van marktorganisaties   IACM 6–6a
– marktonderzoeken/rapportages ACM   IACM 6a
vaststelling integrale – van door bestuursorgaan aangeboden producten/diensten   Mw 25i, 25m

last onder dwangsom
geldigheidsduur –   IACM 12r
– in vorm van corrigerende structurele maatregel   Mw 58a
– inzake inzage bescheiden enz.   IACM 12m
rechterlijke toetsing hoogte dwangsom   Mw 56 (aant. 9, sub c)
rechthebbende geldsom inzake –   IACM 12t
stuiting vervaltermijn bevoegdheid ACM tot opleggen -   Mw 64
verval bevoegdheid ACM tot opleggen –   IACM 12r; Mw 64
verval bevoegdheid ACM tot opleggen – na bindend verklaren toezegging marktorganisatie   IACM 12h
voorlopige last   Mw 56 (aant. 5, sub d)
voorschriften –   IACM 12r
– wegens overtreding verbod van mededingingsafspraken enz.   Mw 56, 58a
– wegens overtreding verplichtingen financiële transparantie   Mw 70a
– wegens overtreding verplichtingen m.b.t. economische activiteiten overheden en overheidsbedrijven   Mw 70c

legitimatiebewijs   IACM 12a (aant. 2); Mw 89b

leveringsweigering   Mw 24 (aant. 6, sub c)

Trefwoordenregister

mandaatregeling t.a.v. bevoegdheden personeel ACM IACM 5

machtiging
- tot betreden woning zonder toestemming bewoner in het kader van toezicht op naleving wetten door ACM IACM 12d-12e
- tot doorzoeken bedrijfsgebouw in het kader van inspectie door Europese Commissie Mw 89c, 89e
- tot doorzoeken ruimten/terreinen/vervoermiddelen Mw 53a
- tot doorzoeken woning zonder toestemming bewoner ter inzage bescheiden Mw 51-52
- tot inspectie in woning Mw 89d-89e

marktaandeel Mw 7

marktonderzoek door ACM IACM 2, 6a

marktorganisatie
aanvraag - aan ACM tot bindend verklaren toezegging IACM 12h
begripsomschrijving - IACM 1
bestuurlijke boete - wegens niet meewerken aan onderzoek boekhouding marktorganisatie IACM 12*l*
doorberekening toezichtskosten aan - IACM 6a
geen inzagerecht in correspondentie tussen - en advocaat IACM 12g
horen - inzake bindend verklaren toezegging marktorganisatie door ACM IACM 12h
invordering bestuurlijke boete opgelegd aan - IACM 12s
kosten ACM ten laste brengen van - IACM 6a
last onder dwangsom - inzake inzage bescheiden enz. IACM 12m
lasten voor - t.g.v. gegevensverstrekking aan ACM IACM 6b
onderzoek boekhouding - IACM 12*l*
overzicht kosten t.l.v. - in jaarverslag ACM IACM 6
toezegging - IACM 12h
zwijgrecht voor - werkzame natuurlijke persoon IACM 12i

marktverdeling Mw 24 (aant. 6, sub c)

mededeling
- aanwijzing ambtenaren belast met toezicht op naleving wetten door ACM IACM 12a
- beschikking inzake concentratievergunning Mw 44
- beschikking ACM inzake overtreding verplichtingen m.b.t. economische activiteiten overheden en overheidsbedrijven Mw 70c
- inzake vergunningsvereiste openbaar bod Mw 39
- inzake vergunningsvereiste voorgenomen concentratie Mw 37, 40, 44
- ontslagbesluit leden ACM IACM 3
- ontvangst concentratiemelding Mw 36
- opschorting beslistermijn inzake oplegging bestuurlijke boete Mw 62
- verlenging beslistermijn inzake oplegging bestuurlijke boete IACM 12k

mededingingsafspraken Mw 6-16, 88
  uitzondering op verbod van – wegens band met concentratie Mw 10
  uitzondering op verbod van – wegens bevordering technische of economische vooruitgang Mw 6
  uitzondering op verbod van – wegens bijzondere taak Mw 11
  uitzondering op verbod van – wegens duidelijk ondergeschikte betekenis Mw 7
  uitzondering op verbod van – wegens gering aantal/omzet Mw 7
  uitzondering op verbod van – wegens gering marktaandeel Mw 7
  verbod van – Mw 6, 9
  vrijstellingen van verbod van – Mw 12-16

mededingingsautoriteit
  aanwijzing ACM als – Mw 88
  doorgeven informatie door ACM op verzoek van – van andere lidstaat Mw 89gb
  handelingen/besluiten ACM op verzoek van – van andere lidstaat Mw 89ga-89gg
  inspectie/verhoor door ACM namens – van andere lidstaat Mw 89ga
  tenuitvoerlegging boete- of dwangsombesluit van – van andere lidstaat door ACM Mw 89gc

medepleger overtreding Mw 56 (aant. 2)

media-instelling, publieke – Mw 25h

melding
  – openbaar bod Mw 39
  – voorgenomen concentratie Mw 34-40

minister
  beschikking – op aanvraag concentratievergunning Mw 49
  beslistermijn – inzake concentratievergunning Mw 49
  bevindingen – omtrent jaarverslag ACM IACM 6
  geen instructies – aan ACM m.b.t. individuele zaken IACM 9; Mw 3
  gegevensverstrekking bij aanvraag concentratievergunning bij – Mw 48
  gegevensverstrekking door ACM aan – IACM 8
  goedkeuring mandaatregeling ACM door – IACM 5
  indiening aanvraag concentratievergunning bij – Mw 47
  instructies – inzake standpunt adviescomité Mw 3
  opdracht – tot rapportage inzake mededingingseffecten regelgeving Mw 4
  opdracht – werkzaamheden inzake mededinging krachtens verdragen Mw 3
  opstelling evaluatieverslag inzake ACM door – IACM 12
  terbeschikkingstelling personeel ACM door – IACM 5
  toezending jaarverslag ACM aan – IACM 6
  vaststelling nadere regels inzake financiële transparantie door – Mw 25f
  vaststelling – of economische activiteit geschiedt in algemeen belang Mw 25h
  verlening concentratievergunning door – Mw 47-49
  vernietiging besluit ACM door – IACM 10
  voorzieningen – bij taakverwaarlozing ACM IACM 11

misbruik economische machtspositie Mw 24, 88

nationale groepsvrijstelling Mw 15

ne bis in idem Mw 56 (aant. 6, sub b)

nietigheid
– concentratie zonder voorafgaande melding   Mw 34 (aant. 3)
– verboden overeenkomst   Mw 6 (aant. 10)

omzet
begripsomschrijving – overtreder bij oplegging bestuurlijke boete   IACM 12o
berekeningswijze – bij bagatelvoorziening   Mw 8
berekeningswijze – i.v.m. concentratietoezicht   Mw 30

omzetdrempel
– bagatelvoorziening   Mw 7
– concentratietoezicht   Mw 29

onbillijke prijzen/contractvoorwaarden   Mw 24 (aant. 6, sub b)

onderling afgestemde feitelijke gedraging
begripsomschrijving –   Mw 1
verboden –   Mw 6, 9, 13, 15

onderlinge transacties   Mw 8, 30

ondernemersvereniging
– begrepen onder marktorganisatie   IACM 1
begripsomschrijving –   Mw 1
bewijsplicht –   Mw 6
hoogte bestuurlijke boete bij overtreding verbod van mededingingsafspraken enz. door –   Mw 57
hoogte bestuurlijke boete bij overtreding verplichtingen financiële transparantie door –   Mw 70a
hoogte bestuurlijke boete bij overtreding voorschriften ontheffing door –   Mw 71
hoogte bestuurlijke boete bij verstrekking onjuiste gegevens concentratie door –   Mw 73
oplegging zelfstandige last in vorm van voorlopige maatregel door ACM aan -   Mw 58b
verboden besluit –   Mw 6, 9, 13, 15
verzet – tegen inspectie door Europese Commissie   Mw 89c

onderneming
begripsomschrijving –   Mw 1
– belast met dienst van algemeen economisch belang   Mw 25a–25b, 25d
– belast met uitvoering Wet sociale werkvoorziening   Mw 25i–25j

betaling bestuurlijke boete door aangesloten – bij insolventie marktorganisatie   IACM 12s
bewijsplicht –   Mw 6
criteria voor opvatten – als overheidsbedrijf   Mw 25g
gemeenschappelijke –   Mw 26–49, 27 (aant. 4), 37 (aant. 5)
hoogte bestuurlijke boete bij overtreding verbod van mededingingsafspraken enz. door –   Mw 57
hoogte bestuurlijke boete bij overtreding verplichtingen financiële transparantie door –   Mw 70a
hoogte bestuurlijke boete bij overtreding voorschriften ontheffing door –   Mw 71
hoogte bestuurlijke boete bij verstrekking onjuiste gegevens concentratie door –   Mw 73
moeder–dochterverhouding –   Mw 1 (aant. 5)
oplegging zelfstandige last in vorm van voorlopige maatregel door ACM aan -   Mw 58b
overheids–   Mw 25g (aant. 2), 27 (aant. 2)
toerekening verboden overeenkomst aan –   Mw 6 (aant. 8)
vaststelling betrokken –en bij concentratietoezicht   Mw 29 (aant. 2)
verboden overeenkomst –   Mw 6, 9, 13, 15
vertrouwelijkheid communicatie advocaat in dienstbetrekking bij -   IACM 12g (aant. 4)
verzet – tegen inspectie door Europese Commissie   Mw 89c

onderwijsinstelling, openbare –   Mw 25h

ontheffing
EU–   Mw 14
– verbod van concentratie zonder vergunning   Mw 46, 71
– verbod van concentratie zonder voorafgaande melding   Mw 40, 71

onvoorwaardelijke mededeling
– inzake vergunningsvereiste voorgenomen concentratie   Mw 37

opeenvolgende concentraties   Mw 30

openbaar bedrijf   Mw 25a–25f

openbaar bod   Mw 39

openbaarmaking
– andere besluiten/documenten   IACM 12w
– bestuurlijke sanctie of bindende aanwijzing   IACM 12u–12v

openbare bank   Mw 25d

openbare onderwijsinstelling/school   Mw 25h

Trefwoordenregister

opschorting
- beroepsprocedure na weigering concentratievergunning Mw 47
- beslistermijn inzake oplegging bestuurlijke boete Mw 62
- openbaarmaking andere besluiten/documenten IACM 12w
- openbaarmaking bestuurlijke sanctie of bindende aanwijzing IACM 12u-12v
- termijn voor verstrekking aanvullende gegevens bij concentratiemelding Mw 38
- werking beschikking tot oplegging bestuurlijke boete IACM 12p

outsourcing Mw 27 (aant. 3)

overeenkomst
begripsomschrijving – Mw 1
bundel– Mw 7
horizontale – Mw 6 (aant. 4, sub a)
– over intellectuele eigendomsrechten Mw 6 (aant. 4, sub d)
verboden – Mw 6, 9, 13, 15
verticale – Mw 6 (aant. 4, sub b), 12 (aant. 4)
vrijstelling voor collectieve arbeids– of pensioen– Mw 16

overheidsbedrijf
aanbieden goederen/diensten aan – Mw 25h
begripsomschrijving – Mw 25g
toezicht inzake verbod van bevoordeling – Mw 25ma
verbod van bevoordeling – door bestuursorgaan Mw 25j

overheidssteun Mw 25a–25f, 25h, 25j

overname Mw 26–49

overtreder Mw 56 (aant. 2)
mededeling opschorting beslistermijn inzake oplegging bestuurlijke boete aan
– Mw 62
mededeling verlenging beslistermijn inzake oplegging bestuurlijke boete aan
– IACM 12k

overtreding
besluit ACM tot vaststelling – Mw 56
– concentratietoezicht Mw 71–75
– informatieplicht IACM 12m
(mede)pleger – Mw 56 (aant. 5)
– medewerkingsplicht onderzoek boekhouding marktorganisatie IACM 12*l*
– medewerkingsplicht toezicht ACM IACM 12m
oplegging bindende aanwijzing na – IACM 12j
rechterlijke toetsing vaststelling - Mw 56 (aant. 9)
rechtvaardigingsgronden – Mw 56 (aant. 7)
samenloop –en Mw 56 (aant. 6, sub a)

termijn voor bevoegdheid tot opleggen last onder dwangsom na – IACM 12r; Mw 64
 verandering van wetgeving na– Mw 56 (aant. 8)
 – verbod van mededingingsafspraken Mw 56–58a
 – verbod van misbruik economische machtspositie Mw 56–58a
 – verklaring ACM dat zij – heeft vastgesteld Mw 70c
 – verplichtingen financiële transparantie Mw 70a
 – verplichtingen m.b.t. economische activiteiten overheden en overheidsbedrijven Mw 70c
 – zelfstandige last IACM 12m

participatiemaatschappij Mw 28

pensioen Mw 16

pensioenfondsen
 omzetdrempel concentratietoezicht – Mw 29 (aant. 7)
 toezicht bij concentratie – Mw 29

pleger overtreding Mw 56 (aant. 2)

premiepensioeninstelling Mw 31

prijsstelling economische activiteit bestuursorgaan Mw 25i, 25m

provinciale staten
 vaststelling – of economische activiteit geschiedt in algemeen belang Mw 25h

publieke media–instelling Mw 25h

rapportage
 – door ACM IACM 2, 6a
 – inzake mededingingseffecten regelgeving Mw 4

rechtbank Rotterdam
 beroep tegen afwijzing verzoek om machtiging tot doorzoeken bedrijfsgebouw bij – Mw 89c
 beroep tegen afwijzing verzoek om machtiging tot doorzoeken ruimten/terreinen/vervoermiddelen bij - Mw 53a
 beroep tegen afwijzing verzoek om machtiging tot doorzoeken woning bij – Mw 51
 beroep tegen afwijzing verzoek om machtiging tot inspectie in woning bij – Mw 89d

rechter–commissaris
 machtiging – tot betreden woning zonder toestemming bewoner in het kader van toezicht op naleving wetten door ACM IACM 12d–12e

Trefwoordenregister

machtiging – tot doorzoeken bedrijfsgebouw in het kader van inspectie door Europese Commissie   Mw 89c, 89e
machtiging – tot doorzoeken ruimten/terreinen/vervoermiddelen   Mw 53a
machtiging – tot doorzoeken woning zonder toestemming bewoner ter inzage bescheiden   Mw 51–52
machtiging – tot inspectie in woning   Mw 89d–89e
toezending verslag omtrent betreden woning zonder toestemming bewoner aan –   IACM 12f
toezending verslag omtrent doorzoeken bedrijfsgebouw in het kader van inspectie door Europese Commissie   Mw 89f
toezending verslag omtrent doorzoeken ruimten/terreinen/vervoermiddelen aan –   Mw 53a
toezending verslag omtrent doorzoeken woning zonder toestemming bewoner aan –   Mw 53
toezending verslag omtrent inspectie in woning   Mw 89f

relevante markt   Mw 1 (aant. 8, sub e), 7, 9, 37 (aant. 4, sub d)

'roofprijzen'   Mw 24 (aant. 6, sub d)

samenloop overtredingen   Mw 56 (aant. 6, sub a)

school, openbare –   Mw 25h

sociale werkvoorziening   Mw 25i (aant. 5)

Staatscourant
bekendmaking bestuursreglement ACM in –   IACM 4
bekendmaking mandaatregeling ACM in –   IACM 5
mededeling ontslagbesluit leden ACM in –   IACM 3
mededeling aanwijzing ambtenaren belast met toezicht op naleving wetten door ACM in –   IACM 12a
mededeling beschikking ACM inzake overtreding verplichtingen m.b.t. economische activiteiten overheden en overheidsbedrijven in – Mw 70c
mededeling beschikking inzake concentratievergunning in –   Mw 44, 49
mededeling inzake vergunningsvereiste voorgenomen concentratie in –   Mw 37
mededeling ontvangst aanvraag concentratievergunning in -   Mw 42
mededeling ontvangst concentratiemelding in –   Mw 36

stemrechten
uitoefening – na openbaar bod   Mw 39

steunmaatregel   Mw 25h, 25j

structurele maatregel   Mw 58a

Trefwoordenregister

stuiting
- vervaltermijn bevoegdheid tot opleggen bestuurlijke boete   Mw 64, 82
- vervaltermijn bevoegdheid tot opleggen last onder dwangsom   Mw 64

technische vooruitgang   Mw 6, 15

terinzagelegging
- beschikking inzake buitentoepassingverklaring EU-groepsvrijstelling   Mw 13, 89a
- beschikking inzake buitentoepassingverklaring nationale groepsvrijstelling   Mw 15
- stukken in zaken waarbij consumentenorganisatie belanghebbende is   Mw 93

termijn
beslis- inzake concentratievergunning   Mw 44, 49
beslis- inzake vergunningsvereiste voorgenomen concentratie   Mw 37
- gedurende welke zelfstandige last van toepassing is   Mw 58b
opschorting beslis- inzake oplegging bestuurlijke boete   Mw 62
opschorting – voor verstrekking aanvullende gegevens bij concentratiemelding   Mw 38
verlenging beslis- inzake oplegging bestuurlijke boete   IACM 12k
- voor beroep tegen afwijzing verzoek om machtiging tot betreden woning   IACM 12d
- voor beroep tegen afwijzing verzoek om machtiging tot doorzoeken bedrijfsgebouw   Mw 89c
- voor beroep tegen afwijzing verzoek om machtiging tot doorzoeken ruimten/terreinen/vervoermiddelen   Mw 53a
- voor beroep tegen afwijzing verzoek om machtiging tot doorzoeken woning   Mw 51
- voor beroep tegen afwijzing verzoek om machtiging tot inspectie in woning   Mw 89d
- voor bevoegdheid tot opleggen last onder dwangsom   IACM 12r
- voor geldingsduur last onder dwangsom   IACM 12r
- voor inwerkingtreding beschikking tot buiten toepassing verklaren EU-groepsvrijstelling   Mw 89a
- voor openbaarmaking andere besluiten/documenten   IACM 12w
- voor openbaarmaking bestuurlijke sanctie of bindende aanwijzing   IACM 12u-12v
- voor bevoegdheid tot opleggen bestuurlijke boete of last onder dwangsom   Mw 64
- voor opschorting werking beschikking tot oplegging bestuurlijke boete   IACM 12p
- voor verkoop tijdelijke deelnemingen   Mw 28
- voor verstrekking gegevens e.d. aan ACM   IACM 6b, 12m
wacht- na melding voorgenomen concentratie   Mw 34

toezegging marktorganisatie   IACM 12h

toezicht

aanwijzing ambtenaren belast met – op naleving wetten door ACM   IACM 12a
betreden woning zonder toestemming bewoner in het kader van – op naleving wetten door ACM   IACM 12c–12f
bevoegdheden ambtenaren belast met – op naleving wetten door ACM   IACM 12b–12c
concentratie–   Mw 29–31
doorberekening kosten – aan marktorganisaties   IACM 6a
doorzoeking in het kader van –   Mw 50–53a
– inzake economische activiteiten door bestuursorgaan   Mw 25ma
– inzake verbod van bevoordeling overheidsbedrijf door bestuursorgaan   Mw 25ma
– op naleving Mededingingswet door ACM   Mw 2
– op naleving wetten door ACM   IACM 12a–12g
overtreding medewerkingsplicht – ACM   IACM 12m
plicht tot medewerking aan –   IACM 12a (aant. 2), 12c (aant. 5)
verzegeling bedrijfsruimten/voorwerpen in het kader van – op naleving wetten door ACM   IACM 12b

uitsluitend recht   Mw 25a–25b, 25d
economische activiteit bestuursorgaan ter uitoefening –   Mw 25i–25j

uitsluitende zeggenschap   Mw 26, 29

uitzondering
– op concentratiebegrip inzake financiële instellingen enz.   Mw 28
– op verbod van concentratie zonder voorafgaande melding   Mw 39
– op verbod van mededingingsafspraken wegens band met concentratie   Mw 10
– op verbod van mededingingsafspraken wegens bevordering technische of economische vooruitgang   Mw 6
– op verbod van mededingingsafspraken wegens bijzondere taak   Mw 11
– op verbod van mededingingsafspraken wegens duidelijk ondergeschikte betekenis   Mw 7
– op verbod van mededingingsafspraken wegens gering aantal/omzet   Mw 7
– op verbod van mededingingsafspraken wegens gering marktaandeel   Mw 7
– op verbod van misbruik economische machtspositie wegens bijzondere taak   Mw 25
– op verplichte gescheiden administratie   Mw 25c–25d
– voor instellingen/overheidsbedrijven   Mw 25h

una via   Mw 56 (aant. 6, sub b)

uniforme openbare voorbereidingsprocedure
– inzake buitentoepassingverklaring bagatelvoorziening   Mw 9
– inzake buitentoepassingverklaring EU-groepsvrijstelling   Mw 13, 89a
– inzake buitentoepassingverklaring nationale groepsvrijstelling   Mw 15

vaststelling
besluit tot – overtreding door ACM   Mw 56
– bestuursreglement ACM   IACM 4
– betrokken ondernemingen bij concentratietoezicht   Mw 29 (aant. 2)
– integrale kosten van door bestuursorgaan aangeboden producten/diensten   Mw 25i, 25m
– nadere regels inzake financiële transparantie   Mw 25f
– of economische activiteit geschiedt in algemeen belang   Mw 25h
rechterlijke toetsing – overtreding   Mw 56 (aant. 9)

verbetering productie/distributie   Mw 6, 15

verbod van bevoordeling overheidsbedrijf door bestuursorgaan   Mw 25j

verbod van concentratie zonder vergunning   Mw 41, 46

verbod van concentratie zonder voorafgaande melding   Mw 34, 37, 39–40

verbod van mededingingsafspraken   Mw 6, 9, 15
boete-immuniteit/boetereductie bij overtreding –   Mw 58c
gegevensgebruik door partijen in procedure m.b.t. –   Mw 49e, 76b
overtreding –   Mw 56–58a
schadevergoedingsprocedure bij overtreding –   Mw 6 (aant. 9)
uitzondering op – wegens band met concentratie   Mw 10
uitzondering op – wegens bevordering technische of economische vooruitgang   Mw 6
uitzondering op – wegens bijzondere taak   Mw 11
uitzondering op – wegens duidelijk ondergeschikte betekenis   Mw 7
uitzondering op – wegens gering aantal/omzet   Mw 7
uitzondering op – wegens gering marktaandeel   Mw 7
vrijstelling van – krachtens amvb   Mw 15
vrijstelling van – krachtens EU-groepsvrijstelling   Mw 12–13
vrijstelling van – krachtens EU-ontheffing   Mw 14
vrijstelling van – voor collectieve arbeids- of pensioenovereenkomsten   Mw 16

verbod van misbruik economische machtspositie   Mw 24
buitentoepassingverklaring –   Mw 25
gegevensgebruik door partijen in procedure m.b.t. -   Mw 49e, 76b
overtreding –   Mw 56–58a
uitzondering op – wegens bijzondere taak   Mw 25

vergunning voorgenomen concentratie   Mw 37, 40, 41–49, 75

vergunningsvereiste concentratie   Mw 37, 39–40

verjaring   Mw 64, 82

2091

verklaring
- ACM dat zij overtreding heeft vastgesteld Mw 70c
- leden ACM inzake financiële e.a. belangen IACM 3

verlenging
- beslistermijn inzake oplegging bestuurlijke boete IACM 12k
- besluit ACM tot bindend verklaren toezegging marktorganisatie IACM 12h
- termijn voor verkoop tijdelijke deelnemingen Mw 28

vernietiging besluit ACM IACM 10

verschoningsrecht inzake gegevensverstrekking aan ACM IACM 6b

verslag
evaluatie- inzake ACM IACM 12
- omtrent betreden woning zonder toestemming bewoner in het kader van toezicht op naleving wetten door AC IACM 12f
- omtrent doorzoeken bedrijfsgebouw in het kader van inspectie door Europese Commissie Mw 89f
- omtrent doorzoeken ruimten/terreinen/vervoermiddelen Mw 53a
- omtrent doorzoeken woning zonder toestemming bewoner ter inzage bescheiden Mw 53
- omtrent inspectie in woning Mw 89f

verzegeling
- bedrijfsruimten/voorwerpen in het kader van toezicht op naleving wetten door ACM IACM 12b

verbreking – IACM 12m

verzekeraar Mw 28, 31

verzet tegen inspectie door Europese Commissie Mw 89b–89c

voorbereiding
- beschikking inzake buitentoepassingverklaring EU-groepsvrijstelling Mw 13, 89a
- beschikking inzake buitentoepassingverklaring nationale groepsvrijstelling Mw 15
- beschikking inzake verbod van mededingingsafspraken Mw 9

voorlopige maatregel Mw 58b

voorlopige voorziening
opschorting openbaarmaking andere besluiten/documenten na verzoek om – IACM 12w
opschorting openbaarmaking bestuurlijke sanctie of bindende aanwijzing na verzoek om – IACM 12u–12v

voorschriften
- beschikking inzake buitentoepassingverklaring verbod van misbruik economische machtspositie   Mw 25
- concentratievergunning   Mw 39, 41, 46, 75
- ontheffing verbod van concentratie zonder vergunning   Mw 46, 71
- ontheffing verbod van concentratie zonder voorafgaande melding   Mw 40, 71

voorwaardelijke mededeling
- inzake vergunningsvereiste voorgenomen concentratie   Mw 37, 75

vrijstelling
- van verbod van mededingingsafspraken krachtens amvb   Mw 15
- van verbod van mededingingsafspraken krachtens EU-groepsvrijstelling   Mw 12-13
- van verbod van mededingingsafspraken krachtens EU-ontheffing   Mw 14
- van verbod van mededingingsafspraken voor collectieve arbeids- of pensioenovereenkomsten   Mw 16

weigering concentratievergunning   Mw 39, 41, 46-47

woning
betreden - zonder toestemming bewoner in het kader van toezicht op naleving wetten door ACM   IACM 12c-12f
doorzoeking - zonder toestemming bewoner ter inzage bescheiden   Mw 50-53
inspectie in -   Mw 89d-89f

'wurgprijzen'   Mw 24 (aant. 6, sub d)

zeggenschap
begripsomschrijving -   Mw 26
gezamenlijke -   Mw 26, 29
(in)directe verkrijging van -   Mw 27
uitsluitende -   Mw 26, 29
verkrijging van - door bewindvoerder e.a.   Mw 28
wettelijke of statutaire beperking van -   Mw 26 (aant. 2)

zelfstandige last   Mw 58b
begripsomschrijving -   IACM 1
bestuurlijke boete bij overtreding -   IACM 12m
last onder dwangsom inzake naleving -   IACM 12m

zorgaanbieders
omzetdrempel concentratietoezicht   Mw 29 (aant. 6)

zwijgrecht
- voor marktorganisatie werkzame natuurlijke persoon   IACM 12i

Aantekeningen

Aantekeningen

Aantekeningen

Aantekeningen

Aantekeningen

Aantekeningen

Aantekeningen

Aantekeningen